hänssler
Lexikon

JERUSALEMER

BIBEL-LEXIKON

HERAUSGEGEBEN
VON
KURT HENNIG

Impressum

Herausgeber der deutschen Ausgabe:
Kurt Hennig (†)

Herausgeber der englischen Ausgabe:
Geoffrey Wigoder

Redaktion: Shalom M. Paul (AT), Benedict T. Viviano, O.P. (NT), Ephraim Stern (Bibl. Archäologie)

4. Auflage 1998
3-7751-2367-9

Originaltitel: Illustrated Dictionary and Concordance of the Bible
Konzeption und Gestaltung: Shlomo S. (Yosh) Gafni
Layout: A. A. M. van der Heyden
Übersetzt von The Jerusalem Publishing House, Ltd.

Umschlaggestaltung: Daniel Dolmetsch
Umschlagabbildung: laenderpress, Düsseldorf ©; Erich Lessing
Satz: Typo Schröder, Dernbach
Druck und Verarbeitung: Canale, Turin
Printed in Italy

AUS DEM VORWORT ZUR 1. AUFLAGE

»Sie forschten täglich in der Schrift, ob sich's so verhielte«, heißt es von den Mitgliedern der jüdischen Gemeinde in Beröa, denen der Apostel Paulus das Evangelium gepredigt hatte und von denen dann viele zum Glauben an Jesus Christus gekommen waren (Apostelgeschichte 17,10–12). Das »Jerusalemer Bibellexikon« möchte solchen »Forschern« eine Art biblischer Werkstatthilfe sein, die wie die in Beröa mehr von der Heiligen Schrift wissen wollen, und für die es wichtig ist, manchmal bis ins Detail biblisch sattelfest zu sein.

Das »Jerusalemer Bibellexikon« enthält als biblisches Nachschlagewerk eine Konkordanz zu allen wichtigen biblischen Stichworten, eine Erläuterung biblischer Hauptworte und Namen sowie eine vollständige Auflistung aller Personen- und Ortsnamen, die in der Bibel vorkommen. Das »Jerusalemer Bibellexikon« ist die deutsche Ausgabe des in englischer Sprache erschienenen Werkes: »Illustrated Dictionary and Concordance of the Bible«. An diesem Werk haben namhafte Autoren aus mehreren Ländern – Exegeten, Archäologen, Historiker, Sprach- und Religionswissenschaftler – mitgearbeitet, darunter eine erhebliche Anzahl jüdischer Theologen und Archäologen von der Hebräischen Universität Jerusalem.

Maßgeblich für alle Beiträge waren Gültigkeit und Verbindlichkeit des kanonischen Textes der Bücher der Heiligen Schrift. Das vorliegende Nachschlagewerk möchte also solchen Bibelbenutzern eine Hilfe sein, die in der gesamten Heiligen Schrift des Alten und des Neuen Testamentes Gottes Wort erkennen und die in der Bibel auf das Reden Gottes gerade auch in unserer Zeit horchen. Der Glaube an die verbindliche Wahrheit biblischer Gottesoffenbarungen (2. Timotheus 3,16.17; 1. Petrus 1,21) ist das Fundament aller Beiträge, auch dort, wo von Fall zu Fall auf Ergebnisse und Hypothesen der theologisch-exegetischen Wissenschaft hingewiesen wird. Solche Hinweise dienen zur Information, auch wenn es sich zuweilen eher um Vermutungen als um einvernehmlich als gesichert betrachtete Resultate der theologischen Forschungsarbeit handelt. Auf alle Fälle gilt der biblische Text als normativ, der als kanonischer Urtext der jüngsten revidierten Lutherübersetzung (1984) zugrundeliegt, als der sprachlich besten und übersetzungsmäßig verläßlichsten Wiedergabe der hebräischen und griechischen Urtexte der Heiligen Schrift. Auf der anderen Seite soll in den einzelnen Beiträgen nichts zu finden sein, was nicht in der Bibel steht. So gilt der Grundsatz, nur solche Verfasser biblischer Bücher zu nennen, die im biblischen Text ausdrücklich als solche bezeichnet werden. Auch eine fromme, christliche Überlieferung muß sich am biblischen Text nachprüfen lassen. Denn die Aussage des Textes geht immer vor, gemäß dem exegetischen Grundsatz, nur das zu sagen, was dasteht, und das nicht zu sagen, was nicht dasteht. Dieses exegetische Grundgesetz wird weder einer wissenschaftlichen Methode noch einer frommen Tradition geopfert.

Naturgemäß stellte die Übersetzung aus dem Englischen ein besonderes Problem für Herausgeber und Mitarbeiter des »Jerusalemer Bibellexikons« dar. Der Respekt vor der wissenschaftlichen Leistung in der englischen Originalausgabe erforderte hier eine möglichst ebenbürtige, qualifizierte Wiedergabe der Beiträge in der deutschen Ausgabe. Dieser Respekt durfte sich nicht durch eine nahezu buchstäbliche Übersetzung ausweisen, auch wenn die deutsche Übertragung den englischen Originalton zuweilen herauszuhören erlaubt. Zum anderen waren dabei noch bestimmte sprachliche Aufgaben zu lösen, denen die Bearbeiter mit der gebotenen Behutsamkeit gerecht zu werden suchten. Wichtiger noch als diese Übersetzungsaufgabe wurde für die deutsche Ausgabe die Frage, inwieweit bestimmte inhaltliche Linien ausgezogen werden mußten. Dies galt insbesondere für die Botschaft des Neuen Testamentes, der vom deutschen Herausgeber ein noch stärkeres Gewicht beigemessen wurde, als dies in der englischen Originalausgabe der Fall war. Auf die Angabe einschlägiger Literatur sowie auf Belegstellen und

Zitate wurde im großen und ganzen bewußt verzichtet, um den Gesamtumfang des Bibellexikons nicht ausufern zu lassen…

Dem Herausgeber bleibt noch die angenehme Aufgabe, dem Verlag und allen Mitarbeitern herzlich für ihre Mühe und Langmut zu danken, mit der sie den Bitten des Herausgebers entsprochen und mit ihm zusammengearbeitet haben. Dies gilt besonders dem Begleiter in der Gesamtdurchsicht aller Beiträge, Herrn Dekan i.R., Theo Braun, in Esslingen; ebenso herzlich den »Nothelfern«, die einzelne Stichworte neu bearbeitet haben: den Kollegen Dr. Eberhard Grötzinger, Fritz Grünzweig, Dr. Joachim Hahn, Wilhelm Holzapfel, Werner Schmückle und Rainer Uhlmann; die bei einem Lexikon erheblichen Mühen der Endlektorierung nahm Dr. Friedemann Lux vom Hänssler-Verlag auf sich.

Kurt Hennig

MITARBEITER DES ENGLISCHEN ORIGINALS

Reuben Ahroni
Associate Professor, Ohio State University

Dan Barag
Professor of Classical Archaeology, Tel Aviv University

Athalya Brenner
Lecturer, Department of Biblical Studies, University of Haifa

James H. Charlesworth
George L. Collord, Professor of New Testament Language and Literature, Princeton Theological Seminary

Harold R. (Chaim) Cohen
Senior Lecturer, Department of Bible and Ancient Near Eastern Studies, Ben Gurion University, Beersheba and Overseas Students' Division, Tel Aviv University

James L. Crenshaw
Professor of Old Testament, Vanderbilt University, Nashville

Richard J. Dillon
Chairman of the Department of Theology and Associate Professor of New Testament, Fordham University, New York

David Noel Freedman
Professor of Biblical Studies, Director, Program on Studies in Religion, Arthur F. Thurnau, Professor of Biblical Studies, University of Michigan

Theodore Friedman
Rabbi Emeritus of Congregation Beth El, South Orange; Dean, Jerusalem branch of Seminario Rabinico of Latin America

Shulamit Geva
Researcher, Van Leer Institute, Jerusalem

Maurice Gilbert S.J.
Professor of Old Testament Wisdom Literature and Rector of the Pontifical Biblical Institute, Jerusalem

Rivka Gonen
Senior Lecturer in Archaeology and Ancient Cultures, Bezalel Academy of Art and Design, Jerusalem

Mayer I. Gruber
Senior Lecturer, Department of Bible and Ancient Near East, Ben Gurion University of the Negev, Beersheba and Visiting Professor of Bible, Spertus College of Judaica

Delbert R. Hillers
W.W. Spence, Professor of Semitic Languages, Johns Hopkins University, Baltimore

Victor (Avigdor) Hurowitz
Instructor of Assyriology, Hebrew University, Jerusalem and Instructor of Bible, Ben Gurion University of the Negev, Beersheba

William Klassen
Dean, Interfaith Academy of Peace, Ecumenical Institute, Tantur, Jerusalem

Frederic Manns, O.F.M.
Professor of New Testament and Rabbinic Literature, Studium Biblicum Franciscanum, Jerusalem

Yaakov Meshorer
Associate Professor of Classical Archaeology, Hebrew University, Curator, Israel Museum, Jerusalem

Jacob Milgrom
Professor of Biblical Studies, University of California, Berkeley

Jerome Murphy-O'Connor, O.P.
Professor of New Testament Exegesis, Ecole Biblique et Archaéologique Française, Jerusalem

Avraham Negev
Professor of Classical Archaeology, Institute of Archaeology, Geography and Classical History, Hebrew University, Jerusalem

Shalom M. Paul
Head of the Bible Department, Hebrew University, Jerusalem

Chaim Pearl
Rabbi Emeritus, Conservative Synagogue, Adath Israel of Riverdale, New York

Frank Polak
Junior Lecturer, Bible Department, Tel Aviv University

Ray Pritz
Executive Secretary of the Bible Society in Israel, Jerusalem

Donald Senior, C.P.
Professor of New Testament, Catholic Theological Union, Chicago

Yigal Shiloh
Associate Professor of Biblical Archaeology, Director of Institute of Archaeology, Hebrew University, Jerusalem

John R. Spencer
Associate Professor, Department of Religious Studies, John Carroll University, University Heights, Ohio

Ephraim Stern
Lauterman Professor of Biblical Archaeology, Hebrew University, Jerusalem

August Strobel
Director of the German Archaeological Institute, Jerusalem

Shemaryahu Talmon
J.L. Magnes Professor, Department of Bible Studies, Hebrew University, Jerusalem

Jeffrey H. Tigay
Abraham M. Ellis Associate Professor of Hebrew and Semitic Languages and Literatures, Department of Oriental Studies, University of Pennsylvania.

Emmanuel Tov
Professor of Bible, Bible Department, Hebrew University, Jerusalem

Benedict T. Viviano, O.P.
Professor of New Testament, Ecole Biblique et Archaéologique Française, Jerusalem

Elaine Wainwright, R.S.M.
Professor of New Testament, Archediocesan Seminary, Brisbane

Raymond Westbrook
Lecturer in Biblical Law (Bible Department) and Ancient Near Eastern Law (Law Faculty), Hebrew University, Jerusalem

Geoffrey Wigoder
Director of Oral History Department, Institute of Contemporary Jewry, Hebrew University of Jerusalem

James G. Williams
Professor of Religion, Syracuse University

Andrea Berlin, Jeff Black, Raphael Carse, Geula Cohen, Georgette Corcos, Edward Curtis, Luc Devillers, O.P., Shulamit Eisenstadt, Yohanan Eldad (†), Frances Gertler, Ayelet Gilboa, Lori Glasshofer, David Glatt, Raphael Greenberg, Isaac Kalimi, F. W. Knobloch, Jodi Magness, Ian C. Mann, Galen Marquis, Sasja Martel, Michelle Mazel, Leah Mazor, Elizabeth Miller, Scott Nikaido, Lucy Orkin-Plitmann, Lilach Peled, Claire Pfann, Stephen J. Pfann, Rony Reich, Baruch Schwartz, Oded Tammuz, David Tarler, Emmanuel White

MITARBEITER DER DEUTSCHEN AUSGABE

Herausgeber:
Kurt Hennig (†)*

Theologische Mitarbeiter:
Gabriele Ackermann, Theologin
Theo Braun*, Dekan i.R.
Dr. theol. Eberhard Grötzinger*, theol. Studienleiter
Dr. h.c. Fritz Grünzweig (†)*
Dr. theol. Joachim Hahn*, Pfarrer
Kirsten Hellmich, Theologin
Hanno Herzler, Theologe
Wilhelm Holzapfel*, Pfarrer i.R.
Drs. Jürgen Kuberski*, Theologe
Prof. Dr. theol. Thomas Schirrmacher*
Werner Schmückle*, theol. Studienleiter
Bodo Schulz, Pfarrer i.R.
Dr. theol. Rainer F. Uhlmann*, Dekan
Stephan Zehnle*, Diplom-Theologe

Übersetzung:
The Jerusalem Publishing House

Sprachliches Lektorat:
Dr. phil. Friedemann Lux*
Jsolde Steigelmann

Koordination:
Dr. rer. soc. Bernd Steinebrunner

Leitung der Herstellung:
Bernhard Schorsy

(Die mit * gekennzeichneten Mitarbeiter haben einen Teil der Artikel verfaßt bzw. neuverfaßt.)

HINWEISE ZUR BENUTZUNG

Neben den Artikeln findet der Leser jeweils, als gesonderte Spalte auf dem Innenrand der Seite, die Konkordanz zu dem betreffenden Stichwort; diese Konkordanz listet die Bibelstellen auf, an denen das Stichwort im Luthertext 1984 *wörtlich* vorkommt. Bei einigen großen Sammelartikeln wie »Glaube« u. a. ist die Konkordanz aus Platzgründen auf die wesentlichen Vorkommen beschränkt.

Bei Querverweisen auf andere Stichwörter im Lexikon werden diese Stichwörter jeweils groß geschrieben (z. B.: vgl. auch SEGEN).

Die Bibelzitate beziehen sich auf die Lutherübersetzung (LÜ) in der Revision von 1964 für das Alte und 1984 für das Neue Testament.

Zur Abkürzung der biblischen Bücher sowie den anderen häufiger verwendeten Abkürzungen vgl. unten das Verzeichnis der Abkürzungen.

VERZEICHNIS DER ABKÜRZUNGEN

Abkürzungen der biblischen Bücher:

Altes Testament:

Am	Amos
1. Chr	1. Chronik
2. Chr	2. Chronik
Dan	Daniel
Esr	Esra
Est	Ester
Hab	Habakuk
Hag	Haggai
Hes	Hesekiel (Ezechiel)
Hiob	Hiob (Ijob)
Hld	Hoheslied
Hos	Hosea
Jer	Jeremia
Jes	Jesaja
Joel	Joel
Jona	Jona
Jos	Josua
Klgl	Klagelieder
1. Kön	1. Könige
2. Kön	2. Könige
Mal	Maleachi
Mi	Micha
1. Mose	1. Mose (Genesis)
2. Mose	2. Mose (Exodus)
3. Mose	3. Mose (Levitikus)
4. Mose	4. Mose (Numeri)
5. Mose	5. Mose (Deuteronomium)
Nah	Nahum
Neh	Nehemia
Obd	Obadja
Pred	Prediger (Kohelet)
Ps	Psalm(en)
Ri	Richter
Rut	Rut
Sach	Sacharja
1. Sam	1. Samuel
2. Sam	2. Samuel
Spr	Sprüche (Sprichwörter)
Zef	Zefanja

Apokryphen:

Bar	Baruch
Geb Man	Gebet Manasses
Jdt	Judit
1. Makk	1. Makkabäer
2. Makk	2. Makkabäer
Sir	Sirach
St zu Dan	Stücke zu Daniel
St zu Est	Stücke zu Ester
Tob	Tobias
Weish	Weisheit

Neues Testament:

Apg	Apostelgeschichte
Eph	Epheser
Gal	Galater
Hebr	Hebräer
Jak	Jakobus
Joh	Johannes
1. Joh	1. Johannesbrief
2. Joh	2. Johannesbrief
3. Joh	3. Johannesbrief
Jud	Judas
Kol	Kolosser
1. Kor	1. Korinther
2. Kor	2. Korinther
Lk	Lukas
Mk	Markus
Mt	Matthäus
Offb	Offenbarung
1. Petr	1. Petrus
2. Petr	2. Petrus
Phil	Philipper
Phlm	Philemon
Röm	Römer
1. Thess	1. Thessalonicher
2. Thess	2. Thessalonicher
1. Tim	1. Timotheus
2. Tim	2. Timotheus
Tit	Titus

Allgemeine Abkürzungen:

ägypt.	ägyptisch
akkad.	akkadisch
allg.	allgemein
aram.	aramäisch
archäolog.	archäologisch
arab.	arabisch
assyr.	assyrisch
AT	Altes Testament
atl.	alttestamentlich
babyl.	babylonisch
bes.	besonders
bzw.	beziehungsweise
bibl.	biblisch
byz.	byzantinisch
ca.	circa
chald.	chaldäisch
christl.	christlich
d. Ä.	der Ältere
d. Gr.	der Große
d. h.	das heißt
d. i.	das ist
d. J.	der Jüngere
dt.	deutsch
d. T.	(Johannes) der Täufer
ev.	evangelisch
Ev.	Evangelium
evtl.	eventuell
Ez.	Einzahl
f., ff.	und folgende(r) Vers(e)
geb.	geboren
gegr.	gegründet
griech.	griechisch
ha	Hektar
hebr.	hebräisch
hell.	hellenistisch
histor.	historisch
Hl. Geist	Heiliger Geist
Hs., Hss.	Handschrift(en)
HS	Heilige Schrift
i. a.	im allgemeinen
i. J.	im Jahre
islam.	islamisch
isrl.	israelitisch
Jh.	Jahrhundert
Jt.	Jahrtausend
jüd.	jüdisch
Kap.	Kapitel
kath.	katholisch
kanaan.	kanaanäisch, kanaanitisch
kanon.	kanonisch
königl.	königlich
lat.	lateinisch
LÜ	Lutherübersetzung
LXX	Septuaginta (griech. Übersetzung des AT)
Ms., Mss.	Manuskript(e)
mesopot.	mesopotamisch
Mz.	Mehrzahl
nabat.	nabatäisch
NT	Neues Testament
ntl.	neutestamentlich
palästin.	palästinisch
par.	und Parallelstellen
pers.	persisch
philist.	philistäisch
phöniz.	phönizisch
ptolem.	ptolemäisch
prähistor.	prähistorisch
rabbin.	rabbinisch
röm.	römisch
s.	siehe
s. o.	siehe oben
s. u.	siehe unten
samarit.	samarit(an)isch
seleukid.	seleukidisch
semit.	semitisch
sog.	sogenannt
syr.	syrisch
u. a.	und andere; unter anderem
u. ä.	und ähnliche(s)
u. ö.	und öfter
u. U.	unter Umständen
ü. M.	über dem Meeresspiegel
ugarit.	ugaritisch
urspr.	ursprünglich
usf.	und so fort
usw.	und so weiter
V.	Vers
v. a.	vor allem
versch.	verschiedene
vgl.	vergleiche
wörtl.	wörtlich
z. B.	zum Beispiel
z. T.	zum Teil
z. Zt.	zur Zeit
zeitgen.	zeitgenössisch
zus.	zusammen

Mose liest aus einer Schriftrolle. Wandmalerei aus der Synagoge Dura-Europos am Euphrat, 3. Jh. n. Chr.

A

AARON 2. Mose 4,14.27–30; 5,1.4.20; 6,13. 20.23.25–27; 7,1–2.6–10. 12.19–20; 8,4.8.12; 9,8.27; 10,3.8.16; 11,10; 12,1. 28.31.43.50; 15,20; 16,2. 6.9–10.33–34; 17,10.12; 18,12; 19,24; 24,1.9.14; 27,21; 28,1–4.12.29–30.35.38.40–41. 43; 29,4–5,9–10.15.19–21 24.26–29.32.35. 44; 30,7.10. 19.30; 31,10; 32,1–3.5.21–22. 25.35; 34,30–31; 35,19; 38,21; 39,1.27.41; 40,12–13.31; 3. Mose 1,5.7.11; 2,2–3.10; 3,2.5.8.13; 6,2. 7.9.13.15.18; 7,10.31.33–35; 8,2.6.12–14.18. 22–24.27.30–31.36; 9,1–2. 7–8.12.21–23; 10,1.3–4.6. 8.12.16.19; 11,1; 13,1–2; 14,33; 15,1; 16,1–3.6. 11.21.23; 17,2; 21,1.17.21.24; 22,2.4.18; 24,3.9; 4. Mose 1,3.17.44; 2,1; 3,1–4.6.9–10. 32.38–39.48.51; 4,1.5.15–17.19. 27–28.33–34. 37.41.45–46; 6,23; 7,8; 8,2–3. 11.13.19–22; 9,6; 10,8; 12,1.4–5.10; 13,26; 14,2.5.26; 15,33; 16,3.11.16–18.20; 17,2.5–8.11–12.15.18. 21.23.25; 18,1.8.20.28; 19,1; 20,2.6.8.10.12. 23–26.28–29; 25,7.11; 26,1. 9.59–60.64; 27,13; 33,1; 5. Mose 9,20; 10,6; 32,50;

AARON Sohn Jochebeds und Amrams aus dem Stamm Levi; der Bruder Moses und Mirjams; Ahnherr und Gründer des isrl. Priesteramts. A. begleitete Mose, der keine Redebegabung hatte, als Sprecher sowohl beim Pharao (2. Mose 5,1–5) als auch bei den Israeliten (2. Mose 4,27–31). An vielen Stellen sind Mose und A. sozusagen als Führungspaar verbunden (2. Mose 5,4.20; 7,8.20). A. war ermächtigt, den Stab zu führen, den Gott Mose gegeben hatte, und er war es auch, der den Stab zur Erde warf, wo er sich vor den Augen des Pharaos in eine Schlange verwandelte (2. Mose 7,8–13). Mehrere der zehn Plagen (z. B. Blut, Frösche, Stechmücken) wurden von A. mit Hilfe des Stabs ausgelöst (2. Mose 7,14–8,1.12). A.s Rolle während des Auszugs war weniger bedeutend. Bei der Schlacht mit den Amalekitern stützte er zusammen mit Hur Moses Hände (2. Mose 17,12).

Aaron gießt Öl in den siebenarmigen Leuchter aus getriebenem Gold, wie er in 2. Mose 37,17–24 beschrieben wird. Aus einer Bilderhandschrift Benjamins, des Schreibers, ca. 1280 (möglicherweise in Troyes, Frankreich hergestellt; British Museum).

Als Mose auf den Berg Sinai stieg, blieben A. und Hur mit dem Auftrag zurück, das Volk zu führen (2. Mose 24,14). Als sich die Israeliten wegen der vierzigtägigen Abwesenheit um Mose sorgten, flehten sie A. an, ihnen einen sichtbaren Ersatzgott zur Leitung und Anbetung zu machen. A. sammelte Gold vom Volk, schmolz es und goß ein Kalb, das die Israeliten als Götzen zu verehren begannen (2. Mose 32,1–6). Als Mose vom Berg herabstieg, wurde das Volk bestraft. A. aber wurde mit ernstem Tadel die Strafe erlassen (2. Mose 32,21–29; 5. Mose 9,20). Als A. zusammen mit Mirjam Moses Autorität in Frage stellte, indem er erklärte, daß auch ihnen göttliche Offenbarung gewährt worden sei, entging er wiederum einer Bestrafung, während Mirjam vom Aussatz befallen wurde (4. Mose 12).

A.s Amt wurde dadurch begründet, daß Gott Mose befahl, ihn und seine Söhne zu Priestern zu weihen (2. Mose 28,1–29,37). Sie wurden von Mose gesalbt und geweiht (3. Mose 8–9). Fortan amtierte A., unterstützt von seinen Söhnen Eleasar und Itamar, an der Seite Moses. Seine beiden anderen Söhne aber, Nadab und Abihu, die ebenfalls als Priester eingesetzt waren, wurden von einem göttlichen Feuer verzehrt, weil sie ein Opfer dargebracht hatten, das nicht geboten war, und »Aaron schwieg« (3. Mose 10,1–3).

Während des Aufruhrs von Korach und seiner Rotte stand A. auf der Seite von Mose (4. Mose 16,3.20). Der von Gott als Vergeltung geschickte Plage konnte erst gewehrt werden, als A. Räucherwerk opferte, um Gott zu versöhnen (4. Mose 17,6–15). Eine göttliche Bestätigung seiner Wahl zum Priesteramt wurde für alle sichtbar, als sein Stab blühte und Mandeln trug (4. Mose 17,23).

A. war es ebenso wie Mose verwehrt, in das Gelobte Land zu ziehen. Er starb auf dem Berg Hor, nahe der Grenze von Edom, im Alter von 123 Jahren; seine Priestergewänder wurden seinem Sohn Eleasar zum Zeichen der Erbfolge übertragen (4. Mose 20,28).

Außerhalb der fünf Bücher Mose wird A. neben Mose als Führer des Auszugs aus Ägypten erwähnt (1. Sam 12,6.8; Ps 77,21; 105,26; Mi 6,4) und als Fürsprecher (Ps 99,6). Im NT erscheint er als unvollkommener Priester im Gegensatz zur vollkommenen Priesterschaft Jesu (Hebr 5,4; 7,11).

Jos 21,4.10.13.19; 24,5.33; Ri 20,28; 1. Sam 12,6.8; 1. Chr 5,29; 6,34–35.39.42; 15,4; 23,13.28,32; 24,1.19.31; 2. Chr 13,9–10; 26,18; 29,21; 31,19; 35,14; Esr 7,5; Neh 10,39; 12,47; Ps 77,21; 99,6; 105,26; 106,16; 115,10.12; 118,3; 133,2; 135,19; Mi 6,4; Lk 1,5; Apg 7,40; Hebr 5,4; 7,11; 9,4.

AARONITEN Priesternachkommen Aarons, des ersten Hohenpriesters. Siehe PRIESTER.

AARONITEN 1. Chr 12,28; 27,17.

ABADDON (»Ort des Abgrunds«). Das Wort wird im hebr. AT parallel zu »Hölle« als Bezeichnung für den Bereich des Todes gebraucht (»Abgrund« in Hiob 26,6; 28,22; 31,12; »Grab« in Ps 88,12; »Unterwelt« in Spr 15,11). (Siehe TOTENREICH.) Im NT ist A. »der Engel des Abgrunds«, der im Hebräischen »A.« heißt, aber im Griechischen den Namen »Apollyon« (»Zerstörer«) trägt. Von ihm heißt es, daß er in der Vision des Apostels Johannes von den sieben Plagen der König über die Heuschrecken war, die beim Erschallen der fünften Posaune aus dem Brunnen des Abgrunds stiegen (Offb 9,11).

ABADDON Offb 9,11

ABAGTA Im Buch Ester einer der sieben Kämmerer im Palast des Königs Ahasveros, Diener der Königin und der Frauen am königlichen Hof in Persien. Während des siebentägigen Festmahls, das der König zu Ehren der Fürsten seiner Provinzen und der Staatsbeamten in der Festung Susa gab, befahl Ahasveros den sieben Kämmerern, »daß sie die Königin Wasti mit ihrer königlichen Krone holen sollten vor den König« (Est 1,1–12).

ABAGTA Est 1,10

ABANA Einer der beiden Flüsse von Damaskus, die Naaman, der Feldhauptmann der syr. Armee, erwähnte, als Elisa ihm empfahl, sich im Jordan zu waschen, um vom Aussatz geheilt zu werden (2. Kön 5,10–12).

ABANA 2. Kön 5,12

Die gebirgige Landschaft »östlich von Nebo«, die das Tote Meer überragt, wird in der Bibel als Abarim bezeichnet, wo die Israeliten lagerten, bevor sie nach Kanaan kamen (4. Mose 33,47).

ABARIM (»Das Grenzland« oder »jenseitige Gebiete«). Die »östlich vom Nebo« in Moab gelegene gebirgige Landschaft, die das Tote Meer und die Jordanebene überragt und wo die Israeliten lagerten, bevor sie in das Gelobte Land zogen. Von hier blickte Mose auf das Gelobte Land, aber weiter durfte er sich ihm nicht nähern.

ABARIM 4. Mose 27,12; 33,47–48; 5. Mose 32,49; Jer 22,20

ABBA Die Transkription des aram. Wortes für die Anrede »Vater« oder »mein Vater«. Das Wort drückte eine vertraute Beziehung aus (ähnlich seinem heutigen Gebrauch in Israel). Es kommt dreimal im NT vor, wobei

ABBA Mk 14,36; Röm 8,15; Gal 4,6

immer die griech. Übersetzung (d. h. »mein Vater« oder »lieber Vater«) hinzugefügt wird. Das Verständnis Jesu von Gott als seinem Vater stellte etwas Neues dar. Sein Gebrauch des Wortes während des Gebets im Garten Gethsemane vor seiner Festnahme spiegelt das Ausmaß seiner engen Verbundenheit mit dem Vater und das Vertrauen in ihn in der Stunde seiner größten Not wider (Mk 14,36). Paulus beschrieb die Beziehung des Gläubigen zu Gott als die eines Kindes, das sich jederzeit auf seinen Vater verlassen kann (Röm 8,15), und erklärte, daß es der Geist Christi sei, der es dem einzelnen Gläubigen erlaube, dies zu tun (Gal 4,6). Das neue Recht des Gläubigen, Gott mit »Abba, mein Vater«, anzusprechen, ist Ausdruck der Veränderung seines Status (Röm 8,15–16). Durch die Erlösung ist er nicht mehr Knecht, sondern rechtsgültiger Sohn.

ABDA 1 1. Kön 4,6 **ABDA 2** 1. Chr 9,16; Neh 11,17

ABDA (»Diener«).

1. Vater des Hadoniram, der Aufseher der Zwangsarbeiter während der Regierungszeit Salomos war.

2. Sohn des Schammua, ein Levit, der nach dem babyl. Exil nach Jerusalem zurückkehrte (Neh 11,17–18).

ABDEEL Jer 36,26

ABDEEL (»Diener Gottes«). Vater des Schelemja, eines der drei Männer, die von König Jojakim ausgesandt wurden, um den Propheten Jeremia und seinen Schreiber Baruch zu ergreifen.

ABDI 1 1. Chr 6,29 **ABDI 2** 2. Chr 29,12 **ABDI 3** Esr 10,26

ABDI (wahrscheinlich eine Abkürzung des Namens Abdiël, »Diener Gottes«).

1. Vater des Kuschaja, ein Levit aus dem Haus Merari.

2. Ebenfalls ein Levit aus dem Haus Merari, Vater des Kisch. Vielleicht derselbe wie (1).

3. Einer der Söhne Elams. Er gehörte zu denen, die heidnische Ehefrauen genommen hatten, diese jedoch auf die Anordnung Esras hin wieder verstießen (Esr 10,10–12.26).

ABDIËL 1. Chr 5,15

ABDIËL (»Diener Gottes«). Ein Gaditer, der Sohn des Guni und Vater des Ahi, welcher zur Zeit Jotams, des Königs von Juda, und Jerobeams, des Königs von Israel, in der Gegend von Gilead in Baschan lebte (1. Chr 5,11–17).

ABDON 1 Jos 21,30; 1. Chr. 6, 59 **ABDON 2** Ri 12,13 **ABDON 3** 1. Chr 8,23 **ABDON 4** 1. Chr 8,30; 9,36

ABDON (»unterwürfig«).

1. Eine Stadt im Gebiet Assers, die der Familie Gerschon aus dem Stamm Levi zugeteilt wurde.

2. Der Sohn Hillels aus Piraton im Land Ephraim. Einer der kleinen Richter, der Israel acht Jahre richtete. Er war Nachfolger von Elon, dem Sebuloniter.

Münze mit der Aufschrift »Abdiël«, geprägt in Juda oder Samaria im 4. Jh. v. Chr. (Israel Museum).

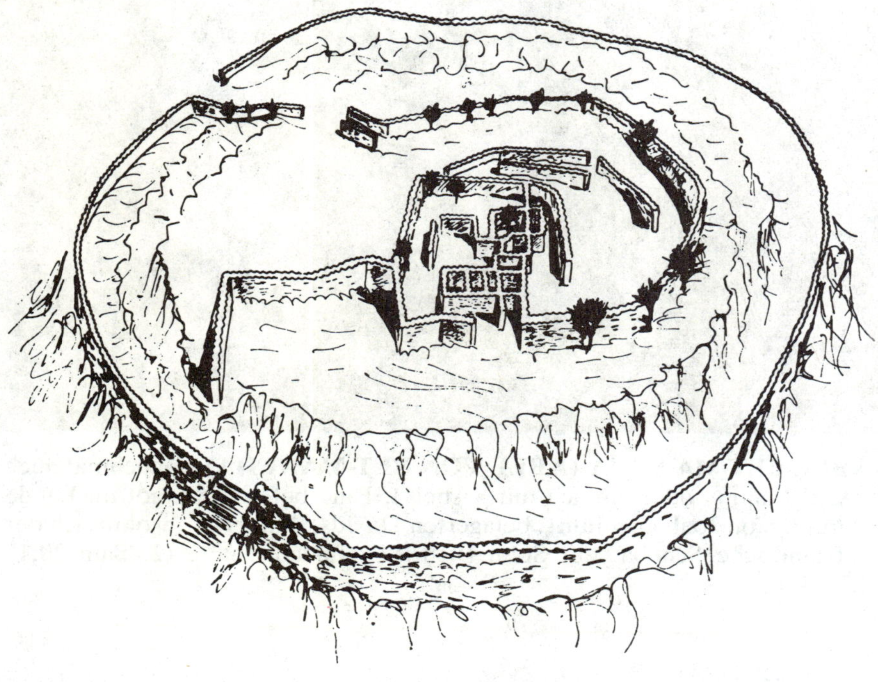

Grundriß von Abdon, rekonstruiert von M. Prausnitz nach einer Luftaufnahme der alten Festungsstadt (»Eretz-Israel«, Bd. 11, 1973, herausgegeben von der Israel Exploration Society).

3. Ein Benjaminiter, Sohn des Schaschak, Oberhaupt einer Familie, die in Jerusalem lebte (1. Chr 8,23–28).

4. Ein anderer Benjaminiter, ein Sohn Jeiëls und Maachas.

ABED-NEGO (»Diener Negos«, vielleicht in Anlehnung an den chald. Gott Nebo). Asarja erhielt diesen babyl. Namen, nachdem er gemeinsam mit Daniel, Hananja und Mischaël zum Hof Nebukadnezars gebracht wurde, wo sie eine spezielle dreijährige Ausbildung absolvierten (Dan 1,6–7). Bei Abschluß ihrer Ausbildung befand sie der König für zehnmal besser als alle Zeichendeuter und Weisen seines Königreiches (Dan 1,19–20).

ABED-NEGO Dan 1,7; 2,49; 3,12–14.16. 19–20.22–23. 26.28–30

Auf Daniels Bitte hin wurden A. (d. h. Asarja), Meschach und Schadrach (die babyl. Namen Mischaëls bzw. Hananjas) zu Verwaltern der einzelnen Bezirke Babyloniens ernannt. Die drei jungen Männer wurden später beschuldigt, sich nicht vor dem goldenen Abbild des Königs verbeugt und nicht die babyl. Götter verehrt zu haben (Dan 2,49; 3,1–12). Nebukadnezar warf sie daraufhin in einen »glühenden Ofen«, dem sie jedoch unversehrt wieder entstiegen (Dan 3,19–25). Nebukadnezar staunte über diese wunderbare Rettung und pries den Gott Israels (Dan 3,28).

ABEL (»Hauch; Nichtigkeit«?). Der zweite Sohn Adams und Evas, der von seinem Bruder Kain ermordet wurde. A. war Schafhirt und Kain Ackermann. Beide brachten Gott ein Opfer von den Früchten ihrer Arbeit. Gott nahm Abels Opfer von den »Erstlingen seiner Herde und von ihrem Fett« gnädig an, wies Kains Opfer jedoch zurück. In einem Eifersuchtsanfall brachte Kain seinen Bruder um (1. Mose 4,2–8).

ABEL 1. Mose 4,2.4.8–9,25; Mt 23,35; Lk 11,51; Hebr 11,4; 12,24

Im NT wird A. als »gerecht« (Mt 23,35) bezeichnet und von Jesus als der Typ des unschuldigen Gerechten, der leidet und getötet wird, beschrieben (Lk 11,51). A.s Opfer wird wegen seines Glaubens größer erachtet als Kains Opfer, und »durch den Glauben redet er noch, obwohl er gestorben ist« (Hebr 11,4). Sein Blut wird mit dem Blut Jesu verglichen, »das besser redet als Abels Blut« (Hebr 12,24). Siehe auch ANHANG.

Manche Bauern im Heiligen Land pflügen noch wie zur Zeit der Antike.

ABEL-BET-MAACHA (ABEL VON BET-MAACHA) (manchmal auch »Abel-Majim« oder einfach nur »Abel«). Eine befestigte Stadt im Lande Naftali. Von Joab angeführt, belagerten Davids Männer A., wohin sich der aufständische Scheba, der Sohn Bichris, geflüchtet hatte (2. Sam 20,1–2.7.13–15).

ABEL-BET-MAACHA 2. Sam 20,14–15.18; 1. Kön 15,20; 2. Kön 15,29

A. wurde von dem syr. König Ben-Hadad angegriffen (1. Kön 15,20). Später eroberte Tiglat-Pileser die Stadt, und ihre Einwohner wurden nach Assyrien gebracht (2. Kön 15,29).

Die Stadt lag einige Kilometer nördlich der modernen Stadt Kirjat Schmonah.

Blick von Abel-Bet-Maacha auf das Hula-Tal mit dem Berg Hermon im Hintergrund.

ABEL-KERA-MIM Ri 11,33

ABEL-KERAMIM Ein Ort östlich des Jordans, bis zu dem Jeftah die Ammoniter verfolgte (Ri 11,29–33). Es wird angenommen, daß er südlich von Rabbath Ammon lag.

ABEL-MAJIM 2. Chr 16,4

ABEL-MAJIM Siehe ABEL-BET-MAACHA.

ABEL-MEHOLA Ri 7,22; 1. Kön 4,12; 19,16

ABEL-MEHOLA Eine Stadt im Jordantal. Gideon verfolgte die Midianiter bis nach A. »bei Tabbat« (Ri 7,22). Es war auch die Heimatstadt Elisas. Dort traf ihn Elia pflügend an, als er sich dorthin begab, um Elisa zu seinem Nachfolger zu salben (1. Kön 19,16.19).

Die genaue Ortslage ist noch nicht bekannt, aber die Stadt befand sich in der Nähe Bet-Scheans.

ABEL-SCHITTIM Siehe SCHITTIM.

ABEND-MAHL/MAHL Lk 14,12.16f. 24; 22,20; 1. Kor 11,20.25; Offb 3,20; 19,17

ABENDMAHL Bezeichnung für das letzte Mahl Jesu mit seinen Jüngern am Vorabend vor seinem Tod; sein Gedächtnis wird in der Kirche am Gründonnerstag der Karwoche begangen. Der Ausdruck »A.« erscheint im NT (Luthertext) nur an einer Stelle: 1. Kor 11,20. Dasselbe Wort dient zugleich zur Bezeichnung der Feier des Altarsakraments, vorab in der ev. Kirche. Andere Ausdrücke wie »Herrenmahl« oder »Tisch des Herrn« treten gegenüber dem Begriff »Abendmahl« dort zurück. In der kath. Kirche wird dafür der Ausdruck »Eucharistie« gebraucht; er umschreibt den ganzen Meßgottesdienst; mit »Kommunion« wird der Empfang des Sakraments durch die Gläubigen bezeichnet.

Das NT erwähnt die Feier des A. an vielen Stellen, in der Apg oft unter der Bezeichnung »Brotbrechen« (2,42.46; 20,7; vgl. 1. Kor 10,16). Von grundlegender Wichtigkeit sind die vier Berichte von der Einsetzung des A. durch Jesus (Mt 26,26–29; Mk 14,22–25; Lk 22,15–20; 1. Kor 11,23–25). Der älteste dieser Berichte ist wahrscheinlich der in 1. Kor 11. Das Johannesev. hat keinen Abendmahlsbericht; es bezieht sich aber indirekt auf dieselben Inhalte, wie sie in den Stiftungsberichten der synoptischen Evangelien zutage treten, vorab in Kap. 6 (35; 41–59). Aufgrund dieser Berichte ist nicht mit völliger Sicherheit zu entscheiden, ob dieses letzte Mahl Jesu mindestens zu Beginn des Beisammenseins mit den Jüngern eine Feier des Passamahls war und dabei mit dem neuen Inhalt des Neuen Bundes (Mt 26,28) gefüllt wurde, oder ob es eine vom Passa unabhängige Feier sein wollte.

Die Gegend von Abel-Keramim südlich von Rabbath Ammon. Bis hierher verfolgte Jeftah die Ammoniter.

Das Abendmahl, Marmorrelief über dem Portal der Grabeskirche von Jerusalem. Jesus und die Jünger sitzen am Tisch, Judas Iskariot davor; der Jünger, der an der Brust Jesu liegt, wird für Johannes gehalten (Israelische Regierungsabteilung für Altertümer und Museen).

Besonders nach Lk 22,7–20 ist aber doch wohl von einer Passafeier auszugehen (vgl. Joh 19,33.34), auch wenn dieser Zug bei Mk und Paulus nicht hervortritt. Die Unterschiede im Wortlaut der vier Berichte sind wohl daraus zu erklären, daß jeder Bericht die Form widerspiegelt, in der das Mahl des Herrn in der jeweiligen Gemeinde gefeiert wurde. Bei Paulus z. B. wäre das die Gemeinde in Antiochia gewesen (Apg 13,1–3).

Ob das A. in den urchristlichen Gemeinden teilweise in der Form einer gemeinsamen Mahlzeit, also als Sättigungsmahl gefeiert wurde (angeblich *agápe* genannt; von griech. *agápe,* [»Liebe«], davon dann *Liebesmahl*), ist eine mit Zurückhaltung zu beantwortende Frage. Soweit wir darüber entsprechende Berichte vorliegen haben (1. Kor 11,20–22; 33.34; Jud 12), ist zu beachten, daß diese Mitteilungen stets eine starke Kritik an dieser Form der Feier zum Gegenstand haben. Paulus rät dringend, von solchen Abendmahlsfeiern, die diesen Namen nicht mehr verdienen, unbedingt Abstand zu nehmen (1. Kor 11,20.34).

Diese Warnung hängt eng mit dem Sinn und der Heilsbedeutung des A. zusammen. Aus den bibl. Texten ergeben sich für die Bedeutung dieses von Jesus gestifteten Sakraments folgende Hauptgesichtspunkte:

1. Die Gemeinschaft mit dem Tischherrn, der an seinen Tisch geladen hat. Er will also selbst mitten unter seinen Gästen anwesend sein, in, mit und unter Brot und Wein seinen Leib und sein Blut darbieten. Die Teilnahme am A. hat also zugleich ausschließenden Charakter: Eine vergleichbare Gemeinschaft mit anderen Tisch- und also Lebensherren ist für den Christen unmöglich (also eine Nachfolge anderer Götter, Götzen und Höchstwerte: 1. Kor 10,16.17.21). Ohne daß das NT eine lehrsatzmäßige These über eine Realpräsenz Christi in den Elementen Brot und Wein formulieren würde, besagt doch dieses Grundmerkmal der Tischgemeinschaft, daß es eine Gemeinschaft mit dem gegenwärtigen Christus ist, der seinen Jüngern, seinen Gästen, »wahrhaftig und gegenwärtig mit Brot und Wein seinen Leib und Blut schenkt und darreicht« (J. Brenz). Aus dieser Gemeinschaft mit dem Gastgeber erwächst eine besondere brüderliche Gemeinschaft der Gäste untereinander. Sie resultiert aber erst daraus, ist also gerade nicht an und für sich ein konstitutives Merkmal des A. Eine bloß freundschaftliche Gemeinschaftsfeier in dem besonderen, möglichst etwas kultivierten Rahmen einer Abendmahlsfeier verdient nach Paulus die Bezeichnung »Herrenmahl« gerade nicht (1. Kor 10,16; 11,20).

2. Die rettende Stellvertretungskraft des Leibes und Blutes Jesu Christi. Der gebrochene Leib und das vergossene Blut bedeuten den einmaligen, stellvertretenden Sühnetod Christi, durch den er den Sünder heraustauscht (griech. *katallássein* [»da tritt ein andrer für mich ein«]) aus dem Todesurteil Gottes über die Sünde (1. Mose 3,19; Röm 6,23).

Dies ist der Sinn der Spendeworte »für euch« (1. Kor 11,24; Mt 26,28), also des stellvertretenden Sterbens Jesu für die Teilnehmer an seinem Mahl. So gewiß das A. immer auch eine Gedenkfeier ist (»zu meinem Gedächtnis«, 1. Kor 11,24.25), so sehr zielt alles auf diese eine Mitte: die Heilstat Christi für das Leben und Sterben der Feiernden, die dadurch vor Gottes Gericht bestehen können. Darum ist die Verkündigung seines Todes (1. Kor 11,26) mehr als die Erinnerung an ihn. Denn sein »Tod ist unser Leben« (EKG 66,3).

3. Deshalb weist die Abendmahlsfeier auch immer hinaus über sich selbst auf die ewige Tischgemeinschaft mit dem erhöhten Herrn, auf die Erfüllung des Maranata (1. Kor 16,22; Offb 22,20). Das Mahl des Herrn ist immer zugleich Ausblick auf die ewige Zukunft des Herrn. Darum gehört der Lobgesang der irdischen Gemeinde und der Ausblick auf die vollendete Gemeinde immer zur Abendmahlsliturgie. Das Mahl des Herrn zielt auf die vollendete Gottesherrschaft (1. Kor 15,28), zugleich aber auf den Ernst des vorangehenden letzten Urteils des Herrn über den Menschen (2. Kor 5,10). – Wahrscheinlich liegen Elemente einer solchen urchristlichen Abendmahlsliturgie in 1. Kor 16,20–24 vor.

Zusammenfassend ist zu sagen, daß die Sakramente nach dem NT keinesfalls nur Symbole sein sollen, sondern daß sie wirksame Gnadenmittel sind. Sie wirken aber nicht durch ihren bloßen Vollzug, sondern durch den auferstandenen und lebendigen Herrn, der in diesen Sakramenten handelt, in denen die Nachfolger Christi im Glauben die Gemeinschaft mit ihrem Herrn erfahren und die Vergebung der Sünden »mit Brief und Siegel« empfangen (Mt 26,28).

Der Abendmahlsraum (Coenaculum) auf dem Zionsberg; nach einer Tradition aus dem 5. Jahrhundert lag hier der Ort, an dem Jesus mit seinen Jüngern das Passamahl feierte. Der Raum wird auch mit dem Pfingstfest (Apg 1,13) in Verbindung gebracht.

ABI 2. Kön 18,2; 2. Chr 29,1

ABI Die Frau von König Ahas und die Mutter von König Hiskia (2. Kön 18,2).

ABIA 1. Chr 7,8

ABIA (»Jahwe ist mein Vater«).

Ein Sohn Bechers und Enkel Benjamins.

ABIA, ABIJA 1 1. Chr 6,13; 1. Sam 8,2

ABIA, ABIJA 2 1. Kön 14,31; 15,1.7–8; 1. Chr 3,10; 2. Chr 11,20.22; 12,16; 13,1–4. 15.17.19–23; Mt 1,7

ABIA, ABIJA (»Jahwe ist mein Vater«).

1. Zweiter Sohn des Propheten Samuel. A. und sein älterer Bruder Joel wurden zu Richtern in Beerscheba ernannt, waren aber korrupt und beugten das Recht. Das veranlaßte die Ältesten Israels, den alternden Samuel zur Ernennung eines Königs zu nötigen (1. Sam 8,1–5).

2. König von Juda (911 – 907 v. Chr.). A. war der Sohn von König Rehabeam (1. Kön 14,31; 15,1–2); dieser setzte ihn »als Ersten unter seinen Brüdern, als Thronfolger, ein; denn er gedachte ihn zum König zu machen« (2. Chr 11,20–22). A. regierte drei Jahre und betrieb denselben religiösen Synkretismus wie sein Vater Rehabeam (1. Kön 15,3). Jedoch wird er im Kampf mit Jerobeam von Israel, mit dem er während seiner Regierungszeit im Streit lag (1. Kön 15,6–7), nach dem Bericht der Chronikbücher als jahwetreuer Herrscher beschrieben (2. Chr 13,1–19). A. eroberte nach dieser Darstellung vom König von Israel die Städte Bethel, Jeschana und Efron. Er wurde in der Stadt Davids begraben; sein Nachfolger wurde sein Sohn Asa (2. Chr 13,22–23; 14,1).

ABIALBON 2. Sam 23,31

ABIALBON Ein Benjaminiter, einer von König Davids dreißig »Helden« (2. Sam 23,31). Sein Name wird auch mit Abiël angegeben (1. Chr 11,32).

ABIASAF 2. Mose 6,24; 1. Chr 6,8.22; 9,19

ABIASAF (»Mein Vater schützt«). Einer der drei Söhne Korachs, des Leviten (2. Mose 6,24).

ABIB 2. Mose 13,4; 23,15; 34,18; 5. Mose 16,1

ABIB Der ursprüngliche Name des ersten Monats im Jahr, der auf die Zeit des Frühlingsanfangs fiel. Der Auszug aus Ägypten fand im A. statt. So kam das Datum zustande, an welchem das Passafest gefeiert wird.

ABIDA 1. Mose 25,4; 1. Chr 1,33

ABIDA (»Der Vater weiß«). Ein Sohn Midians und ein Enkel Abrahams und seiner Frau Ketura (1. Mose 25,1–4).

Karmel in der hügeligen Gegend von Hebron, der Heimatstadt von Davids Frau Abigajil.

ABIDAN (»Mein Vater ist Richter«). Ein Anführer des Stammes Benjamin z. Zt. der von Mose befohlenen Volkszählung (4. Mose 1,1–11). Er vertrat seinen Stamm auch bei der Einweihung des Altars (4. Mose 7,10.60–65) und führte ihn beim Aufbruch aus der Wüste Sinai (4. Mose 10,24).

ABIDAN 4. Mose 1,11; 2,22; 7,60.65; 10,24

ABIËL (»Mein Vater ist Gott«).

1. Ein Benjaminiter, Vater des Kisch und Großvater des Saul (1. Sam 9,1) sowie Vater des Ner, des Onkels Sauls (1. Sam 14,51).

2. Einer von Davids dreißig »Helden«; in 2. Sam 23,31 »Abialbon« genannt.

ABIËL 1 1. Sam 9,1; 14,51
ABIËL 2 1. Chr 11,32

ABIËSER (»Mein Vater ist [meine] Hilfe«).

1. A., Sohn (oder, 1. Chr 7,18 zufolge, Neffe) des Gilead, war der Vorfahre der Abiësriter, einer der bedeutendsten Familien des Stammes Manasse. Die Abiësriter, unter welchen Gideon eine führende Position einnahm, spielten eine wichtige Rolle in der Schlacht gegen die Midianiter (Ri 6,11.34).

Gideons Stadt Ofra, die Stadt der Abiësriter, lag in der Jesreel-Ebene. In Samaria gefundene Tonscherben, auf denen die Abiësriter u. a. Familien der Manasse-Sippe erwähnt werden, zeigen, daß die Abiësriter im frühen 8. Jh. v. Chr. in der Gegend des Gebirges Ephraim lebten.

2. Ein Krieger aus Anatot im Lande Benjamin und einer von Davids dreißig »Helden« (2. Sam 23,27; 1. Chr 11,28).

ABIËSER 1 Jos 17,2; Ri 6,11.24.34; 8,2.32; 1. Chr 7,18
ABIËSER 2 2. Sam 23,27; 1. Chr 11,28; 27,12

ABIËSRITER Siehe ABIËSER (1).

ABIGAJIL Nabals Frau, später Davids Frau. Abigajils erster Ehemann, Nabal, war ein wohlhabender Mann, aber »roh und boshaft in seinem Tun«. Nach dem Tod Samuels zogen David und seine Männer in die Karmel-Gegend, wo Nabals Herden weideten, und schützten seinen Besitz. Bald kam es zu schweren Spannungen zwischen Nabal und David, bei denen A. eine zwielichtige Rolle spielte. Nach dem jähen Tod ihres Mannes ließ David nach Abigajil senden und heiratete sie (1. Sam 25). A. begleitete David bei allen seinen Wanderungen und war auch mit ihm in Hebron, als er König wurde (1. Sam 27,3; 30,5; 2. Sam 2,2). Sie gebar ihm einen Sohn, Kilab, auch Daniel genannt (2. Sam 3,3; 1. Chr 3,1).

ABIGAJIL 1. Sam 25,3.14.18.23. 32.36.40.42; 27,3; 30,5; 2. Sam 2,2; 3,3; 1. Chr 3,1

ABIGAL Davids Schwester oder Halbschwester (1. Chr 2,16).

ABIGAL 2. Sam 17,25; 1. Chr 2,16–17

ABIHAIL Siehe ABIHAJIL (5).

ABIHAIL Est 9,29

ABIHAJIL (»Vater der Macht«). Ein sowohl männlicher als auch weiblicher Name.

1. Ein Levit, der Vater Zuriëls, des Oberhauptes der Familie Merari z. Zt. des Auszugs aus Ägypten.

2. Die Frau Abischurs vom Stamme Judas.

3. Ein Oberhaupt der Gaditer, Sohn des Huri, der sich in Baschan niederließ.

4. Die Mutter Mahalats, König Rehabeams Frau.

5. Auch »Abihail« genannt (Est 9,29). Der Vater der Königin Ester. Er starb, als Ester noch ein Kind war.

ABIHAJIL 1 4. Mose 3,35
ABIHAJIL 2 1. Chr 2,29
ABIHAJIL 3 1. Chr 5,14
ABIHAJIL 4 2. Chr 11,18
ABIHAJIL 5 Est 2,15

ABIHU (»Mein Vater ist er« oder »Er [Gott] ist mein Vater«). Der zweite Sohn Aarons und seiner Frau Elischeba und der Bruder Nadabs, Eleasars und Itamars (2. Mose 6,23; 1. Chr 5,29; 24,1). A. und Nadab war es gestattet, Aaron und 70 der Ältesten Israels zu begleiten, als diese sich dem Berg Sinai näherten, »und (sie) sahen den Gott Israels« (2. Mose 24,1.9–10). Gemeinsam mit seinen Brüdern und seinem Vater wurde A. zum Priester ernannt (2. Mose 28,1.40–43).

Am achten Tag der Feierlichkeiten starben A. und Nadab eines frühen und mysteriösen Todes, als sie bei der Weihung des Altars durch Aaron mitwirkten (3. Mose 10,1–2). Da A. und Nadab keine Kinder hatten (4. Mose 3,4), erlosch ihr Priestergeschlecht.

ABIHU 2. Mose 6,23; 24,1.9; 28,1; 3. Mose 10,1; 4. Mose 3,2.4; 26,60–61; 1. Chr 5,29; 24,1–2

ABIHUD (»Der Vater ist Majestät«).

1. Ein Nachfolger Benjamins durch seinen Erstgeborenen Bela.

2. Sohn des Serubbabel und ein Vorfahre Josefs im Stammbaum Jesu bei Matthäus (Mt 1,13).

ABIHUD 1 1. Chr 8,3
ABIHUD 2 Mt 1,13

ABIJA 1
1. Chr 24,10;
Lk 1,5
ABIJA 2
1. Kön 14,1
ABIJA 3
Neh 10,8
ABIJA 4
Neh 12,4.17

ABIJA (»Ja[hwe] ist mein Vater«).

1. Ein Nachkomme von Aaron und Oberhaupt einer Priesterfamilie. Als König David das Priesteramt in 24 Ordnungen teilte, wurde A. durch das Los bestimmt, die achte Ordnung zu führen (1. Chr 24,1.5.10).

Der Vater Johannes des Täufers, der Priester Zacharias, war »ein Priester von der Ordnung Abija« (Lk 1,5).

2. Der Sohn Jerobeams von Israel, der als Strafe für den vom Vater verübten Götzendienst als Jugendlicher starb. Als A. schwer erkrankte, sandte der Vater seine Frau verkleidet nach Silo, um den blinden Propheten Ahija um Rat zu fragen. Ahija aber hatte Jerobeams Frau erkannt und weissagte, daß jedes männliche Kind Jerobeams sterben müsse und keiner seiner Nachkommen ein würdiges Begräbnis erhalten würde. Nur A. bekäme ein Grab, »weil der HERR, der Gott Israels, etwas Gutes an ihm gefunden hat im Hause Jerobeam« (1. Kön 14,1–18).

3. Ein Priester (vielleicht identisch mit 4.), der nach Jerusalem zurückkehrte und unter denen war, die sich z. Zt. Nehemias verpflichteten, sich »zum Gesetz Gottes« zu halten (Neh 10,1–8.29).

4. Eins der Familienoberhäupter der Leviten, die mit Serubbabel aus dem babyl. Exil nach Jerusalem zurückkehrten (Neh 12,1.4.17.26).

5. Siehe ABIA, ABIJA.

ABILENE
Lk 3,1

ABILENE Ein sich nördlich vom Berg Hermon über die westlichen Hänge des Antilibanon erstreckender röm. Verwaltungsbezirk, benannt nach seiner Hauptstadt Abila, die in einer Windung des Flusses Abana (heute Barada) nordwestlich von Damaskus liegt. Augustus teilte A. Herodes d. Gr. zu, und nach dessen Tod 4 v. Chr. wurde es der Provinz Syrien einverleibt. Z.Zt. des röm. Kaisers Tiberius (14 – 37 n. Chr.) wurde A. von dem Tetrarchen Lysanias regiert (Lk 3,1).

ABIMAËL
1. Mose 10,28;
1. Chr 1,22

ABIMAËL (»Mein Vater ist Gott« oder »Gott ist Vater«). Ein Nachkomme Sems und Arpachschads. Er war ein Sohn Joktans (1. Mose 10,21–28; 1. Chr 1,17–22).

ABIMELECH 1
1. Mose
20,2–4.8–10.
14.17–18;
21,22.25–27.29.
32; 26,1.8–
11.16.26
ABIMELECH 2
Ri 8,31;
9,1.3–4.6.16.
18–25.27–29.31.
34–35,38.42.
44–50.52–56;
10,1;
2. Sam 11,21
ABIMELECH 3
Ps 34,1
ABIMELECH 4
1. Chr 18,16

ABIMELECH (»Der Vater ist König« oder »Melech ist Vater«).

1. König von Gerar. Als sich Abraham und Sara für eine Weile in Gerar niederließen, nahm A., der das Paar irrtümlicherweise für Geschwister hielt, Sara zur Frau, berührte sie aber nicht. Als er in einem Traum von Gott gewarnt wurde, daß sie Abrahams Frau sei, gab er Sara ihrem Mann zurück (1. Mose 20,1–18). Ähnliches wird von Isaak und Rebekka berichtet (1. Mose 26,1–11). Später schloß A. mit Abraham und Isaak Friedensbündnisse in Beerscheba (1. Mose 21,27–33; 26,28–31).

2. Ein Sohn Gideons von einer Nebenfrau in Sichem (Ri 8,30–31). Nach Gideons Tod wollte A. sich selbst zum Herrscher von Sichem machen,

Skarabäus-Siegel aus Amethyst, Fundort Galiläa, mit der Inschrift: »(Gehört) Abia«, 8. Jh. v. Chr.

Eine Münze aus dem 2. Jh. v. Chr., gefunden in Abila, der Hauptstadt des römischen Bezirks Abilene.

Die überlieferte Stätte von Abrahams Brunnen in Beerscheba, wo der Stammvater und Abimelech, der König von Gerar, einen Bund schlossen, (1. Mose 21,29–34).

obwohl sein Vater 70 Söhne von seinen verschiedenen Frauen hatte. Er ermordete alle seine Halbbrüder bis auf einen, um alle rivalisierenden Machtansprüche in Sichem auszuschalten. Jotam, der jüngste, entkam (Ri 9,1–5). Als A. drei Jahre regiert hatte, »sandte Gott einen bösen Geist zwischen Abimelech und die Männer zu Sichem«. Diese verschworen sich mit Gaal, dem Sohn Ebeds, aber A. legte Gaal und seinen Leuten außerhalb der Stadt einen Hinterhalt und schlug den Aufstand nieder. A. nahm die Stadt ein, tötete ihre Einwohner, verwüstete sie »und streute Salz darauf« (Ri 9,22–45). Er zündete den Tempel des Gottes Berit an und tötete »etwa tausend Männer und Frauen« (Ri 9,46.49). Dann griff er das nahegelegene Tebez an, kam aber beim Sturm auf die Zitadelle um (Ri 9,53–54).

3. Ein Philisterkönig aus Gat z. Zt. Davids, erwähnt in der Überschrift des 34. Psalms.

4. Siehe Ahimelech (3). (fälschlich als Abimelech in 1. Chr 18,16).

ABINADAB (»Mein Vater ist großzügig« oder »edel«).

1. Ein Einwohner von Kirjat-Jearim, in dessen Haus die Bundeslade 20 Jahre aufbewahrt wurde. Als sie nach der Rückgabe durch die Philister aus Bet-Schemesch geholt wurde, brachte man sie in A.s Haus, wo sie blieb, bis David sie nach Jerusalem überführte; A.s Sohn Eleasar wurde zu ihrem Hüter bestimmt (1. Sam 7,1–2). Bei der Überführung der Bundeslade nach Jerusalem auf einem neuen Wagen begleiteten ihn die Söhne A.s, Usa und Achjo. Als die Rinder, die den Wagen zogen, stolperten, berührte Usa die Lade, um zu verhindern, daß sie herunterfiel. Dies erregte den Zorn Gottes und Usa wurde tot hingestreckt (2. Sam 6,1–7; 1. Chr 13,1–10).

2. Ein Bruder Davids, der zweite Sohn Isais, der mit Saul in den Kampf gegen die Philister zog.

3. Einer der Söhne von König Saul, der von den Philistern auf dem Berg Gilboa getötet wurde.

4. Vater des Verwalters eines der 12 Regierungsbezirke König Salomos; dieser Verwalter kam aus Dor und war einen Monat des Jahres für die Nahrungsbeschaffung des königl. Haushalts verantwortlich. Er heiratete Salomos Tochter Tafat (1. Kön 4,7–11).

ABINADAB 1 1. Sam 7,1; 2. Sam 6,3–4; 1. Chr 13,7
ABINADAB 2 1. Sam 16,8; 17,13; 1. Chr 2,13
ABINADAB 3 1. Sam 31,2; 1. Chr 8,33; 9,39; 10,2
ABINADAB 4 1. Kön 4,11

ABINOAM (»Vater der Milde«). Vater des Barak, Nachkomme des Stammes Naftali, aus Kedesch (Ri 4,6).

ABINOAM Ri 4,6.12; 5,1.12

ABIRAM (»Vater des Stolzes«).

1. Ein Rubeniter, Sohn des Eliab; er hatte zwei Brüder, Datan und Nemuël (4. Mose 26,9). A. und Datan unterstützten Korach bei seinem Aufstand gegen Mose und Aaron während der Wüstenwanderung. Mose bat Gott um seinen Richtspruch. Gott offenbarte seinen Zorn, indem er die Erde unter den Zelten dieser Männer auftat, so daß Datan und A. mit ihren Familien verschlungen wurden. Korach und die Rebellen kamen in dem Feuer um, das neben der Stiftshütte ausbrach (4. Mose 16,1–35).

2. Der erstgeborene Sohn Hiëls aus Bethel, der während der Regierung Ahabs Jericho trotz des Fluches Josuas nach der Zerstörung wieder aufbaute (Jos 6,26). Jahrhunderte später erfüllte sich der Fluch: »Es kostete ihn seinen erstgeborenen Sohn Abiram, als er den Grund legte … nach dem Wort des HERRN, das er geredet hatte durch Josua, den Sohn Nuns« (1. Kön 16,34).

ABIRAM 1 4. Mose 16,1.12.24–25.27; 26,9; 5. Mose 11,6; Ps 106,17
ABIRAM 2 1. Kön 16,34

ABISCHAG Ein schönes junges Mädchen aus Schunem, das zu König David gebracht wurde, um ihm im Alter zu dienen (1. Kön 1,1–4). Nach Davids Tod gedachte sein Sohn Adonija, sie zu heiraten, und er überredete die Königsmutter Batseba, dem neuen König Salomo seine Bitte zu überbringen. Dieser aber ließ ihn aus Furcht, der Wunsch sei ein verschleierter Versuch, die Erbfolge erneut zu beanspruchen, hinrichten (1. Kön 2,13–25).

ABISCHAG 1. Kön 1,3.15; 2,17.21–22

ABISCHAI Der Sohn von Davids Schwester Zeruja und Bruder von Joab und Asaël. A. war einer von Davids treuesten Begleitern, während dieser umherzog und später, als er König wurde. Als einer von Davids »Helden« (2. Sam 23,18–19; 1. Chr 2,16; 11,20) half A. seinem Onkel bei den späteren Feldzügen. A. war impulsiv und skrupellos: Als sie nachts in Sauls Lager schlichen, hätte er Saul getötet, wenn David ihn nicht zurückgehalten hätte

ABISCHAI 1. Sam 26,6–9; 2. Sam 2,18.24; 3,30; 10,10.14; 16,9.11; 18,2.5.12; 19,22; 20,6.10; 21,17; 23,18;

1. Chr 2,16; 11,20; 18,12; 19,11.15

(1. Sam 26,6–9). A. und seine Brüder schlugen Sauls Sohn Isch-Boschet bei Gibeon. Nach der Schlacht verfolgten sie Sauls Feldhauptmann Abner; während der Verfolgung tötete Abner Asaël (2. Sam 2,18–24). Obwohl Abner später auf der Seite Davids war, rächten Joab und A. den Tod des Bruders, indem sie Abner töteten (2. Sam 3,30).

A. wurde berühmt, als er die Edomiter im Salztal schlug; dabei wurden 18 000 Edomiter getötet (1. Chr 18,12). Gleich darauf schlug er die Ammoniter in die Flucht (2. Sam 10,14; 1. Chr 19,11–15). A. half, den Aufstand Schebas, des Sohnes von Bichri, niederzuwerfen (2. Sam 20,1 ff.). Während einem der Kämpfe Davids gegen die Philister rettete A. den König vor einem Riesen, über den es heißt: »Das Gewicht seines Speers war dreihundert Lot Kupfer, dazu hatte er eine neue Rüstung« (2. Sam 21,15–17). Als Absalom sich gegen David erhob, befehligte A. ein Drittel des Königsvolks (2. Sam 18,2). Zweimal mußte David A. davon abhalten, Schimi, einen der Leute Absaloms, der den König verflucht hatte, zu enthaupten (2. Sam 16,5–14; 19,19–23).

ABISCHALOM 1. Kön 15,2

ABISCHALOM Siehe ABSALOM.

ABISCHUA 1 1. Chr 5,30–31; 6,35; Esr 7,5

ABISCHUA 2 1. Chr 8,4

ABISCHUA (»Mein Vater ist das Heil«?).

1. Ein Sohn des Pinhas und Urenkel Aarons. Er war ein Stammvater von Esra (Esra 7,5).

2. Einer der Söhne Belas, des Erstgeborenen Benjamins (1. Chr 8,1–4).

ABISCHUR 1. Chr 2,28–29

ABISCHUR (»Mein Vater ist eine Mauer«). Ein Nachkomme Judas aus der Linie des Jerachmeel.

ABITAL 2. Sam 3,4; 1. Chr 3,3

ABITAL (»Mein Vater ist Tau«). Eine der sechs Frauen Davids, von denen er im Laufe seiner Herrschaft in Hebron sechs Söhne hatte. A. war die Mutter des fünften Sohnes, Schefatja (2. Sam 3,2–4; 1. Chr 3,1–3).

ABITUB 1. Chr 8,11

ABITUB (»Mein Vater der Güte«). Ein Nachkomme Benjamins, Sohn des Schaharajim und seiner Frau Huschim (1. Chr 8,1.8–11).

ABJATAR 1. Sam 22,20–22; 30,7; 2. Sam 8,17; 15,24.27.29.35; 17,15; 19,12; 20,25; 1. Kön 1,7.19. 25.42; 2,22. 26–27.35; 4,4; 1. Chr 15,11; 18,16; 24,6; 27,34; Mk 2,26

ABJATAR (»Der Vater zeichnet sich aus«). Der letzte überlebende Sohn des Hohenpriesters Ahimelech der Priesterfamilie Elis von Silo. A. befand sich in Nob, als König Saul Doëg, dem Edomiter, befahl, den Vater von A., 85 andere Priester und weitere Einwohner der Stadt zu töten, weil sie David geholfen hatten. A. war der einzige der Priester, dem die Flucht gelang. Er berichtete David, der sich selbst auf der Flucht befand, von dem Massaker und schloß sich ihm und seinen Männern bei Adullam an. Er hatte einen Efod mit sich gebracht (1. Sam 23,6), welcher den Priestern als Orakel diente. David bat A. bei zwei Gelegenheiten, den Efod zu benutzen (1. Sam 23,9–13; 30,7–8). Als David König wurde, bestimmte er A.s Linie zusammen mit derjenigen Zadoks zum Priestergeschlecht des königlichen Hofes (2. Sam 8,17).

A. wurde zusammen mit den anderen Priestern das Recht zugesprochen, die Bundeslade von Obed-Edoms Haus nach Jerusalem zu bringen (1. Chr 15,11–12). Er war einer der Ratgeber König Davids (1. Chr 27,33–34), blieb dem König auch während Absaloms Aufstand treu und berichtete ihm von dessen Aktivitäten (2. Sam 15,24–36; 17,15; 19,11–14). Später, während einer weiteren Thronfolge-Verschwörung, als David schon alt war, unterstützte A. Adonija, während Zadok zu Salomo hielt (1. Kön 1,1ff.). Als Salomo die Thronfolge übernahm, verbannte er A. in dessen Heimatstadt Anatot und entzog ihm das Recht, sein Amt als Hoherpriester in Jerusalem auszuüben (1. Kön 2,26–27). An seiner Statt setzte er Zadok ein (1. Kön 2,35).

Im NT heißt es: David – auf der Flucht vor Saul – betrat das Haus Gottes »zur Zeit Abjatars, des Hohenpriesters, und aß die Schaubrote« (Mk 2,26).

ABNER 1. Sam 14,50–51; 17,55.57; 20,25; 26,5.7.14–15; 2. Sam 2,8.12.14.17. 19–26.29–30;

ABNER (»Mein Vater ist Ner« oder »Vater des Lichts«). Der Sohn des Ner, vom Stamm Benjamin, und Onkel des Königs Saul (1. Sam 14,50–51). A. führte Sauls Armee, die bis zu 200.000 Mann zählte (1. Sam 14,50; 15,4). Am Hofe Sauls nahm er einen Ehrenplatz ein, neben Jonatan, dem Sohn des Königs (1. Sam 20,25).

A. begleitete Saul, als er David verfolgte (1. Sam 26,14–16). Nach dem

Die Bundeslade auf einem von zwei Ochsen gezogenen Karren, abgebildet auf einer Wand der Synagoge in Dura Europos, einer Stadt am Euphrat, die im 3. Jh. n. Chr. zerstört wurde.
Abjatar war einer der Priester, die von David ausgewählt wurden, die Bundeslade nach Jerusalem zu begleiten.

Tode Sauls und dreier seiner Söhne durch die Philister in dem verhängnisvollen Kampf auf Gilboa zog sich A. über den Jordan nach Mahanajim zurück, wo er Sauls Sohn Isch-Boschet zum König ausrief, während der Stamm Juda David in Hebron zum König ausgerufen hatte (2. Sam 2,8–10). Die gegnerischen Armeen trafen sich bei Gibeon. A. erlitt eine schwere Niederlage. A. bat Joab, dem Blutvergießen Einhalt zu gebieten, und kehrte nach Mahanajim zurück (2. Sam 2,26–30).

Bald darauf wandte A. seine Unterstützung dem Hause Davids zu, damit »der Thron Davids aufgerichtet werde über Israel und Juda von Dan bis Beerscheba« (2. Sam 3,6–10). A. wurde von David in Hebron freundlich empfangen »so daß er hinging mit Frieden«. Joab aber überlistete ohne Davids Wissen A., zur Stadt zurückzukehren, wo er ihn erstach (2. Sam 3,22–30), sowohl als Rache für den Tod seines Bruders Asaël, als auch, um einen potentiellen Gegner auszuschalten. Viele Jahre später erinnerte sich David auf seinem Sterbebett an A.s Tod und befahl Salomo, den Mord zu rächen (1. Kön 2,5.32).

3,6–9.11–12. 16–17.19–28. 30–33.37; 4,1.12; 1. Kön 2,5.32; 1. Chr 26,28; 27,21

ABRAHAM Der erste Stammvater Israels; ein Sohn von Terach und der Bruder von Nahor und Haran. Ursprünglich war sein Name »Abram« (d. h. »Der Vater ist erhaben«). Dieser Name wird auch als Gottesbekenntnis gedeutet: »Gott ist hoher Vater – höchster Gott.« Gott änderte den Namen in »Abraham« (»der Vater vieler Völker«). Diese Bezeichnung ist auch auf Gott zu beziehen: Gott ist kein Nationalgott wie andere Götter. Zuerst wohnte A.s Familie in der Nähe der südmesopot. Stadt Ur in Chaldäa, aber Terach nahm ihn sowie Lot, den Sohn Harans, mit nach Haran in Nordwest-Mesopotamien (1. Mose 11,31). Diese Gegend war von halbnomadischen westsemit. (oder amorit.) Stämmen bewohnt, welche nicht zur Urbevölkerung Mesopotamiens gehörten, sondern ihre eigene Sprache (offenbar dem Hebräischen und Aramäischen verwandt) und politische Organisation hatten; Spuren ihrer Lebensweise aus der Zeit des Hammurabi (18. Jh. v. Chr.) wurden in den Archiven von Mari entdeckt.

Nach dem Tod seines Vaters (1. Mose 11,32) befahl der HERR A., sein Land und seine Familie zu verlassen, um in das Land zu gehen, das er ihm zeigen würde; Gott verhieß ihm schon damals, ihn zu einem großen Volk zu machen, zu einem Segen für alle Völker der Erde (1. Mose 12,1–3). Daraufhin zog der 75-jährige A. mit seiner Frau Sara und seinem Neffen Lot in das Land Kanaan. In Kanaan zog er durch Sichem und Bethel zum Negeb (1. Mose 12,4–9).

Eine schwere Hungersnot zwang ihn, nach Ägypten zu wandern. Die ägypt. Hofleute, von Saras Schönheit entzückt, brachten sie in den königlichen Palast. Pharao wurde von Gott heimgesucht, weil er sie zur Frau genommen hatte, doch er entschädigte A. durch viele Geschenke (1. Mose 12,10–20).

Nach ihrer Rückkehr nach Kanaan trennten sich Lot und A., da nicht genug Weideland für ihre Herden vorhanden war. A. lagerte in der Oase Mamre bei Hebron (1. Mose 13,1–18).

In diesen Erzählungen erscheint A. als friedlicher Herdenbesitzer, aber die kriegerischen Seiten seiner Persönlichkeit zeigen sich in dem Kapitel, das seine Heldentaten im Krieg gegen die vier Könige beschreibt, die nach Kanaan eingedrungen waren, um den Aufstand der dort ansässigen Könige zu unterdrücken. Die Eindringlinge waren siegreich. Unter den Gefangenen war auch Lot (1. Mose 14,1–12). A. zog aus, seinen Neffen zu befreien; er schlug die Angreifer in der Nähe von Hoba bei Damaskus und befreite alle ihre Gefangenen, einschließlich Lot (1. Mose 14,13–16). Bei seiner siegreichen Rückkehr wurde er von Melchisedek, dem König von Salem (wahrscheinlich ein anderer Name von Jerusalem) und »Priester Gottes des Höchsten«, empfangen. Melchisedek segnete ihn und A. gab ihm den Zehnten von all seiner Habe (1. Mose 14,18–20).

Hauptthema der Geschichte A.s ist die Verheißung Gottes, ihn zu einem großen Volk zu machen. Seine Nachkommen sollten das Land Kanaan erben. Dieses Versprechen stand in Widerspruch zu der Kinderlosigkeit

ABRAHAM
1. Mose 17,5.9.15.17–18.22–24.26; 18,6.11.13. 16–19.22–23. 27.33; 19,27.29; 20,1–2.9–11. 14.17–18; 21,2–5.7–11. 14.22.24–25. 27–29.33; 22,1.3–11.13–15.19–20.23; 23,2–3.5.7.10. 12.14.16.17–20; 24,1.6.9.12. 15.27.34.42.48. 52.59; 25,1.5.7–8.10–12.19; 26, 1.3.5.15.18.24; 28,4.9.13; 31,42.53; 32,10; 35,12.27; 48,15–16; 49,30–31; 50,13.24; 2. Mose 2,24; 3,6.15–16; 4,5; 6,3.8; 32,13; 33,1; 3. Mose 26,42; 4. Mose 32,11; 5. Mose 1,8; 6, 10; 9,5.27; 29, 12; 30,20; 34,4; Jos 24,2–3; 1. Kön 18,36; 2. Kön 13,23; 1. Chr 1,27–28. 32.34; 16,16; 29,18; 2. Chr 20,7; 30,6; Neh 9,7; Ps 47,10; 105,6. 9.42; Jes 29,22; 41,8; 51,2; 63,16; Jer 33,26; Hes 33,24; Mi 7,20; Mt 1,1.2.17; 3,9; 8,11; 22,32; Mk 12,26; Lk 1,55.73; 3,8. 34; 13,16.28; 16,22–25.29–30; 19,9; 20,37;

Eingang zu der Höhle, in der der Tradition nach das Grab Abrahams zu finden ist. Dieser Bau befindet sich in der Haupthalle der Moschee, die über der Höhle von Machpela im Zentrum von Hebron errichtet ist.

Joh 8,33.37. 39–40.52–53. 56–58; Apg 3,13.25; 7,2.16–17.32; 13,26; Röm 4,1–3.9. 12–13.16; 9,7; 11,1 2. Kor 11,22; Gal 3,6–9.14.16. 18 29; 4,22; Hebr 2,16; 6,13; 7,1–2.4–6.9; 11,8.17; Jak 2,21.23; 1. Petr 3,6

Saras (1. Mose 11,30). Doch es wird wiederholt und durch den »Bund zwischen den Stücken« (1. Mose 15,7–21) bekräftigt. Gott versprach nochmals, daß A. einen Sohn und Erben haben werde (1. Mose 15,1–6). Sara versuchte das Problem dadurch zu lösen, daß sie A. ihre Magd Hagar als zweite Frau gab. Nach der bibl. Chronologie war A. 86 Jahre alt, als ihm Hagar Ismael gebar (1. Mose 16,1–16). Im Alter von 99 Jahren wurde A. nochmals offenbart, daß Sara ihm einen Sohn schenken und auch Ismael unter dem Segen Gottes stehen würde (1. Mose 17,15–22). Zur Bekräftigung seines Bundes mit Gott beschnitt A. sich selbst, seinen Sohn Ismael und alle Männer seines Haushalts (1. Mose 17,10–11.23–27).

A. und Sara wurden danach von drei Engeln besucht, welche ihnen die Botschaft brachten, daß Sara trotz ihres hohen Alters im Laufe eines Jahres einen Sohn gebären würde (1. Mose 18,1–15). Die Engel verkündeten ihnen auch Gottes Beschluß, die Städte Sodom und Gomorra wegen ihrer Sünden zu zerstören (1. Mose 18,16–22). Auf A.s Fürsprache hin versprach ihm Gott, Sodom zu verschonen, sollte er dort zehn Gerechte finden (1. Mose 18,27–33); doch er fand sie nicht. In derselben Nacht wurden Sodom und Gomorra zerstört und nur A.s Neffe Lot mit seinen Töchtern gerettet (1. Mose 19,1–29).

A. wanderte nun in den Süden, wo er am Brunnen in Beerscheba mit Abimelech, dem König von Gerar, einen Bund schloß (1. Mose 21,22–34). Als A. 100 Jahre alt war, gebar Sara ihren Sohn Isaak (1. Mose 21,1–8). Auf Saras Bitte hin, die von Gott bestätigt wurde, zugleich mit der Versicherung, daß auch Ismael Stammvater eines großen Volkes werden würde, schickte A. Hagar und Ismael in die Wüste, wo sie ein Engel Gottes rettete (1. Mose 21,9–21). Darauf pochen die arab. Moslem-Völker, die sich auch auf das Erstgeburtsrecht Ismaels berufen, bis heute.

Später wurde die Erwählung Isaaks nochmals bestätigt, als Gott A. prüfte und ihm befahl, Isaak als Brandopfer auf dem Berg Morija darzubringen (1. Mose 22,1–2). Im Gehorsam Gott gegenüber nahm A. Isaak mit auf den Berg, wo er einen Altar errichtete. Als er aber seine Hand ausstreckte, um seinen Sohn zu töten, verhinderte ein Engel das Opfer. Dieses Geschehen wurde in der jüd. Theologie zum Urbild des absoluten Vertrauens auf Gottes

Eine Ansicht von Sichem, in der Nähe von Tell Balata. In dieser Gegend baute Abraham nach seiner Ankunft in Kanaan einen Altar (1. Mose 12,7).

Weisung und der völligen Opferbereitschaft. (Die Ansicht, daß diese Geschichte urspr. als eine Verwerfung des Menschenopfers zu verstehen gewesen sei, läßt sich durch den Text nicht bestätigen.) In der christl. Verkündigung wird die Opferung Isaaks als Hinweis auf das Opfer auf Golgatha gedeutet, in dem Gott »auch seinen eigenen Sohn nicht verschont hat« (Röm 8,32).

Nach dem Tode Saras in Hebron kaufte A. die Höhle Machpela für 400 Silberschekel von Efron, dem Hetiter aus Hebron (1. Mose 23).

Als A. alt war und mit seinem Tode rechnete, sandte er seinen Diener in seine Heimat Mesopotamien, um in seiner Verwandtschaft eine Frau für Isaak zu finden. Der Diener brachte A.s Großnichte Rebekka von dort mit (1. Mose 24,55–67). A. starb mit 175 Jahren und wurde von seinen Söhnen Isaak und Ismael in der Höhle Machpela begraben (1. Mose 25,7–11).

A.s Berufung (1. Mose 12,1–3) ist die Quelle und der Ursprung von Israels Erwählung und Religion (vgl. Jos 24,2–3; Jes 51,2), weist aber mit ihrem universalen Horizont darüber hinaus und muß daher auch als Beginn der Kirche verstanden werden. Die zahlreichen Altäre und Heiligtümer, die A. errichtete, waren Vorläufer von Israels Gottesdienst (1. Mose 12,6–8; 13,18; 21,33). Der Altar auf Morija (1. Mose 22,9) stand auf der damals einsamen Höhe, auf der später der Tempel Salomos errichtet worden ist (2. Chr 3,1).

A. wird im NT 70mal erwähnt und als Vater des Glaubens und aller wahren Glaubenden gezeigt – als der Erste, dem Gottes Verheißungen galten. Seine Geschichte ist in Apg 7,2–8 zusammengefaßt. Alle Christen sind A.s Kinder (Gal 3,7) und Erben seiner Verheißung im Glauben A.s. A. kannte das »Gesetz« noch nicht. Paulus sieht darum in A.s Berufung (s.o.) und Glaube den Beleg für die Heilsverkündigung an die »Heiden«, d.h. an die Nationen. Denn im Glauben allein liegt die »Gerechtigkeit vor Gott« als das Existenzrecht des an Gott glaubenden Sünders (Röm 4,1–22). Auf A. kann sich derjenige berufen, der wie er seine ganze Hoffnung und sein Vertrauen auf Gott setzt.

Johannes d.T. hält den Unbußfertigen vor, daß Gott dem A. aus den Steinen – ein Hinweis auf die heidnischen Völker – »Kinder erwecken« könne (Mt 3,9). A., der das Gelobte Land suchte, sehnte sich nach der himmlischen Gottesheimat (Hebr 11,15 f.).

ABRAM Siehe ABRAHAM.

ABRAM
1. Mose 11,26–27.29.31; 12,1.4–7.9–10. 14.16–18; 13,1–2,5.7–8. 12.14. 18; 14,12–14.19. 21–23; 15,1–3.6.8.11–13.18; 16,1–3.5–6.15–16; 17,1.3.5; 1. Chr 1,27; Neh 9,7

ABRONA (»Durchgang«). Ein Ort, an dem die Israeliten auf ihrem Weg von Ägypten in das Land der Verheißung lagerten. Er lag zwischen Jotbata und Ezjon–Geber (4. Mose 33,1.34–35).

ABRONA
4. Mose 33,34–35

ABSALOM (»Vater des Friedens«). Der dritte von Davids sechs Söhnen, die in Hebron geboren wurden. Seine Mutter Maacha war die Tochter Talmais, des Königs von Geschur (2. Sam 3,2–5). A. war schön und redegewandt, so daß er »das Herz der Männer Israels stahl« (2. Sam 14,25; 15,2–6). Seine Schwester Tamar und seine Tochter gleichen Namens werden ebenfalls als schön beschrieben (2. Sam 13,1; 14,25–27). Sein Halbbruder Amnon verliebte sich in Tamar, A.s Schwester. Er stellte sich krank und ließ sich von Tamar eine Mahlzeit kochen, woraufhin er sie vergewaltigte. A. befahl seiner Schwester zu schweigen, nahm sie in sein Haus auf und wartete auf eine Gelegenheit, ihre Schande zu rächen (2. Sam 13,1–22). Zwei Jahre später befahl er seinen Dienern bei einem Schafschurfest, Amnon zu töten. Danach floh er und nahm Zuflucht bei seinem Großvater Talmai in Geschur (2. Sam 13,23–39). Drei Jahre später erreichte Joab bei David die Erlaubnis, daß A. zurückkehren konnte. Er durfte aber nicht vor dem König erscheinen (2. Sam 14,1–24). Schließlich gelang es Joab, David zu überreden, A. ganz zu verzeihen (2. Sam 14,28–33).

Der Tod Absaloms; aus einer Miniatur in der San Isidor-Bibel, Léon, Spanien, 1163.

ABSALOM
2. Sam 3,3; 13,1.4.20–23. 32.34.37–39; 14,1.21.23–25.27–33; 15,1–4.6–7.10–14.31.34.37; 16,8.15–18.20–23; 17,1.4–7. 9.14–15.18.20. 24–26; 18,5. 9–10.12.14. 17–18.29.32; 19,1–2.5.7.10–11; 20,6; 1. Kön 1,6; 2,7.28; 1. Chr 3,2; 2. Chr 11,20–21; Ps 3,1

A. war trotz seiner Zuneigung zu David ehrgeizig und plante eine Verschwörung gegen seinen Vater (2. Sam 15,1–6). Er organisierte von Hebron aus einen Aufstand (2. Sam 15,7–12.31). Als die Zahl der Verschwörer zunahm, floh David mit einer Gruppe vertrauter Anhänger von Jerusalem ins Land östlich des Jordans; mit ihm gingen auch die Priester Abjatar und

Zadok, die er als Verbindungsmänner nach Jerusalem zurückschickte. A. nahm den Königspalast in Besitz, wartete dann aber mit weiteren Aktionen gegen seinen Vater zunächst ab, um seinen Truppen eine Pause zu gewähren. David war die gesamte Zeit über alle Vorgänge gut unterrichtet und organisierte seine Truppen von Mahanajim aus. Im Wald Ephraim trafen beide Heere aufeinander und A. wurde geschlagen. David hatte strengen Befehl erteilt, A. nicht zu töten (2. Sam 18,1–8), aber während A. auf dem Rücken seines Maultiers durch den Wald floh, verfing sich sein langes Haar in den Zweigen einer Eiche. Entgegen dem königlichen Befehl tötete Joab A. und ließ seinen Leichnam in eine Grube werfen (2. Sam 18,9–17). Davids Klage über den Tod seines Sohnes überschattete die Freude seiner Anhänger über den Sieg.

A. hatte drei Söhne (2. Sam 14,27), die früh gestorben sein müssen, da er sich selbst zu Lebzeiten eine Säule mit der Inschrift aufrichten ließ: »Ich habe keinen Sohn, der meinen Namen lebendig erhält« (2. Sam 18,18).

ACHAIKUS
1. Kor 16,17

ACHAIKUS Ein Christ der Gemeinde von Korinth, der Paulus besuchte und dem Paulus im 1. Brief an die Korinther Grüße sendet (1. Kor 16,17–18).

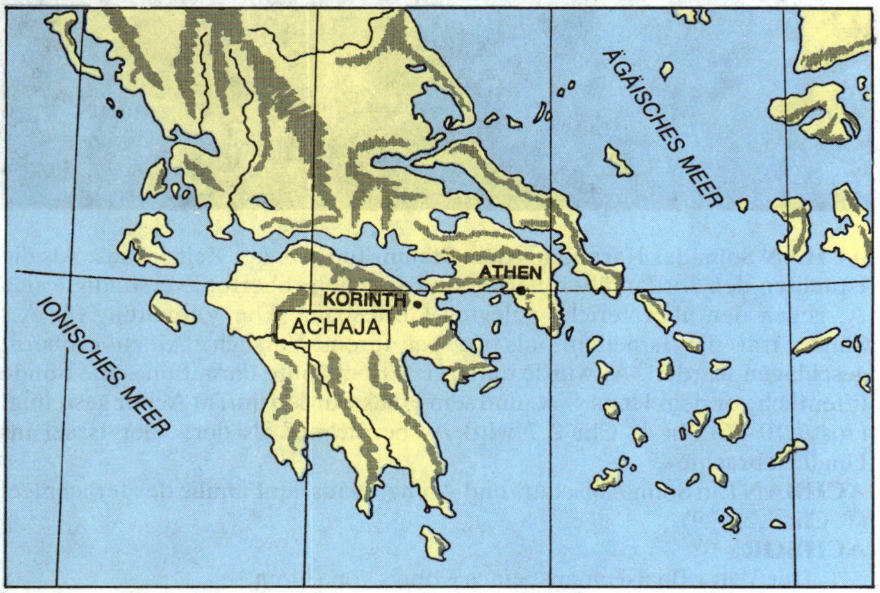

Achaja.

ACHAJA
Apg 18,12.27; 19.21;
Röm 15,26;
1. Kor 16, 15;
2. Kor 1,1; 9,2; 11,10;
1. Thess 1,7–8

ACHAJA Griech. Region an der Nordküste des Peloponnes. Ursprünglich bezieht sich der Name auf einen schmalen Landstrich am Golf von Korinth. 146 v. Chr. wurde A. von Rom erobert und Teil der röm. Provinz Mazedonien. 27 v. Chr. wurde es selbst Provinz und der Name »A.« bezeichnete den ganzen Peloponnes und einen Teil des griech. Festlands. Die Provinz A. kam unter Senatsverwaltung und wurde von einem Prokonsul von der Hauptstadt Korinth aus regiert. Athen und Kenchreä waren weitere Städte in dieser Provinz. A. und Mazedonien standen eine Zeitlang unter kaiserlicher Herrschaft und wurden von der Provinz Mysien aus regiert. 44 v. Chr. setzte Claudius A. wieder in den Rang einer Senatsprovinz ein. Im NT werden A. und Mazedonien oft erwähnt, wenn auf ganz Griechenland Bezug genommen wird.

Z. Zt. des Aufenthalts von Paulus in Korinth war Gallio Prokonsul in A. Paulus wurde von fanatischen korinthischen Juden zur Verurteilung vor Gallio gebracht, weil er predigte, »Gott zu dienen dem Gesetz zuwider« (Apg 18,12–17). Im Brief an die Römer erwähnt Paulus die Großzügigkeit der Christen in dieser Provinz, die ihren notleidenden Brüdern in Jerusalem geholfen haben (Röm 15,26). Der Apostel lebte einige Zeit dort und bekundete seine Liebe zu den Gemeinden in A. (2. Kor 11,10–11). Er erwähnt Stephanas, den er getauft hat und der »Erstling in Achaja« war (1. Kor 16,15).

Tal nordwestlich von Jericho, wahrscheinlich das Tal Achor.

ACHAN Sohn des Karmi, aus dem Stamm Juda, in der Zeit Josuas. Als die Israeliten den Jordan überquerten und Jericho eroberten, versündigte sich A. gegen den über Jericho gelegten Gottesbann. Die Vergeltung für A.s Sünde traf die Israeliten, als sie bei ihrem Versuch, Ai zu erobern, geschlagen wurden. A. wurde entlarvt. Er bekannte daraufhin seine Sünde öffentlich vor dem HERRN. A. und sein Haus wurden im Tal Achor gesteinigt (Jos 7,10–26). In 1. Chr 2,7 wird A. bezeichnet als der, »der Israel ins Unglück brachte«.

ACHAN Jos 7,1.18–20.24; 22,20; 1. Chr 2,7

ACHBAN Ein Sohn Abischurs und Abihajils aus der Familie des Jerachmeel (1. Chr 2,25–29).

ACHBAN 1. Chr 2,29

ACHBOR

1. Der Vater Baal-Hanans, eines Königs von Edom.

2. Der Sohn Michajas; ein Beamter am Hof des Königs Josia, der vom König zus. mit vier anderen Beamten zur Prophetin Hulda geschickt wurde, um sie über das von Hilkija, dem Hohenpriester, gefundene Gesetzbuch zu befragen (2. Kön 22,12–14).

ACHBOR 1 1. Mose 36,38–39; 1. Chr 1,49
ACHBOR 2 2. Kön 22,12.14; 2. Chr 34,20; Jer 26,22; 36,12

ACHIM Der Sohn Zadoks und Vater Eliuds, ein Stammvater Josefs, des Ehemanns Marias, im Stammbaum Jesu nach Matthäus (Mt 1,14).

ACHIM Mt 1,14

ACHISCH

1. Der König der Philister von Gat, der während der Zeit Sauls und Davids regierte. Zu seinem Reich gehörte Ziklag und dessen Umgebung (1. Sam 27,2–6). Als David vor Saul floh, suchte er Zuflucht in A.s Gebiet, wurde aber als Feind verdächtigt (1. Sam 21,11–16). Als er ein zweites Mal mit 600 Mann Zuflucht suchte, begrüßte ihn A. und gab ihm Ziklag, in dem David sich über ein Jahr lang als eine Art Söldnerführer aufhielt (1. Sam 27,8–12). A. machte ihn sogar zu seinem Leibwächter, als er den Angriff auf König Saul organisierte. Nur aufgrund des Einspruchs der Obersten der Philister, die fürchteten, daß David während der Schlacht sich auf die Seite seines eigenen Volkes stellen würde, ließ A. ihn und seine Männer nach hinten zurückschicken (1. Sam 28,2; 29,1–11).

2. Im vierten Jahr der Herrschaft Salomos wird ein König von Gat, ebenfalls A. mit Namen, erwähnt (1. Kön 2,39–40).

ACHISCH 1 1. Sam 21,11–12.15; 27,2–3.5–6.9–10.12; 28,1–2; 29,2–3.6.8–9
ACHISCH 2 1. Kön 2,39–40

ACHJAN Der erste Sohn Schemidas aus dem Stamm Manasse.

ACHJAN 1. Chr 7,19

ACHLAI 1
1. Chr 2,31
ACHLAI 2
1. Chr 11,41

ACHLAI

1. Ein Sohn Scheschans im Geschlechtsregister Jerachmeels (1. Chr 2, 25.31).

2. Der Vater Sabads, eines von Davids »Helden«.

ACHMETA
Esr 6,2

ACHMETA Der Name eines in Esra 6,2 erwähnten Ortes, von dem angenommen wird, daß er sich auf Ekbatana, die antike Hauptstadt Mediens, bezieht.

ACHRACH
1. Chr 8,1

ACHRACH Der dritte Sohn Benjamins. Vermutlich identisch mit Ahiram, der ebenfalls als Benjamins dritter Sohn bezeichnet wird (4. Mose 26,38).

ACHSA
Jos 15,16–17; Ri 1,12–13; 1. Chr 2,49

ACHSA (»Fußspange«, »Fußring«). Die Tochter Kalebs, die er demjenigen zur Frau versprochen hatte, der Debir erobern würde. Otniël, der Sohn des Kenas, des jüngsten Bruders Kalebs, eroberte die Stadt und heiratete seine Cousine A. (Jos 15,16–19; Ri 1,12–15).

ACHSAI
Neh 11,13

ACHSAI Der Sohn Meschillemots und Stammvater einiger Priester in Jerusalem nach der Rückkehr aus dem babyl. Exil (Neh 11,10.13).

ACHSCHAF
Jos 11,1; 12,20; 19,25

ACHSCHAF Der Sitz eines der kanaan. Könige, die mit ihren Heeren am Wasser von Merom gemeinsam gegen die Israeliten kämpften (Jos 11,1–5). Während der Schlacht wurde der König von A. getötet und seine Stadt später dem Gebiet hinzugefügt, das durch Los dem Stamm Asser zufiel (Jos 19,24–25). A. lag vermutlich südöstlich von Akko.

ACHSIB 1
Jos 15,44; Mi 1,14
ACHSIB 2
Jos 19,29; Ri 1,31

ACHSIB

1. Eine Stadt im Gebiet von Juda (Jos 15,44), deren Zerstörung Micha prophezeite (Mi 1,13–15). Ihre Lage wird nordöstlich von Marescha vermutet.

2. Eine kanaan. Stadt an der Mittelmeerküste im Gebiet des Stammes Asser (Jos 19,29). A. wurde während der Eroberung Josuas nicht eingenommen; seinen Einwohnern blieb die Vertreibung erspart, und Angehörige des Stammes Asser siedelten mitten unter ihnen (Ri 1,31–32).

A. lag an der Stelle des heutigen ez-Zib, 18 km nördlich von Akko. Archäolog. Grabungen haben Überreste von Befestigungsanlagen und Stadtmauern freigelegt, deren älteste auf 2000 v. Chr. datiert werden. Phöniz. Gräber, die Tonwaren, Figurinen, Elfenbeinwaren, Siegel und Schmuck enthielten, wurden ebenfalls entdeckt. Ein weiterer Friedhof aus phöniz. und pers. Zeit lag östlich der Stadt.

Achämenische Keilschriftinschrift in drei Sprachen (altpersisch, neuelamitisch und neubabylonisch) in der Nähe Hamadans (Achmeta).

(links) Nördlich von Akko. Blick nach Süden auf Achsib.

(unten) Figurinen phönizischer Göttinnen aus dem 8./7. Jh. v. Chr., gefunden in Achsib, (Israelische Regierungsabteilung für Altertümer und Museen).

ACKER DES WALKERS
2. Kön 18,17; Jes 7,3; 36,2

ACKER DES WALKERS Ein Ort außerhalb Jerusalems, an dem der Prophet Jesaja König Ahas von Juda traf, um ihn zu ermutigen, den Angriff Rezins, des Königs von Aram, und Pekachs, des Königs von Israel, nicht zu fürchten (Jes 7,3). Hier trafen auch die Beamten des Königs Hiskia die Anführer des assyr. Heeres (2. Kön 18,17; Jes 36,2). Der Acker war an der oberen Wasserquelle gelegen, die zum Kanal- und Zisternensystem gehörte, das Wasser von der Quelle Gihon erhielt.

Im antiken Israel wurde nahe einer Hauptwasserquelle (wie z.B. einem Brunnen, einer großen Zisterne oder einer Quelle) gewalkt (d.i. das Rei-

Hebräisches Siegel mit der Inschrift: »[Dies gehört] Hilkia, dem Sohn des Adayah.« 7. Jh. v. Chr. (Israel Museum).

Adam; Relief auf einem Sarkophag aus dem 4. Jh. (Vatikan, Rom).

nigen und Stärken von Stoffen). In Jerusalem war der »Acker des Walkers« nahe der oberen Wasserquelle gelegen (2. Kön 18,17; Jes 7,3), ein Ort, der den berufsmäßigen Walkern offensichtlich genügend Platz bot, die großen Laken zum Bleichen auszubreiten.

ADA (»Zierde«).

1. Die erste der beiden Frauen Lamechs, die Mutter Jabals und Jubals. Lamech widmete sein Lied seinen beiden Frauen A. und Zilla.

2. Die Tochter Elons, des Hetiters, und die Frau Esaus. Sie war die Mutter des Elifas (1. Mose 36,1–4).

ADA 1 1. Mose 4,19–20.23
ADA 2 1. Mose 36,2.4.10.12.16

ADADA Siehe AROËR

ADADA Jos 15,22

ADAJA (»Gotteszierde«).

1. Ein Nachkomme Gerschons, des Sohnes Levis (1. Chr 6,24–28).

2. Ein Benjaminiter, ein Sohn Schimis (1. Chr 8,21).

3. Der Vater Maasejas, eines der »Hauptleute über hundert«, die dem Priester Jojada halfen, die Königin Atalja zu stürzen und Joasch, den Sohn König Ahasjas, auf den Thron von Juda zu bringen.

4. Ein Einwohner von Bozkat im Gebiet Judas (Jos 15,20.39), der Vater Jedidas, der Mutter des Königs Josia (2. Kön 22,1).

5. Der Ur-Urgroßvater Maasejas aus dem Stamm Juda, der z. Zt. Nehemias in Jerusalem lebte (Neh 11,4–5).

6. Ein Priester, der nach der Rückkehr aus dem babyl. Exil in Jerusalem wohnte (1. Chr 9,10–12; Neh 11,12).

7. Einer der Israeliten, die nach dem babyl. Exil ihre ausländischen Frauen entließen (Esr 10,29.39.44).

ADAJA 1 1. Chr 6,26
ADAJA 2 1. Chr 8,21
ADAJA 3 2. Chr 23,1
ADAJA 4 2. Kön 22,1
ADAJA 5 Neh 11,5
ADAJA 6 1. Chr 9,12; Neh 11,12
ADAJA 7 Esr 10,29.39

ADALJA Einer der zehn Söhne Hamans, der zusammen mit seinen Brüdern in Susa getötet wurde.

ADALJA Est 9,8

ADAM (»Mensch«)

1. Der Vater des Menschengeschlechts. Das hebr. Wort *adam* erscheint nur selten als Eigenname (1. Mose 4,25; 5,1.3–5; 1. Chr 1,1), aber an mehr als 500 Stellen (oft mit Artikel) als Bezeichnung für »Mensch« oder »Menschheit«; einige dieser Belege weisen jedoch auf A. (5. Mose 32,8; Hiob 31,33; Hos 6,7). 1. Mose 2,7 bezieht *adam* auf das hebr. Wort für »Erde«, *adama*, doch bleibt diese Etymologie problematisch.

1. Mose 1,1–2,4 beschreibt die Erschaffung des Menschen als Mann und Frau nach dem Bilde Gottes. Der Mensch erhält den Auftrag zur Fortpflanzung und zur Unterordnung der Erde. 1. Mose 2,4–4,25 erzählt, wie Gott den Menschen aus Erde formte und ihn in den Garten Eden setzte. Dort gab A. den Tieren ihre Namen. Da A. selbst noch ohne Partner war, bildete Gott Eva aus der Rippe des Mannes. A. und Eva aßen von der verbotenen Frucht und wurden aus dem Garten vertrieben; sie wurden in eine Welt der Mühsal und Plagen verstoßen (1. Mose 3). A. zeugte Kain, Abel, Set u. a. Kinder; er starb im Alter von 930 Jahren.

Im NT werden A. und Christus gegenübergestellt: Wie A. seinen Nachkommen Sünde und Tod brachte, so bringt Christus den Seinen Vergebung und Leben (Röm 5,12–19). So beginnt mit Christus als dem zweiten A. ein neues Menschengeschlecht. In Lk 3,23–38 wird der Stammbaum Jesu bis auf A. zurückverfolgt. In 1. Tim 2,11–15 begründet Paulus die Unterordnung der Frau mit der Reihenfolge der Erschaffung von A. und Eva und dem Sündenfall. Doch wird die Frau wie der Mann im Glauben an Christus gleichermaßen »selig«, d.h. gerettet (Gal 3,28).

2. Stadt am Jordan, »die zur Seite von Zaretan liegt« (Jos 3,16), am Ort des heutigen Tel ed-Damiyeh. Im Buch Josua (3,16) wird berichtet, daß an dieser Stelle der Wasserlauf des Jordans zum Stillstand kam, so daß das Volk Israel das gegenüberliegende Jericho erreichen konnte.
(Siehe auch ANHANG).

ADAM 1 1. Mose 2,19–21.23; 3,8–9.17.20–21; 4,1.25; 5,1.3; 5. Mose 32,8; 1. Chr 1,1; Hiob 31,33; Lk 3,38; Röm 5, 14; 1. Kor 15,22.45; 1.Tim 2, 13–14; Jud 14
ADAM 2 Jos 3,16

ADAMA Eine befestigte Stadt in dem Gebiet, das dem Stamm Naftali zugeteilt war (Jos 19,32.35–36).

ADAMA Jos 19, 36

ADAMI-NEKEB Ein Ort im südlichen Gebiet des Stammes Naftali, wenige Kilometer südwestlich des Sees Genezareth (Jos 19,32–33).

ADAMI-NEKEB Jos 19,33

ADAR
Esr 6,15; Est 3,7.13; 8,12; 9,1.15.17.19.21

ADAR Der Name, der nach dem babyl. Exil dem 12. Monat im jüd. Kalender gegeben wurde.

ADBEEL
1. Mose 25,13; 1. Chr 1, 29

ADBEEL Einer der zwölf Söhne Ismaels. Er war der Fürst eines Stammes, der seinen Namen trug (1. Mose 25,12–16; 1. Chr 1,29).

ADDAR
Jos 15,3

ADDAR Eine Stadt in der Nähe von Kadesch-Barnea an der Südgrenze des dem Stamm Juda zugeteilten Gebiets (Jos 15,1–3). Als »Ḣazar-Addar« ist es in 4. Mose 34,4 überliefert.

ADDI
Lk 3,28

ADDI Der Sohn Kosams und Vater Melchis in Jesu Stammbaum nach Lukas (Lk 3,28).

ADIËL 1
1. Chr 27,25
ADIËL 2
1. Chr 4, 36
ADIËL 3
1. Chr 9,12

ADIËL (»Eine Zierde ist Gott«).

1. Der Vater Asmawets, den König David zur Aufsicht über die königlichen Vorräte gesetzt hatte.

2. Einer der Sippenfürsten aus dem Stamm Simeon, der z.Zt. des Königs Hiskia die Mëuniter ihres Landes enteignete (1. Chr 4,36–41).

3. Ein Priester, dessen Vater Jachsera war. Sein Sohn Masai übte den Priesterdienst in Jerusalem nach der Rückkehr aus dem babyl. Exil aus.

(oben) Der Monat Adar mit dem Tierkreiszeichen der Fische; Mosaikfußboden einer Synagoge bei Tiberias.
(links) Moabitische Siegelinschrift: »[Dies gehört] Mescha [Sohn des] Adiël.« 6. Jh. v. Chr. (Israel Museum).
(unten) Silberfigurine eines medischen oder persischen Würdenträgers am Hof des Artaxerxes (Staatliche Museen, Ost-Berlin).

ADIN
Esr 2,15; 8,6; Neh 7,20; 10,17

ADIN (»sinnlich«). Die Vorfahren einer mit Serubbabel aus Babel zurückgekehrten Familie, die nach Esr 2,15 454 Mitglieder (655 nach dem Parallelverzeichnis in Neh 7,20) zählte. Sie traten mit Nehemia einer festen Abmachung bei, sich von den Heiden abzusondern (Neh 10,1.17). Eine andere Gruppe von 51 Mitgliedern derselben Familie kehrte mit Esra zurück (Esr 8,6).

ADINA
1. Chr 11, 42

ADINA Einer der »Helden«, der Davids Truppen kommandierte. Er war ein Hauptmann der Rubeniter (1. Chr 11,10.42).

ADITAJIM
Jos 15,36

ADITAJIM Eine Stadt im Gebiet des Erbteils des Stammes Juda (Jos 15,20.36).

ADLAI
1. Chr. 27,29

ADLAI Der Vater Schafats, der als Aufseher über Davids Herden diente.

ADLER Siehe TIERE.

ADMA
1. Mose 10,19; 14,2.8; 5. Mose 29,22; Hos 11,8

ADMA Eine Stadt im Tal Siddim, die von Kanaanitern bewohnt wurde (1. Mose 10,19). Schinab, der König von Adma, wurde zusammen mit den Königen von Sodom, Gomorra, Zebojim und Bela von vier Königen aus dem Osten geschlagen (1. Mose 14,2.8–11). Später wurde Adma zugleich mit Sodom, Gomorra und Zebojim zerstört (5. Mose 29,22).

ADMATA
Est 1,14

ADMATA Einer der sieben Fürsten der Provinzen des Königs Ahasveros, »die obenan saßen im Königreich« und die der König konsultierte, als die Königin Wasti sich weigerte, seinem Befehl gemäß vor ihm mit der königlichen Krone zu erscheinen (Est 1,12–14).

ADNA 1
Esr 10,30
ADNA 2
Neh 12,15
ADNA 3
2. Chr 17,14

ADNA (»Wonne«).

1. Ein Mitglied der Familie Pahat-Moab, die mit Esra aus Babel zurückkehrte. A. ließ sich von seiner ausländischen Frau scheiden (Esr 10,10. 30.44).

2. Ein Priester z.Zt. des Hohenpriesters Jojakim, Esras und Nehemias (Neh 12,12–15.26).

3. Ein Mann aus Juda, der 300 000 Männer im Heer von König Joschafat befehligte (2. Chr 17,12–14).

ADNACH
1. Chr. 12,21

ADNACH Ein Mann aus dem Stamm Manasse, der von Sauls Heer desertierte und zu Davids Männern überging, die auf ihrem Weg von dem Philisterlager nach Ziklag waren. Er war Oberster über 1 000 Männer seines

Stammes, und kämpfte an Davids Seite gegen umherstreifende Rotten, die das Lager in Ziklag verwüsteten (1. Chr 12,19–22).

ADONI-BESEK (»Der Herr von Besek«, oder »Der Herr des Blitzes«). Ein kanaan. Herrscher. Nach dem Tod Josuas schlugen Juda und Simeon mit vereinten Kräften die Kanaaniter und Perisiter bei Besek und töteten 10 000 Mann. A.-B. floh, wurde aber ergriffen und nach Jerusalem gebracht, wo er starb (Ri 1,1–7).

ADONI-BESEK
Ri 1,5–7

ADONIJA (»Ja [hwe] ist mein Herr«).

1. Davids vierter Sohn, der Sohn der Haggit. Er wurde geboren, als sein Vater von Hebron aus regierte (2. Sam 3,2.4). Er war wie Absalom ein schöner und ehrgeiziger Mann (1. Kön 1,5–6). Als David hochbetagt war und seine drei ältesten Söhne Amnon, Kilab und Absalom tot waren, prahlte A., daß er Israels nächster König würde. Noch als David auf seinem Totenbett lag, unternahm A. einen Versuch, die Macht an sich zu reißen und die Thronfolge durch Salomo zu vereiteln. Sein Anschlag wurde von dem Priester Abjatar und von Joab, dem Obersten des Heeres, unterstützt. An der Quelle Rogel veranstaltete A. ein Fest, zu dem er alle seine Anhänger und die Prinzen mit Ausnahme Salomos einlud. Nathan, der Prophet, und Batseba warnten David vor dieser Verschwörung. Sofort gab der König Befehl, daß

ADONIJA 1
2. Sam 3,4;
1. Kön 1,5.7–9. 11.13.18.24–25. 41–43.49–51; 2,13.19.21–24,28;
1. Chr 3,2
ADONIJA 2
2. Chr. 17,8
ADONIJA 3 (HADONIA)
Neh 10,17

En Rogel, südöstlich von Jerusalem, wo das Hinnom- und das Kidrontal zusammenkommen; hier gab Adonija ein Fest für seine Anhänger.

Salomo auf dem königlichen Maultier hinab nach Gihon geführt und zum König von Israel und Juda gesalbt werden sollte. Davids Befehle wurden von Nathan und Benaja, dem Obersten der königlichen Wache, ausgeführt. Als A. und seine Anhänger von der Wende der Ereignisse hörten, gingen sie in Furcht auseinander, und A. suchte Zuflucht im Heiligtum, indem er die Hörner des Altars festhielt. Salomo sicherte ihm Gnade zu unter der Bedingung, daß er sich loyal verhielte (1. Kön 1,1–53). Nach Davids Tod, überredete A. Batseba, sich bei Salomo um dessen Zustimmung für seine Ehe mit Abi schag, Davids Pflegerin, zu verwenden (1. Kön 2,13–21). Dies wurde als ein erneuter Versuch A.s verstanden, den Thron erlangen zu wollen, und

Salomo befahl Benaja, ihn zu töten, weil er seine Loyalitätspflicht verletzt hatte (1. Kön 2,22–25).

2. Ein Levit, den König Joschafat als Gesetzeslehrer in die Städte Judas sandte (2. Chr 17,7–9).

3. Siehe ADONIKAM.

ADONIKAM Esr 2,13; 8,13; Neh 7,18

ADONIKAM (»Der Herr hat sich erhoben«). Oberhaupt einer Familie z.Zt. der Rückkehr aus dem babyl. Exil. 666 (667) Mitglieder seiner Familie kamen mit Serubbabel zurück von Babylon (Esr 2,13; Neh 7,18). Der Rest der Familie kehrte mit Esra zurück (Esr 8,1.13). Der Name erscheint auch als »Hadonia« in Neh 10,17.

ADONIRAM, ADORAM, HADONIRAM, HADORAM 2. Sam 20, 24; 1. Kön 4,6; 5,28; 12,18; 2. Chr 10,18

ADONIRAM, ADORAM, HADONIRAM, HADORAM (»Der Herr ist erhaben«). Einer der hohen Beamten Davids, der über die Fronarbeiter gesetzt war (2. Sam 20,24). Seine Aufgabe als Fronvogt setzte er während der Regierungszeit Salomos fort (1. Kön 4,6). Ihm unterstanden die Fronarbeiter, die Salomo aushob und auf den Libanon sandte, um für den Tempelbau Holz zu schlagen und Steine zu behauen (1. Kön 5,27–32). In dem ersten Regierungsjahr Rehabeams, in dem A. nach Sichem gesandt wurde, um die Durchführung der Fronarbeit zu überwachen, wurde er gesteinigt (1. Kön 12,18; 2. Chr 10,16–19).

ADONI-ZEDEK Jos 10, 1.3

ADONI-ZEDEK (»Zedek ist Herr« oder »mein Herr ist Rechtschaffenheit«). Kanaanit. Stadtkönig von Jerusalem z.Zt. der isrl. Landnahme. Er stand an der Spitze einer Koalition mit vier Königen der Amoriter von Hebron, Jarmut, Lachisch und Eglon. Sie war gebildet worden, um die Eroberungen Josuas zum Stillstand zu bringen (Jos 10,1–3). Auf den Friedensschluß der Einwohner Gibeons mit Josua reagierten diese fünf Könige mit einer Belagerung Gibeons. Josua kam seinen neuen Verbündeten zu Hilfe und schlug die Belagerer in die Flucht. Josua tötete A.-Z. und seine vier Verbündeten, hängte sie an Bäume und warf sie dann in die Höhle bei Makkeda, in die sie sich verkrochen hatten (Jos 10,1–27).

Eine der Höhlen in der Gegend von Bet-Gubrin, im südlichen Hügelland, vermutlich in der Nähe von Makkeda.

ADOPTION Es bleibt ungewiß, ob die A. bereits in der Frühzeit Israels praktiziert wurde oder nicht. Bestimmte bibl. Texte, die sich auf die Zeit der Patriarchen beziehen, werden zuweilen als Hinweis auf eine A. gewertet, so z.B. 1. Mose 15,3; 16,2; 30,3. Jakob »adoptierte« seine Enkel Ephraim und Manasse und sicherte ihnen die gleichen Erbrechte wie seinen eigenen Söhnen Ruben und Simeon zu (1. Mose 48,5). Als das Kind Mose zur Tochter des Pharao gebracht wurde, heißt es (2. Mose 2,10): »Und es ward ihr Sohn«; dieser Vers wird als A. des Mose verstanden. Ebenso wird Rut 4,16–17 im Sinne einer A. gedeutet.

Die Annahme, daß die A. praktiziert worden sei, ist wohl beeinflußt durch ihre tatsächlich weite Verbreitung in der Kultur Mesopotamiens. Es wäre seltsam, so lautet das Argument, daß eine im antiken Mesopotamien so breit belegte Einrichtung keinerlei Widerhall in der Patriarchenzeit gefunden haben sollte, deren Rechtsleben doch stark vom antiken Mesopotamien beeinflußt war.

Demgegenüber wird geltend gemacht, daß (a) die zitierten Verse aus sich heraus zu verstehen sind, daß (b) die bibl. Gesetzgebung in Familienfragen eine A. nicht erwähnt und daß (c), falls eine rechtliche A. in atl. Zeit bestanden hätte, sie sicherlich als Teil der lebendigen Gesetzestradition Eingang gefunden hätte in die rabbinische Theologie des Talmud. Selbst die beiden Verse des AT – Est 2,7 und Ps 2,7 –, die sich explizit auf die A. zu beziehen scheinen, sind eher als Hinweis auf eine Vormundschaft denn als Beleg für eine A. zu verstehen. Werden die Textstellen im 1. Mosebuch (16,2; 30,3–8) als Hinweis auf eine A. aufgefaßt, so ist der Tatsache Rechnung zu tragen, daß Kinder von einer Magd oder einer Konkubine als rechtmäßige Nachkommen ihres männlichen Erzeugers galten (vgl. Ri 8,31).

In der bibl. Theologie spielt die A. jedoch eine zentrale Rolle. So wird die einzigartige Beziehung zwischen Gott und dem davidischen König oft durch die Vater-Sohn-Symbolik zum Ausdruck gebracht (2. Sam 7,14; Ps 2,7–8). Ebenso kann diese Terminologie auch angewandt werden, um die Verbindung zwischen Gott und Israel zum Ausdruck zu bringen. Das Volk, von Gott »adoptiert«, wird in 2. Mose 4,22 »Israel, mein erstgeborener Sohn« genannt; und in Jer 31,9 erklärt Gott: »Ich bin Israels Vater, und Ephraim ist mein erstgeborener Sohn.« Wie überdies ein Vater seinem Sohn sein Erbe hinterläßt, so teilt Gott seinen »Söhnen«, den Kindern Israel, rechtsgültig das Land Israel zu (Jer 3,19).

Vor allem spielt aber im NT die Gotteskindschaft im Sinn einer Annahme an Kindes Statt eine zentrale Rolle. Entscheidend ist dabei, daß es nach dem NT keine unmittelbare, sondern eine mittelbare Gotteskindschaft gibt. Gottes Kind wird man nur durch Jesus Christus: »Wie viele ihn aber aufnahmen, denen gab er Macht, Gottes Kinder zu werden, denen, die an seinen Namen glauben« (Joh 1,12). Sofern man dafür das Bild der A. annehmen will, muß man nach ntl. Verständnis von einer indirekten A. reden, weil eine Annahme an Kindes Statt nur dadurch möglich wird, daß Jesus einen Menschen zu seinem Bruder, zu seiner Schwester macht (Mt 12,49 f.) und ihn zu seinem Vater bringt, damit dieser Mensch nunmehr und deshalb von Gott als Kind angenommen werde (vgl. Röm 8,14; Gal 4,4–6; 1. Joh 3,1). Paulus sah bei solcher Gotteskindschaft die dialektische Spannung zwischen einer jetzt schon vom Geist verliehenen Gabe und einem noch zu erwartenden Hoffnungsgut (so z.B. Röm 8,14–17.23). In Offb ist die Annahme an Kindes Statt eine Verheißung, die in Gottes neuer Welt zur endgültigen Erfüllung gelangen wird (Offb 21,7).

Blick auf die Gegend um Adorajim, südwestlich von Hebron.

ADORAJIM Eine Stadt in Juda, südwestlich von Hebron, bei dem heutigen Dorf Dura. Sie wurde durch Rehabeam befestigt, der dort Truppen stationierte und Lagerhäuser für Nahrungsmittel, Öl und Wein errichtete (2. Chr 11,5–9.11).

ADORAJIM 2. Chr 11,9

ADORAM Siehe ADONIRAM.

ADORAM 1. Kön 12,18

ADRAMMELECH Assyr. Name.

1. Ein Götze, der von den Sefarwiten verehrt wurde, einem der Völker, die vom assyr. König aus Babylon nach Samaria gebracht wurden, um sie dort anstelle der nach Babylon deportierten Einwohner anzusiedeln. Ihm wurden auch Menschenopfer dargebracht (2. Kön 17,24–31).

ADRAMMELECH 1 2. Kön 17,31

2. Sohn des Sanherib, des Königs von Assyrien. Er und sein Bruder Sarezer ermordeten ihren Vater im Tempel des Gottes Nisroch in Ninive, nachdem Sanherib nach der fehlgeschlagenen Eroberung Jerusalems unter König Hiskia »mit Schanden wieder in sein Land zog« (2. Chr 32,20–22; 2. Kön 19,35–37), wie Jesaja vorhergesagt hatte (2. Kön 19,6; Jes 37,37–38).

ADRAMMELECH 2 2. Kön 19,37; Jes 37,38

ADRAMYTTION Seehafen in der Ägäis, in Mysien, am nordwestlichen Ausläufer Kleinasiens nördlich von Pergamon gelegen. Paulus bestieg als Gefangener unter Aufsicht des Hauptmanns Julius in Cäsarea ein Schiff aus A., das ihn zu verschiedenen Orten an der kleinasiatischen Küste brachte.

ADRAMYTTION Apg 27,2

ADRIA
Apg 27,27

ADRIA Auf seinem Weg nach Rom hatte Paulus einige stürmische Tage auf diesem Meer zu überstehen, bevor das Wrack seines Schiffes schließlich an der Insel Malta strandete (Apg 27,27–28,1). Die A. ist ein nord-südlicher Seitenarm des Mittelmeeres zwischen Italien und der Balkanhalbinsel. Die Bezeichnung bezog sich urspr. auf den Golf von Venedig nahe der Pomündung und erfuhr dann eine Ausweitung. Z.Zt. der Apostel wurde der Teil des Mittelmeeres zwischen den Küsten Siziliens, Italiens, Griechenlands und Afrikas zur A. gerechnet.

Die Adria.

ADRIËL
1. Sam 18,19;
2. Sam 21, 8

ADRIËL (»Gott ist meine Hilfe«). Der Sohn Barsillais aus Mehola, dem Saul seine Tochter Merab zur Frau gab, obwohl er sie David versprochen hatte (1. Sam 18,17–19). Nach Sauls Blutbad unter den Gibeonitern lieferte ihnen David als Sühneleistung sieben Nachkommen Sauls aus, unter ihnen die fünf Söhne A.s. Sie wurden allesamt von den Gibeonitern getötet.

Die Gegend von Adullam.

ADULLAM
1. Mose 38,1.12.20;
Jos 12,15; 15,35;
1. Sam 22,1;
2. Sam 23,13;
1. Chr 11,15;
2. Chr 11,7;
Neh 11,30;
Mi 1,15

ADULLAM Eine antike Stadt in der Schefela, erwähnt als die Heimat des Hira. Dort heiratete Juda die Tochter eines Kanaaniters namens Schua (1. Mose 38,1–2). A. war eines der 14 Königtümer, die Josua bei der Eroberung Kanaans schlug (Jos 12,7.15). Das Gebiet um A. wurde dem Stamm Juda zugeteilt (Jos 15,20.35). Auf der Flucht vor Saul verbarg sich David in einer der vielen Höhlen dieser Gegend, nachdem er dem Philisterkönig Achisch von Gat entkommen war. Dort schlossen sich ihm etwa 400 Männer an (1. Sam 22,1–5). Später, als König, benutzte David wiederum diese Höhle als Hauptquartier im Kampf gegen die Philister (2. Sam 23,13–16; 1. Chr 11, 15–18).

A. gehörte zu einer Reihe von Städten, die trotz ihrer Befestigung durch König Rehabeam (2. Chr 11,5–12) von Sanheribs Truppen während der Regierungszeit Hiskias erobert wurden (2. Kön 18,13). Der Ort wurde von Rückkehrern aus dem babyl. Exil erneut besiedelt (Neh 11,30).

ADUMMIM, STEIGE VON
Jos 15,7; 18,17

ADUMMIM, STEIGE VON Steiler Gebirgspaß zwischen Jericho und Jerusalem, der vom Jordantal zum judäischen Bergland führt; er markiert die Grenze zwischen den Stammesgebieten Juda und Benjamin.

Steige von Adummim.

(*oberes Bild*) *Keilschrifttontafel, gefunden an der Stelle des spätkanaanitischen Palastes in Afek (Archäologisches Institut Universität Tel Aviv).*

AFEK

1. Eine wichtige Station an der antiken Via Maris, unmittelbar nördlich von Jaffa, die in der Liste des Pharaos Thutmosis III. erwähnt ist. Der König von A. war einer der 31 kanaan. Herrscher, die von Josua geschlagen wurden (Jos 12,18). Die Philister versammelten dort ihre Armeen, um gegen Israel in den Kampf zu ziehen (1. Sam 4,1; 29,1).

In der frühen hell. Periode wurde an dieser Stelle, die damals unter dem Namen »Pegai« bekannt war, an der Grenze der Gebiete von Samaria und Scharon ein Fort gebaut. Um 132 v.Chr. eroberte es Johannes Hyrkanus I., zu einer Zeit, in der es auch »Arethusa« genannt wurde. Beide Namen weisen darauf hin, daß es in der Nähe einer großen Quelle liegt. Als Herodes d. Gr. den Thron bestieg, baute er eine neue Stadt in Arethusa, die er nach seinem Vater Antipater in »Antipatris« umbenannte. Diese neue Stadt wurde zum Zentrum eines Gebietes mit vielen reichen Dörfern. Als Paulus von Kriegsknechten von Jerusalem nach Cäsarea geführt wurde, verbrachten sie eine Nacht in Antipatris (Apg 23,31).

Die Überreste von Afek/Antipatris finden sich in der Ausgrabungsstätte Tell el-Ain, einer Gegend, die reich ist an Quellen und Vegetation. Auf dem großen Ruinenhügel steht heute eine türkische Zitadelle, die auf den Resten einer Kreuzfahrerburg errichtet ist. 1974 bis 1984 wurden umfangreiche Ausgrabungen durchgeführt.

2. Ein Ort im Norden Kanaans, an der Grenze zu den Amoritern, der von Josua nicht erobert wurde, aber als ein Teil von Israels Erbe beansprucht wurde (Jos 13,1–7). Er wird mit dem modernen Afka ungefähr 24 km entfernt vom antiken Byblos im Libanon identifiziert.

3. Eine kanaan. Stadt im Gebiet Assers, die von den Israeliten z.Zt. Josuas nicht erobert werden konnte (Jos 19,24.30).

Der Ort ist das heutige Tell Kurdane, südlich von Akko.

4. Eine Stadt östlich des Sees Genezareth, zwischen Bet-Schean und Damaskus. Dort fand die große Schlacht zwischen den Armeen Ben-Hadads, des Königs von Aram, und Ahabs, des Königs von Israel, statt. Die Aramäer wurden geschlagen und flohen nach A. »in die Stadt, und die Mau-

AFEK 1
Jos 12,18;
1. Sam 4,1; 29,1
AFEK 2
Jos 13,4
AFEK 3
Jos 19,30; Ri 1,31
AFEK 4
1. Kön 20,26.30;
2. Kön 13,17

Überreste des kanaanitischen Palastes in Afek.

(*rechts*) *Luftaufnahme der im 17. Jh. auf den Ruinen einer Kreuzfahrerburg in Antipatris (Afek) errichteten Festung.*

er fiel auf die Übriggebliebenen, siebenundzwanzigtausend Mann. Und auch Ben-Hadad floh in die Stadt und verkroch sich von einer Kammer in die andere« (1. Kön 20,26–30). An diesem Ort sollte auch König Joasch, nach der Weissagung des sterbenden Propheten Elisa, die Aramäer schlagen (2. Kön 13,17–19).

Der Ort lag vermutlich an der Stelle des heutigen Khirbet el-Afek in der Nähe des modernen En Gev, an der Ostküste des Sees Genezareth identifiziert. Es wurden dort Überreste einer antiken isrl. Stadt ausgegraben.

AFEKA Jos 15,53

AFEKA Eine Stadt, die dem Stamm Juda zugewiesen wurde (Jos 15,20.53). Sie liegt in den Bergen Judäas, an der Stelle von Khirbet Kanaan.

AFFE Siehe TIERE.

AFIACH 1. Sam 9,1

AFIACH Ein Mann aus dem Stamm Benjamins, ein Vorfahr König Sauls (1. Sam 9,1–2).

AGABUS Apg 11,28; 21,10

AGABUS Eine Prophetengestalt der frühen Christenheit. A. kam von Jerusalem nach Antiochia, während Paulus zur dortigen christl. Gemeinde zählte. Er sagte eine große Hungersnot, »die über den ganzen Erdkreis kommen sollte« (Apg 11,27–28), für die Regierungszeit des Kaisers Claudius voraus. Paulus traf A. in Cäsarea wieder, und der Prophet weissagte seine Verhaftung durch die Juden in Jerusalem (Apg 21,10–12).

AGAG 1 4. Mose 24,7
AGAG 2 1. Sam 15,8–9.20.32–33

AGAG Möglicherweise der Titel eines Königs von Amalek oder der Name zweier amalekitischer Könige.

1. Bileam sagte in seiner dritten Prophezeiung voraus, der König von Israel »wird höher werden als Agag, und sein Reich wird sich erheben« (4. Mose 24,1–7).

2. Saul schlug die Amalekiter in der Schlacht, aber er verschonte deren König A. zusammen mit dem Besten der Beute, obwohl ihm Samuel den ausdrücklichen Befehl Gottes übermittelt hatte, daß die Amalekiter vernichtet werden sollten. Dieser Akt des Ungehorsams führte zur Verwerfung Sauls durch Gott. Samuel selbst war es dann, der später in Gilgal A. selbst nach dem Befehl des HERRN in Stücke hieb (1. Sam 15,32–33).

AGAGITER Est 3,1.10; 8,3.5; 9,24

AGAGITER In der Geschichte von Esther wird Haman als »Agagiter« bezeichnet, wodurch eine Beziehung hergestellt wird zwischen dem Feind der persischen Juden und dem Urfeind Israels, den Amalekitern.

AGE 2. Sam 23,11

AGE Der Vater Schammas, eines der »Helden« Davids (2. Sam 23,8.11).

AGRIPPA Apg 25,13.22–24.26; 26,1–2.7.19. 27–28.32

AGRIPPA (HERODES AGRIPPA II.) Urenkel Herodes d. Gr. und Sohn Herodes Agrippa I. Er war erst 17 Jahre alt, als sein Vater 44 n.Chr. starb, und galt daher als zu jung, um dessen Nachfolge anzutreten. Judäa wurde daraufhin wieder von Prokuratoren regiert. 50 n.Chr. erhielt er durch Kaiser Claudius das Königreich von Chalkis, 53 n.Chr. tauschte er dieses gegen die Gebiete Abilene, Galiläa, Ituräa und Trachonitis, über die sein Vater von Caligula als König eingesetzt worden war. Sein Herrschaftsbereich wurde später erweitert durch die Städte Tiberias, Tarichea und Betsaida. Agrippa wird i. a. für eine schwächere Persönlichkeit als sein Vater gehalten. In den Ereignissen, die zum Ausbruch des jüd. Aufstands führten, der die Eroberung Jerusalems durch Titus nach sich zog, versuchte er jedoch die widerstreitenden Parteien von den katastrophalen Konsequenzen eines totalen Krieges abzuhalten. Im NT ist die berühmte Paulus-Rede vor König Agrippa in Apg 26 aufgezeichnet. Nach dem Jüd. Krieg (66–70) herrschte Agrippa bis gegen Ende des Jh. über seine Gebiete.

AGUR Spr 30,1

AGUR Ein ansonsten unbekannter Weiser, der als Autor von Kapitel 30 des Buchs der Sprüche erwähnt wird.

ÄGYPTEN, ÄGYPTER 1. Mose 12,10–12.14; 13,1.10; 15,18; 16,1.3; 21,9.21; 25,12.18; 26,2; 37,25.28.36; 39,1–2.5; 40,1.5; 41,8.19.29–30. 33–34.36.41. 43–46.48.53 –57; 42,1–3; 43,2.15.32; 45,2.4.8–9.13. 18–20.23.25–26; 46,3–4.6–8.20. 26–27.34; 47,6.11.13–15. 20–21.26–30;

ÄGYPTEN, ÄGYPTER Seit Urzeiten ist das Land am Nil die Brücke zwischen Afrika und Asien, sowohl in kultureller wie in politischer Hinsicht. Es ist vom Roten Meer im Osten und von Libyen im Westen begrenzt. Seine südliche Grenze änderte sich in den verschiedenen Perioden seiner Geschichte. Das Gebiet zerfällt auf natürliche Weise in zwei Teile: in Unterägypten, welches das Nildelta umfaßt, und Oberägypten, das Gebiet südlich von Kairo. Zu allen Zeiten erstreckten sich die besiedelten Gebiete entlang des Niltals und des Nildeltas. Zu bibl. Zeit war Ägypten, auch wenn sein Einfluß entsprechend dem Aufstieg und Fall der aufeinanderfolgenden Dynastien und Reiche wechselte, immer eines der größten Reiche des Mittleren Ostens, das lediglich in Mesopotamien (Sumer, Assur, Babylon) ebenbürtige Rivalen hatte. So muß die Geschichte Palästinas in atl. Zeit vor dem Hintergrund dieser Rivalität gesehen werden. Die Ägypter marschierten verschiedentlich nach Palästina ein und besetzten es. Viele Ausgrabungen bestätigen solche Besatzungszeiten.

Über die ganze atl. Periode hinweg blieben die Beziehungen zwischen

Ein ägyptischer Beamter und seine Frau. Holzskulptur aus dem 3. Jt. v. Chr. (Louvre, Paris).

Ä. und Israel einzigartig in ihrer Vielschichtigkeit. Ä. spielte eine so zentrale Rolle in der bibl. Geschichte, daß sein Name mehr als 750mal in der Bibel vorkommt, und »Pharao« (der Titel des ägypt. Herrschers) wird über 250mal erwähnt. Dieser wird jedoch nur in wenigen Fällen bei seinem Namen genannt.

In der Bibel sind mehr Einzelheiten und Informationen über das Leben und die Gebräuche der Ägypter als über jedes andere nichtisrl. Land oder Volk zu finden, und einige ägypt. Worte und Titel fanden Eingang in die Bibel. So wurde Josef der ägypt. Name »Zafenat-Paneach« (»der Gott spricht und er [der den Namen trägt] lebt«) gegeben (1. Mose 41,45). Der Name »Mose« ist vermutlich von dem ägypt. »geboren sein« abgeleitet.

Das bibl. Bild von Ä. ist zwiespältig. Auf der einen Seite war es das Land, in dem die dort eingewanderten Israeliten als Sklaven behandelt wurden, bis Gottes Eingreifen ihren Auszug erzwang und zu dem wundersamen Durchzug durch das Rote Meer führte. Deshalb war die Erinnerung an

Das ägyptische Reich

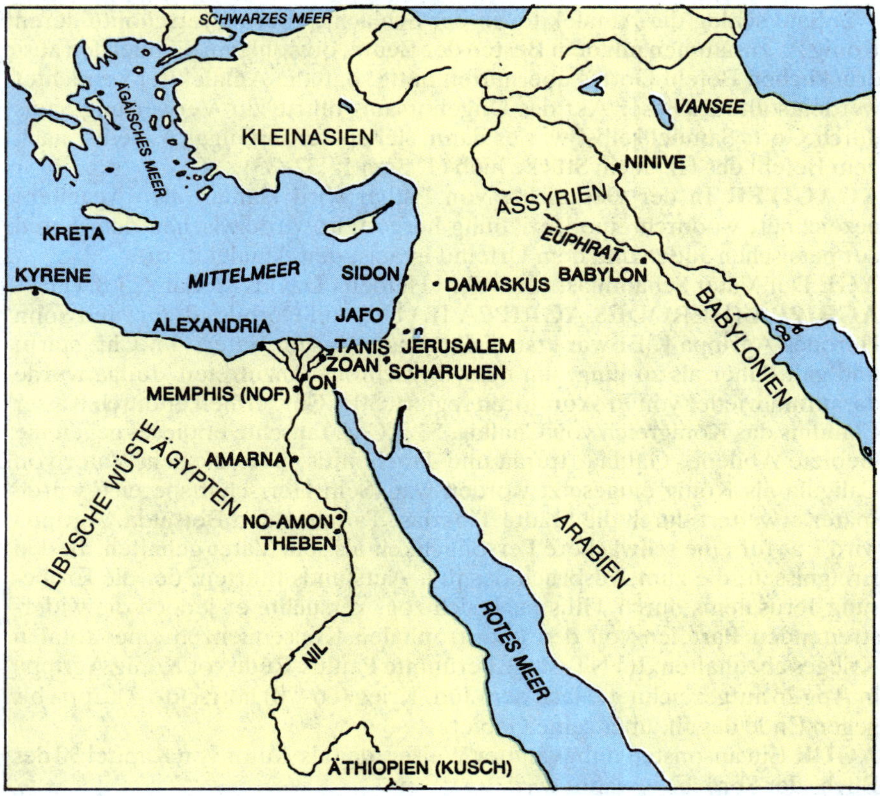

Luftaufnahme von Abu Simbel, Oberägypten; mehr als 3 000 Jahre lang standen hier einige der berühmtesten Steintempel, die von den Pharaonen Ägyptens (besonders von Ramses II.) gebaut worden sind. Zwei von ihnen wurden beim Bau des Assuan-Staudamms verlegt.

48,5; 50,3.7.
11.14.22.26;
2. Mose 1,1.5.
8.13.15.17–19;
2,11–12.14.
19.23; 3,7–
12.16–22;
4,18–21;
5,4.12; 6,5–
7.11.13.26–29;
7,3–5.11.18–
19.21–22.24;
8,1–3.12–13.
17.20.22;
9,4.6.9.11.18.
22–25; 10,2.6–
7.12–15.19.21–
22; 11,1.3–7.9;
12,1.12–13.17.
23.27.29–30.33.
35–36.39–42.51;
13,3.8–9.14–18;
14,4–5.7–13.
17–18.20.23–
27.30–31;
15,26;
16,1.3.6.32;
17,3;
18,1.8–10;
19,1.4; 20,2;
22,20; 23,9.15;
29.46; 32,1.
4.7–8.11–12.23;
33,1; 34,18;
3. Mose 11,45;
18,3; 19,34.36;
22,33; 23,43;
24,10;
25,38.42.55;
26,13.45;
4. Mose 1,1;
3,13.; 9,1;
11,5.18.20;
13,22; 14,2–
4.13.19.22;
15,41;
20,5.15–16;
21,5; 22,5.11;
23,22; 24,8;
26,4.59; 32,11;
33,1.3.38;
34,5;
5. Mose 1,27.30;
4,20. 34.37.
45–46; 5,6.15;
6,12.21–22;
7,8.15.18; 8,14;
9,7.12.26;
10,19.22;
11,3–4.10;
13,6.11; 15,15;
16,1.3.6.12;
17,16; 20,1;
23,5; 24,9.
18.22; 25,17;
26,5–6.8;
28,27.60.68;
29,1.15.24;
34,11;
Jos 2,10;
5,4–6.9; 9,9;
13,3; 15,4.47;
24,4–7.14.17.32;
Ri 2,1.12;
6,8–9.13; 10,11;
11,13.16; 19,30;
1. Sam 2,27;
4,8; 6,6; 8,8;
10,18; 12,6.8;

15,2.6–7; 27,8; 30,11.13; 2. Sam 7,6.23; 23,21; 1. Kön 3,1; 5,1.10; 6,1; 8,9.16.21.51.53. 65; 9,9.16; 10,28–29; 11,17–18.21.40; 12,28; 14,25; 2. Kön 7,6; 17,4.7.36; 18,21.24; 21,15; 23,29.34; 24,7; 25,26; 1. Chr 2,34; 11,23; 13,5; 17,21; 2. Chr 1,16–17; 5,10; 6,5; 7,8.22; 9,26.28; 10,2; 12,2–3.9; 20,10; 26,8; 35,20; 36,3–4; Esr 9,1; Neh 9,9.18; Ps 68,32; 78,12. 43.51; 80,9; 81,6.11; 105,23. 38; 106,7.21; 114,1; 135,8–9; 136,10; Spr 7,16; Jes 7,18; 10,24.26; 11,11.15–16; 19,1–4.12–25; 20,3–5; 23,5; 27,12–13; 30,2–3.7; 31,1.3; 36,6.9; 43,3; 45,14; 52,4; Jer 2,6.18,36; 7,22.25; 9,25; 11,4.7; 16,14; 23,7; 24,8; 25,19; 26, 21–23; 31,32; 32,20–21; 34,13; 37,5.7; 41,17; 42,14–19; 43,2.7.11–13; 44,1.8.12–15. 24.26–28.30; 46,2.8.11.13– 14.17.19–20. 24–25; Klgl 5,6; Hes 16,26; 17, 15; 19,4; 20,5–10.36; 23,3.8.19.21.27; 27,7; 29,2–3.6.9–10. 12–14.19–20; 30,4.6.8–11.13. 15–16.18–19. 21–23.25–26; 31,2; 32,2.12. 15–16.18; Dan 9,15; 11,8.42–43; Hos 2,17; 7,11.16; 8,13; 9,3.6; 11,1.5.11; 12,2.10.14; 13,4; Joel 4,19;

Ä. – wie sie z. B. durch das Passafest bewahrt wurde – bitter. Auf der anderen Seite erwies sich Ä. häufig als ein gastfreundliches Land, das Zuflucht und Schutz in Gefahrenzeiten bot. Sehr häufig wandte sich das Volk Israel in Krisen- oder Notzeiten an Ä., um dort Sicherheit oder auch nur Nahrung in Hungerszeiten zu finden. Schon »Abram zog hinab nach Ä., daß er sich dort als ein Fremdling aufhielte; denn der Hunger war groß im Lande« (1. Mose 12,10). Er fand freundliche Aufnahme, und als er nach Kanaan zurückzog, war er »sehr reich an Vieh, Silber und Gold« (1. Mose 13,2). Eine andere Hungersnot trieb Josefs Brüder nach Ä., die dem Rat Jakobs folgten: »Siehe, ich höre, es sei in Ägypten Getreide zu haben; zieht hinab und kauft uns Getreide, daß wir leben und nicht sterben« (1. Mose 42,2). Als die Hungersnot im Land Kanaan anhielt, ließen sich Jakob und seine ganze Familie unter dem Schutz Josefs in Ä. nieder. Josef, der von seinen Brüdern in die Sklaverei verkauft worden war, stieg dort bis zur Stellung eines Großwesirs auf (1. Mose 41,43). Der damalige Pharao gab ihm die Tochter eines hohen Priesters zur Frau. Der Wohlstand und die starke Vermehrung des Volkes Israel in Ä. nach dem Tod Josefs (der wie sein Vater gemäß dem Brauch der Ägypter nach seinem Tod einbalsamiert wurde; 1. Mose 50,2.26) führten einen neuen Pharao, der von Josef nichts wußte, dazu, um seine Herrschaft zu fürchten. Er griff darum zu harten Gegenmaßnahmen gegen die Israeliten (2. Mose 1,8–16).

Die Geschichte der nachfolgenden Not des Volkes Israel in Ägypten, die langen Jahre der Sklaverei, das Auftreten von Mose als gottgesandten Führer, die zehn Plagen, das eilige Mahl aus Lamm und ungesäuertem Brot (2. Mose 12,3–20), dessen die Juden jedes Jahr am Passafest gedenken, der Auszug aus Ä., der Zug durch das Rote Meer (2. Mose 14) und der Marsch in die Wüste Sinai, in der das Volk Israel die Zehn Gebote und das Gesetz Gottes erhielt – dies alles sind die grundlegenden Begebenheiten für die Volkwerdung Israels und seines Glaubens. »So sagt Jahwe, der Gott Israels: Ich habe Israel aus Ägypten geführt und euch aus der Hand der Ägypter errettet und aus der Hand aller Königreiche, die euch bedrängten « (1. Sam 10,18). »Ich habe euch aus Ägypten heraufgeführt und ins Land gebracht, das ich euren Vätern zu geben geschworen habe« (Ri 2,1 usw.).

Der Auszug begründete jedoch keine andauernde Feindschaft zwischen Israel und den Ägyptern. Tatsächlich wurde den Ägyptern in den Gesetzen, die dem Volk Israel durch Mose gegeben wurden, ein günstigerer Status gegeben als den anderen Völkern: »Den Ägypter sollst du auch nicht verabscheuen; denn du bist ein Fremdling in seinem Lande gewesen. Die Kinder, die sie im dritten Glied zeugen, dürfen in die Gemeinde des HERRN kommen« (5. Mose 23,8–9).

In ägypt. Quellen ist kein Hinweis auf den Aufenthalt der Israeliten oder deren Auszug zu finden. Es wird angenommen, daß die Periode der Hyksos, einer Gruppe semit. Völker, die Ä. nach der Zerstörung des Mittleren Reiches überrannten und von etwa 1720–1580 v. Chr. regierten, den Hintergrund für die Josefsgeschichte bilden könnte. Dies würde sowohl zu den bibl. Berichten als auch zur Chronologie sehr gut passen.

Das große Engagement Ä.s in einer etwas späteren Periode im Land Kanaan ist eindeutig aus den Briefen von El Amarna (1375 – 1300 v. Chr.) zu ersehen. Als Pharao z. Zt. des Auszugs ist von vielen Wissenschaftlern Ramses II. (1198–1166 v. Chr.) aus der 20. Dynastie identifiziert worden.

Das Volk Israel wird in der ägypt. Literatur erst in der sog. »Israel-Stele« erwähnt, wo Pharao Merneptah (1224 – 1212 v. Chr.) erklärt: »Israel ist verwüstet, und es hat keine Nachkommen.«

Nach der Errichtung der Monarchie erlebten die Beziehungen zwischen Ä. und Israel eine wechselvolle Geschichte. Über lange Zeiträume waren sie gutnachbarlicher Art. König Salomo heiratete eine Tochter des Pharao, die die Stadt Geser als Mitgift mitbrachte (1. Kön 9,16); aber gegen Ende seiner Regierungszeit fand sein Erzrivale Jerobeam Zuflucht in Ä. (1. Kön 11,40).

Ein ägyptischer Schreiber. Detail eines ägyptischen Wandgemäldes aus einem Grab in Beni Hassan, Ägypten, 19. Jh. v. Chr.

Der Stein von Rosette. Eine ägyptische Stele aus Basalt mit hieroglyphischer, demotischer und griechischer Inschrift, die Ptolemäus V. Epiphanes in seinem 9. Jahr, 196 v. Chr., erwähnt hinweisen. Der Stein wurde 1799 entdeckt und spielte eine entscheidende Rolle bei der Entzifferung des antiken ägyptischen Schriftsystems (British Museum).

Nachdem Jerobeam König von Israel wurde (1. Kön 12,20), griff Schechonk I. (935 – 914 v. Chr.), der bibl. Schischak, das Südreich Rehabeams an und zerstörte dort zahlreiche Städte (1. Kön 14,25; 2. Chr 12).

Nach dem Fall des Nordreichs Israel wurde Juda immer mehr in den Machtkampf zwischen Ä. und dem assyr. bzw. babyl. Reich hineingezogen. Josia wurde 609 v. Chr. bei einem vergeblichen Versuch, den Vormarsch des Pharao Necho aufzuhalten, getötet. Sein Nachfolger Joahas wurde von den Ägyptern deportiert, die an dessen Stelle Jojakim auf den Thron setzten (2. Kön 23,34). König Hiskia verbündete sich mit Ä. gegen den König von Assyrien, Sanherib, trotz der Warnung von dessen General: »Verläßt du dich auf den zerbrochenen Rohrstab Ägypten …?« (Jes 36,6). Zedekia stellte sich in dem Aufstand gegen Nebukadnezar auf die Seite Ä.s; aber die ägypt. Versuche scheiterten und Juda wurde von der babyl. Armee überrannt (2. Kön 25). Nach der Zerstörung Jerusalems flohen manche seiner Bewohner, die nicht ins Exil verschleppt worden waren, nach Ä. – trotz der Warnung Jeremias: »Denn so spricht der HERR Zebaoth, der Gott Israels: Gleichwie mein Zorn und Grimm über die Einwohner Jerusalems ausgeschüttet wurde, so soll er auch über euch ausgeschüttet werden, wenn ihr nach Ägypten zieht« (Jer 42,18). Jeremia wurde sogar gezwungen, mit nach Ä. zu gehen; dort wies er die Israeliten zurecht, weil sie die Verehrung der ägypt. Himmelskönigin übernommen hatten (Jer 44). Später eroberten die Perser unter Kambyses Ä. (524 v. Chr.) und den ganzen Mittleren Osten. Das Land wurde ein Vasallenstaat der Perser, dann Alexander d. Gr. und später der Griechen und Römer. Die jüd. Volksgruppe, die seit der Zeit Jeremias dort lebte, erreichte eine Blüte und wuchs sehr schnell, bis sie im 1. Jh. n. Chr. auf eine Million Menschen angewachsen war. Hier wurde das AT auch zum ersten Mal ins Griechische übersetzt (die »Septuaginta« [LXX], 3. Jh. v. Chr.).

In ntl. Zeit wurde Ä. noch einmal zu einem Ort der Zuflucht. Dem Josef erschien im Traum ein Engel des Herrn, der ihm sagte: »Steh auf, nimm das Kindlein und seine Mutter mit dir und fliehe nach Ägypten und bleib dort, bis ich dir's sage« (Mt 2,13). So entkam Jesus dem Kindermord (Mt 2,16). Ä. hat dadurch einen Platz im Heilsplan Gottes.

Am 2,10; 3,1.9; 4,10; 8,8; 9,5.7; Mi 6,4; 7,15; Nah 3,9; Hag 2,5; Sach 10,10–11; 14,18–19; Mt 2,13–15.19; Apg 2,10; 7,9–12.15.17.22. 24.28.34.36.39–40; 13,17; 21,38; Hebr 3,16; 8,9; 11,26–27.29; Jud 5; Offb 11,8

ÄGYPTEN, BACH VON Der »Bach Ägyptens«, der mit dem heutigen Wadi el-Arisch gleichzusetzen ist, bezeichnet mehrmals im AT die südwestliche Grenze von Kanaan (4. Mose 34,5; 1. Kön 8,65; 2. Kön 24,7; 2. Chr 7,8; Jes 27,12; Hes 47,19; 48,28). Er wird zusammen mit dem Ort erwähnt, »wo es nach Hamat geht«, der die Grenze Kanaans nach Norden hin angibt.

ÄGYPTEN, BACH VON
4. Mose 34,5; Jos 15,4.47; 1. Kön 8,65; 2. Kön 24,7; 2. Chr 7,8; Jes 27,12; Hes 47,19; 48,28

ÄGYPTEN, STROM VON Der »Strom Ägyptens« (wahrscheinlich der Nil oder aber Wadi el-Arisch) stellt nach der göttlichen Verheißung die südliche Grenze des Landes für die Nachkommen Abrams dar (1. Mose 15,18).

ÄGYPTEN, STROM VON
1. Mose 15,18; Am 8,8; 9,5

ÄGYPTER KLAGE, DER Siehe ATAD.

ÄGYPTER KLAGE, DER
1. Mose 50,11

AHAB

Ammonitisches Karneol-Siegel mit der Inschrift: »[Gehört] Ahab, dem [Sohn von] YRMLK«. (Israel Museum).

1. Sohn Omris und siebter König von Israel. A. regierte etwa 20 Jahre lang von Samaria aus über das isrl. Nordreich (ca. 871 – 852 v. Chr.). Mit Isebel, der Tochter Etbaals, des Königs der Sidonier, ging er eine politische Ehe ein (1. Kön 16,28–31). Unter ihrem Einfluß verbreitete sich die Götzenanbetung in Samaria, und A. selbst errichtete dort einen heidnischen Tempel (1. Kön 16,32–33). Ungefähr 450 Propheten des Baal und 400 Propheten der Göttin Aschera standen unter königlichem Schutz (1. Kön 18,18–19). Der Altar des HERRN war zerstört worden (1. Kön 18,30), und Isebel ließ Israels Jahwe-Propheten töten. Es war nur Obadja – einem Hofmeister und frommen Diener Gottes – zu verdanken, daß 100 Propheten gerettet wurden. Obadja versteckte diese in Höhlen und versorgte sie mit Brot und Wasser (1. Kön 18,3–4.13; 19,10). Der Prophet Elia, der mit aller Macht darum kämpfte, die Verehrung von Jahwe, Israels alleinigem Gott, gegenüber der Anbetung Baals zu bewahren, warnte A. vor einer schweren Dürre, die sein Land befallen werde und die nur auf sein Geheiß enden würde. Elia versteckte sich bis zum angegebenen Zeitpunkt. Der König gab ihm die Schuld für die Dürre

AHAB 1
1. Kön 16,28–29. 33; 17,1; 18,1–3. 5–6.9.12.16–17. 20.41.42.44–46; 19,1; 20,2. 13–14.34; 21,1–4.8.15–16.18.20–21. 24–25.27.29; 22,20.39–41.50; 2. Kön 1,1; 3,1.5; 8,16.18. 25.27–29; 9,7–9. 25.29; 10,1.10–11. 17–18.30; 21,3.13; 2. Chr 18.1–3. 19; 21,6.13; 22,3–8; Mi 6,16

AHAB 2
Jer 29,21–22

Überreste der Ställe König Ahabs in Megiddo.

und die daraus resultierende Hungersnot, aber Elia wies diese Anschuldigung zurück (1. Kön 18,18).

Elia forderte daraufhin die Baalspriester auf dem Berg Karmel zu einem Gottesurteil heraus und erwies dabei deren völliges Unterliegen. Die heidnischen Priester wurden ergriffen und hingerichtet (1. Kön 18,20–40). Dann kam der große Regen. A. informierte Isebel über Elias Sieg und die Niederlage der Diener ihres Kults, worauf die Königin dem Elia Rache androhte (1. Kön 19,1–2).

Auch auf anderen Gebieten übte Isebel einen denkbar schlechten Einfluß auf den König aus. Als Nabot, ein Jesreeliter, sich weigerte, seinen Weinberg an A. zu verkaufen oder gegen einen anderen einzutauschen, beschuldigte Isebel ihn fälschlich, »Gott und den König gelästert« zu haben. Nabot wurde daraufhin zu Tode gesteinigt (1. Kön 21,1–16). A., der zum Weinberg ging, um diesen in Besitz zu nehmen, sah sich dort Elia gegenüber und wurde von ihm als Mörder angeklagt. Der Prophet sagte voraus, daß Hunde das Blut A.s lecken würden, wie sie auch das Blut Nabots geleckt hatten, und daß Isebel und »wer von Ahab stirbt« von den Hunden gefressen werden würde. Die Bestrafung wurde aufschoben, da A. tiefe Reue bekundete (1. Kön 21, 17–29).

Während der Regierungszeit A.s spielte Israel jedoch eine bedeutende Rolle im internationalen Geschehen. A. setzte die Politik seines Vaters Omri fort und unterhielt friedliche Beziehungen zu Phönizien im Norden und zu Juda im Süden. Diese wurden einerseits durch seine Ehe mit Isebel, andererseits durch die Verheiratung seiner Tochter Atalja mit Joram, dem Sohn Joschafats, des Königs von Juda (2. Kön 8,18; 2. Chr 18,1) gestärkt. A. bemühte sich darüberhinaus sehr aktiv und erfolgreich um die innere Festigung seines Reiches. Er vollendete den Ausbau der Stadt Samaria, der von Omri begonnen worden war, und befestigte andere Städte wie z.B. Jericho. Geschnitzte Elfenbeintafeln, die an der Stätte von A.s. Palast in Samaria gefunden wurden, bestätigen, daß es ein »Elfenbeinhaus« gegeben hat (1. Kön 22,39); auch andere Funde weisen auf den Reichtum seines Königreichs hin.

A. wurde jedoch ständig von Ben-Hadad, dem aram. König von Damaskus, bedrängt und von diesem in drei Kriege hineingezogen. Ben-Hadad gelang es gemeinsam mit 32 Vasallen, bis nach Samaria vorzudringen und die Stadt zu belagern. A. akzeptierte zunächst die Forderungen des Feindes widerspruchslos. Ben-Hadads beleidigendes und arrogantes Verhalten erregte jedoch A.s Widerstand und das Volk vereinigte sich unter seiner Füh-

Elfenbeinschnitzereien aus dem Palast Ahabs in Samaria; 9. Jh. v. Chr. (Israelische Regierungsabteilung für Altertümer und Museen).

rung (1. Kön 20,3–6.10.13–21). Die Syrer wurden in die Flucht geschlagen. Ein Jahr später wurde Ben-Hadad erneut geschlagen. Er schloß daraufhin einen Bund mit A. Er gab die isrl. Städte, die vormals von den Syrern eingenommen worden waren, zurück und sicherte außerdem isrl. Händlern Marktrechte in Damaskus zu (1. Kön 20,22–34). Ungefähr zu dieser Zeit (853 v. Chr.) war A. einer der Anführer eines Bündnisses von 12 Königen, die gegen den assyr. König Salmanassar III. in der zweiten Schlacht von Karkar in Syrien kämpften. Die Schlacht, die aus Schriften des assyr. Königs bekannt ist, endete wahrscheinlich mit einer Pattsituation, auch wenn Salmanassar den totalen Sieg für sich in Anspruch nahm. Drei Jahre nach der zweiten Schlacht mit Ben-Hadad wurde der Frieden gebrochen. Im Bündnis mit Joschafat, dem König Judas, wollte A. Ramot in Gilead von den Aramäern befreien. Die deutlichen Warnungen des Propheten Micha ignorierte er (1. Kön 22,1–28) und zog als Soldat verkleidet in die Schlacht, in der er schwer verwundet wurde. Trotz seiner Verwundung kämpfte A., auf seinen Kampfwagen gestützt, den ganzen Tag und starb am Abend. Die isrl. Truppen wurden zum Rückzug gezwungen, und der tote König wurde nach Samaria zurückgebracht und dort begraben. »Und als sie den Wagen wuschen bei dem Teich Samarias, leckten die Hunde sein Blut – und die Huren wuschen sich darin – nach dem Wort des HERRN, das er geredet hatte.« A.s Sohn Ahasja wurde sein Nachfolger (1. Kön 22,29–40).

2. A., der Sohn Kolajas, lebte als falscher Prophet unter den Deportierten in Babylon. Jeremia sagte in seinem Brief an die in Babel Deportierten voraus (Jer 29,21.22), daß A. und sein Verbündeter Zedekia, der Sohn Maasejas, von Nebukadnezar, dem König von Babylon, im Feuer geröstet werden würden und daß ihr Tod als warnendes Beispiel gelten würde.

AHARHEL Sohn Harums aus dem Stamm Juda.

AHAS (»Er hielt fest«).

1. Der Vater Joaddas, der im Familienstammbaum von Saul erwähnt wird.

2. König von Juda (ca. 743 – 727 v. Chr.). A. trat im Alter von 20 Jahren die Nachfolge seines Vaters Jotam an und regierte 16 Jahre lang. Er war einer der Könige, von denen es heißt: »Und er tat nicht, was dem HERRN, seinem

AHARHEL
1. Chr 4,8

AHAS 1
1. Chr 8,35–36; 9,41–42

AHAS 2
2. Kön 15,38; 16,1–2.5.7–8. 10–11.15–17. 19–20; 17,1; 18,1; 20,11; 23,12;

1. Chr 3,13; 2. Chr 27,9; 28,1.16.19.21–22.24.27; 29,19; Jes 1,1; 7,1.3.10.12; 14,28; 38,8; Hos 1,1; Mi 1,1; Mt 1,9

Gott, wohlgefiel« (2. Kön 15,38; 16,1–2; 2. Chr 28,1). Er nahm an heidnischen Opfern teil und verbrannte sogar seinen eigenen Sohn (2. Kön 16,2–4; 2. Chr 28,3).

Früh in seiner Regierungszeit schlossen Rezin, der König von Aram (Syrien), und Pekach, der König von Israel, ein Bündnis gegen Assyrien und versuchten A. davon zu überzeugen, mit ihnen eine geschlossene Front zu bilden. Als er dieses ablehnte, brach der syr.-ephraimitische Krieg von 733 aus und Juda wurde überfallen (2. Kön 16,5; 2. Chr 28,5–8). Die Koalition beabsichtigte, einen gewissen »Sohn Tabeals« auf den Thron in Juda zu heben, um die antiassyr. Koalition zu garantieren (Jes 7,6). Viele Gefangene wurden nach Damaskus und Samaria gebracht, später aber wieder freigelassen (2. Chr 28,5–15). Zur selben Zeit eroberten die Edomiter Elat, und die Philister fielen im Westen und im Süden des Königreichs ein. A. verlor die Herrschaft über Teile seines Landes (2. Kön 16,6; 2. Chr 28,17–18). Die Beteuerungen des Propheten Jesaja, daß der HERR es den Aramäern und Israeliten nicht erlauben würde, Juda zu zerstören und einen anderen König auf den Thron zu setzen (Jes 7,1–17), vermochten A. nicht zu stärken. Von Hilflosigkeit und Angst überwältigt, wandte er sich an den König von Assyrien, Tiglat-Pileser III., und bestach ihn mit dem geplünderten Tempelschatz, um seine Hilfe zu erhalten (2. Kön 16,7 ff.; 2. Chr 28,21). Tiglat-Pileser marschierte in Aram ein, eroberte die Hauptstadt Damaskus und tötete Rezin. A., der in einer der Schriften von Tiglat-Pileser erwähnt wird, wurde dessen Vasall und ging nach Damaskus, um dem assyr. König die Ehre zu erweisen. Während seines Aufenthalts in Damaskus bewunderte er den heidnischen Altar und sandte dessen Abbild zu seinem Priester Uria in Jerusalem, um eine Kopie davon machen zu lassen. Später, nach seiner Rückkehr, brachte er Opfer darauf dar. Darüberhinaus ließ er die Kultgeräte des Tempels entfernen, »dem König von Assyrien zuliebe« (2. Kön 16,10–17), und eine Sonnenuhr im Tempel errichten (2. Kön 20,11).

Als A. starb, wurde er in der Stadt Davids begraben (2. Kön 16,20). Sein Sohn Hiskia trat die Nachfolge an (2. Chr 28,27).

A. findet sich im Stammbaum Jesu nach Matthäus.

AHASBAI 2. Sam 23,34

AHASBAI Vater Elifelets, eines der dreißig »Helden« Davids.

AHASCHTARITER 1. Chr 4,6

AHASCHTARITER Vierter Sohn der Naara, der zweiten Frau Aschhurs im Register der Geschlechter Judas.

AHASJA (»Ja(hwe) hält fest«).
Der Name zweier Könige:

AHASJA 1 1. Kön 22,40.50.52; 2. Kön 1,2.17–18; 2. Chr 20,35.37

AHASJA 2 2. Kön 8,24–26.29; 9,16.21.23.27.29; 10,13; 11,1–2; 12,19; 13,1; 14,13; 1. Chr 3,11; 2. Chr 22,1–2.7–11

1. Der Sohn Ahabs und Isebels. A. war der achte König von Israel und regierte zwei Jahre lang (ca. 852 – 851 v. Chr.). Wie sein Vater, betete auch er die Götter seiner Mutter an (1. Kön 22,40.52–54). Nach Ahabs Tod in der Schlacht gegen die Aramäer nahmen die Moabiter die Gelegenheit zu einem Aufstand gegen Israel wahr, und ihr König Mescha verweigerte die jährliche Tributzahlung (2. Kön 1,1; 3,1.4.5). A. unternahm keine Anstrengungen, die Moabiter zu unterwerfen – eine Unterlassung, die ihren Grund wahrscheinlich in einer Verletzung hat, die er sich in seinem zweiten Regierungsjahr zugezogen hatte, als er vom Obergemach seines Palastes in Samaria fiel (2. Kön 1,2). Nach diesem Unfall sandte er Boten nach Ekron, um den Gott der Philister Baal-Sebub über seine Genesungschancen zu befragen. Auf ihrem Weg wurden die Boten von dem Propheten Elia abgefangen, der den Tod des Königs voraussagte. A. sandte eine Truppe von 50 Männern, um den Propheten gefangenzunehmen, aber als sich diese Elia näherte, wurde sie von einem Feuer verzehrt. Eine zweite Truppe erlitt dasselbe Schicksal, und einer dritten wurde es nur erspart, nachdem ihr Führer Elia um sein und seiner Soldaten Leben angefleht hatte. Als Elia daraufhin vor dem König erschien, bestätigte er seine Vorhersage, daß A. bald sterben würde, weil er das Orakel des Götzen Baal-Sebub (Beelzebub) hatte befragen lassen (2. Kön 1,2–16).

Die einzig bemerkenswerte Tat A.s, die in der Bibel erwähnt wird, ist sein Versuch, ein Wirtschaftsbündnis mit Joschafat für den Handel mit Ofir abzuschließen. Dadurch, daß die Schiffe schon vor Ezjon-Geber zerschellten, wurde ihm ein Strich durch die Rechnung gemacht (1. Kön 22,49–50; 2. Chr 20,35–37).

A. hatte keinen Sohn, und seine Nachfolge wurde von seinem Bruder Joram, dem Sohn Ahabs, angetreten (2. Kön 1,17; 3,1).

2. Der fünfte König von Juda, regierte ein Jahr lang (843–842 v. Chr.). Er war der Sohn Jorams und Ataljas, einer Tochter Omris, und daher ein Neffe Ahasjas (1) von Israel. Bei seinem Regierungsantritt war er 22 Jahre alt (2. Kön 8,25–26; 2. Chr 22,2). Aber auch er war ein Baalsanbeter »wie das Haus Ahab« (2. Chr 22,3–4). Er verbündete sich mit Joram – dem Bruder und Nachfolger von A. (1.) – gegen Hasaël, den König Arams. Die beiden Könige wurden bei Ramot in Gilead geschlagen und Joram wurde in dieser Schlacht schwer verwundet. Während A. ihn an seinem Genesungsort Jesreel besuchte, brach ein Aufstand in Israel aus, der von Jehu, einem Heerführer, angeführt wurde und von dem Propheten Elisa angestiftet worden war. A. und Joram zogen gegen Jehu aus (2. Chr 22,5–7). Der König Israels wurde getötet, und A. floh in seinem Streitwagen, wurde aber durch Jehu tödlich verwundet. Er kam noch bis Megiddo und starb dort (2. Kön 9,14–29). Er wurde nach Jerusalem gebracht und in der Stadt Davids begraben.

(A. wird in manchen Bibelübersetzungen in 2. Chr 22,6 mit »Asarija« bezeichnet. In 2. Chr 21,17 wird er »Joahas« genannt; er war der einzige Sohn Jorams, der nicht von den Philistern und Arabern während der Regierungszeit seines Vaters getötet wurde.)

AHASVEROS Biblischer Name für persische Könige.

AHASVEROS 1
Dan 9,1
AHASVEROS 2
Esr 4,6;
Est 1,1.9–10.
16–17.19;
2,1.12.16.21;
3,1.6–8.12; 6,2;
7,5; 8,1.7.10.12;
9,2.20.30;
10,1.3

1. Der Vater des Darius aus dem Stamm der Meder, der im Buch Daniel erwähnt wird. Er wird i. a. von den Historikern mit Kyaxares, dem König von Medien, der ca. 612 v. Chr. Ninive eroberte, gleichgesetzt.

2. Der von Esra (Esr 4,6) erwähnte A. ist mit Xerxes, dem Nachfolger Darius I., der von 486 bis 465 v. Chr. regierte, gleichzusetzen. Dieselbe Gleichsetzung ist für den A. des Buchs Ester vorgeschlagen worden, der »auf seinem königlichen Thron saß in der Festung Susa«. Nach seinem Regierungsantritt hatte Xerxes mit Aufständen, zuerst in Ägypten und später in Babylon, zu kämpfen. Nachdem er den zweiten Aufstand niedergeschlagen hatte, versuchte er, Griechenland zu unterwerfen. Sein Feldzug endete mit einer schweren Niederlage, und diese hatte einen Verfall seines Charakters zur Folge. Er wurde in Haremsintrigen verwickelt und kam unter den Einfluß von Höflingen, wie es sich auch im Buch Ester zeigt.

In der Bibel wird von A. gesagt, er habe über 127 Länder regiert, »vom Indus bis zum Nil« (Est 1,1–2).

König Darius I. auf seinem Thron sitzend, hinter ihm steht sein Sohn und Nachfolger Xerxes. Basrelief aus Persepolis.

In seinem dritten Regierungsjahr gab er ein üppiges Festmahl für die Vorsteher seiner Provinzen und den Hof. Seiner Frau, der schönen Königin Wasti, befahl er, sich bei dem Festmahl zu präsentieren. Weil sie sich weigerte, diesem Befehl zu folgen, verstieß er sie als seine Frau (Est 1,3–8.10–20) und ließ Ester, eine Jüdin, ihren Platz einnehmen (Est 2,1–4.17). Auf Betreiben seines obersten Ministers Haman wurde ein Befehl zur Ausrottung aller im Königreich lebenden Juden erlassen (Est 3,1–15). Sein Plan wurde durch Ester und ihren Vetter und Pflegevater Mordechai vereitelt. Haman wurde hingerichtet, und ein neuer Erlaß von A. sprach den Juden das Recht zu, ihre Feinde zu töten (Est 8,3–14; 9,5–10.13.14).

AHAWA Esr 8,15.21.31

AHAWA Ein Fluß oder Ort in Babylon. Esra versammelte dort eine Gruppe Verbannter und hielt ein Fasten vor dem Auszug nach Jerusalem ab (Esr 8,15.21.31).

AHER 1. Chr 7,12

AHER Ein Nachkomme Benjamins (1. Chr 7,6–12).

AHI 1 1. Chr 5,15
AHI 2 1. Chr 7,34

AHI (»mein Bruder«).

1. Sohn Abdiëls und einer der Sippenhäupter des Stammes Gad (1. Chr 5,11–15).
2. Einer der Söhne Schemers aus dem Stamm Asser (1. Chr 7,30–34).

AHIA 1. Kön 4,3

AHIA (»Bruder ist Jahwe«). Einer von Salomos Schreibern.

AHIAM 2. Sam 23,33; 1. Chr 11,35

AHIAM Der erste Sohn Scharars (oder Sachars), des Harariters; er war einer der dreißig »Helden« Davids.

AHIËSER 1 4. Mose 1,12; 2,25; 7,66.71; 10,25
AHIËSER 2 1. Chr 12,3

AHIËSER (»Mein Bruder ist Hilfe«).

1. Der Sohn Ammischaddais. Als Vertreter des Stammes Dan half er bei der Zählung, die in der Wüste Sinai durchgeführt wurde (4. Mose 1,1–3.12) und brachte das Opfer bei der Einweihung der Stiftshütte für seinen Stamm dar (4. Mose 7,1–2.10.66–71). Er gebot auch über das Heer seines Stammes, das die Nachhut des in der Wüste marschierenden Zuges bildete (4. Mose 10,12.25–28).
2. Der Führer einer Gruppe von Bogenschützen aus dem Stamm Sauls, die sich David anschlossen, als dieser sich in Ziklag versteckte (1. Chr 12,1–3).

AHIHUD 1 4. Mose 34,27
AHIHUD 2 1. Chr 8,7

AHIHUD

1. Ein Oberhaupt des Stammes Asser, der Sohn Schelomis (4. Mose 34,27). Er nahm an der Verteilung des Landes Kanaan unter die 10 Stämme teil (4. Mose 34,16–18.27).
2. Ein Benjaminit, der in König Sauls Familienstammbaum aufgelistet ist (1. Chr 8,1.7).

AHIJA 1 1. Sam 14,3.18
AHIJA 2 1. Chr 11,36
AHIJA 3 1. Chr 2,25
AHIJA 4 . Kön 15,27.33; 21,22; 2. Kön 9,9
AHIJA 5 1. Chr 8,7
AHIJA 6 1. Kön 11,29–30; 12,15; 14,2.4–6.18; 15,29; 2. Chr 9,29; 10,15
AHIJA 7 Neh 10,27

AHIJA (»Mein Bruder ist Jahwe [Gott]«).

1. Ein Priester z. Zt. Sauls, ein Sohn Ahitubs, Enkel Pinhas und Urenkel Elis. Gemeinsam mit Saul war er in Migron (1. Sam 14,2–3). A. trug den Priesterschurz und war verantwortlich für die Bundeslade, die dem Heer folgte (1. Sam 14,18–19). Sein Name könnte ursprünglich »Ahimelech« gewesen sein (1. Sam 22,9.11–12.20).
2. Ahija der Paloniter, einer der »Helden« Davids.
3. Einer der Söhne Jerachmeels, eines Angehörigen des Stammes Juda.
4. Der Vater Baschas, eines Königs von Israel, ein Angehöriger des Stammes Issachar.

Hebräisches Bronzesiegel mit der Inschrift: »Ahijahu (Ahija) [Sohn des] Sem«; 7. Jh. v. Chr. (Israel Museum).

5. Ein Sippenhaupt des Stammes Benjamin (1. Chr 8,6–7), der Sohn Ehuds.

6. Ein Prophet in Silo gegen Ende der Regierungszeit Salomos und während der Regierungszeit Rehabeams und Jerobeams. Er prophezeite Jerobeam, daß das Königreich Israel geteilt und daß Jerobeam König werden würde. Als Symbol dafür riß A. seinen (oder Jerobeams) neuen Mantel in zwölf Stücke und gab zehn davon Jerobeam und sagte: »Nimm zehn Stücke zu dir! Denn so spricht der HERR, der Gott Israels: Siehe, ich will das Königtum aus der Hand Salomos reißen und dir zehn Stämme geben« (1. Kön 11,26–39). Die Prophezeiung erfüllte sich, indem Jerobeam der erste König des Nordreichs Israel wurde. Als A. alt und blind war, sandte Jerobeam seine Frau in Verkleidung zu ihm, um den Propheten über die Krankheit ihres Sohns zu befragen. A. erkannte Jerobeams Frau und sagte den unmittelbaren Tod des Kindes sowie den Untergang des Hauses Jerobeams voraus, um der Sünden Jerobeams willen, durch die er »Israel sündigen gemacht hat« (1. Kön 14,1–18; 2. Chr 9,29; 10,15).

7. Einer derjenigen, der Nehemias Abmachung, »zu wandeln im Gesetz Gottes«, besiegelte (Neh 10,1.27.30).

Ostrakon, an eine Person namens Ahikam gerichtet, aus dem 7. Jh. v. Chr. Fundort: Festung von Ira im Tal von Beerscheba (Universität von Tel-Aviv).

AHIKAM (»Mein Bruder hat sich erhoben«). Der Sohn Schafans und der Vater Gedaljas (2. Kön 22,12; 25,22). Ein Beamter am Hof Josias, des Königs von Juda, und ein Mitglied der Abordnung, die vom König zu der Prophetin Hulda gesandt wurde, um sie über das vom Hohenpriester Hilkija gefundene Gesetzbuch zu befragen (2. Kön 22,8.13.14). Während der Regierungszeit Jojakims stellte A. Jeremia unter seinen Schutz (Jer 26,22–24).

AHIKAM
2. Kön 22,12.14; 25,22; 2. Chr 34,20; Jer 26,24; 39,14; 40,5–7.9.11.14. 16; 41,1–2.6. 10.16.18; 43,6

AHILUD (»Ein Bruder ist geboren«). Der Vater Joschafats, des Kanzlers unter der Herrschaft Davids (2. Sam 8,16; 20,24) und Salomos (1. Kön 4,3).

AHILUD
2. Sam 8,16; 20,24; 1. Kön 4,3.12; 1. Chr 18,15

AHIMAAZ

1. Der Vater von Sauls Frau Ahinoam.

2. Einer der Söhne des Hohenpriesters Zadok z.Zt. der Herrschaft Davids (2. Sam 15,27; 1. Chr 5,34; 6,38) und der Vater Asarjas (1. Chr 5,35). A. war einer der Priester, die die Bundeslade Gottes bei der Flucht Davids während des Aufstands von Absalom aus Jerusalem heraustrugen. König David ordnete Zadoks und Abjatars Rückkehr in die Hauptstadt an, um von Huschai Informationen über die Pläne Absaloms zu erhalten. Ihre Söhne A. und Jonatan wurden bei der Quelle Rogel als Verbindungsleute stationiert; sie übermittelten dem König Nachrichten, die sie von einer Magd erhielten (2. Sam 15,24–37; 17,1–17). Sie wurden dort entdeckt und versteckten sich im Brunnen eines Hauses in Bahurim. Absaloms Leute durchsuchten den Ort, aber eine Frau hatte die Öffnung des Brunnens getarnt. A. und Jonatan entkamen und stießen zu David (2. Sam 17,18–21).

Nach der Niederlage und dem Tod Absaloms bat A. Joab um die Erlaubnis, David diese Nachricht übermitteln zu dürfen. Joab erlaubte es ihm schließlich, David den Sieg zu verkünden. A. überließ es aber einem anderen Boten, die schlechte Nachricht von Absaloms Tod, die er selbst nicht erwähnt hatte, zu übermitteln (2. Sam 18,19–32).

3. Ein Schwiegersohn Salomos, der mit der Königstochter Basemat verheiratet war (1. Kön 4,7.15). Er war einer der zwölf von Salomo ernannten Beamten, die den König und seinen Haushalt einen Monat im Jahr mit Lebensmitteln aus dem Gebiet Naftalis zu versorgen hatten.

AHIMAAZ 1
1. Sam 14,50
AHIMAAZ 2
2. Sam 15,27.36; 17,17.20; 18,19. 22–23.27–29; 1. Chr 5,34.35; 6,38
AHIMAAZ 3
1. Kön 4,15

AHIMAN

1. Einer der Nachkommen Anaks, der z.Zt. der von Mose ausgesandten Kundschafter in Hebron lebte (4. Mose 13,22.28). A. und seine Brüder Scheschai und Talmai wurden von Kaleb vertrieben (Jos 15,14).

2. Einer der in Jerusalem nach der Rückkehr aus der babyl. Gefangenschaft zum Torhüter ernannten Leviten. Diese waren Nachkommen der vormals von David und Samuel eingesetzten Torhüter. Sie hatten die Aufsicht über die Tore des Hauses des HERRN, der Stiftshütte (1. Chr 9,17–27).

AHIMAN 1
4. Mose 13,22; Jos 15,14; Ri 1,10
AHIMAN 2
1. Chr 9,17

AHIMELECH (»Der Bruder des Königs« oder »Mein Bruder ist König«).

1. Der Sohn Ahitubs und Hoherpriester zu Nob. Er gab David das Schau-

AHIMELECH
1. Sam 21,2–3.9; 22,9.11.14.16. 20; 23,6. 30,7

AHIMELECH 2
1. Sam 26,6
AHIMELECH 3
2. Sam 8,17;
1. Chr 24,3.6.31

brot zu essen und überreichte ihm das Schwert, das Goliat gehört hatte (1. Sam 21,2–10). Als Saul dies durch den Edomiter Doëg zu Ohren kam, ordnete er die Tötung A.s, dessen Familie und der anderen Priester zu Nob an. Abjatar war der einzige Sohn A.s, der dem Massaker der 85 Priester von Nob entkam (1. Sam 22,6–23). In Ps 52,2 erinnert David an die hinterhältige Tat des Edomiters Doëg.

2. Ein Hetiter im Dienst Davids, den David bat, ihm zu helfen, nachts heimlich in das Lager Sauls einzudringen.

3. Der Sohn Abjatars und Enkel A.s (1)., ein Priester in den Tagen Davids (2. Sam 8,17; 1. Chr 24,3.6.31).

AHIMOT
1. Chr 6,10

AHIMOT Ein Levit aus der Familie von Kehat (1. Chr 6,1–10).

AHINADAB
1. Kön 4,14

AHINADAB (»Mein Bruder ist edel«). Der Sohn Iddos, einer der 12 Amtleute, die Salomo beauftragt hatte, den königlichen Haushalt mit Lebensmitteln während eines Monats des Jahres aus dem Gebiet Mahanajim zu beliefern (1. Kön 4,7.14).

AHINOAM 1
1. Sam 14,50
AHINOAM 2
1. Sam 25,43; 27,3; 30,5;
2. Sam 2,2; 3,2;
1. Chr 3,1

AHINOAM (»Mein Bruder ist Freude«).

1. Die Tochter von Ahimaaz (1).; sie wurde von Saul zur Frau genommen.

2. A. von Jesreel wurde von David zur Frau genommen, während er schon mit Abigajil verheiratet war (1. Sam 25,43; 2. Sam 2,2). Beide Frauen begleiteten ihn auf seinem Weg ins Exil ins Philisterland, wurden von den Amalekitern gefangengenommen und umgehend von David befreit (1. Sam 27,3; 30,1–5.17–18). Nach Sauls Tod kehrte A. mit David nach Hebron zurück. Sie war die Mutter seines erstgeborenen Sohnes Amnon (2. Sam 2,1–2; 3,2).

AHIRA
4. Mose 1,15; 2,29; 7,78.83; 10,27

AHIRA Ein Fürst des Stammes Naftali (4. Mose 1,15–16; 2,29), einer der Stammesfürsten, die gemeinsam mit Mose die Zählung des Volkes durchführten; er repräsentierte seinen Stamm bei der Opferdarbringung zur Einweihung des Altars (4. Mose 7,1.10–11.78–83) und führte seinen Stamm in der Wanderung durch die Wüste (4. Mose 10,27–28).

AHIRAM, AHIRAMITER
4. Mose 26,38

AHIRAM, AHIRAMITER (»Mein Bruder ist erhaben«). Benjamins dritter Sohn und Haupt des Geschlechts der Ahiramiter.

AHISAMACH
2. Mose 31,6; 35,34; 38,23

AHISAMACH (»Mein Bruder hat unterstützt«). Der Vater Oholiabs aus dem Stamm Dan, der zum Kunsthandwerker ernannt wurde, um die Stiftshütte und deren Geräte anzufertigen (2. Mose 31,1–6; 35,34; 38,23).

AHISCHAHAR
1. Chr 7,10

AHISCHAHAR (»Bruder der Dämmerung«). Einer der Söhne Bilhans aus dem Stamm Benjamin (1. Chr 7,6.10–11).

AHISCHAR
1. Kön 4,6

AHISCHAR Ein Hofmeister am Hof Salomos.

AHITOFEL
2. Sam 15,12.31.34; 16,15.20–21.23; 17,1.6–7.14–15.21.23; 23,34;
1. Chr 27,33–34

AHITOFEL (»Bruder der Torheit«). Er war ein Giloniter und ein hochangesehener Ratgeber Davids (2. Sam 16,23). Er war der Großvater Batsebas (2. Sam 11,3; 15,12; 23,34). Als Absalom gegen seinen Vater rebellierte und in Hebron gekrönt wurde, schloß sich A. der Verschwörung gegen den König an. Nachdem Absalom Jerusalem eingenommen hatte, riet A. ihm, keine Zeit bei der Verfolgung Davids zu verlieren, so daß dieser nicht sein Heer neu organisieren könne, und drängte auf eine Tötung des Königs, um das Volk zur Anerkennung Absaloms als König zu bewegen (2. Sam 17,1–4). Aber A.s Rat wurde zurückgewiesen, als Huschai, ein Spion Davids, einen entgegengesetzten Standpunkt vertrat. Dieser riet Absalom, zu warten, bis ganz Israel zur Schlacht versammelt sei (2. Sam 17,5–14). Daraufhin verließ A. die Hauptstadt, kehrte zu seinem eigenen Haus zurück und verübte Selbstmord (2. Sam 17,23).

AHITUB 1
1. Sam 14,3; 22,9.11–12.20
AHITUB 2
2. Sam 8,17;
1. Chr 5,33–34. 37–38; 6,37; 9,11; 18,16;
Esr 7,2;
Neh 11,11

AHITUB (»Mein Bruder ist gut«).

1. Der Sohn Pinhas, des Sohns Elis.

2. Der Vater (oder Großvater) des Priesters Zadok (2. Sam 8,17; 1. Chr 5,34).

AHOACH
1. Chr 8,4

AHOACH Der Sohn Belas, Sohn Benjamins (1. Chr 8,1–4).

AHOACHITER
2. Sam 23,9.28;
1. Chr 11,12.29; 27,4

AHOACHITER Bezeichnung für die Familie des Ahoach oder eine bislang noch nicht identifizierte geographische Bezeichnung (2. Sam 23,8–9.28; 1. Chr 11,11–12.29; 27,4).

AHUMAI
1. Chr 4,2

AHUMAI Ein Nachkomme von Juda.

AHUSAM
1. Chr 4,6

AHUSAM Ein Mann im Geschlechtsregister von Juda (1. Chr 4,1.5–6).

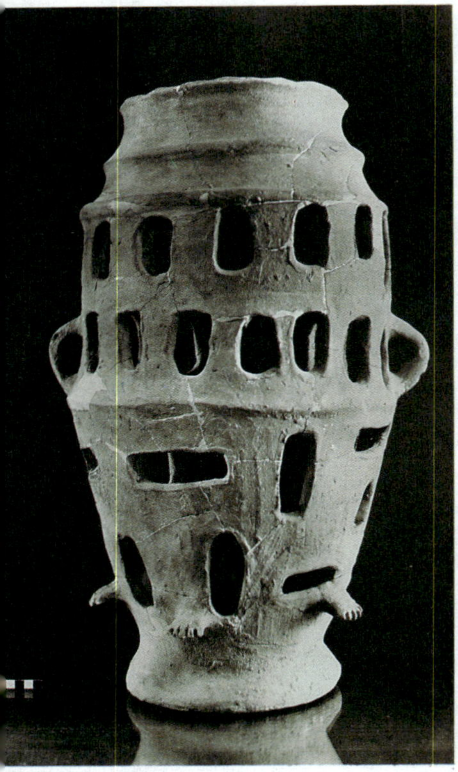

(oben) Weihrauchständer aus Ton, gefunden in Ai. Frühe kanaanitische Periode (Israelische Regierungsabteilung für Altertümer und Museen).

(rechts) Überreste eines Palastes aus der frühen kanaanitischen Periode, gefunden bei et-Tell (Ai).

AHUSAT Der »Freund« – sehr wahrscheinlich der Ratgeber – von Abimelech, dem König von Gerar, der ihn nach Beerscheba begleitete, um einen Bund mit Isaak zu schließen (1. Mose 26,23–31).

AHUSAT
1. Mose 26,26

AI (»Ruine«).

1. Eine kanaan. Stadt östlich von Bethel. Abram schlug dort, kurz nachdem er nach Kanaan gekommen war, sein Zelt auf und besuchte den Ort noch einmal nach seinem Aufenthalt in Ägypten (1. Mose 12,8; 13,3). Während der isrl. Eroberung Kanaans entsandte Josua, dem von Kundschaftern mitgeteilt worden war, daß Ai nur spärlich bewohnt sei, nur eine kleine Truppe zum Angriff. Die Israeliten erlitten eine schwere Niederlage. Josua wandte sich an Gott, und ihm wurde gesagt, daß der Rückschlag eine Strafe für Achans Sünde sei (Jos 7,1–12). Nachdem Achan gerichtet worden war (siehe ACHAN), griff Josua Ai ein zweites Mal an. Die Stadt wurde eingenommen, niedergebrannt und »zu einem Schutthaufen für immer, der noch heute daliegt«, gemacht (Jos 8,1–29).

Unter den aus dem babyl. Exil mit Serubbabel Heimkehrenden waren Männer aus Ai und Bethel (Esr 2,1–2.28; Neh 7,32).

Ai wird von den meisten Wissenschaftlern mit el-Tell, 1,6 km südwestlich von Bethel und nördlich von Jerusalem identifiziert. Ausgrabungen haben Wohnstätten aus der Zeit um 3000 v. Chr. freigelegt. Die Stadt wurde im 24. Jh. v. Chr. zerstört und blieb bis ins 13.–12. Jh. eine Ruine. Ein Dorf aus der Eisenzeit an dieser Stelle war wahrscheinlich das bibl. Ai, das von Josua zerstört wurde.

2. Eine unbekannte Stadt, die gemeinsam mit Heschbon in der Weissagung Jeremias gegen die Ammoniter erwähnt wird (Jer 49,3).

AI 1
1. Mose 12,8; 13,3; Jos 7,2–5; 8,1–3.9–12.14. 17–18.20–21. 23–26.28–29; 9,3; 10,1–2; Esr 2,28; Neh 7,32
AI 2
Jer 49,3

AJA Eine der Städte im Gebiet des Stammes Ephraim, möglicherweise identisch mit Ai.

AJA
1. Chr 7,28

AJALON

1. Ein Tal, in dem eine gleichnamige Stadt gelegen war. A. war ein wichtiger Zugang zu einem Paß nordwestlich von Jerusalem, der von der Küstenebene in die zentrale Bergregion führte. Josua war im Tal A., als er von Gott den Stillstand der Sonne und des Mondes über Gibeon erflehte, während er gegen die fünf amoritischen Könige, die die Gibeoniter angegriffen hatten, kämpfte (Jos 10,5–13). Nach der Eroberung Kanaans wurde A. dem Stamm Dan zugesprochen (Jos 19,40–42) und später den Nachkommen Kehats, als

AJALON 1
Jos 10,12; 19,42; 21,24; Ri 1,35; 1. Chr 6,54; 8,13; 2. Chr 11,10; 28,18
AJALON 2
Ri 12,12

Das Tal Ajalon mit dem judäischen Gebirge im Hintergrund.

Stadt der Leviten (Jos 21,1.20.24). Die Daniter bekamen Hilfe von den Ephraimitern aus dem Norden, die die Amoriter von A. unterwarfen (Ri 1,34–35). Nach Sauls erstem Sieg über die Philister zu Michmas verfolgte sein Sohn Jonatan sie bis nach A. (1. Sam 14,31). Während Davids administrativer Neuordnung wurde A. zu einer Freistadt (1. Chr 6,52–54). Rehabeam baute sie zu einer Festung aus, um sich gegen Einfälle von Westen oder Norden zu schützen (2. Chr 11,5–10). Eine Eroberung durch die Philister fand während der Regierungszeit von Ahas statt (2. Chr 28,18). Das antike A. lag an der Stelle des modernen Jalu, östlich von Amwa (Emmaus). Z. Zt. der Römer war es als »Jalo« bekannt.

2. Ein Ort innerhalb des Gebietes des Stammes Sebulon, an dem der sebulonitische Richter Elon begraben wurde (Ri 12,11–12), wahrscheinlich westlich des Sees Genezareth gelegen.

AJAT Jes 10,28

AJAT Eine andere Form für Ai. Siehe AI (1).

AJIN 1 4. Mose 34,11
AJIN 2 Jos 19,7; 21,16; 1. Chr 4,32

AJIN (»Quelle«). Der Name zweier Plätze. Das Wort (oft »Ein« oder »En« transliteriert) taucht häufig in Zusammensetzung mit anderen Wörtern – wie En-Rogel, En-Gedi oder En-Rimmon – auf.

1. Ein Ort, der Mose von dem Herrn als die östliche Grenze angezeigt wurde von dem »Land, das euch als Erbteil zufällt, das Land Kanaan« (4. Mose 34,1–2.10–11).

2. Eine der Städte, die später dem Stamm Simeon aus dem Anteil des Stammes Juda gegeben wurde, »weil der Anteil des Stammes Juda zu groß für ihn war« (Jos 19,1.7–9; 1. Chr 4,32), und den Leviten zugewiesen wurde (Jos 21,1–3.9.16).

AJJA 1 Neh 11,31
AJJA 2 1. Mose 36,24; 1. Chr 1,40
AJJA 3 2. Sam 3,7; 21,8.10–11

AJJA

1. Identisch mit Ai (1).

2. Ein Nachkomme aus der Familie Seïrs, eines Stammesfürsten in Edom (1. Mose 36,20–21.24; 1. Chr 1,38.40).

3. (»Falke/Habicht«). Der Vater von Sauls Nebenfrau Rizpa (2. Sam 3,7).

AKAN 1. Mose 36,27; 1. Chr 1,42

AKAN Wie Ajja aus der Familie Seïrs, eines Stammesfürsten in Edom (1. Mose 36,20–21; 1. Chr 1,42).

AKAZIE Siehe PFLANZEN.

AKAZIENHOLZ Siehe SCHITTIM.

AKKAD 1. Mose 10,10

AKKAD Eine Stadt in Schinar oder Mesopotamien, die in der Völkertafel unter den Städten des Königreichs von Nimrod verzeichnet ist (1. Mose 10,10) und häufig in babyl. Inschriften erwähnt wird. Sie lag vermutlich nörd-

Eine Stele von Naram-Sin, König von Akkad, aus Susa in Elam, etwa 2250 v. Chr. Der König steht einem Berg gegenüber; sein Kopfschmuck hat Hörner, die göttliche Macht symbolisieren.

lich von Babylon, in der Nähe von Sippar. Seit der Zeit Sargons I. war es die erste Hauptstadt der Könige der akkadischen Dynastie, die Babylon ungefähr 200 Jahre lang regierten. In der Zeit der dritten Dynastie von Ur (ca. 2200–2100 v. Chr.) wurde der Name »Akkad« für den nördlichen Teil des babyl. Königreichs verwendet.

AKKO Ri 1,31

AKKO Nur einmal wird im AT auf die kanaan.-phöniz. Stadt Bezug genommen: »Asser vertrieb nicht die Einwohner von Akko ...« (Ri 1,31–32). Die Stadt A. wird unter den Eroberungen von Tutmoses III. (15. Jh. v. Chr.) erwähnt, der sie in seinem ersten Feldzug einnahm. In den El-Amarna-Briefen des 14. Jh. v. Chr. wird sie oft genannt, und ihre Herrscher Suratu und Sutatna trugen nicht semitische, sondern anscheinend indo-iranische Namen. In jener Zeit war A. der wichtigste Hafen in Galiläa und ein bedeutendes Zentrum der ägypt. Herrschaft. Die Israeliten eroberten sie nicht vor der Zeit Davids, aber Salomo scheint sie an Hiram, den König von Tyrus, abgetreten zu haben (1. Kön 9,12–13; 2. Chr 8,1–2), und von da an war sie eine phöniz. Stadt. Sanherib eroberte sie unter dem Namen »Akko« während seines Feldzugs 701 v. Chr. In pers. Zeit war A. anscheinend wieder ein selbständiger phöniz. Hafen. Wie andere pers. Könige im 4. Jh. v. Chr. hat Kambyses vor seinem Angriff auf Ägypten seine Truppen in A. formiert. Klassische Quellen erwähnen A. in Verbindung mit der Erfindung der Glasbläserei. In hell. Zeit wurde A. in Ptolemaïs umbenannt, das bereits eine christl. Gemeinde beherbergte, als Paulus dort während seiner dritten Missionsreise landete (Apg 21,7). Das antike A. liegt bei Tell el-Fukhar, das sich 1,6 km östlich des hell., mittelalterlichen und modernen A. befindet. Umfangreiche Ausgrabungen weisen auf eine sehr frühe Besiedlung in der Zeit des Übergangs vom Chalkolithikum zur Frühbronzezeit I. hin. Über eine sehr lange Zeit hin war ein Teil des Damms vom Meer überschwemmt und erst in der Mittleren Bronzezeit I. wieder besiedelt, als die Kanaanäer die Küste besiedelten. In der Spätbronzezeit war A. schon eine gut angelegte Stadt. Das Aufblühen von Tyrus als Konkurrenzstadt verursachte anscheinend den Verfall A.s in der Eisenzeit (11.–9. Jh. v. Chr.). Die Stadt lebte im 9. Jh. wieder auf und hatte im 8. und 7. Jh. v. Chr. eine Glanzzeit. Sie war damals ein Zentrum der Metallverarbeitung. Eine kosmopolitische Stadt wurde A. in pers. Zeit und behielt diese Bedeutung bis in die hell. Periode.

Ein Wurfgeschoß aus Blei aus hellenistischer Zeit, gefunden in Akko (Israelische Regierungsabteilung für Altertümer und Museen).

(rechts) Der moderne Hafen von Akko.

AKKUB 1 1. Chr 3,24; 9,17
AKKUB 2 Esr 2,42; Neh 7,45; 11,19; 12,25
AKKUB 3 Esr 2,45
AKKUB 4 Neh 8,7

AKKUB

1. Ein Mann aus der Familie Jechonjas, eines entfernten Nachkommen Davids.

2. Das Haupt einer Familie von levitischen Torhütern, die aus der babyl. Gefangenschaft nach Jerusalem zurückkehrten (Esr 2,40.42).

3. Das Haupt einer Familie von Tempelsklaven.

4. Einer der Leviten, die Esra halfen, das Volk im Gesetz zu unterweisen (Neh 8,7–9).

ALAMMELECH Jos 19,26

ALAMMELECH Ein Ort im Gebiet des Stammes Asser (Jos 19,24–26). Die genaue Lage ist nicht bekannt; es wird jedoch angenommen, daß dieser Ort sich im südlichen Teil der Ebene von Akko befindet.

ALELEMET Jos 21,18

ALELEMET Eine Priesterstadt (Freistadt) im Gebiet des Stammes Benjamin (Jos 21,18). In 1. Chr 6,45 wird sie als »Alemet« bezeichnet.

ALEMET 1 1. Chr 7,8
ALEMET 2 1. Chr 8,36; 9,42
ALEMET 3 1. Chr 6,45

ALEMET

1. Ein Enkel Benjamins.

2. Ein direkter Nachkomme Sauls.

3. Eine Priesterstadt (Freistadt) des Stammes Benjamin (1. Chr 6,39.45). Sie ist identisch mit Alelemet (Jos 21,18).

ALEXANDER 1 Mk 15,21
ALEXANDER 2 Apg 4,6
ALEXANDER 3 Apg 19,33
ALEXANDER 4 1. Tim 1,20
ALEXANDER 5 2. Tim 4,14

ALEXANDER (»Verteidiger des Mannes«).

1. Der Sohn Simons von Kyrene und der Bruder von Rufus (Mk 15,21).

2. Ein Verwandter des Hohenpriesters Hannas. Er war bei dem Verhör von Petrus und Johannes anwesend (Apg 4,3.6).

3. Ein Jude aus Ephesus, der versuchte, den durch den Goldschmied Demetrius verursachten Aufruhr zu beruhigen (Apg 19,24–34).

4. Ein Christ aus Ephesus, den Paulus zusammen mit Hymenäus erwähnt als einen von denen, die »am Glauben Schiffbruch erlitten« haben (1. Tim 1,18–20).

5. Ein Kupferschmied, von dem Paulus sagte, er habe ihm viel Böses getan und sich seinen Worten widersetzt (2. Tim 4,14–15).

ALEXANDRIA, ALEXANDRINER Apg 6,9; 18,24; 27,6; 28,11

ALEXANDRIA, ALEXANDRINER Die Hauptstadt Ägyptens während der hell. und röm. Epoche. Sie wurde 332 v. Chr. von Alexander d. Gr. nach seiner Eroberung Ägyptens gegründet. Unter seinen Nachfolgern stieg die Zahl der Einwohner und deren Reichtum enorm an. Dem griech. Historiker Diodor zufolge hatte die Stadt zu seinen Lebzeiten (ertse Hälfte des 1. Jh. v. Chr.) 300 000 Einwohner.

Die Stadt, an der westlichen Seite des Nildeltas gelegen, war durch eine lange Mole mit der vorgelagerten Insel Pharos verbunden, wodurch ein ausgezeichneter Doppelhafen zustande kam. An der Küste der Insel Pharos wurde 297 v. Chr. der zu seiner Zeit berühmte Leuchtturm, eines der sieben Weltwunder der Antike, gebaut. Die Stadt selbst bestand aus fünf Stadtteilen und zahlreichen Vororten. Das wichtigste Gebäude war das Museum,

Kirbet Almit, das mit Alelemet/Alemet identifiziert wird.

(unten) Pompejussäule in Alexandria, die an dem höchstgelegenen Ort der Stadt errichtet wurde (ca. 300 n. Chr.).

(links) Blick auf den Hafen von Alexandria.

eine universitätsartige Einrichtung der Lehre und Forschung des Altertums, die Wissenschaftler und Gelehrte aus vielen Ländern anzog. Die Bibliothek war die größte der Welt. Sie ging während des Kampfes zwischen Caesar und Antonius i. J. 47 v. Chr. in Flammen auf, wodurch 900 000 Bücher verlorengingen. Antonius baute sie wieder auf und brachte u. a. Bücher aus Pergamon dorthin.

Der Wohlstand der Stadt rührte hauptsächlich vom Handel her. Die Wirtschaft basierte auf Fabriken, die Leinen, Papyrus, Gold- und Silberwaren herstellten, sowie auf großen Töpfereien. Die Haupteinkommensquelle war jedoch der indische und arabische Gewürzhandel, der Ägypten auf dem Weg über das Rote Meer erreichte.

A. hatte von Anfang an eine multinationale Bevölkerung, die auch eine sehr große jüd. Gemeinde einschloß. Hier entstand im 3. Jh. die Übersetzung des AT ins Griechische, die als »Septuaginta« (LXX) bekannt wurde. Die Juden aus A. wurden in Jerusalem durch eine ansehnliche Gemeinde vertreten. Alexandriner waren unter denjenigen, die mit Stephanus debattierten und ihn der Gotteslästerung beschuldigten (Apg 6,9).

Apollos, der in Ephesus lebte und von Aquila und Priszilla im christl. Glauben näher unterwiesen wurde, stammte aus der jüd. Gemeinde in A. (Apg 18,24–28). Auf einem Schiff aus A. setzte Paulus die Reise nach Rom von Myra in Lyzien nach Italien fort (Apg 27,5–6).

ALLERHEILIGSTES Siehe TEMPEL.

ALLON (»Eiche«). Ein Stammesfürst aus dem Stamm Simeon.

ALLON
1. Chr 4,37

ALMODAD (»Gott ist ein Freund«). Ein Name aus der Völkertafel in 1. Mose 10,26, der erste von Joktans 13 Söhnen.

ALMODAD
1. Mose 10,26; 1. Chr 1,20

ALMON-DIBLATAJIM Einer der Lagerplätze der Israeliten auf ihrem Weg ins Gelobte Land (4. Mose 33,46–47).

ALMON-DIBLATAJIM
4. Mose 33,46–47

ALOE Siehe PFLANZEN.

ALPHÄUS

1. Der Vater des Apostels Jakobus.
2. Der Vater des Zöllners Levi.

ALPHÄUS 1
Mt 10,3; Mk 3,18; Lk 6,15; Apg 1,13

ALPHÄUS 2
Mk 2,14

ALTAR Der Hauptzweck eines A.s lag darin, auf ihm Tiere zu opfern. In bibl. Zeiten konnten einfach gebaute Altäre dazu von jedermann benutzt werden. Auf den A., die in der Nähe oder außerhalb eines Tempels errichtet wurden, durften nur Priester Opfer darbringen.

Obwohl die Hauptfunktion eines A.s im Opfern bestand, hatte er darüberhinaus weitere Zweckbestimmungen, z. B. als Ort des Gebets, der Versammlung und der Zuflucht zu dienen (2. Mose 21,14; 1. Kön 2,28 ff.). Ausgrabungen haben Altäre mit Hörnern an den vier Ecken zutage gebracht (vgl. 2. Mose 27,2). Wer dort Schutz suchte, klammerte sich an diese Hörner. A. in der Nähe eines Tempels wurden als besonders heilig angesehen; daher wurden auf ihnen nur die besten Tiere geopfert. Zu diesen A. kamen die Menschen anläßlich der Wallfahrtsfeste zur Darbringung der Erstlingsfrüchte und zur Erfüllung von Gelübden.

Einfache A. in Gestalt aufgeschichteter Steine wurden schon z. Zt. der Patriarchen errichtet; der erste in der Bibel erwähnte A. ist der A. Noahs, nach der Sintflut (1. Mose 8,20). Der zweite wurde von Abram errichtet, nachdem Gott seinen Nachkommen das Land Kanaan versprochen hatte (1. Mose 12,7). A. wurden auch errichtet, um besonderer Geschehnisse zu gedenken: des Bundes zwischen Jakob und Laban (1. Mose 31,44 ff.), des Sieges Israels über Amalek in Refidim (2. Mose 17,14–15) oder des Sieges Sauls über die Philister (1. Sam 14,35). A. konnten aus Erde, Ton, Stein gebaut und mit Bronze oder Gold verkleidet werden; Erde wurde nur für einfache, volkstümliche A. verwendet, Messing und Gold ausschließlich für die späteren Tempelaltäre und Steine für beide.

Die späteren Tempelaltäre hatten meist große Ausmaße, nicht zuletzt wegen der zu ihnen heraufführenden Treppen und kunstvollen Ornamente. Im Tempel stand noch ein anderer, kleinerer, mit Gold belegter A., der nur zur Verbrennung von Weihrauch benutzt wurde.

ALTAR
1. Mose 8,20; 12, 7f.; 13,4.18; 22,9; 26,25; 33,20; 35,1.3.7; 2. Mose 17,15; 20,24f.; 21,14; 24,4.6; 27,1.5–7; 29,12f.16.18.25. 36f.44; 32,5; 34,13; 38,3f.7. 30; 40,32; 3. Mose 1,5.7–17; 2,2.8f.12; 3,2.5.8.11; 4,18f.26.34; 5,9.12; 6,2; 21,23; 22,22 4. Mose 3,31; 4,11.13f.; 7,10; 17,11; 18,3.5. 17; 23,1f.; 5. Mose 7,5; 12, 27; 16,21; 27,5; 33,10; Jos 8,30; 22,10; Ri 6,24–26; 21,4 1. Sam 2,28.33; 7,17; 14,35; 2. Sam 24,18.21.25; 1. Kön 1,50; 2,28f.; 3,4;

6,20.22; 8,22.31.
64; 12,33; 18,26.
30.32; 19,10
2. Kön 11,11.18;
16,10–15; 18,22
2. Chr 1,5f.;
4,1.19; 5,12;
7,9; 8,12
Esr 3,2f.7.17
Ps 26,6; 43,4
51.21; 84,4
118,27
Jes 6,6; 15,2;
19,19; 56,7;
60,7
Klgl 2,7
Hes 6,4–6.13;
40,47; 43,13.
18–27; 45,19
Hos 8,11
10,1f.8; 12,12
Joel 1,13
Am 2,8; 3,14;
9,1
Mal 1,7.10; 2,13
Mt 5,23f.;
23,18–20
Apg 17,23
Röm 11,3
1. Kor 9,13
10,18
Hebr 7,13;
13,10
Offb 6,9; 8,3.5;
9,13; 11,1;
14,18

(oben rechts und unten) Altar mit Hörnern aus Megiddo. 10.–9. Jh. v. Chr.

(links) Altar aus dem judäischen Heiligtum in Arad.

Durch den Tod Jesu verloren die Opferbestimmungen des alten Bundes im NT ihre Gültigkeit. Zur Feier des Abendmahls benutzten die frühen Christen Tische. Von diesem »Tisch des Herrn« (1. Kor 10,21) – im übertragenen Sinn »A.« (Hebr 13,10) – sind ausgeschlossen diejenigen, die den bisherigen (Altar-)Dienst in der »Stiftshütte« verrichten (= Judaisten). Diejenigen, die sich durch ihr Leben Gott zum Lobopfer darbrachten (Hebr 13,15.16), werden – nach der Schau der Offb – »unten am Altar« des Hohenpriesters Christus zu finden sein. Möglicherweise wird hier auf den Brauch der ersten Christen angespielt, am Grabe der Märtyrer Gottesdienste zu halten (Offb 6,9). Der Sinn des A.s in christl. Kirchen besteht also darin, den »Tisch des Herrn« darzustellen.

ALTES TOR
Neh 3,6; 12,39

ALTES TOR Eines der Stadttore Jerusalems. Es wurde von Jojada, dem Sohn Paseachs, und Meschullam, dem Sohn Besodjas, repariert (Neh 3,6) und war nahe dem Quartier der Goldschmiede und Salbenbereiter gelegen (Neh 3,8). Von manchen wird es mit dem in der Niederlage Amazjas, des Königs von Juda, erwähnten Ecktor identifiziert (2. Kön 14,13) und dann dementsprechend in der nordwestlichen Ecke der Stadt lokalisiert. Das Tor erhielt seinen Namen wohl durch den Umstand, daß von ihm aus eine Straße nach der Stadt Jeschana (von hebr. »alt«), an der südlichen Grenze des Gebietes Samaria gelegen, führte (2. Chr 13,19).

ALTES UND NEUES TESTAMENT Siehe TESTAMENT, ALTES UND NEUES.

ALUSCH Ort zwischen Dofka und Rafidim, an dem die Israeliten auf ihrer Wüstenwanderung lagerten.

ALWA Einer der 11 Stammesfürsten der Edomiter und Nachkomme Esaus.

ALWAN Ein Nachkomme Seïrs, des Horiters (1. Chr 1,40), der in 1. Mose 36,40 und 1. Chr 1,51 Alwa genannt wird.

AMAD Eine Stadt im Gebiet des Stammes Asser.

AMAL Der letztgenannte der Söhne Hotams in der Geschlechterliste Assers; sie werden beschrieben als »auserlesene, gewaltige Männer und Erste der Fürsten« (1. Chr 7,35.40).

AMALEK, AMALEKITER Amalek war der Sohn Elifas, des erstgeborenen Sohnes Esaus und seiner Nebenfrau Timna (1. Mose 36,12.16). Er war einer der Fürsten im Lande Edom. A.s Name bezeichnet auch die Nachkommen seines Stammes (5. Mose 25,17; Ri 7,12; 1. Sam 15,2).

Die Amalekiter, ein alter Nomadenstamm, waren die ersten Gegner, auf die die Israeliten nach der Durchquerung des Roten Meeres stießen, und sie sollten bis zur Zeit Davids ihre Feinde bleiben. Die A. griffen die Israeliten bei Refidim in der Wüste Sinai an, und Josua führte auf Weisung Moses die Schlacht gegen sie (2. Mose 17,8–13). Nach dem Sieg der Israeliten verkündete Gott, daß es Krieg mit A. »von Kind zu Kindeskind« geben würde (2. Mose 17,14–16; 5. Mose 25,19).

Als die Israeliten den Versuch unternahmen, eigenmächtig das Gelobte Land zu betreten, wurden sie von den A. geschlagen – als Vergeltung für ihre Sünden gegen Gott (4. Mose 14,41–45). Z. Zt. der Richter griffen die A. die isrl. Stämme erneut an, davon mindestens in zwei Fällen im Bündnis mit den Ammonitern und Moabitern (Ri 3,13); sie nahmen auch an der Schlacht in der Ebene Jesreel z. Zt. Gideons teil (Ri 6,33; 7,12). Einer der größten

Die Oase Wadi Firan, die wohl der Ort Refidim ist, wo Mose Wasser aus dem Felsen hervorbrachte (2. Mose 17,1–6). Hier kämpfte das Volk Israel gegen die Amalekiter.

Zusammenstöße mit den A. fand während der Regierungszeit Sauls statt. Der Krieg begann mit dem göttlichen Befehl, den Samuel Saul übermittelte, die A. anzugreifen und endgültig zu vernichten (1. Sam 15,1–3). Saul rieb das Volk der A. auf, aber als er deren König Agag verschonte, griff Samuel im Namen Gottes ein und »hieb den Agag in Stücke vor dem HERRN« (1. Sam 15,10–33).

Bevor David König wurde, unternahm er Überfälle von Ziklag aus, u. a. auch auf amalekit. Lager (1. Sam 27,8–9). Zur Vergeltung brannten die A. Ziklag nieder und nahmen die Frauen und Kinder gefangen – unter ihnen auch Davids Frauen Ahinoam und Abigajil (1. Sam 30,1–5). David gewann

ALUSCH
4. Mose 33,13–14

ALWA
1. Mose 36,40;
1. Chr 1,51

ALWAN
1. Mose 36,23;
1. Chr 1,40

AMAD
Jos 19,26

AMAL
1. Chr 7,35

AMALEK, AMALEKITER
1. Mose 14,7; 36,12.16;
2. Mose 17,8–11. 13–14.16;
4. Mose 13,29; 14,25.43.45; 24,20;
5. Mose 25, 17.19;
Ri 3,13; 6,3.33; 7,12; 10,12; 12,15;
1. Sam 14,48; 15,2–3.5.8.15. 18.20.32; 27,8; 28,18; 30,1.13.18;
2. Sam 1,1.8.13; 8,12;
1. Chr 1,36; 4, 43; 18,11;
Ps 83,8

die geraubten Menschen und Güter zurück und vernichtete die A. bis auf 400 junge Männer, denen die Flucht gelang (1. Sam 30,8–20). Danach scheinen die A. keine wirkliche Gefahr mehr dargestellt zu haben. Unter der Regierung Hiskias schlugen die Simeoniter die A. und besiedelten deren Gebiet (1. Chr 4,43). In der rabbinischen Tradition symbolisieren die A. die Feinde der Juden; im Buch Ester wird Haman als ein Nachkomme Agags bezeichnet (»der Agagiter«, Est 3,1).

Archäolog. Untersuchungen haben gezeigt, daß die Könige von Juda ihren Einfluß im Negeb vom 10. Jh. v. Chr. an so festigten, daß dies zum endgültigen Verschwinden der A. aus der Geschichte führte.

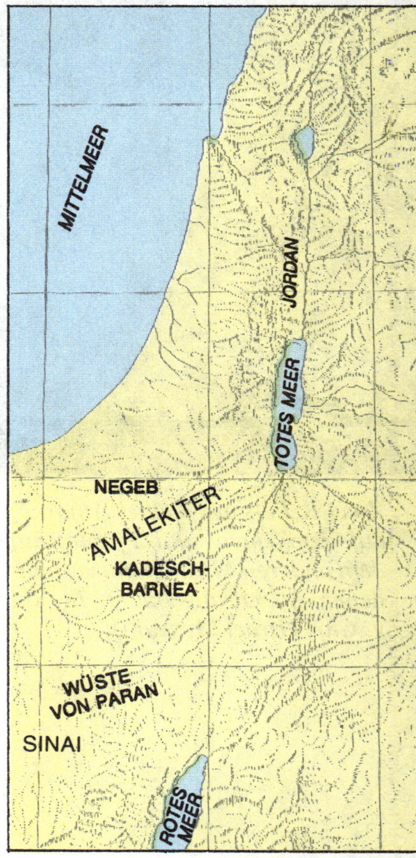

Das Gebiet der Amalekiter.

AMAM Jos 15,26

AMAM Eine Stadt an der südlichen Grenze des dem Stamm Juda zugewiesenen Gebiets (Jos 15,20.26).

AMANA Hld 4,8

AMANA Berg in der Gegend des Anti-Libanon, der im Hld. zusammen mit den Bergen Senir und Hermon erwähnt wird; wahrscheinlich der heutige Jebel Sebedani (1.800 m).

Auf einer sumer. Inschrift ist A. als Fundort von Marmor oder Alabaster im 3. Jt. v. Chr. erwähnt.

AMARJA 1 1. Chr 5,33; 6,37
AMARJA 2 1. Chr 5,37; Esr 7,3
AMARJA 3 1. Chr 23,19; 24,23
AMARJA 4 2. Chr 19,11
AMARJA 5 2. Chr 31,15
AMARJA 6 Esr 10,42
AMARJA 7 Neh 10,4; 12,2.13
AMARJA 8 Neh 11,4
AMARJA 9 Zef 1,1

AMARJA (»Jahwe spricht«).

1. Ein Nachkomme von Aarons Sohn Eleasar (1. Chr 5,27.30.33).

2. Der Name taucht in aufeinanderfolgenden Priestergenerationen auf, die in der Chronik aufgelistet sind. Ein anderer Nachkomme von Aarons Sohn Eleasar war A., der Sohn Asarjas, des Hohenpriesters in Salomos Tempel.

3. Der zweite Sohn Hebrons; ein Levit, der unter David der Dienstgruppe Kehats zugeteilt wurde.

4. Ein Hoherpriester während der Regierungszeit Joschafats.

5. Ein Levit, der während der Regierungszeit Hiskias bei der Zuteilung der Gaben für die Priester half.

6. Einer der Söhne Banis, der seine ausländische Frau auf das Geheiß Esras hin verstieß (Esr 10,18.34.42).

7. Der Name erscheint nochmals in der Liste der Priester im Buch Nehemia, einmal als einer der Priester, die den Bund Nehemias mit unterschrieben (Neh 10,1.4.30), dann als einer der Priester, die mit Serubbabel aus Babylonien zurückkehrten (Neh 12,1–2), und nochmals unter einer Gruppe von Priestern z. Zt. des Hohenpriesters Jojakim (Neh 12,10.12–13.26).

8. Vorfahr eines der Rückkehrer aus dem babyl. Exil, die freiwillig im zerstörten Jerusalem lebten (Neh 11,1.4).

9. Der Sohn Hiskias.

AMARNA, TELL EL Ort in Ägypten. Pharao Amenophis IV. baute in seinem 6. Regierungsjahr eine neue Hauptstadt , die er Achet-Aton (»Horizont des Gottes Aton«) nannte. Sie liegt ca. 260 km vom Nildelta entfernt und 480 km nördlich von Theben und heißt heute El Amarna. Die antike Stadt war ausschließlich der Anbetung des Gottes Aton geweiht. Der König, die Adligen, die Landeigentümer und Krieger wohnten in der Oberstadt, während die Bevölkerung in der Unterstadt und in den sie umgebenden Dörfern lebten. Eine Klasse für sich waren die Habiru-Nomaden, die die Wüste und das Grenzland durchwanderten.

1887 wurden die ersten Tontafeln in diesem Gebiet entdeckt. Ihre Zahl beläuft sich heute auf 540. Die als El-Amarna-Briefe bekannten Tontafeln stammen aus den königl. Archiven von Amenophis III. und dessen Sohn Amenophis IV. und wurden von den Königen von Babylon, Assyrien, Mittani, Arauwa, den Hetitern und vielen Kleinkönigen der Stadtstaaten von Syrien und Kanaan geschrieben. Die meisten sind auf akkadisch, der offiziellen Diplomatensprache jener Zeit, in Keilschrift geschrieben. Die Briefe zeigen, daß Kanaan von einer Mischung aus Westsemiten und Horitern bevölkert und in eine große Anzahl von Stadtstaaten aufgeteilt war, deren Könige ägypt. Vasallen waren. In einer Zeit abnehmender ägypt. Macht kam es zunehmend zu Streitereien zwischen diesen Kleinkönigen.

Zwei Reliefs aus Tell el Amarna; auf dem einen sind Pferde, auf dem anderen Musiker mit verbundenen Augen abgebildet; 14. Jh. v. Chr. (Israel Museum).

Die El-Amarna-Briefe sind eine bedeutende literarische Quelle, aus der ein großer Teil der Kenntnisse über die Geschichte Kanaans im 15. und 14. Jh. v. Chr. gewonnen werden konnte. Falls die Identifikation der in den Briefen erwähnten Habiru mit den Hebräern korrekt ist, sind sie der erste außerbibl. Hinweis für das Eindringen der hebr. Stämme in das Land Kanaan.

AMASA

1. Ein Neffe Davids, Sohn Jeters des Israeliters (2. Sam 17,25) und Abigals.

Absalom, der einen Aufstand gegen seinen Vater David versuchte, ernannte A. zum Heerführer anstelle Joabs, der loyal zum König hielt. Davids Armee schlug A. im Wald Ephraim, und Absalom wurde – entgegen Davids Befehl – von Joab getötet. Daraufhin drängte David die Ältesten Judas, A. als Oberbefehlshaber anstelle Joabs zu akzeptieren. Hierauf kehrte David nach Jerusalem zurück. Als in der Zwischenzeit eine Rebellion der nördlichen Stämme ausgebrochen war und A. den Befehl erhielt, die Armee Judas binnen drei Tagen zu mobilisieren, kehrte er zu spät zurück, nachdem das Heer schon unter Abischai in Marsch gesetzt worden war. A. stieß bei Gibeon zu ihnen, wurde aber von Joab erstochen. Jahre später nahm Salomo für den Tod A.s Rache (1. Kön 2,5.32).

2. Ein ephraimitisches Sippenhaupt z. Zt. der Könige Pekach und Ahas.

AMASAI

1. Der Anführer der 30 »Helden« Davids aus den Stämmen Juda und Benjamin, der zu Davids Mitkämpfern in Ziklag stieß (1. Chr 12,17–19).

2. Ein Levit aus der Familie Kehat, der in der Liste der Musiker als einer der Vorfahren von Heman, dem Sänger z. Zt. Davids, erwähnt wird (1. Chr 6,7.10.16.18.20).

3. Ein Priester z. Zt. Davids, der die Trompete vor der Lade Gottes blies, als David diese nach Jerusalem brachte.

4. Ein weiterer Levit aus der Familie des Kehat.

AMASCHSAI

Ein Priester z. Zt. Nehemias.

AMASJA Einer der Heerführer König Joschafats (2. Chr 17,12.16).

AMAZJA (»Ja(hwe) ist stark«).

1. Ein Levit aus der Familie Merari, Mitglied des Sängerchors am Heiligtum z. Zt. Davids (1. Chr 6,16–17.30.32).

2. Der Vater Joschas aus dem Stamm Simeon (1. Chr 4,24.34).

3. König von Juda (ca. 798–769 v. Chr.). A. trat im Alter von 25 Jahren die Nachfolge seines Vaters Joasch an und regierte 29 Jahre lang. Nachdem er sein Königtum gefestigt hatte, ließ er die Männer, die seinen Vater ermordet hatten, hinrichten, verschonte jedoch gemäß dem Gesetz Moses deren Kinder (2. Kön 14,1–6; 2. Chr 25,1–4).

AMASA 1
2. Sam 17,25; 19,14; 20,4–5.8–12; 1. Kön 2,5.32; 1. Chr 2,17
AMASA 2
2. Chr 28,12

AMASAI 1
1. Chr 12,19
AMASAI 2
1. Chr 6,10.20

AMASAI 3
1. Chr 15,24
AMASAI 4
2. Chr 29,12

AMASCHSAI
Neh 11,13

AMASJA
2. Chr 17,16

AMAZJA 1
1. Chr 6,30
AMAZJA 2
1. Chr 4,34
AMAZJA 3
2. Kön 12,22; 13,12; 14,1.8–9. 11.13.15.17–18. 21.23; 15,1.3; 1. Chr 3,12; 2. Chr 24,27; 25,1.5.9–11. 13–15.17–18. 20.21.23.25–27; 26,1.4
AMAZJA 4
Am 7,10.12.14

A. stellte eine Truppe von 30000 Männern aus Juda und Benjamin zusammen, um Edom zurückzuerobern, das ungefähr 50 Jahre zuvor seine Unabhängigkeit von Juda erlangt hatte (2. Kön 8,20–22). Ihm gelang ein großer Sieg im Salztal (2. Kön 14,7; 2. Chr 25,5.11). Er hatte auch 100000 Männer aus dem Nordreich Israel geworben, die an der Schlacht teilnehmen sollten. Auf die Warnung eines Propheten hin entließ er sie jedoch wieder, obwohl für ihre Rekrutierung schon bezahlt worden war. Die entlassenen Soldaten fielen auf ihrem Weg nach Hause über Städte in Juda her (2. Chr 25,6–10.13). Als A. den Krieg gegen Joasch, den König von Israel, erklärte, warnte dieser ihn nachdrücklich. A. beachtete die Warnung nicht; in Bet-Schemesch in Juda wurde sein Heer geschlagen und er selbst gefangengenommen. Joasch riß die Mauern von Jerusalem ein, um die Stadt zu plündern. Viele Tempelschätze und eine große Zahl von Geiseln wurden nach Samaria gebracht (2. Kön 14,8–14; 2. Chr 25,17–24).

Blick auf das Salztal, in dem der König Amazja die Edomiter schlug.

Nach seinem Sieg über die Edomiter diente A. deren heidnischen Göttern. Dies führte zu einer Verschwörung gegen ihn, die ihn zwang, nach Lachisch zu fliehen, wo er getötet wurde (2. Chr 25,14–15; 2. Kön 14,17–19; 2. Chr 25,25–27). Seine Nachfolge trat sein 16jähriger Sohn Asarja (Usija) an (2. Kön 14,21; 15,1; 2. Chr 26,1).

4. Ein Priester in Bethel während der Regierungszeit Jerobeams II. Er versuchte, die Predigt des Propheten Amos zu unterbinden, aber Amos ließ sich davon nicht einschüchtern (Am 7,10–17).

AMEISE Siehe TIERE.

AMEN 5. Mose 27,15–26; Neh 8,6; Ps 41,14; 72,19; 89,53; 106,48; Jer 28,6; Mt 6,13; Röm 1,25; 9,5; 11,36; 16,27; 1. Kor 14,16; 16,24; Gal 1,5; 6,18; Phil 4,20; 1. Tim 1,17; 6,16; 2. Petr 3,18; Jud 25; Offb 1,6f.; 3,14; 5,14; 22,20;

AMEN Ein hebr. Wort, das im Griechischen übernommen oder zuweilen auch mit »wahrlich« oder »wahrhaftig« übersetzt wurde (Jer 28,6; LXX), mit »es möge geschehen« oder »so sei es« (Jer 11,5). Aus einer Bibelstelle scheint hervorzugehen, daß Gott »Amen« oder »Gott der Wahrheit« bzw. »wahrhaftiger Gott« genannt wurde (Jes 65,16). Seine Ratschlüsse sind »Amen«, d.h. Treue und Wahrheit (Jes 25,1).

A. ist ein Ausruf, mit dem die Hörer eines Gebetes, eines Lobpreises, eines Segens oder Fluches ihre Teilnahme zum Ausdruck bringen sowie ihre Bereitschaft, das mitzutragen, was gesprochen wurde. Wer A. sagt, verspricht, dem Gebot Gottes oder des Königs gehorsam zu sein, und bittet Gott, seine Zusagen bzw. die Bitten der Menschen zu erfüllen (1. Kön 1,36; Jer 11,5; 28,6).

Das A. kann auch liturgischen Charakter haben; so hatte z.B. eine des Ehebruchs angeklagte Frau der Verfluchung durch den Priester mit »Amen,

Blick auf Amma.

so sei es« zu antworten (4. Mose 5,22); oder das Volk beantwortete die Fluchworte der Leviten mit »Amen« (5. Mose 27,15–26).

Das A. im Lobpreis ist eine besondere liturgische Antwort, deren früheste Wurzeln bis in die Zeit des babyl. Exils zurückreichen (Ps 106,46–48). Auf das vom Leiter des Gebetes oder von einem Chor ausgesprochene Gotteslob »Gelobt sei der HERR« antwortete die Gemeinde mit »Amen« (1. Chr 16,36). Die Teile des Psalmenbuches schließen mit einem einfachen (Ps 106,48) oder einem doppelten A. (Ps 41,14; 72,19; 89,53).

Das NT setzt diesen Gebrauch des A im wesentlichen fort. A. ist die Antwort auf ein ausgesprochenes Gebet, das von allen verstanden wurde (1. Kor 14,16), auf einen Lobpreis (Offb 1,6; 5,14) oder auf eine Verheißung des erhöhten Christus (Offb 22,20). Paulus sagt, Christus sei »nicht Ja und Nein«, sondern das Ja »auf alle Gottesverheißungen«; »darum sprechen wir auch durch ihn das Amen, Gott zum Lobe« (2. Kor 1,19–20). Das A. wird zu einem Titel Christi als des treuen und wahrhaftigen Zeugen (Offb 3,14). Der Sieger und Vollender heißt »Treu und Wahrhaftig«, also »Amen« (Offb 19,11). Paulus scheint der feierliche Gebrauch des A. im Munde Jesu vertraut gewesen zu sein, wie wir ihn im Johannesev. an etwa 24 Stellen eindringlich und fast stereotyp bezeugt finden. Wenn wir sehen, daß es in den Evangelien fast ausschließlich Jesus ist, der das A. (LÜ: »wahrlich«) gebraucht, zeigt dies etwas von der Bedeutung dieses Wortes als eines besonderen, feierlichen Ausspruches mit der Kraft eines Schwurs (Lk 23,43).

AMI Das Haupt einer Familie von Exulanten, die aus dem babyl. Exil zurückkehrten und als »Nachkommen der Sklaven Salomos« beschrieben werden (Esr 2,1.55.57). In Neh 7,59 wird sein Name als Amon genannt.

AMI
Esr 2,57

AMITTAI (»wahrhaft«, »treu«). Vater des Propheten Jona, der aus Gat-Hefer im Gebiet Sebulon stammte.

AMITTAI
2. Kön 14,25; Jona 1,1

AMMA (»Elle«). Ein Hügel im Gebiet Benjamin, auf dem Weg von Gibeon beim Abstieg ins Jordantal. Die genaue Lage ist noch nicht bekannt. Abner, der für Sauls Sohn Isch-Boschet kämpfte, wurde von Joabs Heer in Gibeon geschlagen und nach der Schlacht von Joab und Abischai verfolgt. Als Abner den Hügel A. erreichte, bat er um eine Waffenruhe, und die Truppen kehrten in ihre jeweiligen Lager zurück (2. Sam 2,24–30).

AMMA
2. Sam 2,24

Das Gebiet der Ammoniter.

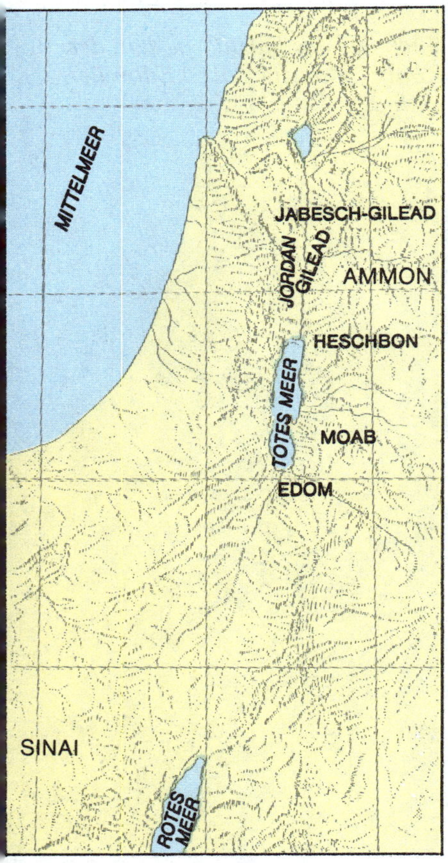

AMMIËL (»Mein Verwandter ist Gott«).

1. Einer der 12 von Mose ausgewählten Männer, die das Land Kanaan auskundschaften sollten (4. Mose 13,1–3.12).

2. Der Vater Machirs, in dessen Haus Mefi-Boschet, der Sohn Jonatans, sich in Lo-Dabar versteckt hielt (2. Sam 9,1–5). Später, als David aufgrund der Verschwörung Absaloms aus Jerusalem floh, war Machir unter denjenigen, die ihm in Mahanajim halfen (2. Sam 17,27–29).

3. Einer der Torhüter des Tempels (1. Chr 26,1.4–5).

AMMIËL 1
4. Mose 13,12
AMMIËL 2
2. Sam 9,4–5; 17,27
AMMIËL 3
1. Chr 26,5

AMMIHUD (»Mein Verwandter ist Pracht«).

1. Einer der Führer des Stammes Ephraim in der Wüste.

2. Ein Name aus dem Stamm Simeon z. Zt. Moses.

3. Ein Name aus dem Stamm Naftali z. Zt. Moses.

4. Der Vater Talmais, des Königs von Geschur, zu dem Absalom nach der Tötung Amnons aus Angst vor dem Zorn seines Vaters floh.

5. Einer der ersten Bewohner, die sich in Jerusalem nach der Rückkehr aus dem babyl. Exil niederließen.

AMMIHUD 1
4. Mose 1,10; 2,18; 7,48.53; 10,22; 1. Chr 7,26
AMMIHUD 2
4. Mose 34,20
AMMIHUD 3
4. Mose 34,28
AMMIHUD 4
2. Sam 13,37
AMMIHUD 5
1. Chr 9,4

AMMINADAB (»Mein Verwandter ist großzügig«).

1. Einer der Führer des Stammes Judas während der Wüstenwanderung (1. Chr 2,3.9–10). Seine Tochter Elischeba war die Frau Aarons (2. Mose 6,23). Er war ein Vorfahre Davids (Rut 4,19–22) und Jesu (Mt 1,4.16; Lk 3, 23.33).

2. Der Vater Korachs (1. Chr 6,7) in der Geschlechterliste der Leviten (in V. 23 ist er »Jizhar« genannt, wie auch in 2. Mose 6,21).

3. Ein Levit und einer der von David Ausgewählten, die die Bundeslade nach Jerusalem trugen (1. Chr 15,10–12).

AMMINADAB 1
2. Mose 6,23; 4. Mose 1,7; 2,3; 7,12.17; 10,14; Rut 4,19–20; 1. Chr 2,10; Mt 1,4; Lk 3,33
AMMINADAB 2
1. Chr 6,7
AMMINADAB 3
1. Chr 15,10–11

AMMISABAD Einer der »Helden« Davids.

AMMISABAD
1. Chr 27,6

AMMISCHADDAI
4. Mose 1,12; 2,25; 7,66.71; 10,25

AMMISCHADDAI Der Vater Ahiësers aus dem Stamm Dan, eines der Führer seines Stammes in der Wüste (4. Mose 1,1.12; 2,25 u. a.).

AMMON, AMMONITER
1. Mose 19,38; 4. Mose 21,24; 5. Mose 2,19–20.37; 3,11.16; 23,4; Jos 12,2; 13,10.25; Ri 3,13; 10,6–7.9.11. 17–18; 11,4–6.8–9. 12–15.27–33.36; 12,1–3; 1. Sam 11,1–2. 11; 12,12; 14,47; 2. Sam 8,12; 10,1–3.6.8.10–11.14.19; 11,1; 12,9.26.31; 17,27; 23,37; 1. Kön 11,1.5.7.33; 14,21.31; 2. Kön 23,13; 24,2; 1. Chr 11,39; 18,11; 19,1–3.6–7.9. 11–12.15.19; 20,1.3; 2. Chr 12,13; 20,1.10.22–23; 24,26; 26,8; 27,5; Esr 9,1; Neh 2,10.19; 3,35; 4,1; 13,1.23; Ps 83,8; Jes 11,14; Jer 9,25; 25,21; 27,3; 40,11.14; 41,10.15; 49,1–2.6; Hes 21, 25.33; 25,2–3.5.10; Dan 11,41; Am 1,13; Zef 2,8–9

AMMON, AMMONITER (»Kinder des Ammon«). Ein Volk, dessen Ursprung nach 1. Mose 19,36–38 in der inzestuösen Vereinigung Lots mit seiner jüngeren Tochter liegt, die ihm einen Sohn Ben-Ammi gebar. Das Land östlich des Jordans und südlich des Jabbok wird auch nach den Ammonitern benannt, die sich dort am Anfang des 13. Jh. v. Chr. niederließen, wie archäolog. Funde zeigen, während die Moabiter und Edomiter weiter südlich siedelten. Die A. könnten von den Amoritern abstammen (4. Mose 21,25–31). Schon z. Zt. Moses wurden die A. – wie auch die Moabiter – von der Gemeinde Israel ausgeschlossen (5. Mose 23,4). Es gab eine permanente Feindschaft zwischen den Israeliten und den halbnomadischen A., die versuchten, in isrl. Gebiet einzudringen. In der frühen Richterzeit unterwarf Jeftah die A. (Ri 11,30–33). Während der Regierungszeit Sauls eroberte der ammonit. König Nahasch isrl. Gebiet und versuchte, Jabesch in Gilead einzunehmen. Er belagerte die Stadt und bot ihren Einwohnern Frieden unter der Bedingung an, daß er allen Männern das rechte Auge aussteche. Als Saul dies hörte, rief er Männer aus ganz Israel zusammen und trieb die A. zurück (1. Sam 11).

Später scheint der Ammoniter Nahasch gute Beziehungen zu David gehabt zu haben. Nach dem Tod des ammonit. Königs sandte David eine Delegation zu dessen Sohn Hanun, um ihn zu trösten. Die Schändung dieser Gesandten durch Hanun rief dann aber einen langen Krieg hervor, in dem A. geschlagen wurde (2. Sam 10). Nachdem David Aram unterworfen hatte (2. Sam 8,5–6; 1. Chr 18,5–6), sandte er unter der Führung von Joab erneut Truppen gegen A.. Joab gelang es, die ammonit Hauptstadt Rabba einzunehmen (2. Sam 11,1.22–24; 12,26–29; 1. Chr 20,1).

Unter Salomo wurde Frieden geschlossen(1. Kön 14,21.31; 2. Chr 12,13). Ammonit. Frauen waren unter Salomos Geliebten, und er heiratete die Ammoniterin Naama. Diese Frauen überredeten ihn, ein Heiligtum auf den Bergen bei Jerusalem für ihren Gott Moloch zu bauen (1. Kön 11,7). Die A. waren Israel ungefähr ein Jh. lang tributpflichtig, bevor sie während der Regierungszeit Joschafats ihre Unabhängigkeit erlangten. Sie verbündeten sich mit den Moabitern und den Bewohnern der Bergregion Seïr, erlitten aber eine vernichtende Niederlage (2. Chr 20,1–4.10–16). Jotam sah sich wieder einer Rebellion der A. gegenüber (2. Chr 27,5), unterwarf sie aber erneut.

Unter Tiglat-Pileser III. erhielten die judäischen Vasallenstaaten ihre Könige wieder, hatten jedoch an die Assyrer einen Tribut für ihren Schutz zu zahlen. Den größten Teil des 7. Jh. v. Chr. hindurch blieb A. eine assyr. Provinz. Nach dem Übergang von der assyr. zur babyl. Herrschaft zahlten »alle Könige des Landes Het« den Tribut an Nebukadnezar; dies schloß offensichtlich auch den König von A. mit ein. Die A. verbündeten sich mit den Chaldäern, um Jojakims Rebellion niederzuschlagen (2. Kön 24,1–2). Nachdem die Juden aus dem babyl. Exil zurückgekehrt waren, verbot ihnen Nehemia, Ammoniter und Edomiter zu heiraten (Neh 13,23), nachdem sich schon viele Juden in diesem Gebiet angesiedelt hatten. Unter den Ptolemäern wurde es zum jüd. Staatsgebiet, »Ammonitis« genannt, mit der Hauptstadt Birta bzw. Tyrus (heute Araq el-Emir). Die andere wichtige Stadt war Rabbat-Ammon, die in Philadelphia umbenannt wurde. Am Ende der Seleukidenzeit war die ganze Region als Peräa bekannt.

AMNON (»treu«).

AMNON 1
2. Sam 3,2; 13,1–4.6–10. 15.20–22.26–29. 32–33; 1. Chr 3,1

1. Der älteste in Hebron geborene Sohn von König David. Seine Mutter war Ahinoam, die Jesreeliterin (2. Sam 3,2). A. hatte Verlangen nach seiner sehr schönen Halbschwester Tamar, die er in seine Gemächer lockte und dort vergewaltigte (2. Sam 13,1–15). Zwei Jahre später lud Absalom A. und alle anderen königlichen Prinzen zu einem Fest auf seinen Besitz in Baal-Hazor ein. Als A. »guter Dinge vom Wein« war, ließ ihn Absalom töten (2. Sam 13,23–33).

AMNON 2
1. Chr 4,20

Ammonitische Götterskulpturen, gefunden in Rabbat-Ammon, aus dem 8.–7. Jh. v. Chr. (die zwei oberen Abbildungen: Sammlung M. Dayan, Israel Museum; unten: Archäologisches Museum, Amman).

Statue des Pharaos Amenophis III., als Gott Amon dargestellt, in Karnak.

Siedlungsgebiete der Amoriter.

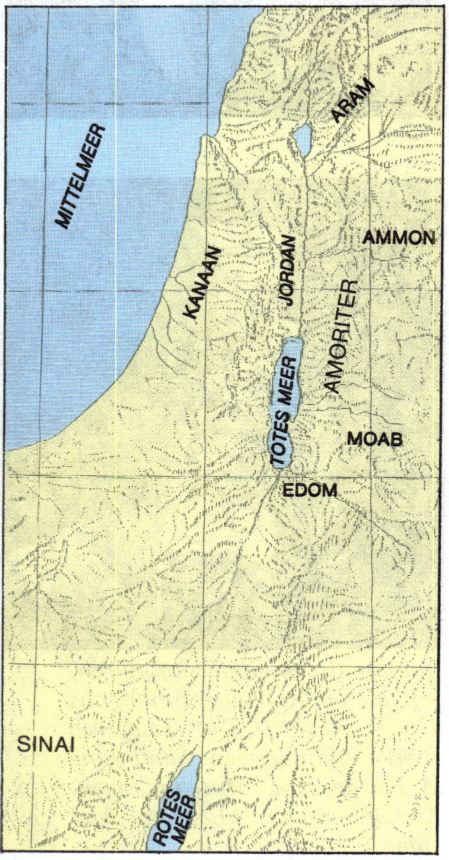

2. Ein entfernter Verwandter von Juda (1. Chr 4,1.20).

AMOK (»tief, weise«). Ein Priester, der mit Serubbabel aus der Gefangenschaft in Babylonien zurückkehrte (Neh 12,1.7) und Vorfahr einer priesterlichen Familie (Neh 12,12.20).

AMOK Neh 12,7.20

AMON (»treu«).

1. Der Stadthauptmann von Samaria während der Regierungszeit Ahabs. Der Prophet Micha, der Sohn Jimlas, wurde auf Befehl Ahabs verhaftet und unter den Gewahrsam von A. gestellt (1. Kön 22,26–27).

2. Ein König in Juda (ca. 641–640 v. Chr.), Sohn und Nachfolger des Manasse. Er bestieg den Thron im Alter von 22 Jahren und regierte zwei Jahre lang. A. trieb denselben Götzendienst wie sein Vater und wurde bei einer Verschwörung seines Hofes ermordet. Sein Sohn Josia folgte ihm auf den Thron (2. Kön 21,1–26).

3. Das Familienoberhaupt einer Gruppe von Exulanten, die aus Babylon zurückkehrten und unter den Nachkommen der Sklaven Salomos aufgeführt werden (Neh 7,57–59). In Esra 2,57 wird er »Ami« genannt.

4. Ein ägypt. Lokalgott von No (No-Amon; Theben), der unter dem Namen »Amon Re« (»Amon, die Sonne«) als »König der Götter« verehrt wurde. Sein Hoherpriester stand über allen ägypt. Priestern.

AMON 1 1. Kön 22,26; 2. Chr 18,25
AMON 2 2. Kön 21,18–19.23–25; 1. Chr 3,14; 2. Chr 33,20–22.25; Jer 1,2; 25,3; Zef 1,1; Mt 1,10
AMON 3 Neh 7,59
AMON 4 Jer 46,25; Nah 3,8

AMORITER Eines der Völker des nördlichen Syriens und Mesopotamiens aus der Zeit um 3000 v. Chr., die vor der isrl. Eroberung auch das Land Kanaan bewohnten. Der Name leitet sich ab von *Martu,* das im Sumerischen »Westen« bedeutet. Wahrscheinlich sind die *Martu* der mesopot. Urkunden identisch mit den *Amu* der gleichzeitigen ägypt. Urkunden, die sich auf Nomaden beziehen, die Syrien und Palästina durchzogen und bis an die ägypt. Grenze kamen. Etwas später werden sie in akkad. Dokumenten als *Amurru* bezeichnet, was dem bibl. Namen sehr nahekommt. Während des 2. Jt. v. Chr. verbreiteten sich die A. über große Teile Mesopotamiens und des Ostjordanlandes. Ihre Blütezeit war in der Mitte desselben Jt.; sie vermischten sich dann aber mit den neu vordringenden Horitern, Hetitern, Kanaanitern, Hebräern, Aramäern u. a. Völkern.

Vom 15. Jh. an erscheint der Name *Amurru* als geograph. Bezeichnung für das Gebiet des Libanon und für Mittel- und Südsyrien. Ihr Königreich wurde von Ägypten als ein Pufferstaat zwischen den von Ägypten besetzten Gebieten im Süden und der hetitischen Bedrohung aus dem Norden unterstützt. Das amorit. Königtum wurde endgültig von den Hetitern nach der Schlacht von Kadesch am Orontes 1297 v. Chr. besiegt. Diese Ereignisse sind sehr gut in den El-Amarna-Briefen beschrieben. Z. Zt. der Patriarchen gab es die ersten Kontakte zu den A. Diese besaßen eine von Mesopotamien beeinflußte Kultur, die eng mit der kanaan. verwandt war. Nach dem 5. Buch Mose (1,7.20) besiedelten die A. die Berge. Z.Zt. der isrl. Eroberungen entstammten die Könige von Jerusalem, Hebron, Jarmut, Lachisch und Eglon amorit. Geschlechtern (Jos 10). Die Gibeoniter waren ein Überrest der A. (2. Sam 21,2). Die A. siedelten auch weit im Süden (Ri 1,34–36), zahlten aber dem Haus Josef Tribut (Ri 1,35). Im Osten erstreckte sich der Herrschaftsbereich Sihons, des Königs der A., zwischen Arnon und Jabbok (4. Mose 21,21–31; Jos 12,2 ff.). Ein weiteres amorit. Territorium war das des Og, des Königs von Baschan (5. Mose 3,10; 4,47), das ebenfalls von den Israeliten erobert wurde (Jos 12,4–5). Z.Zt. des davidisch-salomonischen Großreichs, als Friede zwischen Israel und den A. bestand, zahlten die A. Tribut an Salomo (1. Kön 9,20 f.). Der weitere Verlauf ihrer Geschichte wird in der Bibel nicht dargestellt.

AMORITER 1. Mose 10,16; 14,7.13; 15,16.21; 48,22; 2. Mose 3,8.17; 13,5; 23,23; 33,2; 34,11; 4. Mose 13,29; 21,13.21.25–26.29,31–32.34; 5. Mose 1,4.7.19–20.27.44; 2,24; 3,2.8–9; 4,46–47; 7,1; 20.17; 31,4; Jos 2,10; 3,10; 5,1; 7,7; 9,1.10; 10,5–6.12; 11,3; 12,2.8; 13,4.10.21; 24,8. 11–12.15.18; Ri 1,34–35; 3,5; 6,10; 10,8.11; 11,19.21–23; 1. Sam 7,14; 2. Sam 21,2; 1. Kön 4,19; 9,20; 21,26; 2. Kön 21,11; 1. Chr 1,14; 2. Chr 8,7; Esr 9,1; Neh 9,8; Ps 135,11; 136,19; Hes 16,3.45; Am 2,9–10

AMOS

1. Ein Prophet aus Juda, der gegen den geistlichen und moralischen Verfall des Nordreichs unter Jerobeam II. in Bethel predigte. Seine Heimat war das kleine Dorf Tekoa, 16 km südlich von Jerusalem. Nach Am 7,14 war er vor seiner Erwählung zum Propheten ein Rinderhirte und Maulbeerenzüchter. Die Berufung zum Propheten des HERRN erhielt er Mitte des 8. Jh. v. Chr., in einer Zeit des Wohlstandes und der nationalen Ausdeh-

AMOS 1 Am 1,1; 7,8.10–12.14; 8,2
AMOS 2 Lk 3,25

nung, die sich nur mit der Zeit Salomos vergleichen läßt. Aber die militärischen Siege, die eleganten Häuser sowie die ausschweifenden Feste waren nur die eine Seite des Bildes. A. sah die Begleiterscheinungen dieser Umstände: die Armen, die unter den Reichen litten, die sich das Land angeeignet hatten; die Ungleichheit zwischen den Menschen, die Überfluß hatten, und denen, die hungerten. Als er in seiner Gerichtspredigt so weit ging, den Tod des Königs Jerobeam zu prophezeien, übermittelte Amazja, der Priester von Bethel, diese Drohung dem König (Am 7,10–17), drängte aber gleichzeitig den Propheten zur Flucht in seine Heimat im Südreich Juda. Er möge seine Weissagungen dort fortsetzen. Bethel wurde für A. zu einem verbotenen Ort erklärt, da es ein königliches Heiligtum war. A. entgegnete, daß er kein Berufsprophet sei, sondern daß Gott ihn vielmehr von seiner Berufsausübung weggeholt und ihm den Auftrag erteilt habe, in Israel zu predigen und gegen Israel zu weissagen (vgl. Am 7,14,15). Der Prophet verkündete Amazja und dessen Familie ein fürchterliches Schicksal: Seine Frau würde zur Hure werden, seine Söhne und Töchter durchs Schwert fallen, und Amazja selbst würde in einem heidnischen Land sterben, nachdem ihm sein Besitz weggenommen worden sei (Am 7,17).

Jaspissiegel mit der Inschrift: »Amos der Schreiber« und zwei Männern, die ihre Hände zum Gebet erhoben haben, neben einem Altar; 8.–7. Jh. v. Chr. (Israel Museum).

(links)
Blick von Tekoa, dem Geburtsort des Amos, nach Westen.

2. Sohn Nahums und Vater Mattitjas im Stammbaum Jesu.

AMOS, BUCH DES PROPHETEN Amos war der erste oder zweite klassische Schriftprophet, je nachdem, ob man Obadja vor ihm ansetzt oder nicht. Er trat auf, bevor sich die Assyrer unter Tiglat-Pileser III. i. J. 745 v. Chr. nach Westen ausdehnten; der Feind, der den Untergang der Nation und die Wegführung ins Exil bewirken sollte (5,5.27; 6,7; 9,9) – eine Ankündigung, die zum ersten Mal durch A. erging –, wird im Prophetenbuch jedoch nirgends mit Namen genannt. Von der Jahreszahl 745 her läßt sich die Prophetie des A. unter König Usija von Juda (769–733 v. Chr.) und König Jerobeam II. von Israel (784–748 v. Chr.) auf die erste Hälfte des 8. Jh. datieren.

Das Buch beginnt mit sechs gleichartig aufgebauten Gerichtssprüchen gegen fremde Völker: Aramäer, Philister, Phönizier, Edomiter, Ammoniter und Moabiter; es folgt ein Gerichtswort gegen Juda und schließlich gegen das Nordreich Israel (1,3–2,16). Sie alle werden eingeleitet durch die Botenformel »So spricht der HERR«, gefolgt von der Wendung »Um drei, ja um vier Frevel willen«, die zur Ankündigung führt: »Ich (d. i. Gott) will sie nicht schonen«; die besonders schändlichen Vergehen werden genannt und die Strafe Gottes angekündigt. Es besteht kein Anlaß, an der historischen oder literarischen Authentizität dieser Völkerrede zu zweifeln. Während die übrigen Völker wegen ihrer Barbarei untereinander verdammt werden, wird Juda des Ungehorsams gegenüber der Thora angeklagt; Israel – und hierauf zielt das gesamte Buch Amos – wird für eine lange Reihe schwerer Sünden zur Rechenschaft gezogen, bes. für die Unterdrückung der Armen. Darin liegt eine der wichtigsten Neuerungen der klassischen Prophetie i. a. und des A. im besonderen: Das Übereinstimmen von Gottesfurcht und Leben im Alltag wird zum Maßstab, an dem Israel gemessen wird und an dem sich die Bestimmung des Volkes letztlich entscheidet.

Die nächste Folge von Prophetensprüchen (Am 3–5) haben die Einleitungsformel »Höret dies Wort« oder »Höret« gemeinsam (3,1ff.; 13ff.; 4,1ff; 5,1ff.). Sie bringen Unheilsankündigung gegenüber den schwelgerisch lebenden Oberschichten Samarias. Dabei ist die Prophetie kein eigenmächtiges Reden, sondern der Prophet wird unausweichlich von Gott dazu getrieben, sein Wort zu sagen: »Der Löwe brüllt, wer sollte sich nicht fürchten? Gott der HERR redet, wer sollte nicht Prophet werden?« (3,3–8).

Am 4,6–12 bringt eine Liste versäumter Möglichkeiten. Alle seitherigen Gerichte haben nicht vermocht, Israel zur Buße zu bringen; das Volk soll sich auf die letzte, entscheidende Begegnung mit Gott vorbereiten.

In 5,18ff. und 6,1ff. folgen zwei Wehe-Sprüche. Der erste enthält die Ankündigung des »Tages des HERRN«, aber anders als man ihn in Israel erträumt. Der Tag des HERRN ist nicht eine Zeit des Lichtes und des Heils, spricht A., sondern ein Tag der Finsternis und des Unheils, also des Gerichts (5,18–20). Der zweite Wehe-Spruch beinhaltet eine lebendige Beschreibung des genußsüchtigen Lebensstils der oberen Klassen des Nordreiches. Ihre luxuriöse Lebensweise, verbunden mit Selbstsicherheit, hat sie völlig unempfindlich für die Not ihres Volkes gemacht (6,1–7).

Darauf folgen fünf Visionen (7,1–3.4–6.7–9; 8,1–3; 9,1–4), unterbrochen durch einen biographischen Bericht (7,10–16) und eine Reihe einzelner Prophetensprüche (8,4–14; 9,7–10). Die Visionen nehmen an Strenge zu, angefangen von der Vernichtung des Viehs und des Ackerlandes bis schließlich zum Untergang des Volkes. In den beiden ersten – Heuschrecken und Feuer – übt A. erfolgreich Fürbitte für das Volk, und Gott nimmt seine Strafe zurück. Die beiden folgenden Visionen, deren symbolische Bedeutung der Prophet nicht sofort versteht – ein Korb mit reifem Obst und Gott über dem Altar – weisen auf die Entscheidung Gottes hin, das Gericht über Israel zu vollstrecken. Die letzte Vision, die beim Altar in Bethel stattfindet, zeigt das Ende Israels. Es wird dann kein Platz der Zuflucht bleiben, weder im Totenreich noch im Himmel, weder auf dem Berg Karmel noch auf dem Meeresgrund.

Die biographischen Stücke erzählen, wie Amazja, der Priester in Bethel, A. bei König Jerobeam II. denunziert und ihn des Aufruhrs gegen das Königshaus bezichtigt, worauf A. aus dem Nordreich ausgewiesen wird (vgl. AMOS).

In 9,7–8 erklärt A., daß Israel keinerlei Vorrecht bei Gott beanspruchen könne. Wie der Herr Israel aus Ägypten geführt habe, so habe er die Philister aus Kaftor und die Syrer aus Kir befreit. Wie Gott der Herr über alle Geschichte sei, so werde er alle Völker, einschließlich Israel, bestrafen, wenn sie sich schuldig machten.

Die letzte literarische Einheit des Amosbuches stellt eine Prophetie des Heils und der Tröstung dar; die ruhmreiche Zukunft der »zerfallenen Hütte Davids« (9,11) wird beschrieben, ein Begriff, der das geteilte Königreich und nicht das Ende der davidischen Dynastie symbolisiert. Israel wird wieder vereinigt werden wie in den Tagen Davids und Salomos und gesegnet sein mit unerschöpflichem Überfluß. – Es besteht kein Grund, diese abschließende Weissagung A. abzusprechen, wie dies manchmal geschieht.

A. war ein scharfer Beobachter des städtischen Lebens in Israel. Er klagte wiederholt jegliche Form von Raub, Erpressung, Betrug, Ausbeutung, Gewalt und Beugung des Rechtes als Folge des krassen Mangels an Gottesfurcht an. Die Reichen, ob Männer oder Frauen (4,1: »Ihr fetten Kühe, die ihr auf dem Berge Samarias seid«), die Besitztum anhäuften durch die Ausbeutung der unterprivilegierten Klassen, führten Israel direkt dem Exil und der Zerstörung entgegen. Auch eine äußerlich korrekte Einhaltung des Kultes werde das Volk nicht mehr retten können, sagte A.. In dem bitteren Sarkasmus seiner Angriffe auf den etablierten Kult (4,4–5; 5,4.21–25) und auf die dem Untergang geweihten Kultorte (3,14; 7,9; 9,1) betonte A. die Priorität des dem Verhältnis zu Gott gemäßen Handelns vor jeder kultischen Gewohnheit; nur diejenigen, die zum HERRN zurückkehren und Gerechtigkeit üben, können gerettet werden (5,6.14–15), nur sie können überleben (5,3.15; 9,8). Der Herr Israels, der Richter über alle Welt (1,3–2,3; 9,7–8), wird in drei Hymnen gepriesen (4,13; 5,8–9; 9,5–6).

Fragment aus dem Amosbuch, gefunden in Qumran (Schrein des Buches, Jerusalem).

Zusammenfassung: Der Inhalt der Predigt des A. ist in der Konsequenz eine Anklage gegen Unrecht, Rechtsbeugung, Habgier und Unterdrückung der kleinen Leute in Israel. Man verkennt aber den Kern seiner prophetischen Rede, wenn man diese Konsequenzen für das Eigentliche an A. ausgibt. Dieses Eigentliche ist die *Ursache* aller sozialen und anderen Mißstände: der Abfall von Gott, dem HERRN. Der Kern der Predigt des A. ist darum der Ruf: »Suchet den HERRN, so werdet ihr leben« (Am 5,6; vgl. 5,4). Wo Gott und sein Gebot Mitte und Norm aller Dinge ist, da und nur da wird ein Ende sein mit den bösen Früchten der Emanzipation von Gott: Wucher, Ungerechtigkeit, Bestechlichkeit, Unterdrückung der Armen (Am 5,7–15; 8,4–8). Ohne Gottesfurcht gibt es auch keine Menschlichkeit – das verkündigt A.. Über den Mangel an Gottesfurcht täuscht auch kein rituell richtig vollzogener Gottesdienst hinweg (5,21–24). Veränderung der Verhältnisse gibt es nur durch eine Veränderung der Herzen, durch Umkehr zu Gott. Das ist das Thema des Propheten Amos.

INHALTSÜBERSICHT

1,1–2,16	Weissagungen gegen die Fremdvölker und gegen Israel
3,1–5,17	Anklagen gegen Samaria
5,18–6,14	Wehe-Rufe
7,1–9,6	Visionen und Ansage des Verderbens
9,7–15	Hoffnung und Verheißung des Wiederaufbaus

AMOZ Der Vater des Propheten Jesaja.

AMOZ
2. Kön 19,2.20; 20,1;
2. Chr 26,22; 32,20.32;
Jes 1,1; 2,1; 13,1; 20,2; 37,2.21; 38,1

AMPHIPOLIS Eine Stadt in Mazedonien, etwa 5 km vom Ägäischen Meer und rund 50 km südwestlich von Philippi gelegen. 167 v. Chr. wurde Mazedonien von den Römern in Besitz genommen, in vier Bezirke aufgeteilt und A. zur Hauptstadt des ersten Bezirks erklärt. Paulus reiste auf seiner zweiten Missionsreise durch A. (Apg 17,1).

AMPHIPOLIS
Apg 17,1

AMPLIATUS Ein Christ der Gemeinde in Rom, den Paulus in seinem Brief an die Römer grüßte.

AMPLIATUS
Röm 16,8

AMRAFEL Der König von Schinar im südlichen Mesopotamien, der gemeinsam mit Kedo-Laomer, dem König von Elam, und zwei anderen Königen Sodom u. a. Städte im Tal Siddim angriff. A. und seine Verbündeten wurden später von Abram, der zur Rettung seines Neffen Lot kam, besiegt und in die Flucht geschlagen (1. Mose 14,1–16).

AMRAFEL
1. Mose 14,1.9

AMRAM (»erhabener Verwandter«).

1. Der Vater von Mose, Aaron und Mirjam. A. war der Sohn Kehats und Levis Enkel (2. Mose 6,18.20; 4. Mose 26,58–59; 1. Chr 5,27–29; 23,12–13). Er war der Vorfahr der Amramiter (4. Mose 3,19.27; 1. Chr 26,23).

2. Einer der Söhne Banis, der mit anderen aus dem babyl. Exil zurückkehrte und der Forderung folgte, seine ausländische Frau zu verstoßen.

AMRAM 1
2. Mose 6,18.20;
4. Mose 3,19; 26,58–59;
1. Chr 5,28–29; 6,3; 23,12–13; 24,20
AMRAM 2
Esr 10,34

AMRAMITER Die Nachkommen Amrams. Während der Wüstenwanderung lagerten sie an der Südseite der Stiftshütte und hatten mit anderen Sippen den Dienst am Heiligtum zu versehen (4. Mose 3,27–32).

AMRAMITER
4. Mose 3,27;
1. Chr 26,23

AMT Siehe KIRCHE/GEMEINDE.

AMZI (»meine Stärke«).

1. Ein Levit aus der Familie Merari und Vorfahr Etans, eines von David ernannten Tempelsängers (1. Chr 6,16.29.31).

2. Ein Vorfahr Adajas, der z. Zt. Nehemias in Jerusalem lebte und Dienst am Tempel versah.

AMZI 1
1. Chr 6,31
AMZI 2
Neh 11,12

ANA

1. Vater einer der Frauen Esaus (1. Mose 36,2.14.18).

2. Ein horitischer Sippenfürst, »der in der Steppe die warmen Quellen fand, als er die Esel seines Vaters Zibon hütete« (1. Mose 36,24–25.29).

ANA 1
1. Mose 36,2.14.18
ANA 2
1. Mose 36,20.24–25.29;
1. Chr 1,38.40–41

ANAB Eine Stadt im südlichen Teil Judas, aus der die Anakiter von Josua vertrieben wurden (Jos 11,21; 15,50). A. liegt heute etwa 24 km südlich von Hebron.

ANAB
Jos 11,21; 15,50

Landschaft in der Umgebung von Anab.

ANAHARAT Eine Stadt in der Jesreelebene im Gebiet des Stammes Issachar (Jos 19,17–19).

ANAHARAT
Jos 19,19

ANAJA (»Ja[hwe] hat geantwortet«).
Einer der »Oberen des Volks«, die an Esras Seite standen, als dieser dem Volk das Gesetz vorlas und den Bund besiegelte (Neh 8,4–8).

ANAJA
Neh 8,4; 10,23

ANAK, ANAKITER 4. Mose 13,22.28.33; 5. Mose 1,28; 2, 10–11.21; 9,2; Jos 11,21–22; 14,12.15; 15,13–14; 21,11; Ri 1,20

ANAK, ANAKITER Der Sohn Arbas (Jos 15,13; 21,11) und ein Volk von Riesen, die in Kanaan vor den Israeliten lebten. Die Stadt Hebron verdankt ihren antiken Namen »Kirjat-Arba« dem Arba, »der der größte Mensch war unter den Anakitern« (Jos 14,15). Die Anakiter hinterließen einen tiefen Eindruck bei den Kundschaftern, die Mose ausgesandt hatte, um das Gelobte Land zu erforschen (4. Mose 13,28.32–33; 5. Mose 2,21). Die meisten Hinweise auf die A. in der Bibel stehen im Zusammenhang mit dem südlichen Teil des Landes Israel, bes. der Gegend um Hebron, die zu jener Zeit von den Nachkommen Anaks besiedelt war (4. Mose 13,22; Jos 15,14). Sie wurden von Kaleb vertrieben (Jos 15,13–14); aber in der Zusammenfassung der Eroberungen Josuas wird berichtet, daß trotzdem ein Überrest der A. in Gaza, Gat und Aschdod lebte (Jos 11,21–22).

Blick auf die Umgebung von Gaza, einem der Orte, an denen sich die Anakiter niederließen.

ANAMITER 1. Mose 10,13; 1. Chr 1,11

ANAMMELECH 2. Kön 17,31

ANAN Neh 10,27

ANANI 1. Chr 3,24

ANANJA 1 Neh 3,23

ANANJA 2 Neh 11,32

ANAT Ri 3,31; 5,6

ANATOT, ANATOTITER 1 Jos 21,18; 2. Sam 23,27; 1. Kön 2,26; 1. Chr 6,45; 11, 28; 12,3; 27,12; Esr 2,23; Neh 7,27; 10,20; 11,32; Jes 10,30; Jer 1,1; 11,21. 23; 29,27; 32,7–9

ANATOT, ANATOTITER 2 1. Chr 7,8

ANAMITER Ein Volk, das von Ham abstammt (1. Mose 10,6.13; 1. Chr 1,11).

ANAMMELECH Einer der Götter, den die Sefarwajim, ein Volk, das von dem assyr. König zur Ansiedlung nach Samaria gebracht wurde (nach 722 v. Chr.), anbeteten. Im Kult des A. kamen höchstwahrscheinlich Kinderopfer vor.

ANAN Einer derjenigen, die Nehemias Bund unterzeichneten (Neh 10,1.27).

ANANI (»bewölkt«). Ein Nachkomme Serubbabels, der in der Liste der Nachkommen Davids erscheint (1. Chr 3,1.24).

ANANJA (»Der Herr hat sich gezeigt«).

1. Großvater eines Asarja, der Nehemia half, die Mauern von Jerusalem wieder aufzubauen.

2. Ein Dorf, in dem Mitglieder des Stammes Benjamin sich nach der Rückkehr aus dem babyl. Exil niederließen (Neh 11,31–32). Vermutlich handelt es sich um Betanien, östlich von Jerusalem (Joh 11,1; 12,1).

ANAT Der Vater Schamgars, des Richters.

ANATOT, ANATOTITER

1. Eine Priesterstadt im Gebiet Benjamins (Jos 21,18; 1. Chr 6,39.45). Zwei der »Helden Davids«, Abiëser (2. Sam 23,8.27; 1. Chr 11,10.28) und Jehu (1. Chr 12,3), waren Anatotiter. Abjatar, der letzte von Eli abstammende Priester, wurde von Salomo dorthin verbannt (1. Kön 2,26). Der Ort wurde durch die assyr. Armee auf ihrem Weg nach Jerusalem verheert (Jes 10,30). Jeremia war aus A. gebürtig, und er begann dort zu prophezeien. Seine Mitbewohner trachteten ihm jedoch nach dem Leben, worauf er der Stadt ein schlimmes Schicksal prophezeite (Jer 1,1; 11,21–23). Jeremia hielt die Verbindung mit seinem Heimatort aufrecht und kaufte dort, schon im Schatten des Untergangs von Jerusalem und Juda, einen Acker seines Vetters Hanamel (Jer 32,6–15). 128 Männer aus A. kehrten mit Serubbabel aus

Anata, nördlich von Jerusalem, wahrscheinlich das Anatot des AT.

dem babyl. Exil zurück (Esr 2,2.23). Z.Zt. Nehemias war die Stadt von Benjaminiten besiedelt (Neh 11,4.32).

A. ist wahrscheinlich eine Kurzform für Bet-Anot (»das Haus der Göttin Anat«). Der Name hat sich in dem des modernen Anata, eines Dorfes 5 km nördlich von Jerusalem, erhalten. Das urspr. Anatot lag etwa 1 km südwestlich davon.

2. Einer von Bechers Söhnen; ein Benjaminit.

ANDREAS (»männlich«). Bruder des Simon Petrus; einer der ersten Jünger Jesu (Mt 4,18–20). Sein Vater Johannes lebte in Betsaida, am nördlichen Ufer des Sees Genezareth (Joh 1,42.44). Die beiden Brüder arbeiteten gemeinsam mit Jakobus und Johannes als Fischer (Mt 4,18; Mk 1,16; Lk 5,10). A. war ein Schüler Johannes des Täufers, ehe er Jesus begegnete. Der Täufer wies A. auf Jesus hin mit den Worten: »Siehe, das ist Gottes Lamm!« (Joh 1,35–40). A. erkannte, daß Jesus der Messias war, und führte daraufhin seinen Bruder Petrus zu ihm (Joh 1,41 f.).

ANDREAS
Mt 4,18; 10,2; Mk 1,16.29; 3,18; 13,3; Lk 6,14; Joh 1,40.44; 6,8; 12,22; Apg 1,13

Wenig später berief Jesus die beiden Brüder in die Nachfolge und zum Jüngerdienst (Mt 4,19). Petrus und A. lebten zu jener Zeit in Kapernaum (Mk 1,21.29). In den Apostellisten erscheint A. immer unter den ersten vier Aposteln (Mt 10,2; Mk 3,14–18; Lk 6,13 f.; Apg 1,13).

Bei der Speisung der 5000 war es A., der die Aufmerksamkeit auf den Jungen mit den fünf Broten und Fischen lenkte (Joh 6,5–9). In Jerusalem half A. zusammen mit Philippus einigen Griechen, die Jesus sehen wollten (Joh 12,20–22).

A. war einer der vier Jünger, zu denen Jesus auf dem Ölberg über die Vorzeichen des Endes der Welt sprach (Mk 13,3–4).

ANDRONIKUS Ein Christ der Gemeinde in Rom, den Paulus im Römerbrief gemeinsam mit Junias grüßte. Paulus nennt sie »meine Stammverwandten und Mitgefangenen« (»Stammverwandter« kann hier auch einfach »Landsmann« bedeuten). Wie Paulus war auch A. in Gefangenschaft gewesen. Er war schon vor Paulus Christ geworden (Röm 16,7).

ANDRONIKUS
Röm 16,7

ÄNEAS Ein Mann, der acht Jahre lang gelähmt und ans Bett gebunden war; er wurde von Petrus in Lydda geheilt.

ÄNEAS
Apg 9,33–34

ANER Einer der drei amoritischen Häupter von Hebron, die mit Abram verbündet waren und ihn bei der Verfolgung der vier Könige unterstützte, die Lot gefangengenommen hatten (1. Mose 14,13). Nach dem Sieg erhielten seine Verbündeten Eschkol und Mamre ihren Teil an der Kriegsbeute (1. Mose 14,22–24).

ANER
1. Mose 14,13.24

ANIAM 1. Chr 7,19

ANIAM Einer der Nachkommen Manasses (1. Chr 7,14.19).

ANIM Jos 15,50

ANIM Eine Stadt in den Bergen des südlichen Juda, die bei der Landzuteilung unter Josua erwähnt wird (Jos 15,48.50). Sie lag ungefähr 17,5 km südlich von Hebron.

ÄNON Joh 3,23

ÄNON Ort am Jordan bei Salim, wo Johannes taufte (Joh 3,23). Nach Eusebius lag Ä. im Tal von Bet-Schean, etwa 10 km südlich von Bet-Schean selbst.

ANTICHRIST 1. Joh 2,18. 22; 4,3; 2. Joh 7

ANTICHRIST Ein Begriff, der die unheimliche Gestalt des »Gegen-Christus« der Endzeit bezeichnet und unter dieser Bezeichnung nur in den Johannesbriefen vorkommt. Johannes weiß, daß das schon jetzt spürbare Aufkommen des Geistes des A. ein Zeichen der letzten Stunde ist (1. Joh 2,18; 4,3). Die Johannesbriefe nehmen auch mit dieser Warnung vor dem A. Stellung gegen den Doketismus in der Kirche. Diese Irrlehre leugnete, daß der Gottessohn selbst leiblich am Kreuz gelitten habe und gestorben sei. Vielmehr habe der göttliche Logos (siehe LOGOS) den Leib Jesu vor der Kreuzigung verlassen. Demgegenüber kommt im christl. Glauben alles darauf an, daß Jesus Christus als ein Mensch von Fleisch und Blut für uns gestorben und von Gott in den Himmel erhöht worden ist (vgl. Phil 2,6–11). Wer das leugnet, ist dem Geist des A. verfallen (1. Joh 4,1–3; 2. Joh 7).

Außerdem steht hinter der Vorstellung des A. auch der Gedanke, daß es in den letzten Zeiten zu einer geistigen Entscheidungsschlacht zwischen den Kräften des Guten und des Bösen, zwischen Christus und Satan, kommt. Die Beschreibung eines einzelnen menschlichen Wesens, das Christus gegenübersteht, finden wir schon in Dan 7; dort wird ein schreckliches Tier mit Hörnern beschrieben – ein Horn hat »die Augen eines Menschen« –, das mit großer Überheblichkeit spricht und dem Menschensohn gegenübertritt. In den Endzeitreden Jesu lesen wir von falschen Christussen und falschen Propheten, die in den letzten Tagen auftreten und Wunder tun werden, um die Erwählten zu verführen (Mt 24,4–5.23–24).

In 2. Thess 2,3–9 finden wir die Beschreibung einer christusfeindlichen Macht, die sich in den letzten Tagen in menschlicher Gestalt manifestieren wird; hier wird der A. der »Mensch der Bosheit« genannt (2. Thess 2,3). Er ist die satanische Verkörperung aller gottfeindlichen Kräfte und wird von Christus bei seiner Wiederkunft vernichtet werden (2. Thess 2,8). Die meisten Ausleger sehen in diesem »Menschen der Bosheit«, dem »Antichristen« das »Tier« aus Offb 11,7, das am Ende von Christus vernichtet werden wird (Offb 19,19–20).

ANTILOPE Siehe TIERE.

ANTIOCHIA 1 Apg 13,14; 14,19.21.26; 2. Tim 3,11
ANTIOCHIA 2 Apg 6,5; 11,22. 26; 15,22f.; Gal 2,11;

ANTIOCHIA

1. Antiochia in Pisidien (manchmal auch das Pisidische Antiochia genannt) lag im südwestlichen Asien, in der Grenzregion zwischen Pisidien und Phrygien. Die Ruinen des antiken A. befinden sich in der Nähe von Yalvaç in der heutigen Türkei. Die Stadt, ca. 301 v. Chr. von Seleukus I. gegründet, wurde unter röm. Herrschaft eine freie Stadt (188 v. Chr.) und später Teil der röm. Provinz Galatien (ca. 25 v. Chr.). A. lag an der Handelsroute zwischen Ephesus und Zilizien. Neben den griech. sprechenden Einwohnern und röm. Kolonisten hatte A. eine große jüd. Gemeinde.

Paulus und Barnabas besuchten die Stadt zweimal während ihrer Missionsreisen, und Paulus predigte in der dortigen Synagoge unter allgemeinem Zulauf (Apg 13,14–44). Das erboste die jüd. Führer so, daß sie die Missionare aus der Stadt ausweisen ließen (Apg 13,45–52). In seinem Brief an Timotheus erinnert Paulus an die Verfolgungen in A. (2. Tim 3,11).

2. Antiochia am Orontes in Syrien, das heutige Antakya, wurde von Seleukus I. 300 v. Chr. gegründet und wie A. in Pisidien nach seinem Vater Antiochus benannt. A. wurde die Hauptstadt der Seleukiden, die sie sehr großzügig ausbauten. Die Stadt lag etwa 26 km vom Meer entfernt. Seleukia an der Mündung des Orontes, das zur selben Zeit gebaut wurde, diente als Hafen. Die urspr. Bevölkerung bestand aus Siedlern aus Mazedonien und

Eine Münze von Antiochia mit dem Kopf des Elgabalus auf der einen und der Stadtgöttin, beim Orontes sitzend, auf der anderen Seite. Geprägt 220 n. Chr.

Überreste eines Frieses eines griechischen Tempels in Antiochia in Pisidien.

Statue der Göttin Tyche von Antiochia. Sie sitzt mit dem Orontes zu ihren Füßen auf einem Felsen, der den Berg Silpius, auf dem die Stadt errichtet wurde, darstellt (Vatikanisches Museum).

Athen. Josephus schreibt, daß die Seleukiden die Juden ermutigten, sich in A. niederzulassen. Sie gewährten ihnen die vollen Bürgerrechte, wodurch eine große jüd. Gemeinde entstand. A.s Wirtschaft basierte auf dem fruchtbaren Hinterland und dem Handel. Sie entwickelte sich zur drittgrößten Stadt des röm. Reiches (nach Rom und Alexandria). Pompejus machte sie 64 v. Chr. zur Hauptstadt der neuen Provinz Syrien.

Die erste Erwähnung von A. in der Bibel steht im Zusammenhang mit einem Nikolaus aus A., einem Proselyten, der Christ wurde und sich in Jerusalem befand, als Stephanus gesteinigt wurde (Apg 6,5). Nach dem Märtyrertod des Stephanus und der anschließenden Christenverfolgung in Jerusalem zerstreuten sich Teile der Urgemeinde ins Umland, nach Samarien und bis hin nach Phönizien, Zypern und A. und predigten in den dortigen Synagogen die Erfüllung der Messiasverheißungen des AT in Jesus Christus (Apg 8,1.4.6; 11,19). Dadurch entstanden sehr rasch neue christl. Gemeinden, so auch in A. Dort kamen auch Nichtjuden, z. T. Griechen, zum Glauben. Als die Nachricht davon zur Jerusalemer Urgemeinde kam, entsandte man Barnabas nach A. Dieser sah das Wachstum der Gemeinde und daß dieses anhielt (Apg 11,22–24). Deshalb reiste Barnabas zu Paulus nach Tarsus und gewann ihn für die Mitarbeit an der antiochenischen Gemeinde (11,25 f.). Barnabas und Paulus blieben ein Jahr dort und führten viele zum Glauben. In A. wurden die Jünger Jesu auch erstmals »Christen« genannt (Apg 11,19–26). Als der Prophet Agabus eine Hungersnot z. Zt. von Kaiser Claudius (um 46 n. Chr.) vorhersagte, sandte die Gemeinde von A. durch Paulus und Barnabas eine großzügige finanzielle Hilfe zu ihren Brüdern nach Judäa (Apg 11,27–30). Es handelt sich hier um das erste bibl. Zeugnis übergemeindlicher christl. Diakonie.

Die antiochenische Gemeinde war es dann auch, die den Entschluß zur Aussendung von Missionaren faßte. Unter den Predigern in A. wurden Paulus und Barnabas dazu ausersehen und in feierlichem Gottesdienst zum Missionsdienst ordiniert (Apg 13,1–3). Nach Beendigung der ersten Missionsreise kehrten beide nach A. zurück und nahmen ihren Dienst dort wieder auf (Apg 15,35), brachen dann aber zur zweiten Missionsreise auf (15,36).

Die Gemeinde von A. behält ihre Bedeutung dadurch, daß hier die erste nichtjüd. Gemeinde gegründet wurde. Später wurde A. einer der bedeutendsten Mittelpunkte der theolog. Entwicklung der Alten Kirche, nicht selten auch in Kontroverse mit Alexandria, dem anderen damaligen theolog. Zentrum.

Münze aus Antipatris mit einer Darstellung der Athene; 3. Jh. n. Chr.

ANTIPAS Offb 2,13

ANTIPAS Ein Märtyrer der frühen Kirche von Pergamon (Offb 2,12 f.).

ANTIPATRIS Siehe AFEK (1).

ANTIPATRIS Apg 23,31

ANTONIA Eine Festung nördlich des Tempelbergs in Jerusalem, die von Herodes befestigt und dann zu Ehren seines Freundes Mark Antonius so benannt wurde. Sie umschloß einen Palast, einen Hof, Badehäuser und Zisternen. Die unterirdischen Stufen und Gänge, die die Festung mit dem Bereich des Tempels verbanden, wurden von den Juden während des Aufstandes gegen die Römer benutzt (66–70 n. Chr.). Wahrscheinlich war die Burg A. der Ort, an dem Jesu Verhandlung vor Pilatus stattfand (Gabbata; Joh 19,13). Am Eingang der Burg sprach Paulus nach seiner Verhaftung zu Bürgern Jerusalems (Apg 21,37 ff.). Die Überreste der Festung sind auf dem Gelände des Klosters der Schwestern Zions in der Via Dolorosa gefunden und zugänglich gemacht worden.

Modell der Burg Antonia (Teil des Modells Jerusalems, auf dem Gelände des Holy Land Hotels, Jerusalem).

ANTOTIJA 1. Chr 8,24

ANTOTIJA Ein Mann aus dem Stamm Benjamin (1. Chr 8,1.24).

ANUB Ein Nachkomme Judas.

ANUB 1. Chr 4,8

APELLES Ein Christ der röm. Gemeinde, dem Paulus Grüße sandte.

APFEL Siehe PFLANZEN.

APELLES Röm 16,10

APHIA Eine Christin, die in der Anrede des Briefes von Paulus an Philemon erwähnt wird. Es ist manchmal angenommen worden, sie sei Philemons Frau oder die Frau des Agrippus, der nach ihr in der Anrede genannt wird.

APHIA Phlm 2

APOKRYPHEN (»Verborgene« Schriften). Apokryphen: »Das sind Bücher, so der Heiligen Schrift nicht gleich gehalten, und doch nützlich und gut zu lesen sind« (Martin Luther). In der Bibel versteht man darunter eine

Gruppe jüd. Schriften, die etwa zwischen 300 v. Chr. und 70 n. Chr. verfaßt wurden. Die A. des AT umfassen 14 Bücher, die sich in der ältesten griech. (LXX), nicht aber in der hebr. Version des AT finden. Der Begriff A. meint keine »verborgenen« Geheimnisse wie z. B. in Dan 12,9f., sondern außerkanonische Schriften. In der röm.-kath. Kirche werden sie als »deuterokanonisch«, aber inspiriert betrachtet; sie finden sich demzufolge in der kath. Bibel. Protestanten und Juden zählen sie nicht zum Bibelkanon, obwohl einige Bücher (wie z.B. *Jesus Sirach)* oft herangezogen werden. Alle A. wurden in einer semit. Sprache in Palästina geschrieben; Ausnahmen sind die *Weisheit Salomos* und das *Zweite Makkabäerbuch,* die griech. abgefaßt sind und wahrscheinlich in Alexandria aufgezeichnet wurden.

In den ev. Kirchen werden seit M. Luther folgende 14 Schriften zu den A. gerechnet:

1 Das Buch Judit
2 Die Weisheit Salomos
3 Das Buch Tobias
4 Das Buch Jesus Sirach
5 Das Buch Baruch
6 Das 1. Buch der Makkabäer
7 Das 2. Buch der Makkabäer
8 Stücke zum Buch Ester
9 Geschichte von Susanna und Daniel
10 Vom Bel zu Babel
11 Vom Drachen zu Babel
12 Das Gebet Asarjas
13 Der Gesang der drei Männer im Feuerofen
(Vgl. zu 12 und 13 Dan 3)
14 Das Gebet Manasses
(Im Zusammenhang mit 2. Chr 33,12–18 ist hier ein Gebet des abgefallenen judäischen Königs Manasse überliefert, das der in Babel gefangene König nach seiner Umkehr zu Gott gebetet haben soll.)

Das Buch Judit, entstanden um 150 v. Chr., erzählt, wie Judit den assyr. General Holofernes enthauptete und ihr Volk rettete. Der Autor will die Juden ermahnen, überall der Thora treu zu bleiben und dem Bösen zu widerstehen, besonders wenn es in Gestalt eines eindringenden Feindes auftritt.

Die Weisheit Salomos, vielleicht im 1. Jh. v. Chr. geschrieben, ist eine Verschmelzung isrl.-jüd. Weisheit mit griech. und ägypt. Gedanken. Dabei erscheint die Weisheit deutlich personifiziert.

Das Buch Tobias wurde wohl um 180 v. Chr. verfaßt und erzählt die Geschichte einer jüd. Familie im Exil. Sie lehrt, daß Gott denen beisteht, die seinen Geboten treu bleiben.

Das Buch Jesus Sirach (Ekklesiastikus), wohl um 180 v. Chr. durch einen Lehrer in Jerusalem verfaßt, ist eine Verteidigung des Judentums und eine Kritik an der griech. Kultur. Wesentliche Themen sind die Verehrung des Tempels, die Thora und der Glaube an den einen Gott, der gerecht und gnädig ist. Zur Person des Verfassers s. Kap. 1,3–10.

Das Buch Baruch, aus dem 1. oder 2. Jh. v. Chr., ist eine Komposition aus verschiedenen Teilen. Die Schrift beginnt mit dem Eingeständnis, Jerusalem sei wegen der Sünden Israels zerstört worden, und mit der Bitte um Gottes Vergebung. Es folgt ein poetischer Lobpreis der Weisheit und schließlich die Erhörung der Klagen Jerusalems. – Der Verfasser ist demnach nicht der Schreiber Jeremias (1,1ff.; vgl. Jer 32,12; 45; 51,59).

Das 1. Buch der Makkabäer, gegen Ende des 2. Jh. v. Chr. verfaßt, feiert die militärischen Erfolge der Makkabäer bis zur Regierungszeit des Johannes Hyrkanus. Der Autor denkt pro-hasmonäisch, bringt aber nicht eigentlich die Bedeutung des Martyriums zum Ausdruck, Diese Schrift ist eine Hauptquelle für das Studium der Geschichte Palästinas im 2. Jh. v. Chr.

Das 2. Buch der Makkabäer entstand im ausgehenden 2. oder zu Beginn des 1. Jh. v. Chr. als Nachwort einer verlorengegangenen fünfbändigen Geschichtsdarstellung Jasons von Kyrene. Weitaus mehr theologisch orientiert als 1. Makk, betont diese Schrift die Auferstehung des Leibes, die Wirkkraft des Martyriums und die Offenbarungsqualität der Wunder. Sie ist anti-hasmonäisch.

Die Zusätze zum Buch Ester sind sechs Erweiterungen zum Esterbuch in seiner griech. Form. Ihre Abfassungszeit liegt vor 70 n. Chr., vielleicht in den Jahren zwischen 167 und 114 v. Chr. oder irgendwann im 1. Jh. v. Chr. Die Zufügungen bringen Farbe in die Geschichte von Ester, verteidigen das Judentum und führen im Unterschied zum kanonischen Buch Ester v. a. auch theologische Begriffe und Gedanken in die Geschichte ein.

Die Schriften 9–13 sind alle als Zusätze zum Buch Daniel zu verstehen. *Das Gebet Asarjas* lenkt die Aufmerksamkeit des Lesers weg vom verruchten König Nebukadnezar hin auf das Martyrium der nach Babel verschleppten Juden; es wird betont, daß es nur *einen* Gott gibt und daß er gerecht ist. *Susanna* ist die Geschichte einer schönen Frau, die von Daniel gerettet wurde, indem er zwei Älteste der Lüge überführte. Der *Bel* ist ein Bericht von Daniel, der bewies, daß dem Götzen Bel dargebrachte Speisen in Wirklichkeit von den Priestern verzehrt wurden. *Vom Drachen zu Babel* beschreibt, wie Daniel einen Götzen (»Drachen«) zerstörte, aber von Habakuk mit Hilfe eines Engels gerettet wurde.

Das Gebet Manasses, ein Bußpsalm im Anschluß an 2. Chr 33,11–13, wurde im 1. Jh. v. Chr. geschrieben.

Weitere apokryphe Schriften des Judentums sind der Brief Jeremias, das 3. und das 4. Buch Esra, die aber in der Kirche zu den Pseudepigraphen des AT zählen. (siehe PSEUDEPIGRAPHEN).
Siehe auch die Einzelstichworte zu den apokryphen Schriften.

APOLLONIA Apg 17,1

APOLLONIA Stadt in Mazedonien, die nach dem Sonnengott Apollo benannt wurde, genauer auch als Apollonia Mygdonis bezeichnet. Paulus und Silas durchreisten sie auf ihrem Weg nach Thessalonich.

APOLLOS Apg 18,24; 19,1; 1. Kor 1,12; 3,4–6.22; 4,6; 16,12; Tit 3,13

APOLLOS Ein Jude aus Alexandria, der gut in der Schrift bewandert und ein wortgewandter Redner war. Er war ein Christ, dem nur die Taufe des Johannes bekannt war, bis er in Ephesus Aquila und Priszilla traf. Sie »legten ihm den Weg Gottes noch genauer aus« (Apg 18,26). Von ihnen erhielt A. Empfehlungsschreiben für andere Gemeinden. Er kam u. a. nach Korinth, nachdem Paulus schon dort gewesen war, und »begoß«, was Paulus »gepflanzt« hatte (1. Kor 3,5–10). Zu der Zeit, als Paulus seinen ersten Korintherbrief schrieb, gab es Spaltungen in der dortigen Gemeinde (1. Kor 1,10). Paulus versuchte, die Ansichten der verschiedenen Parteien, von denen eine A. und eine andere Paulus als ihr Vorbild ansah, zu widerlegen: »Wenn der eine sagt: Ich gehöre zu Paulus, der andere aber: Ich zu Apollos –, ist das nicht nach Menschenweise geredet? Wer ist nun Apollos? Wer ist Paulus? Diener sind sie, durch die ihr gläubig geworden seid, und das, wie es der Herr einem jeden gegeben hat« (1. Kor 3,4–5). Paulus bat aber A., Korinth zu besuchen, aber anscheinend hielt dieser damals einen Besuch nicht für ratsam (1. Kor 16,12). Zum letzten Mal erwähnt ist A. im Brief des Paulus an Titus, in dem er Titus bittet, A. bei der Vorbereitung einer nicht näher bestimmten Reise zu helfen (Tit 3,13).

APOLLYON Offb 9,11

APOLLYON Siehe ABADDON.

APOSTEL Mt 10,2; Mk 6,30; Lk 6,13; 9,10; Joh 13, 16; Apg 1,26; 2,42f.; 4,33.35–37; 5,29; 9,27; 14,14; 15,22; Röm 1,1; 11,13; 16,17;

APOSTEL Der christl. Sprachgebrauch begrenzt den Begriff »A.« in erster Linie auf den Zwölferkreis der engsten Weggefährten Jesu während seines öffentl. Wirkens (Mt 10,2; vgl. Lk 22,14). Im Bericht des Lukas von der Wahl der zwölf Jünger findet sich eine einfache Erklärung für diesen Sprachgebrauch: »Und als es Tag wurde, rief er (Jesus) seine Jünger und erwählte zwölf von ihnen, die er auch Apostel nannte« (Lk 6,13; vgl. Apg 1,2). Nach Apg 1,15–26 wählten die elf Jünger nach dem Tod des Judas einen Nachfolger in den Zwölferkreis, einen von den Männern, »die bei uns gewesen sind die ganze Zeit über, als der Herr Jesus unter uns ein- und ausgegangen ist – von der Taufe des Johannes an ...« Daraus wird zunächst deutlich: Die A. waren die Gründerväter der Gemeinde, die aufgrund eingehender persönlicher Erfahrung Zeugen des Erdenwegs und der Auferstehung Jesu waren (vgl. Apg 13,31; Eph 2,20).

Daneben werden dann im NT noch weitere Männer als A. bezeichnet. Paulus beruft sich selbst wiederholt auf seine Autorität als A. (1. Kor 9,1; 15,8ff.; 2. Kor 12,11f.), bes. zu Beginn seiner Briefe. Sein Apostelamt begründet er mit der persönlichen Beauftragung durch den auferstandenen Herrn, der ihm vor Damaskus in den Weg getreten war. Insofern ist auch er Zeuge der Auferstehung Jesu gewesen – wenn auch der letzte, weswegen er sich auch als »der geringste unter den Aposteln« bezeichnete (1. Kor 15,9). Aufgrund dieses besonderen und einzigartigen Auftrags (Apg 9,1–9; vgl. 22,6–11; 26,12–18) weiß Paulus seine Worte und Briefe als von apostolischer Autorität getragen (Gal 1,8ff.; 1. Kor 14,37; 1. Thess 2,7). Er verweist auf die Beweise seines Apostelamtes – die Zeichen, Wunder und Taten (2. Kor 12,12). Hauptsächlich durch sein Wirken entstanden Gemeinden, die, wie jede Gemeinde, »auf den Grund der Apostel und Propheten« (Eph 2,20) erbaut waren. Zweifellos nimmt Paulus damit aber eine Sonderstellung ein: Er gehört zwar nicht zu »den Zwölfen«, (1. Kor 15,5.7), weiß sich jedoch – mit Jakobus, dem Bruder des Herrn (Apg 15,13; Gal 1,19; 1. Kor 15,7), – auf einer anderen Stufe als die Männer, die im NT sonst gelegentlich (auch wenn manchmal indirekt) als A. bezeichnet werden: Barnabas (Apg 14,14); Andronikus und Junias (Röm 16,7); Apollos (1. Kor 4,6.9); Titus (2. Kor 8,23); Timotheus und Silvanus (1. Thess 1,1; 2,7). Hier wird dann die Bezeichnung »A.« in ihrem eigentlichen Wortsinn verwendet: Die genannten Männer sind durchweg »Gesandte«, d. h. Missionare, die mit dem Ziel der Gemeindegründung ausgesandt wurden (das griech. Wort *apostolos* kommt vom Verbum *apostéllein,* »senden«). In diesem Sinn ist auch der Dienst des A.s zu verstehen, wie er in den verschiedenen Listen der Gaben und Ämter auftaucht, die Gott der Gemeinde geschenkt hat (1. Kor 12,28; vgl. Eph 4,11).

Der A. ist also ein Gesandter. In der LXX wird das Wort für einen »Boten« (1. Kön 14,6) oder einen »Botschafter« (Jes 18,2; LÜ: »Bote«) verwendet. In gleicher Weise sind A. im NT Botschafter, jedoch nicht von menschlicher Autorität, sondern von Gott selbst beauftragt. Als Gottes bevollmächtigter Gesandter kann Paulus sagen: »So sind wir nun Botschafter

1. Kor 4,9; 9,1f.5; 12,28; 15,7.9; 2. Kor 1,1; 11,13; Gal 1,1.17.19; Eph 1,1; 2,20; 3,5; 4,11; Kol 1,1; 1. Tim 1,1; 2,7; 2. Tim 1,1; Tit 1,1; 1. Petr 1,1; 2. Petr 1,1; 3,2; Hebr 3,1; Jud 17; Offb 2,2; 18,20; 21,14

(rechts)
Die Kuppel der Himmelfahrtskirche (Vordergrund), die der Tradition nach an der Stelle gebaut wurde, von der aus Jesus zum Himmel aufgefahren ist.

Der Felsen im Inneren der Himmelfahrtskirche, der angeblich einen Fußabdruck Jesu trägt.

an Christi Statt, denn Gott ermahnt durch uns; so bitten wir nun an Christi Statt: Laßt euch versöhnen mit Gott!« (2. Kor 5,20).

APOSTELGESCHICHTE Obwohl der Verfasser der Apg dort nirgends genannt wird, war in der Kirche nie ein Zweifel daran, daß er identisch ist mit dem des dritten (synoptischen) Ev.s. Als dieser Verfasser galt immer und gilt Lukas, auch wenn er sich im Ev. genauso wenig nennt wie im zweiten Teil seines Doppelwerks. Das lukanische Gesamtwerk stellt das umfangreichste Werk eines einzelnen Autors im NT dar.

Die altkirchliche Tradition, daß das Lukasev. und die Apg denselben Verfasser haben, wird bes. durch folgende Erkenntnisse untermauert: a) Der Prolog zu beiden Büchern nennt einen gewissen Theophilus als Adressaten; b) Apg 1,1 zeigt, daß die Apg eine Fortsetzung des früheren Werkes ist; c) es besteht zwischen beiden Teilen eine auffallende Übereinstimmung in Sprache und Stil; d) beide Bücher haben einige zentrale Gedanken gemeinsam, z.B. die Betonung des Wirkens des Hl. Geistes, aber etwa auch die auffallend sachliche, ja fast positive Beurteilung des röm. Machtstaates und seiner Vertreter (Pilatus, Felix, Festus, der Begleitoffizier Julius Apg 27,3 u.a.). Lukasev. und die Apg stellten urspr. wohl eine literarische Einheit dar.

Der Verfasser war selbst als Augenzeuge an einigen Geschehnissen beteiligt, die in der Apg beschrieben werden, und zwar in den Abschnitten 16,10–17; 20,5–16; 21,1–18; 27,1–28,16, in denen in der »Wir«-Form erzählt wird. An diesen sog. »Wir«-Stellen liest sich die Apg wie ein Auszug aus einem persönlichen Tagebuch. Diese Abschnitte weisen darauf hin, daß der Verfasser persönlich an den Reisen des Paulus beteiligt war; zu diesem Umstand paßt, daß die Apg überwiegend von Paulus und seiner Missionstätigkeit handelt.

Mit der Ankunft des Paulus in Rom und seinem zweijährigen Aufenthalt dort – etwa um das Jahr 60 n. Chr. – findet die Apg ein überraschend abruptes Ende. Trotz dieses relativ genauen Datums gehen die Meinungen über die Abfassungszeit der Apg weit auseinander. Harnack und eine Reihe von Exegeten der Gegenwart datieren sie auf die Jahre 63–64 n. Chr. oder wenig später; als spätestmöglicher Zeitpunkt müßte das Jahr 150 gelten, in dem Marcion die Apg eindeutig benutzte. Es deutet aber einiges darauf hin, daß Clemens von Rom die Apg gekannt hat, sie also im Jahr 95 bereits vorgelegen haben müßte. Weitere Versuche, die Abfassungszeit näher zu bestimmen, stützen sich auf die in der Apg fehlenden Überlieferungen. So werden weder eine Reise des Paulus nach Spanien (vgl. Röm 15,24.28), noch die

(links) Gamla im Golan, östlich des Sees Genezareth. Paulus kam auf seinem Weg nach Damaskus wahrscheinlich hier vorbei (Apg 9,1–13).

Stephanstor, auch Löwentor genannt, eines der Tore der Altstadtmauer Jerusalems. Hier soll Stephanus gesteinigt worden sein (Apg 7,57–60).

In Cäsarea geprägte Münze, die die Stadt als römische Kolonie ausweist (um 200 n. Chr.).

Christenverfolgung unter Nero i.J. 64, noch der Tod des Paulus erwähnt. Ebenso wenig wird die Kenntnis von der Zerstörung Jerusalems und des Tempels angedeutet, die 70 n. Chr. stattfand. So ergibt sich für die Abfassung die Zeit um 60 n. Chr. als die frühestmögliche Datierung.

Diesen Erwägungen steht aber der gravierende Gesichtspunkt entgegen, daß das Lukasev. in Apg 1,1 ausdrücklich als das auch der Abfassungszeit nach erste Werk des Lukas angesprochen wird. Wenn aber ernsthafte Gründe (siehe LUKAS) dafür sprechen, daß das dritte Ev. erst gegen das Jahr 65 oder sogar erst ab dem Jahre 70 geschrieben worden sein dürfte, dann würde doch vieles darauf hindeuten, daß mindestens die Endfassung der Apg erst bald danach ihre endgültige Form bekommen hat, möglicherweise in Boötien (Mittel-Griechenland), wohin Lukasspuren der altkirchlichen Tradition weisen. Die Apg selbst macht keine Angaben über einen Abfassungsort. Bei der Arbeitsweise des Lukas (Lk 1,3!) ist es ohnehin wahrscheinlich, daß er an verschiedenen Orten daran gearbeitet hat, u. a. auch in Rom.

Die Apg ist eine einzigartige zeitgenössische Beschreibung der frühkirchlichen Geschichte; es ist uns keine vergleichbare Darstellung erhalten. Das Buch ist eine lebendige Fortsetzung der Lebensgeschichte Jesu und stellt einen Übergang zu den Briefen dar, die von den Häuptern der frühen Christenheit verfaßt wurden. Aus diesen Briefen, v.a. den Paulusbriefen (z.B. Gal 1,13–2,14), ließe sich zwar ein ungefähres Bild der frühen Kirchengeschichte gewinnen; eine solche Rekonstruktion würde aber breite Lücken aufweisen. Freilich läßt der besondere Blickwinkel des Lukas vieles unerklärt. Nirgendwo erzählt er uns, wie das Ev. nach Ägypten, Syrien oder Rom gelangte. Wir erhalten keinen Bericht davon, wie sich die Kirche im nahen Galiläa ausbreitete. Lukas richtet sein Augenmerk v.a. auf Petrus und Paulus; andere (mit Ausnahme von Stephanus in Apg 6 und 7 oder dem Evangelisten Philippus in 8) werden fast nur dann erwähnt, wenn sich ihr Weg mit dem jener beiden kreuzt.

Die Apg kann darum in zwei große Kapitel: »Petrus« und »Paulus« gegliedert werden. Mit Ausnahme der Kap. über Stephanus ist in den ersten 12 Kap. Petrus die Hauptperson. Er ist eindeutig der Sprecher und Leiter der Gemeinde; dies paßt zu früheren Worten Jesu aus Mt 16,17–19 sowie Lk 22,31–32, in denen Petrus für eine solche Aufgabe bestimmt wurde. Ab Kap. 13 steht Paulus eindeutig im Mittelpunkt, und die Apg wird zu einer Art Reisebericht, der Paulus auf seinen Missionswegen folgt.

Antike Straße in Rom.

Der Aufbau der Apg kann auch von 1,8 her verstanden werden: »... ihr werdet ... meine Zeugen sein in Jerusalem und in ganz Judäa und Samarien und bis an das Ende der Erde.« Lukas bezieht sich auf die Ausbreitung des Ev.s, ausgehend von Jerusalem bis schließlich nach Rom. Kap. 1–7 weisen auf Jerusalem, Kap. 8 nach Samarien; Kap. 9 richtet den Blick auf eine Gemeinde von Gläubigen in Syrien und erzählt dann von der Ausbreitung des Ev.s in ganz Judäa. Mit dem Grenzübertritt der Botschaft zu den nichtjüd. Völkern in Kap. 10 ist das Feld bereitet für die weitere Mission in den umliegenden Ländern, worüber die folgenden Kapitel berichten.

In der Predigt der Apostel lassen sich zumindest zwei durchgehende Linien erkennen. Zuerst und vor allem geht es um die Botschaft von Tod und Auferstehung Jesu. Lukas entspricht den Paulusbriefen darin, daß die Verkündigung der Apostel auf die Lehre Jesu selbst nicht ausführlich eingeht. Die Botschaft der Gemeinde war nach der Apg einfach und klar: »Den hat Gott auferweckt« (10,38–40; vgl. 2,22–24; 3,15; 5,30; 13,23.28–30; 17,3.31). Das zweite immer wiederkehrende Motiv ist die Betonung des Hl. Geistes als der treibenden, leitenden Kraft zur Mission in der jungen Gemeinde. Bis zur Verhaftung des Paulus in Kap. 21 wird der Hl. Geist in 16 Kapiteln bezeugt. Daher haben einige Ausleger nicht zu Unrecht schon vorgeschlagen, die Apg das Buch der »Taten des Hl. Geistes« zu nennen.

Bes. eindrücklich beschreibt die Apg den Beginn des Prozesses einer immer deutlicher werdenden Trennung der jungen Kirche vom Judentum.

Dies geschah im Rahmen einer stufenweisen Entwicklung, deren Ausgang sicherlich nicht von vornherein feststand. Die früheste Gemeinde der Judenchristen (man nannte sie »Brüder«, »Weg«, »Jünger« oder »Nazarener«) war zunächst nichts anderes als eine jüd. Sekte. Solange sie auf Bekehrungsversuche unter den anderen Gruppen verzichtete, konnte sie in Palästina in Frieden leben. Die Erzählung der Apg umgreift eine Zeitspanne von 27 Jahren Geschichte der überwiegend judenchristlich bestimmten Kirche in Palästina; in dieser Periode wird lediglich von fünf Konfliktfällen zwischen Christen und Juden berichtet (4,1ff.; 5,17ff.; 6,9–8,3; 12,1ff.; 21,27ff.). Außerhalb des Landes traf die Verkündigung des Paulus auf den Widerstand einiger jüd. Eiferer aus den auslandsjüd. Synagogen (z. B. 13,45ff.; 14,19.20; 17,5.13). Doch Lukas berichtet gewissenhaft, daß Paulus trotzdem immer die Synagoge als ersten Ort seiner Verkündigung aufsuchte, wohin er auch immer kam. Die Apg endet mit dem Aufenthalt des Paulus in der Hauptstadt des Imperiums, wo er das Ev. predigte.

INHALTSÜBERSICHT

1,1–11	Jesu letzte Anweisungen und Himmelfahrt
1,12–26	Die Wahl des Matthias zum zwölften Apostel
2,1–36	Die Ausgießung des Heiligen Geistes am Pfingsttag und die Pfingstpredigt des Petrus
2,37–47	Die Entstehung der Urgemeinde
3,1–4,4	Petrus und Johannes im Tempel
4,5–31	Petrus und Johannes vor dem Hohen Rat
4,32–5,11	Die Gütergemeinschaft der ersten Christen und ihre Verletzung durch Hananias und Saphira
5,12–16	Zeichen und Wunder
5,17–42	Die Apostel vor dem Hohen Rat
6,1–7	Die Wahl der sieben Armenpfleger
6,8–8,3	Stephanus, der erste Märtyrer
8,4–25	Das Evangelium erreicht Samaria
8,26–40	Der Kämmerer aus Äthiopien
9,1–31	Die Bekehrung des Saulus vor Damaskus und seine Taufe
9,32–43	Petrus tut Zeichen und Wunder
10,1–11,18	Das Evangelium erreicht die Heiden (der Hauptmann Kornelius)
11,19–30	Die ersten Christen in Antiochia
12,1–24	Verfolgung durch Herodes Agrippa I.; sein Tod
12,25–14,28	Erste Missionsreise (Barnabas und Paulus)
15,1–29	Die Apostelversammlung in Jerusalem
15,30–39	Paulus und Barnabas trennen sich; Beginn der zweiten Missionsreise
15,40–18,22	Die zweite Missionsreise (Paulus und Silas)
18,23–21,16	Die dritte Missionsreise des Paulus
21,17–38	Paulus wird in Jerusalem verhaftet
21,39–22,29	Paulus verteidigt sich vor dem Volk
22,30–23,10	Paulus verteidigt sich vor dem Hohen Rat
23,11–35	Der Mordanschlag gegen Paulus und seine Überführung nach Cäsarea
24,1–26	Paulus vor dem Statthalter Felix
24,27–25,12	Paulus vor dem Statthalter Festus; die Berufung auf den Kaiser
25,13–26,32	Paulus vor König Agrippa II.
27,1–28,15	Die Reise nach Rom
28,16–31	Paulus in Rom

APPAJIM
1. Chr 2,30–31

AQUILA
Apg 18,2.18.26; Röm 16,3; 1. Kor 16,19; 2. Tim 4,19

APPAJIM (»Nüstern«). Nachkomme aus dem Stamm Juda (1. Chr 2,25.30–31).
AQUILA (»lat. Adler«). Ein Jude, gebürtig aus der Provinz Pontus in Kleinasien, dessen Frau Priszilla (von Paulus »Priska« genannt) immer mit ihm

Blick auf Ar Moab.

zus. erwähnt wird. Sie wurden durch ein Dekret des Kaisers Claudius gegen die Juden aus Rom verbannt (49 n. Chr., nach Sueton) und ließen sich in Korinth nieder.

Paulus lebte während seines ersten Besuchs in Korinth bei ihnen, und es entwickelte sich eine enge Freundschaft durch ihre Zusammenarbeit im gemeinsamen Zeltmacherhandwerk (Apg 18,1–3). Als Paulus ungefähr zwei Jahre später Korinth verließ, begleiteten ihn A. und Priszilla bis nach Ephesus, wo er sie zurückließ (Apg 18,18-21). Vermutlich waren sie schon Christen, als Paulus sie traf. In Ephesus hörten sie Apollos predigen und »legten ihm den Weg Gottes noch genauer aus« (Apg 18,24–26).

Das Paar kehrte für einige Zeit nach Rom zurück; Paulus läßt ihnen in seinem Brief an die Römer Grüße bestellen: »Grüßt die Priska und den Aquila, meine Mitarbeiter in Christus Jesus … Grüßt auch die Gemeinde in ihrem Hause« (Röm 16,3–5). Paulus grüßte sie auch in 1. Kor 16,19 und in 2. Tim 4,19.

AR (AR MOAB) Ein Ort oder eine Region in Moab, an dem Südufer des Arnon, an der nördlichen Grenze Moabs, gelegen (4. Mose 21,15.28), manchmal auch als Bezeichnung für das Land Moab als Ganzes benutzt (5. Mose 2,9.18.29). In den Gerichtsprophezeiungen gegen Moab sagte Jesaja die Zerstörung von Ar voraus (Jes 15,1).

AR
4. Mose 21.15.28; 5. Mose 2,9.18.29; Jes 15,1

ARA Ein Mann aus dem Stamm Asser.

ARA
1. Chr 7,38

ARAB Ein Ort in Juda, in der Gebirgsregion von Hebron (Jos 15,48.52), heute el-Rabije, ungefähr 13 km südwestlich Hebrons. Paarai, der Arabiter, einer der »Helden« Davids, war wahrscheinlich aus A. (2. Sam 23,35).

ARAB
Jos 15,52

ARABIEN, ARABER Eine 3200 km lange und 945 km breite Halbinsel zwischen Afrika und Asien. Das Innere ist zum größten Teil Wüste, mit verstreut liegenden großen Oasen. Die fruchtbaren Gebiete liegen in den Randregionen, bes. im Westen am Roten Meer. Die Haupthandelsrouten, die A. und die Außenwelt verbanden, führten nach Babylonien, Assyrien, Ägypten und nach Norden hin entlang der Küste nach Palästina und Syrien.

A. und die Araber werden häufig in der Bibel erwähnt. Diese A. waren meist nomadische Zeltbewohner, die den nördlichen Teil der Halbinsel bevölkerten, wo sie ihre Herden weideten (Jes 13,20). Von der Zeit Salomos an wurden enge Beziehungen zwischen den arab. und isrl. Königtümern gepflegt. Gold und Silber wurden von A. nach Israel eingeführt (2. Chr 9,14). Joschafat erhielt Widder und Böcke als Tribut von den Nomaden (2. Chr 17,11), während Gewürze, Edelsteine und Gold von Saba und Ragma gebracht wurden (Hes 27,22). Es gibt Anhaltspunkte dafür, daß A. nach der Zerstörung des ersten Tempels versuchten, sich in Judäa niederzulassen. Sie wollten den Wiederaufbau der zerstörten Mauern von Jerusalem unter Nehemia verhindern (Neh 2,19). Nicht geklärt ist die biographische Notiz des Paulus, er sei nach seiner Bekehrung zeitweilig in »Arabien« gewesen (Gal 1,17).

ARABIEN, ARABER
1. Kön 10,15; 2. Chr 9,14; 17,11; 21,16; 22,1; 26,7; Neh 2,19; 4,1; Jes 13,20; 21,13; Jer 3,2; 25,24; Hes 27,21; Apg 2,11; Gal 1,17; 4,25

(Mitte rechts) Die Küste des Roten Meers am südwestlichen Zipfel der arabischen Halbinsel.

Alabasterfigurine aus Südarabien (Israel Museum).

ARABITER 2. Sam 23,35

ARABITER Ein Bewohner von Arab. Paarai, der A., war einer von Davids »Helden«.

ARACH 1 1. Chr 7,39
ARACH 2 Esr 2,5; Neh 6,18; 7,10

ARACH

1. Einer der Söhne Ullas aus dem Stamm Asser (1. Chr 7,30.39–40).

2. Ein Vorfahr einiger der mit Serubbabel aus dem babyl. Exil zurückkehrenden Juden (Esr 2,1–2.5; Neh 7,6–7.10).

ARAD 1 1. Chr 8,15
ARAD 2 4. Mose 21,1; 33,40; Jos 12,14; Ri 1,16

ARAD

1. Ein Nachkomme Benjamins, der einmal in Jerusalem lebte (1. Chr 8,15–16.28).

2. Eine wichtige Stadt im östlichen Negeb (Südland), die die Hauptstraße nach Edom und Ezjon-Geber/Elat kontrollierte. Der König von A. griff die in Richtung auf Kanaan vorrückenden Israeliten z. Zt. Moses an. Im Gegenangriff vernichteten diese die Stadt. Daraufhin wurde die Gegend Horma (d. h. »Bann«) genannt (4. Mose 21,1–3); sie wurde später von den Kenitern besiedelt (Ri 1,16). Die Könige von Horma und A. sind in der Liste der von Josua bezwungenen Herrscher aufgeführt (Jos 12,14).

Z.Zt. des Königtums Israels wurde A. mehrmals zerstört, aber jeweils wieder aufgebaut. Die Stadt diente bis zum Ende der Zeit des ersten Tempels als militärisches und administratives Zentrum der Grenzregion. Festungen standen hier auch in der pers., hell. und röm. Zeit.

Archäolog. Ausgrabungen haben u. a. zwei Niederlassungen zutage gebracht: eine große befestigte Stadt aus der frühen Bronzezeit (ca. 3000–2600 v. Chr.) und Überreste einer kleinen Festung aus der Eisenzeit.

Die bemerkenswerteste Entdeckung in A. ist der Tempel aus der Eisenzeit. Seine Anlage, der Grundriß und Umfang, bes. die Altäre, sind denen des Tempels Salomos ähnlich.

Unter den vielen hebr. Ostraka, die im Tempel gefunden wurden, sind zwei, die die Namen von in der Bibel erwähnten priesterlichen Familien tragen: Meremot und Paschhur. Eine andere Inschrift enthält einen Verweis auf das »Haus Jahwes«, wahrscheinlich den Tempel in Jerusalem.

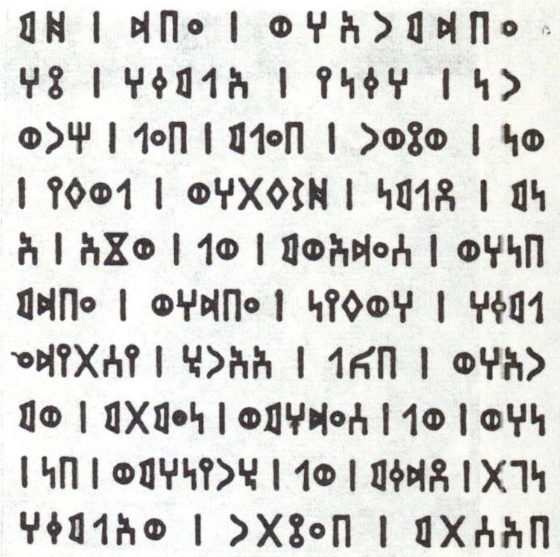

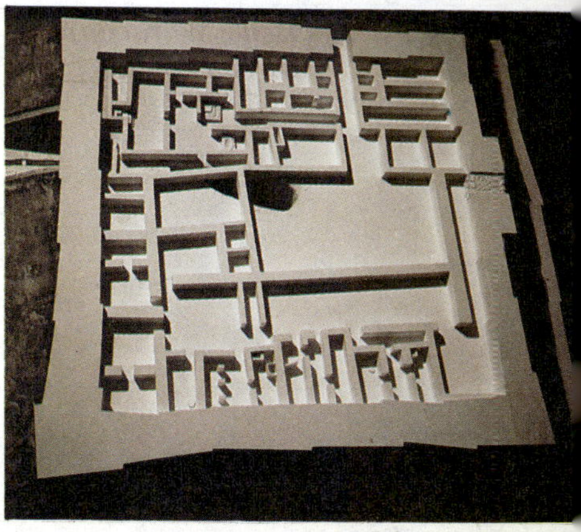

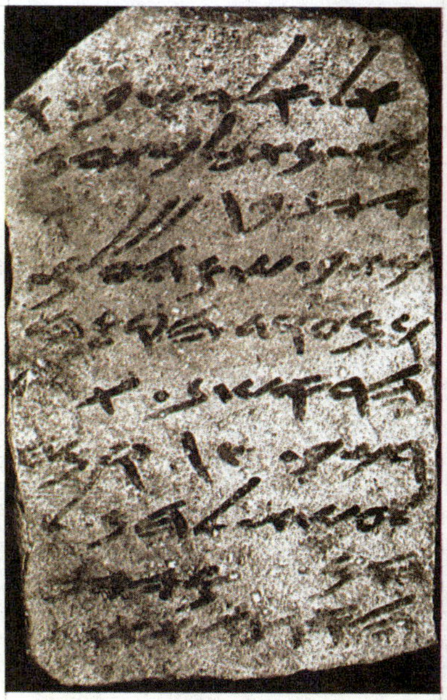

(links) Die Festung Arad.
(oben rechts) Südarab. Grabinschrift.
(Mitte rechts) Modell des Fest- und Arad; oben links der Tempel.
(unten rechts) Ostrakon aus Arad, frühes 6. Jh. v. Chr.

ARAM 1 1. Mose 10,22–23; 1. Chr 1,17
ARAM 2 1. Mose 22,21
ARAM 3 1. Chr 7,34

ARAM

1. Der fünfte Sohn Sems, der Vater von Uz, Hul, Geter und Masch (vgl. die Völkertafel, bes. 1. Mose 10,21–23). Ihre Nachkommen waren die Aramäer.

2. Nachkommen Nahors, des Bruders Abrahams (1. Mose 22,21). Die Patriarchen hatten enge Familienbindungen mit den Aramäern: Isaak heiratete Rebekka, die Enkelin Nahors und Schwester des Aramäers Laban (1. Mose

Zwei aramäische Würdenträger, dargestellt auf einem Relief von Sam'al. 9.–8. Jh. v. Chr.

25,20), und Jakob heiratete Töchter desselben Laban (1. Mose 29). Sogar Jakob wird einmal als Aramäer bezeichnet (5. Mose 26,5).

3. Einer der vier Söhne Schemers aus dem Stamm Asser.

ARAM, ARAMÄER Eine Gruppe von semit. Stämmen, die Ende des 2. Jt. und in der ersten Hälfte des 1. Jt. v. Chr. über ein großes Gebiet östlich von Kanaan verteilt waren.

Die Herkunft der Aramäer ist unbekannt. Eine Stadt mit dem Namen Aram in der Gegend des oberen Tigris (Hiddekel) wird um ca. 2000 v. Chr. erwähnt. Die Bibel erwähnt A. unter den Nachkommen Sems (1. Mose 10,21–23; 1. Chr 1,17). Erst gegen Ende des 2. Jt. v. Chr. wird A. häufig in assyr. Quellen genannt. In Dokumenten aus dem 14. und 13. Jh. werden die A. als Eindringlinge gezeigt, die aus der Wüste stammen und in das besiedelte Land vordrangen. Tiglat-Pileser I. von Assyrien berichtete, daß die A. in seinem vierten Regierungsjahr (1112 v. Chr.) aus der Arab. Wüste kamen und in das Gebiet von Tadmor, in das Libanon-Gebirge und in Babylonien einfielen. Auch entlang des Euphrat gründeten die A. Städte. Im 11. Jh. v. Chr. hatten sie die weiten Ebenen Mesopotamiens erobert und stellten eine Bedrohung für die Assyrer dar. Die A. gründeten mehrere Staaten. Im 10. Jh. v. Chr. wurde ihre Expansion im Westen durch die isrl. Könige gestoppt, während sie im Osten von den Assyrern zurückgetrieben wurden. Doch konnten die Assyrer bis zum 9. Jh. v. Chr. die A. nicht unterwerfen.

Aram-Damaskus, gewöhnlich nur als »Aram« bezeichnet, war im 8. und 9. Jh. v. Chr. einer der bedeutendsten Aramäerstaaten. Es grenzte an das Königreich Israel im Südwesten, an Hamat im Nordwesten und an die phöniz. Städte im Westen. David bezwang die A. von Damaskus (2. Sam 8,5). Nach der Teilung des Großreiches Salomos herrschte ein permanenter Kriegszustand zwischen A. und Israel. Mit der Hilfe Asas, des Königs von Juda, eroberten die A. unter Ben-Hadad I. den Norden Israels (Naftali) (1. Kön 15,18–20). König Omri von Israel mußte ihnen mehrere Städte in Samarien abtreten (1. Kön 20,34), Ahab konnte sie jedoch zurückgewinnen (1. Kön 20,1–34).

ARAM, ARAMÄER
1. Mose 10,22–23; 22,21; 25,20; 28,5; 31,20.24; 4. Mose 23,7; 5. Mose 26,5; Ri 10,6; 2. Sam 8,5–6.13; 10,6. 8–9.11. 13–19; 15,8; 1. Kön 10,29; 11, 24; 15,18; 19,15; 20,1.20–23.26–29; 22,1.3.11. 31.35; 2. Kön 5,1–2.5.20; 6,8–9.11.18. 23–24; 7,4–6.10.12.14–16; 8,7.9.13.28–29; 9,14–15; 12,18–19; 13,3–5.7.17.19. 22.24; 15,37; 16,5–7; 24,2; 1. Chr 2,23; 7,34; 18,5–6; 19,6.10. 12.14–19; 2. Chr 1,17; 16,2.7; 18,10. 30.34; 22,5–6; 24,23–24; 28,5.23; Jes 7,1–2.4–5.8; 9,11; 17,3; Jer 35,11; Hos 12,13; Am 1,5; 9,7

Aram.

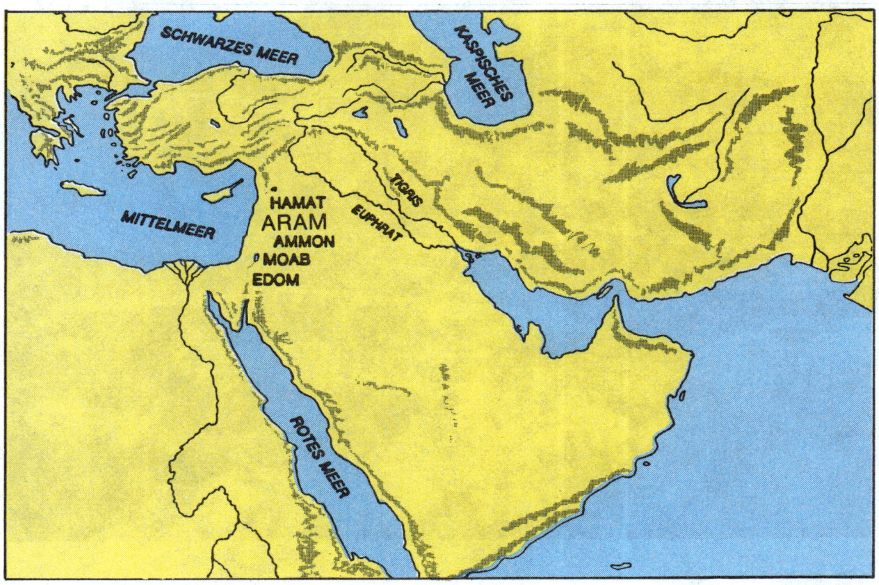

Der Aufstieg Assyriens zum Weltreich hatte ein Bündnis zwischen den Königen von Syrien (Aram) und Israel zur Folge. Die große Schlacht zwischen Assyrien und diesem Bündnis, in der Tausende von Kampfwagen und unzählige Fußsoldaten kämpften, fand 853 v. Chr. bei Karkar am Orontes statt. Zwar wurden die Assyrer zurückgeschlagen, jedoch konnten weder

diese Schlacht noch die folgenden eine endgültige Entscheidung herbeiführen. Als der assyr. Druck zeitweilig nachließ, eroberte Hasaël, der König von Damaskus, das gesamte Ostjordanland, drang nach Israel vor und erreichte die nördliche Grenze Judas (2. Kön 10,32–33; 12,18–19; 13,1–5.7). Erneuter assyr. Druck zwang Ben-Hadad III., Tribut an Assur zu zahlen, während Joasch und Jerobeam II. die eroberten Gebiete ihres Königtums befreiten und sogar Damaskus eroberten (2. Kön 13,25; 14,25.28). 733–732 v. Chr. eroberte Tiglat-Pileser III. Damaskus und machte A. zu einer Provinz Assurs. Viele A. wurden deportiert. Ihre Schrift und Sprache hat die A. um viele Jahrhunderte überlebt (siehe ARAMÄISCH).

Aram-Zoba war das größte und stärkste der aram. Königtümer von Syrien z. Zt. Davids. Sein Kerngebiet lag im Antilibanon. Die Feindschaft zwischen Zoba und Israel geht auf Saul zurück (1. Sam 14,47). Als Hadad-Eser, der König von Aram-Zoba, seinen Machtbereich auszudehnen suchte, wurde er von David in einer Reihe von Schlachten geschlagen, an deren Ende David Maacha, Tob u. a. Gebiete eroberte (2. Sam 8,3 ff.; 10,6–14.16–19). 733 v. Chr. wurde Zoba von den Assyrern erobert und unter dem Namen »Subatu« zu einer assyr. Provinz.

Die HS erwähnt einige kleine aram. Staaten, die nördlich von Israel lagen, darunter Bet-Rehob in der Nähe von Dan (Ri 18,28) und Aram-Maacha im oberen Jordantal. Gemeinsam mit Aram-Zoba und Aram-Maacha nahm Bet-Rehob an der Schlacht der Ammoniter gegen David teil (2. Sam 10,6). Nach ihrer Niederlage kamen die zwei Kleinkönigtümer unter isrl. Herrschaft. Später wurden sie entweder von den Israeliten oder von Aram-Damaskus beherrscht.

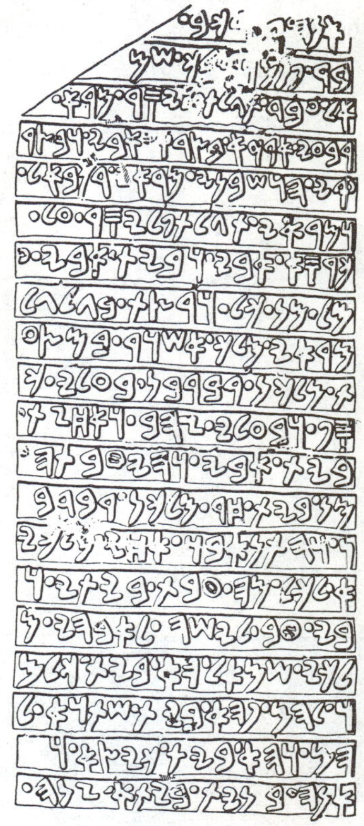

Aramäische Grabinschrift des Bar-Rakib, König von Sam'al, spätes 8. Jh. v. Chr.
(links) Aramäische Kursivschrift, frühes 6. Jh. v. Chr.
(links oben) Aramäische Inschrift in der syrisch-orthodoxen Kirche St. Markus, Jerusalem.
(unten) Aramäischer Papyrus, gefunden in Saqqarah, Ägypten, ca. 600 v. Chr.

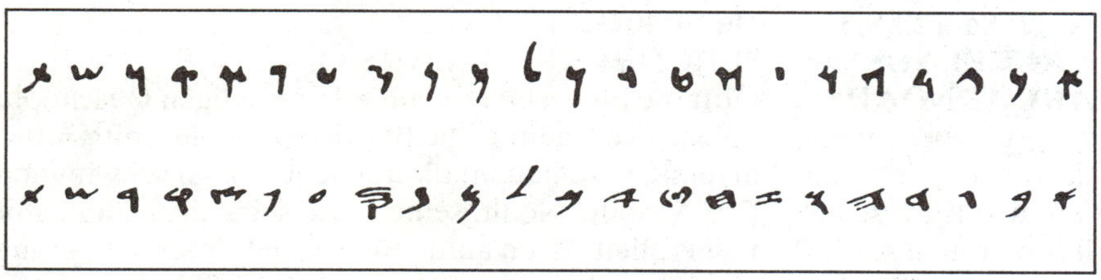

ARAMÄISCH
2. Kön 18,26;
Esr 4,7;
Jes 36,11;
Dan 2,4

ARAMÄISCH Eine nordwestsemit. Sprache, ähnlich dem Hebräischen und in derselben Quadratschrift geschrieben. Es taucht als Verkehrssprache der Länder entlang der Handelsrouten des fruchtbaren Halbmondes etwa im 6. Jh. v. Chr. auf. A. war die dominierende Sprache der Perserzeit und findet sich auch im Urtext des AT (z. B. Esr 4,6–8,18; 7,11–26; Jer 10,11; Dan 2,46–7.28). Z. Zt. Jesu war ein westaram. Dialekt Umgangssprache in Palästina und einige wenige Äußerungen Jesu sind in A. überliefert (Mt 27,46; Mk 5,41). Der semit. Sprachstil Jesu ist an vielen seiner Worte in den Evangelien erkennbar.

ARAN
1. Mose 36,28;
1. Chr 1,42

ARAN Der zweite Sohn Dischans, des Oberhaupts der Horiter.

Der Berg Ararat in der östlichen Türkei.

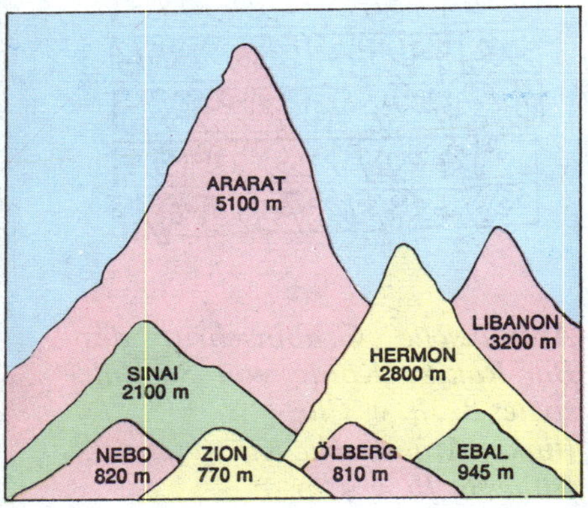

Die Höhen einiger Berge, die in der Bibel erwähnt werden, im Vergleich mit der des Berges Ararat.

ARARAT Land, auf dessen Gebirge die Arche Noah aufsetzte (1. Mose 8,4). Der heute als A. bezeichnete Berg ist Teil der armenischen Gebirgskette im östlichsten Teil der Türkei, nahe der armenischen Grenze. Der Berg selbst ist der höchste in der Gebirgskette (5 156 m ü. M.).

ARARAT 1. Mose 8,4; 2. Kön 19,37; Jes 37,38; Jer 51,27

Die Landestelle der Arche konnte bisher am A. nicht lokalisiert werden. A. wird noch einmal unter den Nationen erwähnt, die sich in einer Koalition gegen Babylon zusammenschließen (Jer 51,27).

ARAUNA Ein Jebusiter, Besitzer einer Tenne, des Felsplatzes, auf dem dann Salomo den Tempel baute (2. Chr 3,1). Dort hielt Gott den Engel davon ab, Jerusalem durch die Pest zu zerstören. Dies wäre das Strafgericht für Davids Sünde gewesen, eine Volkszählung durchzuführen (2. Sam 24,16; 1. Chr 21,1–15). David kaufte dann die Tenne und errichtete dort einen Opferaltar für Gott.

ARAUNA 2. Sam 24,16. 18.20.22–24; 1. Chr 21,15. 18.20–25.28; 2. Chr 3,1

ARBA (»vier«). Ein Einwohner Hebrons bzw. Kirjat-Arbas z. Zt. der Eroberung Kanaans durch Josua (Jos 14,15). A., »der der größte Mensch war unter den Anakitern«, scheint der Gründer von Kirjat-Arba gewesen zu sein (Jos 15,13; 21,11).

ARBA Jos 14,15; 15,13; 21,11

ARBATITER Ein Einwohner Bet-Arabas, einem Ort bei Jericho (Jos 15,61; 18,21–22). Einer von Davids »Helden», Abialbon oder Abiël, war ein A. (2. Sam 23,8.31; 1. Chr 11,10.32).

ARBATITER 2. Sam 23,31; 1. Chr 11,32

ARCHELAUS Siehe HERODES ARCHELAUS.

ARCHELAUS Mt 2,22

ARCHE NOAHS Als Gott die Flut schickte, um seine sündigen Geschöpfe zu verderben, nahm er Noah, von dem es heißt: »Er wandelte mit Gott«, davon aus. Er befahl ihm, eine A. zu bauen, die auf dem Wasser schwimmen konnte (1. Mose 6–8). Die A. sollte Noah, seine Frau, seine drei Söhne mit ihren Frauen sowie Tiere aus allen Arten aufnehmen, um Gottes Schöpfung vor einem völligen Untergang zu bewahren (1. Mose 6,14–22). Von daher rührten die riesigen Ausmaße der A. (1. Mose 6,15). Die A. hatte ein Fenster am Dach (1. Mose 6,16), eine Tür an der Seite und besaß drei Stockwerke. Sie war wohl aus einer Art Pinienholz gefertigt und innen und außen mit Pech abgedichtet (1. Mose 6,14). Als die Flut zurückgegangen war, »ließ sich die Arche nieder auf das Gebirge Ararat« (1. Mose 8,4; siehe ARARAT). Man hat immer wieder darauf hingewiesen, daß der bibl. Sintflutbericht parallel zu Überlieferungen über eine universale Katastrophe – z. B. dem Gilgamesch-Epos aus Mesopotamien – stehe und davon beeinflußt worden sei. Es finden sich jedoch in den Mythen vieler Völker auf der ganzen Welt Erinnerungen an das Geschehen einer riesigen Flutkatastrophe, die mehr oder weniger mit dem bibl. Bericht übereinstimmen.

ARCHE NOAHS 1. Mose 6,18f.; 7,1.7.9.13. 15.17f.; Mt 24,38; Lk 17,27; 1. Petr 3,20; Hebr 11,7;

Darstellung des Baus der Arche. Aus der Sarajevo-Haggada, Spanien, 15. Jh. (Nationalmuseum, Sarajevo).

Jesus vergleicht die Zeit vor seiner Wiederkunft mit der Zeit Noahs, der A. und der Sintflut (Mt 24,37 ff.; Lk 17,26 ff.). Petrus erwähnt das Geschehen um die A. als »Vorbild der Taufe« (1. Petr 3,20–22). Vgl. SINTFLUT. (Siehe auch ANHANG).

ARCHIPPUS Kol 4,17; Phlm 2

ARCHIPPUS Ein Christ, der in der Nähe von Kolossä in Kleinasien lebte. In seinem Brief an die Kolosser mahnt Paulus ihn, seinen geistlichen Dienst seiner Beauftragung gemäß wahrzunehmen (Kol 4,17). Er bezeichnet ihn als »Mitstreiter« (Phlm 2).

ARD 1. Mose 46,21; 4. Mose 26,40; 1. Chr 8,3

ARD (»bucklig«). Ein Sohn Benjamins und eine der 70 Personen des Hauses Jakobs, die mit ihm nach Ägypten zogen (1. Mose 46,21.27). In 4. Mose 26,40 und in 1. Chr 8,1.3 wird A. als Enkel Benjamins erwähnt.

ARDITER 4. Mose 26,40

ARDITER Eine benjaminitische Familie, von Ard, dem Sohn des Bela, abstammend.

ARDON 1. Chr 2,18

ARDON (»Buckliger«). Einer der Söhne des Kaleb, aus dem Stamm Juda.

ARELI 1. Mose 46,16; 4. Mose 26,17

ARELI Einer der Söhne des Gad, aus Jakobs Sippe, die nach Ägypten ging (1. Mose 46,8.16).

ARELITER 4. Mose 26,17

ARELITER Eine Sippe, die von Areli abstammt und vor dem Einzug in das verheißene Land in der Volkszählung in der Wüste erfaßt wurde.

AREOPAG Apg 17,19.22

AREOPAG Der »Areshügel« (Marshügel) in Athen, westlich der Akropolis gelegen, Treffpunkt des obersten Gerichtshofes von Athen, des sog. »Rates des A.«. Dessen Funktion variierte gelegentlich. Urspr. auf Fälle von Kapitalverbrechen beschränkt, befaßte sich der Gerichtshof später mit juristischen, politischen, pädagogischen und religiösen Angelegenheiten. Mit dem Aufkommen der Demokratie im 5. Jh. v. Chr. verlor der A. viel von seiner Macht und seinem Einfluß. Trotzdem existierte er bis in das späte röm. Reich hinein und genoß Ansehen und Respekt.

Anläßlich seines ersten Aufenthalts in Athen wurde Paulus von epikureischen und stoischen Philosophen in eine Diskussion verwickelt, bei der der Apostel seine berühmt gewordene »A.-Rede« hielt (Apg 17,16–31). Auf diese Weise konnte er das Ev. verkündigen, allerdings ohne positive Resonanz (Apg 17,32). Einige glaubten jedoch, »unter ihnen ... Dionysius, einer aus dem Rat, und eine Frau mit Namen Damaris« (Apg 17,34). Die Rede des Paulus ist seit den Paulusfeiern im Jahr 1951 auf dem A. im vollen Wortlaut auf einer großen Bronzetafel festgehalten.

ARETAS 2. Kor 11,32

ARETAS Name von vier nabatäischen Königen (vgl. NABATÄER). Der im NT erwähnte König ist Aretas IV. (9 v. Chr.–40 n. Chr.). Seine Tochter heiratete Herodes Antipas, den Tetrarchen von Galiläa. Sie kehrte jedoch zu

Eine Münze von Aretas III., die den Kopf des Königs und der Lokalgöttin Tyche von Damaskus zeigt, ca. 75 v.Chr.

ihrem Vater zurück, als Antipas die Herodia, die Frau seines Halbbruders Herodes Philippus, heiratete. Wegen einiger Grenzstreitigkeiten griff A. den Herodes Antipas an und besiegte ihn.

Als Paulus in Damaskus war (Apg 9), war Aretas IV. dort Herrscher. Paulus bezieht sich darauf, daß der von König A. ernannte Gouverneur die Tore der Stadt bewachen ließ, um ihn festzunehmen. Aber er wurde in einem Korb durch ein Fenster in die Stadtmauer herabgelassen und entkam (2. Kor 11,32–33).

ARGOB

1. Einer der Männer, die zus. mit König Pekachja von Israel durch Pekach in Samaria getötet wurden (2. Kön 15,23–25).

2. Ein Teil des Königreiches Ogs, nördlich von Gilead in Baschan gelegen und von den Israeliten erobert, bevor sie den Jordan überquerten. Der bibl. Beschreibung zufolge bestand das Gebiet aus 60 befestigten Städten, neben vielen ländlichen Siedlungen (5. Mose 3,3–6). Jaïr, der Sohn Manasses, der diese Gegend eroberte, nannte sie nach sich selbst »Havvot Jaïr«, d. h. »Zeltdörfer Jaïrs« (5. Mose 3,12–14). Unter König Salomo waren die Region A. und die »Zeltdörfer Jaïrs« zwei Bezirke unter *einem* Gouverneur, der in Ramot Gilead residierte (1. Kön 4,13).

ARGOB 1 2. Kön 15,25
ARGOB 2 5. Mose 3,4.13–14; 1. Kön 4,13

ARIDAI Einer von Hamans zehn Söhnen, die in Susa getötet wurden.

ARIDAI Est 9,9

ARIDATA Einer von Hamans zehn Söhnen, die in Susa getötet wurden.

ARIDATA Est 9,8

ARIËL (»Löwe Gottes« oder »Herd Gottes«).

1. Einer der Hauptleute, die von Esra zu Iddo gesandt wurden, bevor er vom Fluß Ahawa nach Jerusalem aufbrach (Esr 8,15–17.31).

2. Ein Name, der von Jesaja auf Jerusalem angewendet wurde. In Hes 43,15–16 bezeichnet es einen Kultgegenstand, wahrscheinlich einen Brandopferaltar.

ARIËL 1 Esr 8,16
ARIEL 2 Jes 29,1–2.7

ARIMATHÄA Herkunftsort des reichen Sanhedrinmitglieds Josef, eines der Nachfolger Jesu, der diesen in seinem eigenen neuen Grab beisetzte (Mt 27,57; Mk 15,43; Lk 23,51; Joh 19,38). Evtl. ist A. mit dem atl. Ramatajim-Zofim oder Rama identisch, dem Geburtsort Samuels (1. Sam 1,1.19).

ARIMATHÄA Mt 27,57; Mk 15,43; Lk 23,51; Joh 19,38

ARISAI Einer der zehn Söhne Hamans, die in Susa getötet wurden.

ARISAI Est 9,9

ARISTARCH Ein aus Thessalonich in Mazedonien stammender Mitarbeiter des Paulus, bei der chaotisch verlaufenen Demetriusdemonstration in Ephesus fast gelyncht worden wäre (Apg 19,23–40, bes. V. 29). Er begleitete zus. mit Timotheus u. a. den Apostel auf der Rückfahrt von der 3. Missionsreise (»Kollektenreise«, Apg 20,1–5) und war nach Kol 4,10 mit Paulus zus. in Gefangenschaft (Ephesus? Rom?). Er war wie Lukas unter den Begleitern des Apostels bei der Schiffsreise nach Rom (Apg 27,2). Nach einer altkirchl. Tradition erlitt er z. Zt. Neros den Märtyrertod.

ARISTARCH Apg 19,29; 20,4; 27,2; Kol 4,10; Phlm 24

ARISTOBUL Ein Christ, an dessen Familie in Rom Paulus Grüße sendet.

ARISTOBUL Röm 16,10

ARJE Einer der Männer, die zus. mit König Pekachja von Israel ermordet wurden.

ARJE 2. Kön 15,25

ARJOCH

1. Der König von Ellasar, der im Bündnis mit drei Königen (darunter Kedor-Laomer) fünf andere Könige im Tal von Siddim besiegte. Nachdem sie Lot und seine Familie mit sich fortgeführt hatten, wurden sie von Abraham eingeholt und besiegt (1. Mose 14,1–6).

2. Der Oberste der Garde Nebukadnezars, des Königs von Babylon. Er bekam den Befehl, alle Weisen Babylons zu töten, nachdem sie den Traum des Königs nicht zu deuten vermochten. Auch Daniel und seine Gefährten sollten getötet werden. Als Daniel ihm sagte, daß er den Traum deuten könne, führte er ihn zum König.

ARJOCH 1 1. Mose 14,1.9
ARJOCH 2 Dan 2,14–15.24–25

ARKITER

1. Nachkommen von Hams Sohn Kanaan.

2. Eine Sippe oder eine Familie des Stammes Benjamin, in der Gegend von Atarot südwestlich von Bethel ansässig (Jos 16,2). Huschai, der Berater Davids und später Absaloms, war ein A. (2. Sam 15,32; 16,16; 17,5.14; 1. Chr 27,33).

ARKITER 1 1. Mose 10,17; 1. Chr 1,15
ARKITER 2 Jos 16,2; 2.Sam 15,32; 16,16; 17,5.14; 1. Chr 27,33

ARMONI
2. Sam 21,8

ARMONI Einer der beiden Söhne Sauls und seiner Nebenfrau Rizpa. David lieferte A. und seinen Bruder Mefi-Boschet an die Gibeoniter aus, damit sie gehängt würden, um Sauls Blutschuld zu tilgen (2. Sam 21,3–8).

ARNAN
1. Chr 3,21

ARNAN Ein Nachkomme Serubbabels im Geschlechtsregister Davids (1. Chr 3,19–21).

ARNON
4. Mose 21,13–14.24.26. 28; 22,36; 5. Mose 2,24.36; 3,8.12.16; 4,48; Jos 12,1–2; 13,9.16; Ri 11,13.18. 22.26; 2. Kön 10,33; Jes 16,2; Jer 48,20

ARNON Fluß im Ostjordangebiet, der seinen Ursprung in der syr.-arab. Wüste hat. Der A. mündet ins Tote Meer. In seinem 44 km langen Lauf hat der Fluß ein Gefälle von 1000 m, wobei der letzte Abschnitt durch eine tiefe, enge Schlucht führt. Als die Israeliten nach der Wüstenwanderung den Jordan von Osten her erreichten, bezeichnete der A. die Grenze zwischen Moab und dem Königreich von Sihon, den Amoritern (4. Mose 22,36). Die Israeliten eroberten von den Amoritern das Gebiet nördlich des A. bis an den Jabbok. Es wurde später dem Stamm Ruben zugeteilt und grenzte im Süden an Moab (5. Mose 3,8.12.16; Jos 12,1–2; 13,9.16; Ri 11,18.26). Z. Zt. Jehus von Israel eroberte der Aramäerkönig Hasaël das Gebiet nördlich des A. (2. Kön 10,32–33). Der A. wird auch in den gegen Moab gerichteten Prophezeiungen erwähnt (Jes 16,2; Jer 48,20). Der heutige Name des A. ist Wadi Sel-Mujib.

(links) der Arnon.

Der Arnon an der Stelle, an der er in das Tote Meer fließt.

AROD, ARODITER
1. Mose 46,16; 4. Mose 26,17

AROD, ARODITER Ein Sohn Gads, dessen Familie mit Jakob nach Ägypten kam (1.Mose 46,16). Er wurde zum Haupt des Geschlechtes der Aroditer, das bei der Volkszählung in der Wüste mit aufgeführt wurde (4. Mose 26,17).

AROËR 1
4. Mose 32,34; 5. Mose 2,36; 3,12; 4,48; Jos 12,2; 13,9.16; 2. Sam 24,5; 2. Kön 10,33; 1. Chr 5,8; Jer 48,19

AROËR 2
Jos 13,25; Ri 11,26.33

AROËR 3
1. Sam 30,28

AROËR

1. Stadt am Ufer des Arnon, an der Grenze des Königtums der Amoriter (5. Mose 4,48; Jos 12,2). Sie wurde von dem Stamm Ruben erobert und war Teil seines Gebiets (Jos 13,16). In A. begann Davids Volkszählung (2. Sam 24,5). Hasaël, der König von Aram, eroberte es (2. Kön 10,32–33), aber z. Zt. Jeremias war A. wieder eine Stadt der Moabiter (Jer 48,19).

A. lag an der Stelle des heutigen Ara'ir (Chirbet Ara'ir).

(links) Edomitisches Siegel aus Aroër im Tal von Beerscheba, mit der Inschrift »Qosa«. (Hebrew Union College, Jerusalem).

Fragmente edomitischer Töpferwaren aus Aroër. 7.–6. Jh. v. Chr.

Luftaufnahme von Aroër im Tal von Beerscheba.

Eine Münze aus Arwad (Aradus), den Kopf von Baal (?) und eine Galeere darstellend (ca. 400 v. Chr.)

2. Eine Stadt in Gilead an der Grenze des Gebiets von Gad, in der Nähe des ammonitischen Rabba (Jos 13,25). Dies ist möglicherweise die in der Beschreibung der Niederlage der Ammoniter (»von Aroër an bis hin nach Minnit«) gegen Jeftah erwähnte Stadt (Ri 11,33).

3. Eine der 29 dem Stamm Juda zugewiesenen Städte (in Jos 15,22 Adada genannt). Nach Davids Sieg über die eingefallenen Amalekiter erhielt sie ihren Anteil an der zurückgewonnenen Beute (1. Sam 30,26.28).

AROËRITER Hotam, der Aroëriter, einer der »Helden« Davids, war aus einer der drei oben erwähnten »Aroër« genannten Städte gebürtig.

AROËRITER 1. Chr 11,44

ARPACHSCHAD Der dritte Sohn Sems (1. Mose 10,22.24; 11,10–13).

ARPACHSCHAD 1. Mose 10,22.24; 11,10–13; 1. Chr 1,17–18.24; Lk 3,36

ARPAD Aram. Stadt im nördlichen Syrien, heute Tell Rif'at, ungefähr 30 km nördlich von Aleppo. A. wird im AT immer gemeinsam mit Hamat unter den von Assyrien zerstörten Städten erwähnt (2. Kön 18,34; 19,13; Jes 36,19; 37,13; Jer 49,23). Die Inschriften ihres letzten Herrschers, Mati'el, sind bei Ausgrabungen gefunden worden.

ARPAD 2. Kön 18,34; 19,13; Jes 10,9; 36,19; 37,13; Jer 49,23

ARTAHSASTA (ARTAXERXES). Name dreier pers. Könige, von denen einer Esra beauftragte, nach Jerusalem zu ziehen (Esr 7,1–6.11–25). Es wird angenommen, daß es sich um Artahsasta I. Longimanus, den Sohn Xerxes I., handelte. Er gab auch Nehemia die Erlaubnis für seine beiden Reisen nach Jerusalem (Neh 2,1.7–8; 13,6–7).

A. schlug in Ägypten Revolten, die 460 v.Chr. begannen und bis 454 v.Chr. andauerten, nieder, aber auch in anderen Teilen des Pers. Reichs. Es geschah wahrscheinlich während der unruhigen Zeiten seiner Herrschaft, daß er die zeitweilige Unterbrechung des Wiederaufbaus von Jerusalem anordnete (Esr 4,7–24).

ARTAHSASTA Esr 4,7–8.11.23; 6,14; 7,1.7. 11–12.21; 8,1; Neh 2,1; 5,14; 13,6

ARTEMAS Ein christl. Missionar. Paulus wollte A. oder Tychikus nach Kreta senden, damit Titus die Insel verlassen und zu ihm nach Nikopolis kommen könnte.

ARTEMAS Tit 3,12

ARUBBOT Eine Stadt im dritten der 12 Verwaltungsbezirke Salomos. A. dürfte bei dem heutigen Arabe, 14,5 km nördlich von Samaria, gelegen haben.

ARUBBOT 1. Kön 4,10

ARUMA Der Ort, an dem Abimelech, der Sohn Jerubbaals, lebte, nachdem er aus Sichem vertrieben worden war (siehe ABIMELECH (2).), vermutlich zwischen Sichem und Silo gelegen.

ARUMA Ri 9,41

ARWAD, ARWADITER Das Volk von Arwad, die Arwaditer, sind in der Völkertafel Noahs unter den Söhnen Kanaans angeführt (1. Mose 10,1. 15.18; 1. Chr 1,13.16). In Hes 27,8 werden die A. als gewandte Seeleute und Krieger in der Flotte und dem Heer des Stadtstaates Tyrus erwähnt. Die antike phöniz. Stadt A. liegt auf einer kleinen Insel vor der Küste Syriens.

ARWAD, ARWADITER 1. Mose 10,18; 1. Chr 1,16; Hes 27,8.11

ARZA Der Hofmeister von König Ela von Israel, in dessen Haus in Tirza Ela von Simri ermordet wurde (1. Kön 16,8–10).

ARZA 1. Kön 16,9

ASA

1. Der dritte König von Juda (regierte ca. 908–867 v.Chr.), Sohn und Nachfolger Abijas (1. Kön 15,8–10). Über A. wird gesagt, daß er »tat, was dem HERRN wohlgefiel«. Er führte Reformen durch, um das Land von heidnischen Göttern und Kulten zu säubern (1. Kön 15,11–13). Zu Beginn der Herrschaft A.s hatte Juda zehn Jahre Frieden (2. Chr 13,23), eine Zeit, in der A. die Städte an den Grenzen befestigte und die Armee auf 580 000 Mann verstärkte (2. Chr 14,5–7). Als Serach, der Kuschiter (Äthiopier), in Juda einmarschierte, wehrte A. ihn bei Marescha ab (2. Chr 14,8–13). A. war laufend in Grenzkonflikte mit König Bascha von Israel verwickelt. Bascha erweiterte seinen Herrschaftsbereich bis nach Rama, 9 km nördlich von Jerusalem, und befestigte es. A. bat darauf Ben-Hadad, den König der Aramäer, um Hilfe, der die isrl. Städte Ijon, Dan und Abel-Bet-Maacha angriff (1. Kön 15,16–22).

A. wurde in der Stadt Davids begraben (1. Kön 15,24); er ist im Stammbaum Jesu (Mt 1,7.8) angeführt.

2. Ein Levit, der Sohn Elkanas, ein Vorfahre Obadjas.

ASA 1 1. Kön 15,8–9.11.13–14.16–18. 22–25.28.32–33; 16,8.10.15. 23.29; 22,41.43.47; 1. Chr 3,10; 2. Chr 13,23; 14,1.7.9–12; 15,2.8.10.16–17.19; 16,1–2. 4.6–7.10–13; 17,2; 20,32; 21,12; Jer 41,9; Mt 1,7–8

ASA 2 1. Chr 9,16

ASAËL 1 2. Sam 2,18.20–23.30.32; 3,27.30; 23,24; 1. Chr 2,16; 11,26; 27,7
ASAËL 2 2. Chr 17,8
ASAËL 3 2. Chr 31,13
ASAËL 4 Esr 10,15

ASAËL (»Gott hat gemacht«).

1. Ein Sohn von Davids Schwester Zeruja und Bruder von Joab und Abischai. A. war einer der »Helden« Davids (2. Sam 23,24; 1. Chr 2,16; 11,26). Nach der Niederlage der Truppen Abners in der Schlacht von Gibeon jagte A. dem fliehenden Abner nach. Abner tötete A. in Notwehr (2. Sam 2, 17–23).

2. Einer der Leviten, die dem Volk das Gesetz des HERRN in den Städten Judas unter König Joschafat lehrten.

3. Einer der Beamten, die bei der Sammlung der Tempelabgaben während der Herrschaft Hiskias halfen.

4. Der Vater des Jonatan, der sich Esra in der Mischehenfrage widersetzte (Esr 10,10–15).

ASAF 1 2. Kön 18,18.37; Jes 36,3.22
ASAF 2 1. Chr 6,24; 9,15; 15,17.19; 16,5.7.37; 25,1–2.6.9; 2. Chr 5,12; 20,14; 29,13.30; 35,15; Esr 2,41; 3,10; Neh 7,44; 11,17.22; 12,35.46; Ps 50; 73–83
ASAF 3 1. Chr 26,1
ASAF 4 Neh 2,8

ASAF

1. Vater von König Hiskias Kanzler Joach (2. Kön 18,18.37).

2. Der Sohn Berechjas, ein Levit, den »David bestellte, um im Haus des HERRN zu singen«. Während Davids Regierungszeit hatte A. gemeinsam mit Heman und Etan die Sänger zu begleiten, als die Bundeslade nach Jerusalem gebracht wurde (1. Chr 6,16–28). A. und seine Söhne hatten eine bedeutende Rolle in der Gruppe der Sänger und Musiker im Tempel inne. Sie waren unter den levitischen Sängern, als die Bundeslade von der Stadt Davids in den von Salomo erbauten Tempel gebracht wurde (2. Chr 5,2.12–13). In den Tagen König Hiskias nahmen A.s Nachkommen an der Reinigung des Tempels teil (2. Chr 29,1–15) und waren Tempelsänger bei der Feier des Passafestes unter König Josia (2. Chr 35,1.15–16). Einige von A.s Nachkommen waren unter denen, die aus dem babyl. Exil nach Jerusalem heimkehrten (1. Chr 9,15; Neh 7,44; 11,17.22). Zwölf Psalmen werden A. zugeschrieben (Ps 50; 73–83).

3. Ein Levit, Vorfahr einer Familie von Torhütern nach 1. Chr 26,1.

4. Ein oberster »Aufseher über die Wälder des Königs« Artahsastas, des Königs von Persien, z. Zt. der Rückkehr Nehemias nach Jerusalem.

ASAJA 1 2. Kön 22,12.14; 2. Chr 34,20
ASAJA 2 1. Chr 4,36
ASAJA 3 1. Chr 6,15; 15,6.11
ASAJA 4 1. Chr 9,5
ASAJA 5 1. Chr 15,21
ASAJA 6 1. Chr 27,20
ASAJA 7 2. Chr 31,13

ASAJA (»Der HERR hat gemacht«).

1. Ein »Kämmerer des Königs«, der unter den fünf Gesandten war, die König Josia von Juda zur Prophetin Hulda schickte, um diese über das vom Priester Hilkija gefundene Gesetzbuch zu befragen (2. Kön 22,8–14; 2. Chr 34,15–22).

2. Ein Fürst des Stammes Simeon z.Zt. Hiskias. Er war unter denjenigen, die an der Eroberung des Gebiets in der Umgebung von Gedor teilnahmen und die Meuniter, die dort vorher lebten, vertrieben (1. Chr 4,24.36.39 ff.).

3. Ein Nachkomme Levis; er war unter denjenigen, die David halfen, die Bundeslade nach Jerusalem zu bringen (1. Chr 6,14–15; 15,6.11–12).

4. Ein Schelaniter, der unter den aus der babyl. Gefangenschaft Zurückkehrenden aufgeführt ist (1. Chr 9,2.5).

5. Ein levitischer Harfenspieler in der Prozession, die die Bundeslade während der Regierungszeit Davids nach Jerusalem brachte.

6. Der Vater Hoscheas, der während der Regierungszeit Davids über den Stamm von Ephraim gesetzt war.

7. Ein Aufseher z. Zt. Hiskias. Er war für den Zehnten und die zum Tempel gebrachten Opfer verantwortlich.

ASAN 4. Mose 34,26

ASAN Vater Paltiëls, des Fürsten des Stammes Issachar, der bei der Verteilung des Landes Kanaan unter die Israeliten half.

ASANJA Neh 10,10

ASANJA (»Ja[hwe] hat gehört«). Der Vater Jeschuas, eines Leviten, der Zeuge des Bundes z. Zt. Esras war.

ASAREL 1 1. Chr 4,16
ASAREL 2 1. Chr 12,7
ASAREL 3 1. Chr 25,18
ASAREL 4 1. Chr 27,22

ASAREL (»Gott hat geholfen«).

1. Ein Mann aus dem Stammbaum Juda.

2. Einer der Mitkämpfer Davids, die sich in Ziklag zu ihm gesellten (1. Chr 12,1.7).

3. Ein Musiker im Heiligtum z. Zt. Davids (1. Chr 25,1.4.18; in V. 4 wird er Usiël genannt).

4. Der Fürst des Stammes Dan während der Herrschaft Davids (1. Chr 27,22).

Stele, die Asarhaddon zeigt, wie er den König von Ägypten und Äthiopien sowie einen bärtigen Sklaven an einer Leine hält.

5. Einer der Männer, die unter Esra ihre heidnische Frau entließen (Esr 10,10.34.41).

6. Der Vater Amaschsais, eines Priesters, der nach der Rückkehr aus dem babyl. Exil in Jerusalem wohnte (Neh 11,1.13).

7. Ein Musiker im Dankchor bei der Einweihung der wiederaufgebauten Stadtmauer von Jerusalem (Neh 12,31.36).

ASAREL 5 Esr 10,41
ASAREL 6 Neh 11,13
ASAREL 7 Neh 12,36

ASARELA Ein Sohn Asafs, Musiker und Sänger z.Zt. Davids, der »als prophetischer Mann nach Anweisung des Königs spielte« (1. Chr 25,1–2.14).

ASARELA 1. Chr 25,2.14

ASARHADDON (»[Der Gott] Assur hat einen Bruder gegeben«). König von Assyrien, Sohn Sanheribs. Er regierte von 680 bis 669 v. Chr. A. bestieg den Thron, nachdem seine Brüder Adrammelech und Sarezer ihren Vater Sanherib ermordet hatten (2. Kön 19,37; Jes 37,38). Er führte die Politik der Deportation und Umsiedlung der Bevölkerung innerhalb seines Reiches fort (Esr 4,2). Nach einer Stele war König Manasse von Juda sein Vasall und zahlte ihm Tribut. A.s Reich erstreckte sich bis nach Ägypten hinein, dessen Armeen er 671 v.Chr. schlug. Als er auf dem Weg nach Ägypten war, um dort einen Aufstand zu unterdrücken, ereilte ihn der Tod.

ASARHADDON 2. Kön 19,37; Esr 4,2; Jes 37,38

ASARJA (»Ja[hwe] hat geholfen«).

1. Sohn Zadoks des Priesters, einer der hohen Beamten König Salomos (1. Kön 4,2).

2. Sohn Nathans, der Vorsteher der 12 Amtleute, »die den König und sein Haus versorgten« (1. Kön 4,7).

3. Ein Nachkomme aus dem Stamm Juda.

4. Sohn Jehus, aus dem Hause Jerachmeel (1. Chr 2,38–39).

5. Ein Levit, der von Aaron abstammte, der Sohn des Ahimaaz und Enkel Zadoks (1. Chr 5,36). Er könnte mit Asarja (1). identisch sein.

6. Ein Levit, der wie (5). ebenfalls von Aaron abstammte und in den Tagen Salomos als Priester im Tempel diente (1. Chr 5,36).

7. Ein Levit aus der Linie Kehats und Vorfahr derjenigen Leviten, die im Tempel musikalische Pflichten wahrnahmen (1. Chr 6,21).

8. Einer unter den Priestern, die z. Zt. Nehemias in Jerusalem lebten (1. Chr 9,11).

9. Ein Prophet, der König Asa von Juda ermutigte, eine religiöse Reform durchzuführen (2. Chr 15,1).

10. Einer der Hauptleute, die sich verschworen, um König Atalja zu entthronen (2. Chr 23,1).

11. Ein anderer der Hauptleute, die sich verschworen, Königin Atalja zu entthronen (2. Chr 23,1).

12. Sohn König Joschafats von Juda. Der Name taucht zweimal in der Liste der Söhne Joschafats auf (2. Chr 21,2). Er und seine Brüder wurden von ihrem älteren Bruder Joram ermordet, der seinem Vater auf den Thron folgte (2. Chr 21,1.4).

13. Der Hohepriester z. Zt. König Usijas von Juda. Er führte eine Gruppe von Priestern an, die dagegen war, daß Usija im Tempel räucherte, da dies den Priestern des Hauses Aaron vorbehalten war. Usija wurde daraufhin aussätzig (2. Chr 26,17.20).

14. Eines der Sippenhäupter Ephraims, die das Volk Israel überredeten, die Männer von Juda, die sie im Krieg gegen Ahas gefangengenommen hatten, freizulassen (2. Chr 28,12).

15. Ein Levit aus der Familie Kehats z. Zt. Hiskias.

16. Ein Levit, einer der Merariter, die den Tempel in den Tagen König Hiskias von heidnischem Kultgerät reinigten (2. Chr 29,12).

17. Ein Priester aus dem Hause Zadoks, z. Zt. Hiskias (2. Chr 31,10). In 2. Chr 31,13 wird er als »Vorsteher im Hause Gottes« bezeichnet.

18. Sohn Hilkijas und Vater Serajas (1. Chr 5,39–40; Esr 7,1).

19. Der Vater Amarjas (Esr 7,3).

20. Einer der Werkmeister, die die Mauern Jerusalems in den Tagen Nehemias ausbesserten (Neh 3,23–24).

21. Einer der Führer derer, die mit Serubbabel aus dem Exil zurück-

ASARJA 1 1.Kön 4,2
ASARJA 2 1. Kön 4,5
ASARJA 3 1. Chr 2,8
ASARJA 4 1. Chr 2,38–39
ASARJA 5 1. Chr 5,35
ASARJA 6 1. Chr 5,36–37
ASARJA 7 1. Chr 6,21
ASARJA 8 1. Chr 9,11
ASARJA 9 2. Chr 15,1
ASARJA 10 2. Chr 23,1
ASARJA 11 2. Chr 23,1
ASARJA 12 2. Chr 21,2
ASARJA 13 2. Chr 26,17.20
ASARJA 14 2. Chr 28,12
ASARJA 15 2. Chr 29,12
ASARJA 16 2. Chr 29,12
ASARJA 17 2. Chr 31,10.13
ASARJA 18 1. Chr 5,39–40; Esr 7,1
ASARJA 19 Esr 7,3
ASARJA 20 Neh 3,23–24
ASARJA 21 Neh 7,7
ASARJA 22 Neh 8,7
ASARJA 23 Neh 10,3
ASARJA 24 Jer 42,1; 43,2
ASARJA 25 Neh 12,33
ASARJA 26 2. Kön 14,21; 15, 1.6–8.17.23.27; 1. Chr 3,12

ASARJA 27 2. Chr 22,6
ASARJA 28 Dan 1,6–7.11. 19; 2,17

kehrten (Neh 7,7). In der Parallelliste in Esra 2,2 wird er »Seraja« genannt.

22. Einer der Leviten, die z. Zt. Esras das Volk im Gesetz unterwiesen (Neh 8,7).

23. Einer derjenigen,die unter Nehemia den Bund mitunterschrieben. In Neh 12,1 wird er Esra genannt.

24. Einer der Anführer einer bewaffneten Bande, die nach der Ermordung des Statthalters Gadalja (Jer 41) Jeremias Ratschlag ignorierten und sich nach Ägypten absetzten (Jer 43,2).

25. Einer der führenden Männer Judas, die an der Einweihung der Stadtmauer Jerusalems teilnahmen (Neh 12,33).

26. König von Juda, der besser als Usija bekannt ist (siehe USIJA).

27. Ein anderer Name für König Ahasja von Juda, wie er in manchen Bibelübersetzungen angegeben wird (Siehe AHASJA (2).).

28. Der urspr. Name eines der Begleiter Daniels. Ihm wurde nach seiner Gefangennahme der babyl. Name Abed-Nego gegeben (Dan 1,6–7.11.19; 2,17).

ASAS 1. Chr 5,8

ASAS Ein Name im Stammbaum Rubens.

ASASEL 3. Mose 16,8.10.26;

ASASEL Das Wort erscheint in 3. Mose 16,8.10.26 als Name des Ortes oder der Macht, wohin am Versöhnungstag einer der beiden Böcke geschickt wird. Die Zeremonie – die nicht zum eigentlichen Opfer gehört! – beginnt damit, daß der Hohepriester über die zwei Böcke das Los wirft: Einer wird für den HERRN bestimmt und als Sündopfer dargebracht, der andere dagegen wird »dem A.« zuteil. Der Hohepriester legt symbolisch die Verfehlungen und Übertretungen des Volkes durch Handaufstemmen auf den Bock, der dann in die Wüste gejagt wird; so werden die Sünden zu einem fernen, einsamen Ort weggetragen.

Die Bedeutung von A. ist unklar und deshalb umstritten. In der LXX begegnet uns die Deutung des Wortes als »Bock, der entweicht«, sozusagen als Sündenbock, der flieht. A. wird in jüd. Auslegungen auch als Wüstendämon verstanden; manche Theologen vertreten dieselbe Ansicht. In diesen Zusammenhang gehört die weitverbreitete Auffassung, die A. mit dem Teufel, einem gefallenen Engel oder einem Wüstendämon gleichsetzt. Es ist jedoch unwahrscheinlich, daß die Bibel ein rituelles Opfer an einen Dämon im Blick haben könnte; dies widerspräche dem strikten Verbot solcher Praktiken in 3. Mose 17,7. Die Gestalt des A. – der Name kommt nur hier vor – bleibt rätselhaft.

ASBUK Neh 3,16

ASBUK Vater Nehemjas, der mithalf, die Stadtmauern von Jerusalem nach der Rückkehr aus dem babyl. Exil wieder aufzubauen.

ASCHAN Jos 15,42; 19,7; 1. Chr 4,32; 6,44

ASCHAN (»Rauch«). Eine Stadt im Hügelland oder im Flachland von Juda. Sie war urspr. Juda zugewiesen worden (Jos 15,42) und wurde später an Simeon gegeben, »weil der Anteil des Stammes Juda zu groß für ihn war« (Jos 19,1.7.9; 1. Chr 4,32). Von ihm ging sie an die levitische Familie der Kehatiter über (1. Chr 6,39.44). A. ist eventuell identisch mit Bor-Aschan (1. Sam 30,30). – Die Stätte ist mit dem heutigen Khirbet-Aschan, in der unmittelbaren Nähe von Beerscheba, identifiziert worden.

ASCHBEL, ASCHBELITER 1. Mose 46,21; 4. Mose 26,38; 1. Chr 8,1

ASCHBEL, ASCHBELITER Ein Sohn Benjamins, der Urahne der Familie der Aschbeliter (4. Mose 26,38).

ASCHDOD, ASCHDODITER Jos 11,22; 13,3; 15,46–47; 1. Sam 5,1.3.5–7; 6,17; 2. Chr 26,6; Neh 4,1; 13,23–24; Jes 20,1; Jer 25,20; Am 1,8; 3,9; Zef 2,4; Sach 9,6; Apg 8,40

ASCHDOD, ASCHDODITER Eine der fünf großen Städte der Philister. Sie lag landeinwärts, ungefähr 5 km von der Küste entfernt, in der südlichen Küstenebene Kanaans.

Z. Zt. der Landnahme wurde sie dem Stamm Juda zugewiesen (Jos 15,20. 46–47). Bevor Saul König wurde, schlugen die Philister die Israeliten bei Eben-Eser; sie eroberten die Bundeslade, brachten sie nach A. und stellten sie in den ihrem Gott Dagon geweihten Tempel. Daraufhin fiel das steinerne Standbild des Gottes Dagon auf sein Antlitz und zerbrach; die Aschdoditer wurden von einer Plage befallen. Die verängstigten Philister sahen ein, daß sie die Bundeslade nicht behalten konnten, und sandten sie zu den Israeliten zurück (1. Sam 5,1–12). König Usija gelang es, die Stadt einzunehmen; er befestigte die Städte in ihrer Umgebung (2. Chr 26,6). Sie wurde 734 v. Chr.

In Aschdod gefundene Tongöttin der Philister aus dem 12. Jh. v. Chr. Die Göttin ist sitzend dargestellt, ihr Körper geht in einen vierbeinigen Thron über. (Israelische Regierungsabteilung für Altertümer und Museen).

von Tiglat-Pileser III. von Assyrien erobert. 712 v. Chr. schlug Sargon eine von A. angeführte Rebellion nieder (Jes 20,1); die Stadt wurde die Hauptstadt einer assyr. Provinz. Da A. an der Hauptstraße nach Ägypten lag, hinterließ der Krieg zwischen Babylon und Ägypten, der dem Niedergang des assyr. Reiches folgte, seine Spuren in der Stadt. Auf diese Ereignisse wird von den Propheten hingewiesen, die A. erwähnen (Jer 25,20; Zef 2,4; Sach 9,6). Z.Zt. Nehemias war »Aschdoditer« gleichbedeutend mit »Philister«; Nehemia kämpfte gegen ihren Einfluß (Neh 4,1; 13,23–25).

Während der pers. Epoche war A. die Hauptstadt einer Provinz und blieb später eine wichtige hell. Stadt (bekannt als Asotus). Sie wurde 165 v. Chr. von den Hasmonäern eingenommen und bis zur Eroberung durch Pompejus 63 v. Chr. gehalten. Unter der röm. Besatzung wurde die Stadt wieder aufgebaut und wurde ein Teil des Reichsgebietes Herodes d. Gr., der sie seiner Schwester Salome gab. Der Evangelist Philippus kam auf seiner Missionsreise durch A. (Apg 8,40).

Bei Ausgrabungen in Tell-Ischdud, der Stätte des antiken A., wurden 20 Siedlungsschichten, vom 17. Jh. v. Chr. bis zur byz. Zeit, gefunden. Manche dieser Schichten stammen aus der frühen Periode der Philisteransiedlung. Von der späten Eisenzeit sind weite Teile der großen Stadt freigelegt worden, darunter auch das westliche Stadttor.

Tonfigurine eines Harfenspielers, gefunden in Aschdod. Eisenzeit. (Israelische Regierungsabteilung für Altertümer und Museen).

(rechts oben) Ausgrabungen in der Umgebung eines Tores des antiken Aschdod.

ASCHERA Eine der wichtigsten Göttinnen des kanaan. Götterhimmels, die sowohl aus der kanaan. Mythologie als auch durch Erwähnungen in der Bibel bekannt ist. Ihr Name erscheint erstmals z.Zt. der ersten Dynastie von Babylon als Aschratum, Gattin des Amurru; sie ist demnach wohl eine Göttin der semit. Amoriter. In dem kanaan. Mythos, der seinen Ursprung in der Stadt Ugarit im nördlichen Syrien hat, erscheint A. in versch. Rollen. Am bekanntesten ist A. als Herrscherin der See. Als diese ist sie die Gattin des Hauptgottes El und die Mutter anderer Götter. Darüber hinaus erscheint sie auch als Vermittlerin in einem Mythos von Baal und den Wassern.

ASCHERA
Ri 3,7;
1. Kön 15,13;
18,19;
2. Kön 21,7;
23,4;
2. Chr 15,16

In ihrer Funktion als Muttergöttin wird A. oft mit einer anderen kanaan. Göttin – Astarte – verwechselt, die allem Anschein nach A. im ersten Jt. v. Chr. ersetzt hat. Als Göttin der Fruchtbarkeit nimmt A. die Form des Baumes an, den Baum des Lebens symbolisierend, an dem sich das Tierreich labt. Das Wahrzeichen dieser Funktion ist ein Baum oder ein hölzerner Kultpfahl, eine Stilisierung des Baums des Lebens. Ein derartiger Pfahl wird in der Bibel als A. bezeichnet.

Die Anbetung der A. als Göttin der Fruchtbarkeit in Verbindung mit heiligen Bäumen war im frühen Israel weit verbreitet. Dieser eklatante Abfall vom Glauben an den Gott Israels begann schon in der Richterzeit (Ri 6,25–28) und wurde noch in der Königszeit – meist in Verbindung mit Baalskulten – fortgesetzt (1. Kön 16,33; 18,19; 2. Kön 13,6; 17,10). Während der Reformen der Könige Hiskia und Josia von Juda wurden die A.bilder zerstört (2. Kön 18,4), auch dasjenige, das von König Manasse sogar innerhalb des Tempels aufgestellt worden war (2. Kön 21,7; 23,6). Der A.-Kult enthielt

Bronze-Astarte. Reproduktion einer Steinform der Göttin, die in Naharija gefunden wurde; ca. 1900 v. Chr. (Israelische Regierungsabteilung für Altertümer und Museen).

vermutlich Elemente der Wahrsagerei und war mit kultischer Unzucht verbunden (Hos 4,12–13).

ASCHHUR
1. Chr 2,24; 4,5

ASCHHUR (»Schwarzer«). Ein Nachkomme Judas. Er wird als »Vater Tekoas« (1. Chr 4,5) bezeichnet, was bedeuten könnte, daß er der Gründer der gleichnamigen Stadt war.

ASCHIMA
2. Kön 17,30

ASCHIMA Ein von den Leuten aus Hamat verehrter syr. Gott. Diese wurden durch den assyr. König zur Besiedlung nach Samarien gebracht, nachdem er die isrl. Bewohner deportiert hatte (2. Kön 17,24–30).

ASCHKELON
Jos 13,3; Ri 1,18; 14,19; 1. Sam 6,17; 2. Sam 1,20; Jer 25,20; 47,5.7; Am 1,8; Zef 2,4.7; Sach 9,5

ASCHKELON Eine der Hauptstädte der Philister (Jos 13,3). A. lag 19 km nördlich von Gaza und 16 km südlich von Aschdod. Sie war eine der ältesten und größten Städte Kanaans. Die frühesten Spuren einer menschlichen Besiedlung sind in die Zeit des Neolitikums zu datieren. In den ägypt. Ächtungstexten des 19. Jh. v. Chr. wird die Stadt zum ersten Mal erwähnt. A. wurde dem Stamm Juda zugewiesen, der die Stadt einnahm (Ri 1,18–19). Z. Zt. der Richter, Sauls und Davids war A. hingegen in den Händen der Philister (Ri 14,19; 1. Sam 6,17). Im AT wird eine Eroberung A.s durch die Philister nicht erwähnt. Assyr. Quellen sprechen von A. als einem Königtum, dessen Gebiet unter assyr. Druck im 9. Jh. v.Chr. verkleinert wurde. Kurze Zeit darauf wurde es eines der Tiglat-Pileser III. (745–727 v. Chr.) tributpflichtigen Länder. Als A. im Jahr 732 v. Chr. revoltierte, wurde es dafür schwer bestraft. Ein erneuter Aufstand in den Tagen Sanheribs führte 701 v. Chr. zur Unterwerfung A.s, sein König Sidka wurde nach Assyrien deportiert. Während der Feldzüge von Assurbanipal und Asarhaddon gegen Ägypten (Ende des 7. und Anfang des 6. Jh. v. Chr.) wurde A. als Militärstützpunkt benutzt. Ein Großteil seiner Einwohner wurde z. Zt. Nebukadnezars deportiert. Am Ende der Vorherrschaft Babylons oder zu Beginn der pers. Epoche kam A. unter die Herrschaft von Tyrus.

Die Propheten weisen auf die Nöte hin, die A. erlitt. Amos sagte eine Bestrafung für die Stadt voraus (Am 1,8); Jeremia erwähnt in zwei Prophezeiungen auch A. (Jer 25,17–20; 47,1–7). Zefanja sagte die Verwüstung der Stadt voraus (Zef 2,4–7), und Sacharja verkündete ihren Untergang, in Verbindung mit dem von Tyrus (Sach 9,3–5).

Nach der Eroberung durch Alexander d. Gr. wurde A. hellenisiert und zu einem Zentrum der Gelehrsamkeit. Während der röm. und byz. Epoche hatte A. eine Blütezeit. Archäolog. Ausgrabungen an der Stätte des antiken A. haben u. .a. Reste der hell. und der röm. Epoche zu Tage gebracht.

Astarte-Figurine. Späte kanaanitische Periode (Israel-Museum).

(links) Blick auf die Küste bei Aschkelon.

Münzfund von Aschkelon. Dargestellt sind der Gott Poseidon und Marcus Aurelius (röm. Kaiser 161–180 n. Chr.).

ASCHKENAS Ein Enkel Jafets (1. Mose 10,3; 1. Chr 1,6) und zugleich eine Bezeichnung für ein Königreich, das mit Ararat und Minni in Verbindung gebracht wird (Jer 51,27). Man nimmt an, daß es sich bei A. um eine Gruppe von skythischen Stämmen aus dem Gebiet des Schwarzen Meers und des Kaspischen Meers handelt.

ASCHKENAS 1. Mose 10,3; 1. Chr 1,6; Jer 51,27

ASCHNA (»Dornstrauch«).

1. Eine Stadt im Gebirge Juda, vermutlich zwischen Eschtaol und Zora gelegen.

2. Eine andere Stadt im judäischen Bergland, zwischen Hebron und Lachisch gelegen.

ASCHNA 1 Jos 15,33
ASCHNA 2 Jos 15,43

ASCHPENAS Der oberste Eunuch (»Kämmerer«, Dan 1,3) im Palast Nebukadnezars, des Königs von Babylon, der beauftragt wurde, geeignete junge Israeliten auszuwählen, die für den Dienst am königlichen Hof ausgebildet werden sollten.

ASCHPENAS Dan 1,3

ASCHTAROT Hebr. Pluralform von »Astarte«, des Namens der kanaan. Fruchtbarkeitsgöttin. Auch Name einer kanaan. Stadt, der Hauptstadt von Baschan (5. Mose 1,4; Jos 12,4). Nach der Eroberung durch die Israeliten wurde sie der Sippe Machirs, des Sohnes Manasses, gegeben (Jos 13,31). A. war die Heimatstadt Usijas, des Aschtarotiters, eines von Davids »Helden« (1. Chr 11,44).

A., heute Tell Aschtara, liegt 32 km östlich des Sees Genezareth.

ASCHTAROT 5. Mose 1,4; Jos 9,10; 12,4; 13,12.31; 1. Chr 6,56

ASCHTAROTITER 1. Chr 11,44

Eroberung von Aschtarot durch die Assyrer. Relief aus dem Palast Tiglat-Pileser III. 8. Jh. v. Chr. (British Museum).

ASCHTEROT-KARNAJIM Stätte der Niederlage der Refaïter durch Kedor-Laomer, den König von Elam, wahrscheinlich einige Kilometer von Aschtarot entfernt. Während der Vorherrschaft Assurs wurde das ganze Gebiet nach dieser Stadt »Karnajim« genannt.

ASCHTEROT-KARNAJIM 1. Mose 14,5

ASCHURITER Nachkommen des Dedan, eines Enkels Abrahams (1. Mose 25,1–3). Die A. (nicht zu verwechseln mit den Assyrern) sind ein nordarabischer Stamm.

ASCHURITER 1. Mose 25,3

ASCHWAT (»Festigkeit«). Ein Mann aus dem Stamm Asser.

ASCHWAT 1. Chr 7,33

ASEKA Stadt im Nordosten Judas, auf einem der in das Gebirge Juda führenden Pässe gelegen. Die Philister versammelten sich dort in den Tagen Sauls, um gegen Israel zu kämpfen (1. Sam 17,1). A. war eine der von Rehabeam zur Verteidigung Judas befestigten Städte und neben Lachisch eine der beiden letzten Städte, die Nebukadnezar widerstanden (Jer 34,7). A. wird unter den Städten erwähnt, die von den Israeliten nach der Rückkehr aus dem babyl. Exil wieder besiedelt worden sind (Neh 11,30).

Die Stätte ist ausgegraben worden (Tell-Zakariye). Die ausgegrabene Stadt, wahrscheinlich im 10. Jh. v. Chr. unter David erbaut, gehörte zu einer

ASEKA Jos 10,10–11; 15,35; 1. Sam 17,1; 2. Chr 11,9; Neh 11,30; Jer 34,7

Tell-Zakariye, das biblische Aseka.

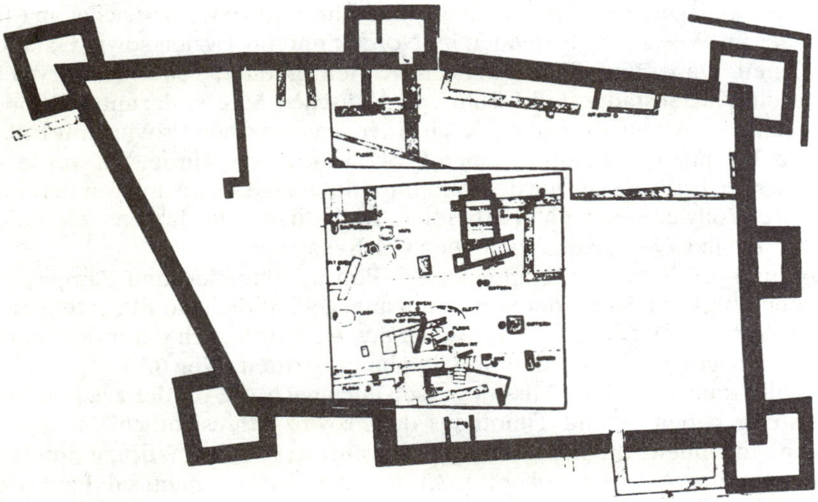

Plan der judäischen Festung in Aseka.

Reihe von Festungen, die entlang der Grenzen Judas zur Bewachung der Hauptstraßen u. a. strategischer Punkte dienten.

ASENAPPAR Esr 4,10

ASENAPPAR Einer der Könige von Assur, der nur einmal in der Bibel erwähnt wird (Esr 4,10), und zwar in Verbindung mit einem Brief, der von der in Juda angesiedelten fremdländischen Bevölkerung an Artahsasta gesandt wurde. Darin protestierten diese gegen den Wiederaufbau Jerusalems und des Tempels.

ASENAT 1. Mose 41,45.50; 46,20

ASENAT Die Tochter Potiferas, des ägypt. Priesters zu On, die der Pharao Josef zur Frau gab; sie war die Mutter von Manasse und Ephraim (1. Mose 41,45.50–52; 46,20).

ASGAD Esr 2,12; 8,12; Neh 7,17; 10,16

ASGAD Name einer Familie und ihres Ahnherrn. Nach Neh (7,17) kehrten 2322 Mitglieder der Familie mit Serubbabel aus dem babyl. Exil zurück. Einige davon waren unter denjenigen, die den Bund mit Nehemia unterschrieben (Neh 10,16).

ASIËL 1. Chr 4,35

ASIËL (»Von Gott gemacht«). Vorfahre des Jehu, eines der Anführer der Sippe Simeons unter Hiskia (1. Chr 4,24.35.41).

ASIEN Apg 2,9; 6,9; 16,6; 19,10.22.26–27. 31; 20,4.16.18; 21,27; 24,19; 27,2; 1. Kor 16,19; 2. Kor 1.8; 2. Tim 1,15; 1. Petr 1,1; Offb 1,4.11

ASIEN Im NT bezeichnet der Name die röm. Provinz, die den westl. Teil des später als »Kleinasien« (Asia Minor) bekannten Gebietes, zus. mit den dazugehörigen Inseln, ausmachte. Als König Attalus III. von Pergamon im Jahr 133 v. Chr. starb, vermachte er sein Königreich Rom, und da den Römern die pergamenischen Könige als »Könige von A.« bekannt waren, wurde die

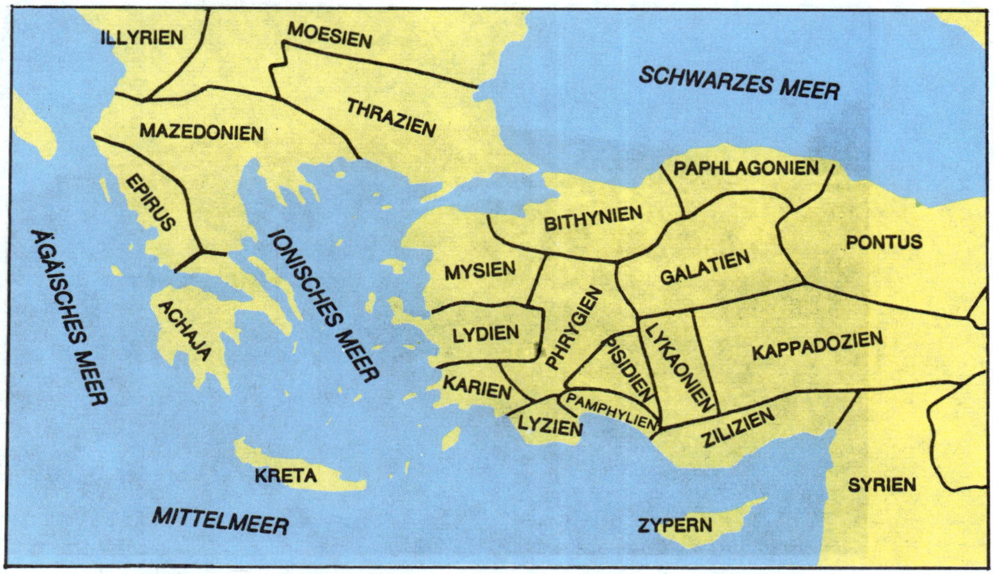

Die römische Provinz Asien.

Provinz »A.« genannt. Sie entstand 129 v. Chr. und erstreckte sich vom Mittelmeer im Westen bis Bithynien im Norden und bis Lyzien sowie Galatien im Osten. Dabei umfaßte sie Mysien, Karien, Lydien, Teile von Phrygien, dazu die Küstenstädte und Inseln des Ägäischen Meers, darunter Rhodos und Patmos. Augustus machte A. zu einer senatorischen Provinz mit Ephesus als Hauptstadt, die durch einen Prokonsul regiert wurde. Sie wurde als eine der reichsten Provinzen des röm. Imperiums angesehen und war berühmt für ihre Wollwebereien und Färbereien. Im 1. Jh. n. Chr. lebten viele Juden in A., und in vielen Städten befanden sich Synagogen.

A. und die Provinzen Kappadozien, Pontus, Phrygien und Pamphylien werden als Herkunftsländer von Juden angegeben, die zum Pfingsttag nach Jerusalem kamen (Apg 2,9–11). Juden aus A. waren auch unter denen, die in der Synagoge der Libertiner mit Stephanus stritten (Apg 6,9).

Paulus kam auf seinen Missionsreisen auch nach A. Auf der zweiten Missionsreise haben er und Timotheus die Provinz offensichtlich nur durchzogen, »da ihnen vom heiligen Geist verwehrt wurde, das Wort zu predigen in der Provinz Asien« (Apg 16,6). Als sie nach Troas kamen, sah Paulus im Traum eine Erscheinung (Apg 16,9f.), die ihn veranlaßte, nach Mazedonien statt quer durch A. weiterzureisen. So kam es zu der weltgeschichtlich bedeutsamen Begegnung des jungen Christentums mit der Welt Griechenlands und damit Europas. Dort und nicht in A. lag von da an das Schwergewicht der werdenden Kirche. Während seiner dritten Missionsreise blieb Paulus dann aber wieder über zwei Jahre lang in Ephesus und seiner Umgebung, »so daß alle, die in der Provinz Asien wohnten, das Wort des Herrn hörten, Juden und Griechen« (Apg 19,1.10.22). In seinen Briefen nimmt Paulus mehrmals Bezug auf das, was er in A. erlebte; er erwähnt sowohl die dortigen Verfolgungen als auch Menschen, bei denen das Evangelium dort Eingang fand (Röm 16,5; 1. Kor 15,32; 16,8f.; 2. Kor 1,8). Auf seiner letzten Reise nach Jerusalem beschloß er, keine Zeit in A. zu verlieren, da er an Pfingsten in Jerusalem sein wollte (Apg 20,16).

In der Offb finden sich die Sendschreiben an »die sieben Gemeinden in der Provinz Asien«: Ephesus, Smyrna, Pergamon, Thyatira, Sardes, Philadelphia und Laodizea (Offb 1,4). Diese Gemeinden sind die urspr. Adressaten des letzten Buches der Bibel.

ASISA Einer der Israeliten, die sich aufgrund von Esras Erlaß von ihren heidnischen Frauen trennen mußten.

ASMAWET (»Der Gott Mot ist mächtig«)

1. Ein Benjaminiter aus der Stadt Bahurim, einer der »Helden« Davids.
2. Ein Nachkomme König Sauls (1. Chr 8,36; 9,42).

ASISA
Esr 10,27

ASMAWET 1
2. Sam 23,31; 1. Chr 11,33

ASMAWET 2
1. Chr 8,36; 9,42

ASMAWET 3
1. Chr 12,3

ASMAWET 4
1. Chr 27,25

3. Vater zweier Brüder, Jesiël und Pelet, die zu David während seines Aufenthalts in Ziklag stießen.

4. Ein Sohn Adiëls, der über die Vorräte des Königs wachte.

ASNA
Esr 2, 50

ASNA Haupt einer Tempeldiener-Familie, die mit Serubbabel aus der babyl. Gefangenschaft zurückgekehrte.

ASNOT-TABOR
Jos 19,34

ASNOT-TABOR Ein Dorf an der südlichen Grenze von Naftali, 5 km nördlich des Bergs Tabor.

ASOR
Mt 1,13–14

ASOR Vater Zadoks, aufgeführt im Stammbaum Jesu.

ASPATA
Est 9,7

ASPATA Einer der zehn Söhne Hamans, die in Susa getötet wurden.

ASRIËL 1
1. Chr 27,19
ASRIËL 2
Jer 36,26
ASRIËL 3
1. Chr 5,24

ASRIËL (»Gott ist meine Hilfe«).

1. Ein Fürst des Stammes Naftali z. Zt. Davids.

2. Vater Serajas z. Zt. des Königs Jojakim.

3. Eines der Sippenhäupter des Stammes Manasse.

ASRIËL, ASRIËLITER
4. Mose 26, 31; Jos 17,2; 1. Chr 7,14

ASRIËL, ASRIËLITER (»Gott hat mit Freude erfüllt«?). Nachkomme des Manasse und Gründer der Asriëliter-Sippe; wird in der zweiten von Mose unternommenen Volkszählung genannt (4. Mose 26,2.31; 1. Chr 7,14). Den Asriëlitern wurde von Josua Land zugeteilt (Jos 17,2).

ASRIKAM 1
1. Chr 3,23
ASRIKAM 2
1. Chr 8,38; 9,44
ASRIKAM 3
1. Chr 9,14; Neh 11,15
ASRIKAM 4
2. Chr 28,7

ASRIKAM

1. Ein Nachkomme Davids über Serubbabel.

2. Ein Nachkomme von Saul und Jonatan im Stammbaum Benjamins.

3. Großvater Schemajas, der Mitglied der nach der Rückkehr aus der babyl. Gefangenschaft in Jerusalem lebenden levitischen Sippe war.

4. Der »Vorsteher des Königshauses« von Ahas, des Königs von Juda, der in einer Schlacht, in der Israel Juda besiegte, getötet wurde.

ASSER 1
1. Mose 30,13; 35,26; 46,17; 49,20; 2. Mose 1,4; 4. Mose 1,13.40–41; 2,27; 7,72; 10,26; 13,13; 26,44.46–47; 34,27; 5. Mose 27,13; Jos 17,7.10–11; 19,24.34; 21,6.30; Ri 1,31–32; 5,17; 6,35; 7,23; 1. Kön 4,16; 1. Chr 2,2; 6,47; 6,59; 7,30.40; 12,37; 2. Chr 30,11; Hes 48,2–3.34; Lk 2,36; Offb 7,6
ASSER 2
2. Sam 2,9

ASSER (»glücklich sein«).

1. Der achte Sohn Jakobs und Ahnherr des gleichnamigen Stammes. Er war der zweite der beiden Söhne Jakobs mit Silpa, der Leibmagd Leas (1. Mose 30,12–13; 35,26). Sein einziger Vollbruder war Gad. Im Segen Jakobs heißt es im Blick auf A.: »Assers Brot wird fett sein, und er wird leckere Speise wie für Könige geben« (1. Mose 49,20).

Im zweiten Jahr nach dem Auszug aus Ägypten zählte der Stamm A. 41 500 erwachsene Männer (4. Mose 1,41), und diese Zahl stieg z. Zt. der zweiten Zählung durch Mose vor dem Betreten des gelobten Landes auf 53 400 an (4. Mose 26,47). Im Lager der Israeliten hatte der Stamm A. seinen Platz an der Nordseite der Stiftshütte, gemeinsam mit den Stämmen Dan und Naftali (4. Mose 2,25–30). Vor dem Betreten des Landes Kanaan sagte Mose in seinem Segen noch einmal die Fruchtbarkeit des Gebiets von A. voraus (5. Mose 33,1.24–25). Dieses erstreckte sich entlang der Mittelmeerküste bis in die Ebene von Akko und in das obere und untere Galiläa hinein und bis in das Hinterland der phöniz. Städte Tyrus und Sidon und in einen Teil der Jesreel-Ebene (Jos 17,7–11; 19,24–31). Dieses Gebiet enthält einige der reichsten Böden des ganzen Landes.

Das Gebiet des Stammes Asser.

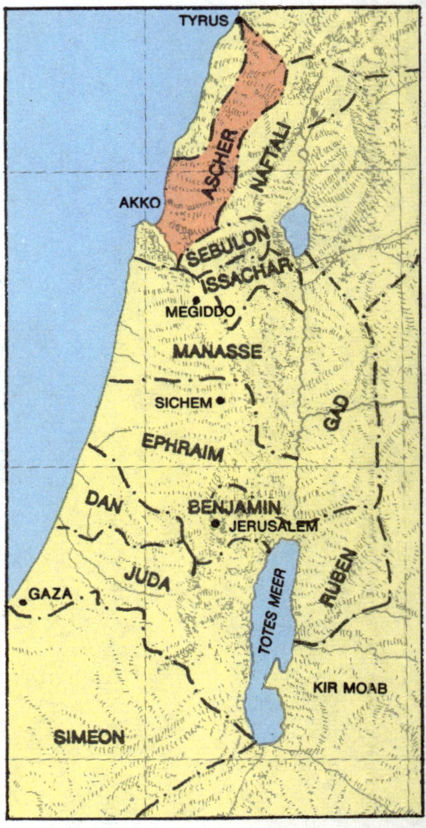

Es gelang A. nicht, alle Einwohner bestimmter kanaan.-phöniz. Städte zu vertreiben (Ri 1,31–32). Debora hielt A. vor, daß er nicht am Kampf gegen den Bund der kanaan. Könige teilgenommen hatte (Ri 5,17). An der Vertreibung der Midianiter und Amalekiter aus der Jesreel-Ebene durch Gideon beteiligte sich der Stamm A. (Ri 6,1–2.35; 7,23). Sein Gebiet wird unter den Bezirken Salomos erwähnt (1.Kön 4,16). Salomo trat an Hiram, den König von Tyrus, 20 Städte aus dem Gebiet A. als Zahlung für Holz u. a. Baumaterialien ab (1. Kön 9,11–13).

2. Ein Volk, das Isch-Boschet, dem Sohn Sauls, untertan war. Es wird in 2. Sam 2,9 zwischen Gilead und Jesreel erwähnt.

ASSIR 1
2. Mose 6,24; 1. Chr 6,7
ASSIR 2
1. Chr 6,22

ASSIR (»Gefangener« oder »Knecht«).

1. Ein Levit, Sohn des Korach.

2. Ein Sohn des Abiasaf aus der Korach-Sippe.

ASSOS
Apg 20,13–14

ASSOS Ein Seehafen in Mysien am Golf von Adramyttium an der Nordwestküste Kleinasiens. Die Stadt lag ca. 1 km landeinwärts auf den terrassierten Abhängen einer vulkanischen Felsformation und bot eine schöne Aussicht.

Paulus, der sich auf seiner dritten Missionsreise befand und wieder nach

Jerusalem wollte, sandte Lukas und seine anderen Gefährten von Troas aus zu Schiff nach A., während er selbst zu Fuß ging und von A. aus nach Mytilene auf der Insel Lesbos segelte (Apg 20,6.13–14).

ASSUR

1. Einer der Söhne des Sem (1. Mose 10,22; 1. Chr 1,17); er gilt als Vorfahr der Assyrer.

2. Im Hebr. steht derselbe Name dann auch für Assyrien/Assyrer. In Bileams Weissagung kann sich »A.« sowohl auf das Volk als auch auf eine der Hauptstädte der Assyrer beziehen (siehe ASSYRIEN).

ASSUR 1 1. Mose 10,22; 1. Chr 1,17
ASSUR 2 4. Mose 24,22.24

ASSYRIEN Altes Reich in Asien, Land beiderseits des oberen Tigris, über dessen Anfänge nichts bekannt ist. Durch Vermischung der ackerbauenden Urbevölkerung (im 4. Jt. besiedelt) mit semit. Eindringlingen im 3. Jt. v. Chr. entstand das assyr. Volk. Seine Sprache war ein akkad. Dialekt, seine Schrift die Keilschrift der Sumerer. In der geogr. Mitte des Landes liegt Ninive; doch war die Stadt Assur lange Zeit das politische Zentrum A.s (ab 2500 v. Chr. nachgewiesen). Da das Land arm an Bodenschätzen und Bauholz war, war es auf gute Handelsbeziehungen angewiesen bzw. versuchte, durch Eroberungskriege reichere Länder zu unterwerfen. In der Mitte des 2. Jt. v. Chr. gehörte A. zum Mitanni-Reich; unter Assur-uballit I. (1356–1320 v. Chr.) gewann es seine Selbständigkeit zurück. Seinen Rang als Großmacht gewann A. erstmals unter Adadnirari I. (1297–1265 v. Chr.), der für die Gottheit Assur (d.i. der Stadtgott der gleichnamigen Stadt) die Herrschaft über ganz Vorderasien beanspruchte; vorübergehend besetzte A. Babylonien (unter Tukulti-Ninurta I. [1235–1198]). Danach zerfiel das assyr. Reich zunächst.

ASSYRIEN, ASSYRER 1. Mose 2,14; 10,11; 25,18; 2. Kön 15,19–20.29; 16,7–10.18; 17,3–6. 23–24.26–27; 18,7.9.11.13–14.16–17.19.23. 28.30–31.33; 19,4.6.8.10–11. 17.20.32.35–36; 20,6; 1. Chr 5,6.26; 2. Chr 28,16. 20–21; 30,6; 32,1.4.7.9–11. 21–22; 33,11; Esr 4,2; 6,22; Neh 9,32; Ps 83,9; Jes 7,17–18.20; 8,4.7; 10,5.12.24; 11,11.16; 14,25; 19,23–25; 20,1.4.6; 23,13; 27,13; 30,31; 31,8; 36,1–2. 4.8.13.15–16.18; 37,4.6.8.10–11. 18.21.33.36–37; 38,6; 52,4; Jer 2,18.36; 50,17–18; Klgl 5,6; Hes 16,28; 23,5.7.9.12.23; 27,23; 32,22; Hos 5,13; 7,11; 8,9; 9,3; 10,6; 11,5.11; 12,2; 14,4; Mi 5,4–5; 7,12; Nah 3,18; Zef 2,13; Sach 10,10–11

Teilansicht der Bronze-Türen im Palast Salmanassars III. in Balawat, einen Feldzug darstellend; 9. Jh. v. Chr. (British Museum).

Im Zeichen gewissermaßen einer Welteinheitsideologie expandierte A. mehrere Jh.e später zum Großreich, das ganz Vorderasien in seine Hand bekam. Beginnend mit Assurnassirpal II. (884–859) wurden weite Teile Mesopotamiens unterworfen, wobei durch eine Politik der Deportation (d.h. Umsiedlung) v.a. der oberen Bevölkerungsschicht eine Mischbevölkerung entstand. Den Höhepunkt hatte diese Politik der Eroberung unter Tiglat-Pileser III. (745–727) und seinen Nachfolgern Salmanassar V. (726–722), Sargon II. (721–705), Sanherib (704–681), Assarhaddon (680–669) und Assurbanipal (668–626). Hinter diesem Streben, den gesamten Vorderen Orient zu beherrschen, stand das religiöse – d.h. ideologische – Ziel der Assyrer, alle dortigen Staaten und deren Gottheiten ihrem Reichsgott Assur zu unterwerfen, der ihnen als Beherrscher der ganzen Welt galt. Die Unterlegenheit ihrer Gegner führten die Assyrer darauf zurück, daß die Götter der Gegner auf die Seite des Gottes Assur getreten waren und sich also ihm untergeordnet hatten. So ist das wesentliche Merkmal des assyr. Imperialismus nicht etwa in der neu entwickelten Kriegstechnik oder in dem einzigartig grausamen Vorgehen zu sehen, mit dem die anderen Völker unterworfen wurden; es ist auch nicht in der perfekten Organisation des Verwaltungswesens (inkl. eines Geheimdienstes mit Agenten) oder in der Auflage von Tributen an die Unterlegenen zu finden, sondern in dem religiös-politischen Sendungsbewußtsein der Assyrer an die gesamte ihnen bekannte Welt – zu der ja auch die selbständigen Kleinstaaten Israel und Juda gehörten.

In der Bibel finden wir kaum nähere Angaben über Assyrien, seine Könige, Bevölkerung und Bräuche. Assyr. Quellen hingegen sind mitunter von Bedeutung für die Untersuchung und Datierung bibl. Geschehnisse. Im Lauf der Geschichte A.s wurde – entsprechend der religiös-politischen Zielsetzung – der Kriegsbericht immer wichtiger; so sind zahlreiche chronologisch angeordnete Details über Könige, Königreich sowie militärische Unternehmungen überliefert.

Der erste bibl. Hinweis auf Assyrien ist der auf den Tigris als einen der vier Paradiesströme (1. Mose 2,10.14). Nach der bibl. Geschichte erfolgte die Besiedlung A.s durch Noahs Urenkel Nimrod (1. Mose 10,9–12). A. wird sodann in der vierten Weissagung des Sehers Bileam erwähnt (4. Mose 24,22).

Durch die Eroberungspolitik von Tiglat-Pileser III. (s.o.) begannen die Konflikte und kriegerischen Auseinandersetzungen zwischen dem assyr. Großreich und Israel bzw. Juda. Syrien und Palästina mußten von A. unterworfen werden, damit der Weg zur Eroberung von Ägypten und Südostkleinasien frei war. 740 v. Chr. unterwarf Tiglat-Pileser Nordsyrien, Hamat sowie mehrere kleine Staaten; König Menahem von Israel (746–737) ergab

Assyrer bringen Zedernholz für den Palastbau Sargons II. in Khorsabad. Flachrelief, 8. Jh. v. Chr. (Louvre, Paris).

sich kampflos und konnte so eine Besetzung Israels verhindern, wurde allerdings tributpflichtig (2. Kön 15,19f.). Nachdem die Assyrer den Philisterstaat Gaza unterworfen hatten, verbündeten sich 733 mehrere syr.-palästin. Kleinstaaten unter den Königen Rezin von Damaskus und Pekach von Israel. König Ahas von Juda, der sich dieser antiassyr. Koalition nicht anschloß, sollte durch kriegerische Maßnahmen zum Beitritt gezwungen oder als König abgesetzt werden. Im syr.-ephraimitischen Krieg zogen Rezin und Pekach gegen Ahas und belagerten Jerusalem. Gegen Jesajas Rat unterwarf sich Ahas dem assyr. Herrscher Tiglat-Pileser, um unter dessen Schutz zu stehen (2. Kön 16,5–18; Jes 7,1–9). Damit wurde Ahas nicht nur tributpflichtig, sondern er unterwarf sich auch im religiösen Sinn: Ahas mußte im Jerusalemer Tempel offensichtlich dem Gott Assur einen Altar bauen und den salomonischen Altar auf die Seite rücken (2. Kön 16,10ff.). Das bedeutete die Ungeheuerlichkeit, daß Ahas Israels Gott Jahwe dem Gott Assur unterordnete. Tiglat-Pileser ging wenig später gegen Israel vor und eroberte Galiläa und das Ostjordanland. Er ließ die isrl. Oberschicht (d.h. König, führende Beamte, Prinzen, Priester, führende Handwerker usw.) nach A. deportieren und eine fremde Oberschicht in Israel ansiedeln. So vermied er Aufstände ganzer Teile der Bevölkerung, die ihre nationale Identität durch die Wegführung zu verlieren drohte.

Als Hoschea (732–723), der neue König von Israel, sich mit Ägypten gegen A. verbündete und seine Tributzahlungen einstellte, zog Tiglat-Pilesers Sohn Salmanassar V. erneut gegen das Nordreich, um es zu unterwerfen (722/21 v. Chr.; 2. Kön 17,3). Der nächste assyr. Herrscher Sargon II., ein weiterer Sohn Tiglat-Pilesers, ließ die einheimische Bevölkerung deportieren und Samaria mit Deportierten aus allen Teilen des assyr. Großreiches besiedeln, so daß es dort zu einer Mischbevölkerung kam (2. Kön 17,24). Dies war das Ende des Nordreiches Israel.

Assyrische Keilschrift.

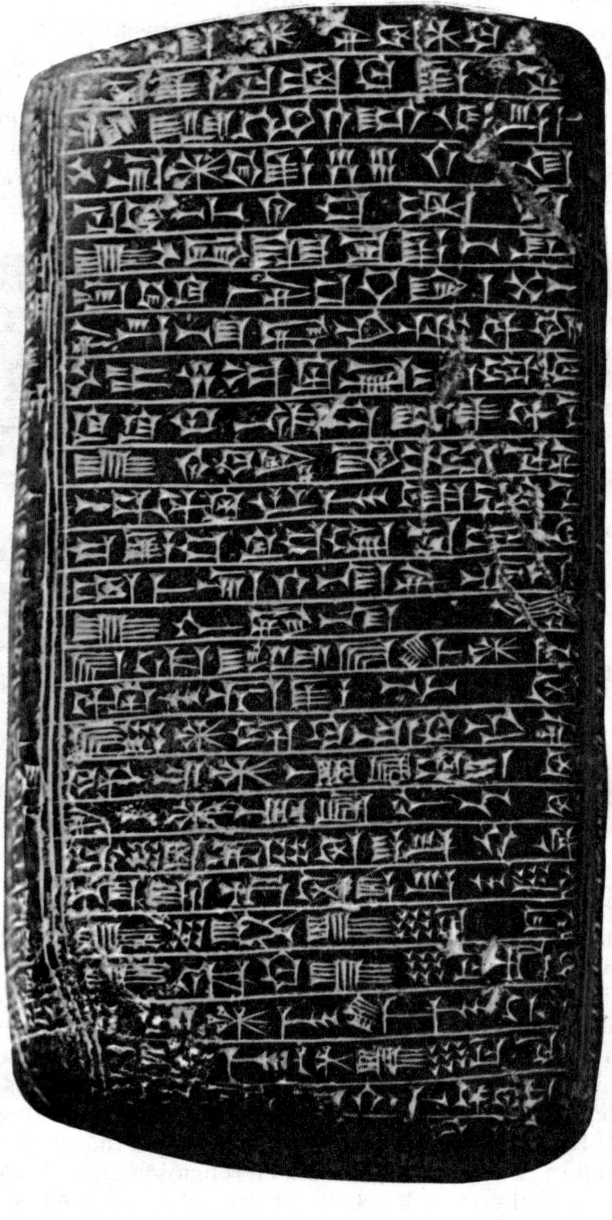

Danach wandten sich die assyr. Herrscher gegen Juda. Im Jahr 701 v. Chr. nahm Sanherib die Eroberung Judas und Jerusalems in Angriff. Vergeblich bemühte sich König Hiskia, die Gunst Sanheribs dadurch zu gewinnen, daß er ihm Tempelschätze als Tribut geben ließ (2. Kön 18,15f.). Das hielt Sanherib nicht davon ab, mit seinen Armeen Jerusalem zu belagern. Nach der bibl. Darstellung war es der Engel des HERRN, durch dessen Einwirken die Assyrer – vermutlich durch eine schwere Seuche im Belagerungsheer – geschlagen wurden. Sanherib kehrte in die assyr. Hauptstadt Ninive zurück und wurde dort von seinen Söhnen Adrammelech und Sarezer getötet (2. Kön 19,35–37). Die eilige Rückkehr des assyr. Herrschers erfolgte wahrscheinlich aufgrund von Nachrichten über eine Revolte in A. Jedenfalls war es das letztemal, daß Juda von A. bedroht wurde. Inzwischen befand sich Mesopotamien im Aufruhr. Babylon war auf dem Vormarsch, und seine Heere zerstörten gemeinsam mit mehreren Verbündeten 612 v. Chr. Ninive und bald darauf (610 v. Chr.) Haran. Das assyr. Imperium konnte sich davon nicht mehr erholen.

Auf die Übergriffe der Assyrer auf Israel und Juda beziehen sich viele Aussagen der atl. Prophetie. Die Propheten deuteten diese Angriffe oft als Zeichen des Zornes Gottes auf sein abtrünniges Volk. Andererseits kündigten sie aber auch Gottes Vergeltung gegenüber A. an: »Der HERR wird seine Hand ausstrecken nach Norden und Assur umbringen. Ninive wird er öde machen, dürr wie eine Wüste« (Zef 2,13). (Siehe auch MESOPOTAMIEN.)

ASTARTE
Ri 2,13; 10,6;
1. Sam 7,3–4;
12,10;
1. Kön 11,5.33;
2. Kön 23,13

ASTARTE (ASCHTORET) Eine Göttin des kanaan. Pantheons, die kanaan. Version der mesopotam. Göttin Ischtar, der Göttin der Liebe.

In der kanaan. Literatur von Ugarit spielt A. nur eine untergeordnete Rolle. Sie wird in dem Mythos von Baal und den Wassern als Gattin Baals bezeichnet und auch in den wenigen anderen Erwähnungen mit diesem wichtigen Gott in Verbindung gebracht.

Besser bekannt ist A. aus ägypt. Quellen. Ihre Verehrung, wahrscheinlich eingeführt von den semit. Hyksos, erlangte im Neuen Reich Bedeutung. Sie hatte mit Baal einen gemeinsamen Tempel in Memphis, in dem sie aller Wahrscheinlichkeit nach als eine fremde Kriegsgöttin verehrt wurde. Sie steht in enger Verbindung zu Anoth, einer anderen kanaan. Göttin.

Ebenfalls als Kriegsgöttin wurde sie von den Philistern geschätzt, die Sauls Rüstung in ihren Tempel legten (1. Sam 31,10).

Der Kult der A. drang in das alte Israel ein; anscheinend war er jedoch nicht weit verbreitet. In den Tagen der Richter wurde sie neben Baal verehrt (Ri 10,6; 1. Sam 7,3–4; 12,10). Später, nachdem sie in besonders enge Verbindung mit Sidon gebracht worden war, wurde ihr Kult z. Zt. Salomos unter dem Einfluß einer seiner Frauen in Jerusalem eingeführt (1. Kön 11,5.33). Die Anbetung dieser A. der Sidonier dauerte in Jerusalem ungefähr 350 Jahre

Schwangere Astarte von Achsib. 5. Jh. v. Chr.

Astarte-Figurinen aus Ton. Israelische Periode; 8.–frühes 6. Jh. v. Chr. (Israelische Regierungsabteilung für Altertümer und Museen).

fort, bis die Stadt durch Josias Reformen davon gereinigt wurde (2. Kön 23,13). A. scheint die am häufigsten dargestellte kanaan. Göttin gewesen zu sein. Hunderte von kleinen Tontafeln und viele Metallstatuetten der späten Bronzezeit, die im kanaan. Bereich gefunden wurden, sind A.-Figurinen. A. wird als eine nackte Figur dargestellt, und ihre Kennzeichen als Fruchtbarkeitsgöttin werden bes. betont. Manchmal steht sie auf einem Pferd oder einem Löwen, mitunter eine Waffe in ihrer rechten Hand schwingend – eine eindeutige Darstellung ihrer Funktion als Kriegsgöttin. Auf der Mehrzahl der Tafeln ist sie jedoch stehend abgebildet und hält Blumen, insbesondere Lotusblumen, in der Hand. Die Lotusblume und bes. die Frisur mit zwei dicken Locken, die bis auf die Schultern hinabwallen, sind ägypt. Elemente, die in Verbindung zu der Göttin Hator stehen, mit der A. manchmal in Ägypten gleichgesetzt wird. Wo A. jedoch sowohl in der Darstellung als auch in der Inschrift eindeutig als solche zu erkennen ist, ist sie züchtig gekleidet, und die kriegerischen Aspekte sind gegenüber denen der Fruchtbarkeit stärker betont. Dies hat manche Wissenschaftler veranlaßt, die nackte Figur der Tontafeln und der Statuetten als A.-Darstellung in Frage zu stellen.

ASUBA (»verlassen«).

1. Die Mutter König Joschafats.
2. Die erste Frau Kalebs, des Sohnes Hezrons.

ASUBA 1 1. Kön 22,42; 2. Chr 20,31
ASUBA 2 1. Chr 2,18–19

ASUR

1. Einer derjenigen, die den Bund z. Zt. Esras besiegelten.
2. Einer der 25 Männer, gegen die Hesekiel prophezeien mußte.
3. Ein Prophet von Gibeon, Vater des falschen Propheten Hananja.

ASUR 1 Neh 10,18
ASUR 2 Hes 11,1
ASUR 3 Jer 28,1

ASYL Siehe FREISTADT.

ASYNKRITUS Ein Christ in Rom, dem Paulus Grüße in seinem Brief an die Gemeinde dort sandte.

ASYNKRITUS Röm 16,14

ATACH (ATHACH) Ein Ort in Juda, wohin David einen Teil der Beute sandte, die man den Amalekitern nach deren Angriff auf Ziklag abgenommen hatte (1. Sam 30,26.30). Die genaue Lage des Ortes ist unbekannt.

ATACH 1. Sam 30,30

ATAD Siehe GOREN-ATAD.

ATAD 1. Mose 50,10–11

ATAJA (ATHAIAH) Nachkomme des Perez vom Stamm Juda, der z. Zt. Nehemias in Jerusalem ansässig war (Neh 11,4).

ATAJA Neh 11,4

ATALJA (ATHALIAH) (»Ja[hwe] ist erhaben«).

1. Königin von Juda (842–836 v. Chr.), Tochter des Königs Ahab von Israel und Isebel und daher Enkelin von Omri (2. Kön 8,18.26; 2. Chr 22,2–3), Gattin des Königs Jehoram (Joram) von Juda und Mutter des Königs Ahasja (2. Kön 8,26). Sie beeinflußte ihren Gatten im Laufe seiner achtjährigen Regierung, zu tun, »was dem HERRN mißfiel« (2. Kön 8,18; 2. Chr 21,4–6). Während der Herrschaft ihres Mannes sowie in der Regierungszeit ihres Sohnes führte sie Baals-Kulte ein. Nach Ahasjas Ermordung durch Jehu riß sie die Macht an sich und tötete alle Angehörigen der königlichen Familie, die ihr als Rivalen gefährlich werden konnten, mit Ausnahme von Ahasjas minderjährigem Sohn Joasch, der gerettet wurde (2. Kön 11,1–3; 2. Chr 22,10–12).

   Als Joasch sieben Jahre alt war, gelang es dem Hohenpriester Jojada, den Knaben im Tempel krönen zu lassen. Als Atalja dies hörte, eilte sie zum Tempel und versuchte, die Zeremonie zu verhindern. Doch Jojada ließ sie ergreifen und von seinen Anhängern töten (2. Kön 11,4–16; 2. Chr 23, 12–15). Der Baalstempel wurde zerstört und Mattan, sein Priester, getötet (2. Kön 11,18; 2. Chr 23,17).
2. Ein Benjaminiter des Hauses Jehoram, in Jerusalem (1. Chr 8,1.26).
3. Ein Elamiter, dessen Familie mit Esra nach Jerusalem zurückkehrte (Esr 8,1.7).

ATALJA 1 2. Kön 8,26; 11,1–3.13–14.20; 2. Chr 22,2.10–12; 23,12–13.21; 24,7
ATALJA 2 1. Chr 8,26
ATALJA 3 Esr 8,7

ATARA (»Krone« oder »Kranz/Blumengebinde«). Eine der Frauen des Jerachmeel vom Stamme Juda.

ATARA 1. Chr 2,26

ATARIM Auf ihrer Reise ins gelobte Land zogen die Israeliten unter der Führung von Mose »auf dem Wege von Atarim« in den Negeb, wo der König von Arad sie angriff.

ATARIM 4. Mose 21,1

ATAROT 1
4. Mose 32,3.34
ATAROT 2
Jos 16,2
ATAROT 3
Jos 16,7

ATAROT

1. Eine der Städte im Ostjordanland, die bei der Landnahme aus der Hand der Amoriter erobert und von den Stämmen Gad und Ruben für sich beansprucht wurden (4. Mose 32,1–5). A. und andere Städte wurden vom Stamm Gad wiederaufgebaut (4. Mose 32,34).

Der Moabiter-König Mesa weist in der Inschrift auf der Mesa-Stele (»Der Moabiter-Stein«, (siehe INSCHRIFTEN) darauf hin, daß der König von Israel die Stadt befestigt habe, er aber, Mesa, hätte A. zurückerobert. Der Ort lag etwa 16 km östlich des Toten Meeres, nordwestlich von Dibon.

2. Eine Stadt im Lande Ephraim.

3. Eine Stadt an der Nordgrenze des Landes Ephraim, vermutlich am Zusammenfluß der Flüsse Jordan und Jabbok.

Höhlengräber in Atarot aus der röm. und hell. Epoche.

ATAROT-ADAR
Jos 16,5; 18,3

ATAROT-ADAR (ATROT-ADDAR) Eine Stadt in Ephraim, deren genaue Lage nicht ermittelt werden konnte, die aber mit Atarot (2). identisch sein könnte (vgl. Jos 16,5; 18,13).

ATER
Esr 2,16.42; Neh 7,21.45; 10,18

ATER Ahnherr einer aus der babyl. Gefangenschaft zurückgekehrten Familie (Esr 2,16; Neh 7,21); unter ihnen waren Torhüter des Tempels (Esr 2,42; Neh 7,45). Ein Mann namens A. war unter denen, die das neue Abkommen nach dem Exil unterzeichneten (Neh 10,18).

ATHEN, ATHENER
Apg 17,15–16.21–22; 18,1; 1. Thess 3,1

ATHEN, ATHENER Die bedeutendste Stadt Griechenlands, z. Zt. des NT zur röm. Provinz Achaja gehörend, 5 km landeinwärts am Saronischen Golf gelegen, Hauptstadt von Attika.

Im Altertum bestand die Stadt aus zwei Teilen, der Unterstadt im Flachland und der Oberstadt auf der Akropolis. Athen war in der Antike die bedeutendste der drei damaligen Metropolen der Gelehrsamkeit (die beiden anderen waren Tarsus und Alexandria). Die Stadt war auch wegen ihrer imposanten Statuen und Tempelbauten weltbekannt. Auf seiner zweiten Missionsreise kam Paulus über Beröa und Thessalonich nach Athen, und er predigte dort täglich in der Synagoge und auf dem Marktplatz (Apg 17,15–17). Auf dem Areopag sprach er zur geistigen Elite Athens über die Inschrift »einem unbekannten Gott«, wie sie auf einem Altar in Athen zu finden war (Apg 17,22–31). Im Mittelpunkt der Predigt des Paulus stand das Angebot der Umkehr und des Glaubens an den lebendigen Gott, der »den Erdkreis richten will mit Gerechtigkeit durch einen Mann, den er ... von den Toten auferweckt hat« (Apg 17,31). Der Gedanke der Auferstehung der Toten wurde von den Zuhörern überwiegend abgelehnt; Paulus zog bald darauf nach Korinth weiter.

Münze aus Athen, 5. Jh. v. Chr. (stellt Athene und eine Eule dar).

(links) Überreste des Parthenon, des Tempels der Athene, auf der Akropolis (Athen).

ÄTHIOPIEN, ÄTHIOPIER
4. Mose 12,1; 2. Kön 19,9; 2. Chr 12,3;

ÄTHIOPIEN Das ostafrikanische Land Ä. wird zwar schon im AT mehrfach erwähnt, seine eigentliche bibl. und heilsgeschichtliche Rolle spielt es aber im NT. In Apg 8,26–40 wird von der Bekehrung und Taufe eines äthiopischen Schatzkanzlers durch den Evangelisten Philippus (Apg 6,5; 8,5; 21,8)

Steuerzahler aus Kusch (Äthiopien), dargestellt auf einem ägyptischen Wandgemälde von Theben, ca. 1200 v. Chr. (British Museum).

berichtet. Diese Begebenheit ist als ein erster Schritt der Erfüllung des Auftrags Jesu Christi in Apg 1,8 das bibl. Wahrzeichen dafür geworden, daß die weltweite Kirche Jesu Christi alle trennenden Grenzen der Nation, der Rasse, der Kultur, der Bildung überschreitet und ihre Glieder in aller Welt und allen sozialen Schichten hat.

Auch wenn uns keinerlei historische Spuren jenes »Kämmerers aus Ä.« neben dem ntl. Bericht erhalten sind, so bleibt es doch überaus bemerkenswert, daß Ä. schon sehr früh den christl. Glauben annahm und um 350 n. Chr. die erste christl. Staatskirche der Welt wurde und dies bis zur Mitte des 20. Jh. blieb.

Demgegenüber ist die mehrfache Erwähnung von Ä. im AT von geringerem Gewicht. Im hebr. Text steht dafür u.a. »Kusch«; die LXX benutzt

14,8.11–12; 16,8; 21,16; Est 1,1; 8,9; Hiob 28,19; Ps 68,32; 87,4; Jes 18,1; 20,3–5; 37,9; 43,3; Jer 13,23; 38,7.10.12; 39,16; 46,9; Hes 29,10; 30,4–5.9; 38,5; Dan 11,43; Am 9,7; Nah 3,9; Zef 2,12; 3,10; Apg 8,27

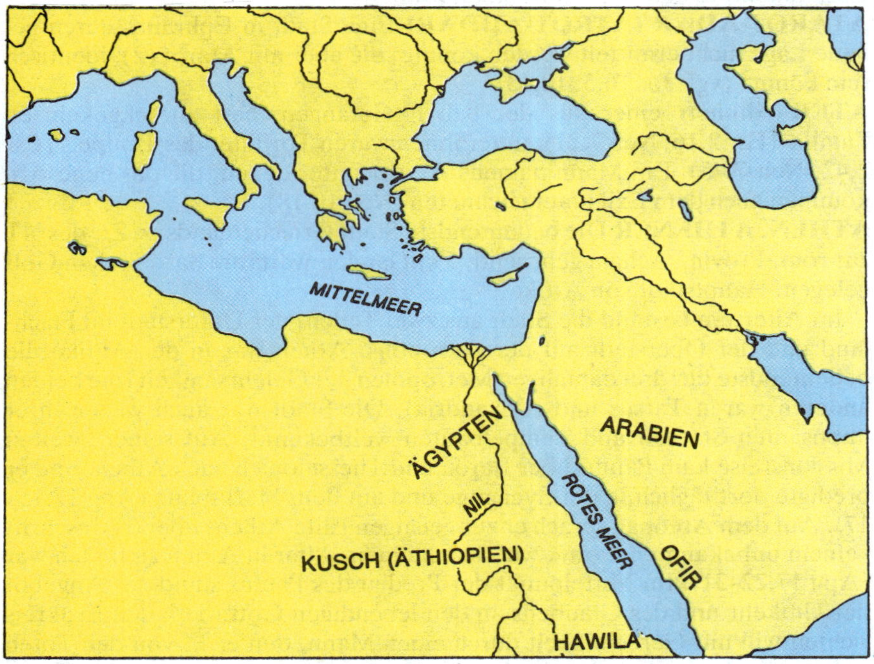

Äthiopien.

stattdessen den Namen »Ä.«. Nach dem AT grenzte Ä. an den nubischen Süden Ägyptens (Hes 29,10); beide werden häufig gemeinsam erwähnt (Ps 68,32; Jes 11,11). Ein Äthiopier ist für das AT ein dunkelhäutiger Mensch, der in einem fernen Land lebt (vgl. Jer 13,23).

In den beiden letzten Jahrzehnten des 8. Jh. v. Chr. eroberten die Äthiopier Theben, ein weiteres Jahrzehnt später herrschten sie über Ägypten als Pharaonen der 25. Dynastie. Tirhaka, der letzte äthiopische Pharao, wird in der Bibel erwähnt (2. Kön 19,9). Für Jesaja (20,3–5; 43,3) und Hesekiel (30,9) sind Ägypten und Ä. identisch. Die äthiopische Herrschaft zerfiel nach der Eroberung Ägyptens durch Assyrien um 660 v. Chr.

Äthiopische Söldner dienten in der ägypt. Armee. Sie werden in den El-Amarna-Briefen unter dem Namen »Kaschi« erwähnt, und einige von ihnen waren auch in der Armee Schischaks, der gegen Rehabeam zog (2. Chr 12,3). Neben Soldaten aus Libyen dienten sie auch in der ägypt. Armee im 6. Jh. v. Chr. (Jer 46,9; Hes 30,5). Äthiopier standen auch im Dienste der Könige von Juda (2. Sam 18,21; Jer 38,7).

ATLAI (Kurzform für Atalja). Einer der Männer, die genötigt wurden, ihre ausländische Frau zu verstoßen, nachdem sie z.Zt. Esras nach Jerusalem zurückgekehrt waren (Esr 10,28.44).

ATLAI Esr 10,28

ATROT-BET-JOAB Im Geschlechtsregister Judas erwähnt. Wahrscheinlich handelt es sich um eine Bezeichnung der Einwohner eines Ortes, nicht um einen Personennamen.

ATROT-BET-JOAB 1. Chr 2,54

ATROT-SCHOFAN Eine der Städte der Könige von Og und Baschan, die von den Israeliten erobert und vom Stamm Dan wieder besiedelt wurden

ATROT-SCHOFAN 4. Mose 32,35

4. Mose 32, 33–35). Möglicherweise liegt es in der Umgebung von Atarot.

ATTAI 1 1. Chr 2,35–36 **ATTAI 2** 1. Chr 12,12 **ATTAI 3** 2. Chr 11,20

ATTAI (»rechtzeitig«).

1. Ein Nachkomme aus dem Stamm Juda, der Vater Nathans (1. Chr 2, 35–36).

2. Einer der gaditischen Söldner, die zu Davids Truppen in Ziklag stießen (1. Chr 12,9.12–16).

3. Einer der Söhne König Rehabeams (2. Chr 11,18–21).

ATTALIA Apg 14,25

ATTALIA Ein Seehafen in Pamphylien in der Nähe von Perge in Kleinasien. Gegen Ende seiner ersten Missionsreise bestieg Paulus mit Barnabas in A. ein Schiff nach Antiochia in Syrien (Apg 14,24–25). A. wurde 150 v. Chr. als Hafen für Perge gegründet und löste die Stadt schnell an Bedeutung ab. Sie heißt heute Antalia.

AUFERSTEHUNG 2. Makk 7,9; 12,43; Mt 22,30; 27,53; Mk 12,18; Lk 14,14; 20,35f.; Joh 5,29; 11,24f.; Apg 1,22; 2,31; 4,2.33; 17,32; 23,6; 24,15; Röm 1,4; 6,5; 1. Kor 15,12. 21.42; Phil 3,10f.; 2. Tim 2,18; 1. Petr 1,3; Hebr 6,2; 11,35; Offb 20,5f.;

AUFERSTEHUNG Kreuz und A. Jesu Christi stellen die Mitte des im NT bezeugten Heilshandelns Gottes dar. Durch die A. des Gekreuzigten kommt der Heilsplan Gottes an sein Ziel. In der A. wird Jesus Christus von Gott »eingesetzt als Sohn Gottes in Kraft« (Röm 1,4). Die A. Jesu Christi von den Toten ist von elementarer Bedeutung, weil dadurch die Versöhnung des Sünders mit Gott im Leiden und Sterben Jesu durch die Gottestat des Sieges über den Tod besiegelt wird. Ohne die A. Jesu Christi gibt es keine A. der Toten (1. Kor 15,12–19). Kreuz und A. Jesu Christi sind *das* Fundament des christl. Glaubens.

Vor der A. Jesu Christi kann es darum keine A. der Toten geben. Bis dahin ist und hat der Tod das letzte Wort über den Menschen, »weil sie alle gesündigt haben« (Röm 5,12; 1. Mose 3,19). Dementsprechend spricht das AT auch vom Ort der Toten als dem Ort, an dem es keine Verbindung mehr mit Gott gibt (Ps 6,6; 22,16; 88,5–13; 115,17; 116,3; 1. Mose 37,35; Jes 38,18). Die Letztgültigkeit des Todes drückt das AT auch dadurch beredt aus, daß es den Tod von Menschen als das letzte Wort über einem Menschenleben registriert, so z.B. in den Königsbüchern bei den dahinsterbenden Königen Judas und Israels. Errettung aus dem Tod ist dann immer soviel wie Errettung aus Gefahr oder Krankheit und Verlängerung des Lebens.

Das AT behandelt aber das dunkle Geheimnis des Todes in drei Stufen der Offenbarung Gottes, wie sie in den kanonischen Schriften des AT zu Tage treten: in den Geschichtsbüchern (»Mose und die Propheten«, Lk 16,31), in der atl. Weisheitsliteratur und in den apokalyptischen Schriften.

In der ersten Stufe (Pentateuch, geschichtliche Bücher, vorexilische Propheten sowie Psalmen aus dieser Periode) wird vom Tod in dem Sinn einer Letztgültigkeit gesprochen, daß der Tote keine Verbindung mit Gott mehr hat (vgl. die erwähnten Bibelstellen). Nur daß man hier scharf unterscheiden muß zwischen der Macht des Todes und einer Ohnmacht Gottes angesichts des Todes. Von letzterer kann gar keine Rede sein, im AT am wenigsten. Gott ist ein Herr, dessen Alleinherrschaft auch das Totenreich einschließt. Er ist dort alles andere als ausgesperrt. Auch das Totenreich gehört zum Machtbereich Gottes (Ps 139,8). Aber von einer Herausholung Gestorbener aus dem Totenreich, also von einer Auferweckung, ist hier noch nicht die Rede.

In der zweiten Stufe, den Schriften der atl. Weisheitsliteratur (Hiob, die späteren Psalmen, Prediger, Sprüche, in den Apokryphen bes. Jesus Sirach) wird ein von Gottes Geist gewirkter Durchbruch erkennbar. Von einer Auferweckung der Toten ist noch nicht die Rede, wohl aber von der Hoffnung, daß das heilvolle Leben in Gott in einen Heilszustand auch nach dem Tod münden möge. Hierher gehören etwa Hiob 19,25–27, Ps 16,8–10; 49,16; 73,23–26; 139,8–10; Sir 48,1 ff. u. a. als Ausdruck der noch keimenden Hoffnung, daß es ein Ende des Mit-Gott-Seins nicht gibt.

In der dritten Stufe leuchtet das Morgenrot der im NT aufgehenden Sonne deutlich am Horizont. Soweit die apokalyptischen Schriften des Spätjudentums schon in den kanonischen Büchern des AT ihre Vorstufen haben, wird diese letzte Phase der fortschreitenden Erleuchtung durch den Geist Gottes in den naturgemäß noch spärlichen Zeugnissen von einer Hoffnung auf eine

Die Auferweckung des Lazarus, Marmorrelief aus der Kreuzfahrerzeit, Teil des Portals der Grabeskirche in Jerusalem (Rockefeller Museum, Jerusalem).

A. der Toten nicht nur in Dan 12,2 erkennbar. Auch die berühmte Hesekielvision (37,1–14) gehört bereits hierher – wichtig auch deshalb, weil hier (ähnlich 1. Kor 15,42–47) ausgesagt ist, daß es eine neue Schöpfung aus der alten ist, ebenso Jes 26,17–19. Am äußersten Rand des AT kommt es also bereits, wenn auch einstweilen noch in Form einzelner Signale des kommenden Lichts, zum Ausdruck der Erwartung einer universalen, allgemeinen Totenauferstehung.

Von den jüd. Gruppen, die z. Zt. der Wirksamkeit Jesu existierten, lehnten die Sadduzäer jede Erwartung einer A. der Toten ab, während die Pharisäer eine feste Lehrmeinung dazu ausbildeten (vgl. Mk 12,18; Apg 23,8).

Das NT hebt schon vor der A. Jesu Christi grundlegend die Macht Gottes über den Tod hervor. Jesus heilte Kranke und weckte Tote auf; in seinem Wirken wird eine Vollmacht sichtbar, die ihm als dem Sohn Gottes vom Vater gegeben ist. Dies sind Hinweise (»Zeichen«) auf die kommende, endgültige Überwindung der Macht des Todes. Erst in Jesu eigenem Sterben und Auferstehen am dritten Tag vollzieht sich diese eigentliche heilsgeschichtliche Wende als Bestätigung von Jesu messianischem Handeln. Jesus wird zum »Erstling unter denen, die entschlafen sind« (1. Kor 15,20), zum Anfänger einer neuen Schöpfung, durch die das Alte verwandelt wird. Jetzt gibt es auch die A. der Toten, das aber heißt: derer, »die in dem Herrn sterben« (Offb 14,13) zum neuen Leben. Der Christ stirbt in dieser Welt, aber es ist der Tod des alten Seins. Das neue Sein bei Gott (1. Thess 4,17; 1. Joh 3,2 usw.) ist ihm verheißen – seit der A. Jesu Christi (1. Kor 15,20).

Der Ablauf der Osterereignisse wird im NT in den Berichten der vier Evangelien und von Paulus (1. Kor 15) bezeugt. Diese Vorgänge stellen den Hintergrund und die Voraussetzung vieler anderer ntl. Zeugnisse dar. Die A. Jesu Christi ist für die, die an den Auferstandenen glauben, das Unterpfand ihres Heils. Im Glauben an Jesus Christus ist die A. als Übergang vom geistlichen Tod zum geistlichen Leben bereits in Kraft (Kol 2,12). Durch die Taufe auf Christus, den Auferstandenen, und im Glauben an ihn werden Christen an seinem Tod (Röm 6,3) und an seinem Auferstehungsleben teilhaben (Röm 6,4).

AUGUSTUS
Lk 2,1

AUGUSTUS (»der Erhabene«). Diesen Titel, der Göttlichkeit impliziert, ließ sich erstmalig Gaius Octavius (Octavian), der erste röm. Imperator (Kaiser), 27 v. Chr. vom Senat verleihen. Spätere röm. Imperatoren nahmen den Titel ebenfalls an, aber wenn er als Name verwendet wird, bezieht er sich ausschließlich auf Octavian: 63 v. Chr. geboren und von seinem Onkel Julius Cäsar adoptiert, wurde er 44 v. Chr. der alleinige Herrscher des röm. Reiches. A. war es, der die *Pax Romana* bewirkte, die für einige Jahre Frieden und Sicherheit im Reich garantierte. Er griff nur wenig in die lokale Regierung der Provinzen ein und vereinfachte die Beschwerdemöglichkeiten, nach denen die Provinzbewohner Wiedergutmachungen für Übergriffe der staatlichen Provinzialorgane beanspruchen konnten.

In Judäa war A. ein großzügiger Schutzherr Herodes d. Gr. Er fügte zu dessen Königtum Gebiete hinzu, unterstützte ihn in seinen Absichten, die Verpflichtungen eines treuen röm. Vasallen zu erfüllen, und stimmte seinen Bemühungen zu, röm. Kultur in Judäa zu fördern. A. regierte 44 Jahre lang und wurde einen Monat nach seinem Tod (14 n. Chr.) durch Senatsbeschluß in den Rang eines Gottes erhoben.

Für fiskalische Zwecke der Steuereintreibung ordnete A. einen Steuerzensus an. »Und diese Schätzung war die allererste und geschah zur Zeit, da Quirinius Statthalter in Syrien war. Und jedermann ging, daß er sich schätzen ließe, ein jeder in seine Stadt.« Aus diesem Grunde reisten Josef und Maria von Nazareth in Galiläa nach Bethlehem, um sich registrieren zu lassen; daher wurde Jesus in Bethlehem geboren (Lk 2,1–7).

A UND O
Offb 1,8.17; 21,6; 22,13

A UND O Diese Verbindung des ersten und letzten Buchstabens im griech. Alphabet (*alpha* und *omega*) ist ein dem Buch der Offenbarung eigener symbolischer Gottesname. Im Hebräischen ergeben der erste Buchstabe im Alphabet (a), der mittlere (m) und der letzte (th): zusammen *ämeth* = Zuverlässigkeit, Treue (vgl. Amen). Der Name A–O (hebr. *ämeth*) gebührt Gott (Offb 1,8; 21,6) und Jesus Christus (Offb 22,13) und wird jeweils als Selbstprädikation Gottes oder des Sohnes Gottes verwendet. Die Bedeutung wird unmittelbar durch den Kontext deutlich – »der Anfang und das Ende« – oder »der Erste und der Letzte« (Offb 1,17; 2,8). Dies beschreibt das Wesen des Einen, der Schöpfer und Vollender ist, von und zu dem alle Dinge kommen. Das atl. Vorbild dafür ist Jes 44,6 (vgl. auch Jes 41,4; 48,12): »So spricht der HERR ... Ich bin der Erste, und ich bin der Letzte, und außer mir ist kein Gott.«

Alpha und Omega, wie sie auf dem Turm eines russischen Gebäudes in Jerusalem erscheinen.

AUSZUG AUS ÄGYPTEN (WEG DES)/ AUSZIEHEN
2. Mose 3,21; 11,8; 12,37; 13,18.20f.; 14,8; 4. Mose 2,24. 31.34; 14,25; 21,4.10.33; 33,1.3.5–38. 41–48; 5. Mose 1,19.31; 2,1.24; 3,1; 10,6; 11,10;

AUSZUG AUS ÄGYPTEN (WEG DES) Nachdem die Israeliten vier Generationen lang in ägypt. Knechtschaft gelebt hatten, zogen sie nach einer Kette von turbulenten Ereignissen (2. Mose 7–13) aus Ägypten aus. Der Auszug begann in Ramses (2. Mose 12,37; 4. Mose 33,5), einer der beiden Städte, welche die Israeliten in Zwangsarbeit erbauen mußten (2. Mose 1,11). Von Ramses zogen sie zu ihrem ersten Lagerplatz, nach Sukkot (2. Mose 12,37; 4. Mose 33,5), dann zogen sie weiter und lagerten bei Etam am Rande der Wüste (2. Mose 13,20). Dort erhielten sie die Anweisung, umzukehren und bei Pi-Hahirot zu lagern, damit der Pharao denken solle: »Sie haben sich verirrt im Lande; die Wüste hat sie eingeschlossen« (2. Mose 14,1–4).

Pi-Hahirot ist nicht genau zu lokalisieren. Auf jeden Fall aber waren die Israeliten, die zuerst in östliche Richtung gezogen waren, nach Süden umgebogen und lagerten nun am Meer (»Schilfmeer«, hebr. *jam suf*) oder den »Bitterseen« (2. Mose 14,2; 4. Mose 33,7). Dieses konnten sie durch ein Wunder Gottes durchqueren (2. Mose 14,21–30) und zogen nun auf der Sinai-Halbinsel drei Tage weiter durch die Wüste Schur bzw. Etam nach Mara, wo sie nur bitteres Wasser vorfanden (2. Mose 15,22ff.; 4. Mose 33,8).

Ägypt. Quellen berichteten weder von einem vorübergehenden Aufenthalt der Israeliten in Ägypten noch von deren Auszug. Daß der für Ägypten blamable Auszug der isrl. Sklaven von ägypt. Geschichtsschreibern nicht erwähnt wurde, entspricht jedoch der Praxis der ägypt. Geschichtsschreibung, die auch sonst Niederlagen Ägyptens zu verschweigen pflegte.

Nach der wunderbaren Errettung beim Durchzug durch das »Rote Meer« wollte Mose aber die damaligen Hauptverkehrsstraßen, also die vorwärts führende Piste nach »Palästina« und die Küstenstraße (»Via Maris«) meiden, so daß der in der Bibel überlieferte Weg zur Wüste Sinai als Ausweg blieb (2. Mose 13,18). Hier beginnen freilich die Schwierigkeiten der Rekonstruktion der Wegstrecke Israels.

4. Mose 33,3–15 bringt zwar die ausführlichste Auflistung der Haltepunkte auf der Wüstenwanderung, aber es besteht keine Einigkeit über die Lage dieser Haltepunkte. Selbst über die Lage des »Roten Meeres« ist man unterschiedlicher Meinung. Eine frühchristl. Überlieferung aus dem 4. Jh. n. Chr. verlegt den Durchzug an eine Stelle im Norden des Golfs von Suez, was bedeuten würde, daß die Israeliten die Westküste der Halbinsel Sinai entlanggezogen sind. Dies würde auch mit der 11 Tage währenden Reise »vom Horeb über den Berg Seïr bis Kadesch Barnea« übereinstimmen (5. Mose 1,2), was der tatsächlichen Zeit entspricht, die für einen Marsch vom Moseberg im südlichen Sinai nach Kadesch Barnea (Ain el-Qudeirat) erforderlich war.

Gegen diese Ansicht wurden verschiedene Einwände erhoben. Der südliche Teil der Sinai-Halbinsel ist steiniges Ödland und hat wenig Nahrung für derartige Menschenmassen geboten; Ackerland war nur im Norden zu finden. Nach den bibl. Berichten lebten die Israeliten in dieser Phase ihrer Wüstenwanderung von Manna (2. Mose 16,35) und von zeitweilig massenhaft vorkommenden Wachteln, die sie vor ihrem Eintreffen am Horeb und bei ihrem Wegzug von dort aßen (2. Mose 16,13; 4. Mose 11,31–32). Man hat in dem Wunsch nach Erklärbarkeit dieser Vorgänge schon die Hypothese aufgestellt, daß dies nur dann vorstellbar sei, wenn sich das alles nicht im Bereich des Berges Sinai, sondern im Norden der Sinai-Halbinsel, östlich

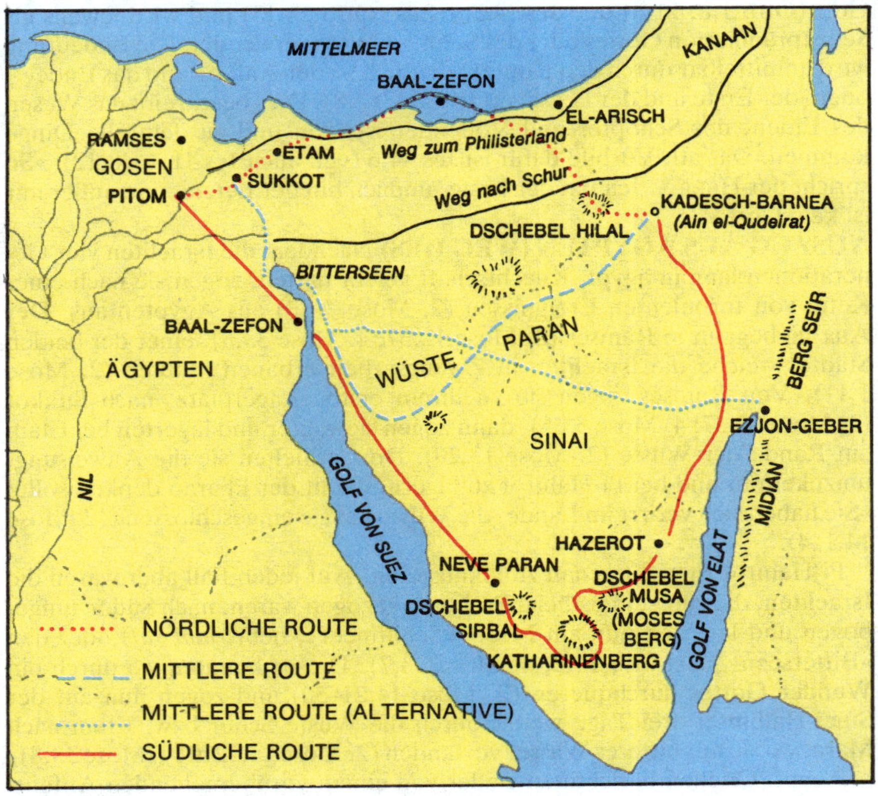

Vorgeschlagene Auszugswege.

von Kadesch-Barnea, abgespielt habe. Aber dem steht die Tatsache entgegen, daß der so eng mit dem Auszug aus Ägypten verknüpfte Name Paran (4. Mose 13,3.26; 5. Mose 33,2), nach dem die ganze Wüste Sinai benannt wurde, sich in einem der größten Wadis im Südteil der Halbinsel erhalten hat, wo nach vorchristl. und christl. Überlieferungen der heilige Berg verehrt wurde. Hinzu kommt, daß der Durchzug durchs Rote Meer bei einer nördlichen Route des Auszugs erheblich umgedeutet werden müßte. Vor allem aber: Wo man daran festhält, daß die Versorgung mit Manna und Wachteln ein Wunder von Gottes Seite darstellt, entfallen wichtige Argumente für eine nördliche Auszugsroute. Eine südliche Route ist nach wie vor der wahrscheinlichere Weg, den die Israeliten über die Halbinsel Sinai genommen haben.

Nicht weniger umstritten als die Wegstrecke des Auszuges aus Ägypten ist seine zeitliche Festlegung. Wenn Thutmosis III. der Pharao der Unterdrückung war und der Auszug der Israeliten in der Regierungszeit von Amenhotep II. stattfand, dann wäre dieser um 1440 v. Chr. anzusetzen. Nimmt man dafür aber ein späteres Datum an, nämlich die Herrschaftsperiode der 19. Dynastie, dann wäre Ramses II. der Pharao der Unterdrückung und Merneptah der Pharao z.Zt. des Auszuges. Dann würde die Eroberung Kanaans etwa um 1200 v. Chr. begonnen haben.

Für eine frühere Datierung spricht dabei 1. Kön 6,1, wonach der Tempelbau (967 v. Chr.) 480 Jahre nach dem Auszug aus Ägypten anfing. Für die Botschaft der Bibel ist bei all diesen Problemen nur eines bei der Geschichte des Auszugs und der Wüstenzeit wichtig: daß Gott sein Volk wunderbar führt.

AWA 1
2. Kön 17,24.31
AWA 2
2. Kön 18,34; 19,13; Jes 37,13

AWA

1. Eine der Städte, aus denen fremde Kolonisten durch den König von Assyrien nach Samarien gebracht wurden, nachdem er die Städte Samariens 720 v. Chr. erobert und deren Bewohner deportiert hatte. Obwohl die Bewohner Awas gelehrt wurden, »wie sie den HERRN fürchten sollten«, verehrten sie weiterhin ihre eigenen Götter Nibhas und Tartak (2. Kön 17,28–31). Aus ihnen und anderen Völkern, die sich in Samarien niederließen, entstand das Volk der Samaritaner (vgl. Mt 10,5; Lk 9,52; 10,33; 17,16; Joh 4,9; 8,48).

2. Eine von den Assyrern eroberte Stadt. An ihr Schicksal wurde während der Belagerung Jerusalems durch die Gesandten des Königs Sanherib erinnert, als er versuchte, die Stadt zur Aufgabe zu überreden.

AWEN
Hos 10,8

AWEN Awen ist in Hos 10,8 eine Abkürzung für BET-AWEN.

AWIT
1. Mose 36,35; 1. Chr 1,46

AWIT Die Hauptstadt Hadads, des vierten Königs der Edomiter, der die Midianiter schlug (1. Mose 36,31–35; 1. Chr 1,43–46).

AWITER
5. Mose 2,23; Jos 13,3

AWITER Ein früher kanaan. Stamm in der Gegend von Gaza, der von den Kaftoritern (Philistern) enteignet wurde (5. Mose 2,23). Kurz vor Josuas Tod waren die Awiter noch unter den in Kanaan verbliebenen Völkern (Jos 13, 1–3).

AWIM
Jos 18,23

AWIM Eine Stadt im Gebiet Benjamins, zwischen Bethel und Para gelegen.

AZALJA
2. Kön 22,3; 2. Chr 34,8

AZALJA Der Vater Schafans, des Schreibers während der Regierungszeit Josias.

AZEL
1. Chr 8,37–38; 9,43–44

AZEL Ein Mann, der im Geschlechtsregister Sauls angeführt wird.

AZMON
4. Mose 34,4–5; Jos 15,4

AZMON Ein Ort zwischen Hazar-Addar und dem Bach Ägyptens. Er lag an der südlichen Grenze Judas (4. Mose 34,4–5). In einer Liste der Grenzstädte des Stammes Juda wird er »Heschmon« genannt (Jos 15,27), vielleicht in der Nähe von Kadesch-Barnea gelegen.

B

BAAL (»Herr«, »Gebieter«, »Der Mächtige«).

1. Bezeichnung für mehrere kanaan. Götter, speziell aber für den obersten, den Sturmgott. Der Mythos seines Ursprungs und Aufstiegs findet sich in mehreren epischen Texten, die in Ugarit entdeckt wurden und in der kanaan. Sprache Ugarit abgefaßt waren, die dem Hebr. der Bibel nahe verwandt ist. Sein Name wird auch in den *El-Amarna*-Briefen und in akkad., phöniz. und aram. Inschriften erwähnt. B. wurde als der Beherrscher des Windes und des Regens verehrt und daher mit der Fruchtbarkeit des Landes, ja der ganzen Erde in Verbindung gebracht. Einige seiner Namen werden in der bibl. Dichtung auch für den Gott Israels gebraucht, z.B. »der am Himmel daherfährt« (5. Mose 33,26) und »auf den Wolken reitet« (Ps 104,3). In Kanaan und Umgebung gab es mehrere B.-Tempel, vgl. die mit »B.« zusammengesetzten Ortsnamen wie z.B. »Baal-Peor« (4. Mose 25,3.5; 5. Mose 4,3; Hos 9,10) und »Baal-Hermon« (Ri 3,3). Auch mit »B.« zusammengesetzte Personennamen waren unter den Kanaanitern weit verbreitet und bezeugen B.s Beliebtheit; einige von ihnen sind im AT zu finden, z.B. Etbaal und Jerubbaal.

Im AT wird die Mz. von B. als generelle Bezeichnung für alle kanaan. Götter gebraucht, ist aber meist auf den Sturm- und Wettergott bezogen.

BAAL 1
4. Mose 22,41; Ri 2,11.13; 3,7; 6,25.28.30–32; 8,33; 10,6.10; 1. Sam 7,4; 12,10; 1. Kön 16,31–32; 18,18–19.21–22.25–26.40; 22,54; 2. Kön 3,2; 10,18–23.25–28; 11,18; 17,16; 21,3; 23,4–5; 1. Chr 4,33; 2. Chr 17,3; 23,17; 28,2; 33,3; 34,4; Jer 2,8.23; 7,9; 9,13; 11,13.17; 12,16; 19,5; 23,13.27; 32,29.35; Hos 2,10.15.18–19; 11,2; 13,1; Zef 1,4; Röm 11,4
BAAL 2
1. Chr 8,30; 9,36
BAAL 3
1. Chr 5,5

(rechts) Babylonische Münze, die den sitzenden Baal (?) und einen Löwen abbildet; ca. 320 v. Chr.

Stele aus Ugarit, die den Baal des Blitzes abbildet. Der Gott hält einen Stock in seiner linken und einen Blitz in seiner rechten Hand. Vor ihm steht der König von Ugarit. 14. bis 13. Jh. v. Chr.

Immer wieder gelang es dem B.-Kult, die Israeliten von der ausschließlichen Anbetung Jahwes abzubringen, was zu einem Synkretismus von kanaan. und isrl. Glauben führte. Zum Kennzeichen des Eifers für und der Treue gegenüber Gott wurde es, solche kanaan. Einflüsse wieder auszuschalten. So stößt Gideon auf Gottes Befehl den B.-Altar seines Vaters um (Ri 6,25–32).

Die Blütezeit des B.-Kultes in Israel war die Zeit Ahabs, bedingt durch den Einfluß seiner kanaan. Frau Isebel (1. Kön 16,32). Damals trat der Prophet Elia den B.-Priestern auf dem Berg Karmel entgegen (Gottesurteil auf dem Karmel, 1. Kön 18). Der B.-Kult fand jedoch weiterhin Anhänger im Volk, und die erneute Errichtung (und Zerstörung) von B.-Altären ist ein Leitmotiv in der Geschichte des Königreichs Juda (Atalja baut –Joasch zerstört – Manasse baut – Josia zerstört). Die Propheten Israels prangerten den B.-Kult immer wieder an. Sacharja (12,11) bezieht sich auf den heidnischen Brauch, alljährlich den Tod des Haddad-Rimmon (B.) zu beklagen.

Im NT wird B. nicht mehr erwähnt. Bedenkt man jedoch, wie vielschichtig und universal dieser Gott war, so kann man ihn durchaus mit dem »Gott dieser Welt« (Joh 14,30; 2. Kor 4,4; Eph 2,2) gleichsetzen.

2. Ein Vorfahre König Sauls und der vierte Sohn Jeïëls aus Gibeon.

3. Ein rubenitischer Führer, Vater von Beera und Sohn von Reaja; gehörte zu den von Tiglat-Pileser nach Assyrien Verbannten.

BAALA (»Herrin«).

1. Ein anderer Name für Kirjat-Jearim.

2. Stadt im Negev, die an den Stamm Simeon fiel, als Josua das Land Israel

BAALA 1
Jos 15,9–10; 1. Chr 13,6
BAALA 2
Jos 19,3; 1. Chr 4,29
BAALA 3
Jos 15,11.29

unter die Stämme verteilte. Ihre genaue Lage ist unbekannt (Jos 19,1.3).

3. Berg an der nördlichen Grenze des Gebiets des Stammes Juda.

BAALAT 1 Jos 19,44 BAALAT 2 1. Kön 9,18 2. Chr 8,6

BAALAT (»Herrin«).

1. Stadt, die dem Stamm Dan zufiel, als Josua das Land Israel unter die Stämme verteilte.

2. Eine der Städte, die von Salomo befestigt wurden (1. Kön 9,18; 2. Chr 8,6). Von Flavius Josephus als westlich von Geser liegend erwähnt.

Ansicht von Baalat in der Region von Gezer.

BAALAT-BEER Jos 19,8

BAALAT-BEER (»Herrin des Brunnens«). Stadt im südlichen Teil des Gebiets, das dem Stamm Simeon zugeteilt wurde (Jos 19,1.8). Vermutlich ist der in 1. Chr 4,33 erwähnte Ort mit ihr identisch.

BAAL-BERIT Ri 8,33; 9,4

BAAL-BERIT (»Bundes-Baal«). Gottheit, deren Heiligtum in Sichem war (Ri 9,46). Nach dem Tode Gideons verehrten die Israeliten B. (Ri 8,33).

BAAL-GAD Jos 11,17; 12,7; 13,5

BAAL-GAD Gegend an der nördlichen Grenze Kanaans und nördlichster Punkt der Eroberung Josuas (Jos 11,17), »im Tale des Libanon unterhalb des Berges Hermon«. Der Name bedeutet »Herr des Gad« (= der kanaan. Glücksgott). Vielleicht mit Baal Hermon identisch.

BAAL-HAMON Hld 8,11

BAAL-HAMON (»Herr der [Volks-]Menge«). Ein Ort, an dem Salomo einen Weinberg hatte (Hld 8,11). Nur einmal in der Bibel erwähnt, über seine Lage ist nichts bekannt. Die Gelehrten sind sich über die genaue Bedeutung des Namens nicht einig.

BAAL-HANAN 1 1. Mose 36,38–39; 1. Chr 1,49–50 BAAL-HANAN 2 1. Chr 27,28

BAAL-HANAN (»Der Herr war mitleidig«).

1. Der Sohn Achbors. Er war der siebte König Edoms und regierte nach Schaul von Rehobot am Strom; sein Nachfolger war Hadad.

2. Baal-Hanan, der Gederiter. Ein von David ernannter Staatsbeamter, betraut mit »den Ölbäumen und Maulbeerbäumen im Hügelland«.

BAAL-HAZOR 2. Sam 13,23

BAAL-HAZOR (»Herr des Gehöftes«). Ort in Ephraim (2. Sam 13,23), der Absalom gehörte. Dort ließ er seinen Bruder Amnon töten (2. Sam 13,28–29), um die Vergewaltigung seiner Schwester Tamar zu rächen (2. Sam 13,22). Heute wird der Ort mit einem Berg nördlich von Bethel identifiziert.

BAAL-HERMON Ri 3,3; 1. Chr 5,23

BAAL-HERMON (»Herr des Hermon«). Berg (Ri 3,3) oder Stadt (1. Chr 5,23) an der Nordgrenze Kanaans. Möglicherweise identisch mit Baal-Gad.

BAALA IN JUDA 2. Sam 6,2

BAALA IN JUDA Ein anderer Name für Kirjat-Jearim.

BAALIS Jer 40,14

BAALIS (»Herr der Freude«). König der Ammoniter (Jer 40,14), der den Plan faßte, Gedalja, den Statthalter von Juda, zu ermorden (Jer 40,7.14; 41,2). Der Mörder Jismael floh zu den Ammonitern (Jer 41,15). Die Gelehrten erklären diesen Mord damit, daß die Ammoniter, die das Land des Stammes Gad übernommen hatten (Jer 49,1), größeren Einfluß auf das benachbarte Juda ausüben wollten. Der Name taucht auf einem Stempel auf, der kürzlich im ehem. Gebiet der Ammoniter gefunden wurde.

BAAL-MEON 4. Mose 32,38; 1. Chr 5,8; Hes 25,9

BAAL-MEON (»Herr der Wohnung«). Stadt in Moab, vermutlich an der Stelle des heutigen christl. Dorfes Ma'in, 6 km südwestlich von Madelba. Auch Beon (4. Mose 32,3), Bet-Meon (Jer 48,23) und Bet-Baal-Meon (Jos 13,17) genannt. Die urspr. moabitische Stadt teilte Mose dem Stamm Ruben zu (4. Mose 32,3.37–38). Dessen Nachkommen lebten dort, bis König Mescha von Moab gegen Israel rebellierte und die ganze Region einnahm. Auf seiner Stele (siehe INSCHRIFTEN) wird die Stadt zweimal erwähnt.

BAAL-PEOR (»Herr des Aufreißens [Erdbebens]«). Einer der örtlichen Baale, der auf dem Berg Peor in Moab verehrt wurde. Als die Israeliten auf ihrer Wüstenwanderung in Schittim lagerten, beteiligten sie sich an diesem Kult und begingen Unzucht mit den Moabiterinnen (4. Mose 25,1–2). Als Strafe dafür wurden sie von einer Plage heimgesucht, die 24000 Personen dahinraffte. Die Anführer der Baalsverehrung wurden von den Richtern der Stämme getötet (4. Mose 25,3–5). Siehe BAAL (1), BET PEOR, PEOR.

BAAL-PEOR
4. Mose 25,3.5;
5. Mose 4,3;
Ps 106,28;
Hos 9,10

BAAL-PERAZIM Hügel südlich von Jerusalem, wo David die Philister besiegte (2. Sam 5, 20). Der bibl. Text erklärt den Namen so: »Und David kam nach B., schlug sie dort und sprach: Der Herr hat meine Feinde vor mir durchbrochen, wie Wasserfluten durchbrechen.« Daher nannte man den Ort ›Baal-Perazim‹« (vom Hebr. »durchbrechen«). Möglicherweise ist dies ein Wortspiel mit dem urspr. Namen des Ortes, an dem sich ein Baal-Altar befand.

BAAL-PERAZIM
2. Sam 5,20;
1. Chr 14,11

BAAL-SCHALISCHA (»Herr des Drittels«). Stadt, aus der Gerste und Mais zum Propheten Elisa gebracht wurden (2. Kön 4,42). Wahrscheinlich der Standort eines Tempels des kanaan. Gottes Baal.

BAAL-SCHALISCHA
2. Kön 4,42

BAAL-SEBUB (»Herr der Fliegen«). Siehe BEELZEBUL.

BAAL-SEBUB
2. Kön 1,2–3. 6.16

BAAL-TAMAR (»Herr der Palmen«). Stadt oder Ort in der Nähe von Gibea in Benjamin (Ri 20,30), wo sich die Männer Israels für ihren letzten und siegreichen Angriff auf Gibea sammelten (Ri 20,30–34.40.43). Die genaue Lage ist unklar.

BAAL-TAMAR
Ri 20,33

BAAL-ZEFON (»Herr des Nordens, des Verborgenen [der Böse]«). Ort oder Stadt in Ägypten, nahe des letzten Rastplatzes der Israeliten vor dem Durchzug durch das Rote Meer, in der Nähe von Pi-Hahirot und Migdol (2. Mose 14,2). Da nichts über die genaue Lage dieser Orte oder über die genaue Stelle bekannt ist, an der die Hebräer das Rote Meer durchschritten, wird angenommen, daß der Ort irgendwo im nordwestlichen Ägypten lag. B. ist ein kanaan. Gott des Meeres und der Stürme (vgl. BAAL).

BAAL-ZEFON
2. Mose 14,2.9;
4. Mose 33,7

BAANA (»Kummer-Sohn«).

1. Sohn des Ahilud. Einer der zwölf von Salomo ernannten Beamten (1. Kön 4,12); ihm unterstand der fünfte Bezirk.

2. Sohn des Huschai. Ein weiterer von Salomos zwölf Beamten (1. Kön 4,7). Ihm unterstand der neunte Bezirk (1. Kön 4,16).

3. Sohn Rimmons des Beerotiters vom Stamm Benjamin. Er war Anführer der Truppen des Saul-Sohnes und Gegenkönigs zu David, Isch-Boschet. Zus. mit Rechab ermordete er seinen Herrn, um Davids Gunst zu gewinnen. David ließ jedoch beide hinrichten (2. Sam 4,2–12).

4. Ein Mann aus Netofa, Vater des Heled (2. Sam 23,29), eines von Davids »Helden« (1. Chr 11,30).

5. Einer der Israeliten, die mit Serubbabel aus Babylon zurückkehrten (Esr 2,1–2).

6. Vater des Zadok (Neh 3,4), eines der Helfer beim Wiederaufbau der Mauern Jerusalems (Neh 2,17). Vielleicht mit Baana (4) identisch.

7. Einer der Führer des Volkes, die den Vertrag zur Einhaltung des Gesetzes besiegelten, der z. Zt. Nehemias geschlossen wurde. Vielleicht identisch mit Baana (6).

BAANA 1
1. Kön 4,12
BAANA 2
1. Kön 4,16
BAANA 3
2. Sam 4,2.5–6
BAANA 4
2. Sam 23,29;
1. Chr 11,30
BAANA 5
Esr 2,2;
Neh 7,7
BAANA 6
Neh 3,4
BAANA 7
Neh 10,28

Kalksteinreliefplakette mit einer Darstellung des Hammurabi, von einem Provinz-Amtmann der Göttin Ashratum geweiht; ca. 1760 v. Chr. (Israelische Regierungsabteilung für Altertümer und Museen).

BAARA Eine der beiden Frauen Schaharajims (1. Chr 8,8), im Stammbaum des Stammes Benjamin.

BAARA
1. Chr 8,8

BABEL, BABYLON, BABYLONIER (hebr. *Babel*), **LAND UND REICH.** (Siehe auch BABEL, TURM VON)

Wegen der Bedeutung seiner Hauptstadt wurde das Land nach ihr benannt (siehe BABYLON, STADT). Urspr. hatte es andere Namen – zuerst »Land Schinar« (siehe SCHINAR). Wie das benachbarte Assyrien wurde auch Schinar von Nimrod beherrscht (1. Mose 10,10).

Ein anderer Name für diese Region war Chaldäa (1. Mose 11,31). Das so

BABEL, BABYLON, BABYLONIE
Jos 7,21;
2. Kön 17,24.3
20,12.14.17–18
24,1.7.10.12.
15–17.20;
25,1.6–8.11.
13.20–24.27–28

1. Chr 9,1; 2. Chr 32,31; 33,11; 36,6–7. 10.18.20; Esr 1,11; 2,1; 4,9; 5,12–14. 17; 6,1.5; 7,6. 9.16; 8,1; Neh 7,6; 13,6; Est 2,6; Ps 87,4; 137,1.8; Jes 13,1.19; 14,4.22; 21,9; 39,1.3.6–7; 43,14; 47,1; 48,14.20; Jer 20,4–6; 21,2.4.7.10; 22,25; 24,1; 25,1.9.11–12; 27,6.8–9.11–14. 16–18.20.22; 28,2–4.6.11.14; 29,1.3–4.10. 15.20–22.28; 32,2–5.28.36; 34,1–3.7.21; 35,11; 36,29; 37,1.17.19; 38,3.17–18. 22–23; 39,1.3. 5–7.9.11.13; 40,1.4–5.7.9. 11; 41,2.18; 42,11; 43,3.10; 44,30; 46,2.13. 26; 49,28.30; 50,1–2.8–9. 13–14.16–18. 23–24.28–29. 34–35.42–43. 45–46; 51,1–2. 6–9.11–12.20. 24.29–31.33–35. 37.41–42.44. 47–49.53–56. 58–61.64; 52, 3–4.9–12.15. 17.26–27. 31–32.34; Hes 12,13; 17,12.16.20; 19,9; 21,24.26; 23,15.17.23; 24,2; 26,7; 29,18–19; 30,10.24–25; 32,11; Dan 1,1; 2,12.14.18. 24.48–49; 3,1.12.30; 4,3.26–27; 5,7; 7,1; Mi 4,10; Sach 2,11; 6,10; Mt 1,11–12.17; Apg 7,43; 1. Petr 5,13; Offb 14,8; 16,19; 17,5; 18,2.10.21

Fragment des babyl. Gilgamesch-Epos, gefunden in Megiddo. 15. Jh. v. Chr. (Israel-Museum).

bezeichnete Land lag im fruchtbaren Schwemmland des südlichen Mesopotamien, »zwischen den beiden Flüssen«, das aus dem Pers. Golf von den Deltas des Tigris und Euphrat geschaffen wurde. Über die Jhe. siedelten hier halbnomadische Völker sumer. und semit. Ursprungs. Aus dieser Verschmelzung entstanden neue Kulturen, Sprachen und Schrifttypen.

Zwei mächtige Königreiche kämpften um die Vorherrschaft über Mesopotamien: Assyrien im Nordwesten und Babylon im Südwesten. B. hatte mit seinem Zugang zu den Seewegen des Pers. Golfes und seinem günstigeren Klima die bessere Ausgangslage. Es entstand die erste babyl. Dynastie. Ihr bekanntester Herrscher war Hammurabi, der für seine Gesetzessammlung *(Codex Hammurabi)* berühmt wurde.

Nach dem Fall der ersten babyl. Dynastie und der Zerstörung der Hauptstadt B. (ca. 1550 v. Chr.) begann eine lange Periode der assyr. Vorherrschaft, bis zum 7. Jh. Von der Zeit Abrahams bis zum 2. Buch der Könige (über 1000 Jahre lang) wird B. in der Bibel nicht erwähnt. Erst nach der assyr. Eroberung Israels findet sich ein Hinweis auf Leute aus B. (damals ein Vasall Assyriens), die von den neuen Herrschern in Israel angesiedelt wurden (2. Kön 17,24). Der Aufstieg eines neuen mächtigen Königreiches in B. wurde in Jerusalem (Juda) zuerst begrüßt, da es das Ende des assyr. Drucks auf Juda bedeutete. Nach der bibl. Überlieferung währten die guten Beziehungen zwischen B. und Juda ein Jh. lang, von Hiskia bis Jojachin, als Nebukadnezar, der zweite König des neubabyl. Reiches, Jerusalem zum ersten Mal einnahm und Zedekia als Vasallen einsetzte (2. Kön 24,10.12–13.17–18). Zedekia versuchte jedoch, gegen B. zu rebellieren, das darauf Jerusalem nach langer, bitterer Belagerung ein zweites Mal einnahm: »… kam Nebusaradan, der Oberste der Leibwache, als Feldhauptmann des Königs von Babel nach Jerusalem und verbrannte das Haus des HERRN und das Haus des Königs und alle Häuser in Jerusalem; alle großen Häuser verbrannte er mit Feuer. Und die ganze Heeresmacht der Chaldäer, die dem Obersten der Leibwache unterstand, riß die Mauern Jerusalems nieder« (2. Kön 25,8–10).

Damit endete die Zeit des ersten Tempels. Ein Teil der Bevölkerung Judas wurde in die babyl. Gefangenschaft geführt. B. überlebte allerdings das Königreich Juda nicht lange. Weniger als ein Vierteljahrhundert später überrannte die Armee des Kyrus Persien und Mesopotamien und setzte dem babyl. Reich ein Ende.

BABEL, TURM VON
1. Mose 10,10; 11,9

BABEL, TURM VON Ein Bauwerk, das nach der Sintflut von Männern aus Schinar (Babylonien) errichtet wurde, um sich einen Namen zu machen und die Zerstreuung der Menschen über die Erde zu verhindern. Gott bestrafte ihren Hochmut durch die Verwirrung ihrer Sprache, und sie wurden über die

Rekonstruiertes Modell der Zikkurat von Ur.

ganze Erde zerstreut (1. Mose 11,1–9). Der Name Babylon kommt vom hebr. Verb für »verwirren«. Aus der mesopot. Literatur ist keine Parallelerzählung bekannt. Den Turm muß man sich ähnlich wie den Zikkurat (Tempelturm) im Innenhof des Marduk-Tempels vorstellen.

BABYLONISCHES EXIL Die Gefangennahme und Deportation eines Teils der Bevölkerung Judas nach Babylonien im 6. Jh. v. Chr. Die Massendeportation unterworfener Bevölkerungen war eine verbreitete Praxis im assyr. wie im babyl. Reich. Nach dem Fall des Nordreiches Israel (722/1 v. Chr.) wurde seine Bevölkerung nach Assyrien deportiert, und mehr als ein Jh. später wurde ein beträchtlicher Teil Judas in drei Schüben nach Babylon gebracht. Anders als in Israel wurde in Juda jedoch keinerlei fremde Bevölkerung angesiedelt, um die Deportierten zu ersetzen.

Die erste Deportation (598 v. Chr.) folgte der Kapitulation König Jojakims von Juda vor Nebukadnezar. Der babyl. König führte Jojakim, sein Gefolge sowie den Tempel- und Palastschatz zus. mit 10000 weiteren Personen in die Gefangenschaft (2. Kön 24,12–16). Die Eroberer setzten Zedekia, Jojakims Onkel, als neuen Herrscher in Jerusalem ein. Zedekia rebellierte jedoch ebenfalls gegen Babylon. Wieder wurde Jerusalem belagert. Es fiel, und der Tempel wurde 587/6 v. Chr. zerstört. Die zweite Deportation wird in 2. Kön 25,8–21 beschrieben (vgl. Jer 39,8–10; 52,12–34). Kurz nach der Zerstörung des Tempels führte eine erneute Revolte gegen den von den Babyloniern eingesetzten Statthalter Gedalja zu weiteren Deportationen (582 v. Chr.). Die Deportierten blieben in Babylon bis zum Edikt des Kyrus, der ihnen 538 v. Chr. die Erlaubnis gab, zurückzukehren (Esr 1,1–4; 2. Chr 36,22–23).

Die histor. Bücher der Bibel schließen mit dem babyl. Exil ab. Es liegt keine detaillierte Chronik des Exils vor; die wenigen vorhandenen Informationen stammen aus den prophetischen Büchern sowie Esra und Nehemia. Aus diesen Texten, aber auch aus anderen Quellen wie z. B. babyl. Vertragstafeln, kann geschlossen werden, daß das Exil schon bald relativ erträglich wurde. Die meisten Deportierten lebten in kleinen landwirtschaftlichen Siedlungen (Hes 1,1; 3,15). Einige waren im Handel tätig (Jes 55,1–2; Sach 6,9–11). Manche besaßen ihre eigenen Häuser (Jer 29,5; Hes 8,1) und Familien (Jer 29,6; Hes 24,18). Nach dem Edikt des Kyrus kehrten nicht alle zurück; viele blieben in Babylonien, wo sie blühende Gemeinden gründeten, deren Führer sich nach der Zerstörung des zweiten Tempels 70 n. Chr. mit den Weisen Jerusalems messen konnten. Im babyl. Exil entstand auch die Institution der Synagoge.

Die Zeit des Exils war eine Zeit geistlichen Erwachens und theologischer

Judäische Gefangene werden aus dem zerstörten Lachisch herausgetrieben. Ausschnitt aus einem Relief in Ninive.

Kreativität. Viele sahen die Zerstörung des Tempels und die Zerstreuung als Gottesgericht. Dies war die Botschaft der Propheten, vgl. z. B. die Klagelieder Jeremias. Aber in dieser Botschaft lag auch Hoffnung: Gott würde seinen verirrten Kindern vergeben und Jerusalem und den Tempel wiederherstellen (Jes 44,26–28).

BABYLON, STADT Siehe BABEL, BABYLON

BABYLON, STADT Eine der wichtigsten Städte Mesopotamiens, deren Name urspr. »die Tore der Götter« bedeutete. Die Hebräer verstanden den Namen anders: »Daher heißt ihr Name Babel, weil der HERR daselbst verwirrt hat aller Länder Sprache und sie von dort zerstreut hat in alle Länder« (1. Mose 11,9; siehe BABEL, TURM VON). Babylon ist die griech. Version dieses Namens. B.s Größe nahm ihren Anfang mit der ersten Dynastie, insbesondere unter Hammurabi (ca. 17. Jh. v. Chr.), dem sechsten König dieser Linie. Unter ihm und seinem Sohn wurden zahlreiche Tempel gebaut und Bewässerungskanäle angelegt. Danach erlitt die Stadt einen schnellen Niedergang. Im 13. Jh. lebte sie wieder auf, litt aber weiterhin unter Angriffen, die mit der Zerstörung durch das aufsteigende assyr. Imperium endeten. Erst mit dem Niedergang Assyriens stieg B. z. Zt. Nebukadnezars II. wieder zur wichtigsten Stadt Mesopotamiens auf. Kyrus von Persien verleibte sie dem pers. Reich ein. 331 v. Chr. wurde B. von Alexander d. Gr. erobert, der versuchte, es wiederaufzubauen. Mit seinem frühen Tod setzte der langsame Verfall B.s wieder ein, und in der Römerzeit war es nur noch ein berühmter Ruinenhügel. Im 17. Jh. brachte Pietro Della Valle die ersten Keilschrifttafeln aus B. mit, die bald die Aufmerksamkeit zahlreicher Gelehrter hervorriefen.

Teil eines Lageplans von Babylon, der die Prozessionsstraße zeigt, die zum Ischtar-Tor führt.

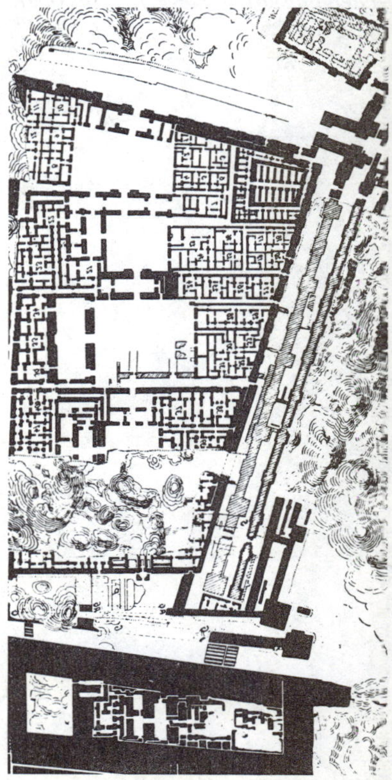

Die Ruinen B.s bilden ein großes Dreieck von ca. 9 km^2. Die gesamte Stadt war von Mauern umgeben; nach Westen war sie durch den Euphrat geschützt. Der Tell Babil, der den alten Namen bewahrt hat, erhebt sich im nördlichen Teil des Dreiecks. Mehrere weitere Hügel bargen einige der wichtigsten Monumente. Eine mächtige Brücke über den Fluß verband das alte B. mit der neuen Stadt Nebukadnezars II. In den Ausgrabungen von Tell Babil entdeckte man Überreste seines Palastes. Er bestand aus mehreren großen Höfen, um die herum unzählige Hallen, Räume, Lager usw. gruppiert waren. Der Palast wurde von den nachfolgenden Herrschern noch vergrößert, insbesondere von Ataxerxes III. Ochus. Eine monumentale Prachtstraße führte von Osten her zum Palast, die im dritten Hof endete, der an die große Thronhalle grenzte; ihre Wände waren mit weiß, gelb und rot glasierten Kacheln auf dunkelblauem Grund dekoriert. Ein anderer großer Palast wurde unter einem Hügel im nordöstl. Teil der Stadt entdeckt. Er bestand aus einer engen Passage, zu deren beiden Seiten je sieben Räume angelegt waren. Nach Meinung der Ausgräber handelte es sich um die

Rekonstruktion des Ischtar-Tores in Babylon (mit einigen der ursprünglichen glasierten Ziegel), 7. bis 6. Jh. v. Chr.

Gärten der Semiramis – die »hängenden Gärten von Babylon«. Hier fand man beschriftete Tontafeln, auf denen Lebensmittelrationen verzeichnet waren, die fremden Künstlern, aber auch bedeutenden Gefangenen zugeteilt wurden, darunter Jojakim, dem König von Juda.

Entlang der Ostseite der beiden Paläste verlief eine Kultstraße, die mit der Innenstadt durch das berühmte Ischtar-Tor verbunden war, das mit glasierten Ziegeln und Darstellungen von mytholog. Gestalten verziert war. Die Straße führte in den heiligsten Teil der Stadt, wo sich die bedeutendsten Heiligtümer befanden. In der Mitte eines großen Hofes (365 x 460 m) standen der Tempel des Marduk und der »Turm zu Babel«.

Durch den angestiegenen Grundwasserspiegel waren die Ausgräber nicht in der Lage, in die Schicht des B. Hammurabis einzudringen. Überreste der pers., hell. und röm. Periode kamen jedoch ans Tageslicht.

Die Geschichte des Turmes zu B. wird in 1. Mose 11,1–9 erzählt. Dieses Bauwerk wird allgemein mit der Zikkurat identifiziert, dem Turm, der sich im Zentrum des Tempels der Marduk erhebt.

Jesaja beschreibt die Pracht der Stadt (13,19) und prophezeit ihren Untergang (13,20–22; 14,7–21). B. wird als die erste Stadt bezeichnet, die von Menschen erbaut wurde, und Jeremia nennt sie einen »goldenen Kelch in der Hand des HERRN« (51,7).

In 1. Petr 5,13 und in der Offb ist B. eine Umschreibung für Rom, das göttliche Ehren für seinen Herrscher (Götzendienst) beanspruchte und das Volk Gottes unterdrückte. Die Offb prophezeit den Niedergang B.s und seine

Zerstörung und sagt: »Denn wahrhaftig und gerecht sind seine Gerichte, daß er die große Hure verurteilt hat...und hat das Blut seiner Knechte gerächt, das ihre Hand vergossen hat« (Offb 19,2).

BAHURIM 2. Sam 3,16; 16,5; 17,18; 19,17; 1. Kön 2,8

BAHURIM (»Jünglingstadt«). Dorf oder Stadt östlich von Jerusalem, am Weg nach Jericho. Mehrere Male in Verbindung mit König David erwähnt. Paltiël, der Sohn des Lajisch, mußte dort seine geliebte Frau Michal, die Tochter König Sauls verlassen, die zu ihrem rechtmäßigen Gatten David zurückgebracht wurde (2. Sam 3,16). Als David vor Absalom floh, wurde er von Schimi verflucht, als er durch B. kam (2. Sam 16,5). Später versteckten sich Jonatan und Ahimaaz dort in einem Brunnen (2. Sam 17,18).

BAHURIMITER 2. Sam 23,31; 1. Chr 11,33

BAHURIMITER Ein Mann aus Bahurim. Der Ort wird zweimal in Verbindung mit Asmawet erwähnt, einem der »Helden« Davids.

BAKABAUM Siehe PFLANZEN.

BAKBUK Esr 2,51; Neh 7,53

BAKBUK Ein Mitglied einer Familie von Tempeldienern (»Netinim«), die aus dem babyl. Exil mit Serubbabel zurückkehrte.

BAKBUKJA 1 Neh 12,9
BAKBUKJA 2 Neh 11,17
BAKBUKJA 3 Neh 12,25

BAKBUKJA (»Verwüstet durch den Herrn«). Der Name dreier Leviten z. Zt. Nehemias:

1. Einer der Leviten, die mit Serubbabel nach Jerusalem kamen. Er unterstützte seine Priesterkollegen bei der Erfüllung ihrer Pflichten (Neh 12,8–9). Vielleicht mit B. (2) identisch.

2. Bakbukja, »unter seinen Brüdern der zweite« (Neh 11,17). Ein Sänger und Levit in Jerusalem z. Zt. Nehemias. Vielleicht mit Bakbukja (1) identisch.

3. Ein weiterer Sänger und Levit z. Zt. Nehemias.

BALADAN 2. Kön 20,12; Jes 39,1

BALADAN (»Anhänger des Baal«). König von Babylon, Vater von Merodach-Baladan von Babylon, der Briefe und Geschenke mit Hiskia von Juda austauschte.

BALAK 4. Mose 22,2.4.7.10.13–16.18.35–36.39–41; 23,1–3.5.7.11.13.15–18.25–30; 24,10.13.25; Jos 24,9; Ri 11,25; Mi 6,5; Offb 2,14

BALAK (»Verwüster«). Sohn des Zippor, König von Moab (4. Mose 22, 2–4). B. bat Bileam, die Israeliten zu verfluchen (4. Mose 22,5ff.).

BALSAM

1. Siehe PFLANZEN.

2. Siehe GEWÜRZE UND PARFÜME.

BALSAMBERGE Hld 2,17

BALSAMBERGE Poetisches Bild im Hohenlied. Eine bessere Übersetzung ist vielleicht »Berge des Morgens«, womit eine Zeit und kein Ort bezeichnet wird.

BAMOT-BAAL 1 4. Mose 21,19–20
BAMOT-BAAL 2 Jos 13,17

1. Einer der Rastplätze auf dem Weg Israels ins Gelobte Land, irgendwo in Moab, am Ostufer des Jordan. Bei dem im Grundtext nur als »Bamot« bezeichneten Ort handelt es sich wahrscheinlich um Bamot-Baal (2).

2. Ort, an den Balak, der König von Moab, Bileam mitnahm, um ihm das Volk Israel zu zeigen (4. Mose 22,41–23,2). Später gab Mose den Ort dem Stamm Ruben (Jos 13,17). Die Lage des Ortes ist nicht eindeutig, wahrscheinlich liegt er südwestlich des Berges Nebo.

BAMOT-BAAL (»Höhen des Baal«).

1. Einer der Rastplätze auf dem Weg der Kinder Israels von Ägypten ins Gelobte Land. Er liegt irgendwo im Lande Moab, am Ostufer des Jordan. Bei dem im Grundtext nur als »Bamot« bezeichneten Ort handelt es sich wahrscheinlich um denselben Ort wie Bamot-Baal (2).

2. Ort, an den Balak, der König von Moab (4. Mose 22,41), Bileam mitnahm. Hier baute er auf Bileams Wunsch sieben Altäre und opferte auf jedem einen Stier und einen Widder (4. Mose 23, 1–2). Später wurde der Ort von Mose in das Gebiet des Stammes Ruben eingeschlossen, zus. mit »Heschbon und alle seine Städte, die im ebenen Felde liegen« (Jos 13,17). Seine Lage ist nicht eindeutig, wahrscheinlich aber liegt er südwestlich des Berges Nebo.

BANI 1 2. Sam 23,36
BANI 2 1. Chr 6,31
BANI 3 1. Chr 9,4
BANI 4 Esr 2,10
BANI 5 Neh 10,14
BANI 6 Esr 10,34
BANI 7 Neh 8,7; 9,4–5; 10,14

BANI (»Erbauer«). Mehrere bibl. Personen werden Bani genannt. Die meisten sind Leviten und vielleicht miteinander verwandt. Fast alle lebten z. Zt. Esras und Nehemias. Es ist nicht immer eindeutig, auf welchen B. die Stellen Bezug nehmen, möglicherweise sind einige miteinander identisch.

1. B. der Gaditer, einer von Davids »Helden«.

2. Ein meraritischer Levit, Sohn des Schemer und Vater des Amzi, einer der Vorfahren des Sängers Etan.

3. Ein Abkömmling des Perez, des Sohnes des Juda. Er war Vater des Imri und Vorfahre des nach der babyl. Gefangenschaft in Jerusalem wohnenden Utai.

4. Die 642 »Söhne Bani« werden unter den Gefangenen aufgeführt, die mit Serubbabel aus dem babyl. Exil heimkehrten (Esr 2,10). Der Paralleltext bei Nehemia (7,15) nennt sie »Söhne Binnui«.

5. Ein Levit, der den Bund z. Zt. Nehemias besiegelte.

6. Unter den Israeliten, die ihre ausländischen Frauen auf Anordnung Esras verstießen, befanden sich einige Söhne Banis. Sie gehörten zur Familie von Bani (4).

7. Ein Levit, der z. Zt. Esras half, dem Volk das Gesetz zu erklären (Neh 8,7); am großen Fastentag betete er (Neh 9,4) und besiegelte den Bund, das Gesetz zu halten (Neh 10,14).

8. Ein anderer Levit, der am großen Fastentag z. Zt. Nehemias teilnahm (Neh 9,4).

BANI 8
Neh 9,4

9. Ein Levit und Vater des am Wiederaufbau der Mauern Jerusalems z. Zt. Nehemias beteiligten Rehum.

BANI 9
Neh 3,17

10. Ein Levit, Sohn von Haschabja und Vater von Usi, dem Vorsteher der Leviten in Jerusalem z. Zt. Nehemias.

BANI 10
Neh 11,22

BÄR Siehe TIERE.

BARABBAS (»Sohn des Abbas«). Ein Gefangener, der anstelle Jesu freigesprochen wurde. Die Ev.n nennen ihn einen »Räuber« (Joh 18,40), »Mörder« (Lk 23,19), »Aufrührer« (Mk 15,7) und »berüchtigten Gefangenen« (Mt 27,16). B. hatte sich an einem Aufruhr mit Mord beteiligt, wurde aber auf Druck der von den Hohenpriestern und Ältesten überredeten Menge von Pilatus freigegeben (Mt 27,20; Mk 15,11; Lk 23,18). Pilatus handelte nach dem Brauch, zum Passafest einen Gefangenen zu begnadigen (Joh 18,39). Den Hohenpriestern und Ältesten bot die Freilassung des B. die Möglichkeit, den verhaßten Jesus kreuzigen zu lassen. Nach Lage der Dinge kann davon ausgegangen werden, daß B. zu den sog. Zeloten gehörte – Patrioten, die im Untergrund gegen die fremde Besatzungsmacht kämpften. In einigen frühen Mss. wird sein Name mit »Jesus« angegeben; die Frage des Pilatus in Mt 27,17 hatte also den Sinn: Welchen Jesus wollt ihr – Jesus, den Sohn des Abbas oder Jesus, den Sohn Gottes?

BARABBAS
Mt 27,16–17.20–21.26; Mk 15,7.11.15; Lk 23,18; Joh 18,40

BARACHEL (»Den Gott gesegnet hat«). Ein Busiter aus dem Geschlecht des Ram und Vater von Elihu, einem der drei Freunde Hiobs.

BARACHEL
Hiob 32,2.6

BARAK (»Blitzendes Schwert«). Isrl. Feldherr, der die Heere der Prophetin Debora zum Sieg führte. Er wurde in Kedesch-Naftali geb. und muß bereits mit dem Kriegshandwerk vertraut gewesen sein, als Debora ihn bat, ihre Männer zu führen, und ihm im Namen des HERRN den Sieg versprach. Vgl. Ri 4,6ff.

BARAK
Ri 4,6.8–10.12.14–16.22; 5,1.12.15; Hebr 11,32

BARIACH (»Flüchtling«). Einer der Söhne Schechanjas in der Liste der Nachkommen Davids.

BARIACH
1. Chr 3,22

BARJESUS (»Sohn des Jesus«). Zauberer und falscher Prophet (Apg 13,6), der dem Statthalter Sergius Paulus in Paphos auf der Insel Zypern diente. Als dieser von Paulus und Barnabas das Wort Gottes hören wollte, stellte B. sich gegen sie und wurde von Paulus mit Blindheit geschlagen (Apg 13,7ff.). B. war auch unter dem Namen »Elymas« bekannt, was »Zauberer« bedeutet (Apg 13,8). Sein eigentlicher Name könnte Hetoimos gewesen sein, wie in einigen Mss. des NT bezeugt.

BARJESUS
Apg 13,6

BARKOS (»Maler«). Eine Familie von Tempeldienern (»Netinim«), die mit Serubbabel aus der babyl. Gefangenschaft zurückkehrte.

BARKOS
Esr 2,53; Neh 7,55

BARMHERZIGKEIT, GNADE Es gehört zu Gottes Eigenschaften, B. denen zu erweisen, die sie verdienen, und denen, die sie nicht verdienen. Gott ist »barmherzig und gnädig und geduldig und von großer Gnade und Treue« (2. Mose 34,6).

Bes. vom bußfertigen Sünder wird Gottes B. angerufen (z. B. Ps 51,3; 78,38;

BARMHERZIG/BARMHERZIGKEIT

1. Mose 19,19; 24,12; 32,11; 40,14; 43,14; 2. Mose 15,13;

20,6; 34,6; 4. Mose 14,18f.; 5. Mose 4,31; 5,10; 7,9; Jos 2,12; Ri 1,24; Rut 1,8; 1. Sam 15,6; 20,15; 2. Sam 2,5; 9,7; 21,14; 24,14; 1. Kön 2,7; 3,6; 8,23; 1. Chr 21,13; 2. Chr 5,13; 24,22; 30,9; Neh 9,17. 27f.31; Ps 23,6; 25,6f.; 37,21; 40,12; 51,3; 69,17; 78,38; 86,15; 103,4.8; 119,77.156; 145,8; Spr 28,13; Jes 47,6; 54,7; 63,7; Jer 9,23; 13,14; 42,12; Klgl 3,22; Dan 9,9; Hos 2,21; 11,8; Joel 2,13; Jona 4,2; Mi 7,18; Hab 3,2; Sach 1,16; 7,9 Weish 15,1; Sir 16,12; 18,12; 29,1; Mt 5,7; 23,23; Lk 1,50.54.72. 78; 10,37; Röm 9,23; 11,30f.; 12,1.8; 15,9; 1. Kor 7,25; 2. Kor 1,3; 4,1; Gal 6,16; Eph 2,4; Phil 2,1; 1. Tim 1,2.13.16; Tit 3,5 1. Petr 1,3; 3,8; 2. Joh 3 Hebr 2,17; 4,16; Jak 5,11; Jud 2

vgl. Neh 9,17; Ps 25,6; 103,8; 145,8–9; Jes 63,9; Joel 2,13). Auch die Propheten bezeugen Gottes B. und Langmut (z.B. Jona 4,2; Mi 7,18–19).

Die Eigenschaft »geduldig« kann sowohl Gott als auch dem Menschen zugeschrieben werden (Spr 14,29), aber Gott allein wird »gnädig« genannt, weil seine Gnade grundlos und unverdient ist (Lk 18,13). Gott wird »der Barmherzige« genannt, ihm wird »große Güte« zugeschrieben (2. Mose 34,6; Lk 1,50.78; Röm 12,1; 2. Kor 1,3). Genaue Unterschiede zwischen den zuletzt genannten Begriffen und ihren Synonymen »Erbarmen« und »Mitleid« sind schwer zu bestimmen. Das Bedeutungsspektrum von »B.« kann nur aus den Vergleichswörtern erhoben werden, mit denen es zus. genannt wird. Die Aufnahme von Begriffen aus dem Bereich der Familienbeziehungen deutet dabei darauf hin, daß Gottes »Güte«, »B.« und »Geduld« Manifestationen von *Liebe* sind.

Die Güte Gottes – wie des Menschen – ist nicht nur ein Gefühl. Sie zeigt sich in Taten: in der wiederholten Vergebung für den Einzelnen wie auch für die Gemeinschaft, in der Wiederherstellung der früheren Beziehung zwischen Gott und Israel (5. Mose 13,18; 2. Sam 24,14; 2. Kön 13,23), in der Bewahrung Israels vor seinen Feinden (Neh 9,27–28) und in der zukünftigen Sammlung des Volkes aus dem Exil und der Zurückführung in sein Land (5. Mose 30,3; Jes 14,1; 49,13; Jer 12,15; 33,26; Hes 39,25). All dies sind Manifestationen der B. Gottes.

Zwei griech. Wörter liegen dem dt. Wort »Barmherzigkeit« zugrunde. Das erste, *eleos,* bedeutet ein unverdientes Empfangen; mit ihm rufen die Leute Jesus um Hilfe an (Mt 9,27; 15,22; 17,15; 20,30–31; Mk 10,47–48; Lk 16,24; 17,13; 18,38–39). Der letzte Ursprung der B. liegt in Gott selbst, er allein erweist sie souverän: »Wem ich gnädig bin, dem bin ich gnädig; und wessen ich mich erbarme, dessen erbarme ich mich« (Röm 9,15 nach 2. Mose 33,19). Die Wendung »B. erlangen« bezieht sich auf Menschen, die Gott allein aus Gnade in Jesus Christus erlöst (Röm 11,30–32) bzw. gerettet hat (1. Tim 1,2; Tit 3,5; 1. Petr 1,3; Hebr 4,16; vgl. 1. Petr 1,18.19). Paulus schließt seine ausführliche Darlegung über Israels Heil, Zukunft und besondere Aufgabe mit den Worten: »Denn Gott hat alle eingeschlossen in den Ungehorsam, damit er sich aller erbarme« (Röm 11,32). In 1. Kor 7,25 sieht sich Paulus selbst als jemand, »der durch die Barmherzigkeit des Herrn Vertrauen verdient« (vgl. 2. Kor 4,1; 1. Tim 1,13.16).

So wie Gott gegenüber den Glaubenden barmherzig ist, sollen diese ihrerseits gern B. üben (Röm 12,8); in den Seligpreisungen Jesu werden die Barmherzigen bes. genannt, »denn sie werden B. erlangen« (Mt 5,7).

Das andere griech. Wort für B., *oiktirmos,* bedeutet »Milde«; es wird u. a. in Jak 5,11 verwendet (»denn der Herr ist barmherzig und ein Erbarmer«) und wird sowohl für den Menschen (Kol 3,12) als auch für Gott gebraucht (Röm 12,1).

Juden und Christen teilen die Überzeugung, daß Gottes Thron ein »Thron der Gnade« ist, »damit wir B. empfangen und Gnade finden zu der Zeit, wenn wir Hilfe nötig haben« (Hebr 4,16).

BARNABAS Apg 4,36; 9,27; 11,22.25.30; 12,25; 13,1–2.7.43.46.50; 14,12.14.20; 15,2.12.22. 25.35–37.39; 1. Kor 9,6; Gal 2,1.9.13; Kol 4,10

BARNABAS (»Sohn des Trostes«). Sein urspr. Name war Joses oder Josef (Apg 4,36–37). B. führte Paulus in die skeptische Jerusalemer Gemeinde ein (Apg 9,26–27). Bald darauf sandte diese ihn nach Antiochia, um der rasch wachsenden Gemeinde dort zu helfen (Apg 11,22ff.); er nahm Paulus mit. B. und Paulus überbrachten auch die Spende der Antiochier für die Christen in Jerusalem (Apg 11,29–30).

Nach der Rückkehr aus Jerusalem sandte die Gemeinde in Antiochia sie auf die erste Missionsreise (Apg 13–14), die sie nach Zypern und Kleinasien (u. a. Perge, Antiochia in Pisidien, Ikonion, Derbe) führte. Einige Zeit nach der Rückkehr brach der Streit darüber auf, ob die Heidenchristen verpflichtet waren, die jüdischen Speisegebote und die Beschneidung einzuhalten. Petrus und auch B. ließen sich dazu bewegen, nicht mehr mit den Heidenchristen zu essen – was Paulus scharf verurteilte, vgl. Gal 2,11ff. Die Streitfrage wurde schließlich auf dem sog. Jerusalemer »Apostelkonzil«

durch das sog. Apostelddekret (Apg 15) entschieden. – Beim Beginn der zweiten Missionsreise weigerte sich Paulus, Johannes Markus, der die erste Missionsreise abgebrochen hatte, erneut als Begleiter mitzunehmen. Es kam zur Trennung zwischen Paulus und B.: Paulus wählte Silas als neuen Begleiter, B. nahm Markus nach Zypern mit (Apg 15,36–40).

BARSABBAS (»Sohn des Sab«).

BARSABBAS 1
Apg 1,23
BARSABBAS 2
Apg 15,22

1. Josef B.: Einer der beiden Kandidaten für den Platz, der unter den zwölf Aposteln durch den Tod des Judas Iskariot freigeworden war (Apg 1,23). Er hatte die Apostel während der ganzen Zeit, in der Jesus unter ihnen war, »von der Taufe des Johannes an bis zu dem Tag, an dem er von uns genommen wurde« (Apg 1,21–22), begleitet und war Zeuge der Auferstehung Jesu. Sein Beiname (Justus = »Gerechter«) könnte wie bei Jakobus, »dem Bruder des Herrn«, auf die Gesetzestreue dieses Jüngers hinweisen.

2. Judas B.: Ein angesehenes Mitglied der Jerusalemer Gemeinde. Er wurde von den Aposteln und Ältesten ausgewählt, um zus. mit Silas, Paulus und Barnabas den Brief des Apostelkonzils an die Heidenchristen nach Antiochia zu überbringen (Apg 15,22–23). In Antiochia dienten er und Silas der Gemeinde als Propheten und kehrten dann nach Jerusalem zurück (Apg 15,32). Die Tatsache, daß er und Josef B. denselben Namen trugen und beide der Jerusalemer Gemeinde angehörten, könnte ein Hinweis darauf sein, daß sie Mitglieder derselben Familie waren.

BARSILLAI (»[Mann] von Eisen«).

BARSILLAI 1
2. Sam 21,8
BARSILLAI 2
2. Sam 17,27; 19,32–35.40; 1. Kön 2,7; Esr 2,61; Neh 7,63

1. Ein Meholaiter, dessen Sohn Adriël eine der Töchter Sauls heiratete (2. Sam 21,8).

2. B. der Gileaditer von Rogelim. Ein alter und sehr reicher Mann (2. Sam 19,33). Bei der Rebellion Absaloms war er einer der drei Männer, die in Transjordanien loyal zu David standen. Sie versorgten den König und seine Männer in Mahanajim (2. Sam 17,27–29). Nach der Niederschlagung des Aufstandes führte B. David über den Jordan. Als Belohnung für diese Dienste bot David B. an, an seinem Hofe in Jerusalem zu wohnen. B. verzichtete jedoch angesichts seines hohen Alters und sandte statt dessen seinen Sohn Kimham (2. Sam 19,32–40). In 1. Kön 2,7 verpflichtet David Salomo in seinem Testament, den Söhnen B.s »Barmherzigkeit« zu »erweisen, daß sie an deinem Tisch essen«. Esr 2,61 und Neh 7,63 könnten sich auf denselben B. beziehen: »... die Söhne Barsillai, deren Urahn eine von den Töchtern des Gileaditers Barsillai zur Frau genommen hatte«. Ihnen wurde die Qualifikation für das Priesteramt abgesprochen, weil sie ihre priesterliche Herkunft nicht nachweisen konnten (Esr 2,62).

BARTHOLOMÄUS (»Sohn des Talmei«). Ein Apostel, der unter den Zwölf erscheint (Mt 10,3; Mk 3,18; Lk 6,14; Apg 1,13). Gewöhnlich zus. mit Philippus genannt. Der Name »B.« wird im Johannesev. nicht erwähnt, und die Verbindung des Philippus mit einem sonst unbekannten Nathanael (Joh 1,45–51; 21,2) läßt die Vermutung zu, daß Nathanael der eigentliche Name des B. war. Diese Identifikation als »Nathanael Bar-Talmai« (vgl. »Simon Bar Jona«) ist zwar naheliegend, aber keineswegs sicher. Spätere Traditionen weisen B. zus. mit Philippus und Thomas als Missionar aus. Er soll das Evangelium in Armenien, Indien, Lykaonien, Mesopotamien, Persien und Phrygien gepredigt haben. Nach dem frühen Kirchengeschichtsschreiber Eusebius hat er die hebr. Version des Matthäusev. nach Indien gebracht. Mehrere apokryphe Bücher werden ihm zugeschrieben.

BARTHOLOMÄUS
Mt 10,3; Mk 3,18; Lk 6,14; Apg 1,13

BARTIMÄUS (»Sohn des Timäus« oder »Sohn von Wert, von Ehre«). Im Markusev. ein blinder Bettler (Mk 10,46–52), der im Lukasev. ungenannt bleibt (Lk 18,35–43). Er wurde von Jesus in Jericho geheilt, als dieser zum Passafest nach Jerusalem reiste. Er ist möglicherweise einer der zwei Geheilten in Mt 20,29–34. B.s beharrlicher Glaube an Jesus ist beispielhaft für alle, die »nicht sehen und doch glauben« (Joh 20,29).

BARTIMÄUS
Mk 10,46

BARUCH (»gesegnet«).

BARUCH 1
Jer 32,12–13.16; 36,4–5.8.10.13–19.26–27.32; 43,3.6; 45,1–2
BARUCH 2
Neh 3,20; 10,7

1. Sohn des Nerija, aus einer vornehmen Familie aus Juda. Sein Bruder Seraja war ein hochrangiger Offizier am Hof Zedekias (Jer 51,59). B. war der

BARUCH 3
Neh 11,5

Vertraute und Sekretär des Propheten Jeremia. Als Jeremia während der Regierung Jojakims unter Arrest stand, sandte er B. als seinen Boten zum Volk. Er diktierte B. alle Worte, die Gott zu ihm gesprochen hatte, und B. verlas sie vor dem Volk. Als die Oberen die Prophezeiungen hörten, ließen sie sie vor dem König verlesen, der die Schriftrolle verbrannte und Jeremia und B. zu verhaften befahl. Jeremia, der sich inzwischen versteckt hatte, diktierte B. darauf den Text, mit zahlreichen Ergänzungen, nochmals (Jer 36).

Als Jeremia in seinem Heimatort Anatot von Hanamel, dem Sohn des Schullam, Eigentum erwarb, gab er B. den Kaufvertrag und beauftragte ihn, ihn in einem irdenen Tongefäß aufzubewahren (Jer 32,12–14). Eine Weissagung Jeremias an B. ist in Jer 45 enthalten. Nach dem Fall Jerusalems und der Ermordung Gedaljas, des Statthalters von Juda (Jer 41), mußten B. und Jeremia mit den von Juda Übriggebliebenen nach Ägypten; dabei warfen diese B. vor, Jeremia gegen sie aufgehetzt zu haben (Jer 43,2–7). B. wurden später ein apokryphes Buch und mehrere Apokalypsen zugeschrieben. S. BARUCH, BUCH DES.

2. Der Sohn des Sabbai. Er baute einen Teil der Mauer Jerusalems »vom Winkel bis an die Haustür Eljaschibs, des Hohenpriesters« (Neh 3,20). Er war unter denjenigen, die die Abmachung Nehemias, das Gesetz zu halten, bezeugten (Neh 10,7).

3. Ein Mann aus dem Stamm Juda; der Sohn des Kolhose und der Vater Maasejas. Ein Zeitgenosse Nehemias.

BARUCH, BUCH DES Ein apokryphes Buch, das Baruch, dem Sekretär des Jeremia, zugeschrieben wird. In zahlreichen Manuskripten der LXX folgt es dem Buch Jeremia. Es wurde oft von den Kirchenvätern zitiert, als ob es entweder ein Teil des Buches Jeremia oder ein Anhang sei. Das Datum der Entstehung ist ungewiß, scheint aber zwischen dem 4. und 2. Jh. v. Chr. zu liegen.

Siegelabdruck des Baruch, des Sohns des Neria (Israel Museum).

In den orthodoxen und kath. Kirchen gehört das Buch B. zum bibl. Kanon. Es gibt Mss. in griech., syr., lat., arab., armen., äthiop., kopt. Sprache sowie eine syr. Hexapla, die Ursprache war wahrscheinlich Griech. oder Hebr.

Das Buch hat fünf Kap., die sich in vier Teile gliedern. Teil 1 (1,1–14) beschreibt, wie B. sein Buch im 5. Jahr nach der Zerstörung des Tempels vor den jüd. Führern u. a. Zuhörern in Babylon verliest (ca. 582 v. Chr.). Die Zuhörer weinten, fasteten, beteten und sammelten eine Geldspende, die zus. mit der Bitte, für die Deportierten zu beten und das Buch B. zu verlesen, nach Jerusalem geschickt wurde. Teil 2 (1,15–3,8) ist ein Bußgebet, das die Juden in Babylon schrieben und nach Jerusalem sandten. Ein Gedicht über die Thora, die Quelle der Weisheit, die vom Volk Israel verlassen wurde, folgt im 3. Teil (3,9–4,4). Der letzte Teil besteht aus zwei Klage- und Trostgedichten: Jerusalem tröstet die Gefangenen und macht ihnen Hoffnung, daß »der Ewige euch erretten wird« (4,22–29). Das zweite Gedicht ist eine tröstende Versicherung an Jerusalem (4,30–5,9), daß seine Kinder gesammelt und zu ihm zurückgeführt werden (5,5–6). In der Vulgata ist der Brief des Jeremia das Kap. 6 des Buches B., aber es sollte als gesonderte apokryph. Schrift betrachtet werden.

BASCHA
. Kön 15,16–17.
19.21–22.27–28.
32–33; 16,1.3–8.
11–13; 21,22;
2. Kön 9,9;
2. Chr 16,1.
3.5–6;
Jer 41,9

BASCHA Sohn des Ahija vom Stamm Issachar, 906–883 v. Chr. König des Nordreichs Israel. B. tötete seinen Vorgänger Nadab, als dieser das philist. Gibbeton belagerte, und löschte die gesamte Familie Jerobeams I. aus (1. Kön 15,27–29), was Ephraims Vorherrschaft über die Nordstämme beendete. Geschützt durch ein Bündnis mit Ben-Hadad I. von Aram-Damaskus, griff er König Asa von Juda an und eroberte Rama (1. Kön 15,16–17). Asa gelang es jedoch, Ben-Hadad auf seine Seite zu ziehen, worauf B. sein Unternehmen abbrach (1. Kön 15,18–22). Er starb eines natürlichen Todes (1. Kön 16,6).

BASCHAN
4. Mose
21,33; 32,33;
5. Mose 1,4;
3,1.3–4.10–11.
13–14; 4,43.47;

BASCHAN Region nordöstlich des Jordan. Der Großteil besteht aus einer fruchtbaren Ebene mit viel Wasser. Sie grenzt an den Berg Hermon im Norden und Gilead im Süden (5. Mose 3,8–10; Jos 12,1–5). Der Jarmuk bildet die Grenze zwischen B. und Gilead. Im Osten dehnt sich B. bis nach Salcha an den Hängen des Jebel-ed-Druz aus (5. Mose 3,10), der einst von Eichenwäldern bedeckt war (Jes 2,13; Hes 27,6). B. war später unter dem Namen Trachonitis bekannt.

Der B. war berühmt für seine fetten Weiden, auf denen große Rinder- und Schafherden weideten (5. Mose 32,14; Jer 50,19 usw.). Bei ihrer Landnahme schlugen die Israeliten Og, den König von B. (Jos 9,10), bei Edreï (4. Mose 21,33–35), und das Gebiet wurde den Familien des Jaïr und des Nobach zugewiesen (5. Mose 3,14; 4. Mose 32,41.42).

Nach der Reichsteilung fiel B. an Israel, aber die Könige von Aram eroberten bald Ramot-Gilead (Mizpa) (1. Kön 22,3ff.; 2. Kön 8,28). Der Rest B.s fiel in den Tagen Jehus an Aram (2. Kön 10,32–33). In der Regierungszeit Joaschs und seines Sohnes Jerobeam II. gehörte das Gebiet wieder zu Israel (2. Kön 13,25; 14,25.28). 732 v. Chr. eroberte es Tiglat-Pileser III. und deportierte viele seiner Bewohner (2. Kön 15,29).

In der pers. Periode wurde ein Bezirk Karnajim eingerichtet, der B. und den Golan einschloß. Judas Makkabäus eroberte einen Teil B.s (1. Makk 5,17–45). 63 v. Chr. verleibte Pompeius B. dem Königreich Ituräa ein. 37 v. Chr. ging es an Herodes d. Gr., nach dessen Tod an seinen Sohn Philippus. 37–44 n. Chr. gehörte B. zum Reich Agrippas I., nach dessen Tod Agrippa II. Dann wurde es von der röm. Provinz Syrien annektiert und nach der administrativen Neugliederung z. Zt. Diokletians (ca. 300 n. Chr.) ein Teil Arabiens.

29,6; 33,22; Jos 9,10; 12,4–5; 13,11–12.30–31; 17,1.5; 20,8; 21,6.27; 22,7; 1. Kön 4,13.19; 2. Kön 10,33; 1. Chr 5,11–12.16.23; 6,47.56; Neh 9,22; Ps 68,16.23; 135,11; 136,20; Jes 2,13; 33,9; Jer 22,20; 50,19; Hes 27,6; 39,18; Mi 7,14; Nah 1,4; Sach 11,2

Landschaft in Baschan

BASEMAT (»Parfüm«).

1. Tochter des Hetiters Elon (1. Mose 26,34) oder Ismaels (1. Mose 36,3) und Frau Esaus. Er heiratete sie, als er 40 Jahre alt war (1. Mose 26,34), und sie gebar ihm Reguël (1. Mose 36,4).

2. Eine Tochter Salomos. Sie heiratete Ahimaaz, den Statthalter Naftalis, des achten Bezirks im Königreich Salomos.

BASEMAT 1
1. Mose 26,34; 36,3–4.10.13.17
BASEMAT 2
1. Kön 4,15

BAT-RABBIM (»Tochter der Vielen«). Ein Tor bei »den Teichen von Heschbon« im Hohenlied.

BAT-RABBIM
Hld 7,5

BATSEBA (»Tochter der Fülle«). König Davids Lieblingsfrau und Mutter von Salomo, dem Nachfolger Davids. In späten bibl. Quellen auch Batschua genannt (so im Grundtext von 1. Chr 3,5). Ihr Vater war Eliam (2. Sam 11,3; 1. Chr 3,5). Sie war vermutlich nichtjüd. Herkunft. Ihr Großvater war Ahitofel der Giloniter (2. Sam 23,34), Davids weiser Berater (2. Sam 15,12). Urspr. war B. die Frau des Hetiters Uria (2. Sam 11,3) – bis David sie beim

BATSEBA
2. Sam 11,3; 12,24; 1. Kön 1,11.15–16.28.31; 2,13.18–19

Baden beobachtete und zu sich befahl. Als B. schwanger geworden war und David vergeblich versuchte, Uria noch »rechtzeitig« mit seiner Frau schlafen zu lassen, folgte dem Ehebruch der Mord: David ließ Uria auf dem Schlachtfeld umkommen; jetzt konnte er B. heiraten, und sie gebar ihm einen Sohn (vgl. 2. Sam 11).

Durch den Hofpropheten Nathan zog Gott David für seine Sünde zur Rechenschaft (2. Sam 12). David tat Buße, mußte aber die Strafe tragen: Das Kind B.s starb (2. Sam 12,15–23), und es kam zu Aufständen und Bluttaten in seiner Familie (2. Sam 12,10–12; vgl. 13; 16,21–22; 18,14–15).

Das zweite Kind von David und B. war Salomo (2. Sam 12,24). Als David alt geworden war, gelang es B. und Nathan, Salomo zu seinem Nachfolger salben zu lassen und so die Pläne Adonijas, der sich bereits zum König ausrufen ließ, zu vereiteln (1. Kön 1). Weniger Erfolg hatte B., als sie nach Davids Tod bei Salomo Fürsprache für Adonija einlegte, der die letzte Nebenfrau Davids für sich haben wollte; Salomo deutete die Bitte als Versuch, den Thron an sich zu reißen, und ließ Adonija töten (1. Kön 2,13–25).

Nach 1. Chr 3,5 hatte B. weitere drei Söhne: Schammua, Schobab und Nathan. Sie wird im Stammbaum Jesu als »die Frau des Uria« erwähnt (Mt 1,6).

BAUMATERIALIEN

HOLZ. Bevor im 19. Jh. n. Chr. die letzten Wälder durch die Türken zerstört wurden, war Palästina ein ziemlich dicht bewaldetes Gebiet (vgl. Jos 17,15; 2. Kön 19,23; usw.). Die einfachen Leute verwendeten das billige Holz des Maulbeerfeigenbaums (1. Kön 10,27; Jes 9,9), Paläste und die Häuser der Reichen wurden aus Zedern und Zypressen aus dem Libanon und Syrien errichtet (1. Kön 5,20 ff.) sowie aus Almug-Bäumen (eine Art Sandelholz) aus Ofir (1. Kön 10,11). Im ganzen wurde Holz in Palästina selten verwendet.

STEIN. Da ein großer Teil Palästinas aus felsigen Bergen besteht, war Stein das häufigste Baumaterial. In Galiläa herrschte Basalt vor, in der Küstenebene Sandstein *(Kurkar)*; selbst eine so große Stadt wie Cäsarea war fast ausschließlich aus diesem nicht bes. schönen Stein erbaut. In den gebirgigen Gegenden stand ein festerer Kalkstein zur Verfügung, der poliert und geglättet werden konnte. Bis z. Zt. Salomos wurden selten Quadersteine verwendet. Mauern und Häuser, ja sogar Tempel und Paläste wurden mit Geröll oder grob zugehauenen Steinen gebaut.

Die Einführung von Eisenwerkzeugen vereinfachte die Steinbearbeitung. Ein gutes Beispiel für eine Mauer aus behauenen Steinen wurde im isrl. Samaria gefunden. Die Steine waren an drei oder vier Seiten geglättet, hatten sauber polierte Ränder und eine hervorstehende Rundung. Im isrl. Megiddo wurden Quadersteinpfeiler in regelmäßigen Abständen in eine Bruchsteinmauer eingefügt. In der hell. Periode wurden bearbeitete Steine häufiger.

In hell. Zeit wurden vergleichsweise kleine Steine verwendet. In frühröm. Zeit dagegen, bes. unter Herodes, arbeitete man mit Blöcken bis zu 9 m Länge. Der Stein wurde an den Rändern geglättet, so daß eine flache oder in der Mitte hervorstehende Rundung entstand.

Seit der Erfindung des Bogens in frühröm. Zeit konnte Stein auch zur Abdeckung des Daches verwendet werden. Seit dieser Zeit wurden aus Ägypten auch Granit und Porphyr für Säulen, Bodenbelag und Wandverkleidungen importiert. Es scheint, daß Marmor erst ab dem 2. Jh. n. Chr. eingeführt wurde.

ZIEGEL waren das häufigste und billigste Baumaterial in den Tälern und Ebenen. In frühester Zeit wurde Lehm zu unregelmäßigen Klumpen geformt, die in der Sonne getrocknet wurden. Später grub man ein Loch in den Boden und füllte es mit Wasser; der so hergestellte Lehm wurde mit Stroh vermischt (2. Mose 5,7–13) und gestampft, bis er zu einer dicken, geschmeidigen Masse wurde. Diese wurde zunächst mit den Händen zu Ziegeln geformt; später verwendete man eine Holzform. Die Ziegel wurden dann zum Trocknen in die Sonne gelegt. Dieses recht primitive Verfahren

Babyl. Tafel mit Bauanweisungen; 1800 v. Chr. (British Museum).

Wandmalerei in der Grabkammer des Rechmire, Ägypten. Sie zeigt Sklaven, die Ziegel herstellen und eine Wand bauen; 15. Jh. v. Chr.

wurde bis zur röm. Periode angewandt. Die enorme Bautätigkeit, die nun begann, erforderte eine schnellere Herstellung und haltbarere Ziegel, die sich auch für Aquädukte, große Gewölbe usw. eigneten. Der gebrannte Ziegel kam auf (obgleich er möglicherweise bereits in der Eisenzeit bekannt war). Der röm. Ziegel war sehr dünn und quadratisch, rechteckig, rund oder polygonal. Dachziegel wurden auf die gleiche Weise hergestellt, wodurch das Dachdecken billiger wurde.

MÖRTEL. In isrl. Zeit wurde ein Gemisch aus Kalk, Sand, Asche und Wasser zum Verputzen von Zisternen und Reservoirs verwendet. In der Römerzeit wurde die Qualität des Mörtels erheblich verbessert, und er wurde beim Bau von Brücken, Aquädukten, Theatern, Stadien, Hippodromen, Gewölben, Kuppeln usw. verwendet. Manche Wasserreservoirs aus röm. Zeit halten noch heute Wasser.

BAUM DER ERKENNTNIS Baum im Garten Eden (1. Mose 2,16–17; 3,1–24). Gott erlaubte Adam, von allen Bäumen des Gartens zu essen, ausgenommen vom Baum der Erkenntnis des Guten und des Bösen, »denn an dem Tage, da du von ihm issest, mußt du des Todes sterben« (1. Mose 2,17). Auch Eva kannte das Verbot (1. Mose 3,1–3). Dennoch wurde sie durch die Schlange dazu verführt, von der Frucht des Baumes zu essen, »und gab ihrem Mann, der bei ihr war, auch davon, und er aß« (1. Mose 3,6). Adam, Eva und die Schlange wurden von Gott für ihren Ungehorsam bestraft (1. Mose 3,13–24).

Die Bibel gibt keine Erklärung über die genaue Art der »Erkenntnis«, die durch das Essen der Frucht zu erwerben war, jedoch zeigen sich bald die Folgen des Sündenfalls für Adam und Eva: »Da wurden ihnen beiden die Augen aufgetan, und sie wurden gewahr, daß sie nackt waren ...« (1. Mose 3,7) – die Erkenntnis der Schuld und die damit verbundene Scham.

Das NT und das Christentum sehen dieses Geschehen als Beleg für die Lehre von der Ur- bzw. Erbsünde an (Röm 5,12 ff.). Vgl. SÜNDENFALL.

BAUM DES LEBENS Der Baum des Lebens repräsentiert die Unsterblichkeit; wer von ihm ißt, lebt ewig. Die Bibel beginnt und endet mit Hinweisen auf solch einen Baum (1. Mose 2,9; 3,22.24; Offb 2,7; 22,2.14). Er wird auch in einigen apokryphen Schriften erwähnt.

Im alten Nahen Osten war die Idee des B. d. L. in mancherlei Formen verbreitet. Im Gilgamesch-Epos erzählt Utnapischtim dem Gilgamesch, daß das Essen einer bestimmten Pflanze vom Meeresgrund Verjüngung bewirke. In Ägypten genießt der Pharao vom Lebensbaum im himmlischen Reich des Gottes Re. Die Sumerer sprachen von einer Art B. d. L. im Lande Dilmun, der im Tempel des Apsu in Eridu dargestellt war.

Adam und Eva essen vom Baum der Erkenntnis (1. Mose 3,5–8) und werden daraufhin aus dem Garten vertrieben, »daß er (der Mensch) nur nicht ausstrecke seine Hand und breche auch von dem B. d. L. und esse und lebe ewiglich!« (3,22). Dies wurde oft als Mythos verstanden, versteht sich jedoch

Baum des Lebens, dargestellt auf einem Fußbodenmosaik aus dem 8. Jh. n. Chr. im Palast des Kalifen Hischam, nahe Jericho.

(Mitte) Kylix mit Bemalung, die den Baum des Lebens darstellt; 8. bis 9. Jh. v. Chr. (Israel Museum).

(links) Ausschnitt aus einem kanaanitischen Kultstandbild aus dem späten 10. Jh. v. Chr.; dargestellt sind zwei Ziegen, die von einem Lebensbaum fressen (Israelische Regierungsabteilung für Altertümer und Museen).

selbst als einen ebenso histor. Bericht wie die restlichen Kapitel des 1. Buches Mose. Zu Mythologien über die Anfänge der Menschheit aus dem übrigen antiken Nahen Osten bestehen beträchtliche Unterschiede.

In Hes 47,1–12 fließt heiliges Wasser, der Strom des Lebens, aus dem Tempel (vgl. Joel 4,18; Sach 14,8), und an seinen Ufern wachsen »allerlei fruchtbare Bäume … Ihre Früchte werden zur Speise dienen und ihre Blätter zur Arznei« (V. 12). Jedoch erscheint hier nicht ausdrücklich das Wort »B. d. L.«. In den Sprüchen Salomos wird die Weisheit als B. d. L. verstanden für solche, die sie besitzen (3,18). In Spr 11,30; 13,12 und 15,4 steht der B. d. L. als bildlicher Gegensatz zu Krankheit und Tod.

Dem Buch der Offenbarung geht es v. a. um die zukünftige Möglichkeit, vom B. d. L. essen zu können. Die Endgeschichte berührt sich mit der Urgeschichte, das kommende Reich Gottes ist eine vollkommene Verwirklichung des Paradieses. Teil dieser Hoffnung für die Glaubenden ist, zu essen »von dem B. d. L., der im Paradies Gottes ist« (Offb 2,7). Offb 22,1–2 beschreibt den Strom des Lebens mit den Bäumen des Lebens an seinen Ufern. Man kann den Zugang zu ihm verfehlen, doch: »Selig sind, die ihre Kleider waschen, daß sie teilhaben an dem Baum des Lebens« (22,14).

BAZLUT Esr 2,52; Neh 7,54

BAZLUT (»Entblößung«). Oberhaupt einer Familie von Tempeldienern (»Netinim«), die mit Serubbabel aus dem Exil zurückkehrten.

BEALJA 1. Chr 12,6

BEALJA (»Ja ist Herr«). Einer der Männer des Stammes Benjamin, die sich David in Ziklag anschlossen (1. Chr 12,1.6).

BEALOT (»Herrinnen«).

BEALOT 1 Jos 15,24

1. Stadt im Süden Judas nahe der Grenze zu Edom. Möglicherweise ein anderer Name für Baalat-Beer.

BEALOT 2 1. Kön 4,16

2. Stadt im Stammesgebiet Assers; Hauptort eines von Salomos zwölf Bezirken. In einigen Übersetzungen erscheint der Name als »Alot« und »be« wird als »in« gedeutet.

BEBAI (»Gott ist Vater«).

1. Familie, die mit Serubbabel aus Babylon zurückkehrte. Sie zählte 628 Personen (nach Neh 7,16) bzw. 623 (Esr 2,11).

2. Einer von denen, die Nehemias Abmachung, das Gesetz zu halten, unterzeichneten. Wahrscheinlich das Oberhaupt der Familie.

BEBAI 1 Esr 2,11; 8,11; 10,28; Neh 7,16
BEBAI 2 Neh 10,16

BECHER (»Junges Kamel«).

1. Der zweite Sohn Benjamins.

2. Der zweite Sohn Ephraims und Vater der Sippe Becher.

BECHER 1 1. Mose 46,21; 1. Chr 7,6.8
BECHER 2 4. Mose 26,35

BECHORAT (»Erstgeburt«). Sohn des Afiach vom Stamm Benjamin und einer der Vorfahren Sauls (1. Sam 9,1–2).

BECHORAT 1. Sam 9,1

BEDAD (»Einsiedler«). Vater König Hadads von Edom.

BEDAD 1. Mose 36,35; 1. Chr 1,46

BEDAN (»Sohn des Dan«). Mann vom Stamm Manasse. Sohn des Ulam.

BEDAN 1. Chr 7,17

BEDJA (»Im Schutze des Herrn«). Einer der drei »Söhne des Bani«, der sich unter Esra von seiner ausländischen Frau trennen mußte (Esr 10,2.11.35).

BEDJA Esr 10,35

BEELJADA (»Baal ist Wissender« [»der Herr weiß es«]). Einer der Söhne Davids von einer seiner Frauen in Jerusalem (1. Chr 14,3.7).

BEELJADA 1. Chr 14,7

BEELZEBUL (Vulgata: BEELZEBUB). Ein Name für den Herrscher der Dämonen, der sich auf Baal-Sebub, den Gott der Philister von Ekron, bezieht (2. Kön 1,2). Die Entstehung beider Namen wird noch diskutiert. Die Pharisäer behaupteten, daß Jesus B. dazu benutzte, Dämonen auszutreiben. B. wurde mit dem Satan identifiziert, und Jesus antwortete ihnen: »Wenn nun der Satan den Satan austreibt ...?«, und zeigte, wie die Austreibung der Dämonen die Befreiung eines Menschen bedeutet (Mt 12,26.43–45; Lk 11, 24–26). Jesus nennt die Verleumdung der Pharisäer »Lästerung gegen den Geist« (Mt 12,22–32; Lk 11,14–23). Siehe auch SATAN, DÄMONEN.

BEELZEBUL Mt 10,25; 12,24.27; Mk 3,22; Lk 11,15.18–19

BEER (»Brunnen«).

1. Ein Rastplatz auf dem Weg der Israeliten ins Gelobte Land. Auf Befehl Moses gruben sie dort einen Brunnen (4. Mose 21,16–18). Die meisten Gelehrten lokalisieren den Ort nördlich des Arnon, nahe des Wadi Tamed, wo noch heute direkt unter der Erdoberfläche Wasser ist.

2. Der Ort, wohin Jotam, der Sohn Gideons, aus Furcht vor seinem Bruder Abimelech floh. Wahrscheinlich 16 km nordwestlich von Bet Schean.

BEER 1 4. Mose 21,16
BEER 2 Ri 9,21

BEERA (»Brunnen«).

1. Einer der Söhne des Zofach im Stammbaum Assers.

2. Ein Führer oder Fürst des Stammes Ruben, der von Tiglat-Pileser III. in die babyl. Gefangenschaft geführt wurde.

BEERA 1 1. Chr 7,37
BEERA 2 1. Chr 5,6

BEER-ELIM (»Brunnen der Helden«). Ort in Moab, vom Propheten Jesaja erwähnt. Vielleicht BEER (2).

BEER-ELIM Jes 15,8

BEERI (»Mein Brunnen [ist Gott]«).

1. Beeri der Hetiter. Vater der Jehudit, die Esau heiratete.

2. Vater des Propheten Hosea.

BEERI 1 1. Mose 26,34
BEERI 2 Hos 1,1

BEEROT (»Brunnen«). Eine der vier Städte der Gibeoniten, die von Josua verschont wurden, nachdem die Israeliten durch die List ihrer Einwohner

BEEROT Jos 9,17; 18,25; 2. Sam 4,2; Esr 2,25; Neh 7,29

In der Umgebung von Beerot.

einen Bund mit ihnen geschlossen hatten (Jos 9). Später im Gebiet von Benjamin (2. Sam 4,2). Wahrscheinlich lag B. an der Stelle des heutigen El-Bireh, 16 km nördlich von Jerusalem.

BEEROT-BENE-JAAKAN 5. Mose 10,6

BEEROT-BENE-JAAKAN (»Die Brunnen der Söhne des Jaakan«).

Ort nahe der Grenze zu Edom, wo Aaron starb und begraben wurde (siehe BENE-JAAKAN). Vielleicht ein anderer Name für Beerot.

BEEROTITER 1 2. Sam 4,3
BEEROTITER 2 2. Sam 23,37; 1. Chr 11,39

BEEROTITER Einwohner von Beerot.

1. Rimmon der Beerotiter; der Vater von Baana und Rechab (2. Sam 4,2), die Isch-Boschet ermordeten.

2. Nachrai der Beerotiter, »Waffenträger Joabs, des Sohnes der Zeruja«, einer von Davids »Helden«.

BEERSCHEBA 1. Mose 21,14.31–33; 22,19; 26,23.33; 28,10; 46,1.5; Jos 15,28; 19,2; Ri 20,1; 1. Sam 3,20; 8,2; 2. Sam 3,10; 17, 11; 24,2.7.15; 1. Kön 5,5; 19,3; 2. Kön 12,2; 23,8; 1. Chr 4,28; 21,2; 2. Chr 19,4; 24,1; 30,5; Neh 11,27.30; Am 5,5; 8,14

BEERSCHEBA (»Brunnen der Sieben, Schwurbrunnen«). Ort im Negeb. Die Diener Abimelechs, des Königs von Gerar, hatten einen Brunnen besetzt, der Abraham gehörte; zur Schlichtung schlossen Abraham und Abimelech einen Bund (hebr. *shebua,* daher der Name B. = »Brunnen des Schwures«) (1. Mose 21,22–32). B. könnte auch »Brunnen der sieben Mutterschafe« (vgl. V. 28–30) bedeuten. Abraham pflanzte dort eine Tamariske, rief den Namen des HERRN an (1. Mose 21,33) und siedelte dort (1. Mose 22,19). Auch Isaak schloß in B. einen Bund mit Abimelech und grub einen Brunnen (1. Mose 26,22–33). Später opferte Jakob in B. (1. Mose 46,1–4).

(links) Judäische Vorratsräume in Tell-es-Seba.

Krater aus Tell Beerscheba mit den eingravierten hebr. Buchstaben kds (»heilig«) (Israel-Museum).

Elfenbeinfiguren der chalkolithischen Periode aus Bir-es-Safadi, südlich von Beerscheba (Israel-Museum).

Nach der Landnahme Israels lag B. im Stammesgebiet von Simeon in Juda (Jos 19,2), in der Richterzeit war es bereits eine Stadt, vielleicht sogar die Hauptstadt eines Bezirks (1. Sam 8,2). Die Bedeutung B.s zeigt sich in der Redewendung »von Dan bis B.« (Ri 20,1; 1. Sam 3,20; 2. Sam 3,10 usw.).

Der Prophet Amos erwähnt B., zus. mit Dan, Bethel und Gilgal, als eines der (widergöttlichen) religiösen Zentren Israels (Am 5,5; 8,14). König Josia von Juda schaffte alle Höhenheiligtümer zwischen Geba und B. ab (2. Kön 23,8). B. wurde nach dem babyl. Exil neu besiedelt (Neh 11,27); später bildete es wahrscheinlich die südliche Grenze von Idumäa.

Das bibl. B. wird mit Tell-es-Seba, 5 km östlich des modernen Beerscheba, identifiziert. Ausgrabungen brachten Reste von sechs befestigten isrl. Städten ans Licht (11.–7. Jh. v. Chr.). Ferner fand man Überreste einer röm. Festung. Im Gebiet der modernen Stadt, die an der Stelle der byz. errichtet wurde, fand man Gräber aus der Eisenzeit.

BEËSCHTERA Jos 21,27

BEËSCHTERA (»Haus der Astarte«). Stadt östlich des Jordan, die der Familie des Gerschon gegeben wurde (Jos 21,27), als Josua das Land aufteilte (Jos 21,1–3). Viele halten sie für identisch mit Aschtarot (1. Chr 6,56).

BEGRÄBNIS Die Bibel betont die unbedingte Notwendigkeit eines angemessenen B. Die Verweigerung der Bestattung ist eine der schwersten

Sarkophag aus Bet Schearim, verziert mit Tierfiguren.

(rechts) Fassade einer der Katakomben in der Nekropolis von Bet Schearim, Galiläa, 2. bis 4. Jh. n. Chr.

Sargdeckel der Philister, der Gestalt eines Mannes nachempfunden, aus Bet-Schean (Israelische Regierungsabteilung für Altertümer und Museen).

Strafen; die Propheten verfluchten böse Könige oft, indem sie ihnen ansagten, ihre Leichname würden den wilden Tieren vorgeworfen (1. Kön 14,11; 16,4; 21,19.24; 2. Kön 9,10.25–26; Jes 14,19–20; Jer 22,19). Die normale Bestattungsweise war die Beisetzung in einem Familiengrab. Könige wie einfache Leute hofften, im Grab mit ihren Vorfahren vereint zu werden. Wenn jemand weit entfernt von seinem Wohnort starb, galt es als höchst lobenswert, den Leichnam in sein Familiengrab zu überführen (1. Mose 47,30; 2. Chr 25,28).

Trotz der großen Bedeutung des B. nennt die Bibel nur wenige Einzelheiten der Zeremonie selbst. Nur in einem Falle erfolgt eine recht genaue Beschreibung (2. Chr 16,14; vgl. 2. Chr 21,19–20; Jer 34,5), die offenbar auf eine Feuerbestattung hinweist.

Nach dem Gesetz des Mose bewirkten Leichname, Totengebeine und Gräber eine rituelle Verunreinigung, die einen siebentägigen Reinigungsritus erforderlich machte (4. Mose 19,14–16). Daher lagen zu keiner Zeit in Israel die Friedhöfe innerhalb der Wohnorte, mit Ausnahme der Gruft der Davidsdynastie in Jerusalem. Wenn eine Stadt sich außerhalb der Stadtmauern ausdehnte, wurden die alten Gräber verlegt. So verfuhr man in Jerusalem im 7. Jh. v. Chr. und erneut z. Zt. des Zweiten Tempels. Tiberias am See Genezareth wurde von Herodes Antipas als Residenzstadt auf den Gräbern der Fremden, die in den dortigen Thermen Heilung suchten, erbaut. Darum wurde dieser »unreine Ort« von frommen Juden gemieden. Zum Aufbau von Tiberias mußte Herodes Antipas Bettler und Landstreicher »von den Landstraßen und Zäunen« holen (vgl. Lk 14,23 das Gleichnis von der »großen Einladung«). Diese Leute suchten Jesus auf, zumal er Tiberias nie besucht hat (Joh 6,23).

Die Archäologie hat das bibl. Zeugnis in vielen Punkten bestätigt. Am häufigsten war das Gemeinschaftsgrab in einer aus dem Felsen geschlagenen Familiengruft. Solch ein Grab bestand oft aus mehreren Kammern, mit Steinbänken, auf die die Toten für eine gewisse Zeit gelegt wurden. Wenn dieser Platz für weitere B. gebraucht wurde, sammelte man die Gebeine ein und schichtete sie auf dem Boden der Kammer auf bzw. legte sie in eine besondere Grube oder in eine kleine Nebenkammer. Die Sammlung der Totengebeine wurde aus den kanaan. Begräbnisbräuchen übernommen. Es war auch üblich, den Toten reichlich Keramikgefäße oder Schmuckstücke, Waffen und Siegel beizulegen. Durch die Sammlung der Gebeine konnten in einem Familiengrab die Verstorbenen vieler aufeinanderfolgender Generationen Platz finden. Nirgendwo fanden sich in den erforschten Grabkammern aus der Zeit des Ersten Tempels Anzeichen für die Praxis der Feuerbestattung.

Der Brauch, die Toten auf die Steinbänke der Grabkammern zu legen und später die Gebeine zu sammeln, wurde nach der Rückkehr aus dem babyl. Exil mit geringen Veränderungen fortgeführt. Erst in der Hasmonäerzeit um 100 v. Chr. trat eine bedeutende Neuerung unter den jüd. Familien Jerusalems und Judäas ein; von nun an wurden die Toten nicht mehr auf Steinbänke, sondern in *loculi*, in lange, schmale Vertiefungen in den Wänden der Grabkammer gelegt. Jede dieser Vertiefungen (hebr. *kuchim*) war für einen Leichnam bestimmt und konnte durch eine passende Steinplatte verschlossen werden. Ein Familiengrab bestand gewöhnlich aus mehreren Kammern, die jeweils mehrere *kuchim* in den Wänden besaßen. Der Haupteingang wurde mittels eines großen und schweren Rollsteins verschlossen. Die Fassade eines Grabmals war oft mit Reliefmotiven aus der Pflanzenwelt reich verziert; vor dem Eingang befand sich ein größerer Vorhof. Dieser neue Typ von Begräbnisstätte, der urspr. wohl aus Alexandrien in Ägypten stammte, entzog den Prozeß der Verwesung dem direkten Anblick. Auch hier wurden nach einem Jahr die Gebeine der Toten gesammelt; doch anstatt sie zu einem gemeinsamen Lagerplatz zu bringen, wurden sie nun in kleinen, individuellen Steinkästen, den Ossuarien, beigesetzt. Diese waren oft verziert und trugen meist den Namen des Verstorbenen.

Hauptsächlich in der Umgebung Jerusalems wurden zahlreiche *kuchim*-Gräber entdeckt. Das Familiengrab Josefs von Arimathäa, in das Jesus nach der Kreuzigung gelegt wurde, muß ein Grab dieser Art gewesen sein (Mt 27,57–60).

Eine römische Dame in einem Korbstuhl läßt sich von zwei anderen Frauen kämmen, von denen eine einen Spiegel hochhält. Steinrelief aus dem 1. Jh. v. Chr. (Rheinisches Landesmuseum, Trier).

BEKLEIDUNG Da aus vorbibl. Zeiten und aus der Periode des AT keinerlei Kleidungsstücke erhalten sind, muß man sich an den in den Nachbarländern gefundenen Statuen, Reliefs und Wandmalereien orientieren, um eine Vorstellung davon zu bekommen, wie die alten Israeliten gekleidet waren. Eine ägypt. Wandmalerei aus der 12. Dynastie zeigt aus dem Osten kommende Händler, von denen einige eine Art langer Tunika tragen, die den ganzen Körper vom Hals bis zu den Knöcheln bedeckt, während andere mit einem kurzen Rock bekleidet sind, der von der Hüfte bis zu den Knien reicht. Diese Kleidungsstücke scheinen aus einfachem weißem Leinen gefertigt gewesen zu sein, andere jedoch offensichtlich aus bunten, in Streifen angeordneten Wollbahnen. Das Gewand, das Josef trug, war eine lange Tunika (1. Mose 37,3).

Kanaanitische Männer (oben) und Frauen (unten) auf der Wandmalerei eines ägyptischen Grabes, 14. Jh. v. Chr.

(oben rechts) Stoffstück aus dem 1. Jh., gefunden in der Judäischen Wüste (Israelische Regierungsabteilung für Altertümer und Museen).

(unten rechts) Sandale aus dem 1. Jh., gefunden in der Festung Masada, dem letzten Bollwerk des Widerstandes gegen die Römer nach dem Fall Jerusalems und der Zerstörung des Tempels (Israelische Regierungsabteilung für Altertümer und Museen).

Die Bibel überliefert kaum Informationen über die Kleidung der frühisrl. Zeit. Achan nahm »einen kostbaren babyl. Mantel« (Jos 7,21); die Gibeoniter trugen alte Gewänder (Jos 9,13); Debora spricht von einer Beute von »bunt gestickten Kleidern und gewirkten bunten Tüchern« (Ri 5,30); bei Simsons Heirat und seinem Rätsel werden 30 »Gewänder« und »Feierkleider« erwähnt (Ri 14,12). Über die Bekleidung während der Zeit des isrl. Königtums ist etwas mehr bekannt. Die Armen besaßen nur einen Mantel (2. Mose 22,26; 5. Mose 24,13). Wohlhabendere Leute hatten mehrere und bessere Kleider (Jes 3,22; vgl. Lk 15,22). Offenbar bestand die Kleidung damals aus einer Art Untergewand, welches den unteren Teil des Körpers bedeckte, sowie einem Obergewand (2. Sam 13,18–19 »Ärmelkleid«; vgl. Joh 21,7), wobei letzteres den gesamten Körper und einen Teil der Arme bedeckte (vgl. Mt 10,10; Mk 6,9). Die Frauen trugen zusätzlich Hauben, Schleier u. a. Kleidungsstücke, die nicht genau zu bestimmen sind (vgl. Jes 3,18–23). Im NT wird der Schleier im übertragenen Sinne genannt (2. Kor 3,13ff.).

Aus der röm. Zeit gibt es sehr viel mehr Hinweise zur Bekleidung. Die jüd. Gewänder unterscheiden sich nicht wesentlich von denen, die damals im gesamten Mittelmeerraum getragen wurden; jedoch wurde das mosaische

Gesetz, das die Mischung von Wolle mit Leinen verbietet, beachtet. Einigen Funden zufolge war das Grundgewand eine Tunika aus zwei gleichlangen, am oberen Ende zusammengefügten Wollbahnen mit einem Schlitz für die Halsöffnung. Sie war mit zwei Längsstreifen geschmückt und rot, gelb oder schwarz (mit Kontraststreifen derselben Farben) oder vielfarbig. Ein anderes Kleidungsstück war der Mantel (hebr. *tallit,* lat. *pallium,* griech. *himation*). Er war aus einem einzigen Wollstück gefertigt und wurde über der Tunika getragen. Die Mäntel waren gelb oder braun und mit Winkelstreifen oder Schachbrettmustern geschmückt. Einige hatten das Zeichen des Webers eingewoben. Zum Mantel gehörten wollene Fransentücher in einer Vielzahl von Farben.

In den Höhlen der Judäischen Wüste fand man zahlreiche Ledersandalen, die aus verschiedenen aneinandergenähten Lederstücken bestanden. Um die Ferse und den großen Zeh verliefen Lederstreifen für einen festen Halt, die mit Schuhriemen gebunden wurden (Jes 5,27; Mk 1,7; Lk 3,16).

Bei den hell. Mysterien wurde der Myste in das Gewand der Gottheit eingekleidet. Auf diese Weise wurde ihm Anteil an der Gottheit vermittelt. Paulus vergleicht die Taufe auf Christus mit einer solchen *Einkleidung* (Gal 3,27). Er ermahnt die Christen, »den neuen Menschen anzuziehen« (Eph 4,24; 6,11; Kol 3,10.12.14).

BEL
Jes 46,1; Jer 50,2; 51,44

BEL (»Meister, Herrscher«). Ein anderer Name für Marduk (Merodach im AT), den obersten babyl. Gott. Seine Erniedrigung symbolisiert den Zusammenbruch des babyl. Reiches (Jes 46,1–2; Jer 51,44). Der Name erscheint in Jer 50,2 als Synonym für Merodach.

BELA 1
1. Mose 36,32–33; 1. Chr 1,43–44
BELA 2
1. Mose 46,21; 4. Mose 26, 38.40; 1. Chr 7,6–7; 8,1.3
BELA 3
1. Chr 5,8
BELA 4
1. Mose 14,2.8

BELA (»Schlund, Verschlinger«).

1. Bela, der Sohn des Beor; der erste König von Edom. Seine Hauptstadt war Dinhaba (1. Mose 36,32).

2. Der älteste Sohn des Benjamin.

3. Einer der Nachkommen Rubens, Sohn des Asas und Enkel des Schema (1. Chr 5,8). »Der wohnte zu Aroër und bis nach Nebo und Baal-Meon und wohnte nach Osten zu bis an die Wüste am Euphratstrom« (1. Chr 5,8–9) z. Zt. König Sauls (1. Chr 5,10).

4. Stadt des fünften Königs in der Koalition gegen Kedor-Laomer (1. Mose 14,2.8). Ein anderer Name für Zoar. Nach Meinung einiger Gelehrter bezieht sich der Name B. auf den König und nicht auf seine Stadt.

BELAITER
4. Mose 26,38

BELAITER Die Familie Belas (2) in der Linie Benjamins; bei der Volkszählung unter Mose und Eleasar genannt (4. Mose 26,38).

BELIAR
2. Kor 6,15

BELIAR (»Nichtsnutz«). Ein hebr. Wort, das sich auf eine böse Person und Bosheit allgemein bezieht und sogar auf den Tod und die Unterwelt; in 2. Kor 6,15 ein Name für den Satan.

BELSAZAR
Dan 5,1.9.22. 29–30; 7,1; 8,1

BELSAZAR (»O Bel [wörtlich übersetzt »Herr«, ein Name Marduks, des Schutzgottes Babylons], beschütze den König«). Der älteste Sohn des Nabonid, des letzten Königs des neubabyl. (auch chald. genannten) Reiches, der 555–539 v. Chr. regierte. Während sich Nabonid in Nordwestarabien aufhielt (552–542 v. Chr.), regierte B. an seiner Stelle in Babylon. Weil er als Mitregent des Nabonid eingesetzt war (auf den sich das Buch Daniel bezieht), wird B. als der Sohn Nebukadnezars (Dan 5,18.22), als König von Babel (Dan 7,1), als König der Chaldäer (Dan 5,30) oder einfach als »der König« (Dan 5,1) bezeichnet. Nach Dan 5 erschien die geheimnisvolle Schrift an der Wand als Antwort auf B.s Gotteslästerung, die darin bestand, Wein aus Pokalen aus dem Tempelschatz von Jerusalem zu trinken. In der Nacht, in der Daniel die Schrift deutete, wurde B. ermordet, und der Meder Darius erbte sein Königreich.

BELT-SCHAZAR
Dan 1,7; 2,26; 4,5–6.15–16; 5,12; 10,1

BELTSCHAZAR (»Beschütze das Leben des Königs«). Der babyl. Name, der Daniel in der Gefangenschaft gegeben wurde (Dan 1,4.7).

1. Kön 1,8.10. 6.32.36.38.44; 2,25.29–30. 34–35.46; 4,4; Chr 11,22.24; ,17; 27,5–6.34

BEL UND DER DRACHE Zwei apokryphe Ergänzungen zum Buch Daniel; in der LXX am Ende, in der lat. Vulgata in Kap. 14 des Buches. Die zentrale Botschaft ist die Einzigartigkeit des »lebendigen Gottes« Daniels gegenüber den toten Götzen der Heiden.

Mythologische Szene, die einen wasserspeienden Drachen zeigt, Teil eines Kalksteinreliefs von Ebla; 3. Jt. v. Chr. (Aleppo Museum).

Als Daniel behauptet, daß der babyl. Götze Bel ein totes Bild sei, das nicht ißt noch trinkt, fordert König Kyrus ihn auf, dies zu beweisen oder zu sterben (vgl. Dan 3,15–18). Daniel streut Asche auf den Boden des Götzentempels, so daß die Priester und ihre Familien, die nachts immer heimlich von den Opfergaben essen, deutliche Spuren hinterlassen. Der König läßt darauf Bel zerstören und die Priester und ihre Frauen und Kinder töten.

Aber Kyrus ist immer noch nicht von Daniels Gott überzeugt. In der zweiten Erzählung muß Daniel gegen den Drachen kämpfen, den die Babylonier anbeten. Er tötet ihn, indem er ihn mit einem Gemisch aus Pech, Fett und Haaren füttert. Die empörten Babylonier fordern darauf den Tod des Königs oder die Auslieferung Daniels. Vom König in eine Löwengrube geworfen, wird Daniel wunderbar vor den Bestien beschützt und vom Propheten Habakuk mit Lebensmitteln versorgt. Der König befreit ihn, erkennt seinen Gott endlich an und wirft seine Gegner in die Löwengrube.

Eines der Anliegen dieser Erzählungen ist die Verurteilung des Götzendienstes. Entstehungszeit und -ort sind unbekannt; möglicherweise entstanden die Erzählungen im Babylonien des 4.–5. Jh. v. Chr. und waren urspr. auf aram. verfaßt.

BENAJA (»Gott hat gebaut«).

1. Der Sohn des Jojada von Kabzeel, einer von Davids »Helden«. Drei seiner Heldentaten werden in 2. Sam 23,20–23 und in 1. Chr 11,22–25 erwähnt; er erschlug zwei als »Gotteslöwen« bezeichnete Männer von Moab und einen Löwen in einem Brunnen in der Zeit des Schnees und tötete einen Ägypter mit dessen eigenem Speer (ähnlich Davids Tötung des Goliat). David ernannte ihn zum Kommandanten seiner Leibwache (möglicherweise der Kreter und Pleter, (2. Sam 8,18; 20,23; 1. Chr 18,17), und er war Feldhauptmann der Abteilung, die im 3. Monat jedes Jahres Dienst hatte (1. Chr 27,5). Zus. mit dem Priester Zadok und dem Propheten Nathan setzte er sich für Salomo und gegen Adonija als Thronfolger Davids ein (1. Kön 1). Er richtete drei der Gegner Salomos – Adonija, Joab und Schimi – eigenhändig hin (1. Kön 2,25.34.46), und Salomo ernannte ihn zum neuen Oberbefehlshaber des Heeres (1. Kön 2,35).

2. Einer von Davids »Helden«, aus Piraton (2. Sam 23,30; 1. Chr 11, 31). Er war Kommandant der 11. Abteilung der Armee Davids (1. Chr 27, 14).

3. Ein Priester z. Zt. Davids; wirkte als Trompetenbläser bei der Überführung der Bundeslade nach Jerusalem (1. Chr 15,24) und danach (1. Chr 16,6).

4. Einer der Torhüter z. Zt. König Davids, die als Musikanten die Bundeslade nach Jerusalem begleiteten. Er spielte die Harfe (1. Chr 15,18.20; vgl. 1. Chr 16,5).

5. Ein Levit von den Söhnen Asafs, der Großvater des Propheten Jahasiël. Jahasiël ermutigte Joschafat bei dessen Konfrontation mit den Ammonitern und Moabitern.

BENAJA 1
2. Sam 8,18; 20, 23; 23,20.22.30;
BENAJA 2
2. Sam 23,30; 1. Chr 11,31; 27,14
BENAJA 3
1. Chr 15,24; 16,6
BENAJA 4
1. Chr 15,18. 20; 16,5
BENAJA 5
2. Chr 20,14
BENAJA 6
2. Chr 31,13
BENAJA 7
1. Chr 4,36
BENAJA 8
Hes 11,1.13
BENAJA 9–12
Esr 10,25. 30.35.43

Hebr. Kalksteinsiegel mit der Inschrift: »Dem Benavahu (Benaja), dem Sohn des SBLY, gehörend«, 7. Jh. v. Chr. (Israel-Museum).

6. Einer der unter Hiskia ernannten Aufseher über die Vorratskammern des Tempels.

7. Ein Fürst einer simeonitischen Sippe oder Familie, möglicherweise in den Tagen Hiskias (1. Chr 4,36.41).

8. Vater des Pelatja, eines der Oberen des Volkes, dessen Tod Hesekiel voraussagte.

9.–12. Vier Männer, die sich unter Esra von ihren ausländischen Frauen scheiden lassen mußten.

BEN-AMMI
1. Mose 19,38

BEN-AMMI (»Sohn meiner Verwandtschaft«). Der Sohn Lots mit seiner jüngsten Tochter. Er war der Stammvater der Ammoniter. Die Herleitung dieses Namens betont die inzestuöse Herkunft der Ammoniter.

BENE-BERAK
Jos 19,45

BENE-BERAK (»Söhne des Blitzes«). Eine Stadt, die durch das Los dem Stamm Dan zufiel, als Josua das Land Kanaan unter die Stämme verteilte (Jos 18,10; 19,45). Heute mit einem Ort bei Tel Aviv identifiziert.

BENE-JAAKAN
4. Mose 33,31–32;
5. Mose 10,6

BENE-JAAKAN (»Die Söhne des Jaakan«). Einer der Rastplätze der Israeliten auf ihrem Weg von Ägypten ins gelobte Land, zwischen Moserot und Hor-Hagidgad gelegen (4. Mose 33,31–32). Siehe BEEROT – BENE-JAKAAN.

EN-HADAD 1
. Kön 15,18.20;
2. Chr 16,2.4
EN-HADAD 2
1. Kön 20,1.
3.5.9–10.12.
16–17.20.26.
30.32–34;
2. Kön 6,24;
8,7.9
EN-HADAD 3
2. Kön 13,3.
24–25;
Jer 49,27;
Am 1,4

BEN-HADAD (»Sohn des [Gottes] Hadad«). Der Name dreier Könige von Aram.

1. Ben-Hadad I. – Sohn des Tabrimmon, des Sohnes Hesjons (1. Kön 15,18). Er war ein Zeitgenosse König Asas von Juda und König Baschas von Israel. Als zwischen Israel und Juda Krieg ausbrach, griff er trotz eines Vertrages mit Bascha Israels Gebiet in Transjordanien und dem östlichen Galiläa an, da er von König Asa dafür bestochen worden war (1. Kön 15,17–20). Bascha war damit gezwungen, weitere Expansionsversuche aufzugeben. Ben-Hadad konnte seinen Sieg wegen der großen Bedrohung seiner Nordgrenze durch die erneuten Feldzüge des assyr. Königs Adad-Nirari II. nicht ausbauen. Vielleicht stellte dieser Ben-Hadad die Votivstele auf, die dem tyrischen Gott Melkart geweiht war (9. Jh. v. Chr.) und nahe Aleppo (Syrien) gefunden wurde.

2. Ben-Hadad II. (in assyr. Inschriften Aadad-Idri, wahrscheinlich Hadadezer). Ein Zeitgenosse König Ahabs von Israel, gegen den er dreimal Krieg führte. In der ersten Schlacht wurde er von 32 Vasallen unterstützt, aber trotzdem gelang es Ahab, ihn zu besiegen (1. Kön 20,2 ff). Bei Afek wurde er ein zweites Mal besiegt und gefangengenommen (1. Kön 20,26 ff), schloß aber gleich darauf einen Freundschaftsvertrag mit Ahab, gab ihm besetzte Gebiete zurück und stand dann einer Koalition mit den Königen Syriens, Phöniziens und Israels in der Schlacht (gegen Salmanassar III. von Assyrien) von Karkar 853 v. Chr. vor. Diese Koalition zerbrach drei Jahre später, als Ahab mit Unterstützung König Joschafats von Juda Krieg gegen Aram in Ramot Gilead führte, wo er den Tod fand (1. Kön Kap. 22). Nachdem Jehu den Thron von Israel bestiegen hatte, wurde Ben-Hadad II. von Hasaël ermordet (1. Kön 15,18; 2. Kön 8,7–15).

3. Ben-Hadad III. – Sohn des Hasaël und Zeitgenosse der Könige Joahas und Joasch von Israel. Während der frühen Jahre seiner Herrschaft besetzte er den größten Teil des Königreiches Israel (2. Kön 13,3–6), wobei er ihm so schwere Auflagen machte, daß König Ahad-Nirari III. von Assyrien als Befreier ausgerufen wurde, als er seinen Krieg gegen Aram wieder aufnahm und Ben-Hadads Macht 802 v. Chr. brach (2. Kön 13,5).

BEN-HAJIL
2. Chr 17,7

BEN-HAJIL (»Sohn der Kraft«). Ein Oberer Joschafats, des Königs von Juda. Er wurde vom König ernannt, in den Städten Judas das Gesetz zu lehren.

BEN-HANAN
1. Chr 4,20

BEN-HANAN (»Sohn der Huld«). Siehe AMNON (2)

BENINU
Neh 10, 14

BENINU (»Unser Sohn«). Ein Levit und einer der Männer, die den Bund z. Zt. Esras und Nehemias besiegelten.

BENJAMIN, BENJA-MINITER 1
1. Mose 35,
18.24; 42,4.36;
3,14–16.29.34;
44,12;
45,12.14.22;
46,19.21;
2. Mose 1,3;
4. Mose 1,11.
36–37; 2,22;
7,60; 10,24;
13,9; 26,38.
41; 34,21;
5. Mose 27,12;
33,12;
s 18,11.20–21.
28; 21,4.17;
Ri 1,21; 3,15;
5,14; 10,9;
19,14.16; 20,
3–4.10.12–13.
.17–18.20–21.
–25.28.30–32.
35–36.39–42.
44.46.48;
21,1.6.13–18.
20–21.23;
1. Sam 4,12;
9,1.4.16.21;

BENJAMIN, BENJAMINITER (»Sohn meiner rechten Hand« oder »Glückssohn«).

1. Der jüngste Sohn Jakobs und Rahels und Ahnherr des Stammes Ben-

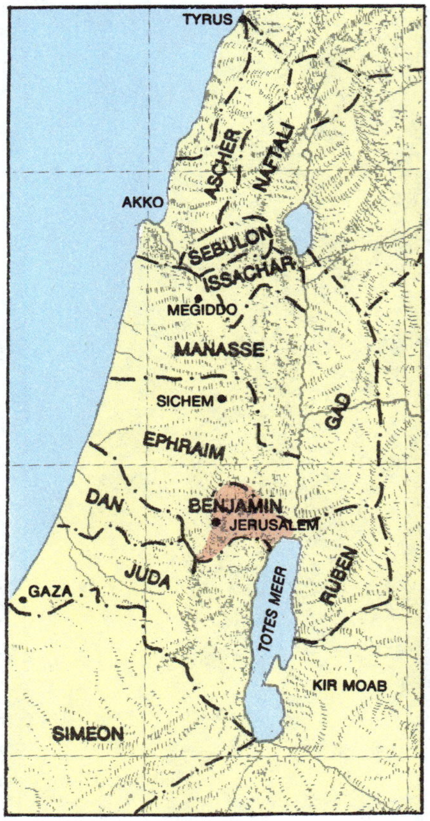

Das Gebiet des Stammes Benjamin.

Landschaft in Samaria im Gebiet Benjamins.

jamin. Das 1. Buch Mose berichtet, daß seine Mutter während der Geburt starb (sie nannte ihn »Ben-Oni«, d.h. »Sohn meines Kummers«, 1. Mose 35, 18). Als Jakob seine Söhne nach Ägypten sandte, als in Israel Hungersnot war, behielt er seinen jüngsten Sohn zu Hause. B.s Vollbruder Josef (s. JOSEF), zu dieser Zeit eine Art Großwesir von Ägypten, bestand jedoch darauf, daß B. zu ihm gebracht wurde. Als die Brüder mit B. wiederkamen, stellte Josef sie auf die Probe: er versteckte seinen Becher in B.s Satteltasche, ließ den »Dieb« ermitteln und wollte ihn als Sklaven behalten. Als die Brüder sich weigerten, B. preiszugeben, bemerkte Josef den Wandel in ihren Herzen: jetzt waren sie bereit, ihr Leben für den jüngsten Bruder zu riskieren. Er gab sich Ihnen zu erkennen, und die ganze Familie wurde freudig vereint (1. Mose 42–45).

Obwohl das Gebiet des Stammes B. klein war (B. war der jüngste Sohn), spielte der Stamm bei der Vereinigung der anderen Stämme während der Zeit der Richter und der frühen Jahre der Monarchie eine wichtige Rolle. Ehud, einer der ersten Richter, war ein Benjaminiter, ebenso Saul, der erste König in Israel (Ri 3,15; 1. Sam 9,16–17). Das Gebiet des Stammes B. erstreckte sich von Ephraim im Norden zu den Bergen Judas im Süden und wurde von mehreren Hauptstraßen durchquert. Die strategische Bedeutung des Landes provozierte Angriffe der Moabiter (Ri 3,12 ff.) und v.a. der Philister (1. Sam 9,16). Der Benjaminiter Saul erlangte den Ruhm eines Befreiers von der Unterdrückung durch die Philister (1. Sam 9,16). Den Kampfeseifer B.s sah schon Jakob in seinem Segen über B. vorher (1. Mose 49,27).

Die Schandtat der Benjaminiter in Gibea an der Nebenfrau eines Fremdlings veranlaßte die anderen Stämme, gegen B. in den Krieg zu ziehen. B. wurde besiegt und viele seiner Angehörigen getötet. Nur durch die Entführung von 600 verheirateten Frauen von Jabesch-Gilead und Schilo wurde die Existenz des Stammes gesichert (Ri, Kap. 19–21). Davids Königreich Juda schloß B. urspr. nicht mit ein, und Schimi, der Sohn Geras, und Scheba, der Sohn Bichris, brachten die benjaminitische Abneigung gegen David zum Ausdruck, den sie als Usurpator Sauls betrachteten (2. Sam 16, 5–13; 20,1–2). Nach der Teilung des Königreiches diente das Gebiet B.s als eine Art Pufferzone zwischen den Königreichen Israel und Juda (1. Kön 15,22). Jeremia war ein Benjaminiter (Jer 1,1), ebenso der Apostel Paulus (Röm 11,1; Phil 3,5).

10,2.20–21; 13, 2.15–16; 14,16; 2. Sam 2,9.15. 25.31; 3,19; 4,2; 16,11; 19,17–18; 20,1; 21,14; 23,29; 1. Kön 2,8; 4,18; 12,21.23; 15,22; 1. Chr 2,2; 6,45.50; 7,6; 8,40; 9,3.7; 11,31; 12,2. 17.30; 21,6; 27,12.21; 2. Chr 11,1.3. 10.12.23; 14,7; 15,2.8–9; 17,17; 25,5; 31,1; 34,9.32; Esr 1,5; 4,1; 10, 9; Neh 11,4. 7.31.36; Est 2,5; Ps 68,28; 80,3; Jer 1,1; 6,1; 17,26; 20,2; 32,8.44; 33,13; 37,12–13; 38,7; Hes 48, 22–24.32; Hos 5,8; Obd V. 19; Sach 14,10; Apg 13,21; Röm 11,1; Phil 3,5; Offb 7,8

BENJAMIN, BENJAMINITER 2
1. Chr 7,10

BENJAMIN, BENJAMINITER 3
Esr 10,32

BENJAMIN, BENJAMINITER 4
Neh 3,23; 12,34

2. Der Sohn Bilhans, ein Benjaminiter und Urenkel Jakobs.

3. Einer der Söhne Harims, der seine Frau auf Befehl Esras verstieß.

4. Ein Priester, der z. Zt. Nehemias beim Ausbessern der Mauern Jerusalems half.

BEN-ONI 1. Mose 35,18

BEN-ONI (»Sohn meines Kummers«). Der Name, den Rahel ihrem Sohn gab, der ihren Tod verursachte. Sein Vater Jakob nannte ihn später Benjamin (siehe BENJAMIN, BENJAMINITER).

BEN-SOHET 1. Chr 4,20

BEN-SOHET (»Sohn der Absonderung«). Sohn des Jischi in Judas Stammbaum.

BEON 4. Mose 32,3

BEON (»Herr der Wohnung«). Eine Stadt, die an den Stamm Ruben ging (4. Mose 32,3). Wahrscheinlich ein anderer Name für Baal-Meon oder Bet-Baal-Meon.

BEOR 1 1. Mose 36,32; 1. Chr 1,43
BEOR 2 4. Mose 22,5; 24,3.15; 31,8; 5. Mose 23,5; Jos 13,22; 24,9; Mi 6,5; 2. Petr 2,15

BEOR (»Fackel«).

1. Der Vater von Bela (1), dem König von Edom.

2. Der Vater des Propheten Bileam.

BERA 1. Mose 14,2

BERA (»Geschenk«). König von Sodom in der Zeit Abrahams. Er war mit den Königen von Gomorra, Adma, Zebojim und Bela verbündet (1. Mose 14,2). Sie wurden von Kedor-Laomer, dem König von Elam, in der Schlacht von Siddim besiegt (1. Mose 14,1.8–10).

BERACHA 1 1. Chr 12,3
BERACHA 2 (»LOBETAL«) 2. Chr 20,26

BERACHA (»Segen«).

1. Einer der Soldaten, die sich David in Ziklag anschlossen (1. Chr 12,1–3). Er war vom Stamm Benjamin.

2. Tal in der Wüste Juda (2. Chr 20,26: »Lobetal«), wo sich die Armee Joschafats am vierten Tag nach ihrem Sieg über Ammon und Moab sammelte, bevor sie mit ihrer Beute nach Jerusalem zurückkehrte (2. Chr 20,22–28). Nach Meinung der Gelehrten liegt es südöstlich von Tekoa.

Das Tal Beracha (Lobetal) in der Judäischen Wüste.

BERAJA 1. Chr 8,21

BERAJA (»Ja[hwe] erschuf«). Sohn des Schimi, einer der Führer des Stammes Benjamin, der z. Zt. Davids in Jerusalem wohnte.

BERECHJA 1 1. Chr 6,24; 15,17
BERECHJA 2 1. Chr 15,23
BERECHJA 3 2. Chr 28,12
BERECHJA 4 1. Chr 9,16
BERECHJA 5 1. Chr 3,20
BERECHJA 6 Neh 3,4.30; 6,18
BERECHJA 7 Sach 1,1.7; Mt 23,35

BERECHJA (»Der Herr segnete«).

1. Sohn des Schimi und Vater des Asaf. Z. Zt. Davids ein Sänger vor der Bundeslade in Jerusalem.

2. Ein Levit. Einer der beiden Torwächter der Bundeslade, als sie von David nach Jerusalem überführt wurde.

3. Der Sohn des Meschillemot. Einer der Führer des Stammes Ephraim

Hebräisches Achatsiegel aus Arad mit der Inschrift: »Dem Berechjahu, Berechja Sohn des [...]hu von Schelemjahu (Schelemja) [gehörend]«; 7. Jh. v. Chr. (Israel-Museum).

(2. Chr 28,12), die die Gefangenen Judas vor Pekach retteten und sie nach Jericho zurückbrachten (2. Chr 28,6.8.11–15).

4. Ein Levit, Sohn des Asa von Elkana; wohnte in den Dörfern der Netofatiter.

5. Ein Sohn des Serubbabel. Ein Nachkomme Davids durch Salomo.

6. Der Sohn des Meschesabel und Vater des Meschullam, der die Mauern Jerusalems z. Zt. Nehemias ausbesserte.

7. Der Sohn des Iddo; Vater des Propheten Sacharja.

BERED (»Saatplatz«).

BERED 1 1. Mose 16,14
BERED 2 1. Chr 7,20

1. Ein Ort nahe Beer Lahai Roi (wo Hagar ihren Sohn Ismael gebar).

2. Der Sohn des Schutelach und Vater von Tahat im Stammbaum Ephraims.

BERENIKE Apg 25,13.23; 26,30

BERENIKE (»Siegbringend«). Tochter von Herodes Agrippa I., Schwester von Agrippa II. und Tochter ihres Onkels Herodes von Chalkis. Zus. mit ihrem Bruder, dem König von Süd-Syrien (Chalkis, Batanea und Trachonitis), besuchte sie den Statthalter Festus in Caesarea, wo sie der Verteidigung des Paulus zuhörte. Nach Flavius Josephus (*Jüd. Krieg* II, 15), intervenierte sie vergeblich zugunsten von Juden, die Festus zum Tode verurteilt hatte. Mit Titus, der sich in sie verliebt hatte, ging sie nach Rom. Sie starb nach 79 n. Chr.

BERGPREDIGT Die Bergpredigt (Mt 5–7) ist die Magna Charta des Evangeliums, der Predigt Jesu von der Königsherrschaft Gottes. Sie gipfelt in dem »Königssatz« dieser bekanntesten Rede Jesu: »Trachtet zuerst nach dem Reich Gottes und nach seiner Gerechtigkeit, so wird euch das alles zufallen« (6,33). Dieser Hauptsatz zeigt Tendenz und Ziel der B.: die radikale Vertiefung des Gesetzes und der Ordnungen des alten Bundes und die neuen Leitlinien für die Jüngergemeinde des neuen Bundes.

Das richtige Verständnis und die richtige Auslegung der B. steht und fällt mit ihrer Einleitung in 5,1–2. Dort wird ausdrücklich festgehalten, daß Jesus angesichts der Volksmassen, mit denen er sich nach Mt 4,23–25 und zahlreichen anderen Berichten lange und eindringlich abgegeben hatte, »ging«, also wegging, und zwar »auf einen Berg«. Hätte er zu den am Hang lagernden Scharen sprechen wollen, wäre er wie jeder Redner unten an den Hang getreten. Oben auf dem Berg »setzte er sich«, was bei einer Volksrede unmöglich gewesen wäre, »und seine Jünger traten zu ihm« – ausdrücklich sie, seine erwählten Jünger; von niemandem sonst ist hier die Rede. »Und er lehrte sie (!) und sprach:...« An sie, an die erste Jüngergemeinde ist die B. gerichtet; sie ist also Grundgesetz der Jünger, der Kirche Jesu Christi, aber mit Sicherheit nicht eine Rede an alles Volk, an alle Welt, an alle Menschen. Kein Widerspruch dazu ist es, wenn nach 7,28 nach und nach Zuhörer aus dem »Volk« nachgesickert kamen und einen zweiten Ring von Hörern um die Jünger herum bildeten – und sich begreiflicherweise über diese für Menschenohren unmögliche Rede Jesu »entsetzt« haben.

Damit ist von vornherein die Frage entschieden, ob man »mit der Bergpredigt die Welt regieren« könne. Eine neue *Welt*ordnung zu schaffen ist *nicht* die Absicht des Bergpredigers; er will eine Grundordnung für seine *Gemeinde*, für die Gemeinschaft der Christen untereinander geben. Nur aus dieser Erkenntnis heraus und in dieser konsequenten Begrenzung sind die »Unmöglichkeiten« der B. zu verstehen und zu verwirklichen, z. B.: »Machbarkeit« des Friedens (5,9); Gleichsetzung von vollzogenem Mord und haßerfülltem Herzen (5,21.22); das Nein zu jeder Ehescheidung (5,31.32); Ablehnung jeder Form des Eides (5,34); Gefügigkeit gegen Schuldner, Erpresser und Feinde (5,40–44); Ablehnung jeder Vorratshaltung (6,25–28); Ablehnung einer Altersvorsorge (6,30–32); Verzicht auf Strafverfolgung des Rechtsbruchs (7,1.2); das Nein zur Solidarisierung mit den Massen (7,13) usf. Nirgends ist eine Anwendbarkeit der B. auf den Lauf dieser Welt als einer Welt ohne Gott im Blickfeld des Predigers. Nicht der Mensch und nicht die Strukturen dieser Welt, sondern der Christ und die Strukturen der Gemeinde Jesu sind das Ziel dieser grundlegenden Rede Jesu.

Dabei zieht Jesus die Gültigkeit der Gottesordnungen des alten Bundes keineswegs in Zweifel. Er bejaht sie nachdrücklich (5,17–19), aber er überhöht sie zugleich (5,20) und gibt ihnen eine bisher unbekannte radikale Vertiefung, insbes. in den berühmten sechs Antithesen (»Ich aber sage euch« in 5,21–47) und in den Worten über die andere Einstellung und andere Praxis im Blick auf die jüd. »Werke der Gerechtigkeit«, also Almosengeben, Beten und Fasten (6,1–18). Alles aber zielt auf die neue, auf die gegenüber dem atl. Begriff der Gerechtigkeit (siehe GERECHTIGKEIT) andere Gerechtigkeit, wie sie im Reich Gottes (vgl. REICH GOTTES) unter der schon in der irdischen Jüngergemeinde anhebenden Königsherrschaft Gottes gilt und die die Erfüllung aller Nachfolge Christi ist (6,33).

DER AUFBAU DER BERGPREDIGT

5,1–2	Einleitung
3–12	Die Seligpreisungen
13–16	Die Jünger als Salz und Licht
17–20	Die Stellung Jesu zum Gesetz des AT
21–47	Die sechs Antithesen Jesu:
21–26	Vom Töten
27–30	Vom Ehebrechen
31–32	Von der Ehescheidung
33–37	Vom Schwören
38–42	Vom Vergelten
43–47	Von der Feindesliebe
48	Zusammenfassung
6,1–18	Die Werke der Gerechtigkeit:
1–4	Almosengeben
5–15	Beten (mit Vaterunser)
16–18	Fasten
6,19–34	Gegen das Schätzesammeln und den Geist des Sorgens
7,1–5	Gegen den Geist des Richtens
6	Gegen die Entheiligung des Heiligen
7–11	Von der Gebetserhörung
12	Die »goldene Regel«
13–14	Der breite und der schmale Weg
15–23	Gegen die falschen Propheten
24–27	Vom richtigen Fundament
28–29	Schluß der Predigt

BERIA (»Unglücklicher«).

BERIA 1 1. Mose 46,17; 4. Mose 26,44–45; 1. Chr 7,30–31

1. Der vierte Sohn Assers und Vorfahre der Beriiter. Seine Familie ging einschließlich seiner beiden Söhne Heber und Malkiël mit Jakob nach Ägypten.

BERIA 2 1. Chr 7,23

2. Ein Sohn Ephraims. Er wurde geboren, nachdem seine Brüder von den Männern von Gat ermordet worden waren. Die volkstümliche Herleitung seines Namens reflektiert sein Unglück: »weil in seinem Hause Unglück war« (1. Chr 7,23).

BERIA 3 1. Chr 8,13.16

3. Einer der Söhne des Elpaal. Er war ein Sippenoberhaupt in Ajalon und half, die Einwohner von Gat zu vertreiben.

BERIA 4 Chr 23,10–11

4. Einer der Söhne Schimis. Er und sein Bruder Jëusch hatten nur wenige Söhne und galten deshalb als »*eine* Sippe, eine Dienstgruppe« bei der Aufteilung der Leviten.

BERIITER Abkömmlinge Berias (1) vom Stamme Asser.

BERIITER
4. Mose 26,44

BERÖA (»wichtig«). Stadt im südlichen Mazedonien, ca. 80 km südwestlich von Thessaloniki, mit dem heutigen Verria identifiziert. Paulus und Silas wurden von den Gläubigen aus Thessalonich nach B. gesandt, nachdem sie seitens der Juden in Thessalonich auf Widerstand gestoßen waren (Apg 17,10–11). In B. predigten Paulus und Silas in der Synagoge, wo sich viele bekehrten. Lukas hebt bes. hervor, daß die Juden in B. die Lehren von Paulus und Silas an der Schrift prüften (Apg 17,11–12). Unter den Gläubigen waren auch einige angesehene Griechen. Schließlich mußte Paulus auch aus B. fliehen, als die Juden aus Thessalonich die Menge dort aufwiegelten (V. 13). Aber Silas und Timotheus blieben in B. (V. 14). B. war die Heimatstadt Sopaters, der Paulus während eines späteren Besuches in Mazedonien begleitete (Apg 20,4).

BERÖA
Apg 17,10.13; 20,4

BEROTA, BEROTAI

1. Nach dem Propheten Hesekiel eine Stadt an der Nordgrenze Israels; vielleicht identisch mit (2).

2. Eine Stadt von Hadad-Eser, dem König von Zoba, am Euphrat gelegen. Als David den König besiegte, nahm er von der Stadt »sehr viel Kupfer«. Ihre Lage ist nicht bekannt.

BEROTA 1
Hes 47,16
BEROTA 2
2. Sam 8,8

BESAI Eine Familie von Tempeldienern (»Nethinim«), die mit Serubbabel aus Babylonien zurückkehrten.

BESAI
Esr 2,49; Neh 7,52

Jüdische rituelle Beschneidungsinstrumente (Israel-Museum).

BESCHNEIDUNG Die vollständige oder teilweise operative Entfernung der Vorhaut, die die Eichel des Penis bedeckt. Es ist umstritten, welchem Zweck die B. urspr. dienen sollte; in der Antike wurde sie als wichtiger Brauch bei den Ägyptern und vielen anderen Völkern ausgeübt. Manche Völker vollzogen den Ritus kurz nach der Geburt des Knaben, andere beim Eintritt in die Pubertät und wieder andere kurz vor der Eheschließung.

Die erste B., von der in der Bibel berichtet wird, ist die Abrahams (1. Mose 17), der in Erfüllung des Gebotes Gottes sich selbst im Alter von 99 Jahren zus. mit seinem Sohn Ismael und allen seinen männlichen Sklaven beschnitt. Gott machte die B. für alle männlichen Nachkommen Abrahams zur Pflicht – als äußeres Zeichen seines Bundes mit ihnen (1. Mose 17,10–11). Bei neugeborenen Knaben hatte die B. am 8. Tag nach der Geburt zu erfolgen (1. Mose 17,12; 21,4), wie es noch heute jüd. Brauch ist.

Die B. hatte eine starke religiöse und nationale Bedeutung, wie dies z.B. 1. Mose 34,13–17 zeigt. Der Ausdruck »Unbeschnittener« wurde unter den Israeliten meist als Schimpfwort gebraucht (vgl. Ri 14,3; 1. Sam 14,6; 17,26; 31,4; Hes 32,21). Während der Knechtschaft in Ägypten hielten sie jedoch offenbar das Beschneidungsgebot nicht strikt ein. Mose jedenfalls versäumte es, seinen Sohn zu beschneiden, und zog sich damit Gottes Zorn zu, der ihn fast das Leben kostete (2. Mose 4,24–26). Während der langen Wüstenwanderung Israels wurde der Brauch völlig vernachlässigt, und Josua erneuerte ihn nach der Überschreitung des Jordans (Jos 5,2–7). Als der Seleukidenherrscher Antiochus IV. Epiphanes seine Kampagne gegen den jüd. Glauben führte, verbot er auch die B. und ließ Zuwiderhandlungen drakonisch bestrafen (vgl. 1. Makk 1,51; 2. Makk 6,10).

Schon Mose benutzte das Wort »B.« auch in einem übertragenen Sinne, als Bild für die innere Einstellung gegenüber Gott (3. Mose 26,41; 5. Mose 10,16). Bei den Propheten wird das zu einem immer wieder vorkommenden Motiv; das »unbeschnittene Herz« ist der gegen Gottes Reden taube, verschlossene, unbußfertige Mensch (vgl. Jes 52,1; Jer 4,4; 6,10; 9,24–25). Jeremia fordert im Namen Gottes die »B.« des Herzens (Jer 4,4) und kündigt schließlich einen neuen Bund an, dessen Merkmal nicht äußere Zeremonien, sondern die Aufnahme von Gottes Gesetz in Geist und Herz des Menschen sein wird (31,31–33).

Johannes der Täufer und Jesus wurden, wie allgemein üblich, am 8. Tag nach ihrer Geburt beschnitten (Lk 1,59; 2,21); damals war mit der B. die Namensgebung verbunden. Die B. fiel auch dann auf den 8. Tag, wenn dieser ein Sabbat war (Joh 7,21–24).

BESCHNEIDE[N] /BESCHNEIDUNG/ BESCHNITTENER
1. Mose 17,10–14.23–27; 21,4; 34,15.17.22.24; 2. Mose 4,25f.; 5. Mose 10,16; 30,6; Jos 5,2–5.7f.; Jer 4,4; 9,24; 1. Makk 1,51.6[0]; 2. Makk 6,10; Lk 1,59; 2,21; Joh 7,22f.; Apg 7,8; 15,1; 16,3; 21,21; Röm 2,25–29; 3,1; 4,9–12; 1. Kor 7,18f.; Gal 2,3; 5,2f. 6.12f. 15; Eph 2,11; Phil 3,3.5; Kol 2,11; 3,11
UNBESCHN[ITTEN]/UNBESCHNITTENE[R]
1. Mose 34,14; 3. Mose 26,41; Ri 14,3; 15,18; 1. Sam, 14,6; 17,26; 31,4; 2. Sam 1,20; Jes 52,1; Jer 6,10; 9,25; Hes 32,21; 44; Röm 2,25f.; 4; 1. Kor 7,18f.;

Mit dem Neuen Bund durch Jesus Christus war die B. nicht mehr notwendig. Diese Erkenntnis brach sich erst allmählich Bahn; zunächst gab es Stimmen in der Gemeinde, die für Heidenchristen nicht nur die Taufe, sondern auch die B. als Voraussetzung zum Heil forderten (Apg 15,1). Die Apostelversammlung in Jerusalem befaßte sich eingehend mit dieser Streitfrage und kam schließlich zu dem Ergebnis, daß die B. nicht notwendig sei (Apg 15, bes. V. 23–29). Paulus, der sich mit dem gleichen Streit konfrontiert sah (vgl. v. a. Gal 5), betont ebenfalls die Freiheit von der B. Der Beschnittene wie der Unbeschnittene können gleichermaßen Nachfolger Jesu werden (1. Kor 7,18). Entscheidend ist – wie schon bei den atl. Propheten, s. o. – die B. des Herzens (Röm 2,28.29; Phil 3,3). Im neuen Gnadenbund gilt der Glaube; die äußere B. zählt nicht mehr (Gal 5,6). Neues äußeres Zeichen der Zugehörigkeit zu Gott ist die Taufe (Kol 2,12).

Einige christl. Konfessionen begehen den 8. Tag nach dem Weihnachtstag (= in der Westkirche der 1. Januar) als Fest der B. Jesu.

BESEK 1
Ri 1,4–5
BESEK 2
1. Sam 11,8

BESEK (»Glanz«)

1. Kanaan. Stadt, wo Juda und Simeon die Kanaaniter und die Perisiter besiegten, die von Adoni-Besek angeführt wurden, dem die Flucht gelang (Ri 1,3–6). Ihre Lage ist nicht bekannt.

2. Der Ort, an dem Saul seine Männer musterte, bevor er zur Rettung der Bewohner von Jabesch vor Nahasch, dem Ammoniter, auszog.

BESODJA
Neh 3,6

BESODJA (»Im Geheimnis von Ja[hwe]«). Vater des Meschullam, der die Mauern Jerusalems z. Zt. Nehemias wieder aufbaute.

BESOR
1. Sam
30,9–10.21

BESOR (»Der Kalte«). Bach in der Nähe von Ziklag im äußersten Süden Judas (1. Sam 30,9–10.21), an dem David, als er die Amalekiter verfolgte, jene seiner Männer zurückließ, die zu müde waren, die Verfolgung fortzusetzen (1. Sam 30,21). B. ist identisch mit dem Wadi Azi, das als Nahal Besor auf modernen Karten verzeichnet ist.

Blick auf das Gebiet Ephraim, wo Saul seine Männer musterte, als er sich zur Rettung von Jabesch aufmachte (1. Sam 11,8).

Blick auf das Gebiet von Nahal Besor.

BET-ANAT
Jos 19,38;
Ri 1,33

BET-ANAT (»Haus der Göttin Anat«). Kanaan. Stadt, die zum Gebiet des Stammes Naftali gehörte (Jos 19,32.38). Die Einwohner wurden von den Israeliten nicht vertrieben, aber ihnen fronpflichtig (Ri 1,33).

Der Name B. wird in mehreren ägypt. und assyr. Inschriften erwähnt, und mehrere kanaan. Städte könnten vor der Landnahme der Israeliten so geheißen haben. Anat war eine kanaan. Göttin.

BETANIEN 1
Mt 21,17; 26,6;
Mk 11,1.
11–12; 14,3;
19,29; 24,50;
11,1.18; 12,1

BETANIEN (»Haus der Feigen«).

1. Dorf ca. 3 km südöstlich von Jerusalem, am Ölberg, nahe Betfage. Es war die Heimat der Schwestern Maria und Marta. Hier erweckte Jesus ihren Bruder Lazarus vom Tode (Joh 11). Hier wurde er drei Tage vor dem Passafest im Haus Simons des Aussätzigen gesalbt (Mt 26,6–13 par.), und von hier aus zog er in Jerusalem ein (Lk 19,29). In byz. Zeit wurde das Dorf nach Lazarus benannt; der (ähnliche) arab. Name ist Al-Azariyya.

Gesamtansicht von Betanien, heute Al-Azariyya. Zur Rechten die Kuppel der St.-Lazarus-Kirche.

2. Ein Ort »jenseits des Jordans«, wo Johannes taufte und wo Jesus zu ihm kam (Joh 1,28–29). Einige Ausleger nehmen aufgrund einiger griech. Hss. des NT an, daß es sich um einen anderen Namen für Bet-Abara handelt.

BETANIEN 2
Joh 1,28

BET-ANOT (»Haus des Antwortens«). Stadt in den Bergen Judas, die mit ihren Dörfern dem Stamme Juda zufiel (Jos 15,59), als das Land Kanaan von Josua und Eleasar unter die Israeliten verteilt wurde (Jos 14,1).

BET-ANOT
Jos 15,59

Der Name, der eine Variation von Bet Anat ist, deutet wahrscheinlich an, daß es in der Stadt einen Altar der kanaan. Göttin Anat gab.

Die Gegend von Bet-Araba in der Judäischen Wüste.

BET-ARABA (»Haus der Steppe«). Ort nahe dem Gebiet, das dem Stamm Juda (Jos 15,1.6) durch Josua und Eleasar (Jos 14,1) zugeteilt wurde. Er liegt irgendwo in der Wüste Juda (Jos 15,61) und kennzeichnet die Grenze des benjaminitischen Gebiets (Jos 18,22).

BET-ARABA
Jos 15,6.61; 18,22

BET-ARBEEL (»Haus des Gerichtshofes«). Ort, der von Schalman erobert wurde. Er wird nur einmal in der Bibel erwähnt.

BET-ARBEEL
Hos 10,14

BET-ASCHBEA (»Haus Aschbeas«). Der Ort, in dem nach 1. Chr 4,21 das Geschlecht der Leinweber tätig war, das von Judas Sohn Schela abstammt. Nach einer anderen Übersetzung bezeichnet das Wort keinen Ort, sondern das Haus, d. h. die Familie Aschbeas.

BET-ASCHBEA
1. Chr 4,21

BET-ASMAWET (»Haus des Todesmutigen«). Stadt in Benjamin, wahrscheinlich Ras Dukheir, 5 km nordöstlich Jerusalems und 1 km westlich eines arab. Dorfes namens Hisme, das den Namen B. bewahrte. 42 Menschen aus dieser Stadt waren unter den mit Serubbabel aus dem babyl. Exil Zurückkehrenden; Sänger aus B. nahmen an der Einweihung der Stadtmauer Jerusalems teil (Neh 12,29).

BET-ASMAWET
Esr 2,24; Neh 7,28; 12,2

Hisme, das mit Bet-Asmawet identifiziert wird.

Der Teich von Betesda in Jerusalem.

Das Dorf Al-Tur nördlich von Betanien, das mit Betfage identifiziert wird.

BET-AWEN 1 Jos 7,2; 18,12; 1. Sam 13,5; 14,23
BET-AWEN 2 Hos 4,15; 5,8; 10,5

BET-AWEN (»Haus des Frevels«).

1. Stadt in der Nähe von Ai, östlich von Bethel (Jos 7,2), an der Grenze des Stammesgebietes von Benjamin (Jos 18,12). Sie war Schauplatz einer Schlacht zwischen Saul und den Philistern (1. Sam 13,5; 14,23). Die genaue Lage der Stadt ist unklar, sehr wahrscheinlich aber kann sie mit Tel Mariyam, knapp 1 km südwestlich von Michmasch, identifiziert werden.

2. Ein abschätziger Name für Bethel (Wortspiel: Das Haus Gottes [Bethel] wird zum Haus des Frevels [Bet-Awen]) in Hoseas Prophezeiungen gegen den Götzendienst (durch Jerobeam aufgestellte Stierbilder) in Bethel. Vgl. Hos 10,5 sowie 4,15 und 5,8.

BET-BAAL-MEON Jos 13,17

BET-BAAL-MEON Ein anderer Name für Baal-Meon.

BET-BARA Ri 7,24

BET-BARA (»Furthaus«). Eine Stadt oder ein Ort, der von den Männern Ephraims im Laufe des Krieges zwischen Gideon und den Midianitern eingenommen wurde (Ri 7,24). Seine gegenwärtige Lage ist unbekannt, er lag offensichtlich in den Bergen Ephraims.

BET-BIRI 1.Chr 4,31

BET-BIRI (»Stadtplatz«). Eine Stadt des Stammes Simeon zwischen Haza-Susa und Schaarajim. Die genaue Lage ist unsicher.

BET-DAGON 1 Jos 15,41
BET-DAGON 2 Jos 19,27

BET-DAGON (»Haus des Dagon«).

1. Eine Stadt, die zus. mit den umliegenden Dörfern an den Stamm Juda fiel, als Josua das Land Kanaan unter die Israeliten aufteilte (Jos 15,41). Sie liegt zwischen Gederot und Naama, nahe der heutigen Stadt Bet-Dagan. Ihr Name zeigt an, daß der Ort einen Schrein des Gottes Dagon besaß.

2. Eine Stadt, die durch das Los dem Stamm Asser zufiel (Jos 19,27).

BET-DIBLATAJIM Jer 48,22

BET-DIBLATAJIM (»Haus der trockenen Feigen«). Eine Stadt in Moab, die nach Jeremia zus. mit dem Rest des Landes zum Untergang bestimmt war.

BET-EDEN Am 1,5

BET-EDEN (»Haus der Anmut«). Eine Hauptstadt des Aramäerreiches, die man mit Bit-Adini in den Annalen der assyr. Könige identifiziert. In der Prophetie gegen Damaskus sagt Amos das Ende des Herrschers von Bet-Eden voraus (Am 1,5). Der Ort wird auch Eden genannt (Hes 27,23), und nach 2. Kön 19,12 und Jes 37,12 wurde er von Assyrien erobert.

BET-EKED 2. Kön 10,12.14

BET-EKED (»Scherhaus der Hirten«). Ein Ort auf der Straße von Jesreel nach Samaria, wo Jehu die Verwandten des Königs Ahasja von Juda in einem Brunnen ermorden ließ (2. Kön 10,12–14).

BET-EMEK Jos 19,27

BET-EMEK Stadt in der Nähe von Bet-Dagon (2) im Stammesgebiet von Asser (Jos 19,27). Wahrscheinlich Tel Mimas, in der Umgebung des heutigen Akko. Hier wurden bedeutende archäolog. Funde ans Licht gebracht. Der alte Name blieb im Namen des nahegelegenen Dorfes Amka erhalten.

BETEN Jos 19,25

BETEN Eine Stadt an der Grenze des Gebiets von Asser. Man vermutet ihre Lage einige Kilometer südöstlich von Akko.

BETESDA Joh 5,2

BETESDA (»Haus der Barmherzigkeit«). Teich in Jerusalem, wo Jesus einen Kranken heilte (Joh 5,2 ff.). Da er dies an einem Sabbat tat, zog er den Zorn der gesetzesstrengen Juden auf sich (V. 10–18). Der Teich lag in unmittelbarer Nähe des Schafstores (Joh 5,2) und muß daher im Nordteil von Jerusalem zu suchen sein. Zwei Teiche mit umliegenden Säulenhallen, die man in der Nähe der St.-Anna-Kirche ausgrub, werden als B. gedeutet.

BET-EZEL Mi 1,11

BET-EZEL (»Haus der Absonderung«). Eine Stadt in Juda, beim Propheten Micha erwähnt.

BETFAGE Mt 21,1; Mk 11,1; Lk 19,29

BETFAGE (»Haus der Feigen«). Dorf östlich vom Gipfel des Ölberges und nördlich von Betanien, nahe Jerusalem. Es wurde mit dem Dorf Al-Tur identifiziert. Als Jesus auf seiner letzten Reise von Jericho nach Jerusalem hierherkam, sandte er zwei seiner Jünger in das Dorf, wo sie eine Eselin und ein Füllen fanden (Mt 21,2; Mk 11,2; Lk 19,30). Jesus ritt auf diesem Füllen (vgl. Sach 9,9!), als er in Jerusalem einzog.

BET-GADER 1. Chr 2,51

BET-GADER (»Haus auf der Mauer«). Eine der Hauptstädte Judas, gegründet von Haref, einem der Söhne des Kaleb. Ihre Lage ist unbekannt.

BET-GAMUL Jer 48,23

BET-GAMUL (»Kamelhaus«). Eine Stadt, die Jeremia in seinem Richtspruch über Moab erwähnt. Man nimmt an, daß sie an der Stelle des heutigen Khirbet el-Djemeil, nördlich des Arnon-Flusses in Jordanien lag.

BET-GAN Eine Stadt, in die sich Ahasja, der König von Juda, flüchtete, als er von Jehu verfolgt wurde. Sie liegt nicht weit von Jibleam und Megiddo entfernt. Einige Gelehrte meinen, daß Bet-Gan ein anderer Name für En Gannim ist, das an der Stelle des heutigen Jenin lag.

BET-GAN
2. Kön 9,27

BET-HARAM (»Haus der Höhe«). Stadt in der Ebene von Moab östlich des Jordan, die von den Gaditern befestigt (4. Mose 32,36) und ihnen später von Mose zugeteilt wurde (Jos 13,27). Ihre Lage ist ungewiß. Siehe ELON BET-HARAM.

BET-HARAM
4. Mose 32,36; Jos 13,27

BETHEL (»Haus Gottes«). Bethel wird erstmals bei den Wanderungen Abrams (Abrahams) erwähnt, als einer der Orte, in deren Nähe er einen Altar baute und den Namen des HERRN anrief (1. Mose 12,8). Nach seinem Aufenthalt in Ägypten kehrte er nach B. zurück (1. Mose 13,1–4). Sein Enkel Jakob hatte hier seinen Traum von der Himmelsleiter; er gab dem Ort, der früher Lus hieß, seinen Namen (B. = »Haus Gottes« oder »Tor des Himmels«) und errichtete einen Gedenkstein (1. Mose 28,10ff.). Nach seinem Aufenthalt bei Laban kehrte Jakob nach B. zurück und wurde dort erneut von Gott gesegnet (1. Mose 35,1–15; vgl. 48,3–4). In Jos 7,2; 8,9.12 wird B. als Ort des isrl. Hinterhaltes bei der Eroberung von Ai erwähnt. Das Buch der Richter erwähnt in Kap. 1,22–26 die Eroberung von B., und in Jos 12,16 erscheint der König von B. in der Liste der von Josua besiegten kanaan. Könige.

BETHEL
1. Mose 12,8; 13,3; 28,19; 31,13; 35, 1.3.6.8.15–16; Jos 7,2; 8,9.12.17; 12,9.16; 16,1–2; 18,13.22; Ri 1,22–23; 4,5; 20,31; 21,19; 1. Sam 7,16; 10,3; 13,2; 1. Kön 12,29. 32–33; 13,1.4. 10–11.32; 16,34 2. Kön 2,2–3.23 10,29; 17,28; 23,4.15.17.19; 1. Chr 7,28; 2. Chr 13,19; Esr 2,28; Neh 7,32; 11,31 Jer 48,13; Hos 10,15; 12,5 Am 3,14; 4,4; 5,5–6; 7,10.13

Beitin, der Ort, der mit Bethel identifiziert wird.

Das isrl. Heiligtum in B. (vgl. das steinerne Mal Jakobs) existierte lange Zeit. In der Richterzeit waren dort die Stiftshütte und Bundeslade (Ri 20,27), und die Israeliten begaben sich dorthin, um den HERRN (wahrscheinlich mit dem Los) zu befragen und ihm zu opfern (Ri 20,18.26.27; 21,2–4). Die Richterin Debora wohnte in der Nähe von B. (Ri 4,5), und Samuel besuchte den Ort auf seiner jährlichen Rundreise (1. Sam 7,16). Z.Zt. Elias gab es dort eine Prophetenschule (2. Kön 2,2ff.). B. war mithin ein wichtiges Stammeszentrum. Es war auch strategisch günstig gelegen und wurde Standort des Hauptteils der ständigen Streitmacht Salomos (1. Sam 13,2). Mit der Errichtung des Tempels in Jerusalem nahm die Bedeutung B.s als Kultstätte ab. Nach der Teilung des Reiches wurde es – neben Dan – erneut ein religiöses Zentrum (jetzt des Nordreiches Israel), als Jerobeam I. dort ein goldenes Stierbild (siehe GOLDENES KALB) aufstellen ließ, gleichsam in Konkurrenz zur Bundeslade in Jerusalem (1. Kön 12,26–32). Die kurze Besetzung B.s durch den judäischen König Abija (2. Chr 13,19) ist in diesem Zusammenhang zu sehen. Die Propheten Amos und Hosea, aber auch schon ein namentlich nicht genannter Prophet gleich nach der Errichtung der Stierbilder (1. Kön 13,1–10), predigten gegen das Heiligtum in B. Hosea nannte es dabei »Bet-Awen« (»Haus des Frevels«, siehe BET-AWEN). Amos wurde vom Oberpriester Amazja der Stadt verwiesen (Am 7,12–13).

B. fiel wahrscheinlich 722 v. Chr., als die Assyrer Israel eroberten; Jeremia sah dies als verdientes Gottesgericht (Jer 48,13). Auch danach hatte B. offenbar eine kultische Funktion (vgl. 2. Kön 17,28). König Josia von Juda zerstörte im Rahmen seiner Reformation auch das Heiligtum Jerobeams in B. und erfüllte die Prophezeiung aus 1. Kön 13,2 (vgl. 2. Kön 23,15ff.). Unter den Rückkehrern aus dem babyl. Exil waren 223 aus B. und Ai (Esr 2,28; Neh 7,32). Laut Neh 11,31 ließen sich in B. u. a. Orten zurückgekehrte Benjaminiter nieder.

Im NT erinnert Joh 1,51 noch einmal indirekt an die einstige Heilsbedeutung B.s: Jesus sagt seinen Jüngern, sie würden (sprich: wie einst Jakob in B.) »den Himmel offen sehen und die Engel Gottes hinauf- und herabfahren über dem Menschensohn«.

B. wird mit dem heutigen Beitin identifiziert, das ca. 19 km nördlich von Jerusalem liegt. Ausgrabungen bezeugen eine durchgängige Besiedlung von 200 v. Chr. bis in christl. Zeit. Wahrscheinlich blieb B. während der assyr. Eroberung die Zerstörung erspart. Es verfügte über eine hervorragende Wasserversorgung, die es zu einem begehrten Siedlungsort machte.

BETHLEHEM 1: 1. Mose 35,19; 48,7; Ri 17,7–9; 19,1–2.18; Rut 1,1–2.19.22; 2,4; 4,11; 1. Sam 16,1.18; 17,12.15.58; 20,6.28; 2. Sam 2,32; 21,19; 23,14–16.24; 1. Chr 2,51.54; 4,4; 11,16–18.26; 2. Chr 11,6; Esr 2,21; Neh 7,26; Jer 41,17; Mi 5,1; Mt 2,1.5–6.8.16; Lk 2,4.15; Joh 7,42

BETHLEHEM (»Haus des Brotes«).

1. Stadt in Juda, 8 km südlich von Jerusalem. Nicht weit entfernt von B. starb Rahel und wurde begraben (1. Mose 35,19; 48,7). Ihre traditionelle Grabstätte wird bis zum heutigen Tage verehrt. Der Levit, der im Buch der Richter Kap. 19 erwähnt wird, kam aus B. Die Stadt war die Heimat von Elimelech, dem Ehemann Noomis und Schwiegervater der Rut (Rut 1,1), die später hier wohnten. David kam aus B. und wurde dort von Saul gesalbt (1. Sam 16,1–13). Eine Zeitlang war B. von den Philistern besetzt; drei von Davids »Helden« durchbrachen die Reihen der Philister, um ihm Wasser zu bringen (2. Sam 23,16). Asaël, Joabs Bruder, der von Abner ermordet wurde (2. Sam 2,18–23), wurde in B. begraben (2. Sam 2,32). Nach der Teilung des Königreiches befestigte Jerobeam B. zus. mit anderen Städten in Juda (2. Chr 11,6).

(links) Ansicht von Bethlehem.

Teilansicht von Bethlehem mit den Bergen Moabs im Hintergrund.

Das Innere der Geburtskirche in Bethlehem.

Seine größte Bedeutung erlangte B. als der Geburtsort Jesu, des von den Propheten (vgl. bes. Mi 5,1) verheißenen Messias (Mt 2,1 ff.; Lk 2,1–20; vgl. Joh 7,42). Die Geburt Jesu, die Erscheinung der Engel vor den Hirten, die Anbetung der Hirten vor der Krippe, die Weisen aus dem Morgenland und der Kindermord des Herodes haben B. zu einem der bekanntesten Orte der Christenheit gemacht. Seit dem 4. Jh. ist die über der traditionellen Geburtsstätte errichtete Kirche eines der großen christl. Pilgerziele.

2. Eine Stadt im Stammesgebiet Sebulons, die in Jos 19,15 erwähnt wird und die Heimat des Richters Ibzan war (Ri 12,8–10). Sie wird mit Beit Lahm identifiziert, 11,5 km nordwestlich von Nazareth.

BETHLEHEM 2
Jos 19,15;
Ri 12,8.10

BET-HOGLA Eine der Städte, die durch das Los dem Stamme Benjamin zufielen (Jos 18,21), an der südlichen Grenze des Stammesgebiets zu Juda (Jos 15,6; 18,19). Sie lag nicht weit von der Stelle, an der der Jordan in das Tote Meer mündet, und wurde vor kurzem nahe der Quellen von En Hogla lokalisiert.

BET-HOGLA
Jos 15,6;
18,19.21

BET-HORON (»Haus des Hohlwegs«), Ort in Ephraim, an der Grenze zu Benjamin (Jos 16,5; 18,13–14). Genaugenommen zwei Ortschaften – das untere und das obere B. Die obere Stadt beherrschte eine der Hauptstraßen von der Schefela in die jüdäischen Berge. Nachdem Josua die fünf Amoriter-Könige besiegt hatte, verfolgte er sie bis zum oberen B. (Jos 10,10). B. wurde bei der Landnahme den Leviten der Sippe Kehat gegeben (Jos 21,22). In den Philisterkriegen Sauls war dort eine Abteilung der Philister stationiert (1. Sam 13,18).

BET-HORON
Jos 10,10–11;
16,3.5;
18,13–14; 21,22
1. Sam 13,18;
1. Kön 9,17;
1. Chr 6,53;
7,24;
2. Chr 8,5;
25,13

(rechts) Bet-Ur el-Foka und Bet-Ur el-Tahta, die mit dem oberen und unteren Bet-Horon identifiziert werden.

Landschaft in der Umgebung des antiken Bet-Hogla.

BET-JESCHIMOT (»Haus der Einöden«). Rastplatz der Israeliten auf dem Weg ins Gelobte Land, östlich des Jordans gelegen (4. Mose 33,49). Möglicherweise identisch mit einer Stadt in der Ebene von Moab, die später dem Gebiet von Ruben zugeteilt wurde (vgl. Jos 12,1.3). Sie wird dann noch einmal von Hesekiel erwähnt, der die Rache des HERRN über die Ammoniter ankündigte (Hes 25,9). Vermutlich lag sie nordöstlich des Toten Meeres.

BET-JESCHIMOT
4. Mose 33,4
Jos 12,3; 13,2
Hes 25,9

BET-KAR (»Haus des Lammes«). Ein Ort, zu dem die Philister flüchteten, als sie von den Heeren Sauls verfolgt wurden.

BET-KAR
1. Sam 7,11

Das Dorf En Karem in der Umgebung Jerusalems. Einer der Orte, der als Ort des antiken Bet-Kerem angenommen wird.

BET-KEREM
Neh 3,14;
Jer 6,1

BET-KEREM (»Weinberghaus«). Eine Stadt in der Umgebung von Jerusalem, wo bei Gefahr Signalfeuer angezündet wurden (Jer 6,1). Sie war z. Zt. Nehemias eine Bezirkshauptstadt (Neh 3,14) und wurde von Malkija, dem Sohn des Rechab, verwaltet.

BET-LEAFRA
Mi 1,10

BET-LEAFRA (»Haus des Staubes«). Ein Ausdruck, der vom Propheten Micha gebraucht wird, um seine Trauer für Israel und Juda auszudrücken (Mi 1,10). Er sollte wahrscheinlich im wörtl. Sinne als »Haus des Staubes« verstanden werden und nicht als Name für einen Ort oder eine Stadt.

BET-LEBAOT
Jos 19,6

BET-LEBAOT (»Haus der Löwen«). Eine Stadt, die mitsamt ihren Dörfern durch das Los dem Stamm Simeon zufiel (Jos 19,1–6), als Josua das Land Kanaan unter die Stämme Israels verteilte (Jos 14,1). Urspr. war sie im Besitz des Stammes Juda (Jos 19,9). Die genaue Lage ist unklar. B. könnte ein anderer Name für Lebaot sein.

BET-MARKABOT
Jos 19,5;
1. Chr 4,31

BET-MARKABOT (»Haus der Wagen«). Stadt, die durch das Los dem Stamm Simeon zufiel (Jos 19,1–5), als Josua das Land Kanaan unter die Kinder Israels verteilte (Jos 14,1; 18,10). Sie gehörte bis zur Regierungszeit Davids zum Stamm Simeon (1. Chr 4,31). Sie wird zus. mit Ziklag und Hazar-Susa genannt. Ihre gegenwärtige Lage ist unbekannt.

BET-MEON
Jer 48,23

BET-MEON (»Wohnhaus«). Eine Stadt in Moab, die Jeremia erwähnt. Wahrscheinlich ein anderer Name für Bet-Baal-Meon und Beon.

BET-NIMRA
4. Mose 32,36;
Jos 13,27

BET-NIMRA (»Haus der Panther«). Stadt im Jordantal. Teil des Besitzes, der durch das Los dem Stamm Gad zufiel (Jos 13,27), der sie befestigte (4. Mose 32,36). Der alte Name ist wahrscheinlich in Tel Nimmin, etwa 13 km östlich des Jordans an der Straße nach A'salt, erhalten.

BETONIM
Jos 13,26

BETONIM (»Höhen«). Eine Stadt, die durch Mose dem Besitz des Stammes Gad zugeteilt wurde (Jos 13,24.26). Ihre Lage wird am Ort des heutigen Khirbet Batneh, südwestlich von A'salt, östlich des Jordan vermutet.

BET-PAZZEZ
Jos 19,21

BET-PAZZEZ (»Haus der Zerteilung«). Eine Stadt, die durch das Los dem Stamm Issachar zufiel (Jos 19,17.21), als Josua das Land unter die Stämme Israels aufteilte (Jos 14,1; 18,10). Sie lag evtl. in der Umgebung des Berges Tabor.

BET PELET
Jos 15,27;
Neh 11,26

BET-PELET (»Haus der Flucht«). Eine Stadt an der südlichen Grenze des Gebiets, das dem Stamme Juda zufiel (Jos 15,20.27), als Josua das Land Kanaan unter die Stämme Israels verteilte (Jos 14,1). Nach der Rückkehr aus dem babyl. Exil siedelten hier einige aus dem Stamm Juda (Neh 11,25–26). B. lag in der Umgebung Beerschebas.

BET-PEOR
5. Mose 3,29;
4,46; 34,6;
Jos 13,20

BET-PEOR (»Wohnung des Baal-Peor«). Stadt östlich des Jordan. Teil des Besitzes, der durch Mose dem Stamm Ruben zugeteilt wurde (Jos 13,20). Wahrscheinlich ein anderer Name für Bet-Baal-Peor, was auf ein Heiligtum des kanaan. Gottes Baal-Peor hindeutet. Die Israeliten lagerten dort vor

A'salt östlich des Jordan, manchmal mit Betonim identifiziert.

dem Sieg über den amorit. König Sihon (5. Mose 3,29; 4,46). Mose wurde nicht weit von dort begraben, »im Tal, im Lande Moab gegenüber Bet-Peor. Und niemand hat sein Grab erfahren bis auf den heutigen Tag« (5. Mose 34,6). Die genaue Lage dieses Ortes ist unbekannt, kann aber nur einige Kilometer vom Berg Nebo entfernt sein.

BET-RAFA (»Haus der Heilung«). Ein Name, der im Stammbaum Judas als der Name des Sohnes des Eschton erscheint, der aber wahrscheinlich der Name einer ganzen Sippe ist, demnach bezeichnet er den Ort, an dem die Familie lebte.

BET-RAFA
1. Chr 4,12

BET-REHOB Siehe REHOB.

BET-REHOB
Ri 18,28;
2. Sam 10,6

Die Lage Betsaidas ist bis heute unsicher, aber es war als Fischerdorf am Ufer des Sees Genezareth bekannt.

BETSAIDA (»Haus des Fischens«). Fischerdorf am Nordostufer des Sees Genezareth, nahe der Jordanmündung. Jesus kam nach der Speisung der Fünftausend hierher (Mk 6,45; Lk 9,10) und heilte später einen Blinden (Mk 8,22–26). Die Apostel Philippus, Andreas und Petrus kamen aus B. (Joh 1,44; 12,21). Der Weheruf Jesu über die galiläischen Städte, die keine Buße getan hatten, traf B. zus. mit Chorazin und Kapernaum bes. nachdrücklich (Mt 11,20–24; Lk 10,13–15).

BETSAIDA
Mt 11,21;
Mk 6,45; 8,22;
Lk 9,10; 10,13;
Joh 1,44; 12,21

(unten rechts) Tell Bet-Schean.

Eine Münze von Bet-Schean (Nysa Skythopolis), die Dionysos auf der einen Seite und Geta auf der anderen zeigt. 207 n. Chr.

BET-SCHEAN (»Haus der Sicherheit«). Stadt am Ostrand der Jesreel-Ebene, an einem von alters her bedeutenden Knotenpunkt von Nord-Süd- und Ost-West-Verbindungen. In der Spätbronzezeit war B. ein wichtiger Stützpunkt des ägypt. Reiches, insbes. in der Zeit von Sethos I. bis Ramses III. Letzterer stationierte offenbar nach einem Sieg über die Seevölker dort

BET-SCHEA
Jos 17,11.16;
Ri 1,27;
1. Sam 31,10.
2. Sam 21,12;
1. Kön 4,12;
1. Chr 7,29

eine Garnison von Söldnern, die sich aus den besiegten Armeen rekrutierten. Z.Zt. der Landnahme war sie eine der Städte, die den Israeliten widerstanden. Nach Israels Niederlage gegen die Philister wurden die Leichen Sauls und seiner Söhne an den Mauern von B. aufgehängt (1. Sam 31,10). Im Zuge der Ausdehnung seines Reiches nach Nordisrael eroberte David B. zus. mit Megiddo und Taanach; die drei Städte gehörten zum 5. Verwaltungsbezirk des Reiches Salomos unter Baana, einem der 12 Verwalter (1. Kön 4,12). Ca. 700 v. Chr. wurde B. verwüstet und erst in hell. Zeit neubesiedelt, als es unter dem Namen Skythopolis (»Stadt der Skythen«, wohl eine Kavallerieeinheit von Skythen in der Armee von Ptolemäus II.) bekannt wurde. Im 2. Jh. v. Chr., unter den Selukiden, erhielt die Stadt zusätzlich den Namen Nysa, zur Erinnerung an die Amme des Dionysos (Bacchus), die nach der Legende dort geboren sein sollte. Sie wurde von Johannes Hyrkanus (135–104 v. Chr.) erobert, dann von Pompeius (63 v. Chr.), der sie zur Hauptstadt der Dekapolis machte. In christl. Zeit wurde sie Bischofssitz.

Die intensiven Ausgrabungen enthüllten 18 Siedlungsschichten, die bis ins Chalkolithikum zurückgehen.

Beschriftete Stele des Pharao Seti I., in Bet-Schean gefunden. Sie beschreibt, wie die ägyptische Armee die Städte besiegte, die sich gegen den König verschworen hatten. Ende des 14. Jh. v. Chr. (Israelische Regierungsabteilung für Altertümer und Museen).

(links) Ruinen des römischen Theaters in Bet-Schean.

BET-SCHEMESCH 1 Jos 15,10; 21,16; Ri 1,33; 1. Sam 6,9. 12–15.18–20; 2. Kön 14,11.13; 1. Chr 6,44; 2. Chr 25,21. 23; 28,18
BET-SCHEMESCH 2 Jos 19,38; Ri 1,33
BET-SCHEMESCH 3 Jos 19,22
BET-SCHEMESCH 4 Jer 43,13

BET-SCHEMESCH (»Haus der Sonne«).

1. Stadt in der Schefela, 20 km westlich von Jerusalem, an einer Hauptstraße vom Gebiet der Philister nach Jerusalem. Der Name leitet sich wahrscheinlich vom Sonnenkult her, der in B. praktiziert wurde. In Jos 19,41 wird es *Ir Schmesch* (»Stadt der Sonne«) genannt. In der Richterzeit bedrohte B. den Stamm Dan (Ri 1,34–35). Nach seiner Eroberung gehörte es zum Stamm Juda (Jos 15,10) und war eine Levitenstadt (Jos 21,16; 1. Chr 6,44). Bei der Rückgabe der Bundeslade durch die Philister verblieb diese einige Zeit in B., bis sie nach Kirjat-Jearim gebracht wurde (1. Sam 6,12–21). In der Nähe von B. kämpften König Amazja von Juda und Joasch von Israel (2. Kön 14, 11–13). Die Stadt wird mit Tell Rumeila in der Nähe der Ruinen des arab. Dorfes Ein Shams identifiziert.

Große Mengen an Keramik bezeugen, daß B. lange Zeit von den Philistern beherrscht wurde. 924 v. Chr. wurde die gut befestigte Stadt zerstört, wohl während des Palästinafeldzugs des Pharaos Schischak. König Rehabeam machte, anders als bei dem benachbarten Zora (2. Chr 11,10), keine Anstrengungen, B. zu befestigen. Die Stadt existierte offensichtlich bis zur Zerstörung Judas durch die Babylonier 586 v. Chr.

2. Kanaan. Stadt, die dem Stamm Naftali zugewiesen war, aber von den Israeliten nicht erobert werden konnte.

3. Stadt im Gebiet des Stammes Issachar. Einige Gelehrte halten sie für identisch mit Bet-Schemesch (2).

4. Die Stadt Heliopolis (»Stadt der Sonne«) in Unterägypten in der Nähe des heutigen Kairo. Sie ist identisch mit On.

Überreste eines Gebäudes aus der byzantinischen Zeit auf Tell Rumeila, das mit Bet-Schemesch identifiziert wird.

Bet-Schitta in der Bet-Schean-Ebene.

BET-SCHITTA (»Haus der Akazie«). Der Ort, an den die Midianiter nach ihrer Niederlage durch Gideon flohen. Er wird mit dem heutigen Schatta, einige Meilen westlich von Bet-Schean gelegen, identifiziert.

BET-SCHITTA Ri 7,22

BET-TAPPUACH (»Platz der Fruchtbäume«). Stadt in der Gegend von Hebron, die zum Gebiet des Stammes Juda gehört (Jos 15,1; 15,20.53). Siehe TAPPUACH.

BET-TAPPUACH Jos 15,53

BETUËL

1. Sohn von Abrahams Bruder Nahor und Milka (1. Mose 24,15) und Vater von Rebekka und Laban. In 1. Mose 25,20 als Aramäer bezeichnet.

BETUËL 1 1. Mose 22,22–23; 24,15.24.47.50; 25,20; 28,2.5

2. Ort im Süden Simeons und Judas (1. Chr 4,30). In Jos 19,4 Betul, in Jos 15,30 Kesil genannt. Es wird sich um dasselbe Betul handeln, dem David einen Teil der amalekitischen Beute gab (1. Sam 30,27).

BETUËL 2 1. Chr 4,30

BETUL Siehe BETUËL (2).

BETUL Jos 19,4; 1. Sam 30,27

BET-ZUR (»Felsenhaus«). Maon aus der Sippe Kalebs war der Gründer einer Stadt, die dem Gebiet des Stammes Juda zugeteilt wurde (Jos 15,1.20.58), als das Land Kanaan unter die Stämme Israels verteilt wurde (Jos 14,1). König Rehabeam befestigte sie (2. Chr 11,5.7). Nach der Rückkehr aus dem babyl. Exil in Neh 3,16 erwähnt. In der Makkabäerzeit (um 160 v. Chr.) spielte die Stadt eine Schlüsselrolle in den Kriegen der jüd.-hasmonäischen Freiheitskämpfer. Mit dem heutigen Khirbet el Tubeiqa, 6 km nördlich von Hebron, identifiziert, wo Ausgrabungen große Teile der antiken Stadt freigelegt haben.

BET-ZUR Jos 15,58; 2. Chr 11,7; Neh 3,16

Antike Ruinen von Bet-Zur.

BEZAI (»Der HERR ist Gewinn«).

1. Eine der Familien, die mit Serubbabel aus dem Exil zurückkehrten (Esra 2,17; Neh 7,23).

BEZAI 1 Esr 2,17; Neh 7,23

BEZAI 2 Neh 10,19

2. Einer der Leviten, die den Bund z. Zt. Nehemias besiegelten (Neh 10, 1.10.19).

BEZALEL 1 2. Mose 31,2; 35,30; 36,1–2; 37,1; 38,22; 1. Chr 2,20; 2. Chr 1,5 **BEZALEL 2** Esr 10,30

BEZALEL (»in Gottes Schatten/Schutz«) (vgl. Ps 91,1).

1. Ein Mann aus Juda, Sohn des Uri, des Sohnes Hurs; ein begabter Künstler, der mit der Erstellung der Stiftshütte (2. Mose 31,1–11) und ihrer Gefäße, einschließlich der Bundeslade, den priesterlichen Gewändern, dem Salböl und dem Weihrauch betraut wurde. Er fertigte auch den großen Messingaltar an, der bis z. Zt. Davids vor dem Versammlungszelt auf der »Höhe« in Gibeon stand und auf dem Salomo seine Opfer darbrachte (1. Kön 3).

2. Einer der Söhne des Pahat-Moab; mußte unter Esra seine ausländische Frau verstoßen (Esr 10,30).

BEZER 1 5. Mose 4,43; Jos 20,8; 21,36; 1. Chr 6,63 **BEZER 2** 1. Chr 7,37

BEZER (»Erzbruch«).

1. Stadt im Gebiet Rubens. Mose erklärte sie zu einer Freistadt (5. Mose 4,43). Siehe BOZRA (2).

2. Der Sohn Zofachs aus dem Stamm Asser, der im Stammbaum Assers aufgeführt wird.

BIBELÜBERSETZUNGEN

Antike Übersetzungen des AT. Das meistgedruckte Buch der Welt, die Bibel, ist auch das meistübersetzte Buch der Welt, sowohl in der Vergangenheit wie auch in der Gegenwart. Diese Übersetzungen stellen bedeutende kulturelle Werke in den jeweiligen Sprachen dar. Einige waren die ersten schriftl. Dokumente in den betreffenden Sprachen.

Die Art der Übersetzung unterscheidet sich von einer Übersetzung zur anderen; Unterschiede sind selbst innerhalb ein und derselben Übersetzung festzustellen, deren Charakter bei verschiedenen Texten und Büchern der Bibel variiert. Wie heute, so hielten sich auch früher manche Übersetzer stärker an die Textvorlage als andere. Diejenigen, die sich eng an den Wortlaut hielten, schufen »wörtliche« Übersetzungen, wobei sie viele Charakteristika der Quelle wiedergaben, einschließlich typischer Hebraismen. Martin Luther gelang es z. B., in der Redewendung »Gnade finden in den Augen von« eine genaue Entsprechung für die hebr. Redeweise in deutscher Sprache zu finden und damit einen Ausdruck zu schaffen, den man vorher nicht gekannt hatte. Ähnliche Übersetzungen von Hebraismen finden sich in allen alten Bibelübersetzungen.

Im Unterschied dazu weisen andere Übersetzungen, bei denen nicht auf eine exakte wörtliche Übertragung des bibl. Wortlauts Wert gelegt wurde, bereits in der Übersetzung eine Textauslegung (Exegese) auf. Dieselben Wörter wurden dem jeweiligen Kontext entsprechend unterschiedlich übersetzt; dabei kam es auch zu unüblichen Übersetzungen. Gleichzeitig wurden Einzelheiten im Bibeltext anhand bekannter Auslegungstraditionen und gemäß der Vorstellung des Übersetzers verdeutlicht. Auf diese Weise wurden schwer übersetzbare Ausdrücke erläutert und Inhalte, die einer Erklärung bedurften, durch die Übersetzung erhellt. Einige Übersetzungen enthalten mehr von solchen Auslegungselementen als andere, und je mehr Auslegung eine Übersetzung enthält, desto mehr wird die Übersetzung zur Übertragung. Einige alte Übersetzungen des AT gehen darin so weit, daß die einzelnen Wörter des hebr. Textes nicht mehr zurückübersetzt werden können. In solchen Fällen muß man von einem *Midrasch* (klassische jüd. Auslegung) oder von einer *Paraphrase* sprechen, die den bibl. Text nacherzählt. Solches liegt beispielsweise bei den griech. und aram. Übersetzungen des Buches Ester vor, die die bibl. Erzählung ausschmücken und den religiösen Hintergrund hinzufügen. Dieser beigefügten Elemente wegen sind viele der alten Übersetzungen von großer Bedeutung für die Frage, wie das AT im Altertum verstanden worden ist.

Ein weiteres Merkmal der antiken Übersetzungen des AT ist, daß sie aus einer Zeit stammen, in der der hebr. Text noch nicht seine letzte Ausgestaltung gefunden hatte. Deshalb spiegeln einige der Übersetzungen eine Vorlage wider, die in größeren oder kleineren Einzelheiten vom kanonischen hebr. Text, dem sog. masoretischen Text, abweicht. Heute ist einiges über jene althebr. Texte bekannt, nach denen die alten Übersetzungen erstellt wurden, bes. aus den hebr. Schriftrollen, die in Qumran beim Toten Meer gefunden worden sind und die der alten griech. Übersetzung des AT, der Septuaginta (LXX), in vielen Einzelheiten gemäß sind. Die hebr. Texte, nach denen die alten Übersetzungen erstellt wurden, können daher oft durch Rückübersetzung ins Hebräische rekonstruiert werden, wobei diese rekonstruierten Texte häufig von den überlieferten bibl. Texten abweichen.

Das trifft bes. auf die LXX zu, die älteste Übersetzung des AT. Sie wurde in Griechisch, der Sprache der hell. Welt, in Alexandrien (Ägypten) im 3./2. Jh. v. Chr. abgefaßt. Wie bei allen alten Bibelübersetzungen sind die Umstände ihrer Entstehung umstritten und unsicher. Wie im »Brief des Aristeas« – einer zwischen 130 und 100 v. Chr. entstandenen Erzählung – berichtet wird, habe ein gewisser Ptolemäus (wahrscheinlich Ptolemäus II. Philadelphus, der 285 – 247 v. Chr. regierte) 72 Älteste (sechs von jedem Stamm) aus Jerusalem versammelt, um die jüd. Schriften ins Griechische zu übersetzen. Obwohl sie in getrennten Zellen arbeiteten, hätten die vom

Seite aus dem Codex Syriacus (Bibliothek des St.-Katharina-Klosters im Sinai).

Geist Gottes gelenkten Übersetzer auf wundersame Weise völlig gleichlautende Übersetzungen geschaffen. Der Kern dieser Erzählung mag insofern wahr sein, als die ptolemäischen Herrscher für ihr Interesse an fremden Kulturen bekannt waren. Gleichzeitig muß die jüd. Gemeinde in Alexandria wegen der allmählich mangelhaft werdenden Hebräisch-Kenntnisse der meisten ihrer Gemeindeglieder nach einer Übersetzung für ihren täglichen Bedarf verlangt haben.

Frühe Papyri von Teilen der LXX wurden an einigen Stellen in Ägypten und Palästina gefunden; dort existieren auch mehrere frühe Mss. ihres vollständigen Textes, die die frühesten Belege des AT bis zur Entdeckung der hebr. Schriftrollen am Toten Meer darstellen.

Obwohl die LXX jüd. Ursprungs war, wurde sie bald von der griech. sprechenden christl. Kirche als HS akzeptiert, die nach ihrem Inhalt und mit ihrer Terminologie deutlichen Niederschlag im NT gefunden hat. Obwohl aus dem Text selbst deutlich wird, daß die LXX in jüd. Kreisen übersetzt worden ist, hat die LXX im Judentum selbst an Bedeutung verloren, nachdem sie für die Kirche die Bibel des Alten Bundes geworden war, d.h. von ihnen für Schriftbeweise herangezogen wurde. Statt dessen begannen die Juden, die LXX zu revidieren und sie für sich annehmbar zu machen, indem sie solche Begriffe ausschieden bzw. abänderten, die inzwischen »christlich besetzt« waren, so z.B. das Wort *christos*, die Standardübersetzung für *maschiach* (»Gesalbter«, Messias). Diese jüd. Revisionen sind mit Namen wie Aquila, Theodotion und Symmachus verbunden. Die Unterschiede zwischen der LXX und dem überlieferten hebr. Text sind einerseits in einer mangelhaften Übersetzung begründet, lassen sich andererseits aber auch darauf zurückführen, daß die Übersetzer der LXX eine vom hebr. Text abweichende Textvorlage hatten. So ist z.B. das griech. Buch Jeremia erheblich kürzer als das hebr. Buch Jeremia. Die LXX enthält mehrere Schriften, die in dem masoretischen Kanon atl. Schriften nicht zu finden sind, wie das (apokryphe) Buch der Makkabäer sowie die Bücher Judit und Baruch. Vor allem aber weicht die Reihenfolge der Bücher in der LXX von der des hebr. AT ab. So erscheint das Buch Rut als ein Anhang zum Buch der Richter und die Klage-

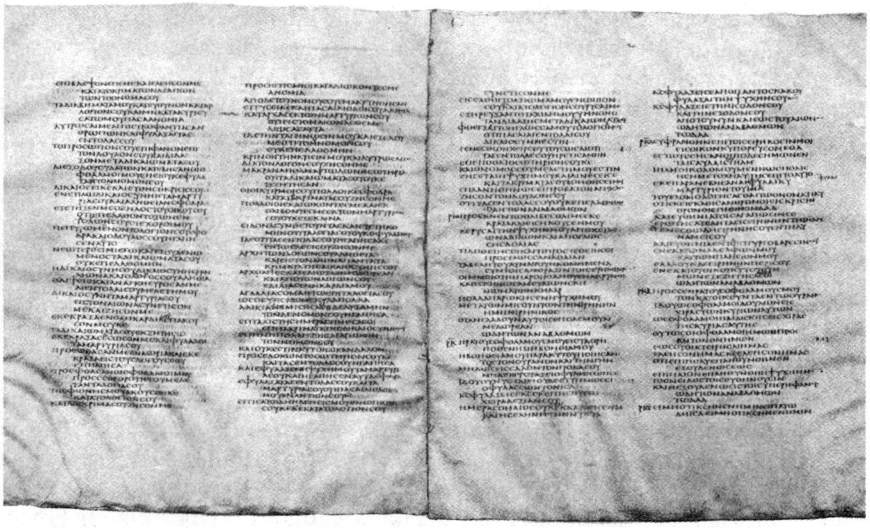

Seite aus dem Codex Sinaiticus (British Museum).

lieder des Jeremia, die im AT für sich in der Gruppe der »Schriften« stehen, erscheinen als Anhang zum Buch des Propheten Jeremia. Die beiden Samuelbücher tragen in der LXX die Bezeichnung »1.« und »2. Buch der Könige«, und dementsprechend sind die beiden Bücher der Könige dort das »3.« und »4. Buch der Könige«. Das Buch Hiob ist hinter dem Hohenlied eingeordnet, das Buch Daniel rangiert unter den Propheten als letztes Buch usw.

Innerjüd. Notwendigkeiten veranlaßten ebenfalls eine Übersetzung ins Aramäische. Aramäisch war die verbreitetste Sprache unter den Juden im babyl. Exil, die immer mehr das Hebräische in Palästina verdrängte. Es wurden mehrere aram. Übersetzungen angefertigt – zunächst mündliche, später schriftliche. Man nannte sie *targumim* (pl.; sg. *targum*, d.h. »Übersetzung«, »Paraphrase«). Von diesen sind der Targum Onkelos (für den Pentateuch) und der Targum Jonatan (für die Propheten) am bekanntesten. Diese beiden sind unter die wortgetreuen Übersetzungen zu rechnen. Die bedeutendsten freien bzw. paraphrasischen Übersetzungen sind der Targum Pseudo-Jonatan und der Targum im Neophiti-Codex (beide zum Pentateuch). Alle *targumim* basieren auf dem hebr. Text, obwohl sie unterschiedliche Grade der Auslegung erkennen lassen. Die genaue Zeit ihrer Entstehung ist nicht bekannt. In der jüd. Tradition genossen die *targumim* eine hohe Wertschätzung, wie man anhand der häufigen Zitate im Talmud und bei mittelalterlichen Kommentatoren sehen kann.

Bibelübersetzungen inkl. des NT. Das AT ging in der Gestalt der LXX auch in andere alte Bibelübersetzungen ein, u.a. in die lateinischen (*Itala*

Die Zelle in Bethlehem, in der Hieronymus die Bibel ins Lateinische übersetzt haben soll.

bzw. *Vetus Latina*). Diese altlat. Übersetzungen führten die Inhalte und Namen der Bücher der LXX in die westliche Kultur, d. h. in die frühe Christenheit ein. In der griech.-orthodoxen Kirche ist die LXX noch immer ein hl. Buch. Die *Vulgata*, eine vom Kirchenvater Hieronymus (345–420) erstellte Übersetzung ins Lateinische, entstand im Zuge einer Revision der Vetus Latina in den Jahren 390–405. Sie war eine genaue und zugleich elegante Übersetzung unter Berücksichtigung des hebr. Textes des AT, die rabbinische Auslegung eingeschlossen. Die Vulgata trat mehr und mehr an die Stelle der LXX als kanonischer Text der frühen Christenheit und der röm.-kath. Kirche.

Neben diesen Übersetzungen wurde auch eine ins Syrische erstellt, einen aram. Dialekt. Diese Übersetzung – die *Peschitta* (die »einfache« oder »allgemeine«) – ist eindeutig auf jüd. Auslegung gegründet; über ihren Ursprung ist allerdings wenig bekannt. – Dazu kamen im 4. Jh. eine koptische, später die äthiopische sowie die gotische Bibelübersetzung (durch Wulfila), die erste in einer germanischen Sprache.

Zwar hat sich die Vulgata v. a. wegen ihrer Verwendung in der Liturgie der Kirche trotz anfänglicher Schwierigkeiten auf längere Sicht durchgesetzt; dennoch wurde im Mittelalter mehrmals versucht, bessere lat. Übersetzungen zu erstellen. Doch die Auffassung, daß man in der Vulgata den kirchlich verbindlichen Bibeltext habe, war unbestritten; die Scholastiker bezogen sich in ihrer theologischen Arbeit daher allein auf den Text der Vulgata. Mit dem ausgehenden 15. und dem beginnenden 16. Jh. vollzog sich jedoch durch die Forderung der Humanisten, zu den Quellen – d. h. den Urtexten von Philosophie und Theologie – zurückzukehren (»ad fontes«), eine entscheidende Wende. Die Theologie der Reformatoren basiert auf einem intensiven philologischen Studium des hebr. und griech. Urtextes der Bibel; auch entstanden eine Reihe lat. Bibelübersetzungen, die sich um eine wortgetreue Wiedergabe des Urtextes bemühten. Deren bedeutendste war das »Novum Instrumentum« (1516), die NT-Übersetzung des Erasmus v. Rotterdam, mit der auch Luther eine Zeitlang arbeitete. Wichtige lat. Übersetzungen der gesamten Bibel waren die von Santes Pagninus (1527), die »Zürcher Lateinische Bibel« von Leo Jud und Bibliander (1524/29) sowie die Übersetzungen von Sebastian Castellio (1551) und Theodor Beza (1556). Der Hebraist Sebastian Münster schuf eine wichtige AT-Übersetzung (1534/35).

Die Übersetzung der Bibel in die dt. Sprache nahm ihren Anfang mit der germanischen Übersetzung des westgotischen Bischofs Wulfila (4. Jh.). Die dt. Bibelübersetzungen des Mittelalters beziehen sich fast ausschließlich auf den Vulgata-Text. Im 8. und v. a. im 9. Jh. erschienen interlineare Übersetzungen einzelner bibl. Bücher. Unter den altdt. Bibelübersetzern des Mittelalters ragt Notker III. Labeo von St. Gallen (gest. 1022), der Hiob, die Psalmen sowie das Hohelied übersetzte, ebenso heraus wie Williram von Ebersberg (gest. 1085), der ebenfalls das Hohelied übersetzte. Eine deutliche Zunahme dt. Bibelübersetzungen zeigt sich erst im Spätmittelalter, d. h. ab dem 14. Jh. Die anonym vorliegenden Übersetzungen aus dieser Zeit wurden in der zweiten Hälfte des 15. und Anfang des 16. Jh. nach der Erfindung des Buchdrucks von einigen Druckern verbreitet; die erste dieser Bibeln ist die des Straßburger Druckers Johann Mentelin (1466), in deren Gefolge weitere 13 hochdt. und vier niederdt. vollständige Bibelübersetzungen gedruckt erschienen (u. a. die Zainer-Bibel [1475]). Diese Übersetzungen sind das Vorfeld für die bedeutendste und wirkungsmächtigste Bibelübersetzung in dt. Sprache, die Übersetzung Martin Luthers (1522 [NT], 1534 [gesamte Bibel]). Luther ging auf den hebr. und griech. Urtext zurück, zog aber für das AT auch die LXX, die Vulgata u. a. heran; bei der Übersetzung des NT während seines Aufenthaltes auf der Wartburg (1522) benutzte er die 2. Auflage (1519) des griech. NT von Erasmus. Luther schuf eine zwar nicht streng wörtliche, dafür aber klare und dennoch urtextgemäße Übersetzung, wobei er sich weitgehend um Allgemeinverständlichkeit bemühte. Er legte Wert auf einen schwingenden Rhythmus und einen melodiösen Satzbau. Zusätzlich verhalf der Stabreim dem Bibelwort von Luthers Übersetzung zu einer erheblich besseren Einprägsamkeit, als dies bei anderen Übersetzungen der Fall war. Dadurch wurde die Voraussetzung dafür geschaffen, den bibl. Text in Predigt und Katechese eingehend zu vermitteln. Die Memorierbarkeit der LÜ ist bis heute unübertroffen.

Neben Luthers Übersetzungen entstand in der reformierten Schweiz die »Zürcher Bibel« (1524–29), übersetzt von Zwingli und Leo Jud. Beide, die Lutherbibel und die Zürcher Übersetzung, haben bis heute mehrfache Revisionen erfahren (die Lutherbibel zuletzt 1964 für das AT, 1984 für das NT).

Im 17. Jh. sind die Übersetzung des reformierten Theologen Johannes Piscator (1602–04) und im 18. Jh. die NT-Übersetzung Zinzendorfs (1727) und die achtbändige Berleburger Bibel von J.F. Haug (1726–42) zu nennen, wobei letztere mit allegorisch-mystischen Auslegungen versehen war und daher keine bloße Übersetzung darstellt. Unter den Bibelübersetzungen des 19. und 20. Jhs. sind als die wichtigsten zu nennen: die Elberfelder Bibel des Darbisten C. Brockhaus u. a. (1871; mehrfach revidiert), die größtmögliche Wörtlichkeit anstrebt; die Übersetzungen von F. E. Schlachter (ab 1905) und H. Menge (zuerst 1923 [NT], 1926 [AT]) sowie die kath. »Jerusalemer Bibel« (1968) und die kath. »Einheitsübersetzung« (1980; im NT und den Psalmen ökumenisch). Die erste Interlinearversion des NT in heutigem Deutsch ist von E. Dietzfelbinger erstellt worden (1986). Besonders um die Angleichung des Textes an die heutige Sprachgestalt bemüht sind u. a. die »Gute Nachricht«-Übersetzung (1978) und das NT »Hoffnung für alle« (1983, nach dem Modell der amerikanischen Living Bible), bei dem die Grenze zwischen Übersetzung und Übertragung z.T. überschritten ist.

BIBLISCHE URGESCHICHTE Siehe ANHANG.

BICHRI 2. Sam 20,1–2.6–7.10.13.21–22

BICHRI (»jung«). Vater des Scheba, eines Benjaminiten, der gegen David rebellierte (2. Sam 20,1). Einige Gelehrte halten B. für einen Familiennamen mit der Bedeutung »zur Familie/Sippe Becher gehörig«.

BICHRITER 2. Sam 20,14

BICHRITER Angehöriger bzw. Nachkomme von Bichri. Siehe auch BECHER, BICHRI.

BIDKAR 2. Kön 9,25

BIDKAR (»Erdolche«). Ein Anführer von Jehus Truppen. Nachdem Jehu König Joram von Israel getötet hatte, befahl er B., die Leiche auf das Feld Nabots des Jesreeliters zu werfen (2. Kön 9,24–25).

BIGTA Est 1,10

BIGTA Ein Kämmerer des pers. Königs Ahasveros.

BIENE Siehe TIERE.

BIGTAN Est 2,21

BIGTAN (»Geschenk«). Einer der beiden Eunuchen und Kammerdiener des pers. Königs Ahasveros, die eine Verschwörung gegen diesen machten. Ihr Komplott wurde von Mordechai aufgedeckt (Est 2,21–23).

BIGWAI Esr 2,2.14; 8,14; Neh 7,7.19; 10,17

BIGWAI (»Glückliche«). Eine der größten Familien unter den Deportierten, die mit Serubbabel aus Babylon zurückkehrten. Nach Esra zählten sie 2056 Personen (Esr 2,14), nach Nehemia 2067 (Neh 7,19). B. selbst kam mit Serubbabel zurück (Esr 2,2; Neh 7,7), und ein B. war auch unter den Leviten, die die Abmachung Nehemias besiegelten (Neh 10,17). Zwei Söhne B.s sind unter den mit Esra Zurückgekehrten aufgelistet (Esr 8,14).

BIKAT-AWEN Am 1,5

BIKAT-AWEN Das Tal von Awen (hebr. *bika* = »Tal«) wird in Am 1,5 erwähnt, wo der Prophet das Exil der Aramäer vorhersagt. Einige Forscher meinen, daß sich der Name auf das Tal (Beka-Tal) zwischen dem Libanon-Gebirge und dem Antilibanon bezieht.

BILD GOTTES Siehe EBENBILD GOTTES.

BILDAD Hiob 2,11; 8,1; 18,1; 25,1; 42,9

BILDAD (»Bel hat geliebt«). Einer der drei Freunde Hiobs, stammte aus Schuach.

BILEAM 4. Mose 22,5.7–10.12–14.16.18.20–21.23.25.27–1.34–36.38–41; 3,1–5.7.11.15–6.25–26.29–30; 24,1.3.10.12.15.25; 31,8.16; . Mose 23,5–6; os 13,22; 24,9; Neh 13,2; Mi 6,5; 2. Petr 2,15; Jud 11; Offb 2,14

BILEAM Ein heidnischer Wahrsager aus Petor am Euphrat (4. Mose 22,5), den der König von Moab, Balak, herbeirufen ließ, um das Volk Israel durch einen Zauberfluch daran zu hindern, durch das Moabitergebiet zu ziehen. Seine sehr ausführlich berichtete Geschichte findet sich 4. Mose 22–24, darunter auch die Szene mit der sprechenden Eselin, die den Gottesboten vor B. bemerkte (22,21–33). Entscheidend ist, daß der heidnische Zauberer gegen

Inschrift aus Deir Alla in Transjordanien (Pnuël im AT), die Bil'am (Bileam), den Sohn Beors, erwähnt; Ende des 8. Jh.v. Chr. Der Text ist typisch für Inschriften, die die Geschichte der Gründung eines Kultortes erzählen (Archäologisches Museum, Amman).

das Wort und den Ratschluß Gottes ohnmächtig ist und trotz der Drohungen und der Belohnungen seitens des Moabiterkönigs keinen Fluch gegen das Volk Israel zuwegebringt, »denn es ist gesegnet« (22,12). Im Gegenteil, er muß seinen ganzen Auftrag ins Gegenteil verkehren und im Dienste Gottes Israel segnen (22,41–24,24). Dabei unterscheidet man vier Bileamsprüche, von denen 23,7–10 und 23,18–24 eindeutig im Dienst des Erzählungszusammenhangs stehen, während 24,3–9.15–19 und 24,20–24 diesen Zusammenhang nur mittelbar erkennen lassen.

Der Name Bileams erscheint noch in einigen anderen Berichten aus der Mose- und Josuazeit. Die Gestalt selber bleibt dabei konturenunscharf, ist jedoch immer dadurch gekennzeichnet, daß B. auf der Seite der Feinde Israels erscheint oder sogar Israel zum Abfall von Jahwe verführen wollte (4. Mose 31,16; 5. Mose 23,5–6; Jos 13,22; vgl. Mi 6,5). Als Verführer ist er darum auch in das NT eingegangen, wo sein Name in 2. Petr 2,15; Jud V. 11 und Offb 2,14 erwähnt wird.

Eine wichtige Rolle in der Geschichte des Heilsplanes Gottes dürfte dem Prophetenspruch in 4. Mose 24,15–19 zukommen. Hier liegt eine der ältesten Weissagungen des AT auf den kommenden Messiaskönig aus Israel vor, bemerkenswert eben dadurch, daß das Werkzeug dieses Orakelspruchs, der heidnische Magier B., nicht ahnen konnte, was für ein zukunftsträchtiges Wort ihm Gott in den Mund legte: »Ich sehe ihn, aber nicht jetzt; ich schaue ihn, aber nicht von nahem. Es wird ein Stern aus Jakob aufgehen und ein Zepter aus Israel aufkommen«. Die Frage nach dem »Christus im AT« hat hier eine ihrer ersten Wurzeln.

BILGA (»Lichtblick«).

1. Ein Nachkomme Aarons, der Vorsteher der 15. Abteilung der Priester, die von David aufgestellt (1. Chr 24,5.14).

2. Einer der Vorsteher der Priester, die mit Serubbabel aus dem Exil zurückkehrten.

3. Vater des Schammua, eines Priesters z. Zt. des Serubbabel. Möglicherweise identisch mit Bilga (2).

4. Einer der Priester, die den Bund Nehemias besiegelten (Neh 10,1.9). Vielleicht identisch mit Bilga (2).

BILGA 1 1. Chr 24,14 **BILGA 2** Neh 12,5 **BILGA 3** Neh 12,18 **BILGA 4** Neh 10,9

BILHA (»Bescheidenheit«). Eine Dienerin Labans, nach Jakobs Heirat mit Rahel deren Leibmagd (1. Mose 29,29). Rahel gab sie Jakob zur Nebenfrau, um durch sie Kinder zu bekommen, und B. gebar ihm Dan und Naftali (1. Mose 30,1–8). Später beging Ruben, Jakobs ältester Sohn von seiner Frau Lea, Blutschande mit B. (1. Mose 35,22).

BILHA 1. Mose 29,29; 30,3–5.7; 35,22.25; 37,2; 46,25; 1. Chr 7,13

BILHAN (»gemäßigt«).

1. Einer der Söhne Ezers, eines Stammesfürsten der Horiter z. Zt. Esaus.

2. Der einzige Sohn Jediaëls im Stammbaum Benjamins.

BILHAN 1 1. Mose 36,27; 1. Chr 1,42 **BILHAN 2** 1. Chr 7,10

BILSCHAN (»Sucher«). Einer der Männer, die mit Serubbabel aus Babylon zurückkehrten.

BILSCHAN Esr 2,2; Neh 7,7

BIMHAL (»Beschnittener«). Ein Sohn Jaflets, des Sohnes Hebers; Oberhaupt einer der Sippen im Stammbaum Assers.

BIMHAL 1. Chr 7,33

BINA (»Sohn der Zerstreuung«). Sohn des Moza und Vater Refajas in der Abstammungslinie Sauls und Jonatans.

BINA 1. Chr 8,37; 9,43

BINNUI (»Häusliches Glück«). Name mehrerer Personen (einige von ihnen sind möglicherweise identisch) z. Zt. Esras und Nehemias.

1. Sohn Henadads und Vorsteher der Hälfte des Verwaltungsbezirks von Kegila; half beim Wiederaufbau der Stadtmauern Jerusalems mit (Neh 3,17.18).

2. Oberhaupt einer Familie von Deportierten, die mit Serubbabel zurückkehrten (Neh 7,15). Sie zählte 648 Glieder. Möglicherweise identisch mit der Familie von Bani (4).

3. Einer der Leviten, die mit Serubbabel zurückkehrten (Neh 12,8); half beim Wiederaufbau der Mauern Jerusalems (Neh 3,24) und besiegelte die Abmachung Nehemias (Neh 10,10). Er könnte zur Familie von Binnui (1) gehört haben.

BINNUI 1 Neh 3,18 **BINNUI 2** Neh 7,15 **BINNUI 3** Neh 3,24; 10,10; 12,8

BINNUI 4 Esr 8,33
BINNUI 5 Esr 10,30
BINNUI 6 Esr 10, 38

4. Ein Levit, Vater Noadjas, eines Begleiters Esras.

5. Ein Sohn Pahat-Moabs; mußte sich unter Esra von seiner heidnischen Frau scheiden lassen (Esr 10,3.30).

6. Sippe, von der sich einige Glieder unter Esra von ihren heidnischen Frauen scheiden lassen mußten (Esr 10,3.38).

BINSE Siehe PFLANZEN.

BIRSAJIT 1. Chr 7,31

BIRSAJIT (»Durchbohrung«). Person im Stammbaum Assers. Man nimmt an, daß ein Dorf dieses Namens, das zu einer der Sippen von Asser gehörte, an der Stelle des heutigen Bir Zeit, 8 km nördlich von Ramalla, lag. Josephus nennt es als Schauplatz der letzten Schlacht zwischen Judas Makkabäus und Bakchides.

BIRSCHA 1. Mose 14,2

BIRSCHA (»stark, dick«). König von Gomorra (1. Mose 14,2). Einer der fünf Könige, die gegen Kedor-Laomer rebellierten und im Tal Siddim besiegt wurden (1. Mose 14,1–10).

BISCHLAM Esr 4,7

BISCHLAM (»Sohn des Friedens«). Einer der Männer, die einen Brief an König Artahsasta (Artaxerxes) schrieben, worin sie sich beklagten, daß die Juden den Tempel in Jerusalem wiederaufbauten. Möglicherweise steht »B.« auch für die Grußformel des Briefes und bedeutet keinen Personennamen.

BISETA Est 1,10

BISETA (»Eunuch«). Einer der sieben Kämmerer, die König Ahasveros aussandte, um Königin Wasti zu holen.

BITHYNIEN Apg 16,7; 1. Petr 1,1

BITHYNIEN (»gewaltiges Brausen«). Seit 74 v. Chr. eine röm. Provinz im Nordwesten Kleinasiens; sie war administrativ mit ihrem östlichen Nachbarn Pontus vereinigt. Paulus wollte von Phrygien und Galatien aus B. missionieren, wurde aber vom hl. Geist daran gehindert (Apg 16,7). Der 1. Petrusbrief ist u.a. an Diasporachristen in B. adressiert (1. Petr 1,1) und zeigt somit, daß es dort schon vor 64 n. Chr. Christen gab.

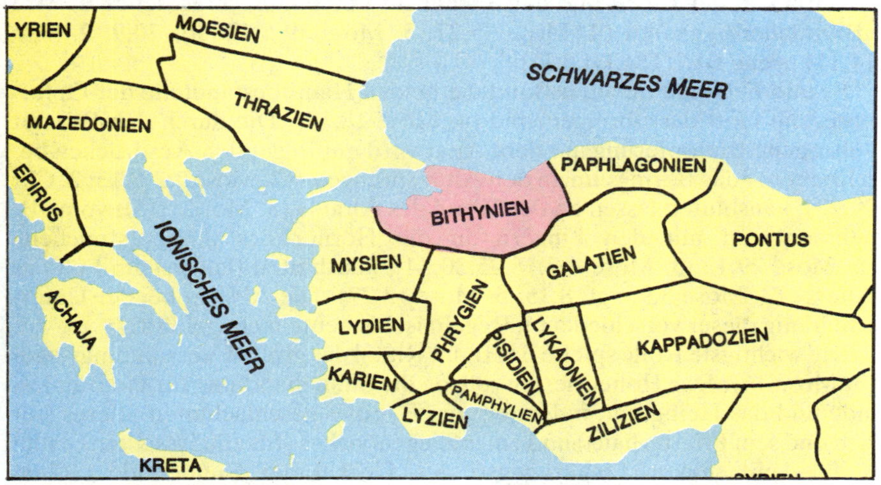

Bithynien in Kleinasien.

BITJA 1. Chr 4,18

BITJA (»Tochter Jahwes«). Tochter eines Pharaos und Frau des Mered, des Sohnes Esras im Stammbaum Judas.

BITRON 2. Sam 2,29

BITRON (»Schlucht«). Gebiet (wohl ein Tal) im Ostjordanland. Im Bruderkrieg zwischen Isch-Boschet (Israel) und David (Juda) überquerten Abner und seine Männer auf der Flucht vor Davids Soldaten den Jordan und »zogen durchs ganze B.« (2. Sam 2,29).

BLASTUS Apg 12,20

BLASTUS (»Knospe«). Kämmerer des Herodes Agrippa I., den die Einwohner von Tyrus und Sidon um Fürsprache beim König baten.

BLUT 1. Mose 4,10; 9,4–6; Mose 12,7.13. 22f.; 23,18; 24,8; 29,12. 16.20; 34,25; Mose 1,5.11.

BLUT Das christl. Verständnis des Blutes konzentriert sich, theologisch gesehen, auf das B. Jesu Christi, auf den Satz: »Das Blut Jesu Christi macht uns rein von aller Sünde« (1. Joh 1,7). Dieser Bekenntnissatz ist einer der großen Hauptsätze des Evangeliums und des christl. Glaubens. Mit dem Begriff des B. Jesu Christi verbindet sich das Glaubenszeugnis, daß der Sohn Gottes uns Sünder durch seinen Kreuzestod herausgekauft hat aus dem

Todesurteil Gottes, das sonst am Sünder vollzogen werden müßte (Röm 6, 23). Weil *sein* B. vergossen worden ist, wird *mein* B. nicht mehr vergossen, mein Leben nicht mehr in die ewige Todesstrafe dahingegeben werden. Davon reden die Ev.n ebenso wie bes. auch die apostolischen Briefe (Mt 26,28; Mk 14,24; Joh 6,53–55; Apg 20,28; Röm 5,9; 1. Kor 11,25; Eph 1,7; 1. Petr 1,19; Hebr 9,12; 10,19; 13,20; Offb 1,5 u. a.).

Die ntl. Antwort auf die Frage nach der Bedeutung des vergossenen B. geht aus von der des AT. Die Haltung des alten Israel zum B. – ob als heilig und reinigend verstanden wie beim Ritual des Versöhnungstages oder als Zeichen ritueller Unreinheit wie etwa bei der Menstruation – war einzigartig unter den Völkern des Nahen Ostens. Die Heiligkeit des B. kommt im Verbot des Blutgenusses zum Ausdruck, das uns im AT in drei Formen begegnet: a) Verbot des Blutgenusses im Zusammenhang mit der Anweisung, das B. aller Opfertiere auf dem Altar zu versprengen (3. Mose 17,3–12; vgl. 3. Mose 1,5; Jes 1,11), jedoch das B. aller zum Opfer untauglichen Wildtiere ausfließen zu lassen und mit Erde zuzuscharren (3. Mose 17,13–14); b) Verbot zus. mit der nur in 5. Mose zu findenden Anweisung, das B. aller nicht zu Opferzwecken geschlachteten Tiere »wie Wasser« auf die Erde zu gießen (5. Mose 12,16.24; 15,23); c) das Verbot: »Ihr sollt nichts essen, in dem noch B. ist« (wörtl.: »Ihr sollt nichts über dem B. essen«; 3. Mose 19,26; 1. Sam 14,32–34; Hes 33,25), mit der Bedeutung: Ihr sollt nichts zus. mit B. essen. Das Essen von B. ist deshalb verboten, weil B. als Inbegriff des Lebens gilt (1. Mose 9, 4; 3. Mose 17,10 ff.; 5. Mose 12,23). Der Zusammenhang zwischen B. und Lebenskraft zeigte sich für die Israeliten daran, daß aus den Wunden lebendiger oder gerade getöteter Lebewesen B. ausfließt. In diesen Zusammenhang gehört auch die rituelle Unreinheit der Frau während ihrer Menstruation (3. Mose 15,19.25). »Blutvergießen« ist ein häufiger Ausdruck in der Bibel, und der Rächer für unschuldig vergossenes B. wird »Bluträcher« genannt (4. Mose 35,27; 5. Mose 19,6.12; Jos 20,9; 2. Sam 14,11) (siehe BLUTSCHULD).

B. und Fett sind im alten Bund die beiden Hauptbestandteile der Opfertiere, die Gott darzubringen sind (4. Mose 18,17). Die durch den Priester vollzogene Blutopferung auf dem Altar wird mit folgenden Ausdrücken beschrieben: »das B. ringsum an den Altar sprengen« (3. Mose 3,2.8.13; 2. Chr 29,22); »ausbluten lassen an der Wand des Altars« (3. Mose 1,15); vom »B. nehmen und mit den Fingern an die Hörner des Altars streichen« (2. Mose 29,12; 3. Mose 4,7.18.25.30.34); »ausbluten (lassen) am Fuß des Altars« (3. Mose 5,9; vgl. 8,15; 5. Mose 12,27). Die Absicht bei der Unterscheidung dieser verschiedenen Regeln ist bis heute nicht geklärt.

Die wichtigste Rolle spielte das B. im Ritual des großen Versöhnungstages (3. Mose 16). Der Hohepriester vollzog die Sühnehandlung für die Bundeslade und das Heiligtum, indem er vom B. eines geschlachteten Stieres (für sich und sein Priesterhaus) und eines Ziegenbockes (für alle Israeliten) nahm und es mit seinem Finger gegen den Deckel der Bundeslade (»Gnadenthron«) und vor ihr versprengte. Danach entsühnte er den Altar, indem er weiteres B. der beiden Tiere (wiederum für das Priesterhaus und für ganz Israel) an die vier Hörner des Altars strich und den Rest mit seinem Finger siebenmal auf den Altar sprengte (3. Mose 16,14–19).

Der Gebrauch des B. zur Sühnehandlung im Opferdienst Israels geschieht nach 3. Mose 17,11 ganz bewußt – »denn das B. ist die Entsühnung« – und hat eine Unheil abwehrende Bedeutung: Das B. des Passaopfers, das in der ersten Passanacht an die Türpfosten der Hebräer in Ägypten gestrichen wurde, war Zeichen des göttlichen Schutzes (2. Mose 12,7.13.21–23).

Das NT sieht ebenso wie das AT das B. als Äquivalent für Leben und Menschsein. So bedeutet der Ausdruck »Fleisch und B.« (Mt 16,17) Menschsein bzw. Menschengeist und den Bereich des Menschlichen (im Unterschied zu Gottes Geist und Weisheit) (vgl. Gal 1,16).

»B.« bekommt seine spezifisch ntl. Bedeutung im Begriff des »Blutes Christi«, das auf seinen Opfertod hinweist. Jesus vermacht seinen Jüngern in

15; 3,2.8.13.17; 4,5–7.16.18.25. 30.34; 5,9; 7,2. 14; 8,15.19.23f. 30; 12,4f.; 16,14. 18f.27; 17,4.6. 10–14; 19,26; 4. Mose 18,17; 35,27; 5. Mose 12,16. 23f.27; 15,23; 19,13; 21,8f.; 27,25; 32,43; 1. Sam 14, 32–34; 19,5; 2. Sam 4,11; 16,8; 1. Kön 21,19; 22,38; 2. Kön 9,7; 16,13; 2. Chr 29,22.24; Ps 16,4; 72,14; 94,21; Spr 28,17; Jes 1,11.15; Jer 7,6; 22,3; 26,15; Hes 3,18; 16,6; 33,4–5; 43,18; Joel 3,3f.;

Mt 16,17; 23, 30.35; 26,28; 27,4.24f.; Mk 14,24; Lk 22,20; Joh 1,13; 6, 53–56; 19,34; Apg 15,20.29; 20,26.28; Röm 3,15. 25; 5,9; 1. Kor 10,16; 11,25.27; 15,50; Gal 1,16; Eph 1,7; 2, 13; 6,12; Kol 1,20; 1. Petr 1,2.19; 1. Joh 1,7; 5,6f.; Hebr 2,14; 9,7. 12–14.18.20–22. 25; 10,19.29; 12. 4.24; 13,11f.20; Offb 1,5; 5,9; 7,14; 12,11; 16,6; 17,6; 18,24; 19,2.13;

seinem Fleisch und B. sein Leben (Joh 6,53–56) und besiegelt im Abendmahl den »neuen Bund in meinem B.« (Lk 22,20; 1. Kor 11,25). Die Rechtfertigung des Sünders ruht also nicht mehr auf der Erfüllung des Gesetzes, sondern in Gottes befreiendem Gnadenhandeln in Jesus Christus: »Den hat Gott für den Glauben hingestellt als Sühne in seinem Blut zum Erweis seiner Gerechtigkeit« (Röm 3,25).

Für den Verfasser des Hebräerbriefes (Kap. 9–10) besteht die Überlegenheit des neuen Bundes darin, daß Jesus als Hoherpriester sein eigenes B. (Leben) geopfert hat (9,12); wenn schon das B. von Böcken und Stieren eine Wirkung hatte, »um wieviel mehr wird dann das B. Christi ... unser Gewissen reinigen von den toten Werken, zu dienen dem lebendigen Gott« (9,14). Das B. des neuen Bundes gehört eng zus. mit dem des alten Bundes, indem es in seiner Bedeutung auf diesem ruht und ihn zugleich endgültig ablöst, weil das Opfer Jesu Christi nicht wie das des alljährlichen Versöhnungstages wiederholungsbedürftig ist, sondern ein für allemal (Röm 6,10; Hebr 9,25–28) dargebracht ist und für immer und ewig (vgl. Hebr 13,20) gilt. Das B. Jesu ermöglicht es jedem, der an ihn glaubt, freimütig und ohne böses Gewissen vor Gott zu treten (Hebr 10,19–22). Dagegen ist die Mißachtung des Bundesblutes Christi eine der schwersten Verfehlungen, die ein Christ begehen kann (Hebr 10,29). Das B. Jesu »redet besser als Abels B.« (Hebr 12,24).

Die Apostelversammlung in Jerusalem (um 50 n. Chr.), die über die Stellung der Heidenchristen gegenüber dem jüd. Ritualgesetz beriet, forderte die Heidenchristen auf, sich vom Blutgenuß zu enthalten – nicht als Voraussetzung zum Heil, sondern aus Rücksicht auf ihre judenchristl. Glaubensbrüder (Apg 15,20–21).

BLUTEGEL Siehe TIERE.

BLUTERLÖSER Siehe BLUTSCHULD.

BLUT-SCHULD/ BLUTRÄ-CHER
2. Mose 22,1; 3. Mose 17,4; 20,9; 4. Mose 35,19. 21.24f. 27; 5. Mose 19,6. 10.12; 22,8; Jos 20,3.5.9; 1. Sam 25,26; 2. Sam 21,1; Ps 51,16; 106,38; Jes 4,4; Hes 7,23; Hos 1,4;

BLUTSCHULD Blutschuld ist im alten Israel die unausweichliche Verantwortlichkeit, die man sich durch das Töten (Morden) eines Menschen zuzieht. Nach atl. Auffassung fordert vergossenes Menschenblut Sühne: »Wer Menschenblut vergießt, dessen Blut soll auch durch Menschen vergossen werden« (1. Mose 9,6; vgl. 2. Mose 21,12). Die Bedeutung der Sühne spricht auch aus Worten wie: »Die Stimme des Blutes deines Bruders schreit zu mir von der Erde« (1. Mose 4,10), oder: »Sein Blut komme über ihn« (Jos 2,19; Hes 33,4–5; vgl. Mt 27,25).

Die Aufgabe der Sühne kam zuerst dem »Bluträcher« zu (wörtl.: »Bluterlöser«, hebr. *goel ha dam*, 4. Mose 35,19), einem nahen Verwandten des Opfers, der den Mörder töten durfte (4. Mose 35,16ff.; 5. Mose 19,11–13). Es gab Begrenzungen dieser Blutrache: Im Gesetz des Mose waren sechs »Freistädte« bestimmt (4. Mose 35,6–29; 5. Mose 4,41–43; Jos 20,1–9), in denen ein Totschläger Zuflucht suchen konnte. Die Bedingung war freilich, daß die Tötung unbeabsichtigt, also kein Mord gewesen war. Außerdem hatte der Flüchtling bis zum Tod des amtierenden Hohenpriesters in der Freistadt zu bleiben; verließ er sie vorher, konnte der Bluträcher ihn töten (vgl. 4. Mose 35,22–28; 5. Mose 19,11–12; Jos 20,4–6).

Blieb ein Mord ungerächt, war die Wiederherstellung des Rechts die Sache Gottes, des höchsten Richters (1. Mose 9,5; 5. Mose 32,43; 2. Kön 9,7; Hes 33,6).

Fand man ein Mordopfer auf freiem Felde und war der Mörder nicht zu ermitteln, so fiel die Blutschuld auf die nächstliegende Stadt, wohl in der Annahme, daß der Mörder dort lebte (5. Mose 21,1–9). In diesem Fall wurde die Sühnung durch die Schlachtung einer jungen Kuh und eine öffentliche Unschuldserklärung der Stadtältesten vollzogen. Die »Weitergabe« der Blutschuld an eine dritte Partei mag auch der Grund dafür gewesen sein, daß ein Totschläger, der sich in einer Freistadt aufhielt, diese nach dem Tod des Hohenpriesters verlassen durfte (4. Mose 35,25–32).

Eine besondere Anwendung fand das Prinzip der Blutschuld in den Gesetzen über die unerlaubte Schlachtung von Opfertieren (3. Mose 17,1–9), bei der Bewachung einer Stadt (2. Kön 10,24; Hes 33,6) und sogar beim

Neubau eines Hauses: Auf dem Flachdach war ein Geländer anzubringen, »damit du nicht Blutschuld auf dein Haus ladest, wenn jemand herabfällt« (5. Mose 22,8).

Das AT berichtet von mehreren Beispielen für Blutrache, z.B. bei Gideon (Ri 8,18–21), Joab (2. Sam 3,27–30), den Gibeonitern (2. Sam 21) und Amazja (2. Kön 14,5–6); vgl. auch die Parabel der Frau aus Tekoa (2. Sam 14,6–7). Willkürliche Blutrache konnte zu einer Blutfehde führen, die bis zur Auslöschung einer der beiden verfeindeten Sippen gehen konnte. In 2. Kön 9–10 führt Jehu den Auftrag (1. Kön 19,16–17) zur Blutrache am Haus Ahabs so gründlich aus, daß er sich selbst schuldig macht (vgl. Hos 1,4–5).

Tötung in Notwehr (vgl. 2. Mose 22,1), im Krieg (5. Mose 20) oder als Vollzug einer gerichtlichen Strafe (3. Mose 20) zog keine Blutschuld nach sich.

Im NT ist das Prinzip der Blutrache aufgehoben; vgl. in der Bergpredigt Mt 5,38–39. Paulus ruft die Christen in Rom auf, die Rache Gott zu überlassen (vgl. 5. Mose 32,35) und statt dessen Feindesliebe zu üben (Röm 12,19–21).

BOANERGES (»Söhne des Donners«). Ein Beiname, den Jesus seinen Jüngern Jakobus und Johannes, den Zebedäus-Söhnen gab. Der Name drückt ihr hitziges Temperament aus, das sich wohl am deutlichsten zeigte, als sie auf ein Dorf, das sie nicht aufnehmen wollte, Feuer regnen lassen wollten (Lk 9,54). Vgl. auch Mk 9,38. Jakobus und Johannes waren es auch, die Jesus darum baten, in seinem Reich an seiner Seite sitzen zu dürfen (Mk 10,35–40).

BOANERGES
Mk 3,17

BOAS (»In Ihm ist Kraft«). Ein reicher Landbesitzer aus Bethlehem, mit Elimelech, dem Ehemann Noomis, verwandt. Nach dem Tod Elimelechs und seiner beiden Söhne in Moab kehrte Noomi mit ihrer verwitweten moabitischen Schwiegertochter Rut nach Bethlehem zurück. Rut traf B. auf dem Feld, während sie von dem Recht der Armen Gebrauch machte, Ähren aufzusammeln, die während der Ernte auf den Boden fallen (vgl. 3. Mose 19,9–10.23). B. verhielt sich Rut gegenüber freundlich und wies seine Diener an, dafür zu sorgen, daß sie über das ihr erlaubte Maß hinaus Ähren mit nach Hause nahm (Rut 2,15–16). Er heiratete sie schließlich, und sie gebar ihm einen Sohn namens Obed, der der Großvater König Davids und ein Vorfahre Jesu werden sollte (Rut 4,17–22; Mt 1,5; Lk 3,32). Siehe RUT, DAS BUCH.

BOAS
Rut 2,1.3–5. 8.11.14–15. 19.23; 3,2.7; 4,1.5.8–9.13.21; 1. Kön 7,21; 1. Chr 2,11–12; 2. Chr 3,17; Mt 1,5; Lk 3,32

BOCHIM (»Klageort«). Ort in der Nähe von Gilgal, wo der Engel des HERRN die Israeliten zurechtwies, worauf diese weinten, was dem Ort seinen Namen gab. Er könnte nahe dem heutigen Bethel gelegen sein.

BOCHIM
Ri 2,1.5

Landschaft im Jordantal nahe Bochim.

BOCHRU (»Erstgeborener«). Der zweite der sechs Söhne des Azel. Einer der Abkömmlinge Sauls und Jonatans im Stammbaum Benjamins.

BOCHRU
1. Chr 8,38; 9,44

BOHAN
Jos 15,6; 18,17

BOHAN (»Daumen«). Ein Grenzstein, der »Stein Bohans, des Sohnes Rubens« (Jos 18,17). Er markierte die Grenze zwischen den Gebieten Judas und Benjamins (Jos 15,5–7).

BOHNE Siehe PFLANZEN.

BOR-ASCHAN
1. Sam 30,30

BOR-ASCHAN Siehe ASCHAN.

BOR-SIRA
2. Sam 3,26

BOR-SIRA (»Zisterne«). Der Ort, an dem Abner ausruhte, nachdem er seinen Frieden mit David geschlossen hatte (2. Sam 3, 26). Hier wurde er von den Boten Joabs gefunden, die ihn zurück nach Hebron brachten, wo Joab ihn tötete (2. Sam 3,27). Es handelt sich vielleicht um Ain Sara, 1,6 km nördlich von Hebron.

BOZEZ
1. Sam 14,4

BOZEZ (»Höhe«). Eine der beiden Felsklippen in dem Gebirgspaß, den Jonatan überwand, um zur Wache der Philister in Michmas zu gelangen. Sie lag zwischen Michmas und Geba (1. Sam 14,2.4–5).

BOZKAT
Jos 15,39

BOZKAT (»Schwellung«). Das Dorf Jedidas, der Frau Amons und Mutter Josias, des Königs von Israel; es handelt sich wahrscheinlich um den Ort nahe Lachisch, der im Besitz des Stammes Juda aufgelistet wird (Jos 15,39).

BOZRA 1
1. Mose 36,33; 1. Chr 1,44; Jer 49,13.22; Am 1,12
BOZRA 2
Jes 34,6
Jer 48,24

BOZRA (»Festung«).

1. Stadt im Königreich Edom, wo Jobab, der Sohn Serachs, regierte

Ansicht der Ausgrabungen von Bozra in Edom.

(1. Mose 36,33). Amos sagte voraus, daß die Paläste Bozras durch ein von Gott gesandtes Feuer zerstört werden würden (Am 1,12), um Edom zu bestrafen. Ein ähnliches Schicksal sagten Jesaja (Jes 34,6) und Jeremia (49,13) voraus. Einige Forscher nehmen an, daß der Name B. für ganz Edom steht, weil die Stadt eine der wichtigsten des Königreiches war. Sie wird mit Buseira in der Nähe von Tafile identifiziert, östlich des Jordans. Der Ort wurde kürzlich ausgegraben, wobei große öffentliche Gebäude aus der Eisenzeit freigelegt wurden.

2. Eine Stadt in Moab. Möglicherweise ein anderer Name für Bezer (1).

BRENNENDER DORNBUSCH Ein Strauch in der Wüste, in welchem Gott sich Mose offenbarte (2. Mose 3,2–4). Obwohl der Busch brannte, verbrannte er auf wunderbare Weise nicht. In 5. Mose 33,16 wird Gott als derjenige bezeichnet, »der in dem Dornbusch wohnte«.

Ein kriechender Himbeerbusch, der als Ableger des brennenden Dornbusches gilt. Er wächst im Innenhof des Klosters St. Katharina auf der Sinai-Halbinsel.

BRIEF DES JEREMIA Siehe APOKRYPHEN.

BROT
1. Mose 3,19; 14,18; 41,55; 2. Mose 12,15; 16,4; 23,25; . Mose 26,5.26; 5. Mose 8,3; 1. Sam 21,4f.7; 1. Kön 17,6; 18,4; 19,6; Ps 41,10; 104, 14f.; 105,16;

BROT UND BACKEN Der Getreideanbau geht im Nahen Osten bis auf das Neolithikum zurück. In bibl. Zeit war Brot aus Gerste oder Weizen ein Grundnahrungsmittel. Weizenbrot wurde bei religiösen Feiern (2. Mose 29,2) und am Königshof verwendet (1. Kön 5,2). Möglicherweise aßen nur die wirklich armen Leute Gerstenbrot (vgl. Hes 4,12). In der röm. Periode wurden sowohl Weizen als auch Gerste zum Brotbacken verwendet. Vor dem Essen wurde ein Segen über das Brot gesprochen (Mt 14,19 u. a.). Brot wurde auch als Reiseproviant mitgenommen (Mk 6,8; Lk 9,3).

Das Brotbacken hat sich über die Zeiten hinweg wenig verändert. Das

Mehl wurde mit Wasser vermengt und ein Teig daraus bereitet. Dieser wurde sofort nach dem Kneten gebacken, so daß ein ungesäuertes Brot entstand, oder man ließ ihn nach dem Zusatz von Hefe gehen. Sowohl in vorbibl. als auch in bibl. Zeit wurden die Brotlaibe auf flachen Steinen, die man zuvor im offenen Feuer erhitzt hatte, oder in einem Ofen aus Ton gebacken. Die Öfen besaßen die Form eines Kegelstumpfs, der unten eine Öffnung hatte, durch die das Feuer geschürt werden konnte. Der vorbereitete Teig wurde an die Innenseiten der erhitzten Wände geklebt. Die Brotlaibe waren nicht dicker als 2,5 cm und werden in der Bibel oft als Fladen (LÜ »Kuchen«) bezeichnet. Bei einem dritten Verfahren wurde eine flache Schüssel verwendet, die über einem offenen Feuer erhitzt wurde. Die flachen Laibe wurden auf die obere (konvexe) Seite gelegt, die kleine Aus- und Einbuchtungen hatte, was das Abnehmen der fertigen Brote erleichterte.

127,2; 132,15; Spr 12,11; 25,21; Jes 30,20; 33,16; 55,2.10; 58,7; Hes 4,16; 13,19; 18,7; Am 4,6; 8,11; Obd 7 Tob 4,17f.; Sir 29,28; Mt 4,3f.; 6,11; 7,9; 14,17.19; 15,26.33f.36; 26,26; Mk 6,8.36–38. 41.52; 7,27; 14,22; Lk 9,3; 11,3.11; 14,15; 22,19; 24,30.35; Joh 6,5.7.11.23. 26.31–35.41.48. 50f.58; 13,18; Apg 2,46; 20,7; 1. Kor 10,16f.; 11,23.26.; 2. Kor 9,10; 2. Thess 3,8.12;

Hebräisches Ostrakon aus Arad aus dem 10. bis 8. Jh. v. Chr., auf dem einem gewissen Eliaschib befohlen wird, Mehl zu schicken (Israelische Regierungsabteilung für Altertümer und Museen).

(rechts) Vorratsbehälter in der Bäkkerei der Festung von Massada, 1. Jh. n. Chr.

Das B. als das wichtigste menschliche Grundnahrungsmittel bekam in der Bibel auch eine vielfältige übertragene Bedeutung. Jesus bezeichnete sich als »das Brot des Lebens« (Joh 6,35.48) – eine Vorausdeutung auf die Einsetzung des Abendmahls (Mt 26,20–30; 1. Kor 11,23–26). In, mit und unter dem B. (und Wein) empfangen die Gläubigen die Gegenwart Christi, der »das Brot, das vom Himmel gekommen ist« (Joh 6,41), ist. An der besonderen Art, wie er das B. brach, erkannten die Emmausjünger den auferstandenen Herrn (Lk 24,30.31).

Symbolischen Charakter hat das B. auch an zahlreichen Stellen im AT (Melchisedek, 1. Mose 14,18; Schaubrote, 1. Kön 7,48; Elias Wunderspeise, 1. Kön 19,6; Ps 41,10; Am 8,11).

BRUNNEN DES LEBENDIGEN, DER MICH SIEHT Brunnen und Oase im Negeb, zwischen Kadesch und Bered. Er wird in der Erzählung von Hagars Flucht vor Sara erwähnt (1. Mose 16,14). In 1. Mose 24, 62 als Ort genannt, in dessen Nähe Isaak Rebekkas Kamelkarawane sah und wo er nach Abrahams Tod siedelte (1. Mose 25,11).

BRUNNEN DES LEBENDIGEN, DER MICH SIEHT
1. Mose 16,14; 24,62; 25,11

BUCH DES BUNDES, BUNDESBUCH Der Name stammt aus 2. Mose 24,7 und bezeichnet die rechtlichen, moralischen und kultischen Bestimmungen in 2. Mose 20,22–23,33. Sie können in vier Hauptteile gegliedert werden: 20,22–26: kultische Bestimmungen; 21,2–22,17: Rechtsordnungen; 22,18–23,19: religiöse, moralische und kultische Anweisungen; 23,20–33 Epilog.

Die Rechtsordnungen im zweiten Abschnitt (21,2–22,17) regeln das Zivil- und Strafrecht auf versch. Gebieten: männliche und weibliche Sklaven, Kapitalverbrechen, Körperverletzung (einschl. der Gesetze für Ersatzlei-

BUCH DES BUNDES/ BUNDESBUCH
2. Mose 24,7; 2. Kön 23,2f. 21.24;

Gegend im Negeb zwischen Kadesch und Bered, wo Gottes Engel Hagar erschien und Isaak Rebekkas Kamelkarawane sah.

stungen), Diebstahl und Einbruch, Tierhaltung, Abbrennen der Felder, Bürgschaften, Veruntreuungen und Verführung.

In Form und Inhalt weisen die Rechtsordnungen des Bundesbuches z. T. eine gewisse Nähe zu frühen keilschriftlichen Gesetzessammlungen auf, z. B. das Bestehen auf den »drei Pflichten« gegenüber einer Frau (2. Mose 21,11); die Aufteilung von Gewinn und Verlust zwischen zwei Besitzern von Rindern, nachdem ein Rind ein anderes zu Tode gestoßen hat (2. Mose 21,35–36); die Gesetze für Ersatzleistung (2. Mose 21,23–25; ähnlich im Gesetzeskodex des Hammurabi); die Gesetze über Tätlichkeiten und Körperverletzung (2. Mose 21,18–19); die Gesetze über die Verletzung einer schwangeren Frau, wenn sie zu einer Fehlgeburt oder zu ihrem Tod führte (2. Mose 21,22–23) und die Gesetze bezüglich der Verführung eines unverlobten Mädchens (2. Mose 22,15–16).

Trotz gewisser Entsprechungen zum frühen nahöstlichen Recht ist das Bundesbuch durch bezeichnende Unterschiede und einzigartige Inhalte charakterisiert, z.B. in den Bestimmungen zum Schutz des Sklaven: Sein Status ist zeitlich begrenzt (2. Mose 21,2); seine körperliche Unversehrtheit wird gewahrt gegen ungerechtfertigten Mißbrauch, und er wird als Mensch mit eigenen Rechten geachtet (2. Mose 21,20.26–27). Diese Stellen (auch V. 32) zeigen zudem, daß männliche und weibliche Sklaven zuweilen denselben Rang einnahmen.

Hinter den heute fremd wirkenden Gesetzen über die Bestrafung eines stößigen Rindes (2. Mose 21,28–32) steht das bibl. Verständnis von der Blutschuld (siehe dort). Ein Tier, das einem Menschen – also dem Ebenbild Gottes, 1. Mose 1,27 – das Leben nimmt, hat ein Verbrechen begangen, ist daher objektiv schuldig und muß nach dem Gesetz getötet werden. Die in der Heiligkeit Jahwes begründete Unantastbarkeit des menschl. Lebens (vgl. auch 1. Mose 9,5–6!) steht hinter diesen Vorschriften.

Der Abschnitt 2. Mose 22,18–23,19 enthält Gesetze gegen götzendienerische Bräuche, die Aufforderung zu Liebe und Fürsorge gegenüber Armen und Schwachen, zur Gottesfurcht und zur Achtung der Obrigkeit, sowie rituelle Vorschriften, Anweisungen für die Rechtspraxis und einen Kalender religiöser Feste.

Der Epilog (2. Mose 23,20–33) spricht von der göttlichen Verheißung des Schutzes bei der bevorstehenden Eroberung Kanaans, sofern Israel den Geboten Gottes treu bleibt.

Auf die frühe Abfassung dieser Gesetze läßt neben ihrer Einordnung in den Bericht über den Bundesschluß am Sinai auch ihr archaischer Wortschatz schließen, ihr nicht-monarchisches Stammesdenken, ihr Bezug auf eine nichtstädtische Gesellschaft aus Hirten und Bauern, das Fehlen jeglicher Handelsvorschriften sowie bes. die Tatsache, daß keine Gerichte genannt werden, sondern die zivil- und strafrechtl. Maßnahmen dem Geschädigten bzw. der Verwandtschaft überlassen sind, ferner die anerkannte Selbsthilfe und der fehlende Bezug auf Israel als Staatskörper. Der Hinweis auf Ackerbau (vgl. das Erntefest in 2. Mose 23,16) weist auf die Landnahme hin.

Die Gesetze des Bundesbuches trennten Israel von den anderen Völkern und waren Teil seiner Einmaligkeit und Einzigartigkeit vor Gott (vgl. 2. Mose 19,5–6).

BUCH DES LEBENS Im AT erscheint dieser Ausdruck wörtlich nur einmal, in Ps 69,29. Gemeint ist, daß Gott die Menschen, die ihn lieben, genau kennt und ihre Namen gleichsam wie in einer Liste festgehalten hat; so wie Menschen genealogische Register erstellen, kennt Gott die Namen der Seinen. Er kennt auch ihre Taten – und die der Gottlosen; alles ist sozusagen aufgezeichnet bei ihm; vgl. im AT Stellen wie Ps 40,8; 87,6; 139,16; Jer 22,30; Dan 7,10; 12,1. Im NT (z. B. Lk 10,20; Phil 4,3; Hebr 12,23; Offb 3,5; 17,8; 20,15) wird das Buch des Lebens zu einem Bild für ewige Errettung.

Ähnliche Vorstellungen finden sich auch in manchen heidnischen Religionen, z. B. in Mesopotamien, wo man glaubte, daß die Götter Taten und Schicksal der Menschen auf Schrifttafeln verzeichneten. Eine dieser Tafeln wurde als »Tafel des Lebens« bezeichnet, und die Streichung aus ihr war gleichbedeutend mit dem Tod (vgl. in der Bibel z. B. 2. Mose 32,32–33; Neh 13,14; Ps 69,29).

BUCH DES LEBENS
2. Mose 32,32; Ps 69,29; Dan 7,10; 12,1; Phil 4,3; Offb 3,5; 17,8; 20,15;

BUCH DES REDLICHEN Ein verlorengegangenes Buch aus der Frühzeit Israels. Teile daraus sind im Bericht von Josuas Kampf im Tal Ajalon erhalten (Jos 10,12–13) sowie in Davids Klage über den Tod Sauls und Jonatans (2. Sam 1,17–27).

BUCH DES REDLICHEN
Jos 10,13; 2. Sam 1,18

BUCH VON DEN KRIEGEN DES HERRN Dieses verlorengegangene Buch, das nur einmal im AT erwähnt wird (4. Mose 21,14), war wahrscheinlich eine Sammlung von Kriegsgedichten, die die Siege Jahwes über die Feinde Israels beschrieben. Die Erwähnung des Buches zeigt, daß gelegentlich ältere schriftliche wie auch mündliche Überlieferungen in die bibl. Schriften eingefügt wurden. Das Buch ist eines von mehreren literarischen Werken, deren Namen sich im AT finden, die aber nicht erhalten sind.

BUCH VON DEN KRIEGEN DES HERRN
4. Mose 21,14;

BUKKI (»Ausleerung«) (Kurzform für Bukkija).

1. Bukki, der Sohn des Jogli, Fürst des Stammes Dan; half bei der Aufteilung des Landes Kanaan (4. Mose 34,18.22).

2. Sohn des Abischua und Vater des Usi in der priesterlichen Linie Aarons (1. Chr 5,31; 6,35–36) und Vorfahre Esras (Esr 7,4).

BUKKI 1
4.Mose 34,22
BUKKI 2
1. Chr 5,31; 6,36; Esr 7,4

BUKKIJA Ein Levit, der erste von Hemans 14 Söhnen und Vorsteher einer Abteilung von Sängern z. Zt. Davids.

BUKKIJA
1. Chr 25,4.13

BUL Der alte kanaan. Name für den 8. Monat des Jahres (Okt./Nov.) (1. Kön 6,38).

BUL
1. Kön 6,38

BULLE Siehe TIERE.

BUNA (»Einsicht«). Zweiter Sohn Jerachmeels, des Sohnes Hezrons im Stammbaum Judas.

BUNA
1. Chr 2,25

BUND Das christl. Verständnis des Bundesbegriffs als eines Ausdrucks für das Verhältnis von Gott und Mensch, Gott und Volk Gottes ruht auf dem atl. Bundesverständnis, das durch das NT in Christus als dem Träger des neuen B. überhöht und abgelöst wird. Es ist also nicht auszugehen von außerbibl., in der Regel altoriental. Vorgängen, die einen Bundesabschluß zum Gegenstand haben, beispielsweise einem aus der hetit. Literatur belegbaren Bundesvertrag zwischen dem siegreichen Großkönig und einem Vasallenkönig. Das Wesen des bibl. B. besteht im AT und im NT darin, daß ein B. (hebr. *berit,* griech. *diathéke)* immer mit Gott zu tun hat, Gott zum Garanten und Schutzherrn hat. Dies gilt mindestens hintergründig auch dort, wo (in seltenen Fällen) von einem B. zwischen zwei Menschen die Rede ist. Bekanntestes Beispiel: Der B. Davids und Jonatans (1. Sam 18,3; 20,8; 23,18); vgl. auch den B. zwischen Jakob und Laban (1. Mose 31,44 ff.). Kennzeichnend

BUND
1. Mose 6,18; 9,9.11–13. 15–17; 15,18; 17,2.4.7.9–11. 13f.19.21; 21, 27.32; 26, 28; 31,44; 2. Mose 2,24; 6,5; 19,5; 23,32; 24,7f.; 34,12.28; 3. Mose 26,9. 42.44f.; 4. Mose 25,12f.; 5. Mose 4,13; 5,2f.; 7,2.9;

9,9.11.15; 17,2; 29,11.20; 31,16.20; 33,9; Josua 7,11.15; 9,15; 23,16; 24,25; Ri 2,20; 1. Sam 18,3; 20,16; 23,18; 2. Sam 3,12; 5,3; 15,31; 1. Kön 11,11; 20,34; 2. Kön 23,3; 1. Chr 16,15; 2. Chr 15,12; Hiob 5,23; 31,1; Ps 25,10.14; 44, 18; 50,5.16; 55, 21; 74,20; 78, 10;83,6; 89,4. 29.35.40; 103, 18;106,45; 111, 9; 132,12; Spr 2,17; Jes 24,5; 28,15. 18; 42,6; 49,8; 54,10; 55,3; Jer 11,2f.8.10; 14,21; 31,31ff.; 33,20; 34, 18;50,5; Hes 16,60f.; 17,15.19; 34, 25; 37,26; Dan 9,4.27; Hos 2,20; 6,7; 8,1; 12,2; Sach 9,11; Mal 3,1; Sir 44,19.21; 45,8.19; Mk 14,24; Lk 1,72; 22,20; Apg 3,25; Röm 9,4; 11,27; 1. Kor 11,25; 2. Kor 3,6; Eph 2,12; Hebr 7,22; 8, 8–10.13; 9,15. 18; 10,29; 12, 24; 13,20;

ist hier jeweils, daß die feierliche Bekräftigung des Bundesschlusses Gott als Zeugen anruft oder dies selbstverständlich haben will.

Eindeutig im Vordergrund steht im AT aber der Gedanke des B., in dem Gott einer der beiden Bundespartner ist. Dabei ist nicht entscheidend, ob der Bundesschluß von Gott aus in die Wege geleitet wurde (so in der Regel) oder ob ein Mensch, ein Repräsentant des Gottesvolks, sich und andere feierlich zum Gehorsam gegen den einen Gott verpflichtet hat, wie dies v. a. im Josuabund von Sichem (Jos 24,15ff.) und bei der Erneuerung des Sinaibundes durch den König Josia (2. Kön 23,1–3) der Fall war. Immer ist ein solcher B. ein Gottesbund, und zwar in dem Sinn, daß sein Inhalt nicht etwa zwischen zwei gleichgeordneten Partnern ausgehandelt, sondern von Gott geordnet, verkündigt, festgelegt wird. Dies ist bei *berit* im AT und bei *diathéke* im NT gleichermaßen der Fall, und dies macht das Wesen des bibl. verstandenen B. aus. Er ist eine Verfügung Gottes, die Kundgabe seines souveränen Willens mitten in dieser Weltzeit und also in einer geschichtlichen Stunde – und nicht etwa eine zeitlose Wahrheit oder eine religiöse Idee. Er ist eine autoritative göttliche Verordnung, die eine entsprechende Ordnung herbeiführt und die den anderen Bundesteilnehmer sowohl schützt als auch verpflichtet. Der B. ist nach bibl. Verständnis die Besiegelung des durch Gott angebotenen und gebotenen Schalom-Zustandes: »Nun ist groß Fried ohn Unterlaß«.

Mose auf dem Gipfel des flammenden Berges Sinai, die Tafeln des Gesetzes in den Händen; links von ihm steht Josua; die Israeliten umgeben den Berg. Aus der Sarajewo-Haggada, Spanien, 14. Jh. (Nationalmuseum, Sarajewo).

Das AT berichtet von mehreren Bundesschlüssen Gottes mit erwählten Gnadenträgern – mit einzelnen Menschen oder Menschengruppen oder mit seinem erwählten Israel. Die hauptsächlichen Meilensteine der *berit*-Schlüsse sind der Noahbund (1. Mose 9,1–17), der Abrahambund (1. Mose 15,7–18), der Sinaibund (2. Mose 19,1–20,21 und bes. 24,1–11) einschließlich seiner Erneuerung durch Josia (2. Kön 22–23,3), der Josuabund (Jos 24, bes. 15–28), der Davidsbund (2. Sam 7) und der verheißene neue B. (Jer 31, 31–34). Jeder Bundesschluß des AT besteht (bei allen Unterschieden in Einzelheiten) in einer durch Gott und durch den Bundespartner beschworenen, auf den Geboten und Ordnungen Gottes des HERRN ruhenden »Eidgenossenschaft«.

Das NT nimmt dieses Verständnis des B. insofern auf, als es eher noch stärker als das AT Gott als Ursache und Garantie des B. bezeugt. Nicht umsonst ist das griech. Wort dafür aus der Rechtssprache entnommen; *diathéke* bedeutet durchweg die letztwillige Verfügung, das Testament, das ein Erblasser festlegt und an das die Erben gebunden sind, wenn es gültig sein soll. Darum ist gerade vom NT her die Identität der beiden Begriffe »Neuer B.« und »Neues Testament« sachgemäß, am deutlichsten wohl in Jesu Abendmahlswort 1. Kor 11,25: »Dieser Kelch ist der neue Bund in meinem Blut« (vgl. Lk 22,20 und ähnlich Mk 14,24). Zweifellos knüpft Jesus hier bewußt an Jer 31,31ff. an. Im Abendmahlskelch tritt der neue B., die neue Gottesordnung durch den blutigen Tod des Sohnes ins Leben. Der neue B. ist also die Ergänzung, Vervollständigung der neuen Gottesherrschaft, des Reich-Gottes-Begriffs.

In den apostolischen Briefen wird z. T. buchstäblich auf den Testamentsbegriff zurückgegriffen, bes. bei den beiden Testamenten, von denen Paulus im Galaterbrief spricht: dem Testament der Magd (der Sklavin Hagar), das dem Sinaibund zu vergleichen ist, und dem Testament der Freien (Sara), dem Testament aus dem »Jerusalem, das droben ist« (Gal 4,22–31). Noch deutlicher kommt die Testamentsvorstellung in Gal 3,15–18 zum Ausdruck (vgl. 2. Kor 3,6 und bes. Hebr 9,16–17). Weitere Hebr-Stellen (7,22; 8,6; 13,20) unterstreichen die inhaltliche Nähe zu den paulin. Gedanken und auch zu den erwähnten Abendmahlsstellen in den synopt. Evangelien. Das Entscheidende: Im NT ist Christus der Inhalt und der Gottesbürge (der »große Hohepriester«, Hebr 4,14; 10,21) des keiner Wiederholung, keiner neuen Besiegelung mehr bedürftigen ewigen B. Nach Jesus Christus kommt kein »neuer B.« (Jer 31,31) mehr. Er ist die eigentliche und ein für allemal gültige (Hebr 10,10) Erfüllung des B. Gottes.

BUNDESLADE (LADE DES GESETZES, LADE GOTTES) Der heiligste Kultgegenstand der Israeliten: eine hölzerne Lade, gebaut nach Gottes Anweisungen an Mose am Berg Sinai (2. Mose 25,10–22; 37,1–9). Sie war aus Akazienholz gefertigt und mit Gold überzogen, 2,5 Ellen (1,10 m) lang, 1,5 Ellen (70 cm) breit und hoch (2. Mose 25,10). Ihr Deckel bestand aus reinem Gold; an beiden Seiten befand sich ein Cherub (2. Mose 25, 17–20). Mose legte die Tafeln des Gesetzes, die ihm Gott auf dem Berg Sinai gegeben hatte (2. Mose 25,21; 5. Mose 10,1–5), in die B. Deshalb wurde sie auch »Lade mit dem Gesetz« (2. Mose 25,22), »Lade des Bundes des HERRN« (5. Mose 10,8; Jos 3,3), »Lade des HERRN« (1. Sam 4,6) oder »Lade Gottes« (1. Sam 4,11.17–18.21–22) genannt. Vom Deckel der B. aus, zwischen den Cherubim, sprach Gott zu Mose und gab ihm seine Gebote (2. Mose 25,22). So galt sie als sichtbares Zeichen der Gegenwart Gottes in Israel (vgl. 2. Mose 25,8).

BUNDESLADE (LADE DES ZEUGNISSES, LADE GOTTES)
2. Mose 25,10.14.16. 21–22; 26,33–34; 30,6.26; 31,7; 35,12; 37,1.5; 39,35; 40,3.5. 20–21;
3. Mose 16,2;
4. Mose 3,31; 4,5; 7,89; 10,33.35; 14,44;
5. Mose 10,1–3.5.8; 31,9.25–26;
Jos 3,3.6.8. 11.13–14.17; 4,5.7.9–11. 16.18; 6,4. 6–9.11–13; 7,6; 8,33;
Ri 20,27;
1. Sam 3,3; 4, 3–6.11.13. 17–19.21–22; 5,1–4.7–8. 10–11; 6,1–3. 8.11.13.15. 18–19.21; 7,1–2;
2. Sam 6,2–4. 6–7.9.11–13. 15–17; 7,2; 11, 11; 15,24–25.29;
1. Kön 2,26; 3,15; 6,19; 8,1.3.5–7.
1. Chr 13,3. 5–7.9–10.12–14; 15,1–3.12.14–15.23–29; 16,1.4.6.37; 17,1; 22,19; 28,2.18;
2. Chr 1,4; 5,2.4.6–8.10; 6,11.41; 8,11; 35,3;
Ps 132,8;
Jer 3,16;
Hebr 9,4;
Offb 11,19

Die Bundeslade auf Rädern, in Stein gemeißelt, gefunden in der Synagoge von Kapernaum (spätes 3. oder 4. Jh. n. Chr.).

Die B. wurde im Allerheiligsten der Stiftshütte aufgestellt (2. Mose 40,20–21). Wie die Stiftshütte selbst war sie transportabel (2. Mose 25,12–14) und wurde während der Wüstenwanderung der Israeliten von den Leviten, den Söhnen Kehats, getragen (4. Mose 4,5–6,15), und zwar an der Spitze des Volkes (4. Mose 10,33–36) – zum Zeichen, daß Gott vor ihm her zog und für es kämpfte (5. Mose 1,30–33). Die Mauern Jerichos fielen, nachdem Israel sieben Tage mit der B. um die Stadt gezogen war (Jos 6,3–5.12–16.20). Nach der Eroberung Kanaans wurde die B. zuerst in Silo aufgestellt (Jos 18,1; 19,51). Als die Philister Israel geschlagen hatten, raubten sie die Lade (1. Sam 4,10–11) – ein religiöser Tiefpunkt für Israel (1. Sam 4,21–22; Ps 78, 60–61) – und brachten sie in den Dagon-Tempel nach Aschdod (1. Sam 5,1–2), wo sie jedoch nicht lange blieb. Geheimnisvolle Plagen Gottes zwangen die Philister, die Lade über Gat und Ekron zurück nach Israel zu bringen (Kap. 5,3–6,18), wo sie eine erste Bleibe in Bet-Schemesch fand. Als auch hier eine Plage ausbrach, überführte man die B. ins Haus Abinadabs in Kirjat-Jearim (6,19–7,1), wo sie während der Herrschaft der Philister in Israel und während der gesamten Regierungszeit Sauls blieb.

Als David die Philister besiegt und Jerusalem erobert und zu seiner neuen Hauptstadt gemacht hatte (2. Sam 5,6–25), ließ er die B. aus dem Haus Abinadabs holen, um sie in Jerusalem aufzustellen. Der erste Versuch scheiterte: Als Usa, einer der Söhne Abinadabs, die B. festhalten wollte, starb er, worauf David die B. ins Haus Obed-Edoms brachte. Erst drei Monate später, als Obed-Edom von Gott reich gesegnet worden war, ließ David die Lade endgültig nach Jerusalem überführen und in einem Zelt nahe der

Gihonquelle aufstellen (vgl. 2. Sam 6; 1. Chr 13; 15; 16). Sie blieb während der gesamten Regierungszeit Davids in diesem Zelt; lediglich in Kriegszeiten wurde sie herausgetragen, um die isrl. Truppen zu begleiten (vgl. 2. Sam 11,11; 15, 23–24; 1. Kön 2,26). Als Salomo den Tempel erbaut hatte, bekam die B. einen festen Platz im Allerheiligsten unter den Cherubim (1. Kön 6,19.23–28; 8,6–9, entsprechend ihrem Platz in der Stiftshütte z.Zt. des Mose; sie war – in den Worten des greisen David – »Schemel der Füße unseres Gottes« (1. Chr 28,2).

Das Schicksal der B. beim Untergang des Reiches Juda ist unklar. Noch etwa 30 Jahre vor dem babyl. Exil, bei der Reformation unter Josia, wird sie erwähnt: Josia befiehlt den Leviten, sie zurück in den Tempel zu bringen. Unter den von Nebukadnezar erbeuteten Kultgeräten wird sie nicht ausdrücklich genannt (2. Kön 25,13–17), auch nicht unter denen, die nach dem Exil von Kyrus zurückgegeben wurden (Esr 1,7; 5,14; 6,5). Es ist möglich,

Die Bundeslade, dargestellt auf dem Mosaikfußboden der Synagoge von Bet Schean (spätes 4./frühes 5. Jh. n. Chr.).

daß sie in den Flammen des Tempels unterging (2. Kön 25,9) oder noch früher verschwand. Auf jeden Fall gab es in dem nach dem Exil erbauten zweiten Tempel keine B. mehr. Nach einer Überlieferung in 2. Makk 2,1–8 soll sie versteckt worden sein.

In der prophet. Literatur wird die B. kaum erwähnt. Jeremia (3,16–17) sagt voraus, daß man im Zeitalter des Messias nicht mehr von der B. reden wird, denn ganz Jerusalem wird »des HERRN Thron« sein. Das NT erwähnt die B. rückblickend auf den alten Bund (Hebr 9,4) und bildlich-prophetisch (Offb 11,19). Für Paulus (Röm 3,25) ist Christus die Sühne, die in der B. vorgezeichnet ist (griech. *hilasterion);* von ihm geht das Wort von der Versöhnung aus (2. Kor 5,19).

BUNNI 1 Neh 9,4
BUNNI 2 Neh 10,16
BUNNI 3 Neh 11,15

BUNNI (»Jahwe baut auf«).

1. Einer der Leviten, der am Tag des großen Fastens z.Zt. Esras »auf dem erhöhten Platz für die Leviten« stand.

2. Einer der Oberen des Volkes, die den Bund z.Zt. Nehemias besiegelten.

3. Der Vater des Haschabja; ein Levit, der sich z.Zt. Esras in Jerusalem niederließ (Neh 11,1.15).

BUS 1 1. Mose 22,21
BUS 2 1. Chr 5,14
BUS 3 Jer 25,23

BUS (»Spott«).

1. Der zweite Sohn Nahors, des Bruders Abrahams, mit seiner Frau Milka (1. Mose 22,20–21).

2. Der Vorsteher einer Familie oder Sippe in Gad, die in Baschan siedelte (1. Chr 5,11.14).

3. Ein Ort, der von Jeremia zus. mit Dedan und Tema erwähnt wird.

BUSI (»Verachtung«). Vater des Propheten Hesekiel.

BUSITER Ein Mann aus Bus. Der Vater des Elihu war Barachel der Busiter.

BUSSE Im Urwort der Predigt Jesu: »Die Zeit ist erfüllt, und das Reich Gottes ist herbeigekommen. Tut Buße und glaubt an das Evangelium!« (Mk 1,15) ist der Ruf zur Umkehr der erste und einzige Imperativ. Er gehört unlöslich zum Indikativ der Ankündigung des in Christus herbeigekommenen Reiches Gottes. Die letzte Offenbarung Gottes, seine Selbstkundgabe im Sohn Jesus Christus, erfordert auch eine grundsätzliche und letztgültige Entscheidung des Menschen, die Entscheidung zur Umkehr des Herzens. Dies ist die wörtliche Wiedergabe des griech. Wortes *metánoia,* dt. *Buße*: Umkehr des Sinnes, des Herzens, der gesamten Lebensrichtung eines Menschen. Damit nimmt Jesus den Umkehrruf Johannes des Täufers (Mt 3,2) auf und überbietet ihn dadurch, daß er sich nicht auf einzelne praktische Konsequenzen beschränkt wie der Täufer etwa in seiner sog. Standespredigt (Lk 3,10–14), sondern diesen Ruf zur *metánoia* zum Ruf zur radikalen Wandlung des Wesens, zur bedingungslosen Hinwendung zu Gott ausweitet. In dieser einen Forderung bündelt sich alles, was der Anbruch der Gottesherrschaft vom Menschen verlangt, der in die Nachfolge Jesu tritt. Insofern erwächst aus der Umkehr im Sinne der Abkehr von allen anderen Werten der Glaube als die positive Seite der Umkehr im Sinn der Hinkehr zu Gott. Ohne Zweifel versteht Jesus die B. (in diesem richtig verstandenen Sinn des Wortes) im Gegensatz zur jüd. Bußpredigt und -praxis nicht als einen ständig sich wiederholenden Vorgang im Leben des Frommen, sondern als etwas Einmaliges, als die Grundentscheidung für die in Jesus angebrochene Gottesherrschaft. Der Einmaligkeit dieses Aktes des Glaubens entspricht dann auch die Einmaligkeit der Taufe.

Darum ist es auch nicht von ungefähr, daß der Begriff *metánoia* (Verb: *metanoein,* »umkehren, B. tun«) in diesem spezifisch ntl. Sinn sonst in der griech. Sprache nicht bekannt ist. Das Wort hat in der Alltagssprache eine schwächere Bedeutung: Meinungsänderung, nachträgliche Erkenntnis, auch Bedauern oder Änderung der Gefühle, aber nie »radikale Lebensumkehr«. Fast noch bemerkenswerter ist, daß die LXX das im AT für »B.«, »Umkehr« gebrauchte, aber mit der ntl. Bedeutung von *metánoia* gerade nicht identische hebr. Wort *schub* (»umkehren«) (s. u.!) nie mit *metanoein,* sondern mit *epistréphein,* gelegentlich auch *apostréphein* wiedergibt. *Schub* und *epistréphein* bezeichnen wiederholungsfähige Vorgänge, *metánoia, metanoein* dagegen die einmalige Hinwendung des Herzens und Lebens zu Gott.

Dieser im Glauben vollzogene Wandel ist aber, so ernst Jesus auch dazu aufruft, keine menschliche *Leistung* wie Bußleistungen im üblichen Sinne des Wortes, sondern er ist nach der Erläuterung Jesu in seinem Beispiel von der Umkehr »wie die Kinder« (Mt 18,2–4) soviel wie: klein sein vor Gott und also empfänglich sein für die Hand, die von oben kommt und die die Umkehr bewirkt. B. im Sinne Jesu ist Gottes Geschenk, aber Geschenk in dem Sinn, daß es den Menschen zugleich im Gewand einer Forderung, eines Rufs an den Willen zum Jasagen erreicht. B. ist ein »Joch«, aber sie ist zuerst Erquikkung, wie sie Jesus gibt, und »Ruhe für eure Seelen« (Mt 11,28–30).

Auch in den apostol. Schriften des NT erscheint die Umkehr als eine Grundbefindlichkeit des Christen. Dabei hat bes. Hebr 6,1 einen alles zusammenfassenden, fast katechismushaften Charakter. B. ist demnach und entsprechend der Fülle der anderen Zeugnisse des NT beides: Abkehr vom Bösen (Apg 8,22; Offb 2,22; 16,11 usw.) und Hinkehr zu Gott (Apg 20,21; 26,20; vgl. 1. Petr 2,25), und sie ist Gabe Gottes (Apg 5,31; Offb 2,21) und zugleich Aufgabe des Menschen (Apg 2,38; 8,22; 17,30; Offb 2,21).

In den Paulusbriefen erscheint der Begriff als solcher relativ selten – an diesen Stellen aber mit aller Eindeutigkeit in der Linie der Predigt Jesu (2. Kor 12,21). Die *metánoia* des Menschen ist das Ziel, zu dem Gottes Güte ihn führen will (Röm 2,4). Statt des Begriffs der Umkehr dominiert bei Paulus sonst der des Glaubens als Korrelat der Buße (s. o.). Besonders ist auch die paulinische Bezeichnung von der »neuen Kreatur« des Christen

BUSI
Hes 1,3

BUSITER
Hiob 32,2.6

BUSSE
Esr 7,26; Hiob 42,6; Jer 31,19; Mt 3,2.8.11; 4,17; 11,20–21; 12,41; 21,32; Mk 1,4.15; 6,12; Lk 3,3.8; 5,32; 10,13; 13,3; 15,7; 16,30; 24,47; Apg 2,38; 3,19; 5,31; 8,22; 17,30; 19,4; 26,20; Röm 2,4; 2. Kor 12,21; 2. Tim 2,25; 2. Petr 3,9; Hebr 6,6; 12,17; Offb 2,5.21; 3,3.19

(2. Kor 5,17) nichts anderes als eine andere Ausdrucksweise für das, was Jesus mit B., Umkehr bezeichnet.

Die Notwendigkeit einer gänzlichen Wandlung betont der Hebräerbrief bes. stark, an einer Stelle allerdings zugleich mit dem harten Hinweis auf die Unmöglichkeit, die *metánoia* nach einem Abfall vom Glauben zu wiederholen (Hebr 6,4–6 und in Esaus Beispiel 12,17). Vom jüd. oder mittelalterlichen Verständnis der B. im Sinn von Bußübungen her sind diese schweren Worte nicht erklärbar und nicht ertragbar. Vom ntl. Verständnis her bedeuten sie jedoch: Wer in Christus eine neue Kreatur geworden ist, wer durch Jesus den Anstoß zu einer ewigkeitsträchtigen Wende empfangen hat, kann sich nur noch mit voller und erklärter Absicht (nicht aber durch bestimmtes sündiges Tun im Einzelfall) von Gott abwenden. *Sünde* kann von Gott vergeben werden; der bewußt vollzogene *Abfall* von Gott überhaupt ist eine völlig andere Kategorie als die der konkreten Sünde. Wer diesen lebenslänglichen Abfall bewußt vollzieht, verfällt dem Gericht – dies ist in Hebr 6,4–6 gemeint.

Bei all dem wird deutlich, daß das ntl. Verständnis von B. nicht aus dem Bußverständnis des AT abgeleitet werden kann. Daß das AT voll ist vom Ruf zur Umkehr zu Gott dem Herrn, steht zwar außer Zweifel, auch wenn hier bemerkenswerte Schwerpunktunterschiede festzustellen sind, bes. was das Vorkommen des hauptsächlich in Frage kommenden hebr. Wortes *schub* anbelangt. Das Wort erscheint bes. häufig im 1. und 5. Buch Mose, bei Josua, in den Königsbüchern, bei Nehemia, im 2. Chronikbuch, in den Psalmen und v. a. bei Jesaja (51mal) und Jeremia (112mal), ebenso nachdrücklich bei Hosea und Amos. Es tritt deutlich zurück in den Berichten aus der Mosezeit (2.–4. Mose), bei den meisten der kleinen Propheten, aber auch in den übrigen geschichtlichen Büchern, bei Esra und im 1. Chronikbuch. Dabei darf dieses Zurücktreten in der Mosezeit nicht überraschen, denn in dieser Zeit der ersten Hinwendung Israels zu dem unbekannten Gott der Väter (2. Mose 3,13–15!) ging es um die erste, entschlossene Hinwendung zu Gott, nicht um die Umkehr nach vorheriger Abwendung. Daß es dann in der Wüstenzeit Israels dennoch bald genug zum Abfall von Gott kam (2. Mose 32 usf.), ändert nichts an der »Initialrichtung« der Mosezeit als der Zeit der Hinwendung zu Jahwe, dem Gott der Väter als dem Gott Israels.

Soweit aber in der Mosezeit und dann später der Gedanke der B., der erneuten Hinkehr zu Gott dem Herrn im AT eine Rolle spielt, hat B. dort deutlich den Charakter einer zu erbringenden *Leistung* des Menschen: Bußveranstaltungen mit einem Fasten als Hauptmerkmal (1. Kön 21,8–13; Jes 58,5; Jer 14,12; Lk 18,12), Sack und Asche als Trauergewand (Mt 11,21; vgl. Jona 3,7–8), Bußtage mit Bußtagsliturgien (3. Mose 16; Hos 6,1–3; Jer 3,21–25 oder auch Dan 9,4–11 gehören hierher, bes. aber Jes 63,7 – 64,11). Die Propheten betonen dabei, daß es nicht genügen kann, begangene Sünden zu beklagen und zu bereuen, sondern daß Israel herauskommen muß aus seinem sündigen Wesen. Israel aber begreift nicht, daß es mit seinem Abfall von Gott und mit seinen daraus resultierenden Sünden und Unrechtstaten keinen anderen Ausweg hat als den der Rückkehr zu Gott (»Suchet den Herrn, so werdet ihr leben!«, Am 5,4–7) und zu seinem Gebot. Bei Jesaja wird diese Predigt von der Rückwendung zu Gott so sehr zum Hauptthema seiner Verkündigung, daß er (Jes 7,3) seinem Sohn einen Namen gibt, in dem das Wort *schub* den Angelpunkt bildet: *Schear-Jaschub*: (»ein Rest wird umkehren«).

Mit dem Wort *schub* bezeichnen die Propheten diese Rückkehr zum Gesetz Gottes, also die neue Hinwendung zu Gott, aus der dann erst als Folge, als Frucht, eine neue Stellung auch zum Nächsten, z. B. zum Armen, zum politischen Weg Israels, zum Gottesdienst (Am 5,21–24) hervorgehen kann. Daß Israel sich ganz und gar wieder seinem Gott zuwenden und seine Gebote in allem Richtschnur sein lassen muß, ihn in allen Entscheidungen ernstnehmen muß, das ist die *schub*-Predigt, die Bußpredigt der Propheten. Sie predigen nie primär gegen soziale, gottesdienstliche u. a. Mißstände, sondern gegen die *Ursache* aller Übelstände – gegen die Mißachtung Gottes. Die bibl. Belege dafür sind so zahlreich, daß nur eine Auswahl genannt werden kann: Jes 1,16–20; 6,9–13; Jer 1,16; 2,13–19; 5,1–19; Hos 1 u. 2; Am 4,6–13; 6,4–6; Zef 2,1–3; Sach 1,2–6; Mal 3,7 usf.

Aber auch in der Vertiefung des in äußeren Bußleistungen verharrenden Bußgedankens durch die Propheten wird der entscheidende Punkt nicht verändert: daß Umkehr, Buße also eine Leistung des Menschen ist, die er zu erbringen hat. Dies ist der eigentliche Unterschied zur *metánoia*-Predigt Jesu und des ganzen NT.

Umso beklemmender ist der frühchristl. Rückfall in das jüd.-rabbinische Verständnis des B.-Gedankens. Schon in der unmittelbaren nachapostol. und damit der frühkathol. Periode greift wieder jenes Verständnis von *metánoia* um sich, nach welchem B. ein Kennzeichen des frommen Lebenswandels ist. Die gute Botschaft in Jesu Ruf wird ins Moralistische zurückverbogen, so im 1. Clemensbrief (57,1; 62,2), in der Zwölf-Apostel-Lehre (Didache 15,3) und v. a. in der ausgeführten Bußlehre im »Hirt des Hermas«-Buch mit dem Schwergewicht auf der persönlichen Askese und dem eigenen Strafleiden des Menschen als der Schule der B. Aus diesen Wurzeln stammt dann die auf jüd.-rabbin. Verständnis ruhende Bußtheologie und teilweise bizarre Büßerbewegung des christl. Mittelalters, gegen die Luther dann im Geiste des Evangeliums zu Felde zog.

CÄSAREA
Apg 8,40; 9,30; 10,1.24; 11,11; 12,19; 18,22; 21,8.16; 23,23; 25,1.4.6.13

C

CÄSAREA (»Kaiserstadt«). Antike Stadt an der Mittelmeerküste Palästinas, fast 600 Jahre lang die Hauptstadt der röm. Provinz Judäa. Um sie von anderen Städten gleichen Namens zu unterscheiden, die um dieselbe Zeit gegründet wurden, wurde die Stadt auch Caesarea Maritima oder Caesarea Palaestina genannt.

Mitte des 3. Jh. v. Chr. errichteten die Phönizier an dieser Stelle einen kleinen befestigten Ankerplatz, den sie Stratons Turm nannten (Straton ist die griech. Form von Abdaschtart, des Namens eines sidon. Königs). 96 v. Chr. wurde der Ort von dem Hasmonäer Alexander Jannäus eingenommen und die erste jüd. Gemeinde dort gegründet. Als der röm. General Pompejus 66 v. Chr. Palästina eroberte, wurde Stratons Turm eine nichtjüd. Stadt. Kaiser Augustus gab sie an Herodes zurück, der dort 22–10 v. Chr. eine vollkommen neue Stadt – C. – errichten ließ. Sie wurde zum Sitz der röm. Prokuratoren der Provinz Judäa und Hauptquartier der röm. Legionen, die in der Provinz stationiert waren. Die meisten Einwohner C.s. waren syr. Griechen, aber es gab auch eine beachtlich große und wirtschaftlich bedeutsame jüd. Gemeinde. C. wurde zum bedeutendsten Hafen des Landes und wird in diesem Zusammenhang in der Apg erwähnt (9,30; 18,22; 21,8). Die Stadt wurde von dem Evangelisten Philippus missioniert, und Petrus predigte hier im Hause des Zenturion Kornelius. Paulus reiste durch C. (Apg 18,22), und Jünger aus der Stadt schlossen sich ihm auf seiner Reise nach Jerusalem an (Apg 21,16). Weil C. Residenz des Prokurators war, fand hier auch der Prozeß gegen Paulus statt (Apg 23,33f.). Er war hier zwei Jahre lang gefangen (Apg 24,27) und wurde dann in Ketten nach Rom gebracht (Apg 27,1). Später war C. ein berühmtes kirchliches Zentrum; im 3. und 4. Jh. lehrten die Kirchenväter Origenes und Eusebius in der Schule der Stadt mit ihrer bedeutenden Bibliothek. Aus dieser Bibliothek stammt die Bibelausgabe, die als die *Hexapla* bekannt ist. Hieronymus sagt, daß er das hebr. Original des Matthäusev. dort gesehen habe.

Seit den frühen 50er Jahren wurde durch ausgedehnte Ausgrabungen viel von C. freigelegt. So wurden die Überreste des Hafens aus der Zeit des Herodes untersucht, teilweise mit Hilfe von Forschungen unter Wasser. Die Funde aus der Römerzeit umfassen den Tempel des Augustus, ein gut erhaltenes Theater (das restauriert wurde und für moderne Aufführungen benutzt wird), die Stadtmauer, das Hippodrom und einen gepflasterten Platz mit beeindruckenden Statuen. Auch wurden die Überreste einer Synagoge und von Kirchen ausgegraben; zu den zahlreichen Inschriften gehören u.a. die frühesten bekannten Erwähnungen von Pontius Pilatus und Nazareth.

Kapitell einer Säule, mit einer Menora (siebenarmiger Leuchter) dekoriert, aus der Synagoge in Cäsarea (Isrl. Regierungsabteilung für Altertümer und Museen).

(links) Luftansicht des römischen Theaters in Cäsarea.

(rechts) Römische Statue, gefunden in Cäsarea.

Römische Säulen am Strand von Cäsarea.

Münze aus Cäsarea Philippi (Panias) mit Kopf des Mark Aurel auf der einen und dem Abbild des Pan auf der anderen Seite; 179 n. Chr.

CÄSAREA PHILIPPI Stadt am Südhang des Hermongebirges, in der Nähe einer der Hauptquellen des Jordan. Die früheste Erwähnung der Stadt (unter dem Namen Panion) findet sich bei Polybius in seinem Bericht über den Sieg von Antiochus III. über die Ptolemäer (XVI, 18,2; XXVIII, 1,3). Nach der Stadt wurde später die ganze Umgebung Panias genannt. Herodes erhielt Panion von Augustus nach dessen Tod zugesprochen. Sein Sohn Philippus machte es zur Hauptstadt seiner Tetrarchie (Teil-Fürstentum) und nannte es Cäsarea, entweder zu Ehren des Augustus oder des Tiberius. Um es von Cäsarea Maritima u. a. Städten zu unterscheiden, wird es oft C. Philippi genannt. Bei Matthäus (16,13) und Markus (8,27) wird C. als der Ort bezeichnet, an dem die Entscheidung für den Weg Jesu in die Passion fiel (Mt 16, 21–23; vgl. Luk 9,51: » ... stracks nach Jerusalem«), nachdem dort Petrus bekannt hatte, daß Jesus der Christus, der Sohn Gottes sei (Mt 16,16).

CÄSAREA PHILIPPI
Mt 16,13;
Mk 8,27

CHALDÄA, CHALDÄER Name eines Volkes (Jes 23,13; Hab 1,6) und Landes (Jer 24,5; 25,12; 50,1.45; Apg 7,4) im südlichen Mesopotamien; gleichbedeutend mit Babylon und den Babyloniern (Hes 1,3; 23,14 ff.), v. a. während der letzten babyl. Dynastie (625–539 v. Chr.).

Nach der Bibel war Kesed, der vierte Sohn Nahors (1. Mose 22,22), der Ahnherr der C. In Hiob 1,17 werden sie als räuberische Wüstenbande geschildert; sie schweiften – wie viele aram. Nomadenstämme – zwischen dem Pers. Golf und der Arab. Wüste umher, den Euphrat und Tigris entlang. Ihre Verbindung zu den Nomadenstämmen von Uz, Saba, Scha und Teman ist eine Erklärung dafür, daß die chald. Sippen gegen Ende des 2. Jt. v. Chr. in die südlich gelegenen Städte Babyloniens eindringen konnten.

Assyr. Schriften berichten, daß der Stamm der C. aus patriarchalisch geleiteten Familien aufgebaut war. Als Halbnomaden lebten sie in einer nur lose verbundenen Stammesgemeinschaft und waren nur ihrer Sippe verpflichtet, die in verschiedene »Häuser« (d.h. Stände) unterteilt war. Die C. gehörten dem mesopot. Kulturkreis an, fügten dieser Kultur jedoch eigene charakteristische Merkmale hinzu. Der Erscheinung und Kleidung nach entsprachen sie laut dem Propheten Hesekiel ganz den Babyloniern (Hes 23,15). Die Forschung ist sich nicht einig, ob sie Aramäisch oder einen akkad. Dialekt sprachen. Sowohl die Bibel als auch nichtbibl. Quellen unterscheiden sie von den Aramäern (vgl. 2. Kön 24,2); auf alle Fälle aber konnten sie Aramäisch sprechen, das sogar die Sprache ihrer Zaubersprüche war. Der Bibel zufolge beteten sie, wie die Babylonier, die Götter Bel und Nebo an. Assyr. Quellen

CHALDÄA, CHALDÄER
1. Mose 11,28. 31; 15,7;
2. Kön 24,2; 25,4–6.10.13. 24–26;
2. Chr 36,17;
Esr 5,12;
Neh 9,7;
Hiob 1,17;
Jes 13,19; 23,13; 43,14; 47,1.5; 48,14.20;
Jer 21,4.9; 22, 25; 24,5; 25,12 32,4–5.24–25. 28–29.43; 33,5 35,11; 37,5. 8–11.13–14; 38,2.18–19.23; 39,5.8; 40,9–10; 41,3.18; 43,3; 50,1.8.10.25. 35.45; 51,4.24.35.54; 52,7–8.14.17;
Hes 1,3; 11,24 12,13; 16,29;

23,14–16.23; Dan 1,4; 3,8; 30; 9,1; Hab 1,6; Apg 7,4

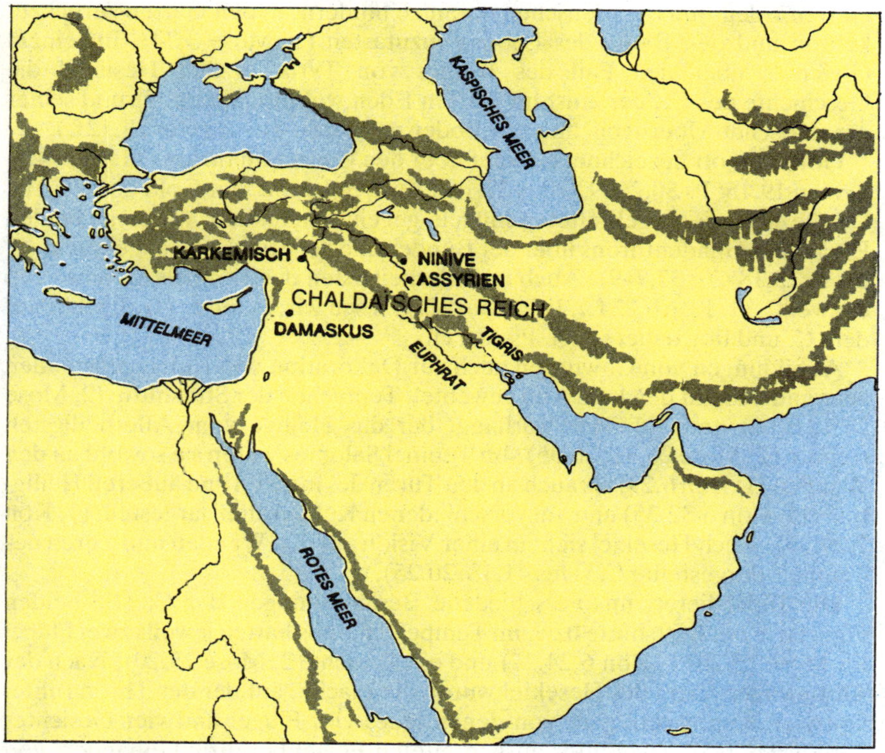

Das Chaldäerreich.

beschreiben außerdem einige besondere religiöse Bräuche; so z. B. nahm Merodach-Baladan die Knochen seines verstorbenen Vaters mit, als er vor Sanherib floh. Astronomie und Astrologie waren in der chald. Kultur hoch angesehen. Im Palast des Nebukadnezar war eine Schule, in der die chald. Schrift und Sprache gelehrt wurden (Dan 1,14), wahrscheinlich auch die besondere Sprache der Astronomie und Astrologie. Im Buch Daniel sind die Begriffe »Wahrsager«, »Zeichendeuter« und »Weise« gleichbedeutend mit »Chaldäer« (Dan 2,10; 4,4; 5,7.11).

Die C. stellten eine ständige Bedrohung für die babyl. Stadtbevölkerung dar. Sie werden zum ersten Mal in den Annalen des Aschurnasipal II. (883–859 v. Chr.) erwähnt. Indem sie sich entschieden gegen assyr. Unterdrükkungsmaßnahmen wehrten, entwickelten sie ihre eigene politische Taktik, die v. a. darauf ausgerichtet war, den babyl. Thron an sich zu reißen. Tiglat-Pileser III. besiegte die C. und verbannte viele von ihnen nach Assyrien. Der C. Merodach-Baladan II. riß den Thron von Babylon an sich (721–710 v.Chr.). Er fand Verbündete in anderen Staaten; auch sein Bote an König Hiskia (2. Kön 20,12; Jes 39,1) hat wohl versucht, letzteren für den gemeinsamen Aufstand gegen Assyrien zu gewinnen. Sanherib verbannte die C. aus allen größeren babyl. Städten – einige nach Ninive und andere nach Israel (vgl. 2. Kön 17,24). Viele flohen über den Tigris und ließen sich nahe der Berge von Elam und am Pers. Golf nieder. Z. Zt. Asarhaddons und Assurbanipals (7. Jh. v. Chr.) festigten die C. ihre Position in den babyl. Städten. Nabopolassar (626–606 v. Chr.) wurde der Herrscher von Babylon. Unter seiner Regierung und der seines Sohnes Nebukadnezar galt Babylon als chald. Staat (neubabyl.-chald. Reich). Juda war einer seiner Vasallenstaaten, bevor es erobert wurde (586 v. Chr.).

CHERUB 1. Mose 3,24; 2. Mose 25,18–20.22; 26,1.31; 36,8.35; 37,7–9; 4. Mose 7,89;

CHERUB Das hebr. *cherub* kommt aus dem Akkadischen und bezeichnet dort einen Mittler, der die Gebete der Menschen zu den Göttern bringt. In der Bibel wird als *cherub* ein Himmelswesen mit Flügeln bezeichnet, das uns in zahlreichen Darstellungen der Kunst des antiken Nahen Ostens begegnet.

Cherubim erscheinen in verschiedenen bibl. Zusammenhängen. Nach der Vertreibung Adams und Evas legerten sie als Wächter Gottes vo dem

Siegel aus Jerusalem; dargestellt wird ein Cherub mit Flügeln und einer Krone (Hecht-Museum, Universität Haifa).

Garten Eden, um die Menschen daran zu hindern, in den Garten zurückzukehren und den Baum des Lebens anzutasten (1. Mose 3,24). In seinem Gleichnis über den Fall des Königs von Tyrus erzählt Hesekiel die Geschichte des C., der einst im Garten Eden wohnte, aber aufgrund seiner prahlerischen Überheblichkeit zu Boden geworfen wurde (Hes 28,12f.).

Gott wird oft bezeichnet als »der über den Cherubim thront« (1. Sam 4,4; 2. Kön 19,15; Ps 80,2; 99,1; Jes 37,16). Zwei hölzerne, mit Gold überzogene C., die sich mit ausgebreiteten Flügeln gegenüberstanden, waren an beiden Enden des Gnadenthrons über der Bundeslade der Stiftshütte angebracht (2. Mose 25,18–20; 37,7–9). Auch im Allerheiligsten des Tempels Salomos gab es zwei C. (1. Kön 6,23 f.). In 2. Sam 22,11 lesen wir: »Und er (Gott) fuhr auf dem C. und flog daher« (vgl. Ps 18,11).

Abbildungen von C. wurden auch zur Dekoration von Kultgegenständen verwandt; so auf den kunstvoll gewebten Teppichen der Stiftshütte (2. Mose 26,1; 36,8) und auf dem Vorhang, der das Heilige vom Allerheiligsten trennte (2. Mose 26,31; 36,35). Im Tempel Salomos waren sie sowohl an den Wänden (1. Kön 6,29) als auch an den Türen des inneren und äußeren Heiligtums (1. Kön 6,32.35) und auf verschiedenen Kultgeräten dargestellt (1. Kön 7,29.36). Auch Hesekiel sieht in einer Vision auf den Wänden und Türen des Tempels dargestellte C. (Hes 41,18–20.25).

1. Sam 4,4; 2. Sam 6,2; 22,11; 1. Kön 6,23–29. 32.35; 7,29.36; 8,6–7; 2. Kön 19,15; 1. Chr 13,6; 28,18; 2. Chr 3,7. 10–14; 5,7–8; Ps 18,11; 80,2; 99,1; Jes 37,16; Hes 9,3; 10,1–9.14–20; 11,22; 28,14.16; 41,18.20.25; Hebr 9,5

Die Bibel liefert uns verschiedene Beschreibungen der C. Die beiden Figuren in der Stiftshütte bzw. im Tempel Salomos hatten jeweils zwei Flügel (2. Mose 25,20; 1. Kön 6,24.27) und ein Gesicht (2. Mose 25,20). Nach der Thronwagenvision des Hesekiel wurde die Fläche, auf der der Thron ruhte, von vier Wesen getragen, von denen jedes vier Flügel und vier Gesichter hatte (Hes 1,6). Zwei ihrer ausgebreiteten Flügel berührten einander, und mit den beiden anderen bedeckten sie ihren Leib (Hes 1,23; vgl. die Seraphim in Jes 6,2). Ihre Füße waren wie Stierfüße, und hinter ihren Flügeln hatten sie Menschenhände (Hes 1,7–8). Diese vier Wesen, deren vier Gesichter einem Menschen, einem Löwen, einem Stier und einem Adler glichen (Hes 1,10), muß man sich wohl als C. vorstellen; in Kap 10,14 ersetzt Hesekiel denn auch das Gesicht des Stiers durch das eines C.

In der Tempelvision Hesekiels erschienen die C. dagegen mit nur zwei Gesichtern, dem eines Menschen und dem eines Löwen (Hes 41,18–19). Die unterschiedliche Darstellung der C. in den früheren und späteren Visionen Hesekiels (vier oder zwei Gesichter) wird verschieden erklärt: Entweder sieht der Prophet in seiner Tempelvision doppelgesichtige C., wie sie in der Stiftshütte bzw. im Tempel dargestellt werden, oder der Unterschied resultiert schlicht daher, daß die C. in der Tempelvision auf einer Wandfläche abgebildet sind.

Cherub, auf einem Griff aus Knochen; Hazor, 8. Jh. v. Chr. (Israelische Regierungsabteilung für Altertümer und Museen).

CHERUB Siehe ADDON.

CHERUB (ADDON) Esr 2,59; Neh 7,61

CHIOS Ägäische Insel vor der Westküste Kleinasiens; dort ging das Schiff des Paulus während seiner Reise von Troas nach Milet nachts vor Anker (Apg 20,15). Josephus *(Antiq.* XVI, 2,2) berichtet, daß Herodes d.Gr. einen Geldbetrag gab, um die Säulengänge der Stadt neu zu bauen.

CHIOS Apg 20,15

CHLOË (»Grüne Pflanze«). In seinem 1. Brief an die Korinther schreibt Paulus, daß er »durch die Leute der Chloë« informiert wurde, daß es unter den Christen in Korinth Meinungsverschiedenheiten gebe. Sonst ist über die Familie nichts bekannt.

CHLOË 1. Kor 1,11

CHORAZIN Jüd. Stadt in Obergaliläa, 5 km nördlich von Kapernaum, die zus. mit Betsaida als eine der Städte genannt wird, die von Jesus getadelt wurden (Mt 11,20–24). C. wird in jüd. Schriften im Zusammenhang mit der Versorgung des Tempels mit Getreide erwähnt, das für rituelle Zwecke bestimmt war.

CHORAZIN Mt 11,21; Lk 10,13

Die Synagoge von C. wurde bereits 1869 entdeckt und 1905–07, 1926 und 1962–63 ausgegraben. Diese Synagoge galiläischen Typs liegt im Zentrum der Stadt. Sie wurde aus einheimischem Basalt errichtet und mißt ca. 21 x 15 m; die Wände sind weitgehend erhalten. Die drei riesigen Eingänge sind nach Süden, in Richtung Jerusalem, ausgerichtet. Unter den Funden innerhalb

Aus Stein gehauener Architrav (Querbalken) der Synagoge in Chorazin.

Rekonstruierte Synagoge in Chorazin (Israelische Regierungsabteilung für Altertümer und Museen).

der Synagoge war ein Basaltthron, der auf der Rückenlehne mit einer Rosette geschmückt war. Es handelt sich hierbei um den sog. »Thron des Mose«, der während der Lesung aus der Thora benutzt wurde (vgl. Mt 23,2).

CHRISTUS Siehe JESUS VON NAZARETH, MESSIAS.

CHRONIK, DIE BÜCHER DER Die beiden letzten Bücher der »Schriften«, des dritten Teiles im Kanon des hebr. AT. Ursprünglich bildeten sie ein einziges Buch, das – wie die Bücher Samuel und Könige – in der LXX zweigeteilt wurde. In dieser griech. Übersetzung des AT – wie auch in der Vulgata und den meisten heutigen Übersetzungen – erscheinen die Bücher der C. innerhalb der Geschichtsbücher nach dem 1. und 2. Buch der Könige. Der Titel »C.« geht auf Hieronymus zurück, der meinte, daß man hier von einer Chronik der Heilsgeschichte sprechen sollte.

Die C. bücher geben zunächst in der gerafften Form von Namensregistern die Urgeschichte der Menschheit wieder (1. Chr 1,1–26) und dann die Geschichte Israels von ihren ersten Anfängen (1. Chr 1,27) über die Mosezeit bis auf die Ära Sauls und dessen Untergang (1. Chr 10,1–14). Den Hauptteil dieses Abschnitts bildet eine Aufzählung der Stämme Israels.

In 1. Chr 10–29 wird – im wesentlichen parallel zu 1. Sam – die Regierungszeit Davids über »ganz Israel« geschildert. Einige Abschnitte sind fast wörtlich aus 1. Sam übernommen, andere wiederum weisen deutliche Veränderungen, Auslassungen bzw. Erweiterungen auf. Der Bericht beginnt mit dem Tod Sauls am Berg Gilboa (Kap 10), gefolgt von der Salbung Davids zum König in Hebron (10,13–11,3). Erst von diesem Zeitpunkt an berichtet 1. Chr von David; alle seine früheren Taten werden so gut wie übergangen. Das Doppelwerk der beiden C.bücher zeigt eine unverkennbare Tendenz: die Gottesverheißung an David und sein »Haus« ins Licht zu setzen und die messianische Hoffnung auf den kommenden »Sohn Davids« vorzubereiten. Darum steht die Größe Davids und seiner Regierungszeit im Vordergrund. Seine Schattenseiten werden nicht erneut hervorgehoben (z.B. keine Erwähnung der Uria-Geschichte, 2. Sam 11), aber andererseits auch nicht einfach verschwiegen, sondern als Sünde beim Namen genannt (1. Chr 21,7.8).

Zu Davids ersten Taten als König gehörten die Eroberung Jerusalems (1. Chr 11,4–9) und die Überführung der Bundeslade aus Kirjat-Jearim. Nachdem sein Plan, für die Lade einen Tempel zu bauen, von Gott verworfen wurde (vgl. die Vision des Propheten Nathan, 1. Chr 17), konzentrierte er seine Bemühungen auf die Vorbereitungsarbeiten für ein solches Bauwerk. Die meisten Abschnitte bezüglich dieses Bauvorhabens (1. Chr 22–29) haben keine Parallelstellen in 1. Sam: David wählte den Tempelplatz (1. Chr 21,18–22,1), ließ die Baupläne ausarbeiten, die nötigen Materialien sammeln und bestimmte die Handwerker. Außerdem wählte er für den Dienst am Tempel Priester und Leviten, Sänger mit Instrumenten und Torhüter aus.

Salomo mußte also nur noch die fertiggestellten Pläne ausführen. In sechs der neun Salomo gewidmeten Kapiteln wird der Bau des Tempels beschrieben, seine Ausstattung, das Aufstellen der Bundeslade und die Zeremonie der Tempelweihe (2. Chr 2,1–7,22). Die Darstellung der Regierungszeit Salomos in 2. Chr folgt deutlich der in 1. Kön 1–11. Gleichwohl sind die Akzentunterschiede zu den Samuel- und Königsbüchern deutlich zu erkennen. Diese bekunden stärker die Tatsache, daß Gottes Handeln auch trotz aller menschlichen Sünden, trotz Verirrung, Niedertracht und Grausamkeit zum Ziel kommt. Die C.bücher dagegen unterstreichen – bes. für die Regierung Davids und Salomos – mehr die ebenso bibl. Erkenntnis, daß schon unter den Unzulänglichkeiten dieser Weltzeit Gottes Herrlichkeit und Majestät zum Durchbruch kommt, auch in seinem erwählten Werkzeug David und den Nachfahren seines Hauses. Der vormessianische Ton in der Chronik ist unverkennbar.

Darum verzichten diese beiden Bücher nicht nur bewußt auf Wiederholungen mancher der in 2. Sam und den Königsbüchern bereits berichteten Geschehnisse, sondern sie setzen in der Tat auch die Akzente anders: In diesen Büchern wird in erster Linie Gottes Heilswille und die Unbeirrbarkeit seines Planes gepredigt. Darum fällt vom Glanz der Herrlichkeit Gottes auch unverkennbar ein Strahl auf seinen Gesalbten (Messias), auf David, auf Salomo, aber auch noch auf diejenigen Könige auf dem Thron Davids, die »taten, was dem HERRN wohlgefiel« (s.u. Asa usw.). Um der Ehre Gottes willen treten Berichte über Thronwirren und Davids Tod, über Salomos administrative Maßnahmen oder die Reihe seiner Beamten und Offiziere, aber auch die Schilderung seines Harems (1. Kön 2; 4; 11) und der Duldung heidnischer Kulte (1. Kön 11,4–8) eher zurück. Aus demselben Grunde werden diejenigen Merkmale der Königszeit, v.a. der Ära Davids und der vierzigjährigen Friedenszeit unter Salomo, hervorgehoben, auf die ein Abglanz der Herrlichkeit Jahwes fällt: Salomos Gottesfurcht, Reichtum und Weisheit (2. Chr 3–6).

2. Chr 10–36 stellt die Geschichte des Königtums Juda von der Reichsteilung an bis zur Tempelzerstörung dar. Im Gegensatz zu den Königsbüchern beschränkt 2. Chr seine Erzählung auf Juda und läßt die Geschehnisse im Nordreich Israel weitgehend außer acht. Entsprechend der »davidischen« Gesamtlinie des C.-Werkes erscheint das Königreich Juda als einzig legitimer Erbe Davids und Salomos; in der Predigt des Königs Abija auf dem Berg Zemarajim kommt diese Haltung deutlich zum Ausdruck: Gott der Herr übertrug allein David und seinen Söhnen die ewige Herrschaft über Israel. Doch Jerobeam, der Sohn Nebats, erhob sich und rebellierte gegen Salomo. Er und die »ruchlosen Leute«, die sich ihm anschlossen, wagten damit der Herrschaft Gottes selbst zu widerstehen, die er durch die Söhne Davids ausübte (2. Chr 13,4–12).

Abija hält den Gottesdienst einzig in Juda für legitim, während die Priester des Nordreiches Mächten dienen, »die nicht Götter sind« (2. Chr 13,9). Die Teilung des Königreiches (vgl. 2. Chr 10,19) wird als Folge von Sünde und Ungehorsam angesehen. Dennoch werden die Abtrünnigen »Israeliten« genannt (2. Chr 13,12), und Abija fordert Jerobeam und alle Männer auf, ihre Revolte gegen Gott aufzugeben. Obwohl der Verfasser der Chronik die Meinung vertritt, daß das Nordreich Israel durch den Abfall von Gott seine eigentliche Existenzberechtigung verloren hatte, betrachtet er es doch als untrennbaren Teil des Volkes Israel. Die C.bücher geben manches Detail über Israels Geschichte wieder, das über die Informationen aus den Königsbüchern hinausgeht; aber die Geschichte Israels interessiert den Chronisten nur im Zusammenhang mit der Geschichte Judas.

Das besondere Augenmerk des Chronisten gilt vier Königen von Juda: Asa, Joschafat, Hiskia und Josia; sie alle führten religiöse Reformen durch. Asa entfernte die Opferhöhen und Rauchopfersäulen; er erneuerte den Altar Gottes des Herrn und drängte Juda zur Einhaltung des Gesetzes (2. Chr 14,2–4; 15,8–15). Joschafat entfernte ebenso die Opferhöhen (2. Chr 17,3–6); noch wichtiger ist dem Chronisten die Neuordnung der Rechtssprechung, die von der »Furcht des HERRN« geprägt war (2. Chr 19,4–11). Hiskia reinigte den Tempel und weihte ihn aufs neue (2. Chr 29); während seiner Regierungszeit zerstörte »ganz Israel« die Opferhöhen und Altäre (2. Chr 31,1). Josia »reinigte« Juda und Jerusalem von den Opferhöhen und dem Götzendienst (2. Chr 34,3–7.29–33) und ließ den Tempel wieder instandsetzen (2. Chr 34,8–13; vgl. die Instandsetzung unter Joasch; 2. Chr 24,4–14). Unter Hiskia (2. Chr 30) und Josia (2. Chr 35,1–19) wurde erstmals seit Samuel (2. Chr 35,18) mit majestätischem Glanz das Passafest gefeiert; die Zeremonien dazu fanden in Jerusalem statt.

Bei alledem liegt dem Chronisten nicht an einer Idealisierung der Könige von Juda; im wesentlichen übernimmt er ihre Einschätzung aus den Königsbüchern. Von Gewicht ist dabei die Betonung, daß sich Schuld und Unglück, Sünde und Strafe entsprechen. Gott gibt jedem das, was ihm zukommt. Jedes Unglück ist als Bestrafung und jeder Erfolg als Lohn zu verstehen. So wird z. B. im plötzlichen Tod des Josia, eines guten und frommen Königs, eine Bestrafung für seinen Ungehorsam gegenüber der Warnung Gottes aus dem Munde Pharao Nechos gesehen (2. Chr 35,20–24). Andererseits findet die lange Regierungszeit des ausgesprochen gottlosen Königs Manasse (55 Jahre) eine Erklärung in seiner späteren Bußfertigkeit (2. Chr 33,12–13).

Dem Chronisten standen Informationen über die Könige zur Verfügung, die sich sonst nirgends finden. Er berichtet Details über die Baumaßnahmen Rehabeams, Usijas und Jotams und über ihre militärische Stärke (2. Chr 11,5–12; 26,6–15; 27,3–5); er ergänzt bisher ungenannte Einzelheiten über die Kriege und Siege Abijas, Asas und Joschafats (2. Chr 13,3–20; 14,7–14; Kap 20). Die Chronikbücher betonen, daß das Haus Gottes in Jerusalem der einzig rechtmäßige Ort der Anbetung sei, und beschreiben daher jede Einzelheit des Tempeldienstes. Die wichtigsten Funktionen im Kultgeschehen oblagen den Priestern, jedoch wird besonders der Auftrag der Leviten (4. Mose 1,49–53) herausgestellt (2. Chr 29, bes. V. 34). Die Leviten waren die Träger der Lade, die Torhüter und v.a. die Tempelsänger. Sie hatten herausragenden Anteil am täglichen Tempelgottesdienst und bei allen Zeremonien und Vorgängen, die mit dem Tempel zu tun hatten, aber auch im Amt der öffentlichen Lehre der Thora (2. Chr 17,9) u. a. Aufgaben.

Auch die Propheten spielen in den C.büchern eine bedeutende Rolle: Die Dynastie Davids wurde gemäß der Prophetie gegründet (1. Chr 11,1–3) und auch zerstört (2. Chr 36,11–21). Die Geschichte des Königreiches Juda wird begleitet von einer Folge von Propheten, die ermahnten und warnten, zur Buße riefen und ermutigten. Meist traten sie in kritischen Situationen auf, in denen dringend göttliche Hilfe nötig war (2. Chr 11–12; 15–16; 20; 28). Die Propheten waren auch Geschichtsschreiber: Der Chronist bezieht sich auf mehrere schriftliche (verlorengegangene) Quellen, die Propheten zugeschrieben wurden, wie das Buch des Propheten Nathan (1. Chr 29,29; 2. Chr 9,29) oder die Geschichte des Propheten Iddo (2. Chr 13,22).

Für die Chronikbücher wird im Text selbst kein Autor genannt. Der Talmud schreibt sie Esra zu, ebenso wie einige Kirchenväter. Gegen die Abfassung durch Esra gibt es keine zwingenden Argumente. Das letzte erwähnte Ereignis ist das Edikt des Kyrus, Gott in Jerusalem ein Haus zu bauen (2. Chr 36,22.23 – vgl. Esr 1,1.2 wobei das Buch Esra die Fortsetzung des Berichts von 2. Chr darstellt. Die C. bücher könnten demnach kurz nach 537 v.Chr. in Jerusalem fertiggestellt worden sein. Der mögliche Endpunkt der Abfassung ist das Ende des Pers. Reiches (331 v. Chr.). Am wahrscheinlichsten wurden die C. bücher in der Zeit zwischen 400 und 350 v. Chr. verfaßt, d.h. *nach* Abschluß des zweiten Teils des atl. Kanons, der Propheten. Folglich konnten sie nicht an die Bücher Samuel und Könige anschließen und fanden somit Eingang in den dritten Teil des atl. Kanons, die »Schriften«.

INHALTSÜBERSICHT

1. Chronik	
1,1–54	Geschlechtsregister
2,1–9,1	Listen der Stämme Israels
9,2–44	Einwohner Jerusalems; die Ämter der Leviten; die Einwohner Gibeons
10,1–14	Sauls Tod
11,1–29,30	Die Geschichte Davids
2. Chronik	
1,1–9,31	Die Geschichte Salomos
10,1–36,23	Die Geschichte der Könige von Juda bis zur babylonischen Gefangenschaft

CHUZA (»Kanne«) Haushofmeister des Königs Herodes, dessen Frau Johanna unter den Frauen war, die durch Jesus von »bösen Geistern und Krankheiten gesund gemacht« wurden und die »ihm dienten mit ihrer Habe«. **CHUZA** Lk 8,3

DABBE-SCHET
Jos 19,11

DABERAT
Jos 19,12; 21,28; 1. Chr 6,57

D

DABBESCHET Hügelstadt an der westlichen Grenze des Gebietes, das Sebulon zugewiesen wurde. Ihre genaue Lage ist nicht bekannt. Vermutlich handelt es sich um Tell esh-Shemman, gegenüber von Jokneam, südl. des Flusses Kishon, oder um Dabsche, einen zerstörten Ort östl. von Akko.

DABERAT Stadt im Gebiet Issachar, an der Grenze zu Sebulon (Jos 19,12). Sie wurde mitsamt ihrer Umgebung den Söhnen Gerschons aus dem Geschlecht der Leviten zugeteilt (Jos 21,28). D. wurde als das Dorf Daburiyeh, am westl. Fuße des Berges Tabor, identifiziert.

Gesamtansicht des Dorfes Daburiyeh am Hang des Berges Tabor, als Daberat identifiziert.

DACHS Siehe TIERE.

DAGON
Ri 16,23; 1. Sam 5,2–7; 1. Chr 10,10

DAGON (hebr. *dagan* – »Getreide«). Die wichtigste Gottheit der Philister. Wurde z. Zt. Simsons in Gaza (Ri 16,21–23) angebetet; außerdem bis z. Zt. der Hasmonäer, als ihr Standbild von Jonatan Makkabäus 147 v. Chr. zerstört wurde, in Aschdod (1. Sam 5,1–7; 1. Makk 10,83; 11,4) und in den Tagen Sauls und Davids in Bet-Schean (1. Sam 31,10; 1. Chr 10,10). Bei einem Opferfest, das die Philister zu Ehren D.s. in Gaza feierten (Ri 16,23ff.), brachte der gefangene Simson das Haus über sich und den versammelten Philistern zum Einsturz und bewies so die Überlegenheit des Gottes Israels über D. Dasselbe kommt in 1. Sam 5,1–7 zum Ausdruck: Das Standbild im Tempel von Aschdod stürzt zweimal nieder, nachdem die Bundeslade in den Tempel gebracht worden ist, wobei Haupt und Hände abbrechen. Das Überspringen der Schwelle von D.s Tempel könnte ein Teil eines philist. Rituals gewesen sein (vgl. 1. Sam 5,4.5; Zef 1,9). 1. Chr 10,10 berichtet, wie die Philister das Haupt Sauls nach seinem Tod am Tempel D.s aufhängten und seine Rüstung im Heiligtum der Astarte auslegten (vgl. 1. Sam 31,10.12).
Drei Ortsnamen, Bet Dagon in Juda (Jos 15,41 – als das heutige Beit Dajan südöstl. von Jaffa identifiziert), Bet Dagon in Ascher (Jos 19,27) und Beit Dajan östl. von Sichem, bewahren die Erinnerung an die Anbetung D.s. Die

Münze aus Aschkelon (?) mit »Dagon« auf der einen und einem Löwen auf der anderen Seite. 4. Jh. v. Chr.

Gottheit D. wird auch in akkad. Quellen, bes. in den Mari-Texten, genannt. In den mytholog. Texten von Ugarit (Ras Schamra) erscheint der Name der Gottheit »*dgn*« als Vater von Baal. Die Tatsache, daß der Name semit. Ursprungs ist, deutet darauf hin, daß D. eine Gottheit war, die die Philister von ihrer kanaan. Umgebung übernommen hatten.

DALFON Einer der zehn Söhne Hamans. Er wurde von den Juden getötet und aufgehängt.

DALFON
Est 9,7

DALMANUTA Ort nördl. von Tiberias, wohin sich Jesus mit seinen Jüngern nach der Speisung der Viertausend mit dem Schiff begab. Der Ort ist sonst unbekannt, und in der entsprechenden Passage bei Mt 15,39 lautet der Name Magadan. Viele Gelehrte meinen, D. sei mit Magdala identisch.

DALMANUT
Mk 8,10

DALMATIEN Gebiet an der Ostküste der Adria. D. war Teil der röm. Provinz Illyrien, von Paulus als eines der Gebiete erwähnt, in denen er das Evangelium gepredigt hatte (Röm 15,19). Laut 2. Tim 4,10 verließ ihn einer seiner Mitarbeiter, Titus, und begab sich nach D.

DALMATIEN
2. Tim 4,10

Blick auf die Küste Dalmatiens bei Trogir an der Adria.

DAMARIS (»Gattin, Geliebte«). Eine Athenerin, die, nachdem sie Paulus auf dem Areopag zu den Bewohnern von Athen sprechen gehört hatte, an Jesus glaubte (Apg 17,22–34).

DAMARIS
Apg 17,34

DAMASKUS Hauptstadt Syriens, erwähnt im Altertum in akkad. und ägypt. Dokumenten als wichtiger Karawanenknotenpunkt nahe einer fruchtbaren Oase im Süden Syriens. Die geographische Lage, mit der D. die wichtigsten Handelsrouten beherrschte, brachte in bibl. Zeit wirtschaftlichen Wohlstand (2. Kön 5,12 und Hes 27,18 erwähnen den Handel mit Wein und Wolle). D. kommt auch in den Berichten über die Patriarchen vor (1. Mose 14,15; 15,2). Am Ende des 2. Jt. v. Chr. entwickelte sich die Wüstenoase von D. zu einem wichtigen Zentrum für die Aramäer und war eine Zeitlang mächtig genug, um auch mit Assyrien zu konkurrieren. Als David gegen die

DAMASKUS
1. Mose 14,15
15,2;
2. Sam 8,5.6;
1. Kön 11,24;
15,18; 19,15;
20,34;
2. Kön 8,7.9;
14,28; 16,9–1
1. Chr 18,5.6
2. Chr 16,2;
24,23; 28,5.2

Die Darb al-Mustaqim-Straße in Damaskus verläuft heute noch genauso wie die »Gerade« Straße, die in Apg 9,11 erwähnt wird.

(rechts) Überreste römischer Säulen in der Darb al-Mustaqim in Damaskus.

Jes 7,8; 8,4; 10,9; 17,1.3; Jer 49,23.24.27; Hes 27,18; 47,16–18; 48,1; Am 1,3.5; 5,27; Sach 9,1; Apg 9,2.3.8.10. 19.22.27; 22,5.6. 10.11; 26,12.20; 2. Kor 11,32; Gal 1,17

Aramäer kämpfte (2. Sam 8,5.6; 1. Chr 18,5.6), eroberte er die Stadt und unterjochte sie. Reson, ein früherer Untertan des Königs von Zoba, eroberte D. z. Zt.Salomos zurück und machte es zur Hauptstadt des Königreiches Aram-Damaskus (1. Kön 11,23ff.), das häufige Auseinandersetzungen mit Israel hatte. D. blieb Hauptstadt bis zu seiner Zerstörung durch die Assyrer 732 v. Chr. Seinen Höhepunkt hatte es im 9. Jh. v. Chr. Ben-Hadad I., König von Aram-Damaskus, brach sein Bündnis mit Bascha von Israel, um einen Bund mit Asa von Juda zu schließen (1. Kön 15,18ff.). In der Regierungszeit Ahabs wurde D. gezwungen, isrl. Händlern Sonderrechte in der Stadt zu gewähren. Ben-Hadad und sein Sohn Hadadeser kämpften gegen Ahab, der dann in der Schlacht von Ramot in Gilead 853 v. Chr. fiel (1. Kön 22). Ben-Hadad II. eroberte wenig später fast den ganzen Norden des Königreiches Israel und belagerte Samaria. Erst durch das Eingreifen Elisas wurde diese Belagerung aufgehoben (2. Kön 6,24–7,7). Der assyr. König Salmanassar IV. entmachtete D., so daß Jerobeam II. von Israel 773 v. Chr. die Stadt unter seine Herrschaft bringen konnte (2. Kön 14,28). Während des syrisch-ephraim. Krieges schloß Rezin von Aram einen Bund mit Pekach von Israel gegen Ahas von Juda. Letzterer rief Tiglat-Pileser III. von Assyrien zu Hilfe. Dieser eroberte D. (732 v. Chr.), führte die gefangenen Einwohner nach Kir und tötete Rezin (2. Kön 16,5–9; Jes 7,1–8; Am 1,3–5).

Aus der Hand der Assyrer ging D. an die Chaldäer über, dann an die Perser und schließlich an die mazedon. Griechen. In der Hasmonäerzeit wird die Stadt mehrfach im Zusammenhang mit den Eroberungen Jonatans erwähnt (1. Makk 11,62). 64 v. Chr. wurde sie von dem röm. Befehlshaber Pompejus erobert. Z. Zt. des NT existierte in D. eine bedeutende jüd., später auch eine christl. Gemeinde. Auf seinem Weg nach D. wurde Saulus (Paulus), der die dortigen Christen verfolgen wollte, durch die Erscheinung Jesu bekehrt (Apg 9,2.3.8–10; 22,6.10–11; 26,12) und später in D. getauft. Seinen jüd. Feinden konnte er nur durch die Flucht in einem Korb, der von den Mauern heruntergelassen wurde, entkommen (Apg 9,24.25; 26,20; 2. Kor 11,32.33). Z. Zt. des Paulus befand sich die Stadt unter der Herrschaft von Aretas IV, dem König der Nabatäer (2. Kor 11,32). Kurz vor Ausbruch des jüd. Aufstandes gegen Rom (66 n. Chr.) wurden alle Juden in D. von ihren nichtjüd. Mitbürgern getötet.

Münze aus Damaskus; auf der einen Seite die Stadtgöttin, auf der anderen das Porträt des Antonius Pius. 2. Jh. n. Chr.

DÄMONEN Die Bibel sagt eindeutig, daß es Dämonen gibt. In zwei Abschnitten (5. Mose 32,17; Ps 106,37) wird den Israeliten vorgeworfen, den D. Opfer dargebracht zu haben – eine Praxis, die ausdrücklich verboten und verurteilt wurde. Dieser geächtete Götzendienst wird kanaan. Einfluß zugeschrieben.

Im AT sind einige D. mit Namen genannt: die *Seirim* (3. Mose 17,7; 2. Chr 11,15; Jes 13,21; LÜ mit »Feldgeister« übersetzt) und die *Schedim* (5. Mose 32,17; Ps 106,37; LÜ »böse Geister«). Das erste Wort bedeutet »Haariger« und beinhaltet wohl die Vorstellung von einem ziegenbockähnl. Wesen. In

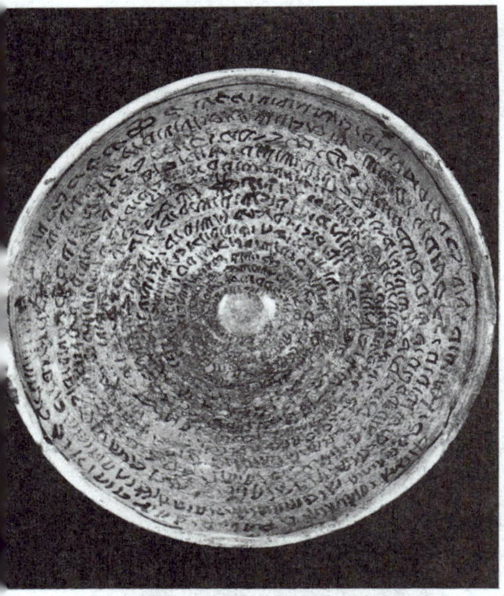

(oben) *Metallgefäß, das eine mystische Inschrift trägt und zum Schutz gegen Dämonen in die Fundamente eines Hauses gelegt wurde; 4. Jh. n. Chr.*

(Mitte) *Der Berg der Versuchung (Berg von Quarantal) oberhalb Jerichos; dort wurde nach der Überlieferung Jesus vom Teufel versucht (Mt 4,8–9).*

Jes 34,14 wird *Lilith* erwähnt und in der LÜ mit »Nachtgespenst« (s. a. dort) übersetzt. Lilith war nach antiken mesopotam. und jüd. Quellen ein weiblicher Dämon, der Männer sexuell zu verführen suchte und neugeborene Kinder erwürgte.

Einige Kommentatoren halten *Asasel* (3. Mose 16,8.10.26) für einen Wüstendämon (siehe ASASEL). Der Name kommt aber sonst nie vor. Sicher ist, daß 3. Mose 17,7 ausdrücklich Opfer an D. verbietet.

Insgesamt werden D. im AT selten erwähnt (vgl. auch »böser Geist« in Ri 9,23; 1. Sam 16,14–16.23; 18,10; 19,9) – was nicht bedeutet, daß sie in der Volksfrömmigkeit keine Rolle spielten (vgl. 5. Mose 32,17; Ps 106,37). Ganz eindeutig aber ist die kompromißlose Ablehnung des AT von dämon. und magischen Praktiken.

Die Gleichsetzung heidnischer Götter mit D. im AT (5. Mose 32,17) findet sich auch in der missionarischen Auseinandersetzung des NT mit den heidnischen Kulten (Apg 17,18; 1. Kor 10,20; Offb 9,20). D. gelten im NT als Urheber physischen und psychischen Übels. Die geistigen Verwirrungen und körperlichen Gebrechen, die aus der Besessenheit des menschlichen Körpers von D. (»unreinen Geistern«) hervorgehen, können sich als Verlust der Sprachfähigkeit (Mt 12,22), Wahnsinn (Lk 8,27–33) oder Krankheit (Mk 9,14–29) äußern. Die D. und »unreinen Geister« werden als Diener Satans oder Belials bezeichnet; letzterer wird gelegentlich Beelzebul genannt (Mt 10,25; 12,24.27; Mk 3,22; Lk 11,15.18–19; Jesu Gegner warfen ihm vor, er treibe die D. durch die Anrufung des Namens Satans oder Beelzebuls aus).

Von Jesus wird berichtet, daß er oft Besessene von D. befreite und den Menschen damit zu Gesundheit oder zu einem normalen Gebrauch ihrer körperlichen Fähigkeiten verhalf (Mk 5,1–20; Mt 12,22; Lk 11,14). Jesus gab auch seinen zwölf Jüngern die Macht, unreine Geister auszutreiben (Mt 10,1; Apg 5,16).

Siehe auch SATAN, BEELZEBUL.

DAN, DAN-JAAN Stadt, die von David in die Volkszählung miteinbezogen wurde (2. Sam 24,2.6), an der Straße zwischen Gilead und Sidon gelegen (vgl. 1. Kön 15,20; 2. Chr 16,4). Könnte mit dem bekannten nördlichsten Ort des Landes identisch sein (vgl. Ri 18,28–29).

DAN
2. Sam 24,6

DAN, DANITER (»urteilen« oder »verteidigen«).

1. Fünfter Sohn Jakobs und Erstgeborener der Bilha, der Dienerin Rahels (1. Mose 30,1–6). In Jakobs Segen (1. Mose 49,16–17), der das zukünftige Schicksal seiner Nachfahren voraussagt, heißt es: »Dan wird Richter sein in seinem Volk wie nur irgend ein Stamm in Israel. Dan wird eine Schlange werden auf dem Wege und eine Otter auf dem Steige und das Pferd in die

DAN, DANITER 1
1. Mose 30,6; 35,25; 46,23; 49,16–17; 2. Mose 1,4; 31,6; 35,34; 38,23; 3. Mose 24,11; 4. Mose 1,12. 38–39; 2,25. 31; 7,66; 10, 25; 13,12; 26,42; 34,22; 5. Mose 27, 13; 33,22; Jos 19,40.47–48; 21,5.23; Ri 1,34; 5,17; 13,2; 18,1–2. 11.16.22.25–26.29–30; 1. Chr 2,2; 12,36; 27,22; 2. Chr 2,13; Hes 48,1–2.32

(rechts) *Der Eisenzeit-Tempel auf dem Tell Dan.*

DAN, DANITER 2
1. Mose 14,14;
5. Mose, 34,1;
Jos 19,47;
Ri 18,29; 20,1;
1. Sam 3,20;
2. Sam 3,10;
17,11; 24,2.15;
1. Kön 5,5;
12,29–30; 15,20;
2. Kön 10,29;
1. Chr 21,2;
2. Chr 16,4; 30,5;
Jer 4,15; 8,16;
Am 8,14

Fersen beißen, daß sein Reiter zurückfalle.« Im Lied Deboras wird der Stamm mit einer ironischen Frage dafür getadelt, daß er nicht am Krieg gegen die Kanaaniter teilnahm: »Und warum dient Dan auf fremden Schiffen?« (Ri 5,17).

Nach Jos 19,40–48 (vgl. Ri 1,34) wurde dem Stamm das fruchtbare Gebiet zwischen Juda und dem Mittelmeer zugesprochen; der Versuch der Daniter, sich in der Küstenebene niederzulassen, schlug jedoch fehl, da das Gebiet von den Philistern und Amoritern (Kanaanitern) bewohnt war. Sie waren deshalb gezwungen, in die Berge auszuweichen. Der Mißerfolg der Daniter, ihr ursprüngliches Erbe in Anspruch zu nehmen, veranlaßte sie gegen Ende des 12. Jh. v. Chr., nach Norden zu ziehen, und zu Beginn des 11. Jh. eroberten sie Lajisch (Leschem) und benannten es um in Dan (Jos 19,47).

2. (Vorher: Lajisch). Von den Danitern eroberte Stadt, die sich hier niederließen und sie umbenannten (Jos 19,47; Ri 18,7.27ff.). Seit der Richterzeit galt D. als die nördlichste Stadt des Landes Israel, dessen Nord-Süd-Ausdehnung mit dem geflügelten Wort »Von Dan bis nach Beerscheba« umschrieben wird (Ri 20,1 u. ö.). Jerobeam I. stellte goldene Kälber zur Anbetung in D. und Bethel auf (1. Kön 12,29ff.), was scharfe Kritik von seiten des Propheten Amos auslöste (Am 8,14).

Ausgrabungen am Ruinenhügel Tell Dan, der 21 ha umfaßt und 20 m hoch ist, haben gezeigt, daß die Stadt in der Frühbronzezeit II gegründet wurde. Im 11. Jh. v. Chr. wurde D. durch einen großen Brand zerstört, aber bald wiederaufgebaut und ein Jh. später zum Religions- und Verwaltungszentrum der Region. Überreste des von Jerobeam errichteten Tempelbezirkes, den Ahab erweiterte, wurden freigelegt. Die Funde umfassen auch einen Altar mit Hörnern an den vier Ecken. Die Stadt wurde – wahrscheinlich während der babyl. Eroberung – zerstört, jedoch gegen Ende der Perserzeit oder zu Beginn der hell. Ära wieder besiedelt. Die Besiedlung dauerte während der röm. und byz. Zeit an.

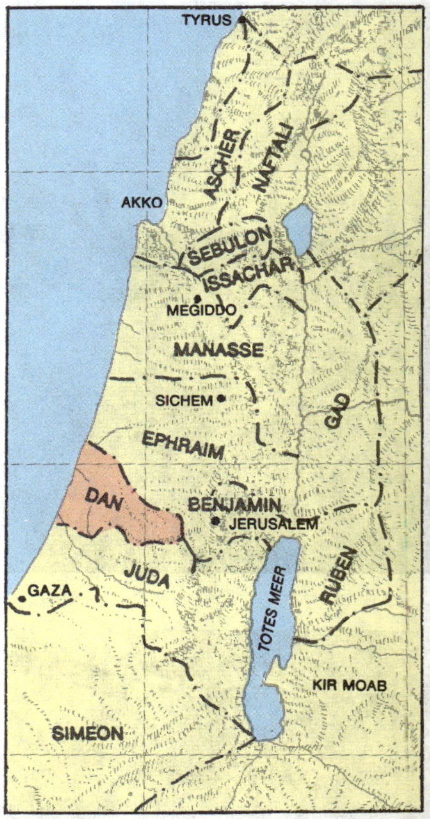

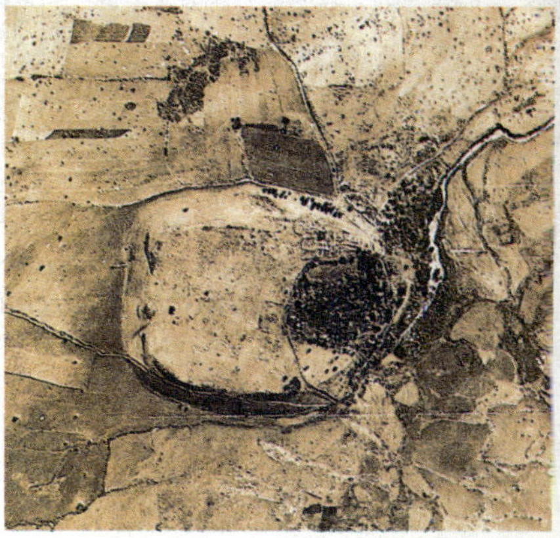

Luftansicht des Tell Dan.

(oben) Das Gebiet der Daniter.

(links) Zweisprachige Inschrift (griechisch und aramäisch) vom Tell Dan, in der die Gottheit Dans erwähnt wird. Hellenistische Periode.

DANIEL 1
1. Chr 3,1
DANIEL 2
Esr 8,2;
Neh 10,7
DANIEL 3
Hes 14,14.20;
28,3;
an 1,6–11.17.
.21; 2,13–20.
24–27.46–49;
.16; 5,12–13.
.29; 6,2–5.11,

DANIEL (»Gott ist mein Richter« oder »Gott hat gerichtet«).

1. Davids zweiter Sohn, den ihm Abigajil in Hebron gebar (1. Chr 3,1; in 2. Sam 3,3 Kilab genannt).

2. Priester zu Nehemias Zeiten, einer der Unterzeichner der feierlichen Selbstverpflichtung, die jüd. Gemeinde von Überfremdung reinzuhalten (Neh 10,1.7.31.32).

3. Prophet im babyl. Exil. Hauptperson des Danielbuches. D. wurde im 3. oder 4. Jahr der Regentschaft Jojakims (um 605 v. Chr.) zus. mit weiteren Gefangenen von Nebukadnezar weggeführt (Dan 1,6; Jer 25,1).

In Hes 14,14.20 wird D. neben Noah und Hiob erwähnt, in Hes 28,3 wird

Das Geschehen um Daniel und die Löwen, dargestellt an den Wänden der armenischen Kirche von Aghtamar, Türkei; 11. Jh.

(oben) Daniels Grab in Susa im Iran.

der Fürst von Tyrus getadelt, weil er sich »für klüger als D. hält«. Einige Ausleger meinen, daß in diesen Stellen von dem König »Danel« die Rede ist, der aus der ugarit. Literatur als weiser und gerechter Richter in der Sache der Witwen und Waisen bekannt ist. Der bibl. Daniel war jedoch schon 603 v. Chr. für seine Weisheit bekannt (vgl. Dan 1,20f.), also schon bevor Hesekiel ihn erwähnte.

Das Buch D. (siehe dort) ist ansonsten die einzige Quelle über die Person D.s. Demnach war D. adeliger Herkunft und wurde im 3. Jahr Jojakims mit anderen nach Babylon gebracht, um nach drei Jahren Ausbildung dem König Nebukadnezar zu dienen. Er wurde von Gott mit großer Weisheit und der Gabe ausgestattet, Träume zu deuten (1,17). So deutete er die Träume verschiedener Personen (Kap 2–5) und hatte später selbst Traumvisionen (Kap 7–12), die die Zeitspanne der Zeit D.s bis zum Jüngsten Gericht umfassen. Jesus erwähnt in seinen Endzeitreden ausdrücklich die Offenbarungen des »Propheten D.« (Mt 24,15; Mk 13,14).

14–15.17–18. 21–22.24–25, 27–29; 7,1–2. 15.28; 8,1.15.27; 9,2.22; 10,1–2.7. 11–12; 12,4–5.9; Mt 24,15;

DANIEL, DAS BUCH DES PROPHETEN Im Kanon des hebr. AT wurde das Danielbuch nicht unter die Propheten, sondern unter die »Schriften« eingereiht.

Das Buch ist deutlich zweigeteilt:

a) Eine Sammlung von Berichten über D. und seine Freunde (Kap 1–6), die außer Kap 1 in Aramäisch verfaßt sind.

b) Eine Sammlung von Visionen, die den Lauf der Weltgeschichte deuten und vorhersagen (Kap 7–12) und die außer Kap 7 in hebr. Sprache verfaßt sind.

Im ersten Teil wird in Kap 1 zunächst die Erziehung D.s und seiner drei Freunde zum Dienst am babyl. Hof geschildert: D., Hananja, Mischaël und Asarja erhalten von Nebukadnezars Kämmerer die Namen Beltschazar, Schadrach, Meschach und Abed-Nego. Obwohl sie am königl. Hof lebten, hielten die jungen Männer die Speisegebote der Thora strikt ein; dafür schenkte ihnen Gott so beeindruckende Einsicht und Verstand, daß sie die Gunst des Königs gewannen.

Kap 2 schildert, wie D. einen beunruhigenden Traum Nebukadnezars deutete, nachdem die chald. Weisen versagt hatten. Die kolossale Statue, die der König in seinem Traum sieht, symbolisiert vier aufeinanderfolgende Königreiche – nach Meinung vieler Gelehrter das babyl. Reich, das Reich der Meder und Perser, Griechenland und Rom. Der Stein, der ohne Zutun von Menschenhänden das Standbild zerschmettert und zu einem Berg wird, der die ganze Erde ausfüllt, steht für Jesus Christus. Als Nebukadnezar D.s Erklärung seines Traumes hörte, erkannte er den einen wahren Gott an und setzte D. und seine Gefährten in hohe Ämter ein.

Trotz ihrer Stellung weigerten sich die drei gottesfürchtigen Freunde das goldene Götzenbild Nebukadnezars anzubeten, worauf sie in den Feuerofen geworfen wurden, aber unversehrt blieben (Kap 3). Aufs neue brachte der König seine Verwunderung über den Gott der Juden zum Ausdruck und verschaffte den dreien weitere Ehren.

Kap 4 berichtet D.s Deutung eines erschreckenden Traumes Nebukadnezars, in dem ein Baum gefällt wird und der König selbst wie ein wildes Tier durch die Felder streift. D. deutete diesen Traum als Vorblick auf Nebukadnezars zeitweiligen Wahnsinn, eine Strafe für seine Überheblichkeit; doch zur Belohnung für seine Bußfertigkeit und Hinwendung zu dem wahren Gott wurden ihm Gesundheit und Herrschaft wiedergegeben.

Kap 5 beschreibt Belsazars Gastmahl und D.s Deutung der geheimnisvollen Handschrift an der Wand: *Mene* – Die Tage des Königs sind gezählt; *Tekel* – der König wurde gewogen und zu leicht befunden; *Peres* – das Königreich ist zerteilt. In derselben Nacht wurde der König umgebracht, und der Meder Darius trat an seine Stelle.

Als D. den königl. Erlaß, der für einen Monat jegliches Gebet zu einem anderen als dem König verbot, mißachtete, führte die Denunziation seiner eifersüchtigen Ministerkollegen dazu, daß er in eine Löwengrube geworfen

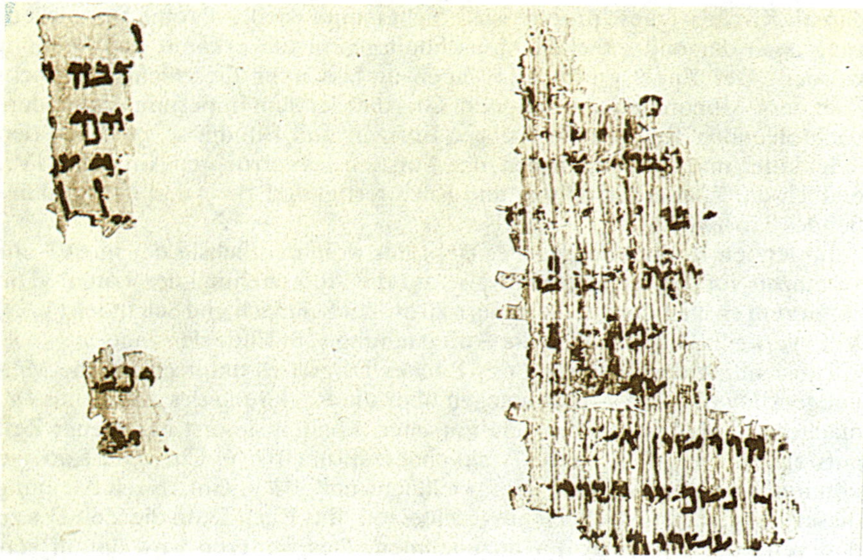

Fragmente aus dem Danielbuch, gefunden in Qumran. (Schrein des Buches, Israel-Museum, Jerusalem.)

wurde. Doch D., der seine Gebete zu Gott dreimal täglich fortgesetzt hatte, blieb unversehrt; daraufhin wurden seine Ankläger selbst in die Löwengrube geworfen und auf der Stelle von den Tieren zerrissen. Da befahl Darius, daß im ganzen Königreich der Gott D.s zu verehren sei (Kap 6).

Der zweite Teil des Buches besteht aus vier apokalypt. Auditionen und Visionen: In Kap 7 sieht D. vier große Tiere aus dem Meer emporsteigen. Der Löwe symbolisiert das Reich der Babylonier, der Bär das medische Reich, der Panther das pers. Weltreich und das schreckliche Tier mit den zehn Hörnern das griech.-makedon. Imperium Alexanders d. Gr. und seiner Nachfolge-Reiche. In der späten Esra-Apokalypse (4. Esra 12,11ff., also erst in den Pseudoepigraphen zum AT) taucht die Deutung des vierten Tieres auf das röm. Weltreich auf, das dort durch den Adler symbolisiert erscheint; die Deutung auf die Diadochenreiche legt sich aber v. a. wegen des Bildes mit den Hörnern zwingend nahe: Drei der Hörner werden abgerissen durch ein prahlerisches viertes, kleineres Horn – geschichtliche Wirklichkeit geworden in Antiochus IV. Epiphanes, der die Juden 3 1/2 Jahre unterdrückte. Dieses Tier wird von Gott vernichtet; das danach beschriebene Strafgericht zeigt an, daß das vierte Reich zugleich eine vorweggenommene Beschreibung des antichristl. Reichs ist. Gott wird hier beschrieben als »einer, der uralt war« und auf einem Thron sitzt.

Eine weitere Vision D.s wird wiederum durch einen Engel erklärt (Kap 8). Der zweigehörnte Widder meint die Reiche der Meder und Perser; der Ziegenbock, der dem Widder die Hörner abbricht und ihn zu Boden wirft, ist das Reich der Griechen. Das große Horn des Ziegenbocks, das abbricht und durch vier andere Hörner ersetzt wird, weist auf Alexander d. Gr. und die auf ihn folgenden Diadochenreiche des Kassander (Makedonien), Lysimachus (Thrakien), Ptolemäus I. (Ägypten) und Seleukus (Syrien) hin. Das kleine Horn, das aus diesen vieren hervorkommt, um gegen Gott zu freveln und das Heiligtum zu entweihen, steht für Antiochus IV.

D. betet und fastet (Kap 9); da eröffnet ihm der Engel Gabriel das Geheimnis der Weissagung Jeremias über die 70jährige Verwüstung Jerusalems (Jer 25,11–12; 29,10): Die 70 Jahre bedeuten wohl 70 Jahrwochen (70 mal 7 Jahre), nach denen die Gerechtigkeit wiederhergestellt und der Tempel wieder geheiligt werden wird. Zuvor sollte jedoch eine letzte, schwere Jahrwoche folgen, in deren Mitte Antiochus IV. die Opfer abschaffte und den Tempel verunreinigte.

Die letzte und längste apokalypt. Vision D.s (Kap 10–12) aus dem 3. Regierungsjahr des Kyrus beschreibt den Verlauf der Geschichte von Kyrus d. Gr. (538 v. Chr.) bis zum Tod des Antiochus IV. (164 v. Chr.). In der christl. Kirche ist diese prophetische Sicht immer wieder als eine Vorausdeutung auch der endzeitlichen Menschheitsgeschichte erkannt und bekannt worden. Der Engel eröffnet D. einen umfassenden Geschichtsüberblick: Vier pers. Monarchen, Alexander d. Gr., die vier dem Imperium Alexanders nachfolgenden Reiche, die Kriege, Intrigen und Bündnisse zwischen den Seleukiden und den Ptolemäern, der Aufstieg des verruchten Antiochus IV., endlich die Wiederherstellung und Rechtfertigung Israels und ein abschließendes Trostwort.

Im letzten Kapitel des Buches steht der wohl deutlichste der im AT nur vereinzelt vorkommenden Hinweise auf die Auferstehung der Toten: »Die einen zum ewigen Leben, die andern zu ewiger Schmach und Schande« (V. 2). V. 13 verheißt D. persönlich die Auferstehung »am Ende der Tage«.

Hinsichtlich der Datierung des Buches D. gibt es unterschiedliche Meinungen. Da die Kap 7–12 Aussagen über die Regierung des Antiochus IV. machen, so argumentieren viele Forscher, können sie erst nach jener Zeit entstanden sein, d. h. in der Makkabäerzeit um 165 v. Chr. Die Kap 1–6 könnten früher entstanden sein, vielleicht um 304 v. Chr. Nach Meinung dieser Forscher ist es jedoch ausgeschlossen, das Buch D. in die Zeit D.s zu datieren oder ihn als Autor anzunehmen. Des weiteren wird darauf verwiesen, daß das Buch D. einige histor. Fehler enthalte, so z. B. die Erwähnung des Darius als König der Meder (6,1; 9,1; 11,1; siehe DARIUS).

Es gibt jedoch gute Gründe anzunehmen, daß das Buch D. von D. selbst verfaßt wurde. Zum einen macht die Entdeckung einiger D.-Fragmente in den Qumran-Höhlen die Entstehung des Buches in der Makkabäerzeit unglaubwürdig, zum anderen zeigen neuere Untersuchungen und Ausgrabungen, daß der Autor des Danielbuchs eine bemerkenswerte Kenntnis der Bräuche und Lebensumstände des 6. Jh. v. Chr. hatte. Darius der Meder ist möglicherweise identisch mit Gubaru, dem von Kyrus eingesetzten »Herrscher über Babylon und das Gebiet südlich des Flusses«, den verschiedene Keilschrift-Dokumente erwähnen. Die eigentliche Entscheidung aber fällt mit der Frage, ob es echte Prophetie im Sinn einer von Gottes Geist gewirkten Vorausschau künftiger Ereignisse gibt; nur wer diese Frage verneint, ist darauf angewiesen, Zukunftsweissagungen ausschließlich als nachträgliche Deutung bereits eingetretener Geschehnisse anzusehen.

Das Buch D. ist theologisch bes. bedeutsam, so u. a. wegen seiner engen Verbindung zum NT (bes. Mt 24,15; Offb und 2. Thess), seines Abrisses der Heilsgeschichte und seiner Aussagen über den Messias, die Engel und die Auferstehung der Toten. Das Buch D. zeigt, daß die gesamte Weltgeschichte unter Gottes Herrschaft steht.

INHALTSÜBERSICHT

Kap 1–6	Die Geschichte Daniels
1,1–21	Daniel und seine drei Gefährten am Hof Nebukadnezars
2,1–49	Daniel legt den Traum Nebukadnezars aus
3,1–30	Das Wunder im Feuerofen
3,31–4,34	Nebukadnezars Wahnsinn und ein weiterer Traum; die Deutung durch Daniel
5,1–30	Belsazars Gastmahl
6,1–29	Daniel in der Löwengrube
Kap 7–12	Die Visionen Daniels
7,1–28	Die vier Tiere
8,1–27	Der Widder und der Ziegenbock
9,1–27	Die siebzig Jahrwochen
10,1–12,3	Geschichtsüberblick von Kyrus bis Antiochus IV.
12,4–13	Epilog

DANNA
Jos 15,49

DANNA Dorf im Hügelland von Juda, im Gebiet von Debir, nahe Hebron. Könnte mit dem heutigen Idnah identisch sein.

DARDA
1. Kön 5,11
1. Chr 2,6;

DARDA (»Perle der Erkenntnis«). Sohn des Serach vom Stamme Juda, der für seine Weisheit bekannt war, die mit der Salomos verglichen wird. Er wird unter den »Söhnen des Machol« erwähnt, die nach Meinung einiger Gelehrter eine antike Musikergilde waren.

DARIUS
Esr 4,5.24; 5,5–7; 6,1.12–15; Neh 12,22; Dan 6,1.7. 10.26.29; 9,1; 11,1; Hag 1,1. 15; 2,10; Sach 1,1. 7; 7,1

DARIUS (»Überwinder«). Name von drei pers. Königen der Achameniden-Dynastie und Name eines Herrschers unklarer Identität, der im Buch Daniel erwähnt wird.

Darius der Meder, Sohn des Ahasveros (Xerxes) (Dan 9,1), war laut Dan 6,1 Nachfolger des babyl. Königs Belsazar. D., als »König« beschrieben (Dan 6,7.10.26), setzte 120 Statthalter und drei Fürsten über das Reich ein, von denen Daniel einer war (Dan 6,3). Außerhalb des Buches Daniel ist jedoch kein Meder namens Darius als König des medopers. Reiches bekannt, zudem erwähnen zeitgen. Keilschrift-Dokumente keinen König zwischen Belsazar und Kyrus (Dan 1,21; 10,1). Dies hat viele Forscher dazu gebracht, die Existenz des Meders D. zu bestreiten. D. der Meder dürfte jedoch mit Gubaru identisch sein, der die Truppen des Kyrus bei der Eroberung Babylons befehligte und die Regierungsgeschäfte bis zur Ankunft von Kyrus übernahm.

Goldmünze von Darius dem Großen.

Darius I., der Große (Hystaspes), (522–486 v. Chr.), folgte Cambyses II. auf den Thron. Seine Version des Kampfes um die Nachfolge in Persien erscheint in der berühmten dreisprachigen Behistun-Inschrift, in der er berichtet, wie er den Hochstapler Gaumata besiegte, der den Thron in Abwesenheit des Cambyses an sich riß. Daneben erlauben die Inschrift auf seinem Grab in Nawsh-i Rustam sowie sein Erlaß, mit der weiteren Zerstörung Jerusalems aufzuhören und den Wiederaufbau des Tempels in Angriff zu nehmen (Esr 6,12; Hag 1,1–2.14), einen Einblick in seine religiöse Toleranz. Der Prophet Haggai wirkte i. J. 520 v. Chr., der Prophet Sacharja 520–518 v. Chr., und damit fiel ihre Tätigkeit in die Zeit von Darius I. Haggai (1,2f.) und Sacharja (1,16) drängten Israel dazu, die unterbrochene Arbeit am Aufbau des Tempels wiederaufzunehmen (Esr 4,24f.). Zu dieser Zeit hatte D. mit einer aufflammenden Revolte in seinem Land zu kämpfen, die er jedoch niederschlagen konnte.

Darius II. (Nothus) (442–404 v. Chr.). Die Frage, wer in Neh 12,22 mit Darius, »dem Perser« (Urtext), gemeint ist, ist nicht mehr aufklärbar. Darius II., »der König von Persien«, jedenfalls kommt dafür nicht in Frage.

Darius III. (Codomanus) (336–330 v. Chr.), letzter pers. König (vgl. »der vierte König Persiens« in Dan 11,2). Infolge einer katastrophalen Niederlage gegen Alexander d. Gr. wurde er von Bessus, dem Satrapen von Baktrien, ermordet; das pers. Reich erlosch damit.

(links) Überreste von Darius' Palast in Persepolis.

Darius der Große auf seinem Thron, dargestellt auf der Wand des Schatzhauses in Persepolis.

DARKON (»Träger«). Abkömmling eines Dieners Salomos, der eine der Familien führte, die mit Serubbabel aus dem babyl. Exil zurückkehrten.

DARKON
Esr 2,56;
Neh 7,58

DATAN (»stark«). Sohn des Eliab vom Stamm Ruben, der zus. mit Abiram einen Aufstand gegen Mose anführte, indem er sich der Revolte des Korach während der Wüstenwanderung anschloß (4. Mose 16,1–35; 26,9–10). Die Rebellen beklagten sich, daß Mose die Israeliten aus dem fruchtbaren Ägypten in die Wüste zum Sterben geführt und sich widerrechtlich königl. Autorität über die Gemeinde angeeignet habe. Das Ereignis diente Israel als Warnung und als Beispiel göttlicher Gerechtigkeit, da D., Abiram, ihre Familien und ihr Eigentum von der Erde verschluckt wurden (4. Mose 16,25–33).

DATAN
4. Mose
16,1.12.24–25.
27; 26,9;
5. Mose 11,6;
Ps 106,17

DAVID (»Geliebter«). Der jüngste Sohn Isais, Urenkel von Boas und Rut; geboren in Bethlehem im Stamme Juda. Als Nachfolger Sauls war D. Israels zweiter und größter König.

Seinem vereinigten Königreich kam der Status einer Mittelmacht zwischen Mesopotamien und Anatolien im Norden und Ägypten im Süden zu. D. verbrachte seine Jugend als Hirte. Obwohl Saul D. anfänglich schätzte, wurde er zunehmend eifersüchtig auf ihn (1. Sam 18,8). Saul eröffnete seinem Sohn Jonatan, der D.s engster Freund geworden war, daß er seinen potentiellen Widersacher töten wolle; Jonatan jedoch trat für D. ein und versuchte, den König von der Loyalität des Freundes zu überzeugen (1. Sam 19,1–6). Die ständige Bedrohung seines Lebens durch den psychisch stark angegriffenen König (1. Sam 18,10–11) zwang D. zur Flucht. Während seiner Zeit als

Das Reich Davids.

DAVID
Rut 4,17.22;
1. Sam 16,13.
19–23; 17,12.
14–15.17.20.
22–23.26.
28–29.31–34.
37–39.41–45.
48–51.54–55.
57–58; 18,1.
3–13.15–30; 19,
1–2.4–5.7–12.
14–15.18–20.22;
20,1.3–6.10–12.
15–17.24–25.
27.33–35.39.
41–42; 21,1–3.
5–6.9–13; 22,1.
3–6.14.17.20.22;
23,1–10.12–16.
18–19.24–26.28;
24,1–5,8–10.
17–18.23; 25,1.
4.8–10.12–14.
20–23.32.35.
39–40.42–44; 26,
1–10.12–15.17.
21–22.25; 27,
1–5.7–12; 28,
1–2.17; 29,2–3.
5–6.8–9.11;
30,1.3–11.13.
15.17–23.26.31;
2. Sam 1,1–5.11.
13–17; 2,1–5.
10–11.13.15.17.
30–31; 3,1–2.
5–6.8–10.12–14.
17–22.26.28.31.
35; 4,8–9.12;
5,1.3–4.6–13.
17.19–21.23.25;
6,5.8–10.12.
14–18.20–21;
7,5.8.17–18.20.
26; 8,1–11.
13–15.18;
9,1–2.5–7;
10,2–7.17–18;
11,1–8.10–14.
17–18.22–23.
25.27; 12,1.5.
7.13.15–16.
18–20.24.27.
29–31; 13,1.3.7.
21.30.32.37.39;
15,12–14.22.
30–33.37; 16,1.
5–6.10–11.13.
16.23; 17,1.
16–17.21–22.24.
27.29; 18,1.7.9.
24; 19,17.23.41.
43; 20,1–3.5–6.
11.21.26; 21,1.
3.7.11–12.15–17.
21–22; 22,1.51;

23,1.8–9.13–16.
23; 24,1.10–14.
17–19.21–22.
24–25;
1. Kön 1,1.8.11.
13.28.31–32.
37–38.43.47;
2,1.10–12.24.
26.32–33.44–45;
3,1.3.6–7.14;
6,12; 7,51; 8,1.
15–18.20.24–26.
66; 9,4–5.24; 11,
4.6.12–13.15.
21.24.27.32–34.
36.38–39.43;
12,16.19–20.26;
13,2; 14,8.31;
15,3–5.8.11.24;
22,51;
2. Kön 8,19.24;
9,28; 11,10;
12,22; 14,3.20;
15,7.38; 16,2.20;
17,21; 18,3;
19,34; 20,5–6;
21,7; 22,2;
1. Chr 2,15; 3,1.
; 4,31; 6,16; 7,2;
9,22; 10,14; 11,
1.3–7.9.11.13.
15–18.25; 12,1.
9.17–20.22–23.
32.39–40; 13,1.
5–6.8.11–13; 14,
1–3.8.10–12.14.
16–17; 15,1–4.
11.16.25.27.29;
16,1–2.7.43; 17,
1–2.4.7.15–16.
18.24; 18,1–2.
4–11.13–14.17;
19,2–6.8.17–19;
20,1–3.7–8;21,
1–2.5.8–11.13.
6–19.21–26.28.
30; 22,1–5.17;
23,1.5–6.25.27;
24,3.31; 25,1;
6,26.31; 27,18.
23–24.31–32;
28,1–2.11.20;
29,1.9.20.
22–24.26.29;
Chr 1,1.4.8–9;
2,2.6.11.13.16;
3,1; 5,1–2; 6,4.
8.10.15–17.42;
7,6.10.17–18;
8,11.14; 9,31;
10,16.19; 11,
17–18; 12,16;
13,5–6.8.23;
16,14; 17,3;
21,1.7.12.20;
,3.9.18; 24,16.
25; 27,9; 28,1;
29,2.25–27.30;
30,26; 32,5.30.
3; 33,7.14; 34,
–3; 35,3–4.15;
r 3,10; 8,2.20;
Neh 3,15–16;
12,24.36–37.
45–46;
Ps 18,1.51;
72,20; 78,70;
89,4.21.36.50;
122,5; 132,1.

Flüchtling hatte er in Jonatan einen treuen Gefährten, der ihn überall unterstützte (1. Sam Kap 18–20 und 23). Als Söldnerführer gewann D. das Ansehen verschiedener Bevölkerungskreise (1. Sam 22,1–5; 23,1– 5; 25,1–43) und begründete damit seinen Einfluß im Haus Juda. Selbst die Philister, bei denen er zeitweilig Zuflucht suchte, zollten ihm Respekt und räumten ihm eine gewisse Machtposition (1. Sam 27,2–12) ein.

Mit der Niederlage der Israeliten und dem Tod Sauls sowie einiger seiner Söhne durch die Philister war der Weg frei für die Salbung D.s zum König über Juda in Hebron (2. Sam 2,4). Die Mehrzahl der Nordstämme rief gleichzeitig Sauls Sohn Isch-Boschet zum König aus (2. Sam 2,8–10), der aber in den darauffolgenden Wirren nach zwei Jahren ermordet wurde (2. Sam 4,5–12).

Kurz danach erkannten die Nordstämme (»Israel«) das Königtum D.s an (2. Sam 5,1–3). Seine Regierung dauerte insgesamt 40 Jahre. Nach sieben Jahren verlegte D. die Hauptstadt von Hebron in die Jebusiterfestung Jerusalem, die als nahezu uneinnehmbar gegolten hatte (2. Sam 5,6–9). Damit stieg Jerusalem zur polit. und militär. Hauptstadt und – nach der Überführung der Bundeslade – auch zur religiösen Metropole des vereinigten Königreiches auf. D. unternahm einen Feldzug gegen die Philister, schlug sie in den beiden entscheidenden Schlachten bei Baal-Perazim und in der Ebene Refaïm bei Jerusalem, drängte sie in die Küstenebene zurück und machte somit einer ernsten Gefahr für Israel ein Ende (2. Sam 5,17ff.; 8,1). Es wurden jedoch Söldnertruppen aus den selbständigen Philisterstädten zu D.s persönlichem Schutz angeworben; als sog. *Kreter und Pleter* unterstanden sie dem Oberbefehl Benajas, dem Sohn Jojadas.

Samuel salbt David; Wandgemälde aus der Synagoge von Dura-Europos am Euphrat; 3. Jh. n. Chr.

D.s Reichsbildung läßt sich in fünf Phasen beschreiben:

a) Stammeskönigtum: Diese Phase ist durch eine intensive militär. und polit. Aktivität gekennzeichnet (2. Sam 2 und 3).

b) Nationales Königtum: Abschluß der Allianz zwischen D. und den Nordstämmen Israels (2. Sam 5).

c) Konsolidierter Territorialstaat: Nach der Niederwerfung der Philister (2. Sam 5,17–25) kontrollierte D. ein in sich geschlossenes Reichsgebiet, das die Territorien aller Stämme umfaßte. Das Monopol der Philister auf die Metallverarbeitung (1. Sam 13,19–20) scheint in dieser Phase ebenfalls in isrl. Hände übergegangen zu sein.

David spielt auf der Harfe; dargestellt in byzantinischem Stil auf einem Mosaikfußboden der Synagoge von Gaza; 5. bis 6. Jh. (Museum für Musik und Ethnologie, Haifa).

d) Vielvölkerstaat: Nach dem Durchbrechen der feindlichen Westflanke Israels unternahm D. eine Reihe von Feldzügen gegen die benachbarten Völker: Zuerst wurden die Moabiter geschlagen und unterworfen (2. Sam 8,2), dann die Edomiter (2. Sam 8,14) und schließlich die Ammoniter (2. Sam 12,26), denen D. Ezjon-Geber entriß und so Israel einen Zugang zum Roten Meer verschaffte. Während des Krieges gegen die Ammoniter beging D. Ehebruch mit Batseba und schickte ihren Ehemann, den Hetiter Uria, in den Tod. Dafür wurde er von Gott durch den Propheten Nathan zur Verantwortung gezogen (2. Sam 12,1–15). Bestraft wurde D.s Vergehen mit der Verheißung, das Schwert werde niemals von seinem Haus weichen. Trotz des Königs Buße (2. Sam 12,13; Ps 51) mußte auch das erste Kind aus dieser ehebrecherischen Verbindung sterben.

e) Großreich: Die bedeutendste Ausdehnung des Reiches erfolgte durch D.s Sieg über die Aramaër und die Annexion von Zoba und Damaskus (2. Sam 8,3–8); durch den Zugewinn der Vasallenstaaten von Zoba reichten die Grenzen des Reiches im Osten bis an den Euphrat. So baute sich D. ein mächtiges Großreich (vgl. 1. Kön 5,1; Ps 72,1.8.10–17).

Trotz des hohen Ansehens D.s dauerten die alten Rivalitäten zwischen dem südl. und dem nördl. Teil des Königtums an. Nach nahezu 30 Jahren fast unangefochtener Herrschaft über Israel traten in den Auseinandersetzungen um die Thronnachfolge (vgl. Absaloms Aufstand, 2. Sam 15) auch tiefe Risse in der Einheit des Königreiches (vgl. Schebas Aufstand, 2. Sam 20) offen zutage.

D. führte weitreichende Reformen der nationalen Einrichtungen und der Verwaltung durch. Er begann mit Vorbereitungsarbeiten für ein zentrales Heiligtum in Jerusalem und wählte den zukünftigen Tempelplatz aus. Die Priesterschaft wurde unter einem Hohenpriester organisiert, der zus. mit anderen führenden Priestern königl. Beamter und Mitglied am Hof D.s in Jerusalem wurde (2. Sam 8,17–18). D. legte auch den Grundstein für die Aufteilung des Landes in Bezirke und für deren Verwaltung durch einen Beamtenstab und reorganisierte das Militärwesen.

Die bibl. Überlieferung zeigt, daß D. daneben auch eine kulturelle und literarische Belebung einleitete, die von Salomo fortgeführt wurde. So stammen viele Psalmen von ihm, ebenso die Klagelieder über Abner (2. Sam 3,33–34), Saul und Jonatan (2. Sam 1,17–27) und Absalom (2. Sam 19,1).

Infolge seiner vielen Eroberungen kam Israel mit anderen Großmächten und Kulturen in Kontakt, insbes. mit den Phöniziern von Tyrus und Sidon, die einen großen Einfluß auf Israels kulturelle Entwicklung ausübten.

Die bibl. Berichte verschweigen die Sünden D.s nicht (2. Sam 11), stellen ihn jedoch als Mann dar, der immer wieder zu Gott zurückgekehrt ist. So nennt ihn Gott »mein Knecht David«, »den ich erwählt habe und der meine Gebote und Rechte gehalten hat« (1. Kön 11,34; 14,8). Stärker noch kommt diese Erwählung in dem für die Geschichte des AT zentralen Kapitel 2. Sam 7 zum Ausdruck, in dem Gott durch den Propheten Nathan dem König einerseits den Bau eines Hauses (Tempel) für Gott untersagt, ihm aber andererseits verheißt, daß er, Gott selbst, dem König ein Haus bauen werde (2. Sam 7,11–13) – eine Aussage, die nicht nur auf die folgende Davidsdynastie in Jerusalem hinweist, sondern auch auf das Kommen eines anderen Königs, eines Gottgesalbten, des kommenden Christus (vgl. Mt 1,1.17; Lk 2,11).

Das NT beschreibt Jesus als rechtmäßigen Nachkommen D.s: Er stammt von D. ab (Mt 1,1), wurde in D.s Stadt, Bethlehem, geboren (Lk 2,4; Mt 2,5f.; Joh 7,41f.) und wird oft als »Sohn D.s« oder als »aus dem Geschlecht D.s« kommend beschrieben.

10–11.17; 144,10; Spr 1,1; Pred 1,1; Hld 4,4; Jes 7,2.13; 9,6; 16,5; 22,9.22; 29,1; 37,35; 38,5; 55,3; Jer 13,13; 17,25; 21,12; 22,2.4.30; 23,5; 29,16; 30,9; 33,15.17. 21–22.26; 36,30; Hes 34,23–24; 37,24–25; Hos 3,5; Am 6,5; 9,11; Sach 12,7–8.10. 12; 13,1; Mt 1,1.6.17.20; 9,27; 12,3.23; 15,22; 20,30–31; 21,9.15; 22,42–43.45; Mk 2,25; 10, 47–48; 11,10; 12,35–37; Lk 1,27.32.69; 2,4.11; 3,31; 6,3; 18,38–39; 20,41–42.44; Joh 7,42; Apg 1,16; 2,25. 29.34; 4,25; 7,45; 13,22.34. 36; 15,16; Röm 1,3; 4,6; 11,9; 2. Tim 2,8; Hebr 4,7; 11,32 Offb 3,7; 5,5; 22.16

DEBIR

1. König von Eglon, der im Bündnis mit vier anderen Königen versuchte, einem Angriff Josuas entgegenzuwirken.

2. Eine monarchistisch regierte kanaan. Stadt im südl. Hügelgebiet Judas, die urspr. von den Anakitern bewohnt war (Jos 11,21). Die Stadt wurde von Josua erobert (Jos 10,38–39; 12,13), eine zweite Eroberung soll durch Ot-

DEBIR 1
Jos 10,3
DEBIR 2
Jos 10,38–39; 11,21; 12,13; 15,15.49; 21,1 Ri 1,11; 1. Chr 6,43

DEBIR 3
Jos 15,7
DEBIR 4
Jos 13,26

niël, den Sohn des Kenas und Neffen des Kaleb, stattgefunden haben (Ri 1, 11–13).

D. taucht in der Liste der levitischen Städte auf, die im vereinigten Königreich (Jos 21,15; 1. Chr 6,43) Verwaltungszentren waren. In der Vergangenheit wurde D. mit Tell Beit Mirsim gleichgesetzt, wird aber heute mit Khirbet Rabud, einem großen Hügel westl. von Hebron, identifiziert.

3. Ort an der Nordgrenze Judas, oberhalb des Tales von Achor zwischen Jerusalem und Jericho. Der heutige Name Wadi al-Dabr geht höchstwahrscheinlich auf den alten Namen zurück.

4. Ort an der Grenze von Gad und Gilead; wird mit Lo-Debar gleichgesetzt.

Khirbet Rabud in der Gegend von Hebron, wird mit Debir identifiziert.

DEBORA 1
1. Mose 35,8
DEBORA 2
Ri 4,4–5. 9–10.14; 5,1.7.12.15

DEBORA (»Biene«).

1. Amme Rebekkas, der Frau Isaaks.

2. Prophetin, Richterin, militär. Führerin und Dichterin z. Zt. der Richter (Ri 4–5); Frau des Lappidot (Ri 4,4). Ihre Geschichte beginnt zu einer Zeit, als die Israeliten unter dem Joch König Jabins von Hazor waren (Ri 4, 1–3). D. war eine lokale Richterin im Gebiet von Ephraim (Ri 4,4–5), wobei sie sich hauptsächlich an einem Ort zwischen Rama (der Heimatstadt Samuels, 1. Sam 7,17) und Bethel aufhielt. Wie bei anderen Richtern, einschl. Samuel, umfaßten ihre Richterpflichten auch militär. Aufgaben, bei deren Erfüllung sie Barak vorlud und ihm einen Schlachtplan übergab, den sie durch göttliche Offenbarung erhalten hatte (Ri 4,6–7). Barak akzeptierte den Schlachtplan, weigerte sich aber, ohne D. in den Kampf zu ziehen. Daraus wird die ungeheure Autorität und Beliebtheit D.s deutlich. D. prophezeite Barak, daß Sisera, der Feldhauptmann Jabins, von einer Frau getötet würde (Ri 4,9), und begleitete ihn zu seinem Stützpunkt in Kedesch. Das Heer rekrutierte sich aus den Stämmen Naftali und Sebulon; der entscheidende Kampf fand am Kischon-Fluß statt (Ri 4,11–16). Sisera, der sich auf seiner Flucht im Zelt des Keniters Heber versteckte, wurde dort von dessen Frau Jaël erschlagen.

Dieser isrl. Sieg markierte den Anfang vom Ende der kanaan. Vorherrschaft im Zentrum und Norden des Landes (Ri 4,23–24).

Ri 5 enthält das Siegeslied der D. (dessen Mitautor Barak sein dürfte). Neben einer Wiederholung der Schilderungen des Kap 4. finden sich hier zusätzliche Details wie die Weigerung anderer Stämme Israels, sich am Kampf zu beteiligen (V. 15–17), oder das direkte Eingreifen Gottes in die Schlacht (V. 4–5).

D.s Lied spielt auf ihre Rolle als Richterin und Retterin an (Ri 5,6–7), obwohl sie sich nicht direkt als »Prophetin« bezeichnet: Sie nennt sich »eine Mutter in Israel« (Ri 5,7), wobei ihre Bedeutung im Lied nuancenreicher zum Ausdruck kommt als im vorausgehenden Text (Ri 4,4–14).

DEDAN, DEDANITER
1. Mose 10,7; 25,3; 1. Chr 1,9.32; Jes 21,13; Jer 25,23; 49,8; Hes 25,13; 27,20; 38,13

DEDAN, DEDANITER Ein bedeutendes arab. Volk, das sich in der Gegend von Teman in Nordwestarabien niederließ (der Name blieb in den nahegelegenen Ruinen von Daidan erhalten) und das oft in assyr. und chald. Quellen erwähnt wird. In der Bibel werden die Dedaniter als Abkömmlinge des Ragma bezeichnet, der ein Sohn des Kusch war (1. Mose 10,7; 1. Chr 1,9), oder auch als Nachfahren des Jokschan, des Sohnes Abrahams und Keturas (1. Mose 25,3; 1. Chr 1,32). Jesaja spielt auf ihre Karawanen an (Jes 21,13) und Hesekiel auf ihre Handelsverbindung zu Tyrus (Hes 27,3.20). Der Hinweis auf D. in Prophezeiungen gegen Edom (Jer 49,7–8; Hes 25,13) zeigt, daß die D. an der südl. Grenze von Edom lebten, auch wenn es keinen Beweis dafür gibt, daß Edom sein Gebiet jemals so weit nach Süden ausgedehnt hat.

DEGUËL
4. Mose 1,14; 2,14; 7,42.47; 10,20

DEGUËL (»Gott weiß«). Vater des Eljasaf, des ersten Führers bzw. Fürsten im Stamm Gad (4. Mose 1,14).

(DEHA)
Esr 4,9

DEHA, DEHAVITER Nach manchen Übersetzungen eine der Gruppen in Samaria, die versuchten, den Wiederaufbau des Tempels nach dem babyl. Exil zu verhindern; sie unterschrieben den Protestbrief an Artaxerxes (Artahsasta) (Esr 4,9). Sie werden auch mit dem pers. Stamm der Daoi gleichgesetzt, der urspr. aus der Gegend des Kaspischen Meeres stammte. Viele Gelehrte sind jedoch der Ansicht, daß die aram. Bezeichnung aus dem Originaltext statt mit »Decha« mit »nämlich« oder »das sind die« zu übersetzen sei »... von Susa, das sind die Elamiter.«

DEKALOG Siehe ZEHN GEBOTE.

DEKERS (DEKARS) SOHN Von König Salomo eingesetzter Statthalter, der für den 2. Verwaltungsbezirk verantwortlich war (1. Kön 4,7.9).

DEKERS SOHN (DEKARS SOHN) 1. Kön 4,9

DEKAPOLIS Siehe ZEHNSTÄDTE.

DELILA Frau, die am Sorek-Fluß lebte. Ihr Name könnte auf eine arab. Wortwurzel mit der Bedeutung »kokett, verführerisch« zurückzuführen sein. D. wurde Simsons Geliebte und lieferte ihn, der mit abgeschnittenen Locken seiner übernatürlichen Kräfte beraubt war, für eine große Geldsumme an die Philister aus (Ri Kap 16).

DELILA Ri 16,4.6. 10.12–13.18

DEMAS (»Mann des Volkes«). Wankelmütiger Mitarbeiter des Paulus (Phlm V 24). Nachdem er Paulus in seiner röm. Gefangenschaft beigestanden und über ihn Grüße an Philemon und seine Freunde in Kolossä gesandt hatte (Kol 4,14; Phlm V 24), verließ er ihn und ging nach Thessalonich, denn er »hatte diese Welt liebgewonnen« (2. Tim 4,10).

DEMAS Kol 4,14; 2. Tim 4,10; Phlm 24

DEMETRIUS (»Der Göttin Demeter geweiht«).

1. Silberschmied in Ephesus, der Silberschreine für die Göttin Diana anfertigte. Da die Predigten des Paulus seinem Geschäft schadeten, zettelte er einen Aufstand gegen die Christen an.

2. Ein im 3. Johannesbrief erwähnter Christ.

DEMETRIUS 1 Apg 19,24.38
DEMETRIUS 2 3. Joh V. 12

DERBE Stadt in der röm. Provinz Galatien. Als Paulus und Barnabas diese Provinz besuchten, wurden sie nicht immer willkommen geheißen, und aus Ikonion mußten sie sogar nach D. und Lystra flüchten (Apg 14,1–6), wo sie dann das Evangelium predigten (Apg 14,7).

DERBE Apg 14,6; 16,1; 20,4

DEUTERONOMIUM, DAS FÜNFTE BUCH MOSE Der Ausdruck Deuteronomium für das 5. Buch der 5 Bücher Mose (Pentateuch, siehe dort) ist von der griech. Übersetzung des hebr. *mischneh torah* abgeleitet und bedeutet »zweites Gesetzeswerk«, also Zweitform (nicht einfach »Wiederholung«) der Thora (vgl. 5. Mose 17,18). Darin schwingt der Gedanke mit, daß das D. eine Rekapitulation der Gesetze von Exodus (2. Mose) bis Numeri (4. Mose) darstelle. Das Buch bezeichnet sich selbst als eine auf diesen vier vorangehenden Büchern ruhende, in sich geschlossene Auslegung des Gesetzes durch Mose (5. Mose 1,5). Der mehrfach wiederkehrende Ausdruck »Buch dieses Gesetzes« oder »alle Worte dieses Gesetzes« (z. B. 5. Mose 17,19; 29,28; 30,10; 31,26) bezieht sich auf diese Rekapitulation und gleichzeitige Auslegung der Thora im Rahmen des D.

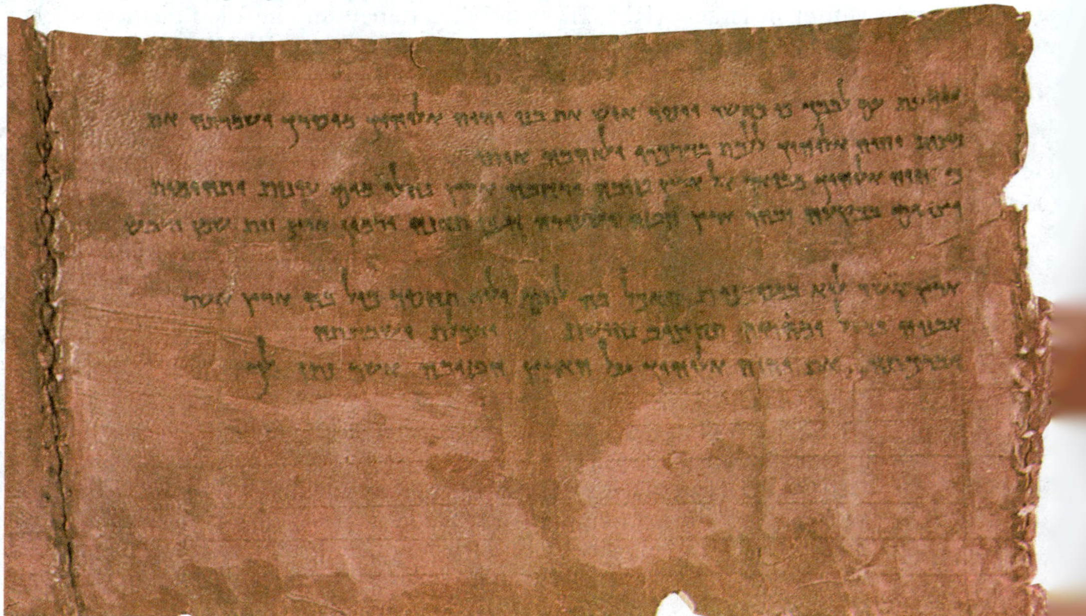

Fragment des Deuteronomiums, mit den Zehn Geboten; gefunden in Qumran. (Schrein des Buches, Israel-Museum, Jerusalem.)

Das D. weist aber eine völlig eigenständige Struktur auf. Mit einigen wenigen Ausnahmen (z.B. 4,41–49; 27,1–26; 31,14–30) wird in der ersten Person Singular gesprochen, wodurch sich das Buch als Folge von Reden zu erkennen gibt, die Mose in den letzten Monaten seines Lebens gehalten hat.

Genau dieser Tatsache verdankt das Buch seinen besonderen Charakter. Es ist kein Gesetzeswerk mit entsprechender Gliederung nach Sachgesichtspunkten, sondern eine Predigtsammlung. Wie es der Art solcher Bücher entspricht, sind hier Predigten aneinandergereiht, nicht wahllos zwar, aber auch nicht im Sinn der Kapitelfolge einer historischen und ethischen Abhandlung.

Damit kann hier auch nur eine grobe Inhaltsübersicht gegeben werden.

INHALTSÜBERSICHT

I. 1,1–4,40	Die doppelte Einleitung der Abschiedspredigt Moses
1,1–3,29	Gottes wunderbare Führungen in der Wüstenzeit Israels
4,1–40 (43)	Jahwes Einzigkeit und Majestät: Haltet seine Satzungen und Rechte!
II. 4,44–17,26	Moses Predigten zur Erklärung und eindringlichen Vermittlung des Gesetzes des HERRN
4,44–6,3	Das Grundgesetz Gottes: Der Dekalog
6,4–25	Das Hauptgebot (Das »Höre, Israel!«)
7,1–11,32	Verschiedene Predigten über Gottes Exklusivität, Führung, seine Bundestreue und seinen Segen
12,1–27,26	Predigten über den rechten Gottesdienst und über die geistlichen und rechtlichen Ordnungen in Israel, über die Warnung vor schwerer Sünde und über den Ernst der Strafe Gottes
III. 28,1–30,20	Moses Predigten als Ruf zur Entscheidung: Segen oder Fluch, Warnung vor Ungehorsam, Segen der Umkehr
IV. 31,1–33,29	Die letzte Predigt Moses
31	Vorbereitung zum Abschied
32	Das Lied Moses
33	Der Segen Moses
V. 34,1–12	Der Tod Moses

Der Hauptteil des Buches, die deuteronomische Gesetzessammlung, findet sich in Teil II (Kap 12–27). In Teil III – V (Kap 28–34) folgen zunächst Anweisungen für Art und Inhalt eines später bei Sichem (auf den Bergen Ebal und Garizim) zu vollziehenden Segens- und Fluchrituals (als Konsequenz der Befolgung oder Mißachtung des Gesetzes (Kap 27)), mit einem Katalog von Segnungen und Fluchworten (Kap 28). Die nächsten drei Kapitel (29–31,13) enthalten Moses offizielle Bundeserneuerung, seine letzten Ermahnungen und seine Amtsübergabe an Josua. Das Buch schließt mit der Beschreibung des letzten Tages im Leben des Mose, an dem er ein prophet. Gedicht (»Lied Moses«) und seine Segensworte über die Stämme Israels spricht, bevor er von den Höhen des Berges Nebo auf das von Gott verheißene Land Israel schaut.

Nach Meinung der kritischen Forschung stammt das D. aus der Zeit Josias (7. Jh. v. Chr.). Es wäre dann identisch mit dem bei Bauarbeiten im Tempel Salomos aufgefundenen Buch (2. Kön 22,1–13), das zum Anlaß der sog. josianischen Reform wurde (2. Kön 22,14–23,25); lediglich einzelne Elemente, wie die Kriegsgesetze (Kap. 20) oder das Lied und der Segen in Kap.

Ein Mann beim Berühren der Mesusah (Kapsel, die eine Schriftrolle mit Versen aus dem Deuteronomium enthält). Koloriertes Manuskript, Sammlung Rothschild, Italien um 1470 (Israel-Museum).

32 und 33, werden als ältere Traditionen betrachtet. Gegen eine Abfassung durch Mose werden u. a. geltend gemacht: Unterschiede zu den früheren Gesetzen der anderen Bücher Moses; die Betonung eines zentralen Kultortes (12,11.13–14.17–18; 15,20; 16,5–6); das Fehlen entsprechender Gesetze, als König Hiskia die »Opferhöhen« abschaffte (2. Kön 18,4).

Dagegen ist einzuwenden: Eine Änderung mancher Gesetze ist durchaus einsichtig. Schließlich hat sich die Situation der Israeliten mit dem Ende der Wüstenwanderung und dem Beginn der Landnahme grundlegend verändert. Die Betonung eines zentralen Kultortes widerspricht nicht einer Abfassung des D. durch Mose: Einerseits besteht die Stiftshütte noch, in der geopfert werden soll; andererseits kann der Satz, daß Gott »eine Stätte erwählt, daß sein Name daselbst wohne« (12,11), auch als Prophetie auf den späteren Tempel verstanden werden. Wenn es in 2. Kön 18,4 heißt, daß man bis dahin die Aschera verehrt und der ehernen Schlange geräuchert hatte, bedeutet das nicht, daß es die Gesetze des D. noch nicht gab: Entweder befolgte man sie einfach nicht oder sie waren inzwischen in Vergessenheit geraten, was nach 2. Kön 22 naheliegt.

Das D. selbst nennt – als einziges der fünf Bücher – Mose als Prediger und Verfasser der Texte (1,1; 5,1; 27,1.9; 29,1; 31,1.9.24.30; 33,1 u. a.). Darüber hinaus bezieht sich das NT auf Stellen des D. und schreibt diese Mose zu, so Jesus (in Mt 19,8, vgl. 5. Mose 24,1–4) und Paulus (in 1. Kor 9,9, vgl. 5. Mose 25,4). Schließlich gibt es noch außerbibl. Belege dafür, daß das D. z. Zt. Moses abgefaßt worden ist.

Wie wir eingangs gesehen haben, gibt das D. die Inhalte des Bundes Gottes mit seinem Volk wieder. Sein Aufbau steht in enger Beziehung zu den Bundesverträgen, wie sie im 2. Jt. v. Chr. üblich waren: 1. Titel/Präambel; 2. histor. Prolog (Einleitung); 3. Gesetze (a. allgemein und b. speziell); 4. Strafen für die Übertretung des Vertrages, Segen und Fluch; 5. die Zeugen, Bestimmungen über Aufbewahrung und öffentl. Lesung des Vertrages. Dieselbe Struktur findet sich in bemerkenswert genauer Übereinstimmung im D., woraus ein Zweifaches deutlich wird: Einerseits spricht dies für eine Datierung des Buches in das 2. Jt. v. Chr. (Mose lebte um 1300 v. Chr.); andererseits zeigt der planmäßige Gesamtaufbau, daß es unmöglich ist, das D. als eine Sammlung unterschiedlich alter Schriftstücke und Traditionen anzusehen, die noch dazu erst im 7. Jh. v. Chr. zusammengestellt worden sein sollen.

Die Urheberschaft Moses muß die Überlegung nicht ausschließen, ob das D. einige Stellen enthält, die nicht von Mose stammen. Das betrifft v. a. die Berichte vom Tod und Begräbnis Moses (Kap 34). Andere Stellen, die gelegentlich genannt werden (z. B. 8,18; 10,15; 29,27 u. a.) sind zumindest strittig. Sie sind auch im Munde Moses durchaus am Platz.

Das D. ist, wie wir oben sahen, kein Gesetzeskodex im engeren Sinne. Es übermittelt vielmehr eine Fülle theologischer Aussagen: Gott ist Israels alleiniger Herr. Demzufolge hängt Israels weiteres Wohlergehen im verheißenen Land von der konsequenten Treue zu Gottes Bund ab. Dieses grundsätzliche Anliegen wird unterstützt durch einige der prägnantesten Erklärungen des Monotheismus in der ganzen Bibel (vgl. 4,35.39), durch die unentwegte Mahnung, Gott zu lieben, ihn zu fürchten und auf seinen Wegen zu wandeln (6,2.5.13.24; 8,6; 10,12.20; 11,1.13.22; 13,4–5; 19,9; 30,6.16.20), und durch die wiederholte Forderung, nicht anderen Göttern zu folgen (6,14–15; 7,4; 8,19–20; 11,16–17.28; 13,3–4; 30,17–18). Es ist v. a. die Sünde des Götzendienstes, die die Gefahr einer Auslöschung des Volkes heraufbeschwört (4,25–26; 6,14–15; 8,19–20; 11,16–17; 29,23–28; 30,17–18). Mit Nachdruck unterstreicht Mose, daß die Einnahme Kanaans durch Israel nicht auf irgendeinem natürlichen Recht auf dieses Gebiet beruht. Vielmehr ist das Land Gottes Gabe an Israel als sein Erbteil *(nachalah)*, so wie er anderen Nationen die umliegenden Länder zugeteilt hat (2,12.21–23; 3,18; 8,10; 12,1). Gott wählte dieses besonders gute Land für Israel (8,7– 9) nicht aufgrund Israels eigener Verdienste und Rechtschaffenheit, sondern in Erfüllung der souveränen Erwählungsgnade seiner Verheißungen an Israels Vorfahren, die er liebte (9,4–5; vgl. 7,7–8). Gott kann Israel jederzeit wieder aus dem Land verbannen, falls es sich als unwürdig erweisen sollte (8,19–20). Das Volk wird vor die entscheidende Alternative gestellt: Gehorsam und Segen oder Ungehorsam und Fluch; dies bedeutet nichts weniger als die Wahl zwischen Leben und Tod (30,15–20).

Das D. ist als Buch der Predigten Moses durch einen ermahnenden, durch und durch werbenden, ja beschwörenden Stil geprägt. Dies zeigt sich in solchen typischen Wendungen wie »Gott dienen mit Herz und Seele« (4,29; 6,5; 10,12; 11,13; 13,4; 26,16) und »das Böse aus deiner Mitte wegtun« (13,6; 17,7.12; 19,19; 21,21; 22,21–24; 24,7) oder in dem Begriff des »Einschärfens« (6,7; vgl. 6,20–25). Neben diesem Appell an den Gehorsam gegenüber Gottes Bund und Gebot betont das D. einen humanitären Aspekt: Wiederholt wird in Erinnerung gerufen, daß jeder Israelit selbst einmal erniedrigt und Sklave in Ägypten war (5,15; 15,15; 16,12; 24,18.22).

Aufgrund dieser theolog. Merkmale des D. hat die kritische Forschung oft versucht, abzuleiten, aus welchen Kreisen Israels das D. stammt. So vermuten die einen einen klerikalen Hintergrund und nehmen ein »Bundeserneuerungsfest« an, auf dem die Leviten für die Gesetzespredigt verantwortlich gewesen sein sollen; andere gehen von einem polit. geprägten Hintergrund aus, wobei Schreiber am königl. Hof das D. zusammengestellt oder überarbeitet hätten. Belege für diese beiden Theorien gibt es kaum.

Der besondere Geist des D., das von Anfang bis Ende um die Einzigartigkeit Jahwes als des einen Gottes kreist, um seine Liebes- und Erwählungserklärung gegenüber seinem Volk und das unaufhörliche Werben Gottes um die Dankbarkeit Israels, hatte einen unverkennbaren Einfluß auf den Propheten Jeremia, aber auch auf die Verfasser des Buches Josua, des Buches der Richter und der Königsbücher. Letztere beispielsweise messen die Könige daran, ob sie den Tempel des HERRN in Jerusalem als einzige Stätte der Anbetung anerkannten, oder ob sie auch heidnische Kultstätten, die »Höhen« tolerierten, statt sie zu entfernen (1. Kön 15,14; 22, 44; 2. Kön 12,4; 14,4; 15,4.35; u. a.). Die Bewertung des Götzendienstes als wichtigste Ursache für nationales Unglück findet ihren Ausdruck auch im Buch der Richter (Ri 2,11ff.; 6,7–10; 10,6ff.; vgl. 1. Sam 12,9–10) und in einer Reihe von Fragen und Antworten in 1. Könige und Jeremia, die alle von 5. Mose 29,23–24 beeinflußt sind (1. Kön 9,8–9; Jer 5,19; 9,11–14; 16,10–11; 22,8–9).

Schließlich bringt das D. das Wesen der wahren Prophetie klassisch auf den Begriff (18,14–22): Sie ist direkt von Gott eingegeben (Jer 1,7.9; 14,14; 29,23) und wird durch den Geschichtsverlauf bestätigt (1. Kön 14,18; 16,7; 22,38; 2. Kön 14,25; 17,23; 24,2)(vgl. PROPHETEN).

DIAKONIE *(Diakonía, diakoneín)*. Im Alltagsgriechisch der ntl. Zeit eines unter mehreren Wörtern, die alle auf Dienste hinweisen: Sklavendienst, Söldnerdienst, Offiziersdienst, Gottesdienst. »Diakonie« ist vorrangig die Bedienung bei Tisch, wird aber auch für personenbezogene Dienstleistungen im weiteren Sinne verwendet.

Der volle Sinn jedes ntl. Begriffs erschließt sich nur auf dem Hintergrund der Person und des Werkes Christi.

Auch D. ist, weil sie untrennbar zum Christusereignis gehört, wahrhaft göttlicher Natur, heilbringend und rettend auf Gottes Art und zugleich wahrhaft menschlicher Natur, auf äußeres Wohl bedacht, fürsorglich, heilend, pflegend, aber dabei immer betend – und insgesamt ganz sicher nie mit weltlicher Sozialarbeit vergleichbar. Die Urchristenheit hat aus dieser Erkenntnis heraus im Alltagsleben den sehr speziellen Lebensstil der Gemeinde Jesu gestaltet, wie er dort von hilfreichen Gemeindegliedern an hilfsbedürftigen Gemeindegliedern in der Nachfolge Jesu und ausdrücklich Jesus zuliebe praktiziert wurde: als fürsorglicher, opferbereiter Liebesdienst.

Aber schon die Urkirche wußte, daß solche Dienste in einer geistlich geordneten, »kirchenamtlichen« Struktur besser aufgehoben sind als in freier Beliebigkeit. Innerhalb des Gesamtkraftfeldes, das vom guten Hirten ausgeht, können sie der Gefahr der Entartung zum rein sachlich-seelenlosen Menschenbetreuungsbetrieb besser widerstehen.

In Apg 6,1–7 werden der Dienst der täglichen Witwenversorgung, der Tischdienst bei der Gemeindemahlzeit und der Dienst mit dem Wort Gottes noch allesamt mit »Diakonie« bezeichnet. Erst nach der Einsetzung der Diakone (Apg 6,1–7) wird der Begriff der D. mehr und mehr für Hilfeleistungen in leiblichen Nöten der Gemeindeglieder gebraucht, ohne daß dabei jedoch die widersprüchliche und doch unauflösbare Einheit vom Reich dieser durch Christus aus den Angeln gehobenen Welt und dem mit der Auferstehung Jesu hereinbrechenden Reich Gottes aus dem Blickfeld käme (vgl. 2. Kor 3, 7–9; Apg 11,29 und 12,25; Röm 16,1).

Dadurch wohl ist das Wort »D.« als bibl. Fremdwort, das ein einzigartiges Geschehen bezeichnet, in viele Sprachen übernommen worden. Es weist nachdrücklich auf eine Neuschöpfung menschlicher Grundwerte hin. Dienen galt für den freien Mann in der Umwelt des NT als unpassend. Das änderte sich grundlegend mit der christl. Erkenntnis der Göttlichkeit Jesu Christi und der Entscheidung, dessen Versöhnungsdienst am Kreuz ganz persönlich anzunehmen und im eigenen Leben Gestalt gewinnen zu lassen (Gal 4,19).

Jesus stellt klar (Mt 20,26–28; Mk 10,45; Lk 12,37 und 22,24–30), daß das praktische Leben des Christen auf der Nachahmung und Abbildung seines rettenden Dienens beruht. Die Urchristenheit empfindet sich als Jüngerschaft Jesu. Ein Jünger will so werden, wie der Meister *ist.* Daher bezeichnet die Urkirche sich selbst auch als den Leib Christi, der in allen Lebensäußerungen vom Haupt her beseelt wird und so zu einer insgesamt dem Leib (und damit dem Haupt) dienenden diakon. Integration gelangt (1. Kor 12,12ff. und 16,14). Nichtchristen blicken nicht selten staunend auf die Kirche, die das Christusereignis im Alltag abbildet – mit dem Glauben, der in der Liebe tätig ist (Gal 5,6). D. wirkt anziehend, gewinnend, missionarisch. Menschen, die »in Christus« wieder neu zu Bildern des Gottes werden dürfen, der sich in rettender Liebe über uns Sünder erbarmt, sind gute Missionare.

Die Inhalte und Grenzen der D. lassen sich mit Gal 6,10 kurz so beschreiben: »Lasset uns Gutes tun an jedermann, allermeist aber an des Glaubens Genossen.« Die D. ist – bildlich gesprochen – das körpereigene Immunsystem des Leibes Christi; niemals werden von ihr weltumgreifende ideologische Sozialmaßnahmen ausgehen, da alles, was von Christus ausstrahlt, nur in der Dimension der ganz persönlichen Begegnung mit dem Herrn der Kirche verwirklicht werden kann, ohne dabei je im Sinne dieser Welt zur »Sache« zu werden. Alles diakon. Tun in den Gemeinden des NT fand ausnahmslos von Christen zu Christen statt, war also ein innerkirchliches Tun; vgl. die Arbeit der ersten Diakone in der Urgemeinde (Apg 6,1–6) und die Kollekten des Paulus (1. Kor 16,1–4; 2. Kor 8–9; Gal 2,10; vgl. auch Apg 11, 27–30; 12,25; Phil 4,15–16).

Die oft bemühte Geschichte vom barmherzigen Samariter ist nichts als die gezielte Antwort Jesu auf die sehr spezielle Frage nach dem rechten Weg zum ewigen Leben (Lk 10,25ff.) und trägt nichts zur Erklärung des Diakoniebegriffs bei, obwohl gewisse Ähnlichkeiten mit christl.-diakon. Handeln sicher vorhanden sind. Trotz der unmißverständlichen Aufforderung Jesu in Lk 10,37 ist das Ziel dieser Beispielerzählung nicht die Anweisung zu diakon. Tun. Jesus zeigt vielmehr, in Beantwortung der Zusatzfrage aus V. 29, wie ein Mensch auf dem Weg zum ewigen Leben anderen zum Nächsten werden kann.

Die in Mt 25,34–46 genannten Barmherzigkeiten werden hilfsbedürftigen Christen von heidnischen Mitweltbürgern (V. 32) erwiesen. Da der Weltenrichter sich persönlich mit seiner Kirche solidarisiert, werden ihm diese sehr speziellen Barmherzigkeiten zum Maßstab, nach dem er die Heiden richtet (die »Völker« in V. 32 sind die *gojim,* die Völker der Heiden). D. dagegen bleibt stets Abbild der rettenden Weltveränderung Gottes in Jesus Christus, mitten im notvollen Alltag der Kirche. Sie geschieht zwar mitten in der Welt, hat aber weder mit weltverbesserndem Idealismus und Humanismus noch mit Sozialismus oder Christomarxismus das geringste zu tun. D. bleibt dem Ziel verpflichtet, selbstlos und opferbereit Christen durch leibliche Nöte hindurch in die große Geborgenheit bei Christus zu geleiten.

D. fand von jeher innerhalb der christl. Familie und Nachbarschaft statt – auch im Einflußbereich christl. »Herren« aller Art. Später kamen kirchliche Orden, kirchlich finanzierte Armenpfleger, »Heilig-Geist-Spitäler« hinzu. Dieses Wort trifft genau den Punkt, durch den sich D. von jeder Art der Menschenbetreuung oder gar gesellschaftlichen Entsorgung unterscheidet. Im heutigen Zeitalter der Massen ist die D. der Kirche allerdings zur Großorganisation geworden – und dies in bester Absicht. Aber die Gefahr wird immer größer, daß die steigende Abhängigkeit von den Geldern des Sozialstaates die Verankerung der D. im Christusereignis lockert, das doch eine ganz neue Schöpfung jenseits aller denkbaren Weltverbesserungen ankündigt.

DIANA
Apg 19,24. 27–28.34–35

DIANA Röm. Name der Artemis, Göttin der Jagd und der Fruchtbarkeit. Ihr Hauptheiligtum, der ihr geweihte Tempel in Ephesus, eines der sieben Weltwunder, beherbergte ihre Statue, die aus Gold, Silber und Ebenholz gefertigt war und von der man glaubte, daß sie aus dem Himmel stamme (Apg 19,35). D. war, obwohl sie als Artemis von Haus aus dem asiatischen Kulturkreis zuzurechnen ist, eine der beliebtesten Gottheiten in der hell. Welt. Die Predigten des Paulus gegen von Menschenhänden geschaffene Götter (Apg 19,26) wurden in Ephesus als äußerst blasphemisch angesehen und verursachten einen Aufruhr, dessen eigentliche Ursache jedoch wirtschaftlicher Natur war. Die Silberschmiede, angeführt von Demetrius, hatten Angst um ihre Haupteinnahmequelle, den Verkauf silbener Schreine und Figuren der Göttin, für den Fall, daß es Paulus gelingen sollte, die Einwohner von Ephesus zum christl. Glauben zu bekehren.

Diana-Artemis, dargestellt auf einer Münze aus Gaza, 2. Jh. v. Chr.

DIBLAJIM
Hosea 1,3

DIBLAJIM (»Feigen- oder Rosinenkuchen«). Vater der Gomer, einer Prostituierten und Ehefrau des Propheten Hosea.

DIBON, DIBON-GAD
4. Mose 21,30; 32,3.34; 33,45–46; Jos 13,9.17; Jes 15,2; Jer 48,18.22

DIBON, DIBON-GAD Stadt in der Hochebene von Moab, ca. 16 km östlich des Toten Meeres, nördlich des Arnon–Flusses, deren antiker Name in dem heutigen Dhiban erhalten blieb. D. wurde Sihon, dem König der Amoriter durch die Israeliten abgerungen (4. Mose 21,23–30; 32,3), vom Stamm Gad wieder aufgebaut (4. Mose 32,34) und danach Dibon-Gad genannt (4. Mose 33,45–46; vgl. Jos 13,17, wo es dem Besitz Rubens zugerechnet wird). Später wurde es möglicherweise durch Ehud von der Unterdrückung durch Eglon,

Tell ed-Dhibon, die Stätte des biblischen Dibon.

den König von Moab, befreit (Ri 3,12–30) und von David erobert (2. Sam 8,2). D. fiel an die Moabiter zurück, als das isrl. Königreich aufgeteilt wurde. Die Mescha-Stele (siehe INSCHRIFTEN), die 1868 in D. entdeckt wurde und heute im Louvre zu sehen ist, wirft neues Licht auf die Beziehungen zwischen Moab und Israel während der Regierungszeit der isrl. Könige Omri und Aha sowie der moabit. Könige Kemoschyt und Mescha, einer Geschichtsperiode, auf die in 2. Kön 3,4–27 Bezug genommen wird.

DIBRI (»geschwätzig«). Mitglied des Stammes Dan, dessen Enkel wegen Gotteslästerung in der Wüste zu Tode gesteinigt wurde. **DIBRI** 3. Mose 24,11

DIKLA (»Palme«). Sohn des Joktan, der wiederum ein Sohn des Eber (Enkel des Sem) war (1. Mose 10,22–27). Er lebte »von Mescha bis man kommt nach Sefar, an das Gebirge im Osten« (1. Mose 10,30), wahrscheinlich irgendwo auf der Arab. Halbinsel. **DIKLA** 1. Mose 10,27; 1. Chr 1,21

DILAN Judäische Stadt in der Küstenebene. Ihre genaue Lage ist unbekannt, aber es wird angenommen, daß sie in der Gegend von Lachisch lag. **DILAN** Jos 15,38

DILL Siehe PFLANZEN.

DIMNA Levitische Stadt, die zum Stamm Sebulon gehörte; wird mit Rimmon (4) gleichgesetzt. **DIMNA** Jos 21,35

DIMON Ort, der in Jesajas Prophezeiung über Moab erwähnt wird: »Denn die Wasser von Dimon sind voll Blut.« Es könnte mit Dibon identisch sein. Vorgeschlagen wird auch, es mit Khirbet Dimnah, 4 km nordwestl. von Rabbah, zu identifizieren. **DIMON** Jes 15,9

DIMONA Stadt im südl. Palästina, im Gebiet von Juda (Neh 11,25), vermutlich im ersten Verwaltungsbezirk von Juda (Jos 15,22). Möglicherweise ist der Ort in der Nähe einer Quelle mit Namen Herabert Umm Dumneh, 8 km östl. von Aroër (mit Arara identifiziert), zu suchen. **DIMONA** Jos 15,22; Neh 11,25

DINA (»Eine, der zum Recht verholfen wurde«). Jüngstes Kind von Lea und Jakob (1. Mose 30,21); sie wurde von Sichem vergewaltigt, dem Sohn Hamors (1. Mose 34,2 ff.). Die Söhne Jakobs töteten ihn und alle anderen männlichen Einwohner der Stadt (1. Mose 34,25–26), um die Beleidigung ihrer Schwester zu rächen. **DINA** 1. Mose 30,21; 34,1.5.13.25–26; 46,15

DINHABA Die Stadt Belas, des ersten bekannten edomit. Königs. Ihre Lage ist unsicher; Hieronymus identifizierte sie mit Khirbet ed-Denn, einer Stadt in Moab, südl. des Arnon-Flusses. **DINHABA** 1. Mose 36,32; 1. Chr 1,43

DIONYSIUS (»Von Gott getroffen«). Mitglied des Rates, der auf dem Areopag in Athen zusammentraf. Während seines Besuches in Athen wurde Paulus von epikureischen und stoischen Philosophen (Apg 17,16–20) auf den Areopag geführt. Als er in seiner Rede jedoch von der Auferstehung Jesu sprach, machten sich seine Zuhörer über ihn lustig. Dennoch bekehrten sich einige, darunter D. und eine Frau namens Damaris (Apg 17,22–34). **DIONYSIUS** Apg 17,34

DIOTREPHES Ein Christ, der im 3. Johannesbrief erwähnt wird. Johannes beklagt sich über das herrschsüchtige Betragen des D. **DIOTREPHES** 3. Joh 9.10

DI-SAHAB Ort jenseits (östlich) der Wüste, in Verbindung mit den Ab- **DI-SAHAB** 5. Mose 1,1

Rujm Umm edh-Dhahab, das mit Di-Sahab identifiziert wird.

schiedsreden des Mose genannt (5. Mose 1,1). Die genaue Lage ist unbekannt, obwohl verschiedene Lokalisierungen vorgeschlagen wurden: Edh-Dheibeh, östl. von Heschbon, oder Rujm Umm edh-Dhabab in der Nähe von el-Al.

DISCHAN 1. Mose 36,21.28.30; 1. Chr 1,38

DISCHAN (»Gazelle«). Der siebte Sohn des Horiters Seïr, der mit seinen Brüdern als »Stammesfürst der Horiter« bezeichnet wird.

DISCHON 1 1. Mose 36,21.26.30; 1. Chr 1,38

DISCHON 2 1. Mose 36,25; 1. Chr 1,41

DISCHON (»Gazelle«).

1. Der fünfte Sohn des Horiters Seïr, der mit seinen Brüdern als »Stammesfürst der Horiter« bezeichnet wird.

2. Der Sohn Anas und Enkel des Seïr und damit Neffe der Brüder Dischon und Dischan.

DISTEL Siehe PFLANZEN.

DODAI Siehe DODO (2).

DODAWA 2. Chr 20,37

DODAWA (»Geliebter Jahwes«). Vater des Propheten Eliëser von Marescha, der die Zerstörung der Schiffe von Joschafat voraussagte.

DODO 1 Ri 10,1

DODO 2 2. Sam 23,9; 1. Chr 11,12; 27,4

DODO 3 2. Sam 23,24; 1. Chr 11,26

DODO (»geliebt«).

1. Mann vom Stamme Issachar, Großvater des Tola.

2. Ein Ahoachiter, Vater des Eleasar, eines von Davids drei mächtigen Kriegern (2. Sam 23,9). D. wurde von David zum Feldhauptmann für den zweiten Monat ernannt (1. Chr 27,4; dort »Dodai« geschrieben).

3. Ein Mann aus Bethlehem, dessen Sohn Elhanan einer von Davids »Helden« war.

DOËG 1. Sam 21,8; 22,9.18.22; Ps 52,2

DOËG (»Der Besorgte«). Edomit. Diener Sauls, der den König über die Hilfe informierte, die der Priester Ahimelech David in Nob gewährte (1. Sam 21,1–9; 22,9–10). Sauls Befehl, Ahimelech und dessen »Haus« zu töten, wurde ebenfalls von D. ausgeführt, da Sauls Soldaten sich weigerten, die Priester zu töten (1. Sam 22,17–19).

DOFKA 4. Mose 33,12–13

DOFKA Eine Station der Israeliten auf dem Weg in der Wüste Sinai, zwischen dem Roten Meer und Refidim. Der Ort wurde nicht identifiziert.

DOR (DORA) Jos 11,2; 12,23; 17,11; Ri 1,27; 1. Kön 4,11; 1. Chr 7,29

DOR (DORA) Küstenstadt 13 km nördl. von Cäsarea, einer der wichtigen kanaan. Stadtstaaten im Bündnis mit Jabin, dem König von Hazor (Jos 11,2). Ägypt. Dokumenten zufolge fiel es im früheren 12. Jh. v. Chr. in die Hände der Zakkala, eines der Seevölker (Philister). D. war unter den Städten Manasses im Gebiet von Ascher, aber nach dem Buch der Richter (1,27) wurde es nicht von ihnen erobert. Salomo ernannte den Sohn des Abinadab zum Aufseher über das Gebiet von D., das der 4. Verwaltungsbezirk seines Königreiches war (1. Kön 4,11). Unter der Bezeichnung *Duru* gehörte die Stadt zu der assyr. Provinz gleichen Namens.

Während der Perserzeit, als den Küstenstädten Autonomie zugesprochen wurde, wurde D. zu einer sidon. Kolonie, und in der hell. Periode war es eine Festung der Ptolemäer. Alexander Jannäus erhielt die Stadt durch Verhandlungen. Unter den Römern war D. eine freie Stadt und blieb es während der ganzen Herrschaft Herodes d. Gr. und seiner Nachfolger.

(links) Luftansicht der Ausgrabungen in Dor, die Schichten aus dem 11. Jh. v. Chr. bis hin zur römischen Zeit zeigt (Tell Dor Ausgrabungsprojekt).

(unten) Groteske Lampe mit einem Satyr, gefunden in Dor. Römische Zeit.

Mit Satyr-Köpfen geschmückte tönerne Feuerschalen aus Tell Dor.

Die Ausgrabungen bei D., das mit Tell el Burj in der Nähe von Tantura identifiziert wird, haben gezeigt, daß es im 20. Jh. v. Chr. von den Kanaanitern gegründet wurde. D. war ein wichtiger Hafen, der, wie die Funde andeuten, enge Verbindungen zu Zypern und den Staaten der Ägäis unterhielt. Die bedeutendsten Überreste der Stadt jedoch gehören in die Zeit des Hellenismus und der Römer. In der Stadt selbst wurden Tempel des Zeus und der Astarte entdeckt sowie ein Theater. Josephus zufolge gab es vor der Zerstörung des zweiten Tempels eine Synagoge in D.

DÖRFER JAÏRS Eine Anzahl kleiner Städte im Weidegebiet des hügeligen Teils von Transjordanien, entlang den Ufern des Jarmuk–Flusses. Das Gebiet wurde von Jaïr, dem Sohn Manasses, den Amoritern entrissen (5. Mose 3,14) und von den Israeliten in Baschan besetzt (Jos 13,30). Z.Zt. Salomos war Argob in Baschan ein Gebiet unter dem Kommando des Sohnes von Geber (1. Kön 4,13). Das Gebiet liegt südl. des Jarmuk-Flusses und südwestl. des Sees Genezareth.

DÖRFER JAÏRS
4. Mose 32,41;
5. Mose 3,14;
Jos 13,30;
Ri 10,4;
1. Kön 4,13

DORNEN, DORNBUSCH, DORNSTRAUCH Siehe PFLANZEN.

DOTAN Stadt an der Grenze zwischen den Stämmen Manasse und Issachar, am südl. Ende der Jesreel-Ebene. Hier wurde Josef von seinen Brüdern an die ismael. Midianiter verkauft, deren Karawane auf dem Weg von Gilead in Transjordanien nach Ägypten war (1. Mose 37,17–28). Der Prophet Elisa lebte in der ummauerten Stadt, als die Aramäer diese belagerten, um den Propheten gefangenzunehmen (2. Kön 6,13 ff.). Das apokryphe Buch Judith erwähnt D. unter den Städten in der Jesreel-Ebene in der Nähe des Lagers des Holofernes (Judith 4,5; 7,3). Es wird mit Tell Dotan, 5 km südl. von Jenin (En Gannim) und 21 km nordwestl. von Sichem identifiziert, am Eingang zum Tal Dotan. Archäol. Ausgrabungen (1953–60) haben zahlreiche Überreste aus der Bronze- und Eisenzeit freigelegt, u. a. von Verwaltungsgebäuden, Privathäusern und Gräbern.

DOTAN
1. Mose 37,17;
2. Kön 6,13

Das Tal von Dotan.

(rechts) Tell Dotan.

DREIEINIGKEIT GOTTES

Der Ausgangspunkt der Lehre vom dreieinigen Gott. Die christl. Lehre vom dreieinigen Gott will nichts anderes sein als ein Bekenntnis zu dem, was in der HS von der Offenbarung Gottes gesagt ist. Sie spricht in anderen Worten nach, was in der Bibel vorgesagt ist.

Sie hält das aus dem AT überkommene Bekenntnis zu dem *einen* Gott fest. Im Urbekenntnis Israels wird diese Einzigkeit Gottes ausgesprochen: »Höre, Israel, der HERR ist unser Gott, der HERR allein« (5. Mose 6,4).

Durch das erste Gebot wird diese Einzigkeit Gottes geschützt (2. Mose 20,3). Im NT wird dieses Bekenntnis zum einen Gott ausdrücklich aufgenommen (Röm 3,30; 1. Kor 8,4.6). Die Trinitätslehre bringt zur Sprache, daß sich nach dem Zeugnis des NT eben dieser *eine* Gott als der Vater, der Sohn und der Hl. Geist offenbart hat. Der christl. Glaube bekennt die Einheit Gottes in der Gemeinschaft des Vaters, des Sohnes und des Hl. Geistes.

Die biblischen Wurzeln der Trinitätslehre. Die frühchristl. Auslegung hat die Dreieinigkeit Gottes im AT vorgebildet gefunden. So wurde das Dreimalheilig in Jes 6,3 trinitarisch gedeutet. Ein erster Ansatz solcher Deutung findet sich wohl schon in Joh 12,41. Auch die Erscheinung Gottes vor Abraham in der Gestalt dreier Männer (1. Mose 18) wurde entsprechend verstanden und diente als bevorzugtes Motiv in Darstellungen der Dreieinigkeit in der christl. Kunst.

Entscheidende Wurzeln der Trinitätslehre finden sich im Johannesevangelium. Der Prolog bezeugt Christus als den, der im Anfang, von Ewigkeit her, bei Gott und an der Schöpfung mitbeteiligt war (Joh 1,1–3; vgl. Kol 1,15–17). Die besten griech. Hss. des NT bezeichnen in Joh 1,18 Christus als »den Eingeborenen, der Gott ist« (so auch in der revidierten LÜ 1984). Im Bekenntnis zur Gottheit Jesu kommt das Johannesev. zu seinem Ziel (Joh 20,28; vgl. Röm 9,5). Immer wieder wird die *Einheit Jesu mit dem Vater* betont (Joh 10,30; 17,21 f.).

Im Johannesev. gewinnt schließlich auch das Reden vom *Hl. Geist* personalen Charakter. Der Geist geht vom Vater aus (Joh 15,26), er wird von Jesus als der Beistand (Tröster) vom Vater erbeten (14,16) und vom Vater (14,26) bzw. von Christus (16,7) gesandt.

In den Brieftexten des NT finden sich verschiedene *dreigliedrige Formeln,* in denen Gott, Geist und Christus gemeinsam genannt werden. 2. Kor 13,13 z. B. nennt die Gnade Christi, die Liebe Gottes und die Gemeinschaft des Hl. Geistes (vgl. 1. Kor 12,4–6; 2. Kor 1,21 f.; Eph 4,4–6; 1. Petr 1,2; Jud 20 f.).

Die wichtigste dreigliedrige Bekenntnisaussage findet sich im *Taufbefehl Jesu* (Mt 28,19). In der christl. Gemeinde wird »auf den Namen des Vaters und des Sohnes und des heiligen Geistes« getauft. Hinter der dreifachen Formel steht die Überzeugung, daß im Sohn wie im Geist Gott selber gegenwärtig ist, und zwar unverkürzt und unvermindert als der Gott, der handelt (Apg 2,11), sich uns Menschen zuneigt und uns mit seiner Liebe sucht.

Schließlich wird im *Gebet der ersten Gemeinden* der Vater (Abba) und Christus der Herr angerufen und angebetet (Offb 5,12–14; 22,20; 1. Kor 16,22 [Maranata]). In der Abendmahlsfeier der Alten Kirche kommt es dann auch zur Anrufung des Hl. Geistes.

Wesen und Werden der Trinitätslehre. Von den bibl. Ursprüngen her entwickelt sich in der Alten Kirche die Trinitätslehre in dauernder Auseinandersetzung mit Irrlehrern, die behaupten, es handelte sich beim Bekenntnis zum Vater, zum Sohn und zum Hl. Geist um den Glauben an drei Götter, es seien der Sohn und der Hl. Geist Gott untergeordnete, gar als Geschöpfe Gottes gedachte Wesen, oder aber es seien Vater, Sohn und Geist nur verschiedene, nacheinander auftretende Erscheinungsweisen (Masken) Gottes.

Solchen Irrtümern gegenüber bezeugt das *Bekenntnis von Nicäa* (325) den Sohn als »gezeugt, nicht geschaffen, wesenseins mit dem Vater.« Das *nicänokonstantinopolitanische Bekenntnis* (381) enthält im Blick auf den Hl. Geist die Erweiterung »der vom Vater (spätere Hinzufügung: und vom Sohn) ausgeht, der mit dem Vater und dem Sohne zusammen angebetet und verherrlicht wird.«

Ihre endgültige Ausformung erhält die Trinitätslehre im *Athanasianum,* dem um 500 entstandenen dritten ökumen. Bekenntnis, in dem es heißt: »Dies aber ist der rechte christliche Glaube, daß wir einen einigen Gott in drei Personen und drei Personen in einer Gottheit ehren. Und nicht die Personen ineinander mengen, noch das göttliche Wesen zertrennen.«

Das Nicänische Bekenntnis (in der Form von 381) und das Athanasianum sind Teil der *Ev.-Lutherischen Bekenntnisschriften.* Nach bibl.-reformatorischem Verständnis will die Lehre vom dreieinigen Gott als »Summe des Evangeliums« begriffen sein. Deshalb kann *Martin Luther* in einer Weihnachtspredigt 1541 dazu ermuntern: »Wir sollen Gott nicht allein ansehen von außen in seinen Werken, sondern er will auch erkannt sein, was er inwärts ist, inwendig ist ein einig Wesen und drei Personen, der Vater, Sohn, heiliger Geist...«

DROMEDAR Siehe TIERE.

DRUSILLA (»Schwälbchen«). Jüngste Tochter des Herodes Agrippa I. und dritte Frau des röm. Statthalters Felix.

DRUSILLA
Apg 24,24

DUMA

1. Arab. Stamm von Nachkommen eines Sohnes Ismaels, offenbar mit den Adummatu/Adumu identisch, die in assyr. und babyl. Quellen an der Grenze der Syr. und Arab. Wüste in der Gegend der Oase Dumat al-Jandal (das heutige al-Jauf) erwähnt werden.

DUMA 1
1. Mose 25,14; 1. Chr 1,30

2. Dorf im südl. Hügelland von Juda, dessen antiker Name im heutigen el-Domeh südwestl. von Hebron erhalten blieb.

DUMA 2
Jos 15,52

3. Ein in »Die Last für Duma« erwähnter Name (Jes 21,11). Da die folgenden Abschnitte sich auf Seïr beziehen, könnte es sich um eine symbol. Bezeichnung für Edom handeln, dessen Zerstörung vorausgesehen wird.

DUMA 3
Jes 21,11

DURA Tal im Lande Babylon, wo Nebukadnezar sein goldenes Standbild zur Anbetung aufstellen ließ (Dan 3,1). Da das akkad. Wort *duru* eine Mauer oder einen ummauerten Platz bezeichnet, war dies ein verbreiteter Ortsname im alten Mesopotamien, eine Lokalisierung ist daher schwierig.

DURA
Dan 3,1

DÜRRES TAL (BAKA) Vielleicht das Tal (unweit von Jerusalem?), das in Ps 84,7 als das »dürre Tal« bezeichnet wird. Bei diesem Baka-Tal kann ein Wortspiel mit »Tränental« vorliegen (der Baka-Strauch scheidet ein Harz aus und »weint« also). Möglicherweise handelt es sich auch um einen anderen Namen für das Tal Refaim. Die Mz. von »Baka« wird im Hebr. in der Regel zur Bezeichnung eines Baumes gebraucht (2. Sam 5,23–24; 1. Chr 14,14–15). Während einige Gelehrte den »Bakabaum« mit »Maulbeerbaum« übersetzen, sind andere der Meinung, daß es sich um eine Spezies der Pappel oder des Balsambaumes handelt, vgl. Lk 17,6.

DÜRRES TAL (BAKA)
Ps 84,7

E

EBAL (BERG) 5. Mose 11,29; 27,4.13; Jos 8,30.33

EBAL (Berg). 882 m ü. M., nördlich von Sichem (Schechem) gegenüber dem Berg Garizim. Josua errichtete auf dem Berggipfel einen Altar aus unbehauenen Steinen, wie ihm von Mose geboten war (Jos 8,30–32). Die Stämme Israels versammelten sich dann an den Abhängen der Berge E. und Garizim, um den Segen und den Fluch, die mit der Befolgung der Gesetze verbunden waren, zu vernehmen. Der Fluch wurde am Berg E. verlesen (5. Mose 11,29; 27,11–13; Jos 8,33–34). In atl. Zeit war man sich nicht einig über die Lage der beiden Anhöhen. In 5. Mose (11,30) erscheinen sie jenseits des Jordans, auf der Höhe von Gilgal, »bei der Eiche More«. Die Samaritaner halten dagegen daran fest, daß die Berge bei Neapolis, dem antiken Sichem liegen. Auf der Medaba-Karte sind sie bei Neapolis eingezeichnet, was der Meinung späterer Chronisten entspricht.

Berg Ebal im Vordergrund, Berg Garizim im Hintergrund.

EBED 1 Ri 9,26.28. 30–31.35
EBED 2 Esr 8,6

EBED (»Sklave«, »Diener«).

1. Vater des Gaal von Sichem, der gegen Abimelech rebellierte.
2. Sohn des Jonatan, aus der Adin-Sippe, einer derjenigen, die mit Esra aus der babyl. Gefangenschaft heimkehrten.

EBED-ELECH Jer 38,7–8. 10–12; 39,16

EBED-MELECH (»Diener Gottes« oder »Diener des Königs«). Ein Äthiopier und einer der Eunuchen am Hofe des Königs Zedekia von Juda (Jer 38,7). Er rettete den Propheten Jeremia, den man in eine Zisterne geworfen hatte (Jer 38,12–13); als Lohn dafür, so verhieß ihm Jeremia, werde er der Zerstörung Jerusalems entkommen.

EBENBILD 2. Kor 4,4 Kol 1,15; 3,10 Hebr 1,3

EBENBILD GOTTES, EBENBILDLICHKEIT Nach 1. Mose 1,26–27 hat Gott den Menschen zu seinem Ebenbild geschaffen. Der Text selbst erläutert diesen Begriff nicht; seine inhaltl. Bedeutung hängt ab von der Definition der verwendeten hebr. Begriffe *saelaem* (»Bild«) und dem praktisch sinngleichen Parallelwort *d'mut*. Während *saelaem* im allgemeinen eher das gestaltete Bild, die Plastik oder Statue bezeichnet, bezieht sich *d'mut* häufig auf die eher abstrakte Vorstellung einer Ähnlichkeit. Dennoch beschreiben beide Worte denselben Tatbestand.

Einen Schlüssel zum Verständnis des Begriffs E. liefert der eigentümliche Plural im Schöpferwort Gottes: »Lasset uns (!) Menschen machen, ein Bild, das uns (!) gleich sei!« Hier könnte die himmlische Thronwacht der Engel, der einzigen »Götter« neben Gott mit in die Aussage einbezogen worden sein. Damit werden die Engel keinesfalls zu Mitschöpfern des alleinigen Schöpfers. Wenn Gott sich mit den himml. Gestalten seines »Hofstaats« zusammenschließt, dann verbirgt er sich zugleich wieder in dieser Mehrzahl (1. Mose 1,26; 3,22). Nur so wird verhindert, daß die E. des Menschen allzu direkt auf den ewigen Gott bezogen wird. Gott selbst kennt kein Bild, erst

Punische Votiv-Inschrift aus Karthago, mit dem Namen Ebed-Melech (»Diener Gottes«, »Diener des Königs«).

recht kein Abbild. Die Sonderstellung des Menschen als »ein Bild, das uns gleich sei« beruht in dem Vorrecht, über die gesamte andere Schöpfung zu herrschen.

Jeder Vergleich des Menschen mit Gott wird damit irrational. Weder die Persönlichkeit, das Ich oder die Würde des Menschen, noch seine Entscheidungsfähigkeit oder der »freie Gebrauch der moralischen Anlage« sind Kennzeichen der E. mit Gott. Die Bibel nennt in diesem Zusammenhang lediglich das beispiellose Mandat, das der Mensch von Gott empfangen hat: zu »herrschen über die Fische im Meer ... und über alle Tiere auf Erden ...« und in des Schöpfers Vertretung, als Werkzeug seiner Hände neues Leben geben zu dürfen: »Seid fruchtbar und mehret euch ...«. Die E. des Menschen ist somit nicht die Summe der den Menschen kennzeichnenden Merkmale, sondern ein Status: die Erhebung zum Mandatsträger Gottes für bestimmte, zugleich sehr weitgehende Kompetenzbereiche innerhalb der geschaffenen Welt. Das entscheidende Kennzeichen der Gottebenbildlichkeit ist die Funktion des Menschen in und an der außermenschlichen Schöpfung.

Außerhalb der Schöpfungsberichte nimmt die Bibel wenig Bezug auf den majestätischen Status des Menschen. Vor der Heiligkeit Gottes erscheint der Mensch vielmehr als »Staub und Asche« (1. Mose 18,27), »wie Gras« (Ps 103,15), er muß vor ihr vergehen (Ps 90,7).

Trotz des Sündenfalls spricht die Bibel nicht von einem Verlust der E. Die ursprüngliche Abbildhaftigkeit ist aber als Folge der Sünde bis zur Unkenntlichkeit entstellt. Das Paradies ist verloren, die E. aber ging trotz der Vertreibung aus der Gegenwart Gottes (1. Mose 3,23.24) von Adam auf Seth über (1. Mose 5,1–3) und klingt auch im Noah-Bund als Begründung für die Unverletzlichkeit menschl. Lebens nach (1. Mose 9,6). Die kontinuierl. Abnahme des Lebensalters der Patriarchen läßt eine bibl.-theol. Aussage höchstens über den allmählichen Verfall des Status, nicht aber des Mandats des Menschen zu.

Luftaufnahme von Isbet Zarta, als Eben-Eser identifiziert.

EBEN-ESER (»Stein der Hilfe«). Als Israel z.Zt. Samuels zum Kampf gegen die Philister auszog, lagerten sie bei Eben-Eser (1. Sam 4,1). Sie wurden geschlagen (1. Sam 4,2) und ließen daraufhin aus Silo die Bundeslade holen, um nicht zu unterliegen (1. Sam 4,4). Die Lade wurde in das Lager gebracht, fiel aber, als die Philister angriffen, in deren Hände (1. Sam 4,11) und kam nach Aschdod (1. Sam 5,1). Zwanzig Jahre später schlugen die Männer Israels, geführt von Samuel, die Philister (1. Sam 7,12). Der Stein, den Samuel zur Erinnerung an diesen Sieg aufrichtete, befand sich zwischen Mizpa und Schen (evtl. Isbet Zarta, nahe Afek).

EBEN-ESER 1. Sam 4,1; 5,1; 7,12

EBER (»Genosse«). Eine andere Schreibweise des Wortes Heber.

1. Sem, Erstgeborener Noahs, genannt »Vater aller Söhne Ebers«.

EBER 1 1. Mose 10,21 4. Mose 24,24

EBER 2 1. Mose 10,24–25; 11,14–17; 1. Chr 1,18–19,25; Lk 3,35

2. Eber, Enkel des Sem und Vater von Peleg und Joktan (1. Mose 10,24–25) in dem Geschlechtsregister Noahs. Er war 34 Jahre alt, als Peleg geboren wurde (1. Mose 11,16), und lebte dann noch 430 Jahre (1. Mose 11,17).

EBER 3 1. Chr 8,12

3. Erstgeborener des Elpaal aus dem Stamm Benjamin.

EBER 4 1. Chr 8,22

4. Sohn des Schaschak aus dem Stamm Benjamin.

EBER 5 Neh 12,20

5. Priester, Haupt der Amok-Sippe, z.Zt. Jojakims des Sohnes Jeschuas.

EBEZ Jos 19,20

EBEZ Eine Stadt im Gebiet des Stammes Issachar.

EDELSTEINE 2. Chr 32,27; Jes 54,11; Hes 28,13; 1. Kor 3,12; Offb 21,19

EDELSTEINE Bereits in einem sehr frühen Stadium menschlicher Kultur hatte der Mensch ein starkes Bedürfnis, seinen ästhetischen Empfindungen Ausdruck zu geben. Eine der Möglichkeiten, diesem Bedürfnis nachzukommen, bestand im Erwerb seltener, glänzender Steine. Den Steinen mit ihren ungewöhnlichen Formen und Farben schrieb man oft magische oder heilende Kräfte zu und die Fähigkeit, Fruchtbarkeit zu verleihen. Viel später schlug dieser Glaube tiefe Wurzeln bei den semit. Völkern und den Völkerschaften der Nachbarländer. Die Vorliebe der Hebräer für E. äußert sich in den zahlreichen Bibelstellen, die auf die außergewöhnlichen Eigenschaften dieser Steine hinweisen, sowie in der Vielzahl spezifischer Namen für diese Steine.

Sehr wenige der E., die in der Bibel erwähnt werden, stammen aus palästin. Bodenschätzen. Die Hauptquellen befanden sich in den reichen Ländern Arabiens, wie Hawila (1. Mose 2,11–12), woher Gold und *Schoham* (»Onyx«)-Steine kamen, Ofir (1. Kön 10,11; 2. Chr 9,10), wo es außer E., Gold und Edelhölzer gab; oder Saba und Ragma (»Gold und Edelsteine«; Hes 27,22), Topas kam aus Kusch (Äthiopien; Hiob 28,19). Auch die Kanaaniter hatten eine Vorliebe für E.; viele davon werden in den *El-Amarna-Briefen* erwähnt. Bei Ausgrabungen im ganzen Mittleren Osten wurden E. gefunden – in Gold, Silber und Bronze gefaßt und zu Skarabäus-Schmuck, Gewichten und Siegeln verarbeitet. Die »Brusttasche für die Losentscheidung« des Hohenpriesters war mit 12 E. besetzt (2. Mose 28,15–20; 39,10–13), und die meisten von ihnen sind von Hesekiel als die Steine aufgezählt, die im Paradies gefunden wurden. Versch. E. werden in Offb 21,18–21 bei der Beschreibung des Neuen Jerusalems erwähnt.

Die Identifizierung der in der Bibel erwähnten E. mit den heute bekannten ist oft schwierig. Erst jetzt, durch die Fortschritte in der Chemie, Mineralogie und Kristallographie, ist die Klassifizierung der versch. Steine in Gruppen und deren Zuordnung zu mineralischen Familien möglich geworden. In alten Zeiten wurden sie ausschließlich aufgrund äußerer Eigenschaften, v.a. nach Farben, klassifiziert. Folglich bilden Steine, die in der Bibel als zu unterschiedlichen Gruppen gehörig aufgeführt werden, manchmal eine eigene Familie. Im folgenden einige der E. der Bibel:

Achlamah (»Amethyst«; 2. Mose 28,19; 39,12). Die Identifizierung dieses

Perlen aus verschiedenen Materialien, einschließlich Edelsteinen, Halbedelsteinen, Metall und Glas; die meisten aus dem 7. und 6. Jh. v.Chr. Fundort: Ketef Hinnom, Jerusalem.

Steines ist nicht sicher. In der LXX wird er als »Amethyst« ausgegeben, als einer der purpur- oder violettfarbenen Quarze. Diese Ansicht wird von mehreren Gelehrten geteilt.
Bareket (»Smaragd«; 2. Mose 28,17). Der Stein führt den gleichen Namen im Akkadischen. Die LXX nennt ihn »Smaragdos«, und die Identifizierung mit »Smaragd« wird im allgemeinen anerkannt. In der hell. Epoche wurde dieser Name einem anderen Stein gegeben, dem »falschen Smaragd« oder Malachit, dessen grünlicher Schatten dem des echten Smaragd ähnelt. Echte Smaragde waren im Altertum eine große Seltenheit und nicht leicht zu bearbeiten. Manche Forscher nehmen daher an, daß der Stein mit Jaspis identisch ist.
Dar Der Hofplatz im Garten des Perserkönigs war ausgelegt mit *Dar* (»grünem, gelbem, weißem und schwarzem Marmor«; Est 1,6). Im Arab. bedeutet *Dar* Perle; es könnte sich also auch um Perlmutt gehandelt haben. Außerdem ist *Dar* als nicht näher identifizierter orangeroter Stein im Gespräch.
Ekdach (»Kristall«; Jes 54,12). In der LXX heißt er *Lithus Crystallou*, was dem Bergkristall entsprechen würde. Es gibt aber auch Hinweise darauf, daß es sich um roten Granat gehandelt haben könnte.
Jahalom (»Diamant«; 2. Mose 28,18; Hes 28,13). In der jüd. Bibelauslegung (Midrasch) ist dies ein weißer Stein. Manche halten ihn für Anthrazit oder (roten) Granat; für andere ist er ein Onyx, der in Schichten angeordnete Farben aufweist, oder auch Hyazinth, der vielfach für perlartige Verzierungen und Siegel verwendet wurde. Eine Identifizierung mit dem Diamant ist abzulehnen, da dieser Stein vor dem Mittelalter unbekannt war. Hesekiel (28,13) betrachtet *Jahalom* als einen der E. des Paradieses.
Jaspeh (»Jaspis«; 2. Mose 28,20; 39,13). Ein durchsichtiger grüner Stein, es könnte sich jedoch auch um den undurchsichtigen roten Quarz unserer Tage handeln. *Jaspeh* wird in den *El-Amarna-Briefen* als königl. Stein erwähnt.
Kadkod (»Rubin«). Zählt zu den E., die von aram. Händlern nach Tyrus gebracht wurden (Hes 27,16). Nach Jesaja (54,12) wird Gott die Tore des Hauses von Jerusalem aus Rubinen machen. Die Araber nannten einen roten Stein »Karkund«, dem Rubin ähnlich. Neuere Forschungen identifizieren Kadkod mit Hyazinth, dem mittelalterlichen Namen für einen gelben Stein mit lila- und purpurfarbenen Abarten. Es könnte sich auch um einen der Quarze handeln, den die Griechen und Römer für Juwelen verwendeten. Plinius meint, er sei blau und stamme aus Gallien. Heute wird der Hyazinth den Zirkonen zugeordnet, Steinen, die eine Farbenskala von farblos bis grün, blaurot und goldgelb aufweisen.
Leschem (»Lynkurer«; 2. Mose 28,19). In der LXX steht *ligurion*, eine Entstellung des aus klass. Quellen stammenden Begriffes *lyncurium*, der leuchtend gelb bedeutet; möglicherweise deutet dies auf den Opal, der vielfarbig oder von orange schillernder Farbe ist. Daneben kommt Aventurin, ein Quarz mit sehr feinen Hämatit-Limonit- oder Glimmer-Kristallen, die aufleuchten, wenn das Licht auf sie fällt in Frage, evtl. auch Bernstein.
Nofech (»Rubin«; 2. Mose 28,18; »Malachit«; Hes 28,13). Die LXX nennt ihn *anthrax*. In antiken griech. Quellen erscheint er als häufig von Juwelieren verwendeter harter roter Stein. Bei Plinius heißt der gleiche Stein *Carbunculus*. Manche Forscher identifizieren ihn als Türkis, dem geringfügige Kupferbeimischungen eine rote Färbung verliehen. Er wurde sehr oft zu Schmuck verarbeitet.
Odem (»Sarder«; 2. Mose 28,17; Hes 28,13). Wird manchmal mit dem akkad. Samtu gleichgesetzt, einem roten Stein; wahrscheinlicher handelt es sich jedoch um den Karneol oder einen roten Jaspis, einen undurchsichtigen Stein, der in Palästina und Ägypten reichlich vorhanden ist. Eine angenommene Identität des Steins mit dem Rubin ist nicht nachweisbar, da dieser vor dem 3. Jh. n.Chr. unbekannt war.
Pitdah (»Topas«; 2. Mose 28,17; Hes 28,13). Die Mehrzahl der Bibel-Kommentatoren meinen, dies sei ein grünlicher Stein. Plinius verwendet den

Namen *Topazion* für einen als Chrysolithos oder Olivin bekannten Stein. Heute gilt der Topas als Plasma, ein grünlicher, halbdurchsichtiger Chalzedon. Der aus Äthiopien (Kusch) stammende Topas symbolisiert bei Hiob (28,19) den Wert der Weisheit.

Ramot (»Koralle«; Hes 27,16; Hiob 28,18). Nicht identifizierbar. Könnte eine Muschel gewesen sein.

Sapir (»Saphir«; 2. Mose 28,18). Gilt im AT als einer der kostbarsten E. (Hiob 28,16). In den Augen Hesekiels ähnelt das Himmelsgewölbe den Saphiren. Auch sein visionäres Bild vom Paradies enthält den Saphir (Hes 28,13). Er galt als Schönheitssymbol (Hld 5,14), ist aber nicht gleichzusetzen mit dem Saphir unserer Tage, dem Korund – einem im Altertum nicht bekannten Stein. Der griech. Gelehrte Theophrastos erwähnt ihn in seinem Buch über Gesteine als blaufarbig mit weißgoldenen Flecken, ähnlich dem Lapislazuli.

Schebo (»Achat«; 2. Mose 28,19). Die Bezeichnung »Achat« wird allgemein akzeptiert. Man nimmt an, daß der Achat im AT kein weißer, sondern ein schwarz-weißer Stein war. Weiß-graue Steine wurden in Ägypten gefunden.

Schoham (»Onyx«; 2. Mose 28,20; Hes 28,13; Hiob 28,16). Einer der aus Hawila eingeführten Steine (1. Mose 2,11–12). Er stammt aus dem Osten und weist drei in Streifen angeordnete Farben auf: rot, blau oder braun und schwarz oder dunkelbraun. Hiob (28,16) betrachtete den Onyx als Zeichen des Reichtums.

Socheret (»Schwarzer Marmor«; Est 1,6). Ein unbekannter dunkler Stein, der zum Auslegen von Fußböden diente.

Tarschisch (»Türkis«; 2. Mose 28,20). Könnte mit Perlmutt identisch sein. Hesekiel erwähnt ihn in seiner Vision (Hes 28,13).

Ein anderer in bibl. Zeiten bekannter Stein war der in zwei Ausprägungen vorkommende Lapislazuli. Den Naturstein fand man in Zypern und Skythien. Vom chemischen Gesichtspunkt handelt es sich dabei um ein Silikat aus Aluminium von ultramarinblauer Farbe. Der künstliche Lapislazuli wurde in Ägypten produziert und war ein Alkalin-Silikat, bei dem die blaue Färbung vom Kupferkarbonat herrührte. Er wurde oft in Ringe gefaßt und für Skarabäus-Schmuck verwendet. Das Naturprodukt Lapislazuli wurde als Ultramarin-Farbstoff verwendet.

Im NT werden Perlen (»Rubine« in manchen AT-Übersetzungen) als Schmuck für Frauen erwähnt (1. Tim 2,9; Offb 17,4). Die Aufzählung der 12 E., die die Grundmauern des Neuen Jerusalem schmücken (Offb 21,19–21), muß auf dem Hintergrund der Beschreibung der Brusttasche des Hohenpriesters im AT gesehen werden: (2. Mose 28,17–20; 39,10–13). Die Unstimmigkeiten in beiden Darstellungen zeigen jedoch, daß die spätere Aufstellung nicht unmittelbar von der ersten abhängig ist. Die 12 Tore der Stadt »waren zwölf Perlen« (Offb 21,21). Einige Forscher erklärten die 12 Steine und Tore

Halbedelsteine aus der hellenistischen Epoche, aus Tell Anafa (Israel Museum, Jerusalem).

für Symbole der Tierkreiszeichen. Nach dem bibl. Zahlenverständnis ist es aber unzweifelhaft, daß die Zwölfzahl die Zahl des Gottesvolkes ist: im AT nach den 12 Stämmen Israels, im NT nach den 12 Aposteln.

EDEN (»Freude«, »Vergnügen«).

EDEN 1 2. Chr 29,12
EDEN 2 2. Chr 31,15

1. Eden, Sohn Joachs, eines Leviten aus der Gerschon-Sippe (2. Chr 29,12), der mit in das Haus des Herrn ging, um es zu reinigen. Dies geschah zur Zeit des Königs Hiskia von Juda (2. Chr 29,15).

2. Ein Levit, der Kore, dem Sohn Jimnas, z.Zt. Hiskias beim Darbringen der Opfer zur Seite stand (2. Chr 31,15). Vielleicht identisch mit (1).

Ein üppiger Garten, dargestellt auf einer Wandmalerei aus dem Grab des Sennutem, 13. Jh. v. Chr. Ein wunderschönes Land, von Kanälen bewässert, war für den Ägypter der Antike der Inbegriff eines seligen Lebens nach dem Tode.

EDEN, GARTEN 1. Mose 2,8–10. 15–16; 3,1–3. 8.10.23–24; 4,16; 13,10; Jes 51,3; Hes 28,13; 31, 8–9; 36,35; Joel 2,3

EDEN, GARTEN Der Name *Eden* ist entweder abgeleitet von der hebr. Wurzel für »fruchtbar, üppig sein« oder von einem sumer. Wort mit der Bedeutung »Steppe«, »Flachland«. Die Bibel erwähnt den Garten E. in drei Zusammenhängen: a) im Bericht von der Erschaffung des Menschen (1. Mose 2,8–9.15–16; 3,1–10.23–24); b) in einer Vision des Hesekiel (Hes 28,12–16), die von einem »schirmenden Cherub« erzählt, der von Gott wegen seiner Sünden und Verfehlungen herabgestoßen wird; und c) in zwei Gleichnissen – das erste ist eine tröstende Weissagung, die sich auf den Wiederaufbau der Städte und die Rekultivierung des verwüsteten Landes bezieht (Hes 36,35), das zweite eine prophetische Gerichtsrede, die auf die Fruchtbarkeit des Landes vor seiner Verwüstung anspielt (Joel 2,3). Weitere Erwähnungen nennen die Wasserarme, die für die üppige Vegetation im Garten E. sorgen (1. Mose 2,10–14); eine geograph. Notiz im Zusammenhang der Verbannung Kains weist auf das Land Nod »jenseits von E., gegen Osten« (1. Mose 4,16); weitere Gleichnisse und ausführlichere Vergleiche stehen in 1. Mose 13,10; Jes 51,3; Hes 31,8–9.16–18. Nicht alle der genannten Bibelstellen enthalten die genaue Bezeichnung »Garten E.«. Wie die Parallelen in Jes 51,3 und Hes 28,13 (vgl. Hes 31,9) zeigen, kann für »Garten E.« auch »Garten des HERRN« (1. Mose 13,10; Jes 51,3) und »Garten Gottes« (Hes 28,13; 31,8–9) stehen. Obgleich die bibl. Beschreibung des Gartens E. viele einzigartige Elemente enthält und in seiner Besonderheit keine vollständige Parallele in der antiken nahöstlichen Literatur hat, begegnet uns das Motiv eines mit der Schöpfung in irgendeiner Weise verbundenen paradiesischen, wasserreichen Gartens mit üppiger Vegetation auch in anderen antiken Texten, v.a. in der sumer. Mythologie. Eine Lokalisierung von E. ist kaum möglich. Erwägungen darüber sind vielfältig angestellt worden; sie kommen über die Grenze der Spekulationen aber nicht hinaus.

EDER 1
1. Chr 23,23; 24,30
EDER 2
1. Chr 8,15
EDER 3
Jos 15,21

EDER (»Meine Hilfsquelle ist Gott«).

1. Ein Levit, ein Sohn des Muschi, Sohn des Merari, zur Zeit von König David.

2. Sohn des Beria vom Stamme Benjamin; lebte in Ajalon und wird im Geschlechtsregister von König Saul aufgeführt.

3. Eine der Städte »des Stammes Juda nach der Grenze von Edom zu, im Südland«; gilt im allgemeinen als eine andere Schreibweise für Arad.

EDOM, EDOMITER
1. Mose 25,30; 32,4; 36,1.8–9.16–17.19.21. 31–32.43; 2. Mose 15,15; 4. Mose 20,14. 18.20–21.23; 21,4; 24,18; 33,37; 34,3; 5. Mose 23,8; Jos 15,1.21; Ri 5,4; 11,17–18; 1. Sam 14,47; 21,8; 22,9.18.22; 2. Sam 8,14; 1. Kön 9,26; 11,1.14–17; 22,48; 2. Kön 3,8–9.12. 20.26; 8,20–22; 14,7.10; 16,6; 1. Chr 1,43.51.54; 18,11–13; 2. Chr 8,17; 21,8–10; 25,14.19–20; 28,17; Ps 60,10–11; 83,7; 108,10–11; 137,7; Jes 11,14; 34,5–6; 63,1; Jer 9,25; 25,21; 27,3; 40,11; 49,7.17.20.22; Klgl 4,21–22; Hes 25,12–14; 32,29; 35,15; 36,5; Dan 11,41; Joel 4,19; Am 1,6.9.11; 2,1; 9,12; Obd 1.8; Mal 1,4

EDOM, EDOMITER (»rot«). Name eines Landes und Volkes, östlich der Araba (im Süden des Toten Meers). Das Land grenzt im Norden an Ammon, im Westen an das Tote Meer und die Araba, im Süden und Osten an die Wüste. Anfang des 4. Jt. v.Chr. war das Land von halbnomad. Völkern bewohnt, die Landwirtschaft in primitiver Form betrieben. Diese frühen Kulturen endeten etwa um 1900 v. Chr. In der mittleren und späten Bronzezeit, als Palästina einschließlich des Ostjordanlandes dicht besiedelt war, hatte der Süden fast keine Bewohner. Die ägypt. Urkunden erwähnen keine Orte in diesem Gebiet. Erst im 13. Jh. v. Chr. wird das Land wieder erwähnt, in einem Verzeichnis von Ortsnamen von Sethos I., etwa um 1215 v. Chr. Gleichzeitig mit Moab und dem Negeb wird es auch in den Aufzeichnungen einer von Ramses III. angeordneten Strafexpedition erwähnt.

Die E., ein Volk semit. Herkunft, haben wahrscheinlich bereits im 14. Jh. v. Chr. in dieser Gegend Fuß gefaßt. Aus archäol. Untersuchungen geht hervor, daß die Epoche vom 13. bis zum 8. Jh. v. Chr. als eigentliche Blütezeit des Landes zu gelten hat. Darauf folgte der Niedergang, und im 6. Jh. v. Chr. war die völkische Selbständigkeit E.s praktisch erloschen.

Bei archäol. Grabungen wurden Überreste befestigter Städte und zahlreicher Dörfer gefunden. Hochentwickelt waren Landwirtschaft und Töpferei an versch. Orten. Aus einer Aufstellung der Abgaben, die E. an Asarhaddon zahlte, geht hervor, daß es reicher war als andere benachbarte Länder. Seinen Wohlstand verdankte E. v. a. der Kupferförderung. In einem frühen Stadium seiner Entwicklung war E. offensichtlich stark befestigt, so daß die Israeliten auf ihrem Weg nach Kanaan (4. Mose 20,17–21) die durch E. führenden Straßen nicht benutzen konnten.

David war der erste isrl. Herrscher, der E. eroberte und im ganzen Land Garnisonen stationierte (2. Sam 8,14; 1. Kön 11,15–16). In der Regierungszeit König Jorams trennten sich die Edomiter von Juda und setzten ihren eigenen König ein (2. Kön 8,20–22), der wahrscheinlich auch Ezjon-Geber eroberte. Etwa 100 Jahre später nahm Amazja die Stadt Sela in E. ein und benannte sie um in Jokteel (2. Kön 14,7). Sein Sohn Asarja (Usija), der

(links) Blick auf Edom, das Bergland östlich des Toten Meers.

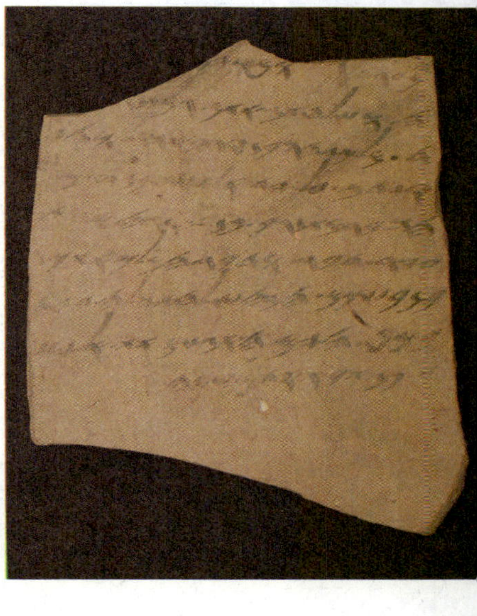

Ostrakon (beschriftete Tonscherbe) aus Arad, Ende des 8. Jh. v. Chr.: Der Kommandant von Arad wird hier vor Edom gewarnt (Israelische Regierungsabteilung für Altertümer und Museen).

Münze aus Adraa (Edreï), sie zeigt eine Personifizierung des Jarmuk-Flusses. Die griechische Inschrift bedeutet: »Jeromykes, ein Mann aus Adraa.«

König von Juda (2. Kön 14,22; 2. Chr 26.1–2), vollendete später die Eroberung E.s. Erst z. Zt. des Königs Ahas erlangte das Land schließlich wieder seine Unabhängigkeit (2. Kön 16,1.6). Im 6. Jh. v.Chr. wurde E. von Babylonien erobert. Später drangen neue Nomadenstämme in das Land ein und verdrängten die E. westwärts in jud. Gebiet, wo sie sich südl. von Hebron niederließen. Unter den zugewanderten Stämmen befanden sich die Nabatäer, von denen vor Ende des 4. Jh.s v. Chr. nichts bekannt war. In der ersten Hälfte des 2. Jh.s v. Chr. schufen sie sich ihr Königreich im Gebiet des einstigen E. Die von den Nabatäern zurückgedrängten E. eroberten das südl. Judäa, einschl. der Gegend um Hebron, das dann den Namen Idumäa erhielt. Sie wurden von Johannes Hyrkanus (135–105 v.Chr.) besiegt, der sie gewaltsam zum Judentum bekehrte; von da an wurden sie vom jüd. Volk mehr und mehr absorbiert. Herodes war edomit. Abstammung.

EDREÏ

1. Stadt im Königreich Baschan, wo König Og von Baschan von Mose geschlagen wurde (4. Mose 21,33–35). Dort haben nach Jos 12,4 Riesen gelebt. Später wurde die Stadt von Mose den Söhnen Machirs aus der Hälfte des Stammes Manasse, östl. des Jordans, zugeteilt (Jos 13,31). Es wurde mit Danah im Norden Jordaniens identifiziert.

2. Eine Stadt, die dem Gebiet des Stammes Naftali zugefallen war (Jos 19,32.37), als Josua das Land Kanaan unter den Stämmen Israels aufteilte (Jos 14,1).

EDREÏ 1 4. Mose 21,33; 5. Mose 1,4; 3,1.10; Jos 12,4; 13,12.31
EDREÏ 2 Jos 19,37

EFA (»Verborgenheit«).

1. Der erstgeborene Sohn Midians, des vierten Sohnes Abrahams und Keturas.

2. Eine Nebenfrau Kalebs, Hezrons Sohn; sie gebar ihm Haran, Moza und Gases.

3. Der fünfte Sohn Jahdais im Stammbaum Kalebs.

4. Ein Ort, erwähnt wegen seiner jungen Kamele.

EFA 1 1. Mose 25,4; 1. Chr 1,33
EFA 2 1. Chr 2,46
EFA 3 1. Chr 2,47
EFA 4 Jes 60,6

EFAI (»schwächlich«). Ein Mann aus Netofa, dessen Söhne zu den Überlebenden gehörten, als Nebukadnezar die Mauern von Jerusalem niederriß und die Stadt zerstörte (Jer 39,1.8); sie schlossen sich in Mizpa Gedalja an.

EFAI Jer 40,8

EFER (»junges Reh«).

1. Zweiter Sohn Midians, des vierten Sohnes Abrahams und seiner Frau Ketura.

2. Dritter Sohn Esras im Stammbaum von Juda.

3. Oberhaupt einer Familie des Halbstammes Manasse, östl. des Jordans.

EFER 1 1. Mose 25,4; 1. Chr 1,33
EFER 2 1. Chr 4,17
EFER 3 1. Chr 5,24

EFES-DAMMIM Der Ort, an dem der Kampf Davids gegen Goliat stattfand; er lag im Gebiet Judas »zwischen Socho und Aseka« und ist nicht näher lokalisiert.

EFES-DAMMIM 1. Sam 17,1

EFLAL (»Gott ist Richter«). Ein Mann aus Juda, Sohn Sabads und Vater Obeds im Stammbaum der Jerachmeel-Sippe.

EFLAL 1. Chr 2,37

EFOD (»Gewand«).

1. Ein Mann aus dem Stamm Manasse; Gott ernannte dessen Sohn zum Helfer Josuas und Eleasars bei der Verteilung des Landes.

2. Eines der acht Gewänder, die der Hohepriester trug. Es wurde locker über dem blauen Obergewand getragen (2. Mose 28,31) und von zwei Schulterträgern und einem Gurt um die Mitte gehalten. An den Schulterträgern waren zwei kostbare Onyxsteine befestigt; sie trugen die Namen der 12 Söhne Jakobs, sechs auf jedem Stein (2. Mose 28,5–14). An der Vorderseite des E. befand sich die Brustplatte mit den Urim und Thummim, die der Hohepriester als Zeichen benutzte, um Gottes Willen zu erkennen (2. Mose 28,30). Einige Forscher sind der Ansicht, daß die Verwendung der Urim und Thummim bereits in der Zeit des zweiten Tempels aufhörte; doch aus histor. Berichten geht eindeutig hervor, daß der Hohepriester den E. in beiden Tempelepochen trug.

Der E. war aus feinem blauem, purpur- und scharlachrotem Leinen und unterschied sich nur durch goldfarbene Litzen von den Vorhängen der Stiftshütte und der Verkleidung der Bundeslade (2. Mose 39,2–3). Auf diese

EFOD 1 4. Mose 34,17.2
EFOD 2 2. Mose 25,7; 28,4.6.12.15. 25–28.31; 29,5; 35,9.27; 39,2. 7–8.18.22; 3. Mose 8,7; 1. Sam 2,18.28; 14,3; 22,18; 2. Sam 6,14; 1. Chr 15,27
EFOD 3 Ri 8,27; 17,5; 18,14.17–18.2 1. Sam 21,10; 23,6.9

Weise symbolisierte er die enge Beziehung des Hohenpriesters zur Stiftshütte und dem Allerheiligsten.

Den bibl. Berichten zufolge trug Samuel (1. Sam 2,18) wie auch David einen E., als die Bundeslade nach Jerusalem gebracht wurde (2. Sam 6,14).

3. Götzenbild. Wo im AT von einem Efod im Sinne eines Götzenbildes die Rede ist, wird man zunächst vom urspr. Begriff ausgehen müssen (siehe 2). Es dürfte sich um ein Kleidungsstück gehandelt haben, das einem Gottesbild umgehängt wurde. Wo diese Umhüllung später ganz oder teilweise aus Metall gemacht wurde, wurde der Ausdruck E. zur Bezeichnung des ganzen Gottesbildes (im Buch der Ri mehrfach) erwähnt.

Efrata »auf dem Weg nach Bethlehem«.

EFRATA 1 1. Mose 35,16.19; 48,7
EFRATA 2 Rut 4,11; Ps 132,6; Mi 5,1
EFRATA 3 1. Chr 2,19.50; 4,4
EFRATA 4 1. Chr 2,24

EFRATA (»Fruchtbare«).

1. Der Ort, in dessen Nähe Rahel Benjamin gebar, starb (1. Mose 35,16) und begraben wurde »auf dem Wege nach Efrata, das nun Bethlehem heißt« (1. Mose 35,19; 48,7). Vermutlich waren E. und Bethlehem einst separate Ortschaften; später wurde E. der Stadt Bethlehem einverleibt.

2. Der Herkunftsort von Elimelech und Noomi (Rut 4,11). Ein Ort dieses Namens wird auch in Ps 132,6 und, wiederum im Zusammenhang mit Bethlehem, in Mi 5,1 erwähnt. Vermutlich ist er identisch mit Efrat.

3. Die zweite Frau Kalebs.

4. Hezrons Frau, die Mutter des Aschhur, »dem Vater Tekoas« aus dem Stamme Judas.

EFRATITER 1. Sam 17,12; Rut 1,2

EFRATITER Einwohner von Efrata.

EFRON 1 1. Mose 23,8.).13–14.16–17; :5,9; 49,29–30; 50,13
EFRON 2 Jos 15,9
EFRON 3 2. Chr 13,19

EFRON (»Jungwild«).

1. Der Sohn Zohars, ein in Hebron lebender Hetiter (1. Mose 23,7–8.10). E. war Besitzer der Höhle Machpela und des sie umgebenden Geländes (1. Mo-

Der Berg Kastel, der als identisch mit dem Berg Efron gilt.

se 23,9). Als Abraham seine Frau Sara begraben wollte, kaufte er dem Hetiter das Gelände als Erbgrab ab (1. Mose 23,1–20).

2. Ein Berg an der Grenze des Landes Juda, zwischen Neftoach und Kirjat-Jearim. Wird an keiner anderen Stelle erwähnt.

3. Eine Stadt in Israel, die Abija von Jerobeam eroberte.

EGLA (»Jungkuh«). Eine der Frauen Davids, Mutter seines in Hebron geb. Sohnes Jitream.

EGLA 2. Sam 3,5; 1. Chr 3,3

EGLAJIM Ort in Moab; erwähnt von Jesaja in seiner Botschaft gegen Moab (Jes 15,8); der Ort lag wahrscheinlich an der Südgrenze des Landes.

EGLAJIM Jes 15,8

EGLON (»junge Kuh«).

1. Amoriter-Stadt, deren König sich mit den Königen von Jerusalem, Hebron, Lachisch und Jarmut verbündete, um Josua zu bekämpfen. Er wurde besiegt und getötet (Jos 10,5.10.16.26). Später nahm Josua die Stadt ein und zerstörte sie (Jos 10,34f.). Als Josua das Land Kanaan aufteilte (Jos 14,1), wurde die Stadt dem Stamm Juda zugesprochen (Jos 15,39).

Die Lage des Ortes ist nicht mehr feststellbar.

2. König der Moabiter. Im Bund mit Ammon und Amalek schlug er Israel (Ri 3,12–13) und annektierte es 18 Jahre lang, bis Ehud, der Sohn des Gera, ihn heimtückisch tötete, als er ihm seinen Tribut leistete (Ri 3,16–22).

EGLON 1 Jos 10,3.5.23. 34.36–37 12,12; 15,39
EGLON 2 Ri 3,12.14–15.17

EHE Das christl. Verständnis der Ehe basiert auf ihrer Einsetzung durch den Schöpfer und orientiert sich an den Leitlinien Jesu und den Schriften des NT. Gott schuf als abschließendes Werk der Schöpfung den Menschen, als Mann und Frau (1. Mose 1,27; Mt 19,4). In der E. soll diese Zweiheit der Geschlechter zur neuen Einheit werden (1. Mose 2,18.22–24; Mt 19,5). Die Zwei-Einheit der ehelichen Gemeinschaft nach Leib, Seele und Geist stellt eine vollgültige Sinnerfüllung dar, die als solche dem Willen Gottes entspricht. In der daraus folgenden Dreiheit von Vater, Mutter und Kind(ern) kommt als zweite Bestimmung der E. das einzigartige Mandat des Schöpfers zur Erschaffung neuen Lebens zum Ausdruck (1. Mose 1,28; 9,1; 22,17; Ps 127,3; Lk 1,6.7.13).

EHE/ HEIRATEN 3. Mose 20,10 Spr 6,32 Hes 23,37 Mt 5,28.32 19,9f.; 22, 25.30; 24,38 Lk 16,18; 17, 27; 20,34f. Röm 2,22 1. Kor 7,11.38 9,28.36.39 1. Tim 4,3; 5,11.14 Hebr 13,4 Offb 2,32

Das klare »Ja« Jesu zur E. als einer lebenslangen und unauflöslichen Gemeinschaft zweier Menschen wird auch nicht relativiert durch die recht zurückhaltende Bewertung dieser Lebensform in den Briefen des Paulus (so in 1. Kor 7,1.2.7–9.26.38b). Zum Verständnis dieser etwas überraschenden Formulierungen muß berücksichtigt werden, daß Paulus ausdrücklich betont, daß es sich hier nicht um ein neues Wort Gottes, sondern um seine persönliche Meinung handelt, beeinflußt u.U. von der urchristl. Naherwartung der Wiederkunft Christi: »Die Zeit ist kurz« (V. 26.29.31) – eine Erwartung, die so nicht in Erfüllung ging. Damit entfielen aber auch die Bedenken des Paulus gegenüber einer Eheschließung noch »am Morgen des Jüngsten Gerichts« (vgl. die Bewertung in 1. Kor 7,38).

Entsprechend ausführlich befaßt sich Paulus in anderen Briefen mit Fragen der E. (Eph 5,21–33; vgl. Kol 3,18.19; vgl. 1. Petr 3,1–7). Paulus interpretiert die E. nach der Schöpfungsordnung und warnt vor der Gefahr des Mißbrauchs, wie sie seit dem Sündenfall besteht.

Aus der Kraft des Glaubens an Jesus Christus und durch die Erfahrung seiner Vergebung soll das Verhältnis der Ehepartner zueinander trotz ihrer Gleichwertigkeit bestimmt sein von gegenseitiger, freiwilliger Unterordnung (Eph 5,21). Dementsprechend nennt der Epheserbrief als Teil der speziellen Aufgaben der Ehefrau auch die Anerkennung der sozialen Rolle des Mannes (Eph 5,22–24).

Auch der Auftrag des Mannes ist unter dem Vorzeichen von Eph 5,21 zu sehen: Keine Pascharolle wird ihm übertragen, sondern eine verantwortungsvolle Leitungsfunktion, die sich an der Liebe Christi orientiert. Diese Liebe ist opferbereit (V. 25), reinigend (V. 26.27), fürsorglich beschützend (V. 28.29) und unzerstörbar (V. 31).

Anhand der zentralen Aussagen Jesu (Mk 10,2–9) u.ä. Stellen in den Apostelbriefen (Eph 5,21–6,4; Kol 3,18–4,1; 1. Petr 3,1–7) läßt sich E. aus ntl. Sicht wie folgt definieren:

1. Die E. ist die leiblich-seelisch-geistige Verbindung von Mann und Frau.

2. Sie ist Wille und Gabe, zugleich aber auch Mandat des Schöpfers.

3. Zur Erfüllung von 1. und 2. ist eine lebenslange Zusammengehörigkeit der Ehepartner unabdingbar. Eine Ehescheidung lehnt Jesus ab (Mt 5,32; 19,6–9). Die einzige Ausnahme bildet der Ehebruch (siehe EHESCHEIDUNG).

4. Die Monogamie ist die einzige, durchweg vom NT vorgegebene Form der E. Die Stellen 1. Tim 3,2.12 und Tit 1,6 sind als Weisungen an Amtsträger der Kirche zu verstehen.

Die bibl. Form der E. ist keine rein private Angelegenheit und wird nicht zuletzt aus diesem Grund in AT und NT unzweideutig bejaht. Eine neue E. ist zugleich ein neues Haus, eine neue Zelle der bürgerlichen, v. a. aber auch der christl. Gemeinde. Die Eheschließung ist das öffentl. Bekenntnis, daß der Gemeinschaft ein neues Haus hinzugefügt wird. So gibt die Bibel häufig dem Begriff »Haus« den Vorzug vor den Begriffen »Ehe« oder »Familie« (das Haus Josuas, Jos 24,15; Sauls, 2. Sam 3,1; Davids, 1. Kön 12,19; des Zachäus, Lk 19,9; des Kerkermeisters, Apg 16,31; des Philemon, Phlm 2; etc.).

Die öffentl. Trauung und Feier ist zugleich ein Bekenntnis zur Institution E.; eine kirchl. Trauung ein öffentl. Gottesdienst der Gemeinde, die für das neue »Haus« bittet.

Neben der E. läßt Jesus dennoch Raum für bewußte Ehelosigkeit (Mt 19,10–12), ohne daß damit ein Widerspruch zum Vorgesagten entsteht. Als Grund für eine solche Entscheidung nennt Jesus den Entschluß, unbeschränkt für die Arbeit am Reich Gottes zur Verfügung stehen zu wollen.

Unfreiwillige Kinderlosigkeit wurde zu allen Zeiten als Belastung einer E. empfunden (vgl. Lk 1,5–7.13.57). Dennoch ist auch eine solche E. vollgültig im Sinne der göttlichen Institution. Gewollte Kinderlosigkeit dagegen reduziert Mandat und Sinn der E. um einen entscheidenden Faktor. Die Tötung eines bereits gezeugten, noch ungeborenen Kindes verstößt in jedem Fall gegen das fünfte Gebot.

Das Konkubinat (ein eheähnliches Zusammenleben ohne die öffentl. rechtl. Eheschließung) ist mit dem bibl. Verständnis der Zuordnung der Geschlechter zueinander nicht vereinbar (1. Thess 4,1–5; vgl. Hebr 13,4). Dasselbe gilt für gleichgeschlechtliche Verbindungen mit eheähnlichem Charakter.

Mit diesem Verständnis der E. baut das NT einerseits auf dem AT auf, weicht an anderen Stellen aber auch deutlich davon ab. Der schöpfungsbezo-

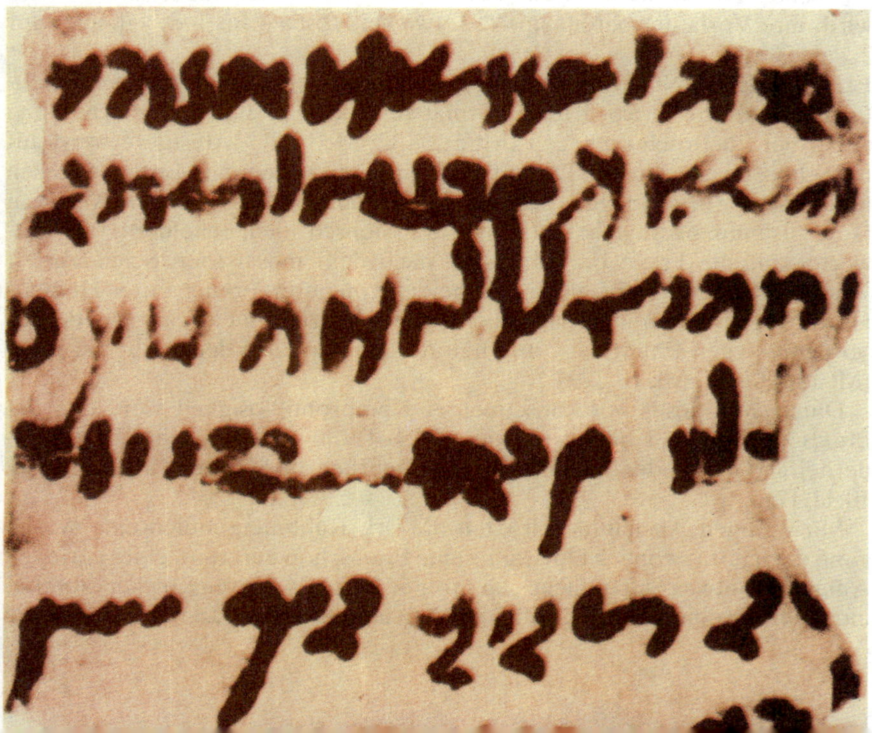

Heiratsurkunde.

gene Ausgangspunkt ist derselbe: Jesus nimmt in Mt 19,4–6 ausdrücklich Bezug auf 1. Mose 1,27 und zitiert wörtl. 1. Mose 2,24, dasselbe macht Paulus in 1. Kor 7,10. Mindestens ebenso eindeutig wie das NT betont das AT die Unabdingbarkeit einer öffentl. Eheschließung (=Hausgründung).

Die atl. Besonderheiten lassen sich v.a. an folgenden Stellen aufzeigen:

1. Im AT wird mehrfach über Polygamie berichtet (Jakob mit Lea und Rahel, 1. Mose 29; Gideon, Ri 8,30; der Harem Salomos, 1. Kön 11,1–6; auch die mosaische Vorschrift 5. Mose 21,15), ohne daß diese konkret moralisch gewertet wird. Dennoch wurde die Monogamie von Anfang an als anzustrebendes Ideal betrachtet (2. Mose 20,17; Spr 31,10–31; Mal 2,14).

2. Eheschließungen waren urspr. auf die eigene Sippe oder Stammesgemeinschaft beschränkt (1. Mose 24,4; 28,2). Diese Exklusivität hatte sowohl religiöse (2. Mose 34,16; 5. Mose 7,3–5) wie auch wirtschaftliche Gründe: Frauen, die Land erbten, mußten innerhalb ihres eigenen Stammes heiraten, um zu vermeiden, daß Stammesland auf Nachbarstämme überging (4. Mose 36,1–13). Darüber hinaus berichtet das AT auch von Heiraten über die Stammesgrenzen hinweg (1. Mose 36,2; 41,45; 2. Mose 2,21; 3. Mose 24,10; Rut 1,4). In der nachexilischen Periode mußten Israeliten, die fremde Frauen geheiratet hatten, diese verstoßen (Esr. 10,1 ff.).

3. Ausgeschlossen von der Eheschließung waren Blutsverwandte (3. Mose 18,6–18; 5. Mose 27,20–23), aus götzendienerischen Motiven Kastrierte, die Nachkommen einer inzestuösen Verbindung, außerdem die Ammoniter und Moabiter aufgrund ihrer histor. bezeugten Grausamkeiten gegenüber Israel (5. Mose 23,2–7).

4. Das AT kennt die sog. Leviratsehe (Schwagerehe), bei der ein Mann die kinderlose Witwe seines verstorbenen Bruders heiratete, um dessen Nachkommenschaft zu sichern (5. Mose 25,5.6). In Mt 22,24–27 beziehen sich die Sadduzäer auf diese mosaische Ordnung. Mit dieser weitverbreiteten Praxis wurde versucht, den Erbbesitz innerhalb der Stammesgemeinschaft zu halten und die Linie des Verstorbenen fortzuführen. Verweigerte sich der überlebende Bruder einer Heirat, konnte die Witwe eine »Freigabe« erhalten und daraufhin einen Mann ihrer Wahl heiraten (5. Mose 25,7 ff.; vgl. Rut 4,5–10).

5. Kinderlosigkeit galt als Schmach, als Heimsuchung Gottes und als Zeichen seiner Ungnade (1. Mose 16,1–4; 30,1.2; 1. Sam 1,1–7; Jes 54,1).

Trotz dieser durch das NT aufgehobenen atl. Bestimmungen hat die berühmte Aussage des Paulus (Eph 5,31.32), wonach die E. zwischen Mann und Frau zum Gleichnis für das Verhältnis Gottes zu seinem erwählten Volk wird, ihre Vorläufer bereits im AT, etwa bei Hosea (Hos 1–3; vgl. auch Jer 2,1; Jes 50,1).

EHESCHEIDUNG Die christl. Einstellung ist bestimmt durch die eindeutigen und für die christl. Kirche normativen Worte Jesu, der eine Scheidung außer bei Ehebruch untersagt (Mt 5,27–32; Mt 19,3–9). Jesus verweist auf die Schöpfungsordnung: »Darum wird ein Mann Vater und Mutter verlassen und an seiner Frau hängen, und die zwei werden ein Fleisch sein ... Was nun Gott zusammengefügt hat, das soll der Mensch nicht scheiden« und antwortet auf die Frage der Pharisäer nach dem mosaischen Scheidebrief: »Mose hat euch erlaubt, euch zu scheiden von euren Frauen eures Herzens Härte wegen ... Ich aber sage euch: Wer sich von seiner Frau scheidet, es sei denn wegen Ehebruchs, und heiratet eine andere, der bricht die Ehe« (Mt 19,8.9; vgl. Mk 10,2–9).

EHESCHEIDUNG
Jer 3,1
1. Kor 7,10–16

Damit geht Jesus mit konsequenter Kompromißlosigkeit weit über die Praxis z. Zt. des AT hinaus (5. Mose 24,1–4). So wird die Heirat bzw. Wiederheirat Geschiedener von ihm als Ehebruch bezeichnet (Mt 5,32; Mk 10,11.12).

Mit wenigen Ausnahmen lehrten die isrl. Rabbinenschulen eine Auslegung der Thora, wonach ein Mann seine Frau schon aufgrund eines geringen Anlasses (»etwas Schändliches an ihr«; 5. Mose 24,1) wegschicken konnte, indem er ihr einen schriftl. Scheidebrief ausstellte (Jes 50,1). Im Gegensatz zu außerisrl. Ordnungen wie dem *Codex Hammurabi*, der *beiden* Ehepartnern das Recht auf E. zubilligte, wußte man nach atl. Zeugnis nichts von einem Recht der Frau, sich ihrerseits von ihrem Mann zu scheiden.

Das Scheidungsrecht des Mannes hat im AT nur dort eine Grenze, wo er seine Frau zu Unrecht öffentlich bezichtigt hat, bei der Eheschließung nicht mehr unberührt gewesen zu sein, oder wo er ein junges Mädchen nach Vergewaltigung heiraten mußte. In beiden Fällen durfte er die so Entwürdigte »zeitlebens nie mehr wegschicken«.

Beispiel einer E. im großen Maßstab ist die von Esra angeordnete und in seinem Sinne durchgeführte Scheidung aller Mischehen, in denen die Frauen nichtjüd. Herkunft waren (Esr 9+10). In der Spätzeit des AT war es v.a. Maleachi, der die übliche Scheidungspraxis ablehnte (Mal 2,14–16), da sie ein Akt des Verrats sei: »Weil der HERR Zeuge war zwischen dir und dem Weib deiner Jugend ... werde keiner treulos dem Weib seiner Jugend. Wer ihr aber gram ist und sie verläßt, spricht der HERR, der Gott Israels, der bedeckt mit Frevel sein Kleid, spricht der HERR Zebaoth.«

Zusammenfassend bleibt anzumerken, daß in der gesamten Bibel keinerlei Unterstützung oder gar Rechtfertigung für die in unserer Zeit übliche, stark liberalisierte Scheidungspraxis gefunden werden kann. Das Verständnis der Ehe als einer reinen Privatangelegenheit ist dem AT wie auch dem NT vollkommen fremd. Der vor Gott und Menschen geschlossene Bund kann gemäß der Schöpfungsordnung Gottes – außer bei Ehebruch – nicht gekündigt werden.

EHI
1. Mose 46,21

EHI (»Verbindung«). Sohn Benjamins in der Aufzählung der Kinder Israel, die mit Jakob nach Ägypten zogen (1. Mose 46,8.21). Der Name kommt nur einmal vor, ein Schreibfehler ist daher nicht auszuschließen.

EHUD 1
Ri 3,15–16. 20–21.23.26; 4,1
EHUD 2
1. Chr 7,10
EHUD 3
1. Chr 8,6–7

EHUD (»kräftig«).

1. Sohn Geras, des Benjaminiters. Ein Linkshänder, von Gott berufen, um Israel vom Joch König Eglons zu befreien (Ri 3,15). Er erstach den Moabiterkönig (Ri 3,19–21) und führte die Israeliten daraufhin zum Sieg über die Moabiter (Ri 3,27–29). Sein Name erscheint zwischen zwei weniger bedeutenden Richtern: Otniël und Schamgar.

2. Dritter Sohn des Bilhan, Sohn des Jediaël im Stammbaum Benjamins. Vermutlich identisch mit Ehud (1).

3. Vater von Naaman, Ahija und Gera im Stammbaum König Sauls.

EICHE Siehe PFLANZEN.

EICHGRUND
1. Sam 17,2. 19; 21,10

EICHGRUND Der Ort, an dem Saul und die Männer Israels sich lagerten »und sich zum Kampf gegen die Philister rüsteten« (1. Sam 17,2). Hier trat David dem Riesen Goliat gegenüber und tötete ihn (1. Sam 21,10). Identifiziert wird die Stelle im allg. mit dem Wadi es-Samit, westlich von Bethlehem.

Scheidebrief in Aramäisch, auf Papyrus; 1. Jh. Gefunden in einer Höhle des Gebirges Juda. Ein Mann Namens Joseph, Sohn eines Josepf, gewährt einer Miriam, Tochter eines Jonatan, die sich in Masada aufhielt, diesen Scheidebrief und die Freigabeurkunde. (Schrein des Buches, Israel Museum)

Das Ela-Tal (Eichgrund), mit Blick nach Osten.

Ton-, Eisen- und Bronze-Utensilien, im Haus der Ölpresse zu Ekron gefunden. Ende des 7. Jh. v. Chr.

EID Siehe SCHWUR.

EIDECHSE Siehe TIERE.

EKER (»Abkömmling«). Der dritte Sohn des Ram, des Erstgeborenen Jerachmeels, aus dem Stamm Juda.

EKER
1. Chr 2,27

EKRON, EKRONITER Die nördlichste der fünf wichtigsten und eine der beiden im Inland gelegenen Philisterstädte (Jos 13,3). E., urspr. eine Kanaaniter-Stadt, liegt südl. des Sorek-Flusses, an der Westgrenze der Küstenebene. Urspr. dem Stamm Dan zugesprochen (Jos 19,43) ging es nach Dans Abwanderung an Juda über (Jos 15,11.45–46). Die Stadt selbst konnte im Zug der Landnahme nicht erobert werden (Ri 1,18.19), während das Umland vom Stamm Juda besetzt wurde. Nach der Schlacht zwischen den Israeliten und den Philistern bei Afek und Eben-Eser war E. eine der Städte, wohin die erbeutete Bundeslade gebracht wurde (1. Sam 5,10). Nach 1. Sam 7,14 brachte Israel Teile des Philisterlandes, einschließlich E., wieder in seinen Besitz. Aber später (1. Sam 17,52) wird E. noch als Philisterstadt aufgeführt. Evtl. konnten die Israeliten nur einen Teil der weiteren Umgebung E.s erobern. Damit würde sich die Stelle, in der von der Eroberung des Philisterlandes durch David die Rede ist (2. Sam 8,1), nur auf dessen nördlichen Teil beziehen – d. h. auf das Territorium von E.

In der Regierungszeit Ahasjas wurde die Stadt von mehreren Propheten öffentlich gerügt (Jer 25,20; Am 1,8; Zef 2,4; Sach 9,5.7); denn als der König nach einem Unfall krank wurde, befragte er Baal Sebub, den Gott von E., ob er wohl von dieser Krankheit genesen werde.

E. gehörte wahrscheinlich zu den Städten, die, zus. mit Aschdod, von dem assyr. König Sargon erobert wurden. Später schloß sich die Stadt dem Aufstand Aschkelons gegen Assyrien an. Bei seiner berühmten Strafexpedition nahm Sanherib E. ein und ließ die Rebellen hinrichten. Aller Wahrscheinlichkeit nach wurde das nördliche Philisterland, einschl. E., in der Regierungszeit Josias von Juda annektiert.

EKRON, EKRONITER
Jos 13,3; 15,11.45–46; 19,43; Ri 1,18; 1. Sam 5,10; 6,16–17; 7,14; 17,52; 2. Kön 1,2–3. 6.16; Jer 25,20; Am 1,8; Zef 2,4; Sach 9,5.7

Luftaufnahme der Ausgrabungen in Tel Miqne, dem Ort, der mit Ekron identifiziert wird (W. F. Albright-Institut für achäologische Forschung, Jerusalem).

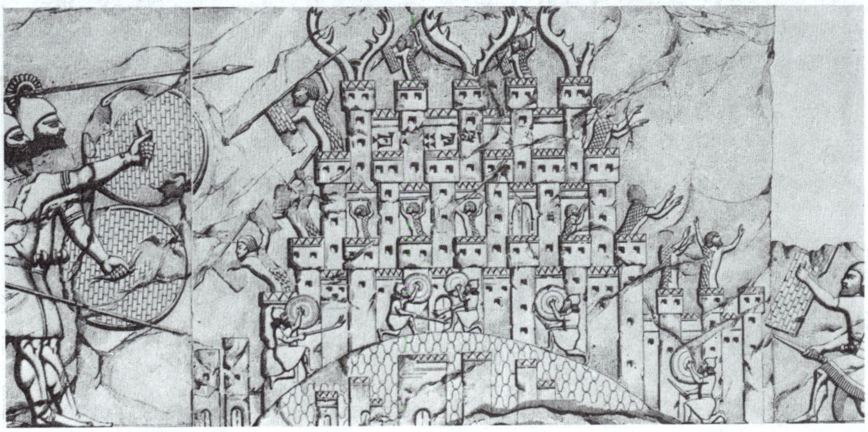

Relief am Palast von Sargon II, das die Belagerung Ekrons darstellt.

Tell Miqne (Khirbet el Muganna) am Südufer des Nachal Timnah, 20 km östlich von Aschdod, wird als Ekron angesehen. Ausgrabungen förderten Überreste von der chalcolithischen Periode bis zum 8. Jh. v. Chr. zutage. Eine Kanaaniterstadt lag unter den Schichten der Philisterstadt. Diese war im 12. Jh. errichtet worden, als die Philister in den weiter östlich gelegenen Teil der Küstenebene eindrangen, und offenkundig war das Gebiet im 12. und 11. Jh. lange und ununterbrochen besetzt. Die letzte Schicht aus der Eisenzeit enthielt Keramiken aus dem späten 8. Jh. v. Chr., die ein Bild der Stadt vermitteln, die 701 v. Chr. von Sanherib erobert wurde.

Nische mit gehörntem Altar aus Ekron. Ende 7. Jh. v. Chr.

ELA 1 1. Mose 36,41; 1. Chr 1,52
ELA 2 1. Kön 4,18
ELA 3 1. Kön 16,6.8. 13–14
ELA 4 2. Kön 15,30; 17,1; 18,1.9
ELA 5 1. Chr 4,15
ELA 6 1. Chr 9,8

ELA (»Terebinthe«).

1. Ein Fürst von Edom (1. Mose 36,41.43; 1. Chr 1,52). Der Name wird zus. mit Pinon erwähnt, einer Stadt; es wird angenommen, daß auch Ela eine Stadt, möglicherweise Elat, ist.

2. Vater des Schimi, eines Statthalters von König Salomo im Gebiet von Benjamin.

3. König von Israel, Sohn des Bascha (1. Kön 16,6.8.13). Als Nachfolger seines Vaters regierte er zwei Jahre lang in Tirza (1. Kön 16,8). Er wurde von seinem Diener Simri erschlagen (1. Kön 16,9–10). König Ela regierte von 883 bis 882 v.Chr.

4. Ela, Vater des isrl. Königs Hoschea (2. Kön 15,30).

5. Sohn Kalebs (1. Chr 4,15) und Vater von Kenas, im Stammbaum der Sippe Juda aufgeführt (1. Chr 4).

6. Ela, Sohn Usis, einer derjenigen, die z.Zt. Nehemias aus dem babyl. Exil heimkehrten und in Jerusalem ansässig wurden.

ELAD 1. Chr 7,21

ELAD (»den Gott bevorzugt«). Ein Mitglied der Familie von Ephraim, vielleicht dessen Sohn (1. Chr 7,21). Er wurde, zus. mit anderen Familienangehörigen, von den kanaan. Einwohnern der Stadt Gat getötet, »weil sie hinabgezogen waren, ihnen das Vieh wegzunehmen« (1. Chr 7,21).

ELADA 1. Chr 7,20

ELADA (»den Gott erfüllt«). Sohn des Tahat im Stammbaum Ephraims. Er wurde wie Elad von den Männern von Gat getötet, »weil sie hinabgezogen waren, ihnen das Vieh wegzunehmen« (1. Chr 7,21), und »ihr Vater Ephraim trug Leid lange Zeit« (1. Chr 7,22).

ELALE . Mose 32,3.37; Jes 15,4; 16,9; Jer 48,34

ELALE Stadt am Ostufer des Jordan, unweit von Heschbon. Sie lag in dem von Sihon, dem König der Amoriter, eroberten Land, das die Söhne Gad und Ruben für ihr Weidevieh begehrten (4. Mose 32,1–4). Mose gab es ihnen (4. Mose 32,33), und damit wurde die Stadt den Söhnen Ruben zugeteilt, die sie wiederaufbauten (4. Mose 32,37). Sie fiel später an Moab (Jes 15,4), und Jesaja sagte ihre Zerstörung voraus, zus. mit der des gesamten Königreiches (Jes 16,9).

Blick auf die Gegend von Elale am Ostufer des Jordans.

ELAM 1 .. Mose 10,22; 1. Chr 1,17
ELAM 2 1. Chr 8,24
ELAM 3 1. Chr 26,3
ELAM 4 Esr 2,31; Neh 7,34

ELAM (»Ewigkeit«).

1. Erstgeborener Sohn des Sem (1. Mose 10,22; 1. Chr 1,17), Stammvater der Elamiter. Siehe ELAM, ELAMITER.

2. Sohn des Schaschak vom Stamm Benjamin, Vorfahr von König Saul.

3. Ein Korachiter, Sohn des Meschelemja, eines Torhüters z. Zt. König Davids.

4. Stadt in Juda; sie wurde nach der Rückkehr aus Babylon wieder besie-

delt und »das andere E.« genannt (Esr 2,31; Neh 7,34). Nicht zu verwechseln mit dem Land E.; nicht identifiziert.

5. Ein Mitglied des Priesterchors bei der Einweihung der Mauern Jerusalems z. Zt. Nehemias.

6. Oberhaupt einer Familie, die mit Serubbabel aus der babyl. Gefangenschaft heimgekehrt war (Esr 2,7; Neh 7,12), und einer der Unterzeichner von Esras Abmachung (Neh 10,15).

ELAM 5
Neh 12,42
ELAM 6
Esr 2,7; 8,7; 10,2.26;
Neh 7,12; 10,15

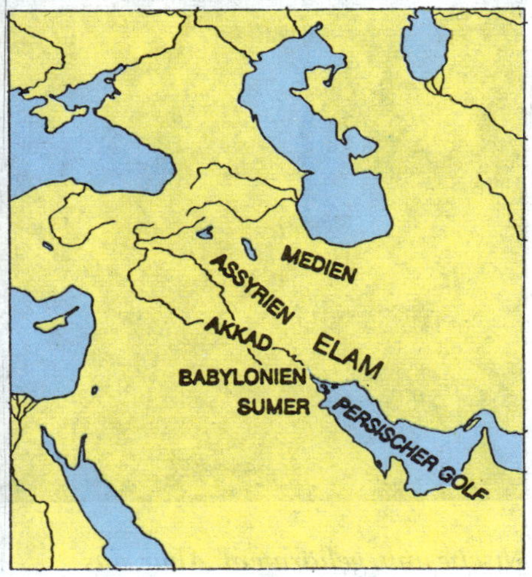

ELAM, ELAMITER Bibl. Name eines nördlich des Tigris (Chidekkel) gelegenen Berglandes, das im Norden an Assyrien und Madai (Medien), im Süden an den Persischen Golf und im Osten und Südosten an Persien grenzt. Die Hauptstadt des Landes war Susa (Schuschan). Unsere Kenntnisse über E. stammen im wesentlichen aus sumer., babyl. und assyr. Quellen. E. befand sich in permanentem Kriegszustand mit den Königreichen Lagasch und Assyrien. Gegen Ende des 2. Jt. v. Chr. gelang den Elamitern die Entthronung der Sumerer-Dynastie von Ur. Laut 1. Mose 14 beherrschte König Kedor-Laomer von E. alle einst von Babylon unterjochten Länder, und die Länder am Jordan waren ihm tributpflichtig. Zu Beginn des 12. Jh. v. Chr. drangen die Elamiter in Babylonien ein. Dort erbeuteten sie den Stein mit dem Codex Hammurabi und brachten ihn nach Susa, wo er i. J. 1902 entdeckt wurde. Der Aufstieg Assyriens führte zu Zusammenstößen der beiden Staaten. Sargon II., Sanherib und Assurbanipal führten ständig Feldzüge gegen E. Susa fiel im Jahr 645 v. Chr. Die Elamiter nahmen dann an den assyr. Feldzügen gegen Juda teil (Jes 22,6), und erhielten nach dem Fall Ninives ihre Freiheit wieder. Jesaja prophezeite die Vereinigung der Länder E. und Medien (Madai), die zur Eroberung Babels führte (Jes 21,2.9). Der Fall E.s wurde von Jeremia (49,34–39) und Hesekiel (32,24–25) vorausgesagt. Z.Zt. des pers. Reiches war E. eine der pers. Satrapien mit Susa als Hauptstadt. In Samaria angesiedelte Elamiter machten den Juden zu schaffen, die aus der babyl. Gefangenschaft heimkehrten (Esr 4,8–10).

ELAM, ELAMITER
1. Mose 14,1.9;
Esr 4,9;
Jes 11,11; 21,2; 22,6;
Jer 25,25; 49,34;
Hes 32,24;
Dan 8,2;
Apg 2,9

Der große Stufenturm (Zikkurat) von Choga-Zanbil in Khusestan, erbaut im 13. Jh. v.Chr. vom Elamiterkönig Untasch Gal.

ELASA (»von Gott gemacht«).

1. Elasa, Sohn des Schafan; einer der beiden Boten, die König Zedekia von Juda beauftragte, den Brief des Propheten Jeremia an König Nebukadnezar von Babel zu überbringen (Jer 29,1.3).

2. Sohn des Helez und Vater von Sismai, im Stammbaum der Sippe Jerachmeel; Erstgeborener Hezrons, Judas Enkel.

3. Sohn Refajas und Vater von Azel, im Stammbaum König Sauls.

4. Elasa, Sohn des Paschhur (Esr 10,22); einer der Priester, die sich fremde Frauen genommen hatten und diese auf Anweisung Esras verstoßen mußten (Esr 10,18.19).

ELASA 1
Jer 29,3
ELASA 2
1. Chr 2,39–40
ELASA 3
1. Chr 8,37; 9,
ELASA 4
Esr 10,22

Die Bucht von Elat.

ELAT
5. Mose 2,8;
1. Kön 9,26;
2. Kön 14,22;
16,6;
2. Chr 8,17; 26,2

ELAT Küstenstadt an der Nordspitze des nordöstl. Arms des Roten Meeres; wird häufig im Zusammenhang mit Ezjon-Geber erwähnt. Beide Orte waren Stationen auf dem Weg der Wüstenwanderung (5. Mose 2,8). Z.Zt. des Großreichs Davids wurde E. zu einem wichtigen Hafen für den Handel mit Arabien und Ofir (1. Kön 9,26–28). Z.Zt. Jorams wurde es von den Edomitern eingenommen (2. Kön 8,20–22). König Amazja von Juda unterwarf die Edomiter, und sein Sohn Asarja baute E. wieder auf (2. Kön 14,22). Zur Zeit von König Ahas brachte Rezin, der König von Aram, die Stadt endgültig wieder in den Besitz von Edom (2. Kön 16,6). E. liegt in unmittelbarer Nähe des heutigen Akaba. Siehe auch EZJON-GEBER.

ELDAA
1. Mose 25,4;
1. Chr 1,33

ELDAA (»den Gott ruft«). Fünfter und letzter Sohn Midians, des Sohnes Abrahams mit Ketura (1. Mose 25,1–2.4).

ELDAD
4. Mose 11,26

ELDAD (»Gott hat geliebt«). Einer der beiden namentlich genannten Ältesten der Israeliten, die zus. mit 70 anderen in der Wüste als Propheten auftraten, weil der Geist Gottes über sie gekommen war (4. Mose 11,26–27). Josua, der Sohn Nuns, bat Mose, diese Leute zum Schweigen zu bringen (4. Mose 11,28). Doch Mose entgegnete: »Wollte Gott, daß alle im Volk des HERRN Propheten wären« (4. Mose 11,29).

ELEASAR 1
2. Mose 6,23.25; 28,1;
3. Mose 10,6. 12.16;
4. Mose 3,2.4. 32; 4,16; 17,2.4; 19,3–4; 20,25–26.28; 25,7.11; 26,1.3.60.63; 27,2.19.21–22; 31,6.12–13.21. 26.29.31.41.51. 54; 32,2.28; 34,17;
5. Mose 10,6;
Jos 14,1; 17,4; 19,51; 21,1; 22,13.31–32; 24,33;
Ri 20,28;
1. Chr 5,29–30; 6,35; 9,20; 24,1–6;
Esr 7,5

ELEASAR (»Gott hat geholfen«).

1. Dritter Sohn Aarons, des Hohenpriesters (2. Mose 6,23). Nach dem Tod seiner beiden älteren Brüder (3. Mose 10,12) rückte E. in eine bedeutsame Stellung auf und erhielt eine Anzahl verantwortlicher Führungsaufgaben; er wurde »Fürst über alle Fürsten der Leviten« (4. Mose 3,32) und

Münze aus der Zeit Bar-Kochbas mit der Inschrift: »Eleasar der Priester« auf der Vorderseite und einer Weintraube auf der Rückseite; aus dem Jahr 133 n. Chr.

übte noch zu Lebzeiten Aarons die Funktionen des Hohenpriesters aus (4. Mose 19,4). Nach dem Tode seines Vaters wurde E. dessen Nachfolger als Hoherpriester (4. Mose 20,28; 5. Mose 10,6). E. half Mose bei der Volkszählung (4. Mose 26,1.3) und war, zus. mit Mose und Josua, verantwortlich für Planung und Durchführung der Landverteilung unter den Stämmen Israels (4. Mose 34,17; Jos 14,1).

E. war Vater von Pinhas, dem Glaubenseiferer (4. Mose 25,10–13), und Ahnherr der meisten Priesterfamilien, einschließlich der Zadok-Sippe (1. Chr 24,3–18).

2. Sohn des Abinadab. Er wachte über die Bundeslade, die man nach Kirjat-Jearim heraufgebracht hatte.

3. Sohn des Dodo (Dodai in 1. Chr 27,4). Er war einer der drei Anführer der dreißig »Helden«, die David in seinem Kampf gegen die Philister beistanden.

4. Sohn des Leviten Machli; er hatte drei Töchter, die mit Männern der Sippe verheiratet waren.

5. Ein Priester, Sohn des Pinhas, der im Tempel beim Wiegen des Goldes und Silbers behilflich war.

6. Sohn des Parosch; er gehörte zu denjenigen, die von Esra angewiesen wurden, ihre fremden Frauen zu verstoßen.

7. Levit, Chorsänger bei der Einweihung der Stadtmauer.

8. Sohn des Eliud und Vater Mattans; wird im Stammbaum Jesu erwähnt.

ELEASAR 2 1. Sam 7,1
ELEASAR 3 2. Sam 23,9; 1. Chr 11,12
ELEASAR 4 1. Chr 23,21–22; 24,28
ELEASAR 5 Esr 8,33
ELEASAR 6 Esra 10,25
ELEASAR 7 Neh 12,42
ELEASAR 8 Mt 1,15

ELEF Stadt im Gebiet des Stammes Benjamin (Jos 18,28); Elef ist möglicherweise ein Teil des voranstehenden Namens Zela.

ELEF Jos 18,28

Trinkender Hirsch aus Elfenbein, aus Samaria, 8. Jh. v. Chr. (Israel Museum).

ELFENBEIN In der Bibel finden sich Belege dafür, daß die Phönizier E. verarbeiteten. Im Rahmen eines gemeinsamen Unternehmens mit König Hiram von Tyrus führte König Salomo E. aus Tarsis ein (1. Kön 10,22; 2. Chr 9,21) und verwendete es für seinen Thron (1. Kön 10,18; 2. Chr 9,17). König Ahab von Israel, ein Verbündeter Sidons, baute das Elfenbeinhaus in Samaria (1. Kön 22,39). Häuser aus E. (d.h. mit eingelegten Elfenbeinplatten) und elfenbeingeschmückte Betten werden von Amos (3,15; 6,4) erwähnt. In Samaria, Hazor, Dor, Lachisch und Aschdod wurde eine Fülle von phöniz. Elfenbeinschnitzereien ausgegraben. Elfenbeinschnitzereien gleichen Stils wurden auch in Zypern, Phönizien, Syrien und in den assyr. Palästen von Ninive gefunden, wohin sie als Kriegsbeute gelangt waren. Diese formschönen Gegenstände zeugen vom Reichtum der antiken isrl. Könige.

ELFENBEIN 1. Kön 10,18.22 22,39; 2. Chr 9,17.21; Ps 45,9; Hld 5,14; 7,5; Hes 27,6.15; Am 3,15; 6,4; Offb 18,12

ELHANAN (»Gott war gnädig«).

1. Elhanan, Sohn des Jaïr (1. Chr 20,5) aus Bethlehem, der einen Goliat tötete; möglicherweise den Bruder des Goliats, den David nach 1. Sam 17 erschlagen hatte.

2. Elhanan, Sohn des Dodo in Bethlehem, einer von Davids »Helden« (2. Sam 23,24; 1. Chr 11,26) u.U. identisch mit Elhanan (1), da beide aus Bethlehem stammten und zur gleichen Zeit lebten.

ELHANAN 1 2. Sam 21,19; 1. Chr 20,5
ELHANAN 2 2. Sam 23,24; 1. Chr 11,26

ELI 1
1. Sam 1,3.9.
12–13.17.25;
2,11–12.20.22.
27; 3,1–2.5–6.
8.12.14–16;
4,4.11.13–16.
18; 14,3;
1. Kön 2,27
ELI 2
Lk 3,23

ELI (»[Der Herr ist] erhaben«).

1. Hoherpriester aus dem Geschlecht Itamars und 40 Jahre lang »Richter« Israels in Silo. Er war dabei, als Hanna ihr Gelübde ablegte, und ihm vertraute sie später ihren Sohn Samuel an (1. Sam 1,21 ff.).

Obgleich E. offensichtlich ein frommer Mann war, vermochte er nicht, dem schändlichen Verhalten seiner Söhne, der Priester Hofni und Pinhas, Einhalt zu gebieten (1. Sam 2,12–17.22). Deswegen wurde ihm der Untergang seiner Nachkommenschaft vorausgesagt; zwei Söhne sollten am gleichen Tag sterben (1. Sam 2,27–36). Die Prophezeiung wurde durch eine Vision Samuels bestätigt (1. Sam 3,11–14) und von E. als Wille Gottes akzeptiert. Seine Söhne wurden getötet, als sie die Bundeslade in die Schlacht gegen die Philister begleiteten. Als der 98jährige E. erfuhr, daß Silo und die Lade erobert und seine Söhne getötet worden waren, fiel er rückwärts von seinem Stuhl, brach sich das Genick und starb.

E.s Nachkommen führten nach Samuel das Amt des Hohenpriesters weiter (1. Sam 14,3) bis z. Zt. Salomos, als Abjatar, der Adonijas Streben nach dem Thron unterstützt hatte, sein Amt an Zadok abgeben mußte (1. Kön 2,22.35). In 1. Kön 2,27 wird dies als Erfüllung der prophetischen Vision gegen das Haus E. beschrieben.

2. (»Gipfel«). Sohn Mattats und Vater Josefs; wird im Stammbaum Jesu erwähnt.

ELIA
1. Kön 17,1.13.
15–16.18.22–
24; 18,1–2.7–8.
11.14–17.21–
22.25.27.30.34.
36.40–42.46;
19,1–2.9.13.19–
21; 21,17.20.28;
2. Kön 1,3–4.8.
10.12–13.15.17;
2,1–2.4.6.8–9.
11.13–15; 3,11;
9,36; 10,10.17;
2. Chr 21,12;
Mal 3,23;
Mt 11,14; 16,14;
17,3–4.10–12;
27,47.49;
Mk 6,15; 8,28;
9,4–5.11–13;
15,35–36;
Lk 1,17; 4,25–
26; 9,8.19.30.
33.54;
Joh 1,21.25;
Röm 11,2;
Jak 5,17

ELIA (»Ja[hwe] ist mein Gott«). Elia aus Tischbe war der erste Prophet in Israel während der Regierungszeit der Könige Ahab, Ahasja und Joram. Die Bibel beschreibt ihn als einsamen Mann ohne festen Wohnsitz, der im Land umherzog, unerwartet auftauchte und wieder verschwand (1. Kön 18,12). Alles in E.s Leben diente der Ehre Gottes. Durch seine kompromißlose Verkündigung stand er in ständigem Konflikt mit den Königen von Israel, und mindestens einmal mußte er durch Flucht sein Leben retten. Heftigen Widerstand erfuhr er von Ahabs phöniz. Frau Isebel, die einen heidn. Kult in Israel eingeführt hatte. Nach seinem – von einem Wunder begleiteten – Sieg über 850 Propheten des Baal und der Aschera auf dem Berg Karmel (1. Kön 18) floh E. vor Isebel in das südliche Juda zum Gottesberg Horeb (1. Kön 19). Dort erhielt er den Auftrag, Hasaël zum König über Aram, Jehu zum König über Israel und Elisa zum Propheten an seiner Statt zu salben (1. Kön 19,15.16).

Der phöniz. Synkretismus Ahabs war wohl das Hauptmotiv für das Wirken E.s gegen die Omri-Dynastie. Ausgelöst wurde die Verfluchung des gesamten Königshauses aber durch die Vorfälle um Nabots Weinberg (1. Kön 21; 2. Kön 9,25.26).

Die Elia-Geschichten sind voll von Wundern (1. Kön 17,1–6.8–24). Besondere Wunderkräfte wurden E.s Mantel zugeschrieben, vergleichbar etwa

Der Berg Sartaba über dem Jordantal, wo der Tradition nach Elia im feurigen Wagen zum Himmel gefahren ist.

Die Eliahöhle auf dem Berg Karmel; sie gilt als einer der Orte, in denen Elia während seiner Verfolgung durch Ahab und Isebel Zuflucht suchte.

dem Stab Moses (2. Kön 2,8–14). Seine starke Persönlichkeit, die noch auf spätere Generationen einen nachhaltigen Eindruck machte, sowie das außergewöhnliche Ende seines Lebens – er wurde in einem Wettersturm entrückt (2. Kön 2,11) – weisen auf die besondere Rolle hin, die mit seiner Person verbunden ist. In den Schriftrollen vom Toten Meer erscheint E. als Wegbereiter des Messias, ebenso bei Maleachi (3,23). In der jüd. Tradition wird ihm die Aufgabe des messian. Herolds zugeschrieben, der auf wundersame Weise alle Konflikte lösen und den Frieden in der Welt mehren werde. Im NT wird Johannes d.T. wiederholt mit E., dem Vorläufer des Messias, gleichgesetzt (Lk 1,17; Joh 1,21). Nicht wenige hielten Jesus für E. (Mt 16,14; Mk 6,15; 8,28; Lk 9,8.19); dies wies Jesus jedoch entschieden zurück und schrieb die Rolle E.s dem Täufer zu (Mt 11,14; 17,11ff.; Mk 9,12ff.). E. erschien mit Mose bei der Verklärung Jesu (Mt 17,3; Mk 9,4; Lk 9,30). Das Psalmgebet des Gekreuzigten wurde spöttisch als Hilfeschrei zu E. mißinterpretiert (Mt 27,46).

ELIAB (»Mein Gott ist Vater«).

1. Sohn des Helon vom Stamm Sebulon (4. Mose 1,9), vom HERRN beauftragt, Mose und Aaron bei der Volkszählung Israels in der Wüste zu helfen (4. Mose 1,2,4); er wurde später zum Führer des Stammes Sebulon ernannt (4. Mose 2,7). Im Namen seines Stammes brachte er das von Mose angesetzte Dankopfer zur Einweihung der Stiftshütte (4. Mose 7,24.29) und führte den Stamm Sebulon beim Aufbruch der Israeliten aus der Wüste (4. Mose 10,12.16).

2. Eliab vom Stamme Ruben, Sohn des Pallu, Vater Nemuëls, Datans und Abirams (4. Mose 26,8–9), gemäß der zweiten von Mose und Eleasar unternommenen Volkszählung der Israeliten (4. Mose 26,1–2). Seine Söhne Datan und Abiram rebellierten gegen Mose und Aaron (4. Mose 16,1.12).

3. Erstgeborener Isais (Enkel von Rut und Boas) und somit ein älterer Bruder Davids (1. Chr 2,13). E. war der erste, auf den Samuel sein Augenmerk richtete, als der HERR ihn nach Bethlehem entsandte, um unter den Söhnen Isais einen König zu finden (1. Sam 16,1), aber Gott erklärte ihm, daß er E. als König ablehne (1. Sam 16,7). E. war bei König Saul, als das isrl. Heer Goliat und den Philistern gegenüberstand (1. Sam 17,13). E.s Tochter Abihajil (2. Chr 11,18) heiratete Jerimot, den Sohn Davids; deren Tochter Mahalat heiratete König Rehabeam.

4. Sohn des Nahat (1. Chr 6,12) und einer der Vorfahren des Propheten Samuel im Geschlechtsregister der Familie Levi (1. Chr 6,12).

5. Der dritte der Gaditer, »starke Helden und Kriegsleute«, die nach einer Reihe kühner Taten zu David nach Ziklag kamen (1. Chr 12,9–10).

ELIAB 1
4. Mose 1,9; 2,7; 7,24.29; 10,16
ELIAB 2
4. Mose 16,1.12; 26,8–9; 5. Mose 11,6
ELIAB 3
1. Sam 16,6; 17,13.28; 1. Chr 2,13; 2. Chr 11,18
ELIAB 4
1. Chr 6,12
ELIAB 5
1. Chr 12,10
ELIAB 6
1. Chr 15,18.20; 16,5

6. Ein Levit zweiter Ordnung z.Zt. Davids (1. Chr 15,18); Vorsänger mit einem Saiteninstrument an der Bundeslade.

ELIAM 1 2. Sam 11,3; 1. Chr 3,5

ELIAM (»Gottes Volk«).

1. Vater Batsebas, der Frau Urias des Hetiters, und späteren Frau Davids (2. Sam 11,3).

ELIAM 2 2. Sam 23,34

2. Sohn Ahitofels, des Giloniters – der zu Davids »Helden« zählte. (1) und (2) könnten identisch sein.

ELIATA 1. Chr 25,4.27

ELIATA (»Du bist mein Gott«). Oberhaupt der zwanzigsten von David eingesetzten Abteilung, die den Dienst im Tempel zu versehen hatte (1. Chr 25,27). Sohn des Heman (1. Chr 25,4) vom Stamm Levi.

ELIDAD 4. Mose 34,21

ELIDAD (»Gott hat geliebt«). Sohn Kislons (4. Mose 34,21) vom Stamm Benjamin, vom Herrn auserwählt, Mose bei der Aufteilung des Landes Kanaan zu helfen.

ELIËL 1 1. Chr 5,24

ELIËL (»Gott ist mein Gott«).

1. Oberhaupt einer Sippe aus dem Stamm Manasse, die am Ostufer des Jordans angesiedelt war (1. Chr 5,23), »gewaltig« und »berühmt« (1. Chr 5,24). Er versündigte sich an dem Gott seiner Väter (1. Chr 5,25) und wurde bestraft, indem er von Tiglat-Pileser, dem Assyrerkönig, gefangengenommen wurde.

ELIËL 2 1. Chr 6,19

2. Sohn des Tohu und Vater Jerohams, einer der levit. Vorfahren des Sängers Heman, der von David eingesetzt war, vor der Wohnung der Stiftshütte mit Singen zu dienen (1. Chr 6,16.18–19).

ELIËL 3 1. Chr 8,20

3. Einer der Söhne Schimis im Stammbaum König Sauls.

ELIËL 4 1. Chr 8,22

4. Einer der Söhne Schaschaks im Stammbaum König Sauls.

ELIËL 5 1. Chr 11,46

5. Ein Mahawiter, einer von Davids »Helden«.

ELIËL 6 1. Chr 11,47

6. Ebenfalls einer der »Helden« Davids.

ELIËL 7 1. Chr 12,12

7. Der siebte Mann aus dem Stamm Gad, der zu David in Ziklag stieß, »ein starker Held« (1. Chr 12,9.12).

ELIËL 8 1. Chr 15,9

8. Ein Levit, Oberster der Söhne Hebrons (1. Chr 15,9), von David ausersehen, beim Tragen der Bundeslade zu helfen.

ELIËL 9 2. Chr 31,13

9. Einer der Aufseher im Tempel z. Zt. König Hiskias von Juda.

ELIËNAI 1. Chr 8,20

ELIËNAI (»Meine Augen sind auf Gott gerichtet«). Einer der Obersten des Stammes Benjamin, die mit ihrer Sippe in Jerusalem ansässig wurden; im Stammbaum König Sauls.

ELIËSER 1 1. Mose 15,2

ELIËSER (»Gott ist meine Hilfe«).

1. Eliëser von Damaskus, Abrahams Diener und, bis Isaak das Licht der Welt erblickte, sein künftiger Erbe.

ELIËSER 2 2. Mose 18,4; 1. Chr 23,15.17; 26,25

2. Zweitgeborener Sohn von Mose und seiner Frau Zippora (2. Mose 18,4), der Tochter Jitros. Vater Rehabjas (1. Chr 23,17).

ELIËSER 3 1. Chr 7,8

3. Sohn Bechers vom Stamm Benjamin.

ELIËSER 4 1. Chr 15,24

4. Ein Priester z. Zt. König Davids; er blies die Trompete vor der Bundeslade.

ELIËSER 5 1. Chr 27,16

5. Sohn Sichris; Oberhaupt der Rubeniter z Zt. Davids.

ELIËSER 6 2. Chr 20,37

6. Sohn Dodawas von Marescha. E. weissagte gegen Joschafat, den König von Juda, weil er Verbündeter König Ahasjas von Israel geworden war. Seine Unheilsprophetie traf ein.

ELIËSER 7 Esr 8,16

7. Einer der Stammesfürsten, den Esra zu Iddo nach Kasifja schickte, um Leviten zum Dienst im Hause des Herrn zu holen (Esr 8,15–17).

ELIËSER 8 Esr 10,18

8. Ein Priester aus der Sippe Jeschuas, des Sohnes Jozadaks, der eine ausländische Frau genommen hatte und sie auf Befehl Esras verstoßen mußte.

ELIËSER 9 Esr 10,23

9. Ein Levit, der mit einer ausländischen Frau verheiratet war und sie verstoßen mußte.

ELIËSER 10 Esr 10,31

10. Ein Sohn Harims, der eine ausländische Frau geheiratet hatte und sie auf Befehl Esras verstoßen mußte.

ELIËSER 11 Lk 3,29

11. Vater Joschuas und Sohn Jorims; bei Lukas im Stammbaum Jesu erwähnt.

ELIFAL 1. Chr 11,35

ELIFAL (»Gott hat gerichtet«). Einer der »Helden« Davids; er war der Sohn Urs (1. Chr 11,35). Möglicherweise eine andere Schreibweise von Elifelet (2. Sam 23,34).

Elisaquelle bei Jericho, die der Prophet »gesund machte« (2. Kön 2,19–22), indem er Salz hineinwarf.

ELIFAS (»Mein Gott ist reines Gold«).

1. Der älteste Sohn Esaus und seiner Frau Ada, der Tochter Elons, des Hetiters (1. Mose 36,2–4). Elifas' Söhne waren: Teman, Omar, Zefo (oder Zefi), Gatam und Kenas (1. Mose 36,11); seine Nebenfrau Timna gebar ihm Amalek (1. Mose 36,12). Er und seine Brüder waren Fürsten im Lande Edom (1. Mose 36,15–16).

2. Elifas von Teman, der älteste der drei Freunde (Hiob 2,11), die Hiob vieler unrechter Dinge anklagten (Hiob, Kap. 4–5, 15 und 22). Er wurde schließlich vom Herrn wegen seiner Behauptungen zurechtgewiesen (Hiob 42,7) und mußte ein Brandopfer bringen.

ELIFAS 1 1. Mose 36,4. 10.12.15–16; 1. Chr 1,35–36
ELIFAS 2 Hiob 2,11; 4,1; 15,1; 22,1; 42,7.9

ELIFELEHU (»Den Gott absondert«). Ein Levit zweiter Ordnung; einer der Vorsänger an der Bundeslade (1. Chr 15,16.18). Er »spielte mit Harfen von acht Saiten« (1. Chr 15,21) z. Zt. König Davids.

ELIFELEHU 1. Chr 15,18.21

ELIFELET (»Gott der Errettung«). (Wird im Hebr. geschrieben wie »Elifal«).

1. Der Maachatiter, Sohn Ahasbais, einer der »Helden« Davids.
2. Einer der in Jerusalem geborenen Söhne Davids.
3. Einer von Adonikams Söhnen und Oberhaupt einer Sippe Vertriebener, die mit Esra aus der babyl. Gefangenschaft heimkehrten.
4. Ein Levit, einer der Söhne des Priesters Haschum, die sich fremde Frauen nahmen und diese auf Anordnung Esras verstoßen mußten.

ELIFELET 1 2. Sam 23,34
ELIFELET 2 2. Sam 5,16; 1. Chr 3,6.8; 14,7
ELIFELET 3 Esr 8,13
ELIFELET 4 Esr 10,33

ELIHOREF (»Gott ist Belohnung«). Sohn Schischas, der zus. mit seinem Bruder Ahia Schreiber an Salomos Königshof war.

ELIHOREF 1. Kön 4,3

ELIHU (»Gott ist der Einzige«).

1. Großvater Elkanas, des Vaters Samuels (1. Sam 1,1); auch Eliël (1. Chr 6,19) oder Eliab (1. Chr 6,12) genannt.
2. Einer der Männer aus Manasse, die in Ziklag zu David stießen.
3. Einer der Söhne Schemajas, des Korachiters (1. Chr 26,7); er diente als Torhüter z. Zt. Davids.
4. Einer der Brüder Davids (1. Chr 27,18), steht aber hier möglicherweise für Eliab (3).
5. Sohn Barachels, des Busiters aus dem Geschlecht Ram, der Hiob von der Gerechtigkeit der Wege Gottes zu überzeugen suchte.

ELIHU 1 1. Sam 1,1
ELIHU 2 1. Chr 12,21
ELIHU 3 1. Chr 26,7
ELIHU 4 1. Chr 27,18
ELIHU 5 Hiob 32,2.4–6; 34,1; 35,1; 36,1

ELIKA (»Gott ist Verwerfer«). Haroditer, einer von Davids »Helden«.

ELIKA 2. Sam 23,25

ELIM Der zweite Lagerplatz der Israeliten auf ihrem Auszug ins Gelobte Land. Dort fanden sie »zwölf Wasserquellen und siebzig Palmbäume« (2. Mose 15,27). Von E. zogen sie zum Roten Meer (4. Mose 33,10).

ELIM 2. Mose 15,27; 16,1; 4. Mose 33,9–10

ELIMELECH (»Gott ist mein König«). Ein Mann aus Bethlehem in Juda, der wegzog, um in Moab zu leben (Rut 1,1) – mit seiner Frau Noomi und seinen beiden Söhnen Machlon und Kiljon (Rut 1,2). Die Söhne nahmen zwei moabitische Frauen, Orpa und Rut. E. starb in Moab (Rut 1,3), und auch seine beiden Söhne starben (Rut 1,5). Noomi, E.s Witwe, kehrte mit ihrer Schwiegertochter Rut nach Bethlehem zurück (Rut 1,19).

ELIMELECH Rut 1,2–3; 2,1.3; 4,3.9

ELISA (»Gott ist Heil«). Ein Prophet aus Abel-Mehola in Gilead. Er lebte im Nordreich Israel während der Regierungszeit der Könige Joram, Jehu, Joahas und Joasch und predigte im Zusammenhang mit den Kriegen zwischen Aram und Israel. Urspr. war E. der Schüler und Gefährte Elias; gemäß dem göttlichen Auftrag vom Berg Horeb (1. Kön 19,16) legte Elia zum Zeichen der Amtsübergabe seinen Mantel über E. (1. Kön 19,19; 2. Kön 2,13. 14) und bestellte ihn zum Propheten. Bei der Himmelfahrt Elias (2. Kön 2) nahm E. den Mantel Elias, womit sein eigenes Wirken als Prophet begann. Seine Schüler ordneten sich der Autorität E.s unter (2. Kön 2,15). E. ist eine typische Gestalt aus den Anfängen der Prophetie. Es werden von ihm zahlreiche Wundertaten berichtet: die Vermehrung des Öls (2. Kön 4,1–7), die Auferweckung des Sohnes der Schunemiterin (2. Kön 4,8–37) und die Heilung des aussätzigen Naaman, eines aram. Feldhauptmanns (2. Kön 5,1–19); für diese Heilung nahm E. keine Dankesgabe an. Als sein Diener Gehasi statt dessen von Naaman ein Geschenk erbat, wurde er vom Propheten verflucht (2. Kön 5,20–27).

ELISA 1. Kön 19,16–17.19.21; 2. Kön 2,1–5.9. 12.14–15.19.22; 3,11.13–14; 4,1–2.8.17.32. 38; 5,8–10.20.25; 6,1.12.17–21. 31–32; 7,1; 8,1.4–5.7.10. 13–14; 9,1; 13,14–17.20–21; Lk 4,27

E. begleitete auch die vereinten Heere König Jorams von Israel und König Joschafats von Juda auf ihrem Feldzug gegen das aufständische Moab und verkündete Gottes Wort (2. Kön, Kap. 3). E. lehnte Joram ab, der »tat, was dem HERRN mißfiel« und damit den Weg seines Vaters Ahab ging (2. Kön 3,2), und ließ später Jehu zum König über Israel salben (2. Kön 9,1–13).

Nach 2. Kön 8,7–15 sagte E. voraus, daß Hasaël König von Aram werden würde, wobei er gleichzeitig das Unglück sah, das damit über Israel kommen würde. Der Prophet E. erscheint als mutiger und leidenschaftlich überzeugter Mann, der den Glauben Israels an den Gott seiner Väter vor fremden Einflüssen zu bewahren suchte.

ELISABETH Lk 1,5.7.13.24. 36.40–41.57

ELISABETH (»Mein Gott hat geschworen«). Frau des Priesters Zacharias und Mutter von Johannes dem Täufer (Lk 1,5 ff.). Sie stammte aus der Nachkommenschaft Aarons und führte den Namen von Aarons Frau (Elischeba im hebr. Original; 2. Mose 6,23). E. wurde, nachdem ihrem Mann Zacharias ein Engel Gottes erschienen war, schwanger, obgleich sie unfruchtbar und schon recht alt war. Während ihrer Schwangerschaft empfing sie den Besuch Marias aus Nazareth (Lk 1,39–40). Dieses Treffen fand nach der christl. Überlieferung im Wohnsitz E.s, in dem Dorf Ein Karem statt, das westlich von Jerusalem liegt.

ELISCHA 1 1. Mose 10,4; 1. Chr 1,7 — ELISCHA 2 Hes 27,7

ELISCHA (»Gott hat geholfen«).

1. Der Erstgeborene Jawans (Urenkel Noahs) im Stammbaum Jafets.

2. Ein Ort, von dem – »von den Gestaden Elischas« (vermutlich Zypern) – »blauer und purpurner« Farbstoff kam.

ELISCHAFAT 2. Chr 23,1

ELISCHAFAT (»Gott hat Recht gesprochen«). Elischafat, einer der Hauptleute, half Jojada, Joasch als König von Juda einzusetzen, nachdem er Atalja unschädlich gemacht hatte.

ELISCHAMA 1 4. Mose 1,10; 2,18; 7,48.53; 10,22; 1. Chr 7,26 — ELISCHAMA 2 2. Sam 5,16; 1.Chr 3,8; 14,7 — ELISCHAMA 3 2. Kön 25,25; Jer 41,1 — ELISCHAMA 4 Jer 36,12.20–21

ELISCHAMA (»Gott hörte«).

1. Der Sohn Ammihuds, aus dem Geschlecht Ephraim; er half Mose bei einer Volkszählung Israels (4. Mose 1,2.10), und wurde später zum Stammesfürsten von Ephraim ernannt (4. Mose 2,18). In dieser Eigenschaft brachte er am siebten Tag das von Mose angesetzte Dankopfer dar (4. Mose 7,1.48–53). Er führte den Stamm Ephraim beim Auszug der Israeliten aus der Wüste Sinai (4. Mose 10,22). Er war der Vater Nuns und Josuas Großvater (1. Chr 7,27).

2. Einer der in Jerusalem geborenen Söhne Davids.

3. Vater Netanjas und Großvater Jismaels; Jismael tötete Gedalja, den Statthalter von Juda.

4. Der königl. Schreiber z. Zt. König Jojakims von Juda; in seinen Gemächern waren die Schriftrollen des Propheten Jeremia aufbewahrt, die später vom König vernichtet wurden.

(ganz oben) Die »Kirche der Heimsuchung«, Ein Karem. Dort soll Maria ihre Kusine Elisabeth besucht haben.
(oben) Die Quelle, die angeblich von Elisabeth benutzt wurde.
(unten) Hebräisches Siegel aus schwarzem Kalkstein mit der Inschrift: »[Gehört] dem Hoschaja [Sohn des] Elischama.« Spätes 7–6. Jh. v. Chr. (Israel Museum).

ELISCHEBA 2. Mose 6,23

ELISCHEBA (»Mein Gott ist Eidschwur«). Frau Aarons und Mutter seiner Söhne Nadab, Abihu, Eleasar und Itamar. Sie war die Tochter Amminadabs und die Schwester Nachschons.

ELISCHUA 2. Sam 5,15; 1. Chr 14,5

ELISCHUA (»Gott ist die Rettung«). Einer der vielen in Jerusalem geborenen Söhne König Davids (1. Chr 14,5; 2. Sam 5,15). Erscheint in 1. Chr 3,6 als »Elischama«.

ELIUD Mt 1,14–15

ELIUD (»Gott Judas«). Sohn Achims und Vater Eleasars im Stammbaum Jesu.

ELIZAFAN 1 2. Mose 6,22; 3. Mose 10,4; 4. Mose 3,30; 1. Chr 15,8; 2. Chr 29,13 — ELIZAFAN 2 4. Mose 34,25

ELIZAFAN (»Gott verhüllte/beschützte«).

1. Sohn Usiëls, Oberhaupt der Kehatiter (Nachkommen von Levis zweitem Sohn), die in der Wüste Sinai südlich der Stiftshütte lagerten (4. Mose 3,30). Zus. mit seinem Bruder Mischaël trug er die Leichen Nadabs und Abihus fort, nachdem »das Feuer des HERRN« sie im Lager verzehrt hatte (3. Mose 10,4).

2. Sohn Parnachs, Fürst des Stammes Sebulon, der gemeinsam mit Josua und Eleasar Mose bei der Aufteilung des Landes Kanaan half (4. Mose 34,16–18.25).

ELIZUR 4. Mose 1,5; 2,10; 7,30.35; 10,18

ELIZUR (»Mein Gott ist ein Fels«). Ein Mann vom Stamm Ruben, Sohn Schedëurs, der wie Elischama (1) Mose bei der Volkszählung der Israeliten

Hebräische Siegelinschrift: »[Gehört] Eljakim [Sohn des] Uzza«; 7. Jh. v. Chr. (Israel Museum).

in der Wüste Sinai half (4. Mose 1,1–2.5); er wurde später zum Stammesfürsten von Ruben ernannt (4. Mose 2,10); in deren Namen brachte er am vierten Tag das von Mose angesetzte Dankopfer in die Stiftshütte (7,30–35). Er führte den Stamm Ruben beim Auszug der Israeliten aus der Wüste Sinai ins gelobte Land (4. Mose 10,18).

ELJACHBA (»Gott verbirgt«). Ein Schaalboniter, einer von Davids »Helden«.

ELJACHBA 2. Sam 23,32; 1. Chr 11,33

ELJADA (»Gott wußte«).

1. Vater von Reson, dem Widersacher Salomos und Begründer der Herrscherdynastie des aram. Königreiches Damaskus.

2. Einer der Söhne Davids, geb. in Jerusalem.

3. Ein »streitbarer Mann« aus dem Stamm Benjamin; Hauptmann im Heer König Joschafats von Juda, ihm unterstanden »zweihunderttausend, die mit Bogen und Schild gerüstet waren«.

ELJADA 1 1. Kön 11,23
ELJADA 2 1. Chr 3,8; 2. Sam 5,16
ELJADA 3 2. Chr 17,17

ELJAKIM (»Gott erhöht«).

1. Sohn Hilkijas, E. war verantwortlich für die Hofhaltung König Hiskias von Juda (2. Kön 18,18). Dieser Aufstieg in ein so hohes Amt war ihm von Jesaja vorausgesagt worden (Jes 22,20–21). Er war in die bittere Auseinandersetzung mit einem Abgesandten des assyr. Königs verwickelt, der über den Gott Israels gespottet hatte (2. Kön 18,37).

2. Eljakim, der zweite Sohn des jüdäischen Königs Josia (2. Kön 23,34); Marionettenkönig des Pharaos Necho, der seinen Namen umwandelte in Jojakim, nachdem er seinen Bruder Joahas abgesetzt hatte (2. Kön 23,34; 2. Chr 36,4; siehe auch JOJAKIM).

3. Einer der Priester, die an der Einweihung der Jerusalemer Stadtmauer durch Nehemia teilnahmen (Neh 12,27.41).

4. Sohn des Abihud und Enkel von Serubbabel; Vater Asors im Stammbaum von Josef, dem Mann Marias.

5. Vater Jonams und Sohn Meleas im Stammbaum Jesu nach Lukas.

ELJAKIM 1 2. Kön 18,18.26.37; 19,2; Jes 22,20; 36,3.11.22; 37,2
ELJAKIM 2 2. Kön 23,34; 2. Chr 36,4
ELJAKIM 3 Neh 12,41
ELJAKIM 4 Mt 1,13
ELJAKIM 5 Lk 3,30

ELJASAF (»von Gott hinzugefügt«).

1. Sohn des Deguël (4. Mose 1,14), ein Mann vom Stamm Gad; half Mose und Aaron bei der Volkszählung Israels in der Wüste (4. Mose 1,2.14). Später wurde er zum Führer des Stammes Gad ernannt (4. Mose 2,14); in dessen Namen brachte er am sechsten Tag ein Dankopfer, das Mose (4. Mose 7,1. 42–47) angesetzt hatte, und führte den Stamm beim Auszug der Israeliten aus der Wüste Sinai (4. Mose 10,12.20).

2. Sohn Laëls, Fürst der Gerschoniter in der Levi-Sippe entsprechend der Volkszählung, die Mose in der Sinaiwüste durchführte (4. Mose 3,14–15).

ELJASAF 1 4. Mose 1,14; 2,14; 7,42.47; 10,20
ELJASAF 2 4. Mose 3,24

ELJASCHIB (»Gott gibt zurück [erwidert]«).

1. Der zweite von Eljoënais sieben Söhnen und Nachkomme von Serubbabel (1. Chr 3,19.24) im Stammbaum der Familie Davids (1. Chr 3,1).

2. Ein Priester, Nachkomme Aarons und Oberster der elften Priesterabteilung z. Zt. König Davids.

3. Ein Priester, der sich mit Tobija gegen Nehemia verbündete (Neh 13,4.7); er war Jojakims Sohn (Neh 12,10) und Vater Jojadas (Neh 13,28) und Johanans (Neh 12,23; Esr 10,6).

ELJASCHIB 1 1. Chr 3,24
ELJASCHIB 2 1. Chr 24,12
ELJASCHIB 3 Esr 10,6; Neh 12,10.22–23; 13,4.7.28

Hebräische Siegelinschrift (auf Karneol): »[Gehört] Eljaschib, dem Sohn des Eschiahu.« Gefunden in Arad, spätes 7. Jh. v. Chr. (Israelische Regierungsabteilung für Altertümer und Museen).

ELJOËNAI (»Meine Augen sind auf Gott gerichtet«).

1. Ein Nachkomme Serubbabels und Sohn des Nearja (1. Chr 3,23), Vater mehrerer Nachkommen im Stammbaum der Familie Davids.

2. Einer der Obersten des Stammes Simeon.

ELJOËNAI 1 1. Chr 3,23–24
ELJOËNAI 2 1. Chr 4,36

ELKANA (»Gott hat erschaffen«).

1. Enkel Korachs (1. Chr 6,8), der in 2. Mose 6,24 neben seinem Vater Assir und seinem Sohn Abiasaf aufgezählt wird. Auch andere Nachkommen Korachs tragen den Namen Elkana.

2. Vater des Propheten Samuel; er hatte zwei Frauen, Peninna und Hanna. Hanna blieb lange Zeit kinderlos, worunter sie, verstärkt durch die Kränkungen Peninnas, sehr litt. Im Heiligtum Gottes bat sie Gott um einen Sohn und versprach, ihn ihm zum Dienst zu geben. Sie gebar dann Samuel.

3. Drei Personen dieses Namens werden als Vorfahren von Heman, dem

ELKANA 1 2. Mose 6,24; 1. Chr 6,8
ELKANA 2 1. Sam 1,1.4.8.19.21.23; 2,11.20; 1. Chr 6,12
ELKANA 3 1. Chr 6,19.20.21

ELKANA 4 1. Chr 12,7
ELKANA 5 2. Chr 28,7

Sänger, aufgeführt, der mit anderen von David eingesetzt wurde, um vor der Stiftshütte zu singen (1. Chr 6,16–18.19–21). Der Stammbaum Hemans geht über Korach und Kehat auf Levi zurück.

4. Ein Korachiter, einer von Davids »Helden«. Er gehörte zu den Kriegern aus dem Stamm Benjamin, die in Ziklag zu David stießen.

5. Ein hoher Würdenträger z. Zt. Königs Ahas von Juda; wurde von Sichri erschlagen, als Pekach, der Sohn Remaljas, gegen den König stritt.

ELKOSCH Nah 1,1

ELKOSCH Der Heimatort des Propheten Nahum. Der Ort lag vermutlich in Juda.

ELLASAR 1. Mose 14,1.9

ELLASAR Das Königreich Arjochs, das sich mit König Kedor-Laomer von Elam verbündete (1. Mose 14,1) und zus. mit ihm geschlagen wurde.

ELLE Siehe MASSE UND GEWICHTE.

ELMADAM Lk 3,28

ELMADAM Sohn Ers und Vater Kosams im Stammbaum Jesu.

ELNAAM 1. Chr 11,46

ELNAAM (»Gott ist freundlich«). Vater Jeribais und Joschawjas, die zu Davids »Helden« gehörten. Nach der LXX gehörte auch er zu den »Helden«.

ELNATAN 1 2. Kön 24,8
ELNATAN 2 Jer 26,22; 36,12.25

ELNATAN (»Gott hat gegeben«).

1. Ein Mann aus Jerusalem, Vater von Nehuschta, der Gattin König Jojakims von Juda und Mutter Jojachins.

2. Sohn Achbors. Er gehörte zu den Leuten, die von König Jojakim nach Ägypten entsandt wurden, um den Propheten Uria zurückzuholen, weil dieser hingerichtet werden sollte (Jer 26,22). Er war ein Fürst (Jer 36,12) und einer von denen, die den König anflehten, die Schriftrolle des Jeremia nicht zu verbrennen (Jer 36,25). Möglicherweise identisch mit (1).

Siegel aus rotem Kalkstein mit aramäischer Inschrift: »[gehört] Elnatan«. 8.–7. Jh. v. Chr. (Israel Museum).

ELON 1 1. Mose 46,14; 4. Mose 26,26
ELON 2 1. Mose 26,34; 1. Mose 36,2
ELON 3 Ri 12,11
ELON 4 Jos 19,43

ELON (»Eiche«, »Terebinthe«).

1. Der zweite Sohn Sebulons und Oberhaupt der Eloniter–Sippe laut der von Mose und Eleasar durchgeführten zweiten Volkszählung der Israeliten (4. Mose 26,2.26).

2. Ein Hetiter, Schwiegervater Esaus; seine Tochter heißt Basemat in 1. Mose 26,34 und Ada in 1. Mose 36,2.

3. Ein Sebuloniter, Richter in Israel; er wirkte zehn Jahre lang als Richter nach Ibzan (Ri 12,11–12).

4. Eine Stadt im Gebiet des Stammes Dan (Jos 19,40.43), als Josua das Land unter die Israeliten aufteilte (Jos 14,1). Sie lag in der Nähe von Timna (Jos 19,43), ihre genaue Lage ist unbekannt.

ELONITER 4. Mose 26,26

ELONITER Die Sippe Elons (1), gemäß der zweiten, von Mose und Eleasar durchgeführten Volkszählung der Israeliten.

ELPAAL 1. Chr 8, 11–12.18

ELPAAL (»Gott der Tat«). Der zweite Sohn Schaharajims und seiner Frau Huschim (1. Chr 8,11) im Stammbaum Benjamins.

EL-PARAN 1. Mose 14,6

EL-PARAN Der entfernteste Punkt, den Kedor–Laomer bei seiner Invasion erreichte. Irgendwo hinter dem Seir–Gebirge in der Wüste (1. Mose 14,6). Der Ort wird an keiner anderen Stelle der Bibel erwähnt, könnte aber mit Elat identisch sein.

ELPELET 1. Chr 14,5

ELPELET Einer der in Jerusalem geb. Söhne Davids, an anderer Stelle Elifelet genannt.

ELSABAD 1 1. Chr 12,13
ELSABAD 2 1. Chr 26,7

ELSABAD (»Gott hat gegeben«).

1. Der neunte der elf Männer, die sich David in Ziklag anschlossen (1. Chr 12,9.13).

2. Der vierte Sohn Schemajas (1. Chr 26,7) von der Sippe Obed-Edom (1. Chr 26,8), ein Levit und Torhüter z. Zt. Davids.

ELTEKE Jos 19,44; 21,23

ELTEKE Ein Ort, der dem Gebiet des Stammes Dan zufiel (Jos 19,40.44), als Josua das Land Kanaan unter die Israeliten aufteilte (Jos 14,1); später wurde der Ort den Leviten zugeteilt (Jos 21,3.23). Mehrere Kämpfe zwischen Sanherib und den Ägyptern wurden hier ausgetragen, und der Assyrerkönig zerstörte die Stadt i. J. 701 v. Chr.

ELTEKON Jos 15,59

ELTEKON Eine Stadt, die dem Gebiet des Stammes Juda zufiel (Jos 15,20.59), als das Land Kanaan von Josua aufgeteilt wurde (Jos 14,1). Ihre genaue Lage ist nicht bekannt, sie lag vermutlich nahe bei Halhul in den judäischen Bergen.

ELTOLAD Eine Stadt, die dem Gebiet des Stammes Juda zufiel (Jos 15, 20.30), als Josua das Land Kanaan unter die Israeliten aufteilte (Jos 14,1). Sie wurde später in das Gebiet von Simeon einbezogen (Jos 19,1.4; 1. Chr 4,29). Wahrscheinlich eine der zerstörten Städte südlich von Beerscheba im Negeb.

ELTOLAD
Jos 15,30; 19,4; 1. Chr 4,29

ELUL Der sechste Monat im Jahr; wird in der Bibel ein einziges Mal erwähnt, als der Monat, in dem Nehemia den Bau der Jerusalemer Stadtmauer vollendete.

ELUL
Neh 6,15

ELUSAI (»Gott ist meine Stärke«). Ein Mann vom Stamm Benjamin, der in Ziklag zu David kam (1. Chr 12,1.2.6).

ELUSAI
1. Chr 12,6

ELYMAS Siehe BARJESUS.

ELYMAS
Apg 13,8

EMEK-KEZIZ Eine Stadt des Stammes Benjamin, vermutlich im Jordantal in der Nähe von Jericho gelegen.

EMEK-KEZIZ
Jos 18,21

EMITER Ureinwohner von Moab, hochgewachsene Leute, die man auch »für Riesen hielt« (5. Mose 2,10–11). Z.Zt. Abrahams (1. Mose 14,5) wurden sie von König Kedor-Laomer und dessen Verbündeten in der Ebene Kirjatajim angegriffen.

EMITER
1. Mose 14,5; 5. Mose 2,10–11

EMMANUEL Siehe IMMANUEL.

EMMAUS Stadt in Judäa. In der pers. Zeit verlief die Grenze Judas nahe E.; zu der Zeit war der Ort auch unter dem Namen Hamthan, d.h. »heiße Quellen«, bekannt (gemeint sind die Quellen nahe der Stadt, die in jüd. Schriften erwähnt werden). Judas Makkabäus errang hier einen großen Sieg über die seleukid. Streitmacht unter Georgias und Nikanor i.J. 166 v.Chr. In der zweiten Hälfte des 1. Jh.s v. Chr. wurde Emmaus Bezirkshauptstadt. 68 n. Chr. verlegte Vespasian nach der Zerstörung Jerusalems die 5. mazedonische Legion nach E. Elagabulus verlieh dem Ort 221 n. Chr. den Status einer *polis* und nannte es »Nikopolis«, die »Stadt des Sieges«.

EMMAUS
Lk 24,13

Reste außerhalb des sogenannten Hauses des Kleopas in Emmaus.

Nach der Kreuzigung Jesu begegneten hier zwei Jünger auf ihrem Weg von Jerusalem dem auferstandenen Herrn, ohne ihn zu erkennen (Lk 24,13 ff). Diese Geschichte beschreibt wie kaum eine andere in den Evangelien die Veränderung, die sich bei den Jüngern nach der Auferstehung Jesu Christi vollzogen hat: Aus bloßen Augenzeugen wurden Botschafter des auferstandenen Christus, den sie am Brechen des Brotes (Lk 24,35) und an der Auslegung der Schriften (Lk 24,32.45) wiedererkannt hatten. Diese beiden Kennzeichen wurden dann auch in der Urgemeinde zu Grundlagen des Lebens und des Gottesdienstes (Apg 2,42).

Ausgrabungen haben Reste aus der hell., röm., byz. und späteren Epochen zutage gefördert. Aus byz. Zeit stammen die Ruinen einer Basilika mit einer Apsis, die auf den Grundmauern eines älteren Hauses – das als Haus des Kleopas gilt – erbaut wurde. Über dieser Basilika erhebt sich eine Kreuzfahrerkirche, die bis heute erhalten ist. Emmaus, heute Imwas, liegt 29 km nordwestlich von Jerusalem.

ENAM
Jos 15,34

ENAM Ein Dorf in dem Gebiet, das dem Stamm Juda zugefallen war.

ENAN
4. Mose 1,15; 2,29; 7,78.83; 10,27

ENAN (»Quellen«). Vater von Ahira, einem Mann aus Naftali und Führer seines Stammes zur Zeit Moses.

Blick auf En-Dor mit dem Berg Tabor im Hintergrund.

EN-DOR
Jos 17,11; 1. Sam 28,7; Ps 83,11

EN-DOR Stadt in Untergaliläa, südlich von Nazareth, heute Indur, 6 km südlich des Berges Tabor. Der Ort lag im Gebiet des Stammes Manasse (Jos 17,11), als Josua das Land Kanaan unter die Israeliten aufteilte (Jos 14,1). Die kanaan. Ureinwohner wurden nicht aus der Stadt vertrieben, hatten jedoch für die Israeliten zu arbeiten (Jos 17,12–13). In E. lebte die Totenbeschwörerin, die König Saul (1. Sam 28,7–25) vor der Schlacht am Gebirge Gilboa um Rat fragte. Laut Ps 83 war E. der Ort, an dem Jabin und Sisera umkamen (Ps 83,10–11).

EN-EGLAJIM
Hes 47,10

EN-EGLAJIM Ein Ort am Toten Meer, vom Propheten Hesekiel erwähnt (Hes 47,10): »Denn es wird dort sehr viele Fische von aller Art geben, wie im großen Meer«. Wahrscheinlich lag E. am Südostufer des Toten Meeres.

Das Südostufer des Toten Meeres, wo En-Eglajim vermutlich gelegen hat.

EN-GANNIM 1
Jos 15,34
EN-GANNIM 2
Jos 19,21; 21,29; 1. Chr 6,58

EN-GANNIM

1. Eine Stadt im Flachland des Gebietes, das dem Stamm Juda zugeteilt wurde (Jos 15,34). Die heutige Lage des Ortes ist nicht bekannt, vermutlich ist er aber in der Nähe von Bet-Schemesch zu lokalisieren.

2. Eine Stadt im Gebiet des Stammes Issachar, bezeichnet als Wohnstadt der Leviten aus der Nachkommenschaft Gerschons (Jos 21,29; 1. Chr 6,58).

EN-GEDI Oase am Westufer des Toten Meeres, benannt nach der ergiebigen Quelle, dank deren Wasser hier Pflanzen und Bäume gedeihen. Der Ort wird im Zusammenhang mit der »Salzstadt« als ein Teil des Landes Juda erwähnt (Jos 15,62). David verbarg sich auf der Flucht vor Saul in den Bergfesten bei E. (1. Sam 24,1). Die Kämpfe zwischen Joschafat, dem König von Juda, und den Ammonitern und Moabitern begannen in Hazezon-Tamar, »das ist En-Gedi« (2. Chr 20,1.2). Bereits im Altertum war E. bekannt für seine würzig-aromatischen Kräuter, von denen im Hohenlied Salomos die Rede ist (Hld 1,14). Noch berühmter wurde der Ort z. Zt. des zweiten Tempels. Josephus Flavius berichtet, daß hier die schönsten Palmen und Balsamkräuter wuchsen (Jüd. Altertümer IX,7). Zu jener Zeit war es Bezirkshauptstadt (Jüd. Krieg III,55). Die Römer verwüsteten En-Gedi, nachdem sie die Bergfestung Masada 68 n. Chr. erobert hatten (Jüd. Krieg IV,402). Plinius schrieb etwas später (Naturalis Historia V,73): »Unterhalb der Essener lag einst die Stadt Engedi – nächst Jerusalem am reichsten an fruchtbaren Palmengärten und nun, wie Jerusalem, nur noch ein Haufen Asche.«

Bei Ausgrabungen 1960–70 wurden mehrere Schichten einer Ansiedlung

EN-GEDI
Jos 15,62;
1. Sam 24,1–2;
2. Chr 20,2;
Hld 1,14;
Hes 47,10

(rechts) Naturschutzgebiet En-Gedi (Naturschutzbehörde).

Wasserfall bei En-Gedi, bekannt als »Davids Quelle«.

(unten rechts) Mosaik der Synagoge zu En-Gedi.

Das sogenannte »Fenster« von En-Gedi.

ENGEL 1. Mose 16,7. 9–11; 19,1.15; 21,17; 22,11.15; 24,7.40; 28,12; 31,11; 32,2; 48,16; 2. Mose 3,2; 14,19; 23,23; 32,34; 4. Mose 20,16; 22,22; Ri 2,1.4; 6,12; 13,3; 1. Sam 29,9; 2. Sam 14,17.20; 19,28; 24,16; 1. Kön 13,18; 19,5.7; 2. Kön 1,3; 19,35; 1. Chr 21,12; 2. Chr 32,21; Hiob 33,23; Ps 34,8; 35,5f.; 78,49; 91,11; 103,20; 148,2; Jes 37,36; 63,9; Dan 3,28; 6,23; 10,13.20f.; Hos 12,5; Sach 1,9.11–14; 2.2; 3,1; 4,1.4f.; 5,5.10; 6,4f.; 12,8; Mal 3,1; Jdt 13,20; Tob 12,15; Mt 1,20.24; 2, 13.19; 4,6.11; 13,39.41.49; 16,27; 18,10; 22,30; 24,31.36; 25,31.41; 26, 53; 28,2.5; Mk 8,38; 12,25; 13,32; Lk 1,11.26; 2,9.13.15.21; 9,26; 12,8f.; 15,10; 16,22; 20,36; 22,43; Joh 1,51; 5,4; 12,29; 20,12; Apg 5,19; 6,15; 7,35.38.53; 8,26; 10,3.7.22; 11,13; 12,7–11. 15.23; 23,8f.; 27,23; Röm 8,38; 1. Kor 4,9; 6,3; 11,10; 2. Kor 11,14; 12,7; Gal 1,8; 3,19; 4,14; Kol 2,18; 2. Thess 1,7; 1. Tim 3,16; 5,21; 1. Petr 1,12; 3,22; Hebr 1,4–7; 2,5.7.16; 12,22; 13,2; Offb 1,20; 2,1.8. 12.18; 3,1.5.7. 14; 5,2.11;

freigelegt, die bis in die Zeit König Josias von Juda zurückgehen. Diese Ansiedlung wurde etwa 582 v. Chr. zerstört. Spätere Schichten stammen aus der pers. Epoche und zeigen Überreste einer Stadt, die etwa i. J. 40 v. Chr. zerstört wurde; noch spätere Schichten stammen aus dem 1. Jh. n. Chr., als der Ort eine Festung war, die i. J. 68 n. Chr. von den Römern verwüstet wurde. Auch eine Synagoge aus der Zeit einer späteren jüd. Siedlung wurde freigelegt.

ENGEL Engel sind himmlische Wesen, die Gott preisen und ihm dienen. Das Wort Engel stammt aus dem Griech. (*angelos*) und bezeichnet, wie das entsprechende hebr. Wort, einen Boten. E. handeln als himmlische Boten im Auftrag und in Stellvertretung Gottes (1. Mose 16,11; 4. Mose 22,22; Ri 6,11.14). Sie waren bereits Zeugen der Schöpfung (Hiob 38,7), sind aber »Gottessöhne«, »Helden« und »Heilige« Geschöpfe Gottes und nicht ohne Fehler (Hiob 4,18; 15,15).

Bei seinen Botendiensten tritt der Überbringer der Botschaft gegenüber ihrem Inhalt ganz zurück. Aus diesem Grund ist auch kaum eine Beschreibung der göttl. Boten in der Bibel zu finden – wichtiger ist ihr Auftrag. E. vermitteln zwischen Gott und den Menschen und haben verschiedene Aufgaben:

Als »Unheilsengel« (Ps 78,49), »Würgeengel« (2. Mose 12,23) oder »Todesengel« (Hiob 33,23) sind sie die Vollstrecker des göttl. Gerichts (1. Mose 3,24; 2. Kön 19,35; Apg 12,23; Mt 13,49; 2. Thess 1,7); sie schützen, wie der Erzengel Michael, die Gerechten (Dan 3,25–28; 10,13.20; 11,1; 12,1; Jud V. 9); sie offenbaren Gottes Heil im AT (1. Mose 22,15 f.; 2. Mose 3,2; Jos 5,15; 1. Kön 19,5; Jes 6,6); sie achten auf die Kleinsten (Mt 18,10) und auf die Gemeinden (Offb 2–3). Darüber hinaus treten sie an vielen entscheidenden Punkten der Heilsgeschichte auf (Lk 1,11.28; 2,9; u. a.). Nach der mißlungenen Versuchung durch den Satan dienen die E. Jesus und sind in allen wichtigen Stationen seines Lebens gegenwärtig (Auferstehung, Himmelfahrt, aber auch schon bei seiner Geburt). Wie sie Jesus Christus gedient haben, so dienen sie auch der Gemeinde, seinem Leib (Apg 5,19; 8,26; 10,3; 12,7).

Drei E. werden in der Bibel namentlich genannt: *Michael*, der Erzengel (Dan 10,13; Jud 9) und Bezwinger des Drachens (Offb 12,7 ff.); *Gabriel*, der Vorbote (*annuntiatio*) der Geburt Jesu (Lk 1,26); und im apokryphen Buch Tobias *Rafael*, der Begleiter des Tobias (Tob 5,4–11,19).

Daneben gibt es Cherubinen und Serafinen, die den Herrn Zebaoth preisen (Jes 6). Die E. insgesamt werden auch als »himmlische Heerscharen« bezeichnet (1. Kön 22,19; 2. Chron 18,18; Lk 2,13).

Ihr Erscheinungsbild ist unterschiedlich. Z. T. erscheinen sie in menschlicher Gestalt (Jos 5,13.14; Ri 13), ihr Auftreten kann aber auch so furchterregend sein, daß sie ihre Botschaft mit dem Wort »Fürchtet euch nicht« einleiten müssen. Unter diesem Aspekt sind auch die »zwölf Legionen E.« zu sehen, von denen Jesus in Gethsemane spricht (Mt 26,53).

Es gibt »gute« und »böse« E. Die bösen E. haben ihren Platz bei Gott verlassen, sind von ihm abgefallen. Wegen ihres Hochmuts oder des Versuchs, selbst an die Stelle Gottes zu treten, wurden sie aus dem Himmel ausgeschlossen und sind in die Finsternis verbannt (Hes 28,12 ff.; Jud 6). Der Satan (Teufel) ist einer dieser verbannten E. und Widersacher Gottes im Kampf um den Menschen. Als Fürst der Welt hat er den Menschen unter seine Herrschaft versklavt. Besiegt wurde Satan durch Jesus Christus und hat seitdem nur noch wenig Zeit, um die Herrschaft Gottes zu bekämpfen. Die Gemeinde Gottes steht außerhalb seines Machtbereichs und kann daher erfolgreich gegen ihn antreten. In den letzten Tagen seiner Herrschaft auf der Erde erscheint er als der Antichrist, dem vor seiner endgültigen Vernichtung eine große Machtfülle gegeben ist (2. Thess 2,3–8; Offb 13,7.15).

Es gibt kaum Aussagen der Pharisäer zu den E., obwohl sie im Gegensatz zu den Sadduzäern deren Existenz nicht bestritten (Apg 23,8). Der Gemeinde Jesu Christi ist jegliche Spekulation auf diesem Gebiet oder gar die Verehrung der E. untersagt (Kol 2,18). Eine Verehrung wäre ein Verstoß

Blick auf En-Hadda, östlich des Berges Tabor.

En-Schemesch, östlich des Ölberges.

gegen das erste Gebot und schon deshalb unangebracht, weil E. nichts als Boten Gottes sind und ihrerseits diesen allein anbeten (Kol 2,18; Offb 19,10; 22,8.9).

EN-HADDA Eine Stadt, die bei der Landnahme unter Josua dem Stamm Issachar zufiel (Jos 19,17.21; 14,1).

EN-HAZOR Eine befestigte Stadt, die dem Stamm Naftali (Jos 19,32.35.37) zugesprochen wurde, als Josua das Land Kanaan unter die Stämme Israels aufteilte. Der Ort befand sich wahrscheinlich in Obergaliläa.

EN-MISCHPAT Ein anderer Name für KADESCH.

ENOSCH (»Mensch«). Sohn des Set und Enkel Adams (1. Mose 5,3.6). Als er 90 Jahre alt war, »zeugte er Kenan« (1. Mose 5,9) und lebte danach 815 Jahre. Zu seiner Zeit fing man an, »den Namen des HERRN anzurufen« (1. Mose 4,26).

EN-RIMMON Ein Ort, an dem Heimkehrer aus der babyl. Gefangenschaft z. Zt. Nehemias seßhaft wurden (Neh 11,29). Die Mehrzahl der Wissenschaftler ist der Ansicht, daß es sich hierbei um zwei nördlich von Hebron gelegene benachbarte Städte, Ain und Rimmon, handelt.

EN-SCHEMESCH Eine Quelle auf der Grenze zwischen Juda und Benjamin, zwischen Gilgal und der Quelle Rogel gelegen (Jos 15,7; 18,17); sie wird meist mit Ain el Houd bei Lazaryeh, östlich des Ölbergs, identifiziert.

EN-TAPPUACH Eine Stadt an der Grenze zwischen Manasse und Ephraim (Jos 17,7); ein anderer Name für Tappuach.

EPÄNETUS (»lobenswert«). Paulus sendet in seinem Römerbrief Grüße »an meinen lieben Epänetus, der aus der Provinz Asien der Erstling für Christus ist«. Weiteres ist über E. nicht bekannt.

EPAPHRAS (»charmant«). Ein Mann aus Kolossä, Mitarbeiter des Paulus; er war in Rom zus. mit Paulus im Gefängnis (Kol 1,7).

EPAPHRODITUS (»charmant«). Ein Christ aus Philippi in Mazedonien; »Mitarbeiter und Mitstreiter« des inhaftierten Paulus (Phil 2,25). Als E. ernstlich erkrankte, sandte ihn Paulus nach seiner Genesung von Rom nach Philippi zurück.

EPHESER, BRIEF AN DIE Das zehnte Buch im NT. Der erste Vers nennt Paulus als Verfasser, was in der Forschung nicht unumstritten ist. Aufgrund des sehr allgemein gehaltenen Inhalts und des leicht abweichenden Stils und da ein genauer Adressat und persönliche Grüße fehlen, sind viele Exegeten der Meinung, daß der Brief nicht von Paulus selbst, sondern von einem seiner Mitarbeiter oder Schüler verfaßt wurde.

Die Klärung dieser Frage hängt eng zusammen mit der Suche nach den Adressaten. In den wichtigsten, ältesten Hss. fehlen in Eph 1,1 die Worte »in Ephesus«. Daraus resultiert die Vermutung, daß es sich bei dem Brief um ein Rundschreiben handelt, das sowohl für die Christen in E. als auch für die übrigen Gemeinden in Asien bestimmt war. Damit wäre auch der unpersönliche Ton und der Mangel an konkreten Bezügen erklärt.

Für Kleinasien spielte E. eine zentrale Rolle. Aus der Apg ist bekannt, daß das über zweijährige Wirken des Paulus in E. für die Christianisierung der Provinz Asien von entscheidender Bedeutung war (Apg 19,10.26; 20,18). Das könnte erklären, warum sich in einigen Handschriften die Adresse »in Ephesus« gehalten hat. Der Brief selbst führt sich an mehreren Stellen auf Paulus zurück (1,1; 3,1; 4,1; 6,19–22), der aus der Gefangenschaft schrieb (3,13). Der Ort der Gefangenschaft ist unklar, es könnte Cäsarea (Apg 23, 23.33) oder Rom (Apg 28,16.30.31) gewesen sein. Der Brief wurde demnach zwischen 57 u. 59 oder um das Jahr 62 n. Chr. verfaßt. Er zählt zus. mit den Briefen an die Philipper, Kolosser und an Philemon zu den vier Gefangenschaftsbriefen. Die innere Nähe zum Kolosserbrief legt die Vermutung nahe, daß beide Briefe kurz hintereinander geschrieben wurden.

Der Brief ist nicht an junge Gemeinden geschrieben, sondern enthält weiterführende Informationen und Ratschläge für das Verhältnis zur heidnischen Umgebung oder das Erkennen und Bekämpfen von Irrlehren. Das Problem der Ermüdung bzw. Abspaltung veranlaßte den Verfasser zu grund-

8,2–6; 9,11.14; 10,1.5.7f.; 12,7.9; 14,6.19; 15,1.6–8; 16,1.3–5.8. 10.12.17; 17,1.7; 18,1.21; 19,17; 20,1; 21,12.17; 22,6.8.16

EN-HADDA
Jos 19,21

EN-HAZOR
Jos 19,37

EN-MISCHPAT
1. Mose 14,7

ENOSCH
1. Mose 4,26; 5,6.9; 1. Chr 1,1; Lk 3,38

EN-RIMMON
Jos 15,32; Neh 11,29

EN-SCHEMESCH
Jos 15,7; 18,17

EN-TAPPUACH
Jos 17,7

EPÄNETUS
Röm 16,5

EPAPHRAS
Kol 1,7; 4,12; Phlm 23

EPAPHRODITUS
Phil 2,25; 4,18

sätzlichen Gedanken über das Wesen der Gemeinde als Leib Jesu Christi. Auch dies ist eine mögliche Erklärung für den unpersönlichen Charakter des Briefes. Paulus spricht von der »Herrlichkeit« der Gemeinde Christi und verweist gleichzeitig auf die Verpflichtungen, die sich aus ihrer göttl. Berufung ergeben. Auch die Heiden haben jetzt, durch Christus, Anteil am Gottesvolk; Heiden- und Judenchristen sind *ein* Leib in Christus.

Die Arkadenstraße in Ephesus.

Die ersten drei Kap. erinnern an die Erlösung durch Jesus Christus und seine Bedeutung für die Gemeinde. Ihnen folgt in Kap. 4–6 ein ermahnender Teil, der die daraus folgenden Konsequenzen für das Leben der Christen in der Welt aufzeigt. So wächst die Gemeinde zu einem geistl. Leib zusammen, dessen bestimmendes Haupt Christus ist (Eph 4,15.16). Innerhalb dieser neuen Lebens- und Liebesordnung regelt sich dann das Zusammenleben mit anderen, die Führung des eigenen Lebens, das Ehe- und Familienleben sowie das ganze Hauswesen. In keinem anderen Brief des NT kommt die Bedeutung der Gemeinde Jesu Christi so klar zum Ausdruck wie im Epheserbrief.

INHALTSÜBERSICHT

1,1–14	Danksagung und Lobpreis Gottes für die Erlösung durch Jesus Christus
1,15–23	Dank und Fürbitte um Erkenntnis der Größe Jesu Christi
2,1–10	Einst geistlich tot – jetzt durch Christus lebendig
2,11–22	Eine Gemeinde aus Juden und Heiden
3,1–13	Gedanken zum Geheimnis der Gemeinde
3,14–21	Gebet für die christliche Gemeinde
4,1–6	Aufruf zur Einheit im Leib Christi
4,7–16	Einladung, in den verschiedenen Gnadengaben zu wachsen bis zur vollen Reife
4,17–5.20	Aufruf zum Verlassen der heidnischen Wege
5,21–6.9	Die christliche Haustafel und Darstellung der christlichen Ehe (5,22–33)
6,10–17	Die geistliche Waffenrüstung des Christen
6,18–24	Schlußteil

EPHESUS
Apg 18,19.21. 24; 19,1.17.26. 35; 20,16–17; 1. Kor 15,32; 16,8; Eph 1,1; 1. Tim 1,3; 2. Tim 1,18; 4,12; Offb 1,11; 2,1

EPHESUS Im Altertum die Hauptstadt von 16 röm. Provinzen in Asien und eine der größten (und wohlhabendsten) Städte im östlichen Mittelmeergebiet. Die Stadt lag in ntl. Zeit etwa 5 km vom Mittelmeer entfernt, am linken

Ufer des Cayster-Flusses im westlichen Kleinasien. E. fungierte als Bindeglied zwischen Ost und West und als Knotenpunkt der Land- und Seewege (Apg 18,19–24; 20,16–17; 1. Tim 1,3; 2. Tim 1,18; 4,12). Unter röm. Herrschaft, ab 133 v.Chr., wurde E. zum Schmelztiegel vieler Völker, zur Weltstadt und zum Tummelplatz vieler Religionen, magischer Kulte und okkulter Praktiken.

Reste des Artemistempels in Ephesus.

Gesamtansicht von Ephesus.

Münze aus Ephesus mit der Darstellung einer Biene, eines Hirsches und einer Palme; ca. 325 v. Chr.

Seit der Zeit des Krösus von Lydien (6. Jh. v. Chr.) stand das religiöse Leben der Stadt ganz unter dem Zeichen der Göttin der Fruchtbarkeit – von den Griechen Artemis und von den Römern Diana genannt –, die in einem Tempel verehrt wurde, in dem die Prostitution gesetzlich erlaubt war. Dieser Tempel gehörte zu den sieben Weltwundern der Antike (Apg 19,35). Laut Apg 19,13–19 trieben in E. auch jüd. Magier und Geisterbeschwörer ihr Unwesen, die »im Namen des Jesus, den Paulus predigt« Besessene heilen wollten. Inschriften an ausgegrabenen Mauerresten bestätigen, was Paulus in Eph 4,18f. andeutet: Die Bewohner der Stadt müssen sehr abergläubisch gewesen sein. Auf dem Berg Pion befand sich das imposante Theater mit 24 000 Sitzplätzen, in dem die vom Silberschmied Demetrius initiierte Protestkundgebung stattfand. Seine Geschäfte als Andenkenverkäufer waren rückläufig, seit die Nachfrage nach Artemis-Statuetten aufgrund der Predigten des Paulus stark gesunken war (Apg 19,24–29). Die engagierte Rede des Demetrius bewirkte, daß Gajus und Aristarch, Begleiter des Paulus, von der aufgebrachten Menge ergriffen wurden. Paulus selbst befand sich dank der Fürsorge einiger hoher Beamter, die ihm freundlich gesinnt waren, nicht in der Nähe des Theaters.

Die weltoffene Atmosphäre der Stadt trug viel dazu bei, daß die christl. Lehre trotz allem Fuß fassen konnte. Die Predigten des Paulus in der Synagoge (Apg 19,8), in der Schule des Tyrannus (Apg 19,9), in Privathäusern und auf den Marktplätzen waren gut besucht, auch wenn sich gleichzeitig heftiger Widerstand regte. Die Wirkung seiner Predigten, die sich kompromißlos gegen die heidnische Götzenanbetung richteten, reichte bis weit in die Provinz hinein.

Paulus lebte fast drei Jahre lang in E. (Apg 19,10; 20,31), wahrscheinlich von 56–58 n. Chr. Er schrieb von dort aus den ersten Brief an die Korinther, evtl. auch weitere Briefe. Priszilla und Aquila waren Mitarbeiter der Gemeinde in E. (Apg 18,18), ebenso Apollos (Apg 18,24), Erastus (Apg 19,22) und später der Apostel Johannes. Das Bild der Gemeinde in E., das wir in den Sendschreiben der Offb finden (2,1–7), spiegelt die Verhältnisse etwa im 8. oder 9. Jahrzehnt des 1. Jh. wider. In den ersten nachchristl. Jhn. war Ephesus ein bedeutendes Zentrum des Christentums. Auf dem Konzil von E., 431 n. Chr., wurden der Pelagianismus und die Christologie des Nestorius verdammt.

EPHRAIM 1
1. Mose 41,52; 46,20; 48,1. 5.13–14.17.20; 50,23; 4. Mose 1,10.32–33; 2,18.24; 7,48; 10,22; 13,8; 26,28.35.37; 34,24; 5. Mose 33,17; 34,2; Jos 14,4; 16,4–5.8–10; 17,8–10.15.17; 19,50; 20,7; 21,5.20–21; 24,30.33; Ri 1,29; 2,9; 3,27; 4,5; 5,14; 7,24; 8,1–2; 10,1.9; 12,1.4–6.15; 17,1.8; 18,2.13; 19,1.16.18; 1. Sam 1,1; 9,4; 14,22; 2. Sam 2,9; 20,21; 1. Kön 4,8; 11,26; 12,25; 2. Kön 5,22; 1. Chr 6,46.51–52; 7,20.22; 9,3; 12.31; 27,10.14.20; 2. Chr 13,4; 15,8–9; 17,2; 19,4; 25,7.10; 28,7.12; 30,1.10.18; 31,1; 34,6.9; 's 60,9; 78,9.67; 80,3; 108,9; es 7,2.5.8–9.17; 9,8.20; 11,13; 17,3; 28,1.3; Jer 4,15; 7,15; 31,6.9.18.20; 50,19; Hes 37,16.19; 48,5–6; Hos 4,17; 5,3.5.9.11–14; 6,4.10; ,1.8.11; 8,9.11; 9,3.8.11.13.16; 10,6.11; 11,3,8–9; 12,1–2.8.15; 13,1.12; 14,9; Obd 19; Sach 9,10.13; 10,7

EPHRAIM (»Fruchtbares« [Land]).

1. Der jüngere Sohn Josefs und Asenats, der Tochter des Priesters zu On (1. Mose 41,50–52); Ahnherr des Stammes Ephraim. Der hebr. Name ist abgeleitet von einem Wortstamm mit der Bedeutung »fruchtbar«, und laut 1. Mose 41,52 gab Josef diesen Namen seinem jüngeren Sohn mit der Begründung: »Gott hat mich (fruchtbar) wachsen lassen in dem Lande meines Elends«. Vor seinem Tod nahm Jakob seine Enkelkinder E. und dessen älteren Bruder Manasse als Söhne mit gleichen Rechten wie seine eigenen Söhne an (1. Mose 48,5). Er gab dem jüngeren E. den Vorrang, obwohl er E. und Manasse gemeinsam gesegnet hatte, »daß sie wachsen und viel werden auf Erden« (1. Mose 48,16). In den Chroniken der Stämme wird E. dieser Vorrang über Manasse in allen Angelegenheiten eingeräumt – hinsichtlich der Marschordnung in der Wüste (4. Mose 2,18–20), der Dankopfer

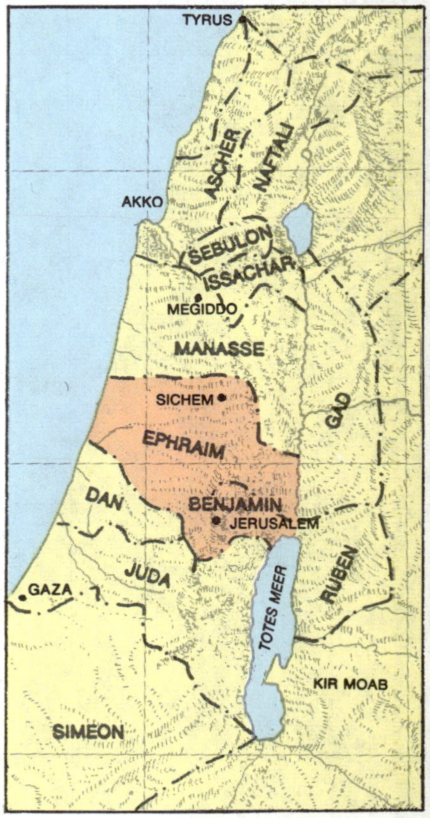

Das Gebiet des Stammes Ephraim.

Luftaufnahme von Samaria im Lande Ephraim.

für die Stiftshütte (4. Mose 7,48.54) oder der Reihenfolge der Bodenzuteilung (Jos 16,5; 17,1). In der Geschichte des geteilten Reiches steht der Name E. oft für das nördliche Königreich (Israel) und dessen Territorium (Jes 7,17; 11,13; Jer 7,15; 31,9; Hes 37,16; Hos 4,17; 5,3). Der Stamm erhielt sein Ansiedlungsgebiet im zentralen Bergland Palästinas, einschl. einiger Teile des fruchtbaren Flachlandes (Jos 16,1–8). E. lag südlich von Manasse (Jos

17,10); da das Land jedoch Teil eines größeren Gebietes war, sind seine genauen Grenzen nicht ohne weiteres festzustellen.

In der Mitte des Landes angesiedelt, blieb der Stamm weitgehend verschont von Zusammenstößen mit den Kanaanitern, die den anderen isrl. Stämmen ununterbrochen zu schaffen machten. Dadurch konnte sich der Stamm nahezu ungestört entwickeln. Die Ephraimiter galten als recht aggressives und stolzes Volk. Ihr empfindliches Stammesgefühl äußerte sich u. a. in der Auseinandersetzung mit Gideon (Ri 8,1–3) und dem Konflikt mit Jeftah (Ri 12,1–6). Dabei kam es u. a. zu tätlichen Auseinandersetzungen, bei denen sie nur an der Aussprache des Wortes »Schibbolet« von den Männern von Gilead als Gegner erkannt wurden (Ri 12,5.6).

Die Ursache für den als überheblich empfundenen Stolz des Stammes E. liegt nicht zuletzt in der Geschichte der Landnahme: Josua gehörte diesem Stamme an, und der heilige Schrein der Bundeslade befand sich im alten Zentralheiligtum der Stämme in Silo, also auf ephraim. Gebiet. Daraus erwuchs ein Vormachtsgefühl des Stammes, das auch später, bei der Teilung des Reiches, noch durchschlug. Führer des Aufstandes gegen Rehabeam (also gegen die Davidsdynastie) und erster König des abtrünnigen Nordreiches war Jerobeam, der Sohn Nebats, vom Stamm E. (1. Kön 11,26).

2. Eine Stadt bei Bethel (2. Sam 13,23).

3. Ein Wald östlich des Jordan, wo Davids rebellischer Sohn Absalom von Joab getötet wurde (2. Sam 18,6–17). Dieses Gelände, das einst dem Stamm Ephraim gehörte, beanspruchten die Gileaditer, die die Ephraimiter im Kampf besiegt hatten.

4. Eines der Stadttore Jerusalems. Als Joasch, der König von Israel, Amazja, den König von Juda, gefangennahm, riß er die Mauer Jerusalems vom Tor Ephraim bis an das Ecktor ein.

EPHRAIM 2
2. Sam 13,23; Joh 11,54
EPHRAIM 3
2. Sam 18,6
EPHRAIM 4
2. Kön 14,13; 2. Chr 25,23; Neh 8,16; 12,39

EPHRAIMITER Siehe EPHRAIM (1).

EPIKUREER Griech. Philosophenschule, gegr. von Epikur (342–270 v. Chr.). Er lehrte die Freiheit von Furcht und Begierde durch den Gebrauch der Vernunft als Weg zu einem natürlichen und angenehmen Leben. Den E. wurde – meist zu Unrecht – ein hedonistischer Lebensstil nachgesagt. Da sie weder an ein Jenseits noch gar an eine Auferstehung der Toten glaubten, machten sie sich lustig über Paulus und seine Predigt von der Auferstehung der Toten (Apg 17,18.32). Einige der Epikureer und Stoiker stritten mit ihm. Diese Diskussion wurde zum Ausgangspunkt für die berühmte Areopagrede des Apostels Paulus (Apg 17,22–31), deren Wortlaut dort heute auf einer Bronzetafel festgehalten ist.

EPIKUREER
Apg 17,18

Die Löwenjagd-Stele, entdeckt auf dem Gelände des biblischen Erech.

ER (»wachsam«).

1. Erstgeborener Sohn Judas und seiner kanaan. Frau, der Tochter des Kanaaniters Schua (1. Mose 38,3), und Gatte Tamars (1. Mose 38,6).

2. Sohn Schelas und Vater Lechas im Stammbaum Judas.

3. Sohn Joschuas und Vater Elmadams im Stammbaum Jesu.

ER 1
1. Mose 38,3. 6–7; 46,12; 4. Mose 26,19; 1. Chr 2,3
ER 2
1. Chr 4,21
ER 3
Lk 3,28

ERAN (»wachsam«). Begründer einer Familie aus der Sippe der Söhne Schutelachs vom Stamm Ephraim.

ERAN
4. Mose 26,36

ERANITER Die Familie Erans.

ERANITER
4. Mose 26,36

ERASTUS (»geliebt«).

1. Ein Mitarbeiter des Paulus, den der Apostel nach Mazedonien entsandte.

2. Der Stadtkämmerer von Rom. Könnte identisch sein mit (1). Andernfalls könnte sich 2. Tim 4,20 auf (2) beziehen.

ERASTUS 1
Apg 19,22; 2. Tim 4,20
ERASTUS 2
Röm 16,23

ERECH Eine Stadt im Land Schinar: in der Völkertafel als eine der Städte Nimrods erwähnt (1. Mose 10,10). In den babyl. Quellen unter dem Namen Uruk bekannt. Die Stadt existierte bereits im 4. Jt. v. Chr. Zu den frühesten Gebäuden gehörten eine Zikkurat, Tempelbauten und eine Stadtmauer, die durch Hunderte von Türmen verstärkt war. Die Stadt überdauerte Jahrtausende bis zu ihrem Verfall in der hell. Zeit.

ERECH
1. Mose 10,10; Esr 4,9

ERI (»wachsam«). Der fünfte Sohn Gads. Gründer einer Familie in der Sippe Gads.

ERI
1. Mose 46,16; 4. Mose 26,16

ERITER
4. Mose 26,16

ERITER Mitglieder und Nachkommen der Familie, die von Eri, dem Sohn Gads, begründet wurde.

ERLASSJAHR
3. Mose 25,10–13.15.30–31.33.40.50.52.54; 27,17–18.21.23–24; 4. Mose 36,4

ERLASSJAHR Das Erlaßjahr schließt einen Zyklus von 50 Jahren ab und folgt auf das siebte Sabbatjahr (siehe SABBATJAHR). Nach 49 Jahren geht das Land wieder an seinen ursprünglichen Besitzer zurück, von wem auch immer es erworben wurde.

Das zugrundeliegende hebr. Wort *jovel* bedeutet wahrscheinlich das Horn eines Widders: der Beginn eines E. wurde durch das Blasen des Widderhorns »am zehnten Tage des siebenten Monats, am Versöhnungstag«, angekündigt (3. Mose 25,9).

Das E. wird wie folgt charakterisiert:

a) Als heiliges Jahr unterlag es denselben Einschränkungen in der Landwirtschaft wie das Sabbatjahr, in dem das Säen, Schneiden und Ernten verboten war (3. Mose 25,11–12). Das Land sollte – selbst bei einem vorangehenden Sabbatjahr – brach bleiben.

Modell eines Getreidespeichers mit zwölf Silos aus El Kab, Oberägypten, 2600–2500 v. Chr. (Dagon Museum, Haifa). Sowohl das Erlaß- wie auch das Sabbatjahr setzten die Möglichkeit des Speicherns von Getreide voraus. Die Getreidespeicher in Israel waren wohl den ägyptischen Getreidespeichern ähnlich.

b) Es war ein Jahr der »Freigabe«, an dem »jeder bei euch wieder zu seiner Habe und zu seiner Sippe kommen« sollte (3. Mose 25,10). Bei jedem Verkauf von Land richtete sich der Preis nach der verbleibenden Frist bis zur fälligen Rückgabe an seinen ursprünglichen Besitzer (3. Mose 25,15–17).

Hatte jemand ein Stück Land verkauft, so konnte er es jederzeit wieder »einlösen«; war der Preis aber nicht aufzubringen, hatte er auf das E. zu warten, in dem das Grundstück automatisch an ihn zurückging. Es galten folgende Regeln: 1. Ein Haus innerhalb einer ummauerten Stadt konnte innerhalb eines Jahres nach dem Verkauf wieder eingelöst werden; erfolgte dies nicht, blieb es für immer – auch im E. – in der Hand des Käufers. 2. Ein Haus innerhalb einer unbefestigten Stadt galt juristisch als Stück Land. 3. Die Häuser in den Städten der Leviten konnten jederzeit eingelöst werden (3. Mose 25,25–34).

c) Ein Israelit, der sich aus Armut selbst in die Sklaverei verkauft hatte, war im E. freizulassen. Der Sklave konnte sich selbst auch früher freikaufen; der Preis richtete sich nach der bis zum E. verbleibenden Zeitspanne (3. Mose 25,39–55).

Weder aus der bibl. noch aus der nachbibl. Geschichte ist ein Beispiel dafür bekannt, daß das E. je einmal durchgeführt worden wäre. Die von König Zedekia angeordnete (und alsbald hintertriebene!) Freilassung aller Sklaven hatte mit einem E. nichts zu tun, sondern war ein aus höchster nationaler Not entstandener Entschluß des Königs (Jer 34,1–16). Und die Vision in Hes 46,16–18, die eine Rückgabe fürstlichen Besitzes im »Jahr der Freilassung« beschreibt, gehört zur Schau der zukünftigen Gottesstadt (Hes 40–48).

Manche der Bestimmungen zum E. haben gewisse Parallelen in der antiken nahöstlichen Literatur. Die Neuerung gegenüber diesen Parallelen bestand in der Verknüpfung solcher Gesetze mit der Beziehung zwischen Gott und dem Volk Israel. Weil Gott selbst der wahre Eigentümer aller Güter des Lebens ist, erlaubt er in der Gestalt des E. den Menschen, einen Neuanfang in ihrem Lebensweg zu machen und alte Besitzverhältnisse wiederherzustellen. Niemand hat das Recht, sein ererbtes Land für immer zu besitzen oder zu verkaufen, denn Gott sagt: »Das Land ist mein« (3. Mose 25,23). Kein Israelit darf seinen Volksgenossen für immer versklaven: »Denn mir gehören die Israeliten als Knechte; meine Knechte sind sie, die ich aus Ägyptenland geführt habe. Ich bin der HERR, euer Gott« (V. 55).

ERLÖSUNG/HEIL Die Befreiung eines Menschen aus der Gewalt einer über ihn herrschenden und seine Lebensbestimmung verhindernden Macht. Ist diese seinen Möglichkeiten überlegen, kann sie nur durch einen Dritten, der mächtiger ist, überwunden werden.

Von daher hat das Wort E. im AT eine juristisch geprägte Bedeutung, im Sinn eines Loskaufs aus verschuldeten Verhältnissen. So sieht das Gesetz über die Einlösung im Erlaßjahr vor, daß ein verarmter Israelit, der sich einem zu Besitz gekommenen anderen verkauft, das Recht haben soll, sich von einem Löser, einem nahen Blutsverwandten, einlösen und loskaufen zu lassen (3. Mose 25,47–49). In gleicher Weise soll mit dem aus materieller Not verkauften Grundbesitz verfahren werden (V. 25–28). (Vgl. im einzelnen ERLASSJAHR.)

Die Haftung für sein Volk und den einzelnen übernimmt auf einzigartige Weise Gott selbst. Er erlöst aus den Händen der Feinde (Ri 6,14), aus Gefangenschaft (Ps 85,2), aus aller Not (1. Kön 1,29), von allen Sünden (Ps 130,8), vom Verderben (Ps 103,4), aus des Todes Gewalt (Ps 49,16).

Am deutlichsten und geschichtsträchtigsten geschieht diese E. bei der Befreiung des Volkes Israel aus Unterdrückung – im AT aus Ägypten und Babylon. Auf die befreiende Herausführung aus Ägypten als fundamentaler göttlicher Geschichtstat zur Rettung und Begründung eines geordneten Volksganzen beruft sich das Volk Israel in seinen Traditionen, v. a. im Passafest.Durch die E. aus dem fremdbestimmten Dasein in Ägypten hat Gott die Verantwortung übernommen und die Israeliten für immer zu seinem Volk gemacht. Diesem, allein durch Liebe und Erbarmen geleiteten Handeln Gottes soll auf Seiten des Volkes der freiwillige Gehorsam entsprechen. Der Name und die Ehre Gottes sind in seiner Erlösungstat gegründet und werden im Lob und Gehorsam des gläubigen Israeliten bewahrt. In Jes 63,7–19 beruft sich der Prophet auf die E. aus ägypt. Herrschaft, um Gottes weitere Zuwendung zu den Seinen zu erflehen. In Jes 51,10.11 (vgl. 35,10) wird der Schilfmeerdurchzug in Beziehung gesetzt zu einer diesem Vorbild entsprechenden endzeitlichen E.: »So werden die Erlösten des HERRN heimkehren und nach Zion kommen mit Jauchzen, und ewige Freude wird auf ihrem Haupte sein.«

Die E. und Heimkehr der Verbannten aus Babel (Jes 40–55) stellt einen weiteren großen Schritt in der Heilsgeschichte Gottes mit Israel dar und ist von daher dem Auszug aus Ägypten mindestens ebenbürtig. Unabdingbare Voraussetzung für ein solches Geschehen ist die Vergebungsbereitschaft Gottes (Jes 40,2; 43,25; 44,22). Im Akt der E. läßt Gott sich finden und seine unumschränkte Macht erkennen (Jes 40,5.9). Die Zusage an Israel, Zeuge vor der Welt (Jes 43,10) und »Licht der Heiden« (Jes 42,6f.) zu werden, kündigt eine Erweiterung dieses Erlösungshandelns an: »Wendet euch zu mir, so werdet ihr gerettet, aller Welt Enden; denn ich bin Gott und sonst keiner mehr« (Jes 45,22).

Die ntl. Aussagen knüpfen mit ihrer Beschreibung der Heilsbedeutung des Todes Jesu an die bildlich als Loskauf dargestellte Befreiung Israels an. Im

ERLÖSUNG
Ps 111,9; 130,7; Jes 45,17; Mt 20,28; Lk 2,38; 21,28; Röm 3,24; 8,23; 1. Kor 1,30; Eph 1,7.14; 4,30; Kol 1,14; 1. Tim 2,6; Hebr 9,12.15

HEIL
1. Mose 49,18; 2. Mose 14,13; 15,2; 5. Mose 32,15; Ri 15,18; 1. Sam 2,1; 11, 13; 14,45; 2. Sam 22,3; 1. Chr 16,23; 2. Chr 6,41; Hiob 13,16; Ps 18,36.51; 27, 1.9; 40,11.17; 50,23; 62,8; 65, 6; 67,3; 91,16; 95,1; 96,2; 98, 1f.; 106,5; 116, 13; 119,81.123. 155.174; 132,16 Jes 12,2; 17,10; 25,9; 33,2;41,2 45,8; 46,13; 49, 6.8; 51,5.6.8; 52,7; 56,1; 59, 11.17; 60,18; 61,10; 62,1.11; Jer 33,9; Hos 13,9; Mi 7,7; Mal 3,20; Lk 1,69; 3, 18; 19,9; Joh 4,22; Apg 4,12; 13,2 16,17; 28,28; Röm 11,11; 13,11; 2. Kor 1,6; 6,2 Eph 6,17; Phil 1,19; 1. Thess 5,8; Hebr 1,14; 2,3; 5,9; Jud V. 3; Offb 7,10; 12, 10; 19,1

Zentrum der ntl. Aussagen steht der Freikauf der Gemeinde durch das Blut Jesu Christi (Offb 1,5). Jesus kam, um die Sünde wegzunehmen und die Werke des Teufels aufzulösen (1. Joh 3,5.8). Drei Wortgruppen beschreiben sein Handeln:

1. *Retten*. Dieses am häufigsten verwendete Wort, betont das Herausreißen aus einer lebensgefährlichen Situation mit Hilfe einer überlegenen Macht. In den synopt. Evangelien findet sich der Begriff häufig in Verbindung mit den Heilstaten Jesu. So wird der Gelähmte in Mk 2,1–12 von Sünde und Krankheit errettet.

Auch Paulus spricht von Errettung, wenn er das Heilshandeln Gottes bezeichnet. Wer der Verkündigung des Evangeliums, dem Wort vom Kreuz glaubt, wird vom Verderben errettet (»selig«, Röm 1,16; 1. Kor 1,21).

2. *Losmachen, befreien*. Ausschlaggebend bei der Verwendung dieser Begriffe ist die Vorstellung der Loslösung aus einer Bindung durch Erbringen einer Gegenleistung (vgl. 3. Mose 25,25ff.; Hiob 19,25: »Ich weiß, daß mein Erlöser [hebr. *goel*] lebt«). In Beantwortung der Frage nach dem rechten Dienen bemerkt Jesus, daß er sein Leben hingebe, um damit für die Vielen das Lösegeld zu bezahlen (Mt 20,28; Mk 10,45). Das Wort vom Lösegeld weist somit auf die sühnende, wiedergutmachende Bedeutung des Todes Jesu Christi hin. Indem er in freiwilligem Gehorsam den Tod auf sich nimmt, bezahlt Jesus mit seinem Leben den Gegenwert für die Sünde des Menschen. Der Mensch ist unter die Macht der Sünde versklavt und kann sich aus eigener Kraft nicht daraus befreien. Erst wenn er das Wort Gottes von der Versöhnung für sich gelten und sich damit von Sünde, Tod und Teufel erlösen läßt, findet ein Eigentumswechsel statt. Der an Jesus gläubig Gewordene ist nicht mehr Eigentum der Sünde, sondern Kind Gottes, unter dessen Herrschaft er zu seiner eigentlichen Bestimmung, einem Leben aus der Kraft des Schöpfers – im und durch den Hl. Geist – befreit wird.

3. *Bewahren*. Dieser Begriff charakterisiert die E. als Bewahrung und Schutz vor drohenden Ereignissen. Das Wort vom Lösegeld hat nicht nur sühnende, sondern auch befreiende Wirkung. Nicht nur die Schuld, auch ihre Folgen – Verderben, Tod und Gericht – werden in der E. des Menschen aufgehoben. Christus hat uns vom Tod als »der Sünde Sold« (Röm 6,23) und dem »Fluch des Gesetzes« (Gal 3,13) erlöst.

Eine umfassende E. wird es bei der Wiederkunft Jesu geben. In 1. Thess 1,9.10 spricht Paulus von der Bekehrung der Gemeinde zu dem wahren Gott, um zu dienen und »zu warten auf seinen Sohn vom Himmel, den er auferweckt hat von den Toten, Jesus, der uns von dem zukünftigen Zorn errettet«.

ERSTGE-BURT//ERST-GEBORENER
1. Mose 22,21; 25,13.31–34; 27,19.36; 35,23; 43,33;46,8; 48,14.18
2. Mose 4,22f.; 11,5; 12,12.29; 13,2.12f.15; 34,19f.
3. Mose 27,26;
4. Mose 3,2. 12f.40–43.45f. 50; 8,16–18; 26,5; 33,4;
Mose 12,6.17; 15,19; 21, 15f.;
Ri 8,20
1. Sam 8,2; 14,49; 17,13;
2. Sam 3,2;
1. Chr 5,1f.; 6,13; 26,4;
2. Chr 21,3;
Neh 10,37;
Hiob 1,13; 18,13;
78,51; 105,36; 135,8; 136,10;
Jer 31,9;
Röm 8,29;
Kol 1,15.18;
ebr 1,6; 12,23;
Offb 1,5

ERSTGEBURT, ERSTGEBORENER Der Begriff kann sich im AT auf Menschen wie Tiere beziehen und sowohl das Erstgeborene der Mutter als auch das des Vaters bezeichnen. Die Formulierung »das erste, das den Mutterschoß durchbricht« bezieht sich natürlicherweise immer auf die E. der Mutter und kommt in drei Zusammenhängen vor: a) um die Heiligkeit des E. zu betonen (2. Mose 34,19 f.); b) um klarzustellen, daß es sich nicht um den E. väterlicherseits handelt (1. Chr 2,50); c) um die Bedeutung der Mutter bei der Geburt zu unterstreichen (5. Mose 25,6; Lk 2,7). In allen anderen Fällen bezieht sich der Begriff »E.« auf den ersten (typischerweise ersten männlichen) Nachkommen des Vaters.

Die atl. Geschlechtsregister zeigen die Bedeutung des männlichen E. Der Familienstammbaum wird über die Linie der E. fortgeführt, auch wenn die anderen Söhne ebenfalls genannt werden (z.B. 1. Chr 7,1–4); manchmal wird nur der erstgeborene Sohn erwähnt (1. Mose 11,12–13). Töchter, auch erstgeborene, werden immer nach den Söhnen erwähnt (1. Sam 14,49).

Schon in den Erzvätergeschichten wird die Vorrangstellung des E. sehr deutlich (vgl. z.B. 1. Mose 27; 29,32; 37,22). Sie kommt v.a. im Erbrecht zum Tragen; das Gesetz in 5. Mose 21,15–17 regelt, daß in Israel das Erbteil des E. doppelt so groß wie das seiner Brüder zu sein hat. Auch wo (durch den Tod des E.) ein jüngerer Bruder die Erstgeburtsrechte erlangt, wird er doch nicht »E.« genannt (vgl. 1. Chr 26,10). Übertragen werden kann das Erstgeburtsrecht – nie aber der Titel »E.« selbst – gewöhnlich nicht durch die Entscheidung des Vaters oder Intrigen der Brüder, sondern allein durch Gott (so bei Jakob, 1. Mose 25,23; Salomo, 1. Kön 2,15; David, 1. Chr 28,4).

Die Gesetze über die Heiligkeit der Erstgeburt bestehen aus grundsätzlichen Erklärungen (2. Mose 13,1–2.12; 34,19; 4. Mose 18,15) und Anwendungen auf reine Tiere, unreine Tiere und den Menschen (2. Mose 13,13; 34,20; 4. Mose 18,15–18; vgl. 2. Mose 22,28–29; 3. Mose 27,26–27; 5. Mose 15,19–23). Im Falle reiner Tiere gehört nach 2. Mose 13,12–13; 22,28–29; 34,19 die E. Gott, d. h. sie ist als Brand- oder Dankopfer darzubringen. Auch die männliche E. beim Menschen ist Eigentum Gottes, ihre Darbringung ist jedoch nur symbolisch; sie ist grundsätzlich auszulösen (2. Mose 13,13); Menschenopfer waren grundsätzlich verboten (vgl. 2. Kön 3,27 u. ö.).
Im NT bezieht sich der Ausdruck »Erstgeborener« fast ausschließlich auf Jesus, den »ersten Sohn« Marias (Lk 2,7; vgl. Mt 1,25) und erhält dadurch eine völlig andere Gewichtung. In Hebr 1,6 wird der Begriff verwendet, um Jesu Sonderstellung als Sohn Gottes zu beschreiben. Ähnlich weist der E. in Kol 1,18 und 1. Kor 15,20 auf Jesu Einzigartigkeit unter den Menschen als »Erstling« der neuen Ära des Lebens aus den Toten (vgl. Offb 1,5: »der E. von den Toten«; Röm 8,29: »der E. unter vielen Brüdern«). Von bes. Bedeutung ist Kol 1,15 mit dem bibl. Zeugnis der Präexistenz Jesu als des vor aller Weltzeit geb. Sohnes des Vaters (vgl. Joh 1,18). Er ist der »Erstgeborene vor aller Schöpfung«. Johannes betont diesen Aspekt durch den Begriff des »eingeborenen Sohnes« (z. B. Joh 1,18; 3,16.18; 1. Joh 4,9).

ERSTLING(SFRUCHT), ERSTLINGSGABE Im AT gelten die ersten Abkömmlinge allen Lebens – ob aus dem Mutterschoß (siehe ERSTGEBURT) oder aus der Erde – als geheiligt. Die Erstlingsfrucht gebührt Gott und ist ihm als dem rechtmäßigen Eigentümer zu übergeben, bevor die Menschen den Ertrag der Ernte genießen dürfen. Dabei gilt die Abgabe der Erstlinge als Voraussetzung dafür, Gottes Segen für die übrige Frucht zu erhalten. Ein solches Gesetz über die ersten Früchte der Getreideernte findet sich in 3. Mose 23: Ihr sollt »die erste Garbe eurer Ernte zu den Priestern bringen … daß sie euch wohlgefällig mache (vor Gott)« (3. Mose 23,10–11).

Die Abgabe der Erstlingsfrüchte an die Priester und Leviten betraf nicht nur die ersten reifen Früchte der Ernte, sondern auch bestimmte Nahrungsmittel, die aus diesen Früchten gewonnen wurden: Korn, neuer Wein, Öl, Saft, Gesäuertes und Brotteig. »Alles Beste vom Wein und Korn, die Erstlingsgabe, die sie dem HERRN bringen, habe ich dir gegeben« (4. Mose 18,12–13; vgl. Hes 44,30; 4. Mose 15,20–21; 5. Mose 18,4; 2. Chr 31,5). Das wichtigste Fest in diesem Zusammenhang war die Feier der ersten Weizenernte, das »Pfingstfest« oder »*Wochenfest*« (2. Mose 23,16; 34,22; 3. Mose 23,15.21; 4. Mose 28,26; 5. Mose 16,9–12). Im übertragenen Sinn wird Israel als die »Erstlingsfrucht« der Ernte Gottes bezeichnet (Jer 2,3).

Im NT wird der zu einem neuen Leben auferstandene Gottessohn »als Erstling unter denen, die entschlafen sind« verkündigt (1. Kor 15,20). Von ihm empfängt die Gemeinde schon jetzt – bei allem Seufzen und Sehnen der Kreatur nach Erlösung – »den Geist als Erstlingsgabe« (Röm 8,23). Die ersten Generationen der Christen (Jak 1,18; Offb 14,4) bzw. die ersten, die in einem Missionsgebiet zum Christentum übertraten (Röm 16,5; 1. Kor 16,15), galten als Gottes Erstlingsfrüchte.

ERSTLING
1. Mose 4,4; 49,3; 2. Mose 23,16.19; 34,20.22; 3. Mose 2,12; 23,17.20; 4. Mose 15,20f.; 18,12f.; 28,26; 5. Mose 15,19; 18,4; 21,17; 2. Chr 31,5; Neh 10,36; Ps 78,51; 105,36; Spr 3,9; Hes 20,40; 44,30; Röm 16,5; 8,23; 1. Kor 15,20.23; 16,15; Jak 1,18; Offb 14,4;

ERZVÄTER Siehe PATRIARCHEN.

ERZVATER
Apg 2,29; 7,8f.

ESAU Erstgeborener Sohn Isaaks und Rebekkas und Ahnherr der Edomiter (1. Mose 36).

1. Mose 25,25 bietet eine doppelte etymologische Erklärung für seinen Namen an: »Der erste, der herauskam, war rötlich (admoni), ganz rauh wie ein Fell (sear, »behaart«; vgl. Seïr als Name für das Land Edom), und sie nannten ihn Esau.« Nach 1. Mose 25,30 sprach E. zu Jakob: »Laß mich essen das rote (adom) Gericht; denn ich bin müde. Daher heißt er Edom.«

Vor E.s Geburt wurde Rebekka prophezeit, daß ihr ältester Sohn dem jüngeren dienen und dieser ihn überflügeln werde (1. Mose 25,23). Dies geschah

ESAU
1. Mose 25,25.27–30.32.34; 26,34; 27,1.5–6.11.15.19.21–22.24.30.32.34 38.41–42; 28,5–7; 32,4–5.7.9.12.

14.18–20; 33,1.4.8–9.12.15–16; 35,1.29; 36,1–2. 4–6.8–10.14–15.19.40.43; 5. Mose 2,4–5.8. 12.22.29; Jos 24,4; 1. Chr 1,34–35; Jer 49,8.10; Obd 6.8–9.18–19.21; Mal 1,2–3; Röm 9,13; Hebr 11,20; 12,16

dann auch: Jakob überlistete E., indem er diesem für eine Schüssel Linsen das Erstgeburtsrecht abkaufte (1. Mose 25,29–34); später erschlich er sich mit Rebekkas Hilfe den väterlichen Segen, der eigentlich E. gegolten hatte. Ohne den Segen des Erstgeborenen blieb für E. nur ein Leben in der Steppe, bei dem er gezwungen war, sich seine Nahrung mit dem Schwert zu beschaffen und seinem Bruder Jakob eine Zeitlang zu dienen (1. Mose 27).

Nach Jakobs Betrug nahm sich E. vor, seinen Bruder zu töten (1. Mose 27,41ff.); als die beiden aber nach etwa 20 Jahren aufeinandertrafen, gewährte E. – an der Spitze einer 400 Mann starken Streitmacht – seinem Bruder Vergebung (1. Mose 33,1–11).

Im Alter von 40 Jahren nahm E. zwei hetit. Frauen, Jehudit und Basemat (1. Mose 26,34). Als dies auf das Mißfallen seiner Eltern stieß (1. Mose 26,35), heiratete er eine Ismaeliterin, Mahalat, eine Enkeltochter Abrahams (1. Mose 28,6–9).

Jer 49,7ff. sagt die Zerstörung »Esaus«, des Landes Edom, voraus (vgl. Obadja und Mal 1,2ff.).

Im NT deutet der Hebräerbrief die Ereignisse um E.s Erstgeburtsrecht als Beispiel für verspielte Gnade (Hebr 12,16). Für Paulus zeugt die Zurückweisung E.s noch vor seiner Geburt und noch vor jeglicher guten oder bösen Tat von der Freiheit der Gnadenwahl Gottes (Röm 9,10–13).

ESCHAN Jos 15,52

ESCHAN Eine Stadt, die dem Gebiet des Stammes Juda zufiel (Jos 15,20.52), als Josua das Land Kanaan unter die Israeliten aufteilte (Jos 14,1). Sie lag im Gebiet von Hebron.

ESBAI 1. Chr 11,37

ESBAI Vater Naarais, eines der 30 »Helden« Davids.

ESCHATOLOGIE (*éschaton*, griech. »letztes«). Die Lehre von den »letzten Dingen«. Nach christl. Verständnis der gesamte materielle und immaterielle Bereich an der Grenze und jenseits der Grenze von Leben, Raum und Zeit; das Ende alles personalen und universalen Seins und der Anbruch des Ewigen, der kommenden, neuen Welt Gottes. Die »Lehre von den letzten Dingen« umfaßt die Bereiche Sterben und Tod, das Sein jenseits des Todes, die Auferstehung von den Toten, die Wiederkunft Christi, das Gericht, das (tausendjährige) Zwischenreich, das neue Leben und die neue, ewige Welt.

1. *Die Eschatologie des NT*: Das gesamte NT ist geprägt von einer konsequent eschatol. Verkündigung, die sich wie ein roter Faden durch alle seine Schichten zieht – zentrale Mitte und Ziel aller christl. Predigt und Lehre. Die Lehre von der E. begründet die Einzigartigkeit des Christentums gegenüber allen anderen Religionen, »die keine Hoffnung haben« (1. Thess 4,13).

Die ntl. Lehre von den letzten Dingen auf einen einzigen Nenner zu bringen, ist unmöglich, zumal sich persönliche Hoffnung und universale Endzeit- und Zukunftspredigt oft nicht voneinander trennen lassen. Weil Gottes Heilsplan beides umfaßt, die Rettung von Menschen genauso wie die Neuschöpfung des Himmels und der Erde, gehören alle oben erwähnten Themen in das weite Feld der E. Die kürzeste und zugleich prägnanteste Definition dessen, was unter christl. E. zu verstehen ist, liefert das apostol. Glaubensbekenntnis. Dort sind die bibl. Aussagen in der denkbar knappen und dennoch vollständigen Formulierung des zweiten Glaubensartikels (»von dort wird er kommen, zu richten die Lebenden und die Toten«) und des dritten Artikels (»die Auferstehung der Toten und das ewige Leben«) zusammengefaßt.

Das gesamte Verkündigungswerk Jesu steht unter dem Zeichen der E. Sein Ruf vom herbeigekommenen Reich Gottes (Mk 1,15) verkündigt die Königsherrschaft Gottes als Einbruch in diese Welt, angebrochen in ihm, dem Christus Gottes, und hereinbrechend als Gottes letztes Wort mit dieser Welt, »zu einer Stunde, da ihr's nicht meint« (Mt 24,44). Das Reich Gottes ist mit Sicherheit eine zukünftige Größe und Gegenstand der Erwartung (Mk 13,37; Lk 12,36 u. a.); dennoch ist dort, wo Christus die Mitte ist, das Reich Gottes inmitten dieser Welt angebrochen. Die Endzeit hat mit der Himmelfahrt Christi begonnen, und seit dieser Zeit wartet die Gemeinde auf seine Wiederkunft (Apg 1,11).

Trotz aller Übereinstimmung in der E. der ntl. Schriften lassen sich Schwerpunktbildungen feststellen. So herrscht in den drei synopt. Evangelien die Verkündigung des in Jesus gegenwärtigen und mit ihm kommenden Himmelreichs vor (vgl. die Seligpreisungen, Mt 5,1–10 oder die Gleichnisse, Mt 13). Auch die Zeugnisse von der Überwindung des Todes (Mt 9,23–25; Lk 7,11–17 u. a.) sind als Hinweiszeichen auf die Welt ohne Sterben und Tod zu verstehen. Hauptbestandteil der E. Jesu ist die Predigt vom Ende und vom neuen Anfang (die Zeichen der Zeit, Mt 24,32.33; die Wehen einer vergehenden Welt, Mt 24,3–44; Mk 13; die Wiederkunft und das Völkergericht vor dem »Thron seiner Herrlichkeit«, Mt 25,31–46).

Worte vom »Jüngsten Tag« finden sich auch im Johannes-Ev. (6,39; 12,48), weitaus mehr Raum aber wird hier dem persönlichen Sterben des einzelnen Christen und dessen Auferweckung zum ewigen Leben gegeben (5,28.29; 6,40.44; 10,28).

In den apostol. Briefen werden alle eschatol. Themenkreise wieder aufgegriffen (vgl. die Aussagen des Paulus zur Auferstehung des einzelnen, 1. Kor 15,13–19.35–44 u. a.). Der besondere Akzent liegt bei allen Briefen auf der Frage nach der Wiederkunft des Herrn und deren Folgen. Dabei vollzieht sich zwischen dem (zeitlich) ersten (1. Thess) und dem letzten Brief (2. Petr) ein allmählicher Wandel von der urspr. Naherwartung der ersten Christen (1. Thess 4,15.17; 1. Kor 15,52; Jak 5,9; vgl. Mk 13,30) zur Erkenntnis einer völligen Undatierbarkeit der Wiederkunft Jesu Christi (2. Petr 3,3.8–10; 1. Thess 5,1.2; vgl. Lk 12,39.40).

Folgerichtig liegt der Schwerpunkt in der Offb des Johannes auf dem Anbruch der neuen Welt, dem Werden des »himmlischen Jerusalem«, der Enderfüllung aller Dinge (19,11–16; 21; 22). Um so konturenschärfer erscheint vor diesem Hintergrund die plastische Schilderung der apokalyptischen Drangsale in der letzten Phase der Endzeit (12–18; 19,17–20,14).

Eine Sonderstellung in der E. des NT nehmen das Zwischenreich (»tausendjähriges Reich«) und der Einbruch Christi in das Reich des Todes (»Höllenfahrt Christi«) ein.

Das Zwischenreich, als vorläufige Phase des Königreichs Christi, zwischen dem Untergang der satan. Mächte (Offb 19,17–21) und dem »neuen Himmel und der neuen Erde« (Offb 21,1.2), wird im NT nur an einer einzigen Stelle erwähnt (Offb 20,1–10). Die farbige Bildersprache, die hier wie im gesamten Buch der Offb (mit Ausnahme der sieben Sendschreiben in Kap. 2 u. 3) gewählt wurde, erschwert eine Auslegung und gab Anlaß zu manchen Mutmaßungen. Alle diese Bilder werden ihre wahre Deutung erst mit ihrer Erfüllung preisgeben. Mit Sicherheit kann gesagt werden, was auch an anderen Stellen des NT zum Ausdruck kommt, daß im Endgericht die Gemeinde der Erlösten nach anderen Maßstäben gerichtet werden wird als die »Völker« (Mt 25,32), die Welt ohne Gott.

Die »Höllenfahrt Christi« bezeugt, ebenfalls an nur wenigen Stellen (1. Petr 3,18–20; 4,6; vgl. Eph 4,9.10), daß Christus zwischen Tod und Auferstehung im Reich des Todes war und »den Toten das Evangelium verkündigt« hat (1. Petr 4,6) – wohl jenen Gottesgläubigen des AT, die erst durch den Überwinder des Todes aus dessen Gefängnis befreit werden konnten. Diese, im apostol. Glaubensbekenntnis verankerte Heilstat Gottes (»hinabgestiegen in das Reich des Todes«) bildet die unverzichtbare Klammer zwischen der E. des NT und der des AT.

2. *Die Eschatologie des AT*: Inwieweit eine E. des AT überhaupt existiert, kann nicht eindeutig beantwortet werden. Es liegt im Wesen des Heilsplanes Gottes, daß es eine E. im Sinn einer Sphäre jenseits des Todes und eines ewigen Lebens erst mit der Überwindung des Todes, also nach der Auferstehung Jesu geben kann.

In der Frage der E. tritt der Vorstufencharakter des Alten Bundes gegenüber der »Fülle des Heils« klar hervor, am deutlichsten sichtbar im Sterben einzelner und ihrer Frage nach dem Danach. Der Gedanke an eine Auferstehung aus dem Tod und die Teilhabe an einem neuen, ewigen Leben ist dem

AT fast vollkommen fremd. Eindeutig ist die Klage darüber, daß mit dem Tod jede Verbindung zu Gott, dem HERRN, endgültig beendet wird (Ps 6,6; 22,16; 88,11; 115,17; im Gebet des frommen Hiskia, Jes 38,10ff.; oder in der Klage des Jakob, 1. Mose 49,18). Erst an den äußersten Rändern des AT werden die ersten Fünkchen einer eschatol. Hoffnung sichtbar (Dan 12,2; Jes 26,19; Ps 49,16; 73,24), die Hoffnung auf »den, der kommt«.

Die Lehre vom »Tag des HERRN« im AT kann als E. des Gottesvolkes verstanden werden. Die nationalen Heilspropheten priesen ihn als Tag des Eingreifens Jahwes zugunsten Israels, herrlich, mächtig und siegreich, im Sinne eines mit überirdischen Mitteln errungenen irdischen Sieges über die heidnischen Widersacher Israels. Dem wurde von seiten der großen Propheten Gottes heftig widersprochen. Sie predigten, in kompromißloser Härte, das Gegenteil: den »Tag des HERRN« als Tag des Gerichts über Israel und alle seine Sünden (Am 5,18; Jes 13,6; Zef 1,14; Joel 2,11; Mal 3,2). Eine Bestätigung dieser Ankündigungen sahen die Israeliten später im Untergang Israels und der Zerstörung des Tempels, in der Verschleppung nach Assyrien und Babylon. Gleichzeitig keimte die Hoffnung auf ein kommendes Gottesreich – zunächst ohne Personifikation in einem Messias, der im AT selbst nur undeutlich aus dem Schatten einer allgemeinen E. heraustritt (Jes 9,1–6) und erst in einem späteren Zeitabschnitt Konturen bekommt (Dan 7,13; Mal 3,1.23.24). Jesaja predigt von den Schwertern, die zu Pflugscharen werden sollen, wenn das kommende Reich »im Nachhinein der Tage« anbricht. Dennoch bleibt diese Hoffnung Israels zwiegesichtig: Sowohl Jesaja als auch Micha lassen keinen Zweifel daran, daß das Kommen des Messias nach aller Geschichte, am Ende aller Zeit geschehen wird (Jes 2,1–4; Mi 4,1–3). Andererseits trägt dieses kommende Reich z.T. unverkennbar erdhafte, politische Züge, eingebettet in überdimensionierte Vorstellungen wie der eines Riesen-Zion, »höher als alle Berge«.

Parallel dazu findet sich die Hoffnung auf einen von Gott gewirkten Neuanfang Israels, v.a. bei Jeremia (31,31–34) oder Hesekiel (37).

Die eschatol. Vorstellungen des AT erscheinen insgesamt vorläufig und unvollständig. Die Vollendung bringt der Christus des neuen Bundes.

Vgl. auch AUFERSTEHUNG, HIMMEL, HÖLLE, LEBEN (EWIGES), TAUSENDJÄHRIGES REICH.

ESCHBAAL 1. Chr 8,33; 9,39

ESCHBAAL Der vierte Sohn König Sauls (1. Chr 8,33); ein anderer Name für Ischboschet.

ESCHBAN 1. Mose 36,26; 1. Chr 1,41

ESCHBAN (»der Verständige«). Ein Horiter–Stammesfürst im Lande Edom (1. Mose 36,26).

ESCHEK 1. Chr 8,39

ESCHEK (»Bedrückung«). Ein Benjaminiter im Stammbaum König Sauls.

ESCHKOL 1 1. Mose 14,13.24

ESCHKOL 2 4. Mose 13,23–24; 32,9;

ESCHKOL (»Traube«).

1. Einer der Bundesgenossen Abrahams (1. Mose 14,13), die ihm bei der Unterwerfung König Kedor-Laomers halfen.

2. Ein Bach bei Hebron; die von Mose ausgesandten Kundschafter »schnitten dort eine Rebe ab mit einer Weintraube«. Daher wurde das Tal Eschkol genannt (4. Mose 13,23–24).

ESCHTAOL Jos 15,33; 19,41; Ri 13,25; 16,31; 18,2.8.11

ESCHTAOL Eine Stadt, die dem Gebiet des Stammes Juda zufiel (Jos 15,33), als Josua das Land Kanaan unter die Israeliten aufteilte (Jos 14,1); sie wurde jedoch später dem Stamm Dan zugewiesen (Jos 19,41), der bei E. ein Standlager errichtete (Ri 13,25), da er die Stadt nicht einnehmen konnte. Unweit von E. empfing Simson eine göttl. Berufung. Später wurde er dort auch begraben (Ri 13,25; 16,31).

ESCHTAOLITER 1. Chr 2,53

ESCHTAOLITER Eine Familie oder Sippe, die aus Kirjat-Jearim stammte.

ESCHTEMO Jos 15,50

ESCHTEMO Eine andere Schreibweise von Eschtemoa.

ESCHTEMOA 1 1. Chr 4,17

ESCHTEMOA 2 1. Chr 4,19

ESCHTEMOA 3 Jos 21,14; 1. Sam 30,28; 1. Chr 6,42

ESCHTEMOA (»Ort, wo man [das Orakel?] hört«).

1. Ein Nachkomme Judas.

2. Eschtemoa, der Maachatiter, ebenfalls ein Nachkomme Judas.

3. Eine Stadt im Gebiet des Stammes Juda, die später der Familie des Priesters Aaron (Jos 21,14) zufiel und zur Freistadt wurde (1. Chr 6,42). Ihre Einwohner unterstützten David in seinem Kampf gegen Saul (1. Sam 30,26.28).

Blick auf die Gegend von Eschtaol und Zora, nordöstlich von Bet Schemesch.

Silberstücke, Schmuckgegenstände und Metallschlacken, gefunden in Eschtemoa (Israelische Regierungsabteilung für Altertümer und Museen).

(oben rechts) Portikus der Synagoge zu Eschtemoa.

(oben links) Eine Menora (siebenarmiger Leuchter), dargestellt auf dem Mosaikfußboden der Synagoge von Eschtemoa.

Der Ort wurde mit dem heutigen Samoa identifiziert, 14 km südlich von Hebron. Bei Ausgrabungen wurden u. a. Ruinen einer Synagoge aus der Römerzeit freigelegt.

ESCHTON (»der Feurige«). Sohn des Mehir, im Stammbaum Judas.

ESCHTON
1. Chr 4,11–12

ESEL Siehe TIERE.

ESER (»Hilfe«).

1. Sohn Hurs, des Erstgeborenen der Efrata, und Gründer Bethlehems im Stammbaum Judas.

2. Ein Sohn Ephraims; er wurde von den Männern von Gat getötet (1. Chr 7,21).

3. Der erste der Gaditer, die sich David in Ziklag anschlossen (1. Chr 12,10).

4. Sohn Jeschuas und Führer von Mizpa. Z. Zt. Nehemias half er, einen Teil der Jerusalemer Stadtmauer wieder aufzubauen.

5. Ein Priester; er sang bei der Einweihung der Stadtmauer.

ESER 1
1. Chr 4,4
ESER 2
1. Chr 7,21
ESER 3
1. Chr 12,10
ESER 4
Neh 3,19
ESER 5
Neh 12,42

ESRA (»[Gott] hilft«).

1. Führer einer Gruppe von Juden, die 458 v.Chr. aus der babyl. Gefangenschaft nach Jerusalem zurückkehrten, zur Regierungszeit des Perserkönigs Artahsasta (Artaxerxes) I. (Esr 7,7–9). Trotz seiner Herkunft aus der Familie des Hohenpriesters (Esr 7,1–5) amtierte E. weder im kult. Bereich noch in einer polit. Funktion. Seine Aufgabe war die eines »kundigen Schriftgelehrten im Gesetz des Mose«, eines vom pers. König beauftragten Kirchenkommissars (Esr 7,6). Z. Zt. des ebenfalls von Artahsasta entsandten Statthalters Nehemia sammelte E. das aus Babel zurückgekehrte Volk zur öffentl. Verlesung des Gesetzes (Neh 8,1 ff.). Ihren Höhepunkt fanden diese Feierlichkeiten in der Wiederaufnahme des Laubhüttenfestes.

Die Vielzahl von Mischehen, auf die ihn die Gemeindevorsteher aufmerksam machten, stellte E. vor große Probleme. Den Gesetzen der Thora folgend, forderte er die Auflösung aller Ehen mit nichtjüd. Frauen. Siehe ESRA, DAS BUCH, UND DAS BUCH NEHEMIA.

2. Ein Priester, der zus. mit Serubbabel aus der babyl. Gefangenschaft nach Jerusalem zurückkehrte (Neh 12,1.13).

3. Ein Priester z. Zt. Nehemias.

4. Ein Nachkomme Judas.

ESRA 1
Esr 7,1.6.10–12.21.25; 10,1-2.5–6.10.16; Neh 8,1–2.4–6 9.13; 12,26.36
ESRA 2
Neh 12,1.13
ESRA 3
Neh 12,33
ESRA 4
1. Chr 4,17

ESRA, DAS BUCH, UND DAS BUCH NEHEMIA Die Bücher Esra und Nehemia sind die Hauptinformationsquellen über die Zeit der Rückkehr der Juden aus dem babyl. Exil. Das Geschichtsbild, das diese Bücher vermitteln, wird ergänzt durch Informationen aus den Schriften der nachexil. Propheten Haggai, Sacharja und Maleachi.

Historisch gesehen folgen Esr und Neh auf die Chronikbücher – sie beginnen beim Rückkehredikt des Kyrus. In den meisten Hss. und Drucken stehen Esr und Neh im jüd. Kanon jedoch vor den Chronikbüchern. In ihrer heutigen Gestalt umfassen die Bücher etwa die Zeitspanne vom Erlaß des Perserkönigs Kyrus d. Gr. 538 v. Chr., der die Rückkehr aus dem Exil sowie den Wiederaufbau des Tempels von Jerusalem verfügte, bis zum Beginn der Regentschaft Königs Darius II. (um 420 v. Chr.). Prägenden Einfluß auf die Geschichte Israels hatten zu dieser Zeit Scheschbazar und Serubbabel mit den Propheten Haggai und Sacharja; später Esra und schließlich Nehemia, der Statthalter der pers. Provinz Juda.

Eine Seite des Buches Esra aus dem Codex Leningrad, frühes 11. Jh., der ältesten vollständigen Bibelhandschrift (Jüdische National- und Universitätsbibliothek, Hebräische Universität, Jerusalem).

Die Zuordnung zwischen Scheschbazar und Serubbabel ist unklar, da in Esr 2–4 keine klare Chronologie zu finden ist und über beide dieselben Informationen gegeben werden. Beide Männer waren königl. Abstammung und Statthalter in Juda (Esr 1,8; Hag 1,1; usw.). Wenn Scheschbazar ein anderer Name für Schenazzar (1. Chr 3,18) ist, dann war er ein Onkel Serubbabels und wie dieser aus dem Hause Davids. Als Führer des Hauptstromes der Rückkehrer aus dem Exil wurden Serubbabel königl.–messianische Ehren zuteil (Esr 2,1–2).

Die Rückwanderung hat sich wohl in zwei Stufen vollzogen: Eine erste wurde von Scheschbazar 538 v. Chr. und eine zweite von Serubbabel wenige Jahre später angeführt. Beiden Führern wird die Grundsteinlegung zum neuen Tempel zugeschrieben (Esr 3,8–10; 5,16), aber es scheint, als sei der Tempelbau das Werk Serubbabels gewesen, wenngleich er das Bauwerk offensichtlich nicht vollenden konnte; jedenfalls wird er in dem Bericht über Fertigstellung und Einweihung des Tempels nicht mehr erwähnt (Esr 6,14–18).

Die zeitliche Zuordnung von Esr und Neh ist wiss. nicht gesichert. Esr 7 und Neh 2 zeigen an, daß E. »im siebten Jahr des Artahsasta« (458 v. Chr.) nach Jerusalem gekommen ist, also 13 Jahre vor N. Andere Ausleger haben aufgrund chronol. Unstimmigkeiten darauf hingewiesen, daß N. auch vor E. ausgesandt worden sein könnte. Neueren archäol. Funden zufolge scheint N. um 445 v. Chr. erstmals als pers. Statthalter nach Jerusalem geschickt worden zu sein, während E. als eine Art Kirchenkommissar schon um 458 v. Chr. von Artaxerxes I. entsandt wurde (vgl. Esr 7,6–9).

Literarisch sind die Bücher eine Kompilation (Zusammenstellung) verschiedener Quellen und Dokumente, z.T. in unterschiedlichen Sprachen (vgl. Esr 1–6 mit ineinander verwobenen aram. und hebr. Stücken). Beide Bücher enthalten gehäuft Dokumente (Esr 1,2–4; 6,3–5), Briefe (Esr 4,8–22; 5,7–17; Neh 6,2–9) und v.a. Listen (Esr 1,9–11; 2,1–70; 8,26–27; 10,18–44;

Esra, der Schriftgelehrte, dargestellt in der sogenannten »Northumbria-Bibel« (ca. 715 n. Chr.).

Neh 3,1–32; 7,7–72; 10,1–40; 11,3–24.25–36). Dazu kommen die Gebete von E. (9,6–15) und N. (1,5–11).

Insgesamt lassen sich aus Esr und Neh folgende histor. Zeiträume rekonstruieren:

1. Die Epoche von Serubbabel und Scheschbazar (Esr 1,1–4.5–11; 2,1–67; 2,68–69.70; 3,1–3.4–6.7.8.9.10–13; 4,1–3.4–5.6–12; 5,1–2; 5,3–6.13.14–15. 16–17; 6,1–5). Nach der Einweihung des Tempels (515 v. Chr.) klafft in der Erzählung eine Lücke von etwa 70 Jahren, die durch Esr 4,6–22 überbrückt wird. Der Bericht fährt fort mit E.s Rückkehr ca. 455 v. Chr.

2. Die offenbar kurze Amtszeit E.s (Esr 6,12–22; 7,1–8,36; Neh 8,1–9,37; Esr 9,1; Neh 13,1–3; Esr 6,19–22; 9,2–10,44).

3. Die Statthalterschaft N.s (Neh 1,1–7,72; 10,1–40; 11,1–12,26.27–43; 12,44–47; 13,4–29; 13,30–31).

Die Verfasserfrage der Bücher Esr und Neh wird in den bibl. Texten nicht beantwortet. Daß der unbekannte Verfasser aber derselbe wie der Autor der Chronikbücher ist, darf als sicher angenommen werden. Im jüd. Kanon bildeten diese vier Bücher stets eine Einheit am Ende der kanon. Bücher, wenn auch urspr. in anderer Reihenfolge. Hinter diesem chronist. Gesamtwerk steht die theol. Tendenz, die Geschichte der aus Babylon heimgekehrten Israeliten als die Geschichte der wahren Gottesgemeinde darzustellen, die im neuerbauten zweiten Tempel ihre Mitte hatte.

INHALTSÜBERSICHT

ESRA	
1,1–11	Das Edikt des Kyrus
2,1–70	Liste der Rückkehrer unter Serubbabel
3,1–13	Beginn des Altardienstes und des Tempelbaus
4,1–5,17	Behinderung und Wiederaufnahme des Tempelbaus
6,1–22	Fertigstellung und Einweihung des Tempels
7,1–8,36	Beauftragung und Reise Esras und seiner Gefolgschaft nach Jerusalem
9,1–10,44	Das Problem der Mischehen und ihre Auflösung
NEHEMIA	
1,1–2,10	Nehemias Trauer um Jerusalem und die Erlaubnis zur Reise
2,11–4,17	Wiederaufbau der Mauern Jerusalems
5,1–19	Probleme in der Gemeinschaft der Neuangesiedelten
6,1–7,3	Fertigstellung der Stadtmauer
7,4–72	Liste aller Rückkehrer aus dem Exil
8,1–18	Verlesung der Thora durch Esra
9,1–37	Das große Bußgebet
10,1–40	Die feierliche Verpflichtung
11,1–12,26	Die Gemeinde von Jerusalem
12,27–47	Das Fest der Mauerweihe
13,1–31	Beseitigung von Mißständen in der Gemeinde

ESRA, DAS 1. BUCH (=»3. Esra« in der Vulgata). Eine jüd. Schrift aus der hell. Zeit, die zu den Pseudepigraphen des AT zählt. Das Buch ist sicher vor 50 n.Chr. abgefaßt, da es von Flavius Josephus als Grundlage für seine Erzählung von der Rückkehr aus Babylon nach Zion benutzt wird (Jüd. Altertümer 11,1–158). Das Esrabuch ist eine Neuzusammenstellung verschiedener bibl. Abschnitte (2. Chr, Kap 35–36; Esra und Neh 7,72–8,13) in griech. Übersetzung, die durch Geschichten nichtjüd. Ursprungs, v.a. über Serubbabel und Darius, ergänzt wurde.

Das Buch beginnt mit einer Schilderung der letzten Jahre des ersten Tempels, von der Passafeier unter König Josia bis zur Tempelzerstörung (1,1–

55). Es folgt das Edikt des Kyrus und ein Bericht über die erste Rückwanderungswelle von Juden nach Jerusalem, schließlich die Wiederaufbauarbeiten am Tempel bis zur Zeit Esras und dessen Lesung der Tora in Jerusalem.

ESRA, DAS 2. BUCH (auch »4. Esra« oder »Apokalypse Esras«) genannt. Ein jüd. Buch, das Esra zugeschrieben wird und in verschiedenen Versionen (lat., syr., äthiop., armen., arab., kopt.) erhalten ist. Es wurde in die Vulgata aufgenommen, ist jedoch in der LXX nicht zu finden; die griech. Version ist bis auf wenige Abschnitte verlorengegangen.

Das Buch wurde (auf hebr. oder aram.) gegen Ende des 1. Jh. n. Chr. in Palästina verfaßt. Es umfaßt sieben Visionen über die Zerstörung Jerusalems und des Tempels. Die ersten drei Visionen beschäftigen sich mit den hieraus resultierenden theolog. Problemen, wie der Frage nach der Gerechtigkeit Gottes in seiner Lenkung der Welt (3,28) oder der Frage, wozu die Menschheit erschaffen wurde, die doch sündig und gefallen ist (8,14). Die übrigen vier Visionen lehren apokalyptisches Geheimwissen, vergleichbar etwa Dan 7–11 oder Offb 4–9. In der letzten Vision empfängt Esra die Thora, die 24 kanon. Bücher der damaligen jüd. Bibel und die 70 Bücher mit der verborgenen Erkenntnis.

ESRACHITER
1. Kön 5,11; Ps 88,1; 89,1

ESRACHITER Ein Nachkomme von Serach. Etan und Heman der Weise gehörten zu dieser Familie.

ESRI
1. Chr 27,26

ESRI Sohn Kelubs, von König David als Fronvogt über die Ackerleute gesetzt.

ESSENER Die Essener trennten sich um 152 v. Chr. von der Tempelgemeinschaft in Jerusalem. Für sie war die hohepriesterliche Erbfolge der Zadokiden aufgehoben, nachdem sich ein Hasmonäer des Hohenpriesteramts bemächtigt hatte. Um den »Bund der Umkehr (zur Thora)« zu erneuern, zogen sie als »die Umkehrenden Israels« (Bußbewegung) in die Wüste. Dort feierten sie jährlich am 14. Nisan das »Fest der Bundeserneuerung«. Die Trennung vom Tempelkult wurde untermauert durch eine neue Zeitrechnung; die E. rechneten nach dem Sonnenjahr, während man in Jerusalem beim Mondjahr verblieb. (So läßt sich auch die unterschiedliche Datierung des 14. Nisan in der Passawoche erklären.)

Um 130 v. Chr. begründeten die E. unter dem »Lehrer der Gerechtigkeit« in Qumran am Toten Meer eine Ordensgemeinschaft mit fester hierarchischer Gliederung. Nach Flavius Josephus (Jüd. Krieg II.8,2–13) hielten sie sich streng an das Gesetz und an die Vorschriften der Enthaltsamkeit, des Schweigens und der Waschungen. Auch Plinius erwähnt die E. Sie trugen zu den täglichen gemeinsamen Mahlfeiern (mit Brot und Wein) ein weißes Gewand, sonst eine Schürze sowie eine Axt, mit der sie Neuland urbar machten. Sie legten in dem Uferstreifen am Toten Meer Gärten an und bewässerten sie, als Vorzeichen der neuen Welt Gottes (vgl. Joel 2), die die alte bald ablösen sollte (vgl. Johannes der Täufer: »Es ist schon die Axt den Bäumen an die Wurzel gelegt«, Mt 3,10).

Luftaufnahme von Qumran in der Nähe des Toten Meeres, dem Ort, an dem die Gemeinde der Essener lebte.

Die E. lebten in Gütergemeinschaft. Da sie über kein persönl. Eigentum verfügten, nannten sie sich »Gemeinde der Armen« und »Arme im Geist« (bereit zum Empfang des Geistes bzw. des Rates [hebr. *ezah*] Gottes; der Name E. = »Männer des Rates« rührt daher). Als Mittellose zogen sie über Land und wußten sich überall, wo Essenergruppen in judäischen Städten und Dörfern zerstreut lebten, aufgenommen. Philo von Alexandrien schätzte die Zahl der E. zu seiner Zeit auf etwa 4000. Selbst in Jerusalem soll es ein »Essenertor« gegeben haben. Die Zerstreuung der E. mag auf die Zerstörung von Qumran durch Erdbeben und Brand 31 v. Chr. zurückgehen. Erst um 4 n. Chr. wurde die Ordenssiedlung neu errichtet, bis sie schließlich schon in den ersten Jahren des jüd. Aufstandes gegen Rom 68 n. Chr. völlig

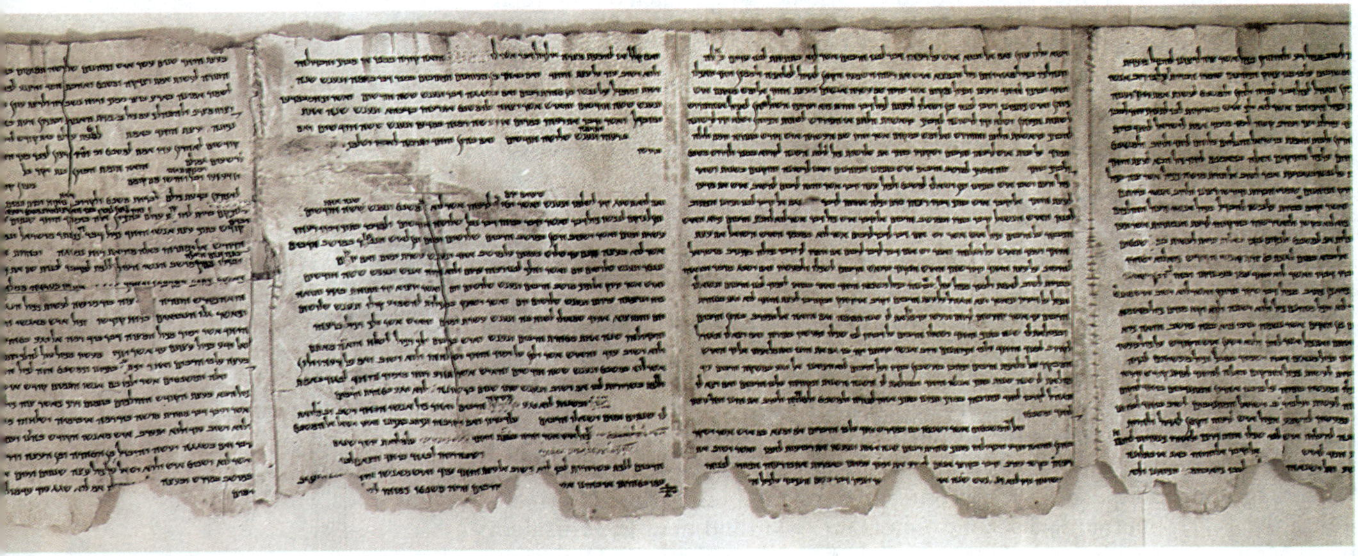

Ein Teil der »Gemeindeordnung« (Buch der Serakim oder Satzungen), wurde in einer der Qumran-Höhlen gefunden.

zerstört wurde. Es gibt Hinweise, die eine Beteiligung der E. am Aufstand des Bar Kochba 132–135 n.Chr. nicht ausschließen. In der apokalypt. Schrift »Krieg der Söhne des Lichts (vgl. Lk 16,8) gegen die Söhne der Finsternis« riefen die E. den hl. Krieg als Endkampf der Geschichte aus (vgl. Joel 4,9). Aus den hinterlassenen, in den Höhlen von Qumran versteckten und 1947 wieder gefundenen Schriften entnehmen wir, daß sich die E. um die Weitergabe prophetischer Bücher (Jesajarolle) und um ihre zeitnahe Kommentierung (Habakuk-Kommentar I QpH) bemühten. Wichtige Qumran-Rollen (Q) sind auch der »Sektenkanon« »Ordnung der Einung« (QS), die »Ordnung der Gemeinde« (I Q Sa), die »Damaskusschrift« (Dam) – vermutlich ist mit dem Deckwort »Damaskus« Qumran gemeint –, »Hodajoth« (Loblieder I QH), »Krieg der Söhne des Lichts gegen die Söhne der Finsternis« (I QM) u. a. messianische Fragmente (4 Q Patr, 4 Q Test).

Die E. erwarteten für das Ende der Zeit einen Propheten (vgl. 5. Mose 18,15.18; Mal 3,23f.) und zwei Messiasse, einen priesterlichen (leidenden, sich selbst opfernden – aus Aaron) und einen königl. Messias (davidisch – aus Israel) (I Q Sa II 11f.; vgl. Sach 4,11–14; 6,9–15; 4. Mose 24,17).

Möglicherweise stand der Jüngerkreis um Jesus den E. nahe. Doch die Verkündigung Jesu unterscheidet sich wesentlich von der Lehre der E. Er radikalisierte die Gebote als Gewissensforderung und verwies auf ihren eigentlichen Sinn, die Gottes- und Nächstenliebe. Er proklamierte keinen hl. Krieg, sondern lehrte, die Feinde durch Liebe zu überwinden und zu gewinnen. Er stiftete keinen Elite-Orden mit gesetzlichen Ordnungen und hierarchischem Aufbau statt dessen sandte er seine Boten auf die Straßen der Welt, um Sünder zu retten.

ESTER (»Stern«). Hauptperson des Buches Ester. E. war Tochter des Abihajil (Est 2,15) und seit dessen Tod Adoptivtochter ihres Vetters Mordechai (Est 2,7). Zur Frau des Perserkönigs Ahasveros (Xerxes) erhoben, konnte

ESTER
Est 2,7–8. 10–11.15–18. 20.22; 4,4–5. 8–10.12–13. 15.17; 5,1–7. 12; 6,14; 7,1–5–8; 8,1–4.7; 9,12–13.25.2 31–32;

sie gemeinsam mit Mordechai eine Verschwörung des Judenfeindes Haman gegen die im Exil lebenden Juden aufdecken und vereiteln (Kap. 3–10).

E.s hebr. Name war *Hadassa* (»Myrthe«, vgl. Est 2,7). Ihr neuer Name im Exil lehnte sich an den Namen der babyl. Göttin Ischtar an, wie auch *Mordechai* an den babyl. Gott Marduk erinnert. Ischtar (in Syrien: Astarte) war Göttin der Liebe, also der Sterngöttin Venus vergleichbar; daher die pers. Deutung des Namens als »Stern«.

Als Grab von Ester und Mordechai verehrtes Bauwerk in Susa, Iran.

ESTER, DAS BUCH Das Buch Ester ist eine der fünf Festrollen (*megillot*) im »Schriften« genannten Teil des hebr. Kanons und wird am Purimfest in der Synagoge verlesen. Es berichtet von Ereignissen während der Regierungszeit des Perserkönigs Ahasveros (Xerxes I., 486–465 v. Chr.).

Est 9,1 spricht von dem Tag, »als die Feinde der Juden hofften, sie zu überwältigen, und sich's wandte, daß nun die Juden ihre Feinde überwältigen sollten«. Das Buch enthält mehrere solcher unerwarteter Wendungen: Haman plant eine Judenverfolgung – statt dessen gehen sie zum Gegenangriff über; Haman muß Mordechai eben die Ehren erweisen, die er sich selbst zugedacht hatte; er endet an dem Galgen, den er für Mordechai hatte aufrichten lassen; Mordechaï erringt die Position am Hofe, die Haman innehatte; ein Datum, das als nationaler Unglückstag für die Juden gedacht war, wird zu einem jährlichen Fest der Freude und des Jubels, dem Purimfest.

Das Buch erzählt die Geschichte der schönen Ester, einer Pflegetochter Mordechais, die anstelle der verstoßenen Königin Wasti an den Hof des Perserkönigs Ahasveros berufen wurde. Durch ihr Eingreifen weiß sie einen Mordplan des Ministers Haman gegen Mordechai und die Juden in Susa zu verhindern. Der König räumt den Juden die Freiheit ein, sich an ihren Widersachern zu rächen und sie zu töten.

Die Erzählung des Est wird von außerbibl. Quellen nicht bestätigt. Es gibt in der histor. Forschung keine Anzeichen, die auf eine pers. Königin Ester hinweisen. Zudem war es Xerxes von Gesetzes wegen verboten, Nichtadlige zu heiraten. Schwer einzuordnen ist auch die Angabe, Mordechai sei mit

Bemalte Esterrolle aus dem 18. Jh.

König Jojachin (597 v. Chr.) aus Juda weggeführt worden – er wäre dann im 3. Jahr der Regentschaft des Ahasveros (483 v. Chr.) 114 Jahre alt gewesen. Dennoch ist Est nicht unvereinbar mit der oft lückenhaften und bis heute vielfach unbekannten Geschichtsschreibung jener Zeit. Die griech. Geschichtsschreiber Herodot und Ktesias berichten übereinstimmend von einem Zerwürfnis zwischen Ahasveros und seiner Frau Amestris (Wasti?), was dessen Heirat mit E. möglich machen würde.

Hinweise auf Bund und Gesetze Gottes mit und für Israel, Prophetien und Offenbarungen fehlen im Esterbuch; Gott selbst wird an keiner Stelle erwähnt. Die entscheidende theol. Aussage stammt von Mordechai, der indirekt von Gottes Fürsorge und seiner allmächtigen Fügung des Weltgeschehens spricht (Est 4,13–14). Was als Kette glücklicher Zufälle erscheinen könnte, soll sich im Rückblick als Führung Gottes erweisen, der die Geschichte lenkt, um sein Volk zu bewahren und zu retten.

Ahasveros und Ester auf ihrem Thron nehmen einen Bericht entgegen über die Anzahl der Erschlagenen in Susa. Wandmalerei in der Synagoge von Dura-Europos, 3. Jh. n. Chr.

Die Geschichte um E. ist die Geschichte vom Ursprung des Purimfestes. Die Bezeichnung *purim* ist auf den ersten Blick willkürlich einem Detail entnommen – den Losen (babyl. *puru*, »Schicksal«, »Los«), die Haman wirft, um den Zeitpunkt des Massakers festzulegen (3,7; 9,24–26). Erst im Licht der zentralen Botschaft des Buches – Gottes Lenken der menschlichen Geschicke im Gegensatz zum zufälligen Fall des Loses – erhält der Name des Festes seine tiefere Bedeutung.

Est wurde lange Zeit nicht als kanonisch anerkannt. Ben Sira und Flavius Josephus zählten es nicht zum AT; in den Qumran-Schriften ist es nicht zu finden. Manche Talmudlehrer widersetzten sich daher der Beibehaltung des Festes, auch weil es nicht von Mose verkündet war. Daß Gott nie direkt erwähnt wird, bestärkte die überwiegend negative Einschätzung des Buches. Auch in der christl. Kirche war der Rang des Buches E. nicht unumstritten. Nur über die zweifelhafte Deutung Königin E.s als vermeintliche Präfiguration der Kirche oder der Jungfrau Maria gelangte die christl. Tradition zur Anerkennung des Buches im bibl. Kanon. Dadurch erklärt sich auch die noch weitaus zurückhaltendere Einstellung der Ostkirche und die Erklärung Luthers, er wünschte, das Buch sei nie geschrieben worden.

INHALTSÜBERSICHT

1,1–22	Das Fest des Ahasveros: Wasti wird entthront
2,1–23	Ester wird Königin
3,1–4,17	Haman wird Wesir und verfügt die Tötung aller Juden im Reich
5,1–7,10	Esters Festmahl für den König und Haman; sie deckt Hamans Anschlag auf; Haman und seine Söhne werden gehenkt
8,1–10,3	Die Juden töten ihre Widersacher; das Purimfest wird eingerichtet; Mordechai wird Wesir an Hamans Stelle

St zu Est 3,1; 4,6; 5,9; 7,3

ESTER, STÜCKE ZUM BUCH Sechs Abschnitte in der griech. Übersetzung des Esterbuches gehen über den Bestand des AT hinaus. Die Vulgata tilgte diese Zufügungen und gab sie dem kanon. Buch zusammengefaßt als Anhang bei. Wie der Text selbst im Nachsatz zu Kap. 7 sagt, wurde die griech. Übersetzung von Lysimachus, dem Sohn des Ptolemäus und Bürger Jerusalems vorgenommen, und gehört demnach ins 1. Jh. v.Chr.

Ein Zweck dieser apokryphen Zusätze könnte die Einbringung religiöser Elemente in den hebr. Text gewesen sein, etwa des Namens Gottes und einiger Gebete.

Der erste Zusatz berichtet von Mordechais Traum über den Sieg der Juden und von der Aufdeckung einer Verschwörung zweier Eunuchen gegen den König, wofür Mordechai mit einer Stellung am Hofe belohnt wird.

Der zweite Zusatz gibt den Text des königl. Erlasses zur Vernichtung der Juden wieder. Gebete Mordechais und Esters bilden die dritte Zufügung. Im folgenden Abschnitt setzt Ester ihr Leben aufs Spiel, indem sie an den König appelliert. Die fünfte Zufügung gibt das Edikt des Königs wieder, das die erste Verfügung praktisch widerruft. Der sechste Teil legt den Traum Mordechais aus und bekundet, daß Gott die Hilfe seines Volkes war und ist.

ETAM 1 1. Chr 4,3

ETAM (»Raubvogel«).

ETAM 2 2. Mose 13,20; 4. Mose 33,6–8

1. Mann im Stammbaum von Juda (1. Chr 4,3).

2. Stelle am Rande der Wüste, wo die Israeliten lagerten, nachdem sie im Verlauf des Auszugs aus Ägypten Sukkot verlassen hatten (2. Mose 13,20). Der Ort befindet sich wahrscheinlich in der Nähe des heutigen El Kantara am Suezkanal.

ETAM 3 Ri 15,8.11; 1. Chr 4,32 ETAM 4 2. Chr 11,6

3. Stadt, die urspr. zum Gebiet Judas gehört hatte (Jos 19,1), doch später Simeon zugesprochen wurde. In der Nähe des Ortes befand sich eine Felsenkluft, in der Simson nach dem Kampf mit den Philistern eine Zeitlang wohnte (Ri 15,8).

4. Stadt zwischen Bethlehem und Tekoa, die von König Rehabeam nach dem Aufstand Israels befestigt wurde (2. Chr 11,5–6), etwa 3 km südwestlich von Bethlehem.

ETAN 1 1. Kön 5,11; Ps 89,1

ETAN (»beständig«).

ETAN 2 1. Chr 6,27 ETAN 3 1. Chr 6,29; 15,17.19

1. Etan, der Esrachiter, dessen Weisheit nur von derjenigen Salomos übertroffen wurde (1. Kön 5,11). Er wird im Psalter als Verfasser des 89. Psalms genannt.

2. Vorfahr des Leviten Asaf, der von David zum Sänger im Heiligtum bestellt wurde (1. Chr 6,24.27).

ETANIM 1. Kön 8,2

3. Einer der Sänger, die David für den künftigen Tempel bestellte (1. Chr 6,16ff.29). Er war einer derjenigen, welche die Bundeslade nach Jerusalem geleiteten.

ETBAAL 1. Kön 16,31

ETANIM Der siebte Monat im jüd. Kalender. Später wurde der Name in *Tischri* umgewandelt.

ETER Jos 15,42; 19,7

ETBAAL (»Baal mit ihm«). König der Sidonier und Vater Isebels, der Frau König Ahabs von Israel, in der ersten Hälfte des 9. Jh. v. Chr.

ET-KAZIN Jos 19,13

ETER Eine Stadt, die bei der Landnahme dem Stamm Juda, später Simeon, zugesprochen wurde (Jos 15,20,42). Sie lag im östlichen Hügelland von Juda.

ETNAN 1. Chr 4,7

ET-KAZIN Örtlichkeit an der Gebietsgrenze des Stammes Sebulon.

ETNAN (»Geschenk«). Mann im Stammbaum Judas.

ETNI 1. Chr 6,26

ETNI Ein Nachkomme Gerschons, des erstgeborenen Sohnes Levis, und Vorfahr von Asaf, einem der Musiker im Heiligtum z. Zt. Davids (1. Chr 6,16–18.24.26).

EUBULUS 2. Tim 4,21

EUBULUS (»wohlberaten«, »klug«). Ein Christ aus Rom, der Grüße an Timotheus sandte.

EUNIKE 2. Tim 1,5

EULE Siehe TIERE.

EUNIKE (»siegreich«). Eine jüd. Christin, Mutter des Timotheus (Apg 16,1; 2. Tim 1,5). Sie wird im Brief des Paulus an ihren Sohn als gläubige Christin erwähnt.

EUPHRAT 1. Mose 2,14; 15,18; 5. Mose 1,7; 11,24;

EUPHRAT Mit 2700 km Länge einer der längsten Flüsse Westasiens. In der Bibel wird er häufig einfach als »der (große) Fluß/Strom« bezeichnet.

En Etan (Etam [4]), südwestlich von Bethlehem.

Der E. entsteht aus dem Zusammenfluß des aus dem armen. Hochland kommenden Muradsu und des aus dem Anti-Taurus stammenden Karasu. Nach Verlassen der Berge bildet der E. zus. mit dem Tigris (Hiddekel) die breite Ebene Mesopotamien (Zweistromland). Vor dem Einfluß in den Pers. Golf vereinigen sich E. und Tigris zum Schatt-el-Arab; in der Antike existierte dieser Zusammenfluß jedoch noch nicht. Der E. hat eine starke Strömung und war daher nur in seinem Unterlauf schiffbar. Unter den an seinen Ufern blühenden Städten war Babylon die größte. Eine andere, Karkemisch, war ein wichtiger Straßenknotenpunkt und Flußübergang für die aus dem Fernen Osten kommenden Karawanen. Am E. fanden einige der großen Schlachten der Geschichte statt, darunter 605 v. Chr. die zwischen Nebukadnezar II. und Pharao Necho II. (vgl. Jer 46,2).

Jos 1,4; 2. Sam 8,3; 2. Kön 23,29; 24,7; 1. Chr 5,9; 18,3; 2. Chr 35,20; Jer 13,4–7; 46,2.6.10; 51,63; Offb 9,14; 16,12

Zwei Ansichten vom Euphrat.

In 1. Mose 2,14 wird der E. als einer der vier Flüsse genannt, die vom Garten Eden ausgingen. Er bildete auch die Nordostgrenze des Abraham verheißenen Landes (1. Mose 15,18). Durch alle Perioden hindurch war er die Grenze zwischen Ost und West, zwischen den Einflußbereichen Assyriens und Ägyptens; als Ost–West–Grenze erscheint er auch in der pers. Zeit (vgl. Esr 4,10 u. ö.), und in der griech. und röm. Zeit markierte er die Grenze zwischen Armenien, Kappadozien, Sophene und Kommagene. In der frühen röm. Zeit trennte er das röm. und parthische Reichsgebiet.

Die Geschichte von Adam und Eva, als Reliefdarstellung an der Außenwand der armenischen Kirche in Aghtamar (Türkei); 11. Jh.

EUTYCHUS (»glücklich«). Ein junger Mann aus Troas, der während einer langen nächtlichen Predigt des Paulus einschlief und drei Stockwerke tief aus dem Fenster stürzte. Paulus unterbrach seine Predigt und erweckte ihn wieder zum Leben (Apg 20,9–12).

EUTYCHUS Apg 20,9

EVA Frau Adams und Mutter Kains, Abels und Sets sowie weiterer Söhne und Töchter. Ihr Name lautet im hebr. Urtext *chava* (»Leben«, vgl. 1. Mose 3,20 »Mutter aller, die da leben«). Die Erschaffung E.s aus einer Rippe Adams berichtet 1. Mose 2,20–25. Beim Sündenfall des Menschen (siehe SÜNDENFALL) ließ sich E. als erste von der Schlange dazu überreden, von der Frucht des verbotenen Baumes der Erkenntnis zu essen (1. Mose 3,1–6). Gottes Gerichtswort kündigte ihr Schmerzen beim Gebären und eine Abhängigkeit von ihrem Mann an (1. Mose 3,16).

EVA 1. Mose 3,20; 4,1; 2. Kor 11,3; 1. Tim 2,13

EVANGELIUM (*euangelion*, griech. »gute Botschaft«, »frohe Kunde«). Das dazugehörige Verb *euangelizestoi* beschreibt das Verkündigen, Ausrufen der guten Botschaft Jesu Christi, v.a. auch seine eigene Predigt. Substantiv und Verb kommen in den synopt. Evangelien und bei Paulus häufig vor, fehlen aber im Johannes-Ev. und in den Briefen des Johannes.

Der Begriff E. faßt das Wesen der Verkündigung Jesu und der Botschaft vom Christus Gottes in einem Wort zusammen. Seine Wurzeln hat der Begriff im AT, v. a. im Buch Jesaja (vgl. Jes 52,7 in der LXX), und in der spezifisch messian. Erwartung des frühen Judentums: In dem zu erwartenden neuen Zeitalter wird das Volk getröstet durch die gute Botschaft vom Knecht Gottes, der allen Nationen Gerechtigkeit und Frieden bringt.

EVANGELIU Mt 4,23; 11,5; 24,14; 26,13; Mk 1,1.14f.; 8,35; 10,29; 13,10; 16,15; Lk 4,18.43; 8,1; 9,6; 16,16; 20,1; Apg 5,42; 8,25.35; 11,2 14,7.15.21; 15,7; 17,18;

20,24; Röm 1,1.9.15f.; 2,16; 10,16; 11,28; 15,16. 19f.; 16,25; 1. Kor 1,17; 4,15; 9,12.14. 16.18.23; 15,1; 2. Kor 2,12; 4,3f.; 8,18; 9,13; 10,14.16; 11,4; Gal 1,6–9.11.16; 2,2.5.7.14; 4,13; Eph 1,13; 2,17; 3,6; 6,15.19; Phil 1,5.7.12.27; 2,22; 4,3.15; Kol 1,5.23; 1. Thess 1,5; 2,2.4.8f.; 3,2; 2. Thess 1,8; 2,14; 1. Tim 1,11; 2. Tim 1,8.10; 2,8; Phlm 13; 1. Petr 1,12; 4,6.17; Offb 14,6

Nach dem einstimmigen Zeugnis des NT ist das E. die Freudenbotschaft vom Heilsgeschehen in Jesus Christus und dem in ihm herbeigekommenen Reich Gottes. Jesus ist Botschaft und Inhalt des E. zugleich: Gott wurde Mensch in Jesus Christus. Jesus litt und starb zur Erlösung der Welt, er bezwang den Tod und sitzt als der auferstandene Herr zur Rechten Gottes. Wer an die Botschaft des E. und damit an ihren Botschafter glaubt, wird befreit zu einer neuen Kreatur (2. Kor 5,17). Dabei bricht diese Heilsgeschichte nicht mit dem AT, sondern ist dessen Erfüllung (»nach der Schrift«, 1. Kor 15,3; vgl. Röm 1,2).

Jesus ruft auf zur Hinkehr zu seiner frohen Botschaft: »Kehrt um (LÜ: Tut Buße) und glaubt an das Evangelium!« (Mk 1,15). Dabei ist das Ausrufen der Gottesherrschaft schon bei Jesus nicht auf Israel beschränkt, sondern gilt weltweit und ist damit eschatologisch bestimmt (Mk 13,10; 16,15; Mt 24,14; 28,19). Das E. dient der Rettung *aller* Menschen, sofern sie an Christus glauben (Joh 3,16).

Bei Paulus beschreibt das Wort zunächst den Vorgang der öffentl. Verkündigung (2. Kor 2,12; 8,18; Phil 4,15; auch Röm 1,1). Untrennbar damit verbunden ist der Inhalt der Botschaft, die durch den Boten gepredigt werden soll (1. Kor 15,1; Gal 1,11; Kol 1,23; 1. Thess 2,2.9; 2. Tim 1,10.11).

Das E. ist beides: Chronik der »großen Taten Gottes« in Jesus Christus (Apg 2,11) und gegenwärtige Macht als lebenschaffende Kraft für sündige und darum dem Tod verfallene Menschen (vgl. 1. Kor 15,3). Es wirkt als Gotteskraft in schwachen Menschen (vgl. Röm 1,16; 1. Thess 1,5; 2,8.9); es bringt den Verlorenen Rettung und Heil inmitten der Heillosigkeit (Röm 1,16; Eph 1,13), also schon in dieser Welt; und schließlich eröffnet es die Hoffnung auf das zukünftige, vollendete Heil »im Himmel« (Kol 1,5) für alle, die hier und jetzt an Christus glauben (Röm 1,17; vgl. 2. Kor 4,3–6).

Die Tatsache, daß Paulus manchmal von »meinem«/»unserem« E. spricht (Röm 2,16; 16,25; 2. Kor 4,3; 1. Thess 1,5 u.ö.), bezeugt, daß Apostelamt und E. untrennbar verbunden sind (2. Kor 10,14; 2. Tim 1,10.11). Paulus identifiziert sich so sehr mit dem E., daß selbst seine Leiden und Gefangenschaft dem E. dienen müssen (Phil 1,16; 2. Tim 1,8).

Urheber, »Erfinder« des E. ist Christus selbst, der Auferstandene, der Paulus begegnet ist (Gal 1,11.12; vgl. Apg 9,1–8); nur er, der Herr selbst, öffnet Menschen die Augen für das Verstehen des Heilsplanes Gottes (vgl. Lk 24,17–27.45–48).

So wie das Substantiv *euangelion* ist auch das Verb *euangelizestoi* zu interpretieren; in der LÜ wird es meist mit »predigen«, seltener mit »verkündigen« wiedergegeben. Es fällt auf, ist aber ohne größere sachliche Bedeutung, daß Markus das Verb durchweg vermeidet, während umgekehrt bei Lukas häufig das Verb, nie aber das Substantiv vorkommt. Matthäus benutzt das Verb nur einmal (Mt 11,5), bei Johannes kommen weder Verb noch Substantiv vor. Ausgesprochen häufig dagegen verwendet Paulus *euangelizestoi*. Für die Apg vgl. u.a. Apg 5,42; 8,4.12.35.40.

Der Gedanke »Predigen«, »Verkündigen« kann im Urtext außer mit *euangelizestoi* auch synonym mit *keryssein* wiedergegeben werden (so in Lk 4,43.44; 8,1). Auch dies findet sich häufig bei Paulus; vgl. Röm 10,14–15, wo beide Verben vorkommen.

In der allerersten Urgemeinde wurde das E. nur den Juden verkündigt, sehr bald fand es aber auch den Weg zu den Heiden (Apg 8,26–39; Apg 10; 11,1–20). Petrus und v.a. Paulus wurden zu Aposteln der Heiden (Apg 14,7.15.21; 16,10; Röm 15,20; 2. Kor 10,16; Gal 1,16 u.a.); Paulus kann sogar seine ganze Aposteltätigkeit mit *euangelizestoi* bezeichnen (1. Kor 1,17); er steht dabei wie unter einem heiligen Zwang (1. Kor 9,16).

Der Inhalt dieses apostol. Predigens ist immer der gekreuzigte und auferstandene Herr, in dem sich die Gottesherrschaft verkörpert (Apg 11,20; Eph 3,8; 1. Petr 1,10–19 u.ä.). In Wort und Taten (die »Zeichen, die folgen werden«, Mk 16,17.18, also Krankenheilungen usw.) bieten die Apostel der Welt das Heil, die Rettung in Jesus Christus an (Apg 8,4–8; 14,8–18;

16,17.18; 2. Kor 12,12; Gal 3,5). Sie predigen nicht Menschenwort, sondern Gottes lebendiges, ewiges Wort, seine gute Botschaft.

Es ist bemerkenswert, daß der Begriff »E.« im NT nie verwendet wird, um etwas Geschriebenes zu bezeichnen – weder einen apostol. Brief noch eines unserer vier Evn. (Mt, Mk, Lk, Joh). Erst z. Zt. der Kirchenväter begann man, das gesamte (!) NT als »E.« zu bezeichnen. Bei Irenäus (um 180 n. Chr.) erscheint erstmals »E.« im Zusammenhang mit den kanon. Evangelienschriften, was schließlich zu dem heutigen Sprachgebrauch führte: das eine E. von Jesus Christus in vier versch. Formen – nach (nicht »von«!) Mt, Mk, Lk und Joh. Die eigentliche Verkündigung der guten Botschaft geschieht dennoch nach wie vor durch das gesprochene Wort der Prediger (Röm 10,14).

Die Frage der Abfassungszeit der vier Evangelienschriften des NT hängt überwiegend an der Beantwortung der Frage, ob es echte Prophetie gibt, Prophetie im Sinn der Weissagung zukünftiger Ereignisse. Wo dies verneint wird, wird man die ersten drei Evn., insbes. das Lukas-Ev. erst nach dem Jahr 70 n. Chr. ansetzen, weil sich dann Stellen wie Lk 21,20–24 u. a., die sich auf die Zerstörung Jerusalems beziehen, nur als Rückblick auf die Schrecken des Jahres 70 deuten lassen. In der theol. Literatur herrscht daher weithin eine Datierung nach diesem Jahr vor. Wenn man dagegen Jesu Worte als echte Prophetie anerkennt, kann man davon ausgehen, daß Mt und Mk um das Jahr 60, Lk um 65 und Joh nach 85 ihre Evangelien geschrieben haben. Neben diesen vier kanon. Evn. entstanden mehrere apokryphe Evn., die sich als apostolische Schriften ausgaben (Thomas-, Petrus-, Matthias-Ev.), die aber zweifellos erst zu einem späteren Zeitpunkt entstanden sind.

Irenäus von Lyon brachte die frühchristl. Kanonisierung zu einem gewissen Abschluß, indem er der Vierzahl der Evn. eine heilsgeschichtliche Stütze verlieh: Aus der Schau der vier Wesen bei Hes (10,9–14) und der gleichartigen Vision des Sehers der Offb leitete er die Symbole für die vier Evangelisten ab (Markus – ein Löwe; Matthäus – ein Engel oder Mensch; Lukas – ein Stier; Johannes – ein Adler).

Unter den vier kanon. Evn. nimmt das des Johannes eine Sonderstellung ein. Die drei übrigen sind, abgesehen von spezifischen Eigenheiten in Aufbau und Wortlaut, eng verwandt und dürften zumindest teilweise auf allen zugängliche Überlieferungen in der Urgemeinde zurückgehen. Lk 1,1–4 berichtet davon, daß die Schreiber alle verfügbaren Unterlagen zusammensuchten. Das schließt nicht aus, sondern ein, daß sie gerade dabei »vom Geist Gottes getrieben« (2. Petr 1,21) waren und daß ihre Werke als inspirierte Texte Gottes gute Botschaft für alle Zeiten sind.

Zu den Besonderheiten der einzelnen Evn. s.u. JOHANNES, MATTHÄUS, MARKUS, LUKAS.

EVODIA (»Wohlgeruch«). Eine Christin aus Philippi, deren Streit mit Syntyche zu eskalieren drohte, so daß Paulus die beiden Frauen in seinem Brief an die Gemeinde ermahnte, eines Sinnes zu sein.

EVODIA Phil 4,2

EWI (»Sehnen«). Einer der fünf Könige der Midianiter, die bei einem Racheakt von den Israeliten getötet wurden (4. Mose 31,8). Er war verbündet mit Sihon, dem König der Amoriter (Jos 13,21).

EWI 4. Mose 31,8; Jos 13,21

EWIL-MERODACH (»Verfluchter Tor«). König von Babylon; er begnadigte im ersten Jahr seiner Herrschaft Jojachin, den ehemaligen König von Juda, im 37. Jahr seiner Gefangenschaft (2. Kön 25,27ff.). Er folgte 562 v.Chr. seinem Vater Nebukadnezar auf den Thron, wurde jedoch weniger als zwei Jahre später das Opfer einer von seinem Schwager Neriglassar angezettelten Verschwörung; dieser bestieg daraufhin den Thron.

EWIL-MERODACH 2. Kön 25,27; Jer 52,31

EXODUS, DAS BUCH; DAS 2. BUCH MOSE. Das zweite Buch im Pentateuch, benannt nach Israels »Auszug« (lat. *Exodus*, in der LXX *Exodos*) aus Ägypten. Es schildert die Befreiung Israels aus der Knechtschaft (2. Mose 1,1–15,21), die Wanderung durch die Wüste (15,22–18,27) und den Bundesschluß am Sinai (19,1–40,38).

Das Buch beginnt mit einer Beschreibung der Versklavung der Israeliten in Ägypten nach Josefs Tod (1,6). Die ständige Verschlechterung ihrer Lage

Seite aus dem Buch Exodus; De-Castro-Bibel, Deutschland, 14. Jh. (Israel Museum).

gipfelte schließlich im Befehl Pharaos, alle neugeborenen Söhne in den Nil zu werfen (1,22). In dieser Zeit wurde Mose geboren, der in einem »Kästlein in das Schilf am Ufer des Nils« (2,3) gelegt, schließlich gerettet und von der Tochter des Pharao erzogen wurde (2,10).

Mose trat entschlossen für sein entrechtetes Volk ein, beging dabei aber einen Mord und mußte aus Ägypten fliehen (2,11–22). Am Berg Horeb wurde er durch eine Gottesoffenbarung zum Befreier seines Volkes berufen (3,1–4,17). Mose kehrte nach Ägypten zurück (4,18–20) und bemühte sich mit seinem Bruder Aaron beim Pharao um eine Freilassung der Israeliten, was jedoch zunächst erfolglos blieb (5,1–6,1). Erst die von Gott gewirkten Wunder und zehn Plagen führten langsam zum Erfolg (7,8–12,30). Der Widerstand Pharaos wurde durch die letzte Plage gebrochen, die den Tod über alle erstgeborenen Söhne der ägypt. Familien brachte. Die Israeliten hatten zuvor von Gott die Weisung erhalten, ihre Häuser mit dem Blut eines geschlachteten Lammes zu besteichen, damit Gott an diesen Häusern »vorübergehen« (hebr. *pasach*) und die Israeliten verschonen sollte (12,13). Damit verbunden ist die Einsetzung des jüd. Passafestes (12,1–28): an ihm wird in Erinnerung an die Flucht aus Ägypten ungesäuertes Brot gegessen, da bei dem schnellen Aufbruch keine Zeit blieb, den Teig durchsäuern zu lassen (12,15–20.34.39; 23,15; 34,18). (Vgl. PASSA.)

Die Abschnitte über die Flucht aus Ägypten (12,37–42; 13,17–15,21) betonen den Schutz und die Führung Gottes, der die Israeliten auf ihrem Weg leitete – tags in einer Wolkensäule und nachts im Schein einer Feuersäule (14,19–20; vgl. 4. Mose 10,33–36). Israel erfuhr eine wundersame Rettung am Schilfmeer (2. Mose 14), die von Mose und den Kindern Israel in einem Hymnus besungen wurde (15,1–21).

Nach den Ereignissen am Schilfmeer führte Mose das Volk auf seinem Weg ins verheißene Land durch die Wüste. Zahlreiche schwierige Situationen waren zu bestehen, die beim Volk immer wieder Murren und Klagen hervorriefen (bitteres Wasser: 15,23–26; Hunger: 16,2–36; Mangel an Wasser: 17,1–7). In all diesen Fällen wurden die Israeliten durch Gottes Fürsorge gerettet. Auch ein Angriff der Amalekiter konnte zurückgeschlagen werden, während Mose »seine Hände emporhielt« (17,8–16).

Nach drei Monaten Wanderschaft erreichten die Israeliten den Berg Sinai (19,1; vgl. 3,12; 5,1). Hier erklärte Gott Israel zu seinem »Eigentum vor allen Völkern« und zu einem »heiligen Volk« (19,5–6). Nach drei Tagen offenbarte er seine Herrlichkeit (19,18–25). Hierbei erfolgte die Mitteilung der Zehn Gebote (20,1–17), die Mose für das Volk entgegennahm (20,18–21), und die Bekanntgabe des Gesetzes (das »Bundesbuch«, 20,22–23,33), zu zahlreichen Fragen des Gottesdienstes und des Alltagslebens.

Mose stieg ein weiteres Mal auf den Berg, um die Gesetzestafeln entgegenzunehmen; bei dieser Gelegenheit war er 40 Tage und Nächte abwesend (24,12–18; 31,18). In dieser Zeit wurden ihm u.a. gottesdienstliche Vorschriften zum Bau der »Stiftshütte« offenbart (25,1–31,17). Beunruhigt über das lange Ausbleiben Moses, bat das Volk Aaron um die Anfertigung des »Goldenen Kalbes«, eines Ersatzgottes (32,1–6), der offensichtlich dem hl. Apis-Stier der Ägypter nachgebildet war. Von Gott gewarnt, stieg Mose vom Berg und zerbrach aus Zorn die Gebotstafeln (32,7–19). Er zerstörte das Götzenbild und bestrafte die Sünder (32,20–30).

Nach der Errichtung eines »heiligen Zeltes« (33,7–11) für das Gespräch mit Gott stieg Mose noch einmal auf den Berg Sinai, um neue Gebotstafeln zu empfangen (34,1–4). Auf seine Bitte um Vergebung der Sünde des Volkes (34,9) erneuerte Gott den Bund mit Israel (34,10–27). Nach Vollendung des Baus der Stiftshütte (40,1–33) legte sich »die Wolke des HERRN« über sie, und die Herrlichkeit Gottes füllte den Raum (40,34–38).

Bereits innerhalb des AT wird an die im Exodus-Buch geschilderten Ereignisse häufig erinnert (Ps 78,12–53; 105,24–43; 106,7–33; 114; 136,10.16 u. v. a.). Im NT finden sich gleichfalls viele Bezüge zu den Erzählungen des Exodus–Buches: Hebr 12,18–24 vergleicht die Offenbarung am Sinai mit der Offenbarung in Jesus Christus; 1. Petr 2,9 überträgt die Titel Israels aus 2. Mose 19,6 auf die Christen, die sich nun auch als »königliches Priestertum und heiliges Volk« bezeichnen können; Paulus vergleicht in 1. Kor 10,1–13 den Durchzug durch das Schilfmeer mit der Taufe. Die ganze ntl. Tradition sieht in Jesus Christus das Passalamm des Neuen Bundes (1. Kor 5,7; Joh 19,36; vgl. 2. Mose 12,46).

(Zur Entstehung der Mosebücher und der Frage ihres Verfassers vgl. PENTATEUCH und GENESIS.)

INHALTSÜBERSICHT

1,1–22	Die Versklavung und Unterdrückung der Israeliten in Ägypten
2,1–25	Auftreten Moses. Seine Flucht nach Midian
3,1–4,31	Die Berufung des Mose
5,1–6,30	Moses und Aarons erste Aufforderung an den Pharao
7,1–10,29	Die ersten neun Plagen
11,1–13,16	Die Tötung der ägypt. Erstgeborenen und das erste Passa; Beginn des Auszugs
13,17–15,21	Der Durchzug durchs Schilfmeer
15,22–17,16	Schwierigkeiten auf dem Weg zwischen dem Schilfmeer und dem Berg Sinai
18,1–27	Der Besuch Jitros
19,1–20,21	Die Offenbarung am Sinai. Die Zehn Gebote
20,22–23,33	Die Gesetze des Bundes (Bundesbuch)
24,1–18	Die Feier des Bundesschlusses
25,1–31,18	Vorschriften zum Bau der Stiftshütte
32,1–34,35	Das Goldene Kalb; Bruch und Erneuerung des Bundes
35,1–40,38	Bau und Einweihung der Stiftshütte

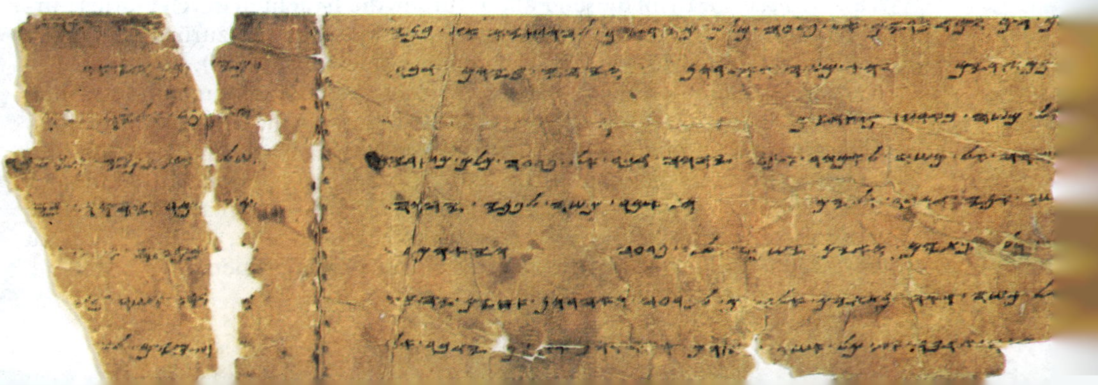

Fragment von 2. Mose 6,25–7,17; gefunden in Qumran (Schrein des Buches, Jerusalem).

EZBON 1
1. Mose 46,16
EZBON 2
1. Chr 7,7

EZEM
Jos 15,29; 19,3;
1. Chr 4,29

EZER
1. Mose
36,21.27.30;
1. Chr 1,38.42

EZJON-GEBER
4. Mose
33,35–36;
5. Mose 2,8;
1. Kön 9,26;
22,49;
2. Chr 8,17;
20,36

EZBON (»Finger«).

1. Vierter Sohn Gads (1. Mose 46,16) und einer der Israeliten, die sich in Ägypten ansiedelten.

2. Ein Enkel Benjamins im Stammbaum der Sippe Benjamin.

EZEM (»Festung«). Eine andere Schreibweise für Azem; eine Örtlichkeit im Gebiet Simeon (Jos 19,3; 1. Chr 4,29). Ezem war ursprünglich Juda zugeteilt gewesen (Jos 15,29). Der Ort dürfte im Süden des Landes bei Beerscheba liegen.

EZER (»Schatz«). Sohn Seïrs, des Horiters und Stammesfürst von Edom (1. Mose 36,21.27.30).

EZJON-GEBER In der Bibel werden E. und Elat bereits z. Zt. des Auszugs Israels aus Ägypten erwähnt (4. Mose 33,35; 5. Mose 2,8), doch konnten bisher keine archäol. Spuren aus jener Zeit gefunden werden. Die Geschichte Ezjon-Gebers läßt sich bis in die Zeit Salomos zurückverfolgen; der Ort kann mit dem kleinen Hügel Tell el-Kheleifeh identifiziert werden, etwa in der Mitte des Nordendes des Golfes von Elat. Diese Lage entspricht in etwa der Beschreibung in 1. Kön 9,26: »... bei Elat am Ufer des Schilfmeers im Lande der Edomiter«. E. könnte auch auf einem der Hügel oberhalb der Oase und Stadt Akaba gelegen haben oder unter den Häusern des modernen Akaba begraben sein.

E. war Israels südliches Tor nach Arabien, Afrika und Indien und Heimathafen der Tarsis-Flotte Salomos, die bis nach Ofir segelte (1. Kön 10,11.22). Joschafat versuchte später, mit einer neuen Flotte den Handel über das Rote Meer wiederzubeleben, doch seine Schiffe zerschellten bei E. (1. Kön 22,49; 2. Chr 20,36–37). Das Schicksal von E./Elat hing jeweils davon ab, ob Israel bzw. Juda den Negeb und die Araba beherrschte oder nicht.

Bei den Ausgrabungen von Tell el-Kheleifeh wurden fünf Besiedlungsschichten freigelegt, die vom 10. bis zum 5.–4. Jh. v. Chr. andauerten. Schicht I fällt in die Regierungszeit Salomos (10. Jh. v. Chr.). Schicht II ist gekennzeichnet von Wiederaufbauarbeiten, möglicherweise auf Initiative des judäischen Königs Joschafat (ca. 870–848 v. Chr.), mit einer massiven doppelten Befestigungsmauer und einem sorgfältig ausgeführten Stadttor. Diese erweiterte Ansiedlung wurde Mitte des 9. Jh. v. Chr. wahrscheinlich von den Edomitern zerstört, in der Zeit ihres erfolgreichen Aufstandes gegen Joschafats Sohn Joram. Die dritte Schicht ist Usija zuzuschreiben, »der Elat ausbaute und es wieder an Juda brachte« (2. Kön 14,22; 2. Chr 26,1–2) – wahrscheinlich kurz nach dem ersten Viertel des 8. Jh. v. Chr. Die vierte Periode war gekennzeichnet durch die Edomiter, denen die Herrschaft über Elat wieder zufiel, nachdem die Judäer unter Ahas die Stadt aufgeben mußten (2. Kön 16,1.6). Diese Periode dauerte vom Ende des 8. bis Ende des 6. Jh. v. Chr. Aus der fünften Periode ist außer einigen Funden aram. (5.–4. Jh. v. Chr.) und phöniz. beschrifteter Tonscherben und schwarzer, glasierter griechischer Keramik wenig erhalten. Danach wurde der Ort aufgegeben.

Jezirat Far'un, auch bekannt als Pharaos Insel im Golf von Elat. Wurde von einigen Forschern als Ezjon-Geber identifiziert.

F

FALKE Siehe TIERE.

FARBEN UND FÄRBEN Die Bezeichnungen für Farben sind im AT meist von den Materialien bzw. Gegenständen genommen, die die jeweilige Farbe in besonderer Ausprägung tragen. So ist Weiß (hebr. *laban*) die Farbe der Milch und wird verwendet für Zähne (1. Mose 49,12), Manna und Koriandersamen (2. Mose 16,31) sowie für Flecken auf der Haut eines Aussätzigen (3. Mose 13) u. a. Eine Bezeichnung für die Farbe Schwarz *chum* (hebr.: »Verbranntes«) wird für die Hautfarbe schwarzer Schafe verwendet; mit dem anderen Wort »schwarz« (*sch*e*chor* – »Ruß«) wird kranke bzw. gebräunte Haut bezeichnet (3. Mose 13,31.37; Hld 1,5; 5,11). Rot (hebr. *adom*: im Farbton eher braunrot) – abgeleitet von der Farbe der Erde – ist ein Linsengericht (1. Mose 25,30), Blut (2. Kön 3,22; Jes 63,2) und eine Kuh (4. Mose 19,2). Von Bäumen und Sträuchern sind die Farbbezeichnungen »grün« und »gelb« (nach dem Verwelken; vgl. »bleich« [LÜ], Jer 30,6) genommen. Mehrere Farben haben auch eine symbolische Bedeutung: So kennzeichnet Rot die Sünde (Jes 1,18); Weiß ist die Farbe der Freude (Pred 9,8), der Unschuld (Jes 1,18) und der himmlischen Herrlichkeit (Mt 17,2; Mk 16,5; Offb 3,5; 19,14). Eine kultische Bedeutung haben die Farben in der Stiftshütte (2. Mose 26, 1.4.14.31. 36; vgl. 36,8–38) sowie an Teilen der Priesterkleidung (vgl. 2. Mose 39,22 ff.); die kultischen Farben sind Scharlachrot, Purpurrot, Blau und Weiß. In den Nachtgesichten des Sacharja (Sach 1,7–6,8) spielen die Farben der Pferde eine besondere Rolle (Sach 1,8; 6,2 ff.). Die vier Rosse der achten Vision (Sach 6,2 ff.) stellen vier Winde dar (V. 5). Ihre verschiedenen Farben stehen für den Westwind, der den Regen bringt (rot; fruchtbare Erde), den heißen Südwind (schwarz; verbrannte Erde), den trockenen Ostwind (weiß wie die erntereifen Felder) und den Nordwind, der sowohl trockene (im Sommer) wie auch kalte Luft (im Herbst) bringt und deshalb scheckig ist (vgl. Offb 6,1–8, wo die Reihenfolge der Farben allerdings geändert ist).

Das Herkunftsland der ausgebildeten, hoch entwickelten Kunst des Färbens ist Ägypten, wo bereits im 2. Jt. v. Chr. Farben für Stoffmalereien verwendet wurden. Die im Raum Palästinas hergestellten Farbstoffe wurden aus Mineralien, Tieren und Pflanzen zubereitet; das zu färbende Material war Wolle und Leinen. Bevorzugt gefärbt wurde mit Scharlachrot, rotem und blauem Purpur. Purpurtöne wurden aus der Purpurdrüse von Schnekkenarten gewonnen, die an der syr.-phöniz. Küste vorkamen. Die Basis des Scharlach- oder Karmesinrot sind die Eier und Körper verschiedener Lausarten, aus denen ein Farbpulver hergestellt wurde. Mittels einer Lösung aus Wasser, Pottasche und Kalk verarbeitete man Farbpulver zu Farbstoffen weiter. Eine Färbereianlage, die bei Ausgrabungen in Häusern aus der Königszeit gefunden worden ist (Tell Bet Mirsim), enthält ca. 80 cm hohe Steinbottiche und irdene Gefäße. Das AT erwähnt gefärbte Tücher (Ri 5,30), Fäden (3. Mose 14,4; Jos 2,18), Kleiderstoff (2. Sam 1,24; Jer 4,30), Behänge der Stiftshütte (2. Mose 26,1) und Leder (2. Mose 25,5).

Jer 22,14 und Hes 23,14 zeigen, daß auch Holz und Wände mit Farben bestrichen worden sind. Hierfür wurden mineralische Farbstoffe (u. a. Eisen-

Muscheln und Schnecken, die zur Gewinnung von Farbstoffen ausgelaugt wurden.

oxid [$Fe^{2}0^{3}$] und Mennige [$Pb^{3}0^{4}$]) verwendet. Ein pflanzlicher Farbstoff wurde aus dem Granatapfel gewonnen.

FASTEN
Ri 20,26; 1. Sam 7,6; 31,13; 2. Sam 1,12; 12,16.21–23; 1. Kön 21,27; Esra 8,23; Neh 1,4; 9,1; Est 4,3.16; Ps 35,13; 69,11; 109,24; Jes 58,3–5; Jer 14,12; Dan 9,3; Joel 1,14; 2,12; Jona 3,5; Sach 7,5; 8,19; Tob 12,9; Sir 34,31; Mt 4,2; 6,16f.; 9,14f.; 17,21; Mk 2,19f.; Lk 2,37; 18,12; Apg 13,2f.; 14,23; 27,9; 2. Kor 6,5; 11,27;

FASTEN Im AT konnte nahezu jede Situation, die tiefe Gefühle weckte, eine Gelegenheit zum F. sein. Vorab gilt dies für die Einsicht in eigene Sünde und Schuld. Auch den Trauerfall und die Not angesichts einer drohenden Gefahr schloß dies ein, ebenso wie das dringende Angewiesensein auf die Hilfe und das Erbarmen Gottes. Zur Trauerklage gehörte in jedem Fall das F. Die Leute von Jabesch in Gilead fasteten sieben Tage, nachdem sie Saul und seine Söhne beerdigt hatten (1. Sam 31,13). David fastete, als er die Nachricht vom Tod Sauls, Jonatans (2. Sam 1,12) und auch Abners (2. Sam 3,35) erhielt. Auffallend und zugleich kennzeichnend ist Davids Verhalten, nachdem Batseba ihren gemeinsamen Sohn zur Welt gebracht hatte: Als das Kind mit Krankheit geschlagen wurde, fastete und betete er; mit dem Tode des Kindes gab David das F. auf; »Als das Kind noch lebte, fastete ich und weinte … Nun es aber tot ist, was soll ich fasten? Kann ich es wieder zurückholen?« (2. Sam 12,22f.).

Ferner finden sich Beispiele für das F. angesichts einer drohenden Gefahr oder eines Unheils. Saul fastete am Abend vor der entscheidenden Schlacht gegen die Philister (1. Sam 28,20.22); Ahab fastete, als Elia für ihn und seine Nachkommen das Verderben ansagte (1. Kön 21,27). Joschafat fastete, als er vom Anmarsch feindlicher Nationen zum Krieg gegen ihn und sein Volk hörte (2. Chr. 20,3–4). Das klassische Beispiel eines kollektiven Fastens war das der Bevölkerung Ninives (Jona 3,5f.) als Reaktion auf Jonas Prophezeiung, Gott werde ihre Stadt zerstören. Wie in ähnlichen Fällen war auch hier das F. Ausdruck der Einsicht in die eigene Sünde und der Umkehr, um die drohende Katastrophe noch abzuwenden.

Auch ein bereits geschehenes Unheil konnte Grund zum F. sein. So fasteten die Israeliten, als sie von den Benjaminitern im Kampf geschlagen worden waren (Ri 20,26). Eine verheerende Heuschreckenplage veranlaßte den Propheten Joel, ein öffentliches F. auszurufen (Joel 1,14). Mit Ausnahme des F. am Versöhnungstag (3. Mose 23,27.29; 4. Mose 29,7) gab es zur Zeit des salomon. Tempels wohl keine anderen öffentlich festgelegten Fasttage. Das F. wurde vom Propheten oder vom König jeweils bei entsprechendem Anlaß proklamiert.

Die Psalmen erwähnen gelegentlich ein persönliches F. einzelner als eine geistliche Reaktion auf eigene Not und Angefochtenheit (Ps 35,13; 69,11; 109,24). Ähnliches wird auch von Daniel (Dan 9,3ff.; 10,3), Esra (Esr 10,6) und Nehemia (Neh 1,4) bezeugt.

Die Haltung der Propheten gegenüber dem F. ist z.T. stark kritisch geprägt (Jes 58,5; Jer 14,12), auf alle Fälle aber von der Forderung nach Ernsthaftigkeit, wahrer Umkehr und einer Veränderung des Herzens durchdrungen: »Bekehrt euch zu mir von ganzem Herzen mit Fasten, mit Weinen, mit Klagen! Zerreißet eure Herzen und nicht eure Kleider!«, ruft der Pro-

(links) Das Kloster Quarantana bei Jericho an einer steilen Felswand in der judäischen Wüste; es erinnert an die vierzig Tage und Nächte, an denen Jesus in der Wüste gefastet hat.

Der Stein in einer Grotte des Klosters Quarantana, auf dem Jesus der Überlieferung nach saß und fastete.

Zwei Münzen des römischen Statthalters Antonius Felix 54 n. Chr.

phet Joel (2,12f.). Sacharja erklärt, daß weder F. noch Essen um Gottes willen geschähen, daß sich vielmehr der Gehorsam gegen Gottes Wort in der gottesfürchtigen Haltung gegenüber »Witwen, Waisen, Fremdlingen und Armen« erweise (Sach 7,5–10).

Die Praxis eines öffentlichen F. änderte sich nach Tempelzerstörung und babyl. Exil entscheidend. Nicht weniger als vier Fastentage wurden zur Erinnerung an diese Ereignisse eingerichtet: das F. des vierten Monats (in dem die Mauern Jerusalems von den Babyloniern durchbrochen wurden), das des fünften Monats (als der Tempel drei Tage lang brannte), das des siebten Monats (im Gedenken an die Ermordung Gedaljas; vgl. Jer 41,1f.) und das des zehnten Monats (am neunten Tag der Belagerung durch die Babylonier; vgl. Sach 8,19).

Nachdem das F. ein herausragendes Element jüd. Frömmigkeit war, findet es auch in das NT Eingang und wird dort mehrfach erwähnt. Die Jünger Johannes d. T. haben gefastet (Mk 2,18). Jesus selbst hat das F. als Ausdruck der Frömmigkeit keineswegs abgelehnt, sondern selbst geübt (Mt 4,1f.); er widersetzte sich nur einer veräußerlichten und prestigebezogenen F.-Praxis (Mt 6,16 f.; vgl. Lk 18,12). Er betonte aber die Wichtigkeit des Betens und des F. für sich selbst und für seine Nachfolger (Mk 9,29; vgl. Apg 14,23).

Jesus unterstrich Reue und Umkehr als den eigentlichen Sinn des F. - und die Unterscheidung zwischen der rechten und der falschen Stunde dafür. Auf die Frage, warum seine Jünger nicht fasteten, antwortete Jesus: »Wie können die Hochzeitsgäste fasten, während der Bräutigam bei ihnen ist?« (Mk 2,19); es werde aber die Zeit kommen, »daß der Bräutigam von ihnen genommen wird; dann werden sie fasten, an jenem Tage« (Mk 2,20).

Im NT ist sonst vom F. nur gelegentlich die Rede, dann aber bei bes. gewichtigen Anlässen wie etwa der Wahl, Ordination und Aussendung der Missionare Paulus und Barnabas (Apg 13,1–3) oder bei der Einsetzung der Kirchenältesten in den ersten Gemeinden Kleinasiens (Apg 14,23). Zweimal wird in den Berichten von den Nöten und Leiden des Apostels Paulus das F. erwähnt (2. Kor 6,5; 11,27).

FEIGE Siehe PFLANZEN.

FELIX (»Der Glückliche«). Markus Antonius F., ein Freigelassener des Kaisers Claudius, war 52–ca. 60 n.Chr. röm. Statthalter in Judäa. Seine Grausamkeit und Korruption trugen zu der Unruhe bei, die unter der jüd. Bevölkerung herrschte; dies führte zu einem Zustand permanenter jüd. Revolten gegen die röm. Besatzungsmacht. Als Paulus in Caesarea inhaftiert war (Apg 23,24), gewährte ihm F. – anscheinend eher aus Neugier – eine Unterredung (Apg 24,24). Das ganze Verfahren bedeutete aber für F. mehr eine Gelegenheit, Bestechungsgelder zu erhalten (Apg 24,26).

FELIX
Apg 23,24.26; 24,2.22.24–25. 27; 25,14

Felsenstadt/Sela in den edomitischen Bergen.

FELSENSTADT, SELA
Jos 15,38; Ri 1,36; 2. Kön 14,7; Jes 16,1; 42,11

FELSENSTADT, SELA (»Felsen«). Eine Stadt im nördlichen Edom. Als Amazja, der König von Juda, 10000 Edomiter getötet hatte, nannte er die Stadt »Jokteel« (2. Kön 14,7; 2. Chr 25,11.12). Der Name »Felsenstadt« (»Sela«) hat sich erhalten in dem heutigen es-Sela, wo eine kleine Edomiter- bzw. Nabatäer-Festung entdeckt wurde. Die Identifizierung der F. mit Petra, dem antiken Rekem, ist unbegründet.

FESTTAGE Siehe VERSÖHNUNGSTAG, PASSA, PFINGSTEN, WALLFAHRTSFESTE, PURIM, LAUBHÜTTENFEST.

FESTUNGEN Die älteste befestigte Stadt Palästinas und vielleicht der ganzen Welt ist Jericho, das in der neolithischen Epoche entstand; seine erste Stadtmauer und Turm wurden etwa 7000 v.Chr. erbaut.

In der frühen Bronzezeit entstanden befestigte Städte an versch. Stellen des Landes, wie z.B. Jericho, Megiddo, Geser, Ai und Arad. Die Befestigungen wurden aus Stein, Ziegeln oder einer Kombination von beiden errichtet. Die Fundamente bestanden aus Steinschichten, der Oberbau aus Ziegeln. Die Befestigungen an diesen Orten wurden mehrmals zerstört und wieder aufgebaut.

Steinturm in der Stadtmauer des antiken Jericho, aus dem 10.–8.Jt. v. Chr.

Die Stadtmauern von Tell Balata, dem biblischen Sichem. Mittlere Bronzezeit.

Schnittbild des Schutzwalles in Tell el Fukhar, antikes Akko. Mittlere Bronzezeit.

Die judäische Festung Khirbet Ussa (Universität Tel Aviv).

Das erste Drittel der mittleren Bronzezeit war eine Epoche ländlicher Ansiedlungen ohne Ummauerung mit halbnomadischen Bewohnern, welche die verlassenen Städte der frühen Bronzezeit nicht wieder in Besitz nahmen. Aus dem zweiten Drittel der mittleren Bronzezeit stammen die geknickten Tore von Megiddo (Schicht XIII). Das Innentor lag dabei parallel zum Verlauf der Stadtmauer und führte zum Außentor. Durch das Innentor konnte man nur nach einer Drehung um 90° eintreten.

Eine vollständige Änderung der Stadtplanung und -befestigung erfolgte im letzten Drittel der mittleren Bronzezeit, als die Hyksos Palästina auf ihrem Wege nach Ägypten eroberten. Die Hyksos hatten Kampfwagen und änderten daher die Anlage der Tore: Anstatt des geknickten Zugangs baute man einen direkten Eingang ins Innere der Stadt. Da man immer mehr Krieger mit ihren Kampfwagen unterzubringen hatte, wurde auch eine veränderte Bauart der Städte selbst notwendig. Eine lagerartige, tiefergelegene Stadt mit eigenen Verteidigungsanlagen wuchs nun um eine befestigte Oberstadt herum. Die Stadtmauern wurden durch zwei neue Anlagen ergänzt: Einen von der Festung nach unten verlaufenden Wall (sog. Glacis) und einen Graben. Der Wall sollte die Stadt vor den Rammböcken der Angreifer schützen.

Die Städte dieser Epoche waren seit mehr als 1000 Jahren besiedelt, und die Überreste der früheren Siedlungsschichten hatten allmählich Hügel mit steil abfallenden Abhängen gebildet; an diesen Abhängen baute man dann die Verteidigungswälle und die zumeist aus Ziegeln bestehenden Mauern.

In dieser Epoche wurde ein noch besseres Verteidigungssystem eingeführt, bei dem ein Glacis aus massiven Steinen den unteren Bereich des Hügels bedeckte (Hazor, Jericho, Sichem).

Das Hauptmerkmal der Stadttore dieser Epoche war der unmittelbare Zugang mit einer 15–18 m langen und 3 m breiten Passage. Darin befanden

Belagerung einer Stadt. Die Truppen kämpfen gegeneinander mit Pfeil und Bogen, während ein Rammbock die Stadtmauern zerstört. Assyrisches Relief. 9. Jh. v. Chr.

sich drei Paar Stützpfeiler, an denen man drei Türen anbringen konnte, so daß sich innerhalb der Passage zwei Torräume bildeten. Gewöhnlich befanden sich an jeder Seite der Passage große, höchstwahrscheinlich mehrstöckige Türme. Diese Türme waren in Räume unterteilt (Bet Schemesch, Hazor) oder hatten einen Zugang von der Stadtseite her (Sichem).

Gegen Ende der Bronzezeit erfolgte der Niedergang einiger der großen kriegführenden Reiche des Orients. Aus diesem Grunde verfielen in der Zeit der Richter und des davidisch-salomonischen Königreichs die kanaan. Befestigungsanlagen. Aus der Zeit der Landnahme der Stämme Israels sind keinerlei Befestigungen bekannt. Die ersten isrl. Festungsanlagen sind die Kasemattenmauern von Mizpa und Bet-Schemesch, die Saul oder David zugeschrieben werden. Unter Salomo wurde ein besseres Befestigungssystem entwickelt. Es wurden Teile der von Salomo (1. Kön 9,15) erbauten Befestigungen dreier Städte – Hazor, Megiddo und Geser – ausgegraben. Sie bestanden aus drei Elementen: Einer Kasemattenmauer, einem Innentor mit drei Kammern sowie einem Außentor. Zwischen diesen beiden Toren

Mauerreste aus der hellenistischen Epoche in Sebastia.

führte ein Durchgang in die Stadt, wobei eine rechtwinklige Drehung erforderlich war, um durch das Innentor zu gelangen.

Nachdem das isrl. Großreich in Israel und Juda geteilt war, erfolgten bedeutende Verbesserungen an den Befestigungsanlagen Palästinas. Um die gleiche Zeit entwickelten die Assyrer die Kunst des Belagerungskrieges, insbes. durch die Technik der Rammböcke. Aus diesem Grunde baute man anstatt der Kasemattenmauern Salomos nunmehr in zahlreichen Städten (Megiddo, Hazor, Bet Schemesch) eine massive Stadtmauer mit Vorsprüngen und Einbuchtungen, während in den strategisch weniger wichtigen Orten die frühere Bauart beibehalten wurde.

Königliche Festungen wurden auf zweierlei Arten besonders befestigt angelegt: Bei der einen waren die Befestigungen freistehend, während sie bei der anderen einen Teil der Zitadelle bildeten. Die älteste Festung der ersten Gruppe wurde in Tell el-Ful ausgegraben, dem Gibea Sauls (1. Sam 11,4); es gehört in die Zeit zwischen 1025 und 950 v. Chr. Die Festung war rechtwinklig angelegt, mit vier vorspringenden Ecktürmen. Ein bes. Element der späteren Phase der Festung war die Kasemattenmauer, die erste, die aus dieser späten Zeit entdeckt wurde. Sie wurde auf dem gleichen rechtwinkligen Grundplan mit vier Türmen erbaut.

Vom 10. Jh. an wurden im Negeb Festungen errichtet; dies geschah im Zuge der sich nach Süden ausbreitenden isrl. Herrschaft. Bisher wurden mehr als 20 Festungen entdeckt und zwei davon ausgegraben. Es gibt drei Haupttypen: Einige Festungen sind rechtwinklig angelegt, messen etwa 40 x 50 m und haben vorspringende Türme wie in Kadesch-Barnea und Arad. Sie stammen aus dem 8./7. Jh. v. Chr. Andere Festungen, die möglicherweise bereits aus dem 10. Jh. v. Chr. stammen, haben einen unregelmäßigen Grundriß und keine Türme und sind etwa gleichgroß oder größer als die zuerst genannten Festungen; diese Bauart kennt man von Ain Radjan (an der Straße nach Elat) und von anderen Orten. Die dritte Bauart ist eine Festung ohne Türme, etwa 20 x 20 m groß. Bauformen dieser Art wurden an den nach Kadesch-Barnea führenden Straßen und in den südlichen Wüstengebieten entdeckt; auch sie stammen ungefähr aus dem 10. Jh.

Das beste Beispiel für Festungen im Negeb ist Arad. Hier wurden sechs Festungen gefunden, aus der Zeit vom 10. bis zum Beginn des 6. Jh. v. Chr. Jeder dieser Bauten war auf den Ruinen der vorherigen errichtet. Jeder war aus sehr massivem, gut bearbeitetem Quaderstein-Mauerwerk gebaut. Die Mauer der ersten Festung war eine Kasemattenmauer, während die zweite massiv war und von einem flachen Wall aus gestampfter Erde sowie einer unteren Außenmauer verstärkt. Die letzte Festung war wiederum mit einer Kasemattenmauer versehen. Diese Änderung des Mauertyps entspricht der Entwicklung der Stadtbefestigungen im Zusammenhang mit der veränderten Kriegsführung.

Unterer Teil eines der Türme der Jerusalemer Zitadelle, befestigt von Herodes dem Großen.

Aus der pers. Zeit fehlen genauere Kenntnisse über die Befestigungsanlagen. In der hell. und röm. Epoche war eine Stadt fast immer von einer Steinmauer umgeben; solche Mauern wurden u. a. in Samaria, Marescha, Jerusalem und Gerasa ausgegraben. In Samaria wurde zu Beginn der hell. Zeit die isrl. Mauer wiederverwendet, um damit die Akropolis zu umgeben, zusätzlich wurden mächtige Türme angebaut. Die röm. Mauer der Unterstadt umgab eine Fläche von ca. 70 ha; das Tor wurde durch zwei auf quadrat. Basen stehende Rundtürme geschützt.

FESTUS (»Der Freudige«). Porzius F. wurde ca. 60 n. Chr. zum Statthalter von Judäa ernannt, als sein berüchtigter Vorgänger Felix nach Rom zurückberufen wurde (Apg 24,27). F. war, wie es scheint, ein ehrlicher Mann, der sich aufrichtig um eine Entspannung in der feindseligen Haltung der Juden gegenüber der röm. Besatzung bemühte.

FESTUS
Apg 24,27; 25,
4.9.12–14.22–2
26,24–25.32

Im Fall Paulus strebte er eine korrekte Gerichtsverhandlung an. Als aber Paulus sich auf das kaiserliche Appellationsgericht berief, ordnete F. an, daß er nach Rom überstellt würde (Apg 25,12 ff.).

FEUERSÄULE Siehe WOLKENSÄULE UND FEUERSÄULE.

FISCHADLER Siehe TIERE (ADLER).

FISCHAAR Siehe TIERE.

FISCHTOR 2. Chr 33,14; Neh 3,3; 12,39; Zef 1,10

FISCHTOR Eines der Stadttore Jerusalems. Es wurde durch König Manasse von Juda (2. Chr 33,14) erbaut. Nach der Heimkehr aus der babyl. Gefangenschaft wurde das Tor wieder instandgesetzt (Neh 3; vgl. 12,39), zus. mit dem Ephraim-Tor und dem Turm Hananel. Die Bezeichnung »Fischtor« rührt wohl davon her, daß in der Nähe der Fischmarkt war (Neh 13,16).

FLACHS Siehe PFLANZEN.

FLEDERMAUS Siehe TIERE.

FLIEGE Siehe TIERE.

FLOH Siehe TIERE.

FLUCH Siehe SEGEN UND FLUCH.

FLUSS, DER 2. Mose 23,31; 4. Mose 22,5; Jos 24,2–3. 14–15; 2. Sam 10,16; 1. Kön 5,1.4; 1. Chr 19,16; 2. Chr 9,26; Esr 4,10–11. 16–17.20; 5,3.6; 6,6.8.13; 7,21.25; 8,36; Neh 2,7.9; 3,7; Ps 72,8; 80,12; Jes 7,20; 8,7; 11,15; 19,7–8; 23,3; 27,12; Jer 2,18; Hes 29,3.9; Am 8,8; 9,5; Mi 7,12; Nah 3,8 Sach 9,10; 10,11

FLUSS, DER Ein Begriff, der hauptsächlich zur Beschreibung des Euphrat verwendet und dementsprechend so übersetzt wurde. »Und er sandte Boten aus zu Bileam, dem Sohn Beors, nach Petor, das am Euphrat (wörtlich: »an dem Flusse«) liegt« (4. Mose 22,5). Gelegentlich wird auch der Nil »der Fluß« genannt (Jes 19,5–8). Siehe EUPHRAT; NIL.

FORTUNATUS 1. Kor 16,17

FORTUNATUS (»Glücklich«) Ein Christ aus Korinth, der mit Paulus in Ephesus weilte, als der Apostel seinen ersten Brief an die Korinther schrieb.

FORUM APPII Apg 28,15

FORUM APPII Ort bei Rom, den Paulus als Gefangener auf dem Wege von Puteoli (am Golf von Neapel) nach Rom passierte. F. war eine Station an der Via Appia, die von Rom zum Golf von Neapel führte, am Nordende eines Kanals, der die Schiffahrt durch die Pontinischen Sümpfe ermöglichte. F. war ein Marktplatz und lebhaftes Handelszentrum.

Nach F. kam die Abordnung der Christen aus Rom, um Paulus auf seinem Weg von Puteoli nach Rom schon außerhalb der Stadt zu begrüßen (Apg 28,13–15).

Ansicht der Via Appia.

FRAU/WEIB 1. Mose 1,27; 2,23–25; 3,1f.6. [.]12.15.20; 4,19; 6,2; 12,11f.; 19,26; 24,51; 31,35; 2. Mose 2,9; 20,17; 3. Mose 12,2; 20,10f.13f.16. 18.20f.27; 21, 13f.; 26,26; 4. Mose 30,4; 5. Mose 21,11. 13; 22,5.16; 24,1; 27,20; Jos 2,4; Ri 5,24; 9,53; 1. Sam 1,2.4; 18,7; 28,7; 2. Sam 2,2; [1]. Kön 11,1.3f.; 2. Kön 22,14; Hiob 14,1; 19,17;

FRAUEN Nach der bibl. Schöpfungsbestimmung (1. Mose 1,27; 2,18–25) sind Frau und Mann zus. als »Menschen« und Ebenbild Gottes geschaffen für eine Lebensgemeinschaft. Die F. ist dem Manne, aus dessen Seite (»Rippe«) sie stammt, als »eine Gehilfin« beigegeben (2,18). Auf diese ursprüngliche, gottgewollte Zuordnung macht Jesus aufmerksam (Mt 19,4–6). Eine Ehescheidung zerstört demnach eine schöpfungsmäßige Zusammengehörigkeit. Der menschliche Egoismus («Selbstverwirklichung«) des Mannes und ebenso der F. (1. Mose 3,6) hat die ursprüngliche Gottesordnung zerstört und bes. die schöpfungsmäßige Stellung der F. pervertiert. Dem hat nach Jesu Wort von »eures Herzens Härte« auch das Gesetz des AT Rechnung getragen (Mt 19,8). Im AT war die F. dem Manne untergeordnet; Ehemann, Vater oder älterer Bruder verfügten über Eheschließung und Scheidung (vgl. 1. Mose 24,50f.; 5. Mose 22,16; 24,1). In den Zehn Geboten wird die Ehe geschützt; und andererseits wird die F. im zehnten Gebot unter die Dienstleute gerechnet. Sie hatte für die Nachkommenschaft (des Mannes) zu sorgen. Schon die erste F. wurde »Eva« (hebr. *chavah* = »Leben«), also »Mutter aller Lebenden« genannt (1. Mose 3,20).

Die untergeordnete rechtliche Stellung der F. schloß jedoch nicht aus, daß sie eine aktive Rolle im religiösen, sozialen und politischen Leben spielen konnte. So konnte eine F. Prophetin sein und damit den höchsten geistlichen Rang in Israel einnehmen. Mindestens vier Prophetinnen sind mit Namen bekannt: Mirjam (2. Mose 15,20–21), Debora (Ri 4,4–9), Hulda (2. Kön 22,14–20) und Noadja (Neh 6,14). Im Heiligtum hatte die F. jedoch keine Funktion; Priesterinnen – wie in den sonstigen damaligen Religionen des Nahen Ostens – kannte die Tora dagegen nicht.

Die Bibel erwähnt dagegen nicht selten F., die mit heidnischen Praktiken wie Wahrsagen und Zauberei umgingen: Als König Saul in Not geriet, suchte er die Dienste einer Totenbeschwörerin in En-Dor, die den Geist des Pro-

Fragment einer Schriftrolle aus Qumran, die unter dem Namen »Das Böse der fremden Frau« bekannt ist (Schrein des Buches, Jerusalem).

pheten Samuel heraufsteigen ließ (1. Sam 28). Jeremia und Hesekiel beziehen sich gelegentlich auf F., die magische, götzendienerische Handlungen vollführten (vgl. Jer 44,15–19; Hes 8,14; 13,17–23). Diese unheimliche Zauberrolle schlägt sich auch in der Verführungsgeschichte des Sündenfalls nieder (1. Mose 3).

Bei bestimmten Gelegenheiten konnte eine isrl. F. zus. mit ihrem Mann das Heiligtum besuchen und dort beten (1. Sam 1,4–5; vgl. Lk 2,41–46). Sie durfte mit dem ganzen Volk bei der Toralesung am Ende eines Sabbatjahres zugegen sein (5. Mose 16,14).

Die Mutter war nicht weniger zu ehren und zu respektieren als der Vater (2. Mose 20,12; 5. Mose 5,16). Ungehorsam gegenüber der Mutter wurde so hart bestraft wie die Mißachtung des Vaters (3. Mose 20,9; 5. Mose 21,18–21; 27,16). Die Verantwortlichkeit der Mutter lag in der Sorge für die Kinder und für den Haushalt. Sie fertigte die Kleidung (Spr. 31,19), backte Brot für die Gäste (1. Mose 18,6) und bereitete die Mahlzeiten (1. Mose 27,9.14). Die wirtschaftlichen Funktionen der F. führten sie über die Grenzen des eigenen Hauses hinaus. Nach den Sprüchen Salomos ist sie »wie ein Kaufmannsschiff, ihren Unterhalt bringt sie von ferne … Sie trachtet nach einem Acker und kauft ihn und pflanzt einen Weinberg vom Ertrag ihrer Hände« (31,14.16).

Zwei bedeutende Ereignisse im sozialen Leben Israels waren Hochzeiten und Begräbnisse. Bei beiden Gelegenheiten hatten F. führende Rollen zu übernehmen. Bei Hochzeiten sangen sie Liebeslieder; bei Begräbnissen konnten sie als »Klageweiber« die Totenklage anstimmen und Grablieder singen (Jer 9,16–17). Beim Tode Sauls und Jonatans rief David in seiner Trauer die Töchter Israels auf, um ihren gefallenen König zu weinen (2. Sam 1,24).

Daß F. auch im polit. Leben führende Rollen einnehmen konnten, zeigt z. B. der Titel »Mutter Israels« (Ri 5,7), den Debora trug. Das AT berichtet über eine Reihe von Fällen, in denen F. durch ihre Taten eine Schlacht entschieden. Das herausragende Beispiel dafür ist eben Debora, die Barak und die Streitkräfte Naftalis und Sebulons zum Kampf gegen Sisera mobilisierte (Ri 4,4.6). Schließlich fand Sisera durch die Hand einer F. – Jaëls, der Frau des Keniters Heber – den Tod (Ri 4,17–21). Als Abimelech den Turm, in dem die Männer und Frauen von Tebez Zuflucht gesucht hatten, zu verbrennen drohte, warf eine F. einen Mühlstein auf ihn herab (Ri 9,53). Isebel (1. Kön 18–19) und Atalja (2. Kön 11) waren gottlose, aber ohne Frage höchst einflußreiche Königinnen.

Ps 123,2; Spr 5,18; 6,24; 11,16.22; 12,4; 14,1; 18,22; 21, 9.19; 31,10.29f.; Pred 7,26; 9,9; Hld 1,8; 5,9; Jes 4,1; 24,2; 32,9.11; 49, 15; 62,4; Jer 7,18; 16, 2; 31,22; Klgl 1,8; 2, 20; 4,10; Hes 8,14; 22,10f.; Hos 3,1; 12,13; Mal 2,14f.; Tob 8,9; Sir 7,21.28; 9,1.8.11; 25,11. 27f.32; 36,24f.; 37,12; 41,26;

Mt 5,28.31; 9,20.22; 11,11; 15,22.28; 19,4f. 8–9; 22,24f.27f.; 26,7.10; 27,55; Mk 6,18; 10,12; Lk 1,18; 7,37; 8,2; 10,38; 13,11 14,20.26; 17,32; 23,27; 24,22; Joh 2,4; 4,7ff.; 8,4; 16,21; 19,26; 20,13; Apg 1,14; 13,50 16,13f.; 18,2; Röm 1,26; 7,2; 1. Kor 5,1; 7, 1–4.14.16.27.29 33f.; 11,3.5–13. 15; 14,34f.; Gal 3,28; 4,4; Eph 5,22–25. 28.31.33; 1. Thess 4,4; 1. Tim 2,9–12. 14; 3,2.11; 5,2;

Tit 2,3f.; 1. Petr 3,1.5.7; Offb 2,20; 12,1.16; 14,4; 17,3.18; 21,9;

Wenn die Männer siegreich aus der Schlacht zurückkehrten, wurden sie traditionell von den F. begrüßt und gerühmt (1. Sam 18,6–7). Diese Rolle der F. spiegelt sich in der Klage Davids über den Tod Sauls und Jonatans wider: »Sagt's nicht an in Gat, verkündet's nicht auf den Gassen in Aschkelon, daß sich nicht freuen die Töchter der Philister« (2. Sam 1,20).

In seiner Einschätzung und Charakterisierung der F. ist das AT scheinbar nicht einheitlich. So heißt es im Buch des Predigers über die F.: »Unter tausend habe ich *einen* (aufrichtigen) Mann gefunden, aber ein Weib habe ich unter allen nicht gefunden« (Pred 7,28); nicht weniger drastisch kann es heißen: »Und ich fand, bitterer als der Tod sei ein Weib, das ein Fangnetz ist und Stricke ihr Herz und Fesseln ihre Hände« (Pred 7,26). Ein gespaltenes Frauenbild zeichnet das Sprüchebuch auch in 11,22. Diese Sicht steht im Gegensatz zu Spr 18,22: »Wer eine Ehefrau gefunden hat, der hat etwas Gutes gefunden und Wohlgefallen erlangt vom HERRN.« Der letzte Abschnitt im Sprüchebuch ist dem »Lob der tüchtigen Hausfrau« gewidmet (31,10–31), die wegen ihres Fleißes, ihrer Freundlichkeit, ihrer Klugheit und ihrer Fähigkeit hoch gerühmt wird.

Im NT unterscheidet sich die Stellung der F. nicht grundlegend von ihren Aufgaben im AT. Sie ist dem Manne zugeordnet, nicht gleichgeordnet (1. Kor 11,8f.; 1. Petr 3,1–6). F. sind es, die bei den Wanderungen der kleinen Jesus-Karawane für die täglichen Lebensbedürfnisse sorgen (Lk 8,1–3). Sie werden aber uneingeschränkt in die Verkündigung und das Handeln Jesu einbezogen (Mt 8,14f.; Mk 5,21–43; Lk 10,38–42; Joh 11,1–5.20–27; 12,1–8; vgl. Lk 7,36–50). Nicht selten setzt sich Jesus dabei auch über die geltende Sitte hinweg, so bei der syro-phönizischen F. (Mk 7,24–30) oder bei der Samariterin am Jakobsbrunnen (Joh 4,1–26). Insbes. aber sind es F., die in der Passion und beim Tode Jesu und bei seiner Grablegung eine auffallend hervorgehobene Rolle spielen, v.a. im Zusammenhang mit seiner Auferstehung (Mt 27,55f.; 28,1–10; Mk 15,40f.; 16,1–11; Lk 23,49; 24,1–11; Joh 19,25–27; 20,1–18). Von der ausdrücklichen und sehr außergewöhnlichen Beauftragung von F., die ersten Boten der Auferstehung des Herrn zu sein (Mt 28,5–10; Lk 24,1–11; Joh 20,17f.), rührt sicher die besondere Bedeutung der F. im frühen Christentum her.

Diese Gleichstellung der Frau in der Verkündigung Jesu fand ihre Fortsetzung in der Urgemeinde in Jerusalem, in den ersten Christengemeinden, die dann entstanden, und nicht zuletzt in der Mission des Paulus. Phil 4,2f. und Röm 16,1–15 bezeugen eine Übernahme von Diensten und Ämtern innerhalb der frühen Gemeinden in gleicher Weise durch Männer wie durch F. Nach diesen Berichten haben F. nicht nur aktiv in der frühkirchlichen Mission mitgewirkt, sondern auch verantwortungsvolle Aufgaben in der Gemeinde wahrgenommen. »Schwester Phöbe« (Röm 16,1) wird als Dienerin der Gemeinde besonders erwähnt. Tabita (griech. *dorkas* – »Gazelle«) hat sich durch Liebestätigkeit hervorgetan (Apg 9,36). Um Lydia sammelte sich in Philippi die erste Gemeinde auf europäischem Boden (Apg 16,14f.). In Thessalonich fanden sich viele einflußreiche griech. F. zu den Versammlungen der Christen ein (Apg 17,4). Ohne die Unterstützung durch Priszilla, die Frau des Aquila, hätte Paulus in Korinth und später in Ephesus nicht so tatkräftig wirken können (Apg 18,2.18). Im Angesicht Christi und in seiner Gemeinde gilt deshalb das Wort des Paulus in Gal 3,28: »Hier ist nicht Mann noch Frau; denn ihr seid allesamt einer in Christus Jesus.«

Dies bedeutet aber nicht eine durchgängige Gleichstellung von Mann und F. in allen Aufgaben und Ämtern der Gemeinde. Aus der unterschiedlichen Schöpfungsordnung Gottes (1. Kor 8,9) resultiert für das NT auch eine unterschiedliche Aufgabenzuweisung in der Gemeinde. Dazu gehört vorab die vieldiskutierte, aber genuin bibl. Regelung, daß die Wortverkündigung im Gottesdienst der Gemeinde nicht zu den Aufgaben der christlichen F. gehöre (1. Kor 14,34f.; 1. Tim 2,11f.). Dem widerspricht nicht, wenn an anderer Stelle erwähnt wird, daß F. in der Gemeinde beten (1. Kor 11,5) oder die Gabe der Weissagung haben (Apg 21,9; 1. Kor 11,5). Ein in den

Einzelheiten nicht mehr ganz aufhellbarer Hinweis auf die Kopfbedeckung der F. im Gottesdienst (1. Kor 11,5–16) zeigt trotz der umstrittenen Auslegung auf alle Fälle soviel, daß für das Verhältnis von Mann und F. im NT beides gilt: die Zuordnung der F. zum Mann (V. 9) und ebenso die gegenseitige Zusammengehörigkeit und ihr Einssein »in dem Herrn« (V. 11). Damit steht diese Bibelstelle durchaus in der Linie der sog. Haustafeln des NT (Eph 5,21–32; Kol 3,18; 1. Petr 3,1–7). Sicher ist von daher, daß moderne Emanzipationsbestrebungen, bes. in Gestalt des Feminismus, mit dem NT nicht in Einklang zu bringen sind. Umgekehrt ist zu sagen, daß eben deshalb (»Ihr Männer, gebt dem weiblichen Geschlecht als dem schwächeren seine Ehre«, 1. Petr 3,7) die Stellung der christl. Frau nach dem NT hoch über der im damaligen Vorderen Orient und auch über der in der hell. Welt steht.

Nicht umsonst spielen darum gerade auch F. im NT eine bedeutsame und z. T. heilsgeschichtliche Rolle. Im Stammbaum Jesu erscheinen vier Frauengestalten (Mt 1,1.3.5.6.16), und in der Vorgeschichte der Geburt des Gottessohnes steht der Lobgesang der Maria (Lk 1,46–55) über dem Zugang zum Weg ihres Sohnes. Das Wort Jesu über die F., die jene Salbung in Betanien vollzog: »Wo dies Evangelium gepredigt wird in der ganzen Welt, da wird man auch sagen zu ihrem Gedächtnis, was sie getan hat« (Mt 26,13), ist ein prophetisches Wort des Herrn über die Rolle der gläubigen F. in der Gemeinde und über die Bedeutung der F. in der Kirche zu allen Zeiten.

FREIHEIT Der ntl. Begriff der F. hat eine durchweg spezifische, also vom allgemeinen profanen Freiheitsbegriff wohl zu unterscheidende Bedeutung. Die bibl. Worte über die F. können daher durchgängig nicht in Fragen sozialer, politischer und emanzipatorischer F. in Anspruch genommen werden, also für die Befreiung aus Ungerechtigkeit, Unterdrückung oder mangelnder Gleichberechtigung. Dies gilt auch für die einzige in Betracht kommende atl. Stelle, für Jes 61,1; dort ist nicht von einer durch menschliches Wirken erzielten Veränderung irdischer Verhältnisse die Rede, sondern von einer durch Gottes Eingreifen in die menschliche Geschichte bewirkten neuen, anderen, messianischen Zeit. Und wo im AT statt des nahezu vollständig fehlenden Substantivs »F.« das Adjektiv »frei« gebraucht wird, handelt es sich entweder um eine rein räumliche Bedeutung wie freies Feld (3. Mose 14,7; Hes 45,2 u. a.) oder um eine jeweils individuelle, nicht aber allgemeine Freilassung von Sklaven aus der Knechtschaft (2. Mose 21,11; Hi 3,19; Jer 34,9 u. a.), sofern das Wort nicht in einem allgemeinen, unpräzisen Sinn wie z. B. die Haare frei wachsen lassen (4. Mose 6,5) oder ein Tier frei laufen lassen (Jes 32,20) gebraucht wird. Im NT hat »frei« mehr den Sinn von »ungezwungen«, »offenheraus«, »freimütig« (Mk 8,32; Joh 7,13; Apg 2,29; 13,46; usf.) oder aber wie im AT den des Gegenüber zum Unfreien, zum Sklaven (Gal 3,28; 4,22; Offb 6,15 usw.). Überwiegend aber ist das Adjektiv im Sinn des Substantivs F. (griech. *eleutheria*) zu verstehen.

FREIHEIT
Jes 61,1;
Röm 8,21;
1. Kor 8,9; 10,29;
2. Kor 3,17;
Gal 2,4; 5,1.13;
1. Petr 2,16;
2. Petr 2,19;
Hebr 10,19;
Jak 1,25; 2,12;

Der Begriff F. in seinem spezifisch bibl., also ntl. Sprachgebrauch bedeutet primär die F. von der Sünde (Röm 6,18–23; Joh 8,31–36 u. a.) und damit die Befreiung von der Macht des Todes (Röm 6,21.22; 8,21). Der Mensch erlangt die F. als F. von dem Dasein, das durch das Gesetz in seiner heiligen Unerfüllbarkeit ein Dasein zum Tode ist (Röm 7,7–24). Von dieser Macht des Gesetzes und damit des Todes (Röm 6,23) macht Christus den Sünder frei: »Wenn euch nun der Sohn frei macht, so seid ihr wirklich frei« (Joh 8,36; vgl. Röm 7,24.25). Befreiung im ntl.-bibl. Sinn ist die Überwindung des trennenden Abgrunds zwischen dem heiligen Gott und dem gefallenen Sünder. F. ist also in der Sache gleichbedeutend mit Rechtfertigung (siehe RECHTFERTIGUNG). Genau dies meint auch das Hauptwort des NT zum Stichwort F.: »Wo aber der Geist des Herrn ist, da ist Freiheit« (2. Kor 3,17).

Zur F. kommt es also durch die Tat Christi und nicht durch die Taten irgendwelcher Freiheitsbestrebungen des Menschen: »Zur F. hat uns Christus befreit« (Gal 5,1; vgl. Joh 8,32). Der Mensch gelangt zu dieser F. durch den an ihn ergangenen Ruf: »Ihr seid zur F. berufen« (Gal 5,13), also durch das Evangelium, durch das verkündigte Wort des Herrn (Joh 8,31). Der Ruf

Christi befreit uns von den Ansprüchen des eigenen Lebens, auch von denen der Selbstverwirklichung und der Selbstbefreiung. Der Vollzug dieser Befreiung von der Macht des Teufels und des Todes durch das Wort und durch das Werk Jesu Christi ereignet sich in der Taufe. Die Lösung von der Macht der Sünde wird im Wortzeichen der Taufe besiegelt (Röm 6,1–18).

Die neue F. des begnadeten, also eben: des befreiten Sünders hat dann auch ihre Konsequenzen. Er gehört nicht mehr sich selbst; er gehört dem Herrn, der durch den Hl. Geist sein Leben heiligt (Röm 6,22; Gal 5,22). Diese Heiligung des befreiten Lebens wirkt sich aus im Verhältnis zum Nächsten und – wie dies das NT bemerkenswert offen betont – im Verhältnis zu den weltlichen Ordnungen v.a. zu den Obrigkeiten, also gerade zu solchen Ordnungen, die u.U. die persönliche F. am meisten in Frage stellen. Jesus bezeichnet es ausdrücklich als eine Eigenschaft der »Kinder« (im Unterschied zur Unfreiheit der »Fremden«), daß sie die staatlichen Pflichten freiwillig erfüllen (Mt 17,24–27; vgl. Röm 13,6.7). Gerade auch im Gehorsam gegen die weltlichen Autoritäten bewähren Christen ihre F. (1. Petr 2,13–17).

Erst recht gilt das dem Nächsten gegenüber; aus Liebe zu ihm gibt der Christ seine eigenen Freiheitsansprüche lieber preis, wenn er dem Heil des Nächsten dienen kann (1. Kor 8,1–13; 9,12; Gal 5,24–26). Dies geht dann aber u. U. so weit, daß der durch Christus Befreite seine persönliche, irdische F. hintanstellt und lieber in der menschlichen Unfreiheit bleibt, wenn er damit seinem Gott und Herrn dienen kann. Genau diesen Widerspruch zu allen irdischen Emanzipationsbestrebungen lehrt das NT z. B. in 1. Kor 7,20–24. Dieses »Gesetz Christi« (Gal 6,2), das den Christen lehrt, in den Spuren der Liebe Christi sich selbst und seine eigene Selbstverwirklichung hintanzustellen, nennt das NT das »vollkommene Gesetz der Freiheit« (Jak 1,25).

FREISTADT
4. Mose 35,6.
11–15.25–28.32;
Jos 20,2.4; 21,
13.21.27.32.38;
1. Chr 6,42.52

FREISTADT Die mosaische Bestimmung sah sechs Städte vor, die als Zufluchtsorte für Totschläger dienten (4. Mose 35,13; 5. Mose 19,9). Dort sollte der Täter vor der Verfolgung durch den *Bluträcher* sicher sein (4. Mose 35,12). Nach 5. Mose 4,43 bestimmte Mose Bezer, Ramot und Golan zu F. im Ostjordanland; Josua wählte für das Westjordanland Kedesch, Sichem und Kirjat-Arba (Hebron) (Jos 20,7–8). Diese sechs waren Städte der Leviten (4. Mose 35,6); später hatten 42 weitere Levitenstädte (Jos 21; 1. Chr 6,42–66) dafür einzustehen, »daß der nicht (durch die Hand des Bluträchers) sterben muß, der einen Totschlag getan hat, bis er vor der Gemeinde vor Gericht gestanden hat« (4. Mose 35,12). So wurde vermieden, daß durch das Bestreben des Bluträchers, ein Verbrechen eigenhändig zu richten (5. Mose 19,10), das Blut eines Menschen, der evtl. unabsichtlich getötet hatte, vergossen wurde; so blieb die Blutrache unter Kontrolle.

Die Bibel bietet kaum nähere Angaben über das tatsächliche innere Funktionieren solcher F. Die rabbinischen Verfasser des Talmud haben aufgrund der bibl. Hinweise folgende Regelungen vorgesehen: Nach seiner blutigen Tat flüchtete der Totschläger zur nächstgelegenen F., wo er sich den Ältesten am Stadttor stellte, um eingelassen zu werden (Jos 20,4). Später wurde er unter Bewachung zum Gericht gebracht, wo über seine Schuld entschieden wurde. Wurde er des vorsätzlichen Mordes für schuldig befunden, war er hinzurichten; lag ein nicht vorsätzlicher Totschlag vor, gewährte ihm die F. Asyl bis zum Tod des amtierenden Hohenpriesters (4. Mose 35,25.28). Der Täter durfte unter keinen Umständen den Stadtbereich verlassen. Nach seiner Entlassung aus der F. war er ein freier Mann. Wenn der Bluträcher ihn dann tötete, machte er sich selbst des Mordes schuldig.

Die talmudische Literatur betont überdies, daß dem Totschläger das Leben in einer F. so normal wie nur möglich gemacht wurde (5. Mose 4,42; 19,5). Er durfte seinen Lebensunterhalt verdienen und hatte sogar Zutritt zu Ehrenämtern. Die Regelung in den ursprünglichen sechs F. unterschied sich in manchen Punkten von der in den übrigen Levitenstädten. In ersteren wurde automatisch Asyl gewährt, während dieses in letzteren zu beantragen war. In den sechs Städten hatte der Flüchtling ein Recht auf freie Unterkunft, wohingegen er in den anderen Städten Miete zu bezahlen hatte.

Die Freistädte.

In der antiken Welt (z. B. in Phönizien, Syrien, Griechenland, Rom) galten bestimmte Heiligtümer oder Kultorte als sichere Zufluchtsstätten. Durch das Erreichen eines solchen hl. Ortes und das Anrufen der schützenden Gottheit wurden sowohl Schuld als auch Unschuld dem Bereich von Vergeltung und (zu vollstreckender) Gerechtigkeit entzogen. In Israel dienten in ähnlicher Weise die Altäre als Asylorte (1. Kön 1,50–53; 2,28–34), jedoch wie die F. nur für Unschuldige; der vorsätzliche Mörder war aus dem Asylbereich des Altars zu holen und hinzurichten (2. Mose 21,14). Für den Totschläger bot der Altar vorübergehende Zuflucht, bis er unter Bewachung in eine F. gebracht wurde.

FRIEDE, FRIEDEN F. hat in der gesamten Bibel immer mit Gott zu tun. Dadurch ist der F., von dem die HS spricht, grundsätzlich unterschieden von allem irdischen, politischen F. im Sinn eines Nichtkriegszustandes. Im NT kommt dies noch eindeutiger zum Tragen als im AT. Jesus sagt ausdrücklich: »Meinen Frieden gebe ich euch. Nicht gebe ich euch, wie die Welt gibt« (Joh 14,27). Aber auch das AT versteht unter F. (hebr. *shalom*) immer einen F. aus Gottes Hand. Den *shalom* Jahwes kann man nicht schaffen – den schafft Gott; man kann ihn nicht entwickeln - man kann ihn nur empfangen. F. im Sinn des atl. Wortes *shalom* ist ein Begriff des Glaubens, nicht der Politik, noch weniger der Ideologie. *Shalom* ist nicht zu trennen von der Furcht Gottes und von der Tat Gottes; er wird nie zur Tat von Menschen, von Politikern oder von Pazifisten. Mit dem F. Gottes ist es so wie mit jenem Zentralbegriff des AT, nämlich dem Wort »Bund«. Gottes Bund ist gerade kein kooperatives Geschäft, zu dessen Gelingen beide Teile beitragen müssen, sondern er ist ein einseitiger Akt Gottes, einseitig wie das Testament eines Erblassers, aber in seiner Einseitigkeit rechtsgültig und verbindlich. Genau so ist es mit dem F. im AT: Er ist Gabe Gottes – und nur Gabe Gottes. Nicht umsonst stehen in Jes 54,10 beide Begriffe beisammen in dem vielzitierten Wort: »Der Bund meines Friedens soll nicht hinfallen.« Ein F., der nicht der *shalom* Jahwes wäre, steht außerhalb der Denkmöglichkeiten des AT. *Shalom* und Gottesfurcht sind untrennbar (4. Mose 6,26; Hes 34,25 u. a.).

Das Wort F. kommt im AT ungleich häufiger vor als im NT. Als Substantiv oder in der Verbalform erscheint es dort über 500mal. Alle Bemühungen, seine Grundbedeutung zu erfassen, haben noch nicht zu einem eindeutigen Ergebnis geführt. Deutlich ist, daß *shalom* nicht nur den Gegensatz zum Krieg meint (Pred 3,8), sondern von Hause aus einen noch umfassenderen Begriff als »Ganzheit« (von hebr. *shalem* – »ganz«) darstellt. Das Wort gehört in den Bereich des Gottesverhältnisses und also zunächst in den des Kultus, des Gottesdienstes und von da aus (als den Folgen der Gottesfurcht) auch in den des Rechtes und der Sozialordnung. *Shalom* weist im AT auf einen Zustand hin, der die bestmöglichen Bedingungen zur Entfaltung eines Lebens aus Gottes Hand bietet. Dort können sich Gesundheit und Wohlergehen, Freiheit und Sicherheit entfalten; dort haben nicht die Waffen das Wort, dort ist auch F. im politisch-militärischen Sinn.

Das AT sieht im F. einen Teil des ursprünglichen Planes Gottes. F. ist eine Gabe Gottes, ja mehr noch: Gott ist der F. in Person: »Der HERR ist Friede« (Ri 6,24). Er selber, der Gott Israels, ist der F. Israels, die Umfriedung, die Gott mitten im Unfrieden der Welt um sein Volk legt: »Ich will, spricht der HERR, eine feurige Mauer rings um sie sein« (Sach 2,9). Deshalb tritt der Fromme Israels gerade dann in den *shalom*-Bereich Gottes ein, wenn er sich Gott im Tempel nähert (Ps 125,5; 128,5 f.; 4. Mose 6,24–27). Gott gewährt dem Beter »Ruhe« (*shalom*), und er erlöst ihn von den Bedrängern (Ps 55,19). Wer im Heilsbereich Gottes steht, wird F. und Leben empfangen (Ps 34,13–15; 37,37 ff.; Spr 12,20). Weil die Übeltäter die Wege des F. nicht kennen (Jes 59,8) oder sogar hassen (Ps 120,6), gibt es für sie keinen F. (Jes 48,22; 57,21). Aber »großen Frieden haben, die dein Gesetz lieben; sie werden nicht straucheln« (Ps 119,165).

Im Gottesdienst spielt der F. eine besondere Rolle beim Segen. Die Segensworte in 4. Mose 6,24–26 (»der HERR hebe sein Angesicht über dich

FRIEDE
1. Mose 15,15; 26,29.31; 28,21; 44,17;
2. Mose 4,18;
3. Mose 26,6;
4. Mose 6,26; 25,12;
5. Mose 2,10;
Jos 9,15; 11,19;
Ri 4,17; 6,23f.; 18,6;
1. Sam 1,17; 20,13; 25,6;
2. Sam 15,27; 17,3; 18,28; 20,9;
1. Kön 2,6.33; 5,4.26; 22,17;
2. Kön 20,19; 22,20;
1. Chr 12,18; 19,19; 22,9;
Esra 4,17;
Hiob 3,18; 5,23; 16,12; 21,9; 22,21; 25,2;
Ps 4,9; 29,11; 34,15; 37,11; 72,3.7; 85,9.11; 119,165; 120,6f. 122,7f.; 125,5; 128,6; 147,14;
Spr 3,2.17; 12,20;
Hld 8,10;
Pred 3,8;
Jes 9,6; 26,3.12; 27,5; 32,17; 33,7; 45,7; 48,18.22; 52,7; 53,5; 54,10.13; 57,2.19.21; 59,8; 60,17; 66,12;
Jer 4,10; 6,14; 8,11.15; 14,13; 16,5; 29,11; 30,5.10; 33,6;
Klgl 3,17;
Hes 34,25; 37,26;
Dan 3,31; 10,19;
Mi 5,4;
Hag 2,9;
Sach 8,10.12.16.19; 9,10;
Mal 2,5;
Mt 10,13.34;
Mk 5,34; 9,50; 14,6;
Lk 1,79; 2,14.29; 10,5f.; 11,21; 14,32; 19,38.42; 24,36;
Joh 12,7; 14,27; 16,33;

Apg 7,26; 9,31; 10,36; 12,20; 15,33; 16,36; Röm 1,7; 2,10; 3,17; 5,1; 8,6; 12,18; 14,17.19; 15,13.33; 16,20; 1. Kor 1,3; 7,15; 14,33; 16,11; 2. Kor 1,2; 13,11; Gal 1,3; 5,22; Eph 1,2; 2,14f. 17; 4,3; 6,15.23; Phil 1,2; 4,7.9; Kol 1,2; 3,15; 1. Thess 1,1; 5,3.13.23; 2. Thess 1,2; 3,16; 1. Tim 1,2; 2. Tim 1,2; 2,22; Tit 1,4; Phlm 3; 1. Petr 1,2; 3,11; 5,14; 2. Petr 3,14; 2. Joh 3; 3. Joh 15; Hebr 7,2; 12,11.14; 13,20; Jak 3,18; Jud 2; Offb 1,4; 6,4;

und gebe dir Frieden«) und die Gebete um F. für Israel (Ps 125,5; 128,6) zeigen, daß *shalom* stets als Gabe verstanden wird, die als ein Segen von Gott kommt. Die geistlichen Dimensionen des F. sind in 3. Mose 26,1–13 vereint; hier – im sog. Heiligkeitsgesetz (3. Mose 17–26) – ergeht für den Fall der Bundestreue Israels das Versprechen: »Und ihr sollt Brot die Fülle haben und sollt sicher in eurem Lande wohnen. Ich will *shalom* geben in eurem Lande ... und kein Schwert soll durch euer Land gehen« (V. 5–6).

Der Friedens- oder Segensgruß, wenn sich Menschen treffen, zeigt an, daß man füreinander um den F. bittet. Es hat sich daraus eine mehr oder weniger festgefügte Grußformel entwickelt (z. B. 1. Sam 25,6; 2. Sam 18,28). Mit dem Wort *shalom* konnte man sich nach dem Wohlergehen einer Person (1. Mose 37,14; 43,27; 2. Mose 18,7), eines Volkes (2. Sam 11,7), einer Stadt (Jer 15,5) und selbst nach dem Stand eines Krieges (2. Sam 11,7) erkundigen.

Eine der vorrangigsten Aufgaben des Königs war für das AT die Herstellung und Sicherung des F. im polit. Bereich, selbst wenn solch ein F. durch Krieg zu erzwingen war. Salomos Regierungszeit wurde legendär, denn er »hatte Frieden mit allen seinen Nachbarn ringsum« (1. Kön 5,4).

Die Propheten des Alten Bundes erkannten und predigten, daß der Unfriede auch in seiner nationalen und polit. Dimension aufs engste damit zusammenhing, daß Israel im Unfrieden mit Gott lebte und nicht zur Furcht Jahwes zurückfand. Nur falsche Propheten sagten in dieser Situation F. voraus, aber ihre Weissagungen erwiesen sich als Lügen (Jer 14,14; 23,11–15; 27,9–14,16).

Zwei Krieger, die sich umarmen, als würden sie einen Friedensschluß vollziehen; dargestellt als Relief auf einem rituellen Basaltbecken aus dem Tempel von Ebla. Mittlere Bronzezeit (Aleppo-Museum. Syrien).

Für die Propheten – nicht nur für die der Exils- und Nachexilszeit – wird der *shalom* immer stärker zu einem eschatologischen Begriff, zu einem Hauptwort der Sehnsucht nach einer Zukunft, in der Gott eingreifen und F. bringen werde. Hierher gehören schon die schönen und berühmt gewordenen Worte aus Jes 2,4, wonach die Zeit kommen werde, da die Völker ihre Schwerter zu Pflugscharen und ihre Spieße zu Sicheln machen werden. Dieser F.-Zustand tritt nach dem Prophetenwort »zu der letzten Zeit« ein (wörtlich: »im Nachhinein der Tage«), also *nach* aller geschichtlichen Zeit; das bezog sich damals im Sinn der jüd. Hoffnung auf ein kommendes Reich des Messias. Vor dem Ende dieser jetzigen Weltzeit wird gerade nach Jes 2 der große Weltfriede nicht Wirklichkeit werden. Dieser F. wird als das Ergebnis der Wallfahrt der Nationen zum Zion Gottes und ihrer Unterwerfung unter das Gesetz Jahwes gesehen (Jes 2,2 f.). Erst dann kommt der große F., wenn »vor dem Thron seiner Herrlichkeit alle Völker vor ihm versammelt sein werden« (Mt 25,31 f.). Vorher kommt es nicht zu einem Weltfrieden, weder nach dem AT noch nach dem NT.

Auch der Schreiber des 85. Psalms fragt nach dem Augenblick, an dem Gott »Frieden zusagte seinem Volk und seinen Heiligen« (V. 9), an dem »Gerechtigkeit und Friede sich küssen« (V. 11). Der zweite Teil des Buchs Jesaja ist geprägt von der Botschaft des F.: Gottes Volk wird »in Freuden ausziehen und im Frieden geleitet werden« (Jes 55,12); »und großen Frieden haben deine Söhne« (Jes 54,13). Auch Jeremia tut einen Blick in die Zeit der Zukunft Gottes: »Denn ich weiß wohl, was ich für Gedanken über euch habe, spricht der HERR: Gedanken des Friedens und nicht des Leides« (Jer 29,11). Über den wiederaufgebauten Tempel sagt der Prophet Haggai, Gott werde »Frieden geben an dieser Stätte« (Hag 2,9).

F. wurde also immer mehr zu einem eschatologischen Hoffnungsgut. Jesaja schaut voraus auf die Zeit, in der »ausgegossen wird der Geist aus der Höhe«: »Der Gerechtigkeit Frucht wird Friede sein, ... daß mein Volk in friedlichen Auen wohnen wird« (Jes 32,15–18). Hesekiel spricht vom »Bund des Friedens« (34,25), der ewig sein wird (37,26).

Der F. richtet sich zwar meist auf die Gruppe oder die Gemeinschaft, dabei gilt aber auch bestimmten Einzelpersonen: »Friede, Friede denen in der Ferne und denen in der Nähe, spricht der HERR« (Jes 57,19); aber: »Die Gottlosen haben keinen Frieden« (Jes 57,21).

F. betrifft im AT den einzelnen und das ganze Volk. Er ist das letzte Ziel der Schöpfung Gottes; Gott selbst wird ihn heraufführen, wann und wo er will. Gott selbst ist Israels Sicherheit und sein F. (5. Mose 17,16; Ps. 20,7–9; 44,7f.). Der F. im AT erweist sich zugleich als religiöser und weltlicher F., aber die Quelle für beide liegt in Gott selbst.

Im Unterschied zum AT, das ungeachtet der Häufigkeit des Vorkommens des Wortes F. nirgends das Wesen des F. ausdrücklich definiert, gibt es im NT eine Reihe von fast proklamativen Definitionen des F. als des F. Gottes, den er in seinem Sohn Jesus Christus bringt und verwirklicht.

Genau wie im AT ist auch im NT das der entscheidende Punkt, daß F. (griech. *eirene*) kein Zustand ist – etwa der Zustand einer permanenten Kriegslosigkeit –, sondern daß Gottes F. eine Person ist: » *Er* ist unser Friede«, wie es das grundsätzliche Wort des NT zum F. besagt (Eph 2,14). Jesus bringt nicht den F., sondern er *ist der* F. – *der* F., der der Inhalt der Friedensbotschaft Gottes ist. Der F. Gottes gründet also auf dem stellvertretenden Erlösungswerk des Kreuzes Christi, durch das der Kriegszustand zwischen Gott und dem Sünder, der Ausschluß aus dem Vaterhaus (1. Mose 3,24), beendet wurde: »All Fehd hat nun ein Ende.« Durch diesen Friedensschluß Gottes im Kreuz Jesu wird der Sünder gerettet. »*So* haben wir Frieden mit Gott durch unseren Herrn Jesus Christus« (Röm 5,1ff.). Der F., den das NT bezeugt, ist immer derjenige F., von dem es mehr als zwanzigmal heißt: »Gnade sei mit euch und Friede von *Gott*, unserem Vater, und von dem Herrn Jesus Christus.«

Jesus selber hat dreimal im Ev. programmatisch eine Friedensbotschaft verkündet. Es mag überraschen, daß dies nicht öfter geschieht, wenn man vom häufigen Friedensgruß: »Friede sei mit euch!« absieht. – Das erste dieser drei Worte steht Mt 10,34: »Ihr sollt nicht meinen, daß ich gekommen bin, Frieden zu bringen auf die Erde. Ich bin nicht gekommen, Frieden zu bringen, sondern das Schwert.« Dies wohlbekannte, doch oft übersehene Hauptwort Jesu zum F. läßt zwei Deutungen zu: Entweder ist hier der irdisch-polit. F. gemeint, und dann hätte sich Jesus eindeutig als Antipazifist bekannt. Oder Jesus spricht hier von einem anderen als dem polit. F., also vom »Frieden von Gott, unserem Vater«, von jenem F., der sogar mitten im irdischen Unfrieden und noch im Sterben F. bleibt.- Letzteres wird durch das zweite Wort Jesu zum F. bestätigt: »Den Frieden lasse ich euch, meinen Frieden gebe ich euch. Nicht gebe ich euch, wie die Welt gibt. Euer Herz erschrecke nicht und fürchte sich nicht« (Joh 14,27). Das besagt, daß Jesus den F. will und ihn bringt. Jesus sagt aber, daß dies nicht der Weltfriede ist, sondern ein anderer F. als der, den »die Welt gibt«, sucht und fordert. Nur er, Jesus selbst, ist der F., und nur er schafft und gibt den F. – Jesu drittes Wort zum F. ist die Seligpreisung der Friedfertigen in der Bergpredigt (Mt 5,9). Dieses Wort Jesu gilt den Adressaten der Bergpredigt. Diese sind nach dem klaren Wortlaut des Ev.s gezielt und exklusiv die Jünger Jesu (Mt 5,1.2), seine Gemeinde, nicht etwa das Volk, obwohl etliche aus der Volksmenge bei der Rede an die Jünger mit zugehört hatten (Mt 7,28). *In* der Christenheit preist Jesus die Friedensstifter selig. Die Seligpreisungen sind keine Worte an alle Welt. Gottes anderer F. ist also schon eine gnädige Wirklichkeit inmitten dieser Welt des bleibenden Nicht-F., aber seine eigentliche Vollendung findet er in der kommenden neuen Welt Gottes. Er ist, wie etwa Röm 16,20, 1. Thess 5,23 oder 2. Petr 3,14 zeigen, ein Hauptmerkmal der neuen Schöpfung.

Demgegenüber gibt es im gesamten NT nur eine einzige Stelle, in der vom F. im Sinn von irdischem, politisch-militärischem F. die Rede ist: Offb 6,4. Dort heißt es von dem apokalyptischen Reiter auf dem roten Pferd: Ihm »wurde Macht gegeben, den Frieden von der Erde zu nehmen«. An allen anderen Stellen ist F. immer jener andere F., der F. »von Gott, unserem Vater, und von dem Herrn Jesus Christus«.

Dies gilt nicht zuletzt auch von dem »Frieden auf Erden«, den die himmlischen Heerscharen in der Geburtsnacht Jesu preisen. Hier ist nicht einfach vom F. auf Erden die Rede, sondern vom »Frieden auf Erden bei den Menschen seines Wohlgefallens« (Lk 2,14), also davon, daß Gott *den* Menschen, auf denen sein Wohlgefallen ruht, seinen F. schon auf Erden geben wird. Von einer allgemeinen Weltfriedensprognose steht hier kein Wort. Ganz im Einklang mit Jes 2 heißt es auch hier: Der F. der Leute Gottes wird ihnen dann zuteil, wenn zuerst – und unbedingt zuerst – »Ehre sei Gott in der Höhe«. F. auf Erden gibt es nur dort, wo zuvor die Voraussetzung des F. stattgefunden hat: daß Gott alle Ehre gegeben worden ist. Ohne die Anbetung Gottes in der Höhe gibt es keinen F. auf Erden.

FROSCH Siehe TIERE.
FUCHS Siehe TIERE.
FÜLLEN Siehe TIERE.

G

GAAL (»Verachtung«). Der Sohn Ebeds und Führer des Aufstandes der Männer von Sichem gegen Abimelech, den Sohn Gideons, der in Sichem herrschte (Ri 9,26.28). Er wurde von Abimelech vertrieben und suchte in Sichem Zuflucht, wurde jedoch von Sebul verjagt (Ri 9,41).

GAAL
Ri 9,26.28.30. 31.35–37.39.41

GAASCH (»unruhig bewegt«).

1. Die Grabstätte Josuas befindet sich in Timnat-Serach (Timnat-Heres in Ri 2,9), nördlich des Berges Gaasch. Der Berg G. ist im westlichen Gebiet des Stammes Ephraim zu finden, in der Nähe dieser Stadt.
2. Der Geburtsort von Hiddai (1. Chr 11,32), eines der »Helden« Davids.

GAASCH 1
Jos 24,30; Ri 2,9
GAASCH 2
2. Sam 23,30; 1. Chr 11,32

GABBAI (»Stolz«). Einer der Männer Benjamins, die sich nach der Rückkehr aus der babyl. Gefangenschaft in Jerusalem niederließen.

GABBAI
Neh 11,8

GABBATA Der aram. Name für »Richterstuhl« oder »Steinpflaster«, wo Jesus vor dem röm. Statthalter Pontius Pilatus vor Gericht stand (Joh 19,13).

GABBATA
Joh 19,13

In der Nähe des Antonia-Turmes fand man ein großes Steinpflaster; dort war vermutlich der Ort des Gerichtes Jesu. Heute befindet es sich im Kellergeschoß des Klosters der Schwestern Zions, in der Via Dolorosa.

Ausschnitt aus einem römischen Steinpflaster, bekannt unter dem Namen Lithostroton (Kloster der Schwestern Zions in Jerusalem).

GABE Im AT ist *Gabe* meist ausgedrückt durch das Verb *natan*, das über 2000mal vorkommt. Geber ist v. a. Gott; der Mensch, v. a. das Volk Gottes, ist der erste Empfänger. Diese Überzeugung drückt sich in den versch. Namen aus, in denen ein Name Gottes vorkommt: (Natan), Natanael, Natanajah(u), Jonatan, Elnatan – »Gott bzw. der HERR gibt«. Gottes G. werden in der Schöpfung und in der Geschichte erkannt. Der Schöpfer gibt den Menschen Leben (Jes 42,5; Ps 39,5), Nahrung (1. Mose 1,29; 9,3; Ps 136,25) und Lebensglück (Hiob 1,21; Pred 5,18). Noch deutlicher werden Gottes G. in der Geschichte: Den Nachkommen Abrahams gibt Gott das Land Kanaan (1. Mose 12,7; 15,18). Das 5. Buch Mose betont immer wieder, daß das Land von Gott gegeben ist (4,40; 5,31; 6,23; 7,13; 8,10; 11,17; 12,1 usw). Gott gibt seinem Volk auch das Gesetz (2. Mose 24,12; 31,18; 34,29; 5. Mose 5,22; Neh 9,13). Als das Volk untreu wird, gibt es Gott in die Hand seiner Feinde (Neh 9,27.30); doch in seiner Gnade sagt er die G. eines neuen Herzens (Hes 36,26) und seines eigenen Geistes zu (Hes 36,27; 37,14). Einzelnen Gliedern seines Volkes gewährt Gott besondere G. z. B.: Salomo Weisheit (1. Kön 3,12), dem König Gerechtigkeit (Ps 72,1) und Hesekiel das Buch der Weissagungen (Hes 3,3).

Der Mensch hat seinerseits Gott einiges zu geben: Der erstgeborene Sohn wird Gott geheiligt, und die Erstgeborenen der Herde werden als Opfer dargebracht (2. Mose 22,28–29). Allerdings wird das Verb *natan* kaum für die G. des Menschen an Gott gebraucht (3. Mose 22,22; Ps 51,18).

Im NT kommt *Gabe* durch das griech. Verb *didonai* zum Ausdruck, das 400mal erscheint. Wiederum wird Gott als der Geber betont (Jak 1,17). Jesus ruft die Menschen dazu auf, die G. Gottes anzuerkennen (Joh 4,10). Die größte G. Gottes ist, daß er seinen einzigen Sohn gibt (Joh 3,16), dem er alle Dinge übergeben hat (Joh 3,35). Ihm gibt er die Jünger (Joh 17,9). Jesus seinerseits gibt sich selbst, sein Leben (Mt 20,28; Joh 15,13), seinen Leib für das Leben der Welt (Joh 6,51). Er gibt sein neues Gebot der Liebe (Joh 13,34). Nach seinem Weggang gibt der Vater den Jüngern seinen Geist (Joh 14,16–17).

In der Gemeinde sind jedem Einzelnen Gaben des Geistes gegeben »zum Nutzen aller« (1. Kor 12,7; Eph 4,7). Der Jünger soll dem geben, der ihn bittet (Mt 5,42). »Umsonst habt ihr's empfangen, umsonst gebt es auch« (Mt 10,8). Dem Reichen, der nach Vollkommenheit strebt, empfiehlt Jesus, all seinen Reichtum den Armen zu geben und ihm nachzufolgen (Mt 19,21). »Geben ist seliger als nehmen« (Apg 20,35).

GABRIEL (»Gott ist stark«). Ein Engel, der in Menschengestalt zu Daniel kam, um eine Vision (Dan 8,15ff) und eine Weissagung zu erklären (Dan 9,20ff).

GABRIEL
Dan 8,16; 9,21
Lk 1,19.26

Gabriel erscheint mehrmals in den Pseudoepigraphen, wo er eines der mächtigsten der erschaffenen Wesen ist und zur linken Hand Gottes sitzt (2. Henoch 24,1).

Im Lukasev. fungiert G. als der, »der vor Gott steht« (Lk 1,19), als Verkünder des Ratschlusses Gottes. Er war es auch, der die Geburt Johannes des Täufers (Lk 1,11 ff) und Jesu (Lk 1,26 ff) ankündigte.

GAD 1
1. Mose 30,11; 35,26; 46,16; 49,19; 2. Mose 1,4; 4. Mose 1,14. 24–25; 2,14; 7,42; 10,20; 13,15; 26,15. 18; 32,1.25. 29.31.33–34; 34,14; 5. Mose 27,13; 33,20; os 4,12; 13,24. 28; 18,7; 20,8; 21,7.38; 22,9–11.13.15.21. 25.30–34; 1. Sam 13,7; 2. Sam 24,5; 2. Kön 10,33; Chr 2,2; 5,11; 6,48.65; 12, 15.38; Jer 49,1; Hes 48,27–28.34; Offb 7,5

GAD (»Glück«).

1. Siebter Sohn Jakobs (von Silpa, Leas Leibmagd) und Vorfahr des Stammes Gad (1. Mose 30,3–11). Er war der Bruder von Asser (1. Mose 35,26; 46,16–18; 2. Mose 1,4; 1. Chr 2,2).

Bei der Volkszählung im 2. Jahr nach dem Auszug aus Ägypten zählte der Stamm Gad 45.650 Mann (4. Mose 2,14–15). Bei der zweiten Zählung waren es 40.500 (4. Mose 26,18). Sie waren, wie auch der Stamm Ruben, Viehhirten und erhielten als Stammesgebiet Jaser und Gilead im Ostjordanland (1. Mose 46,32; 4. Mose 32,1–5), jedoch unter der Bedingung, daß sie sich am Kampf um das Westjordanland beteiligten (4. Mose 32,6–33). Nach der erfolgreichen Besetzung Kanaans bauten sie am Jordan einen Altar (Jos 22,9–34). Jakobs Segen (1. Mose 49,19) bezeichnet die Gaditer als kampferprobte Krieger; ähnlich Mose in seinem Segen 5. Mose 33,20.

Einer der »Helden« Davids war der Gaditer Bani (2. Sam 23,36). Die Gaditer halfen David auch bei Ziklag, als er sich von Saul fernhalten mußte (1. Chr 12,9).

Die Assyrer eroberten später das Gebiet von Gad und deportierten die Einwohner (2. Kön 15,29); das Land wurde dann von den Ammonitern besetzt (Jer 49,1). In der Prophezeiung Hesekiels über die künftige Verteilung des Landes wird auch der Anteil Gads vorausgesagt (Hes 48,27–28).

Im NT wird Gad zus. mit anderen Stämmen in der Liste der 144 000 Versiegelten aufgeführt (Offb 7,5).

GAD 2
1. Sam 22,5; 2. Sam 24,11. 13–14.18–19; Chr 21,9.11. .18–19; 29,29 2. Chr 29,25

2. Ein Seher. Er riet David, der vor Saul auf der Flucht war, ins Land Juda zurückzukehren (1. Sam 22,5), und befahl ihm später, einen Altar auf der Tenne des Arauna zu bauen (2. Sam 24,11–18; 1. Chr 21,9 ff).

Ein verlorengegangenes Buch »Die Geschichte Gads, des Sehers« wurde vom Schreiber der Chroniken verwertet (1. Chr 29,29).

GAD 3
Jes 65,11

3. Eine fremde Gottheit des Glücks, die von einigen Israeliten in der Zeit nach dem Exil (Jes 65,11) verehrt wurde. In einer zweisprachigen, aram.-griech. Inschrift von Palmyra wird die Gottheit griech. mit dem Wort »Glück« gleichgesetzt.

GADARA (»Einschließung«). Stadt südlich des Flusses Iarmuk, identifiziert mit den Ruinen von Umm Keis. In hell. Zeit eines der Zentren der griech. Kultur in Transjordanien. Als unter den Ptolemäern die assyr.-pers. Provinzen gespalten wurden, wurde G. Hauptstadt des Bezirks Gilead (später Galaaditis). Nach dem Sieg von Antiochus III. über die Ptolemäer bei Paneas kam es unter die Herrschaft der Seleuziden. Der Hasmonäer Alexander Jannäus eroberte G. Unter Pompejus wurde es wiederaufgebaut

Das Gebiet des Stammes Gad.

Römische Säulen in Gadara.

und zu einem Mitglied der Dekapolis. G. war eine der griech. Städte, die von Augustus an Herodes übergeben wurden. Bei der Teilung des Königreiches von Herodes kam es unter das Prokonsulat von Syrien.

G. wird in den Ev.n als Ort erwähnt, an dem Männer geheilt wurden, die von bösen Geistern besessen waren. Die Lokalisierung dieses Geschehens ist jedoch unsicher (siehe GERGESA) (Mt 8,28; Mk 5,1–2; Lk 8,26–39).

Im Norden reichte das Territorium von G. bis über den Jarmuk, einschließlich der berühmten heißen Quellen von Hamat-Gader, und im Westen bis zum Jordan und möglicherweise bis zum See Genezareth (Mt 8,28).

GADARENER Siehe GADARA.

GADARENE[R] Mt 8,28

GADDI (»Glücklicher«). Der Sohn Susis, ein Mann aus Manasse, vom Stamme Josef, einer der Männer, die von Mose aus der Wüste Paran ausgesandt wurden, um das Land Kanaan zu erkunden (4. Mose 13,2,3,11).

GADDI 4. Mose 13,11

GADDIËL (»Mein Heil ist im Herrn«). Mann aus dem Stamme Sebulon (4. Mose 13,10), einer der Männer, die von Mose aus der Wüste Paran ausgesandt wurden, um das Land Kanaan zu erkunden (4. Mose 13,2–3).

GADDIËL 4. Mose 13,10

GADI Der Vater von Menahem, einem König von Israel.

GADI 2. Kön 15,14.1[7]

GADITER Siehe GAD (1).

GADITER 5. Mose 3,12.1[6]; 4,43; 29,7; Jos 1,12; 12,6; 13,8; 22,1; 2. Sam 23,36; 1. Chr 5,18.26; 12,9.38; 26,32

GAHAM (»Flamme«). Das zweite von vier Kindern Nahors, des Bruders Abrahams.

GAHAM 1. Mose 22,24

GAHAR (»Niederwerfung«). Eine Familie von Tempelsklaven (Nethinim), die mit Serubbabel aus Babylon zurückkehrten und sich in Jerusalem niederließen.

GAHAR Esr 2,47; Neh 7,49

GAJUS

1. Ein Reisegefährte des Paulus aus Mazedonien, der in Ephesus von einer aufgebrachten Volksmenge ergriffen wurde (Apg 19,29); evtl. identisch mit dem Gajus, der von Paulus getauft wurde (1. Kor 1,14). Ein anderer Gajus, aus Derbe (vielleicht aber auch identisch mit dem mazedon. Reisegefährten), begleitete Paulus nach Mazedonien.

2. Der sonst unbekannte Adressat des 3. Johannesbriefes.

GAJUS 1 Apg 19,29; 20[,4]; Röm 16,23; 1. Kor 1,14
GAJUS 2 3. Joh 1

GALAL (»der Wälzende«).

1. Nachkomme Asafs. Ein Levit, der nach der Rückkehr aus Babylon in Jerusalem wohnte.

2. Sohn des Jedutun und Vater von Schima (Schammua in Neh 11,17); lebte z. Zt. Nehemias in Jerusalem.

GALAL 1 1. Chr 9,15
GALAL 2 1. Chr 9,16; Neh 11,17

GALATER, DER BRIEF AN DIE Der vierte der Paulusbriefe im NT. Auch in der kritischen Forschung ist Paulus als Verfasser dieses Briefes einhellig anerkannt. Umstritten sind dagegen Abfassungszeit und Empfängerkreis. Mit »Galatien« werden z. Zt. des NT zwei Gebiete bezeichnet: zum einen die Landschaft Galatien, die im Norden Kleinasiens rund um das heutige Ankara ein großes Gebiet umfaßte; zum anderen die (größere) röm. Provinz Galatia mit den Städten Antiochien, Ikonium, Lystra und Derbe im

GALATER Gal 3,1

Aramäischer Text des Galaterbriefes. Handschrift aus dem 7. Jh.; jetzt im St. Markus-Kloster in Jerusalem.

Süden. Der Brief ist an Gemeinden in Galatien gerichtet, die Paulus nicht lange zuvor besucht hat (1,6; 4,11f). Handelte es sich nun um Christen in Nord- oder Südgalatien? Diese Frage hat Auswirkungen auf die Datierung des Briefes auf 48/49 oder 53/56 n. Chr., ist aber nicht mit letzter Sicherheit zu entscheiden.

Nach den Angaben im Brief ist es sicher, daß die Adressaten Heidenchristen, also Christen nichtjüd. Abstammung, waren. Wie auch anderswo, waren in diese Gemeinden judaistische Gegner des Paulus eingedrungen, nach Apg 15,5 wohl ehemalige Pharisäer, die Christen geworden waren. Ihren Versuchen, seine neugegründeten Gemeinden auf eine Gesetzlichkeit im Sinne der mosaischen Thora zu verpflichten, widersetzte sich Paulus mit größtem Nachdruck.

Mehr als andere Paulusbriefe kreist der Galaterbrief um ein einziges Zentralproblem: Haben die Christen das Gesetz des Mose, die Thora, zu halten oder nicht? Eine besondere Rolle spielt dabei die Frage der Beschneidung. M. a. W.: Muß ein Heide erst Jude werden und das atl. Gesetz halten, um Christ sein zu können? Paulus antwortet mit einem eindeutigen Nein. »Wenn die Gerechtigkeit durch das Gesetz kommt, so ist Christus vergeblich gestorben« (2,21).

Paulus behandelt sein Thema systematisch. Zunächst erinnert er seine Leser an bestimmte Einzelheiten aus seinem Leben und stellt damit seine apostol. Autorität in dieser Frage klar. Diese Begründung seiner apostol. Autorität umfaßt nahezu ein Drittel des Briefes und schließt den schweren Konflikt mit Kephas (Petrus) in Antiochien mit ein. Paulus ist Apostel »durch Jesus Christus« (1,1), von niemandem abhängig als vom Auferstandenen allein (1,1 ff.) Gleichwohl hat er seine Verkündigung mit anderen Leitern der Urgemeinde abgesprochen (2,2–10).

Dann kommt Paulus zum Herzstück seiner Argumentation: Die Gerechtigkeit kommt nicht durch die Gesetzeserfüllung, sondern durch den Glauben. Als Beleg dafür weist er auf Abraham hin, der aufgrund seines Glaubens gerechtgesprochen wurde, noch lange bevor das Gesetz existierte (1. Mose 15,6). Von Anfang an zielten die Wege Gottes auf den Glauben; das Gesetz wurde gegeben als eine Art Erzieher auf Christus hin (»Zuchtmeister«, *paidagogos*; 3,24). Am Ziel steht immer der Glaube an Christus, durch den allein die Gerechtigkeit vor Gott erworben wird.

Im letzten Teil des Briefes geht es unter der Überschrift der Konfrontation von »Fleisch« und »Geist« (5,16–26) um das praktische Leben der Christen, um ihr Verhalten in der Welt.

Die Bedeutung des Galaterbriefes, nicht zuletzt auch für Martin Luther und die Reformation, liegt in drei Hauptpunkten: 1. Er ist die wichtigste Informationsquelle für die entscheidenden Stationen im Leben des Paulus. – 2. Paulus hat hier das Evangelium gleichsam dem Judentum entrungen und klargestellt, daß Gott in Jesus Christus ohne den Umweg über das Gesetz des alten Bundes zu allen Menschen spricht. – 3. Der Brief zeigt, daß Gottes Gesetz zu Christus führen will. Es wird aber zum Fluch (3,13), wo es zur Selbsterlösung des Menschen gebraucht wird, der durch Eigenleistung vor Gott gerecht werden will.

INHALTSÜBERSICHT

1,1–5	Einleitung
1,6–2,10	Die Vollmacht des Apostelamtes des Paulus
2,11–21	Die Auseinandersetzung mit Petrus in Antiochien
3,1–5,12	Das Verhältnis von Gesetz und Evangelium
5,13–6,10	Die Freiheit der Kinder Gottes als Begründung des neuen Lebenswandels der Christen
6,11–18	Eigenhändiger Schluß

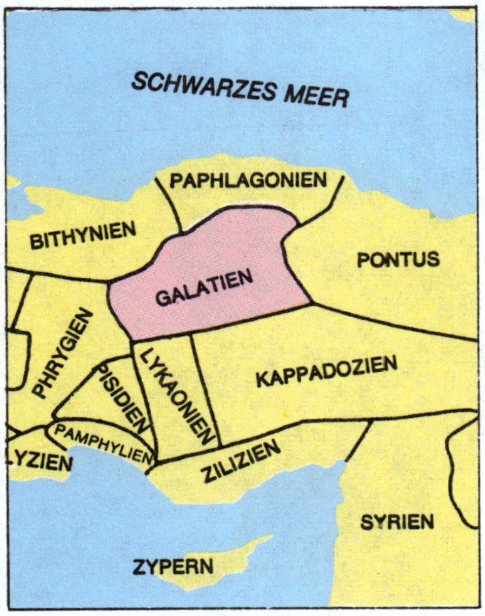

Galatien (Landschaft).

GALATIA, GALATIEN Region in Kleinasien, zu der u.a. die Städte Antiochia, Ikonion und Lystra gehörten. Der Name weist auf gallische, also keltische Invasoren, die dieses Gebiet im 3. Jh. v. Chr. eroberten. Die Galater bildeten 64 v. Chr. einen vom Röm. Reich abhängigen Staat. 24 v. Chr. errichteten die Römer die Provinz Galatia; diese war erheblich größer als das frühere Königreich Galatien. Der Brief des Paulus an die Galater war an die Gemeinden in dieser Provinz gerichtet. Auch der Apostel Petrus richtete einen Brief an die »Fremdlinge, die verstreut wohnen in Pontus, G.«, usw. (1. Petr 1,1). Aus dem Brief an die Galater geht hervor, daß die angesprochenen Gemeinden hauptsächlich aus Heidenchristen bestanden (Gal 4,8; 5,2). Paulus besucht G. während seiner ersten (Apg 13,50–14,28), zweiten (Apg 16,6) und dritten (Apg 18,23) Missionsreise. Die Kirchen von G. trugen zum Unterhalt der Jerusalemer Gemeinde bei (1. Kor 16,1).

GALATIA, GALATIEN Apg 16,6; 18,23; 1. Kor 16,1; Gal 1,2; 3,1; 2. Tim 4,10; 1. Petr 1,1

GALBANUM Siehe GEWÜRZE UND PARFÜME.

GAL-ED (»Steinhaufe des Zeugnisses«). Ein Name, den Jakob einem Steinhaufen gab, den er und Laban als Zeugnis ihres Bundes und als eine Grenzlinie zwischen ihren Ländern aufgeschichtet hatten. Siehe JEGAR SAHADUTA.

GAL-ED 1. Mose 31,47–48

GALILÄA (»Bezirk«) Der nördliche Teil Palästinas, nach der assyr. Eroberung auch »Galiläa der Heiden« genannt (Jes 8,23), möglicherweise, weil vor der Landnahme durch die Israeliten so viele Völker dort lebten. Im Süden grenzt G. an die Jesreel-Ebene, im Osten bildet der See Genezareth die Grenze, im Norden der Libanon und im Westen die Ebene von Akko. Es ist die höchste und kühlste Gegend des Landes mit reichlichen Regenfällen im Winter und zahlreichen Quellen. Durch ein großes Tal, durch welches die Handelsstraße vom Mittelmeer zum Ostjordanland lief, wird das Gebiet in zwei Hälften geteilt: das bis auf 1000 m ansteigende Hügelland von Obergaliläa, und Untergaliläa. Breite, fruchtbare Täler, v.a. in Untergaliläa, ermöglichten eine reiche Landwirtschaft.

Z.Zt. der Landnahme durch die Israeliten war G. dicht mit kanaan. Stadtstaaten besiedelt, unter denen die Stämme Asser, Naftali, Sebulon und Issachar lange Zeit wohnten. Kedesch »in Galiläa auf dem Gebirge Naftali« (Jos 20,7; 21,32) war eine der isrl. Freistädte. Z.Zt. Salomos umfaßte G. vier königl. Verwaltungsbezirke (1. Kön 4,12.15–16). Das Land Kabul in Asser (Jos 19,27) wurde von Salomo an Hiram, den König von Tyrus, für dessen Dienste beim Tempelbau als Bezahlung überlassen (1. Kön 9,11–13).

732 v. Chr. eroberte Tiglat-Pileser III. wichtige Städte in G.: Ijon, Abel-Bet-Maacha, Janoa Kedesch und Hazor. Das eroberte Gebiet wurde eine

GALILÄA Jos 20,7; 21,32; 1. Kön 9,11; 2. Kön 15,29; 1. Chr 6,61; Jes 8,23; Mt 2,22; 3,13; 4,12.15.23.25; 17,22; 19,1; 21,11; 26,32. 69; 27,55; 28, 7.10.16; Mk 1,9.14.28. 39; 3,7; 6,21; 9,30; 14,28; 15,41; 16,7; Lk 1,26; 2,4.3 3,1; 4,14.31; 5,17; 8,26; 17,11; 23,5–6 49.55; 24,6; Joh 1,43; 2,1. 4,3.43.45–47 7,1.9.41.52; 12,21; 21,2; Apg 1,11; 5,3 9,31; 10,37; 13,31

Landschaft in Galiläa.

assyr. Provinz. In pers. Zeit lag G. außerhalb des jüd. Staatsgebietes. Zu dieser Zeit scheinen G. und Samarien einen gemeinsamen Verwaltungsbezirk gebildet zu haben. Unter den Ptolemäern bildete G. eine eigenständige Region; es war jetzt von vielen Griechen und Phöniziern bewohnt, aber es gab auch jüd. Siedlungen. Aristobul eroberte 104–103 v. Chr. G. und fügte es dem hasmon. Königreich ein. Als das Gebiet 64 v. Chr. von Pompejus erobert wurde, blieb es jüd. Territorium. Im Königreich des Herodes bildete es einen Teilbereich. Die Hauptstadt des damaligen Distrikts war Sephoris: weitere wichtige Orte waren Magdala und Gusch-Halav. Nach dem Tod des Herodes wurde G. ein Teil des Reichsgebietes von Herodes Antipas, der in Tiberias die neue Hauptstadt G.s gründete. Nach seiner Verbannung 39 n. Chr. wurde G. Agrippa I. übergeben und nach dessen Tod dem Königreich Agrippas II. einverleibt.

In G. fanden die ersten Taten Jesu statt. Er stammte aus Nazareth (Mt 21,11; Mk 1,9) und wohnte später in Kapernaum (Mt 4,13). Sein erstes Wunder vollbrachte er in Kana (Joh 2,1–11; 4,46). In G. hielt er auch die Bergpredigt u. a. Predigten vom Reich Gottes (Mt 5–7; 13; Mk 1,14.15.39; 4,1; Lk 5,1–2; 6,17–49; 8,4 usw.), und in G. begann der Widerstand gegen ihn (Mt 12; Lk 4,16–30). In G. sollten schließlich die Jünger den Auferstandenen sehen (Mt 28,10; Mk 14,28; 16,7; vgl. Joh 21).

Während des jüd. Aufstands (66–70 n. Chr.) gegen die Römer wurde Galiläa von Josephus befestigt; dort fanden auch die ersten Kämpfe statt. Nachdem die Revolte niedergeschlagen war, war G. Teil der röm. Provinz Judäa. Einige der größeren Städte wie Tiberias und Sephoris wurden unabhängig und vergrößerten ihr Gebiet. Nach dem Bar-Kochba-Aufstand (135 n. Chr.) blühte das Land auf und wurde dicht besiedelt. In einigen Ortschaften waren jetzt die jüd. Priesterklassen beheimatet. Die zahlreichen Ruinen von Synagogen aus dem 3. und 4. Jh. sowie aus späteren Jhn. zeigen den damaligen Reichtum des Landes an.

GALILÄISCHES MEER Siehe GENEZARETH, SEE.

GALLE Siehe PFLANZEN.

GALLIM 1. Sam 25,44; Jes 10,30

GALLIM (»Steinhaufen«) Geburtsort des Palti, des zweiten Ehemanns von Michal, der Tochter Sauls (1. Sam 25,44).

GALLIO Apg 18,12.14.17

GALLIO Statthalter der Provinz Achaja (Hauptstadt: Korinth), vermutlich 52–53 n. Chr. Er war ein Bruder des röm. Philosophen Seneca und wurde wie er von Nero zum Tode verurteilt. Er ist in einer Inschrift erwähnt, die in Delphi gefunden wurde und ein Fragment eines Briefes des Kaisers Claudius darstellt. Paulus war von den einheimischen Juden angeklagt und vor Gallio gebracht worden, der jedoch den Fall als unbedeutenden Streit zwischen Juden abtat (Apg 18,12–17).

GAMALIEL pg 5,34; 22,3

GAMALIEL (»Gott ist mein Wohltäter«). Auch bekannt als Gamaliel I. oder »der Ältere«, ein bedeutender Pharisäer, Schriftgelehrter und Lehrer. Paulus gehörte zu seinen Schülern (Apg 22,3). Er führte mehrere Reformen ein, die das jüd. Gesetz auf die wirtschaftl. und polit. Gegebenheiten der damaligen Zeit anwendbar machen sollten. Von seiner Toleranz zeugt Apg 5,34–39, wo er sich gegen eine gerichtliche Verfolgung der ersten Christen aussprach. Die Legende, daß G. heimlich Christ gewesen sei, hat vermutlich hier ihren Ursprung.

GAMLIËL . Mose 1,10; ,20; 7,54.59; 10,23

GAMLIËL (»Gott ist mein Wohltäter«). Sohn Pedazurs und ein Fürst des Stammes Manasse.

GAMUL 1. Chr 24,17

GAMUL (»der begünstigt wurde vom HERRN«). Ein Nachkomme Aarons und Oberhaupt der 22. Abteilung der Leviten z. Zt. des Königs David (1. Chr 24,17).

GAREB 1 . Sam 23,38; 1. Chr 11,40
GAREB 2 Jer 31,39

GAREB (»rauh«).

1. Gareb der Jattiriter, einer der »Helden« Davids.
2. Hügel bei Jerusalem, in Jeremias Prophetie über den Wiederaufbau Jerusalems erwähnt.

GARIZIM Mose 11,29; 27,12; Jos 8,33; Ri 9,7

GARIZIM (»öde Stelle«, vgl. Gerisim). 881 m hoher Berg, beherrscht zus. mit dem Ebal den Eingang zum Tal von Sichem. Der Paß war strategisch

Die alte Synagoge von Bar-Am in Obergaliläa.

Eingang zum Grab des Rabbi Gamaliel in bet Schearim.

Berg Garizim, auf einer Münze von Neapolis (Sichem) abgebildet; 3. Jh. v. Chr.

(rechts) Blick auf die Kuppe des Berges Garizim, wo die Überreste einer byzantinischen Kirche zu sehen sind.

bedeutend. Am G. und Ebal versammelten sich unter Josua die Stämme Israels, um den Segen und Fluch für die Einhaltung bzw. den Bruch des Gesetzes zu hören (5. Mose 11,29; 27,12; Jos 8,33). Jotam erzählte auf dem G. den Männern von Sichem sein Gleichnis (Ri 9,7).

GARMITER (»Knochen«). Name im Stammbaum Judas.

GASAM (»verzehrend«). Familie von Tempelsklaven (Nethinim), die mit Serubbabel aus dem babyl. Exil zurückkehrten und sich in Jerusalem niederließen.

GASES (»Scherer«, »Schafscherer«). Der Name erscheint zweimal im gleichen Vers, zuerst als der dritte Sohn Kalebs von seiner Nebenfrau Efa, dann als der Sohn des Erstgeborenen Kalebs von Efa (1. Chr 2,46).

GAT Der Name bedeutet »Weinpresse«, kann jedoch auch einen befestigten Landwirtschaftskomplex bezeichnen. Dem Ortsnamen wurde meist eine nähere Bezeichnung hinzugefügt (gewöhnlich eine ethnische Bezeichnung), um den gemeinten Ort zu bestimmen; so in der Bibel Gat der Philister, Gat Hefer, Gat Rimon, Moreschet-Gat oder Gittajim. Wenn diese näheren Bezeichnungen weggelassen werden, ist es manchmal schwierig – sogar vom Kontext her – zu entscheiden, welches Gat gemeint ist.

1. GAT DER PHILISTER wird allg. als das G. *par excellence* angesehen. Seine früheste Erwähnung dürfte die in den *El Amarna-Briefen* sein, die an die ägypt. Pharaonen Amenhotep III. und Amenhotep IV. (Echnaton) in der ersten Hälfte des 14. Jh. v. Chr. geschrieben wurden.

G. galt zus. mit Gaza und Aschdod als Hochburg der Anakiter (»Riesen«), während Goliat, der Gatiter (1. Sam 17,4.23), einer von mindestens vier Kriegern war, die in der isrl. Überlieferung berühmt waren und die zu den »Rephaim« zählten (2. Sam 21,18–22; 1. Chr 20,4–8). G. galt in der frühen isrl. Überlieferung (zus. mit dem restlichen Gebiet der Philister) als Teil »des Landes, das noch einzunehmen bleibt« (Jos 13,1–6; Ri 3,1–3), d.h. als noch nicht isrl. besiedelt. In der Schlacht von Eben-Eser (ca. 1050 v. Chr.) fiel die Bundeslade in die Hände der Philister (1. Sam, Kap 4). Als die Lade von Aschdod nach G. kam, brach eine Seuche aus (1. Sam 5,8–9), worauf die Lade nach Ekron gebracht wurde.

David suchte zweimal bei König Achisch in Gat Zuflucht (1. Sam 21,11–16; Ps 34,1; 56,1). Später täuschte David ihn zugunsten der Judäer (1. Sam 27,10).

GARMITER
1. Chr 4,19

GASAM
Esr 2,48; Neh 7,51

GASES
1. Chr 2,46

GAT 1
Jos 11,22; 13,
1. Sam 5,8; 6,17; 7,14; 17,4.23.52; 21,11.13; 27,2–4.11;
2. Sam 1,20; 15,18; 21,20.
1. Kön 2,39–
2. Kön 12,18
1. Chr 7,21; 8,13; 18,1; 20,6.8;
2. Chr 11,8; 26,6;
Am 6,2;
Mi 1,10

GAT 2
2. Sam 4,3; Neh 11,33

Tel es-Safi, identifiziert mit dem Gat der Philister.

Als David sich als König sicher fühlte, begann er mit einer Reihe von Kriegen gegen die Philister, v. a. die Gatiter (2. Sam 21,18–22; 1. Chr 20,4–8). Nach 1. Chr 18,1 nahm David G. und seine Ortschaften ein. Da Achisch zu Anfang der Regierung Salomos noch immer über G. regierte (1. Kön 2,39–41), scheint es unwahrscheinlich, daß David dieses G. besetzte. (Das betreffende G. könnte Gittajim sein; s. u.) David hatte auch Söldner aus G., die von Ittai geführt wurden (2. Sam 18,2).

In der Liste der Festungen Rehabeams (2. Chr 11,5–12) ist G. unter 15 Städten aufgeführt, die sich an strategisch wichtigen Orten in Juda befanden. Es ist jedoch wahrscheinlich, daß es sich dabei um Moreschet-Gat handelt (vermutlich in Tel Judäa (Tel Goded), eine bedeutende Festung der Israeliten).

Um 815 v. Chr. führte Hasaël, der König von Aram, einen Feldzug und eroberte G. (2. Kön 12,18); die Meinungen gehen auseinander, ob dies das G. der Philister war oder Gittajim.

Mitte des 8. Jh. v. Chr. unternahm Usija einen Feldzug gegen die Philister und eroberte G. (2. Chr 26,6). Der damalige Prophet Amos bezieht sich auf G. als ein Beispiel einer mächtigen Festung, die der Belagerung erlag (Am 6,2). Spätere Bezugnahmen auf die Städte der Philister erwähnen G. nicht mehr (Jer 25,20; Zef 2,4; Sach 9,5–7).

Die genaue Lage der Philisterstadt Gat ist unsicher. Sie wird von manchen mit Tel-es-Safi (Tel Zafit) identifiziert, einem Hügel, der der markanteste Punkt innerhalb der gesamten nordöstlichen Philisterebene ist.

2. GAT (LÜ: GITTAJIM). Eine Stadt in der nördlichen Schefala, die die strategisch wichtige Kreuzung nordwestlich von Geser beherrschte. Zu Sauls Zeit flohen die nicht-jüd. Einwohner von Beerot – einer Stadt, die zu Benjamin gerechnet wurde – nach Gittajim, das im südwestlichen Randbezirk des Territoriums der Israeliten lag und offenbar ebenfalls von Nicht-Israeliten bewohnt wurde (2. Sam 4,2–3). Gittajim wird bei der Rückkehr aus der babyl. Gefangenschaft unter den Städten von Benjamin erwähnt (Neh 11,33).

Röm.-byz. Quellen zufolge befand sich Gittajim zwischen Antipatris (dem bibl. Afek - Tel Ras el-Ain) und Jabneel, nahe dem heutigen Ramle.

GATAM
1. Mose 36,11.16; 1. Chr 1,36

GATAM Der vierte der fünf Söhne von Elifas (1), des Sohnes Esaus von seiner Frau Ada (1. Mose 36,10–11). Er war ein Fürst in Edom (1. Mose 36,16).

GAT-HEFER
Jos 19,13; 2. Kön 14,25

GAT-HEFER (»Weinpresse am Brunnen«) Stadt im Gebiet von Sebulon; der Geburtsort des Propheten Jona (2. Kön 14,25).

GAT-RIMMON
Jos 19,45; 21,24–25; 1. Chr 6,54

GAT-RIMMON (»Weinpresse beim Granatapfelbaum«)

1. Eine der vier Wohnstätten der Leviten, die ihnen aus dem Gebiet des

Stammes Dan gegeben worden waren (Jos 21,24; 1. Chr 6,54). Das Geschlecht der Kehatiter ließ sich in G. nieder, inmitten einer einheimischen Bevölkerung, die vermutlich überwiegend aus Nicht-Israeliten bestand; sie wurden mit der Verwaltung des Landes beauftragt, einschließlich des Einzugs der Steuern (vgl. 1. Chr 26,30–32). Bei der Aufzählung der Städte Dans (Jos 19,40–46) ist G. nach Jehud und Bene-Berak aufgeführt.

»Napoleon-Hügel«, als Gat-Rimmon identifiziert.

Tel Jerische (Tel Gerisa), nach einem ehemals nahegelegenen arab. Dorf benannt und allg. bekannt als »Napoleon-Hügel«, wurde als Gat-Rimmon identifiziert. Es befindet sich in der Nähe von Tel Aviv, nahe dem Südufer des Jarkon-Flusses.

2. Eine Levitenstadt des Stammes Kehat, die sich im Gebiet von Manasse befand, in der Nähe von Taanach (Jos 21,25). Möglicherweise mit dem heutigen Rumane, nahe Taanach, identisch.

GATITER Bewohner jenes Teiles des Gebietes der Philister, das noch nicht von Josua erobert, doch dem Stamme Manasse verheißen war. Im AT werden drei Personen, Obed-Edom, Ittai und Goliat, als G. bezeichnet.

GATITER
2. Sam 6,10–1
15,18–19.22;
18,2; 21,19;
1. Chr 13,13;
20,5

GAZA (griech. für *Gasa*, »Festung«). Stadt an der Mittelmeerküste, auf der Route von Syrien – Palästina nach Ägypten die letzte Wegstation vor der Wüste. Wichtiger Versorgungsstützpunkt für Karawanen. G. war immer

GAZA
1. Mose 10,1
5. Mose 2,23
Jos 10,41;
11,22; 13,3;
15,47;
Ri 1,18; 6,4;
16,1.21;
1. Sam 6,17;
1. Kön 5,4;
2. Kön 18,8;
Jer 25,20;
47,1.5;
Am 1,6–7;
Zef 2,4;
Sach 9,5;
Apg 8,26

(rechts) Blick auf Gaza.

Münze aus Gaza; 4. Jh. v.Chr.

wieder in Kriege zwischen Ägypten und Palästina, Syrien und Mesopotamien verwickelt und erscheint u. a. regelmäßig in ägypt. und assyr. Quellen.

Die röm. Stadt erstreckte sich bis an die Küste, das moderne G. liegt ca. 5 km vom Meer entfernt. Ca. 350 Jahre lang war G. unter ägypt. Herrschaft. Die Völkertafel 1. Mose 10,19 führt es als Kanaaniterstadt auf. Seit dem 12. Jh. v. Chr. war es eine der fünf Küstenstädte der Philister (1. Sam 6,17) und wird als solche in der Geschichte von Simson erwähnt (Ri 16). Unter David kam G. unter isrl. Herrschaft, unter Tiglat-Pileser III. und Sargon II. (ca. 730 v. Chr.) fiel es an Assyrien. Im 7. Jh. kam es wieder unter ägypt. Kontrolle. In der pers. Zeit (6.–4. Jh. v. Chr.) genoß es eine gewisse Unabhängigkeit und erlebte eine Blütezeit.

332 v. Chr. eroberte Alexander d. Gr. Gaza. Nach seinem Tod gehörte es zunächst zum ptolemäischen, nach 200 v. Chr. zum seleuzid. Reich. Im 1. Jh. v. Chr. und der ersten Hälfte des 1. Jh. n. Chr. war G. Mittelmeerhafen für die aus Petra und Elat kommenden Karawanen der Nabatäer. 96/95 v. Chr. belagerte und eroberte der Hasmonäer Alexander Jannäus die Stadt und zerstörte sie. Unter Pompejus wurde sie neugegründet und von Gabinius wiederaufgebaut. Das NT erwähnt G. als Stadt auf der Karawanenroute nach Ägypten (Apg 8,26). Nachdem Augustus es an Herodes übergeben hatte, bildete es eine Art Enklave in dessen Reich und war Cosgabar, dem Statthalter von Idumäa, unterstellt. Bei der Teilung des Reiches des Herodes wurde es dem Prokonsul von Syrien zugeordnet. In der Römerzeit, bes. unter Hadrian, war G. eine blühende Stadt.

GAZATITER Ri 16,2

GAZATITER Einwohner Gazas.

GAZELLE Siehe Tiere.

GEBA Jos 21,17; Ri 20,33; 1. Sam 13,3; 14,5; 1. Kön 15,22; 2. Kön 23,8; 2. Chr 16,6; Esr 2,26; Neh 7,30; 11,31; 12,29; Jes 10,29; Sach 14,10

GEBA (»Höhe«). Stadt im Stammesgebiet von Benjamin (1. Chr 8,6; Jos 18,24); heute Jaba, 9 km nördlich von Jerusalem. G. wurde den Nachkommen Aarons zugeteilt (Levitenstadt, Jos 21,17; 1. Chr 6,45). Bei der Schlacht von Michmas lagerte hier das Heer Sauls (1. Sam 13,16; 14,5).

Jes 10,29 erwähnt G. als Station der assyr. Armee auf dem Weg nach Jerusalem, 2. Kön 23,8 nennt es als nördlichste der heidnischen Kulthöhen, die während der religiösen Reform König Josias zerstört wurden. Nach dem Ende des babyl. Exils waren die Einwohner von G. unter den ersten Heimkehrern (Esr 2,26; Neh 7,30); Nehemia zählte sie später zu den Einwohnern von Benjamin.

Man vermutet, daß einige der Bibelstellen, die sich auf G. beziehen, eigentlich Gibea bzw. Gibeon meinen, das allg. als Tel el-Ful identifiziert wird (Ri 20,33–34; 1. Sam 13,3; 2. Sam 5,25; 1. Kön 15,22; 2. Chr 16,6).

GEBAL GEBALITER Jos 13,5; 1. Kön 5,32; Ps 83,8; Hes 27,9

GEBAL, GEBALITER (»Bergland«). (Allg. bekannt unter dem Namen Byblos.) Die nördlich von Beirut im Libanon gelegene Stadt G. war im 3. und 2. Jt. v. Chr. der bedeutendste Hafen an der phöniz. Küste. Z.Zt. der Landnahme der Israeliten in Kanaan und der Errichtung des Königreiches verringerte sich ihre Bedeutung; in der Bibel wird sie nur beiläufig erwähnt: Die G. gehörten zu den Bauleuten Salomos (1. Kön 5,32) und waren Experten beim Abdichten von Schiffen (Hes 27,9). G. wurde von den Israeliten niemals erobert (Jos 13,5).

Jahrhundertelang war G. der wichtigste Hafen für den Handel zwischen Ägypten und dem Nahen Osten. Exportiert wurden verschiedene Arten von Hölzern, einschl. der berühmten Libanonzedern; ihre Harze waren von großer ritueller Bedeutung, sie wurden bei der Mumifizierung benutzt.

Die häufige Erwähnung von G. in ägypt. Schriften und die Übernahme von Baalat Gebal, der Stadtgöttin G.s in den ägypt. Götterhimmel, zeugen von den engen Beziehungen zwischen Ägypten und G. In späteren Jahren wurde die abnehmende Bedeutung Ägyptens in Asien deutlich in den *El Amarna-Briefen* von G. (14. Jh.) und in den Berichten des Wen-Amun (11. Jh.) dokumentiert.

Ausgrabungen in Gebal haben eine durchgehende Besiedlung von der Jungsteinzeit bis zur Kreuzfahrerzeit erwiesen. Die herausragenden Funde umfassen massive Festungen aus dem 3. Jt. v. Chr., eine Reihe von Tempeln

Das Dorf Jaba, nördlich von Jerusalem, das einstige Geba.

Münze aus Gebal-Byblos, die einen geflügelten Kronos darstellt, mit der phönizischen Inschrift »Gebal, die heilige«; 82 v. Chr.

für die örtlichen Gottheiten mit zahlreichen Grundmauerresten und Inschriften in Silbenschriften und alphabetischen Schriftzeichen; der bedeutendste Fund ist der Sarkophag des Königs Ahiram (vgl. Hiram) aus dem 11. Jh. v. Chr.

GEBER (»Mann«).

1. Vater des Amtmannes des sechsten Amtsbezirks von Salomo. Er war für die Dörfer Jaïrs in Gilead und die Gegend Argob in Baschan verantwortlich.

2. Der Sohn Uris, Amtmann des zwölften Amtsbezirks von Salomo, »im Lande Sihons, des Königs der Amoriter und Ogs, des Königs von Baschan«.

GEBER 1
1. Kön 4,13
GEBER 2
1. Kön 4,19

GEBERS SOHN Einer der von König Salomo bestimmten Amtmänner. Er war für den sechsten Amtsbezirk verantwortlich; dessen Sitz befand sich in Ramot in Gilead (1. Kön 4,13). Möglicherweise ist er mit Geber, dem Sohn Uris, der im gleichen Kapitel (1. Kön 4,19) im Zusammenhang mit dem gleichen Bezirk erwähnt wird, identisch.

GEBERS SOHN
1. Kön 4,13

GEBET »Das Gebet ist ein Reden des Herzens mit Gott in Bitte und Fürbitte, Dank und Anbetung.« Das G. des Christen bzw. der Gemeinde ist von allen G. der Religionen, aber auch des AT dadurch unterschieden, daß hier nicht einfach der menschliche Beter mit Gott spricht, sondern daß er zu seinem G. durch Christus, den Sohn Gottes, ermächtigt wird. Jedes christl. G. ist G. in Jesu Namen (Joh 14,13; 16,23.24). Mehr noch: In jedem G. des Christen bzw. der Kirche betet der Herr der Kirche als unser Mittler mit: »Auf alle Gottesverheißungen ist in ihm das Ja; darum sprechen wir auch durch ihn (!) das Amen, Gott zum Lobe« (2. Kor 1,20). Oder Röm 8,26: »Wir wissen nicht, was wir beten sollen, wie sich's gebührt; sondern der Geist selbst vertritt uns mit unaussprechlichem Seufzen« (vgl. Röm 1,8; Kol 3,17 u. a.).

Diese Erkenntnis, daß Christus der große »Mitbeter« ist, bringt es mit sich, daß das G. des Christen sich in aller Regel an Gott, an den Vater Jesu Christi wendet, der durch ihn auch unser Vater ist (Mt 6,9; Apg 16,25; Phil 4,6; Offb 8,4 usw.). Zwar bahnt sich im NT auch an, daß Christus als der Herr der Gemeinde selbst derjenige ist, an den sich das G. des Christen wendet (vgl. Apg 9,14; 1. Kor 1,2), aber dies bleibt im Hintergrund, auch wenn seine Gemeinde ihn als den zum Vater erhöhten Herrn bekennt. Von einer Anbetung Jesu im Sinne einer Anbetung Gottes durch die irdische Gemeinde ist nirgends die Rede. Das »neue Lied« zu Ehren des himmlischen Gotteslammes (Offb 5,8–14) wird im Himmel gesungen, nicht auf Erden.

Dies entspricht der Gebetsunterweisung, die Jesus den Seinen auf ihre Bitte hin (Lk 11,1) gibt. Im Vaterunser wird Gott als der Vater angeredet – eine Möglichkeit, die es in den Religionen gar nicht, im AT nur mit Zögern und ausgesprochen selten (Ps 89,27; Jes 63,16) gibt. Jesus macht uns zu seinen Brüdern und Schwestern (Mt 12,48–50) und vermittelt uns dadurch die Kindschaft bei seinem Vater im Himmel. Er schließt die Seinen sogar ein in das unerhörte, nur dem Sohn zukommende Recht, zu Gott »Abba« zu sagen, also eine geradezu familiäre Vateranrede zu gebrauchen (Mk 14,36; Röm 8,15; Gal 4,6).

Wo christl. G. solches G. im Namen Jesu und unter der Leitung des Hl. Geistes ist, hat der Betende alle Freiheit zu allen Gebetsanliegen (Mt 21,22), sowohl in der Stille des Herzens des Einzelnen (Mt 6,6; Mk 1,35; 2. Tim 1,3), als auch im gemeinsamen G. (Apg 4,31; 12,5.12), sowohl an geheiligter Stätte (Lk 24,53; Apg 2,46), wie an jedem beliebigen Ort (Apg 16,25; 21,5). Alles, was den Betenden bewegt, kann zum Gebetsinhalt werden: die Bitte (Mt 9,38; 18,19; Mk 11,24; Jak 5,13), die Fürbitte (Apg 8,24; Kol 1,9; 1. Tim 2,1), der Dank (Röm 1,8; Eph 5,20; Phil 1,3; Kol 3,17; 1. Tim 4,4), die Anbetung (Apg 16,25; Röm 15,6; 1. Petr 4,11; Offb 14,7).

Das G. aller G. ist das Vaterunser (Mt 6,9–13; Lk 11,2–4). Dieses schließt jedoch das Beten mit eigenen Worten keineswegs aus, sondern eher ein, und in Jesu Anweisungen zum G. (z. B. auch Mt 7,7–11) ist die Aufforderung zum Beten mit eigenen, freien Worten enthalten. Die ntl. Gemeinde hat es denn auch so gehalten (z. B. Apg 4,29.30; 20,36).

GEBET/ BETEN
1. Mose 20,17; 24,26.63;
1. Sam 1,10.12 2,1; 8,6; 12,23;
2. Sam 7,27;
1. Kön 8,28f. 33.35.44f.48f. 54; 9,3;
2. Kön 4,33; 19,4;
2. Chr 6,19f.3[illegible] 40; 7,12; 33,18
Hiob 1,20; 16,[illegible]
Ps 4,2; 5,3; 6,[illegible] 17,1; 32,6; 35, 13; 39,13; 54,4 65,3; 66,20; 69 14; 72,15; 84,9 88,3.14; 102,1 18; 109,4.7; 141,2; 143,1;
Spr 15,8.29; 28,9;
Jes 1,15; 38,5;
Jer 7,16; 29,7; 36,7; 42,2;
Klgl 3,8.44;
Dan 6,11f.14; 9,3 f.17f.21.2[illegible]
Jona 2,2.8;
Hab 3,1;
Sach 12,10;
Jdt 4,7; 9,13;
Sir 7,10.15; 35,16.20;
Mt 6,5–7.9; 1[illegible] 23; 17,21; 19, 21,22; 23,14; 26,36.39.41f.
Mk 1,35; 6,4[illegible] 9,29; 11,24f.[illegible] 12,40;
Lk 1,10.13; 2 3,21; 5,16.33 12; 9,29; 11,[illegible] 18,1.10 f.; 20 47; 21,36; 22 44–46;
Apg 1,14; 2,[illegible] 6,4.6; 9,11.4[illegible] 10,2.4.9.31; 5; 12,5; 13,3 23; 16,13.16[illegible] 36; 21,5; 22, 28,8;
Röm 1,10; 1[illegible] 8,26; 15,30;

. Kor 7,5; 11,4f. 13; 14,13–15; 2. Kor 9,14; Eph 1,16; 6,18; Phil 1,4.9.19; 4,6; Kol 1,3; 4,2f.12; 1. Thess 5,17; 2. Thess 1,11; 3,1; 1. Tim 2,1.8; 4,5; 5,5; Phlm 22 1. Petr 3,7.12; 4,7; Jak 5,13–18; Offb 5,8; 8,3f.

Der christl. Beter braucht nicht vorher abzuwägen, um was er bitten »darf« und um was möglicherweise nicht; er darf »alles« vor Gott bringen (Mk 11,24). Eigensüchtige G. freilich werden ihn von Gott trennen (Jak 4,2.3).

Die Fürbitte sollte im G. des Christen mindestens die gleiche Rolle spielen wie die eigenen Gebetsanliegen (Lk 22,32; Apg 12,5; Phil 1,3–5; Kol 1,3; Jak 5,13–15 u. a.) und schließt sogar die Gegner ein (Mt 5,44; vgl. Lk 23,34).

Das Dankgebet fehlt im NT nicht, auch wenn das Vaterunser nur Bitten enthält. Das Tischgebet (vgl. Mt 26,26) ist immer ein Dankgebet. In Lk 17,15–18 kritisiert Jesus deutlich den ausgebliebenen Dank der neun geheilten Aussätzigen. In den meisten seiner Briefe dankte Paulus Gott ausdrücklich für die geistliche Frucht in den Missionsgemeinden (vgl. Röm 1,8; 1. Kor 1,4; 1. Thess 1,2 u. a.) und fordert diese auf, ihrerseits Gott für alle seine Gaben zu danken (Phil 4,6; Kol 1,12; 3,17; 1. Tim 2,1). Dabei entspricht es dem Wesen des Dankgebets, daß es oft mit Anbetung und Lob Gottes verbunden ist (Joh 4,23; Apg 16,25; Röm 15,6).

In allem Beten des Christen aber ist gerade sein persönliches G. in der Stille immer ein Stück Nachahmung Christi (vgl. z. B. Mt 14,23; 26,36–44; Mk 1,35; 6,46; Lk 6,12).

Knochenskulptur, die einen Mann in Gebetshaltung darstellt; aus Bet-Schean, 1600–1200 v. Chr. (Israel Museum, Jerusalem).

Das Problem der *Gebetserhörung* stellt sich für den Beter des NT nur bedingt. Im AT ist die oft inständige, fast beschwörende Bitte des Beters um Erhörung der eigentliche Inhalt des G. (vgl. z. B. Jona 2), während im NT alles Beten sich an Jesu Gethsemane-G. orientiert: »... doch nicht wie ich will, sondern wie du willst« (Mt 26,39). Gewiß verheißt Jesus dem gläubigen G. die Erhörung durch den Vater (Mt 7,7.8; Mk 11,24), aber diese scheinbar uneingeschränkte Verheißung will richtig verstanden werden: – 1. Jesus gebraucht für »erhören« das griech. Wort für »hören« *(akúein),* auch bei seinem eigenen G. (Joh 11,41). Der Beter weiß: Gott hört mich, aber das *Wie* der Erhörung steht bei ihm. – 2. Jesus erklärt, daß Gott dem Beter »Gutes« (Mt 7,11) bzw. den Hl. Geist (Lk 11,13) gibt, also ein Herz, das Ja sagt zu der Art der Erhörung.

Christen dürfen im G. dem Vater wie Kinder alles sagen, was sie umtreibt und bedrückt; dem steht das Wort Jesu nicht entgegen, daß Gott bereits weiß, was wir brauchen, auch ohne unser G. (vgl. Mt 6,32). Es ist Gottes

Wille, daß wir ihm durch unser Beten die Ehre geben; er möchte von uns nicht angeschwiegen werden. Dies ist der tiefste Grund des G.

Im AT tritt die Beziehung des einzelnen Beters zu Gott i. a. zurück hinter der Beziehung des erwählten Volkes zu Jahwe; das G. ist in erster Linie Anrufung des Bundesgottes Israels, auch dort, wo er als Schöpfer und Herr der ganzen Welt angerufen wird (Ps 8,2; 18,50; 72,19; Jes 6,3 u. a.). Es fällt auch auf, wie stark im AT die Bitten um äußere Rettung und Wohlergehen dominieren (vgl. 1. Sam 1,10.11; Ps 3,8; 28,3.4; 54,9; 61,7.8; 69,2–4; 90,1–5; 126,4; Jes 38,16). Demgegenüber treten G. um geistl. Segen oder um Vergebung der Sünden selbst in den Psalmen eher zurück, auch wenn die Ausnahmen dann G. von besonderer Tiefe und Eindringlichkeit sind (Ps 25; 32; 51; 130; 139 u. a.). Der Grund dafür ist sicher nicht zuletzt, daß das AT im Unterschied zum NT die Hoffnung auf ein ewiges Leben bei Gott noch nicht kennt; nur ganz selten glimmt sie einmal hinter dem Horizont auf (Ps 49,16; 73,24; Dan 12,2). Auch das G. für die Widersacher fehlt im AT; der Beter des AT betet nicht für, sondern gegen seine Feinde, und das in einer aus ntl. Sicht manchmal erschreckenden Intensität (z. B. Ps 54,7.9; 58,7–11; 109, 1–20; 137,7–9; 149,6–9).

Dennoch gibt es im AT zahlreiche G. von großer Kraft und Tiefe. Außerhalb der Psalmen sind hier u. a. zu nennen: das G. des heimkehrenden Jakob (1. Mose 32,10–13); die Fürbittegebete Moses für Israel (2. Mose 32,11–14; 34,8.9; 4. Mose 14,13–19); das G. der Hanna und ihr Lobgesang (1. Sam 1,10. 11; 2,1–10); die Königsgebete Davids (2. Sam 7,18–29) und Salomos (1. Kön 3,6–9) sowie Salomos Tempelweihgebet (1. Kön 8,23–53); Davids Dankgebet (1. Chr 29,10–19); Elias G. auf dem Karmel (1. Kön 18,36.37); Hiskias G. nach seiner Heilung (Jes 38,9–20). In den sog. chronist. Büchern (1. und 2. Chr, Neh, Esr) nimmt das G. einen ungleich breiteren Raum ein als etwa in den prophetischen Büchern; wir finden hier u. a. G. der Könige Asa (2. Chr 14,10), Joschafat (2. Chr 20,5–12) und sogar des gottlosen Manasse (2. Chr 33,12.13.18.19; vgl. das G. Manasses am Schluß der Apokryphen). Vgl. auch die Bußgebete unter Esra und Nehemia (Esr 9; Neh 9). Im Buch Hiob ziehen sich G. und Zwiesprachen mit Gott durch das ganze Buch.

Bei den Propheten ist Jeremia der größte Beter, bes. mit seinen Fürbitten für sein Volk (Jer 10,23–25; 14,7–9.19–22), aber auch mit seinen Bitten um das Gericht Gottes (17,12–18; 18,19–23; 20,7–13). Ausdrückliche Aufforderungen zum Beten finden sich bei den Propheten z. B. in Jes 55,6; 58,9; 65,24; Jer 29,13.14.

Betender Jude mit Gebetsmantel und -kapseln an der Westmauer (Klagemauer) in Jerusalem.

Das eigentliche Gebetbuch Israels sind die Psalmen; dazu gehören auch nicht im Psalter enthaltene Psalmen wie das Gebet Hannas in 1. Sam 2,1–10 oder Jonas in Jona 2,2–10, aber auch Jeremias Klage in Jer 20,7–11.

Die meisten Psalmgebete sind G. des einzelnen (gewöhnlich in Not geratenen) Frommen, der sich aber immer wieder eingebettet sieht in die Zugehörigkeit zu Gottes Volk und seinen Gottesdiensten. Beispiele für Psalmgebete sind v. a. Ps 3–7; 10; 12; 13; 22; 25–28; 31; 38; 51; 54–61; 69–73; 83; 88; 90; 92; 120; 139; 141; 143. Die Grenze zwischen Bitte und Anbetung, Meditation und Klage ist nicht selten fließend, vgl. Ps 33; 34; 42; 43; 68; 74; 79; 80; 100; 103; 104; 115; 118; 119; 121; 126; 137; 145–150. Der Psalter ist zum Gebetbuch auch der christl. Kirche geworden, nicht zuletzt in der Mission und der Dritten Welt.

Als *Ort* des G. kennt das AT sowohl jeden beliebigen Ort als auch das Heiligtum. Dabei fällt auf, daß im Laufe der Zeit das G. im Heiligtum (v. a. im Tempel) an Bedeutung nicht ab-, sondern zunimmt. So sehr die tempellose Zeit des babyl. Exils von den Deportierten Israels geistlich überstanden wurde, so sehr drehte sich in der nachexilischen Zeit bald alles wieder um die Erfüllung der Sehnsucht nach dem G. im neuerbauten Tempel (s. Nehemia, Haggai, Sacharja; vgl. Lk 2,25–30.36–38).

GEBET ASARJAS UND DER GESANG DER DREI MÄNNER IM FEUEROFEN Ein apokrypher Zusatz zum Buch Daniel, in der LXX zwischen Dan 3,23 und 24 an der Stelle eingefügt, wo Schadrach, Meschach und

Die drei Männer im Feuerofen, Freskenmalerei aus dem 3. Jh. n. Chr. in den Katakomben von St. Priscilla, Rom.

Abed-Nego in den glühenden Feuerofen geworfen werden. Die Schrift stammt aus dem 2. oder 1. Jh. v. Chr. und enthält ein Bußgebet Abed-Negos (Asarjas) und einen Lobgesang der drei Männer.

Eines der Probleme für die jüd. Denker der griech.-röm. Zeit war der offensichtliche Gegensatz zwischen dem Bund Israels mit Gott und seinem nationalen Unglück. Dieser Gedanke wird im Gebet Asarjas aufgenommen (V. 3–5), wie auch im Buch Baruch und in den sog. Psalmen Salomos. Das Gebet, aus einer Situation äußerster Gefahr heraus gesprochen, ist weniger eine Bitte um persönliche Rettung als ein Bekenntnis der Sünden des Volkes und eine Bitte um seine Erlösung.

Die beiden Texte wurden urspr. wohl auf Hebr. verfaßt. Sie fügen dem kanonischen Buch Daniel ein dramatisches, liturgisches Element hinzu. Die frühe Kirche behielt dieses liturg. Element bei und reihte diese Zufügungen in die Sammlung der »Lieder« ein, die in der LXX hinter dem Buch der Psalmen kamen. Sie sind bis heute in den Liturgien der griech.-orthodoxen Kirche in Gebrauch; der Gesang der drei Männer im Feuerofen, der den großen Lobpsalmen ebenbürtig ist, ist in vielen kirchl. Liedern verarbeitet.

GEBET MANASSES
2. Chr 33,13

GEBET MANASSES Bußgebet, das zu den Apokryphen zählt und wahrscheinlich von einem jüd. Verfasser stammt; wohl im 1. Jh. v. Chr. auf Hebr., Aram. oder Griech. verfaßt. Es wird dem gottlosen König Manasse von Juda zugeschrieben (vgl. 2. Chr 33,12–13). Das Gebet ist eine Bitte um Gottes Vergebung und Barmherzigkeit.

Das Gebet Manasses gehört zu den »Liedern«, die in der LXX dem Buch der Psalmen beigegeben sind; nach luther. Tradition gehört es zu den Apokryphen, wenngleich es in der meist von den Puritanern gebrauchten Genfer Bibel von 1560 unter die kanon. Schriften aufgenommen wurde.

GEBETS-RIEMEN
Mose 13,1–16;
. Mose 6,4–9;
11,13–21

GEBETSRIEMEN (hebr. und aram. *tefillin,* »Schutz«, »Amulett«). Zwei schwarze lederne Kapseln, die Verse aus dem AT enthalten (2. Mose 13,1–16; 5. Mose 6,4–9; 11,13–21) und mit schwarzen Lederbändern um den linken Arm und die Stirn gebunden werden. Von frommen Juden werden sie zum Morgengebet der Werktage (jedoch nicht am Sabbat und an Feiertagen) getragen. Der Ursprung für diesen Brauch findet sich in 2. Mose 13,9.16 und 5. Mose 6,8; 11,18.

Gebetsriemen, gefunden in einer der Höhlen von Qumran am Toten Meer, vor dem 1. Jh. n. Chr. (Schrein des Buches, Jerusalem).

GEBIM
Jes 10,31

GEBIM (»Gruben«). Von Jesaja erwähnter Ort auf dem Wege der assyr. Armee nach Jerusalem.

GEBURT/ GEBÄREN
. Mose 3,16;
,4; 29,32–35;
0,1.3.6ff.20;
35,17; 38,28;
. Mose 1,19;
Ri 13,3;
1. Sam 1,20;
1. Kön 13,2;
2. Kön 19,3;

GEBURT Wahrscheinlich gebaren Frauen in atl. Zeit am Boden (1. Sam 4,19). Hebammen waren hoch geachtet (2. Mose 1,17–21). Das Neugeborene wurde auf die Knie der Person gelegt, die das Kind als ihr eigenes geltend machte (1. Mose 30,3) – so wurde stellvertretende Mutterschaft ausgedrückt. Daß Kinder »auf die Knie Josefs geboren« wurden (1. Mose 50,23 wörtl.), weist sie als seine rechtmäßigen Erben aus.

Das Strampeln und Stoßen der Zwillinge Jakob und Esau in Rebekkas Leib galt als Omen für künftige Rivalität (1. Mose 25,22–23; vgl. auch 1. Mose 38,28–30).

Im Altertum, jedoch nicht in Israel, war es Brauch, unerwünschte Kinder – v. a. Mädchen – gleich nach der G. auszusetzen. Hesekiel verglich die Lage Israels mit der eines solchen Mädchens (Hes 16). Aus seiner Beschreibung ersehen wir die Sitte bei der Pflege des Kindes nach der G. Den Namen erhielten Kinder gleich bei der G. (1. Mose 29,32–35; 30,6ff.).

Die Schmerzen bei der G. sind Bestandteil des göttl. Fluchs über die ersten Menschen nach dem Sündenfall (1. Mose 3,14–19). Nach der G. galt die Mutter eine Zeit als unrein. Rahel starb bei der G. Benjamins (1. Mose 35,18). Von der heilvollen Zukunft Gottes erwartete man G. ohne Schmerzen (Jes 66,7–8).

Eine Mutter vieler Kinder wurde im AT als glücklich und gesegnet angesehen (1. Mose 29,32–34; 30,20), die unfruchtbare Frau dagegen als unglücklich (1. Mose 30,1; 1. Sam 1,10). Schwangerschaft bei einer vorher Unfruchtbaren war Zeichen göttl. Gnade (Ps 113,9), so bei der G. Isaaks (1. Mose 21,1–7), Simsons (Ri 13,3) und Samuels (1. Sam 1,1–2,20); der Prophet Elisa brachte der Schunemiterin die frohe Kunde (2. Kön 4,16). Jesaja sagte voraus, daß seine Frau einen Sohn gebären würde, ein Ereignis, das mit der Zukunft Samarias verknüpft wurde (Jes 8,1–3). Auch vergleicht er die Befreiung aus Babylon mit der Freude einer unerwarteten Schwangerschaft (Jes 54,1). Auf die G. des Messias deutet Jes 7,14 voraus.

Hiob 3,3.16; 14,1; 15,14; Ps 22,32; 51,7; 110,3; Pred 7,1; Jes 7,14; 8,3; 9,5; 37,3; 54,1; 66,7f.; Hes 16,3f.; Hos 13,13; Mt 1,18.21; 2,1; 19,12; Lk 1,14.35; 2,11; Joh 1,13; 3,3; 16,12; Röm 1,3; 1. Kor 15,8; Gal 2,15; 1. Joh 2,29; 3,9; 4,7; 5,1.4.18; Offb 12,2

Die Schmerzen bei der G. dienten auch als Bild für das Unheil, das über Israel kommen werde (Hos 13,13; Mi 4,9–10).

Propheten gehen im bildlichen Sinn mit Gottes Wort schwanger (Jes 21,3; 42,14). Ähnlich empfand wohl auch Paulus (1. Kor 9,16).

Jesus vergleicht die Hoffnung unter Anfechtung mit den Schmerzen einer Gebärenden (Joh 16,20–22). Er spricht von einer »neuen G. aus Wasser und Geist« (Joh 3,3–7); d. h. Gott bringt in denen, die an Jesus glauben, etwas völlig Neues hervor, was in der bisherigen Schöpfung noch nicht vorkam (2. Kor 5,17). Diese »neugeborenen Kindlein« (1. Petr. 2,2) sind »von Gott geboren« (Joh 1,13; 1. Joh 5,1–4). Vgl. WIEDERGEBURT.

GECKO Siehe TIERE.

GEDALJA (»Gott ist mächtig«).

1. Ein Levit, Sohn Jedutuns, in der Liste der Sänger z. Zt. Davids.

2. Sohn Amrajas. Großvater des Propheten Zefanja.

3. Sohn Paschhurs (Jer 20,1–6). Einer der Oberen in Juda z. Zt. des Königs Zedekia. Er riet Zedekia, Jeremia zu töten, weil dieser im Namen Gottes geraten hatte, vor den Babyloniern zu kapitulieren (Jer 37,1–38,6).

4. Sohn Ahikams (Jer 40,6), aus einer Familie von Oberen und hohen Ratgebern im Königreich Juda. Nachdem Jerusalem von den Babyloniern eingenommen und der erste Tempel zerstört worden war (586 v. Chr.), wurde er von Nebukadnezar zum Statthalter von Juda ernannt (2. Kön 25,22f). G. machte die Stadt Mizpa zu seiner Residenz und gab eine Amnestie für die von dem Heer Judas übriggebliebenen Soldaten und ihre Befehlshaber bekannt. Er wurde später von Jismael, der von Baalis, dem König der Ammoniter, unterstützt wurde, getötet (2. Kön 25,25). Dieser Mord beendete die Selbstverwaltung von Juda für lange Zeit.

5. Einer der Priester, die auf Geheiß von Esra ihre heidnischen Frauen verstießen.

GEDALJA 1 1. Chr 25,3.9
GEDALJA 2 Zef 1,1
GEDALJA 3 Jer 38,1
GEDALJA 4 2. Kön 25,22– Jer 39,14; 40, 9.11–16; 41,1- 6.9–10.16.18; 43,6
GEDALJA 5 Esr 10,18

Achat-Siegel mit der Inschrift: „[Gehörend] dem Gedalja, Sohn von Samach." Spätes 8.–7. Jh. v. Chr. (Israel-Museum).

GEDER Jos 12,13

GEDER (»Mauer«). Ort in Kanaan. Seine genaue Lage ist unbekannt, vielleicht an den westlichen Hängen des Gebirges Juda. Der König von G. wird unter den 31 kanaan. Königen erwähnt, die von Josua geschlagen wurden (Jos 12,13–14).

GEDERA 1 Jos 15,36
GEDERA 2 1. Chr 4,23

GEDERA (»Zaun«, »Hecke«).

1. Ort in der nördl. Schefela, der dem Stamm Juda zufiel.

2. G. wird auch im Geschlechtsregister des Stammes Juda erwähnt, bezeichnet dort aber möglicherweise eine Person (1. Chr 4,23).

GEDERA-TITER 1. Chr. 12,5

GEDERATITER Beiname Josabads, eines Mannes aus Gedera (1).; er war einer von Davids »Helden«.

GEDERITER 1. Chr 27,28

GEDERITER Beiname Baal-Hanans, eines Staatsbeamten unter David.

GEDEROT Jos 15,41; 2. Chr 28,18

GEDEROT (»Mauern«). Stadt im westl. Hügelland Judas (Schefela); eine der Städte, die die Philister z. Zt. des Königs Ahas eroberten.

GEDERO-TAJIM Jos 15,36

GEDEROTAJIM (»Zwei Mauern«). Stadt des Stammes Juda, wahrscheinlich in der Nähe von Gedera (1).

GEDOR 1 Jos 15,58
GEDOR 2 1. Chr 4,4
GEDOR 3 1. Chr 4,18
GEDOR 4 1. Chr 4,39
GEDOR 5 1. Chr 8,31; 9,37
GEDOR 6 1. Chr 12,8

GEDOR (»Befestigter Ort«).

1. Stadt im Gebirge Juda, ca. 12 km nördl. von Hebron.
2. Sohn Pnuëls aus dem Geschlecht Judas.
3. Sohn Jereds, ebenfalls aus dem Geschlecht Judas.
4. Tal im Gebiet des Stammes Simeon.
5. Sohn Jeïëls aus dem Geschlecht Benjamin in Gibeon.
6. Stadt in Juda, vermutlich bei Khirbet el-Gudeira, ca. 16 km nordwestl. von Jerusalem.

GEFÄNGNIS/ GEFANGEN-SCHAFT/ GEFANGEN . Mose 39,20–23; 40.3.15; Ri 16,21.25; 2. Kön 17,4; Esr 7,26; 9,7; Pred 4,14; Jes 42,7; er 29,14; 32,2; ,15; 52,11.31; Am 5,5; 6,7; 7,11; Mt 5,25; 11,2; 4,3.10; 18,30; 25,36.39.43f.; k 3,20; 12,58; ,12.24; 22,33; 23,19; Joh 3,24; pg 4,3; 5,18f. 21–23.25; 8,3; 12,4.6f.17; 6,23f.26f.37. 24,27; 26,31; Röm 7,23; Kor 6,5; 10,5; Phil 1,14; 1. Petr 3,19; Hebr 11,36; Offb 2,10; 13, 10; 20,7

GEFÄNGNIS Bis zur Rückkehr aus Babylon (Esr 7,26) werden G.strafen nicht als gesetzliche Strafart erwähnt. Trotzdem ist oft von G. die Rede; im AT gibt es 11 Begriffe dafür, die in der LÜ oft als »Kerker« übersetzt sind (1. Kön 22,27; 2. Kön 25,27; Jer 52,31; vgl. 1. Mose 40,15; Jer 37,15; 4. Mose 15,34). Gelegentlich scheint es eine Art Untersuchungshaft gegeben zu haben (4. Mose 15,32–35). Oft wird Haft aus polit. Gründen erwähnt, so bei den Propheten Micha (1. Kön 22,15ff.) und Jeremia (Jer 37,15–21 usw.) und bei den Königen Hoschea von Israel (2. Kön 17,4) und Jojachin (2. Kön 24,12–15) und Zedekia (Jer 52,11) von Juda.

Spezielle G.gebäude gab es offenbar i. a. nicht. So wurde Jeremia zunächst im Hause des Schreibers Jonatan gefangengehalten (Jer 37,15), dann in den Wachthof überführt (Jer 37,21) und später in die Zisterne dort geworfen (Jer 38,6ff.).

Ein Gefangener wurde in der Regel in Fesseln bzw. Ketten aus Bronze oder Eisen gelegt (Ri 16,21; Ps 105,18; Jer 40,1). Manchmal kamen seine Füße in den Block (Hiob 13,27; Jer 20,2; vgl. Apg 16,24).

Auch in der röm. Zeit war Gefangennahme nicht als gesetzliche Art der Bestrafung anerkannt. Ein Angeklagter konnte in Haft gehalten werden, bis sein Prozeß begann, damit er dem Gericht verfügbar war; nach seiner Verurteilung mußte er jedoch Rom verlassen und ins Exil gehen. In manchen großen Haushalten gab es ein G. für die Sklaven.

Das NT berichtet, daß Johannes der Täufer (Mt 14,3), Petrus (Apg 5,18), Paulus und Silas (Apg 16,23) in ein G. geworfen wurden. Nach Josephus Flavius *(Jüdische Altertümer, XVIII, 119)* wurde Johannes im Palast des Herodes in Machaerus gefangengehalten. Das G., auf das sich Apg 5,18 bezieht, lag vermutlich im Untergeschoß des hohepriesterlichen Amtssitzes. Das G., in dem Paulus und Silas in Philippi lagen, war wohl ein zu diesem Zweck errichtetes Gebäude, in dem sich auch die Dienstwohnung des Oberaufsehers befand (Apg 16,23–34). Paulus wurde später auch in der Antonia-Festung in Jerusalem (Apg 23,10) und in der Kaserne der Palastwache des Herodes in Cäsarea (Apg 23,35) gefangengehalten.

GEFLÜGEL Siehe TIERE.

GEHASI 2. Kön 12–14.25.27. 29.31.36; 5,20–21. 25; 8,4–5

GEHASI (»Der geringer macht«). Diener des Propheten Elisa, in drei Episoden erwähnt (2. Kön 4,12–14.25–31 und bei Naaman, 2. Kön 5,20–27). G. berichtete die Taten Elisas Joram, dem König von Israel (2. Kön 8,4–5).

GEIER Siehe TIERE.

GEIST GOTTES, HEILIGER GEIST *»Gott ist Geist,* und die ihn anbeten, die müssen ihn im Geist und in der Wahrheit anbeten« (Joh 4,24). Jesus bezeugt einen geistigen, allgegenwärtigen Gott. Er ist weder zeit- noch ortsgebunden und kann weder von der Vernunft begriffen noch mit den Sinnen erfaßt oder gar nachgebildet werden. Nur in der Anbetung wird seine Wahrheit und Wirklichkeit erfahren.

Gottes G. *»weht,* wo er will« (Joh 3,8). Der Ursinn des Wortes »Geist« (hebr. *ruach,* griech. *pneuma,* lat. *spiritus)* heißt »(wehender) Wind« und »Lebenshauch« (Atem). Dieser G. Gottes ist von Gottes schöpferischem, ordnenden *Willen* bestimmt; er wirkt dem zerstörenden Chaos entgegen. Gottes G. bringt zurecht (vergibt) und steht bei, tröstet und mahnt (Joh 14,16.17). Von Gottes G. geht alles Leben in der ganzen Schöpfung aus (1. Mose 1,2; Ps 104,29.30). In seiner Kraft erfaßt er Menschen und stattet Richter, Propheten, Befreier und Regenten mit Weisheit und Weitblick aus (vgl. z. B. Ri 6,14.34; 13,25; 1. Sam 16,13; Jes 11,2; 42,1; Hes 8,3; Dan 5,14; Mi 3,8). Im Spätjudentum wurde er vielfach mit der »Weisheit« (hebr. *chochma,* griech. *sophia)* gleichgesetzt (vgl. Spr 8,22).

Gottes G. *teilt sich mit* als Offenbarung im Wort Gottes. Nach dem NT erreicht die endgültige Mitteilung des G. Gottes die Menschen in Jesus Christus (Hebr. 1,1.2). Der erwartete Messias ist der Träger des Hl. G. Das NT bezeugt in Jesu Geburt und in seiner Taufe (Mt 1,20; 3,16; Mk 1,10) die Verwirklichung des Hl. G. Der auferstandene Christus gibt den G. weiter an seine Jünger (Joh 20,22.23) und bevollmächtigt sie, sein Werk fortzuführen, nämlich die Sünde (also die Kluft des Menschen gegenüber Gott) aufzuheben und Taten in seinem Namen zu tun (vgl. die ganze Apg).

Gottes G. bewirkt eine völlige *Neuschöpfung* (Hes 36,26.27). Der Mensch, der seine eigene Schuld erkennt und eingesteht, kommt zur Bitte um den »neuen, beständigen G.« (Ps 51,12). Die Schuld und Gottesferne des Menschen konnte durch die Gebote des atl. Gesetzes wohl erkannt, jedoch nicht überwunden werden (vgl. Röm 7,7–25). Nur der G. Gottes kann den sündigen Menschen zum Gehorsam gegenüber Gott und zum Leben befreien (Röm 8). Diese Freiheit der Kinder Gottes, die sich vom G. Gottes leiten lassen (Röm 8,14), wird schon im AT erwartet; vgl. etwa Jer 31,33.34; Hes 36,26.27; Joel 3,1.2. In der Ausgießung des Hl. G. an Pfingsten sieht das NT diese Hoffnungen des alten Bundes erfüllt (Apg 2). Vollends erfüllt sein werden sie, wenn der Hl. G. die ganze Völkerwelt erfaßt hat (Röm 15,9–13).

Gottes G. wirkt sich in den versch. *Geistesgaben* (Charismata) aus, die er der Gemeinde gibt (1. Kor 12). In ihnen zeigt sich die Gegenwart Christi in denen, die Christus im Glauben angenommen haben (Gal 2,20). Durch den G. wird Christus – wie auch Gott – als »Herr« erkannt und bekannt (Mt 11,25–27; 1. Kor 12,3). In der Taufe wird (äußerlich sichtbar durch die Handauflegung) die Gegenwart des Hl. G. dem Getauften zugesprochen. Der G. will die Jünger Jesu an Christi Statt als Paraklet (= Beistand) »in alle Wahrheit leiten« (Joh 16,7.13) und ihnen zum rechten Beten (Röm 8,26 f.), Hören (Jes 50,4 f.), Verkündigen (Predigt), Lehren und Glaubensgehorsam helfen. So werden Christen »Botschafter (der Versöhnung mit Gott) an Christi Statt« (2. Kor 5,20), und Christus bevollmächtigt sie durch den G.: »Wer euch hört, der hört mich« (Lk 10,16).

Wo ein Leben vom Hl. G. beherrscht ist, findet man als »Früchte des G.« Liebe, Freude, Friede, Geduld, Freundlichkeit, Güte, Treue, Sanftmut und Selbstbeherrschung (Gal 5,22; Eph 5,9). Geistesfrüchte und Geistesgaben bauen die Gemeinde durch das »Band des Friedens« (Eph 4,3–5).

»Prüft die Geister, ob sie von Gott sind« (1. Joh 4,1; vgl. 1. Thess 5,21). Diese Mahnung will nicht den lebendigen G. Gottes hindern, sondern Hilfe sein gegen schwärmerische, zügellose, unheilige Geister (Menschen, Strömungen), die sich nicht mehr gehorsam unter das Wort Christi und der Propheten stellen, sondern eigenwillig darüber verfügen wollen und eigene Offenbarungen und Träume verkünden (Mt 24,23 ff.). Der G. Gottes ist am Plan Gottes zu erkennen, der als Schöpfer und Heiland auf den Menschen

GEIST GOTTES/HEILIGER GEIST
1. Mose 1,2; 6,3; 41,38;
2. Mose 31,3; 35,31;
4. Mose 11,26. 29; 27,18;
Ri 3,10; 11,29; 13,25; 14,6.19;
1. Sam 10,6.10; 11,6; 16,13f.;
2. Sam 23,2;
1. Kön 18,12;
2. Kön 2,16;
Hiob 33,4;
Ps 51,13; 139,7; 143,10;
Jes 11,2; 32,15; 40,13; 42,1; 44,3; 61,1; 63,10.11.14;
Hes 11,5.19; 36 27; 37,1; 39,29;
Joel 3,1f.;
Mi 3,8;
Sach 4,6; 7,12; 12,10;
Weish 1,5; 7,22; 12,1;
Mt 1,18.20; 3,1 16; 4,1; 10,20; 12,18.28.31.32 22,43; 28,19;
Mk 1,10; 3,29; 13,11;
Lk 1,15.35.41. 67.80; 2,25–27 4,14.18; 10,21; 11,13; 12,12;
Joh 1,33; 3,5f. 8.34; 4,24; 6,63; 7,39; 14,17.26; 15,2 16,13; 20,22;
Apg 1,5.8.16; 2,4.18.33.38; 4,8.31; 5,3.9. 6,5.10; 7,51.5 8,15.17f.39; 9,17.31; 10,19 38.44f.47; 11, 24.28; 13,2.4. 52; 15,28; 16,6 19,2; 20,23.28
Röm 5,5; 7,6; 2.9–11.14.16. 26; 9,1; 12,11 14,17; 15,13. 16.19.30;
1. Kor 2,4.10 12–14; 3,16; 6 11.19; 7,40; 1 3f.7–9.11.13; 14,15f; 15,45
2. Kor 1,22; 3 6.17; 4,13; 13
Gal 3,2f.14; 4 5,16–18.22.2 6,8;
Eph 1,13.17; 18; 3,5.18; 4, 30; 5,9.16; 6,1
Phil 1,19.27;
Kol 1,8;
1. Thess 1,5f 4,8; 5,19;
2. Thess 2,13

zugeht, um in ihm neues Leben in der Kraft der Auferstehung Christi zu wecken. Wer diesen Heilsplan Gottes trotz besserer Erkenntnis nicht annimmt, gibt sich selbst auf und nähert sich der »Sünde gegen den Hl. G.« (Mt 12,32; vgl. 1. Thess 4,8; Hebr 6,4 ff.).

Dennoch bleibt auch dann bestehen: Gott ist größer als unser Herz, das uns verdammt (1. Joh 3,20), und er hält fest an seiner Absicht, den Menschen durch und durch zu heiligen (Joh 17,17.19; 1. Thess 5,23; Hebr 2,11).

1. Tim 3,16; 4,1; Tit 3,5; 1. Petr 1,2.11f.; 3,18; 4,14; 2. Petr 1,21; 1. Joh 3,24; 4,2.13; 5,6f.; Hebr 2,4; 3,7; 6,4; 9,14; 10,15; Jud 20; Offb 2,7; 3,1.6.13.22; 11,11; 19,10; 22,17

GELD Siehe MÜNZEN UND WÄHRUNGEN.

GELILOT (»Steinkreise«). Ort an der Grenze zwischen den Stammesgebieten Benjamins und Judas (Jos 15,7; 18,17); in einigen Bibelübersetzungen mit »Gilgal« wiedergegeben.

GELILOT
Jos 15,7; 18,17

GELÜBDE Ein G. ist eine freiwillig übernommene feierliche Verpflichtung, eine Sache oder Person Gott zu übergeben bzw. eine bestimmte Haltung zu vollziehen oder sich einer Handlung zu enthalten. Ein G. beruht auf dem Gedanken der Leistung und Gegenleistung; es geht davon aus, daß Gott als Antwort eine bestimmte Bitte erfüllen oder Hilfe gewähren wird. Im AT bietet hierfür der Begriff des Bundes (siehe BUND) die Grundlage. Bedingung und Versprechen bilden zus. das G.

GELÜBDE
1. Mose 28,20; 31,13; 3. Mose 7,16; 22,18.21.23; 23,38; 27,2; 4. Mose 6,2.4.5.8.12.13.21; 30,3–10.12–15; 5. Mose 12,11; 23,19.22; Ri 11,30; 1. Sam 1,11.21; 2. Sam 15,7.8; Hiob 22,27; Sir 18,23; Ps 22,26; 50,14; 61,6.9; 65,2; 66,13; 116,14; Spr 7,14; Pred 5,3; Jer 44,25; Jona 1,16; Mal 1,14; Apg 18,18; 21,23

Man kann die G. einteilen in »positive G.« (man verspricht Gott eine bestimmte Leistung) und »negative G.« (man verspricht, auf etwas zu verzichten). Im AT finden wir meist positive G., wobei dies oftmals das Versprechen war, ein freiwilliges Opfer darzubringen. Das Gesetz des Mose schreibt detailliert das dabei einzuhaltende Verfahren vor (3. Mose 7,16–17). Das Opfertier, das fehlerfrei zu sein hatte (3. Mose 22,18–25), konnte als Brand- oder als Dankopfer dargebracht werden (3. Mose 7,18; 22,18 vgl. Ps 66,13; Spr 7,14). Gewöhnlich vollzog man das Opfer an einem der drei großen jährlichen Wallfahrtsfeste (Passa, Pfingsten, Laubhüttenfest).

Zu der (im ganzen seltenen) Variante des negativen G. gehörten u. a. die G. der Gottgeweihten (Nasiräer, siehe GOTTGEWEIHTER; vgl. 4. Mose 6).

G. wurden gewöhnlich in einer Situation der Gefahr oder Not abgelegt (vgl. z. B. Ps 66,12–13). So versprach Jakob auf seiner Flucht vor Esau, in Bethel ein Heiligtum zu errichten und den Zehnten von seinem Besitz zu geben, wenn Gott ihn sicher wieder nach Hause zurückbringen würde (1. Mose 28,20–22). Als Hanna Gott um einen Sohn bat, versprach sie, ihn dem Dienst für Gott zu weihen (1. Sam 1,11).

G. galten als unverletzlich und mußten eingehalten werden. In 4. Mose 30,3 heißt es: »Wenn jemand dem HERRN ein Gelübde tut oder einen Eid schwört, daß er sich zu etwas verpflichten will, so soll er sein Wort nicht brechen, sondern alles tun, wie es über seine Lippen gegangen ist.« Es bestand jedoch keine Verpflichtung, überhaupt G. abzulegen (5. Mose 23,23), und an versch. Stellen des AT wird ausdrücklich davor gewarnt, unüberlegt und vorschnell G. zu tun: »Es ist dem Menschen ein Fallstrick, unbedacht Gelübde zu tun und erst nach dem Geloben zu überlegen« (Spr 20,25). »Es ist besser, du gelobst nichts, als daß du nicht hältst, was du gelobst« (Pred 5,4). Ein tragisches Beispiel für unüberlegtes G. ist Jeftah, der Gott versprach, im Falle eines Sieges gegen die Ammoniter das erste zu opfern, was ihm bei der Rückkehr entgegenkam; dies war ausgerechnet seine Tochter (Ri 11,30–40). Und als Saul seinen Soldaten bei der Verfolgung der Philister das Versprechen auferlegte, bis zum Abend nichts zu essen, und sein Sohn Jonatan versehentlich dieses G. brach, war Saul nur durch das Eingreifen seines Volkes daran zu hindern, Jonatan zu töten (1. Sam 14,24.45).

Wer unter der Autorität einer anderen Person stand, brauchte deren Zustimmung, um ein gültiges G. abzulegen; dabei wurde auch Schweigen als Zustimmung gewertet. Das G. einer unverheirateten Frau konnte durch ihren Vater, das einer verheirateten Frau durch ihren Ehemann für ungültig erklärt werden (4. Mose 30,4–16).

Im NT wird das G. als eingebürgerter atl. Brauch erwähnt, so im Vorübergehen in Lk 21,5 die Weihgaben (aufgrund von G. gemachte Geschenke, LÜ: »Kleinode«), mit denen der Tempel in Jerusalem geschmückt war. Bei

Paulus finden wir möglicherweise zweimal ein Nasiräergelübde (Apg 18,18; 21,23–26; vgl. GOTTGEWEIHTER). Jesus übte scharfe Kritik an den Mißbräuchen, die im Zusammenhang mit G. entstanden waren (Mt 5,33–37; 23,16–22; Mk 7,9–13). Vom G. zu unterscheiden ist der freiwillige Verzicht auf bestimmte Speisen o. ä., um das Gewissen eines schwächeren Glaubensbruders zu schonen (1. Kor 8,13).

GEMALLI (»Mein Vergelter [ist Gott]«). Mann vom Stamme Dan.

GEMALLI
4. Mose 13,12

GEMARJA (»Der Herr hat es vollbracht«).

1. Sohn Hilkias; König Zedekia von Juda sandte ihn mit einem Brief an die Weggeführten zu Nebukadnezar nach Babel.

2. Sohn des Schreibers Schafan, Vater Michajas. In seiner nach vorn offenen Halle (einer Art Pergola?) »im oberen Vorhof bei dem neuen Tor am Hause des HERRN« las Baruch die Schriftrolle mit den Worten Jeremias öffentlich vor (Jer 36,10f.). Später bat G. den König vergeblich, die Schriftrolle nicht zu verbrennen (Jer 36,25).

GEMARJA 1
Jer 29,3
GEMARJA 2
Jer 36,10–12,25

GEMEINSCHAFT Im AT erscheint das Wort nur im zwischenmenschlichen Bereich (Ps 26,4; 50,18; 94,20), in der Beziehung zu Gott wird statt dessen vom Bund gesprochen (siehe BUND).

Als enges Verhältnis von gegenseitiger Anteilhabe und Anteilgabe wird »G.« im NT verstanden. Es gewinnt unmittelbar religiöse Bedeutung und bezeichnet die innige G. der Gläubigen mit dem himmlischen Christus (1. Kor 10,16). Der Lebenszusammenhang mit Christus schließt auch die Anteilhabe an seinem Leiden (Phil 3,10) ein, wie bes. Paulus sie erlebt (vgl. Kol 1,24). Die menschliche G. ist eingebunden in die G. mit Gott und Christus (1. Joh 1,3.7) und die Verbundenheit durch das Evangelium (Phil 1,5). Die G. der Christen ist so gekennzeichnet als Teilhabe am Geist (2. Kor 13,13; Phil 2,1).

In Apg 2,42 erscheint die G. der Christen untereinander als eines der vier unverzichtbaren Merkmale der Gemeinde Jesu Christi.

GEMEIN-SCHAFT
Ps 26,4; 50,18; Joh 4,9; Apg 2,42; 1. Kor 1,9; 10,16.18.20; 2. Kor 6,14; 13,13; Eph 5,11; Phil 1,5; 2,1; 3,10; 1. Joh 1,3.6.7; Hebr 10,33

GENESIS (DAS 1. BUCH MOSE) Das erste der fünf Bücher Mose trägt nach seinem ersten Thema den griech. Namen »G.« (»Ursprung«). Seine 50 Kapitel behandeln die Zeit von der Weltschöpfung bis zum Tod Josefs.

Das Buch selbst nennt keinen Verfasser. Die spätere jüd. wie die christl. Tradition schrieb die G. dem göttlich inspirierten Mose zu. An einigen Stellen, an denen sich Jesus oder Paulus auf Texte der anderen vier Bücher Mose beziehen, bezeichnen sie diese als von Mose gegeben. Hat Mose ältere Quellen benutzt und zusammengestellt? Eine Reihe von Texten der G. erweisen sich durch Sprache, Stil, Namen und Sachverhalte als sehr alt.

Fragmente aus dem Buch Genesis, gefunden in Qumran (Schrein des Buches, Jerusalem).

Die heutige Forschung, die sog. historisch-kritische Methode, geht nicht von einer Verfasserschaft Moses aus. Unter Hinweis auf ausgeprägte stilist. und sprachl. Eigentümlichkeiten wie den unterschiedlichen Gebrauch des Gottesnamens (»Jahwe«, »Elohim«) sucht sie durch die G. hindurch drei Hauptquellen zu unterscheiden: Die wichtigste trägt aufgrund der Verwendung des Gottesnamens »Jahwe« (LÜ: »HERR«) die Bezeichnung »Jahwist« (Abk.: J). Die Abfassung von J wird in der Friedenszeit unter Salomo (um 950 v. Chr.) vermutet. Die zweite Quelle nennt man wegen der Gottesbezeichnung »Elohim« (LÜ: »Gott«) den »Elohisten« (Abk.: E). Sein Material weist auf eine Entstehung im Nordreich Israel hin, um 800 v. Chr. Die dritte und jüngste Quelle, die »Priesterschrift« (Abk.: P), kennt ein Nebeneinander der verschiedenen Gottesnamen. Weil P offenbar die Zentralisation des Kultes in Jerusalem durch Josia (621 v. Chr.) voraussetzt, datiert die hist.-krit. Forschung P auf die Zeit des Exils in Babylon (587–539 v. Chr.). »Redaktoren« hätten dann zunächst J und E, später P und JE zu dem einheitlichen Ganzen verflochten, als das uns die G. (zus. mit 2.–4. Mose) vorliegt. (Vgl. auch PENTATEUCH.)

Diese Ergebnisse der Quellenforschung der letzten 150 Jahre haben sich in der theol. Wissenschaft bisher als Grundbestand gegen andere Entwürfe behauptet. Die Berechtigung solcher Forschung besteht darin, daß sie zu erheben versucht, wie das Wort Gottes in welcher jeweiligen histor. Situation verkündigt wurde.

Entscheidend für das Bibelverständnis des christl. Glaubens ist aber die Feststellung, daß die Kirche nie von einem anderen Text als dem vorliegenden (dem sog. kanon. Text, siehe KANON) bezeugt hat, daß sie in ihm Gottes Wort erkennt und daß er die Grundlage ihrer Verkündigung ist. Ein gewisser Entstehungsprozeß bibl. Bücher wird dabei schon deshalb nicht in Abrede gestellt, weil die Bibel dies in einigen Fällen selbst bekundet, z. B. Jer 36 oder Lk 1,1–4 (vgl. dazu Apg 1,1). Auch für die G. kann es Vorstufen des jetzt vorliegenden Wortlauts gegeben haben. Maßgeblich ist aber allein seine uns vorliegende Endform; *dieser* Text ist die Grundlage für den christl. Glauben. Das Beispiel der G. ist vorzüglich geeignet, dies klarzumachen: Die Zweigleisigkeit des Schöpfungsberichts z. B. (1,1–2,4 und 2,5– 2,25) ist für jeden Bibelleser unverkennbar. Die bibl. Verkündigung über das Schöpferhandeln Gottes läßt sich aber nie auf die eine oder die andere Gestalt des Berichts verkürzen; sonst würde die Kirche nicht über das unverkürzte Wort der HS predigen, sondern über ein bibl. Destillat. Der christl. Glaube bekennt sich nicht zu wechselnden Forschungsergebnissen, sondern zum Wort der Bibel, wie es in den kanon. Büchern, z. B. in der G., vorliegt.

Dabei irritiert es den Glauben keineswegs, daß nirgends in den fünf Büchern Mose behauptet wird, Mose sei ihr Verfasser. (Vgl. dazu PENTATEUCH.) Auch Bezugnahmen des NT (Mt 8,4; 19,7; Joh 1,17; 7,22; Röm 9,15; 1. Kor 9,9 usw.) haben lediglich die Gesetzgebung durch Mose im Blick. Die Frage nach der Verfasserschaft wird nirgends gestellt; sie ist eine moderne, der HS fremde Frage; es geht um die Schrift, nicht den Schreiber. Die Kirche spricht nicht deshalb von der Bibel als der »Heiligen Schrift«, weil bestimmte Bücher von bestimmten Menschen verfaßt wären, sondern weil sie erfährt, glaubt und bekennt, daß durch dieses Buch Gott spricht; deshalb ist die Bibel Gottes Wort. Diese Glaubensüberzeugung (2. Tim 3,16; 2. Petr 1,21) ist von wechselnden wissenschaftlichen Befunden nicht abhängig, sondern lebt aus der sich heute erweisenden Kraft des bibl. Wortes – so, wie es uns vorliegt.

Das erste Buch der Bibel ist in drei Abschnitte gegliedert:

a) Die Erschaffung der Welt und die Geschichte der ersten Menschen (Kap. 1–11; die »Urgeschichte«).

b) Die Geschichte der Erzväter (Kap. 12–36).

c) Die Josefsgeschichte (Kap. 37–50).

Der erste Abschnitt (Kap. 1–11) beginnt mit der Schöpfungsgeschichte (1,1–2,4 a). Die sieben Schöpfungstage (vgl. 2. Petr 3,8) umfassen die Erschaffung des Lichtes am ersten Tag (1,3–5), des Himmels am zweiten Tag

(1,6–8), von Meer, Land und Vegetation am dritten (1,9–13), der Himmelskörper am vierten (1,14–19), der Fische und Vögel am fünften (1,20–23), der Landtiere und des Menschen am sechsten Tag (1,24–31). Am siebten Tag, als alles vollendet war, ruhte Gott von seiner Arbeit; er segnete diesen Tag und heiligte ihn (2,1–4 a).

Im folgenden Abschnitt (2,4–3,24) wird zunächst der Garten Eden beschrieben; dann wird die Erschaffung des Mannes und der Frau genauer ausgeführt. Es folgen der Sündenfall und die Vertreibung aus dem Garten. Kap. 4 und 5 nennen die Kinder Adams und Evas und berichten die Ermordung Abels durch seinen Bruder Kain (4,1–16).

Die Sintflut ist Gegenstand der Kap. 6,5–9,29 (siehe SINTFLUT).

Kap. 10 beschreibt die Entstehung der Völker der Erde, ausgehend von den drei Söhnen Noahs. 11,1–9 beschreibt den Turmbau zu Babel; Gott bestraft den Hochmut des Menschen, indem er die einheitliche Weltsprache in verschiedene Sprachen aufspaltet (siehe BABEL).

Der erste Teil des zweiten Abschnitts (Kap. 12–36) handelt von Abraham (urspr. Abram), dem ersten Erzvater. Gott befiehlt ihm, aus seiner Heimat Haran in Chaldäa (Mesopotamien) nach Kanaan zu ziehen (12,1–9). Aufgrund einer Hungersnot weicht Abraham nach Ägypten aus, wo seine Frau Sarai vom Pharao zur Frau genommen wird; erst als er von einer mysteriösen Plage getroffen wird, gibt er Sarai wieder frei. Nach diesem Vorfall kehren Abraham und Sarai wieder nach Kanaan zurück (12,10–20). Abrahams Neffe Lot, der mit ihm gezogen war, siedelt in Sodom (Kap. 13).

Kap. 14 erzählt vom Priesterkönig Melchisedek und vom Krieg der Könige, in dem Lot gefangengenommen wird. Abraham organisiert eine Rettungsaktion und kann seinen Neffen befreien. Kap. 15 beschreibt den Bundesschluß zwischen Gott und Abraham, in dem ihm eine sehr große Nachkommenschaft verheißen wird. Das folgende Kap erzählt die Geburt Ismaels von Abrahams Nebenfrau Hagar. In Kap. 17 erfolgt erneut ein Bundesschluß mit Gott, der darin seinen Ausdruck findet, daß Abraham das Gebot der Beschneidung für sich und seine Nachkommen übernimmt. Dort ändert Gott die Namen: aus »Abram« wird »Abraham«, aus »Sarai« wird »Sara«.

In Kap. 18 und 19 geht es um die Zerstörung der Städte Sodom und Gomorra. Am Anfang der Geschichte steht der Besuch dreier Engel bei Abraham und Sara (18,1–15) und die Bekräftigung der göttlichen Verheißung, Sara werde ein Kind gebären. Als Abraham von der drohenden Vernichtung der Stadt hört, tritt er für Sodom ein (18,17–33). Die Engel gehen daraufhin nach Sodom, wo sie Lot treffen. Sie veranlassen ihn zur Flucht mit seiner Familie. Seine Frau und seine Töchter fliehen mit ihm; seine Frau wendet sich auf dem Wege um und wird zur Salzsäule (19,26).

Nachdem Sara ihren Sohn Isaak geboren hat, entstehen Konflikte zwischen Sara und Hagar, die mit dem Ausschluß Hagars und Ismaels aus Abrahams Haus enden (21,1–21).

Kap. 22 ist der »Opferung« Isaaks gewidmet. Abraham kommt der Forderung Gottes nach, wird jedoch im letzten Moment zurückgehalten; anstelle des Sohnes wird ein Widder geopfert.

Kap. 23 handelt vom Tod und Begräbnis Saras. Abraham kauft vom Hetiter Efron die Höhle von Machpela als Familiengrab. Anschließend wird Abrahams Diener in die Heimat der Familie gesandt, um für Isaak eine Frau zu finden; göttliche Führung läßt ihn Rebekka treffen (Kap. 24). Abraham stirbt im Alter von 175 Jahren und wird neben Sara bestattet (25,7–10).

Die Geschichte von Jakob, dem dritten Erzvater (25,19–35,29), beginnt mit der Ankündigung, Rebekka werde Zwillinge gebären (25,23). Die beiden Söhne, Esau und Jakob, sind in Temperament und Aussehen ganz verschieden (25,27–28). Der ältere Sohn Esau verkauft sein Erstgeburtsrecht für ein Linsengericht an Jakob. Isaak läßt Esau zu sich kommen, um den Segen des Erstgeborenen auf ihn zu legen; aber Jakob erschleicht sich mit Hilfe seiner Mutter diesen Segen. Esaus bitterer Zorn über den Betrug zwingt Jakob zur Flucht nach Haran (Kap. 27). Unterwegs begegnet er Gott in seinem Traum von einer Leiter, die vom Himmel bis zur Erde reicht und auf der Engel hinauf- und herabsteigen (28,10–22).

In Haran begegnet Jakob Rahel, die ihn ins Haus ihres Vaters Laban führt. In der Absicht, Rahel zu heiraten, arbeitet Jakob bei Laban, der ihn jedoch betrügt und ihm ihre Schwester Lea zur Frau gibt; Jakob ist gezwungen, weiter zu arbeiten, bis er Rahel heiraten darf (Kap. 29). Überdies heiratet er die beiden Sklavinnen der Schwestern (Kap. 30). Jakob werden Söhne und eine Tochter geboren. Schließlich verläßt er heimlich Laban (30,25–31,21), der ihn verfolgt, aber letztlich in Frieden ziehen läßt (31,22–32,1).

Die Nachricht, daß Esau ihm mit einer großen Streitmacht entgegenkommt, erweckt in Jakob erneut die Angst vor dem Zorn seines Bruders (32,7–22). In der Nacht kämpft Jakob mit einem Mann, den er im nachhinein als Gott oder Engel Gottes erkennt. Dieser gibt ihm den Namen »Israel« (32,23–33). Jakobs folgende Begegnung mit Esau wird zur brüderlichen Versöhnung (33,1–16) und Jakob läßt sich in der Gegend von Sichem nieder.

In Sichem erschüttern die Vergewaltigung Dinas durch den Sohn des Stadtfürsten und die nachfolgende grausame Rache ihrer Brüder Simeon und Levi an den Männern der Stadt Jakobs Ruhe (Kap. 34). Jakob siedelt nach Bethel über; auf dem Weg stirbt Rahel, als sie Benjamin zur Welt bringt (35,16–20). Isaak stirbt mit 180 Jahren und wird von Jakob und Esau begraben (35,28–29).

Kap. 37–50 erzählen die Geschichte Josefs, angefangen mit seinen beiden Träumen und der Reaktion seiner Familie (37,1–11). Josef wird von seinen erbosten Brüdern als Sklave an durchreisende Händler verkauft, die ihn in Ägypten an Potifar, einen hohen Beamten des Pharao, weiterverkaufen (37,12–36). Josef erwirbt die Gunst Potifars, landet jedoch durch eine Intrige von dessen Frau im Gefängnis (Kap. 39). Josefs endgültiger Aufstieg beginnt, als er einen prophetischen Traum Pharaos deutet und Vorkehrungen für eine kommende Hungersnot trifft; er steigt zum zweiten Mann des Reiches auf (Kap. 41).

Die von Josef vorhergesagte Notzeit betrifft auch Kanaan und die Familie Jakobs. Als der Vater hört, daß in Ägypten Nahrungsmittel zu haben sind, schickt er alle Söhne, außer Benjamin, dorthin, um einzukaufen. Josef erkennt seine Brüder, gibt sich ihnen selbst aber nicht zu erkennen; statt dessen klagt er sie an, Spione zu sein, und behält Simeon als Geisel, bis sie mit ihrem Bruder Benjamin zurückkommen (Kap. 42). Jakob schickt seine Söhne erneut nach Ägypten, dieses Mal mit Benjamin. Josef gibt sich ihnen zu erkennen und lädt sie ein, mit ihrem Vater Jakob zu ihm zu ziehen (Kap. 43–45).

Jakob zieht nun mit seiner ganzen Familie nach Ägypten. Auf dem Totenbett segnet er seine Nachkommen; Jakobs Segen über seine Söhne ist eines der frühesten Beispiele bibl. Poesie (Kap. 49). Das letzte Kapitel der G. schließt mit dem Tod Josefs im Alter von 110 Jahren.

Neben der einzigartigen Schau von der Erschaffung der Welt enthält die G. eine unausschöpfbare Fülle ewiger, göttlicher Wahrheiten, die sie zu einem der wichtigsten Bücher der Bibel machen.

INHALTSÜBERSICHT

1,1–2,7	Die Erschaffung der Welt
2,8–3,24	Der Garten Eden; Sündenfall
4,1–26	Kain und Abel
5,1–32	Von Adam zu Noah
6,1–9,29	Noah und die Sintflut
10,1–32	Die Völkertafel
11,1–32	Der Turmbau zu Babel; Geschlechtsregister Abrahams
12,1–25,18	Die Geschichte Abrahams und Isaaks
25,19–35,29	Isaaks spätere Jahre und die Geschichte Jakobs
36,1–43	Geschlechtsregister Esaus
37,1–50,26	Die Geschichte Josefs

GENEZARETH (»Fürstengarten«), **SEE; GALILÄISCHES MEER** Dieser Süßwassersee im Norden Palästinas hatte im Laufe der Geschichte verschiedenste Namen (auch See Kinneret, See Tiberias). Er ist 21 km lang, bis zu 14 km breit und bis zu 46 m tief. Ca. 200 m unter dem Meeresspiegel gelegen, ist er ringsum von 400–500 m hohen Bergen umgeben, die, mit Ausnahme von wenigen flachen Stücken im Süden, Südwesten und Nordwesten, bis an ihn heranreichen. Im Norden bilden der Jordan sowie zahlreiche kleinere Bäche den Zufluß; hinzu kommen Unterwasserquellen; einige davon sind heiße Quellen, denen eine therapeutische Wirkung zugeschrieben wird. Im Süden des Sees fließt der Jordan in Richtung auf das Tote Meer ab.

GENEZARETH, SEE Mt 14,34; Mk 6,53; Lk 5,1

GALILÄISCHES MEER Mt 4,18; 15,29; Mk 1,16; 7,31; Joh 6,1

Der Reichtum an Wasser und Fischen, die fruchtbare Erde und das warme Klima verwandelten dieses Gebiet in ein wahres Paradies, das schon in prähistor. Zeit Siedler anzog. Mit Bet-Jerach in kanaan. Zeit und Tiberias in röm. Zeit lagen an den Ufern des Sees einige der wichtigsten Städte in Palästina; zu den isrl. Städten gehörten Rakkat, Kinneret und Hammat (Jos 19,35).

Der See Genezareth.

In hell., röm. und byz. Zeit erlebte die Region eine besondere Blüte. Bereits unter den Ptolemäern wurde an der Stelle des ehem. Bet-Jerach das Fort Philoteria erbaut, das sich in röm. Zeit zu einer großen jüd. Stadt entwickelte und als Bezirkshauptstadt diente. Etwas später wurde Tiberias gegründet. Am See G. spielten sich die ersten Taten Jesu ab (vgl. GALILÄA). Hier berief er seine ersten Jünger (Mt 4,18–22; Lk 5,1–11), hier begegnete er ihnen als Auferstandener.

Hier fand auch die Speisung der Fünftausend statt (Mt 14,13–21); die Tradition siedelt dieses Wunder in Heptapegon an, wo im 5. Jh. n. Chr. die Kirche der Brotvermehrung errichtet wurde. An den Ufern des Sees blühten in röm. und byz. Zeit christl. wie jüd. Gemeinden.

GENUBAT (»Heimlich«?). Sohn des Edomiters Hadad und der Schwester der damaligen ägypt. Königin. Hadad war vor dem Gemetzel in Edom nach Ägypten geflohen (1. Kön 11,15–17). G. wuchs dort im Haus des Pharaos auf (1. Kön 11,20).

GENUBAT 1. Kön 11,20

GERA (»Flüchtling bei [der Gottheit]«).

1. Vierter Sohn Benjamins.
2. Zweiter Sohn Belas, des erstgeborenen Sohnes Benjamins (1. Chr 8,3.5).
3. Der Sohn Ehuds in der Sippe König Sauls.
4. Vater des Schimi, aus der Sippe König Sauls (2. Sam 16,5).
5. Vater des Richters Ehud.

GERA 1 1. Mose 46,21
GERA 2 1. Chr 8,3.5
GERA 3 1. Chr 8,7
GERA 4 2. Sam 16,5; 19,17.19; 1. Kön 2,8
GERA 5 Ri 3,15

GERAR (»Wohnplatz«). Die bedeutendste Stadt im westlichen Negeb im Gerar-Tal, nahe der Südgrenze Kanaans. Die Erzväter Abraham und später Isaak hielten sich eine Zeitlang bei G. auf (1. Mose Kap 20 und 26). Isaak

GERAR 1. Mose 10,19; 20,1–2; 26,1. 17.20.26; 2. Chr 14,12–13

schloß nach Streitereien mit den ortsansässigen Hirten über mehrere Wasserbrunnen einen Bund mit dem König von G. (1. Mose 26,28).

Die LXX verwendet in 1. Chr 4,39 »Gerar« für den Berg oder die Gegend Gedor.

G. wird mit Tel Abu Haseireh (Tel Haror), ca. 20 km westlich von Beerscheba, identifiziert. Ausgrabungen förderten Überreste aus der Kupfer-, Bronze- und Eisenzeit sowie der pers. Periode zutage.

GERASENER Mk 5,1; Lk 8,26.37

GERASENER Einwohner der Stadt Gerasa südöstlich des Sees Genezareth.

GERECHTIGKEIT 1. Mose 15,6; 5. Mose 6,25; 9,4–6; 24,13; Ri 5,11; 1. Sam 26,23; 2. Sam 8,15; 22,21.25; 1. Kön 3,6; 8,32; 2. Chr 6,23; Hiob 27,6; 29,14; Ps 5,9; 7,9; 11,7; 17,15; 18,21.25; 22,32; 24,5; 31,2; 33,5; 35,24.28; 36,7.11; 37,6; 40,10; 45,5.8; 48,11; 50,6; 51,16; 65,6; 69,28; 71,15f.; 72,1–3.7; 85,11f.; 88,13; 89,15.17; 96,13; 98,2.9; 103,17; 111,3; 118,19; 119,7.40.62.106.142 u.ö.; 143,1; Spr 2,9; 10,2; 11,5f.19; 12,28; 14,34; 15,9; 16,8; Jes 1,21.26f.; 5,7; 9,6; 10,22; 11,4f.; 16,5; 26,9f.; 28,17; 32,1.16f.; 33,5.15; 41,10; 42,6.21; 45,8.13.19.23f.; 46,12f.; 48,1.18; 51,1.5–7; 54.14.17; 59,9.14.16f.; 61,3.10f.; 64,4.5; Jer 9,23; 22,3.15; 23,6; 31,23; Hes 3,20; 18,20.22.24; 33,13; Dan 4,24; 9,18.24; 12,3; Hos 2,21; 10,12; Am 5,24; 6,12; Zef 2,3; Sach 8,8; Mal 3,20; Wsh 5,19; 15,3; Mt 3,15; 5,6.10.20; 6,33; Lk 1,75; Joh 16,8.10; Apg 13,10; 17,31; 24,25; Röm 1,17; 3,5.21f.25; 4,3.5f.11.13.16; 5,16–18.21; 6,13.16.18–20; 8,4.10; 9,30f.; 10,3.5f.; 14,17;

GERECHTIGKEIT Das ntl. Verständnis des Begriffs G. zeigt in bes. exemplarischer Weise, wie weit und wie grundsätzlich das NT auch dort über das AT hinausführt, wo ein gemeinsamer Ausgangspunkt vorgegeben ist. Diese Gemeinsamkeit der gesamtbibl. Bedeutung des G.-Begriffs besteht darin, daß G. nach der ganzen HS immer mit Gott zu tun hat. Dies ist das entscheidende Ergebnis, zu dem die sehr zahlreichen bibl. Belegstellen führen, und bedeutet von vornherein eine Ausgrenzung gegenüber dem Begriff G. im allgemeinen humanen, also idealistischen, rechtsphilosophischen oder ideologischen Gebrauch des Wortes, z. B. im Sinn von richterlicher Unparteilichkeit oder gleichmäßiger Verteilung der Güter oder im Sinn von »ausgleichender Gerechtigkeit« im polit. oder revolutionären Sprachgebrauch. Die bibl. Intention von G. zielt weder auf eine soziale Einebnung aller Verhältnisse, noch auf die Erfüllung aller jener Ansprüche, die sich hinter Schlagworten wie »Umverteilung« oder »Chancengleichheit« verbergen.

Unbeschadet dieses gemeinsamen Ausgangspunktes und unverkennbarer Parallelitäten und Verschränkungen des ntl. Gerechtigkeitsbegriffs mit dem des AT entwickeln sich aber die Konsequenzen so verschieden, daß man angesichts des spezifisch ntl. Verständnisses von G. (s. u.) auch von einer Gegenläufigkeit reden muß. Gemeinsam ist zunächst einmal die Grunderkenntnis, daß G. darin besteht, daß der glaubende Mensch Gott recht werden soll und will. Wer Gott recht ist, der ist gerecht. Das AT kommt auf einem ihm eigentümlichen Weg zu dieser Schlußfolgerung: G. (hebr. *sedakáh*), der zentralste Begriff des ganzen AT, ist von Hause aus die Erfüllung der Pflichten, die aus einem Gemeinschaftsverhältnis erwachsen; über allen menschlichen Gemeinschaftsverhältnissen steht aber das besondere Gemeinschaftsverhältnis, das Israels Gott seinem Volk angeboten hat (2. Mose 19,5–6), indem er seinen Bund mit ihm geschlossen hat. Wer diesem Gemeinschaftsverhältnis des Gottesbundes entspricht, der ist »gerecht«. Der Mensch wird also ein Gerechter durch seinen Gehorsam gegen die aus dem Gottesbund erwachsenen Pflichten, vorab gegen Gottes Gebote; er wird gerecht durch seinen Wandel, durch die Werke seiner Frömmigkeit.

Das NT kommt dagegen zu der Erkenntnis, daß der Mensch eben dies nicht zu leisten vermag; er schafft es niemals, Gott recht zu werden. Nur dadurch kann er Gott recht werden, daß Christus an seine, des Menschen Stelle tritt und durch sein Erlösungswerk, seinen Tod ihn vor Gott gerecht macht. G. nach dem NT ist also das Ergebnis des Werkes Christi, das mir vor Gott zugute kommt. G. nach dem AT heißt: Der Mensch selbst schafft seine G., die Gott gelten läßt. G. nach dem NT heißt: Nur Jesus Christus schafft die G., die für mich bei Gott zählt.

Zur bibl. Begründung im einzelnen: Auch das AT geht davon aus, daß G. eine Gotteseigenschaft ist. Der Gott Israels ist der Gerechte *(sädäk);* inbesondere ist dies dann auch eine Bezeichnung für seinen Gesalbten, den Messias (Jes 11,5).

Von der G. Gottes redet das ganze AT; nur wenige Belegstellen seien genannt: 2. Mose 9,27; 5. Mose 32,4; Ps 11,7; 89,15; 116,5; 119,137; Jes 41,10; 51,6; Dan 9,7.14; Zef 3,5; Sach 9,9; Mal 3,20 usw. Gottes G. meint seine Unbeeinflußbarkeit, seine Heiligkeit und die Richtigkeit auch seiner unerforschlichen Gerichte. Wo Gott nun aber in Israel auch am Menschen G., also jene Bundestreue sucht, da erfüllt sich diese G. im Gehorsam gegen Gottes Gebote. G. wird insofern zu einem deckungsgleichen Ausdruck für

Gottesfurcht bzw. Frömmigkeit. In diesem Sinn spricht das AT an unzähligen Stellen vom Gerechten und von der G. in Israel (1. Mose 18,23.24; 4. Mose 23,10; 2. Sam 22,21; Hiob 12,4; 29,14; Ps 18,21; 32,11; 34,16; 92,13; 118,15; Jes 26,7; Hes 33,12.13; Hos 14,10;, Zef 2,3; Mal 3,18 usw.).

Ohne Frage gibt es nun im AT den Ausdruck »G.« auch im Sinn von richterlicher G. oder von G. im Umgang mit den Rechtlosen. Davon sprechen v. a. die frühen Propheten, wenn sie im Namen Gottes gegen Rechtsbeugung und Unterdrückung der Armen predigen. Die Gerichtsworte des Amos z. B. (5,10–12.15; 6,12) oder die Mahnungen Hoseas (12,7), Jesajas (5,7; 10,2; 32,7) und Jeremias (5,28 u. a.) zielen sicher auf G. im Sinn von Wahrung des geltenden Rechts, von der Respektierung von »Recht und Ordnung«. Nur: Auch hier ist konsequent und durchgängig von jener zwingenden Folge von Ursache und Wirkung die Rede, die die Bibel allenthalben aufzeigt: *Aus dem Mangel an Gottesfurcht* folgen die konkreten Sünden aller Art, auch die der Rechtsbeugung, der Unbarmherzigkeit, der Ungerechtigkeit. Der Ausgangspunkt der Predigt des Amos z. B. heißt nicht: Wahret das Recht!, sondern: »Suchet den HERRN, so werdet ihr leben!« (5,6). Denn nur wo Gott vorgeht, geht es auch dem Menschen wohl, nur dort widerfährt ihm auch menschliche G. Genau um diese Reihenfolge geht es auch bei Jesaja (1,2–4), bei Jeremia (2,13) und bei allen Propheten. G. unter Menschen gibt es nach dem AT nur dort, wo *das* Recht gewahrt wird, das dem Gott des Bundes gebührt, und wo *die* G. gesucht und geübt wird, die bei Gott gilt. Eine gottfreie, »neutrale« G., auf die man sich ohne eigene Umkehr zur Gottesfurcht berufen könnte, wird man im AT vergeblich suchen.

Der Zusammenhang zwischen diesem atl. Verständnis des Begriffs G. und dem des NT ist dadurch vorgegeben, daß im NT erst recht G. immer etwas ist, das mit Gott zu tun hat. Eine juristische oder soziale Gerechtigkeitsvorstellung ohne unmittelbare Gottbezogenheit kennt auch das NT nicht. Und auch im NT, v. a. in der Verkündigung Jesu, ist G. zunächst ebenfalls ein Synonym für Gottesfurcht, für Frömmigkeit. »Wenn eure Gerechtigkeit nicht besser ist als die der Schriftgelehrten und Pharisäer, so werdet ihr nicht in das Himmelreich kommen« (Mt 5,20), sagt Jesus in der Bergpredigt und meint damit fraglos eine bessere, radikalere Frömmigkeit als die der »Gerechten« Israels. Ähnlich in Mt 6,1: »Habt acht auf eure Frömmigkeit (im Urtext: Gerechtigkeit)!« In diesem Sinne finden wir den Begriff auch in Mt 3,15; 5,45; 13,43; Lk 1,75; 15,7 usw. oder außerhalb der Evn. etwa in 1. Petr 2,24; 2. Petr 2,5.21. Dagegen lassen Mt 5,6 und bes. 6,33 schon den ntl. Neuansatz des Verständnisses von G. (griech. *dikaiosyne)* erkennen: G. ist das, was den Jünger in Einklang mit Gottes Willen bringt; aber hier ist es nicht mehr einfach in seine Frömmigkeitsbemühungen gegeben, sondern es ist ein Gegenstand der Erwartung, des Trachtens nach einem kommenden Ziel, das zu erlangen Geschenk Gottes ist: »denn sie sollen satt werden« (Mt 5,6). G. ist nach dem NT Gottes unerhörte Gabe an den Menschen, sein größter, endgültiger, bis in die Ewigkeit gültiger Gnadenerweis. Der Unterschied, ja die Gegenläufigkeit zum AT, liegt auf der Hand. G. im NT ist im Ergebnis ein Handeln Gottes, das er dem Menschen, also dem Sünder, zukommen läßt. Dies beginnt nicht erst mit der Rechtfertigungslehre bei Paulus, sondern schon in der Verkündigung Jesu.

Entscheidend am paulinischen G.-Begriff ist nun aber die neue Erkenntnis, daß die wahre G. vor Gott nicht aus der Befolgung des Gesetzes kommen kann. Diese vom Menschen geleisteten Versuche, G. zu erlangen, bleiben fragwürdig, ja nutzlos (Röm 10,3; Phil 3,8–9). G. ist vielmehr ein Gnadengeschenk Gottes (Tit 3,5). Die ganze Theologie des Apostels wurzelt darin, daß er das hl. Wort des Judentums, »Gerechtigkeit«, gebraucht, sich damit aber zugleich gegen die Gesetzes- und damit G.-Auffassung des Judentums wendet. Gottes eigene G. wird zur G., die vor Gott gilt. Sie gründet im Erlösungsgeschehen des Kreuzes Christi (Röm 3,25.26; Gal 3,13; vgl. 2. Kor 5,18), das die Versöhnung mit Gott bewirkt, die Rechtfertigung des Sünders. Dies ist das große »Nun aber ...« von Röm 3,21. Dabei wird also die heilige,

1. Kor 1,30;
2. Kor 3,9; 5,21; 6,7.14; 9,10; 11,15;
Gal 2,21; 3,21; 5,5;
Eph 4,24; 5,9; 6,14;
Phil 1,11; 3,6.9;
1. Tim 6,11;
2. Tim 2,22; 3,16; 4,8;
Tit 3,5
1. Petr 2,24; 3,14;
2. Petr 1,1; 2,5.21; 3,13;
Hebr 5,13; 11,7.33; 12,11;
Jak 3,18;
Offb 19,8.11;

richterliche G. Gottes in keiner Weise angetastet oder reduziert; Gott ist und bleibt G. Aber dieser gerechte Gott erweist in seiner Heiligkeit auch G. (Röm 3,25.26; 8,3.4; 2. Kor 5,21), indem er um des Opfers seines Sohnes willen den Ungerechten gerecht spricht, den Sünder im Gericht freispricht (Röm 8,34), also gegen alle menschlichen Rechtsregeln handelt. Wer diese G. von Gott empfangen hat, der ist Gott recht.

Diese neue G. aber wirkt sich auch als ein neues Leben des Gerechtfertig ten aus. Wo auf solche Weise Christus der Herr eines Lebens geworden ist, da kann dieser Mensch gar nicht anders, als wenigstens in stammelnden Versuchen den Schritt von der Rechtfertigung zur Heiligung, zu einem Lebensstil »in Christus« zu machen (Röm 6,12–20; 2. Kor 6,7; Eph 6,14; Phil 1,11; 2. Tim 4,8). Der paulinische Fundamentalbegriff »Gerechtigkeit Gottes« ist nicht zu lösen von der Konsequenz, daß diese Rechtfertigung in die Heiligung hineinführt (Eph 4,24; 1. Tim 6,11; 2. Tim 2,22; vgl. RECHTFERTIGUNG).

GERGESA Ort am Ostufer des Sees Genezareth, zwischen Susita und Betsaida, im »Land der Gadarener« (= Gerasener, Mk 5,1), wo Jesus zwei Besessene heilte (Mt 8,28 ff.; vgl. Gadara). In jüd. Quellen ist G. unter dem Namen Kursi bekannt. Auch Origenes und der frühe Kirchenhistoriker Eusebius erwähnen ein Dorf mit Namen Gergesai in der Nähe des Sees Genezareth.

Reste einer Kirche in Kursi (Gergesa) aus dem 6. Jh.

GERICHT, JÜNGSTES Siehe ESCHATOLOGIE.

GERSCHOM, GERSCHON 1
1. Mose 46,11; 2. Mose 6,16–17; 4. Mose 3,17–18.21; 4,22.27.38.41; 7,7; 10,17; 26,57; Jos 21,6.27; 1. Chr 5,27; 6,1–2.5. 28.47.56

GERSCHOM, GERSCHON 2
2. Mose 2,22; 18,3; Ri 18,30; 1. Chr 15,7; 23,15–16; 26,24

GERSCHOM, GERSCHON 3
Esr 8,2

GERSCHOM, GERSCHON (»Fremdling«; die Namen sind beide gebräuchlich und offenbar identisch).

1. Der erstgeborene Sohn Levis und Vater des Levitenstammes der Gerschoniter, die für die Decken, Teppiche und Vorhänge der Stiftshütte zuständig waren (4. Mose 3,17–26; 4,24–26). Vgl. GERSCHONITER.

2. Ältester Sohn Moses und seiner Frau Zippora, in Midian geboren. Er war der Vorfahre Jonatans, des Vaters des Stammes der Priester am Altar der Stadt Dan (Ri 18,30).

3. Ein Nachkomme des Pinhas; er befand sich unter denen, die mit Esra aus der Gefangenschaft in Babylon zurückkehrten (Esr 8,2).

GERSCHONITER
4. Mose 3,23; 4,24.28; 26,57; Jos 21,33; 1. Chr 23,7; 26,21; 29,8; 2. Chr 29,12

GERSCHONITER Die Stämme und Geschlechter, die von Gerschon abstammen, dem ältesten Sohn Levis. Von den drei Geschlechtern der Leviten, den Kehatitern, Meraritern und Gerschonitern, werden die Letztgenannten meist zuerst aufgeführt, womit ihre dominierende Rolle angedeutet wird (1. Mose 46,11; 2. Mose 6,16–17; 4. Mose 3,17; 26,57; 1. Chr 6,1.2.5; 23,6). So erscheinen sie auch als erste bei der Aufzählung der Sippen Israels (4. Mose 26,57) und in der Liste über die Ämter im Tempel (1. Chr 23,6 ff.).

Während der Wüstenwanderung waren die G. für das äußere Zubehör der Stiftshütte verantwortlich: das Zelt, die Decken, die Vorhänge für die Tür und Umhänge des Vorhofs (4. Mose 3,25–26; 4,24–26). Bei der von Mose durchgeführten Zählung in der Wüste betrug ihre Zahl 7 500 (4. Mose 3,21–22). In Kanaan erhielten sie 13 Städte sowie Weideland von den Stämmen Issachar, Asser, Naftali und dem halben Stamm Manasse (Jos 21,27–33).

Die G. werden zum letzten Mal bei der Aufzählung derer erwähnt, die den Tempel in den Tagen Hiskias reinigten (2. Chr 29,15).

GERSTE Siehe PFLANZEN.

GESCHAM Siehe GESCHAN.

GESCHAN
1. Chr 2,47

GESCHAN Dritter Sohn Jahdais aus dem Stamm Juda (1. Chr 2,47). Der Name wird manchmal Gescham geschrieben.

GESCHEM
Neh 2,19; 6,1–2.6

GESCHEM (»der Araber«, auch »Regen« oder »Leib«). Einer der Gegner Nehemias, zus. mit Sanballat und Tobija (Neh 2,19). Sie widersetzten sich dem Wiederaufbau der Mauern von Jerusalem und planten mehrmals, Nehemia zu schaden, der jedoch ihren Fallen auswich (Neh 6,1 ff.).

GESCHUR, GESCHURITER 1
5. Mose 3,14; Jos 12,5; 13,11.13; 2. Sam 3,3; 13,37–38; 14,23.32; 15,8; 1. Chr 2,23; 3,2

GESCHUR, GESCHURITER

1. Gegend in der Nähe von Baschan (5. Mose 3,14), die von Josua nicht erobert wurde (Jos 13,13). Als das Königreich Juda errichtet wurde, wurde ein kleiner aram. Staat bei G. gegründet. David heiratete die Tochter Talmais, des Königs von G. (2. Sam 3,3); Absalom fand dort Zuflucht, nachdem er Amnon getötet hatte (2. Sam 13,37–38). Das geschuritische Königreich befand

sich in einem Gebiet östlich des Sees Genezareth. Es zerfiel im 9. Jh. v. Chr.

2. Bewohner eines Landes im Gebiet der Philister (Jos 13,2). Ihr Land wurde von David überfallen, als er vor König Saul auf der Flucht war (1. Sam 27,8).

GESCHUR, GESCHURITER 2
Jos 13,2;
1. Sam 27,8

GESER (griech. *Gazara* »Einfriedung«?). Eine der bedeutendsten Städte der Küstenebene, die sich an der Kreuzung der Straßen von Ägypten nach Syrien und von der Meeresküste in die Berge befand. Unter dem Namen Gasri wird sie sowohl in den El Amarna-Briefen wie auch in den Aufzeichnungen des Pharaos Merneptah über seine Eroberungen erwähnt.

GESER
Jos 10,33; 12,12; 16,3.10; 21,21; Ri 1,29; 2. Sam 5,25; 1. Kön 9,15–17; 1. Chr 6,52; 7,28; 4,16; 20,4

Horam, der König von Geser, half Lachisch, als Josua gegen diese Stadt Krieg führte (Jos 10,33); später wird er unter den 31 Königen von Kanaan erwähnt, die von Josua unterworfen wurden (Jos 12,12). Ungeachtet dessen blieb G. eine kanaan. Stadt innerhalb des Territoriums von Ephraim; sie wurde jedoch fronpflichtig (Jos 16,10; Ri 1,29). David schlug die Philister »bis hin nach G.« (2. Sam 5,25; 1. Chr 14,16). Später erhielt Salomo die Stadt vom Pharao als Brautschatz und baute sie wieder auf (1. Kön 9,15–17). Die Stadt verfiel in den späteren Jahren des Königreiches Juda, offensichtlich nach der Zerstörung durch den Pharao Schischak. Die Eroberung von G. wird später in den Reliefs von Tiglat-Pileser III. beschrieben. Sie wurde u. a. von den Assyrern wieder besiedelt. In der pers. und zu Beginn der hell. Zeit erholte sich G. und wurde zu einer bedeutenden Grenzstadt zwischen den Provinzen Aschdod und Juda (1. Makk 14,34). 142 v. Chr. wurde die Stadt von Simon dem Makkabäer erobert, der sie befestigte (1. Makk 13,43–48). Im röm. Zeitalter verfiel sie wieder und wurde verlassen.

(rechts) Stehende Steine aus der Bronzezeit, bei Geser. Sie sind Teil einer Reihe von 10 Monolithen, die vermutlich kultischen Zwecken dienten.

Goldene Astarte, in Geser gefunden; 14. Jh. v. Chr. (Israelische Regierungsabteilung für Altertümer und Museen).

G. wurde erstmals zu Anfang dieses Jh. ausgegraben, wobei man auf bedeutende epigraphische Funde stieß, wie die »Geser Scherbe«, die mit protosinaitischen Schriftzeichen (frühes 2. Jt. v. Chr.) beschrieben ist, ferner Keilschrifttafeln aus der El Amarna- und neu-assyr. Zeit (7. Jh. v. Chr.) und den hebr. Geser-Kalender aus dem späten 10. Jh. v. Chr. Sechs Grenzsteine aus der hell. Zeit, auf denen der Name »G.« steht (in hebr. und griech. Buchstaben), wurden ebenfalls ausgegraben. Bei neueren Ausgrabungen wurden Befestigungen der Mittleren und Späten Bronzezeit, die Kasematten-Mauern und Tore Salomos und die Befestigungen der Makkabäer untersucht. Auch das zu Beginn dieses Jh. entdeckte Höhenheiligtum wurde wieder ausgegraben. Es besteht aus 10 gewaltigen Stein-Stelen, einige davon über 3 m hoch, die in nord-südlicher Anordnung auf einem offenen Platz stehen; man nimmt heute an, daß sie aus der Zeit um 1600 v. Chr. stammen.

GESETZ
2. Mose 12,49; 13,9; 16,4; 24,12; 25,16; 31,18; 3. Mose 6,2.7. 18; 7,1.11; 12,7; 13,59; 14,2; 4. Mose 6,13; 19,14; 5. Mose 6,1; 7, 11; 27,26; 31,9. 11f.26; 33,2; Jos 1,7f.; Ps 1,2; 19,8; 37, 31; 40,9; 78,5.10; 89,31; 94,12; 105,45; 119,1. 18.29.34.44.51. 53.55.61.70.72. 77.85 u.ö.; Jes 24,5; 42,21; 51,7; Jer 31,33; Sir 2,20; 17,9; 34,8; 45,6; Mt 5,17f.; 7,12; 11,13; 12,5; 22, 36.40; 23,23; Lk 2,22; 10,26; 23,56; 24,44; Joh 1,17.45; 7, 19.23.49.51; 18,31; 19,7; Apg 6,13; 7,53; 22,3; 24,14; Röm 2,12–15. 17f.20.23.25–27; 3,19–21; 27f.31; 4,13–16; 5,13.20; 6,14; 7,1–9.12. 14.21.23.25; 8, 2–4.7; 9,4.31; 10,4f.; 13,8.10; 1. Kor 9,8f.20f.; 15,56; Gal 2,16.19.21; 3,5.10–13.17–19.21–23.24; 4,4f.21; 5,3f. 14.18.23; 6,2; Eph 2,15; Phil 3,5f. 9; 1. Tim 1,8f.; Hebr 7,12; 8,10; 9,22; 10,1; Jak 1,25; 2,8–12; 4,11;

GESETZ Im Begriff des Gesetzes konzentriert sich wie in keinem anderen Begriff der tiefgreifende Unterschied zwischen altem und neuem Bund, AT und NT – und dies gerade auch deswegen, weil AT und NT den gleichen Ausgangspunkt haben: die Gottesoffenbarung der Gesetzgebung am Sinai.

Die Hauptquelle des G. (hebr. *Thora,* »Weisung«; griech. *nomos)* in der Bibel sind die fünf Bücher Mose, die nicht nur die Zehn Gebote enthalten, sondern darüber hinaus über 600 Bestimmungen, die Gott Mose gegeben hatte. Die G. sind schwerpunktmäßig in zwei wichtigen, zentralen Sammlungen enthalten: im Dekalog (Zehn Gebote, 2. Mose 20,1–17) und im sog. Bundesbuch (2. Mose 20,22–23,33). Im Heiligkeitsgesetz (3. Mose 17–26) und im Deuteronomium (5. Mose 12–26) werden sie aufgegriffen und entfaltet.

Auf den ersten Blick bieten diese Gesetzesabschnitte ein undurchdringliches Gewirr von Sprachformen und Inhalten, die sowohl sakrale oder rituelle Bestimmungen als auch ethische Anweisungen beinhalten. Bei genauerer Untersuchung entdeckt man jedoch eine innere Struktur, nach der die einzelnen G. angeordnet sind.

Es ist interessant, die atl. Gebote auf dem Hintergrund der altoriental. Gesetze zu betrachten. Dabei fällt auf, daß die göttlichen Gebote in vielem einzigartig sind und über die G. der damaligen Umwelt hinausgehen. Jedoch bestehen in vielen Punkten auch Ähnlichkeiten zur Umwelt Israels. So stimmt der Bundesschluß Gottes mit Abraham in 1. Mose 17 in seiner Struktur mit Vertragstexten bzw. Vasallenverträgen überein, wie sie Anfang des 2. Jt. v. Chr. im Nahen Osten üblich waren. Ähnliches läßt sich für die Struktur des ganzen 5. Buches Mose feststellen. Gottes Gesetzesoffenbarung knüpft somit teilweise an bestehende Voraussetzungen an, füllt sie jedoch mit neuem Inhalt. Entsprechendes gilt für die atl. Opfer-und Reinheitsgesetze. Es wäre jedoch verfehlt, aus den bestehenden Parallelen z. B. eine Abhängigkeit isrl. Gesetze von mesopot. Quellen zu folgern. Aus der Keilschriftliteratur ist bes. der Gesetzeskodex des Königs Hammurabi von Babylon bekannt. Dieser Kodex war kein Gesetzkompendium im modernen Sinne, sondern eine gelehrte Abhandlung über das G., die eine Liste von Verboten, Tatbeständen und Fallkonstellationen zum Inhalt hatte, jeweils mit der kasuistischen Einleitungsformel »Wenn jemand …« (vgl. z. B. 2. Mose 21,22–22,16).

Die Gesetzespraxis des Volkes Israel spiegelt sich neben den Geboten selbst auch in den Geschichtsbüchern (z. B. 1. Mose 23) und in den Prophetenbüchern (z. B. Hes 16) wider.

Die Rechtsprechung lag zunächst einmal bei den Ortsgerichten der Ältesten am Stadttor. Schwierige Fälle wurden dem König vorgelegt (1. Kön 3, 16–28). Nach 2. Mose 18,13–27 baute Mose in der Wüste ein hierarchisches Gerichtssystem auf, und von König Joschafat wird berichtet, er habe in den Städten Judas königl. Richter eingesetzt (2. Chr 19,5).

Das Eigentumsrecht hat es v. a. mit dem Erbbesitz zu tun. Beim Tod des Vaters teilten seine Söhne das Erbland in gleich große Stücke auf, wobei dem Erstgeborenen ein doppelter Anteil zufiel. Starb einer der Söhne kinderlos, bevor die Teilung des Erbbesitzes vorgenommen worden war, trat das Gesetz der Leviratsehe (Schwagerehe) in Kraft: Ein Bruder hatte die Witwe des Verstorbenen zu heiraten; ihre Nachkommen traten dann rechtlich an die Stelle des Toten (5. Mose 25,5–10). Starb ein Mann und hinterließ nur Töchter, aber keine Söhne, so konnten die Töchter das Land erben (4. Mose 27,1–11; 36,1–12).

Verschiedene G. garantierten einer Familie das Besitzrecht über ihr Land. War aufgrund einer Notsituation Land verkauft worden, konnte es durch den früheren Besitzer oder einen reichen Verwandten ausgelöst und damit in den Familienbesitz zurückgeführt werden (3. Mose 25,25–28). War eine Auslösung nicht möglich, ging das verkaufte Land spätestens im Erlaßjahr (vgl. dazu 3. Mose 25,11 ff.) in die Hand des früheren Besitzers zurück (3. Mose 25,28).

Die Bestellung und das Ernten der Felder hatten auf die Bedürfnisse der Armen Rücksicht zu nehmen (3. Mose 19,9–10; 5. Mose 24,19–21). Jedes 7. Jahr (Sabbatjahr) und jedes 50. Jahr (Erlaßjahr) blieb das Land brach liegen (3. Mose 25), und sein Ertrag war für die Armen bestimmt.

Das G. versuchte, Verschuldung gering zu halten. Zinsen für Kredite unter Volksgenossen waren verboten (z.B. 2. Mose 22,24; 3. Mose 25,36). (Hebr.) Sklaven konnten ausgelöst werden (3. Mose 25,47–54) bzw. erlangten nach einer Reihe von Jahren die Freiheit wieder (2. Mose 21,2–11; 5. Mose 15,12ff.). 5. Mose 15,1–2 fordert in jedem Sabbatjahr einen allgemeinen Schuldenerlaß.

Eine Eheschließung war eine Übereinkunft zwischen Familien. Der erste Schritt bestand in der Einigung zwischen dem Bräutigam (oder dessen Vater) und dem Vater der Braut, der einen Preis *(mohar)* für die Hand seiner Tochter fordern konnte. Die Bezahlung erfolgte normalerweise mit Geld, konnte aber auch – wie im Falle Jakobs (1. Mose 29) – aus Dienstleistungen bestehen. Mit der Zahlung des Brautpreises galt das Mädchen für Außenstehende bereits als verheiratet (5. Mose 22,23–24; vgl. Mt 1,18–19). Eine Scheidung konnte allein vom Ehemann veranlaßt werden, Frauen hatten kein Recht, sich scheiden zu lassen. Eine geschiedene und wiederverheiratete Frau konnte nach ihrer zweiten Ehe nicht mehr zu ihrem ersten Mann zurückkehren (5. Mose 24,1–4).

Polygamie kam vor und wird im AT mehrfach berichtet, war jedoch im G. des Mose nicht ausdrücklich sanktioniert. Sie entsprach nicht der Bestimmung von Mann und Frau (1. Mose 2,24) und wird an keiner Stelle direkt gestattet. Die bibl. Berichte (so schon 1. Mose 16) zeigen vielfach auf, zu welchen Schwierigkeiten die Polygamie führte.

Im Strafrecht galt das Prinzip der Vergeltung. Das berühmte »Auge um Auge, Zahn um Zahn« (2. Mose 21,24), das zunächst grausam anmutet, muß dabei auf dem Hintergrund der Unersättlichkeit der Rache im alten Orient gesehen werden und sollte mit dem Rachelied des Lamech aus 1. Mose 4,23.24 verglichen werden: »Einen Mann erschlug ich für meine Wunde und einen Jüngling für meine Beule.« Die gebräuchliche Antwort auf Verbrechen war damals die Rache des Opfers bzw. seiner Verwandten am Täter oder sogar an dessen Familie (vgl. als extremes Beispiel 1. Mose 34!). Letztere wiederum konnte sich von der Rache durch ein Sühnegeld freikaufen. Die Strafgesetze waren dazu da, die Rache und die Sühnezahlungen in vernünftigen Grenzen zu halten; so legten bestimmte keilschriftl. Gesetzeskodizes die oberste Grenze der erlaubten Rachehandlung oder die maximale Geldforderung für die jeweilige Straftat fest. »Auge um Auge« ist also zu verstehen im Sinne von »... und nicht mehr«.

Das atl. Recht unterscheidet zwischen vorsätzlichem Mord und unbeabsichtigtem Totschlag. Der Verwandte eines Mordopfers hatte als Bluträcher freie Hand, den Mörder zu töten (4. Mose 35,19–21). Ein Totschläger konnte sich dagegen in eine »Freistadt« flüchten (2. Mose 21,13; 4. Mose 35,6ff.; 5. Mose 4,41–43) und dort Asyl suchen. 4. Mose 35,31–34 verbietet dem Bluträcher, von dem Mörder bzw. Totschläger ein Sühnegeld zu nehmen.

Körperverletzung wurde verschieden hart bestraft, je nachdem wie schwerwiegend sie war (2. Mose 21,18–19; 3. Mose 24,19–20). Mißhandlung eines Sklaven, die zu bleibenden körperlichen Schäden führte, war Grund für seine Freilassung (2. Mose 21,26–27). Diebstahl wurde mit mehrfachem Schadenersatz gesühnt, ein mittelloser Dieb konnte als Sklave verkauft werden. Wurde er bei einem nächtlichen Einbruch überrascht, konnte der Hausherr ihn dabei töten (2. Mose 22,1). Menschenraub wurde mit dem Tode bestraft (2. Mose 21,16; 5. Mose 24,7).

Als sexuelle Vergehen galten Ehebruch, Homosexualität, Inzucht (Geschlechtsverkehr mit engen Blutsverwandten) und Geschlechtsverkehr mit Tieren (3. Mose 18). Die meisten dieser Vergehen wurden mit dem Tod bestraft (3. Mose 20). Auf eine ehebrecherische Handlung – ob durch Vergewaltigung oder Verführung – stand die Todesstrafe, die auch über die Frau verhängt wurde, wenn sie sich nicht zu wehren versucht hatte (5. Mose 22,22–27). Vergewaltigung bzw. Verführung eines noch nicht verlobten Mädchens dagegen zog lediglich die Verpflichtung nach sich, sie zu heiraten oder ihr eine Entschädigung zu zahlen (2. Mose 22,15–16; 5. Mose 22,28–29).

Landesverrat wurde mit dem Tod des Verräters und seiner Familie bestraft (vgl. 1. Kön 21,13–15); dieselbe Strafe wurde bei Vergehen angewandt, die einem Verrat gegen Gott gleichkamen, v. a. bei Verführung zum Götzendienst (5. Mose 13,7–16).

Das Besondere am bibl. Gesetz liegt darin, daß es zwar die menschliche Gemeinschaft schützt, aber diese nicht zur begründenden Norm hat. Die Grundlage des G. ist nicht »die Gesellschaft« oder das Volk Israel, sondern der Wille Gottes. Gott ist der Gesetzgeber – nicht Mose. Darum sind alle Übertretungen des G. als Sünden gegen Gott zu werten und können letztlich nicht durch menschliches Bemühen allein vergeben und gesühnt werden. Vergebung gibt es – auch da, wo Menschen sich untereinander vergeben und versöhnen – letztlich nur aus der Gnade Gottes (vgl. 2. Sam 12,13; Ps 103,8–13 u. a.). Denn es ist der Wille Gottes, der in den Geboten als Basis der Bundesbeziehung zwischen Gott und Israel niedergelegt ist. Eben darum aber ist das G. Gottes für den Frommen in Israel nicht etwa eine bedrückende Last, sondern ständiger Anlaß zu Dank und Freude, ja zum Jubel (so der gesamte Ps 119; ferner Ps 1,1–3; 112,1; Jes 42,21; Sir 2,20 u. a.).

Im NT steht zunächst einmal außer Frage, daß Jesus zum G. des alten Bundes Ja sagte. In der Bergpredigt fordert er seine Einhaltung (Mt 5,17–19), ja vertieft es sogar radikal (Mt 5,21 ff.). Auch sonst beschreiben die Evn. Jesus als einen gesetzestreuen Juden: Er besuchte z. B. am Sabbat die Synagoge (Mk 1,21; 3,1), ging zu den Wallfahrtsfesten nach Jerusalem (Mk 11, 1 ff.; vgl. schon Lk 2,41 ff.) und trug sogar die rituellen Quasten am Saum seines Gewandes (Mk 6,56). Seine Kritik an der spitzfindigen, lieblosen Gesetzeserfüllung mancher Schriftgelehrter und Pharisäer (z. B. Mt 23; Mk 3,1–6; 7,5–13) war nicht eine Zurückweisung der Thora an sich, sondern ein Hinweis auf ihre richtige Befolgung; das G. Moses war für ihn geoffenbarter Wille seines himmlischen Vaters (vgl. Mt 6,10; 7,21).

Es wäre jedoch eine völlige Verkürzung des ntl. Verständnisses des G., wenn man bei diesen Feststellungen stehenbleiben würde. Vielmehr führt gerade beim G. das NT weit über das AT hinaus, ja steht an entscheidender Stelle in Gegensatz zu ihm. Das Wort des Johannes: »Das Gesetz ist durch Mose gegeben; die Gnade und Wahrheit ist durch Jesus Christus geworden« (Joh 1,17) ist geradezu der Inbegriff des Gegenüber von altem und neuem Gottesbund.

Dies tritt bereits in Jesu eigener Verkündigung zutage. So sehr er die Gebote Gottes uneingeschränkt bejaht (Lk 10,25–28), so sehr nimmt er dem G. das Entscheidende, nämlich seine Vermittlerstellung zwischen Mensch und Gott, die darin besteht, daß der Mensch »durch« das G., d. h. durch seine Erfüllung, vor Gott gerecht wird. Nicht mehr das G., sondern der Ruf Jesu Christi zur Umkehr (»Buße«) öffnet den Zugang zu Gott. Jesus ist der Mittler geworden. Er hebt die hoffnungslose Lage des Sünders, der ja gerade das G. nicht erfüllen kann, auf, indem er ihn annimmt (Lk 15,1.2 und ff.) und dem verlorenen Sohn die Heimkehr zum Vater schenkt, auch ohne daß jener dem G. gerecht geworden wäre. Jesus zieht Verfemte wie Zachäus in seine Gemeinschaft (Lk 19,1–10; vgl. Mt 21,28–32) und lehrt, daß die Gemeinschaft mit ihm, Jesus, die Mittlerstellung des G. hinfällig macht. Auch z. B. die Geschehnisse in Mk 2 zeigen, daß zwischen Gott und Mensch nicht mehr das G. die entscheidende Rolle spielt, sondern die Stellung zu Jesu Wort und Tat, also der Glaube an ihn. Damit, daß Jesus dem Sünder vergibt und ihn in die anbrechende Gottesherrschaft hineinruft, ist eine Gerechtigkeit, die der Mensch sich durch die Befolgung des G. erarbeitet hat, verneint. In Jesus ist das Zeitalter der Gnade angebrochen.

Ganz im Sinne Jesu handelt dann auch die Urgemeinde, wenn sie in der Apostelversammlung von Jerusalem (Apg 15, v. a. V. 22–29; vgl. Gal 2,1–10) entscheidet, daß es zum Heil vor Gott nicht nötig ist, Christen aus den heidnischen Völkern auf die Beachtung des G. des Mose zu verpflichten. Wo Jesus der neue Mittler ist, ist der Weg zu Gott frei, und das allein durch Jesus Christus, allein durch den Glauben an ihn. »Christus ist das Ende des Gesetzes« (Röm 10,4).

Genau dieser Satz ist das Leitwort für die Predigt des Paulus. So gewiß Paulus nicht nur von seiner pharisäischen Vergangenheit her (Apg 23,6; Phil 3,5), sondern auch als Apostel Jesu Christi das Gebot Gottes sehr hoch achtet (vgl. Röm 7,12!), so sehr weiß und predigt er, daß nicht das G. und seine Erfüllung dem Sünder den Weg zu Gott freimacht, sondern allein die im Kreuz Christi für ihn erwirkte Gnade. Das G. behaftet den Menschen bei seiner Sünde (Röm 3,20; 1. Kor 15,56); seit aber Christus die Sünde des Menschen stellvertretend für ihn am Kreuz gesühnt und ihn mit Gott versöhnt hat (2. Kor 5,19), ist das G. keine Instanz mehr zwischen Gott und dem Sünder; sein Platz ist durch Jesus Christus eingenommen (vgl. Phil 3,9 u. a.). Das Kreuz Christi wäre vergeblich gewesen, wenn das G. der Weg zu Gott wäre: »Wenn die Gerechtigkeit durch das Gesetz kommt, so ist Christus vergeblich gestorben« (Gal 2,21). Christus ist der einzige Weg zur Gnade Gottes (Joh 14,6).

Nicht übersehen werden sollte, daß eben diese Gnade in einer ihr eigenen Konsequenz dazu führt, daß der Dank des Begnadigten sich in einem neuen Lebensstil äußert (vgl. z. B. Lk 19,8). Es ist von daher nicht unlogisch, sondern nur folgerichtig, wenn die Briefe des Paulus auch eine Fülle von Beispielen und Ermahnungen dafür enthalten, wie der begnadigte Christ in seinem konkreten Leben zwar nicht dem G. vertraut, aber das Gebot befolgt (Röm 13–14; Gal 5,16–6,10; Eph 5–6; Phil 4,8; Kol 3–4; 1. Thess 5,14–22). (Vgl. auch GERECHTIGKEIT).

GETER (»Trübsal«). Dritter Sohn Arams, des fünften Sohnes Sems (1. Mose 10,23; 1. Chr 1,17).

GETER
1. Mose 10,23;
1. Chr 1,17

GETHSEMANE (»Ölkelter«). Ein Garten am Ölberg (Joh 18,1). Er liegt östlich des Tempelberges, über dem Kidrontal, und ist nächst Golgatha die wichtigste Stätte der Passion Jesu Christi. Dort hatte Jesus während der Passionswoche genächtigt (Lk 21,37), dorthin ging er nach dem Abendmahl (Mt 26,30.36; Mk 14,26.32), und dort wurde er, nachdem Judas Iskariot den Ort den jüd. Behörden verraten hatte (Joh 18,1.2), in einer aufwendigen und dramatischen nächtlichen Aktion der Tempelpolizei verhaftet (Mt 26,47ff.; Mk 14,43ff.; Lk 22,47ff.; Joh 18,3ff.). Im Garten G. befindet sich heute inmitten uralter Olivenbäume die »Kirche aller Nationen«, eines der meistbesuchten christl. Pilgerziele unter den hl. Stätten im Lande Jesu.

GETHSEMANE
Mt 26,36;
Mk 14,32

Der Garten Gethsemane auf dem Ölberg.

GËUËL
4. Mose 13,15

GËUËL (»Hoheit Gottes«). Mann aus dem Stamm Gad, einer der Kundschafter, die Mose aus der Wüste Paran in das Land Kanaan sandte.

SALBEN/ SALBÖL (ÖL)
2. Mose 25,6; 30,31; 40,9; Ps 133,2; Spr 27,9 Pre 9,8; 10,1; Hld 1,3; Jer 8,22; Mk 16,1; Lk 7,37.46; 23,56; 24,1; Joh 11,2; 12, 3; 19,40

GEWÜRZE, PARFÜME UND SALBEN Unter den primitiven Hygienebedingungen der Antike spielten Duftstoffe eine große Rolle. Im Alltag wurden Parfüme und Gewürze als Zusätze in Riechöle, Salben und Puder gegeben, die für kosmetische Zwecke, zum Schutz der Haut gegen Sonnenstrahlen und trockene Luft sowie in der Medizin verwendet wurden. Nicht weniger bedeutend waren ihre Aufgaben bei religiösen Ritualen, u. a. bei der Vorbereitung eines Leichnams für das Begräbnis (vgl. Joh 19,39).

In der Bibel wird u. a. ein Gemisch erwähnt, das aus Blumen, aromatischen Samen und Früchten, vermengt mit Olivenöl, hergestellt wurde – Jes 39,2 »kostbare Salben«; Ps 133,2 »feines Salböl«. Est 2,12 erwähnt Öl aus Myrrhe. Parfüm entstand aus Blumen, Samen und Früchten, die in Öl oder Wasser gelöst wurden. Manchmal wurde die Mischung erwärmt und die Essenz extrahiert und durch ein Tuch gefiltert. Viele Parfüme wurden aus Harzen gewonnen und entweder in Pulverform angewandt oder in Ölen aufgelöst und mit anderen Stoffen zu Salben gemischt. Die Parfüme wurden von Salbenbereitern bzw. -mischern zubereitet, die z. Zt. Nehemias in einer Zunft vereinigt waren.

Gläserne Parfümflasche in Form eines Granatapfels aus Zypern; 14. Jh. v. Chr. (Israel Museum).

Farbstoffe zum Färben der Haare, des Gesichts und der Fingernägel wurden im ganzen Nahen Osten benutzt. Außerdem verwendete man Kohle, um die Augen zu betonen und sie vor der starken Sonne zu schützen; sie wurde auf die Augenbrauen und Wimpern aufgetragen (2. Kön 9,30; Jer 4,30 usw.).

Auch bei den religiösen Ritualen wurden aromatische Pflanzen benötigt. Sie wurden nach aufwendigen Rezepten zubereitet und auf Räucheraltären (2. Mose 37,25.29) verbrannt.

In der alten Welt waren Gewürze und Duftstoffe wichtige Güter des internationalen Handels. Auf Karawanen wurden Spezereien aus Somaliland in Ostafrika und aus Südarabien auf den Wüstenrouten nach Palästina gebracht (vgl. Jes 60,6). Gewürze, die in Palästina heimisch waren, wurden wiederum nach Ägypten und Syrien ausgeführt (vgl. 1. Mose 37,25; 43,11; Hes 27,17). Bestimmte Gewürze und Aromata müssen sogar aus dem Fernen Osten geholt worden sein. Im Hellenismus gewann dieser Handel an Bedeutung, und mehrere Königtümer brachten es durch ihn zu wirtschaftl. Blüte.

Zahlreiche aromatische Pflanzen und Gewürze des täglichen oder kultischen Lebens werden in der Bibel genannt. Einige der wichtigeren seien im folgenden beschrieben:

ALOE (4. Mose 24,6; Ps 45,9; Spr 7,17; Hld 4,14). Dieses Parfüm wird aus dem Harz eines Baumes gewonnen, der in Nordindien und Malaysia beheimatet ist. Es wurde u. a. auch für die Vorbereitung des Leichnams Jesu zur Beerdigung verwendet (Joh 19,39).

BALSAM (Storax). Eine »von des Landes Früchten«, die Jakobs Söhne nach Ägypten brachten (1. Mose 43,11). Es wuchs in Gilead (1. Mose 37,25) und wurde von den einheimischen Ärzten verwendet (Jer 46,11; 51,8). Wahrscheinlich handelte es sich um eine Mischung aus mehreren Gewürzen.

Tonimitation eines Alabastron (Alabastergefäß) für Parfüme; 1. Jh. v. Chr. (Israelische Regierungsabteilung für Altertümer und Museen).

GALBANUM. Eines der vier Bestandteile des Räucherwerkes, das in der Stiftshütte verbrannt wurde (2. Mose 30,34–38). Im Altertum wurde G. auch als Gewürz und in der Medizin verwendet.

HENNA (Hld 1,14; 4,13; LÜ: »Zyperblumen«). Eine duftende Pflanze *(Lawsonia inermis L.)*, die in Palästina angepflanzt wurde; ein kleiner Baum, dessen duftende Blüten in Büscheln wachsen. Die Wurzeln und Blätter ergeben gemahlen und in Wasser aufgelöst einen gelblich-roten Farbstoff. H. war im Osten berühmt für seinen Duft und als Färbemittel für Haare, Nägel und Zähne.

INDISCHE NARDE. Eine duftende, aromatische und sehr wertvolle Pflanze, die in den Bergen des Himalaja beheimatet ist. In Hld 4,13–14 wird sie unter den duftenden Blumen und Gewürzen aufgeführt.

Aus der indischen N. wurde das Öl bereitet, mit dem Jesus in Betanien gesalbt wurde (Mk 14,3; Joh 12,3). Nach Joh 12,5 kostete eine Flasche Öl 300

Salbengefäß aus Alabaster. Aus dem Grab des Tut-enchamun, 14. Jh v. Chr. (Ägyptisches Museum, Kairo).

Die Herstellung von Parfüm, dargestellt auf einem ägyptischen Relief; 17. Jh. v. Chr. (Musée du Louvre, Paris).

Silbergroschen (dies entsprach dem Jahreslohn für einen durchschnittlichen Arbeiter). Siehe a. PFLANZEN.

KALMUS. Eine Art Ried, die zweimal erwähnt wird (2. Mose 30,23; Hld 4,14), eines der Gewürze des wohlriechenden Gartens, mit denen eine Braut verglichen wird.

KASSIA. Möglicherweise der Kassia-Zimtbaum, vielleicht auch Veilchenwurzel. Kassia war ein Bestandteil des hl. Salböls (2. Mose 30,24) und wurde auch als Parfüm verwendet (Ps 45,9).

MYRRHE. Eines der bedeutendsten Parfüme in bibl. Zeiten; M. wurde bei der Zubereitung des Öls verwendet, mit dem Könige gesalbt wurden (2. Mose 30,23). Es war auch ein wertvolles Geschenk (Mt 2,11) und wurde viel von Frauen benutzt (Spr 7,17; Est 2,12; Hld 4,14). Zus. mit Aloe wurde es beim Begräbnis Jesu verwendet (Joh 19,39). M. wird durch einen Einschnitt in die Borke eines kleinen Baumes gewonnen, der in Ostafrika und in Arabien beheimatet ist.

SPRINGKRAUT (Balsam) (Hld 5,13), auch Gewürz, Myrrhe oder Maulbeere genannt. Der hebr. Name kann praktisch jeden Duftstoff bezeichnen, doch sagen Flavius Josephus und die frühen Kommentatoren, daß das aromatische Harz aus dem Opobalsamum-Baum gewonnen wurde, der bei Mekka wuchs.

WEIHRAUCH. Einer der vier Bestandteile des Räucherwerks, das in der Stiftshütte verbrannt wurde (2. Mose 30,34–38); er wurde auch bei anderen Opfergaben verwendet (3. Mose 2,1; 24,7). W. war sehr teuer (Jes 43,23–24), da er von weit her, aus Saba, gebracht werden mußte (Jer 6,20). Wegen seines hohen Preises wurde er fast ausschließlich unter den Schätzen des Tempels aufbewahrt (1. Chr 9,29), wo dafür eine spezielle Kammer vorhanden war (Neh 13,9). Einem zum Tode Verurteilten gab man W. kurz vor der Hinrichtung mit Wein vermischt, damit er weniger Schmerz empfinden sollte.

ZIMT. Eine wohlriechende Borke eines Baumes der Gattung der Lorbeerbäume, die aus Ceylon stammt. Das aus ihm gewonnene Öl war ein wichtiger Bestandteil des Salböls (2. Mose 30,23) und wurde auch als Parfüm geschätzt (Spr 7,17; Hld 4,14; Offb 18,13).

Gibbeton, westlich von Geser.

GIBBAR
Esr 2,20

GIBBAR (»Held«?). Die 95 Männer von Gibbar sind in Esr 2,20 unter den Heimkehrern aus Babylonien (mit Serubbabel) aufgeführt. Die Parallelstelle Neh 7,25 spricht von den »Männern in Gibeon«. Es ist deshalb unsicher, ob es sich um den Namen eines Stammes oder eines Ortes handelt.

GIBBETON
os 19,44; 21,23;
1. Kön 15,27;
16,15.17

GIBBETON (»Anhöhe«). Stadt an der Grenze zwischen Israel und dem Gebiet der Philister. Sie wurde im 10. Jh. v. Chr. von Israel annektiert und dem Stamm Dan zugeteilt (vgl. Jos 19,44); sie war eine der vier Levitenstädte in Dan (Jos 21,23). Die levit. Sippe Kehat siedelte in G. unter einer überwiegend nichtisrl. Bevölkerung. Nach der Reichsspaltung vertrieb Jerobeam die Leviten aus ihren isrl. Freistädten, und sie kehrten nach Juda zurück (2. Chr 11,13–14). Im folgenden wird G. zweimal als Philisterstadt erwähnt, die von den Israeliten belagert wurde (1. Kön 15,27; 16,15.17) – das zweite Mal in Zusammenhang mit der Proklamation Omris zum König von Israel. 712 v. Chr. wurde G. von Sargon von Assyrien erobert. G. lag etwa 5 km westlich von Geser.

GIBEA 1
Ri 19,12–16;
20,4–5.9–10.
3–15.19–21.25.
29–30.34.36–
37.43;
1. Sam 10,26;
11,4; 13,2.15–
16; 14,2.5.16;
15,34; 22,6;
23,19; 26,1;
2. Sam 21,6;
23,29;
1. Chr 11,31;
2. Chr 13,2;
Jes 10,29;
Hos 5,8; 9,9;
10,9
GIBEA 2
s 15,57; 18,28
GIBEA 3
1. Chr 2,49

GIBEA (»Hügel« oder »Anhöhe«).

1. Benjaminitische Stadt an der Hauptverbindungsstraße durch das judäische und ephraimitische Bergland (Ri 19,12–16). Im Bruderkrieg zwischen Israel und Benjamin (Ri 20–21) wurde G. unter unbekannten histor. Umständen zerstört.

Saul, der erste König Israels, stammte aus G., und 1. Sam 10,26 berichtet, daß er sofort dorthin zurückging, nachdem er zum König ernannt wurde. Die Stadt Jabesch in Gilead sandte Boten nach G., um Hilfe gegen die Ammoniter zu erbitten (1. Sam 11,4).

Während der Vorherrschaft der Philister im Bergland war eine philist. Garnison in Gibeat-Elohim (»Gotteshügel«, 1. Sam 10,5; mit Gibea oder

Gibea (Tell el-Ful), nördlich von Jerusalem.

Die Wasseranlage von Gibeon.

Gibeon identifiziert) stationiert. Sie wurde von Jonatan, dem Sohn Sauls, angegriffen – das Signal für die isrl. Revolte gegen die Philister. Nach dem Sieg über die Philister machte Saul G. zu seiner Hauptstadt und benannte es in »Gibea Sauls« um (1. Sam 15,34).

Aus G. stammte Ittai, einer der »Helden« Davids (2. Sam 23,29; 1. Chr 11, 31) sowie Ahiëser und Joasch, die sich David in Ziklag anschlossen (1. Chr 12,3), und Michaja, die Mutter König Abijas von Juda (2. Chr 13,2). Jes 10,29 erwähnt G. als Station auf dem Weg des assyr. Heeres (unter Sanherib 701 v. Chr.) nach Jerusalem.

G. wird mit dem heutigen Tel el-Ful gleichgesetzt, 5 km nördlich von Jerusalem. Ausgrabungen förderten mehrere übereinanderliegende Befestigungen zutage, die bis ins 11. Jh. v. Chr. zurückgehen. Im ganzen wurden fünf Hauptperioden der Besiedlung entdeckt.

2. Stadt im Hügelland von Juda (Jos 15,57; vgl. 1. Chr 2,49); sie ist vermutlich in den judäischen Bergen, südlich von Hebron zu suchen.

3. Ein Ort, der von Schewa, dem Sohn Kalebs, gegründet wurde.

GIBEATITER Bezeichnung für Schemaa, der aus Gibea (1) kam.

GIBEATITER
1. Chr 12,3

GIBEON, GIBEONITER (»Hügelstadt«). Eine der ältesten Kanaaniterstädte. In der Bibel wird sie als eine der vier Hiwiterstädte (Jos 9,17) bezeichnet, »größer als Ai, und alle seine Bürger streitbare Männer« (Jos 10,2). Bei G., mit dem er ein übereiltes Bündnis geschlossen hatte (Jos 9), besiegte Josua den König von Jerusalem und seine Verbündeten (Jos 10); bei dieser Schlacht erhörte Gott Josuas Bitte, » die Sonne und den Mond stillstehen zu lassen« (Jos 10,12.13). Später schlug David »das Heer der Philister von Gibeon an bis Geser« (1. Chr 14,16), und im Bruderkrieg zwischen Israel und Juda stießen die Männer von Joab und von Abner am Teich von G. aufeinander (2. Sam 2,12–16). Bei G. brachte Salomo Gott ein großes Brandopfer dar und bat ihn um Weisheit (1. Kön 3,4ff.; 2. Chr 1,3ff.). Nach der Zerstörung Jerusalems durch Nebukadnezar spielte G. noch einmal eine Rolle, als dort Johanan gegen Jismael, den Mörder des Statthalters Gedalja, vorging (Jer 41,11ff.). Nach der Rückkehr aus dem babyl. Exil nahmen die Gibeoniter am Wiederaufbau der Stadtmauer Jerusalems teil (Neh 3,7).

GIBEON, GIBEONITER
Jos 9,3.17; 10,1–2.4–6.10. 12.41; 11,19; 18,25; 21,17; 2. Sam 2,12–13.16; 3,30; 20,8; 21,1–4.9; 1. Kön 3,4–5; 9,2; 1. Chr 8,29; 9,35; 12,4; 14,16; 16,39; 21,29; 2. Chr 1,3.13; Neh 3,7; Jes 28,21; Jer 28,1; 41,12.16

Der Hügel el-Jib, die Ortslage des alten Gibeon, nördlich von Jerusalem.

G. ist das heutige el-Jib, ca. 13 km nordwestlich von Jerusalem auf dem Weg nach Bet-Horon. Außer einigen Resten aus der Spätbronzezeit stammen alle Ausgrabungsfunde aus der Eisenzeit und später. Die Hauptfunde sind die Befestigungen, ein großes Wasserreservoir, zwei Wassertunnel, Weinkeller, mehrere Häuser und zahlreiche Inschriften, die die Identität des Ortes bestätigen.

Die Wasseranlage ist aus dem Fels herausgehauen und mißt 11 m im Durchmesser; eine Wendeltreppe mit 79 Stufen führt 25 m tief auf den Boden. Die

Anlage diente nach Meinung der Archäologen entweder als Regenwasserspeicher oder als Zugang zum Grundwasserspiegel. Sie ist möglicherweise identisch mit dem Teich (»großes Wasser von G.«), der in 2. Sam 2,13 und Jer 41,12 erwähnt wird. Die beiden Wassertunnel lagen in geringer Entfernung von dem runden Bassin. An der Stelle, wo die starke Quelle von G. aus dem Berg heraussprudelt, wurde ein kleines Reservoir in Form einer Höhle (unterhalb des Wasserspiegels der Quelle) entdeckt. Von diesem Reservoir führte ein 60 m langer Tunnel zur Quelle selbst. Um in Notfällen einen wirklich sicheren Zugang zur Quelle zu haben, hatte man von der Innenseite der Stadtmauern aus noch einen zweiten Tunnel gegraben. Die Anlage datiert ins 10. Jh. v. Chr.; die Quelle wird heute noch benutzt.

Die Funde zahlreicher Krughenkel mit dem Siegel von G. führten zur Entdeckung von Weinkellern, in denen eine Anzahl einfacher Weinpressen gefunden wurden. Das Fassungsvermögen einiger Weinkeller betrug bis zu 5000 Weinkrügen; die gesamte Lagerkapazität belief sich auf ca. 94500 Liter.

GIDDALTI 1. Chr 25,4.29

GIDDALTI (»Ich preise Gott«). Ein Levit, der die 22. der 24 Abteilungen der Gottesdienstsänger anführte, die z. Zt. König Davids dienten.

GIDDEL 1 Esr 2,47; Neh 7,49
GIDDEL 2 Esr 2,56; Neh 7,58

GIDDEL (»Groß ist Gott«). Der Name von zwei Sippen im babyl. Exil.

1. Das Geschlecht der Tempelsklaven *(Nethinim)*, die aus dem Exil zus. mit Serubbabel zurückkehrten und sich in Jerusalem niederließen (Esr 2,43.47; Neh 7,49).

2. Das Geschlecht der Nachkommen der Sklaven Salomos (Esr 2,55–56), die ebenfalls mit Serubbabel aus Babylon zurückkehrten und sich in Jerusalem niederließen.

GIDEON Ri 6–8; Hebr 11,32

GIDEON (»Fäller«, »Krieger«). Sohn des Abiësriters Joasch aus Ofra (Ri 6,11); Israels vierter bedeutender Richter in der Zeit zwischen dem Tod Josuas und der Errichtung des Königtums (vgl. RICHTER). Er hatte mehrere Frauen und 70 Söhne, darunter Abimelech (Ri 8,30–31), der sich später zum König von Sichem machte (Ri 9). G. war auch unter dem Namen Jerubbaal (»Baal streite mit ihm«, Ri 6,32) bekannt, nachdem er den Baalsaltar seines Vaters niedergerissen hatte (Ri 6,25 ff.).

G. wurde zu einer Zeit berufen, als Israel wegen seines Götzendienstes durch die Midianiter bedrängt wurde (Ri 6,1–10). Die Berufung erfolgte zunächst durch einen Engel und wurde später durch das bekannte Zeichen mit dem Tau und der Wolle bestätigt (Ri 6,11–24.36–40). Mit einer auf Gottes Befehl auf 300 Mann reduzierten Truppe besiegte G. die Midianiter durch einen Nachtangriff (Ri 7,1–23), in dessen Folge auch die midianit. Fürsten Oreb, Seeb, Sebach und Zalmunna getötet wurden (Ri 7,25–8,21). Ri 8,1–9.13–17 berichtet, wie G. sich an den Einwohnern von Sukkot und Pnuël rächte, die sich geweigert hatten, seine Leute zu verpflegen.

Die Gihon-Quelle.

Das Angebot, über Israel zu herrschen, nahm G. nicht an; er kehrte in seine Heimatstadt zurück, wo er in hohem Alter starb (Ri 8,22–32). Seines Sieges über die Midianiter wurde viele Generationen lang als des »Tages Midians« gedacht (Jes 9,3).

GIDOM Ri 20,45

GIDOM (»Zerstörung«). Bei G. wurden im Krieg der übrigen Stämme gegen Benjamin (wegen der Schandtat in Gibea) 2000 benjaminit. Krieger getötet. Die genaue Lage des Ortes ist unbekannt.

GIDONI 4. Mose 1,11; 2,22; 7,60.65; 10,24

GIDONI (»Krieger Gottes«). Vater des Abidan. Abidan war bei der Wüstenwanderung Israels der Stammesführer von Benjamin.

GIHON (»Ausbruch«, »Strom«).

GIHON 1 1. Mose 2,13
GIHON 2 1. Kön 1,33.38.45; 2. Chr 32,30; 33,14

1. Einer der vier Flüsse des Gartens Eden, »der fließt um das ganze Land Kusch« (1. Mose 2,13). Er ist wahrscheinlich nicht zu lokalisieren, obwohl manche Ausleger in ihm den Weißen Nil sehen.

2. Eine Quelle im Kidrontal, die wichtigste Wasserversorgung Jerusalems im Altertum; heute ed-Darag genannt. Hier wurde Salomo zum König gesalbt (1. Kön 1,33 ff.). Bereits in der vorisrl. Zeit hatte man versucht, die Quelle durch einen Tunnel mit der Stadt zu verbinden, was jedoch nicht gelang. Später wird berichtet, daß angesichts der drohenden assyr. Belage-

Das Kidrontal; unterhalb der Häuser, in der rechten Bildmitte, die Gihonquelle.

rung König Hiskia »die obere Wasserquelle des G. verschloß und sie hinunterleitete, westwärts zur Stadt Davids« (2. Chr 32,30), wodurch die Versorgung der Stadt gesichert und die Quelle dem Zugriff der Belagerer entzogen wurde (2. Chr 32,3–4). Der Tunnel Hiskias ist bis heute erhalten; er ist ca. 500 m lang und endet am Teich Siloah. An seinen Bau erinnert die berühmte Siloah-Inschrift. Vgl. SILOAH.

GILALAI (»[Gott] anbefehlend«). Ein Levit, einer der Sänger in den Dankchören bei der Einweihung der Stadtmauern Jerusalems unter Nehemia (Neh 12,31.35–36).

GILALAI
Neh 12,36

Das Gilboa-Gebirge; im Vordergrund die Jesreel-Ebene.

GILBOA (»Freudenfülle«). Bergkette südöstlich der Jesreel-Ebene, ca. 400 m ü. M. Hier unterlag Saul in seiner letzten Schlacht gegen die Philister (1. Sam 28,4ff.; 31,1–7; 2. Sam 1,6–10). Als David von diesem Unglück erfuhr, verfluchte er die Berge G. (2. Sam 1,21).

GILBOA
1. Sam 28,4;
31,1.8;
2. Sam 1,6.21;
21,12;
1. Chr 10,1.8

GILEAD (»hart, felsig«).

1. Der mittlere Teil des Ostjordanlandes, das aus drei Regionen bestand:

GILEAD 1
1. Mose
31,21.23.25;
4. Mose 26,29;
32,1.26.29.
39–40;
5. Mose 2,36;
3,10.12–13.
15–16; 4,43;
34,1;
Jos 12,2.5;
13,11.25.31;
17,1.5–6; 20,8
21,38;
22,9.13.15.32
Ri 10,4.8.17–

11,5.7–11.29;
12,4–5.7; 20,1;
1. Sam 13,7;
2. Sam 2,9;
17,26; 24,6;
1. Kön 4,13.19;
17,1; 22,3–4.
6.12.15.20.29;
2. Kön 8,28;
9,1.4.14; 10,33;
15,25.29;
1. Chr 2,22;
5,9–10.16;
6,65; 26,31;
27,21;
2. Chr 18,2–3.
5.11.14.19.28;
22,5;
Ps 60,9; 108,9;
Hld 4,1; 6,5;
Jer 8,22; 22,6;
46,11; 50,19;
Hes 47,18;
Hos 6,8; 12,12;
Am 1,3.13;
Obd 19;
Mi 7.14;
Sach 10,10
GILEAD 2
4. Mose
26,29–30; 27,1;
36,1;
Jos 17,1.3;
Ri 5,17;
1. Chr 2,21–23;
7,14.17
GILEAD 3
i 11,1–2,5,7–11
GILEAD 4
1. Chr 5,16

GILEADITER
4. Mose 26,29;
i 10,3; 11,1.40;
12,5.7;
2. Sam 17,27;
19,32;
1. Kön 2,7;
Esr 2,61;
Neh 7,63

GILGAL 1
Jos 4,19–20;
5,9–10; 9,6;
0,6–7.9.15.43;
14,6;
Ri 2,1; 3,19;
1. Sam 7,16;
0,8; 11,14–15;
3,4.7–8.12.15;
15,12.21.33;
Sam 19,16.41;
Ios 4,15; 9,15;
12,12;
Am 4,4; 5,5;
Mi 6,5
GILGAL 2
5. Mose 11,30
GILGAL 3
Kön 2,1; 4,38

GILO
Jos 15,51;
2. Sam 15,12

GILONITER
2. Sam 15,12;
23,34

der Hochebene, Gilead und Baschan (5. Mose 3,10). G. erstreckte sich vom See Genezareth im Norden bis zum Toten Meer im Süden. Nach der isrl. Landnahme wurde es zwischen den Stämmen Ruben, Gad und dem halben Stamm Manasse aufgeteilt (5. Mose 3,12 ff.). Der Name G. bezeichnet manchmal auch nur bestimmte Teile dieser Region (vgl. 5. Mose 3,15–16; 1. Kön 4,19), die reich an Weideland und deshalb gut geeignet für die Viehzucht waren (4. Mose 32,1 usw.). Es war auch für seine Salben berühmt (Jer 8,22).

Archäolog. Untersuchungen haben ergeben, daß G. bereits im 24.–23. Jh. v. Chr. besiedelt war. Nach einer langen Siedlungslücke wurde es dann im 13. Jh. v. Chr. wieder besiedelt, als die Königreiche von Edom und Moab in seinem Südteil entstanden. Der größte Teil von G. wurde jedoch von den Königen der Amoriter besetzt und später von den isrl. Stämmen erobert (4. Mose 32). Der Gileaditer Jeftah kämpfte gegen die Ammoniter und wurde einer der Richter Israels (Ri 11).

Nach der Teilung des isrl. Königreiches gehörte G. zum Nordreich Israel, doch sein nördlicher Teil wurde bald von den Aramäern erobert; ein anderer Teil wurde von den Ammonitern eingenommen (Am 1,13). 814 v. Chr. eroberte der Aramäer Hasaël ganz G. (2. Kön 10,32–33), aber als Damaskus von den Assyrern bedrängt wurde, fiel es an Israel zurück (2. Kön 13,25). 732 v. Chr. wurde das Land von Tiglat-Pileser III. erobert und viele seiner Bewohner nach Assyrien weggeführt (2. Kön 15,29). Der südliche Teil von G. befand sich darauf in den Händen der Ammoniter (Jos 13,24–25; Jer 49,1), während im nördlichen Teil eine assyr. Provinz mit dem Namen »Galazia« entstand.

Nach dem babyl. Exil befand sich G. außerhalb des jüd. Territoriums. In der frühen hell. Zeit stellte es einen gesonderten Bezirk unter dem Namen Galaaditis dar. Etwas später, unter den Seleukiden, ließen sich Juden in einigen Städten dieser Gegend nieder. Alexander Jannäus eroberte zu Beginn seiner Herrschaft das gesamte G. in zwei Feldzügen. Als der röm. Feldherr Pompejus das Land eroberte (63 v. Chr.), wurde die ganze Region in kleinere Einheiten aufgeteilt, die den größeren Städten zugeteilt wurden, von denen einige zur Dekapolis gehörten. Während der Herrschaft des Herodes und seiner Nachfolger blieb die Galaaditis außerhalb ihrer Reiche. Nach 106 n. Chr. wurde G. zu einem Teil der röm. Provinz Arabien.

2. Sohn Machirs und Enkel Manasses; von ihm stammt das Geschlecht der Gileaditer.

3. Vater des Jeftah.

4. Ein Gaditer; die Familie lebte in Gilead (1).

GILEADITER Siehe GILEAD (1).

GILGAL (»Kreis«, »Abwälzung«).

1. Stelle westlich des Jordans, letzte Station der Wüstenwanderung Israels (Jos 4,19–20). Hier, im Tal von Jericho, wurden die Israeliten beschnitten (Jos 5,3–9); der Name G. bedeutet, daß dort Jahwe »die Schande Ägyptens von euch abgewälzt *(galloti)* hat« (Jos 5,9). Nach der Eroberung Kanaans blieb G. ein heiliger Ort, an dem Samuel Israel leitete (1. Sam 7,16) und Saul zum König gemacht wurde (1. Sam 10,8; 11,14 f.). Nach der Reichsteilung war es ein Heiligtum des Nordreiches – ein Greuel für die Propheten Hosea (4,15) und Amos (4,4; 5,5). Z. Zt. des zweiten Tempels wurde es Bet-Gilgal genannt und von Leviten bewohnt, die von den »Tempelsängern« abstammten (Neh 12,29). Man vermutet G. in der Gegend von Jericho.

2. Ein anderes G., in der Nähe von Sichem, erwähnt 5. Mose 11,30. Die genaue Lage ist unbekannt.

3. Das in der Geschichte von Elisa (2. Kön 2,1–2; 4,38–44) erwähnte G. ist vielleicht identisch mit Jaljulija, nördlich von Ramallah, möglicherweise aber auch mit Gilgal (1).

GILO (»Freude«). Stadt im judäischen Bergland. Aus G. stammte Davids Ratgeber Ahitofel (2. Sam 15,12), dessen Sohn Eliam einer der »Helden« Davids war (2. Sam 23,34). Die Stadt lag wahrscheinlich in der Nähe von Hebron.

Reste einer Festung aus der israelitischen Zeit, ausgegraben in Gilo.

(oben) Die Gegend um Jericho; vermutlich lag hier Gilgal.

GIMSO (»Platz der Maulbeerbäume«). Eine der Städte, die z. Zt. König Ahas von den Philistern erobert wurden (2. Chr 28,18). Sie war auch in der Römerzeit bekannt und lag südöstlich von Lydda.

GIMSO
2. Chr 28,18

GINAT (»Schutz«). Vater Tibnis, des Gegners Omris im Kampf um den Thron des Nordreichs Israel.

GINAT
1. Kön 16,21–22

GINNETON (»Gärtner«). Einer der Priester, die mit ihren Familien aus dem babyl. Exil zurückkehrten (Neh 12,4.16); vielleicht identisch mit dem G., der die Abmachung zur Einhaltung des Gesetzes mit besiegelte (Neh 10,7).

GINNETON
Neh 10,7; 12,4.16

GINSTER Siehe PFLANZEN.

GIRGASCHITER (»Die im Lehmboden«). Eines der Völker, die vor der isrl. Landnahme in Kanaan lebten. Wahrscheinlich kamen sie durch die mit ihnen verbündeten Hetiter während deren Feldzug gegen Ägypten (z. Zt. Ramses II.) in dieses Gebiet.

GIRGA-SCHITER
1. Mose 10,16; 15,21; 5. Mose 7,1; Jos 3,10; 24,11; 1. Chr 1,14; Neh 9,8

GIRSITER (»Holzfäller«). Bewohner eines Landes in der Nähe von Ägypten, das von David während seines Aufenthaltes bei den Philistern überfallen wurde.

GIRSITER
1. Sam 27,8

GISCHPA (»der Horchende«). Einer der Vorsteher der Tempelsklaven *(Nethinim),* die z. Zt. Nehemias am Ofel wohnten.

GISCHPA
Neh 11,21

GITTAJIM Siehe GAT (2).

GITTAJIM
2. Sam 4,3; Neh 11,33

Phönizische Glas-Amphore und Halskette aus »Augen-Glasperlen« (Israel Museum/Israelische Regierungsabteilung für Altertümer und Museen).

GLAS Die ersten Funde von handwerklich hergestelltem G. stammen aus dem letzten Viertel des 3. Jt. v. Chr., als in Mesopotamien und Ägypten Glasperlen hergestellt wurden. Ein wichtiger Schritt in der Geschichte der Glasherstellung war das Auftauchen der ersten Glas*gefäße* Mitte des 2. Jt. v. Chr., wieder in Mesopotamien und Ägypten. Die ägypt. Glasverarbeitung erreichte ihre Blüte in der el-Amarna-Zeit (erste Hälfte des 14. Jh. v. Chr.).

GLAS
Spr 23,31; Mt 26,7; Mk 14,3; Lk 7,37; Offb 4,6; 15,2; 21, 18.21

Glasgefäße waren in der Spätbronzezeit in Palästina und Syrien selten; nur Fürsten und die ganz Reichen konnten sie sich leisten. Einige Gefäße waren für Tempel und Schreine bestimmt (z.B. in Lachisch und Bet-Schean); andere wurden in Gräbern gefunden (z.B. in Bet-Schemesch, Megiddo). Es scheint, daß alle diese Gefäße aus Ägypten stammten.

Auch das Verfahren, G. in Formen zu gießen, wurde in der Mitte des 2. Jt. v. Chr. erfunden. Eine einheitliche Gruppe blauer Glasanhänger in Form einer nackten Frau (möglicherweise eine Fruchtbarkeitsgöttin) wurde in so weit voneinander entfernt liegenden Orten wie Nuzi (nördliches Mesopotamien), Alalak (Ebene von Antiochien), Bet-Schean, Megiddo und Lachisch gefunden. Sie stammen entweder aus dem nördlichen Mesopotamien oder aus Syrien. Es gibt keinerlei Anhaltspunkte, daß Glasgefäße in der Spätbronzezeit in Palästina hergestellt wurden.

Mit dem Ende des Neuen Reiches in Ägypten und dem Verfall der mittelassyr. Zeit (Ende des 2. Jt. v. Chr.) setzte ein Niedergang der Glasherstellung ein. Erst aus dem späten 8. und dem 7. Jh. v. Chr. wurden wieder Glasartikel gefunden. Die einzigen bemerkenswerten Funde dieser Zeit aus Palästina sind Glaseinlegestücke, die auf den berühmten Elfenbeineinlegearbeiten im Palast der Könige von Israel in Samaria gefunden wurden. Die Rolle der Phönizier bei Glasherstellung und -handel in dieser und der folgenden Zeit ist umstritten, da entsprechende Nachweise fehlen. Im AT wird G. nur zweimal erwähnt (Hiob 28,17; Spr 23,31).

Im 6.–4. Jh. v. Chr. wurden kleine Amphoren, Aryballoi, Alabastra und Kännchen in großen Mengen hergestellt. Das Zentrum dieser Produktion scheint sich auf der Insel Rhodos befunden zu haben. Gefäße dieser Art, die im ganzen Mittelmeerraum verbreitet waren, wurden auch in Palästina gefunden. Alexandria war offensichtlich in der hell. Zeit ein führendes Zentrum der Glasherstellung; von diesen luxuriösen Erzeugnissen wurden jedoch nur wenige in Palästina gefunden.

Im NT wird G. in Mt 26,7; Mk 14,3; Lk 7,37 erwähnt sowie, in symbolischer Bedeutung, in Offb 4,6; 15,2; 21,18.21.

GLAUBE(N)
1. Mose 15,6;
2. Mose 14,31;
4. Mose 14,11;
20,12;
2. Chr 20,20;
32,15;
Hiob 9,16;
Ps 27,13; 78,32;
92,7; 116,10;
119,66;
Spr 14,15;
Sir 2,15;
Jes 7,9; 28,16;
33,8;
Jer 4,22;
Jona 3,5;
Hab 2,4;
Mt 8,10.13; 9,22.
29; 17,20; 21,
21f.; 23,23;
Mk 1,15; 4,40;
5, 34.36; 9,23f.;
16,16;
Lk 1,45; 18,8;
22,32;
Joh 1,7; 3,12.16.
18.36; 4,39.48.
53; 5,24,46f.; 6,
29.35.47.69;
7,38f.; 8,24.31.
45; 9,38; 10,26.
37f.; 11,25–27.
40.42; 12,36–39.
44.46; 13,19; 14,
12; 16,9; 17,8.
20f.; 20,29.31;
Apg 3,16; 8,37;
,43; 13,39; 15,
; 16,31.34; 17,

GLAUBE, GLAUBEN Der Begriff »Glaube« ist ein spezifisch christl. und also ntl. Begriff. Im AT erscheint er ausgesprochen selten und dann meist in einer dem NT gegenüber eingeschränkten Bedeutung (s.u.). Das gleiche gilt von dem Verb »glauben«, soweit es sich dabei nicht um glauben im Sinn von »für wahr erachten« handelt (1. Mose 45,26; 2. Mose 4,1 usw.).

»G.« ist der christl. Grundbegriff schlechthin. In ihm bündeln sich sämtliche Aussagen zum Verhältnis des Menschen zu Gott als dem Vater Jesu Christi. Er ist der Oberbegriff zu: Erlösung, Gericht, Gnade, Liebe, Hoffnung, Versöhnung, Sünde, Ewigkeit u.a. Es muß daher von vornherein festgehalten werden, daß es ganz ausgeschlossen ist, die Erklärung dieses Begriffs in eine einzige Formel zu fassen. Alle die beliebten Kurzdefinitionen (»G. ist Gottvertrauen«, »G. ist: sich in die Hände Gottes fallen lassen« usw.) sind ausnahmslos Verkürzungen, die der Fülle des Begriffs »G.« niemals gerecht werden.

Das Mindestmaß an begrifflicher Unterscheidung ist die Klarstellung, ob mit G. das Verhältnis des menschlichen Herzens zu Gott oder aber die Formulierung des christl. G., etwa in einem Glaubensbekenntnis, gemeint ist. Diese sehr alte Unterscheidung (»der Glaube, durch den geglaubt wird« und »der Glaube, welcher geglaubt wird«) ist die Voraussetzung für die inhaltliche Beschreibung dessen, was G. ist.

Der bibl. (= ntl.) Befund ergibt folgende Hauptlinien des Verständnisses dieses christl. Hauptwortes:

1) G. ist *Wissen*. Die sprachliche Herleitung des Wortes »glauben« von »ge-loben«, also beschwören können, zeigt, daß es sich beim G. um eine Sache handelt, deren man so sicher ist, daß man darauf einen Eid ablegen kann. Sofern es sich dabei nicht um eine Sache, sondern um eine Person handelt, sagt man dafür auch ver-loben. G. bedeutet also: mit Gott, »verlobt« (Hos 2,21.22), mit Jesus Christus wie »verheiratet« sein (Mt 9,15; Joh 3,29; vgl. Röm 8,38.39). Diese Bedeutung steckt auch im griech. Wort für Glaube (*pistis*) und im lat. *fides*. G. ist das feste Wissen: »Christus lebt in mir« (Gal 2,20).

2) G. ist *Entschluß*. So gewiß es Gott ist, der einen Menschen zum G. führt, so gewiß ist es auch, daß der Mensch dazu ja sagen muß. G. »hat« man nicht, zum G. »kommt« man (Gal 2,16). Deshalb ist das erste Wort der Predigt Jesu: »Kehrt um (tut Buße) und glaubt an das Evangelium!« (Mk 1,15). G. ist der Entschluß, eben dies zu tun und sich von anderen Göttern abzukehren. G. ist also keineswegs eine psychische Veranlagung, und Unglaube ist keine seelische Mangelerscheinung, sondern sie sind beide ein Entschluß des Menschen.

3) G. ist *Gottesfurcht*. Wenn es im AT überhaupt eine Entsprechung zum ntl. Begriff »G.« gibt (s. u.), dann ist es die lebensgestaltende Beziehung des Menschen zu Gott, die sein ganzes Sein prägt, also das, was die Bibel »Gottesfurcht« nennt (5. Mose 6,5; Hiob 1,1; Mal 3,16; Lk 2,25; Apg 13,43 usf.).

4) G. ist *Gottvertrauen*. Dies meint die einzige Definition des Wortes G., die es in der HS gibt: »Es ist aber der Glaube eine feste Zuversicht auf das, was man hofft, und ein Nichtzweifeln an dem, was man nicht sieht« (Hebr 11,1). Das Hohelied des G. im Sinn von Gottvertrauen ist eben jenes Kap. 11 im Brief an die Hebräer: »Den, der es verheißen hat, für treu halten« (11,11; vgl. Mk 4,40; 9,22–24; Röm 4,17–21).

5) G. ist *Bekennen*. Die Bibel kennt keinen verborgenen, schweigenden G. im Innern des Menschen. Was der Inhalt des Christenglaubens ist, »das verkündigen wir euch« (1. Joh 1,3). Der christl. G. wird im Herzen bewahrt *und* »auf der Zunge getragen« (Röm 10,9.10)! Der G. scheut sich nicht, »fromme Worte zu machen«, auch wenn sie schwerer fallen als gute Taten. Dabei zeigt die Bibel, daß Christen nicht ihre persönlichen Glaubensauffassungen bekennen, sondern das Glaubenszeugnis der Gemeinde Jesu Christi, der Kirche. Im ntl. Urtext heißt das Wort für »bekennen« *homologein* (»gemeinsam aussagen«) und für »Bekenntnis« *homologia* (»gemeinsame Aussage«).

6) G. ist *Gehorchen*. Darauf zielt die ntl. Abfolge von G. und Werken. »Der Glaube, wenn er nicht Werke hat, ist tot in sich selber« (Jak 2,17). Dies lehrt Jesus, z.B. in der Bergpredigt, und ebenso Paulus oder Petrus, z. B. in den Anleitungen zu einem christl. Lebensstil (Röm 14; Gal 6,10; Eph 5–6; Kol 3–4; 1. Thess 4,1–12; 1. Petr 3–4; Jak 4 usf.). Die Umkehr zum G. ist immer auch die Hinkehr zu neuem Gehorsam.

7) G. ist *Erkennen*. Der »Glaube, welcher geglaubt wird« (s. o.) ist definierbar. Man kann den christl. G. in Worte und Begriffe fassen. Das hat die Christenheit von den Tagen der Apostel an getan. Schon im NT finden sich erste Bekenntnisformulierungen, z. B. 1. Kor 8,6 oder 2. Kor 13,13. Das christl. Credo, z. B. in den altkirchlichen Bekenntnissen oder in den reformatorischen Bekenntnisschriften, ist nichts anderes als eine sorgsam ausformulierte Beschreibung dessen, was nun eigentlich zum Christenglauben gehört und also unaufgebbar ist. Man kann den G. beschreiben, und man kann ihn deshalb lehren und lernen – und man kann auch erkennen und lernen, was falscher G. und Irrlehre ist. Der G. des Herzens schaltet den Kopf des Christen nicht aus.

Diese ntl. Füllung des Glaubensbegriffs hat im AT noch keine volle Entsprechung. Die wenigen atl. Stellen zu »G.« beschreiben das Verhältnis des Menschen zu Gott im Sinne des hebr. Wortes *aemuná, aemaet* (daher unser »Amen«), das in seinem Wortstamm die Vorstellungen von Zuverlässigkeit, Festigkeit, Treue, Beständigkeit umschreibt; in der Verbalform bekommt es die Bedeutung »Vertrauen gewinnen zu jemandem«. In diesem Sinne beschreibt es also einen der Aspekte, die zum ntl. Gesamtbild des Glaubensbegriffs gehören und dies meint das AT mit dem Ausdruck »an den HERRN glauben« (1. Mose 15,6; 2. Kön 17,14; 2. Chr 20,20; Jes 7,9; 28,16; in den Psalmen vielleicht nur 119,66). Das Substantiv »Glaube« erscheint dagegen – abgesehen von der Redensart »Treu und Glauben« (Jes 33,8 u. a.) – im AT so gut wie gar nicht; vielleicht ist die in Röm 1,17 zitierte Stelle aus Hab 2,4 überhaupt der einzige atl. Beleg dafür. Bezeichnenderweise (und sachlich völlig zu Recht) sind in der Revision der Lutherbibel von 1984 einige früher

31; 20,21; 25,19; Röm 1,5.16f.; 3, 22.25–28.30f.; 4, 5.9.11–14.16. 18–20; 5,1; 9,30. 32; 10,10.17; 11, 20; 12,3; 14,22. 23; 15,13; 1. Kor 1,21; 2,5; 13,7.13; 15,14; 16,13; 2. Kor 4,13; 5,7; 8,7; 13,5; Gal 2,16.20; 3,2. 5–9.11f.14.22–26; 5,6; Eph 2,8; 3,12.17; 4,5.13; 6,16.23; Phil 1,27.29; 3,9; Kol 2,12; 1. Thess 3,10; 4, 14; 5,8; 2. Thess 1,3; 3,2; 1. Tim 1,2.19; 2, 15; 3,16; 4,1; 5, 8; 6,12; 2. Tim 1,12; 3, 15; 4,7; Tit 1,1; Phlm 6; 1. Petr 2,6–8; 5,9; 2. Petr 1,5; 1. Joh 4,16; 5,4; Hebr 4,3; 6,12; 11,1–9.13.17. 20–24.27–31.33. 39; 12,2; Jak 1,3.6; 2,17–20.22.24.26; 5,15; Offb 2,13 mit »G.« wiedergegebene atl. Stellen mit »Treue« (Gottes) übersetzt (Ps 146,6; Hos 2,22). (Siehe WAHRHEIT.)

GLEICHNIS
2. Mose 20,4; 4. Mose 12,8; Hes 17,2; 24,3; Mt 13,3.10.18. 24.31.33–36.53; 21,45; 24,32; Mk 4,10f.13.30; Lk 5,36; 6,39; 8,4; 12,16.41; 13,6; 14,7; 15,3; 18,1.9; 19,11; 20,9.19; 21,29; Joh 10,6; Hebr 9,9

GLEICHNIS Die Gleichnisse Jesu unterscheiden sich von der atl. und erst recht von der jüd.-rabbin. Gleichnisrede sowohl ihrer Zielrichtung (»Sitz im Leben«) als auch ihrer literar. Gattung nach. Ihr Ziel und also ihr Ort in der Verkündigung Jesu ist die Predigt vom Reich Gottes; ihre literar. Gattung ist die der Parabel (im griech. NT heißt das Wort für »G.« *parabolé*).

Die Gleichnisse Jesu als Bestandteil seiner Predigt vom Reich Gottes. Nach Mk 4,11 sind alle Gleichnisreden Jesu erfüllt vom Geheimnis der Königsherrschaft Gottes. Ihr Grundton heißt: Die Stunde ist da – und zugleich: die Stunde kommt. Von der Gegenwart des Heils spricht das Bild von der Hochzeit (Mk 2,19) oder das vom neuen Mantel und neuen Wein (Mt 9,16.17; Lk 5,36–38), bes. auch das vom Feigenbaum (Lk 21,29–31). Zu den eindrücklichsten G. zählen die Parabeln von der großen Zuversicht, daß die Gottesherrschaft im Kommen ist, z.B. die vom Senfkorn (Mk 4,30–32) und die vom Sauerteig (Mt 13,33) sowie das G. vom Sämann und vom vierfachen Ackerfeld (Mt 13,3–8) und nicht zuletzt das von der selbstwachsenden Saat (Mk 4,26–29). Freilich ist das Kommen des Tages Gottes auch voller Ernst der Entscheidung. Das meint z.B. das Gleichniswort von den Zeichen der Zeit (Lk 12,54–56 oder Mt 24,3–28), dann das G. vom unfruchtbaren Feigenbaum (Mk 11,12–14) und das vom törichten Kornbauern (Lk 12,16–20). Auch die G. von den anvertrauten Aufgaben und Geldern sind ein Stück dieser Reich-Gottes-Botschaft (Mt 25,14–30; Mk 13,33–37; Lk 12,42–46), ebenso das johanneische Hirtengleichnis (Joh 10,1–5), das G. vom Feigenbaum (Lk 13,6–9) sowie das zunächst so schwer zu verstehende G. vom unehrlichen Verwalter (Lk 16,1–8) oder vom reichen Mann und armen Lazarus (Lk 16,19–31) und v.a. die G. vom Wachbleiben (Lk 12,35ff.; Mt 25,1–12) und vom Feierkleid für die große Stunde (Mt 22,2–13). Wer um diesen Ernst weiß, der soll und will dann aber auch in der rechten Nachfolge des Jüngers leben. Das sagen die beiden G. vom Schatz im Acker und von der kostbaren Perle (Mt 13,44–46) und die berühmte Beispielgeschichte vom barmherzigen Samariter, deren eigentlicher Sinn ja die Beantwortung der Frage nach dem ewigen Leben ist (!) und in der Jesus die daraus resultierende Frage: »Wer ist mein Nächster?« umkehrt in die einzig mögliche Antwort der *Nachfolge* Christi: Wie werde ich wem zum Nächsten? (Lk 10,25–37, bes. V. 25.29.36). Gott läßt nicht ab, in seine Nachfolge und sein Reich zu rufen – auch die, die schuldig geworden sind, z.B. den verlorenen Sohn (Lk 15,11–32); eng verwandt damit ist das G. vom verlorenen Schaf und verlorenen Groschen (Lk 15,1–10), sinngemäß auch die G. vom gütigen Arbeitgeber (Mt 20,1–15), vom Pharisäer und Zöllner (Lk 18,9–14) und von den beiden zahlungsunfähigen Schuldnern (Lk 7,41–43). Alle G. haben diese eine Absicht: von der gegenwärtigen und der künftigen Gottesherrschaft zu reden.

Die literarische Form der Gleichnisse Jesu. Die Form der G. ist eng verknüpft mit dem Ziel, das Jesus mit ihnen verfolgt. Sie werden nur dann richtig verstanden und vor Mißdeutungen geschützt, wenn man sie streng als Parabeln versteht (s.o.), nicht aber als Allegorie. Das Wesen der Parabel besteht darin, daß eine Geschichte dazu erzählt wird, um einen einzigen, ganz bestimmten Zielpunkt herauszuarbeiten. Hat man diesen Zielpunkt – in der Fachsprache: das *tertium comparationis*, den »Drittpunkt des Vergleichs« – erarbeitet und erfaßt, kann man die übrigen Erzählungselemente als durchweg sachunerheblich beiseitelegen, bildlich gesprochen: man kann sie abtragen wie das nach Fertigstellung des Hauses nicht mehr benötigte Gerüst. Es führt nur zu Verwirrungen, wenn man die einzelnen Züge und Personen der Parabel daraufhin untersucht, wen oder was sie bedeuten könnten. Ganz anders ist das bei einer *Allegorie*. Eine allegorische Erzählung erschließt ihren Sinn erst dann, wenn man – etwa in der Art eines Schlüsselromans – herausfindet, wer mit welcher Person in ihr gemeint ist oder was für Ereignisse in ihr verborgen sind und also gedeutet, kommentiert werden sollen. Die G. Jesu dürfen keinesfalls als Allegorien mißdeutet werden. Es kommt bei ihnen immer auf den *einen* Zielpunkt des Vergleichs an – wohlgemerkt auch dann, wenn in einigen wenigen Fällen durchaus Einzelausdeutungen vorkommen, meist erst auf Befragen von Hörern hin, wie z.B. Mt 13,10.18–23 oder vielleicht noch Mt 25,1–13. Das Bemerkenswerte und Entscheidende bei solchen Ausnahmen, die die Regel nicht in Frage stellen können, besteht in der Entdeckung, daß diese G. auch mit ihrer vermeintlich allegorischen Erläuterung für den »Gipfel«, das Predigtthema des G. auch nichts anderes einbringen als das, was dieser Zielpunkt ohnehin sagen wollte. Ebenso wird an der wesentlichen einen Zielaussage auch in jenen Fällen nichts geändert, in denen ein G. möglicherweise zwei Zielpunkte, also einen doppelten Gipfel hat, wie z.B. die Parabel vom reichen Mann und armen Lazarus: Lk 16,19–26: in der Ewigkeit kann das diesseitige Geschick umgekehrt werden; V. 27–31: keine Wunderzeichen führen zum Glauben, sondern das Hören auf Gottes Wort. Bei solchen Ausnahmen ist es aber immer so, daß der eigentliche Nachdruck deutlich auf dem zweiten Zielpunkt liegt. Und auf jeden Fall sind zwei Zielpunkte immer noch etwas anderes als eine Allegorisierung sämtlicher Einzelheiten der Erzählung.

Aus diesen beiden Gründen also – der Einheit des Reich-Gottes-Themas und der Parabel-Form – unterscheiden sich die G. Jesu grundlegend von ihrem atl. und erst recht von ihrem jüd.-rabbin. Gegenüber, der Bildrede (hebr. *maschal*) des AT und des Spätjudentums. Dem *maschal* eignet weder die Einheit der Zielrichtung im einen Thema von der Gottesherrschaft noch die für das rechte Verständnis wesentliche Zuspitzung auf das eine *tertium comparationis*. Der *maschal* kann den verschiedensten Themenbereichen dienen, nicht nur einem vorgegebenen Gottes-Thema; dies zeigt z.B. die Jotam-Fabel (Ri 9,7–16), die etwa im Stil einer Aesop-Fabel erzählt wird. Je nachdem kann ein *maschal* auch einmal das Wesen der Parabel aufweisen, ein andermal kann er eine Allegorie sein (z.B. Hes 17,1–10; 24,1–8) oder auch ein Wahrsagerwort wie in den Sprüchen Bileams (4. Mose 24,15–24) oder allgemein ein Rätselspruch, ein dunkles Wort, das es zu deuten gilt, oder auch eine Erzählung, die in sich verständlich ist, auf deren doppelten Sinn der Hörer aber erst gestoßen werden muß. Ein berühmtes Beispiel einer solchen *maschal*-Erzählung ist Jesajas Lied vom Weinberg (Jes 5,1–7).

Manchmal ist ein *maschal* auch eine Metapher für ein einzelnes Wort oder eine Kurzerzählung mit Nutzanwendung, wie dies beides bes. häufig im Buch der Sprüche vorkommt (5,3.4; 6,27–29; 14,4; 15,7 usf.). In der spätjüd. Apokalyptik endlich, z.B. in den Pseudepigraphen des AT, wird die *maschal*-Erzählung zum beliebten Stilmittel zur Verhüllung eschatologischer Geheimnisse. Insgesamt führt vom *maschal* des AT kaum auch nur eine formale Brücke zu den Gleichnissen Jesu im NT; von einer Entwicklung seiner G. aus dem hebr. *maschal* kann man nicht sprechen.

GNADE Siehe BARMHERZIGKEIT.

GOA (»Die Brüllende«). Punkt (Hügel?), der von Jeremia in seiner Prophezeiung des Wiederaufbaus Jerusalems genannt wird.

GOB (»Gipfel«). Schauplatz einer Schlacht zwischen David und den Philistern; die Lage ist unbekannt.

GOG

1. Polit. und militär. Führer der Völker Rosch, Meschesch und Tubal, im Lande Magog (Hes 38,2). Wenn Israel aus der Verbannung zurückgekommen ist, wird G. aus dem äußersten Norden der Welt mit einem großen Heer gegen es ziehen (Hes 38,15 ff.). Aber Gott wird ihn und sein Heer vernichten (Hes 38,19–39,16). Daraufhin werden a) alle Menschen erkennen, daß Israels früheres Unglück kein Zeichen für eine Schwäche Gottes, sondern sein Gericht über Israels Sünden war (Hes 39,23); b) Israel wird Gott neu anerkennen und ihm stets gehorchen; c) Gott wird sich nicht länger von Israel abwenden, wenn es in Not ist.

Im NT (Offb 20,7–9) erscheinen Gog und Magog als Führer des Heeres des Satans gegen das Volk Gottes.

2. Der Gründer einer der Unterabteilungen des Stammes Ruben.

GOA
Jer 31,39

GOB
2. Sam 21,18–19

GOG 1
Hes 38,2–3. 14.16.18; 39,1.11; Offb 20,8

GOG 2
1. Chr 5,4

GOLAN
5. Mose 4,43;
Jos 20,8; 21,27;
1. Chr 6,56

GOLAN (»Wegführung«). Freistadt im Gebiet des Stammes Manasse im nördlichen Ostjordanland (5. Mose 4,43); später den Leviten übergeben (Jos 21,27). Ihre genaue Lage ist bis jetzt unbekannt. Nach ihr wurde später das Gebiet zwischen dem Hermon im Norden, dem Jordan im Westen und dem Jarmuk im Südosten genannt (der hell. Name ist Gaulanitis). Hier lagen im 2. und frühen 1. Jt. v. Chr. die kleinen Königreiche Geschur und Maacha.

Archäolog. Untersuchungen brachten in dieser Region prähistor. Stätten zutage, eine einzigartige chalkolithische Dorfkultur sowie nomadische und halbnomad. Reste aus der Frühbronzezeit. In der Mittelbronzezeit wurden dauerhaftere Ansiedlungen errichtet, von denen einige offenbar bis in die Spätbronzezeit bestanden. In der Eisenzeit (der bibl. Königszeit) wuchs die Zahl der Siedlungen stark an. Auch in der hell., röm. und byz. Zeit und bis ins Mittelalter hinein waren die Golanhöhen dicht besiedelt; es finden sich bedeutende jüd. und christl. Stätten.

Formation von sechseckigen Basaltpfeilern, die einen kleinen See umgeben, durch den ein Fluß von den Golanhöhen herunter zum See Genezareth fließt.

(links oben) Blick auf die Golanhöhen.

GOLDENES KALB
2. Mose 32,4.
8.19–20.24;
. Mose 9,16.21;
. Kön 12,28.32;
2. Kön 10,29;
17,16;
2. Chr 11,15;
13,8;
Neh 9,18;
Ps 106,19;
Ios 8,5–6; 10,5;
13,2;
Apg 7,41

GOLDENES KALB Götzenbild der Israeliten. Es handelte sich wohl um die Darstellung eines jungen Stieres – aus Holz und mit Goldblech überzogen (vgl. Ps 106,19–20). Zum ersten Mal finden wir das g. Kalb in 2. Mose 32,

Bronzekalb aus der kanaanäischen Periode (Israelische Regierungsabteilung für Altertümer und Museen).

kurz nach der Gottesoffenbarung am Sinai und der Einsetzung der Zehn Gebote. Mose war offensichtlich verschollen, und das g. Kalb sollte eine Verbeugung vor den Göttern Ägyptens werden, die sich offensichtlich doch als die überlegenen erwiesen hatten. Nichts lag hier näher als eine Darstellung des Apis-Stieres, des uralten Inbegriffs des ägypt. Gottkönigs und Symbols der Kraft und Fruchtbarkeit. Offenbar reichte das verfügbare Gold nur für ein relativ kleines Standbild, fast nur ein Kalb, aber das änderte nichts an dem Motiv und dem Ritual. Eindeutig nichts zu tun dagegen hatte dieser Kult mit der Anbetung von Geld und Wohlstand; der Ausdruck »Tanz um das g. Kalb« im Sinne von Mammonverehrung ist also falsch.

Man hat sich später in Israel in einem ganz anderen geschichtl. Zusammenhang an diese Szene aus den Anfängen des Volkes erinnert. Kurz nach der Reichsteilung ließ der erste König des Nordreiches, Jerobeam I., in den beiden neuen, als Konkurrenz gegen den Tempel in Jerusalem gedachten Staatsheiligtümern Dan und Bethel zwei gegossene g. Kälber aufstellen (1. Kön 12,26–32), und auch sie führten zum Götzendienst. Man hat sich damals an das Ende mit Schrecken, das der Abfall zum g. Kalb schon einmal über Israel gebracht hatte (2. Mose 32,25–28), erinnert; darum ist das Urteil des 1. Königsbuches über den Kult Jerobeams so eindeutig (1. Kön 12,30–13,10; 14,4–16).

GOLGATHA Der Ort der Kreuzigung Jesu (Mt 27,33; Mk 15,22; Lk 23,33; Joh 19,17). Der Name stammt von dem aram. Wort *gulgatha* (hebr. *gulgoleth),* das »Schädel« bzw. »Schädelstätte« bedeutet. Die frühe christl. Überlieferung lokalisierte die Stelle westlich des Stadtgebiets des damaligen Jerusalem. Durch die lat. Übersetzung von Lk 23,33 wurde sie auch als »Kalvarienberg« bekannt. Als die Römer im 2. Jh. n. Chr. nach der Niederwerfung des Bar-Kochba-Aufstandes Jerusalem unter dem Namen Aelia Capitolina

GOLGATHA
Mt 27,33;
Mk 15,22;
Joh 19,17

Das sog. »Gartengrab«, an einem Hügel außerhalb der Stadtmauern Jerusalems, der einem menschlichen Schädel ähneln soll. Manche Christen halten diesen Ort für das biblische Golgatha.

(rechts) Der Altar in der griechisch-orthodoxen Golgatha-Kapelle in der Grabeskirche; hier soll das Kreuz Jesu gestanden haben.

neu bauten, errichteten sie auf G. einen Tempel der Aphrodite. Nach dem Konzil von Nicäa (325 n. Chr.) sah der damalige Kaiser Konstantin es als seine Pflicht an, »den heiligsten Ort, den Ort der Auferstehung, zum Ort der Verehrung zu machen, sichtbar für alle«. Wenige Jahre später ließ er die Reste des Aphrodite-Tempels abreißen und die große Grabeskirche erbauen; sie umfaßte die letzten Stationen auf dem Weg zum Kreuz, die Stätte G. und das Grab Jesu. Die heutige, von den Kreuzrittern erbaute Grabeskirche enthält umfangreiche Überreste des Baus Konstantins.

GOLIAT (»Der Glänzende«). Ein Riese aus Gat und Kämpfer der Philister, den David mit einer Schleuder tötete (1. Sam 17). David deponierte das riesige Schwert G.s im Heiligtum von Nob; als er auf der Flucht vor Saul war, ließ er es sich vom Priester Ahimelech aushändigen (1. Sam 21,10).

GOLIAT
1. Sam 17,4.2
21,10; 22,10;
2. Sam 21,19;
1. Chr 20,5

2. Sam 21,19 erwähnt einen (anderen?) G., der von Elhanan aus Beth-

lehem getötet wurde. Nach 1. Chr 20,5 kann es sich dabei jedoch auch um den Bruder G.s gehandelt haben.

GOMER 1
1. Mose 10,2–3; 1. Chr 1,5–6; Hes 38,6
GOMER 2
Hos 1,3

GOMER (»Vollendung«?).

1. Der erste der sieben Söhne Jafets, des Sohnes Noahs, und Vater von Aschkenas, Rifat und Togarma (1. Mose 10,2–3; 1. Chr 1,5–6). In Hes 38,6 wird der Stamm G. unter den Verbündeten des Gog im Lande Magog erwähnt. Vermutlich steht G. für eine Volksgruppe Anatoliens, die in assyr. Quellen als Gimirraya und in griech. und lat. Quellen als Kimmerer bekannt ist.

2. Tochter Diblajims; eine Prostituierte, die der Prophet Hosea auf Befehl Gottes heiratete und die ihm drei Kinder (Jesreel, Lo-Ruhama und Lo-Ammi) gebar. Die Ehe und die Namen der Kinder sollten die Untreue Israels gegenüber Gott (der Götzendienst des Volkes wird symbolisch als Ehebruch beschrieben) und Gottes Strafgericht darüber bildlich zum Ausdruck bringen.

GOMORRA
1. Mose 10,19; 13,10; 14,2.8.10–11; 18,20; 19,24.28; 5. Mose 29,22; 32,32; Jes 1,9–10; 13,19; Jer 23,14; 49,18; 50,40; Am 4,11; Zef 2,9; Mt 10,15; Röm 9,29; 2. Petr 2,6;

GOMORRA (»Untergang«). Eine der fünf kanaan. Städte im Jordantal (1. Mose 10,19; 13,10; 14,2–3), möglicherweise an der Stelle des späteren Toten Meeres. Die genaue Lage ist umstritten. Siehe auch SODOM.

GOREN-ATAD
1. Mose 50,10–11

GOREN-ATAD (»Dreschboden von Atad«). Ort am Jordan, wo der Trauerzug, der die sterblichen Überreste Jakobs von Ägypten zum Erbbegräbnis in Machpela brachte, halt machte und eine siebentägige Trauerklage hielt. Die ortsansässigen Kanaaniter nannten den Ort daraufhin *Abel Mizraim* (»Ort der ägypt. Klage«, 1. Mose 50,7–13). Die genaue Lage ist umstritten.

GOSAN
2. Kön 17,6; 18,11; 19,12; 1. Chr 5,26; Jes 37,12

GOSAN (»Zuflucht«). Aram. Stadtstaat im nordwestlichen Mesopotamien, am Südufer des Flusses Kabur. Nach assyr. Quellen aus dem frühen 9. Jh. v. Chr. gehörte G. zu Assyrien. 732 v. Chr. deportierte Tiglat-Pileser III. die Stämme Gad, Ruben und den halben Stamm Manasse nach Halach, Hara, den Habor und den Fluß Gosan (1. Chr 5,26). Das gleiche Schicksal ereilte die Bewohner Samarias nach der assyr. Eroberung 721 v. Chr. (2. Kön 17,6). Jesaja (37,11–12) wußte von der Vernichtung G.s durch die Assyrer.

Ein mykenischer Krieger, der Schild und Speer trägt, wie auch einen Helm aus Horn und eine Lederrüstung, wie in der biblischen Beschreibung von Goliat. Von der »Krieger-Vase« (Warrior's Vase); 16. Jh. v. Chr.

Relief aus Gosan, das einen Mann mit einer Schleuder darstellt; 10.–9. Jh. v. Chr. (British Museum).

Typische Landschaft in Goschen, Ägypten.

G. wird mit Tell Halaf identifiziert, wo Überreste der im 10. Jh. v. Chr erbauten aram. Stadt ausgegraben wurden. Auf den Ruinen dieser Stadt war eine andere erbaut worden, in die die deportierten Israeliten von den Assyrern gebracht wurden. Schriftdokumente aus dieser späteren Stadt enthalten hebr. Namen, vermutlich die der Deportierten.

GOSCHEN (»Annäherung«).

1. Der Name eines Ortes und eines Gebietes in Juda (Jos 11,16) im Süden des Berglandes (Jos 15,51). Nicht identifiziert.

2. An Weideland reiche Gegend in Ägypten, die den eingewanderten Israeliten zugewiesen wurde (1. Mose 46,34), der »beste Ort des Landes« (1. Mose 47,6.11). Die LXX setzt G. mit Pithom gleich, dem heutigen Tel er-Ratabeh im Wadi Thumeilat. Die Bibel nennt G. auch das »Land Ramses« (1. Mose 47,11), was der spätere Name für Zoan (Tanis) in Nordägypten war. Auch ägypt. Quellen erwähnen das Gewähren von Weiderechten in der Gegend von Pithom.

GOSCHEN 1
Jos 10,41; 11,16; 15,51
GOSCHEN 2
1. Mose 45,10; 46,28–29,34; 47,1.4.6.27; 50,8;
2. Mose 9,26

GOTT Der Gottesglaube der christl. Kirche bekundet sich im Bekenntnis zu dem einen G., der sich dreifaltig geoffenbart hat: als G. der Vater, der Sohn und der Hl. Geist. Das Bekenntnis zum Geheimnis der Dreieinigkeit G.s wird vom NT an in allen grundlegenden Aussagen der Kirche festgehalten, insbes. in den gemeinsamen ökumenischen Bekenntnissen: im Apostolischen Glaubensbekenntnis, im Nicänischen Bekenntnis und im sog. Athanasianischen Bekenntnis. V. a. das letztere hat das Bekenntnis zur Dreieinigkeit des einen G.s zu seinem eigentlichen Gegenstand (siehe DREIEINIGKEIT). Die grundlegende Selbstoffenbarung G.s des Vaters bezeugt die HS in der Gotteserscheinung am Sinai, als G. sich unter seinem Namen, *Jahwe,* vor Mose und ganz Israel offenbarte (2. Mose 19) und seine Gebote kundtat (2. Mose 20). Die Offenbarung G.s als Sohn G.s geschah in Jesus Christus, der in der Wende der Zeiten das auf Erden wandelnde Wort G.s in Person war (Joh 1,1–14) und den Heilsplan G.s am Kreuz und in der Auferstehung zum Ziel brachte (Joh 20,31). Die Selbstoffenbarung G.s im Hl. Geist geschah an jenem ersten Pfingsten in Jerusalem, als das Feuer des Geistes G.s die Apostel erfaßte und in aller Öffentlichkeit zur Gründung der Kirche führte (Apg 2). »Also können wir im christlichen Glauben nicht drei Götter oder drei HERREN nennen... Unter diesen drei Personen ist keine die erste, keine die letzte, keine die größte, keine die kleinste; sondern alle drei Personen sind miteinander gleich ewig, gleich groß; auf daß also drei Personen in einer Gottheit und ein Gott in drei Personen geehrt werde« (Athanasianisches Bekenntnis).

Dies bedeutet aber, daß das christl. Glaubensbekenntnis von keinem anderen G. spricht als vom Vater Jesu Christi. Die eigentliche Verbindung von AT und NT besteht eben darin, daß es der eine und selbe G. ist, der sich den Vätern Israels, dem von ihm erwählten Volk (2. Mose 19,5.6), dem Volk Moses und Davids kundgetan hat, *und* der sich in seinem in Ewigkeit geborenen und vor aller Zeit beim Vater befindlichen Sohn (Joh 1,2.3.10; Kol 1,15–17; Hebr 1,3.4) in menschlicher Verhüllung und Gestalt (Phil 2,6.7) geoffenbart hat. Wo von G. als dem Vater gesprochen wird, ist im christl. Glauben immer zuerst und eindeutig der Vater Jesu Christi gemeint. Es ist dann auch der eine und selbe Gott, der sich als G.s Hl. Geist kundgetan hat und der bis heute »die ganze Christenheit beruft, sammelt, erleuchtet, heiligt und bei Jesus Christus erhält im rechten, einigen Glauben« (M. Luther).

Weil der Glaube an G. also immer ein Bekenntnis ist, ist er eben damit nie so etwas wie ein Beweis. Gottesbeweise gehören in die Angebote der Philosophie. Der G. der Bibel aber wird nicht bewiesen und nicht definiert, sondern bekannt, bezeugt und angebetet. So zeigt es die Bibel immer wieder, z. B. 2. Mose 15,2; Hiob 38,7; Ps 103,1 u. a. Psalmen; Lk 2,20; Offb 4,9 usw..

Die Bibel bezeugt von Anfang an die Wahrheit und Wirklichkeit G.s, nicht erst von der Gottesoffenbarung am Sinai an. Der geheimnisvolle Name G.s aber, *Jahwe* (in der vokallosen hebr. Schrift richtiger in der Umschrift JHWH wiedergegeben), erscheint davor nur in seltenen Andeutungen oder

GOTT
1. Mose 1,1; 1,27; 3,1.5; 5,1; 6,9; 8,1; 9,1.6; 14,19.22; 16,13; 17,1; 21,22; 25,11; 31,5; 32,29; 40,8; 50,20;
2. Mose 3,6.13; 6,7; 16,12; 20,2; 34,6;
3. Mose 19,14; 23,40; 26,12;
4. Mose 23,19;
5. Mose 1,17; 4,24; 5,2; 6,2.5.16; 8,10; 12,7.12.18; 32,4; 33,27;
Jos 1,9;
Rut 1,16;
2. Sam 22,3.31;
1. Kön 18,24.39;
2. Kön 5,7;
Hiob 2,10; 19,26; 33,12; 34,10; 36,26;
Ps 8,6; 14,1; 18,3.31; 19,2; 22,2f.; 31,6; 42,3; 46,2.11; 50,7; 51,12; 60,14; 64,10; 68,21; 73,28; 84,12; 90,2; 95,37; 100,3; 115,3; 118,28;
Jes 12,2; 25,9; 31,3; 40,9; 41,10; 44,6; 45,22;
Jer 8,19; 10,10; 23,23; 24,7;
Dan 2,47;
Hos 2,25; 11,9; 12,10;
Mi 7,18;
Mt 22,21; 27,46
Lk 12,21;
Joh 1,1; 4,24; 8,47; 10,33; 13,3; 17,3; 20,17.28;
Apg 5,29; 17,23f.;
Röm 1,7.18–21 23–26; 3,30; 6,10; 8,31.33; 9,5; 13,1f. 4.6; 14,10;
1. Kor 1,9.24f.;

2,1.11; 3,23; 6,20; 10,31; 12,6; 15,10; 2. Kor 1,3; 2,15; 3,5; 5,19; 7, 10; 13,11; Eph 4,6; 1. Thess 4,8; 2. Thess 2,4; 1. Tim 1,17; 2,5; 1. Petr 5,2.10; 1. Joh 1,5; 3,10; 4,1–4.6.12.15f. 20f.; 5,20; Hebr 11,16; 12,29; Jak 2,19; Offb 12,10; 21,3.7

GOTT (bildlich bzw. abwertend) 2. Mose 4,16; 7,1; 32,1.4; Jes 44,10; Hab 1,11; 2. Kor 4,4; Phil 3,19; 2. Thess 2,4

GOTT DER HERR 1. Mose 2,4; Ps 84,12; Jes 61,1; Am 3,8; Offb 4,8

GOTT JAKOBS Ps 46,8; 146,5

GOTT ZEBAOTH Ps 80,8.15

in Umschreibungen. Eine schattenhaft vorauslaufende erste Spur erscheint 1. Mose 4,26, wonach in den Tagen Enoschs erstmals der Gottesname JHWH genannt wurde. Erst Mose aber erfährt am brennenden Busch in Midian bei seiner Berufung das Geheimnis des Gottesnamens (2. Mose 3,6–15; vgl. 6,2–8). Dies ist die einzige Stelle in der Bibel, in der dieser Name, wenn auch in geheimnisvoller Form, erklärt wird (3,14); vielleicht ist die sachgerechteste, wenn auch grammatisch nicht schlüssig belegbare, Übersetzung doch der Satz: »Ich bin«. Dieser Name ist den Erzvätern Israels nicht genannt worden. Bei Abraham, Isaak und Jakob gibt sich G. in Umschreibungen kund, entweder einfach als »Gott« (hebr. *El,* meist in der majestätischen Mehrzahl *Elohim,* wörtl. »Götter«) oder als »der allmächtige Gott« *(El schaddai,* 1. Mose 17,1), als »Gott der Höchste« (14,19.22), als »Gott Israels« (33,20) u. ä. Wenn dann bei der Niederschrift des 1. Buchs Mose teilweise zu diesen Umschreibungen der Gottesname JHWH hinzugefügt wurde, dann gibt das die im Rückblick richtige Erkenntnis wieder, wer dieser »Gott Israels« (usw.) war; es bedeutet aber nicht, daß G. seinen Namen schon Abraham oder Jakob geoffenbart hätte.

Im Judentum hat man sehr wohl daran getan, den hochheiligen Gottesnamen JHWH so gut wie nie auszusprechen, auch nicht bei den gottesdienstlichen Schriftlesungen, sondern dafür jedesmal »unser HERR« (hebr. *Adonai)* zu sagen. Es hat nichts mit abergläubischer Scheu zu tun, wenn sich die christl. Kirche dem weithin angeschlossen hat, so auch Luther in seiner Bibelübersetzung.

Bezeichnend für den bibl. Gottesglauben ist auch die Erkenntnis, daß er viel weniger von G.s *Wesen* redet als von seinem *Tun,* viel weniger von seinen *Eigenschaften* als vielmehr von dem, was durch G. *geschieht.* Sogar von den Worten (Botschaften) G.s, die er seinen Boten und Propheten auftrug, heißt es bezeichnenderweise immer wieder: »Und das Wort des HERRN *geschah* zu …«.

G. ist Geschehen, der Inbegriff des Wirkens. Er ist »eine Hilfe in den großen Nöten, die uns getroffen haben« (Ps 46,2). Er ist immer am Werk (Jes 41,10; Röm 16,20; 2. Kor 1,3.4). Er schafft den Seinen Frieden (1. Kor 14,33). Er macht Hoffnung (Röm 15,13). Er gibt Trost (Jes 38,17; Joh 14,26). Vor allem aber: Er schickt und gibt seinen eingeborenen Sohn (Joh 3,16). Und: Er behält das letzte Wort über dieser Welt (Luk 11,2; 1. Kor 15,28; Offb 21,3.4).

Eben deshalb ist der G. der Bibel exklusiv, ja ausgesprochen intolerant gegenüber selbstgemachten, anderen Göttern des Menschen (2. Mose 20,2. 3; 34,14). Davon spricht Israels wichtigstes Glaubensbekenntnis, das *Schema Israel* in 5. Mose 6,4.5; ebenso z. B. Jos 24,23; 1. Kön 18; Jes 43,10–12; Jer 9,12–15; Mk 12,29.30; Apg 4,12; 14,15; 17,24; 19,26; 1. Kor 10,14.21. G. ist nicht tolerant, sondern heilig (Ps 83,17–19). G. weist den Weg zum Leben (Jer 21,8), die Wege der Götter sind Irrwege zum Tode (2. Mose 20,5; 5. Mose 27,15; Jes 37,16–20). Im NT ist das nicht anders. Jesus ruft genau so zum Entweder-Oder, z. B. in seinen »Ich bin«-Worten mit ihrem Ausschließlichkeitscharakter (Joh 8,12; 10,1–11; 14,6; vgl. Mt 12,30; Lk 11,23; Joh 17,3). Wo der Glaube an den G. der Bibel bezeugt wird, ist kein Raum mehr für die Götter der Religionen, keine Freizone für Allah oder Krishna.

Sowohl im AT wie im NT ist G. Majestät, Heiligkeit, Gerechtigkeit, Gnade, Barmherzigkeit. Sicher nehmen die Worte vom Zorn und vom Gericht G.s im AT einen breiteren Raum ein als im NT, bes. bei den großen Propheten von Amos bis Hesekiel, von Jeremia bis Zefanja; jedoch gibt es keinen stärkeren Erweis für die unabdingbare Heiligkeit des richtenden G.s als das Kreuz Christi. Die bibl. Aussagen über die Hölle als den Ort der Verdammnis haben ihren Platz hauptsächlich im NT, z. B. Mk 9,43–48; Mt 8,12; 13,41.42; Offb 20,11–15), nicht im AT. Andererseits werden alle atl. Worte von Gottes Barmherzigkeit und Gnade (2. Sam 12,13; Ps 103,4.8; Jes 54,7; Dan 9,9; Jona 4,2 u. a.) weit überboten durch den neuen Bund G.s in seinem Sohn Jesus Christus (Mt 26,26–28; Röm 5,9; Eph 1,7; Kol 1,20; 1. Joh 1,7; Hebr 7,22). Erst das NT offenbart die Versöhnung des Sünders mit G. durch den Mittler Jesus Christus (2. Kor 5,18.19; 1. Joh 4,10; Heb 9,15; 12,24).

Darum ist auch die Vater-Anrede die große Besonderheit des christl. Gottesglaubens. Die Religionen kennen diese für einen G. unerträgliche Anrede durchweg nicht.

Das AT spricht zwar hier und da von G. als dem Vater seines erwählten Volkes Israel (Jes 64,7; vgl. Hos 2,1), kennt aber die Vater-Anrede im Gebet nur ausnahmsweise, z. B. Jes 63,15.16 und Ps 103,13. Es ist ein unvergleichlicher Schritt in der Anbetung G.s, wenn Jesus die Seinen bevollmächtigt, seinen Vater als »unseren Vater« (Mt 6,9), ja sogar fast familiär mit »Abba« anzureden (Röm 8,15) und »den Vater« etwas zu bitten »in meinem Namen« (Joh 15,16). Das AT spricht vom »Heiligen Israels« (Jes 43,3), vom »Höchsten im Himmel« (1. Sam 2,10), vom »Hochgelobten« (Mk 14,61) und unzählige Male vom »Herrn der Heerscharen« (Zebaoth) und umschreibt G. mit Ausdrücken wie »Schild« (Ps 3,4), »Erlöser« (Jes 63,16), »König« (Ps 47,7), »Hirte« (1. Mose 49,24; Ps 23,1); aber diesen Umschreibungen ist immer eine heilige Distanz G.s dem Menschen gegenüber zu eigen. Der neue Bund hat in Jesus Christus diese Distanz in die Nähe G.s verwandelt. Aus denen, die vor G.s Heiligkeit immer in der Ferne blieben (1. Mose 3,24), sind durch den Sohn G.s gerechtfertigte Sünder geworden, die sich G. nahen dürfen (Eph 2,13; Hebr 7,19; Jak 4,8) und für die das letzte Wort G.s die Nähe G.s sein wird (Offb 21,3).

GOTTESFÜRCHTIGER Siehe PROSELYT

GOTTGEWEIHTE(R)
4. Mose 6,2.13.18–21; Ri 13,5.7; 16,17; Am 2,11–12

GOTTGEWEIHTE(R) (NASIRÄER) Das Gesetz über die Gottgeweihten steht in 4. Mose 6,1–21. Es handelt sich um Männer oder Frauen, die Gott ein besonderes Gelübde abgelegt hatten. Für die Dauer des Gelübdes hatten sie sich von Wein u. a. berauschenden Getränken zu enthalten, durften sich keinem Toten nähern und sich nicht die Haare schneiden. Ein Todesfall in der Familie bedeutete, daß der G. sieben Tage lang unrein wurde und sein Gelübde so lange unterbrochen war. Das Ende des Gelübdes wurde mit eigens dazu vorgeschriebenen Opferzeremonien begangen.

Nach 4. Mose 6 ist der G. ein erwachsener Israelit, der sich aus eigenem Antrieb auf das Nasiräergelübde verpflichtet. In Ausnahmefällen kam es jedoch auch vor, daß ein Mensch durch seine Eltern oder gar durch Gott selbst zum G. bestimmt wurde: Hanna weihte ihren Sohn Samuel bereits vor seiner Zeugung Gott (1. Sam 1,11), und Simson wurde von einem Engel, der seiner Mutter erschien, zum G. bestimmt (Ri 13,5; vgl. 16,17).
Ansonsten erwähnt das AT G. nur noch in Am 2,11–12, wo der Prophet den Israeliten vorwirft, die G. zum Weintrinken gezwungen zu haben.

Im NT ist offenbar Apg 21,23–26 von einem Nasiräergelübde die Rede. Paulus erhält von den Leitern der Gemeinde in Jerusalem den Rat, vier G. bei ihrem Reinigungsritual zum Abschluß des Gelübdes zu begleiten und die Kosten für die vorgeschriebenen Opfer zu tragen, um so die Gerüchte, er sei gegen die Juden, zu entkräften. Paulus ging auf diesen Vorschlag ein. Dagegen ist bei Apg 18,18, wo Paulus wegen eines Gelübdes sein Haar abschneiden läßt, nicht klar, ob es sich um ein Nasiräergelübde handelte; es kann sich höchstens um das *Ende* eines solchen Gelübdes gehandelt haben – und das vollzog man in Jerusalem, und nicht an einem anderen Ort.

GRANATAPFEL Siehe PFLANZEN.

Griechenland.

GRIECHENLAND, GRIECHEN
Dan 8,21; 10,20; 11,2; Joel 4,6; Sach 9,13; Mk 7,26; Joh 7,35; 12,20; 19,20; Apg 14,1; 16, 1.3; 17,4.12; 18,4; 19,10.17; 20,2.21; 21,28.37; Röm 1,14.16; 2,9–10; 3,9; 10,12; 1. Kor 1,22–24 10,32; 12,13; Gal 2,3; 3,28; Kol 3,11; Offb 9,11

GRIECHENLAND, GRIECHEN In der bibl. Völkertafel wird Jawan als vierter Sohn Jafets aufgeführt (1. Mose 10,2.4). *Jawan* ist der hebr. Name für Griechenland, abgeleitet von *Iaonie* (Ionien?), Land der Griechen.

Der Prophet Joel (ca. 810–750 v. Chr.) klagt Tyrus, Sidon und die Philister an, die Leute von Juda den Griechen als Sklaven verkauft zu haben (Joel 4,6); Jesaja prophezeite um das Jahr 700 v. Chr., daß Jawan/Griechenland unter den Ländern sei, aus denen die Juden nach Israel zurückkehren würden (Jes 66,19.20). Hesekiel erwähnt in seiner Prophezeiung über Tyrus (594 v. Chr.) G. als eines der Länder, die mit Tyrus Handel trieben (Hes 27,13.19). Daniel (604–535 v. Chr.) offenbart in seinen Visionen schon den Aufstieg und die Eroberungen der griech. (mazedonischen) Weltmacht

Der Apollo-Tempel in Delphi; im Hintergrund der Berg Parnassus.

unter Alexander d. Gr. (Dan 7 und 8, bes. 8,3ff. und 8,20ff.). Der Prophet Sacharja (um 520 v. Chr.) prophezeit die griech. Herrschaft über Israel, wenn er verkündet: »... und will deine Söhne, Zion, aufbieten gegen deine Söhne, Griechenland« (Sach 9,13).

Alexander d. Gr. im Kampf gegen die Perser, dargestellt auf einem Mosaik aus Pompeji.

Die griech. bzw. hell. Periode in Palästina begann 333 v. Chr., als Alexander d. Gr. in der Schlacht bei Issos Darius III. von Persien besiegte, was ihm den Weg zur Eroberung Syriens und Ägyptens öffnete. Nach Alexanders Tod wurde sein Reich unter seinen Feldherren aufgeteilt, und Palästina fiel zunächst an das (ägypt.) Ptolemäerreich, später (ca. 195 v. Chr.) an die (syr.) Seleukiden. Gegen die sich immer mehr ausbreitende hell. Kultur formierte sich der jüd. Widerstand. Der Höhepunkt des Konfliktes kam, als Antiochus IV. Epiphanes (175–162 v. Chr.) die Ausübung der jüd. Religion zu verbieten versuchte und den Tempel in Jerusalem entweihte – der unmittelbare Anlaß für den jüd. Makkabäeraufstand (vgl. die apokryphen Bücher 1. und 2. Makk). Die Makkabäer (Hasmonäer) konnten die seleukid. Herrschaft brechen und praktisch die Unabhängigkeit Israels erreichen. Ein Teil des hell. kulturellen Einflusses blieb jedoch erhalten.

Im NT erscheint Griechenland (Achaja) v. a. im Zusammenhang mit den Reisen des Paulus. Paulus predigte den Juden wie den Griechen (d. h. Nichtjuden). Das Charakteristische der G. war für ihn ihr rationales Denken, ihr Streben nach Weisheit (1. Kor 1,18–2,16). Vor Gott und in bezug auf das Heil in Christus gibt es keinen Unterschied zwischen Juden und G. (Röm 10,12; Gal 3,28).

Das NT wurde in griech. Sprache geschrieben, obwohl einzelne Stücke vielleicht auf aram. Originalen basieren, die nicht mehr erhalten sind. Griechisch war die Sprache der christl. Kirche bis in die Mitte des 2. Jh.s.

GROSSES MEER Siehe MEER.

GROSSES MEER 4. Mose 34,6–7; Jos 1,4; 9,1; 15,12.47; 23,4; Hes 47,10.15.19–20; 48,28; Dan 7,2

GRUNDTOR Eines der Tore Jerusalems, in Zusammenhang mit der Hinrichtung der Königin Atalja (2. Chr 23,1–15) erwähnt (2. Kön 11,16). Möglicherweise war es eines der Tore, die den Königspalast mit dem Tempel verbanden.

GRUNDTOR 2. Chr 23,5

GUNI (»beschützt«).

1. Ein Sohn Naftalis (1. Mose 46,24), des Sohnes Jakobs von Rahels Magd Bilha; und Stammvater der Guniter (1. Mose 30,7–8; 4. Mose 26,48).

2. Ein Nachkomme aus dem Geschlecht Gads.

GUNI 1 1. Mose 46,24; 4. Mose 26,48; 1. Chr 7,13
GUNI 2 1. Chr 5,15

GUNITER

1. Siehe GUNI (1).

2. Beiname des Jaschen, dessen Söhne zu den 30 »Helden« Davids gehörten; er bezeichnet wahrscheinlich ein Dorf oder eine Stadt, aus der Jaschen stammte.

GUNITER 1 4. Mose 26,48
GUNITER 2 1. Chr 11,34

GUR (»Wohnung«). Ahasja, der König von Juda, floh vor den Männern Jehus und wurde durch einen Pfeil »auf der Höhe von Gur« erschossen. Der Ort muß sich in der Nähe von Megiddo befunden haben.

GUR 2. Kön 9,27

GUR BAAL (»Wohnung des Baal«). Ein sonst unbekannter Ort im Süden Judas, wo Araber (?) wohnten; sie wurden von König Usija besiegt.

GUR (BAAL) 2. Chr 26,7

GURKE Siehe PFLANZEN.

GUTHAFEN Ein Hafen, den das Schiff anlief, das Paulus als Gefangenen nach Rom bringen sollte. Es handelt sich um eine Bucht östlich des Kaps Matala an der Südküste Kretas.

GUTHAFEN Apg 27,8

H

HABAJA Esr 2,61; Neh 7,63 **HABAJA** (»Jahwe hat verborgen/beschützt«). Eine Priesterfamilie, die mit Serubbabel aus dem babyl. Exil zurückkehrte, aber ihre isrl. Herkunft nicht nachweisen konnte (Esra 2,59) und deshalb bis zur Klärung der Sachlage das Priesteramt nicht ausüben durfte.

HABAKUK Hab 1,1; 3,1 **HABAKUK** (»Umarmer«). Prophet aus Juda, der zeitlich nicht genau eingeordnet werden kann. Der Inhalt seines Buches weist in die Jahre vor dem ersten Strafgericht über Jerusalem und der ersten Deportation nach Babel, also vor das Jahr 598 v. Chr. (2. Kön 24), in die Zeit der Könige Josia und Jojakim. Das Hauptthema seiner Prophetenschrift ist die Frage nach der Gerechtigkeit Gottes in der Völkergeschichte. Zu seiner Person ist nichts bekannt. Siehe HABAKUK, BUCH DES PROPHETEN.

HABAKUK, BUCH DES PROPHETEN Das achte Buch unter den sog. Kleinen Propheten im Kanon des AT. Es gehört in die Zeit des Aufstiegs der Chaldäer zur Weltmacht, als Nabopolasser, der Gründer des Neubabyl. Reiches, die assyr. Hauptstadt Ninive eroberte.

Das Buch läßt sich in zwei Abschnitte gliedern: die erzählenden Kap. 1 und 2 und einen Psalm (Kap. 3) H.s. Die Erzählung besteht aus fünf Teilen, die einen Dialog zwischen Habakuk und Gott ergeben. Ihr folgt der Psalm H.s über die Größe und Macht Gottes.

Fragment des Kommentars zum Buch Habakuk; eine der Handschriften, die in Qumran am Toten Meer gefunden wurden (Schrein des Buches, Jerusalem).

H. klagt Gott die ungezügelte Gewalt und Ungerechtigkeit, die das Land erfüllen (1,1–4), und fragt ihn, wann er gegen die Bosheit, Gewalt und Unterdrückung des Rechts einschreiten werde. Daraufhin kündigt Gott an, daß er die Chaldäer erwecken wird, um Juda durch sie zu richten (1,5–11) – »ein grimmiges und schnelles Volk, das hinziehen wird, so weit die Erde ist, um Wohnstätten einzunehmen, die ihm nicht gehören« (1,6).

Nach dieser unerwarteten Antwort bittet H. Gott (1,12–17), die Strafe einzuschränken und nicht zu schweigen, »wenn der Gottlose den verschlingt, der gerechter ist als er« (1,13). Gott antwortet in einer zweiteiligen Rede (2,1–5; 2,6–20). Er spricht eine deutliche Warnung an Juda aus: »Wer halsstarrig ist, der wird keine Ruhe in seinem Herzen haben«, fügt allerdings tröstend hinzu: »…der Gerechte aber wird durch seinen Glauben leben« (2,4). Er verheißt aber auch das Ende der Macht der Chaldäer (2,5). Darauf folgen fünf Gleichnisse, die jeweils mit »Weh dem…« beginnen (2,6–20), in denen Gott das Gericht über die Bosheit der Chaldäer ausspricht.

Der Psalm H.s gliedert sich in vier Teile; der erste und vierte Teil (3,1–2.16–19) ist ein Gebet, die beiden mittleren Passagen erinnern an die Taten Gottes (3,3–7.8–15). Der Psalm bezieht sich in 3,3–4 auf die Machttaten Gottes beim Auszug aus Ägypten und predigt anschließend Gottes Allgewalt in der Schöpfung und seinen Gerichtszorn in der Geschichte. Judas Feinde,

die Chaldäer, bekommen es mit dem HERRN zu tun (3,12–15). H. schließt mit Worten des Triumphes und des Vertrauens auf Gott (3,17–19).
Die Verbindung der beiden ersten Kap. mit dem dritten bringt für einige Forscher ein gewisses Problem mit sich, weil eine der Schriftrollen vom Toten Meer einen Kommentar zu H. enthält, in dem Kap. 3 fehlt. Dennoch dürfte kein Zweifel an der Einheit des Buches bestehen.

INHALTSÜBERSICHT

1,1–4	Klage gegen Gewalt und Unterdrückung
1,5–11	Die Chaldäer als Werkzeug Gottes
1,12–17	Habakuks Frage nach Gottes Gerechtigkeit in der Geschichte der Völker
2,1–5	Der Gerechte wird durch den Glauben leben, der Böse wird untergehen
2,6–20	Fünf Weherufe gegen die Unterdrücker
3,1–19	Gott wird kommen und sein Volk retten

HABAZZINJA (»Leuchte Jahwes«). Vater des Jirmeja aus dem Geschlecht der Rechabiter. Er lebte z. Zt. Jojakims von Juda.

HABAZZINJA Jer 35,3

HABICHT Siehe TIERE.

HABOR Ein Fluß, an dem die zehn Stämme Israels nach ihrer Vertreibung durch die Assyrer angesiedelt wurden (2. Kön 17,6; 18,11 usw.). Er trägt heute den Namen »Khabur«. Sein Lauf führt zwischen Euphrat und Tigris auf 320 km durch eine fruchtbare Ebene, bevor er sich mit dem Euphrat vereinigt. An seinen Ufern lagen einige wichtige Städte Mesopotamiens. Vom 16. bis zum 14. Jh. v. Chr. wurde die Gegend vom Horiterreich von Mitanni beherrscht; im 10. Jh. v. Chr. stießen die Aramäer hierher vor und bauten an den Flußufern Städte. Im 8. Jh. v. Chr. stand die Region unter assyr. Statthalterschaft. Andauernde Aufstände und die darauffolgenden Deportationen der aram. Bevölkerung führten jedoch zum Niedergang, wodurch Platz für die Ansiedlung der aus Samarien verschleppten Israeliten frei wurde.

HABOR 2. Kön 17,6; 18,11; 1. Chr 5,26

HACHALJA (»Der auf Jahwe wartet«). Vater des Nehemia.

HACHALJA Neh 1,1; 10,2

HACHILA Ein Hügel südlich von Jeschimon, unweit von Jerusalem. Hier verbarg sich David, als König Saul ihn suchte, um ihn zu töten (1. Sam 23,14–15.19).

HACHILA 1. Sam 23,19

HACHMONI (»Der Weise«?). Vater Jehiëls, des Beamten am Hofe von David, der (als Lehrer?) »bei den Söhnen des Königs war«.

HACHMONI 1. Chr 27,32

HACHMONITER Die Familie des Joschobam, des Führers der »Helden« Davids.

HACHMONITER 1. Chr 11,11; 2. Sam 23,8

HADAD, HADAR (»Der Mächtige«).

1. Der achte König von Edom (1. Mose 36,39), der vor der Gründung des isrl. Königtums herrschte (1. Mose 36,31); seine Hauptstadt war Pagu. In einigen Hss. erscheint er als Hadar, in anderen, sowohl jüd. als auch samaritanischen, wird er wie in 1. Chr 1,50 Hadad genannt.

2. Ein anderer edomitischer König.

3. Der achte Sohn Ismaels.

4. Mitglied des königl. Hauses von Edom. Als David Edom eroberte, floh H. nach Ägypten. Er kehrte später zurück, um einen Aufstand gegen Salomo zu führen.

HADAD, HADAR 1 1. Mose 36,39; 1. Chr 1.50–51
HADAD, HADAR 2 1. Mose 36,35–36; 1. Chr 1,46–47
HADAD, HADAR 3 1. Mose 25,15; 1. Chr 1,30
HADAD, HADAR 4 1. Kön 11,14. 19.21.25

HADAD-ESER (»Hadad ist Hilfe«). König von Zoba und Herrscher über die Aramäerstämme bis zum Euphrat (2. Sam 8,3), ein Widersacher Israels z. Zt. Sauls; er wurde mehrmals von David besiegt. H.-E. war ein kluger und mächtiger Herrscher, der die zeitweilige Schwäche Assurs (unter Aschurabi II., 1012–972 v. Chr.) ausnützte und sich assyr. Gebiete am oberen

HADAD-ESER 2. Sam 8,3.5. 7–10.12; 10,16.19; 1. Kön 11,23; 1. Chr 18,3.5. 7–10; 19,16.19

Euphrat bemächtigte. Nach dem bibl. Bericht besiegte Joab, der Feldherr Davids, eine Koalition aram. Herrscher, unter ihnen auch H.-E., der den bei Rabba belagerten Ammonitern zu Hilfe kam (2. Sam 10,6–14). Später mußten die Aramäer nach ihrer Niederlage bei Helam mit David Frieden schließen (2. Sam 10,15–18). In 2. Sam 8,3–8 wird von einer weiteren Niederlage des H.-E. berichtet, der ausgezogen war, »seine Macht wieder aufzurichten am Euphratstrom«.

HADAD-RIMMON Sach 12,11

HADAD-RIMMON Stelle in der Ebene Jesreel; bei Sacharja als Ort der öffentlichen Klage erwähnt.

HADAR Siehe HADAD.

HADASCHA Jos 15,37

HADASCHA (»Die Neue«?). Stadt oder Ort, fiel bei der Aufteilung des Landes Kanaan als Erbteil an den Stamm Juda. Der Ort befand sich in der Schefela von Juda; die genaue Lage ist nicht bekannt.

HADASSA Est 2,7

HADASSA (»Myrte«). Urspr. Name der Königin Ester.

HADATTA Siehe HAZOR-HADATTA.

HADID Esr 2,33; Neh 7,37; 11,34

HADID Eine Stadt in der südlichen Küstenebene, nahe bei Lod und Ono, in der Rückkehrer aus der babyl. Gefangenschaft siedelten (Esr 2,33; Neh 7,37). In hell. und röm. Zeit erbaute Simon der Makkabäer dort eine Festung (1. Makk 12,38).

HADLAI 2. Chr 28,12

HADLAI (»Müßiggänger«). Eines der Sippenhäupter des Stammes Ephraim z. Zt. des Königs Pekach.

HADORAM 1 1. Mose 10,27; 1. Chr 1,21
HADORAM 2 1. Chr 18,10

HADORAM (»Schmuck«, »Ruhm«).

1. Im Geschlechtsregister des Hauses Noah ein Nachkomme Sems.

2. Der Sohn des Toï, des Königs von Hamat z. Zt. Davids (1. Chr 18,9–10). Sein Vater sandte ihn mit Geschenken zu König David, weil dieser ihren gemeinsamen Feind Hadad-Eser besiegt hatte.

HADRACH Sach 9,1

HADRACH (»Umhüllung«, »Umkreisung«). Name einer Stadt und eines Landes in Aram; kommt nur einmal in der Bibel vor (Sach 9,1). Die genaue Lage ist unbekannt. 738 v. Chr. wurde H. von Tiglat-Pileser III. erobert.

HAFARAJIM Jos 19,19

HAFARAJIM Eine Stadt im Gebiet des Stames Issachar. Ihre Lage läßt sich nicht mit Sicherheit bestimmen. Jos 19,19 kann sich auf Städte an der Südgrenze des Gebietes von Issachar beziehen, in der Nähe der Jesreelebene.

HAGAB Esr 2,46

HAGAB (»Heuschrecke«). Eine Familie von Tempelsklaven (*Netinim*), die mit Serubbabel aus dem babyl. Exil zurückkehrte und sich in Jerusalem niederließ.

HAGAB Siehe TIERE.

HAGABA Esr 2,45; Neh 7,48

HAGABA (»Heuschrecke«). Eine Familie von Tempelsklaven (*Netinim*), die mit Serubbabel aus dem babyl. Exil zurückkehrte und sich in Jerusalem niederließ.

HAGAR 1. Mose 16,1. 3–4.8.15–16; 21,9.14.17; 25,12; Gal 4,24–25

HAGAR (»Wanderung«, »Flucht«). Die ägypt. Sklavin von Sara; Abrahams Nebenfrau. Die kinderlose Sara gab Abraham H., damit er ihr einen Nachkommen zeuge(vgl. auch NUZI). H. gebar Abrahams ersten Sohn Ismael (1. Mose 16,1–15).

Die Geschichte der H. enthält die Geburt Ismaels, den Konflikt zwischen H. und Sara über die Erbschaft des Sohnes und den Ausschluß von H. und Ismael aus dem Hause Abrahams und damit von der göttlichen Verheißung der Nachkommenschaft des Erzvaters (1. Mose 12,2; 21,10–12) und des Landes der Verheißung Gottes (1. Mose 12,7). Im NT bezieht sich Paulus in symbolischer Weise auf die Geschichte der H. (Gal 4,21–31), um den Unterschied zwischen der Vorläufigkeit des Alten Bundes, des Bundes vom Sinai, und der Endgültigkeit des Neuen Bundes zu erläutern (Gal 4,25–26).

HAGARITER 1. Chr 5,10. 19–20; 27,31; Ps 83,7

HAGARITER Stamm oder Sippe von Nomaden (1. Chr 5,10), die Kamele, Schafe und Esel züchteten (1. Chr 5,21). Sie bewohnten die Gegend östlich von Gilead (1. Chr 5,10) und zählten zus. mit den Moabitern, Edomitern und Ismaelitern zu den Feinden Israels (Ps 83,6f.). Z. Zt. Sauls wurden die H. vom Stamm Ruben überwältigt und verloren ihr Territorium (1. Chr 5,10). An anderer Stelle wird vom Krieg der Rubeniter, Gaditer und des halben Stammes Manasse gegen die H. und die Stämme der Ismaeliter berichtet, deren Siedlungsgebiete die ersteren dann bis z. Zt. des Exils bewohnten

(1. Chr 5,19–22). Die beiden Berichte könnten sich auf dasselbe Ereignis beziehen, das verschieden ausführlich überliefert wurde.

HAGGAI Hebr. Personenname, abgeleitet von *hag* (»Fest«). Der einzig bekannte Träger dieses Namens ist der Prophet, der im 6. Jh. v. Chr. wirkte und der in den Büchern Haggai und Esra erwähnt ist. Der Name könnte mit der Geburt an einem Festtag in Zusammenhang stehen (siehe HODESCH). Über seine Person wissen wir so gut wie nichts. Vermutlich war H. einer der Rückwanderer aus dem babyl. Exil, die mit Serubbabel nach Jerusalem kamen.

HAGGAI
Esr 5,1; 6,14; Hag 1,1.3. 12–13; 2,1.10. 13–14.20

HAGGAI, BUCH DES PROPHETEN Das zehnte Prophetenbuch der sog. Kleinen Propheten. Es enthält vier prophetische Offenbarungen, die H. im zweiten Regierungsjahr des Perserkönigs Darius I. (520 v. Chr.) empfing (Hag 1,1; 2,1; 2,10; 2,20). Anders als in den Büchern Jeremia und Hesekiel, in denen die Propheten meist in der ersten Person reden, spricht H. von sich selbst durchgehend in der dritten Person (1,1.12f.; 2,1.10f. 14.20).

Der Perserkönig Kyrus hatte den Rückkehrern aus dem babyl. Exil die Erlaubnis zum Wiederaufbau des Tempels gegeben. Aber noch 520 v.Chr., also gut drei Jahrzehnte danach, war so gut wie nichts geschehen. Die eigene materielle Existenzsicherung hatte bei den Heimkehrern Vorrang (Hag 1, 2–9). Dagegen wandte sich in Jerusalem der Prophet H. Er setzte sich nachdrücklich für die Wiederaufnahme der längst eingestellten Bauarbeiten am Tempel ein (1,8–15). Dabei deutete er die gegenwärtige Situation eschatologisch als Zeichen der kommenden Heilszeit (2,1–9): Die alte Verheißung, daß der HERR auf dem Zion Einzug halten wird, besteht noch. Sie kann aber nicht in Erfüllung gehen, solange der Tempel nicht wieder aufgebaut ist (2,15–19). Der Tempelbau wurde daraufhin neu in Angriff genommen; nach fünf Jahren war er vollendet.

Fragment aus dem Haggaibuch, gefunden in Qumran (Schrein des Buches, Jerusalem).

INHALTSÜBERSICHT

1,1–15	Aufforderung zum Wiederaufbau des Tempels
2,1–9	Die künftige Herrlichkeit des Tempels
2,10–14	Ein Tempelbau durch unheilige Menschen
2,15–19	Ermutigung zum Weiterbau
2,20–23	Messianische Verheißung an Serubbabel, den »Siegelring« Gottes

HAGGI
1. Mose 46,16;
4. Mose 26,15

HAGGI Zweiter Sohn des Gad (1.Mose 46,16), des ersten Sohnes Jakobs mit Leas Magd Silpa (1. Mose 30,9–11), der Gründer des Geschlechts der Haggiter (4. Mose 26,15). Der Name kommt von hebr. *hag* (»Fest«), vielleicht weil der Namensträger an einem Festtag geboren wurde.

HAGGIJA
1. Chr 6,15

HAGGIJA (»Fest Jahwes«). Ein Levit aus dem Geschlecht des Merari, des dritten Sohnes Levis.

HAGGIT
2. Sam 3,4;
1. Kön 1,5.11; 2,13;
1. Chr 3,2

HAGGIT (»An einem Festtag geboren«?). Eine der Frauen Davids und Mutter seines vierten Sohnes, des in Hebron geborenen Adonija (2. Sam 3,4).

HAGGITER
4. Mose 26,15

HAGGITER Ein von Haggi, dem zweiten Sohn des Gad, gegründetes Geschlecht.

HAGRI
1. Chr 11,38

HAGRI (»Fremdling«). Vater des Mibhar, eines der »Helden« Davids.

HAHIROT Siehe PI HAHIROT.

HAHN Siehe TIERE.

HAKEL-DAMACH
Apg 1,19

HAKELDAMACH (»Blutacker« oder »Schlafacker«). So wird nach dem Bericht der Apg (1,15–19) ein außerhalb der Mauern Jerusalems gelegener Acker genannt, der von Judas Iskariot für jene 30 Silberlinge erworben wurde, die ihm für den Verrat an Jesus bezahlt wurden. Dort fand der Selbstmörder Judas ein makabres Ende (Apg 1,18) – daher der Name »Blutacker«.

Nach Mt 27,3–10 hingegen erhielt der Acker seinen Namen, weil Judas nach Jesu Verurteilung voller Reue das für seinen Verrat erhaltene Geld in die Schatzkammer des Tempels brachte. Als »Blutgeld« war es aber für den Gebrauch im Tempel nicht annehmbar. So verwandten es die Priester dazu, von einem Töpfer einen Platz zu erwerben, um ihn als Beerdigungsstätte für Fremde zu benutzen (Mt 27,7).

Seit dem 4. Jh. gilt nach der Tradition der Südhang des Hinnomtals als die Stätte des H.; bis zum 17. Jh. wurden hier verstorbene Pilger beerdigt.

Blick auf die überlieferte Stelle von Hakeldamach am östlichen Ende des Hinnomtals.

HAKKOZ
1. Chr 24,10

HAKKOZ (»Dorn[gesträuch]«). Ein Levit, Haupt der siebten Abteilung der Priester im Hause des HERRN z. Zt. Davids.

HAKUFA
Esr 2,51;
Neh 7,53

HAKUFA (»Gebeugt unter Jahwe«). Haupt einer Familie von Tempelsklaven (*Netinim*), die mit Serubbabel aus dem babyl. Exil zurückkehrten und sich in Jerusalem niederließen.

HALACH
2. Kön 17,6; 18,11;
1. Chr 5,26

HALACH (»krank«, »bekümmert«). Die Bewohner Samarias wurden von den assyr. Königen an diesen Ort verbannt (2. Kön 17,6; 18,11).

HALHUL
Jos 15,58

HALHUL (»zittern«). Ein Ort im judäischen Bergland. Die Moslems verehren hier das Grab des Propheten Jona. Nach einer jüd. Überlieferung des Mittelalters befindet sich in H. das Grab des Sehers Gad.

Blick auf Halhul.

HALI
Jos 19,25

HALI Stadt im Gebiet von Asser (Jos 19,25). Die meisten der vorgeschlagenen Lagebestimmungen befinden sich aber außerhalb des Gebietes von Asser. Sie lassen sich archäolog. nicht einordnen.

ALLELUJA
Ps 104,35;
5,45; 106,48;
111,1; 112,1;
3,1.9; 115,18;
16,19; 117,2;

HALLELUJA Ein Kultausdruck mit der Bedeutung »Preiset Ja« (Jahwe), d. h. »Preiset den HERRN«.

Wahrscheinlich als Ausruf oder Gebet bei großer Freude gebraucht. Der Ausdruck erscheint auch in den Psalmen, und zwar erstmals als Abschluß in 104,35 (auch in Ps 105; 106; 113; 115–117; 135; 146–150), dagegen als Ein-

führung in 106; 111–113; 135; 146–150. Die Psalmen 146–150 sind deshalb als »Halleluja-Psalmen« bekannt.
Die griech. und lat. Bibelversionen übersetzten den Ausdruck nicht, sondern übernahmen ihn einfach, wodurch er in vielen Sprachen in die Liturgie der Kirche eingegangen ist. Im NT erscheint H. in Offb 19 als Jubelruf der himmlischen Schar über den Sieg Gottes.

135,1.21; 146,1.10; 147,1.20; 148,1.14; 149,1.9; 150,1.6; Offb 19,1–6

HAM (»heiß«).

1. Der zweite Sohn Noahs, der mit seiner Frau, seinem Vater und den Brüdern in die Arche ging. In 1. Mose 9,20–27 wird erzählt, wie Ham den Vater trunken und nackt sah und seinen Brüdern davon erzählte. Deshalb wurde Kanaan, Hams Sohn, verflucht, Sklave seiner Brüder zu sein.

Ham gilt nach 1.Mose 10,6 als der Stammvater vieler Völker Mesopotamiens, Palästinas, Arabiens und Nordostafrikas.

In der Dichtung erscheint »Ham« auch als Synonym für Ägypten (Ps 78,51 usw.).

2. Eine Stadt der Susiter östlich des Jordans, die von Kedor-Laomer, König von Elam, z. Zt. Abrahams angegriffen wurde.

HAM 1
1. Mose 5,32; 6,10; 7,13; 9,18.22; 10,1.6.20; 1. Chr 1,4.8; Ps 78,51; 105,23.27; 106,22
HAM 2
1. Mose 14,5

HAMAN (»Der Großartige«). Sohn von Hammedata, dem Agagiter (Est 3,1.10; 8,3.5; 9,24), erster Berater am Hofe von Ahasveros, König von Persien und Medien. Der König willigte in seinen Plan ein, alle Juden im ganzen Königreich zu vernichten (Est 3,5–11). Dieser Plan konnte von Mordechai und Ester vereitelt werden, und H. wurde an den Galgen gehängt, den er für Mordechai vorbereitet hatte (Est 7,5–10). Für die Juden wurde H. zum Urbild des Antisemiten.

HAMAN
Est 3,1–2.4–8. 10–12.15; 4,7; 5,4–5.8–12.14; 6,4–7.10–14; 7,1.6–10; 8,1–3.5.7; 9,10.12–14. 24–25

Haman führt Mordechai im Triumph durch die Straßen von Susa. Szene aus dem Buch Ester, Wandmalerei in der Synagoge von Dura-Europos, 3. Jh. n. Chr.

(unten) Stele aus Hamat mit Sphinx. Relief aus dem 10.–9. Jh. v. Chr. (Istanbul Museum).

HAMAT (»Von Wällen umgeben«), **HAMATITER** Eine der größeren Städte am Orontes in Nordsyrien, Hauptstadt eines Distriktes und eines aram.-hetit. Königreiches; auch »Hamat, die große Stadt« (Am 6,2 u.ö.) genannt. David hatte Beziehungen zu ihr (2. Sam 8,9), und Salomo errichtete dort eine Vorratsstadt (2. Chr 8,4). Nach assyr. Quellen gehörte H. zum »Hetiterland« und unterstützte zus. mit seinen Nachbarstaaten 853 v. Chr. eine Koalition gegen Assyrien, die Salmanassar III. bei Karkar aufhalten konnte. Zu Beginn des 8. Jh. v. Chr. war H. Teil eines größeren Gebiets, das im Vasallenverhältnis zu Assyrien stand. Nach erneuter Rebellion eroberte es Tiglat-Pileser III. um 740 v. Chr. Endgültig zerstört wurde H. von Sargon II. i.J. 720 v. Chr. Seine Bevölkerung wurde nach Samarien deportiert (2. Kön 17,24).

HAMAT, HAMATITE
1. Mose 10,18 4. Mose 13,21 34,8; Jos 13,5; Ri 3,3; 2. Sam 8,9; 1. Kön 8,65; 2. Kön 14,25. 17,24.30; 18, 19,13; 23,33; 25,21; 1. Chr 1,16; 5; 18,3.9; 2. Chr 7,8; 8,

Jes 10,9; 11,11; 36,19; 37,13; Jer 39,5; 49,23; 52,9.27; Hes 47,16–17.20; 48,1; Am 6,14; Sach 9,2

Der Ausdruck »wo es nach Hamat geht« (eine Stadt, das moderne Lebwe, im Gebiet von H.) bezeichnete die Nordgrenze Kanaans (4. Mose 34,8; Hes 47,15f.) und wird gewöhnlich zus. mit der südwestlichen Grenze, dem Bach von Ägypten, genannt.

HAMAT ZOBA 2. Chr 8,3

HAMAT ZOBA Anderer Name für ZOBA, eine von König Salomo eroberte Stadt.

HAMITER Siehe HAM (1).

HAMMAT (»Warme Quelle«).

HAMMAT 1 1. Chr 2,55

1. Vater oder Gründer des Hauses Rechab.

HAMMAT 2 Jos 19,35

2. Eine befestigte Stadt, die zu dem Gebiet gehörte, das bei der Aufteilung des Landes Kanaan an Naftali fiel. Wahrscheinlich identisch mit Hammot-Dor, einer Stadt der Leviten (Jos 21,32). Sie war wegen ihrer heißen Quellen bekannt, denen man heilende Eigenschaften zuschrieb. Heute Hamman Tabarije, südlich von Tiberias.

HAMMEDATA Est 3,1.10; 8,5; 9,10.24

HAMMEDATA (»Du bist erwünscht«). Hammedata, der Agagiter, war Vater des Haman, des Erzfeindes der Juden am Hof des Ahasveros.

HAMMON (»Heiße Quelle«).

HAMMON 1 Jos 19,28

1. Eine Stadt an der Westgrenze des Gebietes von Asser, südlich von Tyrus. Der alte Name des Ortes könnte sich in der Bezeichnung von Wadi Hamul erhalten haben.

HAMMON 2 1. Chr 6,61

2. Eine Levitenstadt im Gebiet von Naftali, die der Familie des Gerschon gegeben wurde (1. Chr 6,61). Vielleicht identisch mit Hammot-Dor (Jos 21,32) oder mit Hammat (Jos 19,35). Ihre Lage ist nicht bekannt.

HAMMOT-DOR Jos 21,32

HAMMOT-DOR Siehe HAMMAT (2).

HAMOR 1. Mose 33,19; 34,2.4.6.8.13.18.20.24.26; Jos 24,32; Ri 9,28; Apg 7,16

HAMOR (»Esel«?). Hamor der Hiwiter, der Herr von Sichem z. Zt. der Ankunft Jakobs aus Mesopotamien. Sein Sohn Sichem verliebte sich in Jakobs Tochter Dina und vergewaltigte sie. Aus Rache wurden Vater und Sohn zus. mit allen Männern von Sichem durch Dinas Brüder Simeon und Levi getötet. Jakob errichtete auf dem von den Söhnen H.s erworbenen Land einen Altar (1. Mose 33,19–20), wo auch Josefs Gebeine beerdigt wurden (Jos 24,32; vgl. auch 1. Mose 48,21; Apg 7,16).

HAMMUËL 1. Chr 4,26

HAMMUËL (»Glut ist Gott«). Ein Nachkomme Simeons.

HAMUL 1. Mose 46,12; 4. Mose 26,21; 1. Chr 2,5

HAMUL (»verschont«, »bemitleidet«). Ein Enkel Judas (1. Mose 46,12), Gründer des Geschlechts der Hamuliter.

HAMULITER 4. Mose 26,21

HAMULITER Familie, die nach der neuen Volkszählung Israels von Hamul abstammt.

HAMUTAL 2. Kön 23,31; 24,18; Jer 52,1

HAMUTAL (»taufrisch«). Frau des Josia, des Königs von Juda (2. Kön 23,30–31). Mutter des Joahas, der seinem Vater als König folgte, und des Mattanja, der später unter dem Namen Zedekia regierte.

HANAMEL Jer 32,7–9.12

HANAMEL (»Gott ist gnädig«). Sohn Schallums, des Onkels des Jeremia (Jer 32,7). Als H. den Propheten z. Zt. der Belagerung Jerusalems durch die Babylonier im Gefängnis besuchte, bot er ihm sein Feld in Anatot zum Kauf an, damit es in der Familie bliebe (Jer 32,7–8). Jeremia kaufte das Feld (Jer 32,9).

HANAN (Kurzform von Elhanan, »Gnadenreich [ist Gott]«).

HANAN 1 1. Chr 8,23

1. Ein Nachkomme aus der Sippe Sauls.

HANAN 2 1. Chr 8,38; 9,44

2. Ein anderer Nachkomme aus der Sippe Sauls.

HANAN 3 1. Chr 11,43

3. Einer der »Helden« Davids.

HANAN 4 Esr 2,46; Neh 7,49

4. Das Haupt einer Familie von Tempelsklaven (*Netinim*), die mit Serubbabel aus dem babyl. Exil zurückkehrte (Esr 2,46) und sich in Jerusalem niederließ.

HANAN 5 Neh 8,7; 10,11

5. Einer der Leviten, die nach dem babyl. Exil das Volk im Gesetz unterwiesen und die Abmachung Nehemias unterschrieben.

HANAN 6 Neh 10,23

6. Ein weiterer Mann, der die Abmachung Nehemias besiegelte.

HANAN 7 Neh 10,27

7. Ein dritter dieses Namens, der die Abmachung Nehemias besiegelte.

8. Sohn des Sakkur, wurde als Helfer der Aufseher des Tempelschatzes bestellt.

9. Eine Halle im Tempel, benannt nach den Söhnen H.s. Sie befand sich neben der »Halle der Oberen«.

Vergoldete kanaanitische Figur aus Hamat, 14.–13. Jh. v. Chr. (Israelische Regierungsabteilung für Altertümer und Museen). (unten) Phönizisches Siegel mit der Inschrift: »[Gehört] Hanan«. In der Mitte eine Figur mit zum Gebet erhobenen Händen; 8.–7. Jh. v. Chr. (Israelische Regierungsabteilung für Altertümer und Museen).

HANANEL Der Name eines Turmes in Jerusalem z. Zt. Nehemias, wahrscheinlich an der nordwestlichen Ecke des Tempelberges. Der Ursprung des Namens ist ungeklärt.

HANANI (Kurzform von Hananja, »Ja[hwe] ist gnädig«).

1. Leiter der 18. Abteilung der Sänger im Hause des HERRN z. Zt. König Davids.

2. Der Vater des Propheten Jehu (2. Chr 19,2) z. Zt. König Baschas von Israel und Joschafats von Juda.

3. Ein Seher, der zu Asa, dem König von Juda, kam und ihm gebot, sein Vertrauen einzig in den HERRN zu setzen (2. Chr 16,7). Dies erzürnte den König so, daß er ihn einsperren ließ.

4. Ein Priester, der sich nach dem Befehl Esras von seiner heidnischen Frau scheiden ließ.

5. Ein Bruder oder Verwandter Nehemias, der den Propheten in seinem Exil zu Susa besuchte, um ihm von der Not der Juden in Juda zu berichten. Später setzte ihn Nehemia über das wiedererbaute Jerusalem.

6. Ein Musiker in einem der Dankchöre bei den Feierlichkeiten zur Einweihung der wiedererrichteten Stadtmauern Jerusalems.

HANAN 8 Neh 13,13
HANAN 9 Jer 35,4

HANANEL Neh 3,1; 12,39; Jer 31,38; Sach 14,10

HANANI 1 1. Chr 25,4.25
HANANI 2 1. Kön 16,1.7; 2. Chr 19,2; 20,34
HANANI 3 2. Chr 16,7
HANANI 4 Esr 10,20
HANANI 5 Neh 1,2; 7,2
HANANI 6 Neh 12,36

HANANIAS (»Ja[hwe] ist gnädig«).

1. Ein Christ in Jerusalem. Er und seine Frau Saphira waren unter den Gliedern der Urgemeinde, die ihr Eigentum verkauft hatten, damit der Erlös unter den Christen der Stadt verteilt werde. Die beiden behielten etwas vom Geld zurück, gaben aber vor, den Aposteln den vollen Betrag abgeliefert zu haben. Als Petrus die Lüge aufdeckte, starb H. auf der Stelle. Später kam Saphira zu Petrus; sie beharrte auf der Lüge und starb daraufhin ebenfalls augenblicklich (Apg 4,32–37; 5,1–11).

2. Ein Christ in Damaskus z. Zt. der Ankunft des gerade bekehrten Paulus in der Stadt. Auf Gottes Befehl ging er zu Paulus, legte dessen Vision auf der Straße nach Damaskus aus, heilte und taufte ihn (Apg 9,10–19).

3. Der Hohepriester, vor den Paulus nach seiner Festnahme in Jerusalem am Ende seiner dritten Missionsreise gebracht wurde (Apg 23,1–10). Später war H. unter jenen, die vor dem Statthalter Felix in Cäsarea gegen Paulus aussagten (Apg 23,33–35; 24,1–9).

HANANIAS 1 Apg 5,1.3.5
HANANIAS 2 Apg 9,10.12–13.17; 22,12
HANANIAS 3 Apg 23,2; 24,1

HANANJA (»Ja[hwe] ist gnädig«).

1. Ein Befehlshaber im Heer Usijas, des Königs von Juda.

2. Der »Prophet von Gibeon«; H. (Jer 28,1) ist die Symbolfigur schlechthin für den Zusammenstoß der Jahwe-Propheten mit dem sog. nationalen Heilsprophetentum Israels. Schon seit der Samuel- und der beginnenden Königszeit durchzogen diese Propheten (hebr. *nebiim,* Ez. *nabí*), meist in Gruppen, mit derwischartigem Gebaren das Land (1. Sam 10,5–12: »Ist Saul auch unter den Propheten?«). Der Inhalt ihrer Weissagungen wurde mehr und mehr ein religiös unterbauter politischer Heilsoptimismus: Israel hat den HERRN zum Gott; alle seine Feinde werden zuschanden werden, denn »hier ist des HERRN Tempel, hier ist des HERRN Tempel!« (Jer 7,4). Selbst in der Stunde des bevorstehenden Untergangs Judas prophezeite H. noch, daß die Tributherrschaft des Königs von Babel durch Gott binnen zweier Jahre zerbrochen sein werde (Jer 28,2–4). Dies führte zum entscheidenden Zusammenstoß zwischen ihm und Jeremia (Jer 28,5–17), nachdem Jeremia schon vorher gegen diese falschen nationalistischen Propheten und Priester gepredigt hatte, bes. in Kap. 23,9–40. Reichsgottesgeschichtlich steht dieser Zusammenprall zwischen Jeremia, dem Jahwe-Propheten des Gerichts, und H., dem Propheten des glorreichen Heils Israels, an Bedeutung dem Zusammenstoß zwischen dem Jahwe-Propheten Elia und den Baalspriestern auf dem Karmel (1. Kön 18) nicht nach. Das dramatische Ende H.s (Jer 28,17) konnte aber die Prominenz Israels nicht zur Umkehr bringen. Das Ende kam schnell (2. Kön 25).

3. Der Vater eines der Oberen König Jojakims.

4. Großvater des Wachhabenden Jirija, der Jeremia unter der Anschuldigung festnahm, er wolle zu den Babyloniern überlaufen.

HANANJA 1 2. Chr 26,11
HANANJA 2 Jer 28,1.5.10–13.15.17
HANANJA 3 Jer 36,12
HANANJA 4 Jer 37,13
HANANJA 5 1. Chr 3,19.21
HANANJA 6 1. Chr 8,24
HANANJA 7 1. Chr 25,4.23
HANANJA 8 Esr 10,28
HANANJA 9 Neh 3,8
HANANJA 1 Neh 3,30
HANANJA 1 Neh 7,2
HANANJA 1 Neh 10,24
HANANJA 1 Neh 12,12
HANANJA 1 Neh 12,41
HANANJA Dan 1,6–7.11.19; 2,17

5. Sohn des Serubbabel.
6. Ein Benjaminiter.
7. Einer der Musiker Davids.
8. Einer der Israeliten, die unter Esra ihre heidnischen Frauen verstießen.
9. Ein Salbenbereiter, der beim Neubau der Mauer von Jerusalem half.
10. Ein Bauarbeiter beim Neubau der Mauer von Jerusalem.
11. Der Burgvogt von Jerusalem unter Nehemia.
12. Einer der Oberen des Volkes unter Nehemia, die die Abmachung Nehemias unterschrieben.
13. Haupt einer Priesterfamilie z. Zt. des Hohenpriesters Jojakim.
14. Ein Priester und Trompeter z. Zt. Nehemias.
15. Der hebr. Name des Schadrach, eines der Freunde Daniels.

HANDEL Trotz fehlender natürlicher Häfen spielte das Hl. Land im internationalen Handel eine wichtige Rolle. Die Handelsstraßen von Mesopotamien, Syrien und Phönizien nach Ägypten durchquerten es und wurden von Händlern aus aller Welt benutzt (vgl. 1. Mose 37,25.28; 1. Kön 10,15). Die dabei erhobenen Zölle waren zu allen Zeiten ein bedeutender Faktor in der Wirtschaft des Landes.

Schon aus dem Neolithikum und Chalkolithikum gibt es Funde, die sicherlich nicht aus Palästina stammen und daher importiert worden sein müssen.

Die Phönizier waren Zwischenhändler im Seehandel zwischen Westasien und den Städten der Mittelmeerküste und im Binnenhandel zwischen Syrien, Ägypten und den anderen Mittelmeeranliegerstaaten.

In Friedenszeiten reisten die Händler allein oder in kleinen Gruppen mit wenigen Lasttieren. Sie zogen von einem Dorf zum anderen und kauften lokale Produkte (Spr 31,24). Größere Gruppen von Händlern benutzten Kamele, die Schiffe der Wüste (1. Mose 37,25), Esel (1. Mose 42,26), Maultiere (1. Chr 12,41) und Diener (2. Kön 5,23). In der Perserzeit geleiteten bewaffnete Wächter die Karawanen (Esr 8,22).

Rekonstruktion der »Hippos«, eines phönizischen Fernhandelsschiffes, 700 v. Chr. (Israelisches Schiffahrtsmuseum, Haifa).

Die wichtigsten Exportgüter im alten Israel waren Getreide, Öl und Wein. Händler von Tyrus kauften Produkte aus Israel, um sie in den Mittelmeerhäfen weiterzuverkaufen (Hes 27,16–17); nach Ägypten wurden Öl (Hos

12,2), Balsam, Honig, Harz, Myrrhe, Nüsse und Mandeln (1. Mose 43,11) verschickt. Tyrus kaufte Zypressen und Zedern für die Mastbäume seiner Schiffe und Eichen des Baschan für die Ruder (Hes 27,5–6), während die Israeliten Zedern und Zypressen aus dem Libanon einführten (1. Kön 5, 22.24).

Erst unter Salomo beteiligten sich die Israeliten in größerem Umfang am internationalen H. Salomos zahlreiche Bauvorhaben erforderten z.B. den Holzimport aus dem Libanon (1. Kön 5). Nach der Rückkehr aus dem babyl. Exil lag der internationale Handel v.a. in den Händen von Fremden, darunter Tyrus, Sidon und die Griechen. Über die Entwicklung des H. im 4. Jh. v. Chr. ist wenig bekannt, doch mit dem Aufstieg des Hafens von Alexandria und der dortigen Siedlungserlaubnis für Juden sowie mit der Neugründung von Antiochia am Orontes erhielt der H. in den ptolemäischen und seleukidischen Königreichen neue Impulse. Die Eroberung von Jafo durch die Hasmonäer ermöglichte dem jüd. Reich den Zugang zur Seefahrt, und durch die Öffnung dieses Hafens für griech. Kaufleute (anstelle der früher führenden Phönizier) wurde Jafo ein internationales Handelszentrum.

In röm. Zeit wurde Judäa ein Teil des riesigen röm. Handelsimperiums; hierauf beruhte sein Wohlstand in den ersten nachchristl. Jhn. Der blühende H. der Nabatäer lief über Südpalästina; auf zahllosen Karawanen gelangten Gewürze, Parfüme, Kräuter, kostbare Hölzer und Edelsteine aus dem Fernen Osten und Südarabien nach Gaza und den weiter südlich liegenden Häfen. Auch andere wichtige Fernstraßen (nach Syrien, Phönizien und Ägypten) durchquerten Judäa, und die in den Häfen und an den Grenzen erhobenen Zölle brachten bedeutende Einnahmen. Im 2. Jh. n. Chr. führte allerdings der Aufstieg von Palmyra zur Verlagerung eines großen Teils des internationalen H. auf andere Routen; dazu kam der große Fortschritt im Schiffsbau, durch den Schiffe auf direktem Weg vom Fernen Osten, Arabien und Ostafrika nach Ägypten und weiter zu den europäischen Häfen segeln konnten.

HANES Ägypt. Stadt, erwähnt bei Jesaja; ihre Ruinen befinden sich am Ostufer des Nils, etwa 24 km nordöstlich des heutigen Beni Suef.

HANES
Jes 30,4

HANNA (»Gnade«).

HANNA 1
1. Sam 1,2.5.8–9.13.15.19–20; 2,1.21
HANNA 2
Lk 2,36

1. Frau des Elkana, der sie seiner anderen Frau Peninna vorzog. Die fruchtbare Peninna machte der kinderlosen H. das Leben schwer. Aus dem dringenden Wunsch heraus, doch noch Mutter zu werden, ging H. ins Heiligtum von Silo, betete um einen Sohn und gelobte, diesen dem HERRN zu weihen (1. Sam 1,11). Der Priester Eli sah sie beim Gebet und versicherte ihr, daß sie erhört werden sollte (1. Sam 1,12–17). Tatsächlich wurde ihr ein Sohn geschenkt: Samuel. Mit drei Jahren brachte H. ihn zum Heiligtum und vertraute ihn Eli an (1. Sam 1,21–28). Samuel wuchs zum Priester, Richter und Haupt des Volkes heran, und Gott gewährte H. weitere Söhne und Töchter (1. Sam 2,21). In 1. Sam 2,1–10 findet sich einer jener Psalmen Israels, die nicht unter die 150 Lieder des Psalters Eingang fanden, die aber gleichwohl in Israel bekannt und in Gebrauch waren. H. betete diesen Lobpsalm nach der Geburt Samuels, sicher auch im Gedenken an die Worte in V.5b.

2. Eine 84 Jahre alte Prophetin, die ihre Zeit betend und fastend im Tempel verbrachte, wo sie bei Jesu Darstellung anwesend war. Sie erkannte die Bedeutung Jesu und pries Gott für die beginnende Stunde der Erlösung (Lk 2,36–38).

HANNAS (griech. Abkürzung für hebr. »Hananja«). Hoherpriester z.Zt. der Statthalterschaft von Pontius Pilatus in Judäa (Lk 3,2). Jesus wurde nach seiner Festnahme zuerst vor H. gebracht, der ihn zu seinem Schwiegersohn Kaiphas sandte (Joh 18,13.24).

HANNAS
Lk 3,2;
Joh 18,13.24;
Apg 4.6

Nach der Heilung des Gelähmten und ihrer Predigt im Tempel wurden auch Johannes und Petrus vor H. geführt (Apg 4,6).

Bei Lukas werden sowohl H. wie Kaiphas Hohepriester genannt, in der Apg dagegen wird allein der erstere als solcher erwähnt. Wahrscheinlich war Kaiphas der amtierende Hohepriester, H. dagegen der Vorsteher des Hohen Rates. Er stand als ehemaliger Hoherpriester noch in hohem Ansehen.

HANNATON
Jos 19,14

HANNATON Eine Stadt in Galiläa, im Gebiet des Stammes Sebulon. H. wird auch in den El-Amarna-Briefen des 14. Jh. v. Chr. und in der Liste der von Tiglat-Pileser III. eroberten Städte von 723 v. Chr. erwähnt. Auf einem Hügel im Bet-Netofa-Tal, der mit der Lage von H. gleichgesetzt wird, wurden Scherben aus den Perioden von der Bronzezeit bis ins Mittelalter gefunden.

HANNIËL 1
1. Chr 7,39
HANNIËL 2
4. Mose 34,23

HANNIËL (»Gott ist Gnade«).

1. Ein Sippenhaupt im Geschlechtsregister des Stammes Asser (1. Chr 7, 39.40).

2. Der Vertreter des Stammes Manasse unter den zehn Männern, die gewählt wurden, Josua und Eleasar zu helfen, das Land Kanaan unter den Israeliten aufzuteilen (4. Mose 34,16–18.23).

HANUN 1
2. Sam 10,1–4;
1. Chr 19,2–4.6
HANUN 2
Neh 3,13.30

HANUN (»Begnadigter«).

1. König der Ammoniter nach dem Tod seines Vaters Nahasch (2. Sam 10,1). König David sandte zu ihm eine Trostbotschaft. H. aber beleidigte die Gesandten (2. Sam 10,2–4). Daraufhin führte David Krieg gegen H.; sein Hauptmann Joab eroberte Rabba, die Hauptstadt des Königs (1. Chr 20,1), und brachte David H.s Krone.

2. Einer der Vorarbeiter beim Neubau der Stadtmauer Jerusalems z. Zt. Nehemias (Neh 3,13).

HARA
1. Chr 5,26

HARA Nach 1. Chr 5,26 deportierte Tiglat-Pileser III. von Assyrien die Stämme Ruben, Gad und den halben Stamm Manasse »nach Halach und an den Habor und nach H. und an den Fluß Gosan«. In 2. Kön 17,6 erscheint statt H. »in den Städten der Meder«, in der LXX »in den Bergen der Meder«. Der Text in 1. Chr scheint also evtl. fehlerhaft an dieser Stelle; ein Ort mit Namen H. ist nicht bekannt.

HARADA
4. Mose
33,24–25

HARADA Ein Lagerplatz der Israeliten auf dem Weg ins gelobte Land, zwischen dem Gebirge Schefer und Makhelot. Die genaue Lage ist unbekannt.

HARAN

HARAN 1
1. Mose
11,31–32;
12,4–5; 27,43;
28,10; 29,4;
2. Kön 19,12;
Jes 37,12;
Hes 27,23;
Apg 7,2.4
HARAN 2
1. Mose
11,26–29.31
HARAN 3
1. Chr 2,46
HARAN 4
1. Chr 23,9

1. Eine Stadt im oberen Bali-Tal, seit dem 2. Jt. v. Chr. ein wirtschaftlich-kulturelles Zentrum. Es lag an der alten Karawanenroute von Mesopotamien nach Kappadozien, Syrien, Palästina und Ägypten. Terach, der Vater Abrahams, ließ sich hier mit seiner Familie nieder (1. Mose 11,31), und H. spielte eine bedeutende Rolle in der Frühgeschichte der hebr. Nation. Abraham sandte seinen Knecht nach H., um für seinen Sohn Isaak eine Frau zu suchen (1. Mose 24,4), und Jakob ging nach seiner Flucht vor Esau dorthin (1. Mose 28,10).

H. wird in den Mari-Archiven als religiöser Mittelpunkt der westsemit. Stämme mit dem Tempel des Mondgottes Sin erwähnt.

Vom 15. bis zum 13. Jh. v. Chr. war H. Teil des Horiterreiches von Mitanni; mit dessen Zusammenbruch wurde es von Assyrien erobert (um 1270 v. Chr.). Zeitweise besaßen es darauf die Aramäer, dann wiederum die Assyrer. Als Ninive von den Medern (Madai) und Chaldäern erobert wurde (612 v. Chr.), wurde H. für kurze Zeit zur Hauptstadt des Königreiches Madai. Etwa um diese Zeit erwähnt es Hesekiel als eine der mit Tyrus Handel treibenden Städte (Hes 27,23).

Bei Ausgrabungen in der Umgebung der Stadt wurde eine wichtige Bibliothek der späteren babyl. Epoche entdeckt.

2. Sohn des Terach und Bruder von Abraham und Nahor. Er war der Vater von Lot, Milka und Jiska. H. starb in Ur, seinem »Vaterland«, als sein Vater noch lebte.

3. Sohn des Kaleb und seiner Nebenfrau Efa.

4. Ein Levit und Haupt seiner Sippe.

ARARITER
am 23,11.33;
Chr 11,34–35

HARARITER Ein Stamm, möglicherweise aus dem Hügelland von Judäa. Unter den »Helden« Davids erscheinen drei H.: Schamma (2. Sam 23,11), Jonatan (2. Sam 23,32–33) und Ahiam, der Sohn Scharars (2. Sam 23,33).

Detail einer Stele aus Haran: Nabonid, der letzte babylonische König, bei der Anbetung des Mondgottes Sin; 6. Jh. v. Chr. (Urfa Museum, Türkei).

HARBONA (pers. »Der Eseltreiber«). Einer der sieben Eunuchen, die am Hofe des Königs Ahasveros als Kämmerer dienten (Est 1,10). Als der König beschloß, Haman zu töten, richtete Harbona dessen Aufmerksamkeit auf den von Haman zur Hinrichtung Mordechais vorbereiteten Galgen.

HARBONA Est 1,10; 7,9

HAREF (»gepflückt«). Ein Sohn Hurs, des Erstgeborenen der Efrata (1. Chr 2,50–51) im Geschlechtsregister des Hauses Kalebs.

HAREF 1. Chr 2,51

HARGOL Siehe TIERE.

HARHAJA (»Feuer Jahwes«). Vater des Usiël, des Goldschmieds, der beim Neubau der Stadtmauer Jerusalems z. Zt. Nehemias mitwirkte.

HARHAJA Neh 3,8

HARHAS (»Der Glänzende«). Großvater Schallums, des Mannes der Prophetin Hulda (2. Chr 34,22).

HARHAS 2. Kön 22,14; 2. Chr 34,22

HARHUR (»Der Edle«). Haupt einer Familie von Tempelsklaven (*Netinim*), die mit Serubbabel aus der babyl. Gefangenschaft zurückkehrten.

HARHUR Esr 2,51; Neh 7,53

HARIF (»gepflückt«). Haupt einer Familie, die bei der ersten Rückkehr aus der babyl. Gefangenschaft dabei war (Neh 7,24); ein Mitglied dieser Familie unterschrieb die Abmachung Nehemias (Neh 10,20).

HARIF Neh 7,24; 10,20

HARIM (»Dem Herrn geweiht«).

1. Ein Abkömmling Aarons, Haupt der dritten Abteilung der Priester, die im Hause des HERRN z. Zt. König Davids dienten.

2. Haupt einer Familie, die mit Serubbabel aus der babyl. Gefangenschaft zurückkehrte (Esr 2,32) und sich in Jerusalem niederließ (Neh 7,35). Eine andere Familie gleichen Namens wird in diesen Kapiteln ebenfalls erwähnt (Esr 2,39; Neh 7,42); der Name H. erscheint zweimal in der Liste derer, die die Abmachung Nehemias besiegelten (Neh 10,6.28).

3. Es werden nicht weniger als zehn Söhne von H. erwähnt, die heidnische Frauen genommen hatten und sich dem Befehl Esras gemäß von ihnen trennten (Esr 10,18–19.21.31).

4. Vater Malkijas, der einen Teil der Mauer Jerusalems wiederaufbaute.

5. Ein Levit, der mit Serubbabel aus dem babyl. Exil zurückkehrte.

HARIM 1 1. Chr 24,8
HARIM 2 Esr 2,32.39; Neh 7,35.42; 10,6.28
HARIM 3 Esr 10,21.31
HARIM 4 Neh 3,11
HARIM 5 Neh 12,15

HARMAGEDON In der Offb der Ort, an dem sich die Könige der Erde versammeln werden, die von dämonischen Geistern zur letzten Schlacht zwischen den Kräften der Hölle und dem »Reiter auf dem weißen Pferd« (Offb 19,11–21), also dem wiederkommenden Christus, geleitet werden (Offb

HARMA-GEDON Offb 16,16

Luftaufnahme von Megiddo.

16,14–16). Der Name ist eine direkte Übertragung von hebr. *Har* (»Berg«) *Megiddon*. In den hebr. Schriften wird kein Berg mit diesem Namen erwähnt. Die Stadt MEGIDDO (Jos 17,11; Sach 12,11 u. a.) lag strategisch günstig an der *Via Maris* in der Jesreelebene und war der Schauplatz vieler Schlachten (Ri 5,19; 2. Kön 23,29; 2. Chr 35,22). Mit dem Ausdruck »Berg Megiddon« wurde von Johannes die strategische Bedeutung Megiddos mit dem endzeitlichen Kampf zwischen Gog und Magog auf den »Bergen Israels« (Hes 38,8.21) in Verbindung gebracht.

HARNEFER 1. Chr 7,36

HARNEFER (»Verbrannte Erde«). Ein Mann im Geschlechtsregister Assers.

HAROD Ri 7,1

HAROD Quelle oder Brunnen am Fuße des Berges Gilboa, wo Gideon und seine Männer vor der Schlacht gegen die Midianiter lagerten.

Die Quelle Harod am Fuße des Berges Gilboa.

Münze aus Kir Haroschet (Haroschet der Heiden), mit Altar und Priester; 3. Jh. v. Chr.

HARODITER 2. Sam 23,25

HARODITER Beiname zweier »Helden« Davids: Schamma und Elika.

HAROSCHET DER HEIDEN Ri 4,2.13.16

HAROSCHET DER HEIDEN Der Wohnort Siseras (Ri 4,2) und der Ort, an dem sich unter Siseras Befehl das Heer Jabins, des Königs von Hazor, vor der Schlacht mit Barak und Debora sammelte (Ri 4,13) und wohin es nach seiner Niederlage floh (Ri 4,16). Vermutlich ist unter »der Heiden« nicht ein eigener Ort, sondern eine Bezeichnung für das Waldland von Galiläa (»Waldland der Heiden«) zu verstehen.

HARSCHA Esr 2,52; Neh 7,54

HARSCHA (»schweigsam«, »stumm«). Haupt einer Familie von Tempelsklaven (*Netinim*), die mit Serubbabel aus der babyl. Gefangenschaft zurückkehrten (Esr 2,52) und sich in Jerusalem niederließen (Neh 7,54).

HARUFITER 1. Chr 12,6

HARUFITER Beiname des Schefatja, eines der Männer von Benjamin, die das Heer Sauls verließen und sich in Ziklag David anschlossen (1.Chr 12,1.6).

HARUM 1. Chr 4,8

HARUM (»Der Erhöhte/Erhobene«). Name im Geschlechtsregister Judas.

HARUMAF Neh 3,10

HARUMAF (»brennender Zorn«). Vater des Jedaja, der am Wiederaufbau der Mauer Jerusalems z. Zt. Nehemias mitwirkte.

HARUZ 2. Kön 21,19

HARUZ Vater der Meschullemet, der Frau König Manasses von Juda. Meschullemet war die Mutter Amons, der nach seinem Vater Manasse regierte (2. Kön 21,18–19).

HASADJA 1. Chr 3,20

HASADJA (»Ja[hwe] ist Gnade«). Ein Sohn Serubbabels.

HASAËL (»Gott sieht«). König von Aram-Damaskus (842–798 v. Chr.), ein Zeitgenosse Jehus und Jorams von Israel und Ataljas, Joahas' und Joaschs von Juda. Er ermordete Ben-Hadad I. (siehe BEN-HADAD und HADADESER) und bemächtigte sich der Herrschaft, nachdem ihm Elisa gesagt

Hasaël, König von Aram-Damaskus. Elfenbeinschnitzerei aus Arslan Tasch, Syrien.

hatte, daß er König von Damaskus werden würde (2. Kön 8,13–15). Danach griff er Israel bei Ramot in Gilead an, wie Elisa vorausgesagt hatte, und fügte Joram, dem König von Israel, schwere Verwundungen zu (2. Kön 8,28–29). Der angriffslustige König und große Kämpfer konnte alle Gebiete der Israeliten östlich des Jordans an sich reißen (2. Kön 10,32–33; Am 1,3), nach Jehus Tod in Israel einfallen und bis an die Grenzen Judas gelangen (2. Kön 12,18–19). Sein Vormarsch auf Jerusalem wurde erst aufgehalten, als ihm König Joasch den Palast- und Tempelschatz überließ (2. Kön 12,19). Israel und Juda litten unter ihm, und Adad-Nirari III., der König von Assyrien, wurde als Befreier angesehen, als er seine Heerzüge gegen Aram wiederaufnahm (2. Kön 13,5). Hasaëls Nachfolger war sein Sohn Ben-Hadad II. (2. Kön 13,24).

HASAËL 1. Kön 19,15.17; 2. Kön 8,8–9. 12–13.15.28–29; 9,14–15;10,32; 12,18–19; 13,3.22.24–25; 2. Chr 22,5–6; Am 1,4

HASAJA (»Ja[hwe] hat gesehen«). Ein Mann aus Juda, aus der Familie Schela (Neh 11,4–5). Er war einer der Rückkehrer aus Babylon, die sich in Jerusalem niederließen (Neh 11,5).

HASAJA Neh 11,5

HASCHABJA (»Ja[hwe] hat angerechnet«).

1. Ein Levit aus der Sippe Merari (des dritten Sohnes Levis), einer der Vorfahren des Sängers Etan (1. Chr 6,30).
2. Ein weiterer Levit, Harfenspieler am Hause des HERRN (1. Chr 25,3).
3. Ein Hebroniter, den König David zur Verwaltung Israels westlich des Jordans bestellte.
4. Sohn Kemuëls, von David über die Leviten gesetzt.
5. Ein Vorsteher der Leviten z. Zt. Josias von Juda.
6. Ein Levit aus der Sippe Merari, der z. Zt. der babyl. Gefangenschaft in Kasifja lebte; er war bei denen, die sich unter Esra »am Fluß, der nach Ahawa fließt«, versammelten (Esr 8,15.17–21). Später gehörte er zu den Verwaltern der Tempelschätze (Esr 8,24).
7. Ein Levit und Vorsteher des halben Bezirks Keïla. Er war unter denen, die z. Zt. Nehemias die Stadtmauer ausbesserten.
8. Ein Levit, einer der Oberen, die die Abmachung z. Zt. Nehemias unterschrieben.
9. Ein Priester, Haupt der Familie Hilkija z. Zt. des Hohenpriesters Jojakim (Neh 12,12.21).

HASCHABJA 1 1. Chr 6,30
HASCHABJA 2 1. Chr 25,3.19
HASCHABJA 3 1. Chr 26,30
HASCHABJA 4 1. Chr 27,17
HASCHABJA 5 2. Chr 35,9
HASCHABJA 6 Esr 8,19.24
HASCHABJA 7 Neh 3,17
HASCHABJA 8 Neh 10,12
HASCHABJA 9 Neh 12,21

HASCHABNA (»Der Geachtete«). Ein Levit, einer der Oberen des Volkes, die die Abmachung z. Zt. Esras und Nehemias unterschrieben.

HASCHABNA Neh 10,26

HASCHABNEJA (»Geachtet hat mich Ja[hwe]«). Ein Levit, der an dem großen Fasten vor der Besiegelung der Abmachung (Neh 9,1;10,1) teilnahm; einer der acht, die das Bußgebet sprachen (Neh 9,5).

HASCHAB-NEJA Neh 9,5

HASCHBADDANA (»Verstand zum Richten«). Einer der Männer, die bei Esra standen, als er dem aus der babyl. Gefangenschaft zurückgekehrten Volk das Gesetz vorlas.

HASCHBAD-DANA Neh 8,4

HASCHMONA Ein Lagerplatz auf dem Weg des Volkes Israel ins gelobte Land; er wird gewöhnlich in der Wüste Paran südlich des heutigen Elat vermutet.

HASCHMONA 4. Mose 33,29–30

HASCHUB (»Hoch geschätzt«).

1. Sohn des Pahat-Moab, der z. Zt. Nehemias einen Teil der Stadtmauer Jerusalems und des Ofenturms ausbesserte.
2. Einer der Oberen des Volkes, die die Abmachung Nehemias unterschrieben.
3. Der Vater eines Leviten, der sich nach der Rückkehr aus der babyl. Gefangenschaft in Jerusalem niederließ.

HASCHUB 1 Neh 3,11
HASCHUB 2 Neh 10,24
HASCHUB 3 1. Chr 9,14; Neh 11,15

HASCHUBA (»bedeutend« oder eine Kurzform von Haschabja). Einer der Söhne Serubbabels.

HASCHUBA 1. Chr 3,20

HASCHUM (»Der Reiche, Vornehme«). Haupt einer Familie, die mit Serubbabel aus dem babyl. Exil zurückkehrte (Esr 2,1–19) und nach Nehemia 328 Männer zählte (Neh 7,22; Esr 2,19). H. war unter den Oberen des Volkes, die die Abmachung Nehemias unterschrieben (Esr 10,33; Neh 10,19); er stand neben Esra bei der Verlesung des Gesetzes (Neh 8,4).

HASCHUM Esr 2,19; 10,33; Neh 7,22; 8,4; 10,19

HASE Siehe TIERE.

HASIËL 1. Chr 23,9

HASIËL (»Seher Gottes«). Ein Levit z. Zt. Davids aus der Familie Gerschons (des erstgeborenen Sohnes Levis; 1. Chr 23,6–7).

HASO 1. Mose 22,22

HASO (Kurzform von Hason, »Seher«). Fünfter Sohn Nahors, des Bruders Abrahams (1. Mose 22,22), und seiner Frau Milka, der Schwester Lots (1. Mose 11,26–29).

HASUFA Esr 2,43; Neh 7,46

HASUFA (»Entblößung«). Haupt einer Familie von Tempelsklaven (*Netinim*), die mit Serubbabel aus der babyl. Gefangenschaft zurückkehrten (Esr 2,43).

HATACH Est 4,5–6.9–10

HATACH (»Schmelzer«). Einer der Eunuchen, die am Hofe des Königs Ahasveros als Kämmerer dienten; er diente Königin Ester. H. wirkte als Bote zwischen Ester und Mordechai und berichtete ihr von dem Plan Hamans, die Juden zu töten und ihr Eigentum zu rauben.

HATAT 1. Chr 4,13

HATAT (»Schrecken«). Erstgeborener Sohn Otniëls im Geschlechtsregister des Hauses Juda.

HATIFA Esr 2,54; Neh 7,56

HATIFA (»geraubt«, »gefangen«). Haupt einer Familie von Tempelsklaven (*Netinim*), die mit Serubbabel aus der babyl. Gefangenschaft zurückkehrten (Esr 2,54).

HATITA Esr 2,42; Neh 7,45

HATITA (»Forscher«). Haupt einer Familie von Torhütern, die mit Serubbabel aus der babyl. Gefangenschaft zurückkehrten (Esr 2,42).

HATTIL Esr 2,57; Neh 7,59

HATTIL (»geschwätzig«). Haupt einer Familie von »Sklaven Salomos«, die mit Serubbabel aus der babyl. Gefangenschaft zurückkehrten (Esr 2,57).

HATTUSCH (»Der versammelt«).

ATTUSCH 1 1. Chr 3,22

1. Sohn Schechanjas (1. Chr 3,22) im Geschlechtsregister der Nachkommen Jechonjas.

ATTUSCH 2 Esr 8,2

2. Sohn eines David; Haupt einer Familie, die mit Esra aus der babyl. Gefangenschaft zurückkehrte (Esr 8,1–2).

ATTUSCH 3 Neh 3,10

3. Ein Mann, der bei der Wiedererrichtung der Stadtmauer Jerusalems z. Zt. Nehemias mitarbeitete.

ATTUSCH 4 Neh 10,5

4. Einer der Fürsten, die z. Zt. Nehemias die Abmachung unterschrieben.

ATTUSCH 5 Neh 12,2

5. Ein Levit, der mit Serubbabel aus der babyl. Gefangenschaft zurückkehrte.

Landschaft im Hauran.

HAURAN 'es 47,16.18

HAURAN Eine Region im Norden des Ostjordanlandes, an der Grenze des von Hesekiel beschriebenen Landes (Hes 47,15–18). Sie wurde 841 v. Chr. von Salmanassar III. erobert und später von Tiglat-Pileser III. unter dem Namen Hauranu zur assyr. Provinz gemacht. In der hell. und röm. Zeit nahm die Bedeutung der Region zu. Während der frühen hell. Zeit wurde der große pers. Regierungsbezirk Karnaim in kleinere Gebiete geteilt, von denen eine auf griech. Auranitis hieß. Gegen Ende des 2. Jh. v. Chr. war die Region Teil des ituräischen Königreiches. Augustus schenkte sie Herodes d. Gr. In dieser Zeit wurden dort zahlreiche Nabatäerkolonien errichtet. H.

blieb unter den Nachfolgern des Herodes unter jüd. Herrschaft, bis es beim Tod von Agrippa II. zus. mit dem restlichen Nordteil des Landes zur Provinz Syrien kam. Heute umfaßt die Region den Dschebel el-Drus und die fruchtbare Ebene von Nukra.

HAUSGÖTTER Wie sich aus der hetitischen Wortbedeutung vermuten läßt, bezog sich der hebr. Ausdruck für H., *teraphim*, urspr. wohl auf sehr aktive Schutzgeister einzelner Menschen. Im bibl. Sprachgebrauch bezeichnen die *teraphim* Abbilder von Schutzgeistern und Hausgötzen. Daher galt der Gebrauch von *teraphim* zum Zwecke der Zukunftsschau und Weissagung als götzendienerisch und gottfeindlich (1. Sam 15,23; 2. Kön 23,24) und war als Lug und Trug zum Scheitern verurteilt (Sach 10,2). Der Ausdruck »H.« war einerseits mit dem Vokabular fetischistischen Götzendienstes verbunden (z. B. »ein geschnitztes und gegossenes Bild«, Ri 18,14.17–18), andererseits mit technischen Begriffen, die mit Zukunftsschau und Wahrsagerei zu tun hatten (z. B. *ephod*; Ri 17,5; Hos 3,4) oder mit Gespenstern und Hausgeistern.

Zwei Berichte, in denen die H. eine wichtige Rolle spielen, stehen in 1. Mose 31 und 1. Sam 19. In 1. Mose 31 stiehlt Rahel die *teraphim* (V. 19) und versteckt sie, indem sie sie unter den Kamelsattel legt und sich daraufsetzt (1. Mose 31,34f.). In 1. Sam 19 legt Michal die *teraphim* (ein einzelner Gegenstand trotz der Pluralform im Hebr.) aufs Bett, umgibt den Kopf des H. mit einem Geflecht aus Ziegenhaaren und bedeckt ihn mit einem Kleid (V. 13.16), um den Eindruck zu erwecken, David liege krank im Bett. Im Falle Rahels steht möglicherweise im Hintergrund der Brauch, die H. auf die Reise in ein fremdes Land mitzunehmen (wohl, um sich des Glückes zu versichern). Da Rahel ihre Familie heimlich verließ, konnte sie ihren Vater nicht um die Überlassung der H. bitten und stahl sie deshalb. Andere Ausleger meinen, sie habe die *teraphim* mitgenommen, um sich ihren zukünftigen Anteil am Familienerbe zu sichern (vgl. dazu NUZI).

HAWILA (»Sand«).

HAWILA 1
1. Mose 10,7;
1. Chr 1,9
HAWILA 2
1. Mose 10,29
1. Chr 1,23
HAWILA 3
1. Mose 2,11
HAWILA 4
1. Mose 25,1
1. Sam 15,7

1. Ein Sohn Kuschs, des Sohnes Hams, des zweiten Sohnes Noahs (1. Mose 10,7; 1. Chr 1,9). Der Name »Kusch« bezeichnet oft Äthiopien, und auch H. wird mit einem Ort in einer Region Äthiopiens in Verbindung gebracht (siehe HAWILA (3)).

2. Ein Nachkomme Sems, des Sohnes Noahs (1. Mose 10,29; 1. Chr 1,23). Die Verbindung dieses H. mit Hazarmawet (1. Mose 10,26), Usal (1. Mose 10,27) und Saba (1. Mose 10,28) weist auf einen Wohnsitz im südl. Arabien hin.

3. Nach der Beschreibung vom Garten Eden ein Land, das vollständig vom Pischon umflossen (1. Mose 2,11) und wegen seines Goldes, des Bedolachharzes und des Onyxes bekannt war (1. Mose 2,12). Zur genauen Bestimmung seiner Lage gibt es unterschiedliche Meinungen. Manche setzen es mit einer Gegend in Äthiopien gleich, die in den griech. und lat. Quellen *Aualis* genannt wird.

4. Ein Ort, der nach 1. Mose 25,18 die Westgrenze des Gebiets der Ismaeliten darstellt. Hier schlug Saul die Amalekiter (1. Sam 15,7). Dieses H. müßte sich im Süden Palästinas befunden haben.

HAZAR-ADDAR
4. Mose 34,4

HAZAR-ADDAR Ein anderer Name für Hezron.

HAZAR-ENAN
4. Mose 34,9
Hes 47,17; 4

HAZAR-ENAN Stadt oder Ort in der Nähe des Hauran an der nordöstl. Grenze des Landes Kanaan. Die genaue Lage ist nicht bekannt.

HAZAR-GADDA
Jos 15,27

HAZAR-GADDA Eine Stadt, die bei der Aufteilung des Landes Kanaan zum Erbteil Judas gehörte (Jos 14,1; 15,1.27). Sie lag »nach der Grenze von Edom zu, im Südland« (V. 21). Genaueres ist nicht bekannt.

HAZAR-MAWET
1. Mose 10,
1. Chr 1,20

HAZARMAWET (»Lager des Todes«). Dritter Sohn Joktans, des Großenkels Sems; Vater oder Gründer eines gleichnamigen Stammes auf der südl. arab. Halbinsel (Hadramaut).

HAZAR-SCHUAL
Jos 15,28; 1
1. Chr 4,28
Neh 11,27

HAZAR-SCHUAL Eine Stadt, die sowohl als zu Juda (Jos 15,28) als auch zu Simeon gehörig beschrieben wird (Jos 19,3; 1. Chr 4,28). Einige der Rückkehrer aus der babyl. Gefangenschaft z. Zt. Nehemias ließen sich dort nieder

(Neh 11,27). Die Stadt muß sich in der Nähe von Beerscheba befunden haben, weil sie immer mit diesem zus. erwähnt wird.

AZAR-SUSA
›s 19,5;
Chr 4.31

HAZAR-SUSA Eine Stadt, die bei der Aufteilung des Landes Kanaan Simeon zugeteilt wurde. Ihre genaue Lage ist nicht bekannt.

AZEROT
Mose 11,35;
,16; 33,17–18;
Mose 1,1

HAZEROT Ein Lagerplatz auf der Wüstenwanderung der Israeliten (4. Mose 11,35 usw.), an dem Mirjam und Aaron gegen Mose wegen dessen äthiopischer Frau redeten (4. Mose 12,1). Die Forscher, die annehmen, daß die Israeliten beim Auszug die Halbinsel Sinai auf einem südl. Weg durchquert haben, lokalisieren H. in Ejn Hadra.

AZEZON-
AMAR
Mose 14,7;
Chr 20,2

HAZEZON-TAMAR Eine Stadt der Amoriter südlich des Toten Meeres, die von Kedor-Laomer und seinen Bundesgenossen eingenommen wurde (1. Mose 14,7). Nach 2. Chr 20,2 ist dies En-Gedi. Falls es jedoch mit Tamar identisch sein sollte, wie einige vermuten, müßte es an der Stelle des heutigen Ejn Husb in der Wüste Araba gelegen haben.

AZLELPONI
Chr 4,3

HAZLELPONI (»Es ist Rettung zu sehen«). Die Schwester Jesreels, Jischmas und Jidbaschs im Geschlechtsregister des Hauses Juda.

AZOR 1
11,1.10–11.
12,19; 19,36;
4,2.17;
Sam 12,9;
Kön 9,15;
Kön 15,29
ZOR 2
15,23
ZOR 3
15,25
ZOR 4
11,33
ZOR 5
49,28.30.33

HAZOR

1. Eine der wichtigsten Städte im Hl. Land. Der Herrscher von H. wird in den ägypt. Ächtungstexten des 19. Jh. v. Chr. erwähnt. In der Zeit des ägypt. Mittleren Reiches war die Stadt ein bekanntes polit. und Handelszentrum, das auch während des Neuen Reiches seine Bedeutung beibehielt. H.s König Jabin führte den Bund der Könige Nordkanaans gegen Josua an (Jos 11,1–5), aber Josua »kehrte um zu dieser Zeit und eroberte H. und erschlug seinen König mit dem Schwert; denn H. war vorher die Hauptstadt aller dieser Königreiche ...und nichts blieb übrig, was Odem hatte, und er verbrannte H. mit Feuer« (Jos 11,10–11). Nach der isrl. Eroberung ging H. an den Stamm Naftali (Jos 19,36); in Salomos Reich war es eine der Königsstädte (1. Kön

Steinsäulen eines Lagerhauses in Hazor, 8. Jh. v. Chr.

Tonmaske aus Tell Hazor.

(rechts) Ausgrabungen auf Tell Hazor.

9,15). H. war anscheinend auch eine der von Ben-Hadad von Damaskus eroberten Städte (vgl. 1. Kön 15,20; 2. Chr 16,4). Es wurde von Omri neu erbaut und beim Feldzug Tiglat-Pilesers III. 732 v. Chr. zerstört (2. Kön 15,29). Als der Hasmonäer Jonatan auf seinem Weg nach Norden in der Jesreelebene lagerte, war die Stadt immer noch zerstört (1. Makk 11,67).

H. wird identifiziert mit Tell Hazor, einem großen Ruinenhügel 14 km nördlich des Sees Genezareth. Der Siedlungsraum auf dem oberen Hügel erstreckte sich über 12,5 ha, die Unterstadt war 70 ha groß. Die früheste Siedlung in der Unterstadt stammt aus der Mitte des 18. Jh. v. Chr. Außerdem entdeckte man u.a. heilige Bezirke und einen Tempel aus dem 17.–16. Jh. v. Chr. Im 15. Jh. v. Chr. wurde der Boden des Tempels erhöht; der Hof war jetzt mit einer Mauer umgeben und grenzte an einen anderen gepflasterten Hof mit einem Hochplatz, bei dem Kultgegenstände und Gebeine von Tieropfern gefunden wurden. Unter diesen Gegenständen befindet sich auch eine Leber aus Ton, die zur Weissagung verwendet wurde. Im 14. Jh. v. Chr. wurde der Grundriß des Tempels grundlegend verändert. Er erhielt eine Vorhalle mit zwei Säulen, eine Halle und ein Allerheiligstes. Dieser Tempel war bis zum 13. Jh. v. Chr., als die Stadt von Josua zerstört wurde, in dauerndem Gebrauch. In anderen Grabungsschnitten fand man Häuser, unter deren Boden Kleinkinder in Krügen begraben lagen.

Blick auf den Eingang zum Wasserversorgungssystem Hazors.

Zur Erforschung der Geschichte der Oberstadt wurde ein tiefer Einschnitt gegraben. In der frühen Bronzezeit I-III wurde auf dem Felsenuntergrund eine Siedlung angelegt (29.–24. Jh. v. Chr.), und seitdem war der Ort bis zur hell. Periode (2. Jh. v. Chr.) fast 2000 Jahre ohne Unterbrechung bewohnt.

Salomo befestigte die Stadt mit einer Kasemattenmauer und einem höchst eindrucksvollen Tor derselben Art, wie er es auch in Megiddo und Geser errichtete. In der Zeit des Hauses Omri von Israel wurde diese Mauer durch einen festen Wall ersetzt. Die isrl. Zitadelle wurde von Tiglat-Pileser III. zerstört. Die Assyrer und danach die pers. und hell. Herrscher bauten in H. ihre eigenen Festungen.

Die isrl. Stadt H. besaß ein großartiges Wasserversorgungssystem. Die Quelle, auf die die Stadt angewiesen war, befand sich auf dem unteren Teil des Hügels außerhalb der Befestigungen. Um sie in Notzeiten sicher erreichen zu können, wurde ein großer Schacht nahe der Mauer ausgehoben. Vom Grund des Schachtes wurde ein Stollen (5 x 5m) über 30 m zur Quelle getrieben. Am Ende des Stollens befand sich ein kleines Wasserreservoir. Dieses Wassersystem stammt aus dem 10. Jh. v. Chr.

2. Eine Stadt in Juda im Negeb. Sie wird mit el-Dschabarije (etwa 19,5 km südöstlich von el-Auja) gleichgesetzt.

3. Identisch mit Hezron.

4. Eine Stadt im Gebiet des Stammes Benjamin bei Jerusalem, nach der babyl. Gefangenschaft wieder besiedelt. Der Name hat sich im nahen Chirbet Hazzur erhalten.

5. Ein Ort in der arab. Wüste. Jeremia prophezeite seine Eroberung durch Nebukadnezar (Jer 49,28–33).

HAZOR-HADATTA
Jos 15,25

HAZOR-HADATTA (»Der neue Hof«). Eine Stadt oder ein Ort im südl. Juda, der bei der Aufteilung des Landes Kanaan dem Stamm Juda zufiel.

HEBER 1
1. Mose 46,17; 4. Mose 26,45; 1. Chr 7,31–32
HEBER 2
Ri 4,11.17; 5,24
HEBER 3
1. Chr 4,18
HEBER 4
1. Chr 8,17

HEBER (»Verbindung«, »Gemeinschaft«).

1. Einer der Söhne Berias, vom Geschlecht Asser (4. Mose 26,45). Die Sippe Hebers (1. Chr 7,32–39) war das bekannteste Geschlecht im Stamme Asser. H. war auch unter den 70 Nachkommen Jakobs, die nach Ägypten gingen (1. Mose 46,17).

2. H., der Keniter, einer der Söhne Hobabs, des Schwagers des Mose. Er war von den Kenitern weggezogen und wohnte in Zaanannim (Ri 4,11); er war der Mann jener Jaël, die Sisera, den Heerführer Jabins, tötete (Ri 4,17; 5,24).

3. Der Vater Sochos, seine Abstammung ist unklar.

4. Ein Mann aus dem Stamm Benjamin.

HEBERITER
4. Mose 26,45

HEBERITER Siehe HEBER (1).

HEBRÄER
1. Mose 14,13; 39,14.17; 40,15; 41,12; 43,32; 2. Mose 1,15–16.19; 2,6–7.11.13; 3,18; 5,3; 7,16; 9,1.13; 10,3; 21,2; 5. Mose 15,12; 1. Sam 4,6.9; 13,3.7.19; 14,11.21; 29,3; Jer 34,9.14; Jona 1,9; Apg 6,1; 2. Kor 11,22; Phil 3,5

HEBRÄER Die Bezeichnung »H.« verbindet sich in der Bibel mit Ereignissen aus der Zeit der Erzväter und der Landnahme: a) Josef und seine Brüder in Ägypten (1. Mose 39,14.17; 40,15; 41,12; 43,32); b) die Fronknechtschaft in Ägypten (2. Mose 1,15–16.19; 2,6–7.11.13; 3,18; 5,3; 7,16; 9,1.13; 10,3; 21,2; 5. Mose 15,12; Jer 34,9.14); c) die Kriege der Israeliten gegen die Philister (1. Sam 4,6.9; 13,3.7.19; 14,11.21; 29,3). Ein Beispiel für ein seltenes frühes Vorkommen des Wortes ist die Bezeichnung »Abram der H.« in 1. Mose 14,13.

Der Begriff »H.« unterscheidet die Angehörigen des isrl. Volkes von denen anderer Völker: »Denn die Ägypter dürfen nicht essen mit den H.« (1. Mose 43,32). »Seid stark... ihr Philister, damit ihr nicht dienen müßt den H.« (1. Sam 4,9); Jona beantwortet die Frage »...von welchem Volk bist du?« mit »Ich bin ein H.« (Jona 1,8–9).

Obwohl im Bericht über die Bedrückung Israels in Ägypten gewöhnlich der Name »das Volk Israel« benutzt wird (2. Mose 1,9), kommt »H.« doch gelegentlich vor. Jahwe (der HERR), der Gott Israels (2. Mose 5,1), wird auch »der Gott der H.« genannt (2. Mose 5,3). Wir lesen von hebr. Hebammen und hebr. Frauen (2. Mose 1,15.16). Der Name »H.« betont die Verbindung des Volkes Israel mit dessen Stammvätern, den Patriarchen. Die Schriften des AT lassen somit keinen Zweifel daran, daß mit »H.« Israeliten gemeint sind.

Auf assyr. und babyl. Keilschrifttafeln des 2. Jt. v. Chr. erscheint häufiger die Bezeichnung »Hapiru« (bzw. »Apiru«). Man hat nun vermutet, daß hier eine Verbindung zu den »Hebräern« besteht. Mit dem Namen »Hapiru« werden soziale Gruppen oder Berufsgruppen wie Sklaven, Söldnertruppen oder Räuber oder auch Ausländer bezeichnet. Eine Nomadengruppe mit diesem Namen bestand aus verschiedenen ethnischen Gruppen; von daher wird mit »Hapiru« offensichtlich nie eine Volksgruppe bezeichnet. Zudem ist die sprachliche Gleichsetzung von »Hapiru« und »Hebräer« (*Iwri*) zweifelhaft.

In der Bibel bezieht sich jedenfalls der Name H. eindeutig auf das Volk Israel: Sie sind Nachkommen Abrahams, der als erster »H.« genannt wurde (1. Mose 14,13); Abraham stammt von Eber (bzw. Heber), dem Urenkel Sems, ab (1. Mose 10,21–24; 11,14f.). Gleichzeitig kann das Wort H. jedoch sprachlich auch jemanden bezeichnen, »der überschritten hat«. Dies würde ebenfalls für Abraham zutreffen, weil er die Grenzen Mesopotamiens überschritten hat.

Im NT wird die Bezeichnung von Paulus gebraucht, um seine eindeutige jüd. Herkunft aufzuweisen (2. Kor 11,22; Phil 3,5).

Zwei Vasen mit Verzierungen im mykenischen Stil aus einem Tempel der späten kanaanitischen Periode, Hazor.

HEBRÄER, DER BRIEF AN DIE Kein Brief im NT mutet den Menschen von heute so fremdartig an wie der Hebr. Besonders seine Hervorhebung kultischer Gedanken, vorab der Bedeutung des Opfers (s. OPFER), macht es schwer, ihn heute zu verstehen und seine Botschaft zu übernehmen. Dabei gehört seine Sicht des Werkes Christi zu den zentralen Themen des NT.

Woher stammt diese ntl. Schrift? Seit dem ausgehenden 2. Jh. n. Chr. wurde dieser Brief dem Apostel Paulus zugeschrieben. Nur als (vermeintlicher) Paulusbrief ist er in den Kanon gelangt. Der Brief selbst aber macht anders als alle anderen kanon. Briefe keine Verfasserangabe; auch in dem Titel, der in den frühesten Hss. dem Brief angehängt ist, findet sich kein Hinweis auf den Namen des Verfassers. Zahlreiche weitere Faktoren wie Stil, Wortschatz und Hauptthema lassen eine Autorschaft des Paulus ebenfalls als zweifelhaft erscheinen.

Wo gelegentlich auch heute noch eine paulinische Verfasserschaft verfochten wird, können sich diese Hypothesen nicht auf die Bibel berufen. Dabei kann natürlich nicht bestritten werden, daß der Hebr auch paulinische Gedankengänge enthält. Sein unbekannter Verfasser könnte sehr wohl mit der Paulusschule Berührung gehabt haben. Man hat auch schon an bestimmte Personen gedacht, die als Verfasser in Frage kommen könnten, z. B. an Barnabas, Lukas, Silvanus, Priszilla oder sogar – so eine Vermutung Martin Luthers – an Apollos (s. Apg 18,24–28), ja auch an Clemens von Rom.

Aus den Grüßen in 13,24 geht hervor, daß der Brief in Italien verfaßt wurde; die Tradition hat ihn gewöhnlich mit Rom in Verbindung gebracht. Die Abfassungs*zeit* ist schwieriger zu bestimmen. Die früheste Zitierung des Hebr findet sich vermutlich im Brief des Clemens von Rom an die Korinther um 95 n.Chr.; zu diesem Zeitpunkt muß der Hebr also vorgelegen haben – wie lange vorher, bleibt allerdings umstritten. Obwohl der Brief hauptsächlich von der Ersetzung der levitischen Priester durch die Priesterschaft und das Opfer Jesu handelt, findet sich keinerlei Hinweis auf die Zerstörung des Tempels von Jerusalem. Dies würde auf eine Abfassungszeit vor 70 n. Chr. hindeuten. Die Vertreter einer späteren Datierung machen demgegenüber geltend, daß der Hebr in keiner Weise auf den Tempelkult Bezug nimmt; der Blick richtet sich ausschließlich auf das Heiligtum in der Wüste, als habe der Tempel nie existiert. Hätte der Verfasser jedoch andererseits von der Zerstörung des Tempels und dem Abbruch der levitischen Opfer gewußt, hätte er sicher in irgendeiner Weise zur Unterstützung seiner Argumente darauf Bezug genommen. Da der in 13,23 genannte Timotheus wahrscheinlich mit dem bekannten Mitarbeiter des Paulus identisch ist, scheint auch von daher eine Spätdatierung des Briefes ausgeschlossen.

Die Empfänger des Briefes dürften griech. sprechende Christen jüd. Herkunft (»Hebräer«?) innerhalb einer überwiegend heidenchristl. Gemeinde (Rom?) gewesen sein. Darauf weist nicht nur der betonte Gebrauch des AT hin, sondern z. B. auch das Kap. 11 mit der langen Liste der Glaubenszeugen Israels. Die Empfänger scheinen Christen der zweiten Generation zu sein, die bereits Bedrängnis und blutige Verfolgung erlebt haben (10,32 ff.; 13,7). Die ebenfalls schon geäußerte Vermutung, daß die wiederholten Hinweise auf die 40 Jahre Israels in der Wüste in Kap. 3 und 4 eine indirekte Anspielung auf die Zeitspanne seit dem Auftreten Jesu seien, würde ebenfalls auf eine Abfassung des Briefes kurz vor dem Jahr 70 n. Chr. hindeuten.

Stilistisch und sprachlich ist der Hebr eine der ausgefeiltesten und hochstehendsten Schriften im NT; sein Griechisch gilt allg. als das beste, aber auch als das schwierigste im NT. Die zahlreichen Zitate aus dem AT sind meist der LXX entnommen. Der Hebr ist genaugenommen kein Brief im strengeren Sinne: Obwohl er viele direkte Bezugnahmen auf den Leser enthält (z. B. 5,11–12; 6,9; 10,32 ff; 12,3 ff; 13,3.7.18–24), fehlen ihm fast durchweg wesentliche Merkmale eines Briefes wie Verfasserangabe oder einleitende Grußworte. All diese Faktoren sind besser zu verstehen, wenn wir den Hebr als eine Art Lehrschrift oder ermahnende Predigt auffassen; so will ihn der Verfasser nach 13,22 auch verstanden wissen. Auch wenn er sich an bestimmte Empfänger wendet, scheint der Autor zugleich eine mögliche weitere Leserschaft im Auge gehabt zu haben.

Keine andere Schrift im NT – außer den Evangelien – richtet den Blick so deutlich auf die Person und das Werk Jesu Christi. Von Anfang bis Ende wird der Sohn Gottes (1,2) als der Mittelpunkt der Pläne Gottes und als das Ziel des göttlichen Handelns an Israel und der ganzen Menschheit dargestellt. Schon die ersten Worte geben Zeugnis von einer majestätischen Christologie: Jesus ist »der Abglanz seiner (Gottes) Herrlichkeit und das Ebenbild seines Wesens« (1,3). Durch ihn sind alle Dinge geschaffen, wird alles gehalten, und auf ihn hin wird sich letztlich alles bewegen. Hier steht der Hebr in einer Linie mit den großen christologischen Aussagen im NT, wie dem Johannesprolog (Joh 1,1–18) oder dem Brief an die Kolosser (1,15–2,15).

Von zentraler Bedeutung ist die Rolle Jesu Christi als Hoherpriester. Sein Priestertum (s. PRIESTER) bildet den Angelpunkt, von dem alle entscheidenden Gedanken des Hebr ausgehen (4,14–5,10; 7,1–10,18). Der Verfasser will zeigen, daß der priesterliche Dienst Jesu, anders als die Priesterschaft der Nachkommen Aarons, von alters her besteht und ihr in allen Punkten überlegen ist. Mit dem Hohenpriestertum Jesu Christi tritt der neue Gottesbund durch ein neues Opfer (s. OPFER) in Kraft. Anders als die Opfer im früheren Bund, die immer wieder darzubringen waren, wurde das Opfer Jesu nur einmal und für alle Zeit gültig dargebracht. Am Kreuz (5,8–10; 12,2) wird Jesus Christus beides in einem: Priester und Opfer.

Immer wieder ergehen im Hebr Warnungen und Mahnungen an die Leser, bei denen es sich aber nicht um Abschweifungen vom Thema, sondern um unabdingbare Bestandteile der Verkündigung handelt. Sie gipfeln alle in dem einen Ziel: der Mahnung, festzuhalten am Bekenntnis zu Jesus Christus und damit an der Gemeinschaft der Gläubigen trotz aller Bedrängnis (3,13 f.; 4,14; bes. 10,23–25). Dazu kommt dann eine lange Liste von Einzelermahnungen (13,1–19).

INHALTSÜBERSICHT

1,1–14	Christus ist größer als die Propheten und die Engel
2,1–8	Ermahnung, das Heil nicht zu versäumen
2,9–18	Christi Erhabenheit auch in der Erniedrigung
3,1–6	Christus ist größer als Mose
3,7–4,13	Warnung vor dem Unglauben
4,14–5,10	Das Hohepriestertum Christi
5,11–6,20	Warnung vor dem Abfall
7,1–28	Die Überlegenheit des Priestertums Christi
8,1–13	Der Mittler des neuen Bundes
9,1–10,18	Der überlegene neue Bund aufgrund des Hohenpriestertums und Opfers Christi
10,19–31	Ermahnung zum Ausharren, Warnung vor dem Abfall
10,32–11,40	Israels Glaubenszeugen
12,1–29	Der Glaubensweg des Christen
13,1–25	Ermahnungen und Schlußworte

HEBRON
Mose 13,18;
23,2.19; 35,
27; 37,14;
Mose 6,18;
Mose 3,19;
13,22;
s 10,3.5.23.
5.39; 11,21;

HEBRON Eine der ältesten Städte Judas, auf dem Weg von Jerusalem nach Beerscheba und ein Knotenpunkt nach Osten und Westen führender Straßen. H. war eine Leviten- und Freistadt (Jos 21,13). Sie wurde auch Kirjat-Arba genannt (1. Mose 23,2 u. ä.), möglicherweise nach Arba, der »der größte Mensch war unter den Anakitern« (Jos 14,15; s. auch 15,13–14). Eine andere Erklärung besagt, H. habe vier Vorstädte gehabt (hebr. *arba* = »vier«), von denen eine Mamre gewesen sein könnte (1. Mose 35,27).

Teilansicht Hebrons. Zwischen den Bäumen die Mauer um die Stätte der Höhle Machpela.

12,10; 14,13–1
15,13.54; 20,7;
21,11.13;
Ri 1,10.20; 16,
1. Sam 30,31;
2. Sam 2,1.3.11
3,2.5.19–20.22
27.32; 4,1.8.12
5,1.3.5.13;
15,7.9–10;
1. Kön 2,11;
1. Chr 3,1.4;
6,40.42; 11,1.3
12,24.39; 29,2
2. Chr 11,10

Nach 4. Mose 13,22 wurde H. sieben Jahre vor Zoan in Ägypten erbaut. Zoan wurde um 1720 v. Chr. gegründet, der Beginn der Besiedlung Hs. wäre damit zu Beginn des 18. Jh. v. Chr. anzusetzen. Es gehörte den Hetitern (1. Mose 23,1–7), unter denen Abraham ein »Fremdling und Beisasse« war (1. Mose 23,4); er baute hier einen Altar (1. Mose 13,18) und hier erschien ihm der HERR (1. Mose 18,1). Von Efron kaufte Abraham die Höhle in Machpela, die auf Efrons Land lag (1. Mose 23,9–17). Josua besiegte bei Gibeon Hoham, den König H.s (Jos 10,1 ff). Später ging die Stadt an Kaleb, der sie eroberte (Jos 15,13; Ri 1,20). Seit der Eroberung durch die Israeliten besaß H. wegen seiner Verbindung mit den Patriarchen einen bedeutenden Rang in der nationalen Tradition. Nach Sauls Tod wohnten hier David und seine zwei Frauen (2. Sam 2,1–3); hier wurde David zum König über das Haus Juda gesalbt (2. Sam 2,4) und regierte von H. aus 7 ½ Jahre (2. Sam 5,5; 1. Chr 3,4).

Ausgegrabene Mauern auf Tel Rumeida, dem Ort des biblischen Hebron.

Nach der Rückkehr aus dem babyl. Exil wurde H. neu besiedelt (Neh 11,25). Zu dieser Zeit war der Südteil Judas von den Edomitern bewohnt und wurde »Idumäa« genannt, eine Region, die sich von den südlichen Bergen Judas bis nach Beerscheba erstreckte. In den ersten Jahren des Hasmonäeraufstandes wurde H. erobert (1. Makk 5,65). H. wird im NT nicht erwähnt.

Die Gleichsetzung H.s mit der Lage des heutigen el-Chalil wird von allen Experten akzeptiert. Die alte Siedlung befindet sich in Tel el-Rumeida auf dem Gipfel eines der Hügel der modernen Stadt. Jüngste Ausgrabungen haben Schichten aus der kanaan. und isrl. Zeit ans Licht gebracht. Die schöne Mauer um den traditionellen Ort der Höhle von Machpela mit den berühmten Gräbern der Patriarchen stammt aus der Zeit des Herodes.

HEBRON, HEBRONITER Familie oder Sippe, die von H., Sohn des Kehat, abstammt.

HEBRON HEBRONIT
4. Mose 3,27
26,58;
1. Chr 5,28;
6,3; 15,9; 23
12.19; 24,23
26,23.30–31

HEERHAUFEN, STADT DER Der symbolische Name einer Stadt im »Tal der Heerhaufen« des Gog. Hier soll nach der Prophezeiung Hesekiels Gog mit seinen Heeren und Bundesgenossen im Kampf gegen Israel geschlagen werden (Hes 39,11.16).

HEER-HAUFEN, STADT DE
Hes 39,16

HEFATA Ein von Jesus gebrauchtes aram. Wort, als er einen Taubstummen heilte. Es bedeutet »Tu dich auf«.

HEFATA
Mk 7,34

HEFER (»Gegrabener Brunnen«).

1. Sohn Gileads und Gründer des Geschlechts der Heferiter (4. Mose 26,28–32).

2. H. der Mecheratiter, einer der »Helden« Davids.

3. Eine Kanaaniterstadt westlich des Jordans und unweit von Tappuach,

HEFER 1
4. Mose 26,
32–33; 27,1
Jos 17,2–3
HEFER 2
1. Chr 11,3
HEFER 3
Jos 12,17;
1. Kön 4,10

ihr König wurde von Josua besiegt (Jos 12,17). Die Stadt fiel an den Stamm Manasse und war später Teil des 3. Verwaltungsbezirkes König Salomos (1. Kön 4,10). Heute ist sie als Tel Hefer in der Scharonebene bekannt.

HEFERITER 4. Mose 26,32

HEFERITER Eine von Hefer, dem Sohn Gileads, gegründete Familie.

HEFZI-BAH (»Ich habe meine Lust an ihr«).

IEFZI-BAH 1 2. Kön 21,1

1. Die Frau König Hiskias von Juda und Mutter König Manasses.

IEFZI-BAH 2 Jes 62,4

2. Ein symbolischer Name, den Jesaja zur Beschreibung der Erlösung Zions benutzt; in der LÜ mit »meine Lust« übersetzt.

HEGAI Est 2,3.8.15

HEGAI (»Erwäger«, »Betrachter«). Ein Eunuch und Haremsaufseher am Hofe des Königs Ahasveros. Er pflegte Esters Schönheit (Est 2,9), damit sie dem König gefalle.

HEIL Siehe ERLÖSUNG.

HEILAND Siehe JESUS CHRISTUS.

HEILIGER GEIST Siehe GEIST GOTTES, HEILIGER GEIST.

IEILIGKEIT, HEILIG(EN) 1. Mose 2,3; 28,17; Mose 3,5; 12, 6; 13,2; 15,11. 3; 16,23; 19,6. 0.22; 20,8; 22, 0; 28,2.36; 31, 14; 35,2; 40,9; Mose 6,9; 10, 3.10; 11,44f.; 21,8; 23,2f.; 25,10; 27,9; Mose 6,5; 11, 3; 15,40; 16,5; Mose 7,6; 23, ; 26,15; 28,9; Jos 3,5; 7,13; am 2,2; 16,5; Kön 4,9; 9,3; 2. Chr 23,6; 29,5; 31,18; Esr 8,28; eh 8,9–11; 9, ; 10,32; 11,1; Hiob 1,5; 2,6; 3,5; 5,8; ; 15,1; 18,26; 7; 22,4; 24,3; ; 29,2; 33,21; 5,5; 47,9; 77, ; 78,54; 79,1; 1; 98,1; 99,3. 102,20; 103, 1; 105,3.42; 11,9; 145,21; ,16; 6,3; 23, 29,23; 35,8; 2; 52,1; 57,1. 58,13; 62,12; ,15; 65,5.11; er 8,8; 23,9; 25,30; 31,23; 20,12.20.39; 2; 36,21.23. 37,28; 39,7; 43,7; 45,1; 1 8,24; 9,16; 11,28; 12,7; Joel 2,16; Sach 2,16; t 1,18; 3,11; 4,5; 6,9; 24, 15; 27,53; 1,24; 6,20; 1,35.49.70. 2; 2,23; 11, 13; 12,10; 7,39; 10,36;

HEILIGKEIT Der Begriff der Heiligkeit und des Heiligen ist durch die irreführende landläufige Vorstellung vorbelastet (die nur ungenau das röm.-kath. Verständnis von H. wiedergibt), daß H. so etwas wie ein Leben in nahezu vollkommener Frömmigkeit ist, in dem die Gott wohlgefälligen Seiten weit überwiegen; Heilige wären dann (fast) sündlose Menschen. Um dieser Mißdeutung des bibl. Verständnisses zu begegnen, muß man nicht nur die urspr. Bedeutung des hebr. Wortes für »heilig« (*kadosch*) beachten, das soviel wie »abgetrennt«, »ausgesondert« bedeutet und das dabei stets die vom Menschen geschiedene Sphäre des Göttlichen meint, sondern man muß davon ausgehen, daß »der Heilige« von Haus aus immer eine Bezeichnung für Gott ist (s. auch GOTT). Alles, was sonst in der Bibel als »heilig« bezeichnet wird, ist abgeleitete Heiligkeit; eigene H. kommt nur Gott zu. Sie macht sein ganzes Wesen aus und schließt sein Gesetz und seine Gnade, sein Gericht und seine Barmherzigkeit wesensmäßig ein. Heilig ist nur er (vgl. 2. Mose 15,11; 1. Sam 6,20; 2. Sam 7,22; Ps 66,3.5; 89,7.8; 145,6; Jes 64,3 u.ö.). »Der Heilige Israels« ist – ähnlich wie *adonaj* (»unser Herr«) – eine Umschreibung des hochheiligen Gottesnamens *Jahwe* (Ps 78,41; Jes 1,4; 12,6; 43,3; Hos 11,9).

Was aber der Heilige mit Beschlag belegt, das ist heilig, weil es ihm geheiligt ist. »Heilig«, ob es für Menschen oder Sachen oder andere irdische Begriffe gebraucht wird, heißt: Gott hat seine Hand darauf gelegt. Das kann ein Tag sein, den Gott als den besonderen Tag des HERRN beansprucht; dann »gedenke, daß du ihn heiligst« (2. Mose 20,8). Das kann eine Stätte, ein Ort sein, z. B. sein heiliger Berg (Ps 3,5; 15,1), sein heiliger Tempel (Ps 11,4; 79,1). Heilig kann jeder beliebige Ort werden, den Gott für sich ausgesondert hat, ein »Ort, darauf du stehst.. heiliges Land« (2. Mose 3,5). Heilig kann der rettende Ausweg sein, den Gott seine Kinder führt, eine »Bahn, die der heilige Weg heißen wird« (Jes 35,8). Erst recht können das Menschen sein, auf die Gott seine Hand gelegt hat: »Du bist mein« (Jes 43,1). Das gilt in erster Linie seinem erwählten Gottesvolk, das ihm »ein heiliges Volk« sein soll (2. Mose 19,6; vgl. Jes 62,12), und das gilt für den einzelnen in seiner Gemeinde, »daß ihr heilig werdet, denn ich bin heilig« (3. Mose 11,44).

Daß Gott dafür dann an seinen Erwählten den entsprechenden Gehorsam sucht und ein Leben in den Bahnen seiner Gebote fordert, kommt im AT unmittelbar zum Ausdruck, z. B. im sog. Heiligkeitsgesetz (3. Mose 17–26), in den Psalmen (z. B. 24,3.4; 119) oder bei den Propheten (Jer 34,15.16; Am 2,7; 5,4–14). Nie aber gründet H. in einer herausragenden menschlichen Sonderqualität, einer höheren moralischen oder gar kultischen Wertigkeit des einzelnen Menschen, sondern immer darin, daß Gott diesen Menschen beschlagnahmt hat.

Dies gilt bes. für die »Heiligen« im NT. Der Begriff »Heilige« ist praktisch ein Synonym für »Christen«, also für Menschen, die das Wort Christi gehört haben, durch den Glauben und die Taufe sein Eigentum geworden und dadurch herausgerufen worden sind aus der Welt des »breiten Wegs« (Mt 7,13.14) in die Gemeinde der Geheiligten (1. Kor 1,2; 6,2; vgl. Röm 1,1;

Röm 8,33; Gal 1,15; Kol 3,12; 1. Petr 1,1.2; 2,9 u. a.). Paulus zögert keineswegs, die Glieder der christl. Gemeinden pauschal als Heilige anzusprechen, auch dort, wo es sich – wie etwa in Korinth – um sehr schwierige Menschen handelt, die ihrem Christenstand keine Ehre machen, sondern Anlaß zu ernsten Vorhaltungen geben (1. Kor 1,10 ff.; 3,1; 4,14–21; 5,1.9; 6,1–8; 11,17–22; 15,12; 2. Kor 13,2; Phil 4,2 usf.). Heilige sind sie eben nicht durch ihre frommen Qualitäten, sondern durch die Einbürgerung in die Gemeinde Christi (Eph 1,1; 2,19; Phil 1,1; Kol 1,12; Phlm V. 7; Offb 13,10).

Dies schließt nicht aus, sondern ausdrücklich ein, daß solche Menschen, die durch das Evangelium Jesu Christi berufen und also geheiligt sind, dann auch versuchen, sich in ihrem praktischen Leben und christl. Wandel dafür dankbar zu erweisen. Zu Recht gebraucht die HS dafür den Ausdruck »Heiligung« und bezeichnet diese als den Willen Gottes (1. Thess 4,3). Nur kommt auf die Reihenfolge alles an: Der Mensch erlangt nicht mit der Heiligung des Lebens die Gnade Gottes, sondern weil ein Mensch durch Jesus Christus die Gnade Gottes erlangt hat, kommt es in seinem Leben zu einem neuen Wandel in der Heiligung (1. Petr 1,2; Hebr 12,14; vgl. Joh 17,17). In diesem Sinne gibt es sehr wohl einen Unterschied zwischen einem weltlichen und einem geheiligten Leben (Röm 12,2; Gal 4,3; Phil 2,15; Jak 1,27; 4,4), zwischen Unheiligkeit und Heiligkeit.

17,11.17.19; Apg 2,4.38; 4,27.30; 6,13; 7,51; 10,22; 19,2;20,32; 21,28; 26,18; Röm 1,2.4; 6,19.22; 7,12; 11,16; 12,1; 15,16; 16,16; 1. Kor 1,30; 3,17; 6,11; 7,14.34; 2. Kor 7,1; Eph 1,4; 2,21; 3,5; 4,30; 5,26.27; Kol 1,22; 1. Thess 2,10; 4,3.7; 5,23; 2. Thess 2,13; 1. Tim 2,8; 4,5 2. Tim 1,9; 2,2 1. Petr 1,2.15; 2,5.9; 3,5.15; 2. Petr 1,21; 3,11; 1. Joh 2,20; Hebr 2,1; 7,26 9,13; 10,10; 12,14; 13,12; Jak 4,8; Offb 4,8; 15,4; 20,6; 21,2; 22,11.19

HEILIGTUM Siehe TEMPEL.

HEILIGUNG Siehe HEILIGKEIT.

HELA (»Kraft des Volkes«). Eine der zwei Frauen Aschhurs, eines Mannes aus Juda (1. Chr 4,5).

HELA 1. Chr 4,5.7

HELAM Ein Ort am Ostufer des Jordans, wo David das Heer des aram. Königs Hadad-Eser schlug.

HELAM 2. Sam 10,16–

HELBA Eine Stadt der Kanaaniter in dem Asser zugesprochenen Gebiet; ihre Bevölkerung wurde nicht vertrieben.

HELBA Ri 1,31

HELBON Eine Stadt nördlich von Damaskus, bekannt durch ihren Wein. Sie wird von Hesekiel im Klagelied über Tyrus erwähnt.

HELBON Hes 27,18

HELDAI (»ausdauernd«).

1. Anführer der 12. Abteilung der Truppen Davids, Hauptmann des gesamten Heeres im 12. Monat des Jahres. Er stammte aus Netofa in Juda und gehörte der Familie Otniëls an.

2. Einer der Rückkehrer aus dem babyl. Exil. Er ließ sich z. Zt. Nehemias in Jerusalem nieder und brachte Gold und Silber für die Krone des Hohenpriesters Jeschua.

HELDAI 1 1. Chr 27,15
HELDAI 2 Sach 6,10

HELED (»Lebensdauer«). Ein Mann aus Netofa in Juda; einer der »Helden« Davids.

HELED 2. Sam 23,29; 1. Chr 11,30

HELEF Eine Stadt an der Grenze des Gebietes von Naftali. Die genaue Lage ist nicht bekannt.

HELEF Jos 19,33

HELEK (»Teil«, »Anteil«). Sohn Gileads aus dem Stamm Manasse, Vater der Helekiter.

HELEK 4. Mose 26,3 Jos 17,2

HELEKITER Die von Helek, dem Sohn Gileads, gegründete Familie.

HELEKITE 4. Mose 26,3

HELEZ (»Befreiung [ist Gott]«).

1. Einer der »Helden« Davids, nach seinem Herkunftsort (Bet Pelet) der Peletiter genannt. Er war Haupt der 7. Ordnung des Heeres von König David und Hauptmann des gesamten Heeres im 7. Monat des Jahres.

2. Sohn Asarjas im Geschlechtsregister Jerachmeels.

HELEZ 1 2. Sam 23,26 1. Chr 11,27 27,10
HELEZ 2 1. Chr 2,39

HELKAI (Kurzform für Hilkija). Ein Priester z. Zt. des Hohenpriesters Jojakim.

HELKAI Neh 12,15

HELKAT Eine Stadt, die durch das Los an den Stamm Asser und später an die Leviten fiel.

HELKAT Jos 19,25; 2

HELKAT HAZZURIM (»Feld der scharfen Schwerter«). Ein Ort am Teich von Gibeon. Hier kämpften 12 Männer Isch-Boschets unter Abner gegen 12 von Davids Männern unter Joab.

HELON (»stark«). Ein Mann aus dem Stamm Sebulon, der vom HERRN zum Stammesfürsten erwählt wurde.

HEMAM Ein Horiter.

HELKAT HAZZURIM 2. Sam 2,16
HELON 4. Mose 1,9; 2,7; 7,24.29; 10,16
HEMAM 1. Mose 36,22; 1. Chr 1,39
HEMAN 1 1. Kön 5,11; 1. Chr 2,6; Ps 88,1
HEMAN 2 1. Chr 6,18; 15,17.19; 16,41–42; 25,1.4–6; 2. Chr 5,12; 29,14; 35,15
HEMDAN . Mose 36,26; 1. Chr 1,41
HENA 2. Kön 18,34; 19,13; Jes 37,13
HENADAD Esr 3,9; Neh 3,18.24; 10,10
HENOCH 1 Mose 4,17–18
HENOCH 2 1. Mose 5, 18–19.21–24; 1. Chr 1,3; Lk 3,37; Hebr 11,5; Jud 14
HENOCH 3 . Mose 25,4; 1. Chr 1,33
HENOCH 4 . Mose 46,9; . Mose 6,14; . Mose 26,5; 1. Chr 5,3

HEMAN (»treu«). Zwei bibl. Personen, möglicherweise miteinander verwandt.

1. H. war bekannt für seine Weisheit, die nur von der Salomos übertroffen wurde. Ein anderer Text bezeichnet ihn als Nachkommen Judas und Tamars (1. Chr 2,4.6). Er ist der Verfasser von Ps 88.

2. Ein Levit aus der Familie Kehats; Sohn Joels und Enkel Samuels. Er musizierte z. Zt. Davids im Hause des HERRN, wurde auch »Seher« genannt und hatte 14 Söhne und drei Töchter (1. Chr 16,41–42; 25,5).

HEMDAN (»anmutig«, »begehrt«). Erstgeborener Sohn Dischons, eines Stammesfürsten der Horiter.

HENA Eine Stadt, die von Sanherib von Assyrien erobert wurde.

HENADAD Haupt einer Levitenfamilie, die die Arbeiter beim Wiederaufbau des Tempels anleitete (Esr 3,9).

Sein Sohn Binnui war Vorsteher des halben Bezirkes von Kegila, half, die Stadtmauer auszubessern, und war unter den Leviten, die die Abmachung Nehemias unterschrieben.

HENNA Siehe GEWÜRZE UND DUFTSTOFFE.

HENOCH (»Weihe«).

1. Der älteste Sohn Kains; die von Kain erbaute Stadt ist nach H. benannt.

2. Der Sohn Jereds im Geschlechtsregister Adams und Kains. Er lebte 365 Jahre, »und weil er mit Gott wandelte, nahm ihn Gott hinweg, und er ward nicht mehr gesehen« (1. Mose 5,24). Diese für das AT (trotz 2. Kön 2,11) einmalige Aussage hat seit jeher sehr unterschiedliche, darunter auch symbolhafte, mystische und esoterische Interpretationen hervorgerufen. Man kann jedoch nur das dem Text entnehmen, daß H. lebendig von der Erde entrückt wurde, auch wenn keinerlei Schilderung des Vorgangs vorliegt, wie dies bei der »Himmelfahrt« (vgl. HIMMELFAHRT) Elias (2. Kön 2) der Fall ist. Späteren, teilweise apokalyptischen und phantastischen Interpretationen zufolge soll H. im Himmel eine intensive Gemeinschaft mit Gott gepflegt haben. Die wichtigste Quelle dafür ist das Buch Henoch in den Pseudepigraphen zum AT (s. HENOCHBÜCHER; s. PSEUDEPIGRAPHEN). Im apokryphen Buch Jesus Sirach wird H. unter den Urvätern des Glaubens und der göttlichen Weisheit erwähnt (Jesus Sirach 44,16).

3. Dritter Sohn Midians, des Sohnes Abrahams von seiner Frau Ketura.

4. Erstgeborener Sohn Rubens (des erstgeborenen Sohnes Jakobs), Gründer der Familie der Henochiter.

HENOCHBÜCHER Spätjüd. Schriften, die Henoch (1. Mose 5,18–24) zugeschrieben werden. Sie sind in ihren ältesten Schichten um das Jahr 160 v. Chr., im übrigen sicher später (bis 64 v. Chr.), entstanden. Die wichtigsten unter ihnen sind die beiden Werke *Äthiopischer Henoch* (1. Henoch) und *Slawischer Henoch* (2. Henoch).

Der *Äthiopische Henoch* ist eine Zusammenstellung von versch. Fragmenten und stammt aus Überlieferungen unterschiedlicher Herkunft und Zeit. Das Buch war urspr. in Hebr. oder Aram. verfaßt und wurde später ins Griech. übersetzt; der Originaltext und die griech. Übersetzung gingen verloren. Das gesamte Werk blieb aber in einer äthiop. Übersetzung erhalten, die von der äthiop. Kirche in ihren Kanon aufgenommen wurde. In seiner gegenwärtigen Form enthält das Buch 108 Kapitel und ist in fünf Abschnitte gegliedert.

Der *Slawische Henoch* ist lediglich in der slaw. Übersetzung des verlorengegangenen griech. Originals erhalten.

Beide Schriften sind jüd.-apokalyptisch ausgerichtet und behandeln charakteristische eschatologische Aspekte (wie Himmelsvisionen, Kosmologie, Engellehre, Gericht, den Messias, Auferstehung), teilweise in bizarrem Symbolismus. Auf seiner Reise durch Himmel und Erde wird Henoch in die Geheimnisse des Universums eingeweiht und erhält Einblick in den Verlauf der Ereignisse, die Gott dem Menschen vorherbestimmt hat.

Die H. sind die umfangreichsten Werke unter den Pseudepigraphen (s. dort) und die bedeutendsten aller apokryphen Bücher. Sie bieten nicht nur

Fragment aus dem Äthiopischen Henoch, gefunden in Qumran (Schrein des Buches, Jerusalem).

Marmorskulptur des griechischen Gottes Hermes, gefunden in Tel Dor. Hellenistische Epoche (Tel Dor Excavations Project).

Stoff zum Studium der mystischen und religiös-geschichtlichen Atmosphäre unter den Juden z. Zt. der Makkabäer, sondern bergen auch einen Schatz an eschatologischen und volkstümlichen Lehren.

Die Bücher spielten später eine bedeutende Rolle in der Entwicklung des »christl.« Gnostizismus und bestimmter Aspekte der jüd. Lehre vom Weltende.

HERES Siehe KIR HERES.

HERES
2. Kön 3,25; Ri 1,35; 8,13; Jes 16,7.11; Jer 48,31.36

HERESCH (»Sonne«). Ein Levit; einer der Männer, die aus der babyl. Gefangenschaft zurückkehrten und sich in Jerusalem niederließen.

HERESCH
1. Chr 9,15

HERET Der Wald, in den David vor Saul flüchtete. Seine Lage ist unbekannt.

HERET
1. Sam 22,5

HERMAS Ein röm. Christ, dem Paulus Grüße sandte. Der Name kommt vielleicht vom Gott Hermes.

HERMAS
Röm 16,14

HERMES

1. Griech. Gott und Götterbote, gleichbedeutend dem röm. Merkur. Als Paulus und Barnabas in Lystra missionierten, wurde Paulus wegen seiner Redegabe als H. verherrlicht (Apg 14,11–13).

2. Ein weiterer röm. Christ, dem Paulus Grüße sandte.

HERMES 1
Apg 14,12
HERMES 2
Röm 16,14

HERMOGENES (»Geborener Redner«). Ein Christ aus der Provinz Asien, der sich von Paulus abgewandt hatte.

HERMOGENES
2. Tim 1,15

HERMON Ein Gebirge an der Nordgrenze Israels, die nördliche Grenze der Eroberungen z. Zt. Moses und Josuas im Ostjordanland (5. Mose 3,8; 4,48; Jos 11,17 usw.; Ri 3,3). Der H. erhebt sich über dem Tal Libanon (Jos 11,17) südl. der Bergketten des Libanon und Antilibanon. Die Amoriter nannten ihn Senir, die Sidonier dagegen, ebenso wie die ägypt. Ächtungstexte und die Dokumente von Ugarit, Sirjon (5. Mose 3,9).

Der Name H. bezieht sich nur auf den südl. Teil des Antilibanon-Gebirges. Der höchste Gipfel erreicht 2814 m ü.M. Das Gebirge wird vom nördlichen Antilibanon durch das tiefe Tal des Flusses Barada getrennt. Im Arabischen heißt der H. Dschebel es-Scheich oder Dschebel et-Talg (»Schneeberg«), da er die meiste Zeit des Jahres von Schnee bedeckt ist.

Wie die meisten anderen höheren Berge des Landes war der H. Sitz einer örtlichen Baalgottheit, des Baal-Hermon (Ri 3,3).

HERMON
5. Mose 3, 8–9; 4,48; Jos 11,3.17; 1 1.5; 13,5.11; 1. Chr 5,23; Ps 42,7; 89, 13; 133,3; Hld 4,8

Der schneebedeckte Berg Hermon.

HERODES (DER GROSSE) Sohn des Idumäers Antipater; Prokurator Judäas unter Julius Caesar und König unter Augustus. Er regierte 33 Jahre (37–4 v. Chr.) als König der Juden. Die bedeutendste Geschichtsquelle finden wir bei Josephus (*Jüd. Altertümer* XV, XVI, XVII), dessen Bericht

HERODES (DER GROSSE)
Mt 2,1.3.7.1 13.15–16.19 Lk 1,5

wiederum auf den Aufzeichnungen seines Hofhistorikers Nikolaus von Damaskus beruht.

Obwohl theoretisch ein selbständiger Herrscher, wußte H., daß seine Macht davon abhing, ob er seine Stellung gegenüber Rom bewahren konnte. Seine lange Herrschaft spricht für seine List und seine politische Begabung.

Während der Regierung von H. gab es hauptsächlich zwei Gründe, weshalb man mit ihm unzufrieden war. Der eine Grund: Er war seiner edomitischen Abstammung wegen nur Halbjude, auch wenn er die jüd. Religion praktizierte (wobei ihn seine engen Beziehungen zu Rom seinen Untertanen auch nicht näherbrachten). Der zweite Grund war die Art und Weise, in der er den Thron von Judäa an sich gebracht hatte, nämlich durch den Sturz und die Hinrichtung eines Hasmonäerkönigs. Zwar war H. durch seine Heirat mit Mariamne eine Allianz mit dem Hasmonäerhaus eingegangen, doch konnte dies das Gefühl der Benachteiligung nicht mindern. Der tiefe Haß, den Alexandra, die Mutter Mariamnes, gegen H. hegte, hat dabei ihren Kindern nur Unglück gebracht.

Nach Oktavians (des späteren Augustus) Sieg über Antonius und Kleopatra in der Schlacht von Aktium (31 v. Chr.) gelang es H., sich mit Geschick an den neuen Herrscher Roms anzupassen. Obwohl er sich des Wohlwollens Oktavians versichert hatte, brachte H. mit seinem Sinn für Intrigen und Verrat nur Unheil über jene, auf die sein Verdacht fiel: Dazu gehörte v. a. die Ermordung des alten Hyrkanus, des letzten Hasmonäers, dann die Hinrichtung der Mariamne 29 v. Chr. und im folgenden Jahr der Tod der Alexandra, die anscheinend gegen ihn intrigiert hatte. Mißtrauen und Neid erfüllten die

(links) Luftansicht von Herodion, einer von Herodes d. Gr. erbauten Palastfestung.

(unten rechts) Hauptturm in Herodion.

Kopf aus Ägypten, vermutlich Herodes d. Gr. darstellend.

Münze Herodes d. Gr.

gesamte Familie. Antipater, H.s Sohn von seiner ersten Frau Doris, suchte den Vater gegen Alexander und Aristobul, die beiden Söhne der Mariamne, einzunehmen. Auch sie wurden am Ende wegen Verrats zum Tode verurteilt und hingerichtet. Antipater selbst überlebte den Vater nicht. H. ließ ihn wenige Tage vor seinem Tod hinrichten (4 v. Chr.).

Der brutale Grundzug im Charakter des H. kommt auch in dem ntl. Bericht (Mt 2) von dem grausigen Kindermord in Bethlehem zum Ausdruck. Die Ausschreitungen des H. sind unbestreitbar.

Eine andere Seite seiner Herrschaft zeigt sich darin, daß seine lange Regierungszeit eine fast durchgehende Friedenszeit war. Sein Land hatte Anteil an der weltgeschichtlichen *Pax Augusta* des Röm. Reichs.

Ferner ist der allg. anerkannte hervorragende Beitrag des H. zur Baukunst seiner Zeit hervorzuheben. Seine Bauvorhaben fielen hauptsächlich in die Zeit von 25–13 v. Chr. In Samaria und Cäsarea gründete er ganze Städte, an anderen Orten baute er Städte um; Tempel und Theater wurden sowohl in seinem Reich als auch außerhalb errichtet. Er erbaute Festungen, die oft nach Mitgliedern seiner Familie benannt sind, wie Cypros, Herodium und Antipatris, und befestigte andere Orte wie Masada oder gestaltete sie neu. In Jerusalem erbaute er sogar ein Amphitheater. Sein größtes Verdienst aber ist der Wiederaufbau des Jerusalemer Tempels, der 19 v. Chr. begonnen und nur wenige Jahre vor seiner Zerstörung 70 n.Chr. beendet wurde.

HERODES AGRIPPA I.
Apg 12,1.3.6. 11.19–21

HERODES AGRIPPA I. Enkel Herodes d. Gr. und Sohn von Aristobul und Bernice. Als er vier Jahre alt war, wurde sein Vater von Herodes d. Gr. hingerichtet (7 v. Chr.). Unter Tiberius verbrachte er einige Zeit im Gefängnis; mit der Thronbesteigung Caligulas verbesserte sich dann seine Lage. 37 n. Chr. verlieh ihm Caligula die vorher von den Tetrarchen Philipp und Lysanius regierten Gebiete sowie den Königstitel. Die enge Freundschaft mit dem Imperator sicherte seine Stellung. Als Herodes Antipas 39 n. Chr. ins Exil gehen mußte, konnte Agrippa sein Reich vergrößern. Wichtiger Bestandteil seiner Politik waren die guten Beziehungen zu den Juden, die ihn der Überlieferung nach mehr als Hasmonäerkönig denn als Abkömmling von Edomitern betrachteten. Diese Politik mag auch für seine Unterdrükkung der Jerusalemer Urgemeinde erklären (Apg 12,1 usw.; hier wird er Herodes genannt). H. A. starb plötzlich 44 n. Chr., wie es bei Josephus (*Jüd. Altertümer* XIX, 343 ff.) und in Apg 12,21–23 berichtet wird.

Münze aus Cäsarea (43 n. Chr.). Auf der einen Seite der Kopf Herodes Agrippas I., auf der anderen die Tyche von Cäsarea.

HERODES ANTIPAS
Mt 14,1.3.6; Mk 6,14.16–1 20–22; 8,15; Lk 3,1.19; 8, 3; 9,7.9; 13, 31; 23,7–8. 11–12.15; Apg 4,27; 13

HERODES ANTIPAS Sohn von Herodes d.Gr. und der Malthake, einer Samaritanerin. Als »Herodes der Tetrarch (Landesfürst)« (Mt 14,1) herrschte er mehr als 40 Jahre über Galiläa und Peräa (4 v. Chr.–39 n. Chr.). Das NT und die *Jüd. Altertümer* XVIII des Josephus sind die wichtigsten Quellen zu H. A., der allg. wegen seiner Rolle bei der Hinrichtung von Johannes d.T. in Erinnerung geblieben ist (Mt 14,1–12). Er erbte die politische Schläue seines Vaters, und wahrscheinlich deswegen bezeichnete Jesus ihn als »Fuchs« (Lk 13,32). Wie sein Vater hatte auch H. A. eine Vorliebe für prächtige Architektur und veranlaßte 22 n. Chr. den Bau von Tiberias. Auch in seiner pragmatischen Einstellung dem Judentum gegenüber schlug er seinem Vater nach: Weder Vater noch Sohn gestatteten die Abbildung ihrer Porträts auf Münzen.

H. A. heiratete eine Tochter des Nabatäerkönigs Aretas IV. Als er sich von ihr scheiden ließ, um Herodias zur Frau zu nehmen (die Tochter seines verstorbenen Halbbruders Aristobul, die bereits die Frau eines anderen Halbbruders, des Herodes Philippus, war), zog er den Zorn des Aretas und die Verurteilung durch Johannes d. T. auf sich (Mt 14,4; Mk 6,18; Lk 3,19). Als Antipas von Aretas besiegt wurde (36 n. Chr.), so berichtet Josephus, sahen viele seiner Untertanen dies als Strafe Gottes für sein Verhalten gegenüber Johannes d. T. an.

H. A. war es auch, zu dem Jesus nach seiner Verhaftung durch Pilatus geschickt wurde, denn als Galiläer fiel er unter die Gerichtsbarkeit des Herodes. Als Jesus sich weigerte, seine Fragen zu beantworten, verspottete ihn Herodes und ließ ihn wieder zu Pilatus bringen (Lk 23,7–12).

Nachdem Caligula 37 n. Chr. röm. Kaiser geworden war, wurde H. A. von seinem Rivalen Herodes Agrippa I. der Vorbereitung einer Verschwörung gegen Rom beschuldigt und 39 n. Chr. nach Lyon in Gallien verbannt, wohin Herodias ihn freiwillig begleitete.

HERODES
ARCHELAUS
Mt 2,22

HERODES ARCHELAUS Landesfürst in Judäa, Sohn von Herodes d. Gr. und seiner Frau Malthake. Nach dem Tod Herodes d. Gr. 4 v. Chr. wurde sein Königreich unter seinen drei Söhnen Herodes Antipas, Archelaus und Philippus aufgeteilt. Archelaus erhielt nie den Königstitel, sondern nur den eines Ethnarchen. Seine tyrannische Herrschaft und seine Unterdrückung der Juden und Samariter veranlaßten seine Brüder und seine Untertanen, in Rom über ihn Beschwerde zu führen. Er wurde nach Gallien verbannt (6 n. Chr.), wo er 18 n. Chr. starb.

Archelaus kam an die Macht, als Josef, Maria und der Knabe Jesus in Ägypten waren. Nach ihrer Rückkehr ließ sich Josef mit seiner Familie in Galiläa nieder, da er nicht unter der Herrschaft des Archelaus in Judäa leben wollte (Mt 2,19–23).

HERODES
PHILIPPUS
Mk 6,17;
Lk 3,1

HERODES PHILIPPUS Siehe PHILIPPUS (2).

HERO-
DIANER
Mt 22,16;
Mk 3,6; 12,13

HERODIANER (Anhänger des Herodes). Eine Gruppe, die im NT erwähnt wird; es ist nicht mit Sicherheit auszumachen, wer diese Gruppe war. Nach Mt 22,16 und Mk 12,13 haben ihre Anhänger zus. mit den Pharisäern versucht, Jesus durch Fangfragen zu provozieren, z. B. mit der Frage nach der Steuerzahlung an den röm. Kaiser. Es könnte sich aber auch um eine Gruppe gehandelt haben, die den hell. Einfluß im Land förderte. Die H. werden manchmal als den Boethusianern zugehörig betrachtet, einer jüd. religiösen Partei, die als Zweig der Sadduzäer galt und Herodes d. Gr. treu war.

HERODIAS
Mt 14,3.6;
Ik 6,17.19.22;
Lk 3,19

HERODIAS (weibliche Form von Herodes). Tochter Aristobuls und Enkelin Herodes d. Gr. und der Mariamne. H. erbte die Skrupellosigkeit ihres Großvaters und hatte das Blut der hasmonäischen Vorfahren ihrer Großmutter. Sie war zunächst mit Herodes Philippus verheiratet (nicht mit dem in Lk 3,1 erwähnten Landesfürsten, sondern einem anderen Verwandten aus der herodian. Familie), mit dem sie eine Tochter hatte: Salome. Später (etwa 28 n. Chr.) heiratete sie Herodes Antipas, den Landesfürsten von Galiläa, Halbbruder des Philippus, also ihren Onkel. Diese als skandalös geltende Verbindung (vgl. 3. Mose 18,16; 20,21) war der Anlaß für die öffentliche Verurteilung des Herodes und der H. durch Johannes den Täufer (Mk 6,18), woraufhin H. seinen Tod wünschte. Durch die List des Tanzes der Salome wurde Herodes schließlich dazu gebracht, die Hinrichtung des Täufers anzuordnen (Mt 14,3ff.; Mk 6,17ff.). Als Kaiser Caligula Herodes Antipas nach Gallien verbannte, begleitete ihn H.

IERODION
Röm 16,11

HERODION Ein Christ in Rom, dem Paulus Grüße sandte.

HERR Siehe GOTT.

HERR DER HEERSCHAREN Siehe ZEBAOTH, HERR.

IESCHBON
4. Mose 21,
25–28.30.34;
32,3.37;
Mose 1,4; 2,
26.30; 3,2.6;
4,46; 29,6;
s 9,10; 12,2.
13,10.17.21.
6–27; 21,39;
Ri 11,19.26;
1. Chr 6,66;
Neh 9,22;
Hld 7,5;
Jes 15,4;
16,8–9;
Jer 48,2.34.
45; 49,3

HESCHBON Die Hauptstadt des Amoriterkönigs Sihon, die er sich von Moab erkämpft hatte (4. Mose 21,26). Die Stämme Ruben und Gad hatten

In Tiberias geprägte Münze (28 n. Chr.) mit dem Namen des Herodes Antipas (Vierfürst) und einem Palmzweig.

(unten links) Blick auf Hesban, das frühere Heschbon, in der Nähe von Medeba im Ostjordanland.

Münze des Herodes Archelaus mit der Abbildung einer Galeere auf der einen und eines Füllhorns auf der anderen Seite. Geprägt in Jerusalem 4 v. Chr.

Münze von Esbos (Heschbon) mit einer Abbildung der Stadtgöttin in einem Tempel auf der einen und der Büste des röm. Kaisers Elagabal auf der anderen Seite, 3. Jh. n. Chr.

bei der Verteilung des Landes beide um die Stadt gebeten (4. Mose 32,1–5); Ruben erhielt sie schließlich (4. Mose 32,37). Später war sie eine Levitenstadt im Gebiet Gads (Jos 21,39) und wurde vermutlich von Mescha, dem König von Moab, eingenommen. Jesaja und Jeremia sagten ihre Zerstörung voraus (Jes 15,4; 16,8–9; Jer 48,2). Jh.e später eroberte Simon Makkabäus die Stadt (129 v. Chr.). Z. Zt. des Alexander Jannäus gehörte sie zum hasmonäischen Königreich, wurde aber unter Hyrkan II. an die Nabatäer zurückgegeben. Herodes d. Gr. eroberte sie wieder und legte dort das Militärlager Esbus an. Heute befindet sich hier Esban, 13 km nördlich von Madeba. Ausgrabungen an dieser Stätte haben mehrere Besiedlungsschichten von der Eisenzeit bis zur islam. Zeit freigelegt.

HESCHMON Eine Siedlung im Negev (Jos 15,27), offenbar in der Gegend von Beerscheba. Die genaue Lage ist nicht bekannt.

HESCHMON
Jos 15,27

HESEDS SOHN Einer der 12 Amtleute König Salomos, verantwortlich für die Verpflegung des Königs und seines Haushalts für einen Monat des Jahres.

HESEDS SOHN
1. Kön 4,10

HESEKIEL (»Gott macht stark«). Der dritte der sog. Großen Propheten (Jesaja, Jeremia, Hesekiel). Die Namensform Hesekiel kommt einer korrekten Wiedergabe der hebr. Schreibweise (*Jechezk'el*) näher als die aus der lat. Vulgata entlehnte und bes. in der kath. Kirche übliche Schreibung Ezechiel.

HESEKIEL
Hes 1,3; 24,24

Die Angaben des Buches Hes über Person und Wirkungszeit H.s (vgl. bes. Hes 1,1–3; 29,17) sind verläßlich. Demnach wirkte H. zwischen 594 und 571 v. Chr.; seine Berufung zum Propheten i. J. 593 am »Fluß Kebar« (Hes 1,3), einem der babyl. Bewässerungskanäle, geschah etwa in seinem 30. Lebensjahr. H. hat also in seinen jungen Jahren offensichtlich noch die geistliche und gottesdienstliche Reform König Josias i. J. 621 v. Chr. miterlebt und davon tiefe Eindrücke empfangen, gerade auch weil er wie sein Vater Busi selbst Priester war. Unter Josias Nachfolgern Jojakim, Jojachin und Zedekia war H. dann ein Zeitzeuge des Wirkens und der Ächtung des Propheten Jeremia. Seine Verkündigung verrät an mehr als einer Stelle, wie tief er von der Botschaft Jeremias ergriffen war.

Der große Einschnitt seines Lebens kam dann mit den Ereignissen von 598. Jojachin übergab dem gegen Jerusalem herangerückten König Nebukadnezar die Stadt und verhinderte dadurch ihre Zerstörung. Ein großer Teil der Oberschicht des Volkes wurde aber in einer ersten Phase der Deportationen nach Babel verschleppt, darunter auch H. Die Verbannten standen in einem Nachrichtenaustausch mit der alten Heimat (vgl. Jer 29). Im Exil stand H. mit seiner Gerichtspredigt gegen jene nationalen Heilspropheten, die auch jetzt noch eine glanzvolle Rückkehr und Wiederherstellung des Davidreiches prophezeiten. Diese Gerichtspredigt wurde um so schneidender, je mehr das endgültige Ende Jerusalems unter Zedekia kam, der in der irrigen Hoffnung auf ägypt. Hilfe (Hes 17,15) gegen Nebukadnezar rebellierte. Dieser H. als Prediger des Gottesgerichts ist es, den Michelangelo in der Sixtinischen Kapelle in Rom dargestellt hat. In Nebukadnezar aber sah H. den Erfüller der Gottespläne und den Erweis, daß Jahwe auch der Gott der Völkerwelt und der Geschichte ist. Dies kommt in den Völkerkapiteln seines Buchs (25–32) zum Ausdruck.

Zugleich wandelte sich aber in dieser ausweglosen Situation der Verbannten H. vom Prediger des Zornes Gottes zum Seelsorger der Deportierten, der in den Gebetsversammlungen der Gefangenen, also in den babyl. Synagogen, als ein zerbrechliches Werkzeug seines Gottes zum Prediger des Trostes und des Glaubens wurde (vgl. 33,19; 34,23; Kap. 36 und 37), obwohl ihn z. B. der Tod seiner Frau (24,15–27) selbst in Verzweiflung und Anfechtung stürzte. Über seinen Tod (wohl im Exil) wissen wir nichts Bestimmtes.

Die in neuerer Zeit aufgekommene These, H. habe gar nicht im Exil, sondern (vgl. seine sehr starken Bezugnahmen auf Jerusalem und die dortigen Verhältnisse) in Palästina gewirkt, wo dann seine Schüler sein Werk zu einem exilischen Buch umgearbeitet hätten, konnte sich nicht durchsetzen. Noch mehr gilt das von der Vermutung, das Buch H. sei erst eine Spätschrift aus der Zeit um 230 v. Chr. und den Pseudepigraphen (s. PSEUDEPIGRAPHEN) zuzurechnen.

HESEKIEL, DAS BUCH DES PROPHETEN Das dritte Buch in der Reihe der atl. Schriftpropheten und eines der längsten Bücher des AT. Es ist auch eines der schwierigsten, da sein hebr. Text überdurchschnittlich verderbt und lückenhaft, teilweise geradezu verwahrlost und dadurch häufig unübersetzbar ist. Keine Übersetzung des Buches Hes kommt darum herum, entweder des öfteren Lücken zu lassen und sie entsprechend zu kennzeichnen oder aber diese Lücken durch Vermutungen und Wahrscheinlichkeitsüberlegungen zu überbrücken. Ein Vergleich mit der LXX-Version zeigt, daß dieser ein hebr. Text zugrundegelegen haben muß, der noch nicht so viele Überarbeitungen, Glossen, Zusätze usw. aufwies wie der derzeitige hebr. Urtext und der darum dem urspr. Hes-Text näher stand. Die LXX-Version muß daher als zuverlässiger gelten als der erhaltene hebr. Urtext.

Beim Buch Hes erweist sich das, was eigentlich bei jedem bibl. Buch gilt, als zwingende Notwendigkeit: Man muß es als Ganzes lesen und erarbeiten, die Beschränkung auf einige wenige »wichtige Stellen« führt zu nichts. Wenn wir also im folgenden einige Grundlinien und Leitgedanken des Buches herausarbeiten, setzen wir eine Lektüre des ganzen Buches voraus.

Fragmente aus dem Buch Hesekiel, in Qumran gefunden (Schrein des Buches, Jerusalem).

Es kann als sicher gelten, daß die Aufzeichnung der prophet. Reden und Gesichte auf H. selbst zurückgeht (vgl. 2,8–3,3; s. HESEKIEL), daß aber andererseits erst Schüler oder andere Bearbeiter dieser Aufzeichnung die jetzige Gestalt und Anordnung gegeben haben. Unschwer zu erkennen ist eine Dreiteilung des Buches: a) Berufungsvision des Propheten und Gerichtsworte über Juda und Jerusalem (Kap 1–24); b) Orakel und Gerichtsworte über andere Völker und Mächte (Kap. 25–32); c) Heilsweissagungen über Israel, mit der abschließenden großen Vision des neuen Tempels und des neuen Gottesdienstes (Kap. 33–48). Eine Untergliederung dieser drei Hauptteile stößt jedoch (bes. für den ersten Teil) auf Schwierigkeiten (s. Inhaltsverzeichnis am Schluß).

Das besondere Gepräge des Buches Hes zeigt sich u. a. in folgenden Merkmalen:

1. Im Ich-Stil. Die Rede in der ersten Person ist zwar allg. ein Stilmerkmal prophetischer Rede (vgl. z. B. Jes 6; Jer 1,4–2,1), aber selten so durchgängig wie in Hes.

2. In der die Visionen einleitenden Formel: »Und des HERRN Wort geschah zu mir: Du Menschenkind …«, wobei der Ausdruck »Menschenkind« die Niedrigkeit und Zerbrechlichkeit des Propheten als Werkzeug Gottes, aber auch die gnädige Herablassung Gottes zu dem Staubgeborenen (vgl. 1. Mose 2,7) unterstreichen soll.

3. In der auf das Ziel des göttlichen Handelns hinweisenden Formel: »Und sie sollen erkennen, daß ich der HERR bin.«

4. Im Vergleich zu anderen Gerichtspropheten auffallenden Zurücktreten von Mahnungen gegenüber der prophet. Darstellung der Unentrinnbarkeit des Gerichts mit seinem Grauen und seinen Kriegsnöten (z.B. 15,2–5; 17, 2–10; 21,3–6.13–22; 23,32–34).

5. In der erstaunlichen Vielfalt der Stilmittel. Das Zukunftswort erscheint in der Gestalt der Totenklage und des Leichenlieds, des Drohworts und der Belehrung, der sprichwörtlichen Redensart und des Bildes, des Vergleichs, der Allegorie (z.B. 16,1–34; 21,2–5; Kap. 23 u.a.), der symbolischen Handlungen und der theolog. Erörterung. Manchmal ist die Sprache derb, dann wieder gewaltig und packend, am meisten wohl in der wohl berühmtesten Vision H.s – der von der Wiederbelebung der Totengebeine (in Kap. 37).

Die theolog. Schwerpunkte in Hes sind ähnlich mannigfaltig wie die Stilmittel. Zu nennen sind v.a. folgende:

a) Die Anbetung der Herrlichkeit des HERRN (hebr. der *kabod* Jahwes, griech.-ntl. der *doxa* Gottes). Gemeint ist der unsägliche Lichtglanz, der um

Hesekiels Vision vom Totenfeld (Hes 37); Wandmalerei in der Synagoge Dura-Europos, 3. Jh. n. Chr.

Gott ist und ihn unsichtbar und unnahbar macht, jene Lichtflut, die an vielen entscheidenden Stellen des AT und NT bekundet wird, ohne daß man bei diesem Unbeschreibbaren von einer Beschreibung reden dürfte (z.B. 2. Mose 16,10; 24,16; 33,18; 1. Kön 8,11; Ps 57,6; 113,4; Jes 60,1; Mt 6,13; 16,27; 24,30; Joh 1,14; 11,40; Apg 7,55; 1. Kor 15,43; 1.Tim 3,16; Hebr 1,3; Offb 21,11; dasselbe Wort im Urtext ist die »Klarheit« (LÜ) in Lk 2,9). Bes. in der Berufungsvision H.s ist es, als stürme die Herrlichkeit Jahwes geradezu heran (vgl. auch 10,4; 44,4).

b) Der Maßstab, an dem Israel gemessen wird, sind die Ordnungen und Rechtssätze, die Gott seinem Volk gegeben hat (5,6; 18,5–24 u.a.). Gerade auch die sakralen, kultischen Ordnungen sind alles andere als zweitrangig. Die Verwurzelung H.s in seiner priesterlichen Tradition ist unverkennbar.

c) H. predigt die (heils)geschichtliche Verankerung des Volkes Gottes. Die Erwählung Israels ist ebenso eine geschichtliche Tat wie die Offenbarung der Gebote in der Wüste und die Gottesgabe des verheißenen Landes (Kap 16; 20; 23). Nur daß sich diese Geschichte als eine Kette von »Mißerfolgen« Gottes bei diesem halsstarrigen Volk erweist. Alle Gerichte Gottes aber wollen Israel nicht vernichten, sondern läutern.

d) Das Amt des Propheten ist für H. ein Wächteramt (3,12–21; 33,1–9). Er ist berufen, über rechter und falscher Lehre, rechtem und falschem Gottesdienst zu wachen. Er warnt, um zu retten.

e) H. predigt nicht nur das Gericht, sondern auch den Trost; er ist Seelsorger, er weiß um die Wichtigkeit des Zuspruchs (vgl. 18,30–32; 33,11; 36; 37,1–14 u.a.).

f) Das Gottesvolk wird wieder einen König wie z.Zt. Davids haben, einen Hirten Israels (21,32; 34,23.24). Zum Schluß schaut der Prophet ein neues

Jerusalem, einen neuen Tempel mit neuer Anbetung (Kap. 40–48, die Visionen von der kommenden Gottesstadt).

INHALTSÜBERSICHT

I. Kap. 1–24: Gerichtsreden über Israel	
1,1–3,21	Hesekiels Berufung
3,22–7,27	Ankündigung des Gerichts über Jerusalem
8–11	Die Entrückung Hesekiels nach Jerusalem
12	Ankündigung der Wegführung nach Babylon
13–14	Zerschlagung aller falschen Heilserwartungen
15–17	Die Untreue Jerusalems
18–20	Antwort auf den Vorwurf, Gott sei ungerecht
21–23	Urteil und Gericht über Jerusalem
24	Der Beginn der Katastrophe
II. Kap. 25–32: Prophetenworte über die Nationen	
25	Gegen Ammon, Moab, Edom und die Philister
26–28	Gegen Tyrus
29–32	Gegen Ägypten
III. Kap. 33–48: Heilsweissagungen über Israel	
33	Das Wächter- und Trostamt des Propheten
34–36,15	Gottes Eingreifen zur Rettung Israels
36,16–37,28	Neues Leben für Israel
38–39	Gottes Gericht über Gog aus Magog
40–48	Der neue Tempel und die künftige Gottesstadt

HESIR 1 1. Chr 24,15 **HESIR 2** Neh 10,21

HESIR (»Wildschwein«).

1. Ein Nachkomme Aarons; Haupt der 17. Abteilung der Priester im Hause des HERRN z. Zt. König Davids.

2. Einer der Führer des Volkes, die die Abmachung z. Zt. Nehemias unterschrieben.

HESJON 1. Kön 15,18

HESJON (»Gesicht«, »Vision«). Großvater Ben-Hadads I.; er herrschte z. Zt. Baschas, des Königs von Israel, und Asas, des Königs von Juda, in Syrien.

HESLI Lk 3,25

HESLI Vater Nahums im Stammbaum Jesu bei Lukas.

HET 1. Mose 10,15; 23,3.5.7.10.16. 18.20; 25,10; 27,46; 49,32; 1. Chr 1,13

HET Sohn des Kanaan und Ahnherr des Hetitervolkes (1. Mose 10,15; 1. Chr 1,13). Der hebr. Urtext bezeichnet in 1. Mose (Kap. 23; 25,10) die Hetiter als »Söhne des Het«. Esau heiratete zwei Töchter Hets, was seiner Mutter Rebekka mißfiel (1. Mose 26,34–35; 27,46). Siehe HETITER.

HETITER 1. Mose 15,20; 23,10; 25,9; 26,34; 36,2; 49,29–30; 50,13; 2. Mose 3,8.17; 13,5; 23,23.28; 33,2; 34,11; 4. Mose 13,29; 5. Mose 7,1; 20,17; Jos 1,4; 3,10; 9,1; 11,3; 12,8; 24,11; Ri 1,26; 3,5; 1. Sam 26,6; 2. Sam 11,3.6. 17.21.24; 12,

HETITER Ein altes Volk, das von Het, dem zweiten Sohn Kanaans, abstammen soll (1. Mose 10,15; 1. Chr 1,13; vgl. 1. Mose 23,3). Es wird unter jenen Völkern angeführt, die vor der Eroberung durch die Israeliten im Lande Kanaan gewohnt haben. Der H. Efron verkaufte Abraham das Feld mit der Höhle, in der Sara begraben wurde. Esau heiratete zum Kummer seiner Mutter die Hetiterinnen Jehudit und Basemat (1. Mose 26,34).

Die H. lebten in den Bergen (4. Mose 13,29; Jos 11,3). Sie verbündeten sich mit König Jabin von Hazor gegen Josua (Jos 11,1–12). Gott ordnete über sie, wie über die anderen kanaan. Völker, den Bann an (5. Mose 20,17). Nach der Eroberung des Landes wohnten die Israeliten jedoch mitten unter ihnen und nahmen ihre Töchter zu Frauen (Ri 3,5–6). Die Beziehungen zwischen Israel und den H. müssen eng gewesen sein.

Unter den Gefährten Davids auf der Flucht vor Saul war der H. Ahimelech (1. Sam 26,6). Später finden wir im Heer Davids den H. Uria, Ehemann der Batseba (2. Sam 11). Unter König Salomons Nebenfrauen waren auch Hetiterinnen (1. Kön 11,1). – Einige Gelehrte glauben, daß in der isrl. Königszeit die Bezeichnung »H.« auf alle Völker Syriens angewandt wurde.

9–10; 23,39;
1. Kön 9,20; 10,
29; 11,1; 15,5;
2. Kön 7,6;
1. Chr 11,41;
2. Chr 1,17; 8,7;
Esr 9,1;
Neh 9,8;
Hes 16,3.45

Zwei trinkende hetitische Würdenträger. Steinernes Flachrelief aus Boğazköy, 14. Jh. v. Chr.

Die in Boğazköy (Kleinasien) entdeckten Dokumente in einer bis dahin unbekannten Hieroglyphenschrift aus dem 19. Jh. v. Chr. wurden als hetitisch identifiziert und einem Volk zugeschrieben, das auch in ägypt. und assyr. Quellen erwähnt wird. Die frühesten, als kappadozische Tafeln bekannten Dokumente enthalten rechtliche Schriften und Handelsbriefe, die von assyr. Kaufleuten verfaßt wurden, die um das 19. Jh. v. Chr. in Kleinasien Handelskolonien gegründet hatten. Die spätere hetit. Literatur sieht Mursilis I. als Begründer ihres Königreiches. Sein Erbe Labarnas eroberte Babel (16. Jh. v. Chr.). Schuppiluliumas d. Gr. (regierte 1380–1350 v. Chr.) errichtete das Großreich der H. in Kleinasien und kämpfte gegen die syr. Stadtstaaten. Er unterwarf das Reich Mitanni und setzte seine Söhne als Könige in Karkemisch und Aleppo ein. Die Macht der H. stellte für Ägypten eine ernste Bedrohung dar. Unter Ramses II. wurde ein »Bund ewiger Freundschaft« mit den H. geschlossen, wie in den Inschriften an ägypt. Palästen und in den Tafeln von Boğazköy berichtet wird. Danach fielen die »Seevölker« in das Hetiterland ein und zerstörten die Städte. Die spätere Hetiterzeit war eine Periode des Niedergangs, und in Kleinasien erwuchsen neue Reiche, wie das der Phrygier.

Im Mittelpunkt des Hetiterreiches standen versch. Gottheiten, mit dem Donnergott und der Sonnengöttin an der Spitze; ihre Kinder und Enkel waren die Götter des Sturms. Außerdem gab es Götter der Berge, Flüsse, Quellen, Himmel, Erde, Wolken und Winde. Die Götter waren die Herren, die Menschen ihre Sklaven. Anfänglich wurden die Götter durch einfache

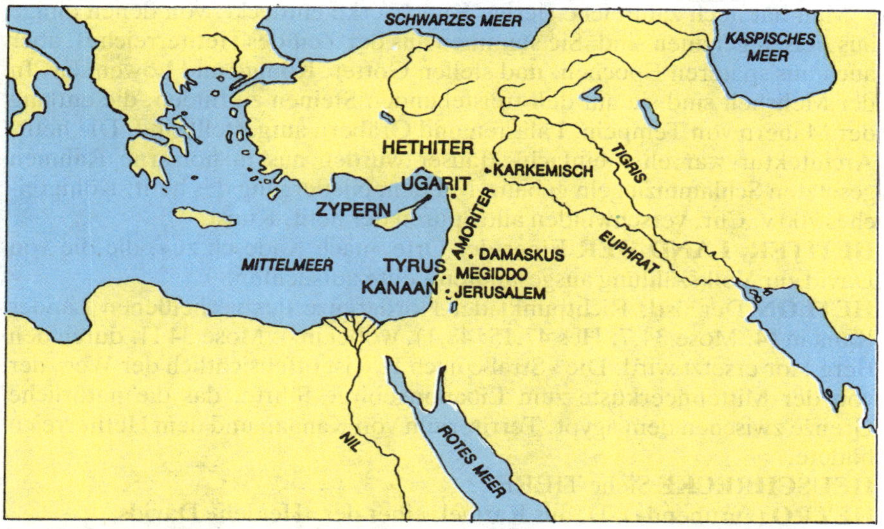

Das Reich der Hetiter.

Blick auf die Ruinen des großen Hetitertempels in Hattuschasch (heutiges Boğazköy, Türkei), der alten Hauptstadt der Hetiter; 13. Jh. v. Chr.

Steine dargestellt. Der Sturmgott nahm dann die Form des Stiers und noch später die des Menschen an. Andere Götter wurden durch Löwen, Hirsche oder Pferde symbolisiert.

Der hetit. Kult bestand aus feierlichen Festen und Tieropfern. Die Weissagung war weit verbreitet und gut organisiert. Die an den Orakelstätten vorgelegten Fragen wurden auf Tafeln aufgezeichnet.

Das Gesetzbuch der H. bestand aus zwei Teilen, von denen jedes etwa 100 Gesetze umfaßte. Es gab Gesetze zur Gewalttätigkeit, Sklaverei, Diebstahl, Eheschließung, Ehebruch usw. Die Todesstrafe wurde nur bei bes. schweren Vergehen, wie Zauberei und Ungehorsam gegen den König, gefällt.

Die hetit. Bauern bauten Weizen, Gerste, Trauben u. a. Früchte an. Unter den Haustieren finden wir Pferde, Kühe, Schafe, Ziegen, Schweine, Hunde, Geflügel und Bienen. Um etwa 2000 v. Chr. begann man mit der Herstellung von Gefäßen mit Hilfe der Töpferscheibe. Hetit. Töpferwaren sind meist einfarbig, hochpoliert und zeichnen sich aus durch schöne Formen und kunstvolle Tüllen und Griffe.

Die Literatur der H. enthält Mythen und Epen, sumer.-akkad.-hetit. Wörterbücher sowie Vorschriften zur Weissagung nach der Geburtsstunde, nach der Beschaffenheit der Leber, der Niere, des Gesichts und der Konstellation der Sterne. Aus der mesopotam. Literatur wurden Tempellisten, Beschwörungen, medizinische Texte, Hymnen an versch. Götter, Gebete, Darstellungen des Gilgamesch-Epos und eine Erzählung über die großen Könige der akkad. Dynastie übersetzt.

Man hat auch zahlreiche riesige Kunstwerke entdeckt, von denen einige aus Felsen gehauen sind. Sie stammen aus der Zeit des Hetiterreiches, aber auch aus späteren Epochen, und stellen Götter, Könige und Löwen dar. In der Mehrheit sind sie auf den freistehenden Steinen zu finden, die entlang der Mauern von Tempeln, Palästen und Gräbern aufgestellt sind. Die hetit. Architektur war eher einfach. Häuser wurden aus in hölzerne Rahmen gesetzten Schlammziegeln gebaut. Mit dem Niedergang des hetit. Königreiches 700 v. Chr. verschwinden alle Spuren der hetit. Kunst.

HETITER, LAND DER Einer der Orte »nach Kadesch zu«, die die von David zur Volkszählung ausgesandten Leute aufsuchten.

HETITER, LAND DER
2. Sam 24,6

HETLON Der östl. Richtpunkt der Nordgrenze des verheißenen Landes Kanaan (4. Mose 34,7; Hes 47,15; 48,1), wobei in 4. Mose 34 H. durch den Berg Hor ersetzt wird. Die »Straße nach H.« ist offensichtlich der Weg, der von der Mittelmeerküste zum Libanongebirge führte, das die natürliche Grenze zwischen dem ägypt. Territorium von Kanaan und dem Hetiterreich bildete.

HETLON
Hes 47,15; 48,1

HEUSCHRECKE Siehe TIERE.

HEZRO (»grünend«). H. aus Karmel, einer der »Helden« Davids.

HEZRO
2. Sam 23,35;
1. Chr 11,37

HEZRON Eine Örtlichkeit zwischen Kadesch-Barnea und Addar, in 4. Mose 34,4 auch Hazar-Addar genannt. Der Ort bezeichnet die Südgrenze Judas z. Zt. der Richter.

HEZRON
Jos 15,3

HEZRON, HEZRONITER

1. Sohn Rubens und Beiname des Stammes Ruben.

2. Ein Enkel Judas und Beiname des Stammes Juda.

HEZRON, HEZRONITER 1
1. Mose 46,9;
2. Mose 6,14;
4. Mose 26,6;
1. Chr 5,3

HEZRON, HEZRONITER 2
1. Mose 46,12;
4. Mose 26,21;
Rut 4,18–19;
1. Chr 2,5.9.18.21.24–25; 4,1;
Mt 1,3;
Lk 3,33

HIDDAI (»Der Jauchzende«). Einer der »Helden« Davids.

HIDDAI
2. Sam 23,30;
1. Chr 11,32

HIDDEKEL Hebr. Name des Tigris, eines der beiden großen Ströme Mesopotamiens, die nach 1. Mose 2,14 aus dem Garten Eden flossen. Er entsteht durch den Zusammenfluß zweier Quellflüsse, die aus den armenischen Bergen kommen. Südl. des Van-Sees erreichen ihn mehrere Zuflüsse, von denen der Große und Kleine Zab und der Dijala die wichtigsten sind. Der heutige Zusammenfluß von Tigris und Euphrat vor dem Pers. Golf existierte im Altertum nicht. Der Tigris führt mehr Wasser als der Euphrat und fließt schneller, so daß kein Schiffsverkehr gegen den Strom möglich war. An seinen Ufern lagen u. a. die Städte Ninive, Kelach und Assur.

HIDDEKEL
1. Mose 2,14

HIËL (»Es lebt El« [Gott]). Ein Mann aus Bethel, der z. Zt. Ahabs Jericho wieder aufbaute. Sein erstgeborener Sohn, Abiram, und sein jüngster, Segub, starben, als der Grund gelegt war bzw. die Tore eingesetzt wurden. Damit erfüllte sich der Fluch Josuas (Jos 6,26).

HIËL
1. Kön 16,34

Die Reste der römischen Bäder bei Hierapolis.

HIERAPOLIS (»Heilige Stadt«). Eine bedeutende Stadt im Südwesten Kleinasiens, in der Nähe von Kolossä und Laodizea; sie wird von Paulus in seinem Brief an die Kolosser als Ort mit einer christl. Gemeinde erwähnt. Die Stadt war wegen ihrer heißen Quellen bekannt; bei Ausgrabungen wurden alte Bäder und frühe christl. Kirchen entdeckt.

HIERAPOLIS
Kol 4,13

HILKIJA (»Mein Teil ist Ja[hwe]«).

1. Ein Levit aus der Familie Meraris.

2. Ein Torhüter am Heiligtum unter David.

3. Vater des Eljakim, eines Hofmeisters König Hiskias.

4. Hoherpriester z. Zt. König Josias, der bei der Ausbesserung des Tempels das Gesetzbuch fand.

5. Ein Anhänger der Reformen Esras, der bei der öffentlichen Verlesung des Gesetzes neben Esra stand.

6. Haupt einer Priesterfamilie, die mit Serubbabel aus der babyl. Gefangenschaft zurückkehrte.

7. Der Vater des Propheten Jeremia.

8. Der Vater Gemarjas, eines Boten, den Zedekia, König von Juda, zu König Nebukadnezar nach Babel sandte.

HILKIJA 1
1. Chr 6,30

HILKIJA 2
1. Chr 26,11

HILKIJA 3
2. Kön 18,18.26.37;
Jes 22,20;
36,3.22

HILKIJA 4
2. Kön 22,4.8.10.12.14;
23,4.24;
1. Chr 9,11;
2. Chr 34,9.14–15.18.20.22; 35,8;
Esr 7,1;
Neh 11,11

HILLEL (»Er hat gepriesen«). H. aus Ephraim, Vater eines sonst unbekannten Richters in Israel (Ri 12, 13).

HIMMEL Siehe LEBEN NACH DEM TOD.

HILKIJA 5
Neh 8,4
HILKIJA 6
Neh 12,7.21
HILKIJA 7
Jer 1,1
HILKIJA 8
Jer 29,3

Der Berg Sartaba am Jordan; der Überlieferung nach der Ort, wo Elia »im Wetter gen Himmel fuhr« (2. Kön 2,11).

HIMMELFAHRT Die Himmelfahrt Christi unterscheidet sich von den wenigen sonstigen bibl. Berichten über eine »H.« dadurch, daß ihr eine Heilsbedeutung im Weltheilsplan Gottes zukommt. Die Wegnahme Henochs (1. Mose 5,24) ist ein rein persönlicher Vorgang und außerdem nicht als H., sondern als Entrückung zu verstehen. Die besondere Bedeutung der sog. H. Elias (2. Kön 2,11) gehört heilsgeschichtlich zusammen mit der ebenso vom Geheimnis Gottes umhüllten Wegnahme Moses aus dieser Welt (5. Mose 34,5.6): Beide können gleichsam als Vorbereitung der Erscheinung bei der Verklärung Jesu (Mt 17,1–13 par) verstanden werden, bei der die Erfüllung der atl. Verheißungen (vgl. Mal 3,22.23 u. a.) in Jesus Christus von Gott besiegelt wird.

Daß über die ganz anders zu wertende H. Christi nur an zwei Bibelstellen unmittelbar berichtet wird (Lk 24,50.51 und Apg 1,9–11), ist kein Argument dagegen, daß sie stattgefunden hat, und sie wird denn auch im apostol. Glaubensbekenntnis ausdrücklich bezeugt. (Ähnliches gilt auch z. B. für die Jungfrauengeburt und die sog. Höllenfahrt Christi.) Allerdings geben die beiden Bibelstellen – ganz anders als etwa die Kreuzigungsberichte – keine eigentliche Schilderung des Vorgangs. Gewiß heißt es, daß der Auferstandene vor den Augen der Jünger »zusehends« aufgehoben wurde (Apg 1,9), aber genau in diesem Augenblick, als sie das Geheimnis Gottes »schauen« wollten (2. Kor 5,7), »nahm ihn eine Wolke vor ihren Augen weg«. Die Bibel bezeugt hier einen Vorgang, der scharf auf der Grenze zwischen Erdenzeit und Erhöhung des Herrn zur Rechten des Vaters (Mt 26,64; Röm 8,34; Eph 1,20; Hebr 1,3; Offb 5,12.13 u. a.), auf der Grenze zwischen Erde und Himmel, zwischen Zeit und Ewigkeit liegt. Er entzieht sich deshalb einer eigentlichen Schilderung.

Der Glaube versteht darum die H. Christi als den Scheitelpunkt der Zeit. Mit der H. enden »die großen Taten Gottes« (Apg 2,11.22–36) in dieser Erdenzeit; von jetzt an gibt es für alle Zeiten keine Ausweitung des christl. Glaubens mehr durch neue Glaubensinhalte. Anders ausgedrückt: Mit der H. Christi beginnt die Endzeit. Seit dieser Stunde kann seine Wiederkunft jeden Tag geschehen, so ungewiß auch Tag und Stunde bleibt. Darum bekommt durch das Geschehen der H. die Mission ihre Dringlichkeit. Das letzte Wort des Auferstandenen vor seinem Weggang von dieser Erde ist der Befehl zur Weltmission (Mt 28,16–20).

Untrennbar verbunden mit dem Zeugnis von der H. ist für den christl. Glauben das Bekenntnis zu dem zur Rechten Gottes erhöhten Pantokrator (Christus der Weltherrscher). Damit bezeugt der Glaube, daß Jesus nicht einfach die Erfüllung jüdischer Messiashoffnung ist, sondern der Herr der Welt. Christus nimmt deshalb nach Mt 22,44 diese Deutung des Anfangs des

110. Psalms für sich in Anspruch: »Setze dich zu meiner Rechten, bis ich deine Feinde zum Schemel deiner Füße lege.« Das letzte Wort der Erhöhung des ewigen Gottessohnes wird dann in einer aller Zeit völlig entzogenen Ewigkeit das sein, daß »auch der Sohn selbst untertan sein wird dem, der ihm alles unterworfen hat, damit Gott sei alles in allem« (1. Kor 15,28).

HIMMELREICH Siehe REICH GOTTES.

HIMMEL-REICH
Mt 3,2; 4,17; 5,3.19.20; 7,21; 8,11; 11,12; 13,11.24.52; 16,19; 18,1; 19,12.14.23; 23, 13

HIMMELSKÖNIGIN Eine heidnische Gottheit, deren Verehrung der Prophet Jeremia anprangert; er beschuldigt das Volk von Juda (bes. die Frauen), der H. Räucheropfer und Trankopfer darzubringen (Jer 7,18; 44,17–19.25). Der Name »H.« steht für eine hebr. Übersetzung aus dem Akkadischen, wo er als Bezeichnung für *Ischtar,* die Gottheit der Liebe und der Fruchtbarkeit, erscheint. (s. auch ASTARTE).

HIMMELS-KÖNIGIN
Jer 7,18; 44,17–19.25

HINNOM, TAL Ein Tal an der Grenze zwischen den Gebieten Benjamins und Judas, südl. und südwestl. Jerusalems gelegen, die Fortsetzung des Kidrontales. Auch als Ge-Hinnom bekannt, wodurch der Name (Gehenna) später zum Synonym für »Hölle« (s. dort) wurde. In bibl. Zeit diente es als das wichtigste Begräbnisfeld Jerusalems, wie aus kürzlich durchgeführten archäolog. Ausgrabungen hervorgeht.

HINNOM, TAL
Jos 15,8; 18,16; 2. Kön 23,10; 2. Chr 28,3; 33,6; Neh 11,30; Jer 7,31–32; 19,2.6; 32,35

(oben) Turm der russisch-orthodoxen Himmelfahrtskirche auf dem Ölberg, Jerusalem.

(rechts oben) Das Tal Hinnom, die Fortsetzung des Kidrontales in Jerusalem.

(rechts) Das Hinnomtal südwestlich von Jerusalem.

HIOB Ein reicher und zugleich gottesfürchtiger Mann der bibl. Frühzeit, der seine Reichtümer und seine Familie durch harte Schicksalsschläge verlor und dennoch am Glauben an Gott festhielt. In Hes 14,14.20 wird er zus. mit Noah und Daniel als Vorbild der Gerechtigkeit genannt. Diese Erwähnung zeigt, daß man ihn als historische Person verstand, was auch aus dem Prolog und Epilog des Buches Hiob hervorgeht, die im Gegensatz zum poetischen Mittelteil im Prosastil verfaßt sind.

H. lebte im Lande Uz (Hiob 1,1). Die genaue Lage von Uz ist nicht gesi-

HIOB
Hiob 1,1.5.8–9.14.20.22; 2,3.7.10; 3,1–2; 6,1; 9,1; 12,1; 16,1; 19,1; 21,1; 23,1 26,1; 27,1; 29,1 31,40; 32,1–4.12; 33,1.31; 34,5.7.35–36; 35,

16; 37,14; 38,1; 40,1.3.6; 42,1. 7–10.12.15–17; Hes 14,14.20; Jak 5,11

chert; wahrscheinlich war es (entgegen späteren Vermutungen, die es im nördlichen Syrien suchen) ein Gebiet im Osten oder Südosten des Toten Meeres. Seine (edomit.?) Bewohner waren für ihre Weisheitssprüche bekannt (vgl. 1. Kön 5,10; Jer 49,7; Obd V. 8.9).

HIOB, DAS BUCH Das Buch Hiob ist eines der bedeutendsten Werke der Weltliteratur; es steht auf seine Weise ebenbürtig neben der Genesis oder dem Johannesevangelium. Das Ringen des leidenden Menschen, der in seiner Lebens- und Glaubenskrisis an seinem Gott fast zerbricht, hat nicht umsonst den angefochtenen Christen, aber auch die größten Dichter und Denker immer neu beschäftigt. Die Weite und Tiefe seines Inhalts ist von zeitloser Bedeutung.

Das Hiobbuch nennt keinen Verfasser. Benannt ist es nach seiner Hauptperson, Hiob (s. dort), von der wir sonst keine Kenntnis haben. Ein Hinweis im »Testament Hiobs«, einem Buch aus den spätjüd. PSEUDEPIGRAPHEN, auf einen Edomiterkönig Jobab (vgl. 1. Mose 36,33) ist ohne histor. Belang.

Das Buch handelt von der Geschichte eines leidenden Gerechten »im Lande Uz« (1,1). In der Einführung (1,1–2,13) wird H. als ein frommer, rechtschaffener und gottesfürchtiger Mann vorgestellt, der in Glück und Reichtum lebte. Völlig überraschend brechen Katastrophen herein, die ihn seines Besitzes, seiner Kinder und auch seiner Gesundheit berauben (1,13–2,8). H. selbst weiß nicht, daß er dabei auf Veranlassung Satans von Gott auf die Probe gestellt wird. Alles Unheil kann seinen Glauben nicht erschüttern: »Der HERR hat's gegeben, der HERR hat's genommen; der Name des HERRN sei gelobt!« (1,21). Auch Einwände seiner Frau, die ihm rät, Gott zu verfluchen, weist H. zurück (2,9–10).

Kurz darauf erhält H. Besuch von drei Freunden, Elifas, Bildad und Zofar, die ihn beklagen und trösten wollen (2,11–13). Sie vernehmen nach einwöchigem Schweigen die Klage H.s über sein Schicksal, das dieser bei allem Festhalten an Gott nicht verstehen kann (Kap. 3). Die Klage leitet über zu den sich anschließenden drei Gesprächsstunden H.s mit seinen Freunden über die Gründe seiner Leiden (Kap. 4–14; 15–21; 22–27). H. antwortet dabei jeweils auf die Reden seiner Freunde.

Die drei Freunde sind der Meinung, daß Gottes Handeln durchschaubar und begründbar sei. Nach Elifas erster Rede (4,1–5,27) ist das Unheil H.s eine Folge irgendeiner schweren, dunklen Schuld: »Bedenke doch: Wo ist ein Unschuldiger umgekommen?« (4,7). H. wehrt sich gegen solche Deutungen; er kann nicht begreifen, wieso Gott ihn täglich heimsucht und nicht lieber sterben läßt (7,11–21). Auch in den ersten Reden Bildads (Kap. 8) und Zofars (Kap. 11) steht das Nachdenken über Gottes gerechtes Handeln im Mittelpunkt: Gott läßt nur die »Gottlosen« umkommen (8,13.20.22; 11,20). H. soll seine bewußte oder unbewußte Schuld eingestehen und sich in Reue an Gott wenden, dann wird sich sein Schicksal bald wieder wenden (11,13–19). Doch H. wehrt sich in seinen Antworten (Kap. 9–10 und 12–14) gegen alle weisen Vorhaltungen und Versuche seiner Freunde, sein Leid mit Gottes Gerechtigkeit auf einen Nenner zu bringen. Er sieht sich willkürlicher Macht preisgegeben (7,19f.) und fordert immer mehr Gott selbst zum Rechtsstreit heraus (9,33; 13,18).

Die Freunde können H.s Auflehnung gegen Gott nicht verstehen. Elifas wirft ihm in seiner zweiten Rede Überheblichkeit und Gotteslästerung vor (Kap. 15). Doch H. kann die »leeren Worte« der Freunde nicht mehr hören (16,3). Er beteuert weiter seine Unschuld und hält daran fest: »Siehe, auch jetzt noch ist mein Zeuge im Himmel, und mein Fürsprecher ist in der Höhe« (16,19). Selbst in der Rebellion gegen Gott kann sich H. nur zu Gott selbst flüchten. Auch Bildads zweite Rede, in der er H. vor dem Schicksal des Gottlosen warnt (Kap. 18), kann H. nur als Peinigung und Verhöhnung seines Schicksals zurückweisen (Kap. 19). Er weiß, daß sein »Erlöser lebt, und als der letzte wird er über dem Staub sich erheben« (19,25). Gott wird das letzte Wort haben, nicht die Freunde oder das Urteil der Welt. Zofars zweite Rede

Hiobs zweite Familie. Zwei Seiten eines bebilderten Manuskripts aus der Rothschild-Sammlung. Ferrara (?), ca. 1470. (Israel-Museum)

(Kap. 20) ist ein nochmaliger Versuch, am Schicksal der Gottlosen Gottes strafende Gerechtigkeit darzustellen. Dies ist für H. weiterhin kein Trost; das Schicksal der Gottlosen erlebt er widersprüchlich (Kap. 21).

Elifas letzte Rede (Kap. 22) ist voller Beschimpfungen. Immer noch sieht er das Schicksal H.s in dessen Schuld begründet. Damit sucht er jedoch die Seligkeit allein im irdischen Glück, während H. sie in Gottes Nähe sucht: Gott wird selbst »achthaben« auf ihn (23,6). Sein eigener Weg ist nicht der Weg eines Gottlosen (Kap. 24). Bildads dritte Rede (Kap. 25) mit dem Hinweis auf Gottes Erhabenheit gegenüber des Menschen Selbstgerechtigkeit fällt nur noch kurz aus. H. kann ihm nur mit dem erneuten Hinweis auf seine Unschuld und sein gutes Gewissen antworten (27,1–6 in der dritten Antwort H.s an Bildad, Kap. 26–27).

Ein Lied H.s von der Weisheit Gottes (Kap. 28) schließt sich an. In einer Schlußrede (Kap. 29–31) faßt H. nochmals seine ganze Not zusammen, indem er die Erinnerung an sein früheres Glück (Kap. 29) kontrastiert mit seinem jetzigen Unglück (Kap. 30) und in einem »Reinigungseid« (Kap. 31) seine Unschuld vor Gott bekennt. Darauf fordert er Gott zur richterlichen Entscheidung heraus: »Der Allmächtige antworte mir!« (31,35).

In Kap. 32–37 tritt ein bislang nicht genannter Freund H.s, Elihu, auf, der ihn in mehreren Reden auffordert, sein Leiden als Möglichkeit zur Vertiefung und Läuterung der Frömmigkeit zu begreifen.

Den letzten Teil und den Höhepunkt des Hiob-Buches bildet die Antwort Gottes an H. (Kap. 38–42). In einer ersten Rede »aus dem Wettersturm« (38,1) zeigt er H. mit zahlreichen Beispielen aus dem Naturgeschehen, wie wunderbar und zugleich rätselhaft die Schöpfung geordnet ist. Auf die Frage Gottes an H. »Wer mit dem Allmächtigen rechtet, kann der ihm etwas vorschreiben?« (40,2) bekennt H. seine Ohnmacht gegenüber Gottes Majestät und Weisheit. Die zweite Gottesrede (40,6–41,26) führt H. zur Erkenntnis seiner Schuld, denn er wird nie wie Gott handeln können, dessen »Zorn« sich gegen allen Eigenstolz und jede Selbstüberhebung des Menschen richtet (40,6–14). Auch das Böse, vorgestellt in den Urmächten von Behemot und Leviatan, wird von Gott beherrscht und in Schranken gewiesen; H. wäre allein völlig hilflos gegen diese Mächte (40,15–41,26).

H. erkennt nach Abschluß der Gottesreden, daß er »unweise geredet« hat, spricht sich schuldig und tut Buße »in Staub und Asche« (42,1–6). Gott rechtfertigt hierauf H. gegenüber seinen Freunden (42,7–9) und sorgt schließlich für einen glücklichen Ausgang: H. erhält wiederum Gesundheit, Kinder, doppelten Reichtum und langes Leben (42,10–17).

Die bleibende Bedeutung des Buches Hiob besteht in der Erkenntnis, daß Gottes Wege gerade für die Frommen oft unerforschlich sind und lange Zeit dunkel erscheinen können; daß es ferner durchaus zu den Führungen Gottes gehören kann, wenn der Mensch leidet; und endlich, daß das Gottesrecht dem Menschenrecht und den Menschenrechten übergeordnet ist. Die Antwort des Glaubens auf die bedrängende Frage, ob »Gott denn so sein« oder »das zulassen« könne, besteht nicht zuerst in neuen Erkenntnissen und Einsichten in Gottes Wege, sondern zuerst und zuletzt in der Anbetung der Majestät Gottes und der Beugung vor seiner heiligen Größe (Hiob 42,1–6).

Der Sarkophag des Ahiram in seinem Grab in Byblos. Er trägt eine phönizische Trauerinschrift des Königs von Sidon.

(oben) Das sogenannte Grab des Ahiram (Hiram) in Byblos.

INHALTSÜBERSICHT

1,1–2,13	Prolog im Himmel. Einleitender Bericht über das Unglück Hiobs
3	Hiobs Klage
4–27	Dreimaliger Redewechsel zwischen Hiob und seinen drei Freunden (Untergliederung s. Textteil)
28	Hiobs Lied von der Weisheit Gottes
29–31	Hiobs Klage und Reinigungseid
32–37	Die Reden Elihus
38–42,6	Die Erscheinung Gottes und seine Antwort an Hiob
42,7–17	Epilog: Hiobs Rechtfertigung und sein gesegnetes Ende

HIRA 1. Mose 38,1.12

HIRA Ein Mann aus Adullam (»eine Stadt in Juda«), ein Freund Judas; in seinem Haus sah Juda Schua, die Tochter eines Kanaaniters, die er zur Frau nahm.

HIRAM 1 2. Sam 5,11; 1. Kön 5,15–26; 9,11–12.14.27; 10,11.22; 1. Chr 14,1; 2. Chr 2,2.10–11; 8,2.18; 9,10.21

HIRAM 2 1. Kön 7,13.40.45; 2. Chr 2,12–13; 4,11.16

HIRAM (»edel«).

1. König von Tyrus (961–936 v. Chr.), der erste von drei Königen dieses Namens. Er stellte diplomatische und wirtschaftliche Beziehungen mit den Königen David und Salomo her. Kurz nach der Eroberung Jerusalems durch David sandte er Zedernholz und Bauarbeiter zur Errichtung eines Palastes für David (1. Chr 14,1). Nach 1. Kön 5,15–26 war es wiederum H., der nach Salomos Thronbesteigung die Initiative zur Aufnahme der Beziehungen mit Israel ergriff; darauf wandte sich Salomo an H. mit der Bitte, ihm beim Bau des Tempels zu helfen (vgl. 2. Chr 2). Als Gegenleistung für das Zedern- und Zypressenholz zahlte Salomo H. jährlich 20000 Sack Weizen und 20000 Eimer gepreßtes Öl (1. Kön 5,24–25). Als Salomos Bauvorhaben die Schatzkammer Israels geleert hatten, lieh ihm H. 120 Zentner Gold, wofür er als Pfand 20 Städte in Galiläa erhielt. Offenbar sollten diese 20 Städte wieder an Israel fallen, nachdem Salomo die Anleihe aus seinen Verdiensten an der gemeinsam mit H. gemieteten Handelsflotte getilgt hatte (1. Kön 9,10–14; 10,22; 2. Chr 9,21).

2. Sohn eines Kupferschmiedes aus Tyrus und einer isrl. Witwe aus dem Stamm Naftali (nach 2. Chr 2,12 f. aus dem Stamm Dan); König Salomo ließ ihn aus Tyrus holen, um Kupferarbeiten für den Tempel ausführen zu lassen. Außerdem fertigte er die linken und rechten Säulen der Vorhalle des Tempels, denen er die Namen Boas und Jachin gab.

HIRSCH, HIRSCHKUH Siehe TIERE.

HIRSE Siehe PFLANZEN.

HISKI 1. Chr 8,17

HISKI (»Meine Stärke«). Ein später Nachkomme des Königs Saul z. Zt. Nehemias in Jerusalem.

HISKIA 1 2. Kön 16,20; 18,1.9–10.13–17.19.22.29–32.37; 19,1.3.5.9–10.14.20.29; 20,1.3.5.8.10.12–16.19–21; 21,3;

HISKIA (»Meine Stärke ist Ja[hwe]«).

1. Sohn des Ahas, des schwachen und verwerflichen Königs von Juda, und der Abi (2. Kön 18,1–2; 2. Chr 29,1). Er regierte 727–698 v. Chr. H. bestieg den Thron in einer entscheidungsschweren Stunde der Geschichte Judas: Assyrien hatte gerade Aram erobert (732 v. Chr.) und überrannte in H.s früher Regierungszeit auch Israel (722/21 v. Chr.). Juda mußte einen hohen

Hebräischer Tonsiegelaufdruck mit den Worten: »[Gehört] Jehosara, Sohn des Hilk[ija], Diener Hiskias«; 8.–7. Jh. v. Chr. (Israel-Museum).

(rechts) Die Siloah-Inschrift. Sie beschreibt, wie König Hiskias Tunnel von zwei Gruppen von Bergleuten von beiden Enden aus gegraben wurde.

Jahrestribut an Assyrien zahlen, was das ständig von Edomitern und Philistern bedrohte Königreich entscheidend schwächte.

Diese Situation führte H. zu dem Schluß, daß sein Reich das Schicksal der umgebenden Völker teilen müßte, wenn es nicht zu polit. und religiösen Reformen kam. Mit der Ermutigung des Propheten Jesaja unternahm er eine religiöse Reform, die die götzendienerischen Elemente beseitigte, den Tempel reinigte und heiligte und den Tempelkult einschließlich der Feier des Passafestes wiederherstellte (2. Kön 18,3–4; 2. Chr 29–30). Diese nationale und religiöse Renaissance in Juda fand auch literarischen Ausdruck (vgl. Spr 25,1). H. stärkte Juda polit. und erweiterte die Grenzen zum Philisterland (1. Chr 4,41). Um die volle polit. Unabhängigkeit zu erlangen, erhob er sich i. J. 701 v. Chr. gegen Sanherib (2. Kön 18,7). Im Rahmen der Vorbereitungen für eine Belagerung Jerusalems ließ er einen Tunnel bauen, der das Wasser der Gihonquelle in die Stadt leitete, wovon die Siloah-Inschrift eindrücklich Zeugnis gibt (2. Kön 20,20; Jes 22,9–11; s. INSCHRIFTEN). Jerusalem wurde durch ein Eingreifen Gottes errettet, dem das assyr. Belagerungsheer zum Opfer fiel, worauf Sanherib nach Hause zurückkehren mußte (2. Kön 19,35 f; 2. Chr 32,21; Jes 37,36). Vorher hatte Sanherib jedoch einen außerordentlich hohen Tribut erhalten, den H. u. a. durch das Einschmelzen der Tore und Säulen des Tempels aufbrachte (2. Kön 18,13–16). Die von Sanherib hinterlassene Inschrift spricht von der Eroberung von 46 Städten und von H. als von einem »im Käfig gefangenen Vogel«, eine lebendige Beschreibung der (schließlich doch ergebnislosen) Belagerung Jerusalems. Obwohl der bibl. Bericht keine eindeutige Reihenfolge der Begebenheiten erkennen läßt, scheint es klar zu sein, daß der Tribut als Ergebnis der Belagerung gezahlt wurde. Dies wird auch aus der Inschrift Sanheribs über die Belagerung Jerusalems deutlich. In auswärtigen Angelegenheiten besaß H. ein bes. Geschick. Er verbündete sich mit Ägypten (2. Kön 18,21; Jes 36,6), mit Merodach-Baladan, dem König von Babylonien (2. Kön 20,12–15; Jes 39,1–4), und mit Sidon und Sidka von Aschkelon (der letztere ist aus assyr. Inschriften bekannt). Nach H.s Tod wurde sein Sohn Manasse König (2. Kön 20,21; 2. Chr 32,33).

2. Einer der Söhne Nearjas, eines Nachkommens König Davids.

3. Der Name einiger Mitglieder einer Familie, die mit Nehemia aus der babyl. Gefangenschaft zurückkehrte. Einer namens H. wird unter jenen aufgeführt, die die Abmachung Nehemias unterschrieben.

4. Ein Vorfahr des Propheten Zefanja.

1. Chr 3,13; 4,41; 2. Chr 28,27; 29,1.18.20.27. 30–31.36; 30,1. 18.20.22.24; 31, 2.8–9.11.13.20; 32,2.8–9.11–12. 15–17.20.22–27. 30.32–33; Spr 25,1; Jes 1,1; 36,1–2. 4.7.14–15.21.30; 37,1.3.5.9–10. 14–15.21; 38, 1–3.5.9; Jer 15,4; 26,18–19; Hos 1,1; Mi 1,1; Mt 1,9–10
HISKIA 2
1. Chr 3,23
HISKIA 3
Esr 2,16; Neh 7,21; 10,18
HISKIA 4
Zef 1,1

HIWITER Eines der zu den Kanaanitern gehörenden Völker, die z. Zt. der Eroberung Kanaans durch Josua dort ansässig waren (1. Mose 10,17; 1. Chr 1,15). Dieses Volk wird nur in der Bibel, jedoch nicht in den anderen Quellen des alten Nahen Ostens als Einwohner des Landes erwähnt. Die H. werden insbes. mit den Städten Sichem (1. Mose 34,2), Gibeon, Kefira, Beerot und Kirjat-Jearim (Jos 9,17) sowie mit dem Libanon (Ri 3,3) und der »Land Mizpe« genannten Region am Fuße des Berges Hermon (Jos 11,3) in Verbindung gebracht. Die Wissenschaft hat versucht, diese bibl. H. mit versch. Völ-

HIWITER
1. Mose 10,17; 34,2; 2. Mose 3,8.17; 13,5; 23,23.28; 33,2; 34,11; 5. Mose 7,1; 20,17; Jos 3,10; 9,1.7; 11,3.19; 12,8; 24,11;

Ri 3,3.5; 2. Sam 24,7; 1. Kön 9,20; 1. Chr 1,15; 2. Chr 8,7

kern zu identifizieren: a) mit den griech. Achäern des Homer; b) mit den Hurritern (Horitern), einem der wichtigsten Völker im alten Nahen Osten, die sonst in der Bibel nicht erwähnt werden; c) mit den Kolonisten, die aus Zilizien (einem Gebiet in Kleinasien, das im AT Koë genannt wird; 1. Kön 10,28) kamen, sich in Sichem und den anderen oben genannten sechs Orten niederließen und in Keilschriftquellen als *Huwi* bezeichnet werden.

HOBA 1. Mose 14,15

HOBA Ein Ort nördl. von Damaskus, wohin Abraham denen nachjagte, die seinen Neffen Lot gefangengenommen hatten.

HOBAB 4. Mose 10,29; Ri 4,11

HOBAB (»Geliebter«). Sohn Reguëls aus Midian, des Schwiegervaters von Mose (2. Mose 2,18), und damit der Schwager Moses (4. Mose 10,29). Reguël wird an anderen Stellen auch Jitro genannt (2. Mose 3,1; 18,1). Mose bat seinen Schwager H., Israel durch die Wüste zu führen (4. Mose 10,29–31).

HOD 1. Chr 7,37

HOD (»Majestät«). Ein Mann im Geschlechtsregister der Familie Asser.

HODAWJA 1 1. Chr 5,23–24; **HODAWJA 2** 1. Chr 9,7; **HODAWJA 3** Esr 2,40; **HODAWJA 4** 1. Chr 3,24; **HODAWJA 5** Esr 3,9; 2,40

HODAWJA (»Rühmt Ja[hwe]«).

1. Haupt einer Familie des halben Stammes Manasse, östl. des Jordans im Lande Baschan. Er und seine Stammesgenossen fielen von Gott ab und wurden von Tiglat-Pileser III. von Assyrien deportiert (1. Chr 5,23–26).

2. Ein Nachkomme Benjamins; seine Enkel ließen sich nach der Rückkehr aus der babyl. Gefangenschaft in Jerusalem nieder.

3. Ein Levit, dessen 74 Köpfe zählende Familie mit Serubbabel aus der babyl. Gefangenschaft zurückkehrte und sich in Jerusalem niederließ.

4. Ein Nachkomme Serubbabels.

5. Ein Levit, der mit seinen Brüdern den Wiederaufbau des Tempels anleitete.

HODESCH 1. Chr 8,9

HODESCH Die Frau eines Benjaminiters. Ihr Name bedeutet »Tag des Neumondes«, offensichtlich ihr Geburtstag.

HODIJA 1 1. Chr 4,19; **HODIJA 2** Neh 8,7; 9,5; **HODIJA 3** Neh 10,11.14; **HODIJA 4** Neh 10,19

HODIJA (»Mein Ruhm ist Ja[hwe]«).

1. Ein Mann im Geschlechtsregister Judas.

2. Einer der Leviten, die das Volk im Gesetz unterwiesen, als Esra dieses vorlas; er war unter jenen, die beim Fasten das Gebet leiteten.

3. Zwei Leviten dieses Namens werden unter den Besieglern der Abmachung z. Zt. Esras erwähnt. Einer von ihnen ist wahrscheinlich mit H. (2) identisch.

4. Einer der »Oberen des Volkes«, die die Abmachung z. Zt. Esras unterschrieben.

HOFFNUNG/ HOFFEN Esr 10,2; Hiob 3,9; 4,6; 5,16; 6,20; 8, 13.14; 11,18.20; 13,15; 14,19; 17,15; 19,10; 27,8; 30,26; Ps 4,6; 9,11.19; 21,8; 22,5; 25,2; 26,1; 28,7; 32,10; 33,18.22; 37,3.5; 40,5; 56,4.5; 62, 6.9; 71,5; 78,7; 91,2; 112,7; 115, 9; 119,43.116; 125,1; 130, 5; 146,5; Spr 10,28; 13,12; 19,18; 22,19; 24, 14.20; 26,12; Jes 25,9; 30, 15; 50,10; Jer 8,15; 14, 22; 17,13; 49,11; Klgl 3,21.24.26; Hes 37,11; Hos 12,7; Mt 12,21; Lk 24,21; Apg 2,26;

HOFFNUNG Der christl. Begriff der H. als einem der drei »bleibenden«, also in Ewigkeit unvergänglichen Güter des Christen (1. Kor 13,13) unterscheidet sich darin grundsätzlich vom weltlichen, aber auch vom atl. Verständnis der H., daß die H. der Christen auf Grund der Botschaft des NT im entscheidenden Punkt über unser irdisches Leben hinausweist. H. im Sinn des NT ist *das* Unterscheidungsmerkmal des Christen von »den andern, die keine H. haben« (1. Thess 4,13).

Im Hoffnungsgedanken im griechisch-philosophisch-weltanschaulichen Sinn ist H. ein Lebensinhalt, dessen Füllung der Mensch als seine eigene und eigentliche Möglichkeit versteht: »Es hofft der Mensch, solang er lebt.« Es ist ein Trost oder ein Ansporn in einer bedrängten Gegenwart, wenn der Mensch »noch etwas zu hoffen hat« – nämlich bessere Zeiten für sich oder wenigstens für seine Kinder. H. wird dadurch zu einem Motor der kulturellen und technischen Leistungen des Menschen. Enttäuschte H. aber führt zur Resignation. Nicht umsonst distanzierten sich darum die altgriech. Stoiker von der »leeren Hoffnung«. Und die griech. Mysterienreligionen, die dem Eingeweihten ein seliges Leben nach dem Tode verheißen, bekunden, wie groß die Sehnsucht nach einer H. werden kann, die den Hoffenden nicht wieder und wieder zuschanden werden läßt (vgl. Röm 5,5).

Im AT ist H. auf den allein wahren Gott bezogen, aber sie bleibt dabei innerhalb von Zeit und Raum der gegenwärtigen, irdischen Welt. Hoffen ist für den Frommen des AT dasselbe wie Vertrauen, also das Vertrauen auf Gott, der »meine Hoffnung von meiner Jugend an« ist (Ps 71,5). Schon der Sprachgebrauch spiegelt diese Gleichsetzung wider: Wo die LXX das griech.

Wort für »Hoffnung«, *elpís,* hat, steht im hebr. Urtext meist das Wort für »Vertrauen« (*batáh*), aber auch die Verben für »sich gedulden«, »harren«, »Zuflucht suchen«. Gott selber ist die Zuversicht des Frommen, »eine Hilfe in den großen Nöten, die uns getroffen haben« (Ps 46,2). Diese sicher zutiefst gläubige Zuversicht und zugleich auch Demut bewahrt den Frommen, auch den Christen, vor falschen Hoffnungsträgern wie Reichtum (Ps 49,7; Hiob 31,24), eigener Gerechtigkeit (Hes 33,13), anderen Menschen (Jer 17,5), eigener frommer Sicherheit (Jer 7,4; 48,13; Hab 2,18) oder politischen Mächten (2. Kön 18,24; Jes 36,6.9; Jer 2,37).

Dabei ist H. aber immer das Erhoffen eines Guten, das zwar erst irgendwann in der Zukunft von Gott geschenkt wird, aber doch so, daß der Hoffende es noch zu Lebzeiten erfahren wird. Wo im späten Judentum, teils noch im AT, teils im nachkanonischen Rabbinentum, eschatologische Züge im Zeichen einer messianischen Erwartung dem Gedanken der H. neue Inhalte geben, handelt es sich nicht um eine Erwartung des einzelnen Frommen, sondern immer um eine H. des ganzen jüd. Volkes. Der Unterschied zwischen dem Heute und dem messianischen Morgen besteht dabei u. a. darin, daß das, was heute allein den Juden anvertraut ist, in der »letzten Zeit« (Jes 2,2) auch den Heidenvölkern gesagt werden wird (Mi 4,2.3; Jes 2,3.4). Eine *persönliche* H. aber oder so etwas wie eine Heilsgewißheit kennt weder das AT noch das jüd. Rabbinentum.

Die Sehnsucht nach einer künftigen Heilszeit ragt dabei in Israel noch bis in die Zeit Jesu hinein; der greise Simeon (Lk 2,25) und Josef von Arimathäa (Mk 15,43) sind ihre bibl. Urbilder.

Im NT bekommt der Begriff der H. einen neuen und einzigartigen Sinn. (Dabei ist natürlich abzusehen von der vielfachen Verwendung des Wortes »H.« oder »hoffen«, wo es im allg. menschlichen Sinn von »Erwartung« oder »zuversichtlich auf etwas rechnen« gebraucht wird, z. B. Apg 16,19; 1. Kor 9,10; 2. Kor 8,5; Phil 2,19.23; Phlm 22 u. a.) Neu im NT ist der *Ewigkeitsgehalt* der H., also das Hoffen auf die zukünftige Erlösung der Kinder Gottes, auf ihre ewige Errettung, die dann sichtbar werden wird, wenn Gottes neue Welt angebrochen sein wird. Hierher gehören v. a. Stellen wie Röm 8,23–25; 1. Thess 1,3; 1. Petr 1,21 oder in bes. Ausführlichkeit 2. Kor 3,1–18; ebenso Hebr 3,6; 6,11; 10,23. Christen sind Menschen, die charakterisiert sind durch diese H. auf Gottes neue, todfreie Welt (Röm 12,12; 15,13; 1. Kor 15,19) – so wie Menschen ohne Christus dadurch gekennzeichnet sind, daß sie »keine Hoffnung haben« (1. Thess 4,13). Noch – wie könnte dies anders sein? – schauen Christen das Ziel ihrer H. nicht, oder sie schauen höchstens wie »durch einen Spiegel ein dunkles Bild« (1. Kor 13,12), aber sie hoffen und warten auf den Tag, wo sie dieses Ziel und ihn, den Herrn, »von Angesicht zu Angesicht« schauen werden. H. nach dem NT ist durch und durch eschatologische H., auch wenn das Wort sicher oft auch in alltagssprachlicher Bedeutung (s. o.) oder auch im atl. Sinn des festen Gottvertrauens im irdischen Leben (z. B. 2. Kor 1,10; Phil 1,20; 1. Tim 5,5 u. a.) erscheint.

Dabei kann es nicht überraschen, daß der Begriff H. in den Evangelien so gut wie gar nicht vorkommt. Denn wo Jesus selber da ist, ist ja das Reich Gottes in seiner Person gegenwärtig (Lk 17,21) und somit kein Gegenstand zukünftiger H. Wo aber die Gemeinde Jesu nach seiner Auferstehung nunmehr seiner Wiederkunft, seinem ewigen Reich entgegenwartet und entgegenglaubt, wird sie zur Gemeinde der H. Darum gehört die H. mit der Liebe Gottes und mit dem Glauben an Christus zu jenen drei Grundpfeilern des Christseins, die für immer »bleiben« (1. Kor 13,13).

Daß der Begriff in der Offb fehlt, ist dagegen erstaunlich. Verständlich wird das nur dadurch, daß dort statt von der H. mehr von der Geduld gesprochen wird (2,2; 3,10; 13,10; 14,12). Dennoch ist die H. so sehr das Merkmal der Christen, daß ihr Wort, ihre Botschaft an die Welt zusammengefaßt ist in der Predigt von der H. (Apg 23,6; Eph 4,3–5; 1. Petr 3,15).

23,6; 24,15; 26,7; 27,20; Röm 4,18; 5,2. 4.5; 8,24.25; 12,12; 15, 4.12.13; 1. Kor 13,7. 13; 15,19; 2. Kor 1,10; 3, 12; Gal 5,5; Eph 1,12.18; 2,12; 4,4; Phil 1,20; Kol 1,5.23.27; 1. Thess 1,3; 2, 19; 4,13; 5,8; 2. Thess 2,16; 1. Tim 1,1; 4,10, 5,5; 6,17; Tit 1,2; 2,13; 1. Petr 1,3. 21; 3,15; Hebr 7,19; 10,23; 11,1

HOFNI (»Meine Faust«). Ein Priester in Silo, Sohn des Hohenpriesters Eli z. Zt. Samuels. H. und sein Bruder Pinhas mißbrauchten ihre priesterliche

HOFNI
1. Sam 1,3; 2,34; 4,4.11.17

Stellung, indem sie sich Teile von den Opfertieren nahmen und außerdem mit den Frauen schliefen, die vor der Tür der Stiftshütte dienten (1. Sam 2,12–17.22). Ihre Sünden führten zum Fluch über das Haus Eli (1. Sam 2,34). Beide wurden von den Philistern getötet, als sie die Lade Gottes in der Schlacht von Afek begleiteten (1. Sam 4,11).

HOFRA Jer 44,30

HOFRA (»Sonnenpriester«). Ägypt. König der 26. Dynastie (588–568 v. Chr.), ein Bundesgenosse König Zedekias von Juda während der Revolte Judas gegen die Babylonier. Nach der Eroberung Jerusalems durch Nebukadnezar und der Ermordung des von den Babyloniern eingesetzten Statthalters Gedalja flohen die restlichen Juden nach Ägypten, wohin sie auch den Propheten Jeremia mitnahmen (Jer 43,4–7). Dort prophezeite Jeremia den Tod H.s durch die Hand seiner Feinde, was dann auch eintrat.

HOGLA 4. Mose 26,33; 27,1; 36,11; Jos 17,3

HOGLA (»Rebhuhn«). Eine Erbtochter nach dem Gesetz des Mose.

HOHAM Jos 10,3

HOHAM (»Gott der Menge«). König von Hebron; er nahm an der Koalition der fünf Amoriterkönige teil und wurde von Josua bei Gibeon geschlagen.

HOHELIED SALOMOS, DAS Das Hld findet sich im dritten Teil des atl. Kanons, in den »Schriften«. Im hebr. Kanon steht das Hld als erste Festrolle am Anfang der fünf *megilot* (Festrollen). Es wird in der Synagoge am Passafest, im Frühjahrsmonat Nisan, gelesen.

In der ev. und röm.-kath. Bibel kommt das Hld nach dem Buch des Predigers. Nach dem Hebr. heißt das Hld »Lied der Lieder« und wird in der lat. Bibel mit *canticum canticorum* übersetzt. Die beiden ersten Worte des hebr. Textes bezeichnen einen Superlativ: *schir ha schirim,* »das schönste aller Lieder«, das Lied *par excellence.*

Das Hld ist ein relativ kurzes Werk, das aus acht kleinen Kapiteln mit insgesamt 117 Versen besteht. Es war über Jh.e hinweg der Gegenstand intensiver Diskussion und Erforschung. Die Rabbiner des Talmud führten eine lange Debatte darüber, ob das Buch in den bibl. Kanon aufgenommen werden sollte. Das Problem dieser wunderschönen Liebeslyrik bestand in ihrer völlig säkularen Natur; sie läßt jegliches religiöse Motiv vermissen und nennt den Namen Gottes an keiner Stelle. Das Hld erlangte seinen kanonischen Status erst durch die allegorische Interpretation, die sich v. a. mit dem Namen Rabbi Ben Akiba verband. Rabbi Ben Akiba (er starb 135 n.Chr. unter den Römern den Märtyrertod) legte das Buch als Lied der Liebe zwischen Gott und Israel aus. Die Hinweise auf Salomo (1,1.5; 3,7.9.11; 8,11–12) und auf einen König (1,4.12; 7,6), der mit Salomo gleichgesetzt wurde, spielten dabei eine entscheidende Rolle; denn Salomo war bekannt als Autor zahlreicher Lieder (vgl. 1. Kön 5,12) und bes. des Buchs der Sprüche und des des Predigers (s. dort).

Über den Verfasser und die Entstehungszeit des Hld gibt es unterschiedliche Meinungen. Das Auftauchen eines pers. Wortes (*pardes,* »Lustgarten« in 4,13) und eines griech. Lehnwortes (*appirjon*, »Sänfte« in 3,9) machen es noch keineswegs zwingend, die Abfassung des Buches in der späten pers. oder frühen griech. Periode zu vermuten, da Israel schon z. Zt. Salomos ausgedehnte Handelsbeziehungen pflegte. Auch aram. Ausdrücke sind nicht unvereinbar damit, daß Salomo der Verfasser des Hld war, wie dies auch die Überschrift des Buchs (1,1) zum Ausdruck bringt.

Im Laufe der Jh.e erfuhr das Hld völlig verschiedene Auslegungen. Die frühe allegorische Exegese wurde durch die Kirchenväter von den talmudischen Rabbinen übernommen; in der frühchristl. Auslegung galten die Figuren Salomos und des Mädchens aus Schunem als Abbilder Christi und der Kirche. Im Mittelalter entwickelte sich daraus eine philosophisch-allegorische Auslegung.

Andere Auslegungen sahen im Hld ein Drama mit zwei oder drei Personen. Letztere Variante faßte es als eine Liebesgeschichte zwischen drei Menschen auf: Der König begehrt eine Schafhüterin, die ihrerseits einen Schäfer liebt. Trotz der zahlreichen Verführungsversuche seitens des Königs bleibt das junge Mädchen ihrem Geliebten treu, zu dem sie schließlich zurückfindet. Ein ritueller Ansatz sah im Hld. die Widerspiegelung eines

Fragment aus dem Hohenlied Salomos, gefunden in Qumran (Schrein des Buches, Jerusalem).

vermuteten Tammuskultes (Tammus = mesopot. Gott der Unterwelt), in dem das Motiv eines sterbenden und auferstehenden Gottes wichtig war.

Diese Theorien werden heute nur noch selten vertreten und sind – außer der allegorischen Interpretation bei einigen röm.-kath. Auslegern – in Vergessenheit geraten.

Man geht heute allg. davon aus, daß das Hld eher wörtlich zu verstehen ist und eine Sammlung lyrischer Liebeslieder darstellt. Die genaue Zahl dieser Lieder, die unterschiedlich lang sind (zwischen einer einzigen Zeile und einem größeren Abschnitt), ist umstritten, da sie sich kaum gegeneinander abgrenzen. Die Dichtungen kennzeichnet ein hoher Gefühlsausdruck, poetische Feinfühligkeit und kühne, lebendige Vorstellungskraft. Einige Lieder beschreiben und loben die körperliche Gestalt des Mannes und der Frau; jedoch sind diese sinnlichen Beschreibungen niemals vulgär oder anstößig.

Die literarische Gattung der Liebeslyrik findet sich auch in der Literatur Mesopotamiens und Ägyptens, und das Hld teilt mit der Dichtung aus beiden Bereichen einige literarische Eigentümlichkeiten und Vorstellungen. So mag das Buch in der Tat einige Lieder enthalten, deren Ursprünge auf altorientalische Hochzeitsbräuche in Syrien und Palästina zurückgehen.

Die Lieder bringen das sehnsüchtige Aufeinanderwarten der Liebenden und die Freude an der letzten Vereinigung zum Ausdruck, begleitet von ausdrucksstarken Monologen und Dialogen. Auch Traumlieder sind Teil dieser lyrischen Sammlung (3,1ff.; 5,2ff.). Flora und Fauna Israels bereichern das lebendige Bild der Lieder, deren geographischer Hintergrund auf Gilead, Heschbon, Libanon, Hermon, Karmel, Tirza, Scharon, Jerusalem und En-Gedi hinweist und die zusammen einen großen Lobgesang auf die gottgeschaffene Natürlichkeit der Liebe bilden. Die Antwort des Mannes auf diese Schöpfertat Gottes ist der Ausruf Adams in 1. Mose 2,23a. Die Antwort der Frau könnte – in Erfüllung von in 1. Mose 3,16b – im Hld verborgen sein.

INHALTSÜBERSICHT

Für das Hld wurden verschiedene Interpretationen – die allegorische, dramatische, rituelle und wörtliche – vorgeschlagen. Die folgende Gliederung ist nur eine von mehreren möglichen:

1,1–8	Lieder der Braut
1,9–2,7	Dialog der Liebenden
2,8–3,5	Erinnerungen der Braut
3,6–11	Der Hochzeitszug
4,1–5,1	Lieder der Jugend
5,2–6,3	Auf der Suche nach dem verlorenen Bräutigam
6,4–7,10	Die Schönheit der Braut
7,11–14	Liebe im Weinberg
8,1–4	Bruder und Schwester
8,5–14	Verschiedene Lieder und Fragmente

Kanaanäisches Höhenheiligtum bei Geser.

(links) Kanaanäisches Höhenheiligtum im Tempelbezirk von Megiddo.

HÖHE(NHEILIGTUM) 3. Mose 26,30; Ri 6,26; 1. Sam 9,12; 1. Kön 3,2–4; 15,14; 2. Kön 17,9; 23,8.9; Ps 78,58; Jer 17,3; 48,35; Hes 6,3; 20,29; Am 7,9

HÖHEN, HÖHENHEILIGTÜMER Heidnische Kultstätten, die auf einer Anhöhe lagen, auf einer Bergspitze, einem erhöhten Plateau o. ä. (5. Mose 12,2; 1. Kön 14,23; Jer 3,6). Die Ursprünge des Kultes auf den H. liegen im Dunkeln. Eine Möglichkeit ist, in ihnen ursprüngliche Begräbnisstätten zu sehen, denen später andere kultische Funktionen zukamen.

Die H. konnten sowohl Anlagen unter freiem Himmel als auch überdachte Heiligtümer verschiedenster Art sein (1. Kön 12,31; 13,32; 2. Kön 17,32; 23,9). Es gab dort Opferaltäre, Steinsäulen, *ascherot* (Kultpfähle) und Wasser. Wie aus den Ritualen hervorgeht, die in den Hh. vollzogen wurden (1. Sam 9,13–14.19.25; 10,5.10.13 usw.), waren es großangelegte, komplexe Einrichtungen. In 1. Sam 9,19–22 wird sogar ein Speisesaal erwähnt. Ein gut erhaltenes Beispiel ist das vorisrl. Hh. im Tempelbezirk von Megiddo: eine große, runde Plattform aus Steinen mit einem Treppenaufgang und einem Altar, der höchstwahrscheinlich auf der Spitze der Höhe gestanden hat. Auch an den überdachten Hh. wurden die Opfer wohl in einem Bezirk unter freiem Himmel vollzogen.

Man opferte auf den H. dem Baal u. a. Götzen Opfertiere und Räucheropfer. Die Kultteilnehmer aßen, weinten und beteten dort (1. Sam 9,13; Jes 15,2; 16,12). Der Dienst an diesen Kultorten wurde von Priestern zelebriert; einige lebten ständig dort (2. Kön 23,5), ebenso eine bestimmte Art charismatischer Propheten (1. Sam 10,5–13). Wie aus 1. und 2. Kön hervorgeht, gab es Orte für die persönliche Andacht und Zentren für offizielle Zeremonien und Feste.

Die H. waren seit der zweiten Hälfte des 3. Jt. v. Chr. wesentlicher Bestandteil des kanaan. Kultes. Im Zuge der allg. Abwendung vom Jahwe-Glauben wurden sie später isrl. Heiligtümer und lagen meist auf hohen Hügeln außerhalb der Städte.

Zwar wird in Ausnahmefällen auch von rechtmäßigen Opfern auf »Höhen« berichtet, so vom Propheten Samuel (1. Sam 9), doch ist dies ganz selten. Die Hh. werden überall im AT bekämpft, weil sie vom Abfall hin zu heidnischen Gottheiten geprägt waren. Wahrscheinlich wurden die kanaan. Hh. nach der Landnahme von den Israeliten übernommen – entgegen dem Gebot Moses, sie zu zerstören (4. Mose 33,52; 5. Mose 12,2f.; 33,29). Ihnen galt der Zorn Gottes (3. Mose 26,30). 1. Kön 3,3 lobt die Gesetzestreue Salomos – jedoch mit der Einschränkung: »nur daß er auf den H. opferte und räucherte«. In ähnlicher Weise werden die Könige Israels und Judas danach beurteilt, wie sie sich den H. gegenüber verhielten: So beseitigten die Könige Asa, Hiskia und Josia die Hh. teilweise (2. Kön 18,4; 23,8; 2. Chr 14,2).

Nicht weniger als sechs Könige werden getadelt, weil sie während ihrer Regierungszeit nicht oder nicht ganz für die Abschaffung der H. sorgten: Asa (1. Kön 15,14), Joschafat (1. Kön 22,44), Joasch (2. Kön 12,3f.), Amazja (2. Kön 14,4), Asarja (2. Kön 15,4) und Jotam (2. Kön 15,35). Salomo ließ zahlreiche Opferhöhen für seine heidnischen Frauen errichten (1. Kön 11,7–8). Auch Rehabeam (1. Kön 14,23) und die meisten der Könige des Nordreiches Israel ließen den H.-Kult gewähren. Der Kampf Elias zeigt, daß es damals mindestens im Nordreich nur noch eine kleine Minderheit war, die diesem heidnischen Götzenwesen auf den »H.« in Israel widerstand (1. Kön 19,18) und am Jahwe-Glauben festhielt. Von Manasse wird berichtet, daß er die von seinem Vater Hiskia zerstörten H. wieder aufbaute (2. Kön 21,3).

Als größte Aktion gegen die Hh. ist die Reform des Königs Josia (622 v. Chr.) anzusehen. Er vertrieb die Priester, die an den Hh. dienten, und zerstörte die H. in Jerusalem und Umgebung und in den Städten Judas. Das wichtige Hh. in Bethel, das zweifellos viele vom Gottesdienst in Jerusalem ferngehalten hatte, wurde ebenfalls zerstört (2. Kön 22–23).

HOHERPRIESTER Siehe PRIESTER.

Die Höllenfahrt Christi (»Hinabgestiegen in das Reich des Todes«); armenische Handschrift von 1265 (Hromkla-Bibliothek, St. Thoros, Jerusalem).

HÖLLE

1. Das NT spricht von einem »doppelten Ausgang« in die Ewigkeit: vom Weg zum ewigen Leben und von dem zur ewigen Verdammnis (vgl. z. B. Mt 25,46; Joh 5,29; Offb 20,11–15 u. a.). Die Ansicht, daß »wir alle in den Himmel kommen«, findet in der HS keine Stütze. Der Maßstab in Gottes Gericht über die Sünde des Menschen sind dabei dessen Werke und Taten (Mt 25,40.45; 2. Kor 5,10; Offb 14,13 usw.). Dieser Maßstab ist jedoch dort aufgehoben, wo das Erlösungswerk Jesu Christi die Erfüllung des Gesetzes Gottes durch gute Werke gegenstandslos gemacht hat (Röm 3,22–24.28; 2. Kor 5,19; Tit 3,4.5 usw.). Für den, der an Christus glaubt, ist die H. gegenstandslos geworden. Für den aber, der Christus nicht angenommen hat, gilt der ganze Ernst der Realität der H. Die H. ist der Ort für die von Gott im Gericht Verurteilten (Mt 25,41).

Der griech. Name für »H.«, *gehenna*, ist abgeleitet vom Tal *Hinnom* südwestl. von Jerusalem. In atl. Zeit bestand hier ein heidnischer Kult, bei dem Kinder als Brandopfer dem Gott Moloch dargebracht wurden (2. Kön 23,10).

HÖLLE 1 (GEHENNA)
Mt 5,22.29.30; 10,28; 18,9; 23,15.33; Mk 9,43.45.47; Lk 12,5; Jak 3,6

HÖLLE 2 (HADES)
Mt 11,23; 16,18; Lk 8,31; 10,15; 16,23; Apg 2,27.31; 1. Kor 15,55; Offb 1,18; 6, 8; 20,13

Der Prophet Jeremia, der diesen Kult angriff, nannte dieses Tal »Würgetal« (Jer 7,31–32; 19,5–9).

Das NT beschreibt die H. unter dem Bild eines nicht verlöschenden Feuers (Mt 5,22; Mk 9,43–48) und äußerster Finsternis (Mt 8,12 u. a.) und Verzweiflung (Mt 13,50).

2. Von der H. (*gehenna*) muß das Totenreich (griech. *hades*; hebr. *scheol*) unterschieden werden: Es handelt sich um das Reich des Todes, den Aufenthaltsort aller Toten, von dem auch schon das AT spricht (vgl. 1. Mose 37,35; Ps 6,6; 116,3; Jes 5,14; Hos 13,14 u. a.). Auch das NT weiß von diesem Totenreich als dem Ort der Verstorbenen, für Gerechte wie für Gottlose (Offb 20,13–14) – ein Ort mit versperrten Pforten (Mt 16,18), zu denen nur Jesus, der Sohn Gottes, den Schlüssel besitzt: »Ich habe die Schlüssel des Todes und der Hölle« (Offb 1,18). In dieses Reich ist Jesus auch hinabgestiegen, um das Evangelium zu predigen (»hinabgestiegen in das Reich des Todes«, 1. Petr 3,19; 4,6). (Von der H. im Sinne von *gehenna* weiß das AT nichts; diese Vorstellung taucht erst im rabbin. Spätjudentum auf.)

Die Lutherbibel übersetzt sowohl *hades* (Mt 11,23; 16,18; Offb 1,18) als auch *gehenna* (Mt 5,29; 10,28; 23,15; Jak 3,6) mit »H.«. Siehe auch ABADDON; HINNOM; LEBEN NACH DEM TOD.

Der Raub der Persephone durch Hades, den Gott der Unterwelt; Münze von Akkon-Ptolemais, 3. Jh. v. Chr.

HOLON 1 Jer 48,21
HOLON 2 Jos 15,51; 21,15; 1. Chr 6,43

HOLON

1. Stadt in Moab, die zus. mit den Städten Jahza, Mefaat, Dibon u. a. erwähnt wird. Sie war wohl eine Grenzfestung an der Ostgrenze von Moab.

2. Priesterstadt im Gebiet von Juda. Jos 15,51 erwähnt H. zus. mit Goschen und Gilo unter den Städten nördlich des Gebiets von Hebron.

HOR-GIDGAD 4. Mose 33,32–33; 5. Mose 10,7

HOR-GIDGAD

Eine der Stationen auf der Wüstenwanderung Israels. Von hier gelangten die Israeliten nach Jotbata, dem Land der Wasserläufe. Die verschiedenen Vorschläge zur Lokalisierung des Ortes entbehren jeder Basis.

OR (BERG) 1 4. Mose 20, 22–23.25.27; 21,4; 33, 37–39.41; 5. Mose 32,50
OR (BERG) 2 . Mose 34,7–8

HOR (BERG)

1. Berg an der Grenze zwischen Kanaan und Edom. Eine der Stationen des Auszugs aus Ägypten, wo die Israeliten nahe einer Wasserquelle lagerten. Von hier aus versuchten sie ins Land Kanaan einzudringen, mußten sich aber in die Wüste zurückziehen. Hier starb Aaron. Als mögliche Lage wurde die Gegend nordöstl. von Kadesch-Barnea vorgeschlagen.

2. Berg an der Nordgrenze des Landes Kanaan; die genaue Lage ist unbekannt.

Dschabel Harun in Edom, der Überlieferung nach der Berg Hor.

HORAM Jos 10,33

HOREB (BERG) 2. Mose 3,1; 17,6; 33,6; . Mose 1,2.6. 19; 4,10.15; 5,2; 9,8; 18,16; 28,69; ön 8,9; 19,8; 2. Chr 5,10; Ps 106,19; Mal 3,22

HORAM (»Erhabener«). König von Geser. Er zog aus, um der Stadt Lachisch zu helfen, wurde aber von Josua besiegt.

HOREB (BERG) Ein anderer Name für den Berg Sinai, den Berg Gottes. Hier begegnete Gott Mose, als dieser die Schafe Jitros hütete (2. Mose

Teilansicht des Sinaigebirges (Berg Horeb).

3,1ff.). Beim Auszug aus Ägypten schlug Mose an den Felsen am H., der dem Volk Wasser spendete (2. Mose 17,6). Der Weg vom H. nach Kadesch-Barnea dauerte 11 Tage (5. Mose 1,2). Der H. ist identisch mit dem Berg Sinai (5. Mose 1,6; 4,10.15), wo Gott den Bund mit seinem Volk schloß (5. Mose 5,2; 28,69). Auf dem Berg H. legte Mose die zwei steinernen Tafeln in die Bundeslade (1. Kön 8,9; 2. Chr 5,10). Dorthin floh auch Elia vor Isebel und bekam eine neue Weisung Gottes (1. Kön 19). Zur Lage s. AUSZUG AUS ÄGYPTEN, WEG DES. Vgl. auch SINAI.

HOREM Eine befestigte Stadt im Erbteil Naftalis; genaue Lage unbekannt.

HOREM
Jos 19,38

HORI (»Höhlenbewohner«).

1. Ein Nachkomme Esaus.

2. Mann vom Stamm Simeon, Vater Schafats, eines der von Mose ins Land Kanaan gesandten Kundschafter.

HORI 1
1. Mose 36,22; 1. Chr 1,39
HORI 2
4. Mose 13,5

HORITER, HURRITER (»Höhlenbewohner«). Der Ursprung der H. ist wahrscheinlich im Zagros-Gebirge und Armenien zu suchen. Sie werden erstmals in einem Text der Zeit Sargons von Akkad (24. Jh. v. Chr.) mit ihrem Reich jenseits des Tigris erwähnt. Von dort aus drangen sie langsam entlang der mesopotam. Flußtäler nach Süden vor. Im frühen 19. Jh. v. Chr. hatten sie bereits das Land nördl. von Assur besetzt. Diese Wanderung der nichtsemitischen H. fiel zeitlich mit dem Erscheinen der Westsemiten zusammen; diese beiden Völker machten in der Folge die Hauptbevölkerung Syriens und Palästinas aus. Im 15. Jh. v. Chr. waren die H. in Nordsyrien bereits in der Mehrheit. Im 14. und 13. Jh. v. Chr. waren sie ein wichtiger Bestandteil der herrschenden Schichten des südl. Syriens und Palästinas.

HORITER
1. Mose 14,6; 36,21.29–30; 5. Mose 2,12.22

Der genaue Zeitpunkt des Erscheinens der H. in Palästina und Ägypten ist unsicher. Einige Experten meinen, daß er mit der Eroberung Ägyptens durch die Hyksos im 18. Jh. v.Chr. zusammenfällt, andere datieren ihn ein Jh. später. Sowohl in Ägypten als auch in Palästina waren die H. und die Hyksos die herrschende Oberschicht, die *maryannu*, die das Pferd und den Streitwagen in das Kriegswesen einführten. Zus. mit anderen Gruppen, wie den nomadischen Habiru, bildeten sie die Bevölkerung, mit der die Israeliten, Aramäer und Seevölker (Philister) bei ihrer Ankunft im Lande Kanaan (13. Jh. v. Chr.) in Berührung kamen.

In der Bibel werden die H. nur selten erwähnt. Die auf dem Gebirge Seïr (Edom) lebenden H. wurden von Kedor-Laomer besiegt (1. Mose 14,5–6), blieben aber in diesem Gebiet (1. Mose 36,20), bis sie von den Nachkommen Esaus vertrieben wurden (5. Mose 2,12.22). Vielleicht stammen die Jebusiter und Hiwiter wie auch andere alte Völker, die in der Bibel erwähnt werden, von den H. ab.

HORMA Stadt im nordöstl. Negev nahe Arad. Sie lag im Süden Kanaans und wird bei dem ersten, vergeblichen Versuch Israels, ins Land einzu-

HORMA
4. Mose 14,45; 21,3; 5. Mose 1,44; Jos 12,14; 15,30; 19,4; Ri 1,17; 1.Sam 30,30; 1. Chr 4,30

Tel Malchata im östlichen Tal von Beerscheba, eine der Stellen, wo Horma gelegen haben könnte.

dringen, erwähnt (4. Mose 14,45; 5. Mose 1,44). Zu dieser Zeit war H. ein von einem König regierter kanaan. Stadtstaat. H. wurde schließlich von Juda und Simeon erobert und zerstört (Ri 1,17) und erscheint in der Reihe der 31 von Josua besiegten Könige (Jos 12,14). Es war Teil des Gebietes Judas (Jos 15,30) und ging dann an Simeon über (Jos 19,4). H. gehörte zu den Städten, denen David nach seinem Sieg über die Amalekiter Teile der Beute sandte (1. Sam 30,30). Danach wird es in der Bibel nicht mehr erwähnt. Seine Lage entspricht der von Tel el-Meschasch, etwa 13 km südöstl. von Beerscheba.

HORONAJIM Jes 15,5; Jer 48,3.5.34

HORONAJIM Stadt in Moab, die in Weissagungen gegen Moab erwähnt wird (Jes 15,5; Jer 48,3.34). Wegen der Nennung zus. mit Zoar und den Wassern von Nimrim schließt man auf eine Lage im südl. Moab. H. wurde mit el-Irak, 10 km südl. von Kir-Moab (el-Kerak), identifiziert. Dort befinden sich zahlreiche Höhlen.

HORONITER Neh 2,10.19; 13,28

HORONITER Beiname Sanballats, des Erzfeindes Nehemias, der aus Bet-Horon stammte.

HOSA 1 1. Chr 16,38; 26,10–11.16
HOSA 2 Jos 19,29

HOSA (»Zuflucht«).

1. Ein Nachkomme Meraris, Torhüter am Heiligtum z. Zt. Davids.

2. Eine Stadt an der Grenze des Gebietes, das bei der Aufteilung des Landes Kanaan an den Stamm Asser ging. Sie wird in der Nähe von Tyrus vermutet.

HOSCHAJA 1 Neh 12,32
HOSCHAJA 2 Jer 42,1; 43,2

HOSCHAJA (»Ja[hwe] hat gerettet«).

1. Einer der Oberen von Juda, der einen der beiden Dankchöre bei der Einweihung der von Nehemia neuerbauten Stadtmauer Jerusalems leitete.

2. Vater des Asarja, eines der Hauptleute des Heeres kurz nach der Zerstörung Jerusalems.

HOSCHAMA 1. Chr 3,18

HOSCHAMA (»Der HERR erhört«). Einer der sieben Söhne Jechonjas.

HOSCHEA (»Ja[hwe] hat geholfen«).

HOSCHEA 1 2. Kön 15,30; 17,1.3–4.6; 18,1.9–10
HOSCHEA 2 4. Mose 13,8.16
HOSCHEA 3 1. Chr 27,20
HOSCHEA 4 Neh 10,24

1. Sohn Elas, letzter König von Israel, 732–724 v. Chr., bestieg den Thron nach der Ermordung Pekachs, des Sohnes Remaljas (2. Kön 15,30). Infolge der Wegführung eines Großteils der Bevölkerung und großer Gebietsverluste (unter Pekach) an Assyrien war sein Reich auf das Hügelland Ephraim begrenzt. In den Annalen des assyr. Königs Tiglat-Pileser III. wird H. als Vasall bezeichnet. H. erhob sich gegen den nachfolgenden assyr. Herrscher Salmanassar V., wobei er von Ägypten unterstützt wurde (2. Kön 17,3–4). Er wurde gefangengenommen, Samaria belagert, das Königreich Israel zerstört und die meisten Einwohner nach Assyrien verschleppt. Über H.s Verbleiben ist nichts bekannt.

2. Der urspr. Name Josuas, des Sohnes Nuns, den Mose umbenannte.

3. Sohn Asasjas. Von David als Stammesfürst über Ephraim gesetzt.

4. Einer der Oberen, die die Abmachung z. Zt. Nehemias unterschrieben.

HOSEA Hos 1,1–2

HOSEA (»Er [d.i. Jahwe] hat geholfen«). Im AT werden fünf Personen dieses Namens erwähnt; die Luther-Übersetzung (LÜ 84) nennt den Propheten »Hosea«, die anderen vier Träger dieses Namens »Hoschea« (s. dort).

Das Auftreten des Propheten H., des Sohnes eines Beeri, begann nach Hos 1,1 wohl spätestens i. J. 752 v. Chr. unter dem vorletzten König der Dynastie Jehus, Jerobeam II. (786–746 v. Chr.), und endete in der Amtszeit Hiskias (724–696 v. Chr.), umfaßte also etwa 30 Jahre. Man findet in dem Buch Hos mehr Angaben über die Zeit, in der H. wirkte, als über die Person des Propheten selbst. Diese Zeit ist die Phase des Niedergangs des Nordreiches Israel. Auf die Ermordung des letzten Vertreters der Dynastie Jehu, Sacharja (746), folgten ca. 13 Jahre fortwährender Thronrevolten, die mit der Machtergreifung Hoscheas (732–724) endeten. 733 v. Chr. begann durch den syr.-ephraimitischen Krieg und die allmähliche Eroberung Israels durch den assyr. Herrscher Tiglat-Pileser III. eine Zeit politischer Unruhe und Bedrängnis. Daß H. dann auch den endgültigen Untergang des Nordreichs Israel (721) erlebte, ist unwahrscheinlich. Weder die Heimat noch der Beruf, aber auch nicht das Alter H.s oder seine Berufung sind bekannt. Daten über seine Person finden nur insofern Erwähnung, als sie mit seinem prophetischen Auftrag unmittelbar zusammenhängen. Das betrifft im wesentlichen

Hebräisches Siegel aus Kalkstein mit der Inschrift: »[Gehört] Hoschajahu, [dem Sohn des] Achimelech.« 7. bis 6. Jh. v. Chr. (Israel Museum).

Abdruck eines hebräischen Siegels auf einen Krughenkel mit dem Text: »Hoschea Safan«; 7.–6. Jh. v. Chr. (Israelische Regierungsabteilung für Altertümer und Museen).

seine Ehe mit *Gomer*, einem »Hurenweib« (d.i. eine Frau, die sich im heiratsfähigen Alter dem kanaan. Initiationsritus [einem Sexualritus des Baalskultes, der die spätere Fruchtbarkeit garantieren sollte] unterworfen hatte; dem unterzog sich damals jede »normale« Israelitin!); mit dieser Ehe sollte der Abfall Israels von seinem Gott Jahwe zum Fruchtbarkeitskult Baals veranschaulicht werden. Die drei Kinder H.s mit Gomer erhielten Namen, die Jahwes Gericht dieses Abfalls wegen anzeigen sollen (Hos 1,3–9): *Jesreel* (zur Erinnerung an die Ausrottung der Omri-Dynastie durch Jehu (2. Kön 9–10), *Lo-Ruchama* (»Ohne Erbarmen«) und *Lo-Ammi* (»Nicht mein Volk«). Man muß annehmen, daß Gomer H. irgendwann im Ehebruch verlassen hat; vielleicht ist sie mit der »ehebrecherischen Frau« identisch, um die der Prophet später erneut zu werben hat (3,1f.). (Weitere Angaben über H. und seine Zeit s. HOSEA, DAS BUCH DES PROPHETEN.)

HOSEA, DAS BUCH DES PROPHETEN Das erste, längste (14 Kap.) und zeitlich wohl früheste der Bücher der sog. 12 Kleinen Propheten. Nach Angaben über die Wirkungszeit des Propheten (1,1) setzt das Buch mit dem Auftrag Jahwes an H. ein, er solle sich »ein Hurenweib« nehmen und durch diese Ehe und die daraus erwachsenden »Hurenkinder« (siehe HOSEA) den Gerichtswillen Gottes ausdrücken, »denn das Land läuft der Hure gleich von Jahwe weg« (1,2b). Das bezieht sich darauf, daß Israel in weitem Ausmaß mit dem Baalskult einen kanaan. Fruchtbarkeitskult übernommen hatte, der als modern und fortschrittlich galt und bei dem die jungen isrl. Mädchen durch Verkehr mit Fremden in einem sog. »Heiligen Hain« ihre Jungfrauschaft der Gottheit Baal opferten, wodurch die Fruchtbarkeit für die Ehe zustandekommen sollte. Aber auch auf diese Weise war Israel von seinem Gott Jahwe abgefallen; Maßstab für das sexuelle Verhalten war Jahwes Liebe gewesen, die treu ist. H. muß an seinem Leben Jahwes totale Enttäuschung über sein Volk demonstrieren, aber auch den absoluten Willen Gottes, Israel nicht laufenzulassen (Kap. 1–3). H. gebraucht dafür weitgehend die Liebessprache. Ebenso drastisch und deutlich, wie er Israels Sünde markiert (s. die Verben »huren« [z.B. 1,2; 2,4ff.], Jahwe »nicht mehr kennen« [2,10; 5,4; 11,3], ihn »vergessen« [2,15; 4,6 u.a.], »verlassen« [4,10], »gegen ihn rebellieren« [7,13; 8,1] u.a.), kommt so auch Gottes Versöhnungswille zum Ausdruck (z.B. 2,8–25).

Fragment eines Kommentars zum Buch Hosea, in Qumran gefunden (Schrein des Buches, Jerusalem).

H. verkündigt Jahwe als Israels Bundesgott, der seine Liebe zum Volk in seinem erwählenden Handeln und in seiner Treue in der Geschichte Israels erwiesen hat. So bezieht sich der Prophet auf Israels Auszug aus Ägypten (2,17; 11,1; 13,4), die Führung durch die Wüste (9,10; 13,5; vgl. 2,5.16f.), den Bundesschluß am Sinai (1,9; 6,7; 8,1) und – in dem allem – auf die Gabe des gelobten Landes. Der Gott, der Israel das Land gegeben hat, ist es, dem das Volk in Wahrheit die Gaben des Landes verdankt, und nicht die Gottheit Baal (vgl. 2,10; 13,4). Gottes Zorn über Israels Abtrünnigkeit wird dort erkennbar, wo sich Jahwe (wörtl.) als »Eiter für Ephraim« und »Fäulnis für das Haus Juda« (5,12; so wörtl.) oder als »Löwe« bezeichnet, der Ephraim und Juda »zerreißt« und »wegschleppt« (5,14; vgl. 13,7f.). In äußerster Schärfe redet der Prophet zu den Priestern Israels (4,4–10), unter denen der Fremdkult ebenfalls um sich greift (4,10.17b) und die die größte Verantwortung für den Götzendienst und den dadurch bedingten Zerfall des Volkes Gottes tragen. Sie haben es nämlich versäumt, die Gotteserkenntnis durch die Lehre aufgrund der Thora zu vermitteln (vgl. 4,1.6).

So leidet Gott unter Israels Untreue und ringt durch seinen Propheten im Strafgericht um sein Volk (vgl. 5,12.14; 7,12.15; 12,10; 13,7ff.). Er will vergelten und dabei zugleich erziehen (10,10). Doch der Ruf zur Umkehr bleibt ungehört (4,16–18); das Volk verweigert sich seinem Gott (11,5b). Gott selbst muß daher die Voraussetzungen zur Umkehr schaffen (vgl. 2,8), indem er das Volk wie zu Anfang aus dem baalistisch geprägten Kulturland in die Wüste führt (2,16; 3,4). Doch auch so öffnet Israel sein Ohr nicht der Stimme Jahwes (11,7); die Wandlung, zu der das Volk nicht willens ist, vollzieht sich nun in Gott selbst, der seinem Bund treu bleibt (11,8f.)! Gottes unbegreifliche Liebe erweist sich als stärker als die Verstocktheit Israels, und sie ermöglicht neues Heil (14,5). Gott selber bleibt seinem Liebeswillen treu und überwindet so die Verstocktheit seines Volkes.

INHALTSÜBERSICHT

1,1–9	Hoseas Ehe mit einer ungläubigen Frau
2,1–2	Die Wiederherstellung Israels
2,3–25	Gottes Festhalten an der »Ehe« mit Israel
3,1–5	Hoseas Ehe
4,1–5,7	Jahwe kündigt sein Gericht über Israel an; Mahnrede an die abgefallenen Priester; die Unbekehrbaren
5,8–7,16	Umkehr im Untergang?
8,1–9,9	Der falsche Gottesdienst und seine Folge
9,10–10,15	Verlorene Herrlichkeit – Gericht über den Götzendienst
11,1–11	Gottes Bundestreue zu Israel
12,1–14,1	Gericht und Untergang
14,2–10	Erneute Mahnung zur Umkehr – der Neuanfang durch Gottes Liebe

HOSIANNA
Mt 21,9.15; Mk 11,9–10; Joh 12,13

HOSIANNA Die griech. Form des hebr. Ausdrucks *hoschana* wurde als Begrüßung beim Einzug Jesu in Jerusalem am Palmsonntag gebraucht. In Ps 118,25 wird es (LÜ) als »Hilf!« übersetzt, worauf, wie in den Evangelien, der Satz folgt (V. 26): »Gelobt sei, der da kommt im Namen des HERRN!«. Dieser Ps wurde in der Liturgie des Laubhüttenfestes gebraucht, und V. 25 war das Stichwort für das Winken mit den Palmzweigen. Im NT und später im rabbin. Judentum war der Ausdruck nicht mehr ein Gebet um Gottes Durchhilfe, sondern ein begeisterter Ausruf der Frommen, wobei Palmzweige geschwungen wurden. Am Ende des 1. Jh. n. Chr. hatte sich H. in der christl. Liturgie zum feststehenden Wort des Lobes und der Begeisterung entwikkelt.

HOTAM 1
1. Chr 7,32
HOTAM 2
1. Chr 11,44

HOTAM (»Siegel«).

1. Ein Nachkomme Assers.
2. H. der Aroëriter, Vater zweier »Helden« Davids.

HOTIR
1. Chr 25,4.28

HOTIR (»Er ließ übrig«). Haupt der 21. Abteilung der Musiker im Hause des HERRN z. Zt. König Davids.

HUBBA (»Schutz«). Ein Nachkomme des Hauses Asser.

HUBBA
1. Chr 7,34

HUFAM, HUFAMITER Sohn Benjamins und Gründer der Familie der Hufamiter, manchmal auch Huppim genannt (1. Mose 46,21).

HUFAM, HUFAMITER
4. Mose 26,39

HÜGELLAND, DAS (SCHEFELA) Das Hügelland (hebr. *Schefela*) ist eine der oft in der Bibel erwähnten geograph. Regionen des Hl. Landes (5. Mose 1,7; Jos 9,1; 10,40 u.a.). Es ist die Übergangszone zwischen den höheren Bergen im Osten und der Küstenebene im Westen. Es besteht aus niedrigen Hügeln (300–365 m ü.M.). Als geograph. Einheit wird der Name gewöhnlich auf den Süden Israels angewandt, zwischen den Bergen von Judäa im Osten, dem Scharon im Norden und dem Negev im Süden. Die Bibel unterscheidet zwischen der *Schefela* und dem nördlichen Hügelland, dem »Gebirge Israel mit seinem Hügelland« (Jos 11,16). Jos 10 behandelt die Eroberung der Städte des H. Die Region war reich an Oliven und Maulbeerbäumen (1. Chr 27,28). In der hell. und röm. Epoche bezeichnete der Name *Schefela* die Gegend zwischen Lod und Bet Gubrin (1. Makk 12,38).

HÜGELLAND, DAS (SCHEFELA)
5. Mose 1,7; Jos 9,1; 10, 40; 11,2.16; 12,8; 15,33; Ri 1,9; 1. Chr 27,28; 2. Chr 1,15; 9, 27; 26,10; 28,18; Jer 17,26; 32,44; 33,13; Obd 19; Sach 7,7

Das Hügelland (Schefela) in der Gegend von Lod.

HUKKOK Stadt an der Südgrenze des Gebietes, das dem Stamm Naftali bei der Aufteilung des Landes Kanaan zugewiesen wurde. Sie befand sich in der Nähe des Gebietes von Sebulon. Die genaue Lage ist nicht bekannt.

HUKKOK
Jos 19,34

HUL Zweiter Sohn Arams (1. Mose 10,23; 1. Chr 1,17).

HUL
1. Mose 10,23; 1. Chr 1,17

HULDA (»Wiesel«). Prophetin, Frau Schallums, des »Hüters der Kleider«,

Das dreifache Hulda-Tor an der Südmauer des Tempelberges in Jerusalem. Der Überlieferung nach hat es zur Schule der Prophetin Hulda geführt.

HULDA 2. Kön 22,14; 2. Chr 34,22

lebte in Jerusalem. Während der Ausbesserungsarbeiten am Tempel im 18. Jahr König Josias von Juda (622 v.Chr.) entdeckte der Hohepriester Hilkija das Gesetzbuch. Der Inhalt führte zu der Erkenntnis, daß man in Israel schon längst nicht mehr »nach dem Buche« lebte. Der König beauftragte Hilkija und seine Beamten, »den HERRN zu befragen« (2. Kön 22,13; 2. Chr 34,21), d. h. »zu dem Seher gehen« (vgl. 1. Sam 9,9). Sie gingen sofort zu H., die das Gericht über Jerusalem und seine Einwohner wegen ihres Götzendienstes ankündigte. H.s Prophezeiung veranlaßte Josia, die in 2. Kön 23 beschriebenen Reformen durchzuführen (vgl. auch 2. Chr 34,29–33).

HUMTA Jos 15,54

HUMTA Stadt in der Gegend von Hebron, im Gebiet Juda. Die genaue Lage ist nicht bekannt.

HUND Siehe TIERE.

HUPPA 1. Chr 24,13

HUPPA (»Decke«, »Schutz«). Haupt der 13. Abteilung der im Haus des HERRN z. Zt. König Davids dienenden Priester.

HUPPIM 1 1. Mose 46,21
HUPPIM 2 1. Chr 7,12.15

HUPPIM (»Die Beschützten«).

1. Ein Sohn Benjamins; in 4. Mose 26,39 Hufam genannt.
2. Ein Enkel Benjamins.

HUR 1 2. Mose 31,2; 35,30; 38,22; 1. Chr 2,19–20. 50; 4,1.4; 2. Chr 1,5
HUR 2 4. Mose 31,8; Jos 13,21
HUR 3 2. Mose 17, 10.12; 24,14
HUR 4 1. Kön 4,8
HUR 5 Neh 3,9

HUR (»Der Edle«?).

1. Mann vom Stamm Juda, ein Sohn Kalebs und Efratas; möglicherweise identisch mit Aschhur (1. Chr 2,24; 4,5).
2. Einer der fünf Könige der Midianiter, die in dem auf Befehl Moses von den Israeliten geführten Krieg getötet wurden.
3. Ein Helfer Moses, der zus. mit Aaron in Moses Abwesenheit über das Volk gesetzt wurde (2. Mose 24,14). Während der Schlacht gegen die Amalekiter stützten H. und Aaron Moses erhobene Arme (2. Mose 17,10.12).
4. Vater eines der zwölf Amtleute Salomos, der zuständig für das Gebirge Ephraim war.
5. Vater eines Bezirksvorstehers in Jerusalem z. Zt. Nehemias, bei der Errichtung der Stadtmauer tätig.

HURAM 1. Chr 8,5

HURAM (»edel«, »vornehm«). Sohn Belas, eines Benjaminiters.

HURI 1. Chr 5,14

HURI (»weiß«). Ein Nachkomme aus dem Stamm Gad.

HUSCHA, HUSCHATITER 2. Sam 21,18; 23,27; 1. Chr 4,4; 11, 29; 20,4; 27,11

HUSCHA, HUSCHATITER Sibechai der Huschatiter, einer der »Helden« Davids, kam aus H. Der Ort ist gleichzusetzen mit dem heutigen Husan südwestl. von Bethlehem.

HUSCHAI 1 2. Sam 15,32. 37; 16,16–18; 17,5–8.14–15; 1. Chr 27,33
HUSCHAI 2 1. Kön 4,16

HUSCHAI (»Der Hurtige« ?).

1. Ein Mitglied der Familie der Arkiter. Z. Zt. König Davids diente er als »des Königs Freund« und nahm an der Verwaltung des Reiches teil (1. Chr 27,33). Während Absaloms Revolte blieb er David treu. Er wollte David auf der Flucht aus Jerusalem begleiten (2. Sam 15,32ff.), blieb aber auf dessen Bitte zurück, um ihn mit Nachrichten zu versorgen. Dabei gelang es H., Absaloms Vertrauen zu erwerben (2. Sam 16,17–20) und ihm so zur Verzögerung des Angriffs auf David zu raten. So konnten David und seine Leute Zeit zur Flucht gewinnen (2. Sam 17,1–16.22).
2. Vater eines der Statthalter König Salomos, möglicherweise identisch mit Huschai (1).

HUSCHAM 1. Mose 36, 34–35; 1. Chr 1,45–46

HUSCHAM Der dritte König von Edom.

HUSCHIM 1 1. Mose 46,23
HUSCHIM 2 1. Chr 7,12
HUSCHIM 3 1. Chr 8,8.11

HUSCHIM (»Läufer«).

1. Der Sohn Dans (in 4. Mose 26,42 Schuham genannt).
2. Ein Mann im Geschlechtsregister des Hauses Benjamin.
3. Eine Frau Schaharajims vom Stamme Benjamin.

HYÄNE Siehe TIERE.

HYMENÄUS 1. Tim 1,20; 2. Tim 2,17

HYMENÄUS (von Hymen, dem Gott der Ehe). Ein abtrünniger Christ, der von Paulus »dem Satan übergeben« wurde (1. Tim 1,20). Wahrscheinlich ist er identisch mit dem Mann gleichen Namens, der lehrte, daß die Auferstehung bereits geschehen sei (2. Tim 2,17).

I

IBRI (»Hebräer«). Ein Levit aus der Sippe Merari z. Zt. Davids.

IBRI
1. Chr 24,27

IBZAN (»Der Schnelle«). Einer der sog. Kleinen Richter, aus Bethlehem, war sieben Jahre Richter über Israel.

IBZAN
Ri 12,8

IDDO (»Liebling«).

1. Vater Ahinadabs, eines der Amtleute Salomos.
2. Ein Levit, Nachkomme Gerschons.
3. Ein Seher z. Zt. Salomos, Rehabeams und Abijas. In 2. Chr 9,29 »Jedo« genannt.
4. Großvater des Propheten Sacharja (Sach 1,1.7). In Esr 5,1 und 6,14 als Vater Sacharjas aufgeführt.
5. Oberhaupt einer aus dem babyl. Exil zurückgekehrten Priesterfamilie.
6. Vorsteher der jüd. Gemeinde in Kasifja, den Esra vor dem Aufbruch aus dem babyl. Exil nach Jersualem bat, Leviten für den Tempeldienst zu senden.

IDDO 1
1. Kön 4,14
IDDO 2
1. Chr 6,6
IDDO 3
2. Chr 12,15; 13,22
IDDO 4
Esr 5,1; 6,14; Sach 1,1.7
IDDO 5
Neh 12,4.16
IDDO 6
Esr 8,17

IDUMÄA Region südlich von Judäa, in der Perserzeit von Edomitern besiedelt. Ihre Südgrenze verlief nördlich von Beerscheba. In der frühen hell. Periode wurde Marescha zu ihrer Hauptstadt. Unter den Seleukiden wurde I. um das Gebiet von Aschdod erweitert. Nach dem Tod von Antiochus VII. (129 v. Chr.) unterwarf Johannes Hyrkanus die Idumäer und bekehrte sie gewaltsam zum Judentum. Z. Zt. des Alexander Jannäus wurde Antipas, der Großvater Herodes d. Gr., zum Herrscher von I. ernannt. Nach dem Tod des Herodes gehörte I. zum Territorium seines ältesten Sohnes Archelaus, 41–44 n. Chr. zum Königreich von Agrippa I.

IDUMÄA
Mk 3,8

IËSER, IËSERITER Sohn Gileads, der die Familie der Ieseriter gründete; eine veränderte Form von Abiëser.

IËSER, IËSERITER
4. Mose 26,30

IGEL Siehe TIERE.

IJE-ABARIM (»Ruinen von Abarim«). Eine der Stationen auf der Wüstenwanderung Israels. Nach der Umgehung von Edom rasteten die Israeliten in Obot und hielten sich in I. auf. Von dort zogen sie zum Bach Sered weiter (4. Mose 21,12). Noch ausführlicher in 4. Mose 33,44.45: »Von Obot zogen sie aus und lagerten sich in Ije-Abarim, im Gebiet der Moabiter. Von Ije-Abarim zogen sie aus und lagerten sich in Dibon-Gad.« Diese Beschreibung deutet auf eine Lage an der Südgrenze von Moab hin.

IJE-ABARIM
4. Mose 21,11; 33,44

Einer der entlang des Ijon-Flusses gelegenen Wasserfälle, südlich der gleichnamigen antiken Stadt.

IJIM (»Haufen«). Ort im Negeb, an der Südgrenze des Gebietes von Juda (Jos 15,29). Die genaue Lage ist unsicher.

IJIM
Jos 15,29

IJON (»Ruine«?). Stadt im Norden des Königreiches Israel, im Gebiet des Stammes Naftali. Z. Zt. König Baschas von dem Aramäerkönig Ben-Hadad erobert (1. Kön 15,20). Während der Regierungszeit Pekachs von Israel wurde I. von Tiglat-Pileser III. erobert, der seine Bewohner nach Assyrien deportierte (2. Kön 15,29). I. wurde mit Tell Dibbin im Tal Merg Ayun identifiziert, das den alten Namen erhalten hat.

IJON
1. Kön 15,20; 2. Kön 15,29; 2. Chr 16,4

IKABOD (»Ehrlosigkeit«). Enkel Elis und Sohn des Pinhas, die beide starben, als die Philister die Bundeslade erbeuteten. Die Frau des Pinhas war über diese Nachricht so bestürzt, daß sie die Geburt I.s nicht überlebte. Er war der Bruder Ahitubs.

IKABOD
1. Sam 4,21; 14,3

IKKESCH (»verdreht«). Vater des Ira aus Tekoa, eines der »Helden« Davids.

IKKESCH
2. Sam 23,26; 1. Chr 11,28; 27,9

IKONION Stadt in der röm. Provinz Galatien (heute in der Türkei). Z. Zt. des Paulus ein blühendes Zentrum an der Handelsstraße zwischen Syrien und Ephesus.

Paulus und Barnabas kamen auf ihrer ersten Missionsreise nach I. (Apg 13,50.51). Zahlreiche Juden und Griechen nahmen ihre Lehre an, andere dagegen wollten sie steinigen, so daß sie nach Lystra und Derbe fliehen mußten (Apg 14,5.6). Leute aus I. und Antiochia folgten den Aposteln nach Lystra, steinigten Paulus und schleiften ihn zur Stadt hinaus, in der Annahme, er sei tot (Apg 14,19). Dennoch kehrte Paulus nach I. zurück und stärkte die junge Gemeinde (14,21.22).

Ein junger Mann namens Timotheus, den die Christen in Lystra und I. sehr empfahlen, wurde der Reisebegleiter des Apostels (Apg 16,1–3). In seinem

IKONION
Apg 13,51; 14, 19.21; 16,2; 2. Tim 3,11

2. Brief an Timotheus erinnert Paulus an die Verfolgungen in Antiochia, I. und Lystra (2. Tim 3,11).

ILAI 1. Chr 11,29

ILAI Der Ahoachiter, einer der »Helden« Davids. In der Parallelliste 2. Sam 23,28 wird er »Zalmon« genannt.

ILLYRIEN Röm 15,19

ILLYRIEN In ntl. Zeit eine röm. Provinz nördlich von Mazedonien. Paulus missionierte dort (Röm 15,19).

Illyrien

IMMANUEL Jes 7,14; 8,8; Mt 1,23

IMMANUEL (»Gott mit uns«). Symbolischer Name, der in einer Prophetie Jesajas einem Kind gegeben wird, das von einer Jungfrau bzw. jungen Frau geboren werden sollte (Jes 7,14; 8,8). (Das hebr. Wort *alma* ist nur eine Altersbestimmung und kann sowohl »Jungfrau« als auch »junge Frau« bedeuten.)

Als 734 v. Chr. Rezin von Aram und Pekach von Israel Jerusalem belagerten, weil König Ahas von Juda es ablehnte, ihrem Bündnis gegen Tiglat-Pileser III. beizutreten (Jes 7,1–6), wollte Ahas in seiner Bedrängnis Tiglat-Pileser zu Hilfe rufen. Auf Gottes Befehl hin trat Jesaja Ahas entgegen und ermutigte ihn, sich nicht vor dem Angriff der Feinde zu fürchten. Als Zeichen Gottes verhieß er ihm eben den Immanuel. Gleichzeitig warnte er ihn vor der assyr. Gefahr. Ahas jedoch rief, wie geplant, Assyrien zu Hilfe (2. Kön 16,7–10). Tiglat-Pileser III. marschierte auf Damaskus, verschleppte die dortige Bevölkerung und tötete Rezin; Juda aber wurde ein Vasall Assyriens.

Die eigentliche Erfüllung der Prophezeiung Jesajas finden wir im NT bei der Geburt Jesu (vgl. JUNGFRAUENGEBURT): Der Engel, der Josef die Geburt Jesu ankündigt, zitiert Jes 7,14 (Mt 1,22.23). Dabei wird das hebr. *alma* durch das griech. *parthenos* (= eindeutig »Jungfrau«, wie schon in der LXX) wiedergegeben.

IMMER 1 Neh 3,29 **IMMER 2** Jer 20,1 **IMMER 3** 1. Chr 9,12; Neh 11,13 **IMMER 4** 1. Chr 24,14 **IMMER 5** Esr 2,37; Neh 7,40; Esr 10,20 **IMMER 6** Esr 2,59; Neh 7,61

IMMER (»Der Stattliche«).

1. Der Vater des beim Wiederaufbau der Stadtmauer Jerusalems unter Nehemia beteiligten Zadok.

2. Der Vater des Priesters Paschhur, der gegen den Propheten Jeremia vorging.

3. Ein Vorfahr eines der Rückkehrer aus dem babyl. Exil.

4. Ein Priester z. Zt. Davids.

5. Vorfahr einer mit Serubbabel aus dem babyl. Exil zurückgekehrten Priesterfamilie. Zwei Priester aus dieser Sippe mußten ihre ausländischen Frauen verstoßen (Esr 10,20).

6. Ein Ort in Babylonien. Die jüd. Verbannten, die z. Zt. Serubbabels von dort zurückkehrten, konnten ihre isrl. Abstammung nicht nachweisen.

IMRI 1 1. Chr 9,4 **IMRI 2** Neh 3,2

IMRI (Kurzform von *Amarja* »Der HERR hat gesagt/versprochen«).

1. Ein Vorfahr des aus dem babyl. Exil zurückgekehrten Utai. Wahrscheinlich mit Amarja (Neh 11,4) identisch.

2. Vater des am Wiederaufbau der Mauern Jerusalems z. Zt. Nehemias beteiligten Sakkur.

INDUS Est 1,1; 8,9

INDUS Im Buch Ester wird der I. als äußerste Ostgrenze des Reiches des Perserkönigs Ahasveros (Xerxes I.) erwähnt. Heute der Hauptstrom Pakistans.

INSCHRIFTEN Das Aufkommen von Inschriften markiert die Grenze zwischen der prähistor. und der histor. Zeit. Man hat im Nahen Osten zahlreiche I. gefunden, die unsere Kenntnisse über die bibl. Zeitepoche sehr bereichert haben. Nicht selten sind solche I. vertrauenswürdiger als die Schriften der antiken Historiker, die oft von späteren Bearbeitern verfälscht wurden.

In Ägypten fand man zwei Inschriftengruppen aus dem 20.–19. Jh. v. Chr., die als »Ächtungstexte« bekannt geworden sind. Die Ägypter schrieben dabei die Namen feindlicher Stämme, Städte oder Herrscher auf Tonfiguren und -schalen, die sie dann vor dem nächsten Feldzug zerbrachen; dadurch sollte der Sieg des Pharao sichergestellt werden. Im 15. Jh. v. Chr. erwähnt der Pharao Thutmosis III. in seinen Städtelisten die Namen von 119 (eroberten oder sonstwie wichtigen) Städten in Syrien und Palästina. Ähnliche Listen sind von anderen Pharaonen erhalten. Viele Einzelheiten über die Situation in Kanaan z. Zt. der isrl. Landnahme bieten die in El Amarna gefundenen Briefe aus den Archiven des Amenophis III. und Amenophis IV. (Echnaton). Die Stele (Inschriftensäule) des Pharao Merneptah (ca. 1230 v. Chr.) berichtet, wie die Israeliten als geschlossener Stammesverband einwanderten.

Weitaus weniger zahlreich als die I. aus Ägypten und Mesopotamien sind die im Hl. Land gefundenen – aber nicht weniger wichtig. In Taanach und anderswo gefundene Tontafeln ergänzen die Informationen der El-Amarna-Briefe und erlauben Rückschlüsse auf das Sozialgefüge Kanaans im 15. Jh. v. Chr.

Die Pharaonen des Neuen Reiches errichteten ihre Stelen und Statuen auch in den eroberten kanaan. Städten. In Bet-Schean wurden zwei Statuen Sethos I. freigelegt; eine nennt die Eroberung Bet-Scheans und der benachbarten Orte.

Die bibl. Informationen über die isrl. Königszeit werden durch zahlreiche Angaben in akkad. und ägypt. I. ergänzt. Hierzu gehört v. a. die Städteliste des Pharao Scheschonk I. (Schischak) auf den Mauern des Tempels in Karnak; sie besagt, daß sein Palästinafeldzug im 5. Regierungsjahr Rehabeams von Juda stattfand (vgl. 1. Kön 14,25 ff.; 2. Chr 12,2 ff.).

Eine I. des Assyrerkönigs Salmanasser III. erwähnt König Ahab von Israel als Hauptbeteiligten in einem antiassyr. Bündnis. 12 Jahre später, so eine andere I., wurde Ahabs dritter Nachfolger Jehu Assyrien tributpflichtig. Auch die Aktionen Tiglat-Pilesers III., die Zerstörung Samarias und der Feldzug Sanheribs gegen Juda sind in den assyr. Quellen belegt. Sanherib erwähnt, wie er König Hiskia »wie einen Vogel in einer Falle« umzingelte; die Belagerung und Eroberung von Lachisch, wo Sanherib sein Hauptquartier in Juda hatte (vgl. 2. Kön 18,14), ist auf seinen Reliefs im Palast in Ninive dargestellt.

Hebräische Inschriften. Aus der Zeit des ersten Tempels wurden zahlreiche wichtige hebr. I. gefunden. So entdeckte man in Geser eine sieben Zeilen lange I., die unter dem Namen »Geser-Kalender« bekannt geworden ist; sie gilt als älteste bekannte hebr. I. und wird auf 950–900 v. Chr. datiert, also in die Zeit Salomos. Der Kalender beschreibt den landwirtschaftl. Jahresablauf.

Der in 2. Kön 3 erwähnte Aufstand des Moabiterkönigs Mescha gegen Israel wird aus moabit. Sicht auf der 1868 entdeckten Mescha-Stele (jetzt im Louvre, Paris) beschrieben. Sie ist in dem dem atl. Hebr. verwandten moabit. Dialekt geschrieben. (S. auch MESCHA.)

Eine berühmte I. aus der Zeit Hiskias wurde in dem unter seiner Herrschaft erbauten Wassertunnel gefunden (vgl. SILOAH); sie beschreibt, wie die von beiden Seiten grabenden Arbeiter sich in der Mitte des Tunnels trafen. Im Dorf Siloah entdeckte man auf den Fassaden von Gräbern aus der Königszeit drei I., ebenfalls aus der Zeit Hiskias.

(rechts) Palimpsest aus dem 8. Jh. v. Chr., im Wadi Murabaat in der Wüste Juda gefunden (Israelische Regierungsabteilung für Altertümer und Museen).

Ägyptische Hieroglypheninschrift.

Die hohe Luftfeuchtigkeit in weiten Teilen Palästinas ließ organische Schreibmaterialien wie Pergament und Papyrus relativ rasch zerfallen; meist sind nur I. auf Stein oder Tonscherben (Ostraka) erhalten. Eine Ausnahme ist der vor kurzem im Wadi Murabaat in der Nähe des Toten Meeres gefundene Papyrus aus dem 7. Jh. v. Chr.; es handelt sich dabei um ein Palimpsest, d. h. einen zweimal nacheinander beschriebenen Papyrus. Ein solches mehrfaches Beschreiben (wobei der ältere Text abgekratzt wurde und oft noch undeutlich lesbar bleibt) war relativ häufig, da Papyrus ein teures Material war.

Von unmittelbarem bibl. Interesse sind die »Lachisch-Briefe«, 20 in Lachisch entdeckte beschriftete Ostraka (Tonscherben). Die meisten von ihnen sind an einen Jausch, den Befehlshaber der in Lachisch stationierten Soldaten, gerichtet. Sie erwähnen u.a. die Aktivitäten eines namentlich nicht genannten Propheten, der offenbar die Moral der Krieger untergrub – möglicherweise ist damit der in Jer 26,20ff. erwähnte Prophet Uria z. Zt. König Jojakims gemeint. Andere Briefe werfen Licht auf die Zeit, die in Jer 34,7 festgehalten ist.

Nicht weniger lehrreich sind die zahlreichen gefundenen Kleininschriften. Manchmal wurden sie nicht auf Scherben, sondern auf unversehrte Tongefäße geschrieben, wobei sie bereits vor dem Brennen eingeritzt wurden. Die meisten dieser I. bezeichnen den Besitzer des Gefäßes oder den Verantwortlichen für die Füllmenge. So fand man auf Gefäßen über 800 Abdrücke königl. Siegel mit der Angabe *lamelek* (»Dem König gehörig«) sowie den Ortsnamen *Hebron, Socho* oder *Sif* oder dem Namen *Mmst* (»Von der Regierung«?).

Alle diese I. sind in hebr. Buchstaben geschrieben, die sich aus der protokanaan. Schrift entwickelten. Die proto-kanaan. Schrift war alphabetisch und bestand aus 30 akrophonisch-piktograhischen Buchstaben, d. h. Schriftzeichen in Form von stilisierten Bildern, die jeweils den Lautwert des Anfangslautes des abgebildeten Wortes hatten; so stand der Kopf eines Stieres (hebr. *aleph*) für den ersten Buchstaben des Alphabets, der Umriß eines Hauses (hebr. *beth*) für den zweiten usw. Diese Symbole entwickelten sich von ca. 1500 bis zum 11. Jh. v. Chr. zu Linearbuchstaben und schließlich zur klassischen phöniz. Schrift. Die Israeliten scheinen diese Schrift im 12./11. Jh. v. Chr. übernommen zu haben, als das Alphabet nur mehr 22 Buchstaben umfaßte. Ab dem 9. Jh. finden wir ein separates phöniz. und ein hebr. System. Die Aramäer übernahmen die phöniz. Schrift im 11./10. Jh. v. Chr., bevor sie im 8. Jh. mit der Entwicklung ihrer eigenen Schrift begannen; da diese aram. Schrift einfacher zu handhaben war als die assyr. Keilschrift, übernahmen die Assyrer, die damalige östliche Großmacht, das Aramäische als Amtssprache; es diente nun zur Kommunikation zwischen den assyr. Provinzen und wurde schließlich zur internationalen Sprache der Diplomaten.

(links) Scherbe aus der Zeit des Tempels Salomos, von ungeübter Hand beschrieben.

Samaritische Inschrift, ca. 4. Jh. n. Chr. (Israelische Regierungsabteilung für Altertümer und Museen).

Nach dem babyl. Exil. Der internationale Status der aram. Schrift setzte sich in der neubabyl. und pers. Zeit fort. Im Zuge der Eroberungen Alexanders d. Gr. wurde das Aram. dann vom Griech. verdrängt. Jedoch war es inzwischen im Nahen Osten so sehr verwurzelt, daß es auch weiterhin von Juden, Nabatäern, Palmyrenern und in einem Großteil Syriens benutzt wurde. Die meisten I. aus der nachexilischen Zeit sind in aram. oder der daraus entwickelten jüd. Schrift abgefaßt. Die wichtigste Sammlung aram. Urkunden aus der pers. Zeit stammt aus der jüd. Militärkolonie in Elephantine. Ähnliche Rechtstexte (aus der Zeit von 375–335 v. Chr.) wurden im Wadi Dalijeh östlich von Samaria gefunden; sie gehörten der Familie eines Statthalters von Samaria, der vor den mazedon. Eroberern floh, aber abgefangen wurde und in einer Höhle im Wadi Dalijeh starb.

Die bedeutendsten Schriftzeugnisse der nachexil. Zeit sind die Schriftrollen vom Toten Meer. Ansonsten besteht das wichtigste aram. und hebr. Material aus Grabinschriften; eine dieser I., auf dem Grab des Jason in Jerusalem, stammt vom Ende der Hasmonäerzeit; die anderen datieren in die herodian. Zeit. Die Grabinschriften wurden entweder auf die Fassaden der Felsengräber geschrieben oder auf ihre Verschlußsteine. Hierzu gehört möglicherweise auch diese aram. I.: »Hierher wurden die Gebeine des Usija, des Königs von Juda, gebracht. Nicht öffnen!« Die I. zeigt, daß z. Zt. des Herodes oder wenig später die Gebeine des an Aussatz gestorbenen Usija (2. Chr 26,23) in ein neues Grab verlegt wurden.

Die meisten der Grabinschriften fand man auf Ossuarien (Beinhäusern) in Judäa. Viele von ihnen sind griech. geschrieben, andere sind in jüd. Schrift und entweder in aram. oder hebr. Sprache verfaßt. Einige der in ihnen genannten Namen sind auch aus anderen Quellen bekannt, so etwa Nikanor, »der die Türen machte« – wohl der mehrfach im Talmud erwähnte Nikanor, der die Tempeltore anfertigte.

Eine I., die Pontius Pilatus erwähnt, wurde in Cäsarea an der Mittelmeerküste gefunden. In Synagogen fand man zahlreiche Weihinschriften von Stiftern und Spendern. Von Interesse ist u. a. eine 1913 gefundene I. eines Theodotus, der den Bau einer Synagoge in Jerusalem gestiftet hatte; die I. zählt die Funktionen einer Synagoge als Bethaus, als Lehrhaus für das Studium der Schrift und als Herberge für Reisende (wohl Pilger) auf. S. auch MARI, NUZI, UGARIT.

INSPIRATION (DER BIBEL) Siehe KANON.

IR (»Junger Esel«).

1. Vater von Schuppim und Huppim in der Namensliste des Stammes Benjamin.

2. Benjaminiter, einer der Söhne Belas.

IR 1 1. Chr 7,12
IR 2 1. Chr 7,7

IRA (»Junger Esel«). Name dreier Zeitgenossen Davids:

1. Ira der Jaïriter, Priester Davids.

2. Ira aus Tekoa, einer der »Helden« Davids, später Befehlshaber der 6. Heeresabteilung.

3. Ira der Jattiriter, ein weiterer der »Helden« Davids.

IRA 1 2. Sam 20,26
IRA 2 2. Sam 23,26; 1. Chr 11,28; 27,9
IRA 3 2. Sam 23,38; 1. Chr 11,40

IRAD Sohn Henochs, Enkel Kains und Vater von Mehujaël.

IRAD 1. Mose 4,18

IRAM Oberhaupt eines Edomiterstammes.

IRAM 1. Mose 36,43; 1. Chr 1,54

IR-SCHEMESCH (»Sonnenstadt«). Stadt im Gebiet von Dan, im Tal Sorek (Jos 19,41), mit Bet-Schemesch (1) identisch.

IR-SCHEMESCH Jos 19,41

IRU Sohn Kalebs, im Geschlechtsregister Judas.

IRU 1. Chr 4,15

ISAAK Der zweite Erzvater Israels, Sohn Abrahams und Saras und Vater Esaus und Jakobs.

In den Abrahamserzählungen des 1. Buches Mose erscheint I. als der junge Sohn seines betagten Vaters, während er in den Jakobsgeschichten seinerseits als der alte Vater dargestellt wird; in keinem dieser beiden Teile wird er als eine eigene große Persönlichkeit dargestellt. Das NT zählt ihn aber unter die Väter des Glaubens (Mt 8,11; Apg 7,8; Hebr 11,20).

I. wurde auf Gottes besondere Verheißung hin geboren, obwohl Abraham und Sara bereits zu alt für Kinder waren (vgl. 1. Mose 17,17–19; 18,10–14; 21,

ISAAK
1. Mose 17,19. 21; 21,3.5.8.10. 12; 22,2–3.6–7.9; 24,4.14.62.64. 66–67; 25,5–6.9. 11.19–21.26.28; 26,1.6.8–9.12. 17.19.20–27. 31–32.35; 27,1. 5.20–22.26.30. 32–33.37.39.46; 28,1.5–6.8.13; 31,18.42.54; 32,10; 35,12. 27–28; 46,1; 48,15–16; 49,31; 50,24; 2. Mose 2,24; 3,6.15–16; 4,5; 6,3.8; 32,13; 33,1; 3. Mose 26,42; 4. Mose 32,11; 5. Mose 1,8; 6, 10; 9,5.27; 29, 12; 30,20; 34,4; Jos 24,3–4; 1. Kön 18,36; 2. Kön 13,23; 1. Chr 1,28.34; 16,16; 29,18; 2. Chr 30,6; Ps 105,9; Jer 33,26; Am 7,9.16; Mt 1,2; 8, 11; 22,32; Mk 12,26; Lk 3,34; 13, 28; 20,37; Apg 3,13; 7,8.32; Röm 9,7.10; Gal 4,28; Hebr 11,9. 17–18.20; Jak 2,21

Die »Opferung Isaaks«, dargestellt auf einem Fußbodenmosaik in der Synagoge von Bet Alfa in der Jesreelebene; frühes 6. Jh. n. Chr.

1–3). Sein Name (hebr. *izchak* »lachen«) hat die Unglaublichkeit dieser Verheißung festgehalten: Abraham und Sara lachten, als sie die Verheißung hörten (1. Mose 17,17; 18,12), und als Sara tatsächlich I. geboren hatte, sagte sie: »Wer es hören wird, der wird über mich lachen« (21,6). Als I. entwöhnt war, wurde sein Halbbruder Ismael (s. ISMAEL) auf Betreiben Saras mit seiner Mutter Hagar verbannt, denn I. sollte – auch nach Gottes Willen – allein Abrahams Erbe werden (21,10–12).

I.s Bestimmung und Berufung wurde bestätigt, als Abraham ihn mit auf den Berg Morija nahm und sich bereit zeigte, auf Gottes Gebot seinen einzigen Sohn zu opfern; in der letzten Minute gebot Gott Abraham Einhalt und erneuerte seine Segensverheißung (1. Mose 22).

Mit 40 Jahren heiratete I. Rebekka, die sein Vater ihm aus Mesopotamien hatte holen lassen (1. Mose 24). Die Ehe blieb zunächst kinderlos, aber auf I.s Gebet hin gebar Rebekka die Zwillinge JAKOB und ESAU (25,21–26).

Während einer Hungersnot siedelte I. in die Philisterstadt Gerar über, wo er – wie in einer ähnlichen Situation sein Vater Abraham (1. Mose 12,10–20; 20,1–18) – aus Angst, seine Frau könne ihm weggenommen werden, sie als seine Schwester ausgab (26,1–11). I. wurde in Gerar so reich, daß man ihn des Landes verwies (26,12–16). Später, wieder in Beerscheba, schloß er (wieder wie einst Abraham, 1. Mose 21,22–32) einen Bund mit dem König von Gerar (26,26–31).

In hohem Alter erblindete I. (27,1). Als er seinen erstgeborenen Sohn Esau segnen wollte, erschlich sich Jakob mit Rebekkas Mithilfe den Erstge-

Der »Gründungsstein« im Felsendom auf dem Tempelberg, Jerusalem; er gilt als der Ort, an dem Abraham seinen Sohn Isaak opfern sollte.

burtssegen (27,1–40) und floh nach Mesopotamien, um dort eine Frau aus Rebekkas Familie zu heiraten (27,41–28,5). Wenig Freude hatten I. und Rebekka an den Frauen Esaus (26,34.35; 28,9). I. starb im Alter von 180 Jahren und wurde von seinen beiden Söhnen begraben (35,28–29).

Am 7,9.16 gebraucht den Namen I. als Bezeichnung für ganz Israel. Für Paulus ist I. der Typus der wahren Gemeinde Gottes, die er »Kinder der Verheißung« nennt (Röm 9,6–13; Gal 4,28–31).

ISAI Ein Bethlehemiter aus dem Stamm Juda, Sohn Obeds, Enkel von Boas und Rut, Vater Davids (1. Sam 16,1; 1. Chr 2,11–15). Der Ausdruck »Sohn Isais«, offensichtlich von den Feinden Davids benutzt, um auf seine niedrige Herkunft anzuspielen (1. Sam 20,27.30.31 u. a.), wurde später zum Ehrentitel, v. a. in der Verheißung, daß der Messias aus der »Wurzel Isais« kommen werde (Jes 11,1.10; vgl. Röm 15,12). I. hatte acht Söhne (1. Sam 16, 10.11; 17,12); in 1. Chr 2,13–15 werden sieben von ihnen erwähnt, in 1. Chr 27,18 der achte, Elihu. Zwei Schwestern Davids, Abigal und Zeruja, werden in 1. Chr 2,16 genannt.

ISAI
Rut 4,17.22; 1. Sam 16,1.3. 5.8–11.18–20. 22; 17,12.13. 17.20.58;20,27. 30.31; 22,7–9. 13; 25,10; 2. Sam 20,1; 23,1; 1. Kön 12,16; 1. Chr 2,12.13; 10,14; 12,19; 29,26; 2. Chr 10,16; 11,18; Ps 72,20; Jes 11,1.10; Mt 1,5.6; Lk 3,32 Apg 13,22; Röm 15,12

Auf Befehl König Sauls ließ I. seinen jüngsten Sohn, David, an den Königshof gehen (1. Sam 16,14–23). Während eines Krieges Israels mit den Philistern sandte er David mit Proviant für seine drei ältesten Brüder in das isrl. Lager; dies führte dann zu dem berühmten Zweikampf Davids mit Goliat (1. Sam 17).

Die Umstände des Todes I.s sind unbekannt. Nach 1. Sam 22,3.4 ließ David, als seine Zukunft noch unsicher war, seine Eltern unter den Schutz des Königs Moab stellen. Sie werden später nicht mehr erwähnt, obwohl V. 4 durchblicken läßt, daß sie nach Juda zurückkehrten.

I. erscheint im Geschlechtsregister Jesu (Mt 1,5.6; Lk 3,32). Paulus sieht in Jesus die Erfüllung der Prophezeiung Jesajas von der »Wurzel Isais« (Röm 15,12).

ISCH-BOSCHET (»Mann der Schande«). Ein Sohn Sauls. Sein urspr. Name war *Eschbaal* (»Mann des Baal«, vgl. 1. Chr 8,33; 9,39). Weil aber *Baal* (»Herr«) zum Namen der kanaan. Hauptgottheit wurde, bekam der Ausdruck einen anstößigen Ruf und wurde in *Boschet* (»Schande«) umgeändert. Nach dem Tod seines Vaters und seiner drei Brüder in der Schlacht gegen die Philister auf dem Gebirge Gilboa (1. Sam 31) wurde I. von Abner, dem Feldhauptmann Sauls, in Mahanajim zum König ausgerufen. In den darauf folgenden Kämpfen mit David, der in Hebron zum König gesalbt worden war, verlor I. immer mehr an Macht und wurde schließlich durch zwei seiner Offiziere ermordet (2. Sam 2–4).

ISCH-BOSCHET
2. Sam 2,8.10.12.15; 3,7.8.14.15; 4,5.8.12

ISCHHOD Ein Mann aus dem Stamm Manasse.

ISCHHOD
1. Chr 7,18

Phönizisches Siegel aus Opal mit verschiedenen Symbolen und dem Wort »isbl«, der phönizischen Form des Namens Isebel; 9.–8. Jh. v. Chr. (Israelische Regierungsabteilung für Altertümer und Museen).

ISEBEL Tochter Etbaals, des Königs von Sidon und Phönizien, Frau König Ahabs von Israel und Mutter seiner Söhne und Nachfolger Ahasja und Joram. Ihr Name geht auf die kanaan. Wurzel *sbl* zurück, die »Prinz«, »Herr« bedeutet und oft als Attribut der Götter, bes. der Baalsgottheiten diente.

ISEBEL
1. Kön 16,31; 18,4.13.19; 19, 1.2; 21,5.7.11. 14.15.23.25; 2. Kön 9,7.10. 22.30.36.37; Offb 2,20

Ahabs Heirat mit I. brachte ihm polit. und wirtschaftliche Vorteile, ebnete jedoch zugleich den Weg für einen wachsenden kulturellen und religiösen Einfluß des heidnischen Phönizien auf Israel. I. zeigte sich als tatkräftige Schutzherrin und Förderin des Baal- und Ascherakultes und fanatische Gegnerin der Propheten Jahwes (1. Kön 16,31; 18,4.13.19; 19,2; 2. Kön 9,7.22). 1. Kön 18 (das Gottesurteil auf dem Karmel) schildert den dramatischen Zusammenstoß Elias mit den Priestern I.s.

Eine Frau von königl. Blut und großer Zielstrebigkeit und Skrupellosigkeit, entfaltete I. während der Regierungszeit ihres Mannes und seiner beiden Söhne eine enorme Macht und war praktisch die eigentliche Herrscherin des Landes. Sie war diejenige, die den Jesreeliter Nabot durch einen fingierten Prozeß zum Tode verurteilen ließ, damit Ahab sich seinen Weinberg aneignen konnte (1. Kön 21,1–16). Elia kündigte nach diesem Verbrechen Ahab den Fluch Gottes über ihn und sein Haus, v. a. aber über I. an – ein Fluch, der sich während der Rebellion Jehus (2. Kön 9–10) erfüllen sollte.

I.s Macht dauerte auch nach dem Tod Ahabs an. Als ihr zweiter Sohn Joram von dem Rebellen Jehu getötet wurde, amtierte sie offenbar als Regentin; 2. Kön 10,13 wird sie mit dem hebr. Titel *gevira* (»Herrin«, LÜ: »Königinmutter«) bezeichnet. Erst nachdem Jehu I. getötet hatte (2. Kön 9,30–37), konnte er den Baalskult in Israel ausrotten. I. war noch in ihrer Todesstunde ganz die erbarmungslose und königl. Frau; sie »schminkte ihr Angesicht und schmückte ihr Haupt« und empfing Jehu mit einer höhnischen Beschimpfung (9,30.31). Ihre Tochter Atalja, die eine Zeitlang Königin von Juda war (2. Kön 8,18.26; 2. Kön 11), wird als Fortführerin ihrer Politik betrachtet.

Der Name I. ist zu einem Symbol für Niedertracht und Götzendienst geworden. In Offb 2,20 steht er für eine falsche Prophetin, die zum Götzendienst verführt.

ISKARIOT Siehe JUDAS.

ISKARIOT Mt 10,4; 26,14; Mk 3,19; 14,10; Lk 6,16; 22,3; Joh 6,71; 12,4; 13,2.26; 14,22

ISMAEL Siehe Jismael.

ISMAEL, ISMAELITER (»Möge Gott hören«). Der Sohn Abrahams und seiner ägypt. Sklavin Hagar, die die offensichtlich unfruchtbare Sara ihm zur Nebenfrau gegeben hatte; rechtlich galt I. als Sohn Abrahams und Saras; vgl. im einzelnen 1. Mose 16. (S. auch NUZI) Abraham war 86 Jahre alt, als I. geboren wurde (1. Mose 16,16). Nach der Entwöhnung des später geborenen Isaak (s. ISAAK) schickte Abraham auf Saras Betreiben hin Hagar und I. fort. Der bibl. Bericht von dieser Vertreibung erklärt die Bedeutung des Namens I. (» … denn der HERR hat dein Elend erhört«, 1. Mose 16,11) und die nomad. Lebensweise der Ismaeliter. Gott sagte voraus, daß Not und Kampf kennzeichnend für I. sein würden (1. Mose 16,12), andererseits aber auch eine sehr große Nachkommenschaft (16,10; 17,20). I. lebte in der Wüste Paran und nahm sich eine Ägypterin zur Frau (1. Mose 21,20.21). Beim Begräbnis Abrahams war er zugegen (25,9); er selbst starb im Alter von 137 Jahren (25,17). In der Josefsgeschichte bringen ismaelit. Gewürzhändler Josef nach Ägypten (1. Mose 37,25.28; 39,1). In Ri 8,24 werden die von Gideon besiegten Stämme summarisch als I. bezeichnet. Jeter, der Ehemann von Davids Schwester Abigal, war ein I. (1. Chr 2,17), und ein I. namens Obi war für Davids Kamele verantwortlich (1. Chr 27,30). Ps 83,6.7 nennt die I. zus. mit anderen Stämmen als Feinde Israels; offensichtlich gehörten sie zu den Wüstenstämmen, die die Israeliten z. Zt. der Richter bedrängten. Nach der Zeit Davids werden sie nicht mehr erwähnt.

Einige der in 1. Mose 25,12–16 aufgezählten arab. Stämme sind auch aus assyr. Quellen des 9.–5. Jh. v. Chr. bekannt. So werden Nebajot und Kedar, die beiden ältesten Söhne I.s, in den Annalen Asarhaddons und Assurbanipals als Gegner der assyr. Könige genannt. Am Ende der Königszeit und z. Zt. der Rückkehr aus dem babyl. Exil werden diese beiden Stämme häufig erwähnt (Jes 42,11; 60,7; Jer 49,28; Hes 27,21). Der dritte Sohn I.s, Adbeel, wird in assyr. Quellen aus der Zeit Tiglat-Pilesers III. zus. mit Massa und Tema erwähnt (Tema war auch der Name einer berühmten Oase und Karawanenstation in Nordostarabien). Duma ist offenbar mit Adumatu identisch, einer von Sanherib eroberten Oase und Festung in der syr. Wüste. Mibsam und Mischma sind aus außerbibl. Quellen nicht bekannt. In 1. Chr 5,19 werden Jetur und Nafisch als Teil der Stämme erwähnt, mit denen die isrl. Grenzstämme im Krieg lagen. Assyr. Quellen bringen einige der in der Bibel erwähnten Ismaeliterstämme mit den Arabern in Verbindung.

ISMAEL, ISMAELITER 1. Mose 16,11. 15.16; 17,18.20. 23.25.26; 25,9. 12.13.16.17; 28, 9; 36,3; 37,25. 27.28; 39,1; Ri 8,24; 1. Chr 1,28.29. 31; 2,17;27,30; Ps 83,7

ISRAEL Der Begriff wird in der Bibel gebraucht als

1. neuer Name des Erzvaters Jakob, der ihm nach dem Kampf mit dem Engel mit der Begründung verliehen wurde: »Du hast mit Gott … gekämpft« (1. Mose 32,29).

2. gemeinsamer Name für die 12 von Jakob abstammenden Stämme (1. Mose 32,33; 34,7; 49,16.28; 2. Mose 1,9). Der Name bezeichnete das gesamte jüd. Volk bis zur Spaltung des Königreiches nach dem Tod Salomos.

3. nach der Reichsspaltung nach dem Tod Salomos Name des Nordreiches, im Gegensatz zum Südreich Juda (s. ISRAEL, KÖNIGREICH; JUDA,

ISRAELITEN 1. Mose 32,33; 2. Mose 1,13; 2, 23.25; 3,9–11. 13; 4,29.31; 5, 14–15.19; 6,5–6. 9.12–13.26–27; 7,2.5; 9,4.6.26. 5; 10,20.23; 11, 0; 12,27–28.31. 35.37.40.42.50. 1; 13,2; 14,2–3. 8.10.15.16.22. 25.29; 15,1.19; 16,1–2.9–12.15. 17.35; 17,1.7; 19,1.3.6; 20,22; 24,17; 25,2.22; 27,20–21; 28,1. 2.30.38; 29,28. 3.45; 30,12.16. 1; 31,13.16–17; 32,20; 33,5–6; 4,32.34–35; 35, 1.4.20.29–30; 36,3; 39,7.32. 42; 40,36; Mose 1,2; 4,2; 7,23.29.34.36. 38; 9,3; 11,2; 12,2; 15,2.31; 16,5.16.19.21; ,2.5.12.14; 18, 19,2; 20,2; 21, 24; 22,2–3.15. 18.32; 23,2.10. 24.34.43–44; ,2.8.10.15.23; 25,2.33.46.55; 26,46; 27,2.34; . Mose 1,2.45. 49.52–54; 2,2.

Mosaik mit der Inschrift »Friede über Israel«, in Jericho ausgegraben; 5.–6. Jh. v. Chr. (Israelische Regierungsabteilung für Altertümer und Museen).

KÖNIGREICH). Nach der Zerstörung des Nordreiches 722 v.Chr. (assyr. Exil) bezog sich der Name I. auf die Bewohner des übriggebliebenen Südreiches.

4. Name für die Gesamtheit der auf »Mose und die Propheten« (Lk 16,31) gegründeten Gottesgemeinde der Juden (z. B. Röm 9,6; 11,25; Gal 6,16).

ISRAELITEN, KINDER ISRAEL Mit diesem Namen werden in den fünf Büchern Mose die Mitglieder der 12 Stämme bezeichnet, die ihre Abstammung von Jakob (= Israel, s. ISRAEL (1)) ableiten, d. h., die Kinder Israels sind (1. Mose 32,33; 34,7; 49,16.28). Vgl. im übrigen ISRAEL (2), (3) und (4).

ISRAEL, KÖNIGREICH Das nördliche der beiden Reiche, die nach der Spaltung des Großreiches Davids und Salomos z. Zt. seines Sohnes und Nachfolgers Rehabeam (1. Kön 11,43) entstanden. Im Süden wurde die Thronbesteigung Rehabeams als selbstverständlich hingenommen, so tief war das Prinzip der davidischen Dynastie im eigenen Gebiet verwurzelt. Im Norden war dies nicht der Fall. Nach dem Vorbild der von David gegründeten Monarchie mußte der König in seiner Stellung nicht nur von Juda, sondern auch von I. ausdrücklich anerkannt werden. Aus diesem Grund begab sich Rehabeam zu Unterhandlungen nach Sichem, dem Zentrum der unzufriedenen Nordstämme. Die schwere wirtschaftliche Belastung, die ihnen Salomo zugemutet hatte (1. Kön 9,15–19), veranlaßte sie, von dem neuen König Steuerermäßigungen zu fordern; nur dann würden sie ihn anerkennen. Rehabeam ließ sich dazu verleiten, das Gesuch schroff abzulehnen. Die Folge war der offene Aufstand: Die Ältesten I.s krönten Jerobeam, den Sohn Nebats, der zu dem traditionell anti-davidischen Stamm Ephraim gehörte und gerade aus dem Exil in Ägypten zurückgekehrt war, zum König (1. Kön 12, 1–20). Mit der gleichen Parole, die bereits die Revolte Schebas (2. Sam 20,1) gekennzeichnet hatte (»Was haben wir für Teil an David oder Erbe am Sohn Isais? Auf zu deinen Hütten Israel!«, 1. Kön 12,16), trennte sich der Norden von der Dynastie Davids und gründete das separate Reich I., das die Gebiete der zehn nördlichen Stämme sowie der unterjochten Völker Moabs und Ammons umfaßte, während das Südreich Juda auf die Stämme Juda und Benjamin beschränkt blieb (1. Kön 12,21). Juda hatte dabei den Vorteil, daß es die Kontinuität der Dynastie Davids bewahrte; I. dagegen war von der ständigen Unterstützung der zehn Stämme, die es gegründet hatten, abhängig, und innere Rivalitäten zwischen diesen Stämmen führten naturgemäß zu Instabilität.

Wie aus den Königs- und Chronikbüchern hervorgeht, betrachteten Juda und das Haus David die Nordstämme als sündige Rebellen. Der Bruderkrieg

32–34; 3,8–9.12. 40–46.50; 5,2.4. 6.9.12; 6,2.23. 27; 8,6.9–11.14. 16.20; 9,2.4–5.7. 10.17–22; 10,12. 28; 11,4; 13,2–3. 24.26.32; 14,2–7. 10.27.39; 15,2. 18.25–32.38; 16, 2; 17,3.5–6.17. 20–27; 18,5–6.8. 11.19–24.26–32; 19,2.9–10; 20,1. 12–13.19.22.24; 21,10; 22,1.3; 25, 8.11.13–14; 26, 2.4.51.62–63; 27, 8.11–12.20–21; 28,2; 30,1; 31,2. 9.12.16.30.42. 47.54; 32,7.9.18; 33,1.38.40.51; 34,2.13.29; 35,2. 8.10.15.34; 36,2. 4.5.7–9.13;
5. Mose 1,3; 3, 18; 4,44–46; 10, 6; 24,7; 31, 22–23; 32,49–52; 33,1; 34,8–9;
Jos 1,2; 2,2; 3, 1.9; 4,8.12; 5, 1–3.6.10; 6,1; 7, 1.23; 8,32–33; 9,17–18.26; 10, 4.12; 11,14.19; 13,6.13.22; 14, 1.5; 17,13; 18,1. 10; 19,49; 20,2. 9; 21,3.8; 22,9. 11.31–33; 24,32;
Ri 1,1; 2,11; 3, 7.9.12.14.15.27; 4,1.3.5.24; 6, 1–2; 7,8.14; 8, 28.33; 9,55; 10, 6.10–11.15; 11, 33; 13,1; 19,12; 20,1.7.14.19. 23–24.26–27; 21,18.24;
1. Sam 7,4.6–7; 9,2; 15,6; 17,3.53;
2. Sam 17,25;
1. Kön 9,20; 11 2; 12,17.33;
2. Kön 8,12; 17,7;
1. Chr 9,2;
2. Chr 6,11; 7,3 8,2.9; 10,17; 28 3; 30,21; 31,5; 32,2.9; 35,17;
Esr 3,1; 6,16.2 7,7; 10,25;
Neh 1,6; 2,10; 1.14.17; 9,1; 10 40; 11,3; 13,2;
Jes 27,12; 31,6
Jer 3,21; 16, 14–15; 23,7;
Hes 2,3; 4,13; 6,5; 35,5; 37,2 44,9.15; 48,11
Dan 1,3;
Hos 2,1–2; 3,1 4,5; 4,1;

Am 2,11; 3,1.12; 4,5; 9,7; Mt 27,9; Joh 1,47 Apg 7,23.37; Röm 9,4; 11,1; 2. Kor 3,7.13; 11,22; Heb 11,22; Offb 2,14; 21,12

ISRAEL, KÖNIGREICH
1. Mose 32,29; 34,7; 35,10; 36,31; 37,3.13; 42,5; 43,6.8.11; 45,21.28; 46,1.5.8.29–30; 47,27.29.31; 48,2.8.10.20–21; 49,2.7.16.24.28; 50,2.25; 2. Mose 1,1.7.9.12; 3,16.18; 4,22; 5,1–2; 6,11.14; 7,4; 11,7; 12,3.6.15.19.21.47; 13,18–19; 14,5.19.20.25; 15,22; 16,6.31; 17,5–6.8.11; 24,1.4.9–11; 28,9.21.29; 32,4.8.13; 34,23.27.30.39,6.14; 40,38; 3. Mose 4,13; 9,1; 10,6.11.14; 16,17.34; 17,3.8.10; 23,42; 4. Mose 1,3.16.20.44; 3,13.38.7,2; 10,4.29.36; 11,16.30; 16,9.25.34; 18,14; 19,13; 20,14.21.29; 21,1–3.6.17.10.21.23; 24,1–2.5.17–18; 25,1.3–6; 26,5.64; 30,2; 31,1–5; 32,4.13–14.17.22.28; 36,1; 5. Mose 1,1.38; 2,12; 4,1; 5,1; 6,3–4; 9,1; 10,12; 11,6; 13,12; 18,1.6; 19,13; 20,3; 22,19,21–22; 23,18; 25,6–7.10; 26,15; 28,69; 29,1; 32,8.45; 33,5.10.21.28–29; 34,10.12; Jos 3,7.12.17; 4,4–5.7.14.21–22; 5,12; 6,18.23.25; 7,6.8.12–13.15–16.19–20.25; 10,1.10.38.40.42–43; 11,5–6.8.13.16.23; 12,1.6–7; 13,14.33; 14,10.14; 18,3; 19,51; 21,1;

dauerte während der ganzen Regierungszeit Rehabeams an (vgl. 1. Kön 14,30).

Jerobeam war entschlossen, I. polit. und religiös ganz von Juda loszulösen. Um die Wallfahrten nach Jerusalem, die die Bindungen an die Dynastie Davids womöglich wiederbeleben konnten und daher ein Sicherheitsrisiko waren, zu unterbinden, änderte Jerobeam den Kult und den Festkalender und ernannte Priester, die nicht dem traditionellen Priesterstamm der LEVITEN angehörten, der eine so wichtige Rolle im Großreich Davids und Salomos gespielt hatte; praktisch brachte er damit das Verwaltungssystem in I. zum Erliegen. Als Hauptstadt wählte Jerobeam zunächst Sichem, dann Pnuël und schließlich Tirza (1. Kön 12,25; 14,17), das mehrere Jahrzehnte lang Residenz blieb. Er erneuerte die alten Kultzentren in Bethel und Dan, aber gerade die Propheten, die ihn zunächst unterstützt hatten, wandten sich von ihm ab, als er zwei goldene Kälber (vgl. GOLDENES KALB) in den königl. Heiligtümern aufstellen ließ. Der Prophet Abija, der Jerobeams Machtergreifung prophezeit hatte (1. Kön 11,29–39), kündigte ihm jetzt den Sturz seiner Dynastie an (14,1–16).

Fünf Jahre nach der Reichsspaltung überfiel Pharao Schischak (Schoschenk I.) zunächst Juda (1. Kön 14, 25.26), dann auch I. Der Kriegszustand zwischen I. und Juda bestand auch unter Abija, dem Sohn Rehabeams, fort (2. Chr 13,13–19); außerdem stellten die Philister immer noch eine ständige Bedrohung dar. Die Kriege und Befestigungsarbeiten überforderten bald die finanziellen Mittel I.s, und Jerobeam mußte die Steuern erhöhen – womit der urspr. Anlaß für die Trennung I.s von Juda ad absurdum geführt war.

Die Dynastie Jerobeams endete bereits mit seinem Sohn Nadab, der nach einem Jahr von Bascha ermordet wurde (906 v.Chr.). Bascha rottete das Haus Jerobeam aus und gründete die nächste Dynastie (1. Kön 15,25–34); damit war gleichzeitig die Oberherrschaft des Stammes Ephraim über das Nordreich beendet. Der neue König wollte die Grenze zu Juda stärker sichern und begann, Rama (19 km nördlich von Jerusalem) als Grenzfestung auszubauen. König Asa von Juda verbündete sich daraufhin mit dem Aramäerkönig Ben-Hadad, der in I. einfiel und ihm mehrere Gebiete im Norden abrang (1. Kön 15,19–22).

Die Dynastie Baschas erwies sich als so kurzlebig wie die Jerobeams. Nach Baschas Tod 883 v. Chr. brach ein Bürgerkrieg aus. Baschas Sohn Ela wurde von seinem Offizier Simri ermordet, der daraufhin den Thron bestieg – aber nur für ganze sieben Tage, denn ein anderer Offizier, Omri, gewann die Unterstützung der Armee und marschierte gegen Simri, der sich in seinem Palast verbrannte (1. Kön 16,15–20). Damit war Omri König, aber erst als ein weiterer Rivale, Tibni, gestorben war, gelang es ihm, seine Position zu festigen (16,22).

Mit der Thronbesteigung Omris konsolidierte sich das Nordreich und wurde auch außenpolitisch stärker. Omri (882–871 v. Chr.) war ein fähiger und energischer Herrscher. Er erbaute in Samaria die endgültige Hauptstadt I.s (1. Kön 16,24) und gründete eine Dynastie, die knapp 40 Jahre lang an der Macht blieb. Er und sein Sohn Ahab waren so erfolgreich, daß noch nach dem Sturz der omridischen Dynastie assyr. Inschriften I. als das »Haus Omris« bezeichneten.

Die von Schischak (Schoschenk I) eroberten Städte in Juda und Israel; Liste auf einem Steinrelief in Karnak, Ägypten 10. Jh. v. Chr.

Omri begegnete entschlossen den Problemen, die ihm seine Vorgänger hinterlassen hatten. Es gelang ihm, den Einfällen der Philister ein Ende zu machen und Moab wieder tributpflichtig zu machen. Sehr bedrängt war Omri offenbar durch die Aramäer, die wirtschaftliche Sonderrechte für ihre Volksgenossen in Samaria und wohl auch die Anerkennung der Souveränität Ben-Hadads forderten (vgl. 1. Kön 20,34). Omri konnte jedoch eine unabhängige Außenpolitik durchsetzen, ein Friedensabkommen mit Juda schließen und dadurch den Kriegszustand zwischen Nord- und Südreich beenden. Er sah die Notwendigkeit einer Allianz mit den Phöniziern voraus und besiegelte sie durch die Heirat seines Sohnes Ahab mit Isebel, der Tochter des sidon. Königs (1. Kön 16,31). Die isrl.-phöniz. Allianz ermög-

Das Königreich Israel.

22,14.16; 23,
1–2; 24,1–2.
9.23.31;
Ri 1,28; 2,4.
6–7.10–14.20.
22; 3,1–2.4–5.
10.30–31; 4,6.
23; 5,2.3.5.7–9.
11; 6,3.6–8.14;
7,2.15.23; 8,22.
27.35; 9,22; 10,
1–3.7–9.16–17;
11,4–5.13.15–17.
19–21.23.25–27.
39.40; 12,7–9.
11.13–14; 13,5;
14,4; 19,1.
29–30; 21,1.3.
5–6.8.15.
17.25;
Rut 2,12; 4,
7.11.14;
1. Sam 2,14.22.
28–30.32; 3,11.
20; 4,17–18.
21–22; 6,3.5;
7,2–3.5.9–11.
13–17; 8,1.4.
22; 9,9.16.20.21;
10,18.20; 11,2–3.
7–8.13.15; 12,1;
13,1–2.4–6.13.
19–20; 14,12.18.
21–24; 15,1–2.
17.26.28–30.35;
16,1; 17,2.8.
10–11.19.21.52;
19,5; 20,12; 23,
10–11,17; 24,3.
15.21; 25,1.30.
32.34; 26,2.15.
20; 27,1.12; 28,
1.3–4.19; 29,1.3;
30,25; 31,1.7;
2. Sam 1,3.12.
19.24; 2,9.10.
17.28; 3,10.12.
17–19.21; 4,1;
5,1–3.5.12.17;
6,1.5.15.19–21;
8,15; 10,9.15.
17–19; 11,1.11;
12,7–8.12; 13,
12–13; 14,25;
15,2.6.10.13;
16,3.15.18.
21–22; 18,6–7.
16–17; 19,9–10.
12.41–44; 20,
1–2.14.19.23;
21,2.4–5.15.17.
21; 23,1.3.9; 24,
1–2.4.9.15.25;
1.Kön 1,3.20.30
34–35.48; 6,1.
13; 9,5.7.21–22;
10,9; 11,9.16.25
31.32.37–38.42;
12,1.3.16–21.24
28; 14,7.10.
13–16.18.19.21.
24; 15,9.16–17.
19–20.25–27.
30–34; 16,2.5.
8.13–14.16.17.
19–21.23.26.27.
29.33; 17,1.14;
18,17–20.31.36;
19,10.14.16.18;

21,7.18.21–22.
26; 22,1–6.8–10.
17.18.26.29–34.
39.41.45.52–54;
2. Kön 1,1.3.6.
16.18; 2,12; 3,1.
3–6.9–13.24.27;
7,6; 8,16.18.
25–26; 9,3.6.
8.12.14.21; 10,
21.28–32.34.36;
13,1–6.8.10–14.
16.18.22.25;
14,1.8–9.11–13.
15–17.23–29; 15,
1.8–9.17–18.
20–21.23–24.
26–29.31–32;
17,1–2.6.8–9.
13.18–24.34;
19,15.20.22;
21,2–3.7–8.12.
22,15.18; 23,13.
15.19.22.27;
1. Chr 10,1.7;
12,33.39.41;
16,3–4.13.17.
36.40; 17,5–7.
9–10.21–22.24;
18,14; 20,7;
21,1–5.7.12.14;
26,29–30; 28,
1.4–5.8;
2. Chr 1,2.13;
2,3.11.16; 7,6.
8.10.18; 8,7–8.
11; 9,8.30; 11,
1.3.13.16; 13,
4–5.12.15–18;
15,3–4.9.13.17;
16,1.3–4.11; 17,
1.4; 19,8; 20,7.
10.19.29.34–35;
21,4.6.13; 22,5;
23,2; 24,5–6.9.
16; 27,7; 28,2.
.8.13.23.26–27;
29,7.10.24.27;
30,1.5–6.25–26.
31,1.6.8; 32,17.
2; 33,7–8.16.18;
34,7.9.21.23.26.
3; 35,3–4.18.25.
27; 36,8.13;
Esr 1,3; 3,2.
10–11; 4,1.3;
5,1.11; 6,14.17.
2; 7,6.10–11.13.
15.28; 9,1.4.15;
10,1–2.5.10;
Neh 7,7.61.72;
0,34; 11,20; 12,
47; 13,3.18.26;
s 14,7; 22,4.24;
25,22; 50,7; 68,
9.27.35–36; 71,
22; 72,18; 73,1;
76,2; 78,5.21.
1.41.55.59.71;
0,2; 81,5.9.12.
14; 89,19; 105,
10.23; 114,1–2;
15,9.12; 118,2;
121,4; 122,4;
124,1; 125,5;
28,6; 130,7–8;
31,3; 147,2.19;
148,14; 149,2;
Spr 1,1;

lichte Phönizien einen außerordentlichen wirtschaftlichen, kulturellen, sozialen und nicht zuletzt religiösen Einfluß auf I.

Als Omris Sohn Ahab den Thron bestieg, war das Nordreich politisch wie auch wirtschaftlich gefestigt. Ahab erkannte die aram. Gefahr, und so war die Zeit seiner Regierung durch mehrere Zusammenstöße mit Aram gekennzeichnet. Ahab besaß die Klugheit, die Politik seines Vaters fortzuführen. Er stattete seine Hauptstadt mit extravaganten Bauten und Palästen aus (1. Kön 22,39). Um seine Frau und ihre Landsleute zufriedenzustellen, baute er einen Tempel für die Hauptgottheit von Tyrus, Baal-Melkart.Der fortdauernde Prozeß der Integration phöniz. Elemente – insbes. kanaan. Fruchtbarkeitskulte – im sozialen und religiösen Leben I.s hatte das Auftreten Elias, eines der größten Propheten, gegenüber Ahab zur Folge.

Elia erkannte, daß der Gottesglaube I.s in höchster Gefahr war, und forderte daher zu einem Gottesurteil zwischen den Baalspriestern und ihm, dem Propheten Jahwes, auf dem Karmel heraus, in dessen Verlauf die »Propheten Baals« unterlagen (1. Kön 18,15–45). Aufgebracht über das Gemetzel an ihren Baalspriestern befahl Isebel, Elia zu töten, der in die Wüste flüchtete (1. Kön 19). Das Schicksal des Hauses Ahab aber war nach der unrechtmäßigen Aneignung von Nabots Weinberg durch das Königshaus endgültig entschieden (1. Kön 21).

Ahab wird in den Königs- und Chronikbüchern negativ beurteilt, obwohl seine herausragenden Leistungen als Herrscher, der die Beziehung I.s zu Juda friedlich regelte, Anerkennung fanden. Seine militärische Macht wird auf den Inschriften des assyr. Königs Salmanassar III. über die Schlacht von Karkar (853 v. Chr.) bekundet. Als stärkste Militärmacht unter den Verbündeten stellte Ahab 2000 Streitwagen und 10000 Mann Fußvolk. Ahab fiel in der Schlacht von Ramot in Gilead, als er gegen die Aramäer kämpfte (1. Kön 22,31–37). In seiner Regierungszeit nahm I. eine bedeutende Position im polit. Kräftefeld des alten Orients ein.

Ahasja, der Sohn Ahabs und sein Nachfolger, starb nach zwei Jahren Regierungszeit (1. Kön 22,52; 2. Kön 1,17). Sein Bruder und Nachfolger Joram lud Joschafat, den König Judas, ein, an einem gemeinsamen Feldzug teilzunehmen. Dieser sollte die Herrschaft Jorams über die Moabiter, die das Joch Israels nach dem Tode Ahabs abgeworfen hatten, wiederherstellen (2. Kön 3,4–27). In seiner Hauptstadt eingeschlossen, brachte Mescha, der König von Moab, seinen ältesten Sohn dem Gott seines Volkes, Kemosch, auf den Mauern der belagerten Stadt zum Opfer, worauf die verbündeten Könige die Belagerung aufhoben und heimkehrten. So verlor I. die Herrschaft über Moab, später auch über Ammon. Joram und Joschafats Nachfolger Ahasja erlitten eine weitere Niederlage, als sie versuchten, Ramot in Gilead von Aram, das von Assyrien sehr bedrängt wurde, zurückzuerobern (2. Kön 8,28).

Diese Niederlagen führten zu einem internationalen Prestigeverlust, aber auch zu wirtschaftlicher Rezession, die durch den Zusammenbruch der isrl. Herrschaft östlich des Jordans und durch den Verlust wichtiger Handelsrouten verursacht wurde. Sie stärkten die Opposition militärischer Führer gegen Joram. In dieser Opposition wurden sie von Jahwe-Propheten unter der Führung von Elisa bestärkt (2. Kön 9,1–10). Die Opposition fand auch beim Volk Unterstützung, das sich in wirtschaftlichen Nöten befand. Die Zeit war reif für einen Aufstand, und als er ausbrach, wurde er von einem Armeeoffizier namens Jehu angeführt. Jehu, von einem Elisa-Prophetenschüler zum König gesalbt, rottete mit großer Grausamkeit das Königshaus und den Baalskult in ganz Israel aus (2. Kön 9–10). Das Reich, das er übernahm, war politisch und wirtschaftlich entscheidend geschwächt und dem Druck Hasaëls, des neuen, mächtigen Königs von Aram-Damaskus, fast schutzlos ausgeliefert. Jehu hatte, wollte er Israel retten, keine andere Wahl, als sich Salmanassar III. von Assyrien zu unterwerfen. Der Schwarze Obelisk Salmanassars zeigt, wie versch. Könige dem assyr. Monarchen demütig ihren Tribut bringen – darunter auch der von Israeliten mit reichen Tributgaben begleitete Jehu.

Sobald der assyr. Druck nachließ, nahm Hasaël seine aggressive Politik wieder auf und setzte zu einem harten und grausamen Überfall auf Israel an. Diese leidvollen Umstände nahmen die kleineren benachbarten Völker – wie Ammoniter, Moabiter, Edomiter, Philister und Tyrus – zum Anlaß, räuberische Streifzüge in I. zu unternehmen. Die Not erreichte während der Regierungszeit von Jehus Sohn Joahas ihren Höhepunkt, als das Nordreich seine Unabhängigkeit praktisch verlor (2. Kön 13,7). Hasaëls Nachfolger, Ben-Hadad III., belagerte Samaria und trieb die Bevölkerung dort an den Rand der Hungersnot. Ein gewisses Maß an Erleichterung verschaffte ihnen Adad-Nirari III. von Assyrien, indem er in Aram einfiel und Damaskus belagerte (802 v. Chr.). Er wird daraufhin in bibl. Texten als »Retter« bezeichnet (2. Kön 13,5).

Joasch, der Sohn des Joahas, nutzte den Niedergang Arams, um Gebiete, die seine Vorgänger verloren hatten, wiederzuerobern (2. Kön 13,25). Der Niedergang Arams, als Folge des Krieges mit Assyrien, ermöglichte es Juda und I., das darauf folgende politische Vakuum zu füllen. So war für I. die Zeit Jerobeams II., des Sohnes von Joasch, eine Zeit des erneuten Aufschwungs, die sich im Buch Amos widerspiegelt. 2. Kön 14,23–29 berichtet, daß Jerobeam II. die Grenzen I.s erweiterte und, wie z. Zt. Davids, Aram-Damaskus, das Ostjordanland und sogar das Königreich Hamat in sie einbezog. Jerobeam, der friedliche Beziehungen zu Usija von Juda unterhielt, der seinerseits Elat zurückerobert hatte, gewann jetzt offensichtlich die Kontrolle über die Handelsrouten zum Roten Meer und zu den Häfen Arabiens wieder. Um seine Herrschaft zum Osten des Jordans hin abzusichern, vergab Jerobeam weite Landesteile an seine Offiziere und Anhänger. Diese »Lehensleute« entwickelten sich zu wohlhabenden Besitzern von Ländereien und spielten in den letzten Tagen des Königreiches und nach dem Tode Jerobeams eine einflußreiche Rolle bei den häufigen Machtwechseln.

Die Dynastie Jehus endete mit der Ermordung Secharjas, des Sohnes Jerobeams II., durch Schallum. Der Verschwörer behielt die Macht nur einen Monat, bis Menahem ihn entthronte (2. Kön 15,10.17). Der Bürgerkrieg

Die Schrecken des Krieges, dargestellt auf einem assyrischen Relief auf den riesigen Bronzetoren des Palastes Salmanassars III.; 9. Jh. v. Chr. (British Museum).

wurde durch die Spannungen zweier rivalisierender Parteien herbeigeführt, von denen die eine eine Art Vasallenstatus I.s auf der Seite Ägyptens, die andere auf der Seite Assyriens befürwortete. Unter Menahem gewann die pro-assyr. Partei die Oberhand, denn das Anrücken des mächtigen Assyrerkönigs Tiglat-Pileser III. (in 2. Kön 15,19 »Pul« genannt) ließ offenbar keine andere Wahl. Der hohe Tribut, den Menahem an Tiglat-Pileser entrichten

Pred 1,12; Hld 3,7; Jes 1,3.4.24; 4,2; 7,1; 8,14. 18; 9,7.11.13; 11,12.16; 12,6; 14,1–2; 19, 24–25; 27,6–7; 29,19.23; 31,1; 40,27; 41,8. 14.16–17.20; 42,24; 43,1. 3.14–15.22.28; 44,1.5–6.21.23; 45,3–4.11.15.17. 25; 49,3.5–7; 52,12; 54,5; 55,5; 56,8; 60,9.14; 63, 7.16; 66,20; Jer 2,3–4.14. 26.31; 3,6.8. 11–12.18.20.23; 4,1; 5,11.15; 6,9; 9,14.25; 10,1.16; 12,14; 13,11–12; 16,9; 19,3; 21,4; 23, 2.6.8.13; 24, 5; 27,4.21; 29,4; 30,2–4.10; 32,14–15.20–21. 30.32.36; 33,4.7 14.17; 34,2.13; 36,2; 37,7; 38, 17; 39,16; 41, 9; 43,10; 49, 1–2; 50,4.17–20 29.33; 51,5. 19.33.49; Klgl 2,1.3.5; Hes 3,1.4–5.7. 17; 4,3–5; 5,4; 6,2.3.5.11; 7, 2; 9,3.8–9; 10, 19–20; 12,6. 9–10.19.22–24. 27; 13,2.4–5.9. 16; 14,1.4–7.9. 11; 17,2.23; 21, 7–8.17.30; 22,6 18; 24,21; 25,3. 6.14; 27,17; 28, 24–25; 33,7. 10–11.20.24.28 34,2.13–14.30; 35,12.15; 36, 1.4.6.8.10.12. 17.21–22.32.37 37,11–12.16. 19.22.28; 38,8. 14.16–19; 39,2. 4.7.9.11–12.17 22–23.25.29; 4 2.4; 44,2.6.10. 12.22.28–29; 47,13.18.21–22 48,19.29.31; Dan 9,7.11.20 Hos 1,1.4–6; 4 15–16; 7,1.10; 8,2–3. 5.8.14; 9,1.7.10; 10,1; 11,1.8; 12,1. 13–14; 13,1. 9; 14,2.6; Joel 2,27; Am 1,1; 2,6; 3,14; 4,12; 5,

1–4.25; 6,1.14; 8,2; 9,9.14; Obd 20; Mi 1,5.13–15; 2,12; 3,1.8–9; 5,1–2; 6,2; Nah 2.3; Zef 2,9; 3, 13–15; Sach 2,2; 8, 13; 9,1; 11, 14; 12,1; Mal 1,1.5; 2, 11.16; 3,22; Mt 2,6.20–21; 8,10; 9,33; 10, 6.23; 15,24.31; 19,28; 27,42; Mk 12,29; 15,32; Lk 1,16.54.68. 80; 2,25.32.34; 4,25.27; 7,9; 22,30; 24,21; Joh 1,31.49; 3,10; 12,13; Apg 1,6; 2,22. 36; 3,12; 4,10. 27; 5,21.31.35; 7,42; 9,15; 10, 36; 13,16–17. 23–24; 21, 28; 28,20; Röm 9,6.27.31; 10,19.21; 11, 2.7.25.26; 1. Kor 10,18; 2. Kor 3; Gal 6,16; Eph 2,12; Phil 3,5; Hebr 8,8.10; Offb 7,4;

mußte, wird durch eine assyr. Inschrift, die »Menahem von Samaria« als einen der Assyrien tributpflichtigen Herrscher aufführt, bestätigt.

Der Tribut jedoch, den Menahem entrichtete, um sein verfallendes Königreich vor dem Untergang zu bewahren, war für ihn ohne Vorteil. Seinem Sohn Pekachja glitt die Herrschaft aus der Hand. Er wurde Opfer einer Verschwörung, welche Pekach, der Sohn Remaljas, einer seiner Offiziere (2. Kön 15,25), führte. Die anti-assyr. Partei war jetzt an der Macht. Unterstützt von den Großgrundbesitzern in Gilead, schloß Pekach (735–733 v. Chr.) gegen die assyr. Bedrohung mit Rezin von Aram einen Bund, ebenso mit Tyrus, Sidon und einzelnen Philisterstädten. Als Juda die Teilnahme an dem Bund verweigerte, kam es zum syr.-ephraimitischen Krieg, und die verbündeten Armeen von I. und Damaskus marschierten in Juda ein. Gegen die Mahnung Jesajas (Jes 7,1–9) bat Ahas von Juda den assyr. König um Hilfe (2. Kön 16,7), der daraufhin gegen Damaskus zog und es in eine assyr. Provinz verwandelte (16,9). Israel verlor Gilead und Galiläa, deren Bevölkerung nach Assyrien deportiert wurde – der Beginn der assyr. Gefangenschaft (2. Kön 15,29). Samaria blieb intakt, da die Opposition Pekach beseitigte und seinen Mörder, Hoschea, auf den Thron setzte (2. Kön 15,30; 17,1).

Mit dem Tod Tiglat-Pilesers III. brach in ganz Syrien und I. ein anti-assyr. Aufstand aus. Die Folge war ein Rachefeldzug Salmanassars V., des Nachfolgers Tiglat-Pilesers. Nach dreijähriger Belagerung fiel die Hauptstadt Samaria i. J. 722 v.Chr. Ihre Bewohner wurden verbannt, und der nächste assyr. König, Sargon II., machte Samarien zu einer assyr. Provinz (2. Kön 17,6; vgl. 18,9–11). Die Bevölkerung des Landes wurde in großer Zahl nach Obermesopotamien u. a. Gegenden des assyr. Reiches verschleppt; an ihrer Stelle siedelte Sargon Fremde aus Babylonien, Hamat u. a. Orten des Vielvölkerstaates an (2. Kön 17,24). Diese Zuwanderer vermischten sich mit der verbliebenen isrl. Bevölkerung; ihre Nachkommen wurden als Samaritaner bekannt. Nach einem Bestehen von kaum mehr als 200 Jahren war das Nordreich I. erloschen.

S. auch JUDA, KÖNIGREICH.

KÖNIGREICH VON ISRAEL – KÖNIGE

v. Chr.	
928 – 907	Jerobeam I.
907 – 906	Nadab
906 – 883	Bascha
883 – 882	Ela
882	Simri
882 – 871	Omri
871 – 852	Ahab
852 – 851	Ahasja
851 – 842	Joram
842 – 814	Jehu
814 – 800	Joahas
800 – 787	Joasch
787 – 747	Jerobeam II.
747	Secharja
747	Schallum
747 – 737	Menahem
737 – 735	Pekachja
735 – 733	Pekach
733 – 724	Hoschea

Das Gebiet des Stammes Issachar.

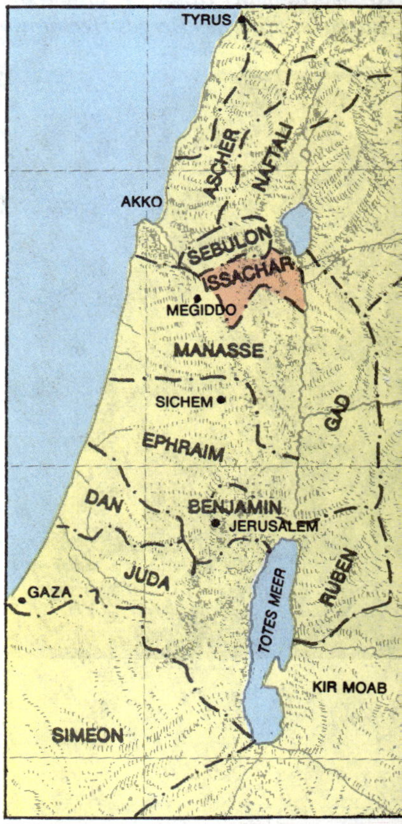

ISSACHAR, ISSASCHAR (»Mann des Lohnes«, »Es gibt einen Lohn [für meine Mühsal]«).

1. Neunter Sohn Jakobs und fünfter Leas; der namengebende Vorfahr

Italien.

einer der 12 isrl. Stämme. I. wird gewöhnlich zus. mit Sebulon erwähnt; ihre Gebiete grenzten aneinander, und im Segen des Mose (5. Mose 33,18.19) erscheinen sie gemeinsam. Das Stammesgebiet von I. umfaßte nach Jos 19,17–23 einen großen Teil der Jesreel-Ebene und den Berg Tabor und lag zwischen dem Gebirge Gilboa im Süden und den Hügeln Untergaliläas im Norden. 16 Städte mit den dazugehörigen Dörfern gehörten zu diesem Gebiet.

Im Stammesgebiet von I. – auf dem Tabor und am Fluß Kischon – fand die Schlacht statt, in der die Richterin Debora und Barak die Kanaaniter unter Sisera vernichtend schlugen (Ri 4,12 ff.). Das Siegeslied der Debora erwähnt I. als einen der Stämme, die an dem Kampf teilnahmen (Ri 5,15). Aus dem Stamm I. kam auch einer der »kleinen« Richter, Tola, der Sohn des Puwa (Ri 10,1–2).

Z.Zt. Davids scheint der Stamm I. wegen seiner guten Ratgeber bekannt gewesen zu sein (1. Chr 12,33); unter Salomo stellte er einen der 12 Verwaltungsbezirke dar (1. Kön 4,17). König Bascha vom Nordreich Israel stammte aus I. (1. Kön 15,27), und die isrl. Residenz Jesreel lag im Gebiet von I. Der Stamm wird nochmals erwähnt, als er z. Zt. der Reformation König Hiskias von Juda am Passafest in Jerusalem teilnahm (2. Chr 30,18).

2. Der siebente Sohn Obed-Edoms, ein Levit und Torhüter am Heiligtum z. Zt. König Davids.

ISSACHAR 1
1. Mose 30,18; 35,23; 46, 13; 49,14; 2. Mose 1,3; 4. Mose 1,8. 28–29; 2,5; 7, 18; 10,15; 13,7; 26,23.25; 34,26; 5. Mose 27, 12; 33,18; Jos 17,10–11; 19, 17.23; 21,6.28; Ri 5,15; 10,1; 1. Kön 4,17; 15,27; 1. Chr 2,1; 6, 57; 7,1.5; 12, 33.41; 27,18; 2. Chr 30,18; Hes 48,25–26.33; Offb 7.7
ISSACHAR 2
1. Chr 26,5

ITALIEN, ITALISCH Italien wird viermal im NT erwähnt, »italisch« nur einmal (wesentlich häufiger sind »Römer« und »römisch«). Die erste Erwähnung I.s (Apg 18,2) berichtet, wie im Rahmen eines antijüd. Ediktes des Kaisers Claudius auch Aquila und Priszilla Rom verlassen mußten. Die beiden nächsten Erwähnungen (Apg 27,1.6) betreffen die Seereise des Paulus nach Rom. Hebr 13,24 schließlich erwähnt »Brüder aus Italien« – möglicherweise die Gemeinde, in der der Brief entstand.

Apg 10,1 erwähnt die Italische Kohorte, eine militär. Einheit, die aus Freiwilligen der Stadt Rom bestand und in Cäsarea am Meer stationiert war.

ITALIEN, ITALISCH
Apg 10,1; 18, 2; 27,1.6; Hebr 13,24

Wasserfälle bei Banias (Panias) in Ituräa, südlich des Berges Hermon.

ITAMAR Der vierte Sohn Aarons, wurde zus. mit seinen Brüdern Nadab, Abihu und Eleasar zum Priesteramt bestimmt (2. Mose 28,1). Nach dem Tod Nadabs und Abihus versah er allein mit Eleasar und unter Leitung Aarons diesen Dienst weiter (4. Mose 3,4; 1. Chr 24,2). I. unterstanden die Levitengeschlechter der Gerschoniter und Merariter (4. Mose 4,28.33; vgl. 2. Mose 38,21).

Das Haus Eli stammte von I. ab. Laut 1. Chr 24,1–6 ernannte David acht Familien der Nachkommen I.s und 16 der Nachkommen Eleasars für den regulären Priesterdienst. Eine Priesterfamilie aus der Nachkommenschaft I.s kehrte mit Esra aus dem babyl. Exil zurück (Esr 8,2).

ITAMAR
2. Mose 6,23; 28,1; 38,21; 3. Mose 10, 6.12.16; 4. Mose 3,2.4; 4,28.33; 7, 8; 26,60; 1. Chr 5,29; 24,1–6; Esr 8,2

ITIËL

1. Ein Benjaminiter, Vorfahr des nach dem babyl. Exil in Jerusalem wohnenden Sallu.

2. Nach Meinung einiger Ausleger und Bibelübersetzer der Name der Person, an die sich in Spr 30,1 Agur wendet, oder sogar der Redende selbst in diesem Vers. Nicht in LÜ.

ITIËL 1
Neh 11,7
ITIËL 2
Spr 30,1

ITTAI (»Gott ist mit mir«).

1. Ein Soldat aus der Philisterstadt Gat, der während des Aufstands Absaloms loyal zu David stand (2. Sam 15,18 ff.) und ein Drittel der königstreuen Armee führte (2. Sam 18,2.5).

2. Der Sohn Ribeas aus Gibea, einer der »Helden« Davids.

ITTAI 1
2. Sam 15,19.21 22; 18,2.5.12
ITTAI 2
2. Sam 23,29; 1. Chr 11,31

ITURÄA Landschaft südlich vom Berg Hermon. I. war z. Zt. des NT Teil des Gebietes, das von dem Tetrarchen Philippus, dem Sohn Herodes d.Gr., regiert wurde.

ITURÄA
Lk 3,1

J

JA Kurzform des Gottesnamens *JHWH* (*Jahwe*; vgl. dazu GOTT). Sie erscheint 25mal im hebr. AT; in der LÜ 1984 ist der Name jeweils mit HERR wiedergegeben (vgl. z. B. 2. Mose 15,2; Ps 68,5; 115, 17–18; 118,5.14.17–19).

Ja taucht überdies 23mal in dem Ausdruck *Hallelu-Ja* (»Lobet den HERRN«) auf. Die Kurzform *Ja* findet sich auch in bibl. Namen wie *Asarja* (»*Ja* hat geholfen«) oder *Abija* (»*Ja* ist mein Vater«).

JAAKOBA 1. Chr 4,36

JAAKOBA (»Fersenhalter«). Einer der Fürsten des Stammes Simeon.

JAALA Esra 2,56; Neh 7,58

JAALA (»Steinbock«). Der Vater einer Familie von Sklaven Salomos, die mit Serubbabel aus dem babyl. Exil zurückkehrte.

JAARESCHJA 1. Chr 8,27

JAARESCHJA (» Der HERR möge reich machen«). Ein Mann aus dem Stamm Benjamin.

JAASAI Esra 10,37

JAASAI (»Gott wird's machen«). Einer der Söhne Banis, die eine ausländische Frau geheiratet hatten und diese unter Esra verstoßen mußten.

JAASANJA 1 Jer 35,3
JAASANJA 2 2. Kön 25,23; Jer 40,8
JAASANJA 3 Hes 8,11
JAASANJA 4 Hes 11,1

JAASANJA (»Gott wird hören«).

1. Führer der Rechabiter z. Zt. des Propheten Jeremia.
2. Einer der Befehlshaber, die nach der Wegführung ins babyl. Exil im Land blieben und sich Gedalja in Mizpa anschlossen.
3. Einer der 70 Ältesten aus Israel, die der Prophet Hesekiel in einer Vision beim Götzendienst sah.
4. Einer der 25 Oberen Israels, die Hesekiel in einer Vision sah.

Der Name J. erscheint auf hebr. Siegeln, Siegelabdrücken und Ostraka (Lachisch, Arad) aus dem 8. – 7. Jh. v. Chr.

JAASIËL 1 1. Chr 27,21
JAASIËL 2 1. Chr 11,47
JAASIËL 3 1. Chr 15,18.20

JAASIËL (»[Meine] Kraft ist Gott«).

1. Sohn Abners und Führer des Stammes Benjamin z. Zt. Davids.
2. Einer der »Helden« Davids.
3. Ein Levit, der zum Musiker bestellt wurde, als David die Bundeslade nach Jerusalem brachte.

JAASIJA 1. Chr 24,26.27

JAASIJA Ein Levit, einer der Söhne Meraris.

JABAL 1. Mose 4, 20

JABAL (»Wanderer«). Einer der Söhne Lamechs; Vorfahr aller Nomaden und Hirten.

JABBOK 1. Mose 32,23; 4. Mose 21,24; 5. Mose 2,37; 3,16; Jos 12,2; Ri 11,13.22

JABBOK Östlicher Nebenfluß des Jordans und Nordgrenze des Reiches der Amoriter (4. Mose 21,23 f.; Jos 12,2). Nach der Landnahme der Israeliten lag er im Stammesgebiet Gads. Der Fluß entspringt bei Rabbat-Ammon und fließt in weitem Bogen nach Nordosten und dann nach Westen, um dann bei Adam in den Jordan zu münden. Auf seinem Weg vom ostjordan. Hochland in den Jordangraben überwindet er einen Höhenunterschied von 820 m ü. M. bis 306 m unter dem Meeresspiegel. Kurz vor seiner Mündung in den Jordan durchfließt er die fruchtbare Ebene von Sukkot. Jakob folgte dem Flußlauf auf seinem Weg von Mesopotamien nach Kanaan (1. Mose 32,23).

JABESCH 2. Kön 15, 10.13.14;

JABESCH (»trocken«). Der Vater des isrl. Königs Schallum (2. Kön 15,10.13.14). Einige Gelehrte halten den Ausdruck »Sohn des J.« jedoch für eine geographische Bezeichnung mit der Bedeutung »Ein Mann aus der Stadt J.«.

JABESCH IN GILEAD Ri 21,8–10. 12.14; 1. Sam 11,1.3. 5.9; 31,11–13; 2. Sam 2,4.5; 21,12; 1. Chr 10,11

JABESCH IN GILEAD Stadt in Gilead, östlich des Jordans; Schauplatz eines Massakers zur Richterzeit (Ri 21,6–14). Z. Zt. Sauls war die Stadt von Israeliten bewohnt; Saul kam ihnen während einer Belagerung durch die Ammoniter zu Hilfe (1. Sam 11,1–13). Später, als der Leichnam Sauls an der Stadtmauer von Bet-Schean hing, nahmen die Leute von J. ihn ab und begruben ihn in ihrer Stadt (1. Sam 31,11–13).

JABEZ 1 1. Chr 2,55
JABEZ 2 1. Chr 4,9.10

JABEZ (»Er macht Schmerz«).

1. Stadt in Juda, Heimat mehrerer Familien von Schriftgelehrten: der Tiratiter, der Schimatiter und der Suchatiter. Wahrscheinlich lag J. in der Nähe von Bethlehem.
2. Ein Mann, im Stammbaum Judas .

JABIN 1 Jos 11,1
JABIN 2 Ri 4,2.3.7.17. 23.24; Ps 83,10

JABIN (»Der Einsichtige«).

1. König von Hazor, Führer einer Koalition kanaan. Könige, die gegen Josua kämpfte (Jos 11,1). Die Könige versammelten sich am Wasser von Merom in Obergaliläa und wurden von Josua geschlagen (Jos 11,7–9), der darauf Hazor in Brand steckte und J. tötete (Jos 11,10.11).

(unten) Der Jabbok im Ostjordanland.

Onyx-Siegel mit der Figur eines kämpfenden Hahnes, in Mizpa gefunden, mit der Inschrift: »[Gehört] dem Jaasanja, Diener des Königs«. (Israelische Regierungsabteilung für Altertümer und Museen).

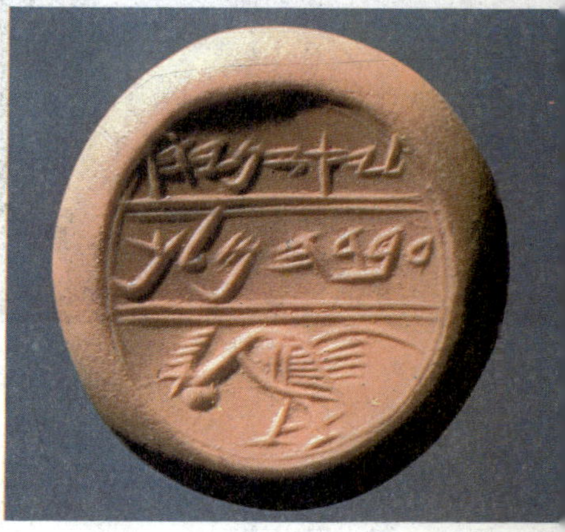

2. Ein kanaan. König, der in Hazor herrschte (Ri 4,2) und die Stämme Israels in diesem Gebiet 20 Jahre lang unterdrückte (Ri 4,3). Eine Koalition der nördlichen Stämme Israels unter Debora und Barak besiegte die Truppen J.s am Kischon-Fluß. Sein Feldhauptmann, Sisera, wurde später von Jaël, der Frau des Keniters Heber, getötet (Ri 4,21). Der Sieg wird in Deboras Lied (Ri 5) ausführlich geschildert, in Ps 83,10 kurz erwähnt.

JABNE Stadt, die von König Usija von Juda in seinem Krieg gegen die Philister erobert wurde (2. Chr 26,6). J. wird allg. als anderer Name für JABNEEL (1) betrachtet.

JABNEEL (»Gott läßt bauen«).

1. Stadt an der Mittelmeerküste, an der Nordwestgrenze des Stammesgebietes von Juda. Mit Yebna, 16 km nördlich von Aschdod, identifiziert.

2. Stadt an der Südgrenze des Stammesgebiets Naftalis, südwestlich des Sees Genezareth. Ihre Lage ist umstritten.

JACHDIËL (»Gott wird sich [mit dem Kinde] freuen«). Eines der Häupter des halben Stammes Manasse im Ostjordanland; wurde von Tiglat-Pileser III. von Assyrien deportiert.

JACHDO Ein Mann aus dem Stamm Gad.

JACHIN (»Er befestigt«), **JACHINITER**

1. Sohn Simeons (1. Mose 46,10; 2. Mose 6,15), Stammvater der Familie der Jachiniter (4. Mose 26,12).

2. Haupt einer Dienstgruppe von Priestern z. Zt. Davids.

3. Einer der Priester, die z. Zt. Nehemias in Jerusalem wohnten.

JACHIN UND BOAS Zwei Bronzesäulen am Eingang der Vorhalle zu Salomos Tempel. Ihre Beschreibung wird durch seltene technische Begriffe und unterschiedliche Angaben ihrer Maße und Konstruktion erschwert (1. Kön 7,15–22.40–46; 2. Chr 3,15–17; vgl. 2. Kön 25,17; Jer 52,21).

Das häufige Vorkommen »freistehender Säulen« am Eingang alter Tempel ist archäolog. belegt. Dies könnte auch für Salomos Säulen zutreffen. Ihre eigentliche Funktion bleibt unklar. Die Namen Jachin (»er wird errichten«) und Boas (»mit Stärke«) könnten sich auf Gott beziehen.

JACHLEEL (»Harre auf Gott«). Der dritte Sohn Sebulons, Stammvater der Jachleeliter.

JACHMAI (»Der HERR beschützt«). Ein Nachkomme Issachars.

JACHSEJA (»Der HERR wird sehen«). Einer der vier Männer, die sich Esras Anordnung, ihre ausländischen Frauen zu verstoßen, widersetzten.

JACHSERA (»Der HERR führt zurück«). Ein Priester aus der Familie Immers; wohnte z. Zt. Nehemias in Jerusalem.

JACHZEEL (»Gott hat ihn mir zugeteilt«). Ein Sohn Naftalis.

JADA (»Gott wußte«). Sohn Onams, aus der Familie der Jerachmeeliter.

JADDAI (»Liebling«). Einer der Israeliten, die unter Esra ihre ausländische Frau verstoßen mußten.

JABNE
2. Chr 26,6

JABNEEL 1
Jos 15,11
JABNEEL 2
Jos 19,33

JACHDIËL
1. Chr 5,24

JACHDO
1. Chr 5,14

JACHIN, JACHINITER
1. Mose 46,10;
2. Mose 6,15;
4. Mose 26,12
JACHIN, JACHINITER
1. Chr 24,17

JACHIN, JACHINITER
1. Chr 9,10;
Neh 11,10

JACHIN UND BOAS
1. Kön 7,21;
2. Chr 3,17

JACHLEEL, JACHLEE-LITER
1. Mose 46,14;
4. Mose 26,26

JACHMAI
1. Chr 7,2

JACHSEJA
Esr 10,15

JACHSERA
1. Chr 9,12

JACHZEEL, JACHZEE-LITER
1. Mose 46,24
4. Mose 26,48
1. Chr 7,13

JADA
1. Chr 2,28.32

JADDAI
Esra 10,43

JADDUA 1 Neh 10,22 JADDUA 2 Neh 12,11.22

JADDUA (»Er ist [Gott] berühmt«).

1. Einer der Oberen des Volkes, die das Abkommen z. Zt. Nehemias unterzeichneten.

2. Hoherpriester, Sohn Johanans; der letzte im AT namentlich erwähnte Hohepriester. Nach dem Historiker Josephus lebte er z. Zt. Alexanders d. Gr.

JADON Neh 3,7

JADON (»Richter ist Gott«). Ein Mann aus Meronot, einer der Bauleute, die z. Zt. Nehemias die Mauern Jerusalems wiedererrichteten.

JAËL Ri 4,17.18.21.22; 5,6.24

JAËL (»Antilope«). Die Frau des Keniters Heber. Sie tötete Sisera, den Feldhauptmann König Jabins von Hazor, als er sich nach der Niederlage gegen Barak und Debora in ihrem Zelt versteckte (Ri 4,17–22).

JAFET 1. Mose 5,32; 6,10; 7,13; 9,18.23.27; 10,1.2.21; 1. Chr 1,4.5

JAFET (»Ausbreitung«). Der dritte Sohn Noahs (1. Mose 5,32; 6,10; 7,13; 9,18.23.27; 1. Chr 1,4). Zus. mit seinem Bruder Sem bedeckte er die Blöße seines Vaters, als dieser betrunken in seinem Zelt lag (1. Mose 9,23). Noah segnete ihn und Sem für diese Tat und verhieß J., daß Gott sein Gebiet erweitern und ihn »in den Zelten Sems« wohnen lassen würde (V. 27).

Die Nachkommen J.s werden in 1. Mose 10,2–5 und 1. Chr 1,5–7 aufgeführt; wahrscheinlich handelte es sich um die Bewohner der Inseln der Ägäis und ihrer Küste (vgl. 1. Mose 10,5 »Bewohner der Inseln der Heiden«).

JAFIA 1 Jos 10,3 JAFIA 2 2. Sam 5,15; 1. Chr 3,7; 14,6 JAFIA 3 Jos 19,12

JAFIA (»Er wird strahlen«).

1. König von Lachisch und einer der fünf Amoriterkönige, die unter der Führung von Adoni-Zedek, dem Stadtkönig von Jerusalem, gegen Gibeon kämpften und von Josua geschlagen wurden (Jos 10,3.5.10).

2. Einer der Söhne Davids, die ihm in Jerusalem geboren wurden.

3. Eine Stadt 3 km südwestlich von Nazareth; fiel bei der Teilung des Landes unter die Stämme Israels Sebulon zu (Jos 14,1; 19,12).

JAFLET 1. Chr 7,32.33

JAFLET (»Er wird retten«). Ein Name im Stammbaum des Stammes Asser.

JAFLETITER Jos 16,3

JAFLETITER Eine Familie oder Sippe im Grenzgebiet der Josefsstämme.

JAFO Jos 19,46; 2. Chr 2,15; Esr 3,7; Jona 1,3

JAFO (»Schönheit«). Hafenstadt am Mittelmeer (das moderne Jaffa); im Gebiet des Stammes Dan (Jos 19,46), jedoch lange unter der Herrschaft der Philister. Salomo ließ Holz zum Bau des Tempels aus dem Libanon nach J. bringen (2. Chr 2,15). Auch nach dem babyl. Exil wurde Zedernholz über J. eingeführt (Esr 3,7). Von J. aus wollte der Prophet Jona nach Tarsis fahren (Jona 1,3). 701 v. Chr. wurde J. von dem assyr. König Sanherib erobert; in der pers. Epoche ging es an das Gebiet von Sidon.

Unter den Ptolemäern erhielt die Stadt, die nun Joppe hieß, eine gewisse Autonomie und das Münzrecht. 144 v. Chr. wurde sie von den Makkabäern erobert (1. Makk 10,76; 12,33.34; 13,11; 14,5), die die ausländischen Einwohner vertrieben und jüd. Soldaten dort ansiedelten. Die wirtschaftliche Bedeutung der Stadt für das Königreich der Hasmonäer war so groß, daß Alexander Jannäus eine Reihe von Münzen mit Schiffahrtsmotiven prägen ließ, um der Eroberung J.s zu gedenken. Mit dem Untergang des Königreiches der Hasmonäer und der darauf folgenden Eroberung Palästinas durch Pompejus 64 v. Chr. wurde J. von Juda losgelöst und wiederaufgebaut. Dies bedeutete eine schwere Einbuße für die Wirtschaft Judas, aber 30 v. Chr. gab

(S. 378, links oben) Tell el-Maqlub, die Stelle des alten Jabesch in Gilead.

(S. 378, rechts) Jabne, nördlich von Aschdod.

(S. 378, links Mitte) Ostrakon aus der Zeit des ersten Tempels, gefunden in einer Festung nahe Jabne. Es ist ein Brief eines Landarbeiters an den Gouverneur mit der Beschwerde, daß ein Aufseher sein Gewand zu Unrecht beschlagnahmt habe. Spätes 7. Jh. v. Chr. (Israelische Regierungsabteilung für Altertümer und Museen).

(S. 378, links unten) Die Zwillingssäulen Jachin und Boas, gestickt auf einem Samtvorhang des Toraschreins, in dem die Torarollen in der Synagoge aufbewahrt werden. Deutschland, 1716. (Hechal Shlomo Synagogenmuseum, Jerusalem).

(links) Ansicht von Jaffa, vom Meer aus.

Ausgrabungen mit Überresten aus der hellenistischen Epoche von Jaffa.

Inschrift auf einem jüdischen Grab aus der byzantinischen Epoche, in Jaffa (Jafo) gefunden.

Augustus die Stadt an Herodes zurück. Herodes verlieh J. die Rechte einer *polis* und machte sie zur Hauptstadt eines kleinen Bezirks.

J. wird mehrfach im NT erwähnt. Dort weckte Petrus Tabita auf und hatte seine Vision von den unreinen Tieren (Apg 9,36ff.; 10,5ff.).

Ausgrabungen am alten Siedlungshügel von J. brachten Reste von Befestigungsanlagen und Wohnbauten aus allen Epochen zutage, von der Bronzezeit bis zur byz. und arab. Zeit, u. a. die Überreste einer typischen Hyksosfestung und ein Tor der ägypt. Stadt aus der Spätbronzezeit mit einer Hieroglypheninschrift an den Torpfosten.

JAGD UND FISCHFANG In bibl. Zeit spielte die Jagd keine große Rolle; trotzdem wird sie erwähnt: Nimrod (1. Mose 10,9) war ebenso wie Esau (1. Mose 25,27) ein erfolgreicher Jäger.

Durch die jüd. SPEISEGEBOTE wurde die Zahl der eßbaren Tiere beschränkt; auch die Art der Schlachtung wurde genau vorgeschrieben. Diese Beschränkungen können Auswirkungen auf die J. gehabt haben. Einige Forscher meinen, daß, falls überhaupt gejagt wurde, dies lediglich zum Schutz der Felder, der Ortschaften und der Menschen vor wilden Tieren diente. Das Vorgehen eines Fallenstellers wird in Hiob 18,8–10 beschrieben. Die Falle war eine Art Netz. Für größeres Wild wurde ein größeres Netz benützt, während man zum Fangen von Vögeln engere Maschen verwendete (vgl. Pred 9,12; Hes 12,13; 17,20; Am 3,5). Größere Tiere wurden offenbar auch durch die altbekannte Methode gefangen, daß man ein Loch aushob und mit Zweigen bedeckte (Jer 48,44).

Ein Tier durfte nur gegessen werden, wenn es rituell rein (5. Mose 14, 3–21) und das Blut vorschriftsmäßig ausgelaufen war (3. Mose 17,13). Die J.

Löwenjagd. Mosaikfußboden in Bet-Schean.

Jagdszene auf einem Mosaikfußboden in Kissufim, nördlicher Negeb.

mit Pfeil und Bogen oder – wie auf assyr. und ägypt. Reliefs und Malereien oft dargestellt – mit einem Speer war in Palästina sehr selten. Andererseits hatte Salomo einen großen täglichen Bedarf an kultisch reinem Getier, das nur auf diese Art getötet worden sein konnte (1. Kön 5,3). In den Nachbarländern war die J. ein beliebter Sport. Einige assyr. Könige hielten sich sogar große Wildreservate. In pers., hell. und röm. Zeit schaffte man sich durch die J. auch Kampftiere, v. a. Elefanten, an. In röm. Zeit wurden wilde Tiere für die Wettkämpfe mit Menschen in den Zirkusarenen gefangen.

In der Bibel gibt es nur wenige Belege für den Fischfang; er war zumindest ungebräuchlicher als in Ägypten (4. Mose 11,5; Jes 19,8). Durch die Eroberung der palästin. Küste durch die Hasmonäer hatten die Juden mehr Gelegenheit, zu fischen. Das NT belegt, daß in röm. Zeit am See Genezareth gefischt wurde (Mt 4,18–22 u. ö.). Später ist dies auch im Talmud belegt. Da man Fisch nur kurze Zeit unverdorben aufbewahren konnte, mußte er gesalzen und getrocknet werden. Eines der größten Salzzentren am See Genezareth war Taricheae (Magdala). Der griech. Ortsname bedeutet »Fischsalzen«. Der ältere aram. Name war *Migdal Nunaya* (»Turm der Fischer«). In den Küchenabfällen der antiken Negebstädte fand man große Mengen an Fischgräten; die Fische müssen vom Roten Meer gewesen sein.

Das Fangen von Wildgänsen. Wandmalerei im Grab von Nakht, dem Schreiber und Priester von Thutmosis IV.; 15. Jh. v. Chr.

Assyrisches Relief: Mann beim Fischfang (British Museum).

Goldschale aus Ugarit, die eine Jagdszene mit Streitwagen zeigt. 14. Jh. v. Chr.

Die Fischer der antiken Welt benützten entweder Angelhaken oder Netze (Jes 19,8). Auch das Fischen mit Schleppnetzen von Booten aus war bekannt (Hes 26,5; Hab 1,15; Lk 5,4). Ton- oder Steingewichte wurden zum Beschweren der Netze verwendet. Unmengen solcher Gewichte wurden im röm. Cäsarea u. a. Orten entlang der Küste gefunden.

JAGUR (»Herberge«). Eine Stadt an der südlichen Grenze des Gebietes Juda (Jos 15,21).

JAHASIËL (»Gott [El] wird sehen«).

1. Ein Benjaminiter, einer der Krieger, die sich David in Ziklag anschlossen.
2. Einer der Priester, die unter David als Trompeter vor der Bundeslade in Jerusalem dienten.
3. Ein Levit, der dritte Sohn Hebrons, der von David ernannt wurde, im Tempel zu dienen.
4. Ein Levit, Nachkomme der Asaf-Familie. Er prophezeite Joschafat die Errettung Judas vor den Ammonitern und Moabitern.
5. Vater von Schechanja, der mit Esra aus dem babyl. Exil zurückkehrte.

JAHAT (»Gott nimmt hinweg«).

1. Sohn Reajas aus dem Stamm Juda.
2. Ein Levit, Nachkomme Gerschons.
3. Ein Levit aus der Familie der Jizhariter, z. Zt. Davids.
4. Ein Levit, Nachkomme Meraris, z. Zt. Josias von Juda.

JAHAZ Stadt in Moab. Hier besiegten die Israeliten den Amoriterkönig Sihon (4. Mose 21,23 ff.). J. wurde den Leviten zugesprochen (Jos 21,36), war aber in der Königszeit wieder in den Händen Moabs (Jes 15,4), wie die Stele des Moabiterkönigs Mescha bezeugt.

JAHDAI (»Gott wird führen«). Ein Mann aus dem Stamm Juda, einer der Söhne Kalebs.

JAHWE Siehe GOTT.

JAÏR, JAÏRITER (»Möge [Gott] erleuchten«).

1. Stammvater einer großen Familie des Stammes Manasse, der viele Dörfer in Baschan und Gilead besetzte und sie »Dörfer Jaïrs« nannte. (Vgl. DÖRFER JAÏRS.)
2. Einer der Richter Israels; ein Gileaditer, der 22 Jahre lang über Israel richtete.
3. Ein Benjaminiter, Vorfahr von Mordechai.
4. Vater des Bethlehemiters Elhanan, der den Gatiter Goliat erschlug (2. Sam 21,19). Nach der Parallelstelle 1. Chr 20,5 tötete Elhanan Lachmi, den Bruder Goliats, was besser zu dem Bericht in 1. Sam 17 paßt, daß David es war, der Goliat tötete. Vgl. GOLIAT.

JAÏRUS (»Erleuchteter«). Synagogenvorsteher in Kapernaum. Jesus erweckte seine Tochter vom Tode (Mk 5,21–43; Lk 8, 40–56; vgl. Mt 9,18–26, wo der Name nicht genannt wird).

JAKAN (»bedrängt«). Vorfahr einer Familie des Stammes Gad.

JAKE (»Gehorsamer«). Vater des Agur, dessen Worte der Weisheit in Spr 30 niedergeschrieben sind.

JAKIM (»Möge [Gott] errichten«).

1. Ein Benjaminiter.
2. Leiter der 12. von David berufenen Dienstgruppe von Priestern.

JAKOB (hebr. *Jaakov*, von *akev* »Ferse« bzw. *akav* »betrügen«).

1. Der dritte der drei Stammväter des Volkes Israel, Sohn Isaaks und Rebekkas und Zwillingsbruder Esaus (1. Mose 25, 23–26). Der Name *Jakob* spielt auf eine Besonderheit bei der Geburt an: Der jüngere J. hatte die Ferse des erstgeborenen Bruders festgehalten (1. Mose 25, 26).

Rebekka wußte von Gott, daß die beiden Söhne Stammväter zweier miteinander rivalisierender Völker werden und daß der Jüngere über den Älteren herrschen würde (V. 23), und das Verhältnis der beiden Brüder war auch von ständiger Rivalität geprägt, in der sich die kommenden Auseinandersetzungen zwischen ISRAEL (der andere Name J.s, vgl. 1. Mose 32,29)

JAGUR Jos 15,21

JAHASIËL 1 1. Chr 12,5
JAHASIËL 2 1. Chr 16,6
JAHASIËL 3 1. Chr 23,19; 24,23
JAHASIËL 4 2. Chr 20,14.15
JAHASIËL 5 Esr 8,5

JAHAT 1 1. Chr 4,2
JAHAT 2 1. Chr 6,5.28; 23,10.11
JAHAT 3 1. Chr 24,22
JAHAT 4 2. Chr 34,12

JAHAZ 4. Mose 21,23; 5. Mose 2,32; Jos 13,18; 21,36; Ri 11,20; 1. Chr 6,63; Jes 15,4; Jer 48,21.34

JAHDAI 1. Chr 2,47

JAÏR 1 4. Mose 32,41; 5. Mose 3,14; Jos 13,30; 1. Kön 4,13; 1. Chr 2,22.23
JAÏR 2 Ri 10,3–5
JAÏR 3 Est 2,5
JAÏR 4 2. Sam 21,19; 1. Chr 20,5

JAÏRUS Mk 5,22; Lk 8,41

JAKAN 1. Chr 5,13

JAKE Spr 30,1

JAKIM 1 1. Chr 8,19
JAKIM 2 1. Chr 24,12

JAKOB 1 1. Mose 25, 26–35,29; 37,1–2.34; 42,1.4.29.36; 45,25–28; 46,1–2.5–6.8. 18–19.22.25– 47,7–10.28; 48,2.8.20; 49,1–2.29. 33; 50,24;

2. Mose 1,1.5;
2,24; 3,6.15–16;
6,3.8; 33,1;
3. Mose 26,42;
4. Mose 32,11;
5. Mose 6,10;
9,5.27; 29,12;
30,20; 32,9;
34,4;
Jos 24,4;
1. Sam 12,8;
1. Kön 18,31;
2. Kön 13,23;
1. Chr 16,13.17;
Ps 20,1; 24,6;
46,8; 77,16;
105,6.10.23;
135,4; 146,5;
Jes 45,4.19;
Mt 1,2; 8,11;
22,32;
Mk 12,26;
Lk 3,34; 13,28;
Joh 4,5–6.12;
Apg 3,13; 7,8.
12.14–15;
Röm 9,13;
Iebr 11,9.20–21
JAKOB 2
. Mose 23,7.10.
21.23; 24,5.
17.19;
5. Mose 33,4.
10.28;
Ps 14,7; 22,24;
44,5; 53,7;
59,14; 78,5.
21.71; 79,7;
87,2; 99,4;
14,1.7; 147,19;
Jes 2,5.6; 9,7;
0,20–21; 14,1;
,6.9; 29,22–23;
40,27; 41,14;
42,24; 43,1.22.
28; 46,3; 65,9;
Jer 2,4; 10,16.
25; 30,7.10.18;
Klgl 2,2–3;
Am 3,13; 6,8;
7,2.5; 9,8;
Obd 10.17–18;
Mi 1,5; 2,7.
12; 3,1.8–9;
4,2; 7,20;
Nah 2,3;
Mal 1,2; 3,6;
Lk 1,33;
Apg 7,46;
Röm 11,26

JAKOBS BRUNNEN
Joh 4,6

JAKOBUS 1
Mt 4,21; 10,
2; 17,1;
Mk 1,19.29; 3,
17; 5,37; 9,2;
,35.41; 13,3;
14,33;
k 5,10; 6,14;
,51; 9,28.54;
pg 1,13; 12,2

und EDOM (der andere Name Esaus, vgl. 1. Mose 25, 30) bereits abzeichneten. Esau war der Liebling seines Vaters, J. der seiner Mutter.

J. brachte es fertig, seinem Bruder das Erstgeburtsrecht für eine Mahlzeit abzukaufen (1. Mose 25,29–34). Jahre später, als sein Vater Isaak blind und dem Tode nahe war, erschlich er sich von ihm den Segen über den Erstgeborenen, während der betrogene Esau sich mit einem geringeren Segen begnügen mußte (Kap. 27). Esau schwor sich daraufhin, seinen Bruder umzubringen, worauf Rebekka J. warnte und ihm zur Flucht zu seinem Onkel Laban in Haran (Mesopotamien) verhalf.

J.s Reise begann mit einer Traumvision (1. Mose 28), in der Gott ihm auf einer in den Himmel reichenden Leiter erschien und ihm und seinen Nachkommen den Besitz des Landes und seinen Schutz und Segen verhieß. J. stellte den Stein, auf dem er gelegen hatte, als Erinnerungsmal auf und nannte den Ort *Bethel* (»Haus Gottes«).

Bei Laban angekommen und freundlich aufgenommen, verliebte J. sich in dessen jüngere Tochter Rahel (s. RAHEL) und arbeitete 7 Jahre lang für Laban, um sie zur Frau zu bekommen. Jetzt wurde J. selbst zum Betrogenen: L. gab ihm zur Hochzeitsnacht statt Rahel die (nach damaliger Sitte tief verschleierte) Lea (s. LEA). J. bekam zwar auch Rahel, aber nur unter der Bedingung, weitere 7 Jahre für Laban zu arbeiten (1. Mose 29,1–30).

Die folgenden Jahre standen unter der Rivalität und Eifersucht der beiden Frauen J.s, zu denen als Nebenfrauen bald noch ihre Dienerinnen Bilha und Silpa kamen. Die vier Frauen gebaren J. seine Söhne Ruben, Simeon, Levi, Juda, Dan, Naftali, Gad, Asser, Issachar, Sebulon und Josef sowie seine Tochter Dina (29,31–30,24).

Einige Zeit nach der Geburt Josefs zog J., der mittlerweile sehr reich geworden war (30,25–43), mit seiner Familie und seinem Besitz wieder zurück nach Kanaan – gegen den Widerstand Labans, der ihn verfolgte und einholte, ihn jedoch auf Gottes Geheiß in Frieden ziehen lassen muße (Kap. 31). Es folgte das von J. gefürchtete, jedoch überraschend freundliche Wiedersehen mit Esau (Kap. 32–33); kurz vor diesem Wiedersehen hatte J. seinen berühmten Kampf mit einem Engel Gottes, der ihm seinen neuen Namen gab: *Israel* (»Du hast mit Gott gekämpft«) (32,25–33; 35,10; vgl. ISRAEL).

Nach der Versöhnung mit Esau siedelte J. sich im Gebiet von Sichem an (1. Mose 33,17–20). Die nun im bibl. Bericht folgenden Ereignisse handeln überwiegend von J.s Kindern: die Vergewaltigung Dinas und das Rache-Blutbad ihrer Brüder (Kap. 34); die Geburt von J.s 12. und letztem Sohn Benjamin, sowie der Tod Rahels (35, 16–21); die Affäre Juda und Tamar (Kap. 38); schließlich die Geschichte Josefs (s. JOSEF) (Kap. 37; 39–50), die zur Übersiedelung J.s und seiner übrigen Söhne nach Ägypten führt (Kap. 45–47). Vor seinem Tod segnete J. Josefs Söhne Ephraim und Manasse (Kap. 48) und seine eigenen 12 Söhne (Kap. 49). Die Geschichte J.s endet mit seinem Tod und der Überführung des Leichnams (auf seinen eigenen Wunsch hin) in das Erbbegräbnis in der Höhle Machpela bei Mamre (49, 29–50,14).

2. Im AT erscheint der Name Jakob häufig auch als Bezeichnung für das ganze Volk Israel (4. Mose 23,7.10; 24,5; 5. Mose 33,4.28); ähnlich wird Gott auch der Gott bzw. König Jakobs genannt (Jes 41,21; Ps 24,6). Hos 12,4–13 spielt mehrfach auf J.s Beziehung zu Esau an, ebenso auf seinen Kampf mit dem Engel (V. 4).

Auch im NT erscheint J. häufig als Name für Israel. So wird Israel »das Haus Jakobs« genannt (Lk 1,33) und der Tempel »eine Stätte für das Haus Jakob« (Apg 7,46).

JAKOBS BRUNNEN Siehe SICHEM.

JAKOBUS

1. Apostel, Sohn des Zebedäus und älterer Bruder des Johannes (die beiden werden immer zus. erwähnt). Wie sein Vater und sein Bruder war er Fischer (Mt 4,21; Mk 1,19; Lk 5,9–10). J. war unter den ersten von Jesus

Zwei Szenen aus einem mittelalterlich bebilderten spanischen Manuskript, der Sarajevo Haggadah: Isaak segnet Jakob (oben); Jakobs Traum (unten). (Nationalmuseum, Sarajevo).

berufenen Jüngern (Mt 4,22; Mk 1,20; Lk 5,10-11). Jesus gab ihm und Johannes den Beinamen *Donnersöhne* (Mk 3,17). Die beiden Jünger baten Jesus später, ihnen im Reich Gottes die Ehrenplätze zu seiner Rechten und Linken zu geben, und waren bereit, dafür alles auf sich zu nehmen (Mt 20, 20–24; Mk 10,35–41).

Zus. mit Petrus und Johannes gehörte J. zu den engsten Vertrauten Jesu; er war bei wichtigen Ereignissen dabei, z. B. bei der Auferweckung der Tochter des Jaïrus (Mk 5,37; Lk 8,51), der Verklärung (Mt 17,1; Mk 9,2; Lk 9,28) und in Gethsemane (Mt 26,37; Mk 14,33).

In der Frühzeit der ersten christl. Gemeinde ließ König Herodes Agrippa J. hinrichten (Apg 12,2).

2. Sohn des Alphäus, ebenfalls einer der zwölf Jünger Jesu (Mt 10,3; Mk 3,18; Lk 6,15; Apg 1,13). Zur Unterscheidung von J. (1) wird er auch »J. der Kleine« (*Jakobus minor*) genannt.

3. Der älteste der vier Brüder Jesu (Mt 13,55), der seit Beginn der Missionstätigkeit des Petrus (Apg 8,14–25; 9,32–11,18; 1. Petr 5,13) dessen Leitungsfunktion in der Jerusalemer Urgemeinde übernommen hatte (vgl. Apg 15,13; Gal 1,19).

Zunächst hatten J. und seine Brüder nicht an Jesu Sendung geglaubt (Joh 7,5). Sie kamen erst zum Glauben (Apg 1,13), nachdem der Auferstandene J. erschienen war (1. Kor 15,7). In der Jerusalemer Urgemeinde war dann J.s Autorität unumstritten. Schon Petrus sah in ihm ihr kommendes Haupt (Apg 12,17). Auf dem in Apg 15,1-29 festgehaltenen Apostelkonzil in Jerusalem (49 n. Chr.) spielte J. eine ausschlaggebende Rolle (V. 13 ff.). Paulus suchte J. in Jerusalem auf (Gal 1,19).

Zum letzten Mal im NT wird J. in Apg 21,18 ff. erwähnt, während des letzten Besuchs des Paulus in Jerusalem (um das Jahr 59); hier tritt er als Repräsentant der judenchristl. Gruppe auf, die am Gesetz festhielt (vgl. Gal 2,9). Andererseits aber ist festzuhalten, daß er für eine von Gesetzlichkeit freie Heidenmission eintrat und so dafür sorgte, daß damals die Gemeinschaft zwischen Juden- und Heidenchristen erhalten blieb (Apg 15,13–29).

Die Kirchenväter des 2. und 3. Jhs. rühmten das vorbildliche Leben des J. und nannten ihn »J. der Gerechte«. Als eine der wenigen Personen des NT wird J. von einem zeitgenöss. nichtchristl. Schriftsteller erwähnt: Josephus (*Jüd. Altertümer* XX, 200) beschreibt die Umstände seines Todes i. J. 62 durch die Hand des Hohenpriesters Anan ben Anan.

J. wird meist als der Verfasser des Jakobusbriefs im NT angesehen.

4. Der Vater des Apostels Judas (nicht des Iskariot) (Apg 1,13).

JAKOBUS 2 Mt 10,3; 27,56; Mk 3,18; 15, 40; 16,1; Lk 6,15; 24,10; Apg 1,13
JAKOBUS 3 Mt 13,55; Mk 6,3; Apg 12,17; 15,13; 21,18; 1. Kor 15,7; Gal 1,19; 2,9.12; Jak 1,1; Jud V. 1
JAKOBUS 4 Lk 6,16; Apg 1,13

JAKOBUS, DER BRIEF DES Der Verfasser bezeichnet sich selbst als »Jakobus, ein Knecht Gottes und des Herrn Jesus Christus« (Jak 1,1). Von den versch. im NT erwähnten Christen mit dem Namen J. kommt am ehesten der »Herrenbruder« (Gal 1,19) und Leiter der Gemeinde in Jerusalem (Apg 15,13; 21,18; s. o. JAKOBUS (3)) als Autor dieses Briefes in Frage. Als führender Kopf in der Kirche bedurfte er keiner weiteren Vorstellung. Da J. 62 n. Chr. in Jerusalem den Märtyrertod starb, muß sein Brief vorher verfaßt worden sein; einige Ausleger denken sogar an die Zeit zwischen den Jahren 40 und 50, was Jak zur frühesten Schrift des NT machen würde. Die Verfasserschaft des J. und gewisse geograph. Hinweise (z. B. »Frühregen und Spätregen« in 5,7 und der Hinweis auf die Briefempfänger, aber nicht den Autor als in der »Zerstreuung« lebend in 1,1) machen es wahrscheinlich, daß der Brief in Palästina, vielleicht in Jerusalem geschrieben wurde.

Der Jakobusbrief befand sich bis zum 3. Jh. nicht in der Liste der kanon. Bücher der Kirche, und noch im 4. Jh. bemerkte Eusebius, daß Zweifel bezüglich seiner Kanonizität bestünden. Erst um die Mitte des 4. Jh. war er allg. anerkannt. Martin Luther hielt ihn für wenig wertvoll (»eine stroherne Epistel«), weil er seiner Meinung nach im Verhältnis zwischen Glauben und Werken den Akzent zu sehr auf die Werke legt.

Einige Ausleger meinen, der Brief sei womöglich ein urspr. jüd. Werk, das dann von einem christl. Schreiber übernommen und z. T. überarbeitet

Gestickter Vorhang in der armenischen Jakobuskirche in Jerusalem; dargestellt ist Maria, die den Kopf des enthaupteten Jakobus (Apg 12,1-2) hält. Die Kathedrale steht an der Stelle, die in der Tradition als der Ort der Hinrichtung des Jakobus durch König Herodes Agrippa gilt.

worden sei. Es ist sicherlich richtig, daß der Verfasser nur zweimal (1,1; 2,1) wörtlich vom »Herrn Jesus Christus« spricht und so zentrale Lehren wie die Inkarnation, Tod, Auferstehung oder Versöhnungstat Jesu übergeht; andererseits jedoch zeigen sich bei einem eingehenderen Lesen zahlreiche (juden-) christl. Elemente: So finden wir den Bezug auf die »Ältesten der Gemeinde« (5,14), die Wiedergeburt des Glaubenden (1,18) und eine Andeutung der Auferstehung und Himmelfahrt Jesu durch die Bezeichnung »Herr der Herrlichkeit« (2,1). Vor allem aber zitiert der Brief mehrfach Jesusworte aus der Bergpredigt u. a. Teilen der Evn. Dieser kurze Brief hat mehr Worte Jesu bewahrt als alle anderen Briefe des NT zusammen. Auch seine Eschatologie (5,7–9) zeigt, daß der Brief von einem Christen verfaßt wurde.

Der Jakobusbrief ist »an die zwölf Stämme in der Zerstreuung« gerichtet (1,1), ein deutlicher Hinweis darauf, daß die Leser Judenchristen gewesen sein könnten. Auf Judenchristen als Empfänger läßt auch die Tatsache schließen, daß J. der erste Leiter der (Jerusalemer) judenchristl. Gemeinde war.

Der Jakobusbrief ist vorwiegend praktisch orientiert. Es geht dem Autor weniger um Lehrfragen als um Lebensfragen, z. B. um die Bewährung in der Versuchung und die Notwendigkeit von Geduld und Demut. Für J. ist Glaube nur dann etwas wert, wenn aus ihm praktische Konsequenzen hervorgehen: »Ein reiner und unbefleckter Gottesdienst vor Gott, dem Vater, ist der: Die Waisen und Witwen in ihrer Trübsal besuchen und sich selbst von der Welt unbefleckt halten« (1,27). Oder: »Wenn ein Bruder oder eine Schwester Mangel hätte an Kleidung und an der täglichen Nahrung und jemand unter euch spräche zu ihnen: Geht hin in Frieden, wärmt euch und sättigt euch!, ihr gäbet ihnen aber nicht, was der Leib nötig hat – was könnte ihnen das helfen?« (2,15.16). Überhaupt liegt in Jak ein besonderer Akzent auf dem rechten Verhältnis der Christen untereinander: kein Ansehen der Person in der Gemeinde (2,1–8); Warnung vor Streitigkeiten (3,13–4,3); Seelsorge an den Kranken der Gemeinde (5,13–18).

Diese Betonung des praktischen christl. Lebens hat dem Brief den Vorwurf eingebracht (so bei Luther), eine Werkgerechtigkeit zu predigen. In der Auslegung ist immer wieder die Vermutung diskutiert worden, der Brief sei ein Niederschlag eines Konfliktes zwischen Jakobus und Paulus und Kap. 2,14–26 eine Auseinandersetzung mit der Rechtfertigungslehre des Paulus im Römer- und Galaterbrief. Diese Vermutung – nach der Jak übrigens kaum vor 60 n. Chr. geschrieben worden sein könnte – ist jedoch nicht sehr stichhaltig. Jak spricht durchaus vom Glauben, nicht weniger als die anderen Briefe des NT auch. Und wenn Paulus in Röm 3,28 oder Gal 2,16 sagt, daß niemand durch Werke gerecht wird, und Jakobus anscheinend das genaue Gegenteil vertritt (2,14–26), so muß bedacht werden, daß die beiden Autoren hier von verschiedenen Seiten aus über die Rechtfertigung des Sünders vor Gott sprechen. Paulus legt das Gewicht auf die unverdiente *Gnade*, die der Mensch sich niemals »erarbeiten« kann (vgl. Röm 5,1.2; Eph 2,5 u. ö.), während J. die Wichtigkeit eines gottgemäßen Lebensstils (Heiligung) betont, der eine natürliche *Folge* der Rechtfertigung allein aus Gnade ist. Im übrigen zeigen auch die Briefe des Paulus und überhaupt alle ntl. Briefe, daß echter Glaube an Jesus Christus immer auch zu konkreten Auswirkungen (»Früchten«, vgl. Röm 12,1ff.; Gal 5,22; Kol 3,12ff.) im Leben des einzelnen führt.

INHALTSÜBERSICHT

1,1	Gruß
1,2–18	Bewährung in der Versuchung
1,19–27	Täter des Wortes, nicht nur Hörer
2,1–13	Die Sünde der Voreingenommenheit
2,14–26	Glaube und Werke
3,1–12	Die Sünden der Zunge
3,13–18	Weisheit von oben und von unten
4,1–10	Freundschaft mit der Welt ist Feindschaft mit Gott
4,11–17	Demut; die Sünde des Selbstruhms
5,1–6	Das Gericht über die Reichen
5,7–11	Geduldiges Ausharren
5,12	Nicht schwören
5,13–18	Gebet für die Kranken; Macht der Fürbitte
5,19–20	Die Abkehr des Sünders von seinem Irrweg

JALAM (»Junger Mann«). Sohn Esaus und seiner Frau Oholibama (1. Mose 36,5.14; 1. Chr 1,35), Haupt eines Edomiter-Stammes (1. Mose 36,18).

JALON (»Der Verweilende«). Ein Nachkomme Kalebs aus dem Stamm Juda.

JAMBRES Siehe JANNES UND JAMBRES.

JAMIN (»rechte Hand« = gute Seite), **JAMINITER**

1. Sohn Simeons und Stammvater der Familie der Jaminiter.
2. Ein Jerachmeeliter.
3. Ein Levit, der unter Esra die Thora auslegte.

JAMLECH (»Möge [Gott] zum König ernennen«). Ein Haupt der Simeoniter.

JANAI (»Möge [Gott] antworten«). Ein Mann aus dem Stamm Gad, der in Baschan wohnte.

JANNAI Ein Vorfahr Josefs im Stammbaum Jesu.

JANNES (»Übervorteiler«) **UND JAMBRES** (»Stolz«). Nach einer jüd. Tradition die Zauberer, mit denen Mose stritt (2. Mose 7,11 u. ö.). In 2. Tim 3,8 erscheinen ihre Namen stellvertretend für die Feinde der Wahrheit.

JANOACH (»Ruheort«).

1. Eine Stadt an der östlichen Grenze von Ephraim (Jos 16,6.7), heute Khirbet Yanum, 12 km südöstlich von Sichem.
2. Eine isrl. Stadt im nördlichen Galiläa (2. Kön 15,29). 732 v. Chr. wurden die Bewohner der Stadt von Tiglat-Pileser III., dem König Assyriens, deportiert.

JANUM (»Schlaf«). Eine isrl. Stadt im Gebiet von Hebron (Jos 15,53).

JAREB Titel eines assyr. Königs (»der große König«). Der Titel wurde als Name des Königs verstanden, der Tributzahlungen von Israel bekam.

JARHA (»Wanderer«?). Der ägypt. Knecht des Jerachmeeliters Scheschan; heiratete dessen Tochter (1. Chr 2,34.35). Dreizehn von ihm stammende Generationen werden aufgeführt (1. Chr 2,36-41).

JARIB (»Gott wird kämpfen«).

1. Ein Sohn Simeons (1. Chr 4,24). Der Name fehlt in den anderen Listen der Nachkommen Simeons (1. Mose 46,10; 2. Mose 6,15; 4. Mose 26,12.13).

JALAM 1. Mose 36,5.14.18; 1. Chr 1,35

JALON 1. Chr 4,17

JAMIN 1 1. Mose 46,10; 2. Mose 6,15; 4. Mose 26,12; 1. Chr 4,24
JAMIN 2 1. Chr 2,27
JAMIN 3 Neh 8,7

JAMLECH 1.Chr 4,34

JANAI 1.Chr 5,12

JANNAI Lk 3,24

JANNES UND JAMBRES 2. Tim 3,8

JANOACH 1 Jos 16,6.7
JANOACH 2 2. Kön 15,29

JANUM Jos 15,53

JAREB Hos 5,13; 10,6

JARHA 1. Chr 2,34.35

JARIB 1 1. Chr 4,24
JARIB 2 Esr 8,16
JARIB 3 Esr 10,18

2. Eines der Sippenhäupter, die noch vor der Rückkehr aus dem babyl. Exil von Esra beauftragt wurden, Leviten für den Tempeldienst zu holen.

3. Einer der Priester z. Zt. der Rückkehr aus dem babyl. Exil, die auf Esras Anordnung hin ihre ausländischen Frauen verstoßen mußten.

JARMUT 1 Jos 10,3.5.23; 12,11; 15,35; Neh 11,29
JARMUT 2 Jos 21,29

JARMUT (»Anhöhe«).

1. Ortschaft in der Schefela (Jos 15,35), deren kanaan. Stadtkönig Piram am Krieg der Amoriterkönige gegen Gibeon teilnahm (Jos 10,3-5). Nach der Rückkehr aus dem babyl. Exil wurde die Stadt wiederaufgebaut (Neh 11,29); sie war noch bis in die Römerzeit bewohnt.

2. Levitenstadt im Gebiet von Issachar (Jos 21,29), auch Remet genannt (Jos 19,21); möglicherweise an der Stelle der späteren Kreuzfahrerburg Belvoir.

Khirbet Jarmuk in der judäischen Schefela; hier lag vermutlich Jarmut (1).

Überreste der Kreuzritterburg Belvoir, an der Stelle des alten Jarmut (2).

JAROACH 1. Chr 5,14

JAROACH (»[Am] Neumond [Geborener]«). Einer der Vorfahren des Stammes Gad.

JASCHEN 2. Sam 23,32; 1. Chr 11,34

JASCHEN (»Schlafend«). Der Guniter, einer der »Helden« Davids.

JASCHUB 1 1. Mose 46,13; 4. Mose 26,24; 1. Chr 7,1
JASCHUB 2 Esr 10,29

JASCHUB, JASCHUBITER (»Er kehrt um«).

1. Der dritte Sohn Issachars und Stammvater der Jaschubiter-Sippe.

2. Einer der Söhne Bigewais, die unter Esra ihre ausländischen Frauen verstoßen mußten.

JASER 4. Mose 21,32; 32,1.3.35; Jos 13,25; 21,39; 2. Sam 24,5; 1. Chr 6,66; 26,31; Jes 16,8.9; Jer 48,32

JASER (»Zuflucht«). Amoriterstadt im Ostjordanland, die von den Israeliten erobert wurde (4. Mose 21,32). Die Gaditer siedelten dort und bauten eine neue Stadt (4. Mose 32,35), die später als eine der Freistädte erwähnt wird (1. Chr 6,66). J. wird auch z. Zt. Davids erwähnt (2. Sam 24,5). Jesaja (16,8.9) und Jeremia (48,32) erwähnen sie als eine moabit. Stadt. Nach dem babyl. Exil war J. ammonit., wurde aber später von den Hasmonäern (1. Makk 5,8) erobert. Vermutlich das heutige Khirbet es-Sar, ca. 13 km westlich von Amman.

JASIS 1. Chr 27,31

JASIS (»Glänzend«). Ein königl. Aufseher der Schafherden Davids.

JASON (griech. »Retter«, ein weitverbreiteter Name, den hellenisierte Juden statt *Josua* oder *Jesus* annahmen).

1. Ein Einwohner von Thessalonich, der Paulus in sein Haus aufnahm und deswegen zus. mit anderen Christen vom Pöbel angegriffen, vor die Oberen der Stadt gezerrt und erst gegen eine Bürgschaft freigelassen wurde (Apg 17,5–9).

2. Im Römerbrief erwähnter Christ, der Grüße an die Gemeinde in Rom sendet.

JATNIËL (»Gott gibt«). Ein Korachiter, der von David zum Torhüter am Heiligtum ernannt wurde.

JATTIR Levitenstadt im Süden des Gebietes von Juda (Jos 15,48; 21,14), der Geburtsort zweier der »Helden« Davids, Ira und Gareb (2. Sam 23, 38). Nachdem David die Amalekiter besiegt hatte, sandte er Geschenke nach J. (1. Sam 30,27).

Jattir, südwestlich von Hebron.

Haupt des »Wagenlenkers von Pozylazes« aus dem Apollotempel in Delphi, Griechenland. (Delphi Museum).

JAWAN (»Jüngling«). Vierter Sohn Jafets in der Völkertafel (1. Mose 10,2.-4; 1. Chr 1,5). J. (das gleiche Wort wie Ionien, die Heimat der Griechen) ist der hebr. Name für Griechenland. Vgl. GRIECHENLAND, GRIECHEN.

JEARIM, GEBIRGE (»Wälder«). Die nördliche Grenze des Gebietes von Juda verlief von Baala (ein anderer Name für Kirjat-Jearim) bis zum Gebirge Seïr im Westen »und geht an der Nordseite des Gebirges Jearim ... und kommt herab nach Bet-Schemesch« (Jos 15,9.10).
Für die Ortsbestimmung vgl. auch KESALON.

JEBERECHJA (»Gott wird segnen«). Vater jenes Secharja, der Zeuge war, als Jesaja die Zerstörung von Damaskus und Samaria prophezeite (Jes 8,2).

JEBUS, JEBUSITER Eines der Völker, die in vorisrl. Zeit in Jerusalem wohnten. Laut 1. Mose 10,16 waren sie Nachkommen von Kanaan. Während der isrl. Landnahme gelang es Josua nicht, die Stadt und ihre Umgebung einzunehmen, so daß die J. in Jerusalem (das sie Jebus nannten) wohnen blieben (Jos 15,8; 18,16; Ri 19,10.11); in der Richterzeit war J. auch als »Stadt der Fremden« bekannt. Erst David eroberte die Stadt (2. Sam 5,6–9). Vgl. JERUSALEM.

JECHDEJA (»Möge Gott froh sein«).

1. Ein Levit z. Zt. Davids.

2. Ein königl. Aufseher, der für die Esel Davids verantwortlich war.

JECHOLJA (»Gott ist fähig«). Frau des Königs Amazja von Juda und Mutter Usijas (2. Chr 26,3), der auch Asarja genannt wird (2. Kön 15,1).

JECHONJA Ein anderer Name für König Jojachin von Juda.

JEDAJA (»Gott weiß«).

1. Nachkomme des Stammes Simeon.

2. Einer der Männer, die unter Nehemias Führung die Stadtmauer Jerusalems wiederaufbauten.

JASON 1
Apg 17,5–7.9;
JASON 2
Röm 16,21

JATNIËL
1. Chr 26,2

JATTIR
Jos 15,48; 21,14; 1. Sam 30,27;

JAWAN
1. Mose 10,2.4; 1. Chr 1,5.7; Jes 66,19; Hes 27,13.19

JEARIM
Jos 15,9.10

JEBERECHJA
Jes 8,2

JEBUS, JEBUSITER
1. Mose 10,16; 15,21; 2. Mose 3,8.17; 13,5; 33,2; 34,11; 4. Mose 13,29; 5. Mose 7,1; 20,17; Jos 3,10; 9,1; 11,3; 12,8; 15,8.63; 18,16.28; 24,11; Ri 1,21; 3,5; 19,10.11; 2. Sam 5,6.8; 24,16.18; 1. Kön 9,20; 1. Chr 1,14; 11,4–6; 21, 15.18.28; 2. Chr 3,1; 8,7; Esr 9,1; Neh 9,8; Sach 9,7

JECHDEJA 1
1. Chr 24,20
JECHDEJA 2
1. Chr 27,30

JECHOLJA
2. Kön 15,2; 2. Chr 26,3

JECHONJA
1. Chr 3,16.17; Est 2,6; Jer 24,1; 27,20; 28,4; 29,2;

JEDAJA 1
1. Chr 4,37
JEDAJA 2
Neh 3,10
JEDAJA 3
1. Chr 24,7; Esr 2,36; Neh 7,39
JEDAJA 4
1. Chr 9,10; Neh 11,10

JEDAJA 5 Neh 12,6.19
JEDAJA 6 Neh 12,7.21
JEDAJA 7 Sach 6,10.14

3. Name einer Priesterfamilie z. Zt. Davids. Jeschua, der Hohepriester z. Zt. Serubbabels, stammte aus dieser Familie.

4. Einer der Priester, die nach der Rückkehr aus dem babyl. Exil in Jerusalem wohnten.

5. Ein weiterer Priester, der aus dem babyl. Exil zurückkam.

6. Ein anderer Priester, der aus Babylon zurückkam.

7. Einer der drei von Sacharja Beauftragten, die Geschenke aus Babylon für die Gemeinde in Jerusalem brachten.

JEDIAËL 1 1. Chr 7,6.10.11
JEDIAËL 2 1. Chr 26,2
JEDIAËL 3 1. Chr 12,21
JEDIAËL 4 1. Chr 11,45

JEDIAËL (»Gott bekannt«).

1. Der dritte Sohn Benjamins.

2. Ein Levit, Torhüter am Heiligtum z. Zt. Davids.

3. Einer der Männer des Stammes Manasse, die in Ziklag zu David stießen.

4. Sohn Schimris; einer der »Helden« Davids.

JEDIDA 2. Kön 22,1

JEDIDA (»Geliebte Gottes«). Mutter König Josias von Juda.

JEDIDJA 2. Sam 12,25

JEDIDJA (»Geliebter Jahwes«). Ein Name, den der Prophet Nathan Salomo verlieh.

JEDUTUN 1. Chr 9,16; 16,38.41.42; 25,1.3.6; 2. Chr 5,12; 29,14; 35,15; Neh 11,17

JEDUTUN (»Preisender«). Z. Zt. Davids ein Sänger vor der Bundeslade, zus. mit Asaf und Heman (1. Chr 16, 41). Sein Name erscheint in der Überschrift zu Ps 39, 62 und 77. In 2. Chr 35, 15 wird er »Seher des Königs« genannt. Seine Söhne (die Torhüter waren, 1. Chr 16, 42) und er waren »prophetische Männer, die auf Harfen, Psaltern und Zimbeln spielen« (1. Chr 25,1.3.6). Sie und die anderen in 1. Chr 25 genannten Sängerchöre musizierten bei der Einweihung des Tempels Salomos.

Ein Nachkomme J.s namens Abda war unter den ersten, die nach dem Erlaß des Kyrus aus dem babyl. Exil nach Juda zurückkehrten.

JEFTAH Ri 11,1–2.5. 7–15.28–30.32. 34.40; 12,1. 2.4.7; 1.Sam 12,11; Hebr 11,32

JEFTAH (»Gott wird öffnen«). Einer der Richter Israels. Ein uneheliches Kind Gileads; wurde von seinen Halbbrüdern verstoßen und floh nach Tob, wo er Anführer einer Bande von Geächteten wurde, die möglicherweise isrl. Dörfer vor plündernden Nomadenstämmen schützten (Ri 11,1–3).

J.s Aufstieg begann, als Israel im Kampf gegen die Ammoniter einen Befehlshaber suchte. Die Ältesten von Gilead baten J., die Führung zu übernehmen, und schworen ihm, daß er auch nach dem Krieg ihr Führer bleiben sollte (Ri 11,4–11).

J. versuchte zunächst, den Konflikt mit den Ammonitern auf diplomatischem Wege beizulegen (Ri 11,12–27), doch der König der Ammoniter hörte nicht auf ihn. J. ging darauf zum Angriff über und errang einen glänzenden Sieg, der den Einfällen der Ammoniter bis z. Zt. Sauls ein Ende setzte (Ri 11,28–33).

Zur Geschichte von J.s Sieg gehört auch sein unglückliches Gelübde, das erste, was ihm nach seinem Sieg aus seinem Haus entgegenkommen würde, zu opfern (Ri 11,30.31). Ausgerechnet J.s Tochter kam ihm entgegen; J. erfüllte sein Gelübde (11,34–40) – die näheren Umstände erfahren wir nicht, die Auslegung ist umstritten.

Ammonitische Krieger zu Pferde. 8. Jh. v. Chr. (Amman, Archäologisches Museum).

Dem Sieg über die Ammoniter folgte ein Konflikt mit den Männern von Ephraim, der in einen Krieg zwischen Ephraim und Gilead mündete (Ri 11,1–6). Man vermutet, daß der Ursprung dieser Stammesfehde in dem Verlangen der Ephraimiter lag, die Herrschaft über die isrl. Stammesgebiete auch im Ostjordanland zu erringen, was den Interessen der Gileaditer gänzlich zuwiderlief.

J. war sechs Jahre lang Richter (Ri 12,7).

JEFUNNE (»Der sichtbar wird«).

1. Vater Kalebs, des Kundschafters, der von Mose nach Kanaan gesandt wurde.

2. Sohn Jeters, vom Stamm Asser.

JEGAR SAHADUTA (»Steinmal«). Der aram. Name, mit dem Laban den Steinhaufen bezeichnete, den er und Jakob zur Bezeugung ihres Bundes errichteten (1. Mose 31,47).

JEHALLELEL (»Möge Gott scheinen«).

1. Ein Levit und Nachkomme Meraris.

2. Ein Nachkomme Judas.

JEHESKEL (»Möge Gott Kraft geben«). Führer der 20. Dienstgruppe von Priestern, die z. Zt. Davids im Heiligtum dienten.

JEHIËL, JEHIËLITER (»Möge Gott leben«).

1. Ein Levit, einer der Musiker z. Zt. Davids.

2. Ein Levit, Haupt des Hauses Ladans (1. Chr 23,8) und Vorfahr der Familie der Jehiëliter (1. Chr 26, 21.22). Z. Zt. Davids war er beauftragt, den Tempelschatz zu verwalten (1. Chr 29,8).

3. Sohn Hachmonis; wahrscheinlich Lehrer der Söhne Davids.

4. Ein Sohn König Joschafats von Juda und Bruder König Jorams.

5. Ein Levit, der während der Reform Hiskias den Tempel reinigte (2. Chr 29,14) und als Aufseher im Tempeldienst blieb (2. Chr 31,13).

6. Ein Priester im Tempel z. Zt. König Josias.

7. Vater Obadjas, eines der aus dem babyl. Exil zurückgekehrten Sippenhäupter.

8. Vater Schechanjas, des Mannes, der unter Esra vorschlug, die Ehen mit ausländischen Frauen aufzulösen (Esr 10,2–4).

9. Einer der Priester, die unter Esra ihre ausländischen Frauen verstießen.

10. Einer der Israeliten, die unter Esra ihre ausländischen Frauen verstießen.

11. Einer der »Helden« Davids. In der Parallelliste in 2. Sam 23 fehlt sein Name.

12. Ein Levit, Nachkomme der Familie Asaf.

JEHIJA (»Möge Ja[hwe] beten«). Einer der Torhüter, als David die Bundeslade nach Jerusalem überführte.

JEHISKIJA (»Ja[hwe] wird seine Macht zeigen«). Ein Führer des Stammes Ephraim. Er unterstützte den Propheten Oded, als dieser von König Pekach von Israel die Rückkehr der Gefangenen nach Juda forderte. Auf judäischen Münzen aus dem 4. Jh. v. Chr. erscheint der Name in der Schreibweise *Jehiskio*.

JEHU (Eine verkürzte Form von »Jahwe ist er« [der Herr]).

1. Der Sohn Obeds, ein Jerachmeeliter aus dem Stamm Juda.

2. Haupt einer Familie der Simeoniter z. Zt. Hiskias von Juda.

3. Einer der Kämpfer des Stammes Benjamin, die sich David in Ziklag anschlossen.

4. Ein Prophet zur Regierungszeit Baschas von Israel und Joschafats von Juda (1. Kön 16,1.7.12; 2. Chr 19,2; 20,34). Er prophezeite das Ende der Dynastie Baschas (1. Kön 16,2–4) und kritisierte später Joschafat, der an Ahabs Krieg gegen die Aramäer teilgenommen hatte (2. Chr 19,2.3).

5. König von Israel (842–814 v. Chr.), Sohn des JOSCHAFAT (5), begründete eine neue Dynastie. Ursprünglich ein Offizier im isrl. Heer, kam er durch einen Militärputsch auf den Thron, wobei er von Offizieren, die mit der Politik des regierenden Königs Joram unzufrieden waren, sowie von

JEFUNNE 1 4. Mose 13,6; 14,6.30.38; 26,65; 32,12; 34,19; 5. Mose 1,36; Jos 14,6.13.14; 15,13; 21,12; 1. Chr 4,15
JEFUNNE 2 1. Chr 7,38

JEGAR SAHADUTA 1. Mose 31,47

JEHALLELEL 1 2. Chr 29,12
JEHALLELEL 2 1. Chr 4,16

JEHESKEL 1. Chr 24,16

JEHIËL 1 1. Chr 15,18. 20; 16,5
JEHIËL 2 1. Chr 23,8; 26,21.22; 29,8
JEHIËL 3 1. Chr 27,32
JEHIËL 4 2. Chr 21,2
JEHIËL 5 2. Chr 29,14; 31,13
JEHIËL 6 2. Chr 35,8
JEHIËL 7 Esr 8,9
JEHIËL 8 Esr 10,2
JEHIËL 9 Esr 10,21
JEHIËL 10 Esr 10,26
JEHIËL 11 1. Chr 11,44
JEHIËL 12 2. Chr 20,14

JEHIJA 1. Chr 15,24

JEHISKIJA 2. Chr 28,12

JEHU 1 1. Chr 2,38
JEHU 2 1. Chr 4,35
JEHU 3 1. Chr 12,3
JEHU 4 1. Kön 16,1.7.12; 2. Chr 19,2; 20,34
JEHU 5 1. Kön 19,16. 2. Kön 9,2.5. 13–15.17–22. 25.27.30.31; 1.5.11.13.15. 18–21.23–25. 28–31.34–36; 12,2; 13,1; 14,8; 15,12;

2. Chr 22,7–9; 25,17; Hos 1,4

(links) Jehu (oder sein Gesandter) unterwirft sich Salmanassar III. Detail aus dem »Schwarzen Obelisken«, einem Kalksteinmonument. 9. Jh. v. Chr. (British Museum).

Gegnern des Baalskultes unterstützt wurde.

Bereits der Prophet Elia hatte von Gott den Auftrag erhalten, Jehu zum König zu salben (1. Kön 19,16); sein Nachfolger Elisa führte nun z. Zt. König Jorams, eines der Söhne Ahabs, diesen Auftrag durch einen Prophetenschüler aus (2. Kön 9,1–10), worauf die übrigen Offiziere J. zum König ausriefen (9,11–14) und dieser König Joram, König Ahasja von Juda und Ahabs Witwe Isebel tötete und das ganze Haus Ahabs ausrottete (2. Kön 9,15–10,14) – eine Erfüllung der Elia-Prophetie aus 1. Kön 21,17 ff. Anschließend rottete er, unterstützt durch die Rechabiter (2. Kön 10,15.16), den Baalskult aus, wobei er in einer großangelegten Aktion sämtliche Baalspriester auf einmal beseitigen konnte (10,15–28).

Auf das z. T. äußerst grausame Vorgehen J.s bezieht sich Hosea zurück, wenn er (Hos 1,4) von der »Blutschuld von Jesreel« spricht.

Der Sturz der Dynastie Omri löste die Koalition zwischen Israel, Juda und Tyrus auf, und Israel stand jetzt gegenüber den Aramäern isoliert da; diese eroberten größere Gebiete im Ostjordanland (2. Kön 10,32.33). J. regierte 28 Jahre lang und wurde in Samaria begraben (10,35.36).

Außerbibl. Quellen ergänzen das Bild der Regierungszeit J.s. Israel wurde Assyrien tributpflichtig, wie auf dem Schwarzen Obelisken von Salmanassar III. berichtet wird; »Jau, Sohn Omris« wird dort unter den tributzahlenden Herrschern aufgeführt, und eine der Szenen des Obelisken zeigt J., wie er Salmanasser seinen Tribut zahlt.

JEHUD Jos 19,45
JEHUDI Jer 36,14.21.23
JEHUDIT 1. Mose 26,34

JEHUD (»ehrenwert«). Stadt im Gebiet des Stammes Dan, östlich von Jafo (Jos 19,45). Judas Makkabäus schlug dort eine seiner großen Schlachten (1. Makk 4,15).

JEHUDI (»Judäer«). Ein Beamter am Hof Jojakims von Juda. Er las die Schriftrolle Jeremias, die zuvor Baruch vor den Oberen des Volkes verlesen hatte, dem König persönlich vor, der sie daraufhin verbrannte (Jer 36,21–23).

JEHUDIT (»Judäerin«). Tochter eines Hetiters; eine der Frauen Esaus.

JEÏËL 1 1. Chr 5,7
JEÏËL 2 1. Chr 9,35
JEÏËL 3 1. Chr 15,21; 16,5
JEÏËL 4 1. Chr 15,18
JEÏËL 5 2. Chr 26,11
JEÏËL 6 2. Chr 29,13
JEÏËL 7 2. Chr 35,9
JEÏËL 8 Esr 8,13
JEÏËL 9 Esr 10,43

JEÏËL (»Möge Gott Leben bringen«).

1. Eines der Häupter des Stammes Ruben.
2. Ein Benjaminiter, Vorfahr der Familie Sauls.
3. Ein Levit z. Zt. Davids; einer der Musiker bei der Überführung der Bundeslade und später im Heiligtum.
4. Ein Levit z. Zt. Davids, Torhüter am Heiligtum.
5. Der Schreiber Usijas, des Königs von Juda; war für den Dienstplan des Heeres verantwortlich.
6. Einer der Leviten, die bei der Reform Hiskias den Tempel reinigten.
7. Einer der Vorsteher der Leviten z. Zt. Josias von Juda; nahm an der Reform Josias teil.

Hebräisches Kalksteinsiegel mit der Inschrift »[Gehört] dem Yekamyahu« (Jekamja). 8. Jh. v. Chr. (Israelische Regierungsabteilung für Altertümer und Museen).

8. Einer der Rückkehrer aus dem babyl. Exil z. Zt. Esras.

9. Einer der Israeliten, die unter Esra ihre heidnische Frau verstoßen mußten.

JEKAMAM (»Gott[es Volk] wird sich erheben«). Der vierte Sohn Hebrons, ein Levit z. Zt. König Davids.

JEKAMJA (»Gott wird [sein Wort] halten«).

1. Ein Jerachmeeliter.

2. Ein Sohn König Jechonjas (Jojachins) von Juda.

JEKUTIËL (»Meine Hut ist Gott«). Ein Nachkomme Judas.

JEMIMA (»Täubchen«). Eine der Töchter Hiobs, die ihm nach dem Ende seiner Leiden geboren wurden.

JEMUËL (»Ein Tag Gottes«). Der erste Sohn Simeons und Gründer des Geschlechts der Jemuëliter.

JEOTRAI Ein Levit und Nachkomme Gerschons.

JERACH (»Mond«). Der vierte Sohn Joktans im Stammbaum Sems; wahrscheinlich zugleich der Name für einen Ort in Südarabien.

JERACHMEEL (»Möge Gott Erbarmen haben«).

1. Sohn Hezrons und Bruder Kalebs im Stamm Juda.

2. Ein Levit z. Zt. Davids.

3. Ein Mitglied der Königsfamilie Jojakims; erhielt zus. mit anderen den Befehl, Baruch und Jeremia zu verhaften.

JERACHMEELITER Die Jerachmeeliter gehörten ähnlich wie die Keniter, Kalebiter und Othnieliter zu den mit den Stämmen Juda und Simeon zusammenarbeitenden Südvölkern des Negeb, ohne aber in die Israel-Stämme integriert zu sein. Erwähnt werden sie nur im Zusammenhang mit den Raubzügen Davids, der als Söldnerführer des Philisterkönigs Achisch von Ziklag aus die angrenzenden Südvölker überfiel und fast ausrottete (1. Sam 27, 5–12). Auch bei der Beschreibung der Beutegeschenke, die David nach solchen Raubzügen nach Juda schickte, werden die J. erwähnt (1. Sam 30, 26–31).

JERED (»Knecht«).

1. Mann aus dem Stamm Juda, Gründer der Stadt Gedor.

2. Vater Henochs im Geschlechtsregister von Adam bis Noah. In 1. Chr 1,2 als Jired aufgeführt.

JEREMAI (»Der HERR ist erhaben«). Einer der Israeliten, die unter Esra ihre heidnischen Frauen verstießen.

JEREMIA (»Der HERR ist erhaben«). Einer der bedeutendsten Propheten Israels. Sein langes, unermüdliches Wirken fiel mit dem erneuten Aufstieg Babylons zur Großmacht im Nahen Osten zusammen. Seine Berufung geschah 626 v. Chr., im Jahr der Thronbesteigung Nabopolassars von Babylon. Vier Jahre später begann König Josia von Juda seine umfassende Reformation. 612 v. Chr. fiel Ninive an Nabopolassar, 605 besiegte sein Sohn Nebukadnezar bei Karkemisch den übriggebliebenen assyr. Rumpfstaat und dessen Verbündeten Pharao Necho, der auf seinem Anmarsch nach Karkemisch König Josia von Juda bei Megiddo besiegt hatte (609 v. Chr.). 604 v. Chr. unterwarf sich Jojakim von Juda Nebukadnezar, fiel aber bald darauf von ihm ab, worauf Nebukadnezar 597 v. Chr. Jerusalem einnahm und Jojakims Nachfolger Jojachin samt einem Teil der Bevölkerung gefangennahm und deportierte (erstes babyl. Exil). Zehn Jahre später, nach einem erneuten Abfall Judas, eroberte Nebukadnezar Jerusalem und Juda endgültig und deportierte diesmal nahezu die ganze Bevölkerung – das Ende des Staates Juda. Jeremia blieb in Mizpa, wo Gedalja als Statthalter fungierte; nach dessen Ermordung 582 v. Chr. wurde J. von den Aufrührern nach Ägypten verschleppt (vgl. Jer 40–42), wo er offenbar den Tod fand.

Geboren in Anatot, einem kleinen Dorf ca. 8 km nordöstlich von Jerusalem (Jer 1,1), wurde J. bereits in jungen Jahren von Gott zum Propheten berufen (1,4 ff.). Zwei Visionen verbanden sich mit seiner Berufung: der siedende Kessel und der erblühende Zweig (1,11–16). Der Kessel weist auf die kommende Zerstörung Judas aus dem Norden hin, der Zweig bedeutet, daß Gott über seinem Wort wacht und es ausführt.

JEKAMAM
1. Chr 23,19; 24,23

JEKAMJA 1
1. Chr 2,41
JEKAMJA 2
1. Chr 3,18

JEKUTIËL
1. Chr 4,18

JEMIMA
Hiob 42,14

JEMUËL, JEMUËLITER
1. Mose 46,10; 2. Mose 6,15; 4. Mose 26,12; 1. Chr 4,24

JEOTRAI
1. Chr 6,6

JERACH
1. Mose 10,26; 1. Chr 1,20

JERACHMEEL 1
1. Chr 2,9. 25–27.33.42
JERACHMEEL 2
1. Chr 24,29
JERACHMEEL 3
Jer 36,26

JERACHMEELITER
1. Sam 27,10; 30,29

JERED 1
1. Chr 4,18
JERED 2
1. Mose 5,15.18–20; Lk 3,37

JEREMAI
Esr 10,33

JEREMIA
2. Chr 35,25; 36,12.21–22; Jer 1,1.11; 7,1; 11,1;14,1; 18,1.18; 19,14; 20,1–3; 21,1.3; 24,3; 25,1–2.13; 26,7–9.12.20.24; 27,1; 28,5.10–12. 11–12.15; 29,1. 27.29–30; 30,1; 32,1–2.6.26; 33,1.19.23; 34,1.6.8.12; 35,1.12.18; 36,1.4.5.8.10. 19.26–27.32; 37,2–4.6.12–18. 21; 38,1.6–7. 9–17.19–20.24. 27–28; 39,11. 14–15; 40,1–2. 42,2.4–5.7;

43,1–2.6.8; 44,1.15.20.24; 45,1; 46,1.13; 47,1; 49,34; 50,1; 51, 59–61.64; Dan 9,2; Mt 2,17; 16, 14; 27,9

Das heutige Dorf Anata, nördlich von Jerusalem, nahe dem antiken Ort Anatot, dem Geburtsort Jeremias.

J.s Auftrag war es, dem Gottesvolk seinen Abfall von Gott vorzuhalten und das Gericht Gottes anzukündigen, das sich dann auch Schritt für Schritt verwirklichte. (Über die Reform des Josia 622 v. Chr. schweigt J.) Die einzig mögliche Rettung für Juda ist die Umkehr zu Gott und die Unterwerfung unter das Strafhandeln Gottes, dessen Arm der »Feind vom Norden«, das Neubabyl. Reich ist. Im Ringen um die Umkehr seines Volkes bediente sich J. des öffentlichen Streitgesprächs und der Predigt, aber auch z.B. des berühmten Briefs an die bereits nach Babel Deportierten (Jer 29) sowie symbolischer Handlungen (z.B. 7, 29; 27; 32), wobei J. selbst zu einem Zeichen wurde: er nahm sich keine Frau und gründete keine Familie – als Zeichen dafür, daß Gott sein Volk verläßt, wenn er es richtet (Jer 16,1 ff.).

Obwohl sich jede seiner Prophezeiungen erfüllte, hatte J. immer wieder unter Feindschaft und Verfolgung zu leiden: So wurde er vom Priester Paschhur geschlagen und in den Block geschlossen; mehrfach wurde er gefangengenommen und entging nur knapp dem Tod (Kap. 26; 37–38); König Jojakim schnitt eine Schriftrolle mit den Prophezeiungen J.s eigenhändig in Stücke und verbrannte sie (Kap. 36). Der nach Jojakim von Nebukadnezar als König eingesetzte Zedekia scheint unschlüssig gewesen zu sein, ob er auf J. hören sollte oder nicht; immerhin bewahrte er den Propheten während dessen Gefangenschaft vor dem sicheren Tod (Kap. 37–38). Den Untergang Jerusalems überlebte J. dank einer persönlichen Anordnung Nebukadnezars (39,11–14).

Mit am meisten litt J. unter dem inneren Muß – darunter, daß ausgerechnet er es war, der dem unbußfertigen Volk immer wieder das Gericht Gottes ankündigen mußte (vgl. Jer 4,19–22; 20,7–18). Mehr als einmal ist er in den rund 50 Jahren, die er Gottes Bote war, fast an seinem Amt zerbrochen.

JEREMIA, DAS BUCH DES PROPHETEN Das Buch Jer ist ein bedeutsames Beispiel für das richtige Verständnis der *Inspiration* der HS, also der Aussage, daß »alle Schrift von Gott eingegeben« ist (2. Tim 3,16). Denn auch Jer zeigt, daß die innere Gotteskraft (vgl. Röm 1,16) eines bibl. Buches nicht darin gründet, daß sein Text und sein Verfasser in ihrer Echtheit »wissenschaftlich nachgewiesen« sind, sondern darin, daß dieses Buch sich in der Gemeinde Gottes immer wieder als Gottes eigenes Wort erwiesen hat und daß die christl. Kirche (für das AT auch die jüd. Synagoge) es kanonisiert hat (vgl. KANON). Das Buch Jer ist sogar aus einem doppelten Grund ein wichtiges Beispiel für dieses Prinzip: Einmal berichtet es – in der Bibel fast einmalig – selbst von seiner Entstehung, zum anderen gibt es zwei verschiedene, aber beide bibl. Versionen des Buches.

Hebräisches Karneolsiegel mit der Aufschrift »Jirmejahu« (Jeremia) aus dem 8. Jh. v. Chr. (T. Kollek-Sammlung, Israel Museum).

Zum ersten: Jer 36 berichtet, wie J.s Sekretär (»Schreiber«) Baruch nach J.s Diktat eine Schriftrolle beschreibt, die die bisherigen Reden J.s enthält. König Jojakim zerstört die Rolle (36,23), worauf J. auf Gottes Befehl eine zweite, noch längere Schriftrolle erstellen läßt (36,32) – ob dabei die Hinzufügungen von J. oder von Baruch stammen, geht aus dem Text nicht eindeutig hervor. Sicher ist dagegen, daß die späteren Teile des Jeremiabuches, v. a. die erschütternden Berichte der Kap. 37–44, nicht in dieser Schriftrolle enthalten gewesen sein können. An der Inspiration des Buches Jer als Wort Gottes ändert sich dadurch auf keinen Fall etwas.

Zum zweiten: Die griech. Übersetzung des AT, die LXX, hat einen Jer-Text, der um ein Achtel kürzer ist als der uns jetzt vorliegende hebr. Urtext; außerdem bringt die LXX die sog. Völkertafel (Kap. 46–51) nicht am Schluß des Buches, sondern fügt sie nach Kap. 25,13 ein; folglich muß den Übersetzern der LXX ein anderer Urtext vorgelegen haben als der, der z. B. der LÜ zugrunde liegt. Aber auch das ficht den Glauben an die göttliche Inspiration von Jer nicht an. Der Glaube an die Inspiration durch Gottes Geist (2. Tim 3,16; 2. Petr 1,19-21) ruht nicht auf textkritischer Unanfechtbarkeit, sondern auf dem Bekenntnis der Kirche Jesu Christi zum Wirken des dreieinigen Gottes in »aller Schrift«.

Schon immer ist aufgefallen, daß es im Erzählstil des Buches einen Wechsel zwischen der 1. und 3. Person gibt. In Kap. 1-25 herrscht die Ich-Erzählung vor; fraglos spricht (und diktiert? Jer 36,4.32) hier der Prophet selbst. Ab Kap. 26 und v. a. ab Kap. 37 wird dann im Er-Stil über J. berichtet – vermutlich durch einen anderen Schreiber, am ehesten vielleicht Baruch. Auch dies ändert an der göttlichen Inspiration des Buches nichts.

Das Buch als Ganzes, wie es uns heute vorliegt, gliedert sich in fünf Hauptteile:

1. *Kap. 1–25*: Prophetenworte J.s, wahrscheinlich identisch mit dem Inhalt der Schriftrolle (»alle Worte, die ich ... geredet habe ... bis auf diesen Tag«, 36,2). Sie sind chronolog. geordnet:

1–6: aus der Zeit des Königs Josia; 7–20: aus der Zeit Jojakims; 21–25: aus der letzten Zeit des judäischen Königtums. Bes. hervorzuheben sind: J.s Berufung zum Propheten des HERRN (Kap. 1); die große Gerichtsrede gegen das untreue Gottesvolk (2); die Weissagung über den »Feind aus dem Norden« (4,5–31); die sog. Tempelrede gegen den Abfall des Volkes und gegen den falschen Gottesdienst (7); die Klagerede über Gottes Volk (9); die Symbolhandlung mit dem Gürtel (13,1–11); die Bekenntnisse der eigenen Angefochtenheit des Propheten (15,10–21; 17,14–18; 20,7–18 u. a.); die Symbolhandlung mit dem zerschmetterten Krug (19,1–13); die Mißhandlung durch Paschhur (19,14–20,6); die Rede gegen die bösen Hirten und die falschen Propheten (23); die Weissagung über den Untergang Judas (25).

2. *Kap. 26–36*: Der Bericht über J. im Rahmen der geschichtlichen Endphase des Königreichs Juda, i. a. in der 3. Person geschrieben. Kap. 36 würde zeitlich vor Kap. 34 gehören, ist aber als eine Art Zusammenfassung an den Schluß dieses Teiles des ganzen Buchs gekommen. Bes. hervorzuheben: J.s Tempelrede, seine erste Verhaftung und Freilassung (26,1–19); der Zusammenstoß mit dem nationalistischen Heilspropheten Hananja (Kap. 28); der Brief J.s an die Weggeführten der ersten babyl. Deportation (29); die Verheißung der Errettung Israels und des neuen Gottesbundes (30–31; vgl. 33); der Ackerkauf in Anatot (32); die Warnung an König Zedekia (34, 1–7); die zweimalige Niederschrift der Prophetenworte J.s durch Baruch (36).

3. *Kap. 37–45*: J.s Schicksal während der Belagerung Jerusalems und nach dem Fall der Stadt (die sog. Passionsgeschichte J.s). Wiederum in der 3. Person geschildert, möglicherweise durch Baruch. Bes. hervorzuheben: die letzte Warnung an Zedekia und das letzte Gespräch J.s mit dem König des Untergangs (37,1–10; 38,14–28); die Verhaftung des Propheten (37,11–16) und seine Rettung aus der Zisterne (38,1–13); die Rettung J.s bei der Zerstörung Jerusalems (39); die Zeit unter Gedalja (40–41) und J.s Verschleppung nach Ägypten (43,1–7).

4. *Kap. 46–51*: Drohweissagungen gegen fremde Völker: gegen Ägypten, die Philister, Moab, Ammon, Edom, Damaskus, Kedar, Hazor und Elam (46,2–49,39) und ausführlich gegen Babel (50–51). (Diese Völkersprüche stehen in der LXX nach Kap. 25,13.) Nach 51,60 hat J. diese Völkerweissa-

gungen zunächst in einem besonderen Buch zusammengefaßt (vgl. 51,63). In 51,64 wird dann ausdrücklich festgestellt, daß damit das Prophetenbuch abschließt: »So weit hat Jeremia geredet.«

5. *Kap. 52* ist demnach ein Nachtrag von dritter Hand. Inhaltlich deckt sich der Text mit 2. Kön 24,18–25,30. J. wird in diesem Anhangskapitel nicht mehr erwähnt. Das ganze »Buch des Unheils« schließt mit einer Andeutung der Wende zum Heil (52,31-34).

INHALTSÜBERSICHT

Kap.	1–25	Worte Jeremias gegen sein Volk
	1,1–19	Jeremias Berufung
	2,1–6,30	Gerichtsworte as der Regierungszeit Josias
	7,1–20,18	Tempelrede, Klagen aus der Regierungszeit Jojakims
	21,1–25,38	Gerichtsweissagungen gegen die Könige von Juda und (Kap. 23) gegen die falschen Propheten
Kap.	26–36	Jeremias Ergehen und Prophetien in der Endphase Judas
	26,1–19	Erneute Tempelrede
	26,20–24	Hinrichtung des Propheten Uria
	27,1–28,17	Joch-Predigt, Auseinandersetzung mit Hananja
	29,1–32	Brief an die Deportierten in Babel
	30,1–31,40	Verheißung der Rettung und eines neuen Bundes
	32,1–44	Der Ackerkauf
	33,1–26	Verheißung der Wiederherstellung
	34,1–7	Warnung an Zedekia
	34,8–22	Sklaven-Predigt
	35,1–19	Die Rechabiter
	36,1–32	Die Schriftrolle Baruchs
Kap.	37–45	Jeremias Schicksal während und nach der Belagerung Jerusalems
	37,1–38,28	Jeremias Gefangenschaft; letzte Gespräche mit König Zedekia
	39,1–18	Eroberung Jerusalems; Jeremias Befreiung
	40,1–41,18	Gedaljas Statthalterschaft und Ermordung
	42,1–44,30	Verschleppung nach Ägypten; Prophetien in Ägypten
	45,1–5	Ein Wort für Baruch
Kap.	46,1–51,64	Gerichtsweissagungen gegen fremde Völker
	52,1–34	Nachtrag: Untergang Jerusalems; Begnadigung Jojachins

Fragmente aus dem Jeremiabuch, gefunden in Qumran (Schrein des Buches, Jerusalem).

Einem menschlichen Gesicht nachgebildetes Tongefäß aus Jericho. Mittlere Bronzezeit (Israelische Regierungsabteilung für Altertümer und Museen).

(unten rechts) Ausgrabungen von Befestigungen des alten Jericho.

Terrakottaskulptur aus Jericho. Neolithikum (Israelische Regierungsabteilung für Altertümer und Museen).

JEREMOT (»Erhabenheit«).

1.–3. Drei der Israeliten, die unter Esra ihre heidnischen Frauen verstoßen mußten.

4. Dritter der Söhne Berias im Geschlechtsregister König Sauls.

5. Ein Levit, Sohn Muschis, des zweiten Sohnes Meraris.

6. Ein Levit, verantwortlich für die 15. Dienstgruppe der Leviten z. Zt. Davids.

7. Oberhaupt des Stammes Naftali z. Zt. Davids.

JERIA (»Gottesfurcht«). Der Erstgeborene Hebrons, des dritten Sohnes Kehats; Oberhaupt der Hebroniter z. Zt. König Davids.

JERIBAI (»Gott führt Rechtsstreit«). Einer der »Helden« Davids.

JERICHO (»Duftort«). Stadt im Gebiet des Stammes Benjamin, nahe dem Jordan, gegenüber der Steppe Moab gelegen (4. Mose 22, 1), eine der ältesten Städte der Welt. Sie war auch als »Palmenstadt« bekannt (5. Mose 34,3; Ri 3,13; 2. Chr 28,15). Das warme Klima, das reichlich vorhandene Wasser und der fruchtbare Boden zogen seit Urzeiten Siedler an. Obwohl J. in versch. Epochen eine gewisse Bekanntheit erlangte, wird es in außerbibl. histor. Quellen nicht erwähnt.

J. lag nahe einer Furt über den Jordan, auf dem Weg nach Jerusalem und zu den Hafenstädten an der Mittelmeerküste, und hatte daher strategische Bedeutung. Für die Israeliten war J. bei der Landnahme der Schlüssel zu Kanaan, und die Bibel beschreibt die Einnahme der Stadt detaillierter als alle anderen Eroberungen der Israeliten. Noch von Schittim sandte Josua zwei Kundschafter aus, um die Stadt und ihr Umland zu erkunden (Jos 2). Nachdem die Kundschafter mit Hilfe der Hure Rahab ihre Mission beendet hatten, durchzogen die Israeliten den Jordan und lagerten sich vor der Stadt (Jos 3–4).

Die Eroberung J.s geschah nicht durch einen normalen Angriff, sondern die Israeliten umzogen auf Gottes Weisung sechs Tage lang je einmal in feierlicher Prozession die Stadt. Am siebten Tag umzogen sie die Stadt siebenmal und erhoben beim siebten Mal ein lautes Kriegsgeschrei. Die Stadtmauern stürzten daraufhin ein, und man eroberte die Stadt; nur die Hure Rahab und ihre Verwandten wurden verschont (Jos 6). Josua belegte jeden, der versuchen würde, die Stadt wiederaufzubauen, mit einem Fluch (Jos 6,26).

Offenbar war J. schon relativ bald wieder besiedelt. Ri 3,12–13 berichtet, wie der Moabiterkönig Eglon zus. mit den Ammonitern und Amalekitern

JEREMOT 1 Esr 10,26
JEREMOT 2 Esr 10,27
JEREMOT 3 Esr 10,29
JEREMOT 4 1. Chr 8,14
JEREMOT 5 1. Chr 23,23; 24,30
JEREMOT 6 1. Chr 25,22
JEREMOT 7 1. Chr 27,19

JERIA 1. Chr 23,19; 24,23; 26,31

JERIBAI 1. Chr 11,46

JERICHO 4. Mose 22,1; 26,3.63; 31,12; 33,48.50; 34,15; 35,1; 36,13; 5. Mose 32,49; 34,1.3; Jos 2,1–3; 3,16; 4,13.19; 5,10.13; 6,1.2.25.26; 7,2; 8,2; 9,3; 10,1. 28.30; 12,9; 13,32; 16,1.7; 18,12.21; 20,8; 24,11; 2. Sam 10,5; 1. Kön 16,34; 2. Kön 2,4.5.15. 18; 25,5; 1. Chr 6,63; 19,5; 2. Chr 28,15; Esr 2,34; Neh 3,2; 7,36; Jer 39,5; 52,8; Mt 20,29; Mk 10,46; Lk 10,30; 18,35 19,1; Hebr 11,30

den Israeliten J. (zu diesem Zeitpunkt offenbar nur eine kleine Ansiedlung) entriß. Auch z. Zt. Davids muß J. bewohnt gewesen sein (2. Sam 10,5). In der Regierungszeit Ahabs »baute Hiël von Bethel Jericho wieder auf. Es kostete ihn seinen erstgeborenen Sohn Abiram, als er den Grund legte, und seinen jüngsten Sohn Segub, als er die Tore einsetzte, nach dem Wort des HERRN, das er geredet hatte durch Josua, den Sohn Nuns« (1. Kön 16,34). Hiermit galt der Fluch offenbar als erfüllt und gegenstandslos geworden, denn nicht viel später wird J. in 2. Kön 2 im Bericht über die Entrückung des Propheten Elia erwähnt. Hier wohnten mehrere Prophetenschüler Elias und Elisas (2. Kön 2,5); in der Nähe der Stadt wurde Elia entrückt. Elisa ging zurück in die Stadt und machte das Wasser der Stadtquelle wieder genießbar (2. Kön 2,18–22). Bei J. wurde der vor den Babyloniern fliehende König Zedekia gefangengenommen (2. Kön 25,5). 345 Männer der Stadt kehrten aus dem babyl. Exil zurück (Esr 2,34; Neh 7,36); einige von ihnen beteiligten sich am Wiederaufbau der Stadtmauern Jerusalems (Neh 3,2).

Das alte J. wird mit dem Tell es-Sultan, nahe der reichen Quelle Ain es-Sultan, identifiziert, 6 km nördlich des heutigen J. Der 22 m hohe und ca. 4 ha große Siedlungshügel liegt ca. 320 m unter dem Meeresspiegel. Seit 1868 wurden zahlreiche archäolog. Expeditionen unternommen, die u. a. – bisher vergeblich – die bei der isrl. Eroberung eingestürzten Mauern zu entdecken versuchten.

Luftaufnahme vom Palast des Herodes, südlich des heutigen Jericho (Mit freundlicher Genehmigung von Ehud Netzer).

In der Frühbronzezeit wurde J. wiederholt von Kriegen und Erdbeben heimgesucht; im Laufe des 3. Jt. v. Chr. wurden seine Mauern nicht weniger als 17mal zerstört und wiederaufgebaut. Die Mittlere Bronzezeit I (2100–1900 v. Chr.) war eine Zeit des Niedergangs für J., verursacht offenbar durch Invasionen und Verwüstungen semit. Stämme; die Stadt war zu dieser Zeit nicht befestigt. Massiv befestigt war dagegen die Stadt der Mittelbronzezeit II; der Stadtmauer war jetzt ein riesiges Glacis (künstlicher Erdabhang) vorgelagert. Die Zerstörung dieser Stadt wird in die Mitte des 16. Jh. v. Chr. datiert, als die Ägypter das Land von den Hyksos zurückeroberten.

Von der Stadt der Spätbronzezeit, die nach dem bibl. Bericht von Josua erobert wurde, wurden bislang keine Überreste gefunden. Auch die Datierung dieser Eroberung ist unklar; sie bewegt sich zwischen 1400 und 1250 v. Chr. Manche Forscher nehmen an, daß das von Josua zerstörte J. weniger eine richtige Stadt als vielmehr eine Art Sperrfestung war, zu der u. a. auch das übliche weibliche Gefolge (Jos 2, 1) gehörte.

Stoa (Säulenhalle) vor dem Palast des Herodes, Jericho.

Die Funde aus der Richter-, Königs- und nachexilischen Zeit sind nicht zahlreich, bestätigen jedoch i. a. die bibl. Angaben. Im 9.–7. Jh. v. Chr. wuchs die Stadt zusehends. 587 v. Chr., bei der Eroberung durch die Babylonier, wurde J. wie die anderen Städte Judas zerstört. Z. Zt. der Rückkehr aus dem babyl. Exil waren nur einige Teile des nördlichen und westlichen Bereichs des Siedlungshügels besiedelt. In der hell. Zeit war Alt-J. unbewohnt; die Hasmonäer und Herodes bauten ihre Paläste an einer neuen Stelle, südlich der alten Stadt.

JERIËL 1. Chr 7,2

JERIËL (»gottesfürchtig«). Ein Enkel Issachars.

JERIMOT 1 1. Chr 7,7
JERIMOT 2 1. Chr 7,8
JERIMOT 3 1. Chr 12,6
JERIMOT 4 1. Chr 25,4
JERIMOT 5 2. Chr 11,18
JERIMOT 6 2. Chr 31,13

JERIMOT (»Erhebung«).

1. Ein Enkel Benjamins.
2. Ein weiterer Enkel Benjamins.
3. Einer der Benjaminiter, die aus der Armee Sauls zu David in Ziklag übergingen.
4. Ein Levit, einer der Tempelmusikanten z. Zt. Davids.
5. Ein Sohn Davids und Ehemann Abihajils. Ihre Tochter Mahalat heiratete König Rehabeam von Juda.
6. Ein Levit, der in der Regierungszeit König Hiskias in der Finanzverwaltung tätig war.

JERIOT 1. Chr 2,18

JEROBEAM 1 1. Kön 11,26.28.29.31.40; 12,2.3.12.15.20.25.26.33; 13,1.33.34; 14,1.2.4–7.10.11.13.14.16.17.19.20.30; 15,1.6.7.9.25.29.30.34; 16,2.3.7.19.26.31; 21,22; 22,53; 2. Kön 3,3; 9,9; 10,29.31; 13,2.6.11; 14,24; 15,9.18.24.28; 17,21.22; 23,15; 2. Chr 9,29; 10,2.3.12.15; 11,4.14; 12,15; 13,1–4.6.8.13.15.19.20

JEROBEAM (»Möge das Volk zahlreich werden«).

1. Jerobeam I., der erste König des Nordreiches Israel (928–907 v. Chr.). Er war ein Sohn Nebats aus Zereda in Ephraim und hatte eine Zeitlang als Vogt Salomos die Fronarbeit der Stämme Ephraim und Manasse zu beauf-

Hebräisches Jaspissiegel aus Megiddo mit einem Löwen und einer Inschrift »[Gehört] dem Schema, Diener Yerobeams« (Jerobeams); 8. Jh. v. Chr. (Rockefeller-Museum, Jerusalem).

JEROBEAM 2
2. Kön 13,13; 14, 16.23.27–29; 15,1.8;
1. Chr 5,17;
Hos 1,1;
Am 1,1; 7,9–11

sichtigen (1. Kön 11,26–28). Offenbar plante er einen Aufstand oder Putsch gegen Salomo (11,27). Der Prophet Ahija von Silo sagte ihm symbolisch die Herrschaft über zehn der zwölf isrl. Stämme zu, indem er seinen Mantel in zwölf Teile zerriß, von denen er J. zehn gab (11,29–39). Von Salomo verfolgt, floh J. nach Ägypten und begab sich unter den Schutz des Pharao Schischak, wo er bis zu Salomos Tod blieb (11,40).

Als nach Salomos Tod sein Nachfolger Rehabeam sich weigerte, die Steuer- und Fronlasten des Volkes zu lindern, fielen die zehn Nordstämme von ihm ab und machten J. zu ihrem König (1. Kön 12,1–20), womit die Trennungen zwischen Israel und Juda vollzogen war. Die Spannungen zwischen den beiden Reichen dauerten während der gesamten Regierungszeit J.s an. (1. Kön 14,30; 2. Chr 13,3–19). J.s Hauptstadt war zunächst Sichem, dann Pnuël im Ostjordanland, danach offenbar Tirza (1. Kön 12,25; 14,17).

Entgegen der Mahnung des Propheten Ahija (1. Kön 11, 38) blieb J. Gott nicht treu; die beiden von ihm in Dan und Bethel als Konkurrenz zum Tempel in Jerusalem aufgestellten goldenen Kälber (vgl. GOLDENES KALB) und das Höhenheiligtum in Bethel führten in den Götzendienst. Als J. wegen einer Erkrankung seines Sohnes Abija seine Frau zu dem greisen Ahija schickte, prophezeite dieser Gottes Gericht über J.s Götzendienst und den Untergang seiner Dynastie (1. Kön 14,1–18).

Der Name »Jerobeam«, geprägt auf einer Münze in Samaria im 4. Jh. v. Chr. (Arnold-Spaer-Sammlung).

2. Jerobeam II., Sohn König Joaschs, regierte 789–748 v. Chr. und war der bedeutendste Herrscher der Jehu-Dynastie. Er setzte die Politik seines Vaters fort und bekämpfte erfolgreich das durch Feldzüge der assyr. Könige Nirari III. und Salmanassar IV. geschwächte Aram-Damaskus (2. Kön 14, 23–28). Seine Regierung war äußerlich eine ausgesprochene Blütezeit für Israel, das nun sowohl in seinem Stammland als auch in Südsyrien zu einer starken polit. Macht wurde und einen wirtschaftlichen Aufschwung erfuhr. Die Beziehungen zu Juda waren friedlich, wie eine gemeinsame Volkszählung im Ostjordanland beweist (1. Chr 5,17).

Gleichzeitig jedoch setzte sich der religiöse Verfall fort (vgl. 2. Kön 14,24). Aus der Entartung des Glaubens und Gottesdienstes wuchs Ungerechtigkeit, Unterdrückung der Armen und Beugung des Rechts – Zustände, gegen die Hosea und Amos ihre Gerichtspredigten hielten. Das Ende des Reiches Israel kam dann auch schon 722 v. Chr., etwa 25 Jahre nach J.

JEROHAM (»Möge Gott Erbarmen haben«).

1. Ein Ephraimiter, Vater Elkanas und Großvater des Propheten Samuel.
2. Ein Benjaminit aus der Sippe Sauls.
3. Vater des Jibneja, der nach dem babyl. Exil in Jerusalem wohnte; möglicherweise mit (2) identisch.

JEROHAM 1
1. Sam 1,1;
1. Chr 6,12.19
JEROHAM 2
1. Chr 8,27
JEROHAM 3
1. Chr 9,8
JEROHAM 4
1. Chr 9,12;
Neh 11,12
JEROHAM 5
1. Chr 12,8
JEROHAM 6
1. Chr 27,22
JEROHAM 7
2. Chr 23,1

4. Ein Priester, der nach dem babyl. Exil in Jerusalem wohnte; Vater Adajas.

5. Vater zweier Krieger, die von der Armee Sauls zu David nach Ziklag überliefen.

6. Vater Asarels, des Stammesfürsten von Dan z. Zt. König Davids.

7. Vater des Asarja, einer der Offiziere im Aufstand Jojadas gegen Königin Atalja.

JERUBBAAL Ri 6,32; 7,1; 8,29.35; 9,1.2.5.16.19.24.28.57; 1. Sam 12,11; 2. Sam 11,21

JERUBBAAL (»Gott wird mit Baal streiten«). Beiname Gideons; er wurde so genannt, nachdem er den Baal-Altar seines Vaters zerstört hatte.

JERUËL 2. Chr 20,16

JERUËL Teil der Wüste Juda, in der Nähe von Tekoa (südlich von Bethlehem); hier besiegte Joschafat die Ammoniter, Moabiter und Meuniter.

JERUSALEM Jos 10,1.3.5.23; 12,10; 15,8.63; 18,28; Ri 1,7–8.21; 19,10; 1. Sam 17,54; 2. Sam 5,5–6.13–14; 8,7; 9,13; 10,14; 11,1.12; 12,31; 14,23.28; 15,8.11.14.29.37; 16,3.15;17,20; 19,20.26.34–35; 20,2–3.7.22; 24,8.16; 1. Kön 2,11.36.38.41; 3,1.15; 8,1; 9,15.19; 10,2.26–27; 11,7.13.29.32.36.42; 12,18.21.27–28; 14,21.25; 15,2.4.10; 22,42; 2. Kön 8,17.26; 9,28; 12,2.18–19; 14,2.13.19–20; 15,2.33; 16,2.5; 18,2.17.22.35; 19,10.21.31; 21,1.4.7.12–13.16.19; 22,1.14; 23,1–2.4–6.9.13.20.23–24.27.30–31.33.36; 24,4.8.10.14–15.18.20; 25,8–10; 1.Chr 3,4–5; 5,36.41; 6,17; 8,8.32; 9,3.34.38; 11,4; 14,3–4; 15,3; 18,7; 19,15; 20,1.3; 21,4.15.16; 23,25; 28,1; 29,27; . Chr 1,4.13–15; 2,6.15; 3,1; 5,2; 5,6; 8,6; 9,1.25.7.30; 10,18; 11,1.5.14.16; 12,2.-5.7.9.13; 13,2; 14,14; 15,10; 17,13; 19,1.4.8; 20,5.15.17–8.20.27–28.31; 21,5.11.13.20; 22,1–2; 23,2; 24,1.6.9.18.23; 25,1.23.27; 26,3.9.15; 27,1.8; 28,1.10.24.27;

JERUSALEM Die Hauptstadt des Königreichs Israel (nach der Reichsteilung des Südreichs Juda). Sie liegt an der Kreuzung von Straßen in Nord-Süd- und Ost-West-Richtung inmitten der Berge von Judäa (bis zu ca. 800 m hoch) und nahe der Wüste Juda. Die Stadt liegt auf zwei Bergrücken, die vom Kidron- und Hinnomtal begrenzt sind; ein drittes, in Nord-Süd-Richtung zwischen den Bergrücken gelegenes Tal, das Tyropoeontal (auch »Käsemachertal«, »Stadttal«), ist heute fast völlig zugeschüttet.

Geschichte: Die erste Erwähnung J.s findet sich in den ägypt. Ächtungstexten (ca. 19. Jh. v. Chr.). Der Name »J.« ist wahrscheinlich westsemit. (kanaan.) Ursprungs und aus zwei Elementen zusammengesetzt: *Jeru* (von einem Wortstamm mit der Bedeutung »gründen«, »aufbauen«) und *Salem* (Name eines kanaan. Gottes). Die El-Amarna-Briefe, eine große Sammlung von Schriftwechseln kanaan. u. a. Könige des Nahen Ostens mit ägypt. Pharaonen des 14. Jh. v. Chr., enthalten auch sechs Briefe an die damaligen Herrscher J.s.

Von der Geschichte J.s vor seiner Eroberung durch David ist wenig bekannt. In der Bibel wird es erstmals in 1. Mose 14,18–20 erwähnt, bei der Begegnung zwischen Abraham und Melchisedek, dem »König von Salem«; demnach war J. (Salem) in der Patriarchenzeit Sitz eines der kanaan. Stadtkönige und eine Kultstätte zur Verehrung des »größten und höchsten Gottes«.

Im Buch Josua wird Adoni-Zedek, der damalige Stadtkönig J.s, erwähnt, der als Führer einer Koalition von Amoriterkönigen gegen Gibeon kämpfte und von Josua geschlagen wurde (Jos 10,1 ff.); dabei findet sich jedoch kein Hinweis auf eine Eroberung J.s. Nach Josuas Tod finden wir im Buch der Richter eine kurze Erwähnung der Eroberung J.s durch den Stamm Juda (Ri 1,8), aber die meisten Forscher nehmen an, daß diese Eroberung nur vorübergehend war. Z. Zt. der Landnahme und der Richter war J. (Jebus) eine Stadt der Jebusiter (vgl. Ri 19,10–11; 1. Chr 11,4), eines Volksstammes, der wahrscheinlich zu den Hetitern gehörte (vgl. Hes 16,3) und dessen Gebiet zwischen den Territorien von Benjamin und Juda lag.

Die Eroberung J.s durch David wird in 2. Sam 5,6–9 und 1. Chr 11,4–7 beschrieben. Das Husarenstück Joabs, der über einen Schacht, der möglicherweise zu der Gihonquelle außerhalb der Mauern führte, in die Stadt eindrang (vgl. 2. Sam 5,8), hat in Israel legendäre Bedeutung erlangt.

Dadurch, daß David J. zur neuen Hauptstadt seines Reiches machte, leistete er einen wichtigen Beitrag zu dessen Festigung, lag die Stadt doch an der Grenze zwischen den Nord- und den Südstämmen – ein sozusagen neutraler Standort, der von allen Stämmen gleichermaßen anerkannt werden konnte. Obwohl die »Davidsstadt«, wie sie jetzt auch hieß (2. Sam 5,9), rein verkehrsgeographisch nicht der Mittelpunkt des Landes war, wurde sie rasch zum administrativen und religiösen Zentrum des Königreichs. David begann die Stadt auszubauen und errichtete sich u. a. einen Königspalast (2. Sam 5,11; 7,2); sein Plan, auch einen Tempel als Zentrum der Anbetung Jahwes zu bauen, konnte erst von seinem Nachfolger Salomo ausgeführt werden (2. Sam 7; 1. Kön 6).

Salomos prachtvolle neue Bauten (außer dem Tempel z. B. neue Paläste; 1. Kön 7, 1–12; 9,10–24) und sein wachsender Ruhm ließen J. zu einer auch

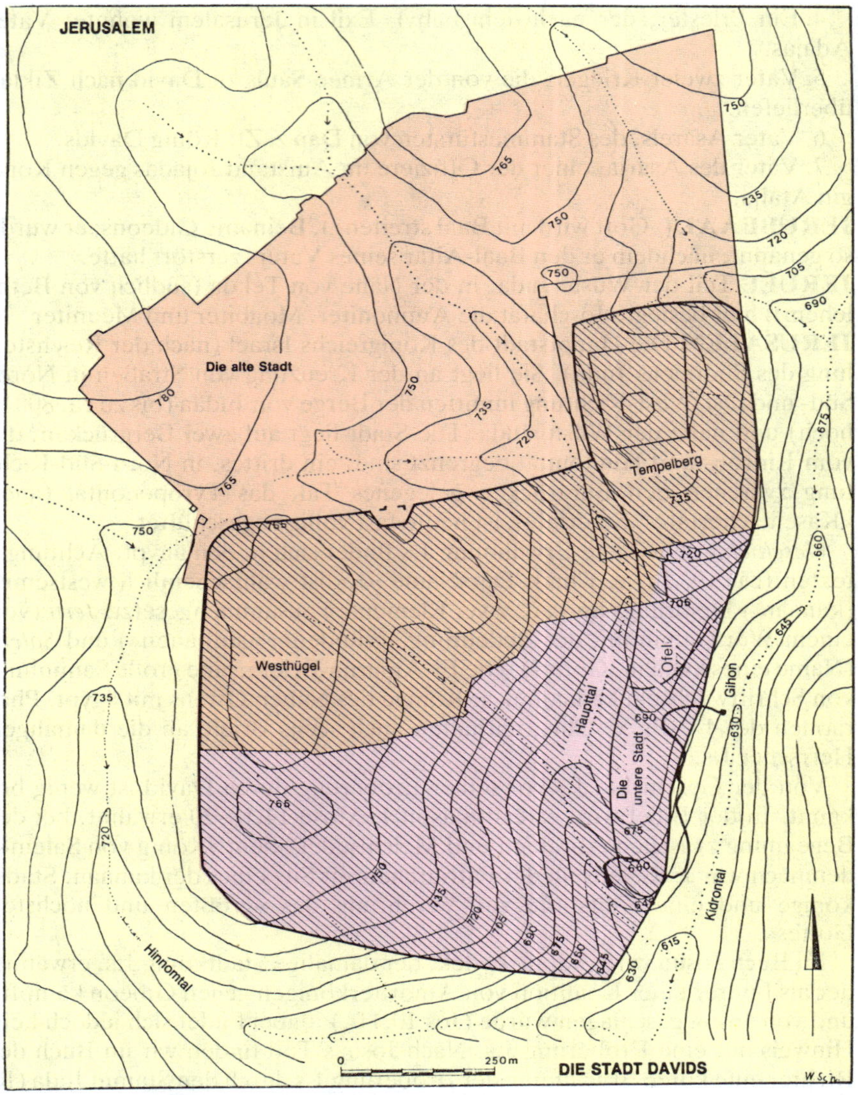

(rechts) Die Davidsstadt im 8. bis 6. Jh. v. Chr.

Gesamtansicht der Davidsstadt mit den Ausgrabungen auf der linken Seite und der Al-Aksa-Moschee rechts; im Hintergrund die Stadtmauer.

29,1.8; 30,1–3.5. 11.13–14.21.26; 31,4; 32,2.9–10. 12.18–19.22–23. 25–26.33; 33,1. 4.7.9.13.15.21; 34,1.3.5.7.9.22. 29–30.32; 35,1. 18.24; 36,1–5.9–11.14.19.23;
Esr 1,2–5.7.11; 2,1.68; 3,1.8; 4,6.8.12.20.23–24; 5,1–2.14–17; 6,3.5.9.12.18; 7,7–9.13–17.19. 27; 8,29–32; 9,9; 10,7.9;
Neh 1,2–3; 2,11–13.17.20; 3,8–9. 12; 4,1–2.16; 6, 7; 7,2–3.6; 8,15; 11,1–4.6.22; 12, 27–29.43; 13,6–7,15–16,19–20;
Est 2,6;
Ps 51,20; 68,30; 79, 1.3; 102,22; 116,19; 122,2–3. 6; 125,2; 128,5; 135,21; 137,5–7; 147,2.12;
Pred 1,1.12. 16; 2,7.9;
Hld 1,5; 3,10; 5,8.16; 6,4; 8,4;
Jes 1,1; 2,1.3; 3,1.8; 4,3–4; 5,3; 7,1; 8,14; 10,10–12.32; 22,10.21; 24,23; 27,13; 28,14; 30,19; 31,5.9; 33,20; 36, 2.7. 20; 37,10.22.32; 40,2.9; 41,27: 44,26.28; 51,17; 52,1–2.9; 62,1. 6–7; 64,9; 65, 18–19; 66, 10.13.20;
Jer 1,3.15; 2,2; 3,17; 4,3–5.10–11.14.16; 5,1; 6,1.6.8; 7,17.34; 8,1.5; 9.10; 11,2 6.9.12–13; 13,9. 13.27; 14,2.16; 15,4–5; 17,19–21.25–27; 18,11 19,3.7.13; 22,19 23,14–15; 24,1.8 25,2.18; 26,18; 27,3.18.21; 29,1–2.4.20.25; 32,2.32.44; 33,10.13.16; 34,1.6–8.19; 35,11.13.17; 36,9.31; 37,5. 11–12; 38,28; 39,1.8; 40,1; 42,18; 44,2.6. 9.13.17.21; 51, 35.50; 52,1.3–4 12–14.29;
Klgl 1,7–8.17; 2,10.13.15; 4,12;

Hes 4,1.7.16; 5,
5; 8,3; 9,4.8;
11,15; 12,10.19;
13,16; 14,21–22;
15,6; 16,2–3; 17,
12; 21,7.25.27;
22,19; 23,4;
24,2; 26,2;
33,21; 36,38;
Dan 1,1; 5,2–3;
6,11; 9,2.7.
12.16.25;
Joel 3,5;
4,6.16–17.20;
Am 1,2; 2,5;
Obd V. 11.20;
Mi 1,1.5.9.12;
3,10.12; 4,2.8;
Zef 1,12; 3,14.16;
Sach 1,12.14.
16–17; 2,2.6.8.
16; 3,2; 7,7;
8,3–4.15.22;
9,9–10; 12,2–3.
5–11; 13,1; 14,
2.4.8.10–12.
14.16–17.21;
Mal 2,11; 3,4;
Mt 2,1.3; 3,5;
4,25; 5,35; 15,1;
16,21; 20,17–18;
21,1.10; 23,37;
Mk 1,5; 3,8.22;
7,1; 10,32–33;
11,1.11.15.27;
Lk 2,22.25.38.
41.43.45; 4,9;
5,17; 6,17; 9,31.
51.53; 10,30;
13,4.22.33–34;
17,11; 18,31;
19,11.28; 21,20.
24; 23,7.28; 24,
13.18.33.47.52;
Joh 1,19; 2,13.
23; 4,20–21.45;
5,1–2; 7,25;
10,22; 11,18.
55; 12,12;
Apg 1,4.8.12.19;
2,5.14; 4,5.16;
,16.28; 6,7; 8,1.
4.25–27; 9,2.13.
21.26.28; 10,39;
11,2.22.27; 12,
25; 13,13.27.31;
15,2.4; 16,4; 18,
2; 19,21; 20,16.
22; 21,4.11–13.
15.17.31; 22,5.
7–18; 23,11; 24,
11; 25,1.3.7.9.
15.20.24; 26,4.
10.20; 28,17;
Röm 15,19.
25–26.31;
1. Kor 16,3;
Gal 1,17–18;
2,1; 4,25–26;
Hebr 12,22;
Offb 3,12;
21,2.10

unter Israels Nachbarn berühmten Hauptstadt werden (vgl. 1. Kön 10). Die zahlreichen Ehen Salomos mit ausländischen Frauen öffneten das Land jedoch für Fremdeinflüsse, und die für die Finanzierung der kostspieligen Bauprojekte sowie des Königshofes und Harems notwendige Besteuerung und Fronarbeit (vgl. 1. Kön 4,7ff.; 5,27ff.; 9,20.21) führten zu erheblichem Unmut unter Salomos Untertanen, der sich nach seinem Tod entlud und zum Abfall der zehn nördlichen Stämme und der Teilung des Reiches führte (1. Kön 12; 2. Chr 10). Mit dieser Teilung verlor J. an Bedeutung, da es jetzt nur noch Hauptstadt des Südreichs war.

Erst unter der Regierung Joschafats (868–847 v. Chr.) erlangte J. seine frühere Bedeutung in etwa wieder (2. Chr 17), und auch die Beziehungen zum Nordreich Israel verbesserten sich (1. Kön 22,45). Unter Joschafats Nachfolgern – sein Sohn Joram war mit einer Tochter Ahabs von Israel verheiratet (2. Kön 8,18.27) – kam es jedoch zu einem neuen Aufschwung heidnischer (phöniz. und kanaan.) Kulte. Eine erneute Reformation erfolgte unter Joasch, der den Tempel von den Götzenbildern reinigen und ausbessern ließ (2. Kön 11–12; 2. Chr 24,1–14). Aber innere Machtkämpfe und ein religiöser Abfall Joaschs schwächten das Reich, und J. erfuhr die Besetzung durch die Truppen Hasaëls von Aram (2. Kön 12,18.19; 2. Chr 24,23.24).

Die labile Stellung J.s dauerte bis z. Zt. König Hiskias fort, der tiefgreifende polit. und v. a. religiöse Reformen sowie Bauarbeiten am Tempel durchführte (2. Kön 18,1–6; 2. Chr 29–31). Aber noch während seiner Regierungszeit erschien eine mächtige assyr. Armee unter Sanherib vor J. und belagerte es (701 v. Chr.; 2. Kön 18,13ff.); Sanherib prahlt in einer seiner Schriften, daß er Hiskia wie »einen Vogel im Käfig« gehalten habe.

Durch Gottes direktes Eingreifen wurde J. noch einmal vor der Zerstörung bewahrt (2. Kön 19,35.36). Diese Bewahrung führte später zu dem – im Volk von nationalen Heilspropheten geschürten – Glauben, die heilige Stadt sei um ihres Tempels willen unzerstörbar – ein Irrtum, der u. a. vom Propheten Jeremia heftig kritisiert wurde (Jer 7,4).

Hiskia hatte an Assyrien Tribut zahlen müssen (2. Kön 18,14–16). König Josia konnte das Land in eine größere Unabhängigkeit führen, und aufgrund seiner Reform wurden die heidnischen Kultstätten (»Höhen«) endgültig zerstört. Seinem Nachfolger Jojakim gelang es während der Wirren nach dem Zerfall des assyr. Reiches, Juda zeitweise von dem Joch der neuen Großmacht Babylon loszureißen; er mußte sich aber schließlich Nebukadnezar erneut unterwerfen (2. Kön 24,1–2). Nach einer ersten Einnahme J.s und ersten Teildeportation der Bevölkerung nach Babylonien durch Nebukadnezar (597 v. Chr.) versuchte der letzte davidische Regent, der Schattenkönig Zedekia, noch einmal, Juda von dem babyl. Joch loszureißen, doch umsonst. Nach fast zweijähriger erneuter Belagerung eroberten die Babylonier 586 v. Chr. die Stadt und zerstörten sie und den Tempel bis auf die Grundmauern (2. Kön 25,1–21). Es begann die babyl. Gefangenschaft, die düsterste Periode in der atl. Geschichte der Stadt.

Für die nächsten 50 Jahre fehlen verläßliche Aufzeichnungen über das Schicksal J.s fast ganz. Jeremia berichtet, wie kurz nach dem Untergang der Stadt eine Gruppe von Trauerpilgern aus Sichem, Silo und Samaria mit Opfergaben für den HERRN an die Stätte des Untergangs kommen wollte (Jer 41,5). Der wohl ergreifendste Ausdruck des Schmerzes über J.s Schicksal findet sich in Ps 137,5: »Vergesse ich dich, Jerusalem...« Der Tag der Zerstörung des Tempels, der 9. Tag des Monats Ab, wurde zu einem Tag des Fastens und der Trauer (vgl. Sach 7,3–7). Ungeachtet der Zerstörung des Tempels und der Vernichtung der Stadt behielt J. jedoch seine Stellung als hl. Stadt und blieb Brennpunkt der Hoffnung, daß der Tempel einst wiedererrichtet werden würde.

Schon bald wurde das neubabyl. Reich von den Persern zerstört, die damit auch die Herrschaft über Palästina übernahmen. Mit dem berühmten Edikt des Kyrus (538 v. Chr.) stand den verbannten Juden die Rückkehr in ihre Heimat und der Wiederaufbau des Tempels offen (2. Chr 36,22.23; Esr 1).

Tongefäße, gefunden im »Haus der Siegelbullen« in der Davidsstadt; 586 v. Chr. (Israel Museum).

(unten) Tonköpfe aus Ausgrabungen in der Davidsstadt; die drei auf der linken Seite stammen aus der Eisenzeit II, der auf der rechten Seite aus der byzantinischen Zeit.

An der Spitze der ersten Rückkehrer war Scheschbazar, der Fürst von Juda, der den Grundstein für den zweiten Tempel legte (Esr 1,8; 5,14.16). Eine Generation später, unter Darius I., hatte die Zahl der Rückkehrer deutlich zugenommen, und unter Serubbabel, dem Hohenpriester Jeschua und den Propheten Haggai und Sacharja konnte der Tempelbau 516/515 v. Chr. vollendet werden. Eine polit. Bedeutung erlangte J. aber nur in sehr bescheidenem Maße wieder; es war im wesentlichen eine Stadt von Priestern und Tempeldienern geworden.

Ein weiterer Schritt beim Wiederaufbau J.s war die Wiedererrichtung der Stadtmauern (gegen erhebliche Widerstände) unter Nehemia, einem der jüd. Minister von Artaxerxes (Neh 2–4; 6). Die Schwierigkeit, genügend Rückkehrer dazu zu bewegen, sich in der Stadt niederzulassen, überwand Nehemia dadurch, daß er durch das Los für jeden zehnten Heimkehrer J. als Wohnort bestimmte (Neh 11,1–2). J. wurde wieder zum religiösen und administrativen Zentrum von Juda und nahm allmählich sogar wirtschaftlich wieder einen gewissen Aufschwung.

Die letzten Informationen des AT über J. liefert eine Liste der Priester und Leviten, die z. Zt. Nehemias dort Dienst taten (Neh 12,1–26) – ein Zeichen dafür, daß die Stellung der Priester stark blieb. Von der späteren Zeit bis zur

Bullae (Siegel) aus der Endzeit des judäischen Königreiches, gefunden in den Trümmern der Davidsstadt.

Eroberung Palästinas durch Alexander d. Gr., als J. mit in den hell. Einflußbereich geriet, ist wenig bekannt.

Die seleukid. Herrscher versuchten, auf dem westlichen Stadthügel eine hell. Stadt zu errichten. Als Antiochus IV. Epiphanes dabei versuchte, die Stadt gewaltsam zu hellenisieren, u. a. indem er den Tempel entweihte, begann der nationale Aufstand unter Judas Makkabäus, der nach zwei Jahren des Kampfes J. einnehmen und den Tempeldienst wiedereinführen konnte (164 v. Chr.).

In der Hasmonäerzeit wurde J. wieder Hauptstadt des ganzen Landes – bis 63 v. Chr., als sich der röm. Feldherr Pompejus den Bruderkrieg unter den Hasmonäern zunutze machte und J. besetzte. Ab 37 v. Chr. unterstand J. dem von den Römern eingesetzten Herodes d. Gr., der eine Reihe von großartigen Bauprojekten in Angriff nahm, insbes. den Ausbau des Tempels. Der Sitz der röm. Statthalter war in Cäsarea, J. blieb aber das nationale, wirtschaftliche und religiöse Zentrum der Juden, die Residenz des Königs und Sitz des Synedriums (Hohen Rats). Nach der Verbannung des Nachfolgers des Herodes, Archelaus, i. J. 6 n. Chr. wurde das Land wieder von den röm. Prokuratoren verwaltet; unter einem dieser Statthalter, Pontius Pilatus, wurde Jesus in J. gekreuzigt.

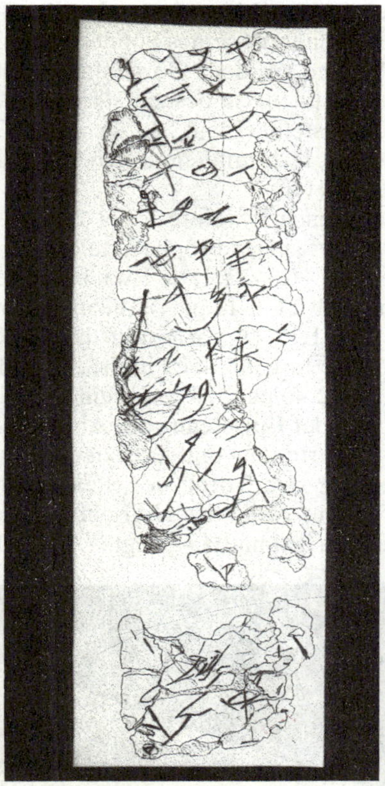

(oben links und Mitte) Silberplatte, 7. Jh. v. Chr., die ein Fragment des priesterlichen Segens (4. Mose 6,24–26) enthielt. Sie wurde zu einer Schriftrolle zusammengerollt in einem der Gräber im Hinnomtal gefunden (Ausgrabungen des Ketef Hinnom).

(oben rechts) Tongegenstände aus Gräbern aus dem Hinnomtal, 7. bis 6. Jh. v. Chr. (Ausgrabungen des Ketef Hinnom).

(links) Grabhöhlen-Komplex mit Grabnischen aus der Zeit des ersten Tempels, Kloster St. Etienne (St. Stephan) in Jerusalem.

(links) Kopfstütze aus Stein für den Verstorbenen, in einer Grabnische in den Grabhöhlen von St. Etienne.

Zwei der kunstvoll ausgearbeiteten Grabkammern von St. Etienne, eine hinter der anderen angeordnet. Man beachte das obere Sims und die Nischen mit den Kopfstützen.

Im NT wird J. überaus häufig (144mal) erwähnt. Im Tempel von J. wurde dem Priester Zacharias die Geburt seines Sohnes, Johannes d. T., angekündigt (Lk 1,5–25). Die Weisen aus dem Morgenland kamen nach J., um den »neugeborenen König der Juden« zu besuchen (Mt 2,1–12). Jesus wurde im Tempel dem HERRN dargestellt (Lk 2,22–24). Der 12jährige Jesus, von seinen Eltern zum Passafest in J. mitgenommen, diskutierte im Tempel mit den Schriftgelehrten (Lk 2,41 ff.).

Bei seiner letzten Reise nach J. weinte Jesus über die unbußfertige Stadt (Mt 23,37–39; Lk 13,34–35); später prophezeite er ihre Zerstörung (Lk 19, 41–44; vgl. Jes 29,3; Jer 6,6; Hes 4,2). Die Ev.n berichten dann Jesu Einzug in J. als verhüllter König (Mt 21,1–11 par.), die nicht minder berühmte Reinigung des Tempels (Mt 21,12–16 par.) und die entscheidenden Diskussionen und Zusammenstöße Jesu mit den Pharisäern und Schriftgelehrten im Tempelvorhof (Mt 21,23–22,46 par.). J. und seine unmittelbare Umgebung waren auch der Schauplatz der Einsetzung des Abendmahls und der Verhaftung, des Verhörs, der Verurteilung und Kreuzigung Jesu (vgl. die Passionsberichte in den Ev.n). Vor den Toren der Stadt gekreuzigt (Joh 19,20), wurde Jesus in unmittelbarer Nähe des Hinrichtungsplatzes (Joh 19,41) in die Grabstätte des Josef von Arimathäa gelegt (Lk 23,50–53 par).

Inschrift an der Wand einer Grabkammer aus dem frühen 6. Jh. v. Chr. Dies ist die einzige bekannte Inschrift aus der Zeit des ersten Tempels, die Jerusalem namentlich erwähnt (Israelische Regierungsabteilung für Altertümer und Museen).

Die Begegnungen des Auferstandenen mit den Jüngern (Mt 28,1–10; Mk 16,9 ff.; Lk 24,1–49; Joh 20,1–21,23) fanden wiederum in J. bzw. seiner näheren Umgebung statt, ebenso die Himmelfahrt (Lk 24,50–52; Apg 1,6–11). Nicht zuletzt sind auch die Ausgießung des Hl. Geistes sowie die Entstehung der Urgemeinde und darauf der Kirche untrennbar mit J. verbunden (Apg 2; 4,23 ff. u. a.).

Außerhalb der Stadtmauern J.s fand der erste christl. Märtyrer (Stephanus) den Tod (Apg 7,58). Die damit einsetzende Verfolgung führte zur Flucht eines Teils der Jerusalemer Urgemeinde, damit aber zur nur um so schnelleren Ausbreitung des Christentums (Apg 8, 1–4). Weitere Verfolgungen in J., aber auch wunderbare Bewahrungen werden in Apg 12 beschrieben. Paulus hielt sich nach seiner Bekehrung einige Zeit in J. auf (Apg 9,26–30), Petrus berichtete hier von seinem Erlebnis mit dem Hauptmann Kornelius (Apg 11,1–18), und die für die Heidenmission so entscheidende Apostelversammlung von Apg 15 fand in J. statt. In J. wurde schließlich auch Paulus verhaftet – der Beginn seiner Reise nach Rom (Apg 21,27 ff.).

70 n. Chr., am Ende des ersten jüd. Aufstands gegen die Römer, wurden die Stadt und der Tempel von den Römern völlig zerstört. Das NT beschreibt diese Zerstörung prophetisch als Gericht Gottes über seine hl. Stadt, die ihr

Die Ausgrabungen in der Nähe der Westseite des Tempels, mit dem »Robinson-Bogen« und einigen der herodianischen Überreste.

Heil nicht erkannt hatte (Mt 23,37: »... und ihr habt nicht gewollt«). Für die Juden wurde die Katastrophe von 70 n.Chr. *das* Symbol des nationalen Schmerzes. Doch selbst diese Katastrophe wurde noch einmal vertieft, als 132–135 n. Chr. die zweite jüd. Revolte gegen die Römer, der Bar-Kochba-

Diese Stufen führten einst von der Davidsstadt zum Huldator des Tempelbezirks.

Aufstand, ebenfalls scheiterte. Jetzt wurde J. zu einer röm. Stadt mit dem Namen *Aelia Capitolina*, deren Betreten den Juden verboten war.

Es blieb nicht bei diesem Ende. In den folgenden Jh.n konnten immer wieder Juden in J. siedeln, auch wenn die Stadt bis zur Gründung des heutigen Staates Israel immer unter Fremdherrschaft blieb. Für ungezählte christl. Pilger wurden die Stätten der »großen Taten Gottes« (Apg 2,11) das große Ziel, und zahlreiche Gedächtnisstätten (Kirchen, Kapellen) wurden errichtet (zu nennen sind hier u.a. die Grabeskirche, die Via Dolorosa, der Garten Gethsemane und die Himmelfahrtskirche auf dem Ölberg). Seit dem Sechs-Tage-Krieg 1967 sind die ganze Stadt und die hl. Stätten wieder in isrl. Hand.

In den apostol. Briefen des NT wird J. zum Inbegriff und Gleichnis des Wegs und des Ziels des Heilsplanes Gottes. Paulus stellt in Gal 4,21-31 den Neuen Bund als »das Jerusalem, das droben ist«, dem »jetzigen Jerusalem« (dem atl. Bund) gegenüber: im neuen J. ist Freiheit, im alten Knechtschaft unter dem Gesetz. Der Hebräerbrief beschreibt die Gemeinde Jesu Christi als die »Stadt des lebendigen Gottes«, als »himmlisches Jerusalem« (12,22). Die Offb schließlich beschreibt »das neue Jerusalem« als Ziel aller Wege Gottes (Offb 21,2.10–22,5). Daß Gottes neue Welt den Namen J. trägt, zeigt, daß Gott seinem Plan, seinem Volk, seiner Gemeinde treu bleibt über Bitten und Verstehen.

Eine Säule, die die zehnte römische Legion erwähnt, in der Altstadt von Jerusalem.

(rechts) Die sogenannten verbrannten Häuser, die vor kurzem in der Altstadt von Jerusalem ausgegraben worden sind, aus der Zeit des zweiten Tempels.

Archäologische Ausgrabungen in Jerusalem. Seit Mitte des 19. Jh. sind zahlreiche archäolog. Ausgrabungen in und um J. durchgeführt worden. Aufgrund dieser Ausgrabungen ergibt sich folgendes Bild:

Das urspr. Jerusalem war die »Davidsstadt« südöstlich der heutigen Altstadt. In der kanaan. und frühen isrl. Zeit beschränkte sich das Stadtgebiet auf eine Fläche von ca. 6 ha. Unter Salomo erweiterte sich die Stadt um den Tempelberg (Tempel und Palastanlagen) auf etwa 15 ha. Die isrl. Stadtburg wurde offenbar auf den kanaan. Fundamenten errichtet.

Große Funde stammen aus dem 8.–6. Jh. v. Chr., als auch der Westhügel in die Stadt einbezogen wurde; jetzt erreichte die Stadt mit ca. 56 ha ihre größte Ausdehnung. Aus dieser Zeit wurde u. a. ein 120 m langer und 4,5 m breiter Abschnitt der Stadtmauer freigelegt. König Hiskia ließ vor der Belagerung durch Sanherib die Wasserversorgung der Stadt durch den Bau eines weiteren Tunnels sichern – des Hiskia-Tunnels, der Wasser von der Gihon-Quelle in den Siloah-Teich leitete und innerhalb der Stadtmauern verlief.

Jerusalem, wie es auf der Mosaikkarte von Medeba (6. Jh.) dargestellt ist, die bei Ausgrabungen in der St. Georgskirche bei Medeba gefunden wurde.

In der pers. und hell. Zeit war das Stadtgebiet auf den Tempelberg und die Davidsstadt beschränkt. Unter den Hasmonäern (spätes 2./frühes 1. Jh. v. Chr.) wurde auch der Westhügel wieder besiedelt. In der herodian. Zeit dehnten sich die Stadtgrenzen nach Norden hin aus. J. hatte jetzt drei Stadtmauern; die erste, die Mauer der Hasmonäerzeit (aus der Zeit des Simon und des Johannes Hyrkan, 2. Jh. v. Chr.), die dem Lauf der Stadtmauer Hiskias folgte, hatte 60 Türme, darunter den heute als Davidsturm bekannten Turm. Die zweite Mauer wurde im 1. Jh. v. Chr. (wahrscheinlich ebenfalls durch die Hasmonäer) erbaut und umschloß ein größeres Gebiet. In dieser Zeit ließ auch Herodes d.Gr. den Tempel umbauen und dabei die Fläche des gesamten Tempelbezirks auf das Doppelte erweitern. Die 490 m lange Westmauer (»Klagemauer«) war ein Teil der neuen äußeren Stützmauer des Tempelplatzes. Neuere Ausgrabungen haben viel von den Überresten der Westmauer freigelegt, ebenso von der Südmauer mit dem Huldator, zu dem eine breite Treppe emporführte, sowie von versch. Straßen und Gebäuden in der Nähe des Tempels. Die genaue Lage des Tempelgebäudes auf dem Tempelberg ist nach wie vor umstritten.

Luftbild vom Norden des Tempelberges, mit dem Felsendom in der Mitte.

Luftbild der Ausgrabungen an der Südseite des Tempelgebiets, mit Blick nach Westen.

Die dritte, unter Herodes Agrippa I. errichtete Mauer umschloß auch die Neubaugebiete im Norden. Über 1 km von ihren Resten konnten untersucht werden, nur die Fundamente sind erhalten. (Die heutige Stadtmauer, die die Silhouette der Altstadt J.s prägt, wurde erst 1537 unter moslem. Herrschaft (Suleiman der Prächtige) errichtet.)
Der Wiederaufbau des jüd. Viertels der Altstadt nach 1967 ermöglichte gründliche Ausgrabungen, bei denen man u.a. die Überreste von 70 n. Chr. von den Römern zerstörten Häusern fand. Die von den Römern zerstörte Stadt war auch auf allen Seiten von Friedhöfen umgeben; bisher konnten über 700 Gräber gefunden werden, darunter Monumentalanlagen wie etwa das Familiengrab des Herodes.

Hebräisches Siegel aus grünem Malachitstein mit der Aufschrift: »[Gehört] dem Jeschajahu [Jesaja] Amarjahu« (Israelische Regierungsabteilung für Altertümer und Museen).

JERUSCHA 2. Kön 15,33; 2. Chr 27,1

JERUSCHA (»Erbe«). Ehefrau Usijas, des Königs von Juda, und Mutter desen Sohnes Jotam, seines Nachfolgers.

JESAJA 1 . Kön 19,2.5–6. 20; 20,1.4.7–9. 11.14.16.19; 2. Chr 26,22; 32,20.32; Jes 1,1; 2,1; 7,3; 13,1; 20, 2–3; 37,2.5–6. 21; 38,1.4.21; 39,3.5.8; Mt 3,3; 4,14; 8,17; 12,17; 13,14; 15,7; Mk 7,6; Lk 3,4; 4,17; Joh 1,23; 12,38–39.41; Apg 8,28.30; 28,25; Röm 9,27.29; 0,16.20; 15,12
JESAJA 2 1. Chr 25,3.15
JESAJA 3 1. Chr 26,25
JESAJA 4 1. Chr 3,21
JESAJA 5 Esr 8,7
JESAJA 6 Esr 8,19
JESAJA 7 Neh 11,7

JESAJA (»Ja[hwe] hat Heil geschenkt«).

1. Einer der klassischen Propheten des AT. Er wirkte v.a. im letzten Drittel des 8. Jh. v. Chr. in Juda während der Regierungszeit der vier Könige Usija, Jotam, Ahas und Hiskia, zu einer Zeit also, in der das Südreich durch die antiassyr. Allianz zwischen Syrien und Ephraim (zu deren Beitritt Juda gezwungen werden sollte) und die Welteroberungsbestrebungen Assyriens (und die damit verbundenen assyr. Übergriffe auf Palästina) unter großen außenpolitischen Druck geriet.

J. war der Sohn eines Amoz (Jes 1,1) und verheiratet mit einer Frau, die selbst Prophetin war (8,3). Aus dieser Ehe gingen zwei Söhne hervor, die durch ihre Namen eine zeichenhafte Rolle in J.s Prophetie bekamen (ähnlich Hosea; vgl. Hos 1, 4–9). Der ältere Sohn hieß *Schear-Jaschub* (»ein Rest wird umkehren«; Jes 7,3). Der Name sollte dem König Ahas ankündigen, daß Juda den Angriff der syr.-ephraimitischen Koalition überstehen werde. Der Name des anderen Sohnes, *Maher-Schalal-Hasch-Bas* (»Raubebald-Eilebeute«; Jes 8,1–4), bezog sich wohl auf die bevorstehende Eroberung Syriens und des Nordreichs durch die Assyrer.

Über die Person und die Biographie Jesajas weiß man wenig; sie treten bei allem, was das Jesajabuch darüber sagt, hinter die prophetische Botschaft zurück. Nach Jes 6,1 begann J. mit seiner Prophetie im Jahr des Todes des Königs Usija (736 v. Chr.). In Jes 6 wird seine Berufungsgeschichte überliefert: die Begegnung mit Gott im Tempel (V. 1f.), bei der der Prophet Gottes Majestät und seine eigene Sündhaftigkeit und Unzulänglichkeit erkennt (V. 3–5), die Sühnung (Reinigung) und die Annahme J.s. als Prophet durch die Seraphim und Gott selbst (V. 6f.), die Frage nach dem zu Sendenden (V. 8) und die Beauftragung J.s (V. 9).

Nach seiner Berufung weissagte J. während der Regierungszeit Jotams (756–741) und kurz z. Zt. des Königs Ahas (736–727 v. Chr.; vgl. Jes 8,16–18). Während Hiskias Regentschaft (727–698 v. Chr.) nahm J. seine prophetische Aufgabe in vollem Umfang wahr; es gibt jedoch keinen Hinweis auf ein Wirken J.s. nach dem Angriff Sanheribs auf Jerusalem (701 v. Chr.). J. gehört zu den Propheten, die Schüler gehabt haben (Jes 8,16).

Nach einer späteren jüd. Überlieferung ließ König Manasse (698–642 v. Chr.) J. umbringen. Diese Notiz findet sich im pseudepigraphischen »Martyrium Jesajas« (5,11); sie basiert evtl. auf 2. Kön 21,16 und klingt in Hebr 11,37 nach.

2. Führer der achten Abteilung der Sänger im Haus des HERRN in der Regierungszeit König Davids.

3. Einer der Leviten, die die Tempelschätze verwahrten.

4. Sohn Hananjas, eines Nachkommen Serubbabels.

5. Führer der Elam-Familie, der mit Esra aus dem babyl. Exil zurückkehrte.

6. Ein Levit aus der Merari-Familie, der von Esra aus Kasifja geholt wurde, um im Tempel zu dienen.

7. Ein Benjaminiter, der sich nach der Rückkehr aus dem babyl. Exil in Jerusalem niederließ.

JESAJA, BUCH DES Jesaja, der Sohn des Amoz (1,1; 2,1; 13,1), der im späten 8. Jh. v. Chr. in Juda wirkte (s. Jes 1), war des Schreibens kundig (8,1–2.16; 30,8). Er gilt als einer der großen Schriftpropheten. Seine Gotteserfahrungen – zumal in den kriegerischen Auseinandersetzungen seiner Zeit (syr.- ephraimitischer Krieg [735 v. Chr.], Zusammenbruch von Aram [734 v. Chr.] und Israel [722 v. Chr.; Jes 7,1–8,15; 28], Ansturm Assyriens [701 v. Chr. (Jes 29)] und das Versagen Ägyptens [Jes 30]) – bestärkten ihn in der Mahnung an die Könige Ahas und Hiskia, sich allein auf Gott zu verlassen (Jes 7,9; 30,1–17): Nur die Hinkehr zu Gott schaffe Rettung aus der Not (Jes 36–39; bes. Hiskias Gebet, 38,9–20). Jesaja sieht das Gericht über die Völkerwelt voraus (Jes 13–24) und beklagt gleichzeitig den geistlichen Zustand Jerusalems, des unfruchtbaren »Weinbergs seines Freundes« (Jes 1–5). So weiß er sich vom heiligen Gott gerufen zum Gerichtspropheten (Jes 6). Einem kleinen Rest kündet er in aussichtsloser Finsternis der Weltlage das Heil Gottes an (Jes 9), das Reich des Messiaskönigs (Jes 11 f.) und die Freude der Erlösten (Jes 25–27). Dabei sind die apokalyptisch geprägten Kapitel 24–27 ein eigenständiges Ganzes. Diese prophetischen Ausblicke bestätigten sich 115 Jahre später, als Jerusalem 586 v. Chr. zerstört und das Volk in die babyl. Gefangenschaft weggeführt wurde. Für diese Exilszeit der Gemeinde gelten die Bußrufe und Trostworte (Jes 40), die jetzt zu Worten wahrer Seelsorge wurden. Die meist ungeschriebenen, also mündlich überlieferten Prophetenworte wurden im babyl. Exil niedergeschrieben und zu einem Glaubensdokument zusammengefaßt. Dieses wurde den Exulanten in den nahezu 50 Jahren der Gefangenschaft zur Glaubensstärkung. Die schriftliche Abfassung und Sammlung auch anderer atl. Schriften, darunter vieler Psalmen (126; 137 u. a.), ist das große Gottesgeschenk dieser Zeit der Glaubensbewährung ohne Tempeldienst.

Hier beginnt nun aber eine Geschichte der Jesajaauslegung, deren Anfänge lange vor der sog. historisch-kritischen Methode der bibl. Exegese liegen. Schon 1775 haben die Theologen Döderlein und (ab 1780) Eichhorn die Auffassung begründet, daß mit Jes 40 in Wirklichkeit ein anderes Prophetenbuch aus einer ganz anderen Zeit – nämlich der des Perserkönigs Kyrus (Kores; Jes 44,28; 45,1) – beginne. Dieses Buch eines unbekannten Propheten wurde mit seinen herrlichen Trostworten und den Hinweisen auf den erlösenden Gottesknecht als Fortsetzung und wie eine Erfüllung von Jes 1–39 verstanden und darum schon damals mit den überlieferten Texten zusammengebunden. Die bibl. Forschung nannte diesen anonymen Verfasser der Kap. 40–55 den »zweiten Jesaja« (Deuterojesaja). Mit dem Propheten Jesaja, der 150 Jahre vor ihm wirkte, wußte er sich – dieser These zufolge – durch das gemeinsame Bekenntnis zu Gott, dem »Heiligen in Israel«, verbunden. Doch sei seiner Seelsorge anzumerken, wie er die Gemeinde Gottes in einer völlig veränderten Lage mit anderen Ausdrücken und Bildern anspricht. Er sieht der Befreiung durch den pers. König Kyrus (538 v. Chr.), den »Gesalbten« Gottes, entgegen (Jes 45,1), und er weiß um den erlösenden Dienst des »Gottesknechts«. In vier Liedern vom Gottesknecht (42,1–4; 49,1–6; 50,4–11; 52,13–53,12) und noch an weiteren Stellen (41,8; 43,10; 44,1; 45,4; 48,20) finden wir Hinweise auf diese kommende Gestalt des Knechtes Gottes. Zunächst wird darin Jakob, also Israel, als Knecht Gottes angeredet (Jes 44,1–2.21; 49,3). Doch bei genauem Lesen bemerkt jeder die Sonderstellung, die dieser Gottesknecht als Einzelperson im Volke einnimmt (Jes 50, 4–11). Als »Jünger« hat er zu hören und zu verkündigen; stellvertretend nimmt er die Strafe des Volkes auf sich, um den Frieden und die Versöhnung Gottes mit dem ungehorsamen Volk zu erwirken (Jes 52,13–53,12). Hier wird der Gemeinde Gotte ein anderer, leidender Messias vorgestellt, der durch sein priesterliches Selbstopfer (»Schaf als Opfer geschlachtet«) die Gerechtigkeit stellvertretend für das tiefverschuldete Volk schafft (Jes 53,11). Wie schon in Ps 22, 20-32 der »leidende Messias« die Elenden der Welt und die Heidenvölker in sein Reich des Heils einbezieht, so tritt auch hier in Jes 53 zu der Erwartung des königlichen, machtvollen

Teil der Jesajarolle vom Toten Meer, gefunden in Qumran; 1. Jh. v. Chr. (Schrein des Buches, Jerusalem).

Messias aus dem Davidsstamm nun die Hoffnung auf den leidenden, priesterlichen Messias ins Blickfeld.

Diese Sicht vom Propheten »Deuterojesaja« mußte nun freilich konsequenterweise erweitert werden auf einen »dritten Jesaja« (Tritojesaja), denn es ist unverkennbar, daß die Kap. 56–66 erneut eine andere Phase der Geschichte Israels im Blick haben. Hier ist die Rückkehr aus dem Exil offenbar schon vollzogen. Die prophetische Sprache und Ausblicke heben sich ab von der vorangegangenen Seelsorge. Diese Kapitel wurden vielfach als Nachtrag oder gar als Sonderschrift eines weiteren ungenannten Propheten, eines »Tritojesaja« für die nachexilische, heilsbedürftige Gemeinde in der Völkerwelt verstanden. Diese Aufteilung der Schriftenfolge (I.–III. Jesaja) hinderte die Glaubensgemeinde aber nicht daran, die geistliche Einheit des Jesajabuches zu erkennen und schon immer unter dem Namen Jesajas weiterzugeben, so z. B. schon in den Jesajarollen von Qumran.

Die These von den drei Prophetenschriften hat aber auch seit jeher Widerspruch gefunden. Das wichtigste Gegenargument ist nicht einmal der gewichtige Tatbestand, daß nie eine Handschrift oder andere Überlieferungsdokumente bekannt geworden sind, in denen nicht das Jesajabuch eine zusammengehörige Einheit gewesen wäre. Ein selbständiges Buch etwa des »Deuterojesaja« blieb bis heute immer eine bloße Vermutung. Entscheidender für den christl. Glauben ist eine andere Überlegung: Wenn davon ausgegangen wird, daß der Hinweis auf die geschichtliche Stunde z. Zt. des Kyrus schlüssig zeige, daß diese Kapitel erst rund 150 Jahre nach Jesajas Zeit geschrieben sein können, dann bedeutet das die Feststellung, daß es echte Prophetie im Sinn der Weissagung auch kommender geschichtlicher Ereignisse nicht geben könne. Dieser Voraussetzung der Auslegung der HS wird sich aber der Glaube niemals anschließen können. An der Möglichkeit einer Eingebung auch detaillierter Weissagung durch Gottes hl. Geist (2. Petr 1,21) kann der Glaube nicht rütteln lassen.

Damit ist natürlich die Einheitlichkeit des ganzen J. nicht »bewiesen« im Sinne der histor. Bibelkritik. Aber es ist eine für den Glauben unabdingbare Klarstellung getroffen. Sollte wider alles vernünftige Erwarten eines Tages doch ein eindeutig selbständiger »Ur-Deuterojesaja« aufgefunden werden, so wäre dadurch der Glaube nicht im geringsten erschüttert. Solange dies aber nicht der Fall ist, wird er den vorliegenden Wortlaut der HS allen noch so solide begründeten Thesen und Annahmen vorordnen. Eine eines Tages vielleicht auftauchende eigene Prophetenschrift des »zweiten Jesaja« aber wäre für den christl. Glauben genauso Gottes inspiriertes Wort (2. Tim 3,16), wie es das Jesajabuch jetzt ist.

Im NT wird auf die Erfüllung der Jesajaweissagungen in Christus hingewiesen (z. B. Jes 7,14 und Mt 1,23; Jes 53,4 und Mt 8,17, Mk 9,12b, Lk 22,37, 1. Petr 2,21 ff.; bes. Jes 53,7 und Joh 1,29). Die Botschaft vom universalen Heil hat den Kämmerer aus Mohrenland bewogen, in Jerusalem die Schriftrolle des Jesaja zu erwerben. Apg 8,26–38 berichtet, wie Philippus die für den äthiopischen Kämmerer unverständlichen Stellen (Jes 53,7 f.) auf Christus deutet. Das ganze Jesajabuch aber ist ein »Christusbuch«.

INHALTSÜBERSICHT

1,1–6,5	Judas Schuld
6,1–13	Jesajas Berufung
7,1–11,16	Ermutigung, auf Gott zu vertrauen als Retter aus der Hand der Assyrer
12,1–6	Danklied
13,1–23,18	Weissagungen gegen Babylon, die Philister, Moab, Syrien, Ägypten, Arabien und Tyrus
24,1–27,13	Weissagungen oder das Weltgericht und Erlösung Israels
28,1–35,10	Trost und Reue
36,1–39,8	Geschichtlicher Abschnitt über Sanheribs Belagerung Jerusalems
40,1–41,29	Weissagungen des Trostes und der Rettung aus der babyl. Gefangenschaft
42,1–44,28	Trost für die Gefangenen in Babylon
45,1–48,22	Gottes Macht, demonstriert durch Kyrus und den Fall Babylons
49,1–55,13	Der Dienst des Gottesknechts zur Erlösung und zum universalen Friedensbund Gottes
56,1–66,24	Die kommende Heilszeit im neuerbauten Jerusalem

JESCHANA Eine der Städte, die Abija, der König Judas, von Jerobeam I., dem König Israels, eroberte. Die Stadt lag im Gebirge Ephraim, in der Nähe von Bethel.

JESCHANA
2. Chr 13,19

JESCHEBAB (»Wohnung des Vaters«). Ein Levit, Führer der 14. Abteilung der Priester im Heiligtum in der Regierungszeit Davids.

JESCHEBAB
1. Chr 24,13

JESCHER (»[Gott] ist gerecht«). Der älteste Sohn Kalebs.

JESCHER
1. Chr 2,18

JESCHIMON (»Wildnis«, »Wüste«). Steppe nördlich der Wüste Maon, wo David sich vor Saul verborgen hielt; vermutlich einige Kilometer südlich von Hebron.

JESCHIMON
1. Sam 23,19.2
26,1.3

JESCHISCHAI (»Langbestehend ist Jahwe«). Ein Mann aus dem Stamm Gad.

JESCHISCH
1.Chr 5,14

JESCHOHAJA (»[Den] Jahwe demütigte«). Oberhaupt einer Familie des Stammes Simeon.

JESCHOHA
1. Chr 4,36

JESCHUA (»Hilfe«, »Rettung«).

1. Ein Priester aus der Familie Aarons, dem z. Zt. Davids die 9. von 24 Dienstgruppen der Priester unterstellt wurde.

JESCHUA 1
1. Chr 24,11;

2. Ein Levit, der unter König Hiskia bei der Verteilung der Spenden an den Tempel mithalf.

JESCHUA 2
2. Chr 31,15

3. Ein Zweig der Pahat-Moab-Familie, von der einige mit Serubbabel aus dem babyl. Exil zurückkehrten.

JESCHUA 3
Esr 2,6;
Neh 7,11

4. Mitglieder einer Familie oder Sippe der Leviten, die aus dem babyl. Exil zurückkehrten.

JESCHUA 4
Esr 2,40; 8,3
Neh 3,19; 7,4
10,10; 12,8.2

5. Der Enkel Serajas, des letzten Hohenpriesters vor dem babyl. Exil (1. Chr 5,40.41). Er wird in den Büchern Esra und Nehemia regelmäßig zus. mit Serubbabel erwähnt; während Serubbabel der polit. Führer der ersten Heimkehrer aus dem babyl. Exil war, war J. der religiöse Führer und erste Hohepriester nach dem Exil (Esr 2,2; 3,2; Neh 7,7; 12,1; Hag 1,1). J. und Serub-

JESCHUA 5
Esr 2,2.36;
3,2.8; 4.2.3;
5,2; 10,18;
Neh 7,7.39;
12,1.7.10.26

Hag 1,1.12.
14; 2,2.4;
Sach 3,1.3.
6.8–9; 6,11
JESCHUA 6
Esr 3,9
JESCHUA 7
Neh 8,7; 9,4.5
JESCHUA 8
Neh 11,26

Hebräische Inschrift auf einem Sarkophag aus dem 1. Jh. n. Chr. mit dem Namen »Yeshua« (Jeschua). (Private Sammlung).

babel leiteten den Bau des zweiten Tempels und führten den Opferdienst am wiederaufgebauten Altar und die Gottesdienste wieder ein (Esr 3,2–9; 5,2).

Im Buch Sacharja erscheint J. als zentrale Figur in einigen Visionen der Kap. 1–6. In Kap 3,1–10 hat J. »unreine Kleider an« und wird mit einem »Brandscheit, das aus dem Feuer gerettet ist«, verglichen (Sach 3,2). Trotz der Anklagen Satans wird er beauftragt, im Tempel zu dienen. Das »Brandscheit, das aus dem Feuer gerettet ist« symbolisiert das Überleben des Priestertums nach der Zerstörung des Tempels und dem babyl. Exil. In Sach 4,3 erscheinen zwei Ölbäume, die »die zwei Gesalbten, die vor dem Herrscher aller Lande stehen«, symbolisieren (4,14) und wahrscheinlich ebenfalls auf J. und Serubbabel hinweisen. In Sach 6,9–14 schließlich wird J. mit dem Ausdruck »Sproß« bezeichnet – ein messianischer Ausdruck (vgl. Jes 4,2; 11,1; Jer 23,5; 33,15).

SCHURUN
Mose 32,15;
33,5.26;
Jes 44,2

In Esr 10,18 werden Verwandte J.s erwähnt, die sich heidnische Frauen genommen hatten und diese unter Esra wieder verstießen.

JESIËL
1. Chr 12,3

6. Ein levitisches Oberhaupt, das nach der Rückkehr aus dem babyl. Exil mithalf, die Bauarbeiten am Tempel zu leiten. Vielleicht unter (4) einzuordnen.

JESIMIËL
1.Chr 4,36

7. Einer der Leviten, die nach der Rückkehr aus dem Exil mithalfen, dem Volk das Gesetz zu erklären und den öffentl. Bußgottesdienst zu leiten.

JESREEL 1
Jos 15,56;
. Sam 25,43;
Hos 2,24
JESREEL 2
Jos 19,18;
am 29, 1.11;
ön 4,12; 18,
46; 21,1.23;
Kön 8,29; 9,
5–17.30.36.
; 10,6.7.11;
2. Chr 22,6;
Hos 1,4
ESREEL 3
Jos 17,16;
Ri 6,33;
2. Sam 2,9;
Hos 1,5
ESREEL 4
Hos 1,4

8. Stadt im Süden Judas, in der einige der Rückkehrer aus dem babyl. Exil siedelten. Sie wird mit dem heutigen Tell es-Sahwi ca. 20 km nordöstlich von Beerscheba identifiziert.

JESCHURUN Bezeichnung für das Volk Israel, die nur in poetischen Texten vorkommt (5. Mose 32,15; 33,5.26; Jes 44,2), wahrscheinlich abgeleitet von einer hebr. Wurzel, die »rechtschaffen« bedeutet.

JESIËL (»Gott vereinigt«). Einer der Benjaminiter, die vom Heer Sauls desertierten und sich David in Ziklag anschlossen.

JESIMIËL (»Gott setzt ein«). Einer der Führer des Stammes Simeon.

JESREEL (»Gott sät«).

1. Ort im Stammesgebiet von Juda (Jos 15,56), der Geburtsort von Ahinoam, einer der Frauen Davids (1. Sam 25,43). Die genaue Lage ist unklar.

2. Stadt an der Grenze des Stammes Issachar, am Fuße des Gilboagebirges (Jos 19,18 u. ö.). Sie lag im 5. Verwaltungsbezirk des Königreiches Salomos (1. Kön 4,12) und war eine bedeutende Stadt im Reich Ahabs von Israel (1. Kön 18,45), der dort einen Palast besaß (1. Kön 21,1) und Nabots Weinberg

(oben) Die Jesreel-Ebene.

(unten) Zeriin, das alte Jesreel.

an sich brachte (1. Kön 21,1 ff.). In J. wurden auch die Nachkommen Ahabs getötet (2. Kön 10,7.11). Die Assyrer zerstörten die Stadt.

3. Die Jesreel-Ebene, auch »das große Tal« genannt, leitet ihren Namen von J. (2) her; sie erstreckt sich zwischen dem Karmel, dem Gilboagebirge und den Hügeln Untergaliläas. Der Kischon durchfließt sie in ihrer vollen Länge bis zum Mittelmeer. Von frühester Zeit an war die Ebene von größter Bedeutung für die Verbindung zwischen der Küste und den Ländern im Norden und Osten. Die befestigten Städte Megiddo, Taanach, Jibleam und Bet-Schean wurden gegründet, um die Pässe, die die Zugänge zu der Ebene beherrschten, zu sichern. Mehrere große Schlachten der bibl. Zeit fanden in der Jesreel-Ebene statt, so der Kampf zwischen Debora und König Jabin von Hazor (Ri 4–5), zwischen Saul und den Philistern (1. Sam 29,1; 31,1 ff.) und zwischen König Josia von Juda und dem Pharao Necho (2. Kön 23,29.30). (Nach Offb 16,16 soll auch die letzte Völkerschlacht, bei HARMAGEDON (Berg Megiddo), in der Ebene J. stattfinden.) In hell. Zeit besaßen die Ptolemäer große Ländereien in der fruchtbaren Ebene. Die Makkabäer eroberten die Ebene, und später gehörte sie zum Königreich des Herodes.

4. Name des ältesten Sohnes des Propheten Hosea und seiner Frau Gomer. Der Name sollte andeuten, daß das Haus Jehu schon bald von Gott bestraft werden würde.

JESREELITER Die Bezeichnung Nabots. Er könnte in Jesreel (1) oder (2) gebürtig gewesen sein.

JESREELIT
1. Kön 21,1. 4.6.7.15.16; 2. Kön 9,21.2

JESREELITERIN Ahinoam, eine der Frauen Davids, kam aus Jesreel (1).

JESREE-LITERIN
1.Sam 27, 3; 30,5; 2. Sam 2,2; 3. 1. Chr 3,1

JESUS SIRACH, DAS BUCH Ein apokryphes Werk (s. APOKRYPHEN), das zur Weisheitsliteratur gehört und von Jesus, dem Sohn Eleasars und Enkel des Sirach (Ben Sira) aus Jerusalem (Sir 50,29), geschrieben wurde. (Über die Genealogie der Siraciden finden sich in den versch. Texthandschriften unterschiedliche Angaben.) Das Buch wurde in hebr. Sprache verfaßt, ist aber über weite Strecken lediglich in griech., lat. und syr. Übersetzung überliefert. Die Entdeckung antiker Textfragmente in der Karäersynagoge in Kairo und auf Masada erlaubte die Rekonstruktion eines beträchtlichen Teils des hebr. Originals. Das Werk stammt aus dem 2. Jh. v. Chr. In der rabbin. Literatur der 1. Jh. n. Chr. wird es sehr oft zitiert; es war im Judentum ein hochgeschätztes außerkanonisches Buch. Es wurde Bestandteil der LXX; von dort fand es Eingang in den röm.-kath. Kanon.

Das Buch ist in acht Abschnitte untergliedert, deren jeder mit einem Lobpreis der Weisheit eingeleitet wird. Der Verfasser, Jesus Sirach, war eine hochgeachtete (39,4) und weitgereiste (34,11) Persönlichkeit und kannte die Thora sehr genau (39,1–3). Das zentrale Thema wird gleich im ersten Satz des Buches angesprochen: »Alle Weisheit kommt von Gott dem Herrn und ist bei ihm in Ewigkeit.« Weisheit kann nicht erlangt werden, wenn Gott sie nicht zuteilt. Die manchmal fast personhaft gedachte Weisheit wird als präexistent gerühmt (1,4). Sie ging von Gott aus und »durchzog« die ganze Erde, wurde dann aber im besonderen zu Israel gesandt (24,4–13).

Vom Leitthema der Weisheit ausgehend treten in dem großen Werk (51 Kap.!) bes. folgende Themen hervor: rechtes Verhalten gegen Mitmenschen verschiedenster Art und Stellung, wie Eltern, Frauen, Machthaber u.a. (Kap. 3–10; 13); richtiger Umgang mit irdischen Gütern (Kap. 12; 14; 27; 29); Eltern und Kinder (Kap. 16; 30; 33); Mann und Frau (Kap. 25f; 37; 42); Gottes Barmherzigkeit und Herrlichkeit (Kap. 17f.; 43; 50,24–26: »Nun danket alle Gott«) u.a. vermischte Lehrgegenstände. Die sieben letzten Kap. sind dem »Preis der Väter« gewidmet – von den Erzvätern und Mose bis zu den Königen und Propheten Israels. Jesus Sirach will die Menschen die Liebe zur Weisheit lehren und – als Konsequenz daraus – die Liebe zu einem Leben, das auf Gottes Geboten gegründet ist.

Fragment der Jesus-Sirach-Rolle, gefunden auf Masada (Schrein des Buches, Jerusalem).

JESUS VON NAZARETH
Mt 1,21; 21,11; 27,37; Mk 1,24; 10,47; Lk 2,21; 17,13; Joh 1,17; 12,21; 17,3; Apg 1,11; 2,32; 7,59; 8,37; 9,5; 17,3; 19,15; Röm 6,11; 8,1; 1. Kor 12,3; 2. Kor 11,4; Gal 3,28; Eph 2,13 3,1; Phil 2,5; 3,20; 2. Thess 2,1; 1. Tim 2,5; 2. Tim 2,3; Hebr 13,8;

JESUS VON NAZARETH Der Grund, auf dem der christl. Glaube und die christl. Kirche ruht (Apg 4,11; 1. Petr 2,7).

Den Bericht über das Leben J. geben ganz überwiegend die vier kanonischen Evangelien; einige wenige weitere Nachrichten über ihn sind in den übrigen ntl. Schriften und in bestimmten außerbibl. Quellen zu finden, so in einigen nichtkanon. christl. Schriften der (nach)apostolischen Zeit, in der zeitgen. jüd. Literatur und in einigen profanen Geschichtswerken, die zumindest die Existenz J. erwähnen. Bes. in den sog. apokryphen Ev.n entspringt jedoch das meiste legendarischer Phantasie oder stellt einfach eine Ableitung aus den kanon. Ev.n dar.

Die Paulusbriefe enthalten nur wenige Angaben über das Leben J., obgleich sie vor den vier Ev.n des NT abgefaßt worden sind: J. stammte von David ab (Röm 1,3), stand vor dem röm. Statthalter Pontius Pilatus (1. Tim 6,13), starb den Kreuzestod und stand von den Toten auf (1. Kor 15,1–8).

Ohne die Berichte der vier Ev.n blieben die Kenntnisse über das Leben J. gering. Mt und Lk (die einzigen, die von J. Leben vor seiner Taufe erzählen) berichten, daß J. in Bethlehem im Stammesgebiet Juda kurz vor dem Tod Herodes d. Gr. (4 Jahre vor unserer Zeitrechnung) geboren wurde. Seine Mutter war Maria, z. Zt. der Geburt J. noch Jungfrau und Verlobte des Josef (Mt 1,18), eines Zimmermanns judäischer Herkunft, der in dem galiläischen Nazareth lebte. Die Weisung zu einer Steuererhebung war der Anlaß zu einer Registrierung in Bethlehem; dort war es eine Karawanserei (Luther: »Herberge«, Lk 2,4), in der J. dann zur Welt kam. Die Familie mußte mit dem Neugeborenen nach Ägypten fliehen, um dem Kindergemetzel des Herodes zu entrinnen (Mt 2,13–18). Von dort kehrten sie nach Nazareth zurück, wo J. aufwuchs. Aus seiner Kindheit ist nichts bekannt außer der Geschichte vom 12jährigen J., der seine Eltern zum Passafest nach Jerusalem begleitete (Lk 2,41 ff.).

J. öffentliches Wirken erstreckte sich nach Joh über zwei oder drei Jahre, während die synoptischen Evangelien den Eindruck vermitteln, daß es sich innerhalb eines Jahres abgespielt habe. Es begann nach seiner Taufe im

Diese Darstellung Jesu aus dem 6. Jh. gilt als die älteste handgemalte Ikone der Welt. Möglicherweise ist sie durch das Grabtuch von Turin inspiriert worden (Bibliothek des Katharinenklosters, Sinai).

In der Geburtsgrotte in Bethlehem markiert dieser Stern den Geburtsort Jesu. Die Inschrift lautet: »Hic de Virgine Maria Iesus Christus Natus Est« (»Hier wurde Jesus Christus von der Jungfrau Maria geboren«). Siebzehn Lampen brennen Tag und Nacht über dem Stern.

Jordan durch Johannes den Täufer und der 40tägigen Abgeschiedenheit in der Wüste, in der ihn der Teufel versuchte. Als der Heilsbringer der Menschen predigte er in verschiedenen Teilen Galiläas, überwiegend aber am See Genezareth, die Umkehr hin zu Gott. Zugleich wirkte er durch Heilungen und Wunder. Er berief zwölf Jünger, die mit ihm zogen und sein Leben teilten (Mt 8,20).

Der zentrale Inhalt der Botschaft J. war das Reich Gottes bzw. das Himmelreich (s. REICH GOTTES). J. Reich-Gottes-Verkündigung kann vom atl. Verständnis des Wortes nur dann sachgemäß unterschieden werden, wenn erkannt wird, daß der Verkündiger des Reiches Gottes selbst der Inhalt der frohen Botschaft vom Reich Gottes ist. Er bringt nicht nur das Reich Gottes – er *ist* selbst die Herrschaft Gottes in Person (Lk 17,20 f.). Die Umkehr der Herzen der Menschen (*metanoia*) von ihrem seitherigen Leben ist die Hinkehr zu ihm, zu J., dem »Menschensohn«. Als der Messias predigte J. in Vollmacht (Mt 7,29). Dies erwies sich auch durch Krankenheilungen, Dämonenaustreibungen und Wunderzeichen.

Am Ende seines Wirkens ging J. in Begleitung seiner Jünger nach Jerusalem, wo er nach seiner eigenen Vorhersage leiden und sterben würde. Als er die Stadt im Frühjahr des Jahres 29 oder 30 betrat, wurde er von einer jubelnden Menge galiläischer Festpilger begrüßt, die seine Taten rühmten – zuletzt die Auferweckung des Lazarus (Joh 11). J. Leidensweg in Jerusalem begann jedoch bald. Eigentlich ist der Weg J. seit seiner Menschwerdung ein Leidensweg (vgl. Mt 2,13; Mk 3,6; Lk 2,50; 4,29; Joh 1,11; 7,5; 8,59). Der Garten Gethsemane, der Ort seines Gebetskampfes und seiner Gefangennahme, und Golgatha, die Stätte seiner Kreuzigung, sind Höhepunkt und Ziel seines Leidens. J. wurde gefangengenommen, vor dem jüd. Hohen Rat und auch von Herodes (Lk 23,6–12) verhört und dann schließlich durch den röm. Präfekten Pontius Pilatus zum Tode verurteilt. Nach seiner Verspottung, Auspeitschung und Mißhandlung durch die Soldaten wurde er aus der Stadt geführt und gekreuzigt. Nach sechs Stunden am Kreuz an der »Schädelstätte« (*Golgatha*) starb J. etwa um 3 Uhr am Nachmittag des 14. (oder 15.) Tages des Monats Nisan. Er wurde von Josef von Arimathäa, einem seiner Jünger, und in Anwesenheit einiger Anhängerinnen in einem nahen Felsengrab bestattet. Als einige dieser Frauen und dann einige seiner Jünger am übernächsten Morgen das Grab aufsuchten, fanden sie es leer. Die Nachricht, daß J. lebte, hatte sie schon erreicht, aber sie weigerten sich, ihr Glauben zu schenken (Lk 24,11; vgl. Mk 16,11–14). Unmittelbar danach begegnete ihnen aber J. selbst; sie sprachen und aßen mit ihm. Darauf folgte eine Reihe weiterer Erscheinungen des auferstandenen J. vor seinen Jüngern

Die Grotte unter der Verkündigungskirche in Nazareth ist der Tradition nach der Ort, wo Maria, Josef und Jesus wohnten. Eine der hier gezeigten Säulen heißt »Säule Gabriels«, die andere »Säule Marias«. Sie bezeichnen die Stellen, an denen Maria und der Engel bei der Ankündigung der Geburt Jesu standen.

(Lk 23,1–49; Joh 20,19–21,14). Einmal erschien er (in Galiläa?) mehr als 500 Männern auf einmal (1. Kor 15,6). Die letzte Erscheinung geschah auf dem Ölberg. J. gab den Aposteln letzte Anweisungen; dann »wurde er zusehends aufgehoben, und eine Wolke nahm ihn auf vor ihren Augen weg« (Apg 1,9).

In der ntl. Forschung war es zeitweise eine umstrittene Frage, ob sich J. selbst als Sohn Gottes und als Messias (»Christus«) verstanden habe. Man verwies darauf, daß J. nie von sich behauptet hätte, er sei der Christus Gottes, der Messias (von hebr. *maschiach*; wörtl. »der Gesalbte«). Demgegenüber machen jedoch einige Textstellen der Ev.n deutlich, daß sich J. durchaus als Messias verstanden hat. So stimmte er zu, als er so bezeichnet wurde – sei es von Petrus (Mt 16,16ff.), von der Samariterin am Jakobsbrunnen (Joh 4,25ff) oder von dem Hohenpriester (Mt 26,63f.). Seinen Jüngern sagte er, sie gehörten »dem Christus« an (Mk 9,41). Jedoch finden wir auch mehrfach das Verbot J., diese Nachricht zu verkündigen (Mk 8,30; 9,9 u.a.). Damit wollte sich J. nicht nur von den damals herrschenden Messiaserwartungen distanzieren (wie er sich z.B. der Menge entzog, die ihn zum König machen wollte [Joh 6,15, vgl. 18,36ff.]), sondern es war bis zu seiner »Stunde« (Joh 2,4; 8,20) sein göttlicher Auftrag, als ein verhüllter König die Königsherrschaft Gottes zu verkündigen (Mk 5,43). In späteren Abschnitten der Ev.n findet sich dieses Verbot nicht mehr: Seine »Stunde« war gekommen (Joh 13,1; 17,1).

Das Messiasbewußtsein J. ist auch aus weniger direkten Äußerungen abzuleiten. Wenn er Sünden vergab (Mk 2,5–10 u.a.), verstanden seine Zuhörer, daß Jesus hier in der Vollmacht Gottes sprach (Mk 2,7). Ebenso weist J. Selbstbezeichnung als der »Menschensohn« (vgl. Dan 7,3–14) auf seine Messianität hin. Er bezog vor allem atl. Verheißungen auf sich; er sagte, daß sie in ihm erfüllt seien (Lk 4,16–21; 7,18–23).

Das Heilige Land zur Zeit Jesu.

Die Primatskapelle am See Genezareth, die da stehen soll, wo der auferstandene Jesus seinen Jüngern erschien (Joh 21,1–23).
(rechts) Der Siloahteich in Jerusalem, wo Jesus einen Blinden heilte (Joh 9,6–11).
(unten) Die Kapelle des Engels in der Grabeskirche in Jerusalem; die Grabstätte Jesu ist durch die niedrige Tür an der Vorderseite zu betreten.

Der christl. Glaube bekennt sich aufgrund des NT zu Jesus Christus als dem von Ewigkeit her gekommenen Sohn Gottes des Vaters, der also schon vor der Erschaffung der Welt beim Vater war und beim Werk des Schöpfers die rechte Hand Gottes war (Joh 1,2; Kol 1,15f.; Hebr 1,2). Er ist der Christus Gottes, der dem Volk Israel verheißene Messias, das fleischgewordene Wort Gottes (Joh 1,1.14) und hat sich selbst als erlösendes Opfer für die Sünde der Welt dargebracht (Joh 1,29; Hebr 9,14f.). Auch darin erscheint das Werk J. Christi als die Erfüllung der prophetischen Verheißungen des Alten Bundes, vorab von Jes 52,13–53,12. Bes. Mt ist geprägt durch die häufigen Hinweise auf die Erfüllung vieler atl. Worte in der Person und im Wirken J. Christi (z.B. 2,15.23; 4,14; 8,17; 13,35; 21,4; 26,54.56 usw.; aber auch Lk 21,22; Joh 12,38; 13,18; 15,25; 18,9; 19,24.28.36 usw.). Dabei liegt der Ton auf der Person J. und auf der Heilstat Gottes im Werk seines Sohnes. Der Tod J. ist ein Akt der Versöhnung, was den Sündenfall Adams aufhebt; Sünde und Tod sind besiegt, der Satan ist unterworfen und der Weg ist bereitet, um dem Menschen die verschlossene Tür zum Haus des Vaters zu öffnen (Joh 14,2.3). J. selbst *ist* dieser Weg in Person (Joh 14,6). Dies geschah alles aufgrund der Gnade Gottes und wird all denen zuteil, die dieses Heilsgeschehen im Glauben an den auferstandenen J. annehmen. Nach der Selbsterniedrigung J. erhöhte ihn Gott der Vater, so daß er seit der Himmelfahrt zu seiner Rechten sitzt als der Herr aller Herren (Phil 2,9ff.). Das NT blickt voraus auf J. Wiederkunft zum Gericht über die Sünder und zur endgültigen Erlösung aller, die an ihn glauben (Mt 25,31–46; Joh 3,16; 1. Kor 15,20–28; 1. Thess 4,13–18; Offb 20,11–15).

JETER (»Rest«; verkürzte Form von Jitro).

1. Der erstgeborene Sohn Gideons. Er konnte den Befehl seines Vaters nicht ausführen, »weil er noch ein Knabe war«. Gideon hatte ihn angewiesen, die Könige der Midianiter, Sebach und Zalmunna, zu töten.
2. Ehemann Abigals und Vater von Amasa, der unter David Befehlshaber der Streitmacht Judas war.
3. Urenkel Jerachmeels.
4. Sohn Esras laut dem Geschlechtsregister des Stammes Juda.
5. Ein Mann aus dem Geschlechtsregister des Stammes Asser.

JETERITER Eine Familie aus Kirjat-Jearim.

JETUR Einer der zwölf Söhne Ismaels, des Sohnes Abrahams und Hagars, der Ägypterin (1. Mose 25,12.15). Nach ihm wurde ein Stamm am östlichen Ufer des Jordans benannt, der später gegen die Stämme Ruben, Gad und den halben Stamm Manasse unterlag.

JETER 1
Ri 8,20
JETER 2
2. Sam 17,25; 1. Kön 2,5.32; 1. Chr 2,17
JETER 3
1. Chr 2,32
JETER 4
1. Chr 4,17
JETER 5
1. Chr 7,38

JETERITER
1. Chr 2,53;

JETUR
1. Mose 25,1
1. Chr 1,31; 5

JËUËL
1. Chr 9,6

JËUSCH 1
1. Mose 36, 5.14.18; 1. Chr 1,35
JËUSCH 2
1. Chr 7,10
JËUSCH 3
1. Chr 8,39

JËUËL (»Möge Gott Leben geben«). Ein Mann aus dem Stamm Juda, der z. Zt. Nehemias in Jerusalem lebte; sein Name fehlt in der Liste in Neh 11,24.

JËUSCH 4 1. Chr 23,10.11
JËUSCH 5 2. Chr 11,19

JËUSCH (»Ratgeber ist Gott«).
1. Ein Sohn Esaus und Oberhaupt in Edom (1. Mose 36,2.5.18).
2. Ein Urenkel Benjamins.
3. Ein Benjaminiter, Sohn eines Nachkommens von Saul.
4. Ein Levit zur Regierungszeit Davids.
5. Der erstgeborene Sohn Rehabeams, des Königs von Juda.

JËUZ 1. Chr 8,10

JËUZ (»Ratgeber«). Ein Name aus dem Geschlechtsregister König Sauls.

JEZER, 1. Mose 46,24; 4. Mose 26,49; 1. Chr 7,13

JEZER (»Gott hat geschaffen«). Der dritte Sohn Naftalis (1. Mose 46,24) und Gründer der Familie der Jezeriter (4. Mose 26,49).

JIBHAR 2. Sam 5,15; 1. Chr 3,6; 14,5

JIBHAR (»Gott erwählt«). Einer der Söhne König Davids, in Jerusalem geboren.

JIBLEAM Jos 17,11; Ri 1,27; 2. Kön 9,27; 1. Chr 6,55

JIBLEAM Eine Stadt an der Straße, die aus der Ebene Jesreel nach Samaria und Sichem führt. J. zählte zu den Städten von Issachar und Asser, die Manasse zugewiesen wurden und dadurch Enklaven im Gebiet bildeten (Jos 17,11). Aber die Kanaaniter konnten weder aus J. noch aus anderen Städten vertrieben werden (Jos 17,12.13; Ri 1,27.28). Nachdem David die kanaan. Städte schließlich erobert hatte, wurden sie tributpflichtig und königliches Eigentum. Nach 1. Chr 6,55 war J. eine Levitenstadt (vgl. jedoch Jos 21,25).

Während des Aufstandes Jehus (2. Kön 9,14 ff) wurde Ahasja, der König Judas, von Soldaten Jehus auf der Flucht nahe J. auf der Anhöhe von Gur tödlich verwundet.

Eingang zu einer Wasserversorgung aus der Eisenzeit in Jibleam (Israelische Regierungsabteilung für Altertümer und Museen).

JIBNEJA 1. Chr 9,8

JIBNEJA (»Gott baut auf«). Ein Benjaminiter, der sich nach der Rückkehr aus dem babyl. Exil in Jerusalem ansiedelte.

JIBNIJA 1. Chr 9,8

JIBNIJA (»Gott baut auf«). Ein Benjaminiter,der sich nach der Rückkehr aus dem Exil in Jerusalem niederließ.

JIBSAM 1. Chr 7,2

JIBSAM (»süß«). Ein Enkel Issachars.

JIDALA Jos 19,15

JIDALA Eine Stadt, die dem Stamm Sebulon zugewiesen wurde, als das Land Kanaan verteilt wurde (Jos 14,1; 19,15). Eine Ortsbestimmung ist nicht möglich.

JIDBASCH 1.Chr 4,3

JIDBASCH (»honigsüß«). Ein Mann aus dem Stamm Juda.

JIDDO 1. Chr 27,21

JIDDO Sohn Secharjas. Er war Führer des halben Stammes Manasse in Gilead z. Zt. Davids.

JIDLAF 1. Mose 22,22

JIDLAF (»weinend«). Ein Sohn Nahors, des Bruders Abrahams.

JIFDEJA 1. Chr 8,25

JIFDEJA (»Möge Gott erlösen«). Oberhaupt einer benjaminitischen Familie, die in Jerusalem ansässig war.

JIFTACH Jos 15,43

JIFTACH Stadt in Juda in der Schefela, etwa 10 km nordwestlich von Hebron.

JIFTACH-EL Jos 19,14.27

JIFTACH-EL Tal an der Grenze zwischen den Gebieten, die den Stämmen Sebulon und Asser durch das Los zugewiesen waren. Eine Ortsbestimmung ist nicht möglich.

JIGAL 1 4. Mose 13,7
JIGAL 2 2. Sam 23,36
JIGAL 3 1. Chr 3,22

JIGAL (»Möge Gott erlösen«).
1. Einer der zwölf Männer, die Mose von der Wüste Paran aus voraussandte, um das Land Kanaan auszukundschaften.
2. Einer der »Helden« Davids.
3. Der dritte Sohn Schechanjas laut dem Geschlechtsregister der Familie Jechonja.

JIGDALJA Jer 35,4

JIGDALJA (»Groß ist Ja[hwe]«). Ein Prophet aus Juda, Vater Hanans. Seine Enkel besaßen »Hallen« im Tempel z. Zt. König Jojakims, von Juda.

Hebräisches Siegel aus Felskristall, beschriftet: [»Gehört] dem Joeser Igdaliahu«; 7. Jh. v. Chr. (Israel Museum).

JIMLA 1. Kön 22,8.9; 2. Chr 18,7.8

JIMLA (»Gott erfüllt«). Der Vater des Propheten Micha z. Zt. Ahabs, des Königs von Israel.

JIMNA 1 1. Chr 7,35
JIMNA 2 2. Chr 31,14

JIMNA (»Glück«).
1. Ein Nachkomme Assers.
2. Vater des Leviten Kore, des Torhüters des Tempels z. Zt. Hiskias, des Königs von Juda.

JIMNA, JIMNITER . Mose 46,17; . Mose 26,44; 1. Chr 7,30

JIMNA, JIMNITER Erstgeborener Sohn Assers (1. Mose 46,17) und Urvater der Jimniter (4. Mose 26,44).

JIMRA (»streitsüchtig«). Ein Nachkomme des Stammes Asser.
JIMRA 1. Chr 7,36

JIRIJA (»Ja[hwe] sieht«). Ein Wächter am Benjamintor in Jerusalem; er nahm den Propheten Jeremia unter der Anklage gefangen, daß er zu den Chaldäern überlaufen wolle.
JIRIJA Jer 37,13.14

JIRMEJA (»Ja[hwe] ist erhaben«).
1. Schwiegervater König Josias.
2. Oberhaupt einer Sippe aus dem Stamm Manasse, östlich des Jordans.
3. Ein Bogenschütze, der unter David diente.
4. Zwei Soldaten aus Gad, die zu David übergingen.
5. Ein Priester z. Zt. Nehemias.
6. Ein Priester, der mit Serubbabel aus der babyl. Gefangenschaft zurückkehrte.
7. Ein Rechabiter, der z. Zt. des Propheten Jeremia lebte.
JIRMEJA 1 2. Kön 23, 31; 24,18 **JIRMEJA 2** 1. Chr 5,24 **JIRMEJA 3** 1. Chr 12,5 **JIRMEJA 4** 1. Chr 12,11.14 **JIRMEJA 5** Neh 10,3;12,34 **JIRMEJA 6** Neh 12,1.12 **JIRMEJA 7** Jer 35,3

JIRON Eine der befestigten Städte des Stammes Naftali (Jos 19,38). Der Name ist in dem Namen *Yarun* erhalten, den ein Dorf in Obergaliläa, im heutigen Libanon, trägt. Es liegt 5 km südlich von Bint Jebeil.
JIRON Jos 19,38

JIRPEEL Eine Stadt, die dem Stamm Benjamin zugewiesen wurde, als das Land Kanaan unter die Stämme verteilt wurde.
JIRPEEL Jos 18,27

JISCHBAAL Einer der »Helden« Davids.
JISCHBAAL 2. Sam 23,8

JISCHBACH (»Der Lobpreisende«). Ein Nachkomme Kalebs.
JISCHBACH 1. Chr 4,17

JISCHBAK (»verlassen«). Der fünfte Sohn Abrahams und seiner Frau Ketura.
JISCHBAK 1. Mose25,2; 1. Chr 1,32

JISCHI (»[Gott ist] meine Rettung«).
1. Ein Jerachmeeliter.
2. Ein Mann aus einer unbekannten Familie des Stammes Juda.
3. Ein Mann aus dem Stamm Simeon, dessen Söhne zus. mit 500 Männern zum Gebirge Seïr gingen und dort die Amalekiter töteten.
4. Ein Sippenhaupt des halben Stammes Manasse im Ostjordanland.
JISCHI 1 1. Chr 2,31 **JISCHI 2** 1. Chr 4,20 **JISCHI 3** 1. Chr 4,42 **JISCHI 4** 1. Chr 5,24

JISCHIJA (»Jahwe möge vergessen machen«, d. h. vergeben).
1. Einer der Söhne Harims, der sich eine Fremde zur Frau nahm und sie entsprechend der Verfügung Esras verstieß.
2. Ein Levit.
3. Ein Korachiter, ein »Held«, der in Ziklag zu David stieß.
4. Ein Levit, Nachkomme Eliësers, des Sohnes Moses (1. Chr 23,17). In 1. Chr 26,25 wird Jesaja als Sohn Rehabjas angegeben. Dieser Name könnte mit J. identisch sein.
5. Ein Mann aus dem Stamm Issachar, ein Enkel oder Urenkel Tolas.
JISCHIJA 1 Esr 10,31 **JISCHIJA 2** 1. Chr 23,20 **JISCHIJA 3** 1. Chr 12,7 **JISCHIJA 4** 1. Chr 24,21 **JISCHIJA 5** 1. Chr 7,3

JISCHMA (»Möge [Gott] hören«). Ein Nachkomme Judas.
JISCHMA 1. Chr 4,3

JISCHMAJA (»Möge Ja[hwe] hören«).
1. Ein Gibeoniter, einer der Kämpfer des Stammes Benjamin, die sich David in Ziklag anschlossen. Er war einer der Führer von Davids »Helden«.
2. Oberhaupt des Stammes Sebulon zur Regierungszeit Davids.
JISCHMAJA 1. Chr 12,4 **JISCHMAJA** 1. Chr 27,19

JISCHMERAI (»Möge[Gott] beschützen«). Ein Benjaminiter.
JISCHMERA 1. Chr 8,18

JISCHPA (»glatt«). Ein Benjaminiter.
JISCHPA 1. Chr 8,16

JISCHPAN (»Starker«). Ein Benjaminiter.
JISCHPAN 1. Chr 8,22

JISCHWA (»Er ist ebenbürtig«). Zweiter Sohn Assers.
JISCHWA 1. Mose 46,1 1. Chr 7,30

JISCHWI (»Gott nützt ihm«).
1. Zweiter Sohn Sauls. In 1. Chr 8,33 und 9,39 wird er Abinadab genannt.
2. Dritter Sohn Assers, Ahnherr der Jischwiter.

JISIJA (»Gott ist Seiender«). Einer der Israeliten, die unter Esra ihre heidnischen Frauen verstießen.

JISKA (»Er [Gott] schaut«). Eine der Töchter Harans.

JISLIA (»Er [Gott] möge ihn würdigen«). Ein Mann aus dem Stamm Benjamin.

JISMACHJA (»Möge Ja[hwe] unterstützen«). Tempelaufseher zur Regierungszeit Hiskias, des Königs von Juda.

JISMAEL (»Gott hört«).
1. Einer der sechs Söhne Azels aus dem Stamm Benjamin. In 1. Chr 9,44 wird er Ismael genannt.

JISCHWI 1
1. Sam 14,49
JISCHWI 2
1. Mose 46,17;
4. Mose 26,44;
1. Chr 7,30

JISIJA
Esr 10,25

JISKA
1. Mose 11,29

JISLIA
1. Chr 8,18

JISMACHJA
2. Chr 31,13

JISMAEL 1
1. Chr 8,38
JISMAEL 2
2. Chr 19,11
JISMAEL 3
2. Chr 23,1
JISMAEL 4
. Kön 25,23.25;
Jer 40,8.14–16;
41,1–3.6–16.18
JISMAEL 5
Esr 10,22

JISRACHJA 1
Neh 12,42
JISRACHJA 2
1. Chr 7,3

JITLA
Jos 19,42

JITMA
1. Chr 11,46

JITNAN
Jos 15,23

JITRAN 1
1. Mose 36,26;
1. Chr 1,41
JITRAN 2
1. Chr 7,37

JITREAM
2. Sam 3,5;
1. Chr 3,3

JITRO
2. Mose 3,1;
4,18; 18,1.5.
6.9.10.12

JIZHAR
Mose 6,18.21;
4. Mose 3,
19; 16,1;
1. Chr 6,3.23;
23,12.18

ZHARITER
4. Mose 3,27
1. Chr 24,22;
26,23.29

JOAB 1
1. Sam 26,6;
Sam 2,13.14.
22.24.26–28.
.32; 3,22–24.
27.29–31; 8,

2. Vater Sebadjas, des »Vorstehers im Hause Juda« zur Regierungszeit König Joschafats.

3. Sohn Johanans, einer der »Hauptleute über hundert«, die einen Bund mit dem Priester Jojada schlossen, um Joasch als König einzusetzen.

4. Der Sohn Netanjas »von königlichem Geschlecht«, der zus. mit zehn Männern den Statthalter Gedalja samt seinen jüd. Gefolgsleuten und chaldäischen Soldaten in Mizpa erschlug (2. Kön 25,25). Danach tötete J. 70 der 80 Männer, die von Sichem, von Silo und von Samaria mit Speiseopfern und Weihrauch zum Tempel gekommen waren (Jer 41,4–8). J. führte dann die übriggebliebenen Bewohner von Mizpa als Gefangene weg. Sie wurden von Johanan befreit. J. entkam mit acht seiner Männer zu den Ammonitern (Jer 41,10–15).

5. Einer der Priester, die auf die Verordnung Esras hin ihre ausländischen Frauen verstießen.

JISRACHJA (»Der HERR leuchtet«).

1. Ein Vorsteher der Tempelsänger z. Zt. Nehemias.

2. Der Sohn Usis aus dem Stamm Issachar. Der Stamm seiner Nachkommen zählte 36 000 Soldaten (1. Chr 7,4).

JITLA Eine Stadt in dem Gebiet, das bei der Landnahme dem Stamm Dan zugewiesen wurde.

JITMA (»einsam«). Ein Moabiter, einer der »Helden«Davids.

JITNAN Eine Stadt, die dem Stamm Juda zugewiesen wurde, als das Land Kanaan unter den Stämmen aufgeteilt wurde (Jos 15,23). J. lag »nach der Grenze von Edom zu, im Südland«.

JITRAN (»Überfluß«).

1. Einer der Söhne Dischon aus der Seïr-Familie, Vorfahr der Horiter.

2. Ein Mann aus dem Stamm Asser. In 1. Chr 7,38 wird er Jeter genannt.

JITREAM (»Überfluß des Volkes«). Der sechste Sohn Davids, von dessen Frau Egla in Hebron geboren.

JITRO (»Vornehmer«; wahrscheinlich kein Name, sondern ein Titel). Ein Priester in Midian und Schwiegervater des Mose; anderer Name (2. Mose 2,18; 4. Mose 10,29): Reguël. Als Mose aus Ägypten floh und nach Midian kam, verteidigte er die sieben Töchter J.s vor den Hirten, die sie von dem Brunnen wegstießen; ihr Vater nahm ihn auf und gab ihm seine Tochter Zippora zur Frau (2. Mose 2,15–22).

Nach der Gottesoffenbarung im brennenden Dornbusch verließ Mose J. und zog wieder nach Ägypten (2. Mose 4,18–20). Später, während der Wüstenwanderung Israels, besuchte J. Mose; er pries Jahwe als »größer als alle Götter« und brachte ihm Opfer dar (2. Mose 18,11–12); außerdem riet er Mose, sich bei der Regelung der Rechtsstreitigkeiten der Israeliten von geeigneten Männern helfen zu lassen (2. Mose 18,13–27).

JIZHAR (»Möge [Gott] scheinen«). Ein Levit, Sohn Kehats und Vater Korachs.

JIZHARITER Nachkommen Jizhars aus der Kehat-Familie.

JOAB (»Ja [hwe] ist Vater«).

1. Oberbefehlshaber im Heer Davids (2. Sam 8,16; 20,23; 1. Chr 18,15), der eine wichtige Rolle bei der Gründung, Einigung und Festigung von Davids Reich spielte. J. erscheint zum ersten Mal im Bürgerkrieg zwischen den Anhängern Davids und denen von Sauls Sohn Isch-Boschet (Eschbaal), der seinem Vater auf den Thron folgte. In einem Kampf am Teich von Gibeon besiegten die Anhänger Davids, von Joab angeführt, die von Abner geführten Männer Isch-Boschets; unter den Toten war auch der jüngere Bruder Joabs, Asaël, der von Abner getötet wurde (2. Sam 2,12 ff.).

J.half, das stark befestigte Jebus (Jerusalem) zu erobern (2. Sam 5,6ff.; 1. Chr 11,4ff.) und die Philister u.a. Nachbarvölker einschl. der Aramäer, Moabiter und Edomiter zu schlagen (2. Sam 5,17–25; 8,1; 10,6–19; 1. Chr 14,10–16; 18,1–13).

J.s Loyalität zu David konnte bis zur Selbstverleugnung gehen. So zögerte er im Kampf gegen die Ammoniter die Erstürmung der bereits fast gefal-

Der Innenraum eines Drusenheiligtums in Galiläa, der Überlieferung nach die Grabstätte Jitros. Der führende Prophet der Drusensekte, Nebi Shu'eib, wird in einer Überlieferung mit Jitro identifiziert.

lenen Stadt Rabba hinaus, damit David die Eroberung selbst vollenden konnte (2. Sam 12,26–28). Während dieser Belagerung schickte J. übrigens auf Davids Befehl den Ehemann Batsebas, Uria, an die vorderste Front, wo er den Tod fand (2. Sam 11,14–25). Als Absalom nach dem Mord an seinem Bruder Amnon in die Verbannung floh, brachte J. eine Versöhnung zwischen ihm und David zustande (2. Sam 14). Trotz schwerer Bedenken führte er die von David angeordnete Volkszählung durch (2. Sam 24,1–9).

Andererseits war J. unbarmherzig und skrupellos seinen Feinden gegenüber. Um seinen toten Bruder Asaël zu rächen, vielleicht auch aus Rivalität, ermordete er den zu David übergelaufenen Abner (2. Sam 2,22–30). Bei der Niederschlagung des Aufstands Absaloms gegen David tötete J. Absalom gegen den ausdrücklichen Befehl des Königs, der geboten hatte, seinen Sohn zu schonen (2. Sam 18,5.9–15). Bei der Niederschlagung des Aufstandes Schebas ermordete J. Amasa, den David zum neuen Oberbefehlshaber ernannt hatte (2. Sam 19,14; 20,1–10).

In der Auseinandersetzung zwischen Adonija und Salomo um Davids Thronfolge ergriff J. die Partei Adonijas (1. Kön 2,28), nicht ahnend, daß David Salomo bevorzugt hatte (1. Kön 1,30 ff.). Eine der ersten Regierungsmaßnahmen Salomos bestand darin, daß er J., der sich zum Altar im Heiligtum geflüchtet hatte, töten ließ (1. Kön 2,28–34) – getreu dem letzten Willen Davids und als Strafe für die Morde an Abner und Amasa (1. Kön 2,5.6).

2. Ein Zimmermann aus der Nachkommenschaft Judas.

3. Name einer Familie aus dem Stamm Juda, die z. Zt. Serubbabels und Esras aus dem babyl. Exil zurückkehrte (Esr 2,6; Neh 7,11).

16; 10,7.9.13.14; 11,1.6.7.11.14. 16–18.22.25; 14, 1.3.19–23.29–33; 17,25; 18,2.5.10–12.14–16.20–22. 29; 19,2.6.14; 20,7–11.13.15–17.20–23; 23,18. 24.37; 24,2–4.9; 1. Kön 1,7.19.41; 2,5.22.28–31.33; 11,15.16.21; 1. Chr 2,16; 11,6.8.20.26. 39; 18,15; 19,8.10.14.15; 20,1; 26,28; 27,7.24.34
JOAB 2 1. Chr 4,14
JOAB 3 Esr 2,6; Neh 7,11

JOACH (»Ja[hwe] ist Bruder«).

1. Ein levitischer Torhüter z. Zt. Davids.

2. Ein Nachkomme der levitischen Familie Gerschon, der z. Zt. der Reform König Hiskias seinen Dienst versah.

3. Ein Hofbeamter und Mitglied der Delegation, die Hiskia zu den Assyrern sandte.

4. Kanzler König Josias, war mit für die Ausbesserung des Tempels verantwortlich.

JOACH 1 1. Chr 26,4
JOACH 2 2. Chr 29,12
JOACH 3 2. Kön 18,18.26.37; Jes 36,3.11.22
JOACH 4 2. Chr 34,8

JOADDA (»Ja[hwe] ist Zier«). Ein Mann im Geschlechtsregister König Sauls.

JOADDA 1. Chr 8,36; 9,42

JOADDAN (»Ja[hwe] ist hohe Wonne«). Mutter König Amazjas von Juda.

JOADDAN 2. Kön 14,2; 2. Chr 25,1

JOAHAS (»Ja[hwe] hält fest«).

1. Der jüngste Sohn Jorams (2. Chr 21,17) und König Judas von 843–842 v. Chr. Identisch mit Ahasja (2. Kön 8,25.26.29; 9,27; 2. Chr 22, 1.2.7–9).

2. Sohn Jehus und König von Israel, regierte 814–798 v. Chr. (2. Kön 13,1). Zu seiner Regierungszeit fielen aram. Truppen unter der Führung Hasaëls und dessen Sohnes Ben-Hadad in Israel ein (2. Kön 13,3). Als J. Gott um Hilfe anflehte (13,4), sandte Gott einen »Retter« (13,5) – höchstwahrscheinlich Adad-Nirari III. von Assyrien, der Ben-Hadad tributpflichtig machte. Israel war damit gerettet, wurde aber seinerseits ebenfalls Assyrien tributpflichtig.

3. Vierter Sohn und Nachfolger (609–608 v. Chr.) Josias von Juda. Nachdem Josia bei Meggido gefallen war, wurde J. im Alter von 23 Jahren vom »Volk des Landes« (2. Kön 23,30; 2. Chr 36,1) als König eingesetzt.

JOAHAS 1 2. Chr 21,17
JOAHAS 2 2. Kön 10,35; 13,1.4.7–10.2[illegible] 25; 14,1.8.17; 2. Chr 25, 17.23.25
JOAHAS 3 2. Kön 23,30.31.34; 2. Chr 36,1.2
JOAHAS 4 2. Chr 34,8

Jaspis-Siegel mit der Inschrift: »[Gehört] dem Joahas, Sohn des Königs«. Spätes 7. Jh. v. Chr. (Israel Museum).

Nach nur drei Monaten setzte ihn Pharao Necho von Ägypten ab und brachte ihn gefangen nach Ribla am Orontes und dann nach Ägypten, wo er starb (2. Kön 23,33.34; 2. Chr 36,2–4). In 1. Chr 3,15 sowie in Jeremias Prophetie in Jer 22,11 wird er Schallum genannt – wahrscheinlich sein eigentlicher Name, während J. sein Herrschertitel war.

4. Vater Joachs (4), des Kanzlers z. Zt. König Josias.

JOASCH 1 1. Chr 4,22
JOASCH 2 Ri 6,11.29–31; 7,14; 8,13.29.32
JOASCH 3 1. Chr 7,8
JOASCH 4 1. Chr 12,3
JOASCH 5 1. Chr 27,28
JOASCH 6 1. Kön 22,26; 2. Chr 18,25
JOASCH 7 2. Kön 11,2; 12,1–3. 5.7.8. 19.20; 13,1. 10; 14,1; 2. Chr 22,11; 24,1.2.4.22.24; 25,23.25
JOASCH 8 2. Kön 13,9.10. 12–14.25; 14,1. 8.9.11.13.15–17.23.27; 2. Chr 25,17. 18.21.23.25

JOASCH (» Der HERR stützt«).

1. Ein Nachkomme Judas.

2. Der Vater Gideons, Nachkomme der Abiësriter aus dem Stamm Manasse, die in Ofra lebten (Ri 6,11). Als Gideon das Bild der Aschera und den Baal-Altar seines Vaters zerstörte (Ri 6,25.27), beschützte ihn J. vor dem Zorn der Bewohner seiner Stadt (Ri 6,28–32).

3. Ein Benjaminiter, Nachkomme der Familie Becher.

4. Einer der Mitkämpfer Davids aus dem Stamm Benjamin, die sich ihm in Ziklag anschlossen.

5. Einer der Beamten, die unter David die Ölvorräte verwalteten.

6. Der Sohn König Ahabs von Israel; er nahm den Propheten Micha gefangen, weil dieser Ahab vor dem Feldzug gegen die Aramäer warnte und seinen Untergang prophezeite.

7. Sohn Ahasjas und König von Juda (836–798 v. Chr.). Sechs Jahre lang wurde er von seiner Tante Joscheba, der Frau des Hohenpriesters Jojada, im Tempel versteckt gehalten und vor Atalja, der Königsmutter, beschützt, die alle anderen Mitglieder der königl. Familie umbrachte und sich des Thrones bemächtigte (2. Kön 11,1–3; 2. Chr 22,10–12).

Als J. sieben Jahre alt war, stürzte Jojada Atalja und proklamierte J. zum rechtmäßigen Herrscher (2. Kön 11,4–20; 2. Chr 23,1–15). J. regierte 40 Jahre lang (2. Kön 12,1; 2.Chr 24,1). Unter dem Einfluß von Jojada ließ er Ausbesserungsarbeiten am Tempel ausführen und schaffte den Baalkult ab (2. Kön 12,7–16; 2. Chr 24,4–14).

Nach dem Tod Jojadas jedoch ließ J. sich zum Götzendienst verführen. Als Secharja, der Sohn Jojadas, öffentlich gegen diesen Rückfall predigte, wurde er auf Befehl J.s gesteinigt (2. Chr 24,17–22). Das Gericht Gottes folgte in Form einer aram. Invasion; die Eroberung Jerusalems konnte J. nur durch die Übergabe der Tempelschätze an Hasaël abwenden (2. Kön 12,18–19; 2. Chr 24,23–25).

J. wurde schließlich von seinen eigenen Leuten in einer Verschwörung ermordet – wegen seines Mordes an Secharja (2. Kön 12,21.22; 2. Chr 24,25.26).

8. Sohn des Joahas (2) und König von Israel (800–784 v. Chr.). In seiner Regierungszeit wurde Israel von drei versch. Völkern bedrängt: (a) von den Assyrern, denen Israel tributpflichtig war, wie auch außerbibl. Quellen bestätigen, bes. die Stele des assyr. Königs Adad-Nirari III. in Rima, auf der der isrl. König als »Iu'usu der Samaritaner« erwähnt wird; (b) von den Aramäern (2. Kön 13,3.4), die sich schon während der Regierungszeit seines Vaters Joahas isrl. Territorien aneigneten; (c) von den Moabitern, die alljährlich Raubzüge gegen Israel führten (2. Kön 13,20). Angespornt durch den Propheten Elisa (2. Kön 13,14–19), der in einer Reihe symbolischer Handlungen einen dreimaligen Sieg über Aram prophezeite, gewann J. seine verlorenen Gebiete von Aram wieder (2. Kön 13,25).

Gegen Ende seiner Regierungszeit besiegte J. Amazja von Juda, der ihn zum Kampf aufforderte. J. erreichte Jerusalem, riß einen Teil der Stadtmauer nieder und nahm die Schätze des Tempels und des Königshauses samt Geiseln mit nach Samaria (2. Kön 14,8–14; 2. Chr 25,17–24).

J. wurde in Samaria begraben (2. Kön 14,16) und hinterließ seinem Sohn Jerobeam II. ein gefestigtes Königreich.

JOBAB 1 1. Mose 10,29; 1. Chr 1,23
JOBAB 2 1. Mose 36,33.34; 1. Chr 1,44,45
JOBAB 3 Jos 11,1
JOBAB 4 1. Chr 8,9
JOBAB 5 1. Chr 8,18

JOBAB (»Jubel«).

1. Ein Nachkomme Sems (1. Mose 10,29; 1. Chr 1,23). Der Name könnte mit der arab. Stadt Juhaibab, die in sabäischen Inschriften erwähnt wird, in Zusammenhang stehen.

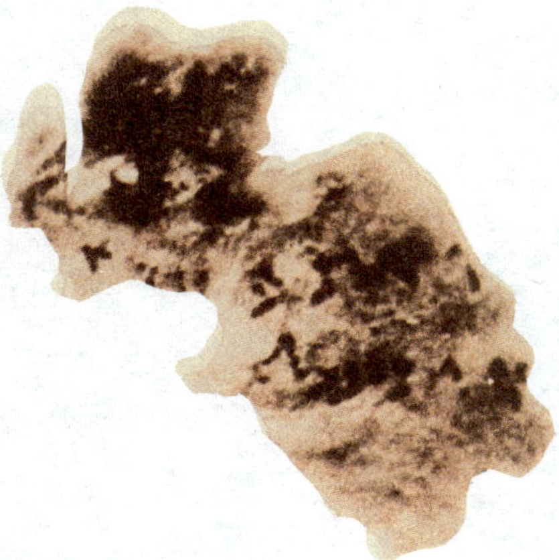

Fragment aus dem Buch Joel, gefunden in Qumran (Schrein des Buches, Jerusalem).

2. Der zweite König Edoms.
3. König von Madon im nördlichen Palästina, der von Josua besiegt wurde (Jos 11,1; 12,19).
4. Ein Nachkomme des Stammes Benjamin.
5. Ein anderer Nachkomme des Stammes Benjamin.

JOCHEBED (»Ja[hwe] ist Herrlichkeit«). Eine Tochter Levis und Mutter von Aaron, Mose und Mirjam (2. Mose 6,20; 4. Mose 26,59).

JODA Einer der Vorfahren Josefs im Stammbaum Jesu bei Lukas.

JOËD (»Gott ist mein Zeuge«). Ein Mann aus dem Stamm Benjamin, lebte z. Zt. Nehemias in Jerusalem.

JOEL (»Ja [hwe] ist Gott«).

1. Der älteste Sohn des Propheten Samuel, war zus. mit seinem Bruder Abija (s. ABIJA (1)) Richter in Beerscheba (1. Sam 8,2), wurde jedoch vom Volk wegen seines bestechlichen, das Recht beugenden Verhaltens abgelehnt (1. Sam 8,3–5). J.s Sohn Heman war z .Zt. Davids Sänger vor der Bundeslade (1. Chr 6,18; 15,17).
2. Vorfahr des Propheten Samuel und Nachkomme Korachs.
3. Oberhaupt einer Abteilung der Leviten aus der Sippe Gerschon z. Zt. König Davids (1. Chr 15,7); gehörte zu den Leviten, die die Bundeslade nach Jerusalem brachten (1. Chr 15,11–15; vgl. 2. Sam 6). J. und sein Bruder Setam waren auch Schatzmeister im Heiligtum (1. Chr 26,22).
4. Eines der Levitenoberhäupter, die z. Zt. Hiskias bei der Reinigung und Wiedereinweihung des Tempels mitwirkten.
5. Untergruppe des Stammes Ruben.
6. Fürst einer Untergruppe aus dem Stamm Simeon.
7. Die erste der sieben Untergruppen des Stammes Gad.
8. Oberhaupt einer der Sippen des Stammes Issachar.
9. Oberhaupt der westlichen Hälfte des Stammes Manasse z. Zt. König Davids.
10. Einer der »Helden« Davids.
11. Einer der Israeliten, die unter Esra ihre heidnischen Frauen verstoßen mußten.
12. Der Sohn Sichris. Die Erwähnung in Neh 11,9 läßt erkennen, daß J. eine führende Stellung in Jerusalem innehatte. Diese wird unterschiedlich interpretiert: a) Oberhaupt einer Gruppe von Benjaminitern, die auf Nehemias Bitte hin bereit waren, sich in Jerusalem niederzulassen; b) Bürgermeister Jerusalems; c) Polizeivorsteher Jerusalems; d) der höchste weltliche Beamte Jerusalems.
13. Prophet und Verfasser des Buches Joel (s. u. JOEL, DAS BUCH DES PROPHETEN). Die einzige biographische Information, die wir über ihn besitzen, sind sein Name und der Name seines Vaters (Petuël).

JOEL, DAS BUCH DES PROPHETEN Das zweite Buch in der Reihe der zwölf »Kleinen Propheten«. Seine vier Kapitel sind deutlich zweigeteilt: Kap. 1 und 2 schildern eine große Heuschreckenplage und Dürre und rufen deshalb zur Buße, Kap. 3 und 4 sprechen vom kommenden »Tag des HERRN« und dem Segen der Endzeit. Man hat darum in diesen beiden sehr unterschiedlichen Teilen schon zwei versch. Prophetenschriften sehen wollen. Es sprechen aber mehr Gründe dafür, beide Teile demselben Propheten Joel zuzuschreiben, auch wenn wir von seiner Person überhaupt nichts wissen. Der innere Zusammenhang zwischen der Katastrophe (Kap. 1–2) und dem Blick auf Gottes Gerichtstag und auf das kommende Heil (3–4) ist durchaus sinnvoll und sachgemäß.

In Kap. 1,1–4 wird der Schrecken der Heuschreckenplage geschildert; in 1,5–14 folgt die Aufforderung zur Bußklage des Volkes, v. a. der Bauern und Winzer (11–12) und der Priester (13–14), und darauf in V. 15–20 das Klagegebet. Kap. 2 beginnt mit einem Alarmruf Gottes an die Bewohner des Landes und dem Ausblick auf die Weltkatastrophe am Tag des HERRN (1–11); es setzt sich fort mit einem Bußruf (12–17) und der Antwort Gottes (18–20), auf die ein Danklied und Gottes neue Verheißung (»Fürchte dich nicht, liebes

JOCHEBED
2. Mose 6,20;
4. Mose 26,59

JODA
Lk 3,26

JOËD
Neh 11,7

JOEL 1
1. Sam 8,2;
1. Chr 6,18; 15,17
JOEL 2
1. Chr 6,21
JOEL 3
1. Chr 15,7.11; 23,8; 26,22
JOEL 4
2. Chr 29,12
JOEL 5
1. Chr 5,4.8
JOEL 6
1. Chr 4,35
JOEL 7
1. Chr 5,12
JOEL 8
1. Chr 7,3
JOEL 9
1. Chr 27,20
JOEL 10
1. Chr 11,38
JOEL 11
Esr 10,43
JOEL 12
Neh 11,9
JOEL 13
Joel 1,1;
Apg 2,16

Land!«) folgt (21–27). Das kurze Kap. 3 bringt die Zukunftsschau des kommenden Gerichtstages Gottes, Kap. 4 schildert sein Gericht über die Völker der Welt (1–8). Den Schluß bildet der Aufruf zur letzten Entscheidung (4,9–13) und die Schilderung des Tags des HERRN (14–17), an den sich die Verheißung des Friedens der Endzeit anschließt (18–21).

Das Buch selbst enthält keinerlei Angaben über die Zeit, in der es geschrieben wurde. Die indirekten Andeutungen erschweren eher eine Datierung, da sie unterschiedliche Folgerungen zulassen. Joel könnte ein Zeitgenosse von Amos und Hosea gewesen sein, auch wenn die Reihenfolge, in der die bibl. Propheten im Kanon erscheinen, keine zeitliche Abfolge bedeutet. Für die Mitte des 8. Jh. v. Chr. spräche die Erwähnung der Feinde Israels: Tyrus, Sidon, die Philister; die späteren Feinde (die Assyrer und Babylonier) stehen anscheinend nicht im Blickfeld (4,4). Der Tempeldienst in Jerusalem besteht noch (1,13; 2,17), der Dienst der Priester wird ausdrücklich erwähnt (1,9.13; 2,17). Andererseits kann sich jedoch eben dies sowohl auf den Tempel Salomos beziehen als auch auf den zweiten Tempel aus der Zeit Nehemias, also nach dem babyl. Exil. Darauf würde auch der für das AT überraschende Hinweis auf die Griechen (»Jonier«, LXX: Hellenen) in 4,6 hindeuten; ihre Erwähnung z. Zt. der ältesten Propheten wäre kaum erklärbar. Dies wiese also eher ins 5. Jh. v. Chr., in die Zeit der aus dem Exil »Entronnenen« (3,5). Darauf deuten auch die Sätze in 4,1–3 hin: »... das Geschick Jerusalems wenden«, »unter die Heiden zerstreut und sich in mein Land geteilt haben«.

Man wird also die Frage der Entstehungszeit nicht schlüssig lösen können. Insofern ist auch dieses kleine Prophetenbuch ein Zeugnis dafür, daß der Wort-Gottes-Charakter eines bibl. Buchs nicht an der wissenschaftlichen Beweisführung über seinen Verfasser und seine Abfassungszeit hängt, sondern allein an seinem inneren Selbstzeugnis als Botschaft Gottes an sein Volk, seine Kirche. Ein geradezu beredtes Zeugnis dafür ist die Pfingstpredigt des Petrus, in der er das Wirken des Hl. Geistes aus dem Joelbuch (3,1–5) aufzeigt: Apg 2,14–21. Auch Paulus bezieht sich in seiner Darlegung der Gerechtigkeit aus dem Glauben auf Joel 3,5: »Wer den Namen des Herrn anrufen wird, soll gerettet werden« (Röm 10,13).

INHALTSÜBERSICHT

1,1–2,17	Die Heuschreckenplage: Beschreibung, Klage, Ruf zur Umkehr
2,18–27	Verheißung der Rettung als Antwort Gottes
3,1–5	Ausgießung des Geistes Gottes als Vorzeichen des kommenden Tages des HERRN
4,1–21	Gottes Gericht über die Heidenvölker; der Segen der Endzeit

JOËLA 1. Chr 12,8

JOËLA Ein Benjaminiter, der sich David in Ziklag anschloß.

JOËSER 1. Chr 12,7

JOËSER (»Gott ist meine Hilfe«). Einer der Männer des Stammes Benjamin, die aus der Armee Sauls desertierten, um sich David in Ziklag anzuschließen.

JOGBOHA . Mose 32,35; Ri 8,11

JOGBOHA Eine befestigte Stadt im Gebiet des Stammes Gad (4. Mose 32,35), wo Gideon über Sebach und Zalmunna siegte (Ri 8,10.11). Aus der Reihenfolge der aufgezählten Städte des Stammes Gad in 4. Mose 32,35 kann man schließen, daß J. die nördlichste Stadt der ostjordanischen Hochebene war. Sie lag etwa 11 km nordwestlich von Amman. Der arab. Name des Ortes, Jubeihat, erinnert an den alten Namen.

JOGLI . Mose 34,22

JOGLI (»In die Fremde geführt«). Ein Mann aus dem Stamm Dan, Vater Bukkis, der Mose bei der Landverteilung unter die Stämme Israels half.

Münze Johannes Hyrkanus II. (63–40 v. Chr.) mit dem Namen Johanan auf der einen und zwei Füllhörnern auf der anderen Seite.

JOHA (»Jahwe ist Bruder«).

1. Einer der Söhne Berias im Geschlechtsregister Sauls. — **JOHA 1** 1. Chr 8,16

2. Ein Tiziter, Sohn Schimris, der mit seinem Bruder Jediaël den »Helden« Davids angehörte. — **JOHA 2** 2. Chr 11,45

JOHANAN (»Gott war barmherzig«).

1. Ein Levit, der von David zum Torhüter am Heiligtum ernannt wurde. — **JOHANAN 1** 1. Chr 12,5

2. Ein Oberst in der Armee König Joschafats von Juda. — **JOHANAN 2.+3** 2. Chr 17,15; 23,1

3. Vater Jismaels; einer der Obersten, die z. Zt. der Revolte gegen Atalja auf Befehl des Hohenpriesters Jojada die Leviten aus ihren Städten nach Jerusalem zusammenriefen.

4. Der Sohn Eljaschibs, in dessen Kammer Esra fastete. — **JOHANAN 4** Esra 10,6

5. Einer der Israeliten, die aus dem Exil zurückkehrten und ihre heidnischen Frauen verstoßen mußten. — **JOHANAN 5** Esra 10,28 Neh 6,18

6. Ein Ammoniter z. Zt. Nehemias. — **JOHANAN 6** Neh 6,18

7. Ein Nachkomme Amarjas, einer der Priester z. Zt. des Hohenpriesters Jojakim. — **JOHANAN 7** Neh 12,13

8. Ein Priester z. Zt. Nehemias, der bei der Einweihung der Stadtmauer Jerusalems anwesend war. — **JOHANAN 8** Neh 12,42

9. Ein Vorfahr Josefs (Lk 3,27). Er war ein Enkel Serubbabels. — **JOHANAN 9** Luk 3,27

10. Ein Benjaminiter, der sich David in Ziklag anschloß. — **JOHANAN 10** 1. Chr 12,4

11. Ein Hauptmann aus dem Stamm Gad, der nach Ziklag ging und sich David anschloß (1. Chr 12,13.15). — **JOHANAN 11** 1. Chr 12,13

12. Ein Priester und Vater Asarjas, des Priesters, der z. Zt. Salomos im Tempel diente. — **JOHANAN 12** 1. Chr 5,35.36

13. Ein Mann aus dem Stamm Ephraim. Sein Sohn Asarja befand sich unter den Sippenhäuptern von Ephraim, die den Versuch unternahmen, die Israeliten zur Freilassung der 200 000 gefangenen Frauen und Kinder von Juda zu bewegen (2.Chr 28,8.12.13). — **JOHANAN 13** 2. Chr 28,12

14. Der erstgeborene Sohn des Königs Josia. — **JOHANAN 14** 1. Chr 3,15

15. Der Sohn Kareachs und Bruder Jonatans. Er war z. Zt.Jeremias unter denen, die von Gedalja, dem Statthalter Judas, bestärkt wurden, im Lande zu bleiben und dem König von Babel zu dienen (2. Kön 25,23.24; Jer 40,8.9). J. warnte Gedalja vergeblich vor einer Verschwörung Baalis', des Königs der Ammoniter, gegen ihn. (Jer 40,13–41,3). — **JOHANAN 15** 2. Kön 25,23 Jer 40,8.13.15. 16; 41,11.13–16; 42,1.8; 43,2.4.5

Nach dem Tod Gedaljas baten J. und die restlichen Bürger von Juda Jeremia, für sie zu beten und ihnen zu raten, ob sie im Lande bleiben sollten oder nicht. Der Prophet riet ihnen, zu bleiben; trotzdem zogen sie es vor, nach Ägypten zu fliehen (Jer 42,1–43,7).

16. Einer der sieben Söhne Eljoënais, eines Nachkommens Salomos. — **JOHANAN 16** 1. Chr 3,24

17. Ein Rückkehrer aus dem babyl. Exil z. Zt. Esras. — **JOHANAN 17** Esra 8,12

18. Hoherpriester und Oberhaupt einer Priesterfamilie (Neh 12,10–11.22). Der Hohepriester J. wird in den Elephantine-Papyri aus dem 17. Regierungsjahr von Darius II. (423–404 v. Chr.) erwähnt. — **JOHANAN 18** Neh 12,11.22.23

JOHANNA (»Begnadigte«). Die Frau des Chuzas, eines Verwalters von Herodes Antipas, eine der Frauen, die Jesus heilte. Sie war unter den Frauen, die zum Grab Jesu gingen, um den Leichnam zu salben und Zeugen der Auferstehung wurden. — **JOHANNA** Lk 8,3; 24,10

JOHANNES, DAS EVANGELIUM NACH Das vierte Ev. des NT – nach Martin Luther »das einige, zarte, rechte Hauptevangelium und den andern dreien weit vorzuziehen und höher zu heben« (Vorrede zum NT, 1522). Das Ziel des Joh ist in seinem letzten Satz (20,31) als Zusammenfassung des ganzen Berichts ausdrücklich angegeben: »Diese (Zeichen) aber sind geschrieben, damit ihr glaubt, daß Jesus der Christus ist, der Sohn Gottes, und damit ihr durch den Glauben das Leben habt in seinem Namen.« Diesem Ziel dienen die Worte Jesu, der selber als das menschgewordene Wort Gottes in Person bezeichnet wird (1,1.14), und ebenso die Zeichen, die er tat. »Er offenbarte seine Herrlichkeit« (2,11; vgl. 11,40; 17,4f.).

Joh unterscheidet sich deutlich von den drei synoptischen Ev.n (s. SYNOPTIKER), auch wenn es zu diesen mehrfach und offenbar beabsichtigt eine unverkennbare Nähe aufweist, z. B. 6,1–15 und bes. im Passionsbericht (Kap.18f.). Zu datieren ist dieses Ev. nach Meinung vieler Neutestamentler auf das Ende des 1. Jh. Joh selbst nennt keinen Verfassernamen. Im Nachtragskap. 21 wird jedoch »der Jünger, der dies alles bezeugt und aufgeschrieben hat« (V. 24), von den Verfassern dieses Nachtrags (»wir«, 21,24) als der Jünger bezeichnet, »den Jesus lieb hatte« und der beim Abendmahl an Jesu Brust gelegen hatte (V. 20; vgl. 13,23). Die Bezeichnung »den Jesus lieb hatte« taucht öfters auf (13,23; 19,26; 20,2) und wurde seit jeher auf den Apostel Johannes, den Sohn des Zebedäus, gedeutet (s. JOHANNES). Eine Bestätigung dafür könnte sein, daß der Name des J. nie erwähnt wird, obwohl gerade im vierten Ev. viele der zwölf Jünger in einzelnen Szenen mit Namen erscheinen. Andererseits betont der Verfasser, daß er selbst Augenzeuge des Wirkens Jesu Christi war (1,14; 19,35). Die Verfasserschaft des J. wird auch übereinstimmend von der altkirchlichen Überlieferung bezeugt. Demnach hat J. das Ev. im hohen Alter nach seiner Rückkehr von der Insel Patmos in Ephesus geschrieben (ca. 85–98 n. Chr.). Anderweitige Hypothesen über den oder die Verfasser (angebliche Verwechslungen mit einem anderen Johannes, dem »Presbyter« Johannes, oder eine Gruppe gnostisch beeinflußter Christen aus dem südlichen Syrien oder einfach ein uns unbekannter, gnostisierender Heidenchrist) gehen von der Voraussetzung aus, daß der Verfasser kein Augenzeuge der Tage Jesu gewesen sein könne. Diese Voraussetzung wird durch das Joh selbst widerlegt.

Daß das Joh die anderen Ev.n voraussetzt, wird auch daran deutlich, daß es einerseits nicht nochmals einen Abriß des Wirkens Jesu gibt, wie es die Synoptiker tun, andererseits davon ausgeht, daß die Leser bereits Informationen über das Leben Jesu haben (z. B. die Namen von Maria und Marta in 11,1, die zuvor noch nicht erwähnt worden waren). Will das Joh keinen Lebensabriß Jesu zeichnen, so zielt es in erster Linie darauf ab, Glauben zu wecken (20,30f.) und zu erhalten in einer Situation, in der die Gemeinde durch falsche Heilsangebote und durch Verfolgung gefährdet ist. Dazu stellt J. sowohl die »Zeichen« Jesu als auch seine Reden heraus. Das Wort »Zeichen« spielt im Joh eine gewichtige Rolle; insgesamt berichtet J. von sieben »Zeichen« (*semeia*), die Jesus tat. Diese sind Ausdruck der Königsherrschaft Jesu Christi. Sie weisen über sich hinaus hin auf Jesus und bekunden: Jesus ist der verheißene Messias, der Sohn Gottes (5,19–30; 20,31); mit ihm bricht die Heilszeit an. Er gibt die Fülle des Heils (2,1ff.: Wein ist im AT Symbol der Heilszeit; vgl. Jes 25,6), gibt auch das Lebensbrot, ja er ist es selbst (6,32–35); er gibt und ist selbst die Auferstehung und das Leben (11,25ff.). Die Wunder sind kein Beweis seiner Gottessohnschaft, sondern Erweis seiner Herrlichkeit als Sohn Gottes (2,11; 11,4.40), wobei das »Ich bin« immer schon durchscheint. Aber diese »Zeichen« versteht nur derjenige, dem Gott die Augen öffnet (6,29.44; 12,39f.).

Breiten Raum nehmen im Joh die Reden Jesu ein, die stärker als in den anderen Ev.n die erzählenden Stoffe überragen, manchmal fast überdecken (z. B. 5,1–47; 9,1–41). Eingestreut in diese Reden Jesu finden sich die sieben »Ich-bin«-Worte Jesu (Brot 6,35; Licht 8,12; Tür 10,9; guter Hirte 10,11; Auferstehung und Leben 11,25; Weg, Wahrheit, Leben 14,6; Weinstock 15,5). Sie knüpfen an die Selbstoffenbarung Gottes im AT an, wo sich Gott

Das Johannesevangelium aus dem Codex Sinaiticus, einer am Berg Sinai gefundenen Handschrift aus dem 4. Jh.

als »Ich bin (für mein Volk) da« vorstellt (Name »Jahwe«; vgl. 2. Mose 3,13–15; vgl.GOTT), und geben damit einen deutlichen Hinweis auf die Gottessohnschaft Jesu Christi. Die Reden weisen wie die Taten Jesu auf ihn als die Mitte des Ev. hin, auf den Gesalbten Gottes, den Sohn des Vaters. Sie sind Anreden, in denen Jesus den Hörern entgegentritt, um Glauben und Erkennen wirbt und sie gewinnen möchte. Dies wird bes. in den persönlichen Gesprächen deutlich (Kap. 3; 4; 13–16; 18,28–19,16; 21).

Die gesamte Botschaft des Joh findet sich zusammengefaßt im Prolog (1, 1–18), der das Geheimnis der Person Jesu Christi beschreibt. Jesus Christus ist ganz Mensch und ganz Gott. Er wird hier *logos* (»Wort«) genannt, weil er der eingeborene Sohn Gottes ist und damit sein genauester Ausleger (V. 18). Er ist der, durch den Gott, der Vater, redet und verherrlicht wird, der, der Gnade und Rettung für die Menschen bringt.

Bemerkenswert ist, daß dieses persönlich und theologisch so tiefgehende Ev. eine eindrucksvoll einfache Sprache aufweist. Es kommt mit rund 700 Worten aus, dem Wortschatz eines Kindes. Dennoch weist dieses Ev. eine Tiefe der Botschaft auf, die die Ausleger immer wieder mit Staunen erfüllt hat. Der charakteristische Stil des J. zeigt sich auch in seinen Briefen (s. JOHANNES, DER ERSTE BRIEF DES; JOHANNES, DER ZWEITE UND DER DRITTE BRIEF DES).

In der ntl. Exegese besteht seit einiger Zeit eine Diskussion um die richtige Zuordnung einiger Stücke, bes. von zwei Abschnitten des Joh: der Perikope von der Ehebrecherin (Joh 7,53–8,11) und des letzten Kap. (21). Bei 7, 53–8,11 handelt es sich um eine spätere Hinzufügung. Dieser Abschnitt fehlt in den ältesten uns bekannten Hss. sowie in Kommentaren griech. Kirchenväter zum Joh. Darüber hinaus unterbricht diese Perikope den Gedankengang des Kontextes und weist auch einen anderen Sprachstil als den des Joh auf. Diese Erzählung hat ein ausgesprochen synoptisches Gepräge. Möglicherweise haben darum diejenigen Hss. des NT recht, die diesen Abschnitt hinter Lk 21,38 einreihen. Auf jeden Fall handelt es sich um einen biblisch bezeugten Vorgang aus dem Wirken Jesu. Es spricht überhaupt nichts dagegen, daß er sich so zugetragen hat.

Beim letzten Kap. des Ev. liegt ein anderer Sachverhalt vor: Es gibt keine Hs., in der dieses 21. Kap. fehlt; von »Unechtheit« ist keine Rede, auch dann nicht, wenn sich 20,30f. zweifelsfrei als Schlußwort des Joh ausweist. Deshalb ist aber Kap. 21 als Nachtrag eines Kreises von Johannesjüngern (21,24f.) keineswegs »unecht«. Dieses letzte Kap. bildet einen notwendigen Abschluß des Ev. und ist ohne Zweifel und ohne Einschränkung als von Gottes Geist inspiriert zu betrachten.

Aus der Fülle spezifisch johanneischer Gedankengänge und Begriffe seien hier folgende herausgehoben:

1. Die Präexistenz (»Vorherdasein«) des Gottessohnes. Der in Jesus fleischgewordene Christus Gottes (1,14) war schon »im Anfang« (1. Mose 1,1 u. Joh 1,1) bei Gott. Er ist von Ewigkeit und vor aller Zeit beim Vater (1,2; 8,58; vgl. 1. Joh 1,1f.).

2. Die im NT nur in den johanneischen Schriften vorkommende Bezeichnung *logos* (»das Wort«; 1,1–3.14; 1. Joh 1,1f.) für den ewigen und menschgewordenen Gottessohn (s. LOGOS).

3. Die Betonung der Leibhaftigkeit des fleischgewordenen Logos (1,14). J. unterstreicht immer wieder die irdische Realität, ja Erdhaftigkeit der menschlichen Natur Christi, bis hin zur ganz menschlichen Müdigkeit (4,6) und zum Durst des Gekreuzigten (19,28). Jesus war ein Gottessohn »zum Anfassen« (1. Joh 1,1), den »wir [die Augenzeugen also] gesehen haben mit unseren Augen« (1. Joh 1,1; vgl. 1,14: »Wir sahen…«), sogar bis hin zu jener fast massiven Augenscheinlichkeit des Auferstandenen (20, 17.20.27).

4. Das Zeugnis von der »Herrlichkeit« Christi. Der menschgewordene Logos ist zugleich »wahrhaftiger Gott, vom Vater in Ewigkeit geboren«. Er hat teil an dem unsagbaren Lichtglanz Gottes, an der nur bildhaft anzusprechenden Gottesglut, die den Allmächtigen unnahbar macht, atl. gesprochen:

am *kabód* (griech. *doxa*) Jahwes, an der »Herrlichkeit des HERRN« (2. Mose 16,10; 24,16; 33,18.22; 1. Kön 8,11; Ps 150,1; Jes 59,19; 60,1; Hes 1,28; 10,4; 44,4; sinngemäß auch Jes 6,1–4 oder Ps 104,2 usf.). An dieser Herrlichkeit im Sinn von Göttlichkeit hat der Sohn Gottes teil: 1,14; 2,11; 11,40; 17,22.24. Er und der Vater sind eins (10,30).

5. Die nachdrückliche Betonung der »Alleinigkeit« (Absolutheit) Jesu Christi. Neben ihm gibt es keine anderen Wege zu Gott (14,6). Diese Exklusivität der einzigen Möglichkeit, das wahre Leben und das ewige Heil zu erlangen, betonen bes. auch die »Ich-bin«-Worte Jesu (s. o.). Dazu gehören auch die sieben Wunderzeichen Jesu (s. o.); sie wollen alle die Einzigkeit des Logos bezeugen.

6. Die spezifisch ntl. Bedeutung des Begriffs »Welt«, also nicht im Sinne von Summe der geschaffenen Werke Gottes, sondern als Inbegriff der von Gott abgefallenen, anderen Gesetzen und Tagesordnungen folgenden Welt findet sich bes. deutlich und häufig im Joh. In der Sache unterscheidet sich der Begriff nicht von Mt 18,7; Lk 12,30; 16,8; Röm 12,2; 1. Kor 1,21; Gal 1,4; Phil 2,15; 2. Tim 4,10; 2. Petr 1,4; Jak 1,27 usw., aber die Häufung und Intensität des Begriffs »Welt« (griech. *kosmos*) eben in diesem Sinn der Welt ohne Gott ist in bes. Maß johanneisch. Von 1,10 bis 18,36 zieht sich dieser Strang durch das vierte Ev. Die 65 Stellen, an denen der Begriff »Welt« im Joh vorkommt, und dazu die 20 in 1. und 2. Joh. überwiegen weit die Zahl des Vorkommens dieses Begriffes bei den Synoptikern und in den Paulusbriefen zusammen. Darunter sind besondere Perlen der Predigt des J.: 3,16; 8,12; 14,27; 16,33; 17 (durchgehend); 18,36; 1. Joh 2,15; 5,4 u. a.

7. Die Verheißung des »Trösters« (Paraklet) im Sinn des Beistands, wie ihn im Namen und in der Stellvertretung Jesu Gottes heiliger Geist den Jüngern in dieser Welt (nicht etwa im Gericht Gottes) allezeit gibt. Die Worte vom Parakleten finden sich quer durch die Abschiedsreden Jesu (14–16): 14,16.26; 15,26; 16,7.

8. Die besondere Betonung, die auf der Zusammengehörigkeit des Lebens in Christus sowohl in dieser Welt als gewiß auch nach dem Jüngsten Tag liegt (5,21.25; 6,39; 47.51; 11,25f). Das »ewige« Leben beginnt dann nicht erst in einer fernen Ewigkeit, sondern dann und dort, wo ein Mensch teilhat am wahren Leben, das Jesus bringt. Insofern ist auch das Gericht nicht erst etwas Zukünftiges (so 5,28f); es geht schon jetzt durch und über diese Welt (9, 39; 12,31; 16,11). Das bedeutet aber, daß die Gemeinde, die Jünger Jesu Christi dem Gericht im Sinn einer Verurteilung am Jüngsten Tag entnommen sind – wie dies auch am Schluß des Apostolischen Glaubensbekenntnisses als christl. Glaube bekannt wird, wenn dort von etwas anderem als vom ewigen Leben nicht mehr die Rede ist (vgl. 5,24; 8,12; 20,31; 1. Joh 1,2; 5,12).

INHALTSÜBERSICHT

Vorbemerkung: Der Aufbau des Joh zeigt, daß es im Unterschied zu den synopt. Ev.n den Schwerpunkt des Wirkens Jesu vor seiner Passion nicht fast ausschließlich in Galiläa sieht, sondern von Anfang an Jerusalem und die Reisen dorthin mit einbezieht.

1. Voraussetzungen und erste Begebenheiten im Wirken Jesu

1,1–18	Prolog und »Programm« (15–18)
1,19–51	Vom Täufer zum »Lamm Gottes«; die ersten Jünger
2,1–12	Hochzeit zu Kana
2,13–22	Tempelreinigung in Jerusalem
2,23–3,36	Gespräch mit Nikodemus; Wirken in Judäa
4,1–42	Jesus in Samaria (Gespräch mit der Samariterin)
4,43–54	Jesus wieder in Galiläa (Heilung des Sohnes eines hohen Beamten)

INHALTSÜBERSICHT (FORTSETZUNG)

2. Die Selbstkundgabe des Gottessohns unter dem Widerstand der »Juden«

5,1–47	Heilung des Lahmen am Teich Bethesda in Jerusalem
6,1–71	Speisung der Fünftausend in Galiläa; Jesus das Brot des Lebens
7,1–11,54	Der Kampf in Jerusalem (Laubhüttenfest 7,14–8,59; Heilung des Blindgeborenen beim Tempelweihfest 9,1–39; der gute Hirte 9,40–10,42; Auferweckung des Lazarus 11,1–45); Beschluß zur Tötung Jesu (11,46–54)

3. Die Verherrlichung Christi (Passion und Auferstehung)

11,55–12,50	Todesbeschluß der Gegner; Beginn der Passion (Salbung in Betanien 12,1–11; die letzten öffentlichen Reden Jesu 12,20–50)
13,1–17,26	Das letzte Beisammensein mit den Jüngern (Fußwaschung und Ausweisung des Verräters 13,1–30; die Abschiedsreden als das Vermächtnis Jesu 13,31–16,33; das Hohepriesterliche Gebet 17,1–26)
18,1–19,42	Der Karfreitag (Gefangennahme Jesu; Verhör vor Hannas und Kaiphas; Verleugnung des Petrus; Jesus vor Pilatus; Kreuzigung; Grablegung)
20,1–31	Die Begegnungen mit dem Auferstandenen: Maria Magdalena, zehn Jünger, Thomas; Schlußwort (20,30.31)
21,1–25	Die Begegnung mit dem Auferstandenen am See Tiberias; Schlußwort des Nachtrags (21,24–25)

Johannes der Täufer, in ein Ziegenfell gekleidet, mit einem Lamm in einem Medaillon; Relief aus dem 16. Jh. (Museo dell'Arcivescovado, Ravenna).

JOHANNES DER APOSTEL Einer der zwölf Jünger; Autor von fünf Büchern des NT. J. stammte aus einer galiläischen Fischerfamilie und kam erstmals ins Blickfeld, als Jesus auf ihn und seinen Bruder Jakobus und ihren Vater Zebedäus traf, wie sie die Netze flickten (Mt 4,21). Die beiden Brüder waren wohl noch recht jung und von cholerischem Temperament (Lk 9,54), was ihnen den Beinamen *boanerges* (»Donnersöhne«, Mk 3,17) einbrachte. Jesus rief sie von ihrem Vater und ihren Netzen weg in seine Nachfolge; zus. mit Petrus (und zuweilen dessen Bruder Andreas) bildeten sie alsbald eine Art inneren Kreis um Jesus. Als einer der engsten Vertrauten erlebte J. entscheidende Ereignisse in Jesu Leben mit (Mt 17,1; Mk 5, 37; 13,3; 14,33). Wenn man davon ausgeht, daß der Autor des vierten Ev.s identisch ist mit dem »Jünger, den Jesus lieb hatte (Joh 13,23; 19,26; 20,2; 21,20; s. JOHANNES, DAS EVANGELIUM NACH), hat er offensichtlich eine besondere Beziehung zu seinem Meister gehabt. Er war der Jünger, der beim letzten Mahl »bei Tisch an der Brust Jesu« lag (Joh 13,23), der »dem Hohenpriester bekannt« war und darum Jesus bis »hinein in den Palast des Hohenpriesters« folgen konnte (Joh 18,15ff.); er war der Jünger, dem Jesus die Sorge für seine Mutter Maria übertrug (Joh 19,26ff.) und der Petrus beim Lauf zum leeren Grab überholte (Joh 20,2–4). Nach der Auferstehung wurde J. zu einer der leitenden Persönlichkeiten der frühen Kirche (Apg 3,1ff.; 4,13.19; 8,14; Gal 2,9). Nach der Überlieferung des Papias, eines seiner Schüler, ging J. später nach Ephesus, wurde unter Kaiser Domitian auf die Insel Patmos verbannt und schrieb dort das Buch der Offenbarung (Offb 1,9). Unter Nerva kehrte er nach Ephesus zurück und verfaßte dort das Ev. und die Briefe. Andere altkirchliche Traditionen berichten vom Zusammenprall des Apostels mit einigen der frühesten Häretiker. Den Berichten zufolge starb J. in sehr hohem Alter, am Übergang vom 1. zum 2. Jh.

JOHANNES DER APOSTEL
Mt 4,21; 17,1
Mk 5,37; 9,38; 10,35.41;
Lk 9,54; 22,8;
Apg 1,13; 3,1.3. 4.11; 4,13.19; 8,14; 12,2;
Gal 2,9;
Offb 1,1.4.9; 22,8;

JOHANNES DER TÄUFER Der Vorläufer Jesu Christi. Die Geschichte seiner Geburt wird in Lk 1,5–25.57–80 ausführlich erzählt, wobei Parallelen

JOHANNES DER TÄUFER
Mt 3,1.4.13.14; 4,12; 9,14; 11,2. 4.7.11–13.18; 14,2–4.8.10; 16,14; 21, 25.26.32;
Mk 2,18; 6,14. 16.20;
Lk 1,13; 3,2. 15.16.20; 7,18. 20.29; 11,1;
Joh 1,6.15.19. 26.28.29.40; 3,23–27; 4,1; 5,33.36; 10,40.41;
Apg 1,5.22; 10,37; 13,24.25 18,25; 19,3.4;

zur Geburtsgeschichte Samuels (s. SAMUEL) bestehen (Unfruchtbarkeit der Mutter, Gebet, Verheißung und Erfüllung). Wie Samuel und Simson war J. ein GOTTGEWEIHTER (vgl. 4. Mose 6,1–4), der sich von Wein und starkem Getränk enthielt, aber vom Geist Gottes erfüllt war. Schon die Ankündigung seiner Geburt durch den Engel Gottes (Lk 1,11 ff.) unterstreicht die Schlüsselrolle des J. für die Heilsgeschichte Gottes. Auch der Name *Johannes* (»Gott ist gnädig«) wurde ihm durch den Engel Gabriel gegeben. Als Vorbote Jesu kündigt J. ihn als den verheißenen Messias an (Joh 1,19–27; vgl. Jes 40,3). Er gehört noch zum Alten Bund (Lk 16,16) und hat seine Aufgabe mit dem Auftreten Jesu vollendet.

Obgleich er der Sohn eines Priesters und dadurch eigentlich zum Priester bestimmt war, wuchs J. in der judäischen Wüste auf (Lk 1,80); er hatte »ein Gewand aus Kamelhaaren an und einen ledernen Gürtel um seine Lenden; seine Speise aber waren Heuschrecken und wilder Honig« (Mt 3,4). Damit erfüllte sich die Verheißung aus Jes 40,3 (vgl. Mt 3,1). Seine Botschaft war: »Tut Buße, denn das Himmelreich ist nahe herbeigekommen!« (Mt 3,2).

J. taufte (s. TAUFE) die Menschen, die aufgrund seiner Predigt Buße taten, als Zeichen dafür, daß ihre Sünden vergeben waren. Das griech. Wort für »taufen« (*baptizein*), das in dieser Form spezifisch ntl. ist, kommt von *baptein* (»jemanden untertauchen, ertränken«). Der Sinn dieses Untertauchbades ist also das Ertränken des »alten Menschen«, der zu einem »neuen« in der Vergebung der Sünden wieder auftaucht (vgl. Tit 3,5). Bezeichnenderweise taufte J. am Jordan, durch den die zwölf Stämme Israels einst das Gelobte Land erreichten. Sehr bald geriet J. (wie später Jesus) in Konflikt mit Pharisäern und Sadduzäern, die er mit sehr scharfen Worten angriff (Mt 3,7–12). Auf ihre Frage, wer er sei (Joh 1,19 ff.), antwortete J., er sei weder der Messias noch der Prophet Elia, sondern »eine Stimme eines Predigers in der Wüste« (nach Jes 40,3), die den Messias ankündigen sollte. Nach eigenem Bekunden taufte J. nur mit Wasser (»zur Buße«, Mt 3,11); es werde einer nach ihm kommen, der »mit dem heiligen Geist und mit Feuer taufen« werde (Mt 3,11 f). Als J. Jesus zu sich kommen sah, verkündigte er ihn als »Gottes Lamm, das der Welt Sünde trägt« (Joh 1,29) und bezeugte: »Ich sah, daß der Geist herabfuhr wie eine Taube vom Himmel und blieb auf ihm … Dieser ist Gottes Sohn« (Joh 1,32–34).

Jesus selbst hat J. ausdrücklich als den Vorläufer des Messias bezeichnet, in dem die Weissagungen des AT über diesen Vorboten in Erfüllung gegangen sind (Mt 11,7–15). J. ist der verheißene Elia (Mt 11,14), der dem Messias den Weg bereiten sollte (Mal 3,23). J. war »mehr als ein Prophet«, größer als seine Vorgänger. Er wurde 29 n. Chr. durch den Vierfürsten Herodes Antipas enthauptet; Herodes hatte ihn gefangennehmen lassen, weil der Täufer seine Ehe mit seiner Schwägerin Herodias verurteilte (Lk 3, 19 f.). Die Tochter der Herodias tanzte für Herodes, der ihr zur Belohnung einen Wunsch freistellte; auf Verlangen ihrer Mutter forderte sie den Kopf des J. Obgleich Herodes den Täufer »gern« hörte (Mk 6,20), mußte er sein Versprechen einlösen und J. hinrichten lassen (Mt 14,1–12; Mk 6,14–29).

Machärus, östlich des Toten Meeres, wo Herodes der Große eine Festung und einen Palast errichten ließ. Nach Josephus wurde Johannes der Täufer durch Herodes Antipas in der Festung von Machärus gefangengehalten und enthauptet.

Die traditionelle Grabstätte Johannes des Täufers in Samaria.

Die neuere Forschung hat Parallelen zwischen der Verkündigung des J. und den Lehren der Gemeinde von Qumran (Essener) festgestellt; für die Vermutung, daß J. vor seinem öffentlichen Auftreten zu dieser am Toten Meer angesiedelten Gruppe gehört haben könnte, gibt es keine konkrete Begründung. Die Einmaligkeit seiner Taufe spricht eher dagegen.

JOHANNES, DER ERSTE BRIEF DES Der Brief nennt an keiner Stelle den Namen seines Verfassers und gibt auch keine persönlichen Informationen, die Rückschlüsse auf den Autor zulassen könnten. Die frühe kirchliche Tradition (Irenäus, der über Papias eine direkte Linie zu Johannes bedeutet) schreibt ihn – zus. mit dem Joh.ev. und den beiden folgenden Johannesbriefen – dem Apostel Johannes zu. Aufgrund des Stils, des Wortschatzes und bestimmter theologischer Schwerpunkte läßt sich sagen, daß der Brief von dem Verfasser des vierten Ev. stammt (s. JOHANNES, DAS EVANGELIUM NACH), dem Jünger Jesu und Augenzeugen seines Wirkens (1,1–4). Er war seinen Lesern bekannt, und so erlangte der Brief auch ohne Autorenangabe Anerkennung im Kanon des NT. Aufgrund der uns von Johannes bekannten Lebensdaten wurde der Brief gegen Ende des 1. Jh. zwischen der Offb und dem Joh in Ephesus verfaßt. Ein früheres Datum ist jedoch nicht ausgeschlossen.

Anlaß des Briefes war wahrscheinlich das Eindringen von Irrlehren und die Gefahr einer beginnenden Spaltung in der Gemeinde bzw. den Gemeinden, an die er gerichtet ist: »Sie sind von uns ausgegangen« (2,19). Wenngleich die Lehren dieser häretischen Gruppen nicht genauer umrissen werden, wird dabei gewöhnlich an eine frühe Form der »christl.« Gnosis gedacht. Die Anhänger dieser Lehre beanspruchten für sich eine besondere Offenbarung, ein Geheimwissen, das auf wenige Privilegierte beschränkt blieb (vgl. 2,20: »Doch ihr habt die Salbung von dem, der heilig ist, und habt alle das Wissen.«). Diese Gnostiker wiesen das Materiell-Körperliche als böse zurück und leugneten demzufolge, daß Jesus tatsächlich »ins Fleisch gekommen« sei. Johannes wendet sich gegen diese Irrlehre (den sog. Doketismus) und stellt fest, daß jeder, der die wahre Menschheit Christi leugne, den Geist des Antichristen habe (4,2–3; 5,6 vgl. 2,22). Eine Begleiterscheinung jenes esoterischen Verständnisses des christl. Glaubens war die Lehre, daß die besonders Erleuchteten den Zustand der Sündlosigkeit erlangen könnten. Dieser Frage widmet sich der Brief ausführlich: Wir sind alle Sünder und bedürfen der Umkehr und der Vergebung durch Gott (1,7–10). Im Tod Jesu ist die Versöhnung des Sünders begründet (2,1–2). Zugleich sollen die Nachfolger Jesu sich ständig in Zucht nehmen (3,3–10). In dieser Nachfolge sind sie von dieser Welt radikal unterschieden (2,15–17).

Die Epistel betont die Liebe als die Zusammenfassung von Gottes Gebot (2,4–11; vgl. Joh 13,34f.; 2. Joh 5ff.). Wer Gott wirklich liebt, wird auch seinen Bruder lieben, und wer seinen Bruder nicht liebt, darf auch nicht von sich sagen, er liebe Gott (4,7–21). Diese Liebe findet auch im praktischen Handeln der brüderlichen Hilfsbereitschaft innerhalb der Gemeinde ihren Ausdruck (3,17ff.).

INHALTSÜBERSICHT

1,1–4	Das Wort des Augenzeugen
1,5–2,17	Die Gottesverkündigung: Gott ist Licht. Gott will Liebe zu den Brüdern, nicht aber die Liebe zur Welt
2,18–3,24	Die Stunde der von Gott Geborenen: Scheidung von falscher Lehre. Herrlichkeit der Gotteskindschaft auch im Haß der Welt
4,1–5,12	Die Prüfung der Geister: Warnung vor Irrlehren. Gottesliebe und Bruderliebe. Siegel des göttlichen Zeugnisses
5,13–21	Ausklang: Die Gewißheit der Gemeinde

JOHANNES, DER ZWEITE UND DRITTE BRIEF DES Der Verfasser stellt sich in beiden Briefen als »der Älteste« vor. Der kirchlichen Überlieferung, daß es sich dabei um den Apostel Johannes, den Sohn des Zebedäus und Verfasser des Joh und 1. Joh handle, ist beizupflichten. Insbes. zeigt 2. Joh in der Abwehr von Irrlehren enge sachliche Verwandtschaft mit 1. Joh. Im Unterschied zu 3. Joh, der ein persönlicher Brief an »Gajus, den Lieben« (1), ist und besonders dessen Gastfreundschaft reisenden Mitchristen gegenüber hervorhebt, handelt es sich bei 2. Joh sicher nicht um einen Privat-, sondern um einen Gemeindebrief. Die dort angeredete »auserwählte Herrin« (*kyria*) ist ohne Zweifel keine vornehme Christin mit ebenfalls christl. Kindern (1.6), sondern eine christl. Gemeinde mit ihren Gemeindegliedern. Dies geht nicht nur aus dem Schluß (13) hervor, in dem die Bezeichnung »Auserwählte« für eine nicht genannte Schwestergemeinde deutlich auf die Erwählung der Christen als Gesamtheit anspielt (vgl. 1. Petr 1,1), sondern noch eindeutiger aus dem Wechsel der anfänglichen Einzahl in die Mehrzahl (4–6), zum Teil in der direkten Ihr-Anrede (8.10.12). Hier ist eine Gemeinde angesprochen, die von jener doketistischen Irrlehre (s. JOHANNES, DER ERSTE BRIEF DES) bedroht ist, die die wahre und leibhaftige Menschlichkeit Jesu ablehnt oder für einen Irrtum erklärt und nur das Geistlich-Göttliche des Logos (s. LOGOS) gelten läßt. Dagegen wendet sich Johannes mit aller Leidenschaft; sein Zeugnis, daß das ewige Wort wahrhaftig Fleisch geworden, also in unsere Menschlichkeit aus Fleisch und Blut eingegangen ist (Joh 1,14), ist ein Hauptton seiner Verkündigung. Wie er schon in 1. Joh gerade dies zum Hauptkriterium der falschen und der rechten Lehre erklärt hat (4,1–3), so geschieht dies hier erneut und mit Schärfe in 2. Joh. Diese Verse 8–11 sind die härtesten Worte, die im NT gegen falsche Lehre zu finden sind.

Demgegenüber ist 3. Joh auch in seinem zweiten Abschnitt persönlich gehalten. Zwei sehr unterschiedlich beurteilte Christen, Diotrephes und Demetrius, sind wohl der Anlaß zu diesem kleinen Brief. 3. Joh schließt wie 2. Joh mit der freundlichen Bitte um Verständnis für die Kürze des Briefs und mit der Erwartung, bei einer baldigen persönlichen Begegnung alles andere nachholen zu können (13.14; vgl. 2. Joh 12).

INHALTSÜBERSICHT

2. Joh	
V. 1–3	Gruß
V. 4–6	Das Gebot der Wahrheit und Liebe
V. 7–11	Scharfe Warnung vor Irrlehrern
V. 12 f.	Schluß
3. Joh	
V. 1–4	Gruß und persönlicher Eingang
V. 5–8	Lob der Gastfreundschaft des Gajus
V. 9–12	Diotrephus und Demetrius
V. 13–15	Schluß

OJACHIN
. Kön 24,6.8.
2.15.17;
5,27.29;
Chr 36,8.9;
er 52,31.33;
es 1,2

JOJACHIN (»Ja[hwe] hat eingesetzt«). Sohn Jojakims und König von Juda (597 v. Chr.). Er wurde auch »Jechonja« (1. Chr 3,16; Jer 24,1; 27,20; 28,4; 29,2) und »Konja« genannt (Jer 22,24.28; 37,1). Im Alter von 18 Jahren wurde er König, als Juda den Aufstand gegen Babylonien wagte. Zus. mit seiner Mutter, seinen Frauen, seinen Beamten u. a. wurde er von Nebukadnezar ins Exil nach Babylonien geführt. Nebukadnezar machte J.s Onkel Zedekia zum König und bürdete dem Land schwere Steuern auf. Die Ereignisse der kurzen Regierungszeit J.s (drei Monate) werden in 2. Kön 24,8–15, in 2. Chr 36,9–10 und auch in babyl. Inschriften geschildert. Am Ende seiner

Gefangenschaft wurde von nationalistischen Fanatikern im Volk die Illusion geschürt, daß J. auf den Thron zurückkehren werde (Jer 28,1–4). Die deportierten Juden in Babylonien rechneten sogar ihren Kalender nach den Exiljahren J.s (Hes 1,2; 8,1). Im Gegensatz zum Propheten Hananja, der verkündete, daß J. innerhalb zweier Jahre zurückkehren werde (Jer 28,3.4.11), prophezeite Jeremia das Ende der Herrschaft J.s und seiner Dynastie (Jer 22,24–30). Während der gesamten Regierungszeit Nebukadnezars blieb J. dann auch Gefangener im Exil. Nach dem Tode des babyl. Königs wurde er von dessen Nachfolger Ewil-Merodach entlassen und lebte bei ihm im königl. Palast (2. Kön 25, 27–30; Jer 52,31–34). Babyl. Tontafeln verzeichnen, daß J. und seine Söhne als königl. Geiseln behandelt wurden und ihre tägliche Versorgung von dem König bekamen, an dessen Tafel sie speisten. Drei Stempel auf Henkeln von Tonkrügen, die in Juda gefunden wurden, tragen die Inschrift »dem Eliakim, Diener von Jaukin« und weisen möglicherweise auf eine Vorzugsbehandlung des königl. Gefangenen hin.

JOJADA (»Ja[hwe] weiß«).

1. Ein Levit z. Zt. Nehemias.

2. Ein Hoherpriester aus Kabzeel (1. Chr 11,22; 27,5), Vater Benajas, der unter David »über die Kreter und Pleter gesetzt« war (2. Sam 8,18; 20,23; 1. Kön 4,4).

3. Ein Oberhaupt der Aaron-Familie, das seine 3700 Männer nach Hebron führte, um sich David anzuschließen und ihn zum König über Israel zu ernennen.

4. Sohn Benajas (wahrscheinlich Enkel von (2) oben), der nach Ahitofel zum Ratgeber Davids ernannt wurde.

5. Der Hohepriester in Jerusalem z. Zt. Ahasjas, des Königs von Juda, und Schwager des Königs (2. Chr 22,11). Nach dem Tode Ahasjas tötete die Königsmutter Atalja alle königl. Nachkommen, um selbst regieren zu können. Das Kind Joasch, der einzige Überlebende, wurde von J. und dessen Frau sechs Jahre im Tempel versteckt gehalten (2. Kön 11,3; 2. Chr 22,12). Im siebten Jahr lehnte sich J. gegen Atalja auf und rief Joasch zum rechtmäßigen Herrscher aus (2. Kön 11,4–20; 2. Chr 23). Solange Joasch minderjährig war, regierte J. das Land, zerstörte den Baalskult und reorganisierte den Levitendienst. Später, als Joasch selbst regierte, ließ er unter dem Einfluß von J. Ausbesserungsarbeiten am Tempel vornehmen (2. Kön 12,7–14; 2. Chr 24,6–14). J. starb mit 130 Jahren (2. Chr 24,15.16) und wurde in der königl. Gruft beigesetzt.

6. Ein Priester in Jerusalem z. Zt. Jeremias.

7. Einer der Rückkehrer aus dem Exil, der unter Nehemia das alte Tor Jerusalems ausbesserte (Neh 3,6).

JOJADA 1 Neh 12,10.11.22
JOJADA 2 2. Sam 8,18; 20,23; 23,20.22; 1. Kön 1,8.26. 32.36.38.44; 2,25.29.34. 35.46; 4,4; 1. Chr 11,22.24; 18,17; 27,5
JOJADA 3 1. Chr 12,28
JOJADA 4 1. Chr 27,34
JOJADA 5 2. Kön 11,4.9.15.17; 12,3.8.10; 2. Chr 22,11; 23,1.8.9.11.14. 16.18; 24,2.3.6.12.14. 15.17.20.22.25
JOJADA 6 Jer 29,26
JOJADA 7 Neh 3,6

JOJAKIM (»Möge Ja[hwe] aufrichten«).

1. Sohn Josias und Sebudas, König von Juda (608–598 v. Chr.). Mit 25 Jahren wurde er von Pharao Necho zum König eingesetzt, nachdem sein Bruder Joahas abgesetzt und nach Ägypten verbannt worden war. Necho änderte seinen Namen von Eljakim in Jojakim um (2. Kön 23,34; 2. Chr 36,4) und bürdete dem Land schweren Tribut auf (2. Kön 23,33; 2. Chr 36,3), den J. seinerseits dann durch Auferlegung von drückenden Grundsteuern aufbrachte (2. Kön 23,35).

J. wird im AT als böser und grausamer Regent geschildert (2. Kön 24,3; 2. Chr 36,5.8; Jer 22,18–23). In seinem vierten Regierungsjahr wurde Necho in der Schlacht von Karkemisch (605 v. Chr.) von Nebukadnezar, dem König von Babel, geschlagen; Babylonien übernahm die Herrschaft über die ägypt. Vasallen, einschl. Juda (Jer 25,1; 46,2). Drei Jahre lang duldete J. die Herrschaft des neuen Großkönigs, dann rebellierte er (2. Kön 24,1).

Nebukadnezar sandte daraufhin moabitische, syr., ammonitische und chaldäische Truppen gegen Juda. Jerusalem wurde erobert (2. Kön 24,2); Nebukadnezar ließ die Oberschicht deportieren und einen Großteil des Tempel- und Palastschatzes nach Babel bringen (2. Chr 36,7). Außerbiblisch werden diese Ereignisse durch eine babyl. Chronik bestätigt.

JOJAKIM 1 2. Kön 23,34–36; 24,1.5.6.19; 1. Chr 3,15.16; 2. Chr 36,4.5.8; Jer 1,3; 22,18. 24;24,1; 25,1; 26,1.21–23; 27, 20; 28,4; 35,1; 36,1.9. 28–30. 32; 37,1; 45,1; 46,2; 52,2; Dan 1,1.2
JOJAKIM 2 Neh 12,10.12.26

Laut 2. Kön 24,6 starb J. friedlich. Nach Josephus' Bericht (*Jüd. Altertümer* X,97) wurde sein Leichnam aber vor die Tore Jerusalems geworfen, entsprechend der Prophezeiung Jeremias (Jer 22,18.19; 36,30). In 2. Chr 36,6 wird beschrieben, wie J. in Ketten nach Babylonien geführt wurde; sein Tod wird nicht erwähnt.

2. Ein Priester, der mit Serubbabel aus dem babyl. Exil zurückkehrte.

JOJARIB 1 1. Chr 24,7 · **JOJARIB 2** Neh 11,5 · **JOJARIB 3** Neh 11,10 · **JOJARIB 4** Neh 12,6 · **JOJARIB 5** Neh 12,19

JOJARIB (»Möge Ja[hwe] für mich streiten«).

1. Stammvater einer Priesterfamilie, Nachkomme Aarons, z.Zt. König Davids.

2. Vater von Adaja aus dem Stamm Juda, der nach der Rückkehr aus dem babyl. Exil in Jerusalem lebte.

3. Ein Priester, der nach der Rückkehr aus dem babyl. Exil in Jerusalem lebte.

4. Ein Levit, der mit Serubbabel aus dem babyl. Exil zurückkehrte.

5. Ein Levit unter den Rückkehrern aus dem babyl. Exil, der sich in Jerusalem ansiedelte. Möglicherweise mit (3) identisch.

JOKDEAM Jos 15,56

JOKDEAM Eine Stadt in dem Gebiet, das dem Stamm Juda zugewiesen wurde, als Kanaan unter die Stämme verteilt wurde (Jos 14,1; 15,56).

JOKIM 1. Chr 4,22

JOKIM (verkürzte Form von Jojakim, »Möge Ja[hwe] aufrichten«). Ein Mann aus dem Stamm Juda.

JOKNEAM Jos 12,22; 19,11; 21,34; 1. Kön 4,12

JOKNEAM Stadt etwa 12 km nordwestlich von Megiddo, am Westrand der Ebene Jesreel gelegen. Sie beherrschte einen der wichtigsten Verkehrsknotenpunkte an der Küstenstraße (*Via Maris*), die von Ägypten durch Israel nach Phönizien zur Küstenstadt Tyrus führte.

Der Ort wird erstmals in einer Gebietsliste aus der Zeit Thutmosis III. (1482–1450 v. Chr.) erwähnt. J. ist eine der kanaan. Städte, die Josua eroberte (Jos 12,22) und die später den Leviten zugewiesen wurde (Jos 21,34). Sie befand sich im Grenzgebiet des Stammes Sebulon (Jos 19,11).

Luftbild von den Ausgrabungen Jokneams.

Archäolog. Forschungen haben ergeben, daß der Ort etwa 24 ha umfaßte und ab ca. 3000 v. Chr. bis z.Zt. der Mameluken (14. Jh. v. Chr.) fast ununterbrochen besiedelt war. Die eindrucksvollsten Funde dort sind die immensen Befestigungsanlagen und das angrenzende Wassersystem der isrl. Stadt. Andere Funde sind Wohnhäuser aus der mittleren Bronze- und der Eisenzeit II sowie eine Kirche aus der Zeit der Kreuzfahrer.

JOKSCHAN . Mose 25,2.3; 1. Chr 1,32

JOKSCHAN (»Vogelfänger«). Der zweite Sohn Abrahams von seiner Frau Ketura (1. Mose 25,2).

JOKTAN 1. Mose 10,25.26.29; 1. Chr 1,19.20.23

JOKTAN (»Der Kleine«). Ein Urenkel Sems, Vater von 13 Söhnen oder Stämmen.

JOKTEEL 1 Jos 15,38 · **JOKTEEL 2** 2. Kön 14,7

JOKTEEL

1. Ein Dorf in Juda, in Jos 15,38 erwähnt, zwischen Mizpe und Lachisch.

2. Eine Festung in Edom, deren Name »Sela« von Amazja, dem König Judas, in »J.« umbenannt wurde, nachdem er die Edomiter besiegt hatte (2. Kön 14,7). Siehe SELA.

Flachrelief aus dem 9. Jh.: Jona wird von einem großen Fisch verschlungen (Archäologisches Museum, Istanbul, Türkei).

JONA (»Taube«).

1. Ein Prophet, Sohn des Amittai, aus Gat-Hefer im Stammesgebiet Sebulon. Seine Prophetie verhieß die Wiederherstellung des Königreiches Israel in den Gebieten, die von Aram besetzt wurden. Nach 2. Kön 14,25 ging sie während der Regierungszeit Jerobeams II. von Israel in Erfüllung. Dieser J. ist Hauptfigur des Buches Jona (s. JONA,DAS BUCH DES PROPHETEN). Jesus bezieht sich in einer Auseinandersetzung mit jüd. Schriftgelehrten auf das »Zeichen des Propheten Jona« (Mt 12,39). Die drei Tage, die J. im Bauch des Fisches verbrachte (Jona 2,1), deutet Jesus als Vorabbildung seines dreitägigen Daseins im Totenreich, zwischen seinem Kreuzestod am Karfreitag und der Auferstehung am Ostersonntag (Mt 12,39–41).

2. Name des Vaters der beiden Apostel Petrus und Andreas (nach einigen Hss.) In anderen Hss. hieß er »Johannes«; dies hat auch die LÜ 1984 übernommen (Joh 21,15–17).

JONA 1
2. Kön 14,25; Jona 1,1.3.5. 7.15; 2,1.2. 11; 3,1.3–4; 4,1.5–6.8–9; Mt 12,39–41; 16,4; Lk 11,29–30.32
JONA 2 (JOHANNES)
Joh 1,42; 21,15–17; Mt 16,17

JONA, DAS BUCH DES PROPHETEN Das fünfte Buch der 12 sog. Kleinen Propheten. Anders als die übrigen Prophetenbücher stellt es keine Sammlung von Prophetenworten dar, sondern eine kurze Erzählung. Die Hauptfigur des Buches ist Jona (s. JONA). Er hatte von Gott den Auftrag bekommen, »in die große Stadt Ninive« zu gehen und gegen die Bosheit ihrer Einwohner zu predigen (1,2). J. aber floh vor Gottes Auftrag in die entgegengesetzte Richtung und begab sich in Jafo auf ein Schiff nach Tarsis. Gott ließ jedoch einen gewaltigen Sturm aufkommen. J. schlief, während die Seeleute ihre versch. Götter um Errettung anriefen. Erst ein Losorakel entlarvte die Schuld J.s (1,7–10). Zunächst versuchte die Schiffsbesatzung, J.s Leben zu retten; doch dann warf sie ihn ins Meer, um dem eigenen Untergang zu entgehen. Bald darauf legte sich der Sturm. Die Seeleute waren davon so beeindruckt, daß sie an den Gott J.s glaubten und ihm Opfer darbrachten (Kap. 1).

»Aber der HERR ließ einen großen Fisch kommen, Jona zu verschlingen« (2,1). J. war drei Tage und Nächte im Bauch des Fisches und betete Gott in Demut an (2,2–10). Auf Gottes Geheiß spie ihn der Fisch aufs trockene Land. Als Gott J. erneut beauftragte, Ninive zur Buße zu rufen (3,1f.), machte sich der Prophet gehorsam auf den Weg und predigte der Stadt ihren Untergang, der binnen 40 Tagen erfolgen sollte (3,3f.). Das Volk und der König hörten auf J. und beugten sich unter Gottes Zorn, in der Hoffnung, Gott werde ihnen gnädig sein (3,5–9).

Gott ließ sich durch diese Buße bewegen und nahm seinen Urteilsspruch zurück. J. allerdings verfiel jetzt in zornige Verdrossenheit (4,1–3). Die Verse 4,4–11 beschreiben Gottes Versuch, J. durch eine Gleichnishandlung davon zu überzeugen, daß die Menschen und alles Leben in Ninive vor Gott so wertvoll sind, daß sie das Erbarmen rechtfertigen: Gott läßt eine große Pflanze wachsen, die J. vor der Hitze der Wüste schützen sollte. Die Pflanze wird jedoch durch einen Wurm getötet, worüber J. so bekümmert ist, daß er erneut am liebsten sterben möchte. Wenn J. das Verderben dieser Pflanze schon schmerzt, wieviel mehr muß dann Gott der Tod von 120 000 Menschen ein Schmerz sein (4.10f.)!?

Eine zentrale Botschaft des Jona-Buches ist, daß Gottes Liebe und Zuwendung nicht nur Israel, sondern allen Menschen gilt und daß auch die Heiden darin inbegriffen sind (vgl. 1. Tim 2,4; 2. Petr 3,9).

Im jüd. Gottesdienst wird das gesamte Jona-Buch am Nachmittag des Großen Versöhnungstages gelesen. Es erinnert die Juden an die Macht der Umkehr, des Gebetes und des Fastens, der drei zentralen Handlungen am Versöhnungstag. Das Buch Jona zeigt, daß die Gerichtsprophetie auf die Buße Israels und des Menschen abzielt.

J. wirkte als isrl. Prophet vielleicht schon vor dem Regierungsantritt Jerobeams II. (782 v. Chr.) und war damit Zeitgenosse von Amos, Joel und Obadja. Man wird wohl an eine Abfassung des Jona-Buches im 8. Jh. v. Chr. zu denken haben – sei es durch J. selbst oder durch einen seiner Schüler, der den Bericht zusammenfaßte.

Fragment aus dem Jonabuch, gefunden in Qumran (Schrein des Buches, Jerusalem).

INHALTSÜBERSICHT

1,1–3	Jonas Flucht vor seinem Auftrag auf dem Schiff nach Tarsis
1,4–16	Jona wird als Schuldiger erkannt und ins Meer geworfen
2,1–11	Jona wird von einem Fisch verschlungen; er betet im Bauch des Fisches zu Gott und wird an Land gespien
3,1–4	Jona als Prophet des Untergangs in Ninive
3,5–10	Die Buße der Leute von Ninive und die Gnade Gottes
4,1–5	Jona hadert mit Gott
4,6–11	Gott erklärt Jona den Grund seiner Barmherzigkeit

JONADAB 1 2. Sam 13,3.5.32.35
JONADAB 2 2. Kön 10,15.23; Jer 35,6.8.10.14.16.18.19

JONADAB (»Ja[hwe] ist edel«).

1. Ein Neffe Davids und Freund Amnons (2. Sam 13,3). Er riet Amnon, wie er seine Halbschwester Tamar verführen solle (2. Sam 13,5). Als daraufhin Amnon von Absalom ermordet wurde, berichtete J. dem König, daß Amnon getötet worden sei, nicht aber die anderen Söhne des Königs.(13,32.33)

2. Ein Kiniter (vgl. 1. Chr 2,55), der seinen Söhnen verbot, in Häusern zu wohnen, das Land zu bestellen, Weinberge zu besitzen oder Wein zu trinken (Jer 35,6–10). Er half Jehu bei seinem Aufstand gegen das Haus Ahab und bei der Ausrottung des Baalskultes in Israel (2.Kön 10,15–28). S. auch RECHABITER.

Der Name erscheint auf einem hebr. Siegel aus dem 6. Jh. v. Chr.

JONAM Lk 3,30

JONAM (»Holdseliger Herr«). Sohn Eljakims und Vater Josefs im Geschlechtsregister Jesu bei Lukas.

JONAS SOHN Mt 16,17

JONAS SOHN Die genauere Personalbezeichnung für Simon Petrus, wie sie in Mt steht. Johannes übersetzte diesen semit. Namen, der die Abstammung angibt, wortgetreu als »Sohn des Johannes« (Joh 1,42; 21,15–17).

JONATAN 1 Ri 18,30
JONATAN 2 1. Sam 13,2–3.6.22; 14,1.3–4.8.12–14.17.21.

JONATAN (»Ja[hwe] hat gegeben«).

1. Ein Levit aus Bethlehem, der als Priester im Haus Michas, des Ephraimiten, tätig war (Ri 17,7–13) und später mit dem Stamm Dan zog (Ri 18,13–30).

Der Name Jonatan auf einer Münze von Alexander Janäus (103–76 v. Chr.).

2. Der älteste Sohn Sauls, des ersten Königs von Israel (1. Sam 14,1). Ihm wurde der Befehl über eine Heeresabteilung seines Vaters gegeben, die während des Feldzuges gegen die Philister bei Gibea stationiert war (1. Sam 13,2.16). In einem mutigen Überraschungsangriff auf die Philister verbreitete J. Panik im feindlichen Lager, was Saul und seinen Streitkräften ermöglichte, die Widersacher bis Ajalon zu jagen. Ein Gelübde Sauls, jeden, der während der Verfolgung vor Sonnenuntergang Nahrung zu sich nehmen würde, zu bestrafen, kostete J. fast das Leben (1. Sam 14,24–45).

Nach Davids Kampf mit Goliat begann J.s Bewunderung für David; er schloß ein brüderliches Bündnis mit ihm, ungeachtet der Vorhersage Sauls, daß David möglicherweise einst an Stelle Sauls und J.s König werden würde (1. Sam 20,31). J.s Liebe für David war unerschütterlich, und er intervenierte für seinen Freund, als der Neid Sauls ihn vom Hof zu vertreiben drohte (1. Sam 19,1–7); er setzte mehr als einmal sein Leben für ihn aufs Spiel. J. verlangte einen Schwur von David, daß er ihn und seine Nachkommen verschonen werde (20, 14–16). Bei ihrer letzten Begegnung in der Wüste Sif schlossen die beiden Freunde einen weiteren Treueeid (1. Sam 23,16–18). J. wurde zus. mit seinem Vater und seinen beiden Brüdern Abinadab und Malkischua im Kampf gegen die Philister am Gebirge Gilboa getötet (1. Sam 31,2). Ihre Leichname wurden von den Philistern ausgeraubt und dann an der Stadtmauer von Bet Schean aufgehängt, wo sie von den Männern von Jabesch aus Gilead entfernt und nach Jabesch gebracht und bestattet wurden. (1. Sam 31,8–13). David beweinte den Tod von Saul und J. (2. Sam 1,17–27).

3. Sohn des Priesters Abjatar.

4. Ein Mitglied des Stammes Juda.

5. Ein Neffe Davids.

6. Einer der »Helden« Davids.

7. Ein leitender Beamter Davids für die Überwachung der Vorräte in den Städten, Dörfern und Festungen.

8. Ein Onkel Davids, Schreiber und Ratgeber an seinem Hofe.

9. Ein Levit, der mit anderen Leviten von König Joschafat entsandt wurde, um das Gesetz in den Städten Judas zu lehren.

10. Ein Rückkehrer aus dem babyl. Exil z. Zt. Esras.

11. Einer von denjenigen Rückkehrern, die sich Esras Anordnung widersetzten, sich von ihren ausländischen Frauen zu scheiden.

12. Ein Priester, Haupt der Priesterfamilie von Malluch.

13. Ein Priester, Oberhaupt der Schemaja-Familie (Neh 12,18) z. Zt. des Hohenpriesters Jojakim (Neh 12,12).

14. Ein Priester, Sohn Schemajas.

15. Ein königl. Schreiber, dessen Haus als Gefängnis Jeremias diente.

16. Ein Beamter unter dem Statthalter Gedalja in Mizpa (Jer 40,7 ff.).

27.29.39–45.49; 18,1.3–4; 19,1. 4.6–7; 20,1.3–5. 9–13.16–18.25. 27–28.30.32–33. 35,37–40.42; 23,16.18; 31,2; 2. Sam 1,4–5. 12.17.22–23. 25–26; 4,4; 9,1.3.6–7; 21,7.12.14; 1. Chr 8,33–34; 9,39–40; 10,2
JONATAN 3 2. Sam 15,27. 36; 17,17.20; 1. Kön 1,42–43
JONATAN 4 1. Chr 2,32–33
JONATAN 5 2. Sam 21,21; 1. Chr 20,7
JONATAN 6 2. Sam 23,32; 1. Chr 11,34
JONATAN 7 1. Chr 27,25
JONATAN 8 1. Chr 27,32
JONATAN 9 2. Chr 17,8
JONATAN 10 Esr 8,6
JONATAN 11 Esr 10,15
JONATAN 12 Neh 12,14
JONATAN 13 Neh 12,18
JONATAN 14 Neh 12,35
JONATAN 15 Jer 37,15. 20; 38,26
JONATAN 16 Jer 40,8

JOPPE Der Name für die Stadt Jafo im NT. Siehe JAFO.

JORAH (»Frühregen«). Vorfahre einer Familie, die mit Serubbabel aus dem babyl. Exil zurückkehrte (Esr 2,18).

JORAI (»Ja[hwe] lehrt«). Oberhaupt einer Familie aus dem Stamm Gad.

JORAM (»Ja[hwe] ist erhaben«).

1. Ein Levit, Nachkomme Moses, der z. Zt. Davids lebte.

2. Prinz von Hamat, Sohn des Königs Toï, der von seinem Vater mit Gaben zu David gesandt wurde, um ihn zu seinem Sieg über Hadad-Eser, den König von Zoba, zu beglückwünschen (2. Sam 8,9–11). Im Paralleltext (1. Chr 18,9–11) wird er »Hadoram« genannt.

3. Ein Priester, der von König Joschafat beauftragt wurde, das Gesetz in den Städten Judas zu lehren.

4. Sohn Ahabs und Isebels und letzter Herrscher der omridischen Dynastie im Königreich Israel (851–844 v. Chr.). Er folgte seinem Bruder Ahasja auf den Thron (2. Kön 1,17). Einer assyr. Inschrift aus der Zeit Salmanassars III. zufolge war die Regierungszeit J.s evtl. kürzer, als aus den Jahreszahlen oben hervorgeht.

JOPPE Apg 9,36.38. 42.43; 10,5.8. 23.32; 11,5.13

JORAH Esr 2,18

JORAI 1. Chr 5,13

JORAM 1 1. Chr 26,25
JORAM 2 2. Sam 8,10
JORAM 3 2. Chr 17,8
JORAM 4 2. Kön 1,17; 3,1.6; 8,16.25. 28.29; 9,14–17

19.21–24.29;
2. Chr 22,5–7
JORAM 5
1. Kön 22,51;
2. Kön 8,16.21.
23.24.29;
11,2; 12,19;
1. Chr 3,11;
2. Chr 21,1–5.
9.16; 22,1.6.11;
Mt 1,8

Obwohl J. den Baalkult einschränkte (2. Kön 3,2), duldete er andere, v. a. phöniz. Kulte heidnischer Gottheiten.

Zu Anfang seiner Regierungszeit mußte J. einen antiisrl. Aufstand der Moabiter niederschlagen (2. Kön 3,4–27). Ein außerbibl. Beleg dieser Revolte findet sich auf der Mescha-Stele (s. INSCHRIFTEN). Mit der Hilfe Joschafats von Juda und des Königs von Edom siegte J. über die Moabiter; er zerstörte deren Städte bis auf Kir-Heres.

Unter J.s Regierung ging der Konflikt zwischen Israel und Juda weiter, wie aus den Erzählungen von Elisa hervorgeht. J. wird dort nur als »König von Israel« bezeichnet, jedoch nicht namentlich erwähnt (2. Kön 5,1–8; 6,9–7,20; 8,3–6). In einem Gefecht gegen den aram. König Hasaël, in dem es um den Besitz von Ramot in Gilead ging, wurde J. verwundet, und er zog sich nach Jesreel zurück (2. Kön 8,28f.). Dort wurde er von Jehu (s. JEHU) ermordet (2. Kön 9,15. 24–26).

5. Sohn Joschafats und König von Juda (851–845 v. Chr.), der im Alter von 32 Jahren an die Herrschaft kam (2. Kön 8,17; 2. Chr 21,5). Er heiratete Atalja, die Tochter Ahabs von Israel, und führte die heidnischen Kulte in Juda wieder ein (2. Kön 8,18; 2. Chr 21,6). J. tötete seine sechs Brüder (2. Chr 21,4), vermutlich um einer Palastrevolution zuvorzukommen. Unter seiner Regentschaft lösten sich Edom und Libna vom Südreich (2. Kön 8,22; 2. Chr 21,8–10). Dabei verlor J. die Herrschaft über die Hauptverkehrswege nach Arabien und über die in der Wüste gelegenen Kupferminen. Am Ende seiner Regierungszeit wurde Juda von den Philistern überfallen, die J.s ganze Habe, seine Frauen und Söhne – außer seinem jüngsten Sohn Joahas – verschleppten (2. Chr 21,16f.). J. selbst starb nach schrecklicher Krankheit (2. Chr 21,12–15) und wurde in der Stadt Davids, »aber nicht in den Gräbern der Könige«, begraben (2. Chr 21,20).

JORDAN
1. Mose 13,10.
11; 32,11;
50,10.11;
4. Mose 13,29;
22,1; 26,3.63;
31,12; 32,5.19.
21.29.32; 33,
49–51; 34,12.
15; 35,1.10.
14; 36,13;
5. Mose 1,1.5;
2,29; 3,8.17.
20.25.27; 4,21.
2.26.41.46.47.
49; 9,1; 11,30.
1; 12,10; 27,2.
.12; 30,18; 31,
2.13; 32,47;
Jos 1,2.11.14.
15; 2,7.10; 3,
.11.13–15,17;
4.1.3.5.7–10.
20.22.23; 5,1;
7,7; 9,1.10;
,1.7; 13,8.23.
27.32; 14,3;
16,1.7; 17,5;

JORDAN Der größte Fluß in Palästina, der dem syro-afrikanischen Graben folgt. Der Fluß entsteht durch das Zusammentreffen dreier Wasserläufe am Fuße des Berges Hermon, in einer Höhe von 76 m ü. M. Während seines Oberlaufs durch die Hule-Region teilt sich der Fluß wieder in mehrere Arme. In den folgenden 16 km, bevor er den See Genezareth erreicht, fällt der J. 260 m ab und sein Ufer ist felsig und steil, das Flußbett eng. Vom See Genezareth an schlängelt sich der J. 170 km (Luftlinie: 104 km) zum Toten Meer. Dabei fließen mehrere Nebenflüsse in ihn, hauptsächlich aus dem Gileadgebirge im Osten, so z. B. der Jarmuk und der Jabbok. Die Gegend, durch die der J. fließt, wird in der Bibel der »untere Jordan« (1. Kön 7,46) oder einfach »Jordantal« genannt (Jos 12,1). Der südliche, niedrigere Teil der J.-Aue hat versch. Namen: »Jordantal der Moabiter« (4. Mose 22,1) oder »Jordantal von Jericho« (Jos 4,13).

Das J.-Tal war in bibl. Zeiten von einer dichten Vegetation überzogen und reich an Wild, darunter sogar Löwen (Jer 49,19). Für die Wirtschaft des Landes war der Fluß von geringer Bedeutung, denn einerseits behinderten die Steilhänge die Nutzung des Wassers zu Bewässerungszwecken, andererseits machte der windungsreiche Lauf, der noch dazu an manchen Stellen durch Felsen blockiert war, die Schiffahrt unmöglich. Der J. bildete eine natürliche Grenze zwischen den auf beiden Seiten liegenden Regionen, denn er hat nur wenige natürliche Furten. Nördlich des Sees Genezareth existierten über 20 Furten, aber nur einige wenige im mittleren Bereich und fünf im Unterlauf. Nicht selten waren diese Furten umkämpft. So versuchten die Leute von Jericho, den Kundschaftern den Rückweg an der Furt von Jericho abzuschneiden (Jos 2,7). Nach der Niederlage Eglons, des Königs von Moab, besetzten die Israeliten die Furten des J., die den Zugang nach Moab ermöglichten (Ri 3,28). Als die Israeliten beim Einzug ins Land Kanaan den J. überquerten, wurde dies als nicht weniger wunderbar empfunden als der Durchzug durch das Rote Meer (Jos 3; 4). An manchen Stellen der Bibel wird der J. als die Ostgrenze Kanaans betrachtet (4. Mose 13,29; 34,12). Nach der Eroberung des Landes trennte er die Stämme des Ostens von denen des Westens (Ri 5,17).

Wasserfall am Banias, eine der Quellen des Jordans.

Zwei Ansichten des Jordans.

18,7.12.19.20; 19,22.33.34; 20, 8; 22,4.7.10.11. 25; 23,4;24,8.11; Ri 3,28; 5,17; 7,24.25; 8,4; 10,8.9; 11,13. 22; 12,5.6; 1. Sam 13, 7; 31,7; 2. Sam 2,29; 10, 17; 16,14; 19,16. 18.19.32.37.40. 42; 17,22.24; 20,2; 24,5; 1. Kön 2,8; 7, 46; 17,3.5; 2. Kön 2,6.7.13; 5,10.14; 6,2.4; 7,15; 10,33; 1. Chr 6,63; 12,16.38; 19, 17; 26,30; 2. Chr 4,17; Hiob 40,23; Ps 42,7; 114,3.5; Jes 8,23; Jer 12,5; 49, 19; 50,44; Hes 47,18; Sach 11,3; Mt 3,5.6.13; 4,15.25; 19,1; Mk 1,5.9; 3, 8; 10,1; Lk 3,3; 4,1; Joh 1,28; 3, 26; 10,40

Im Zusammenhang mit dem J. werden in der Bibel mehrere Wunder berichtet. Elia teilte das Wasser, indem er mit seinem Mantel ins Wasser schlug, ebenso Elisa (2. Kön 2,8.13.14). Naaman, der aussätzige Feldhauptmann des Königs von Aram, tauchte siebenmal in den Fluß, und wurde geheilt (2. Kön 5,14). Die Erwähnung des J. im NT betrifft hauptsächlich das Wirken Johannes des Täufers, der dort predigte und im Jordanwasser taufte (Mt 3,5 ff; Mk 1,5 ff.). Dort taufte er auch Jesus (Mt 3,13–17 par.).

JORDANTAL Die Region um den Jordangraben, die sich beiderseits des Flusses bis zum Golf von Akaba am Roten Meer erstreckt (5. Mose 3,17; Jos 3,16; 2. Sam 2,29; Jer 52,7.8).

In der Bibel wird der Begriff »Jordantal« (hebr. *arawa*) verwendet, um verschiedene Teile dieser Senke zu bezeichnen: a) den Abschnitt des J. südlich des Toten Meeres (5. Mose 2,8); diese trockene und unfruchtbare Region, mit ca. 400 m u. d. M. die tiefste Stelle der Erdoberfläche, galt als furchterregende Einöde und Wüste. Hiob 24,5; Ps 78,40; Jes 34,14 und Jer 17,6 gelten als Anspielungen auf die Trostlosigkeit dieser Landschaft; b) die Region westlich des Jordans (Jos 11,16); c) die Gegend südlich des Sees Genezareth (2. Sam 4,7).

Das Tote Meer wird manchmal in der Bibel als das »Meer des Jordantals« oder als das »Salzmeer« bezeichnet (5. Mose 3,17; 4,49; 2. Kön 14,25).

JORDANTAL 4. Mose 26,3.63 31,12; 33,48–50; 36,13; 5. Mose 3,17; 4,49; Jos 4,13;11,16; 12,1.3.8;13,32; 2. Sam 2,29;

JORIM (»Ehrfurcht«). Vater von Elieser im Stammbaum Jesu bei Lukas.

JORIM Lk 3,29

JORKOAM Eine Ortschaft, südöstlich von Hebron gelegen.

JORKOAM 1. Chr 2,44

JOSABAD (»[Den] Jahwe schenkt«).

1. Einer der beiden Diener, die König Joasch von Juda töteten (2. Kön 12,22). Beide wurden später von König Amazja, dem Sohn Joaschs, umgebracht (2. Kön 14,5).

2. Ein Mitkämpfer aus dem Stamm Benjamin, der sich David in Ziklag anschloß (1. Chr 12,5).

3. Zwei Mitkämpfer Davids aus dem Stamm Manasse, die sich ihm in Ziklag anschlossen (1. Chr 12,21).

4. Ein Torhüter am Tempel z. Zt. Davids (1. Chr 26,4).

5. Befehlshaber eines Teiles der Truppen Benjamins im Heer Joschafats von Juda (2. Chr 17,18).

6. Ein Levit, Aufseher im Tempel z. Zt. Hiskias von Juda (2. Chr 31,13).

7. Einer der Vorsteher der Leviten z. Zt. Josias von Juda (2. Chr 35,9).

8. Einer der Leviten, die die Schätze, die von Esra nach Jerusalem gebracht wurden, registrierten (Esr 8,33).

9. Ein Priester, Nachkomme Paschhurs, der unter Esra seine heidnische Frau verstieß.

JOSABAD 1 2. Kön 12,22; 2. Chr 24,26
JOSABAD 2 1. Chr 12,5
JOSABAD 3 1. Chr 12,21
JOSABAD 4 1. Chr 26,4
JOSABAD 5 2. Chr 17,18
JOSABAD 6 2. Chr 31,13
JOSABAD 7 2. Chr 35,9
JOSABAD 8 Esr 8,33
JOSABAD 9 Esr 10,22

JOSABAD 10
Esr 10,23
JOSABAD 11
Neh 8,7
JOSABAD 12
Neh 11,16

10. Ein Levit, der unter Esra seine Frau verstieß. Er könnte mit (8) identisch sein.

11. Einer der Leviten, die das Gesetz Moses dem Volk erläuterten, nachdem es von Esra vorgelesen worden war.

12. Ein Oberhaupt der Leviten, das z. Zt. Nehemias in Jerusalem lebte und für den äußeren Dienst am Tempel verantwortlich war.

JOSACHAR
2. Kön 12,22; 2. Chr 24,26

JOSACHAR (»Jahwe erinnert sich«). Ein Ammoniter, der sich mit einem anderen Diener gegen König Joasch verschwor und diesen tötete, um den Tod des Sohnes des Priesters Jojada zu rächen.

JOSCHA
1. Chr 4,34

JOSCHA (»aufrecht«). Der Sohn Amazjas und Oberhaupt einer Familie des Stammes Simeon.

JOSCHAFAT 1
1. Chr 11,43
JOSCHAFAT 2
1. Chr 15,24
JOSCHAFAT 3
2. Sam 8,16; 20,24; 1. Kön 4,3; 1. Chr 18,15
JOSCHAFAT 4
1. Kön 4,17
JOSCHAFAT 5
2. Kön 9,2.14
JOSCHAFAT 6
1. Kön 15,24; 22,2.4.5.7.8.10. 18.29.30.32.41. 46.49–51; 2. Kön 1,17; 3,1.7.11.12.14; 8,16; 12,19; 1. Chr 3,10; 2. Chr 17,1.3.5. 10–12; 18,1.3.4. 6.7.9.17.28.29. 31; 19,1.2.4.8; 20,1–3.5.15.18. 20.25.27.30.31. 34.35.37; 21, 1.2.12; 22,9; Mt 1,8

JOSCHAFAT (»Gott hat gerichtet«).

1. Einer von Davids »Helden«.

2. Einer der Priester, die z. Zt. Davids vor der Bundeslade Posaune bliesen.

3. Kanzler in der Administration Davids (2. Sam 8,16; 20,24; 1. Chr 18,15) und Salomos (1. Kön 4,3).

4. Einer von 12 Amtleuten Salomos, die den König und seinen Haushalt versorgten, jeder einen Monat im Jahr (1. Kön 4,7).

5. Der Vater König Jehus von Israel.

6. Der Sohn König Asas, der im Alter von 35 Jahren König von Juda wurde (873–849 v. Chr.). J. ging gegen die heidnischen Kulte vor und sandte Priester und Leviten aus, um die Thora Moses im ganzen Land durchzusetzen (2. Chr 17,7–9). Er reorganisierte die Administration, ernannte Richter in den Städten Judas und setzte ein Berufungsgericht in Jerusalem ein (2. Chr 19,4–11). Er befestigte Städte in Juda, setzte Garnisonen in Ephraim ein (2. Chr 17,1 f.), baute Festungen und Städte mit Kornspeichern (2. Chr 17,12 f.) und verstärkte das Militär (2. Chr 17,14–19). Philister und Araber zollten Tribut (2. Chr 17,10 f.), und sogar Edom wurde ihm untertan (1. Kön 22,48), wodurch J. die Kontrolle über die Kupferminen in der Wüste und über die Haupthandelswege Arabiens gewann. Er war der erste König Judas, der einen Bund mit dem Nordreich Israel schloß und daraufhin seinen Sohn Joram mit der Tochter Ahabs, Atalja, verheiratete (1. Kön 22,45; 2. Chr 18,1), was dem Hause Juda später großen Schaden, ja fast die Vernichtung brachte (2. Chr 22,10-12). Zus. mit Israel, wahrscheinlich auch mit Tyrus, versuchte er, eine Handelsflotte in Ezjon-Geber zu bauen (1. Kön 22,48 f.; 2. Chr 20,35–37). Wegen der Verbindung mit dem gottlosen König Ahasja zerstörte Gott dieses Werk (2. Chr 20,37). – J. starb in Jerusalem und wurde in der Stadt Davids begraben.

JOSCHAFAT, TAL
Joel 4,2.12

JOSCHAFAT, TAL Das Tal, in dem das letzte Strafgericht Gottes stattfinden soll (Joel 4,2), auch »Tal der Entscheidung« genannt (Joel 4,14).

Das Tal Joschafat, Teil des Kidron-Tals in Jerusalem, zwischen dem Ölberg und dem Berge Morija.

Frühe Traditionen identifizieren es mit dem Kidron-Tal. Eine andere Tradition behauptet, daß der Name Joschafat (»Gott hat gerichtet«) nur symbolischer Art sei und keine Hinweise auf einen konkreten Ort biete.

JOSCHAWJA (»Ein Pfeiler ist Jahwe«). Einer der »Helden« Davids.

JOSCHBEKASCHA (»Jahwe wird Hartes wenden«). Unter David war J. mit der Leitung der 17. Abteilung der Sänger im Haus des HERRN beauftragt. J. ist jedoch vielleicht kein Eigenname, sondern möglicherweise ein liturgisches Gebet.

JOSCHEBA (»Jahwe ist Eid«). Tochter König Jorams von Juda und Schwester Ahasjas. Sie rettete Joasch als Kind vor den Mördern, welche die Königsmutter Atalja beauftragt hatte, und hielt ihn nach dem Tod Ahasjas sechs Jahre lang im Tempel versteckt.

JOSCHIBJA (»Möge Ja[hwe] seßhaft machen«). Ein Mann aus dem Stamm Simeon (1. Chr 4,35).

JOSCHOBAM

1. »Der Erste unter den Dreien« von Davids »Helden« (1. Chr 11,11), Führer einer Abteilung von 24000 Mann im Heer Davids, die im ersten Monat des Jahres ihren Dienst absolvierten (1. Chr 27,2).

2. Einer der Männer, die von Sauls Truppen desertierten, um sich David in Ziklag anzuschließen.

JOSCHUA (»Jahwe rettet«).

1. Ein Mann, der im Stammbaum Jesu erwähnt ist (Lk 3,29). Der Name ist eine andere Form von »Joses« oder »Jesus«.

2. Der Besitzer eines Feldes in Bet-Schemesch (1. Sam 6,14). Bis dorthin wurde die Bundeslade von den Philistern zurückgeleitet.

3. Ein Stadtvogt von Jerusalem z. Zt. von König Josia.

JOSECH Ein sonst unbekannter Mann, der im Stammbaum von Jesus genannt wird.

JOSEF (»Er [Jahwe] möge hinzufügen«).

1. Sohn des Erzvaters JAKOB aus seiner Ehe mit Rahel. Als erstgeborener Sohn seiner Mutter, der Lieblingsfrau Jakobs (1. Mose 30,22–24), wurde J. von seinem Vater bevorzugt, was seine zehn älteren Brüder gegen ihn aufbrachte. Ihre Eifersucht nahm noch zu, nachdem J. ihnen seinen Traum anvertraut hatte, welcher ihm und seinen Nachkommen die Vorherrschaft über seine Brüder und seinen Vater ankündigte (1. Mose 37,5–11).

Als J. seine Brüder bei Dotan besuchen kam, beschlossen diese, ihn aus dem Weg zu räumen (1. Mose 37,12–18). Die Absicht, ihn auf der Stelle zu töten, wurde von dem Ältesten, Ruben, vereitelt. In Rubens Abwesenheit verkauften die anderen Brüder aber J. an eine Karawane von ismaelitischen Kaufleuten, die auf der Reise nach Ägypten waren (1. Mose 37,20–28). Dann schickten sie J.s Rock, in Blut getränkt, zu Jakob und ließen ihn in dem Glauben, J. sei von einem wilden Tier getötet worden (1. Mose 37,29–36).

In Ägypten wurde J. an Potifar, den Obersten der Leibwache des Pharaos, verkauft. Dieser machte den geschickten und erfolgreichen J. bald zum Aufseher seines Hauses. Als J. sich jedoch den Verführungskünsten der Frau Potifars widersetzte, landete er im Gefängnis (1. Mose 39,1–20). Weil der HERR auch hier mit ihm war, wurde J. die Aufsicht über die Gefangenen des Pharaos übertragen, darunter zwei Kämmerer des Pharaos, sein oberster Mundschenk und sein oberster Bäcker (1. Mose 39,21–40,23), deren Träume J. deutete.

Zwei Jahre danach kam J.s große Stunde, als er zwei Träume des Pharaos deuten mußte. Er deutete sie dahingehend, daß sieben Jahre des Überflusses kommen und danach sieben Jahre mit Mißernten folgen würden (1. Mose 41,1–32), und schlug vor, während der sieben »fetten« Jahre ein Fünftel aller landwirtschaftlichen Erzeugnisse in Lagerhäusern zu speichern, um Reserven für die drohenden sieben »mageren« Jahre zu haben. Der Pharao beauftragte den damals 30jährigen J. mit der Durchführung dieses Plans; er gab ihm dafür den Titel und die Befugnisse eines Vizekönigs (1. Mose 41,33–44; 47,13–26). Er verlieh ihm außerdem den ägypt. Namen »Zafenat-

JOSCHAWJA
1. Chr 11,46

JOSCHBEKA-SCHA
1. Chr 25,4.24

JOSCHEBA
2. Kön 11,2.3; 2. Chr 22,11

JOSCHIBJA
1. Chr 4,35

JOSCHOBAM 1
1. Chr 11,11; 27,2

JOSCHOBAM 2
1. Chr 12,7

JOSCHUA 1
Lk 3,29

JOSCHUA 2
1. Sam 6,14.18

JOSCHUA 3
2. Kön 23,8

JOSECH
Lk 3,26

JOSEF 1
1. Mose 30, 24–25; 33,2.7; 35,24;37,2–3.5. 13.17.23.29.31. 33; 39,1–2.5–7. 10–11.23; 40, 3–4.6.8–9.12. 16.18.22–23; 41,14.16–17.25. 39.41–42.44.46. 48–50.54–57; 42,3–4.6.14. 23.25.36; 43, 15–19.24–26.30 44,1.2.4.14–15; 45,1.3–4.9. 16–17.21.26–28 46,4.19–20. 27–31; 47,1.5.7 11.14–17.20.23 26.29; 48,1–3. 8–13.15.17.21; 49,22.26; 50,1– 4.7–8.10.14–15 17.19.22–24.26 2. Mose 1,5–6. 8; 13,19; 4. Mose 1,10.3 13,11; 26,28.37 27,1; 32,33; 34 23; 36,1.5.12; 5. Mose 27,12; 33,13.16; Jos 14,4; 16,1. 17,1–2.14.16–1 18,5.11; 24,32 Ri 1,22–23.35; 2. Sam 19,21; 1. Kön 11,28; 1. Chr 2,2; 5,1–2; 7,29;

Ps 77,16; 78, 67; 105,17; Hes 37,16.19; 47,13; 48,32; Am 5,6.15; 6,6; Obd V. 18; Sach 10,6; Joh 4,5; Apg 7,9. 13–14.18; Hebr 11,21–22; Offb 7,8
JOSEF 2 4. Mose 13,7
JOSEF 3 1. Chr 25,2.9
JOSEF 4 Esr 10,42
JOSEF 5 Neh 12,14
JOSEF 6 Mt 1,16.18–20. 24; 2,13.19; Lk 1,27; 2,4.16; 3,23; 4,22; Joh 1,45; 6,42
JOSEF 7 Mt 27,57.59; Mk 15,43.45; Lk 23,50; Joh 19,38
JOSEF 8 Lk 3,24.30
JOSEF 9 Apg 1,23

Josef wird von seinen Brüdern in die Grube geworfen. Auf der rechten Seite des Bildes sieht man, wie sie den Verkauf ihres Bruders aushandeln. (Seite eines französischen Psalters aus dem 13. Jh., Nationalbibliothek, Paris).

Paneach« und gab ihm die Tochter des Priesters Potifera, Asenat, zur Frau, welche ihm zwei Söhne gebar, Manasse und Ephraim (1. Mose 41,45.50–52).

Als die Mißernten kamen, war davon auch das Land Kanaan betroffen, weswegen Jakob seine Söhne – mit Ausnahme von Benjamin – nach Ägypten schickte, um Korn zu kaufen (1. Mose 42,1–5). Dort begegneten sie J., der die Verteilung des Korns leitete. Er erkannte sie wieder, verheimlichte aber seine Identität, klagte sie der Spionage an und befahl ihnen, ihm seinen jüngsten Bruder Benjamin nach Ägypten zu bringen; Simeon mußte als Geisel zurückbleiben (1. Mose 42,6–24). Trotz seiner großen Befürchtungen mußte Jakob einer zweiten Reise seiner Söhne zustimmen, wobei Juda die Verantwortung für Benjamin übernahm (1. Mose 43,1–15). J. verheimlichte weiterhin seine Identität vor ihnen. Vor ihrer Rückreise ließ er seinen silbernen Trinkbecher in Benjamins Gepäck verstecken und seine Brüder als Diebe zurückholen (1. Mose 43,16–44,15). Als Juda zur Verteidigung die ganze Geschichte ihrer Familie erzählte und von ihrem Vater Jakob berichtete (1. Mose 44,16–34), konnte J. die Täuschung nicht länger aufrechterhalten. Weinend gab er sich seinen Brüdern zu erkennen, pries Gottes Vorsehung und befahl ihnen, nach Hause zurückzukehren (1. Mose 45,1–24) und sich im Land Goschen niederzulassen (1. Mose 45,10; 47,4.11–12).

Eingang zu der Grabstätte Josefs in Sichem

J. erfüllte den letzten Wunsch seines Vaters und begrub ihn in Kanaan (1. Mose 47,28–31; 49,29–31; 50,1–14). Als J. selbst im Alter von 110 Jahren starb, ließ er seine Familie schwören, seine Überreste ebenfalls nach Kanaan zu bringen (1. Mose 50,22–26).

Die Josefsgeschichte bildet den Übergang zwischen den Geschichten der Patriarchen und der Versklavung der Israeliten in Ägypten (2. Mose 1,6–8). Als die Israeliten aus Ägypten auszogen, erfüllte Mose den letzten Wunsch J.s., seine Gebeine mitzunehmen (2. Mose 13,19); sie wurden in der Nähe von Sichem auf dem Feld Jakobs beigesetzt (Jos 24,32).

Im AT steht der Name »Josef« (wie auch »Haus Josefs« oder »Kinder Josefs«) als Bezeichnung für die Stämme Manasse und Ephraim (Jos 17,14–17; 1. Kön 11,28; Ps 78,67) oder für das Nordreich, gelegentlich auch für Israel als Ganzes (vgl. Ps 80,2; 81,6).

Die Josefsgeschichte erlaubt eine Deutung auf verschiedenen Ebenen. Aus einem persönlichen Blickwinkel ist sie eine Predigt über die Vorsehung Gottes inmitten menschlichen Wirrsals (1. Mose 50,20). Auf einer nationalen Ebene sind in ihr die oft sehr gespannten Beziehungen der späteren Stämme zueinander vorgezeichnet: Die mächtigen Nord-Stämme des Hauses J., Ephraim und Manasse, haben ein höheres Gewicht (1. Mose 48,19f.; 49,22–26); Juda, der wichtigste Süd-Stamm, wird in seiner Sprecherrolle eher zurückhaltend erwähnt (1. Mose 37,26f.; 43,3–10; 44,18–34), während Ruben zwar als voll guten Willens, aber dabei als schwache Gestalt dargestellt wird (auch als Strafe für seine Sünde; 1. Mose 35,22; 49,4; vgl. 1. Mose 37,29f.; 42,22–38).

Im NT wird J. von Stephanus in seiner Verteidigungsrede vor dem Synedrium erwähnt (Apg 7,9ff.); in Hebr ist er unter den Glaubenszeugen angeführt (Hebr 11,22).

Eine der Grabkammern in der Grabeskirche in Jerusalem, nach der Überlieferung die Grabkammer des Josef von Arimathäa.

2. Einer der isrl. Kundschafter, die zur Erkundung ins Land Kanaan ausgesandt wurden.

3. Ein Sohn Asafs und levit. Musiker im Tempel.

4. Einer der Rückkehrer aus Babel, die eine ausländische Frau geheiratet hatten und diese entsprechend der Anordnung Esras verstießen.

5. Ein Priester z. Zt. Jojakims.

6. Verlobter und späterer Ehemann Marias, Sohn Jakobs (Mt 1,16) oder Elis (Lk 3,23). Die Ev.n setzen an die Stelle des leiblichen Vaters Jesu J. ein, über den Jesu Stammbaum auf David und Abraham (Mt 1) bzw. auf Adam (Lk 3) zurückgeführt wird. J. lebte in Nazareth als Zimmermann (Mt 13,55). Er war mit Maria, der späteren Mutter Jesu, verlobt und heiratete sie, nachdem ein Engel ihn von ihrer Schwangerschaft durch den Hl. Geist (vgl. JUNGFRAUENGEBURT) in Kenntnis gesetzt hatte. Anläßlich der Steuererhebung unter der Regierung des röm. Kaisers Augustus mußte J., ein Nachkomme Davids, zur Registrierung nach Bethlehem reisen. Dort wurde dann Jesus geboren. Mit Maria und dem Kleinkind floh J. nach Ägypten, nachdem er von einem Engel Herodes' grausamen Absichten erfahren hatte. Nach dem Tod des Herodes kehrte J. in seine Heimatstadt Nazareth zurück. Er und seine Familie begaben sich nach der Geburt Jesu nach Jerusalem, um ihn im Tempel beschneiden zu lassen (Lk 2,22), und dann nochmals zum Passafest, als Jesus zwölf Jahre alt war. J. wird während des öffentlichen Wirkens Jesu nicht mehr erwähnt; er mag vorher schon verstorben sein.

7. Josef von Arimathäa, ein reicher Mann, Mitglied des Synedriums (Mk 15,43) und ein sonst nicht hervortretender Jünger Jesu (vgl. Joh 19,38). Ihm überließ Pilatus den Leichnam Jesu. J. besaß eine neue Grabstätte, in welcher Jesus bestattet wurde (Mt 27,57ff.). Nach Lk 23,50 war J. ein »guter, frommer Mann«.

8. Der Name zweier sonst unbekannter Personen, die im Stammbaum Jesu bei Lukas angeführt werden.

9. Einer der beiden Jünger, die nach Jesu Himmelfahrt als Nachfolger von Judas Iskariot zur Wahl standen. Er war auch als Barsabbas, mit dem Beinamen Justus, bekannt.

JOSES 1
Mt 13,55; Mk 6,3
JOSES 2
Mt 27,56; Mk 15,40.47
JOSES 3
Apg 4,36

JOSES (griech. Form von *Josef*). In einigen Hss. wird er »Josef« genannt, in anderen »J.«.

1. Ein Bruder Jesu (Mt 13,55).

2. Ein Bruder Jakobus des Kleinen. Seine Mutter Maria stand am Kreuz Jesu.

3. Siehe BARNABAS.

JOSIA
1. Kön 13,2; 2. Kön 21,24.26; 22,1.3; 23,16. 23–24.28–30.34; 1. Chr 3,14–15; 2. Chr 33,25; 34,1.33; 35,1. 7.16.18–20. 22–26; 36,1; Jer 1,2–3; 3,6; 22,11.18; 25,1.3; 26,1; 27,1; 35,1; 36,1–2.9; 37,1; 45,1; 46,2; Zef 1,1; Mt 1,10–11

JOSIA (»[Den] Jahwe heilt«). Sohn Amons, wurde nach der Ermordung seines Vaters König von Juda. J. kam mit acht Jahren auf den Thron und regierte 30 Jahre lang (639–609 v. Chr.; 2. Kön 22,1; 2. Chr 34,1). Seine Herrschaft war die letzte Phase politischer Unabhängigkeit vor dem Niedergang des Südreiches Juda und seinem Ende 586 v. Chr. Das wichtigste Ereignis seiner Regierung bleibt die sog. Josianische Reform, eine große geistliche und gottesdienstliche Erneuerung in Juda. Es ist kein Zufall, daß in 2. Kön 22f. aus J.s langer Regierungszeit fast nur von dieser Reform – von der Rückkehr zum Jahweglauben und zur Thora Moses – berichtet wird. Im übrigen sind die bibl. Berichte über die nationalen und religiösen Erneuerungen, die von J. durchgeführt worden sind, in 2. Chr ausführlicher dargelegt. Dort werden auch die versch. Stufen der Reformen angeführt: Im achten Jahr seiner Herrschaft begann J. mit der Beseitigung des unter seinen Vorgängern eingeführten assyr. Kultes und mit der Hinwendung zum »Gott seines Vaters David« (2. Chr 34,3). Im 12. Jahr fing J. an, Juda und Jerusalem von sonstigen heidnischen Kulten zu reinigen; er setzte dies auch in den Städten Manasses, Ephraims, Simeons und Naftalis durch (2. Chr 34,3–7), woraus deutlich wird, daß er bei dieser Gelegenheit die Grenzen von Juda weit nach Norden ausdehnte, um nahezu das ganze frühere Gebiet des Nordreiches Israel mit einzuschließen. Dies war erst nach dem Tod des assyr. Königs Assurbanipal (626 v. Chr.) wegen der darauffolgenden Aufstände möglich, die den Niedergang Assurs einleiteten. Für J. bedeutete das die Gelegenheit, seine Unabhängigkeit zu erlangen und mit einer Neuordnung zu beginnen. Archäolog. Funde belegen ebenfalls die Ausdehnungsbestrebungen J.s. Im 18. Jahr seiner Regierung führte er, nachdem er das »Buch des Gesetzes« im Tempel gefunden hatte, noch weitreichendere Reformen durch (2. Kön 22,3–20; 2. Chr 34,8–35,19).

Dieser große nationale und religiöse Aufschwung kam vorab in Form von kultischen Reformen zum Ausdruck, in der Rückkehr zur alten Gottesverehrung Israels und zur Zentralisierung des Gottesdienstes im Jerusalemer Tempel. Obwohl die Details der Entdeckung des »Buches des Gesetzes« (2. Kön 22,8) manche Fragen aufwerfen, sind fast alle Ausleger der Überzeugung, daß es sich bei diesem Gesetzbuch um das jetzige 5. Mose-Buch (Deuteronomium) oder um Kernstücke daraus (s. DEUTERONOMIUM) handelte. Der Inhalt des bei Bauarbeiten am Tempel aufgefundenen Buches hatte den König so tief betroffen gemacht (2. Kön 22,11), daß er sich zu grundlegenden Reformen des Gottesdienstes entschloß und den Neuanfang in einem feierlichen Bundesschluß bekräftigte (2. Kön 23). Die radikale Beseitigung aller Reste heidnischer Kulte schloß sich an (23,19–24). Als König wird J. in den atl. Berichten zus. mit Joschafat und Hiskia als außergewöhnlich gerechter Regent beschrieben.

J.s 30 Jahre währende Regierung fand 609 v. Chr. ein abruptes Ende, als er im Kampf gegen Pharao Necho II. von Ägypten in der Ebene Jesreel bei Megiddo tödlich verwundet wurde (2. Kön 23,29). J. wollte Necho daran hindern, in die Auseinandersetzungen zwischen Assyrern und Babyloniern einzugreifen (2. Chr 35,20–25), hatte aber die militär. Übermacht Ägyptens offenkundig unterschätzt.

JOSIFJA
Esr 8,10

JOSIFJA Der Vater Schelomits, der mit Esra aus dem babyl. Exil zurückkehrte.

JOSUA
Mose 17,9–10. 13–14; 24,13; 32,17; 33,11; . Mose 11,28; 3,16; 14,6.30.

JOSUA (»Ja[hwe] ist Erlösung«). Der Sohn Nuns aus dem Stamm Ephraim und Nachfolger Moses als Führer von Israel. Er war bereits während des entscheidenden Kampfes gegen die Amalekiter der Befehlshaber der isrl. Truppen (2. Mose 17,8–16). Der urspr. Name J.s war »Hoschea« und wurde von

Der Kampf um Jericho, wie er auf der sog. Josua-Schriftrolle dargestellt wird. Sieben Priester blasen Hörner, während Josua die Männer anfeuert, in die Stadt einzudringen. Links sieht man drei Priester die Bundeslade tragen. 10. Jh. (Bibliothek des Vatikan, Rom).

Mose abgeändert (4. Mose 13,8.16). »J.« ist derselbe Name wie »Jesus«, und in der LXX steht für »J.« »Jesus«. J. wird in versch. Zusammenhängen mit Mose in Verbindung gebracht (2. Mose 24,13; 32,17; 33,11), steht dabei aber in einer diesem untergeordneten Position. Von den zwölf Kundschaftern gaben nur J. und Kaleb ermutigende Berichte von ihrer Mission, indem sie erklärten, daß das Land Kanaan von Israel erobert werden könnte (4. Mose 13,6.8; 13,25–14,8); deshalb durften diese beiden Männer nach Gottes Willen in das Gelobte Land gelangen (4. Mose 14,30.38; 26,65; 32,12), das sogar Mose nur aus der Ferne sehen durfte. J. war der Anführer der isrl. Stämme bei der Eroberung Kanaans. Endgültig hat sich J. im Gebiet seines Stammes Ephraim niedergelassen; seine Stadt wurde »Timnat-Serach« (Jos 19,50; 24,30) oder auch »Timnat-Heres« (Ri 2,9) genannt. Hier wurde er auch nach seinem Tod im Alter von 110 Jahren bestattet (Jos 24,29; Ri 2,8).

J. ist aufgrund seiner militärischen Taten, aber auch seiner geistlichen Führungsqualitäten in der Epoche der Landnahme die herausragende Gestalt. Dies wird zum einen bei den – im wesentlichen vier – großen Eroberungsfeldzügen J.s deutlich (s. JOSUA, DAS BUCH), zum anderen in seiner Konsequenz, am Jahweglauben der Mosezeit auch bei und nach der Eroberung des Landes festzuhalten. Er hatte die Anfälligkeit Israels für die sinnenfälligen Götterkulte Kanaans klar als die eigentliche Gefahr der Landnahme erkannt. Die Annehmlichkeiten des Kulturlandes verbanden sich für die eingedrungenen Israeliten wie von selbst mit den Göttern Kanaans. Am stärksten tritt dies im »Testament« J.s zutage (Jos 23f.), bes. in dem berühmten Aufruf zur Entscheidung: »Jahwe oder die fremden Götter!« (24,15.22–27). Schon vorher, bei der Verkündigung des Gesetzes an den Bergen Ebal und Garizim (Jos 8,30–35), wird die doppelte Führerrolle J.s unterstrichen.

38; 26,65; 27, 18.22; 32,12. 28; 34,17; 5. Mose 1,38; 3,21.28; 31,3. 7.14.23; 32, 44; 34,9; Jos 1,1.10.12. 16; 2,1.23–24; 3,1.5.7.9; 4,1. 4.8–10.14–15. 17.20; 5,2–4.7. 9.13–15; 6,2.6. 8.10.12.16.22. 25–27; 7,2–3. 6–7.10.16.19–20. 22–25; 8,1.3.9. 13.15–16.18.21. 23.26–28.30.35; 9,2–3.6.8.15.22. 24.27; 10,1.4. 6–9.12.15.17–18. 20–22.24–26.28. 29.31.33–36.38. 40.43; 11,6–7.9. 12–13.15–16.21. 23;12,7; 13,1; 14,1.6.13;15,13; 17,4.14–15.17; 18,3.8–10; 19,49. 51; 20,1; 21,1; 22,1.6–7; 23,1; 24,1.19.21–22. 24–26.28.29.31; Ri 1,1; 2, 6–8.21.23; 1. Kön 16,34; 1. Chr 7,27; Hebr 4,8

JOSUA, DAS BUCH Der Bericht über die Landnahme Kanaans durch Israel und die Verteilung des Landes unter die isrl. Stämme. Jos schildert in einem ersten Abschnitt (Kap. 1–8) die Einnahme der Festung Jericho sowie die Eroberung und radikale Zerstörung der Stadt Ai (8,23–29). – Die zweite Phase der Eroberung des Landes hatte den Raum um die Stadt Gibeon zum Ziel (Kap. 9). Ihre Einwohner retteten sich und ihre Stadt durch eine List (9,3–13) und erreichten dadurch einen Friedensvertrag mit Josua (9,15), der sie aber in ein dauerndes Staatssklavenverhältnis zu Israel brachte: »So machte sie Josua ... zu Holzhauern und Wasserschöpfern für die Gemeinde...« (9,27). – Mit einem dritten Eroberungszug, der die festen Städte Makkeda, Libna, Lachisch, Hebron und Debir zum Ziel hatte (Kap. 10), öffnete J. – zum Teil unter furchtbaren Umständen – den Zugang zum Süden des Landes. – Den einstweiligen Abschluß bildete der Feldzug im Norden (Kap. 11). Etwa im Gebiet des ntl. Galiläa schlug J. die Koalition der Stadtkönige aus den Städten am Oberlauf des Jordan und der Küstenebene nördlich des Karmel und rottete auch hier die gesamte Bevölkerung aus (11,11.16–22). – Mit einer Auflistung der Siege J.s schließt der Bericht über die »Kriege Jahwes« gegen die einheimische Bevölkerung. Nach der erfolgreichen Landnahme ging J. an die Aufteilung des bis jetzt eroberten Gebietes (13,1.7) unter die isrl. Stämme. Außerdem erfolgte die Bestimmung von sechs Freistädten, in denen Totschläger Asyl finden konnten; 48 Ortschaften wurden zum Erbteil der levitischen Priester erklärt (Kap. 13–23). Das Buch schließt mit dem Bericht über J.s Landtag von Sichem und den feierlichen Bundesschluß Israels mit Jahwe und der Erwähnung von J.s Tod (Kap. 24).

Nach Jos ist nicht eigentlich Josua der Eroberer des Landes Kanaan, sondern der Gott Israels, der sein Wort einlöst und seine Macht erweist. Er ist es, der die Völker vor Israel ausrottet und seinem Volk das Land Kanaan gibt. Dies ist die durchgehende Linie im ganzen Jos. Es wäre Israel gar nicht möglich gewesen, die Völker des Landes zu besiegen, die ihm auf militär. Gebiet weit überlegen waren. J. und die Israeliten sind Gottes Werkzeug bei der Ausrottung dieser Völker, an denen J. den Bann (*cherem*) vollstrecken und ihre Altäre und Götzenbilder niederreißen soll (5. Mose 7). Wer diesen Bann bricht, den trifft Gottes scharfes Strafgericht, wie sich im Fall von Achan und seiner Familie zeigt (Jos 7,1–26). Gottes direktes Eingreifen wird an einigen Stellen berichtet, so bei der Einnahme Jerichos (Kap. 6) und bei der Schlacht bei Gibeon, als Gott Hagelsteine vom Himmel fallen ließ und als Sonne und Mond stillstanden (10,11 ff.).

Obwohl die Israeliten unter J. einen Großteil des Landes erobern konnten, verblieben doch noch weite Gebiete, die nach dem Tod J.s nicht erobert worden waren. Darüber hinaus wurden die Bewohner des Landes nicht durchweg ausgerottet, sondern tributpflichtig gemacht. Was Mose und J. noch als Warnung ausgesprochen hatten (4. Mose 33,55 ff.; Jos 23,11–13), beschreibt das erste Kapitel des Buches Richter als Tatsache: Die unter Gottes Führung begonnene Landnahme endete durch den Ungehorsam der Israeliten auf halbem Wege.

Der Verfasser von Jos ist nicht bekannt. Weder auf ihn noch auf die Abfassungszeit findet sich im Buch selbst ein Hinweis. Erst in der spätjüd. Überlieferung taucht der Gedanke auf, Josua sei der Verfasser des Buches von der Landnahme. Manche Wendungen deuten wohl darauf hin, daß Jos früh verfaßt worden sein könnte: Die Hure Rahab lebte z. Zt. der Abfassung noch (6,25); die Kanaaniter lebten noch in Gezer (16,10; vgl. 1. Kön 9,16); Jerusalem war noch von den Jebusitern bewohnt (15,63; vgl. 2. Sam 5,6 ff.). Aus der mehrfach vorkommenden Redewendung »bis auf diesen Tag« (4,9; 5,9; 7,26; 8,28 f.; 9,27; 10,27 u. a.) sollten aber keine generellen Schlüsse über eine sehr frühe Abfassungszeit gezogen werden. Sie besagt nichts anderes, als daß die angesprochenen Tatbestände noch zur (angegebenen) Zeit der Abfassung gegolten haben. Dabei spricht nichts dagegen, daß J. nicht zumindest bestimmte Stücke des Buches, z. B. seine Gebete, selbst geschrieben haben könnte.

In der theologischen Wissenschaft werden zwei unterschiedliche Zuordnungen von Jos erwogen: Zum einen sieht man hierin eine Fortsetzung der

Die traditionelle Grabstätte Josuas südwestlich von Sichem.

fünf Bücher Mose (Pentateuch) und spricht deshalb vom »Hexateuch« (»Sechs-Buch«); andere ordnen Jos einem Komplex zu, der die Bücher von 5. Mose bis 2. Kön umfaßt und den man als »deuteronomistisches Geschichtswerk« bezeichnet. Aus den atl. Texten sind darüber keine Angaben zu entnehmen; es handelt sich deshalb um mittelbare Rückschlüsse oder um Hypothesen. Jos zeigt zwar ohne Frage enge Verbindungen zu 5. Mose und zu Ri; es ist aber gleichzeitig ein Buch eigenen Gepräges und mit einer spezifischen, eigenen Botschaft. Im übrigen werden die in Jos beschriebenen Ereignisse an anderen Stellen der Bibel als bekannt vorausgesetzt (2. Sam 21,2; 1. Kön 16,34; Ps 114,3.5; Hebr 11,30).

Entschieden wichtiger als die von der Bibel nicht beantwortete Frage nach dem Verfasser von Jos – eine Frage, die für den Glauben ohne eigentliches Gewicht ist – ist die Erkenntnis, daß dieses Buch von der Landnahme Israels unter J. eine Botschaft hat – ungeachtet der manchmal gnadenlosen Härte der dort berichteten Geschehnisse (6,21; 10,30 u.a.). Das Erschrecken des Lesers über viele Einzelheiten der blutigen Eroberungszüge J.s darf die Erkenntnis nicht verdunkeln, daß dies alles zugleich ein Zeugnis davon ist, daß Gott auch als der Herr der Geschichte sein Wort hält. Gott löst seine Zusagen – man denke an 1. Mose 15,7; 2. Mose 20,12; 5. Mose 34,4; Jos 21,43 – ein, und er tat dies gerade auch mit der Eroberung des Landes Kanaan. Daß dabei auch vielfach Vorgänge berichtet werden, die wir als Verletzung von Menschenrechten bezeichnen, bedeutet die erste und unausweichliche Erkenntnis, daß in der HS nicht die Menschenrechte dem Gottesrecht vorgeordnet sind, sondern umgekehrt: von Josua bis Jesus, von Jericho bis Golgatha.

In all dem kommt in diesem Buch vom Gelobten Land noch eine hochbedeutsame geschichtliche Grundwahrheit über das Recht auf das Land Kanaan/Palästina zum Ausdruck, die unabhängig von allen noch so tiefgreifenden geschichtlichen und polit. Veränderungen für alle Zeiten gültig bleibt. Sie lautet: Dieses Land ist Israels Land, denn es ist ihm von Gott zugesprochen und gegeben. Gottes Verheißungen (s.o. 1. Mose 15,7 usw.) bleiben stärker als alle polit. Realitäten der Jhe., die vor Gottes Plan und Verheißung zu bloßen Zwischspielen schrumpfen. Im NT schreibt und Paulus: »Gottes Gaben und Berufung können ihn nicht gereuen« (Röm 11,29). Das ist die Predigt des Josuabuches.

INHALTSÜBERSICHT

I. Landnahme

1,1–5,1	Der Übergang über den Jordan
5,2–12	Vorbereitungen für die Eroberung des Landes
5,13–8,35	Eroberung von Jericho und Ai
9,1–27	Der Gibeonitenfeldzug
10,1–43	Der Sieg im Süden
11,1–15	Der Sieg im Norden
11,16–12,24	Das ganze Land in Israels Hand

II. Landverteilung

13,1–14	Gottes Auftrag für das Westjordanland
13,15–33	Verteilung des Ostjordanlandes
14,1–17,18	Verteilung des Westjordanlandes (Juda und Ephraim)
18,1–19,51	Die übrigen Stammesgebiete

III. Ordnungen für das Leben im Land

20,1–21,42	Die Asyl- und die Levitenstädte
21,43–22,34	Ruhe im ganzen Land; der Altar am Jordan
23,1–16	Josuas Abschiedspredigt
24,1–33	Josuas letzter Landtag in Sichem; sein Tod und sein Grab

JOTAM 1
Ri 9,5.7.21.57
JOTAM 2
2. Kön 15,5.7.30.32.36.38; 16,1; 1. Chr 3,12; 5,17; 2. Chr 26,21.23; 27,1.6.7.9; Jes 1,1; 7,1; Hos 1,1; Mi 1,1; Mt 1,9
JOTAM 3
1. Chr 2,47

JOTAM (»Jahwe ist [in seiner Zuwendung] ganz«).

1. Jüngster der 70 Söhne Gideons (Jerubbaal) und der einzige Überlebende des Massakers, das von seinem Bruder Abimelech und den Männern von Sichem veranstaltet wurde (Ri 9,5).

Nachdem J. erfahren hatte, daß Abimelech in Sichem zum König ausgerufen worden war, stieg er auf den Berg Garizim und richtete sein Wort an die Männer der Stadt. Er tadelte sie und erzählte ihnen die Fabel von den Bäumen, die einen König über sich wählen wollten: Der Ölbaum, der Feigenbaum und der Weinstock lehnten alle die Königswürde ab, nur der nutzlose Dornbusch nahm sie an (Ri 9,7–15). J.s Auslegung der Fabel drückt seinen Zorn über die Art und Weise aus, mit der das Volk mit Gideon verfahren war. Seine Ansichten über die Monarchie geben den Standpunkt Gideons wieder (Ri 8,23). J. beendete seine Rede mit einem prophetischen Fluch und lief davon, um sein Leben zu retten (Ri 9,21).

2. Der Sohn König Usijas (Asarja) von Juda. Im Alter von 25 Jahren folgte er seinem Vater auf dem Thron. Nach 2. Kön 15,33 und 2. Chr 27 regierte er 16 Jahre (758 – 743 v. Chr.). Diese Zeitspanne beinhaltet wahrscheinlich auch die acht Jahre, in denen er stellvertretend für seinen leprakranken Vater regierte. J., ein Zeitgenosse Jerobeams II. (1. Chr 5,17), besiegte die Ammoniter und zwang sie zu schweren Abgaben (2. Chr 27,5). Er übernahm die Bauprojekte seines Vaters und erweiterte sie bes. im Gebirge Juda (2. Chr 26,6; 27,4): So errichtete er das obere Tempeltor (2. Kön 15,35), baute intensiv an der Mauer des Ofel (2. Chr 27,3) und ließ auch Befestigungswerke auf den bewaldeten Höhen erstellen (2. Chr 27,3.4).

3. Ein Nachkomme Jerachmeels aus dem Stamm Juda.

JOTBA
2. Kön 21,19

JOTBA Ein Dorf in Untergaliläa, etwa 9 km nördlich von Sepphoris, auch Jodephat genannt, heute Khirbet Jefat. Archäolog. Untersuchungen ergaben, daß J. schon in der späten Bronzezeit besiedelt war. In der Mischna wird der Ort zu den befestigten Städten aus der Zeit Josuas gerechnet. Unter dem Namen »Jotapata« befestigte Josephus den Ort, als er die Verteidigung Galiläas gegen die Römer übernahm (*Jüd. Krieg* III, 141–288). Nach einer 47tägigen Belagerung eroberte Vespasian die Festung i. J. 67 n. Chr. (*Jüd. Krieg* III, 316–338).

Khirbet Jefat, mit Jotba identifiziert.

JOTBATA
4. Mose 33,33.34; 5. Mose 10,7

JOTBATA Eine der Stationen der Israeliten auf ihrer Wanderung nach dem Auszug aus Ägypten. J. wird in 4. Mose 33,33.35 zwischen Moserot und Ezjon-Geber erwähnt. In 5. Mose 10,7 wird J. als »ein Land mit Wasserbächen« geschildert, was die Ortsbestimmung sehr erschwert, weil solche Flüsse weder im Sinai noch im Negeb existieren, wo dieser Ort gesucht werden müßte. Manche Forscher suchen J. in der Nähe der Quelle von Ain et-Taba, etwa 32 km nördlich von Ezjon-Geber (Eilat). Andere dagegen schlagen Ain Ghadian vor, einen quellenreichen Ort am nördlichen Zipfel derselben Region. Dort wurde unlängst eine Festung aus dem 12.–11. Jh. v. Chr. entdeckt. Diese Entdeckung verleiht der letztgenannten Lokalisierungsmöglichkeit zusätzliches Gewicht.

JOZADAK
Chr 5,40.41; sr 3,2.8; 5,2; 10,18; Neh 12,26; g 1,1.12.14; 2,2.4; Sach 6,11

JOZADAK (»Ja[hwe] ist gerecht«). Sohn Serajas, des letzten Hohenpriesters vor dem babyl. Exil. Von Nebukadnezar nach Babylonien verschleppt (1. Chr 5,40.41) und dort vermutlich gestorben. Er war der Vater Jeschuas, des ersten Hohenpriesters im nachexil. Tempel (Esr 3,2; Neh 12,26; Hag

1,1.12.14; 2,2.4; Sach 6,11). Sein Name erscheint nicht mehr in der Liste der Rückkehrer mit Serubbabel (Esr 2,2).

JUBAL Der Sohn Lamechs und seiner Frau Ada und der Bruder Jabals. Von ihm stammen »alle Zither- und Flötenspieler« (1. Mose 4,20.21).

JUBAL
1. Mose 4,21;

JUCHAL (»Jahwe ist mächtig«). Ein Oberer Judas z. Zt. Jeremias. Während der Belagerung Jerusalems durch die Chaldäer wurde er von Zedekia, dem König Judas, zum Propheten Jeremia gesandt, um diesen zu bitten, für das Volk zu beten (Jer 37,3). Später war er unter denen, die den König bedrängten, Jeremia zu töten (Jer 38,1–4).

JUCHAL
Jer 37,3; 38,1

Siegelabdruck aus Lachisch, mit der Inschrift „[Gehört] Jehncal [Juchal], Sohn des Yeho[hai]". Frühes 6. Jh. v. Chr. (Israel Museum).

JUDA

1. Der vierte Sohn Jakobs und seiner Frau Lea. Die Bibel leitet seinen Namen von dem Verb »preisen« ab (1. Mose 29,35). Er heiratete die Tochter eines Kanaaniters, die ihm drei Söhne schenkte (1. Mose 38,1–5). Aus einer Affäre J.s mit seiner Schwiegertochter Tamar (1. Mose 38,12–30) gingen Perez und Serach hervor. In den Josefsgeschichten spielt J. als Sprecher der Familie eine gewichtige Rolle (1. Mose 37,26; 43,3.8; 44,16.18; 46,28). Er ist der Stammvater des Stammes J.

Der erste Richter in der Zeit der Eroberung und Besiedlung des Landes war Otniël aus dem Stamm J. (Ri 3,7–11), welcher sich zum bedeutendsten Stamm Süd-Kanaans entwickelte. Vor der Zeit des Königtums wird J. selten erwähnt. Bei der Zählung der Männer Israels für den Heerbann zählte dieser Stamm 74600 Mitglieder (4. Mose 1,27), bei einer späteren Zählung waren es 76500 (4. Mose 26,22). Bei der Besiedlung ihres Stammesgebietes trafen die Mitglieder des Stammes J. auf die Philister. Anfangs behielt J. die Oberhand, schließlich gelang es jedoch den Philistern, ihre Macht über das ganze Hügelland (Schefela) auszudehnen (Ri 15,9–11). Als der Stamm J. seine Expansionsmöglichkeiten im Westen blockiert sah, wandte er sich nach Norden. Er entriß den Jebusitern weite Gebiete und drang gleichzeitig in die urspr. vom Stamm Dan ererbten Gebiete ein. Dazu kam ein Konflikt mit dem Stamm Benjamin, ausgelöst durch die in Ri 19 berichtete Schandtat von Gibea, der zu einem Bruderkampf zwischen Benjamin und seinen zwei Nachbarn, Ephraim im Norden und J. im Süden, führte. J. beteiligte sich energisch am Kampf gegen die Vorherrschaft der Philister, die jetzt beinahe das gesamte Gebirge West-Israels beherrschten (etwa 1050 v. Chr.).

Das Gebiet des Stammes Juda.

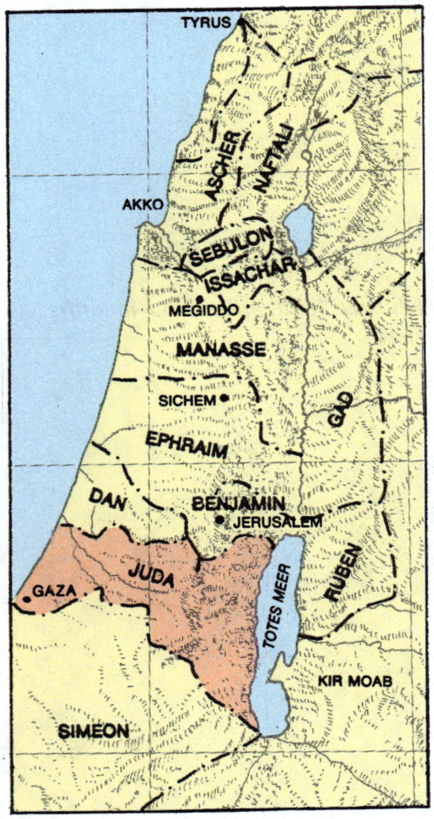

Laut der Aufzeichnung in Jos 15,1–12 umfaßte das Gebiet des Stammes J. einen Teil des Negeb, der Küstenebene, des Hügellandes (Schefela) wie auch des Berglandes von J., der judäischen Wüste, kleinere Gebiete des Jordantals (nördlich des Toten Meeres) und der Araba (südlich des Toten Meeres). Die bedeutende Stellung J.s wird schon im Jakobssegen (1. Mose 49,8–12) festgehalten. Geschichtlich gesehen stammt sie aus dem Königshaus Davids. Mit der Herrschaft von David und Salomo, die diesem Stamm angehörten, erhielt J. eine zentrale Rolle innerhalb des isrl. Stämmeverbandes. Nach der Teilung des Großreichs war das Südreich praktisch gleichbedeutend mit J.; dies kommt in der Bezeichnung »Königreich Juda« (s. JUDA, KÖNIGREICH) zum Ausdruck.

Im NT erscheint der Stamm J. an der Spitze »derer, die versiegelt wurden« (Offb 7,4f.). Der »Löwe aus dem Stamm Juda« (Offb 5,5) weist auf die »Wurzel Davids« in der Verheißungslinie des Messias, die ihre Erfüllung in Jesus Christus gefunden hat.

JUDA 1
1. Mose 29,35; 35,23; 37,26; 38,1.2.6.8.11. 12.15.20.22–24. 26;43,3.8; 44,14 16.18; 46,12.28 49,8–10;
2. Mose 1,2; 31 2; 35,30; 38,22;
4.Mose 1,7.26. 27; 2,3.9; 7,12; 10,14; 13,6; 26, 19.20.22; 34,19
5. Mose 27,12; 33,7;
Jos 7,1.16–18; 14,6; 15,1.12. 13.20.21.63; 18,5.11.14; 19,1.9; 21,4.9;
Ri 1,2–4.8–10. 16–19; 10,9; 15,9–11; 17,7– 18,12; 19,1.2. 18; 20,18;
Rut 1,1.2.7; 4,12;
1. Sam 11,8; 1 4; 17,1.12.52; 18,16; 22,5; 23 3.23; 27,6.10; 30,14.16.26;
2. Sam 1,18; 2 4.7.10.11; 3,8 10; 5,5; 11,11 12,8; 19,12. 15–16.41–44; 20,2.4.5; 21,2 24,1.7.9;
1. Kön 1,9.35 2,32; 4,20; 9,
1. Chr 2,1.3.4 10; 4,1.21.27 2.17.41; 12,1 25; 13,6; 21,5 27,18; 28,4;
2. Chr 2,6; 10
Ps 68,28; 78, 108,9;
Mt 1,2.3;
Lk 3,33;
Hebr 7, 14;
Offb 5,5; 7,5

2. Der Sohn eines Josef und Vater eines Simeon im Stammbaum Jesu bei Lukas (Lk 3,30).

JUDA 2
Lk 3,30

3. Ein Levit, der unter Esra seine heidnische Frau verstieß.

JUDA 3
Esr 10,23

4. Ein Mann aus dem Stamm Benjamin, der nach der Rückkehr aus dem babyl. Exil in Jerusalem lebte.

JUDA 4
Neh 11,9

5. Einer der Leviten, die mit Serubbabel aus dem Exil zurückkehrten.

JUDA 5
Neh 12,8

6. Ein Führer des Stammes Juda z. Zt. der Einweihung der Stadtmauer Jerusalems durch Nehemia (Neh 12,34).

JUDA 6
Neh 12,34

7. Ein Priester und Musiker, der bei der Einweihung der Stadtmauer Jerusalems mitwirkte.

JUDA 7
Neh 12,36

Das Königreich Juda.

(rechts) Blick auf das Dorf Bet Sahur mit dem Hügel der Festung Herodion am Horizont, an der Grenze der Wüste von Judäa.
(unten) Siegelabdruck auf einem Krughenkel, beschriftet: »Dem König von Hebron«; 8.–7. Jh. v. Chr. (Israelische Regierungsabteilung für Altertümer und Museen).
(mitte) Tonkrug mit der Inschrift »dem König von Hebron« auf den Henkeln; 8.–7. Jh. v. Chr. (Isrl. Regierungsabteilung für Altertümer und Museen).

JUDA, KÖNIGREICH VON Das südliche der beiden Königreiche, die nach Salomos Tod aus dem vereinigten Davidsreich hervorgingen. Der erste König Judas wurde Rehabeam, der zunächst als Salomos Sohn und Nachfolger den Davidsthron des vereinigten Reiches bestieg. Von Anfang an hatte Rehabeam aber im Volke nicht die Popularität seines Vaters und Großvaters. Entsprechend dem Verfahren bei Davids Thronbesteigung mußte der König von ganz Israel gewählt werden. Nach seiner Krönung wurde Rehabeam von dem ganzen Volk durch dessen Sprecher Jerobeam gebeten, die Steuerlast, die Salomo auf sie gelegt hatte, zu mildern. Die trotzige Absage Rehabeams führte zum Aufstand und zur Trennung. Jerobeam, aus dem Exil zurückgekehrt, wurde in Sichem zum König des Nordreiches ausgerufen (1. Kön 12,2.3.20). Diese Teilung der vereinigten Königreiche war Jerobeam vom Propheten Ahija von Silo bereits angesagt (1. Kön 11,29–36) und mit dem Glaubensverfall in der Spätzeit Salomos begründet worden. Nach dieser Weissagung sollte aber um der göttlichen Davidsverheißung willen (2. Sam 7) die Stadt Jerusalem mit dem Tempel des HERRN als Mittelpunkt eines eigenen Königreichs – des Südreichs, bestehend aus dem Stammesgebiet J. und Benjamin und Teilen von Simeon – erhalten bleiben. Urspr. war dem »Löwen aus dem Stamm Juda« eine führende Rolle unter allen Stämmen zugedacht worden (1. Mose 49,9.10). So wurde David im Auftrag Gottes zum König des Gesamtvolkes gesalbt. In dem Inthronisationspsalm 110 wird er sogar bevollmächtigt, königlich und priesterlich die Gottesherrschaft auszurufen – und zwar im Vorausblick auf den Messias, der das Reich Gottes vollendet (Mt 22,44; 26,64).

Die Teilung des Reiches hatte die schwerwiegenden Folgen, die in 1. Kön 12–22; 2. Kön 1–15 und 2. Chr 10–36 dargestellt sind, wobei 2. Chr das Nordreich fast ignoriert. Die bibl. Geschichtsschreibung der Königsbücher nennt den Grund für den fortschreitenden inneren und äußeren Verfall: Gott wurde nicht mehr ernstgenommen. Der Auftrag, Gottes Volk in dieser Welt zu sein, wurde aufgegeben. Statt dessen gerieten J. wie Israel in immer größere Abhängigkeit der Weltmächte, ihrer Kulturen und ihrer Götter. Von Anfang an zeichneten sich folgende Krisenpunkte ab:

a) J. wurde in *Machtkämpfe* verwickelt. Es kam zu dauernden rivalisierenden Auseinandersetzungen der getrennten Reiche. Die Großmächte Ägypten und Assyrien nutzten diese Situation zu Plünderungen – sogar der Tempelschätze – und zu Tributforderungen. Gelegentliche Grenzabsicherungen und Festungsbauten (2. Chr 11,5–12) oder Aufrüstungsmaßnahmen (2. Chr 14,5–7; 26,9ff.) halfen nur vorübergehend. Auch innere Machtkämpfe vergifteten die Lage. Joram z. B. brachte seinen Bruder und die Würdenträger um (2. Chr 21,4). Sein Sohn Ahasja wurde von Jehu ermordet (2. Chr 22,6–9). Kaum ein Herrscher starb eines natürlichen Todes.

JUDA, KÖNIGREICH VON
1. Kön 12,17.20.21.23.27.32; 13,1.12.14.21; 14,21.22.29; 15,1.7.9.17.22.23.25.28.33; 16,8.10.15.23.29;
2. Kön 9,16.21.27.29; 10,13; 12,19–20; 13,1.10.12; 14,1.9–13.15.17.18.21–23; 15,1.6.8.13.17.23.27.32.36.37; 16,1.6.19; 17,1.13.18.19; 18,1.5.13.14.16.22; 19,10.30; 20,20; 21,11.12.16.17.25; 22,13.16.18;23,1.2.5.8.11.12.17.22.24.26–28; 24,2.3.5.12.20; 25,21.22.27;
1. Chr 4,41; 5,17; 9,1.3.4;
2. Chr 9,11; 11,1.3.5.10.12.14.17.23; 12,4.5.12; 13,1.13–16.18; 14,4–7.11.12; 15,2.8.9.15; 16,1.6.7.11; 17,2.5–7.9.10.12–14.19; 18,3.9.28; 19,1.5.11; 20,3–5.13.15.1 18.20.22.24.27 31.35; 21,3.8.10–13.17; 22,1.6.8.10; 23,2.8; 24,5.6.9.17.18.23; 25,5.10 12.13.17–19.21–23.25.26; 26,1.2; 27,7; 28,6.9.10.17–

25.26; 29,8.21;
30,1.6.12.24.25;
31,1.6.20;
32,1.8.9.12.23.
25.32.33;
33,9.14.16;
34,3.5.9.11.21.
24.26.29.30;
35,18.21.24.27;
36,4.8.10.23;
Esr 1,2.3.5.8;
2,1; 4,1.6; 5,1;
7,14; 9,9;
10,7.9;
Neh 1,2;
2,5.7; 5,14;
6,7.17.18; 7,6;
12,44;
13,12.15–17;
Est 2,6;
Ps 48,12; 60,9;
69,36; 76,2;
97,8; 114,2;
Spr 25,1;
Jes 1,1; 2,1;
3,1.8; 5,3.7;
7,1.6.17; 8,8;
9,20; 11,12.13;
19,17; 22,8.21;
26,1; 36,1.7;
37,10.31; 38,9;
40,9; 44,26;
48,1; 65,9;
'er 1,2.3.15.18;
2,28;
3,7.8.10.11.18;
4,3–5.16;
5,11.20;
7,2.17.30.34;
8,1; 9,10.25;
0,22; 11,2.6.9.
10.12.13.17;
12,14;
13,9.11.19;
14,2.19; 15,4;
17,1.19.20.25.
26; 18,11;
19,3.4.7.13;
20,4.5;
2,1.2.6.11.18.
24.30; 23,6;
24,1.5.8;
25,1–3.18;
,1.2.10.18.19;
,1.3.12.18.20.
; 28,1.4; 29,2.
3.22; 30,3.4;
,23.24.27.31;
32,1–4.30.32.
35.44; 33,4.7.
10.13.14.16;
34,2.4.6.7.19.
1.22; 35,1.13.
17; 36,1–3.9.
28–32; 37,
1.7; 38,22;
39,1.4.6.10;
1.5.11.12.15;
42,15.19;
43,4.5.9;
4,2.6.7.9.11.
14.17.21.24.
26–28.30;
45,1; 46,2;
49,34;
50,4.20.33;
51,5.59;
2,3.10.27.31;
Klgl 1,3.15;

Blick auf die hügelige Hebron-Region in Judäa.

b) J. trieb eine *Bündnispolitik*. Diese Anlehnung an fremde Mächte wirkte sich nachteilig auf das religiöse Leben aus. Man machte Zugeständnisse an die heidnischen Kulte und übernahm den Götzendienst ohne Bedenken. So gewann Asa mit Geld den Syrerkönig Ben Hadad (1. Kön 15,16ff.; 2. Chr 16). Joram verbündete sich mit den syr. Königen gegen Salmanasser III. Ahas, von Israel und Aram im syr.-ephraimitischen Krieg (734–733 v. Chr.) bedrängt, suchte die Unterstützung Assyriens (2. Kön 16,7.8) und wurde tributpflichtig; damals hatte der Prophet Jesaja zuvor eindrücklich auf Gottes Bund verwiesen (Jes 7,1–9): »Glaubet ihr nicht, so bleibet ihr nicht.« Der Glaubensmangel führte in die Abhängigkeit der Weltmacht. Um so mehr richtete der Prophet seine Hoffnung auf Ahas' Nachfolger Hiskia. Dieser erstrebte wieder eine innere und äußere Freiheit. Der Gottesdienst wurde nun von fremden Elementen gereinigt (2. Chr 29,3), das Passafest wieder eingeführt (2. Chr 30–31,1). Es kam zur entscheidenden Glaubensprobe, als nach dem Tode des Assyrerkönigs Sargon II. (705 v. Chr.) Juda sich dem antiassyr. Aufstand anschloß (2. Kön 20,12). Dieser wurde trotz ägypt. Unterstützung niedergeworfen (701 v. Chr.). Jerusalem wurde erneut tributpflichtig und von Sanherib belagert. In einer assyr. Inschrift heißt es, Hiskia sei »eingeschlossen wie ein Vogel im Käfig«. Jesaja bestärkte aber Hiskia, im Gebet standzuhalten und sich nicht zu ergeben (2.Kön 18,13–19,37; Jes 36f.).

Anbauterrassen in Judäa.

Der Name der Provinz »Jehud« auf einer in Jerusalem geprägten Münze aus dem 4. Jh. v. Chr.

Dann kam die unerwartete Wende: Eine Katastrophe traf Sanheribs Heer, und er zog sich plötzlich von Jerusalem zurück.

c) *Wirtschaftliche Erfolge* und ein gewisser Wohlstand täuschten über den schleichenden Verfall hinweg. Unter Josaphat wurden die Kupferminen von Araba erschlossen und eine Handelsflotte im Roten Meer erbaut, die allerdings bei der ersten Ausfahrt zerschellte. Der Verlust der Handelsbeziehungen im Negeb unter Joram (2. Kön 8,20–22) und feindliche Einfälle machten alles zunichte (2. Chr 21,16.17). Erst unter Usija konnte Elat, der Negeb und somit die Handelsroute nach Ägypten zurückgewonnen werden (2. Kön 14,22; 2. Chr 26,2). In seinem Hochmut maßte Usija sich jedoch Priesterrechte an und wurde dafür von Gott mit Lepra gezeichnet (2. Chr 26,16–21). Ein Grabstein, der am Abhang des Ölbergs gefunden wurde, dokumentiert, daß er als Aussätziger außerhalb der Stadt begraben wurde (2. Chr 26,23).

d) Die *geistige und religiöse Überfremdung* ließ sich auch durch mehrfache Reinigungs- und Reformbemühungen nicht aufhalten.

Asa ließ das Ascherabild zerstören und hob, unterstützt von dem Propheten Asarja, den heidnischen Kult auf (1. Kön 15,12.13; 2. Chr 15,8). Dennoch blieben die Opferhöhen auf dem Land bestehen, die dem zentralen Tempeldienst in Jerusalem entgegenstanden. *Joasch* ließ bei seinem Regierungsantritt den Tempel Baals, dessen Altäre und Bilder vernichten (2. Kön 11,17–20) und den Jerusalemer Tempel ausbessern (2. Kön 12). Von den Aramäern bedrängt, löste er sich jedoch mit den Tempelschätzen aus (2. Kön 12, 18.19; 2. Chr 24,23.24) und wurde dann wegen seiner Blutschuld an Secharja von seinen Hofdienern umgebracht (2. Chr 24,17–22.25–26).

2,2.5; 5,11; Hes 4,6; 8,1.17; 9,9; 21,25; 25,3.8.12; 27,17; 37,16.19; 48,7.8.22.31; Dan 1,1.2.6; 2,25; 5,13; 6,14; 9,7; Hos 1,7; 4,15; 5,5.10.12–14; 6,4.11; 8,14; 10,11; 12,1.3; Joel 4,1.6. 8.18–20; Am 1,1; 2,4. 5; 7,12; Obd V. 12; Mi 1,5.9; 5,1; Nah 2,1; Zef 1,1.4; 2,7; Hag 1,1.14; 2,2.21; Sach 1,12; 2,16; 8,13.15.19; 9,7.13; 10,3. 6; 11,14; 12,2.4–7; 14,5.14.21; Mal 2,11; 3,4; Mt 2,6; Hebr 8,8;

Hügellandschaft in Judäa.

Stein mit Verzierung (Dreiecke), unter den Überresten des Bauwerkes gefunden. Möglicherweise war der Stein ein Teil der Palast-Dekoration.

(links) Überreste eines königlichen Bauwerkes oder Palastes aus dem Königreich Juda, in Ramat-Rachel, nahe Jerusalem. 8.–6. Jh. v. Chr.

Wie unter *Ahas* (2. Chr 28,24f.) Zugeständnisse an heidnische Götzendienste gemacht wurden, so hat auch *Manasse* heidnische Opferbräuche, auch Kinderopfer zugelassen (2. Kön 21,1–9; 2. Chr 33,2–9). Er ließ seine Söhne im Hinnomtal »durchs Feuer gehen«. Ein erfolgloser assyr. Vorstoß nach Ägypten, innerassyr. Unruhen und die polit. Bedrohung Assyriens durch die anrückenden Meder verleiteten Manasse zum Aufstand gegen Assyrien. Als Gefangener Assurs wurde er nach Babel deportiert, dann wieder nach Jerusalem zurückgebracht, wo er noch einige Zeit als Schattenkönig den Thron innehatte. Nach einer kurzen Regentschaft seines Sohnes Amon setzte das »Volk des Landes« den achtjährigen Enkel *Josia* auf den Thron (2. Chr 33,25).

Die veränderte weltpolit. Lage (Vorstöße der Meder und Skythen; Wiedererstarken Ägyptens; drohender Untergang Ninives) machte es Josia möglich, mit der wiedergewonnenen Unabhängigkeit eine religiöse Reform zu verbinden (2. Kön 22–23; 2. Chr 34). Der Prophet Jeremia stand ihm zur Seite. Im 18. Regierungsjahr (622 v. Chr.) befahl Josia die Instandsetzung des Tempels; dabei wurde das »Buch des Gesetzes« vom Hohenpriester Hilkija gefunden. Dieses wird allg. als das Deuteronomium (5. Buch Mose) angesehen. Ein Landesbußtag wurde ausgeschrieben. Es kam zur Erneuerung des Bundesschlusses mit Gott (2. Kön 22,11–23,3ff.; 2. Chr 34,18–33).

Durch den Fall Ninives (612 v. Chr.) und das Vordringen der Babylonier veränderte sich schlagartig die weltpolit. Lage. Josia wurde an der Vollendung der Reform gehindert und fiel in der Schlacht von Megiddo (609 v. Chr.). Er wollte sich Pharao Necho II. entgegenstellen, der sich mit den geschlagenen Truppen Assyriens verbinden und gegen die aufkommende Macht Neu-Babyloniens wenden wollte. Damit fand auch der letzte ernsthafte geistige Aufbruch von J. ein jähes Ende. In der Folgezeit wurden die Könige Joahas und Jojakim als Vasallen der jeweils siegreichen Macht, also Ägyptens bzw. Babyloniens eingesetzt. Gottesglaube und Recht verfielen vollends. Der Dienst der heidnischen »Himmelskönigin« wurde öffentlich zelebriert. Gleichzeitig berief man sich zur Beruhigung des Gewissens auf die Garantie des Tempels (Jer 7). Jeremias Mahnung, sich nicht polit. oder religiös an fremde Mächte zu binden, wurde in den Wind geschlagen; vielmehr wurde er zum Miesmacher gestempelt und später verhaftet und während der Belagerung in einen Brunnen geworfen. Ein afrikanischer Eunuch, Ebed Melech, hat ihn gerettet. Jojakim starb, von Ägypten aufgegeben (2. Kön 24,7). Sein Sohn Jojachin wurde mit den führenden Schichten Jerusalems nach der ersten Eroberung der Stadt 597 v. Chr. nach Babel verschleppt (2. Kön 24,10–16). *Zedekia* (Josias Sohn und Jojachins Onkel) wurde von Nebukadnezar als König eingesetzt. Nach politischem Wechselspiel war das Schicksal J.s besiegelt. Eine anderthalbjährige Belagerung Jerusalems endete mit der endgültigen Eroberung und völligen Zerstörung der Stadt und des Tempels (586 v. Chr.). Der von Nebukadnezar zum Statthalter eingesetzte Gedalja wurde schon bald ermordet (2. Kön 25,22–26; Jer 41). Aus Angst vor der Vergeltung Nebukadnezars flohen die Mörder gegen den Rat Jeremias und verschleppten den Propheten mit nach Ägypten (Jer 42,1–43,7). Das Gebiet J. wurde dem babyl. Reich als Provinz eingegliedert.

Jeremia hatte schon einige Jahre zuvor in einem Brief (Jer 29) Verbindung mit den Gefangenen in Babylon aufgenommen und sie vor der Illusion einer baldigen Rückkehr und Wiederherstellung der alten Verhältnisse gewarnt. Um so mehr klammerten sich die Gefangenen J.s, nachdem sie den Tempel verloren hatten, an die Weisungen und Verheißungen des Propheten.

Es ist ein Erweis der Bundestreue Gottes, daß er in der Zeit des Verfalls und Glaubensabfalls immer wieder Propheten schickte, die das Volk zur Umkehr riefen, so *Amos* (760 v. Chr.) aus Tekoa bei Bethlehem, der im Nordreich wirkte. Unter den Propheten des Südreichs sind zu nennen: *Jesaja* (740–699), *Micha* (um 730), *Nahum* (660) und *Jeremia* (626–580). Unter den Gefangenen in Babylon trat *Hesekiel*, auf (592–570). Bes. waren es die Worte Jesajas, die die Exilgemeinde trösteten und auf den Heiland verwiesen, der alle Schuld auf sich nahm, damit sie Frieden hätten und durch seine Wunden geheilt seien (Jes 53).

Der siegreiche Perserkönig Kyrus beendete die babyl. Gefangenschaft (538 v. Chr.) und setzte Scheschbazar, den »Fürsten Judas«, zum Landpfleger in Jerusalem ein (Esr 1,8; 5,14). Er übergab ihm die heiligen Gefäße für den neu zu erbauenden Tempel. Scheschbazar ist wohl identisch mit Serubbabel (»in Babel geboren«), der zus. mit dem Priester Jeschua die Verbannten zurückführte (Esr 2,2; Neh 7,7) und den Tempelbau begann (Esr 3,8; 5,2; Sach 4,6ff.). Er entstammte dem davidischen Geschlecht. Offenbar war man an der Anknüpfung an das Königtum Davids bzw. Judas interessiert. In dem Auftrag der beiden Führer Jeschua und Serubbabel deutet sich die Erwartung eines priesterlichen wie auch eines davidisch-königl. Messias an – »nach der Weise Melchisedeks« (Ps 110,4). Das Königtum in J. war nach Gottes Bestimmung nur ein Vorschatten des kommenden messianischen Gottesreiches.

S. auch die Artikel zu den einzelnen Königen.

KÖNIGREICH VON JUDA – KÖNIGE

v. Chr.	
926–910	Rehabeam
910–908	Abija
908–868	Asa
868–851	Joschafat
851–845	Joram
845	Ahasja
845–840	Atalja
840–801	Joasch
801–773	Amazja
773–735	Asarja (Usija)
757–742	Jotam
742–726	Ahas
725–697	Hiskia
696–642	Manasse
641–640	Amon
639–609	Josia
609	Joahas
608–598	Jojakim
598	Jojachin
597–587	Zedekia

Blick auf die Wüste von Judäa, Teil des einstigen Südreiches Juda.

JUDÄA
Mt 2,1.5.22;
3,1.5; 4,25; 19,1;
24,16;
Mk 3,7; 10,1;
13,14;
Lk 1,5.65;
2,4; 3,1; 5,17;
6,17; 7,17;
21,21; 23,5;
Joh 3,22;
4,3.47.54; 7,1.3;
11,7;
Apg 1,8; 2,9;
8,1; 9,31; 10,37;
11,1.29; 12,19;
15,1; 21,10;
26,20; 28,21;
Röm 15,31;
2. Kor 1,16;
Gal 1,22;
1. Thess 2,14

JUDÄA (lat. »Das Jüdische Land«). Zur Römerzeit der Name des Gebiets, das etwa dem alten Königreich Juda entsprach. Es bildete zus. mit Samaria und Idumäa, später (44 n. Chr.) auch mit Galiläa, eine röm. Provinz bzw. Prokuratur, die einem Statthalter unterstellt war. 37 v. Chr. – 6 n. Chr. und 41–44 n. Chr. unter der Herrschaft der herodian. Dynastie. In den Ev.n wird der Ausdruck »Judäa« im engeren geograph. Sinne verwendet (J. = Juda) (vgl. auch Apg 1,8), in den Briefen des Paulus meint er alle jüd. Gebiete, d. h. ganz Palästina.

JUDAS 1
Mt 10,4;
26,14.25.47;
27,3;
Mk 3,19;
14,10.43;
Lk 6,16;
22,3.47–48;
Joh 6,71; 12,4;
13,2.26.29;
18,2–3.5;
Apg1,16.25
JUDAS 2
Mt 13,55;
Mk 6,3

JUDAS (»Lobpreis«).

1. Judas Iskariot (»Mann aus Kerijot«), der Sohn eines Simon (Joh 6,71; 13,26) und einer der zwölf Jünger Jesu (Mt 10,4; Mk 3,19; Lk 6,16). Als Schatzmeister des Zwölferkreises bezeichnete er es als Geldverschwendung, daß Maria die Füße Jesu mit einem kostbaren Öl salbte (Joh 12,4–6; 13,29). Offenbar kam es vor, daß er Gelder veruntreute (Joh 12,6).

Als Jesus und seine Jünger zum Passafest nach Jerusalem gekommen waren, »fuhr der Satan in Judas« (Lk 22,3); er bot den Hohenpriestern an, ihnen für 30 Silberstücke Jesus in die Hände zu liefern (Mt 26,14–15; vgl. Sach 11,12–13). Beim Abendmahl sagte Jesus den Verrat des J. voraus (Mt 26,23–25; Joh 13,21–30), der dann im Garten Gethsemane geschah (Mt 26,47 ff. par.).

Nach der Verhaftung Jesu wurde J. von Reue gepackt, brachte das Geld zurück und erhängte sich (Mt 27,3–5). Die Hohenpriester kauften von dem Geld ein Stück Land, welches »Blutacker« (*Hakeldamach*) genannt wurde. Apg 1,16–18 beschreibt den Selbstmord des J. mit makabrer Genauigkeit.

2. Ein Bruder Jesu.

3. Der Sohn des Jakobus, einer der zwölf Apostel Jesu (Lk 6,16). Einige Ausleger vermuteten in ihm den Verfasser des Judasbriefes (vgl. JUDAS, DER BRIEF DES), obwohl letzterer sich selbst als einen Bruder des Jakobus bezeichnete.

Die sog. Judäa capta – Münze mit einem römischen Soldaten neben einer Dattelpalme (die Palme war ein geläufiges Symbol für Judäa). Der Soldat bewacht eine weinende Frau, die auf einem Haufen von Waffen sitzt. Die Inschrift lautet: »Judaea capta« (das eroberte Judäa).

Die Grotte des Verrats am Fuße des Ölbergs, die in der Tradition als die Stelle gilt, an der Judas Iskariot Jesus durch einen Kuß verriet.

4. Judas der Galiläer, Anführer einer fehlgeschlagenen Revolte gegen die Römer »in den Tagen der Volkszählung«. Die Geschichte seines Aufstandes wird detailliert von dem Historiker Josephus erzählt (*Jüd. Altertümer* XVIII, 271 ff.; *Jüd. Krieg* II, 56), und er wird als der Gründer der extremen jüd.-nationalen Bewegung der Sicarii angesehen.

Als die Apostel sich vor dem Hohen Rat verantworten mußten, riet der Schriftgelehrte Gamaliel dazu, sie freizulassen, da ihre Bewegung, wenn sie nicht von Gott sei, von allein untergehen würde; als Beispiel einer solchen gescheiterten Bewegung zitierte er dabei J. den Galiläer (Apg 5,37–39).

5. Judas von Damaskus. In seinem Haus in der »geraden Straße« hielt sich Paulus (Saulus) unmittelbar nach seiner Bekehrung auf.

6. Siehe BARSABBAS (2).

JUDAS 3 Lk 6,16; Joh 14,22; Apg 1,13
JUDAS 4 Apg 5,37
JUDAS 5 Apg 9,11
JUDAS 6 Apg 15,22.27.32

JUDAS, DER BRIEF DES Der Verfasser dieses Briefes bezeichnet sich in V. 1 als »Bruder des Jakobus«; dies ist verschieden ausgelegt worden. Die Tatsache, daß in den Apostelkatalogen des Lukas (Lk 6,16; Apg 1,13) als einer der Zwölf »Judas, der Sohn des Jakobus« genannt wird, ließ manche Ausleger diesen Apostel mit dem Verfasser des Judasbriefs gleichsetzen (vgl. JUDAS (3)).

Man kann jedoch in dem Verfasser auch einen der Brüder Jesu (vgl. JUDAS (2)) sehen (Mt 13,55; Mk 6,3); dann wäre der in Jud 1 erwähnte Jakobus der »Herrenbruder« (Gal 1,19; s. JAKOBUS (3)). Für diese These spräche, daß J. sich offenbar nicht zu den Aposteln zählte (Jud 17). Wie die anderen Brüder Jesu auch, glaubte er zunächst nicht an ihn (Joh 7,5; Apg 1,14). Wahrscheinlich war er verheiratet und verkündigte als Missionar das Evangelium (1. Kor 9,5). Endgültig entscheiden läßt sich die Verfasserfrage aus dem Brief selbst nicht; bemerkenswert bleibt aber, daß der Briefschreiber für sich den bescheidenen Titel »Bruder des Jakobus« wählt und seine Beziehung zu Jesus lediglich durch die Angabe »Knecht Jesu Christi« anzeigt (Jud 1).

Im ntl. Kanon zählt Jud zu den »katholischen« (»allgemeinen«, d.h. an keine bestimmte Gemeinde gerichteten) Briefen. Die erste klare Erwähnung des Briefes findet sich im späten 2. Jh. bei Clemens von Alexandrien. Aus dem Brief selbst ist bezüglich seiner Entstehungszeit nur zu entnehmen, daß er auf die Zeit der Apostel und ihr bereits schriftlich vorliegendes Wort zurückblickt (V. 17: »erinnert euch«) und also in die erste nachapostol. Generation gehört (wohl Ende des 1. Jh. n. Chr.). Diese Datierung paßt gut zu der auffälligen Ähnlichkeit des Briefes mit 2. Petr 2; man nimmt dabei allg. an, daß Petrus den Judasbrief benutzt hat. Obwohl Kirchenlehrer wie Clemens von Alexandrien und Tertullian die Kanonizität des Judasbriefes anerkannten, erfolgte seine Aufnahme in den Kanon nur zögernd (vgl. auch KANON).

Inhaltlich ist der Brief eine scharfe Kampfschrift gegen bestimmte Irrlehren, die im Laufe der Zeit in die (hell.?) Christengemeinden eingedrungen waren. Offensichtlich handelte es sich um scheinchristl. Gnostiker, die einem massiven Libertinismus huldigten (V. 4.7.12.16). Anknüpfend an die gnostische Idee vom »Geistesmenschen« lehrten sie, daß der irdische Lebenswandel des Christen belanglos sei; für sie war der Leib unwichtig – so unwichtig, daß es egal war, wie man mit ihm umging. Der Judasbrief stellte diese Irrlehrer in eine Reihe mit frühen Beispielen wie Sodom und Gomorra, Kain, Bileam und Korach, ja mit den gefallenen Engeln und dem Teufel selbst. Der Brief verweist auf das AT, auf die Lehre der Apostel, aber auch auf apokryphe Literatur (V. 9: Himmelfahrt Moses; V. 14–15: 1. Buch Henoch).

Die bleibende Bedeutung dieses unscheinbaren Briefes liegt in seiner Predigt über das rechte Verhältnis zwischen Leiblichkeit und geistlicher Zucht. So sehr das leibliche Leben eine Schöpfergabe Gottes ist, so gewiß gibt es auch eine exzessive Art der Lebens- und Leibesbejahung. An der Heiligung, dem rechten Lebensstil des Christen haben Geist *und* Leib teil (V. 3.17–20; vgl. 1. Kor 6,12–20; 1. Thess 5,23).

INHALTSÜBERSICHT

V. 1–2	Gruß und Einleitung
V. 3–19	Warnung vor gottlosen Gemeindegliedern
V. 20–23	Ermahnung der Gläubigen
V. 24–25	Doxologie (Lobpreis) und Briefschluß

JUDE, JUDEN, JÜDISCH
Esr 4,12.23; 5,1.5; 6,7–8.14; Neh 1,2; 2,16; 4,6; 5,1.8.17; 6,6; 13,23; Est 2,5; 3,4.6.10.13; 4,3.7.13–14.16; 5,13; 6,10.13; 8,1.7–9.11.13. 16–17; 9,1–3. 5–6.10.12–13. 15–16.18–20. 22–25.27–31; 10,3; Dan 3,8.12; Sach 8,23; Mt 2,2; 27,11. 29.37; 28,15; Mk 7,3; 15,2. 9.12.18.26; Lk 7,3; 23,3. 37–38.51; Joh 1,19; 2,13. 18.20; 3,1.25; 4,9.22; 5,1.10. 15–16.18; 6,4. 41.52; 7,1–2. 11.13.15.35; 8,22.31.48.52. 57; 9,18.22; 0,19.24.31.33; 11,8.19.31.33. 36.45.54–55; 2,9.11; 13,33; 8,12.14.20.31. .35–36.38–39; 19,3.7.12.14. 19–21.31.38. 40.42; 20,19; Apg 2,5.11; 9,22–23; 10,22.28.39; 1,19;12,3.11; 5–6.43.45.50; 4,1–2.4–5.19; 16,1.3.20; 1.5.10.13.17; ,2.4–5.12.14. 19.24.28; 19,10.13–14. . 17.33–34; 20,3.19.21; 21,11.20–21. 7.39; 22,3.12. 23,12.20.27; 5.9.19.24.27; 2.7–10.15.24; 26,2–4.7.21; 28,17.19.29; Röm 1,16; 2, 10.17.28–29;

JUDE, JUDEN, JÜDISCH Bezeichnung einer Volkszugehörigkeit, die im AT und NT verschiedentlich gebraucht wird. Jakobs Frau Lea nannte ihren vierten Sohn Juda und sagte: »Nun will ich dem HERRN danken« (1. Mose 29,35). Die Sippe bzw. der Stamm der Nachkommen Judas hieß nach seinem Namen und ebenso das geograph. Gebiet, das der Stamm nach der Landnahme unter Josua einnahm. Im Zuge der allmählichen Aufspaltung des Landes in Nord und Süd erhielt das gesamte südliche Gebiet mit Benjamin und Juda den Namen Juda (vgl. 2. Sam 5,5; 1. Kön 12,21 ff.). Später wurden die Bewohner dieses Landesteiles *jehudim* genannt, »Leute von Juda«, »Judäer«, »Juden« (vgl. 2. Kön 16,6; 25,25). Zu den wichtigen Belegstellen für diesen Namen gehören die Erzählteile gegen Ende des Jeremiabuches (34,9; 40,11.15; 44,1). In der Regel gebraucht das AT in seinen späteren Schriften (Esr, Neh, Est, Dan 3 und Sach 8) die Bezeichnung »Jude« entweder als Formulierung aus dem Munde von Nichtjuden oder für außerhalb des Landes Israels wohnende Juden (Est 9,15–19 etc.; Dan 3,8.12; Sach 8,23). Die Juden innerhalb des Landes wählten den Namen »Israel« (wie Esra nach seiner Rückkehr aus dem Exil). In Mk 15,26 wird Jesus von den Römern als »König der Juden« tituliert, während er nach Mk 15,32 von den Hohenpriestern und Schriftgelehrten als »König von Israel« verspottet wird.

Z. Zt. des NT war die Bezeichnung »Jude« allg. gebräuchlich und begegnet uns von daher im NT weitaus häufiger als im AT. Bemerkenswert ist der Gebrauch des Wortes im Johannesev. *Ioudaios* (»Jude«) erscheint bei Johannes 71mal, bei den Synoptikern dagegen insgesamt nur 16mal. Zuweilen dient für Johannes die Bezeichnung »Juden« zur Unterscheidung von den Galiläern (Joh 7,1; 11,7 ff. 54; 18,36); an anderen Stellen ist sie ein Ersatzwort für »Pharisäer« (so Joh 8,13.33; 9,13.18); häufig bezeichnet Johannes mit ihr Leute in höheren Stellungen, Autoritätspersonen (vgl. 18,14 mit 11,47–50; bes. Kap. 7–8). Paulus benutzt in Röm 2,28–29 das Wort »Jude« in einem rein theol. Sinne, wenn er sagt, der wahre Jude sei am Herzen und nicht nur äußerlich beschnitten. Einen ähnlich ungewöhnlichen Sprachgebrauch hat Offb 2,9; 3,9, wo von denen gesprochen wird, »die sagen, sie seien Juden, und sind's nicht«. Hier stehen also fanatisierte Gegner der christl. Gemeinde im Blickfeld, die jüd. Herkunft sind, sich aber als Feinde des Israels Gottes (Gal 6,15.16) erwiesen haben und darum den Ehrennamen »Juden« nicht mehr verdienen.

JUDENGENOSSEN Siehe PROSELYTEN.

JUDIT, DAS BUCH Ein Buch der atl. Apokryphen aus der pers. Zeit (nach dem babyl. Exil), das wahrscheinlich in der hasmon. Periode überarbeitet wurde. Es war urspr. auf Hebr. verfaßt, ist aber nur in vier griech. Versionen erhalten. Das Buch fand Aufnahme in die LXX und den Bibelkanon der röm.-kath. und der orthodoxen Kirchen; nach protestant. Tradition zählt es zu den Apokryphen (s. APOKRYPHEN).

Die Geschichte beschreibt die Krise Israels, nachdem Nebukadnezar seinen östlichen Feind Arphaxad (Kap. 1,6) bezwungen hat: Nebukadnezar gibt seinem Heerführer Holofernes den Auftrag, das Land im Westen, das ihm Kriegshilfe versagt hatte, zu erobern (2,4–6). Die Israeliten bereiten sich auf den Widerstand vor und suchen durch Fasten, Beten und Klagen die Hilfe Gottes (Kap. 4). Bei Erscheinen des Feindes befällt sie große Angst, und sie rufen zu Gott (7,4.19.20). Der Wendepunkt kommt in der Gestalt

Judits (Kap. 8), einer jüd. Witwe, die als klug, schön und gottesfürchtig beschrieben wird. Nach einem Gebet zu Gott, er möge zeigen, daß er und nicht »das Heer der Assyrer« (9,5) Gott sei (9,2–15), geht sie in das Zelt des Holofernes, wo es ihr dank ihrer Schönheit gelingt, diesen zu verführen und betrunken zu machen (Kap. 11–12)und dann mit seinem eigenen Schwert zu enthaupten (13, 7–9). Sie kehrt zu den Ihren zurück, und die Assyrer fliehen in Panik (Kap. 14–15). Das Buch schließt mit J.s Danklied, das betont, daß Gott durch die Hand einer Frau (16,7) den Kampf gewonnen hat (16,3) und unbesiegbar ist (16,16).

3,1.9.29; 9, 24; 10,12; 1. Kor 1,22–24; 9,20; 10,32; 12,13; 2. Kor 11,24; Gal 2,13–15; 3,28; Kol 3,11; 1.Thess 2,14; Tit 1,14; Offb 2,9; 3,9

JUDENGENOSSE
Mt 23,15; Apg 2,11; 6,5; 13,43

Am Rande der blutigen Geschehnisse spiegelt das Buch zahlreiche jüd. Gebräuche jener Zeit wider. J. selbst wird als eine fromme, reiche Frau

Bebilderte hebräische Handschrift aus der Rothschildsammlung, Italien um 1470; Judas Makkabäus steht links, rechts hält Judit den Kopf des Holofernes. (Israel Museum).

beschrieben, die sich in Trauerklage befindet (8,4–6), regelmäßig betet (9,1), sich heidnischer Speisen enthält (10,6; 12,2) und sich jeden Abend in fließendem Wasser badet (12,7–9). Ein wichtiges Nebenthema des Buches ist die Bekehrung des Achior (14,6), obwohl ihm als einem Ammoniter von der Thora her der Übertritt zur Gemeinde Israel verwehrt war (5. Mose 23,4).

Zu nennen ist des weiteren das Thema der Weisheit, das in der apokryphen Literatur eine große Rolle spielt und hier mit der Person J.s verknüpft ist. Von bes. Gewicht ist, daß der Verfasser eine Frau als Heldin des Buches wählte.

JULIA (»Jungfrau«). Eine Christin aus Rom, der Paulus Grüße sandte.

JULIA
Röm 16,15

JULIUS (»Jüngling«). Ein röm. Befehlshaber, der für die sichere Überstellung des Paulus von Cäsarea nach Rom verantwortlich war. Das korrekte, ja freundliche Verhalten des J. wird in dem Bericht über die stürmische Seereise mehrfach hervorgehoben (Apg 27, 3.42.43), bes. seine Bemühungen, das Leben des Paulus zu retten.

JULIUS
Apg 27,1.3

JÜNGER Der Begriff des Jüngers im ntl. Sinne (Nachfolger Jesu) hat keine Vorgänger und keine Parallelen, weder im profanen griech. Sprachgebrauch noch in den heidnischen Religionen noch im AT noch im spätjüd. Rabbinentum. In der griech. Welt bedeutet das im NT für »J.« gebrauchte Wort *mathetès* den Handwerkslehrling oder auch das Mitglied einer Philosophenschule, z. B. der Stoa, wobei es jedoch lediglich um eine ideell begründete Gemeinschaft zwischen geistig Gebenden und Nehmenden geht, nicht aber um Lebensnachfolge wie bei den Jüngern Jesu. Im AT fehlt der Begriff und das Wesen des J. so gut wie ganz. Die LXX hat das Wort *mathetès* überhaupt nicht, und das in spätjüd. Zeit für die Rabbinenschüler gebrauchte hebr. Wort *talmid* erscheint im ganzen AT nur ein einziges Mal (1. Chr 25,8). Das im AT manchmal anzutreffende besondere Verhältnis zwischen einem Gottesmann und seinem Begleiter (Josua bei Mose, Elisa bei Elia, Baruch bei

JÜNGER
Jes 8,16; 50,4 54,13; Mt 5,1; 9,14; 10,1.24f.42; 12,1f.49; 13,5 14,12.19.26; 2; 16,13.20f. 17,6.16;18,1; 20,17; 21,1; 26,26.40.45.5 27,57.64; 28,13.19; Mk 2,23; 4,3 8,10.33; 9,18 Lk 6, 13.40; 11,1; 14,26f.

Joh 1,35.37; 2,2.11; 4,1f.27. 31.33; 6,60f.66; 8,31; 9,27f.; 13,5.23.35; 18,17.19; 19, 26f.; 21,23f.; Apg 6,1; 9,1.10.19.26; 11,26; 13,52; 15,10; 18,23; 21,4

Jeremia usw.) darf nicht mit einem Jüngertum verwechselt werden; diese Begleiter üben durchweg die Rolle eines Dieners, Adjutanten oder Sekretärs aus, nichts anderes. Und das schöne Wort des Gottesknechts in Jes 50,4 (»eine Zunge, wie sie Jünger haben«) und erst recht das von den »Jüngern des HERRN« (Jes 54,13) hat nichts mit der Nachfolge eines bestimmten Meisters zu tun, sondern damit, daß aus der Volksgemeinde Israels sich eine Glaubensgemeinde (von »J.n«) herausgeschält hat.

Im Unterschied zum AT kommt das hebr. Wort für »J.«, *talmid*, in der spätjüd. Literatur, also auch z. Zt. Jesu, überaus häufig vor. Mindestens von den großen Rabbinen hatte jeder seine eigene »Schule« mit eigenen »J.n«. Der *talmid* stand dabei auf der untersten Stufe zum Rabbi; die nächste Stufe nahm der *talmid-chakam* ein, der »weise Jünger«. Der einfache *talmid* durfte nur Fragen stellen; der *talmid-chakam* stellte auch noch Fragen, durfte aber auch schon anderen Menschen Antworten geben. Die Zugehörigkeit zur Schule begann auf Grund eines Entschlusses des künftigen J.; er meldete sich als *talmid* an und gehörte dann bis zur Erlangung seines Ausbildungszieles der jeweiligen Rabbinenschule an. Dabei bildete der Schüler mit dem Meister eine Lehr- und Lerngemeinschaft, jedoch keine geistliche und menschliche Lebensgemeinschaft.

Ganz anders die Jesus-Jüngerschaft. Sie ist nicht Wissenserlangung durch einen großen Meister, sondern lebenslange Nachfolge des einen Meisters Jesus. Im NT wird dies sachgemäßerweise nur in den Ev.n dargelegt, wenn man von einigen unschwer einzuordnenden Stellen in der Apg zunächst absieht. Fast ausnahmslos werden solche Männer als J. bezeichnet, die dem Ruf Jesu in eine vorbehaltlose Gemeinschaft der Nachfolge gefolgt sind. Unter den Evangelisten ist es bes. Lukas, der den Ausdruck *mathetès* oft gebraucht, auch in seinem Sondergut (s. LUKAS) wie z. B. Lk 11,1 (das Gebet der J.!), 14,26ff. usw.

Ein weiteres Kernmerkmal des J. Jesu ist, daß er zur Jüngerschaft *berufen* werden muß: Mt 4,19; Mk 1,17; 2,14; Lk 5,1ff.; Joh 1, 35–43 usw. Der angehende *talmid* muß sich bei seinem Meister um Aufnahme bewerben, bei Jesus wird ein Mensch aus allen seinen seitherigen Bindungen heraus (Mt 4,19; 9,9) in die Nachfolge gerufen. Ob es auch ernsthafte eigene Initiativen von Anhängern Jesu gab, zum J. zu werden (vgl. Mt 19,16–22; Lk 9,57–62), geht aus den Berichten nicht eindeutig genug hervor. In jedem Fall handelt es sich hier um Ausnahmen, offenbar v. a. in der ersten Zeit des Wirkens Jesu. Bei den Berufenen aber ist es offensichtlich der unmittelbare persönliche Eindruck der Person Jesu, der die fast unbegreifliche Spontaneïtät der Nachfolge auslöste. Er ist der Herr (*kyrios*), der J. der Knecht (*doulos*). Anders als beim *talmid* ist der Eintritt in den Jüngerstand nicht der Anfang einer verheißungsvollen Laufbahn, sondern die Erfüllung einer Lebensbestimmung.

Rein äußerlich mag sich Jesus wenig von den Thoralehrern seiner Zeit unterschieden haben; der grundlegende Unterschied wird an der uneingeschränkten Lebensnachfolge Jesu durch die J. sichtbar. Diese Nachfolge bedeutet das Ja zur Ausschließlichkeit Jesu Christi (Mt 23,8–10) – ein Gedanke, der den Rabbinen schon wegen der Vielzahl ihrer Schulen fremd war. Die Jüngerschaft orientiert sich allein am Wort des Herrn (Mt 5,2; Joh 8,31.32; 17,8) und schließt den weltweiten Zeugendienst ein (Mt 28,18–20; Mk 16,15; Lk 24,46–48; Joh 20,21). Nicht zuletzt ist Jüngerschaft die Bereitschaft zu einem Leben im Schatten des Kreuzes, also des Leidens (Mt 16, 24.25; Mk 8,34.35; Lk 9,23.24; Apg 4,5–22; 5,17–41; 7,54–60; 2. Kor 11,23–33 u. a.). Zugleich will sie ein Leben in der Liebe zum Nächsten nach dem Vorbild Jesu sein (Mt 5,43–48; Lk 6,36; Joh 13,1–17.34.35 usw.). Zum J. gehört auch die Vollmacht zur Vergebung der Sünden im Namen Jesu Christi (Mt 18,18; Joh 20,23).

Der Begriff »J.« ist nicht identisch mit dem des Apostels oder der »Zwölf« (Mt 26,14; Mk 14,20; Joh 6,70; vgl. 1. Kor 15,5). Eine Unterscheidung wird im NT nirgends definiert, ergibt sich aber aus den Texten. Eindeutig umschrieben ist zunächst einmal der Kreis der »Zwölf« (vgl. die Liste Lk 6,13ff.; vgl. auch die Zwölfzahl in Offb 21,12.14.21). Sie sind der von Christus erwählte engste Kreis, auf den außer der persönlichen Berufung durch Jesus selbst noch weitere Kriterien zutreffen müssen, die in Apg 1,21.22 genannt werden.

Ein Apostel kann im NT dem Zwölferkreis angehören, muß es aber nicht, wie das Beispiel des Paulus zeigt, der eindeutig zum Apostel berufen war (1. Kor 9,1; Gal 1,1 usw.). Es wäre falsch, wollte man Paulus zum »wahren 12. Apostel« umstilisieren, der die Stelle des (jedenfalls in der Apg) farblos bleibenden Matthias (Apg 1,23–26) eingenommen hätte; Paulus war vielmehr ein Apostel eigener, separater Berufung durch Christus (Apg 9,3–19). Die Frage, ob und wie das auch für Barnabas zutrifft, falls die Apostelbezeichnung in Apg 14,14 auch für ihn zutreffen soll, beantwortet das NT nicht ausdrücklich. Sicher ist, daß es keine Nachfolger der Apostel im Apostelamt gegeben hat, z. B. für den unter Herodes Agrippa I. hingerichteten Jakobus (Apg 12,1.2). Mit den berufenen Aposteln des NT ist das Apostelamt in der christl. Kirche unwiederholbar abgeschlossen.

Viel weiter gefaßt ist der Kreis der J. Der Begriff wird in den Ev.n durchaus nicht nur auf die Zwölf angewandt; vgl. etwa Mt 13,52; 28,19; Lk 14,26; Joh 4,1; 6,66; 8,31. Gemeint sind hier keineswegs bloße Sympathisanten oder zeitweilige Aktivisten, sondern hingegebene Nachfolger Jesu. In diesem Sinne spricht dann auch die Apg von J.n, z. B. bei der Beschreibung der Urgemeinde (Apg 6,1.2; 9,1), bei den Christen in Damaskus, die Saulus aufnahmen (9,10–26), den Heidenchristen in Antiochia (11,26.29), der Jüngerin Tabita (9,36) und den Christen in den ersten Missionsgemeinden (13,52; 14,20; 15,10; 16,1; 19,30; 21,4 u. a.). Man kann argumentieren, daß der Begriff J. im Laufe der Zeit eine gewisse Abschleifung und Ausweitung erfahren hat, was auch nicht ungewöhnlich wäre. Wichtiger ist jedoch der folgende Gesichtspunkt: Die Apg ist das Buch des Hl. Geistes (1,8; 2,1–12; 6,5; 8,15–17; 10,44; 13,2; 15,28; 20,28 u. a.), und was in den Ev.n Jesus bewirkt, damit aus einem Menschen ein J. wird, das wirkt in der Apg der Hl. Geist. Er beruft Menschen zu J.n, genau wie Jesus sie am See Genezareth und anderswo berufen hat. Luther sagt in seiner Erklärung zum 3. Glaubensartikel: »...sondern der heilige Geist hat mich durchs Evangelium berufen...«

Eine Anmerkung zu Apg 9,25: Paulus hat keine J. berufen. Darum ist diese Stelle nur so erklärbar, daß unter dem Eindruck der Bekehrung des Paulus seine mit ihm nach Damaskus angereisten Begleiter ebenfalls Christen, also J. Jesu Christi geworden waren.

Vgl. auch APOSTEL.

JUNGFRAU Die sexuell unberührte und unverheiratete, jedoch heiratsfähige junge Frau. Sie stand nach dem atl. Gesetz unter der Vormundschaft und dem besonderen Schutz ihrer Familie. Wer eine noch nicht verlobte J. verführte, mußte sie heiraten bzw. ihrem Vater eine Entschädigung in Höhe des Brautpreises zahlen (2. Mose 22,15.16); hatte er sie vergewaltigt, mußte er sie in jedem Fall heiraten und eine Geldstrafe zahlen und durfte sich unter keinen Umständen von ihr scheiden lassen (5. Mose 22,28.29). Vergewaltigung einer bereits verlobten J. wurde mit dem Tode bestraft (5. Mose 22, 22–27). Drakonische Strafen gab es auch für den Fall der vorgetäuschten Jungfrauenschaft (Unberührtheit) bei der Eheschließung bzw. für ihre böswillige Leugnung (5. Mose 22,13–21).

Die J. war in atl. Zeit ein Inbegriff des aufblühenden Lebens und der Unschuld (vgl. Jeftahs Tochter, Ri 11,34–40). Sie spielte eine besondere Rolle beim Lobgesang (Ps 148,12) und als Brautjungfer (Mt 25,1).

In bildlichem Sinne bezeichnet das AT auch Völker und Städte als J. Insbes. spricht es von der J. Israel (z. B. Jer 18,13; 31,4.21) bzw. »Tochter Zion« (2. Kön 19,21; Jes 37,22; Klgl 2,13) als der gleichsam Gott verlobten, von ihm umworbenen »Braut«. Ihr standen als Verkörperungen heidnischer Gottheiten die »J.« Babel (Jes 47,1), Sidon (Jes 23,12) und Ägypten (Jer 46,11) gegenüber.

JUNGFRAU
1. Mose 24,16; 2. Mose 22,15f.; 5. Mose 22,14. 17.19f.23f.; Ri 19,24; 2. Sam 13,2; 2. Kön 19,21; Est 2,2f.; Hiob 31,1; Ps 78,63; 148,12; Hld 6,8; Jes 7,14; 23, 12; 47,1; Jer 2,32; 14,17; 18,13; 31,4.13. 21; 51,22; Klgl 1,4; 2, 10; 5,11; Am 5,2; Mt 25,1.7.11; Lk 1,27; Apg 21,9; 1. Kor 7,25. 28.36–38; 2. Kor 11,2

Ist im AT der Stand der J. eine Durchgangsstation zur Ehe, so sieht das NT auch die dauernde Jungfrauschaft, die bewußte Ehelosigkeit, als vollwertige Lebensform (so Paulus in 1. Kor 7,25–38); solche Ehelosigkeit kann erhöhte innere Freiheit und Dienstbereitschaft bedeuten. Paulus sagt dies auf dem Hintergrund der unmittelbaren Erwartung des Weltendes (1. Kor 7,29); eine generelle Abwertung der Ehe ist nicht gemeint (vgl. 1. Tim 4,3).

Die Marienquelle in Nazareth; der Tradition nach ist hier der Engel Gabriel Maria erschienen.

(links) Die Verkündigungskirche in Nazareth. Sie steht auf den Resten einer Kirche aus dem 4. Jh. und an der Stelle, die nach der Überlieferung die Stätte der Ankündigung der Geburt Jesu ist.

In der bildl. Verwendung des Wortes »J.« knüpft das NT an das AT an. So wie dort Israel die Braut Jahwes war, ist jetzt die Gemeinde die Braut bzw. J., die Jesus Christus zugeführt wird (vgl. 2. Kor 11,2; Offb 19,7 u. a.). Offb 14,4 bedeutet nicht die Ehelosigkeit einzelner Christen, sondern die Gemeinde als Braut Christi, die sich am Götzendienst der Welt nicht beteiligt und insbes. das »Tier« (Offb 13) nicht angebetet hat.

Siehe auch EHE; JUNGFRAUENGEBURT.

JUNGFRAUEN Ps 46,1

JUNGFRAUEN (hebr. *alamot*) Ein Wort unsicherer Bedeutung aus der Fachsprache der Musik. Möglicherweise bezeichnet es ein Musikinstrument oder die höheren Töne der Tonleiter oder eine damals bekannte Melodie.

JUNGFRAUENGEBURT Kurzbezeichnung für die wunderbare Einzigartigkeit der Menschwerdung des Gottessohnes. Dabei meint das Wort J. die jungfräuliche Empfängnis Jesu im Leib Marias, d.h. die Empfängnis ohne einen männlichen Erzeuger.

Die J. wird im NT an mehreren Stellen bezeugt. An einer Stelle wird Maria direkt als »Jungfrau« bezeichnet (Lk 1,27). Der Engel verkündet der erstaunten Maria, die »von keinem Mann weiß« (Lk 1,34), daß sie von der »Kraft des Höchsten« überschattet werden und »Gottes Sohn« gebären wird (Lk 1,35). Lukas weist auch auf die J. hin, wenn er am Anfang des Stammbaums Jesu schreibt: »Jesus … wurde gehalten für einen Sohn Josefs« (Lk 3, 23). Auch Matthäus nennt Josef nicht den Vater Jesu, sondern schreibt: »Jakob zeugte Josef, den Mann der Maria, von der geboren ist Jesus, der da heißt Christus« (Mt 1,16). Und als Josef daran denkt, seine schwangere Verlobte wegen ihrer vermeintlichen Untreue zu verlassen, erklärt ihm der Engel den wahren Sachverhalt und bezieht sich auf eine Prophetie Jesajas zurück: »Siehe, eine Jungfrau wird schwanger sein und einen Sohn gebären …« (Mt 1,23; Jes 7,14). Während das betreffende hebr. Wort (*alma*) in Jes 7,14 sowohl »Jungfrau« als auch »junge Frau« bedeuten könnte, zeigt Matthäus deutlich, daß Jesaja von einer Jungfrau sprach, indem er – wie schon die LXX – das eindeutige griech. Wort *parthenos* verwendet.

Weitere direkte Erwähnungen der J. gibt es im NT nicht. Vielleicht spielt noch Paulus darauf an, wenn er sagt: »Als aber die Zeit erfüllt war, sandte Gott seinen Sohn, geboren von einer Frau ...« (Gal 4,4).

Die Gottessohnschaft Jesu wird nicht zuletzt durch die Tatsache der J. begründet. Denn für den christl. Glauben kommt alles auf die »zwei Naturen« Jesu Christi an: daß er ganz und wahrhaftig Gott ist und zugleich ganz und wahrhaftig Mensch war. Denn nur dann steht der Erlöser auf beiden Seiten des tödlichen Abgrunds, der den Menschen von Gott trennt, nur dann ist er die rettende Brücke in Person. Darum ist das Zeugnis von der J. fest in den christl. Grundglaubensbekenntnissen (Apostolicum und Nicaenum) verankert. Denn wenn Jesus nichts als ein Mensch war, dann kann er im äußersten Fall zus. mit dem Sünder in den Abgrund stürzen, mehr nicht. Ist er andererseits *nur* Gott, dann bleibt er in unnahbarer Ferne. Dem Sünder hilft nur einer, der in unsagbarer Unmöglichkeit auf beide Seiten zugleich gehört – einer, der leibhaftig und bis hin zum Tod die »Knechtsgestalt« des Menschen angenommen hat und der genauso wahrhaftig »erhöht« ist und in Ewigkeit zur Rechten des Vaters thront (Phil 2,6–11). Nur der ist des Menschen Rettung, der durch die Menschengeburt von einer Menschenmutter her »wahrhaftiger Mensch« ist und der, weil wunderbar »empfangen durch den Heiligen Geist«, zugleich »wahrhaftiger Gott« ist. Dabei ist es absolut entscheidend, daß dies ohne jede Parallele in dieser Weltzeit geblieben ist, daß es nur einmal so geschehen ist – bei Jesus, dem Christus. Nur er ist »der Weg und die Wahrheit und das Leben« (Joh 14,6).

Die J. macht deutlich, daß Jesus mehr als ein Prophet ist – der präexistente Sohn Gottes, das fleischgewordene Wort Gottes (vgl. Joh 1,1 ff.14; 8,58; Kol 1,16.17; Hebr 1,2).

Im Laufe der Kirchen- und Dogmengeschichte erhielt der Begriff der J. z.T. die komplexere Bedeutung einer dreifachen Jungfrauschaft Marias: vor, während und nach der Geburt Jesu. Während die ersten beiden Punkte unstrittig sein dürften (vgl. Mt 1,25), würde der dritte bedeuten, daß Maria die Ehe mit Josef nie vollzogen habe; dem aber steht der bibl. Befund klar entgegen: Jesus hatte (jüngere) Geschwister (vgl. Mk 3,31.32; Joh 7,5; Gal 1,19). Vgl. auch das »bis« in Mt 1,25.

Das heutige Yatta, südlich von Hebron, wird mit dem ehemaligen Jutta identifiziert.

JUNIAS (»Herrscher«). Ein Judenchrist, der zus. mit Paulus gefangen war (Röm 16,7). Einige Hss. lesen hier »Julia«, andere alte Kommentatoren betrachten Andronikus und Junias als Mann und Frau. In Anbetracht des Kontexts ist es unwahrscheinlich, daß J. eine Frau war.

JUNIAS Röm 16,7

JUSCHAB-HESED (»Die Gnade soll bleiben«). Einer der Nachkommen Serubbabels.

JUSCHAB-HESED 1. Chr 3,20

JUSTUS (»Der Gerechte«).

1. Josef Barsabbas Justus war einer der zwei Kandidaten für das Apostelamt als Ersatz für Judas Iskariot.

JUSTUS 1 Apg 1,23

2. Titius Justus (in einigen Hss. einfach Justus genannt), ein Proselyt aus Korinth, in dessen Haus Paulus einkehrte, als seine Predigt in der Synagoge abgelehnt wurde.

JUSTUS 2 Apg 18,7

3. Jesus Justus, ein Judenchrist, den Paulus als einen seiner Mitarbeiter erwähnt.

JUSTUS 3 Kol 4,11

JUTTA (»Ebener Ort«). Eine Stadt in dem Gebiet, das Juda durch das Los zugewiesen wurde, als das Land Kanaan unter die Stämme geteilt wurde. Später erhielten die Leviten aus der Aaron-Familie die Stadt. J. wird mit dem heutigen Yatta, südlich von Hebron, identifiziert.

JUTTA Jos 15,55; 21,16

K

KABBON
Jos 15,40

KABBON Eine Stadt im Erbteil des Stammes Juda, in der Gegend von Lachisch.

KABUL
Jos 19,27;
1. Kön 9,13

KABUL Stadt und Region nahe der Grenze des Gebietes von Asser. König Salomo gab K. König Hiram von Tyrus, wahrscheinlich als Pfand für die Rückzahlung einer Schuld. Identifiziert mit dem heutigen Kabul südlich von Akko. Ausgrabungen der letzten Zeit haben eine wichtige phöniz. Stadt freigelegt.

Das heutige Kabul südlich von Akko, das mit dem biblischen Kabul identifiziert wird.

KABZEEL
Jos 15,21;
2. Sam 23,20;
1. Chr 11,22;
Neh 11,25

KABZEEL Stadt im Negeb, an der Grenze von Edom; Geburtsort Benajas, des Sohnes Jojadas, eines der »Helden« Davids; nach der Rückkehr aus dem babyl. Exil neu besiedelt. K. ist möglicherweise mit Khirbet Garre (13 km östlich von Beerscheba) zu identifizieren, wo eine isrl. Festung entdeckt wurde.

KADESCH, KADESCH-BARNEA
1. Mose 14,7;
16,14; 20,1;
4. Mose 13,26;
20,1.14.16.22;
27,14; 32,8;
33,36–37; 34,4;
5. Mose 1,2.
19.46; 2,14;
9,23; 32,51;
Jos 10,41;
14,6–7; 15,3;
Ri 11,16–17;
Ps 29,8;
Hes 47,19;
48,28

KADESCH, KADESCH-BARNEA Ort in der Wüste Zin, Hauptlagerplatz der Israeliten auf ihrem 40 Jahre langen Zug ins Verheißene Land (5. Mose 1,46). Von hier wurden die 12 Kundschafter ins Land Kanaan gesandt (4. Mose 13,1–33; 32,8; Jos 14,7), hier verzweifelten die Israeliten an der Führung Gottes, und hier erging Gottes Urteil über sie, daß niemand von denen, die einst aus Ägypten ausgezogen waren, das Verheißene Land betreten würde (4. Mose 14,1–4.21–35). Hier schlug Mose auf den Felsen, um Wasser zu gewinnen, wofür auch ihm das Betreten Kanaans von Gott verwehrt wurde (4. Mose 20,12). Von K. zogen die Israeliten schließlich auf Umwegen ins Land Kanaan. Nach der Eroberung markierte K. die Südgrenze von Juda (4. Mose 34,4; Jos 15,3).

Die Identifizierung von K. war lange umstritten. Allgemein gilt heute die Oase Ajn el-Kudeirat als der wahrscheinlichste Ort des bibl. K. Diese Lokalisierung stützt sich auf die Existenz der Ruinen einer alten Festung, die nahe der Oase und der Straße von Schur lag, die als Hauptweg von Ägypten nach Kanaan diente.

(links) Die Oase von Ajn el-Kudeirat, die mit Kadesch-Barnea in der Wüste Zin identifiziert wird.

Tonfigur des 8.–7. Jh. v. Chr. aus Kadesch-Barnea. (Israelische Regierungsabteilung für Altertümer und Museen).

Modell der israelitischen Festung in Ajn el-Kudeirat (Kadesch-Barnea) aus der Zeit des Königreichs Juda, mit Kasemattenmauer und Türmen (Israelische Regierungsabteilung für Altertümer und Museen).

Nach ersten Ausgrabungen 1914 und 1956 wurde der Ort 1976–1982 gründlich erforscht und die Reste dreier übereinander gebauter Festungen der isrl. Periode entdeckt. Die früheste (10. Jh. v. Chr.) bestand aus einem Kreis von untereinander verbundenen Räumen um einen Hof nebst weiteren Gebäuden in der Nähe und dürfte mit König Salomo in Zusammenhang stehen. Nach der Zerstörung dieser Siedlung, vielleicht durch Schischak, wurde eine neue Festung errichtet. Sie stammt vielleicht aus der Zeit Hiskias und weist hervorragende Planung und Bauqualität auf. Der rechteckige 20 x 60 m große Komplex hat sechs rechteckige Türme und ist auf drei Seiten von einem Graben und Glacis umgeben; die vierte Seite ist durch das Wadi geschützt. Das Innere ist durch Wege in vier Teile gegliedert und hat Wohn- und Verwaltungsgebäude, möglicherweise eine Kultstätte, Lagerräume und eine ausgeklügelte Wasserversorgung. Diese Festung wurde gegen Ende des 8. Jh. v. Chr. zerstört. Nach mehreren Jahrzehnten wurde eine neue Festung errichtet, nach dem Plan der zweiten, mit Kasemattenmauern auf den 4 m breiten Mauern des früheren Komplexes. Diese letzte Anlage wurde zu Beginn des 6. Jh. v. Chr. ebenfalls zerstört, vielleicht durch Nebukadnezar.

Die Kleinfunde bestehen aus reichhaltiger Keramik u. a. Gegenständen des täglichen Lebens, organischen Resten (u. a. verbranntes Getreide und Äpfel) sowie beschriebenen Scherben, aus denen hervorgeht, daß die Einwohner wohl Hebr. sprachen, jedoch das ägypt. Zahlensystem gebrauchten.

Ein ungelöstes Problem ist das Fehlen jeglicher Funde der späten Bronze- und frühen Eisenzeit – also gerade aus der Zeit, die für den Aufenthalt der Israeliten während des Auszugs aus Ägypten anzusetzen ist. Diese Tatsache läßt darum die Frage, ob Ajn el-Kudeirat mit dem bibl. K. gleichzusetzen ist, noch offen.

KADMIËL (»Der alte eine Gott«). Haupt einer Levitenfamilie, die mit Serubbabel aus der babyl. Gefangenschaft zurückkehrte. Er erscheint unter den Unterzeichnern der Abmachung, Moses Gesetz zu halten (Neh 10,10).

KADMIËL
Esr 2,40; 3,9; Neh 7,43; 9,4.5; 10,10; 12,8.24

KADMONITER Nomadenvolk, das zus. mit den Kenitern und Kenasitern erwähnt wird. Gott versprach ihr Land Abraham und seinen Nachkommen.

KADMONITER
1. Mose 15, 19

KAFTOR, KAFTORITER Eine Insel, der Ursprungsort der Philister (Jer 47,4). Nach 1. Mose 10,14 waren die Kaftoriter die Nachkommen Hams, des Sohnes Noahs. Sie vernichteten die Awiter und wohnten in ihrem Gebiet (5. Mose 2,23). Es bestehen gute Gründe, die Kultur der Philister mit der Geschichte Kretas in Verbindung zu bringen. Die Bibel erwähnt die Philister zuweilen gemeinsam mit den Kretern (2. Sam 8,18 u. a.). Kaftor wird

KAFTOR, KAFTORITER
1. Mose 10,14; 5. Mose 2,23; 1. Chr 1,12; Jer 47,4; Am 9,7

Detail einer Wandmalerei aus Knossos, Kreta, bekannt als »Der Prinz«. 1700–1400 v. Chr. (Heraklion Museum).

(oben links) Akrobat oder Stierkämpfer. Wandmalerei aus Knossos, Kreta.

auch in den Dokumenten von Mari und Ugarit erwähnt. Andere Gelehrte ziehen die Identifizierung mit den Keptiu der ägypt. Quellen vor, die in Cilicien (Kleinasien) lebten.

KAHLES GEBIRGE
Jos 11,17; 12,7

KAHLES GEBIRGE Berg, der die Südgrenze der Eroberungen Josuas bezeichnete. Gewöhnlich mit Dschebel Halak im mittleren Negeb identifiziert.

KAIN 1
1. Mose 4,1–3. 5–6.8–9.13. 15–17.24–25; 1. Joh 3,12; Hebr 11,4; Jud V. 11

KAIN (»Besitz«, »Schmied«).

1. Der älteste Sohn Adams und Evas, nach der Verbannung aus dem Garten Eden geboren. Er war ein Ackermann (1. Mose 4,2). K. und sein Bruder Abel brachten Gott Opfer dar: K. die ersten Früchte des Feldes, Abel (der Schäfer) Erstlinge seiner Herde (1. Mose 4,3–4). Gott nahm jedoch nur das Opfer Abels an. Aus Zorn über diese Zurücksetzung erschlug K. den Bruder (1. Mose 4,8), wofür ihn ein doppelter Fluch traf: Der Acker würde ihm hinfort seinen Ertrag nicht geben, und er selbst würde ein unbehaustes und unstetes Leben führen (1. Mose 4,12). Das ihm von Gott verliehene Zeichen (1. Mose 4,15) sollte nicht als Bestrafung, sondern als Zeichen des Schutzes gedeutet werden.

K. ließ sich im Lande Nod nieder (1. Mose 4,16) und heiratete eine Frau, die ihm Henoch gebar. Eine von ihm gebaute Stadt nannte er ebenfalls Henoch (1. Mose 4,17).

Kain und Abel bringen Gott ihre Opfer dar; Steinrelief des 13. Jh. (Jakobskapelle, Schatz der Kathedrale von Pistoia, Italien).

Im NT wird K. mehrfach erwähnt; als Gegenspieler seines Bruders Abel, der ein besseres Opfer dargebracht hatte (Hebr 11,4); als Symbol eines schlechten Lebens (Jud V.11); als jemand, dessen Werke böse waren (1. Joh 3,12). In Analogie zur Deutung Abels als Urbild Christi sahen einige Kirchenväter in der Geschichte von K. und Abel eine Vorausdeutung des Verhältnisses von Synagoge und Kirche.

2. Gruppenname für die Keniter in der Weissagung Bileams.

KAIN 2
4. Mose 24,22

KAIPHAS Hoherpriester 18 bis 36 n. Chr., Schwiegersohn und Nachfolger des Hannas. Er gehörte zur Partei der Sadduzäer. Das Wirken Johannes des Täufers fiel in beider Amtszeit (Lk 3,2). Im Palast des K. berieten die Hohenpriester und Ältesten, wie sie Jesus töten könnten (Mt 26,3). Bei dieser Gelegenheit sagte K., daß »es besser für sie sei, ein Mann sterbe für das Volk, als daß das ganze Volk verderbe« (Joh 11,50). Nach Mt 26,57 wurde Jesus nach seiner Festnahme zum Amtssitz des K. geführt, nach Johannes dagegen zuerst zu Hannas, der ihn dann zu K. sandte (Joh 18,12–24); dieser wiederum ließ ihn zu Pilatus bringen. K. war Vorsitzender des Sanhedrins beim Prozeß Jesu.

KAIPHAS
Mt 26,3.57; Lk 3,2; Joh 11,49; 18,13–14.24.28; Apg 4,6; 15, 13–14.16–18; 21,12; Ri 1,12–14. 20; 3,9; 1. Sam 30,14; 1. Chr 2,18–19. 42.46.48–50; 4,15; 6,41

Grabkammer unter der Kirche St. Peter in Jerusalem, der Überlieferung nach der Ort des Palastes des Kaiphas. Die Kammer soll als Gefängnis gedient haben.

(oben rechts) Modell des Hauses des Kaiphas, rekonstruiert nach den Ausgrabungen beim Zionstor in Jerusalem.

KAISER Abgeleitet von Caesar, dem Familiennamen des ersten röm. Princeps, Gaius Julius Caesar, wurde der Name von den folgenden Herrschern als Titel beibehalten. Das NT erwähnt die röm. Kaiser Augustus, Tiberius und Claudius.

KAISER
Mt 22,17.21; Mk 12,14.17; Lk 2,1; 3,1; 20,22.25; 23,2 Joh 19,12.15; Apg 11,28; 17 25,8.11–12.21 26,32; 27,24; 28,19; Phil 4,22

KAJIN Stadt in Juda, die von den Kenitern bewohnt wurde. Identifiziert mit dem heutigen Chirbet Jakin südöstlich von Hebron.

KAJIN
Jos 15,57

KALB Siehe TIERE.

KALEB (»Hund«). Im akkad. wird das verwandte Wort als Bezeichnung für den »treuen Vasallen des Königs« gebraucht. K. war einer der zwölf Kundschafter, die Moses aus der Wüste Paran ins Land Kanaan sandte. Er vertrat den Stamm Juda (4. Mose 13,6). Als die Kundschafter zurückkehrten, riet K. zur sofortigen Eroberung des Landes (4. Mose 13,30), worin er nur von Josua aus dem Stamm Ephraim unterstützt wurde (4. Mose 14,6–8). Die anderen zehn Kundschafter rieten dringend ab (4. Mose 13,31), worauf die Israeliten nach Ägypten zurückkehren wollten (4. Mose 14,4). Deshalb erging über sie das Urteil Gottes, daß alle, die 20 Jahre und älter waren, nicht ins gelobte Land dürften, mit Ausnahme von Kaleb und Josua (4. Mose 14,29–30).

Als die Israeliten 40 Jahre später das Land Kanaan betraten, erhielt K. als Belohnung seiner Treue für sich und seine Nachkommen die Stadt Hebron

KALEB
4. Mose 13,6. 14,6.24.30.38 26,65; 32,12; 34,19; 5. Mose 1,36; Jos 14,6.13–1 15,13–18; 21, Ri 1,12–14. 20; 3,9; 1. Sam 25,3; 1. Chr 2,18.1 42.48–50; 4,1

Proto-kanaanitische Inschrift mit dem Namen Kaleb.

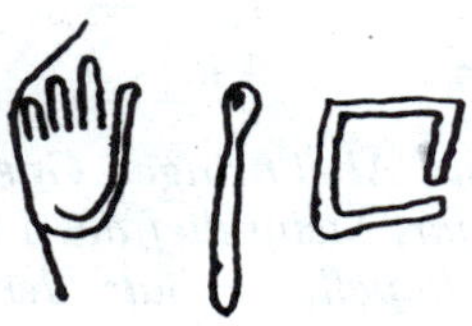

Der Kalender von Geser, um 950 v. Chr. Ein landwirtschaftlicher Kalender mit der Inschrift: »Zwei Monate der Ernte. Zwei Monate des späten Säens. Ein Monat des Flachsziehens. Ein Monat der Gersteernte. Ein Monat, wenn alles geerntet ist. Zwei Monate des Beschneidens (der Weinstöcke). Ein Monat der Sommerfrüchte.«

(Jos 14,6–14). Nach Jos 21,13 jedoch wurde Hebron als Levitenstadt den Kehatitern gegeben. Jos 21,9–12 und 1. Chr 6,39–41 lösen das Problem mit der Bemerkung, daß die Stadt selbst an die Kehatiter ging, die umherliegenden Dörfer jedoch an K. K. vertrieb die Riesen Scheschai, Ahiman und Talmai aus Hebron (Jos 15,13–14). Er versprach die Hand seiner Tochter Achsa demjenigen, der Debir eroberte, was Otniël, dem Sohn des Kenas, gelang (Jos 15,17; Ri 1,12–13). Den Negeb gab K. seiner Tochter Achsa (Ri 1,15), und ein Teil dieser Wüste wurde »Südland Kalebs« genannt (1. Sam 30,14). In 4. Mose 32,12 und Jos 14,14 wird K. »der Sohn Jefunnes, des Kenasiters« genannt, dagegen sind nach Jos 15,17 und Ri 1,13 K. und Otniël, der Sohn des Kenas, Brüder. 1. Chr 2,18 beschreibt K. als Sohn Hezrons, des Sohnes des Perez, eines der Zwillinge Judas und Tamars. Nach 1. Chr 2,19 heiratete K. nach dem Tod seiner ersten Frau die Efrata, die ihm Hur gebar. K.s Nebenfrauen waren Efa und Maacha (1. Chr 2,46.48).

KALENDER Im Alten Orient folgten einzig die Ägypter dem Sonnenjahr, alle anderen Völker dem Mondjahr. Urspr. wurde die Länge von Monat und Jahr empirisch nach dem »Neulicht«, dem ersten Erscheinen der neuen Mondsichel, und den Mondperioden bestimmt. Um jedoch die dabei auftretenden Ungenauigkeiten auszuschließen, wurden Monate zu 29 bzw. 30 Tagen eingeführt. Das Mondjahr bleibt mit seinen 354 Tagen hinter dem Sonnenjahr zurück, so daß sich im Laufe der Zeit die Monate durch alle Jahreszeiten schieben. Dieses System hatte viele Nachteile sowohl für die Landwirtschaft wie das rel. Leben. Um das Mond- dem Sonnenjahr anzugleichen, wurde daher in Babylonien im 6. Jh. v. Chr. ein Schaltmonat eingeführt, durch den es im Zyklus von acht Jahren drei Schaltjahre gab. Der babyl. K. wurde der offizielle K. im Pers. Reich und von den Juden in Palästina und Ägypten übernommen.

Teil eines Mosaikbodens der byzantinischen Periode aus Bet Schean, mit den Monaten und Jahreszeiten.

In atl. Zeit beruhte der hebr. K. sowohl auf dem Sonnen- als auch auf dem Mondjahr (lunisolarer K.): die Sonne (lat. *sol*) bestimmte das Jahr, insbes. in seinem landwirtschaftlichen Rhythmus, der Mond (lat. *luna*) die Monate. Die daraus resultierende Differenz zwischen den 354 Tagen der 12 Mondmonate und den (rund) 365 Tagen des Sonnenjahrs wurde durch den Einschub von Schaltmonaten überbrückt. So ist z.B. die Berechnung der Dauer der Sintflut (1. Mose 7,11; 8,13.14) zu sehen. Die Monatsberechnung orientierte sich am Neumond, der neben dem Sabbat Israels als Feiertag begangen und als solcher bei den Propheten kritisiert wurde (vgl. 2. Kön 4,23; Jes 1,13–14; Hos 2,13; Am 8,5).

Die Einschaltung von Monaten war bis zur Zerstörung des Tempels 70 n. Chr. Sache der Priester, danach wurde sie zum Vorrecht einiger Gelehrtenfamilien, wie der des Rabbi Gamaliel. Während der gesamten Periode des Zweiten Tempels und in den nachfolgenden Jhn. wurde der Monatsbeginn durch das Anzünden von Leuchtfeuern auf bestimmten hohen Bergen verkündet.

In Babylonien begann das bürgerliche Jahr im Herbst, das Festjahr (rel. Jahr) dagegen im Frühling. Auch in Israel begann das bürgerlich-wirtschaftliche Jahr im Herbst, am 1. des Monats Tischri (= Mitte September). Nach der Reichsteilung lag im Nordreich Israel das bürgerliche Neujahr einen Monat später als im Südreich Juda, vgl. 1. Kön 12,32. Auch das »Erlaßjahr« begann im Monat Tischri (3. Mose 25,9). Dieser Jahresbeginn im Herbst folgt dem Jahresrhythmus einer agrarischen Gesellschaft, vgl. 2. Mose 23,16. Das jüd. Festjahr dagegen begann mit dem Passa im Monat Nisan (März, April), der als der »erste Monat« galt (vgl. 2. Mose 12,1–3). Für den ganzen Jahreszyklus der Feste vgl. 3. Mose 23 und 5. Mose 16.

Die Abfolge der Monate wurde spätestens während des babyl. Exils festgelegt. Da der erste Monat der Nisan ist, beginnt das bürgerliche Jahr – auch heute noch – im siebten Monat (Tischri).

In der röm. Zeit folgte der offizielle Kalender Judäas dem julianischen Kalender, der 47 v. Chr. von Julius Caesar als Sonnenkalender mit 365 1/2 Tagen eingeführt wurde.

KALKOL Einer der vier Weisen, die nur von Salomo an Weisheit übertroffen wurden. Sie alle waren Söhne Serachs, des Sohnes Judas und Tamars.

KALKOL 1. Kön 5,11; 1. Chr 2,6

KALLAI Ein Priester und Familienoberhaupt z. Zt. Jojakims.

KALLAI Neh 12,20

KALMUS Siehe GEWÜRZE UND PARFÜME.

KALNE

1. Stadt im Königreich Nimrods, im »Lande Schinar«. Sie wird sonst nirgends erwähnt, und nichts ist über sie bekannt. Manche Gelehrte meinen, daß sie mit Kalne (2) identisch ist.

KALNE 1 1. Mose 10,10

2. Stadt, die von Jesaja und Amos als Warnung vor einem übergroßen Selbstvertrauen Israels gegenüber dem mächtigen Assyrien erwähnt wird. Der Text weist auf einen Ort im heutigen Nordsyrien, in der Gegend von Arpad. Die genaue Lage ist unbekannt.

KALNE 2 Jes 10,9; Am 6,2

KAMEL Siehe TIERE.

KAMON Der Ort, wo Jaïr aus Gilead, der 22 Jahre Richter über Israel war, starb und begraben wurde. Nicht identifiziert.

KAMON Ri 10,5

Wadi Qana südwestlich von Sichem, identifiziert mit Kana.

KANA

1. Schlucht zwischen den Gebieten Ephraim und Manasse. Meist mit dem Wadi Kana südwestlich von Sichem, einem der Hauptzuflüsse des Jarkon, identifiziert.

KANA 1 Jos 16,8; 17,9

2. Stadt an der Nordgrenze von Asser, identifiziert mit dem heutigen Dorf Qana, 10 km südöstlich von Tyrus.

KANA 2 Jos 19,28

3. Dorf in Galiläa, 8 km südlich von Sepphoris, der Ort des ersten Wunders Jesu (Joh 2,1.11). Hier heilte er auch den kranken Sohn eines königl. Beamten (Joh 4,46–54). K. war auch die Stadt Nathanaels. Mit Ausnahme dieser Ereignisse aus dem frühen Wirken Jesu ist der Ort kaum bekannt. In byz. Zeit und im Mittelalter war er ein Ziel von Pilgern. Heute Khirbet Qana.

KANA 3 Joh 2,1.11; 4,46; 21,2

Blick auf Kana nordöstlich von Nazareth.

(links) Zwei Kirchen zur Erinnerung an Jesu erstes Wunder in Kana. Im Vordergrund die griechisch-orthodoxe Kirche, hinten die der Franziskaner.

KANAAN
1. Mose 9,18.22.25–27; 10,6.15; 11,31; 12,5; 13,12; 16,3; 17,8; 23,2.19; 28,1. .8; 33,18; 35,6; 36,2.5–6; 37,1; 2,5.7.13.29.32; 44,8; 45,18.25; 46,6.12.31; 47,1.4.13–15; 48,3.7; 49,30; 50,5.13; 2. Mose 6,4; 15,15; 16,35; 3. Mose 14,34; 18,3; 25,38; Mose 13,2.17; ,19; 32,30.32; 33,40.51; 34,2. 29; 35,10.14; 5. Mose 1,7; 32,49; Jos 5,12; 14,1; 21,2; 22,9–11. 32; 24,3; Ri 3,1; 4,2. 23–24; 5,19; 21,12; 1. Chr 1,8.13; 16,18; Ps 105,11; 06,38; 135,11; Hos 12,8; Zef 2,5; Mt 15,22; og 7,11; 13,19

KANAAN Der alte Name der Region an der Ostküste des Mittelmeers, die die Landbrücke zwischen Ägypten im Süden und Mesopotamien im Norden bildet. Die Bezeichnung wurde unscharf gebraucht, und die Grenzen K.s schwankten je nach der politischen Lage.

Die früheste Erwähnung in einer mesopot. Quelle des 15. Jh. v. Chr. bezeichnet mit K. – *Kinka* – die syr. Küste vom Golf von Alexandretta im Norden bis zum Karmel im Süden. Andere Quellen schließen die Stadt Hazor im oberen Jordantal ein (Ri 4,2.23–24); die Küstenebene allgemein und das Jordantal (4. Mose 13,29); oder noch allgemeiner die gesamte Küstenebene von Sidon bis Gaza und das Bergland östlich davon bis zum Südteil des Toten Meeres (1. Mose 10,19). Am weitesten ist der Begriff in 4. Mose 34,2–13 gezogen, wo er zusätzlich zum Gebiet zwischen Jordan und Mittelmeer, Teilen des Negeb und Nordsinais und den Gegenden östlich des Sees Genezareth auch den heutigen Libanon und das südliche und mittlere Syrien einschließt. Dies mag dem ägypt. Herrschaftsbereich z. Zt. der neuen Dynastie entsprochen haben. Die ägypt. Quellen dieser Zeit sind vage, was den genauen Umfang K.s betrifft, erwähnen aber ausdrücklich das südliche K. mit seiner Hauptstadt Gaza.

Die Völkertafel in 1. Mose 10, in der K. als der jüngste Sohn Hams erscheint, nennt Völker, die das Land vor der isrl. Landnahme bewohnten, dazu die Namen von Städten in Phönizien. Unter den letzteren wird die bedeutendste, Sidon, als K.s Erstgeborener bezeichnet. Hier erscheint K. also als Bezeichnung sowohl der ägypt. Provinz K. wie auch der späteren Phönizierstädte entlang der gesamten levantinischen Küste.

Nach der isrl. Landnahme beschränkte sich die Bezeichnung K. auf die Küstenebene nördlich des Karmel und die benachbarten Täler (Jos 17,16). Die libanesische Küstenebene hieß (nach der wichtigsten Stadt) Land Sidon. Dennoch wird bis zur hell. und röm. Zeit K. als der alte Name der nunmehr als *Phoenicia* bezeichneten Region erwähnt. Die Nachkommen der phöniz. Siedler in Nordafrika nannten sich bis zum 2. Jh. n. Chr. Kanaaniter.

Der Name K. ist mit dem Wort *kinakchku* (Purpur) verwandt, ebenso wie das Wort Phönizien, das vom griech. *phonike* (»Land des Purpurs«) kommt.

NAANITER
Mose 10,18; 12,6; 13,7; ,21; 24,3.37; 34,30; 38,2; 46,10; 50,11; Mose 3,8.17; ,15; 13,5.11;

KANAANITER Die Einwohner des Landes Kanaan, die eine gemeinsame Sprache, Religion und Kultur besaßen. In gewissem Maße erfuhren sie aufgrund ihrer geographischen Lage (s. KANAAN) auch ein gemeinsames Schicksal. Sie haben sich nie zu einer politischen Einheit vereinigt und waren zu allen Zeiten in Kleinkönigtümer mit wechselnden Grenzen zersplittert, die jeweils das Land ihrer Nachbarn zu erobern trachteten.

Diese inneren Kämpfe fanden auf dem Hintergrund des Machtkampfes der Großmächte der Region statt, wie zwischen Babylon und den Mitanni im 15.–14. Jh. v. Chr. und zwischen Ägypten und den Hetitern im 14.–13. Jh. Im Laufe der gesamten kanaan. Geschichte, die das 3. und 2. Jt. v. Chr. umfaßt, war Südkanaan stark von Ägypten beeinflußt, der Norden mehr von den nördlichen Nachbarn (in den ersten 1500 Jahren von Mesopotamien, in den letzten drei Jhn. vom Hetiterreich in Anatolien). Seit früher Zeit waren die K. ein eigenes Volk, oder vielmehr eine Gruppe von Völkern, mit einer eigenen nordwest-semit. Sprache. Der betont semit. Charakter ihrer Sprache kommt klar in den ägypt. Quellen ab der Zeit der 3. Dynastie und in der reichen Textsammlung von Ebla (Nordsyrien) zum Ausdruck.

Zu den K. gehörten verschiedene semit. Völker, wie die Phönizier und die Amoriter, aber auch Völker anderer Herkunft, wie die Horiter (Hurrier). Sie schufen eine einzigartige Mischkultur, die sowohl auf geistiger wie auf materieller Ebene zum Ausdruck kommt. Sie übernahmen manches von ihren stärkeren Nachbarn, beugten sich ihnen aber nie, auch wenn sie von ihnen erobert wurden.

Die gesamte Region der K. wurde mit dem Eindringen der Philister und v. a. verschiedener semit. Völker (der Edomiter, Moabiter, Ammoniter und Israeliten; die letzteren um 1400 oder 1200 v. Chr.) politisch erschüttert. Die Landnahme durch die Philister und Israeliten markiert das Ende der kanaan. Periode, obwohl die kanaan. Kultur in einigen nördlichen Küstenstädten wie Sidon und Tyrus weiter bestehen blieb. Der Name Kanaan wurde zur Bezeichnung allein des nördlichen Küstenstreifens, der später Phönizien genannt wurde. Unter David und Salomo verloren die K. ihre ethnische Identität fast ganz.

Im Gegensatz dazu behielt die kanaan. Religion eine erstaunliche Durchsetzungskraft über die Jhe. hinweg; sie wurde zu einer ernsten Dauergefahr

23,23.28; 33,2; 34,11; 4. Mose 13,29; 14,25.43.45; 21,1.3; 33,40; 5. Mose 7,1; 11,30; 20,17; Jos 3,10; 5,1; 7,9; 9,1; 11,3; 12,8; 13,3–4; 16,10; 17,12–13.16. 18; 24,11; Ri 1,1.3–5. 9–10.17.27–30. 32–33; 3,3.5; 2. Sam 24,7; 1. Kön 9,16; 1. Chr 2,3; Esr 9,1; Neh 9,8.24; Hes 16,3; Obd V. 20

(rechts) Schmuck aus Kanaan. (Israelische Regierungsabteilung für Altertümer und Museen).

Ägyptische Tonfigurine aus der Gruppe der »Ächtungstexte«, beschrieben mit Listen der tatsächlichen oder möglichen Rebellen gegen Pharao, zumeist aus Kanaan. 18. Jh. v. Chr.

für den Glauben und den Gottesdienst Israels. Der Jahwe-Glaube, wie ihn Mose verkündigt hatte, drohte seit den ersten Zeiten der Besiedlung Kanaans durch die isrl. Stämme in einem Synkretismus mit kanaan. Kulten zu ersticken. Die Natur- und Fruchtbarkeitsreligion der K., vorab in Gestalt des Baalskultes, übte eine beharrliche Anziehungskraft auf die Stämme Israels aus, keineswegs bloß während der ersten Berührung mit dem neuen Kulturland (z. B. Ri 2,2 usf.). Die klaren Verbote im Pentateuch (2. Mose

23,23.24; 5. Mose 7,1 usw.) hatten zeitweilig wenig Wirkung. Auch noch in der Königszeit war die Gefahr der Überfremdung des Glaubens Israels durch die einheimischen Gottheiten und Kulte allgegenwärtig, von Salomo (1. Kön 9,6.7; 11) bis zu den letzten Königen Israels und Judas. Die Gerichtspredigt der großen Propheten gilt zu einem großen Teil dem Kampf gegen die Baals- u. a. Kulte Kanaans, von Elia (1. Kön 18; 19,18) über Amos und Hosea bis Jeremia (Am 2,4; Hos 8; Jer 2,8–11; 7,16–18; Mi 5,11–13 usw.).

Der urspr. kanaan. Hauptgott *El* und seine Gefährtin *Aschera* galten als die Eltern aller Götter; sie wurden im Laufe der Zeit mehr und mehr durch den tatkräftigen jungen Gott *Baal* ersetzt, dem keine eindeutig bestimmte Frau zuzuordnen ist. Seine Schwester *Anat*, die zwar oft als Jungfrau bezeichnet wird, galt zugleich als seine Frau. Baal war der Gott des Sturmes und Wetters und der Beschützer von Wachstum und Fruchtbarkeit. Die kanaan. Religion war v. a. ein Fruchtbarkeitskult. Ihr zentraler Mythos handelt vom Königtum Baals, das aus dem chaotischen Urwasser errungen war und jedes Jahr von neuem gegen Trockenheit und Unfruchtbarkeit verteidigt wurde. Dieser Mythos wurde zus. mit anderen Göttersagen in der reichen Textsammlung der nordkanaan. Stadt Ugarit (Syrien) entdeckt. Diese Bibliothek enthält auch andere literarische Gattungen, z. B. Rechts- und Handelsdokumente sowie Heldenerzählungen.

(links) Kanaan.

Frühe proto-kanaanitische Inschrift auf einer Dolchklinge, Lachisch (Israelische Regierungsabteilung für Altertümer und Museen).

Teil einer Wandmalerei: Kanaaniter, die Pharao Tutenchamon Tribut bringen. 14. Jh. v. Chr.

Unser Wissen um die materielle Kultur der K. ist hauptsächlich auf die Stadtkultur beschränkt. Die Städte waren von Verteidigungsanlagen umgeben, deren Mauern meist aus Stein oder Ziegeln bestanden. In der ersten Hälfte des 2. Jt. v. Chr. finden sich auch massive Erdwälle. Die Stadttore waren mit Türmen und Wachhäusern geschützt. Die Städte selbst machen einen planlosen Eindruck, die Häuser sind schlecht gebaut. Einige größere und gutgebaute Gebäude dienten anscheinend als Paläste der örtlichen Herrscher. Zu jeder Stadt gehörte ein Tempel, zuweilen auch mehrere; wie die Wohngebäude waren sie einfach (meist rechteckig) im Grundriß und schlecht gebaut.

Die Haushaltsgeräte bestanden hauptsächlich aus den typischen Töpfereiwaren, die zur Aufbewahrung der Nahrungsmittel, zum Kochen und Servieren dienten. Das von den K. benutzte Metall war zuerst Kupfer, dann Bronze. Das wenige, was sich von der hölzernen Einrichtung erhalten hat, zeigt einen hohen Standard in der Herstellung von niedrigen Tischen, Stühlen und Betten aus Holz und Schilf. Glas wurde gegen Ende der kanaan. Periode als Luxusartikel benutzt. Kleine Glasobjekte sind hauptsächlich in Tempeln und Gräbern gefunden worden.

Die Kleidung der K. ist fast nur aus künstlerischen Darstellungen der Ägypter bekannt. In den niedrigeren nomadischen Bevölkerungsschichten trugen sowohl Männer wie Frauen das vielfarbige Wollkleid. Die gehobenen Schichten, hauptsächlich die Kaufleute, bedeckten sich mit einem dem Sari ähnlichen weißen Tuch, das oft farbige Säume aufwies. Als Schmuck trug man Ringe, Ohrringe und Armbänder, meist aus Bronze. Es wurde jedoch auch sehr fein gearbeiteter Goldschmuck mit Einlegearbeiten gefunden.

Waffen wurden anfänglich aus Kupfer, später aus Bronze geschmiedet. Man fand Pfeil-, Speer- und Spießspitzen, Dolche und Schwerter verschiedener Form. In der zweiten Hälfte des 2. Jt. v. Chr. kam der von zwei Pferden gezogene Streitwagen auf.

Die K. beteiligten sich zeitweise sehr rege am internationalen Handel des östlichen Mittelmeers, v.a. vor der Josua- und Richterzeit. Wie ihr Name anzeigt (s. KANAAN), scheinen sie purpurgefärbte Textilien exportiert zu haben; sie verkauften auch landwirtschaftliche Produkte, wie Vieh und Öl. Importiert wurden Metall und Luxusgüter, darunter auch zahlreiche Töpferwaren aus Zypern und Mykene, die anscheinend als Gefäße für den Transport begehrter Handelswaren dienten.

Die K. bestatteten ihre Toten möglichst familienweise, aber auch gemeinsam in Höhlen außerhalb der Siedlungen, und gaben ihnen Gefäße mit Speise und Getränk sowie andere notwendige Dinge wie Einrichtungsgegenstände, Waffen und Schmuck mit auf den Weg. Die Gebeine wurden in der Höhle verstreut oder an den Wänden entlang aufgeschichtet. In der ersten Hälfte des 2. Jt. v. Chr. bürgerte sich die Sitte ein, Säuglinge und Kleinkinder in Krügen unter dem Fußboden der Häuser zu bestatten. Dieser Brauch erreichte im 17. Jh. seinen Höhepunkt und nahm dann ab. In der zweiten Hälfte des 2. Jt. v. Chr. wurde Einzelbestattung von Erwachsenen in Gräbern außerhalb der Siedlungen zur Norm.

Das größte Geschenk der K. an die Welt liegt auf dem intellektuellen Gebiet – die Erfindung der alphabetischen Schrift in der ersten Hälfte des 2. Jt. v. Chr., die sich über Hunderte von Jahren hinzog. Die ugarit. Buchstaben beruhten auf der mesopot. Keilschrift, die Buchstaben im südlichen Kanaan dagegen waren von den ägypt. Hieroglyphen beeinflußt. Diese südkanaan. Schrift, aus der sich die hebr., phöniz. und aram. Schrift entwickelt hat, wurde zur Mutter aller Alphabete unserer Welt.

KANDAKE Ein Titel der Königin von Äthiopien. Ein Kämmerer einer der so benannten Königinnen wurde nach Apg 8,27.38 vom Diakon Philippus auf dem Weg zwischen Jerusalem und Gaza getauft.

KANDAKE Apg 8,27

KANNE Ort, der von Hesekiel in seinem Klagelied über Tyrus erwähnt wird. Die Lage ist unbekannt, und manche Gelehrten meinen, daß dies ein anderer Name für Kalne (2) ist.

KANNE Hes 27,23

KANON

1. Grundsätzliches und Geschichtliches zur Kanonbildung

Der Begriff »Kanon« meint die durch die Kirche (Gemeinde) autorisierte und für sie autoritative Sammlung hl. Schriften, die zum Abschluß eines längeren Entwicklungsprozesses als »HS« des AT und NT rezipiert und proklamiert worden ist. Ein solcher Entwicklungsprozeß hatte für das AT vorher bereits in der Synagoge, also im nachbibl. Judentum stattgefunden (genaueres s. u.).

Der Ausdruck »K.« stammt aus einem semit. Wortstamm, der »Getreidehalm«, »Schilfrohr« (hebr. *kanēh*), dann »Meßstab« bedeutet und in der Bedeutung »Maßstab« oder »Richtscheit« ins Griech. (*kanon*) übernommen wurde. In dieser Bedeutung erscheint das Wort im NT mindestens in Gal 6,16 (Beurteilungsmaßstab für die rechte Lehre vom Sein des Christen), aber auch, nach den westlichen Textzeugen und syr. Übersetzungen, in Phil 3,16. In 2. Kor 10,13–16 erscheint der Ausdruck mehr mit dem Gewicht auf der gottgegebenen apostolischen Sendung des Paulus (LÜ: »das Maß, das uns Gott zugemessen hat«). In der Dogmengeschichte der Kirche wird dann aus dem Maßstab für die Aufnahme christl. Schriften in die Sammlung der HS diese Sammlung selbst, also die Liste der kanonischen, d. h. »maßstabgerechten« bibl. Bücher.

Nirgends in der Bibel aber steht, was zur Bibel gehört. Dies ist der Ausgangspunkt für alle Probleme der Kanonisierung. Die Sammlung der bibl. Bücher als HS, als K., ist nicht das Ergebnis bibl. Exegese, sondern ein in der Praxis langwieriger Erkenntnisvorgang und ein im Ergebnis feierlicher Bekenntnisakt der christl. Kirche. Diesen Tatbestand gilt es zu erkennen und festzuhalten.

Die Bedingungen für die Aufnahme in den so verstandenen neuen K. und die Merkmale, auf die es bei den einzelnen Schriften demnach ankam, waren weithin denen ähnlich, die die Synagoge an ihren K., also das AT, angelegt hatte. Im Vordergrund stand dabei die Frage nach der Person und der Autorisiertheit ihrer Verfasser. Im AT war dies die Frage nach der göttlichen Beauftragung (»So spricht der HERR«) zuerst Moses und dann in zweiter Linie der Propheten, in dritter Linie der Verfasser der »Schriften« (s. u.); im NT wird daraus die Apostolizität der Verfasser, die also möglichst Apostel Jesu sein sollten (einschließlich des Apostels Paulus) oder aber diesen Aposteln unmittelbar zugeordnet werden konnten, wie z. B. Lukas dem Paulus oder Markus dem Petrus (als ständige Reisebegleiter). Die Inspiriertheit dieser Schriften durch den Geist Gottes wurde in der Geschichte der Kanonisierung mehr vorausgesetzt als zum erkenntnismäßigen Prinzip erhoben. Auf jeden Fall geht es bei der ntl. Kanonisierung in erster Linie um das Kriterium der apostolischen Legitimiertheit; daß die Apostel »von dem hl. Geist getrieben« waren (2. Petr 1,21), mußte nicht erst erwiesen werden.

Die Geschichte der Kanonisierung ist ein über fast 300 Jahre sich hinziehender Prozeß. Er verlief anfänglich insofern ungeordnet, als es lokal und regional unterschiedliche Schriften gab, die hier oder dort in bes. Ansehen standen (man denke an das Rundschreiben des Paulus an die galatischen Gemeinden oder an den Kolosserbrief, der nach Kol 4,15 auch für Laodizea gelten sollte), und auch insofern, als es in der nachapostolischen Zeit gegen Ende des 1. Jh. auch eine Reihe anderer altchristl. Schriften gab, die als mehr oder weniger kanonisch behandelt wurden, v. a. den 1. Clemensbrief, aber auch die Didaché (Zwölf-Apostel-Lehre) u. a. Die erste Liste bibl. Bücher mit verbindlicher Geltung für die Gemeinden stammt aus einer häretischen Gemeinschaft, der damals weitverbreiteten Marcionitensekte (um 150 n. Chr.); ihr Haupt, der Schiffsreeder Marcion, hatte alles »Jüdische« aus der HS tilgen wollen und deshalb nur das Lukasev. und zehn der Paulusbriefe (ohne die Pastoralbriefe, s. dort) zugelassen. In der Kirche allgemein aber waren schon damals unsere vier kanon. Ev.n sowie unsere apostolischen Briefe anerkannt; dies geht sowohl aus der Evangelienharmonie des Tatian (um 170) wie auch aus dem »Kanon Muratori« (um 180 n. Chr.) hervor, der allerdings auch drei der ntl. Apokryphen enthielt und dafür – ähnlich wie der Kirchenhistoriker Eusebius (260–340) – den 2. Petrus- und 3. Johannesbrief nicht aufführt. Aus Kirchenväterschriften geht dasselbe hervor, bes. bei Irenäus (vor 200). Eine abschließende Bedeutung in der Kanongeschichte kommt aber dem Osterbrief des Athanasius zu, der i. J. 367 n. Chr. für seine Diözese in Unterägypten eine Liste der 27 anerkannten Schriften des neuen Bundes veröffentlichte und damit auch eine Grenze gegenüber den Apokryphen des NT zog. Diese Liste wurde von dem Konzil der westlichen Kirche in Karthago (397 n. Chr.) übernommen und als kanonisch proklamiert. Dieser Vorgang ist deshalb sehr wichtig, weil es keine kirchliche Verbindlichkeit geben kann ohne offizielle Beschlußfassung und Verkündigung durch die geordneten kirchlichen Leitungsorgane, i. a. also durch Konzile und Synoden. Dieser Grundsatz ist auch nach den Kirchenspaltungen als solcher immer in Gültigkeit geblieben, sowohl in der Ostkirche als auch in den Kirchen der Reformation und den aus ihnen hervorgegangenen sog. Freikirchen. Zu allen Zeiten wurde danach verfahren, daß der K. nicht aus der Bibel selbst erhoben wird, sondern in seiner Zusammenstellung ein kirchlicher Bekenntnisakt ist.

Dies ist grundsätzlich derselbe Vorgang wie der Kanonisierungsprozeß des (von der Kirche übernommenen) atl. K. seitens der nachbibl. Synagoge. So verwickelt dieser Prozeß im einzelnen war (s. u.), so sicher ist, daß bei der endgültigen Festlegung des atl. K. den Versammlungen des Rabbinats in Jerusalem (69 n. Chr.) und in Jabne-Jamnia (um 90 n. Chr.) ein ähnlicher autoritativer Charakter zukommt wie den kirchlichen Synoden. Auf die öffentliche Rezeption und die feierliche Proklamation des K. kommt es an.

Aus diesem Grunde ist es auch müßig, die Frage zu erörtern, ob der K. damit für alle Zeiten abgeschlossen sei. Dies ist zwar auch ausdrücklich christl. Glaube, denn das verbindliche Reden Gottes in der HS unterliegt keinerlei Nachbesserung oder gar einer Anpassung an ständig wechselnde neue Zeiten. Die Frage ist aber auch aus einem äußeren, kirchlich-kirchenrechtlichen Grund gegenstandslos: Ein für alle christl. Kirchen verbindliches Weltkonzil ist längst unvorstellbar und undurchführbar, bes. wenn es das Ziel hätte, die grundlegende Norm der Kirche, also die HS, durch eine Neukanonisierung zu verändern. Der K., wie er jetzt vorliegt, ist nach der an diesem Punkt weltweiten (ökumeneweiten) Überzeugung der Kirche nach Umfang und Inhalt abgeschlossen und unveränderbar. Wer ihn durch andere Schriften ergänzen oder teilweise außer Kraft setzen wollte, geriete damit auf den Weg der außerchristl. Sekten wie z. B. der Mormonen mit ihren vier (!) gleichrangigen Offenbarungsquellen, vorab dem Buch Mormon.

Von daher gesehen bekäme auch das Stichwort der modernen historisch-kritischen Exegese vom »Kanon im Kanon« seine Beleuchtung. So sicher es zu allen Zeiten der Kirchengeschichte einen faktischen Unterschied zwischen besonders tragenden, glaubensbegründenden Schriften und Schriftworten einerseits und anderen, weniger im Vordergrund des geistlichen Lebens und der großen Glaubenswahrheiten stehenden bibl. Texten andererseits gab und gibt, so sicher ist es auch, daß ein entsprechender Maßstab dafür (z. B. Luther: »... was Christum treibet«) nicht eine Änderung des K. im Auge hat, sondern die Tatsache der besonderen Kraft und des besonderen Zuspruchs der tragenden Bibeltexte und Hauptworte des Glaubens dankbar erkennt. Keinesfalls aber darf das Schlagwort vom K. im K. bedeuten, daß irgendwelche kirchlichen oder theologischen Untersuchungen dazu führen können, kirchlich-theologisch eine kanon. Zweigleisigkeit von gültigen und mehr oder weniger ungültigen, höchstens sekundären bibl. Aussagen zu definieren und aufzulisten.

Die Frage der Inspiriertheit der bibl. Verfasser und der bibl. Bücher ist im Sinne der HS zu beantworten. Im Unterschied zu vorgefaßten theologischen Lehrmeinungen (z. B. der Verbalinspiration, also der Lehre von der göttlichen Eingebung aller bibl. Texte bis in den Buchstaben hinein, oder dem anderen Extrem, der rein menschlichen Autorenschaft der bibl. Schriften) ist die Antwort der Bibel selbst wesentlich differenzierter. Danach läßt die HS keinen Zweifel daran, daß ihre Verfasser (vom ersten bis zum letzten Buch) vom Geist Gottes getrieben und bevollmächtigt waren, also etwas anderes als Menschenwort und menschliche Religiosität zur Sprache bringen; hinter allem steht die Grundaussage: »So spricht der HERR«. Dieser Anspruch bestimmt von der Schöpfung an die gesamte Linie der Bibel, ob man dies nun am Abraham-Bund verdeutlicht oder an der Offenbarungszeit Moses, ob an der Davidsverheißung durch Nathan (2. Sam 7) oder an der Berufung des Amos oder Jesaja oder Jeremia, ob an dem neuen Bundesschluß durch Josia (2. Kön 23) oder an der »Last, die der HERR ankündigt für Israel durch Maleachi« (Mal 1,1), ob an dem Apostolatsbewußtsein des Paulus oder an der Ergriffenheit des Sehers der Offenbarung vom Geist Gottes (Offb 1,10), oder ob man es auch mit direkten Aussagen über die Gottgegebenheit der HS wie in 2. Tim 3,16 oder 2. Petr 1,19–21 unterstreicht. Die HS läßt genausowenig einen Zweifel daran, daß »das Wort Fleisch wurde« (Joh 1,14), daß das ewige Wort Gottes in Menschen von Fleisch und Blut Gestalt annahm – nicht nur das in Jesus Christus inkarnierte Wort des Vaters, sondern auch das geschriebene Wort Gottes in den Büchern menschlicher Verfasser. Entsprechend selbstverständlich und unbefangen berichtet darum die Bibel von den allzumenschlichen Vorgängen bei der Niederschrift und sogar zweiten Niederschrift eines bibl. Buches (Jer 36) oder von der reporterhaften Sammlung des Materials für ein Evangelium (Lk 1,1–4) oder von dem etwas turbulenten Anlaß für einen höchst privaten Brief (Philemon) oder von apostolischen (also kanonischen), aber leider verlorengegangenen Briefen des Paulus an die Korinther (s. Korintherbriefe) oder umgekehrt von der Wiederauffindung eines vergessenen bibl. Buches (s. Josia, 2. Kön 22). Die Lehre von der Verbalinspiration kann als Lehrsatz aus der Bibel selbst nicht belegt werden; dieselbe Bibel läßt aber keinen Zweifel daran, daß der Geist Gottes in allen ihren Teilen das Wort ergreift und daß über allen ihren Büchern jenes »So spricht der HERR« steht.

2. Zur Kanonisierung der einzelnen bibl. Schriften
Die aus der Lutherbibel meist übernommene, herkömmliche Dreiteilung der Bücher des AT und NT in Geschichtsbücher, Lehrbücher und Prophetische Bücher gibt den literarischen Befund weithin richtig wieder, auch wenn man im NT unter den Lehrbüchern die 21 apostolischen Briefe zu verstehen hat. Neuere Versuche einer Umgliederung der bibl. Schriften können nicht überzeugen.

Im AT bedeutet diese Dreiergliederung eine deutlich erkennbare unterschiedliche Wertung der kanon. Bücher durch die jüd. Theologie, auch wenn ihre Bezeichnung innerhalb der Synagoge z. T. von der christl. (v. a. evangelischen) Dreiteilung etwas abweicht. Für die jüd. Bibel gilt folgende Dreiteilung: 1. Das »Gesetz«, d. h. die fünf Bücher Mose (Pentateuch); 2. die »Propheten«, aber unterteilt in a) frühere Propheten (Jos, Ri, 1. u. 2. Sam, 1. u. 2. Kön) und b) spätere Propheten (Jes, Jer, Hes, die 12 kleinen Propheten); 3. die sog. »Schriften«, d. h. die Bücher der Weisheitsliteratur Israels (Ps, Spr, Hiob), die fünf Festlektionen (hebr. *megillot)* (Rut, Hld, Pred, Klgl, Est) und Dan, Esr, Neh, 1. u. 2. Chr.

Die Geschichte der Kanonisierung der Bücher des AT stellt sich im einzelnen wie folgt dar:

Am Anfang des K. standen immer die fünf Bücher Mose, die als die grundlegende Urkunde der Offenbarung Gottes und seiner Gebote in Geltung sind. Diese fünf Bücher (griech. *Pentateuch)* werden im Judentum mit dem Ausdruck »Gesetz« *(Thora)* bezeichnet, obwohl sie neben Gesetzen viele Geschichtsberichte (die ältesten des AT) enthalten. Die Thora wurde von Anfang an als autoritatives Wort Gottes verstanden: Josua bekommt es als Gesetz Gottes überliefert (Jos 1,7–8; 24,26) und nimmt des öfteren Bezug darauf (8,31; 23,6). Dasselbe gilt für die späteren Bücher des AT, seien es geschichtliche, poetische oder prophetische Bücher. Insbesondere weisen die Propheten immer wieder in ihren Bußpredigten das Volk Israel auf das Gesetz Gottes hin. Ihre Botschaft ist geprägt vom Gesetz Moses, auch wenn sie dieses nicht direkt zitieren.

Auch dem Verfasser bzw. Redaktor der Königsbücher war das Gesetz Gottes bekannt (2. Kön 14,6; 17,37; 23,25). David legt das »Gesetz des Mose« seinem Sohn Salomo ans Herz (1. Kön 2,3) und erwähnt es in seinen Psalmen (z. B. Ps 37,31; 40,9). Unter den späteren Königen jedoch war es um Überlieferung und Bekanntheit des Gesetzes z. T. schlecht bestellt, wie u. a. der Bericht über die Reform des Königs Josia zeigt (2. Kön 22–23). Diese Reform (623/622 v. Chr.) war ein bedeutender Schritt in der Entstehung und Sammlung des hebr. Kanons. Das »Buch des Gesetzes des Mose« wurde auch z. Zt. Esras vor dem Volk verlesen, wobei es sich möglicherweise nur um das Deuteronomium (5. Mose) handelte (Neh 8,1).

An die fünf Bücher Mose schließt sich der Bericht Josuas an (vgl. Jos 24, 26), der nach seinem Tod mit einer kurzen Ergänzung versehen wurde und wohl ebenfalls bald zu den autoritativen Schriften gerechnet wurde. Dies ist v.a. deshalb bedeutsam, weil es z. Zt. Moses auch andere Bücher gab, die die Geschichte Israels bzw. die Taten Gottes beschrieben. So nennt 4. Mose 21,14 das »Buch von den Kriegen Jahwes« als weitere Quelle, und Jos 10,13 und 2. Sam 1,18 führen ein »Buch des Redlichen« an. Wahrscheinlich wurden diese Werke als Geschichtsquellen akzeptiert, aber nicht als genauso inspiriert betrachtet wie die Bücher, die man endgültig in den K. aufnahm.

Das Buch der Richter, die Bücher Samuel sowie die Bücher der Könige datieren aus der Zeit der Könige, wobei sicher auch ältere Quellen verwendet wurden. Samuel wird als der letzte der Richter und zugleich als der erste Prophet beschrieben, der literarisch tätig war (1. Sam 10,25) und sogar ein Geschichtsbuch verfaßte, ähnlich wie die Propheten Nathan, Gad u. a. (1. Chr 29,29; 2. Chr 9,29; 12,15; 13,22; 20,34; 33,18–19). In den Königsbüchern finden wir ebenfalls Hinweise auf andere Quellen, so die »Chronik von Salomo« (1. Kön 11,41), die »Chronik der Könige von Israel« (1. Kön 14,19; 2. Kön 1,18), die »Chronik der Könige von Juda« (2. Kön 8,23;14,18). Die beiden letzten Werke werden wohl auch in den Chronik-Büchern erwähnt (1. Chr 9,1; 2. Chr 16,11;20,34; 24,27; 25,26; 27,7; 28,26; 35,27; 36,8). Auch bei einigen Propheten finden sich geschichtliche Texte (2. Chr 32,32; Jes 36–39; Jer 36–40 u. a.).

Wann jedoch die Richter-, Samuel- und Königsbücher als autoritative Werke verstanden wurden, ist schwer zu sagen. Dasselbe gilt für das Buch Rut, das ebenfalls in diese Zeit fällt, und erst recht für das Buch Hiob, dessen Datierung recht unsicher ist. Es enthält neben den langen Gesprächen Hiobs mit seinen Freunden direkte Aussprüche Gottes (Kap. 38–42, vgl. bes. 38,1; 40,6) und wurde wohl bes. deshalb später als kanonisch anerkannt. Auf jeden Fall muß man davon ausgehen, daß die einzelnen Bücher unabhängig voneinander und von der als autoritativ erkannten Thora überliefert wurden.

In der Zeit der Könige liegen auch die Anfänge des Psalters, des Buchs der Sprüche und vielleicht auch das Hohelied. David und Salomo waren als Dichter von Psalmen, Weisheitsliteratur und Liedern bekannt (1. Kön 5,12–13). Ps 72,20 und Spr 25,1 geben einen kleinen Einblick in das allmähliche Zustandekommen des Psalters und des Buchs der Sprüche. Die Inspiration der Psalmen Davids durch den Geist Gottes wird in 2. Sam 23,2 bezeugt. Die Sprüche Salomos gehören (ähnlich wie etwa Jesus Sirach) zur Weisheitsliteratur Israels, erheben aber ausdrücklich den Anspruch, Weisheit und Erkenntnis zu sein, die auf der Furcht Gottes, das aber heißt: auf dem Wort des HERRN gründet (Spr 1,7; 3,5; 9,10 usw.). Es gibt also schon recht frühe Anzeichen dafür, daß bestimmte Werke kanonische Geltung bekamen.

In den Büchern der Propheten finden wir selten unmittelbare Hinweise auf eine schriftliche Abfassung (Jer 29,1; 36,1 ff. 27 ff.), aber da sie entweder vom jeweiligen Propheten selbst oder von einem Schüler niedergeschrieben sind, liegt ihre Abfassungszeit jedenfalls nicht weit von der Zeit des Wirkens des Propheten entfernt. Die Predigten der Propheten galten – wenn auch manchmal erst nach der Zeit ihres Wirkens – als göttlich inspiriert und ihre Bücher ebenso. Dies wird in den Geschichtsbüchern des AT an einigen Stellen erkennbar. Zudem spielen einige Propheten auf andere an oder zitieren ihre Worte, was bedeutet, daß bestimmte Worte der Propheten damals schon autoritative Gültigkeit hatten und wohl auch schriftlich überliefert waren. So zitiert auch der Chronist einige Prophetenworte, was ein Hinweis darauf wäre, daß diese Prophetenbücher teils vor, teils schon kurz nach dem Exil vorlagen.

Die Zeit der Kanonisierung der Bücher, die im Judentum als »Schriften« (s. o.) zusammengefaßt werden, wird von der kritischen Forschung spät angesetzt. Dies überzeugt jedoch nur teilweise. So gehören zwar Daniel, Ester, Esra und Nehemia in die Spätzeit des AT, aber dies ist auch bei einigen Propheten wie Hesekiel, Haggai, Sacharja und Maleachi der Fall. Andererseits reichen bes. eine Reihe von Psalmen weit in die vorexilische Königszeit zurück. Man sollte also unterscheiden zwischen der Einordnung in die »Schriften« und ihrer Kanonisierung einerseits und der Bedeutung als autoritatives Wort Gottes andererseits.

Bedeutsam ist die Erwähnung des Jeremiabuches unter den Büchern, in denen Daniel forschte (Dan 9,2). Vielleicht deutet dies auf eine Sammlung hl. Bücher z. Zt. des babyl. Exils hin. Auf alle Fälle lagen die meisten der Bücher des hebr. AT-Kanons bereits z. Zt. Esras vor; man kann daher an eine Sammlung der als autoritativ anerkannten Bücher unter Esra denken. Dem werden die jüngsten Bücher des AT wie z. B. der Prophet Maleachi später noch hinzugefügt worden sein. Man darf diese Zusammenstellung nicht zu spät ansetzen, denn wir haben im apokryphen Buch Sirach einen Hinweis darauf, daß um 200 v. Chr. eine Sammlung von hebr. Schriften vorlag, die etwa dem später festgelegten hebr. Kanon entsprach: Jesus Sirach gibt in Kap. 44–49 einen Abriß der isrl. Geschichte, aus dem zu entnehmen ist, daß er nicht nur die fünf Bücher Mose, Josua, Richter, die Samuel- und die Königsbücher kannte, sondern auch Jesaja, Jeremia, Hesekiel, die zwölf kleineren Propheten sowie Nehemia; er zeigt auch Kenntnisse der Psalmen, der Sprüche und des Chronik-Werkes. Wir wissen jedoch nicht, wann diese Sammlung entstanden war. Auch das 1. Makkabäerbuch spricht von »hl. Schriften«, und in 2. Makk 2,13 ff. wird erwähnt, daß Nehemia eine Bibliothek zusammengetragen hat: »die Bücher über die Könige und Propheten, auch die von David und die Briefe der Könige über Weihgeschenke«. Es ist jedoch fraglich, ob man diese Sammlung als kanonisch ansehen kann. Denn spätestens bis zum rabbinischen Konzil von Jamnia (s. o.) blieb die Stellung einiger Bücher unklar.

Bei der Festlegung des verbindlichen palästinischen Kanons schieden die Rabbinen solche Bücher aus, die lediglich in griech. Sprache erhalten oder bekannt waren oder die erst in späterer Zeit entstanden waren. Bei Büchern wie 1. und 2. Makkabäer, Jesus Sirach (Ekklesiastikus), Judit und Tobias war die Tatsache einer späten Abfassung unverkennbar, und sie wurden vom K. ausgeschlossen. Das Danielbuch dagegen wurde in den K. aufgenommen, weil es zu Recht als das Werk eines Propheten aus dem 6. Jh. v. Chr. und damit als inspiriertes Wort Gottes galt.

Die Hauptunterschiede zwischen dem hebr. und dem griech. (dem sog. Alexandrinischen) K. liegen in der Reihenfolge bzw. Einordnung der Bücher und in ihrer Anzahl. Die griech. Übersetzung des AT (Septuaginta, LXX) hat vier Teile gegenüber den drei Teilen des hebr. AT und enthält 13 oder 14 apokryphe Schriften, die keinen Eingang in die hebr. Bibel fanden. Auf den Pentateuch folgen in der LXX die Geschichtsbücher, und an diesen Teil schließt sich eine Sammlung von Poesie und Weisheitsliteratur an, die der ersten Gruppe der »Schriften« im hebr. Kanon entspricht, aber noch weitere Bücher (Weisheit Salomos, Jesus Sirach u. a.) umfaßt. Im vierten Teil der LXX finden sich die späteren Propheten und Daniel, wobei letzterem der gleiche Rang wie der übrigen prophetischen Literatur zugestanden wird.

Die LXX geht also sowohl in der Anordnung der Bücher als auch im Umfang des K. deutlich ihren eigenen Weg. Der hebr. K. wurde wohl spätestens Ende des 1. Jh. n. Chr. endgültig festgelegt; die Hauptlinien lagen schon wesentlich früher fest. Dies wird auch an den Aussagen Jesu über die Einteilung des AT deutlich; in Lk 24,44 verweist er auf das, was von ihm geschrieben steht »im Gesetz des Mose, in den Propheten und in den Psalmen«, wobei die Psalmen für die »Schriften« insgesamt stehen.

Aus vielen Bibelstellen wird deutlich, daß Jesus und seine Jünger die Schriften des AT als autoritatives Gotteswort verstanden haben. Immer wieder bezieht sich Jesus auf das ganze AT oder Teile von ihm mit den Ausdrücken »die Schriften«, »die Schrift«, »das Gesetz«, »das Wort Gottes« u. a. (vgl. Mt 21,42; Lk 4,21; 10,26; Mk 4,14 u. v. a. m.). Das AT war die Bibel Jesu, und die ersten Christen hatten mit den Juden dasselbe Buch als Glaubensgrundlage und erkannten es als Gotteswort an. So schreibt Paulus seinem Mitarbeiter Timotheus, daß dieser »von Kind auf die heilige Schrift« kennt (= das AT), die »von Gott eingegeben« ist (2. Tim 3,15.16).

Die Frage ist jedoch, nach welchem Kanon des AT sich die ersten Christen richteten, ob nach dem hebr. oder nach dem griech. Nun, die ntl. Autoren zitieren sehr oft die LXX, aber nirgends zitieren sie solche Bücher als »Schrift«, die sich nicht im hebr. K. finden. Und aus der Weise, wie Jesus die atl. Schriften einteilt, wird deutlich, daß er sich auf den hebr. und nicht den griech. K. bezog – auch wenn er oft nach dem Wortlaut der LXX zitiert. Dennoch übernahm die christl. Kirche schließlich den griech. K., der bis heute das offizielle und kanon. AT der kath. Kirche darstellt, also einschl. der Apokryphen, wenngleich diese oft als »deutero-kanonisch« bezeichnet werden, um sie von dem ursprünglichen Bücherbestand im Hebr. (bzw. Aram.) zu unterscheiden. Die ev. Kirchen benutzen grundsätzlich den hebr. K. als ihr AT und schreiben den Apokryphen (Luther: »Bücher, so der Hl. Schrift nicht gleichzuachten, aber dennoch gut und nützlich zu lesen sind«) einen untergeordneten Rang zu.

Im NT taucht das griech. Wort *kanon* mehrmals auf (s. o. 1.). Es war für die frühe Kirche sehr naheliegend, diesen Begriff auf den Bestand derjenigen Bücher anzuwenden, die sie als autoritativ erachtete. Der Prozeß der christl. Kanonbildung begann mit der mündlichen Tradition und wurde nach fast 300 Jahren auf dem Konzil von Karthago (397 n. Chr.) entschieden (s. o. 1.). Wichtige Quellen über die Entwicklung des ntl. K. stellen dabei auch die Schriften der sog. »Apostolischen Väter« dar.

Schon im NT selbst finden sich erste Hinweise zur Entwicklung des K. Von einer zunächst mündlichen Tradition, die in dem Wort »Überlieferung« zum Ausdruck kommt (1. Kor 11,2), führte der Weg zu den ersten schriftlichen Aufzeichnungen (Lk 1,3; Apg 20,35; 1. Kor 7,10.12.25). In 1. Kor 15,3.4 meint der Ausdruck »nach der Schrift« das AT und seine Verheißungen auf Jesus, noch nicht die Berichte von Jesu Passion in den Evn. Bedeutsam ist die Bezugnahme auf »die Schrift« in 1. Tim 5,18: Das erste Zitat, das Paulus hier anführt, stammt aus 5. Mose 25,4, das zweite findet sich an keiner Stelle im AT, jedoch in Lk 10,7 – womit Paulus also Lukas als »Schrift« zitiert.

Ob Paulus in 2. Tim 3,15–16 mit der »Schrift«, die Timotheus kennt und die von Gott eingegeben ist, auch ntl. Schriften meint, ist unsicher; sicher aber bezieht sich der 2. Petrusbrief (3,15–16) auf Briefe von Paulus (»alle Briefe«), die er als autoritativ einstuft und zu den »anderen Schriften« zählt. Demnach lag bereits in ntl. Zeit eine Sammlung von Paulusbriefen vor, deren Umfang sich jedoch nicht bestimmen läßt.

In der Diskussion um den ntl. K. sind die jetzigen vier Ev.n nie in Frage gestellt worden.

Als Kriterien im Auswahlprozeß galten: Apostolizität, Übereinstimmung mit der überkommenen Lehre und ein weitverbreiteter Gebrauch der jeweiligen Schrift in der Kirche. Zuweilen entstanden Zweifel wegen der Frage nach der Verfasserschaft eines Werkes. Schwierigkeiten bereitete z. B. der Hebräerbrief, der von einigen Paulus zugeschrieben wurde, aber bei anderen als nicht apostolisch galt. Andererseits galten Lukasev. und Apg. als apostolisch und unbestritten kanonisch, obwohl sie nicht von einem Apostel verfaßt wurden. Andere Bücher sahen sich Widerständen gegenüber, weil sie dem Ethos der frühen Kirche zuwiderliefen; so bereitete der Philemonbrief Schwierigkeiten – wegen seiner Milde gegenüber entlaufenen Sklaven, aber auch weil er an eine einzelne Person und nicht eine Gemeinde gerichtet war; letztlich führten aber die eindeutigen Anzeichen für die Verfasserschaft des Paulus zur Aufnahme in den Kanon. Wieder andere Bedenken spielten bei der Offenbarung des Johannes eine Rolle. Ein Teil der Kirche empfand ein apokalyptisches Buch als eine Art Relikt aus dem Spätjudentum und versuchte die Offb zu ignorieren. Im Endergebnis jedoch empfanden viele Christen sie als hilfreich und gerade als prophet. Buch als so unentbehrlich, daß sie in den K. übernommen wurde. Auch das Ansehen einer bestimmten Gemeinde, die eine bestimmte Schrift unterstützte, spielte eine Rolle für die Aufnahme in den K; so fanden die zunächst umstrittenen Bücher 2. Petrus- und Judasbrief über Rom bzw. Antiochia Eingang in ihn.

Die Kriterien, die damals in der alten Kirche den Ausschlag gaben für die Aufnahme in den ntl. K., haben sich sowohl in der röm.-kath. wie auch in den Kirchen der Reformation als tragfähig erwiesen. Die kath. Kirche hat 1546 in der Sessio IV. des Konzils von Trient die Verbindlichkeit der kanon. Schriften des AT und NT festgestellt – also nicht beschlossen, sondern als vorgegeben festgestellt. Die ev. Kirchen haben Martin Luthers Bedenken, die er in seiner Vorrede zum dt. NT von 1522 im Blick auf die inhaltliche Zweitrangigkeit von Hebr, Jak, Jud und Offb gegenüber den Ev.n und den Paulusbriefen als den »rechten gewissen Hauptbüchern« geltend machte, nicht übernommen. Luther selbst ging auch nie so weit, daß er ihre Entfernung aus dem K. gefordert hätte. Demgemäß stellt das abschließende Bekenntnis der ev.-luth. Kirche, die Konkordienformel von 1580, in ihrem Eingangsartikel die Alleinnormativität »der prophetischen und apostolischen Schriften Alten und Neuen Testamentes« fest. Eine eigentliche Lehre vom Wort Gottes findet sich aber in den Bekenntnissen der Reformationszeit nur in der Confessio Wirtembergica.

KAPERNAUM
Mt 4,13; 8,5; 11,23; 17,24; Mk 1,21; 2,1; 9,33; Lk 4,23.31; 7,1; Joh 2,12; 4,46; 6,17.24.59

KAPERNAUM Stadt am Westufer des Sees Genezareth, an der Straße von der Mittelmeerküste nach Damaskus, mit einem kleinen Fischerhafen. Sie ist von der frühen Römerzeit an bekannt. K. ist einer der am häufigsten in den Evangelien erwähnten Orte. Jesus ging von Nazareth nach K., »das am See liegt im Gebiet von Sebulon und Naftali« (Mt 4,13), und fand dort seine ersten Jünger: Petrus, Andreas und die beiden Söhne des Zebedäus (Mt 4,18–22). Dort lehrte er auch in der Synagoge (Joh 6,24–59) und ließ Petrus im Maul eines Fisches die Münze zur Bezahlung der Tempelsteuer finden (Mt 17,24–27). Er wohnte im Haus des Petrus, heilte die Kranken und lehrte (Mk 1, 21.29–34; Lk 2,1–12; 4,31.38–41). Nachdem er K. verlassen hatte, verurteilte er es zus. mit den anderen Städten Galiläas, die seinen Ruf zur Umkehr nicht angenommen hatten (Mt 11,23; Lk 10,15).

In späteren jüd. Quellen wird K. als Sitz von *minim* (»Sektierern«) bezeichnet, was sich vielleicht auf die Zeit Jesu beziehen kann. Im 4. Jh. war die Bevölkerung der Stadt fast ausschließlich jüdisch. Die erste christl. Gemeinde bildete sich um 352 n. Chr. um den Judenchristen Joseph und erbaute am Ort des Hauses des Petrus eine Kirche.

Detail der Steinverzierungen in der Synagoge von Kapernaum: Weintraube und fünfeckiger Stern.

Säulen mit korinthischen Kapitellen, Synagoge von Kapernaum.

(rechts) Die rekonstruierte Synagoge von Kapernaum.

Ausgrabungen haben eine Synagoge freigelegt, die als das kunstvollste Beispiel des frühen, hauptsächlich in Galiläa gefundenen Synagogentyps gilt. Das Gebäude ist von Norden nach Süden ausgerichtet, steht auf einem Podium und ist im Gegensatz zu den schwarzen Basalthäusern der Umgebung aus sauber behauenem Kalkstein gebaut. Sie ist zwei Stockwerke hoch, 20 m lang und besitzt im Osten eine Vorhalle. Drei Portale führen von dieser in die eigentliche Synagoge, die durch Säulenreihen in ein breites Mittelschiff und zwei schmale Seitenschiffe gegliedert ist. Eine weitere Säulenreihe gegenüber dem Eingang verbindet die beiden Längsreihen. Entlang den Seitenschiffen sind Steinbänke angeordnet, und es besteht kein fester Platz für den Thoraschrein. Die Synagoge zeichnet sich durch reiche Steinverzierungen aus, die stilisierte Pflanzen, Früchte, geometrische Motive, Tiere und sogar mythologische Figuren darstellen. Der architektonische Stil, die Verzierungen und zwei Widmungsinschriften in Aramäisch und Griechisch weisen auf eine Bauzeit zwischen dem ausgehenden 2. und dem beginnenden 3. Jh. hin.

Aus der byz. Zeit stammt eine achteckige Kirche mit einem vielfarbigen Mosaikboden. Die Ausgrabungen unter dieser Kirche haben Häuser des

Ausgrabungen des Dorfes der römischen und byzantinischen Zeit östlich der Synagoge von Kapernaum.

1. Jh. n. Chr. freigelegt, die im 2. und 3. Jh. als Gottesdienstraum gedient haben. Teilweise wird vermutet, daß eines der Häuser das des Petrus war, neben dem die Synagoge, die in den Evangelien erwähnt wird, stand.

KAPPA-DOZIEN Apg 2,9; 1. Petr 1,1

KAPPADOZIEN Region in Kleinasien, die unter Tiberius röm. Provinz wurde. Nach dem Bericht vom Pfingstwunder scheinen die Kappadozier eine eigene Sprache oder Dialekt besessen zu haben. Der erste Brief des Apostels Petrus ist u. a. an Christen in K. adressiert. Jüd. Gemeinden bestanden in K. wohl seit dem 2. Jh. v. Chr. (1. Makk 15,22).

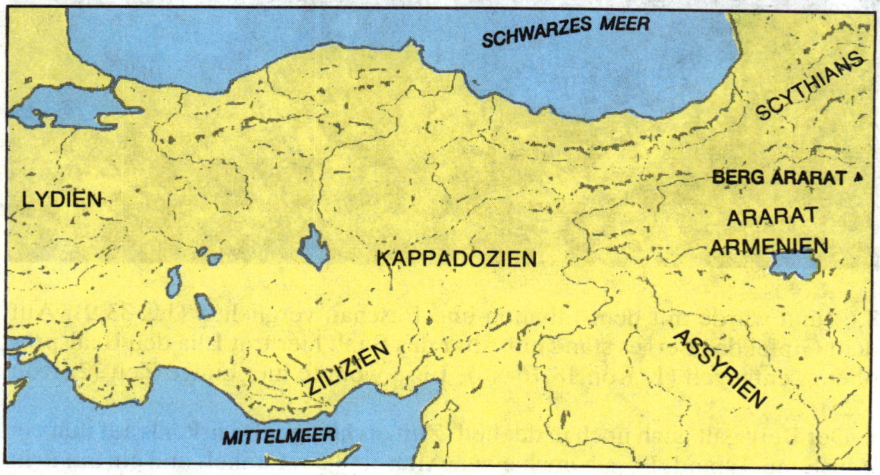

(links) Kappadozien.

Münze aus Cäsarea in Kappadozien, Abbildung des Berges Argäus. 2. Jh. n. Chr.

KAREACH Jer 40,8.13.15–16; 41,11.13–14.16; 42,1.8; 43,2.4–5

KAREACH (»glatzköpfig«). Vater Johanans und Jonatans, Hauptleuten des Heers z. Zt. Jeremias, die der Deportation durch Nebukadnezar entgingen.

KARKA Jos 15,3

KARKA Stadt oder Ort nahe Azmon, an der Südgrenze des dem Stamme Juda zugesprochenen Gebietes. Sie wird nur einmal erwähnt, die Lokalisierung ist unbekannt.

KARKAS Est 1,10

KARKAS Einer der sieben Kämmerer, die vor dem König Ahasveros dienten (s. ABAGTA).

KARKE-MISCH 2. Chr 35,20; Jes 10,9; Jer 46,2

KARKEMISCH Wichtige Stadt der Hetiter am rechten Ufer des Euphrat in Nordsyrien, mit Jarablus identifiziert. Sie wird unter den von Thutmosis III. eroberten Städten erwähnt. In der Zeit Ramses II. war sie an der Schlacht bei Kadesch am Orontes beteiligt. Tiglat-Pileser I. verwüstete die Stadt, Assurnasirpal II. eroberte sie später und legte ihr einen hohen Tribut auf. Auch unter Salmanassar III. war K. tributpflichtig. Z. Zt. Sargons II. versuchte es vergebens, sich zu befreien. Die Einwohner wurden deportiert und andere an ihrer Stelle angesiedelt (717 v. Chr.). Trotz der Beherrschung durch Assyrien blieb K. ein wichtiges Handelszentrum. Unter den Assyrern diente es als Provinzhauptstadt. Z. Zt. Josias von Juda zog Pharao Necho nach K., um den Assyrern gegen die Babylonier und Meder beizustehen (2. Chr 35,20), wurde aber vier Jahre später (605 v. Chr.) nahe seinen Mauern von Nebukadnezar besiegt (Jer 46,2). Diese Schlacht entschied das Schicksal Westasiens.

KARKOR Ri 8,10

KARKOR Stadt am Ostufer des Jordans; der Ort von Gideons Sieg über Sebach und Zalmunna, die Könige der Midianiter. Die heutige Lage ist unbekannt.

Trompeter, Detail eines hetitischen Basrelief aus Karkemisch. 9.–8. Jh. v. Chr. (Hetiter-Museum, Ankara)

KARMEL, BERG 12,22; 19,26; 1. Kön 18, 19–20.42; ön 2,25; 4,25; 2. Chr 26,10; Hld 7,6; :s 33,9; 35,2; 46,18; 50,19; Am 1,2; 9,3; Nah 1,4

KARMEL, BERG Bergkette, die nordwestliche Verlängerung der Berge Samariens, bis zu 546 m ü. d. M. hoch. Der K. war die Südgrenze des Gebietes von Asser (Jos 19,26) und die westliche Grenze der Jesreel-Ebene (1. Kön 18,42–46). Zu seinen Füßen fließt der Bach (Fluß) Kischon (1. Kön 18,40). Steil zum Mittelmeer abfallend, läßt der K. nur einen schmalen Küstenstreifen frei (Jer 46,18), und seine Klippen und Schluchten sind voll von zahlreichen Höhlen, von denen einige in vorgeschichtlicher Zeit bewohnt waren. Der größere Teil des K. ist mit fruchtbarer Erde und reicher Vegetation bedeckt. Er war als Symbol der Schönheit bekannt (Jes 35,2; Hld

Höhle am Berg Karmel.

(rechts) Landschaft am Berg Karmel.

7,6) und wurde mit dem Libanon und Baschan verglichen (Jes 33,9). Auf dem Gipfel des Berges stand ein Altar des Baal; hier trat Elia den Baalspropheten entgegen (1. Kön 18,16–46). Elisa wohnte hier einige Zeit (2. Kön 4,25).

Der Berg galt auch noch in der hell. Zeit als heiliger Bezirk, als auf ihm ein Zeustempel stand. Es gab auch einen Altar und ein Orakel, und ein auf dem Berg gefundenes Inschriftenfragment erwähnt den Kult des Zeus Heliopolitanus. Der Tradition nach stand der Baalsaltar z. Zt. Ahabs und Isebels am südöstlichen Ende des Berges.

Blick auf die Überreste von Karmel in den judäischen Bergen, südlich von Hebron.

KARMEL, KARMELITER, KARMELITERIN Stadt im judäischen Bergland (Jos 15,55), wo Saul nach seinem Sieg über die Amalekiter ein Siegeszeichen aufrichtete (1. Sam 15,12). Nabal schor seine Schafe in K., als Davids Botschafter ankamen. Seine Frau Abigajil, die hier geboren war, begab sich zu David, um ihn zu besänftigen (1. Sam 25,2 ff.; 27,3). Hezro, einer von Davids »Helden«, kam aus K. (2. Sam 23,35).

KARMEL, KARMELITE KARMELITERIN
Jos 15,55;
1. Sam 15,12; 25,2.7.40; 27, 30,5.29;
2. Sam 2,2; 3, 23,35;
1. Chr 3,1; 11,37

KARMI

1. Der vierte Sohn Rubens (1. Mose 46,9), der mit seinem Vater nach Ägypten ging (1. Mose 46,8) und nach der von Mose durchgeführten Volkszählung der Ahnherr der Karmiter war (4. Mose 26,6).

2. Einer der Söhne Judas (1. Chr 4,1), der Vater Achans (1. Chr 2,7) (s. ACHAN).

KARMI 1
1. Mose 46,9;
2. Mose 6,14;
4. Mose 26,6;
1. Chr 5,3
KARMI 2
Jos 7,1.18;
1. Chr 2,7; 4,

KARMITER 4. Mose 26,6

KARMITER Aus der Familie Karmis (1).

KARNAJIM Am 6,13

KARNAJIM Hauptstadt von Baschan während der aram. und assyr. Herrschaft. Nach dem Niedergang des benachbarten Aschtarot übernahm es dessen Namen und wurde als Aschtarot Karnajim bekannt. In der hell. Zeit wurde es Karnein genannt. Es wird mit dem heutigen Scheich Saad, nordöstlich von Aschtarot, identifiziert, wo eine Inschrift mit dem Namen Ramses II. gefunden wurde.

KARPUS 2. Tim 4,13

KARPUS (»Frucht«). Ein Mann in Troas, bei dem Paulus einen Mantel gelassen hatte. Paulus bat Timotheus, ihm diesen mitzubringen.

KARSCHENA Est 1,14

KARSCHENA Einer der sieben Fürsten der Perser und Meder, die »obenan saßen im Königreich«. Mit ihnen beriet sich Ahasveros, als Königin Wasti gegen seinen Befehl nicht vor ihm erscheinen wollte.

KARTA Jos 21,34

KARTA Stadt im Gebiet Sebulons, die später den Leviten der Familie Merari gegeben wurde. Die heutige Lage ist unbekannt.

KARTAN Jos 21,32

KARTAN Stadt im Gebiet Naftalis, die später den Leviten der Familie Gerschon gegeben wurde. Allgemein als anderer Name für Kirjatajim betrachtet.

KASIFJA Esr 8,17

KASIFJA Eine der Städte, in denen die Deportierten aus Juda z. Zt. der Rücksiedlung aus Babylonien wohnten. Als Esra Leviten als Tempeldiener suchte, sandte er Botschafter »zu Iddo, dem Vorsteher in K., damit sie uns Diener für das Haus unseres Gottes holten«. Die heutige Lage ist unbekannt, wahrscheinlich ist die Stadt im südlichen Mesopotamien zu suchen.

KASLUHITER 1. Mose 10,14; 1. Chr 1,12

KASLUHITER Einer der Söhne Mizrajims (Ägypten), des Sohnes Hams, des zweiten Sohnes von Noah. Der Name ist unklar und läßt sich nicht mit einem der bekannten antiken Völker identifizieren.

KASSIA Siehe GEWÜRZE UND PARFÜME.

KATAN Esr 8,12

KATAN (»der Kleine«). Ein Mann aus der Familie Asgad, Vater Johanans, der mit Esra aus dem babyl. Exil zurückkehrte.

KATTAT Jos 19,15

KATTAT Stadt, die bei der Aufteilung des Landes Kanaan an den Stamm Sebulon fiel. Die heutige Lage ist unbekannt.

KAUDA Apg 27,16

KAUDA Eine kleine Insel bei Kreta, wo das Schiff, das Paulus als Gefangenen nach Rom führte, während eines Sturmes vergeblich Zuflucht suchte.

KEBAR, FLUSS KEBAR Hes 1,1.3; 3,15.23; 10,15.20.22; 43,3

KEBAR, FLUSS KEBAR Einer der Hauptzuflüsse des Euphrat. Er floß durch eine dicht mit Deportierten aus Juda (Babyl. Exil) besiedelte Gegend. Hier hatte Hesekiel zahlreiche seiner Visionen, und die Gegend wird mehrfach von ihm erwähnt (Hes 3,15).

Heute wird der Fluß in seinem Oberlauf Schat el Nil, in seinem Unterlauf Schat el Kar genannt. Er ist seit Generationen ausgetrocknet. In früheren Zeiten wurde das Wasser für Bewässerungszwecke genutzt, wie oft in babyl. Dokumenten erwähnt.

KEDAR 1 1. Mose 25,13; 1. Chr 1,29 KEDAR 2 KEDARITER Ps 120,5; Hld 1,5; Jes 21,16–17; 42,11; 60,7; Jer 2,10; 49,28; Hes 27,21

KEDAR, KEDARITER

1. Der zweite Sohn Ismaels.

2. Ein arab. Stamm oder Bund nomadischer Stämme in der syr.-arab. Wüste, die Schafe, Ziegen und Kamele züchteten (Jes 60,7; Jer 49,28.32; Hes 27,21). Die Kedariter lebten in Zelten (Ps 120,5; Hdl 1,5; Jer 49,28.29) oder Dörfern (Jes 42,11).

Die Bibel enthält nur wenig Informationen über die K., dagegen werfen andere alte Quellen mehr Licht auf sie. Assyr. Quellen (hauptsächlich des 8. Jh. v. Chr.) nennen bestimmte arab. Könige als Könige von K.

Die Stele Tiglat-Pilesers III. (737 v. Chr.) erwähnt die Kedariter als eines der ihm Tribut zahlenden Völker. 691–689 v. Chr. kämpfte Sanherib bei Duma in Arabien gegen König Hasaël von K. 653 v. Chr. unternahmen die K. unter der Führung Jutas, des Sohnes Hasaëls, Raubzüge nach Transjordanien und Syrien, wurden aber von den an der Grenze vom Libanon zu Edom stationierten Truppen der Moabiter und der Assyrer zurückgeschlagen. 652–646 v. Chr. übten die K. zus. mit den Söhnen Nebajots, des ersten Sohnes Ismaels, (1. Mose 25,13) u.a. Nomadenstämmen Druck auf die Westgrenzen des Assyrerreiches aus. Dies führte zum Feldzug des assyr. Königs gegen ein arab. Bündnis (645 v. Chr.). Der Sieg Nebukadnezars über die arab. Stämme wird bei Jeremia erwähnt (Jer 49,28).

Der König von Assyrien kämpft gegen die Kedariter. Relief des 7. Jh. v. Chr.

Mit dem Zerfall des transjordanischen Königreiches in der ersten Hälfte des 6. Jh. v. Chr. drangen die K. u. a. arab. Stämme in das besiedelte Land ein. Im 8.–5. Jh. v. Chr. erstreckte sich das Gebiet der K. über die gesamte syr. Wüste und den nördlichen Sinai, von Westbabylon bis zu den Grenzen Ägyptens. Die letzte Erwähnung der K. stammt vom Ende dieser Zeit; bei Plinius (*Nat. Hist.* V. 65) leben sie zus. mit den Nabatäern in Nordarabien.

KEDEMOT Ort im Gebiet Rubens (Jos 13,18), eine der levitischen Merari-Sippe zugeteilten Städte (Jos 21,37; 1. Chr 6,64). Aus der Wüste von Kedemot sandte Mose Botschafter zu Sihon, dem König von Heschbon, um die Erlaubnis zum Passieren seines Landes zu erhalten (5. Mose 2,26). Die heutige Lage ist unbekannt, muß aber nördlich des Arnon an der Grenze der Wüste zu suchen sein.

KEDEMOT
5. Mose 2,26; Jos 13,18; 21,37; 1. Chr 6,64

KEDESCH

1. Kanaaniterstadt in Galiläa, im Gebiet von Naftali, deren Herrscher unter den 31 von Josua besiegten Königen war (Jos 12,22). Um sie von anderen gleichnamigen Städten zu unterscheiden, wurde sie »Kedesch in Galiläa auf dem Gebirge Naftali« genannt (Jos 20,7). Sie wurde dem Stamm Levi als Freistadt zugeteilt (Jos 21,32). Die Stadt wurde von Tiglat-Pileser III. von Assyrien erobert, die Einwohner verbannt. K. wird noch in der hell. Zeit erwähnt, und Josephus kannte es unter einem anderen Namen als ein Dorf im Gebiet von Tyrus (*Antiqu.* II, 459, IV, 104–105). Die Gegend wird mit Tell Kades, 19 km nördlich von Safed, identifiziert. Dort bestehen zwei

KEDESCH 1
Jos 12,22; 20,7; 21,32; 2. Kön 15,29; 1. Chr 6,61

Ruinen eines römischen Tempels bei Kedesch in Galiläa.

KEDESCH 2 Ri 4,6.9–11
KEDESCH 3 Jos 15,23; 19,37
KEDESCH 4 1. Chr 6,57

alte Siedlungshügel, von denen einer seit dem 3. Jt. v. Chr. und bis zum Ende der isrl. Periode bewohnt war.

2. Kedesch in Naftali, der Sitz Baraks, des Sohnes Abinoams. Identifiziert mit Khirbet Kedisch nahe beim See Genezareth.

3. Ort im südöstlichen Juda, an den Grenzen Edoms. Nicht identifiziert.

4. Stadt in Issachar, die den Söhnen Gerschons gegeben wurde.

KEDMA 1. Mose 25,15; 1. Chr 1,31

KEDMA (»nach Osten«). Einer der zwölf Söhne Ismaels und der Name eines arab. Stammes.

KEDOR-LAOMER 1. Mose 14,1.4–5.9.17

KEDOR-LAOMER Der Herrscher von Elam, der einen Bund von vier Königen gegen die Könige von Sodom und Gomorra und deren Bundesgenossen anführte. Nach seinem Sieg waren diese 12 Jahre lang tributpflichtig (1. Mose 14,1.4). Dann rebellierten sie gegen ihn und wurden erneut unterworfen. Der siegreiche K. nahm dabei auch Abrams Neffen Lot gefangen. Darauf sammelte Abram (Abraham) seine Streitmacht, verfolgte den Gegner bis vor Damaskus und schlug K. und dessen Verbündete.

KEFAR-AMMONI Jos 18,24

KEFAR-AMMONI Eine der Städte, die bei der Teilung des Landes Kanaan an den Stamm Benjamin fielen. Möglicherweise der Geburtsort Zeleks, des Ammoniters, eines der »Helden« Davids (1. Chr 11,39). Die heutige Lage ist unbekannt.

KEFIRA Jos 9,17; 18,26; Esr 2,25; Neh 7,29

KEFIRA Eine der vier Städte der Hiwiter, die von Josua verschont wurden, weil sie mit List einen Bund mit den Israeliten eingegangen waren (Jos 9,17). Sie ging bei der Aufteilung des Landes Kanaan an den Stamm Benjamin (Jos 18,26). Die Stadt lag nordwestlich von Jerusalem und wird gewöhnlich mit dem heutigen Khirbet Kefire (nördlich des alten Kirjat-Jearim) identifiziert. Unter den aus Babylon Zurückkehrenden waren 743 Männer aus Kirjat-Jearim, Kefira und Beerot (Esr 2, 25; Neh 7, 29).

Blick auf Khirbet Kefire, das am Ort des alten Kefira liegen soll.

KEHAT 1. Mose 46,11; Mose 6,16.18; Mose 3,17.19. 27.29; 4,2.15; 7,9; 16,1; 26,57–58; os 21,5.20.26; . Chr 5,27–28; 6,1.3.18.46. 51.52; 15,5; 23,6.12; 2. Chr 20,19; 29,12

KEHAT Zweiter Sohn Levis, Bruder Gerschons und Meraris (1. Mose 46,11; 2. Mose 6,16; 4. Mose 3,17; 1. Chr 5,27; 6,1.18; 23,6) und Gründer der Familie der Kehatiter (4. Mose 3,27). Er war der Vater Amrams, Hizhars, Hebrons und Usiëls (2. Mose 6,18; 4. Mose 3,19; 1. Chr 5,28; 6,3; 23,12) und der Großvater Aarons, Moses und Mirjams (2. Mose 6,18.20; 4. Mose 26, 58–59). Er starb im Alter von 133 Jahren (2. Mose 6,18).

KEHATITER Mose 4,18.34. 10,21; 26,57; Jos 21,4.10; Chr 6,39; 9,32; 2. Chr 34,12

KEHATITER Eine Familie von Leviten. Mit den Mitgliedern Aaron, Mose und Mirjam die wichtigste der von Levi abstammenden Familien. Bei der von Mose in der Wüste vorgenommenen Volkszählung hatten die vier Geschlechter der K. 8600 männliche Mitglieder (4. Mose 3,27–28), davon 2750 im Alter von 30 bis 50 Jahren, die zum Dienst an der Stiftshütte berechtigt waren (4. Mose 4,1–3.34–37). In der Wüste lagerten sie an der Südseite der Stiftshütte (4. Mose 3,29). Sie waren verantwortlich für die Bundeslade, Tafeln, Lampen, Altäre, Gefäße des Heiligtums und die Decken. Die K. waren ganz nahe am Heiligtum Gottes, durften aber unter Todesstrafe die heiligen Geräte nicht berühren, bevor diese von den aaronitischen Priestern vorschriftsmäßig zugedeckt waren (4. Mose 4,4–15.17–20; 7,9).

Die Kehatiternachfahren Aarons erhielten von den Stämmen Juda, Simeon und Benjamin 13 Städte. Die übrigen K. erhielten von Ephraim, Dan und dem halben Stamm Manasse 10 Städte (Jos 21,4–5.9.26; 1. Chr 6,39–46). David befahl 120 K. unter der Führung Uriëls, die Bundeslade nach Jerusalem zu bringen (1. Chr 6,18; 15,5).

Als Hiskia die Reform des Gottesdienstes einführte, standen ihm zwei K., Mahat und Joel, bei. Unter Josia überwachten die K. Secharja und Meschullam die Arbeit der Leviten bei der Wiederherstellung des Tempels. Nach dem Exil waren die K. zur Bereitung der Schaubrote am Sabbat bestellt (1. Chr 9,32). Das Geschlechtsregister der Nachkommen Kehats in 2. Mose 6,20–24 unterscheidet sich von dem in 1. Chr 23,12–20.

KEHELATA Ein Lagerplatz der Israeliten auf dem Weg ins gelobte Land, zwischen Rissa und dem Gebirge Schefer. Vielleicht ein anderer Name für Makhelot.

KEHELATA
4. Mose
33,22–23

Keïla östlich von Bet-Gubrin.

KEÏLA Befestigte Stadt im Hügelland (Jos 15,44; 1. Sam 23,7). In den Briefen von El-Amarna wird erwähnt, daß ihr König mit den Habiru kooperierte. David rettete die Stadt vor den Philistern (1. Sam 23,1–8), mußte sie aber verlassen (1. Sam 23,12–13). Z.Zt. Rehabeams wurde sie von Pharao Scheschonk (Schischak) erobert. Z.Zt. der Rückkehr aus Babylonien wurde sie in zwei Teile mit zwei Vorstehern geteilt (Neh 3,17–18). In röm. Zeit war K. ein Dorf und hieß Kela. Die Stadt wird identifiziert mit Khirbet Kila östlich von Bet-Gubrin.

KEÏLA
Jos 15,44;
1. Sam 23,
1–8.10–13;
1. Chr 4,19;
Neh 3,17

KELACH Assyr. Stadt. Nach 1. Mose 10,11 von Nimrod erbaut, der auch Ninive und Rehobot-Ir baute. Im Assyrischen wird sie Kalhu genannt. Sie

KELACH
1. Mose
10,11–12

Elfenbeinschnitzerei des 8. Jh. v. Chr. aus Nimrod (Kelach), eine Frau am Fenster darstellend (British Museum).

bestand bereits z. Zt. Hammurabis (zweite Hälfte des 18. Jh. v. Chr.). Assurnasirpal I. schreibt ihre Erbauung Salmanassar I. zu (um 1300 v. Chr.), was wohl bedeutet, daß dieser sie wiedererbaute und zu seiner Hauptstadt machte. Seit dieser Zeit diente K. zus. mit Assur und Ninive als eine der Hauptstädte des Königreiches.

K. lag am Zusammenfluß des Großen Zab und des Tigris (Hiddekel) und wird mit Nimrod gleichgesetzt. Das größte seiner Gebäude war die aus Ziegeln gebaute, mit Steinen verkleidete und 40 m hohe Ziggurat. Ausgrabungen haben die Paläste der Könige der neuassyr. Periode freigelegt. Die Palastwände waren mit Reliefs und Malereien bedeckt. In den Räumen fand man Beutestücke aus Juda und Israel, darunter eine reiche Sammlung von Elfenbeingegenständen. Andere wichtige Funde sind der Palast Esarhaddons und der Obelisk Salmanassars III. Die Stadt war von einer Mauer mit 108 Türmen umgeben und schloß eine Fläche von 24 ha ein.

KELAJA Esr 10,23

KELAJA Einer der Leviten, die eine fremde Frau genommen hatten und unter Esra gezwungen wurden, diese zu verstoßen. Sein aram. Name war Kelita. Der Name erscheint auf einem hebr. Siegel des 7. oder 6. Jh. v. Chr.

KELAL Esr 10,30

KELAL Einer der Söhne Pahat-Moabs, die eine fremde Frau genommen hatten und unter Esra gezwungen wurden, diese zu verstoßen.

KELITA 1 Esr 10,23 **KELITA 2** Neh 8,7; 10,11

KELITA

1. Der aram. Name des oben erwähnten Kelaja.

2. Ein Levit, der das von Esra vorgelesene Gesetz auslegte (Neh 8,7) und die Abmachung, es zu halten, besiegelte (Neh 10,11).

KELUB 1 1. Chr 4,11 **KELUB 2** 1. Chr 27,26

KELUB

1. Bruder Schuhas und Vater Mehirs im Geschlechtsregister Judas. Bedeutet möglicherweise Kaleb.

2. Vater des Esri, der unter König David über die Ackerleute gesetzt war.

KELUHI Esr 10,35

KELUHI Ein Sohn des Bani, der eine fremde Frau genommen hatte und unter Esra gezwungen wurde, diese zu verstoßen.

KEMOSCH 4. Mose 21,29; Ri 11, 24; . Kön 11,7.33; 2. Kön 23,13; Jer 48,7.13.46

KEMOSCH Der Hauptgott der Moabiter, die auch als das »Volk des Kemosch« bekannt waren (4. Mose 21,29). Er mag der Gott gewesen sein, dem Mescha, König von Moab, seinen Sohn opferte (2. Kön 3,27). Sein Name erscheint auch in der Stele des Mescha. Salomo baute seinen fremden Frauen zuliebe »auf dem Berge, der vor Jerusalem liegt, K., dem greulichen Götzen der Moabiter« einen Altar (1. Kön 11,7), wodurch er den Zorn Gottes auf sich lud (1. Kön 11,33). Etwa 400 Jahre später zerstörte König Josia diesen Altar zus. mit denen anderer Götzen (2. Kön 23,13). In seiner Weissagung gegen Moab prophezeit Jeremia: »K. muß gefangen wegziehen« (Jer 48,7), und: »Moab soll über dem K. zuschanden werden« (Jer 48,13).

KEMUËL 1 1. Mose 22,21 **KEMUËL 2** 4. Mose 34,24 **KEMUËL 3** 1. Chr 27,17

KEMUËL

1. Der Sohn Nahors und Vater Arams.

2. Der Sohn Schiftans und Fürst des Stammes der Söhne Ephraim (4. Mose 34,24), der zus. mit anderen Fürsten von Mose ernannt wurde, das Land Kanaan unter den Israeliten zu teilen.

3. Ein Levit, Vater Haschabjas, ein Zeitgenosse König Davids.

ENAANA 1 1. Chr 7,10 **ENAANA 2** Kön 22,11.24; Chr 18,10.23

KENAANA (»Mann aus Kanaan«?).

1. Sohn Bilhans, des Sohnes Jediaëls im Geschlechtsregister der Familie Benjamin.

2. Vater Zedekias, des falschen Propheten z. Zt. Ahabs von Israel.

KENAN 1 1. Mose 5, 9.12–14; 1. Chr 1,2; Lk 3,37 **KENAN 2** Lk 3,36

KENAN

1. Sohn Enoschs, des Enkels Adams; er lebte 910 Jahre und zeugte mehrere Söhne und Töchter, darunter Mahalalel.

2. Sohn Arpachschads und Vater Schelachs; er erscheint im Stammbaum Jesu.

KENANI Neh 9,4

KENANI (»Mann aus Kanaan«?). Einer der Leviten z. Zt. des großen Fastens unter Nehemia.

ENANJA 1 Chr 15,22.27

KENANJA

1. Ein Oberster der Leviten und Chordirigent z. Zt. König Davids (1. Chr 15,22).

2. Ein Jizhariter, der z. Zt. König Davids zus. mit seinen Söhnen als Amtmann und Richter bestellt war (1. Chr 26,29).

KENANJA 2
1. Chr 26,29

KENAS, KENASITER Eines der nichtisrl. Völker, die z. Zt. der Erzväter das südliche Kanaan bewohnten (1. Mose 15,19). Ihr Ahnherr Kenas erscheint als Sohn Elifas, des ältesten Sohnes Esaus (1. Mose 36,11; 1. Chr 1,36), und als einer der zwölf Stammesfürsten von Edom (1. Mose 36,15.42; 1. Chr 1,53). Die Sippe Kalebs, eine wichtige Kenasiterfamilie (4. Mose 32,12), eroberte Hebron (Jos 14,6.12–14) und bekam nach Gottes Befehl an Josua ihren Landanteil in der Mitte von Juda (Jos 15,13). Ein Sohn des Kenas, Otniël, eroberte Debir (Kirjat-Sefer) und heiratete Kalebs Tochter (Jos 15,17; Ri 1,13). Sein Bruder Seraja war der Stammvater einer Sippe von Zimmerleuten (1. Chr 4,13–14).

KENAS, KENASITER
1. Mose 15,19; 36,11.15.42; 4. Mose 32,12; Jos 14,6.14; 15,17; Ri 1,13; 3,9.11; 1. Chr 1,36.53; 4,13.15

KENAT Stadt in Baschan, die von Nobach erobert wurde, der ihr seinen Namen verlieh (4. Mose 32, 42). Sie wurde aber weiterhin K. genannt (1. Chr 2, 23) und wird als solche unter den Städten erwähnt, die die Geschuriter und Aramäer von den Israeliten einnahmen.

K. wird von den meisten Gelehrten mit Kanawat, 7 km nordwestlich von es-Suweide, identifiziert. (S. auch NOBACH.)

KENAT
4. Mose 32,42; 1. Chr 2,23

KENCHREÄ Ein ägäischer Hafen, 11 km östlich von Korinth. Paulus ließ sich dort aufgrund seines Nasiräergelübdes sein Haupt scheren. Die Diakonin Phöbe war in der Gemeinde von K. tätig.

KENCHREÄ
Apg 18,18; Röm 16,1

KENITER In einigen semit. Sprachen bedeutet Keniter »Schmied«. Dies ergibt sich auch aus 1. Mose 4, 22: »Tubal-Kain; von dem sind hergekommen alle Erz- und Eisenschmiede«. In 2. Sam 21, 16 steht das hebr. *keino* für den Speer oder vielleicht für metallene Waffen überhaupt. Es scheint, daß Tubal-Kain mit Tubal, einem in der Bibel genannten Volk, zu identifizieren ist (Hes 27,13). Es ist auch aus assyr. Quellen bekannt, in denen seine Angehörigen als Erzeuger von Metallobjekten und Kupferhändler in Kleinasien erwähnt werden.

KENITER
1. Mose 15,19; 4. Mose 24,21; Ri 1,16; 4, 11.17; 5,24; 1. Sam 15,6; 27,10; 30,29; 1. Chr 2,55

Moses Schwiegervater war ein Keniter (Ri 1,16). Die K. waren mit den Midianitern verwandt und zogen in Midian, Edom, Amalek, im Sinai, Negeb und im nördlichen Palästina umher. In einem Spruch Bileams gibt es einen Hinweis auf die Felsenwohnungen der K. (4. Mose 24,21) unweit von Punon, einem der wichtigsten Kupfervorkommen.

Nach der Eroberung von Kanaan ließen sich die eng mit dem Stamm Juda verbundenen K. im Negeb nieder (Ri 1,16), südlich von Arad, und ein Teil dieser Region wurde nach ihnen »Südland der K.« genannt (1. Sam 27,10). Saul forderte sie auf, sich vor seinem Angriff auf die Amalekiter, zu deren Stammesverband sie also gehört haben müssen, von diesen zu trennen (1. Sam 15,6). Einige K. ließen sich in den Städten nieder und erhielten von David einen Teil der Beute, als er nach Ziklag kam (1. Sam 30,26–29). Es scheint also, daß die K. zus. mit anderen halbnomadischen Stämmen im Süden des Landes wohnten und eine Art Monopol auf den Kupferbergbau und die Herstellung von Kupferwaren besaßen. Eine seltene Bestätigung ihrer Anwesenheit in dieser Region liefert eine kürzlich in Arad entdeckte hebr. beschriftete Tonscherbe, die den Ort Kina erwähnt.

KEPHAS Siehe PETRUS.

KEPHAS
Joh 1,42; 1. Kor 1,12; 3 22; 9,5; 15,5; Gal 2,9

KERAN Der vierte Sohn Dischons, eines Nachkommens Seïrs des Horiters; einer der Fürsten Edoms im Geschlechtsregister Esaus.

KERAN
1. Mose 36,26 1. Chr 1,41

KEREN-HAPPUCH (»Ein Glanz von Augenfarbe«). Die jüngste der drei schönen Töchter Hiobs, die nach der Wendung seines Geschicks geboren wurden.

KEREN-HAPPUCH
Hiob 42,14

KERIJOT

1. Stadt in Juda (Jos 15,25). Möglicherweise stammt Judas Iskariot (»der Mann von Kariot«) aus dieser Stadt. Man hat eine Identifizierung mit Khirbet el-Kariatein nördlich von Arad vorgeschlagen.

KERIJOT 1
Jos 15,25

2. Stadt in Moab (Jer 48,24), die auf der Stele Mescha, des Königs von Moab, als Kultort des Gottes Kemosch erwähnt wird. Identifiziert mit el-Kureijat, nordwestlich von Dibon.

KERIJOT 2
Jer 48,24; Am 2,2

KEROS
Esr 2,44; Neh 7,47

KEROS Familie von Tempelsklaven (»Netinim«) aus der Zeit nach dem babyl. Exil. Der Name wird auch auf beschrifteten Tonscherben von Arad aus der Zeit des ersten Tempels erwähnt.

KERUB-ADDON
Esr 2,59; Neh 7,61

KERUB-ADDON Unter den nach Jerusalem zurückkehrenden Exulanten aus Babylon wurden einige vom Priestertum ausgeschlossen, weil sie ihre Abstammung nicht schriftlich belegen konnten (Esr 2,59.62). Darunter waren auch die Familien, die in Babylonien in Kerub-Addon gesiedelt hatten.

KESALON
Jos 15,10

KESALON Stadt im Gebiet des Stammes Juda. Sie lag im Nordwesten des Stammesgebiets, an der Grenze zu Dan, auf dem Gebiet des heutigen Kisla, westlich von Jerusalem.

Blick auf die Gegend um Kesalon westlich von Jerusalem.

KESED
1. Mose 22,22

KESED Das vierte der Kinder Nahors, des Bruders Abrahams, und seiner Frau Milka. Er wird als Ahnherr der Chaldäer betrachtet.

KESIB
1. Mose 38,5

KESIB Der Ort, wo Schua, die Frau Judas, ihren dritten Sohn Schela gebar. Meist als anderer Name für Achsib interpretiert.

KESIL
Jos 15,30

KESIL Stadt im Gebiet des Erbteils des Stammes Juda, zwischen Eltolad und Horma (Jos 15,20.30). Sie soll nach Meinung der Gelehrten im südlichen Judäa liegen. Möglicherweise ein anderer Name für Betul bzw. Betuël (Jos 19,4; 1. Chr 4,30).

KESULLOT, KISLOT-TABOR
Jos 19,12.18

KESULLOT, KISLOT-TABOR Stadt, die bei der Aufteilung des Landes Kanaan an den Stamm Issaschar fiel (Jos 19,17–18). Sie wird auch als Kislot-Tabor (Jos 19,12) erwähnt. Sie befand sich an der Grenze zwischen Sebulon und Issaschar, vermutlich an der Stelle des heutigen Iksal, südwestlich des Berges Tabor.

Das mit Kesullot identifizierte Dorf Iksal.

KETURA
1. Mose 25,1.4; 1. Chr 1.32–33

KETURA (»Weihrauch«). Die zweite Frau Abrahams. Sie gebar ihm sechs Kinder: Simran, Jokschan, Medan, Midian, Jischbak und Schuach. In 1. Mose 25,6 und 1. Chr 1,32 wird sie als Nebenfrau bezeichnet.

KEWAN
Amos 5,26

KEWAN Eine bei Amos erwähnte Gottheit, die von den Einwohnern Samarias in ausschweifenden Prozessionen verehrt wurde. Sie könnte zum Saturn in Beziehung stehen.

KEZIA
Hiob 42,14

KEZIA (»Zimt«). Die zweite der drei Töchter Hiobs, die nach der Wendung seines Geschicks geboren wurden.

KIBZAJIM
Jos 21,22; 1. Chr 6,53

KIBZAJIM Eine Levitenstadt im Gebiet Ephraims.

KIDON
1. Chr 13,9

KIDON Der Ort, an dem Usa seine Hand ausstreckte, um die Bundeslade festzuhalten, und von Gott getötet wurde. In 1. Chr 13,9 wird der Ort »Kidons Tenne«, in der Parallelstelle 2. Sam 6,6 jedoch »Nachons Tenne« genannt.

KIDRON
2. Sam 15,23; 1. Kön 2,37; 15,13; 2. Kön 23,4.6.12; 2. Chr 15,16; 29,16; 30,14; Jer 31,40; Joh 18,1

KIDRON Ein zwischen dem Jerusalemer Tempelberg und dem Ölberg verlaufendes Tal, das sich durch die judäische Wüste bis zum Toten Meer erstreckt. An der Westseite des Tals befindet sich die Quelle Gihon, die Haupt-Wasserquelle Jerusalems. Die Ostseite diente zur Zeit des ersten und zweiten Tempels als Friedhof. Am Bach K. zerstörte König Asa von Juda das Götzenbild seiner Mutter Maacha (1. Kön 15,13), und hier verbrannte der

Teil des Kidrontales.

Hohepriester Hilkija die für Baal hergestellten Geräte (2. Kön 23,4). Jesus überschritt den K. auf seinem Weg nach Gethsemane (Joh 18,1).

KIEFER Siehe PFLANZEN.

KILAB Der zweite Sohn Davids von Abigajil, der Witwe Nabals des Karmeliters.

Nach Meinung einiger Gelehrter ein anderer Name für den Davidssohn Daniel, den zweiten Sohn Abigajils nach 1. Chr 3,1.

KILAB
2. Sam 3,3

KILJON Zweiter Sohn Elimelechs, eines Efratiters aus Bethlehem, und seiner Frau Noomi (Rut 1,2). Wegen einer Hungersnot im Lande ging er mit seinen Eltern und Brüdern nach Moab, wo er eine Tochter des Landes, wahrscheinlich Orpa, heiratete (Rut 1,4). Zehn Jahre später starb er kinderlos.

KILJON
Rut 1,2.5; 4,9

KIMHAM

1. Sohn Barsillais, des Gileaditers. Als König David nach dem Aufstand Absaloms Barsillai bat, mit ihm nach Jerusalem zu gehen, entschuldigte sich dieser mit seinem hohen Alter, gab ihm aber Kimham mit. Auf dem Totenbett empfahl ihn David seinem Sohn Salomo (1. Kön 2,7).

2. Ein Mann, in dessen Herberge bei Bethlehem Johanan, der Sohn Kareachs, auf seiner Flucht vor den Chaldäern nach Ägypten einkehrte.

Nach Auffassung einiger Gelehrter sind die beiden identisch.

KIMHAM 1
2. Sam 19,38.41
KIMHAM 2
Jer 41,17

KINA Eine Stadt des Stammes Juda an der Grenze nach Edom, die wahrscheinlich mit den in dieser Gegend wohnhaften Kenitern (Ri 1,16) in Verbindung steht. Möglicherweise mit Khirbet et-Tajib, 5 km nördlich von Arad, zu identifizieren.

KINA
Jos 15,22

KINNERET

1. Der Name Kinneret ist bis heute die hebr. Bezeichnung des Sees Genezareth. In der Bibel wird »See Kinneret« zweimal bei der Abgrenzung des Landes Kanaan erwähnt, wobei die Grenze am Ostufer des Sees lag. (Vgl. GENEZARETH, SEE; GALILÄISCHES MEER.)

2. Befestigte Stadt im Gebiet Naftali (Jos 19,32.35). Sie lag am Ufer des Sees Genezareth und wird unter den von Pharao Thutmosis III. eroberten Städten erwähnt. Als Jabin, der König von Hazor, sich gegen das nahende Heer Josuas rüstete, sandte er Boten zu den Königen »im Jordantal südlich

KINNERET 1
4. Mose 34,11;
5. Mose 3,17;
Jos 12,3; 13,27
KINNERET 2
Jos 11,2; 19,35
1. Kön 15,20

von K.« (Jos 11, 2). Später schlug Ben-Hadad, König von Syrien, »das ganze K.« (1. Kön 15, 20). Die Stadt wird mit Tel Oreime identifiziert, 10 km nördlich von Tiberias, wo kürzlich große Funde aus der Bronze- und Eisenzeit entdeckt wurden.

Goldscheibe, wahrscheinlich als Anhänger oder Schnalle benutzt, aus einem Grab der frühen Bronzezeit in Kinneret. (Israelische Regierungsabteilung für Altertümer und Museen).

Blick vom Berg Arbel auf die Ebene südlich von Kinneret.

KIR 1 Jes 15,1 **KIR 2** 2. Kön 16,9; Am 1,5; 9,7

KIR

1. Stadt der Moabiter, in Jesajas Wahrsagung gegen Moab erwähnt. Möglicherweise identisch mit KIR-HERES.

2. Ort in Mesopotamien, von dem aus die Aramäer nach Syrien kamen (Am 9,7). Wie Amos prophezeit hatte (Am 1,5), kehrten sie als Verbannte nach Kir zurück, nachdem Tiglat-Pileser III. in ihre Hauptstadt Damaskus eingefallen war und sie deportieren ließ.

KIRCHE/ GEMEINDE Mt 16,18; 18,17; Apg 2,47; 5,11; 6,1; 8,1.3; 9,31; 1,22.26; 12,1.5; 14,23.27; 15,3f. 22.41; 16,5; 20,28; Röm 16,1.4f. 16,23; . Kor 1,2; 4,17; 7,17; 10,32; 11, 6.18.22; 12,28; 14,4.19.23.28. 35; 15,9; 2. Kor 11,28 Gal 1,13; Eph 1,22; 3,10. 21; 5,23–25.27. 29.32; Phil 3,6; 4,15; Kol 1,18.24; 4,16; 1. Tim 3,5.15; 5,16; 1. Petr 5,3; 3. Joh 6.10; Hebr 12,23; Jak 5,14; Offb 1,4.11.20; 2,1.7f.11f. 17f.29; 3,1.6f. 13f.22; 22,16;

KIRCHE, GEMEINDE Das im NT für »Kirche« bzw. »Gemeinde« gebrauchte griech. Wort ist *ekklesía* (lat. *ecclésia*) und bedeutet wörtl. ein »Herausgerufensein«; *ekklesía* ist eine Versammlung von Christusgläubigen – sowohl im Sinne der Gemeinde an einem bestimmten Ort (vgl. z. B. Mt 18,17; 1. Kor 1,2) als auch überörtlich im Sinne der Christen in einer ganzen Region oder sogar auf dem ganzen Erdkreis (griech. *oikumene*, daher das Wort »Ökumene«), also als die weltweite Gemeinschaft der Gläubigen (vgl. Mt 16,18; Eph 1,22). Im antiken Griechenland wurden bestimmte Bürgerversammlungen *ekklesíai* genannt.

Der sachentsprechende Begriff im AT ist *kahal*, der Ausdruck für die Gemeinde Israel im Sinne des erwählten Volkes Gottes. Die LXX übersetzt *kahal* mit *ekklesia*. Im rabbinischen Schrifttum erscheint später auch der Ausdruck *knesseth israel* im Sinne einer Personifizierung des rechtgläubigen Gesamtisrael. Bemerkenswerterweise wurde »Knesseth« vom heutigen Staat Israel als amtliche Bezeichnung für das isrl. Parlament übernommen.

In den vier Evangelien erscheint das Wort *ekklesía* nur dreimal (bei Matthäus). Dagegen kommt es oft in den Paulusbriefen vor (v.a. im 1. Korintherbrief und im Epheserbrief), ferner in der Apg und in den ersten drei Kap. der Offenbarung des Johannes (Sendschreiben an die sieben kleinasiat. Gemeinden). Angesichts des spärlichen Vorkommens in den Evn. wird manchmal die Frage aufgeworfen, ob »Jesus überhaupt eine Kirche gründen wollte«. Daß es durchaus in der Absicht Jesu lag, daß es eine Sammlung, also eine Gemeinde seiner Jünger und Nachfolger geben sollte, wird durch einige Stellen in den Evn., v.a. bei Matthäus, deutlich. Die wichtigste Stelle bleibt Mt 16,18: »Du bist Petrus, und auf diesen Felsen will ich meine Gemeinde bauen«. Im Zusammenhang mit Fragen der Gemeindezucht sagt Jesus:

»Hört er auf die nicht, so sage es der Gemeinde. Hört er auch auf die Gemeinde nicht, so sei er für dich wie ein Heide und Zöllner« (Mt 18,17). Der Kreis der zwölf Jünger (Mt 10,1 ff.; Mk 3,13 ff.; Lk 6,12 ff.; 8,1–3; 10,1) stellt den Kern der späteren Gemeinde dar, auch wenn die »öffentliche« Gründung der K. durch den Hl. Geist erst nach Jesu irdischem Wirken, am ersten Pfingsttag geschah (Apg 2). In diesem Sinne läßt sich sagen, daß Jesus durch sein Wirken eine Gemeinde von Glaubenden gegründet hat, die dem Kommen des Reiches Gottes entgegensah. Nach Jesu Tod und Auferstehung wurde diese Gemeinschaft zu dem, was das NT dann *Kirche* nennt.

Jesus legte sein Augenmerk nicht in erster Linie auf die K. als solche, sondern auf das nahe Kommen des Gottesreiches. Die schriftgemäße Verbindung zwischen K. und Reich Gottes zeigt gerade Mt 16,18–19. Jesus sagt Petrus, er werde auf ihm seine Gemeinde bauen, die trotz aller Gegnerschaft Bestand haben werde, und er werde ihm die Schlüssel des Himmelreiches geben. K. und Gottesreich sind nicht identisch, aber doch aufeinander bezogen und ineinander verflochten. Die K. ist die Gemeinschaft derer, die in Hoffnung und Glauben dem Kommen der Gottesherrschaft entgegenharren.

Die Apg erwähnt bereits eine ganze Reihe von Ortsgemeinden. Das Wesen der Gemeinde und ihre unaufgebbaren Merkmale werden am besten in Apg 2,42 beschrieben: »Sie blieben aber beständig in der Lehre der Apostel und in der Gemeinschaft und im Brotbrechen und im Gebet.« Diese enge Gemeinschaft hatte in der Urgemeinde in Jerusalem auch praktische Konsequenzen: »Alle aber, die gläubig geworden waren, waren beieinander und hatten alle Dinge gemeinsam« (Apg 2,44). Eine erkennbare Organisation der Gemeinde kommt erstmals in Apg 6,1–7 mit der Bestellung der sieben Diakone zum Ausdruck; und dann bes. in Apg 15,22: »Und die Apostel und Ältesten beschlossen samt der ganzen Gemeinde, aus ihrer Mitte Männer auszuwählen und ... nach Antiochia zu senden.« Dieser Satz weist auf eine beginnende Ämterteilung in der Gemeinde. Wir finden zwei Ämter der Leitung: Apostel und Älteste. Offensichtlich kommt das Amt der Bischöfe schon sehr früh hinzu. Bereits im Philipperbrief (1,1) werden sie neben den Diakonen erwähnt. In 1. Tim 3,2 und Tit 1,7 gibt es schon so etwas wie eine Dienstanweisung für Bischöfe. In der Abschiedsrede des Paulus vor den Ältesten aus Ephesus werden diese offenbar als Bischöfe (wörtl.: »Aufseher«) der Gemeinde angesprochen (Apg 20,28). Daraus folgt, daß es mehrere Bischöfe in einer Gemeinde geben konnte (so auch Phil 1,1), ebenso wie nur je einen (so Tit 1,7). Auf jeden Fall üben die Gemeinden die Befugnis aus, Ämter einzurichten und selbst zu besetzen, damit »alles ehrbar und ordentlich zugeht« (1. Kor 14,40); dann kann eine Gemeinde auch dem Missionsbefehl des Herrn der Kirche (Mt 28,18–20) gehorchen und Boten zum Dienst in der Welt aussenden. Ein Beispiel für dieses Aussenden finden wir in Apg 13, wo der Hl. Geist der Gemeinde in Antiochia den Auftrag gibt, Paulus und Barnabas als Missionare auszusenden.

Die zeitlich älteste Gesamtaufstellung von kirchlichen Diensten findet sich in 1. Kor 12,28. Hier sind an erster Stelle Apostel, Propheten und Lehrer genannt. Offenbar noch in ntl. Zeit entwickelte sich dann allgemein eine dreifache Struktur aus Bischöfen, Ältesten und Diakonen – bis heute eine der klassischen Einteilungen der Ämter in der K. Wie jedoch die vollständige Aufstellung in 1. Kor 12,28 zeigt, erschöpft sich die ganze Breite kirchlicher Dienste und Funktionen nicht in diesem Dreierschema; es gab auch Ämter, die die ntl. Zeit nicht oder nur sporadisch überdauert haben (V. 28 b). Andererseits findet sich eine scharfe Unterscheidung zwischen Bischof und Ältestem noch nicht durchweg im NT.

Paulus trägt als der große Gemeindegründer viel zu unserem Verständnis der Gemeinde im NT bei. Er gebraucht mehrfach das bekannte Bild von der Gemeinde als dem Leib Christi (Röm 12,5; 1. Kor 12,12–27; Eph 1,22–23; 2,16; 4,12; 5,23.30; Kol 1,18.24; usw.). In Ausweitung der atl. Vorstellung vom Volk Gottes umfaßt der Leib Christi alle an ihn Glaubenden, wo immer sie auch leben, und verbindet sie zu einer organischen, leibhaftigen, also sichtbaren Gemeinschaft, zu einem lebendigen Organismus. Damit bringt Paulus das Wesen der christlichen Gemeinschaft zum Ausdruck; sie soll überall als Gemeinschaft der Gläubigen wachsen und dem Leib Christi neue Glieder einverleiben, die sich gegenseitig unterstützen und stärken. Der Leib-Charakter der K. zeigt, daß der Gedanke einer »unsichtbaren K.« dem NT durchaus fremd ist. Mit der Vorstellung von der K. als dem Leib Christi hängt das Verständnis der kirchlichen Ämter und Dienste als Teilhabe an den Gaben des Hl. Geistes (Charismen) und deren Verwirklichung in der Gemeinde zusammen. Paulus zeigt, wie jedem Christen ein solches Charisma zufallen kann (Röm 12,6; 1. Kor 12,7.11; Eph 4,7).

Die grundlegenden Merkmale der K. werden klassisch zusammengefaßt in den Begriffen *Einheit* (Joh 17,21; Eph 4,3–13), *Universalität* (Mt 28,19–20), *Heiligkeit* (Eph 5,27) und *Treue zum Ursprung* (Eph 2,20). So hat es die alte K. auch in ihren grundlegenden und bis heute alle Konfessionen verbindenden Glaubensbekenntnissen (dem apostolischen und bes. dem nicänischen Bekenntnis) gültig zum Ausdruck gebracht: »... und die eine einige, heilige, christliche, apostolische Kirche.«

Blick auf el-Kerak, das mit Kir-Heres identifiziert wird.

KIR-HERES, HERES
Ri 1,35; 8,13; 2. Kön 3,25; Jes 16,7.11; Jer 48,31.36

KIR-HERES, HERES Hauptstadt Moabs, eine Festung auf einem hohen Berg. Sie war von einer starken Mauer umgeben und beherrschte die Straße vom Golf von Eilat nach Damaskus. Joram von Israel und Joschafat von Juda griffen Kir-Heres erfolglos an (2. Kön 3,1.25–26). Die Stadt wird mit el-Kerak identifiziert.

KIRJAT Siehe KIRJAT-JEARIM.

KIRJATAJIM 1
4. Mose 32,37; Jos 13,19; Jer 48,1.23; Hes 25,9

KIRJATAJIM 2
1. Chr 6,61

KIRJATAJIM

1. Stadt auf der Hochebene von Moab, von den Söhnen Rubens erobert und neu erbaut (4. Mose 32,37; Jos 13,19). Sie wird in der Stele des Mescha (9. Jh. v. Chr.) und auch in Jeremias und Hesekiels Weissagungen als Moabiterstadt erwähnt (Jer 48,1.23; Hes 25,9). Möglicherweise mit Chirbet el-Kureije, 10 km westlich von Medeba, gleichzusetzen.

2. Eine Levitenstadt im Gebiet von Naftali. An anderer Stelle wird sie Kartan genannt (Jos 21,32). Von den meisten Gelehrten wird die Stadt als Chirbet el-Kureije, 11 km von Kedesch-Naftali, identifiziert.

KIRJATAJIM, EBENE
1. Mose 14,5

KIRJATAJIM, EBENE Gegend östlich des Jordans, wo Kedor-Laomer die Emiter schlug (1. Mose 14,5). Da er zwischen Ham und Seïr erwähnt wird, dürfte sich der Ort im südlichen Gilead befunden haben.

KIRJAT-ARBA
1. Mose 23,2; 35,27; Jos 14,15; 15,13.54; 20,7; 21,11; Ri 1,10; Neh 11,25

KIRJAT-ARBA Der ursprüngliche Name Hebrons (Jos 14,15). Vgl. auch: »Kirjat-Arba – das ist Hebron« (1. Mose 23,2; 35,27; Jos 15,54; 20,7). Die Stadt wurde für den Stamm Juda von Kaleb erobert, der die drei Söhne Anaks Scheschai, Ahiman und Talmai vertrieb (Jos 15,13–14). Sie wurde als eine der sechs Freistädte für Totschläger (Jos 20,7) und als Levitenstadt der Kehatiter (Jos 21,11) bestimmt. Der Ortsname erscheint in den Geschichten der Patriarchen (1. Mose 23,2; 35,27) und in den Berichten von der Eroberung des Landes (Jos 14; 15; 20; 21; Ri 1) und verschwindet dann, um erst wieder in der Liste der Gebiete zu erscheinen, die von den aus Babylon zurückkehrenden Exulanten besiedelt wurden (Neh 11,25).

KIRJAT-BAAL Siehe KIRJAT-JEARIM.

KIRJAT-BAAL Jos 15,60; 18,14

KIRJAT-HUZOT (»Stadt der Straßen«). Stadt in Moab; der erste Ort, an den Bileam mit Balak ging, um die Israeliten zu verfluchen. Nicht identifiziert.

KIRJAT-HUZOT 4. Mose 22,39

KIRJAT-JEARIM Stadt an der Nordgrenze des Gebietes von Juda. Ihre alten Namen »Baala in Juda« (2. Sam 6,2), »Baala« (Jos 15,9) und »Berg von Baala« (Jos 15,11) bezeugen den Baalskult an diesem Ort. Sie war eine der Städte der Gibeoniter (Jos 9,17) und später eine Stadt an der Grenze Judas (Jos 15,9–10.60). Von hier ließ David die Bundeslade nach Jerusalem bringen (2. Sam 6,2). Die Stadt wurde nach der Rückkehr aus dem babyl. Exil neu besiedelt. Nach Eusebius befand sie sich an der Straße von Lod nach Jerusalem, 14,5 km von Jerusalem entfernt. Sie wird gewöhnlich mit dem Dorf Abu Gosch identifiziert.

KIRJAT-JEARIM Jos 9,17; 15,9.60; 18,14–15; Ri 18,12; 1. Sam 6,21; 7,1–2; 1. Chr 2,50. 52–53; 13,5–6; 2. Chr 1,4; Esr 2,25; Neh 7,29; Jer 26,20

Kirjat-Jearim, auf einem Berg nordwestlich von Jerusalem.

KIRJAT-SANNA Siehe DEBIR (2).

KIRJAT-SANNA Jos 15,49

KIRJAT-SEFER Der alte Name DEBIRS.

KIRJAT-SEFER Jos 15,15–16; Ri 1,11–12

KISCH

1. Ein angesehener Mann aus dem Stamm Benjamin, der Vater König Sauls. Er wird in 1. Sam 9 »Sohn des Abiël« genannt, in 1. Chr 8 und 9 jedoch »Sohn Ners«. Er lebte in Gibea und wurde zus. mit Saul und Jonatan in Zela begraben.
2. Ein Benjaminiter, Vater des Schimi und Vorfahr von Mordechai.
3. Ein Levit z. Zt. König Davids, aus dem Hause Merari, ein Sohn Machlis. Seine Söhne heirateten die Töchter seines Bruders Eleasar.
4. Sohn Abdis, ein Levit aus dem Hause Merari, der an Hiskias Reformen teilnahm.

KISCH 1 1. Sam 9,1–3; 10,11.21; 14,51; 2. Sam 21,14; 1. Chr 8,33; 9,39 12,1; 26,28; Apg 13,21
KISCH 2 Est 2,5
KISCH 3 1. Chr 23, 21–22; 24,29
KISCH 4 2. Chr 29,12

KISCHJON Stadt, die an den Stamm Issaschar und später an die Leviten aus dem Hause Gerschon ging. Identifiziert als Tel Kasiun, südlich des Berges Tabor.

KISCHJON Jos 19,20; 21,2

KISCHON Fluß im westlichen Teil der Jesreel-Ebene, der sein Wasser von den Bergen um Gilboa und Nazareth bezieht. Während der Schlacht Deboras und Baraks, die im Winter stattfand, überflutete der Fluß seine Ufer und riß die Streitwagen Siseras ins Verderben (Ri 4,7.13; 5,21). Er fließt an

KISCHON Ri 4,7.13; 5,21 1. Kön 18,40; Ps 83,10

der Nordseite des Berges Karmel entlang, wo Elia die Priester Baals tötete (1. Kön 18,40). Die Flußmündung diente als Hafen. Unweit liegt Tel Abu Hawan.

KISLEW Neh 1,1; Sach 7,1

KISLEW Hebr. Monatsname, abgeleitet vom altbabyl. *Kissilimu*. Er wird in Sach 7,1 erwähnt, wo der ältere Ausdruck »des neunten Monats« (d.h. November-Dezember) mit dem Ausdruck »der Kislew heißt« erklärt wird. Bei Neh 1,1 ersetzt »im Monat Kislew« die ältere Bezeichnung ganz. Diese späten Erwähnungen bestätigen die rabbinische Tradition, wonach die babyl. Monatsnamen im 6. Jh. vor Chr. von den Rückkehrern aus dem babyl. Exil in den jüd. Kalender eingebracht wurden. (Vgl. NISAN; TEBET.)

KISLON 4. Mose 34,21

KISLON Der Vater Elidads vom Stamme Benjamin, der vom HERRN beauftragt war, Mose bei der Aufteilung des Landes Kanaan zu helfen.

KISLOT-TABOR Jos 19,12

KISLOT-TABOR Siehe KESULLOT.

KITLISCH Jos 15,40

KITLISCH Stadt, die bei der Teilung des Landes Kanaan an den Stamm Juda fiel. Die heutige Lage ist unbekannt.

KITRON Ri 1,30

KITRON Stadt, die bei der Aufteilung des Landes Kanaan an den Stamm Sebulon fiel. Ihre kanaan. Einwohner konnten wohnen bleiben. Die heutige Lage ist unbekannt.

KITTÄER 1. Mose 10,4; 1. Chr 1,7; Jer 2,10; Hes 27,6

KITTÄER, KITTIM Die Bezeichnung »Kittäer« (hebr. *Kittim*) erscheint als Name eines der Söhne Jawans (1. Mose 10,4; 1. Chr 1,7). Die Inseln (»die Gestade«) der Kittäer (Zypern) werden in Hes 27,6, das Land Kittim in Jes 23,1 erwähnt. Die Inseln der K. bezeichnen in Jer 2,10 den Westen, während Kedar den Osten bedeutet. Josephus (*Jüd. Altertümer* I,61) meint Zypern, eine Identifizierung, die sich nach Meinung der modernen Forschung im Namen der Stadt Kition, des heutigen Larnaka, erhalten hat. Kition dürfte zu Beginn der phöniz. Expansion nach Zypern im 11. Jh. v. Chr. gegründet worden sein. Später wurde die Bezeichnung »Kittäer« auf alle Inseln und Küsten des östlichen Mittelmeeres ausgeweitet.

Die K. werden in den Ostraka von Arad (um 600 v. Chr.) erwähnt, wahrscheinlich als Söldner. Im Buch Daniel ist mit Kittim Rom gemeint (Dan 11,30). (Kittim in 4. Mose 24,24 wird in der Vulgata als »Italien« übersetzt, im aram. Targum Onkelos als »Römer«). Der Name erscheint auch in den Schriftrollen vom Toten Meer als Bezeichnung Roms.

KITTIM 4. Mose 24,24; Jes 23,1.12; Dan 11,30

KITTIM Siehe KITTÄER, KITTIM.

KLAGEEICHE 1. Mose 35,8

KLAGEEICHE Der Baum bei Bethel, unter dem Debora, die Amme der Rebekka, begraben wurde.

KLAGELIEDER JEREMIAS, DIE Bibl. Buch, das aus fünf Klageliedern besteht, die den fünf Kapiteln entsprechen. Im hebr. AT stehen sie unter »Weherufe« in den »Schriften«. Die LXX fügte sie als *threni* (*Lamentationes*) dem Jeremiabuch zu. Die übergreifenden theolog. Themen der fünf Kapitel sind:

a) Die Zerstörung Jerusalems und des Tempels (587/6 v. Chr.) und das folgende Exil sind die Folge der schweren Sünden Judas gegen Gott und nicht ein Zufall der Geschichte (z. B. Klgl 1,5.8.17–18). Juda hat gesündigt, auch wenn das Wesen dieser Sünden nicht genauer benannt wird (1,8–9). Das Buch nimmt weder Bezug auf Götzendienst noch auf soziale Ungerechtigkeit. Die gegenwärtige Generation wird nicht von Schuld freigesprochen (5,16), aber auch die Sünden früherer Generationen werden für die Zerstörung verantwortlich gemacht (z. B. 5,7; vgl. Jer 31,29; Hes 18,2).

b) Die nationalen Propheten haben Juda seine Verfehlungen nicht ins Bewußtsein gebracht (2,14), ja das Fehlverhalten dieser Propheten und der Priester hat zum Überhandnehmen der Sünde beigetragen (z. B. 4,13; vgl. 2. Kön 24,3–4).

c) Das Volk hat die Zerstörung sich selbst zuzuschreiben. Der einzige Weg der Erlösung besteht in der Umkehr zum HERRN und echter Buße (3,22–41; 5,21–22).

Innerhalb der fünf selbständigen Klagelieder über die Zerstörung Jerusalems und des Tempels spiegelt Kap. 3 hauptsächlich die Klage eines unglücklichen Einzelnen wider. Kap. 5 ist ein liturg. Schuldbekenntnis des Volkes,

Tierkreiszeichen vom Mosaikboden der Synagoge zu Beth-Alfa (6. Jh. n. Chr.). Der Schütze entspricht dem Monat Kislew.

das Gott um Vergebung bittet. So können Kap. 3 und 5 als Klagen des Einzelnen bzw. des Volkes bezeichnet werden, während Kap. 1,2 und 4 die Klagen einer Stadt sind – eine nur in diesem Buch begegnende bibl. Gattung. Der poetische Stil der Klagelieder ähnelt der übrigen bibl. Poesie darin, daß die meisten Verse aus einem Paar (oder Paaren) paralleler Verszeilen bestehen. Im wesentlichen gibt es zwei stilist. Eigenheiten dieses Buches:

a) Das für die bibl.-hebr. Dichtung charakteristische *kina*-Metrum, bei dem die zweite Verszeile absichtlich kürzer gehalten wird als die erste (z. B. 3,58) und das kennzeichnend ist für die Totenklage.

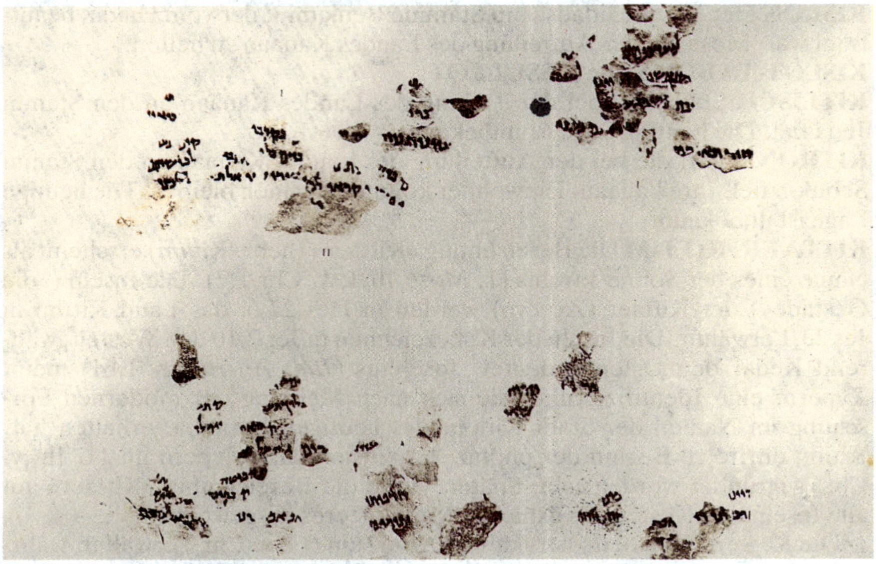

Fragmente aus dem Buch der Klagelieder, gefunden in Qumran (Schrein des Buches, Jerusalem).

b) Das Stilmittel des alphabetischen Akrostichon (Kap. 1; 2 und 4 bestehen jeweils aus 22 Versen, die den 22 Buchstaben des hebr. Alphabets entsprechen; Kap. 3 ist ein dreifacher Akrostichon, der aus 66 Versen besteht); Kap. 5, wenn auch nicht in Akrostichonform, entspricht in seinen 22 Versen ebenfalls der Zahl der Buchstaben im hebr. Alphabet.

Nach der Tradition werden die Klgl dem Propheten Jeremia zugeschrieben, wohl aufgrund von 2. Chr 35,25. Das Buch selbst nennt keinen Verfasser, doch liegt die Abfassungszeit oder zumindest die Redaktion des Buches in den Anfängen der Exilszeit (587/6–538 v. Chr.), in der die Schrecken der Zerstörung und der durch das Exil herbeigeführte Umbruch noch frisch im Gedächtnis waren. Das Buch der Klgl verrät noch keine Kenntnis vom Aufstieg des Perserkönigs Kyrus, seiner Eroberung Babylons (539 v. Chr.) oder seinem Erlaß, der den Juden die Rückkehr nach Israel und den Wiederaufbau des Tempels eröffnete (538 v. Chr.). Der frühestmögliche Zeitpunkt für die Niederschrift der Klgl liegt kurz nach der Zerstörung Jerusalems im Jahr 587/6 v. Chr. Die Tradition über Jeremia als Verfasser aufgrund seiner wichtigen Rolle als Prophet der Zerstörung findet sich bereits in der LXX, die ihrer Übersetzung folgende Worte voranstellt: »Und es geschah, nachdem Israel in die Gefangenschaft geführt wurde und Jerusalem wüst dalag, daß Jeremia sich weinend niedersetzte und diese Klage über Jerusalem hervorbrachte und sprach …« (1,1).

Andere alte Übersetzungen (z. B. der aram. Targum, die lat. Vulgata und die syr. Peschitta) sowie der Babyl. Talmud teilen diese Sicht. Diese späten und indirekten Hinweise reichen jedoch nicht aus, um die Verbindung zwischen Jeremia und den Klgl sicher zu belegen. Eher ist ein theolog. Unterschied zu konstatieren: Jeremia weissagte, daß über Jerusalem das Unheil hereinbrechen werde als Strafe Gottes für sehr bestimmte Sünden Israels (Jer 5; 9,1–10); das Buch der Klgl nennt demgegenüber nicht konkret, worin die Sünde Judas bestand.

Wie oben bereits ausgeführt, ist die dichterische Form in den Kap. 1,2 und 4 als eine Art Stadtklage zu bestimmen, über den Fall einer Stadt und die Zerstörung ihres Heiligtums. Sach 7,3–5; 8,18ff. zeigt, daß solch eine Trauerklage und das Fasten wegen der Zerstörung Jerusalems und des Tempels ab 587/6 v. Chr. zur festen Einrichtung während des Monats *Av* wurde. Von daher könnten die Klgl mit dem Zweck verfaßt worden sein, als Teil der regelmäßigen allg. Klagefeiern gelesen (oder gesungen) zu werden. Bis heute wird im synagogalen Gottesdienst am Gedenktag der Zerstörung, dem 9. Av, das Buch der Klagelieder als Festrolle rezitiert.

INHALTSÜBERSICHT

Kap. 1: Das Gericht Gottes
Kap. 2: Der Tag des Zornes Gottes
Kap. 3: Der Weg zur Hoffnung
Kap. 4: Das Ausmaß des göttlichen Gerichts
Kap. 5: Das Bekenntnis der Schuld

KLAUDIA
2. Tim 4,21

KLAUDIA Eine der Mitarbeiterinnen des Paulus in Rom. Sie sandte Grüße an Timotheus. Nach der Überlieferung soll sie die Mutter des an der gleichen Stelle erwähnten Linus gewesen sein.

KLAUDIUS
Apg 11,28; 18,2

KLAUDIUS Röm. Kaiser (regierte 41–54 n. Chr.). Er wurde von seiner Frau und Nichte Agrippina vergiftet. Nero war sein Nachfolger. Während seiner Regierungszeit herrschte eine große Hungersnot, die von Agabus, einem Propheten, der von Jerusalem nach Antiochia gekommen war, vorausgesagt wurde (Apg 11,28). Klaudius hatte ein Edikt erlassen, wonach alle Juden Rom verlassen mußten (Apg 18,2).

Kaiser Klaudius.

KLAUDIUS LYSIAS Siehe LYSIAS, KLAUDIUS.

KLEINE PROPHETEN Die Werke von 12 Propheten, die in den Prophetenbüchern des AT enthalten sind. Sie werden »klein« im Vergleich zu den weitaus umfangreicheren Büchern der »großen« Propheten Jesaja, Jeremia und Hesekiel genannt. Die kleinen Propheten sind Hosea, Joel, Amos, Obadja, Jona, Micha, Nahum, Habakuk, Zefanja, Haggai, Sacharja und Maleachi. Eine bes. Stellung nimmt Daniel ein (s. DANIEL).

KLEMENS
Phil 4,3

KLEMENS (»mild«). Ein Mann aus Philippi, Mitarbeiter des Paulus, der mit ihm das Evangelium gepredigt hatte.

KLEOPAS
Lk 24,18

KLEOPAS Einer der zwei Jünger, die dem auferstandenen Jesus auf dem Weg nach Emmaus begegneten. Vielleicht identisch mit KLOPAS (Joh 19,25), der nach der Überlieferung der erste Bischof von Jerusalem war.

KLIPPDACHS Siehe TIERE.

KLOPAS
Joh 19,25

KLOPAS Der Mann der Maria (5), die mit der Mutter Jesu am Kreuz stand.

KNECHT GOTTES/ KNECHT DES HERRN
1. Mose 26,24
5. Mose 9,27; 34,5;
Jos 1,1.13.15; 5,14; 8,31.33; 12,6; 13,8; 14,7; 18,7; 22,2.4f.; 24,29;
Ri 2,8
1. Sam 3,9f.;
Sam 3,18; 7,5. 8.19.25–29;
Kön 3,6; 8,30;
2. Kön 9,7; 18,12;
1. Chr 6,34;
2. Chr 1,3; 24, 6.9;

KNECHT GOTTES Mit diesem Namen wurden treue Diener Gottes geehrt (z.B. Abraham in Ps 105,6.42; Josua in Jos 24,29; Ri 2,8; David Ps 18,1). Auch Paulus verstand sich als K. Gottes (Tit 1,1). Selbst heidnische Herrscher konnten, wenn sie Gottes Pläne ausführten, K. Gottes sein (Jer 25,9; 27,6; 43,10).

V.a. Propheten (so Amos, Jeremia, Mose) wurden als K. Gottes bezeichnet. Sie hatten Gottes Wort und Werk zu verkündigen. Dieser Auftrag kam eigentlich in der Völkerwelt dem ganzen Volk Israel zu (Jes 41,8–9; 44,1.2.21; 45,4; 48,20), aber es blieb dieser Berufung nicht treu (Jes 42,19), und so fiel letztlich der Titel »K. Gottes« dem zu, der wirklich »Licht der Heiden«, Heilsbringer für die Welt war.

In den sog. »Gottesknechtliedern«, besonderen Offenbarungstexten bei Jesaja (42,1–4; 49,1–6; 50,4–11; 52,13–53,12), erscheint der K. Gottes nicht so sehr als König, sondern als Prophet und schließlich als leidender Gottesknecht, der sich selbst zum Sühneopfer darbringt. Ob Jesaja mit diesen Liedern seinen Zuhörern in der babyl. Gefangenschaft sich selbst und seine Sendung darstellen wollte oder von einem Unbekannten spricht oder prophetisch den leidenden Messias (Jesus) des neuen Bundes voraussah, wie er auch in Ps 22 erscheint (und später auch von den Essenern neben dem »königlichen Messias« erwartet wurde), muß offen bleiben. Die christl. Gemeinde und Mission des NT jedenfalls hat das Selbstopfer des K. Gottes eindeutig auf Jesus Christus gedeutet (Apg 3,13.26; 4,27.30), zumal auch Jesus selbst am Kreuz Ps 22 betete. Bereits in seiner Taufe wurde Jesus – in Abwandlung des Titels »K. Gottes« (Jes 42,1) – Gottes »lieber Sohn«, an welchem Gott Wohlgefallen hat, genannt (Mt 3,17). Die Gottesknechtlieder werden auch in Mt 8,17; 12,18–21; Lk 2,32; 22,37 und Röm 4,25; 15,21 aufgenommen und auf die Passion und das Erlösungswerk Christi gedeutet (v. a. 1. Petr 2,21–25).

Esra 5,11; Neh 10,30; Hiob 1,8; Ps 18,1; 31,17; 78,70; 105,6.42; 113,1; 135,14; Jes 41,8f.; 42,1. 19; 44,1.2.21; 45,4; 48,20; 49,3.5–7; 50,10; 52,13; 53,11; 54,17; Jer 25,9; 27,6; 43,10; Dan 3,26; 6,21; 9,11; Am 3,7; Mt 12,18; Apg 2,18; 4,25. 30; 16,17; Röm 1,1; 6,22; 1. Kor 7,22; Gal 1,10; 2. Tim 2,24; Tit 1,1; 1. Petr 2,16; Jak 1,1 Offb 7,3; 15,3; 19,5;

Siegeleindruck auf dem Griff eines Weinkruges aus Knidos, gefunden in Tel Dor. Hellenistische Periode (Tel Dor Excavations Project).

KNIDOS Stadt an einem Vorgebirge an der südwestlichen Küste Kleinasiens, die Paulus auf seiner Fahrt nach Rom sichtete.

KNIDOS Apg 27,7

KNOBLAUCH Siehe PFLANZEN.

KOA Einer der Söhne Babels, der zus. mit Schoa erwähnt wird.

KOA Hes 23,23

KOË, KEVE Region im südöstlichen Anatolien, die von den Griechen Zilizien genannt wurde. Sie wird im AT im Zusammenhang mit Salomos Pferdehandel erwähnt (1. Kön 10,28; 2. Chr 1,16). Das Land besteht aus einem fruchtbaren Küstenstreifen, der von zwei großen Flüssen bewässert wird, und dem Hügelland. Das letztere grenzt im Westen und Nordwesten an die Taurusberge, im Nordosten an den Antitaurus, im Osten an das Amanus-Gebirge. Das Königreich Koë wurde im 1. Jt. v. Chr. gegründet. Keve wird erstmals in assyr. Quellen des 9. Jh. v. Chr. als Teil des neuhetitischen Bundes erwähnt, der die von Assyrien bedrohten Handelsrouten verteidigen sollte. Salmanassar III. eroberte K. 839 v. Chr., die Hauptstadt Tarsus fiel jedoch erst nach dem erneuten Feldzug von 833 v. Chr. Nach dem Fall Assyriens unternahmen die Babylonier einen Angriff auf K. Die Perser eroberten Hilaku, wie Zilizien in Keilschrift-Dokumenten genannt wird. 103 v. Chr. wurde Zilizien eine röm. Provinz. Lukas und Paulus erwähnen sie zus. mit Syrien (Apg 15,23; Gal 1,21); zu dieser Zeit besaß die Provinz eine jüd. (Apg 6,9) und eine christl. Diaspora (Apg 15,23).

KOË, KEVE 1. Kön 10,28; 2. Chr 1,16

KOLAJA

1. Ein Vorfahre von Sallu, dem Benjamiter, der z. Zt. Nehemias in Jerusalem lebte.
2. Der Vater des falschen Propheten Ahab.

KOLAJA 1 Neh 11,7
KOLAJA 2 Jer 29,21

KOLHOSE Der Vater Schalluns, des Vorstehers des Bezirkes von Mizpa, der z. Zt. Nehemias das Quelltor in Jerusalem baute (Neh 3,15); Begründer einer Familie aus dem Stamm Juda, die in Jerusalem wohnte (Neh 11,5).

KOLHOSE Neh 3,15; 11,5

KOLOSSÄ Stadt in Phrygien, etwa 16 km östlich der heutigen Stadt Denisli in der Türkei im sehr fruchtbaren, aber häufig von Erdbeben heimgesuchten Lycustal. Sie ist noch nicht ausgegraben worden. Im 1. Jh. n. Chr. sank K. infolge der wachsenden politischen Macht von Laodizea und der religiösen Anziehungskraft von Hierapolis, die beide im selben Tal liegen, zu einer Kleinstadt an der Handelsroute von Ephesus ins Innere Kleinasiens herab. Sie verdankte ihren Reichtum hauptsächlich der Herstellung gefärbter Wollartikel.

KOLOSSÄ Kol 1,2

Felsformationen bei Hierapolis, wenige Kilometer vom alten Kolossä entfernt. Sie wurden von den berühmten heißen, kalkhaltigen Quellen geschaffen.

Die Mehrzahl der Bevölkerung war phrygischer Abstammung, der Brief an die Kolosser setzt aber auch die Existenz einer jüd. Gemeinde voraus. 62 v. Chr. gab es in dem Bezirk, dessen Hauptstadt Laodizea war, mindestens 11000 erwachsene männliche Juden – die Nachkommen der um 213 v. Chr. von Antiochus III. aus Babylon deportierten 2000 Familien.

Die Gemeinde in K. wurde nicht von Paulus selbst gegründet, sondern von Epaphras, den Paulus in Kol 1,7 seinen »lieben Mitknecht« und »treuen Diener Christi« nennt.

Von der Zerstörung durch das Erdbeben in der Zeit Neros (44–69 n. Chr.) konnte sich die Stadt nicht mehr erholen.

KOLOSSER, DER BRIEF DES PAULUS AN DIE Die Authentizität dieses Briefes als paulinische Schrift ist in der Theologie umstritten. Namhafte Bibelwissenschaftler bestreiten eine Verfasserschaft des Paulus aus Gründen des theolog. Inhaltes und des Stils, der schwerfällig und überladen anmutet. Viele neue Begriffe werden gebraucht (z. B. »Fülle«), einige der wichtigsten paulinischen Themen fehlen (z. B. »Gerechtigkeit«, »Rechtfertigung«, »Gesetz«); andererseits werden gut paulinische Gedanken in neuer Prägung vorgetragen (z. B. »Leib Christi«). All diese Schwierigkeiten können gelöst werden, wenn man den Zweck des Briefes mitbedenkt: Er ist im Kern eine polemische Schrift, die dem Einfluß von Irrlehrern in der Gemeinde begegnen will. Von daher ist damit zu rechnen, daß a) sich die Gedanken des Paulus der neuen Problemstellung anpassen, b) daß er in diesem Brief nur das für seinen spezifischen Zweck Notwendige betont und daß er c) in gewissem Maße die Ausdrucksweise seiner Gegner aufgegriffen hat. Dann wären die Argumente gegen die paulinische Verfasserschaft letztlich nicht überzeugend, und viele Ausleger halten auch nach Kap 1,1 und 4,18 an der traditionellen Ansicht fest, daß Paulus den Kolosserbrief verfaßte.

Paulus schreibt den Brief aus der Gefangenschaft (4,3.10), also aus Ephesus im Winter 53/54 n. Chr. (1. Kor 15,32), aus Cäsarea zwischen 56 und 58 n. Chr. (Apg 24,27–25,4) oder aus Rom während der beiden folgenden Jahre (Apg 28,30). Die am Briefschluß genannten Namen lassen auf eine Gefangenschaft in Rom schließen (vgl. 2. Tim 4,11 ff.).

Ein schwieriges Problem ist die nähere Bestimmung der Irrlehren, die Paulus in diesem Brief bekämpft. Die Verbindung mit Kalender, Speisegeboten und möglicherweise Beschneidung läßt an judaistische Einflüsse denken; darauf verweisen die Heilsbedeutung der Engel ebenso wie die Vorstellung von Mysterien, Offenbarung, Erkenntnis und Vollkommenheit, verbunden mit rituellen und asketischen Praktiken. Einer der Erklärungsvorschläge sieht hier eine Nähe zu den Lehren der Essener, eine andere Deutung eher eine Spielart des Gnostizismus.

Der Kern des Briefes ist der Christushymnus in 1,15–20. Bekannte paulinische Anschauungen (z. B. Christus als Ebenbild Gottes, die Kirche als der Leib Christi) finden sich hier in einem neuen Kontext. Alle Dinge sind in Christus und auf ihn hin erschaffen, in dem die Fülle wohnt; er ist das Haupt des Leibes; die durch Christus gewirkte Versöhnung hat eine kosmische Dimension. Den Einflüssen gnostischer Philosophie und Welterklärung sowie judaistischer Lebensweisungen begegnet Paulus mit dem Hinweis auf die umfassende und zusammenhängende Schöpfungs- und Heilsordnung in Christus seit Beginn der Welt (vgl. bes. 1,17).

INHALTSÜBERSICHT

1,1–14	Grüße und Danksagung
1,15–23	Christus legt den Grund für Schöpfung und Heil
1,24–29	Die Mission des Paulus unter den Heidenvölkern
2,1–23	Warnung vor Irrlehren
3,1–17	Bedeutung der Bekehrung und Wiedergeburt
3,18–4,1	Ermahnungen für die Haus- und Familienordnung
4,2–6	Allgemeine Ermahnungen
4,7–18	Grüße und Segenswünsche

KONANJA

KONANJA 1
2. Chr 31,12–13

1. Ein Levit, von König Hiskia zus. mit seinem Bruder Schimi als Vorsteher über die Einnehmer der Tempelabgaben und des Zehnten gesetzt.

KONANJA 2
2. Chr 35,9

2. Einer der Vorsteher der Leviten, die z. Zt. König Josias von Juda den Leviten beim Passafest Opfergaben gaben.

KÖNIGE, DIE BÜCHER DER Die Königsbücher, die den Bericht der Samuelbücher fortführen, stellten ursprünglich ein zusammenhängendes Werk dar, das dann zweigeteilt wurde (1. und 2. Kön; in der LXX werden die beiden Samuelbücher 1. und 2. Könige genannt, die Königsbücher heißen dort 3. und 4. Könige). Sie berichten vom Ende der Regierungszeit König Davids, der Thronnachfolge durch Salomo und der Teilung des Königreiches und erzählen dann die parallele Geschichte der beiden Reiche bis zum Ende des Königtums in Israel.

1. Kön 1–11 beschreibt die letzten Jahre der Regierung Davids und das Königtum unter Salomo. In den Auseinandersetzungen um die Thronnachfolge, die durch Adonija noch zu Lebzeiten Davids begannen, setzte sich am Ende Salomo durch, nicht zuletzt dank der Intervention des Propheten Nathan (1,11–40). In 1. Kön 2,13–5,14 wird über die ersten Regierungsmaßnahmen Salomos berichtet, dann (5,15–9,9) über Bau und Einweihung des Tempels in Jerusalem sowie über Salomos sonstige Baumaßnahmen, seinen Reichtum, seine Weisheit und den Besuch der Königin von Saba (9,10–10,29). In Kap 11 deutet sich mit Salomos Götzendienst für seine heidnischen Frauen der Niedergang des Reiches an. Nach seinem Tod wurde sein Sohn Rehabeam sein Nachfolger. Sehr bald aber kam es zum Bruch, als Jerobeam die Forderung der Nordstämme nach Erleichterung der Steuerlasten vorbrachte und diese von Rehabeam zurückgewiesen wurde (12,2–15). Dies führte zur Revolte, die schließlich die Ausrufung Jerobeams zum König über die Nordstämme und die Konsolidierung seines Staates mit sich brachte (12,16–20). Er führte den Kult der Goldenen Kälber im Norden ein, bestellte nicht-levitische Priester und schuf ein neues Laubhüttenfest (12,25–33).

1. Kön 12 bis 2. Kön 17 berichtet über die Ereignisse nach der Spaltung des davidisch-salomonischen Großreichs, das damit eine (wenn auch glanzvolle) Episode in der Geschichte Israels geblieben ist. Hand in Hand mit dem durch die Trennung in das Südreich Juda und das Nordreich Israel bedingten politischen Niedergang geht der religiöse, geistliche Zerfall Gesamt-Israels – im Nordreich wegen des Fehlens des zentralen Tempels in Jerusalem noch vehe-

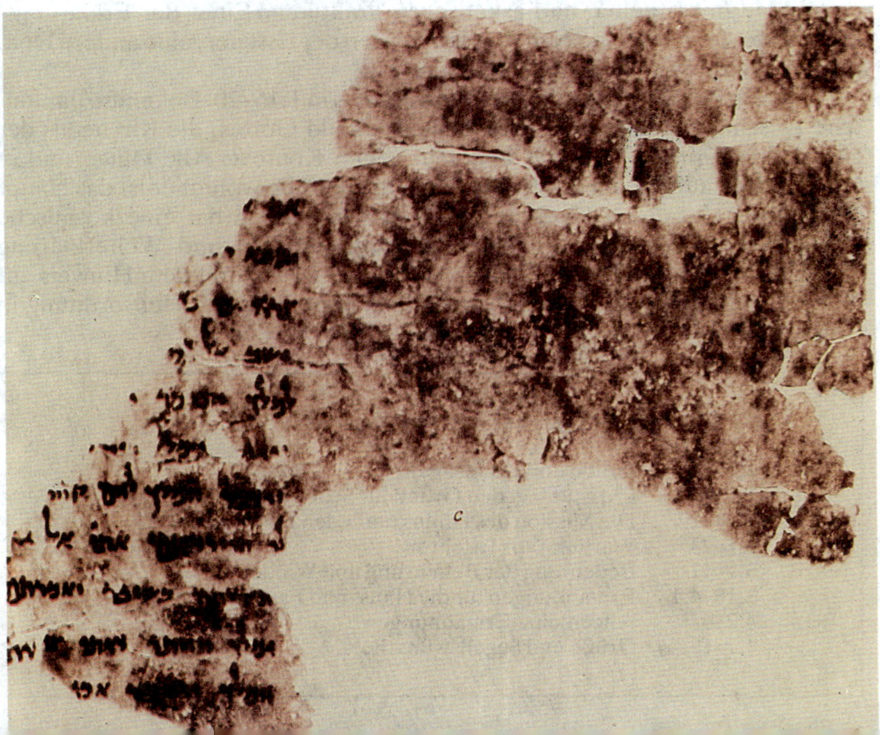

Fragment aus dem Buch der Könige, gefunden in Qumran (Schrein des Buches, Jerusalem).

menter als im Südreich. Diesem Zerfall des Jahwe-Glaubens treten u. a. die Propheten Elia (1. Kön 17–21) und Elisa (2. Kön 1–13) entgegen. Aus den Elia-Geschichten hervorzuheben sind seine Rettung am Bach Krit (1. Kön 17), das Gottesurteil auf dem Karmel (Kap. 18) und die Offenbarung am Horeb (Kap. 19).

Einen politischen Höhepunkt stellt die Regierungszeit des Königs Ahab in Israel dar (1. Kön 16,29–22,40), die zugleich geprägt ist von einem umfassenden Abfall vom Gott der Väter und durch ein bes. durch seine phöniz. Gattin Isebel systematisch gefördertes kanaan. synkretistisches Heidentum.

Aus dem 2. Buch der Könige sind in der langen Reihe der Könige Judas und Israels (vgl. dazu die Königsliste unten) bes. die 41-jährige, politisch glanzvolle Regierung Jerobeams II. im Nordreich (Kap 14,23–29) und nach dessen Untergang die der gottesfürchtigen und bedeutenden Könige Hiskia und Josia im Südreich hervorzuheben (Kap 18–20 und 22,1–23,30).

Die weltgeschichtlichen Ereignisse des Untergangs beider isrl. Staaten sind die Eroberung des Nordreichs und seiner Hauptstadt Samaria (722 v. Chr.) durch den assyr. König Salmanassar V. (2. Kön 17,1–6) mit der Zwangsverschleppung der Bevölkerung Israels, die erfolglose Belagerung Jerusalems durch Sanherib von Assyrien 701 v. Chr. und v. a. das Ende des Südreichs Juda z. Zt. seines letzten Königs Zedekia mit der Zerstörung Jerusalems und des Tempels durch den Babylonierkönig Nebukadnezar 587 v. Chr. Die Deportation der Mehrheit der Bevölkerung bedeutete das Ende des jüd. Staates (2. Kön 24,18–25,21).

In den Königsbüchern wurden, wie aus ihrem Text hervorgeht, verschiedene Quellen mitverarbeitet; drei von ihnen werden ausdrücklich genannt: die »Chronik von Salomo« (1. Kön 11,41), die »Chronik der Könige von Israel« (2. Kön 15,15) und die »Chronik der Könige von Juda« (2. Kön 23,28). Theologisch und also religiös geprägt sind die Königsbücher vom Kriterium des Wohlgefallens oder des Mißfallens Gottes des HERRN am Tun der einzelnen Könige. Entscheidend ist, ob ein König »tat, was dem HERRN wohlgefiel« oder aber – wie die Mehrzahl der Könige – »tat, was dem HERRN mißfiel«, wie diese stereotype Formulierung heißt. Vom geistlichen Angelpunkt mindestens des 2. Königsbuchs her ist das so auszudrücken: Die Reform des Königs Josia, bes. ihr Höhepunkt 622 v. Chr. (2. Kön 23,1–3) mit der Verkündigung des bei Bauarbeiten im Tempel wieder aufgefundenen Deuteronomiums (22,3–13), bestimmt den Geist und das Urteil der Königsbücher. In diesem Sinn bahnt sich hier eine im AT sonst erst bei den späteren Propheten erkennbar werdende Öffnung an, die über Israel hinausweist: Über den Unglauben der Könige Judas und Israels ergeht das Gericht Gottes, aber dem Glauben des Heiden Naaman antwortet Gott mit der Heilung durch seinen Knecht Elisa (2. Kön 5).

Von geistlichem Gewicht ist darum eben von diesem Kriterium her die Hervorhebung der Gnadenfrist Judas (2. Kön 18–25), bes. auch bei der Rolle des Propheten Jesaja anläßlich der Bedrohung Jerusalems durch Sanherib (18,13–19,36) und dann bei der schweren Krankheit des Königs Hiskia (20,1–11).

INHALTSÜBERSICHT

1. Kön 1,1–2,46	Das Königtum Davids bis zu seinem Tod und zur Thronbesteigung Salomos
3,1–11,43	Regierung Salomos
12,1–15	Regierung Rehabeams
12,16–24	Abfall der Nordstämme vom Thron Davids und Berufung Jerobeams zum König
12,25–14,20	Regierung Jerobeams I. von Israel

INHALTSÜBERSICHT (FORTSETZUNG)

1. Kön 14,21–2. Kön 17,41	Parallele Geschichte der Könige von Juda und von Israel bis zum Untergang des Nordreichs (17,1–6)
2. Kön 18,1–25,21	Die letzten Könige von Juda bis zur Zerstörung Jerusalems (25,1–10) und zur Wegführung des Volkes nach Babel (25,11–12)
2. Kön 25,22–30	Nachtrag

LISTE DER KÖNIGE ISRAELS

(Eine genaue und damit einheitliche Datierung der Regierungszeiten der Könige ist der Wissenschaft bis heute nicht gelungen. Die bibl. Angaben lassen gewisse Differenzen offen, die nicht eindeutig zu beheben sind. Dies gilt sogar für die Datierung der Eroberung Jerusalems im Jahr 587 oder 586 v. Chr. Die folgende Liste stimmt im allgemeinen mit der Zeittafel der Lutherbibel 1984 überein.)

Gesamt-Israel	**Südreich Juda**	**Nordreich Israel**
1012–1004 Saul		
1004– 965 David		
965– 926 Salomo		
926 Rehabeam		
	926–910 Rehabeam	926–907 Jerobeam I.
	910–908 Abija	907–906 Nadab
	908–868 Asa	906–883 Bascha
		883–882 Ela
		882 Simri
		882–871 Omri
		871–852 Ahab
	868–847 Joschafat	852–851 Ahasja
	847–845 Joram	851–845 Joram
	845 Ahasja	845–818 Jehu
	845–840 Atalja	818–802 Joahas
	840–801 Joasch	802–787 Joasch
	801–787 Amazja	787–747 Jerobeam II.
	787–736 Asarja	747 Sacharja
	? –725 Ahas	747 Schallum
		747–738 Menahem
		737–736 Pekachja
		735–732 Pekach
	725–697 Hiskia	732–723 Hosea
	696–642 Manasse	
	641–640 Amon	
	639–609 Josia	
	608–598 Jojakim und Jojachin (597?)	
	597–587 Zedekia (oder 586?)	

Anm.: Unerwähnt ist hier Jotam, der 756–741 (vor Ahas) Mitregent Asarjas war (»König«). Asarja trägt auch den Namen Usija (Jes 6,1).

KÖNIGIN VON SABA 1. Kön 10,1.4.10.13; 2. Chr 9,1.3.9.12

KÖNIGIN VON SABA Siehe SABA.

KÖNIGTUM Regierung durch einen Alleinherrscher, der entweder durch Ernennung oder, was üblicher war, durch Vererbung eingesetzt wurde. Ein König konnte über eine Stadt (Stadtstaat, z. B. Tyrus, Sidon oder Ugarit), eine Nation (z. B. Ammon, Edom) oder ein Reich (»König der Könige«, z. B. Assyrien, Babylonien, Persien) herrschen. Der K. führt sein Volk in einem Krieg; er ist verantwortlich für die Aufrechterhaltung der Gerechtigkeit sowie der zentralen Verwaltung und des Gottesdienstes. Darüber hinaus ist er auch am internationalen Handel beteiligt. Diese Funktionen machen eine zentrale Schatzkammer notwendig, die immer wieder durch die Steuern der Bewohner und Tributzahlungen unterworfener Nationen aufgefüllt wird.

Die Institution des Königtums war im ganzen antiken Nahen Osten verbreitet und auf göttlicher Einsetzung gegründet. In Israel war es anfangs anders: Hier lag die säkulare Gewalt bei den Ältesten (den Häuptern der Familien), außerdem gab es Volksführer im Krieg (Ri 11,5–11; 1. Sam 4,3) und Repräsentanten vor Gott (2. Mose 19,7; 24,9–11). Die Idee des Königtums ist den 5 Büchern Mose fremd. Nur 5. Mose 17,14–20 erwähnt die Möglichkeit, daß die Israeliten einen K. zur Herrschaft über sich wählen könnten. Es ist bedeutsam, daß diese Möglichkeit zwar erlaubt ist, aber keineswegs als obligatorisch oder als lobenswert angesehen wird. Die Wahl des K., aber auch sein Verhalten ist bestimmten Bedingungen unterworfen: Er darf kein Fremder sein; er darf nicht macht-, geld- und genußgierig sein; er muß eine Abschrift des Gesetzes Gottes haben und sein Leben nach diesem Gesetz ausrichten (5. Mose 17,15–20). Der altorientalische Typus des allmächtigen Gottkönigs ist für Israel völlig ausgeschlossen; letztlich ist Gott allein sein Herr und K. (vgl. Jes 33,22), und ein irdischer K. kann nur Knecht und Diener Gottes sein.

Israel führte die Monarchie nur zögernd ein. Das erbliche Königtum wurde Gideon nach seinem Sieg über die Midianiter angetragen, aber er lehnte es ab, da er die Herrschaft Gottes vorzog (Ri 8,22–23). Sein Sohn Abimelech wurde K. von Sichem (Ri 9,1–21); seine Herrschaft über ganz Israel (Ri 9,22) war jedoch bestenfalls eine vorübergehende Episode. Erst der alte Richter Samuel sieht sich mit der Forderung der Ältesten des Volkes konfrontiert, einen K., »wie ihn alle Heiden (= Völker) haben«, als seinen Nachfolger einzusetzen. Erst auf Gottes Weisung und nachdem er dem Volk die einschneidenden Folgen des Königtums für seine Freiheit vor Augen geführt hatte, kam er der Forderung nach (1. Sam 8), und Saul wurde Israels erster K. (1. Sam 9-10).

Es gab von Anfang an Widerstände gegen das Königtum (vgl. 1. Sam 10, 27). Auf der anderen Seite jedoch wurde es als eine Gnade Gottes angesehen. 1. Sam 9,16 sieht Saul ausdrücklich als auserwähltes Werkzeug Gottes, um das Volk von der Unterdrückung durch die Philister zu befreien – was Saul denn auch tat (vgl. Kap 13–14). Auch die Ammoniter u. a. Völker schlug Saul (Kap 11; 14,47–52). Äußere Zeichen der Einsetzung Sauls zum K. waren seine Wahl durch Los bei der Volksversammlung (1. Sam 10,17–25), die Einsetzungsfeier in Gilgal (1. Sam 11, 14–15) und v. a. die Salbung (1. Sam 10,1), ein Ritus der Reinigung und Heiligung; von jetzt ab hatten die Könige Israels den Titel »Der Gesalbte« (= hebr. *Messias* bzw. griech. *Christos*). Innerlich wurde Saul mit dem Geist Gottes erfüllt (1. Sam 10,6.10; 11,6).

Der K. ist der Autorität Gottes und seiner Boten, der Propheten, unterworfen. David wurde von Nathan und Gad zurechtgewiesen (2. Sam 12,1–14; 24,11–14). Ahija, der Siloniter, prophezeite die Teilung des Königtums und Jerobeams Herrschaft über die zehn Stämme des Nordens (1. Kön 11,30–39). Elisa war an dem Aufstand Jehus beteiligt (2. Kön 9,1–10). Der Prophet war also sowohl »Königsmacher« als auch »Königskritiker«.

David und Salomo taten, ungeachtet der polit. Rückschläge (bes. der Revolten von Absalom, Scheba und Jerobeam) und der prophetischen Kritik (Nathan), viel zur Festigung des Königtums. David erweiterte das Reichsgebiet durch verschiedene Eroberungen, schuf ein Berufsheer, machte Jerusalem zur Hauptstadt, stärkte die zentrale Verwaltung und schuf so ein Reich, das ihm beträchtliche Einkünfte einbrachte. Ein religiöser Höhepunkt war die Überführung der Bundeslade von Kirjat-Jearim nach Jerusalem (2. Sam 6; 1. Chr 13,5; Kap. 15). Der Prophet Nathan verhieß ihm den ewigen Fortbestand seiner Dynastie (»Haus Davids«, 2. Sam 7). Salomo festigte sein Königtum v. a. dadurch, daß er den Tempel baute – ganz in der Nähe des Palastes in Jerusalem (1. Kön 6–7). Der Widerstand gegen das Königtum nahm jedoch auch während Salomos glanzvoller Regierungszeit nicht ab, sehr wahrscheinlich aufgrund des schweren Frondienstes, den er zur Ausführung seiner großen Bauunternehmungen verlangte.

Schon während Salomos Regierung plante Jerobeam einen Aufstand gegen ihn. Er mußte zwar nach Ägypten fliehen, aber er hatte bereits die Zusage des Propheten Ahija, daß er über zehn der Stämme Israels herrschen würde (1. Kön 11,26–40). Nach Salomos Tod erfüllte sich die Prophetie: Als sein Sohn Rehabeam sich weigerte, die Steuer- und Fronlasten zu erleichtern, fielen die zehn Nordstämme von ihm ab und wählten Jerobeam zu ihrem König; einzig Juda und Teile Benjamins blieben loyal zu Rehabeam (1. Kön 12,1–24). Den tieferen Grund für die Reichsteilung nennt 1. Kön 11,1–11: Salomos heidnische Frauen und seine Abgötterei; es war reine Gnade Gottes, daß Salomos Nachkommen wenigstens über Juda herrschten (1. Kön 11,12–13.32–36; 15,4–5).

Im Nordreich Israel folgte eine Dynastie auf die andere, Aufstände und Staatsstreiche waren häufig (vgl. 1. Kön 15,27; 16,9 u. a.). Auch einige Propheten spielten dabei eine wichtige Rolle (1. Kön 14,4–16; 2. Kön 9,1–10 u. a.). Heidnische Kulte waren im Nordreich bes. verbreitet (vgl. die Goldenen Kälber in den Heiligtümern von Dan und Bethel, 1. Kön 12,26–33, sowie später Ahab, Kap. 16, 29–22,40).

In Juda blieb die Dynastie Davids an der Macht, und auch der Tempel blieb bestehen. Joasch ließ ihn ausbessern (2. Kön 12,7–16), Hiskia und Josia erneuerten den Bund mit Gott und gingen gegen den Götzendienst vor (Kap. 18,3–4.22; 22,8–23,20). Aber auch den Königen Judas mußten die Propheten harte Worte sagen (vgl. z. B. Jes 7,10–25; Jer 21,1–23,4).

In den Psalmen und Propheten wird der von Gott gesandte und geführte K. und Gesalbte immer wieder verheißen und besungen (vgl. z. B. Ps 2; 20,7–10; 21,1–8; 45,1–8; 72; Jes 11; Jer 23,5–6; 33,14–22; vgl. auch 1. Sam 2,10). Aus der Sicht des NT sind viele dieser Stellen messianisch zu sehen, also als Vorausdeutungen auf Jesus Christus.

In Jesus Christus erfüllen sich die Verheißungen des kommenden Davidssohnes und K. Israels. Sie erfüllen sich jedoch auf eine Weise, die von den meisten seiner Zeitgenossen nicht verstanden wurde. Der »K. der Juden«, dessen Geburt den damaligen Machthaber Herodes so erschreckte (Mt 2,2ff.), ist nämlich kein politischer Herrscher; weltliche Machtangebote weist er zurück (Mt 4,8–10; Joh 6,15); auf die begeisterte Huldigung als »K. Israels« bei seinem Einzug in Jerusalem (Lk 19,38; Joh 12,13) folgt bald die Kreuzigung und Verspottung (Mt 27,28ff.). Die Schlüsselstelle ist hier Jesu Verhör vor Pilatus: Jesus ist ein K., aber sein Reich ist nicht von dieser Welt (Joh 18,33–39). Das Reich Gottes ist eine Königsherrschaft der »Himmel«, der Gotteswelt.

Daß dieses Reich real ist, zeigt Jesus v. a. durch seine Auferstehung. Mit ihr beginnt der Abschnitt der Welt- und Heilsgeschichte, der auf die endgültige Errichtung der Herrschaft Gottes hinläuft. Das NT weiß darum, daß am Ende der Zeit der lebendige, auferstandene Christus sein Reich Gott, seinem Vater, übergeben wird (1. Kor 15,24–28). Ähnliche eschatologische (endzeitliche) Aussagen finden sich in der Offenbarung des Johannes (Offb 3,21; 14,14).

Das Königtum Jesu ist jedoch keineswegs nur eine endzeitliche Größe; es gewinnt v. a. in den Begriffen »Himmelreich« und »Reich Gottes« an gegenwärtiger Bedeutung. (Vgl. REICH GOTTES.)

KONJA
Jer 22,24.28; 37,1

KONJA Ein vom Propheten Jeremia für Jojachin, den Sohn König Jojakims von Juda, gebrauchter Name. Siehe JOJACHIN.

KORACH 1
1. Mose 36,14.18; 1. Chr 1,35
KORACH 2
1. Mose 36,16
KORACH 3
2. Mose 6,21.24; 4. Mose 16,1.5–6.8.16.19.24.27.32; 17,5.14; 26,9–11; 27,3; 1. Chr 6,7.22; 9,19; Ps 42,1; 44,1; 45,1; 46,1; 47,1; 48,1; 49,1; 84,1; 85,1; 87,1; 88,1; Jud V. 11
KORACH 4
1. Chr 2,43

KORACH

1. Der jüngste der fünf Söhne Esaus (1. Chr 1,35). Er war der Begründer des Hauses der Edomiter (1. Mose 36,18–19). Seine Mutter war Oholibama, seine beiden Vollbrüder waren Jëusch und Jalam (1. Mose 36,5.14).

2. Eine der sieben Adelssippen der Edomiter, die alle direkte Nachkommen von Elifas, dem Sohn Esaus, und seiner Frau Ada sind (1. Mose 36,16).

3. Der Führer des Aufstandes gegen Mose. Er war der Sohn Jizhars, des Enkels Levis, und ein Vetter Moses. K. war das Haupt der 250 namhaften Männer, die sich während der Wüstenwanderung Israels gegen die Führung Moses und Aarons erhoben (4. Mose 16,1–2). Die Gruppe wird auch als »Rotte K.« bezeichnet (4. Mose 16,5.32; 26,9; 27,3). Andere führende Verschwörer waren die Rubeniter Datan und Abiram (Söhne Eliabs) und On, der Sohn Pelets (4. Mose 16,1). Mose forderte K. und seine Männer zu einem Gottesurteil auf: Sie sollten alle Pfannen mit Weihrauch bringen und Gott werde seine Erwählten bezeichnen. Darauf sandte Gott ein Feuer und zerriß die Erde unter den Verschwörern (4. Mose 16,31–35; 26,9–10). Von den Nachkommen K., einer der Gruppen der Tempelsänger, stammen einige Psalmen (Ps 42; 45; 42–49; 84, 85,87, 88), von denen sich manche auf Ereignisse aus der Zeit nach Mose beziehen (Ps 45, 84, 85, 87). Nachkommen K. erscheinen auch in 2. Chr 20,19 als Sänger, zus. mit den Kehatitern. Im Judasbrief (V. 11) ist K. der sprichwörtliche Rebell.

4. Einer der vier Söhne Hebrons nach dem Geschlechtsregister in 1. Chr 2,43. Seine drei Brüder waren Tappuach, Rekem und Schema.

KORACHITER, SÖHNE KORACHS
2. Mose 6,24; 4. Mose 26,58; 1. Chr 9,19.31; 12,7; 26,19; 2. Chr 20,19

KORACHITER, SÖHNE KORACHS Die Verwandten Schallums, des Sohnes Kores, des Sohnes Abiasafs, des Sohnes Korachs (siehe KORACH (3)). Sie wurden von König David als Torhüter beim Eingang zur Bundeslade ernannt (1. Chr 9,19; 26,1). Nach 1. Chr 12,1–7 gesellten sich Mitglieder der Familie während Davids Aufenthalt in Ziklag zu ihm. In 2. Chr 20,19 werden die Korachiter bei Joschafats Sieg über die Ammoniter erwähnt. Schallum wird in 1. Chr 9,19 »der Korachiter« genannt. In 2. Mose 6,24 bezieht sich »Korachiter« auf die drei Söhne Korachs, in 4. Mose 26,58 und 1. Chr 26,19 dagegen kollektiv auf deren Nachkommen.

Fragment eines Steinkruges von der Südwestecke des Tempelgeländes in Jerusalem, mit den Umrissen zweier Tauben und der Aufschrift »Korban«. 1. Jh. v. Chr. (Israelische Regierungsabteilung für Altertümer und Museen).

KORBAN
Mk 7,11

KORBAN Das hebr. Wort für »Opfer«, »Opfergabe«. Mit diesem Wort konnte ein frommer Jude den Tempel zum Alleinerben seines Besitzes einsetzen. Da er anschließend über seinen Besitz nicht mehr frei verfügen konnte, entzog er sich so – entgegen dem Gebot Gottes – der Sorgepflicht gegenüber seinen Eltern (Mk 7,10–13).

KORE (»Rebhuhn«).

1. Ein Levit, Sohn Jimnas, der Torhüter am Osttor, z. Zt. König Hiskias über die freiwilligen Gaben für Gott gesetzt.

2. Ein Levit, Vater des Schallum, der in der Zeit nach dem babyl. Exil in Jerusalem lebte.

KORE 1 2. Chr 31,14
KORE 2 1. Chr 9,19; 26,1

KORINTH Die prächtige Landschaft am Isthmus, der den Peloponnes mit dem griech. Festland verbindet und zwischen dem Golf von Korinth und dem Saronischen Golf liegt, wurde etwa im 10. Jh. v. Chr. besiedelt. Die ungewöhnlich günstige handelsstrategische Lage brachte der Stadt den Titel »das reiche Korinth« ein (Homer, Pindar). 146 v. Chr. wurde sie von den Römern zerstört.

KORINTH Apg 18,1; 19,1; 1. Kor 1,2; 2. Kor 1,1.23; 6,11; 2. Tim 4,20

Die Stadt, wie Paulus sie kannte, war die 44 v. Chr. von Julius Caesar am gleichen Ort gegründete röm. Kolonie, die offiziell *Colonia Laus Julia Corinthiensis* genannt wurde. Die von Julius Caesar dort angesiedelten Siedler waren zum größeren Teil freigelassene Sklaven aus Griechenland, Syrien, Ägypten und Judäa. Gegen Ende der Regierungszeit des Augustus waren die großen Händler der Stadt sehr reich und hatten bereits begonnen, K. mit den großartigen Bauwerken zu schmücken, die die späteren Ausgrabungen an den Tag gebracht haben.

Die wirtschaftliche Bedeutung von K. beruhte in erster Linie auf dem Handel über den Isthmus mit seinen Arbeitsmöglichkeiten und Steuereinnahmen. Ein großer Teil des Ost-West-Handels des Röm. Reiches ging über die Häfen Lechaeum am Golf von K. und Kenchreä am Saronischen Golf, um die gefährliche Seeroute um die Peloponnes-Südspitze zu vermeiden. Seit dem 6. Jh. v. Chr. gab es Pläne für einen Kanalbau, der beide Meere verbinden sollte, die aber nicht ausgeführt werden konnten. Größere Schiffe wurden entladen, um ihre Ladung in den anderen Hafen zu bringen, kleinere wurden auf in Steinschienen laufenden Räderfahrzeugen transportiert. Die Atmosphäre K.s war die einer blühenden Grenzstadt.

Indirekten Zeugnissen zufolge diente K. als Hauptstadt der senatorischen Provinz Achaja, die von einem alljährlich aus Rom entsandten Prokonsul regiert wurde. Eine in K. aufgefundene Inschrift mit dem Namen des Prokonsuls Lucius Junius Gallio, vor dem Paulus angeklagt wurde (Apg 18, 12–16), ermöglichte es, dieses Ereignis auf das Jahr 51/52 zu datieren. Die Stadtregierung war eine Miniaturausgabe der Regierung des republikanischen Roms. Die wahlberechtigten Bürger wählten jährlich vier Magistraten, die dann nach ihrer Amtszeit Mitglieder des Stadtrates wurden. Die oberen Amtsträger waren die *Duoviri*, an deren Seite zwei *Aediles* standen. Eine Inschrift im Pflaster östlich des Theaters lautet: »Erastus hat als Gegenleistung für sein Aedilenamt das Pflaster auf eigene Kosten gelegt.« Dieser Mann war vermutlich jener Erastus, der z. Zt. des Paulus Stadtkämmerer war und Christ wurde (Röm 16,23).

K. hatte den Vorsitz über die sog. Isthmusspiele. Von den vier großen panhellenischen Spielen kamen diese gleich nach den Olympischen Spielen. Sie wurden jedes zweite Jahr im Frühling beim Heiligtum des Poseidon zu Isthmias, einige Kilometer östlich von K., abgehalten. Paulus könnte den Spielen des Jahres 51 beigewohnt haben; sie haben auf jeden Fall einen Platz in seinem theologischen Denken (1. Kor 9,24–27). Die Zeltstadt, die dabei jedesmal entstand, mag auch Paulus, dem Zeltmacher (Apg 18,3), ein Einkommen gebracht haben.

Nach Philo gab es in K. ab dem frühen 1. Jh. n. Chr. eine lebendige jüd. Gemeinde. Ihre Mitgliederzahl erhöhte sich im Jahre 67, als 6000 Kriegsgefangene von Vespasian aus Judäa zur Arbeit an dem letztlich vergeblichen Kanalprojekt Neros gesandt wurden. Von dieser Gemeinde hat sich nichts erhalten als eine undatierte Oberschwelle mit der Inschrift *[Syna]goge Hebr[aion]* (»Synagoge der Hebräer«). Die dem Kaiserkult und den verschiedenen griech. und auch ägypt. Göttern gewidmeten Tempel zeigen eine weitgefächerte ethnische und religiöse Vielfalt der Stadt, die durch Paulus zu einem der wichtigsten christl. Zentren werden sollte.

Münze aus Korinth mit Abbildungen des Pegasus und der Athene, um 325 v. Chr.

Paulus besuchte K. dreimal. Bei seinem ersten Besuch (Apg 18,1–18) blieb er 18 Monate (Frühjahr 50 bis Herbst 51) dort. Sein zweiter Besuch, wahrscheinlich im Frühsommer des Jahres 54, war kurz und unerfreulich. Nur mit Mühe konnte er wieder ein besseres Verhältnis zur Gemeinde aufbauen, wie aus der Ankündigung seines dritten, dreimonatigen Besuchs im Winter 55/56 hervorgeht (2. Kor 13,1–2). Während des letzten Besuchs schrieb Paulus den Brief an die Römer.

KORINTHER, DIE BRIEFE DES PAULUS AN DIE

Die beiden Korintherbriefe, die im NT vorliegen, sind nur ein Teil der Korrespondenz des Apostels Paulus, die er mit dieser Gemeinde geführt hat, die mehr als die meisten anderen von ihm gegründeten »seine« Gemeinde war (Apg 18,9–11) und die sich dennoch zu einem Gegenstand seiner stetigen Sorge entwickelt hatte. In der Geschichte der Beziehungen zwischen dem Apostel und der Gemeinde läßt sich folgender Ablauf rekonstruieren:

1. Entstehung der korinthischen Gemeinde und anderthalbjähriger Aufenthalt des Paulus in der Stadt im Jahr 50–51 n. Chr. (Apg 18,11)
2. Vorkanonischer Brief des Paulus (1. Kor 5,9); verlorengegangen
3. Antwort von dort, sog. Gemeindebrief (1. Kor 7,1)
4. Besuch der Leute der Chloë bei Paulus in Ephesus (1. Kor 1,11)
5. Entsendung des Timotheus nach Korinth (1. Kor 4,17)
6. Ankunft des Stephanas in Ephesus (1. Kor 16,17)
7. Abfassung des 1. (kanonischen) Briefs in Ephesus, wahrscheinlich im Jahre 54
8. Erfolgloser Zwischenbesuch des Paulus in Korinth (2. Kor 2,1)
9. Rückreise des Paulus nach Ephesus
10. Zwischenbrief, sog. Tränenbrief, durch Titus überbracht (2. Kor 2,4)
11. Reise des Paulus nach Mazedonien und Troas (Apg 20,1–6; 2. Kor 2,12)
12. Zusammentreffen mit Titus (2. Kor 7,5–7)
13. Abfassung des 2. (kanonischen) Briefes in Mazedonien, 56 oder 57 n. Chr.
14. Durchführung der Kollekte durch Titus (2. Kor 8,16–24)
15. Beabsichtigter dritter Besuch des Apostels (2. Kor 13,1)

Der zeitlich erste Brief ist nicht erhalten. Seine Existenz ist durch 1. Kor 5,9 belegt, ebenso ein Teil seines Inhaltes: Er verbot den Empfängern den Umgang mit unmoralischen Mitgliedern der christl. Gemeinde. Dieser Brief mag im Sommer 53 n. Chr. geschrieben worden sein als Antwort des Paulus auf Nachrichten über die Gemeinde in Korinth, die er durch »die Leute der Chloë« erhalten hatte (1. Kor 1,11).

Straße vom Zentrum Korinths zum Hafen Lechäum am Golf von Korinth.

(oben links) Der Apollotempel zu Korinth.

(oben rechts) Dekorierte Vase mit Inschrift aus Korinth; frühes 6. Jh. v. Chr.

Den 1. Korintherbrief schrieb Paulus wahrscheinlich aus Ephesus vor dem Passafest des Jahres 54. Er stellt eine umfassende Antwort des Paulus auf die Schwierigkeiten der Gemeinde in K. dar. Jene Angestellten der Chloë, die geschäftlich zwischen Ephesus und K. verkehrten, stellten in der Gemeinde von K. Dinge fest, die sie überraschten. Bei ihrer Rückkehr nach Ephesus berichteten sie Paulus über diese Beschwernisse, vorab über die Spaltungen in der Gemeinde (1. Kor 1,12), die durch den Anspruch einiger weniger, die richtigere Erkenntnis und tiefere Weisheit zu besitzen, heraufbeschworen wurden. Ein Mitglied der Gemeinde lebte in inzestuöser Verbindung mit seiner Stiefmutter (5,1). Mitglieder der Gemeinde führten gegeneinander Klage vor heidnischen Gerichten (6,1–8), und einige suchten Prostituierte auf (6,12–20). Bedenklich waren auch die Vorgänge in den gottesdienstlichen Versammlungen. Unkontrollierte Prophetie und Zungenrede erzeugten innere und äußere Verwirrung (14,20–40). Die Feier des Abendmahls drohte zu entarten (11,17–34). Es gab sogar eine Gruppe, die die Auferstehung der Toten leugnete (15,12–19).

Zu diesen dem Apostel hinterbrachten Nöten in der korinthischen Gemeinde kam nun eine Art Fragenkatalog hinzu, den die Korinther Paulus schriftlich überbringen ließen. Sie stellten Fragen zur Ehe und Ehescheidung (7,1–40), zur Problematik des Genusses von Fleisch, das Götzen geopfert worden war (Kap. 8–10), zu den Geistesgaben (Kap. 12–14) und zur Kollekte für die verarmte Urgemeinde in Jerusalem (16,1–4; vgl. 2. Kor 8 u. 9).

Dieser Palette von schwierigen Fragen geht Paulus gründlich nach. Er konnte bei aller Bestürzung und allem Mißbehagen »seine« Korinther (Apg 18,1–17) nicht einfach verurteilen und verdammen. Eingehend geht er Punkt für Punkt durch; mit großer Leidenschaft geht er auf die Nöte und Abwege der Gemeinde ein. Seine Leitlinien sind klar und eindeutig, aber an keiner Stelle verfügt er von oben herab eine Lösung der Probleme. Er beschreibt die bibl. Normen, wie sie in der Gemeinde Christi gelten und bittet die Korinther, die angemessenen Konsequenzen und Schlußfolgerungen zu ziehen. In vielerlei Hinsicht ist dieser Brief ein Musterbeispiel dafür, wie in einer christl. Gemeinde geistliche Autorität auszuüben ist.

Ruinen der Agora in Korinth.

Der sog. Tränenbrief (2. Kor 2,4) ist uns nicht erhalten; er wurde wahrscheinlich in Ephesus im Spätsommer des Jahres 54 n. Chr. nach dem zweiten Besuch des Paulus in K. (2. Kor 13,2) geschrieben. Bei diesem Besuch wurde Paulus von einem Christen, der wohl nicht Mitglied der Gemeinde war, hart angegriffen und beleidigt, ohne daß sich die Korinther für seine Verteidigung eingesetzt hätten. Der Apostel verließ K. tief verletzt und kehrte nicht wie versprochen dorthin zurück (2. Kor 2,1), sondern reiste durch Mazedonien nach Troas weiter (Apg 20,1–6; 2. Kor 2,12). In diesem Brief brachte er seinen Schmerz und seine Liebe zum Ausdruck. Als er von Titus, der den Brief überbrachte, hörte, daß die Korinther ihr Verhalten bereuten, schrieb er den 2. Korintherbrief, in dem er die Versöhnung zwischen sich und der Gemeinde in K. besiegelt, sich aber zugleich erneut und nachdrücklich gegen einige Vorwürfe verteidigt.

Während die Einheitlichkeit des 1. Korintherbriefes durchweg außer Frage steht, wird der 2. Korintherbrief von manchen Auslegern als Kombination aus verschiedenen Briefen angesehen. Die Argumente gegen die literarische Einheit des 2. Korintherbriefes sind jedoch keineswegs überzeugend, zumal keine einzige der vielen Handschriften des NT eine Trennung zwischen den Abschnitten aufweist. Die gelegentlich schwierigen Übergänge erklären sich aus dem Wechsel der Schwerpunkte, wie sie sich bei der Niederschrift des Briefes in den Vordergrund schoben oder sich aus der Sache ergaben, z. B. bei der Unterbrechung des Berichts über die Missionstätigkeit (2. Kor 2,12.13 mit Fortsetzung in 7,5) durch Ausführungen über Inhalt und Botschaft dieser Mission (2,14–7,4), oder bei dem Appell für die Geldsammlung zugunsten der Gemeinde in Jerusalem (Kap 8–9) und der abschließenden Verteidigung des Paulus gegen Angriffe auf seine Person und sein Apostelamt (Kap 10–12). Es waren eben recht unterschiedliche Themen, die Paulus in diesem Brief behandeln mußte. Er beweist bei aller gelegentlichen Bestimmtheit des Tones eine geistliche Haltung, die die Bereitschaft zur Versöhnung und Vergebung betont, aber die strittigen Punkte nicht unter den Tisch kehrt.

Die Korrespondenz mit den Korinthern zeigt vielleicht besser als jeder andere seiner Briefe die Vielschichtigkeit der Persönlichkeit des Paulus. Sie ist zugleich ein Dokument für die Schwierigkeiten, denen sich das Christentum auf seinem Weg von Jerusalem nach Europa gegenübersah.

INHALTSÜBERSICHT

1. Kor	
1,1–9	Grüße und Danksagung
1,10–4,21	Spaltungen in der Gemeinde
5,1–6,20	Skandalfälle in Korinth
7,1–40	Ehe und Ehelosigkeit
8,1–11,1	Das Problem des Götzenopferfleisches
11,2–34	Mißstände im Gottesdienst
12,1–31	Die Gnadengaben in der Gemeinde
13,1–13	Die Liebe als die größte Gabe
14,1–40	Zungenrede u.a. Geistesgaben
15,1–58	Die Auferstehung der Toten
16,1–24	Praktische Anweisungen, bes. zur Kollekte für Jerusalem, und Grüße
2. Kor	
1,1–11	Grüße und Danksagung
1,12–2,17	Paulus rechtfertigt den Aufschub seines Besuches
3,1–4,6	Die Quelle seines apostolischen Auftrages
4,7–5,10	Probleme seiner Mission
5,11–6,10	Motive seiner Mission (Amt der Versöhnung und Dienst im Leiden)
6,11–7,16	Versöhnung mit den Korinthern
8,1–9,15	Bitte um die Kollekte für die Gemeinde in Jerusalem
10,1–13,13	Abschließende Auseinandersetzung mit den Gegnern; die Leiden im Leben des Apostels

Die Taufe des Kornelius, auf einem Sarg des 14. Jh. (Musée Lapidaire Chrétien, Arles).

KORNELIUS Ein gottesfürchtiger röm. Zenturion der »Italischen« Kohorte, der in Cäsarea stationiert war. In einer Vision wurde ihm befohlen, nach Petrus zu senden, der gerade in Joppe (Jaffa) im Hause Simons des Gerbers war. Zur gleichen Zeit hatte Petrus eine Vision, die ihn aufforderte, nicht selbst unrein zu nennen, was Gott rein gemacht hatte – eine Vorbereitung auf den Besuch bei dem Nichtjuden Kornelius. Petrus erkannte, daß Gott jeden annimmt, der ihn sucht. Kornelius bekehrte sich und wurde getauft.

KORNELIUS Apg 10,1.3.7.17. 22.24–25.30–31

KOS Insel in der Ägäis westlich von Karia, an der Paulus auf seinem Weg nach Rhodos vorbeifuhr.

KOS Apg 21,1

KOSAM (»Wahrsager«). Sohn Elmadams und Vater Addis im Stammbaum Jesu bei Lukas.

KOSAM Lk 3,28

KOSBI (»Lüsternheit«). Tochter des Midianiterobersten Zur, die von Pinhas, dem Enkel Aarons, bei Baal-Peor beim Beischlaf mit Simri, dem Sohn Salus des Simeoniters, getötet wurde.

KOSBI 4. Mose 25,15.18

KOSEBA Dorf in Juda, das im Geschlechtsregister des Stammes Juda erwähnt wird. Gewöhnlich als anderer Name von Achsib betrachtet.

KOSEBA 1. Chr 4,22

KOSMETIK Siehe GEWÜRZE UND PARFÜME.

KOZ (»Dorn«).

1. Der Vater Anubs in der Geschlechterliste von Juda.
2. Eine der Priesterfamilien, die mit Serubbabel aus Babylonien zurückkehrten. Sie wurde ihres Priesteramtes enthoben, da sie ihre priesterliche Qualifikation nicht durch ein Geschlechtsregister nachweisen konnte. (Siehe HAKKOZ.)

KOZ 1 1. Chr 4,8
KOZ 2 Siehe Hakkoz

KRANICH Siehe TIERE.

KRESZENS (»wachsend«). Einer der Mitarbeiter des Paulus, der ihn verließ und nach Galatien zog.

KRESZENS 2. Tim 4,10

KRETA, KRETER Die größte und südlichste der griech. Inseln im Mittelmeer. Nach Hesekiel (25,16) und Zefanja (2,5) stammen die Philister aus Kreta (s. KRETER UND PLETER). Z.Zt. Jesu gab es in K. eine jüd. Gemeinde (Apg 2,11). Paulus erlitt Schiffbruch, nachdem er entlang der Südküste K.s gesegelt war (Apg 27,7.12). Ausgrabungen haben den starken Einfluß K.s auf die Geschichte und Kultur der Mittelmeerländer seit dem frühen 3. Jt. v. Chr. gezeigt. Zahlreiche Funde bezeugen K.s enge kulturelle und wirtschaftliche Beziehungen zu Kleinasien, Ägypten, Phönizien und Palästina.

KRETA, KRETER Apg 2,11; 27,7.12–13.21; Tit 1,5.12

KRETER UND PLETER Fremde Söldner, die Leibgarde Davids. Die Kreter werden erstmals in 1. Sam 30,14 erwähnt, wo von einem Einfall der Amalekiter nach Ziklag und in das »Südland der K.« berichtet wird. Diese Gegend heißt auch Philisterland (1. Sam 30,16), womit angedeutet wird, daß das Gebiet der K. den südlichen Teil des Philisterlandes ausmachte. Dieses Gebiet mag mit den »Gehöften von Gaza« (5. Mose 2,23), einem Gebiet der KAFTORITER, identisch sein.

David errichtete nach seiner Thronbesteigung eine Heereseinheit von K. und Pletern (= *Pelistim* = Philister) unter dem Befehl Benajas, des Sohnes

KRETER UND PLETER 1. Sam 30,14; 2. Sam 8,18; 15,18; 20,7.23; 1. Kön 1,38.44; 1. Chr 18,17; Hes 25,16; Zef 2,5

(rechts) Kreta (Kaftor).

Reste des Palastes zu Knossos, Kreta. 1750 – 1500 v. Chr.

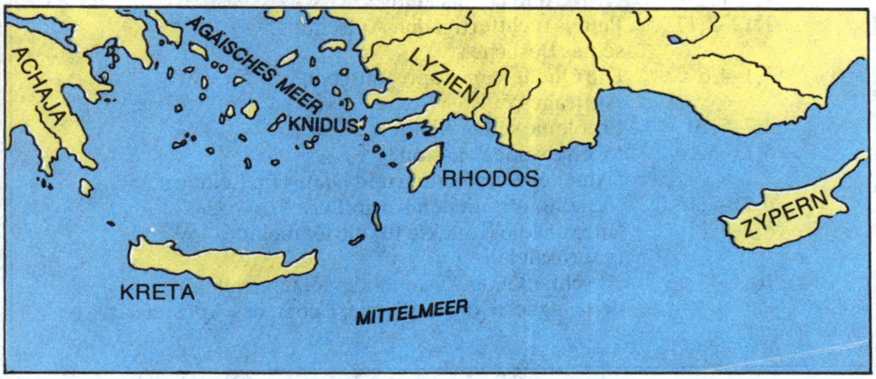

Jojadas (2. Sam 8,18). Diese blieben David auch bei der Revolte Absaloms treu (2. Sam 15,14.18), nahmen am Krieg gegen Scheba, den Sohn Bichris, teil (2. Sam 20,7) und waren bei Salomos Thronbesteigung zugegen (1. Kön 1,38.44). Die K. werden noch im 6. Jh. v. Chr. in Zefanjas Wahrsagung gegen die Philister erwähnt (Zef 2,4–5), womit angedeutet wird, daß Philister und K. identisch sind und daß die K. nach Kreta, ihrer ursprünglichen Heimat, benannt waren. Unter den Festpilgern beim Pfingstfest in Jerusalem waren auch K. (Apg 2,11). Die K. hatten in der Antike offenbar keinen guten Ruf (Tit 1,12). Paulus vertraut Titus die christl. Gemeinden in K. an (Tit 1,5).

Inschrift (Bilderschrift) aus Kreta, 3. Jahrtausend v. Chr. (Cairo Museum).

KREUZ, KREUZIGUNG Vermutlich von den Persern eingeführte Hinrichtungsart, die später von den Griechen und Römern übernommen wurde. Ursprünglich war das »K.« ein einfacher Pfahl, an dem der Leichnam oder das Haupt des gerade Hingerichteten aufgehängt wurde, zum Zeichen der öffentlichen Demütigung (vgl. 5. Mose 21,23). Im Röm. Reich wurde die K. normalerweise nicht an Freien oder Staatsbürgern vollstreckt, sondern wurde als »Strafe der Sklaven« bekannt. Meist wurde der Verurteilte zunächst auf irgendeine Weise, am häufigsten durch Auspeitschen, bis aufs Blut gefoltert, was praktisch den Tod beschleunigte. Danach trug er einen Querbalken zur Richtstätte, wo ein senkrechter Pfahl schon in der Erde eingelassen war. Die Henker legten ihn auf den Querbalken, banden oder (seltener) nagelten ihn an und befestigten den Querbalken an dem senkrechten Pfahl – entweder am Kopfende, ein T bildend, oder etwas tiefer, das bekannte Kreuz bildend. Das muß die Form von Jesu K. gewesen sein, denn die Evangelien weisen darauf hin, daß über ihm auf dem K. eine Inschrift angebracht wurde (Mt 27,37; Lk 23,38). Ein kleiner Holzpflock oder Zapfen wurde etwa in der halben Höhe befestigt, um den Körper zu stützen. Unfähig, sich zu bewegen, war das Opfer jetzt Insekten, Wetter und dem Hohn der Zuschauer ausgesetzt, während die Schmerzen immer schlimmer wurden. Die adeligen Frauen Jerusalems pflegten als öffentlichen Dienst eine schmerzstillende Droge aus Weinessig und Myrrhe zu verabreichen. Dennoch war das Sterben sehr schmerzhaft und langsam; es dauerte selten weniger als 36 Stunden. Manchmal beschleunigte man es durch das Brechen

(oben rechts) Altar in der griechisch-orthodoxen Kapelle in der Grabeskirche, Jerusalem, dem traditionellen Ort des Kreuzes.

Das Kreuzkloster in Jerusalem. Es liegt dort, wo der Baum gestanden haben soll, von dem das Kreuz angefertigt wurde.

der Beine des Opfers, weswegen die Kreuzigung den Römern auch als »Gebrochene Beine« bekannt war (Cicero, *Philippicae* XIII 12 (27); vgl. Joh 19,31–33). Josephus, der sie die »erbärmlichste aller Todesarten« nennt (*Jüd. Krieg* VIII 202ff.) und viele K. beschreibt, erwähnt auch, daß manche Opfer noch Tage auf dem K. am Leben blieben (*Vita* 75). Für den Juden galt ein (von Heiden) Gekreuzigter als verflucht. Ein gekreuzigter Messias war für sie ein Unding. Für den schöngeistigen Griechen war die K. widersinnig, der Islam kann sie nicht mit Gottes Gerechtigkeit vereinbaren.

Während sich die christl. Verehrung des konkreten, auf Golgatha verwendeten Kreuzes Christi erst ab dem 4. Jh. entfaltete, wurde das K. allgemein von frühesten Zeiten an zu einem wichtigen Symbol der Kirche. Die Autoren des NT, insbes. Paulus, verwandelten das verachtete Symbol eines hingerichteten Sklaven in den Inbegriff des Glaubens (Gal 6,14). Als das Instrument, mit welchem Gott seinen Plan zur endgültigen Sündenvergebung ausführte (Apg 2,23), wird das K. zum Inbegriff der Erlösung (Kol 2,13.14; 1. Petr 2, 24) und zum Mittelpunkt der Predigt des Apostels Paulus (1. Kor 1,17ff.23; 2,2).

KRIEG Seit ältesten Zeiten lassen sich zwei Grundtypen von Kriegen unterscheiden:

KRIEG/ KRIEGEN bzw. KRIEG FÜHREN 1. Mose 14,2; 2. Mose 1,10; 4. Mose 21,14; 5. Mose 20,1. 5–7.12.20; Jos 11,23; 1. Sam 8,20; 17,47; 18,17; Hiob 5,20; 38,23; Ps 27,3; 46,10; 55,22; 68,31; 144,1; Spr 20,18; 24,6; Jes 2,4; Jer 6,4; Mi 4,3; Mt 24,6; Mk 13,7; 2. Tim 2,4; Offb 9,7.9

a) Verteidigungs- oder Eroberungskriege grundsätzlich politischer Art, die aus nationalen oder sozialen Gründen ausgetragen wurden, und b) sog.

(rechts und gegenüber) Tafeln an der Außenseite des Streitwagens des Pharaos Thutmosis IV.: Schlacht zwischen Ägyptern und Kanaanitern. 15. Jh. v. Chr.

heilige Kriege, an denen das gesamte Volk teilzunehmen hatte. Die frühen K. Israels waren meist mit Grenzkonflikten verknüpft, die späteren mit der Befreiung vom Joch des seleukid. und dann des röm. Großreiches. Auch die späteren K. waren religiöser Natur, zielten sie doch auf die Bewahrung der nationalen Identität, die auf dem Tempel in Jerusalem und dem Gesetz des Mose ruhte. In den früheren K. begleiteten Priester und Bundeslade sogar das Heer zum Schlachtfeld (1. Sam 4,4 u.a.). Zusätzlich wurden am Vorabend der Schlacht Opfer dargebracht, um sich des Beistandes Gottes zu vergewissern (vgl. Ri 6,20.26; 20,26).

5. Mose 20ff. enthalten einige der z. Zt. des Mose gültigen Kriegsgesetze. Sie regeln u. a., wer vom Kriegsdienst freigestellt werden konnte, z. B. Neuverheiratete (5. Mose 20,7; 24,5) oder wer kürzlich ein Haus gebaut oder einen Weingarten gepflanzt hatte (5. Mose 20,5–6). Andere Gesetze befassen sich mit besiegten Völkern, Beute, Kriegsgefangenen u. a. (20,11–20).

Die Israeliten waren lange Zeit militärisch nicht stark genug, um befestigte Städte im Sturm zu nehmen. Erst David gelang die Eroberung des gutbefestigten Jerusalem – bezeichnenderweise, indem er durch einen unterirdischen Wasserkanal in die Stadt eindrang (2. Sam 5,7–8). Man bediente sich des Nacht- oder Morgenangriffs (Ri 7; 1. Sam 11,11) u. a. Formen des Überraschungsangriffs (Jos 10,9).

Die K. gegen die mächtigen Armeen Assyriens und Babylons verliefen ganz anders. Bei dem ersten Zusammenstoß (Mitte des 9. Jh. v. Chr.) nahm Ahab an einer starken Koalition der südsyr. Herrscher gegen Assyrien teil. Hundert Jahre später konnten sich die Kleinstaaten nicht mehr einigen, und der K. entwickelte sich zu einer Reihe von Verteidigungsaktionen, die auf die befestigten Städte beschränkt waren, während die Assyrer das offene Land vollkommen beherrschten.

Das Hauptproblem bei der Vorbereitung der Städte auf die Belagerungen war, außer der Errichtung bzw. Verstärkung von Befestigungen, die ausreichende Wasserversorgung innerhalb der Stadtmauern. Man grub große

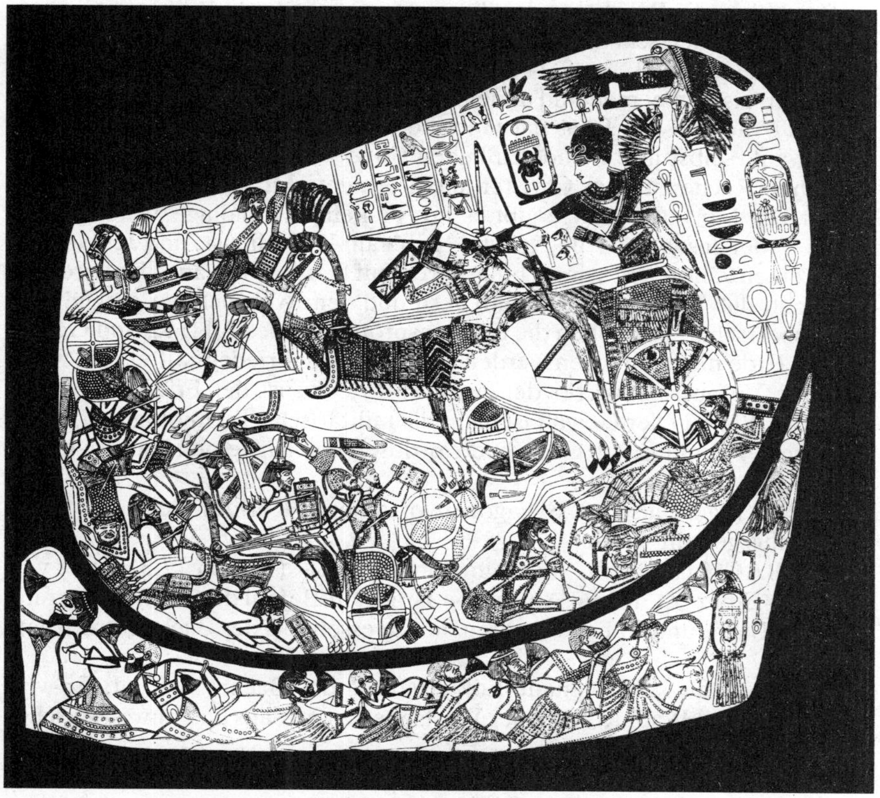

Zisternen zur Speicherung des Regenwassers und leitete das Wasser von außerhalb der Stadt liegenden Quellen in die befestigten Stadtteile um, wobei man die Quellöffnungen selbst überbaute bzw. verkleidete (vgl. Jes 7,3; 2. Kön 20,20; 2. Chr 32,3–4). Manchen Städten gelang es, Belagerungen monate- oder sogar jahrelang zu widerstehen. Ein Relief von Ninive zeigt die Belagerung der judäischen Stadt Lachisch durch die Assyrer. Diese gehen mit zahlreichen Sturmböcken gegen die Mauern vor; vorne kämpfen leichte Bogenschützen (hauptsächlich nichtassyr. Truppen aus Vasallenreichen), dahinter kommen assyr. Speersoldaten, gefolgt von Schleuderern. Die Ver-

Das Tal des Baches Krit, wo sich Elia vor Ahab versteckte und von den Raben gespeist wurde.

teidiger versuchen, die Belagerer mit Pfeilen, Steinen, Öl und brennenden Fackeln aufzuhalten.

Eine ganz andere Art des K. zeigt das AT in den K.n des HERRN. Dabei ist zu unterscheiden zwischen der Gründungsperiode Israels z.Zt. Moses, Josuas und der Richter mit ihrem Endpunkt in der Ära Sauls und Samuels einerseits und der späteren Zeit der Könige und Propheten andererseits. Während der ersten Phase ist es oft Gott selbst, der den K. einleitet und sein Volk auf seinen Feldzügen führt (vgl. z.B. die Eroberung Kanaans im Buch Josua). Gott erklärt K. (2. Mose 17,16; 4. Mose 31,2), Gott wird vor der Schlacht befragt (Ri 6,36–40; vgl. später 1. Sam 28,6; 30,7–8; 2. Sam 5,19.23; 1. Kön 22,5–7), Gott beruft charismatische Personen als Heerführer (Ri 6,14.34; 4,6 u.a.). Der Feind Israels ist gleichzeitig Feind Gottes. – In der zweiten Phase tritt dieser sog. heilige K. zurück hinter dem Gedanken, daß der HERR auch das Geschehen der K. nach seinem Rat lenkt und daß er »im Regiment sitzt« – durchaus auch gegen Israel, wenn er ein fremdes Volk als Instrument seiner Strafe und Zucht benutzt (vgl. Jes 10,5–6; 30,1–5; 31,1–3; Am 2,13–16).

Auch gegenüber fremden Völkern können K. Heimsuchungen und Strafen Gottes sein – sei es für Unrecht gegenüber Israel (Jer 46,10; Obd 10–14), sei es für sonstige Verfehlungen (Jes 16,6–7; 18,1–5; Jer 49,16; Am 1,3–2,3).

Für das Ende der Zeiten, für den Anbruch der Herrschaft des Reiches Gottes, sahen die Propheten den Tag voraus, wo jeder K. aufhört und allgemeiner Friede herrscht – Friede der Schöpfung, Friede unter den Menschen, Friede mit Gott (vgl. Jes 2,2–4; 9,4–5; 11,1–9; Mi 4,3–4). Der kommende Friedefürst ist dabei niemand anders als Jesus Christus.

Im NT radikalisiert Jesus das Gebot der Nächstenliebe und fordert seine Jünger auf, selbst ihre Feinde zu lieben (Mt 5,43–47). Das Prinzip der persönlichen Rache ist dem Christen nicht erlaubt (Mt 5,38–42; Lk 9,54–55; Mt 26,52). Für »heilige K.« gibt es im NT keine Grundlage. Andererseits übten weder Jesus noch die Apostel Kritik am Wehrdienst, und Jesus nahm selbst einen Zeloten in seinen Jüngerkreis auf (Lk 6,15). Ganz klar wird ausgedrückt, daß bis zur Wiederkunft Jesu und dem Anbruch der endgültigen Gottesherrschaft (vgl. oben die Friedenspropheten des AT!) K. und Gewalt auf der Erde nicht aufhören werden. Selig sind die Friedensstifter (Mt 5,9) – aber die Voraussetzung für den äußeren Frieden ist der Friede mit Gott, denn die Wurzel aller Gewalt ist nicht die militärische Technologie, sondern die innere Trennung von Gott: Die Gottlosen *können* keinen Frieden haben (Jes 48,22).

KRISPUS (»gekräuselt«). Synagogenvorsteher in Korinth, der nebst Gajus von Paulus getauft wurde.

KRISPUS
Apg 18,8;
1. Kor 1,14

KRIT, BACH Ein Bach, »der zum Jordan fließt« (1. Kön 17,3). Dort verbarg sich Elia z.Zt. König Ahabs von Israel auf Befehl des HERRN. Er trank aus dem Bach, und Raben brachten ihm zu essen, bis der Bach vertrocknete (1. Kön 17,7).

KRIT, BA
1. Kön 17,3

Der Text läßt keine genaue Lokalisierung des Baches Krit zu. Er wird gewöhnlich mit Wadi Kelt auf der Westseite des Jordans und unweit Jerichos identifiziert.

KUB Ein Ort oder Volk bei Hesekiel zus. mit »Kusch und Put und Lud mit allerlei fremdem Volk« (also Äthiopien, Libyen, Lydien) erwähnt (Hes 30,5). Der Name erscheint sonst nirgends und mag vielleicht auf einem Schreibfehler beruhen.

KUB
Hes 30,5

KUCKUCK Siehe TIERE.

KUH Siehe TIERE.

KÜMMEL Siehe PFLANZEN.

KUN Eine der Städte des Hadad-Eser, des Königs von Zoba, der von David besiegt wurde. Aus dieser Stadt nahm David eine große Menge von Messing oder Bronze, die später von seinem Sohn Salomo genutzt wurde.

KUN
1. Chr 18,

KÜRBIS Siehe PFLANZEN.

KUSCH 1
1. Mose 2,13;
Jes 11,11;
45,14
KUSCH 2
1. Mose 10,6–8;
1. Chr 1,8–10
KUSCH 3
Ps 7,1

KUSCH

1. Eines der von Jesaja erwähnten Länder der Erde (Jes 11,11; 45,14), aus welchen die Zerstreuten von Juda sich wieder versammeln werden. Siehe ÄTHIOPIEN.

2. Der erste Sohn Hams, Noahs zweiter Sohn. Er war der Urahn der Kuschiter und der Vater Nimrods. Die anderen Söhne von Kusch waren Seba, Hawila, Sabta, Ragma und Sabtecha (1. Mose 10,6–8).

3. Ein Benjaminiter, den David zu Beginn des 7. Psalms erwähnt. Über diesen Kuschiter ist nichts bekannt. Man vermutete in ihm einen veränderten Namen für Kisch, den Vater Sauls, der zum Feind Davids wurde.

KUSCHAJA
1. Chr 15,17

KUSCHAJA Ein Abkömmling der Levitenfamilie Merari, Vater des Etan, der z. Zt. König Davids als Sänger im Tempel berufen wurde.

KUSCHAN
Hab 3,7

KUSCHAN Ein Wort, das nur einmal im Buch Habakuk vorkommt: »Ich sah die Hütten von Kuschan in Not und die Zelte der Midianiter betrübt.« Möglicherweise ein früher Name für Midian.

(links) Gefesselter Nubier und asiatischer Gefangener, auf den Sohlen zweier Sandalen gemalt (Museo Egizio, Turin).

(rechts) Terrakotta-Männerkopf aus Nubien (dem biblischen Kusch), aus dem Tempel Ramses III., 12. Jh. v. Chr.

KUSCHI 1
Jer 36,14
KUSCHI 2
Zef 1,1

KUSCHI Name für Kuschiter.

1. Anderer Urgroßvater des Jehudi, also des Mannes, der von den Oberen Judas wegen der Schriftrollen Jeremias zu Baruch gesandt wurde (Jer 36, 4.14).

2. Vater des Propheten Zefanja.

KUTA
2. Kön 17,24.30

KUTA Sumer. Stadt, dem Gott Nergal, Herrscher der Unterwelt, geweiht. Als der assyr. König Sargon Samaria eroberte und die Bevölkerung Israels nach Assyrien verschleppte, ließ er »Leute von Kuta« kommen und siedelte sie anstelle der Deportierten in den Städten Samarias an (2. Kön 17,24.30). Die Leute von K. brachten den Kult ihres Gottes Nergal in ihre neue Heimat mit (2. Kön 17, 30).

Kuta wird heute bei Tell Ibrahim, etwa 32 km nordöstlich von Babylon, gesucht.

KYRENE
Mt 27,32;
Apg 2,10;
11,20; 13,1

KYRENE Stadt in Libyen, urspr. eine griech. Kolonie. Z. Zt. des NT waren ca. 25 Prozent ihrer Bewohner Juden. Pilger aus K. waren unter denen, die sich in Jerusalem zum Pfingstfest versammelten (Apg 2,10). Simon, der

Luftaufnahme von Kyrene.

gezwungen wurde, das Kreuz Jesu zu tragen, stammte aus K. (Mt 27,32; Mk 15,21; Lk 23,26). Auch Luzius, einer der Propheten und Lehrer in Antiochien, kam aus K. (Apg 13,1), ebenso die Mitglieder der Synagoge der Libertiner in Jerusalem, die mit Stephanus diskutierten (Apg 6,9).

KYRUS König von Persien, Begründer der Achämeniden-Dynastie und des pers. Großreiches, regierte 559 – 529 v. Chr. K. verschwor sich gegen seinen Großvater, König Astyages von Medien, und eroberte 550 v. Chr. Medien und später auch Lydien. Sein größter Erfolg aber war die Eroberung von Babylon 539 v. Chr. Sein Reich war das bisher größte des Altertums. Er fiel im Kampf gegen einen der Nordstämme seines Reiches.

KYRUS
2. Chr 36,22.23; Esr 1,1.2.7.8; 3,7; 4,3.5; 5,13.14.17; 6,3.14; Jes 44,28; 45,1; Dan 1,21; 6,29; 10,1

Im AT wird er als heroische Erscheinung dargestellt, als Gottesbote, der gesandt wurde, Israel zu erlösen. Jesaja erwähnt ihn (45,1 ff.) als Gottes »Gesalbten«, der Israel retten und dem Volk die Rückkehr in sein Land und den Wiederaufbau des Tempels ermöglichen wird. Der Prophet sieht die Niederlage Babylons durch den pers. Eroberer voraus und betrachtet K. deswegen als das göttliche Werkzeug der Erlösung, als Gottes Hirte, der den Plan Gottes ausführen und Jerusalem wiederaufbauen wird (Jes 44,28). Auch an anderen Stellen des Buches dürfte sich Jesaja auf K. beziehen, auch wenn er ihn nicht namentlich nennt (Jes 41,2.25; 46,11).

Kyrus' Haltung den Juden gegenüber war wahrscheinlich die gleiche wie die gegenüber allen eroberten Völkern und Zeichen seines Respekts vor

(rechts) Der Kyrus-Zylinder erzählt, wie Kyrus Babylon eroberte und wie er deportierte Bewohner wieder in ihre Städte zurückführte (538 v. Chr.).

Das Grab Kyrus II., des Großen.

fremden Religionen und Sitten. Diese Politik zeigte sich in seiner Behandlung der Juden Babyloniens und in seinem Erlaß 538 v. Chr., in welchem er sie aufforderte, in das Land ihrer Väter zurückzukehren und den Tempel wiederaufzubauen (2. Chr 36,23; Esr 1,2–4; 6,3–5). Das erste und letzte Kapitel des Buches Daniel sind nach seinen Regierungsjahren datiert (Dan 1,21; 10,1).

L

LABAN (»Weiß«).

1. Sohn des Aramäers Betuel (1. Mose 28,5), Bruder Rebekkas (1. Mose 25,20; 27,43; 28,5) und Onkel Jakobs. In Mesopotamien (1. Mose 28,2) im Gebiet von Haran wohnhaft (1. Mose 27,43; 29,4), wird er Laban der Aramäer genannt (1. Mose 25,20; 31,24). Er empfing den Diener Abrahams, der eine Frau für Isaak suchte (1. Mose 24,29ff.). Jahre später floh Jakob aus Furcht vor seinem Bruder Esau zu L. (1. Mose 27,43ff.). Er heiratete seine beiden Töchter, Lea und Rahel, mußte ihm als Gegenleistung aber 14 Jahre lang dienen. L. verhielt sich gegenüber seinem Schwiegersohn betrügerisch, Jakob wiederum überlistete ihn, indem er sich mit seinen Frauen, Nebenfrauen und elf Söhnen aufmachte, um nach Kanaan zurückzukehren (1. Mose 31,17.18). L. folgte ihm, holte ihn ein, und sie schlossen einen Bund miteinander (1. Mose 31,23ff.).

2. Ort im Sinai; die genaue Lage ist unbekannt.

LABAN 1
1. Mose 24,29.50; 25,20; 27,4. 28,2.5; 29,5.10 13–16.19.21.22 24–26.28; 30,2 27.34.36.40.42 31,1.2.12.19.20 22.24–26.31.3. 34.36.43.46.47 48.51; 32,1.5; 46,18.25
LABAN 2
5. Mose 1,1

LACHISCH (»unüberwindbar«). Wichtige alte Stadt in der Schefela, südwestlich von Hebron, erstmals im 14. Jh. v. Chr. in den El-Amarna-Briefen und in einem Brief aus Tell el-Hesi erwähnt. Bei der isrl. Landnahme unter Josua wurde der König von L. zus. mit vier anderen Stadtkönigen bei Gibeon geschlagen und L. erobert (Jos 10); die Stadt fiel an den Stamm Juda (Jos 15,39). König Rehabeam von Juda befestigte L. (2. Chr 11,9), und König Amazja von Juda wurde dort getötet, als er vor den Verschwörern aus Jerusalem floh (2. Kön 14,19; 2. Chr 25,27). Die Stadt spielte eine bedeutende Rolle bei der Verteidigung des Landes gegen Sanherib (701 v. Chr.), wurde aber von ihm eingenommen; die Belagerung wird in der Bibel (2. Kön 18; 2. Chr 32; Jes 36) sowie in assyr. Dokumenten und Reliefs in Sanheribs Palast in Ninive beschrieben. Als gut ein Jh. später Nebukadnezar das Königreich Juda vernichtete, gehörte L. zu den Städten, die zuletzt erobert wurden (Jer 34,7). L. wurde erst nach der Rückkehr aus dem babyl. Exil wieder besiedelt (Neh 11,30). Nach der Perserzeit wurde die Stadt aufgegeben.

LACHISCH
Jos 10,3.5.23. 31–35; 12,11; 15,39;
2. Kön 14,19; 18,14.17; 19,8
2. Chr 11,9; 25,27; 32,9;
Neh 11,30;
Jes 36,2; 37,8
Jer 34,7;
Mi 1,13

L. wurde mit Tell-ed-Duweir, einer wichtigen Ausgrabungsstätte in der Schefela, identifiziert. Die Stätte war offensichtlich seit der frühen kanaan. Zeit besiedelt. In der mittleren kanaan. Zeit wurde ein massiver Verteidigungswall um den Ort gebaut und ein großer Ziegelpalast errichtet. In der spätkanaan. Zeit verfielen die Befestigungen; zwei der hervorragendsten Bauten dieser Zeit sind Tempel, einer auf dem höchsten Punkt der Ausgrabungsstätte, der andere vor dem Befestigungswall. Im Zentrum der frühesten isrl. Siedlung, die z.Zt. König Rehabeams noch ohne Schutzwall

Die Belagerung von Lachisch auf einem Relief aus dem Palast des Sanherib in Ninive. (British Museum).

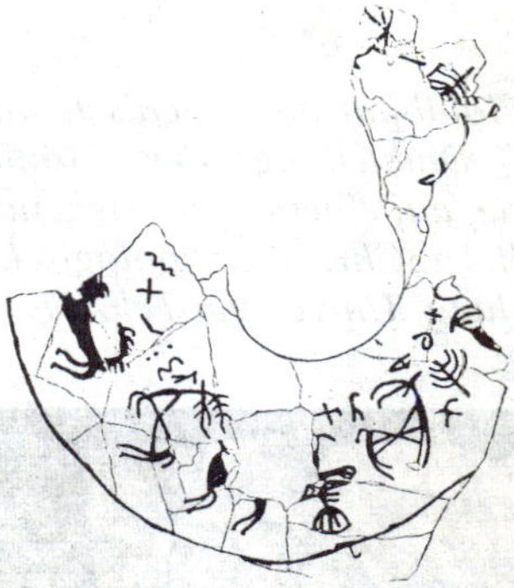

Eine proto-kanaanitische Inschrift auf der Wölbung eines Wasserkruges, den ein gewisser Mattan dem Heiligtum der Göttin Elat bei Lachisch weihte. (Rockefeller Museum, Jerusalem).

(oben links) Lachisch heute.

bestand, wurde ein quadratischer Palast errichtet. Die nächste archäolog. Schicht enthüllt eine gut durchdachte judäische Königsstadt, die von mächtigen Befestigungen umgeben war. Der Palast wurde mehr als verdoppelt und zwei Lagerhäuser, beidseitig des weitläufigen Innenhofes, hinzugefügt. Diese Stadt wurde wahrscheinlich durch ein Erdbeben zerstört, bald darauf jedoch wiederaufgebaut mit einer Stadtmauer, einem monumentalen Stadttor und einem vergrößerten Palast. Dies war die Stadt König Hiskias, die von Sanherib zerstört wurde. Auf die Eroberung der Stadt folgte ein großer Brand, wie an den stark verbrannten Ziegeln und verkohlten Gegenständen unter den Funden zu erkennen ist. An der Südostecke des Grabungshügels fand man Reste einer (auch auf den Reliefs in Ninive dargestellten) assyr. Belagerungsrampe. Zahlreiche Pfeilspitzen, Schleuderkugeln, Rüstungsteile u. a. zeugen von den Kämpfen. L. wurde wiederaufgebaut (jedoch ohne den Palast) und 588 v. Chr. durch Nebukadnezar erneut zerstört.

In der Perserzeit hatte L. wieder eine Mauer, ein Tor und einen kleinen Palast und war möglicherweise eine Provinzhauptstadt.

(unten links) Zwei hebräische Ostraka aus Lachisch. Anfang des 6. Jh. v. Chr. (Israelische Regierungsabteilung für Altertümer und Museen).

Der Tempel von Lachisch, späte Bronzezeit. (Archäologische Abteilung, Universität Tel-Aviv).

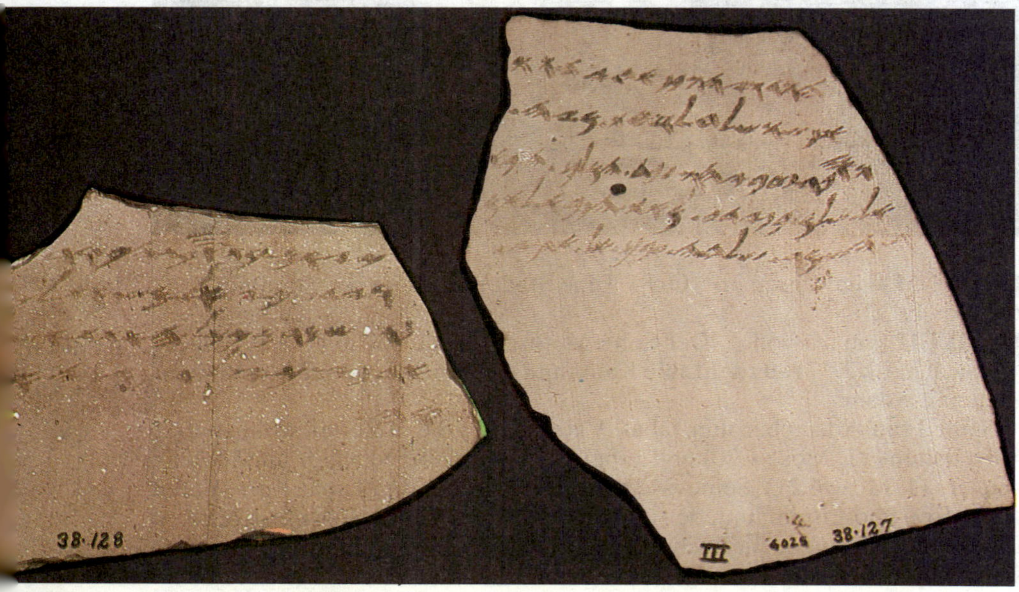

Ein Goldblatt aus Lachisch mit einer Darstellung der Göttin Astarte, auf einem Pferd stehend. 13. Jh. v.Chr. (Archäologische Abteilung, Universität Tel Aviv).

Eine Tonschale mit einer protokanaanitischen Inschrift, in Lachisch gefunden. 13. Jh. v. Chr. (Israelische Regierungsabteilung für Altertümer und Museen).

(rechts) Das Stadttor bei Lajisch (Tell Dan). 18. Jh. v. Chr. (Hebrew Union College, Jerusalem).

Von den zahlreichen Gegenständen, die in L. gefunden wurden, sind die außergewöhnlich zahlreichen Inschriften zu erwähnen. Die »Lachisch-Ostraka« – 21 beschriftete Tonscherben, in einer Wachstube an der Stadtmauer gefunden – wurden in den letzten Tagen König Zedekias geschrieben, kurz bevor die Stadt in die Hände der Babylonier fiel. »Mein Herr Jaosch« lautet die Anrede der Mehrzahl der Briefe; sie sind möglicherweise an den militärischen Befehlshaber von L. adressiert und wurden vermutlich von einem Unteroffizier, der in unmittelbarer Nähe stationiert war, geschrieben. Die Lachisch-Briefe sind von hoher Bedeutung, weil sie die einzige uns bekannte Dokumentensammlung in klassischer hebr. Prosa außerhalb des AT sind. Sie werfen ein wichtiges Licht auf die Zeit Jeremias.

LACHMAS (»Mit Gewalt«). Ein Dorf im Gebiet von Lachisch (Jos 15,40).

LACHMAS Jos 15,40

LACHMI (»Mein Brot« [s. Bethlehem]). Der Bruder Goliats; wurde von Elhanan getötet.

LACHMI 1. Chr 20,5

LADA (»Am Fest geboren«). Ein Enkel Judas.

LADA 1. Chr 4,21

LADAN

1. Ein Nachkomme Ephraims.
2. Oberhaupt der Gerschoniter, einer levitischen Sippe.

LADAN 1 1. Chr 7,26
LADAN 2 1. Chr 23,7–9; 26,21

LAËL (»Dem HERRN gehörend«). Der Vater eines Fürsten der Gerschoniter aus dem Stamme der Leviten.

LAËL 4. Mose 3,24

LAHAD (»Zum Lob«). Einer der Nachkommen Judas, der in Zora lebte.

LAHAD 1. Chr. 4,2

LAJESCHA (»Löwin«). Ein Dorf im Gebiet des Stammes Benjamin, laut Jes 10,30 bei Gallim und Anatot gelegen, nordöstlich von Jerusalem.

LAJESCHA Jes 10,30

LAJISCH (»Löwe«).

1. Vater des Palti, dem Saul seine Tochter Michal, die Frau Davids, gab.
2. Eine kanaan. Stadt, von dem Stamm Dan erobert, der ihren Namen in Dan änderte (Ri 18). Die Stadt, die an den Quellen des Jordans gelegen war, befand sich offensichtlich unter der Herrschaft von Sidon, als sie vom Stamm Dan überrannt wurde, der seinerseits durch die sich ausbreitenden Philister nach Norden gedrängt worden war.

LAJISCH 1 1. Sam 25,44; 2. Sam 3,15
LAJISCH 2 Ri 18,7.14.27.

LAKKUM (»unwegsamer« [Ort]). Eine Stadt im Gebiet des Stammes Naftali (Jos 19,33).

LAKKUM Jos 19,33

LAMECH (»machtvoll«). Der Sohn Metuschaëls (1. Mose 4,18.19; Metuschelach in Lk 3,37) aus der Linie Kains und die siebte Generation der Nachkommen Adams.

Seine Frau Ada gebar ihm Jabal, Vater aller, »die in Zelten wohnen und Vieh halten« (1. Mose 4,20) und Jubal, den Vater aller »Zither- und Flötenspieler« (1. Mose 4,21). Seine zweite Frau Zilla gebar ihm Tubal-Kain, Vater aller »Erz- und Eisenschmiede« und eine Tochter Naama (1. Mose 4,22). L.s Lied an seine Frauen, ein Rachegesang (1. Mose 4,23.24), gehört zu den ältesten hebr. Poesiestücken, sein Hintergrund ist unklar.

LAMECH 1. Mose 4,18 23.24; 5,25.2 1. Chr 1,3; Lk 3,36

Nach 1. Mose 5,31 war L. der Sohn Metuschelachs und Nachkomme der siebten Generation von Enosch. Er lebte 777 Jahre.

LAMM Siehe TIERE.

LAMM (GOTTES)
2. Mose 12,3–5
3. Mose 14,10.12f.21.24
1. Chr 29,21;
2. Chr 29,32; 35,8f.
Esra 6,17
Jes 1,11; 34,6; 53,7
Hes 45,15
Joh 1,29.36
Apg 8,32
1. Petr 1,19
Offb 5,6.8.12f.; 6,1.16; 7,9f.14 17; 12,11; 13,8. 11; 14,1.4; 15,3; 17,14; 19,7.9; 21,9.14.22f. 27; 22,1

LAMM GOTTES Der Begriff »L.« begegnet uns im NT wörtl. nur viermal, davon zweimal bei Johannes dem Täufer, der diesen Titel Jesus beilegt. Jesus »trägt« die Sünde der Welt (Joh 1,29.36). Die Art, wie Jesus schuldlos und stellvertretend für die Menschen sein Leid trägt, wird mit dem Verhalten eines Lammes verglichen (Apg 8,32 zitiert in diesem Sinne Jes 53,7; vgl. 1. Petr 1,19). Die Urchristenheit sah Jesajas Prophetie vom leidenden Gottesknecht, der in Jes 53,7 mit einem L. verglichen wird, eindeutig als in Jesus erfüllt an.

Dabei hat für die ntl. Gemeinde auch die Tatsache eine Rolle gespielt, daß Jesus an einem Passafest gekreuzigt wurde; er wurde deshalb mit einem Passalamm verglichen. Jesus als das wahre Passalamm – das meint Paulus in 1. Kor 5,7.

Von daher wurde dann auch das Täuferwort verstanden: Jesus ist das L., das durch die Sühnekraft seines Blutes die Sünde der Welt tilgt. Also bedeutet das Bild vom L. (griech. *amnós*) dreierlei: die Geduld seines Leidens (Apg 8,32), Jesu Sündlosigkeit (1. Petr. 1,19) und die Sühnewirkung seines Opfertodes (Joh 1,29.36; 1. Petr 1,19). Weil Jesus aber nicht nur für die Seinen, sondern für die ganze Welt die Schuld getilgt hat (Joh 1,29), bedeutet das Sterben des L. den Anbruch der neuen Heilszeit (1. Petr 1,20): Wie einst die alte Heilszeit mit dem Blut der Passalämmer beim Auszug aus Ägypten begann, so beginnt mit Jesus die Zeit des neuen Heils, weil das L. die Schuld der ganzen dem Gericht verfallenen Welt sühnt.

In diesem Sinne ist die spezielle Bedeutung des L.-Gottes-Bildes in der Offb zu deuten. Etwas Spezielles ist dieses Bild schon durch den anderen griech. Ausdruck für L.: *arníon*. In dieser Form kommt es in der Offb nicht weniger als 29mal vor, davon einmal in Anwendung auf das Gegenbild des Christus, auf den Antichristen (13,11, wobei die Übersetzung mit »Widder« fragwürdig ist). Dabei zeigen Stellen wie Offb 5,6 oder 13,8, daß die Aussagen der Offb über das L. nicht zu trennen sind von den übrigen ntl. Zeugnissen. Anders ist lediglich der Akzent, der stärker auf dem Gotteslamm als dem Erlöser und dem Weltherrscher liegt. Sein Blut ist zur Sühne der Sünden geflossen (5,6.9; 13,8). Es hat den Tod überwunden und ist deshalb allmächtig (5,5.6). Es tritt die Weltherrschaft an, weil niemand sonst das Schicksalsbuch mit den sieben Siegeln öffnen kann (5,7ff.). Das L. richtet die kommende Friedensherrschaft auf (7,9); es besiegt die satanischen Mächte (17,14) und vollzieht die endgültige Scheidung (13,8; 21,27). Es ist der König der Könige (17,14; 19,16), hält mit der Gemeinde das Hochzeitsmahl (19,9) und waltet in der Majestät des Throngenossen Gottes über der vollendeten Gemeinde (22,1.3).

Die schwere Frage, die in der Exegese der Kirche immer wieder gestellt wurde, ob das L. demnach auch im himmlischen Jerusalem noch eine Sühnefunktion hat und in einer fernen Ewigkeit auch für die Verdammten des Weltgerichts noch der Erlöser wird, findet hier in Offb 22 keine Antwort.

LAMPEN Kleine Tonschalen, in denen Öl verbrannt wurde, dienten schon seit ältesten Zeiten zur Beleuchtung. Normalerweise verwendete man als Füllung das in Palästina reichlich vorhandene Olivenöl (vgl. 2. Mose 27,20; 3. Mose 24,2). Der Docht bestand meist aus Flachs (Jes 42,3). In röm. Zeit wurde eine größere Vielfalt an Ölen verwendet.

Öllampe aus der hellenistischen Zeit. (Israel Museum).

Die L.formen und ihr Material werden zwar in der Bibel nie näher beschrieben; Keramiklampen gehören jedoch zu den häufigsten Funden sowohl in Gräbern als auch in Wohnhäusern.

Die ältesten als solche sicher zu bestimmenden L. stammen aus der Frühbronzezeit. Sie haben die Form einer einfachen runden Schale. Ohne einen schwarzen Brandfleck, der durch den Docht entstanden ist, wären sie wohl kaum von anderen runden Schalen zu unterscheiden. In der Mittelbronzezeit I kam eine andere Form auf, bei der der Rand der Schale so eingedrückt

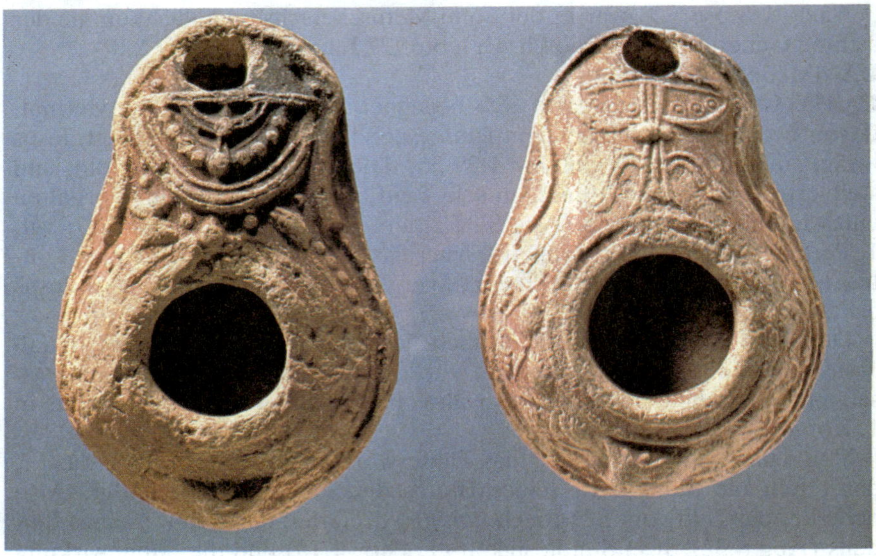

(rechts) Zwei Lampen aus der römischen Zeit (Israel Museum).

Lampe aus der herodianischen Zeit, mit 10 Dochten.

wurde, daß vier »Schnauzen« entstanden, in die der Docht gelegt werden konnte; der Boden ist entweder flach oder gerundet. Dieser Typ wurde noch in der Mittelbronzezeit durch eine einschnäuzige L. ersetzt, deren Rand nur geringfügig eingedrückt war und die einen gerundeten Boden hatte. Die L. der Eisenzeit hatten einen breiten, flachen Rand, eine ausgeprägte Schnauze und einen flachen Boden, der im Laufe der Zeit immer höher wurde, bis er schließlich einen Sockel bildete. Gelegentlich sind L. und Sockel zwei separate Teile.

Als im 5. Jh. v.Chr. die Kontakte mit dem Westen stärker wurden, kamen auch griech. L. in Gebrauch. Griech. Töpfern war es gelungen, geschlossene L. herzustellen, bei denen das Öl nicht verschüttet werden konnte. Sie haben einen runden Körper, konkaven Boden und leicht nach innen gebogenen Rand; die Schnauze ist separat gefertigt und an den Körper angesetzt. Im 5. und 4. Jh. gab es im Orient hergestellte Imitationen dieses Typs.

Bis zum späten 4. Jh. v. Chr. wurde die Tonlampe immer auf der Töpferscheibe hergestellt. In der frühhell. Zeit kamen Gußformen auf, was die Herstellung beschleunigte und gleichzeitig Verzierungen der L. ermöglichte. In den rein jüd. Siedlungen wurde die alte Schalenlampe beibehalten, aber in ihrer Form abgeändert: der flache Rand verschwand, und die Seiten wurden so zusammengepreßt, daß sie überlappten und eine Art Füllhorn bildeten. Erst in röm. Zeit entfaltete sich die neue Gußformtechnik, die aus der L.herstellung einen eigenen Wirtschaftszweig machte, voll.

Im letzten Viertel des 1. Jh. v. Chr. kam ein neuer L.typ in Palästina auf. Er wurde wieder auf der Töpferscheibe hergestellt. Man nennt ihn »herodianisch«, da er unter Herodes aufkam; verdrängt wurde er erst im 2. Jh. n.Chr. Der Ton war sehr feinkörnig; die L. hatte einen uhrenförmigen Körper und ein großes Fülloch mit Kragen. Die Schnauze wurde separat gefertigt und hatte eine nach außen auslaufende Bogenform mit großem Dochtloch. Als man Mitte des 1. Jh. n.Chr. wieder verstärkt mit Gußformen arbeitete, kam eine neue, formgleiche L.gruppe auf, die sog. »Bar-Kochba-L.«.

In Städten mit gemischter oder nichtjüd. Bevölkerung waren die röm. Diskuslampen verbreiteter. In ihrer Form flach und rund, hatten sie einen sehr großen Spiegel (»Diskus«) mit kleinem Fülloch und eine dreieckige oder bogenförmige Schnauze. Da sie in Gußformen hergestellt wurden, konnte man die Spiegel mit unterschiedlichen Motiven verzieren, von einfachen Rosetten über Götterdarstellungen, Szenen aus dem Alltagsleben, Tieren, Vögeln, erotischen Szenen bis zu polit. und religiöser Werbung usw. Bei einigen L. aus jüd. Fundorten waren diese Spiegel herausgebrochen – wahrscheinlich wegen des Bilderverbots im Zweiten Gebot.

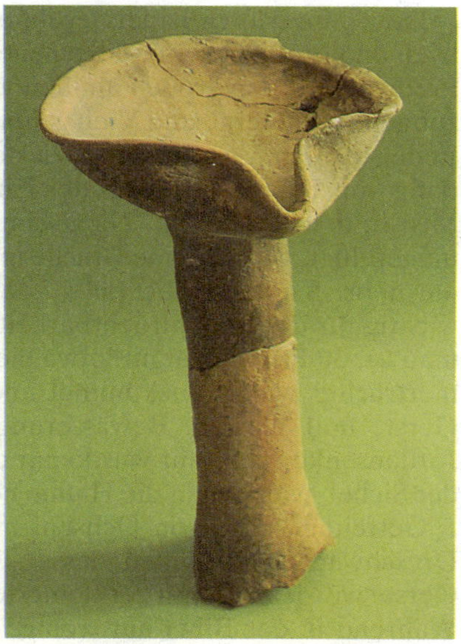

Öllampen aus Ton, in Dor gefunden (Ausgrabungsprojekt Dor).

(links) Zwei Lampen aus der römischen Zeit.

LANDWIRTSCHAFT Die bibl. Patriarchen besaßen große Schaf- und Ziegenherden, waren aber keine reinen Nomaden, denn sie säten zu den entsprechenden Jahreszeiten (Isaak in Gerar, 1. Mose 26,6.12). Ein echtes Nomadentum mit Kamelen tritt im 13.–11. Jh. v. Chr. bei Völkern wie den Midianitern auf. Hinweise auf das Kamel finden sich in Geser für die Mittelbronzezeit und sporadisch in Ägypten von der frühdynast. Zeit an. Aus der Konfrontation zwischen einer von der L. geprägten städtischen Gesellschaft und einwandernden Halbnomaden, die kein Land besaßen (15.–13. Jh.), gingen die Hebräer als stärkste Kraft hervor. Sie konnten sich den Besitz des Hügellandes sichern, weil sie bereits Techniken zum Sammeln von Wasser in mit Mörtel verputzten Zisternen und zur Anlage von Terrassenkulturen entwickelt hatten. Als in der Königszeit Frieden und Sicherheit zunahmen (10.–6. Jh. v. Chr.), konnte das Vieh außerhalb der Siedlungen gehalten werden, und die Städte wurden zu Zentren der Verarbeitung der landwirtschaftl. Produkte. Die Menschen lebten innerhalb des Stammes in Sippen zusammen, und die Sippe trug die Verantwortung dafür, daß der Grundbesitz in der Familie blieb. Gegen Ende des 11. Jh. wurde das Eisen eingeführt, wahrscheinlich von den Philistern, was zu verbesserten Geräten für das Bestellen der Felder führte. Ein in Geser gefundener Kalender aus dem 10. Jh. v. Chr. gibt ein Schema für den Feldbau an, wobei Früh- und Spätsaaten von Getreide genannt werden sowie Flachs, Oliven, versch. Rebsorten und nicht näher bezeichnete Feldfrüchte, die im Sommer geerntet wurden. Pflanzenfunde aus Lachisch, die auf die frühe Eisenzeit zurückgehen, schlossen Oliven, Trauben, Weizen, Gerste, weitere Getreidearten und Hülsenfrüchte ein.

Die L. im frühen Israel beruht auf dem kleinen bäuerlichen Familienbetrieb und produziert für den eigenen Bedarf. In späteren Quellen (Sprüche, Prediger) werden große Familienbetriebe beschrieben, zu denen Obstpflanzungen, Weinberge und Vieh gehörten und die Güter aus Wolle, Leinen und Leder für den Verkauf produzierten. Die Mischna deutet auf die Verwendung von Dünger in Form der Einarbeitung von Pflanzenresten oder von Mist in den Boden hin. Nicht eingesäte Felder wurden drei- oder viermal umgepflügt, was auf eine Brache in jedem zweiten Jahr schließen läßt. Auch die hebr. Sabbatbrache (alle 7 Jahre ein »Sabbatjahr«, 3. Mose 25) war wichtig für die Bodenfruchtbarkeit. Für eine Fläche von 20 Ar verwendete man ca. 30 Pfund Saatgut, etwa die Hälfte der heute üblichen Menge. Sommerfrüchte wie Kreuzkümmel und Flachs kamen in der Fruchtfolge vor Gerste und Weizen. Bewässerungstechniken waren bekannt, bes. in der Jordansenke. Unkraut wurde mit der Hacke bekämpft; geerntet wurde mit der Sichel, wobei man die Halme hoch stehen ließ.

Getreide wurde von Ochsen, mit dem Dreschschlitten oder mit einem Dreschwagen gedroschen, dessen Räder aus Stein waren. Leguminosen und Gerste wurden zus. mit zerkleinertem Stroh und Heu an die Tiere verfüttert. Während in der Bibel nur wenige Gemüsearten genannt werden – Lauch, Zwiebeln und Knoblauch –, ist von zahlreichen Kräutern und Pflanzen die Rede, die zur Herstellung von Duftstoffen und Räucherwerk verwendet wurden (Ysop, Myrrhe, Kampher, Krokus, Rose, etc.) und deren Gebrauch bis in die Zeit des geeinten Königreichs zurückreicht. In den Obstgärten wurden Nüsse, Granatäpfel, Feigen, Datteln, Trauben, Oliven, die Früchte des Maulbeerfeigenbaumes und des Johannisbrotbaumes sowie Etrogs (eine Zitrusfrucht) und Äpfel geerntet.

Die Gründung des davidischen Großreiches führte zur Entstehung größerer Ländereien, die im Besitz des Königs oder Adels waren. Aus den Büchern der Propheten wird deutlich, daß es zu einer Konzentration des

Landwirtschaftsszenen. Wandgemälde im Grab des Menna, eines ägyptischen Schreibers (etwa 1400 v. Chr.).

Landbesitzes auf Kosten der Kleinbauern und zu einer Verpachtung königl. Güter kam. Unter der Herrschaft Davids, der Verwalter ernannte, die für die Viehzucht, Weinberge, Oliven- und Feigenhaine und die Kornspeicher zuständig waren, entwickelte sich eine staatliche Kontrolle der Produktion und ein systematisches Steuerwesen zur Sicherung der Abgaben an den König. Gestempelte Henkel von Krügen und die in Samaria gefundenen Ostraka weisen auf eine Besteuerung von Öl und Wein hin. Zur Unterhaltung der Streitwagen Salomos war ebenfalls eine gut organisierte Versorgung mit Getreide und Futtermitteln nötig. Salomo exportierte auch jedes Jahr große Mengen von Weizen nach Tyrus, und die Einrichtung des Tempelkults belegt eine weit entwickelte Tierhaltung (v. a. Rinderzucht).

Nach der Rückkehr aus dem babyl. Exil nahm der Großgrundbesitz durch die Versklavung von verschuldeten Kleinbauern und die Raffgier des Adels zu, wenngleich diese Entwicklung durch das Eingreifen Nehemias aufgehalten wurde. Judäa blieb ein Land mit überwiegend bäuerlichen Strukturen, bis es 332 v. Chr. unter den Einfluß der hell. Kultur geriet. Im westl. Samaria wurden Feldtürme aus hell. und frühröm. Zeit gefunden; sie sind jeweils dem Besitz einer Familie zuzuordnen, und man vermutet, daß sie der Weinherstellung dienten, bringt sie jedoch auch mit Ölpressen oder Dreschtennen in Verbindung. Im Südwesten Samarias wurden bäuerliche Vierraumhäuser aus der frühen Eisenzeit, in denen jeweils 40–50 Menschen lebten, bis in die hell. Zeit bewohnt.

Die Hellenisierung beschleunigte den techn. Fortschritt, und es wurden dem Land unerträgliche Steuerlasten aufgebürdet, die unter den Hasmonäern nur vorübergehend leichter wurden. Unter den Ptolemäern kam es zur Ausweitung staatlichen Grundbesitzes, der von unfreien Bauern bewirtschaftet wurde. Im 3. Jh. v. Chr. exportierte das Land Sommerweizen, Olivenöl, Wein, Fleisch und Käse. Einige neue Pflanzen wie der Fenchel (*Trigonella foenumgraecum*) wurden wahrscheinlich bereits vor dem Eindringen der Griechen eingeführt, die ägypt. Bohnen, Linsen und Kürbisse akklimatisierten. Aprikosen, Pfirsiche, Kirschen, Orangen und Zitronen verbreiteten sich von Asien aus über Italien nach Israel. Auch Baumwolle und Reis begann man in dieser Zeit anzubauen. Quellen aus der Mischna und dem Talmud erwähnen zahlreiche Pflanzen, die in der hell. und röm. Periode eingeführt wurden, u.a. Lupinen, Spargel, Markkürbis und Rüben. Die Landwirtschaft dieser Zeit zeichnete sich durch die Kombination von Ackerbau und Viehzucht und durch intensive Bewirtschaftung aus, produzierte v. a. für den eigenen Bedarf und stützte sich insbes. auf den Anbau von Getreide, Oliven und Wein. Es wurden jedoch auch Baumwolle, Flachs, Hanf und Parfümpflanzen sowie Obst und Gemüse angebaut und vermarktet. Die Ölge-

Siegel mit der Darstellung eines Mannes, der mit einer Sichel erntet (Hecht-Museum, Universität Haifa).

winnung nahm gewerbliche Ausmaße an, und der Vertrieb war möglicherweise genossenschaftlich organisiert. Die Düngung wurde sorgfältig und intensiv betrieben und deutet auf eine enge Verbindung zwischen Tierhaltung und Feldbau. Die Brache war in jedem zweiten Jahr, aber bei den Sommersaaten muß manchmal ein dreijähriger Fruchtwechsel vorgelegen haben. Der Pflug bestand aus einem schweren Pflugbaum, an dem zwei Streichbleche befestigt werden konnten. Spitzen aus Eisen sind durch Funde belegt, die bis ins 1. Jt. v. Chr. zurückreichen. Auch die Bewässerungstechnik war bereits hoch entwickelt, was zu einer beträchtl. Steigerung der Getreideernten beitrug. Die Bauernhöfe wurden immer kleiner, da die Bevölkerung wuchs und sich der Druck durch die nichtjüd. Nachbarn verstärkte. Die wichtigsten Exportgüter Judäas waren Wein, Datteln und Spezereien.

In hell., röm. und byz. Zeit gewannen neben dem traditionellen Dorf zunehmend Einzelgehöfte an Bedeutung. In der byz. Zeit finden wir solche Höfe – bei denen v. a. Oliven und Wein angebaut wurden – in großer Zahl in der Küstenebene. Die Benutzung griech. und röm. Wörter sowie der Gebrauch der röm. Meile zur Festlegung der Grenzen der Weidegebiete sind beredte Zeugen des griech.-röm. Einflusses.

In der Mischna heißt es, daß die Felder im Tiefland gewöhnlich offen und im Bergland eingefriedet waren. Kleine quadratische Felder (Gemüsegärten?) wurden bei Aschkelon und im nördl. Negeb gefunden. Die frühesten Spuren der Sturzwasserlandwirtschaft in den Trockengebieten des Zentralnegeb gehen bis in die Zeit der Teilung in Nord- und Südreich zurück (928 v. Chr.). Probeschnitte durch alte Dämme im Negeb ergaben Hinweise auf eine starke Zunahme der Jahresniederschläge im 9. Jh. v. Chr. Man nimmt an, daß im Nahen Osten später (4. Jh. v. Chr. – Ende der byz. Herrschaft) eine Klimaveränderung zu einer immer größeren Trockenheit führte.

Bei Ausgrabungen in Heschbon stammten 75 % der Knochenfunde von der Früheisenzeit I bis zur frühen Zeit der Araber von Schafen und Ziegen. Das Hausschwein war in der hell. Periode am weitesten verbreitet. Allgemein ging der Viehbestand in der hell. und röm. Zeit zurück und stieg in der byz. Periode wieder an. In Jericho ist eine Zunahme der Rinderhaltung festzustellen, insgesamt herrschte jedoch die Ziegenhaltung vor.

LAODIZEA (»Gerechtigkeit des Volkes«). Stadt im Südwesten Phrygiens, im westlichen Kleinasien, nahe Kolossä und Hierapolis (Kol 2,1; 4,13), in der röm. Provinz Asien. Sie lag am unteren Ende des Lykos-Tales und ist heute nicht mehr bewohnt. Die Stadt hatte keine ausreichenden Wasserquellen; das notwendige Wasser wurde daher von 10 km nördlich gelegenen heißen Quellen mittels eines Äquadukts nach L. geleitet, wo es lauwarm ankam

LAODIZEA
Kol 2,1; 4,13.15.16;
Offb 1,11; 3,14

(unten) Überreste eines römischen Aquädukts bei Laodizea.

Laodizea.

(vgl. Offb 3,15.16!). Die Stadt war wohlhabend und für ihre auf Augenheilkunde spezialisierte medizin. Schule wie auch für die Produktion schwarzer Wollgewänder berühmt. Die jüd. Gemeinde in L. entstand, nachdem Antiochus III. 2 000 jüd. Soldatenfamilien in Phrygien und L. ansiedelte. Schon im 1. Jh. n.Chr. entstand eine christl. Gemeinde, mit deren Gründung Epaphras in Zusammenhang gebracht wurde (Kol 4,12.13). L. ist eine der sieben Gemeinden, an die sich die sieben Sendschreiben in Offb 2 – 3 wenden; sie wird dabei deutlich getadelt und als lauwarm und innerlich arm bezeichnet (Offb 3,14–21). Auch Paulus schrieb der Gemeinde von L. einen Brief (Kol 4,16), der jedoch nicht erhalten ist.

LAPPIDOT
Ri 4,4

LAPPIDOT (»Fackel«). Ehemann der Prophetin Debora.

LASÄA
Apg 27,8

LASÄA (»wild, rauh, waldig«). Stadt auf der Insel Kreta, ca. 8 km östlich von Guthafen. Das Schiff, das Paulus u. a. Gefangene nach Rom führte, fuhr an dieser Gegend vorbei (Apg 27,8).

LAUBHÜTTENFEST
3. Mose 23,34; 5. Mose 16,13. 16; 31,10; 2. Chr 8,13; Esr 3,4; Sach 14,16. 18–19; Joh 7,2

LAUBHÜTTENFEST Eines der drei jährlichen Wallfahrtsfeste; es wird im Herbst gefeiert. Das Fest beginnt am 15. Tag des siebten Monats, des Tischri, und dauert sieben Tage zuzüglich einem Schlußtag, der »Achter Tag der Heiligen Versammlung« genannt wird.

Die Bibel verbindet mit dem Fest sowohl heilsgeschichtliche als auch landwirtschaftliche Bedeutung und belegt es mit versch. Namen, die seinen Platz und Sinn im Leben Israels zum Ausdruck bringen: »Laubhüttenfest« als Erinnerung an Israels Wohnen in Laubhütten während seiner Wüstenwanderung (3. Mose 23,33–34); »Fest der Lese«, nach dem bäuerlichen Kalender die Zeit der letzten Ernte (2. Mose 23,16; 34,22; 5. Mose 16,13); »das Fest«, d.h. das Fest par excellence (3. Mose 23,39–41; 5. Mose 16,14; 1. Kön 8,2.65; 12,32; 2. Chr 5,3; 7,8; Neh 8,14; Hes 45,25).

Die Bibel gibt einige Anweisungen zur Feier dieses Festes, vorab das Gebot, sieben Tage in Hütten zu wohnen (3. Mose 23,42–43). Die zweite bibl. Weisung bezieht sich auf die »vier Arten« von Pflanzen, die als Symbole der Freude vor Gott über die eingebrachte Ernte dargebracht werden: die Frucht des Zitrusbaumes (Etrog), der Palmzweig, Zweige von Laubbäumen (Myrtenzweige) und Bachweiden (3. Mose 23,40). Nach Neh 8,13–18 wurden diese urspr. zum Bau der Hütten verwendet. Drittens war nach 5. Mose 31,10–11 in jedem siebten Jahr (Erlaßjahr) vor der Versammlung des ganzen Volkes öffentlich die Thora zu verlesen.

In der Tempelzeit wurden an den Festtagen zahlreiche Opfer dargebracht. Der einzelne brachte einen Korb mit Feldfrüchten (5. Mose 16,16.17; 26,1–11), zusätzlich zu den Tieropfern. 4. Mose 29,12 ff. schreibt die Opferung von

Eine Münze des Philippus Arabicus, geprägt in Laodizea, die einen Adler in einem überdachten Heiligtum zeigt. 274 n. Chr.

Das Laubhüttenfest in Jerusalem. Myrtenzweige oder Zweige von anderen Bäumen werden benutzt, um die Hütten zu bedecken, die zum Fest gewöhnlich auf Dächern, Höfen, im Garten oder selbst auf dem Balkon errichtet werden.

Eingang zum Lazarusgrab in Betanien.

nicht weniger als 70 Stieren vor, einer symbolischen Zahl, die später von den Rabbinen mit den 70 Weltvölkern in Verbindung gebracht wurde; damit machten sie deutlich, daß diese Opfer um des Wohlergehens aller Völker willen gebracht wurden. Dieser universalistische Zug findet sich auch beim Propheten Sacharja, der weissagte, daß einst alle Völker der Welt sich dem Volk Israel anschließen und in Jerusalem das Laubhüttenfest feiern werden (Sach 14,16). Ein weiterer universalistischer Aspekt begegnet im Bericht von der Weihe des salomonischen Tempels (während des L.): der König bittet Gott, er möge die Völker der Welt erhören, die kommen und ihn anbeten werden (1. Kön 8,41–43). Nach dem babyl. Exil gehörte zur Feier des Festes das Wohnen in Hütten und das Verlesen der Thora (Neh 8,14–18).

Das NT berichtet in Joh 7,1–10, wie Jesus das Fest besuchte.

LAUCH Siehe PFLANZEN.

LAZARUS (»Gott hat geholfen«).

1. Der Bruder von Maria und Marta aus Betanien; wurde von Jesus aus dem Grab auferweckt (Joh 11), worauf der Hohe Rat, aus Angst vor den möglichen Auswirkungen des Wunders auf das Volk, beschloß, Jesus zu töten (Joh 11,46–53). Der heutige arab. Name Betaniens, Elazariya, ist eine Abwandlung des Namens L.

2. Der arme Mann im Gleichnis Lk 16,19–31.

LAZARUS 1
Joh 11,1.2.5.
11.14.17.43;
12,1.2.9.10.17
LAZARUS 2
Lk 16,20.23–25

LEA (»Wildkuh«). Älteste Tochter Labans und erste Frau Jakobs sowie Mutter sechs seiner Söhne: Ruben, Simeon, Levi, Juda, Issachar und Sebulon. Für ihre Geschichte vgl. 1. Mose 29–31. Sie wurde durch einen Betrug Labans Jakobs Ehefrau, der eigentlich ihre jüngere Schwester Rahel heiraten wollte und Laban sieben Jahre dafür gedient hatte; um auch Rahel zu bekommen, mußte er weitere sieben Jahre dienen. Obwohl L. nicht Jakobs Lieblingsfrau war, war sie bes. fruchtbar. L. und Rahel standen Jakob gemeinsam zur Seite, als er Laban verließ, um nach Kanaan zurückzukehren, und auf dem Weg mit seinem Bruder Esau zusammentraf (1. Mose 31; 33,1–7). L. wurde im Familiengrab der Erzväter, in der Höhle von Machpela bei Hebron begraben; Jakob erwähnt sie in seinen letzten Worten an seine Söhne (1. Mose 49,30.31).

In atl. Zeit wurden bei Hochzeiten die Namen Rahels und L.s als Brautsegen ausgesprochen, so z. B. bei der Heirat von Rut mit Boas (Rut 4,11): »Der HERR mache die Frau, die in dein Haus kommt, wie Rahel und Lea, die beide das Haus Israel gebaut haben.«

LEA
1. Mose 29,16.
17.23–25.30–32;
30,9–14.16–17.
19; 31,4.14.33;
33,1.2.7; 34,1;
35,23.26; 46,
15.18; 49,31;
Rut 4,11

LEBANA (»Weiß«). Haupt einer Familie von Tempelsklaven, die aus dem babyl. Exil zurückkehrten.

LEBANA
Esr 2,45;
Neh 7,48

LEBEN Ein zentrales Thema der Bibel ist das menschliche L. und die Art und Weise, wie es erhalten und geheiligt werden kann.

Dem bibl. Verständnis vom L. liegt die Erkenntnis zugrunde, daß der Mensch zum Ebenbild Gottes geschaffen ist (1. Mose 1, 26–27). Erst dadurch, daß Gott selbst ihm den Lebensodem einbläst, wird der Mensch ein lebendiges Wesen (1. Mose 2,7). Durch diesen göttlichen Akt wurde der Mensch von allen anderen Geschöpfen unterschieden und unmittelbar unter den Schöpfer selbst gestellt (Ps 8,6). Diese Gottesebenbildlichkeit soll den Menschen zur Anbetung Gottes führen.

Eine Hauptaufgabe des zu Gottes Ebenbild geschaffenen Menschen besteht darin, L. zu erhalten. Da L. eine göttliche Gabe ist, hat niemand das Recht, sein eigenes oder das eines anderen Menschen zu nehmen (2. Mose 20,13; 5. Mose 5,17).

L. im bibl. Sinne zeigt sich zuerst in einer Zugehörigkeit zu Gott, wie sie Israel zugesprochen wurde: »Ihr sollt heilig sein, denn ich bin heilig, der HERR, euer Gott« (3. Mose 19,2). Die Psalmen und Sprüche Salomos bringen L. wiederholt mit der Einhaltung der Gebote Gottes in Verbindung: »Halte meine Gebote, so wirst du leben« (Spr 4,4; vgl. 7,2; vgl. Ps 1 u. a.). Langes L. wird dem verheißen, der Gott fürchtet (5. Mose 6,2; Spr 10,27). Weisheit und Gottesfurcht sind »ein Baum des Lebens allen, die sie ergreifen, und glücklich sind, die sie festhalten« (Spr 3,18).

Das Vertrauen auf Gott, der das L. und die Welt erhält, ist ein Grundthema auch des NT: »Sorgt nicht um euer Leben, was ihr essen und trinken werdet; auch nicht um euren Leib, was ihr anziehen werdet. Ist nicht das Leben mehr als die Nahrung und der Leib mehr als die Kleidung?« (Mt 6,25; vgl. Lk 12,22–23). Hier redet Jesus bei »L.« von der *psyche* (»Seele«), die Gott dem Menschen als »Lebenshauch« einflößte (vgl. 1. Mose 2,7). Sie kann (in der Hölle, Mt 10,28) vernichtet oder – bei allem weltlichem Erfolg – verloren werden (Mt 16,26). Dagegen kann in der Hingabe an Christus das L. trotz äußerem Verlust gewonnen werden (Mt 16,25).

Von diesem L. (*psyche*) wird im NT deutlich unterschieden der *bios* als Lebensunterhalt (Lk 15,12.30; LÜ: »Gut«; 1. Joh 3,17 »der Welt Güter«) und »Lebensfreude« (Lk 8,14).

Für das hebr. *chaiim* (»L.«) übersetzt die LXX *zoē* in der Bedeutung »natürliches L.«. Im NT wird *zoē* verstanden als eigentliches L., das Gott gehört und das über die natürliche Todesgrenze hinaus besteht.

Das NT sieht das L. allg. in zwei Dimensionen: in dieser Welt und in der kommenden Welt (Mt 16,25; Mk 8,35; Joh 6,25–58; 8,12). Ein erfülltes L. in Christus ist mit das wichtigste Thema des Johannesev. (Joh 20,31). Auferstehung, ewiges L. und der Glaube an Christus stehen dabei in einem engen Zusammenhang (10,25–26). Ebenso beschreibt Paulus das wahre L. als L. in der Hoffnung der Gläubigen, daß sie eines Tages durch Jesus zu einem neuen L. auferweckt werden (1. Kor 15,20ff.; 1. Thess 4,15–17). L. im ntl. Verständnis ist das Geschenk Gottes in Jesus Christus an den Glaubenden; Jesus ist das L. (Joh 14,6), und er gibt es seinen Jüngern im Überfluß (Joh 10,10f.). S. auch LEBEN NACH DEM TOD.

LEBEN NACH DEM TOD In der Frage, welche Hoffnung es über den leiblichen Tod hinaus gibt, gehen AT und NT weit auseinander. Das AT sieht den Tod durchweg als Ende, als Feind, als gleichsam endgültiges Aus. Der Fromme des AT betet darum, ein langes irdisches Leben zu bekommen und noch nicht so bald sterben zu müssen (vgl. z. B. Ps 13,4; 33,19; 56,14; 118,18; Pred 9,4; v. a. Hiskias Gebet in 2. Kön 19 und Jes 38). Die Toten kommen in die *Scheol* (1. Mose 37,35), eine nicht weiter beschriebene Unterwelt bzw. Totenreich – ein Land der Finsternis, das unterschiedslos alle Toten, Gute wie Böse, aufnimmt, und in welchem man Gottes nicht mehr gedenkt (vgl. Hiob 10,21f.; 30,23; Ps 6,6; 30,10; 115,17; Jes 5,14; 38,10.18; Pred 3,16–20; 6,12; 12,1–7 u. a.).

Nur am Rande des atl. Horizonts, wie ein fernes Leuchtfeuer, taucht die Hoffnung auf, daß Gott letztlich auch über den Machtbereich des Todes herrscht, daß die *Scheol* nicht das letzte Wort hat (vgl. Ps 139,8; Jes 26,19; Hes 37; Dan 12,2). Z. Zt. Jesu glaubten die Pharisäer (nicht dagegen die damaligen »liberalen Theologen«, die Sadduzäer) an eine Auferstehung der Toten (Mk 12,18; Apg 23,6–8).

Erst im NT wird die Hoffnung auf Überwindung des Todes erfüllt – in der Auferstehung Jesu. Jesus verspricht einem der mit ihm gekreuzigten Männer: »Heute wirst du mit mir im Paradies sein« (Lk 23,43) – eine feste Zusage der Sündenvergebung und Seligkeit. Nach Eph 4,9.10 und 1. Petr 3,19; 4,6 hat er als Herr über Lebende und Tote auch im Totenreich (Scheol, s. o.) das Evangelium verkündet (vgl. die Formulierung im apostol. Glaubensbekenntnis: »hinabgestiegen in das Reich des Todes«). Garantie für ewiges L. und Auferstehung der Glaubenden ist die Auferstehung Jesu selbst.

Dabei ist jedoch im NT immer wieder von einem zweifachen Ausgang des L. nach dem Tod die Rede: wir finden einerseits die Aufnahme in das himmlische Reich Gottes (z. B. Joh 5,29; 6,39; 11,25; Röm 6,5; 1. Kor 15,42), andererseits jedoch die Verurteilung zur Verdammnis am Ort der Gottverlassenheit, die die »Hölle« im eigentl. Sinn und nicht mit der Scheol gleichzusetzen ist (Mt 5,22–29; 10,28; 11,23; 18,9; 23,33; Mk 9,43.45.47; Lk 12,5; Offb 20,11–15). Zum Glauben an die Auferstehung gehört auch der Glaube an das letzte Gericht, bei dem die Bücher des Lebens aufgeschlagen werden und der ewige Richter souverän nach seinem Rechtmaß urteilt (Mt 25,31–46;

Offb 20,11–15; 22,12). Dabei gehen die ntl. Quellen in ihrer Schilderung des Ergehens der Übeltäter nach dem Tod über das hinaus, was darüber im AT und im Judentum zu finden ist.

Bei Paulus sind die Auferstehung und das Ende der Geschichte des gegenwärtigen Äons durch die Wiederkunft Christi Hauptthemen im Gespräch mit den Gemeinden in Korinth (1. Kor 15) und in Thessalonich (1. Thess 4,13–5,11; 2. Thess 2). Offenbar war es dort zu Verwirrung und Mißverständnissen gekommen, als sich Gedanken der jüd. Apokalyptik verbreiteten. So zeigte sich in der Behauptung, »die Auferstehung sei schon geschehen«, ein falsches vergeistigtes, vom Leib losgelöstes Verständnis der Auferstehung (2. Tim 2,18). Paulus geht gegen dieses Fehlverständnis vor, verzichtet dabei jedoch (ganz im Einklang mit den Evn.) auf jede Ausmalung des Lebens der Auferstandenen. Es genügt ihm, zu wissen, daß die Christen dann »bei dem Herrn sein« werden (2. Kor 5,8; Phil 1,23).

Das von Jesus in Mt 25,31–46 vorausgesagte letzte Gericht ist ein Gericht ausdrücklich über »alle Völker« (Nationen, Mt 25,32). Diese Völker (griech. *ethne*, hebr. *gojim*) sind die Völker ohne Gott, d.h. die Heiden. Hier ist also nicht vom Gericht über die Gemeinde Jesu Christi die Rede, sondern von dem Gericht über die von Gott abgefallene Welt. Für die Christen gelten die Worte Jesu in Joh 3,18; 5,24–29 (»der kommt nicht in das Gericht«); für sie ist der Ausblick auf das Ende und Ziel der Geschichte weniger vom Endgericht als von der Hoffnung auf die Erlösung bestimmt (vgl. Lk 21,28).

Die christl. Hoffnung auf die »Auferstehung der Toten und das ewige Leben« (so im Apostol. Glaubensbekenntnis) unterscheidet sich diametral von der griech.-philosoph. Vorstellung einer Unsterblichkeit der Seele. Die letztere bedeutet einen bruchlosen Übergang »von einem Zimmer in das andere« (Plato – Sokrates), die christl. Auferstehung zu neuem L. dagegen ist ein gänzlicher Zerbruch des irdischen L. und eine Neuschöpfung eines neuen L. (Offb 21,1–5; 2. Petr 3,13; vgl. 1. Kor 15,35–49). Die Idee von einer Unsterblichkeit der Seele gründet im Menschen und im Glauben an die Unvergänglichkeit seines Geistes, der christl. Glaube an ein neues L. nach dem Tod fußt dagegen ganz in der Auferstehung Jesu Christi. Weil Christus den Tod besiegt und entmachtet hat (2. Tim 1,10; 1. Kor 15,20–22.26.54–57), darum – und nur darum – gibt es ein neues L. nach dem Tod. Nur weil Jesus Christus als »Erstling« (1. Kor 15,20) vorangegangen ist, können die an ihn Glaubenden diesen Weg gehen.

Gerade weil es sich um eine völlige Neuschöpfung handelt, verzichtet das NT durchweg auf jede Ausmalung des ewigen L. Die wenigen Andeutungen beschränken sich auf gleichnishafte Bilder, sie sind keine konkrete Beschreibung: Es wird ein L. in ganz anderer Daseinsform sein (1. Kor 15,35ff.; 2. Kor 5,1ff.), ein Schauen von Angesicht zu Angesicht (1. Kor 13,12; 1. Joh 3,2), ein Mit- und Bei-Christus-Sein (1. Thess 4,17; 2. Kor 5,8; Phil 1,23).

Siehe auch AUFERSTEHUNG; TOD; HÖLLE.

Das Lebona-Tal zwischen Sichem und Jerusalem.

LEBONA Ri 21,19

LEBONA Stadt im Gebiet des Stammes Ephraim (Ri 21,19), 3 km nordwestlich von Schilo.

LECHA 1. Chr 4,21

LECHA Der Enkel Judas, im Stammbaum der Familie Juda. Es wird jedoch allg. angenommen, daß L. der Name einer Stadt war und daß L. ihr Gründer war.

LEHABITER 1. Mose 10,13; 1. Chr 1,11

LEHABITER Nachkommen Mizrajims.

LEHI Ri 15,9. 14.17.19

LEHI (»Kinnbacke«). Ein Ort in Juda, nahe der Grenze zu den Philistern (Ri 15,9.14). Nachdem Simson von den Bewohnern Judas an die Philister übergeben wurde, erschlug er dort Tausende von Philistern, nur mit einer Kinnbacke eines Esels bewaffnet; daraufhin nannte man den Ort »Ramat Lehi« (Ri 15,15–17).

LEHRER Siehe RABBI.

LEMUEL Spr 31,1.4

LEMUEL (»Gott angehörig«). König von Massa, dem man die Worte der Weisheit zuschreibt, »die ihn seine Mutter lehrte« (Spr 31,1–9). Einige Ausleger meinen jedoch, daß L. kein Eigenname ist, sondern ein Wort von unklarer Bedeutung, und daß »Massa« nicht als Eigenname übersetzt werden sollte (1. Mose 25,14; 1. Chr 1,30; ein nordarab. Ort), sondern als ein hebr. Wort mit der Bedeutung »Orakel«.

LESCHA 1. Mose 10,19

LESCHA Kanaan. Grenzstadt (1. Mose 10,19) am Ostufer des Toten Meeres. Heute mit Callirhoë, das für seine heißen Quellen berühmt ist, identifiziert.

LETUSCHITER 1. Mose 25,3

LETUSCHITER Eine von drei Stammesgruppen (zus. mit den Aschuritern und Lëummitern), die Nachkommen des Stammes Dedan waren.

LËUMMITER 1. Mose 25,3

LËUMMITER Eine Gruppe von Halbnomaden, die wie die Aschuriter und die Letuschiter Nachkommen der Dedaniter waren.

LEVI 1 1. Mose 29,34; 34,25.30; 35,23; 46,11; 49,5; 2. Mose 1,2; 2,1; 4,14; 6,16.19; 32,26.28; 4. Mose 1,49; 3,6.15.17.20; 4,2; 16,1.7.8.10; 17,18.23; 18,2.21; 26,58.59; 5. Mose 10,8; 18,1; 27,12; 31,9; 33,8; Jos 3,3; 13,33; 1. Kön 12,31; 1. Chr 2,1; 6,1.23.28.32; 12,27; 21,6; 23,6.26; 24,20; Esr 8,18; Ps 135,20; Hes 40,46; 48,31; Sach 12,13; Mal 2,4.8; 3,3; Hebr 7,5.9; Offb 7,7

LEVI 2 Mk 2,14; Lk 5,27.29

LEVI 3 Lk 3,24

LEVI 4 Lk 3,29

LEVI (Bedeutung unklar; Erklärung der Bibel: »zugetan sein, sich gesellen zu« [1. Mose 29,34; 4. Mose 18,2.4]).

1. Dritter Sohn Jakobs und Leas und Ahnherr des Stammes Levi, der priesterlichen Leviten und aller folgenden priesterlichen Gruppen. In der Aufgliederung der 12 Söhne Jakobs in 1. Mose 29,31–30,24 erscheint L. noch ohne erkennbare Ausnahmestellung unter seinen Brüdern. Bei der Verteilung des Landes Kanaan kommt er jedoch nicht mehr als geschlossener Verband wie die anderen 11 Stämme vor; den Leviten werden statt dessen Orte und Städte in den übrigen Stammesgebieten zugewiesen (4. Mose 35; Jos 21), was sich im Grunde schon im Segen Jakobs (1. Mose 49,5–7) ankündigt. Auch in der Volkszählung 4. Mose 26 erscheint L. nicht mehr als gleichberechtigter Stamm (vgl. V. 62). Die Zwölfzahl der Stämme wurde dadurch wiederhergestellt, daß an die Stelle des Stammes Josef die Stammesverbände seiner beiden Söhne Ephraim und Manasse traten.

In 1. Mose 34 überfällt Levi (zus. mit seinem Bruder Simeon) die Stadt Sichem als Rache für die Vergewaltigung seiner Schwester Dina.

Die ersten Nachkommen Levis waren Gerschon, Kehat und Merari (1. Mose 46,11; 4. Mose 3,17; 1. Chr 6,1), deren Sippen später alle ihren Dienst an der Stiftshütte als Wächter und Diener versahen (4. Mose 3,21–37). Mose war ein Nachkomme Levis (2. Mose 2,1.2), wie auch sein Bruder Aaron (2. Mose 4,14; 1. Chr 5,27–29) und Zadok (5,27–34). Somit sind die drei Priestergruppen, d.h. die Leviten, die Aaroniter und die Zadokiter, Nachkommen Levis. Siehe LEVITEN.

2. Sohn des Alphäus, ein Zöllner und Jünger Jesu (Mk 2,14; Lk 5, 27). Im Paralleltext Mt 9,9 wird er Matthäus genannt. In Mt 10,3 wird Matthäus (»der Zöllner«) unter den zwölf Jüngern Jesu erwähnt, ebenso in Mk 3,16–19 und Lk 6,13–16, während der Name L. nicht als einer der Zwölf erscheint. Dies zeigt eine Bevorzugung des Namens Matthäus.

3. Sohn Melchis, einer der Vorfahren Jesu im Stammbaum nach Lukas.

4. Sohn Simeons und Vater von Mattat, einem Vorfahren Jesu im Stammbaum nach Lukas.

LEVIATAN (»Der Gewundene«). Ein drachenartiges (in Hiob 40 krokodilähnliches) Geschöpf, das im AT viermal erwähnt wird (Hiob 3,8; 40,25 ff.; Ps 74,13.14; Jes 27,1). Der L. steht dabei immer für ein riesenhaftes Tier, das vom Menschen nicht zu bezwingen ist. Man tut gut daran, es nicht herauszufordern (Hiob 3,8). In seiner Antwort an Hiob erwähnt Gott den L. neben dem Behemot als Beispiel für ein Tier, das der Mensch nicht fangen oder zähmen kann und dem er im Kampf auf jeden Fall unterlegen ist (Hiob 40,25). Aber auch diese Ungeheuer hat Gott, wie alle anderen Tiere auch, erschaffen (vgl. 1. Mose 1,21; Hiob 40,15) – ein großes Beispiel seiner Macht. Er ist auch der einzige, der sie beherrschen kann: »Du hast das Meer gespalten durch deine Kraft, zerschmettert die Köpfe der Drachen im Meer. Du hast dem Leviatan die Köpfe zerschlagen und ihn zum Fraß gegeben dem wilden Getier« (Ps 74,13.14).

LEVIATAN
Hiob 3,8; 40,25; Ps 74,14; Jes 27,1

Symbolisch, auf die Feinde Israels und die Weltmächte gemünzt, dürfte Jes 27,1 zu verstehen sein: »Zu der Zeit wird der Herr heimsuchen mit seinem harten, großen und starken Schwert den Leviatan, die flüchtige Schlange, und den Leviatan, die gewundene Schlange, und wird den Drachen im Meer töten.« Ähnlich setzt der Prophet in Jes 30,7 Ägypten mit dem Ungeheuer Rahab gleich (vgl. Jes 51,9.10; Hiob 9,13; 26,12; Ps 89,11).

Die Frage bleibt offen, wie man die anderen Erwähnungen des L. deuten soll. Es könnte sich um ein dichterisches Bild handeln, das kein reales Tier vor Augen hat; nicht von ungefähr finden sich alle Erwähnungen des L. in poetisch gefärbten Texten. Andererseits ist zumindest die Beschreibung des L. in Hiob 41,4–26 so detailliert, daß man an ein Raubtier wie etwa ein riesiges Krokodil gedacht hat, so wie man den Behemot (Hiob 40,15–24) mit dem Nilpferd in Verbindung zu bringen versucht hat. Abwegiger erscheint die Vermutung, Behemot und L. gingen auf Dinosaurier oder vordiluviale Riesenechsen zurück.

LEVIRAT Siehe SCHWAGEREHE.

LEVITEN Die Nachkommen Levis, des dritten Sohnes Jakobs, die später für den Dienst im Tempel zuständig waren. Sie gliederten sich nach den drei Söhnen Levis (Gerschon, Kehat, Merari; 2. Mose 6,16) in drei Gruppen. Während der Wüstenwanderung Israels waren die L. der kleinste Stamm Israels (4. Mose 3,39; 26,62), taten sich jedoch hervor, als Mose, der ebenfalls L. war (2. Mose 2,1), mit einem blutigen Strafgericht gegen die Verehrer des Goldenen Kalbes vorging (2. Mose 32,25–29).

LEVITEN
2. Mose 6,25; 38,21; 3. Mose 25,32–33; 4. Mose 1,47.51.53; 2,17.33; 3,9.12.32.39. 41.45–46.49; 4,18.46; 7,5–6; 8,6.9–14.18.20–22.24.26; 18,6. 23–24.26.30; 26, 57; 31,30.47; 35,2.4.6–8; 5. Mose 10,9; 12,12.18–19; 14,27.29; 16,11.14; 17,9.18; 18,1.6–7; 21,5; 24,8; 26,11–13; 27,9.14; 31,25; Jos 13,14; 14,3–4; 18,7; 21,1.3–4.8.20. 27.34.40–41; Ri 17,7.9.11–1[illegible] 18,3.15; 19,1; 20,4; 1. Sam 6,15; 2. Sam 15,24; 1. Kön 8,4; 1. Chr 6,4.33.4[illegible] 9,2.14.18.26.3[illegible] 33–34; 13,2; 15,2.4.11–12. 14–17.22.26–2[illegible] 16,4; 23,2–3.14.27; 24,6.30–31; 26,20; 27,17; 28,13.21;

Auch Aaron war L. (aus der Sippe der Kehatiter, 2. Mose 4,14; 6,16.18. 20). Gott bestimmte ihn und seine Nachkommen zum Priesterdienst (2. Mose 28,1); dieser war ausschließlich auf sie beschränkt (4. Mose 3,10). Als Gehilfen bei ihrem Priesterdienst setzte Gott die übrigen L. ein; sie galten dabei als Ersatz für den Erstgeborenen aus jeder Familie, der nach dem Gesetz dem Herrn gehören sollte (2. Mose 13,2; 22,28; 4. Mose 3,12.13; 8,17–19).

Die genauen Aufgaben der L. werden zunächst nicht weiter präzisiert, jedoch umfaßte ihr »Dienst an der Stiftshütte« (4. Mose 8,26) wohl alles, was nicht direkt unter die priesterliche Tätigkeit der aaronitischen Priester fiel. Sie hatten u.a. die Geräte der Stiftshütte zu tragen, jedoch erst, wenn sie zuvor von den Priestern zugedeckt worden waren (4. Mose 4,5–15; 18,3). In der Königszeit organisierte David den Dienst im Heiligtum neu, und die L. bekamen einige neue Aufgaben, so das Türhüten (1. Chr 9,17–26), Musizieren und Singen (1. Chr 23,1–6.30; vgl. Esr 3,10), Reinigungsaufgaben (1. Chr 23,28), Vorbereitung von Opfern (1. Chr 23,29–31) sowie die Verwaltung der Tempelschätze (1. Chr 9,26; vgl. Esr 8,33–34). Nach dem Exil oblag ihnen auch die Unterweisung des Volkes im Gesetz des Mose (Neh 8,7–9).

Bei der Verteilung des Verheißenen Landes unter Israel bekamen die L. kein eigenes Stammesgebiet, da Gott selbst ihr »Anteil inmitten der Israeliten« sein wollte (4. Mose 18,20). Ihnen wurden 48 Städte (von jedem Stamm 4) und das dazugehörige Weideland zugeteilt (4. Mose 35,2ff.; Jos 21). Außerdem stand ihnen ein Teil der Opfer und der Zehnte vom Ertrag des Landes und vom Vieh zu (3. Mose 27,30–33; 4. Mose 18,21.24; 2. Mose 23,19).

Die Amtseinführung der L. hatte den Sinn einer feierlichen Präsentation vor Gott (4. Mose 8,5–15). Nach 4. Mose 4,3 übten sie ihren Dienst im Alter zwischen 30 und 50 Jahren aus, nach 4. Mose 8,23–26 bereits ab 25 Jahren, nach 1. Chr 23,24 ab 20.

2. Chr 5,4–5.12; 7,6; 8,14–15; 11,13–14.16; 13,9–10; 17,8; 19,8.11; 20,14.19; 23,2.4.6–8.18; 24,5–6.11; 29,4–5.12.16. 25–26.30.34; 30,15–17.21–22. 25.27; 31,2.4.9.12.14. 17.19; 34,9.12–13.30; 35,3.5.8–11. 14–15.18; Esr 1,5; 2,40.70; 3,8–10.12; 6,16.18.20; 7,7.13.24; 8,15.20.29–30. 33; 9,1; 10,5.15.23; Neh 3,17; 7,1.43.72; 8,7.9.11.13; 9,4–5; 10,1. 10.29.35.38–39; 11,3.15–16. 18.20.22.36; 12,1.8.22–24. 27.30.44.47; 13,5.10.13.22. 29–30; Jes 66,21; Jer 33,18.21–22; Hes 43,19; 44,10.15; 45,5; 48,11–13.22; Lk 10,32; Joh 1,19; Apg 4,36

»Krone« einer Thorarolle aus dem 18. Jh. in Deutschland mit zum Priestersegen erhobenen Händen (Israel Museum).

Bei der Neuordnung der Verwaltung unter König David wurden einige L. auch als Verwaltungsbeamte und Richter eingesetzt (1. Chr 26,29 ff.). Nach der Reichsteilung zogen viele L. aus Israel in das Südreich Juda, da Jerobeam es ihnen unmöglich machte, ihrem Dienst nachzukommen (2. Chr 11,13–14). Später halfen sie bei der Renovierung des Tempels unter König Joasch (2. Chr 24,5). Bei der Reformation Hiskias spielten sie ebenfalls eine wichtige Rolle, wobei Hiskia auch ihre Versorgung neu ordnete (2. Chr 29–31). Im Zuge der Reform Josias halfen sie wieder, den Tempel auszubessern (2. Chr 34–35). Nach der Rückkehr aus dem babyl. Exil nahmen die L. wieder ihren Dienst am Tempel auf (Esr 3,8.9; Neh 12,27–30). Sie werden bei Nehemia eigens unter denen erwähnt, die sich zur Beachtung des Gesetzes verpflichteten (Neh 10,29); damals wurde auch die Einhaltung des Zehnten erneuert (Neh 10,38); einige L. mußten sich von ihren ausländischen Frauen trennen (Esr 10,18–19.44).

Das NT erwähnt die L. nur selten. Aus dem Gleichnis vom barmherzigen Samariter erfahren wir, daß der Stand der L. sich deutlich von dem der Priester unterschied (Lk 10,29–37). In der jungen Gemeinde verkaufte ein L. namens Josef Barnabas seinen Besitz und übergab das Geld den Aposteln (Apg 4,36–37).

LEVITIKUS, DAS BUCH; DAS 3. BUCH MOSE. Das dritte Buch im Pentateuch, benannt nach dem Gesetz der Priester des Levi-Stammes. Es enthält in erster Linie Vorschriften für gottesdienstliche Handlungen in der Stiftshütte, die später auf den Dienst im Jerusalemer Tempel übertragen wurden. Die Hauptaufgabe der Priester des Gottesvolkes wird in Kap. 10,10.11 so beschrieben: »Ihr sollt unterscheiden, was heilig und unheilig, was unrein und rein ist, und Israel lehren alle Ordnungen, die der HERR ihnen durch Mose verkündet hat.« Dies war nötig, um zu vermeiden, daß das Heiligtum durch Vergehen des Gottesvolkes und körperliche Unreinheiten einzelner Menschen verunreinigt wurde.

Kap. 1–7 enthalten Opferanweisungen: 1–5 beschreiben die unterschiedlichen Opfer-Arten zunächst aus der Sicht dessen, der ein Opfer darbringen will (Kap. 1 Brandopfer, Kap. 2 Speisopfer, Kap. 3 Dankopfer, Kap. 4–5 Sünd- und Schuldopfer); daran anschließend finden sich für dieselben Opferarten Vorschriften für die Priester im Blick auf deren Rechte und Aufgaben (Kap. 6–7).

Die in diesen Kap. genannten Opfer kommen auf Grund persönlicher Entscheidungen einzelner Personen zustande und sind somit von den Opfern zu unterscheiden, die mit den kalendarisch festgeschriebenen allgemeinen Fest- und Fasttagen zusammenhängen (Kap. 9; 16; 23; vgl. 4. Mose 28–29).

Seite aus dem Buch Levitikus nach der De-Castro-Bibel, Deutschland, 14. Jh. (Israel Museum).

Beim *Brandopfer* wird das Opfertier (männliche, fehlerlose Rinder, Schafe, Ziegen oder Tauben) auf dem Altar vollständig verbrannt. Nach Kap. 1,3f. hat dieses Opfer sühnende Wirkung und macht den Opfernden »wohlgefällig vor dem HERRN«. Andere priesterliche Texte erwähnen als Motivation des Opfernden ein Gelübde oder eine freiwillige Gabe (22,17ff.; 4. Mose 15,1–11). In Ri 13,15–18 ist das Brandopfer ein Zeichen der Unterwerfung unter Gott.

Das *Speisopfer* ist zus. mit der Ablieferung von »Erstlingsgaben« (2,12ff) die Darbringung der pflanzlichen Erzeugnisse des Landes, entweder Mehl oder geröstete Weizenkörner. Es konnte auch Wein als »Trankopfer« dargebracht werden (23,13).

Die Darbringung eines *Dankopfers* ist zunächst dem Brandopfer ähnlich, doch wird das Opfertier zwischen Gott und dem Opfernden geteilt: Das Fett des Tieres soll »für den HERRN« in Rauch aufgehen (3,9–16).

Den beiden Arten des *Sühnopfers – Sündopfer* und *Schuldopfer* – liegen nur wenig unterschiedliche Ereignisse zugrunde. Das Sühnopfer betrifft v.a. Vergehen, durch die man sich gegen Gott, einen Priester oder den Nächsten verfehlt hat. Auf dieses Opfer bezieht sich insbes. Hebr 9,11ff.: Hier wird betont, daß durch das einzigartige und einmalige Sühnopfer Christi das Ritual des atl. Sühnopfers aufgehoben ist (vgl. OPFER).

Kap. 8–10 beschreiben die Einsetzung der Priester am Heiligtum. Aaron und seine Söhne werden in ihr Amt eingeführt, nachdem die Priesterkleider und das Heiligtum fertiggestellt und geweiht sind (Kap. 8). Die Einsetzung wird von Mose durchgeführt, der den Weihegottesdienst leitet, die Priester weiht und die Aufgaben zuteilt. Der Amtsantritt der Priester folgt eine Woche nach der Weihe (Kap. 9). Dabei bringen sie unter Teilnahme der Gemeinde besondere Opfer dar, »auf daß ... des HERRN Herrlichkeit erscheine« (9,6; vgl. V. 4.23). Tatsächlich zielt der gesamte Opferritus auf die Offenbarung, die Gewißheit, daß Gott mit seinem Volke ist. Auf Grund eines Vergehens werden beim Gottesdienst die ältesten Söhne Aarons, Nadab und Abihu, durch göttliches Feuer getötet; sie hatten ein Räucheropfer mit einem »fremden Feuer«, d.h. wohl von anderswoher als vom Altar, dargebracht (10,1–5). Den Priestern werden daraufhin besondere Trauervorschriften verkündet (10,6–7). Andere Anweisungen betreffen das Verbot des Weingenusses (10,9) und die Regelung des Anteils der Priester an den Opfern (10,12–20).

Die Kap. 11–15 beinhalten eine Sammlung von Reinheitsvorschriften, deren Grundgedanke die Gegenüberstellung von Leben und Tod ist. Unreinheit symbolisiert den Tod und ist daher zu vermeiden und zu überwinden. Rein ist, was sich Gott nahen darf, unrein, was zum Kult unfähig macht. Als unrein gelten eine Anzahl von Tieren, die weder gegessen noch geopfert werden dürfen; die Berührung ihrer Kadaver macht unrein (Kap. 11). – Blut und Samen sind Kräfte des Lebens. Von daher wird ihr Abgang aus den Geschlechtsorganen häufig als Verlust von Lebenskraft für den einzelnen betrachtet. So ist eine Frau nach der Geburt eines Jungen bzw. Mädchens für 40 bzw. 80 Tage unrein und hat danach Opfer zu bringen, die ihre Unversehrtheit und die Verbindung zu Gott, der Quelle des Lebens, wiederherstellen (Kap. 12). Verunreinigungen durch Menstruation oder unfreiwilligen Samenerguß werden durch rituelle Waschungen gereinigt (15,16–24). Ausführlicher Reinheitsvorschriften bedarf die Reinigung vom Aussatz (Kap. 14) und der Umgang mit krankhaften Ausscheidungen (15,2–15.25–30), die bis zur Darbringung eines sühnenden Opfers unrein machen.

In Kap. 16 ergehen die Vorschriften für den »großen Versöhnungstag«. Auf die kultischen Anweisungen dieses Kap. nimmt Hebr 9,6–14 Bezug, wonach das atl. Sühneritual durch den Opfertod und das Blut Christi überholt worden ist.

Kap. 17–27 bilden den letzten großen Abschnitt des Buches L.; er wird häufig als »Heiligkeitsgesetz« bezeichnet, womit der besondere Nachdruck auf Heiligkeit und Heiligung in diesen Kap. gut zum Ausdruck kommt. Thematisch wird eng an die vorigen Kap. angeschlossen, da durch ihre gemeinsame Beziehung zum Kult sich die Vorstellungen von ritueller Reinheit und Heiligkeit eng berühren.

Kap. 17 stellt fest, daß sich derjenige, der ein Opfertier außerhalb des Heiligtums schlachtet, des Mordes (vgl. BLUTSCHULD) schuldig macht (17,4). Die Bestimmung ist gegen abergläubische Praktiken (Opfer für »Feldgeister«) gerichtet (V. 5–9). Ferner wird jeglicher Genuß von Blut untersagt (V. 10–14; vgl. 5. Mose 12,16), ein Gebot, das noch in den ersten christl. Gemeinden eine gewisse Rolle spielte (Apg 15,20).

Kap. 20 schreibt die Strafen vor für die in Kap. 18 genannten unerlaubten sexuellen Beziehungen und kultischen Menschenopferpraktiken (vgl. 20,1–5), ebenso für das Übertreten des Verbotes der Zauberei in 19,31 (vgl. 20,6). Der positive Aspekt der Heiligkeit, das Leben in Entsprechung zu Gottes Handeln (»Ihr sollt heilig sein, denn ich bin heilig, der HERR, euer Gott«, 19,2), spricht sich in den ethischen und rituellen Bestimmungen von Kap. 19 aus und erreicht seinen Höhepunkt im Gebot, den Nächsten zu lieben (V. 18), einschl. des Fremden (V. 34). Solch eine Liebe hat sich in entsprechenden Taten zu erweisen, so in der Gleichheit im öffentlichen Gerichtswesen (19,15; 20,2–24), zinslosem Leihen (25,25–55) und freiem Ährenlesen für die Armen (19,9–10).

In Kap. 21–22 werden die Voraussetzungen beschrieben, unter denen die Heiligkeit des Priesters unversehrt bleiben kann; für einen Hohenpriester werden diese Vorschriften noch verschärft (21,10–15). Kap. 23 beinhaltet einen Festkalender; er gilt für alle Israeliten und nennt insbes. die an diesen Festtagen darzubringenden Gaben. Kap. 25 handelt vom »Sabbatjahr« und »Erlaßjahr« (s. dort).

Im Kap. 26 begegnet uns die Androhung völliger Vernichtung und Gefangenschaft, wie sie auch in anderen bibl. Büchern ausgeführt ist (Deuteronomium, Jeremia und Hesekiel). Dahinter steht die Überzeugung, daß kultische Sünden den Zusammenbruch des Volkes herbeiführen – v. a. der Götzendienst (V. 1) und die Mißachtung der Sabbatvorschriften (V. 2.34–35).

Kap. 27 behandelt das »Ablösen« von Gaben an das Heiligtum. Grundgedanke hierbei ist, daß Opfergaben für den Altar nicht wieder entheiligt

Teil aus dem Buch Levitikus, gefunden in Qumran (Schrein des Buches, Jerusalem).

werden können, aber Gaben, die nicht zum Opfer geeignet sind, durch Verkauf oder Auslösung ihren geheiligten Status verlieren können.

Mit den Vorschriften in Kap. 27 wird die Offenbarung der Gesetze an Mose abgeschlossen: »Das sind die Gebote, die der HERR dem Mose gebot für die Israeliten auf dem Berge Sinai« (27,34). Im Buch Numeri (4. Buch Mose) wird dann der Bericht von der Wüstenwanderung fortgesetzt.

Das ganze Buch L. zeigt Mose als den Vermittler des von Gott geoffenbarten Gesetzes (vgl. 2. Mose 20,18–21). Dies zeigt der Mittelabschnitt (Kap. 8–10), von dem aus alles übrige zu sehen ist, bes. deutlich. Diese drei Kapitel sind neben dem Bericht in 24,10–23 der einzige erzählende Teil des Buchs L. Alles andere sind detaillierte Thora-Vorschriften.

In der theol. Wissenschaft wird das ganze 3. Buch Mose der sog. Priesterschaft (P) zugeordnet, die kurz vor dem Exil in Jerusalem entstanden sein könnte. Vgl. aber dazu und zur Verfasserfrage die Artikel PENTATEUCH und GENESIS.

INHALTSÜBERSICHT

1,1–7,38	Opfergesetze
8,1–10,20	Einführung der Priesterschaft
11,1–15,33	Gesetze über rituelle Reinheit und Unreinheit
16,1–34	Der Versöhnungstag
17,1–16	Über das Töten von Tieren
18,1–20,27	Gesetze zur Heiligung
21,1–22,33	Über die Tauglichkeit der Priester und der Opfergaben
23,1–44	Festkalender
24,1–23	Verschiedene Bestimmungen
25,1–55	Sabbat- und Erlaßjahr
26,1–46	Fluch für das Übertreten des Gesetzes, Segen für den Gehorsam gegenüber dem Gesetz
27,1–34	Über die Ablösung von Opfergaben

(rechts) Basrelief aus dem Palast Sargons, das den Schiffstransport von Holz aus dem Libanon schildert. 8. Jh. v. Chr. (Musée du Louvre, Paris).

Zeder im Libanon.

LIBANON Ca. 170 km lange und 25 km breite Gebirgskette nördl. des Hl. Landes. Die höchsten Gipfel sind über 3 000 m hoch und nahezu ganzjährig mit Schnee bedeckt (Jer 18,14); »Libanon« bedeutet im Hebr. »weiß«.

Der L. wurde wegen seiner Zedern, Zypressen u. a. wertvollen Bäume berühmt. Schon in frühgeschichtl. Zeit wurde das Holz exportiert, v. a. nach Ägypten, das keine eigenen Holzvorkommen für Hausdächer und Schiffbau besaß. Zedern aus dem L. wurden beim Bau des Palastes Salomos sowie des ersten und zweiten Tempels in Jerusalem verwandt (1. Kön 5,20; 7,2 u. ö.). Die assyr. Könige ließen für ihre Gebäude und Paläste Bäume im L. schla-

LIBANON
5. Mose 1,7; 3,25; 11,24; Jos 1,4; 9,1; 11,17; 12,7; 13,5–6; Ri 3,3; 9,15; 1. Kön 5,13.20.23.28; 9,19; 2. Kön 14,9; 19,23; 2. Chr 2,7.15; 8,6; 25,18; Esr 3,7; Ps 29,5–6; 72,16; 92,13; 104,16; Hld 3,9; 4,8.11.15; 5,15; 7,5; Jes 2,13; 10,34; 14,8; 29,17; 33,9; 35,2; 37,24; 40,16; Jer 18,14; 22,6.20.23; Hes 17,3; 27,5; 31,3.15–16; Hos 14,8; Nah 1,4; Hab 2,17; Sach 10,10; 11,1

gen. Die hohen Zedern benutzten sie als Masten für ihre Schiffe (Hes 27,5). Das Gebiet war auch für seinen Wein bekannt. Gegen Ende des 1. Jh. v. Chr. gründeten die Römer in Berytus (Beirut) eine Kolonie für ihre Veteranen, um sich des L. zu bemächtigen. Von dem einstigen Baumbestand ist heute nur noch wenig erhalten.

LIBANON (EBENE) Jos 11,17; 12,7

LIBANON (EBENE BEIM GEBIRGE) Das Tal zwischen dem Libanon und dem Anti-Libanon. Es erstreckt sich von Laodizea bis Chalkis und stellte die nördl. Grenze der Eroberungen Josuas dar (Jos 11,17). Es trägt heute den Namen Beeka(»Ebene«)-Tal.

LIBANON-WALDHAUS 1. Kön 7,2; 10,17.21; 2. Chr 9,16.20; Jes 22,8

LIBANON-WALDHAUS Ein Palast König Salomos in Jerusalem (1. Kön 7,1–12), bei dessen Bau reichlich Zedernholz aus dem Libanon verwendet wurde (daher der Name). Drei Reihen von je 15 Zedernsäulen trugen Zedernbalken, über denen die Obergemächer lagen. Einige Forscher halten das L. für Salomos Zeughaus (vgl. 1. Kön 10,17.21; 2. Chr 9,16.20; Jes 22,8), andere meinen, daß es das königl. Wachhaus und Ausgangspunkt für zeremonielle Prozessionen war.

LIBNA 1 Jos 10,29.31.32.39; 12,15; 15,42; 21,13; 2. Kön 8,22; 19,8; 23,31; 24,18; 1. Chr 6,42; 2. Chr 21,10; Jes 37,8; Jer 52,1
LIBNA 2 4. Mose 33,20.21

LIBNA (»weiß»?)

1. Kanaan. Stadt im Raum von Hebron, von Josua erobert (Jos 10,29.30), später Leviten- und Freistadt (Jos 21,13). L. leistete dem Angriff Sanheribs Widerstand (2. Kön 19,8). L. lag unweit von Lachisch, ca. 40 km südwestlich von Jerusalem, am Eingang des Ela-Tals, in dem später Goliat von David getötet wurde (1. Sam 17).

2. Die zehnte Station der Wüstenwanderung Israels, vom Roten Meer aus gerechnet (4. Mose 33,20f.), möglicherweise identisch mit Laban (5. Mose 1,1). Der Ort dürfte südlich von Kadesch-Barnea zu suchen sein.

LIBNAT, FLUSS Jos 19,26

LIBNAT, FLUSS Ein Fluß in der Umgebung des Karmel-Gebirges, im südwestlichen Teil des Gebietes von Ascher (Jos 19,26).

LIBNI 1 2. Mose 6,17; 4. Mose 3,18.21; 1. Chr 6,2.5
LIBNI 2 1. Chr 6,14
LIBNI 3 4. Mose 26,58

LIBNI (»Von weißer [heller]Haut«; oder von einem Ort namens Libnat).

1. Der älteste Sohn Gerschons, des Sohnes Levis (2. Mose 6,17; 4. Mose 3,18.21; 1. Chr 6,2.5).

2. Ein Levit.

3. Eine levitische Priesterfamilie aus der Stadt Libna.

LIBNITER Siehe LIBNI (3).

LIBYER, LIBYEN Hes 27,10; 38,5; Dan 11,43

LIBYER, LIBYEN Ein Volk und Land in Nordafrika, westlich von Ägypten, in der späteren Cyrenaika. Die Ägypter warben von den L. Söldner an (2. Chr 12,3). Einige Gelehrte identifizieren sie mit den Seevölkern, die im 13. Jh. v. Chr. versuchten, in Ägypten einzudringen. Man vermutet, daß sie von Ramses III. geschlagen wurden und sich danach im Gebiet westlich von Ägypten niederließen, worauf das Land ihren Namen bekam. Im 10. Jh. v. Chr. wurden sie mächtig genug, um die Herrschaft der 21. Dynastie der Pharaonen zu beenden und den Gründer der 22. Dynastie, Pharao Scheschonk (Schischak), auf den Thron zu setzen. S. auch KYRENE.

»LICHT UND RECHT« 2. Mose 28,30; 3. Mose 8,8; 5. Mose 33,8; 1. Sam 28,6; Esr 2,63; Neh 7,65

»LICHT UND RECHT« (*Urim* und *Tummim*). Ein Mittel zur Erforschung des Willens Gottes, das von den Priestern in der Brusttasche mit den 12 Edelsteinen der Stämme Israels getragen wurde (2. Mose 28,15–30; 3. Mose 8,8). Bei der Bestellung Josuas zum Nachfolger Moses spielte die Befragung der »heiligen Lose des HERRN« eine wichtige Rolle (4. Mose 27,21). Sie tauchen noch einmal im Segen Moses für Levi auf (5. Mose 33,8).

Nachdem sie von Saul in einer kritischen Auseinandersetzung um eine Tat seines Sohnes Jonatan zur Entscheidung vor Gott angerufen (1. Sam 14,1–45, v. a. V. 41) und vor der entscheidenden Schlacht gegen die Philister noch ein (letztes?) Mal befragt wurden (1. Sam 28,6; allerdings wird hier nur »Licht«, nicht auch »Recht« erwähnt), kamen sie offensichtlich außer Gebrauch. Der göttliche Wille wurde mehr und mehr allein durch Propheten vermittelt. Nach der Rückkehr aus dem babyl. Exil gehörte es aber offensichtlich zu den großen Erwartungen, die in den Neuanfang gesetzt wurden, daß »ein Priester für die heiligen Lose ›Licht und Recht‹ aufstände« (Esr 2,63).

Die Herkunft und sprachl. Bedeutung der Begriffe *Urim* und *Tummim* steht nicht fest.

LIEBE Der Begriff der L. führt ins Zentrum des christl. Glaubens. Das NT bezeugt: »Gott ist die Liebe« (1. Joh 4,8.16). Diese L. gewinnt Gestalt im Handeln Gottes in der Heilsgeschichte, v.a. aber in der Sendung des Sohnes zur Versöhnung für unsere Sünden (1. Joh 4,10). In Christus sehen wir Gott ins Herz und erkennen, daß er »ein glühender Backofen voller Liebe« ist (M. Luther).

Im Blick auf den Menschen hat der Begriff der L. in der Bibel dieselbe Bedeutungsbreite (von der L. zu Gott bis hin zur geschlechtlichen L.), die ihm auch sonst in der dt. Sprache eigen ist.

1. Die Liebe Gottes

Das AT erzählt von der L. Gottes zu seinem Volk Israel. Aus unerklärbarer ewiger L. hat er sich dieses Volk aus allen Völkern *erwählt* und in eine bes. Verantwortung gestellt (2. Mose 19,5.6; 5. Mose 7,7f.; Jes 43,4; Jer 31,3; Hos 11,1). Israels Geschichte des Abfalls und des Ungehorsams gegenüber Gott wird von den Propheten als Geschichte der enttäuschten und verratenen L. Gottes beklagt (v.a. Jer 2,2; Hes 16,15). Weil Israel diese L. verschmähte, brachte es sich selbst ins Gericht.

In der Sendung des geliebten Sohnes (Mt 3,17; Mk 1,11; Joh 17,23.26) in die Welt (Joh 3,16; 1. Joh 4,9–10) und in seiner stellvertretenden Lebenshingabe für den Sünder (Röm 5,8; Gal 2,20) sieht das NT den Erweis der L. Gottes zu allen Menschen. Wer an Jesus glaubt, ist Gottes Kind (1. Joh 3,1) und darf in der Geborgenheit der L. Gottes leben in Zeit und Ewigkeit. Nichts und niemand kann den Glaubenden von dieser L. Gottes scheiden (Röm 8,38–39).

2. Die Liebe als Gnadengabe

Die L. Gottes wirkt sich aus im Leben der Christen. Sie ist als Frucht des Geistes (Gal 5,22) ausgegossen in die Herzen der Glaubenden (Röm 5,5). Die in Jesus Christus Gestalt gewordene L. Gottes wird im Hohenlied der L. in 1. Kor 13 als die größte Gabe (13,13) und der bessere Weg (12,31) beschrieben, der den Glaubenden im Wirken Jesu von Nazareth vorgezeichnet ist. Jesus allein hat gelebt, was in 1. Kor 13 von der L. ausgesagt wird. Im Glauben, der in der L. tätig ist (Gal 5,6), wird das Leben der Christen zum schwachen Abbild dieser göttlichen L.

3. Die Liebe zu Gott

Zum einen gewinnt diese L. konkrete Gestalt in der L. zu Gott. Jesus selber bezieht sich in seiner Verkündigung ausdrücklich auf das atl. Gebot der Gottesliebe, wie es im Urbekenntnis Israels (5. Mose 6,5) seinen Ausdruck gefunden hat: »Du sollst den HERRN, deinen Gott, liebhaben von ganzem Herzen, von ganzer Seele und mit all deiner Kraft.« »Dies ist das höchste und größte Gebot« (Mt 22,38). Wie für das AT (2. Mose 20,6; 5. Mose 10,12–13; 30,16), so wird auch für 2. Joh die L. zu Gott konkret im Leben nach seinem Gebot (V. 6). Die L. zu Gott ist die der L. Gottes zu uns entsprechende Antwort des Menschen (1. Joh 4,19; Röm 8,28). Wo aus der Wurzel der vorgeordneten L. zu Gott (Luther: » …Gott über alle Dinge fürchten, lieben und vertrauen«) die Frucht der L. zum Nächsten wächst (man beachte diese Reihenfolge!), da stellt Jesus die Nächstenliebe der Gottesliebe gleichrangig zur Seite (Mk 12,29.31).

4. Die Liebe zum Nächsten

Auch das Gebot der Nächstenliebe hat seine Wurzel im AT (3. Mose 19,18). Es schließt dort bereits die Liebe zum Fremdling im eigenen Lande mit ein (3. Mose 19,33–34; 5. Mose 10,19). Der Begriff des Nächsten und der Nächstenliebe wurde nicht von Jesus »erfunden«; er bezieht sich in seiner Verkündigung immer auf das Gebot in 3. Mose 19,18 zurück (vgl. Mt 5,43; 19,19; 22,39; LK 10,27). Von einer »allgemeinen« (d.h. von Gottes Geboten unabhängigen) Nächstenliebe ist im gesamten NT nirgends die Rede.

Im NT ist die L. die gestaltende Kraft für den Umgang der Christen untereinander und für den Bau der Gemeinde (Röm 12,10; 1. Kor 8,1; Eph 4,16). Die Christen sind in der L. untereinander verbunden als Brüder und Schwestern, sie feiern das Mahl des Herrn als Liebesmahl (Jud 12). In der *Bruder-*

LIEBE/ LIEBEN, LIEBHABEN, LIEBGE- WINNEN/ LIEBE(R)
1. Mose 24,67; 29,18; 47,29
2. Mose 20,6
3. Mose 19,18.34
5. Mose 4,37; 5,10; 6,5; 7,8.13; 10,12.18f.; 11,1.13.22; 13,4; 19,9; 30,16; 33,3
Ri 5,31
Rut 3,10
1. Sam 18,16
2. Sam 1,26; 12,24
1. Kön 3,3; 11,2
2. Chr 2,10; 9,8; 19,2
Hiob 19,19
Ps 5,12; 31,24; 33,5; 40,17; 69,37; 87,2; 91,14; 97,10; 109,5; 119,47. 97.113; 145, 20; 146,8
Spr 3,12; 5,19; 8,17; 10,12; 13,24; 15,9; 17,17; 27,5
Pred 3,8; 9,1
Hld 1,2; 2,4f.; 4,10; 5,8; 7,7.1 8,4.6f.
Jes 43,4; 56,6; 61,8; 63,9; 66,1
Jer 2,2; 31,3
Hos 4,1; 6,4.6; 9,15; 10,12; 11,1.4
Am 5,15
Mi 3,2; 6,8
Sach 13,6
Mal 1,2
Weish 11,24
Sir 1,14; 7,31
Mt 3,17; 5,43f 46; 6,24; 10,37 19,19; 22,37.3 24,12
Mk 1,11; 9,7; 10,21; 12,30f.
Lk 3,22; 6,27; 7,5.42.47; 10, 11,42; 20,13
Joh 3,16.19.3 5,42; 8,42; 10, 12,25; 13,1.2 34f.; 14,15.21 23f.28.31; 15, 12f.17f.; 16,2 17, 23f.26; 21,15–17
Röm 5,5.8; 8,28.35.37.39 12,9f.; 13,8– 14,15; 15,30
1. Kor 2,9; 4, 8,1.3; 13,1–4 13; 14,1; 16,14.22
2. Kor 2,4.8;

5,14; 6,6; 8,7f.24; 9,7; 13,11.13 Gal 2,20; 5,6.14.22 Eph 2,4; 3,17.19; 4,2.15f.; 5,2.25.28; 6,24 Phil 1,9; 2,1f. Kol 1,4.8; 2,2; 3,14 1. Thess 1,3; 3,12; 4,9; 5,8.13 2. Thess 2,10.16; 3,5 1. Tim 1,5; 6,2.11 2. Tim 1,7; 2, 22; 3,4.10 Tit 2,2 1. Petr 1,8.22; 2,17; 4,8; 5,14 2. Petr 1,7. 17; 2,15 1. Joh 2,5.10.15; 3,1.10f.14.18. 23; 4,7–12.16–21; 5,1–3 2. Joh 1,6 3. Joh 1 Hebr 1,9; 6,10; 10,24; 12,6; 13,1 Jak 1,12; 2,8 Offb 1,5; 2,4.19; 3,9.19; 12,11

liebe (1. Joh 3,10; 4,20–21) erfüllen sie das neue Gebot ihres Herrn (Joh 13,34; 15,12.17).

Das Gebot der L. reicht allerdings über die Grenzen der Gemeinde weit hinaus. Mit der Gleichniserzählung vom barmherzigen Samariter (Lk 10,30–37) überwindet Jesus die Frage nach den Grenzen der Nächstenliebe (10,29): Der wird zum Nächsten, der dem die Hilfe gewährt, der Hilfe nötig hat in seiner Not (10,36). Der Liebende entdeckt im Notleidenden den, der seine Hilfe braucht, den Menschen, in dem ihm Christus selber begegnet (Mt 25,35–40). Neben das Gebot der *Nächstenliebe* (Röm 13,9–10; Gal 5,14; Jak 2,8–9) tritt Jesu Gebot der *Feindesliebe* (Mt 5,44; Lk 6,27–35), das Jesus selber beispielhaft vorgelebt hat (Lk 23,34).

5. Die Liebe zwischen den Geschlechtern

Die Erzählungen des AT wissen um das liebende Verlangen und die Zuneigung der Geschlechter zueinander (1. Mose 24,67; 29,18). Mit sinnenfreudigen Bildern besingt das Hohelied Salomos das Liebesverlangen bis hin zu der Erkenntnis: »Liebe ist stark wie der Tod und Leidenschaft unwiderstehlich wie das Totenreich« (8,6). Gottes Gebot schützt die Ehe als den Raum, in dem die L. der Geschlechter zueinander ihre Erfüllung findet (2. Mose 20,14). Die eheliche L. wird in der christl. Eheunterweisung des Epheserbriefs als ein Abbild der L. Christi zur Gemeinde betrachtet (5,25–33).

LIEBESAPFEL Siehe PFLANZEN.

»LIEBES WEIB« Jes 62,4

»LIEBES WEIB« Ein symbolischer Name für Israel, der auf die Wiederherstellung Jerusalems hinweist, die nicht länger »Verlassene« oder »Einsame«, sondern »Meine Lust« und »Liebes Weib« genannt wird (Jes 62,4).

LIKHI 1. Chr 7,19

LIKHI (Wohl Umstellung des Namens Hilkija – »Mein Teil ist Jahwe«). Der dritte Sohn Schemidas, des Sohnes Manasses (1. Chr 7,19). In der Parallelliste (4. Mose 26,30; Jos 17,2) wird er Helek genannt.

LILIE Siehe PFLANZEN.

LILITH Siehe NACHTGESPENST.

LINDE Siehe PFLANZEN.

LINSE Siehe PFLANZEN.

LINUS 2. Tim 4,21

LINUS Ein Bekannter des Paulus, der Grüße an Timotheus sandte; möglicherweise der Sohn Klaudias, die im selben Text erwähnt wird; er könnte auch der L. sein, der nach altkirchlicher Tradition Nachfolger von Petrus und Bischof von Rom war.

LO AMMI Hos 1,9; 2,25

LO AMMI (»Nicht mein Volk«). Symbolischer Name, der durch Gottes Befehl dem dritten Sohn des Propheten Hosea und seiner Frau Gomer gegeben wurde. Der Name deutet auf Gottes zeitweilige Verwerfung Israels, das Götzendienst mit dem phöniz. Baal trieb (Hos 1,9). In den Trostworten Hoseas (Hos 2,1.25) bezieht sich dieser symbolische Name auf das ganze Volk Israel.

LOD, LYDDA 1. Chr 8,12; Esr 2,33; Neh 7,37; 11,35; Apg 9,32.35.38

LOD, LYDDA Eine Stadt, die erst nach der Rückkehr aus Babylonien in der Bibel erwähnt wird (Esr 2,33), obwohl ihre Aufnahme in eine Liste des ägypt. Pharaos Thutmosis III. ihre sehr frühe Gründung belegt. Sie ist etwa 19 km von Jafo, auf dem Weg nach Jerusalem, gelegen. Seine Blütezeit erlebte L. in der röm. und byz. Zeit. Der Apostel Petrus heilte in L. einen Lahmen (Apg 9,32ff.). Z.Zt. Konstantins starb Georg, der Schutzpatron Englands, in L. als Märtyrer. Seit dem 4. Jh. n.Chr. wird sein Schrein dort verehrt.

LO-DABAR 2. Sam 9,4.5; 17,27; Am 6,13

LO-DABAR (»Kein Wort [Gottes]«). Stadt in Gilead, möglicherweise nahe Mahanajim, in der Mefi-Boschet, der Sohn Jonatans, eine Zeitlang bei Machir, dem Sohn Ammiëls, weilte (2. Sam 9,4.5). Machir unterstützte später David auf seiner Flucht vor Absalom (2. Sam 17,27).

L. wird mit Khirbet ed-Dabar im Süden von Wadi el-Arab identifiziert.

LOGOS Der Logos-Begriff hat eine jahrhundertelange Geschichte in der griech. Philosophie. Allg. wird darunter eine Rede verstanden, die wahrhaftig, vernünftig, richtig, nachprüfbar ist. Im 5. Jh. v. Chr. führte der griech. Philosoph Heraklit von Ephesus in seiner Auseinandersetzung mit dem Materialismus der ionischen Philosophen die Idee des L. ein. Die sicht-

Münze aus Lod (Diospolis), mit dem Haupt der Demeter auf der einen Seite und Zeus-Heliopites auf der anderen. 209 n. Chr.

bare Welt ist für Heraklit ein symbolisches System, das die Wirklichkeit zugleich verbirgt und enthüllt. Diese Wirklichkeit ist die göttliche Seele der Welt, die sich manifestiert im Kreislauf des Kosmos mit all seinen Veränderungen und Erneuerungen.

In der ntl. Zeit kommt bei den *Stoikern* dem L. die Aufgabe zu, den Dingen ihre Gestalt zu geben. Er ist Gott selbst im Sinne eines organischen Prinzips im kosmischen Prozeß, der durch den L. einem rationalen und moralischen Ziel zugeführt wird. Einzig der Mensch hat an ihm so hohen Anteil, daß er als Ausfluß der Gottheit angesehen werden kann.

Die *Gnosis* sieht den L. als göttliches Wesen, das trennend zwischen höchster Gottheit und Welt steht. Er wird als Erlöser gesandt, um die Lichtseelen aus der Verhaftung an die materielle, finstere Welt zu befreien.

Auf andere formale Begriffsparallelen zu L. ist in der Forschung mehrfach hingewiesen worden: auf den L.-Begriff bei Philo, auf die Offenbarung Gottes durch das Wort in den jüd. Targumen (s. TARGUM) mit dem aram. Begriff *memrah*, bes. auch auf griech.-mandäische Parallelen. Keine von ihnen deckt aber inhaltlich den johanneischen L.-Begriff ab.

Wenn auch auf den ersten Blick gewisse formale Ähnlichkeiten – am meisten im Blick auf den L. der Gnosis – groß sind, bringt *Johannes* im NT (Joh 1,1–18; 1. Joh 1,1; Offb 19,13) doch ein grundlegend anderes Verständnis des L.: Der griech. L. bindet den Menschen in die Welt ein, der gnostische löst ihn aus der Welt heraus, der johanneische L. dagegen erlöst die durch ihn geschaffene Welt und steht damit in Verbindung zur Schöpfungsgeschichte 1. Mose 1.

Wie schon in der griech. Übersetzung des AT, der LXX, wird der L. im NT überwiegend in der Bedeutung »Wort«, bes. in der Verbindung »Wort Gottes« und »Wort des Herrn«, gebraucht. Er bezeichnet damit das schöpferische und offenbarende Reden Gottes, das in der bibl. Überlieferung festgehalten und vermittels des dem Glaubenden geschenkten Hl. Geistes zugänglich ist (z. B. Ps 33,9; Jes 55,11). Mit L. können sowohl einzelne Aussagen (vgl. Mt 24,35; Mk 8,38; 9,32; Joh 6,63; Lk 24,8) als auch die Heilsbotschaft des Evangeliums insgesamt, das Wort vom Reich Gottes (z. B. Mt 13,19; Joh 5,24; Röm 10,17) gemeint sein. Bes. Paulus spricht im letzteren Sinne vom »Wort vom Kreuz« (1. Kor 1,18), vom »Wort von der Versöhnung« (2. Kor 5,19) oder vom »Wort der Wahrheit« (Eph 1,13; Kol 1,5). Der L. steht hier sowohl für das Sprechen Gottes als auch für den Inhalt des Gesprochenen, sowohl für die Botschaft selbst als auch deren Ausrichten. Beides ist im L. enthalten und nicht voneinander zu trennen.

Die Zuspitzung dieser L.-Aussagen finden wir im Johannesev. Im Prolog (1,1–18) werden Person und Werk Jesu Christi mit dem L.-Titel beschrieben. In, mit und durch seinen Sohn Jesus Christus, der ganz Mensch wird, redet Gott in unüberbietbarer Weise. Der L. ist Botschaft und Botschafter zugleich. Er war schon vor aller Zeit, er ist Gott von Wesensart, war Schöpfungsmittler, wurde Fleisch und ist Leben und Licht für die Menschen. Als solches leuchtet er in der Finsternis der Welt, wird aber von dieser nicht angenommen und erkannt. Denen aber, die ihn annehmen, gibt er die Macht, von Gott geboren und Kinder Gottes zu werden (1,10–12).

Zunächst wird in Joh 1 das ewige, präexistente Sein des L. genannt, der schon »im Anfang«, also schon vor Erschaffung der Welt von Ewigkeit her bei Gott war. Er ist zwar nicht personidentisch mit Gott, er ist »bei Gott« (V. 1), aber er ist zugleich Gott (vgl. dazu auch DREIEINIGKEIT). So ist der L. wesenseins mit dem Vater, aber personal unterschieden. Diese dogmatische Aussage deckt zwar nicht den ganzen Wirklichkeitsumfang von Gottes offenbartem Sein und Wesen ab, stellt aber innerhalb der uns zugänglichen Begriffe eine hinreichende und das Geheimnis der Dreifaltigkeit wahrende Beschreibung dar.

Dieser L. ist der Mittler bei der Erschaffung der Welt. Gott benutzt das Mittel des Wortes (»Und Gott sprach…«, 1. Mose 1,3), um Neues zu schaffen. Dieses ausgesprochene Schöpfungswort ist mit dem L., also mit Jesus

Christus (1,14) gleichzusetzen. »Er ist das Ebenbild des unsichtbaren Gottes: der Erstgeborene vor allen Kreaturen. Denn in ihm ist alles geschaffen« (Kol 1,15.16; s. a. Hebr 1,2).

Durch ihn ist auch der Fortbestand der Schöpfung gewährleistet, denn er ist das Leben, das den Schöpfungsakt weiter aktiv, lebendig sein läßt. Solange Leben existiert, redet Gott, und solange ist auch der L. am Wirken. Verstummt er, hört das Leben auf. Alles Fortbestehen und damit alles Leben ist vom »Wort des Lebens« (1. Joh 1,1) abhängig. Das gilt sowohl für die äußere Erhaltung der Welt als auch für das ewige Leben der durch den Glauben Wiedergeborenen. Wie bei der Schöpfung Gottes Setzungswort in das finster chaotische Wüst- und Leersein einbricht und kosmisch »gute« Ordnung hervorbringt (1. Mose 1,31), so bricht Jesus Christus mit gleicher Schöpfermacht in die Finsternis der von Gott abgefallenen Welt ein. In diesem bis dahin stärksten heilsgeschichtlichen Fortschritt wird das Wort nun selbst Fleisch (Joh 1,14), d.h. der Sohn nimmt die Sündverfallenheit und die daraus resultierende Vergänglichkeit der Schöpfung auf sich. So ist die Tatsache der Fleischwerdung des Wortes schon ein Vorzeichen, das auf das rechtfertigende Sterben Jesu hinweist.

Die Neuschöpfung des einzelnen Menschen wie auch der gesamten alten Schöpfung ist an das Hören des Wortes und damit gleichbedeutend an das Annehmen Jesu Christi geknüpft. Das neue Geboren- und Geschaffenwerden muß vom Menschen angenommen, das neue Wort beantwortet werden, damit es heilend eingreifen kann. Dies ist möglich, weil Gott, der Vater, Menschen erwählt und sie dem Sohn anvertraut. Die glaubende Gemeinde erkennt im fleischgewordenen L. die Herrlichkeit und Fülle der Gnade und Wahrheit Gottes, erkennt in ihm das menschgewordene, wandelnde Wort Gottes in leibhaftiger Person (V. 14.16.17) und empfängt von ihm das ewige Leben (1. Joh 5,11).

Eine endgeschichtliche Aufgabe des L. ist in Offb 19,11–21 genannt: Die Vision von der Wiederkunft Jesu enthält für Jesus den Namen »Wort Gottes« (V. 13). Durch den Sohn redet und handelt der Vater nicht nur schaffend, erhaltend und neuschaffend, sondern auch richtend und vollendend. Der sich in der Fleischwerdung erniedrigende Herr (vgl. Phil 2,6–8) kehrt nun in enthüllter Macht zur Welt zurück. Das ist Gottes nächstes großes heilsgeschichtliches Wort, das er zur Welt spricht. Dieses sichtbare Wort bestätigt souverän und hoheitlich sein verhülltes Wort von Joh 1 und ist doch dasselbe Wort, der Logos Jesus Christus. Dieser L. als die der Schöpfung zugewandte Seite Gottes richtet nun auch die Herrschaft Gottes in der Welt auf, indem er die Feinde, die diese Herrschaft verhindern wollen, vernichtet (Offb 19,17–21). Christus vollstreckt dieses Urteil als das Wort (Offb 19,13) und mit dem Wort (V. 15.21).

Durch den präexistenten L. hat Gott die Welt erschaffen, und mit ihm führt er auch die von ihm abgefallene Welt endgültig zu sich (zu Gott) zurück. Durch ein neues Schöpferwort schafft er »einen neuen Himmel und eine neue Erde« (Offb 21,1–5), in der er nach der Ausscheidung aller Widersacher (Offb 22,15) das letzte Wort behält (vgl. 1. Kor 15,25–28).

LOHESCH
eh 3,12; 10,25

LOHESCH (»Der Flüsterer«). Der Vater Schallums, des Verwalters der Hälfte Jerusalems, der am Wiederaufbau der Stadtmauer z.Zt. Nehemias teilnahm (Neh 3,12). Er unterschrieb auch die Abmachung, das Gesetz zu halten (Neh 10,25).

LOIS
2. Tim 1,5

LOIS Die Großmutter des Timotheus, im NT als eine fromme Christin von reinem Glauben beschrieben (2. Tim 1,5).

)-RUHAMA
os 1,6.8; 2,25

LO-RUHAMA (»Unbegnadigte«). Symbolischer Name, der durch Gottes Befehl der Tochter des Propheten Hosea und seiner Frau Gomer gegeben wurde. Der Name deutet auf Gottes zeitweilige Verwerfung Israels wegen seines Götzendienstes mit dem Baal (Hos 1.8.9). In den Trostworten Hoseas (2,25) bezieht sich der Name L. auf das ganze Volk Israel.

LOT (»Verhüllung, Schleier«?). Der Sohn Harans und Neffe Abrahams (Abrams; 1. Mose 11,27). Terach nahm Abram und L. und führte sie von Ur

(rechts) Landschaft am südlichen Ende des Toten Meeres, auf dem Weg nach Sodom. Dieser Felsen, der die Umrisse einer menschlichen Figur erkennen läßt, ist als »Lots Frau« bekannt.

Kopf eines Libyers, dargestellt auf einem glasierten Ziegel aus dem Tempel Ramses III., 12. Jh. v. Chr. Die Luditer werden von einigen Gelehrten mit den Libyern gleichgesetzt.

LOT
1. Mose 11,27.31; 12,4–5; 13,1.5.7–8. 10–12.14; 14,12.16; 19,1.5–6.9–10. 12.14–15.18.23. 26.29–30.36; 5. Mose 2,9.19; Ps 83,9; Lk 17,28–29.32; 2. Petr 2,7

in Chaldäa nach Haran, wo sie sich für einige Zeit niederließen (1. Mose 11,31). Als Gott Abram gebot, sein Land zu verlassen und nach Kanaan zu ziehen, begleitete L. ihn (1. Mose 12,4–5), ebenso auf ihrer Reise nach Ägypten in der Hungersnot (1. Mose 12,10; 13,1).

Abram und L. waren so reich an Vieh, daß »das Land es nicht ertragen [konnte], daß sie beieinander wohnten« (1. Mose 13,2–6), und nach einem Zank zwischen ihren Hirten entschied Abram sich für eine Trennung und überließ L. die erste Wahl des Gebietes (1. Mose 13,8–9). L. nahm sich den besten Teil: das Jordantal bis hinunter nach Sodom. Die Region, sehr fruchtbar durch ihren Reichtum an Wasser (1. Mose 13,10), erinnerte an den »Garten Gottes«. L. machte Sodom zu seinem Wohnsitz (1. Mose 13,12; 14,12).

Während des Krieges zwischen Kedor-Laomer und den Königen von Sodom und Gomorra wurde L. gefangengenommen. Abram befreite ihn (1. Mose 14,1–16). Die Bibel berichtet, daß Sodom eine verdorbene Stadt war. Zwei Engel besuchten dort L. und retteten ihn und seine Familie vor dem Strafgericht Gottes (1. Mose 19). Als seine Frau auf der Flucht aus Sodom auf die Stadt zurückschaute, erstarrte sie zur Salzsäule (1. Mose 19,26).

L. und seine Töchter waren die Vorfahren der Moabiter und der Ammoniter (1. Mose 19,30–38). Dem Volk Israel war später die Eroberung der Gebiete dieser Völker untersagt, da sie den Nachkommen von L. zugesagt worden waren (5. Mose 2,9.19).

Im NT erwähnt Jesus zweimal die Gottlosigkeit Sodoms und das Gericht über die Stadt (Mt 11,23; Lk 17,29). Der 2. Petrusbrief bezeichnet L. als einen Gerechten, der unter der Bosheit seiner Umgebung litt (2. Petr 2,6–8; vgl. Jud 7).

LOTAN (»Einer, der verhüllt, verbirgt«). Der älteste Sohn Seïrs und Oberhaupt der Horiter (1. Mose 36,20.22.29; 1. Chr 1,38.39).

LOTAN
1. Mose 36,20.22.29; 1. Chr 1,38.39

LOTOS Siehe PFLANZEN.

LÖWE Siehe TIERE.

LUD Ein Sohn Sems (1. Mose 10,22; 1. Chr 1,17). Nach Josephus (*Jüd. Altertümer* I,6,4) mit den Lydern, einem nichtsemit. Volk an der Westküste Kleinasiens, das auch aus assyr. Dokumenten des 7. Jh. v. Chr. bekannt ist, gleichzusetzen. Die Liste der Völker in Jes 66,19, in der Lud zus. mit Tubal und Jawan erwähnt wird, stützt diese Annahme. Vgl. LUDITER.

LUD
1. Mose 10,22; 1. Chr 1,17; Jes 66,19; Jer 46,9

LUDITER Nachkommen aus dem Geschlecht Hams (1. Mose 10,13; 1. Chr 1,11). In Jer 46,9 und Hes 27,10; 30,5 werden die L. zus. mit anderen afrikan. Völkern erwähnt. Meist sieht man in den L. das Volk der Lyder (s. LUD).

LUDITER
1. Mose 10,13; 1. Chr 1,11

LUHIT (»Tafelartige« [Stadt]). Stadt in Moab, die von Jesaja in seiner Verkündigung gegen Moab und ähnlich bei Jeremia erwähnt wird.

LUHIT
Jes 15,5; Jer 48,5

LUKAS (»Der Erleuchtete/Erleuchtende«). Der dritte der vier Evangelisten war zeitweilig Begleiter des Apostels Paulus auf der 2. und 3. Missions-

LUKAS
Kol 4,14; 2.Tim 4,11; Phlm Vers 24

Blick auf Sedaya in Syrien. Man nimmt an, daß Lukas aus Syrien stammte.

reise und v.a. auf der Reise nach Rom. Diese Reiseetappen lassen sich dadurch ziemlich genau rekonstruieren, daß L. in den Reiseberichten der Apg dort jeweils nicht in der dritten, sondern in der ersten Person (»wir«) spricht. Aufgrund dieser »Wir«-Stellen (Apg 16,10–16; 20,6–16; 21,1–18; 27 und 28) ergibt sich folgendes Bild: L. war auf der 2. Reise von Troas an dabei, bes. also bei den hochbedeutsamen ersten Schritten des jungen Christentums auf europäischem Boden, in Philippi. Dort ist er bei der Weiterreise des Paulus zunächst wohl zurückgeblieben. An der 3. Reise nahm er in der umgekehrten Richtung teil, also über Troas und Assos bis Milet und dann über Rhodos und Cäsarea nach Jerusalem. Schließlich begleitete er den verhafteten Apostel nach Cäsarea und auch auf dem Gefangenentransport nach Rom. Diese Selbstdarstellung in der Apg wird bestätigt durch einige Erwähnungen des L. in drei Paulusbriefen: Aus Kol 4,14 erfahren wir, daß L. von Beruf Arzt war. Phlm 24 bestätigt die Beziehungen des L. zu Paulus. In 2. Tim 4,11 schreibt der inhaftierte Paulus aus Rom: »Lukas ist allein bei mir.«

Mit der Gefangenschaft (und wahrscheinlich dem Märtyrertod) des Paulus in Rom endet die bibl. Spur des L. Eine altkirchliche Überlieferung, wonach der betagte L. nach dem Tod des Paulus noch längere Zeit in Böotien (Mittelgriechenland) gelebt habe und 80jährig in Theben gestorben sei (so der Kirchenvater Hieronymus), läßt sich aus dem NT nicht mehr belegen.

Die altchristl. Tradition, daß dieser hell. Arzt L. der Verfasser des dritten Evangeliums und der Apg ist, ist zwar neuerdings bestritten worden, hat sich aber mit Recht erhalten und durchgesetzt. Der Verfasser stellt zwar sein Werk, nicht aber seine Person vor. Er widmet beide Schriften einem befreundeten Mann namens Theophilus (Lk 1,3; Apg 1,1; der Anrede nach eine angesehene Persönlichkeit) und erläutert ihm, wie er sein Material als ein sorgsamer Historiker zusammengetragen hat (Lk 1,1–4). Es besteht kein vernünftiger Zweifel daran, daß dies bes. in jenen beiden Jahren (Apg 24,27) geschah, in denen L. in Cäsarea vergeblich auf eine Klärung in dem Verfahren gegen Paulus wartete. In dieser Zeit kann er die Urgemeinde in Jerusalem und v.a. auch die Familie Jesu in Nazareth aufgesucht haben.

Unter den kirchlichen Symbolen der vier Evangelisten, die man ihnen aufgrund von Hes 10,14 und Offb 4,7 gegeben hat, ist L. am Bild des Stiers zu erkennen.

LUKAS, DAS EVANGELIUM NACH Lukas gilt seit der ältesten Kirche als Verfasser des dritten der vier Evangelien im ntl. Kanon. Es ist der erste Teil eines Doppelwerkes, dessen zweiter Teil die Apg (s. APOSTELGESCHICHTE) ist, wie in Apg 1,1 vom Verfasser ausdrücklich angezeigt und durch den gleichen Stil und die gleiche Theologie beider Bücher bestätigt wird.

Lk zeigt sich uns als das Werk eines sorgfältigen Chronisten. In seinem Vorwort in Lk 1,1–4 betont Lukas, daß sein Bericht auf Augenzeugenberichten beruht (V. 2) und daß er »alles von Anfang sorgfältig erkundet« und geordnet hat (V. 3). Als Augenzeugen kommen bei L., dem Arzt und Reisebegleiter des Paulus (s. LUKAS), Christen der ersten Gemeinde in Frage, die er während seines Besuchs in Jerusalem kennengelernt hatte (Apg 21,15) oder während der zweijährigen Haft des Paulus in Cäsarea, die er wahrscheinlich für Nachforschungen nutzte (Apg 23,33; 24,27). So ist es durchaus denkbar, daß er die Geburtsgeschichte Johannes des Täufers (Lk 1), die sich nur bei ihm findet, und die Jesu (Lk 2,1–20) von Maria selbst erfahren hat, die er ausdrücklich als Mitglied der Urgemeinde in Jerusalem erwähnt (Apg 1,14). Andere Augenzeugen könnten Petrus, Johannes und Jakobus gewesen sein (Apg 21,18). Aufgrund von Lk 1,1 (»viele haben es schon unternommen, Bericht zu geben von den Geschichten, die unter uns geschehen sind«) scheint es wahrscheinlich, daß L. bereits schriftl. Quellen vorlagen, wie sie auch den anderen Evn. als Material dienten.

Lk ist wie die Apg einem »hochgeehrten Theophilus« gewidmet, einem offenbar angesehenen Mann, über den aus dem NT sonst nichts bekannt ist. Vermutlich war er ein röm. Heidenchrist. Dazu würde passen, daß L. hervorhebt, daß gerade Heiden den Weg zum Glauben an Jesus fanden (vgl. 4,26.27; 7,7.8; 23,47). Lukas beschließt seine Apg mit dem Gefangenschaftsaufenthalt des Paulus in Rom; alles weitere mag Theophilus bekannt gewesen sein.

Zwei Seiten aus dem Lukasevangelium im armenischen »Buch der vier Evangelien«, 12. Jh. (Hromkla-Bibliothek, Jerusalem).

Die Abfassungszeit des Lk und der Apg ist nach der röm. Gefangenschaft des Paulus anzusetzen, also nach 62 n.Chr. Die Vorarbeiten, v. a. für das Lk, datieren dann wohl aus den Jahren 57–59. Das Anliegen des L., einen zuverlässigen Geschichtsbericht zu geben, können wir u. a. in seiner Erwähnung geschichtlich bedeutsamer Einzelheiten erkennen, so die Steuererhebung unter Kaiser Augustus und Statthalter Quirinius (2,1–2), die Erwähnung der Herrscher zu der Zeit, als Johannes der Täufer auftrat (3,1–2), oder die Schilderung des Verhörs Jesu bei Herodes (23,6–16).

Überhaupt fällt auf, daß L. vieles berichtet, was bei keinem anderen Evangelisten zu finden ist. Man bezeichnet dies allg. als »lukanisches Sondergut«. Neben der ausführlichen Vorgeschichte sind dies z.B. die Berichte vom 12jährigen Jesus im Tempel (2,41–51), von der Aussendung der 70 Jünger (10,1–24), von Zachäus (19,1–10) oder von den Emmaus-Jüngern (24,13–49); ferner einige Wunderberichte wie der Fischzug des Petrus (5,1–11) und die

Heilung der zehn Aussätzigen (17,11–19); nicht zuletzt einige Gleichnisse wie das vom barmherzigen Samariter (10,30–37), vom verlorenen Groschen und verlorenen Sohn (15,8–32) und vom reichen Mann und armen Lazarus (16,19–31). Dabei betont L. vielfach die Hinwendung Jesu zu den Kleinen, Verachteten, Armen und Unterdrückten.

Für Lukas eröffnet sich die göttliche Offenbarung als Heilsgeschichte für die ganze Menschheit. In der Geburtsgeschichte verkündigt der himmlische Bote den Hirten: »Ehre sei Gott in der Höhe und Friede auf Erden bei den Menschen seines Wohlgefallens« (2,14). Jesu Stammbaum reicht (anders als in Mt 1) bis zurück auf Adam, »der war Gottes« (3,38). L. will Jesus als einen Heiland zeigen, der für die ganze Menschheit geboren wurde. Jesus ist nicht wie bei Mt vorab der lehrende Messias, der ein neues Gesetz gibt, auch nicht wie bei Mk der verborgene Gottessohn (»Menschensohn«), dessen Tod ein Opfer vor Gott ist; er ist für das Lk v.a. der Heiland, der Retter, der, der »gekommen ist, zu suchen und selig zu machen, was verloren ist« (19,10). Deshalb betont L. auch bes. häufig Jesu Verbindung mit dem Vater im Gebet (3,21; 5,16; 6,12; 9,18.28–29; 11,1; 22,40–46). Das Gebet begleitet das gesamte Wirken Jesu: Taufe, Rückzug in die Wüste, Wahl der Apostel, Wirken im heidnischen Gebiet, Verklärung, das Lehren des rechten Betens und die Passion.

Nach der Auferstehung erscheint Jesus seinen Jüngern und öffnet ihnen die Schrift (24,27.32). Von den Synoptikern ist L. der einzige, der ausführlich von den Erscheinungen des Auferstandenen in Jerusalem und Umgebung und von der Himmelfahrt (24,51; Apg 1,9–11) berichtet.

Ein wichtiges Bild bei L. ist der Weg, der Aufbruch, das Unterwegssein (Lk 9,57–62; 11,6; 24,32; Apg 9,2). In der Apg wird »Weg« (s. WEG) einer der Ausdrücke für die neue christl. Lehre (vgl. 19,23; 22,4; 24,14.22). Der Weg des Evangeliums, der Mission läuft von Galiläa nach Jerusalem und weiter in die ganze Welt; die Apostel sind Jesu Zeugen »in Jerusalem und in ganz Judäa und Samarien und bis an das Ende der Erde« (Apg 1,8).

Lukas ist universaler als die anderen Evangelisten. Sein Ev. umfaßt die größte Zeitspanne, sein Stammbaum Jesu reicht am weitesten zurück. In keinem anderen Ev. werden so oft Frauen erwähnt, z.B. die Jüngerinnen (8,1–3). In ihrem Gesamtaufbau jedoch sind Mt, Mk und Lk im wesentlichen gleich und können gut in einer »Synopse« (»Zusammenschau«, Nebeneinanderstellen der drei Evn.) dargestellt werden; von daher nennt man sie auch (im Unterschied zu Joh) die *Synoptiker* (vgl. SYNOPTIKER). In der Übereinstimmung der Evn. kommt bei allen Verschiedenheiten zum Ausdruck, daß die Berichte zuverlässig sind und uns den »sicheren Grund der Lehre« vermitteln, von dem Lk (1,4) und die anderen Evangelisten schreiben.

INHALTSÜBERSICHT

1,1–4	Einführung
1,5–2,52	Vorgeschichte; Geburt und Kindheit Jesu
3,1–4,13	Wirken Johannes des Täufers; Jesu Taufe und Versuchung
4,14–9,50	Wirken Jesu in Galiläa
9,51–13,21	Der Reisebericht: Samaria; Sprüche; Gleichnisse
13,22–21,38	Fortsetzung der Reise nach Jerusalem; Sprüche; Wunder; Gespräche
22,1–23,56	Leiden und Sterben Jesu
24,1–53	Auferstehung und Himmelfahrt Jesu

LUS 1
Mose 28,19; 35,6; 48,3; 16,2; 18,13; Ri 1,23

LUS (»Mandelbaum«).

1. Eine kanaan. Stadt, die von Jakob in Bethel umbenannt wurde, nachdem er von der Himmelsleiter geträumt und einen Altar errichtet hatte

Vorhof der alten Synagoge in Sardes, der Hauptstadt Lydiens.

(oben rechts) Bethel, mit Lus identifiziert.

(1. Mose 28,19; 48,3). In Jos 16,2 werden L. und Bethel als zwei versch. Städte im Gebiet von Josef erwähnt, in allen anderen Fällen wird L. mit Bethel identifiziert (1. Mose 35,6; Jos 18,13; Ri 1,23).

Die Gelehrten nehmen an, daß Jakob den Namen Bethel ausschließlich für den Ort seines Nachtlagers benutzte, und daß die Stadt erst nach der Eroberung Kanaans den Namen L. erhielt. Vgl. BETHEL.

LUS 2
Ri 1,26

2. Eine Stadt im »Land der Hetiter« (hier: Nordsyrien), die der Mann gründete, den die Israeliten bei ihrer Eroberung von Bethel (s. LUS (1)) verschonten, weil er ihnen geholfen hatte, in die Stadt einzudringen (Ri 1, 23–26).

LUSTGRÄBER
4. Mose 11,34–35; 33,16.17; 5. Mose 9,22

LUSTGRÄBER Eine der Wüstenstationen der Israeliten zwischen Sinai und Hazerot (4. Mose 11,34.35; 33,16.17; 5. Mose 9,22). 4. Mose 11,34 bringt den Namen mit dem Massensterben in Verbindung, das die Israeliten, die unbedingt Fleisch essen wollten, nach dem Verzehr der Wachteln traf. Der Ort konnte nicht identifiziert werden.

LUZIUS 1
Apg 13,1
LUZIUS 2
Röm 16,21

LUZIUS

1. Ein Mann aus Kyrene, der als Lehrer und Prophet in der Gemeinde von Antiochien tätig war (Apg 13,1).

2. Ein Christ (in Korinth ?), der zus. mit Paulus der Gemeinde in Rom Grüße sandte.

LYDRA Siehe LOD.

LYDER
Hes 27,10

LYDER Die Einwohner der Region Lydien (s. dort), an der Westküste Kleinasiens. Ihr Ursprung ist schwer auszumachen. Jer 46,9 schildert Schützen aus Lud als Söldner Ägyptens. Der hebr. Plural *ludim* bezeichnet in 1. Mose 10,13 und 1. Chr 1,11 die Nachkommen Hams. In dieser Liste werden die *ludim* zus. mit den Kaftoritern und Philistern erwähnt, die wie die L. im Norden des Mittelmeeres beheimatet waren. Vgl. LUD, LUDITER.

LYDIA
Apg 16,14.40

LYDIA Eine aus Thyatira in Lydien stammende Purpurhändlerin, die sich in Philippi unter der Predigt des Paulus bekehrte und zus. mit ihren Hausgenossen taufen ließ (Apg 16,14.15). Sie war die erste Christin in Europa. Sie lud Paulus und Silas in ihr Haus ein, wohin sie auch nach ihrer Befreiung aus dem Gefängnis zurückkehrten.

LYDIEN Landschaft in West-Kleinasien, zwischen Mysien, Phrygien und Karien, mit fruchtbaren Tälern und bis zu 2000 m hohen Bergen. An der nach Syrien führenden großen Ost-West-Handelsstraße gelegen, war L. ein blühendes Zentrum für den Handel mit Gold und Textilien und für die Teppichindustrie, Wollverarbeitung und Parfümherstellung. Zu den wichtigsten Städten gehörten die Hauptstadt Sardes, Thyatira, Philadelphia, Colophon, Ephesus und Smyrna. Die Küstenstädte wie Ephesus und Smyrna gehörten im Laufe ihrer Geschichte zeitweise zu Griechenland. L. war lange unabhängig und beherrschte ganz Kleinasien, bis 546 v. Chr. sein König Krösus dem Perserkönig Cyrus unterlag; im 3. Jh. v. Chr. wurde L. dem attalidi-

Münze aus Lydien, mit den Köpfen eines Löwen und eines Stiers, die sich gegenüberstehen; etwa 550 v. Chr.

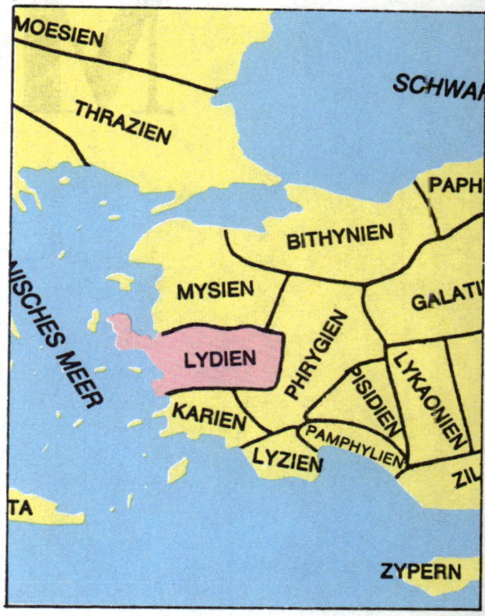

schen Königreich Pergamon angeschlossen, 133 v. Chr. der röm. Provinz Asien einverleibt. Im 7. Jh. v. Chr. wurde in L. die Münzprägung erfunden. Der Seleuzidenkönig Antiochus III. (223–187 v.Chr.) siedelte 2000 jüd. Familien aus Babylonien in L. und Phrygien an. Zwischen den heidnischen und jüd. Bewohnern kam es zu Spannungen wegen der Abgabe für den Tempel in Jerusalem. Das 1. Jh. n. Chr. sah ein rasches Wachstum der christl. Kirche; drei der sieben Sendschreibengemeinden der Offb (Thyatira, Sardes und Philadelphia) lagen in L.

LYKAONIEN, LYKAONIER Apg 14,6.11

LYKAONIEN Antike Landschaft im südlichen Inneren Kleinasiens, zwischen Galatien, Pisidien, Kappadozien und Zilizien. Die Haupthandelsstraße nach Syrien lief durch L. Im 2. Jh. v. Chr. fiel L. wie das übrige Kleinasien an Rom; 64 v. Chr. ordnete Pompejus bei seiner Neuordnung des Ostens das Gebiet L.s den Provinzen Kappadozien, Zilizien und Galatien zu. 25 v.Chr. wurde der Osten L.s wieder unabhängig von Kappadozien. Die Bevölkerung war gemischt und bestand aus den heidnischen Ureinwohnern und einer recht großen jüd. Gemeinschaft (vgl. Apg 16,1 Timotheus und seine zur jungen christl. Gemeinde übergetretene Familie). In L. gründete Paulus auf seiner 1. Missionsreise (Apg 14) Gemeinden in Ikonion, Lystra und Derbe. Er hat dann mit Silas diese Gemeinden auf der 2. Reise (Apg 16,1–5) und zu Beginn der 3. Reise (Apg 18,23) erneut besucht.

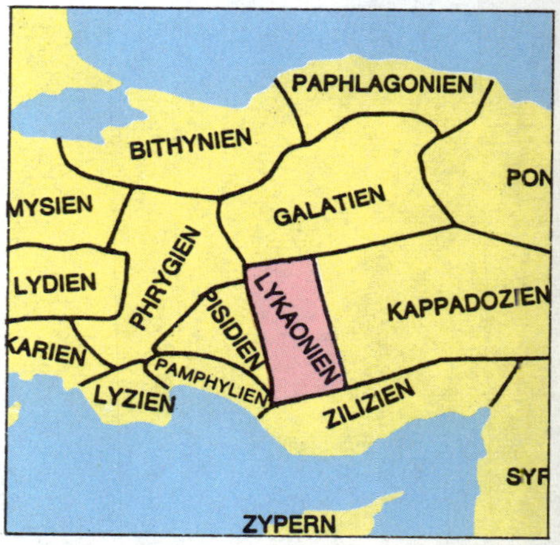

LYSANIAS Lk 3,1

LYSANIAS (»Der den Schmerz löst«). Landesfürst von Abilene, dem Gebiet nördlich des Hermon. Er herrschte z. Zt. Johannes des Täufers.

LYSIAS, KLAUDIUS Apg 23,26; 24,7.22

LYSIAS, KLAUDIUS Ein Offizier der röm. Garnison in Jerusalem. Er ließ Paulus verhaften und in die Burg Antonia führen (Apg 21,31ff.). L. war Grieche, der das röm. Bürgerrecht gekauft hatte (Apg 22,28). Er führte Paulus vor den Hohen Rat (Apg 23,1–10) und ließ ihn später nach Cäsarea überführen (Apg 23,23–33).

LYSTRA Apg 14,6.8.21; 16,1.2; 2. Tim 3,11

LYSTRA Stadt in Lykaonien in der röm. Provinz Galatien in Kleinasien. Paulus besuchte sie auf seiner 1. (Apg 14,6ff.) und 2. (Apg 16,1–3) Missionsreise. Der erste Besuch war dramatisch: Paulus heilte einen Lahmen (Apg 14,10), wurde zus. mit Barnabas um ein Haar als Gott verehrt (V. 11ff.) und kurz darauf von aus Antiochia und Ikonion herbeigekommenen Aufwieglern gesteinigt (V. 19); dennoch kehrte er in die Stadt zurück (V. 20). Beim zweiten Besuch (Apg 16,1) lernte Paulus in L. seinen späteren Reisebegleiter Timotheus kennen (siehe TIMOTHEUS).

Die Lage von L. ist bekannt, jedoch wurden von der antiken Stadt bislang keine Überreste gefunden.

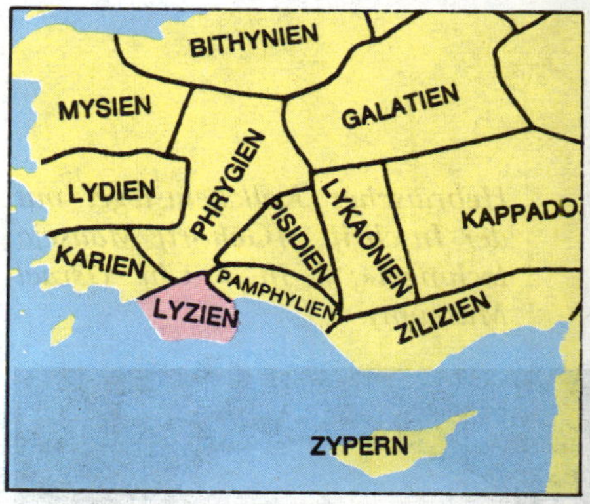

LYZIEN Apg 27,5

LYZIEN Landschaft im Südwesten Kleinasiens. Haupt- und Hafenstädte waren Patara und Myra. Paulus kam auf der Rückfahrt von der 3. Missionsreise durch Patara, wo er ein Schiff nach Phönizien bestieg (Apg 21,1.2). Auf der Reise als Gefangener nach Rom stieg er in Myra auf ein anderes Schiff um (Apg 27,5.6).

M

MAACHA (»Bedrückung«). Name mehrerer atl. Gestalten und eines Kleinstaates.

1. Sohn Nahors, des Bruders Abrahams (1. Mose 22,24). Stammvater des aram. Kleinstaates gleichen Namens (s. 10.).

2. Tochter Talmais, des Königs von Geschur; eine der Frauen Davids, Mutter Absaloms.

3. Vater des Achisch, des Königs von Gat (1. Kön 2,39); in 1. Sam 27,2 wird er »Maoch« genannt.

4. Mutter König Abijas von Juda (1. Kön 15,2; 2. Chr 11,20.22) und Großmutter des Königs Asa (1. Kön 15,10.13; dort als »Mutter« bezeichnet).

5. Nebenfrau Kalebs.

6. Frau des Machir (1. Chr 7,16); seine Schwester wurde ebenso genannt (V. 15).

7. Frau des Jeiëel, des Vaters Gibeons.

8. Vater des Hanan, eines der »Helden« Davids.

9. Vater des Schefatja, der auf der Liste der Amtleute Davids als Stammesfürst der Simeoniter aufgeführt wird.

10. Kleines aram. Stadtkönigtum im Norden des Ostjordanlandes (Jos 13,11) nahe der Stadt Abel-Bet-Maacha. Geschur und M. befanden sich zwischen Gilead und dem Hermon, an der Grenze des Königreiches Ogs in Baschan (Jos 13,12). Während der Eroberung Kanaans wurden sie von den Israeliten nicht vertrieben, sondern wohnten mit ihnen zusammen (Jos 13,13). Sie kämpften gegen David, zus. mit den Ammonitern (2. Sam 10,6–8; 1. Chr 19,6–7). Nachdem David die Aramäer besiegt hatte, wurde M. eine isrl. Stadt (2. Sam 20,14–15).

MAACHATITER Bewohner von Maacha.

MAADAI (»Zierde des Herrn«). Einer der Israeliten, die eine ausländische Frau geheiratet hatten und sie auf Anordnung Esras verstoßen mußten.

MAADJA (»Zierde des Herrn«). Ein Priester, der mit Serubbabel aus Babylon zurückkehrte.

MAAI (»Trümmer«). Einer der Priester-Sänger bei der Einweihung der Stadtmauer z. Zt. Nehemias.

MAARAT Stadt im Hügelland von Juda, nördlich von Hebron gelegen (Jos 15,59).

MAASEJA (»Werk Ja[hwes]«).

1. Levit; einer der Sänger, die bei der Überführung der Bundeslade nach Jerusalem unter David in der Prozession musizierten (1. Chr 15,20).

2. Einer der Hauptleute, die den Priester Jojada bei der Revolte gegen die Königin Atalja unterstützten.

3. Ein Amtmann, der eine Heeresliste für König Usija aufstellen half.

4. Hoher Beamter (»Königssohn«) unter König Ahas. Er wurde von Sichri, einem Kriegsmann aus Ephraim, umgebracht.

5. Der Stadthauptmann von Jerusalem z. Zt. Josias; er wurde zus. mit anderen beauftragt, den Tempel auszubessern.

6. Vater des falschen Propheten Zedekia.

7. Ein Priester, Torhüter des Tempels und Vater Zefanjas, eines Priesters z. Zt. Jeremias.

8.–11. Name von vier Männern, die im babyl. Exil ausländische Frauen geheiratet hatten und die diese auf Anordnung Esras verstoßen mußten.

12. Der Vater Asarjas, der beim Wiederaufbau der Stadtmauer von Jerusalem z. Zt. Nehemias half.

13. Einer von denen, die bei der Verlesung der Thora zur Rechten Esras standen.

14. Ein Levit, der im Auftrag Esras die Rückkehrer aus dem babyl. Exil in der Thora unterwies.

15. Eines der Sippenoberhäupter, die die Abmachung z. Zt. Nehemias unterzeichneten.

16. Ein Judäer, der sich in Jerusalem z. Zt. Nehemias niederließ. In 1. Chr 9,5 wird sein Name mit Asaja wiedergegeben.

Hebräisches Kalksteinsiegel mit der Inschrift »[Gehört] Maaseja Ischmael«; 7. Jh. v. Chr. (Israel Museum).

MAACHA 1 1. Mose 22,24; 1. Chr 19,6–7
MAACHA 2 2. Sam 3,3; 1. Chr 3,2
MAACHA 3 1. Kön 2,39
MAACHA 4 1. Kön 15, 2.10.13; 2. Chr 11, 20–22; 15,16
MAACHA 5 1. Chr 2,48
MAACHA 6 1. Chr 7,15–16
MAACHA 7 1. Chr 8, 29; 9,35
MAACHA 8 1. Chr 11,43
MAACHA 9 1. Chr 27,16
MAACHA 10 Jos 13,11.13; 2. Sam 10,6; 1. Chr 19,6–7

MAACHATITER 5. Mose 3,14; Jos 12,5; 2. Sam 23,34; 2. Kön 25,23; 1. Chr 4,19; Jer 40,8

MAADAI Esr 10,34

MAADJA Neh 12,5.17

MAAI Neh 12,36

MAARAT Jos 15,59

MAASEJA 1 1. Chr 15,18.20
MAASEJA 2 2. Chr 23,1
MAASEJA 3 2. Chr 26,11
MAASEJA 4 2. Chr 28,7
MAASEJA 5 2. Chr 34,8
MAASEJA 6 Jer 29,21
MAASEJA 7 Jer 21,1; 29,25; 35,4; 37,3

MAASEJA 8– Esr 10,18. 21–22.30
MAASEJA 12 Neh 3,23
MAASEJA 1. Neh 8,4
MAASEJA 1 Neh 8,7
MAASEJA 1 Neh 10,26
MAASEJA 1 Neh 11,5

MAASEJA 17 Neh 11,7

17. Ein Benjaminiter, der sich z. Zt. Nehemias in Jerusalem niederließ.

MAASEJA 18–19 Neh 12,41–42

18.–19. Zwei der Priester bei der Wiedereinweihung der Stadtmauern von Jerusalem unter Nehemia.

MAASEJA 20 1. Chr 6,25

20. Ein Vorfahr Asafs, des Tempelsängers.

Der Name erscheint öfter auf hebr. Siegeln und Siegeleindrücken.

Hebräischer Siegeleindruck mit der Inschrift »[Gehört] Eliakin, Sohn von Maaseja«; 6. Jh. v. Chr. (Israel Museum).

MAASJA 1. Chr 24,18; Neh 10,9

MAASJA (»Die Kraft Ja[hwes]«). Ein Priester, nach dem unter David die 24. Abteilung der Priester benannt wurde (1. Chr 24,18). Der Name wird auch bei den Priestern erwähnt, die z. Zt. Nehemias die Abmachung unterzeichneten (Neh 10,9).

MAAZ 1. Chr 2,27

MAAZ (»Zorn«). Ein Jerachmeeliter aus dem Haus Juda.

MACHBANNAI 1. Chr 12,14

MACHBANNAI (»Eine Hülle ist Ja[hwe]«). Ein Gaditer, einer der Hauptleute Sauls, die zu David in Ziklag überliefen.

MACHBENA 1. Chr 2,49

MACHBENA (»Verbindung«). Ein Sohn Kalebs.

MACHI 4. Mose 13,15

MACHI (»verwundet«). Vom Stamm Gad, Vater eines der zwölf Kundschafter, die ins Land Kanaan gesandt wurden (4. Mose 13,15). Der Name erscheint auf einem hebr. Siegeleindruck aus dem 6. Jh. v. Chr.

MACHIR, MACHIRITER 1 1. Mose 50,23; 4. Mose 26,29; 27,1; 32,39–40; 36,1; 5. Mose 3,15; Jos 13,31; 17,1.3; Ri 5,14; 1. Chr 2,21. 23; 7,14–17

MACHIR, MACHIRITER

1. Der einzige Sohn Manasses und Enkel Josefs (1. Mose 50,23); Vater der Machiriter (4. Mose 26,29). Die Machiriter eroberten Gilead bis zum Osten des Jordans und ließen sich dort vor der Eroberung Kanaans nieder (4. Mose 32,39–40). In Jos 17,1 wird M. als »Vater« von Gilead erwähnt. Anderen Quellen zufolge gehörte M. zu den Stämmen, die sich im Westen des Jordans niederließen und am Krieg gegen Sisera teilnahmen (Ri 5,14).

MACHIR, MACHIRITER 2 2. Sam 9,4–5; 17,27

2. Ein Mann aus Gilead, der vermutlich zur Sippe Sauls gehörte, da Mefi-Boschet, der lahme Sohn Jonatans, sich in seinem Hause befand (2. Sam 9, 4–6). M. wird zus. mit anderen erwähnt, die David und seine Männer versorgten, als diese vor Absalom flohen (2. Sam 17,27).

MACHLA (»Schwache«).

MACHLA 1 4. Mose 26,33; 27,1; 36,11; Jos 17,3

1. Die älteste der fünf Töchter Zelofhads, eines Sippenoberhauptes des Stammes Manasse, die nach dem Tod ihres Vaters das Familiengut erbten.

MACHLA 2 1. Chr 7,18

2. Nachkomme Manasses.

MACHLI (»Meine Schwachheit«).

MACHLI 1 2. Mose 6,19; 4. Mose 3,20; 1. Chr 6,32; 3,21; 24,26.28; Esr 8,18

1. Ältester Sohn Meraris, des Sohnes Levis, Stammvater des levitischen Geschlechtes der Machliter.

MACHLI 2 1. Chr 23, 23; 24,30

2. Angehöriger einer Levitenfamilie nach der Diensteinteilung unter David.

MACHLITER 4. Mose 3, 33; 26,58

MACHLITER Ein Geschlecht der Leviten, Nachkommen Meraris.

MACHLON Rt 1,2.5; 4,9–10

MACHLON Einer der beiden Söhne, die Elimelech und Noomi in Bethlehem geboren wurden. Vgl. NOOMI und RUT, DAS BUCH.

MACHNADBAI Esr 10,40

MACHNADBAI (»Was gleicht dem von Gott Befreiten?«). Einer der Israeliten, die ihre ausländische Frau auf Anordnung Esras verstoßen mußten.

MACHPELA 1. Mose 23,9. 17.19; 25,9; 49,30; 50,13

MACHPELA (»Doppelhöhle«). Der Name eines Ackers und einer Höhle in der Nähe von Mamre (1. Mose 23,17) bzw. Hebron (1. Mose 23,19).

(links) Das Gebäude über der Höhle Machpela in Hebron, der »Haram el-Khalil« (der »Schrein des von Gott Geliebten«, d.h. Abrahams).

Teil der von Herodes erbauten Mauer über der Höhle Machpela.

Abraham kaufte das Grundstück von dem Hetiter Efron. Hier wurden Sara (1. Mose 23,19), Abraham (25,9), Isaak, Rebekka, Lea (49,30–31) und Jakob (50,13) begraben. Nach einer alten Überlieferung liegt die Höhle M. bei dem heutigen Harem el-Chalil in Hebron; sie ist umgeben von einer Mauer, die z. Zt. des Herodes gebaut wurde. Die Grabstätte wird auch heute noch verehrt – von Juden, Christen und Mohammedanern.

Über die eigentliche Grabeshöhle ist nichts bekannt, denn sie ist von tücherumhüllten Kenotaphen (Leergräbern) überbaut. Vermutlich handelte es sich urspr. um ein aus dem Fels gehauenes Schachtgrab, wie es um 2000 v. Chr. üblich war. Auch über die Art, wie die Patriarchen die Begräbnisse vornahmen, ist nichts bekannt, außer der offensichtlichen Tatsache, daß die Höhle mehrere Generationen lang für nachfolgende Begräbnisse benutzt wurde. Die massiven Mauern, die Herodes errichten ließ und die erhalten geblieben sind, umgeben ein großes, rechteckiges Freigelände. Innerhalb des offenen Vierecks wurden in späteren Zeiten eine Reihe von Kirchen und Museen gebaut. Die Kenotaphen und Grabsteine, die sich heute in der Moschee befinden und die als die Grabstätten der Patriarchen angesehen werden, stammen aus der Mameluckenzeit oder aus noch früheren Zeiten.

MACHSEJA (»Meine Zuflucht ist Ja[hwe]«). Großvater Baruchs, des Schreibers Jeremias (Jer 32,12), und Serajas, eines der Amtleute des Königs Zedekia (Jer 51,59).

MADAI Siehe MEDIEN.

MADE Siehe TIERE.

MADMANNA (»Misthaufen«). Ein Ort am südlichen Rand des Gebietes von Juda (Jos 15,21.31; vgl. 1. Chr 2,47.49).

MADMENA Ein Ort, vermutlich in Benjamin; laut Jes 10,31 lag er auf dem Weg, den das assyr. Heer nach Jerusalem nahm. M. ist vielleicht mit Schufat identisch, das sich 1,6 km nördlich von Jerusalem befindet.

MADON (»Streit«). Eine Kanaaniterstadt in Galiläa. Ihr König Jobab war einer der Verbündeten Jabins, des Königs von Hazor, bei seinem Kampf gegen die Israeliten.

MAGADAN (»Größe«). Eine Stadt am Westufer des Sees Genezareth, ungefähr 5 km nördlich von Tiberias; Geburtsort der Maria von Magdala (Mt 15,39; 27,56.61). Bei Ausgrabungen wurden dort Überreste einer röm. Stadt, eine kleine Synagoge sowie ein Klosterkomplex gefunden. Ob Dalmanuta ein anderer Name für M. ist (Mk 8,10), ist unsicher.

MAGBISCH (»Sammler«). Name einer Sippe, deren 156 Angehörige mit Serubbabel aus Babylonien zurückkehrten. In der parallelen Liste in Neh 7 werden sie nicht aufgeführt.

MAGDALA (»Größe«). Siehe MAGADAN; MARIA (2).

MAGDALENA (»Erhöhte«). Siehe MARIA (2).

MAGDIËL (»Ruhm ist Gott«). Einer der 12 Fürsten von Edom.

MAGIE, WAHRSAGEREI UND ZAUBEREI Die Bibel bezieht sich oft auf Wahrsagerei und spricht sich scharf gegen sie aus. Magische Praktiken sind vor Gott ein »Greuel« (5. Mose 18,12). Niemand soll in Israel »Wahrsagerei, Hellseherei, geheime Künste oder Zauberei treiben oder Bannungen oder Geisterbeschwörungen oder Zeichendeuterei vornehmen oder die Toten befragen« (5. Mose 18,10–11). Das 2. Buch Mose erwähnt »ägyptische Zauberer« (7,11). Einer der dafür verwendeten hebr. Begriffe ist *chartum* (1. Mose 41,24; 2. Mose 8,3: »Wahrsager«, »Zauberer«), das Äquivalent zum ägypt. Wort *chrytp*, der Bezeichnung für die berühmtesten Zauberer. In Dan 5,7 werden die »Weisen von Babel« zus. mit Wahrsagern und Sterndeutern genannt; hier scheint sowohl eine Volksgruppe als auch eine bestimmte Klasse von Zauberern gemeint zu sein. Die »Weisen« in Mt 2,1 – griech. *magoi* – waren von Hause aus eine Volksgruppe; der Begriff »Magier« kommt urspr. von *Meder* bzw. *Madai*. Wie die Chaldäer wurden auch die Meder zu einem Synonym für »Zauberer«.

Die bibl. Stellung zur Magie wird in 5. Mose 18,10ff. (s.o.) hinlänglich deutlich. Alle hier aufgezählten Personengruppen galten als entschiedene

Tonmodelle einer Kuhleber mit magischen Inschriften; gefunden in Hazor, aus dem 15. Jh. v. Chr. Die Leber von Tieren diente in der Antike, insbesondere bei den Babyloniern, als Mittel der Wahrsagerei.

MACHSEJA
Jer 32,12;
51,59

MADAI
1. Mose 10,2;
1. Chr 1,5

MADMANNA
Jos 15,31;
1. Chr 2,49

MADMENA
Jes 10,31

MADON
Jos 11,1; 12,19

MAGADAN
Mt 15,39

MAGBISCH
Esr 2,30

MAGDIËL
1. Mose 36,43;
1. Chr 1,54

MAGIE
BESCHWÖRE
3. Mose 20,27;
4. Mose 5,19;
1. Kön 22,16;
Ps 58,6;
Hld 2,7;
Jer 8,17;
Mt 26,63;
Apg 19,13;
1. Thess 5,27

BESCHWÖRE
Ps 58,6;
Jes 8,19;
47,9.12;
Apg 19,13

GEISTERBE-
SCHWÖRER
5. Mose 18,11;
1. Sam 28,3;
2. Kön 23,24

TOTEN-
GEISTER
Jes 8,19

WAHRSAGI
Hes 13,6;
21,23.26;
Mi 3,6; 3,11;
Apg 16,16

WAHR-
SAGER(IN)
1. Mose 41,8;
3. Mose 19,2
4. Mose 22,7;
23,23;
1. Chr 10,13;
Jes 3,2; 44,35
Jer 29,8;
Dan 2,27;

4,4; 5,11; Mi 3,7; Sach 10,2

Feinde des Jahwe-Glaubens, in dessen Zentrum das Vertrauen auf den einen Gott Israels und die Treue zu seinen Wegen steht. Ein wahrhaft Glaubender wird akzeptieren, was Gott für ihn bestimmt hat; er wird nicht versuchen, dies durch Zauberei beeinflussen zu wollen. »Die Zauberinnen sollst du nicht am Leben lassen«, heißt es in 2. Mose 22,17. »Saul hatte die Geisterbeschwörer und Zeichendeuter aus dem Lande vertrieben« (1. Sam 28,3), nahm aber schließlich selbst noch die Hilfe einer Totenbeschwörerin in Anspruch (1. Sam 28,7–25).

WAHRSAGERGEIST Apg 16,16

ZAUBEREI 3. Mose 19,26; 5. Mose 18,10; 1. Sam 15,23; 2. Kön 9,22; 17,17; 2. Chr 33,6; Nah 3,4; Apg 8,9; Gal 5,20; Offb 9,21; 18,23

Die strikt ablehnende Haltung der Bibel zur Zauberei zielt auf die scharfe Unterscheidung zwischen dem Glauben Israels und den heidnischen Kulten und Praktiken im eroberten Kanaan. Es sollte jeder inneren Unterwanderung oder gar Umkehrung der siegreichen Landnahme gewehrt werden. Freilich zeigte sich in der Praxis, daß dies bei weitem nicht immer erreicht wurde. So war z.B. die Königin Isebel für ihre »Zauberei« bekannt (2. Kön 9,22); der Prophet Micha erwähnt Zauberei und Zeichendeuter (5,11); der König Manasse, der Baalsaltäre und Ascherabilder aufstellte, »achtete auf Vogelgeschrei und Zeichen und hielt Geisterbeschwörer und Zeichendeuter« (2. Kön 21,3.6); Hesekiel beschreibt die Methoden der Wahrsagerinnen (13,17–23). Dies waren keineswegs nur Ausnahmefälle, auch wenn Zauberei meist von anderen Völkern erwähnt wird, wie bei der Weissagung Jesajas über Babylon (47,9–13). Bemerkenswert sind die Worte bei Hesekiel: »Denn der König von Babel wird an der Wegscheide stehen, am Anfang der beiden Wege, um sich wahrsagen zu lassen: er wirft mit den Pfeilen das Los, befragt seinen Götzen und beschaut die Leber. Und das Los in seiner Rechten wird nach Jerusalem deuten …« (21,26f.). Diese Art militärischer Wahrsagerei wurde später von den Römern übernommen.

ZAUBERER/INNEN 2. Mose 7,11; 9,11; 22,17; Ps 58,6; Jes 47,9; Jer 27,9; Mi 5,11; Mal 3,5; Apg 13,6.8; Offb 21,8; 22,15

ZAUBERN 4. Mose 23,23

ZEICHENDEUTER 3. Mose 19,31; 20,6; 5. Mose 18, 11.14; 1. Sam 28,3; 2. Kön 21,6; 23,24; Dan 1,20; Mi 5,11

Das NT erwähnt außer dem Zauberer Simon (Apg 8,9–11) noch einen Zauberer Barjesus (Apg 13,6–12). Von bes. Bedeutung ist ein Satz aus dem Bericht von der erfolgreichen Mission des Paulus in der Stadt Ephesus und ihrem Umfeld. Dort heißt es: »Viele aber, die Zauberei getrieben hatten, brachten die Bücher zusammen und verbrannten sie öffentlich« (Apg 19,19). Von Anfang an gehörte die Absage an alle magischen und okkulten Praktiken sowie die Trennung von Zauberbüchern usw. zur Vorbedingung der Nachfolge Christi. Paulus warnte deshalb auch die Christen vor der »Zauberei« als einer Sünde, die vom Reich Gottes ausschließt (Gal 5,20). Bindung an irgendwelche Magie trennt von Gott (Offb 22,15).

MAGOG 1. Mose 10,2; 1. Chr 1,5; Ies 38,2; 39,6; Offb 20,8

MAGOG Der zweite der sieben Söhne Jafets (1. Mose 10,2; 1. Chr 1,5). M. und die anderen Jafetiter lebten in den nördlichen, fruchtbaren Gebieten des Nahen Ostens. In Hes 38,2 wird auf »das Land Magog« als den Ort Bezug genommen, aus dem Gog stammt, der Fürst der Völker von Meschech und Tubal, der von Norden her Israel angreifen wird (Hes 39,1.2). Der Hinweis auf einen politischen und militärischen Führer aus dem äußersten Norden, der die endzeitliche Schlacht beginnt, die darin gipfeln wird, daß viele Völker erkennen, »daß ich der HERR bin« (Hes 38,23), ist verbunden mit der Vorstellung, daß vom Norden das Unheil losbrechen wird (vgl. Jer 1,14; 4,6; 13,20; 15,12; 46,20; 47,2; 50,3.41; 51,48; Joel 2,20). Wenn Gogs Auftrag der Zerstörung vollbracht sein wird, wird auch auf das Land Magog Feuer geworfen werden, denn »sie sollen erfahren, daß ich der HERR bin« (Hes 39,6). In Offb 20,8.9 wird Magog nicht als Volk oder Land bezeichnet, sondern neben Gog als ein Anführer der Heere, die am Ende des Tausendjährigen Reiches vom Satan gegen das Volk Gottes aufgeboten, dabei aber durch Gottes »Feuer vom Himmel« vernichtet werden.

AGPIASCH Neh 10,21

MAGPIASCH (»Sammler«). Einer von denen, die die Abmachung Esras unterzeichneten.

HALALEL 1 Iose 5,12.15; 1. Chr 1,2; Lk 3,37

MAHALALEL (»Herrlichkeit Gottes«).

1. Im Geschlechtsregister von Adam bis Noah der älteste Sohn Kenans, also die fünfte Generation nach Adam.

HALALEL 2 Neh 11,4

2. Ein Nachkomme des Perez, des Sohnes Judas, und ein Vorfahr Atajas, der sich z. Zt. Nehemias in Jerusalem niederließ.

Gräber in der Gegend von El Media; nach jüdischer Tradition die Hasmonäergräber.

MAHALAT

1. Die dritte Frau Esaus; er heiratete sie sie nach der Flucht Jakobs nach Mesopotamien. In 1. Mose 36,3 Basemat genannt.

2. Enkelin Davids und eine der Frauen Rehabeams, des ersten Königs des Südreiches Juda.

MAHALAT 1 1. Mose 28,9 **MAHALAT 2** 2. Chr 11,18

MAHALEB Kanaaniterstadt im Gebiet des Stammes Asser. Dieser Stamm war nicht in der Lage, bei der Eroberung und Besiedlung des Landes die Einwohner von M. zu vertreiben. Die Stadt lag 6,5 km nordöstlich von Tyrus.

MAHALEB Ri 1,31

MAHANAJIM (»Heerlager«). Stadt in Gilead, an der Grenze zwischen den Gebieten der Stämme Gad und Manasse (Jos 13,26.30). An diesem Ort begegneten die Engel Gottes Jakob zu Beginn seiner Rückreise in die Heimat (1. Mose 32,2); M. wurde später eine der Levitenstädte (Jos 21,39). Abner, der Sohn Ners, machte Isch-Boschet, den Sohn Sauls, dort zum König (2. Sam 2,8); während des Aufruhrs Absaloms floh David nach M. (2. Sam 17,24). Salomo ernannte Ahinadab, den Sohn Iddos, zum Amtmann über das Gebiet um M. (1. Kön 4,14). M. lag beim heutigen Tell ed-Dahab el Garbi nördlich des Jabbok.

MAHANAJIM 1. Mose 32,3; Jos 13,26. 30; 21,39; 2. Sam 2,8.12. 29; 17,24. 27; 19,33; 1. Kön 2,8; 4,14; 1. Chr 6,65

MAHASIOT (»Offenbarungen«). Ein Levit, einer der Söhne Hemans; der Name mag sich eher auf ein Gebiet als auf eine Person beziehen.

MAHASIOT 1. Chr 25,4.30

MAHAT (»Untergang«).

1. Einer der Leviten, die den Tempel z. Zt. Hiskias von Juda von heidnischen Kultsymbolen säuberten.

2. Ein Levit; einer der Aufseher, die für die Abgaben verantwortlich waren, die in den Tempel gebracht wurden. Vermutlich identisch mit (1).

3. Lk nennt M. als Sohn Mattitjas im Stammbaum Jesu.

MAHAT 1 2. Chr 29,12 **MAHAT 2** 2. Chr 31,13 **MAHAT 3** Lk 3,26

MAHAWITER Name der Sippe, der Eliël – einer der »Helden« Davids – angehörte.

MAHAWITER 1. Chr 11,46

MAHOL (»Tanz«). Es wird berichtet, daß Salomo weiser war als alle Menschen, sogar »weiser als ... die Söhne Mahols« (1. Kön 5,11). Demnach bestand die Weisheit der Söhne M.s in ihrer Gabe, Weisheitssprüche zu formulieren und Lieder zu schreiben (vgl. 1. Kön 5,12). Da das hebr. Substantiv *mahol* »Tanz« bedeutet, könnte aber der Ausdruck »die Söhne Mahols« auch soviel wie »die Mitglieder der Gilde der Tanz-Musikanten« bedeuten.

MAHOL 1. Kön 5,11

MAHRAI Ein Netofatiter, einer der »Helden« Davids (2. Sam 23,28; 1. Chr 11,30). Er wird auch als Kommandant der 10. Abteilung von Davids Heer genannt.

MAHRAI 2. Sam 23,28; 1. Chr 11, 30; 27,13

MAKAZ (»Grenzstätte«). Die erste der Städte im zweiten Bezirk von Salomos Königreich (1. Kön 4,9). Diese Städte befanden sich im östlichen Teil des Gebietes des Stammes Dan (vgl. Jos 19,41 f.). M. lag 20 km südwestlich von Bet-Schemesch.

MAKAZ 1. Kön 4,9

MAKHELOT (»Ansammlungen«). Eine der Stationen des Volkes Israel nach dem Auszug aus Ägypten (4. Mose 33,25 f.). Vielleicht mit Kehelata identisch, das in 4. Mose 33,22 f. erwähnt wird. Die genaue Lage ist unbekannt, doch wird der Ort im Nordosten des Sinai vermutet, ca. 50 km südlich von Kadesch Barnea.

MAKHELOT 4. Mose 33,25–26

MAKKABÄER, DAS ERSTE BUCH DER Buch der APOKRYPHEN, das in Griechisch überliefert, aber urspr. in Hebräisch verfaßt worden ist; es berichtet die Geschichte des Hasmonäeraufstandes. Der jüd. Verfasser muß sein Werk während der Regentschaft des Johannes Hyrkanos (134–104 v. Chr.) oder kurz danach geschrieben haben.

Hauptthema des 1. Makk ist der jüd. Kampf gegen die Herrschaft der Seleukiden, die unter Antiochus IV. Epiphanes den Glauben und Gottesdienst Israels auszurotten versuchten. Mattatias, das Haupt der Hasmonäer, begann den Aufstand; das Geschick seiner Familie wird bis z. Zt. seines Enkels Johannes Hyrkanos erzählt.

Das Buch verfolgt die Geschichte über 40 Jahre (175–134 v. Chr.) und ist die historische Hauptquelle über die Ereignisse im Kampf um die Wiederherstellung der religiösen Freiheit und des rechtmäßigen Gottesdienstes in Jerusalem. Es berichtet die Geschichte von Judas, Jonatan und Simon, den

Söhnen des Mattatias, die alle in diesem Kampf nach einer Zeit erfolgreicher Führerschaft den Tod fanden. Mittelpunkt des Geschehens ist die Wiedereinweihung des Jerusalemer Tempels unter Judas (4,36–58), der verfügte, daß der Jahrestag der Tempelweihe am 25. Tag des Monats Kislew als Feiertag zu halten sei – als das Chanukka-Fest (4,59).

MAKKABÄER, DAS ZWEITE BUCH DER Buch der APOKRYPHEN, in griech. Sprache wahrscheinlich in Alexandria während des 1. Jh. v. Chr. geschrieben. Es ist eine Zusammenfassung eines verlorenen fünfbändigen Werkes des Geschichtsschreibers Jason von Kyrene und erzählt die Geschichte des Hasmonäeraufstandes. Gegenüber der Betonung der geschichtlichen Vorgänge in 1. Makk ist seine Absicht deutlicher didaktisch. 2. Makk zeigt die Auffassung von einem Gott, der sich um sein Volk kümmert und die Bösen, die die Gebote nicht halten, bestraft. Die Feinde sind nicht nur Heiden – wie Antiochus IV. und Nikanor –, sondern auch Juden, die sich der griech. Kultur assimiliert haben. Das Thema des Buches ist der innerjüd. Kampf zwischen der hellenisierten Priesterschaft mit ihren Sympathisanten und dem Volk, das an seinem Glauben festhielt und eher den Tod als das Übertreten der Gebote wählte.

Das Buch beginnt mit zwei Briefen an die Juden in Alexandria, in denen die Einhaltung des Chanukkafestes angemahnt wird (1,1–9; 1,10–2,19). Sein Hauptinhalt ist in den Worten zusammengefaßt: »Die Geschichten aber von Judas, dem Makkabäer, und seinen Brüdern und von der Reinigung des erhabenen Tempels und der Weihe des Altars; von den Kriegen gegen Antiochus Epiphanes und seinen Sohn Eupator; von den Erscheinungen vom Himmel her, die denen widerfuhren, die für das Judentum redlich gekämpft haben ...« (2,20–22). Das Buch zeigt die Gründe für die Verfolgung der Juden unter Antiochus auf, die für viele mit dem Märtyrertod endete. Kap. 7 berichtet von einer Mutter und ihren sieben Söhnen, die grausam zu Tode gemartert wurden, weil sie sich weigerten, Schweinefleisch zu essen. Der Wendepunkt ist das Auftreten des Judas Makkabäus, der 6000 Männer um sich sammelt (8,1) und den Aufstand gegen die Verfolger beginnt. König Antiochus von Syrien, der Inbegriff aller gottlosen Greuel, nimmt ein schreckliches Ende (9,1–29). Judas aber siegt in zahlreichen Schlachten; seine Wirksamkeit gipfelt in der Säuberung und Wiedereinweihung des Tempels in Jerusalem (10,1–8). Das letzte Ereignis ist der Sieg des Judas über den syr. General Nikanor.

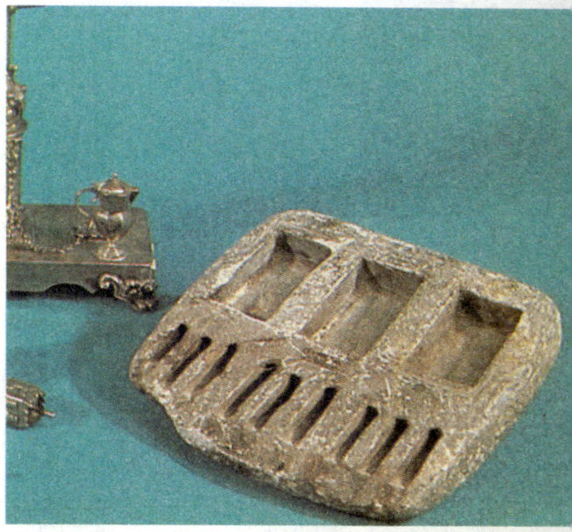

Steinlampe für das Chanukka-Fest aus der Zeit des Talmud (Israel-Museum).- Die Juden feiern jährlich das Chanukka-Fest zur Erinnerung daran, daß der Jerusalemer Tempel durch die Makkabäer vom Heidentum befreit und neu eingeweiht wurde.

El Media, das alte Modiin, der Herkunftsort der Hasmonäer.

MAKKEDA Jos 10,10.17.21.28–29; 12,16; 15,41

MAKKEDA Kanaan. Stadtstaat (Jos 15,41). In der Nähe von M. befand sich die Höhle, in der sich während der Eroberung des südl. Kanaan durch Josua zeitweise fünf kanaan. Könige verborgen hielten (Jos 10,16–29). Unter Rehabeam wurde M. von dem Pharao Schischak I. erobert. Die genaue Lage des Ortes ist unbekannt, doch ist er vermutlich in der Schefela nahe den Ausläufern des Gebirges Juda zu suchen.

MALCHUS Knecht des Hohenpriesters, der bei der Gefangennahme Jesu dabei war und dem Petrus ein Ohr abhieb. M. wird nur Joh 18,10 mit seinem Namen (der hebr. *mäläk* = »königlich« lautet) genannt. Seine Geschichte bei Jesu Gefangennahme wird aber auch bei den Synoptikern erwähnt (Mt 26,51; Mk 14,47; Lk 22,50f.); Lukas überliefert, daß Jesus das Ohr heilte. Später, als Jesus in das Haus des Kaiphas geführt wurde, erkannte einer der Verwandten des M. Petrus, der darauf das zweite Mal abstritt, ein Jünger Jesu zu sein (Joh 18,26f.). Der »Knecht« des Hohenpriesters war im übrigen keine unbedeutende Persönlichkeit; er war stellvertretender Vorsitzender der Tempelverwaltung und konnte als solcher auch den Hohenpriester vertreten.

MALCHUS
Joh 18,10

MALEACHI Möglicherweise der Eigenname des Propheten und Verfassers des letzten Buches der Kleinen Propheten. Es ist auch möglich, daß das hebr. Wort *malachi* (»mein Bote«) sich auf die Sendung und auf das Amt des Propheten bezieht (vgl. Mal 3,1) und daß sein persönlicher Name unbekannt ist. Das Buch des Propheten M. enthält keine biographischen Einzelheiten über den Verfasser. Daher identifizieren die talmudischen Rabbiner – entsprechend ihrer Tendenz, weniger berühmte Leute nach deren bekannten Zeitgenossen zu benennen – diesen letzten der bibl. Schriftpropheten mit Esra, dem Schriftgelehrten.

MALEACHI
Mal 1,1

MALEACHI, BUCH DES PROPHETEN Letztes Buch der 12 sog. Kleinen Propheten. Sein Inhalt zeigt, daß es zur nachexilischen Zeit nach dem Wiederaufbau des Tempels, aber offensichtlich noch vor dem Eintreffen Esras und Nehemias entstanden ist. Die Zeit Maleachis – etwa in der ersten Hälfte des 5. Jh. v. Chr. – war eine Epoche des geistlichen und gottesdienstlichen Niedergangs. Nach Abschluß des Wiederaufbaus des Tempels i. J. 515 blieb die von den Rückkehrern sehnlich erhoffte messianische Weltwende aus. Für einen Teil der Gemeinde wurde das zu einer Zeit der Skepsis, ja der Abwendung vom Glauben. Es ging allenthalben bergab. Einen Einblick in diese Zeit der Enttäuschung und des Niedergangs geben die Reden des Propheten M. Charakteristisch für ihn ist einerseits das bei den früheren Propheten ungewöhnliche Eintreten für den Kultus, für den vorschriftsmäßigen Gottesdienst; zum anderen ist es ein (wenn auch nur gelegentlich hervortretender) Universalismus: »Denn vom Aufgang der Sonne bis zum Niedergang ist mein Name herrlich unter den Heiden, und an allen Orten wird meinem Namen geopfert und ein reines Opfer dargebracht; denn mein Name ist herrlich unter den Heiden, spricht der HERR Zebaoth« (1,11).

Mal besteht aus folgenden sieben Teilen: a) In 1,1–5 versichert Jahwe seine unerschütterte Liebe zu Israel. b) In 1,6–2,9 wendet sich der Prophet

Seite des Buches Maleachi, aus der Damaskus-Keter-Thora, Palästina, 10. Jh. (Jüdische National- und Universitätsbibliothek).

gegen die Lässigkeit und Verderbtheit der Priester, die den Tempel verunehren. In 1,10 schlägt er vor, den Tempel doch zu schließen, wenn es für die Priester nicht möglich sein sollte, gültige Opfer darzubringen. c) In 2, 10–16 wendet sich M. im Namen Gottes gegen die Mischehe und die Ehescheidung. d) In 2,17–3,5 ergeht die Botschaft vom Gericht Gottes und vom Kommen seines Tages der Vergeltung für die Zauberer, Ehebrecher, Meineidigen und Ausbeuter der Armen (vgl. zu den einzelnen Verboten 3. Mose 19). e) In 3,6–12 beschuldigt Gott das Volk, ihn um den Zehnten und um die in 4. Mose 18 vorgeschriebenen Abgaben zu betrügen, aber er verspricht, sich wieder den »Söhnen Jakobs« (3,6) zuzuwenden und den Zehnten dann um so mehr mit einer reichen Ernte zu belohnen. f) In 3,13–21 antwortet Gott auf die Anfrage, warum die Bösen und Stolzen Gott versuchen und frei ausgehen: Der Tag wird kommen, an dem die Ruchlosen untergehen und an dem den Gottesfürchtigen »aufgehen soll die Sonne der Gerechtigkeit« (3,20). g) Das Buch schließt mit einer Ermahnung, die Thora Moses im Herzen zu bewahren, bis Gott den Propheten Elia als Herold des »Tages des HERRN« senden wird.

Maleachi ist der erste, der Elia (s. ELIA) eine messianisch-eschatologische Rolle zuschreibt (3,23). Diese Prophetie wird im NT von Jesus aufgenommen, wenn er lehrt, daß Johannes d. T. Elia sei (Mt 11,14). Insbes. aber findet dieses letzte Wort des Alten Bundes seine Erfüllung in der Stunde der Verklärung Jesu (Mt 17,1–9), in der dem Sohn Gottes die atl. Gestalten Mose (vgl. Mal 3,22) und Elia erscheinen und den Neuen Bund als diese Erfüllung aller Verheißungen »Moses und der Propheten« bestätigen (vgl. auch Mt 16,13f.). 3,20–24 wurde nicht nur als Ende des Mal interpretiert, sondern auch als Höhepunkt des ganzen zweiten Teils des hebr. Kanons, der »Propheten«.

INHALTSÜBERSICHT

1,1–5	Einleitung. Gottes Liebe zu Israel
1,6–2,9	Gegen die geistlichen Verfehlungen der Priester
2,10–16	Verurteilung der Mischehen und der Ehescheidungen
2,17–3,5	Das Nahen des Tages des HERRN als Tag des Gerichts
3,6–12	Anklage gegen Israel wegen des Gott vorenthaltenen Zehnten
3,13–21	Die göttliche Gerechtigkeit wird recht behalten
3,22–24	Die Wiederkunft Elias vor dem Tag des HERRN

MALKAM 1. Chr 8,9

MALKAM Ein Sippenoberhaupt aus dem Stamm Benjamin (1. Chr 8,9).

MALKIËL, MALKIËLITER 1. Mose 46,17; 4. Mose 26,45; 1. Chr 7,31

MALKIËL, MALKIËLITER (»Mein König ist Gott«). Das Haupt des Geschlechtes der Malkiëliter im Stamm Asser.

MALKIJA (»Mein König ist Ja[hwe]«).

MALKIJA 1 1. Chr 9,12; Neh 11,12; Jer 38,1;

1. Vater Paschhurs, eines einflußreichen Priesters unter Zedekia; er wird auch in Jer 38,1 erwähnt; Jer 21,1 wird er »Malkia« genannt.

MALKIJA 2 Esr 10,31

2. Einer von denen, die ihre nichtjüd. Frauen auf Anordnung Esras verstoßen mußten (Esr 10,31) war am Wiederaufbau der Mauern Jerusalems beteiligt (Neh 3,11).

MALKIJA 3 Jer 38,6

3. Ein Beamter des Königs Zedekia, der den Titel »Königssohn« führte; ihm gehörte die Zisterne, in die Jeremia geworfen wurde. Der Name erscheint auf mehreren hebr. Siegeln in der Zeit vom Ende des 8. bis zum 7. Jh. v. Chr.

MALKIJA 4 1. Chr 6,25

4. Ein Levit; Vorfahr des Asaf.

MALKIJA 5 1. Chr 24,9

5. Priester oder Priesterfamilie z. Zt. Davids.

MALKIJA 6 Esr 10,25

6. Angehöriger der Sippe Parosch; er mußte seine nichtjüd. Frau auf Anordnung Esras verstoßen.

7. Sohn Rechabs; Vorsteher des Bezirkes von Bet-Kerem, der sich am Wiederaufbau der Stadtmauern Jerusalems unter Nehemia beteiligte.

MALKIJA 7 Neh 3,14

8. Ein Goldschmied; war am Wiederaufbau der Stadtmauern von Jerusalem beteiligt.

MALKIJA 8 Neh 3,31

9. Einer der Oberen des Volkes, der neben Esra stand, als dieser dem Volk das Gesetz vorlas.

MALKIJA 9 Neh 8,4

10. Oberhaupt einer der Priesterfamilien, die die Abmachung z. Zt. Nehemias unterzeichneten.

MALKIJA 10 Neh 10,4

11. Ein Priester, der sich an der Wiedereinweihung der Stadtmauern von Jerusalem unter Nehemia beteiligte.

MALKIJA 11 Neh 12,42

MALKIRAM (»Mein König ist erhaben«). Einer der Söhne des Königs Jechonja.

MALKIRAM 1. Chr 3,18

MALKISCHUA (»Mein König ist edel«). Der jüngste Sohn König Sauls (1. Sam 14,49; 1. Chr 8,33). Er fiel zus. mit seinen Brüdern und seinem Vater auf dem Gebirge Gilboa (1. Chr 10,2).

MALKISCHUA 1. Sam 14,49; 31,2; 1. Chr 8,33; 9,39; 10,2

MALLOTI Einer der Söhne Hemans, des Sängers; der Name bezieht sich aber vielleicht mehr auf ein Gebet als auf eine Person.

MALLOTI 1. Chr 25,4.26

MALLUCH (»König«).

1. Eine Priesterfamilie, die mit Serubbabel aus dem babyl. Exil zurückkehrte. Vermutlich mit (6) identisch.

MALLUCH 1 Neh 12,14

2. Ein Levit der Meratiter.

MALLUCH 2 1. Chr 6,29

3. Einer der Rückkehrer aus dem babyl. Exil, die z. Zt. Esras ihre nichtjüd. Frauen verstoßen mußten.

MALLUCH 3 Esr 10,29

4. Ein weiterer der Rückkehrer, die z. Zt. Esras ihre nichtjüd. Frau verstoßen mußten.

MALLUCH 4 Esr 10,32

5. Oberhaupt einer Priesterfamilie, der den Bund z. Zt. Esras unterzeichnete.

MALLUCH 5 Neh 10,5

6. Einer der Oberen, die den Bund z. Zt. Esras unterzeichneten.

MALLUCH 6 Neh 10,28

7. Ein Priester, der mit Serubbabel aus dem babyl. Exil zurückkehrte.

MALLUCH 7 Neh 12,2

MALTA Insel im Mittelmeer, ca. 100 km südlich von Sizilien. 218 v. Chr. kam M., das unter karthagischer Herrschaft war, unter röm. Oberhoheit und wurde Teil der Provinz Sizilien.

MALTA Apg 28,1

Das Schlangenwunder des Apostels Paulus auf der Insel Melitae (Malta ?), dargestellt auf einem Fresko aus dem 11. Jh. in der Kathedrale in Canterbury, England.

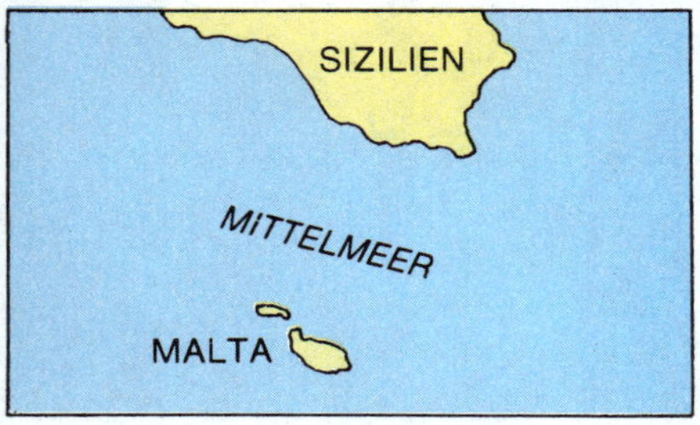

Paulus, begleitet von Lukas, erlitt auf seinem Transport als Gefangener zwischen Kreta und Syrakus vor einer Insel *Melitae* Schiffbruch und mußte dort drei Monate auf die Weiterfahrt warten (Apg 27,39–28,11). Üblicherweise wird *Melitae* mit M. identifiziert (doch wurde neuerdings vermutet, daß damit eine der heutigen griech. Inseln gemeint ist). Während seiner Zeit auf der Insel heilte der Apostel Kranke und wurde von den Leuten freundlich aufgenommen. Lukas erwähnt lobend ihre Gastfreundschaft und bezeichnet sie als »Barbaren« (griech. *bárbaroi*, Apg 28,2), da sie nicht Griechisch sprachen (evtl. war ihre Sprache punisch). Der Ort auf M., an dem Paulus möglicherweise Schiffbruch erlitt, befindet sich nach der Überlieferung auf der Westseite der St.-Paulus-Bucht, 13 km nordwestlich des heutigen Valetta und 5 km von der alten Hauptstadt Vettia entfernt.

MAMRE Eine Oase (»Hain«) in der Nähe von Hebron, die in Zusammenhang mit den Patriarchen steht. In der Bibel werden die Worte *alonei mamreh* benutzt, was »Eichen von Mamre« bedeutet und sich auf ein Eichenwäldchen bezieht, das nach Mamre, dem Amoriter, benannt wurde, der in der Nähe von Hebron lebte (1. Mose 14,13.24). Abram baute dort dem HERRN einen Altar (1. Mose 13,18); hier erfuhr er auch von der Gefangennahme von Lot (1. Mose 14,13). Hier erschien Abram das Wort des HERRN in einer Offenbarung (1. Mose 15,1 ff.); es scheint, daß der Ort, an dem Abram lebte, bald für heilig gehalten wurde. Auch Isaak lebte dort (1. Mose 35,27).

MAMRE 1. Mose 13,18; 14,13.24; 18,1; 23,17.19; 25,9; 35,27; 49,30; 50,13

Einer früheren Überlieferung gemäß befand sich die Stelle von Mamre in Ramat el-Kalil, 3 km nördlich von Hebron. Herodes umgab den Ort mit einer Mauer, die ein Gebiet von 46x61 m umschloß, in dem sich der Altar und der Brunnen Abrams befanden. Die Stätte wurde während des jüd. Aufstands gegen die Römer zerstört (66–70 n. Chr.). S. auch MACHPELA.

Mamre mit den Ruinen der herodianischen Bauten.

MANAËN
Apg 13,1

MANAËN (»Tröster«). Ein Christ, der mit dem Landesfürsten Herodes, dem Tetrarchen, erzogen worden war (Apg 13,1). Er war Prophet und Lehrer, also Prediger in der ersten christl. Gemeinde von Antiochia.

MANAHAT 1
1. Mose 36,23; 1. Chr 1,40
MANAHAT 2
1. Chr 8,6

MANAHAT

1. Ein Mann im Geschlechtsregister Esaus. M. ist der Stammvater der Familie oder Sippe der Manahatiter.

2. Ein Ort, an dem die Bürger von Geba gefangengehalten wurden.

MANAHATITER
1. Chr 2,52.54

MANAHATITER Name eines Geschlechtes, der im Geschlechtsregister des Stammes Juda erwähnt wird (1. Chr 2,52). Offensichtlich lebte die Hälfte des Stammes im Gebiet des Geschlechtes Salmon, nahe Bethlehem (1. Chr 2,54).

MANASSE 1
1. Mose 41,51; 46,20; 48,1.5. 13–14.17.20; 50,23; 4. Mose 1,10. 34–35; 2,20; 7, 54; 10,23; 13, 11; 26,28–29.34; 27,1; 32,33. 39–41; 34,14. 23; 36,1.12; 5. Mose 3,13–14; 29,7; 33,17; 34,2; Jos 1,12; 4,12; 12,6; 13,7.29.31; 14,4; 16,4.9; 17, 1–3.5–12.17; 18, 7; 20,8; 21,5–6. 25.27; 22,1.7. 9–11.21.30–31; Ri 1,27; 6,15. 35; 7,23; 11, 29; 12,4; 1. Kön 4,13; 1. Chr 5,18. 23.26; 6,46–47. 55–56; 7,14.17. 29; 9,3; 12,20. 21.32.38; 26, 32; 27,20–21; 2. Chr 15,9; 30,1.10–11.18; 31,1; 34,6.9; Ps 60,9; 80, 3; 108,9; Jes 9,20; Hes 48,4–5; Offb 7,6

MANASSE (»Vergessen machend«).

1. Der ältere der zwei Söhne Josefs; der andere Sohn war Ephraim. Nach 1. Chr 7,14 hatte M. mit einer aram. Nebenfrau u.a. einen Sohn namens Machir, den Vater Gileads. 1. Mose 41,51 leitet den Namen M. von einem Wortstamm mit der Bedeutung »vergessen« ab und deutet damit auf die Freude hin, die der neugeborene Sohn in Josefs Leben brachte und die ihn die Leiden, die er zu erdulden gehabt hatte, vergessen ließ. Josefs zwei Söhne bekamen dadurch eine Sonderstellung, daß ihr Großvater Jakob sie adoptierte und ihnen die gleichen Erbfolgerechte wie seinen eigenen Söhnen zusprach, wodurch sie zu den Stammvätern der zwei nach ihnen benannten Stämme M. und Ephraim wurden (1. Mose 48,5). Jakob ignorierte die normalerweise dem Erstgeborenen zugesprochenen Vorrechte und sagte voraus, daß der jüngere Ephraim seinen Bruder M. an Bedeutung übertreffen werde (1. Mose 48,19).

Die beiden Stämme M. und Ephraim, die im Segen Moses als die Hörner wilder Stiere, die die Nationen durchbohren, gepriesen werden (5. Mose 33, 17), spielten eine bedeutende Rolle in der Geschichte Israels. In der Darstellung des Landes Kanaan finden sich zahlreiche Hinweise auf den bedeutenden Beitrag M.s, der zu Beginn der Landnahme neben Ruben und Gad als eine bewaffnete Vorhut diente. Als Belohnung gewährte Mose M. die Erlaubnis, sich am Ostufer des Jordans niederzulassen. Endgültig hat sich dann der Stamm an beiden Seiten des Flusses – die östliche Hälfte nördlich von Gad im Hochland östlich des Jordans und die westliche Hälfte im zentralen Hochland nördlich von Ephraim – angesiedelt (4. Mose 32; Jos 17,10). Eine Freistadt innerhalb des Stammesgebietes war Golan in Baschan (5. Mose 4,43). Herausragende Männer des Stammes waren Gilead, Gideon und Jeftah, die die gekränkten Männer von Ephraim unterwarfen (Ri 12,1–4). Abimelech, der über ein kurzlebiges Königreich regierte (Ri 9), war ein Sohn Gideons. M. war einer der Stämme, die von den Assyrern nach Halach, an den Habor, nach Hara und an den Fluß Gosan deportiert wurden (1. Chr 5,23–26), wo sie in Vergessenheit gerieten.

Das Gebiet des Stammes Manasse.

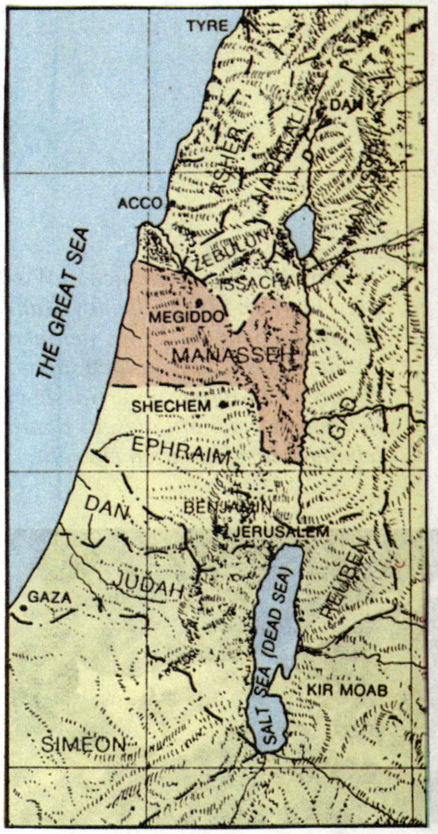

2. Sohn König Hiskias von Juda. M. trat im Alter von 12 Jahren die Nachfolge seines Vaters an. Seine 55-jährige Regierungszeit über Juda (ca. 698–642 v. Chr.) ist die längste, die in den Chroniken der Könige Judas aufgezeichnet ist; sie wird in den beiden bibl. Berichten (2. Kön 21,1–18 und 2. Chr 33,1–20) als eine Zeit des weit um sich greifenden religiösen und moralischen Verfalls beschrieben. Zusätzlich zu der Aufhebung der von Hiskia durchgeführten religiösen Reformen führte M. wieder fremde Kulte, bes. die Anbetung Baals und die von Himmelsgottheiten ein. Darüber hinaus hat er den schauerlichen Brauch der Opferung von Kindern für Moloch im Tal Hinnom, wo er seine eigenen Söhne im Feuer opferte, wiederaufgenommen. Er hat die Propheten und deren Anhänger verfolgt und eine gesetzlose Blutjustiz geübt (2. Kön 21,16). Beide Berichte betonen, daß M. Juda zu Untaten verführte, die schlimmer waren als die der Kanaaniter in vorbibl. Zeit.

MANASSE 2
2. Kön 20,21; 21, 1.9.11.16–18.20; 23,12.26; 24,3; 1. Chr 3,13; 2. Chr 32,33; 33,1.9–11.13. 18.20.22–23; Jer 15,4; Mt 1,10
MANASSE 3
Ri 18,30
MANASSE 4
Esr 10,30
MANASSE 5
Esr 10,33

Das Chronikbuch fügt gegenüber der Darstellung in 2. Kön 21 noch einen Abschnitt hinzu, wonach M. von den Assyrern gefangengenommen und in Ketten nach Babel gebracht wurde, wo er in großer Angst Buße tat, worauf ihm sein Königreich wieder zurückgegeben wurde (2. Chr 33,11–20). Juda stand z. Zt. M.s unter assyr. Oberherrschaft und war eine tributpflichtige Provinz, die unter einem Regenten stand, der Vasall war. Dies ist durch assyr. Inschriften gut belegt; in einer wird von M. berichtet, daß er zus. mit 22 anderen Königen unter Asarhaddon Zwangsarbeit tun mußte. Er ist auch in einer Inschrift Assurbanipals aufgeführt, in der die Truppenkontingente aufgezählt werden, die dem assyr. König als Hilfstruppen auf seinem Feldzug nach Ägypten unterstellt waren. Die politische Unterordnung Judas könnte einer der Gründe für den erschreckenden Rückfall in heidnische Götzenanbetung gewesen sein.

M.s schwere Sünden führten zu Gottes Entscheidung, Juda und Jerusalem auszutilgen (2. Kön 21,10–15; 24,3). – In den Apokryphen des AT findet sich als letzte kleine Schrift das im bibl. Kanon nicht bezeugte Bußgebet M.s, das er als Gefangener in Babel gebetet haben soll. Es gilt als Zusatz zu 2. Chr 33,12.13.18.

3. Der Großvater Jonatans (Ri 18,30) nach einigen Hss. Nach einer anderen Überlieferung wird er »Mose« statt »M.« genannt.

4. Ein Nachkomme Pahat-Moabs; er mußte aufgrund von Esras Erlaß seine heidnische Frau verstoßen.

5. Ein Sohn Haschums; er verstieß aufgrund von Esras Erlaß seine heidnische Frau.

MANASSITER. Siehe MANASSE (1).

MANASSITER
5. Mose 4,43; Ri 12,4; 2. Kön 10,33

MANDEL Siehe PFLANZEN.

MANNA Die Nahrung, die das Volk Israel auf seiner 40jährigen Wanderung in der Wüste über längere Zeit zu sich nahm (2. Mose 16,13–36; usw.). Es wird beschrieben als »rund und klein wie Reif auf der Erde … und hatte einen Geschmack wie Semmel mit Honig« (2. Mose 16,14.31). Es war »anzusehen wie Bedolachharz. Und das Volk lief hin und her und sammelte und zerrieb es mit Mühlen oder zerstieß es mit Mörsern und kochte es in Töpfen und machte sich Kuchen daraus; und es hatte einen Geschmack wie Ölkuchen« (4. Mose 11,7–8). M. erschien erstmalig in der Wüste Sinai, als die Israeliten sich bei Mose und Aaron beschwerten, daß sie nicht genug Nahrung hätten. Gott versorgte sie daraufhin mit M. und gebot ihnen, die benötigte Menge täglich zu sammeln. Am 6. Wochentag sollten sie eine doppelte Portion für den Sabbat nehmen. Der Verzehr von M. hat bis zur Ankunft an den Grenzen Kanaans angehalten (2. Mose 16,35), genauer: bis die Israeliten das Lager in Gilgal aufgeschlagen hatten (Jos 5,12). Um des M.s zu gedenken, befahl Mose seinem Bruder Aaron, den zehnten Teil eines Scheffels (einen *omer*) in einem Krug zu verwahren »für eure Nachkommen« (2. Mose 16,33).

MANNA
2. Mose 16, 31.33.35; 4. Mose 11, 6–7.9; 5. Mose 8,3.16; Jos 5,12; Neh 9,20; Ps 78,24; Joh 6,31.49

Tamariske, die von manchen Wissenschaftlern als Quelle des Manna angesehen wird. Sie nehmen an, daß das Manna aus den süßen, eßbaren Tropfen von flüssigen Sekreten zweier auf diesem Baum lebender Insektenarten entsteht.

Jesus benutzt das M. als »das Brot vom Himmel« zur Erläuterung dafür, daß er selbst »das Brot des Lebens« ist, »das vom Himmel kommt«. Jeder, der von diesem Brot zu sich nimmt, wird ewig leben (Joh 6,31–35; vgl. 1. Kor 10,3; Offb 2,17).

Mehrfach ist versucht worden, das M.wunder naturwissenschaftlich zu erklären. Meist wird dabei auf ein Sekret eines Schuppeninsekts hingewiesen, das sich vom Saft der Tamariske in der Wüste Sinai ernährt. Die honigartigen Ausscheidungen verfestigen sich zu trockenen, klebrigen Tropfen. Das Sekret hat eine rauhe Oberfläche, ist zunächst weiß und nimmt später eine gelb-braune Färbung an. Wenn es längere Zeit aufbewahrt wird, wird es süß wie Honig. Beduinen nennen es noch heute »Manna des Himmels« und kochen es zu einem Brei, der über lange Zeit haltbar ist. Sie sammeln es am frühen Morgen, nach der Kühle der Nacht, ehe es in der heißen Morgensonne schmilzt (vgl. 2. Mose 16,21); es wird dann in festverschlossenen Gefäßen, zum Schutz vor Ameisen und Würmern, aufbewahrt (vgl. 2. Mose 16,20). In der Regenzeit kann ein Beduine ungefähr 3 Pfund an einem Morgen sammeln.

MANOACH Ri 13,2.8–9.11–13.15–17.19–21; 16,31

MANOACH (»friedvoll«, »zufrieden«). Ein Daniter aus Zora, der Vater Simsons (Ri 13). Nach seinem Tod wurde Manoach »zwischen Zora und Eschtaol« begraben, wo man später auch Simson zur letzten Ruhe bettete (Ri 16,31).

MAOCH 1. Sam 27,2

MAOCH Siehe MAACHA (1).

MAON, MAONITER

MAON, MAONITER 1 Jos 15,55; Ri 10,12; 1. Sam 23,24–25; 25,1–2

1. Eine Stadt in den judäischen Bergen (Jos 15,55), nahe der Wüste Maon, wo sich David vor Saul verbarg (1. Sam 23,24); sie war auch während der Zeit der röm. Besatzung bewohnt. Maon ist das heutige Kirbet Main, südöstlich von Hebron.

MAON, MAONITER 2 1. Chr 2,45

2. Ein Sohn Schammais, aus dem Geschlecht von Kaleb; Gründer der Stadt Bet-Zur.

Teil eines Mosaikfußbodens in einer Synagoge aus dem 6. Jh., die in Maon ausgegraben wurde.

MARA 1 2. Mose 15,23; 4. Mose 33,8–9

MARA 2 Rut 1,20

MARA (»bitter«).

1. Einer der Lagerplätze auf dem Weg der Israeliten durch die Wüste; in der Wüste Schur gelegen, wo die Israeliten bitteres Wasser fanden. Nimmt man eine südliche Route an, wäre M. gleichzusetzen mit der Oase Ain Hauwara an der Ostküste des Golfs von Suez. Bei einer Nordroute wäre M. in der Gegend östlich des Siboneam-Sees (Sabbat Bardawil) zu suchen. Andere Forscher sind nach wie vor der Meinung, daß es mit Kadesch Barnea identisch ist.

2. Als Noomi mit Rut aus Moab nach Bethlehem zurückkehrte, wurde sie von der ganzen Stadt mit der Frage begrüßt: »Ist das die Noomi?« (*Noomi* bedeutet »lieblich«). Noomi antwortete: »Nennt mich nicht Noomi, sondern Mara« (das bedeutet »bitter«), »denn der Allmächtige hat mir viel Bitteres angetan« (Rut 1,20). Ihre beiden Söhne, Machlon und Kiljon, starben in Moab ohne Nachkommen. S. auch RUT, DAS BUCH.

MARALA Eine Stadt, die bei der Landnahme dem Stamm Sebulon zufiel; sie befand sich in der Nähe der Grenze zum Gebiet des Stammes Manasse. Die genaue Lage ist unbekannt.

MARALA
Jos 19,11

MARESCHA Stadt im Gebiet von Juda (Jos 15,44). Rehabeam baute M. zu einer Festung aus und legte dort Vorräte an (2. Chr 11,8.11). In der ersten Hälfte des 9. Jh. v. Chr. griff Serach, der Kuschiter, Juda an und wurde von Asa in M. geschlagen und bis nach Gerar gejagt (2. Chr 14,8–14). Bei der Aufteilung von Juda in 12 Bezirke (Jos 15) bildete M. mit anderen Städten einen Bezirk.

MARESCHA
Jos 15,44; 1. Chr 2, 42; 4,21; 2. Chr 11,8; 14,9; 20,37; Mi 1,15; 1. Makk 5,66; 2. Makk 12,35

Tel Sandahanna, das an der Stelle des alten Marescha liegt.

Die Stadt wurde 701 v. Chr. von Sanherib erobert (2. Kön 18,13). In Michas Wehruf über die Zerstörung der Städte in der Schefela wird auch M. erwähnt (Mi 1,15). Nach 586 v. Chr. fiel M. an Idumäa. Nach 1. und 2. Makk sowie Josephus Flavius war M. die größte und bedeutendste Stadt von Idumäa. Ein Verfall trat nach ihrer Eroberung durch Hyrkanus im letzten Drittel des 2. Jh. v. Chr. ein. Obwohl die Stadt 63 v. Chr. von Pompejus befreit und 57 v. Chr. von Gabinius wieder aufgebaut wurde, erholte sie sich nicht mehr. Während der Eroberung durch die Parther 40 v. Chr. wurde M. vollständig zerstört und danach nie wieder bewohnt. M. ist das heutige Tel Sandahanna nahe den Ausläufern des jüdäischen Berglandes. Ausgrabungen haben die hell. Stadt ans Licht gebracht.

Der sogenannte Mann von Mari, bekleidet mit einem fellartigen Rock. Votiv-Statue aus dem Ischtar-Tempel in Mari; Mitte des 3. Jt. v. Chr.

MARI Eine der größten Städte in Syrien, am rechten Ufer des Euphrat gelegen, heute Tell Hariri. Bevor die Stadt anhand von Inschriften, die während der Ausgrabungen gefunden wurden, identifiziert werden konnte, war sie durch Keilschrifttexte bekannt, die in Nippur und Kisch, im Süden Mesopotamiens, gefunden worden waren. Sie wird auch in den Berichten über die Feldzüge von Sargon erwähnt (Mitte des 3. Jt. v. Chr.); über ihre Eroberung geben die Briefe des Hammurabi Auskunft (1792–1750 v. Chr.). Diese spärlichen indirekten Zeugnisse wurden durch die große Menge an Dokumenten, die bei den Ausgrabungen gefunden wurden, wesentlich bereichert.

Die in den Archiven des Palastes von Zimrilim gefundenen Texte sind von außerordentlicher Bedeutung. Sie umfassen über 25 000 Keilschrifttafeln, auf denen Wirtschafts-, Gesetzes- und Diplomatentexte geschrieben sind.

Die Diplomatentexte sind Briefe, die durch Beamte, benachbarte Könige, Mitglieder der königl. Familie und Botschafter an den Königshof von M. gesandt wurden. Diese Dokumente stammen aus dem ersten Viertel des 2. Jt. v. Chr. Einige der Texte erwähnen die Habiru; auch wird der Stamm Benjamin besonders erwähnt. Die Deutung der Habiru als Hebräer ist aber unsicher (s. HEBRÄER). Die Wirtschaftsdokumente befassen sich hauptsächlich mit Nahrungsmitteln, die an den Hof geliefert oder von ihm verteilt wurden. Die Gesetzestexte beschäftigen sich v.a. mit Käufen und Verkäufen, mit dem Verleihen von Geld und Getreide.

Die Dokumente von M. geben nicht nur Auskunft über das blühende Königreich, sondern überhaupt über die Geschichte des alten Nahen Ostens und vielleicht über die ersten Hebräer.

Luftaufnahme der Ausgrabungen in Mari. (Musée du Louvre, Paris).

MARIA 1
Mt 1,16.18.20; 2,11; 13,55; Mk 6,3; Lk 1,27.30.34. 38–39.41.46.56; 2,5.16.19.34; Apg 1,14
MARIA 2
Mt 27,56. 61; 28,1; Mk 15,40.47; 16,1.9; Lk 8,2; 24,10; Joh 19,25; 20,1.11.16.18;
MARIA 3
Lk 10,39.42; Joh 11,1–2. 19–20.28–29. 31–32.45; 12,3
MARIA 4
Apg 12,12
MARIA 5
Mt 27,56. 61; 28,1; Mk 15,40. 47; 16,1; Lk 24,10; Joh 19,25
MARIA 6
Röm 16,6

MARIA

1. Die Mutter Jesu. M. war mit Josef verlobt (Mt 1,18; Lk 1,27; 2,5), als ihr der Engel Gabriel erschien und ihr ankündigte, daß sie einen vom Hl. Geist empfangenen Sohn gebären werde. Aufgrund eines im Traum empfangenen göttlichen Befehls heiratete Josef sie trotz ihrer Schwangerschaft (Mt 1, 20–24). Während dieser Zeit besuchte sie ihre Base Elisabeth, die spätere Mutter Johannes d. T., die in einem Dorf in Juda, nach der Überlieferung dem heutigen Ein Kerem, lebte. Bei diesem Anlaß pries M. Gott mit einem psalmartigen Lied (Lk 1,46–56), das später als *Magnificat* Eingang in die Liturgie der Kirche fand.

Nach der Geburt Jesu in Bethlehem (Lk 2,1–20) brachte Josef seine Frau und das Kind nach Ägypten, um den Nachstellungen des Herodes zu entkommen (Mt 2,14). Nach dessen Tod kehrte die Familie zurück und ließ sich im galiläischen Nazareth nieder (Mt 2,22 f.). Danach erwähnen die Ev.n M. u. a. bei der Hochzeit in Kana (Joh 2,1–5). Nach Mt 13,55 f. hatte M. noch vier andere Söhne und einige Töchter.

M. stand zus. mit zwei anderen Frauen dieses Namens (s. (2) bzw. (5)) unter dem Kreuz, an dem ihr Sohn Jesus starb. Nach dessen Tod »nahm sie der Jünger zu sich« (Joh 19,25–27), bei dem es sich ohne Frage um Johannes handelt. Mit ihren anderen Söhnen und den Jüngern war M. unter denjenigen, die sich in Jerusalem nach Jesu Himmelfahrt zum Gebet versammelten (Apg 1,14). Nach dieser Begebenheit wird M. in der HS nicht mehr erwähnt. Ihre Übersiedlung nach Ephesus, wohin sie Johannes mitgenommen haben soll, gehört wie die Berichte von ihrem Tod bzw. von ihrer leiblichen Aufnahme in den Himmel (sog. »Himmelfahrt Marias«) in den Bereich der frühen kirchlichen Überlieferung und teilweise der Legende, für die es keine bibl. Belege gibt.

Die apokryphen Ev.n (bes. das »Protevangelium« des Jakobus) berichten, daß Anna, »deren Leib der Herr versiegelt hatte«, M. geboren habe, nachdem ihr Ehemann Joachim 40 Tage und Nächte in der Wüste gefastet und gebetet hatte. Das weite Gebiet der späteren göttlichen Verehrung M.s als der jungfräulichen Mutter Gottes und als der großen Fürbitterin gehört in das Fachgebiet der Kirchengeschichte, nicht mehr in das der Schriftauslegung. (S. auch JUNGFRAUENGEBURT.)

2. Eine Frau aus Magdala (bzw. Magadan; heutiges Migdal) in Galiläa, die, nachdem sie von bösen Geistern geheilt worden war (Lk 8,2), eine treue Anhängerin Jesu wurde. Sie war bei der Kreuzigung zugegen als eine der Frauen, »die von ferne zusahen« (Mt 27,55–56; Mk 15,40; Joh 19,25), ebenso bei der Grablegung Jesu (Mt 27,61; Mk 15,47). Am dritten Tag ging sie zus. mit anderen Frauen zum Grab, um den Leichnam Jesu zu salben (Mk 16,1), doch fand sie das Grab leer. Ein Engel verkündete ihnen, daß Jesus von den Toten auferstanden sei. Johannes berichtet, daß ihr Jesus selbst begegnete, den sie jedoch erst erkannte, als er sie beim Namen nannte (Joh 20,14ff.). Die Jünger glaubten ihr zunächst nicht (Lk 24,11), bis ihnen der Auferstandene selbst begegnete.

Die Kapelle des Brunnens Marias unter der Kirche der Verkündigung Mariä in Nazareth. Dort soll Maria Wasser für ihre Familie geschöpft haben.

3. Die Schwester von Marta und Lazarus (Joh 11,1). Sie war wegen ihrer aufmerksamen Hörbereitschaft von Jesus gelobt worden, »das gute Teil erwählt« zu haben (Lk 10,42). Als ihr Bruder krank wurde, sandten M. und Marta nach Jesus (Joh 11,3). Als Jesus scheinbar zu spät kam, sagte M. bekümmert zu ihm: »Herr, wärst du hier gewesen, mein Bruder wäre nicht gestorben« (Joh 11,32). Nach der Auferweckung des Lazarus von den Toten salbte M. Jesu Füße mit Narde und trocknete sie mit ihrem Haar (Joh 12,1–8).

4. Mutter des Johannes Markus. Petrus kam nach seiner wundersamen Befreiung aus dem Gefängnis in ihr Haus.

5. Die sonst nicht bekannte Mutter der Brüder Jakobus und Josef (Mt 27,56; Mk 15,40), von Matthäus auch »die andere Maria« genannt (Mt 27,61; 28,1). Sie war mit anderen Frauen Jesus von Galiläa an gefolgt und beobachtete aus der Ferne, zus. mit M. (1) und (2), die Kreuzigung Jesu (Mt 27, 55–56). Sie war auch unter den Frauen, die zum Grab gingen, um seinen Leichnam zu salben (Mk 16,1; Lk 24,10). Nach Joh 19,25 war sie vielleicht die Schwester Marias, der Mutter Jesu (s. MARIA (1)) und die Frau des Klopas (Kleopas nach Lk 24,18).

6. Ein Mitglied der christl. Gemeinde Roms, »die viel Mühe und Arbeit um euch gehabt hat« und der Paulus seine Grüße entsandte.

MARKUS
Apg 12,12.25; 15,37.39; Kol 4,10; 2. Tim 4,11; Phlm 24; 1. Petr 5,13

MARKUS Ein Jude aus Jerusalem, dessen voller Name Johannes Markus lautete (Apg 12,12). Seine Mutter war Maria (4), deren Haus als Versammlungsort für die ersten Christen diente (Apg 12,12). M. war ein Vetter des Barnabas (Kol 4,10) und begleitete diesen und Paulus auf ihrer Rückreise von Jerusalem nach Antiochia (Apg 12,25; 13,1) sowie auf ihrer ersten Missionsreise (Apg 13,5). Er verließ sie aber an der Südküste Kleinasiens wieder und kehrte nach Jerusalem zurück (Apg 13,13). Paulus entschied, ihn nicht auf die zweite Missionsreise mitzunehmen, worauf Barnabas mit M. nach Zypern ging (Apg 15,37–39). Jahre später schloß sich M. wieder Paulus an (Kol 4,10), und es scheint, als hätte Paulus ihm vergeben; er bezeichnete ihn später als »Mitarbeiter« (Phlm 24).

M. war aber offenbar zeitweilig auch der Reisebegleiter des Petrus, vermutlich bis zum Aufenthalt des Apostels in Rom. Die Anmerkung in 1. Petr 5,13: »Es grüßt euch aus Babylon die Gemeinde, die mit euch auserwählt ist, und mein Sohn Markus« bezieht sich wegen des Decknamens »Babylon« zweifellos auf Rom. Deshalb spricht vieles für die Annahme, daß das Markusev. seinen Ursprung in Rom hat und für die dortigen Christen verfaßt worden war. Dabei ist die Vermutung, daß M. mit dem unbekannten jungen Augenzeugen der Gefangennahme Jesu (Mk 14,51 f.) sich selbst gemeint hat, Allgemeingut der M.auslegung.

Das Evangelistensymbol des M. ist der Löwe.

MARKUS, DAS EVANGELIUM NACH Das zweite der vier Ev.n im Kanon des NT enthält weniger Reden Jesu, stimmt aber weithin mit den beiden anderen Synoptikern Mt und Lk überein (s. SYNOPTIKER). Weithin gilt Mk als das erste und älteste der vier Ev.n. Es sei dann von Matthäus und Lukas benutzt und durch eine Sammlung von Jesusworten erweitert worden. Diese sog. »Markushypothese« der wissenschaftlichen Auslegung des NT wirft jedoch einige Fragen auf: So wird sie u. a. damit begründet, daß Mk das kürzeste Ev. ist und kaum solche Texte aufweist, die nicht auch in den anderen Ev.n vorkommen. Doch enthält Mk auch Passagen, die in dieser Form weder Mt noch Lk aufweisen: die Heilung des Taubstummen (7,32–37) und des Blinden (8,22–26) oder das Gleichnis von der selbstwachsenden Saat (4,26–29). (Vgl. dazu im übrigen SYNOPTIKER.) Zur Verfasserfrage ist daran festzuhalten, daß die altkirchlichen Zeugnisse übereinstimmend die Abfassung des zweiten Ev. durch Johannes Markus bezeugen, den Sohn jener Maria, in deren Haus sich die Urgemeinde versammelte (Apg 12,12). (Vgl. MARKUS.)

Wichtig ist eine Notiz des Bischofs Papias von Hierapolis (um 140 n. Chr.), wonach Markus später Reisebegleiter und Dolmetscher des Petrus war (vgl.

(links) Fragment des Markusevangeliums (8,10–26) aus einem griech. Papyrus des 3. Jh. n. Chr. (Chester-Beatty-Bibliothek).

Eingang der St. Markus-Kirche, die an der Stelle erbaut ist, wo der Tradition nach das Haus der Maria, der Mutter des Johannes Markus, in Jerusalem stand.

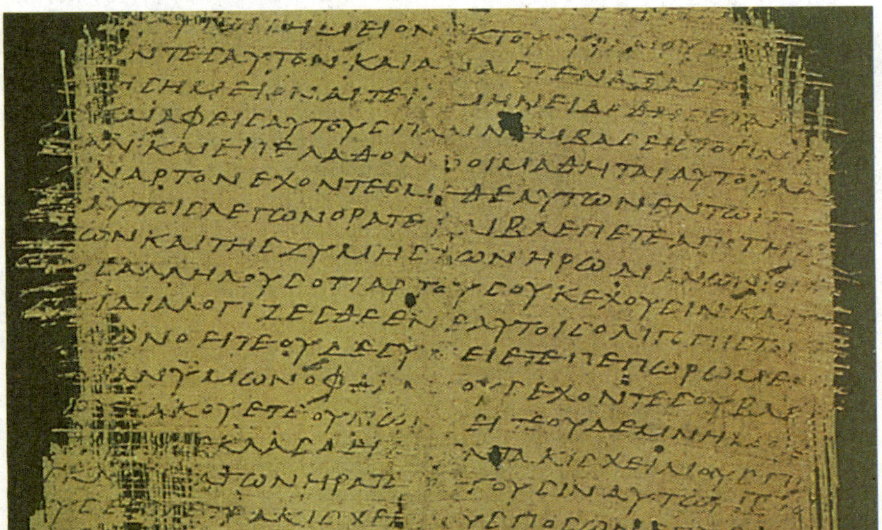

1. Petr 5,13) und alles, was er von diesem hörte, niederschrieb und später ordnete. Irenäus, Clemens von Alexandrien und Eusebius bestätigen dies, wobei die beiden letzteren hinzufügen, daß Petrus die Aufzeichnungen des Markus gutgeheißen habe. Demnach entstand das Ev. kurz vor oder nach dem Tod des Petrus, d. h. wahrscheinlich in den Jahren 64–67 n. Chr.

Aus dem Ev. selbst läßt sich die Nähe zu Petrus deutlich erkennen. Die Person des Petrus wird mehrfach bes. betont, wobei jedoch Begebenheiten fehlen, in denen Petrus bes. gelobt wurde (vgl. z. B. Mk 8,29–30 mit Mt 16,16–20, und Mk 6,51–52 mit Mt 14,28–33). Z. Zt. der Abfassung des 1. Petr befand sich Markus wohl in Rom bei Petrus (1. Petr 5,13).

Das Ev. ist unverkennbar für nichtjüd. Leser bestimmt: Mk zitiert selten das AT; er bringt kein Geschlechtsregister Jesu, aber er erklärt aram. Ausdrücke (3,17; 5,41; 7,34; 10,46; 14,36; 15,22; 15,34), jüd. Bräuche (7,2–3; 14,12; 15,42) und geographische Angaben (1,9; 11,1). Darüber hinaus finden sich einige lat. Fremdwörter im Grundtext, z. B. *Legion* (5,9); *krabatos* für das Bett des Gelähmten (2,4.9.11), *speculator* für den Henker (6,27) oder *centurion* für den Hauptmann unter dem Kreuz (15,44).

Markus hebt in seinem Ev. bes. den Ausdruck »Menschensohn« hervor, den Jesus als Selbstbezeichnung dann verwendet, wenn er eine Hoheitsaussage im Sinn seiner göttlichen Vollmacht oder gerade auch im Sinn seines bestimmungsgemäßen Weges im Heilsplan Gottes macht und dies zugleich doch dem Ausdruck nach verschleiert. Dies ist geradezu das Thema des Mk: Jesus ist der König des in ihm nahenden Reiches Gottes, aber noch ist er der verborgene, der verhüllte König (Mk 1,23.24.34.44; 2,10.11; 3,11.12; 4,11.12; 5,43; 7,36; 8,27–30).

Jesu Messianität erscheint als Geheimnis, in Worten und Wundern, bes. aber im Leiden Jesu. Dieses Geheimnis des noch verhüllten Königs zieht sich durch das ganze Ev.

In bestimmter Weise gilt das sogar für die Jünger Jesu. Markus betont z. B., daß die Zwölf kein Verständnis für das Leiden des Menschensohnes aufbringen können (Mk 8,27–33; 9,9–13; 9,30–32; 10,35–45). Den Menschen »draußen« ist es schon gar nicht gegeben, das Geheimnis des Reiches Gottes zu verstehen (4,11). Dieses Geheimnis bleibt verborgen, bis Jesus nach seiner Verhaftung vor den Hohenpriester gebracht wird (14,62); seinem engsten Vertrauten tut Jesu es zwar »frei und offen« kund (8,32) – dennoch verstehen sie es auch dann noch nicht.

Die Theologie des Mk erhält ihr Gepräge durch zwei ineinandergreifende Linien der Predigt vom Reich Gottes: einmal in der Gegenwärtigkeit der Königsherrschaft Gottes, zum anderen in ihrer zukünftigen Vollendung. Die Gegenwärtigkeit des »herbeigekommenen« Reiches Gottes (1,15) beruht auf der Gegenwart Christi. Wo er ist, da ist die Königsherrschaft Gottes schon jetzt angebrochen (2,19; 3,22–27; 5,1–16; 12,34). Die zukünftige Vollendung des Reiches Gottes geschieht jedoch jenseits dieses irdischen Äons. Wo der Messias, der Christus ist, da weist er immer auf das Kommende, auf die eschatologische Erfüllung der Königsherrschaft Gottes (4,26–29; 9,1; 10,17–27.29–31.35–40; 14,25). Dies geschieht auch dort, wo der Ausgangspunkt der Verkündigung zunächst ein Geschehen in dieser Weltzeit ist wie z. B. die Ankündigung der Zerstörung Jerusalems (13,1f.), die dann mit einer Überleitung (13,3–8) hinausweist auf die künftigen apokalyptischen Nöte und Zeichen (13,9–23) und auf die Wiederkunft des Menschensohnes zum Weltgericht (13,24–37).

Für die Zielsetzung des Mk wichtig ist die schwierige Frage des sog. »unechten Markus-Schlusses«. Die V. 9–20 des letzten Kapitels fehlen nämlich in allen alten griech. Hss. des NT, v. a. im *Codex Sinaiticus* und im *Codex Vaticanus*. In den ältesten und wichtigsten Textzeugen finden sich von Kap. 16 nur die ersten acht Verse. Sie schließen mit dem abrupten Hinweis auf die Frauen, denen ein Engel von der Auferstehung Jesu berichtet, worauf sie mit »Zittern und Entsetzen« vom Grab fliehen (16,8). Der Schlußteil des Kapitels (V. 9–20) ist erst in jüngeren Hss. bezeugt, so in dem *Codex Alexandrinus* aus dem 5. Jh. und in einigen syr. und lat. Übersetzungen des NT. Ebenso kennen ihn einige altkirchliche Autoren wie Irenäus (um 180), Tertullian und Titan (beide um 200) – im Unterschied zu Clemens von Alexandrien (um 210), Origenes (um 250) und Eusebius (um 340). Demnach war der Schlußteil also schon vor der Entstehung der Codices *Sinaiticus* und *Vaticanus* da und dort im Umlauf, aber offensichtlich nicht offiziell akzeptiert. – Neben diesem längeren Schluß gibt es noch zwei weitere kürzere Versionen des Schlusses nach V. 8, doch sind diese weitaus weniger gut bezeugt.

Inhaltlich fällt bei diesem Schlußteil auf, daß er deutlich Spuren aus den drei anderen Ev.n aufweist: aus Mt v. a. den Missionsbefehl (Mt 28,18–20 in 16,15), aus Lk den Hinweis auf die Emmausjünger (Lk 24,13–35 in 16,12) und die Himmelfahrt (Lk 24,51 und Apg 1,9 in 16,19), aus Johannes die Erscheinung des Auferstandenen vor Maria aus Magdala (Joh 20,11–18 in 16,9). Man hat darum diesen Markusschluß auch schon als die älteste Evangelienharmonie bezeichnet, mit der man den fast unerklärlich schroffen Abbruch des Berichts in V. 8 beseitigen wollte.

Diese ganze Frage ist aus drei Gründen grundsätzlich bedeutsam: (1) Der Missionsbefehl, verbunden mit einem Taufauftrag, wie er hier in V. 15 und 16 steht, unterstreicht die Absicht des zweiten Ev., die Welt der Völker und des Heidenchristentums (s. o.; vgl. auch 15,39) anzusprechen. (2) Sollte der Markusschluß von anderer, späterer Hand angefügt worden sein, so wäre dies in der HS durchaus kein ungewöhnlicher Vorgang. Derselbe Geist Gottes, der z. B. im Johannesev. spricht, hat dort auch das 21. Kap. »eingegeben« (2. Tim 3,16), obwohl es, wie dort ausdrücklich gesagt wird (V. 24), nicht von Johannes, sondern von anderen, wohl von einem Anhängerkreis des Johannes nachgetragen worden ist. Dasselbe gilt etwa auch von Jer 52, einem Nachtrag nach dem letzten Wort des Jeremiabuches in 51,64, und von ähnlichen Parallelen. Die Wort-Gottes-Qualität eines bibl. Buches oder Textes hängt nicht an der erwiesenen oder behaupteten Echtheit der Urheberschaft seines Verfassers, sondern daran, daß sich der bibl. Text als Wort Gottes vielfältig bewährt hat und daß er deshalb von der christl. Kirche als normatives Gotteswort bekannt und als gültig rezipiert und proklamiert worden ist (vgl. dazu KANON). (3) Mk 16,9–20 gehört darum zum bibl. Kanon der Christenheit. Grundlage der Auslegung und der Verkündigung sind nicht einzelne Bestandteile oder Quellenschriften der bibl. Bücher, sondern die bibl. Texte, wie sie im Kanon abgeschlossen vorliegen. Auch im »unechten« Markusschluß haben wir Gottes Wort vorliegen. Die Ergebnisse oder Vermutungen der histor.-kritischen Methode ändern nichts daran, daß die Grundlage der christl. Verkündigung der kanonische bibl. Text bleibt, wie er uns in der HS vorliegt, nicht aber seine angeblich »echten« Bestandteile. Von einem »Kanon im Kanon« kann für die Kirche keine Rede sein.

INHALTSÜBERSICHT

I. In Galiläa	
1,1–45	Die Anfänge der Wirksamkeit Jesu
2,1–3,6	Streitgespräche mit den Gegnern
3,7–4,34	Jesus und das Volk
4,35–5,43	Wunderberichte
6,1–8,26	Einzelberichte
II. Auf dem Weg zur Passion	
8,27–10,52	Leidensansagen und Begegnungen auf dem Weg nach Jerusalem
III. In Jerusalem	
11,1–13,37	Die letzten Tage in Jerusalem
14,1–15,47	Die Leidensgeschichte
16,1–8	Der Osterbericht
16,9–20	Der Auferstandene

MAROT Stadt am Westrand des judäischen Hügellandes; wird nur Mi 1,12 erwähnt.

MAROT
Mi 1,12

MARSENA Einer von sieben Fürsten der Satrapien Medopersiens, mit denen sich König Ahasveros beriet, als die Königin Wasti nicht vor ihm erscheinen wollte (Est 1,12–15).

MARSENA
Est 1,14

MARTA Schwester von Maria (3) und Lazarus. Wenn Jesus sie in ihrem Haus in Betanien besuchte, diente ihm M. (Lk 10,40; Joh 12,2), während Maria zu seinen Füßen saß. M. bat ihn, ihrer Schwester zu sagen, daß sie ihr helfen solle, doch Jesus wies sie zurecht: »Marta, Marta, du hast viel Sorge und Mühe… Maria hat das gute Teil erwählt« (Lk 10,41f.). M. und ihre Schwester benachrichtigten Jesus, als ihr Bruder Lazarus erkrankte (Joh 11,3).

MARTA
Lk 10, 38.40–41;
Joh 11,1.5. 19–21.24.30. 39; 12,2

MASAI Einer der Priester, die aus der babyl. Gefangenschaft zurückkehrten (1. Chr 9,12). In Neh 11,13 erscheint sein Name als »Amaschsai«.

MASAI
1. Chr 9,12

MASCH Sohn Arams, eines Enkels von Noah.

MASCH
1. Mose 10,23;
1. Chr 1,17

MASREKA Eine edomitische Stadt, der Sitz Samlas, eines der frühen Edomiter-Stadtkönige. Die genaue Lage von M. ist unbekannt.

MASREKA
1. Mose 36,36;
1. Chr 1,47

MASSA Ein Sohn Ismaels, des Sohnes Abrahams und der Sklavin Hagar (s. ISMAEL; HAGAR).

MASSA
1. Mose 25,14;
1. Chr 1,30

MASSA UND MERIBA Zwei Ortsnamen in Refidim, so genannt, weil die Israeliten dort mit Gott haderten und sagten: »Ist der HERR unter uns oder nicht?« (2. Mose 17,7). Der Grund des Streits (beide Worte, *massa* und *meribah*, bedeuten im Hebr. »Streit«) war der Mangel an Wasser in Refidim.

MASSA UND MERIBA
2. Mose 17,7;
5. Mose 6,16; 9,22; 33,8;
Ps 95,8;

MASSE UND GEWICHTE Die ältesten Richtlinien für Maße und Gewichte stammen aus Ägypten und Babylonien. Das babyl. Sexagesimalsystem (Sechzigersystem) basiert auf einer Längeneinheit, die aus astronomischen Berechnungen abgeleitet ist. Die Einheit für den Rauminhalt wird gewonnen, indem man die grundlegende Längeneinheit in die dritte Potenz erhebt; das Gewicht des Wassers, das solch ein Würfel aufnehmen kann, ergibt die Grundeinheit des Gewichtes. Das babyl. Maßsystem wurde im Nahen Osten des Altertums von allen Völkern übernommen.

In Palästina wurde sowohl das babyl. Sechzigersystem wie auch das ägypt. Dezimalsystem benutzt. Die Hebräer, die urspr. das babyl. System verwendeten, führten einige Änderungen ein – das Resultat des ägypt. Einflusses. Weitere Änderungen am babyl. System wurden von den Phöniziern und Persern vorgenommen.

Schekel-Steingewichte, in En-Gedi gefunden; 7. Jh. v. Chr. (Israelische Regierungsabteilung für Altertümer und Museen).

Die Maß- und Gewichtseinheiten im AT gehören zu beiden Systemen (dem ägypt. und dem babyl.), je nachdem, zu welcher der verschiedenen Kulturen zu dem bestimmten Zeitpunkt, über den berichtet wird, engerer Kontakt bestand.

LÄNGENMASSE Bei den frühen Völkern dienten die Gliedmaße des menschlichen Körpers als Längeneinheit. So ist im AT die *Fingerbreite* die kleinste Einheit (Jer 52,21); vier Fingerbreiten ergaben eine *Handbreite* (1. Kön 7,26), drei Handbreiten eine *Spanne* (2. Mose 28,16) und zwei Spannen eine *Elle*. Es gab mindestens zwei Arten von Ellen: die Groß-Elle, die für das Messen von heiligen Gegenständen verwendet wurde (Hes 40,5), und die gewöhnliche Elle, die eine Handbreit kürzer war als die Groß-Elle.

Im folgenden sind die ungefähren Werte der Längenmaße angegeben:

		Großeinheit	Kleineinheit
1 Finger		2,2 cm	1,9 cm
1 Handbreite	= 4 Finger	8,8 cm	7,6 cm
1 Spanne	= 3 Handbreiten	26,6 cm	22,8 cm
1 Elle	= 2 Spannen	53,2 cm	45,6 cm

Im NT finden sich die Wegmaße *Stadion* (Offb 14,20; ca. 185 m), *Meile* (Mt 5,41; ca. 1,5 km) und *Sabbatweg* (Apg 1,12, ca. 1 km).

HOHLMASSE Die Hohlmaße der Israeliten basierten auf dem babyl. Sechzigersystem. Die kleinste Einheit war das *log* (LÜ: »Becher«; 3. Mose 14,10 u. a.), das für trockene Materialien und Flüssigkeiten verwendet wurde; vier *log* ergaben ein *kab* (LÜ: »eine Handvoll«; 2. Kön 6,25); 1,8 *kab* ergab einen *omer* (LÜ: »Krug«; 2. Mose 16,16 usw.) Zehn *efa* (LÜ: »Scheffel, Tonne«) ergaben einen *letech*; zwei *letech* ergaben einen *homer* oder *kor* (LÜ: »Sack«, 3. Mose 27,16; »Scheffel«, Jes 5,10; »Fuß«, Hes 45,10–14).

HOHLMASSE FÜR FLÜSSIGKEITEN Hierzu zählen *log*, *kab*, *hin* (LÜ: »Kanne«; 2. Mose 29,40), *bat* (LÜ: »Eimer«, 1. Kön 7,26.38; es hat dasselbe Fassungsvermögen wie das *efa*, LÜ: »Scheffel«, Ri 6,19;), sowie *kor* (1. Kön 5,2.25; LÜ »Eimer«), das dem *homer* gleich ist. Die *mesurah* ist kein festes Maß, sondern bedeutet eine kleine Menge einer Flüssigkeit (3. Mose 19,35 u. a.; LÜ »Maß«).

Die folgende Tabelle zeigt das Verhältnis der Flüssigmaße an; mit Ausnahme von *homer* sind es Multiplikationen oder Quotienten im Sexagesimalsystem.

1 *log*					0,54 l
4 *log* =	1 *kab*				2,2 l
12 *log* =	3 *kab* =	1 *hin*			6,6 l
72 *log* =	18 *kab* =	6 *hin* =	1 *bat* =	Trockenmaß *efa*	39,38 l
720 *log* =	180 *kab* =	60 *hin* =	1 *kor* =	Trockenmaß *homer*	393,8 l

GEWICHTE Das isrl. Gewichtssystem bezog sich ebenfalls auf die babyl. Norm, obwohl die Werte der Gewichte nicht immer dieselben waren. Die Werte der Babylonier waren: Eine *manä* umfaßte 60 Schekel; 60 *manä* bzw. 3 600 Schekel ergaben ein *kikkar*.

Es gab zwei Gewichtssysteme, von denen die Werte des einen doppelt so groß wie die des anderen waren. Diese doppelte Norm des Gewichtes mit einer leichten *manä*, die ungefähr 450 g wog, war im ganzen Nahen Osten des Altertums verbreitet.

Neben dem babyl. System entwickelten die Phönizier und die Griechen ein anderes System, mit einem schweren Schekel, der ca. 14,5 g wog, und einem leichten von ca. 7,25 g. Bei diesem System enthielt die *manä* 50 anstatt 60 Schekel, das *kikkar* 3 000 anstatt 3 600 Schekel. Die Teilung in 50 stammte vermutlich vom ägypt. Dezimalsystem. Dieses System, das von den phöniz. Kaufleuten benutzt wurde, wurde auch von den Israeliten, den Persern, Griechen und später auch von den Römern übernommen, die es ihrem Bedarf entsprechend modifizierten. Neben diesen Systemen wurden zu versch. Zeiten und an versch. Orten auch andere Systeme benutzt.

Bei Ausgrabungen in Palästina wurden – v.a. aus dem 7.–6. Jh. v. Chr. – kleine Steingewichte mit eingeritzten Symbolen gefunden. Einige dieser Symbole stellen Zahlenwerte dar, während auf anderen die Namen des Gewichts geschrieben sind. Beim Messen von Hunderten solcher Gewichte ergab sich, daß die gleiche Einheit beachtlich variieren konnte. Es scheint, daß versch. Gewichtswerte der gleichen Grundeinheit für versch. Waren benutzt wurden, wie dies auch heute noch mitunter vorkommt.

Im AT wird ein Gewicht »ein Stein« genannt, womit auf das Material hingewiesen wird, aus dem es hergestellt wurde. Die HS warnt Menschen, die unterschiedliche Gewichte beim Verkaufen und beim Kaufen verwenden (5. Mose 25,15; Am 8,5 usw.). Der Kaufmann trug die Gewichte in seinem Beutel (5.Mose 25,13 usw.). Wenn ein Gewicht von der Regierung anerkannt worden war, nannte man es »königliches Gewicht« (2. Sam 14,26). Die Waren wurden auf Waagen gewogen, die aus zwei Schalen bestanden, die gleich an Größe und Gewicht waren und die an drei oder vier Schnüren an den Enden eines waagerechten Stockes aufgehängt wurden, der von einem kurzen Strick gehalten wurde. Bei einer anderen Art des Wiegens wurde der Stock auf einen feststehenden Sockel gelegt. Bei Ausgrabungen wurden viele solcher Waagen gefunden.

Zwei Gruppen von Gewichten mit Waagschalen. Auf der linken Seite der Schalen liegen unbeschriftete Gewichte aus der kanaanitischen Zeit. Die beschrifteten Schekel-Gewichte auf der rechten Seite der Waagschalen stammen aus der judäischen Zeit.

GEWICHTE IN ISRAEL ZUR ZEIT DES AT Die kleinste Einheit ist das *gera* (etwa 0,5 g; LÜ: »Gramm«) oder 1/20 Schekel (2. Mose 30,13). Andere kleine Gewichtseinheiten sind 1/4 Schekel (1. Sam 9,8: »ein Viertel-Silbertaler«), 1/3 Schekel und ein *beka*, d.h. 1/2 Schekel (2. Mose 38,26: »ein halbes Lot«). Am häufigsten begegnet im AT der *Schekel* (LÜ: »Lot«; 2. Mose 30,23 ff. u. a.). Es ist nicht immer eindeutig, auf welche Gewichtseinheit Bezug genommen wird. Möglicherweise entsprach der Schekel, der in 2. Mose, 3. Mose und 1. Kön erwähnt wird, dem Schekel von Aegina, der ca. 11,5 g wog. Die *manä* (LÜ: »Pfund«; Neh 7,71 u. a.) gehörte zum phöniz. Gewichtssystem; sie entsprach 50 Schekeln. Die *manä* war in der Frühzeit Israels vermutlich die der Babylonier von 50 (schweren) Schekeln (z.B. 1. Kön 10,17). Das *kikkar* LÜ: »Zentner«) wird häufig als eine bestimmte Menge Silber und manchmal als Gewichtseinheit (2. Mose 37,24) erwähnt. Das *kikkar* war in der Spätzeit Israels das phöniz. *kikkar* (= 3000 Schekel, ca. 35 kg), während sich diese Gewichtsangabe in früheren Schriften des AT auf babyl. und syr. Gewichtseinheiten bezieht.

In der Zeit nach der Rückkehr aus dem babyl. Exil entwickelten die Juden ein System von Gewichten, das auf einer Kombination von Gewichtseinheiten aus dem phöniz., dem griech. (attischen) und dem röm. System basierte. Die Gewichtswerte dieses Mischsystems waren:

6 *maot*	= 1 *zuz*	3,36 g
2 *zuzim*	= 1 (leichter) Schekel	6,72 g
4 *zuzim*	= 1 (schwerer) Schekel	13,74 g
50 *zuzim*	= 1/2 *manä*	168 g
100 *zuzim*	= 1 *manä*	336 g
6 000 *zuzim*	= 1 *kikkar*	20,16 kg

MATRED 1. Mose 36,39; 1. Chr 1,50

MATRED Schwiegermutter des Königs Hadar von Edom, im Geschlechtsregister der Edomiter.

MATRI 1. Sam 10,21

MATRI Familie oder Sippe des Stammes Benjamin. Saul, der erste König Israels, gehörte dieser Sippe an.

MATTAN (»Geschenk«).

MATTAN 1 Mt 1,15

1. Der Vater jenes Jakob, der im Stammbaum Jesu nach Mt der Vater Josefs war.

MATTAN 2 2. Kön 11,18; 2. Chr 23,17

2. Ein Baalspriester in Jerusalem, der getötet wurde, nachdem die mörderische Königin Atalja der Verschwörung des Priesters Jojada zum Opfer gefallen war (2. Kön 11).

MATTAN 3 Jer 38,1

3. Vater jenes Schefatja, der z. Zt. des Königs Zedekia zus. mit anderen Oberen Jerusalems Jeremia in die verschlammte Zisterne warf (Jer 38).

MATTANA 4. Mose 21,18–19

MATTANA Eine der Lagerstätten Israels bei dem Zug durch die Wüste (4. Mose 21,18 f.), bereits im Ostjordanland. Eusebius lokalisiert M. am Ufer des Arnon, 19 km östlich von Medeba.

MATTANJA (»Geschenk Ja[hwe]s«).

MATTANJA 1 2. Kön 24,17

1. Onkel König Jojachins von Juda, den Nebukadnezar an dessen Stelle zum König ernannte und dabei in »Zedekia« umbenannte.

MATTANJA 2 1. Chr 9,15; Neh 11,17.22; 12,8.35

2. Name mehrerer Leviten. Nachkommen von Asaf, die aus der babyl. Gefangenschaft zurückkehrten und sich in Jerusalem niederließen; sie sangen im Chor mit.

MATTANJA 3 1. Chr 25,4.16

3. Einer der Söhne Hemans. Er war z. Zt. Davids für die neunte Abteilung der Tempelsänger verantwortlich.

MATTANJA 4 2. Chr 20,14

4. Ein Levit, ein Sohn Asafs.

MATTANJA 5 2. Chr. 29,13

5. Ein Levit, ein Sohn Asafs, der bei der Tempelreinigung unter Hiskia mitwirkte.

MATTANJA 6 Esr 10,26

6. Ein Rückkehrer aus dem babyl. Exil, der seine nichtjüd. Frau unter Esra verstoßen mußte.

MATTANJA 7 Esr 10,27

7. Ein anderer Rückkehrer, der seine nichtjüd. Frau verstoßen mußte.

MATTANJA 8 Esr 10,30

8. Ein weiterer Exilsrückkehrer, der unter Esra seine heidnische Frau verstoßen mußte.

MATTANJA 9 Esr 10,37

9. Ein weiterer Exilsrückkehrer, der seine Frau verstoßen mußte.

MATTANJA 10 Neh 13,13

10. Großvater des Hanan, eines der Verwalter über die Vorräte im Tempel z. Zt. Nehemias; vielleicht identisch mit (2).

MATTANJA 11 Neh 12,25

11. Ein Levit, der unter den Exilsrückkehrern aufgeführt ist.

MATTAT 1 Lk 3,24

MATTAT (»Geschenk Gottes«). Name zweier Vorfahren Jesu bei Lk:

1. Vater von Eli und Großvater Josefs.

MATTAT 2 Lk 3,29

2. Vater Jorims.

MATTATA Lk 3,31

MATTATA (»Geschenk Gottes«). Enkel Davids und Vater von Menna im Stammbaum Jesu nach Lk.

MATTATTA Esr 10,33

MATTATTA (»Geschenk Ja[hwe]s«). Einer der vielen Israeliten, die ihre nichtjüd. Frauen auf Anweisung Esras verstoßen mußten.

MATTENAI (»Geschenk Gottes«).

MATTENAI 1 Esr 10,33

1. Einer der Rückkehrer aus dem babyl. Exil, die eine Nichtisraelitin geheiratet hatten und diese dann auf Anordnung Esras verstoßen mußten.

MATTENAI 2 Esr 10,37;

2. Ein anderer Exilsrückkehrer gleichen Namens, der eine nichtisrl. Frau geheiratet hatte und sie verstoßen mußte.

MATTENAI 3 Neh 12,19

3. Oberhaupt einer Priesterfamilie z. Zt. des Hohenpriesters Jojakim.

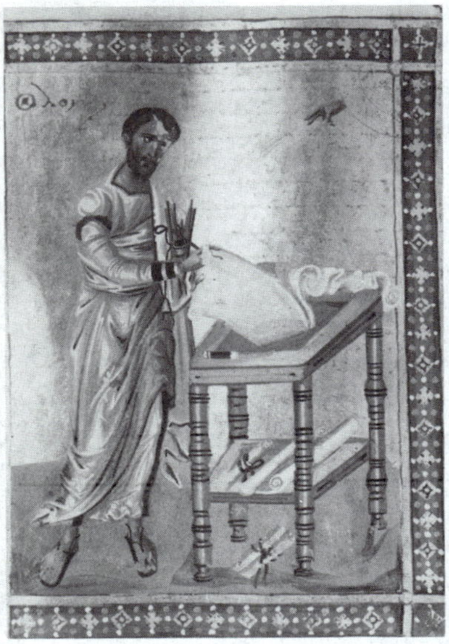

Matthäus, als eine Pergamentrolle haltender Schreiber dargestellt, aus einem byzantinischen illuminierten Manuskript.

MATTHÄUS Apostel und Evangelist. Sein Name erscheint in allen vier Verzeichnissen der zwölf Apostel (Mt 10,3; Mk 3,18; Lk 6,15; Apg 1,13). In Mt 10,3 wird als sein Beruf »Zöllner« angegeben. Die Berufung des M. durch Jesus wird in Mt 9,9 beschrieben (in den synopt. Parallelen Mk 2,14 und Lk 5,27 ist *Levi* als sein Name angegeben).

MATTHÄUS
Mt 9,9; 10,3;
Mk 3,18;
Lk 6,15;
Apg 1,13

Die frühkirchliche Tradition bezeugt einhellig, daß M. der Autor des nach ihm benannten Ev.s ist. Papias, der nach 160 verstorbene Schüler des Apostels Johannes, berichtet, daß M. die »Worte« oder »Reden« zunächst in hebr. (bzw. aram.) Sprache niedergeschrieben habe. Irenäus, Origenes und Hieronymus bestätigen dies (s. MATTHÄUS, DAS EVANGELIUM NACH). Nach einem Papias-Zitat bei Eusebius, dem Historiker der Alten Kirche und Bischof von Cäsarea (um 300), missionierte M. anfangs unter den Juden und schrieb dann das Ev., weil er auch unter anderen Völkern missionieren wollte (*Hist. Eccl.* II,24).

Weitere Nachrichten über M. verlieren sich im Bereich der Legenden, wobei offensichtlich Überschneidungen mit Traditionselementen über den nachgewählten Apostel Matthias (Apg 1,21–26) vorliegen. Der Märtyrertod des M. wird sowohl nach Äthiopien wie nach Persien und Pontus verlegt. Das Evangelistensymbol des M. ist das des Menschen, der manchmal als geflügelter Engel dargestellt wird (Offb 4,7). Damit soll die Bedeutung der wahren Menschlichkeit Jesu Christi für M. unterstrichen werden.

MATTHÄUS, DAS EVANGELIUM NACH Als erstes Buch des ntl. Kanons hat Mt in der Kirchengeschichte besonderes Gewicht für die Predigt und den Gottesdienst der Kirche. Dies gründet sich nicht zuletzt auf die Wiedergabe von Reden Jesu, die in den beiden anderen synopt. Ev.n nicht oder nicht in dieser Ausführlichkeit zu finden sind. Die schwierigen Zusammenhänge innerhalb der drei ersten Ev.n treten damit allerdings gerade bei Mt bes. hervor (vgl. dazu SYNOPTIKER).

Keines der vier Ev.n nennt den Namen seines Verfassers. Die Überschriften »Nach Matthäus«, »Nach Markus« usw. geben die kirchliche Tradition wieder. Sie ist aber auch im Fall des »Evangeliums nach Matthäus« als

Jesus und seine Ahnen (Mt 1,1–17); dargestellt auf einem Deckenmosaik in der Kariye-Kirche in Istanbul, Türkei, 14. Jh.

absolut zuverlässig anzusehen. Schon aus der frühkirchlichen Überlieferung wird die Abfassung des Mt durch den Apostel M. eindeutig bestätigt: So schreibt Bischof Papias, der nach 160 n. Chr. verstorbene Schüler des Apostels Johannes, daß M. die »Worte« oder »Reden« (*logia*) zuerst auf Hebräisch verfaßt habe. Irenäus (gest. um 200) weiß ebenfalls davon, daß M. sein Ev. in hebr. Sprache geschrieben habe, als Petrus und Paulus in Rom waren, also zu Beginn der 60er Jahre des ersten Jh. n.Chr., während Eusebius einen etwas früheren Zeitpunkt angibt. Hieronymus äußert sogar, er habe in Cäsarea eine Abschrift des in hebr. Sprache geschriebenen Mt gesehen. Demnach wurde das Ev. erst später ins Griechische übersetzt. Vielleicht ist dies durch M. selbst geschehen. Das griech. Ev. ist jedenfalls schon sehr früh als echt und apostolisch anerkannt worden.

Die Überschrift des Mt: »Nach Matthäus« (also ohne das Wort »Evangelium«) wird von der frühkirchlichen Tradition bestätigt. Innerhalb des Mt spricht nichts dagegen, daß es vom Augenzeugen und Apostel Matthäus abgefaßt worden sein kann. Die Reihenfolge der vier Ev.n im ntl. Kanon sagt als solche noch nichts über die zeitliche Abfolge ihrer Abfassung aus. Dies ist auch sonst im NT nirgends der Fall (etwa bei den Briefen oder bei der Offb). Heute geht man überwiegend davon aus, daß Mk vor Mt geschrieben worden ist. Es gibt aber auch ernsthafte Untersuchungen, die Mt zeitlich vor Mk ansetzen.

Unter den für Mt bes. charakteristischen Merkmalen sind v.a. die fünf großen Reden Jesu hervorzuheben. Sie sind als solche auch dadurch ausdrücklich gekennzeichnet, daß sie alle dieselbe Abschlußformel aufweisen: »Es begab sich aber, als Jesus diese Rede (bzw. diese Gebote, diese Gleichnisse) vollendet hatte ...« (7,28; 11,1; 13,53; 19,1; 26,1). Es handelt sich um folgende fünf Reden: die Bergpredigt (5–7), die Aussendungsrede (10), die Gleichnisse vom Himmelreich (13), die Rede über das Gemeindeleben (18) und die Endzeitrede (24–25). Es ist gut vorstellbar, daß diese Reden auf Notizen oder Mitschriften des Jüngers M. zurückgehen und später mit den Erzähleinheiten von ihm zu einem Ev. zusammengestellt worden sind (s. MATTHÄUS).

Folgende theologischen Merkmale treten bei Mt bes. hervor:

1. Es ist das am stärksten auf das AT bezogene Ev. Matthäus zieht Texte aus dem AT heran, um damit den Zusammenhang von atl.-prophetischer Verheißung und ntl. Erfüllung in der Person Jesu aufzuzeigen. Die häufige Redewendung »damit erfüllt würde« (bzw. »da wurde erfüllt« o.ä.) ist typisch für Mt (z.B. 1,22; 2,15.23; 4,14; 8,17 usf. bis 27,9.35).

2. Der Ruf Jesu zielt von Anfang an auf das »Himmelreich« als die in ihm begonnene und in der neuen, ewigen Welt zur Vollendung gelangende Königsherrschaft Gottes (vgl. REICH GOTTES). Obwohl »Himmelreich« zumeist mit »Reich Gottes« identisch ist (6,33; 12,28; Mk 1,15; 10,15; 12,34; 14,25; Lk 9,60; 17,21; Joh 3,3.5 usw.), tritt bei Mt der eschatologische Akzent bes. deutlich zutage, nicht zuletzt in den sieben Himmelreichsgleichnissen (13,3–52).

3. Trotz und wegen der ständigen Rückbeziehungen auf das AT zeigt Mt zugleich die von Anfang an vorhandenen Spannungen und zunehmenden Konfrontationen mit der theologischen Prominenz Israels auf. Die Konflikte Jesu mit den Schriftgelehrten und Pharisäern, teilweise auch mit den Sadduzäern, ziehen sich durch das gesamte Ev. und gipfeln in der harten Anklage vor der Endzeitrede (23,1–36; vgl. bes. auch 12,1–14.22–30.38–45; 16,5–12 u.a.).

4. Jesus ist nicht nur die Erfüllung des AT (s. 1.), sondern auch der Schöpfer der neuen Gemeinde. Beides zus. ist das Ev., die Botschaft. Jesus hat die Kirche gewollt und sie gegründet (16,18f.; 18,17 [wie Kap. 18 überhaupt]; 25,1–13; 28,18–20).

5. Die Selbstbezeichnung »Menschensohn« im Munde Jesu ist immer eine Hoheitsaussage, eine verhüllte Gottessohnaussage (so z.B. 9,6; 10,23; 13,41; 16,13; 18,11; 19,28; 24,30). Kennzeichnend ist dabei, daß bei Mt den

Engeln Gottes eine erhöhte Bedeutung zukommt, gerade auch im Dienst des Menschensohns (4,11; 16,27; 24,31; 25,31; 26,53; aber auch 13,39; 18,10; 24,36; 28,5).

Aufgrund der urspr. hebr. bzw. aram. Abfassung des Mt und wegen seiner häufigen Bezugnahme auf das AT kann man davon ausgehen, daß Mt zunächst für Judenchristen abgefaßt worden ist. Die griech. Übersetzung zeigt jedoch, daß es auch unter griechischsprechenden Christen weite Verbreitung fand. Das Ev. wurde wahrscheinlich in Palästina geschrieben.

INHALTSÜBERSICHT

1–4		Die Anfänge
	1–2	Die Kindheitsgeschichte Jesu
	3–4	Jesu Taufe und Versuchung; erstes Auftreten in Galiläa
5–7		Die Bergpredigt
8–9		Messiastaten in Galiläa
10		Aussendung der Jünger
11		Jesus und Johannes der Täufer; der Heilandsruf
12		Konflikte mit den Pharisäern
13,1–52		Sieben Gleichnisse vom Himmelreich
13,53–16,12		Wundertaten Jesu; Gespräche mit Juden und Heiden
16,13–20,34		Der Weg zur Passion
	16,13–28	Petrusbekenntnis und Leidensansage
	17,1–27	Verklärung Jesu und zweite Leidensansage
	18	Rede über die rechte Jüngergemeinde
	19–20	Auf dem Weg nach Jerusalem; Gespräche und Taten in Judäa
21–25		Die Tage in Jerusalem
	21,1–22	Einzug in Jerusalem und Tempelreinigung
	21,23–22,46	Letzte Streitgespräche in Jerusalem
	23	Rede gegen die Pharisäer und Schriftgelehrten
	24–25	Rede von der Wiederkunft Christi und vom Weltgericht
26–28		Passion und Auferstehung
	26,1–27,66	Abendmahl; Gethsemane; Verhöre; Jesu Kreuzigung und Begräbnis
	28	Der Auferstandene; Missions- und Taufbefehl

Münze von Mattitja Antigonus, dem Hohenpriester (40–37 v. Chr.), mit einer hebräischen Inschrift und einem doppelten Füllhorn auf einer Seite und einer griechischen Inschrift um ein Blumengewinde auf der anderen Seite.

MATTHIAS (»Geschenk Gottes«). Einer der Jünger Jesu, der durch das Los bestimmt wurde, das Apostelamt, das nach dem Tod des Judas frei geworden war, zu übernehmen. Sonst ist nichts über ihn bekannt.

MATTHIAS Apg 1,23.26

MATTITJA (»Geschenk von Ja[hwe]«).

1. Name zweier Vorfahren Jesu bei Lk.

2. Ein Levit, Nachkomme Korachs (1. Chr 9,31). M. stellte die flachen Kuchen für das Speiseopfer her.

3. Ein Levit; Leiter einer Gruppe von Tempelsängern.

4. Einer der Rückkehrer aus dem babyl. Exil, die auf Anordnung Esras ihre heidnischen Frauen verstoßen mußten.

5. Ein Träger dieses Namens stand bei Esra, als dieser dem Volk das Gesetz vorlas.

MATTITJA 1 Lk 3,25–26
MATTITJA 2 1. Chr 9,31
MATTITJA 3 1. Chr 15,18.21 16,5; 25,21
MATTITJA 4 Esr 10,43
MATTITJA 5 Neh 8,4

MAULBEERE Siehe PFLANZEN.
MAULTIER Siehe TIERE.
MAULWURF Siehe TIERE.
MAUS Siehe TIERE.

MAZEDONIEN Apg 16,9–10. 12; 18,5; 19, 21–22,29; 20, 1.3; 27,2; Röm 15,26; 1. Kor 16,5; 2. Kor 1,16; 2, 13; 7,5; 8,1; 9,2.4; 11,9; Phil 4,15; 1. Thess 1, 7–8; 4,10; 1. Tim 1,3

MAZEDONIEN, MAZEDONIER. Die reichsgottesgeschichtliche Bedeutung von M. gründet auf einem Traum des Apostels Paulus in Troas (Apg 16,6–10), in dem ihn ein Mann aus M. bat, in sein Land »herüberzukommen«. So wurde die damalige röm. Provinz M. zu dem Landstrich, in dem Europa das erste Mal mit dem christl. Glauben in Berührung kam. Nachdem Paulus christl. Gemeinden in Philippi, Thessalonich (der Hauptstadt M.s) und Beröa gegründet hatte, ging er nach Mittelgriechenland (Achaja) und ließ Silas und Timotheus als Verantwortliche für den Dienst in Beröa (Apg 17,14; 18,5). Paulus kehrte auf seiner dritten Missionsreise nach M. zurück (Apg 19–21), wobei er eine Kollekte der Gemeinde von Philippi für die verarmte Urgemeinde in Jerusalem erhielt (Röm 15,26). Die Gemeinden in M. waren die einzigen, denen er erlaubte, zu seinem Unterhalt beizutragen (2. Kor 8,1–4; Phil 4,15). Paulus behielt immer eine bes. Zuneigung zu diesen Gemeinden (1. Thess 4,10), zumal sie zeitweilig Verfolgungen um des Ev. willen zu erdulden hatten (2. Thess 1,6–8).

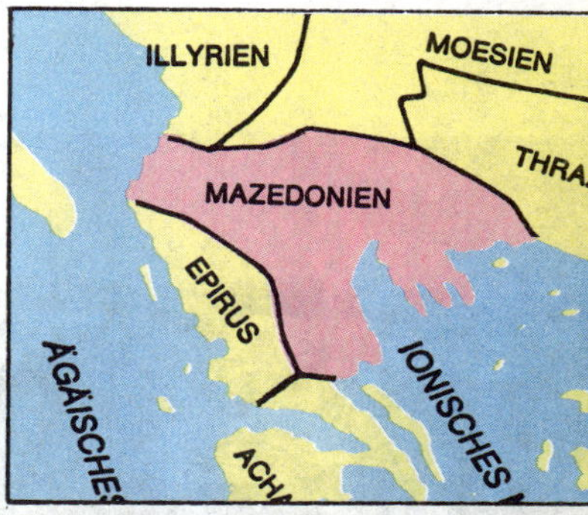

Mazedonien und seine benachbarten Provinzen.

Im AT wird M. nicht wörtlich erwähnt. Später geben die Rabbinen das bibl. *Jawan* mit »M.« wieder. Von Alexander d. Gr. wird im apokryphen Buch 1. Makk (1,1) gesagt, er sei »aus dem Lande Kittim« (Zypern) gekommen.

M. ist der nördliche Teil des heutigen Griechenlands. Das Zentrum M.s befand sich im Flachland des Golfs von Thessalonich, und das Land zog sich durch mehrere Flußtäler bis zum Balkangebirge hin. Obwohl es überwiegend gebirgig ist, hat M. auch fruchtbare Ebenen; diese waren reich an Nutzholz und Edelmetallen.

Die Mazedonier gehörten zu den griech. Stammesgruppen, wurden aber von den anderen Griechen nicht zu den Hellenen gezählt. Durch die Eroberungskriege des Mazedoniers Alexander d. Gr. (336–323 v. Chr.) wurde M. im späten 4. Jh. v. Chr. vorübergehend ein Weltreich; die Mazedonier beherrschten das östliche Mittelmeer bis weit nach Klein- und Mittelasien hinein. Die Ausdehnung des röm. Imperiums bereitete der mazedon. Periode ein Ende. 147 v. Chr. wurde M. röm. Provinz. Seine bedeutendsten Städte lagen an der ägäischen Küste; zu ihnen gehörten Thessalonich (der Sitz des Statthalters ab 44 v. Chr.), Pella und Beröa, ein Zentrum des Kaiserkultes und Ort der Versammlungen der griech. Staaten. Sechs röm. »Kolonien«, darunter Philippi, behielten eine gewisse Eigenständigkeit. Jüd. Gemeinden fand man in M. vom Ende des 1. Jh. n. Chr. an.

MEARA Jos 13,4

MEARA Ort, der den Sidoniern gehörte und der zu den Gebieten zählte, die Josua nicht erobern konnte. Die genaue Lage M.s ist unbekannt; man weiß lediglich, daß es sich in der Nähe von Sidon befunden haben muß.

MECHERA-TITER 1. Chr 11,36

MECHERATITER Ein Beiname Hefers, eines der »Helden« Davids. Er sollte vermutlich »Maachatiter« heißen, wie in 2. Sam 23,34.

MECHONA Neh 11,28

MECHONA Ort in Juda; genaue Lage unbekannt.

MEDAD 4. Mose 11,26–27

MEDAD (»Geliebt« [von Gott]). Einer der 70 Ältesten, die ausgewählt wurden, um Mose während der Wüstenzeit Israels in seinen Leitungsaufgaben zu unterstützen. Über M. und Eldad kam der Geist Gottes in einer Art Verzückung (4. Mose 11,26–27).

MEDAN 1. Mose 25,2; 1. Chr 1,32

MEDAN Dritter Sohn Abrahams von seiner Frau Ketura.

MEDEBA . Mose 21,30; Jos 13,9.16; 1. Chr 19,7; Jes 15,2

MEDEBA Stadt in Moab im Ostjordanland, die Sihon, dem Amoriter, gehörte und von den Israeliten erobert wurde (4. Mose 21,30); sie lag im Gebiet des Stammes Ruben (Jos 13,15f.). Während der Regierungszeit Davids bekämpfte Joab hier die Ammoniter und die Amoriter (1. Chr 19,7ff.). Der Moabiterkönig Mescha (s. MESCHA(2)) berichtet auf einer Stele von Omris Eroberung von M. und wie er, Mescha, es wieder befreite. In der hell. Zeit befand sich M. in den Händen der Nabatäer (1. Makk 9,35f.). Danach wurde es von Johannes Hyrkanus erobert, kam aber unter Johannes Hyrkanus II. wieder unter nabatäische Herrschaft. Wie aus nabat. Inschriften hervorgeht, die in M. gefunden wurden, befand sich die Stadt auch z. Zt. der Römer noch in nabat. Hand. 1896 wurde in einer aus dem 6. Jh. stammenden Kirche ein Mosaikfußboden entdeckt, der eine Karte des Hl. Landes darstellt. Diese

sog. »Medeba-Karte« ist eine außerordentlich wichtige Quelle zur Topographie des Hl. Landes.

MEDER Siehe MEDIEN.

MEDIEN Madai, der hebr. Name für M., wird in der Völkertafel als dritter Sohn Jafets aufgeführt (1. Mose 10,2; 1. Chr 1,5). Die Meder waren ein Volk, das im Osten von Mesopotamien lebte. M. wird oft zus. mit Persien erwähnt (Est 10,2; Dan 5,28; 8,20). Über die Geschichte M.s, eines Volkes, das offensichtlich indoiranischen Ursprungs ist, wird in assyr., babyl., pers. und griech. Quellen berichtet. Im 9. Jh. v. Chr. wurde M. von verschiedenen assyr. Königen unterworfen. Zu dieser Zeit waren die Meder in Stadtstaaten zersplittert, was es den Assyrern erleichterte, gegen sie zu kämpfen und sie in großer Zahl zu deportieren. Das Königreich M. wurde von Diokes gegründet, der die sieben Meder-Stämme vereinte (am bekanntesten unter ihnen sind die Magi, ein Geschlecht von Priestern); er regierte 53 Jahre (699–646 v. Chr.). Das Königtum wurde unter Phraortas (646–624) gefestigt, der eine Liga führte, die die assyr. Herrschaft in Gefahr brachte. Unter seinem Nachfolger Kyaxares (625–585) geriet das Königreich M. durch die Skythen, auch wenn diese schließlich von den Medern mit Hilfe der Babylonier zurückgeschlagen wurden, in starke Bedrängnis. Während die Macht der Babylonier weiter wuchs, wurden auch die Meder ein beachtlicher politischer und militärischer Faktor. Sie werden in der Weissagung Jeremias über die fremden Völker erwähnt (Jer 25,25). Der letzte König der Meder war Astyages (585–550 v. Chr.). 553 v. Chr. wurde ihr Königreich von den Persern unter Kyrus, seinem früheren Vasallen, besiegt. In der Bibel wird M. als der Feind von Babylon beschrieben (Jes 13,17–18; 21,1–10). Im Buch Daniel werden M. und Persien als eine politische Einheit beschrieben, und es wird dort vorausgesagt, daß diese vereinte Kraft Babylon besiegen wird (Dan 5,26–28).

MEDIEN
2. Kön 17,6; 18,11; Esr 6,2; Est 1,3.14. 18–19; 10,2; Jes 13,17; 21,2; Jer 25,25; 51,11.28; Hes 27,23; Dan 5,28; 6, 1.9.13; 8,20; 9,1; 11,1; Apg 2,9

MEER, DAS Wenn in der Bibel »das Meer« erwähnt wird, bezieht sich dies stets auf das Mittelmeer, an dessen Ufern drei Erdteile liegen: Asien, Afrika und Europa. Es wird in der Bibel verschieden bezeichnet, v. a. als das »M. im Westen« (5. Mose 11,24; 34,2) oder das »große M.« (Jos 23,4). Es wird auch »See bei Jafo« genannt (Esr 3,7), während der Teil, der vor dem Land der Philister liegt (von Jafo bis zur Grenze von Ägypten), als »Philistermeer« bezeichnet wird (2. Mose 23,31).

MEER, DAS
2. Mose 23,31; 4. Mose 34,5–7 5. Mose 11, 24; 34,2; Jos 1,4; 5,1; 9,1; 15,5.11–1 46–47; 16,3.6. 8; 17,9–10; 19,29; 23,4; 1. Kön 5,9; 18,43–44; 2. Chr 2,15; 20,2; Esr 3,7; Ps 80,12; Hes 47,8.10.1 17.19–20; 48,2 Dan 7,2

Münze aus Medeba, die den Triumphwagen des Gottes Helios darstellt; 210 n. Chr.
(rechts oben) Die Medeba-Karte, 1896 während der Ausgrabungen der St. Georgs-Kirche in Medeba (6. Jh.) entdeckt.
(links Mitte) Blick auf die Stätte von Medeba, südlich von Heschbon.
(links oben) Ausgrabungen in Medeba.

Unter den Stämmen Israels siedelte Sebulon an der Meeresküste (1. Mose 49,13) und nahm Handelsverbindungen auf. Das M. war die Brücke zu den »Inseln« der (heidnischen) Völkerwelt. Meeresfahrten waren mit bes. Gefahr verbunden. Paulus hatte solche Todesgefahren auf seinen Missionsreisen zu bestehen (2. Kor 11,25; vgl. Apg 27,13–44). Zu den grundlegenden Erfahrungen Israels gehörte, daß der Gott, der Himmel, Erde und *Meer* gemacht hatte (Ps 146,6), sein Volk durchs »Rote M.« geführt hatte (Hebr 11,29; Apg 7,36). Dieser Durchzug Israels durchs M. war für Paulus ein Hinweis auf die Taufe (1. Kor 10,1.2).

Das M. versinnbildlicht im AT die chaotische Urgewalt der Tiefe (1. Mose 1,2; vgl. auch SINTFLUT), die sich gegen Gottes Ordnung auflehnt (Ps 46,4; Hiob 26,12 f.; 38,8–11; vgl. LEVIATAN). Für die Antike gehörte das M. zur Unterwelt, also zum Machtbereich des Todes. Als Jona (Jona 1) ins M. geworfen wurde, wurde an ihm ein Todesurteil vollstreckt (vgl. Mt 18,6). Doch Gott verfügt über Kräfte, die aus dem Tode erretten (Jona 2,6.7.11) und auch die stürmischen Meereswellen bändigen können (Mt 8,24–27). Am Ende der Tage wird das ungestüme M. in ein »gläsernes« verwandelt sein (Offb 4,6; 15,2). Der Widerstand gegen Gott ist überwunden, so daß das M. nun die Herrschaft Gottes widerspiegeln kann. Die Todeswelt, auch das M. also, gibt seine Toten heraus (Offb 20,13). Die Todesmacht wird schließlich völlig aufgehoben sein (Offb 21,1).

MEER, KUPFERNES
1. Kön 7, 23–25.39.44; 2. Kön 16,17; 25,13.16; 2. Chr 4,2–4. 6.10.15; Jer 52,17.20

MEER, KUPFERNES Ein kupfernes (eigentlich: bronzenes, s. METALLE) Gefäß, das von Hiram aus Tyrus gegossen und in den Vorhof des Tempels Salomos gestellt wurde; es wird in 1. Kön 7,23–26 und in 2. Chr 4,2–5 beschrieben. In 1. Chr 18,8 wird berichtet, daß es aus Bronze war, die David in einem Kriegszug gegen die Aramäer erbeutet hatte. Das Gefäß hatte einen Durchmesser von 10 Ellen (etwa 5,30 m). Entsprechend seiner Wanddicke, die »eine Hand breit« war (1. Kön 7,26), mag es 33 t oder mehr gewogen haben. Der Rand war wie ein Lilienkelch geformt (2. Chr 4,5). Es stand auf 12 kupfernen Rindern, die in vier Richtungen blickten. Während der Regierungszeit von Ahas wurde es von den Rindern heruntergenommen und »auf ein steinernes Pflaster« gesetzt (2. Kön 16,17). Nach der Eroberung von Jerusalem 586 v. Chr. zerstörten die Babylonier das kupferne Meer und brachten die Bronzeteile nach Babel (2. Kön 25,13). Der Zweck dieses Gefäßes, das hebr. einfach als »Meer« bezeichnet wird, war der gleiche wie der des Beckens vor der Stiftshütte (2. Mose 30,17 ff.): der Ort für die rituellen Waschungen der Priester vor dem Gottesdienst (2. Chr 4,6).

MEFAAT
Jos 13,18; 21,37; 1. Chr 6,64; Jer 48,21

MEFAAT Stadt in Moab, im Gebiet des Stammes Ruben (Jos 13,18), die dem levitischen Geschlecht Merari zugeteilt wurde (1. Chr 6,48). Jeremia erwähnt sie in seiner Prophezeiung über Moab. Die Stadt lag vermutlich 10 km südlich von Amman.

MEFI-BOSCHET 1
2. Sam 4,4; 9,6.10–13; 16, 1.4; 19,25–26. 31; 21,7
MEFI-BOSCHET 2
2. Sam 21,8

MEFI-BOSCHET (vermutlich eine absichtliche Abänderung des Namens *Merib-Baal* [1. Chr 8,34; 9,40], die das Wort »Schande« [hebr. *boshet*] anstelle des Namens des heidnischen Gottes Baal setzte).

Name zweier Angehöriger der Sippe des Königs Saul.

1. Ein Sohn Jonatans. In 1. Chr 8,34 und 9,40 wird er *Merib-Baal* genannt, was vermutlich sein urspr. Name war. Er wurde im Alter von fünf Jahren lahm, weil seine Amme ihn fallen ließ, als sie nach der Nachricht vom Tod Sauls aus dem Palast floh (2. Sam 4,4). Als David die Männer aus dem Hause Saul den Gibeonitern übergab, verschonte er M. wegen seines Eides, den er Jonatan geschworen hatte (2. Sam 21,7).

M. befand sich im Ostjordanland, im Hause Machirs (2. Sam 9,4), als er von David aufgefordert wurde, an den Hof zu kommen. Als Zeichen der Dankesschuld gegenüber M.s Vater Jonatan gab David den Besitz von Saul und dessen ganzer Sippe an M. zurück (2. Sam 9,7–11.13).

Während Absaloms Aufstand blieb M. mit Absalom in Jerusalem, während M.s Knecht Ziba David mit Proviant unterstützte. Er wurde deswegen mit einem Teil des Besitzes von M. belohnt (2. Sam 16,1–4). Als David nach Jerusalem zurückkehrte, fand er M. in Trauerkleidern vor; obwohl der

König seine Abbitte akzeptierte, gestattete er ihm nicht, seinen gesamten Besitz zu behalten; er bestimmte, daß er ihn mit Ziba teilen mußte (2. Sam 19,24–30). – M. hatte einen Sohn, Micha (2. Sam 9,12; 1. Chr 8,34; 9,40).

2. Ein Sohn Sauls von seiner Nebenfrau Rizpa. Zus. mit seinem Bruder Armoni und den fünf Söhnen von Sauls Tochter Merab wurde M. von David den Gibeonitern übergeben (2. Sam 21,8f.) – als Sühne dafür, daß sie unter Saul leiden mußten. Die Gibeoniter richteten die Gefangenen hin, doch sie bestatteten sie nicht. M.s Mutter bewachte die Toten, bis sie auf Anordnung Davids begraben wurden (2. Sam 21,10–14).

MEGIDDO Jos 12,21; 17,11; Ri 1,27; 5,19; 1. Kön 4,12; 9,15; 2. Kön 9,27; 23,29–30; 1. Chr 7,29; 2. Chr 35,22; Sach 12,11

MEGIDDO Eine der bekanntesten kanaan. Städte. Ihre Berühmtheit rührt v.a. von ihrer außergewöhnlichen strategischen Lage her: Gelegen an der Stelle, wo der Iron-Bach in die Jesreel-Ebene eintritt, beherrschte sie die internationale Route zwischen Ägypten und Syrien/Mesopotamien. Aufgrund dieser Lage war die Gegend um M. Schauplatz vieler kriegerischer Auseinandersetzungen. Der eschatologische Name dieser Stadt – HARMAGEDON – bezeichnet den Ort, an dem der letzte Kampf am Ende der Tage zwischen den Heeren Gottes und denen des Satans stattfinden wird (Offb 16,16ff.).

Über der immer wieder zerstörten und wiederaufgebauten Stadt wuchs ein über 20 Schichten umfassender Ruinenhügel – der Tell el-Mutesillim (arab.: »Hügel des Gouverneurs«), die Stätte einer der umfassendsten und berühmtesten Ausgrabungen, die je im Land der Bibel vorgenommen worden sind.

M. wird schriftlich zum erstenmal im Zusammenhang mit einer der am besten geschilderten Schlachten des Altertums erwähnt. Thutmosis III. (15. Jh. v. Chr.) führte einen Kriegszug gegen ein Bündnis kanaan. Städte, die sich gegen die ägypt. Herrschaft auflehnten. Der Schlacht, die in der Nähe von M. stattfand, folgte eine siebenmonatige Belagerung der Stadt selbst. Das siegreiche ägypt. Heer nahm große Mengen an wertvoller Kriegsbeute mit. Thutmosis III. machte dann M. zu einer bedeutenden ägypt. Festung; die Stadt behielt ihre strategische Bedeutung während der gesamten Zeit

Luftaufnahme der Ausgrabungen am Ruinenhügel von Megiddo.

Überreste von Gebäuden in Megiddo, wahrscheinlich Lagerhäuser oder Unterkünfte aus der Zeit Ahabs.

(links) Modell der Stadt Megiddo, das hauptsächlich Schichten aus der frühkanaanitischen Epoche zeigt.

ägypt. Herrschaft. Ihr Name findet sich in den El-Amarna-Briefen u.a. Quellen aus dieser Epoche.

M. wurde bei der Landnahme von den Israeliten nicht erobert; die Stadt blieb während der Richterzeit selbständig innerhalb des Gebietes des Stammes Manasse (Jos 17,11–13; Ri 1,27f.; 1. Chr 7,29). Erst unter Salomo wurde M. zu einer isrl. Stadt und wurde – zugleich mit Hazor und Geser – befestigt. Kurz danach, im fünften Jahr der Regierung Rehabeams (ca. 925 v. Chr.) wurde sie dennoch von den Ägyptern unter Pharao Schischak erobert. Jahrhunderte später fiel sie in die Hände von Tiglat-Pileser III. von Assyrien (733/32 v. Chr.), der sie zur Hauptstadt der assyr. Provinz Maggidu machte. Nach der schweren Niederlage Josias gegen den Pharao Necho i.J. 609 v. Chr., die er bei M. erlitt (2. Kön 23,29; 2. Chr 35,22), wird die Stadt nicht mehr erwähnt.

Der Tell (Schutthügel) von M. wurde erstmals 1903 bis 1905 ausgegraben; zwischen 1925 und 1939 wurden weitere bedeutende Ausgrabungen vorgenommen. Insgesamt enthält der Tell von M. 24 Schichten, die in ihrer zeitlichen Abfolge numeriert sind (Nr. XX bis I; einige sind noch in A und B unterteilt).

Diese Schichten stammen aus der Zeit von 3 300 bis 350 v. Chr., aus einem Zeitraum von ca. 3 000 Jahren. Die ersten sechs Schichten (XX–XV) stammen aus der frühkanaan. Zeit und zeigen einfach gearbeitete Ziegelsteinbauten. Schicht XIX weist ein Gebäude auf, das als Tempel angesehen wird – der erste einer Reihe von Tempeln, die hier gebaut worden sind. Die erste eigentliche Stadt (in Schicht XVIII) war von einer Steinmauer umgeben, die ca. 8 m breit und mindestens 4 m hoch war. An der Stelle des ersten Tempels wurde ein großer, kreisförmiger Altar aus kleinen Bruchsteinen ausgegraben. Dieser Steinaltar blieb lange Zeit unverändert; im letzten Stadium Frühkanaans wurden drei nahezu identische Tempel um ihn herum gebaut.

Die Schichten XIII bis X stammen aus der mittleren Epoche Kanaans (ca. 2 000 bis 1 550 v. Chr.). Die frühesten dieser Schichten unterscheiden sich deutlich sowohl von den vorangehenden wie von den folgenden. Es wurde eine neue Stadtmauer mit einem Tor gebaut, dessen zwei enge Eingänge in einem rechten Winkel angeordnet waren und das wohl für Fußgänger gedacht war. In Schicht XII hat die Stadt bereits die Form, die sie für ca. 650 Jahre beibehalten sollte. Man fand Bereiche mit Privathäusern in verschie-

Elfenbeinplatte aus Megiddo. Siegesfeier im Palast eines kanaanitischen Königs. 13.–12. Jh. v. Chr. (Rockefeller Museum).

denen Stadtteilen. In Schicht X wurde im nördlichen Bereich ein Palast entdeckt, der in den darauffolgenden Perioden mehrmals umgebaut wurde. Viele Kostbarkeiten, z. B. Gold und Gegenstände aus Elfenbein, wurden in diesem Palast gefunden. Ein imposantes Tor im Norden der Stadt und ein massiv gebauter Tempel im Tempelbezirk stammen wohl auch aus dieser Zeit.

Das Gepräge von M. änderte sich im 11. Jh. v. Chr. erheblich. Die Ansiedlung wurde sehr arm; den früheren Tempelbezirk benutzte man nicht mehr. Dieser Niedergang mag auf einen Wechsel der Bevölkerung hinweisen. Später wurden wieder größere Gebäude errichtet, was möglicherweise auf die Philister zurückzuführen ist, die in M. lebten, wie durch Funde philist. Tongefäße festgestellt wurde. Diese Epoche M.s endete mit der Zerstörung der Stadt durch einen Großbrand.

In der isrl. Epoche bis zum Ende der Richterzeit war die Siedlung anfänglich unbefestigt; z. Zt. Salomos wurde sie aber Zentrum eines Verwaltungsbezirks und demgemäß ausgebaut. Sie erhielt eine Stadtmauer und zwei Paläste. Das M. Salomos wurde von den Archäologen nur allmählich in seiner Struktur und seinem Aufbau entschlüsselt. Die äußere und die innere Mauer, die Ställe, ein weiteres Stadttor und ein hochentwickeltes Wasserversorgungssystem werden Ahab von Israel zugeschrieben. Die Stadt Ahabs bestand ungefähr 150 Jahre, ehe sie von den Assyrern eingenommen wurde (722/23 v. Chr.).

Schicht III stellt das assyr. M. dar, das nach damals neuen, modernen Richtlinien erbaut worden war, wobei aber die alten isrl. Mauern Verwendung fanden. Diese Epoche stellt die letzte bedeutende Phase in der langen Geschichte M.s dar. Schichten II und I zeigen offene, unbefestigte Ansiedlungen, die bis in die pers. Zeit bestanden.

MEHETABEL (»Gott tut Gutes«).

MEHETABEL 1. Mose 36,39; 1. Chr 1,50

1. Die Frau des Edomiterkönigs Hadar.

MEHETABEL Neh 6,10

2. Großvater Schemajas, eines falschen Propheten nach dem babyl. Exil, z. Zt. Nehemias.

MEHIDA Oberhaupt einer Sippe von Tempelsklaven, das mit Serubbabel aus der Gefangenschaft in Babylon zurückkam.

MEHIDA Esr 2,52; Neh 7,54

MEHIR (»Preis, Belohnung«). Ein Name im Stammbaum des Geschlechts Juda.

MEHIR 1. Chr 4,11

MEHOLA Unbekannter Ort z. Zt. Sauls.

MEHOLA 1. Sam 18,19; 2. Sam 21,8

MEHUJAËL (»Lebensspender ist Gott«). Vater Metuschaëls im Geschlechtsregister der Nachkommen Kains.

MEHUJAËL 1. Mose 4,18

MEHUMAN (»Eunuch«). Der erste der sieben Eunuchen, die als Kämmerer am Hofe König Ahasveros' erwähnt werden.

MEHUMAN Est 1,10

MEISTER Siehe RABBI.

ME-JARKON Ein Fluß an der nördlichen Grenze von Dan (Jos 19,40.46), identisch mit dem Nahr el-Auja, der heutzutage durch den Norden von Tel Aviv fließt. Nach dem Jordan war der Jarkon der zweitgrößte Fluß im alten Israel. Er entspringt im Gebirge Ephraim westlich von Silo und schlängelt sich von Osten nach Westen. Seine fruchtbaren Ufer ermöglichten seit früher Zeit eine intensive Landwirtschaft. Während der Zeit Salomos und Serubba-

ME-JARKON Jos 19,46

Der Jarkon-Fluß

bels scheint die Flußmündung als Hafen für kleine Schiffe gedient zu haben, der von den Städten am Flußufer mit Flößen erreichbar war.

MELATJA Neh 3,7

MELATJA (»Ja[hwe] rettete«). Ein Gibeoniter; einer der Männer, die die Mauern von Jerusalem z. Zt. Nehemias wiederherstellten.

MELCHI 1 Lk 3,24 MELCHI 2 Lk 3,28

MELCHI (»Mein König«). Name zweier Vorfahren Jesu nach Lukas.

1. Sohn Jannais.
2. Sohn Addis.

MELCHISEDEK 1. Mose 14,18; Ps 110,4; Hebr 5,6.10; 6,20; 7,1. 10–11.15.17

MELCHISEDEK (»legitimer«, »rechtschaffener König«). Heidnischer König von Salem, aber als ein »Priester Gottes des Höchsten« bezeichnet (1. Mose 14,18–20).

Nach Abrams Sieg über Kedor-Laomer begrüßte M. ihn mit Brot und Wein (1. Mose 14,18). Abram gab M. den Zehnten (1. Mose 14,20). Ps 110,4 wird im Blick auf den kommenden Messiaskönig aus dem Hause Davids von Gott das Versprechen gegeben: »Du bist ein Priester ewiglich nach der Weise Melchisedeks.« Salem ist nach Ps 76,3 als »Jerusalem« zu verstehen.

In den Schriftrollen vom Toten Meer (s. TOTES MEER, SCHRIFTROLLEN) ist M. ein Engel, der richtend über den anderen Engeln steht und in der Zukunft die Kinder des Lichts von Belial erretten wird.

Im NT erscheint der Name M. in Hebr an bedeutsamer Stelle. Dort heißt es über ihn: »Er ist ohne Vater, ohne Mutter, ohne Stammbaum, und hat weder Anfang der Tage noch Ende des Lebens. So gleicht er dem Sohn Gottes und bleibt Priester in Ewigkeit« (Hebr 7,3). Damit bezeugt der Brief an die Hebräer (5,1–8,2) Jesus als den in Ps 110,4 verheißenen Nachfolger M.s, dessen ewiges Hohepriestertum die vergehende Priesterschaft der Nachkommen Aarons ersetzt.

MELDE Siehe PFLANZEN.

MELEA Lk 3,31

MELEA (»Vollkommenheit«). Vater Eljakims im Stammbaum Jesu nach Lukas.

MELECH 1. Chr 8, 35; 9,41

MELECH (»König«). Zweiter Sohn Michas, des Enkels von Jonatan, im Geschlechtsregister Sauls.

MELONE Siehe PFLANZEN.

MEMFIS (NOF) Jes 19,13; Jer 2,16; 44, 1; 46,14.19; Hes 30,13.16; Hos 9,6

MEMFIS (NOF) Eine der bedeutendsten Städte des alten Ägypten, am oberen Nildelta gelegen. Der Name M. bedeutet »weiße Wand/Mauer« und ist in dem Namen der dortigen Zitadelle überliefert, die die Griechen *leukos teichos* nannten. Die Stadt wurde von Pharao Phiops I. im 24. Jh. v. Chr. gegründet. Die Pyramiden von Giseh, die aus der 4. Dynastie stammen, befinden sich ganz in der Nähe von M., wie auch andere antike Monumente. Während des Neuen Reiches war M. die zweitwichtigste Stadt Ägyptens. Seit der Zeit Thutmosis III. lebten hier die Pharaonen, und am Ende der El-Amarna-Epoche wurde es zu ihrer offiziellen Residenz. 730 v. Chr. wurde die Stadt von den Äthiopiern erobert, später von den assyr. Herrschern

Teil des Griffes eines Tongefäßes mit einem hebräischen Siegel, das die Inschrift trägt: »[Gehört] Menahem Johanah«. Gefunden in Ramat Rachel, 7. Jh. v. Chr. (Israelische Regierungsabteilung für Altertümer und Museen).

Hebräisches Siegel aus Quarz, mit der Inschrift: »[Gehört] Menahem«; spätes 8. Jh. v. Chr. (Israel-Museum).

Asarhaddon (671 v. Chr.) und Assurbanipal (663 v. Chr.). Die Propheten erwähnen M. in Gerichtsworten gegen Israel (Hos 9,6; Jer 2,16), aber auch gegen Ägypten (Jes 19,13). Die Zerstörung der Stadt wird Jer 46,19 und Hes 30,13.16 angekündigt. Während des Eroberungskampfes der Babylonier gegen Juda flohen viele Juden nach M.; Jeremia warnte sie vor dem erneuten Abfall zu heidnischen Gottheiten, bes. der »Himmelskönigin«, und vor Gottes erneutem Strafgericht (Jer 44).

MEMUCHAN Einer der sieben Fürsten der Perser und Meder, die zu den engsten Vertrauten von König Ahasveros zählten; er war derjenige, der dem König riet, die Königin Wasti zu verstoßen.

MEMUCHAN Est 1,14.16.21

MENAHEM (»Tröster«). Sohn des Gadi; wurde König von Israel, nachdem er den Usurpator Schallum getötet hatte. Es war vielleicht eine Vergeltung für die Unterstützung von Schallum, daß M. die Stadt Tifsach so brutal unterjochte, wie dies in 2. Kön 15,16 berichtet wird.

MENAHEM 2. Kön 15, 14.16–17.19–23

Bevor M. seinen Thron festigen konnte, wurde er mit den nach Westen vorrückenden Assyrern konfrontiert. Als Tiglat-Pileser III. (Pul), der Gründer des neuassyr. Reiches, nach Samaria kam, entrichtete M. den hohen Tribut, den dieser von ihm forderte; er gab ihm 1 000 Zentner Silber, die er den Reichsten in Israel als Steuer auferlegte. Auch auf assyr. Inschriften wird von dem Tribut des »Menahem von Samaria« (*Me-ni-hi-im-me (al) Sa-me-ri-a-a*) berichtet. Dieser Tribut festigte die Herrschaft M.s, machte aber Israel zu einem Vasallenstaat.

M. lebte in Tirza, vielleicht als Befehlshaber des Heeres, bevor er zum König ernannt wurde. Wie die meisten anderen Könige im Norden wird auch er in der Bibel negativ beurteilt, da er von den »Sünden Jerobeams«, also von den heidnischen Götzen und ihrer Kultur nicht abließ.

M. regierte 10 Jahre lang, von ca. 747 v. Chr. an (es gibt einige chronolog. Unsicherheiten mit der Ansetzung seiner Regierungszeit). Er starb eines natürlichen Todes; sein Sohn Pekachja wurde sein Nachfolger.

MENE MENE TEKEL U-PARSIN Dieser rätselhafte Ausdruck erschien als Inschrift, von einer Hand an die Wand des Palastes geschrieben, in dem Belsazar, König der Chaldäer, ein Gastmahl gab (Dan 5,25). Als er und seine Mächtigen aus den goldenen und silbernen Gefäßen, die Nebukadnezar 586 v. Chr. aus dem Tempel weggenommen hatte, tranken und ihre Götzen lobten, erschien diese Schrift plötzlich, die allen Entzifferungsversuchen der chaldäischen Astrologen, Weisen und Magiern widerstand. Daniel interpretierte die Inschrift alsbald folgendermaßen (Dan 5,25–28): »Mene, das ist, Gott hat dein Königtum gezählt und beendet. Tekel, das ist, man hat dich auf der Waage gewogen und zu leicht befunden. Peres, das ist, dein Reich ist zerteilt und den Medern und Persern gegeben.«

MENE MENE TEKEL U-PARSIN Dan 5,25–28

Jedes Wort wurde von Daniel als eine aram. Verbalform erklärt. Zusammen deuteten sie darauf hin, daß Gott im Begriff war, der chaldäischen Dynastie ein Ende zu setzen. Tatsächlich wurde Belsazar in derselben Nacht ermordet (Dan 5,30). *Mene* heißt im Aram. entweder »Mine« (ein Geldwert von 60 Schekel) oder »gezählt«. *Tekel* entspricht einem »Schekel« (vgl. MASSE UND GEWICHTE) und stammt von der aram. Wurzel für »wiegen«; *peres* ist die Einzahl von *parsin* und bedeutet »Hälfte«, es hängt mit dem aram. Wort für »teilen« zusammen.

Es sind verschiedene Vorschläge unterbreitet worden, um zu erklären, warum die chaldäischen Weisen die Inschrift nicht entziffern konnten: Die Inschrift war auf Aramäisch, ohne Worttrennung geschrieben; oder: sie wich von der normalen Schreibrichtung von rechts nach links ab; oder: sie war in vertikalen Kolumnen angeordnet. Diese Erklärungsbemühungen treten aber völlig zurück gegenüber der bibl. Absicht, auch hier Gott als den Herrn der Geschichte und der Mächtigen dieser Welt zu bezeugen.

MENI Heidnische Schicksalsgottheit, die die Israeliten z. Zt. Jesajas verehrten.

MENI Jes 65,11

MENNA Urenkel Davids und Vater Meleas im Stammbaum Jesu nach Lukas.

MENNA Lk 3,31

MENSCHENSOHN
Dan 7,13; Mt 8,20; 9,6; 10,23; 11,19; 12,8.32.40; 13,37.41; 16,13.27.28; 17,9.12.22; 19,28; 20,18.28; 24,27.30.44; 25,31; 26,2. 24.45.64; Mk 8,38; 9,9; 13,26; Lk 6,22; 12,8; 17,22.26.30; 18,8.31; 21,36; 22,48; Joh 1,51; 3,14; 5,27; 6,27.53.62; 8,28; 9,35; 12, 23.34; 13,31; Apg 7,56; Offb 1,13

MENSCHENSOHN Dieser semit. Ausdruck wird im AT in verschiedener Bedeutung gebraucht. Im poetischen Parallelismus ist er zunächst ein Synonym für Mensch: »Was ist der Mensch, daß du seiner gedenkst, und des Menschen Kind, daß du dich seiner annimmst?« (Ps 8,5; vgl. 4. Mose 23,19). Im Buch Hesekiel redet Gott oft (93 mal) auf diese Weise den Propheten an, z. B. Hes 2,1: »Du Menschenkind, tritt auf deine Füße, so will ich mit dir reden.« Hier unterscheidet sich »M.« wohl nicht von dem Ausdruck »Mensch«; ohne Zweifel will er die Kreatürlichkeit und Abhängigkeit von Gott betonen.

Die bei weitem wichtigste Stelle ist Dan 7,13ff. Der Prophet sieht in einer Nachtvision eine Gestalt »wie eines Menschen Sohn«, dem Gott ein ewiges Reich übergibt. Der unmittelbare Kontext weist deutlich auf eine Einzelerscheinung in menschlicher Gestalt. Diese wird von manchen Auslegern unter Verweis auf Dan 7,18 als kollektive Bezeichnung für die Israeliten oder die Engel gedeutet. Der Text legt jedoch nahe, daß der »M.« eine einzelne Person ist, der von Gott eine überaus große Macht verliehen wird: Der M. ist der MESSIAS – so sehen es spätere Rabbinen und das NT. Im NT wird die Bezeichnung »M.« nur für Jesus Christus verwendet, und sie betont einerseits das volle Menschsein Jesu und andererseits seine Gottessohnschaft in göttlicher Autorität und Hoheit. Sie findet sich darum nicht von ungefähr nur im Munde Jesu, niemals als Anrede an ihn. Ein Sonderfall ist die Vision des Stephanus in seiner Todesstunde (Apg 7,56). Die beiden Stellen in der Offb (1,13; 14,14) unterstreichen den Hoheitscharakter der M.-Aussage.

In den synoptischen Ev.n benutzt Jesus den Ausdruck dreifach: (a) als Hinweis auf sein gegenwärtiges irdisches Leben und Wirken in Niedrigkeit (Mt 8,20); (b) in den Aussagen über sein Leiden, Sterben und Auferstehen (Mk 8,31; 9,31; 10,33f.); (c) im Hinweis auf den in der Zukunft in Herrlichkeit erscheinenden M. (Mk 8,38; 13,26; 14,62). Er ist von Gott zum Richter der Welt bestellt, nachdem er zuvor dem menschlichen Gericht ausgeliefert war. Jesus verstand diese Hingabe des Lebens als »Lösegeld für viele« (d. h. alle Menschen) (Mk 10,45). Der M. steht als Richter und Vollstrecker des Willens Gottes für diejenigen ein, die einst vor ihm erscheinen werden.

MEONOTAI
1. Chr 4,14

MEONOTAI (»Gott ist meine Zuflucht«). Zweiter Sohn Otniëls im Geschlechtsregister Judas.

MERAB
1. Sam 14,49; 18,17.19; 2. Sam 21,8

MERAB Sauls älteste Tochter (1. Sam 14,49; 18,17). Sie wurde David versprochen, jedoch statt dessen Adriël von Mehola zur Frau gegeben (1. Sam 18,17–19). Die fünf Söhne, die sie Adriël gebar (in einigen hebr. Schriften werden die fünf als Söhne von Michal bezeichnet), befanden sich unter den sieben Nachkommen Sauls, die David den Gibeonitern als Sühne für Sauls Vergehen gegen sie übergab (2. Sam 21,8–9).

MERAJA
Neh 12,12

MERAJA Haupt der Priesterfamilie Seraja z. Zt. Jojakims, des Hohenpriesters.

MERAJOT 1
1. Chr 5,32.33
MERAJOT 2
1. Chr 9,11; Neh 11,11
MERAJOT 3
Esr 7,3

MERAJOT

1. Ein Name im Geschlechtsregister des Stammes Levi.

2. Vater Zadoks. Asarja, einer seiner Nachkommen, war unter den Priestern, die sich nach dem babyl. Exil in Jerusalem niederließen.

3. Einer der Vorfahren Esras.

MERARI, MERARITER
1. Mose 46,11; . Mose 6,16.19; . Mose 3,17.20. 33; 4,29.33.42. 45; 7,8; 10,17; 26,57; Jos 21,7.34.40; 1. Chr 5,27; 6, 1.4.14.29.32. 48.62; 9,14; 15,6.17; 23,6. 21; 24,26–27; 26,10.19; 2. Chr 29,12; Esr 8,19

MERARI, MERARITER Der dritte Sohn Levis (1. Mose 46,11; 2. Mose 6, 16; 4. Mose 3,17; 1. Chr 6,1 etc.) und Oberhaupt des levitischen Geschlechts der Merariter (4. Mose 26,57). Während der Wanderung der Israeliten durch die Wüste lagerten die M. auf der nördlichen Seite der Stiftshütte; ihnen wurde anvertraut, die weniger wichtigen Gegenstände – Bretter, Riegel, Säulen usw. – von Ort zu Ort zu tragen (4. Mose 3,36–37; 4,29–33).

Unter Josua wurden den M. 12 Städte zugeteilt, die sich in den Gebieten der Stämme Ruben, Gad und Sebulon befanden (Jos 21,7.34.40; 1. Chr 6, 62ff.); zu diesen Städten gehörte auch eine Freistadt (Jos 21,38). Unter den Leviten, die unter der Führung von Asaja die Bundeslade z. Zt. Davids von Kirjat-Jearim nach Jerusalem brachten, waren 220 M. (1. Chr 15,6). Später ernannte David den M. Etan zu einem Tempelsänger.

Angehörige des Geschlechtes der M. waren auch unter den Leviten, die den Tempel unter Hiskia von heidnischen Kultgegenständen säuberten (2. Chr 29,12); andere halfen während der Regierungszeit Josias bei den Instandsetzungsarbeiten am Tempel (2. Chr 34,12). Nach der Rückkehr aus Babylon folgten Angehörige der Sippe M. Esra nach Jerusalem (Esr 8, 18–19), wo sie im Tempel dienten.

MERATAJIM, LAND Das Land M. wird in der Prophezeiung Jeremias über die Zerstörung von Babylon erwähnt. In akkad. Schriften wird die am Persischen Golf gelegene babyl. Provinz *Marratum* genannt. Bei der Weissagung Jeremias mag der Name M. ein Wortspiel gewesen sein, denn *meri* bedeutet im Hebräischen »Aufruhr«, und die Wortendung kann als »zweifacher Aufruhr« gedeutet werden.

MERATAJIM
Jer 50,21

Der Name »Meremot«, mit Tinte auf eine Tonscherbe geschrieben, die im Tempel von Arad gefunden wurde; spätes 8. Jh. v. Chr. (Israelische Regierungsabteilung für Altertümer und Museen).

MERED Zweiter Sohn Esras im Geschlechtsregister des Stammes Juda; er heiratete eine Pharaonentochter.

MERED
1. Chr 4,17–18

MEREMOT

1. Priester, Sohn Urias; er wog für das Haus des HERRN das Silber und Gold, das von Esra aus Babylonien zurückgebracht worden war. Die Sippe, urspr. nicht in der Lage, ihre priesterliche Abstammung zu beweisen, wurde später als legitim anerkannt. Sie arbeitete an der Instandsetzung der Mauern von Jerusalem mit (Esr 8,33; Neh 3,4.21).

2. Einer der Rückkehrer aus Babylon; mußte seine ausländische Frau auf Geheiß Esras verstoßen.

3. Ein Priestergeschlecht z. Zt. der Rückkehr aus der babyl. Gefangenschaft. Sein Oberhaupt kehrte mit Serubbabel zurück und ließ sich in Jerusalem nieder; er befand sich unter den Führern, die die Abmachung über die Beachtung der Thora mit unterschrieben.

MEREMOT 1
Esr 8,33;
Neh 3,4.21
MEREMOT 2
Esr 10,36
MEREMOT 3
Neh 10,6;
12,3.15

MERES Einer der sieben Weisen, die von Ahasveros um Rat wegen seiner Auseinandersetzung mit Wasti gebeten wurden.

MERES
Est 1,14

MERIBA Siehe MASSA UND MERIBA.

MERIBA
2. Mose 17,7;
Ps 95,8

MERIB-BAAL Der andere Name für MEFI-BOSCHET, den Sohn Sauls. Bei zahlreichen Personennamen, die mit dem Wort *Baal*, dem Namen der kanaan. Gottheit, verbunden waren, wurde dieser Name später in *Boschet* (»Schande«, »Scham«) geändert.

MERIB-BAAL
1. Chr 8,
34; 9,40

MERODACH Hebraisierte Form des akkad. Wortes *Marduk*, des Namens des Schutzgottes der Stadt Babylon. Der akkad. Name kommt vom sumer. Wort *Amarutuk* (»Kalb des Sonnengottes Utu«). Marduks Niederlage wird in der Prophezeiung Jeremias über den Untergang Babylons vorausgesagt (Jer 50,2). Der Gottesname M. wird auch bei babyl. Königsnamen hinzugefügt (z. B. Merodach-Baladan und Evil-Merodach).

MERODACH
Jer 50,2

MERODACH-BALADAN (Hebraisierte Form des akkad. *Mardukapla-iddina*, »[Der Gott] Marduk gab mir einen Sohn«).

M.-B. war ein chaldäischer Anführer aus Bit-Yakin in der Nähe des Pers. Golfes, der sich mit Unterstützung von König Humbanigasch von Elam zum König von Babylon machte (721 v.Chr.). Er regierte über Babylon, bis er i. J. 710 von Sargon II. von Assur entthront wurde. Er kehrte nach Bit-Yakin zurück und blieb dort bis 702 v. Chr.; danach machte er sich nochmals zum König von Babylon und versuchte ein Bündnis aller anti-assyr. Kräfte zustandezubringen. Im Zuge dieser Bemühungen entsandte M.-B. auch seine Gesandten an den Hof Hiskias von Juda, wie in Jes 39,1 berichtet wird (vgl. 2. Kön 20,12; 2. Chr 32,31). Nachdem er neun Monate in Babylon regiert hatte, wurde M.-B. durch Sanherib erneut abgesetzt. M.-B. kehrte in seinen Heimatort Bit-Yakin zurück und blieb dort, bis Sanherib ihn 700 v. Chr. von dort vertrieb. Er floh nach Nagitu, wo er bis zu seinem Tode lebte.

MERODACH-BALADAN
2. Kön 20,12;
Jes 39,1

MEROM (DAS WASSER VON MEROM) Ort, an dem sich alle Könige Nordkanaans unter der Führung Jabins, des Königs von Hazor, versammelten und von Josua geschlagen wurden (Jos 11,5 ff.). – M. hieß z. Zt. des zweiten Tempels *Meron*; Josephus , der den Ort befestigte, nannte ihn *Meroth*. Er heißt heute wieder *Meron* und liegt ca. 18 km nordwestlich des Sees Genezareth.

MEROM
Jos 11,5–7

Merom in Galiläa, heute als Meron bekannt.

MERONOT
1. Chr 27,30;
Neh 3,7

MERONOT Heimatort Jechdejas, des Mannes, der für die Esel am Hofe Davids verantwortlich war (1. Chr 27,30). M. ist auch die Heimat von Jadon, der am Wiederaufbau der Mauern Jerusalems z. Zt. Nehemias mitarbeitete. Die Stadt M. liegt in der Nähe von Gibea.

MEROS
Ri 5,23

MEROS Eine Stadt, deren Einwohner sich weigerten, Debora und Barak im Kampf gegen Sisera zu Hilfe zu kommen (Ri 5,23). M. lag entweder unweit von Kedesch (Naftali) oder aber am Bergzug Gilboa.

ME-SAHAB
1. Mose 36,39;
1. Chr 1,50

ME-SAHAB (»Goldenes Wasser«, »Regenwasser«). Name im Geschlechtsregister der Könige Edoms.

MESCHA 1
1. Mose 10,30
MESCHA 2
2. Kön 3,4
MESCHA 3
1. Chr 2,42
MESCHA 4
1. Chr 8,9

MESCHA

1. Ort an der Westgrenze des Gebiets der Sippe Joktans in der Völkertafel in 1. Mose 10.

2. Ein moabitischer König, Zeitgenosse der Könige Ahab und Joram von Israel und Joschafat von Juda. Nach 2. Kön 3,4 war Moab Israel tributpflichtig, doch widersetzte sich M. Joram während des Krieges gegen Aram. Unterstützt von Joschafat, dem König von Juda, und vom König von Edom, unternahm Joram einen Straffeldzug (2. Kön 3,6), um Moab zu vernichten, bis M. bei der Belagerung von Kir-Heres aus Verzweiflung seinen ältesten Sohn auf der Stadtmauer als Brandopfer seinem Gott Kemosch anbot. Die Israeliten waren so entsetzt, daß sie abzogen und in ihr Land zurückkehrten (2. Kön 3,25–27).

Ein davon abweichender Bericht über die Beziehungen zwischen Israel und Moab ist auf der »Mescha-Stele« (»Moabiter-Stein«) zu finden, die von M. in seiner Hauptstadt Dibon errichtet wurde. Sie ist in einem moabit.-kanaan. Dialekt abgefaßt, der dem atl. Hebräisch ähnlich ist. Die dem Kemosch gewidmete Stele, die 1868 gefunden wurde, wirft ein bemerkenswertes Licht auf die Geschichte und die Religion der Moabiter. Sie erinnert an den Widerstand M.s gegen Israel, an die Wiedererlangung der Unabhängigkeit Moabs und an M.s glorreiche und erfolgreiche Herrschaft. Die Chronologie der Ereignisse, wie sie die Stele angibt, unterscheidet sich von der des bibl. Textes. M. behauptet, daß er 40 Jahre nachdem Omri mit der Unterwerfung von Moab begonnen hatte, sich gegen Israel erhoben habe, also um die Mitte der Regierungszeit von Omris Sohn Ahab. In 2. Kön 3,5 dagegen wird berichtet, daß M.s Widerstand gegen Israel nach dem Tode Ahabs eingesetzt hatte. Dieser Widerspruch mag in Einklang gebracht werden, wenn man in Betracht zieht, daß mit dem Begriff »Sohn« »Enkel« gemeint sein könnte (wie 2. Kön 8,26). Die Schreckensszene bei der Belagerung von Kir-Heres (2. Kön 3,27) wird in der Darstellung auf der Stele völlig übergangen, was evtl. darauf hindeutet, daß sich dieser Vorfall erst ereig-

Die Mescha-Stele (auch Moabiter-Stein genannt), gefunden in Dibon in Ostjordanien. Sie erinnert an den Aufstand Meschas gegen Israel und seinen Wiederaufbau mehrerer Städte (Musée du Louvre, Paris).

Moabitisches Siegel aus Karneol mit der Inschrift: »[Gehört] Mescha«; 6. Jh. v. Chr. (Israel Museum).

Moabitische Inschrift, gefunden in Kir Moab, in der Kmoshyt, König von Moab und Sohn des Mescha, erwähnt wird; 9. Jh. v. Chr. (Archäologisches Museum, Amman).

nete, nachdem die Stele von M. bereits errichtet war. Auf der Stele wird aber auch der Moabitergott Kemosch erwähnt, der aus Zorn über sein Volk dieses zur Strafe unter die isrl. Herrschaft gegeben habe. Dies entspricht der bibl. Sicht von einer göttlichen Bestrafung. So wie Israels Siege einem Eingreifen Jahwes zugeschrieben werden (Ri 11,24; 2. Kön 3,18 usw.), so sah Moab die seinen als von Kemosch gegeben an. Der atl. Bann – die Auslieferung der gesamten Kriegsbeute an die Gottheit – wurde in Moab wie in Israel gehandhabt. Die atl. Darstellung M.s als eines »Schafzüchters« (2. Kön 3,4) wird von M. auf der Stele dahingehend erläutert, daß er berichtet, er habe Schafzüchter über das Land verteilt. – Obwohl der Text in moabit. Sprache geschrieben ist, hat man die Stele eine der frühesten hebr. Inschriften genannt; sie hat sowohl in historischer wie in paläographischer Hinsicht erhebliche Bedeutung.

3. Der Erstgeborene Kalebs, des Enkels Judas.

4. Ein Vorfahr von Saul.

MESCHACH Einer der jungen Männer aus Juda, der mit Daniel, Hananja und Asarja an den Hof Nebukadnezars gebracht wurde. Sein urspr. Name war *Mischaël*, doch der oberste Kämmerer am Hof änderte ihn in M.

MESCHACH
Dan 1,7; 2,49; 3,12–14.16. 19–20.22–23. 26.28–30

MESCHECH Ein Volk in Kleinasien. In der Völkertafel in 1. Mose 10 wird M. nach Jawan und Tubal aufgeführt, als sechster Sohn Jafets. Dieses Volk wird i.a. mit den Muschki von Assyrien gleichgesetzt. Die erste bekannte Erwähnung datiert aus dem Jahr 1116 v. Chr., dem ersten Jahr von Tiglat-Pileser I., der die fünf Könige von Muschki, die im südöstlichen Teil von Anatolien regierten, besiegte. Sie werden wiederum in assyr. Schriften aus der Zeit Assurnasirpals II. (884–859 v. Chr.) erwähnt, als sie Tribut an Kupfergefäßen, Vieh und Wein entrichten mußten. In assyr. Quellen aus der Zeit des assyr. Niedergangs werden sie nicht genannt, erscheinen jedoch wieder in Verbindung mit den Konflikten mit den Assyrern in der Zeit von Salmanassar V., die während der Regierungszeit von Sargon (722–705 v. Chr.) ihren Höhepunkt erreichten. Es scheint, daß der in den syr. Quellen genannte Mita, der König von M., derselbe ist wie Mida (Midas), der in griech. Schriften vorkommt. Dies wiese dann darauf hin, daß das von den Griechen als Phrygier bezeichnete Volk die Muschkis von Assyrien waren. Der Ausspruch in Ps 120,5: »Weh mir, daß ich weilen muß unter Meschech; ich muß wohnen bei den Zelten Kedars!« bezieht sich auf M. als Grenze der zivilisierten Welt im Norden. (Kedar war das Gegenstück dazu im Südosten z. Zt. der Babylonier und Perser). M. und Tubal stellen dann die Region Mittel-Anatolien und deren Völker dar (Hes 32,26). M., Tubal und Jawan (Griechenland) handelten mit Sklaven und Kupfergefäßen (Hes 27,13).

MESCHECH
1. Mose 10,2; 1. Chr 1,5; Jes 66,19; Ps 120,5; Hes 27,13; 32,26;

MESCHELEMJA (»Ja[hwe] wird es belohnen«). Ein Levit, Oberhaupt der Torhüter am Osttor unter König David.

MESCHELEMJA
1. Chr 9,21; 26,1–2,9

MESCHESABEL (»Gott rettet«).

1. Großvater eines Mitarbeiters beim Wiederaufbau der Stadtmauer Jerusalems z. Zt. Nehemias.

2. Einer der Oberen des Volkes, die den Bund z. Zt. Nehemias mit unterzeichneten.

3. Vater des Petachja, der nach der Rückkehr aus dem babyl. Exil zur Oberschicht in Jerusalem gehörte.

MESCHESABEL 1
Neh 3,4
MESCHESABEL 2
Neh 10,22
MESCHESABEL 3
Neh 11,24

MESCHILLEMOT (»Gott bringt Frieden«).

1. Vater eines Sippenoberhaupts in Ephraim z. Zt. des Königs Pekach.

2. Vorfahr einer Priesterfamilie, die sich nach der Rückkehr aus der babyl. Gefangenschaft in Jerusalem niederließ.

MESCHILLEMOT 1
2. Chr 28,12
MESCHILLEMOT 2
1. Chr 9,12; Neh 11,13

MESCHOBAB Mann aus dem Stamm Simeon.

MESCHOBAB
1. Chr 4,34

MESCHULLAM (»[Gott] gewährt Frieden«). Name von 21 atl. Personen.

1. Großvater Schafans, des Schreibers des Königs Josia von Juda.

2. Ältester Sohn Serubbabels.

3. Oberhaupt einer Sippe des Stammes Gad z. Zt. Jotams von Juda und Jerobeams von Israel.

4. Ein Name im Geschlechtsregister Sauls.

MESCHULLAM 1
2. Kön 22,3
MESCHULLAM 2
1. Chr 3,19
MESCHULLAM 3
1. Chr 5,13
MESCHULLAM 4
1. Chr 8,17

MESCHULLAM 5 1. Chr 9,7; Neh 11,7

5. Ein Mann aus Benjamin, Vater des Sallu (1), der sich z. Zt. Nehemias in Jerusalem niederließ.

MESCHULLAM 6 1. Chr 9,8

6. Ein weiterer Mann aus dem Stamm Benjamin, der sich unter Nehemia in Jerusalem ansiedelte.

MESCHULLAM 7 1. Chr 9,11; Neh 11,11

7. Großvater des Asarja, eines Priesters z. Zt. Nehemias.

MESCHULLAM 8 1. Chr 9,12

8. Ein Mann im Stammbaum einer Priesterfamilie in Jerusalem z. Zt. Nehemias.

MESCHULLAM 9 2. Chr 34,12

9. Einer der levitischen Aufseher, die z. Zt. Josias von Juda die Instandsetzung des Tempels beaufsichtigten.

MESCHULLAM 10 Esr 8,16

10. Eines der Sippenhäupter, die von Esra nach Iddo gesandt wurden, um Priester und Leviten für den Jerusalemer Tempel zu holen.

MESCHULLAM 11 Esr 10,15

11. Einer der Männer, die Esras Aufforderung zur Verstoßung nichtisrl. Ehefrauen nicht unterstützten.

MESCHULLAM 12 Esr 10,29

12. Einer der Exilsrückkehrer, die eine heidnische Frau geheiratet hatten und sich auf Anordnung Esras von ihr zu trennen hatten.

MESCHULLAM 13 Neh 3,4.30; 6,18

13. Einer der Bauarbeiter, die sich unter Nehemia an den Ausbesserungsarbeiten der Jerusalemer Stadtmauer beteiligten.

MESCHULLAM 14 Neh 3,6

14. Einer unter den Männern, die die Stadtmauern Jerusalems unter Nehemia ausbesserten. Er baute das alte Tor.

MESCHULLAM 15 Neh 8,4

15. Einer der Oberen des Volkes, die neben Esra standen, als dieser dem Volk das Gesetz vorlas.

MESCHULLAM 16 Neh 10,8

16. Einer der Führer des Volkes, die den Bund z. Zt. Nehemias mit unterzeichneten; vielleicht derselbe wie M. (15).

MESCHULLAM 17 Neh 10,21

17. Ein anderer Führer, der den Bund unterschrieb.

MESCHULLAM 18 Neh 12,13

18. Oberhaupt eines Priestergeschlechts z. Zt. des Hohenpriesters Jojakim.

MESCHULLAM 19 Neh 12,16

19. Oberhaupt eines anderen Priestergeschlechts z. Zt. des Hohenpriesters Jojakim.

MESCHULLAM 20 Neh 12,25

20. Einer der Torhüter des Tempels z. Zt. des Hohenpriesters Jojakim.

MESCHULLAM 21 Neh 12,33

21. Einer der Oberen, die in den Dankchören bei der Einweihung der Mauer von Jerusalem unter Nehemia mitwirkten.

MESCHULLEMET 2. Kön 21,19

MESCHULLEMET Die Frau Manasses, des Königs von Juda, und Mutter seines Sohnes und Nachfolgers Amon.

MESOPOTAMIEN 1 1. Mose 24,10; 25,20; 28,2.5–7; 31,18; 33,18; 35,9.26; 46,15; 48,7

MESOPOTAMIEN 2 5. Mose 23,5; Ri 3,8.10; 1. Chr 19,6; Apg 2,9; 7,2

MESOPOTAMIEN (»Das Land zwischen den Flüssen«).

1. Das Land, in dem Nahor mit seiner Sippe lebte (1. Mose 24,10; 25,20; 28,2; 48,7 usw.). Das akkad. Wort *padan* bedeutet »Feld«; man nimmt an, daß Padan »M.« bedeutet (*Aram Naharaim* im hebr. Urtext des AT).

2. Der Name, der von Polybius und Strabo den Ländern gegeben wurde, die zwischen dem Tigris und Euphrat lagen, wird heute für verschiedene Gebiete verwendet. Sie grenzen im Norden an die Berge Kurdistans, im Süden an das Sumpfland des Zweistromdeltas, im Westen an die syr. Steppen und Wüsten und im Osten an das iranische Bergland. Der Nord- und Südteil von M. unterscheiden sich untereinander geographisch, kulturell und in anderer Hinsicht. Sie können aber dennoch als zwei Ausprägungen des gleichen historischen Gebildes, »M.« betrachtet werden, und zwar während der gesamten kulturellen Entwicklung, die im 3. Jt. v. Chr. begann und bis zum Niedergang des pers. Großreichs andauerte.

Die älteste bekannte Kultur M.s, in Jarmo im nördlichen Irak, gehört zur neolithischen Epoche. Im Süden wurden die frühesten Kulturen in Tell el-Ubaid ausgegraben. Die Blütezeit der Tell el-Ubaid-Kultur lag im 4. Jt. v. Chr. Von dieser Zeit an bis zum Auftauchen des assyr. Königreiches befand sich der Machtschwerpunkt M.s im Süden. Die Kultur von Tell el-Ubaid folgte auf die Eridu-Kultur, die früheste bekannte Kultur im Süden M.s, und wurde von der Erech-Kultur abgelöst, die die Urformen der mesopot. Kultur einführte: die Schrift, das zylinderförmige Siegel und den Bau der Zikkurate. Diese frühgeschichtliche Zeit endete um ca. 3000 v. Chr. und bedeutete den Beginn einer neuen Ära, die uns schriftliche Zeugnisse hinterlassen hat: der sumerischen Kultur. Deren frühe Epoche dauerte rund vier Jh.e an. Die bedeutendsten Quellen ihrer Geschichte sind eine Reihe von Listen über die

Fragment des Griffes eines Tongefäßes mit einem hebräischen Siegeleindruck: »Meschullam Ahimelech«: gefunden in Lachisch; spätes 8. Jh. v. Chr. (Rockefeller Museum, Jerusalem).

Darstellung der Welt zur Zeit Sargons von Akkade (ca. 2300 v. Chr.): ein Kreis, der von Wasser umgeben ist, mit Babylon im Zentrum; Steintafel aus dem 7. oder 6. Jh. v. Chr. (British Museum).

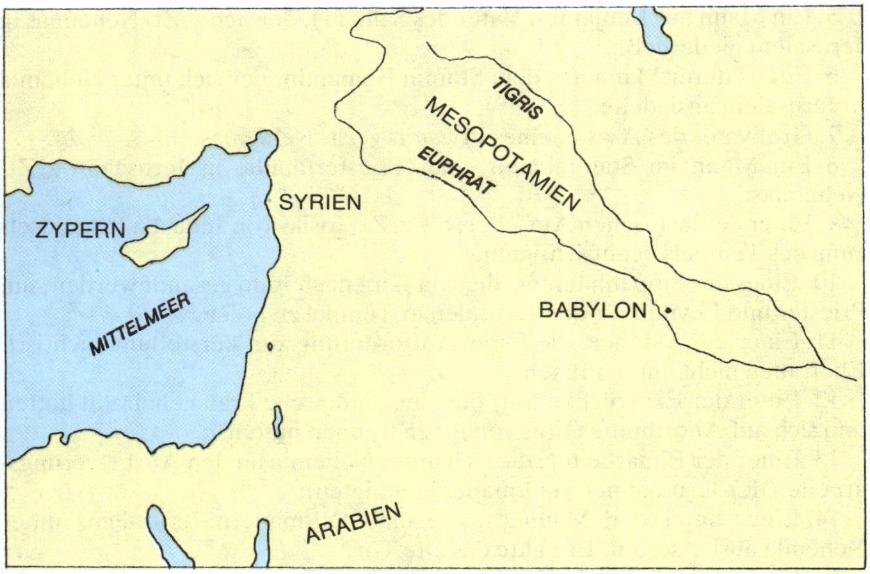

Könige, zus. mit anderen Schriftstücken, die dabei helfen, diese Könige, ihre Dynastien wie auch ihre Taten geschichtlich einzuordnen, obwohl sie bei weitem kein umfassendes Bild dieser Epoche ergeben.

Die Machtergreifung durch Sargon von Akkade und die Errichtung des akkad. Königreiches (2371–2230 v. Chr.) stellt die erste semit. Epoche in der Geschichte M.s dar. Obwohl sie nur kurz war und in einer Katastrophe endete, wurde sie von späteren Generationen als die bedeutendste Epoche angesehen, da in ihr zum ersten Mal ein großes Reich gebildet worden war mit einer einzigen, zentralen Verwaltung. Sargon führte seine Feldzüge den Euphrat stromaufwärts; aller Wahrscheinlichkeit nach eroberte er den nördlichen Teil Syriens, bevor er die Mittelmeerküste erreichte. Ein anderer bedeutender Angehöriger der Akkade-Dynastie war Naram Sin (2291–2255 v. Chr.), der Enkel Sargons, der ebenfalls über weite Gebiete regierte. Obwohl eine Anzahl von Königen als seine Nachfolger genannt werden, scheint es, daß der Niedergang des akkad. Reiches noch während seiner Regierungszeit begann, und zwar mit dem Angriff der Gutäer, die vom Zagros-Gebirge im Osten kamen und ungefähr ein Jh. lang fast das gesamte M. beherrschten.

Die Gutäer wurden durch den König von Erech, Utu-Hegal, besiegt (2120–2114 v. Chr.), dessen Nachfolger, Ur-Nammu von Ur, die berühmte 3. Dynastie von Ur begründete, des Geburtsortes von Abram (1. Mose 11,31). Diese Epoche, die auch als »sumerische Renaissance« bekannt ist, ist anhand archäolog. Funde außerordentlich gut dokumentiert. Die Monarchen dieser Dynastie nannten sich »Könige von Sumer und Akkad«, ein Titel, der seitdem von allen großen Königen M.s benutzt wurde. Der Niedergang der 3. Dynastie von Ur wurde durch semit. Stämme verursacht, die das Land vom Westen her verwüsteten, durch Angriffe aus dem Osten und durch innere Krisen. Auf den Ruinen von Ur entstanden eine Anzahl unabhängiger Stadtstaaten, die von Königen aus dem Westen oder Osten regiert wurden. Die herrschende Klasse waren entweder die Amoriter oder die Elamiter. Sie nahmen die Kultur der Sumerer an, so daß sich diese fortsetzte.

Unser Wissen über diese Periode beruht vorwiegend auf der Entdeckung der Archive von MARI, wo Tausende von Tontafeln gefunden wurden, die über die Ereignisse Auskunft geben, die vor der Eroberung der Stadt durch Hammurabi stattgefunden hatten. Hammurabi überragte die anderen Herrscher durch seine große politische Klugheit; er gründete das babyl. Königreich, das den südlichen und mittleren Teil M.s umfaßte, und übte auch einigen Einfluß auf Assyrien im Norden aus.

Der Codex Hammurabi, auf einer Stele eingraviert.

(rechts oben) Mesopotamien.

(unten links) Babylonische Siegelinschrift.

Die Regierungszeit Hammurabis (1792–1749 v. Chr.) stellte eine Zeit intensiver kultureller Tätigkeit und wirtschaftlicher Blüte dar; von späteren Generationen wurde diese Epoche »das goldene Zeitalter« Babyloniens genannt. Hammurabis Gesetzessammlung (der *Codex Hammurabi*) war zwar nicht die erste in M., gilt jedoch als die vollständigste und umfassendste; sie wurde der Rechtskanon, der an den Schulen von Babylon gelehrt wurde. Die Nachfolger Hammurabis waren nicht mit ihm zu vergleichen; sein großes Reich zerfiel dann auch in ein nördliches und ein südliches Königreich. Seiner Dynastie gelang es jedoch, den Thron von Babylon zu halten – bis die Hetiter ihr 1595 v. Chr. ein Ende setzten.

Die Invasionen der Hetiter und die darauf folgende Eroberung durch die Kassiter zogen eine dunkle Zeit nach sich, die durch das vollkommene Fehlen von schriftlichen Dokumenten über Babylon gekennzeichnet ist. Diese tauchen im 15. und 14. Jh. v. Chr. wieder auf und leiten das mittelbabyl. und mittelassyr. Zeitalter ein, das bis zum Ende des 2. Jt. v. Chr. andauerte. Während dieser Zeit gewann Assyrien neuen Einfluß. Seine Herrscher wurden gleichrangig mit den Pharaonen von Ägypten, den Königen der Hetiter und den kassitischen Regenten von Babylon. Babylon befand sich in dieser Periode in einem ständigen Verfall, der sich bis zum 8. Jh. v. Chr. fortsetzte.

Trotz politischer Schwäche gewann die babyl. Kultur in dieser mittelbabyl. Zeitspanne im Ausland großen Einfluß, bes. in Assyrien, wo babyl. Gelehrte an den Höfen tätig waren. Die babyl. Sprache war eine internationale Sprache und wurde weit über die Grenzen M.s hinaus gesprochen.

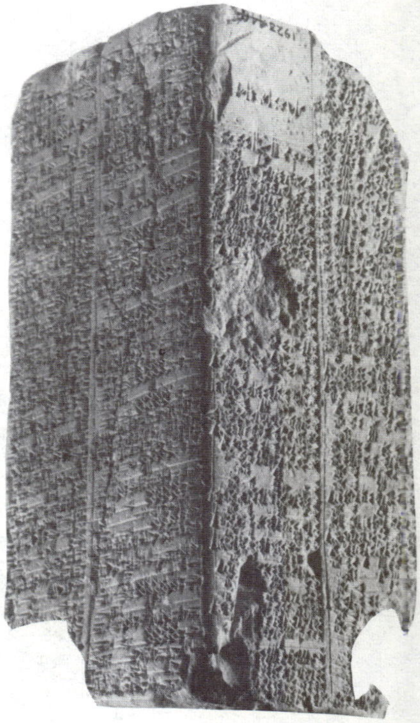

Ton-Prisma, auf dem die Namen der sumerischen Könige geschrieben stehen; aus Kisch; 1800 v. Chr.

Am Ende des 2. Jt. v. Chr. machte auch Assyrien eine Zeit des Verfalls durch, die durch aram. Eindringlinge, die ihre Reiche an seinen Grenzen errichteten, verursacht wurde. Es erholte sich von diesem Niedergang erst unter Assurdan II. (934–912 v. Chr.) und Adad-Nirari II. (911–891 v. Chr.), den Gründern des assyr. Großreiches. Assurnasirpal II. (883–859 v. Chr.) und sein Sohn Salmanassar III. (858–824) waren große Eroberer, die die Grenzen ihres Reiches wesentlich ausweiteten. Während der Regierungszeit von Salmanassar III. fand dann auch der erste Zusammenstoß zwischen Assyrien und Israel statt, und zwar in der Schlacht von Karkar im nördlichen Syrien (853 v. Chr.). Seit dieser Zeit spielten Assyrien und später Babylon eine mehr und mehr dominierende Rolle in der Geschichte der Königreiche Israel und Juda.

Das assyr. Großreich erreichte während der Sargon-Dynastie, die von Sargon II. (721–705 v. Chr.) begründet worden war, seinen Höhepunkt. Dies war die Phase seiner größten territorialen Ausbreitung und seiner reichsten literarischen Tätigkeit. Es war das mächtigste Reich, das die Welt bis dahin gekannt hatte. Doch wurden seine Verbindungswege viel zu lang; die eroberten Völker warteten nur auf eine Gelegenheit, das Joch abzuschütteln. So vereinten sich im Sommer 612 v. Chr. die Babylonier, Meder und Skythen gegen Assyrien und eroberten und zerstörten dessen Hauptstadt Ninive. Die letzte Zuflucht der Assyrer und ihres letzten Königs Assurubalit II. war Haran. Doch auch diese Stadt wurde 610 v. Chr. erobert und die Reste der assyr. Streitmacht 605 v. Chr. bei Karkemisch am Euphrat endgültig vernichtet.

Der Sieger von Karkemisch, Nebukadnezar, baute das mächtige neubabyl. Reich, das jedoch nach seinem Tod 562 v. Chr. rasch wieder zerfiel. Verrat und politische wie religiöse Konflikte waren in Babylon an der Tagesordnung. Dies war die Lage, als Kyrus, der König von Persien, in die Weltgeschichte eintrat. Er hatte wenig Schwierigkeiten, Babylon i. J. 539 v. Chr. zu erobern; die Stadt übergab sich ihm ohne Gegenwehr. Obwohl sie nicht zerstört wurde, bedeutete ihre Eroberung den Zerfall von Babylon und den Niedergang der mesopot. Kultur. Die Stadt blieb noch einige Zeit bestehen, doch war eine neue Ära heraufgezogen, die eine Kultur beendete, die sich einer ununterbrochenen Tradition von über 2000 Jahren rühmen konnte. (S. auch ASSYRIEN, BABEL, BABYLON.)

MESSIAS, GESALBTER Der hebr. Ausdruck *maschiach* bedeutet wörtlich »*Gesalbter*«. Er meint eine Person, der von Gott besondere Funktionen und Vollmachten übertragen wurden. In der LXX wurde der Ausdruck mit *Christos* wiedergegeben, wovon der Titel »Christus« abgeleitet wurde.

Im AT konnte der Begriff auf jeden angewandt werden, der zu einer besonderen Aufgabe berufen war, z. B. auf den Priester in 3. Mose 4,3.5, der als »Priester, der gesalbt ist«, bezeichnet wird. Insbes. wurde vom König als dem durch göttlichen Befehl Gesalbten gesprochen (vgl. 1. Sam 10,1); als »der Gesalbte des HERRN« galt die Person des Königs als unantastbar (1. Sam 24,7). Dennoch konnte der Ausdruck »Gesalbter« weiterhin auch für andere Menschen gebraucht werden, so z. B. für die Erzväter (1. Chr 16,22) oder sogar für den Perserkönig Kyrus (Jes 45,1).

Die M.-Verheißung des AT zeichnet sich dadurch aus, daß die anfangs unscharfen Angaben über den zu erwartenden M. immer präziser werden.

MESSIAS, GESALBTER
1. Sam 12,3; 16,6; 24,7.11; 26,9.11.16.23; 2. Sam 1,14.16; 19,22; 22,51; 1. Chr 16,22; 2. Chr 6,42; Ps 2,2; 18,51; 20,7; 28,8; 84,10; 89,89.52; 132,10.17; Jes 45,1; Klgl 4,20; Dan 9,25.26; Hab 3,13; Sach 4,14; Joh 1,41; 4,25

Das geschlossene Doppelportal des Goldenen Tores in Jerusalem. Nach jüdischer Erwartung wird das »Tor der Barmherzigkeit« erst geöffnet, wenn der Messias kommt.

Hier zeigt sich etwas von der »fortschreitenden Offenbarung« Gottes. Abraham erfuhr, daß durch seine Nachkommen alle Völker der Erde gesegnet werden sollten (1. Mose 12,3); diese Verheißung wurde seinen Nachkommen gegenüber bestätigt (1. Mose 26,4; 28,14). Jakob weiß, daß der kommende Herrscher aus dem Hause Juda kommen wird (1. Mose 49,10); Nathan verkündet, daß ein Nachkomme Davids ein ewiges Königtum besitzen werde (2. Sam 7,11ff.). Jesaja verheißt die wunderbare Geburt des M. (Jes 7,14) und verkündet sein Friedensreich (9,5f.). Sein Zeitgenosse Micha weissagt den Geburtsort des M., Bethlehem in Juda (Mi 5,1). Hesekiel erinnert aus dem Exil an die bleibende Gültigkeit der Botschaft von einem Hirten aus dem Hause Davids, der Israel weiden wird (34,23; 37,24). Der nachexilische Prophet Sacharja erinnert an die Weissagung Jesajas vom »Sproß« (vgl. Jes 11,1f.) und sieht in der Krönung des Hohenpriesters Jeschua eine Vorschattung des M. (Sach 3,8; 6,12); auch weist er auf den siegreichen, aber demütigen Einzug des M. in Jerusalem hin (9,9) und zeigt den M. als davidischen König der Endzeit, der ins Leiden geht (13,7; vgl. Mt 26,31; Mk 14,27).

Aufgrund dieser u. a. Verheißungen erwartete man einen glorreichen König Israels als einen Nachkommen Davids. Dieser erschien jedoch nicht; vielmehr wurden die Hohenpriester zu weltlichen Herrschern bis zur Epoche der Makkabäer, von denen – jedoch nicht aus der davidischen Linie – die Hasmonäer abstammten. Die Hasmonäer regierten Palästina Mitte des 2. bis Mitte des 1. Jh. v. Chr.; dennoch blieb die Hoffnung auf einen König, der ein »Gesalbter des HERRN« und ein »Sohn Davids« sein würde, lebendig. Diese Erwartung findet ihren Ausdruck z. B. in den pseudepigraphischen »Psalmen Salomos« (17,23–38). Einigen der Schriftrollen von Qumran zufolge scheint die Gemeinschaft der Essener zwei oder drei messianische Gestalten erwartet zu haben: den M. aus dem Hause Davids und Aarons (als den königlichen und priesterlichen M.) sowie einen »Propheten wie Mose« (vgl. 5. Mose 18,15–19). Auf den leidenden M. verweist auch der messian. Ps 22, den Jesus am Kreuz betet, und nicht zuletzt Jes 52,13–53,12.

Im NT zeigen Abschnitte wie Mt 2,4–6 und Apg 1,6 das Fortbestehen der Erwartung eines Erlösers aus dem Hause Davids, der die einstige Größe und politische Unabhängigkeit Israels wiederherstellen werde. In der Person Jesus Christus treffen die atl. messian. Verheißungen eines davidischen Gottessohnes und eines Menschensohnes zusammen. Nach den synoptischen Ev.n wurde Jesus als der Christus (M.) durch die Engel bei seiner Geburt verkündigt (Lk 2,11); schon vor seiner Geburt wird ihm diese Aufgabe von Gott zugesprochen (Lk 1,32f.) und bei seiner Taufe beglaubigt (Mk 1,11). Die Messianität Jesu bestimmt sein gesamtes öffentliches Wirken: Sowohl seine Verkündigung wie auch sein Handeln in Wundern und Zeichen weisen ihn als den von Gott in einmaliger Weise beauftragten und bevollmächtigten M. aus. Obwohl sie so sein öffentliches Wirken im Ganzen prägt, wird die Messianität Jesu zunächst nur von Dämonen festgestellt (Lk 4,41); Johannes d. T. zweifelt sie zeitweise an (Mt 11,3). Jesus selbst proklamierte in der ersten Zeit seines Auftretens seine Messianität nicht. (Dem Johannesev. zufolge bekennt sich Jesus allerdings schon früh zu seiner Messianität; vgl. Joh 4,26). Einen Wendepunkt in dieser Hinsicht stellt das Christusbekenntnis des Petrus bei Cäsarea Philippi dar (Mt 16,16f.; Mk 8,29). Dennoch hielt Jesus seine Jünger auch noch jetzt davon zurück, seine Messianität öffentlich zu bezeugen (Mt 16,20; Mk 8,30); dies geschah vielleicht aufgrund der politischen Belastung des M.-Titels z. Zt. Jesu und wegen der Notwendigkeit, die Jünger auf den bevorstehenden Weg des M. in Leiden, Tod und Auferstehung und auf das Ausbleiben der sichtbaren Aufrichtung des Reiches Gottes vorzubereiten. Als Jesus während des Verhörs vom Hohenpriester unter Eid gefragt wurde: »Bist du der Christus, der Sohn des Hochgelobten?«, antwortete er bejahend (Mk 14,61f.). Nach seiner Auferstehung lehrte Jesus ausdrücklich, daß er der im AT verheißene M. sei (Lk 24,26ff.). In den ntl. Briefen wird Jesus mit seinem Würdenamen »Christus« (= M.)

oder »der Herr« (*kyrios*) genannt. Hebr weist v. a. auf die priesterliche Seite von Jesu Messianität hin: Er ist der priesterliche M. »nach der Ordnung Melchisedeks« (Hebr 7), der sich selbst als das letztgültige Opfer dem lebendigen Gott darbringt (Hebr 9,14f.).

METALLE Kleinasien war reich an Eisen und hatte auch einige Kupfervorkommen. Kupfer wurde auch in Nordsyrien gefunden, in einer Gegend, die die Schreiber der El-Amarna-Briefe als »das Land des Kupfers« bezeichneten. Bedeutender waren die Kupferminen von Zypern, von wo auch der Name »Kupfer« (lat. *cuprum*) herstammt. Auch im Libanon wurde etwas Eisen und Kupfer gefunden. In Palästina gab es bedeutende Kupfervorkommen im südlichen Jordangraben (Araba), dem Sinai und in Punon, östlich des Jordangrabens, die zu versch. Zeiten abgebaut wurden. Hesekiel war bekannt, daß die in Palästina verwendeten Metalle von syr. Kaufleuten aus Tarsis gebracht wurden (Hes 27,12); Salomo errichtete Gießereien im Jordantal (1. Kön 7,46).

Unsere Kenntnis über den Bergbau in atl. Zeit ist begrenzt. Man baute die an der Oberfläche befindlichen Gänge von Metallerzen ab; die Möglichkeit, daß Stollen gegraben wurden, um an reichhaltigere Vorkommen heranzukommen, kann nicht ausgeschlossen werden. Hiob 28,1–7 dürfte auf solche Methoden hinweisen. Die Metalle wurden vermutlich in Stangen nach Palästina gebracht, aus denen dann das Endprodukt im Lande selbst hergestellt wurde. Tiegel zum Schmelzen von Kupfer und Eisen wurden an mehreren Orten im Hl. Land gefunden. Einige der Anlagen zur Metallgießerei werden in der Bibel erwähnt, wie z. B. »glühende Öfen« (5. Mose 4,20) und »Glutöfen« (Jes 48,10). Edelmetalle wurden durch Hämmern, Löten, Gravieren und Filigrantechnik bearbeitet. Eine lebendige Beschreibung des Metallarbeiters wird bei Jesaja (41,6–7) gegeben.

GOLD Dieses Edelmetall wurde in frühen Zeiten in Ägypten abgebaut. In der Bibel werden die verschiedensten Namen für Gold angeführt, von denen manche sich auf die Qualität beziehen, wie »lauteres Gold« (2. Mose 25,36. 38; 1. Kön 6,20–21), »allerlauterstes Gold« (1. Chr 28,18) und »edelstes Gold« (1. Kön 10,18). Gold wird auch mit Ofir in Zusammenhang gebracht: »Goldstücke aus Ofir« (Jes 13,12), »Ofirgold« (1. Chr 29,4) oder einfach »Ofir« (Hiob 22,24). Vermutlich erlernten die Israeliten die Goldschmiedekunst, als sie sich in Ägypten befanden. Nach der Bibel waren viele der Gefäße, die in der Stiftshütte benutzt wurden, aus Gold.

Da im Hl. Land keine Goldvorkommen vorhanden sind, mußte das Gold aus anderen Ländern eingeführt werden, wie z. B. aus Tarsis, Indien oder Arabien. Die Phönizier brachten Gold aus Hawila (1. Mose 2,11); sie kauften es von arab. Kaufleuten (Hes 27,22). Salomo sandte eine Flotte aus, um

(rechts) Ein Goldschmied an seinem Schmelzofen – Ausschnitt aus einem Wandgemälde vom Grab des Rekmere, Theben; ca. 1470 v. Chr.

Kupferbarren aus der mittleren Bronzezeit; gefunden in Tel Jerucham (Israelische Regierungsabteilung für Altertümer und Museen).

Metallarbeiter, dargestellt auf einem Wandgemälde im Grab von Rekmere, Theben; ca. 1470 v. Chr.

Gold aus Ofir zu holen. Goldmünzen wurden vor dem pers. Zeitalter nicht geprägt; bis zu dieser Zeit bezahlte man mit ungeprägten Metallen (vgl. Jos 7,21). Gold war eines der Geschenke, die die Weisen aus dem Morgenland dem »neugeborenen König der Juden« nach Bethlehem brachten (Mt 2,11).

SILBER Ein Edelmetall, das bereits zu frühesten Zeiten bekannt war. Im Hl. Land wurden bei archäolog. Ausgrabungen Silbergefäße gefunden, die aus der mittleren und späten Bronzezeit stammen. Silber wurde für die Herstellung von Bechern, Schalen, Platten und Schmuck benutzt. Die reichsten Silberminen lagen im Altertum in Spanien. Es gab auch Silberminen in den Bergen am Roten Meer; ferner wurden große Mengen Silber in Anatolien gefunden, von wo der Bedarf Babylons gedeckt wurde.

Silber wird selten in reinem Zustand gefunden. Das Rohmetall, das auch andere Bestandteile enthält, v. a. Blei, wird durch einen Schmelzprozeß verfeinert. Bei hohen Temperaturen sinken das flüssige Blei u. a. schwere Bestandteile nach unten, während das leichtere Silber an der Oberfläche schwimmt (vgl. Jer 6,28–30; Hes 22,17–22). Silber wurde seiner relativen Seltenheit und seiner chemischen und physikalischen Eigenschaften wegen sehr geschätzt. Neben Gold und Kupfer wurde es als Zahlungsmittel verwendet – im Handel (1. Mose 20,16) und für die Steuern (1. Kön 15,19). Götzenbilder wurden aus Silber hergestellt (2. Mose 20,23), wie auch Schmuck und Haushaltsgegenstände (2. Mose 3,22; 11,2 u. a.). Silber und Gold wurden in größeren Mengen bei der Ausgestaltung der Stiftshütte (2. Mose 26) und des Tempels (2. Chr 2 u. a.) benutzt. Silberminen werden in Hiob 28,1 erwähnt; auch Methoden, um das Silber zu läutern, werden im AT beschrieben (Spr 17,3; Sach 13,9). Salomo führte Silber aus Arabien (2. Chr 9,14) und Tarsis (2. Chr 9,21) ein.

In der hell. und röm. Epoche wurde Silber im täglichen Leben in größerem Umfang benutzt. Die Kunst des Silberschmiedens wurde hoch entwickelt (vgl. Apg 19,24 ff.: die Silberschmiede in Ephesus). Heilsgeschichtlich die wichtigste Bibelstelle, an der von Silber die Rede ist, ist der Preis von 30 »Silberlingen«, um den Judas Iskariot Jesus verriet (Mt 26,15 par.).

KUPFER Das Metall, das die LÜ als »Kupfer« bezeichnet, ist Bronze, eine Legierung aus Kupfer und Zinn. Kupfer in reiner Form wurde sehr selten benutzt. Bronze war das gebräuchlichste und bedeutendste M. vom Beginn des 3. Jt. v. Chr. an bis zum 13. Jh. v. Chr., als es allmählich vom Eisen verdrängt wurde. Waffen, landwirtschaftliche Geräte, Werkzeuge für den Bergbau, Haushaltsgegenstände und Schmuck wurden alle aus Bronze hergestellt. Die Ägypter bauten die Kupferminen im Sinai ab, wo auch das Schmelzen vorgenommen wurde. Kupfer wurde auch in der Araba (Punon) und – in der frühen Eisenzeit – in Timna, nordwestlich des Golfes von Elat, abgebaut. Das kupferhaltige Erz wurde in Steinmörsern zerrieben und danach in Tontiegeln geschmolzen. Im südlichen Sinai und entlang der südlichen Araba finden sich viele Schlackehaufen. Nach 1. Kön 7,46 hat Salomo Kupfergefäße für den Tempel zwischen Sukkot und Zaretan gießen lassen, doch wurden bis jetzt keinerlei Überreste davon gefunden.

EISEN Da es sehr schwierig ist, Eisen von seinen Oxiden zu trennen, war es das letzte der M., das die antike Welt zu verarbeiten lernte; es wurde erst ca. 2000 Jahre nach der Bronze benutzt. Die häufigen Bezugnahmen der Bibel auf die Verwendung von Eisen im Zusammenhang mit Kupfer werden von vielen Gelehrten als anachronistisch bezeichnet. Die Ägypter kannten das seltene meteoritische Eisen bereits seit ca. 3000 v. Chr. und verwendeten es zur Herstellung von Waffen; doch erst im Laufe des 13. Jh. v. Chr. entwickelte man das Verfahren, mittels dessen man Eisen von seinen Oxiden zu trennen vermochte. Diese Entwicklung ist auf die Hetiter zurückzuführen, von denen sie durch Kaufleute aus Tyrus nach Syrien und Palästina gebracht wurde. Durch die Zuwanderung und Eroberung von Gebieten des Nahen Ostens durch die Seevölker (ca. 14./13. Jh. v. Chr.) wurde (insbes. durch die Philister) die Möglichkeit einer vielfältigen Verwendung von Eisen bekannt. Nach Ansicht von Archäologen wurde das Eisen in Palästina seit ungefähr dem Zeitpunkt bekannt, zu dem die Philister in Kanaan eintrafen. Eisenwaffen fand man in den Gräbern philistäischer Krieger; diese Grabstätten enthielten auch Werkzeuge und Schmuck aus Eisen. Einer Angabe des AT zufolge hielten die Philister zeitweise ein Monopol in der Eisenverarbeitung (1. Sam 13,19f.). Unter den Bodenschätzen Palästinas war kaum Eisen zu finden; wahrscheinlich wurde das Eisen von phöniz. Kaufleuten aus anderen Ländern eingeführt. Eisen wurde auch aus Tarsis importiert (Hes 27,12); eine bes. Art von Eisen kam aus Griechenland (Hes 27,19). Riegel für Tore (Jes 45,2), Nägel (1. Chr 22,3), landwirtschaftliche Geräte (1. Sam 13,20 f.), Waffen (4. Mose 35,16), Ketten (Ps 105,18) und Wagen (Jos 17,16) wurden aus Eisen hergestellt.

ZINN Im AT wird Zinn gemeinsam mit Kupfer, Blei und Eisen erwähnt (4. Mose 31,22; Hes 22,18–20). Nach Hes 27,12–13 wurde es aus Tarsis importiert, zus. mit Silber, Kupfer, Eisen und Blei. Im hell. Zeitalter und später wurde es aus Europa bezogen.

BLEI Im Hl. Land wurde kein Blei gefunden, jedoch sind relativ große Vorkommen in Syrien und Kleinasien entdeckt worden. Die Phönizier brachten es aus Tarsis (Hes 27,12). Obwohl es selten in atl. Zeit erwähnt wird, war es doch bekannt (vgl. 2. Mose 15,10; Am 7,7). Während der Zeit des nachexilischen Tempels wurde es zur Herstellung von Gewichten, Schleudersteinen und Götzenbildern sowie als Bindematerial der Steine für den Bau verwendet.

METUSCHAËL (»Mann Gottes«). Vater Lamechs im Geschlechtsregister Kains.

METUSCHAËL
1. Mose 4,18

METUSCHELACH (früher: Methusalem). Der Sohn Henochs und Großvater Noahs im Geschlechtsregister des Set (1. Mose 5,21–22.25–27; 1. Chr 1,3). Er lebte 969 Jahre, länger als jeder andere in der Bibel erwähnte Mensch.

METUSCHELACH
1. Mose 5,21–22.25; 1. Chr 1,3; Lk 3,37

MËUNITER Volk oder Völkergruppe, Nachbar von Israel. Die in Ri 10,12 u. a. genannten Maoniter sind vermutlich dasselbe Volk wie die M. (1. Chr 4,41), die als eines der Nomadenvölker z. Zt. von Usija und Hiskia erwähnt werden. Die M. werden in keiner anderen bibl. oder außerbibl. Schrift aufgeführt, weder unter den Nomadenstämmen in der Zeit der Landnahme oder zur Richterzeit, noch z. Zt. der isrl. Könige.

In 2. Chr 26,7 wird vom Sieg des Usija über die Philister, Araber und M. berichtet. Der folgende Vers erwähnt, daß die Ammoniter Usija Geschenke brachten; wahrscheinlich hat aber die LXX recht, wenn sie dies von den M. aussagt. Der Satz endet mit den Worten: »Er wurde berühmt bis hin nach Ägypten.« Danach wären die M. zwischen Palästina und Ägypten angesiedelt gewesen.

MËUNITER
1. Chr 4,41; 2. Chr 26,7; Esr 2,50; Neh 7,52

MIBHAR Einer der »Helden« Davids.

MIBHAR
1. Chr 11,38

MIBSAM (»Parfum«).

1. Vierter Sohn Ismaels.
2. Sohn Schallums im Geschlechtsregister Simeons.

MIBSAM 1
1. Mose 25,13; 1. Chr 1,29
MIBSAM 2
1. Chr 4,25

MIBZAR Einer der Stammesfürsten der Edomiter aus dem Geschlecht Esaus.

MIBZAR
1. Mose 36,42; 1. Chr 1,53

MICHA (»Wer ist wie Ja[hwe]?«; gemeint ist: »Keiner ist wie Jahwe«).

1. Ein Ephraimiter, der mit 200 Silberstücken seiner Mutter ein privates

MICHA 1
Ri 17,1.4–5. 8–10.12–13; 18, 2–4.13.15.18. 22–23.26–27.31

MICHA 2
1. Chr 5,5
MICHA 3
2. Sam 9,12;
1. Chr 8,34–35;
9,40–41
MICHA 4
1. Chr 9,15;
23,20;
24,24–25
MICHA 5
Mi 1,1;
Jer 26,18
MICHA 6
1. Kön 22,
8–9.13–15.19.
24–26.28;
2. Chr 18,7–8.
12–14.18.
23–25.27
MICHA 7
Neh 10,12
MICHA 8
1. Chr 9,15;
Neh 11,17.22

Heiligtum mit einem Efod und Hausgötzen errichtete (Ri 17–18). M., der selbst kein Levit war, bestimmte einen seiner Söhne als Priester in seinem Heiligtum. Für den Verfasser des Richterbuches ist M.s Einrichtung ein Beleg für die anarchischen Zustände in der Richterzeit (Ri 17,6). Später konnte M. einen Leviten aus Bethlehem namens Jonatan für den Priesterdienst in seinem Heiligtum gewinnen (17,7–13). Mitglieder aus dem Stamm Dan raubten M.s Kultgegenstände und überredeten den Leviten, sie auf ihrem Weg in ihr neues Siedlungsgebiet im Umkreis der früheren kanaan. Stadt Lajisch zu begleiten.

2. Ein Mann aus dem Stamm Ruben.

3. Sohn des Mefi-Boschet und Enkel Jonatans, des Sohnes Sauls.

4. Der Leiter einer der Levitenabteilungen z. Zt. Davids.

5. Ein Prophet, der seine Offenbarungen während der Regierungszeiten der Könige Jotam, Ahas und Hiskia von Juda erhielt (Jer 26,18; Mi 1,1). M. stammte aus Moreschet (Moreschet-Gat in der Nähe von Gat, vgl. Mi 1,14). Wie sein Zeitgenosse Amos, stammte M. aus dem Südreich Juda und richtete seine prophetische Botschaft sowohl an Israel (Mi 1,1.5 ff.; Kap. 6–7; vgl. Amos 2,6 ff.) als auch an Juda (Mi 1,1.5.8 ff.; Kap. 2–5; vgl. Amos 2,4–5; 6,1). M. war der erste Prophet, der Jerusalems Zerstörung als eine Bestrafung für die Sünden der Stadt gegen Gott weissagte. Ein Jh. später rief man sich während der Regierungszeit Jojakims von Juda die Weissagung M.s ins Gedächtnis zurück: »Darum wird Zion um euretwillen wie ein Acker gepflügt werden, und Jerusalem wird zu Steinhaufen werden und der Berg des Tempels zu einer Höhe wilden Gestrüpps« (Mi 3,12). Man erinnerte sich auch, daß diese Prophetie König Hiskia davon abgehalten hatte, den Gerichtspropheten Jeremia wegen Gotteslästerung hinzurichten (Jer 26,18.19). Vgl. MICHA, DAS BUCH DES PROPHETEN.

6. Micha, der Sohn Jimlas; ein Prophet während der Regierungszeit Ahabs. Vor dem Krieg gegen Ramot in Gilead (1. Kön 22; 2. Chr 18) versammelte Ahab auf Bitte Joschafats von Juda 400 Propheten, um »nach dem Wort des HERRN« zu fragen (1. Kön 22,5). Ihre wohlwollende Antwort stellte Joschafat nicht zufrieden; er bat um das Zeugnis M.s, dem Ahab nicht gerade günstig gesonnen war, weil er »nichts Gutes« weissagte. M. prophezeite: »Ich sah ganz Israel zerstreut auf den Bergen wie Schafe, die keinen Hirten haben« (1. Kön 22,17; 2. Chr 18,16). Den übrigen Propheten bescheinigte M. einen »Lügengeist« (V. 22 f.). Daraufhin schlug Zedekia, einer der 400, den Propheten M., und Ahab ließ ihn ins Gefängnis werfen (1. Kön 22,24–27; 2. Chr 18,23–26).

7. Einer der Oberen des Volkes, die den Bund z. Zt. Nehemias unterzeichneten.

8. Ein Nachkomme Asafs, des Sängers.

MICHA, BUCH DES PROPHETEN Das sechste Buch der 12 Kleinen Propheten. Es ist von dem Judäer Micha aus Moreschet geschrieben (s. MICHA, (5)), der sowohl über Samaria als auch über Jerusalem weissagte. Der erste Vers datiert die Wirksamkeit M.s in der Zeit der Könige Jotam, Ahas und Hiskia von Juda (8. Jh. v. Chr.).

Das Buch weist drei Hauptteile auf:

a) Mi 1–3 sagt die Zerstörung Samarias und Jerusalems aufgrund ihrer Sünden voraus. Micha ist der erste Prophet, der auch den Fall Jerusalems voraussagt; diese Katastrophe sieht er darin begründet, daß in großer Glaubens-Selbstsicherheit alles denkbare Unrecht geschieht, daß z. B. der Aufbau der Stadt durch ungerechte Geschäftspraktiken finanziert wird, die unzählige Menschen in Armut stürzen (Mi 2–3). Mi greift auch die (falschen) Propheten seiner Zeit an, die sich ihre Weissagungen bezahlen lassen (Mi 5–12).

b) Mi 4–5 blickt voraus auf die Zerstörung des Südreiches Juda, verheißt aber auch dessen Wiederherstellung in hellerem Glanz als zuvor. Mi 4,1–4 – die Weissagung eines universalen Friedens, den Gott von Jerusalem ausgehen lassen wird – stimmt fast wörtl. mit Jes 2,2–4 überein. Mi 4,1 f. sieht die

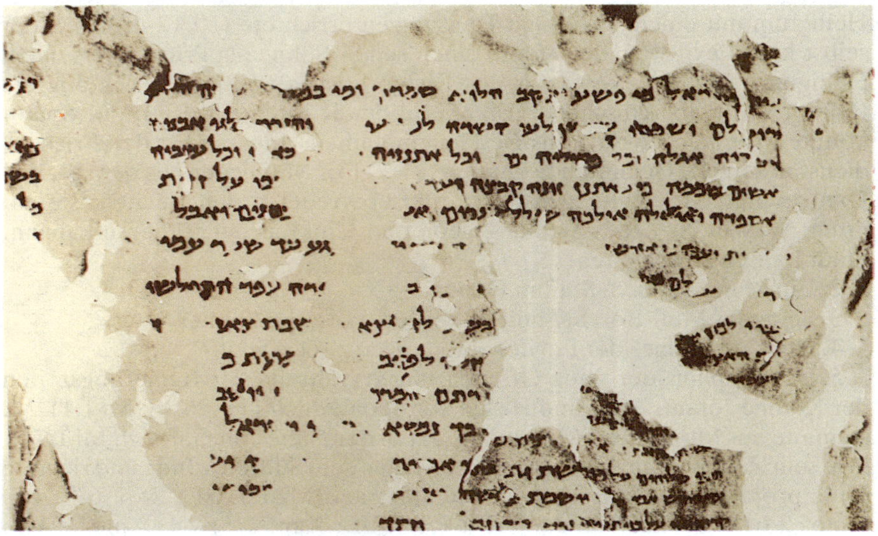

Fragment des Michabuches, gefunden in Qumran (Schrein des Buches, Jerusalem).

Anbetung Gottes durch die Völker »in den letzten Tagen« voraus. Mi 5,1 verheißt Israel einen Nachkommen Davids, der aus Bethlehem kommen wird (vgl. Mt 2,4–6; dazu die messian. Weissagungen in Jes 11,1 f.; Hos 3,5; Am 9,11; vgl. MESSIAS). Mi 5,9–14 erklärt, daß Gott nach der Wiederherstellung der Herrlichkeit Zions und Jakobs den Götzendienst in Israel ausrotten wird.

c) Mi 6–7 sieht im Undank gegen Gott (6,1–5) den eigentlichen Grund für das kommende Gottesgericht. Aus diesem Verlassen der Wege Gottes folgte dann u. a. auch die Unehrlichkeit bei den Marktgeschäften und die Korruption der Regierung. Entscheidend in diesem Abschnitt ist die Erklärung des Propheten (6,8), daß es für den Menschen vor Gott keine Ausrede gibt, weil dieser sein Gebot deutlich geoffenbart hat: »Es ist dir *gesagt*, Mensch, was gut ist und was der HERR von dir fordert.« Deshalb verlangt Gott vom Menschen, daß er Gottes Wort hält, Liebe übt und demütig ist vor Gott.

Kap. 7 beklagt noch einmal die Verderbtheit des Volkes (7,1–6), blickt aber dann voraus auf die kommende Gnade und Vergebung Gottes (7,7 ff.). Der letzte Abschnitt (7,18–20) dient als Haupttext des *taschlich*-Ritus (wörtlich: »Du wirst werfen«; Mi 7,19), der im Verlauf des jüd. Neujahrsfestes vollzogen wird; dieser Ritus wird in der Nähe eines Gewässers ausgeführt und ist ein Flehen zu Gott, er möge Israels Sünden »in die Tiefen des Meeres werfen« (Mi 7,19).

Micha hebt sich von den falschen Propheten in Juda und Israel ab mit den Worten: »Ich aber bin voll Kraft, voll Geist des HERRN, voll Recht und Stärke, daß ich Jakob seine Übertretung und Israel seine Sünde anzeigen kann« (3,8).

INHALTSÜBERSICHT

1,1–3,12	Gerichtsdrohungen gegen Israel und Juda; Scheltworte gegen Reiche, Priester und falsche Propheten
4,1–5,14	Verheißung der Wiederherstellung Zions, des kommenden Friedensreiches und Bethlehems als der Stadt des Messias
6,1–16	Der Rechtsstreit Jahwes mit Israel; Drohung gegen Jerusalem
7,1–20	Klage des Propheten über Jerusalem und Hoffnung auf Gottes Gnade

MICHAEL 1
4. Mose 13,13
MICHAEL 2
1. Chr 5,13
MICHAEL 3
1. Chr 5,14
MICHAEL 4
1. Chr 6,25
MICHAEL 5
1. Chr 7,3
MICHAEL 6
1. Chr 8,16
MICHAEL 7
1. Chr 12,21
MICHAEL 8
1. Chr 27,18
MICHAEL 9
2. Chr 21,2
MICHAEL 10
Esr 8,8
MICHAEL 11
Dan 10,13.21; 12,1;
Jud 9;
Offb 12,7

MICHAEL (»Wer ist wie Gott?«).

1. Ein Mann vom Stamm Asser, Vater von Setur, einem der zwölf Kundschafter, die Mose ins Land Kanaan sandte.

2. Vorfahr eines Geschlechtes der Gaditer.

3. Oberhaupt einer der Sippen der Gaditer.

4. Vorfahr Asafs, des levitischen Sängers.

5. Ein Mann vom Stamm Issachar.

6. Ein Benjaminiter.

7. Ein Mann aus Manasse; einer der Männer, die in Ziklag zu David überliefen.

8. Vater Omris, des Oberhauptes des Stammes Issachar unter David.

9. Ein Sohn Joschafats, des Königs von Juda; er wurde von seinem Bruder Joram getötet, als dieser den Thron bestiegen hatte (2. Chr 21,2–4).

10. Vater des Oberhauptes der Söhne Schefatja, die mit Esra nach Jerusalem zurückkehrten.

11. Ein Engel, der im Buch Daniel erwähnt wird: »einer der Ersten unter den Engelfürsten« (10,13) oder »großer Engelfürst« (12,1) genannt. M. war der Schutzengel Israels. Nach Dan wird M. am Ende der Tage die Gerechten Israels zur ewigen Rettung geleiten (Dan 12,1–3). Auch in den Apokryphen erscheint M. – als Fürsprecher für die Völker und als Engel, der die guten und die bösen Taten des Menschen aufzeichnet; ebenso in den Schriftrollen vom Toten Meer, wo er im Zusammenhang mit Gabriel und Raphael als erster der vier Erzengel aufgeführt wird, sowie in den Schriftensammlungen von Talmud und Midrasch. Das NT spielt auf Siege M.s über den Satan an (Jud 9; Offb 12,7). Auch spätere Schriften der Christenheit nehmen auf M. Bezug.

MICHAJA 1
2. Chr 17,7
MICHAJA 2
2. Kön 22,12;
2. Chr 34,20
MICHAJA 3
Jer 36,11.13
MICHAJA 4
Neh 12,35
MICHAJA 5
Neh 12,41
MICHAJA 6
2. Chr 13,2

MICHAJA (»Wer ist wie Ja[hwe]?«).

1. Einer der Oberen, die von Joschafat von Juda ausgesandt wurden, um in den Städten seines Reiches das Gesetz zu lehren.

2. Der Vater eines der Oberen am Hof Josias.

3. Einer der Zeugen, die Baruch die Worte Jeremias vorlesen hörten und die den Oberen am Königshof dies mitteilten.

4. Vorfahr eines Priesters z. Zt. Nehemias. Vielleicht identisch mit MICHA (8).

5. Einer der Priester, die bei der Wiedereinweihung der Mauer von Jerusalem die Trompete bliesen.

6. Mutter von Abija, König von Juda; der Name ist vermutlich ein Schreibfehler des Namens Maacha.

MICHAL
1. Sam 14,49; 18,20.27–28; 19,11–13.17; 25,44;
2. Sam 3,13–14; 6,16.20–21.23;
1. Chr 15,29

MICHAL Die jüngere Tochter von König Saul (1. Sam 14,49). Als er hörte, daß sie David liebte (1. Sam 18,20–21), hoffte er, diesen Rivalen loszuwerden; er versprach ihm, M. zur Frau zu geben, doch verlangte er als Brautpreis 100 Vorhäute von Philistern. David vollbrachte diese Tat, so daß Saul sein Versprechen einhalten mußte. Als der König später David in seinem Haus töten lassen wollte, verhalf M. ihrem Mann zur Flucht (1. Sam 19,10–17).

Während David vor Saul auf der Flucht war, wurde M. einem anderen Mann, Palti, zur Frau gegeben (1. Sam 25,44). Als David später in Hebron gekrönt worden war, bestand seine erste Bedingung für die Beendigung der Feindseligkeiten mit Abner und den Nachkommen Sauls in der Rückkehr seiner Frau zu ihm (2. Sam 3,12–16).

Als David vor der Bundeslade tanzte, fand M. dies eines Königs unwürdig. Möglicherweise war ihr Verhältnis zu ihm von da an getrübt; sie gebar keine Kinder (2. Sam 6,6–23).

MICHMAS
1. Sam 13,2. 5.11.16.23; 14,5.31;
Esr 2,27;
Neh 7,31; 11,31;
Jes 10,28

MICHMAS Stadt im Gebiet Benjamins, in der Gegend von Bethel, nördlich von Jerusalem, an der Grenze zur Wüste gelegen. Sie wurde offensichtlich während der Eroberung von Kanaan durch die Israeliten gegründet. Saul rief dort einige seiner Männer zum Krieg gegen die Philister zusammen (1. Sam 13,2). Die Stadt befand sich auch auf dem Weg, den das assyr. Heer nach Jerusalem nahm (Jes 10,28). Sie wurde nach der Rückkehr aus Babylonien neu besiedelt (Esr 2,27). Jonatan, der Hasmonäer, machte M. nach seinem

Blick auf das Dorf Mukhmas, den Ort des alten Michmas.

Zeichnung einer Verzierung auf einem midianitischen Votivkrug aus Nordwestarabien (12. Jh. v. Chr.).

Midianitische Tonvasen aus dem 13. Jh. v. Chr., aus dem Tempel in Timna (Aus der Sammlung B. Rothenberg).

(rechts) Das Gebiet der Midianiter.

Sieg über Bakchides zu seinem Stützpunkt (1. Makk 9,73). Unter röm. Besatzung war M. eine große Ansiedlung. Die Stadt lag 6,5 km südöstlich von Bethel.

MICHMETAT Ort in der Nähe von Sichem, an der Grenze zu Ephraim und Manasse (Jos 16,6; 17,7), 2,5 km südöstlich vom alten Sichem. M. ist der Name eines Berges oder Tales in der Gegend von Sichem.

MICHMETAT
Jos 16,6; 17,7

MICHRI Ein Benjaminit, Oberhaupt einer der Sippen, die sich z.Zt. Nehemias in Jerusalem niederließen.

MICHRI
1. Chr 9,8

MIDDIN Stadt in der Wüste Juda, die in der Bibel nur einmal erwähnt wird (Jos 15,61). Sie wird unter sechs anderen Städten aufgeführt, von denen die nördlichste Bet-Araba und die südlichste En-Gedi ist. Im Tal Buqueia, in der Wüste Juda, wurden drei antike Ruinen entdeckt, von denen eine, Khirbet Abu Tabaq, mit M. identifiziert wurde. Der Ort liegt 5 km westlich von Qumran und ca. 14 km südlich von Jericho; es wurden Überreste einer befestigten Ansiedlung gefunden, die evtl. auf Joschafat (vgl. 2. Chr 17,12) oder auf Usija zurückgeht (vgl. 2. Chr 26,10).

MIDDIN
Jos 15,61

MIDIAN (»Streit«, »Hader«).

1. Einer der Söhne Abrahams von Ketura; sein Vater sandte ihn fort »nach Osten hin ins Morgenland« (1. Mose 25,2.6).

MIDIAN 1
1. Mose 25,2.4; 1. Chr 1,32–33

2. Land im nordwestl. Teil der arab. Halbinsel am Golf von Elat, das sich bis zur Grenze Edoms im Norden und bis ans arab. Königreich im Süden erstreckte. Zeitweise hatten die Midianiter auch Gebiete der Jordansenke, des Negeb und des Sinai unter ihrer Kontrolle.

Mose begegnete auf seiner Flucht vor den Ägyptern im Sinai dem midianit. Priester Jitro, dessen Tochter Zippora er zur Frau nahm (2. Mose 2,15–3,1). Die Midianiter waren auch am internationalen Handel beteiligt (vgl. 1. Mose 37,28). In der Frühzeit Israels plünderten sie die von Israel in Kanaan

MIDIAN 2
2. Mose 2,15–16; 3,1; 4,19; 18,1; 4. Mose 10,29; Jos 13,21; Ri 7,2; 1. Kön 11,18; Ps 83,10; Jes 9,3; 10, 26; 60,6; Apg 7,29

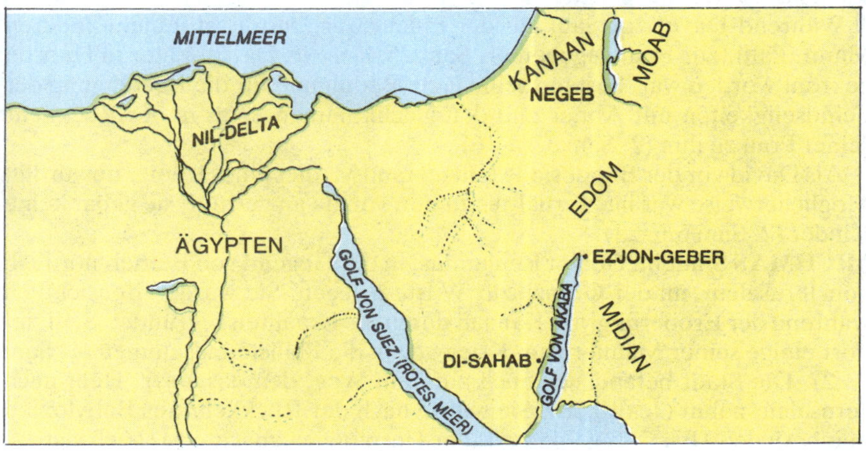

eroberten Gebiete (Ri 6,1–5), wurden aber von den Israeliten unter Gideon besiegt (Ri 6–8). Mit ihren Kamelen (vgl. Ri 6,5) betrieben sie einen bedeutenden Handel mit Gold und Weihrauch aus Arabien (Jes 60,6). Die Midianiter waren deshalb wohlhabend (vgl. Jdt 2,16).

Das Land M. wird in keinen Quellen außer der Bibel erwähnt.

MIDIANITER, MIDIANITISCH
1. Mose 36,35; 37,28.36; 4. Mose 22,4.7; 25,6.14–15. 17–18; 31, 2–3,7–9; Ri 6,1–3,6–7. 11.13–1416.33; 7,1.7–8.12–15. 23–25; 8,1.3. 5.12.22.26. 28; 9,17; 1. Chr 1,46; Hab 3,7

MIDIANITER, MIDIANITISCH Siehe MIDIAN (2).

MIGDAL-EDER
1. Mose 35,21

MIGDAL-EDER Nach dem Tod von Rahel setzte Jakob seinen Weg fort und »zog weiter und schlug sein Zelt auf jenseits von Migdal-Eder« (1. Mose 35,21). Nach der jüd. Überlieferung befand sich dieser »Turm der Herde« (hebr. *migdal eder*) nahe bei Bethlehem, an der Stelle des heutigen Khirbet el-Bireh. Nach einer frühchristl. Überlieferung steht die Geburt Jesu mit diesem Ort in Verbindung. Er wird als das Hirtenfeld östlich von Bethlehem angesehen, wo den Hirten die Geburt des Heilandes verkündigt wurde (Lk 2,8–14). Der »Turm der Herde« wird noch in Mi 4,8 erwähnt.

MIGDAL-EL
Jos 19,38

MIGDAL-EL (»Turm/Festung Gottes«). Eine befestigte Stadt im Stammesgebiet von Naftali (Jos 19,38) bei Hazor in Obergaliläa.

IIGDAL-GAD
Jos 15,37

MIGDAL-GAD Eine Stadt, die Juda zugesprochen wurde, als Josua das Land Kanaan unter den Stämmen aufteilte; sie befand sich in der Gegend von Lachisch, doch ist die genaue Lage unbekannt.

MIGDOL
2. Mose 14,2; 4. Mose 33,7; Jer 44,1; 46,14; Hes 29,10; 30,6

MIGDOL Eine der Lagerstätten beim Auszug der Israeliten aus Ägypten (2. Mose 14,2), vor dem Durchzug durch das Schilfmeer. Identisch mit der Festung Migdol von Sethos I. und von Merneptah in Tell el-Heir, 21 km nördlich von Kantara. Neuere Ausgrabungen in Tell el-Heir haben eine bedeutende ägypt.-griech. Festung zutage gebracht, die aus dem 7.–6. Jh. v. Chr. stammt.

Die griechisch-orthodoxe Kirche im Hirtenfeld, östlich von Bethlehem; erbaut nahe den Überresten eines Wachtturmes, bekannt als Migdal-Eder (»Turm der Herde«), wo nach der Überlieferung die Hirten die erste Kunde von der Geburt Jesu erhielten (Lk 2,8–14).

Ausgrabungen an der Stelle des einstigen Migdol.

MIGRON
1. Sam 14,2; Jes 10,28

MIGRON Stadt im Gebiet von Benjamin, wo Saul und seine Männer lagerten, während sie die Kriegsvorbereitungen der Philister beobachteten (1. Sam 14,2). Bei der Beschreibung des Feldzuges des assyr. Heeres nach Jerusalem (Jes 10,28) wird M. als eine der Stationen genannt.

MIJAMIN 1 1. Chr 24,9
MIJAMIN 2 Neh 10,8
MIJAMIN 3 Neh 12,5
MIJAMIN 4 Esr 10,25
MIJAMIN 5 Neh 12,17
MIJAMIN 6 Neh 12,41

MIJAMIN

1. Oberhaupt der sechsten Abteilung der Priester im Tempel z. Zt. Davids.
2. Einer der Oberen, die den Bund z. Zt. Nehemias mit unterzeichneten.
3. Einer der Priester und Leviten, die mit Serubbabel aus der Gefangenschaft in Babylonien zurückkehrten und sich in Jerusalem niederließen.
4. Einer der Israeliten, die eine heidnische Frau geheiratet hatten und sie auf Anordnung Esras verstoßen mußten.
5. Priestergeschlecht in Jerusalem z. Zt. Jojakims, des Hohenpriesters.
6. Einer der Priester, die bei der Einweihung der unter Nehemia wiederhergestellten Stadtmauer von Jerusalem die Trompete bliesen.

MIKLOT
1. Ein Gibeoniter; er war einer der Urgroßeltern von König Saul.
2. Führer der zweiten Heeresabteilung z. Zt. Davids, zus. mit Dodai.

MIKLOT 1 1. Chr 8,32; 9,37–38
MIKLOT 2 1. Chr 27,4

MIKNEJA Ein Levit und Harfenspieler bei der Überführung der Bundeslade z. Zt. Davids.

MIKNEJA 1. Chr 15,18.21

MILALAI Ein Levit z. Zt. Nehemias; er sang in einem der Chöre bei der Wiedereinweihung der Stadtmauer von Jerusalem mit.

MILALAI Neh 12,36

MILET Die südlichste der 12 Kolonien des ionischen Staatenbundes an der Westküste Kleinasiens; M. war ein blühendes Handelszentrum, das sich auf Wollwaren und Möbel spezialisiert hatte. Im 8. und 6. Jh. v. Chr. errichtete es zahlreiche Tochterkolonien am Schwarzen Meer, wurde jedoch 494 v. Chr. nach der ionischen Revolte gegen Persien zerstört; M. erreichte danach niemals wieder seinen früheren Glanz, was v. a. darauf zurückzuführen war, daß der Hafen am Fluß Mäander allmählich versandete. In der Römerzeit kam es wegen des Sabbats, der religiösen Riten und der Abgabe des Zehnten zu Konflikten zwischen den Juden und den übrigen Einwohnern von M. Eine Inschrift in den Ruinen des Theaters weist auf einen Platz hin, der für Juden und »gottesfürchtige Menschen« (vgl. PROSELYTEN) reserviert war. Auf seiner letzten Reise nach Jerusalem besuchte Paulus M., wo er mit den Ältesten der Gemeinde von Ephesus zusammentraf (Apg 20,15.17) und sich in einer ergreifenden Rede von ihnen verabschiedete.

MILET Apg 20,15.17; 2. Tim 4,20

Überreste des römischen Theaters in Milet.

MILKA (»Königin«).
1. Tochter Harans und Schwester Lots; sie heiratete Nahor, den Bruder von Abram (1. Mose 11,29), und gebar ihm acht Kinder (1. Mose 22,20–22). Sie war die Großmutter von Rebekka.
2. Vierte Tochter Zelofhads. Da Zelofhad keine Söhne hatte, erhielten seine Töchter seine Besitztümer. Sie heirateten dann die Söhne des Bruders ihres Vaters, damit die Besitztümer in der Familie blieben.

MILKA 1 1. Mose 11,29; 22,20.23; 24,15.24.47
MILKA 2 4. Mose 26,33; 27,1; 36,11; Jos 17,3

MILKOM Hauptgottheit der Ammoniter (1. Kön 11,5.33; 2. Kön 23,13). Als Salomo alt wurde, neigten ihn seine ausländischen Frauen ihren Göttern zu, zu denen auch M. zählte (1. Kön 11,5). Dieser Abfall vom Glauben an Gott, den HERRN, führte zur Teilung des davidischen Großreiches (1. Kön 11,1–13). Salomo umgab Jerusalem mit Höhenheiligtümern und Steinmalen, die versch. Göttern gewidmet waren, darunter auch M.; diese heidnischen Kultstätten wurden bis zu ihrer Zerstörung durch Josia verehrt (2. Kön 23,13 f.).

MILKOM 1. Kön 11,5.33; 2. Kön 23,13; Jer 49,1.3; Zef 1,5

Auch 2. Sam 12,30 wird M. erwähnt, bei Davids Eroberung der ammonitischen Hauptstadt Rabba: » … und nahm seinem König die Krone vom

Siegel des »Mannu-ki-Inurta, gesegnet von Milkom«: 7. Jh. v. Chr. (Israel Exploration Society).

(links) Inschrift (aus der Zitadelle von Amman) aus dem 8. Jh. v. Chr., in der der Name Milkom erwähnt wird (American Schools of Oriental Research).

Haupt ...; und sie wurde David aufs Haupt gesetzt.« Der masoretische Text des AT vokalisiert hier die hebr. Konsonanten *mlkm* als *malkam*, was dann »sein König« bedeuten und sich auf den toten König der Ammoniter beziehen würde. Aber aller Wahrscheinlichkeit nach muß *malkam* zu *milkom* korrigiert werden.

Man nimmt an, daß M. eine Form des allgemeinsemit. Substantivs »König« (hebr. *melech*) ist; s. auch MOLOCH.

MILLO 1
2. Sam 5,9; 1. Kön 9,15.24; 11,27; 2. Kön 12,21; 1. Chr 11,8; 2. Chr 32,5
MILLO 2
Ri 9,6.20

MILLO (»Aufschüttung«).

1. Der M. wird erstmals in Zusammenhang mit den Bauarbeiten Davids in Jerusalem erwähnt (2. Sam 5,9); der Name bezieht sich offensichtlich auf die Aufschüttung des Bergsattels, der den südöstlichen Hügel Jerusalems mit dem Berg Zion verbindet. Die Residenz des Königs ist vielleicht auf diese Aufschüttung gebaut worden (2. Sam 5,11). Salomo baute den M. unter Benutzung von Fronarbeitern aus (1. Kön 9,15.24). Der M. muß eine der Hauptfestungen der Stadt gewesen sein; er wurde von Hiskia ausgebessert (2. Chr 32,5). Joasch wurde im »Haus des Millo« erschlagen (2. Kön 12,21).

2. Name einer Vorstadt oder eines Stadtteiles von Sichem.

Blick auf die Davidsstadt und die Ausgrabungen am Tempelberg. Unterhalb der linken Mauerecke könnte der Millo gelegen haben (Ausgrabungen der Davidsstadt).

MINJAMIN
2. Chr 31,15

MINJAMIN Einer der Leviten, die die freiwilligen Gaben unter Hiskia, dem König von Juda, sammelten.

MINNI
Jer 51,27

MINNI Eines der drei von Babylon besiegten Königtümer, die von Jeremia in seiner Prophezeiung der Zerstörung Babylons erwähnt werden. Allgemein wird angenommen, daß es sich um das Land der Mannäer handelt.

MINNIT Stadt im Land der Ammoniter, wo einer der Siege Jeftahs stattfand (Ri 11,32–33). Von hier wurde Weizen nach Tyrus ausgeführt (Hes 27,17).

MINNIT
Ri 11,33;
Hes 27,17

MINZE Siehe PFLANZEN.

MIRJAM

1. Eine Prophetin (2. Mose 15,20); die Schwester Moses und Aarons (4. Mose 26,59; 1. Chr 5,29; Mi 6,4). Sie half, das Leben ihres kleinen Bruders Mose zu retten (2. Mose 2,4–8).

Während des Wüstenzuges stritten M. und Aaron mit Mose wegen dessen alleiniger Führungsrolle (4. Mose 12). Gott griff sofort ein, indem er Moses Vorrang als Prophet und Führer bestätigte und M. mit Aussatz bestrafte, womit sie rituell unrein wurde. Sie mußte sich eine Zeitlang außerhalb des Lagers aufhalten (vgl. 3. Mose 13–14), bis der Aussatz aufgrund der Fürbitte Moses verschwand und M. wieder als Mitglied der Gemeinschaft aufgenommen wurde.

Ein anderer Hinweis auf ihre Bedeutung finden wir in 2. Mose 15,20f.: Am Ende des Lobgesanges, als die Israeliten die Rettung vor den ihnen nachsetzenden Ägyptern am Roten Meer feierten, führte M. einen Frauenchor an, der den Beginn des Liedes refrainartig wiederholte.

Sie starb in Kadesch-Barnea und wurde dort auch begraben, kurz vor dem Ende der Wüstenwanderung der Israeliten (4. Mose 20,1).

2. Eine Angehörige Schammais im Stammbaum Judas.

MIRJAM 1
2. Mose 15,20–21;
4. Mose 12,1. 4–5.10.12.15; 20,1; 26,59;
5. Mose 24,9;
1. Chr 5,29;
Mi 6,4
MIRJAM 2
1. Chr 4,17

MIRMA Oberhaupt einer benjaminitischen Sippe.

MIRMA
1. Chr 8,10

MISA Vierter Sohn Reguëls, des Sohnes Esaus; Oberhaupt einer edomitischen Sippe.

MISA
1. Mose 36,13.17;
1. Chr 1,37

MISAR (»Geringfügigkeit«). Name eines Berges der Hermon-Bergkette; möglicherweise aber nur ein Adjektiv, das benutzt wurde, um zwischen dem Berg Hermon und einem unbekannten kleinen Berg zu unterscheiden.

MISAR
Ps 42,7

MISCHAËL (»Wer gehört zu Gott?«).

1. Einer von Daniels drei Freunden, der an den Hof von Nebukadnezar gebracht wurde. Ihm wurde dort der Name *Meschach* gegeben.

2. Ein Levit. Er und sein Bruder Elizafan wurden beauftragt, die Leichen Nadabs und Abihus, der Söhne Aarons, hinauszutragen, die während der Wanderung ins Gelobte Land von Gott in der Stiftshütte getötet worden waren.

3. Einer der Oberen des Volkes, der links neben Esra stand, als dieser dem Volk das Gesetz vorlas.

MISCHAËL 1
Dan 1,6–7. 11.19; 2,17
MISCHAËL 2
2. Mose 6,22;
3. Mose 10,4
MISCHAËL 3
Neh 8,4

MISCHAL Eine Levitenstadt im Gebiet des Stammes Asser (Jos 19,26; 21,30). In den ägypt. Ächtungstexten und in der Liste über die Siege von Thutmosis III. wird sie *Msir* genannt. Sie lag in der Ebene von Akko.

MISCHAL
Jos 19,26;
21,30

MISCHAM Ein Mann im Geschlechtsregister von König Saul. Er beteiligte sich am Bau von Ono und Lod.

MISCHAM
1. Chr 8,12

MISCHMA (»Gerücht«).

1. Einer der Söhne Ismaels, des Sohnes Abrahams.

2. Ein Name im Geschlechtsregister des Stammes Simeon.

MISCHMA 1
1. Mose 25,14;
1. Chr 1,30
MISCHMA 2
1. Chr 4,25–26

MISCHMANNA Vierter der Gaditer, die in Ziklag zu David stießen.

MISCHMAN
1. Chr 12,11

MISCHRAITER Eine der Familien von Kirjat-Jearim, Vorfahren der Zoratiter und Eschtaoliter.

MISCHRAIT
1. Chr 2,53

MISPERET Einer der Leute, die mit Serubbabel aus Babylon zurückkehrten und sich in Jerusalem niederließen.

MISPERET
Esr 2,2;
Neh 7,7

MISREFOT-MAJIM Ein Ort an der Grenze zu Sidon, der von den Stämmen Israels z. Zt. Josuas nicht besiedelt wurde (Jos 13,6). Ein Teil des kanaan. Heeres zog sich nach der Schlacht am Wasser von Merom dorthin zurück (Jos 11,8).

MISREFOT-MAJIM
Jos 11,8; 13,6

MISTTOR Eines der Tore Jerusalems z. Zt. des salomonischen Tempels; wie die anderen Tore wurde es schwer beschädigt, als die Stadt von Nebukadnezar zerstört wurde. Es wurde unter Nehemia wieder instandgesetzt (Neh 3,14). »Misttor« ist auch der heutige Name eines Tores in der Altstadtmauer von Jerusalem. Es ist aber zu bezweifeln, daß sich das heutige M. an derselben Stelle befindet wie das aus der bibl. Zeit. Möglicherweise ist es

MISTTOR
Neh 2,13;
3,13–14; 12,3

identisch mit dem Scherbentor, das in Jer 19,2 erwähnt wird und das sich vor dem Hinnom-Tal befindet – also im Südwesten der Davidsstadt. Durch das M. wurde der Abfall aus der Stadt hinausgetragen.

MITKA 4. Mose 33,28–29

MITKA Einer der Lagerplätze der Israeliten auf ihrer Wanderung ins Gelobte Land, der sich zwischen Tarasch und Haschmona befand. Seine genaue Lage ist unbekannt.

MITNITER 1. Chr 11,43

MITNITER Beiname des Joschafat, eines der »Helden« Davids.

MITREDAT 1 Esr 1,8
MITREDAT 2 Esr 4,7

MITREDAT (»Geschenk von Mitra«).

1. Schatzmeister des Perserkönigs Kyrus; er gab Scheschbazar, dem Fürsten Judas, das Gold und die Geräte zurück, die Nebukadnezar aus dem Tempel in Jerusalem mitgenommen hatte.

2. Ein pers. Beamter in Samaria, der zu denen gehörte, die sich dem Wiederaufbau von Jerusalem widersetzten, und einen Klagebrief an den König Artahsasta schrieb, worauf dieser befahl, die Bauarbeiten einzustellen.

MITTELMEER Siehe MEER.

MITTLER Hiob 33,23; Gal 3,19f.; 1. Tim 2,5; Hebr 8,6; 9,15; 12,24

MITTLER Eine der wichtigsten – wenn auch nicht häufigsten – Bezeichnungen für das Versöhnungswerk Jesu Christi. Der Ausdruck ist ein rein ntl. Begriff. Im AT kommt er nirgends vor (Hiob 33,23 ist nicht von einem M., sondern von einem versöhnenden Boten Gottes die Rede). Aber auch die Sache selbst ist für die Frömmigkeit des AT unbekannt; für eine M.-Theologie ist bei dem einzigartigen Gegenüber Gottes und seines Volkes kein Raum. Wenn im AT mittlerartige Gestalten auftreten, so handelt es sich stets um so etwas wie Wortführer der Gemeinde Israel vor Jahwe, allenfalls um Fürbitter, aber nicht um M. Dies gilt z. B. von Aaron und Mose (2. Mose 4,14–16; 19,3–8; 20,18–21; 5. Mose 5,5.23–33 usf.; vgl. Gal 3,19f.) und von Jeremias Klagen (Jer 8,18–23; 15,16–18; 20,7–18 u. a.). Im NT dagegen spielt die M.-Funktion Christi eine beherrschende Rolle (vgl. auch schon atl. Prophetien wie Jes 52,13–53,12). Jesus gebraucht den Ausdruck zwar nicht von sich selbst, aber er läßt keinen Zweifel, daß das Mittlertum zwischen Gott und dem Menschen sein eigentlicher Auftrag ist: Er allein kennt und offenbart den Vater (Mt 11,27); von ihm ist das ewige Schicksal des Menschen vor Gott abhängig (Mt 10,32f.). Die für Jesus spezifische Selbstbezeichnung, die nie andere von ihm gebrauchen, ist dabei die des Menschensohns (S. MENSCHENSOHN). Diese Hoheitsselbstbezeichnung steht bei Jesus in der Sache an der Stelle des M.-Begriffs.

In den apostolischen Schriften tritt das Bekenntnis zu Jesus Christus als dem M. zwischen Gott und dem Sünder allenthalben zutage, auch dort, wo der Ausdruck »M.« selbst nicht gebraucht, sondern durch entsprechende Sachaussagen ersetzt wird. Dies gilt bes. für Paulus; er stellt das Kreuz und die Auferstehung als Inbegriff der M.-Funktion Christi eindeutig in den Mittelpunkt seiner Predigt (Röm 6,3–5; 8,32; 2. Kor 5,19f.; Phil 2,6–11 usw.); der Ausdruck »M.« kommt bei ihm nur in Gal 3,19f. und 1. Tim 2,5 vor. Auch in den joh. Schriften fehlt der Ausdruck, aber die Sache des Mittlertums Jesu Christi kommt unverkennbar zum Ausdruck, am eindrücklichsten in Jesu Wort von ihm als dem einen Weg zum Vater (Joh 14,6), ferner bes. auch im ganzen hohepriesterlichen Gebet Jesu (Joh 17; vgl. 1. Joh 2,1) oder in deutlicher Anknüpfung an Jes 53 in Joh 1,29, dem Wort von dem Lamm Gottes, das der Welt Sünde trägt. Die sühnende Kraft des Sterbens Jesu unterstreicht auch 1. Joh (1,7; 2,2). Geradezu erfüllt vom M.-Gedanken sind Hebr und 1. Petr. In Hebr kommt der Ausdruck dreimal vor (8,6; 9,15; 12,24), der Gedanke des Mittlertums Christi aber prägt den ganzen Brief, bes. wenn er die Kirche als das wahre Gottesvolk der Heilszeit darstellt. 1. Petr geht von der Kraft der Besprengung mit dem Blut Christi aus (1,2 f.) und kommt von da aus zur Erwählung des »priesterlichen Geschlechts« (2,9). Offb kleidet den M.-Gedanken in das Bild vom Lamm (5,5–14), das allein imstande ist, die sieben Siegel des Buches zu lösen, in dem die Geheimnisse des göttlichen Welten- und Heilsplans verborgen sind. Auf das Lamm und auf den »Löwen aus Juda« (5,5) werden die heiligen Zahlen »sieben« (1,12–20) und »zwölf« (21,14; vgl. 21,21) übertragen. Christus ist danach nicht nur der M. zwischen Gott und dem Menschen, sondern auch zwischen der alten und der neuen, kommenden Weltzeit.

Der ntl. Christusglaube ist in seinem ganzen Umfang ausschließlich und konsequent am M.-Gedanken orientiert, auch wenn im AT teilweise andere Bezeichnungen oder Bilder dafür gebraucht werden und wenn die Alte Kirche für den erhöhten Christus v. a. die Worte »Herr« (*kyrios*) und »Heiland« (*sotér*) gebraucht hat. Nur im M. kommt die Gemeinschaft des begnadigten Sünders mit Gott zur vollen Wirklichkeit (vgl. JESUS CHRISTUS).

MITYLENE Hauptstadt der Insel Lesbos, an der Küste von Kleinasien gelegen, von der aus Paulus auf seiner dritten Missionsreise nach Chios fuhr.

MITYLENE Apg 20,14

MIZPA (MIZPE)

1. Stadt in Gilead, die Heimat von JEFTAH (Ri 11,34) und der Ort, an dem sich die Israeliten versammelten, um unter Jeftahs Führung gegen die Ammoniter zu kämpfen (Ri 11,11). Die »Heiligkeit« von M. stammt aus der Erzvätergeschichte: Jakob und Laban errichteten dort einen Steinhaufen (*Gal-Ed* bzw. *Mizpa*) als Garantiemal ihrer dort getroffenen Abmachung (1. Mose 31, 48 f.). M. wird an verschiedenen Orten vermutet.

2. Stadt im Norden des Territoriums von Benjamin (Jos 18,26). Sie wird im Zusammenhang mit der Schändung und dem Tod der Nebenfrau eines Leviten aus Ephraim erwähnt (Ri 19–21). Als sich die Israeliten vor der Schlacht gegen Benjamin in M. versammelten, muß die Stadt von großer Bedeutung gewesen sein. Samuel machte M. zu einem Ort der Versammlung (1. Sam 7,5–12) und zu einem Mittelpunkt seiner Tätigkeit (1. Sam 7,16–17). Nach der Teilung des Königreiches behielt M. als Grenzstadt zwischen Juda und Israel große Bedeutung. Nach den Siegen Abijas am Berg Ephraim und dem Zerfall des Hauses Jerobeams (2. Chr 13) erweiterte Bascha die Grenzen Israels bis südlich von Rama und befestigte es, um die südliche Grenze zu sichern. Asa von Juda schloß darauf einen Bund mit den Aramäern und vereitelte die Befestigung von Rama; stattdessen befestigte er seine eigenen Städte Geba und M. (1. Kön 15,17–22; 2. Chr 16,1–6). Nach der Zerstörung von Jerusalem wurde M. zu Beginn der babyl. Besatzung zum Sitz von Gedalja, den die Babylonier zum Statthalter von Juda ernannten (2. Kön 25,23; Jer 40–41). Die Stadt wurde nach der Rückkehr aus Babylon neu besiedelt (Neh 3,7).

Die Lage des alten M. vermutet man heute an zwei Orten: En-Nebi Samwil, 8 km nordwestlich von Jerusalem, oder (wahrscheinlich) Tell-en-Nasbeh, 12 km nördlich der Stadt.

MIZPA (MIZPE) 1 1. Mose 31,49; Ri 10,17; 11,11.34; Hos 5,1
MIZPA (MIZPE) 2 Jos 18,26; Ri 20,1.3; 21,1.5.8; 1. Sam 7,5–7.11 12.16; 10,17; 1. Kön 15,22; 2. Kön 25,23.25 2. Chr 16,6; Neh 3,7.15.19; Jer 40,6.8.10. 12–13.15; 41, 1.3.6.10.14.16
MIZPA (MIZPE) 3 Jos 15,38
MIZPA (MIZPE) 4 Jos 11,3.8
MIZPA (MIZPE) 5 Ri 11,29
MIZPA (MIZPE) 6 1. Sam 22,3

Befestigungen in Tell en-Nasbeh, dort, wo sich das alte Mizpa befunden haben soll.

Tell en-Nasbeh liegt auf einem Hügel 500 m ü. M. und ist einer der wenigen Orte im Hl. Land, wo eine ganze isrl. Stadt ausgegraben werden konnte. Die Ansiedlungen begannen ca. 3000 v. Chr.; am dichtesten war der Ort während der Eisenzeit besiedelt. Die frühesten isrl. Ansiedlungen datieren aus dem 11.–10. Jh. v. Chr., doch deuten die für die Philister typischen Tongefäße darauf hin, daß der Ort möglicherweise schon vorher von diesem Seevolk besiedelt war. Im 9. Jh. v. Chr. wurde die schwache Stadtmauer durch ein gewaltiges Festungssystem ersetzt, das ein Gebiet von ca. 3,5 ha umfaßte. In der Nähe des Hügels wurden Gräber aus der pers., hell., röm. und byz. Zeit gefunden.

3. Stadt in der Schefela von Juda (Jos 15,38). Heute Tell es-Safi, 8 km nordwestlich von Bet-Gubrin (Eleutheropolis).

4. Der Landstrich Mizpe, eine Gegend unterhalb des Berges Hermon, die von den Hiwitern bewohnt wurde (Jos 11,3.8).

5. Mizpe in Gilead, wo Jeftah durchzog, als er gegen die Ammoniter kämpfte (Ri 11,29). Obwohl einige Forscher dieses M. mit M. (1) gleichsetzen, weist die LXX ausdrücklich darauf hin, daß die beiden Orte nicht identisch sind. Die genaue Lage ist unbekannt.

6. Mizpe in Moab, ein Ort, an den David vor Saul floh und an dem er beim König von Moab Zuflucht für seine Familie erbat (1. Sam 22,3). Wahrscheinlich das heutige Rujum el-Meshrefesh, 4 km südlich von Medeba. Andere vermuten, daß es weiter südlich gelegen haben müßte, womit David den Herrschaftsbereich Sauls verlassen hätte.

MIZRAJIM
. Mose 10,6.13; 1. Chr 1,8.11

MIZRAJIM In der Völkertafel 1. Mose 10 wird M. zus.mit Kusch, Put und Kanaan unter den Söhnen von Ham aufgeführt (10,6). Von M. stammen die Luditer, die Anamiter, die Lehabiter, die Naftuhiter, die Patrositer, die Kasluhiter und die Kaftoriter (10,13–14); nicht alle konnten identifiziert werden. Die Naftuhiter und die Patrositer sind offensichtlich Völker aus Unter- und Oberägypten. M. selbst gilt als Unterägypten.

MNASON
Apg 21,16

MNASON (»nachdenklich«). Ein Mann aus Zypern, »ein alter Jünger«, in dessen Haus Paulus bei seinem letzten Besuch in Jerusalem zu Gast war.

MOAB, MOABITER
1. Mose 19,37; 36,35; 4. Mose 21,11. 13.15.20.26. 3–29; 22,1.3–4. -8.10.14.21.36; 3,6–7.17; 25,1; 26,3.63; 31,12; 33,44.48–50; 35,1; 36,13; 5. Mose 1,5; 2, 8–9.11.18.29; 3,4; 28,69; 32, 49; 34,5–6.8; os 13,32; 24,9; Ri 3,12.14–15. 7.28–30; 10,6; ,15.17–18.25; Rut 1,1–2. 4.6.22; 1. Sam 12,9; 14,47; 22,3–4; 2. Sam 8,2. 12; 23,20; 1. Kön 11, 1.7.33; 2. Kön 1,1; 3, -5.7.10.13.18. -24.26; 13,20; 23,13; 24,2; 1. Chr 1,46; 4,22; 8,8; 11, 2.46; 18,2.11; 2. Chr 20,1. 10.22–23;

MOAB, MOABITER Im AT wird der Ursprung dieses Volkes zurückgeführt auf die inzestuöse Vereinigung von Lot mit seiner ältesten Tochter, die ihm einen Sohn gebar, Moab (1. Mose 19,30–38). Der Hauptgott der M. war Kemosch; ihr Land, in dem früher die Susiter und Emiter lebten (1. Mose 14,5), befand sich östlich des Toten Meeres, zwischen Edom und Ammon. Einige Forscher sind der Ansicht, daß die M. einer Gruppe nomadischer

(unteres Bild) Berglandschaft in Moab.

Gedenkstein aus Moab, bekannt als die Balú ah-Stele, mit drei Figurinen in Reliefarbeit und einer noch nicht entzifferten Inschrift; 12. Jh. v. Chr.

Die erste Erwähnung des Namens Moab, auf einer Inschrift vor dem Tempel von Luxor (Ägypten), 13. Jh. v. Chr.

(oben) Landschaft in Moab im Gebiet nördlich des Arnon-Flusses.

Stämme entstammen, die in der syr.-arab. Wüste lebten und das Gebiet im 14. Jh. v. Chr. besetzten. Mose starb in Moab, wo er auch beerdigt wurde. Zwischen Israel und M. herrschten fast ständig Feindseligkeiten (4. Mose 22,2ff.; 2. Kön 1,1; 3,4ff.). Die Rubeniter und die Gaditer eroberten Teile des Landes der Amoriter, die früher zu Moab gehört hatten (4. Mose 21, 25ff.); zur Richterzeit herrschte ebenfalls zeitweilig Krieg zwischen Israel und M. (Ri 3,12). Auch Saul kämpfte gegen M. (1. Sam 14,47), und David vollendete die Eroberung M.s (2. Sam 8,2). Zeitweilig bestanden jedoch auch freundschaftliche Beziehungen zwischen David bzw. Salomo und M. (1. Sam 22,3ff., 1. Kön 11,1.7). David stammte von der Moabiterin Rut ab, die sich dem Glauben Israels anschloß (Rut 4,13–22); vgl. RUT, DAS BUCH). Nach der Teilung des isrl. Großreiches erlangte M. seine Unabhängigkeit wieder, wurde jedoch gleich darauf von Omri erobert; nach dem Tod Ahabs konnten sich die M. jedoch nochmals befreien (2. Kön 1,1; 3,4ff.). Dies wird auf der Stele von Mescha, dem König von Moab, dokumentiert (s. MESCHA).

Esr 9,1; Neh 13,1.23; Ps 60,10; 83,7; 108,10; Jes 11,14; 15,1–2.4–5.8–9; 16,2.4.6–7. 11–14; 25,10; Jer 9,25; 25,21; 27,3; 40,11; 48, 1–2.4.9.11.13. 15–16.18.20. 24–26.28–29.31. 33.35–36.38–47; Hes 25,8–9.11; Dan 11,41; Am 2,1–2; Mi 6,5; Zef 2,8–9

Sowohl Jes 15–16 als auch Jer 48 prophezeien M.s Niedergang. Sargon II. erwähnt in seinen Annalen die Eroberung von M. und die moabitischen Kriegsleute, die später die Assyrer bei ihrem Kampf gegen die Araber unterstützten. Nachdem Juda von den Babyloniern geschlagen worden war, nutzte M. dies offensichtlich aus und besetzte einige jüd. Gebiete. Später bildete es einen Teil des babyl. und danach des pers. Königreichs. Im 4. und 3. Jh. v. Chr. fielen die Nabatäer in M. ein, nachdem sie die Kontrolle über Edom erlangt hatten. Nach 106 n. Chr. war M. Teil der Provinz Arabien; seine Städte Rabbathmoba und Charachmoba (Kir Moab) waren Verwaltungszentren. Das Land erlebte in der späten röm. und byz. Zeit nochmals eine Blüte.

MOAB, STEIN Siehe MESCHA.

MÖBEL Die M. eines Privathauses waren in der Zeit des AT sehr einfach; sie bestanden aus einem Bett, einem Tisch und Stühlen (2. Kön 4,10). Die meisten Menschen schliefen auf dem Boden oder auf einer Steinbank, wobei sie ihre Kleider als Unterlage und auch als Bettdecke benutzten. Nur die oberen Schichten konnten sich richtige Betten leisten (1. Sam 19,15–16; 2. Sam 4,7). Das Bett wurde auch als Sitzcouch verwendet. Ein schön verziertes (Spr 7,16–17) oder sogar elfenbeingeschmücktes Bett (Am 6,4) war ein Zeichen von Reichtum und Luxus.

Obwohl Tische zum üblichen Hausmobiliar gehörten, gab es Eßtische nur in den Häusern der Reichen. Im allgemeinen saßen die Israeliten auf dem Boden, auf den eine Tierhaut, ein Holzbrett oder ein Kleidungsstück gelegt war. Die in der Bibel erwähnten Tische waren möglicherweise keine richtigen Tische, sondern eine Art Platte, die sowohl als Tisch wie auch als »Geschirr« für Speisen diente.

Im Nahen Osten des Altertums waren drei Arten an Sitzgelegenheiten üblich. Die einfachste Art war ein Schemel ohne Stütze, der zum Sitzen oder als Fußablage benutzt wurde (Klgl 2,1). Die zweite Art war ein Stuhl mit einer Rückenlehne, zu dem manchmal eine Fußstütze gehörte; zu dieser Kategorie gehörten auch Klappstühle mit Rückenlehne. Stühle mit Rückenlehne und Armstützen waren kunstvoll verziert und wurden von Königen und Fürsten benutzt (vgl. Salomos Thron in 1. Kön 10,18–20).

Auch unter der röm. Besatzung und z. Zt. des NT waren die Möbel noch sehr einfach. Damals bestand die Möblierung aus Betten, hölzernen Tischen und Stühlen. In vornehmen Häusern fand man auch Speiseliegen nach griech. und röm. Vorbild (vgl. Mk 14,3; Lk 7,36; Joh 12,2, wo es nach dem Urtext stets heißt, daß Jesus dort zu Tische »lag«). Für Licht sorgten Bronzeleuchter.

Stühle und ein Tisch, abgebildet auf einer Stele aus Marasch, Türkei, 8. Jh. v. Chr. (Istanbul Museum).

(obere Abbildungen) Tonmodelle von Möbeln aus alttestamentlicher Zeit; gefunden in Lachisch (Israelische Regierungsabteilung für Altertümer und Museen).

MOHR
2. Sam 18, 21–23.31.32; Ps 87,4; Jer 13,23; 38,7. 10.12; 39,16; Am 9,7

MOHR Bibl. Bezeichnung für schwarzhäutige Afrikaner (z. B. Jer 13,23; Am 9,7). Ein solcher M., wohl ein Mann aus Kusch (Sudan, Äthiopien), spielte eine Rolle bei der Überbringung der Nachricht von Absaloms Tod an David (2. Sam 18,21–23.31.32).

MOLADA
Jos 15,26; 19,2; 1. Chr 4,28; Neh 11,26

MOLADA Stadt des Stammes Juda (Jos 15,26) und Simeon (Jos 19,2), die sich im Negeb befand; eine der Städte, die nach der Rückkehr aus der babyl. Gefangenschaft neu besiedelt wurden (Neh 11,26). Die Lage ist unbekannt.

MOLECHET
1. Chr 7,18

MOLECHET (»Die Königin«). Tochter Machirs, des Sohnes Manasses (1. Chr 7,17–18).

MOLID
1. Chr. 2,29

MOLID Ein Name aus dem Geschlechtsregister der Sippe Jerachmeel.

MOLOCH
3. Mose 18,21; 20,2–5; 1. Kön 11,7; 2. Kön 23,10; Jer 32,35; Apg 7,43

MOLOCH Semit. (phöniz.) Gottheit des Sonnenfeuers und Gewitters, die im AT immer wieder in Verbindung mit dem Abfall Israels zum Götzendienst erwähnt wird. Der Name ist im AT höchstwahrscheinlich eine absichtlich veränderte Vokalisierung des hebr. *melech* (»König«, vgl. Jes 30,33), die durch die Verwendung der Vokale des hebr. Wortes *boschet* (»Schande«) zustande kam. Der Name erscheint als »Milkom« in 1. Kön 11,5.33 und 2. Kön 23,13.

Kinderopfer werden ausdrücklich als Kennzeichen des Molochkults erwähnt. Die fünf Bücher Mose und die Bücher der Könige verwenden den Ausdruck »seinen Sohn/seine Tochter dem Moloch durchs Feuer gehen« lassen (2. Kön 23,10; vgl. 3. Mose 18,21; 5. Mose 18,10; 2. Kön 17,17; 21,6). In den Prophetenschriften werden noch stärkere Ausdrücke verwendet, wie »schlachten« oder »verbrennen«, »durchs Feuer gehen lassen« oder »zum Fraß darbringen« (Jer 7,31; 19,5; Hes 16,21; 20,31; 23,37.39). Manche Forscher interpretieren das Opfern und Verbrennen dieser Kinder in einem übertragenen Sinn, so wie es auch die spätere Tradition verstand (Jubileen 30,7 ff.) – als Initiations- oder Ordinationsritus für die Hingabe an den Tempeldienst.

Der Molochkult war verbunden mit dem Götzendienst der Ammoniter (1. Kön 11,5.7); aber die Moabiter dienten einem ganz ähnlichen Gott namens Kemosch (1. Kön 11,7.33; Ri 11,24; vgl. auch 2. Kön 23,13). M. und Kemosch könnten örtliche Variationen desselben Gottes sein.

Nach Jer 32,35 waren »die Höhen des Baal im Tal Ben-Hinnom« der Ort, an dem die Opfer für M. dargebracht wurden. Dieser Brauch wurde während der Regierungszeit Manasses allg. üblich; den Ort bezeichnete man als *Tofet*

Kanaanitische Stele, gefunden in Hazor, die zwei im Gebet zur Mondsichel erhobene Hände zeigt. 13. Jh. v. Chr. (Israelische Regierungsabteilung für Altertümer und Museen).

(2. Kön 23,10; Jer 7,31–32; 19,6; vgl. auch Jes 30,33; Mt 5,22). Während der Reform Josias wurde dieser Kultort zerstört, um weitere Opfer für M. zu verhindern (2. Kön 23,10). Der Molochkult hatte tiefen Eingang in die isrl. Kultur gefunden. Schon Salomo hatte unter dem Einfluß seiner heidnischen Frauen Altäre für Kemosch und M. errichten lassen (1. Kön 11,5); Ahas und Manasse opferten ihre Kinder dem M. (2. Kön 16,3; 21,6).

Im NT wird M. in einem Zitat von Am 5,25–27 nach der LXX in der Rede des Stephanus erwähnt (Apg 7,43). Vgl. auch MILKOM.

MOND Im Denken und Tun der Menschen in atl. Zeit spielte der Mond eine herausragende Rolle. Er war zunächst ein Lichtspender – ein kleines Licht, kleiner als die Sonne, aber trotzdem der Herrscher über die Nacht (1. Mose 1,16) mit strahlend weißem Licht (vgl. Hld 6,10).

MOND
1. Mose 37,9; 5. Mose 4,19; Jos 10,12; 2. Kön 23,5; Hiob 25,5; 31,26; Ps 8,4; 72,5; 89,38; 121,6; 136,9; 148,3; Pred 12,2; Hld 6,10; Jes 13,10; 30, 26; 60,19; Jer 8,2; 31,35; Hes 32,7; Joel 3,4; Mt 24,29; Lk 21,25; 1. Kor 15,41; Offb 8,12; 12,1; 21,23

Wichtiger war die Funktion des M. als Zeitmesser. Der M. war zus. mit den anderen Himmelskörpern geschaffen, um »Zeichen, Zeiten, Tage und Jahre« anzugeben (1. Mose 1,14). Seine Umlaufbahn war die Grundlage für den hebr. Monat, und die hebr. Worte für »Mond« und »Monat« sind wie ihre dt. Äquivalente miteinander verwandt. Israels Jahresablauf und Kalender (s. KALENDER) war vorwiegend vom Mond bestimmt. An jedem Neumond (s. NEUMOND) wurden bes. Opfer dargebracht (4. Mose 28,11–15) und die Trompeten geblasen (4. Mose 10,10). Der Vollmond zeigte den Anfang des Passah- und des Laubhüttenfestes an.

Die Zuverlässigkeit des vom M. geprägten Zeitablaufs – der M. ist der »treue Zeuge« (Ps 89,38) – ließ den M. zu einem Symbol für die Beständigkeit werden: »... und großer Friede (soll) sein, bis der Mond nicht mehr ist« (Ps 72,5.7). Eschatologische Texte verwenden dieses Symbol der Beständigkeit, um den Wiedereinbruch des Chaos in die Schöpfung anhand der veränderten Naturabläufe anzuzeigen: Der M. wird nicht mehr scheinen (Jes 13,10); er wird sich in Blut verwandeln (Joel 3,4); der »dritte Teil« seines Lichts wird sich verfinstern (Offb 8,12). Der M. dient auch als Bild dazu, den Glanz der neuen Schöpfung zu veranschaulichen: »Des Mondes Schein wird sein wie der Sonne Schein, und der Sonne Schein wird siebenmal heller sein zu der Zeit ...« (Jes 30,26), und zuletzt wird Gott selbst als ewiges Licht Sonne und M. ersetzen (Jes 60,19 f.; Offb 21,23).

In heidnischen Religionen war die Astrologie, also auch die Anbetung des M.s, weit verbreitet. Abraham muß der Kult des mesopotam. Mondgottes Nanna (oder Sin), der sowohl in Ur als auch in Haran vorherrschend war, bekannt gewesen sein. In Ugarit bezeugen Aufzeichnungen die Anbetung des Mondgottes Yarah, und Spuren der Verehrung dieser Gottheit in Palästina haben sich in den Namen *Bet-Yerah* und vielleicht auch *Jericho* erhalten. Eine Stele aus Hazor vom Ende der kanan. Epoche (13. Jh. v. Chr.) stellt in flehender Geste zum M. ausgestreckte Hände dar. Hiob fragt in seiner Rechtfertigungsrede rhetorisch, ob er jemals der Sonne oder dem M. in Verehrung Küsse zugeworfen habe (Hiob 31,26–27). Durch assyr. Bräuche beeinflußt, baute Manasse von Juda dem »Heer des Himmels Altäre in beiden Vorhöfen am Hause des HERRN« (2. Kön 21,3–5); diese wurden bei der Reform des Josia zerstört (2. Kön 23,12). Die Astrologie war eine der Sünden, die zum Untergang Israels führten (2. Kön 17,16), und nach 5. Mose 17,2–5 war die Anbetung des M.s mit der Todesstrafe belegt.

Im Volksglauben sprach man dem M. offenbar die Fähigkeit zu, Krankheit zu verursachen (Ps 121,6), aber auch die Fruchtbarkeit zu beeinflussen: Mondförmige Anhänger wurden von den Frauen Jerusalems getragen (Jes 3,18) und schmückten die Kamele der Midianiter (Ri 8,21).

Im NT spiegelt sich der weitverbreitete Glaube, daß der M. Wahnsinn verursachen könnte, in dem griech. Begriff wider, der dem deutschen »mondsüchtig« entspricht (Mt 4,24; 17,15).

MORDECHAI Ein Benjaminiter, der im Verlauf der ersten Deportation nach Babylon (2. Kön 24,15) in die medisch-pers. Hauptstadt Susa verschlagen worden war (Est 2,5 f.); er war der Vetter und Pflegevater von Ester (Est 2,7.15). M. entdeckte eine Verschwörung von zwei pers. Kämmerern,

MORDECH[AI]
Est 2,5.7.10–[...] 15.19–22; 3,2[...] 4,1.4–7.9–10.[...] 12–13.15.17; [...] 9.13–14; 6,2–[...] 10–13; 7,9–10[...] 8,1–2.7.9.15; 9,3–4.20.23.2[...] 31; 10,2–3

die Hand an den König Ahasveros legen wollten (Est 2,21–23). Er wurde für diesen Dienst geehrt (Est 6,10f.), machte sich aber den pers. Groß-Satrapen Haman zum persönlichen Feind (Est 3,5). Haman plante, M. zus. mit allen Juden im gesamten pers. Reich zu töten (Est 3,6). Mit Esters Hilfe gelang es M., den geplanten Völkermord zu vereiteln; Haman und seine Söhne wurden hingerichtet (Est 7,10; 9,7–10.12–14). Den Juden im ganzen Reich wurde durch einen königlichen Erlaß erlaubt, sich an ihren Feinden zu rächen (Est 9,5.15f.). Zur Erinnerung an dieses Ereignis ordnete M. an, daß künftig alle im pers. Großreich ansässigen Juden ein alljährliches Fest – das sog. Purimfest – begehen sollten (Est 9,17–28). M. selbst wurde von Ahasveros an Stelle Hamans zum Groß-Satrapen des Königs erhoben (Est 8,2.15; 9,4; 10,2f.).

Vgl. auch ESTER, DAS BUCH.

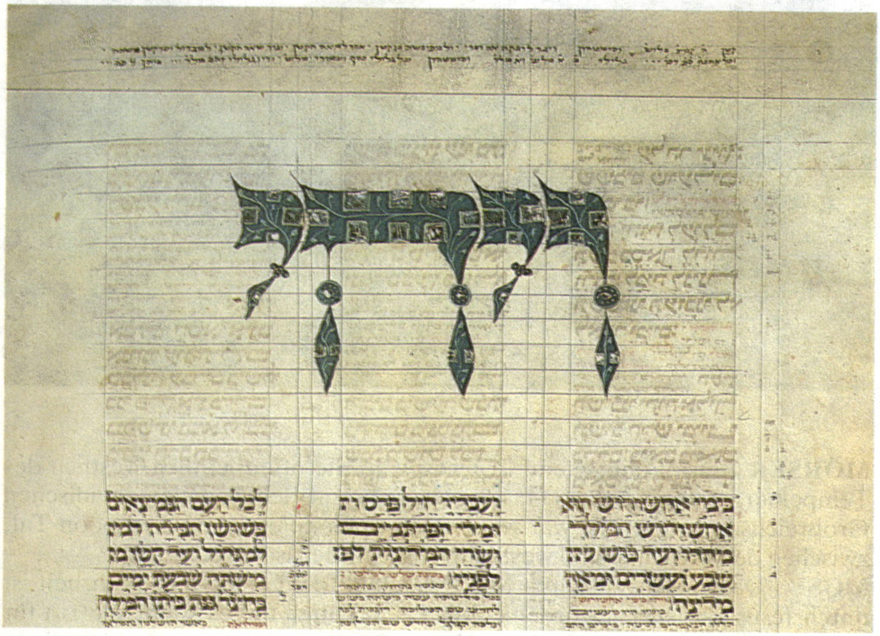

Seite aus dem Buch Ester, aus der De Castro-Bibel, Deutschland, 14. Jh. (Israel-Museum).

ORDOCHAI Esr 2,2; Neh 7,7

MORDOCHAI Einer derer, die mit Serubbabel aus dem babyl. Exil zurückkehrten.

MORE 1 1. Mose 12,6; 5. Mose 11,30
MORE 2 Ri 7,1

MORE (»Der Lehrende«).

1. Abrahams erste Lagerstätte im Lande Kanaan, als er aus Haran zog (1. Mose 12,4). Hier erschien ihm der HERR, und hier baute er ihm einen Altar (1. Mose 12,7). Die Berge EBAL und GARIZIM, wo Israel bei der Landnahme die Segens- und Fluchworte hörte (5. Mose 27–28; Jos 8,33–35), lagen in der Nähe von M. (5. Mose 11,30). Mit dem Ausdruck »Eiche More« könnte eine heilige Eiche gemeint sein.

2. Hügel in der Ebene Jesreel, bei dem die Midianiter ihr Lager aufgeschlagen hatten, als sie gegen die Israeliten kämpften, die von Gideon angeführt wurden (Ri 7,1).

ORESCHET, ORESCHET-GAT Jer 26,18; Mi 1,1.14

MORESCHET, MORESCHET-GAT Stadt in Juda, aus der der Prophet Micha stammte. Er nimmt auf sie in Zusammenhang mit dem Gerichtswort über die Städte in dieser Gegend Bezug (Mi 1,14).

MORGENSTERN Hiob 38,7; Jes 14,12; 2. Petr 1,19; fb 2,28; 22,16

MORGENSTERN Der Planet Venus in der Dämmerung. In einigen Bibelübersetzungen wird der Name benutzt, der sich in Jes 14,12 findet: »Wie bist du vom Himmel gefallen, du schöner Morgenstern«, was urspr. »der Leuchtende« bedeutete und sich auf den König von Babylon bezog. Im NT erscheint »M.« als Bild für Jesus Christus (2. Petr 1,19; Offb 2,28; 22,16).

MORIJA 1. Mose 22,2; 2. Chr 3,1

MORIJA Ort, der für die Opferung Isaaks vorgesehen war (1. Mose 22,2). Es war auch die Stätte, an der Gott David erschien und wo Salomo den Tempel baute (2. Chr 3,1). (S. JERUSALEM.)

Inneres des Grabmales von Mordechai und Ester in Hamadan, Persien.

Das Tyropöon-Tal in Jerusalem; hier lag der Stadtteil »Mörser«.

MÖRSER Eine Wohngegend in Jerusalem, die offensichtlich westlich des Tempelberges lag (Zef 1,11); sie war während der Zeit des davidischen Großreichs bewohnt. Sie war wohl etwas tiefer gelegen, im Tyropöon-Tal, zwischen den östlichen und westlichen Hügeln Jerusalems.

MOSE »Das Gesetz ist durch Mose gegeben; die Gnade und Wahrheit ist durch Jesus Christus geworden« (Joh 1,17). Durch dieses Schlüsselwort für das Verhältnis des Alten und des Neuen Bundes wird die zentrale Stellung des M. im Heilsplan Gottes festgeschrieben. M. ist der Empfänger, Träger und Verkünder der einzigartigen und als Selbstkundgabe Gottes einzigen Gottesoffenbarung des AT (2. Mose 3,4–14; 19,16–20,21; im einzelnen dazu s. u.). Die Gegenüberstellung des Werkes M.s und des Werkes Christi mindert nicht, sondern bejaht die Tatsache, daß M. die Zentralgestalt des atl. Gottesbundes ist. Das Gesetz (die *Thora*), das durch M. von Gott geoffenbart worden ist, ist durch das Werk Christi nicht aufgehoben, sondern erfüllt. Nicht das Gesetz M.s in der Gestalt der Gebote Gottes ist hinfällig – Jesus betont das Gegenteil so scharf wie Paulus (Mt 5,17–19; Röm 7,12; 9,4 u. a.) –, sondern die Erfüllung des Gesetzes durch Christus an unserer Statt (Mt 5,17; Röm 5,18 f.; 6,11; 8,3 f.) ist der entscheidende Schritt über M. hinaus. In diesem, aber in keinem anderen Sinn ist Christus »des Gesetzes Ende (= Ziel)« (Röm 10,4). M. bleibt auch für das NT, wenn auch nur als schattenhafter Vorläufer des großen Mittlers Jesus Christus (1. Tim 2,5; Hebr 8,6; 12,24; vgl. MITTLER), der Vermittler zwischen Gott und seiner Israel-Gemeinde (2. Mose 34,30–35 usw.; s. u.). Diese unlösliche Verkoppelung des Alten und des Neuen Bundes zieht sich durch das ganze NT, sowohl durch die Predigt Jesu als auch durch die Zeugnisse der apostolischen Schriften (z. B. Apg 26,22 f.; 28,23; 1. Kor 9,8–10; Hebr 11,23–29). Eine eschatologische Dimension bekommt die Gestalt M.s in der Stunde der Verklärung Jesu (s. u.) und in dem Lobgesang der Überwinder am »gläsernen Meer« (Offb 15,1–4), in dem das »Lied des Mose«, also das Danklied der Erretteten vom Schilfmeer (2. Mose 15,1–21), eine riesige Brücke über die Äonen des Heilsplanes

MÖRSER
Zef 1,11

MOSE
2. Mose 2,10–1
14–15.17.21; 3,
1.4.6.11.13–15
4,1.3.10.13–14
18–21.24.27–2
30; 5,1.4.20.
22; 6,1.2.9–10.
12–13.20.26–2
7,1.6–8.10.14.
19–20.22; 8,1.
4–6.8–9.12.16.
21.22.25–27; 9
1.8.10–13.22.2
27.29.33.35; 1
1.3.8–9.12.13.
16.18.21–22.
24–25.29; 11,
1.3–4.8–10; 12
1.21.28.31.35.
43.50; 13,1.3.
14,1.11.13.15.
21.26–27.31;
15,1.22.24;
16,2.4.6.8–9.
15.19–20.22.
24–25.28.32–
17,2–4.6.9–12
14–15; 18,1–2
5–8.12–13.15
24.26; 19,3.
7–10.14.17.
19–20.23.25;
19–21; 24,1–
8–9.12–13.

15–16.18; 25,1;
30,11.17.22.34;
31,1.12.18; 32,1.
7.9.11.15.17.23.
25.28–31.33; 33,
1.5.7–9.11–12.
15.17.18; 34,1.
4–5.8.27.29.31;
35,1.4.20.29–30;
36,2–3.5–6; 38,
21–22; 39,1.5.7.
21.26.29.31–33.
42–43; 40,1.16.
18.31–33.35;
3. Mose 1,1; 4,1;
5,14; 6,1.12.17;
7,22.28.38; 8,1.
4.6.9.10.15.19.
23.29–31.36; 9,
1.5–7.10.21.23;
10,3–7.11–12.
16.19–20; 11,1;
12,1; 13,1; 14,1.
33; 15,1; 16,1.
34; 17,1; 18,1;
19,1; 20,1; 21,1.
16.24; 22,1.17.
26; 23,1.9.23.26.
33.44; 24,1.11.
13.23; 25,1;
27,1.34;
4. Mose 1,1.17.
19.44.48.54; 2,1.
33–34; 3,1.5.11.
14.16.38–40.42.
44.49.51; 4,1.17.
21.34.37.41.
45–46.49; 5,1.
4–5.11; 6,1.22;
7,1.4.6.11.89; 8,
1.3–5.20.22–23;
9,1.4–6.8–9.23;
10,1.13.29.31.
35; 11,2.10–11.
16.21.23–24.
27–30; 12,1–4.
7–8.11.13–14;
3,1.3.16–17.26.
0; 14,2.5.11.13.
26.39.41.44; 15,
1.17.22–23.33.
5–37; 16,2–4.8.
2.15–16.18.20.
23.25.28; 17,1.
-9.11.12.15–16.
–27; 18,25; 19,
1; 20,2–3.6–7.
9–12.14.23.
7–28; 21,5.7–9.
.32.34; 25,4–6.
0.16; 26,1.3–4.
9.52.59.63–64;
27,2.11–12.15.
8.22–23; 28,1;
30,1; 31,1.3.
7.12–14.21.25.
1.41.42.47–48.
.54; 32,2.6.20.
5.28.33.40; 33,
-2.50; 34,1.13.
16; 35,1.9;
36,1.5.10.13;
Mose 1,1.3.5;
41.44–46; 5,1;
7,1.9.11; 29,1;
31,1.7.9.
14.16.22.24.
; 33,1.4; 34,1.
5.7–10.12;

Mose wird aus seinem Kästchen herausgehoben. Fresko in der Synagoge von Dura-Europos am Euphrat, die im 3. Jh. n. Chr. zerstört wurde.

Gottes spannt. Aus dieser ntl. Perspektive heraus ist M. also weit mehr als der Führer der Israeliten bei ihrem Auszug aus Ägypten und während der Wanderung zum Gelobten Land.

M. kam aus dem Stamm Levi (2. Mose 2,1f.; 6,20); er war der jüngere Bruder Mirjams und Aarons (7,7). Auffallenderweise werden die Eltern M.s – Amram und Jochebed – entgegen allen atl. Gepflogenheiten (vgl. Ri 9,1; 1. Sam 1,1.20–23; 9,1f.; 16,1; Jes 1,1; Jer 1,1 u.a.) zunächst nicht mit Namen genannt. Sie erscheinen erst später in zweien der zahlreichen Geschlechtsregister (2. Mose 6,20; 4. Mose 26,59), die im jüd. Denken, v.a. in den Chronikbüchern, eine bes. Rolle spielen (zur Anonymität der Mutter M.s vgl. auch 2. Mose 2,6–9). Z.Zt. von M.s Geburt litten die Israeliten in Ägypten unter schweren Zwangsmaßnahmen. Der Pharao, der das Volk zur Fronarbeit erniedrigt hatte (2. Mose 1,8–21), ging noch einen Schritt weiter und gebot, daß alle männlichen Neugeborenen in den Nil zu werfen seien (1,22). M.s Mutter versuchte ihren Sohn zu retten, indem sie ihn in einem Binsenkorb in das Schilf am Nilufer legte. Dort fand ihn die Tochter des Pharaos und nannte ihn »Mose« (2,5–10). Der Name ist ägypt. (*Mos* – »Sohn«). Seine hebr. Form *Mosche* weist vielleicht aber auch auf die ägypt. Worte für »Wasser« und »gerettet« hin. In 2. Mose 2,10 wird der Name erklärt mit: »Ich habe ihn aus dem Wasser gezogen«.

M. mußte als junger Mann aus Ägypten fliehen, nachdem er einen ägypt. Aufseher, der einen hebr. Sklaven geschlagen hatte, getötet hatte. Er entkam in die Wüste Sinai, wo er von dem midianitischen Priester Jitro aufgenommen wurde; später heiratete er eine seiner Töchter, Zippora (2. Mose 2,11–22). Der Wendepunkt in M.s Leben war die göttliche Offenbarung am Dornbusch in der Wüste, der »im Feuer brannte und doch nicht verzehrt wurde« (3,1–6). Dort offenbarte Gott ihm seinen eigenen Namen: *Jahwe* (vgl. GOTT). An dieser einzigen Stelle der HS erklärt Gott das Geheimnis seines Namens: »Ich werde sein, der ich sein werde« (3,14). (Die sachliche Richtigkeit der Kurzform dieser Erklärung, »Ich bin«, steht außer Zweifel.) Zugleich bestätigte Gott in dieser Offenbarung, daß er kein anderer sei als der Gott Abrahams, Isaaks und Jakobs (3,6.15). Gott gebot M., nach Ägypten zurückzukehren und sein Volk aus der Sklaverei herauszuführen. Als M. vor dieser Aufgabe zurückschreckte, überwand Gott seine Einwände, indem er ihm eine Anzahl von Zeichen mitgab, die das Volk von seiner Mission überzeugen würden. Als M. darauf hinwies, daß ihm die Beredsamkeit fehle, bestimmte Gott M.s Bruder Aaron dazu, ihn als Sprecher zu begleiten.

Bei seiner Rückkehr nach Ägypten überzeugte M. die Israeliten von seinem Auftrag. Aber seine Bitte an den Pharao, das isrl. Volk freizulassen zum Zug in das Gelobte Land, traf auf dessen strikte Weigerung. Erst eine Folge von gottgewirkten Strafen (den sog. zehn ägypt. Plagen, s. PLAGEN, DIE ZEHN) brachte den Pharao dazu, das Volk ziehen zu lassen.

M. übernahm im Alter von 80 Jahren die Rolle des Führers des Volkes Gottes. Am Schilfmeer (»Roten Meer«), als die Kampfwagen des Pharaos den ausziehenden Israeliten nachsetzten und sie einzuholen drohten, wies Gott M. an, seinen Stab über dem Wasser auszustrecken, das sich daraufhin teilte und dem isrl. Volk den Weg zum Durchzug freimachte. Als die Ägypter versuchten, ihm zu folgen, kehrte das Wasser zurück, wobei die Ägypter ertranken (2. Mose 14,1–31). Diese geschichtliche Gottestat wurde zum entscheidenden Ereignis Israels für seinen Glauben an Jahwe, seinen Gott.

Nach drei Monaten entbehrungs- und gefahrenreicher Wanderung durch die Wüste gelangte das Volk zum Sinai, dem Berg Gottes (auch »Horeb« genannt). M. bestieg den Berg, auf dem Gott seine Absicht, einen Bund mit Israel zu schließen, kundtat (2. Mose 19,3–6). M. rief das Volk am Fuß des Sinai zusammen, während sich Jahwe in einer furchterregenden Gotteserscheinung auf den Berg herabließ (19,9.17–19; 20,18), um dem Volk seine Gebote kundzutun; das Volk war von dieser Offenbarung überwältigt und ertrug es nicht, die Stimme Gottes zu vernehmen (19,16; 20,21). Die Israeliten beschworen M., als Mittler zu dienen und Gottes Gebote an sie zu übermitteln (20,18–21; vgl. 5. Mose 5,2–5). M. erhielt jetzt die göttlichen Gesetze, das gesamte »Buch des Bundes« (24,3–8). Er bestieg den Berg erneut, wobei er 40 Tage und Nächte dort verblieb, und empfing die Gesetzestafeln (24,12–18).

Doch inzwischen verlangte das Volk, das M.s längerer Abwesenheit wegen beunruhigt war, daß Aaron ihnen »einen Gott« mache (2. Mose 32,1). Aaron veranlaßte daraufhin die Anfertigung, Aufstellung und Einweihung eines Stierbildes, also eines Gottes nach ägypt. Vorbild. Seiner bescheidenen Größe wegen sprach man von einem »goldenen Kalb« (32,2–6; vgl. GOLDENES KALB). Als M. endlich vom Sinai herabstieg, sah er, wie das Volk das »Kalb« kultisch verehrte, woraufhin er die Tafeln der Gebote zerbrach – eine Symbolhandlung für das Brechen des Bundes durch das Volk (32,7–19). Dann zerstörte er das Stierbild und hielt ein furchtbares Strafgericht (2. Mose 32,20–29). Sein Flehen für das Volk wandte jedoch eine noch schwerere Vergeltung Gottes ab (32,30–33; vgl. 5. Mose 9,8–21).

M. wurde wieder auf den Berg gerufen und empfing von Gott zwei neue Tafeln mit den Zehn Geboten (2. Mose 34,1–28; vgl. 5. Mose 10,1–5).

Nach dem Aufenthalt am Sinai begann der Zug der Israeliten ins verheißene Land. Während dieser Wanderung durch die Wüste errichtete M. ein »Zelt der Begegnung« außerhalb des Lagers (nicht zu verwechseln mit der später errichteten STIFTSHÜTTE in der Lagermitte!), in dem er Jahwe befragte (2. Mose 33,7–11). Als M. sich über das ständige Murren des Volkes beschwerte, gebot ihm Gott, 70 Weise vor der Stiftshütte zu versammeln, die Gott dann mit dem Geist M.s erfüllte und sie dadurch auf ihre Leitungsaufgabe vorbereitete (4. Mose 11,16–30). Sogar Aaron und Mirjam, die sich selbst als mit ihrem Bruder gleichrangig ansahen, rebellierten gegen M.s Autorität. Mirjam wurde deshalb zeitweilig vom Aussatz befallen, und Aaron mußte M. demütig bitten, sich vor Gott für sie einzusetzen (4. Mose 12,1–15).

Wiederholt sah sich M. Schwierigkeiten mit dem Volk gegenüber, das wegen der vielen Gefahren und Entbehrungen, die es erlebte, rebellisch wurde. Schon am Schilfmeer hatte das begonnen (2. Mose 14,10–12). Es folgten Hungerrebellionen (z. B. 15,22–25; Kap. 16–17; 4. Mose 11). Eine bes. schwere Herausforderung der Autorität M.s war die Meuterei Korachs (4. Mose 16).

In manchen Fällen gelang es M., die Heimsuchungen, die Gott dem Volk auferlegte, zu mildern. So wurde eine Schlangenplage dadurch aufgehalten,

Jos 1,1–3.5.7. 13–15.17; 3,7; 4,10.12.14; 8, 31–33.35; 9,24; 11,12.15.20.23; 12,6; 13,8.12.15. 21.24.29.32–33; 14,2–3.5–7.9–11; 17,4; 18,7; 20,2; 21,2.8; 22,2.4–5. 7.9; 23,6; 24,5; Ri 1,16.20; 3,4; 4,11; 1. Sam 12.6.8; 1. Kön 2.3; 8,9.53.56; 2. Kön 14,6; 18,4.6.12; 21, 8; 23,25; 1. Chr 5,29; 6, 34; 15,15; 21, 29; 22,13; 23, 13–15; 26,24; 2. Chr 1.3; 5,10; 8,13; 23,18; 24, 6.9; 25,4; 30, 16; 33,8; 34, 14; 35,6.12; Esr 3,2; 6, 18; 7,6; Neh 1,7–8; 8,1.14; 9,14; 10,30; 13,1; Ps 77,21; 90,1; 99,6; 103,7; 105,26; 106, 16.23.32; Jer 15,1; Dan 9,11.13; Mi 6,4; Mal 3,22; Mt 8,4; 17, 3–4; 19,7–8; 22,24; 23,2; Mk 1,44; 7,10; 9,4–5; 10,3–4; 12,19.26; Lk 2,22; 5,14; 9,30.33; 16,29. 31; 20,28.37; 24,27.44; Joh 1,17.45; 3, 14; 5,45–46; 6, 32; 7,19.22–23; 8,5; 9,28–29; Apg 3,22; 6,11 14; 7,20.22.29. 31–32.35–37.4 44; 13,38; 15,1 5.21; 21,21; 26,22; 28,23; Röm 5,14; 9, 15; 10,5.19; 1. Kor 9,9; 10,2; 2. Kor 3,7.13.1 2. Tim 3,8; Hebr 3,2–3.5. 16; 7,14; 8,5; 9,19; 10,28; 1 23–24; 12,21; Jud 9; Offb 15,3

daß M. auf göttliche Anordnung hin eine eherne Schlange anfertigte, deren Anblick Rettung brachte (4. Mose 21,4–9; s. SCHLANGE, EHERNE). Der Stab, der M. am brennenden Dornbusch gegeben worden war, bewies mehrfach eine wundertätige Wirkung. Mit ihm schlug M. Wasser aus einem Felsen (2. Mose 17,5f.); durch das Hochhalten des Stabes sicherte er den Sieg in der Schlacht gegen die Amalekiter (17,8–13). Als er jedoch einen Felsen mit dem Stab schlug, um auf magische Art Wasser hervorzubringen, anstatt mit dem Felsen im Namen Gottes zu sprechen, wurden er und Aaron für diesen Ungehorsam damit bestraft, daß Gott ihnen den Eintritt in das Gelobte Land verwehrte (4. Mose 20,7–12).

Nachdem M. die Eroberung des Ostjordanlandes noch erlebt hatte, wurde er von Gott von seinem bevorstehenden Tod unterrichtet. Ehe er sich von seinem Volk trennte, übertrug er seine Vollmachten auf Josua (5. Mose 31,1–8). In seiner Abschiedsrede (5. Mose 29–31) stellte er noch einmal die Verpflichtungen des Gottesbundes dar und bat sein Volk, seine Treue zu Gott dem HERRN zu bewahren. Auch das sog. »Lied des Mose« (32,1–43) behandelt eben dieses Thema. Schließlich segnete M. die Stämme Israels (5. Mose 33).

M. starb im Alter von 120 Jahren, nachdem ihm Gott noch gewährt hatte, das Land Kanaan von dem »Berg Nebo, dem Gipfel des Gebirges Pisga«, aus zu sehen (5. Mose 34,1–5). Über seinem Tod waltet das Geheimnis Gottes. Gott selber soll seinem Knecht ein Grab bereitet haben – »im Lande Moab gegenüber Bet-Peor«, wie es 5. Mose 34,6 in vager Umschreibung heißt. »Und niemand hat sein Grab erfahren bis auf den heutigen Tag.« So konnte auch nie ein Kult um M.s Grabstätte entstehen. (Vgl. auch die geheimnisvolle Andeutung in Judas 9.)

Spätere bibl. Schriften beschreiben die Gesetze Gottes, die M. offenbart wurden, als das »Buch dieses Gesetzes« (Jos 1,8; 8,31). M. wird als Führer des Auszugs aus Ägypten (1. Sam 12,6.8; Ps 77,21; Mi 6,4) und als Fürsprecher für die Sünden Israels (Jer 15,1; Ps 99,6) im AT oft ins Gedächtnis gerufen. Der 90. Psalm heißt »ein Gebet des Mose, des Mannes Gottes«.

Gerade wegen der einsamen Größe M.s und angesichts seiner Berufung zum Träger der Gottesoffenbarung des Alten Bundes kargt die Bibel mit Informationen über M.s persönliches Leben. In Midian war er mit Zippora, der Tochter des Priesters Jitro, verheiratet (s.o.), und es wird auch eine kuschitische Frau (Äthiopierin) erwähnt (4. Mose 12,1). Seine Söhne Eliëser und Gerschom erfahren in der Bibel keine Beachtung. An M.s Charakter preist der bibl. Bericht dessen Demut und Selbstlosigkeit (4. Mose 12,3). Sein Mord an dem ägypt. Aufseher wird oft als ein Zeichen eines cholerischen Temperaments angesehen, ebenso die Tatsache, daß er auf den Felsen schlug anstatt Gott über ihm anzurufen (4. Mose 20,7–12). Die bibl. Erzählung konzentriert sich aber auf die Aufgabe, die ihm von Gott zuteil wurde. M. hat eine einzigartige Stellung in der Bibel inne: Er war der große nationale Führer, der eine Schar ehemaliger Sklaven in die Gemeinschaft des von Gott zum Eigentum erwählten Volkes Israel (2. Mose 19,5f.) umwandelte. Er war der Prophet, zu dem Gott »von Angesicht zu Angesicht« redete (2. Mose 33,11). Er war als der Empfänger und Vermittler der Selbstoffenbarung Gottes jener einzigartige »Knecht des HERRN« (5. Mose 34,5; Jos 1,1; vgl. 4. Mose 12,7–8; vgl. Hebr 11,23f.), der große religiöse Führer, der den Bund Gottes mit Israel vermittelte, und der Gründer der nationalreligiösen Gemeinde Israel. »Und es stand hinfort kein Prophet in Israel auf wie Mose, den der HERR erkannt hätte von Angesicht zu Angesicht« (5. Mose 34,10).

Im NT (s.o.) wird M. 80mal erwähnt, gewöhnlich als der Vermittler der Thora, des göttlichen Gesetzes (z.B. Mt 19,7f.; Mk 10,3–6; Joh 7,22). M. wird als der Prophet, der den Weg zu Jesus zeigt, beschrieben (Lk 24,27.44; Joh 5,45ff.; Apg 3,22; 26,22). In der Verklärung Jesu stehen M., der das Gesetz, und Elia, der die Propheten verkörpert (vgl. Lk 16,29), zus. neben dem Sohn Gottes, der die Erfüllung des Alten und die Mitte des Neuen Bundes ist (Mt 17,2–8; Mk 9,2–8; Lk 9,28–36). M.s heilsgeschichtliche

Mose, eine Schriftrolle haltend. Fresko in der Synagoge von Dura-Europos; 3. Jh. n. Chr.

Gefäßhenkel aus Ton mit der Inschrift des Namens der Gegend »Moza« und dem Namen »Schual«. Das Gefäß wurde vermutlich für Wein verwendet; 6. Jh. v. Chr. (Israelische Regierungsabteilung für Altertümer und Museen).

Bedeutung gehört zu den Fundamenten des NT. Die Erfüllung und zugleich die Überhöhung seines Werkes ist das Werk Christi (Joh 1,17).

MOSE, DIE BÜCHER Siehe GENESIS, EXODUS, LEVITIKUS, NUMERI, DEUTERONOMIUM, PENTATEUCH.

MOSER, MOSEROT Eine der Lagerstätten der Israeliten in der Wüste (4. Mose 33,30–31). Nach 5. Mose 10,6 starb Aaron in M. und wurde dort begraben. An anderer Stelle wird der Berg Hor als die Stätte bezeichnet, an der Aaron starb und begraben wurde (4. Mose 20,22–29; 5. Mose 32,50).

MOSER, MOSEROT
4. Mose 33,30–31;
5. Mose 10,6

MOTTE Siehe TIERE.

MOZA

1. Zweiter Sohn Kalebs von seiner Nebenfrau Efa.
2. Sohn Simris und Vater Binas im Geschlechtsregister Sauls.
3. Eine Stadt im Gebiet von Benjamin (Jos 18,26). Ihr Name wird auf gestempelten Gefäßhenkeln aus dem 6. Jh. v. Chr. erwähnt; in der röm. Zeit war sie als »Ammaous« und später als »Colonia« bekannt; der Name wurde der Stadt von Vespasian gegeben, der hier eine Kolonie von röm. Veteranen ansiedelte. Heute Mevasseret-Zion, westlich von Jerusalem.

MOZA 1
1. Chr 2,46
MOZA 2
1. Chr 8,36–37; 9,42–43
MOZA 3
Jos 18,26

MÜCKE Siehe TIERE.

MÜNZEN UND WÄHRUNGEN In prähistorischer und frühhistorischer Zeit beruhte die Wirtschaft auf Tauschhandel – Waren wurden gegen Waren getauscht. Später dienten bestimmte Güter wie Felle, Vieh, Schafe oder Getreide als feste Werteinheiten und bildeten die Grundlage für einfache Handelsbeziehungen.

Schon vor der Landnahme unter Josua benutzten die Kanaaniter ein wesentlich fortgeschritteneres System; es basierte auf seltenen und deshalb kostbaren Metallen. In den Dörfern freilich wurden weiterhin Waren gegen Waren getauscht, während in den Häfen und größeren Städten Metall als Tauschmittel verwendet wurde. Als Abraham die Höhle von Machpela kaufte, wog er 400 Silberschekel ab (Lot Silber), die er Efron, dem Hetiter, bezahlte (1. Mose 23,16). Man beachte das Wiegen; die Zeit der geprägten Münzen lag noch in ferner Zukunft.

Die Bibel erwähnt nur einmal Goldschekel als Währungseinheit (1. Chr 21,25). Als normale Währungseinheit wurde Silber verwendet, z. B. bei der Errechnung von Bußgeldern in Schekel (2. Mose 21,32). Wo immer in der Bibel ein Schekel (Lot) erwähnt wird, ist damit eine Gewichtseinheit gemeint.

Während des 6. und 5. Jh. v. Chr. fand der entscheidende Wechsel vom Tauschhandel zum Münzsystem statt; pers., griech. und phöniz. Münzen kamen im Hl. Land in Umlauf. Im 4. Jh. v. Chr. prägten die lokalen jüd. Herrscher kleine Silbermünzen, die die Inschrift *Jahud* trugen, den Namen für das Gebiet Juda zur pers. Zeit. Allg. üblich wurde das Prägen von Münzen in Palästina erst mit dem Beginn des hell. Zeitalters. Alexander d. Gr. gründete eine Münzanstalt in Akko, die Gold- und Silbermünzen herstellte. Unter Ptolemäus II. prägten die autonomen jüd. Herrscher in Jerusalem kleine Silbermünzen mit der Inschrift *Jehuda*.

Die Münzprägung der Juden kehrte mit der hasmonäischen Dynastie unter Alexander Jannäus (103–76 v. Chr.) zurück. Alle Münzen trugen hebr. oder hebr.-griech. Inschriften mit dem Namen und Titel des Königs und des jüd. Hohen Rates. Allg. übliche Symbole auf diesen Münzen waren Anker, Sterne, Palmzweige, Füllhörner und Granatapfelblüten. Alle hasmonäischen Münzen waren aus Bronze hergestellt – mit Ausnahme einer zeitweiligen Ausgabe von Bleimünzen unter Alexander Jannäus.

Die nächste Serie von Münzen kam unter der herodianischen Dynastie heraus. Herodes d. Gr. (37–4 v. Chr.) ließ Münzen mit griech. Aufschrift prägen, auf denen heidnische und jüd. Symbole abgebildet waren. Seine Erben benutzten die gleichen Symbole: Palmzweige, Anker, Weintrauben, Galeeren usw. Nur Philippus (4 v. Chr.–34 n. Chr.), der über die Gaulanitis (heute Golan) jenseits des Jordan regierte, wo der überwiegende Teil der Bevölkerung nichtjüd. war, ließ Münzen mit Portraits von röm. Kaisern wie

Römische Münze, die Abbildungen der antiken Werkzeuge der Münzpräger zeigt.

auch mit seinem eigenen prägen. Herodes Agrippa I. (37–44 n. Chr.) gründete die Münzanstalt in Cäsarea, die rund 200 Jahre bestand.

Als Judäa unter die direkte Verwaltung der röm. Statthalter kam, prägten auch diese Münzen – bis zum ersten jüd. Aufstand (66–70 n. Chr.). Zu dieser Zeit prägten die jüd. Herrscher erstmals Silbermünzen in hohen Nennwerten (in Silber ganze und halbe Schekel; kleinere Nennwerte in Bronze). Auf ihnen waren Inschriften in alter hebr. Schrift, wie »Jerusalem die Heilige«, »Schekel von Israel«, »die Freiheit Zions« oder »Für die Befreiung von Zion«, die mit Jahreszahlen nach dem Beginn des Aufstandes versehen waren und mit Symbolen wie Kelchen, Weintraubenblättern, Amphoren,

Teil einer Gußform zum Herstellen von Münzplatten (Israelische Regierungsabteilung für Altertümer und Museen).

(rechts und links) Silberbarren, die in einem Kochtopf in En-Gedi gefunden wurden; spätes 7. Jh. v. Chr. (Israelische Regierungsabteilung für Altertümer und Museen).

(links) Ein »Bankier«, dargestellt auf einem römischen Relief (Belgrade Museo Nazionale).

Münze aus Tiberias (41 n. Chr.), mit einem Portrait von Gajus Caligula auf der einen Seite und Germanicus auf einer Quadriga auf der anderen Seite, mit der Inschrift: »Eine Münze des Königs Agrippa«.

Zitronen, Palmzweigen und Palmen. Als der Aufstand niedergeschlagen war, prägten die Kaiser Vespasian, Titus und Domitian Münzen, die an ihren Sieg über die Juden erinnern sollten.

MUPPIM
1. Mose 46,21

MUPPIM Achter Sohn Benjamins (1. Mose 46,21).

MUSCHI, MUSCHITER
2. Mose 6,19; Mose 3,20.33; 26,58; 1. Chr 6,4.32; 23,21.23; 24,26.30

MUSCHI, MUSCHITER Eines der Hauptgeschlechter der Leviten (2. Mose 6,19; 4. Mose 3,20.33; 1. Chr 6,4.32; 23,21.23; 24,26.30). Nach einem der ersten Stammesverzeichnisse lebten die Muschiter in der Gegend von Hebron (4. Mose 26,58).

MUSIKINSTRUMENTE Seit den Urzeiten der Zivilisation spielen die Menschen auf Musikinstrumenten. Einige wurden bei Ausgrabungen gefunden, während andere von assyr., ägypt. u. a. Wandgemälden und Reliefs her bekannt sind. In der Bibel werden zahlreiche Musikinstrumente genannt, was

Münze des Bar Kochba, auf der eine Kinnor (Harfe) abgebildet ist; 134 n. Chr.

(oben) Ein blinder Harfenspieler, dargestellt auf einem Wandgemälde im Grabmal des Nakht, des Schreibers und Priesters von Thutmosis IV.; Theben; 15. Jh. v. Chr.

(links) Teil eines Weihrauchgefäßes aus Ton, das eine Figur darstellt, die die Doppelflöte spielt: Aschdod, ca. 1000 v. Chr. (Israel Museum).

(rechts) Phönizische Tonfigur: eine Frau, die die Zimbel spielt; 7. Jh. v. Chr. (Israel Museum).

auf die Bedeutung der Musik sowohl in der Religion wie auch im Privatleben im palästinischen Raum hinweist. Viele dieser Instrumente konnten jedoch nicht mit Bestimmtheit identifiziert werden.

ALAMOTH (»Jungfrauen«, Ps 46,1). Vermutlich ein Instrument, das hohe Soprantöne hervorbrachte.

GITTIT (Ps 8,1; 81,1; 84,1). Vielleicht der Name einer Instrumentengattung.

HALIL (»Flöte«). Blasinstrument, das aus einem Rohr, einem hohlen Holzstock oder Knochen gefertigt wurde. Ihre hellen Töne waren bei Feiertagsprozessionen und Festen zu hören (1. Kön 1,40; Jes 5,12); sie konnte jedoch auch einen klagenden Ton hervorbringen (Jer 48,36). Sie wurde hauptsächlich von den einfachen Leuten benutzt, nie beim Tempeldienst.

HAZOZRA (»Trompete«). Ein Instrument, das aus Metall hergestellt wurde. Die Trompeten, die in der Bibel erwähnt werden, waren aus Silber (4. Mose 10,2); die meisten Trompeten, die gefunden wurden, waren jedoch aus Messing und Silber, einige davon vergoldet. Ein andauernder Ton von zwei Trompeten war das Zeichen, daß sich die Gemeinde vor der Stiftshütte versammeln sollte; der Ton von nur einer Trompete dagegen galt als Zeichen dafür, daß sich die Fürsten und Oberen versammeln sollten. Trompeten wurden auch bei Neumond-Festlichkeiten verwendet, an Feiertagen und bei der Krönung der Könige. Die Trompete brachte einen durchdringenden Ton hervor. Sie bestand aus einem Metallrohr mit einem Mundstück.

KEREN (»Posaune«, Dan 3,5 ff.). Ein Blasinstrument, das aus den Hörnern von Tieren hergestellt wurde. Einige Fachleute sehen zwischen dem *keren* und dem *shofar* (s. u.) keinen Unterschied. Andere sind jedoch der Meinung, daß die Verschiedenartigkeit darin besteht, daß das *shofar* ausschließlich aus dem Horn des Widders hergestellt wird.

KINNOR (»Harfe«). Ein Saiteninstrument. Nach der Bibel war Jubal der Vater der Zither- und Flötenspieler (1. Mose 4,21). Das *Kinnor* wurde in atl. Zeit viel benutzt, wie beim Tempeldienst (1. Chr 15,16; 2. Chr 5,12 etc.) oder bei Festlichkeiten und Feiern (Jes 5,12 etc.). Prophezeiungen wurden zu den Klängen seiner Saiten vorgetragen (1. Chr 25,1), und in Momenten der Niedergeschlagenheit konnte es aufheitern (1. Sam 16,23). Es war ein Solo-Instrument, wurde aber auch zus. mit Saiten-, Blas- oder Schlaginstrumenten oder in einem Orchester gespielt. Die Anzahl der Saiten ist unbekannt.

KITAROS (»Harfe«). Ein Saiteninstrument (Dan 3,5 ff.). Der Name stammt von dem griech. *Kitharos*.

MAHOL (»Pfeifen«). Wird nur Ps 150,4 unter vielen Instrumenten des großen Orchesters erwähnt vgl. MAHOL.

MENAANEIN (»Schellen«). Schlaginstrument (2. Sam 6,5), zus. mit dem Tamburin gespielt. Vermutlich aus Metallplatten hergestellt, die einen Ton hervorbrachten, wenn sie bewegt wurden, wie auch der hebr. Name sagt.

MEZILTAIM (»Zimbeln«). Ein Schlaginstrument aus Kupfer. Die hebr. Dualform weist darauf hin, daß es sich um ein Paar von Instrumenten handelte, die zus. gespielt wurden, um einen musikalischen Ton zu erzeugen. Sie wurden von den Leviten zus. mit anderen Instrumenten beim Tempeldienst gespielt (1. Chr 15,16.28; Esr 3,10 etc.).
MINNIM (»Saiten«, Ps 150,4). Ein nicht näher bekanntes Musikinstrument.
NEBEL (»Psalter«, »Zither«). Ein Saiteninstrument, das entweder allein gespielt wurde (Ps 71,22), oder zus. mit der Harfe (Ps 150,3) oder in einem Orchester (Jes 5,12). Die Anzahl der Saiten war nicht festgelegt, doch überstieg sie die Zahl 10 nicht. Ein Psalter von 10 Saiten wurde *nebel asor* genannt (Ps 33,2) oder einfach *asor* (Ps 92,4; *asor* = »zehn«). Einige Fachleute glauben, daß das *nebel* aus Haut war, ähnlich wie ein Dudelsack.
NEGINOTH (»Saiteninstrumente«). Ein Name, der bei sechs Psalmen im ersten Vers erscheint (Ps 4; 6; 54; 55; 67; 76). Nicht genauer bekannt.
PSANTERIN (»Flöten«, Dan 3,5 ff.). Der Name stammt von dem griech. Wort psalter. Die Form ist unbekannt.
Sabbah (»Zither«, Dan 3,5). Vermutlich ein Instrument mit sieben Saiten, wie aus dem aram. Namen zu erkennen ist. Die Identifizierung mit der Posaune oder Harfe kann nicht belegt werden.
SHALISHIM (»Zimbeln«). Vermutlich ein Instrument mit drei Saiten oder ein dreieckiges Schlaginstrument (1. Sam 18,6).
SHEMINITH (»Saitenspiel«, Ps 6,1). Wie der hebr. Name aussagt, mag es ein Instrument mit acht Saiten gewesen sein, vielleicht auch ein Instrument, das eine Oktave höher gestimmt war als andere Instrumente.
SHOFAR (»Posaune«). Ein Blasinstrument, das aus dem Horn des Widders erzeugt wurde und zus. mit Saiteninstrumenten (Ps 150,3), Blasinstrumenten (Ps 98,6) oder beiden (1. Chr 15,28) gespielt wurde. Es wurde – und wird bis heute – oft bei jüd. Ritualen verwendet.
SUMPHONIA (»Lauten«, Dan 3,5 ff.). Entweder eine Art Dudelsack oder aber Bezeichnung für ein ganzes Orchester. Die Gleichsetzung mit der Zimbel ist sehr zweifelhaft.
TOF (»Pauke«). Ein Schlaginstrument mit einer Membrane oder ein Tamburin, in der Bibel oft erwähnt (Jes 5,12; Ps 81,3 etc.). Es variierte in der Größe und wurde mit der bloßen Hand oder mit Schlegeln gespielt. Große Instrumente wurden von zwei Personen gespielt.
UGAB (»Flöte«, 1. Mose 4,21). Die Art dieses Instruments ist nicht bekannt. Einige Übersetzer sind der Meinung, daß es ein Flöten- oder ein Saiteninstrument war.

Über das musikalische Leben in Palästina zu späteren Zeiten wird wenig berichtet. Im nachexilischen Tempel wurden die Rituale von Zimbeln, Harfen, Leiern und Trompeten begleitet. Ein Orchester im Tempel bestand aus sechs Psaltern, einer unbegrenzten Zahl Harfen, einem Paar Zimbeln und zwei Trompeten.

Im NT wird Musik nur selten erwähnt (vgl. Mt 9,23; Lk 7,32; 15,25). Als Paulus an die Korinther schrieb, bezog er sich auf ihre Kenntnisse über Musik (1. Kor 14,7.8). Die Offb berichtet über Harfenspieler und Sänger (Offb 14,2–3) wie auch darüber, daß der Untergang von Babylon auch das Ende der babyl. Musik bedeute (Offb 18,22).

MYRA Apg 27,5

MYRA Antiker Seehafen, am Fluß Andracus gelegen in der Landschaft Lyzien in Südwestkleinasien; heute Dembre (Türkei). M. war ein Zentrum des Getreidehandels. Der Name bezieht sich vermutlich sowohl auf den Hafen wie auch auf die Stadt, die 5 km landeinwärts auf einem Hügel lag. Der Gefangenentransport, mit dem Paulus nach Rom gebracht werden sollte, erreichte über Sidon M.; dort wurde das Schiff gewechselt (Apg 27,4–6).

MYRRHE Siehe GEWÜRZE UND PARFÜME.

MYRTE Siehe PFLANZEN.

MYSIEN Apg 16,7–8

MYSIEN Region im Nordwesten Kleinasiens. Paulus und seine Begleiter kamen auf ihrem Weg nach Troas durch M., da »der Geist Jesu es ihnen nicht zuließ«, und nordwärts nach Bithynien zu ziehen (Apg 16,6–8).

Flötenspieler in Bronze aus Byblos; 2. Jt. v. Chr. (Musée du Louvre, Paris).

Mosaik aus der byzantinischen Zeit, aus Bet-Schean, auf dem ein Jüngling dargestellt ist, der auf der Flöte spielt.

N

NAAM (»schön«). Dritter Sohn Kalebs im Stammbaum Judas.

NAAM
1. Chr 4,15

NAAMA (»Schönheit«). Name zweier bibl. Frauen und eines Ortes:

1. Tochter Lamechs und seiner zweiten Frau Zilla; Schwester Tubal-Kains.

2. Eine Prinzessin der Ammoniter; eine der Frauen Salomos und Mutter seines Sohnes Rehabeam, des späteren ersten Königs von Juda.

3. Eine Stadt, die bei der Aufteilung des Landes Kanaan an den Stamm Juda fiel (Jos 15,41). Aus ihr stammte Zofar, einer der Freunde Hiobs. Die Lage der Stadt ist unbekannt.

NAAMA 1
1. Mose 4,22
NAAMA 2
1. Kön 14,21.31; 2. Chr 12,13
NAAMA 3
Jos 15,41; Hiob 2,11; 11,1; 20,1; 42,9

NAAMAN (»Der Schöne«).

1. Ein Nachkomme Benjamins und Gründer der Familie der Naamaniter.

2. Feldhauptmann des Königs von Aram z.Zt. des Propheten Elisa. Durch Elisa von seinem Aussatz geheilt, dankte er Gott (Jahwe) und gelobte, künftig nur noch ihn zu verehren. Bei seiner Predigt in der Synagoge von Nazareth führte Jesus das Heilungswunder an N. als Beispiel dafür an, wie Gottes Macht und Hilfe auch an den Grenzen Israels nicht haltmacht.

NAAMAN 1
1. Mose 46,21; 4. Mose 26,40; 1. Chr 8,4.7
NAAMAN 2
2. Kön 5,1–2.4.6.9.11. 17.20–21.23.27; Lk 4,27

NAAMANITER Siehe NAAMAN (1).

NAARA(»Mädchen«).

1. Eine der beiden Frauen Aschhurs, eines Nachkommens Judas.

2. Stadt an der Ostgrenze des Ephraim zugesprochenen Gebietes, nicht weit von Jericho.

NAARA 1
1. Chr 4,5–6
NAARA 2
Jos 16,7; 1. Chr 7,28

NAARAI (»jung«). Der Sohn Esbais und einer von König Davids »Helden« (1. Chr 11,37). In der Parallelliste in 2. Sam 23,35 wird er »Paarai der Araber« genannt.

NAARAI
1. Chr 11,37

NABAL (»Tor«). Ein wohlhabender Judäer der Sippe Kaleb (1. Sam 25,3). Er wohnte ca. 12 km südlich von Hebron in Maon, weidete jedoch seine Schafe bei Karmel in der judäischen Wüste (1. Sam 25,2) und wurde deshalb auch N. der Karmeliter genannt (1. Sam 30,5; 2. Sam 3,3).

NABAL
1. Sam 25,3–5. 9–10.14.19. 25–26.34.36–39; 27,3; 30,5; 2. Sam 2,2; 3,3

Aquädukt und Brücke in der Gegend von Naara nahe Jericho.

Als Davids Männer die judäische Wüste durchstreiften, beschützten sie N.s Schafe vor Räubern (1. Sam 25,7). Später kam es zu einem schweren Zerwürfnis zwischen N. und David, und David wollte mit Waffengewalt gegen N. vorgehen (25,8ff.). In dieser Situation gelang es Abigajil, N.s Frau, David zu besänftigen (25,18–35). Als sie N. davon berichtete, erlitt er einen Herzanfall (?) und starb zehn Tage darauf (25,37.38).

Nach N.s Tod nahm David Abigajil zur Frau (1. Sam 25,39–42; 27,3; 30,5; 2. Sam 2,2; 3,3).

NABATÄER Ein semit. Volk, das sein Königreich im ehemaligen Gebiet Edoms und Moabs errichtete. Die N. erreichten Transjordanien im 3. Jh. v. Chr. und drangen anschließend in den Negev vor. Archäol. Ausgrabungen beweisen das hohe Niveau der nabat. Kultur. Die Hauptstadt Petra, in einer Wüstenschlucht z. T. aus dem Felsen herausgehauen, war ein großes Handelszentrum. Neuere Ausgrabungen brachten weitere Nabatäerstädte zum Vorschein und enthüllten die erstaunlichen Leistungen dieses Volkes in der Landwirtschaft (Bewässerungssysteme).

In der Regierungszeit Herodes d. Gr. (dessen Mutter von nabat. Abstammung war) bestanden beträchtliche Spannungen zwischen N. und Juden, u. a. deswegen, weil die Römer Herodes Gebiete zugesprochen hatten, die früher den N. gehörten.

In ntl. Zeit reichte das Reich der N. bis nach Damaskus. Der nabat. König Aretas IV. wird in 2. Kor 11,32 erwähnt. 106 n. Chr. gliederten die Römer das nabat. Königreich in die Provinz Arabien ein, aber die N. bewahrten ihre eigene Kultur, bis das Gebiet unter byz. Herrschaft christl. wurde.

NABOT
1. Kön 21, 1–4.6–9.12–16. 18–19; 2. Kön 9,21. 25–26

NABOT (»Sprößling«). Besitzer eines Weinberges, der an das Palastgelände König Ahabs in Jesreel grenzte. Als er sich weigerte, den Weinberg an Ahab zu verkaufen, ließ ihn Ahabs Frau Isebel der Gotteslästerung und Volksverhetzung anklagen und steinigen (1. Kön 21,7ff.). Der Prophet Elia sagte Ahab und Isebel als Strafe für diesen Mord ein blutiges Ende voraus (1. Kön

Die Hauptstraße der Nabatäer-Stadt Petra.

(oben, von links nach rechts) Nabatäischer Damm bei Kurnub im Negeb.

Säulenüberreste in Oboda, der größten Nabatäerstadt im Negeb.

Nabatäische Ruinen in Petra in Transjordanien.

(unten, von links nach rechts) Nabatäische Keramik aus Mampsis, einer der nabatäischen Siedlungen im Negeb.

Königsgräber in Petra.

21,17–24), das auch eintraf (1. Kön 22,34–38; 2. Kön 9,30–37). Die vollständige Ausrottung des Hauses Ahab schob Gott auf Ahabs Reue hin auf (1. Kön 21,27–29; 2. Kön 9–10).

NACHBI (»Der HERR ist Schutz«). Sohn Wofsis vom Stamm Naftali; einer der 12 Kundschafter, die Mose aus der Wüste Paran in das Land Kanaan sandte (4. Mose 13,2–3.14).

NACHBI
4. Mose 13,14

NACHON (»fest«). Besitzer einer Tenne auf dem Weg von Baala in Juda nach Jerusalem. Hier starb bei der Überführung der Bundeslade nach Jerusalem Usa, als er die Hand nach der Lade ausstreckte, um sie vor dem Umkippen zu bewahren (2. Sam 6,6–7). In 1. Chr 13,9 wird N.s Name mit »Kidon« angegeben.

NACHON
2. Sam 6,6

NACHRAI (»Der Schnaubende«). Ein Beerotiter, einer von Davids »Helden«; er war ein Waffenträger Joabs (2. Sam 23,37; 1. Chr 11,39).

NACHRAI
2. Sam 23,37
1. Chr 11,39

NACHSCHON (»Wahrsager«). Der Sohn Amminadabs vom Stamm Juda; er half Mose bei der Zählung der Israeliten (4. Mose 1,2.7). Er war der erste Stammesfürst, der sein Opfer auf dem Altar der Stiftshütte darbrachte (4. Mose 7,12), und führte das Heer des Stammes Juda aus der Wüste Sinai (10,14). N. war der Großvater des Boas und somit ein Vorfahre Davids; sein Name erscheint im Stammbaum Jesu (Mt 1,4; Lk 3,32).

NACHSCHO
2. Mose 6,23;
4. Mose 1,7; 2
7,12.17; 10,14
Rut 4,20;
1. Chr 2,10–1
Mt 1,4;
Lk 3,32

NACHTGESPENST, DAS (LILITH) Weiblicher Dämon, zus. mit Raubtieren und Geistern erwähnt, die nach der Zerstörung Edoms in dessen

NACHTGE-SPENST, DA
Jes 34,14

Einöden wohnen werden (Jes 34,14). Die Gestalt des N. kann auf die mesopotam. Dämonenlehre zurückgeführt werden, in der es zu ihm ein männliches Gegenstück, Lilu, gibt. Man glaubte, daß das N. Frauen während ihrer Niederkunft überfiel und neugeborene Säuglinge erwürgte.

NADAB 1
2. Mose 6,23; 24,1.9; 28,1; 3. Mose 10,1; 4. Mose 3,2.4; 26,60–61; 1. Chr 5,29; 24,1–2
NADAB 2
1. Kön 14,20; 15,25.27.31
NADAB 3
1. Chr 2,28.30
NADAB 4
1. Chr 8,30; 9,36

NADAB (»edel«).

1. Der erste Sohn des Hohenpriesters Aaron (2. Mose 6,23; 1. Chr 5,29). Zus. mit seinem Bruder Abihu, seinem Vater, Mose und 70 der Ältesten Israels bestieg er den Sinai und betete den HERRN an (2. Mose 24,1.10). Später wurde er Priester (2. Mose 28,1). Er und sein Bruder starben später, als sie fremdes Feuer opferten; sie waren beide kinderlos (4. Mose 3,4; 1. Chr 24,2).

2. Der Sohn Jerobeams I.; 907–906 v. Chr. König von Israel, Zeitgenosse König Asas von Juda. Er wurde von Bascha, dem Sohn Ahijas, bei Gibbeton getötet. Sein Tod und der seiner Familie stellte das Ende des Hauses Jerobeam dar (1. Kön 15,28.29).

3. Ein Nachkomme Hezrons vom Stamm Juda.

4. Ein Angehöriger des Stammes Benjamin; ein Sohn Jeïëls (1. Chr 8,30).

NAFISCH
1. Mose 25,15; 1. Chr 1,31; 5,19

NAFISCH (»zahlreich«). Ein Sohn Ismaels (1. Mose 25,15; 1. Chr 1,31) und Stammvater eines Nomadenstammes. Der Stamm wanderte offenbar im Ostjordanland umher und wurde, wohl z.Zt. König Sauls, von den dort ansässigen isrl. Stämmen ausgerottet (vgl. 1. Chr 5,19).

NAFTALI
1. Mose 30,8; 35,25; 46,24; 49,21; 2. Mose 1,4; 4. Mose 1,15. 42–43; 2,29; 7,78; 10,27; 13,14; 26,48. 50; 34,28; 5. Mose 27,13; 33,23; 34,2; Jos 19,32.39; 20,7; 21,6.32; Ri 1,33; 4,6.10; 5,18; 6,35; 7,23; 1. Kön 4,15; 7,14; 15,20; 2. Kön 15,29; 1. Chr 2,2; 6,47.61; 7,13; 12,35.41; 27,19; 2. Chr 16,4; 34,6; Ps 68,28; Jes 8,23; Hes 48,3–4.34; Mt 4,13.15; Offb 7,6

NAFTALI (»Mein Kampf«). Der sechste Sohn Jakobs und sein zweiter Sohn mit Bilha, der Leibmagd Rahels; Stammvater einer der 12 Stämme Israels. Sein Name spiegelt die Rivalität zwischen Rahel und Lea wider, die darum wetteiferten, Jakob die meisten Kinder zu schenken (1. Mose 30,1–8).

Bei der Aufzählung von Jakobs Söhnen werden N. und Dan gewöhnlich zus. mit Gad und Asser genannt, den Söhnen von Leas Leibmagd Silpa (1. Mose 49,16–21; 2. Mose 1,4; 5. Mose 27,13; 33,20–25). Jakobs Segen über N., »ein schneller Hirsch« (1. Mose 49,21), deutet nach Meinung mancher Gelehrter auf N.s Wanderneigung hin. In N. lagen einige der Levitenstädte und die Freistadt Kedesch (Jos 20,7; 21,6; 1. Chr 6,47).

Der Stamm N. spielte eine wichtige Rolle in den Kämpfen Deboras und Gideons (Ri 4,6.10; 5,18; 6,35; 7,23). Deboras Feldherr Barak gehörte N. an (Ri 4,6). Als nach Sauls Tod David zum Herrscher über ganz Israel eingesetzt wurde, schloß sich ihm der Stamm N. mit einem großen Heer in Hebron an (1. Chr 12,35.40–41).

Das Stammesgebiet N.s lag in Galiläa; im Süden und Westen grenzte es an Asser und Sebulon (Jos 19,32–39). In Salomos Reich war N. einer der Bezirke (1. Kön 4,15).

Da N. so weit nördlich lag, gelang es z.Zt. Baschas von Israel den Syrern leicht, es einzunehmen (1. Kön 15,20). Später wurde N. von dem assyr. König Tiglat-Pileser III. erobert und viele seiner Einwohner deportiert (2. Kön 15,29).

Jesaja spielt in seinen Prophezeiungen auf das Leiden N.s an und verspricht, daß der kommende Friedefürst gerade für »das Galiläa der Heiden« Licht und Trost bringen wird (Jes 8,23–9,6). Diese Prophezeiung erfüllte sich in Jesus, als er in Galiläa wirkte (Mt 4,13–22).

In der Liste der Versiegelten in Offb 7,1–8 erscheint N. an fünfter Stelle.

Das Gebiet des Stammes Naftali.

NAFTUHITER
1. Mose 10,13; 1. Chr 1,11

NAFTUHITER In den Völkertafeln werden die N. unter den Söhnen Mizrajims aufgeführt (1. Mose 10,13; 1. Chr 1,11). Wahrscheinlich bewohnten sie das Nildelta.

NAGGAI
Lk 3,25

NAGGAI (»erleuchtet«). Sohn Mahats im Stammbaum Jesu nach Lukas.

NAHALAL, NAHALOL
Jos 19,15; 21,35; Ri 1,30

NAHALAL, NAHALOL (»Weide«). Levitenstadt im Gebiet Sebulons (Jos 19,15). Sebulon konnte die dort ansässigen Kanaaniter nicht vertreiben (Ri 1,30). N. wird mit dem heutigen arab. Dorf Malul in der Jesreel-Ebene oder mit Tel en-Nahl im südlichen Teil der Ebene von Akko gleichgesetzt.

NAHALIËL
4. Mose 21,19

NAHALIËL (»Besitz Gottes«). Ort im Ostjordanland, eine der Stationen der Israeliten auf ihrem Weg nach Kanaan (4. Mose 21,19). N. ist vermutlich das heutige Wadi el-Wala, die nördliche Schlucht des Flusses Arnon.

NAHAM
1. Chr 4,19

NAHAM (»Tröster«). Ein Angehöriger des Stammes Juda.

Landschaft im Gebiet Naftali.

NAHAMANI (»[Mein] Tröster ist Gott«). Einer der Leute, die mit Serubbabel aus dem babyl. Exil zurückkehrten.

NAHAMANI Neh 7,7

NAHASCH (»Schlange«).

1. Ammonitischer König z. Zt. Sauls; belagerte Jabesch in Gilead (1. Sam 11,1–2). Saul, von den Einwohnern zu Hilfe gerufen, schlug N. (11,3–11), was ihm die Königskrone sicherte. Man nimmt an, daß N. David Schutz gewährte, als dieser sich auf der Flucht vor Saul befand (2. Sam 10,2; 1. Chr 19,2).

Zwei Söhne N.s, Hanun und Schobi, werden als ammonit. Herrscher während der Regierungszeit Davids erwähnt (2. Sam 10,1; 17,27; 1. Chr 19,2).

2. Vater Abigals, der Schwester Zerujas (2. Sam 17,25). In 1. Chr 2,16 werden Abigal und Zeruja jedoch unter den Kindern Isais aufgeführt, was darauf hindeuten könnte, daß N. ein Frauenname (eine zweite Frau Isais) oder aber eine textliche Entstellung sein könnte.

3. Von Tehinna, dem Sohn Eschtons, gegr. Ort; auch als »Stadt der Schlange« oder »Kupferstadt« übersetzt. Die genaue Lage ist umstritten.

NAHASCH 1 1. Sam 11,1–2; 12,12; 2. Sam 10,2; 17,27; 1. Chr 19,1–2
NAHASCH 2 2. Sam 17,25
NAHASCH 3 1. Chr 4,12

NAHAT (»Ruhe«).

1. Ein edomitischer Fürst, der Erstgeborene Reguëls.

2. Der Enkel Elkanas und einer der Vorfahren Samuels im Stammbaum der Sippe Levi.

3. Ein levitischer Aufseher im Tempel z. Zt. Hiskias.

NAHAT 1 1. Mose 36,13.17; 1. Chr 1,37
NAHAT 2 1. Chr 6,11
NAHAT 3 2. Chr 31,13

NAHOR (»Schnarcher«).

1. In die »Stadt Nahors« sandte Abraham seinen Knecht, der eine Frau für Isaak suchen sollte (1. Mose 24,10). Auch außerbibl. Texte aus Mesopotamien erwähnen eine Stadt N.; sie lag am oberen Bali-Fluß.

2. Der Sohn Serugs, Vater Terachs und Großvater Abrahams, Nahors (3) und Harans (1. Mose 11,22–26).

3. Der Sohn Terachs, Bruder Abrahams und Harans und Enkel Nahors (2). N. nahm Milka zur Frau, die Tochter seines Bruder Haran (1. Mose 11,29). Sie und seine Nebenfrau gebaren ihm 12 Söhne (22,20–24).

NAHOR 1 1. Mose 24,10
NAHOR 2 1. Mose 11,22.24; 1. Chr 1,26; Lk 3,34
NAHOR 3 1. Mose 11, 26–27.29; 22,20. 23; 24,15.24.47; 29,5; 31,53; Jos 24,2

NAHUM (»getröstet«).

1. Judäischer Prophet, Verfasser des Buches Nahum (s. NAHUM, DAS BUCH DES PROPHETEN).

2. Ein Vorfahre Jesu.

NAHUM 1 Nah 1,1
NAHUM 2 Lk 3,25

NAHUM, DAS BUCH DES PROPHETEN Das siebte Buch der 12 kleinen Propheten. Das Buch beschreibt sich selbst als »das Buch der Weissagung Nahums aus Elkosch« und nennt damit N. als Verfasser. Wann N. wirkte, läßt sich genau feststellen. Die in Nah 3,8 erwähnte Eroberung des ägypt. Theben (No-Amon) 663 v. Chr. scheint schon stattgefunden zu haben, die

Siegelabdruck auf einem Teil eines Keramikkruges mit der Aufschrift »(Gehört) dem Nahum Abdi«; 6. Jh. v. Chr. (Rockefeller-Museum, Jerusalem).

(unten) Fragment eines Kommentars zum Buch Nahum, gefunden in Qumran (Schrein des Buches, Jerusalem).

assyr. Hauptstadt Ninive (1,1.2) besteht dagegen noch. Die Gerichtsbotschaft an Ninive, das 612 v. Chr. durch die vereinigten Heere der Babylonier und Perser erobert wurde, stellt den Hauptinhalt der Weissagung N.s dar. Damit ergibt sich insgesamt eine Zeitspanne von 663 bis 612 v. Chr., innerhalb der die Abfassung des Buches Nah anzusetzen ist, wobei eine Abfassung bald nach 663 aus versch. Gründen wahrscheinlicher ist.

Die Bezeichnung des Buches als »Last für Ninive« (Nah 1,1) ist typisch für eine prophet. Gerichtsankündigung an ein Volk (vgl. Jes 13,1; 15,1; 17,1; u. a.).

Das Buch Nah läßt sich wie folgt einteilen:

a) Kap. 1 schildert zunächst Gottes Majestät (V. 2–8); V. 9–14 bringen eine Gerichtsankündigung gegen Ninive.

b) Kap. 2 schildert sehr plastisch die kommende Zerstörung Ninives. Die griech. Geschichtsschreiber Diodor und Xenophon bestätigen, daß Ninive durch eine gezielte Überschwemmung (vgl. V. 7–9) eingenommen wurde; die Bewohner flüchteten und ließen ihre Schätze den Eroberern zurück (2,10–13), die nach der Plünderung die Stadt anzündeten (2,14; vgl. 1,10; 3,15).

c) Kap. 3 nennt die Gründe für das harte Urteil über Ninive: seine zahlreichen Sünden. V. 8–11 vergleichen den Untergang Ninives mit dem der ägypt. Stadt Theben (No-Amon); Theben wurde 663 v. Chr. von dem assyr. König Assurbanipal erobert und seine Schätze nach Ninive gebracht.

Das Buch Nah weist einige Ähnlichkeiten mit Jesaja auf (vgl. Nah 2,1 mit Jes 52,7 und Nah 3 mit Jes 23); mit Hosea und Joel hat Nah seltene hebr. Ausdrücke gemeinsam.

Das Ziel des Buches ist nicht nur die Vorhersage des Gerichts über Ninive, sondern auch Trost für Juda: Gott verheißt Juda, daß er es »nicht wiederum demütigen« will (1,12), und fordert es dazu auf, seine Feste zu feiern und seine Gelübde zu halten: »Denn es wird der Arge nicht mehr über dich kommen; er ist ganz ausgerottet« (2,1). Damit zeigt sich Gott als Herr der Geschichte, der der Bedrückung und der nicht enden wollenden Bosheit ein Ende machen kann.

INHALTSÜBERSICHT

1,1–8	Gottes Macht und Majestät
1,9–2,1	Gerichtsworte gegen Assyrien und Verheißungen an Juda
2,2–14	Der Angriff auf Ninive
3,1–19	Der Untergang Ninives und die Gründe dafür

NAIN
Lk 7,11

NAIN Ein Ort in Galiläa südöstlich von Nazareth, wo Jesus den Sohn einer Witwe vom Tod auferweckte (Lk 7,11–15). In späteren jüd. Quellen wird der Ort unter dem Namen Naim erwähnt. Eusebius (Onom. 140,3) nennt ihn Naeim, 19 km südlich des Taborberges in der Nähe von Endor. N. war ein recht bedeutender Ort in der byz. Periode, in der es als *Kome Nais*, das »Dorf Nais« bekannt war. Es wird mit dem heutigen Nein, das etwa 10 km südöstlich von Nazareth liegt, gleichgesetzt. Die Ruinen der dort gefundenen mittelalterlichen Kirche enthalten auch Überreste einer früheren Kultstätte, die bislang jedoch noch nicht näher bestimmt werden konnte. Um das Dorf herum befinden sich aus dem Felsen gehauene Grabstätten aus der Zeit des zweiten Tempels.

Das Dorf Nein, das mit dem biblischen Nain gleichgesetzt wird.

NAJOT (»Wohnungen«). Ein Ort, an dem sich Samuel und eine Gruppe von Propheten aufhielten. Dorthin flüchtete sich der von Saul verfolgte David. Der König sandte Boten aus, um David zurückzuholen; als diese jedoch nach N. kamen, gerieten sie in eine Art ekstatischer Verzückung. Genauso erging es einer zweiten und dritten Gruppe von Boten. Saul machte sich schließlich selbst auf, »und der Geist Gottes kam auch über ihn, und er ging einher in Verzückung, bis er nach N. in Rama kam« (1. Sam 19,23). Die Lage N.s ist nicht feststellbar.

NAJOT
1. Sam 19,18–19. 22–23; 20,1

NARDE Siehe GEWÜRZE UND PARFÜME.

NARZISSUS (»betäubend«). Ein Römer, in dessen Haushalt mehrere Christen lebten; Paulus sendet ihnen Grüße in seinem Brief an die Römer (Röm 16,11).

NARZISSUS
Röm 16,11

NASIRÄER Siehe GOTTGEWEIHTER.

NATHAN (»Gabe Gottes«).

1. Nathan der Prophet. Er war ein Zeitgenosse Davids und spielte bei drei wichtigen Ereignissen am Hofe Davids eine herausragende Rolle. Das erste war Davids Plan zum Bau eines Tempels (s. TEMPEL) in Jerusalem: »Der König sprach zu dem Propheten Nathan: ›Sieh doch, ich wohne in einem Zedernhause, und die Lade Gottes wohnt unter Zeltdecken‹« (2. Sam 7,2; 1. Chr 17,1). Seine spontane Zustimmung zu diesem Vorhaben (2. Sam 7,3) muß N. auf Grund einer nächtlichen Vision im entscheidenden Punkt einschränken: Wohl will Gott dem König ein »Haus« bauen, eine Dynastie also, auf der die Verheißung Gottes ruhen wird; aber Gott einen Tempel bauen soll erst »einer deiner Söhne« (1. Chr 17,11; 2. Sam 7,11–13).

Das zweite Ereignis, in dem dem Propheten N. eine wichtige Aufgabe zuteil wurde, war der skandalöse Einbruch Davids in die Ehe eines seiner Offiziere, des Hetiters Uria, den er auf niederträchtige Weise beseitigen ließ (2. Sam 11; vgl. URIA (1)), um dessen Frau Batseba heiraten zu können. Im Auftrag Gottes suchte N. den König auf und berichtete ihm von einem reichen Schafherdenbesitzer, der das einzige Schaf eines armen Mannes an sich gerissen hatte. Als David das Todesurteil über den Reichen ausspricht, gibt N. dem König die berühmte Antwort: »Du bist der Mann!« (2. Sam 12,1–10). David begriff, daß die Erzählung kein Bericht, sondern eine Parabel war, die seine eigene Schuld an Uria zum Gegenstand hatte, und erkannte seine Schuld und das göttliche Recht der Heimsuchungen, die deshalb über ihn kommen würden, v.a. auch durch den Tod des Kindes der Batseba (2. Sam 12,11–19). Davids Schuldbekenntnis bewahrte aber ihn selbst vor dem angekündigten Todesurteil Gottes. N. wurde damit zugleich auch der Bote der grundlosen Barmherzigkeit Gottes (2. Sam 12,13), um die David in seinem Bußgebet (Ps 51) gefleht hatte.

Die dritte Begebenheit, bei der N. eine Rolle spielte, war die Frage der Thronfolge Davids. In diesem Fall erwies N. sich als kluger und in den üblichen Hofintrigen erfahrener Berater, dessen Intervention beim greisen König David den Ausschlag gab, daß nicht Davids Sohn Adonija, sondern sein und Batsebas Sohn Salomo den Thron bestieg (1. Kön 1,5–31; vgl. 1. Chr 29,28–30).

Nach 2. Chr 29,25 geht die spätere Tempelmusik der Leviten auf eine Regelung zurück, an der außer David und dem Seher Gad der Prophet N. beteiligt war.

2. Der dritte der in Jerusalem geborenen Söhne Davids (2. Sam 5,14). Im Unterschied zum Stammbaum Jesu nach Mt, der die Linie von David zu Jesus über Salomo führt (1,6.7), wird bei Lk dieser Davidssohn N. als Träger der Abstammungslinie aufgeführt (3,31). Nach 1. Chr 3,5 war Batseba auch N.s Mutter, so daß dieser Salomos Vollbruder war.

3. Vater Jigals, eines der »Helden« Davids, wahrscheinlich identisch mit dem in 1. Chr 11,38 erwähnten N.

4. Vater zweier Hofbeamter in der salomonischen Verwaltung; möglicherweise identisch mit N. (1).

5. Ein Abkömmling aus dem Stamm Juda.

6. und 7. Zwei Zeitgenossen Esras (oder einer?), die vor dem Aufbruch der Rückkehrer aus dem Exil an einer Delegation zu Iddo, dem Vorsteher der jüd. Exulantengemeinde in Kasifja (Ktesifon am Tigris?), teilnahmen und nach der Rückkehr ihre heidnischen Frauen verstoßen mußten.

NATHAN 1
2. Sam 7,2–4. 17; 12,1.5.7. 13.15.25; 1. Kön 1,8.10. 11.22.23.32. 34.38.44.45; 1. Chr 17,1–3. 15; 29,29; 2. Chr 9,29; 29,25

NATHAN 2
2. Sam 5,14; 1. Chr 3,5; 14,4; Sach 12,12; Lk 3,31

NATHAN 3
2. Sam 23,36; 1. Chr 11,38

NATHAN 4
1. Kön 4,5

NATHAN 5
1. Chr 2,36

NATHAN 6–7
Esr 8,16; 10,39

NATHANAEL
Joh 1,45–49; 21,2

NATHANAEL (»Gabe Gottes«). Im Johannesev. erwähnter Mann aus Kana in Galiläa. Es ist nicht ganz klar, ob er einer der 12 Jünger Jesu war oder nicht. Philippus, der gerade von Jesus berufen worden war (Joh 1,43), führte seinen Freund N. zu Jesus. Als Jesus N. sah, sagte er über ihn: »Siehe, ein rechter Israelit, in dem kein Falsch ist« (Joh 1,47) und: »Bevor Philippus dich rief, als du unter dem Feigenbaum warst, sah ich dich« (1,48). Anfangs hatte N. nicht glauben wollen, daß Jesus der Messias war, da es keine bibl. Verheißung gab, daß aus Nazareth »Gutes kommen« könnte (1,46); aber nachdem er ihn kennengelernt hatte, bekannte er, daß er »Gottes Sohn« und »König von Israel« sei (1,49). Am Ende des Johannesev. finden wir N. unter den Jüngern, denen Jesus nach seiner Auferstehung am See Genezareth erschien (21,2).

NATTER Siehe TIERE.

NAZARENER
Apg 24,5

NAZARENER (richtiger nach dem griech. NT: Nazaräner). Die einzige Stelle im NT, in denen die Christen nach Jesus, dem »Nazoräer« (s. dort), ebenfalls als Nazoräer (abgewandelt: Nazarener) bezeichnet werden (Apg 24,5), darf nicht überbewertet werden. Zum einen ist es eine einmalige Ausnahme; zum anderen sollte man dem nichtjüd. röm. Anwalt Tertullus (24,1) nicht ohne weiteres detaillierte Sachkenntnis über die christl. Urgemeinde und über den gekreuzigten Jesus von Nazareth unterstellen. Er konnte nur das weitergeben, was er von den Erläuterungen des Hohen Rates begriffen hatte. Unabhängig von dieser Episode weiß man aber einiges wenige von einer judenchristl. Gruppe innerhalb der ältesten Christenheit mit der Bezeichnung »Nazoräer«. Eine solche Gruppe lebte in Beröa (vgl. Apg 17,10–13); unsicher ist, wieweit die Nazoräer identisch sind mit jenen Judenchristen, die kurz vor der Zerstörung Jerusalems (70 n.Chr.) nach Pella im Ostjordanland flohen. Die spärlichen Nachrichten der Kirchenväter Epiphanius und Hieronymus (4. Jh.) tragen kaum etwas zur Klärung bei (s. auch NAZORÄER).

NAZARETH
Mt 2,23; 4,13; 21,11; 26,71; Mk 1,9.24; 10, 47; 14,67; 16,6; Lk 1,26; 2,4.39. 51; 4,16.34; 18,37; 24,19; Joh 1,45–46; 18,5.7; 19,19; Apg 2,22; 3,6; 4,10; 6,14; 10, 38; 22,8; 26,9

NAZARETH Die kleine Stadt in Galiläa, in der Jesus seine Kindheit und Jugend verbrachte. Sie wird im AT nicht erwähnt, obwohl Ausgrabungen Hinweise auf eine Besiedlung der Gegend von der Bronzezeit an erbrachten und Grabstätten von der Eisenzeit bis zur Zeit der Hasmonäer gefunden wurden. Josef und Maria lebten nach ihrer Verlobung in N., wo Maria auch die Geburt ihres Sohnes Jesus angekündigt wurde (Lk 1,26 ff.).

Josef könnte seine Familie nach N. gebracht haben (Mt 2,23), weil Herodes Antipas 11 km entfernt eine hell. Stadt, Sepphoris, errichten ließ, wozu auch Zimmerleute benötigt wurden.

Obwohl es nur eine kleine Stadt war, hatte N. gute Verbindungen zur Außenwelt, da es auf der Römerstraße nach Jerusalem lag. In N. wuchs Jesus

Blick auf Nazareth.

Ein Berg bei Nazareth, der Überlieferung nach der Ort, von dem das verärgerte Volk der Stadt Jesus hinabstürzen wollte (Lk 4,16–30).

auf, und von hier aus machte er sich zu Johannes d. T. auf (Mk 1,9). Nach der Versuchung durch den Teufel (Mt 4,1–11) kehrte er nach N. zurück (Mt 4,12), zog jedoch bald nach Kapernaum um (4,13). Die Ev.n berichten, daß er in seiner Heimatstadt nicht anerkannt wurde (Mt 13,53–58 par). Er kehrte denn auch offensichtlich nicht mehr nach N. zurück, auch wenn es als seine Vaterstadt bekannt war (Mt 21,11). Man nannte Jesus und gelegentlich (selten und unkorrekt) wohl auch die Christen »Nazarener« (s. dort).

Zu Jesu Zeiten besaß N. eine Synagoge (Lk 4,16), und auch noch nach der Zerstörung des Tempels wohnten Juden dort. Der Kirchenvater Eusebius erwähnt im 4. Jh. eine kleine Stadt namens N. Die erste Kirche dort wurde z. Zt. Konstantins errichtet.

NAZORÄER Gelegentliche Bezeichnung für Jesus in den Ev.n und der Apg, nie in den Briefen des NT. Trotz der sprachlichen Nähe zu *Nazareth* kann man fragen, ob diese Bezeichnung (Titel?) von diesem Städtenamen abgeleitet ist, weil ein Einwohner von Nazareth auf hebr. *nazrati,* nicht aber *nozri* (davon *Nazoräer)* heißen würde. A. Schlatter hat jedoch in seinem Kommentar zu Mt nachgewiesen, daß die sprachliche Bezogenheit auf Nazareth zweifelsfrei möglich ist. Deshalb besteht in Mt 2,23 der Zusammenhang von Jesus (»Er soll Nazoräer/Nazarener heißen«) und Nazareth zu Recht. Bei diesem von Mt erwähnten prophetischen Wort handelt es sich aber im Unterschied zu anderen, gerade von Mt oft herangezogenen Prophetenworten (z. B. 1,22ff.; 2,5ff.; 2,15 usf.) nicht um ein bestimmtes belegbares Zitat, sondern um eine Zusammenfassung prophetischer Zeugnisse, um ein mehrfach angeschnittenes Thema in den Prophetenschriften. Besondere Wahrscheinlichkeit für die Deutung dieses fast geheimnisvollen Satzes in Mt 2,23 gewinnt dabei Jes 11,1–10, weil die dort gebrauchte Bezeichnung für den kommenden Messias als »Zweig« im Hebr. *nezer* heißt. Sprachlich läßt sich der Titel *nozri* (Nazoräer) von diesem hebr. *nezer* bei Jesaja zu Recht ableiten. Zugleich liegt hier dieselbe Sprachwurzel wie in »Nazareth« vor. Dann wäre die Bezeichnung »Nazoräer« als messianischer Titel zu verstehen. Vgl. auch Sach 3,8 und Jer 23,5.

Für den Sprachgebrauch im NT kann dabei kein Zweifel bestehen, daß der Anklang an den Namen der Stadt Nazareth eine unverkennbare, zunehmend dominierende Rolle spielt. Dies zeigt auch die wechselseitige Verwendung von »Nazoräer« (z. B. Mt 26,71; Lk 18,37; Joh 19,19; Apg 2,22; 3,6; 22,8 u. a.) einerseits und »Nazarener« *(nazaränos)* andererseits (z. B. Mk 1,24; 16,6; Lk 24,19 u. a.).

NAZORÄER
Mt 2,23

NEA (»Wohnplatz«). Grenzstadt im Gebiet des Stammes Sebulon. Heute nicht mehr lokalisierbar.

NEA
Jos 19,13

NEAPOLIS (»Neue Stadt«). Der Hafen von Philippi in Mazedonien. Hier betrat Paulus europäischen Boden und begann seine Missionstätigkeit in Griechenland.

NEAPOLIS
Apg 16,11

NEARJA (»Diener des Ja[hwe]«).

1. Sohn des Schechanja und Bruder des Schemaja. Ein Nachkomme Serubbabels.

2. Sohn des Jischi. Einer der Führer des Stammes Simeon. Während der Regierungszeit König Hiskias von Juda führte er 500 Männer zum Gebirge Seïr, wo sie die übriggebliebenen Amalekiter vernichteten und sich anschließend niederließen (1. Chr 4,42–43).

NEARJA 1
1. Chr 3,22–23
NEARJA 2
1. Chr 4,42

NEBAI (»wachsend«). Einer der Unterzeichner von Esras Abmachung mit dem Volk Israel.

NEBAI
Neh 10,20

NEBAJOT (»Bauern«). Ein arab. Stamm, der an den Rändern der kultivierten Gebiete entlangzog. Seine Mitglieder behaupteten, Nachkommen des ältesten Sohnes Ismaels zu sein (1. Mose 25,13; 28,9; 36,3; 1. Chr 1,29). In einer Aufzählung von Nomadenstämmen (Jes 60,7) wird N. zus. mit Kedar erwähnt, ebenfalls ein Sohn Ismaels (1. Mose 25,13; 1. Chr 1,29). N. und Kedar sind offensichtlich identisch mit den arab. Stämmen Nabaiti und Qidri, die in assyr. Dokumenten aus der Zeit Tiglat-Pilesers III. (8. Jh. v. Chr.) und Assurbanipals (7. Jh. v. Chr.) erwähnt werden.

NEBAJOT
1. Mose 25,13; 28,9; 36,3; 1. Chr 1,29; Jes 60,7

Die Küste in der Nähe der heutigen nordgriechischen Stadt Kavalla, die man für das alte Neapolis hält.

Einige Forscher nehmen an, daß die N. und die NABATÄER identisch sind. Aber da letztere zum ersten Mal im 1. Jh. v. Chr. erwähnt werden und die hebr. Konsonanten-Rechtschreibung der beiden Völker nicht übereinstimmt, ist dies höchst unwahrscheinlich.

NEBALLAT
Neh 11,34

NEBALLAT Eine der Städte der Benjaminiter, die sie nach ihrer Rückkehr aus der babyl. Gefangenschaft von neuem besiedelten (Neh 11,34). Sie wird mit Beit-Nebala, 6 km nordöstlich von Lod, gleichgesetzt.

NEBAT
. Kön 11,26; 12,
.15; 16,3.26.31;
21,22; 22,53;
2. Kön 3,3; 9,9;
10,29; 13,2.11;
14,24; 15,9.
18.24.28; 17,
21; 23,15;
2. Chr 9,29;
10,2.15; 13,6

NEBAT (»Anblick«). Ein Ephraimiter, Vater König Jerobeams I. von Israel.

NEBO

NEBO 1
4. Mose 33,47;
5. Mose 32,49;
34,1

1. Gipfel des Abarimgebirges in Moab, an dem die Israeliten lagerten (4. Mose 33,47) und von welchem Mose das Land Kanaan vor seinem Tode sah (5. Mose 32,49).

NEBO 2
. Mose 32,3.38;
1. Chr 5,8;
Esr 2,29; 10,43;
Neh 7,33;
Jes 15,2;
Jer 48,1.22

2. Eine der neun Städte in den Gebieten Jaser und Gilead, die Israel von Sihon und Og eroberte und auf die die Rubeniter und Gaditer Anspruch erhoben (4. Mose 32,3.4). N. wird als eine der sechs Städte erwähnt, die die Angehörigen des Stammes Ruben wiederaufbauten und bewohnten (4. Mose 32,37–38). In Jes 15,2 und Jer 48,1.21–22 scheint N. eine der moabitischen Städte zu sein, die von König Mescha von Moab in der Mitte des 9. Jh. v. Chr.

NEBO 3
Jes 46,1

Einer der Berge des Abarimgebirges in Moab, den einige Gelehrte für den Nebo halten.

erobert worden waren. Esr 10,43 zufolge waren die »Söhne Nebo« unter jenen, die sich heidnische Frauen genommen hatten.

3. Nebo ist die hebraisierte Form des akkad. Namens für den Gott *Nabu*. Irgendwann nach 1000 v. Chr. wurde Nabu, der Sohn Marduks, der Schutzgott Babels, auch die Schutzgottheit von Babels Schwesterstadt Borsippa. Auf die enge Verbindung dieser beiden Gottheiten im späteren babyl. Götterhimmel ist die Erwähnung in Jesajas Verheißung gegen Babel zurückzuführen: »Bel [ein Beiname Marduks] bricht zusammen, Nebo ist gefallen« (Jes 46,1). Die Bedeutung N.s in der babyl. Religion ist v. a. auch an der Vielzahl der neubabyl. Eigennamen, die den Namen der Gottheit tragen, wie z. B. *Nabopolassar*, *Nebukadnezar*, *Nebonidus*, *Nebuschasban* und *Nebusaradan*, zu erkennen.

NEBUKADNEZAR König von Babel. Hebraisierte Form des Namens *Nabû-kudurrīuṣur*, was soviel wie »Nabu, schütze meine Grenze« heißt (Nabu s. NEBO (3)). Der bibl. N. war der zweite Herrscher dieses Namens in der Geschichte Babels und wird in Geschichtsbüchern als Nebukadnezar II. bezeichnet. Als Sohn Nabopolassars (626–605 v. Chr.), des chaldäischen Herrschers, der Babylonien aus der Macht der Assyrer befreite, regierte N. von 605 bis 562 v. Chr. Er vergrößerte das neubabyl. Reich, so daß es sich schließlich von der ägypt. Grenze im Westen bis nach Elam im Osten erstreckte. Er ließ die Tempel im ganzen Land wieder aufbauen und verstärkte die Befestigungen und öffentlichen Gebäude Babels.

NEBUKAD-NEZAR
2. Kön 24,1.10. 11; 25,1.8.22; 1. Chr 5,41; 2. Chr 36, 6–7.10.13; Esr 1,7; 2,1; 5,12.14; 6,5; Neh 7,6; Est 2,6; Jer 21,2.7; 22, 25; 24,1; 25,1.9; 27,6.8.20; 28,3. 11.14; 29,1.3.21; 32,1.28; 34,1; 35,11; 37,1; 39, 1.5.11; 43,10; 44,30; 46,2.13. 26; 49,28.30; 50,17; 51,34; 52,4.12.28–30; Hes 26,7; 29, 18–19; 30,10; Dan 1,1.18; 2, 1.28.46; 3,1–3. 5.7.9.13–14.16. 19.24.26.28.31; 4,1.15.25.28. 30–31.34; 5,2.11.18

605 v. Chr. besiegte N., noch als Kronprinz, Pharao Necho bei Karkemisch (vgl. Jer 46,2–26), den er bis an die ägypt. Grenze verfolgte. Dann jedoch mußte er nach Babylon zurückkehren, da sein Vater inzwischen gestorben war. Wahrscheinlich nahm er auf seinem Rückweg schon Gefangene aus Jerusalem mit, unter ihnen Daniel (Dan 1,1). Bei Feldzügen im Westen eroberte er 605 und 604 v. Chr. Syrien und Palästina, wobei ihm König Jojakim von Juda tributpflichtig wurde (2. Kön 24,1). Jojakim versuchte die Herrschaft N.s abzuschütteln, als dessen Heer durch einen Kampf mit Pharao Necho (601 v. Chr.) geschwächt war. N. belagerte daraufhin Jerusalem, das der babyl. Chronik zufolge am zweiten Tag des *Adar* (d. h. am 16. März) 597 v. Chr. erobert wurde. Jojachin, der nach dem Tod seines Vaters König geworden war, wurde zus. mit vielen der bedeutendsten Einwohner der Stadt gefangengenommen (2. Kön 24,14), und N. setzte Jojachins Onkel Zedekia als König von Juda ein. Als dieser gegen Babel rebellierte (Jer 37), marschierte N., der sich im Krieg gegen Elam befunden hatte, wieder gegen Jerusalem. Am 10. Tag des 10. Monats i. J. 588 v. Chr. begann er seine Belagerung Jerusalems. Nachdem sie über eineinhalb Jahre standgehalten hatte, fiel die Stadt am 7. Tag des 5. Monats 586 v. Chr. Der Tempel wurde zerstört und der Großteil der Bevölkerung Judas nach Babylonien deportiert. N. machte aus Juda eine babyl. Provinz, über die er einen judäischen Adligen namens Gedalja zum Statthalter einsetzte.

N. wurde bes. durch seine Bautätigkeit berühmt: die Restaurierung des Marduk-Tempels, den Ausbau der Stadtmauern, die Errichtung eines Palastes mit »hängenden Gärten« auf dessen Dächern. Dies macht N.s Aussage in Dan 4,27 verständlich: »Das ist das große Babel, das ich erbaut habe zur Königsstadt durch meine große Macht zu Ehren meiner Herrlichkeit.«

N. starb 562 v. Chr.; sein Nachfolger wurde sein Sohn Evil-Merodach (s. dort). Merkwürdig bleibt, daß die babyl. Geschichtsquellen sehr wenig über N. und seine Ära berichten.

NEBUSARADAN (Der Name ist die hebraisierte Form des akkad. Eigennamens *Nabû-zēr-iddina,* was soviel wie »Nabu gab Nachkommenschaft« heißt. Nabu vgl. NEBO (3)).

NEBU-SARADAN
2. Kön 25,8. 11.20; Jer 39,9–11.13; 40,1; 41,10; 43,6; 52,12. 15–16.26.30

Ein hoher Beamter, »der Oberste der Leibwache« (2. Kön 25,8) am Hofe König Nebukadnezars. Er war für die Zerstörung Jerusalems 586 v. Chr., für die Deportation des Großteils der judäischen Bevölkerung nach Babylonien und für den Abtransport der Tempelschätze nach Babel (2. Kön 25,8–20) verantwortlich. Jer 52,30 zufolge deportierte er 582 v. Chr. weitere 745 Juden von Juda nach Babylonien. Im hebr. AT ist N.s Titel mit *raw hatabbachim* angegeben. In der LXX wurde dies mit »Chefkoch« und in der aram. Übersetzung des AT mit »Oberscharfrichter« übersetzt. Rein sprachlich sind beide Übersetzungen vertretbar, Vergleiche haben jedoch ergeben, daß das hebr. Wort eine Übersetzung des akkad. Titels »Chefkoch, Versorgungsleiter« ist.

NEBUSCHASBAN Jer 39,13

NEBUSCHASBAN (»[Gott] Nabu, rette mich«). Vgl. NEBO (3). Oberkämmerer König Nebukadnezars von Babel. Er war an der Eroberung Jerusalems beteiligt und war einer derjenigen, die den Propheten Jeremia aus dem Gefängnis befreiten (Jer 39,13–14).

NECHO 2. Kön 23, 29.33–35; 2. Chr 35, 20–22; 36,4; Jer 46,2

NECHO (»lahm«). Necho II., König von Ägypten der 26. Dynastie, Sohn des Psammetich, regierte 610/9–595 v. Chr. I. J. 609 v. Chr. befand er sich mit seiner Armee auf dem Marsch nach Haran, um dort der sich auflösenden assyr. Armee zu Hilfe zu kommen (2. Kön 23,29). König Josia versuchte, ihn bei Megiddo zurückzuschlagen, und fiel in der Schlacht. N. zog weiter auf Haran zu. Auf seinem Rückweg nach Ägypten machte er in Juda halt, um König Joahas, den Nachfolger Josias, abzusetzen. An seiner Stelle setzte er Eljakim ein, änderte seinen Namen zu Jojakim und machte ihn zum Vasallenkönig (2. Kön 23,32–34; 2. Chr 36,4). N. verbrachte den Großteil seiner Regierungszeit damit, gegen die Babylonier zu kämpfen. Bedeutende Schlachten fanden in Haran, bei Karkemisch am Euphrat, in Hammat und in der Nähe der ägypt. Grenze statt. N. verlor seine Gebiete in Syrien, Israel und an der Küste an die Babylonier. Er konnte jedoch seinen Thron halten, da es den Babyloniern unter Nebukadnezar nie gelang, die ägypt. Grenzen zu überschreiten. Die letzte Schlacht zwischen N. und Nebukadnezar (Jer 46,2) fand i. J. 601/600 statt. Danach konzentrierte sich N. hauptsächlich auf innere Angelegenheiten.

NEDABJA 1. Chr 3,18

NEDABJA (»Den der Herr willig macht«). Einer der Söhne König Jechonjas (Jojachins) von Juda (1. Chr 3,18).

NEFEG 1 2. Mose 6,21
NEFEG 2 2. Sam 5,15; 1. Chr 3,7; 14,6

NEFEG (»Sproß«).

1. Ein Angehöriger des Stammes Levi (2. Mose 6,21).
2. Ein Sohn König Davids, der in Jerusalem geboren wurde (2. Sam 5,15; 1. Chr 14,6).

NEFTOACH Jos 15,9; 18,15

NEFTOACH (»Quell«). Eine Quelle, die bei der Beschreibung der Grenze zwischen den Gebieten Juda und Benjamin erwähnt wird: »Die Grenze [verläuft] von Kirjat-Jearim an und geht zuerst nach Westen und läuft dann hin zur Quelle Neftoach und geht hinab an den Fuß des Berges, der vor dem Tal des Sohnes Hinnoms liegt, an der Nordecke der Ebene Refaïm ...« (Jos 18,15–16). Diese Beschreibung paßt genau zu Ain Lifta, der großen Quelle

Man nimmt an, daß das Dorf Lifta das alte Neftoach ist.

des verlassenen Dorfes desselben Namens, das sich über dem Oberlauf des Sorek, am Nordeingang des modernen Jerusalem, befindet.

NEFUSITER Eine Familie von Tempelsklaven, die mit Serubbabel aus Babel zurückkehrten (Esr 2,50; Neh 7,52). Sie waren wahrscheinlich Nachfahren des Nafisch, eines Sohnes Ismaels (1. Mose 25,15; 1. Chr 1,31).

NEFUSITER
Esr 2,50;
Neh 7,52

NEGEB Gebiet südlich der Grenze Judas. Im Hebr. bedeutet N. »Trockenheit«, in der Bibel wird damit aber oft der Süden gemeint (LÜ »Südland«). Geographisch und klimatisch bildet die Ebene von Beerscheba seine nördliche Grenze, die Bibel rechnet aber auch die Gebirgsausläufer südlich und südwestlich von Hebron dazu. Im Osten wird der N. von der Araba, im Nordwesten und Westen von der Küstenebene und den Wüsten Paran, Zin und Schur begrenzt. Der mittlere und südliche N. ist überwiegend gebirgig. Die Mitte wird von tiefen Wadis und Kratern durchzogen, die ein ernstes Hindernis für den Verkehr bilden. Deshalb durchquerte keine der großen Handelsstraßen den N. von Nord nach Süd; statt dessen waren die beiden großen Straßen (*Via Maris* und Königsstraße), die am N. entlangführten, durch ein Netz von Nebenstraßen verbunden; die bedeutenderen davon waren der Weg am Gebirge der Amoriter (5. Mose 1,7), der Kadesch-Barnea mit der südlichen Araba verband, und der von Arad zum Südteil der Berge von Sodom führende Weg von Edom (2. Kön 3,8). In der hell., röm. und byz. Periode verband eine Straße Petra mit Gaza, eine andere lief von Aila (Elat) entlang der Araba nach Hebron und Jerusalem.

NEGEB (»SÜDLAND«)
1. Mose 12,9; 13,1.3; 20,1; 24,62;
4. Mose 13,17. 22.29; 21,1;
5. Mose 1,7; 34,3;
Jos 15,19.21;
Ri 1,9.15;
1. Sam 27,10;
2. Sam 24,7;
2. Chr 28,18;
Ps 126,4;
Jes 30,6;
Jer 13,19; 17,26; 32,44; 33,13;
Hes 21,2–3;
Obd 19–20;
Sach 7,7

Der N. besaß zu bibl. Zeit wenig wirtschaftliche Bedeutung. Die nördliche Ebene und die Ufer der Wadis gaben Schafen und Ziegen Weideland (1. Sam 25,2ff.; 1. Chr 4,39–41; 2. Chr 26,10). Wichtiger war der z. Zt. Salomos einsetzende Handel mit den südarab. Reichen, der mit dem Besuch der Königin von Saba begann und schließlich zum Bau einer Handelsflotte führte (1. Kön 9,26; 10,22ff.). Diese Handelsroute wurde noch bis Joschafat und Asarja benutzt und ausgebaut (1. Kön 22,49; 2. Kön 14,21–22).

Im südlichen N., bei Timna nordwestlich von Elat, gibt es Kupferminen. Der Beginn ihrer Ausbeutung wurde früher König Salomo zugeschrieben, neuere Forschungen zeigen jedoch, daß diese Datierung um rund zwei Jhe. zu spät angesetzt ist.

Abraham lebte eine Zeitlang im N. (1. Mose 12,9; 13,1–3; 20,1), ebenso Isaak (1. Mose 24,62; 26,20–21). Im 13. Jh. v. Chr. war der N. zus. mit Moab und Edom das Ziel mehrerer Strafexpeditionen Ramses II. Nach der Eroberung Kanaans durch Israel wurde er dem Stamm Simeon zugeteilt, obwohl er mitten im Gebiet Judas lag (Jos 19,1–9; 1. Chr 4,28–33). Zu Beginn des

Die Wüste Zin südlich von Kadesch-Barnea im Negeb (Südland).

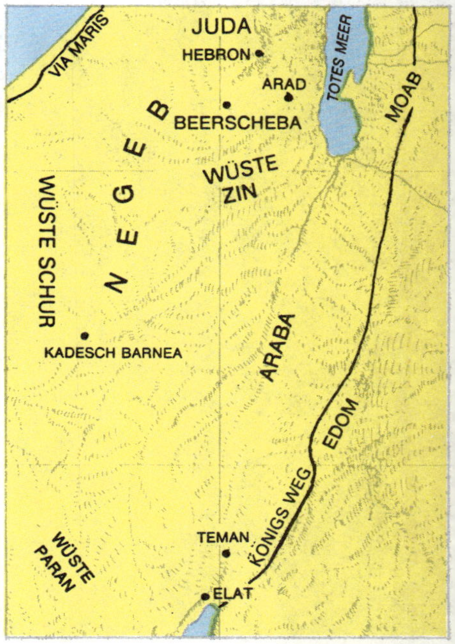

Der Negeb

(links) Die sogenannten Säulen Salomos im Negeb (Südland).

Königreiches Juda war die Region unter dem Namen »Südland Judas« bekannt (1. Sam 27,10; 2. Sam 24,7).

In der ersten Hälfte des 10. Jh. v. Chr. stießen die Israeliten zum Golf von Elat vor und befestigten Ezjon-Geber (1. Kön 9,26). Im fünften Jahr der Regierung Rehabeams (924 v. Chr.) führte Pharao Schischak einen Feldzug gegen Juda (1. Kön 14,25–28; 2. Chr 12,1–12). Die Liste der dabei eroberten Orte, die im Amuntempel von Karnak gefunden wurde, führt 85 Namen von Orten im N. auf. Z.Zt. König Joschafats war der N. wieder in isrl. Hand (1. Kön 22,48–50; 2. Chr 20,35–37). Im 9. und 8. Jh. v. Chr. wurden nordöstlich Beerschebas neue Festungen und Siedlungen errichtet, ebenso z.Zt. Asarjas (Usijas), der Edom eroberte und Elat ausbaute (2. Kön 14,22; 2. Chr 26,2). In den assyr. Feldzügen gegen Juda ging der N. verloren; Elat wurde von den Edomitern erobert (2. Kön 16,6).

Bis zur Besiedlung durch die NABATÄER im späten 4. und frühen 3. Jh. v. Chr. gab es im N. keine dauernde Besiedlung. In den folgenden Jhn. dehnten sich die Nabatäer über weite Gebiete des N. aus. Ihre Städte wurden Mitte des 2. Jh. n. Chr. aus bisher ungeklärten Gründen aufgegeben.

Im letzten Viertel des 1. Jh. n. Chr. begannen die Nabatäer im N. und im Hauran mit landwirtschaftlichem Trockenanbau, wobei sie ihre alten Kenntnisse nutzten, das Regenwasser in Zisternen für die Bewässerung von Terrassenfeldern zu sammeln. Es scheint, daß sie zuerst Pferdezucht und Gersteanbau betrieben; die letzte Phase des Übergangs zur Landwirtschaft bildete in der spätröm.-byz. Zeit der Weinanbau. Eine erneute Blütezeit im 3. Jh. n. Chr. beruhte möglicherweise auf der Wiederaufnahme des Türkis- und Kupferbergbaus im südlichen Sinai.

NEGIËL
Jos 19,27

NEGIËL (»Wohnplatz Gottes«). Grenzstadt im Gebiet des Stammes Asser, zwischen Bet-Emek und Kabul (Jos 19,27).

NEHELAM
Jer 29,24. 31–32

NEHELAM (»Von Nehelam stammend«). Beiname des falschen Propheten Schemaja, der unter den deportierten Juden in Babylonien wirkte und sich in Briefen, die er nach Jerusalem schickte, gegen Jeremias Prophezeiungen wandte (Jer 29,24.31–32).

NEHEMIA
Neh 1,1; 8,9; 10,2; 12,26.47

NEHEMIA (»Ja[hwe] hat getröstet«).

Sohn Hachaljas und Mundschenk des pers. Königs Artahsasta (Artaxerxes I., 464–424 v. Chr.). N. war babyl. Diasporajude und spielte eine entscheidende Rolle beim Wiederaufbau Judas. I.J. 445 v. Chr. ernannte ihn der König zum Statthalter von Juda und gestattete ihm, nach Jerusalem zu reisen, um den Juden dort zu helfen (Neh 1,1–2,8). Nach seiner Ankunft inspizierte er heimlich die immer noch zerstörten Stadtmauern (Neh 2,11–16) und setzte sich für ihren Wiederaufbau ein (2,17 ff.). Seine Erzfeinde Sanballat und Tobija versuchten, den Bau zu verhindern, aber trotz ihres Widerstandes gelang es N., ihn in 52 Tagen (6,15) zu vollenden. Um Jerusalem wieder zu bevölkern, ordnete er an, daß jeder zehnte der zurückgekehrten Juden sich dort ansiedeln sollte. Außerdem führte er eine Reihe von religiösen und sozialen Reformen durch, darunter die Verpflichtung, Mischehen zu vermeiden, die Aufhebung von Schulden der Armen, Abgaben für den Tempel und die Regelung des Zehnten. All dies wurde in einer feierlichen Abmachung besiegelt (Neh 10). I. J. 433 v. Chr. fuhr er an den pers. Hof, um über die Lage in Juda zu berichten. Ein Jahr später kehrte er nach Jerusalem zurück (Neh 13,6) und sorgte für die Einhaltung versch. Gesetze, z. B. der Abgaben an die Leviten (13,10–13), der Heiligung des Sabbats (13,15–22) und der Abschaffung der Mischehen (13,23–27).

Vgl. im übrigen ESRA, DAS BUCH UND NEHEMIA, DAS BUCH.

NEHEMIA, DAS BUCH Siehe ESRA, DAS BUCH.

NEHEMJA (»Ja[hwe] hat getröstet«).

1. Einer der jüd. Oberen, die mit Serubbabel aus dem babyl. Exil zurückkehrten (Esr 2,2; Neh 7,7).

2. Nach dem babyl. Exil Vorsteher des halben Bezirks von Bet-Zur; half Nehemia beim Wiederaufbau der Stadtmauern von Jerusalem (Neh 3,16).

NEHUSCHTA (»Die Eherne«). Frau König Jojakims von Juda und Mutter dessen Sohnes Jojachin (2. Kön 24,8). Zus. mit Jojachin wurde sie 597 v. Chr. von Nebukadnezar nach Babylonien deportiert (2. Kön 24,12.15; vgl. Jer 29,2).

NEHUSCHTAN (»Schlange«). Siehe SCHLANGE, EHERNE.

NEKODA (»Viehbesitzer«).

1. Eine Familie von Tempelsklaven, die mit Serubbabel aus dem babyl. Exil zurückkehrte (Esr 2,48; Neh 7,50).

2. Eine aus dem babyl. Exil zurückgekehrte Familie, die ihre isrl. Abstammung nicht nachweisen konnte (Esr 2,60; Neh 7,62).

NEMUËL (»Beschnittener Gottes«). Sohn Eliabs und Bruder Datans und Abirams (4. Mose 26,9) vom Stamm Ruben.

NER (»Licht«). Ein Benjaminiter, Vater Abners, des Feldhauptmanns König Sauls (1. Sam 14,50; 26,5 u. a.). Ner war mit dem König verwandt (1. Sam 14,51; 1. Chr 9,36).

NEREUS (Name eines Wassergottes). Mitglied der Christengemeinde in Rom, von Paulus am Ende des Römerbriefes namentlich gegrüßt.

NERGAL (»Sonne«). Mesopotam. Gottheit (2. Kön 17,30), Gott der Unterwelt. Sein Kult wurde vom Volk der Kuta, das Tiglat-Pileser III. in Samarien ansiedelte, nach Israel gebracht.

NERGAL-SAREZER (»Nergal, schirme den König«). Fürst von Sin-Magir und Oberhofmeister König Nebukadnezars von Babel. Er nahm an der Eroberung und Zerstörung Jerusalems 586 v. Chr. teil (Jer 39,1–8). Möglicherweise ist er mit König Neriglissar, der 559–556 v. Chr. in Babel regierte, identisch.

NERI (»Mein Licht«). Der Großvater Serbubbabels. Nach Lk 3,27 ein Vorfahre Jesu.

NERIJA (»Mein Licht ist Ja[hwe]«). Sohn Machsejas und Vater Baruchs, des Schreibers Jeremias (Jer 32,12.16; 36,4.8.14.32), und Serajas, eines Marschalls an König Zedekias Hof (Jer 51,59).

NESSEL Siehe PFLANZEN.

NETAIM Ort in der judäischen Schefela, in dem Töpfer wohnten, die im Dienst des Königs standen.

NETANEL (»Geschenk Gottes«).

1. Fürst des Stammes Issachar z. Zt. Moses; brachte zur Einweihung der Stiftshütte die Weihgaben seines Stammes dar (4. Mose 1,8; 2,5; 7,18.23; 10,15).

Phönizisches Achatsiegel mit der Inschrift »[Gehört] Neri«; 8. Jh. v. Chr. (Israel Museum).

NEHEMJA 1
Esr 2,2;
Neh 7,7
NEHEMJA 2
Neh 3,16

NEHUSCHTA
2. Kön 24,8

NEHUSCHTAN
2. Kön 18,4

NEKODA 1
Esr 2,48;
Neh 7,50
NEKODA 2
Esr 2,60;
Neh 7,62

NEMUËL
4. Mose 26,9

NER
1. Sam 14,
50–51; 26,5.14;
2. Sam 2,8.12;
3,23.25.28.37;
1. Kön 2,5.32;
1. Chr 8,33;
9,36.39; 26,28

NEREUS
Röm 16,15

NERGAL
2. Kön 17,30

NERGAL-SAREZER
Jer 39,3.13

NERI
Lk 3,27

NERIJA
Jer 32,12.16;
36,4.8.14.32; 4
3.6; 45,1; 51,59

NETAIM
1. Chr 4,23

NETANEL 1
4. Mose 1,8;
2,5; 7,18.23;
10,15

NETANEL 2
1. Chr 2,14

2. Einer von Davids Brüdern, der vierte Sohn Isais (1. Chr 2,14).

NETANEL 3
1. Chr 15,24

3. Einer der von David ernannten Priester, die die Trompete vor der Bundeslade bliesen (1. Chr 15,24).

NETANEL 4
1. Chr 24,6

4. Vater des Schreibers Schemaja z. Zt. König Davids (1. Chr 24,6).

NETANEL 5
1. Chr 26,4

5. Einer der von David zu Torhütern im Heiligtum ernannten Korachiter (1. Chr 26,4).

NETANEL 6
2. Chr 17,7

6. Einer der von König Joschafat von Juda ausgesandten Beamten, die in den Städten Judas das Gesetz Moses lehren sollten (2. Chr 17,7).

NETANEL 7
2. Chr 35,9

7. Einer der Beamten König Josias von Juda, die Opfergaben zur Feier des Passafestes spendeten (2. Chr 35,9).

NETANEL 8
Esr 10,22

8. Ein Priester nach dem babyl. Exil, der unter Esra seine heidnische Frau verstieß (Esr 10,22).

NETANEL 9
Neh 12,21

9. Ein Priester und Haupt des Hauses Jedaja z. Zt. des Hohenpriesters Jojakim (Neh 12,21).

NETANEL 10
Neh 12,36

10. Einer der Priester, die bei der Einweihung der neugebauten Stadtmauer von Jerusalem z. Zt. Nehemias als Musikanten mitwirkten (Neh 12,36).

NETANJA 1
2. Kön 25,23.25; Jer 40,8.14–15; 41,1–2.6–7. 9–12.15–16.18

NETANJA (»Geschenk Gottes«).

1. Der Vater Jismaels, des Mörders des von Nebukadnezar nach der Eroberung Judas eingesetzten Statthalters Gedalja (2. Kön 25,23–25; Jer 40,8–41,2).

NETANJA 2
Jer 36,14

2. Der Vater Jehudis, eines Beamten König Jojakims von Juda (Jer 36,14).

NETANJA 3
1. Chr 25,2.12

3. Ein Levit und Nachkomme Asafs; Leiter der fünften Gruppe von Tempelsängern z. Zt. Davids (1. Chr 25,2.12).

NETANJA 4
2. Chr 17,8

4. Einer der Leviten, die König Joschafat aussandte, um das Gesetz Moses in den Städten Judas zu lehren (2. Chr 17,8).

NETAN-MELECH
2. Kön 23,11

NETAN-MELECH (»Geschenk des Königs«). Ein Kämmerer z. Zt. König Josias von Juda (2. Kön 23,11). Bei ihm waren die für den Sonnenkult bestimmten Pferde bis zur Zerstörung der heidnischen Altäre durch Josia untergebracht.

NETOFA, NETOFATITER
2. Sam 23,28–29; 2. Kön 25,23; . Chr 2,54; 9,16; 11,30; 27,13.15; Esr 2,22; Neh 7,26; 12,28; Jer 40,8

NETOFA, NETOFATITER Stadt in Juda in der Nähe von Bethlehem, in der zwei der »Helden« Davids geboren wurden (2. Sam 23,28–29) und in der sich Levitenfamilien niederließen (1. Chr 9,16). Sie war auch nach der Rückkehr aus dem babyl. Exil bewohnt (Esr 2,22; Neh 12,28).

NEUES TESTAMENT Siehe KANON; TESTAMENT, ALTES UND NEUES.

NEUES TOR
Jer 26,10; 36,10

NEUES TOR Eines der Tempeltore z. Zt. Jeremias. Zu diesem Tor brachte das Volk Jeremia, um ihn vor den Oberen anzuklagen (Jer 26,10).

NEUJAHR Ein jüd. Feiertag, der am ersten Tag des 7. Monats (*Tischri*) begangen wurde. Die Feier des Neujahrs war im Nahen Osten von großer religiöser Bedeutung, und es ist überraschend, daß sie in der Bibel kaum erwähnt wird. Der Ausdruck »Anfang des Jahres« erscheint im hebr. AT nur einmal, in Hes 40,1, und sogar hier ist das genaue Datum des Jahresanfangs problematisch, da es mit dem 10. Tag des Monats angegeben wird. Einige Gelehrte nehmen an, daß die Zeit vom 1. bis zum 10. Tag des 7. Monats die Neujahrsperiode bildete.

Hinweise darauf, daß der 1. Tag des 7. Monats ein besonderer Festtag war, finden sich in 4. Mose 29,1 wo er als »ein Tag des Posaunenblasens« beschrieben wird, und in 3. Mose 23,24, wo er ein »Ruhetag … mit Posaunenblasen zum Gedächtnis, eine heilige Versammlung« ist. Zu diesem Tag berief auch Esra nach der Rückkehr aus dem babyl. Exil die Volksversammlung zur Erneuerung des Bundes mit Gott ein (Neh 8,1 ff.).

Vgl. im übrigen KALENDER.

Ein christl. Neujahrsdatum, das sich aus dem NT begründen ließe, gibt es nicht. Ansätze zu einer solchen Fixierung führten seit dem frühen Mittelalter höchstens zu einem weltlichen Brauchtum bzw. einer bürgerlich-weltlichen Festlegung des Jahresanfangs. Die röm.-kath. Kirche berücksichtigt in ihrer Liturgie weder den Altjahrsabend noch den Neujahrstag als kirchliche Feiertage. Luther wollte den 25. Dezember zum Neujahrstag machen, andere

Reformatoren traten für den 1. Januar ein, obwohl dieser nach dem altkirchlichen Kirchenjahr der Tag der Beschneidung und Namensgebung des Herrn war. In der ev. Kirche entstanden einige der wertvollsten Lieder und Choräle zum Jahreswechsel.

NEUMOND Ein Tag der Freude und des Feierns, an dem nicht gearbeitet wurde (Jes 1,13–15; Hos 2,13; Am 8,5). Der N. kennzeichnete jeweils den Beginn des Monats; an ihm wurden besondere Opfer dargebracht, die größer waren als die am Sabbat (4. Mose 28,9–15). Der N. wurde mit Posaunen und Trompeten ausgerufen (4. Mose 10,10; Ps 81,4).

Vgl. KALENDER.

NEUMOND 4. Mose 10, 10; 28,14; 1. Sam 20,5.18; Ps 81,4; Jes 1,13.14; Hes 45,17; 46,6; Hos 2,13; 5,7; Am 8,5; Kol 2,16

NEZIACH (»treu«). Oberhaupt einer Familie von Tempelsklaven, die mit Serubbabel aus dem babyl. Exil zurückkehrte.

NEZIACH Esr 2,54; Neh 7,56

NEZIB Ort in der judäischen Schefela.

NEZIB Jos 15,43

NIBHAS (»Der Bellende«). Eine Gottheit der Arwiter, eines Volksstammes, der von den Assyrern nach Samarien deportiert wurde.

NIBHAS 2. Kön 17,31

NIBSCHAN Stadt in der judäischen Wüste, nahe dem Toten Meer (Jos 15,62).

NIBSCHAN Jos 15,62

NIGER (»Der Schwarze«). Beiname Simeons, eines der »Propheten und Lehrer« in der christl. Gemeinde in Antiochia. Der röm. Nachnahme »N.« deutet nicht unbedingt auf eine afrikanische Abstammung hin.

NIGER Apg 13,1

NIKANOR (»Sieger«). Einer der ersten sieben Diakone in der Jerusalemer Urgemeinde (Apg 6,1–6).

NIKANOR Apg 6,5

NIKODEMUS (»Volksbesieger«). Ein Pharisäer und Mitglied des Hohen Rates z. Zt. Jesu. Sein nächtliches Gespräch mit Jesus ist in Joh 3 überliefert. Offenbar wurde er ein heimlicher Anhänger Jesu. In Joh 7,50–52 setzte er sich vor dem Hohen Rat für Jesus ein, nach dessen Kreuzigung beteiligte er sich an seinem Begräbnis (Joh 19,39).

NIKODEMUS Joh 3,1.4.9; 7,50; 19,39

NIKOLAÏTEN (»Anhänger des Nikolaus«?). Nach Offb 2,6.15 Mitglieder einer (vermutlich gnostischen) Irrlehre oder Sekte in der frühen Kirche. Wahrscheinlich erklärten die N. die Scheidung der Christen von der heidnischen Umwelt für unwichtig. Genaues ist über sie nicht bekannt.

NIKOLAÏTEN Offb 2,6.15

NIKOLAUS (»Volksbesieger«). Ein zum Christentum übergetretener jüd. Proselyt griech. Abstammung; einer der ersten sieben Diakone der Jerusalemer Urgemeinde.

NIKOLAUS Apg 6,5

NIKOPOLIS (»Stadt des Siegers«). Eine Römerstadt in Griechenland, in der Paulus einen Winter verbrachte.

NIKOPOLIS Tit 3,12

NIL Der größte Strom Afrikas, ca. 6100 km lang. In seinem Mittel- und Unterlauf fließt er durch Ägypten und mündet dann ins Mittelmeer. Die ägypt. Landwirtschaft ist vom Nilwasser abhängig. In der (hebr.) Bibel wird der Nil einfach »der Strom« genannt – ein Ausdruck, der auch andere große Flüsse bezeichnen konnte. Die sieben Kühe im Traum des Pharao stiegen aus dem Nil (1. Mose 41,1–2), und Mose wurde als Kind in seinem Schilf ausgesetzt

NIL 1. Mose 41,1.3.17; 2. Mose 1,22; 2, 3.5; 4,9; 7,15. 17–18.20–21.24 28; 8,5.7; 17,5; Est 1,1; 8,9; Jes 19,5; 23,3; Jer 2,18; 46,7–8 Am 8,8; 9,5; Nah 3,8

Eine Münze aus Nikopolis, auf der die Göttin Nike abgebildet ist. Geprägt 219 v. Chr.

Der Nil

(2. Mose 2,3). »Der Strom« kann auch das ganze Land Ägypten bezeichnen (z. B. Hes 29).

NIMRA 4. Mose 32,3.36; Jos 13,27

NIMRA Eine Gaditerstadt im Jordantal (4. Mose 32,3), auch Bet Nimra genannt (4. Mose 32,36; Jos 13,27). Vielleicht identisch mit Tell Nimrim, 8 km östlich des Jordans.

NIMRIM, DIE WASSER VON Jes 15,6; Jer 48,34

NIMRIM, DIE WASSER VON (»Fließende Wasser«). Fluß in Moab, möglicherweise das heutige Wadi Nimrim, das 6 km nördlich des Toten Meeres in den Jordan fließt, oder das Wadi En-Numeira, das ins südliche Tote Meer mündet.

NIMROD 1. Mose 10,8–9; 1. Chr 1,10; Mi 5,5

NIMROD (»Unterwerfer des Leoparden«). Sohn des Kusch und Enkel Hams; der »erste, der Macht gewann auf Erden« und ein Jäger von sprichwörtlichem Ruhm (1. Mose 10,6–12; 1. Chr 1,10). Er wird als Gründer eines Reiches in Mesopotamien beschrieben (s. auch SCHINAR; NINIVE). In Mi 5,5 wird Assyrien »das Land Nimrods« genannt.

Da der Name seines Vaters (Kusch) auf das Volk der Kassiter hindeuten könnte, das einmal in Babylonien herrschte, wurde mehrfach versucht, N. mit einem der assyr. oder babyl. Götter (z. B. Ninurta) oder Könige (z. B. Tukalti-Ninurta I. von Assyrien) zu identifizieren. Ein überzeugender Nachweis gelang bis jetzt nicht.

NIMSCHI 1. Kön 19,16; 2. Kön 9, 2.14.20; 2. Chr 22,7

NIMSCHI (»errettet«). Der Vater (1. Kön 19,16; 2. Kön 9,20; 2. Chr 22,7) oder Großvater (2. Kön 9,2.14) König Jehus von Israel.

NINIVE 1. Mose 10,11–12; 2. Kön 19,36; Jes 37,37; Jona 1,2; 3, 2–7; 4,11; Nah 1,1; 2,9; 3,7; Zef 2,13; Mt 12,41; Lk 11,30.32

NINIVE (»Wohnung«). Die letzte Hauptstadt des assyr. Reiches, am Ostufer des Tigris (HIDDEKEL) gegenüber dem heutigen Mossul gelegen. Die Stadt wurde vermutlich im frühen 3. Jt. v. Chr. gegründet. Die Bibel nennt NIMROD als ihren Gründer (1. Mose 10,11). Unter Sargon II. wurde N. eines der Zentren des assyr. Reiches, unter Sanherib (der dort von seinen Söhnen ermordet wurde, 2. Kön 19,36–37; Jes 37,37–38) Hauptstadt. Sanherib sowie seine Nachfolger Asarhaddon und Assurbanipal schmückten die Stadt mit großartigen Palästen. Im Buch Jona wird N. als Großstadt mit 120 000 Einwohnern (3,3; 4,11) beschrieben.

Die assyr. Quellen geben keinen Aufschluß darüber, wie N. zerstört wurde. Nach dem antiken Historiker Diodor belagerte der Skythe Arbaces zwei Jahre lang die Stadt, ohne sie erobern zu können; im dritten Jahr jedoch stieg das Wasser des Flusses und zerstörte die Befestigungsanlagen, worauf der König und sein Gefolge Selbstmord begingen. Nach der Chronik des babyl. Königs Nabopolassar zerstörten die Chaldäer und Meder Ninive i. J.

Eine Gruppe von Deportierten – zwei Männer und ein Junge –, die von einem assyrischen Soldaten angetrieben werden. Aus einem Relief in Sanheribs Palast in Ninive (Musée du Louvre, Paris).

*Der Monat Nisan, dargestellt vom Zeichen Widder (*Talch*) im Tierkreis, auf dem Mosaikboden der Synagoge in Bet-Alfa.*

612 v. Chr. Die Zerstörung N.s wird von Zefanja (2,13–15) und Nahum (v. a. Kap. 2) erwähnt.

Die Überreste N.s liegen in zwei Hügeln auf beiden Ufern des Flusses Hawar. Auf dem Nordufer wurden die Paläste Asarhaddons und Assurbanipals entdeckt, auf dem Südufer der Palast Sanheribs. Die sehr großen Paläste standen auf ca. 20 m hohen Terrassen; an ihren Toren standen geflügelte Löwen mit Menschengesichtern, auf den Mauern waren Feldzüge und Jagdexpeditionen der assyr. Könige sowie mytholog. u. a. Szenen abgebildet. In Sanheribs Palast entdeckte man ein Relief, das die Belagerung und Eroberung von Lachisch darstellt. Die Stadt besaß eine doppelte, über 5 km lange Stadtmauer und war von großen Gärten umgeben, die über Kanäle von den umliegenden Flüssen bewässert wurden. Die große Bibliothek Assurbanipals umfaßt 25 000 Tontafeln über historische, literarische und religiöse Themen.

NISAN Der erste Monat (März–April) des jüd. Jahres. Der Name, der babyl. Ursprungs ist und nach dem babyl. Exil benutzt wurde, erscheint in der Bibel nur in Neh 2,1 und Est 3,7. Die ältesten hebr. Kalender bezeichneten ihn als *Abib*, die meisten bibl. Belegstellen nennen ihn einfach den »ersten Monat« (z. B. 2. Mose 12,2; 40,17; 3. Mose 23,5; 4. Mose 9,1; 28,16; Hes 29,17 u. a.). Vgl. auch KALENDER.

NISAN
Neh 2,1;
Est 3,7

Das Passahfest fand am 14. N. statt (vgl. 2. Mose 12; s. PASSAH). Am 14. N. (Zählung nach Joh) bzw. 15. N. (Zählung nach den Synoptikern) wurde auch Jesus gekreuzigt.

NISROCH Assyr. Gottheit. Im Tempel des N. wurde König Sanherib von seinen Söhnen ermordet (2. Kön 19,37; Jes 37,38).

NISROCH
2. Kön 19,37;
Jes 37,38

NOA (»Bewegung«). Eine der fünf Töchter des Zelofhad; das sie keine Brüder hatte, fiel ihr das väterliche Erbe zu.

NOA
4. Mose 26,33;
27,1; 36,11;
Jos 17,3

NOADJA (»Ja[hwe] versammelt«).

1. Noadja, der Sohn Binnuis. Er arbeitete an einer Liste der Tempelgeräte mit, die Nebukadnezar nach Babel gebracht und die Kyrus dem Statthalter Scheschbazar zum Rücktransport nach Jerusalem überlassen hatte.

2. Eine Prophetin nach dem babyl. Exil, die zus. mit anderen Propheten Nehemia entmutigen und von seinem Plan, die Mauern Jerusalems wiederherzustellen, abbringen wollte.

NOADJA 1
Esr 8,33
NOADJA 2
Neh 6,14

NOAH (»Trost«). Der Mann, den Gott vor der Sintflut damit beauftragte, die Arche zu bauen, um darin sich, seine Familie und die Tiergattungen zu retten.

N. war ein Nachkomme Sets und Sohn Lamechs (1. Mose 5,6.28.29). Schon sein Name weist auf seine Rolle hin; sein Vater »nannte ihn Noah und sprach: Der wird uns trösten in unserer Mühe und Arbeit auf dem Acker, den der HERR verflucht hat« (1. Mose 5,29 in Anspielung auf den Fluch in 3,17–19).

Als Gott beschloß, die Menschen durch die Sintflut zu vernichten, fand N. wegen seines gottesfürchtigen Lebens als einziger Mensch Gnade vor ihm (1. Mose 6,5 ff.) und wurde zus. mit seiner Familie in der Arche gerettet. Zu den Einzelheiten der Sintflut vgl. SINTFLUT.

Als die Sintflut vorüber war und die Arche auf dem Berg Ararat (heutige Osttürkei, nahe der Grenze zur Sowjetunion) festsaß, verließ N. die Arche und brachte Gott ein Opfer dar. Gott segnete den Neuanfang des Menschengeschlechts und setzte als Zeichen den REGENBOGEN ein (1. Mose 8, 1–9,17).

N. hatte drei Söhne, die zus. mit ihm in der Arche waren: Sem, Ham und Jafet (1. Mose 5,32; 6,10; 9,18.19). Als die Erde wieder trocken war, wurde er der erste Weingärtner (9,20). Er starb im Alter von 950 Jahren (9,28.29).

In Hes 14,14.20 erscheint N. zus. mit Daniel und Hiob als eines der drei großen Urbilder der Gerechtigkeit. Ein weiterer atl. Bezug auf N. ist Jes 54,9, wo die Sintflut als »die Wasser Noahs« umschrieben wird.

Im NT ist N. das Symbol des Gerechten, der inmitten einer gottlosen Umwelt an Gott glaubt und ihm gehorcht (Mt 24,37 ff.; Lk 17,26 f.; 2. Petr 2,5; Hebr 11,7).

NOAH
1. Mose 5,29.32;
6,8.9.13.22; 7,1.
5.11.13.15.23; 8
1.6.11.13.15.18.
20; 9,1.8.17–20.
24.28; 10,1.32;
1. Chr 1,4;
Jes 54,9;
Hes 14,14.20;
Mt 24,37–38;
Lk 3,36;
17,26–27;
1. Petr 3,20;
2. Petr 2,5;
Hebr 11,7;

Noah beim Bau der Arche; Elfenbeinschnitzerei aus dem 9. Jh. (Kathedrale von San Matteo, Salerno, Italien).

Die Arche Noah auf dem Mosaikfußboden einer Kirche bei Madeba; aus byzantinischer Zeit.

Blick auf Theben (No-Amon).

NO-AMON Jer 46,25; Hes 30,14–16; Nah 3,8

NO-AMON (NO; THEBEN) Hauptstadt Oberägyptens und zeitweise ganz Ägyptens. Der Name No-Amon bedeutet »die Stadt des Gottes Amon (Amun)«; so sind die bibl. Hinweise zu verstehen (Jer 46,25; Hes 30,14; Nah 3,8). Die Gleichsetzung von N. mit Theben, dem kultischen Zentrum des Gottes Amon, ist allg. anerkannt.

N. lag zu beiden Seiten des Nils. Am Ostufer wurden die riesigen Tempelkomplexe des modernen Karnak und Luxor errichtet, am Westufer die Nekropole (Totenstadt) und Totentempel. Die größten Bauaktivitäten fanden zur Regierungszeit Hatscheputs, Thutmosis III. und Amenophis III. statt. In einem nahegelegenen Wadi, dem sog. Tal der Könige, wurden die Pharaonen bestattet; eines der berühmtesten Gräber hier ist das des Tutenchamun.

Sehr aufschlußreich sind die in den Gräbern und Tempeln zu findenden Reliefs, die über das Alltagsleben und histor. Ereignisse jener Zeit berichten. So zeigt ein Relief in Karnak die Eroberung Aschkelons durch Ramses II., ein anderes (im Grabkomplex Medinet Habu) die Schlacht zwischen Ramses III. und den Seevölkern (Philistern).

NOB 1. Sam 21,2; 22,9.11.19; Neh 11,32; Jes 10,32

NOB (»Anhöhe«). Stadt (vermutlich eine Freistadt) im Gebiet Benjamins, in der der Priester Ahimelech und seine Sippe wohnten. Ahimelech gewährte David auf dessen Flucht vor Saul Zuflucht, worauf Saul ihn und die anderen Priester aus Rache töten ließ (1. Sam 21–22). Von N. aus konnten die Assyrer auf ihrem Anmarsch von Norden zum erstenmal Jerusalem sehen (vgl. Jes 10,32). Nach der Rückkehr aus dem babyl. Exil wurde N. von Benjaminitern besiedelt (Neh 11,32).

Die Lage von N. ist unbekannt.

NOBACH 1 4. Mose 32,42

NOBACH 2 Ri 8,11

NOBACH (»Gebell«).

1. Ein Mann vom Stamm Manasse, der Kenat und die dazugehörenden Dörfer in Gilead eroberte und die Stadt daraufhin nach sich selbst umbenannte (4. Mose 32,42). Nach 1. Chr 2,23 bewahrte die Stadt jedoch ihren urspr. Namen Kenat.

2. Eine Stadt in Gilead, an der Gideon während seines Krieges gegen die Midianiter vorbeizog (Ri 8,11).

NOD 1. Mose 4,16

NOD (»Ruhelosigkeit«). Gebiet östlich Edens, wo Kain sich nach seiner Verbannung durch Gott aufhielt (1. Mose 4,16). Der Name könnte ein Wortspiel sein: ein Wanderplatz für den ewigen Wanderer.

NODAB 1. Chr 5,19

NODAB (»edel«). Nomadenstamm, der zus. mit ismaelitischen Stämmen im Ostjordanland gegen die Israeliten kämpfte.

NOF Hes 30,16

NOF Siehe MEMFIS.

NOFACH 4. Mose 21,30

NOFACH (»windig«). Stadt in Moab, wahrscheinlich nördlich von Dibon. Sie wird im Lied über den Amoriterkönig Sihon erwähnt (4. Mose 21,30).

NOGAH Chr 3,7; 14,6

NOGAH (»Heller Schein«). In Jerusalem geborener Sohn Davids.

Statue Amenophis' III. aus Theben (No-Amon). (British Museum).

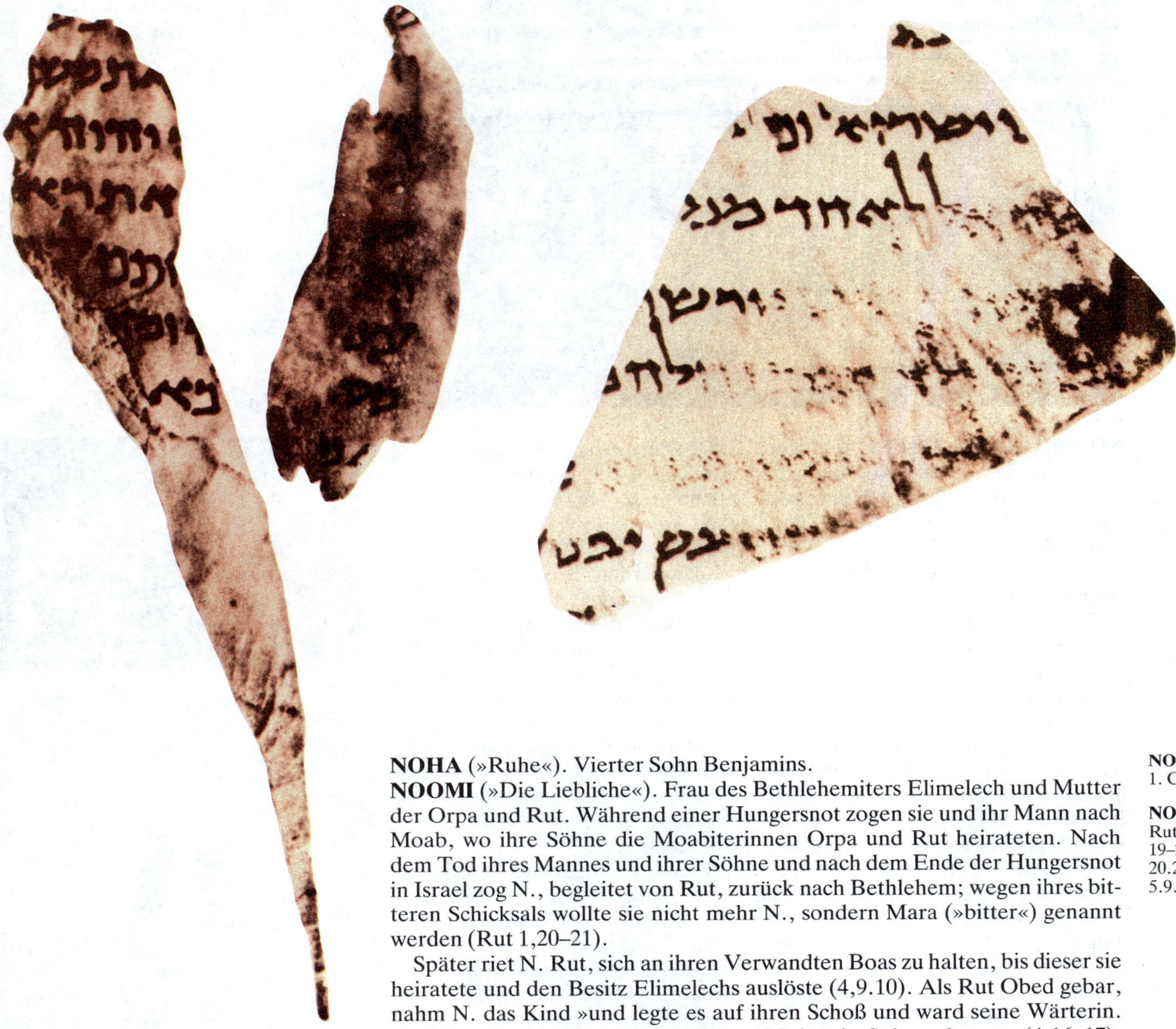

Fragmente des Buches Numeri, gefunden in Qumran (Schrein des Buches, Jerusalem).

NOHA (»Ruhe«). Vierter Sohn Benjamins.

NOOMI (»Die Liebliche«). Frau des Bethlehemiters Elimelech und Mutter der Orpa und Rut. Während einer Hungersnot zogen sie und ihr Mann nach Moab, wo ihre Söhne die Moabiterinnen Orpa und Rut heirateten. Nach dem Tod ihres Mannes und ihrer Söhne und nach dem Ende der Hungersnot in Israel zog N., begleitet von Rut, zurück nach Bethlehem; wegen ihres bitteren Schicksals wollte sie nicht mehr N., sondern Mara (»bitter«) genannt werden (Rut 1,20–21).

Später riet N. Rut, sich an ihren Verwandten Boas zu halten, bis dieser sie heiratete und den Besitz Elimelechs auslöste (4,9.10). Als Rut Obed gebar, nahm N. das Kind »und legte es auf ihren Schoß und ward seine Wärterin. Und ihre Nachbarinnen ... sprachen: N. ist ein Sohn geboren« (4,16–17). Viele Ausleger schlossen daraus, daß N. das Kind adoptierte; wahrscheinlicher ist, daß N. das Kind liebte und ihrer Schwiegertochter Rut bei seiner Pflege behilflich war.

S. auch RUT, DAS BUCH.

NUMERI, DAS BUCH; DAS 4. BUCH MOSE Das vierte der fünf Bücher Mose (Pentateuch). Die Zahlenangaben über die isrl. Stämme (4. Mose 1,2 ff.), von denen die Bezeichnung des Buches (*Numeri* = wörtl. »Zahlen«) abgeleitet ist, bestimmen lediglich die Kap. 1–4 und 26, machen also keineswegs den ganzen Inhalt aus.

Das Buch ist eine Sammlung vieler versch. Elemente, läßt sich aber in drei Hauptabschnitte einteilen:

a) Kap. 1,1–10,10: Der Aufenthalt der Israeliten am Sinai;

b) Kap. 10,11–20,13: Der Zug vom Sinai ins Moabiterland, das im 40. Jahr des Auszugs erreicht wurde (vgl. 10,11 mit 33,38);

c) Kap. 20,14–36,13: Etwa fünf Monate in den Ebenen von Moab (Beginn der Landnahme).

NOHA
1. Chr 8,2

NOOMI
Rut 1,2–3.11. 19–22; 2,1–2.6. 20.22; 3,1; 4,3. 5.9.14.16–17

Das Buch beginnt mit einer Musterung der waffenfähigen Männer und mit der Ordnung der Stämme für den Marsch durch die Wüste und den Aufenthalt im Lager (Kap. 1–2). Die Zählung der Stämme ergibt die gleiche Zahl wie in 2. Mose 38,26: 603 550 Mann (4. Mose 2,32). Es folgt eine Zählung der Leviten und Angaben über ihren Dienst beim Transport des Heiligtums.

In Kap. 5,1–4 wird Menschen mit Aussatz oder sonstiger Unreinheit die Absonderung vom übrigen Lager auferlegt. V. 11–31 beschreiben ein Ritual für ein Gottesurteil über des Ehebruchs verdächtigte Frauen. Kap. 6 bringt das Gesetz über die Gottgeweihten (s. GOTTGEWEIHTER) und den priesterlichen Segen (vgl. SEGEN). Kap. 7 nennt die Weihegaben der Stammesfürsten zur Einweihung der Stiftshütte, Kap. 8–9 beschreiben die Weihe der Leviten und die Ordination der aaronitischen Priester und geben Sonderregelungen für den Fall, daß ein Passafest verschoben werden muß. Kap. 10 regelt die Verwendung der Signaltrompeten und schildert den Aufbruch des Volkes vom Sinai am 20. Tag des zweiten Monats im zweiten Jahr des Auszugs aus Ägypten.

Während des Wüstenmarsches kam es zu mehreren Aufständen und Empörungen gegen Mose. Die erste Rebellion richtete sich gegen das eintönige Manna; es folgten Wachteln als Fleisch und eine »sehr große Plage« (11,33), die Gott in seinem Zorn auf das Lager legte. Eingeblendet in diesen Bericht ist die Einführung der 70 Ältesten, die als Vorsteher des Volkes besondere Aufgaben übernahmen.

Das nächste Aufbegehren war die Kritik Mirjams und Aarons an Mose, der eine Kuschitin zur Frau genommen hatte (Kap. 12); Mirjam wurde durch Aussatz bestraft. Der schwerwiegendste Aufstand kam nach der Rückkehr der Kundschafter, die das Land Kanaan für uneinnehmbar hielten (Kap. 13–14); zur Strafe verwehrte Gott den erwachsenen Israeliten den Einzug in das gelobte Land; erst ihre Kinder würden in das Land kommen. Kap. 16 schildert den Aufruhr Korachs, Datans und Abirams (Einzelheiten s. KORACH (3)); der daraus entstehende Aufruhr des ganzen Volkes (Kap. 17) wurde durch eine Plage bestraft, die erst aufhörte, als Aaron durch Räucherwerk »Sühne schaffte für das Volk« (17,12).

Einem Abschnitt über das Reinigungswasser für rituell Verunreinigte (Kap. 19) folgen der Tod Mirjams und Aarons und der Abschluß der 40jährigen Wüstenwanderung. Eine weitere Rebellion berichtet 21,4–9 (s. EHERNE SCHLANGE). Es folgen Siege über den Amoriterkönig Sihon und über Og von BASCHAN (21,21–35).

Kap. 22–24 berichten, wie der Seher Bileam (s. BILEAM) im Auftrag des Moabiterkönigs Balak Israel verfluchen soll, es aber statt dessen segnen muß. Kap. 25 erzählt, wie die Israeliten von moabit. Frauen zur Teilnahme an deren Götzenkult verführt werden. Kap. 26 bringt eine erneute Volkszählung; die Summe (601 730; V. 51) ist geringer als die in Kap. 2,32 – eine Folge der Verluste durch die Wüstenwanderung und die Strafgerichte Gottes. In Kap. 27,12–23 bestellt Mose Josua zu seinem Nachfolger.

Kap. 31–32 berichten vom Sieg über die Midianiter und von der Verteilung des Ostjordanlandes an die Stämme Ruben, Gad und den halben Stamm Manasse. Kap. 33 listet die Lagerplätze beim Zug durch die Wüste auf; es folgen Anweisungen für die bevorstehende Eroberung und Verteilung des Landes (33,50–34,29).

In den Bericht eingebettet sind versch. Vorschriften und Gesetze, so über die Festopfer (Kap. 28–29), über die Verbindlichkeit von Gelübden (Kap. 30), über die Leviten- und Freistädte, Mord und Totschlag (Kap. 35) und über das Erbrecht und das Heiraten von Erbtöchtern (Kap. 27 und 36).

Das Buch Numeri umfaßt einen Zeitraum von ca. 40 Jahren und illustriert, welche Probleme in der Zeitspanne zwischen Verheißung und Erfüllung auftreten können. So fordert es zum bedingungslosen Vertrauen auf den Beistand und die Verheißung Gottes auf.

Zur Verfasserfrage s. PENTATEUCH.

S. auch EXODUS; LEVITIKUS; DEUTERONOMIUM.

INHALTSÜBERSICHT

1,1–10,10	Weitere Anordnungen Gottes am Sinai
1,1–2,34	Die Ordnung der Zwölf-Stämme-Gemeinschaft und ihre Zählung
3,1–4,49	Die Levitenordnung
5,1–6,27	Gesetze über Unreinheit, Schadenersatz, Verdacht auf Ehebruch, Gottgeweihte und den Segen
7,1–89	Die Gaben der Stämme bei der Einweihung des Altars
8,1–9,14	Weitere rituelle Anordnungen
9,15–23	Die Wolken- und Feuersäule
10,1–10	Anordnungen für die Signaltrompeten
10,11–20,13	Die Wüstenwanderung
10,11–36	Der Aufbruch vom Sinai
11,1–35	Unzufriedenheit des Volkes; die Wachteln
12,1–16	Mirjam und Aaron gegen Mose
13,1–14,45	Erkundung des Landes Kanaan; erneutes Aufbegehren und Strafe
15,1–41	Kultisch-rituelle Regelungen
16,1–17,26	Die Revolte der Rotte Korach
17,27–19,22	Über die Priester und Leviten; das Reinigungswasser
20,1–13	Mirjams Tod; Wasser aus dem Felsen
20,14–36,13	Vorbereitung und Beginn der Landnahme
20,14–21,35	Israel in Kadesch; Tod Aarons; Eherne Schlange; Siege im Ostjordanland
22,1–24,25	Die Bileamsgeschichte
25,1–18	Abfall zum moabitischen Götzendienst
25,19–26,65	Erneute Volkszählung
27,1–23	Rechte von Töchtern; Josua zum Nachfolger Moses berufen
28,1–30,17	Der Opferkalender; Gesetz über Gelübde
31,1–54	Der Midianiterkrieg
32,1–42	Erste Landvergabe beim Ostjordanland
33,1–49	Liste der Stationen beim Auszug aus Ägypten und beim Wüstenzug
33,50–34,29	Anweisungen zur Landnahme
35,1–34	Über Leviten- und Freistädte, Mord und Totschlag
36,1–13	Nachtrag zum Erbrecht der Töchter

NUN (»Sproß«). Ein Ephraimiter; Vater Josuas (2. Mose 33,11; 4. Mose 11,28; 5. Mose 1,38; Jos 1,1 etc.).

NÜSSE Siehe PFLANZEN.

NUZI Antike Stadt im Nordosten des Irak, ca. 8 km südwestlich des modernen Kirkuk, nahe den Ausläufern des südlichen Kurdistan gelegen. Die akkad. Keilschrifttexte, die dort bei Ausgrabungen i. J. 1925–1931 entdeckt wurden, enthalten viele Informationen über die einheimische hurritische Bevölkerung, insbes. im Bereich des Familienrechts, und sind auch für das Verständnis der Gesellschafts- und Rechtsbräuche, die in den Patriarchentexten des AT zum Ausdruck kommen, von Bedeutung.

Die in 1. Mose 15,2–3 beschriebene Situation, in der der bislang kinderlose Abraham seinen Oberknecht zum Erben einsetzt, steht in Übereinstimmung mit den Gebräuchen jener Gesellschaft, in der ein Adoptivsohn, der sowohl für das physische Wohlergehen seiner Eltern als auch für deren angemessene Beerdigung sorgt, der Alleinerbe des Familienguts wird. Wenn jedoch nach der Adoption ein natürlicher Sohn geboren wird, wird dieser der Haupterbe und erhält zwei Drittel des elterlichen Besitzes (vgl. 1. Mose 15,4).

NUN
2. Mose 33,11;
4. Mose 11,28;
13,8.16; 14,6.3[illegible]
38; 26,65; 27,1[illegible]
32,12.28; 34,17
5. Mose 1,38;
32,44; 34,9;
Jos 1,1; 2,1.23;
6,6; 14,1; 17,4;
19,49.51; 21,1;
24,29;
Ri 2,8;
1. Kön 16,34;
1. Chr 7,27;
Neh 8,17

Auch die Institution des Konkubinats (1. Mose 16,1 ff.; 30,3) war ein etablierter Rechtsbrauch in N. Danach mußte eine unfruchtbare Frau ihrem Mann eine Sklavin zur Verfügung stellen, die ihm Kinder gebären sollte. Der Frischvermählten wurde ebenfalls ein Sklavenmädchen gegeben, wie dies bei Lea (1. Mose 29,24) und Rahel (29,29) geschah.

Auch die Übertragung oder der Verkauf des Erstgeburtsrechts (vgl. 1. Mose 25,31–34!) ist in N. dokumentiert. In der damaligen Gesellschaft wurde das Erstgeburtsrecht, unabhängig von der chronologischen Reihenfolge der Geburt, von den Eltern verliehen; vgl. 1. Mose 49,3–4, wo Ruben wegen eines Vergehens gegen seinen Vater das Erstgeburtsrecht aberkannt wird. Im Gesetz des Mose wurde dieses Recht der Eltern dann beschnitten (5. Mose 21,15–17). Vgl. auch ERSTGEBURT, ESAU.

Erklärungen auf dem Totenbett haben Rechtsgültigkeit sowohl in N. als auch in der Bibel; sie beginnen mit einer Formel wie in 1. Mose 27,2: »Siehe, ich bin alt geworden …«

Daß Rahel bei der Flucht vor ihrem Vater Laban dessen Hausgott stahl (s. HAUSGÖTTER), wurde ebenfalls mit den Rechtstexten von N. in Verbindung gebracht, die darauf hinweisen, daß die Götzenbilder der Familie dem Haupterben als Symbol der Einheit des Haushaltes vererbt wurden; es ist jedoch fraglich, ob ihr Besitz einen rechtlichen Erbanspruch auf den elterlichen Besitz darstellte.

NYMPHA Kol 4,15

NYMPHA Eine Christin, die im Kolosserbrief erwähnt wird; Paulus sandte ihr Grüße.

O

O Siehe A UND O.

OBADJA (»Diener des Ja[hwe]«).

1. Hofmeister König Ahabs, der die isrl. Propheten vor Königin Isebel beschützte.
2. Ein Nachkomme Davids.
3. Ein Sohn Jisrachjas und Sippenhaupt des Stammes Issachar.
4. Ein Sohn Azels vom Stamm Benjamin.
5. Ein Offizier von Gad in Davids Armee in Ziklag.
6. Vater Jischmajas, eines Fürsten von Sebulon z. Zt. Davids.
7. Ein Offizier König Joschafats, der zus. mit Priestern und Leviten ausgesandt wurde, um das Volk im Gesetz Gottes zu unterweisen.
8. Einer der Leviten, die von König Josia dazu ausgewählt wurden, die Reparaturarbeiten am Tempel zu beaufsichtigen.
9. Sohn Jehiëls und Oberhaupt einer Sippe, die mit Esra aus der babyl. Gefangenschaft zurückkehrte.
10. Einer der Priester, die unter Nehemia die Abmachung, das Gesetz zu halten, versiegelten und unterschrieben.
11. Ein Levit, der z. Zt. des Hohenpriesters Jojakim im Chor der Leviten diente.
12. Ein Prophet, der gegen Edom weissagte. Siehe OBADJA, DAS BUCH DES PROPHETEN.

OBADJA, DAS BUCH DES PROPHETEN Das Buch Obadja ist das vierte der Bücher der zwölf kleinen Propheten. Es ist die kürzeste Schrift des AT und besteht lediglich aus einem Kapitel mit 21 Versen. Sein Inhalt ist eine Weissagung gegen Edom (vgl. 1. Mose 27,39–40; Ps 137,7; Jes 34,5; Hes 25,12–14; Mal 1,2–5) und eine Prophetie über den Tag des HERRN als Tag des Gerichts (V. 15; vgl. Jes 2,12–22; Hes 7; Joel 1,15–2,11).

O
Offb 1,8; 21,6; 22,13

OBADJA 1
1. Kön 18,3–7.9.16
OBADJA 2
1. Chr 3,21
OBADJA 3
1. Chr 7,3
OBADJA 4
1. Chr, 8,38; 9,44
OBADJA 5
1. Chr 12,10
OBADJA 6
1. Chr 27,19
OBADJA 7
2. Chr 17,7
OBADJA 8
2. Chr 34,12
OBADJA 9
Esr 8,9
OBADJA 10
Neh 10,6
OBADJA 11
Neh 12,25
OBADJA 12
Obd 1,1

Fragment aus dem Buch Obadja, gefunden in Qumran (Schrein des Buches, Jerusalem).

Das Buch beginnt mit einem Selbstzeugnis des Propheten: »Dies ist es, was Obadja geschaut hat« (V. 1). Der Prophet hat von Gott eine Botschaft gehört, und ein Bote wurde zu den Völkern gesandt, um sie zum Kampf gegen

Edom aufzurufen: Von seinen erhabenen Plätzen in den »Felsenklüften« (V. 3) wird Edom hinabgestoßen, besiegt und geplündert werden. An jenem Tag wird Edom von seinen Verbündeten verlassen sein, und Gott wird seine Weisen und Kriegsleute vernichten. In V. 11–14 werden die Gründe für dieses furchtbare Geschick genannt: Edom, also die Nachkommen Esaus (1. Mose 25,30), hat sich gegen seinen »Bruder Jakob« (V. 10), also gegen Israel, frevelhaft verhalten. Die Verse 15ff. beschreiben den bevorstehenden Tag des HERRN (Gerichtstag), an dem sich das Blatt wenden und Jakob den Besitz Edoms erwerben wird. Dann wird der Berg Zion das »Gebirge Esaus (Edoms)« (V. 19) beherrschen, »und die Königsherrschaft wird des HERRN sein« (V. 21).

Der geschichtliche Hintergrund dieser Gerichtsbotschaft gegen Edom ist nicht eindeutig. Ein Teil der Ausleger bringt sie mit dem Untergang Judas und Jerusalems i. J. 586 v. Chr. in Verbindung. Damals hatten die Edomiter Judas Erniedrigung durch die Babylonier nicht nur bejubelt, sondern auch noch aktiv unterstützt, indem sie den Flüchtlingen den Weg abschnitten (V. 14) und den Negev besetzten (Hes 25,12; 35,10; Klgl 4,21). Ihnen verkündigt O. nun das Gericht Gottes, das gegen Ende des 6. Jh. v. Chr. eintraf, als Edom von benachbarten arab. Stämmen vernichtet wurde.

Wahrscheinlicher ist es aber, daß O. früher wirkte. Es gibt auffallende Übereinstimmungen zwischen O. und Jer 49,7–22, und es könnte sein, daß Jeremia hier auf O. zurückgegriffen hat. O.s Gerichtsprophetie bezöge sich dann auf den Aufstand der Edomiter gegen Juda z. Zt. König Jorams (2. Kön 8,20–22), zu einer Zeit, als Araber und Philister Jerusalem angriffen (2. Chr 21,16–17). Stimmt diese Vermutung, dann wirkte O. zur Regierungszeit König Jorams (848–841 v. Chr.) und war damit der älteste Schriftprophet überhaupt. Im übrigen wissen wir von O. nicht mehr als seinen Namen.

INHALTSÜBERSICHT

V. 1–16	Die Schuld Edoms und seine Bestrafung
V. 17–21	Die zukünftige Wiederherstellung Israels

OBAL
1. Mose 10,28;
1. Chr 1,22

OBAL (»Fluß«). Einer der Nachkommen Sems.

OBED 1
Rut 4,17.21–22;
1. Chr 2,12;
Mt 1,5;
Lk 3,32
OBED 2
1. Chr 2,37–38
OBED 3
1. Chr 11,47
OBED 4
1. Chr 26,7
OBED 5
2. Chr 23,1

OBED (»Diener«?).

1. Der älteste Sohn von Rut und Boas und der Vater Isais, des Vaters Davids.

2. Sohn Eflals und Vater Jehus; Name im Geschlechtsregister Judas in 1. Chr 2,12.

3. Einer von Davids »Helden«.

4. Einer der Torhüter im Hause Gottes z. Zt. König Davids.

5. Vater Asarjas, eines der Hauptleute, die z. Zt. König Ataljas einen Bund mit dem Priester Jojada schlossen.

OBED-EDOM 1
1. Sam 6,10–12;
1. Chr 13,13–14;
15,25
OBED-EDOM 2
1. Chr 15,18.21;
16,5
OBED-EDOM 3
1. Chr 15,24;
16,38
OBED-EDOM 4
1. Chr 16,38;
26,4.8.15
OBED-EDOM 5
2. Chr 25,24

OBED-EDOM (»Diener Edoms«).

1. Der Gatiter, in dessen Haus David nach dem Tod Usas die Bundeslade bringen ließ. Drei Monate lang blieb sie bei O. und brachte ihm Segen. Danach beschloß David, sie nach Jerusalem bringen zu lassen (2. Sam 6,10–12; 1. Chr 13,13–14; 15,25).

2. Ein Levit der zweiten Ordnung, der als Torhüter und Harfenspieler bei der Bundeslade diente (1. Chr 15,18.21; 16,5).

3. Ein Levit und Torhüter bei der Bundeslade (1. Chr 15,24).

4. Ein Korachiter und Torhüter (1. Chr 26,1.4.8.15; 16,38a).

5. Ein Hüter der Tempelgeräte. Joasch, der König von Israel, nahm im Krieg gegen König Amazja von Juda alle Tempelschätze und -geräte, die unter der Obhut O.s gewesen waren, mit sich nach Samaria (2. Chr 25, 23.24).

Hebräisches Knochensiegel mit der Inschrift »MY'MN Sohn Odeds«. 7.–6. Jh. v. Chr. (Israel Museum).

OBERES TOR Eines der Tore in Salomos Tempel, das zum Königspalast führte. Durch dieses Tor verließ der junge Joasch den Tempel, wo er sechs Jahre lang versteckt worden war (2. Chr 22,11.12), um nach dem Tode Ataljas zum König von Juda gekrönt zu werden (2. Chr 23,20.21). Im Parallelbericht 2. Kön 11,19 wird es »das Tor der Leibwache« genannt. Seine genaue Lage ist nicht bekannt, außer daß König Jotam von Juda es baute oder wiederaufbaute (2. Chr 27,3). In einigen Übersetzungen wird es »das hohe Tor« genannt.

OBERES TOR 2. Kön 15,35; 2. Chr 23,20; 27,3

OBIL (»Kameltreiber«). Ein Ismaeliter, der für die Kamele König Davids verantwortlich war.

OBIL 1. Chr 27,30

OBOT Eine der Stationen des Volkes Israel auf dem Weg nach Kanaan (4. Mose 33,43–44). Es wird angenommen, daß O. mit Ain Husb nördlich von Punon gleichzusetzen ist.

OBOT 4. Mose 21,10–11; 33,43–44

OCHRAN (»Betrübender«). Vater Pagiëls, der den Stamm Asser in der Wüste Sinai anführte (4. Mose 2,27).

OCHRAN 4. Mose 1,13; 2,27; 7,72.77; 10,26

OCHSE Siehe TIERE.

ODED (»Er [Gott] richtet wieder auf«).

1. Vater Asarjas, eines Propheten in Juda z. Zt. König Asas.

2. Prophet in Samaria z. Zt. der Könige Ahas und Pekach; er veranlaßte die in einem Bruderkrieg gegen Juda siegreichen Israeliten, ihre judäischen Kriegsgefangenen freizulassen (2. Chr 28,9–11).

ODED 1 2. Chr 15,1.8
ODED 2 2. Chr 28,9

OFEL (»Anschwellung«). Ein Name, mit dem ein bestimmter Teil einer Stadt bezeichnet wurde, wie in Jerusalem (2. Chr 27,3; 33,14) oder Samaria (2. Kön 5,24; LÜ »Hügel«). Nach der Rückkehr aus der babyl. Gefangenschaft wohnten die Tempelsklaven in Jerusalem am O. (vgl. Neh 3,26a). Aus Jes 32,14 (LÜ »Burg und Turm«) und Mi 4,8 (LÜ »Turm«, »Feste«) kann geschlossen werden, daß dieser Teil der Stadt stark befestigt war. Das Wort *Ofel* bedeutet in den semit. Sprachen »anschwellen«, »ansteigen«, und demnach bildete der O. den höhergelegenen Teil der Stadt, der die Stadtburg, den Sitz (Palast) des Königs und das Zentrum der königl. Verwaltung umfaßte.

In Jerusalem schloß der O. offensichtlich die Stadt Davids ein, wo sich die frühere Jebusiter-Burg Zion nahe des Wassertores befunden hatte, außerdem die Gebäude, die David und Salomo weiter oben gebaut hatten, in Richtung auf den Tempelberg. Der östliche Abhang, in Richtung auf das Kidrontal, wurde bereits in der Mittleren Bronzezeit durch eine Reihe von Mauern befestigt.

OFEL 2. Chr 27,3; 33,14; Neh 3,26–27; 11,21

Der Ofel nördlich der Davidsstadt in Jerusalem.

OFFENBARUNG Der Begriff bedeutet allg. das Aufdecken verborgener Dinge. In der Bibel wird er hauptsächlich für die Selbstkundgabe Gottes an Menschen verwendet: Gott ist ein »verborgener Gott« (Jes 45,15), der sich aber aus eigenem Willen dem Menschen kundtut. Ohne diese Selbstoffenbarung Gottes wüßte der Mensch nichts über Gott. Dabei hat Gott verschiedene Wege, sich und seinen Willen zu o.:

a) In allg. Weise, wie in Hiob 38–39; Ps 8; 18,8f, Hebr 11,3 u. a.; b) in speziellen Gotteserscheinungen wie auf dem Berg Sinai (2. Mose 24; 34) oder vor Elia (1. Kön 19,11ff.); c) in Visionen (Jes 6; Hes 1); d) in Wundern, wie bei den Plagen in Ägypten (2. Mose 7ff.), der Schrift an der Wand (Dan 5,5–29) oder dem Gottesurteil auf dem Karmel (1. Kön 18,21ff.); e) in Träumen (1. Mose 28,10ff., 40–41; Dan 7; Mt 1,20); f) in Zeichen (Jes 7,14; Ri 6,17.36ff.); g) in der Geschichte (2. Mose 20,2).

Doch v.a. offenbart sich Gott auf zweierlei Weise: Zunächst in seinem Wort; Gott spricht direkt zu Menschen (1. Mose 12,1ff.; 2. Mose 3,4ff.; 1. Sam 3,4ff.; Mt 3,17; 17,5), aber auch indirekt durch seine Propheten (1. Sam 15,16; Jer 1,4f; 2,1–3; Sach 1,1 usf.), die von ihm beauftragt sind, in seinem Namen zu predigen. Dies wird bes. deutlich in dem Ausspruch der Propheten »so spricht der Herr« (2. Mose 4,22; Jes 37,6; Jer 2,2; Am 1,3.)

Schließlich o. sich Gott in Jesus Christus, durch den »er in diesen letzten Tagen zu uns geredet« hat (Hebr 1,1–2). In Jesus Christus, dem Sohn Gottes, geschieht die vollkommenste O. Gottes: nicht allein durch Wunder, Zeichen oder das Wort, sondern auch durch das Wesen Jesu, das das Wesen des Vaters in vollkommener Weise widerspiegelt (Joh 1,14; 10,30; 14,7f; Hebr 1,3). Für den christl. Glauben ist die Erkenntnis Gottes mit der O. Gottes in Jesus untrennbar verbunden: »Alles ist mir übergeben von meinem Vater; ...und niemand kennt den Vater als nur der Sohn und wem es der Sohn offenbaren will« (Mt 11,27).

OFFENBARUNG DES JOHANNES Das letzte Buch der HS bezeichnet sich selbst als prophetisches Buch: »... zu zeigen, was in Kürze geschehen soll« (1,1), »hören die Worte der Weissagung« (1,3). Dies gilt vom ersten bis zum letzten Kapitel. Dabei bedeutet Prophetie (vgl. PROPHETEN) keineswegs nur dasselbe wie Weissagung des Kommenden. Solche Voraussage findet sich zwar gerade in der Offb in besonderer Dichte, aber ein Prophet nach bibl. Verständnis ist mehr als ein göttlich inspirierter Wahrsager. Der Prophet spricht Gottes Botschaft in jede Situation neu so hinein, daß es dort zu Entscheidungen kommt. Gerade auch von solcher Prophetie ist die Offb voll.

Ihr Verfasser stellt sich mit Namen vor: Johannes (1,4). Er bezeichnet sich als »euer Bruder und Mitgenosse«, der auf der Ägäis-Insel Patmos »vom Geist ergriffen« worden ist (1,9.10). Er stellt sich nicht als der Apostel Johannes, als der Sohn des Zebedäus vor; dies ist auch insofern eher unwahrscheinlich, als er mit keiner Silbe andeutet, daß er sich selbst als einen der »zwölf Apostel des Lammes« (21,14) geschaut habe. Trotzdem hat die frühkirchl. Tradition in dem Propheten Johannes überwiegend den Apostel gesehen. Schon Euseb weist aber um 300 n.Chr. auf einen Presbyter Johannes hin (*Kirchengesch.* III 39,4), der nach dem Zeugnis des Bischofs Papias von Hierapolis als Verfasser in Frage komme. Wer nach der ersten Überlieferung im Apostel Johannes den Verfasser sieht, ist sich bewußt, daß er sich dabei nicht auf den bibl. Wortlaut stützt, sondern auf eine alte Tradition und auf die guten Gründe, die sie für sich in Anspruch nehmen kann, v.a. auf den langen Aufenthalt des Johannes, des letzten lebenden Augenzeugen der Tage Jesu Christi, in Ephesus.

Der Kirchenvater Irenäus berichtet um das Jahr 180, die Offb sei gegen Ende der Regierungszeit Domitians (81–96 n. Chr.) geschrieben worden. Der Inhalt des Buches paßt gut zu dieser Zeit der ersten allgemeinen Christenverfolgung (Domitian hatte als erster der röm. Kaiser göttliche Verehrung schon zu seinen Lebzeiten gefordert); vgl. 6,11; 13; 16,6; 17,6; 18,24. Gründe für eine deutlich frühere Abfassungszeit (etwa um 70) wiegen nicht schwer genug, um das Zeugnis des Irenäus zu erschüttern.

Die Probleme bezügl. des Autors und der Datierung u.a. Unsicherheiten haben dazu geführt, daß bei der Offb von allen ntl. Büchern die Aufnahme in den Kanon am längsten umstritten war. V.a. die Ostkirche wehrte sich lange dagegen. Erst mit dem Osterbrief des Athanasius (367 n. Chr.) setzte sich die Aufnahme in das NT endgültig durch. Später haben sich noch Luther und Calvin von der (ganz und gar unpaulinischen) Offb mit deutlichen Worten distanziert.

Das Wort »Offenbarung« ist eine genaue Wiedergabe des griech. Namens dieses Buches: *apokálypsis*, »Enthüllung« (lat. *revelatio*). Unser Fremdwort *Apokalypse*, *apokalyptisch* darf aber nicht auf die Darstellung katastrophaler Weltereignisse verengt werden. Diese sind zwar gewichtige Bestandteile der Enthüllung, aber Offenbarung ist mehr: die Gesamtschau kommender Ereignisse im Heilsplan Gottes.

Für das Verständnis der Offb ist entscheidend, sie als ein Buch an die christl. Gemeinde zu begreifen. Sie ist keineswegs ein Buch für jedermann; ohne das Verständnis der christl. Lehren und der bibl. Sprache und Denkweise gibt es kein Verständnis der ohnehin sehr schwierigen Offb. Schon in den Eingangsworten richtet sich das Buch ausdrücklich und exklusiv »an die sieben Gemeinden in der Provinz Asien« (1,4.20; vgl. Kap. 2–3) und über diese siebenfältige Verkörperung der Kirche an die ganze Christenheit. Wer nicht durch das Tor der Gemeinde Jesu Christi in dieses Buch eintritt, findet den Zugang überhaupt nicht.

Dies schlägt sich in der Bilder- und Symbolsprache der Offb nieder. Wer in den Bildern, Vergleichen und Metaphern des AT und NT nicht zuhause ist, kommt mit diesem Buch nie zurecht. Auf die richtige Deutung der zahlreichen Symbole und Bilder kommt aber alles an. Sie ist nur aus der Bibel selbst zu gewinnen, sonst verfällt man ufer- und grundlosen Spekulationen.

Dazu gehört auch, um nur ein Beispiel zu nennen, die Symbolik der Zahlen der Offb. Sie richtet sich durchweg nach den allgemeinbibl. Regeln für Glaubensaussagen in Form bestimmter Zahlen. So ist z. B. die Zahl 2 die Zahl des Menschen mit seiner durchgehenden Zweiheit: Mann und Frau, Leib und Seele, rechts und links, oben und unten, gestern und morgen. Die Zahl 3 ist die Zahl des heiligen, dreieinigen Gottes. Die Zahl 4 (die vier Himmelsrichtungen) weist auf die geschaffene, 6 auf die gefallene Welt. 7 meint die Fülle göttlichen Wollens und Handelns. 12 ist die Zahl des Gottesvolkes (12 Stämme Israels und 12 Apostel), 1000 steht für eine sehr große Menge; von daher bedeuten z.B. die 144000 Erwählten in 7,1–8 nicht eine ganz bestimmte Zahl Auserwählter, sondern eine unzählbare Menge (12 mal 12 mal 1000). Die Zahl 12 meint außerdem die Monate des Jahres und damit die Zeit schlechthin; 3 1/2 ist die Hälfte von 7 und bezeichnet die begrenzte Zeit. Auch die berühmte Schlüsselzahl 666 für »das Tier«, d.h. für den sich selbst vergötzenden Staat (13,16.18), gehört hierher. Vielleicht bedeutet sie in der Zahlenumschreibung der hebr. Buchstaben (damals hatte jeder Buchstabe außer seiner Funktion im Alphabet auch einen bestimmten Zahlenwert) auch den Namen des Kaisers Nero oder Domitian, der stellvertretend für den Geist des Antichristen steht. Bei der Darlegung des Heilsplanes Gottes ist es dann nur sachgemäß, wenn in der Offb die Symbolzahl der Fülle Gottes, die 7, dominiert: 7 Gemeinden (1,4), 7 Leuchter (1,12), 7 Sterne (1,16), 7 Siegel (5,1), 7 Geister (4,5; 5,6), 7 Siegel mit 7 Posaunen (8,2), 7 Donnerstimmen (10,3), 7 letzte Plagen (15,1) usf.

Nicht nur die Zahlensymbole, sondern alle Bilder der Offb bedürfen der Deutung; sie sind in keinem Fall buchstäblich zu verstehen. Dies dürfte auch für die Prophetie über das »Tausendjährige Reich« (20,1–6) gelten. Buchstäbliche Deutungen können zu absurden Ergebnissen führen, so z. B. wenn man sich die neue, ewige Welt Gottes, dargestellt im Bild vom himmlischen Jerusalem, als großen Glaswürfel mit einer Kantenlänge von ca. 2400 km vorstellen wollte (vgl. Offb 21,16.17).

Daß diese Bilder z. T. dieselben sind wie in der spätjüd. Apokalyptik (vgl. PSEUDEPIGRAPHEN), ist unbestritten. Von dieser Apokalyptik unterscheidet sich aber die Offb in wichtigen Merkmalen: Die jüd. Apokalyptik erwartet das Heil nur in der Zukunft; die Offb kommt von der Erfüllung des Heils in Jesus Christus her. Schon die Gegenwart ist Gottes erfüllte Zeit (Gal

4,4), nicht erst die Zukunft, so gewiß wir andererseits jetzt noch nicht die vollendete Zukunft haben. Die jüd. Apokalyptiker verbergen sich auch hinter großen Väternamen (Mose, Henoch, Baruch, Daniel u.a.); Johannes wendet sich mit seinem eigenen Namen an die Gemeinde. Seine Offb wird nicht versiegelt (22,10) wie bei jenen Patriarchen, sondern alsbald der Kirche übergeben. Und: Johannes deutet nicht zugleich die vergangene Geschichte

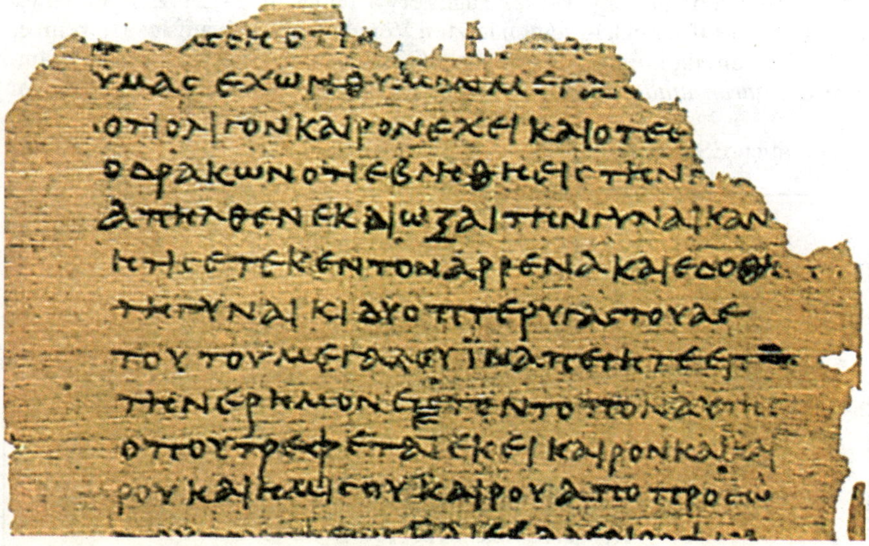

Fragment der Offenbarung des Johannes (Offb 12,12–13,1), aus einem griechischen Papyrus des 3. Jh. n. Chr. (Chester Batty Library).

wie die jüd. Apokalyptik; er wendet den Blick ganz auf das Kommende.

Freilich muß sich die Auslegung davor hüten, gegen die Absicht des Sehers der Offb einzelne Ereignisse oder Gestalten auf bestimmte histor. Personen oder Geschehnisse hin zu reduzieren. Dies muß – wie es in der Auslegungsgeschichte auch immer der Fall war – automatisch zu Fehldeutungen führen, weil dann natürlich die Anwendung in jeder Generation wieder anders aussieht: Das Tier aus dem Abgrund (Kap. 13) wurde schon auf den Dschingis-Khan wie auf das Papsttum, auf Napoleon wie auf Hitler, Stalin u.a. gedeutet. Man kann nun einmal die Zeiger der Weltenuhr Gottes bisher nirgends eindeutig ablesen, auch nicht aus der Offb.

Unbeschadet erkennbarer Anspielungen auf damalige zeitgeschichtliche Ereignisse (bes. in Kap. 13 und 17) muß statt der zeitgeschichtlichen die endgeschichtliche Ausrichtung des Buches durchweg beibehalten werden. Wie dies aussehen muß, kann dann nur die Einzelexegese darlegen.

Die Botschaft der Offb enthält eine Fülle der großen Hauptwahrheiten des Glaubens, auch wenn in ihr die paulinische Verkündigung von der Rechtfertigung des Sünders und vom Heil allein aus Gnade nicht hervortritt. Sie predigt aber um so mehr die erhabene Majestät Gottes (1,4.8; 4,2.11; 11,17; 21,6.22) und bezeugt u.a. die lebendige Hoffnung auf Christus als den erhöhten Herrn (1,5; 5,5; 14,14; 17,14; 19,16; 22,16 u.a.). Sie verkündigt die Zuversicht, daß die Gemeinde Christi nicht untergehen, sondern leben wird, auch wenn sie je länger, je mehr Gemeinde unter dem Kreuz, leidende Kirche wird (1,6; 3,5; 5,10; 7,1–8; 13,8; 14,1–5 usw.). Die Feindschaft dieser Welt, die selber eine Gegenkirche werden will, tritt in der Offb besonders stark hervor (6,1–17; Kap. 8–9; 13,3.7.14; 14,8; 16,19; 17,6.8; 18,1.2 usw). Das letzte Wort aber behält trotz allem und hinter allem der Lobgesang der (irdischen und vollendeten) Gemeinde (7,9–17; 11,15–17; 12,10–12; 14,2.3; 19,1–10; 22,3–5).

Die Offb ist v.a. ein durch und durch christozentrisches Buch. Um Jesus Christus dreht sich alles, vom Anfang bis zum Ende, vom Bild des Lammes (5,6–14) bis zu dem des Reiters auf dem weißen Pferd (19,11–16), von der Öffnung der sieben Siegel (6ff.) bis zum letzten Wort der HS, den Schlußkapiteln 21 und 22. Darum will dieses Buch vom Sieg Jesu Christi und von der neuen Welt Gottes keine Weltangst wecken und keine Angst vor Gottes Gericht, sondern dem Leser Mut machen und seinen Blick auf Jesus richten: Jesus ist der Mittelpunkt, in allen Schrecken erweist er sich als der Herr der Geschichte, der alles in der Hand hat und sowohl die Schwere als auch die Dauer und das Ende der Bedrängnis festsetzt. Darüber hinaus vermittelt die Offb wie wohl kein anderes Buch der Bibel ein wunderbares Bild der Herrlichkeit, die den Gläubigen eines Tages erwartet (Kap. 14; 21; 22). So richtet das Buch der Offb noch in seinen letzten Versen den Blick auf Jesus, wenn es heißt: »Amen, ja, komm, Herr Jesus!« (22,20) – eine Übertragung der aram. Worte *»maran atha«*, mit denen sich die ersten Christen grüßten (1. Kor 16,22).

Vgl. auch ESCHATOLOGIE.

INHALTSÜBERSICHT

1,1–3	Vorwort
1,4–6	Briefartiger Eingang
1,7–8	Das Thema: Er kommt!
1,9–20	Die Berufungsvision des Sehers Johannes
2–3	Die sieben Sendschreiben an die Gemeinden in Kleinasien
4,1–8,1	Die sieben Siegelvisionen
4,1–5,14	Vorspiel im Thronsaal des Himmels; das Buch, dessen Siegel das Lamm nacheinander lösen wird
6,1–8	Die vier apokalyptischen Reiter
6,9–17	Der ganze Kosmos bebt
7,1–17	Einschaltung: die 144 000 Versiegelten und die große Schar vor Gottes Thron
8,2–11,19	Die sieben Posaunenvisionen (Zwischenstück 10,1–11,14: das »Büchlein«; die Messung des Tempels und die beiden Zeugen)
12–14	Das Kernstück der Offb: Der Drache und das Lamm
12,1–17	Sieg Michaels über den Drachen und die Frau
12,18–13,18	Die beiden Tiere aus dem Abgrund
14,1–20	Die 144 000 und das Lamm; Ankündigung des Gerichts
15,1–16,21	Das Lied der Überwinder; sieben Visionen von den apokalyptischen Plagen
17,1–19,10	Das Gericht über die Hure Babylon
19,11–21	Der Sieg Jesu Christi
20,1–15	Das Tausendjährige Reich und das Weltgericht
21,1–22,5	Die neue Welt und das himmlische Jerusalem
22,6–20	Schluß des Buches: Der Herr kommt bald!

OFIR (»reich«).

1. Sohn Joktans und Enkel Sems. Stammvater des Volkes Ofir. Bezüglich ihres Wohngebietes siehe das Nachfolgende.

OFIR 1
1. Mose 10,29; 1. Chr 1,23

Hebräisches Ostrakon mit einer Inschrift, die eine Goldsendung aus Ofir erwähnt; gefunden bei Tell Qasile am Nordufer des Jarkon, 8. Jh. v. Chr. (Israel Museum und Israelische Regierungsabteilung für Altertümer und Museen).

OFIR 2
1. Kön 9,28; 10,11; 22,49; 1. Chr 29,4; 2. Chr 8,18; 9,10; Hiob 22,24; 28,16; Ps 45,10; Jes 13,12

2. In der Bibel ist O. ein Goldland. Von dort wurden Salomo 420 Zentner (s. MASSE und GEWICHTE) Gold gebracht (1. Kön 9,28); Joschafat dagegen gelang es nicht, Gold von dort zu holen, da seine Schiffe bei Ezjon-Geber zerschellten (1. Kön 22,49). Ofirgold galt als Gold der besten Qualität (1. Chr 29,4; Jes 13,12). Die genaue Lage O.s ist nicht bekannt. Arabien, Ostafrika und sogar das entfernte Sumatra wurden vorgeschlagen. Die gleichzeitige Erwähnung O.s mit anderen, identifizierbaren Orten (1. Mose 10,29; 1. Chr 1,23) deutet möglicherweise auf Südarabien hin.

OFNI
Jos 18,24

OFNI Stadt im Gebiet Benjamins (Jos 18,24). Z. Zt. des zweiten Tempels wurde ihr Name zu Ofna oder Bet-Gufnin umgeändert. Nach der Zerstörung des Tempels wurden die Oberschichten Jerusalems dorthin verbannt. Bei Ausgrabungen entdeckte man einen Palast aus der Römerzeit. O. lag in der Nähe des heutigen Ramalla.

OFRA 1
Jos 18,23; 1. Sam 13,17
OFRA 2
Ri 6,11.24; 8,27.32; 9,5
OFRA 3
1. Chr 4,14

OFRA

1. Stadt im Gebiet Benjamins (Jos 18,23), im Krieg zwischen Israel und den Philistern erwähnt (1. Sam 13,17) und in der Römerzeit als *Afairema* oder *Aifraim* bekannt. In der Zeit von 145 v. Chr. bis zur Eroberung durch Pompejus lag sie im Zentrum des nördlichen Bezirkes von Judäa.

2. Die Stadt, in der Joasch, der Abiësriter, lebte. Hier erschien der Engel des HERRN Joaschs Sohn Gideon (Ri 6,11–12), der dort einen Altar baute (Ri 6,24) und schließlich auch in O. begraben wurde (Ri 8,32).

3. Sohn Meonotais vom Geschlecht Juda.

OG
4. Mose 21,33; 32,33; 5. Mose 1,4; 3,1. 3–4. 10–11.13; 4,47; 29,6; 31,4; Jos 2,10; 9,10; 12,4; 13,12. 30–31; 1. Kön 4,19; Neh 9,22; Ps 135,11; 136,20

OG (»Riese«). König der Amoriter aus Baschan im Ostjordanland, der über 60 Städte herrschte. Er erklärte den Israeliten den Krieg, nachdem sie auf ihrem Weg nach Kanaan König Sihon von Heschbon besiegt hatten. Og mußte sich jedoch geschlagen geben, und Israel zerstörte sein Reich. Dieses Königreich lag südlich des Hermon und wurde im Westen vom Jordan begrenzt. Es wurde von Teilen des Stammes Manasse wieder bevölkert (4. Mose 21,33–35; 5. Mose 3,1–13). Og wird als ein RIESE dargestellt, einer der letzten der gefürchteten Refaïm, dessen riesiger Sarg in Rabbath-Amon (Rabba) bes. eindrucksvoll war (5. Mose 3,11; Jos 12,4–6; 13,12). Die Nachricht von den Niederlagen Ogs und Sihons ließ die Kanaaniter verzagen und ermutigte die Israeliten, die sich bislang vor den gewaltigen Monarchen der Kanaaniter und Amoriter gefürchtet hatten (Jos 2,10; Ps 135,10–12).

OHAD
1. Mose 46,10; 2. Mose 6,15

OHAD (»kräftig«). Der dritte Sohn Simeons; er begleitete Jakob auf seiner Reise nach Ägypten (1. Mose 46,10).

OHEL
1. Chr 3,20

OHEL (»Zelt«). Ein Nachfahre König Davids, der unter den Nachkommen Jechonjas (Jojachins) aufgeführt wird.

OHOLA
Hes 23,4–5. 36.44

OHOLA Ein symbolischer Name, mit dem sich Hesekiel auf Samaria bezieht, die ältere »Schwester« Jerusalems, das er Oholiba nennt (Hes 23,4). Der Name kann als »diejenige, die ihr eigenes Zelt hat« übersetzt werden.

OHOLIAB
2. Mose 31,6; 35,34; 36,1–2; 38,23

OHOLIAB (»Zelt des Vaters«). Einer der Kunsthandwerker, der Bezalel half, die Stiftshütte zu errichten und auszustatten (s. STIFTSHÜTTE). Oholiab, der Sohn Ahisamachs vom Stamme Dan, war »ein Schmied, Schnitzer, Kunstweber und Buntwirker in blauem und rotem Purpur, Scharlach und feiner Leinwand« (2. Mose 38,23).

OHOLIBA
Hes 23,4.11. 22.36.44

OHOLIBA (»Die, in welcher mein Zelt ist«). Siehe OHOLA.

OHOLIBAMA 1
1. Mose 36,2.5.14.18.25
OHOLIBAMA 2
1. Mose 36,41; 1. Chr 1,52

OHOLIBAMA (»Zelt der Höhe«). Ein männlicher oder weiblicher Name.

1. Eine der kanaan. Frauen Esaus. Sie gebar Esau drei Söhne.

2. Ein Stammesfürst der Edomiter (1. Mose 36,40–43).

ÖL In bibl. Zeit wurde Öl üblicherweise aus Oliven gewonnen. Wie Getreide und Wein, wurde auch Öl als göttliche Gabe angesehen (Jer 31,12; Joel 2,19). Handelte das Volk jedoch gegen den Willen Jahwes, wurden ihm diese Gaben weggenommen (5. Mose 28,51; Joel 1,10; Hag 1,11). Man verwendete Öl auf vielfältige Weise: Es diente als Speisezutat (Ri 9,9; Hos 2,7); der Geschmack von Manna wurde mit dem des Ölkuchens verglichen (4. Mose 11,8). Öl diente auch als Kosmetikum (vgl. Ps 104,15; Rut 3,3; 2. Sam 12,20). Ferner wurde es zur Behandlung von Wunden verwendet (Lk 10,34; Jes 1,6) sowie zur Beleuchtung (2. Mose 25,6; Mt 25,1–13; vgl. LAMPEN). Es diente

Ölpresse aus Gamla im Golan.

(rechts) Ölpresse aus dem 15. Jahrhundert.

(rechts Mitte) Von Eres Cohen rekonstruierte Olivenöl-Presse.

Ölpresse aus Tirat Jehuda.

zur Salbung von Königen (1. Sam 10,1; 16,1.13), Priestern (3. Mose 8,30) und Propheten (vgl. Jes 61,1). Öl war ein wesentlicher Bestandteil von versch. Opfern, z.B. von Speiseopfern (3. Mose 2,4–7). Olivenöl war ein wertvoller Ausfuhrartikel (2. Chr 2,9.14; Esr 3,7).

ÖLBERG Berg im Osten von Jerusalem (Sach 14,4), jenseits des Kidrontales; Höhe rund 750 m ü.d.M. Er scheint bereits in ältester Zeit heilig gewesen zu sein (vgl. 2. Sam 15,30.32; Hes 11,23). Salomo baute dort für seine heidnischen Frauen Höhenheiligtümer für Astarte, Kemosch und

ÖLBERG
2. Sam 15,30;
Sach 14,4;
Mt 21,1; 24,3; 26,30;
Mk 11,1; 13,3; 14,26;
Lk 19,29.37; 21,37; 22,39;
Joh 8,1;
Apg 1,12.

(rechts) Blick auf den Ölberg vom Garten Gethsemane aus.

Einer der uralten Olivenbäume im Garten Gethsemane am Ölberg.

Milkom (1. Kön 11,7); diese wurden mit ihren Götzenbildern von Josia zerstört (2. Kön 23,13).

Der Ö. nimmt einen besonderen Platz in der frühchristl. Tradition ein. Von hier aus begann der Einzug Jesu in Jerusalem (Mt 21,1ff.; Mk 11,1ff.; Lk 19,28ff.). Nach Apg 1,9–12 lag er einen »Sabbatweg« (ca. 1000 m) von Jerusalem entfernt und war der Ort der Himmelfahrt. An der Stelle, den die Tradition dafür angab, erbaute eine Römerin namens Pomenia um 387 n. Chr. eine Kirche (die heutige Kapelle stammt jedoch aus der Zeit der Kreuzzüge). Südlich davon erbaute Kaiser Konstantin die Kirche von Eleona, an dem Ort, wo Jesus die Zerstörung Jerusalems weissagte (Mt 24,1–3; Mk 13,1–4). Die Kirche, von der nur wenige Überreste erhalten sind, wurde 614 n. Chr. von den Persern zerstört und wenig später wiederaufgebaut. Ein weiterer Wiederaufbau erfolgte Mitte des 12. Jh. Auf dem unteren Hang des Berges wurden Gräber aus der Zeit des zweiten Tempels und Überreste weiterer Kirchen entdeckt. Seit dem Mittelalter wurde dieser untere Hang, gegenüber dem Tempelberg, als jüd. Begräbnisstätte benutzt.

OLIVE, ÖLBAUM Siehe PFLANZEN.

OLYMPAS Röm 16,15

OLYMPAS (»himmlisch«). Ein Christ aus Rom, den Paulus grüßt.

OMAR 1. Mose 36,11.15; 1. Chr 1,36

OMAR (»Redner«). Ein Enkel Esaus (1. Mose 36,4.11) und Stammesfürst Edoms (1. Mose 36,15).

OMRI 1 1. Kön 16,16–17.21–23.25.27–29; 2. Kön 8,26; 2. Chr 22,2; Mi 6,16 **OMRI 2** 1. Chr 7,8 **OMRI 3** 1. Chr 9,4 **OMRI 4** 1. Chr 27,18

OMRI (»Ja [der Herr] teilt zu«).

1. König des Nordreichs Israel (882–871 v.Chr.) und Zeitgenosse König Asas von Juda. 1. Kön 16 berichtet, daß er Feldhauptmann im Heer König Elas war und nach dessen Ermordung durch Simri von isrl. Truppen zum neuen König ausgerufen wurde (V. 16). Nach dem Selbstmord Simris in Tirza konnte O. die Stadt einnehmen (V. 17.18), sah sich jedoch einem neuen Konkurrenten gegenüber – Tibni, der von der Hälfte des Volkes unterstützt wurde; ein vier Jahre währender Bürgerkrieg endete nach dem Tod Tibnis mit O.s Sieg (V. 21.22).

Es war O., der Samaria zur neuen Hauptstadt des Nordreiches machte (1. Kön 16,24). Der bibl. Bericht erwähnt ferner, daß er den Götzendienst seiner Vorgänger fortführte, und endet mit einer summarischen Erwähnung seiner »tapferen Taten« (V. 25–27). Er war der Vater König Ahabs (V. 28).

Eine Inschrift König MESCHAs von Moab (Mescha-Stele, jetzt im Louvre) gibt einen genaueren Einblick in O.s militärische Fähigkeiten. Demnach unterwarf O. das Land Moab und eroberte die Region Medeba nördlich des Arnon. Weiterhin läßt der bibl. Bericht über König Ahab, O.s. Sohn und Nachfolger, darauf schließen, daß O. hart von den Aramäern bedrängt wurde, die ihm einige Städte und exterritoriale Rechte in Samaria abrangen (1. Kön 20,34). Man nimmt an, daß Ahabs Heirat mit Isebel, der Tochter König Etbaals von Phönizien (1. Kön 16,31), von O. in die Wege geleitet wurde, um eine politisch-wirtschaftliche Allianz zwischen den beiden Ländern herzustellen und die Position gegenüber der wachsenden Macht Assyriens zu stärken. Dies hat, zus. mit der Ehe zwischen Ahabs Tochter und Joram, dem König von Juda (2. Kön 8,18), zweifellos den politischen, militärischen und wirtschaftlichen Status Israels verbessert.

Die Hinweise in assyr. Dokumenten auf spätere isrl. Könige (einschl. Jehu, der die Dynastie O.s vernichtete) als »das Haus Omris« und auf Israel als »das Land Omris« zeigen O. als einen bedeutenden Herrscher seiner Zeit. Er war jedoch, neben Ahab, auch derjenige isrl. König, der heidnische Kulte (gerade durch die Verbindung mit Phönizien) am meisten förderte (1. Kön 16,25.26; vgl. Mi 6,16).

2. Ein Sohn Bechers vom Stamm Benjamin.

3. Ein Nachkomme aus dem Stamm Juda.

4. Fürst des Stammes Issachar z. Zt. König Davids.

ON 1 4. Mose 16,1 **ON 2** 1. Mose 41,45.50; 46,20; Hes 30,17

ON

1. (Hebr. »Vermögen«). Ein Fürst des Stammes Ruben; nahm an der Rebellion Korachs gegen Mose teil (4. Mose 16,1–2).

2. (Ägypt. »Sonne«). Ägypt. Stadt, griech. Heliopolis genannt, beim heu-

Die Freilassung von Sklaven; auf einem römischen Relief des 1. Jh. n. Chr. (Musée Marienne, Brüssel).

tigen Kairo. Früher Zentrum des Sonnenkultes; ein dortiger Priester war der Vater der Ägypterin, die der Pharao Josef zur Frau gab.

ONAGER Siehe TIERE.

ONAM (»Stärke«).

1. Ein Fürst der Horiter im Lande Edom (1. Mose 36,23).

2. Name im Stammbaum Judas: Sohn Jerachmeels mit seiner Frau Atara (1. Chr 2,26) und Vater von Schammai und Jada (1. Chr 2,28).

ONAM 1
1. Mose 36,23; 1. Chr 1,40
ONAM 2
1. Chr 2,26.28

ONAN (»Stärke«). Zweiter Sohn Judas aus der Ehe mit der Tochter des Kanaaniters Schua. Nach dem Tod seines älteren Bruders, Er, sollte O. eine Schwagerehe mit dessen Witwe Tamar eingehen; der erste Sohn aus dieser Ehe hätte als Nachkomme Ers gegolten (s. SCHWAGEREHE). O. weigerte sich jedoch, ein Kind zu zeugen, das rechtlich nicht sein eigenes war, und praktizierte Empfängnisverhütung durch coitus interruptus. Gott ließ ihn deswegen sterben (1. Mose 38,4–10), und Tamar holte sich ihr Recht, indem sie ihren eigenen Schwiegervater verführte (V. 12ff.).

Mit der fälschlicherweise manchmal noch »Onanie« genannten sexuellen Selbstbefriedigung hat O. nichts zu tun.

ONAN
1. Mose 38,4. 8–9; 46,12; 4. Mose 26,19; 1. Chr 2,3

ONESIMUS (»nützlich«). Ein entlaufener Sklave, der sich unter dem Einfluß des Paulus (in Rom?) bekehrte. Paulus sandte O. zurück zu seinem Herrn Philemon und gab ihm den sog. Philemonbrief mit (s. PHILEMON, DER BRIEF DES PAULUS AN), in welchem er sich für O. einsetzte. Der Name O. bedeutet »nützlich« und gab Paulus Anlaß zu dem Wortspiel: »der dir früher unnütz war, jetzt aber dir und mir sehr nützlich ist« (V. 11).

Im 2. Jh. berichtet Ignatius, daß ein O. Bischof von Ephesus wurde. Da der Name jedoch sehr häufig war, muß es offen bleiben, ob es sich dabei um diesen O. handelte.

ONESIMUS
Kol 4,9; Phlm 10

ONESIPHORUS (»nutzbringend«). Ein Mitarbeiter des Paulus aus Ephesus.

ONESIPHORUS
2. Tim 1,16; 4,19

ONO Eine Stadt, die von Familien des Stammes Benjamin in der Nähe von Lod gegründet wurde (1. Chr 8,12). Nach der Rückkehr aus der babyl. Gefangenschaft wurde O. von Benjaminitern bewohnt (Esr 2,33; Neh 7,37; 11,35). In der späten Römerzeit war O. die Hauptstadt eines Bezirks. O. lag 10 km nordöstlich von Lydda.

ONO
1. Chr 8,12; Esr 2,33; Neh 6,2; 7,37; 11,35

OPFER Der Begriff des Opfers erfährt im NT gegenüber dem AT so einschneidende Veränderungen wie sonst kaum ein bibl. Begriff. In den heidnischen Religionen, aber gerade auch im AT ist das O. eine der wichtigsten Formen des Gottesdienstes, in der sich der Mensch Gott unterstellt und durch Gaben um seine Gunst nachsucht. Im AT vollzog der Opfernde außerdem die Sühne für seine Sünden. Das hebr. Wort für »O.« (*korban*) bedeutet »sich nähern«, »heranbringen« und bezeichnet dasjenige, was Gott herzugebracht oder geopfert wird. Dieser (allerdings selten verwendete) Begriff bezieht sich auf die gesetzlichen Bestimmungen der Priesterthora. Häufiger wird im AT das O. durch die Art der Darbringung (Schlachtopfer, Brandopfer, Schuldopfer, Sündopfer) oder der Opfergaben (Speis- und Ernteopfer) näher bezeichnet.

Die ersten, in 1. Mose 4,3–4 erwähnten O. Kains und Abels waren Speisopfer (*mincha*), das O. Noahs ein Brandopfer (*ola*, 1. Mose 8,20). Kain und Abel repräsentieren unterschiedliche Typen des Opfernden (gekennzeichnet durch Kains werkgerechtes und Abels demütiges Opfermotiv), die im späteren kultischen Betrieb immer wieder auftauchen. Die Erzväter bauten Opferaltäre und brachten zur Anbetung Gottes und zum Dank für seine Hilfe Brandopfer (vgl. 1. Mose 22) dar. Als Jakob sich auf den Weg nach Ägypten machte, opferte er in Beerscheba, worauf eine wegweisende Verheißung Gottes folgte (1. Mose 46,1ff.).

Am breitesten werden die Opfergesetze in 3. Mose 1–7 ausgeführt. Das Opferritual verlief folgendermaßen: a) Der Opfernde bringt seine Gaben dar. Das Opfertier wurde am Eingang der Stiftshütte dem Priester vorgeführt (3. Mose 1,3). b) Durch Handauflegung überträgt der Opfernde seine Sünden auf das Tier (3. Mose 1,4; 3,2.8.13; vgl. 16,21). c) Er schlachtet das

OPFER/ OPFERN
1. Mose 4,3–5; 8,20; 22,2.13; 46,1; 2. Mose 3,12; 8,21; 13,15; 34,25; 3. Mose 1–7; 9,7; 12,7; 16,9; 19,5; 21,6.8.17.21; 4. Mose 3,4; 7,2.10f.; 28,2f.; 5. Mose 12,13. 17; 15,21; 32,17; 33,19; 1. Sam 15,22; 1. Kön 19,21; 2. Kön 3,27; 5,17; 22,17; Esra 3,5; Hiob 1,5; Ps 4,6; 27,6; 50,5.8.14.23; 51,19.21; 106, 28; 119,108; Spr 15,8; 21,3; Pred 4,17; Jes 1,11; 43,23; Jer 1,16; Hes 20,26.28. 39–41; 42,13; 46,14;

Dan 8,11–13; 11,31; Hos 3,4; 6,6; 14,3; Am 4,5; 5,22.25; Jona 2,10; Mal 1,7–8. 10–14; 8.14; 3,3; Hab 1,16; Jdt 16,19; Sir 34,21.24; 35,21; Mt 5,23f.; 8,4; 23,18f.; Mk 1,44; 14,12; Lk 2,24; 21,1.4; Apg 14,13.18; Röm 12,1; 15,16; 1. Kor 5,7; 10,20; Eph 5,2; Phil 2,17; 4,18; 2. Tim 4,6; 1. Petr. 2,5; Hebr 5,1.3; 7,27; 8,3; 9,7.9.14.23. 25f.28; 10,1.5.8. 10–12.14; 11,17; 13,16; Jak 2,21

Opfertier im Vorhof der Stiftshütte, wobei er das Blut ganz auslaufen läßt (3. Mose 1,5; 3,2). d) Der Priester sprengt etwas von dem Blut an den Altar (3. Mose 1,5, 3,2). e) Er zerlegt das Opfertier und opfert es auf dem Feuer des Altars (3. Mose 1,6–8.12). f) Beim Dankopfer hebt der Priester einen Teil des O. hoch bzw. schwingt es »vor dem HERRN« (2. Mose 29,26). g) Bei allen O. wurde das Opfertier zumindest teilweise verbrannt (3. Mose 1,8; 3,5; 4,10). h) Die Priester bekamen bei den meisten O. restliche Opferteile zum Verzehr, teils zus. mit dem Opfernden (3. Mose 2,10; 6,9.19; 7,6; 22, 10–16). i) Beim Opferritual übernahm der Priester alles, was direkt mit dem Altar zu tun hatte, beim Vogelopfer das gesamte O. (3. Mose 1,14–17).

Sühnende O. waren das Sündopfer und das Schuldopfer, zuweilen auch das Brandopfer und das Speisopfer. Der Sinn des *Sündopfers* war nicht die Reinigung des Opfernden, sondern die des Heiligtums. Dies geschah in drei Stufen: a) Hatte eine Person eine Unachtsamkeit begangen oder sich eine Verunreinigung zugezogen, wurde das Blut des Opfertiers an die »Hörner«, d.h. an die Ecken des Brandopferaltars im Vorhof gestrichen (z.B. 3. Mose 4,25; 9,9). b) Sündigte die ganze Gemeinde (oder auch der gesalbte Priester: 3. Mose 4,3), wurde das Blut ins Heiligtum gebracht, vor dem Vorhang versprengt und an die Hörner des inneren Altars gestrichen (3. Mose 4,5–7.16–18). c) Für vorsätzliche Sünden des einzelnen oder der Gruppe wurde am Versöhnungstag das Blut ins Allerheiligste gebracht, wo es vor und auf die Bundeslade gesprengt wurde; daran schlossen sich die in a) und b) beschriebenen Handlungen (und zwar in der Reihenfolge b) – a)) an. Hinter diesen Regeln steckt der eine Grundsatz: Je schwerer die Sünde, desto weiter dringt die Verunreinigung ins Heiligtum ein. Unbeabsichtigte Sünden verunreinigten den äußeren Altar, Unachtsamkeiten der Gruppe verunreinigten das Heiligtum selbst. Vorsätzliche Sünden drangen ins Allerheiligste ein und konnten nur durch die Opferhandlungen des Versöhnungstages bereinigt werden.

Die Hauptanlässe für das *Schuldopfer* sind in 3. Mose 5,14ff. genannt, die Opferprozedur selbst steht in 3. Mose 7,1–7. Der erstgenannte Anlaß für ein solches O. (3. Mose 5,14–16) war ein unabsichtliches Sich-Vergreifen »an dem, was dem HERRN geweiht ist«. Im zweiten Falle (V. 17–19) wird demjenigen ein Widderopfer auferlegt, der etwas »versehen hat, ohne daß er es wußte«. Der dritte Fall ist der Betrug unter Meineid (3. Mose 5,21–26), d.h. eine betrügerische Handlung, der ein falscher Eid nachfolgte. Wer sich so vergangen hat, mußte den vollen Ersatz zuzüglich eines Fünftels des Wertes leisten und einen Widder zum Schuldopfer bringen.

Daß das Ganzopfer oder *Brandopfer* als das zentrale hebr. O. auch sühnende Bedeutung hatte, wird ausdrücklich in 3. Mose 1,4 festgestellt, des weiteren im Zusammenhang bestimmter Opfergesetze für Aaron (3. Mose 9,7; 14,20) und anderer Stellen wie z.B. Hiob 1,5; 42,8. Das Brandopfer ging auf dem Altar mit Ausnahme des Felles (3. Mose 7,8) »ganz« in Flammen auf (5. Mose 33,10; 1. Sam 7,9). Es wird vom *Speisopfer* und dem Trankopfer ergänzt (4. Mose 28,5–7).

Fragment eines Steinkruges mit der Inschrift »Opfer« (hebräisch korban*) und zwei auf dem Kopf dargestellten Vögeln; Herodianische Periode (Israel Museum).*

Zwei Opferschalen aus dem Vorhof eines Tempels aus dem späten 9. Jh. v. Chr. in Arad. Beide Schalen tragen eine undeutliche Inschrift (wahrscheinlich »heilig«) (Israelische Regierungsabteilung für Altertümer und Museen).

Das *Dankopfer* heißt wörtl. »Friedensopfer«. In 3. Mose 7,11–16 werden die Motivationen für ein solches O. genannt: Danksagung, Erfüllung eines Gelübdes oder ein freiwilliges O. Im Mittelpunkt steht die Freude: Du sollst »Dankopfer darbringen und dort essen und fröhlich sein vor dem HERRN, deinem Gott« (5. Mose 27,7). Das Fleisch des Dankopfers wird vom Opfernden und seinen Angehörigen gemeinsam verzehrt.

Die Gaben an die Priester werden in 4. Mose 18,8–19 aufgezählt und kurz skizziert. Die »hochheiligen Gaben« (V. 9) waren: das Speisopfer mit Ausnahme des Teils, der auf dem Altar verbrannt wurde (3. Mose 2,2–3.9–10), das Fleisch der Schwingopfer und der Einsetzungsopfer (3. Mose 8,29; 7,5–6) und das Fell des Brandopfers (3. Mose 7,8). Diese Opfergaben standen nur den männlichen Mitgliedern der Priesterfamilien zu (3. Mose 6,18.22; 7,10).

Die »heiligen« Gaben (im Unterschied zu den oben genannten hochheiligen) waren: die Erstlingsgabe von Wein und Korn (4. Mose 18,12), die erste reife Frucht (V. 13) sowie alles Gebannte (V. 14), ferner die ERSTGEBURT der Tiere und das Geld für die Auslösung der menschlichen Erstgeburt (V. 15–17), die Brust und die rechte Schulter des Schwingopfers (V. 18) und alle heiligen Opfergaben, die zum Heiligtum gebracht wurden (V. 19).

Die Anlässe für den Opferdienst konnten nationaler und privater, alltäglicher und festlicher Art sein. O. des ganzen Volkes gab es bei den versch. Festen wie dem Fest der ungesäuerten Brote, dem Wochen- oder Erstlingsfrüchtefest und dem Laubhüttenfest. Das Fest der ungesäuerten Brote wurde schon früh zus. mit dem Passafest gefeiert (Jos 5,10.11). Ausführlich aufgezeichnet sind die O. bei diesem u.a. Anlässen in 4. Mose 28–29. Das Passa selbst war eher ein familiäres O. (2. Mose 12). In späterer, nicht genau bestimmbarer Zeit wurde das täglich zweimal stattfindende O. eingeführt.

Der tiefste Sinn der O. ist in 3. Mose 17,11 beschrieben: da das Blut der »Sitz« des Lebens ist, wird es zum Sühnemittel. Sünde kann auf das Tier übertragen werden, weil dieses zum Besitz des Menschen und damit zu seiner Personsphäre gehört. Das O. hat also den Sinn, Schuld abzuleiten. Sühne war somit nicht Strafe, sondern Heilsgeschehen; nach dem O. konnten die zerstörerischen Auswirkungen der Sünde nicht mehr auf den Täter und seine Gemeinschaft zurückfallen. Gott nimmt das O. an, indem er die Unheilswirkung auf ein Tier ableitet, das stellvertretend stirbt. (Vgl. BLUT.)

Im AT finden sich einige Stellen, die zeigen, daß die (äußere) Einhaltung der Opfergesetze nicht das Wesentliche war, worauf es Gott ankam: »Denn ich habe Lust an der Liebe und nicht am O., an der Erkenntnis Gottes und nicht am Brandopfer« (Hos 6,6). Gott will das Herz und damit den Gehorsam des Menschen, nicht äußerliche Opferhandlungen, wie auch Samuel zu König Saul sagt: »Siehe, Gehorsam ist besser als O. ...« (1. Sam 15,22). Propheten wie Amos, Jesaja und Jeremia bringen ausdrücklich Gottes Mißfallen an O. zum Ausdruck (Jes 1,11f; Jer 7,22; Am 5,22), die nicht von Gehorsam und gerechtem Handeln begleitet sind.

Das NT bringt in der Frage des O. einen vollständigen Umschwung. Zwar werden noch Opferdarbringungen nach jüd. Gesetz erwähnt, z.B. als die Eltern Jesu ihren Sohn zum Tempel brachten, um die nach 2. Mose 13,2.15; 3. Mose 12,6–8 vorgeschriebenen O. zu vollziehen (Lk 2,22ff.), aber Jesus nimmt in seiner Predigt bald das Thema auf, daß Gott Wohlgefallen an Barmherzigkeit und nicht an O. hat, so z.B. bei der Kritik der Pharisäer, er esse mit Sündern (Mt 9,13), beim Ährenraufen am Sabbat (Mt 12,7) und bei der Frage nach dem größten Gebot (Mk 12,33.34).

Ob Jesus im Abendmahlssaal ein Passalamm (s. PASSA) geopfert hat (Mt 26,17), ist nicht eindeutig. Da er selbst das zu schlachtende Opferlamm war und mit den Abendmahlselementen seinen Leib und Blut, also sich selbst als O. darbrachte, könnte er auf ein Passalamm verzichtet haben. Vor allem aber hat er damals das alle O. ablösende ABENDMAHL eingesetzt, das an Jesu endgültigen Opfertod erinnert und ihn selbst darreicht.

Das entscheidend Neue im NT im Blick auf das O. ist die Einmaligkeit und Endgültigkeit, also Unwiederholbarkeit des Todes Jesu Christi als Opfertod. So schreibt Paulus: »Denn auch wir haben ein Passalamm, das ist Christus, der geopfert ist« (1. Kor 5,7). Oder: » ... wie auch Christus uns geliebt hat und hat sich selbst für uns gegeben als Gabe und O., Gott zu einem lieblichen Geruch« (Eph 5,2). Christus ist das geschlachtete Lamm Gottes, dessen teures Blut die Sünden der Welt wegnimmt. Nach Hebr 9,12 sind die O. des alten Bundes durch Christus, der eine ewige Erlösung erwarb, ein für allemal überboten.

Christus ist aber nicht nur das O., sondern zugleich der Opfernde. Als O. wie als opfernder Priester ist er fehlerlos und ohne Sünde und bringt somit ein reines, gültiges O. Damit knüpft der Hebräerbrief an die Stellung des Hohenpriesters an, der am Versöhnungstag ins Allerheiligste des Tempels ging, um für die von ihm selbst und dem Volk unwissentlich begangenen Sünden zu opfern (Hebr 9,7), und überhöht endgültig alles hohepriesterliche Mittlertum und alle menschlichen Opferhandlungen. Christus tritt als Hoherpriester ein für allemal in die himmlische Stiftshütte (Hebr 9,11.24) und bringt sich selbst als fehlerloses, unwiederholbares O. (Hebr 9,14) dar. Damit begründet Jesus einen neuen Bund, neben dem der alte einen lediglich vorübergehenden heilsgeschichtlichen Abschnitt darstellte, der keine vollkommene Erlösung und Reinigung der Gewissen bewirken konnte (Hebr 9,9.12.14). Die atl. O. dienen nur zur Erinnerung an die Sünden, nehmen diese jedoch nicht weg (Hebr 10,3.4.11). Erst Jesus Christus hat durch seinen Gehorsam gegenüber dem Willen Gottes und durch das O. seines Leibes (Hebr 10,10) die Gemeinde geheiligt und für immer vollendet (Hebr 10,14).

Von dieser Überhöhung und zugleich Aufhebung des atl. O. her bekommt der Gedanke des O. im NT eine neue Dimension. An die Stelle der Darbringung von Opfergaben tritt die Hingabe des Christen selbst an Gott – ein O., das vom Hl. Geist bewirkt wird und sämtliche Lebensbereiche mit einschließt. So ruft Paulus die Christen in Rom auf, sich selbst hinzugeben »als ein O., das lebendig, heilig und Gott wohlgefällig ist« (Röm 12,1). Das Handeln des vom Hl. Geist erfüllten Menschen kann deshalb ein O. genannt werden, weil es für Gott getan und ihm wohlgefällig ist: »... zu opfern geistliche O., die Gott wohlgefällig sind durch Jesus Christus« (1. Petr 2,5). Wie solche O. aussehen können, zeigt z.B. Paulus in Phil 2,17 (vgl. 4,18), wo er beschreibt, wie er sich für den Glauben der Philipper opfert, jedoch tiefe Freude dabei erfährt. Auch die Heidenchristen, die durch die Evangeliumsverkündigung zum Gehorsam des Glaubens kommen, sieht Paulus als ein O., »das Gott wohlgefällig ist, geheiligt durch den Heiligen Geist« (Röm

Abraham ist im Begriff, seinen Sohn Isaak zu opfern; Relief auf einer Sarkophagwand aus dem 4. Jh. n. Chr. (Grotto Vaticane, Rom).

15,16). Mit dem Blick auf die »zukünftige Stadt« (Hebr 13,14) ermahnt der Hebräerbrief zu konkreten geistlichen O.: zum Lobopfer, »das ist die Frucht der Lippen, die seinen Namen bekennen. Gutes zu tun und mit andern zu teilen, vergeßt nicht; denn solche O. gefallen Gott« (Hebr 13,15.16).

OREB (»Rabe«). Einer der beiden midianitischen Fürsten, die von den Männern aus Ephraim gefangengenommen und hingerichtet wurden. Ihre Köpfe brachte man zu Gideon. Ihr Tod und die entscheidende Niederlage der Midianiter wurden in Israel sprichwörtlich für die Vernichtung der Feinde Israels (Ps 83,12; Jes 10,26).

OREB Ri 7,25; 8,3; Ps 83,12

OREB, FELSEN (RABENFELSEN) Die Stelle, an der Oreb getötet wurde, wahrscheinlich nördlich von Jericho und westlich des Jordantals.

OREB, FELSEN (RABENFELSEN) Ri 7,25; Jes 10,26

OREN (»Fichte«). Dritter Sohn Jerachmeels, vom Stamm Juda.

OREN 1. Chr 2,25

ORPA (»Die Umkehrende«). Eine Moabiterin, die einen der beiden Söhne Noomis und Elimelechs heiratete (Rut 1,2.4). Als Noomi nach dem Tod ihres Mannes und ihrer beiden Söhne mit Rut nach Bethlehem zurückkehrte, blieb O. in Moab (Rut 1,14).

ORPA Rut 1,4.14

OSNI, OSNITER (»Erhörung«). Vierter Sohn Gads nach der Volkszählung der Israeliten in der Wüste (4. Mose 26,16); Ahnherr des Geschlechts der Osniter.

OSNI, OSNITER 4. Mose 26,16

OSTTOR Ein Tor des Tempelkomplexes (vgl. 1. Chr 26,14) im zweiten Tempel z.Zt. Nehemias (Neh 3,29).

OSTTOR 2. Chr 31,14; Neh 3,29

OTNI (Kurzform für Otniël). Ein Levit und Torhüter am Heiligtum z.Zt. König Davids.

OTNI 1. Chr 26,7

OTNIËL (»[Meine] Stärke [ist Gott]«). Der erste in der Reihe der Richter Israels. Er schlug Kuschan-Rischatajim, einen mesopot. König, der Israel acht Jahre lang unterdrückt hatte; danach hatte das Land 40 Jahre lang Ruhe (Ri 3,7–11). Als Belohnung für seine Eroberung der Stadt Debir erhielt O. von Kaleb dessen Tochter Achsa zur Frau (Jos 15,15–17; Ri 1,12–13). O.s Nachkomme Heldai war Feldhauptmann im Heer Davids (1. Chr 27,15).

OTNIËL Jos 15,17; Ri 1,13; 3,9.11; 1. Chr 4,13; 27,15

OTTER Siehe TIERE.

OZEM

1. Bruder Davids und sechster Sohn Isais.
2. Einer der Söhne Jerachmeels, eines Nachkommens Judas.

OZEM 1 1. Chr 2,15
OZEM 2 1. Chr 2,25

P

PAARAI
2. Sam 23,35

PAARAI (»Knecht«, »Knappe Gottes«). Paarai, der Arabiter, war einer von Davids »Helden«. In 1. Chr 11,37 wird er Naarai genannt.

PADON
Esr 2,44;
Neh 7,47

PADON (»Der Herr erlöste«). Eine Familie von Tempelsklaven (*Netinim*), die mit Serubbabel aus der babyl. Gefangenschaft zurückkehrte (Esr 2,2.44).

PAGIËL
4. Mose 1,13;
2,27; 7,72.77;
10,26

PAGIËL (»Gott ist mein Geschick«). Mann vom Stamm Asser, der Mose bei der Durchführung der ersten Volkszählung Israels in der Wüste behilflich war (4. Mose 1,2.13) und später Fürst seines Stammes (4. Mose 2,27) wurde. Als solcher brachte er im Namen seines Volkes Opfergaben für die von Mose errichtete Stiftshütte dar (4. Mose 7,72–77) und führte seinen Stamm auf dem Weg ins verheißene Land (4. Mose 10,26).

PAGU
1. Mose 36,39;
1. Chr 1,50

PAGU Der Wohnsitz König Hadars von Edom (1. Mose 36,39; 1. Chr 1,50). Die LXX nennt dafür den Namen *Fogor*.

PAHAT-MOAB
Esr 2,6; 8,4;
10,30;
Neh 3,11; 7,11;
10,15

PAHAT-MOAB (»Statthalter von Moab«). Eine isrl. Familie, die mit Serubbabel aus der babyl. Gefangenschaft zurückkehrte (Esr 2,6; 8,4; Neh 7,11). Mehrere Mitglieder der Sippe sind unter den Männern aufgeführt, die ihre Frauen auf Esras Verfügung hin verstießen (Esr 10,30).

PALAL
Neh 3,25

PALAL (»Richter«, »Schlichter«). Der Sohn Usais; er beteiligte sich an den Reparaturarbeiten an den Stadtmauern Jerusalems z.Zt. Nehemias.

PALÄSTE Mit Ausnahme des Palastes von Ai, der aus der frühen Bronzezeit stammt, stammen die frühesten bislang entdeckten Paläste aus der Herrschaft der Hyksos. Der allgemeine Bauplan entspricht dem üblichen orientalischen Wohnhaus, wobei die Räume um einen zentralen Hof angelegt sind. Die Gebäude hatten mindestens zwei Stockwerke; das untere diente für hauswirtschaftliche Zwecke und die Unterbringung von Hausdienern, während das obere Stockwerk die eigentlichen Wohnräume enthielt. Oft bezeichnen Ausgräber ein Gebäude lediglich aufgrund seiner Größe als P., aber auch die Qualität der Architektur oder besondere Funde – z.B. eine große Anzahl von Skarabäen, Inschriften, Elfenbein- oder Goldschmuck – können darauf hindeuten, daß die Bewohner einer privilegierten Klasse angehörten.

Der berühmteste P., der jemals in Palästina erbaut wurde, ist Salomos königlicher P. in Jerusalem. Er wird in 1. Kön 7,1–12 beschrieben. Dieser P. und der angrenzende Tempel wurden unter dem Einfluß nördlicher Architektur erbaut, die ihren Ursprung im Syrien des 2. Jt. v. Chr. hat. Man betrat

Palast des Herodes in Jericho.

Reste des Palastes in Masada.

den Komplex durch ein Portal mit einer einzelnen Säule, das sich in eine Eingangshalle öffnete, die »Halle von Säulen« (1. Kön 7,6), die in den Thronsaal, auch »Gerichtshalle« genannt (1. Kön 7,7) führte. Danach folgten die Wohnräume »im andern Hof« (1. Kön 7,8). Der »große Hof« (1. Kön 7,12) war anscheinend eine große Hofanlage vor dem Eingang. Der P. der salomon. Periode in Megiddo ist ähnlich gebaut. Ein weiterer bemerkenswerter P. aus der Königszeit war der P. Omris und Ahabs in Samaria, bei dem die Räume ebenfalls um einen zentralen Hof angeordnet sind. Er war berühmt aufgrund der Verzierung seiner Möbel mit Elfenbeintafeln in Flach- oder Hochrelief oder Durchbrucharbeit; daher die Bezeichnung »Elfenbeinhaus« in 1. Kön 22,39. Ein P. der späteren Königszeit, der erste, den man in Juda entdeckte, wurde bei Ramat Rachel gefunden und als der von Jojakim (609–597 v. Chr.) erbaute P. identifiziert, auf den sich Jer 22,13–14 bezieht.

Ein P. der Perserzeit, der im späten 5. Jh. v.Chr. erbaut wurde, wurde bei Lachisch ausgegraben. Vom bedeutendsten P. der Römerzeit, dem Herodespalast in Jerusalem, sind keine Baureste erhalten, aber nachdem die P. in Masada ausgegraben wurden, können wir uns ein Bild von seiner Pracht machen. S. auch BAUMATERIALIEN.

PALÄSTINA Das griech. *Palaestina* bezeichnete die Südwestküste Kanaans bereits z. Zt. Herodots (5. Jh. v. Chr.). Das Wort wurde von *Philistina* abgeleitet, dem »Land der Philister« (vgl. 2. Mose 15,14). Als Teil von Hadrians neuem Namen für die Provinz, *Provincia Syria Palaestina* (2. Jh. n. Chr.), der das frühere *Provincia Judaea* ersetzte, bezeichnete »P.« schließlich das ganze Land Israel. Auch Philo von Alexandria, Josephus Flavius u. a. griech. Verfasser des 1. Jh. n. Chr. bedienten sich dieses Namens. Im AT wird das verheißene Land üblicherweise *Kanaan* genannt.

PALLU, PALLUITER (»Jahwe hat sich als überragend erwiesen«). Zweiter Sohn Rubens, des ältesten Sohnes Jakobs und Leas; er begründete das Geschlecht der Palluiter (4. Mose 26,5) und hatte einen Sohn, Eliab (2).

PALLU, PALLUITER
1. Mose 46,9; 2. Mose 6,14; 4. Mose 26,5.8 1. Chr 5,3

PALME Siehe PFLANZEN.

PALMYRA Siehe TADMOR.

PALONITER (»ausgezeichnet«). Beiname Ahijas, eines von Davids »Helden«, der »Ahija, der Paloniter« genannt wurde.

PALONITER
1. Chr 11,36

PALTI (»Gott ist meine Befreiung«).

1. Sohn Rafus vom Stamm Benjamin; einer der von Mose nach Kanaan ausgesandten Kundschafter.

PALTI 1
4. Mose 13,9

2. Sohn Lajischs, der Benjaminiter, dem Davids erste Frau Michal zur Frau gegeben wurde, nachdem David aus Sauls Haus geflohen war (1. Sam 25,44). Sie wurde ihm später wieder genommen. In 2. Sam 3,15 wird er Paltiël genannt.

PALTI 2
1. Sam 25,44

PALTIËL 1 4. Mose 34,26; PALTIËL 2 2. Sam 3,15

PALTIËL (»Gott ist meine Befreiung«).

1. Sohn Asans vom Stamm Issachar, der von Mose dazu bestimmt wurde, bei der Verteilung des Landes Kanaan zu helfen (4. Mose 34,26).

2. Siehe PALTI (2).

PAMPHYLIEN Apg 2,10; 13,13; 14,24; 15,38; 27,5

PAMPHYLIEN Antike Landschaft an der Südküste Kleinasiens mit der Hauptstadt Perge; Paulus besuchte diese Gegend auf seiner ersten Missionsreise.

PANTHER Siehe TIERE.

PAPHOS Apg 13,6.13

PAPHOS Hafenstadt und röm. Regierungssitz im Südwesten der Insel Zypern. Paulus hatte dort einen Zusammenstoß mit dem synkretist. jüd. Magier Barjesus-Elymas (Apg 13,6–12).

PAPPEL Siehe PFLANZEN.

PAPYRUS Siehe PFLANZEN.

PARA Jos 18,23

PARA (»Junge Kuh«). Benjaminitisches Dorf zwischen Jerusalem und Jericho (Jos 18,23). Die Beschreibung der Stelle, an der Jeremia auf Geheiß Gottes seinen Gürtel vergrub (Jer 13,4–7), könnte sich auf P. beziehen. Das Dorf lag in der Nähe der Quelle Ain Farah, die Jerusalem mit Wasser versorgte.

PARADIES Lk 23,43; 2. Kor 12,4; Offb 2,7

PARADIES Siehe EDEN, GARTEN.

PARAN 1. Mose 21,21; 4. Mose 10,12; 12,16; 13,3.26; 5. Mose 1,1; 33,2; 1. Kön 11,18; Hab 3,3

PARAN Wüste auf der Sinai-Halbinsel, südlich von Kadesch-Barnea, zwischen Midian und Ägypten (1. Kön 11,18). Ismael lebte dort mit seiner Mutter Hagar, der Ägypterin (1. Mose 21,21). P. war auch eine der Stationen der Israeliten auf ihrem Weg von Ägypten nach Kanaan. Von dort sandte Mose Männer, die das Land auskundschaften sollten (4. Mose 13,3); insgesamt hielten sich die Israeliten 40 Tage in P. auf (4. Mose 13,25–26).

Schon früh setzte die Kirche P. mit der großen Oase Feiran im felsigen Süden der Sinai-Halbinsel gleich, wo traditionell der Berg Sinai lokalisiert wird. In der frühen byz. Zeit entwickelte sich diese Gegend zu einem Zentrum christl. Klosterlebens, wovon heute u.a. das berühmte Kloster St. Katharina zeugt.

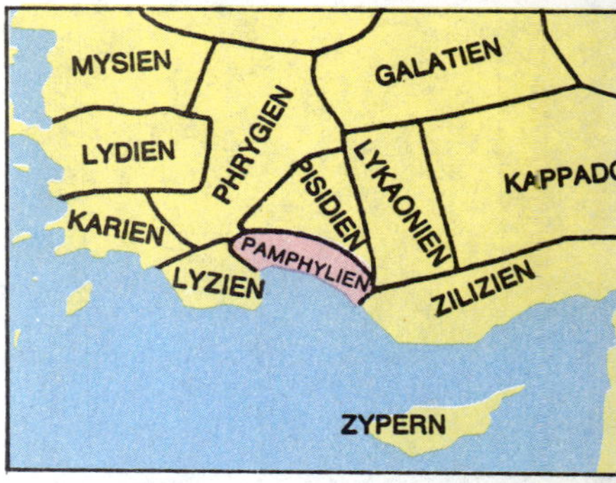

Pamphylien.

Eine Münze aus Paphos, die einen Bullen und einen Adler zeigt; 5. Jh. v. Chr.

Landschaft in der Felsenwüste Paran auf der Sinai-Halbinsel.

PARBAR 1. Chr 26,18

PARBAR Ein Raum oder Teil des Hofes im westlichen Teil des Tempelbereichs. Das Wort ist pers. Ursprungs.

PARMASCHTA Est 9,9

PARMASCHTA (»Vornehmer«, »Großer«). Einer der Söhne Hamans, der mit seinen Brüdern auf Befehl Ahasveros' den Tod fand (Est 9,1.9).

PARMENAS Apg 6,5

PARMENAS Einer der sieben Diakone, die in der Jerusalemer Urgemeinde eingesetzt wurden (Apg 6,5).

PARNACH (pers. »Der Helle, Klare«). Angehöriger des Stammes Sebulon, der von Gott bestimmt wurde, Josua bei der Verteilung Kanaans zu helfen (4. Mose 34,17.25).

PARNACH
4. Mose 34,25

PAROSCH (»Floh«).

1. Name einer 2 172 Mitglieder zählenden Sippe, die mit Serubbabel aus der babyl. Gefangenschaft zurückkehrte (Esr 2,3). Sieben Angehörige befanden sich unter jenen, die nichtjüd. Frauen genommen hatten und diese gemäß Esras Verfügung verstießen (Esr 10,18.25). P. selbst war einer der Oberen, die die Abmachung Nehemias unterschrieben (Neh 10,15).

2. Der Vater Secharjas, der unter den mit Esra zurückgekehrten Familienoberhäuptern erwähnt wird (Esr 8,3).

PAROSCH 1
Esr 2,3; 10,25; Neh 3,25; 7,8; 10,15
PAROSCH 2
Esr 8,3

PARPAR Einer der beiden von Naaman erwähnten Flüsse von Damaskus (2. Kön 5,12). Welcher heutige Flußname gemeint ist, ist ungeklärt.

PARPAR
2. Kön 5,12

PARSCHANDATA (»Durch Gebet gegeben«). Erstgeborener der zehn Söhne Hamans; er wurde gemeinsam mit seinen Brüdern auf Anordnung des Königs Ahasveros hingerichtet (Est 9,1.7).

PARSCHANDATA
Est 9,7

PARTHER Nomadenvolk, das im frühen Altertum in Kleinasien eindrang und sich 248–247 v. Chr. in der seleukidischen Provinz Parthien niederließ. Die zunehmende Schwäche der Seleukiden erlaubte es den P., ihr Herrschaftsgebiet rasch vom Euphrat bis zum Indus auszudehnen; ihre Hauptstadt war Ekbatana. Die Blütezeit der P. begann mit der Thronbesteigung Mithridates I. (170 v. Chr.); offenbar konnten sie sogar Handelsverbindungen nach China aufnehmen. In den Jahren 51/50 und 40 v. Chr. fielen die

PARTHER
Apg 2,9

Parthische Münze des Mithridates IV., 2. Jh. n. Chr.

P. in Syrien und Palästina ein und plünderten das ganze Land. Nach der Bildung des 2. röm. Triumvirats wurden sie jedoch von Antonius, dem die Ostprovinzen zugeteilt worden waren, geschlagen und mußten es hinnehmen, daß die Römer in Armenien ein Königreich gründeten, das ihnen künftig den Rang streitig machte. Sie blieben jedoch eine ständige Bedrohung der Ostgrenze des röm. Imperiums.

P. (= Diasporajuden aus Parthien) waren auch unter den Festgästen beim Pfingstfest (Apg 2,9).

Ostrakon aus dem Tempel in Arad, das den Namen Paschhur trägt, spätes 8. Jh. v. Chr. (Israel Museum, Israelische Regierungsabteilung für Altertümer und Museen).

PARUACH (»Blüte«). Vater Joschafats, des Aufsehers des 10. Verwaltungsbezirks König Salomos.

PARUACH
1. Kön 4,17

PARWAJIM Salomo schmückte seinen Tempel mit »Parwajim-Gold« (2. Chr 3,6). Der Jerusalemer Talmud erklärt, daß »P.« sich auf die Qualität des Goldes beziehe und Reingold bedeute. Spätere jüd. Bibelausleger interpretierten den Ausdruck jedoch als Bezeichnung der Herkunft des Goldes und dachten dabei an Farwa im Jemen; es ist jedoch nicht bekannt, ob dieser Ort im Altertum Goldminen besaß.

PARWAJIM
2. Chr 3,6

PASACH Ein Name im Geschlechtsregister Assers.

PASACH
1. Chr 7,33

PASCHHUR (»Wohlergehen«, »Befreiung«).

1. Sohn Malkijas und Vater Jerohams (1. Chr 9,12). Als Nebukadnezar Jerusalem bedrohte, schickte König Zedekia P. zus. mit Zefanja zu Jeremia, um ihn zu befragen. Jeremia prophezeite jedoch, daß Jerusalem erobert werden würde (vgl. Jer 38,2.3).

PASCHHUR
1. Chr 9,12; Jer 21,1; 38; Neh 11,12

PASCHHUR 2 Esr 2,38; 10,22; Neh 7,41

2. Ahnherr einer Priesterfamilie, die nach dem babyl. Exil nach Juda zurückkehrte.

PASCHHUR 3 Jer 20,1–3

3. Vorsteher des Tempels in Jerusalem z. Zt. Jeremias (Jer 20,1). Auf Jeremias Gerichtsbotschaft in Jer 19 hin mißhandelte er den Propheten und legte ihn für eine Nacht in den Block (Jer 20,2.3). Jeremia kündigte daraufhin Gottes Gericht über P. und ganz Juda an (V. 3–6).

PASCHHUR 4 Jer 38,1

4. Vater Gedaljas, eines der Gegner Jeremias kurz vor der Eroberung Jerusalems durch die Babylonier.

PASCHHUR 5 Neh 10,4

5. Einer der Männer, die z. Zt. Nehemias die Abmachung, das Gesetz zu halten, unterschrieben.

PAS-DAMMIM 2. Sam 23,9; 1. Chr 11,13

PAS-DAMMIM (»Ende des Fließens/Blutvergießens«). Identisch mit EFES-DAMMIM.

PASEACH (»Am Passa Geborener«).

PASEACH 1 1. Chr 4,12

1. Ein Name im Stammbaum der Geschlechter Judas.

PASEACH 2 Esr 2,49; Neh 7,51

2. Oberhaupt einer Familie von Tempelsklaven, die mit Serubbabel aus dem babyl. Exil zurückkehrte.

PASEACH 3 Neh 3,6

3. Vater Jojadas; Jojada reparierte z.Zt. Nehemias das alte Tor in der Stadtmauer von Jerusalem.

PASSA 2. Mose 12,11. 21.27.43.48; 3. Mose 23,5; 4. Mose 9,2. 4–6.10.12–14; 28,16; 33,3; 5. Mose 16, 1–2.5–6; Jos 5,10–11; 2. Kön 23,21–23; 2. Chr 30,1–2. 5.15.17–18; 35,1.6–9.11. 13.16–19; Esr 6,19–21;

PASSA (»Vorübergehen«). Das erste der drei Hauptfeste im jüd. liturgischen Kalender. Es dauert vom 14.–21. des Monats *Nisan* (vor dem babyl. Exil »erster Monat« bzw. *Abib* genannt) und geht auf das wichtigste Ereignis in der Frühgeschichte Israels zurück, den Auszug aus Ägypten. 2. Mose 12 berichtet die Einsetzung des Festes: Als Gott die zehnte Plage über die Ägypter kommen ließ und alle Erstgeborenen des Landes tötete, befahl er den Israeliten, die Pfosten und Oberschwellen der Türen ihrer Häuser mit dem Blut eines fehlerlosen Lammes zu bestreichen; an den so gekennzeichneten Häusern ging Gott vorüber (hebr. *pasach* = »vorübergehen«) und verschonte sie (2. Mose 12,5–7.21–23).

Das Fest begann mit der Opferung des Lammes (Passalammes). Ab dem zweiten Festtag hieß es auch »Fest der ungesäuerten Brote«, denn in der Passawoche durften die Israeliten nur ungesäuertes Brot essen, in Erinnerung an

Darstellung aus der Darmstadt-Haggada: eine Familie bei der Passafeier; 15. Jh. (Landesbibliothek Darmstadt).

die Eile des Auszugs aus Ägypten, die es ihnen nicht erlaubte, den Brotteig durchsäuern zu lassen (2. Mose 12,8.18–20.34.39). Dieses in 5. Mose 16,3 auch als »Brot des Elends« bezeichnete Brot ist bis heute als *mazza* bekannt.

Die P.-Gesetze stehen in 2. Mose 12; 3. Mose 23,5–8; 4. Mose 9,1–11; 5. Mose 16,1–8. 5. Mose 16,16 weist das P. als eines der drei Wallfahrtsfeste aus, an denen jeder männliche Israelit im Heiligtum (später dem Tempel in Jerusalem) zu erscheinen hatte. Ein sog. »Kleines P.«, speziell für solche Israeliten, die z. Zt. des eigentlichen P. rituell unrein oder auf einer weiten Reise waren, gab es am 14. Tag des Monats *Ijar* (früherer Name: »zweiter Monat« oder *Siv*) (4. Mose 9,10–12).

Die Feier des P. wurde, wie die übrigen Gebote Gottes auch, in der Geschichte Israels nicht ununterbrochen eingehalten. So erneuerten in der Königszeit Josia (2. Kön 23,21–23) und Hiskia (2. Chr 30, als »kleines P.« im zweiten Monat) das P., nach der Rückkehr aus dem babyl. Exil dann Esra (Esr 6,19–22). Z. Zt. Jesu war das P. ein fester Bestandteil des religiösen Lebens in Israel. Flavius Josephus u. a. Quellen berichten über die großen Menschenmengen, die sich zum P. als Pilger in Jerusalem versammelten, um das Passaopfer im Tempel darzubringen.

Aus der Sicht des NT erweist sich das P. als Vorausdeutung auf den Tod Christi. Jesus Christus ist das für alle Menschen geopferte, endgültige Passalamm des neuen Bundes (1. Kor 5,7; Jes 53,7; Joh 1,29; vgl. auch Hebr. 9–10). Jesus starb in der Stunde, als im Tempel die Passalämmer geschlachtet wurden (vgl. Joh 19,31), und hielt am Abend vor seiner Kreuzigung mit seinen Jüngern das Passamahl (Mt 26,17–29; Mk 14,12–25; Lk 22,7–20; vgl. Joh 13), wobei er die Feier ausweitete zum Gedächtnismahl des neuen Bundes und damit als unaufgebbares Merkmal seiner Gemeinde das ABENDMAHL einsetzte (vgl. 1. Kor 11,23–26). Brot und Wein des Abendmahls sind seitdem als Zeichen für den Opfertod Christi die Vergewisserung seiner Gegenwart und der Vergebung der Sünden und damit die Zusage des Lebens und der Erlösung, die er gibt (vgl. Joh 6,48–58).

In 1. Kor 5,6–8 benutzt Paulus die jüd. Regel des sorgfältigen Vermeidens jeder Art von Sauerteig während des P. (vgl. 2. Mose 12,15) als Bild für die »Lauterkeit und Wahrheit« des Lebens des Christen.

Hes 45,21; Mt 26,2.17–19; Mk 14,1.12. 14.16; Lk 2,41; 22,1. 7–8.11.13.15; Joh 2,13.23; 6,4; 11,55; 13,1; 18,28. 39; 19,14; Apg 12,3; 1. Kor 5,7; Hebr 11,28.

PATARA Hafenstadt in Lyzien (Kleinasien), in der Paulus auf seiner letzten Reise nach Jerusalem haltmachte. Mit dem heutigen Gelemisch identifiziert.

PATARA
Apg 21,1

(links) Die Johannes-Grotte auf Patmos.

(rechts) Ansicht von Patmos.

PATMOS Kleine Felseninsel in der Ägäis, ca. 55 km südwestlich von Milet. Die Frühgeschichte von P. liegt weitgehend im Dunkeln. In der Römerzeit diente P. – wie andere Inseln in der Ägäis auch – als Verbannungsort. Auf P. schrieb Johannes seine Offenbarung, nachdem er um 95 n. Ch. von Kaiser Domitian aus Ephesus vertrieben und auf die Insel verbannt worden war.

PATMOS
Offb 1,9

Durch die Verbindung mit der Offb erhielt P. in der röm. und byz. Zeit eine wachsende religiöse Anziehungskraft auf die Christen; i. J. 1088 wurde neben der Höhle, in der Johannes seine Offenbarung empfangen haben soll, ein Kloster erbaut.

PATRIAR-CHEN, ERZVÄTER
Apg 2,29; 7,8.9

PATRIARCHEN (ERZVÄTER) Im engeren Sinne sind mit diesem Ausdruck die Vorfahren und Gründer des Volkes Israel, insbes. Abraham, Isaak und Jakob, gemeint. Das Studium der Erzväterzeit ist durch die Entdeckung Tausender von Schrifttafeln aus MARI, NUZI und UGARIT sehr bereichert worden; die Wissenschaft zögert jedoch, vorschnelle Parallelen zwischen diesen altorientalischen Kulturen und dem Bericht über die Patriarchen in 1. Mose zu ziehen.

Der Gottesglaube der P. beruhte auf dem Bund (s. BUND) mit Gott. Die grundlegenden Elemente dieses Bundes waren die Verheißung des Landes und die Verheißung einer großen Nachkommenschaft (1. Mose 12,7; 13, 14–17; 15,4.18; 22,16–18; 26,3; 50,24). Die für Gott verwendeten Bezeichnungen und Titel sind zahlreich; wir finden insbes. die persönliche Beziehung zu Gott als dem »Gott meines/deines Vaters« (1. Mose 26,24; 31,42; 46,1.3; 50,17; 2. Mose 3,6) wie auch die Verwendung der kanaan. Anrede *El* (»Gott«) in solchen Titeln wie *El Elyon* (»Höchster Gott«, »Gott der Höchste«, 1. Mose 14,18.22), *El Schaddai* (»Allmächtiger Gott«, 1. Mose 17,1; 28,3; 43,14; 48,3; 2. Mose 6,3) und *El Olam* (»Ewiger Gott«, 1. Mose 21,33; vgl. 16,13; 31,13; 35,7). Gott offenbart sich durch Erscheinungen, Träume, Gesichte u. a. Begegnungen.

Der Ausdruck »P.«/»Erzväter« wird in der Bibel gelegentlich auch in einem weiteren Sinne verwendet und kann dann Männer wie Henoch, Noah, Mose, David u. a. einschließen (vgl. Sir 44–50; 1. Makk 2,51–60; Apg 2,29; Hebr 11). Stephanus wendet in seiner Verteidigungsrede den Ausdruck auf die 12 Söhne Jakobs an (Apg 7,8–9).

Das NT hebt unter den P. Abraham bes. hervor; sein Glaube ist Vorbild und Beispiel für den Glauben der Gemeinde des neuen Bundes; vgl. Röm 4; Gal 3,6–9; Hebr 7,4; 11,8–10.

PATROBAS
Röm 16,14

PATROBAS Einer der Männer, die Paulus in seinem Brief an die Römer grüßt.

PATROS, PATROSITER
1. Chr 1,12; Jes 11,11; Jer 44,1.15; Hes 29,14; 30,14

PATROS, PATROSITER Eine Bezeichnung für Oberägypten, die hauptsächlich in den Propheten vorkommt (z. B. Jes 11,11) und von ägypt. *patarsch* (»Land des Südens«) abgeleitet ist. P. wird immer in Verbindung mit (Unter-) Ägypten erwähnt. In der Völkertafel in 1. Mose 10 werden die P. unter den Nachkommen Mizrajims aufgeführt (1. Mose 10,13–14; 1. Chr 1,12). Vermutlich waren die P. in der Gegend des Kassiusberges östlich von Pelusium, im nordöstlichen Delta zwischen Ägypten und der Sinai-Halbinsel, wohnhaft.

PAULUS
Apg 13,9.13.16. 43.45–46.50; 14, 9.11–12.14.19; 15,2.12.22.25. 35–36.38.40; 16, .9.14.17–19.25. 28–29.36–37; 17, .4.10.13–16.22. 33; 18,1.5.9.12. 14.18; 19,1.4.6. 11.13.15.21.26. 30; 20,1.7.9–10. 13.16; 21,4.13. 18.26.29–30.32. 7.39–40; 22,25. 28.30; 23,1.3. 5–6.10.12.14. 16–18.20.24.31. 33; 24,1.10. 3–27; 25,2–4.6. 8–10.19.21.23; 26,1.24–25. 28–29; 27,1.3.

PAULUS (Saulus von Tarsus). Apostel und Gründer zahlreicher Gemeinden; Verfasser von 13 Büchern des NT.

P. wurde in Tarsus im kleinasiatischen Zilizien (Apg 9,11; 21,39) zu Beginn des 1. Jh. n. Chr. geboren. Seine Familie aus dem Stamm Benjamin (Röm 11,1; Phil 3,5) stammte nach den Angaben bei den Kirchenvätern urspr. aus Gischala (Gusch Chalav) in Obergaliläa. Unter nicht weiter aufzuklärenden Umständen konnte der Vater des P. das röm. Bürgerrecht erwerben. In der Erziehung des P. kamen verschiedene Einflüsse zusammen: Er wuchs in Jerusalem auf, wo er in der Schule Gamaliels des Älteren das AT und die jüd. Tradition studierte (Apg 22,3); wie sein Vater vor ihm wurde auch P. durch und durch ein eifernder Pharisäer (Apg 23,6). Aus seinen Schriften wird deutlich, daß P. auch eine Erziehung in griech. Literatur und Kultur genossen hat. Dieser griech. Einfluß kam ihm bei seinem Aufenthalt in der Diaspora zugute, bevor er nach Jerusalem ging. Von Beruf war P. Zeltmacher (Apg 18,3).

P. begegnet uns im NT zunächst als aktiver Gegner der jungen Gemeinde: Nach Apg 7,58 und 22,20 bewachte er die Kleider der Männer, die Stephanus steinigten, und wenig später versuchte er die Gemeinde durch großangelegte, systematische Verhaftungen zu zerstören (Apg 8,3; 9,1). In seinen Briefen kommt P. wiederholt auf diese Phase seines Lebens zu sprechen (1. Kor 15,9; Gal 1,13; Phil 3,6; 1. Tim 1,13). Wenngleich P. selbst es nicht sagt, ist es doch nicht unwahrscheinlich – wie im Falle Tertullians 150 Jahre später –, daß seine Bekehrung stark beeinflußt war durch die Standfestigkeit des Zeugnisses der Frauen und Männer, die er verfolgte. Angedeutet ist dies vielleicht im Bericht von seiner Bekehrung vor den Mauern der Stadt Damaskus (Apg 9,1–8). P. hörte eine Stimme: »Ich bin Jesus, den du verfolgst.« Hier ist bereits eine der Grundlehren des P. angelegt: Die Identifizierung Christi mit seiner Gemeinde. Dieses umstürzende Erlebnis der Begegnung mit dem Auferstandenen (1. Kor 15,8) machte P. eine Zeitlang blind. Er fastete drei Tage. Dann wurde er geheilt, mit dem Hl. Geist erfüllt und durch Hananias getauft (Apg 9,9–19). Die Veränderung des P. geschah plötzlich und dramatisch. Was sich nicht veränderte, war seine eifernde Persönlichkeit; doch nun wurde dieser Eifer in die Bahnen der Verkündigung des Evangeliums gelenkt.

9.11.21.24.31. 33.43; 28,3.8. 15–17.25.30; Röm 1,1; 1. Kor 1,1. 12–13; 3,4–5. 22; 16,21; 2. Kor 1,1; 10,1; Gal 1,1; 5,2; Eph 1,1; 3,1; Phil 1,1; Kol 1,1.23; 4,18; 1. Thess 1,1; 2,18; 2. Thess 1,1; 3,17; 1. Tim 1,1; 2. Tim 1,1; Tit 1,1; Philm 1.9.19; 2. Petr 3,15

Der Versuch, die weiteren Lebensstationen des P. chronologisch zu rekonstruieren, stößt auf Schwierigkeiten. Solch eine Rekonstruktion hat sich auf die miteinander verwobenen Ereignisse zu beziehen, die in Apg Kap. 9,11 und 12 und in Gal 1 und 2 berichtet werden. Es ist wahrscheinlich, daß die Bekehrung des P. um das Jahr 33 stattgefunden hat (s. GALATER, DER BRIEF DES PAULUS AN DIE). Kurz danach zog sich P. nach Arabien zurück und ging dann nach Damaskus. I.J. 36 mußte er aus Damaskus fliehen (2. Kor 11,32f.) und ging nach Jerusalem; dort führte ihn Barnabas in die Gemeinde ein, die der Nachricht über seine Bekehrung zunächst skeptisch gegenüberstand (Apg 9,26f.; Gal 1,18). Wiederum mußte P. fliehen und kehrte zu seiner Familie nach Tarsus zurück (Apg 9,30). Dort folgte nun eine stille Periode von neun Jahren, bis Barnabas nach Tarsus kam, um P. nach Antiochia zu holen (Apg 11,25f.). Nach einem Jahr gemeinsamen Dienstes an der Gemeinde in Antiochia wurden Barnabas und P. mit einer Spende für die Armen nach Jerusalem gesandt (Apg 11,27–30; 12,25; vgl. Gal 2,1f.). Nach ihrer Rückkehr nach Antiochia wurden sie durch die Leiter der Gemeinde mit der Verkündigung des Evangeliums außerhalb Antiochias beauftragt (Apg 13,1f.). Die erste Missionsreise (Apg 13–14) führte sie nach Zypern und Lykaonien und dauerte wohl zwei Jahre. Nach ihrer Rückkehr nach Antiochia bemerkten P. und Barnabas, daß einige Judenchristen die Lehre vertraten, die Nichtjuden (unter denen die beiden Apostel großen Zuspruch fanden) müßten sich beschneiden lassen, bevor sie als Mitglieder der christl. Gemeinde aufgenommen werden konnten (Apg 15,1f.; Gal 2,12f.). An dieser Frage entzündete sich ein Konflikt, der auf dem »Apostelkonzil« in Jerusalem (i.J. 48/49) diskutiert wurde (Apg 15,4–29). P. und Barnabas gehörten zu den wichtigsten Teilnehmern dieser Zusammenkunft; die Entscheidung des Konzils, daß den Heidenchristen nicht die Einhaltung der jüd. Ritualgesetze auferlegt wurde, war ganz im Sinne der beiden. Nach ihrer Rückkehr nach Antiochia zerstritten sich aber P. und Barnabas in der Frage der künftigen Reisebegleiter; so trennten sich ihre Wege. Von nun an reiste P. mit Silas, später auch mit dem jungen Timotheus und dem Arzt und Geschichtsschreiber Lukas. Von Antiochia brach er zur zweiten Missionsreise auf (Apg 15,40–18,22), die wohl fünf Jahre dauerte. Er besuchte die früher gegründeten Gemeinden in Süd-Kleinasien und predigte das Evangelium in Mazedonien (Philippi, Beröa und Thessalonich) und in Achaja (Athen und Korinth).

Nach einem erneuten Aufenthalt in Antiochia (Apg 18,22f.) machte sich P. um das Jahr 53 zu seiner dritten Missionsreise auf (Apg 18,23–21,16), die fast vier Jahre dauerte und große Teile Kleinasiens und erneute Besuche in Mazedonien und Achaja einschloß. Sie endete i.J. 57 in Jerusalem; hier beginnt nach der Apg die letzte Phase des Wirkens des P. Gegner des Apostels zettelten in Jerusalem einen Aufruhr an, der zu seiner Verhaftung durch die röm. Behörden führte (Apg 21,27). Es folgten verschiedene Verhöre und

Paulus flieht aus Damaskus; Emailplatte aus dem 11. Jh. (Victoria and Albert Museum, London).

Prozesse in Jerusalem und Cäsarea (Apg 22–26). Vor dem Statthalter Festus nahm P. sein Recht als Bürger Roms in Anspruch und appellierte an den Kaiser (Apg 25,11). So wurde er i. J. 59/60 unter Bewachung nach Rom überführt. Nach einer stürmischen Reise, die ihn als Schiffbrüchigen auf die Insel Malta brachte, erreichte P. schließlich die Hauptstadt des Imperiums, wo er zwei Jahre lang unter leichter Bewachung in seinen eigenen Räumen gefangengehalten wurde (Apg 28,30f.).

Hier endet der Bericht der Apg. Weitere biographische Daten können nur aus den paulinischen Schriften selbst erschlossen oder den wenigen Hinweisen in der Literatur der Kirchenväter entnommen werden. Eine häufig vertretene Theorie ist, daß P. nach seiner Anhörung in Rom freigelassen wurde. Es könnten sich weitere Reisen angeschlossen haben, auf die man Hinweise in einigen Briefen finden kann, bes. in den sog. »Pastoralbriefen« (1./2. Tim; Tit), die man oft auf die Zeit nach der Freilassung des P. datiert. Diese Rekonstruktion ist jedoch umstritten, da es einerseits keinerlei Belege dafür gibt, daß P. noch einmal freigelassen wurde, und es andererseits sehr gut möglich ist, die Pastoralbriefe in das Leben des P. einzuordnen, wie es von der Apg her bekannt ist. Glaubhafte Belege finden sich allerdings bei den Kirchenvätern über den Tod des P. durch Enthauptung in der Zeit Neros um 67 n. Chr.

13 Briefe des NT tragen die Unterschrift des P. Auch wenn einige Bibelwissenschaftler die paulinische Verfasserschaft einiger von ihnen in Frage stellen (v. a. bei den Pastoralbriefen), ist diese gut begründet. Weitere Briefe des P. sind verlorengegangen, z. B. der Brief nach Laodizea (Kol 4,16) und zwei Briefe nach Korinth (vgl. 1. Kor 5,9 und 2. Kor 2,4; 7,8). Manche Gelehrte reihten früher auch den Hebräerbrief unter die Paulusbriefe ein. Mit Ausnahme des Römerbriefes richten sich alle Briefe an Gemeinden oder Personen, die der Apostel persönlich kannte. Eine präzise zeitliche Einordnung der Briefe in die Chronologie der Apg ist schwierig; aber sicher wurden einige während der Gefangenschaft des P. geschrieben. Schon früh gab es Sammlungen der Paulusbriefe (2. Petr 3,15).

St. Paulus-vor-den-Mauern, Rom; erbaut über dem traditionellen Grab des Apostels.

Die meisten Paulusbriefe wollen auf spezifische Probleme und Fragen der Gemeinden eingehen; dennoch gibt es einige Grundlehren und Schwerpunkte des christl. Glaubens, die diese Briefe charakterisieren. Diese Elemente tauchen auch in den Predigten des P. auf, wie sie die Apg überliefert. Das Zentrum aller Paulusbriefe ist Jesus Christus, durch den Gott die Erlösung für alle Menschen gestiftet hat, ungeachtet ihres ethnischen oder sozialen Hintergrundes. Dabei legt P. den Schwerpunkt ganz auf die Frage, was Jesus bedeutet und was durch sein Kreuz und seine Auferstehung gewirkt wurde. P. verkündigt Jesus als den Sohn Gottes; durch seinen Tod machte er die Versöhnung des sündigen Menschen mit seinem heiligen Gott möglich. In seinem Tod trug er die Sünde der ganzen Welt; er wurde »für uns zur Sünde gemacht« (2. Kor 5,21). Der Vollzug dieser Erlösung wurde von Gott besiegelt durch die Auferweckung Jesu von den Toten. Der lebendige, erhöhte Christus sandte den Hl. Geist als Zeugen der Erfüllung aller Verheißungen Gottes an den Glaubenden. Weil der Mensch durch die Sünde seiner Bestimmung als Ebenbild Gottes untreu wurde, nahm Christus »Knechtsgestalt« (Phil 2,7) an, um die Menschen zur Gemeinschaft mit Gott zurückzuführen. Die Gemeinschaft aller Christusgläubigen wird bei P. im Bild des Leibes Christi gesehen bzw. im Bild der Braut, deren Bräutigam Christus ist; ein weiteres Bild für die Gemeinde ist der Tempel, in dem Christus der Grundstein ist. Welches Bild P. auch immer gebraucht – er sieht Christus und seine Gemeinde in engster Verbindung miteinander. Er sieht den Tag kommen, an dem Christus wiederkommen und die Seinen zu sich nehmen wird (1. Thess 4,16f.).

Die Bedeutung des Apostels P. für den Beginn der christl. Weltmission, aber auch für die Lehrgrundlagen des christl. Glaubens in Gestalt seiner Briefe kann nicht hoch genug veranschlagt werden. Ohne die Gottestat der Berufung des Saulus, »der auch Paulus heißt« (Apg 13,9), zum »auserwählten Werkzeug« (Apg 9,15) und Apostel Jesu Christi und zum Prediger der großen Heilstaten des dreieinigen Gottes wäre das Christentum spätestens im 2. Jh. im Ostjordanland, wohin sich die Reste der Jerusalemer Urgemeinde geflüchtet hatten, als eine spätjüd. Sekte aus der Geschichte verschwunden. Die Mission und die Theologie des Paulus hat dem jungen Christenglauben den Weg in »alle Welt« (Mk 16,15) gebahnt. Seine Glaubensaussagen bildeten in der ganzen Kirchengeschichte von Anfang an und immer neu die Grundlage für die Lehre und das Bekenntnis der Kirche, aber auch für geistliche und konfessionsbildende Auseinandersetzungen. Insbes. in der Reformationszeit waren es die Paulusbriefe, vorab der Römer- und

Die Reisen des Paulus.

der Galaterbrief, die zum Ausgangspunkt für die große kirchliche Erneuerung wurden, zugleich aber auch Anlaß zu kirchentrennenden Neuanfängen. Die Auslegung der Paulusbriefe ist bis heute ein Hauptthema der exegetischen Theologie der Kirche.

Ammonitisches Siegel mit dem Namen des Besitzers »Peda'el«, 7. Jh. v. Chr. (Israel Museum).

PAULUS, SERGIUS Apg 13,7

PAULUS, SERGIUS Siehe SERGIUS PAULUS.

PEDAHEL 4. Mose 34,28

PEDAHEL (»Gott hat mich erlöst«). Als Fürst des Stammes Naftali vertrat er seinen Stamm, als Josua das Land Kanaan unter den Stämmen Israels verteilte.

PEDAJA (»Ja[hwe] befreit«).

PEDAJA 1 2. Kön 23,36

1. Vater Sebudas, der Frau König Josias und Mutter seines Sohnes, des Königs Jojakim.

PEDAJA 2 1. Chr 3,18–19

2. Vater Serubbabels und Schimis.

PEDAJA 3 1. Chr 27,20

3. Vater Joels, des Fürsten des halben Stammes Manasse z.Zt. König Davids.

PEDAJA 4 Neh 3,25

4. Ein Sohn des Parosch; half beim Wiederaufbau der Stadtmauern Jerusalems z.Zt. Nehemias.

PEDAJA 5 Neh 8,4

5. Einer der Männer, die zur Linken Esras standen, als er das Gesetz verlas.

PEDAJA 6 Neh 11,7

6. Sohn Kolajas und Vater Joëds vom Stamm Benjamin. Sein Urenkel befand sich unter den aus der babyl. Gefangenschaft Zurückgekehrten, die sich in Jerusalem niederließen (Neh 11,3.7).

PEDAJA 7 Neh 13,13

7. Ein Levit, der von Nehemia zum Schatzmeister im Hause Gottes bestellt wurde.

PEDAZUR 4. Mose 1,10; 2,20; 7,54. 59; 10,23

PEDAZUR (»[Der] Fels hat erlöst«). Vater Gamliëls, der den Stamm Manasse in der Wüste Sinai anführte.

PEKACH 2. Kön 15,25. 27.29–32.37; 16,1.5; 2. Chr 28,6; Jes 7,1

PEKACH (»[Gott] öffnete [seine Augen]«). König von Israel 735–733 v. Chr. P. war ein skrupelloser Opportunist, der die für die letzte Phase des Nordreichs so charakteristischen Umbrüche ausnutzte, um sich den Thron anzueignen. Er ermordete König Pekachja, unter dem er als General gedient hatte (2. Kön 15,25). Nach seiner Krönung ging er ein Bündnis mit König Rezin von Damaskus ein, das gegen Tiglat-Pileser III. von Assyrien gerichtet war (2. Kön 16,5–9). In einem Versuch, König Ahas von Juda dazu zu zwingen, sich ihrer Koalition anzuschließen und seine proassyr. Politik aufzugeben, stachelten P. und Rezin Rebellionen in Edom und unter den Philistern an (2. Kön 16,6; 2. Chr 28,17–18) und marschierten auf Jerusalem. Ahas bat jedoch Tiglat-Pileser um Hilfe, der als Gegenleistung für Judas Unterwerfung Damaskus überfiel und Israel verwüstete, wobei er zahlreiche Gefangene nach Assyrien deportierte. P. wurde schließlich von Hoschea

(links) Keramik-Weinkrug aus Hazor mit der Aufschrift »[Gehört] Pekach Smadar«, 8. Jh. v. Chr.

(rechts) Detail des Kruges. (Israelische Regierungsabteilung für Altertümer und Museen).

ermordet, der mit Billigung der Assyrer sein Nachfolger wurde. Die bibl. Berichte in 2. Kön 15,29f. und 1. Chr 5,26 stimmen mit der Schilderung der Ereignisse in den Annalen Tiglat-Pilesers III. überein.

PEKACHJA 2. Kön 15,22–23.26

PEKACHJA (»Ja[hwe] öffnete [seine Augen]«). Sohn des isrl. Königs Menahem. Nach dem Tod seines Vaters 737 v. Chr. wurde P. dessen Nachfolger. Er regierte nur zwei Jahre, »tat, was dem Herrn mißfiel« (2. Kön 15,24) und wurde in seinem eigenen Haus bei einer von seinem General Pekach angeführten Verschwörung ermordet.

PEKOD Jer 50,21; Hes 23,23

PEKOD Ein geographischer Name. In Jeremias Weissagung über die Zerstörung Babels wird P. zus. mit Meratajim erwähnt (Jer 50,21). Hesekiel rechnet P. – mit Schoa, Koa, den Chaldäern und den Assyrern – zu den Liebhabern Oholibas, die dazu bestimmt sind, sie zu bestrafen (Hes 23,23). Im Akkad. ist *Puqudu* der Name eines aram. Stammes, der im Süden Babyloniens lebte. In assyr. und babyl. Schriftzeugnissen ist der Name »Pekod« seit der Zeit Tiglat-Pilesers III. belegt. Da es zur selben geograph. Region wie die Chaldäer gehörte, wird P. von Hesekiel und Jeremia zus. mit ihnen erwähnt, den Gründern des neubabyl. Reichs.

PELAJA
1. Ein Name im Geschlechtsregister der Familie Jechonjas (Jojachins).
2. Einer der Leviten, die dem Volk das von Esra verlesene Gesetz erklärten.
3. Einer der Leviten, die Esras Abmachung unterzeichneten. Wahrscheinlich mit (2) identisch.

PELAJA 1 1. Chr 3,24 **PELAJA 2** Neh 8,7 **PELAJA 3** Neh 10,11

PELALJA (»Jahwe hat Gericht gehalten«). Großvater Adajas, eines Priesters in Jerusalem nach der Rückkehr aus der babyl. Gefangenschaft.

PELALJA Neh 11,12

PELATJA (»Jahwe rettete«).
1. Ein Name im Geschlechtsregister der Familie Davids.
2. Nachkomme Simeons, der z. Zt. König Hiskias von Juda die Amalekiter schlug.
3. Einer der Leviten, die Esras Abmachung z. Zt. Nehemias unterzeichneten.
4. Ein Oberster des Volkes z. Zt. Hesekiels. In einer Vision des Propheten wird sein Tod geschildert (Hes 11,1.13).

PELATJA 1 1. Chr 3,21 **PELATJA 2** 1. Chr 4,42 **PELATJA 3** Neh 10,23 **PELATJA 4** Hes 11,1.13

PELEG (»Teilung«). Urenkel Sems in der Völkertafel 1. Mose 10,25; er lebte 239 Jahre lang und zeugte Regu u.a. Söhne und Töchter (1. Mose 11,18.19).

PELEG 1. Mose 10,25; 11,16.18; 1. Chr 1,19.25; Lk 3,35

PELET (»Überlebender«?).
1. Vater Ons, eines der Mitglieder der Rotte Korach, die in der Wüste gegen Mose rebellierte.
2. Ein Nachkomme aus dem Geschlecht Judas.
3. Ein Name unter den Nachkommen Kalebs.
4. Ein Mann aus dem Stamm Benjamin, der von Saul zu David in Ziklag überlief (1. Chr 12,1–3).

PELET 1 4. Mose 16,1 **PELET 2** 1. Chr 2,33 **PELET 3** 1. Chr 2,47 **PELET 4** 1. Chr 12,3

PELETITER Beiname des in Bet-Pelet gebürtigen Helez, eines von Davids »Helden«.

PELETITER 2. Sam 23,26; 1. Chr 11,27; 27,10

PENINNA Eine der beiden Frauen Elkanas (1. Sam 1,2); P., die Mutter einer unbekannten Anzahl von Töchtern und Söhnen (1. Sam 1,4), kränkte Hanna, Elkanas andere Frau, wegen ihrer Kinderlosigkeit. Elkana zog jedoch weiterhin Hanna der P. vor.

PENINNA 1. Sam 1,2.4

PENTATEUCH Sammelbezeichnung für die ersten fünf Bücher der Bibel, die in der kirchl. Tradition auch die »Fünf Bücher Mose« genannt werden: *Genesis* (= »Entstehung« [der Welt und der Anfänge Israels]), *Exodus* (= »Auszug« [Israels aus Ägypten]), *Levitikus* (= »Levitenbuch«, d. h. priesterliche, levitische Ordnungen), *Numeri* (= »Zahlen« [der Stämme und Sippen Israels in der Wüste]), *Deuteronomium* (= »Zweites Gesetz«, Wiederholung des mosaischen Gesetzes). Diese fünf Bücher berichten die Taten und Offenbarungen Gottes von der Schöpfung bis zum Ende der Wüstenwanderung Israels; darin eingeschoben sind verschiedene Gesetzessammlungen, die zu dem am Berg Sinai geoffenbarten Gesetz gehören.

Über Entstehung und Verfasser des P. gibt es in der Theologie unterschiedliche Auffassungen. Zunächst besteht keine Einigkeit in der Frage, wieviele Bücher ursprünglich zusammengefaßt waren. Einige Ausleger gehen von einer Vierergruppe (Tetrateuch) aus und verbinden dann das Deuteronomium mit dem anschließenden zusammenhängenden Geschichtswerk aus Josua, Richter, Samuel und Könige. Andere meinen, daß das Buch Josua eher zu den fünf Büchern Mose gehöre und mit ihnen einen Hexateuch (Sechserbuch) bilde; das Hauptargument hierbei ist, daß der P. ohne das Buch Josua unvollständig sei, weil die Landverheißung noch unerfüllt bleibe.

Die histor.-kritische Bibelwissenschaft vermutete aufgrund der verschiedenen im P. verwendeten Gottesnamen sowie angesichts mehrfacher Wiederholungen desselben Vorgangs wie auch der offenbar zwei versch. Schöpfungsberichte in 1. Mose 1–2, daß der P. auf urspr. verschiedenen Vorlagen beruhte, die dann später von Redaktoren (Bearbeitern) zusammengefügt wurden. Die ersten Anfänge dieser Auffassung gehen wohl auf einen jüd. Bibelausleger des Mittelalters, Abraham Ibn Esra, zurück, der Anzeichen dafür feststellte, daß der Text nicht einheitlich und möglicherweise gar nicht durchgehend von Mose verfaßt war (z. B. die Formulierung »bis auf diesen Tag«; die Feststellung, daß z. Zt. der Abfassung des Textes die Kanaaniter bereits vertrieben waren; v. a. auch Bezüge auf den Tod Moses). Mitte des 18. Jh. behauptete der frz. Arzt Jean Astruc, Mose habe bei der Zusammenstellung des P. bereits vorhandene literarische Quellen benutzt. Der Schlüssel für diese Theorie lag im unterschiedlichen Gebrauch der Gottesnamen *Jahwe* und *Elohim*. Die urspr. Annahme, daß eine Quelle je nur einen Gottesnamen benutze, wurde zur Grundlage der sog. »Quellentheorie«, die sich im Laufe des nächsten Jh. weiterentwickelte und bes. von Julius Wellhausen wesentlich erweitert wurde.

Wellhausen vertrat die Existenz von vier literar. Quellen in folgender Reihenfolge: »J« (Jahwist) – »E« (Elohist) – »D« (Deuteronomium) – »P« (Priesterschrift). Eine relative Chronologie wurde gewonnen, indem man »D« mit jenem Gesetzbuch identifizierte, das nach dem bibl. Bericht z. Zt. König Josias (7. Jh. v. Chr.) gefunden und Anlaß für eine umfassende Reformation wurde. Die früheste Quelle, »J«, wurde etwa auf die Zeit König Davids und Salomos datiert, »E« ca. ein Jh. später. Angeblich wurden dann diese beiden Quellen »J« (aus dem Süden) und »E« (aus dem Norden) um 750 v. Chr. miteinander verbunden; ab 550, also wohl noch im babyl. Exil, trat zu diesem Werk die Quelle »D« hinzu, und um 450 v. Chr. wurde der Pentateuch mit der Aufnahme der Quelle »P« abgeschlossen. (Vgl. auch GENESIS.)

Behälter mit einer Thorarolle; Holz mit ornamentiertem Silberüberzug; aus Bagdad, Irak, 1852. Auf den beiden Glasplatten im Inneren der Cupula sind Inschriften mit biblischen Texten zu sehen.

Die grundlegenden Arbeiten Wellhausens bildeten die Basis für die P.-Wissenschaft des 19. und 20. Jh. Dabei kam es auch zu kontrovers beurteilten neuen Quellenhypothesen – z. B. zu der Theorie von einer Laienquelle und einer Gesetzesquelle oder der Theorie von einer Sinai- bzw. Horebtradition des P. und einer späteren Zionstradition der Ära Davids (2. Sam 7). Beachtung fand auch der Versuch, die kultisch-liturgische Ausrichtung des Überlieferungsmaterials zu untersuchen, bes. aber die eindrucksvolle Theorie, bekenntnisartige, Credo-ähnliche Formulierungen wie 5. Mose 6,20–25; 26,5; Jos 24,2–13 als Keimzellen der Texte zu erkennen, aus denen dann schließlich der P. erwuchs. Die Ausleger fanden in diesen liturg. Bekenntnissen die gesamte Geschichte des Hexateuchs eingeschlossen, mit Ausnahme der Sinaigesetzgebung, die von daher als eigenständige Überlieferung betrachtet wurde. Diese Elementarbekenntnisse – so diese Theorie – waren möglicherweise im Heiligtum zu Gilgal zu Hause, von wo aus sie für ganz Israel verbindlich wurden; die Entstehung des P. bzw. Hexateuchs hätte demnach also ihren Ausgangspunkt im Gottesdienst Israels gehabt.

Wieder eine andere Theorie entstand unter den sog. Traditionsgeschichtlern. Aus dieser Sicht umfaßt der Tetrateuch (1.–4. Mose) verschiedene Einheiten mündlicher Tradition, die sich mit dem Auszug aus Ägypten, der Wüstenwanderung, der Urgeschichte der Menschheit, den Erzvätergeschichten und der Offenbarung am Sinai beschäftigen. Es entstand so ein Werk, das die Traditionen von »J« und »E« verband und dem dann später die priesterlichen Teile (»P«) zuwuchsen. 5. Mose 1–4 hätte dann als Einleitung zu einem selbständigen Werk gedient, dem »Deuteronomistischen Geschichtswerk«, das danach die Aufgabe gehabt hätte, den Fall Samarias und Jerusalems theolog. zu erklären: die Städte fielen, weil das Volk die prophet. Warnungen überhörte. – Richtig an dieser Theorie ist sicherlich die Erkenntnis, daß der ganze P. eine Zusammenfassung des Glaubenszeugnisses Israels im Rückblick auf seine Erwählung und auf Gottes Führung in der Menschheitsgeschichte ist.

Wie sind diese quellenkritischen Entstehungstheorien zum P. zu beurteilen? Nun, zunächst einmal sind folgende Gesichtspunkte zu bedenken:

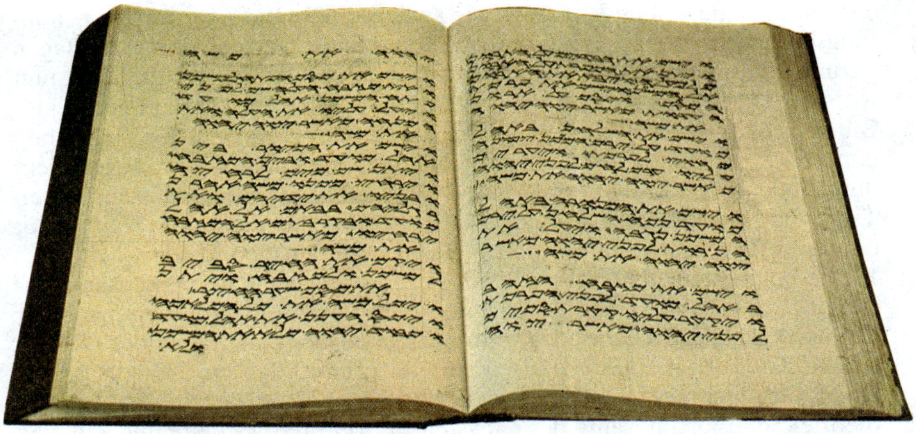

Neue samaritanische Version des Pentateuchs.

1. Unbestritten ist, daß nirgends in den fünf Büchern Mose gesagt wird, daß Mose ihr Verfasser sei. Da sonst (außer bei den Geschichtsbüchern des AT) bei den bibl. Büchern meist der Verfasser genannt wird (z. B. Psalmen Davids; Spr 1,1; Jes 1,1; Jer 1,1 und fast alle Propheten; Joh 21,24; Röm 1,1; 1. Kor 1,1 und alle Briefe außer Hebr; Offb 1,1–3; indirekt auch Lk 1,1–4 und Apg 1,1), hat diese Feststellung ihr großes Gewicht. (Auch 5. Mose 1,1 übrigens spricht nicht von einer Verfasserschaft Moses, sondern von einem Bericht über »die Worte, die Mose redete«.)

2. Ebenso unbestreitbar ist, daß Mose schriftliche Aufzeichnungen »in ein Buch« gemacht hat (2. Mose 17,14; 24,4; 4. Mose 33,2; 5. Mose 31,9–11. 24–26). Aus diesen Notizen jedoch eine durchgehende Verfasserschaft des Mose für den P. herauslesen zu wollen, hieße dem Text der Bibel Gewalt antun.

3. Einige Stellen im P. weisen auf Urkunden oder Bücher hin, die dem Verfasser offensichtlich vorlagen: »das Buch von den Kriegen Jahwes« (4. Mose 21,14) und möglicherweise auch schon das später fortgeführte (?) »Buch des Redlichen« (Jos 10,13).

4. Jesus und die apostolischen Schriften beziehen sich mehrere Male auf Mose als den Empfänger der Gesetzesoffenbarung, der dieses Gesetz Gottes – unbeschadet der geheimnisvollen Aussage von 2. Mose 32,15.16 – wohl auch schriftlich festgehalten hat. Mehr als dies darf man in die Worte Jesu und der Apostel (Mt 19,7; Lk 16,29; Joh 1,45; Röm 10,5; 1. Kor 9,9; Hebr 9, 19 u. a.) aber nicht hineinlesen. Sie drücken lediglich aus, was in Joh 1,17 auf den kürzesten Begriff gebracht wird: »Das Gesetz ist durch Mose gegeben.«

5. Über die quellenkritische Aufteilung des P. herrscht – abgesehen von der in sich geschlossenen Einheit des Deuteronomiums – unter den Fachwissenschaftlern bis heute keine Einhelligkeit. Welche Textteile welcher Quelle (J, P, E) zuzuordnen sind, ist oft strittig. Mit der Möglichkeit zunehmender wissenschaftlicher Übereinstimmung in den Details wird man freilich rechnen.

Aus diesen fünf Punkten ergeben sich folgende Grundlinien im Blick auf die Bedeutung und Gewichtung des P.:

a) Über die Entstehung und den/die Verfasser des P. können wir nichts anderes aussagen als was in der HS steht. Wenn ein bibl. Buch oder Sammelwerk (am deutlichsten wohl der Psalter) mehr als einen Verfasser hat, tut das seiner Autorität als Teil der Bibel keinen Abbruch. Wir wissen z. B., daß bei den Samuel- und Königsbüchern (s. dort) Vorlagen und Chroniken mitverwendet worden sind; ähnliches gilt für das Buch der Sprüche (Kap. 30–31).

b) Grundlage für die Auslegung und Verkündigung eines bibl. Textes ist nie eine etwaige Quellenschrift, die aus dem Text herauszudestillieren und deren Inhalt dann das »echte« Wort Gottes wäre, sondern immer die Endform des Textes in der HS; maßgeblich ist allein der endgültige kanonische Text, den wir haben. Die Arbeit eines etwaigen Herausgebers (»Redaktors«) des Textes ist eine zweitrangige Frage. Von dem fertigen Text, den wir vorliegen haben, nicht aber von irgendwelchen in ihn eingeflossenen Quellen oder Überarbeitungen, gilt die Gewißheit des Glaubens: »So spricht der HERR«.

c) Folglich geht es für den Glauben nie darum, ob man die Verfasserschaft eines bestimmten Autors beweisen kann. Ein solcher Beweis ist manchmal durchaus zu führen (vgl. die Korintherbriefe oder Jeremia), aber darauf kommt es nicht an. Es kommt vielmehr darauf an, daß sich dieses Buch der HS aus seiner Gotteskraft heraus als Gotteswort bekundet hat und daß die Kirche wohl daran getan hat, an ihm unverrückbar festzuhalten (vgl. KANON).

An einem anderen Beispiel aufgezeigt: Der Römerbrief ist nicht deshalb Gottes Wort, weil er zweifelsfrei ein echter Paulusbrief ist, sondern weil Christen aus ihm immer wieder die »Kraft Gottes, die selig macht« (Röm 1,16) erfahren haben. Und die Samuel- und Königsbücher oder der Hebräerbrief sind dadurch, daß wir ihre Verfasser nicht kennen, in ihrer Stellung als Wort Gottes nicht abgewertet. Für den Pentateuch bedeutet das: Selbst wenn die Alleinverfasserschaft des Mose bewiesen wäre, wären die »fünf Bücher Mose« nicht *deshalb* Gottes Wort. Sie sind es aus ihrem eigenen Selbstzeugnis und aus dem Zeugnis des Glaubens der Jahrhunderte heraus. Der echte Verfasser ist nicht das Entscheidende, sondern die Macht des Wortes Gottes selbst: »HERR, du bist mir zu stark gewesen und hast gewonnen« (Jer 20,7).

Der P. aber ist und bleibt das grundlegende Buch der Offenbarung in der HS, großartig und erschütternd, demütigend und tröstlich wie kein anderes Buch des AT. Es ist die Ur-Urkunde des Glaubens. Es ist das Buch, in dem Gott seinen Namen geoffenbart hat: »Ich bin *Jahwe*, dein Gott« (2. Mose 3,13–15; 20,2).

PEOR
4. Mose 23,28; 25,3.5.18; 31,16; 5. Mose 4,3; Jos 22,17; Ps 106,28; Hos 9,10

PEOR Hoher Berg im Land Moab; der letzte der drei Berge, auf denen Bileam auf Anordnung Balaks Israel verfluchen sollte, jedoch stattdessen einen Segen über Israel sprach (4. Mose 23,28). Man hält ihn heute für einen der Berge bei Heschbon.

PERAZIM
Jes 28,21

PERAZIM (»Risse«). Dieser Ort wird in 2. Sam 5,20 und 1. Chr 14,11 Baal-Perazim, in Jes 28,21 Perazim genannt. Hier konnte David nach seiner Salbung zum König von Israel den Sieg über die Philister erringen, auf den sich Jesaja in seinen Weissagungen bezieht. P. liegt bei Scheikh Bedr, nordwestlich von Jerusalem.

PERESCH
1. Chr 7,16

PERESCH (»Trennung«, »Riß«). Ein Angehöriger des Stammes Manasse.

PEREZ
1. Mose 38,29; 46,12; 4. Mose 26, 20–21; Rut 4,12.18; 1. Chr 2,4–5; 4,1; 9,4; 27,3; Neh 11,4.6; Mt 1,3; Lk 3,33

PEREZ (»Riß«). Einer der Söhne, die aus der Verbindung zwischen Juda und seiner Schwiegertochter Tamar hervorgingen, und Zwillingsbruder Serachs (1. Mose 38,29–30; 1. Chr 2,4); Vorfahre der wichtigsten Familie des Stammes Juda, der Pereziter (4. Mose 26,20).

P. war ein Vorfahre König Davids und erscheint im Stammbaum Jesu (Rut 4,18–22; Mt 1,3; Lk 3,33). Nachkommen des P. werden auch in der Liste der Einwohner Jerusalems z.Zt. Nehemias erwähnt (Neh 11,6).

PEREZITER
4. Mose 26,20

PEREZITER Nachkommen des Perez vom Stamm Benjamin.

PEREZ-USA Siehe USA (3).

PERGAMON
Offb 1,11; 2,12

PERGAMON Stadt in der Landschaft Mysien im Westen Kleinasiens, ca. 25 km vom Ägäischen Meer landeinwärts (heute Bergama, Türkei). P. war schon früh besiedelt und diente der röm. Provinz Asien 133 v. Chr. – 2. Jh. n. Chr. als Hauptstadt; als Handelsstadt wurde es jedoch von Ephesus überflügelt. P. war berühmt für seine schönen Bauwerke und die große Bibliothek, die sich mit der Alexandrias messen konnte. 29 v. Chr. wurde in P. der erste Tempel des röm. Kaiserkultes, zu Ehren des Augustus, errichtet. Spätere Tempel waren Trajan, Hadrian und Caracalla gewidmet. P. besaß auch einen Tempelkomplex zu Ehren Athenes, Dionysos' und Äskulaps und einen berühmten Zeustempel.

Die christl. Gemeinde von P. wird in Offb 2 als dritte der sieben Sendschreiben-Gemeinden erwähnt. Die Stadt wird als »da, wo der Thron des Satans ist« (Offb 2,13) beschrieben – wahrscheinlich eine Anspielung auf

(unten) Die Rote Kirche in Bergama (Pergamon) in der Türkei.

Blick auf Perge mit der Stätte des ehemaligen Artemis-Tempels im Vordergrund und der modernen Stadt im Hintergrund.

ihre Rolle als Zentrum des Kaiserkults in der Provinz. Die Verweigerung des Kaiserkultes durch die Christen löste unter Kaiser Domitian gerade in P. eine schwere Christenverfolgung aus. Offb 2,14–15 erwähnt auch Anhänger Bileams und der Nikolaïten – Irrlehrer, über die nichts Näheres bekannt ist.

PERGE Stadt an der Südwestküste Kleinasiens in der Landschaft Pamphylien. Heute Murtana (Türkei). Sie war das religiöse Zentrum der Region. Oberste Gottheit war, wie in Ephesus, eine mehr orientalisch als griechisch gefärbte Artemis. Auf seiner ersten Missionsreise kam Paulus zweimal durch P. (Apg 13,13–14; 14,25).

PERGE
Apg 13,13–14; 14,25

PERISITER Eines der Völker, die vor der Landnahme Israels das Land Kanaan bewohnten (1. Mose 15,20; 2. Mose 3,8; usw.). Sie werden gemeinsam mit den Kanaanitern, Hiwitern, Jebusitern u. a. Stämmen erwähnt (1. Mose 13,7; 34,30; Jos 9,1; 12,8; 17,15; Ri 1,4–5; 3,5). Reste der P. werden unter den Fronarbeitern der salomon. Periode erwähnt (1. Kön 9,20; 2. Chr 8,7). Herkunft und der genaue Siedlungsraum der P. liegen bislang im Dunkeln.

PERISITER
1. Mose 13,7; 15,20; 34,30; 2. Mose 3,8.17; 23,23; 33,2; 34,11; 5. Mose 7,1; 20,17; Jos 3,10; 9,1; 11,3; 12,8; 17,15; 24,11; Ri 1,4–5; 3,5; 1. Kön 9,20; 2. Chr 8,7; Esr 9,1; Neh 9,8

PERSER, PERSIEN Um die Mitte des 2. Jt. v. Chr. brachen aus Südrußland stammende indo-iranische Völker in den Iran und Indien ein. Im 10. Jh. v. Chr. hatten sich bereits zahlreiche iranische Stämme auf der Hochebene niedergelassen, die im 9. Jh. in assyr. Schriftzeugnissen erwähnt werden. Die MEDER werden unter den ersten dieser Völker aufgeführt; ihnen folgen die Perserstämme, obwohl über den genauen Zeitpunkt ihrer Ankunft und die Lage ihres ersten Siedlungsgebietes noch immer große Unsicherheit herrscht. Sie scheinen verschiedene Teile der Hochebene durchwandert zu haben, bevor sie Ende des 5. Jh. v. Chr. schließlich in der Region Fars im Südosten des Iran seßhaft wurden.

Die Achämeniden-Dynastie in P. begann mit dem Aufstieg Kyros d. Gr., der König Astyages von Medien stürzte und dessen Land eroberte (550/49 v. Chr.). 547 v. Chr. griff Kyros das mächtige Königreich Lydien an und eroberte die Hauptstadt Sardes. Nach einem langen Kampf gelang es den P. 539 v. Chr., die bibl. Weissagungen (Jes 21,2.9; Dan 5,28) zu erfüllen und dem mächtigen Babel den tödlichen Schlag zu versetzen. Sie wurden so – ungewollt – Gottes Werkzeug. P. stieg zu einem Großreich auf, das das assyr. und babylon. Reich sowie Mesopotamien und Syrien in sich vereinte.

PERSER, PERSIEN
Esr 1,1–2.8; 3,7; 4,3.5.7.24; 6,14; 7,1; 9,9; Neh 12,22; Est 1,3.14. 18–19.10,2; Hes 27,10; 38,5; Dan 5,28; 6,9.13.16.29; 8,20; 10,1. 13.20; 11,2

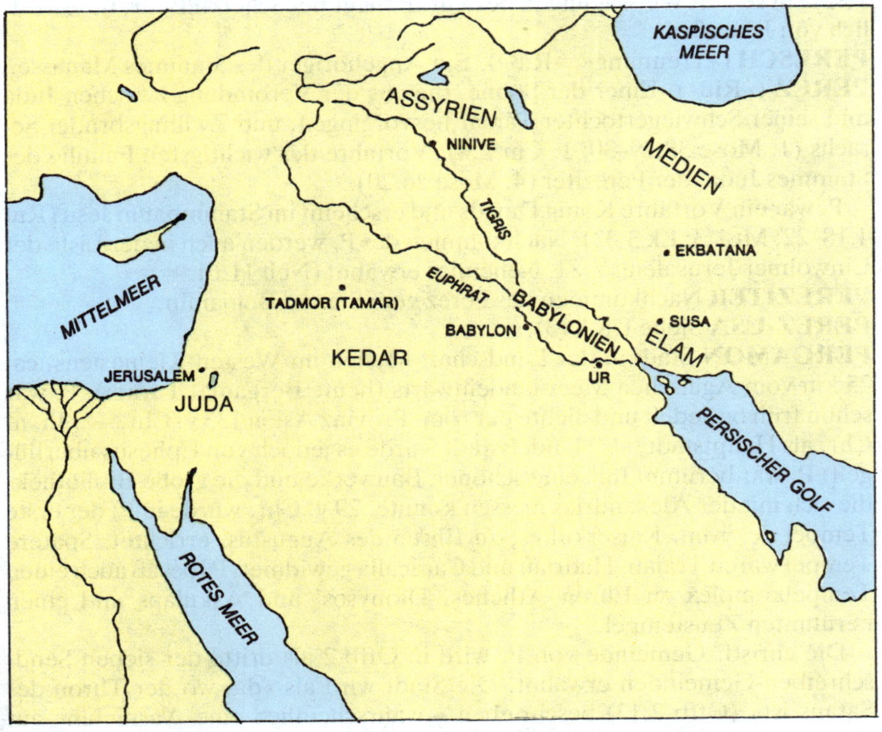

Das Persische Reich.

Kyros' Sohn Kambyses bestieg den Thron 525 v. Chr. Sein größter Erfolg war der Anschluß Ägyptens an das Perserreich. Während seines Feldzugs genoß Kambyses die Hilfe der Araber des Sinai, die die pers. Armee mit Wasser versorgten. Kambyses krönte sich selbst zum Pharao und rechtmäßigen Erben der ägypt. Herrscher.

Sein Nachfolger war Darius I., der eine neue Dynastie begründete. Darius errichtete die Paläste in Susa, der antiken Elamiterstadt, und seine eigene Hauptstadt Persepolis. Er führte eine Neuorganisation der Verwaltung des riesigen Reichs durch, unterteilte es in Satrapien und erweiterte es im Osten. Er plante sogar den Bau eines Kanals, der das Mittelmeer mit dem Roten Meer verbinden sollte. Er zog gegen die Skythen in Südrußland, und auf dem Rückweg eroberte er die griech. Küstenstädte in Kleinasien. Die pers. Expansion endete jedoch mit der Niederlage gegen die Griechen bei Marathon 490 v. Chr.

Nach dem Tod des Darius 486 v. Chr. folgte ihm sein ältester Sohn Ahasveros (Xerxes) auf den Thron. Im 2. Jahr seiner Regierung schlug er den Aufstand nieder, der in Ägypten noch unter Darius ausgebrochen war. 480 v. Chr. besiegte Xerxes die Griechen bei den Thermopylen, aber noch im selben Jahr wurde die pers. Flotte bei Salamis vernichtet. Kurz darauf wurde Ahasveros ermordet, und Artaxerxes I. (Artahsasta, 464–423 v. Chr.) bestieg den Thron.

In den folgenden Jahren erlebte P. Aufstände in Ägypten u. a. Satrapien. Seine letzte Blütezeit erlebte das Achämeniden-Reich unter Artaxerxes III. Ochos (359/8–338/7 v. Chr.), der einige der aufständischen Satrapien unterwarf, Phönizien eroberte und die pers. Herrschaft in Unterägypten erneuerte. Nach seiner Ermordung bestieg der letzte Achämenidenkönig den Thron, Darius III. (336/3–330 v. Chr.), der 333 v. Chr. bei Issos von Alexander d. Gr. geschlagen wurde.

P. erscheint in der Bibel zum ersten Mal bei Hesekiel, der pers. Söldner in der Armee von Tyrus erwähnt (Hes 27,10) und P. im Zusammenhang mit seiner Weissagung gegen König Gog von Magog (Hes 38,5) nennt. Die positive Einschätzung des Perserreiches im AT beruht darauf, daß es den judäischen Deportierten unter Kyros gestattet wurde, nach Hause zurückzukehren und den Tempel in Jerusalem wiederaufzubauen (2. Chr 36,23) – eine

(unten) Reste des Palastes der Perserkönige in Persepolis, 5. Jh. v. Chr.

Keramik-Handwaschgefäß aus Persien, um das 10.–8. Jh. v. Chr. (Israel-Museum).

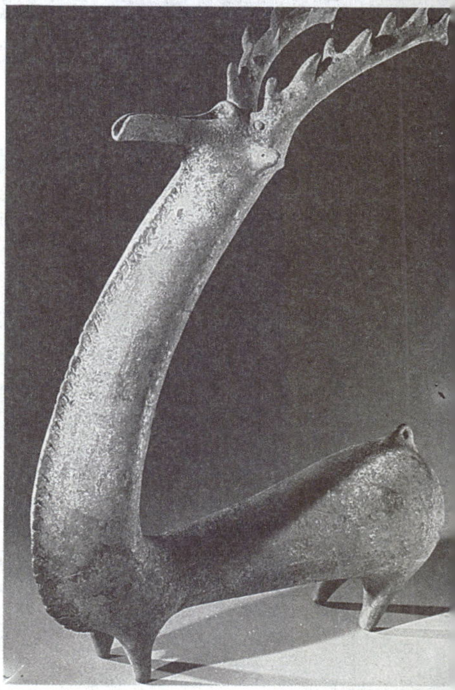

Goldenes Trinkhorn aus Achmeta.

Politik, die auch von seinen Nachfolgern beibehalten wurde (vgl. Esr 9,9). Auch hier wird Gott als der Herr der Geschichte offenbar. Der eigentliche Wiederaufbau des Tempels erfolgte unter Darius I. und wurde im 6. Jahr seiner Herrschaft beendet. Die positive Einstellung des nachexilischen Judentums zum Perserreich spiegelt sich auch im Buch Ester wider, das in Susa spielt.

PERSIS (vermutlich »Perserin«). Eine röm. Christin, die Paulus bei den persönlichen Grüßen am Ende des Römerbriefes erwähnt.

PERSIS
Röm 16,12

PERUDA (»Von dem Einsamen«, »einzig«). Oberhaupt einer Familie von Nachkommen der Sklaven Salomos, die mit Serubbabel aus der babyl. Gefangenschaft zurückkehrten und sich in Jerusalem ansiedelten (Esr 2,55; Neh 7,57).

PERUDA
Esr 2,55;
Neh 7,57

PETACHJA (»Jahwe öffnet«).

1. Ein Levit, Anführer der 19. Abteilung der Priester am Heiligtum z. Zt. König Davids.

2. Ein Levit, der unter Esra seine heidnische Frau verstoßen mußte.

3. Einer der Leviten, die am großen Fastentag z.Zt. Nehemias das Bußgebet sprachen; vielleicht mit P. (2) identisch.

4. Angehöriger des Stammes Juda in der Wohnsitzliste der Rückkehrer aus Babel (Neh 11,24).

PETACHJA 1
1. Chr 24,16
PETACHJA 2
Esr 10,23
PETACHJA 3
Neh 9,5
PETACHJA 4
Neh 11,24

PETOR Ort am Euphrat (4. Mose 22,5), an den König Balak von Moab Boten zu dem heidnischen Propheten Bileam sandte. In 5. Mose 23,5 wird der Ort »Petor in Mesopotamien« genannt (wie auch in der LXX). Einer Inschrift aus der Zeit Salmanassers III. zufolge lag der Ort am rechten Ufer des Euphrat, ca. 20 km südlich von Karkemisch. Die Hetiter beherrschten die Stadt, bis sie im 9. Jh. v. Chr. von Salmanasser III. von Assyrien eingenommen wurde.

PETOR
4. Mose 22,5;
5. Mose 23,5

PETRUS (SIMON) Einer der zwölf Apostel, nach der Himmelfahrt Jesu ihr Leiter. Er stammte aus Betsaida am Nordufer des Sees Genezareth (Joh 1,44), wohnte in Kapernaum (Mk 1,21.29), war verheiratet (Mk 1,30; 1. Kor 9,5) und arbeitete zus. mit seinem Bruder Andreas als Fischer (Mk 1,16). Als Jesus ihn berief, gab er ihm (Joh 1,42) den Beinamen *Kephas* (aram. »Felsen«, »Stein«); der Name Petrus ist aus der griech. Übersetzung *Petra* abgeleitet. Zus. mit Jakobus und Johannes und zuweilen auch mit seinem Bruder Andreas durfte P. bei bes. wichtigen Szenen im Leben Jesu zugegen sein; so wurde er Zeuge der Verklärung Jesu (Mk 9,2ff.), hörte Jesu Weissagung über die Endzeit (Mk 13,3ff.) und war bei Jesus im Garten Gethsemane (Mk 14,32ff.), wo er nach Joh 18,10 die Verhaftung seines Herrn mit dem Schwert verhindern wollte. Sein erstes eindeutiges Bekenntnis zu Jesus legte er nach dem Fischwunder am See Genezareth ab (Lk 5,1–11), und er war es, der Jesu Frage »Wer sagt denn ihr, daß ich sei?« mit dem entscheidenden Satz »Du bist Christus, des lebendigen Gottes Sohn« beantwortete (Mt 16,15.16).

P. war ein impulsiver, hitziger Mensch. Als Jesus anfing, seine Leiden anzukündigen, widersprach P. ihm, was ihm den Tadel »Geh weg von mir, Satan!« einbrachte (Mt 16,21–23). Als Jesus auf dem Wasser ging, wollte er es ihm spontan gleichtun (Mt 14,22–31). Er war es, der bei Jesu Verklärung begeistert vorschlug, auf dem Berg zu bleiben und Hütten zu bauen (Mt 17,4). Beim Abendmahl wollte P. sich weigern, sich von Jesus die Füße waschen zu lassen (Joh 13,8–10), und kurz darauf beteuerte er steif und fest, daß er Jesus niemals verlassen werde – nur um ihn noch in der gleichen Nacht dreimal zu verleugnen (Mt 26,31–35.69–75). Dieses Erlebnis, v.a. aber die umstürzenden Ereignisse nach der Auferstehung Jesu Christi, veränderten offensichtlich das Wesen des P. von Grund auf, auch wenn er dann wieder an dem zögernden Johannes vorbei als erster das leere Grab betrat (Joh 20, 3–8). Sein Gespräch mit dem Auferstandenen am See Genezareth (Joh 21, 15–22) zeigt uns einen demütig gewordenen P., der bereit ist, zu warten, bis Gott ihn gebraucht. Nach Lk 24,34; 1. Kor 15,5 hatte er eine Einzelbegegnung mit dem Auferstandenen.

PETRUS (SIMON)
Mt 4,18; 10,2; 14,28–29; 15,15 16,16–18.22–23 17,1.4.24; 19,27; 26,33. 35.37.40.58. 69.73.75;
Mk 1,16.29–30. 36; 3,16; 5,37; 8,29.32–33; 9,2.5; 10,28; 11,21; 13,3; 14,29.33.37.54 66–67.70.72; 16,7;
Lk 4,38; 5,3–5.8.10; 6,14; 8,45.51; 9,20.28.32–33; 12,41; 18,28; 22,8.31.34. 54–55.60–62; 24,12.34;
Joh 1,40–42.4 6,8.68; 13,6. 8–9.24.36–37; 18,10–11.15–1 25–27; 20,2–4 21,2–3.7.11. 15–17.20–21;
Apg 1,13.15; 2,14.37–38; 3, 3–4.6.11–12; 8.13.19; 5,3.8 15.29; 8,14.2(9,32.34.38–4(10,5.9.13–14. 17–19.21.25– 32.34.44–46; 11,2.4.7.13; 12,3.5–7.11.1

Das Haus des Petrus im Modell (Museum der Franziskaner in Jerusalem).

16.18; 15,7.14; Gal 1,18; 2,7–8.11.14; 1. Petr 1,1; 2. Petr 1,1

Nach der Himmelfahrt Jesu wurde P. zum Haupt und Sprecher des Apostelkreises. Er hielt die berühmte Pfingstpredigt (Apg 2,14–41) und die erste Predigt vor Nichtjuden (Apg 10,34–44). In der Kraft des Hl. Geistes konnte er Kranke heilen und Tote auferwecken (Apg 3,1–8; 5,15; 9,32–41). Er verteidigte die Gemeinde vor dem Hohen Rat (Apg 4,8–12; 5,29) und erlebte während einer Christenverfolgung unter König Herodes Agrippa I. eine wunderbare Befreiung aus dem Gefängnis (Apg 12,3–17). Er übte den ersten uns überlieferten Fall von Kirchenzucht aus (Hananias und Saphira, Apg 5,1–11). Sein Erlebnis mit dem Hauptmann Kornelius (Apg 10) öffnete den Weg in die Heidenmission (Apg 11,1–18).

Nach der Apostelversammlung von Apg 15 wird Petrus in der Apg nicht mehr erwähnt. Nachdem die Führung der judenchristl. Jerusalemer Urgemeinde offenbar auf den Herrnbruder (Mt 13,55) Jakobus übergegangen war (vgl. Gal 2,9.12; Apg 21,18), hat P. allem Anschein nach eigene Missionsreisen unternommen, u.a. auch nach Korinth (1. Kor 1,12), nach Antiochia, wo es zu einem Zusammenstoß mit Paulus über das Problem der Juden- und Heidenchristen kam (Gal 2,11–14), und nach Rom (»Babylon« in 1. Petr 5,13). Er starb 65 n. Chr. während der Christenverfolgung durch Nero in Rom den Märtyrertod am Kreuz.

Die Primatskirche (Peterskirche) am Ufer des Sees Genezareth.

PETRUS, DER ERSTE BRIEF DES Der 1. Petrusbrief ist der erste der sog. katholischen (= »allgemeinen«, d. h. nicht an eine bestimmte Ortsgemeinde oder Einzelperson gerichteten) Briefe des NT. Er wird von mehreren Kirchenvätern des beginnenden 2. Jh. n. Chr. zitiert, und seine kanonische Geltung wurde nie in Frage gezogen. Obwohl in allen Hss. im 1. Vers der Name des P. auftaucht, ist in der Bibelwissenschaft z. T. bezweifelt worden, ob P. wirklich der Verfasser war. Zwei Hauptargumente wurden vorgebracht: Erstens scheint der griech. Stil des Briefes für einen Fischer aus Galiläa mit der Muttersprache Aramäisch »zu gut« zu sein. Es ist jedoch durchaus möglich, daß der in Kap. 5,12 erwähnte Silvanus als Sekretär des P. den Brief weitgehend selbst ausformulierte – ein Verfahren, das bei den Schreibern der Antike keineswegs ungewöhnlich war.

Zweitens scheinen die wiederholten Hinweise auf eine Verfolgungssituation auf eine Abfassung nach dem Tod des P. hinzudeuten, denn die erste allgemeine Christenverfolgung fand erst unter Kaiser Domitian (81–96 n. Chr.) statt. Die Formulierung im Brief (bes. 4,12ff.) weist jedoch nicht notwendig auf eine allgemeine, »offizielle« Verfolgung hin, und Begriffe wie *diogmos* (»Verfolgung«) und *thlipsis* (»Drangsal«) fehlen. Vielmehr dürfte der 1. Petrusbrief die schwierige Situation vor den Verfolgungen durch Nero widerspiegeln.

Wahrscheinlich verfaßte P. den Brief irgendwann zwischen dem Tod des Jakobus i. J. 62 und dem Beginn der Unruhen in Rom i. J. 64. Der Abfassungsort dürfte Rom gewesen sein; das »Babylon« von Kap. 5,13 ist ohne Zweifel auf Rom zu deuten (vgl. Offb 17,3–6). Die Adressaten sind »verstreut« (1,1) im nördlichen Kleinasien lebende Christen bzw. Gemeinden (meist wohl Heidenchristen), gewöhnlich in Gegenden, die nicht von Paulus erreicht worden waren.

Petrus heilt Tabita; dargestellt auf einem Säulenkapitell aus der Kreuzfahrerzeit; gefunden in Nazareth.

Der 1. Petrusbrief weist zahlreiche Parallelen zu anderen Texten des NT auf, nicht zuletzt auch zu den Briefen des Paulus. Dies ist nicht verwunderlich angesichts der engen Beziehung des P. zu Silvanus und Markus (5, 12–13), die beide enge Mitarbeiter des Paulus waren. (Auch die Briefe des Paulus an die Thessalonicher, zu denen 1. Petr, ebenso wie zum Römer- und Epheserbrief, gewisse Ähnlichkeiten zeigt, wurden von Silvanus mitverfaßt.) P. bietet jedoch auch eine Fülle eigenständiger Gedanken.

In dem Brief wird den Neubekehrten die Herrlichkeit ihres Christseins gezeigt. Sie haben die Barmherzigkeit Gottes erfahren und sind durch die Auferstehung Jesu Christi von den Toten wiedergeboren zu einer lebendigen Hoffnung. Durch Jesu Blut sind sie freigekauft von den Mächten, denen sie willig oder widerwillig dienten, als sie noch in ihrem heidnischen Leben wandelten. Gottes Wort hat seine heilbringende, neues Leben wirkende Kraft an

Peterskirche im Vatikan, Rom; sie ist an der Stelle erbaut, die nach christlicher Überlieferung seit dem Jahr 160 als Begräbnisort des Apostels gilt.

Das Tempietto in Rom, erbaut im Jahr 1502 von Bramante an der Stelle, an der nach der Überlieferung Petrus gekreuzigt wurde.

ihnen erwiesen. Durch seine Gnade sind sie als lebendige Steine eingefügt in den heiligen Gottesbau. Dadurch sind sie nun zu einem geheiligten Leben vor Gott und der Welt verpflichtet. Sie sollten jederzeit in der Lage sein, darüber Auskunft zu geben, wodurch sie Menschen der Hoffnung wurden, deren Ziel die Herrlichkeit des Reiches Gottes ist (Kap. 3,15).

Es ist immer wieder die Frage erörtert worden, ob 1. Petr nicht urspr. eine Taufpredigt gewesen ist, der man die Autorität des Apostels geben wollte. 1. Petr weist sich selbst aber eindeutig als Brief aus (vgl. 1,1; 5,12–14). Falls er in den kleinasiat. Gemeinden v. a. bei Taufgottesdiensten verlesen wurde, so haben diese Gemeinden nichts anderes getan, als was die Kirche gerade bei Taufgottesdiensten immer tat: das Zeugnis von Jesus Christus (1,17–21) gepredigt und von der Bewährung der Christen in dieser Welt (2,11–17; 4, 1–14) Zeugnis gegeben.

INHALTSÜBERSICHT

1,1–2	Gruß
1,3–12	Die Kraft der Erlösung
1,13–17	Ermahnung zur Heiligung
1,18–21	Erlösung durch das Blut Jesu Christi
1,22–2,3	Wiedergeburt durch Gottes Wort
2,4–10	Gottes Haus aus lebendigen Steinen
2,11–3,13	Ermahnungen zur Demut und zu christlichem Wandel
3,14–4,2	Teilnahme am Leiden Christi
4,3–11	Christliche Lebenshaltung gegenüber einer heidnischen Umwelt
4,12–19	Leiden um der Gerechtigkeit willen
5,1–4	Anweisungen an die Ältesten
5,5–11	Abschließende Ermahnungen
5,12–14	Grüße

PETRUS, DER ZWEITE BRIEF DES Wenngleich keine Adressaten genannt sind, scheint sie der Verfasser doch gut zu kennen (1,12f.) und hat ihnen bereits früher einen Brief geschrieben (3,1). Aus dem Eingangsvers geht hervor, daß es sich wahrscheinlich um Heidenchristen handelt. Der Anlaß des Briefes war offensichtlich das Eindringen von Irrlehrern, die durch unmoralisches Verhalten, Überheblichkeit, Leugnung der Autorität der Schrift und wohl auch finanzielle Unehrlichkeit charakterisiert werden. Kap. 2 ist eine einzige lange Warnung vor ihnen. Der beste Schutz gegen solche Irrlehrer ist ein gesundes Verständnis der Schrift und ihrer vom Geist Gottes gewirkten Autorität (1,19–21; 3,16).

2. Petr wird von den Kirchenvätern weit weniger zitiert als andere Bücher des NT; seine erste namentliche Erwähnung findet sich bei Origines im 3. Jh. Seine Kanonizität wurde im 4. Jh. gegen erhebliche Widerstände beschlossen (s. KANON).

Der Briefeingang nennt Simon Petrus als Verfasser; demnach ergibt sich als Abfassungszeit ein Termin kurz vor seinem Märtyrertod 65 n. Chr. (vgl. 1,14). Es fällt jedoch auf, daß die Schreibweise des Namens Simon im griech. Urtext von 1,1 sich an die LXX anlehnt (*Symeon*). Auch aus anderen Gründen wird das Mißtrauen der alten Christenheit gegen die apostol. Verfasserschaft und kanon. Geltung des Briefes bis heute von vielen Auslegern geteilt: a) Kap. 2 gilt gewöhnlich als abhängig vom Judasbrief. Es ist in der Tat eindeutig, daß einer den anderen gekannt und benutzt hat. Falls Jud auf 2. Petr basiert, ließe sich daraus ein relativ frühes Abfassungsdatum von letzterem ableiten. Sollte dagegen 2. Petr von Jud abhängig sein, so wäre dies ein Indiz dafür, daß P. nicht der Verfasser war – schon weil der Größere wohl kaum vom Kleineren abschreiben würde. – b) Nach 3,15f. scheint der Verfasser vertraut zu sein mit Briefen des Paulus, die offenbar in einer Art Sammlung vorlagen und als autoritativ galten. Da man eine solche Sammlung allgemein nicht früher als 90 n. Chr. datiert, ergibt sich aus dieser Sicht ein entsprechend später Abfassungstermin von 2. Petr; der Brief wäre dann die späteste Schrift des NT. Es ist jedoch nicht eindeutig, daß sich der Schreiber auf eine Sammlung bezieht, und andererseits könnte man eine vorläufige, unvollständige Sammlung von Paulusbriefen schon für eine recht frühe Zeit annehmen (vgl. Kol 4,16). – c) Es gibt in Sprache und Lehre einige Abweichungen von 1. Petr. Was die Sprache betrifft, darf man jedoch nicht vergessen, daß 1. Petr offenbar von Silvanus mitverfaßt wurde (vgl. 1. Petr 5,12). Falls P. für seinen zweiten Brief einen anderen (namentlich nicht genannten) »Sekretär« eingesetzt hat, würde dies die sprachl. Unterschiede erklären. Bezüglich der unterschiedlichen inhaltlichen Schwerpunkte ist zu bemerken, daß beide Briefe ganz unterschiedliche Anlässe haben. – d) Schließlich wird darauf verwiesen, daß die im Brief bekämpften Irrlehren die Christenheit erst im 2. Jh. n. Chr. bedrohten. Dies ist zwar richtig, muß aber nicht bedeuten, daß die Wurzeln dieser Irrlehren nicht weiter zurückreichen. So ist z. B. der Zweifel an der Wiederkunft Christi (3,4) bereits aus frühen ntl. Briefen bekannt (vgl. 1. Kor 15,12; 1. Thess 4,13f.).

Das Anliegen des Briefes ist hauptsächlich, dem Auftreten von Irrlehren entgegenzutreten. Kap. 1 fordert die Leser auf, im Glauben zu wachsen und auf das Wort Gottes zu achten. Kap. 2 beschreibt die Irrlehrer und ihre Ansichten genauer und zieht Parallelen zu atl. Beispielen. Kap. 3 konzentriert sich auf das Thema der Wiederkunft Christi und betont, daß sie gewiß ist und daß ihre scheinbare Verzögerung auf der Geduld und Gnade Gottes beruht.

INHALTSÜBERSICHT

1,1–2	Gruß
1,3–11	Wachstum in der Tugend durch die Kraft Gottes
1,12–18	Das Zeugnis des Petrus
1,19–21	Wahre Prophetie
2,1–22	Falsche Propheten und Lehrer
3,1–13	Die letzten Dinge
3,14–18	Praktische Anweisungen und Schluß

PETUËL Joel 1,1

PETUËL (»Befreier ist Gott«). Vater des Propheten Joel.

PËULLETAI 1. Chr 26,5

PËULLETAI (»Belohnung des Herrn«). Sohn Obed-Edoms, eines levitischen Torhüters am Heiligtum.

PFAU Siehe TIERE.

PFERD Siehe TIERE.

PFINGSTEN pg 2,1; 20,16; 1. Kor 16,8

PFINGSTEN (griech. *pentêkonta* = »fünfzig«), **WOCHENFEST**. Dem christl. Pfingstfest liegt das jüd. Wochenfest zugrunde. Im jüd. liturgischen Kalender ist das W. das zweite der drei Wallfahrtsfeste (die beiden anderen sind das Passa- und das Laubhüttenfest), an denen jeder männliche Israelit zum Tempel in Jerusalem ziehen mußte (vgl. 2. Mose 34,23). Der Name »Wochenfest« (2. Mose 34,22; 5. Mose 16,10; hebr. *schavuot* = »Wochen«) weist auf die sieben Wochen, die nach dem Passafest zu zählen sind: »Bis zu dem Tag nach dem siebenten Sabbat, nämlich fünfzig Tage, sollt ihr zählen und dann ein neues Speiseopfer dem HERRN opfern« (3. Mose 23,16). An diesem 50. Tag (»Pfingsten«) wird das W. begangen. In der Bibel heißt das W. auch »Fest der Ernte« (2. Mose 23,16) und »Tag der Erstlinge« (4. Mose 28,26).

Die Wallfahrtsfeste hatten von Hause aus eine landwirtschaftliche Bedeutung. Das W. bezeichnete das Ende der Gersten- und den Beginn der Weizen-

Emailplatte mit einer Pfingstdarstellung am Verdun-Altar; 1180; es sind »Zungen zerteilt wie von Feuer« zu sehen, die sich auf die Apostel setzen (Apg 2,1–4); Abtei Klosterneuburg.

Akazie

Mandeln

Aloe

ernte: »Ihr sollt aus euren Wohnungen zwei (Weizen-)Brote bringen ... als Erstlingsgabe für den HERRN« (3. Mose 23,17). Die Wallfahrer pflegten sich in den Zentren ihrer jeweiligen Wohngebiete zu sammeln und die Wallfahrt zum Tempel gemeinsam anzutreten; dort wurden sie dann von den Leviten empfangen. Im Laufe der Zeit nahmen diese Feste geschichtliche Deutungen an; das W. erinnerte an die Gottesoffenbarung und den Bundesschluß am Sinai und hieß »Zeit der Gabe unserer Thora« (vgl. dazu die Zeitangabe in 2. Mose 19,1–2).

Als Festrolle in der synagogalen Liturgie beim W. diente das Buch Rut, das ja zum großen Teil während der Zeit der Gersten- und Weizenernte spielt und dessen Hauptperson eine Heidin ist, die zum jüd. Glauben übertritt und die Thora annimmt.

Apg 2 berichtet, wie am ersten W. nach Jesu Auferstehung Gott seinen Hl. Geist auf die einmütig versammelten Apostel ausgoß. Wie Gott am Sinai aus dem Feuer zu Mose gesprochen hatte (2. Mose 19,18f.), so kam der Geist jetzt wie Feuerzungen auf die Jünger (Apg 2,3), und sie begannen, in fremden Sprachen zu reden, so daß die jüd. Pilger aus aller Herren Länder sie verstehen konnten (V. 4ff.) – ein Zeichen für die Universalität des Evangeliums. Auf die berühmte Pfingstpredigt des Petrus hin (V. 14ff.) bekehrten sich ca. 3000 Menschen – die Geburtsstunde der christl. Kirche (Gemeinde) (V. 37f.).

Im Christentum ist Pfingsten seither das Fest des Hl. Geistes. An P. hat Gott seine atl. (Hes 36,26–27; Joel 3,1–5) und ntl. (Joh 14,15–26) Verheißungen über die Sendung des Hl. Geistes erfüllt und ein neues Zeitalter seiner Heilsgeschichte anbrechen lassen, das Zeitalter der Gemeinde Jesu Christi. (S. auch GEIST GOTTES; KIRCHE, GEMEINDE.)

PFLANZEN In alphabetischer Reihenfolge werden nachfolgend die in der Bibel erwähnten Pflanzen aufgeführt. Dabei sollte beachtet werden, daß die verschiedenen Übersetzungen der hebr. Pflanzengattungen nicht immer übereinstimmen.

AKAZIE Das mit »Akazie« übersetzte hebr. Wort *Schittah* bezeichnet mehrere Arten dieses in Palästina wachsenden Baumes. Die heute auf der Sinai-Halbinsel häufigste Spezies ist ein dorniger Baum mit gelben Blüten. Sein Stamm ist gewöhnlich dünn – was nicht zu der bibl. A. paßt, aus der die breiten Bretter der Stiftshütte gefertigt wurden (2. Mose 26,15).

Die A. und ihr Holz werden fast ausschließlich in Zusammenhang mit der Errichtung der Bundeslade, des Altars und der Stiftshütte erwähnt (2. Mose 25,10.13; 26,15; 36,20; 38,1.6 etc.).

Mehrere bibl. Ortsnamen – wie Bet-Schitta und Schittim – beziehen sich auf den hebr. Namen des Baums, wahrscheinlich in Gebieten, in denen die A. bes. häufig vorkam. In Jes 41,19 ist die in der Wüste wachsende A. ein Teil von Gottes Verheißung an die Israeliten.

ALOE Siehe GEWÜRZE UND PARFÜME.

APFEL, APFELBAUM Der in der Bibel erwähnte Apfelbaum konnte nicht mit Sicherheit identifiziert werden. Er wird als ein schattenspendender Baum mit süßen Früchten beschrieben. Er ist ein Symbol des Wohlgeruchs und der Schönheit (Spr 25,11; Hld 2,3.5; 8,5). In der Kunst und der Literatur späterer Zeiten wurde der »Baum der Erkenntnis« aus 1. Mose 2,9 mit dem A. identifiziert, ohne daß dies jedoch in der Bibel belegt werden könnte.

BACHWEIDE Siehe WEIDE.

BAKABAUM Siehe MAULBEERBAUM.

BALSAM Siehe GEWÜRZE UND PARFÜME.

BINSE Siehe SCHILF.

BITTERE KRÄUTER Vor ihrem Auszug aus Ägypten aßen die Israeliten ihr Passa-Lamm mit bitteren Kräutern (2. Mose 12,8; 4. Mose 9,11). In der späteren rabbin. Literatur wurden sie zu einem Symbol, das an die bitteren Zeiten der Israeliten während ihrer langen Knechtschaft erinnern sollte. Das hebr. Substantiv bezieht sich höchstwahrscheinlich auf mehrere versch. Kräuter.

PFLANZEN UND GEWÜRZE

AKAZIE
2. Mose 25,5.1
13.23.28; 26,15
26.32.37; 27,1.
30,1.5; 35,7.24
36,20.31.36; 37
1.4.10.15.25.
28; 38,1.6;
5. Mose 10,3;
Jes 41,19
ALOE
4. Mose 24,6;
Ps 45,9;
Spr 7,17;
Hld 4,14;
Joh 19,39
APFEL,
APFELBAU
Spr 25,11;
Hld 2,3.5; 8,5
Joel 1,12
BACHWEID
3. Mose 23,40
Hiob 40,22
BAKABAU
2. Sam 5,23–2
1. Chr 14,14–
BALSAM
1. Mose 37,25
43,11;
2. Mose 30,34
Est 2,12;
Ps 141,5;
Hld 2,17;
Jer 46,11; 51,
Hes 27,22;
Offb 18,13
BINSE
Hiob 40,26;
41,12

BITTERE KRÄUTER
2. Mose 12,8;
4. Mose 9,11
BOHNEN
2. Sam 17,28;
Hes 4,9
BUCHE
Hos 4,13
DILL
Jes 28,25.27;
Mt 23,23
DISTEL
1. Mose 3,18;
2. Sam 23,6;
Hiob 30,7;
31,40a;
Spr 24,31;
Jes 5,6; 7,23–25; 9,17; 27,4;
Hos 10,8;
Mt 7,16;
Hebr 6,8
DORNEN, DORNBUSCH, DORNSTRAUCH
1. Mose 3,18;
2. Mose 22,5;
4. Mose 33,55;
Ri 8,7.16;
9,14–15;
2. Kön 14,9;
2. Chr 25,18;
Ps 58,10;
Spr 15,19; 26,9;
Pred 7,6;
Hld 2,2;
Jes 5,6; 7,23–25;
9,17; 10,17;
27,4; 32,13;
33,12; 34,13;
55,13;
Jer 4,3;
12,13; 17,6;
Hes 2,6; 28,24;
Hos 2,8; 9,6;
10,8;
Mi 7,4;
Nah 1,10;
Mt 7,16; 13,7.
22; 27,29;
Mk 4,7.18; 12,
26; 15,17;
Lk 6,44;
8,7.14; 20,37;
Joh 19,2.5;
Apg 7,30.35;
Hebr 6,8
EICHE
1. Mose 12,6;
35,4.8;
5. Mose 11,30;
os 19,33; 24,26;
Ri 4,11; 6,11.
19; 9,6.37;
1. Sam 10,3;
2. Sam 18,
9–10.14;
1. Kön 13,14;
1. Chr 10,12;
Ps 29,9;
Jes 1,29–30;
2,13; 6,13;
44,14;
Hes 6,13; 27,6;
Hos 4,13;
Am 2,9;
Sach 11,2

BOHNEN Eine nahrhafte Hülsenfrucht. B. werden in der Bibel zweimal erwähnt: Zus. mit anderen Nahrungsmitteln werden sie dem während Absaloms Revolte in Mahanajim weilenden David gebracht (2. Sam 17,28), und in Hesekiels Darstellung der Belagerung Jerusalems werden B. als eine Zutat zur Brotzubereitung aufgeführt. (Hes 4,9).

BUCHE Die B. wird zus. mit der Eiche und Linde als Baum erwähnt, der auf den Hügeln wuchs (Hos 4,13).

DILL Feinblättrige Würzpflanze aus der Familie der Doldenblütler; enthält ätherisches, aromatisches Öl. D. wird in Mt 23,23 als eine der Pflanzen erwähnt, für welche die Pharisäer überaus pünktlich ihren Zehnten zahlten.

DISTEL Verschiedene wilde Pflanzen mit spitzen Dornen an Stamm, Stengel, Zweigen oder Blättern. Über 20 versch. hebr. Wörter bezeichnen diese Pflanzen, die häufig zus. mit Dornsträuchern erwähnt werden.

D. und Dornen werden im übertragenen Sinn dazu benutzt, die Folgen von Sünden (1. Mose 3,18; Hos 10,8) zu beschreiben, sowie Wertlosigkeit (2. Sam 23,6) und die Bosheit falscher Propheten (Mt 7,16; vgl. Lk 6,44) zu symbolisieren.

DORNEN, DORNBUSCH, DORNSTRAUCH Jegliche wild wachsende, dornige Pflanze. Verschiedene hebr. Namen werden mit »Dornen«, »Dornbusch« oder »Dornstrauch« übersetzt, da die Pflanzen, auf die sich diese Namen beziehen, nicht genau identifiziert werden konnten. Der D. symbolisiert das Wertlose oder Böse (Mi 7,4) und wird im übertragenen Sinn auf die Feinde Israels (Hes 28,24) und des Landes (Jes 5,6; 7,23–25; 55,13) angewandt.

EICHE Die Lutherbibel übersetzt zwei verschiedene hebr. Bezeichnungen mit »Eiche«, die man heute mit »Eiche« bzw. »Terebinthe« übersetzt. Die E. ist ein Baum, der wegen seiner Größe und Stärke bekannt war. Der Amoriter war »so stark wie die Eichen« (Am 2,9). Götzenverehrung fand oft unter E. statt (Hes 6,13; Hos 4,13).

An den folgenden Bibelstellen nennt die LÜ die E., obwohl der genannte Baum eigentlich als »Terebinthe« bezeichnet werden müßte. (Die Terebinthe ist ein großer, in Palästina sehr häufiger Baum, der bis zu 10,5 m hoch ist.)

Der Engel Gottes kam zu Gideon unter der E. bei Ofra (Ri 6,11). Jakob vergrub seine fremden Götter unter einer E. bei Sichem, bevor er nach Bethel zurückkehrte (1. Mose 35,4). Debora, die Amme Rebekkas, wurde unter der Klageeiche unterhalb von Bethel begraben (1. Mose 35,8). E. dienten auch als Grenzmarkierungen (Jos 19,33) und Orientierungspunkte (1. Sam 10,3). Abimelech wurde bei der E. am Steinmal von Sichem zum König gekrönt (Ri 9,6), und er marschierte auf Sichem »auf dem Wege von der Zaubereiche« (Ri 9,37). Absaloms Revolte endete, als er auf der Flucht in einer E. hängen blieb (2. Sam 18,9). Jesaja prophezeite, daß Juda einer »E. mit dürren Blättern« gleichen (Jes 1,30) und nur ein »Stumpf« übrigbleiben werde (Jes 6,13).

FEIGE, FEIGENBAUM Ein in Palästina einheimischer Obstbaum. Der erste im AT namentlich erwähnte Baum ist ein F: »Da wurden ihnen beiden [Adam und Eva] die Augen aufgetan, und sie wurden gewahr, daß sie nackt waren, und flochten Feigenblätter zusammen und machten sich Schurze« (1. Mose 3,7). Der F. wird 5. Mose 8,8 unter den Früchten des Landes Kanaan aufgeführt und hatte Heilkräfte: Mit einem »Pflaster von Feigen« wurde König Hiskias Geschwür geheilt (Jes 38,21). Der F. war auch ein Symbol des Friedens und des Wohlstands (1. Kön 5,5; 2. Kön 18,31; Jes 36,16; Joel 2,22; Mi 4,4; Hag 2,19; Sach 3,10) sowie der Fruchtbarkeit; als letzterer wurde er von Jesus in einem seiner Gleichnisse verwendet (Lk 13,6–9). Er kommt auch in Jotams Fabel von den Bäumen (Ri 9,7–15), in Jeremias Gleichnis von den Verbannten (Jer 24) und in der Geschichte über Jesu Verdammung des F. (Mt 21,18–22; Mk 11,13–14.20–24) vor.

FEIGENBAUM, WILDER Ein nur ein einziges Mal erwähnter Baum, der sehr häufig war (1. Kön 10,27). Man nimmt an, daß es sich um die Sykomore, den Maulbeer-Feigenbaum, handelt, der in Palästina einheimisch war und in der Küstenebene und im Negeb wuchs.

Getrocknete dicke Bohnen

Weißer Ginster

Zeder

Cumin (Kümmel)

Feige

Feigenbaum

FLACHS Als älteste Textilpflanze des Vorderen Orients waren der F. und seine Produkte von großer Bedeutung. Zum erstenmal wird F. in der Bibel erwähnt, als die Hagelplage die Ernte der Ägypter vernichtet (2. Mose 9,31); zum zweitenmal, als sich die beiden Kundschafter Josuas in Jericho unter Flachsstengeln auf Rahabs Dach verstecken (Jos 2,6). Die gehechelten Fasern dienten als Lampendochte (Jes 42,3; 43,17) und Stricke (Hes 40,3) und wurden zu Leinen verwoben (Jer 13,1; Hes 44,17–18). Über die tüchtige Hausfrau wird gesagt: »Sie geht mit Wolle und F. um und arbeitet gerne mit ihren Händen« (Spr 31,13). Das untreue Israel wird als Hure bezeichnet, die ihre Wolle und ihren F. von ihren Liebhabern bekommt; Gott läßt durch Hosea verkünden, daß er ihr seine Wolle und seinen F. entreißen wird (Hos 2,7.11).

Die blau blühende Pflanze, die ca. 1 m hoch wird, wird aus dem Boden gezogen, wenn ihre Samen reif sind. Die Stengel werden getrocknet und die Fasern gehechelt, während aus den glänzenden Samen Leinsamenöl gewonnen wird.

GALBANUM Siehe GEWÜRZE UND PARFÜME.

GALLE Ein giftiges und bitteres Kraut, das Bitterkeit und Unglück symbolisierte (Ps 69,22; Mt 27,34).

GERSTE Ein einjähriges Getreide, das eng mit Weizen verwandt und ein äußerst wichtiges Nahrungsmittel für Mensch und Vieh ist. Es wurde in abgelegenen Gebieten gesät, wo Weizen nicht angebaut werden konnte. G. wird im AT mehrfach erwähnt (Jes 28,25; Hes 4,9; Joel 1,11; etc.). Sie gehörte zu den Naturprodukten, mit denen Israel gesegnet war (5. Mose 8,8), war eines der Ausfuhrgüter des Landes (2. Chr 2,14) und diente als Speiseopfer (4. Mose 5,15; Hes 45,13).

G. reift früh (vgl. 2. Mose 9,31), und die Ernte beginnt bereits im Monat *Nisan* (März–April). Daher wurde die Ernteerstlingsgabe des *Omer* (Garbe) vom Gerstenfeld genommen, und zwar am Tag nach dem ersten Sabbat nach dem Passafest (3. Mose 23,9f.). In Rut 1,22 und 2. Sam 21,9 dient die Gerstenernte – wie im Geser-Kalender – zur Bestimmung der Jahreszeit.

Brot aus Gerstenmehl war von geringerer Qualität und schlechterem Geschmack als Weizenbrot und wurde als Arme-Leute-Brot angesehen. Daher wird sein Preis in 2. Kön 7,1.16.18 auf die Hälfte des Preises von Weizenbrot angesetzt (vgl. Offb 6,6). G. diente auch als Futterpflanze (1. Kön 5,8). Im NT finden wir Gerstenbrote bei der Speisung der Fünftausend (Joh 6,9).

GINSTER Ein in der Wüste wachsender Strauch. Die Ginsterwurzel diente als Nahrungsmittel (Hiob 30,4).

GRANATAPFEL, GRANATBAUM Eine Frucht mit rötlich-violetter Schale und rosafarbenen, saftigen Samen, die geradezu ein Symbol für landwirtschaftliche Fruchtbarkeit war. G. werden unter den typischen Früchten des Landes Israel aufgeführt (5. Mose 8,8), und es wird berichtet, daß die Kundschafter Moses einige G. als Kostprobe der reichen Vegetation des Landes mitbrachten (4. Mose 13,23). Die Zerstörung des Landes wird hingegen als das Fehlen von G. bezeichnet (Hag 2,19; vgl. Joel 1,12). Zusätzlich zur Fruchtbarkeit des Landes symbolisierte der G. auch menschliche Fruchtbarkeit und Liebe. Im Hohenlied Salomos dient er als ein Lobbild der Schönheit der Geliebten (Hld 4,3.13; 6,7) und der Freude über den Frühling (Hld 6,11; 7,13). Offenbar wurde ein köstlicher Most aus ihm gewonnen (Hld 8,2).

Der G. wurde so sehr geschätzt, daß seine Form zur Verzierung der Gewänder der Hohenpriester diente (2. Mose 28,33–34; 39,24–26). Er diente auch als Modell für die Verzierung der beiden Säulen vor Salomos Tempel (1. Kön 7,18.20; 2. Chr 3,16; 4,13).

GURKE Diese sehr häufige Gemüsepflanze wird zweimal in der Bibel erwähnt. In seiner Vision eines verwüsteten Jerusalems vergleicht Jesaja die Stadt mit einer »Nachthütte im Gurkenfeld« (Jes 1,8). Bei Jeremia werden die Götzen der Heiden mit »Vogelscheuchen im Gurkenfeld« (Jer 10,5) verglichen.

FEIGE, FEIGENBAUM
1. Mose 3,7; 4. Mose 13, 23; 20,5; 5. Mose 8,8; Ri 9,10–11; 1. Sam 25, 18; 30,12; 1. Kön 5,5; 2. Kön 18, 31; 20,7; 1. Chr 12,41; Neh 13,15; Ps 105,33; Spr 27,18; Hld 2,13; Jes 34,4; 36,16; 38,21; Jer 5,17; 8,13; 24,1–3.5.8; 29,17; 40,10; Hes 27,17; Hos 2,14; 9,10; Joel 1,7.12; 2,22; Am 4,9; Mi 4,4; Nah 3,12; Hab 3,17; Hag 2,19; Sach 3,10; Mt 7,16; 21, 19–21; 24,32; Mk 11,13.20–21; 13,28; Lk 6,44; 13,6–7; 21,29; Joh 1,48.50; Jak 3,12; Offb 6,13

FEIGENBAUM, WILDER
1. Kön 10,27

FLACHS
2. Mose 9,31; Jos 2,6; Ri 16,9; Spr 31,13; Jes 19,9; Hos 2,7.11

GALBANUM
2. Mose 30,34

GALLE
Hiob 16,13; Ps 69,22; Mt 27,34 Apg 8,23

GERSTE
2. Mose 9,31; 3. Mose 27,16; 4. Mose 5,15; 5. Mose 8,8; Ri 7,13; Rut 1,22; 2,17.23; 3,2.15.17; 2. Sam 14,30; 17,28; 21,9; 1. Kön 5,8; 2. Kön 4,42; 7,1.16.18; 1. Chr 11,13; 2. Chr 2,9.14; 27,5; Hiob 31,40; Jes 28,25; Jer 41,8; Hes 4,9.12;

13,19; 45,13;
Hos 3,2;
Joel 1,11;
Joh 6,9.13;
Offb 6,6
GINSTER
Hiob 30,4
GRANAT-
APFEL,
GRANAT-
BAUM
2. Mose 28,
33–34; 39,24–26;
4. Mose 13,
23; 20,5;
5. Mose 8,8;
1. Sam 14,2;
1. Kön 7,
18.20.42;
2. Kön 25,17;
2. Chr 3,16;
4,13;
Hld 4,3.13;
6,7.11; 7,
13; 8,2;
Jer 52,22–23;
Joel 1,12;
Hag 2,19
GURKE
Jes 1,8;
Jer 10,5
GURKE,
WILDE
2. Kön 4,39
HIRSE
Hes 4,9
KALMUS
2. Mose 30,23;
Hld 4,14;
Hes 27,19
KASSIA
2. Mose 30,24;
Ps 45,9
KIEFER
Jes 41,19;
44,14; 60,13
KNOBLAUCH
4. Mose 11,5
KORIANDER
2. Mose 16,31;
4. Mose 11,7
KÜMMEL
Jes 28,25.27;
Mt 23,23
KÜRBIS
4. Mose 11,5
LAUCH
4. Mose 11,5
LIEBESAPFEL
1. Mose 30,
14–16;
Hld 7,14
LILIE
1. Kön 7,
19.22.26;
2. Chr 4,5;
Hld 2,1–2.16;
4,5; 5,13;
6,2–3; 7,3;
Jes 35,1;
Hos 14,6;
Mt 6,28;
Lk 12,27
LINDE
Jes 6,13;
Hos 4,13; 14,6–7

GURKE, WILDE In 2. Kön 4,39 werden »wilde Gurken« erwähnt, ein giftiges Gewächs, aus dem ein Diener Elisas während einer Hungersnot einen Gemüseeintopf zubereitet. Elisa macht das Gericht eßbar (2. Kön 4,38–41). »Wilde G.« ist die Übersetzung des hebr. weiblichen Plurals *Pka'ot*; der männliche Plural *Pka'im* wurde mit »Blumenwerk« übersetzt, das die Zederntäfelung von Salomos Tempel verzierte (1. Kön 6,18). Man nimmt an, daß es sich bei der »wilden G.« um die Koloquinte handelt, eine nahe Verwandte der Wassermelone.

HIRSE Getreidegras, aus dem ein minderwertiges Brot zubereitet wurde. Hesekiel nahm H., zus. mit anderem Getreide, um daraus ein Brot zu backen, das die Belagerung Jerusalems symbolisierte (Hes 4,9).

KALMUS Siehe GEWÜRZE UND PARFÜME.

KASSIA Siehe GEWÜRZE UND PARFÜME.

KIEFER Ein Nadelbaum; über die Identifizierung der bibl. Nadelbäume, mit Ausnahme der Zeder aus dem Libanon, sind sich die Botaniker weitgehend uneinig. Es wurde vorgeschlagen, daß die in Jesaja erwähnten Kiefern Tannen, Platanen oder Wacholderbäume meinen könnten.

KNOBLAUCH Eine knollenförmige Gemüsepflanze; der scharfe K. war eines der Nahrungsmittel, nach denen sich die Israeliten nach ihrem Auszug aus Ägypten zurücksehnten (4. Mose 11,5).

KORIANDER Ein Doldenblütler, der kleine kugelförmige Samen mit aromatischem Geschmack hervorbringt. K. wird im AT zweimal erwähnt, in beiden Fällen zur Beschreibung von Manna.

KÜMMEL Die von Luther als K. bezeichnete Pflanze müßte eigentlich mit Cumin übersetzt werden (Kreuzkümmel). Cumin wird allgemein kultiviert und als Gewürz oder Medizin verwendet. K. wird nur ein einziges Mal im AT erwähnt, als der Prophet Jesaja in einem Gleichnis für Gottes Weisheit eine genaue Beschreibung des Anbaus und des Dreschens von K. gibt (Jes 28, 25.27). Im NT führt Jesus K. in seiner Verdammung der Pharisäer an: »die ihr den Zehnten gebt von Minze, Dill und Kümmel und laßt das Wichtigste im Gesetz beiseite« (Mt 23,23).

KÜRBIS Während ihrer Wüstenwanderung sehnten sich die Israeliten u. a. nach den K. zurück, die sie in Ägypten gegessen hatten (4. Mose 11,5).

LAUCH Ein Gemüse der Zwiebelfamilie, das die Israeliten ebenfalls aus Ägypten kannten.

LIEBESAPFEL Die Frucht der Mandragora, eines einjährigen staudigen Nachtschattengewächses mit einer dicken, verzweigten Pfahlwurzel, blauen oder weißen Winterblüten und eßbaren, pflaumenähnlichen orangenroten Frühlingsfrüchten. Ihr Wurzelstock ist unter dem Namen »Alraune« bekannt. Die »edlen Früchte« (Hld 7,14) haben reinigende, narkotische und emetische Eigenschaften und wurden schon früh als Liebes- und Fruchtbarkeitsmittel geschätzt. Dies erklärt, warum die unfruchtbare Rahel wegen ein paar von Ruben gesammelten Liebesäpfeln einen Tauschhandel mit Lea einging (1. Mose 30,14–16).

LILIE Das Wort »Lilie« kann sich auf mehrere Blumenarten beziehen, darunter Anemone, Narzisse, wilde Tulpe und Krokus. Die Knäufe der Säulen vor Salomos Tempel und der Rand des gegossenen Meeres »waren wie Lilien« (1. Kön 7,19.22.26; 2. Chr 4,5). Im Hohenlied Salomos wird die L. mehrere Male erwähnt (Hld 2,1.2.16; 4,5; 5,13; 6,2–3; 7,3). In Hoseas bildlicher Darstellung des verheißenen Heils blüht Israel wie eine L. (Hos 14,6).

Die L. war ein Symbol der Schönheit und wurde als solches von Jesus verwendet: »Und warum sorgt ihr euch um die Kleidung? Schaut die Lilien auf dem Feld an, wie sie wachsen; sie arbeiten nicht, auch spinnen sie nicht. Ich sage euch, daß auch Salomo in aller seiner Herrlichkeit nicht gekleidet gewesen ist wie eine von ihnen« (Mt 6,28–29; vgl. Lk 12,27).

LINDE Die L. wird zus. mit Eiche und Buche als Baum erwähnt, der auf den Hügeln wuchs (Hos 4,13). Hosea beschuldigte die Israeliten, unter diesen Bäumen fremden Göttern zu räuchern.

Knoblauch

Ysop (Majoran)

Wacholder

Von links nach rechts:
Mandelbaum
Sandelholz- oder Almugbaum
Apfelblüte

Von links nach rechts:
Dill
Balsam (Storax)
Gerste

Von links nach rechts:
Reifer Weizen
Bohnenblüte
Dornstrauch

Von links nach rechts:
Kalmus
Zitrone
Cumin (Kümmel)

Von links nach rechts:
Koriander
Flachs
Knoblauch

Von links nach rechts:
Kürbis
Schierling (Galle)
Lauch

Von links nach rechts:
Linsen
Lilie
Melde

Von links nach rechts:
Liebesapfel (Mandragora, Frucht)
Echte Hirse
Sorghum-Hirse

Von links nach rechts:
Minze
Maulbeeren
Senf

Von links nach rechts:
Myrrhe
Nessel
Eichel

Von links nach rechts:
Eiche
Ölbaum
Zwiebeln

Von links nach rechts:
Palmdatteln
Pinie (Kiefer)
Pistazien

Von links nach rechts:
Reife Pistazien
Platane
Schoten (Johannisbrot)

Von links nach rechts:
Weiß-Pappel
Rohr
Raute

Von links nach rechts:
Safran
Tamariske
Disteln

Von links nach rechts:
Dornen
Unkraut
Weide

Wilde Tulpe (könnte sich auf die Lilie beziehen)

Liebesapfel (Mandragora, Blüte)

Wassermelone

LINSEN Eine rotbraune Hülsenfrucht; Esau verkaufte sein Erstgeburtsrecht (s. ERSTGEBURT) für einen Topf Linsengericht an seinen Zwillingsbruder Jakob und erhielt so seinen Beinamen Edom (*adom* bedeutet »rot«, 1. Mose 25,29–34). L. befanden sich auch unter den Nahrungsmitteln, die David nach Mahanajim gebracht hatte (2. Sam 17,27–29), und Hesekiel bereitete ein Brot aus L. u. a. Körnern zu, als er die Belagerung Jerusalems darstellte (Hes 4,9).

LOTOS Ein dorniger Strauch oder Baum mit kleinen ovalen Blättern, der in trockenen Gebieten wächst. Der L. kommt in der Bibel zweimal vor, aber die Identifikation ist umstritten; es könnte auch die Lilie gemeint sein.

MANDEL, MANDELBAUM Ein im Vorderen Orient häufig vorkommender Baum, der wild oder gezüchtet in den meisten Mittelmeerländern zu Hause ist. Seine paarweise angeordneten rosa-weißen Blüten erscheinen bereits im Januar oder Februar. Die Mandel hat eine längliche Form, rund an einem Ende und spitz am anderen, und ist schon immer als Delikatesse betrachtet worden. Aus dem Kern wird Öl gewonnen.

Als Josefs Brüder mit Benjamin nach Ägypten zurückkehrten, gab ihnen ihr Vater Jakob u. a. auch M. mit (1. Mose 43,11). Die Kelche der Arme des Leuchters in der Stiftshütte sollten Mandelblüten gleichen (2. Mose 25,33–34; 37,19–20). Aarons Stab war ein Mandelbaumast, der wunderbarerweise über Nacht aufblühte und reife M. hervorbrachte (4. Mose 17,23). Im Prediger Salomo wird das weiße Haupt eines Greises mit der Blüte des Mandelbaums verglichen (Pred 12,5).

MAULBEEREN, MAULBEERBAUM Der Schwarze Maulbeerbaum, der in Israel sehr häufig ist, wird bis zu 6 m hoch, hat eine große Krone, große, gelappte Blätter und bringt eine süße, fleischige Frucht hervor. Jesus erwähnt den M. in einem Gleichnis über den Glauben (Lk 17,6).

David ernannte einen Aufseher »über die Ölbäume und Maulbeerbäume im Hügelland« (1. Chr 27,28), und Amos bezeichnet sich selbst als einen Hirten, »der Maulbeeren züchtet« (Am 7,14). Im NT klettert Zachäus auf einen M., um Jesus sehen zu können (Lk 19,4). In diesen letzten Fällen könnte jedoch möglicherweise der Maulbeer-Feigenbaum gemeint sein.

Der in der LÜ genannte »Bakabaum« (2. Sam 5,24; 1. Chr 14,14–15) wird von einigen Wissenschaftlern als M. betrachtet (s. DÜRRES TAL).

MELDE Diese Pflanze, die als strauchartiger wilder Spinat identifiziert wurde, wächst im salzigen Marschland des Toten Meeres und des Mittelmeeres. »Gottloses Volk«, das »vor Hunger und Mangel erschöpft« war, aß von der M. (Hiob 30,3–4.8).

MELONE Eine nur ein einziges Mal in der Bibel erwähnte Frucht, die in Ägypten heimisch war. Die Israeliten sehnten sich auf ihrer Wüstenwanderung nach ihr zurück.

MINZE Ein süßlich riechendes Kraut, dessen Blätter und Staude ein ätherisches Öl enthalten, das zu medizinischen Zwecken und als Speisewürze Verwendung fand. Die M. wird zweimal im NT erwähnt, in Zusammenhang mit der Zahlung des Zehnten für versch. Pflanzen (Mt 23,23; Lk 11,42).

MYRRHE Siehe GEWÜRZE UND PARFÜME.

MYRTE Ein aromatischer, immergrüner Strauch. Myrtenzweige werden bis heute bei der Feier des Laubhüttenfestes benutzt (vgl. 3. Mose 23,40; Neh 8,15). In Jesajas Bild von der zukünftigen Erlösung wachsen M. u. a. Bäume in der Wüste (Jes 41,19); »es sollen Zypressen statt Dornen wachsen und Myrten statt Nesseln« (Jes 55,13). Sacharja sieht in einer Vision »den Engel des HERRN, der zwischen den Myrten hielt« (Sach 1,11). Königin Ester hieß urspr. Hadassa, was die weibliche Form des hebr. Wortes für M. ist (Est 2,7).

NARDE Siehe GEWÜRZE UND PARFÜME.

NESSEL Das dt. Wort »Nessel« ist die Übersetzung von zwei verschiedenen hebr. Namen dieser wildwachsenden Pflanze, die wegen ihrer Brennhaare, die bei Berührung eine giftige Flüssigkeit freisetzen, bekannt ist. Von der einen Pflanze nimmt man an, daß es sich dabei um wilden Senf handelt, während die andere gemeinhin für die eigentliche N. gehalten wird. Beide

LINSEN
1. Mose 25,34
2. Sam 17,28; 23,11;
Hes 4,9
LOTOS
Hiob 40,21–22
MANDEL, MANDELBAUM
1. Mose 30, 37; 43,11;
2. Mose 25, 33–34;
4. Mose 17,23;
Pred 12,5
MAULBEEREN, MAULBEERBAUM
1. Chr 27,28;
2. Chr 1, 15; 9,27;
Ps 78,47;
Jes 9,9;
Am 7,14;
Lk 17,6; 19,4
MELDE
Hiob 30,4
MELONE
4. Mose 11,5
MINZE
Mt 23,23;
Lk 11,42
MYRRHE
1. Mose 37, 25; 43,11;
2. Mose 30,23;
Est 2,12;
Ps 45,9;
Spr 7,17;
Hld 1,13; 3,6; 4,6.14; 5,1.5.13;
Mt 2,11;
Mk 15,23;
Joh 19,39;
Offb 18,13
MYRTE
Neh 8,15;
Jes 41,19; 55,13;
Sach 1,8.10–11
NARDE
Hld 1,12; 4,13–14;
Mk 14,3;
Joh 12,3
NESSEL
Spr 24,31;
Jes 34,13; 55,13;
Hos 9,6

NÜSSE
1. Mose 43,11;
Hld 6,11
OLIVE,
ÖLBAUM
1. Mose 8,11;
2. Mose 23,11;
27,20; 29,
40; 30,24;
3. Mose 24,2;
5. Mose 6,11;
8,8; 24,20;
28,40;
Jos 24,13;
Ri 9,8; 15,5;
1. Sam 8,14;
1. Kön 6,
23.31.33;
2. Kön 5,26;
18,32;
1. Chr 27,28;
Neh 5,11; 8,
15; 9,25;
Hiob 15,33;
Ps 52,10; 128,3;
Jes 17,6; 24,
13; 41,19;
Jer 11,16;
Hos 14,7;
Am 4,9;
Hab 3,17;
Hag 2,19;
Sach 4,3;
Röm 11,17.24;
Jak 3,12;
Offb 11,4
PALME,
PALMBAUM
2. Mose 15,27;
3. Mose 23,40;
4. Mose 33,9;
5. Mose 34,3;
Ri 1,16; 3,
13; 4,5;
1. Kön 6,29.
32.35; 7,36;
2. Chr 3,5;
28,15;
Neh 8,15;
Ps 92,13;
Hld 7,8;
Hes 40,16.22.
26.31.34.37;
41,18–20.25–26;
Joel 1,12;
Joh 12,13;
Offb 7,9
PAPPEL
1. Mose 30,37
PLATANE
1. Mose 30,37;
Hes 31,8
RAUTE
Lk 11,42

werden gebraucht, um Szenen der Trostlosigkeit und der Armut zu beschreiben; die Abschnitte in Jesaja und Hosea betonen auch den Aspekt der Zerstörung.

NÜSSE Als Jakobs Söhne zum zweiten Mal nach Ägypten reisten, trug Jakob ihnen auf, dem ägypt. Statthalter (der, wie sich später herausstellte, niemand anderer als ihr Bruder Josef war) Geschenke »von des Landes besten Früchten« mitzubringen (1. Mose 43,11), darunter auch N. Diese N. müssen als die Früchte der in den felsigen Gebieten Palästinas und Syriens häufigen Pistazienbäume betrachtet werden. Mit dem im Hohenlied Salomos erwähnten »Nußgarten« war wahrscheinlich eine Anpflanzung von Walnußbäumen gemeint.

OLIVE, ÖLBAUM Ein immergrüner Baum, der in allen Mittelmeerländern zu Hause ist. Im 5. Buch Mose wird der Ölbaum als eine der Pflanzen aufgeführt, die für das verheißene Land charakteristisch sind (vgl. 5. Mose 6,11; 28,40). Der Ö. ist in der Bibel ein Symbol der Schönheit (Hos 14,7), und Israel wird mit einem grünen, schönen, fruchtbaren Ö. verglichen (Jer 11,16). Der Vergleich »deine Kinder wie junge Ölbäume um deinen Tisch her« (Ps 128,3) beruht auf der Beobachtung, daß die Schößlinge des Ö. den Elternbaum beschützen und – wie Kinder – den Tod der Mutter überleben. Im Buch Hiob wird der Tod des gottlosen Mannes mit einem »Ö., der seine Blüte abwirft« verglichen (Hiob 15,33). Die Rückkehr der Taube zu Noahs Arche mit einem Ölzweig im Schnabel wurde im Laufe der Zeit zu einem Friedenssymbol. Neh 8,15 zufolge gehörten Ölzweige zu den Pflanzenarten, die zu Esras Zeiten zum Bau der Laubhütten während des Laubhüttenfestes dienten.

Oliven wurden in bibl. Zeit hauptsächlich zu ÖL verarbeitet. Dieses Öl diente zur Beleuchtung (2. Mose 25,6; 27,20; 3. Mose 24,2) und fand als Salböl Verwendung (2. Mose 30,23–25). Es war ein Bestandteil von Lebensmitteln und von bestimmten Pflicht- (2. Mose 29,40; 4. Mose 28,5) und freiwilligen Opfergaben (3. Mose 2,1–7). Das feinste Olivenöl, »gepreßtes Öl« genannt, zählte seit der Regierung König Salomos zu den wichtigsten isrl. Ausfuhrgütern (1. Kön 5,25; 2. Chr 2,14; Esr 3,7; Hos 12,2).

Paulus vergleicht die Heidenchristen mit einem wilden Ölzweig, der in den Ölbaum (d.h. Israel) eingepfropft worden ist (Röm 11,17–24).

PALME, PALMBAUM Die Dattelpalme ist ein großer, stattlicher Baum, der in der Küstenebene Palästinas und im Jordantal wächst. Sein gerader und hoher Wuchs inspirierte den Psalmisten dazu, ihn als ein Symbol für den Gerechten zu verwenden (Ps 92,13); der Liebende im Hohenlied Salomos gebraucht die P. als Bild für seine Geliebte (Hld 7,8). Mehrere Frauen in der Bibel heißen *Tamar* (= hebr. für »P.«); das Wort findet sich auch in Ortsnamen wie Baal-Tamar (Ri 20,33), Hazezon-Tamar (1. Mose 14,7) und Tamar (1. Kön 9,18) wieder. Jericho war als die »Palmenstadt« bekannt (5. Mose 34,3).

Der Palmwedel wurde beim Laubhüttenfest benutzt (3. Mose 23,40; Neh 8,15). Der rabbin. Überlieferung zufolge handelte es sich bei dem Honig, mit dem das Land Israel gesegnet war (5. Mose 8,8), um Dattelhonig.

PAPPEL Ein Baum, der nur ein einziges Mal in der Bibel erwähnt wird. »Jakob nahm frische Stäbe von Pappeln, Mandelbäumen und Platanen und schälte weiße Streifen daran aus«, um seine Herde zu vergrößern (1. Mose 30,37).

PLATANE Ein Baum, der im AT zweimal erwähnt wird: einmal in der Episode mit Jakob und den gefleckten Schafen (1. Mose 30,25–43) und zum zweiten Mal bei Hesekiel, wo die Größe Ägyptens mit P. verglichen wird (Hes 31,3–8).

RAUTE Ein stark riechender Strauch mit graugrünen Blättern und zitronengelben, in Büscheln wachsenden Blüten, der als Speisewürze und Zauber diente. Er wird in der Kritik Jesu an den Pharisäern erwähnt: »Denn ihr gebt den Zehnten von Minze und Raute und allerlei Gemüse, aber am Recht und an der Liebe Gottes geht ihr vorbei« (Lk 11,42; vgl. Mt 23,23).

Myrte

Oliven

Walnüsse

Palmen

Papyrus

Granatapfel

REBE Siehe WEIN, WEINBERG, WEINTRAUBEN.

RIZINUS Der nur in Jona 4,6–10 erwähnte R. war wahrscheinlich der *ricinus communis*, ein großer, schnellwachsender Strauch aus der Familie der Wolfsmilchgewächse mit bis zu 1 m breiten Blättern. Aus der Frucht wird das Rizinusöl gewonnen.

ROHR Verschiedene hohe Wassergräser. Mose wurde in einem »Kästlein von Rohr« ausgesetzt (2. Mose 2,3). Der assyr. König Sanherib vergleicht Ägypten mit einem »zerbrochenen Rohrstab« (2. Kön 18,21; Jes 36,6), und z. Zt. Jerobeams I. prophezeit der Prophet Ahija: »Und der Herr wird Israel schlagen, daß es schwankt, wie das Rohr im Wasser bewegt wird« (1. Kön 14,15). Über den Knecht Gottes, den Jesaja verheißt, heißt es: »Das geknickte Rohr wird er nicht zerbrechen, und den glimmenden Docht wird er nicht auslöschen« (Jes 42,3; Mt 12,20). Im Buch der Offenbarung wird ein R. als Meßrute verwendet (Offb 11,1; 21,15–16). Das dt. Wort »Kanon« stammt vom hebr. Wort für R., *kanah*, das das Instrument bezeichnet, mit dem etwas gemessen wird (s. KANON).

Vor seiner Kreuzigung wurde Jesus ein R. in die rechte Hand gegeben (Mt 27,29), er wurde mit einem R. auf den Kopf geschlagen (Mt 27,30; Mk 15,19), und es wurde ihm ein mit Essig getränkter Schwamm auf einem R. gereicht (Mt 27,48). S. auch SCHILF.

ROSINEN Siehe WEIN, WEINBERG, WEINTRAUBEN.

SAFRAN Ein Knollengewächs, dessen Blütennarbe gedörrt in der Küche und der Medizin Verwendung findet. S. wird nur ein einziges Mal erwähnt, und zwar im Hohenlied Salomos, wo die Geliebte als ein Lustgarten mit duftenden Blumen und Gewürzen beschrieben wird (Hld 4,14).

SANDELHOLZ Das Holz, das Hiram von Tyrus Salomo für den Bau des Tempels lieferte. Aus ihm wurden auch Musikinstrumente hergestellt (1. Kön 10,11–12). Die hebr. Namen *almugim* und *algumim* werden in der LÜ mit »S.« übersetzt, von anderen Auslegern aber als Almugbaum bezeichnet – die genaue Baumart ist unsicher.

SCHILF Verschiedene Arten hoher Wassergräser; zwei versch. hebr. Pflanzenbezeichnungen werden mit »Schilf« oder »Rohr« übersetzt; eine weitere Pflanze wird mit »Schilf« oder »Binse« übersetzt. Mose wurde in einem Kästlein »in das S. am Ufer des Nils« gesetzt (2. Mose 2,3); Hiob fragt: »Kann auch Rohr aufwachsen, wo es nicht feucht ist, oder S. wachsen ohne Wasser?« (Hiob 8,11). Psalm 68,31 macht eine unklare Andeutung auf »das Tier im S.«. In mindestens einem Fall (der Geschichte über das Findelkind Mose, 2. Mose 2,3) ist vorgeschlagen worden, daß mit S. der *Cyprus papyrus*, der heute fast ausgestorbene berühmte Papyrus von Ägypten, gemeint ist. S. auch ROHR.

SCHOTEN Aller Wahrscheinlichkeit nach die Fruchthülse des Johannisbrotbaums. Das Wort wird nur ein einziges Mal erwähnt, und zwar im Gleichnis vom verlorenen Sohn.

SENF In Gleichnissen über das Königreich Gottes und den Glauben benutzte Jesus das Bild des Senfkorns: »Wenn das gesät wird aufs Land, so ist's das kleinste unter allen Samenkörnern auf Erden; und wenn es gesät ist, so geht es auf und wird größer als alle Kräuter und treibt große Zweige« (Mk 4,31–32). Der schwarze Senf ist die häufigste der versch. in Vorderasien wachsenden Senfarten; er wächst schnell und erreicht eine Höhe von bis zu 5 m.

STACHELN Siehe DISTEL.

STAKTE Eine der Zutaten, aus denen das Räucherwerk für die Stiftshütte bereitet wurde (2. Mose 30,34–36). Die Mehrzahl der Gelehrten meint, daß es sich um den Styrax handelt, aus dessen Rinde ein wohlriechendes Harz gewonnen werden kann. Der Baum mit seinen schneeglöckchenweißen Blüten ist überall in Palästina heimisch.

TAMARISKE Ein Baum oder Strauch mit Schuppenblättern. Abraham pflanzte eine T. in Beerscheba (1. Mose 21,33). Saul saß zu Gibea unter einer T. (1. Sam 22,6), und seine Gebeine wurden unter einer T. bei Jabesch begraben (1. Sam 31,13).

REBE
1. Mose 40,10.12; 49,11; 4. Mose 13,23; Ps 80,11; Hld 2,13; Jes 5,2; 16,8; 17,10; 18,5; Jer 6,9; Nah 2,3; Joh 15,2.4–6

RIZINUS
Jona 4,6.7.9.10

ROHR
2. Mose 2,3; 1. Kön 14,15; 2. Kön 18,21; Hiob 8,11; 40,21; Jes 19,6; 35,7; 36,6; 42,3; Hes 29,6; Mt 11,7; 12,20; 27,29–30.48; Mk 15,19.36; Lk 7,24; Offb 11,1; 21,15–16

ROSINEN
1. Sam 25,18; 30,12; 2. Sam 6,19; 16,1; 1. Chr 12,41; 16,3

SAFRAN
Hld 4,14

SANDELHOLZ
1. Kön 10,11–12; 2. Chr 9,10–11

SCHILF
2. Mose 2,3.5; Hiob 8,11; Ps 68,31; Jes 19,6; 35,7; 58,5; Jona 2,6

SCHOTEN
Lk 15,16

SENF
Mt 13,31; 17,20; Mk 4,31; Lk 13,19; 17,6

STACHELN
4. Mose 33,55; Jos 23,13; Ri 8,7.16; 1. Sam 13,21; Spr 22,5; Pred 12,11; Apg 26,14

STAKTE
2. Mose 30,34

TAMARISKE, TAMARISKENBAUM
1. Mose 21,33; 1. Sam 22,6; 31,13

TANNE
1. Mose 6,14;
Hos 14,9
TRAUBEN,
TRAUBEN-
BLUT
1. Mose 40,10;
49,11;
3. Mose 25,5;
4. Mose 6,4;
13,24;
5. Mose 23,25;
28,39; 32,14.32;
Neh 13,15;
Hiob 15,33;
Hld 2,5; 7,9;
Jes 5,2.4; 16,7;
18,5; 65,8;
Jer 8,13;
31,29–30;
Hes 18,2;
Hos 3,1; 9,10;
Mi 7,1;
Mt 7,16;
Lk 6,44;
Offb 14,18–19
WACHOLDER
1. Kön 19,4–5
WEIDE
Ps 137,2;
Jes 44,4
WEIHRAUCH
2. Mose 30,34;
3. Mose 2,1–2.
15–16; 5,11;
6,8; 24,7;
4. Mose 5,15;
Neh 13,5.9;
Hld 3,6; 4,6.14;
Jer 6,20;
Mt 2,11;
Offb 18,13
WEIN, WEIN-
BERG, WEIN-
TRAUBEN
1. Mose 9,20;
40,9; 49,11;
2. Mose 22,
4; 23,11;
3. Mose 19,10;
25,3–4.11;
4. Mose 6,3–4;
13,20.23; 16,14;
20,5.17; 21,
22; 22,24;
5. Mose 6,11; 8,
8; 20,6; 22,9;
23,25; 24,21;
28,30.39;
32,32;
Jos 24,13;
Ri 8,2; 9,
12–13.27;
13,14; 14,5;
15,5; 21,20–21;
1. Sam 8,14;
22,7;
1. Kön 5,5; 21,
1–2.6–7.
15–16.18;
2. Kön 5,26;
18,31–32;
19,29; 25,12;
1. Chr 27,27;
2. Chr 26,10;
Neh 5,3–5.11;
9,25; 13,15;
Hiob 15,33;
24,6.18;

TANNE Auf Anordnung Gottes verwendete Noah Tannenholz zum Bau seiner Arche. Das hebr. Wort *gopher*, das in der LÜ mit »T.« übersetzt wird, kann nicht identifiziert werden, es handelt sich womöglich um die Zypresse. Die T. wird ebenfalls in Hos 14,9 erwähnt.

TEREBINTHE Siehe EICHE.

TRAUBEN, TRAUBENBLUT Siehe WEIN, WEINBERG, WEINTRAUBEN.

WACHOLDER Ein niedriger, strauchartiger Nadelbaum, der im Sinai und in der Edom-Wüste wächst und hebr. *Aroër* heißt. Die Moabiterstadt Aroër (Jer 48,19) könnte nach diesem Baum benannt worden sein, in dessen Schatten Elia Zuflucht fand (1. Kön 19,4–5). Den »Strauch in der Wüste« in Jer 48,6 (vgl. Jer 17,6) halten einige Gelehrte für eine Wacholderart.

WEIDE Zwei verschiedene hebr. Pflanzenarten werden mit »W.« übersetzt, einem Baum, der am Wasser wächst. Die Bachweiden (3. Mose 23,40; Hiob 40,22) gehörten zu den Pflanzen, die für das Laubhüttenfest verwendet wurden. An die W. »an den Wassern zu Babel« hängten die deportierten Juden ihre Harfen (Ps 137,1–2).

WEIHRAUCH Siehe GEWÜRZE UND PARFÜME.

WEIN, WEINBERG, WEINTRAUBEN Eine der typischen Pflanzen Palästinas. Als Mose die Kundschafter »eben um die Zeit der ersten Weintrauben« nach Kanaan sandte (4. Mose 13,20), kamen sie mit einer Rebe mit *einer* Weintraube zurück (4. Mose 13,23). Der GOTTGEWEIHTE (Nasiräer) sollte nichts trinken, »was aus Weinbeeren gemacht wird; er soll weder frische noch gedörrte Weinbeeren essen« (4. Mose 6,3). Rosinen und Rosinenkuchen aus gedörrten Weintrauben waren lange haltbar und eigneten sich daher sehr gut als Proviant auf Reisen (2. Sam 6,19) und Feldzügen (2. Sam 16,1).

Der Weinstock symbolisiert im AT Friede und Sicherheit: »... so daß Juda und Israel sicher wohnten, jeder unter seinem Weinstock und unter seinem Feigenbaum« (1. Kön 5,5; vgl. Mi 4,4; Sach 3,10). Israel wird mit einem »eingepflanzten« Weinstock verglichen (Ps 80,9), der jedoch auch »schlechte Trauben« brachte (Jes 5,2). Die Einwohner Jerusalems sollen wegen ihrer Untreue vom Feuer verzehrt werden wie »das Holz des Weinstocks, das im Gehölz wächst« (Hes 15,2–8).

Im NT finden wir den wichtigsten symbolischen Gebrauch des Weinstocks in Jesu Beschreibung seiner selbst als dem »wahren Weinstock« (Joh 15,1). Seine Jünger sind die Reben: »Ich bin der Weinstock, ihr seid die Reben ... ohne mich könnt ihr nichts tun« (Joh 15,5).

Eine detaillierte Beschreibung des Weinanbaus wird in Jes 5,1–2 gegeben. Der Wein wurde gewöhnlich auf einem Berg oder Hügel angebaut (Jer 31,5; Am 9,13; Ps 80,11) und mit einer Mauer zum Schutz gegen Tiere (Ps 80,14; Hld 2,15) und Diebe (Jer 49,9) umgeben. Der Weinberg hatte eine Kelter (Jes 5,2) und konnte verpachtet (Hld 8,11; Mt 21,33–43) oder von den Eigentümern oder Tagelöhnern bearbeitet werden (Mt 20,1–16). Nach den Erntegesetzen aus dem 3. Buch Mose durften auf Weinbergen keine Nachlesen gehalten werden (3. Mose 19,10; vgl. 5. Mose 24,21).

Um seinen Weinberg an sich zu bringen, ließen Isebel und Ahab Nabot hinrichten (1. Kön 21).

WEIZEN Zus. mit Gerste eine der wichtigsten Getreidesorten, die bereits in prähistor. Zeiten angebaut wurde. W. wird unter den typischen Früchten des Landes Kanaan aufgeführt (5. Mose 8,8). Die Bibel erwähnt die Ernte (1. Sam 6,13; Rut 2,23), das Dreschen (Ri 6,11; 1. Chr 21,20), das Reinigen (2. Sam 4,6) und das Worfeln (Mt 3,12) von W. Z.Zt. der Weizenernte fand das Wochenfest (Pfingsten) statt (2. Mose 34,22; 4. Mose 28,26–31). W. war auch ein Exportartikel, den Salomo an König Hiram sandte (1. Kön 5,25).

W. erscheint auch als Bild für die Fürsorge Gottes für Israel (Ps 81,17; 147,14) und für den schönen Körper einer jungen Geliebten (Hld 7,3). Auch im NT wird er in Bildern und Gleichnissen verwendet (Mt 3,12; 13,25–30; Lk 3,17; 16,7).

Schilf

Sykomore (Maulbeer-Feigenbaum)

Terebinthe

Weintrauben

Gerste

Weide

WERMUT (ABSINTH) Ein bitteres, in Palästina einheimisches Kraut, das einen Saft mit medizinischen Eigenschaften enthält und zumeist in bildhafter Sprache verwendet wird. So ist eine »Verführerin« »bitter wie Wermut und scharf wie ein zweischneidiges Schwert« (Spr 5,4). Gott als Richter wird sein Volk »mit Wermut speisen und mit Gift tränken« (Jer 9,14; 23,15). Amos verdammt jene, die »das Recht in Wermut verkehren« (Am 5,7; vgl. 6,12). In seinem Leid über die Zerstörung Jerusalems fühlte sich der Prophet Jeremia wie »mit Bitterkeit gesättigt und mit Wermut getränkt« (Klg 3,15.19). Im Buch der Offenbarung wird der große Stern, der vom Himmel fiel, W. genannt (Offb 8,10–11).

YSOP Ein kleiner, sehr aromatischer Strauch, der zwischen Klippen und Felsen wächst; er ist mit *Majoraner syriaca* identifiziert worden, einem Gewächs der Familie der Lippenblütler.

Der Y. wird im 2. Buch Mose erwähnt, als die Israeliten auf Gottes Anweisung Ysopbüschel benutzten, um ihre Türpfosten mit Blut zu bestreichen. Als Gott die letzte Plage (s. PLAGEN, DIE ZEHN) auf die Ägypter kommen ließ, blieben die so gekennzeichneten Häuser der Israeliten verschont (2. Mose 12,22f.).

An anderen Stellen wird der Y. zus. mit der Zeder erwähnt. Die Bibel beschreibt König Salomo, den weisesten aller Männer, als den, der »dichtete von den Bäumen, von der Zeder an auf dem Libanon bis zum Ysop, der aus der Wand wächst« (1. Kön 5,13). Sowohl die Zeder als auch der Y. dienten zur Zubereitung der für ein rituelles Reinigungswasser benutzten Asche der RÖTLICHEN KUH (4. Mose 19,6). Das Reinigungswasser sollte mit Hilfe eines Ysopbüschels auf die Unreinen gesprengt werden (4. Mose 19,18). Zeder und Y. wurden auch zur Reinigung von Aussätzigen und deren Häuser verwendet (3. Mose 14,4.49).

Ps 51,9 deutet ebenfalls auf die symbolische Bedeutung des Y. in der Reinigungszeremonie hin. Hebr 9,19 zufolge sprengte Mose bei dem Bundesschluß am Sinai Y. über das Volk. Bei seiner Kreuzigung wurde Jesus ein auf ein Ysoprohr gesteckter Schwamm mit Essig an den Mund gehalten (Joh 19,29).

ZEDER Ein im Libanon heimischer Baum der Kiefernfamilie, ca. 75mal in der Bibel erwähnt. Zus. mit dem Ysop und scharlachfarbener (karmesinfarbener) Wolle wurde Zedernholz in versch. religiösen Zeremonien verwendet – zur Reinigung von Aussätzigen und deren Häuser (3. Mose 14,4.6.49. 51–52) und von Menschen, die sich an Toten verunreinigt hatten (4. Mose 19,6). Zedernholz wurde für den Bau von Salomos Tempel und Palästen nach Israel importiert (1. Kön 5,20f.; 6,9.15–16.18.20.36), wobei es zur Stützung von Säulen und Balken (1. Kön 7,2) und zur Täfelung und Verzierung (1. Kön 6,9.15.18) diente. Eines von Salomos Häusern wurde wegen seiner drei Reihen von je 15 Zedernsäulen »Libanon-Waldhaus« (1. Kön 7,2–5) genannt.

Z. waren ein Symbol der Stärke, Schönheit und der Macht Gottes: »Die Stimme des HERRN zerbricht die Zedern, der HERR zerbricht die Zedern des Libanon« (Ps 29,5; vgl. Jes 2,13; Sach 11,1).

ZIMT Siehe GEWÜRZE UND PARFÜME.

ZWIEBEL Ein mit Lauch und Knoblauch verwandtes Liliengewächs. »Z.« gehörten zu den Nahrungsmitteln, nach denen sich die in der Wildnis umherirrenden Israeliten wehmütig zurücksehnten.

ZYPERBLUME Das hebr. Wort *kopher* wird von Luther mit »Zyperblume« übersetzt, wurde aber mit Henna identifiziert. Siehe GEWÜRZE UND PARFÜME.

ZYPRESSE Verschiedene hebr. Pflanzennamen werden in der LÜ mit »Z.« übersetzt; ein immergrüner Baum der Nadelholzgattung, in der Jugend mit Nadeln, später mit Schuppenblättchen und kugeligen Zapfen. König Hiram von Tyrus sandte König Salomo Zedern und Z. für den Bau seines Tempels (1. Kön 5,22.24; 6,15.34; 2. Chr 3,5). Prophet. Erwähnungen vgl. 2. Kön 19,23; Jes 14,8; 41,19; 60,13.

Ps 78,47; 80, 9.15; 105,33; 107,37; 128,3; Spr 24,30; 31,16; Pred 2,4; Hld 1,6.14; 2,15; 6,11; 7,8.13; 8,11–12; Jes 1,8; 3,14; 5,1–5.7.10; 7,23; 16,8–10; 24,7.13; 27,2; 32,12; 34,4; 36, 16–17; 37,30; 61,5; 65,21; Jer 2,21; 5,17; 6,9; 8,13; 12, 10; 31,5; 32,15; 35,7.9; 39,10; 48,32; 52,16; Hes 15,2.6; 17,6–8; 19, 10; 28,26; Hos 2,10.14; 10,1; 14,8; Joel 1,7. 10–12; 2,22; Am 4,9; 5,11. 17; 9,13–14; Obd 5; Mi 1,6; 4,4; 7,1; Hab 3,17; Zef 1,13; Hag 2,19; Sach 3,10; 8,12; Mal 3,11; Mt 20,1–2.4.7–8; 21,28.33–35. 38–41; 26,29; Mk 12,1–2.7–9; 14,25; Lk 13,6–7; 20,9–10.13–16; 22,18; Joh 15,1.4–5; 1. Kor 9,7; Jak 3,12; Offb 14,18–19

WEIZEN
1. Mose 30,14; 2. Mose 9,32; 29,2; 34,22; 5. Mose 8,8; 32,14; Ri 6,11; 15,1; Rut 2,23; 1. Sam 6,13; 12,17; 2. Sam 4,6; 17,28; 1. Kön 5,25; 2. Chr 2,9. 14; 27,5; Esr 6,9; 7,22; Hiob 31,40a; Ps 81,17; 147,14; Hld 7,3; Jes 28,25; Jer 12,13; 23, 28; 41,8; Hes 4,9; 27, 17; 45,13; Joel 1,11; Mt 3,12; 13,25.29–30; Mk 4,28; Lk 3,17; 16,7;

Granatapfel auf einem jüdischen Schekel, etwa 68 v. Chr.

Arabia mit Zimtstangen in der Hand, Münze der römischen Provinz Arabia Petraea, 106 n. Chr.

Weintraube auf einer Münze des Bar-Kochba, 134 n. Chr.

Palme auf einer Münze des Bar-Kochba, 134 n. Chr.

PHANUËL (»Angesicht Gottes«, »Erscheinen Gottes«). Vater der alten Prophetin Hanna, die bei der Darstellung Jesu im Tempel zugegen war.

PHARAO (»Großes Haus«). Das ägypt. Wort taucht in ägypt. Dokumenten ab 2500 v. Chr. als eine der Bezeichnungen des königl. Palastes auf, ab 1500 v. Chr. als einer der Titel des Königs selbst. In der Bibel kommt es an über 250 Stellen und in versch. Wortzusammensetzungen vor, z. B. einfach »Pharao« (1. Mose 12,15.17–18.20; 37,36; 39,1; 45,16–17; 50,7; 2. Mose 5,2 u. a.), »P.« mit Eigenname (2. Kön 23,33–35 »P. Necho«, Jer 44,30 »P. Hofra«, u. a.), »P.« mit Eigenname *und* Titel »König von Ägypten« (2. Kön 23,29; Jer 46,2).

Der Pharao in seinem Wagen, abgebildet auf einer Truhe aus Tutenchamuns Grab, 14. Jh. v. Chr.

Die P., die z. Zt. Josefs und später z. Zt. des Auszugs Israels aus Ägypten regierten, konnten bislang nicht eindeutig identifiziert werden.

PHARISÄER Eine der drei Hauptgruppen im Judentum z. Zt. Jesu. Der Name kann verschieden gedeutet werden: »Die sich abgesondert haben« (hebr. *parusch; peraschim*), »Die den Weg der Heiligung gehen« (*prischut*) oder auch »Die Auslegungen vornehmen« (Neh 8,8, *porasch*).

Als gesonderte Gruppe bildeten sich die P. nach dem Makkabäer-Aufstand heraus, ihre Wurzeln gehen jedoch bis auf die religiöse Reformation unter Esra zurück. In ihrem Bemühen, der Thora (Gesetz des Mose) in der Bevölkerung höchste Geltung zu verschaffen, versuchten sie – unter Zuhilfenahme mündlicher Überlieferungen – die Befolgung der versch. Gebote und Vorschriften bis ins kleinste zu regeln. Dieser Prozeß war z. Zt. Jesu und auch noch im 1. Jh. n. Chr. nicht abgeschlossen, vielmehr gab es vielfach unterschiedliche Lehrmeinungen. Wenn Jesus in Lk 14,3 nach einer Krankenheilung am Sabbat die P. fragt: »Ist's erlaubt, am Sabbat zu heilen oder nicht?« und die P. darauf schweigen (V. 4), so tun sie dies nicht zuletzt deshalb, weil diese Frage damals noch in der Diskussion und nicht schlüssig geregelt war.

Die Kirche hat das Pharisäertum weithin nur als den großen Gegner der Lehre und der Person Jesu gesehen. Eine genauere Prüfung zeigt jedoch, daß das ntl. Bild der P. weitaus komplexer ist als ihre einseitige Darstellung als »Heuchler«. Wenn Jesus in der Bergpredigt sagt: »Wenn eure Gerechtigkeit nicht besser ist als die der Schriftgelehrten und Pharisäer, so werdet ihr nicht in das Himmelreich kommen« (Mt 5,20), so bescheinigt er den P. ein hohes Maß an Gerechtigkeit (gottesfürchtigem Wandel) – das Maß, das durch die Jünger überboten werden soll. Er erkannte sie auch als die autorisierten Ausleger der Thora, des mosaischen Gesetzes an: »Auf dem Stuhl des Mose sitzen die Schriftgelehrten und Pharisäer« (Mt 23,2). Jesus stand den P. näher als ihrer Gegenpartei, den SADDUZÄERN, die die Auferstehung der Toten leugneten (Mt 22,23–32). Einige P. standen durchaus positiv zu Jesus – so Nikodemus (Joh 3,1; 19,39) und Josef von Arimathäa (Mt 27,57; Mk 15,43; Lk 23,50–51); beide leisteten ihren Dienst bei der Bestattung Jesu. Als z. Zt. der Urgemeinde die Partei der Sadduzäer die Apostel ins Gefängnis werfen ließ, war es der P. Gamaliel, der dazu riet, sie wieder freizulassen

22,31; Joh 12,24; 1. Kor 15,37; Offb 6,6; 18,13
WERMUT
5. Mose 29,17; Spr 5,4; Jer 9,14; 23,15; Klgl 3,15.19; Am 5,7; 6,12; Offb 8,11
YSOP
2. Mose 12,22; 3. Mose 14,4. 6.49.51–52; 4. Mose 19,6.18; 1. Kön 5,13; Joh 19,29; Hebr 9,19
ZEDER
3. Mose 14,4. 6.49.51–52; 4. Mose 19, 6; 24,6; Ri 9,15; 2. Sam 5,11; 7,2.7; 1. Kön 5,13.20. 22.24; 6,9–10. 15–16.18.20.36; 7,2–3.7.11–12; 9,11; 10,27; 2. Kön 14, 9; 19,23; 1. Chr 14,1; 17, 1.6; 22,4; 2. Chr 1,15; 2, 2.7; 9,27; 25,18; Esr 3,7; Hiob 40,17; Ps 29,5; 37,35; 80,11; 92,13; 104, 16; 148,9; Hld 1,17; 5, 15; 8,9; Jes 2,13; 9,9; 14,8; 37,24; 41,19; 44,14; Jer 22,7. 14–15.23; Hes 17,3.22–23; 27,5; 31,3.8; Am 2,9; Sach 11,1–2
ZIMT
2. Mose 30,23; Spr 7,17; Hld 4,14; Hes 27,19; Offb 18,13
ZWIEBEL
4. Mose 11,5
ZYPERBLUMI
Hld 1,14; 4, 13; 7,12
ZYPRESSE
1. Kön 5,22.24; 6,15.34; 9,11; 2. Kön 19,23; 2. Chr 2,7; 3,5; Hld 1,17; Jes 14,8; 37,24; 41,19; 55,13; 60,13; Hes 27,5; 31,8; Sach 11,2

PHANUËL
Lk 2,36

PHARAO
1. Mose 12,15.17.18.20; 37,36; 39,1; 40,2.11.13.14.17.19.20; 41,1.37.46.55; 42,15; 45,2; 46,5; 47,1; 50,4.6.7
2. Mose 1,11.19.22; 2,5.15; 3,10.11; 4,21; 5,1.2;6,1; 7,1.2.3.10.11.13; 11,1; 12,29; 13,15; 14,3.4.23.28
1. Kön 3,1; 11,1.19.20
2. Kön 18,21; 23,29.33.34.35.
Ps 135,9; 136,15
Jer 44,30; 46,2
Apg 7,10
Röm 9,17
Hebr 11,24

PHARISÄER
Mt 3,7; 5,20; 9,11.14.34; 12,2.14.24.38; 15,1.12; 16,1.6.11–12; 19,3; 21,45; 22,15.34.41; 23,2.13–15.23.25–27.29; 27,62;
Mk 2,16.18.24; 3,6; 7,1.3.5; 8,11.15; 10,2; 12,13;
Lk 5,17.21.30.33; 6,2.7; 7,30.36–37.39; 11,37–39.42–43.53; 12,1; 13,31; 14,1.3; 15,2; 16,14; 17,20; 18,10–11; 19,39;
Joh 1,24; 3,1; 4,1; 7,32.45.47–48; 8,3.13; 9,13.15–16.40; 11,46–47.57; 12,19.42; 18,3;
Apg 5,34; 15,5; 23,6–9; 26,5;
Phil 3,5

PHILADELPHIA
Offb 1,11; 3,7

(Apg 5,17 f. 34 ff.). Paulus war von seiner religiösen Herkunft her ein P. (Apg 23,6; 26,5; Phil 3,5).

Wenn die P. in den Evn. trotzdem vielfach als Gegner Jesu erscheinen, die ihm sogar nach dem Leben trachteten (Joh 11,46–57) und innerhalb des Hohen Rates für seine Gefangennahme (Joh 18,3) und Hinrichtung mitverantwortlich waren, dann v. a. deshalb, weil sie seinen Anspruch, der Sohn Gottes zu sein, nicht anerkennen konnten und weil Jesus ihre lieblose, in Äußerlichkeiten erstarrte und selbstgerechte Frömmigkeit aufdeckte und den Widerspruch zwischen ihren Idealen und ihrem Leben sah (vgl. v. a. Mt 23,1–33; Lk 11,39–52; Lk 18,9–14). Die P. werden in ihren Streitgesprächen mit Jesus vielfach zum Symbol der Selbstgerechtigkeit und kleinlicher Überheblichkeit. Sie repräsentieren eine durch spitzfindige Auslegungen ins Extrem übersteigerte Form des atl. Gesetzes und der atl. Gerechtigkeit (s. GESETZ; GERECHTIGKEIT).

In der Auseinandersetzung mit den Sadduzäern setzten sich die P. schon vor dem jüd. Aufstand von 66–70 n. Chr. vom Tempel in Jerusalem nach Jamnia (östlich von Jaffa) ab. Die »Synagoge von Jamnia« suchte durch intensivierte Auslegung des AT zu widerlegen, daß sich in Jesus die atl. Messias-Prophetien erfüllt hatten. Das Matthäusev. mit seiner Bekräftigung der Erfüllung der atl. Verheißungen ist u. a. eine Antwort darauf. Nach der Zerstörung des Tempels 70 n. Chr. spielten die P. eine wesentliche Rolle beim Wiederaufbau des Judentums und der Zusammenstellung des Talmud.

PHILADELPHIA (»Bruderliebe«). Stadt im Bezirk Lydien in der röm. Provinz Asien im Westen Kleinasiens. Sie lag am oberen Ausgang eines weiten Tales, das über Sardes zum Meer in der Nähe von Smyrna führte. P. betrieb den Handel zwischen dem großen Zentralplateau Kleinasiens und Smyrna und war auf Textil- und Lederproduktion spezialisiert. Die Gemeinde in P. war eine der sieben Gemeinden, an die die Sendschreiben der Johannesoffenbarung gingen (Offb 1,4; Offb 2–3); dabei wird gegen sie als einzige kein Vorwurf erhoben (Offb 3,7–13). Über ihre Gründung ist nichts bekannt, jedoch stieß sie offenbar auf den heftigen Widerstand der örtlichen Synagoge (Offb 3,9). Heute befindet sich an der Stelle des antiken P. die moderne türk. Stadt Alasehir.

PHILEMON, DER BRIEF DES PAULUS AN Kurzer Brief des Paulus an einen Christen aus der Gegend von Kolossä oder Laodizea. Paulus lernte P. kennen, als er in dieser Gegend predigte, und scheint ihn für den Glauben an Christus gewonnen zu haben. Später lief P. einer seiner Sklaven, Onesimus, weg und nahm vielleicht sogar etwas von seinem Eigentum mit. Ob absichtlich oder zufällig – der Entlaufene begegnete Paulus (in Rom?), als dieser in Gefangenschaft saß. Paulus führte Onesimus zum Glauben und brachte ihn dazu, zu seinem Herrn zurückzukehren. Um ihm diese Rückkehr zu erleichtern, schrieb Paulus nun an P. und bat ihn, Onesimus nicht zu bestrafen, sondern als Bruder aufzunehmen (V. 16). Hier wie in allen anderen Paulusbriefen ergeht kein direkter Angriff auf die Einrichtung der SKLAVEREI; aber Paulus macht deutlich, daß die christl. Bruderliebe die Sklave-Herr-Beziehung überwindet; in der Gemeinde Christi ist nicht Sklave noch Freier (Gal 3,28; Kol 3,11). Der Brief wurde wahrscheinlich von Onesimus selbst zus. mit Tychikus überbracht, möglicherweise als ein Anhang zum längeren Brief an die Gemeinde in Kolossä (vgl. Kol 4,7–9). Nach einer späteren kirchl. Überlieferung erlitten P. und seine Frau den Märtyrertod.

Der Pharisäer und der Zöllner. Byzantinisches Mosaik aus dem 6. Jh.; San Apollinare in Classe, Ravenna, Italien.

INHALTSÜBERSICHT

V. 1–3	Gruß
V. 4–7	Dank für den Glauben des Philemon
V. 8–22	Fürsprache für Onesimus
V. 23–25	Briefabschluß

PHILETUS
2. Tim 2,17

PHILETUS (»Geliebter«). Von Paulus im 2. Timotheusbrief genannter Irrlehrer, der behauptete, die Auferstehung habe bereits stattgefunden.

PHILIPPER, DER BRIEF DES PAULUS AN DIE Die Gemeinde in Philippi hatte Paulus auf seiner 2. Missionsreise gegründet (Apg 16,9–40). Er kehrte später noch zweimal in die Stadt zurück, um die Gemeinde zu stärken (Apg 20,1–2.6). Offenbar hat er, wie der warme Ton des Briefes zeigt, die Verbindung zu den Christen in P. besonders gepflegt. Der Brief wurde wohl von Epaphroditus überbracht (Phil 2,25–28); Paulus erwägt, auch Timotheus nach P. zu schicken, und bringt seine Hoffnung zum Ausdruck, selber kommen zu können (2,19–24).

Paulus schrieb den Brief aus der Gefangenschaft an einem nicht genannten Ort (1,7.13 ff.). Die Apg erwähnt drei Gefangenschaften des Apostels: zunächst in P. selbst (Apg 16,23 ff.), dann in Jerusalem und Cäsarea (Apg 21,32–27,1) und schließlich in Rom (Apg 28,16.30); möglicherweise war er noch öfter gefangen (vgl. 2. Kor 6,5; 11,23). Die frühkirchl. Tradition bezog den Philipperbrief auf die Gefangenschaft in Rom (ca. 62 n. Chr.). Diese Annahme wird gestützt durch die Erwähnung des Prätoriums (1,13) und des Hauses des Kaisers (4,22); außerdem erwähnt Paulus an keiner Stelle, daß er sich auf den Kaiser berufen will (vgl. Apg 25,11), was bedeuten könnte, daß er bereits auf das Urteil des Kaisers wartet. Auch Cäsarea wurde als möglicher Abfassungsort des Briefes vermutet, jedoch passen die Umstände und Stimmung des Paulus im Philipperbrief nicht recht zu dem, was wir über die Gefangenschaft in Cäsarea wissen. Die bis heute erwogene These, der Brief könne aus Ephesus geschrieben worden sein (während eines in der Apg nicht erwähnten Gefängnisaufenthalts des Apostels), hat einiges für sich; die Abfassungszeit hätte dann um die Jahre 55–57 gelegen (vgl. Apg 19,10). Einen direkten Beleg für eine Gefangenschaft des Paulus in Ephesus gibt es aber nicht.

Paulus erwähnt in dem Brief dankbar eine Geldgabe aus Philippi. Er informiert die Gemeinde auch über seine augenblickliche Lage (1,12 f.) und über seinen geplanten Besuch (2,24) bzw. den des Timotheus.

Wie in den meisten Paulusbriefen ist auch im Philipperbrief keine systematische Entwicklung eines Themas zu finden. Einige Elemente des Briefes stechen jedoch hervor. Wohl keine andere ntl. Schrift unterstreicht so deutlich das Vorrecht des Christen, auch schwierigen Situationen mit einer Haltung der Freude entgegenzutreten. In diesem kurzen Brief, geschrieben aus der Gefangenschaft und zu einer Zeit, in der sich Paulus Widerständen aus christl. Kreisen gegenübersah (1,15–17), gebraucht er nicht weniger als 16 mal das Wort »Freude« bzw. »sich freuen«. Diese Wiederholungen sind durchaus gewollt: »Daß ich euch immer dasselbe schreibe, verdrießt mich nicht und macht euch um so gewisser« (3,1). Zu einem der bekanntesten

INHALTSÜBERSICHT

1,1–2	Gruß
1,3–11	Dank und Fürbitte für die Gemeinde
1,12–26	Die Lage des Paulus
1,27–2,4	Ermahnung zu Standhaftigkeit und Einigkeit
2,5–11	Erniedrigung und Erhöhung Christi (»Christus-Hymnus«)
2,12–18	Der rechte Wandel des Christen
2,19–30	Timotheus und Epaphroditus
3,1–21	Warnung vor Verführern und Mahnung zur wahren Vollkommenheit
4,1–9	Aufruf zur Freude
4,10–20	Dank für die von den Philippern übersandte Gabe
4,21–23	Grüße und Segenswünsche

Bibelverse ist 4,4 geworden: »Freuet euch in dem Herrn allewege, und abermals sage ich: Freuet euch!« Wir finden in diesem Brief einen Christen, der an seinen Erfahrungen mit Gott gereift ist und zu jeder Situation Ja sagen kann, weil er aus der Kraft lebt, die Gott denen gibt, die sich im Glauben ihm anvertrauen (4,12–13).

Phil 2,5–11, der sog. »Christus-Hymnus«, gibt eine der prägnantesten Zusammenfassungen der Person und des Werkes Jesu Christi, die wir in der Bibel finden. Die Auslegung sieht in diesen Versen einen der ältesten kirchl. Hymnen auf Christus, der zumindest in Ansätzen wohl schon vor Paulus bestand. In ihm klingt die Prophezeiung aus Jes 45,23 an, und sein Ziel ist die Verherrlichung des einen Gottessohnes, des Lammes Gottes (Offb 5,11–14). Es ist möglich, daß dieser Hymnus der Lobgesang war, den Paulus und Silas im Kerker von P. sangen (Apg 16,25).

PHILIPPI, PHILIPPER
Apg 16,12; 20,6; Phil 1,1; 4,15; 1. Thess 2,2

PHILIPPI, PHILIPPER Stadt in Mazedonien (Nordostgriechenland), zwischen Neapolis (dem modernen Kavala) und Thessalonich. Sie wurde 360 v. Chr. von Siedlern aus Thasos gegründet und von diesen nach den zahlreichen Quellen am Fuße der Siedlung *Krenides* (»Quellen«) genannt. Vier Jahre später wurde die Stadt von König Philipp II. von Mazedonien annektiert, der ihren Namen in *Philippi* umänderte.

42 v. Chr. fand bei P. die entscheidende Schlacht statt, in der Oktavian (der spätere Augustus) und Mark Antonius ihre Rivalen Brutus und Cassius besiegten. Nach der Schlacht wurde in P. eine Kolonie für röm. Veteranen eingerichtet. In der Römerzeit war P. eine wichtige Station auf der *Via Egnatia*, der Hauptstraße durch Nordgriechenland nach Rom.

P. war die erste europäische Stadt, in die das Evangelium kam – durch Paulus, der i.J. 49 mit seinen Begleitern von Troas aus dorthin kam, nachdem ihn eine Vision nach Mazedonien gerufen hatte (Apg 16,9–12). Paulus verbrachte mehrere Tage in P. und verbrachte zus. mit Silas eine Nacht im Gefängnis (Apg 16,23 ff.). Auf seinem Rückweg von seiner 3. Missionsreise nach Jerusalem machte er erneut in P. halt (Apg 20,6).

P. wurde später ein erzbischöflicher Sitz, dem 5–7 Diözesen unterstellt waren. Die Reste von fünf Kirchen aus der frühchristl. Zeit bezeugen die damalige Bedeutung der Stadt.

Gelähmter, auf seine Heilung wartend, dargestellt auf einem Mosaik der aus dem 14. Jh. stammenden Kirche von Kariye, Istanbul, Türkei.

PHILIPPUS 1
Mt 10,3; Mk 3,18; Lk 6,14; Joh 1,43–46. 48; 6,5.7; 12, 21–22; 14,8–9; Apg 1,13
PHILIPPUS 2
Lk 3,1
PHILIPPUS 3
Mt 14,3; Mk 6,17;
PHILIPPUS 4
Apg 6,5; 8,5–6.12–13. 26.29–31.34–35. 37–40; 21,8

PHILIPPUS (»Pferdeliebhaber«).

1. Einer der zwölf Jünger (Apostel) Jesu, kam aus Betsaida in Galiläa. Jesus berief ihn persönlich (Joh 1,43). Er wurde sein sechster Jünger und führte gleich seinen Freund Nathanael zu Jesus (Joh 1,45–51). Bei der Speisung der Fünftausend stellte Jesus P. auf die Probe: Er fragte ihn: »Wo kaufen wir Brot, damit diese zu essen haben? Das sagte er aber, um ihn zu prüfen; denn er wußte wohl, was er tun wollte« (Joh 6,5–6). Als eine Gruppe griech. Juden, die zum Passafest in Jerusalem waren, Jesus treffen wollte, baten sie P. um Vermittlung (Joh 12,20–22). P. war es auch, der Jesus bat: »Herr, zeige uns den Vater, und es genügt uns« (Joh 14,8–11). Zus. mit anderen wird er auch unter den Jüngern erwähnt, die nach der Himmelfahrt in Jerusalem waren (Apg 1,13–14). Über sein weiteres Leben ist nichts bekannt.

2. Philippus der Vierfürst (Tetrarch), regierte 4 v. – 34 n. Chr.; Sohn Herodes d. Gr. und der Kleopatra von Jerusalem. P. wurde in Rom erzogen und erhielt nach dem Tod seines Vaters die Gebiete Batanäa, Trachonitis, Auranitis und später Ituräa (vgl. auch Lk 3,1). Er erweiterte die Stadt Paneas (in der Nähe der Jordanquellen) und nannte sie in Cäsarea Philippi um (Mt 16,13). Er war sein Leben lang loyal gegenüber Rom. Er war mit seiner Nichte Salome verheiratet, einer Enkelin Herodes und Mariamnes II., und starb kinderlos. Nach seinem Tod wurden seine Gebiete zunächst mit der röm. Provinz Syrien vereinigt, bald darauf jedoch von Kaiser Caligula an Herodes Agrippa I. gegeben.

3. Der erste Ehemann der Herodias und Vater der Salome.

4. Philippus der Evangelist. Einer der sieben ersten Diakone der Urgemeinde (Apg 6,1–6). Er predigte u.a. in Samaria, wo er den Zauberer Simon

zum Glauben führte (Apg 8,4–13), und konnte den Kämmerer aus Äthiopien zu Christus führen und taufen (Apg 8,26–39). Später lebte er in Cäsarea, wo ihn Paulus auf der Rückreise von der 3. Missionsreise besuchte (Apg 21,8). Nach Apg 21,9 hatte er vier unverheiratete Töchter, die die Gabe der Prophetie hatten.

PHILISTER Die P. waren eines der »Seevölker«, die gegen Ende der Spätbronzezeit im südöstlichen Mittelmeerraum auftauchten. Ägypt. Quellen erwähnen solche »Seevölker« als Söldner im ägypt. Heer; offenbar nahmen sie auch an einem lybischen Aufstand gegen Pharao Merneptah teil. Ausdrücklich werden die P. z. Zt. Ramses III. erwähnt; Reliefs in seinem Tempel in Medinet Habu (Theben) stellen die P. als große, bartlose Männer dar, die einen durch Kinnriemen gehaltenen gefiederten Kopfschmuck tragen. Sie sind mit einem Brustharnisch (oder Hemd) sowie Rock und breitem Gürtel bekleidet; in der Seeschlacht sind sie mit einem Riemenschild abgebildet.

Eine spätere ägypt. Quelle, Amen-em-opet, aus dem späten 12./ frühen 11. Jh. v. Chr. erwähnt neben anderen Nationen auch drei der Seevölker: die Schirdanu, Tscheker und P.; dazu drei Philisterstädte: Aschkelon, Aschdod und Gaza.

Die ägypt. Quellen geben keinen Aufschluß über die Herkunft der P. und übrigen Seevölker. In 1. Mose 10,14 heißt es jedoch: »... die Patrositer, die Kasluhiter und die Kaftoriter; von denen sind gekommen die Philister.« Auch in Jer 47,4 und Am 9,7 stammen die P. aus Kaftor. Andererseits werden sie in Hes 25,16; Zef 2,5 mit den Kretern in Verbindung gebracht. Es scheint, daß die Kaftoriter und Kreter identisch oder nahe verwandt waren.

Nach der Bibel siedelten die P. z. Zt. der Erzväter (s. PATRIARCHEN) im Negeb; ihr König Abimelech wohnte in Gerar (1. Mose 26,1). Häufig

(oben) Philistervase mit geometrischen Mustern und Vogelabbildungen. (Israelische Regierungsabt. für Altertümer und Museen.)

Deckel eines philistäischen Tonsarges. Aus Bet-Schean, 12. Jh. v. Chr. (Israelische Regierungsabteilung für Altertümer und Museen).

(links) Gefangene Philister auf einem Wandrelief aus dem Tempel Ramses II. in Medinet Habu, 12. Jh. v. Chr.

werden die P. in der Richterzeit erwähnt, als es ständig Kriege zwischen ihnen und den Israeliten gab (Ri 3,31; 15,11 u. ö.). Heftig umstritten zwischen den beiden Völkern war das Siedlungsgebiet des Stammes Dan, das an das der P. angrenzte. Die Daniter verlegten schließlich ihr Siedlungsgebiet in den Norden Israels (Ri 18). Die P. drangen auch in das Gebiet Judas vor. Die offenen Feindseligkeiten begannen in Eben-Eser (1. Sam 4), wo die P. die Bundeslade eroberten (1. Sam 5). Später, nach der Eroberung Bet-Scheans, befand sich die gesamte Küstenebene in der Hand der P. (1. Sam 31). Sie richteten Garnisonen in Juda und Benjamin ein (1. Sam 10,5; 13,3) und verschafften sich ein Monopol in der Eisenverarbeitung (1. Sam 13,19). Gegen Ende des 11. Jh. v. Chr. konnte Israel die P. besiegen und aus seinem Gebiet vertreiben (1. Sam 13,4; 14,20 ff.). Mit der Schlacht im Eichgrund, wo David Goliat besiegte (1. Sam 17), begann der Niedergang der P. Später fand David auf der Flucht vor Saul Zuflucht bei König Achisch von Gat, der ihm die

PHILISTER
1. Mose 10,14; 21,32.34; 26,1.8.14.18; 2. Mose 13,17; 23,31; Jos 13,2–3; Ri 3,3.31; 10,6–7.11; 13,1.5; 14,1–4; 15,3.5–6.9. 11–12.14.20; 16,5.8–9.12. 14.18.20–23. 27–28.30; 1. Sam 4,1–3. 6.9–10.17; 5,1.8.11; 6, 1–2.4.12.16–18. 21; 7,3.7–8. 10–11.13–14; 9,16; 10,5; 12,9; 13,3–5.11–12. 16–17.19–20.23; 14,1.4.11.19. 21–22.30–31. 36–37.46–47.52; 17,1–4.8.10–11. 16.19.21.23.26. 32–33.36–37. 40–43.45–46. 48–55.57; 18,6. 17.21.25.27.30; 19,5.8; 21,10; 22,10; 23,1–5. 27–28; 24,2; 27, 1.7.11; 28,1.4–5. 15.19; 29,1–4.7. 9.11; 30,16; 31,1–2.7–9.11; 2. Sam 1,20; 3,14.18; 5, 17–19.22.24–25; 8,1.12; 19,10; 21,12.15.17–19; 23,9–14.16; 1. Kön 5,1; 15,27; 16,15; 2. Kön 8,2–3; 18,8; 1. Chr 1,12; 10,1–2.7–9.11; 11,13–16.18; 12,20; 14,8–10. 13.15–16; 18,1.11; 20,4–5; 2. Chr 9,26; 17, 11; 21,16; 26, 6–7; 28,18; Ps 60,10; 83,8; 87,4; 108,10; Jes 2,6; 9,11; 11,14; 14,29.31 Jer 25,20; 47,1.4; Hes 16,27.57; 25,15–16; Joel 4,4; Am 1,8; 6,2; 9,7; Obad 19; Zef 2,5; Sach 9,6

Stadt Ziklag gab (1. Sam 21,11–16; 27,1–6) und ihn zu seinem Leibwächter machte (1. Sam 28,1–2). Die zunächst erfolgreichen Kämpfe Sauls gegen die P. endeten mit der Niederlage und dem Tod Sauls und seiner Söhne auf dem Gebirge Gilboa (1. Sam 31). Nachdem David König von Israel geworden war, gelang es ihm, die P. endgültig zu besiegen (2. Sam 5,17–25; 8,1; 1. Chr 18,1); sie dienten fortan als Söldner in seinem Heer (2. Sam 8,18). König Usija von Juda eroberte weitere Gebiete der P., darunter Gad, Jabne und Aschdod (2. Chr 26,6–7). Während der assyr. Feldzüge in Palästina gingen die P. mehrfach antiassyr. Bündnisse mit den Ägyptern ein. Noch in der Zeit nach dem babyl. Exil hatten sie einige ihrer nationalen Eigenschaften bewahrt, so ihre eigene »aschdodische« Sprache (Neh 13,24).

Die fünf wichtigsten Philisterstädte waren nach der Bibel Gaza, Aschkelon, Aschdod, Ekron und Gat (Jos 13,3). Die Bibel erwähnt auch einige kleinere Orte, so Ziklag (1. Sam 27,6), Timna (Ri 14,1) und das befestigte Jabne (2. Chr 26,6). Ausgrabungen bezeugen, daß noch viele andere Städte unter philist. Einfluß oder Herrschaft standen; philist. Keramik wurde an Orten wie Megiddo, Jafo, Bethel, Bet-Schemesch u. a. gefunden.

An der Spitze der philist. Stadtstaaten stand jeweils ein Fürst (1. Sam 5,11) oder auch König (1. Sam 27,2), der wahrscheinlich auch das Heer befehligte. Neben dem Stadtfürsten gab es eine Militäraristokratie, die sich auf eine durchdachte Militärorganisation und gute Waffensysteme stützen konnte. Das Heer bestand aus Bogenschützen (1. Sam 31,3), Kampfwagen und Fußvolk (1. Sam 13,5). Beim Kampf wurden kleine Einheiten zum Angriff vorausgeschickt. Eine andere, den Hebräern unbekannte Kampftechnik war der Einsatz von Einzelkämpfern wie etwa Goliat (1. Sam 17,1–10).

Die P. nahmen ihre Götterbilder als Talisman mit in die Schlacht (2. Sam 5,21). Ihr Hauptgott war Dagon (Ri 16,23), dem Tempel in Gaza, Aschdod und Bet-Schean geweiht waren. Eine Dagon-Statue stand in Aschdod (1. Sam 5,2–3). In Ekron gab es ein Orakel des Baal-Sebub (2. Kön 1,3). Die wichtigste Göttin war Astarte, deren Tempel in Bet-Schean stand (1. Sam 31,10).

An vielen Orten der Küstenebene südlich des Jarkon hat man Überreste der Philisterkultur aus dem 12.–11. Jh. v. Chr. entdeckt, hauptsächlich Keramik mit geometrischen Mustern, Fischen und Vögeln auf weißem Grund; dieser Keramiktyp scheint seinen Ursprung in der myken. Kultur zu haben, jedoch sind auch lokale sowie ägypt. Elemente erkennbar.

Ihre Toten bestatteten die P. in länglichen zylindrischen Tonsärgen, deren Deckel einen menschlichen Kopf mit verschränkten Händen zeigen. Man fand solche Särge auf Philisterfriedhöfen in Bet-Schean, Lachisch und Tell el-Farah wie auch an mehreren Orten in Ägypten.

Von *Philistina* (»Land der P.«) ist der Name *Palästina* abgeleitet (s. PALÄSTINA).

PHILOLOGUS
Röm 16,15

PHILOLOGUS (»Wortliebhaber«). Röm. Christ, von Paulus in den Grüßen am Ende des Briefes an die Römer erwähnt.

PHLEGON
Röm 16,14

PHLEGON (»Brennend«). Ein weiterer röm. Christ, den Paulus im Römerbrief grüßt.

PHÖBE
Röm 16,1

PHÖBE (»Strahlend«, »hell«). Mitarbeiterin in der Gemeinde in Kenchreä, die den Brief des Paulus an die Römer von Korinth nach Rom überbrachte. Sie hatte sich verschiedentlich für Paulus eingesetzt, der darum die Gemeinde in Rom bat, sie freundlich aufzunehmen (Röm 16,1.2).

PHÖNIX
Apg 27,12

PHÖNIX Hafenstadt auf Kreta. Die Schiffsbesatzung, die Paulus von Jerusalem nach Rom bringen sollte, versuchte vergeblich, in P. anzulegen, um dort den Winter zu verbringen (Apg 27,12–15). Die Lage des Hafens konnte bislang nicht genau bestimmt werden, obwohl Lukas ihn als »gegen Südwest und Nordwest offen« beschreibt.

PHÖNIZIEN, PHÖNIZIER
Apg 11,19; 15,3; 21,2

PHÖNIZIEN, PHÖNIZIER (griech. *phoinike*, »Land des Purpurs«). Antike Bezeichnung für das Land und die Völker entlang der libanesischen und nordpalästin. Küste, von Arwad im heutigen Libanon bis nach Akko im Süden. Auf dem Höhepunkt ihrer Macht herrschten die Phönizier sogar über das Gebiet von Ugarit m Norden bis südlich von Dora im Süden.

Kachel aus dem Begräbnistempel Ramses III. in Medinet Habu, Ägypten, 12. Jh. v. Chr. Der Mann trägt den typischen Kopfschmuck der Philister, ist jedoch nach dem zu jener Zeit in Syrien und Palästina üblichen Stil gekleidet.

Von jeher spielte der Seehandel eine wichtige Rolle in der Wirtschaft P.s. Weitere wichtige Wirtschaftszweige waren der Fischfang und die Herstellung von Purpur aus den Purpurschnecken, die es an der Küste in großen Mengen gab.

Die Besiedlung P.s geht bis ins Paläolithikum zurück. Im letzten Viertel des 5. Jt. v. Chr. tauchen erstmals Keramikgefäße in Ugarit und Byblos auf. Beide Orte waren auch im Chalkolithikum (Kupferzeit) besiedelt. Der ägypt. Einfluß aus der Zeit der 3.–6. ägypt. Dynastie ist u.a. durch in Byblos gefundene ägypt. Alabastervasen, die die Namen von Pharaonen tragen, belegt. Dieser Einfluß wurde während der ersten Zwischenzeit in Ägypten (8.–10. Dynastie) unterbrochen.

Der Einbruch der Amoriter brachte Byblos u.a. phöniz. Zentren im Süden des Landes die Zerstörung. Die etwas spätere Zerstörung Ugarits im Norden geht auf die von Nordosten kommenden Horiter zurück. Während dieser unruhigen Zeit im 21. Jh. v. Chr. siedelten sich neue, aus Anatolien stammende Bewohner in P. an, die Meister in der Bronzeverarbeitung waren. Mitte des 20. Jh. kam P. wieder unter ägypt. Herrschaft. Die Blütezeit des 19. und eines großen Teils des 18. Jh. endete mit der Ankunft der Hyksos, die P. 1730–1580 v. Chr. beherrschten.

Mit der 18. Dynastie konnten die Ägypter ihre Oberherrschaft über P. wiedererlangen. Mit der Ankunft der Seevölker (s. PHILISTER) wurde sie erneut unterbrochen. Die Neuankömmlinge bildeten zus. mit den Kanaanitern die neue phöniz. Bevölkerung. Während die Bewohner vor dem 12. Jh. v. Chr. nach dem jeweiligen Namen ihres Heimatortes benannt wurden, wurden sie nun allgemein als Phönizier bezeichnet. Es beginnt das goldene Zeitalter P.s.

In Tyrus geprägte phönizische Münze; die eine Seite zeigt den Baal von Tyrus, der auf einem geflügelten Pferd über die Wellen reitet, mit einem Delphin unter ihm im Meer, die andere Seite zeigt eine Eule.

(rechts) Die Küste bei der phönizischen Stadt Dor.

1150–853 v. Chr. waren die phöniz. Städte unabhängig. Tyrus, Sidon u.a. Städte begannen ihren lebhaften Seehandel und gründeten zahlreiche Kolonien an der Mittelmeerküste, darunter 814 v. Chr. Karthago. In dieser Zeit gelangte das phöniz. Alphabet nach Griechenland. In diese Periode fallen auch die Beziehungen zwischen Salomo und König Hiram von Tyrus (1. Kön 5,15–26) sowie die Ehe zwischen dem isrl. König Ahab und der sidon. Prinzessin Isebel (1. Kön 16,31).

Unterdessen weiteten die Assyrer ihren Einflußbereich allmählich bis ans Mittelmeer aus. 883 v. Chr. fiel Assurnasirpal II. nach P. ein und legte Tyrus, Sidon, Byblos und Arwad einen hohen Tribut auf. Von Zeit zu Zeit versuchten phöniz. Städte, das assyr. Joch zu brechen. Ein solcher Aufstand unter Führung von Tyrus wurde von Sanherib niedergeschlagen; die Assyrer zerstörten dabei Sidon und siedelten dort fremde Volksgruppen an. Weitere phöniz. Aufstände blieben erfolglos.

Als Assyrien 612 v. Chr. von den Babyloniern und Medern besiegt wurde, erhielten die phöniz. Städte ihre Selbständigkeit zurück. Bereits 605 v. Chr. jedoch, nach der Niederlage des mit ihnen verbündeten Pharao Necho, kam P. unter babyl. Herrschaft. Ein neuer Aufstand, an dem sich Juda und Tyrus beteiligten, führte zur Zerstörung Jerusalems und Eroberung von Tyrus durch Nebukadnezar. Als Kyros 538 v. Chr. Babylon eroberte, wurde P. Teil einer pers. Satrapie, und Sidon übernahm von Tyrus den Rang der bedeutendsten Stadt. Die große phöniz. Flotte nahm an den Kämpfen von Darius und Xerxes gegen die Griechen teil. Im frühen 4. Jh. beteiligte sich Tyrus, der Unterdrückung durch die Perser überdrüssig, an einem Aufstand des griech. Tyrannen auf Zypern; später nahm auch König Tabnit von Sidon an einem Aufstand gegen die Perser teil. Artaxerxes III. belagerte Sidon und äscherte es ein. Von der neugegründeten Stadt sind nur die Namen ihrer Könige bekannt. Nach der Schlacht von Issos (333 v. Chr.) fiel P. an Alexander d. Gr. 301 v. Chr. wurde es von Ptolemäus erobert und an Ägypten angegliedert. 200 v. Chr. besiegte Antiochus III. Ptolemäus V. Epiphanes, und P. blieb bis nach dem Tod von Antiochus IV. Epiphanes in seleukid. Hand. 112 v. Chr. hatten alle phöniz. Städte ihre Autonomie wiedergewonnen. 64 v. Chr. wurde P. von den Römern erobert und von Pompeius zu einer röm. Provinz gemacht, die jedoch innere Autonomie behielt. Die röm. Herrschaft brachte P. eine neue Blütezeit; damals wurde in Sidon die Glasbläserei erfunden. In Tyrus wie Sidon blühten auch die Künste.

Auf der Rückfahrt von seiner 3. Missionsreise kam Paulus durch Tyrus (Apg 21,3.7). Zu dieser Zeit (Mitte des 1. Jh. n. Chr.) gab es hier bereits eine christl. Gemeinde.

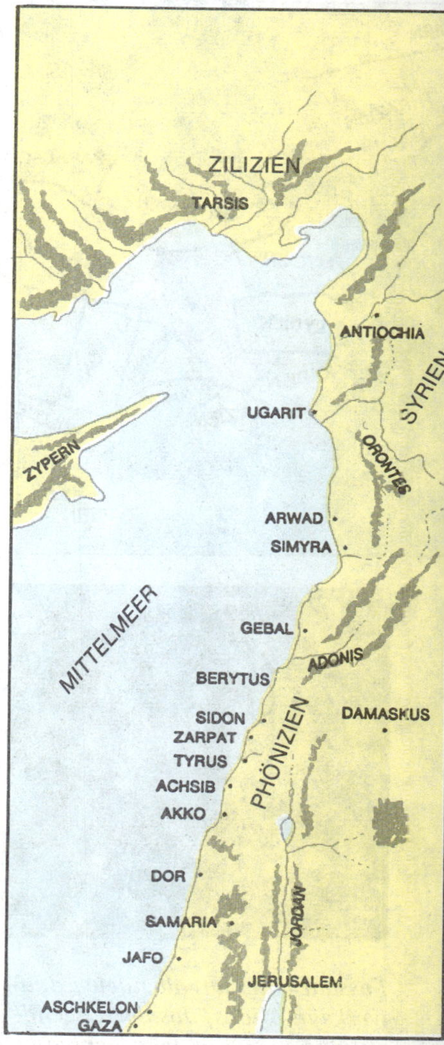

Phönizien.

Rote polierte Tonkrüge und Tonmaske aus Achsib in Phönizien. (Israelische Regierungsabteilung für Altertümer und Museen.)

Fassade eines unvollendeten Bauwerks in Midas, das der Legende zufolge das Grab des sagenhaften Königs Midas von Phrygien birgt.

PHRYGIEN Große gebirgige Region in Kleinasien, im Westteil der großen anatolischen Hochebene; in ihr wurde hauptsächlich Weidewirtschaft betrieben. Ab 116 v. Chr. wurde der größte Teil P.s in die kaiserlich-röm. Provinz Asien eingegliedert; 25 v. Chr. wurde der östliche Teil, der unter dem Namen *Phrygia Galatica* bekannt war, der Provinz Galatien angeschlossen. Die bedeutendsten Städte waren Laodizea, Hierapolis und Kolossä sowie (in Phrygia Galatica) Antiochia und Ikonion. Die Phryger waren ein indogermanischer Volksstamm, der um 1200 v. Chr. von Thrakien nach Kleinasien einwanderte und dabei die Hetiter vertrieb.

PHRYGIEN Apg 2,10; 16,6; 18,23

Jüd. Festpilger aus P. werden als Zeugen des Pfingstwunders erwähnt (Apg 2,1.10). Paulus kam auf seinen Missionsreisen durch P. (Apg 16,6; 18,23), gründete dort jedoch offenbar keine Gemeinden. Die in Kol 2,1 erwähnten Gemeinden in Kolossä und Laodizea müssen unabhängig von Paulus entstanden sein.

PHYGELUS (»Flüchtling«). Einer der Christen in Asien, die sich von Paulus abwandten, als dieser in Rom inhaftiert wurde.

PHYGELUS 2. Tim 1,15

PI-BESET Stadt im Nildelta, die in Hes 30,17 erwähnt wird; ihr ägypt. Name *P(r)-bast(t)* bedeutet »die Stadt der Göttin Bast(t)« (*Boubastos* auf griech.).

PI-BESET Hes 30,17

Die Geschichte von P. geht bis ins Alte Reich zurück. Es konnten von den Pharaonen der 18. Dynastie errichtete Monumente in der Stadt nachgewiesen werden; die Stadt erreichte den Höhepunkt ihrer Bedeutung, als Schischak I., der Begründer der 22. libyschen Dynastie, sie zu seiner Hauptstadt erhob. P. konnte seinen Rang als Hauptstadt auch während der 23. Dynastie behaupten und erlebte 950–750 v. Chr. eine Blütezeit. Die Stadt zerfiel, nachdem sie 350 v. Chr. von den Persern erobert worden war.

Wie der Name sagt, war P. das Kultzentrum der Göttin Bastet, die als Frau mit Löwenkopf dargestellt wurde.

PICHOL (»Wortführer«). Feldhauptmann König Abimelechs von Gerar, begleitete Abimelech bei dessen Verhandlungen mit Abraham (1. Mose 21,22) und Isaak (1. Mose 26,26).

PICHOL 1. Mose 21,22.32; 26,26

PI-HAHIROT (ägypt. *Pir-Hrt*, »Haus der Göttin Hrt«). Eine der Stationen auf dem Weg der Israeliten von Ägypten nach Kanaan (2. Mose 14,2.9; 4. Mose 33,7–8). Der Ort konnte bislang nicht näher bestimmt werden, zumal der Name in keiner ägypt. Urkunde erwähnt wird.

PI-HAHIROT 2. Mose 14,2.9; 4. Mose 33,7–8

PILATUS, PONTIUS Der fünfte röm. Statthalter in Judäa; er wurde von Kaiser Tiberius i. J. 26 n. Chr. berufen und war zehn Jahre im Amt.

Unter der Oberaufsicht der Legaten von Syrien amtierten die Statthalter in Judäa weitgehend unabhängig. Ihr Amtssitz war Cäsarea, während der jüd. Hauptfeste jedoch, zur besseren Kontrolle der öffentlichen Ordnung in der Stadt, Jerusalem; so war P. auch bei jenem Passafest, als Jesus verhaftet und hingerichtet wurde, in Jerusalem. Die vier Evn. berichten, daß er Jesus zum Tode verurteilte, obwohl er persönlich von seiner Unschuld überzeugt war.

Wir wissen über P. mehr als über die anderen frühen Statthalter Roms in Judäa – nicht nur durch die bibl. Berichte, sondern auch, weil er als einziger röm. Statthalter ausführlich von den berühmten Geschichtsschreibern jener Zeit, Philo und Josephus, erwähnt wird. Sie beschreiben P. als unnachgiebig, grausam, selbstsüchtig und hart.

PILATUS, PONTIUS Mt 27,2.13.17.22.24.58.62.65; Mk 15,1–2.4–5.9.12.14–15.43–44; Lk 3,1; 13,1; 23,1.3–4.6.11–13.20.24.52; Joh 18,29.31.33.35.37–38; 19,1.4–6.8.10.12–13.15.19.21–22.31.38; Apg 3,13; 4,27; 13,28; 1. Tim 6,13

Eine der ersten Amtshandlungen des P. war der Befehl an die Garnison von Jerusalem, mit den militärischen Feldzeichen, die das Bild des Kaisers trugen, in die Stadt einzumarschieren. Diese Kaiserbilder waren ein Verstoß gegen das Zweite Gebot, und nach hartnäckigem Protest konnten die Juden schließlich erreichen, daß P. die Bilder wieder entfernen ließ. Später finanzierte er den Bau einer Wasserleitung nach Jerusalem ausgerechnet mit Geldern aus dem Tempelschatz. Die Gewalt, mit der er gegen Proteste und Revolten vorging, kostete viele Menschenleben. Das NT erwähnt ein Massaker an galiläischen Festpilgern, »deren Blut Pilatus mit ihren Opfern vermischt hatte« (Lk 13,1); offensichtlich hatten sie versucht, ihre Opfer im Tempel darzubringen, und waren dabei in die blutige Niederschlagung einer Demonstration geraten.

Bronzemünze, die Pilatus prägen ließ, mit einem litus *(gekrümmten Stab), seinem Amtssymbol, und dem Namen des Kaisers Tiberius.*

P. stürzte, als er eine samaritan. Volksmenge auf dem Berg Garizim blutig auflöste und die Häupter der Samaritaner bei Vitellius, dem röm. Legaten in Syrien, protestierten. P. wurde abgesetzt und von Kaiser Caligula nach Vienne in Südfrankreich verbannt, wo er 41 n. Chr. starb.

PILDASCH 1. Mose 22,22

PILDASCH (»Großes Gras«). Ein Sohn von Abrahams Bruder Nahor.

PILHA Neh 10,25

PILHA (»Mühlenstein«). Einer der Männer, die z. Zt. Nehemias die Abmachung zur Einhaltung des Gesetzes unterschrieben.

PILTAI Neh 12,17

PILTAI (»Gott ist Erlösung«). Einer der Priester, die mit Serubbabel aus der babyl. Gefangenschaft zurückkehrten.

PINHAS 1 2. Mose 6,25; 4. Mose 25,7.11; 31,6; Jos 22,13. 30–32; 24,33; Ri 20,28; 1. Chr 5,30; 6,35; 9,20; Esr 7,5; 8,2; Ps 106,30
PINHAS 2 1. Sam 1,3; 2,34; 4,4.11.17.19; 14,3;
PINHAS 3 Esr 8,33

PINHAS (ägypt. »Der Schwarze«).

1. Ein Enkel Aarons (2. Mose 6,25; 1. Chr 5,29–30; Esr 7,5). Als die Israeliten in Schittim dem moabit. Gott Baal-Peor opferten, tötete P. im Eifer für Jahwe den Israeliter Simri, der mit einer Moabiterin Unzucht trieb. Diese Tat beschwichtigte den Zorn Gottes (4. Mose 25,1–15). Für seinen Eifer verlieh Gott P. und seinen Nachkommen »meinen Bund des Friedens« und »das ewige Priestertum« (4. Mose 25,10–13; Ps 106,30–31). Als Mose später Krieg gegen die Midianiter führte, vertraute er P. die hl. Geräte und Kriegstrompeten an (4. Mose 31,6). Unter Josua führte P. eine Delegation aus zehn Stammesfürsten an, die die isrl. Stämme im Ostjordanland wegen der Errichtung eines eigenen Altars zurechtweisen sollte (Jos 22,9–34). Während der Strafaktion gegen den Stamm Benjamin diente P. vor der Bundeslade in Bethel (Ri 20,27–28). 1. Chr 9,20 zufolge war P. Vorsteher der Torhüter des Heiligtums.

2. Bruder Hofnis. Hofni und P., die beiden Söhne Elis, dienten als Priester in Silo (1. Sam 1,3). Sie nutzten ihre Stellung schamlos aus, und ihr alter Vater war unfähig, sie auf den rechten Weg zurückzuführen; ein Prophet kündigte schließlich den Niedergang des Hauses Eli an (1. Sam 2,12–36). Hofni und P. starben in der Schlacht bei Afek, in der die Bundeslade in die Hände der Philister fiel (1. Sam 4,4–11).

3. Vater des nach der Rückkehr aus dem babyl. Exil für die Tempelgeräte verantwortlichen Eleasar (Esr 8,33).

PINON 1. Mose 36,41; 1. Chr 1,52

PINON (»Perle«?). Ein Stammesfürst in Edom.

PIRAM Jos 10,3

PIRAM (»Zebra«?). König von Jarmut; einer der fünf Amoriterkönige, die Josua bei Gibeon schlug (Jos 10,3.5.9.11).

PIRATON, PIRATONITER Ri 12,13.15; 2. Sam 23,30; 1. Chr 11,31; 27,14

PIRATON, PIRATONITER Geburtsort und Grabstätte des Richters Abdon »im Lande Ephraim, auf dem Gebirge der Amalekiter« (Ri 12,13–15); auch Heimatort Benajas, eines von Davids »Helden« (2. Sam 23,30). Der Ort lag südwestlich von Schechem (Sichem).

PISCHON 1. Mose 2,11

PISCHON Einer der vier Ströme, die aus dem Garten Eden flossen; er »fließt um das ganze Land Hawila, und dort findet man Gold« (1. Mose 2,11). In der Völkertafel 1. Mose 10,7 wird Hawila als einer der Söhne Kuschs aufgeführt, und daher wurde der 1. Mose 2,13 erwähnte Paradiesstrom Gihon mit dem Weißen Nil und der P. mit dem Blauen Nil identifiziert. Andere Gelehrte halten Hawila für Indien und den P. für den Indus oder

Stein, der im Theater von Cäsarea gefunden wurde und eine Widmung trägt, die Pontius Pilatus, der Statthalter von Judäa, an Kaiser Tiberius richtete. (Israelische Regierungsabteilung für Altertümer und Museen.)

Ganges; wieder andere suchen ihn in Südarabien. Keine dieser Vermutungen ist ausreichend begründet.

PISGA Der höchste Teil des Abarimgebirges, nahe dem Nordostufer des Toten Meeres (5. Mose 3,27; 4,49; 34,1), mit Blick auf das Jordantal (4. Mose 21,20). Der Moabiterkönig Balak führte Bileam, der Israel verfluchen sollte, auf den P. (4. Mose 23,14). Vom Berg Nebo, dem höchsten Gipfel des Gebirges P., konnte Mose vor seinem Tod einen großen Teil des Landes Kanaan sehen (5. Mose 3,27; 34,1–4). Das P.-Gebirge war die Südgrenze des Gebietes der Amoriter (Jos 12,2–3). Einige Forscher identifizieren den Berg mit Ras Siyagha westlich des Berges Nebo (s. auch NEBO).

PISGA
4. Mose 21,20; 23,14;
5. Mose 3,17.27; 4,49; 34,1;
Jos 12,3; 13,20

Man nimmt an, daß einer dieser Gipfel des Abarimgebirges der biblische Pisga ist.

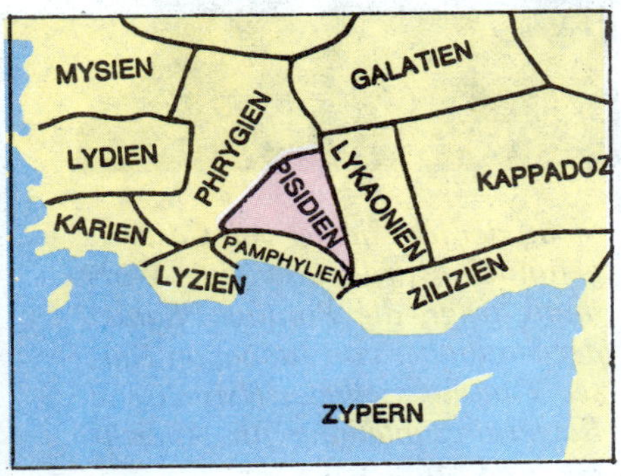

Pisidien.

PISIDIEN Gebiet im westlichen Taurus in Kleinasien, grenzte an Pamphylien im Süden, Lykaonien im Osten und Norden und Lyzien und Karien/Phrygien im Westen. Dieses bergige Hochland ist ca. 190 km lang und 80 km breit und war in der Antike für seine räuberischen Bergstämme berüchtigt, die auch die pers. und hell. Herrscher nicht zu unterwerfen vermochten. Die Seleukidenkönige gründeten Antiochia in P. (s. ANTIOCHIA (1)), das an der Grenze zu Phrygien lag. Augustus teilte P. der Provinz Galatien zu.

Paulus, der auf seiner 1. Missionsreise durch diese gefährliche Gegend kam (Apg 13,14; 14,24), wagte sich nicht ins Innere vor, sondern gründete lediglich eine Gemeinde in der Grenzstadt Antiochia. Möglicherweise beziehen sich die »Räuber« und »Wüsten« in der Leidensliste des Paulus 2. Kor 11,26 auf P. Das Christentum faßte in P. offenbar nur langsam Fuß.

PISIDIEN
Apg 13,14; 14,24

PISPA Ein Mann aus dem Geschlecht Asser.

PISPA
1. Chr 7,38

PITOM Stadt in Goschen (Nordostägypten). Der Name bedeutet »das Haus des Gottes Atum«. P. war eine der Vorratsstädte, die die Israeliten im Frondienst des Pharao bauten (2. Mose 1,11). Die Stadt und ihre Befestigungen wurden frühestens z. Zt. Ramses II. angelegt. Einige der bei den Ausgrabungen gefundenen Gebäudereste wurden als Vorratshäuser identifiziert. Nach Meinung einiger Gelehrter ist P. das heutige Tell er-Retabeh, 16 km westlich von Maschchuta, wo ein weiterer Atum-Tempel entdeckt wurde.

PITOM
2. Mose 1,11

PITON Enkel Jonatans im Geschlechtsregister König Sauls.

PITON
1. Chr 8,35; 9,41

PIZEZ (»Der Zerschmetterer«). Nachkomme Aarons, der die 18. Dienstgruppe der Priester anführte, die z. Zt. Davids am Heiligtum Dienst taten.

PIZEZ
1. Chr 24,15

PLAGEN, DIE ZEHN Katastrophale Heimsuchungen Gottes, um den Pharao dazu zu bewegen, die Israeliten aus Ägypten ausziehen zu lassen. Das Buch Exodus berichtet von 10 Plagen: 1. Verwandlung des Nilwassers und des anderen Wassers in Blut (2. Mose 7,14–25); 2. eine große Froschplage (7,26–8.11); 3. eine Stechmückenplage (8,12–15); 4. eine Stechfliegenplage (8,16–28); 5. eine Viehpest (9,1–7); 6. Geschwüre an Menschen und Vieh (9,8–12); 7. ein schwerer Gewitter- und Hagelsturm (9,13–35); 8. eine Heuschreckenplage (10,1–20); 9. eine drei Tage dauernde Finsternis (10, 21–29); 10. Tötung aller Erstgeburten in Ägypten (2. Mose 11–12) (vgl. PASSA).

Die Abfolge der Katastrophen läßt eine Steigerung vom lediglich Unheimlichen und Lästigen hin zum absolut Tödlichen erkennen. Die meisten

Plagen haben Parallelen in für Ägypten an und für sich natürlichen Erscheinungen: regelmäßige Überschwemmungen des Nils, mit Rotfärbung durch mitgeführte Roterde, Heuschrecken, Frösche usw. Das Wunderhafte und Übernatürliche liegt in ihrem ungewöhnlichen Ausmaß, der schnellen Aufeinanderfolge, ihrem Kommen und Verschwinden auf Befehl Moses und Aarons und darin, daß sie nur die Ägypter, nicht die Hebräer trafen. Gar nichts mehr mit »normalen« Naturkatastrophen zu tun hatte die 10. Plage (vgl. 2. Mose 11,4; 12,12), die den Pharao endlich in die Knie zwang.

Welche geistliche Funktion haben die Plagen? Sie sind zunächst einmal Gottes Reaktion auf den Spott und Unglauben des Pharao, der gesagt hat: »Wer ist Jahwe, daß ich ihm gehorchen müsse und Israel ziehen lasse? Ich weiß nichts von dem HERRN, will auch Israel nicht ziehen lassen« (2. Mose 5,2). Andererseits ist diese Verhärtung des Pharao von Gott bewußt herbeigeführt: »Ich aber will sein Herz verstocken, daß er das Volk nicht ziehen lassen wird« (2. Mose 4,21). »Aber ich will das Herz des Pharao verhärten und viele Zeichen und Wunder tun in Ägyptenland« (2. Mose 7,3; vgl. 11,7). Gott will an dem Pharao ein Exempel statuieren. Er will zeigen, wer der wirkliche Gott und Herr ist – Jahwe und nicht irgendwelche anderen Götter oder auch menschlichen Herrscher. »Und die Ägypter sollen innewerden, daß ich der HERR bin, wenn ich meine Hand über Ägypten ausstrecken und die Israeliten aus ihrer Mitte wegführen werde« (2. Mose 7,5 u. a.).

All dies soll nicht nur den Ägyptern eine Lehre sein, sondern nicht zuletzt auch den Israeliten, dem im Entstehen begriffenen Gottesvolk. Gott tut diese Wunder vor ihren Augen, »auf daß du verkündigest vor den Ohren deiner Kinder und deiner Kindeskinder, wie ich mit den Ägyptern verfahren bin und welche Zeichen ich unter ihnen getan habe, damit ihr wisset: Ich bin der HERR« (2. Mose 10,2). Die Plagen über Ägypten sollten auch für Israel ein Lehrstück für alle Zeiten sein – und sie sind auch so verstanden worden. Die Bibel spricht selten vom Auszug aus Ägypten, ohne die machtvolle Hand Gottes zu erwähnen (2. Mose 13,3.14.16), seine große Kraft (2. Mose 32,11; 5. Mose 9,26; vgl. 4. Mose 14,13; Neh 1,10), seinen starken und ausgestreckten Arm (so häufig in 5. Mose und Jer), die Zeichen und Wunder (5. Mose 4,34ff.; Ps 135,9).

Für dichterische Gestaltungen dieses Themas vgl. z.B. Ps 78,43–51 und 105,28–36. Wenn es dabei gegenüber dem Bericht in 2. Mose z.T. Unterschiede in Zählung, Reihenfolge und Auswirkungen der Plagen gibt, kann diese poetische Freiheit wohl hingenommen werden.

PLATANE Siehe PFLANZEN.

PLETER 2. Sam 8,18; 15,18; 20,7.23; 1. Kön 1,38.44; 1. Chr 18,17

PLETER Siehe KRETER UND PLETER.

PNUËL (»Angesicht Gottes«).

PNUËL 1 1. Mose 32,31–32; Ri 8,8–9.17; 1. Kön 12,25
PNUËL 2 1. Chr 4,4
PNUËL 3 1. Chr 8,25

1. Ort östlich des Jordans, an einer Furt über den Jabbok. Hier rang Jakob mit dem Engel Gottes und erhielt von ihm seinen neuen Namen *Israel* (vgl. Hos 12,5). Jakob nannte den Ort P., denn »ich habe Gott von Angesicht gesehen, und doch wurde mein Leben gerettet« (1. Mose 32,31).

P. erscheint, zus. mit Sukkot, erneut in dem Bericht über Gideons Verfolgung der Midianiter (Ri 8,4–18): Weil seine Einwohner sich weigerten, Gideon zu helfen, zerstörte er die Burg der Stadt und tötete ihre Einwohner. Später wurde P. von Jerobeam, dem ersten König des Nordreiches Israel, ausgebaut (1. Kön 12,25). Ob Jerobeam P. zu seiner neuen Hauptstadt machte oder es lediglich befestigte und zu einem Verwaltungs- und Militärzentrum für das Ostjordanland machte, ist nicht sicher zu erkennen. Auch die genaue Lage von P. ist nicht mehr auszumachen.

2. Vater Gedors vom Stamm Juda.

3. Ein Vorfahre König Sauls.

POCHERET-ZEBAJIM Esr 2,57; Neh 7,59

POCHERET-ZEBAJIM (»Gazellenjäger«). Oberhaupt einer Familie von Sklaven Salomos, die mit Serubbabel aus Babylonien zurückkehrte.

PONTUS Apg 2,9; 18,2; 1. Petr 1,1

PONTUS Küstenstreifen im nördlichen Kleinasien, der im Norden an das Schwarze Meer grenzt und sich vom bithynischen Fluß Halys im Westen bis zum Hochland Armeniens im Osten erstreckt. Dieses große, bergige Gebiet

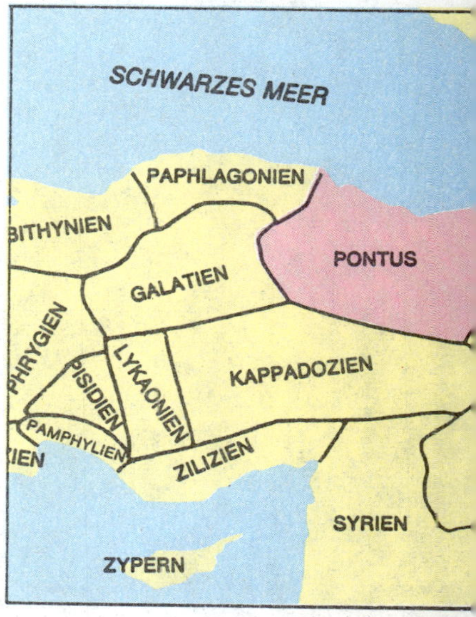

Pontus.

mit fruchtbaren Küstenebenen besaß ein mildes Klima und produzierte Oliven, Getreide und Holz. Unter röm. Herrschaft wurde der Westen von P. mit Bithynien zu einer senatorischen Provinz verbunden, während der Osten weiterhin von griech. Vasallenkönigen verwaltet wurde.

Juden aus P., wahrscheinlich aus den griech. Stadtstaaten an der Küste, zogen zum Pfingstfest nach Jerusalem (Apg 2,9). Aquila, Freund und Mitarbeiter des Paulus, kam aus P. (Apg 18,2). Die Gemeinde in P. wird in 1. Petr 1,1 angesprochen; Einzelheiten über ihre Entstehung und Geschichte sind nicht bekannt.

PORATA (»Vom Los gegeben«). Einer der zehn Söhne Hamans, der mit seinen Brüdern auf Befehl von König Ahasveros hingerichtet wurde (Est 9,2.8).

PORATA
Est 9,8

PORZIUS Siehe FESTUS.

PORZIUS
Apg 24,27

POTIFAR (»Derjenige, den [der Sonnengott] Re gegeben hat«). Kämmerer und Oberster der Leibwache des Pharao z. Zt. Josefs. Er kaufte Josef von Midianitern (1. Mose 37,36; 39,1: »Ismaeliter«) und machte ihn bald zu seinem Hausverwalter. Die Intrige der Frau P.s gegen Josef (1. Mose 39,13–20) hat den Namen P. sprichwörtlich gemacht.

POTIFAR
1. Mose 37,36; 39,1

POTIFERA (»Derjenige, den Re gegeben hat«). Der ägypt. Name von Josefs Schwiegervater. Er war ein Priester im Tempel zu On (Heliopolis, das Kultzentrum des Sonnengottes Re) und Vater der Asenat, die der Pharao Josef zur Frau gab.

POTIFERA
1. Mose 41,45.50; 46,20

PRÄTORIUM Im röm. Heerwesen urspr. das Zelt des Befehlshabers (lat. *praetor*). Bald auch die Bezeichnung für die Offiziere und Ratgeber, die sich in diesem Zelt zu versammeln pflegten, und schließlich für den Amtssitz eines Provinzstatthalters (Prokurators) (vgl. Joh 18,28.33). Als *Prätorianer* bezeichnete man die Elitesoldaten, die als Garde für den Kaiser in Rom oder andere hohe militär. oder zivile Staatspersonen dienten; in Rom waren sie außerdem für die Bewachung der Staatsgefangenen zuständig.

Im NT findet der Begriff »P.« mehrfache und unterschiedliche Anwendung: a) auf eine Vorhalle der Burg Antonia in Jerusalem, in der Pilatus das Todesurteil über Jesus sprach (Mk 15,16; Joh 18,28.33; 19,9); b) auf den Amtssitz des röm. Statthalters in Cäsarea, wo Paulus inhaftiert war (Apg 23,35); c) auf das Gefängnis, aus dem heraus Paulus den Philipperbrief schrieb (Phil 1,13), wahrscheinlich in Rom.

PRÄTORIUM
Mt 27,27; Mk 15,16; Joh 18,28.33; 19,9; Phil 1,13

Das Prätorium (die Gerichtshalle des Pilatus), heute auf dem Gelände des Klosters Notre Dame de Sion in der Altstadt Jerusalems.

PREDIGER SALOMO, DER (KOHELET) Das auf die Sprüche Salomos folgende atl. Buch. Es nennt im 1. Vers indirekt Salomo als seinen Verfasser: »Dies sind die Reden des Predigers, des Sohnes Davids, des Königs zu Jerusalem« (1,1). Das mit »Prediger« übersetzte hebr. Wort *Kohelet* kommt von der Wortwurzel *kahal* und bezeichnet jemanden, der eine Versammlung einberuft und dort seine Worte oder Lehren vorträgt. In der LXX wurde es mit *Ecclesiastes* wiedergegeben.

Zu einer Verfasserschaft Salomos passen auch 1,12 (»Ich, der Prediger, war König über Israel zu Jerusalem«) sowie die Hinweise auf die ausgedehnte Bautätigkeit, den Reichtum und die Weisheit des P. (1,13.16.17; 2,4–9; 12,9) – wir finden hier in der Tat Salomo wieder (vgl. 1. Kön 3,12f.; 5,1–14; 10,1–29). Dennoch gibt es Argumente, die gegen eine Verfasserschaft Salomos sprechen könnten. Dazu gehört v.a. die Beobachtung, daß das Buch zahlreiche aram. Worte und Wendungen enthält, wie sie erst einige Jhe. nach der Zeit Salomos in die hebr. Sprache einsickerten. Hingegen haben sich Hinweise auf Einflüsse aus der griech. Philosophie als nicht stichhaltig erwiesen. Sicher ist nur, daß das Buch Kohelet dem Verfasser des Buches Sirach vorlag und auch in den Schriftrollen von Qumran auftaucht.

Geht man davon aus, daß Salomo der Verfasser war, müßte er dieses Buch wohl gegen Ende seines Lebens (vgl. 7,8–10; 12,1–7) geschrieben haben.

Problematisch für eine Verfasserschaft Salomos ist das in der Er-Form gehaltene Nachwort auf den P. in 12,9–14. Hier heißt es (V. 9): »Der Prediger war ein Weiser« (später hätte man gesagt: ein gelehrter Rabbi); von einem König ist hier nicht die Rede – fast undenkbar, wenn Salomo der Verfasser war.

Aber wichtiger als die Frage nach dem Verfasser ist der Inhalt des Buches. Es gehört zus. mit Hiob, den Sprüchen Salomos und dem apokryphen Buch Jesus Sirach zur bibl. Literaturgattung der Weisheit Israels. Diese Bücher dürfen nicht mit philosophischen Abhandlungen verwechselt werden, denn sie haben ihren Ausgangspunkt und ihr Ziel in der Gottesfurcht als der Summe aller wahren Weisheit (vgl. Ps 111,10; Spr 2,6). Dies schließt nicht aus, sondern ein, daß gerade der P. auch ausgesprochen kritische Worte über menschliche Weisheit findet (1,18; 9,11.18).

Dabei gehört es zum Wesen der Weisheitsliteratur Israels, daß dort auch allgemeine Betrachtungen zur Sprache kommen, ohne daß ihre Gottesbezogenheit jedesmal erörtert würde. Dies gilt auch für das Buch des P. Denn der Grundton des Buches Kohelet ist der einer durch und durch illusionslosen, ja pessimistischen Sicht der Welt. Sein Hauptsatz lautet: »Es ist alles ganz eitel. Ich sah an alles Tun, das unter der Sonne geschieht, und siehe, es war alles eitel und Haschen nach Wind« (1,2.14). Unter dieser Überschrift äußert der P. sich zur Vergänglichkeit des Menschen (3,16–22), zum Unrecht und der Vereinsamung in der Welt (4,1–12), zur Nichtigkeit des Reichtums (5,9–6,9), sogar über die Wertlosigkeit der Weisheit (9,11–18) und über die Mühsal des Alters und die Ausweglosigkeit des Todes (12,1–7). Dieser Tenor des Buches paßt nun aber in keiner Weise zum bibl. Bild Salomos, des »Sonnenkönigs« auf dem Thron Davids, des Herrschers »in aller seiner Herrlichkeit« (Mt 6,29), des gottesfürchtigen, aber aktiven Weisen (1. Kön 3) und des Erbauers des Tempels (1. Kön 6–8), zu dem die Großen der Welt reisen (1. Kön 9,24; 10,1–13). Seine strahlende Gestalt ist mit dem Buch Kohelet kaum in Einklang zu bringen.

Gerade der ernsthafte Bibelleser wird darum keine schlüssige Antwort auf die Frage geben können, ob in diesem Buch ein Weisheitslehrer spricht, der sich oder dem ein anderer den Mantel der Weisheit Salomos als eines »zweiten Salomo« umgehängt hat, oder aber ob hier doch der »König über Israel in Jerusalem« schreibt und dabei eine Seite seines Wesens öffnet, die mit seinem Bild in der Bibel (1. Kön 1–11; 2. Chr 1–9; Ps 72; 127; Mt 12,42) in keiner Weise übereinstimmt. Diese Unsicherheit ficht aber den Glauben nicht an. Für ihn heißt auch hier die Frage nicht: Wer hat das nachweislich geschrieben?, sondern: Wo höre ich in diesem von Gottes Geist gewirkten bibl. Buch die Stimme des Wortes Gottes? Diese Stimme ist auch im Buch Kohelet zu hören. Sie ist dort nicht die gewaltige Stimme eines Löwen (Am 3,8), auch nicht die visionäre Stimme der großen Gottesschau (Jes 6,1–4; Offb 1,9–18), sie ist hier eher die Stimme, »die leiser wird, und wenn sie sich

Seite aus dem Buch des Predigers Salomo (De-Castro-Bibel, Deutschland, 14. Jh.; Israel-Museum).

hebt, wie wenn ein Vogel singt« (Pred 12,4). Aber sie spricht auch hier: daß alles seine Zeit hat, Gottes Zeit (3,1–15), daß es um den rechten Gottesdienst geht (5,1–6), daß alles, was wir haben, aus Gottes Händen kommt (3,13; 5,17–19), daß Gottesfurcht das A und O ist (5,6; 8,12; 12,13) und daß Gottes Richterspruch das letzte Wort hat (11,9; 12,14).

Hervorzuheben ist auch das hohe Niveau der Sprache des Buches. Kohelet beherrscht die seltene Kunst, geistvolle Gedanken in ganz einfacher Klarheit auszudrücken. Dinge, mit denen Philosophen ganze Bücher füllen, drückt der Prediger in wenigen Sätzen aus, die jeder Mensch verstehen kann: »Ich sah an alles Tun, das unter der Sonne geschieht, und siehe, es war alles ganz eitel und Haschen nach Wind« (1,14). »Ein jegliches hat seine Zeit, und alles Vorhaben unter dem Himmel hat seine Stunde« (3,1) – und so fort. Dabei finden sich Perlen der Weltliteratur: So wie die Schöpfungsgeschichte oder die Erzählung von Isaaks Opferung zu den einsamen Höhepunkten der erzählenden Literatur aller Kulturen gehört oder das Buch Rut zu denen der Novellistik, so ist etwa Kohelets wunderschönes, ergreifendes Lied vom Alter und der Sterblichkeit des Menschen (12,1–7) eines der größten Meisterwerke der Lyrik der Welt.

INHALTSÜBERSICHT

1,1–3,15	Die Nichtigkeit des menschlichen Lebens, der menschlichen Weisheit, der irdischen Freuden und der verströmenden Zeit
3,16–4,3	Vom Unrecht unter der Sonne
4,4–16	Die Nichtigkeit der Arbeit und die Vergänglichkeit der Weisheit
4,17–6,12	Die Nichtigkeit der großen Worte, des Geldes und des Besitzes
7,1–29	Einzelsprüche (Todestag, das wahre Gut, die Frauen u.a.)
8,1–8	Der Herrscher
8,9–10,3	Die Ungerechtigkeit in der Welt; Weisheit statt Kraft
10,4–20	Verschiedene Einzelsprüche
11,1–8	Die Vergänglichkeit menschlichen Tuns
11,9–12,7	Genieße die Jugend und bedenke das Älterwerden
12,8	Das Leitwort des Predigers
12,9–14	Nachwort über den Lehrer Kohelet

PRIESTER Die Funktion des Priesters als eines kundigen Verwalters der kultischen Praxis und damit eines Trägers einer Mittlerfunktion zwischen Gott und dem Menschen kennt das AT von den ältesten Zeiten Israels an. Nach den Regelungen, die dann durch das Gesetz des Mose (die Thora) getroffen wurden, wurde der Priesterdienst erblich und von den Gliedern bzw. Nachkommen der Familie Aarons aus dem Stamm Levi versehen (2. Mose 28,1); sie allein hatten die Vollmacht, den hl. Dienst in der Stiftshütte (später im Tempel) zu vollziehen. Dabei machen Stellen wie 4. Mose 3,6ff.; 18,2ff. den Unterschied zwischen den eigentlichen P. und den Leviten deutlich: Die P. sind zwar auch Leviten, stammen aber außerdem alle aus dem Geschlecht Aarons und sind von Gott besonders für den Priesterdienst ausgewählt. Die Leviten wurden erst später als Gehilfen der P. eingesetzt und hatten untergeordnete Aufgaben (s. LEVITEN); so durften sie sich nicht den hl. Gegenständen der Stiftshütte nähern, ohne daß diese vorher von den P. mit einem Tuch zugedeckt worden waren (4. Mose 4,5–15; 18,3).

Wir finden in der Geschichte Israels mehrere Fälle, wo auch Nichtpriester Gott Opfer darbrachten, so Gideon (Ri 6,20–28) und Elia (1. Kön 18,30–38). (Dies wird auch in der Thora nicht ausgeschlossen, wenn sie genaue Anweisungen für den Bau von Altären gibt, das Opfern auf diesen Altären jedoch nicht auf P. beschränkt, vgl. 2. Mose 20,24–25; 5. Mose 27,5; Jos 8,31.) Dies

PRIESTER
1. Mose 14,18;
2. Mose 19,6.2[illegible]
28,3f.41; 29,44[illegible]
3. Mose 4,3.5.
16.31; 6,16.22;
14,31; 16,32;
21,1.10.21;
23,20; 27,21;
4. Mose 3,6;
4,16.34;
5. Mose
24,8; 31,9;
Jos 6,4;
Ri 17,10;
1. Sam 2,35;
22,18;
2. Sam 8,18;
1. Kön 12,31;
1. Chr 16,39;
2. Chr 13,12;
26,17–20;
Esra 6,16;
Ps 110,4;
132,9.16;
Jes 24,2;
61,6; 66,21;

Jer 5,31; 6,13; 18,18; 23,11; 31,14; Klgl 1,4; Hes 7,26; 22,26; Hos 4,6; 6,9; Mi 3,11; Zeph 3,4; Mal 2,7; Mt 8,4; 12,4f.; Lk 10,31; Apg 6,7; 14,13; Hebr 5,6; 7, 1.11; 10,11; Offb 1,6; 20,6

blieb jedoch die Ausnahme. Die Opfer konzentrierten sich weitgehend auf die Stiftshütte bzw. den Tempel, und dort waren sie auf alle Fälle allein den P. vorbehalten.

Nach dem mosaischen Gesetz gab es drei Ebenen von Priesterdiensten. Die unterste Stufe im Dienst für das Heiligtum nahmen die Leviten ein. Über ihnen standen die regulären P., und darüber stand der Hohepriester, der auch »der Priester, der gesalbt ist« hieß (3. Mose 4,3.5.16), weil die besondere Zeremonie der Salbung offenbar nur ihm vorbehalten war (2. Mose 29,7; 3. Mose 8,12; 21,10). Die Ordinationsfeiern für die regulären P. und den Hohepriester dauerten eine Woche (2. Mose 29,1–37; 3. Mose 8,5–35).

Alle P. mußten frei von körperlichen Gebrechen sein (3. Mose 21,17–24; 22,4ff.). Die P. trugen besondere Kleidung: »Brusttasche, Schurz, Obergewand, gewirktes Untergewand, Kopfbund und Gürtel« (2. Mose 28,4); der Hohepriester unterschied sich von den übrigen P. durch weitere Kleidungsstücke: er trug den Ephod (2. Mose 28,6–14, LÜ »Priesterschurz«), eine Brustplatte, auf der auf Edelsteinen die Namen der zwölf Stämme Israels geschrieben standen (2. Mose 28,15–30), und einen Kopfbund mit einem goldenen Stirnblatt, auf dem zu lesen war: »Heilig dem HERRN« (2. Mose 28,36; 29,6; 39,30; 3. Mose 8,9).

Der tägliche Opferdienst in der STIFTSHÜTTE und im TEMPEL konnte von allen P. vollzogen werden. Es gab (z. Zt. Davids, 1. Chr 24) 24 Priesterfamilien, die jeweils wöchentlich den Tempeldienst versahen. Zu ihren Aufgaben gehörte auch die Aufsicht über den Tempelleuchter, die Schaubrote und den Weihrauch auf dem Altar. Der Gottesdienst am großen Versöhnungstag wurde demgegenüber allein durch den Hohenpriester vollzogen.

»Brustplatte« oder Schild an einer Thorarolle – erinnert an die Brustplatte, die der Hohepriester trug; das hier dargestellte Exemplar stammt aus München, 1816 (Israel-Museum).

Ihm allein war es erlaubt, angetan mit Gewändern nur aus Leinen, das Allerheiligste hinter dem Vorhang zu betreten, um Sühne zu erwirken für die Unreinheit des Volkes und für sich selbst (3. Mose 16). Der Hohepriester konnte auch »mit den heiligen Losen den HERRN befragen« (4. Mose 27,21); nach der Zerstörung des ersten Tempels fand diese Praxis allerdings ein Ende. Das Asyl eines Totschlägers in einer der Freistädte endete mit dem Tod des amtierenden Hohenpriesters (4. Mose 35,25–28; Jos 20,6).

Zu den Aufgaben der P. gehörte weiter die Segnung des Volkes im Gottesdienst (4. Mose 6,22–27), das Blasen der Trompeten an Festtagen u. a. besonderen Gelegenheiten (4. Mose 10,8–10), die Rechtsprechung (5. Mose 17,-8ff.; 21,5; 2. Chr 19,8–11; Hes 44,24), die Untersuchung »unreiner« Krankheiten (Aussatz u. a., 3. Mose 13–15; 5. Mose 24,8) und nicht zuletzt (als Lehrer der Thora) die Unterweisung des Volkes im Gesetz (5. Mose 17,11; 33,10; Mal 2,6–7). Das Tragen der Bundeslade, wenn diese an einen neuen Ort überführt wurde, war dagegen Aufgabe der Leviten (5. Mose 10,8; 31,9.25).

Die P. besaßen kein Land. Als Ausgleich dafür standen ihnen gewisse Privilegien zu. So bekamen sie die Erstlingsfrüchte des Feldes und die Erstgeburt der opferfähigen Tiere (4. Mose 18,13.15; 5. Mose 18,4; bei unreinen Tieren und beim Menschen war die Erstgeburt durch eine bestimmte an den P. zu zahlende Summe auszulösen, 4. Mose 18,15.16), ferner die Schaubrote (3. Mose 24,5–9), alles Gebannte (4. Mose 18,14) sowie einen Großteil der Opfer (3. Mose 2,3.10; 5,13; 6,19; 10,12–14; 4. Mose 18,8–10). Ein Zehntel des von den Israeliten den Leviten gegebenen Zehnten ging an die P. (4. Mose 18,26–28).

Z. Zt. des zweiten Tempels wird der Hohepriester Jeschua gleichrangig mit Serubbabel, dem politischen Führer, erwähnt – beide wohl mit gleichem Status (Hag 1,1.12.14; 2,2.4). Beide zusammen begannen den Wiederaufbau des Tempels (Esr 3,1–2; Hag 1–2); als »die zwei Gesalbten« (Sach 4,14; 6,9–15) teilten sie sich die Herrschaft.

Die P. waren rigorosen Bestimmungen über die kultische Reinheit (s. REINHEIT) unterworfen; im Falle einer Verunreinigung waren sie vom Tempeldienst ausgeschlossen, bis sie sich einem bestimmten Reinigungsritual unterzogen hatten. Die Berührung eines Toten stellte einen Hauptgrund ritueller Verunreinigung dar; ein P. durfte nicht an einem Begräbnis teilnehmen, mit Ausnahme dem eines nahen Verwandten, wie Frau, Kind, Bruder, Schwester oder Eltern. Dem Hohenpriester war jegliche Annäherung an einen Toten verboten; er durfte »sein Haupthaar nicht wirr hängen lassen und seine Kleider nicht zerreißen« (als Zeichen der Trauer) (3. Mose 21,10).

Auch bei der Wahl einer Ehefrau unterlag der P. einer besonderen Bestimmung: Ein P. konnte keine Geschiedene oder Proselytin heiraten. Ein Hoherpriester durfte überdies keine Witwe heiraten (3. Mose 21,7.14). Wenn er sich einer Sünde schuldig machte, erlangte er Sühnung durch ein besonderes Sündopfer (3. Mose 4,3–12).

Das NT benutzt den Ausdruck »P.« in doppelter Weise. Einerseits meint er die z. Zt. Jesu amtierenden jüd. P. und Hohenpriester, die u. a. wesentlich für die Verhaftung Jesu verantwortlich waren (z.B. Joh 11,46ff.; vgl. auch SADDUZÄER und PHARISÄER). Apg 6,7 berichtet, daß z.Zt. des Stephanus viele P. Christen wurden. In Jesu Beispielerzählung vom barmherzigen Samariter verweigern ein P. und ein Levit dem Überfallenen ihre Hilfe – vielleicht weil sie ihn für tot hielten und eine Verunreinigung durch den Leichnam fürchteten (Lk 10,31f.).

Andererseits bekommt der Ausdruck »P.« eine neue, bildliche Bedeutung, indem er auf jeden Christen angewendet wird; die ganze christl. Gemeinde gilt als bestimmt »zum geistlichen Hause und zur heiligen Priesterschaft, zu opfern geistliche Opfer, die Gott wohlgefällig sind durch Jesus Christus« (1. Petr 2,5; vgl. 2. Mose 19,6), also zu »Königen und Priestern« vor Gott (Offb 1,6; 5,10; 20,6). Entsprechend sieht sich Paulus als beauftragt, »das Evangelium Gottes priesterlich auszurichten, damit die Heiden ein Opfer werden, das Gott wohlgefällig ist, geheiligt durch den heiligen Geist« (Röm 15,16), und in Röm 12,1 ruft er seine Leser auf, sich selbst Gott darzubringen »als ein Opfer, das lebendig, heilig und Gott wohlgefällig ist«.

Im NT ist also jeder Gläubige ein P.; damit aber ist die atl. Funktion des P. als notwendigen Mittlers zwischen dem sündigen Menschen, der sich Gott nicht direkt nahen kann, und dem hl. Gott aufgehoben; aufgehoben ist auch der atl. Opferdienst. Die Ursache dafür ist das einmalige Sühneopfer im Tod Jesu Christi. Mehr als jedes andere ntl. Buch legt der Hebräerbrief diesen Zusammenhang dar (vgl. Hebr 2,17; 3,1; 4,14; 5,10; 6,20; 7,11.27; 9,11; 10,21; vgl. bes. die ganzen Kap. 7, 9, 10): Jesus Christus ist der vollkommene Hohepriester des neuen Bundes, der durch sein für alle Zeiten gültiges Opfer jeden anderen Priesterdienst aufgehoben hat und der eine große Mittler (1. Tim 2,5) zwischen Gott und Mensch ist. Die durch Christus Erlösten sind »die königliche Priesterschaft«, »das Volk des Eigentums« des neuen Bundes (1. Petr 2,9); ihr Dienst füreinander und für die Welt ist ein priesterlicher Dienst.

Nicht mit dem Begriff P. zu verwechseln ist das ntl. Amt des »Ältesten« (bzw. »Bischofs«, »Aufsehers«, vgl. Apg 20,17; 1. Tim 3,1ff.; 5,17ff.; Tit 1,5ff.; 1. Petr 5,1–5; Jak 5,14). Der Älteste/Bischof hat lediglich Leitungs- und Aufsichtsfunktionen in der Gemeinde, niemals jedoch eine Mittlerfunktion zwischen Gemeinde und Gott (vgl. KIRCHE, GEMEINDE). Wo im Laufe der Kirchengeschichte bestimmten Ämtern eine solche Mittlerfunktion zugesprochen wurde, handelt es sich um einen Rückfall in vorchristl. Denken.

PRISKA
Röm 16,3;
1. Kor 16,19;
2. Tim 4,19

PRISKA (»alt«, »ehrwürdig«). Siehe PRISZILLA.

PRISZILLA
Apg 18,2.18.26

PRISZILLA (Verkleinerungsform von Priska). Die Ehefrau Aquilas (siehe AQUILA). Das Ehepaar war für seine Gastfreundschaft bekannt und hielt christl. Versammlungen in seinem Heim in Rom und in Ephesus ab (Röm 16,3; 1. Kor 16,19). P. wurde auch »Priska« genannt (Röm 16,3; 1. Kor 16,19; 2. Tim 4,19).

PROCHORUS
Apg 6,5

PROCHORUS (»Anführer«). Einer der sieben Armenpfleger (Diakone) der Urgemeinde in Jerusalem (Apg 6,1–6). (Vgl. DIAKONIE.)

PROPHET
2. Mose 7,1
4. Mose 11,29;
12,6;
5. Mose 13,6;
18,15; 34,10;
. Sam 3,20; 9,9;
10,11f.; 19,24;
1. Kön 18,4.
19.40; 19,10;
2. Kön 5,8;
1. Chr 16,22;
2. Chr 20,20;
36,16;
Ps 74,9;
Jes 29,10;
Jer 1,5; 2,30;
4,9; 5,13; 8,10;
14,14f.; 23,11.
15f.21.25f.
30.37; 26,8;
Klgl 2,9; 4,13;
es 2,5; 13,3f.9;
Hos 12,11;
Am 2,11; 3,7;
7,14;
Mi 3,6.11;
Hab 1,1;
Zef 3,4;
Mal 3,23;
1,22; 5,12.17;
',12.15; 10,41;
1,9.13; 13,17.
; 16,14; 21,11.
.46; 22,40; 23,

PROPHETEN UND PROPHETIE Das Phänomen der Prophetie hat zur Voraussetzung, daß Gott seinen Willen bestimmten auserwählten Personen kundtut. Ein Prophet ist ein Mensch, der die Gabe bekommen hat, Gottes Botschaften und Offenbarungen zu empfangen und weiterzugeben; er ist ein Sprachrohr Gottes. Er hat sich diese Aufgabe nicht selbst gestellt, sondern wird – nicht selten gegen seinen Willen (vgl. Jes 6,5; Jer 1,6; Jona 1,1–3) – von Gott dazu berufen. Er hat Gottes Botschaften treu weiterzugeben, und das ganz unabhängig davon, ob seine Hörer sie annehmen oder nicht (Hes 3,11). Er ist zu einem besonderen Leben in der Nähe Gottes herausgerufen, er trägt die Last und Verantwortung eines Erwählten. Dabei verliert er aber, auch wenn er noch so überwältigt ist von Gottes Wort, nie seine Identität oder Persönlichkeit.

Das Wirken des P. bedeutet Konfrontation. Er ist Empfänger wie auch Teilhaber der ihm aufgetragenen Botschaft. Mit dieser Botschaft als einziger Waffe wird er zum radikalen Vorkämpfer Gottes und Zerstörer der Götzen. Er ist kein Philosoph, der sich in seiner Gelehrtenstube kluge Gedanken über Gott macht; er ist ganz beschlagnahmt von seinem Auftrag und so etwas wie ein Leibeigener des Wortes seines Gottes.

Prophetie im Alten Testament. Im hebr. AT wird der zweite der drei Teile des Kanons (vgl. KANON) »Propheten« genannt. Diese Sammlung ist unterteilt in »Frühere Propheten« (Josua, Richter, Samuel, Könige) und »Spätere Propheten« (Jesaja, Jeremia, Hesekiel und die 12 Kleinen Propheten Hosea, Joel, Amos, Obadja, Jona, Micha, Nahum, Habakuk, Zefanja, Haggai, Sacharja, Maleachi). Die beiden Gruppen lassen sich auch bezeichnen als vorklassische Volkspropheten und klassische Schriftpropheten (letztere die Prophetenbücher des christl. Kanons). In der LXX beschließen die »prophet. Bücher« den atl. Kanon und erscheinen in der Reihenfolge Hosea, Amos, Micha, Joel, Obadja, Jona, Nahum, Habakuk, Zefanja, Haggai, Sacharja, Maleachi, Jesaja, Jeremia (Baruch), Hesekiel, Daniel (mit Susanna, Bel und dem Drachen, s. APOKRYPHEN). (Im hebr. Kanon steht das Buch Daniel nicht unter »Propheten«, sondern unter »Schriften«.)

Die Bücher der Früheren P. bestehen in erster Linie aus biograph. Berichten über das Leben dieser P.; bei den Späteren P. stehen die Weissagungen selbst im Vordergrund. Früher wurden die Unterschiede zwischen den Früheren und Späteren P. nach folgenden Kriterien beschrieben: Die Späteren P. (klass. Schriftpropheten) betonen den ethischen Monotheismus und sind kritisch gegenüber Kultus und Ritual; ihr Gottesverständnis ist weniger nationalistisch und mehr universalistisch; es geht ihnen um Mahnung des Volkes zur Umkehr und weniger um wunderhafte Zeichen; sie treten jeweils für sich allein auf, nicht wie die Früheren P. in Gruppen oder Schulen; sie überbringen ihre Botschaften mit wachen Sinnen und nicht in ekstatischer Verzückung.

Heute ist man sich darüber einig, daß solche Unterscheidungen schematisch und nicht wirklich durchzuhalten sind; vielmehr gibt es zwischen Früheren und Späteren P. eine Reihe von Berührungspunkten und Übergängen. Beide werden mit demselben Ausdruck »P.« bezeichnet und predigen im Namen des Gottes Israels, der sie mit seiner Botschaft zu seinem Volk schickt, um den Bund mit ihm zu bewahren. Alle P. von Josua bis Maleachi vertreten einen glasklaren Monotheismus im Sinne des Ersten Gebots. Keiner vertritt eine kultuslose Frömmigkeit, auch wenn ein entarteter Kultus massiv kritisiert wird (vgl. z.B. Jes 1,11–15; Jer 7,21.22; Am 5,21–26; Mi 6,6.7); die exilischen und nachexil. P. schätzten den Kultus sehr hoch; jedoch sollten die kultischen Riten Ausdruck einer echten inneren Haltung sein. Nationalistische und universalistische Anschauungen gibt es bei den Früheren wie bei den Späteren P.; vgl. 1. Kön 20,28; 2. Kön 5,15; 19,15 für universalistische Themen in der vorklassischen Prophetie. Auch die Früheren P. waren Verkündiger und Mahner, auch die klassischen P. benutzten Wunder und Zeichen. Auch wenn Samuel, Elia und Elisa in Prophetengruppen auftraten (vgl. 1. Sam 19,18–24; 2. Kön 2,3–15; 4,38–44), waren sie doch bei der Ausübung ihres prophet. Auftrags Einzelgestalten wie die klass. P.; andererseits hatten auch die Späteren P. durchaus ihre Nachfolger oder engen Mitarbeiter (vgl. z.B. Jer 36,4). Von visionärer Ekstase ist nicht nur bei Gideon (Ri 6,11–24), Samuel (1. Sam 3) oder Elia, Elisa und ihren Jüngern (2. Kön 2,15) die Rede, sondern auch bei den großen Schriftpropheten (Jes 6,1–11; Jer 1,4–10; Hes 1,1–28; 3,12–15; 40,1–4; Dan 7–12; Sach 1,7–15 u.a.); Hosea und Jeremia wurden ebenso wie Elisa als wahnsinnig bezeichnet (2. Kön 9,11; Jer 29,26; Hos 9,7). Frühere wie Spätere P. hatten einen aktiven Einfluß auf ihre Umgebung, führten symbolische Handlungen aus, wirkten Zeichen und Wunder, hatten Visionen und wurden um ihrer Gerichtsbotschaften willen verfolgt.

Und dennoch vertreten die klass. P., die über einen Zeitraum von 300 Jahren (Mitte des 8. – Mitte des 5. Jh. v. Chr.) wirkten, ein neues Phänomen. Sie waren in einer Zeit aktiv, in der nacheinander drei Großreiche die Welt beherrschten: Assyrien (Jesaja, Hosea, Micha, Nahum, Zefanja), Babylon (Jeremia, Hesekiel, Habakuk) und Persien (Haggai, Sacharja, Maleachi). Auf unvergleichliche Weise zeigen die Späteren P. den Hintergrund des polit. Zeitgeschehens auf: Der Gott Israels ist der Lenker des weltumfassenden Dramas, in dessen Zentrum fast durchweg Israel steht. Die Schriftpropheten gaben eine Antwort sowohl auf die Frage nach dem »Warum« der Bestrafung, der Zerstörung und des Exils als auch auf die Frage nach dem »Wie« des zukünftigen Heils.

Zu den erschütterndsten Erfahrungen der P. Gottes gehört die Tatsache, daß es auch falsche P. gibt – Menschen, die (manchmal gegen Entgelt) das verkünden, was ihre Hörer gern hören wollen. Wir finden solche gedun-

29.31.34.37; 24,11; Mk 6,15; Lk 1,70.76; 4,17. 27; 6,26; 7,16.26; 9,8; 10,24; 11,50; 13,33; 16,29; 24,19.25.27; Joh 1,21; 4,19; 6, 14; 7,40.52; 9,17; Apg 3,18.23–25; 8,28.34; 10,43; 13,1.6.15; Röm 1,2; 1. Kor 12,28f.; 14,29.32.37; Eph 2,20; 3,5; 1. Petr 1,10; 2. Petr 2,1.16; 3,2; 1. Joh 4,1; Hebr 1,1; Jak 5,10; Offb 16,6; 19,20; 22,6;

genen P. etwa in 1. Kön 22, wo König Ahab von Israel einen geplanten Feldzug durch ein günstiges Urteil der P. absichern will. Später hatte insbes. Jeremia mit falschen P. zu kämpfen, die seiner Botschaft widersprachen (vgl. seine Worte gegen die falschen P., Jer 23; die Auseinandersetzung mit Hananja, Jer 28). Solche falschen P. verbreiten ein trügerisches Gefühl der Sicherheit (Jer 6,14; 8,11; 14,13; 23,17; 28,2ff.), aber sie sind nicht von Gott gesandt (Jer 14,14–15; 23,21.32; 28,15; 29,9), kennen seinen Ratschluß nicht und sind nicht Fürsprecher Israels vor ihm. Hier werden die Merkmale des wahren P. deutlich. Die Rolle des Fürsprechers vor Gott kann bis auf Abraham (1. Mose 18,16–33), Mose und Samuel zurückverfolgt werden; sie kommt bes. deutlich in der Prophetie des Amos und des Hesekiel zum Ausdruck und beherrscht das Leben Jeremias. Vor allem aber sind die wahren P. Sprecher und Botschafter Gottes, die das auserwählte Volk zur Verantwortung rufen für seine Verfehlungen (Am 3,2 u. a.).

Schon das Gesetz des Mose warnt vor dem falschen P. und zeigt zugleich, an welchen Merkmalen er zu erkennen ist: Was er vorhersagt, tritt nicht ein (5. Mose 18,21.22), oder er verführt zum Götzendienst (5. Mose 13,2–4).

Die Gerichtspredigt der P. traf alle Stände und Schichten, vom einfachen Bauern bis hinauf zum König und Priester. Sie geißelte Korruption, Machtmißbrauch, Ungerechtigkeit, Unterdrückung, Habgier, Arroganz, Unzucht, Ausschweifung, Gleichgültigkeit und Götzendienst (vgl. z.B. Jes 1,2–17; Jer 2,1–19; Hos 5,1–7; Am 5,11–15). Was die P. angesichts solcher schreienden Mißstände forderten, war die Umkehr zu Gott und der Gehorsam gegen seine Gebote. Erst durch Rechtschaffenheit und Gottesfurcht im praktischen Leben würde das Volk Israel seine Bestimmung verwirklichen können, würde auch der äußerliche Gottesdienst und Kultus seinen eigentlichen Sinn bekommen. Umkehr zu Gott, sofern sie rechtzeitig und von ganzem Herzen geschah, konnte das Strafgericht aufheben oder doch hinauszögern (Jer 18,7–8; Joel 2,13; Am 5,15; Jona 3,8–10; Zef 2,3).

Einige P. bringen dabei einen neuen, noch tieferen Gedanken zum Ausdruck: Gott kann bei dem sündigen, verlorenen Menschen den Prozeß der Umkehr und Heilung einleiten, der sein Ziel in einem neuen Bund (s. BUND) hat: Gott will das »steinerne«, in Sünde und Gottferne verhärtete Herz des Menschen ersetzen durch ein »fleischernes« (d.i. gehorsames) Herz; er will ihm seinen Willen direkt einpflanzen, so daß das ganze menschliche Wesen mit der Erkenntnis Gottes erfüllt ist. Dieser neue, in die Herzen geschriebene Bund wird nicht zu brechen sein; er kündigt die endgültige Erlösung an (Hes 36,26–38; vgl. Jes 11,9; 55,3; Jer 31,31–34; 32,38–41; Hes 34,25–31).

Mit der Erneuerung des Bundes wird der »Rest Israels« (s. REST), der den »TAG DES HERRN« überstanden haben wird, in einem kommenden Reich Gottes in völligem Frieden leben (Jes 2,1–4; 11,1–9; 60,4–9; Hos 2, 20–25; Mi 4,1–4). Die Völker der Welt werden »zur letzten Zeit« (Jes 2,2) dem Götzendienst absagen und allein den Gott Israels anbeten (Jes 19,18–25; Jer 12,16; Hes 17,24; Hab 2,14; Zef 2,11; Sach 14,16–21 u. a.). Israel wird das Licht der Völker sein und Gottes Segen und Wohltaten in alle Welt tragen (Jes 45,22–24; 49,6).

Prophetie im Neuen Testament. Wie Johannes der Täufer (Mt 21,25–26) galt im jüd. Volk auch Jesus als Prophet (Mt 21,11.46; Mk 6,15; 8,28; Lk 7,16; 24,19; Joh 4,19; 9,17); er hat diesen Titel akzeptiert (Mt 13,57; Lk 13,33). Beispiele für Prophezeiungen Jesu sind die Ankündigung seines Todes und seiner Auferstehung (Mt 16,21f.; 17,22f.; 20,17f.), seines Aufenthalts im Grab »drei Tage und drei Nächte« (Mt 12,40), der Zerstörung Jerusalems (Mt 24,1f.) und der Verleugnung des Petrus (Mt 26,34). Freilich war der Titel »P.« Jesus nur angemessen, wenn er in einem absoluten Sinn gebraucht wurde: »*der* Prophet« (Joh 6,14; 7,40) – der Gottgesandte, der das Ende der Tage heraufführt (vgl. 5. Mose 18,15; Mal 3,1.23.24).

Jesus ist aber nicht nur selbst P. Er ist v.a. auch Erfüllung vieler heilsgeschichtlicher Prophetien des AT. Bis in die Einzelheiten hinein erweist sich seine Passion und Auferstehung als Erfüllung atl. Vorausahnungen (vgl. z.B.

Mt 26,31/Sach 13,7; Mt 27,9.10/Jer 32,9 und Sach 11,12.13; Joh 19,24/Ps 22,19; Joh 19,36.37/2. Mose 12,46 und Sach 12,10; Apg 8,32/Jes 53,7.8). Den Emmaus-Jüngern gibt der Auferstandene einen eindrücklichen Nachhilfeunterricht zu diesem Thema (Lk 24,25–27). Auch die Verfasser der ntl. Briefe beziehen sich immer wieder auf atl. Prophetien (z. B. Röm 1,2; 9,33; 10,13.18 ff.; 1. Kor 1,19; 1. Petr 2,6–10; Hebr 1,1–13; 5,5–6 u. a.). Wo das AT Verheißung ist, sind Christus und seine Gemeinde die Erfüllung.

Diese Erfüllung ist noch nicht in allen Dingen vollständig. Über den Horizont hinaus deutet die Offenbarung des Johannes, aber auch Teile der Endzeitreden Jesu (Mt 24–25) und manche Gedanken in den ntl. Briefen (vgl. Röm 8,19–22; 11,25–32; 1. Kor 15,28; Eph 1,10; Kol 1,20) weisen auf Stufen der Menschheitsgeschichte und des Heilsplanes Gottes hin, deren Erfüllung noch aussteht. Mit Christus ist die »Endzeit« angebrochen; das »Ende« und die große Vollendung liegen noch vor uns. (Vgl. auch ESCHATOLOGIE.)

Zur ntl. Erfüllung des AT gehört auch, daß Gott seiner Gemeinde als eine der Gaben des Hl. Geistes die Gabe der Prophetie gegeben hat (1. Kor 12). In seiner berühmten Pfingstpredigt nach der Ausgießung des Hl. Geistes zitiert Petrus geradezu programmatisch Joel 3,1–5 (Apg 2,16–21; vgl. auch 4. Mose 11,29). Sowohl die Apg (11,27.28; 13,1.2; 21,10.11) als auch die Briefe (v. a. 1. Kor 12 und 14) bezeugen eindeutig, daß es P. in den Gemeinden gab. Dabei kommt es – wie schon im AT, s. o. – auch zu Gefahren durch falsche P. (vgl. 1. Joh 4,1–3). Der Maßstab echter prophet. Rede ist die Übereinstimmung mit der HS. Paulus widmet ein ganzes Kapitel der Frage, wie Zungenrede (s. ZUNGENREDE) und P. sinnvoll und ohne Unordnung im normalen Gemeindegottesdienst einzusetzen sind (1. Kor 14).

Paulus hat der Gabe der Prophetie eine bes. große Bedeutung für den Gemeindeaufbau zugemessen (1. Kor 14,1). Dabei ist zu bedenken, daß P. – im AT wie im NT – keineswegs nur Vorhersage zukünftiger Ereignisse ist, wie das die wörtl. Bedeutung des aus dem Griechischen kommenden Wortes »P.« (griech. *pro* = »vorher, voraus«, *phemizo* = »sagen«) eigentlich nahelegt. P. ist auch Aktualisierung der bibl. Botschaft Gottes und seines Willens für seine Gemeinde – bis zur Wiederkunft Jesu. M. a. W.: P. stellt die jeweilige Situation, in der der Mensch bzw. die Gemeinde sich befindet, ins Licht des Wortes und Willens Gottes und zeigt, wie Gott uns hier und jetzt beurteilt und was er von uns erwartet. Bibeltexte aus der Vergangenheit leuchten unter der Gabe der P. auf und bekommen gegenwärtige Bedeutung. Die Gemeinde und ihre Glieder werden ins Scheinwerferlicht Gottes gestellt. »Wer prophetisch redet, der redet den Menschen zur Erbauung (griech. *oikodomein* = Bauen eines Hauses, aufbauen usw.) und zur Ermahnung und zur Tröstung« (1. Kor 14,3).

Der P. ist kein spiritistisches Medium; Gott gibt vielmehr dem von ihm berufenen und ihm gehorsam ergebenen Menschen durch seinen Hl. Geist Vollmacht und Erkenntnis. Auf dieser und nur auf dieser Basis kann der P. »Botschafter an Christi statt« sein (2. Kor 5,20).

PROSELYTEN »Proselyten« bzw. »Judengenossen« (so LÜ: Mt 23,15; Apg 2,11; 6,5; 13,43) ist die Bezeichnung für Heiden, die voll zum jüd. Glauben übergetreten waren. Die jüd. Tradition steht den P. allg. wohlwollend gegenüber; es galt als heilige Pflicht, Fremde für die Thora zu interessieren. Aus jüd. u. a. Quellen wissen wir, daß es v. a. gegen Ende der Zeit des zweiten Tempels zahlreiche Bekehrungen von Heiden zum Judentum gab. Die P. kamen aus allen sozialen Schichten, vom Sklaven bis zum Adligen. Die berühmtesten P. waren die Mitglieder des Königshauses von Adiabene am Tigris im 1. Jh. n. Chr.

Der P. mußte sich bei seinem Übertritt zum Judentum einer Taufe durch Untertauchen unterziehen (der männliche P. auch der Beschneidung) und sich verpflichten, das Gesetz (die Thora) zu halten; drei Zeugen waren bei der Zeremonie zugegen. Solange der Tempel in Jerusalem existierte, mußte der neubekehrte P. auch eine Wallfahrt dorthin unternehmen und ein Opfer darbringen.

Neben den P. im eigentl. Sinne gab es auch Personen, die nicht formell zum Judentum übergetreten waren, sich aber vom Götzendienst enthielten und bestimmte Gebote beachteten; sie werden in der jüd. und nichtjüd. Literatur z. Zt. des zweiten Tempels »Gottesfürchtige« genannt; ein prominentes Beispiel aus der Apg ist der Hauptmann Kornelius (Apg 10,2). Paulus predigte auf seinen Missionsreisen in den Synagogen auch zu P. und Gottesfürchtigen.

In seiner Rede gegen die Schriftgelehrten und Pharisäer geißelt Jesus bestimmte, damals offenbar vorhandene Auswüchse der Proselytenmission (Mt 23,15).

Einige Gruppen innerhalb des Judentums erteilten – unter dem Eindruck bitterer Erfahrungen mit P. in Kriegs- und Verfolgungszeiten – der Proselytenmission eine Absage. Sie waren jedoch immer eine Minderheit. Die Hauptströmungen im Judentum blieben bei ihrer Haltung, die P. gerne aufzunehmen. Solange der Tempel stand, lehrten die jüd. Weisen: »Wenn ein Heide zu dir kommt und Jude werden will, dann reiche ihm deine Hand, um ihn unter die Flügel der *schechina* (Gegenwart Gottes) zu bringen.« Als das Christentum im Röm. Reich Staatsreligion geworden war, verboten die Kaiser die Proselytenmission, und auch die Kirche ging gegen sie vor. Dennoch hat es immer eine gewisse Anzahl Menschen gegeben, die zum Judentum übertraten.

Zweisprachige Hinweistafel (griechisch und hebräisch), die Nicht-Juden unter Androhung der Todesstrafe verbot, den eigentlichen Tempelbezirk zu betreten. Herodianische Periode.

PSALM, PSALMLIED
2. Chr 7,6; Ps 66,1; 81,3; 88,1; 95,2; 118,14; Jes 12,2; Lk 24,44; Apg 13,33; 1. Kor 14,15.26; Eph 5,19; Kol 3,16; Jak 5,13

PSALTER, DER (DIE PSALMEN) Das erste Buch der »Schriften« (hebr. *ketubim*), des dritten Teils des Kanons des hebr. AT. In dieser Sammlung von Liedern und Gebeten schlägt das Herz des religiösen Lebens des alten Israel, v. a. der Königszeit, aber auch der exilischen und nachexil. Periode. Die Stimme des Königs und die des einfachen Mannes kommen in Lob, Dank, Beugung und Klage zusammen. Die Ps sind aus der Erfahrung des realen Lebens erwachsen und spiegeln die unterschiedlichsten Situationen wider. Anbetung und Verzweiflung, Loben und Seufzen, Vertrauen und Angst, Reue und Rache kommen in ihnen zum Ausdruck.

Im Laufe der Zeit haben sich fünf Sammlungen (»Bücher«) der Ps herausgebildet: Ps 1–41; 42–72; 73–89; 90–106; 107–150. Jeder dieser Teile endet mit einer Schlußdoxologie (Lobpreis: 41,14; 72,18–19; 89,53; 106,48; 150). Ps 1 ist die Einleitung zum gesamten Psalter, Ps 150 der Abschluß.

Sehr viele Ps stammen von David, und einige der Überschriften (so z. B. 3,1; 34,1; 51,1) erinnern an bestimmte Ereignisse aus seinem Leben. Andere in Überschriften genannte Psalmverfasser sind Asaf (Ps 50; 73–83), Mose (Ps

(unten) Eine Seite aus dem Utrecht-Psalter; 13. Jh.

Fragment aus dem Psalmenbuch (Ps 82) aus der Zeit vor 73 n. Chr.; gefunden auf Masada (Schrein des Buches, Jerusalem).

90), Salomo (Ps 72; 127), die Söhne Korach (eine Familie von Tempelsängern; Ps 42–49; 84–85; 87–88), Heman (Ps 88) und Etan (Ps 89). Manchmal finden sich Angaben zur Melodie bzw. Instrumentalbegleitung (so z. B. Ps 80; 88).

Zwei Überschriften, die sich bei mehreren Ps finden, haben beträchtliche Diskussionen unter den Auslegern ausgelöst. Die erste ist *le-david* und wird gewöhnlich in dem Sinne verstanden, daß David der Autor dieser Ps war (wörtl.: »dem David zugehörig«). Diese Auslegung kann sich auf Überlieferungen wie 1. Sam 16,16–23; 2. Sam 1,17–27; Am 6,5 stützen, wonach David ein Sänger und Musiker war. Die Schriftrollen von Qumran geben die Zahl der Ps Davids mit 3600, die seiner Lieder mit 450 an! Andererseits zeichnet 1. Chr 15,16–24 David eher als königl. Mäzen und Förderer geistlicher Musik, und aus dieser Perspektive könnte *le-david* manchmal auch die Bedeutung »für David« haben, wonach diese Ps von anderen Autoren für den Gottesdienst z. Zt. Davids oder auch danach geschrieben worden wären.

Die zweite vieldiskutierte Überschrift ist »Ein Wallfahrtslied« (Ps 120–134). Man hat früher angenommen, daß diese Ps von jüd. Pilgern auf ihrer Wallfahrt nach Jerusalem gesungen wurden. Wahrscheinlicher ist jedoch, daß Priester diese 15 Ps sangen, wenn sie die 15 Stufen zum Tempel hinaufstiegen.

Eine weitere Überschrift ist *halleluja*; sie leitet die Lobpsalmen 104–106; 111–113; 117; 135; 146–150 ein (LÜ meist »Halleluja«, manchmal aber auch Umschreibungen wie »Lobe den HERRN«). Es gibt auch Gruppen inhaltlich verwandter Ps, die ohne gemeinsame Überschriften auskommen, so z. B. die Thronbesteigungspsalmen 93–99.

Die Einteilung des Psalters in fünf Bücher scheint damit zusammenzuhängen, daß auch die Thora aus fünf Büchern besteht. Aus Ps 72,20 scheint eine ältere Einteilung erkennbar zu sein, denn dieser Vers bemerkt, daß die »Gebete Davids« nun zu Ende sind. Im 2. und 3. Psalmenbuch (= Ps 42–89) ist der Gottesname *Jahwe* (»HERR«) in vielen Versen durch das allgemeinere *elohim* (»Gott«) ersetzt; man vergleiche dazu Ps 14 mit seinem Gegenstück Ps 53. Zwei Ps (19,1–6 und 104) weisen eine deutliche Ähnlichkeit zu ägypt. Hymnen auf.

Eine Reihe von Ps aus Israels Liederschatz sind außerhalb des Psalters überliefert worden ; vgl. z. B. 2. Mose 15,1–19; 5. Mose 32; Ri 5; 1. Sam 2, 1–10; Jona 2,1–10; Hab 3. Ps 18 ist fast wörtlich in 2. Sam 22 wiedergegeben. Vgl. im NT den Lobgesang der Maria und des Zacharias (Lk 1,46–55.68–79).

Eine genaue Datierung der einzelnen Ps ist nicht möglich. Viele lassen sich jedoch nur im Rahmen des isrl. Königtums verstehen. Vielleicht wurden bei solchen Anlässen wie der Thronbesteigung (Ps 24; 74; 93–99), Krönung (2; 110), Eheschließung (45) und vor Kriegen (20) passende Ps gesungen. Möglicherweise sprach bei nationalen Katastrophen der König Klagepsalmen stellvertretend für das Volk. Der Vergleich der bibl. Ps mit den Makkabäerpsalmen, der Psalmenrolle von Qumran und den Liedern Salomos stützt eine relativ frühe Datierung der Ps; die meisten können sicher auf die Periode des ersten Tempels (Königszeit) angesetzt werden.

Welche *Arten* von Ps gibt es? Die Einteilungsmöglichkeiten sind vielfältig (z. B. Racheps., Bußps., Schöpfungsps., Lobps. u. a.). Als allgemeine Gruppen werden von vielen Auslegern die folgenden vier unterschieden: Hymnen, Klagen, Lieder des Gottvertrauens, Lehrgedichte.

Die *Hymnen* preisen das Handeln Gottes als Schöpfer und Erlöser; in reicher Rhetorik beschreiben sie die Heilstaten Gottes an seinem Volk.

Klagepsalmen – des einzelnen oder des Volkes – beweinen Gottes Ferne und Verborgenheit oder seinen Zorn. Der Leidende begehrt gegen sein Los (Krankheit, Armut, Krieg, Dürre u. a.) auf und fragt, ob Gott ihn wohl vergessen hat. Auf diese Klage folgt dann jedoch ein Dennoch des Gottvertrauens (z. B. Ps 73). Man hat sich gefragt, wie dieses Dennoch zustandekommt, und manche Ausleger verweisen hier auf das Gebet der Hanna in 1. Sam 1 und die darauf erfolgende Zusage Elis, daß Gott ihr Gebet erhört habe

(1,17); eben eine solche Zusicherung durch einen Priester oder Propheten läge dann auch den Klagepsalmen zugrunde. Andere Ausleger betonen eher den persönlichen »Glaubenssprung« des Psalmbeters, das Festhalten an Gott gegen alle scheinbare Hoffnungslosigkeit, das sein Fundament im Glauben an den Bund Gottes mit seinem Volk findet.

Als eine Variante der Klagepsalmen können die Bußpsalmen (z.B. 51) betrachtet werden.

Die *Lieder des Gottvertrauens* ähneln stark dem Dennoch-Schritt der Klagepsalmen; dieser Teil hat sich gewissermaßen verselbständigt und schließlich der Psalmensammlung von Qumran ihren Namen gegeben (»Danklieder«). Die Lieder des Gottvertrauens verschweigen nicht die düsteren Seiten des Lebens, aber die herrschende Stimmung ist die Geborgenheit in Gott; das klassische Beispiel ist Ps 23.

Eine Seite aus dem Stuttgarter Psalter; 9. Jh.

Das *Lehrgedicht* kann verschiedene Formen annehmen: dichterische Nacherzählung der Geschichte Israels, Reflexionen über die Thora (1; 19,8–14; 119) und über das Problem des Bösen (37; 49; 73). Viele Lehrpsalmen sind in Akrostichon-Form geschrieben, d.h. die Anfangsbuchstaben der Verse folgen einer bestimmten Anordnung und ergeben, nacheinander gelesen, z.B. das hebr. Alphabet oder bestimmte Wörter (Ps 9; 10; 25; 34; 37; 111; 112; 119; 145); diese Struktur scheint weniger als Gedächtnisstütze gedient zu haben als vielmehr den Gedanken der Vollständigkeit auszudrücken. Die drei Ps über das Problem des Bösen (»Warum läßt Gott das zu?«, sog. THEODIZEE-Problem) ähneln dem Buch Hiob, obwohl bes. Ps 73 zu einem Durchbruch findet, bei dem das Dennoch des Glaubens das letzte Wort behält. Kennzeichnend für die Thorapsalmen ist v.a. die Freude am Gesetz Gottes, das als ein Ausdruck der Liebe Gottes verstanden wird.

Die Ps haben die Zeit des Königtums und des Tempelgottesdienstes weit überdauert. Im Laufe der Zeit bürgerte sich das Singen von Liedern im jüd. und später auch im christl. (vgl. Eph 5,19; Kol 3,16) Gottesdienst ein. Viele der alten wie neueren Kirchenlieder können es mit den besten Ps aufnehmen bzw. sind Nachdichtungen von Ps.

INHALTSÜBERSICHT

1–41	Buch I	Davidspsalmen (außer 1–2, die eine Einführung darstellen, und 10 und 33)
42–72	Buch II	18 Psalmen von David, 8 von den Söhnen Korachs, Ps 50 von Asaf, Ps 72 von Salomo, 3 sind anonym
73–89	Buch III	Ps 73–83 von Asaf, 84–85 und 87 von den Söhnen Korachs, 86 von David, 88 von Heman dem Esrachiter und Ps 89 von Etan dem Esrachiter
90–106	Buch IV	Ps 90 von Mose, 101 und 103 von David, der Rest anonym
107–150	Buch V	15 Psalmen von David und einer von Salomo. Die meisten anderen haben keine nähere Angabe; 120–134 sind die Wallfahrtspsalmen.

PSALTER Siehe MUSIKINSTRUMENTE.

PSALTER (Musik-Instrument) 2. Sam 6,5; 1. Chr 15,28; 2. Chr 5,12; 20,28; Neh 12,27; Ps 33,2; 57,9; 108,3; 150,3

PSEUDEPIGRAPHEN Die P. sind eine Sammlung antiker Schriften, die das jüd. Denken zwischen 250 v. Chr. und 200 n. Chr. widerspiegeln. Einige dieser Dokumente sind von Christen erweitert, neu geschrieben oder sogar ganz verfaßt worden. Die P. sind durchweg vom AT beeinflußt; in vielen werden Offenbarungen oder einstweilen versiegelte »Testamente« enthüllt, die auf bekannte bibl. Personen zurückgeführt werden; andere Schriften sind Erweiterungen oder Neufassungen bibl. Erzählungen, andere stellen Psalmensammlungen dar, wieder andere gehören in die Tradition der jüd. Weisheitsliteratur. Obgleich diese Schriften lange nach Abraham, Mose, David, Salomo, Jesaja, Jeremia, Esra u.a. berühmten Gestalten verfaßt wurden, diente jeweils ein solcher großer Name als Verfasserangabe (daher der Ausdruck »pseudepigraphisch« = fälschlich einem bestimmten Autor zugeschrieben).

Die P. sind nicht zu verwechseln mit den APOKRYPHEN (s. dort), die in einigen Kirchen als kanonisch betrachtet werden.

Eine allg. anerkannte Liste der zu den P. zu rechnenden Schriften gibt es

Apokalyptische Literatur und verwandte Werke

*1. Henoch	Fragen des Esra
*2. Henoch	Offenbarung des Esra
*3. Henoch	Apokalypse des Sedrach
*Sibyllinische Orakel	*2. Baruch
Traktat des Schem	*3. Baruch
Apokryphen des Hesekiel	Apokalypse Abrahams
Apokalypse des Zefanja	Apokalypse Adams
*Das 4. Buch Esra	Apokalypse Elias
(Griechische) Apokalypse des Esra	Apokalypse Daniels
Gesicht des Esra	*Himmelfahrt Moses

Testamente (oft mit apokalyptischen Abschnitten)

*Die Testamente der zwölf Patriarchen	Testament des Mose
	Testament Salomos
Die Testamente der drei Erzväter (Abraham, Isaak und Jakob)	Testament Adams
	Testament des Hiob

Erweiterungen zum AT und Legenden

*Aristeasbrief	Jakobs Leiter
*Jubiläenbuch	*4. Baruch
*Martyrium und Auffahrt Jesajas	Jannes und Jambres
Josef und Asenat	Geschichte der Rechabiter
*Das Leben Adams und Evas	Eldad und Medad
Pseudo-Philo	Geschichte des Josef
Leben der Propheten	

Weisheitliche und philosophische Literatur

Ahikar	Pseudo-Phokyliden
*3. Makkabäer	Syrischer Menander
*4. Makkabäer	

Gebete, Psalmen und Lieder

Weitere Psalmen Davids	Gebet Josefs
Gebet Menasses	Gebet Jakobs
*Psalmen Salomos	Oden Salomos
Hellenistische Synagogen-Gebete	

Fragmente jüdisch-hellenistischer Werke

Philo, der epische Dichter	Theodotus
Orphica	Der Tragödiendichter
Fragmente pseudo-griechischer Dichter	Hesekiel
	Aristobul
Der Geschichtsschreiber Demetrius	Aristeas, der Exeget
Eupolemus	Pseudo-Eupolemus
Cleodemus Malchus	Artapanus
Pseudo-Hekatäus	

nicht. Zudem ist die Abgrenzung zu den atl. Apokryphen schwierig und ebenfalls nicht einheitlich. Die folgende Liste umfaßt die in der jüd. Theologie als P. geltenden Schriften. In der christl. theolog. Wissenschaft wird nur ein Teil von ihnen (in unserer Liste mit * bezeichnet) als P. betrachtet.

Neutestamentliche Pseudepigraphen und Apokryphen. Im NT ist die Grenze zwischen P. und Apokryphen noch fließender als im AT – dies schon deshalb, weil es für das NT nie einen den atl. Apokryphen vergleichbaren Anhang halbkanonischer Schriften gegeben hat. Die urchristl. Gemeinden sammelten zunächst ohne einheitliche Kriterien Apostelbriefe, Predigten und mündlich überlieferte Worte Jesu (vgl. zu letzterem 1. Kor 7,10; 9,14; 1. Thess 4,15; Apg 20,35). Solche Sammlungen bildeten dann im 2. Jh. den Grundstock des ntl. Kanons (s. KANON). Daneben wucherte aber, oft unter Berufung auf die Autorität der Apostel, eine weitere Literatur mit legendenhaften, aber auch gnostischen Sonderlehren. Im einzelnen kann man folgende Gruppen unterscheiden:

Apokryphe Evangelien (i.a. aus judenchristl. Kreisen):

Nazaräer-Ev., Ebioniten-Ev., Hebräer-Ev., Ägypter-Ev., Petrus-Ev. (aus Syrien), Matthias-Ev. (gnostischer Einfluß)

Kindheitsevangelien: Protoevangelium des Jakobus (Marienlegenden), Thomas-Ev.

Passionsgeschichte: Akten des Pilatus (mit Bekehrung des Pilatus)

Apokryphe Apostelgeschichten und Apostelbriefe:

Akten des Johannes, Akten des Paulus (Thekla-Legende), Akten des Petrus, Akten des Andreas (sein Tod in Patras), Akten des Thomas (Missionswanderung nach Indien), Brief an die Laodizäer (vgl. Kol 4,16), Brief an Korinth (vgl. 1. Kor 5,9), Brief des Petrus an Jakobus, Epistula apostolorum (ca. 140–170 n.Chr.)

Apokalypsen:

Apokalypse des Petrus (Schilderung von Himmel und Hölle, Apokalypse des Paulus (vgl. 2. Kor 12,2–4), »Hirte des Hermas« (Zukunftsvisionen und Bußpredigt)

Eine besondere Gattung frühchristl. Schrifttums sind die *Apostolischen Väter* (1. und 2. Clemensbrief, Barnabasbrief, 7 Briefe des Ignatius von Antiochien u.a.) sowie die *Zwölfapostellehre (Didaché)*, eine urchristl. Gemeindeordnung.

PUA 2. Mose 1,15

PUA (»Mädchen«, »junge Frau«). Eine der beiden hebr. Hebammen, die sich über den Erlaß des Pharaos, alle Söhne von hebr. Frauen zu töten, hinwegsetzten (2. Mose 1,15–22).

PUBLIUS Apg 28,7–8

PUBLIUS (»gemein«, »gewöhnlich«). Angesehener Bürger der Insel Malta, der Paulus auf der Insel drei Tage lang beherbergte. Sein kranker Vater wurde vom Apostel geheilt.

PUDENS 2. Tim 4,21

PUDENS (»beschämt«). Röm. Christ, der Timotheus Grüße übersandte.

PUL Siehe TIGLAT-PILESER.

PUL 2. Kön 15,19; 1. Chr 5,26

PUNON 4. Mose 33,42–43

PUNON Eine der Stationen Israels nach dem Auszug aus Ägypten (4. Mose 33,42–43), wahrscheinlich das heutige Feinan, 48 km südlich des Toten Meeres, in der Römerzeit als Finon oder Fainon bekannt. Die Gegend weist einen vergleichsweise großen Wasserreichtum und fruchtbaren Boden auf. Die nahegelegenen Kupferminen wurden zu versch. histor. Epochen abgebaut.

PUR Siehe PURIM.

PUR Est 3,7; 9,24.26

PURA Ri 7,10–11

PURA (»ansehnlich«?). Ein junger Diener Gideons, der ihn auf seinem Erkundungsgang zum Lager der Midianiter und Amalekiter begleitete.

PURIM Est 9,26. 28–29.31–32

PURIM Fröhliches jüd. Fest, das auf den 14.–15. *Adar* (= Anfang März) fällt und die im Buch Ester beschriebene Bewahrung vor dem Plan Hamans, die Juden im damaligen Persien zu vernichten, feiert. Der akkad. Ausdruck *pur*, von dem der Name des Festes abgeleitet ist, bedeutet »Lose« und erscheint in der Bibel nur im Buch Ester; er bezieht sich auf das Werfen der Lose vor Haman, welches den 13. Adar als Zeitpunkt für das Vorgehen gegen die Juden festlegte (Est 3,7; 9,24). Im folgenden bezieht sich das Wort Purim bereits auf das Fest (Est 9,28–29.31–32).

Reste eines Tempels aus dem 1. Jh. v. Chr. im alten Hafen von Pozzuoli, wenige Kilometer von Neapel entfernt, den man für das alte Puteoli hält.

Die Einzelbestimmungen zur Feier des Purimfestes (u.a. zweimaliges Verlesen des Esterbuches) sind im Talmudtraktat *Megilla* festgehalten.

PUT (»Verachtung, Betrübnis« [?]).

1. Einer der Söhne Hams (1. Mose 10,6; 1. Chr 1,8).

2. Name eines libyschen Stammes und später der Name des Landes westlich Ägyptens. Es wird sowohl als Verbündeter als auch als Feind Ägyptens aufgeführt (Jer 46,9; Hes 30,5; Nah 3,9; vgl. Hes 27,10; 38,5).

PUTEOLI Hafenstadt in der Bucht von Neapel an der Westküste Italiens, das moderne Pozzuoli. P. war der wichtigste Hafen und das Handelszentrum Mittelitaliens, bevor Kaiser Trajan Ostia zur Blüte brachte.

P. wies im Altertum eine große jüd. Bevölkerung auf. Paulus kam auf seinem Weg nach Rom durch P., wo er eine christl. Gemeinde vorfand.

PUTIËL (»Betrübnis durch Gott«?). Schwiegervater Eleasars, des Sohnes Aarons.

PUTITER Eine Familie des Stammes Juda aus Kirjat-Jearim.

PUWA (»Glanz«).

1. Zweiter Sohn Issachars.

2. Vater Tolas, eines Richters in Israel nach Abimelechs Tod.

PUWANITER Nachfahren Puwas (1) vom Stamm Issachar.

PUT 1
1. Mose 10,6;
1. Chr 1,8
PUT 2
Jes 66,19;
Jer 46,9;
Hes 30,5;
Nah 3,9

PUTEOLI
Apg 28,13

PUTIËL
2. Mose 6,25

PUTITER
1. Chr 2,53

PUWA 1
1. Mose 46,13;
4. Mose 26,23;
1. Chr 7,1
PUWA 2
Ri 10,1

PUWANITER
4. Mose 26,23

Q

QUARTUS
Röm 16,23

QUARTUS (lat. »Der Vierte«). Einer der Christen, die mit Paulus aus Korinth die Gemeinde in Rom grüßten.

QUELLE DES RUFENDEN
Ri 15,19

QUELLE DES RUFENDEN Die Quelle, die Simson das Leben rettete, als er nach einem Kampf mit den Philistern Gott um Wasser anrief.

QUELLE ROGEL
Jos 15,7; 18,16; 2. Sam 17,17; 1. Kön 1,9

QUELLE ROGEL Quelle bei Jerusalem, an der Nordgrenze des Stammesgebietes von Juda (Jos 15,7; 18,16). Hier versteckten sich während Absaloms Aufstand gegen seinen Vater David die beiden Königstreuen Jonatan und Ahimaaz (2. Sam 17,17). Später brachte Adonija, der jüngere Bruder Absaloms, während seiner erfolglosen Bemühungen um die Nachfolge Davids Opfer dar »bei dem Stein Sohelet, der neben der Quelle Rogel liegt« (1. Kön 1,9).

Die Quelle Rogel (»Hiobsbrunnen«), südöstlich von Jerusalem, wo das Hinnom- und das Kidrontal zusammentreffen.

Die Quelle R. ist als der »Hiobsbrunnen« *(Bir Ayyub)*, an der Stelle, wo Kidron- und Hinnomtal zusammentreffen, identifiziert worden. Man vermutet, daß die Quelle von einem Erdbeben teilweise aufgestaut und so in einen Brunnen verwandelt wurde.

QUELLTOR
Neh 2,14; 3,15; 12,37

QUELLTOR Eines der Tore Jerusalems, wurde nach dem babyl. Exil von Schallum instandgesetzt; im Buch Nehemia zus. mit dem »Teich des Königs« (Siloahteich) erwähnt. Es lag nahe an den Stufen zur Davidsstadt (Neh 2,14; 3,15; 12,37). An dieser Stelle, d.h. am Südende der Ostmauer, wurde in der Tat ein Tor in Verbindung mit einem großen Bauwerk zutage gefördert, von dem in Stein gehauene Stufen abwärts führten.

QUIRINIUS
Lk 2,2

QUIRINIUS (lat. Form von *Kyrenius* »der von Kyrene«). Publius Sulpicius Quirinius, Statthalter der röm. Provinz Syrien um die Zeit der Geburt Jesu. Während seiner Amtszeit wurde die Steuererhebung durchgeführt, die Josef und Maria nach Bethlehem führte.

QUMRAN Siehe TOTES MEER (SCHRIFTROLLEN).

R

RAAMJA (»Jah[we] donnert«). Oberhaupt einer Familie oder Sippe, die mit Serubbabel aus dem babyl. Exil zurückkehrte (Neh 7,7). In Esr 2,2 Reelaja genannt.

RAAMJA
Neh 7,7

RABBA, RABBAT-AMMON (»Die Große Stadt Ammons«). Hauptstadt der Ammoniter, am Rande der Wüste, nahe den Quellen des Jabbok gelegen. Sie war ein wichtiger Knotenpunkt der Handelswege aus der arab. Halbinsel im Süden nach Damaskus im Norden und aus der syr. Wüste im Osten zum Mittelmeer im Westen. Die Stadt bestand aus zwei Teilen: Unter- oder Wasserstadt (2. Sam 12,27) sowie Ober- oder Königsstadt (2. Sam 12,26). Joab eroberte die Wasserstadt und überließ dann David die Eroberung der Königsstadt (2. Sam 12,27–29). Nach der Spaltung des Reiches Israel wurde R. Hauptstadt des unabhängigen Königreichs Ammon. Anfang des 6. Jh. v. Chr. wurde es von »Söhnen des Ostens« zerstört (wohl arab. Stämmen), die es zur »Kameltrift« und »das Land der Ammoniter zu Schafhürden« machten (Hes 25,4–5). Ptolemäus II. Philadelphus (285–246 v. Chr.) ließ die Stadt wiederaufbauen und zu seinen Ehren Philadelphia nennen. 63 v. Chr., im Zuge der röm. Eroberung, wurde sie ein Mitglied der Dekapolis (Zehnstädte).

RABBA, RABBAT-AMMON
5. Mose 3,11; Jos 13,25; 15,60; 2.Sam 11,1; 12,26–27.29; 17,27; 1. Chr 20,1; Jer 49,2–3; Hes 21,25; 25,5; Am 1,14

Die Ausgrabungen förderten Funde aus versch. Epochen zutage. Im Gebiet der Stadtburg fand man Gräber aus dem Ende der Mittelbronzezeit. Auf dem Gelände des Flughafens von Amman wurde ein im 14. Jh. v. Chr. erbauter Tempel entdeckt. An versch. Stellen der Stadt wurden Überreste aus dem 9. Jh. v. Chr. freigelegt, darunter die einzigen bisher bekannten ammonit. Inschriften. Die Befestigungsanlagen mit Mauer und mehreren Türmen werden ebenfalls der ammonit. Periode zugeschrieben. Die meisten Ruinen stammen aus der Römerzeit. Erwähnenswerte Großbauten aus dieser Zeit sind ein Nymphäum, ein Odeum und ein Theater in der Unterstadt sowie ein Monumentaltor (Propyläen) mit Stufenaufgang zur Stadtburg und der Zeustempel in der Oberstadt.

(unten) Bronzeflasche mit den Namen der letzten Ammoniterkönige; 8.–7. Jh. v. Chr. (Archäologisches Museum, Amman).

(rechts) Ein kleiner ammonitischer Turm, Teil der Befestigungen, die die Stadt Rabbat-Ammon umgaben.

(links) Ausgrabungen bei Tell Rabbat Ammon.

RABBI Urspr. wurde mit dem hebr. Wort *rab* (= »groß«) der Höhergestellte bezeichnet; zuweilen wurden auch Propheten so angesprochen. Die Samaritaner pflegten sogar Gott selbst als R. anzurufen. Z.Zt. Jesu wurde mit diesem Titel in der Regel der Gesetzeslehrer angeredet, der nach ordnungsgemäßem Studium des Pentateuchs und seiner 613 Gebote ordiniert wurde. Er trug dann eine lange Amtstracht, war als Gast in einer Tischrunde gerne gesehen und hatte in der Synagoge und im Synedrium (Hohen Rat) über die rechte Auslegung und Handhabung des Gesetzes zu wachen. Aus

RABBI
Mt 23,7.8; 26,25.49; Mk 9,5; 11,21; 14,45; Joh 1,38.49; 4,31; 6,25

dem »Lehrer« wurde dabei immer mehr der »Wahrer des Rechts«. Das Gesetz wurde als »Zaun« (hebr. *pheres*), d.h. als Abgrenzung und Schutzbestimmung empfunden, und die Schriftgelehrten, die um die rechte Gesetzeserfüllung besorgt waren, nannten sich *Pharisäer*(»Männer des Zauns«). Die ausführlichen, zuweilen kleinlichen Bestimmungen der Rabbinen kann man an den Sabbatgeboten und sonstigen Gottesdienstordnungen erkennen.

Jesus hat die äußere, kleinliche und bedrückende Handhabung des Gesetzes durch die damaligen R., die an dem eigentlichen Sinn des Gesetzes, das »um des Menschen willen« gemacht ist und dem Leben dienen soll (Mk 2,27; Mt 12,1–14), vorbeigeht, hart kritisiert (vgl. v.a. Mt 23,1–28). Recht verstanden und angewandt, muß das Gesetz Gottes Barmherzigkeit und die Liebe zu Gott und dem Nächsten zu erkennen geben. So kündet Jesus den neuen, wahren Gesetzeslehrer an: er ist ein »Jünger des Himmelreichs« geworden und holt »aus seinem Schatz Neues und Altes« hervor (Mt 13,52).

Die Menge erkannte in Jesus diesen neuen Gesetzeslehrer; sie staunte über seine Kenntnis und vollmächtige Deutung des Gesetzes. »Wie kann dieser die Schrift verstehen, wenn er es doch nicht gelernt hat?« (Joh 7,15; Mt 13, 54). Jesus hatte bei keinem Lehrer studiert, wie es der Brauch war. Trotzdem nannten ihn die Leute R. (Joh 6,25). Hatten schon die Jünger Johannes des Täufers diesen als »Meister« (R.) angeredet (Joh 3,26), so übertrugen die Jünger Jesu diesen Titel auch auf ihren Herrn (vgl. Joh 9,2; 11,8). Selbst Judas heuchelte noch in der Stunde des Verrats diesen Respekt (Mk 14,45).

Münze aus Philadelphia (Rabbat-Ammon), auf der Demeter mit Getreideähren in der Hand abgebildet ist, 2. Jh.

(oben rechts) Das römische Theater in Philadelphia (Rabbat-Ammon).

(oben links) Reste des aus der Römerzeit stammenden Tempels in Philadelphia (Rabbat-Ammon).

Jesu Hörern wurde bald bewußt, daß er sich durch seine Vollmacht (Mt 7,29; Mk 1,22) deutlich vom bloßen Dozieren der anderen R. unterschied. Jesus war als »Lehrer« und »Meister« (vgl. bei Lk 5,5; 8,24; 9,33.49; 17,13) dadurch autorisiert, daß bei ihm Lehre und Leben übereinstimmten. Diese Vollmacht bekommt einen zusätzlichen persönlichen, existentiellen Bezug in der Anrede *Rabbuni* (»mein Meister«) des Blinden (Mk 10,51) und der Maria Magdalena an Ostern (Joh 20,16).

Den Jüngern (s. JÜNGER) verwehrt es Jesus, sich R. zu nennen. Sie sollen sich nicht jenen »Lehrern« gleichstellen, die auf Hochachtung erpicht sind (Mt 23,8–12). Jesus bekennt sich selbst als ihr Lehrer und Meister; dabei haben nicht die Jünger ihn zum Lehrer gewählt, wie es in den Rabbinenschulen Brauch war, sondern er hat sie berufen (Joh 15,16).

In der frühen christl. Gemeinde finden wir viele R. (vgl. Apg 15,5). Die übrigen R. zogen sich nach der Auseinandersetzung mit den Sadduzäern 68 n.Chr. nach Jamnia (Jabne), später nach Tiberias zurück und versuchten, die jüd. Lehrtradition (Talmud) zu entfalten, in der sie sich vom Christentum absetzten. Der wohl berühmteste ehemalige R. des NT war Paulus, ein Schüler Gamaliels. Die berühmten Rabbinenschulen eines Hillel oder Jochanan ben Zakkai z. Zt. Jesu werden im NT nicht erwähnt.

RABBIT Stadt, die bei der Aufteilung Kanaans dem Stamm Issachar zufiel und später den Leviten zugeteilt wurde. Wahrscheinlich lag sie in der Nähe von Geser.

RABBIT Jos 19,20

RABE Siehe TIERE.

RABENFELSEN, FELSEN OREB Siehe OREB, FELSEN.

RABEN-FELSEN, FELSEN OREB Ri 7,25; Jes 10,26

RABSARIS Hoher Beamter oder Posten am assyr. Hof und später im babyl. Königreich.

RABSARIS 2. Kön 18,17

RABSCHAKE Titel eines hohen Beamten des assyr. Königs Sanherib. Das Wort stammt aus dem Akkad. und bedeutet »Der Große des Hauptes« oder »Oberster der Eunuchen«. Im AT wird der R. nur als Leiter einer Delegation erwähnt, die im Auftrag Sanheribs i. J. 701 v. Chr. König Hiskia und ganz Juda aufforderte, sich dem assyr. König bedingungslos zu ergeben (2. Kön 18,17 ff.; 19,4.8; Jes 36,2.4.11.13.22; 37,4.8). Nach 2. Kön 18 traf der R. in Begleitung zweier hoher Militärs in Jerusalem ein, nach Jes 36 war er der alleinige Anführer der Delegation (in beiden Quellen spricht nur der R.); in einer dritten Quelle, 2. Chr 32, ist ohne Nennung von Titeln nur von den »Großen« Sanheribs die Rede (V. 9,16). Die Forschung hat darauf hingewiesen, daß die erste Rede des R. (2.Kön 18,19–35; Jes 36,4–20) neoassyr. Elemente aufweist, die auf eine authentische Überlieferung schließen lassen.

RABSCHAKE 2. Kön 18,17.19. 26–28.37; 19,4.8; Jes 36,2.4. 11–13.22; 37,4.8

RACHA, RAKA (von aram. *rek* »leer«). In der Umwelt Jesu gebräuchliches aram. Schimpfwort, von Jesus in der Bergpredigt als Beispiel benutzt, um zu verdeutlichen, wie schon Worte das Gebot »Du sollst nicht töten« verletzen können (Mt 5,22; vgl. dazu Mt 12,36; Mk 7,15). In neueren Bibelübersetzungen und Revisionen meist als »Hohlkopf«, »Dummkopf« u. ä. wiedergegeben.

RADDAI (»Unterwerfer«). Der fünfte der sieben Söhne Isais und einer von Davids älteren Brüdern.

RADDAI 1. Chr 2,14

RAFA (Kurzform von *Rafaël* »Gott heilt«). Der fünfte Sohn Benjamins. S. auch REFAJA (4).

RAFA 1. Chr 8,2

RÄFAN (auch *Refan, Raifan, Romfan*). Ein in Apg 7,43 in der Verteidigungsrede des Stephanus in einem Zitat aus Am 5,26 erwähnter Götze. Das Zitat muß aus der LXX stammen, da der Name im hebr. Original nicht vorkommt, das statt dessen vom Gott *Kijun* (Kiwun, Kewan) spricht, einem assyr. Sterngott. Möglicherweise ist die LXX-Version *Räfan* einfach nur eine fehlerhafte Lesart von *Kijun*.

RÄFAN (ROMFAN) Apg 7,43

RAFIDIM Siehe REFIDIM.

RAFU (Kurzform von *Rafael*). Ein Angehöriger des Stammes Benjamin und Vater eines der von Mose ins Land Kanaan ausgesandten Kundschafter.

RAFU 4. Mose 13,9

RAGMA (»Donner«).

1. Ein Name im Geschlechtsregister Hams (1. Mose 10,7; 1. Chr 1,9). R. gab dem gleichnamigen Ort seinen Namen.

2. Arab. Ort oder Volk, das Handel mit Tyrus trieb. In Hes 27,22 zus. mit Saba (vgl. SABA) erwähnt.

RAGMA 1 1. Mose 10,7; 1. Chr 1,9
RAGMA 2 Hes 27,22

RAHAB

1. (»Die Breite«). Eine Prostituierte, die eine Schlüsselrolle bei der Eroberung Jerichos durch die Israeliten spielte. Sie gewährte den beiden Kundschaftern, die Josua in die Stadt gesandt hatte, Unterschlupf und verhalf ihnen zur Flucht. Zur Belohnung dafür wurde sie bei der Eroberung der Stadt zus. mit ihrer Familie verschont (Jos 2,1–22; 6,22–25; vgl. JERICHO).

Im NT wird R. unter den Vorfahren Jesu aufgeführt (Mt 1,5) sowie als Beispiel für Menschen, die durch ihren Glauben und die daraus folgenden Taten vor Gott gerecht werden (Hebr 11,31; Jak 2,25).

RAHAB 1 Jos 2,1.3; 6,17.23.25; Mt 1,5; Hebr 11,31; Jak 2,25
RAHAB 2 Ps 89,11; Jes 30,7; 51,9

2. (»Toben«). Name eines vorgeschichtl. Drachens, an dem Gott in einem Kampf seine Macht zeigte. Vgl. LEVIATAN.

RAHAM
1. Chr 2,44

RAHAM (»Erbarmen«). Sohn Schemas und Vater Jorkoams im Stammbaum Judas.

RAHEL
1. Mose 29,6. 9–11.16–18.20. 25.28–31; 30, 1–2.6–8.14–15. 22.25; 31,4.14. 19.32–34; 33, 1–2.7; 35,16. 19–20.24–25; 46,19.22.25; 48,7; Rut 4,11; 1. Sam 10,2; Jer 31,15; Mt 2,18

RAHEL (»Mutterschaf«). Labans jüngste Tochter und Jakobs Lieblingsfrau. Nachdem Jakob sieben Jahre lang um sie gedient hatte, unterschob ihm Laban bei der Hochzeit seine ältere Tochter Lea. Jakob bekam zwar auch R., aber unter der Bedingung, daß er anschließend noch weitere sieben Jahre für Laban arbeitete (1. Mose 29). R. blieb – im Gegensatz zu Lea – lange unfruchtbar, bis sie endlich Josef gebar (1.Mose 30, v. a. V. 22–24). Sie starb bei der Geburt ihres zweiten Sohnes, Benjamin (1. Mose 35,16–20).

R. wird in der Jakobsgeschichte als die Lieblingsfrau des Erzvaters geschildert. Sie war es auch, die bei Jakobs Trennung von Laban dessen Hausgötter (Terafim) an sich nahm, deren Besitz ihr das Familienerbe garantierte (1. Mose 31,19.30–35). Verschiedentlich wird R. vor ihrer älteren Schwester Lea genannt (z. B. 1. Mose 31,4; vgl. Rut 4,11). Vor dem riskanten Wiedersehen mit seinem Bruder Esau brachte Jakob R. und Josef ganz am Ende seiner Karawane in Sicherheit (1. Mose 33,1–2).

Das NT zitiert im Zusammenhang mit dem bethlehemit. Kindermord des Herodes die Weissagung Jeremias: »In Rama hat man ein Geschrei gehört ... Rahel beweinte ihre Kinder und wollte sich nicht trösten lassen, denn es war aus mit ihnen« (Mt 2,18; vgl. Jer 31,15).

R. gilt als die vierte Stammutter des jüd. Volkes.

Rahels Grab an der Straße zwischen Jerusalem und Bethlehem.

(links) Rahels Grab (Außenansicht). Das Photo wurde 1908 aufgenommen (Sammlung Dr. N. Gidal, Jerusalem).

RAKKAT
Jos 19,35

RAKKAT (»Die Dünne«). Befestigte Stadt in Naftali (Jos 19,35), zwischen Hammat und Kinneret. Heute Tell Quneitra, 25 km nördlich von Tiberias.

RAKKON
Jos 19,46

RAKKON Fluß oder Bach an der Nordwestgrenze des bei der Aufteilung des Landes Kanaan (Jos 14,1) Dan zugesprochenen Gebiets (Jos 19,46).

RAM 1
Rut 4,19; 1. Chr 2,9–10; Mt 1,3–4
RAM 2
1. Chr 2,25.27
RAM 3
Hiob 32,2

RAM (»groß, hochgewachsen«).

1. Ein Enkel Judas und (über Boas) einer der Vorfahren Davids und Jesu.
2. Der älteste Sohn Jerachmeels (1. Chr 2,25).
3. Die Sippe, aus der Elihu, einer der Freunde Hiobs, stammte.

RAMA 1
Jos 18,25; Ri 4,5; 19,13; 1. Sam 1,19; 2, 11; 7,17; 8,4;

RAMA (»Hohe«). Name verschiedener auf einer Anhöhe gelegener Städte im alten Israel.

1. Eine der Städte im Gebiet des Stammes Benjamin (Jos 18,25), die zus. mit Gibeon und Beerot erwähnt wird und in der Nähe von Geba, nördlich von Gibeon, lag (vgl. Esr 2,26; Neh 7,30; Jes 10,29; Jer 40,1; Hos 5,8). Die Identifizierung mit er-Ram, 9 km nördlich von Jerusalem, kann sich auf archäolog. Funde stützen. Dieses R. ist allem Anschein nach die Stadt, die

Er-Ram nördlich von Jerusalem, die Stätte des alten Rama.

König Bascha (Baesa) von Israel eroberte und befestigte, »damit niemand aus- und einziehen sollte bei Asa, dem König von Juda« (1. Kön 15,17), und ebenso die Heimatstadt Samuels im Land Zuf, die auch Ramatajim-Zofim (1. Sam 1,1) genannt wurde. Demnach muß R. z. Zt. der im Buch der Richter und im 1. Buch Samuel erzählten Ereignisse an der südlichen Grenze Ephraims gelegen haben. Später wechselte die Stadt jedoch in die Hände Benjamins über, als dieser Stamm sein Gebiet ausdehnte. Es ist also jenes R., das im Zusammenhang mit den Ereignissen z. Zt. der Richterin Debora erwähnt wird (Ri 4,5).

R. lag auf dem Weg Sanheribs nach Jerusalem (Jes 10,29) und wird prophetisch u.a. bei Jeremia erwähnt (Jer 31,15). Nach dem babyl. Exil kehrten einige der Bewohner zurück (Esr 2,26; Neh 7,30).

2. Grenzstadt Assers (Jos 19,26–29). Dieses R. muß zwischen Sidon und Tyrus gelegen haben. Bei der »festen Stadt Tyrus« handelt es sich offensichtlich um jenes Tyrus im Innern des Landes, das in assyr. Quellen als *Usu* bekannt ist und mit Tell er-Rasidiyeh identifiziert wird. R. lag nordwestlich davon, seine genaue Lage ist jedoch unbekannt.

3. Stadt im Gebiet Naftalis (Jos 19,36). Lange Zeit hatte man R. mit dem Städtchen er-Rameh, 8 km südwestlich von Safed identifiziert. Dies hätte mit der Reihenfolge der Naftalistädte zwischen Ober- und Untergaliläa übereingestimmt. Es gibt jedoch keine archäolog. Funde aus vorhell. und vorröm. Zeit im Umkreis er-Ramhes. Demzufolge scheint R. bei Khirbet Seitun er-Rameh, einem alten Hügel etwa 2,5 km südöstlich von er-Rameh, gelegen zu haben.

4. Ort, der bei Nehemia aufgeführt wird (11,33). Dieses R. lag anscheinend an den westlichen Berghängen in der Nähe von Lod. Es ist allem Anschein nach mit Arimathäa, der Heimatstadt des Ratsherrn Josef (Mt 27,57; Joh 19,38), dem heutigen Rentis, 10 km nordöstlich von Lod (Lydda) identisch.

5. Rama im Südland (Negeb). Eine der Städte im Gebiet des Stammes Simeon (Jos 19,8). In 1. Sam 30,26–27 wird R. im Südland unter jenen Orten erwähnt, deren Ältesten David »eine Segensgabe aus der Beute der Feinde des HERRN« sandte. Ramat Negeb wird auf einem hebr. Ostrakon erwähnt, das in Arad gefunden wurde und aus der Zeit des Königreichs Juda stammt.

6. Siehe RAMOT IN GILEAD.

15,34; 16,13; 19,18–19.22–23; 20,1; 25,1; 28,3; 1. Kön 15,17. 21–22; 2. Chr 16, 1.5–6; Esr 2,26; Neh 7,30; Jes 10,29; Jer 31,15; 40,1; Hos 5,8; Mt 2,18
RAMA 2 Jos 19,29
RAMA 3 Jos 19,36
RAMA 4 Neh 11,33
RAMA 5 Jos 19,8; 1. Sam 30,27

RAMATAJIM-ZOFIM Siehe RAMA (1).

RAMATAJIM-ZOFIM 1. Sam 1,1

RAMATITER »Höhenbewohner«. Bezeichnung für einen in Rama Geborenen oder Ansässigen. Schimi, König Davids Aufseher über die Weinberge, wird »der R.« genannt.

RAMATITER 1. Chr 27,27

RAMAT-LEHI Siehe LEHI.

RAMAT-LEHI Ri 15,17

RAMAT-MIZPE (»Höhen von Mizpa«). Stadt in Gilead, die bei der Verteilung des Landes Kanaan dem Stamm Gad zugesprochen wurde (Jos 13,26). Die genaue Lage der Stadt ist nicht bekannt.

RAMAT-MIZPE Jos 13,26

RAMJA (»Ja[hwe] ist erhöht«). Sohn Paroschs, der Esras Erlaß zufolge seine ausländische Ehefrau verstoßen mußte.

RAMJA Esr 10,25

RAMOT (»Höhen«). Stadt, die bei der Verteilung des Landes dem Stamm Issachar zufiel (Jos 19,21) und später den Leviten zugesprochen wurde. Möglicherweise lag das alte R. an der Stelle des heutigen Kochaw HaJarden (»Stern des Jordans«) über den Ruinen der ehemaligen Kreuzfahrerburg Belvoir.

RAMOT 1. Chr 6,58

RAMOT IN GILEAD Eine bedeutende Stadt östlich des Jordans. Sie war eine Freistadt im Gebiet des Stammes Gad (5. Mose 4,43; Jos 20,8), die den Leviten der Familie Merari zugeteilt wurde (Jos 21,38; 1. Chr 6,65). Unter König Salomos Verwaltung befand sich hier der Sitz des königl. Amtmanns über seinen sechsten Bezirk, welcher anscheinend den Nordosten von Gilead und Baschan umfaßte (1. Kön 4,13). Nach Salomos Tod und der Eroberung von Teilen Golans, Baschans und Haurans durch die Aramäer stritten sich die Israeliten und Aramäer um die Stadt (1. Kön 22; 2. Chr 18; 2. Kön 8,28). Allem Anschein nach blieb R. bis z. Zt. König Joaschs, der es von Hasaëls

RAMOT IN GILEAD 5. Mose 4,43; Jos 20,8; 21,38; 1. Kön 4,13; 22,3–4.6.12. 15.20.29; 2. Kön 8,28; 9,1.4.14; 1. Chr 6,65; 2. Chr 18,2–3. 5.11.14.19. 28; 22,5

Sohn Ben-Hadad zurückeroberte (2. Kön 13,25), in den Händen der Aramäer. Joaschs Sohn Jerobeam konsolidierte seine Herrschaft über die gesamte Region (2. Kön 14,25–28). Unter König Rezin von Damaskus gelang es den Aramäern, R. zurückzuerobern. 733–732 v. Chr. führte der assyr. Herrscher Tiglat-Pileser III. Feldzüge gegen Damaskus und Samaria und nahm dabei u. a. auch Gilead ein (2. Kön 15,29; 1. Chr 5,6.26). In der von ihm aufgestellten Liste der eroberten Städte wird R. unter dem Namen *Galada* aufgeführt.

Jüd. Quellen zufolge lag R. in der Jabbok-Region und ist mit Gerasa gleichzusetzen. Die plausibelste Identifizierung ist Tell er-Rumejt an der Nordostseite der Ajlunberge über der Straße von Damaskus nach Rabbat Ammon, eine ideale Lage für ein isrl. Sperrfort gegen die Aramäer. Ausgrabungen in Tell er-Rumejt förderten drei Schichten aus der Eisenzeit zutage, die isrl. und aram. Besiedlungen aufzeigen, die 733 v. Chr. mit dem Feldzug Tiglat-Pilesers III. ein Ende fanden. Weitere Schichten brachten Reste aus der hell., röm., byz. und arab. Zeit ans Licht.

RAMSES

1. Name mehrerer ägypt. Könige. In der Bibel wird R. nicht namentlich erwähnt; es wird jedoch oft angenommen, daß es sich bei dem Pharao im 2. Buch Mose um R. II. oder R. III. handelt, sofern man den Auszug Israels aus Ägypten um das Jahr 1280 v. Chr. ansetzt; dies bleibt jedoch unsicher, da nach 1. Kön 6,1 und versch. Untersuchungsergebnissen der Auszug im 15. Jh. v. Chr. angesetzt werden kann.

Der größte Teil der 66jährigen Regierungszeit R.s II. (1290–1224 v. Chr.) war von anhaltenden Konflikten bestimmt. Seine Niederlage gegen die Hetiter in der berühmten Schlacht bei Kadesch brachte ihm den Verlust der ägypt. Vorherrschaft in Kanaan. Später führte R. mehrere Feldzüge in Kanaan und entlang der phöniz. Küste, um seine Herrschaft über diese Gebiete zurückzuerlangen. Er ist auch wegen seiner Bautätigkeit in Ägypten berühmt (u. a. die Stadt Ramses und die Tempel von Abu Simbel).

Statuen von Ramses II. in seinem Tempel in Abu Simbel.

R. III. ist eng mit der Geschichte der Philister in Kanaan im 12. Jh. v. Chr. verbunden. Seine Schlachten zur See und auf dem Land gegen die eindringenden Seevölker, einschl. der Philister, sind auf zahlreichen Wandgemälden und Reliefs jener Zeit abgebildet. Während des größten Teils seiner Regierungszeit (ca. 1182–1151 v. Chr.) hielt er Teile Kanaans unter ägypt. Vorherrschaft. Eine Anzahl palästin. Stätten, wie Bet-Schean, Megiddo und Lachisch, zeugen von seiner Epoche.

2. Name einer Stadt und eines Bezirks im östlichen Nildelta, wo Josef seinen Vater und seine Brüder ansiedelte (1. Mose 47,11). R. ist ägypt. als *Per-Rameses* – »Haus des Ramses« – bekannt. Von der Regierungszeit R.s II. an wurde R. zur Delta-Residenz der Pharaonen. Einige Forscher identifizierten R. mit Tanis, während andere eine Identifizierung mit Qantir, etwa 18 km südlich davon für wahrscheinlicher halten. Die Stadt R. war wegen ihrer Schönheit und Pracht berühmt.

RAMSES 2
1. Mose 47,11; 2. Mose 1,11; 12,37; 4. Mose 33,3.5

RÄUCHERWERK Siehe WEIHRAUCH, RÄUCHERWERK (2).

RAUBEBALD-EILEBEUTE Der symbolische Name des zweiten Sohnes des Propheten Jesaja, der vor der bevorstehenden Zerstörung von Damaskus und Samaria durch den Assyrerkönig Tiglat-Pileser III. warnen sollte (Jes 8,4). Der Prophet schrieb die Wörter zuvor in Gegenwart zweier Zeugen nieder und gab seinem Sohn bei seiner Geburt ein Jahr später den Namen.

RAUBEBALD-EILEBEUTE
Jes 8,1.3

RAUPE Siehe TIERE.

RAUTE Siehe PFLANZEN.

REAJA (»Jah[we] hat gesehen«).

1. Ein Nachkomme Judas und Gründer von Kirjat-Jearim.

2. Ein Angehöriger des Stammes Ruben, der Anführer der von Tiglat-Pileser III. in die Gefangenschaft geführten Rubeniter.

3. Oberhaupt einer Familie von Tempelsklaven, die mit Serubbabel aus Babylonien zurückkehrte und sich in Jerusalem niederließ.

REAJA 1
1. Chr 2,52; 4,2
REAJA 2
1. Chr 5,5
REAJA 3
Esr 2,47; Neh 7,50

REBA (»vier«). Einer der fünf Midianiterkönige, die von den Israeliten auf dem Weg nach Kanaan während eines Rachefeldzugs getötet wurden.

REBA
4. Mose 31,8; Jos 13,21

REBEKKA (»Die Bestrickende«). Tochter Betuëls und Frau des Patriarchen Isaak. Abrahams Diener holte sie aus Haran zu Isaak nach Kanaan (1. Mose 24). Nach langer Unfruchtbarkeit gebar R. die Zwillinge Esau und Jakob (1. Mose 25,21–26). Esau war Isaaks Lieblingssohn, R. dagegen zog Jakob vor (1. Mose 25,27–28). Als Isaak alt geworden war, half R. Jakob, sich durch eine List den für Esau bestimmten Erstgeburtssegen zu erschleichen, und verhalf ihm anschließend zur Flucht nach Haran (1. Mose 26–27).

Wie Abraham, Sara und Isaak vor ihr und Lea und Jakob nach ihr wurde auch R. in der Höhle in Machpela begraben (1. Mose 49,31). Sie gilt als die zweite Stammutter des Volkes Israel.

REBEKKA
1. Mose 22,23; 24,15.29–30. 45.51.53.58–61. 64.67; 25,20–21. 28; 26,7–8.35; 27,5–6.11.42.46; 28,5; 29,12; 35,8; 49,31; Röm 9,10

REBHUHN Siehe TIERE.

RECHA (»weich«). Stadt oder Ort in Juda; die Lage ist unbekannt.

RECHA
1. Chr 4,12

RECHAB, RECHABITER

1. Rechab (»Reiter«). Einer der Hauptleute unter Sauls Sohn Isch-Boschet z. Zt. des Konflikts des letzteren mit David. R. und sein Bruder Baana töteten Isch-Boschet im Schlaf und übergaben sein abgeschlagenes Haupt David. Anstatt sie zu belohnen, ließ David sie hinrichten und stellte ihre verstümmelten Leiber am Teich bei Hebron öffentlich zur Schau.

2. Vorfahr der nach ihm benannten nomadischen Rechabiter. Jer 35 erzählt, daß der Prophet die R. zum Tempel rufen ließ und ihnen Wein anbot. Sie lehnten dies ab, weil es ihnen verboten war, Wein zu trinken, anzubauen, einen Weinberg zu besitzen oder in einem Haus zu wohnen. Jeremia lobte ihr Festhalten an den Geboten ihrer Vorfahren und hielt sie seinen Gott unfolgsamen judäischen Landsleuten als Beispiel vor.

Von der Geschichte der R. ist vor der Zeit ihres Stifters Jonadab nicht viel bekannt. Offensichtlich waren sie Kiniter (1. Chr 2,55), genauso wie Moses Schwiegervater, der Jahwe anbetete. Auch Jonadab war ein strenggläubiger Verehrer Jahwes, der Jehu half, den Baalsdienst und die Nachkommen Ahabs auszurotten (2. Kön 10,15–27). Irgendwann, wahrscheinlich nach

RECHAB, RECHABITER 1
2. Sam 4,2.5–6
RECHAB, RECHABITER 2
2. Kön 10,15.23; 1. Chr 2,55; Jer 35,2–3. 5–6.8.14.16. 18–19
RECHAB, RECHABITER 3
Neh 3,14

dem Untergang Samariens, zogen Jonadabs Nachkommen südwärts nach Juda, und in den Tagen Jeremias suchten sie Schutz vor den Truppen Nebukadnezars in Jerusalem. Später werden drei Familien von rechabit. Schreibern als Einwohner von Jabez in Juda erwähnt (1.Chr 2,55).

3. Rechab, Vater des in Neh 3,14 genannten Malkija, der z. Zt. Nehemias das Misttor von Jerusalem wiederaufbaute und als Vorsteher des Bezirks von Bet-Kerem genannt wird.

RECHTFERTIGEN, RECHTFERTIGUNG
1. Mose 44,16; Mt 11,19; 12,37; Lk 10,29; 16,15; 18,14; Röm 4,25; 5,18; 1. Kor 4,4; 1. Tim 3,16

RECHTFERTIGUNG Im AT dient Rechtfertigung dazu, die Gerechtigkeit (s. GERECHTIGKEIT) wiederherzustellen. Gerechtigkeit (hebr. *zedagah*) ist gemeinschaftsgemäßes Verhalten, das den Gerechten umgibt wie eine stoffliche Sphäre. R. stellt diese Sphäre, sofern sie verletzt worden ist, wieder her. Dieser Heilszustand ist im AT eines der höchsten Güter, da die Gemeinschaft von und mit Jahwe alles Gute im Leben hervorbringt, erhält und verteilt.

Gerecht ist, wer seinem Gegenüber »gerecht« wird. R. geschieht, indem ein gestörtes Verhältnis zwischen Menschen, v. a. aber zwischen Mensch und Gott zurechtgebracht wird. R. (ebenso wie der ihr vorangehende Begriff der Gerechtigkeit) hat es im AT, aber auch im NT immer mit Gott zu tun. Eine nur juristische oder soziale R. (sozusagen in einem gottfreien Raum) kennt die gesamte Bibel nicht.

In atl. Zeit ist R. urspr. das Ziel der Gerichtsverhandlung; dabei lag die Anschauung zugrunde, daß das Verhältnis einseitig verletzt war und R. daher durch Genugtuung von dieser schuldigen Seite aus geschehen mußte. R. bedeutet hier also in erster Linie, den gestörten Frieden durch Genugtuung wiederherzustellen. Sie stellt nicht nur eine äußere Harmonie wieder her, sondern das Wohl der gesamten Gemeinde.

Gott ist seinem Bund (s. BUND) mit seinem Volk stets gerecht geworden, d. h. er hat seinen Teil zum Gelingen der heilvollen Gemeinschaft erfüllt. Der Mensch seinerseits hat Gottes Gebote zu halten; dazu ist er – jedenfalls nach manchen Stellen im AT, vgl. Hes 18,5–9 – auch in der Lage und darauf kann er sich auch vor Gott berufen (Ps 7,9; 18,21 ff.).

Neben solchen Stellen finden sich aber auch andere, aus denen das Bewußtsein der eigenen Unzulänglichkeit vor Gott und damit der Notwendigkeit von R. spricht (z. B. Ps 51; Ps 143,2). Eine völlige, bleibende R. erwarten die Propheten erst in der Endzeit (Hos 2,21), von einem besonderen Boten Gottes (Jer 33,15); bis dahin erschöpft sich die vom Menschen erreichbare R. darin, daß Gott dem bußfertigen Frommen seine Sünden vergibt. Dieses Verständnis von R. ist noch in Johannes d. T. lebendig, wenn er »die Taufe der Buße zur Vergebung der Sünden« (Mk 1,4) anbietet: sie bietet eine momentane R., aber keine neue Lebensqualität. Solche R. ist stets mit der Forderung verknüpft, das Gesetz Gottes künftig besser zu halten (Mt 3,8). »Buße« (s. BUSSE) ist hier deutlich eine *Leistung* des Menschen; an dieser Leistung vorbei gibt es keine R.

Das atl. Angebot der R. gilt damit nur dem Frommen; eine R. des Gottlosen (Röm 4,5) ist im Horizont des AT undenkbar.

Im NT setzt R. zunächst einmal voraus, daß der Mensch sich ihrer Notwendigkeit bewußt ist (vgl. Lk 18,13.14). Weiter: Eine R. vor den Menschen und damit vor Gott aus eigenen Mitteln gibt es nicht (Lk 16,15). Damit aber steht der Mensch vor Gott ohne die Möglichkeit der R. da.

Nur auf diesem Hintergrund ist die R.botschaft des NT, wie sie sich v. a. in Röm und Gal entfaltet, zu verstehen. Bei Paulus ist die R. des Sünders vor Gott zur Mitte aller theol. Gedanken geworden, seit er vor den Toren von Damaskus dem auferstandenen Jesus, dessen Anhänger er bis dahin verfolgt hatte, begegnet war (Apg 9,1–9). Nach dem Maßstab des jüd. Gesetzes, dem Paulus bis zu seiner Bekehrung verpflichtet war, mußte der gekreuzigte Jesus als von Gott Verfluchter gelten (Gal 3,13). Daß nun gerade dieser Jesus von Gott auferweckt (Apg 2,32) und als einziger Gerechter bestätigt wird, bedeutet eine völlige Kehrtwendung der R. gegenüber dem AT – eine Kehrtwendung, die ihre prägnanteste Ausdrucksform bekommt im neuen Denken des Paulus: Dieser »Christus ist des Gesetzes Ende; wer an den glaubt, der ist gerecht« (Röm 10,4; vgl. 3,21–24 und Joh 1,17).

Gerecht vor Gott wird der Mensch fortan nicht mehr durch die Erfüllung des Gesetzes und damit durch eigene Leistung. R. geschieht allein im Glauben an den Gott, der die Gerechtigkeit des gekreuzigten Gottessohnes als stellvertretend für uns gültig ansieht. Wie dem Menschen schon sein körperliches Leben vom Schöpfer ohne eigenes Zutun als Geschenk gegeben wird, so ist die R. des Sünders – wie eine zweite Geburt (s. WIEDERGEBURT) – ebenfalls ein Geschenk. Der Mensch kann zu diesem Geschenk nichts beitragen; er braucht nur sein ganzes Vertrauen darauf zu setzen, d. h. an den Gott zu glauben, »der die Gottlosen gerecht macht« (Röm 4,5).

Wer sich angesichts des Gekreuzigten noch auf eigene Gerechtigkeit beruft, will mehr als Geschöpf sein; dies aber ist die entscheidende Verkehrung des Verhältnisses zu Gott, die Grundsünde.

REELAJA (»Jah[we] ruft Zittern hervor«). Anderer Name Raamjas.

REELAJA
Esr 2,2

REFACH (»Hilfe«). Angehöriger des Stammes Ephraim, Vorfahre Josuas.

REFACH
1. Chr 7,25

REFAËL (»Gott heilte«). Ein Levit, Torhüter im Hause Gottes z. Zt. König Davids.

REFAËL
1. Chr 26,7

REFAÏM (»[Tal der] Riesen«). Ebene südlich von Jerusalem, zwischen den Gebieten Judas und Benjamins (Jos 15,8; 18,16). Die Philister fielen durch R. in Juda ein (2.Sam 5,18.22) und wurden später dort von David geschlagen (2. Sam 5,25).

REFAÏM
Jos 15,8; 18,16; 2. Sam 5,18.22; 23,13; 1. Chr 11,15; 14,9; Jes 17,5

REFAÏTER (Wahrscheinlich urspr. »Helden« oder «Riesen«). Volk im vorisrl. Kanaan von ungewöhnlich hohem Wuchs. Sie wurden von Kedor-Laomer geschlagen (1. Mose 14,5). Man nimmt an, daß sie mit den Samsummitern im Land Ammon (5. Mose 2,20) identisch sind, da ihr Land ebenfalls in Baschan lag (5. Mose 3,13). Die R. sind aus keiner anderen histor. Quelle bekannt.

REFAÏTER
1. Mose 14,5; 15,20

REFAJA (»Geheilt hat Jah[we]«).

1. Einer der Nachkommen König Jojachins (Jechonjas).

REFAJA 1
1. Chr 3,21

2. Ein Mann im Geschlechtsregister des Stammes Simeon. Er war einer der Anführer der Simeoniten, die die Amalekiter beim Berg Seïr schlugen und sich anschließend dort niederließen.

REFAJA 2
1. Chr 4,42

3. Ein Enkel Issachars und eines der Sippenhäupter des Stammes Issachar.

REFAJA 3
1. Chr 7,2

4. (Auch *Rafa*). Ein Nachkomme König Sauls.

REFAJA 4
1. Chr 8,37; 9,43

5. Einer der Bauleute beim Wiederaufbau der Jerusalemer Stadtmauer z. Zt. Nehemias.

REFAJA 5
Neh 3,9

REFIDIM, RAFIDIM (»Lagerplätze«). Eine der Stationen der Israeliten auf ihrem Auszug aus Ägypten, wo Mose auf Geheiß Gottes Wasser aus dem Felsen schlug (2. Mose 17,1–7) und wo Amalek Israel unterlag (2. Mose 17,8–16). Dem 4. Buch Mose (33,14–15) zufolge lag R. zwischen Alusch und der Wüste Sinai.

REFIDIM, RAFIDIM
2. Mose 17,1.8; 19,2; 4. Mose 33, 14–15

REGEM (»Vertrauter«). Ein Nachkomme Kalebs.

REGEM
1. Chr 2,47

REGEM-MELECH (»Vertrauter des Königs«). Einer der Männer, die z. Zt. Sacharjas zu den Priestern in den Tempel gesandt wurden, um Aufklärung über die Fastenrituale zu erbitten. Der Name könnte auch der Titel des Mannes sein.

REGEM-MELECH
Sach 7,2

REGENBOGEN Der R. kommt physikalisch dadurch zustande, daß sich Sonnenstrahlen an der Grenzfläche von Luft und schwebenden Wassertröpfchen (Regenwolken oder Regenstreifen) brechen. Durch Reflexion an der Innenseite der Tropfen und Interferenz der gebrochenen und der reflektierten Lichtstrahlen ergibt sich schließlich die kreisbogenförmige Lichterscheinung in den Spektralfarben.

REGENBOGEN/BOGEN
1. Mose 9,13f.16; 49,24; Sir 43,12; Hes 1,28; Offb 4,3; 10,1

Der hebr. Begriff für »R.« im AT (*käschät*) ist identisch mit dem Bogen des Kämpfers. Im übertragenen Sinne ist der Bogen Bild der Stärke und Macht (vgl. 1.Mose 49,24; Hiob 29,20; Jer 49,35; Hos 1,5). In 1. Mose 9,8–17 gibt Gott den R. als Bundeszeichen, um Noah und seinen Nachkommen den Fortbestand des Menschengeschlechts zu verbürgen, darüber hinaus ist die gesamte Tierwelt in diese Verheißung eingeschlossen. Symbolisch ist der

Bogen als Zeichen der Gerichtsmacht von der Erde weggenommen und als Bundeszeichen zwischen Gott und den Lebewesen an den Himmel gesetzt. Gott hat sozusagen seinen Kriegsbogen in die Wolken weggehängt; künftig wird keine Sintflut mehr die Erde verderben (1. Mose 8,21; 9,11). Gottes Macht ist damit nicht gebrochen, aber sie vernichtet die Erde und die Menschen nicht mehr. Gerade wenn drohende Wolken am Himmel aufziehen, wird der zum Friedensbogen gewordene Kampfbogen als Versöhnungszeichen sichtbar (9,14) und erinnert nicht nur die Menschen, sondern Gott selbst an den ewigen Bund (9,16; vgl. BUND).

In Offb 4,3 erscheint der R. in seiner herrlichen Pracht aller Farben als Bild für die Herrlichkeit Gottes und den Glanz um seinen Thron und zugleich als Hinweis auf die Geduld und Freundlichkeit des Schöpfers, mit der er sich seinen Geschöpfen zuneigt; er wird gleichsam die Brücke zwischen Schöpfer und Geschöpf. Der sich vom Himmel zur Erde spannende R. zeigt, daß Gott der »Gott des Friedens« ist (1. Thess 5,23), und verweist letztlich auf Jesus Christus, in dem »die ganze Fülle der Gottheit leibhaftig wohnt« (Kol 2,9) und der »unser Friede« ist (Eph 2,14).

REGU 1. Mose 11,18.20; 1. Chr 1,25; Lk 3,35

REGU (»Freund[schaft]«). Ein Nachkomme Sems und Vorfahr Abrahams; erscheint auch im Stammbaum Jesu.

REGUËL 1 1. Mose 36,4.10.13.17; 1. Chr 1,35.37
REGUËL 2 2. Mose 2,18; 4. Mose 10,29
REGUËL 3 1. Chr 9,8

REGUËL (»Freund Gottes«).

1. Sohn Esaus mit seiner Frau Basemat, der Tochter Ismaels.

2. Einer der Namen des Priesters in Midian, der Mose seine Tochter Zippora zur Frau gab. An anderen Stellen wird er Jitro genannt (2. Mose 3,1; 18,1).

3. Ein Name in der Liste der Einwohner Jerusalems z. Zt. Nehemias; er war Sohn Jibnijas, Vater Schefatjas und Großvater Meschullams (6).

REH Siehe TIERE.

REHABEAM 1. Kön 11,43; 12,1.3.6.12. 17–18.21.23.27; 14,21.25.27. 29–31; 15,6; 1. Chr 3,10; 2. Chr 9,31; 10,1.3.6. 12–13.17–18; 11,3.5. 17–18.21–22; 12,1–2.5.10. 13.15–16; 13,7; Mt 1,7

REHABEAM (»Möge sich das Volk ausbreiten«). Sohn und Thronfolger König Salomos und erster Herrscher des Südreiches Juda (ca. 928–911 v. Chr.).

R. bestieg den Thron nach dem Tod Salomos, im Alter von 41 Jahren (1. Kön 14,21). Da er sich weigerte, die Steuerlasten und Fronarbeit, die Salomo ihnen auferlegt hatte, zu mindern, sagten sich kurz darauf die 10 nördlichen Stämme Israels von ihm los und erklärten Jerobeam zu ihrem König; nur Juda und Benjamin blieben loyal zu R. (1. Kön 12). Den Plan, die Nordstämme gewaltsam zurückzugewinnen, gab R. auf die Warnung des Propheten Schemaja hin auf (1. Kön 12,21–24). Dennoch herrschte zu R.s Lebzeiten ständig der Kriegszustand zwischen dem Nord- und dem Südreich

Karte der von Rehabeam befestigten Städte (Namen in Fettdruck).

(1. Kön 14,30). Der bibl. Bericht schildert R. bei diesem Konflikt als Mann von wenig Weisheit (1. Kön 12,8; vgl. auch Sir 47,27).

R.s außenpolitische Schwierigkeiten beschränkten sich nicht auf Israel. In R.s 5. Regierungsjahr verwüstete Pharao Schischak (Scheschonk) Juda, nahm viele befestigte Städte ein und trug die Tempel- und Palastschätze fort. Archäolog. Ausgrabungen, aber auch Inschriften Schischaks im Amun-Tempel in Karnak (Ägypten) sind beredte Zeugen dieses großangelegten Feldzuges, der sich nicht nur gegen Juda richtete, sondern auch gegen Israel, Edom und die Philister; die Inschriften nennen über 150 eroberte Städte.

Möglicherweise befestigte R. die in 2. Chr 11,5–10 aufgelisteten 15 strategisch wichtigen Städte als Reaktion auf eben diese Invasion. Auch die in Aseka und Lachisch entdeckten Befestigungen können auf R. zurückzuführen sein. Daß die befestigten Städte im Westen, Süden und Osten Judas lagen, nicht jedoch im Norden, mag ein Zeichen dafür sein, daß R. sich weigerte, die (Nord-)Grenze zu Israel als endgültig anzuerkennen.

Der bibl. Bericht (1. Kön 14,22–28; 2. Chr 12) sieht Schischaks Invasion als Strafe für die Sünden Judas und R.s. Seine ersten drei Regierungsjahre werden dagegen als klug und gottesfürchtig geschildert; so gewährte R. den durch Jerobeam aus dem Nordreich vertriebenen Priestern und Leviten Zuflucht (2. Chr 11,13ff.).

R. hatte 18 Frauen und 60 Nebenfrauen, die ihm insgesamt 28 Söhne und 60 Töchter gebaren; sein Nachfolger war Abija (2. Chr 11,18–23). In Mt 1,7 erscheint R. unter den Vorfahren Jesu.

REHABJA
1. Chr 23,17; 24,21; 26,25

REHABJA (»Jah[we] hat erweitert«). Der einzige Sohn Eliësers, des Sohnes Moses, und Gründer einer Levitenfamilie, die z. Zt. König Davids im Tempel diente.

REHOB 1
4. Mose 13,21; 2. Sam 10,8
REHOB 2
Jos 19,28; 21,31; Ri 1,31; 1. Chr 6,60
REHOB 3
Jos 19,30
REHOB 4
2. Sam 8,3.12
REHOB 5
Neh 10,12

REHOB (»Weite«).

1. Ortschaft oder Gegend, die die Nordgrenze des Landes Kanaan bildete; im Zusammenhang mit den von Mose ausgesandten Kundschaftern erwähnt (4. Mose 13,21). Die Einwohner R.s nahmen am Krieg der Ammoniter gegen David teil (2.Sam 10,8). R. wird mit Tell es-Sarm im Jordantal identifiziert.

2. Stadt an der Nordgrenze des Gebietes des Stammes Asser (Jos 19,28), die den Leviten der Familie Gerschons zugeteilt wurde (1. Chr 6,60). Die Israeliten eroberten die Stadt nicht, die dadurch lange Zeit in den Händen der Kanaaniter verblieb (Ri 1,31).

3. Stadt im Gebiet des Stammes Asser (Jos 19,30), die mit einem der zahlreichen Hügel in der Ebene von Akko identifiziert wird.

(rechts) Mosaik-Inschrift in der aus dem 7. Jh. n. Chr. stammenden Synagoge in Rehob (Israelische Regierungsabteilung für Altertümer und Museen).

Der Hügel Rehob im Jordantal.

4. Vater König Hadad-Esers von Zoba.

5. Einer der Leviten, die die Abmachung z. Zt. Nehemias versiegelten.

REHOBOT AM STROM
1. Mose 36,37; 1. Chr 1,48

REHOBOT AM STROM (»Weite Räume«). Hauptstadt König Schauls von Edom. Es wird angenommen, daß die Stadt »Rehobot am Strom« genannt wurde, um sie von Rehobot-Ir zu unterscheiden.

REHOBOT-IR
1. Mose 10,11

REHOBOT-IR (»Weite Räume der Stadt«). Eine Stadt, die Nimrod, der gewaltige Jäger, in Assyrien errichtete.

REHUM (»Barmherzig«).

REHUM 1
Esr 2,2; Neh 7,7

1. Oberhaupt einer Familie, die mit Serubbabel aus dem babyl. Exil zurückkehrte und sich in Jerusalem niederließ.

REHUM 2
Esr 4,8–9.17.23

2. Beamter König Artahsastas (Artaxerxes) von Persien, der zus. mit dem Schreiber Schimschai einen Protestbrief gegen den Wiederaufbau Jerusalems nach der Rückkehr der Exilierten verfaßte. Dieser Brief veranlaßte den König, die Einstellung aller Bauarbeiten anzuordnen.

REHUM 3
Neh 3,17

3. Levit, der an den Reparaturarbeiten an der Jerusalemer Stadtmauer teilnahm.

REHUM 4
Neh 10,26

4. Einer der Oberen des Volks, die die Abmachung z. Zt. Nehemias unterschrieben.

REHUM 5
Neh 12,3

5. Einer der Priester und Leviten, die mit Serubbabel aus der babyl. Gefangenschaft zurückkehrten und sich in Jerusalem niederließen. Möglicherweise mit (3) identisch.

REÏ
1. Kön 1,8

REÏ (»Freund [Jahwes]«). Anhänger Davids, der während Adonijas mißglücktem Versuch, den Thron zu besteigen, auf Seiten Salomos stand.

REICH GOTTES
Ps 22,29; 103,19; 145,13; Dan 7,14.18.27; Mt 4,23; 6,10.13.33; 12,28; 13,19. 38.41.43; 16,28; 20,21; 21,31.43; 24,14; 25,34; 26,29; Mk 1,15; 4,11. 26.30; 10,14.15; 12,34; 14,25; Lk 1,33; 6,20; 9,2.60.62; 12,31.32; 13,28.29; 14,15; 17,20.21; 23,42; Joh 3,3.5; 18,36; Apg 14,22; Röm 14,17; 1. Kor 4,20; 6,9; 15,50; Gal 5,21; Eph 5,5; Kol 1,13; 1. Thess 2,12; 2. Thess 1,5; 2. Tim 4,18 Hebr 12,28 Offb 12,10; 19,6

REICH GOTTES Das Reich Gottes ist das Hauptthema der Verkündigung Jesu. Das R.G. (wörtlich: die »Herrschaft Gottes« – *basileia toú theoú*) ist dort, wo Gottes Herrschaft Maß und Ziel aller Dinge ist.

Im AT spielt dieser Begriff schon der Vokabel nach – wie die Konkordanz zeigt – eine ungleich geringere Rolle als im Evangelium des NT; zudem müssen diejenigen Bibelstellen ausgeklammert werden, in denen das Wort »Reich« im Sinn der nationalstaatlichen Gestalt Israels oder anderer Nationen gebraucht wird (z.B. 5. Mose 28,25; 2. Sam 7,12; Jes 19,2; Dan 7,17). Auf alle Fälle aber wird im AT der Begriff des Königreichs (*malkut*) und auch des Gottesreichs immer als ein *Zustand* verstanden, vorab als der Zustand des *shalom* Jahwes, des Heilszustandes des Gottesfriedens. In diesem Sinn kommt der Gedanke der (Königs-)Herrschaft Gottes im AT des öfteren vor (2. Mose 15,18; 1. Sam 8; 12,12; Jes 33,22; Zef 3,15).

Israel soll dabei Gottes Herrschaftsanspruch gegenüber der ganzen Welt zur Sprache bringen (2. Mose 19,5f.; Ps 47; 93; 96; 97; 99; 146,10). Dem wurde Israel nicht gerecht (vgl. Neh 9,6–37). Die Propheten kündigten daher an, Gott selbst werde sein Reich aufrichten (Jes 2,2–4; 24,23; Mi 4,1–5) durch einen Nachkommen Davids (2. Sam 7; 2. Chr 13,8; Jes 11,1f.; Jer 33,15); dann wird die Schöpfung in Ordnung kommen (Jes 65,17–25). Daniel schaut die Reiche dieser Welt, deren Unzulänglichkeit und Widergöttlichkeit darin zum Ausdruck kommt, daß sie als »Tiere« beschrieben werden (Dan 7,1–12), und sieht, wie dann nach ihrem Untergang (7,11f.) einer »wie eines Menschen Sohn« (7,13) den göttlichen Auftrag erhält, das Reich des ewigen Gottes aufzurichten (7,14.27).

Im NT tritt Jesus auf und verkündet: »Die Zeit ist erfüllt, und das Reich Gottes ist herbeigekommen« (Mk 1,15). Von diesem Anfang bis zur Kreuzigung (Mk 14,25; 15,43) und bis zu den Worten des Auferstandenen (Apg 1,3) bestimmt das R.G. die Verkündigung Jesu. Er ruft Menschen in das R.G., also unter den Herrschaftsanspruch Gottes. Alles aber hat darin seine Mitte, daß er, der »Menschensohn«, es ist, der diese Herrschaft Gottes ausruft. Wo er, wo Jesus Christus ist, da ist das R.G. gegenwärtig (Lk 17,21). Er selbst ist das R.G. in Person.

Hier liegt der entscheidende Unterschied zum AT: In der Predigt Jesu ist das R.G. kein *Zustand* , sondern eine *Person*, die Person des Christus Gottes. In der Alten Kirche hat der große Theologe Origenes dafür den Ausdruck *autobasileia* (»Er selbst ist das Reich«) geprägt.

Mt verwendet statt »R.G.« meist »Reich der Himmel«, obwohl auch bei ihm die Gegenwärtigkeit des R.G., des »Himmelreichs« eine gewichtige Rolle spielt (vgl. Mt 13, bes. V 3–8.44–46; Mt 11,12 u.a.). Ohne Frage aber weist die Gegenwärtigkeit der Herrschaft Gottes immer auch auf die ewige, himmlische Vollendung hin (Mt 5,20; 8,11; 16,19; 19,23; vgl. Lk 13,19; 14,15; Joh 18,36).

Vom R.G. redet Jesus hauptsächlich in Gleichnissen, bes. in Mt 13. Über die Kennzeichen und Auswirkungen der Gottesherrschaft spricht Jesus z.B. in Mt 11,4f.; Lk 17,20; Joh 3,3–5, und die Regeln und Maßstäbe, die im R.G. gelten, nennt er bes. in der Bergpredigt (Mt 5–7; vgl. Lk 6,20–49), aber z.B. auch in seinen Worten über die Kinder (Mk 10,14f.) oder über die Reichen (Mk 10,23).

Dabei darf nicht übersehen werden, daß der R.-G.-Begriff im NT trotz seines Schwergewichts in der Verkündigung Jesu nicht auf die Ev.n beschränkt ist. Er kommt in den apostol. Schriften mehr als 25mal vor, teilweise als »Reich Christi« (Eph 5,5) oder einfach als »Reich« (Offb 1,9; 19,6).

Bei dem ntl. R.-G.-Begriff ist im einzelnen folgendes zu beachten: 1) Es geht bei der Herrschaft Gottes (R.G.) immer um das Handeln Gottes und um seinen Anspruch an den Menschen (Mt 6,33). Seine »Gerechtigkeit« besteht in »Frieden und Freude in dem heiligen Geist« (Röm 14,17). 2) Im R.G. folgt aus seiner Verkündigung mit dem Wort immer auch die Frucht des Tuns (Lk 9,2; vgl. Mk 3,14f.). 3) Das R.G. ist immer »nahe« (Mt 4,17; Lk 21,31); es beansprucht diejenigen, die von seiner Botschaft getroffen werden, immer sofort. 4) Das R.G. kann mit keinen Mitteln und Methoden herbeigezwungen, geschaffen werden; es verlangt unsere Geduld (Mk 4,26–29; Mt 13,31f. 47–50 usw.). Das R.G. bleibt unberechenbar. 5) Das endgültige Kommen des R.G. führt über schlimme Nöte, ja kosmische Katastrophen (Mt 24; Mk 13 u.a.); sicher ist, daß die Verwirklichung der Gottesherrschaft nach dem NT eschatologische Zukunft ist, niemals in dieser Weltzeit stattfindet. 6) Wer es mit der Gottesherrschaft zu tun bekommt, weiß, daß er sie als Gottes Gabe empfängt (Mt 16,19; Lk 12,32; Kol 1,13; 1. Thess 2,12). 7) Wer in das R.G. eintritt, ist eine neue, wiedergeborene Kreatur (Joh 3,3; 2. Petr 1,11; hierher gehört auch Mt 5,19; 13,43; 18,1.4; Mk 12,34; Eph 5,5). 8) Zugleich bedeutet der wirkliche Blick auf das R.G. schwerste Entscheidung, ja Auslese der Wenigen aus der Masse der Vielen (Mt 7,13f.; 22,14; Lk 9,62).

Das R.G. darf nicht mit der Gemeinde Jesu Christi (vgl. KIRCHE/GEMEINDE) gleichgesetzt werden. Das R.G. kann nicht »gebaut« werden; man kann immer nur neu selbst als zu Rettender eintreten.

REIHER Siehe TIERE.

REINHEIT, UNREINHEIT Bestimmte Lebewesen, Gegenstände und körperliche Zustände gelten im AT als unrein und zugleich als Quelle der Verunreinigung. Für unreine Gegenstände und Körperzustände werden bestimmte Reinigungsrituale vorgeschrieben. Die rituelle Unreinheit wird dabei ähnlich verstanden wie eine durch Ansteckung übertragene Krankheit; jedoch ist das Reinigungsritual nicht selbst Therapie zur Heilung, sondern wird erst dann angewandt, wenn die Unreinheit bzw. ihre Ursache verschwunden ist.

Ein Priester begutachtet mögliche Leprafälle auf rituelle Unreinheit hin. Illustration auf der Titelseite der hebräisch-lateinischen Mischna-Ausgabe, die in Amsterdam (1700–1704) herausgegeben wurde.

Eine Person, die sich verunreinigt hat, bedarf, bevor sie sich der Sphäre des Heiligen nähert (z.B. an einem Opfer oder Gottesdienst teilnimmt), der Reinigung. Reinheit ist also ein Aspekt der Heiligkeit (s. HEILIGKEIT), während Unreinheit ein Aspekt der SÜNDE ist, mit der sie auch oft gleichgesetzt wird. Insofern es Israels Aufgabe und Bestimmung ist, ein heiliges Volk zu sein (2. Mose 19,6; 3. Mose 19,2; 4. Mose 15,40), hat es rigoros jede Art von Unreinheit aus seiner Mitte fernzuhalten; andernfalls wird Gott sich von ihm abwenden und es dem Strafgericht preisgeben (vgl. 3. Mose 15,31; Hes 39,24).

Was gilt im AT alles als unrein? Zunächst einmal vor allen Dingen götzendienerische Kulte und Praktiken (z.B. 3. Mose 18,21; 2. Kön 21,6.16; Ps

REIN/ REINHEIT/ REINIGEN
1. Mose 7,2; Hiob 4,17; 15,15; Ps 18,21.27; 19,10; 51,4.12; Spr 16,2; Jes 1,16; 52,11; Jer 33,8; Mt 5,8; 8,2; 11,5; 23,26; Lk 17,14; Joh 13,10; 15,2.3; Apg 10,15; 20,26; Röm 14,20; 2. Kor 7,1; Eph 5,26; 1. Tim 1,5; 3,9; 4,12; 5,22; Tit 1,15; 2,14; 1. Petr 1,22; 3,

2. Petr 1,9; 1. Joh 1,7.9; 3,3; Hebr 9,14.22f. Jak 1,27

UNREIN/ UNREINHEIT
3. Mose 10,10; Jes 6,5; Jer 2,7; 3,1.9; 16,18; Hes 36,17.18.25; 37,23; Am 7,17; Sach 13,2; Mt 10,1; 12,43; Mk 1,23.26–27; 3,30; 5,8.13; 7,15.20.23; Joh 18,28; Apg 8,7; 10,28; Röm 14,14; Gal 5,19; Eph 4,19; 5,5; Kol 3,5; 1. Thess 4,7; Hebr 10,29; Offb 22,11

106,37–39; Hes 24,13; 36,25; 37,23); ferner aber auch der Vorgang der Geburt (3. Mose 12,1–5), der Aussatz (3. Mose 13–14; 22,4), die Menstruation der Frau u. a. geschlechtliche Ausflüsse (3. Mose 15), v. a. auch der Kontakt mit einem Leichnam (3.Mose 21,1–4; 22,4; 4. Mose 6,6–9; 19,11.14–16; vgl. Hes 39,12; 44,25) sowie der Genuß sog. unreiner Tiere (3. Mose 11; 17,15; vgl. SPEISEGEBOTE).

Für jede dieser Unreinheiten ist im AT ein bestimmtes Reinigungsritual vorgesehen. Zum Ritual sind Wartezeiten unterschiedlicher Länge einzuhalten. Zum Ritual selbst können Waschungen mit Wasser, Zeremonien mit Blut, Öl oder Salz, Haareschneiden und Arbeitsruhe gehören, auch Feuer oder das Versprengen von Opferblut durch den Priester auf dem Altar und auf dem Deckel der Bundeslade (3. Mose 16,15). Wie das Ritual im einzelnen verläuft und wie kompliziert es ist, richtet sich nach Art und Grad der Verunreinigung; vgl. z.B. 3. Mose 12,6; 14,2–20; 4. Mose 19; 31,23f.; Hes 36,25; 43,26).

Aber nicht nur der Mensch, sondern auch das Heiligtum (Altar, Stiftshütte, Tempel) bedarf immer wieder der Reinigung. So hob das Opferritual am großen Versöhnungstag nicht nur die Sünden Israels auf, sondern auch die Verunreinigung des Heiligtums, die durch die Sünden und Unreinheiten des Volkes entstanden war (3. Mose 16, bes. V. 16.19.33). Bes. schwer verunreinigt wird das Heiligtum durch heidnische Kulte. Wenn König Hiskia von Juda im Zuge seiner religiösen Reformen die Priester und Leviten anweist, den Tempel in Jerusalem zu reinigen (2. Chr 29), so ist das kein Hausputz, sondern eine Wiederherstellung der Heiligkeit des Tempels durch Fortschaffen aller heidnischen Gegenstände und erneute Weihung.

Bei den Propheten, in den Psalmen und in der Weisheitsliteratur verschiebt sich das Schwergewicht von der rituellen Unreinheit, die bestimmte Zeremonien erfordert, auf den ethisch-moralischen Aspekt. »Reine Hände« werden zum Bild für ein Leben nach Gottes Maßstäben (2. Sam 22,21.25; Ps 18,21; 73,13). Wer »auf des HERRN Berg gehen« und »an seiner heiligen Stätte stehen« will, der muß »unschuldige Hände« haben (Ps 24,3–4; vgl. Ps 15). Davids großer Bußpsalm (Ps 51) ist ein einziger Schrei nach Reinigung. Entsprechend ruft Jesaja: »Wascht euch, reinigt euch, tut eure bösen Taten aus meinen Augen, laßt ab vom Bösen!« (Jes 1,16).

Im NT hat der Begriff der kultischen, rituellen Reinheit bzw. Unreinheit keinen Raum mehr. Jesus stellt unüberhörbar klar: Der Mensch wird nicht unrein durch das, was er ißt, sondern durch das, was er denkt, fühlt und sagt; Reinheit ist eine Sache des Herzens, nicht der Speisen oder sonstiger Äußerlichkeiten (Mt 15,11–20; Mk 7,15–23; vgl. Mt 23,25f.; Lk 11,39; Jak 4,8). Jesus heilt auch »unreine« Krankheiten wie den Aussatz, wobei er die Kranken z.T. sogar berührt (Mt 8,2–4; Mk 1,40–45; Lk 5,12–15; 17,11–14; vgl. Mt 9,20–22 par). Seinen Jüngern sagt er, daß sie durch sein Wort reingewaschen sind (Joh 13,10; 15,3). Die Reinigung von Sünden erfordert nicht mehr besondere Zeremonien, sondern geschieht durch das Blut (s. BLUT) Jesu (vgl. 1. Joh 1,7).

Die klassische Stelle des NT für die Abschaffung des atl.-rituellen Reinheitsverständnisses ist die Vision des Petrus von den unreinen Tieren in Apg 10,9–16, die die Taufe des Heiden Kornelius und seines Hauses vorbereitet – das Signal zur Heidenmission (vgl. Apg 11). Hier wird bildhaft dokumentiert, daß dort, wo Christus die wahre Reinigung (nämlich von der Sünde und Verlorenheit des Menschen, vgl. 1. Kor 6,11; 2. Kor 7,1; Eph 5,26; 1. Joh 1,7; Hebr 1,3) gebracht hat, die Reinheitsgebote des Alten Bundes keinen Raum mehr haben. Paulus erklärt der Gemeinde in Rom, daß »nichts unrein ist an sich selbst« (Röm 14,14); der Verzicht auf bestimmte Dinge kann höchstens durch die Rücksichtnahme auf den schwachen Bruder geboten sein, eine Heilsbedeutung hat er nicht mehr (Röm 14; vgl. 1. Kor 8).

Die Reinigung, die Christus bringt, ist aber nicht nur Geschenk, sondern auch Aufforderung: Der gereinigte, begnadigte Sünder wird aufgerufen, auf die Reinheit seines Herzens und Lebenswandels (z.B. Mt 5,8; Phil 4,8;

Rituelle Waschung der Hände. Miniatur aus der Haggada von Barcelona; Spanien, 14. Jh. (British Museum).

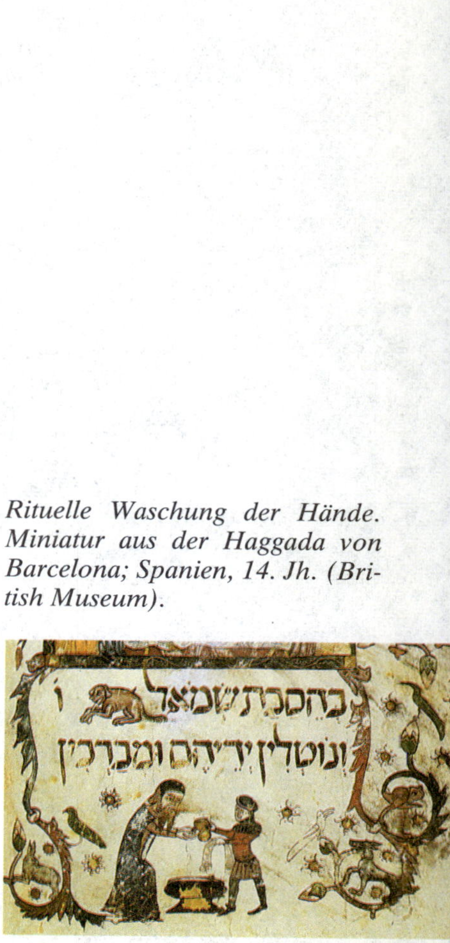

1. Tim 4,12; 5,22; 1. Petr 3,1.2) zu achten und auch seinen Glauben rein zu bewahren (1. Tim 3,9).

REKEM (»bunt gewirkt«).

1. Ein Name im Stamm Manasse.

2. Einer der fünf Midianiterkönige, die von den Israeliten unter Pinhas, dem Sohn des Priesters Eleasar, getötet wurden.

3. Ein Name im Geschlechtsregister der Familie Kalebs.

4. Eine der Städte, die dem Stamm Benjamin zufielen; wahrscheinlich nördlich von Jerusalem.

REKEM 1 1. Chr 7,16 **REKEM 2** 4. Mose 31,8; Jos 13,21 **REKEM 3** 1. Chr 2,43–44 **REKEM 4** Jos 18,27

REMALJA (»Schmuck Ja[hwe]s«). Vater König Pekachs von Israel.

REMALJA 2. Kön 15,25.27.30.32.37; 16,1.5; 2. Chr 28,6; Jes 7,1.4–5.9; 8,6

REMET (»Höhe«). Stadt an der Grenze des Stammesgebietes Issachars; vielleicht mit Ramot und Jarmut (2) identisch.

REMET Jos 19,21

RESA (»Armer Gottes«). Sohn Serubbabels und Vater Johanans im Stammbaum Jesu nach Lukas.

RESA Lk 3,27

RESCHEF (»Flamme«).

1. Angehöriger des Stammes Ephraim; Sohn oder Bruder Refachs.

2. Nach aram. und ugarit. Schriften eine kanaan. Gottheit der Pest oder Zerstörung. Im Urtext des AT kommt das Wort 7mal vor. Es wird gewöhnlich in der LÜ mit »Flamme« übersetzt (so Hiob 5,7; Hld 8,6), in Hab 3,5 mit »Pest«.

RESCHEF 1 1. Chr 7,25

RESEN (»Quellort«). Eine der von Nimrod errichteten Städte, »zwischen Ninive und Kelach« (1. Mose 10,12). Ihre genaue Lage ist unbekannt.

RESEN 1. Mose 10,12

RESON (»Fürst« oder »Der Magere«). Aram. Herrscher und Zeitgenosse König Salomos. Er trennte sich von seinem Herrn, König Hadad-Eser von Zoba, warf das isrl. Joch ab und errichtete das unabhängige Königreich Aram-Damaskus. Er und die von ihm gegründete Dynastie bekämpften Israel. Sein Aufstand wird im bibl. Bericht gegen Ende des Berichts über Salomo erwähnt, fand aber wohl schon zu Beginn der Herrschaft Salomos statt; vgl. die Formulierung: »Und er war Israels Widersacher, solange Salomo lebte« (1. Kön 11,25). R.s Revolte markierte den Beginn des Bruchs der Aramäer mit Israel. Offenbar war Salomos Herrschaft in Syrien und Hamat eine Zeitlang gefährdet, wie aus 2. Chr 8,3–4 geschlossen werden kann: »... da zog Salomo gegen Hamat-Zoba und eroberte es.«

RESON 1. Kön 11,23

REST ISRAELS Die Lehre, daß Gottes Gerichte nie das ganze Volk Israel ausrotten werden. Die atl. Propheten kündigen immer wieder an, daß als Gottes Gericht über die Sünden und die Untreue Israels furchtbare Katastrophen kommen werden; jedoch wird immer ein Rest von wahrhaft Gläubigen fortbestehen und den Samen des den Katastrophen folgenden neuen Wachstums und der nationalen Wiedergeburt bilden.

REST Jes 1,9; 10,22; 11,11.16; Jer 31,7; Mi 5,2; Röm 9,27

Diese Lehre findet sich bei mehreren Propheten, so z. B. Jer 23,3; Am 9,8 ff.; Obd 17; Mi 2,12. Bes. Jesaja betont sie, der sogar einen seiner Söhne »ein Rest wird sich bekehren« (*Schear-Jaschub*, Jes 7,3) nannte, als Zeichen seiner Hoffnung auf diesen Neuanfang (vgl. auch Jes 8,18). Nach dem Ende des babyl. Exils sah die zurückgekehrte isrl. Gemeinde sich als einen solchen R. an (Esr 9,8.14–15; Neh 1,2–3; Hag 1,12–14; 2,2; Sach 8,6.11–12). Sacharja wendet die Verheißung eines R. zweimal auf fremde Völker an (Sach 9,7; 14,16).

Die Lehre vom R. Israels steht mit der Lehre von Gottes BUND in Verbindung. Auch wenn Israels Untreue furchtbare Strafen nach sich zieht, wird Gott doch zu seinem Bund stehen und sich den Übriggebliebenen wieder zuwenden (vgl. 3. Mose 26,44.45).

Nach dem NT kann der R. Israels auch mit einem Baumstumpf verglichen werden, der wieder treibt. Aus Israel sproßt der Messias hervor, durch den Gott neu anfängt (vgl. Jes 6,13 in Verbindung mit 11,11–2). An Christus entscheidet sich, wer aus Israel dem »heiligen R.« angehört, zu dem die Heidenchristen stoßen; das legt Paulus in Röm 9–11 dar (vgl. dabei auch Röm 9,27). Am Ende dient dies freilich dem ganzen Israel zur endlichen Errettung (Röm 11,25–32).

RETTUNG Siehe ERLÖSUNG, HEIL.

REUE Siehe BUSSE, UMKEHR.

RËUMA 1. Mose 22,24

RËUMA (»Seht, was es ist: Sohn oder Tochter«). Nebenfrau Nahors, des Bruders Abrahams.

REZEF 2. Kön 19,12; Jes 37,12

REZEF (»Befestigter Platz«). Eine Stadt, die in Sanheribs Botschaft an König Hiskia von Juda als Beispiel früherer assyr. Eroberungen erwähnt wird. Ihre genaue Lage ist unbekannt; möglicherweise das heutige Resafe an der Nordgrenze Syriens.

REZIN 1 2. Kön 15,37; 16,5–6.9; Jes 7,1.4.8; 8,6; 9,10
REZIN 2 Esr 2,48; Neh 7,50

REZIN (»Der Feste«).

1. Der letzte König von Aram-Damaskus (ca. 750–732 v. Chr.) (2. Kön 15,37; 16,5; Jes 7,1 ff.); in der Liste Tiglat-Pilesers III. von Assyrien (734 v. Chr.) als *Rasunnu/Rahianu* angegeben. Das Ende der Jehu-Dynastie bot R. die Gelegenheit, sich von Israel zu lösen und wieder polit. selbständig zu werden. Bald darauf schloß R. mit Pekach von Israel eine Koalition gegen Tiglat-Pileser III. Als sich Ahas von Juda weigerte, dem Bündnis beizutreten, zogen Pekach und R. gegen ihn und beschworen damit den syr.-ephraimitischen Krieg herauf (2. Kön 16,5). Offenbar versuchten sie, Ahas abzusetzen. Jes 7,1–6 berichtet dasselbe aus der Sicht Judas. Ahas sandte in seiner Not einen Tribut an Tiglat-Pileser und bat um Hilfe. Die Assyrer beantworteten seine Bitte mit einem Feldzug, der zur Eroberung von Damaskus führte (732 v. Chr.). R. wurde hingerichtet, ein großer Teil seiner Untertanen deportiert (2. Kön 16,9) und sein Land in das assyr. Reich eingegliedert.

2. Stammvater einer Familie von Tempelsklaven, die aus dem babyl. Exil zurückkehrten (Esr 2,48; Neh 7,50).

RHEGION Apg 28,13

RHEGION Eine italienische Stadt (das heutige Reggio Calabria), die im Zuge der griech. Kolonisation Süditaliens und Siziliens am Südende der Meerenge von Messina, gegenüber der Insel Sizilien gegr. wurde. Paulus machte auf seiner Reise nach Rom in R. Station (Apg 28,13).

RHODE Apg 12,13

RHODE (»Rose«). Die Dienstmagd Marias, der Mutter des Johannes Markus; sie erkannte die Stimme des Petrus am Hoftor, als dieser nach seiner wunderbaren Befreiung aus dem Gefängnis zu Marias Haus kam.

Gesamtansicht von Lindos auf Rhodos.

RHODOS Apg 12,1

RHODOS Große Insel zwischen Kreta und Südwest-Kleinasien. R. lag auf dem Hauptschiffahrtsweg zwischen der ägäischen und der phöniz. Küste. Die gleichnamige Hafenstadt spielte eine große Rolle im Handel der griech. und frühen röm. Zeit; ihren Höhepunkt erreichte sie im 2. Jh. v. Chr.

RIBAI 2. Sam 23,29; 1. Chr 11,31

RIBAI (»Jahwe kämpft«). Vater des Ittai, eines von Davids »Helden«.

RIBLA (»Die Fruchtbare«).

RIBLA 1 4. Mose 34,11

1. Ort an der Ostgrenze des Landes Kanaan (4. Mose 34,11). Eusebius (*Onom.* 14,8–21) kannte den Ort unter dem Namen *Arbela*.

2. Stadt in Aram, in der Nähe von Hamat am Orontes. Nach dem Niedergang des Assyr. Reiches stieg R. zu einem polit. und militär. Zentrum für die in Syrien herrschenden fremden Armeen auf. Hier hatte 609 v. Chr. Pharao Necho sein Hauptquartier und setzte König Joahas von Juda gefangen (2. Kön 23,33–34). Nach der Eroberung Jerusalems durch die Babylonier 586 v. Chr. wurden König Zedekia von Juda, seine Söhne und Minister nach R. vor Nebukadnezar gebracht, der Zedekia blenden und die anderen hinrichten ließ (2. Kön 25,6–21). R. ist das heutige Rible, am Ostufer des Orontes, ca. 32 km südlich von Homs.

RIBLA 2
2. Kön 23,33; 25,6.20–21; Jer 39,5–6; 52, 9–10.26–27; Hes 6,14

RICHTEN Das Richten Gottes setzt ein Rechtsverhältnis zwischen ihm und den Menschen voraus. Wird dieses verletzt, kann es nur durch das richtende Eingreifen Gottes wiederhergestellt werden. Dadurch wird Gottes Recht als gültig anerkannt; aber auch der Mensch wird wieder in das ihm gebührende Recht eingeordnet. Der hebr. Begriff für »R.« im AT bezeichnet die Wiederherstellung einer gestörten Gemeinschaftsbeziehung. Durch einen zurechtbringenden Dritten werden zwei voneinander distanzierte Parteien wieder miteinander versöhnt und zum Frieden gebracht (1. Mose 16,5; 31,53; 2. Mose 18,16; Ri 11,27; u. a.). Ausgeübt wird das Gericht entweder von Gott oder von bevollmächtigten Menschen (4. Mose 35,24; 5. Mose 1,16; Jes 5,3). Der Vorgang des R. bezieht sich auf Feststellung und Beseitigung der Störungsursache, und sei diese auch eine der Parteien selbst. So wird z.B. ein Mörder gerichtet, indem er dem Bluträcher ausgeliefert wird (4. Mose 35,21). Somit ist im R. sowohl das Verurteilen als auch das Verhelfen zum Recht enthalten. Da dieses auch als rettendes Handeln, bes. gegenüber Benachteiligten und Bedrückten (vgl. 1. Sam 24,16; Jes 1,17.23; Ps 10,18), verstanden wurde, wird im Richterbuch das Retten mit der Aufgabe der »Richter« bedeutungsgleich (Ri 2,16–19).

So wie Menschen »im Tor« richten (vgl. Am 5,15), so richtet auch Gott. Sein Recht zu richten ist in seinem Schöpfer- und Herrsein begründet. Damit wird das endgültige Heil als rettende Ordnung (Jes 2,4; 51,5; Hes 34,17.20.22) und das Gericht als Vernichtung oder Strafe (Jes 66,16; Jer 25,31; Hes 18,30; 24,14; 33,20; 38,22) angekündigt. Der in Jes 11 prophezeite Messias aus dem Stamm Davids faßt in seiner Funktion die endzeitliche Gerichtsankündigung im AT zusammen: er »wird nicht richten nach dem, was seine Augen sehen, noch Urteil sprechen nach dem, was seine Ohren hören, sondern wird mit Gerechtigkeit richten die Armen und rechtes Urteil sprechen den Elenden im Lande, und er wird mit dem Stabe seines Mundes den Gewalttätigen schlagen und mit dem Odem seiner Lippen den Gottlosen töten« (Jes 11,3.4).

War im Alten Bund dessen Verletzung durch Israel Ursache des notwendigen R., so ist der Neue Bund dadurch bestimmt, daß Jesus Christus, der Sohn Gottes, das Gerichtsurteil des Bundesbruches auf sich nimmt (vgl. Jes 53,5.6) und so Mensch und Gott neu miteinander verbündet. Bes. das Johannesev. betont, daß in Jesus das R. Gottes in der Weise auf die Erde gekommen ist, daß jeder Mensch, der ihm glaubt, vom Gerichtsurteil verschont wird (Joh 3,17 f.; 5,24; 8,15; 12,47).

Das Kommen des Gottessohnes wird für die Menschheit jedoch insofern auch zum Gericht, als sich an der Stellung zu ihm und zu seinem Wort eine Scheidung vollzieht (Joh 3,18 f.), die dann im endgültigen Gericht verewigt wird. Das uns bereits gegebene Wort Jesu wird auch am Jüngsten Tag die Menschen richten (Joh 12,48).

Dies betont in gleicher Weise Paulus, der vom Zorn Gottes als zukünftiger Gerichtswirklichkeit spricht (Röm 2,5; 1. Thess 1,10). Daß dieses R. auch schon in die Gegenwart hereinragt, wird in der gottlosen Verirrung derer deutlich, die Gott ihre ehrende Anerkennung verweigern (Röm 1,18–32). Andererseits wirkt Gott durch seine Güte, die Menschen zur Umkehr bewegen will (Röm 2,4). Der gekreuzigte Christus ist zum »Gnadenthron« (Sühne, Versöhnungszeichen Röm 3,25 f.) geworden, durch den die Verurteilung für alle, die glauben, aufgehoben ist (Röm 5,1; 8,1). Deshalb dürfen

RICHTEN
1. Mose 15,14; 18,25; 2. Mose 18,16; 3. Mose 19,15; 4. Mose 35,24; 5. Mose 1,16; Ri 10,2f.; 12,7f. 11.13–14; 15,20; 1. Sam 2,10; 4,18; 7,6; 8,6; 24,16; 1. Kön 3,9; 2. Kön 15,5; 23,22; 1. Chr 16,14.33; 2. Chr 1,10f.; 20,12; Hiob 8,3; 21,22;22,13; Ps 9,9.20; 51,6; 58,2; 67,5; 72,2; 75,3; 76,10; 82,2.8; 96,10.13; 98,9; 105,7; 110,6; Spr 20,8; 29,14; 31,9; Pred 3,17; Jes 2,4; 3,13; 4,4; 5,3; 11,3f.; 27,8; 59,4; 66,16; Jer 2,35; Hes 7,3; 18,30; 23,36; 24,14; 33,20; 34,17. 20.22; 36,19; 38,22; Am 5,15; Mi 3,11; 4,3; Sach 7,9; Wsh 3,8; 12,18; Sir 16,12; Mt 7,1f.; 19,28; Lk 19,22; 22,30 Joh 3,17f.; 5,22.30; 7,24.51 8,15f. 26.50; 12,47f.; 16,11; 18,31; Apg 17,31; 23,3 25,9f. 15; Röm 2,1.3.16; 3,6f.; 14,3. 10.13; 1. Kor 4,3–5; 5,12f.; 6,2.5; 11,31f.; 2. Tim 4,1; 1. Petr 1,17; 4, Hebr 13,4; Offb 6,10; 11,1 18,8.20; 19,11; 20,12f.

die Gläubigen gewiß sein, daß sie im Endgericht errettet werden (Röm 8,1. 31–39; 1. Kor 3,15; 5,5), ja noch mehr: daß sie nicht in das Gericht kommen (Joh 5,24), zu dem Christus in die Welt gekommen ist (Joh 9,39).

Für das private Leben des einzelnen gilt in ntl. Sicht ausdrücklich, daß das R. als Hoheitsrecht Gottes das R. durch Menschen verbietet (Mt 7,1; Röm 2,1; 1. Kor 4,5). Im R. des Mitmenschen zeigt sich der Versuch einer Entschuldigung, die die eigene Schuld auf den anderen schieben möchte, aber gerade darin ungewollt auf sich selbst zurückweist: »Worin du den anderen richtest, verdammst du dich selbst« (Röm 2,1). Dies bezieht sich ausdrücklich auf den privaten zwischenmenschlichen und innergemeindlichen Bereich, nicht dagegen auf die staatliche Obrigkeit, die als »Gottes Dienerin das Strafgericht an dem vollzieht, der Böses tut« (Röm 13,4). Die Obrigkeit, welche Form auch immer sie hat, ist in dieser Funktion Gottes Anwalt (Röm 13,1.2). Gerade angesichts aller Unzulänglichkeit und Vorläufigkeit obrigkeitlichen R.s erwarten Christen als das Ziel der Völker- und der Heilsgeschichte das kommende Reich Gottes, in welchem Jesus Christus in ewiger Gerechtigkeit richten und regieren wird.

RICHTER, DAS BUCH DER Geschichtsbuch im AT; im alten hebr. Kanon (s. KANON) das zweite Buch der sog. Prophetenschriften. Es ist nach den charismatischen Führern genannt, die zwischen dem Tode Josuas und der Errichtung des Königtums wirkten, in einer Zeit also, als eine Zentralgewalt fehlte und Israel durch Zersplitterung und Uneinigkeit wehrlos den Raubzügen und der Unterdrückung durch fremde Völker preisgegeben war. Die Herrschaft jedes Richters war zeitlich begrenzt, und keiner von ihnen erreichte eine Allianz sämtlicher Stämme Israels. Mit Ausnahme von Debora (Ri 4,4–5) waren sie nicht R. im juristischen Sinne des Wortes, sondern vielmehr charismatische Heerführer, die einzelne Stämme der Stammesgruppen bei militär. Unternehmungen gegen Feinde Israels anführten. Neben der Bezeichnung »R.« (vgl. 2,16–19; 4,4; 10,2.3; 12,8–14) werden sie auch »Retter« (3,9.15; 10,1) oder »Helden« (vgl. 6,12; 11,1) genannt.

Fragmente aus dem Richterbuch; gefunden in Qumran (Schrein des Buches, Jerusalem).

Der Inhalt des Buches läßt sich in drei Abschnitte gliedern:
a) Der Abschluß der Eroberung Kanaans (Ri 1,1–3,6); b) das Wirken der versch. Richter (3,7–16,31); c) der Zug des Stammes Dan nach Norden und der Krieg gegen die Benjaminiter (17,1–21,25).

Kap. 1,1–2,5 bringt eine kurze Zusammenfassung der Eroberung und Besiedlung Kanaans nach dem Tod Josuas. Die grundsätzliche Eroberung hatte unter Josua stattgefunden; dabei hatten mehr oder weniger alle Stämme geschlossen gekämpft. Das Buch Ri berichtet nun von der nachfolgenden Zeit, in der die einzelnen Stämme die Eroberung ihrer Gebiete vollenden mußten. Kanaan war unter Josua zwar im großen und ganzen, aber nicht vollständig erobert worden. Nach seinem Tod betrieben die Israeliten die Eroberung nicht immer mit der gleichen Konsequenz weiter wie unter Josua. Oft machten sie die Kanaaniter lediglich fronpflichtig, und vielerorts kam es sogar zu einer Vermischung mit der alten kanaan. Einwohnerschaft, was nicht selten auch eine religiöse Vermischung bedeutete. Der Kampf um die konsequente Anbetung Jahwes durch sein Volk ist das Hauptthema der Richterzeit (2,6–3,6).

In Ri 3,7–16,31 folgen die einzelnen Richtergestalten. Dabei verlaufen die Geschehnisse immer nach dem gleichen Grundmuster: Verführt durch die Kanaaniter, fällt Israel von Jahwe ab; der gibt es zur Strafe in die Hand seiner Nachbarvölker. Israel schreit zu Gott um Hilfe, und er sendet einen Retter, der die Feinde vertreibt und für Frieden und Ruhe sorgt – bis zum nächsten Abfall des Volkes von Gott.

Eine Gestalt für sich in der Reihe der »Richter« ist Simson (Ri 13–16). Er stand nicht an der Spitze einer Streitmacht, sondern verließ sich auf seine eigenen übermenschlichen Kräfte. Er war ein GOTTGEWEIHTER, und sein ungeschnittenes Haar war die besondere Quelle seiner Kraft. Seine Schwäche für die Frauen der Philister führte schließlich zu seinem Tod im Tempel des Philistergottes Dagon (vgl. SIMSON).

Der Schlußteil des Buches (Kap. 17–21) beschreibt die Wanderung des Stammes Dan und den bitteren Stammeskrieg gegen die Benjaminiter.

Das Buch Ri ist von großem geschichtlichen Wert. Es bietet Informationen über einen Zeitraum in der Geschichte Israels, der sonst im Dunkel bliebe. Es schöpft aus literarischen Quellen von hohem Alter und gibt einen bemerkenswerten Einblick in die sozialen und polit. Gegebenheiten in der Periode zwischen der Landnahme und der Begründung des Königtums in Israel. Sein theolog. Grundanliegen ist im Grunde das Erste Gebot: »Du sollst keine anderen Götter neben mir haben« (2. Mose 20,3).

INHALTSÜBERSICHT

I. Einleitung	
1,1–36	Eroberung und Besiedlung des Landes Kanaan
2,1–5	Gottes Warnung an Israel
2,6–3,6	Einführung in das Thema der Richterzeit: Abfall – Gericht – Rettung
II. Die einzelnen Richter	
3,7–11	Otniël
3,12–30	Ehud
3,31	Schamgar
4,1–5,31	Debora und Barak
6,1–8,35	Gideon
9,1–57	Abimelechs Königtum
10,1–2	Tola
10,3–5	Jaïr
10,6–12,7	Jeftah
12,8–10	Ibzan
12,11–12	Elon
12,13–15	Abdon
13,1–16,31	Simson
III. Zwei Stammesgeschichten	
17,1–18,31	Micha und der Stamm Dan
19,1–21,25	Der Krieg gegen die Benjaminiter

Vgl. auch die Artikel zu den einzelnen Richtern.

RICHTERSTUHL Im röm. Reich wurde öffentlich Gericht gehalten. Am Gerichtsort errichtete man ein Podest, auf das bei Gerichtsverhandlungen der Stuhl des Richters, z.B. des Präfekten oder des Statthalters, gestellt wurde (Mt 27,19; Apg 12,21; 18,12; 25,6). Wenn der Richter sich setzte, war damit die Verhandlung eröffnet. Der Stuhl des weltlichen Richters wird im NT zweimal zum Bild für die Richterfunktion Gottes und Christi (Röm 14,10; 2. Kor 5,10). Das NT betont, daß alle Menschen einmal vor dem Richterstuhl Gottes erscheinen müssen (vgl. Joh 5,29; Apg 17,31; Röm 2,16; Hebr 9,27).

RICHTERSTUHL
Mt 27,19; Joh 19,13; Apg 18,12; 25,6; Röm 14,10; 2. Kor 5,10

Diesem Gericht, das auf Grund der Taten eines Menschen erfolgt, kann der Christ deshalb getrost entgegengehen, weil er gerade nicht auf Grund seiner Werke und Taten beurteilt und verurteilt wird, sondern weil seine Verurteilung durch den »Gnadenstuhl« (Röm 3,25; heutige Übersetzung: »Sühne«) des gekreuzigten Christus aufgehoben ist. Er wird freigesprochen, weil die Sühnetat Christi ihm gutgeschrieben und er dadurch aus dem Gerichtsurteil herausgetauscht wird (vgl. SÜHNE).

Wer trotz seines Christseins in seinem Leben auf vergängliche Dinge gebaut hat, wird schmerzhaft erfahren, wie sie vor Gottes Richterstuhl zu Asche verbrennen (1.Kor 3,15). Es ist ausschließlich Gottes Gnade, wenn er selbst dennoch gerettet wird.

RIESEN
4. Mose 13,33; 5. Mose 2,11.20; 3,11.13; Jos 12,4; 13,12; 1. Sam 17,4.23; 1. Chr 20,4.8; Sach 10,7

RIESEN Beim Einzug ins Land Kanaan stießen die Kundschafter der Israeliten auf die Urbevölkerung, die ihnen an Körpergröße und Kraft überlegen war und ihnen wie Riesen erschien (4. Mose 13,32–33). Sie stammte von Arba, dem Stammvater der Anak-Söhne ab. Die »Halskette« (*anak*) kennzeichnete diese »Langhalsigen« bzw. »Langgestreckten« (Jos 14,15; 15,13). Dieser Name ging auch auf die anderen Stämme über, die z. Zt. Hammurabis (Amraphel) um 1700 v. Chr. Kanaan besiedelt hatten (1. Mose 14,5 »Refaïter«). Dieses Land wurde weiterhin »Land der Riesen« genannt (5. Mose 2,10f.; 20f.; 3,13; Bar 3,26). In Rabbat-Ammon zeigte man damals noch einen Steinsarg, über 3 m lang und 1,50 m breit (5. Mose 3,11).

Die Philister, die von Norden (Kaftor = Kreta) her an der Küste Kanaans eingewandert waren, jagten den Kriegsleuten Sauls und Davids dadurch großen Schrecken ein, daß sie – nach einer neuen Kampfweise – zunächst einen riesenhaften »Vorkämpfer« in die Schlacht schickten (1. Sam 17,4ff.). Goliat war 2,50 m (6 Ellen und eine Handbreit) groß und hatte Bärenkräfte. Aus Gat, woher Goliat kam, werden noch weitere vier riesenhafte Philister genannt (2. Sam 21,15–22). Sie werden auch als »starke Männer« oder »Helden« (hebr. *geber*) bezeichnet und galten als »vierschrötig« (hebr. *areba*). An den Händen sollen sie je sechs Finger, an den Füßen je sechs Zehen gehabt haben.

Die außergewöhnliche Gestalt der R. wurde zurückgeführt auf die Verbindung der »Gottessöhne« mit den »Menschentöchtern« (1. Mose 6,4). Dies entspricht den religiösen Anschauungen von sagenhaften R., Giganten und Titanen der Vorzeit, wie wir sie bei den Griechen u.a. antiken Völkern finden; sie haben in den Kolossalstatuen Ägyptens und Skulpturen der Megalithkultur ihren Ausdruck gefunden.

Das hebr. Wort für »R.«, *nephilim* (4. Mose 13,33) – wahrscheinlich von *nephel* (»Fehlgeburt, Missgeburt«) abgeleitet – will die Abartigkeit der R. kennzeichnen. Ihnen mangelt es an Weisheit und Gotteserkenntnis. Sie können auch mit ihrer großen Kraft und mit ihrem beißenden Spott gegen Gott nichts ausrichten (vgl. Ps 33,16).

RIFAT
1. Mose 10,3; 1. Chr 1,6;

RIFAT (»Stößer«). Ein Enkel Jafets, des jüngsten Sohnes Noahs. Die Erwähnung R.s in 1. Chr 1,6 bezieht sich auf ein nichtsemit. Volk, das Josephus Flavius (*Jüd. Altertümer* I; 6,1) mit den Paphlagoniern gleichsetzt und das wahrscheinlich zu den Anatoliern gerechnet werden kann. Der Name R. ist möglicherweise im Rifgebirge erhalten.

RIMMON 1 2. Kön 5,18; **RIMMON 2** 2. Sam 4,2.5; **RIMMON 3** Jos 19,7; 1. Chr 4,32; Sach 14,10 **RIMMON 4** Jos 19,13; 1. Chr 6,62 **RIMMON 5** Ri 20,45.47; 21,13

RIMMON Name einer Gottheit, einer Person und mehrerer Orte.

1. (aram. »Donnerer«). Assyr. Gott, den der syr. Feldherr Naaman verehrte (2. Kön 5,18). In Syrien unter dem Namen *Baal* (»der Herr« schlechthin, s. BAAL), in Assyrien als *Ramanu* (»der Donnernde«) bekannt.

2. (»Der Glänzende«, »Granatapfel«). Ein Benjaminiter aus Beerot, der Vater Baanas und Rechabs, die Hauptleute unter Isch-Boschet waren und ihren Herrn ermordeten (2. Sam 4,2ff.).

3. (auch En-Rimmon). Stadt, die dem Stamm Juda zugeteilt (Jos 15,32) und später an Simeon vergeben wurde (Jos 19,7).

4. Stadt im Stammesgebiet von Sebulon (Jos 19,13), die später zu einer Levitenstadt wurde (1. Chr 6,62). Heute er-Ruman nördlich von Nazareth.

5. Der Fels Rimmon, zu dem 600 Benjaminiter nach der Schlacht mit den Männern Israels flohen (Ri 20,45.47; 21,13).

RIMMON-PEREZ
4. Mose 33, 19–20

RIMMON-PEREZ (»Gespaltener Granatbaum«). Eine der Stationen der Israeliten auf ihrem Weg ins verheißene Land. Vielleicht das heutige Naqb el-Bijar, 30 km westlich der Nordspitze des Golfs von Aqaba.

RINNA
1. Chr 4,20

RINNA (»Jubeln«). Ein Name im Geschlechtsregister der Familie Judas.

RISSA
. Mose 33,21–22

RISSA (»Besprengung«). Eine der Stationen der Israeliten auf ihrem Zug ins verheißene Land, zwischen Libna und Kehelata. Vielleicht el-Kuntilla, ca. 60 km nördlich von Aqaba.

RITMA
Mose 33,18–19

RITMA (»Ginsterpflanze«). Die 14. Station der Israeliten nach ihrem Auszug aus Ägypten und die dritte nach dem Aufbruch vom Sinai. Möglicherweise identisch mit Wadi Abu Retemat, 20 km westlich von Kadesch.

RIZJA (»Ja[hwe] hat Wohlgefallen«). Einer der Führer des Stammes Asser (1. Chr 7,39 f.).

RIZJA
1. Chr 7,39

RIZPA (»Glühende Kohle«). Nebenfrau Sauls und Mutter seiner Söhne Armoni und Mefi-Boschet (2. Sam 21,8). Nach dem Tod Sauls versuchte sein Vetter und Feldherr Abner, im Rahmen seiner Bemühungen um die Krone R. zur Nebenfrau zu gewinnen. Als Sauls Sohn Isch-Boschet ihm deshalb Vorwürfe machte, wechselte Abner in das Lager Davids über. Später übergab David die beiden Söhne R.s zus. mit fünf weiteren Nachkommen Sauls den Gibeonitern als Sühne für Sauls Schuld an dem an ihnen begangenen Massaker. R. hielt bei den Leichen ihrer Söhne Totenwache (2. Sam 21,10), bis David sie bestatten ließ.

RIZPA
2. Sam 3,7; 21,8.10–11

RODANITER Die Rodaniter werden unter den Söhnen Jawans aufgeführt. Ihr Name ist von der Insel Rhodos abgeleitet.

RODANITER
1. Mose 10,4; 1. Chr 1,7

ROGEL, QUELLE (BRUNNEN) Siehe Quelle Rogel.

ROGLIM (»Platz des Walkers«). Ort im Gebiet von Gilead; vielleicht das heutige Bersinja. R. war der Heimatort Barsillais, der David und seine Männer versorgte, als sie auf ihrer Flucht vor Absalom in Mahanajim eintrafen.

ROGLIM
2. Sam 17,27; 19,32;

ROHGA (»Geschrei«). Das Oberhaupt einer Sippe im Geschlechtsregister Assers.

ROHGA
1. Chr 7,34

ROHR Siehe PFLANZEN.

ROHRDOMMEL Siehe TIERE.

ROM, RÖMER, RÖMISCHES REICH Rom, die Stadt auf den sieben Hügeln (vgl. dazu Offb 17,9), wurde um 750 v. Chr. gegr. (der Sage nach 753 v. Chr.). Der Weg zum Weltreich dauerte mehrere Jhe. Um 270 v. Chr. erstreckte sich die röm. Herrschaft über ganz Mittel- und Unteritalien. Im 3. und 2. Jh. konnte R. in harten Kämpfen, u.a. gegen Karthago, die Vorherrschaft über einen großen Teil des Mittelmeerraumes erringen (146 v. Chr. Zerstörung Karthagos).

ROM, RÖMER, RÖMISCHES REICH
Joh 11,48; Apg 2,10; 16,21.37–38; 18,2; 19,21; 22,25.29; 23,11.27; 25,16; 28,14.16–17; Röm 1,7.15; 2. Tim 1,17

Zu ersten Berührungen R.s mit Palästina kam es 161 v. Chr., als die Makkabäer (Hasmonäer) in ihrem Kampf gegen die hell. Seleukiden einen Beistandspakt mit R. schlossen. Nach dem Tod (67 v. Chr.) der Hasmonäer-Königin Salome Alexandra (der Witwe von Aristobul I. und danach von Alexander Jannäus) kam es zum Machtkampf zwischen ihren Söhnen Hyrkanus II. und Aristobul II. In diesen Machtkampf griffen die Römer ein. 63 v. Chr. rückte der röm. Feldherr Pompejus im Zuge seiner Neuordnung des Nahen Ostens in Jerusalem ein und machte der selbständigen hasmonäischen Monarchie ein Ende. 47 v. Chr. ernannte Julius Caesar den fähigen und ehrgeizigen Idumäer Antipater zum Regenten über Judäa, auch wenn Hyrkanus II. bis 40 v. Chr. Hoherpriester und offizieller Fürst Judäas blieb.

Die Unterstützung, die Hyrkanus und Antipater Caesar in seinem Krieg gegen Pompejus und dessen Verbündete gewährten, sicherte den Juden gewisse Sonderrechte unter den übrigen Untertanen R.s, die später von Kaiser Augustus noch erweitert wurden; zu diesen Sonderrechten zählte die Befreiung vom Kriegsdienst und bestimmten Steuern sowie nicht zuletzt von der Teilnahme am Kaiserkult (Verehrung des röm. Kaisers als Gottheit).

Nach dem Tod des Antipater konnte sich sein Sohn Herodes d. Gr. (s. HERODES) die Nachfolge sichern. 40 v. Chr. wurde er vom röm. Senat zum König über Judäa ernannt; Kaiser Augustus, dessen Vertrauen er gewinnen konnte, erweiterte sein Herrschaftsgebiet mehrfach. In seiner 33jährigen Regierungszeit erwies sich Herodes als loyaler Verbündeter R.s. Sein Sohn Archelaus, der den Großteil seines Reiches geerbt hatte, wurde 6 n. Chr. wegen seiner Tyrannei von R. abgesetzt und verbannt. Hinfort wurde Judäa direkt von R. regiert, durch einen Prokurator (eigentlich: Präfekten).

Unter dem ersten röm. Kaiser, Augustus (27 v.–14 n. Chr.), erlebten das röm. Reich und seine Provinzen eine Periode des Friedens (die *Pax Romana*). In dieser Friedensära wird Jesus geboren (Lk 2,1–7). Im 15. Regierungsjahr des Augustus-Nachfolgers Tiberius (14–37 n. Chr.) tritt Jonannes d. T. auf

Reste des Forum Romanum; zur Linken das Kolosseum, in der Mitte der Triumphbogen des Konstantin.

(Lk 3,1). Bald danach wird Jesus aufgrund eines röm. Urteils unter dem Präfekten Pontius Pilatus gekreuzigt.

Der Kaiser, an dessen oberstes Berufungsgericht Paulus sich wandte (Apg 25,11), war Nero (54–68 n. Chr.). I. J. 66 begann der erste jüd. Aufstand gegen R., der nach harten Kämpfen niedergeworfen wurde; 70 n. Chr. wurde Jerusalem erobert und die Stadt und der Tempel zerstört. Ein zweiter Aufstand, der Bar Kochba-Aufstand (132–135), führte zur Auflösung der Provinz Judäa durch die Römer und zur Zerstreuung der jüd. Bevölkerung in alle Welt, auch wenn es immer eine jüd. Besiedlung des Landes Israels gab. Die röm. Herrschaft über das Gebiet hielt sich noch mehrere Jhe. lang.

Über die Entstehung der christl. Gemeinde in R. ist so gut wie nichts bekannt. Apg 18,2 berichtet jedoch, daß die Judenchristen Aquila und Priszilla i. J. 50 n. Chr. die Stadt im Rahmen der Judenausweisung durch Kaiser Claudius verlassen mußten. Nach seinem Tod 54 n.Chr. durften die Juden wieder nach R. zurückkehren.

Es war der Wunsch und die Bestimmung des Apostels Paulus, nach R. zu kommen (Apg 19,21; 23,11; Röm 1,15). Die Apg schließt damit, daß er in R. in Gewahrsam ist (Apg 28,16). Paulus hatte nach seiner Verhaftung in Jerusalem seine Rechte als röm. Bürger geltend gemacht und an den Kaiser appelliert (Apg 22,25–29; 23,27; 25,9–12). Sein längster uns überlieferter Brief ist an die Gemeinde in R. gerichtet (Röm 1,7). Die als »Gefangenschaftsbriefe« bekannten Paulusbriefe an die Gemeinden in Ephesus, Philippi und Kolossä sowie an Philemon wurden – wie auch der 2. Timotheusbrief – möglicherweise in R. geschrieben. Nach 2. Tim 1,16f. scheint es, daß Onesiphorus den von seinen Mitarbeitern verlassenen Paulus in R. besuchte.

Die Römer betrachteten die Christen zunächst als eine jüd. Sekte. Als jedoch klar wurde, daß das Christentum eine eigenständige Religion war, und als die Christen sich immer wieder weigerten, an der Kaiserverehrung teilzunehmen, kam es zu Christenverfolgungen; diese waren anfangs örtlich begrenzt, weiteten sich jedoch bald aus und erfaßten schließlich das gesamte Reichsgebiet. Bei der Verfolgung unter Kaiser Nero (64–65) wurde der Überlieferung nach Petrus gekreuzigt und Paulus enthauptet. Domitian war der erste Kaiser, der sich zum Kaiser von Gottes Gnaden erklärte. Die von ihm angeordnete große Christenverfolgung konzentrierte sich hauptsächlich auf Kleinasien und findet ihren bibl. Niederschlag in der Offb., in der R. mit dem Tier aus dem Abgrund (Offb 13) und mit »Babylon«, der »großen Hure« (Offb 17–18; 19,2; vgl. 1 Petr 5,13) gleichgesetzt wird. Die Verfolgungen erreichten ihren Höhepunkt unter Diokletian (284–305), nur wenige Jahre

Bestattungsnischen in den Katakomben von Rom.

bevor das Toleranzedikt von Mailand unter Konstantin d. Gr. (313) das Christentum als eine legitime Religion anerkannte. I.J. 381, unter Konstantins Nachfolger Theodosius, wurde der christl. Glaube zur röm. Staatsreligion erklärt.

ROMAMTI-ESER (»Ich habe mich erhoben, [du meine] Hilfe«). Anführer der 24. Abteilung der Musikanten, die z. Zt. Davids am Heiligtum Dienst taten. Einige Ausleger betrachten R.-E. jedoch nicht als Eigennamen, sondern als Teil eines Gebetstextes.

ROMAMTI-ESER
1. Chr 25,4.31

RÖMER, DER BRIEF DES PAULUS AN DIE Der längste und theolog. bedeutendste, aber auch schwierigste der Paulusbriefe im NT. Er wurde wohl in Korinth um 58 (oder 55/56) n. Chr. verfaßt. Paulus will die Gemeinde in Rom, die er noch nicht kennt, bald besuchen (Röm 1,10–15; 15,24). Diese christl. Gemeinde in der damaligen Welthauptstadt war, wie der Römerbrief durchgängig zeigt, eine Gemeinde, in der das AT fleißig studiert wurde und für die seine richtige Auslegung ein ernstes Problem bedeutete. Dies war aber auch das große Thema des eigenen Lebens des Judenchristen Paulus. Nicht erst in den Israel-Kapiteln 9–11 kommt dieser ständige Bezug zum AT zum Tragen.

Trotz seiner klaren Gedankenführung ist der Röm keine lehrhafte Abhandlung, sondern an Alltag und Persönlichkeit seines Schreibers orientiert. Daran, daß Paulus der Verfasser ist, besteht kein Zweifel. Probleme bereitet nur der Schlußteil. Die lange Liste von Grüßen (16,1–16) an eine Gemeinde, die Paulus nicht kennt, wirkt zunächst überraschend. Aber andererseits herrschte damals unter den versch. Gemeinden ein lebhafter Austausch. So kann man durchaus von der Einheitlichkeit des Textes, wie er uns vorliegt, ausgehen.

Paulus legt im Röm eine theologisch begründete Rechenschaft über seinen Christusglauben und seine Missionstätigkeit unter Juden und Heiden ab. Röm 1,16.17 gibt das Thema des Briefes an: Das Evangelium ist eine Kraft Gottes, die Juden wie Heiden rettet und die Gerechtigkeit Gottes offenbart.

Der Röm ist ein umfassender Aufriß der Theologie des Paulus, erhebt aber keinen Anspruch, eine vollständige Glaubenslehre zu sein. So wichtige Themen wie Gemeinde, Abendmahl, Eschatologie werden nur gestreift.

Die inhaltliche Gliederung des Briefes ist, wie die Geschichte der Auslegung zeigt, schwierig. Es lassen sich jedoch folgende drei Hauptteile unterscheiden:

a) Kap. 1,18–8,39: Das Evangelium als Gotteskraft zum Heil des Sünders;

b) Kap. 9–11: Die Gerechtigkeit Gottes im Weg Israels;
c) Kap. 12,1–15,13: Folgerungen für das praktische Leben des einzelnen Christen und der Gemeinde.

Der erste Hauptteil läßt sich wiederum in Unterabschnitte gliedern, wobei jeder Abschnitt in sich einen Zweierschritt darstellt: Das Alte und das Neue, der Zustand *vor* Christus und der Zustand *seit* bzw. *in* Christus werden miteinander kontrastiert. Dabei läßt sich folgende Gedankenführung erkennen:

Der Ausgangspunkt ist für alle Menschen, ob Juden oder Nichtjuden (die in der Sprache des Röm »Griechen« oder »Heiden« genannt werden), der gleiche: sie hören Gottes Stimme. Die Nichtjuden (1,18–2,16) vernehmen sie in ihrem Gewissen (2,15), die Juden (2,17–3,8) durch das Gesetz (des Mose). Doch kein Mensch gehorcht dieser Stimme Gottes (3,9–20): *alle* sind Sünder (3,23).

Gibt es einen Ausweg aus dieser Lage, aus diesem Zustand des Sünders? Ja, aber nicht, wie die Juden meinen, über die Einhaltung des Gesetzes; das Gesetz zeigt lediglich die Sünde auf, es nimmt sie nicht weg (3,20). Die Rettung kommt nicht durch menschliche Leistung, sondern allein durch die rechtfertigende Kraft der Offenbarung Gottes in Jesus Christus (3,23f.). Der Mensch als Geschöpf hat allein auf den Schöpfer zu vertrauen und nicht auf sich selbst. Das Beispiel und Urbild dafür ist bei Paulus *Abraham* (Kap. 4). Dieses Vertrauen auf Gott ist die einzige angemessene Antwort des Menschen auf die Gnade, die Gott ihm anbietet (3,24). Dabei ist auch der Glaube selbst schon ein Handeln Gottes am Menschen.

Dieses Geschehen hat, da es von Gott ausgeht, die Kraft, aus alten Menschen neue Menschen zu machen. Das Urbild des alten Menschen ist Adam, das des neuen Jesus Christus (5,12–21). Der alte Mensch ließ sich von der Sünde beherrschen, die zum Tode führt (6,23). In der Taufe »stirbt« dieser alte Mensch, und es steht der neue Mensch auf, der Miterbe der Auferstehung Jesu Christi ist (6,4.8).

Wer aber derart durch Christus der Sünde »gestorben« ist (6,2.11), der weiß darum, daß er dazu berufen ist, künftig im Glauben der Sünde zu widerstehen und Gottes Knecht zu werden (6,12–23). Er wird also nicht leichtsinnig »drauflossündigen« (6,1).

Eben diese Abfolge – Gott schafft alle Voraussetzungen zum neuen Leben, der Mensch antwortet lediglich und vertraut auf Gottes Werk – macht frei vom Zwang des Gesetzes (7,1–6) – trotz aller Unzulänglichkeit auch des gläubigen Christen (7,14–25). Die Kraft, mit der Gott Jesus Christus auferweckt hat, wird auch den Christen gegeben – zu einem neuen Leben im Geist (8,1–17.31–39).

Der zweite Hauptteil (Kap. 9–11) stellt sich einer Frage, die nach den ersten acht Kap. nur logisch ist: Ist durch den Neuen Bund der Alte Bund (s. BUND) Gottes mit dem Volk Israel ganz und gar hinfällig geworden? Ist Israel gleichsam enterbt, ist es nur noch ein Museumsstück in der Heilsgeschichte Gottes? Nein, sondern das Handeln Gottes mit diesem Volk geht weiter bis hin zu einer herrlichen Vollendung (11,25–36). Die Heidenchristen haben keinerlei Grund, auf Israel herabzusehen; sie sind im Heilsbaum Gottes lediglich von außen eingepfropfte Zweige (11,17–24). Mit dieser Argumentation entzieht der Apostel jede Geringschätzung oder gar Feindschaft gegen die Juden, jedem Antisemitismus (wie er in der späteren Kirche leider nur zu oft vorgekommen ist) von vornherein den Boden.

Der dritte Hauptteil zieht aus dem bisher Gesagten (v.a. aus Kap. 1–8) Folgerungen für das Leben des Christen. Wenn das Gesetz gleichsam wegfällt, weil es als Weg zum Heil nicht mehr in Frage kommt, so bedeutet dies keineswegs einen Freibrief dafür, so zu leben, wie es einem paßt. Es geht für den Christen – und gerade für ihn – darum, Gottes Willen zu tun (12,1f.). Kap. 12–15 führen aus, was dies im einzelnen für das Verhalten in der Gemeinde (12,1–16), gegenüber den Mitmenschen (12,17–21), als Staatsbürger (13,1–7), im persönlichen Lebenswandel (13,8–14) und gegenüber dem (schwächeren) christl. Bruder (14,1–15,13) bedeutet.

Persönliche Worte und Pläne des Apostels (15,14–33) und eine lange Reihe persönlicher Grüße (16,1–23) schließen den Brief ab, der mit einem Lob Gottes ausklingt (16,25–27).

INHALTSÜBERSICHT

1,1–17	Grußwort. Das apostolische Amt und das Evangelium
I. Hauptteil:	Das Evangelium als Gotteskraft zum Heil des Sünders
1,18–3,20	Gottes Zorn über die Sünde der Menschen – der Nichtjuden wie der Juden
3,21–4,25	Die göttliche Gerechtsprechung des Glaubenden durch das Evangelium; Abraham als Urbild des Glaubens
5,1–21	Die Versöhnung des Menschen mit Gott durch das Evangelium; Adam und Christus
6,1–8,39	Die Glaubensgerechtigkeit als Erneuerung des Lebens (Taufe, Heiligung, Freiheit von Sünde, Leben im Geist, Gewißheit der Heilsvollendung)
II. Hauptteil:	Die Gerechtigkeit Gottes im Weg Israels
9,1–29	Israels Schuld und Gottes Majestät
9,30–10,21	Israels Unglaube und Fall
11,1–36	Gottes Verheißung für Israel bleibt gültig
III. Hauptteil:	Folgerungen für das praktische Leben des einzelnen Christen und der Gemeinde
12,1–21	Grundzüge des christlichen Lebenswandels
13,1–7	Der Christ und die staatliche Obrigkeit
13,8–14	Das Gebot der Stunde
14,1–15,13	Die rechte christliche Gemeinschaft
15,14–16,27	Briefschluß (Warnung vor Irrlehrern, persönliche Pläne und Grüße)

ROSCH (»Kopf«).

1. Siebter der zehn Söhne Benjamins.

2. In einer Prophetie Hesekiels (Hes 38,2–3; 39,1) genanntes Land oder Ort. Manche Ausleger interpretieren den Namen auch als Titel (»Großfürst« o. ä.).

ROSCH 1 1. Mose 46,21 **ROSCH 2** Hes 38,2–3; 39,1

ROSSTOR Tor in der Ostmauer Jerusalems gegenüber dem Kidrontal, durch welches Atalja vor ihrer Hinrichtung zum Haus des Königs kam (2. Kön 11,16). Es lag gegenüber dem Palast (Jer 31,40) und wurde von Nehemia wieder aufgebaut (Neh 3,28).

ROSSTOR 2. Chr 23,15; Neh 3,28; Jer 31,40

ROTES MEER Siehe SCHILFMEER.

RÖTLICHE KUH Die rötliche Kuh erscheint im atl. Ritualgesetz, in 4. Mose 19. Obwohl sie kein Opfer (s. OPFER) im engeren Sinne war, mußte sie doch, wie alle Opfertiere, von jeglichem Makel frei sein. Die R.K. war außerhalb des Lagers der Israeliten zu schlachten und wurde anschließend völlig zu Asche verbrannt. Die Priester, die das Blut der Kuh versprengt und sie verbrannt hatten, waren dadurch bis zum Abend rituell unrein (s. REINHEIT). Ein rituell reiner Mann hatte die Asche der R.K. zu sammeln und »an eine reine Stätte« (V. 9) außerhalb des Lagers zu bringen. Mit Quellwasser vermischt, wurde die Asche zu einem »Reinigungswasser« für Menschen, die sich durch den Kontakt mit einem Leichnam rituell verunreinigt hatten. Betrat ein Mann im Zustand ritueller Unreinheit das Heiligtum, ohne sich der Reinigung unterzogen zu haben, so mußte er aus der Gemeinde Israels ausgeschlossen werden.

RÖTLICHE KUH 4. Mose 19,2. 5–6.9–10; Hebr 9,13

Im NT stellt der Hebräerbrief »die Asche von der Kuh« dem »Blut Christi« (vgl. BLUT) gegenüber: »Denn wenn schon das Blut von Böcken und Stieren und die Asche von der Kuh durch Besprengung die Unreinen heiligt, so daß sie äußerlich rein sind, um wieviel mehr wird dann das Blut Christi, der sich selbst als Opfer ohne Fehl durch den ewigen Geist Gottes dargebracht hat, unser Gewissen reinigen von den toten Werken, zu dienen dem lebendigen Gott!« (Hebr 9,13–14).

RUBEN, RUBENITER 1. Mose 29,32; 30,14; 35,22–23; 37,21–22.29; 42,22.37; 46, 8–9; 49,3; 2. Mose 1,2; 6,14; 4. Mose 1,5. 20–21; 2,10.16; 7,30; 10,18; 13,4; 16,1; 26,5.7; 32,1.25.29. 31.33.37; 34,14; 5. Mose 3,12.16; 4,43; 11,6; 27,13; 29,7; 33,6; Jos 1,12; 4,12; 12,6; 13,8.15.23; 15,6; 18,7.17; 20,8; 21,7.36; 22,1.9–11.21.25. 30–34; Ri 5,15–16; 2. Kön 10,33; 1. Chr 2,1; 5,1.3. 6.18.26; 6,48.63; 11,42; 12,38; 26,32; 27,16; Hes 48,6–7.31; Offb 7,5

RUBEN, RUBENITER (»Seht, ein Sohn!«). Der erstgeborene Sohn Jakobs und Leas. Sein Name steht in der Liste der 12 Söhne Jakobs immer an erster Stelle (1. Mose 29,32; 35,23; 46,8–9; 49,3; 2. Mose 1,2; 1. Chr 2,1; 5,1). Für seine Mutter war seine Geburt eine Gebetserhörung (vgl. 1. Mose 29,32: »Der HERR hat angesehen mein Elend; nun wird mich mein Mann liebhaben«).

R. verlor seine Rechte als Erstgeborener (vgl. ERSTGEBURT), weil er sich an Bilha, der Nebenfrau seines Vaters, vergangen hatte (1. Mose 35,22; 49,4). Ein positiveres Bild von ihm bekommen wir in der Josefsgeschichte. Er rettete Josef vor dem Zorn seiner anderen Brüder, die ihn töten wollten (1. Mose 37,21 f.), und bot vor der zweiten Reise nach Ägypten seinem Vater seine eigenen beiden Söhne als Bürgschaft für die Sicherheit Benjamins an (1.Mose 42,37).

Bei der ersten Volkszählung Israels in der Wüste Sinai zählte der Stamm R. 46500 waffenfähige Männer (4. Mose 1,21); bei der zweiten Zählung waren es 43.730 (4. Mose 26,7). Mitglieder des Stammes R. nahmen an der Revolte Korachs gegen Mose teil (4. Mose 16,1–3). Nach der Landnahme besiedelten die R. zus. mit dem Stamm Gad und dem halben Stamm Manasse das Ostjordanland (Jos 13,8). Deboras Siegeslied tadelt die R. dafür, daß sie sich nicht an der Schlacht gegen Sisera beteiligten (Ri 5,15–16). In der Königszeit hatte der Stamm an Bedeutung verloren, und seine Geschichte verwob sich mit der von Gad. In der Vision Hesekiels von der künftigen Gottesstadt wird eines der drei Nordtore nach dem Stamm R. benannt (Hes 48, 30–31). Im NT nennt Offb 7,4–5 den Stamm R. an zweiter Stelle in der Liste der Stämme, die »versiegelt« werden.

RUFUS 1 Mk 15,21 **RUFUS 2** Röm 16,13

RUFUS (»rothaarig«).

1. Einer der beiden Söhne Simons von Kyrene.

2. Ein Christ in Rom, dem Paulus im Römerbrief Grüße sendet. Einige Ausleger halten ihn für identisch mit (1).

RUMA 2. Kön 23,36

RUMA Geburtsort Pedajas, des Großvaters König Jojakims von Juda. Möglicherweise das heutige Khirbet Rume in Galiläa.

RUT Rut 1,4.14.16. 22; 2,2.8.21.22; 3,9; 4,5.10.13; Mt 1,5

RUT Zentrale Gestalt des Buches Rut. Siehe RUT, DAS BUCH.

RUT, DAS BUCH Bibl. Buch, das die Geschichte R.s, der Ahnherrin Davids erzählt. In der christl. Bibel erscheint R. im Anschluß an das Richterbuch (vgl. Rut 1,1). Im jüd. Kanon (s. KANON) dagegen steht es entweder am Anfang oder an vierter Stelle der dritten Schriftengruppe (*ketubim*, »Schriften«). Steht es vor den Psalmen, dient der Stammbaum in Rut 4,18–22

Fragmente aus demBuch Rut, gefunden in Qumran (Schrein des Buches, Jerusalem).

Das Gebiet des Stammes Ruben.

Frauen beim Ährenlesen auf einem Feld bei Bethlehem.

als Einführung in den Psalter, der oft als ganzer König David zugeschrieben wird. In der jüd. Tradition gehört R. zu den fünf Festrollen (*megillot*: Hoheslied, Rut, Klagelieder, Prediger und Ester), die in der Synagoge an besonderen Feiertagen gelesen werden; R. am Wochenfest, dem christl. Pfingstfest.

Die Handlung des Buches: Die Moabiterin R. heiratet einen der Söhne Elimelechs und Noomis aus Bethlehem während des Aufenthaltes der Familie in Moab. Nach dem Tod Elimelechs und seiner Söhne will seine Witwe Noomi nach Bethlehem zurückkehren; ihren Schwiegertöchtern legt sie nahe, zu ihren moabit. Familien zurückzukehren. Doch R. besteht darauf, sie zu begleiten: »Wo du hin gehst, da will ich auch hingehen; wo du bleibst, da bleibe ich auch. Dein Volk ist mein Volk, und dein Gott ist mein Gott« (1,16). Damit wird R. zum Vorbild der PROSELYTEN.

Während R. vom Recht der Armen Gebrauch macht, Nachlese auf einem Weizenfeld zu halten (3. Mose 19,9–10; 23,22), trifft sie Boas, den Besitzer des Feldes. Er heiratet sie, und sie gebiert ihm einen Sohn namens Obed, den Großvater Davids (Rut 4,17). Damit gilt sie auch als Vorfahrin Jesu (Mt 1,5).

Die Sprache des Buches Rut läßt eine Datierung zwischen 1200 (Richterzeit) und 450 (Esra, Nehemia) zu.

INHALTSÜBERSICHT

1,1–5	Elimelechs Familie zieht nach Moab; seine beiden Söhne heiraten moabitische Frauen; die drei Männer sterben
1,6–22	Rut besteht darauf, ihre Schwiegermutter Noomi nach Bethlehem begleiten zu dürfen
2,1–23	Rut sammelt Ähren auf den Feldern des Boas
3,1–18	Auf Anraten Noomis macht Rut ihre Verwandtschaft zu Boas geltend
4,1–12	Boas veranlaßt den nächstverwandten Löser, von seiner Verpflichtung zurückzutreten
4,13–22	Boas und Rut heiraten; Rut wird zur Stammutter König Davids

SAAWAN
1. Mose 36,27;
1. Chr 1,42

SAAWAN (»Schrecken«). Nachkomme des Seïr und einer der Stammesfürsten der Horiter.

S

SABA 1
1. Mose 10,7;
1. Chr 1,9
SABA 2
1. Mose 10,28;
1. Chr 1,22
SABA 3
1. Mose 25,3;
1. Chr 1,32
SABA 4
Hiob 1,15; 6,19;
Ps 72,10.15;
Jes 60,6;
Jer 6,20;
Hes 23,42;
27,22; 38,13;
Joel 4,8

SABA Name dreier bibl. Gestalten und eines Landes.

1. Erstgeborener Sohn Ragmas, eines Sohns des Kusch.
2. Einer der zahlreichen Söhne Joktans, des Urenkels Sems.
3. Erstgeborener Jokschans, eines Sohnes Abrahams und seiner zweiten Frau Ketura.

Diese drei werden gemeinhin für die Vorfahren von Semitenstämmen der arab. Halbinsel gehalten, möglicherweise vom Königreich Saba (s. (4)). Im Hebr. stimmt ihr Name mit dem des Königreichs überein.

4. Land in Südwestarabien (der heutige Jemen), das von den Sabäern bewohnt wurde. Sowohl bibl. als auch außerbibl. Quellen zufolge, die von archäolog. Funden untermauert werden, blühte das Königreich S. über 1500 Jahre lang – vom ersten Jt. v. Chr. bis etwa 500 n. Chr. Die Einwohner S.s waren Kaufleute und Händler, die die strategische Lage ihres Landes zwischen dem Fernen und dem Nahen Osten geschickt nutzten. »Die Kaufleute aus Saba und Ragma haben mit dir gehandelt; den besten Balsam und Edelsteine aller Art und Gold haben sie auf deine Märkte gebracht« (Hes 27,22). Myrrhe und Weihrauch, zwei in bibl. Zeiten sehr geschätzte Duftstoffe, kamen aus S. Die Sabäer trieben auch Sklavenhandel (Joel 4,8) und

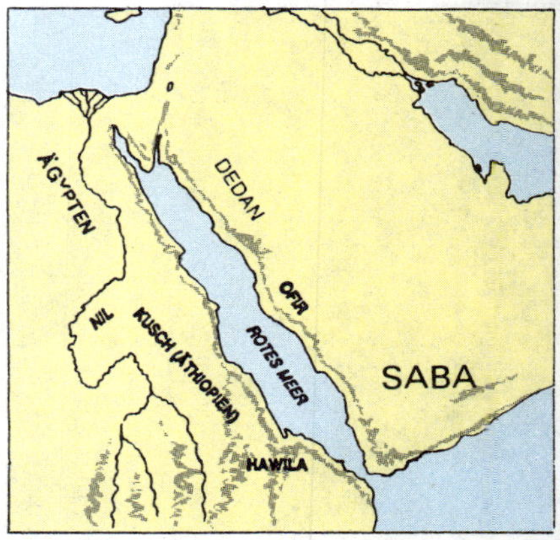

Saba in Südwestarabien.

Blick auf Schaare im Nordjemen.

Gavra im Jemen.

schreckten auch vor Raubüberfällen nicht zurück (Hiob 1,15; 6,19). Über die Geschichte des sabäischen Königreichs sind bislang nur wenige Einzelheiten bekannt. Die Namen einiger der Sabäerkönige erscheinen in den Listen der assyr. Könige Sargon II. und Sanherib, während andere aus einigen der Tausenden von präislam. Inschriften, die seit Mitte des 19. Jh. zutage gefördert wurden, bekannt sind. Ernsthaftere archäolog. Nachforschungen in der Region wurden erst seit etwa 1950 angestellt. Aus den dürftigen Schriftzeugnissen geht lediglich hervor, daß sich der Großteil der arab. Halbinsel zu Beginn der christl. Ära unter sabäischer Herrschaft befand. In diese Zeit fällt auch ein erfolgloser Versuch der Römer, sich die sagenhaften Reichtümer S.s anzueignen.

SABA, KÖNIGIN VON Sabäische Königin, die mit Gewürzen, Edelsteinen und Gold nach Jerusalem reiste, um Salomos Reichtum mit eigenen Augen zu sehen und seine Weisheit zu prüfen (1. Kön 10,1–13). Dieser Besuch bildete wahrscheinlich den Anlaß zur Aufnahme oder Erweiterung der Handelsbeziehungen zwischen dem wohlhabenden südarab. Saba und dem Königreich Israel, das wichtige Handelswege beherrschte. Dies wird durch den Austausch von Geschenken zwischen Salomo und der Königin angedeutet und paßt gut zu den ohnehin intensiven Handelsbeziehungen der beiden Länder.

SABA, KÖNIGIN VON
1. Kön 10,1.
4.10.13;
2. Chr 9,1.3.9.12

Im NT nennt Jesus sie »die Königin vom Süden« (Mt 12,42; Lk 11,31).

SABAD (»Geschenk«).

1. Sohn Natans und Nachkomme des Jerachmeeliters Scheschan.
2. Nachkomme Ephraims. Einigen Gelehrten zufolge war er unter den Ephraimitern, die von einheimischen Gatitern getötet wurden.
3. Sohn des Achlai und einer der »Helden« Davids.
4. Ein Familienangehöriger Sattus.
5. Ein Familienangehöriger Haschums.
6. Ein Familienangehöriger Nebos.

Die drei letztgenannten verstießen ihre nichtjüd. Frauen und Kinder unter Esras Reform.

SABAD 1
1. Chr 2,36–37
SABAD 2
1. Chr 7,21
SABAD 3
1. Chr 11,41
SABAD 4
Esr 10,27
SABAD 5
Esr 10,33
SABAD 6
Esr 10,43

SABBAI

1. Einer der Söhne Bebais, der unter Esra seine ausländische Ehefrau verstieß.
2. Vater des Baruch, der z. Zt. Nehemias die Jerusalemer Stadtmauer reparierte (Neh 3,20). In Esr 2,9 und Neh 7,14 wird der Name mit Sakkai angegeben.

SABBAI 1
Esr 10,28;
SABBAI 2
Neh 3,20

SABBAT (»Aufhören, Unterbrechen«). Der Sabbat begegnet zuerst in der Schöpfungsgeschichte. An diesem Tag ruhte Gott von seinem Werk der Schöpfung und segnete ihn (1. Mose 2,1–3). Im Gesetz des Mose ist die Beachtung des S.s eines der Zehn Gebote (2. Mose 20,8–11); seine Einhaltung wird danach immer wieder betont. Durch die bibl. und nachbibl. Zeit hindurch ist der S. eines der Erkennungszeichen des jüd. Volkes geblieben.

Während alle Kulturen die Zeit in Jahre, Monate und Tage einteilten, war die jüd. Sieben-Tage-Woche, die in einem heiligen Tag, dem S., gipfelte, einzigartig unter den Völkern der Welt und bes. des alten Nahen Ostens. Daß die Sieben-Tage-Woche sich schließlich weltweit durchsetzte, ist dem Einfluß des AT auf das Christentum und mittelbar auf den Islam zu verdanken.

Einige Forscher glauben, daß das bibl. Wochenschema dem mesopot. und ugarit. Motiv von der Zahl Sieben als Zeichen für Ganzheit und Vollkommenheit nahesteht. Die Hypothese, daß der *schabbat* der Hebräer sich von dem assyr. *schapattu* (»Tag des Unglücks«) herleitet, ist aus drei Gründen unhaltbar: Erstens variierten die assyr. Tage des Unglücks von Monat zu Monat; sie waren abhängig vom Mondkalender und fielen nicht auf jeden 7. Tag. Zweitens wurden diese Tage weder *schabbatu* noch *schapattu* genannt. Drittens meint im assyr.-babyl. Bereich *schapattu* den 15. Tag eines Monats.

Der S. erscheint an der Spitze der Aufzählung heiliger Tage in 2. Mose 23,12; 3. Mose 23,3 und 4. Mose 28,9. An allen diesbezüglichen Stellen der fünf Bücher Mose ergeht das Verbot, am S. zu arbeiten (2. Mose 23,12;

SABBAT
2. Mose 16,23.
25–26.29; 20,10;
31,13–16; 35,2;
3. Mose 16,31;
23,3.11.15–16.
32.38; 24,8;
25,2.4.6;
26,2.34.43;
4. Mose 28,10;
5. Mose 5,14;
2. Kön 4,23;
11,5.7.9;
1. Chr 9,32;
23,31;
2. Chr 2,3; 8,
13; 23,4.8;
31,3; 36,21;
Neh 9,14; 10,32.
34; 13,15–16.
18–19.21;
Jes 1,13; 56,
2.4.6; 58,
13; 66,23;
Klgl 2,6;
Hes 20,12–13.
16.20–21.24;
22,8.26; 23,38;
44,24; 45,17;

46,3.12; Hos 2,13; Am 8,5; Mt 12,1–2. 5.8.10–12; Mk 1,21; 2, 23–24.27–28; 3,2; 6,2; 15,42; 16,1; Lk 4,16.31; 6, 1.2.5–7.9; 13, 10.14–16; 14,1. 3; 23,54.56; Joh 5,9.10.16. 18; 7,22–23; 9,14.16; 19,31; Apg 13,14.27. 42.44; 16,13; 17,2; 18,4; Kol 2,16

34,21; 35,2; 3. Mose 23,3; 5. Mose 5,14). Dieses Arbeitsverbot, das vom Sonnenuntergang am Freitag bis zum Einbruch der Nacht am Samstag einzuhalten ist, galt nicht nur den Israeliten, sondern auch den fremden Beiwohnern, den Sklaven und Tieren (2. Mose 20,10; 23,12; 5. Mose 5,14). Einige bibl. Texte bestimmen genauer, welche Arbeiten am S. untersagt sind: so Backen, Kochen, das Sammeln von Nahrung und Reisen (2. Mose 16,23–30). Für die Mahlzeiten am S. ist bereits am Vortag zu sorgen. Pflügen und Ernten sind am S. untersagt (2. Mose 34,21); wahrscheinlich stehen sie stellvertretend für alle landwirtschaftlichen Arbeiten. Feueranzünden fällt ebenfalls unter das Verbot (2. Mose 35,3), ebenso das Tragen von Lasten (Jer 17,21–27; V. 27 sagt sogar, eine Verletzung der S.gebote könne zur Zerstörung Jerusalems führen). Mit Genugtuung berichtet Nehemia, wie er der Entheiligung des S.s (Neh 13,15–18) ein Ende machte, indem er die Stadttore Jerusalems während des S. schließen ließ und Wächter postierte (Neh 13,19–22). Amos bezeugt, daß zu seiner Zeit (Mitte des 8. Jh. v. Chr.) selbst die skrupellosesten Geschäftemacher sich am S. und Neumondtag ihres Gewerbes enthielten (Am 8,5). Der S. war auch eine Gelegenheit, den Tempel (Jes 1,13) oder einen Propheten aufzusuchen (2. Kön 4,23). Von regelrechten Gottesdiensten am S. ist jedoch im AT (zumindest vor dem babyl. Exil) nicht die Rede. Opfer am S. werden 4. Mose 28,9–10 und Hes 46,4 erwähnt. Jesus nimmt in Mt 12,5–8 diese Sonderregelung (wonach die Priester durch ihre »Arbeit« den S. brechen) auf und sagt: »Hier ist Größeres als der Tempel. ... Der Menschensohn ist ein Herr über den Sabbat.«

Die Einhaltung des S. war eine der Grundforderungen an Heiden, die zum jüd. Glauben übertraten (s. PROSELYTEN; vgl. Jes 56,3–8). Israels Lohn für das Einhalten des S. ist der Besitz des Landes (Jes 58,13.14). Zum ewigen S. des neuen Himmels und der neuen Erde werden nach der prophet. Weissagung Menschen aus allen Nationen herbeikommen und den HERRN anbeten (Jes 66,21–23). Während nach 1. Mose 2,1–3 und 2. Mose 20,11 der S. Teil der Schöpfungsordnung ist, betont 5. Mose 5,14–15, daß Gott damit bes. an Israels Befreiung aus Ägypten erinnert. Jesus macht geltend: »Der Sabbat ist um des Menschen willen gemacht und nicht der Mensch um des Sabbats willen« (Mk 2,27).

Z.Zt. des NT schloß die Sabbatfeier in der Synagoge bereits die Lesung aus den fünf Büchern Mose und den Propheten und die Predigt zu einem bibl. Text ein (Mt 4,23; Mk 1,21–22; 6,2; Lk 4,16–21.31–32; Apg 13,27; 15,21; 17,1–2; 18,4). Im zweiten Tempel sangen die Leviten am S. Ps 92, wie schon aus der Überschrift des Psalms »Ein Psalmlied für den Sabbattag« hervorgeht. Der hebr. Ausdruck *schabat* kann sich auch auf den Versöhnungstag (3. Mose 16,31; 23,32), die Woche (3. Mose 23,15–16) oder das Sabbatjahr (3. Mose 25,4.6) beziehen. In 3. Mose 23,11 meint der S. wohl den ersten Tag des Festes der ungesäuerten Brote (s. PASSA).

SABBATJAHR 3. Mose 25,5.8

SABBATJAHR In jedem siebten Jahr hat im alten Israel die Arbeit auf dem Feld, in den Obstgärten und Weinbergen zu ruhen. Der Sabbatruhe am siebten Tag der Woche, an dem alle Arbeit einschl. Feldarbeit unterbleiben soll (2. Mose 34,21), steht entsprechend die Einhaltung des Sabbatjahrs gegenüber (2. Mose 23,10–11). Die Früchte, die ohne Bestellung der Felder im siebten Jahr wachsen, stehen nicht nur dem Besitzer und seiner Familie, sondern auch den Armen als frei zugängliche Nahrung zur Verfügung; was nicht verzehrt wird, soll den Haustieren und wilden Tieren überlassen werden (3. Mose 25,6–7): »Im siebenten Jahr soll das Land dem HERRN einen feierlichen Sabbat halten« (3. Mose 25,1–7.18–22). 5. Mose 15,1–3.9 ruft zu einem Schulderlaß im S. auf. Die Verbindung von S., Schulderlaß und dem Ruhen landwirtschaftlicher Arbeit spiegelt sich mindestens als ernstliche Absichtserklärung in Neh 10,32 wider.

Das Motiv für die Einrichtung des S. ist ausgesprochen sozialer Art: Es ermöglicht den Armen freien Nahrungserwerb, vermeidet die Entstehung einer Klasse permanent verschuldeter Menschen und gibt dem Ackerboden die notwendige Brache.

Auf jeweils sieben S. sollte – als 50. Jahr – das ERLASSJAHR folgen (3. Mose 25,8–55; 27,16–25; 4. Mose 36,4). Es ist jedoch kein Fall bekannt, wo das Erlaßjahr tatsächlich durchgeführt worden wäre.

SABBATTAG Siehe SABBAT.

SABBATWEG Siehe SABBAT.

SABBUD (»Geschenk«).
Angehöriger der Sippe Bigwai, der mit Esra aus der babyl. Gefangenschaft zurückkehrte.

SABDI (»Mein Geschenk«).

1. Angehöriger des Stammes Juda (Jos 7,1.17–18). In 1. Chr 2,6 Simri genannt.
2. Einer der Söhne Schimis, eines Familienoberhauptes vom Stamme Benjamin.
3. Von David zum königl. Beamten über die Weinvorräte in den Weinbergen ernannter Mann.
4. Nachfahre des Leviten Asaf; in 1. Chr 9,15 Sichri genannt.

SABDIËL (»Geschenk Gottes«).

1. Nachkomme des Perez aus dem Stamm Juda; Vater Joschobams, der Oberster über eine Einheit von 24 000 Mann im Dienste Davids war.
2. Ein Priester und Vorsteher über 128 Priester, die sich z. Zt. Nehemias in Jerusalem niederließen.

SABTA Dritter Sohn des Kusch, des Erstgeborenen Hams, und der Name einer Sippe oder eines Stammes.

SABTECHA Ein Enkel Hams und der Name einer Sippe oder eines Stammes.

SABUD (»Geschenkter«). Sohn des Propheten Nathan und ein Beamter Salomos (»des Königs Freund«).

SACHAR

1. Sachar, der Harariter; Vater Ahiams, eines von Davids »Helden«.
2. Ein Levit, einer der Torhüter im Hause Gottes z. Zt. König Davids.

SACHARJA (»Erinnert hat sich der HERR«). Ein Prophet. Nach Sach 1,1 der Sohn Berechjas und Enkel Iddos; nach Esr 5,1; 6,14 der Sohn des Priesters Iddo. Seine erste überlieferte Weissagung geschah im 2. Jahr des Königs Darius I. Hystaspis 520 v. Chr. Er war ein Zeitgenosse des Statthalters Serubbabel, des Hohenpriesters Jeschua und des Propheten Haggai (Esr 5,1–2; Sach 3,1; 4,6; 6,11).

Gemeinsam mit Haggai rief er das Volk in Jerusalem auf, den Tempel wiederaufzubauen. S. SACHARJA, DAS BUCH DES PROPHETEN.

SACHARJA, DAS BUCH DES PROPHETEN Das vorletzte Buch der 12 Kleinen Propheten. Zus. mit Haggai und Maleachi gehört es zu einer Gruppe von Prophetien aus der Zeit nach dem babyl. Exil. Die ersten acht Kapitel haben die Rückkehr aus Babylon im Hintergrund, nennen den Namen des Propheten und geben Auskunft über den Zeitpunkt der Weissagungen. Kap. 9–14 beschäftigen sich mit der Eschatologie und sind in einem geheimnisvollen Stil verfaßt, voller Anspielungen, deren Hintergrund oft unklar bleibt; die Abfassungszeit dieses Teils ist unbekannt.

Die Kap. 1–8 werden allg. als von Sacharja stammend angesehen. Sie umspannen (vgl. 1,1; 1,7; 7,1–3) den Zeitraum vom Ende des Jahres 520 v. Chr. bis zum Ende d. J. 518; möglicherweise überschreiten einige Texte diesen Zeitraum auch. Kap. 9–14 dagegen werden von manchen Forschern aufgrund sprachlicher, stilistischer und theologischer Unterschiede zum ersten Teil nicht Sacharja zugeschrieben; sie sprechen statt dessen von einem »Deutero-Sacharja« (vgl. »Deutero-Jesaja« bei Jes 40–53, s. JESAJA), und die Datierungen gehen von der Zeit vor S. bis ins 2. Jh. v. Chr.

Diese Unterscheidung zwischen S. und Deutero-S. ist jedoch nicht zwingend. Die Unterschiede zwischen den beiden Teilen lassen sich ohne weiteres mit dem verschiedenartigen Inhalt erklären sowie damit, daß im zweiten Teil der altgewordene S. spricht (auch wenn direkte Zeitangaben und Datierungen in Kap. 9–14 fehlen). Das NT behandelt jedenfalls das

SABBATTAG
2. Mose 20,8. 11; 31,15; 4. Mose 15, 32; 28,9; 5. Mose 5,12.15; Neh 10,32; 13, 15.17.19.22; Ps 92,1; Jer 17,21. 22.24.27; Hes 46,1.4; Lk 13,14; Apg 15,21; 16,13

SABBATWEG
Apg 1,12

SABBUD
Esr 8,14

SABDI 1
Jos. 7,1.17–18
SABDI 2
1.Chr 8,19
SABDI 3
1.Chr 27,27
SABDI 4
Neh 11,17

SABDIËL 1
1. Chr 27,2
SABDIËL 2
Neh 11,14

SABTA
1. Mose 10,7; 1. Chr 1,9

SABTECHA
1. Mose 10,7; 1. Chr 1,9

SABUD
1. Kön 4,5

SACHAR 1
1. Chr 11,35
SACHAR 2
1. Chr 26,4

SACHARJA
Esr 5,1; 6,14; Sach 1,1.7; 7,1.8

Fragment aus dem Buch Sacharja; gefunden in Qumran (Schrein des Buches, Jerusalem).

gesamte Buch S. als gültiges, inspiriertes Wort Gottes (Mt 21,5 – Sach 9,9; Mt 26,31 – Sach 13,7; Mt 27,9.10 – Sach 11,12.13; Joh 19,37 – Sach 12,10). In der alten jüd. und christl. Tradition galt das ganze Buch als Werk S.s.

Die histor. Situation der ersten Kapitel entspricht weitgehend der des Haggaibuches. Nach der Rückkehr aus der babyl. Gefangenschaft waren die Einwohner Jerusalems arm und mutlos (Sach 8,10). S. forderte, wie Haggai, das Volk zur Fortsetzung des Tempelbaues als einer notwendigen Vorbereitung des messianischen Königreichs auf. Das Ergebnis war die Fertigstellung des Tempels 516 v. Chr. (Esr 6,15). S.s besonderes Augenmerk galt Serubbabel, dem Statthalter Persiens in Juda, der in Esra »Scheschbazar« genannt wird. Er legte den Grundstein des Tempels und vollendete ihn (Sach 4,9; Esr 5,15; 6,14–16). S. erblickte in ihm messianische Züge, verweist aber auf einen »Sproß«, der erst noch kommen und dann herrlich geschmückt auf seinem Thron sitzen wird (Sach 3,8; 6,12.13).

Die ersten sechs Kapitel berichten von acht Visionen, die in einer einzigen Nacht im Februar oder März 519 v. Chr. stattgefunden haben (vgl. Sach 1, 7–8). Ihr Thema ist, daß das messianische Zeitalter wider allen Augenschein im Anbruch begriffen ist. In der ersten Vision sieht S. einen Mann auf einem roten Pferd und hinter ihm weitere Pferde. Sie berichten einem Engel Gottes, wie es in der Welt aussieht. Der Engel betet darauf für den Wiederaufbau Jerusalems, und Gott sagt ihm zu, ihn zu erhören (1,12–17).

In der zweiten Vision (2,1–4) sieht der Prophet vier Hörner – die vier Völker, die an der Zerstörung Jerusalems beteiligt waren. Schmiede stehen bereit, diese Hörner abzubrechen und so die Stadt wiederherzustellen.

Die dritte Vision (2,5–9) zeigt dem Propheten einen Mann, der mit einer Meßschnur Jerusalem vermessen will, aber von einem Engel weggeschickt wird. Jerusalem braucht keine von Menschen gemachte Mauer, weil Gott selbst seine Mauer sein wird.

Die vierte Vision (Kap. 3) zeigt eine Gerichtsverhandlung vor dem »Engel des HERRN«. Vor Gericht steht der Hohepriester Jeschua, der vom Satan verklagt wird. Er bekommt neue Kleider – ein Bild für seinen Freispruch.

Die fünfte Vision (4,1–5.11–14) ist voller schwieriger Symbole, die nur teilweise erklärt werden. Die »zwei Gesalbten«, die vor Gott stehen (4,14), sind wahrscheinlich Serubbabel und Jeschua, also der politische und der kultische Führer des Volkes.

In der sechsten und siebten Vision geht es um die ethischen und rechtlichen Maßstäbe des neuen Gottesvolkes. In der sechsten (5,1–4) sieht der

Der goldene Leuchter aus Sacharjas Vision (Kap. 4); aus der Cervera-Bibel, Spanien, um 1300 (Biblioteca Nacional de Lisboa).

Prophet eine fliegende Schriftrolle, die den Fluch symbolisiert, der auf Diebe und Meineidige fallen wird. Die siebte Vision (5,5–11) zeigt eine Frau in einer Tonne (Scheffelmaß), die von zwei Frauen mit Flügeln ins Land Schinar getragen wird – ein Bild für die Verbannung der Bosheit an einen weit entfernten Ort.

Die achte Vision (6,1–8) zeigt dem Propheten vier Pferdewagen, die zwischen Bergen aus Kupfer erscheinen. Diese Vision sieht die Welt im Frieden unter der Herrschaft Gottes.

In Sach 6,9–8,23 folgt eine Reihe prophetischer Aussagen, deren zentrales Thema das messianische Zeitalter ist. Ein rechtschaffener Lebenswandel nach den Geboten Gottes und nicht das Fasten führt zur Erlösung (vgl. die »Fastenpredigt« in 7,1–14). Kap. 8 schließt mit dem Ausruf, daß am Ende der Tage auch viele andere Völker den Gott Israels suchen und anbeten werden (8,20–23).

Der erste Teil von Kap. 9 (V. 1–8) spricht von der göttlichen Bestrafung der Nachbarn Israels. Der zweite Teil (V. 9–17) verheißt die Erlösung Israels durch den Messiaskönig – »ein Gerechter und ein Helfer, arm und reitet auf einem Esel« (9,9). Gott wird sich Israels annehmen und sein Volk aus der Gefangenschaft befreien.

Kap. 11 ist eines der geheimnisvollsten Kapitel des AT; von der Auslegung bis zu den histor. Anspielungen reiht sich eine Schwierigkeit an die andere. Den Hintergrund bildet aber die Tatsache, daß sich die Spaltung zwischen der jüd. und der selbständig gewordenen samaritan. Gemeinde als endgültig abzeichnet. Kap. 12–13 und 14 lassen sich als zwei endzeitliche Weissagungen verstehen, die Belagerung Jerusalems und seine Rettung durch Gott, der die Stadt zum geistlichen Zentrum der Welt macht. Kap. 13 beschreibt eine allgemeine religiöse Reinigung des Landes vom Götzendienst; übrig bleiben wird ein geläuterter Rest des Gottesvolkes.

In Kap. 14 wird beschrieben, wie Jerusalem von den Heidenvölkern angegriffen wird und seine Bevölkerung in großer Not ist. Die Hälfte wird in die Verbannung verschleppt, die andere Hälfte kann durch ein Wunder entkommen, als sich der Ölberg zu einer Schlucht öffnet. Im letzten Augenblick, als alles schon verloren scheint, tritt Gott am Tag Jahwes (14,7) auf den Plan, um vom Berg Zion über die ganze Welt zu herrschen. Die Feinde Israels werden durch ihr Geschick zur Erkenntnis Gottes geführt. Jahr für Jahr pilgern sie nach Jerusalem, um beim Laubhüttenfest den HERRN als König anzubeten.

INHALTSÜBERSICHT

1,1–6	Ruf zur Buße
1,7–17	Vision der Pferde
2,1–4	Die vier Hörner und die vier Schmiede
2,5–17	Der Mann mit der Meßschnur; Gottes Wohnung als Ziel
3,1–10	Der wahre Hohepriester
4,1–14	Leuchter und Ölbäume: die beiden Gesalbten; Verheißung der Rettung
5,1–11	Die fliegende Schriftrolle und die Frau im Scheffelmaß
6,1–8	Die vier Wagen
6,9–8,23	Die messianische Zeit
9,1–8	Bestrafung der Nachbarvölker
9,9–17	Erlösung Israels: Dein König kommt!
10,1–12	Sammlung Israels aus dem Exil
11,1–17	Die Bestrafung der treulosen Hirten des Volkes
12,1–14,21	Weissagung über das Ende der Tage und das Königtum des HERRN über alle Welt

SACHEJA 1. Chr 8,10

SACHEJA Ein Angehöriger des Stammes Benjamin.

SADDUZÄER Mt 3,7; 16,1.6. 11–12; 22,23.34; Mk 12,18; Lk 20,27; Apg 4,1; 5, 17; 23,6–8.

SADDUZÄER (von *Zadok*, dem Hohenpriester z. Zt. Salomos, 1. Kön 1,39; oder von *Zadikim*, »Gerechte«). Eine der drei Hauptströmungen im Judentum der letzten Jhe. v. Chr. bis zur Zerstörung Jerusalems und des Tempels durch Titus 70 n. Chr. Die S. kamen aus den höheren Schichten und gehörten hauptsächlich der Priesterklasse an (Apg 4,1; 5,17). Ihre Lehre gründete sich ausschließlich auf das geschriebene Gesetz; seine mündliche Auslegung betrachteten sie – anders als die Pharisäer – nicht als verbindlich. Sie glaubten auch nicht an die Auferstehung der Toten, ein Weiterleben nach dem Tod sowie die Existenz von Engeln und Geistern (Apg 23,6–8). Vgl. ihr Streitgespräch mit Jesus (Lk 20, 27ff. par.). Z. Zt. Jesu galten die S., zu denen die Mehrheit der Priester und Tempelältesten gehörte, als die Aristokratie; sie suchten sich mit den Römern zu arrangieren und waren daher beim einfachen Volk weniger beliebt als die Pharisäer.

Im NT spiegelt sich der Konflikt zwischen S.n und Pharisäern wider, z. B. in der Szene nach der Verhaftung des Paulus, als dieser sich als Pharisäer bezeichnet, der wegen seines Glaubens an die Auferstehung der Toten angeklagt wird (Apg 23,6–8). Ungeachtet dieser Unterschiede redete Johannes der Täufer sowohl Pharisäer als auch S. als »Schlangenbrut« an und forderte sie auf, Buße zu tun (Mt 3,7–12).

Anders als die Pharisäer hatten die S. kaum Interesse an einer Auseinandersetzung mit der Lehre Jesu, höchstens auf Grund seiner größeren Nähe zu den Pharisäern. Einmal baten sie ihn, zus. mit den Pharisäern, um ein Zeichen vom Himmel (Mt 16,1ff.).

Als führende Partei der Priester muß die S. Jesu Wort besonders erschreckt haben: »Wahrlich, ich sage euch: Es wird hier nicht ein Stein auf dem anderen bleiben, der nicht zerbrochen werde« (Mt 24,2). Dies könnte einer der Gründe dafür gewesen sein, warum die S. als Hüter der öffentlichen Ordnung so sehr auf die Hinrichtung Jesu drängten (Mt 26,3–4). Nach der Zerstörung des Tempels 70 n. Chr. verlieren sich die Spuren der S.; die Hauptströmung im Judentum bildeten nun die Pharisäer.

SAF 2. Sam 21,18; 1. Chr 20,4

SAF Riese, der für die Philister gegen David kämpfte. Er wurde bei Gob von Sibechai, einem von Davids »Helden«, erschlagen.

SAFRAN Siehe PFLANZEN.

SAHAM 2. Chr 11,19

SAHAM Ein Sohn König Rehabeams von Juda.

SAKKAI Esr 2,9; Neh 7,14

SAKKAI (»glänzend«). Name einer 760 Mitglieder zählenden Familie, die mit Serubbabel aus der babyl. Gefangenschaft zurückkehrte.

SAKKUR (»erinnert«).

SAKKUR 1 1. Chr 4,26

1. Sohn Mischmas vom Stamm Simeon.

SAKKUR 2 4. Mose 13,4

2. Vater Schammuas vom Stamm Ruben, einer der Kundschafter, die Mose in das Land Kanaan schickte.

SAKKUR 3 1. Chr 24,27

3. Ein Levit.

SAKKUR 4 1. Chr 25,2.10; Neh 12,35

4. Erstgeborener des Sängers Asaf und Leiter einer Abteilung von Tempelsängern z. Zt. Davids (1. Chr 25,2.10). In 1. Chr 9,15 Sichri, in Neh 11,17 Sabdi genannt.

SAKKUR 5 Neh 3,2

5. Der Sohn Imris; einer der Priester, die sich am Wiederaufbau der Jerusalemer Stadtmauer beteiligten.

SAKKUR 6 Neh 10,13

6. Einer der Leviten, die Nehemias Abmachung unterschrieben.

SAKKUR 7 Neh 13,13

7. Vater Hanans, des Gehilfen in der Verwaltung der Tempelvorräte z. Zt. Nehemias.

SAKKUT Am 5,26

SAKKUT Heidnische Gottheit, bei Amos erwähnt.

SALAMIS Apg 13,5

SALAMIS (»Friedensstadt«). Große Stadt an der Südküste Zyperns, nördlich des modernen Hafens Famagusta. Paulus, Barnabas und Johannes Markus predigten dort auf ihrer ersten Missionsreise in der Synagoge (Apg 13,5).

SALBUNG/ SALBEN 1. Mose 31,13; 50,2.26; 2. Mose 28,41;

SALBUNG Die Salbung mit Öl zu kosmetischen, therapeutischen (Jes 1,6) oder sakralen Zwecken war in den Kulturen des alten Nahen Ostens weit verbreitet. Das AT erwähnt eine kosmetische S. insbes. nach dem Baden (Rut 3,3; 2. Sam 12,20; 2. Chr 28,15); in Zeiten des Fastens (2. Sam 12,20) oder der Trauerklage (2. Sam 14,2; Dan 10,3) durfte der Körper nicht gesalbt

Der Stein der Salbung in der Grabeskirche von Jerusalem. Der Tradition nach wurde Jesus nach der Kreuzabnahme auf diese Steinplatte gelegt.

werden. Eines der Worte für ›Salbung‹, hebr. *maschach* (Wurzel des Wortes *maschiach* = Messias »Gesalbter«), bezeichnet v. a. eine sakrale Handlung an Menschen oder Gegenständen bzw. die Weihe zum König oder Priester. Hierbei goß man Öl aus einem Gefäß auf das Haupt (z. B. des Hohenpriesters Aaron: 2. Mose 29,7; 3. Mose 8,12; usw.; der Priester allgemein: 2. Mose 28,41; 40,15; usw.; König Sauls: 1. Sam 10,1; König Davids: 2. Sam 5,17; usw.).

Gottesdienstliche Gegenstände, so der Altar, das Kupferbecken und die gesamte Stiftshütte wurden gesalbt, um sie als Gott geweiht zu kennzeichnen, d. h. um sie zu »heiligen« (2. Mose 40,9 ff.).

Eine besondere Art der S. gab es bei der Reinigung Aussätziger (3. Mose 14,10 ff.): Das vom Aussätzigen zum Altar gebrachte Öl wurde in die Hand des Priesters gegossen, vor dem HERRN versprengt und dem Aussätzigen auf das rechte Ohr, den rechten Daumen, die große Zehe des rechten Fußes und den Kopf gestrichen. Hier hat die S. die Funktion der rituellen Reinigung von der Unreinheit des Aussatzes.

Die am häufigsten erwähnte S. ist die (u. U. auch schon vor seiner Thronbesteigung) eines Königs. Sie bezeichnet seine Bestimmung und Qualifikation und verleiht ihm charismatische Eigenschaften für seinen Dienst. Die S. des Priesters dagegen steht in Analogie zur S. der Tempelgeräte – die Priester werden gesalbt zum Zeichen ihrer Aussonderung und lebenslangen Verfügbarkeit als Werkzeug für den Dienst Gottes. Die S. zum Propheten bei Elisa (1. Kön 19,15–16; vgl. Ps 105,15) wird analog zur Königssalbung gesehen und schließt die Verleihung charismatischer Gaben ein. Eine der Schriftrollen von Qumran bezeichnet den Boten der Endzeit als den »vom Geist Gesalbten«. In all diesen Fällen bedeutet S. die Gegenwart Gottes mit dem Gesalbten, so wie Gott auch in der gesalbten Stiftshütte gegenwärtig ist.

Im NT hat die S. (griech. *aleiphein*, *chriein*, *myrizein* »salben«) zwei Hauptaspekte: *aleiphein* wird für die äußere, körperliche S. gebraucht, während *chriein* die S. im Sinne von Bevollmächtigung durch Gott meint.

29,7.29.36; 30,26.30; 40,9–11.13.15; 3. Mose 4,3.5.16; 6,13.15; 7,36; 8,10–12; 4. Mose 7,1; 35,25; 5. Mose 28,40; Ri 9,8; Rut 3,3; 1. Sam 9,16; 10,1; 15,1.17; 16,3.12 f.; 2. Sam 1,21; 2,4.7; 3,39; 5,3; 12,20; 14,2; 1. Kön 1,34; 19,15; 2. Kön 9,3.6; 23,30; 2. Chr 23,11; 28,15; Ps 23,5; 45,8; 89,21; 92,11; Jes 61,1; Hes 16,9; Dan 9,24; 10,3; Am 6,6; Mt 6,17; Mk 6,13; 14,8; Lk 4,18; 7,38.46; Joh 11,2; 12,3; Apg 4,27; 10,38; 2. Kor 1,21; 1. Joh 2,20.27; Hebr 1,9; Jak 5,14 Offb 3,18

Elfenbeinhorn mit Goldbändern, aus einem Elefantenzahn hergestellt; späte Bronzezeit. Das breite Ende des Horns ist verschlossen, die Spitze ist mit einer Bohrung versehen, durch die bei der Salbung das Öl fließen konnte.

Ersteres wird in Mt 6,17 als Zeichen der Freude verstanden, in Mk 6,13 und Jak 5,14 als Mittel zur Krankenheilung und in Mk 16,1 als Dienst am Toten. In Lk 7,38.46 ist die S. Ausdruck der Liebe zu Jesus; in Joh 12,3 verbindet Maria die beiden Aspekte des Liebeserweises und des Dienstes am Toten (12,7). Der Ausdruck *myrizein* für das S. mit wohlriechendem Öl erscheint in Mk 14,8 als Vorwegnahme des Begräbnisses Jesu.

Der stärker theologisch geprägte Ausdruck *chriein* ist die Wurzel des Christustitels. *Christos* bedeutet »Gesalbter« und ist eine Übersetzung des hebr. *maschiach* (»Messias«), das den Beauftragten Gottes in der Vollmacht des Erlösers und in der Eigenschaft des Gottessohnes bezeichnet. Jesus (Lk 4,18) zitiert in seiner Antrittspredigt in Nazareth die Stelle aus Jes 61,1: »Der Geist des HERRN ist auf mir, weil er mich gesalbt hat.« In Hebr 1,8–9 wird ähnlich Ps 45,7–8 auf Jesus als Sohn Gottes bezogen. Apg 4,27 und 10,38 sprechen von der S. Jesu zum Messias, zum Christus Gottes. Paulus erwähnt in 2. Kor 1,21 die »S.« (d. h. Berufung) der Christen im Zusammenhang mit der Taufe und der Gabe des Hl. Geistes (V. 22). Ähnlich gebraucht 1. Joh 2,20.27 *chrisma* als S. der Christen, verstanden als Gabe des Hl. Geistes.

SALCHA 5. Mose 3,10; Jos 12,5; 13,11; 1. Chr 5,11

SALCHA Bedeutende Stadt an der Ostgrenze von Baschan im ehemaligen Königreich Ogs, das unter Mose erobert (5. Mose 3,10; Jos 12,5; 13,11) und dem halben Stamm Manasse zugeteilt wurde (5. Mose 3,13). Die Stadt lag an der Grenze zum Gebiet Gads (1. Chr 5,11). In der hell.-röm. Zeit hieß die Stadt Triakome. An dem Ort wurden zahlreiche griech. und nabat. Inschriften sowie Fragmente nabat. Architektur gefunden.

SALEM 1. Mose 14,18; Ps 76,3; Hebr 7,1–2

SALEM (»Frieden, Heil«). Die Stadt Melchisedeks (1. Mose 14,18), nach der jüd. Überlieferung mit Jerusalem identisch.

SALIM Joh 3,23

SALIM Ort im Jordantal in der Nähe von Änon, wo Johannes taufte; mit Tell Abu Jus, etwa 8 km südlich von Bet-Schean, und mit einem großen Tell östlich von Sichem, wo architektonische Reste aus der Römerzeit gefunden wurden, identifiziert. Letzterer liegt in der Nähe der wasserreichen Quellen von Wadi Raria, auf die sich nach Ansicht einiger Forscher das »viele Wasser« in Joh 3,23 bezieht.

SALLAI Neh 11,8

SALLAI (»Erhöht [ist der HERR]«). Angehöriger des Stammes Benjamin, der sich nach der Rückkehr aus Babylon in Jerusalem niederließ.

SALLU 1 1. Chr 9,7; Neh 11,7
SALLU 2 Neh 12,7.20

SALLU (»teuer«).

1. Sohn Mechullams vom Stamme Benjamin, der sich nach seiner Rückkehr aus Babylonien in Jerusalem niederließ.

2. Oberhaupt einer Priesterfamilie, die mit Serubbabel aus Babylonien zurückkehrte und sich in Jerusalem niederließ.

SALMA Lk 3,32

SALMA Andere Schreibweise für Salmon (1).

SALMAI Esr 2,46; Neh 7,48

SALMAI (»Schutz [ist Jah]«). Oberhaupt einer Familie von Tempeldienern, die mit Serubbabel aus der babyl. Gefangenschaft zurückkehrte.

In einem Grab bei Asor gefundener Vorratskrug, der den Namen seines Besitzers Salmai trägt; spätes 7.–6. Jh. v. Chr.

Der Schwarze Obelisk von Salmanassar III., der über die Kriege des Königs berichtet und auf dem die Tributzahlungen verschiedener Nationen abgebildet sind (British Museum).

SALMANASSAR Name von fünf assyr. Königen, von welchen jedoch nur zwei eine Verbindung mit dem AT zu haben scheinen.

Salmanassar I. regierte 1274–1245 v. Chr., Salmanassar II., Nachfolger von Assurnasirpal I., regierte 1031–1020 v. Chr.

Salmanassar III., Sohn des Assurnasirpal II., regierte 859–824 v. Chr. Er führte die Expansionspolitik seines Vaters fort und dehnte die Grenzen Assyriens von Urartu bis nach Persien, von Medien bis zur Mittelmeerküste und Kleinasien aus und unterwarf Babylonien. Er sicherte seine Eroberungen durch ein wohldurchdachtes System von Vasallen, jährlichen Tributzahlungen, Autonomie, Handelsbeziehungen, Bündnissen und Feldzügen und legte so den Grundstein für das Neuassyr. Reich. 853 v. Chr. kämpfte er bei Karkar am Orontes gegen eine starke antiassyr. Koalition von 12 Königen; der Inschrift auf dem Kurch-Monolithen zufolge wurde diese von Ben-Hadad von Aram-Damaskus angeführt, während Ahab von Israel mit 2000 Streitwagen das stärkste Streitwagenkontingent stellte. Auch wenn diese Schlacht in der Bibel nicht erwähnt wird, war S. III. somit der erste assyr. König, der mit Israel in Kontakt kam. S. bezeichnete die Schlacht als großen Sieg, die Tatsache jedoch, daß er Syrien während der nächsten Jahre mied, könnte darauf hinweisen, daß sein Sieg nicht ganz so groß war. Der Schwarze Obelisk aus Nimrud hält seine Feldzüge gegen die westlichen Könige fest und stellt die Tributzahlung König Jehus von Israel dar, der sich demütig vor S. zu Boden wirft – ein weiteres Ereignis, das im AT nicht erwähnt wird. S. III. starb inmitten von Aufständen im ganzen Reich, mit denen sein Bruder und Nachfolger fertig werden mußte.

Salmanassar IV., Sohn von Adad-Nirari III., regierte 783–774 v. Chr., Salmanassar V., Nachfolger von Tiglat-Pileser III., 727–722 v. Chr.; er belagerte drei Jahre lang Samaria, als König Hoschea von Israel mit Unterstützung Ägyptens gegen Assyrien rebellierte. Samaria kapitulierte und Hoschea wurde gefangengenommen (2. Kön 17,1–6; 18,9–10). Offenbar starb S. V. während der Belagerung; sein Nachfolger Sargon vollendete die Eroberung der Stadt.

SALMANASSAR
2. Kön 17,3; 18,9

SALMON (»beschützt«).

1. Vater des Boas.
2. Zweiter Sohn Hurs und Gründer von Bethlehem.

SALMON 1
Rut 4,20–21; 1. Chr 2,11; Mt 1,4–5
SALMON 2
1. Chr 2,51.54

SALMONE Ort auf der Insel Kreta, an dem Paulus auf seiner Fahrt nach Rom vorbeikam. Wahrscheinlich das heutige Kap Sidero.

SALMONE
Apg 27,7

SALOME (»Die Friedsame«). Eine der Frauen, die Zeugen der Kreuzigung Jesu waren und nach dem Sabbat zu seinem Grab gingen, um ihn zu salben (Mk 15,40; 16,1). Sie war die Frau des Zebedäus und Mutter der Apostel Jakobus und Johannes (Mt 27,56).

SALOME
Mk 15,40; 16,1

SALOMO (Der Name ist verwandt mit hebr. *schalom* »Frieden/Wohlergehen«). Sohn Davids und Batsebas, dritter König von Israel. S. war berühmt für seine Weisheit, seinen Reichtum und seine Bautätigkeit. Unter seiner Herrschaft erlebte Israel seine goldene Zeit.

S. (auch Jedidja, »Geliebter des HERRN«, genannt; 2. Sam 12,25) wurde zum König gesalbt, nachdem sein älterer Bruder Adonija, der erste in der Thronfolge, überstürzt versucht hatte, sich selbst zum Herrscher auszurufen, während sein Vater noch lebte (1. Kön 1,5ff.). Nach der realistischen Darstellung von 1. Kön 1,11–40 war es Davids Frau und S.s Mutter Batseba gelungen, den greisen König nach dem Rat des Propheten Nathan davon zu überzeugen, daß statt Adonija sein jüngerer Sohn S. den Thron erben sollte. Die Darstellung durch den Chronisten (1. Chr 28,4–10) führt diese menschlichen Umtriebe zurück auf die auch hier zum Ziel kommende Vorsehung und Verheißung Gottes, die er David und seinem Haus einst gegeben hatte (2. Sam 7).

S.s 40jährige Regierungszeit begann 967 v. Chr., während David noch am Leben, aber schon gebrechlich war. Seine erste Handlung als König war, Adonija zu begnadigen. Kurz darauf jedoch wurde Adonija aufgrund seiner Bitte, Davids Pflegerin Abischag heiraten zu dürfen (ein Begehren, das als

SALOMO
2. Sam 5,14; 12,24; 1. Kön 1,10–13. 17.19.21.26.30. 33–34.37–39.43. 46–47.50–53; 2, 1.12–13.17.19. 22–23.25.27.29. 41.45–46; 3,1. 3–6.10.15; 4,1. 7.11.15; 5,1–2. 5–7.9–10.14–16. 21–22.24–27. 29–30.32; 6,1–2. 11.14.21; 7,1.8. 13–14.40.45. 47–48.51; 8,1–2. 5.12.22.54.63. 65; 9,1.10–12. 15–17.19.21. 23–28; 10,1–4. 10.13–14.16.21. 23–24.26.28; 11,1–2.5–9.11.

14.25.27–28.31. 40–43; 12,2.6. 21.23; 14,21; 2. Kön 21,7; 23, 13; 24,13; 25,16; 1. Chr 3,5.10; 5,36; 6,17; 14,4; 18,8; 22,5–6.9. 17; 23,1; 28, 5–6.9.11.20; 29, 1.19.22–25.28; 2. Chr 1,1–3.5–8. 11.13–14.16.18; 2,1–2.10.16; 3,1. 3; 4,11.16.18–19; 5,1–2.6; 6,1.13; 7,1.5.7–8.10–12; 8,1–3.6.8–12. 16–18; 9,1–3. 9–15.20.22–23. 25.28–31; 10,2.6; 11,3.17; 12,9; 13,6–7; 30,26; 33,7; 35,3–4; Esr 2,55.58; Neh 7,57.60; 11, 3; 12,45; 13,26; Spr 1,1; 10, 1; 25,1; Hld 1,1.5; 3,7. 9.11; 8,11–12; Jer 52,20; Mt 1,6–7; 6, 29; 12,42; Lk 11,31; 12,27; Joh 10,23; Apg 3,11; 5, 12; 7,47

Auftakt zum Aufstand verstanden werden konnte), hingerichtet (1. Kön 2,22–25; vgl. 1. Kön 1,1–4; 2. Sam 16,20ff.). Die Parteigänger Adonijas wurden beseitigt: Abjatar, der Priester, wurde verbannt, Joab, der Heerführer, getötet und Schimi unter Hausarrest gestellt und drei Jahre später ebenfalls getötet (1. Kön 2,13–46).

Dank der Eroberungen Davids erstreckte sich S.s Reich einschließlich eroberter Gebiete und Vasallenkönigtümer von Tifsach am Euphrat bis nach Gaza an der ägypt. Grenze. Die Schwäche Assyriens und Ägyptens ermöglichte es S., den größten Teil dieses Gebietes ohne größere militärische Maßnahmen zu halten, jedoch erklärte der edomitische König Hadad, nachdem er vom Tod Davids und Joabs gehört hatte, die Unabhängigkeit seines Reiches von der isrl. Herrschaft, ebenso Rezin von Damaskus. Offensichtlich unternahm S. keinen Versuch, diese Gebiete zurückzugewinnen. S.s Außenpolitik basierte mehr auf Diplomatie als auf Waffengewalt. So ging er zahlreiche politische Ehen ein (1. Kön 3,1; 11,1), deren wichtigste die mit der Tochter des Pharao (wahrscheinlich Siamun) war.

S. stellte auch nützliche wirtschaftliche Beziehungen zu den Nachbarstaaten her. Er schloß offensichtlich ein Handelsabkommen mit dem reichen südarab. Saba (1. Kön 10) und führte gemeinsame Geschäfte mit Hiram von Tyrus durch (1. Kön 9,26–28). Mit phöniz. Hilfe baute und bemannte S. eine hochseetaugliche Flotte in Ezjon-Geber, die alle drei Jahre mit kostbarer Fracht aus Ofir zurückkehrte (1. Kön 10,11–12). Eine andere Einnahmequelle waren Tributzahlungen von Vasallenstaaten (1. Kön 5,1). Außerdem überwachte S. alle wichtigen Handelsstraßen der Region und konnte so u. a. den gewinnbringenden Handel mit ägypt. Kampfwagen und mit Pferden aus Koë (Zilizien) kontrollieren (1. Kön 10,28–29).

Ein großer Teil der Einnahmen floß in die verschiedensten Bauprojekte. Das bedeutendste war der TEMPEL, der in sieben Jahren und mit Hilfe von Materialien und Handwerkern aus Phönizien errichtet wurde (1. Kön 5). Die Pracht des Tempels ist in 1. Kön 6; 7,15ff. beschrieben. Der noch größere Palastkomplex (1. Kön 7,1–12) wurde in 13 Jahren erbaut. Dazu kamen ein Palast für die Tochter des Pharao (1. Kön 7,8), aber auch heidnische Heiligtümer für S.s andere ausländischen Frauen (1. Kön 11,7–8).

S. errichtete auch militärische Bauten. Seine beeindruckenden Festungsanlagen in Hazor, Megiddo und Geser mit ihren charakteristischen in sechs

Salomo fällt sein Urteil über die beiden Frauen (1. Kön 3,16ff.). Wahrscheinlich aus Troyes, Frankreich, ca. 1280 (British Museum).

Modell des salomonischen Tempels nach den Plänen von Père Roland de Vaux. (Israel-Museum, Jerusalem).

Kammern aufgeteilten Toren und Kasemattenmauern sind heute teilweise ausgegraben. Er befestigte auch Jerusalem u.a. Städte. Er verstärkte und modernisierte seine Armee, indem er Reiter und Kampfwagen einführte. Nach 2. Chr 9,25 baute er Ställe für 4 000 Pferde; die Ställe, die in Megiddo gefunden wurden, wurden inzwischen der Zeit Omris zugeschrieben.

S.s Bautätigkeit leerte die Staatskasse derart, daß er zur Begleichung seiner Schulden gegenüber Hiram von Phönizien gezwungen war, 20 Städte in Galiläa abzutreten (1. Kön 9,10–14). Außerdem erhob er von seinen Untertanen hohe Steuern (1. Kön 4,7–19; 5,7–8) und zwang sie zu Frondiensten. Die Fronarbeiter wurden aus der alten kanaan. Bevölkerung rekrutiert (1. Kön 9,20–22), aber auch die Israeliten mußten jeden dritten Monat Fronarbeit leisten (1. Kön 5,17–28; 11,28). Um die Fronarbeit und Steuereintreibung effektiver zu verwalten, unterteilte S. das Land in 12 Bezirke, die nicht mit den traditionellen Stammesgebieten identisch waren (1. Kön 4,7–19). Viele Forscher sehen darin einen bewußten Versuch, die Zentralregierung auf Kosten der überkommenen Stammeshierarchie zu stärken. Die wachsende Verstimmung der Bevölkerung über S.s Fron- und Steuerpolitik führte nach seinem Tod zum Zerfall des Königreichs in die beiden Staaten ISRAEL und JUDA. Schon zu seinen Lebzeiten versuchte Jerobeam offenbar einen Staatsstreich gegen S.; er schlug fehl und Jerobeam floh nach Ägypten, wo er bis zu S.s Tod blieb (1. Kön 11,26–40; 12,2 ff.).

S.s Weisheit ist sprichwörtlich geworden. Nach 1. Kön 3,4–15 stellte Gott ihm im Traum einen Wunsch frei. S. bat um Weisheit – und bekam sie. Nach 1. Kön 5,12 dichtete er 3 000 Sprüche und 1 005 Lieder. Er war der Weiseste im damaligen Orient (1. Kön 5,9–14). Die Königin von Saba machte ihm einen Staatsbesuch, »um ihn mit Rätselfragen zu prüfen« (1. Kön 10,1).

S. war lange Zeit ein gottesfürchtiger König (1. Kön 3,3). Er baute den Tempel Jahwes und erhielt Offenbarungen von Gott. Seine ehrliche Frömmigkeit zeigte sich auch bei der Einweihung des Tempels, insbes. in seinem Tempel-Weihgebet (1. Kön 8). Aber seine vielen ausländischen Frauen und Nebenfrauen – die er zumindest z. T. aus polit. Motiven heiratete – wandten das Herz des alternden Königs fremden Göttern zu (1. Kön 11,3–4).

Trotz der enormen Größe seines Harems werden nur drei Kinder S.s im AT genannt: sein Nachfolger Rehabeam und die Töchter Basemat und Tafat, deren Ehemänner Amtleute waren (1. Kön 4,11.15).

Einige der vielen Aussprüche S.s sind zweifellos im Buch der Sprüche (s. dort) enthalten. Das Hohelied (s. dort) trägt seinen Namen (Hld 1,1), und das Buch Prediger (Kohelet) (s. dort) verweist in 1,1 auf S. als Autor. Im Gegensatz zu diesen Werken, die durchaus von S. stammen können, wurde die apokryphe Weisheit Salomos lange nach S.s Tod in griech. Sprache verfaßt. S. wird in Neh 13,26 als Beispiel für die Gefahren durch heidnische Frauen angeführt, i.a. wurden jedoch seine Weisheit und positiven Errungenschaften betont. Im NT erscheint er als Beispiel des Reichtums (Mt 6,29) und der Weisheit (Mt 12,42). Eine Säulenhalle im Tempel des Herodes wurde nach S. benannt (Joh 10,23).

SALOMOS HALLE Teil der Kolonnaden, die Herodes beim Neubau des Tempels errichtete. Die Halle befand sich auf der Ostseite und lag gegenüber der »Schönen Tür« (Apg 3,10).

SALOMOS HALLE
Joh 10,23; Apg 3,11; 5,12

SALU Vater Simris vom Stamm Simeon, der mit seiner midianitischen Frau von Pinhas, dem Sohn Eleasars, getötet wurde.

SALU
4. Mose 25,14

SALZMEER Siehe TOTES MEER.

SALZMEER
1. Mose 14,3; 4. Mose 34,3.12 5. Mose 3,17; Jos 3,16; 12,3; 15,2.5; 18,19; 2. Kön 14,25; 2. Chr 20,2

SAMARIA (»Wartburg«). Die hebr. *Schomron* genannte Stadt war die Hauptstadt des Nordreichs Israel. Sie lag strategisch günstig auf einem etwa 90 m über dem fruchtbaren Ackerland sich erhebenden Hügel, der den Zugang zur Küstenebene, nach Sichem (dem modernen Nablus) und von dort nach Jerusalem sowie nach Megiddo und dem Jesreeltal beherrschte.

1. Kön 16,24 zufolge kaufte König Omri von Israel den Berg von einem Mann namens Schemer (daher der Name *Schomron*) und machte Samaria zu seiner neuen Hauptstadt. Sein Sohn und Nachfolger Ahab baute auf Betrei-

SAMARIA
1. Kön 16,24.

Baureste der römischen Basilika in Sebaste (Samaria).

20,1.10.17.34. 43; 21,1.18; 22,10.37–38.52; 2. Kön 1,2–3; 2, 25; 3,1.6; 5,3; 6,19–20.24–25; 7,1.18; 10,1.12. 17.35–36; 13,1. 6.9–10.13; 14, 14.16.23; 15,8. 13–14.17.23.25. 27; 17,1.5–6; 18, 9–10.34; 21,13; 23,18; 2. Chr 18,2.9; 22,9; 25,13.24; 28,8–9.15; Esr 4,17; Neh 3,34; Jes 7,9; 8,4; 9,8; 10,9–11; 36,19; Jer 23,13; 31,5; 41,5; Hes 16,46.51.

ben seiner phöniz. Frau Isebel einen Baal-Tempel (1. Kön 16,32). Der phöniz. Einfluß ist auch in Ahabs »Elfenbeinhaus« (1. Kön 22,39) erkennbar, einem Palast, der innen mit Elfenbeintafeln verziert war. Zu dieser Zeit wurde die Stadt von den Aramäern aus Damaskus bedroht, die sie mehrmals angriffen, jedoch nicht erobern konnten (1. Kön 20; 2. Kön 6,24ff.). Omris Dynastie endete mit dem Aufstand Jehus, der eine neue Dynastie begründete und Ahabs Baaltempel zerstörte (2. Kön 10,18–28). Im nächsten Jh. wird ein anderer Tempel mit dem »Kalb Samarias« erwähnt (Hos 8,5–6). Von beiden Tempeln wurden bei den Ausgrabungen bislang keine Reste gefunden.

Z.Zt. Jerobeams II. werden wieder elfenbeingeschmückte Häuser und Betten erwähnt (Am 3,15; 6,4). Mit seinem Tod fand die Blütezeit des Königreichs Israel ein Ende. Die nächsten 25 Jahre sahen sechs Könige, und die Assyrer wurden eine ernsthafte Bedrohung. S. konnte den assyr. Angriffen drei Jahre lang standhalten (725–722 v. Chr.), dann wurde es erobert und viele seiner Einwohner deportiert (2. Kön 17,6).

S. fiel endgültig in den letzten Monaten der Regierung Salmanassars V. (2. Kön 18,9–10), der 722 v. Chr. starb. Die Stadt wurde jetzt zum Verwaltungszentrum der assyr. Provinz Samarien, die mit Fremden besiedelt wurde

(2. Kön 17,24), die alle ihre eigenen Götter verehrten (2. Kön 17,29). Auch unter pers. Herrschaft (6.–4. Jh. v. Chr.) blieb S. Provinzhauptstadt.

Im 4. Jh. v. Chr. errichteten die Samaritaner ihr Zentrum in S. 332 v. Chr. wurde die Stadt von Alexander d. Gr. eingenommen, der dort mazedonische Veteranen ansiedelte. 108 v. Chr. wurde sie von Johannes Hyrkanus I. erobert und völlig zerstört; die Hasmonäer zwangen die Einwohner, zum Judentum überzutreten. 63 v. Chr. schlug Pompejus S. der röm. Provinz Syrien zu. Es folgten umfangreiche Baumaßnahmen unter Gabinius 57–5 v. Chr. Augustus schenkte die Stadt Herodes d. Gr.; Herodes benannte S. zu Ehren des Kaisers Augustus in Sebaste um und baute es zu einer der prachtvollsten Städte Palästinas aus. S. wurde im ersten jüd. Aufstand 66 n. Chr. zerstört, jedoch bald wieder aufgebaut. Septimius Severus verlieh S. 200 n. Chr. den Status einer *colonia*. Gegen Ende der Römerzeit nahm die Bedeutung der Stadt immer mehr ab, bis sie in der byz. Zeit nur noch ein kleiner, unbedeutender Ort war. Einer christl. Überlieferung zufolge befand sich das Grab Johannes des Täufers in S., weswegen dort mehrere Kirchen errichtet wurden, die letzte von den Kreuzfahrern im 12. Jh.

In S. wurden umfangreiche Ausgrabungen durchgeführt. Die isrl. Siedlung bestand aus einer Stadtburg und einer Unterstadt, mit je eigenen Befestigungsanlagen. Während die Stadtburg relativ gut erforscht wurde, blieb die Unterstadt unerforscht und ihre wahre Ausdehnung unbekannt, obgleich die Mehrzahl der Forscher glaubt, daß sie nicht kleiner als das von der röm. Stadtmauer eingefaßte Gebiet war. In der Stadtburg konnte ein Gebäude als der Palast der isrl. Könige identifiziert werden. Im Inneren wurden Elfenbeintäfelungen entdeckt, z. T. aus Ahabs Zeit, zum größten Teil jedoch aus Jerobeams Regierungszeit. Insgesamt ließen sich bei der Stadtburg von der Zeit der Gründung Samarias bis zur Eroberung durch die Assyrer (876–722 v. Chr.) sechs Bauperioden unterscheiden. Bei Ostraka aus der Zeit Jerobeams II. oder Menahems aus einem Speicher der Stadtburg scheint es sich um in einer alten hebr. Schrift geschriebene Steuerveranlagungen zu handeln.

53.55; 23,4.33;
Hos 7,1; 8,5–6;
10,5.7; 14,1;
Am 3,9.12; 4,1;
6,1; 8,14;
Obd 19;
Mi 1,1.5–6;
Apg 8,9

(rechts) Ostrakon aus Samaria aus dem 8. Jh. v. Chr., offenbar ein Brief mit Anordnungen über die Verteilung einer bestimmten Menge Gerste (Israelische Regierungsabteilung für Altertümer und Museen).

Münze aus Sebaste (Samaria), auf der eine Sphinx abgebildet ist (201 n. Chr.).

Spätere Überreste werfen Licht auf die Stadt in der hell. und röm. Zeit. Hier sind u. a. eine 800 m lange Säulenstraße und ein Augustus-Tempel zu nennen. Am Nordosthang der Stadtburg kam ein relativ gut erhaltenes Theater aus dem 3. Jh. n. Chr. zum Vorschein.

Die Täler und Berge von Samarien.

SAMARIEN
1. Kön 13,32;
2. Kön 17,24.26.
28; 18,34; 23,19;
Esr 4,10;
Lk 17,11;
Joh 4,4–5.7;
Apg 1,8; 8,1.5.
14; 9,31; 15,3

SAMARIEN

Landschaft in Israel, deren Grenzen in der Bibel nicht eindeutig sind. Urspr. bezeichnete der Name S. die Gebiete des Stammes Ephraim und des halben Stammes Manasse, im Osten durch den Jordan und im Westen durch die Küstenebene begrenzt; die südliche Grenze verlief von Jericho über Bethel nach Geser, im Norden umfaßte die Region die reichen Täler von Bet-Schean und Jesreel, berührte die Ausläufer Untergaliläas und erreichte schließlich das Mittelmeer nördlich des Karmel. Nach der Teilung des vereinten Königreichs umfaßte S. auch Galiläa. Nach den assyr. Feldzügen schrumpfte das Königreich Israel auf die eigentliche Landschaft S. zusammen: das Bergland nördlich und südlich seiner Hauptstadt Samaria; von den fruchtbaren Tälern blieb ihm nur das Ajalontal. Die von Sargon II. 712 v. Chr. gegründete assyr. Provinz S., die unter dem Namen Samerina bekannt war, schloß das Bergland, dessen westliche Ausläufer und die Küstenebene ein.

Die Assyrer siedelten Deportierte aus anderen Ländern neben dem Rest der isrl. Bevölkerung an, die mit der Zeit als Samaritaner (vgl. SAMARITANER, SAMARITER) bekannt wurden. In der Perserzeit bestand die Provinz lediglich aus dem Bergland.

Der Reichtum S.s beruhte auf der Landwirtschaft. Die Täler brachten Weizen und Gerste hervor, die sanften Hänge Wein und Oliven.

Als die Juden nach ihrer Rückkehr aus dem babyl. Exil begannen, den Tempel in Jerusalem wiederaufzubauen, boten die Samaritaner mit ihrer Hauptstadt Sichem ihre Hilfe an. Die Ablehnung ihres Angebots bildete den Ursprung der folgenden Feindschaft zwischen Juden und Samaritanern (Esr 4; Neh 2,10).

Der Statthalter der Provinz S. in der zweiten Hälfte des 5. Jh. hieß Sanballat (Neh 2,10.19). Er und seine Söhne sind auch von den Papyri der jüd. Gemeinde im ägypt. Elephantine bekannt.

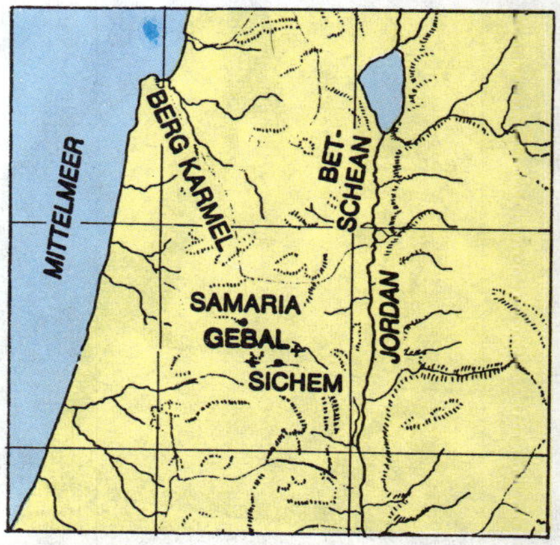

Ein Priester mit dem Pentateuch der Samaritaner.

(rechts) Überreste einer samaritanischen Siedlung aus dem 4.–5. Jh. bei Kadum.

(unten) Samaritanische Sarkophage der römischen Zeit aus Sichem.

(unten rechts) Steinerne Mezuza vom Anfang der byzantinischen Epoche aus Samaria (Israel-Museum).

63 v. Chr. schloß Pompejus S. der röm. Provinz Syrien an. Augustus übergab die Hauptstadt Samaria Herodes. S. wird auch im NT erwähnt. Es lag auf dem Weg Jesu nach Jerusalem (Lk 17,11); auf dem Rückweg kam er durch Sychar und sprach dort mit der Samariterin am Jakobsbrunnen (Joh 4). Den Aposteln befahl Jesus, in S. zu predigen (Apg 1,8).

SAMARITANER, SAMARITER 2. Kön 17,29; Mt 10,5; Lk 9,52; 10,33; 17,16; Joh 4,9.39.40; 8,48; Apg 8,25

SAMARITANER, SAMARITER Einwohner Samariens nach der assyr. Eroberung des Nordreichs Israel 722/1 v. Chr. Die Assyrer verfolgten eine Politik der Umsiedlung eroberter Völker. Sie deportierten viele der Einwohner des Nordreichs und ersetzten sie durch ein Völkergemisch aus dem Osten: Babel, Awa, Hamta, Sefarwajim und Kuta (von diesem Kuta hergeleitet werden die Samaritaner in der rabbin. Literatur oft als *Kutim* bezeichnet). Der Name Samaritaner taucht nur einmal im AT auf, in 2. Kön 17,29, wo er zur Bezeichnung dieser heidnischen Neuankömmlinge dient. Die Mehrheit der Bevölkerung bestand jedoch aus Israeliten, die nicht deportiert worden waren und an ihrem jüd. Glauben festhielten.

Die Mischbevölkerung von Samaria wurde von den Juden des Südens nicht als jüd. anerkannt. Als die Juden nach dem babyl. Exil mit dem Wiederaufbau des Tempels begannen, boten die S. ihre Hilfe an, wurden jedoch zurückgewiesen, worauf sie den Bau sabotierten und auch den Wiederaufbau der Mauern Jerusalems, den sie gegenüber Artaxerxes als Akt der Rebellion bezeichneten, zu verhindern suchten (Esr 4). Auch unter Nehemia, der den Bau vorantrieb und vollendete, blieb die Feindschaft bestehen, und der Bruch war vollständig (Neh 2–6).

Da es den S. verboten war, Opfer im Jerusalemer Tempel darzubringen oder Juden zu heiraten, errichteten sie ihren eigenen Tempel auf dem Berg Garizim in der Nähe Sichems. Der Kanon ihrer heiligen Schrift umfaßt bis heute nur die fünf Bücher Mose; der Text weist leichte Abweichungen vom masoretischen hebr. Text auf und enthält einen zusätzlichen Vers, der ausdrücklich den Garizim als die Stätte des Tempels erwähnt. Wenn Jesus in Joh 4,22 zu der Samariterin sagt: »Das Heil kommt von den Juden«, spielt er darauf an, daß die S. die im babyl. Exil gesammelten Schriften, v. a. die Propheten, nicht hatten.

Sichem wurde von Alexander d. Gr. erobert und 128 v. Chr. mitsamt dem Tempel durch Johannes Hyrkanus zerstört. Der Tempel wurde erst im 2. Jh. n. Chr. von Kaiser Hadrian als Gegenleistung für die Hilfe der S. gegen die Juden im Bar-Kochba-Aufstand (132–135) wiedererbaut.

Die Feindschaft zwischen Juden und S. spiegelt sich auch im NT wieder. Eine der schlimmsten Beleidigungen gegen Jesus war, ihn einen S. zu nennen (Joh 8,48). Seine Jünger hätten ein wenig gastfreundliches samarit. Dorf am liebsten zerstört und verstanden nicht, daß er mit einer samarit. Frau redete (Lk 9,51–55; Joh 4,27). Der »barmherzige Samariter« war für die Juden etwas Undenkbares (Lk 10,33–37). Der einzige der zehn geheilten Aussätzigen, der Jesus dankte, war jedoch ein S. (Lk 17,11–16), und die S. hatten ein offenes Ohr für Jesu Botschaft (Joh 4,39–40). Samarien gehörte zu den ersten christl. Missionsfeldern (Apg 8,5–25). Die letzten S. (rund 300) leben heute überwiegend in Nablus und Haifa.

SAMLA 1. Mose 36,36–37; 1. Chr 1,47–48

SAMLA (»Verhüllung«). Fünfter König von Edom, »bevor Israel Könige hatte« (1. Mose 36,31).

SAMOS Apg 20,15

SAMOS Griech. Insel gegenüber der Westküste Kleinasiens. Im Altertum war sie eines der führenden Handelszentren Griechenlands. Ihre Blütezeit erlebte sie im 6. Jh. v. Chr. In der Römerzeit gehörte S. zur röm. Provinz Asien. Paulus kam auf dem Rückweg von seiner dritten Missionsreise über S. nach Milet.

SAMOTHRAKE Apg 16,11

SAMOTHRAKE Gebirgige griech. Insel in der nördlichen Ägäis, im Altertum wegen ihres Mysterienheiligtums der »Großen Götter« berühmt. Man verehrte dort seit dem 7. Jh. v. Chr. eine Muttergottheit, ihren Ehemann und dienende Dämonen. Die meisten Gebäude des Heiligtums stammen aus der hell. Zeit. Die Reste umfassen die Rotunde, um 280 v. Chr. von Königin Arsinoe II. von Ägypten geweiht, und den Siegesbrunnen, über dem die geflügelte Siegesgöttin Nike stand (wahrscheinlich von den Rhodern im Gedenken an einen Seesieg um 190 v. Chr. errichtet). Paulus verbrachte auf seiner zweiten Missionsreise eine Nacht in S.

SAMSUMMITER 5. Mose 2,20

SAMSUMMITER 5. Mose 2,20 zufolge die ammonitische Bezeichnung für die »Riesen«, die in Ammon vor dem Eindringen der Ammoniter lebten. Die

Reste des Tempels der Hera (Juno), Göttin der Ehe und Geburt, auf Samos.

Nike-Statue aus Samothrake, frühes 2. Jh. v. Chr.

Die Stätte des Grabes Samuels wird in der jüd. Überlieferung mit dem Schrein Nebi Samwil (arab.: »Prophet Samuel«) auf der höchsten Anhöhe über Jerusalem in Verbindung gebracht.

Das Innere des Schreins Nebi Samwil.

Hebräer nannten sie *Refaïter* (vgl. 1. Mose 15,20), die Moabiter *Emiter* (5. Mose 2,11).

SAMUEL (»Erhört von Gott«). Prophet und letzter isrl. Richter, Sohn Elkanas und Hannas. Er wurde geboren, nachdem die unfruchtbare Hanna gelobt hatte, ihren ersten Sohn Gott zu weihen (1. Sam 1). Sie hielt ihr Gelübde: S. wuchs beim Hohenpriester Eli in Silo auf, wo er eine Berufung Gottes erlebte (1. Sam 3,10–14).

S. wurde einer der größten Männer in der frühen isrl. Geschichte; er war Prophet, Priester, Richter und militär. Führer, und ganz Israel erkannte ihn an (1. Sam 3,20). Er wohnte in Rama (1. Sam 7,17), wo er einer Prophetenschule vorstand (1. Sam 19,20). Als Richter Israels besuchte er regelmäßig die religiösen Zentren in Bethel, Gilgal und Mizpa (1. Sam 7,16).

Unter S. kam es zur Errichtung der Monarchie (1. Sam 8; vgl. KÖNIGTUM). Als das Volk einen König forderte, sah S. dies als Aufbegehren gegen Gott, gab dann aber auf Gottes Weisung dem Druck des Volkes nach. S. salbte Saul zum ersten König und setzte ihn in Mizpa vor dem Volk in sein Amt ein (1. Sam 9–10).

Im Laufe der Zeit verschlechterte sich das Verhältnis zwischen König und Prophet. Es kam zum Bruch, als Saul bestimmte Funktionen übernahm, die allein dem Priester zukamen (1. Sam 13,8–14), und vor allem, als er eigenmächtig Milde gegenüber den Amalekitern zeigte (1. Sam 15). Er bereute dies zwar, aber das Verhältnis zu S. konnte nicht mehr bereinigt werden, und dieser bestellte David auf Befehl Gottes im Stillen zu Sauls Nachfolger (1. Sam 16,1–13). Später fand David, als er vor Saul floh, Zuflucht in S.s Haus in Rama (1. Sam 19,18–23), wo der Prophet später bestattet wurde. (Nebi Samwil, der höchste Berg bei Jerusalem, wird nach der Überlieferung als die Begräbnisstätte angesehen und wurde zu versch. Zeiten von Juden, Christen und Moslems verehrt.) Der Tod S.s wird zweimal berichtet (1. Sam 25,1; 28,3) – das zweite Mal als Überleitung zu Sauls Besuch bei der Totenbeschwörerin von En-Dor, die den Geist S.s befragen sollte. Das NT erwähnt S. unter den Propheten (Apg 3,24; 13,20) und Richtern (Hebr 11,32).

SAMUEL
1. Sam 1,20; 2,18.21.26; 3,1. 3–4.6–11.15–16. 18–21; 7,3.5–6. 8–10.12–13.15; 8,1.4.6–7.10.19. 21–22; 9,14–15. 17–19.23–24. 26–27; 10,1.9. 14–17.20.24–25; 11,7.12.14; 12,1. 6.11.18–20; 13, 8.10–11.13.15; 15,1.10–14. 16–17.20.22.24. 26–28.31–35; 16,1–2.4.7–8. 10–11.13; 19,18. 20.22.24; 25,1; 28,3.11–12. 14–16.20; 1. Chr 6,12–13. 18; 9,22; 11,3; 26,28; 29,29; 2. Chr 35,18; Ps 99,6; Jer 15,1; Apg 3,24; 13,20; Hebr 11,32

SAMUEL, DIE BÜCHER Die beiden Samuelbücher waren urspr. *ein* Buch. Die Teilung erfolgte in der gedruckten hebr. Bibel von 1516/17, die sich auf die LXX und die Vulgata gründete. Die Bücher haben ihren Namen von dem Propheten SAMUEL, dem letzten Richter Israels und der Hauptfigur in der ersten Phase der Zeitspanne, von der in den beiden Büchern berichtet wird. S. bleibt auch von großer Bedeutung für die anderen Hauptpersonen des Buches, die Könige Saul und David, die von ihm unter der Leitung des Geistes Gottes ausgewählt und gesalbt wurden. Die beiden Bücher

Fragment aus 1. Samuel; gefunden in Qumran. (Schrein des Buches Jerusalem)

lassen in ihrer Schilderung der Richterzeit Samuels und des Verlaufs der frühen Königszeit in Israel sechs Abschnitte erkennen (s. u. Inhaltsübersicht).

1. Sam beginnt mit den Ereignissen, die zur Geburt S.s hinführen, und berichtet die Bestimmung des Kindes zum Dienst im Heiligtum zu Silo (Kap. 1). Als Kind wurde S. Zeuge des Niedergangs der Priesterfamilie Elis, seines Erziehers (Kap. 2–3). Elis Söhne Hofni und Pinhas starben bei Afek in der Schlacht gegen die Philister, die die Bundeslade eroberten; Eli starb, als er diese böse Nachricht hörte (Kap. 4). Die Philister gaben die Lade, die sich als Unglücksbringer erwies, schließlich an die Israeliten zurück; sie kam zunächst nach Bet-Schemesch und dann nach Kirjat-Jearim (Kap. 5–6).

Kap. 7 schildert S. als Richter Israels, der das Volk zur Umkehr aufruft, und erzählt von Gottes Eingreifen im Kampf gegen die Philister.

Kap. 8 berichtet die Forderung des Volkes nach einem König (vgl. KÖNIGTUM). S. gibt dem Begehren des Volkes nach, wenngleich er den Widerspruch zum Königtum Gottes sieht. Kap. 9 erzählt von Saul, der nach den verlorenen Eselinnen seines Vaters sucht. In Rama, wo er S. um Rat fragen will, wird er von diesem zum ersten König Israels gesalbt (Kap. 9–10). Die öffentliche Proklamation Sauls folgt in 1. Sam 10,17–27. Sauls erster Erfolg als König ist die Befreiung der Stadt Jabesch in Gilead von der Belagerung der Ammoniter (Kap. 11). Es folgt S.s Abschiedsrede als Richter (Kap. 12), in der er an Gottes Hilfe in der Vergangenheit erinnert und zur Treue gegenüber Gott aufruft.

Kap. 13–14 schildern die Feldzüge Sauls gegen die Philister. Er wird aber von Gott verworfen, als er im Kampf gegen die Amalekiter eigenmächtig deren König und das beste Vieh verschont (Kap. 15).

S. salbt deshalb heimlich David zum neuen König, der bald darauf an den Hof Sauls kommt (Kap. 16). Als er nach seinem Sieg über Goliat beim Volk beliebt wird, wird Saul eifersüchtig auf ihn und versucht sogar, ihn in einem Wutanfall zu töten; dennoch gibt er David seine Tochter Michal zur Frau (Kap. 18). Die Freundschaft mit Jonatan und die Ehe mit Michal helfen David, dem Zorn des Königs zu entkommen; Michal verhilft ihm zur Flucht. David findet Unterschlupf bei einer Gruppe von Propheten unter der Führung S.s (Kap. 19). Jonatan und David treffen sich heimlich und erneuern ihren Freundschaftsbund (Kap. 20). Kap. 21ff. beschreiben David auf der

INHALTSÜBERSICHT

SAMUEL	1. Sam 1–7	
	1–3	Geburt und Berufung Samuels
	4–6	Verlust der Bundeslade und Rückgabe
	7	Samuel als Richter
SAUL	8–15	
	8–10	Erwählung und Salbung Sauls zum König
	11	Sauls Sieg über die Ammoniter
	12	Samuels Abschied
	13–15	Sauls Feldzüge gegen die Philister und Amalekiter
DAVID	16–2. Sam 24	
	16	Die Salbung Davids; David an Sauls Hof
	17	David und Goliat
	18,1–19,10	David am Hof; Sauls Haß auf ihn
	19,11–28,2	David als Geächteter
	28,3–25	Die Totenbeschwörerin in En-Dor
	29–30	David bei den Philistern; sein Kampf gegen die Amalekiter
	31–2. Sam 1	Schlacht bei Gilboa; Tod Sauls und seiner Söhne; Davids Totenklage
	2. Sam 2–8	David wird König
	2–4	David König in Hebron
	5	David König ganz Israels; Eroberung Jerusalems
	6	Überführung der Bundeslade nach Jerusalem
	7	Verheißung Gottes für David und sein Haus
	8	Davids Kriege; Liste der Beamten
	9–20	Davids Hof
	9	David und Mefi-Boschet
	10	Kampf mit den Ammonitern und Aramäern
	11–12	David und Batseba
	13–14	Amnon und Absalom
	15–18	Aufstand Absaloms
	19	Rückkehr Davids
	20	Aufstand Schebas
	21–24	Anhang
	21	Begräbnis Sauls und seiner Söhne; die Heldentaten der Krieger Davids
	22	Davids Danklied
	23	Davids letzte Worte; die Helden Davids
	24	Volkszählung

Flucht vor Saul. Als Ahimelech, der Priester von Nob, David Hilfe gewährt, wird er zus. mit den anderen Priestern von Nob von Saul getötet; lediglich Abjatar kann entkommen und schließt sich David an (Kap. 22). Nach einem kurzen Aufenthalt bei den Philistern (Kap. 21,11–16) zieht sich David mit einem kleinen Trupp Unzufriedener in die judäischen Berge zurück. Zweimal (Kap. 24 und 26) könnte er Saul töten, verschont ihn jedoch. Er tritt schließlich mit seiner Streitmacht als Söldnerführer in die Dienste der Philister ein und bekommt als Standort die Stadt Ziklag (Kap. 27).

Aus Furcht vor einer Niederlage durch die Philister ruft Saul durch das Medium der Totenbeschwörerin in En-Dor den Geist des toten Samuel an, der ihm sagt, er werde unterliegen (Kap. 28). In der Schlacht bei Gilboa wird Israel dann auch geschlagen; Saul stirbt durch seine eigene Hand (Kap. 31).

Nach dem Tod Sauls wird David von den Ältesten Judas zum König gesalbt; Sauls Sohn Isch-Boschet wird König über das Nordreich Israel (2. Sam 2). Isch-Boschet wird schließlich durch zwei seiner Offiziere ermordet. David läßt die Mörder, die eine Belohnung für ihre Tat erwarten, töten (Kap. 4). Er dehnt jetzt seine Herrschaft über ganz Israel aus, macht Jerusalem zu seiner Hauptstadt und besiegt zweimal die Philister (Kap. 5). Er läßt die Bundeslade nach Jerusalem überführen, darf jedoch Gott keinen Tempel bauen (Kap. 6–7). Der Prophet Nathan verheißt ihm, daß sein Königtum »in Ewigkeit« fortdauern wird (7,16).

David holt Mefi-Boschet, den Sohn Jonatans, an seinen Hof und gibt ihm den Besitz Sauls zurück (Kap. 9). Es folgen Kämpfe mit den Ammonitern und ihren syr. Verbündeten (Kap. 10). Kap. 11 berichtet den Ehebruch Davids mit Batseba, der Frau seines Offiziers Uria, und den indirekten Mord an Uria. Vom Propheten Nathan deswegen zur Rede gestellt (Kap. 12), bereut David seine Sünde; das Kind jedoch, das Batseba zur Welt bringt, muß sterben. Batsebas und Davids zweites Kind ist Salomo (Kap. 12). Es folgen weitere Familientragödien: Davids ältester Sohn Amnon vergewaltigt seine Halbschwester Tamar und wird darauf von ihrem Bruder Absalom umgebracht (Kap. 13–14).

Kap. 15–18 handeln vom Aufruhr Absaloms gegen seinen Vater David. Absalom bekommt zunächst erheblichen Zulauf und zwingt David, aus Jerusalem zu fliehen. Er verpaßt dann aber den günstigen Moment für einen Angriff auf Davids Streitkräfte und ermöglicht ihnen damit eine Neuformierung im Ostjordanland. Im darauffolgenden Kampf werden die Aufständischen durch David geschlagen; Absalom wird entgegen dem Befehl Davids getötet. Ein Aufstand des Benjaminiters Scheba und der Nordstämme wird durch Joabs Truppen niedergeschlagen (Kap. 20).

Das Danklied Davids in 2. Sam 22 entspricht Ps 18. Auch Kap 23 enthält ein prophetisches Stück: Davids letzte Worte. Kap 24 erzählt von der Heimsuchung Davids durch Gott wegen einer Volkszählung.

Die Samuelbücher nennen keinen Verfasser. Wahrscheinlich sind sie nicht das Werk eines einzelnen Verfassers; verschiedene Beobachtungen zeigen, daß sie aus mehreren Quellen stammen. Sie geben wichtige Informationen zum Verständnis der Entwicklung des Königtums in Israel, das die eher sporadische Herrschaft der Richter ablöste und sich erst gegen manche Widerstände durchsetzen mußte, nicht zuletzt gegen die Glaubensüberzeugung, daß nur Gott allein der König Israels sei (vgl. 2. Mose 19,5.6). Die Samuelbücher geben uns auch wichtige Einblicke in die vielschichtigen Persönlichkeiten Samuels, Sauls und Davids, in ihre Konflikte untereinander und in die unaufhörlichen blutigen Auseinandersetzungen dieser Zeit. Der Zielpunkt ist die göttliche und unbegrenzte Erwählung Davids und seines Hauses.

SANBALLAT
Neh 2,10.19; 3,33; 4,1; 6,1–2.5.12.14; 13,28

SANBALLAT (»Sin [der Mondgott] gab [ihm] Leben«). Statthalter der Provinz Samarien in der Perserzeit. Er wurde »der Horoniter« genannt (Neh 2,10.19; 13,28), wohl nach seiner Herkunft aus Bet-Horon in Südephraim (Jos 10,10; 2. Chr 8,5), wonach er der Nachfahre einer isrl. Familie wäre. Einige Gelehrte meinen jedoch, daß sich »Horoniter« auf die Stadt Haran in Mesopotamien bezieht; dann wäre S. ein Nachfahre der Beamten, die von den assyr. Königen nach Samarien gesandt wurden. Er nahm einen synkretistischen Glauben an (2. Kön 17,33 und gab seinen Söhnen Delaja und Schelemija jahwistische Namen (aus einem außerbibl. Papyrus bekannt).

S. war der Hauptwidersacher Nehemias. Gemeinsam mit Tobija und Geschem versuchte er die Juden davon abzuhalten, die Stadtmauern Jerusalems wiederaufzubauen, und bezichtigte sie der Rebellion gegen den pers. König (Neh 2,10.19; 3,33–35, 6,6–7). Als Nehemia an dem Mauerbau festhielt, planten sie einen Überraschungsangriff, der jedoch mißlang (Kap. 4). Sie versuchten aber weiter, den Mauerbau zu behindern. Während Nehemias Abwesenheit von Jerusalem verheiratete S. seine Tochter mit einem der Söhne des Hohenpriesters Jojada, aber Nehemia verbannte das Paar aus der Stadt (Neh 13,28).

Nach außerbibl. Quellen trugen in der pers. Zeit drei Statthalter Samariens denselben Namen; wahrscheinlich gehörten sie zur selben Familie.

SANDELHOLZ Siehe PFLANZEN.

SANHEDRIN (HOHER RAT) Höchste politische, religiöse und juristische Instanz des Judentums in der röm. Zeit. Die Bezeichnung kommt aus dem Griech. *(synedrion)* und wurde nur in der röm. Zeit (seit dem 1. Jh. v. Chr.) gebraucht; die Institution selbst reicht jedoch zurück bis in die pers. Zeit, in der sie *Gerusia* (»Rat der Ältesten«) genannt wurde.

SANHEDRIN (= HOHER RAT) Mt 5,22; 26,59; Mk 14,55; 15,1; Lk 22,66; Joh 11,47; Apg 5,21.27.34. 41; 6,12; 23,1.6. 15.20.28; 24,20

Die Tradition verbindet die 70 Mitglieder des S. mit den 70 Ältesten, die zus. mit Mose das Volk führten (4. Mose 11,16). Die Struktur des S. veränderte sich mit der inneren Situation der jüd. Gemeinden und den äußeren polit. Bedingungen; z. Zt. des zweiten Tempels bildete er das höchste Gericht.

Die Auseinandersetzungen zwischen den PHARISÄERN und SADDUZÄERN beeinflußten Zusammensetzung und Aufbau des S. Oft kam es im Rat zu Zusammenstößen zwischen den beiden Gruppen; vgl. den Bericht des Markus über den Prozeß Jesu, wo die Hohenpriester, aber nicht die Pharisäer erwähnt werden (Mk 14,53ff.). Anfänglich dominierte die Partei der Sadduzäer (Priester) im S., im Laufe der Zeit jedoch gewannen die Thoralehrer (Pharisäer) die Oberhand, obwohl die Sadduzäer manchmal immer noch in der Mehrheit waren, bes. gegen Ende des zweiten Tempels.

Der S. tagte in der »Halle der Quadersteine« im Tempel von Jerusalem; er traf sich niemals nachts, am Sabbat, an Festtagen oder am Vorabend von Sabbat oder Festtagen. In ntl. Zeit setzte sich der S. aus drei Gruppen

Eines der Sanhedrin-Felsengräber in Jerusalem; hier sollen die Mitglieder des Sanhedrin begraben worden sein. Der Eingang ist mit einem Relief mit Pflanzenmotiven in hellenistischem Stil geschmückt.

zusammen: den Priestern, den Schriftgelehrten (einige von ihnen Pharisäer) und Vertretern von Städten im Land.

Die Ev.n berichten von mehreren Prozessen vor dem S.; bei allen führte der Hohepriester den Vorsitz, die Örtlichkeiten jedoch scheinen zu wechseln. Der Prozeß Jesu fand in der Passanacht (oder der Nacht zuvor) im Palast des Hohenpriesters statt (Mk 14,53–65; Joh 18,15 – bei Johannes wird allerdings der S. nicht erwähnt). Petrus und Johannes wurden laut Apg 4,3–6 am Abend verhaftet und erst am nächsten Morgen dem S. »in Jerusalem« vorgeführt. Der S. durfte unter den Römern keine Todesstrafe vollziehen (Joh 18,31). Petrus, Johannes u.a. Apostel (Apg 4,5–21; 5,17–41), Stephanus (Apg 6,12; 7,58) und Paulus (Apg 22,30–23,10) wurden ebenfalls dem S. vorgeführt.

SANHERIB
2. Kön 18,13; 19,16.20.36; 2. Chr 32,1–2. 9–10.22; Jes 36,1; 37,17.21.37

SANHERIB Assyr. König, 705–681 v. Chr. *Sanherib* ist die hebräisierte Form des akkad. Eigennamens *ahhē-eriba* (»[der Mondgott] Sin ersetzte für mich die Brüder«).

Ausschnitt eines Reliefs, das Sanherib auf seinem Thron sitzend zeigt (British Museum).

Die Prisma-Inschrift Sanheribs, die die wichtigsten Feldzüge und Siege des Königs aufzählt. 689 v. Chr. (Israel Museum).

Sanherib trat die Nachfolge seines Vaters Sargon an. Sein Zusammenstoß mit König Hiskia von Juda wird in 2. Kön 18–19; 2. Chr 32; Jes 36–37 und in seinem eigenen Bericht seines dritten Feldzugs beschrieben. Die in der Bibel erwähnte Eroberung der Stadt Lachisch und der Empfang von Tributzahlungen sind durch Reliefs in S.s Palast in Ninive archäolog. belegt. Von dem ägypt. Herrscher Schabaka und dem chald. König Merodach-Baladan (s. 2. Kön 20) angestachelt, stellten Juda und die Phönizier- und Philisterstaaten ihren Tribut an Assyrien ein. Daraufhin vertrieb Sanherib Merodach-Baladan aus Babel (702 v. Chr.) und marschierte anschließend gegen die Aufständischen in Palästina. Hiskia war der letzte der Rebellen, der sich gegen ihn behaupten konnte. Von Lachisch sandte S. drei hohe Beamte (2. Kön 18,17) mit einer großen Heeresmacht nach Jerusalem, um die Judäer zur Kapitulation zu bewegen. Gottes Schutz bewahrte aber die Stadt; sein

Eingreifen raffte einen großen Teil der assyr. Belagerer dahin (Jes 37,33–37). S. zog zurück nach Ninive, wo er von seinen eigenen Söhnen ermordet wurde (2. Kön 19,37; Jes 37,38). S.s Prisma-Inschrift behauptet, daß die Zerstörung Jerusalems durch Hiskias Verpflichtung zur Zahlung hoher Abgaben abgewendet wurde.

SANOACH

1. Ort im Hügelland (Jos 15,34). Nach der Rückkehr aus dem babyl. Exil bauten seine Bürger das Taltor in Jerusalem.

2. Ort an der Südgrenze des Gebietes von Juda, am Rand des Negeb (Jos 15,56). Seine genaue Lage ist unbekannt.

SANOACH 1 Jos 15,34; Neh 3,13; 11,30
SANOACH 2 Jos 15,56

Khirbet Sanu, nordöstlich von Aseka, mit Sanoach identifiziert.

SANSANNA Ort im Süden des bei der Verteilung des Landes Kanaan Juda zugeteilten Gebietes (Jos 15,31). Er lag »nach der Grenze von Edom zu, im Südland« (Jos 15,21). Mit dem heutigen Khirbet es Schamsaniat, etwa 16 km nordöstlich von Beerscheba, identifiziert.

SAPHIRA Ehefrau des Hananias (s. dort).

SARA (SARAI) (»Fürstin«). Ehefrau Abrahams und Mutter Isaaks; die erste Stammmutter des hebr. Volkes (Jes 51,2). Ihr urspr. Name Sarai wurde von Gott geändert (vgl. Abraham, der ursprünglich Abram hieß, 1. Mose 17,

SANSANNA Jos 15,31
SAPHIRA Apg 5,1
SARA (SARAI 1. Mose 11, 29–31; 12,5.11.

(rechts) Ruinen des Artemis-Tempels in Sardes.

Die Haupthalle der Synagoge von Sardes.

17; 16,1–3.5–6.8; 17,15.17.21; 18, 6.9–11.13–15; 20,2.14.16.18; 21,1–3.6–7.9.12; 23,1.19; 24,36. 67; 25,10.12; 49,31; Jes 51,2; Röm 4,19; 9,9; 1. Petr 3,6; Hebr 11,11

Links der Vorhof der Synagoge in Sardes; rechts ein Ausschnitt der Säulen.

5.15) – vermutlich ein symbolischer Akt, der den Neubeginn durch den Bund mit Gott unterstrich. S. stammte aus Abrahams eigener Familie (1. Mose 11,29–31). Ihre Schönheit, die in einem aram. Text in den Schriftrollen von Qumran besungen wird, war legendär (1. Mose 12,11) und führte dazu, daß sie von fremden Königen begehrt wurde (1. Mose 12,10–20; Kap. 20). Ihre anhaltende Unfruchtbarkeit (1. Mose 11,30) schien jedoch die Erfüllung der Verheißung Gottes zu gefährden.

S. begleitete Abraham auf seiner Wanderung nach und durch Kanaan und nach Ägypten (1. Mose 12). Noch immer kinderlos, gab sie ihrem Mann ihre Sklavin Hagar, damit diese ihm einen Erben gebe. Als Hagar schwanger wurde, trieb S. sie aus dem Haus. Hagar kehrte jedoch zurück und gebar Ismael (1. Mose 16,15). Als Boten Gottes dem fast hundertjährigen Abraham die baldige Geburt eines Sohnes ankündigten, lachte S. ungläubig – eine Vorwegnahme seines Namens, denn *Isaak* kommt von einer hebr. Wurzel mit der Bedeutung »lachen, Spaß haben« (vgl. 1. Mose 18; 21,6). Nach einem Aufenthalt in Gerar kehrten die beiden nach Kanaan zurück, wo Isaak geboren wurde. S. suchte nun Ismael und seine Mutter Hagar aus dem Haus und Erbe Abrahams zu entfernen, was ihr anläßlich Isaaks Entwöhnung gelang (1. Mose 21,8). S. wurde 127 Jahre alt, starb in Hebron und wurde dort in der Höhle in Machpela begraben (1. Mose 23).

Im NT wird S. mehrfach erwähnt. Röm 4,19 nennt sie in Zusammenhang mit dem starken Glauben Abrahams, Röm 9,9 nennt ihre späte Mutterschaft als Beispiel für Gottes Erwählung. In Hebr 11,11 wird S. unter den großen Vorbildern des Glaubens aufgeführt. 1. Petr 3,6 erwähnt ihren Gehorsam gegenüber Abraham.

SARAF 1. Chr 4,22

SARAF (»Der Brennende«). Angehöriger des Stammes Juda, der »Herr war über Moab«.

SARAI Siehe SARA.

SARDES Offb 1,11; 3,1.4

SARDES Stadt im Westen Kleinasiens, 80 km östlich von Smyrna; eine der »sieben Gemeinden in der Provinz Asien«, an die die sieben Sendschreiben der Offb gerichtet sind (Offb 1,4.11). Ehemals Hauptstadt des Königreichs Lydien, wurde die Stadt 129 v. Chr. Teil des röm. Reiches.

Mysterienreligionen und heidnische Kulte wie die der Kybele blühten in S. Dies erklärt wahrscheinlich die Bemerkung in Offb 3,4: »Aber du hast einige in Sardes, die ihre Kleider nicht besudelt haben ...«

Die christl. Gemeinde in S. war klein und schwach und geistlich bereits erstarrt (Offb 3,1); der Großteil der Bevölkerung blieb den heidnischen Religionen zugewandt. In S. wurde eine der frühesten Synagogen ausgegraben (2. Jh. n. Chr.), die bislang außerhalb Israels entdeckt wurden.

Fragment einer Stele von Sargon II., die in Aschdod gefunden wurde. Sie wurde nach der Eroberung der Stadt durch Sargon aufgestellt und schildert seine Heldentaten. 8. Jh. v. Chr. (Israelische Regierungsabteilung für Altertümer und Museen).

SAREPTA, ZARPAT (»Schmelzhütte«). Bedeutender sidonischer Hafen, das moderne Ras Sarafand, etwa 10 km südlich von Sidon. Erstmals als an der *Via Maris* gelegener Hafen in einer Liste aus der Zeit Ramses II. erwähnt. Später unter den von Sanherib 701 v. Chr. eingenommenen phöniz. Städten aufgeführt. Neuere Ausgrabungen brachten die phöniz. und röm. Stadt zutage. Der Name der Stadt wurde auf einem am Ort gefundenen Glasstempel entdeckt.

In S. erweckte Elia den verstorbenen Sohn einer Witwe (1. Kön 17).

SAREPTA, ZARPAT 1. Kön 17,9; Obd 20; Lk 4,26

SAREZER (»Schütze den König«).

1. Einer der beiden Söhne König Sanheribs von Assyrien (der andere war Adrammelech), die ihren Vater im Nisrochtempel in Ninive ermordeten und daraufhin ins Land Ararat flohen.

2. Mann, der zus. mit Regem-Melech im 4. Regierungsjahr des Königs Darius ausgesandt wurde, um den HERRN anzuflehen.

SAREZER 1 2. Kön 19,37; Jes 37,38
SAREZER 2 Sach 7,2

SARGON Name dreier mesopot. Könige. *Sargon* ist die hebraisierte Form des akkad. Eigennamens *sarru-ken* (»Der König ist rechtmäßig«). Als Äquivalent des hebr. *Melchisedek* wurde dieser Name gern von Thronräubern angenommen. Der erste war Sargon von Akkad (2334–2279 v. Chr.) – Sargon d. Gr., der Gründer des ersten semit. Reichs, das angeblich von Zypern im Nordwesten bis Bahrain im Südosten reichte. Wie Mose wurde auch S. von Akkad von seiner Mutter in einem Korb in den Fluß ausgesetzt, und wie Mose von der Tochter des Pharao adoptiert wurde, wurde er von Akki, dem Wasserschöpfer, adoptiert.

SARGON Jes 20,1

Über Sargon I. von Assyrien (ca. 1850 v. Chr.) ist so gut wie nichts bekannt.

Der in der Bibel erwähnte S. ist Sargon II. (Sohn von Tiglat-Pileser III.), der 721–705 v. Chr. in Assyrien herrschte. Gegen Ende der Regierungszeit seines Vorgängers Salmanassar V. befehligte S. das Heer, das Samaria eroberte, und deportierte seine Einwohner. Der bibl. Bericht dieses Ereignisses in 2. Kön 17 wird durch S.s eigenen Bericht auf den Mauern seines Palastes in der unvollendeten Stadt Dur-Sharrukin (das heutige Khorsabad) in der Nähe von Ninive ergänzt, deren Bau S. II. sich selbst zu Ehren begonnen hatte. Er behauptet, Samaria prachtvoller als jemals zuvor wieder aufgebaut zu haben. Die Erwähnung einer Straße von Ägypten über Israel nach Assyrien in Jes 19,23–25 könnte auf der Aufnahme von Handelsbeziehungen zwischen Ägypten und Assyrien 716 v. Chr. beruhen. Jes 20 spielt auf die Niederwerfung des Aufstandes des Königs von Aschdod durch S. 711 v. Chr. an. 709 v. Chr. vertrieb S. den Chaldäer Merodach-Baladan aus Babel und krönte sich selbst zum König von Babylonien. 705 v. Chr. fiel er während seines Feldzugs gegen die Kimmerer in Kleinasien. Sein Leichnam wurde nicht gefunden; er war der einzige König in der Geschichte von Babylonien und Assyrien, dem dies geschah, und sein Nachfolger Sanherib setzte eine Untersuchungskommission ein, um herauszufinden, aufgrund welcher Sünden S. derart gedemütigt wurde. Möglicherweise deutet auch Jesaja seinen schmählichen Tod als Strafe Gottes, vgl. Jes 14,20–21.

Kopf Sargons II. aus Khorsabad, 8. Jh. v. Chr.

SARID Stadt im Norden des Gebietes Sebulon (Jos 19,10). In den Siegeslisten Thutmoses III. erscheint sie als *Seret*. Die LXX erwähnt den Namen *Sedoud*, und aus diesem Grund wird die Stadt mit Tell Sadud im Norden der Jesreel-Ebene identifiziert.

SARID Jos 19,10.12

SARON Stadt, deren König von Josua am Westufer des Jordans geschlagen wurde.

SARON Jos 12,18

SASA Sohn Jonatans und Nachkomme Jerachmeels.

SASA 1. Chr 2,33

SATAN Der Ausdruck *Satan* leitet sich aus dem hebr. Wort für »Gegenspieler« ab. In drei Büchern des AT erscheint S. als Ankläger des Menschen vor Gott und Anstifter der Menschen zum Bösen. Er bleibt jedoch ein Mitglied des göttlichen Gefolges und ist als solches dem göttlichen Willen untergeordnet und keine unabhängige Macht des Bösen. Dies kommt deutlich zum Ausdruck im Prolog des Buches Hiob (Kap. 1–2), wo S. unter den »Söhnen Gottes« erscheint (Hiob 1,6), um Hiob anzuklagen.

SATAN 2. Sam 19,23; 1. Chr 21,1; Hiob 1,6–9.12; 2,1–4.6–7; Sach 3,1–2; Mt 4,10; 12, 26; 16,23;

Mk 1,13; 3,23. 26; 4,15; Lk 10,18; 11,18; 13,16; 22,3.31; Joh 13,27; Apg 5,3; 26,18; Röm 16,20; 1. Kor 5,5; 7,5; 2. Kor 2,11; 11,14; 12,7; 1. Thess 2,18; 2. Thess 2,9; 1. Tim 1,20; 5,15; Offb 2,9.13.24; 3,9; 12,9; 20,2.7

In Sach 3,1–2 erscheint S. ebenfalls als Verkläger des Menschen, hier des Hohenpriesters Jeschua. Der dritte Bezug auf S. im AT steht in 1. Chr 21,1. Diese Stelle steht in einem theolog. Spannungsverhältnis zu 2. Sam 24,1, wo Gott selbst es ist, der im Zorn David dazu reizt, eine Volkszählung vorzunehmen und damit eine verbotene Handlung mit harten Konsequenzen zu vollziehen. Der Autor der Chronik bezeichnet den S., also nicht Gott, als den Anstifter und schwächt damit die Härte von 2. Sam 24,1 dahingehend ab, daß er lehrt, es sei der S., der den Menschen zum Bösen veranlaßt, was aber stets unter der Kontrolle Gottes geschehe (vgl. Jak 1,13 ff.).

Manche Ausleger deuten die Prophetien gegen den König von Babel in Jes 14,12–14 und den König von Tyrus in Hes 28,11–19 als Hinweis auf einen Sturz S.s aus dem Himmel. Dazu ist festzuhalten, daß die These von einem »Engelsturz« in der Bibel nirgends ausdrücklich gelehrt wird – auch nicht in dem geheimnisvollen Wort Jesu in Lk 10,18 oder in Jud 6. Wer einen Sturz S.s u.a. gefallener Engel und ihre Verjagung aus dem Himmel lehren will, muß in diese wenigen dunklen Andeutungen Aussagen hineinlegen, die dort nicht zu finden sind. V.a. steht in der Schöpfungsgeschichte kein Wort von einem solchen Sturz; in 1. Mose 3 wird S. nirgends genannt. In Jes 14 und Hes 28 ist von irdischen Königen die Rede.

Das NT spricht mehrfach vom S. – unter diesem und versch. anderen Namen. Als »Teufel« tritt er Jesus in der berühmten Versuchung in der Wüste gegenüber (Mt 4,1–11). Er steht letztlich hinter dem Verrat des Judas und der Verleugnung des Petrus (Lk 22,3.31). Er erscheint in Jesu Gleichnis vom Sämann als der »Böse« (Mt 13,19; vgl. Mk 4,15), der den Menschen das in sie gesäte Wort Gottes raubt. Er ist der »Vater der Lüge« (Joh 8,44). In Mt 9,34 gilt S. als der »Oberste der Dämonen«. Auch Krankheit und Schmerzen werden auf S. zurückgeführt (Lk 13,16), und als der »Herr des Todes« brachte er den Tod in die Welt (Hebr 2,14). Als »der große Drache« wird er vom Himmel auf die Erde geworfen (Offb 12,9). Er ist der Macht Gottes unterstellt und wird letztlich unterworfen und in einen »Pfuhl von Feuer und Schwefel« geworfen werden (Offb 20,10).

SATTU
Esr 2,8; 10,27; Neh 7,13; 10,15

SATTU (»Sproß«). Oberhaupt einer Familie, die mit Esra aus dem babyl. Exil zurückkehrte. Esr 2,8 zufolge zählte sie 945 Mitglieder, Neh 7,13 zufolge 845. Sattu gehörte zu denen, die Nehemias Abmachung besiegelten (Neh 10,15).

SAUL 1
1. Sam 9,2–3.5. -8.10.15.17–19. 1–22.24–27; 10, 1–12.14–16.21. 26; 11,4–7. 11–13.15; 13, 1–4.7–8.10–11. 3.15–16.22; 14, 1–2.16–21.24. 33–38.40–47. 49–50.52; 15,1. 4–7.9.11–13. 15–16.20.24. 26–27.30–31. 34–35; 16,1–2. 4–15.17.19–23; 17,2.8.11–15. 9.31–34.37–39. 55.57–58; 18, -2.5–10.12–13. 5.17–25.27–30; 19,1–2.4.6–7. 9–11.14–15. 17–21.24; 20, 5–28.30.32–33; 21,8.11–12; 22, 6–7.9.12–13. 1–22; 23,7–17. .21.24–28; 24, -6.8–10.17.23; 25,44; 26,1–7.

SAUL (»[Von Gott] Erbetener«).

1. Erster König Israels, Sohn des Kisch aus dem Stamm Benjamin. Seine Regierungszeit ist nicht mit letzter Sicherheit zu datieren; überwiegend datiert man sie auf 1012–1004 v. Chr. Historisch gesehen bleibt die Ära S.s – zwischen der Zeit der Richter und der absolutistischen Monarchie Davids und seiner Dynastie – eine Episode (»charismatisches Königtum«) in der Geschichte Israels. Eine vergleichbare Staatsform hat es in bibl. Zeit weder vorher noch nachher gegeben.

S. war nicht nur von eindrucksvollem Äußeren (1. Sam 9,2), sondern erwies sich auch als charismatischer Führer (1. Sam 11,7). Seine Berufung begann damit, daß das Volk einen König verlangte (1. Sam 8). Dies mißfiel dem Propheten Samuel, doch Gott wies ihn an, dem Verlangen des Volkes zu entsprechen, ihm aber eindringlich die Nachteile des Königtums (s. KÖNIGTUM) vor Augen zu führen (1. Sam 8,7–22). Als Saul mit einem Knecht die Eselinnen seines Vaters suchte, gingen sie zu Samuel, um durch ihn Gott zu befragen. Samuel, von Gott vorbereitet, salbte S. zum König (1. Sam 9,1–10.16). Er bestätigte die Salbung S.s öffentlich, als er das Volk in Mizpa versammelte und das Los auf den Stamm Benjamin und schließlich auf S. fiel (1. Sam 10,17–27). Als S. dann bei Jabesch in Gilead einen glorreichen Sieg über die Ammoniter errang, wurde er einhellig als König anerkannt und sein Königtum erneut öffentlich bestätigt (1. Sam 11). Die theolog. Forschung vermutet in diesen Berichten verschiedene Parallelerzählungen und Traditionen. In Wirklichkeit handelt es sich nicht um widersprüchliche Versionen der Berufung S.s, sondern um die Berichte verschiedener Ereignisse, wobei man die Salbung S.s, die öffentliche Bestätigung in Mizpa und die erst später erfolgte Anerkennung des Königtums S.s auseinanderhalten muß.

Es scheint, daß S. seine Aufmerksamkeit nach einer kurzen Zeitspanne der Organisation den Philistern zuwandte, die die südlichen Stämme Israels überrannt und Silo zerstört hatten und so sehr die Herren Judas und der zentralen Bergregion waren, daß sie einen Außenposten in Gibea in Benjamin unterhielten. S.s Sohn Jonatan überfiel diesen Posten (1. Sam 13,3) – das Signal zum Aufstand. Die Philister bezogen Stellungen gegenüber Gibea, gerieten aber nach einem kühnen Angriff Jonatans in einen »Gottesschrecken« (1. Sam 14,15) und wurden vollständig in die Flucht geschlagen (1. Sam 13–14). Damit war ihre Kontrolle über die Bergregion gebrochen, obwohl sie Israel während der Regierungszeit S.s weiterhin bedrohten.

Der Kampf gegen die Ammoniter und die Vertreibung der Philister kennzeichnen den Beginn von S.s Königtum. Bei seinen Versuchen, sich seiner Autorität über die isrl. Bevölkerung der zentralen Bergregion zu versichern und die Stämme unter seiner Herrschaft zu vereinen, merzte er fremde Enklaven im Gebiet seines Stammes aus. Dabei tötete er eine unbekannte Anzahl Gibeoniter und verletzte so den zu Josuas Zeiten (Jos 9) geschlossenen Vertrag. Nach S.s Tod forderten die Gibeoniter als Vergeltung das Leben von sieben Söhnen S.s; David übergab ihnen fünf der Enkel S.s und zwei Söhne, die in Gibeon aufgehängt wurden (2. Sam 21,1–9).

Die Ammoniter, Moabiter, Edomiter und Aramäer vertrieb S. aus dem Ostjordanland (1. Sam 14,47). Um Juda von den Überfällen der Amalekiter zu befreien, unternahm er einen Feldzug gegen sie und nahm Agag, ihren König, gefangen. Samuel tötete ihn eigenhändig und tadelte S., der zunächst sein Leben verschont hatte (1. Sam 15). Die Kluft zwischen S. und Samuel, wohl ein Ergebnis von S.s Autoritätsanmaßung während des Krieges gegen Amalek, warf einen dunklen Schatten auf den Rest der Regierungszeit S.s. Der König wurde von Verfolgungswahn und Depressionen heimgesucht; nur Musik verschuf ihm Erleichterung. In dieser Situation kam David, ein guter Musiker, an S.s Hof (1. Sam 16,14–23).

S. wurde nach Davids Sieg über Goliat zunehmend eifersüchtig auf ihn und versuchte zweimal, ihn umzubringen (1. Sam 18,10–11; 19,9–10). Später warf er seinen Speer sogar nach seinem eigenen Sohn Jonatan, der Davids engster Freund geworden war (1. Sam 20,33). David mußte vor S.s Zorn schließlich in die Grenzregionen Judas und bis nach Gat im Philisterland fliehen. S. verfolgte ihn und seine Anhänger, ja tötete sogar die Priester von Nob, weil sie David Brot gegeben hatten (1. Sam 22,17–19). Dies vergrößerte die Kluft, die S. langsam aber sicher von großen Teilen seines Volkes trennte.

Das Ende von S.s Regierung kam, als er sich in einen letzten Kampf mit den überlegenen Philistern einließ. Von schlimmen Vorahnungen bedrängt, reiste er nach En-Dor, um eine Totenbeschwörerin über den Ausgang der Schlacht zu befragen (1. Sam 28,7ff.), da Gott ihm nicht mehr antwortete (1. Sam 28,6). Das Ergebnis der Séance erfüllte ihn mit Verzweiflung (1. Sam 28,20ff.).

Die isrl. Armee hatte keine Kampfwagen und konnte so dem Angriff der Philister mit ihren schweren Waffen nicht widerstehen. In der Schlacht fielen S. und seine drei Söhne, darunter auch Jonatan. Der bibl. Bericht beschreibt, wie der schwerverletzte S. seinen Waffenträger bat, ihn zu töten, und sich schließlich in sein eigenes Schwert stürzte (1. Sam 31,4). (In 2. Sam 1,6–10 behauptet ein junger Amalekiter, Saul getötet zu haben.) Die Philister fanden ihren Feind am nächsten Tag tot auf und hingen seinen verstümmelten Leichnam und die seiner Söhne an der Mauer ihrer Stadt Bet-Schean auf (1. Sam 31,8–10). Die Einwohner von Jabesch jedoch, die S. vor den Ammonitern gerettet hatte (1. Sam 11), nahmen die Leichname ab und gaben ihnen ein ehrenvolles Begräbnis in ihrer eigenen Stadt.

2. Andere Anrede für Saulus aus Tarsus. Siehe SAULUS/PAULUS.

SAULUS Saulus aus Tarsus, »der auch Paulus heißt« (Apg 13,9); siehe SAUL (2) und PAULUS.

12.17.21.25; 27, 1.4; 28,3–5.7–10. 12–15.20–21.25; 29,3.5; 31, 2–8.11–12; 2. Sam 1,1.2. 4–6.12.17.21–24; 2,4–5.7–8.10.12. 15; 3,1.6–8.10. 13–14; 4,1–2.4. 8.10; 5,2; 6,16. 20.23; 7,15; 9, 1–3.6–7.9; 12,7; 16,5.8; 19,18.25; 21,1–2.4.7–8. 12.14; 22,1; 1. Chr 5,10; 8,33; 9,39; 10,2–8. 11–13; 11,2; 12, 1–2.20.24.30; 13, 3; 15,29; 26,28; Jes 10,29; Apg 13,21

SAUL 2
Apg 9,4.17; 22,7.13; 26,14

SAULUS
Apg 7,58; 8,3; 9,1.8.11.19.22. 24.27; 11,25. 30; 12,25; 13,1–2.7.9

SCHAAF 1 1. Chr 2,47
SCHAAF 2 1. Chr 2,49

SCHAAF

1. Ein Nachkomme in der Familie Kalebs.
2. Ein Sohn Kalebs.

SCHAALBIM Jos 19,42; Ri 1,35; 1. Kön 4,9

SCHAALBIM Stadt im Gebiet von Dan, in der die Amoriter nach der isrl. Eroberung des Landes wohnen blieben. Sie lag im 2. Verwaltungsdistrikt Salomos, in der Römerzeit im Gebiet von Emmaus.

SCHAAL-BONITER 2. Sam 23,32; 1. Chr 11,33

SCHAALBONITER Einwohner der Stadt Schaalbim.

SCHAALIM, GEBIET 1. Sam 9,4

SCHAALIM, GEBIET Ein Gebiet, das Saul auf der Suche nach seines Vaters Eselinnen durchquerte. Die richtige Schreibart ist *Schual*, was wie andere Ortsnamen der Gegend von den ansässigen Familien abgeleitet ist.

SCHAARAJIM 1 Jos 15,36; 1. Sam 17,52
SCHAARAJIM 2 1. Chr 4,31

SCHAARAJIM

1. Stadt an der Nordseite des Hügellandes (Schefela) im Gebiet Juda (Jos 15,36). Die Israeliten verfolgten die Philister nach ihrem Sieg »auf dem Wege von Schaarajim bis nach Gat und Ekron« (1. Sam 17,52). Moderne Forscher identifizieren S. mit Chirbet Saira, 4 km südöstlich von Bet-Schemesch.
2. Unbekannte Stadt im Gebiet von Simeon.

SCHAASCH-GAS Est 2,14

SCHAASCHGAS Der Eunuch, der mit der Aufsicht des Harems am Hofe des pers. Königs Ahasveros (Xerxes) betraut war.

SCHABBETAI Esr 10,15; Neh 8,7; 11,16

SCHABBETAI (»Am Sabbat geboren«). Ein Levit, der Esra in seinem Vorgehen gegen die Ehen mit heidnischen Frauen unterstützte; zugleich einer der Männer, die das Volk im Gesetz unterwiesen. Nach Neh 11,16 war er ein Vorsteher der Leviten für »den äußeren Dienst am Hause Gottes«.

SCHADRACH Dan 1,7; 2,49; 3, 12–14.16.19–20. 22–23.26.28–30

SCHADRACH Siehe ABED-NEGO.

SCHÄDEL-STÄTTE Mt 27,33; Mk 15,22; Joh 19,17

SCHÄDELSTÄTTE Siehe GOLGATHA.

SCHAF Siehe TIERE.

SCHAFAM 1. Chr 5,12

SCHAFAM (»schlau«). Einer der Führer des Stammes Gad, der z. Zt. König Jotams von Juda im Lande Baschan wohnte.

SCHAFAN 2. Kön 22,3. 8–10.12.14; 25,22; 2. Chr 34,8. 15–16.18.20; Jer 26,24; 29,3; 36,10–12; 39,14; 40,5.9.11; 41,2; 43,6; Hes 8,11

SCHAFAN (»Felsenkaninchen«). Sohn Azaljas und Schreiber König Josias. Der König sandte ihn zum Hohenpriester Hilkija, um Geld für die Arbeiter zu holen, die den Tempel instandsetzten, und Hilkija gab ihm das »Gesetzbuch«, das man im Tempel gefunden hatte. S. las es dem König vor, der ihn daraufhin beauftragte, zus. mit seinem Sohn Ahikam, dem Priester Hilkija, Achbor und Asaja den HERRN durch die Prophetin Hulda darüber zu befragen (2. Kön 22,3–14; 2. Chr 34,8–21).

Ein Sohn S.s, Elasa, war der Botschafter, der Jeremias Brief den deportierten Juden in Babel überbrachte (Jer 29,3). Ein weiterer Sohn, Gemarja, hatte eine »Halle im oberen Vorhof bei dem neuen Tor am Hause des HERRN«, in der Baruch Jeremias Schriftrolle vorlas (Jer 36,10–11). S.s Enkel Gedalja wurde von Nebukadnezar als Statthalter über das Volk gesetzt, das nach der Eroberung Jerusalems übriggeblieben war (2. Kön 25,22).

SCHAFAT 1 4. Mose 13,5
SCHAFAT 2 1. Kön 19,16.19; 2. Kön 3,11; 6,31
SCHAFAT 3 1. Chr 3,22
SCHAFAT 4 1. Chr 5,12
SCHAFAT 5 1. Chr 27,29

SCHAFAT (»[Gott] richtet«).

1. Mann vom Stamm Simeon; Sohn Horis; einer der zwölf Kundschafter, die aus der Wüste Paran ins Land Kanaan ausgesandt wurden.
2. Mann aus Abel-Mehola, der Vater des Propheten Elisa.
3. Sohn Schechanjas und Großenkel Serubbabels im Geschlechtsregister des Hauses David.
4. Einer der Führer des Stammes Gad, der z. Zt. König Jotams von Juda in Baschan lebte.
5. Einer der Beamten am Hof König Davids, verantwortlich für »die Rinder in den Tälern«.

Hebräisches Siegel auf Goldring, mit der Inschrift »Schafat«. 8. Jh. v. Chr. (Israel-Museum)

SCHAFIR Micha 1,11

SCHAFIR Stadt in Juda, vom Propheten Micha erwähnt. Die Lage ist unbekannt.

SCHAFTOR Neh 3,1.32; 12,39; Joh 5,2

SCHAFTOR Nach der Rückkehr aus dem babyl. Exil begann der Neubau Jerusalems am Schaftor (Neh 3,1). Das Tor lag anscheinend an der Nordoststecke der Nordmauer. Es war vorher als Benjamintor bekannt (Jer 37,13; 38,7), und der neue Name leitete sich wohl von dem Schafmarkt ab, zu dem man durch das Tor gelangte. In der Nähe lag der Teich Betesda, bei dem Jesus einen Kranken heilte (Joh 5,2–9).

SCHAGE 1. Chr 11,34

SCHAGE (»irrend«). Vater Jonatans (6), eines der »Helden« Davids.

Die Gegend von Schalischa in den Bergen von Ephraim.

SCHAHARAJIM (»Doppel-Morgenrot«). Einer der Vorfahren Sauls.

SCHAHA-RAJIM 1. Chr 8,8

SCHAHAZAJIM Stadt an der Grenze des Gebietes von Issachar, zwischen dem Tabor und dem Jordan. Die heutige Lage ist unbekannt.

SCHAHA-ZAJIM Jos 19,22

SCHAJMA Siehe SCHAMMA (3).

SCHAJMA 1. Chr 2,13

SCHAKAL Siehe TIERE.

SCHALISCHA Als der junge Saul auszog, um die Eselinnen seines Vaters zu suchen, ging er durch das Gebiet von Schalischa irgendwo in den Bergen Ephraims. Die Stadt Baal Schalischa lag wohl in dieser Gegend.

SCHALISCHA 1. Sam 9,4

SCHALLECHET, TOR Tor an der Westseite des Tempels.

SCHAL-LECHET 1. Chr 26,16

SCHALLUM (»unversehrt«).

1. Sohn des Jabesch; verschwor sich 748 v. Chr. gegen Secharja, den damaligen König von Israel, und regierte einen Monat lang, bis er selbst von Menahem, dem Sohn Gadis, ermordet wurde.

SCHALLUM 1 2. Kön 15, 10.13–15

2. »Hüter der Kleider« und Ehemann der Prophetin Hulda.

SCHALLUM 2 2. Kön 22,14; 2. Chr 34,22

3. Ein Nachkomme in der Stammtafel des Hauses Jerachmeel.

SCHALLUM 3 1. Chr 2,40.41

4. Der vierte Sohn König Josias und sein Thronnachfolger i. J. 609 v. Chr. Er ist besser unter seinem Herrschernamen Joahas bekannt (2. Kön 23,30 ff.; 2. Chr 36,1 ff.).

SCHALLUM 4 1. Chr 3,15; Jer 22,11

5. Sohn von Schaul (2), dem jüngsten Sohn Simeons.

SCHALLUM 5 1. Chr 4,25

6. Ein Hoherpriester, Sohn Zadoks und Vater des Hilkija; einer der Vorfahren Esras.

SCHALLUM 6 1. Chr 5,38–39

7. Ein Levit und Vorsteher der Torhüter nach dem babyl. Exil; vielleicht identisch mit Schallum (8) und (10). In 1. Chr 9,21 und 26,14 Meschelemja, in Neh 12,25 Meschullam genannt. Er mußte aufgrund der Anordnung Esras seine ausländische Frau verstoßen (Esr 10,24).

SCHALLUM 7 1. Chr 9,17

8. Ein Levit aus dem Hause Korach, Sohn Kores; nach dem babyl. Exil Torhüter am Heiligtum. Vielleicht identisch mit Schallum (7).

SCHALLUM 8 1. Chr 9,19.31

9. Vater des Jehiskija, eines der Sippenhäupter Ephraims z. Zt. König Pekachs von Israel.

SCHALLUM 9 2. Chr 28,12

10. Haupt einer Familie von Torhütern, die mit Serubbabel aus dem babyl. Exil zurückkehrten. Vielleicht identisch mit Schallum (7) und (8).

SCHALLUM 10 Esr 2,42; Neh 7,45

11. Einer der vielen Männer, die unter Esra ihre ausländischen Frauen verstoßen mußten. Vielleicht verwandt mit Schallum (7) und (8).

SCHALLUM 11 Esr 10,24

12. Ein weiterer der Männer, die ihre Frauen verstoßen mußten.

SCHALLUM 12 Esr 10,42

13. Sohn des Lohesch, Vorsteher eines halben Bezirkes von Jerusalem z. Zt. Nehemias; er und seine Töchter halfen, die Mauern Jerusalems zu reparieren.

SCHALLUM 13 Neh 3,12

14. Ein Onkel des Propheten Jeremia. Er sandte seinen Sohn Hanamel, um dem Propheten seinen Acker in Anatot zu verkaufen.

SCHALLUM 14 Jer 32,7

15. Vater Maasejas, des Torhüters im Tempel z. Zt. Jojakims von Juda.

SCHALLUM 15 Jer 35,4

Zylindersiegel-Abdruck in Chalzedon mit Kultszene und dem Namen des Besitzers »Schallum« an der Seite. Spätes 8.–7. Jh. v. Chr. (Israel-Museum).

Hebräisches Siegel aus Kalkstein, Jerusalem, mit der Inschrift »[Gehört] Schallum«. 7. Jh. v. Chr. (Israel-Museum).

SCHALLUN (Variante von Schallum). Vorsteher des Bezirkes von Mizpa; reparierte z. Zt. Nehemias das Quelltor und die Mauer am Teich der Wasserleitung.

SCHALLUN Neh 3,15

SCHALMAN Der Prophet Hosea sagte eine Niederlage Israels voraus, die mit der Zerstörung Bet-Arbeels durch Schalman vergleichbar sei. Wahr-

SCHALMAN Hos 10,14

scheinlich ist mit S. der assyr. König Salmanassar III. (859–825 v. Chr.) gemeint, der laut seinen Annalen in seinem 18. Regierungsjahr (841 v. Chr.) auf dem Marsch von Haraun nach Tyrus »unzählige Städte zerstörte, einriß und verbrannte«. Die erste dieser Städte könnte Bet-Arbeel gewesen sein.

SCHAMA 1. Chr 11,44

SCHAMA (»Gott hört«). Schama und sein Bruder Jehiël, beide Söhne Hotams des Aroëriters, waren unter den »Helden« Davids.

SCHAMGAR Ri 3,31; 5,6

SCHAMGAR Sohn Anats; folgte Ehud als Richter Israels.

SCHAMHUT 1. Chr 27,8

SCHAMHUT (»Geboren z. Zt. einer Katastrophe«). Ein Serachiter, Hauptmann der 5. Abteilung des Heeres Davids. Wahrscheinlich identisch mit Schammot bzw. Schamma dem Haroditer (1. Chr 11,27; 2. Sam 23,25), einem der »Helden« Davids.

SCHAMIR 1 1. Chr 24,24
SCHAMIR 2 Jos 15,48
SCHAMIR 3 Ri 10,1–2

SCHAMIR (»Stachel«).

1. Ein Levit, Sohn Michas; lebte z. Zt. König Davids.

2. Ort, der bei der Eroberung Kanaans an Juda fiel, wahrscheinlich im Süden der Berge von Juda.

3. Stadt im Gebirge Ephraim; Wohnort Tolas, der 23 Jahre Richter in Israel war. Die heutige Lage ist unbekannt.

SCHAMMA 1 1. Chr 7,37
SCHAMMA 2 1. Mose 36, 13.17; 1. Chr 1,37
SCHAMMA 3 1. Sam 16,9; 17,13
SCHAMMA 4 2. Sam 23, 11.32f.
SCHAMMA 5 2. Sam 23,25

SCHAMMA (»Gegenstand von Staunen, Entsetzen«).

1. Der achte der Söhne Zofachs vom Stamm Asser.

2. Der dritte Sohn Reguëls, des Sohnes Esaus.

3. Der dritte Sohn Isais und einer der älteren Brüder Davids. Er kämpfte unter Saul gegen die Philister.

4. Einer der »Helden« Davids, schlug allein einen Überfall der Philister zurück. Auch sein Sohn Jonatan war einer der »Helden«.

5. Ebenfalls einer der »Helden« Davids; befehligte 24 000 Soldaten im Heer Davids (1. Chr 27,8, wo er »Schamhut, der Serachiter« heißt).

SCHAMMAI 1 1. Chr 2,28.32
SCHAMMAI 2 1. Chr 2,44–45
SCHAMMAI 3 1. Chr 4,17

SCHAMMAI (»berühmt«?).

1. Erstgeborener Sohn Onams.

2. Ein Nachkomme in der Stammtafel des Hauses Juda.

3. Ein weiterer Nachkomme in der Stammtafel Judas.

SCHAMMOT 1. Chr 11,27

SCHAMMOT Schammot der Haroditer, einer der »Helden« Davids. In 2. Sam 23,25 heißt er »Schamma, der Haroditer«.

SCHAMMUA 1 4. Mose 13,4
SCHAMMUA 2 2. Sam 5,14; 1. Chr 3,5; 14,4
SCHAMMUA 3 1. Chr 9,16; Neh 11,17
SCHAMMUA 4 Neh 12,18

SCHAMMUA (»Gott hat erhört«).

1. Ein Mann aus dem Stamm Ruben; einer der 12 Kundschafter, die Mose aus der Wüste Paran nach Kanaan schickte.

2. Der erste der in Jerusalem geborenen Söhne Davids.

3. Ein Levit und Vater von Abda, einem der Leviten, die z. Zt. Nehemias in Jerusalem lebten.

4. Haupt der Priesterfamilie Bilga z. Zt. des Hohenpriesters Jojachin.

SCHAMSCHERAI 1. Chr 8,26

SCHAMSCHERAI (»Beschützt hat Ja[hwe]«). Der erstgeborene Sohn Jerohams in der Stammtafel König Sauls; er lebte in Jerusalem.

SCHARAR Esr 10,40

SCHARAR (»gelöst«). Einer der Söhne Banis, die unter Esra ihre ausländischen Frauen verstoßen mußten.

SCHARON 1. Chr 5,16; 27,29; Hld 2,1; Jes 33,9; 35,2; 65,10; Apg 9,35

SCHARON, SCHARONITER Küstenebene zwischen dem Fluß Jarkon im Süden und dem Berg Karmel im Norden, bekannt für ihre Wälder und Blumen (Hld 2,1; Jes 33,9). David ernannte einen Aufseher für die dort weidenden Herden (1. Chr 27,29). Die berühmte *Via Maris* (»Küstenstraße«) zwischen Ägypten und Syrien führte durch die S.-Ebene. Die Listen der ägypt. Könige erwähnen zahlreiche Städte entlang dieser Straße. Der Name S. erscheint in der Liste Amenophis II., der auf dem Weg nach Nordsyrien hier vorbeizog. In der pers. und hell. Periode wurden im S. phöniz. Kolonien errichtet. Zur Römerzeit hieß der S. *Drymos* (»Forst«); damals entstanden hier einige der wichtigsten Städte Palästinas.

Der Scharon.

SCHARUHEN Jos 19,6

SCHARUHEN Stadt im Gebiet Simeon (Jos 19,6). In der Liste der Städte Simeons im Gebiet von Juda steht statt S. *Schilhim* (Jos 15,32), in der Liste in 1. Chr 4,28–31 *Schaarajim*. Einige Forscher halten Schilhim und Schaarajim für verdorbene Formen von S., das in der gleichen Form in ägypt. Quellen erscheint. Andere sehen in den drei versch. Ortsnamen nur Veränderungen im Gebiet dieses Stammes in versch. Perioden.

Tel el-Fara (Süd), das mit Scharuhen identifiziert wird.

Nach ägypt. Quellen war S. z. Zt. der Hyksos und in der Spätbronzezeit eine gutbefestigte Stadt und anscheinend der Sitz eines ägypt. Statthalters. Nach der Vertreibung der Hyksos wurde es zum wichtigsten ägypt. Stützpunkt in Kanaan, bis in die Zeit Ramses II. hinein.

Die meisten Gelehrten identifizieren S. mit Tel el-Fara (Süd), 24 km südlich von Gaza und 30 km westlich von Beerscheba. Es liegt auf einem über 6,5 ha großen Hügel und beherrscht die Straße, die von der *Via Maris* nach Osten führt. Auf dem Friedhof gefundene philist. Keramik zeigt, daß die Stadt offenbar im Einflußbereich verschiedener Kulturen lag. S. wurde im Feldzug Pharao Schischaks zerstört und im 7.–6. Jh. v. Chr. von den Israeliten neu erbaut.

SCHASCHAI Einer der Söhne Banis, der unter Esra seine heidnische Frau verstoßen mußte.

SCHASCHAK (»Sehnsucht«). Einer der Söhne Berias in der Stammtafel König Sauls.

SCHAUBROT Die 12 auf dem den Leuchtern in der STIFTSHÜTTE gegenüberstehenden Tisch ausliegenden Brotlaibe (2. Mose 40,23–24). In zwei Reihen zu je sechs angeordnet (3. Mose 24,6), standen sie wahrscheinlich symbolisch für die 12 Stämme Israels (vgl. 2. Mose 24,4; 28,9–10). Die Kehatiter waren für ihre Zubereitung verantwortlich (1. Chr 9,32), aber nach 3. Mose 24,9 war es lediglich den Priestern erlaubt, sie zu essen. An jedem Sabbat wurden frische Brotlaibe ins Heiligtum gebracht, die alten wurden von den Priestern verzehrt (3. Mose 24,5–9).

Den S. wurde Weihrauch beigegeben, der gesondert als »Gedenkopfer« dargebracht wurde (3. Mose 24,7; vgl. 2,2). Es gibt jedoch keinen Hinweis darauf, daß das S. (wie in heidnischen Kulten) Gott als »Nahrung« dargebracht worden wäre oder als Opfer auf dem Altar Verwendung fand.

SCHAUL, SCHAULITER (»erbeten/gewidmet«). Die hebr. Schreibweise von Saul.

1. Sechster König Edoms aus Rehobot am Strom, Nachfolger Samlas von Mareska und Vorgänger Baal-Hanans, »bevor Israel Könige hatte« (1. Mose 36,1.37–38; 1. Chr 1,43.48–49).

2. Sohn Simeons von einer kanaan. Frau; Gründer der Familie der Schauliter und Vater von Schallum (5).

3. Ein Levit vom Haus der Kehatiter.

SCHAWE, TAL Ort, wo der König von Sodom Abraham nach dem Sieg über Kedor-Laomer traf (1. Mose 14,17–18); wahrscheinlich mit dem »Königsgrund« (2. Sam 18,18) identisch, wo Absalom sein Denkmal errichtete. Josephus beschreibt es als 2 Stadien von Jerusalem entfernt.

SCHAWSCHA (»Glanz«). Siehe SERAJA (1).

SCHEAL (»Bitte«). Einer der Söhne Bigewais, der unter Esra seine ausländische Frau verstoßen mußte.

SCHASCHAI
Esra 10,40

SCHASCHAK
1. Chr 8,14.25

SCHAUBROT
2. Mose 25,30; 35,13; 39,36; 40,4.23; 4. Mose 4,7; 1. Sam 21,7; 1. Kön 7,48; 1. Chr 9,32; 23,29; 28,16; 2. Chr 2,3; 4, 19; 29,18; Neh 10,34; Mt 12,4; Mk 2,26; Lk 6,4; Hebr 9,2

SCHAUL, SCHAULITER 1
1. Mose 36, 37–38; 1. Chr 1,48–49

SCHAUL, SCHAULITER 2
1. Mose 46,10; 2. Mose 6,15; 4. Mose 26,13

SCHAUL, SCHAULITER 3
1. Chr 6,9

SCHAWE, TAL
1. Mose 14,17

SCHAWSCHA
1. Chr 18,16

SCHEAL
Esr 10,29

SCHEALTIËL 1. Chr 3,17; Esr 3,2.8; 5,2; Neh 12,1; Hag 1,1.12.14; 2,2.23; Mt 1,12; Lk 3,27

SCHEALTIËL (»Ich bat Gott«). Ein Sohn König Jechonjas und Vater Serubbabels. Nach 1. Chr 3,17–19 war Serubbabel jedoch der Sohn Pedajas, des Bruders Sch.s, der damit sein Onkel gewesen wäre. Eine Erklärung dafür wäre, daß Pedaja kinderlos starb und Sch. mit dessen Witwe eine Leviratsehe einging; die Söhne galten dann als Nachkommen Pedajas (s. SCHWAGER-EHE). In Lk 3,27 wird ein Sch. als Sohn Neris erwähnt, eines Nachkommens des Davidssohnes Nathan (V. 31), aber es handelt sich aufgrund der unterschiedlichen Vorfahren und Nachkommen sowie aufgrund der zeitlichen Einordnung wohl nicht um denselben Sch.

SCHEAR-JASCHUB Jes 7,3

SCHEAR-JASCHUB (»Ein Rest soll zurückkehren«). Symbolischer Name des erstgeborenen Sohnes des Propheten Jesaja.

SCHEARJA 1. Chr 8,38; 9,44

SCHEARJA (»Urteil Gottes«). Ein Nachkomme von König Saul.

SCHEBANJA

SCHEBANJA 1 1. Chr 15,24

1. Einer der Priester, die »mit Trompeten vor der Lade Gottes bliesen«, als David die Bundeslade nach Jerusalem brachte.

SCHEBANJA 2 Neh 9,4–5

2. Einer der Leviten, die an dem großen Festtag unter Nehemia laut das Bußgebet ausriefen.

SCHEBANJA 3 Neh 10,5

3. Ein Führer des Volkes, der die Abmachung Nehemias unterschrieb.

SCHEBANJA 4 Neh 10,13

4. Ein Levit, der die Abmachung Nehemias unterschrieb.

SCHEBANJA 5 Neh 12,14

5. Name einer Priestersippe z.Zt. des Hohenpriesters Jojakim; an ihrer Spitze stand Josef (10). Wahrscheinlich die Familie Schebanjas (2).

SCHEBA (»Fülle«).

SCHEBA 1 2. Sam 20,1–2. 6–7.10.13.21–22

1. Sohn Bichris vom Stamm Benjamin, der eine Revolte gegen König David anführte. Davids Feldherr Joab belagerte Sch.s Festung Abel-Bet-Maacha, wo schließlich eine »kluge Frau« die Einwohner dazu überredete, Sch. zu enthaupten.

SCHEBA 2 1. Chr 5,13

2. Mann vom Stamm Gad, der z. Zt. König Jotams von Juda und Jerobeams von Israel in Gilead wohnte.

SCHEBAT Sach 1,7

SCHEBAT

Der elfte Monat des hebr. Kalenders; er entspricht Januar/Februar. Nur einmal im AT erwähnt, als der Monat, in dem Sacharja eine Vision hatte.

SCHEBER 1. Chr 2,48

SCHEBER (»Verderben«).

Einer der Nachkommen Davids.

SCHEBNA 2. Kön 18,18. 26.37; 19,2; Jes 22,15; 36, 3.11.22; 37,2

SCHEBNA Schreiber König Hiskias von Juda z. Zt. der Belagerung Jerusalems durch Sanherib (2. Kön 18,17–18).

Nach der Eroberung Babyloniens wandte sich der assyr. König nach Westen und griff 701 v. Chr. Juda an. Von Lachisch aus sandte er Gesandtschaften zu Hiskia und forderte die Kapitulation (2. Kön 18,17–25; Jes 36, 2–10). Hiskia wurde dabei von drei Männern vertreten: dem Hofmeister Eljakim, dem Schreiber Schebna und dem Kanzler Joach.

Unklar ist, ob der Schreiber König Hiskias mit dem Hofmeister Schebna identisch ist, dem in Jes 22,15–19 Gottes Gericht angekündigt wird.

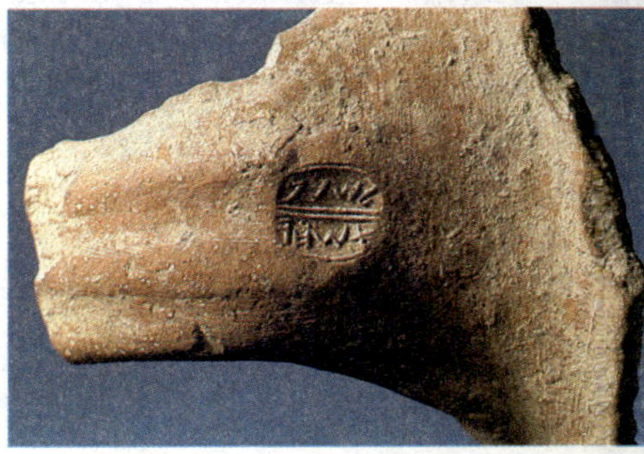

Siegeleindruck auf dem Henkel eines Tonkruges aus Mizpa mit der hebräischen Inschrift »[Gehört] Schebna [Sohn des] SHR«. Spätes 8.–7. Jh. v. Chr. (Israelische Regierungsabteilung für Altertümer und Museen).

SCHECHANJA (»Ja[hwe] hat Wohnung genommen«).

SCHECHANJA 1 1. Chr 24,11

1. Haupt der 10. Abteilung der Priester z. Zt. König Davids.

SCHECHANJA 2 1. Chr 3,21–22; Esr 8,2

2. Einer der Nachkommen Davids, König Jechonjas und Serubbabels; Vater von Schemaja (2) sowie des Sippenhauptes Hattusch, der mit Esra aus der babyl. Gefangenschaft zurückkehrte.

SCHECHANJA 3 Esr 8,5

3. Sohn Jahasiëls, der mit Esra aus der babyl. Gefangenschaft zurückkehrte.

SCHECHANJA 4 2. Chr 31,15

4. Einer der Priester z. Zt. König Hiskias, die bei der Verteilung der Tempelgaben halfen.

SCHECHANJA 5 Esr 10,2–3

5. Der Mann, der Esra aufforderte, daß die aus Babylonien Zurückgekehrten ihre heidnischen Frauen verstoßen sollten.

SCHECHANJA 6 Neh 3,29

6. Vater Schemajas (18), half unter Nehemia beim Neubau der Stadtmauern Jerusalems.

SCHECHANJA 7 Neh 6,18

7. Schwiegervater des Tobija, eines der Hauptgegner Nehemias beim Wiederaufbau der Mauern Jerusalems.

SCHECHANJA 8 Neh 12,3

8. Einer der Priester und Leviten, die mit Serubbabel aus dem babyl. Exil zurückkehrten.

Hebräisches Siegel aus Quarz und Siegeleindruck, Lachisch, mit der Inschrift »[Gehört] Schefatja [Sohn] des Asija«. (Israelische Regierungsabteilung für Altertümer und Museen).

SCHEDËUR (»Schaddai ist Licht«). Vater Elizurs, der den Stamm Ruben in der Wüste Sinai führte.
SCHEERA (»Die Blutsverwandte«). Tochter Ephraims. Sie erbaute »das untere und das obere Bet-Horon und Usen-Scheera«.
SCHEFAM Ort an der Nordostgrenze Kanaans.
SCHEFATJA (»Ja[hwe] ist mein Richter«).

1. Der fünfte der David in Hebron geborenen Söhne.
2. Sohn Reguëls und Vater Meschullams (6).
3. Einer der Männer von Benjamin, die von Sauls Heer zu David nach Ziklag überliefen; einer der »Helden« Davids.
4. Oberster des Stammes Simeon z.Zt. König Davids.
5. Jüngster Sohn König Joschafats, Bruder König Jorams und damit Onkel von dessen Sohn, dem König Ahasja.
6. Sippe, die mit Serubbabel aus dem babyl. Exil zurückkehrte.
7. Eine von den Sklaven Salomos abstammende Familie, die mit Serubbabel aus dem babyl. Exil zurückkehrte.
8. Familie, die mit Esra aus dem babyl. Exil zurückkehrte. An ihrer Spitze stand Sebadja.
9. Einer der Vorfahren Atajas, eines Judäers, der sich nach der Rückkehr aus dem Exil in Jerusalem niederließ.
10. Einer der vier Minister am Hof König Zedekias, die während der Belagerung Jerusalems durch Nebukadnezar den Propheten Jeremia in eine Zisterne warfen.

SCHEFELA Siehe HÜGELLAND.
SCHEFER, GEBIRGE Ein Lagerplatz der Israeliten auf dem Weg ins gelobte Land.
SCHEFI Ein Enkel Seïrs, des Horiters.
SCHEFUFAN Nachkomme Benjamins; eine der zahlreichen Variationen des Namens Schufam.
SCHEHARJA (»Ja[hwe] ist ein Morgenrot«). Einer der Führer Benjamins, lebte in Jerusalem; er war einer der Vorfahren König Sauls.
SCHEIDUNG In 5. Mose 24,1–4 wird der Fall erörtert, daß ein Mann sich von seiner Frau scheidet, weil er nach der Eheschließung »etwas Schändliches an ihr« gefunden hat; er gibt ihr dazu einen Scheidebrief. Er darf seine geschiedene Frau nicht wiederheiraten, falls sie in der Zwischenzeit einen anderen Mann geheiratet hat und dieser verstorben ist oder sich seinerseits von ihr geschieden hat (vgl. auch Jer 3,1). Jesaja (50,1) benutzt den Scheidebrief als Bild für das Verhältnis Israels zu Gott.

Eine juristische Scheidungsformel erscheint in Hos 2,4: »Sie ist ja nicht meine Frau, und ich bin nicht ihr Mann!« Die erste Hälfte dieser Formel ist aus alten babyl. Dokumenten bekannt, die zweite wird im Talmud zitiert. Dieselbe Terminologie taucht in einem aram. Scheidebrief Mitte des 5. Jh. v. Chr. auf. Der Codex Hammurabi sieht vor, daß sowohl der Mann als auch die Frau sich s. lassen können. Das AT erwähnt kein Scheidungsrecht der Frau.

In zwei Fällen hatte der jüd. Mann kein Scheidungsrecht: wenn er seine Frau fälschlich beschuldigte, zur Zeit der Eheschließung keine Jungfrau gewesen zu sein (5. Mose 22,13–19), und wenn er sie vergewaltigt hatte (5. Mose 22,28–29). Der erste Fall hilft uns, 5. Mose 24,1 besser zu verstehen: Bei dem »Schändlichen« handelt es sich offenbar darum, daß die Frau bei der Eheschließung keine Jungfrau mehr war, was im AT als einziger legitimer Scheidungsgrund erwähnt wird.

Mal 2,14–16 prangert die S. als Akt des Verrats an. Dabei ist das mit »verstößt« übersetzte hebr. Verb dasselbe, das auch in 5. Mose 22,19.29; 24,3 und Jer 3,1 zur Beschreibung des Akts der S. verwendet wird. In Esr 9–10 lesen wir von einer Massenscheidung von nichtjüd. Frauen als Teil von Esras Reformation.

Im NT wird Jesus von den Pharisäern gefragt, ob ein Mann sich von seiner Frau s. lassen dürfe. Er verweist auf Gottes Schöpfungsordnung (1. Mose

SCHEDËUR
4. Mose 1,5; 2,10; 7,30. 35; 10,18

SCHEERA
1. Chr 7,24

SCHEFAM
4. Mose 34, 1011

SCHEFATJA 1
2. Sam 3,4; 1. Chr 3,3

SCHEFATJA 2
1. Chr 9,8

SCHEFATJA 3
1. Chr 12,6

SCHEFATJA 4
1. Chr 27,16

SCHEFATJA 5
2. Chr 21,2

SCHEFATJA 6
Esr 2,4; Neh 7,9

SCHEFATJA 7
Esr 2,57 Neh 7,59

SCHEFATJA 8
Esr 8,8

SCHEFATJA 9
Neh 11,4

SCHEFATJA 10
Jer 38,1

SCHEFER
4. Mose 33,23–24

SCHEFI
1. Mose 36,23; 1. Chr 1,40

SCHEFUFAN
1. Chr 8,5

SCHEHARJA
1. Chr 8,26

SCHEIDUNG/ SCHEIDEN
Esr 10,11; Jer 3,1; Mt 5,31f.; 19,6–9; Mk 10,11f.; 1. Kor 7, 10–13.15

1,27; 2,24) und sagt: »Was nun Gott zusammengefügt hat, das soll der Mensch nicht scheiden!« (Mt 19,6). Die nach 5. Mose 24,1 mögliche Regelung sei eine Konzession an die Härte des menschlichen Herzens, »von Anfang an aber ist's nicht so gewesen. Ich aber sage euch: Wer sich von seiner Frau scheidet, es sei denn wegen Ehebruchs, und heiratet eine andere, der bricht die Ehe« (Mt 19,8–9 par.). Das Wort, das hier mit »Ehebruch« übersetzt wird, bedeutet eigentlich »Unzucht«. Da Jesus hier wie in Mt 5,32 auf 5. Mose 24,1 ff. Bezug nimmt, was auch in der Wortwahl deutlich wird, ist der legitime Scheidungsgrund »Unzucht« wohl wie dort die fehlende Jungfräulichkeit.

In der Bergpredigt nennt Jesus es auch ehebrecherisch, eine geschiedene Frau zu heiraten (Mt 5,32); ebenso begeht eine Frau, die sich von ihrem Mann s. und einen anderen heiratet, Ehebruch (Mk 10,11–12). Jesu Auslegung von 5. Mose 24,1 steht der von Rabbi Schammai nahe, der nur Ehebruch als Scheidungsgrund ansah (Mischna Gittim 9,10). (Die Schule des Rabbi Hillel dagegen ließ als Scheidungsgrund (»etwas Schändliches«) schon gelten, wenn die Frau das Essen anbrennen ließ.)

Paulus schließt wie Jesus die Wiederheirat Geschiedener zu Lebzeiten des Ehepartners aus (Röm 7,2.3; 1. Kor 7,10 ff.39).

Scheidebrief. Aramäischer Papyrus aus dem 1. Jh., gefunden in einer der Höhlen der judäischen Berge, nach dem ein gewisser Josef, Sohn Josefs, der Miriam, Tochter Jonatans, wohnhaft in Massada, den Scheidebrief und die Freigabe gewährt (Schrein des Buches, Israel-Museum).

SCHELA, SCHELANITER 1. Mose 38,5.11. 14.26; 46,12; 4. Mose 26,20; 1. Chr 2,3; 4,21

SCHELA, SCHELANITER Der zweite Sohn Judas von seiner kanaan. Frau Schua; Stammvater der Schelaniterfamilie. Er war der Vater der »Geschlechter der Leinweber von Bet-Aschbeba« (1. Chr 4,21).

SCHELACH 1. Mose 10,24; 11,12.14; 1. Chr 1,18.24; Lk 3,35

SCHELACH (»Wurf«).
Erstgeborener des Arpachschad, des dritten Sohnes Sems (1.Mose 10, 22–24). In Jesu Stammbaum nach Lukas wird er als ein Sohn Kenans, eines Sohns Arpachschads aufgeführt.

SCHELANITER 1. Chr 9,5

SCHELANITER Familie, die aus der babyl. Gefangenschaft zurückkehrte und sich in Jerusalem niederließ; ihr Haupt war Asaja.

SCHELEF 1. Mose 10,26; 1. Chr 1,20

SCHELEF (»Der Bewaffnete«). Einer der Söhne Joktans, zugleich der Name eines südarab. Stammes.

SCHELEMJA (»Ja[hwe] hat eine Belohnung gegeben«).

SCHELEMJA 1 Esr 10,39

1. Einer der Söhne Banis, der unter Esra seine ausländische Frau verstoßen mußte.

SCHELEMJA 2 Esr 10,41

2. Ein weiterer Sohn Banis, der seine ausländische Frau verstoßen mußte.

SCHELEMJA 3 Neh 3,30

3. Der Vater Hananjas, der z. Zt. Nehemias die Stadtmauer Jerusalems ausbesserte.

SCHELEMJA 4 Neh 13,13

4. Ein Priester, der von Nehemia mit der Verwaltung des Zehnten beauftragt wurde.

SCHELEMJA 5 Jer 36,14

5. Großvater jenes Jehudi, der im Zusammenhang mit der Schriftrolle Baruchs in Jer 36 eine Rolle spielte.

SCHELEMJA 6 Jer 36,26

6. Einer der Männer, die auf Befehl König Jojakims von Juda den Propheten Jeremia und seinen Schreiber Baruch verhaften sollten.

SCHELEMJA 7 Jer 37,3; 38,1

7. Der Vater des Juchal, der Jeremias Fürbitte für Zedekia erwirken sollte.

SCHELEMJA 8 Jer 37,13

8. Der Vater des Wachhabenden, der den Propheten Jeremia festnahm.

SCHELESCH 1. Chr 7,35

SCHELESCH (»Der dritte«). Einer der Söhne Hotams im Stammbaum des Hauses Asser.

SCHELOMI 4. Mose 34,27

SCHELOMI (»friedlich«). Vater Ahihuds, des Stammesfürsten von Asser, der Josua bei der Verteilung des Landes Kanaan half.

SCHELOMIT (»Friede«). Name mehrerer bibl. Gestalten. Da dies ein Frauenname ist, sieht die Forschung bei der Verwendung als Männername eine Fehlschreibung von *Schelomot*.

SCHELOMIT 1 3. Mose 24,11

1. Tochter Dibris vom Stamm Dan; sie heiratete einen Ägypter. Ihr Sohn lästerte den Namen des HERRN und wurde von Mose zum Tod durch Steinigung verurteilt.

SCHELOMIT 2 1. Chr 3,19

2. Eine Tochter Serubbabels.

SCHELOMIT 3 1. Chr 23,9

3. Ein Levit aus dem Hause Gerschon, Haupt einer Familie in Ladan gegen Ende der Regierung Davids.

SCHELOMIT 4 1. Chr 23,18; 26,25–26.28

4. Ein Levit, der unter König David für die dem Tempel gewidmete Heeresbeute verantwortlich war.

SCHELOMIT 5 2. Chr 11,20

SCHELOMIT 6 Esr 8,10

Hebräischer Siegelabdruck aus Jerusalem, beschriftet »[Gehört] Hoschajahu, Sohn des Schelemjahu«. Spätes 8.–7. Jh. v. Chr. (Israel-Museum).

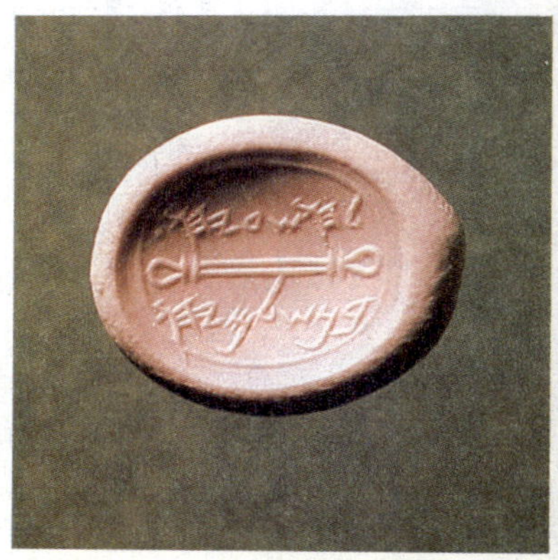

Siegeleindruck mit der Inschrift »[Gehört] Schema«. 7. Jh. v. Chr. (Israel-Museum).

5. Ein Enkel König Rehabeams von Juda.

6. Haupt einer Sippe, die mit Esra aus Babylon zurückkehrte.

SCHELUMIËL (»Gott ist mein Friede«). Mann vom Stamm Simeon, der Mose bei der Musterung der isrl. Männer half und später als Fürst eines Stammes (4. Mose 2,12) an der Einweihung des Altars der Stiftshütte beteiligt war (4. Mose 7,36–41). Er führte die Streitmacht seines Stammes beim Auszug ins Gelobte Land.

SCHELUMIËL 4. Mose 1,6; 2,12; 7,36.41; 10,19

SCHEMA (»Ruhm«).

1. Stadt, die bei der Aufteilung Kanaans an den Stamm Juda fiel. Sie lag an der Südgrenze von Juda »nach der Grenze von Edom zu«. Wird i.a. als identisch mit Scheba betrachtet.

2. Stadt in dem Gebiet, das dem Stamm Simeon zugeteilt wurde.

3. Letzter Sohn Hebrons im Stammbaum Kalebs.

4. Sohn Joels im Stammbaum des Hauses Ruben.

5. Einer der Söhne Elpaals, der nach der Austreibung der Einwohner von Gat in Ajalon lebte; im Stammbaum König Sauls.

6. Einer der Männer, die bei der Verlesung des Gesetzes nach der Rückkehr aus Babylon zur Rechten Esras standen.

SCHEMA 1 Jos 15,26
SCHEMA 2 Jos 19,2
SCHEMA 3 1. Chr 2,43–44
SCHEMA 4 1. Chr 5,8
SCHEMA 5 1. Chr 8,13
SCHEMA 6 Neh 8,4

SCHEMAA Ein Gibeatiter, der Vater zweier Männer aus dem Stamm Benjamin, die das Heer Sauls verließen und in Ziklag zu David stießen.

SCHEMAA 1. Chr 12,3

SCHEMAJA (»Ja[hwe] hat gehört«).

1. Prophet z. Zt. König Rehabeams von Juda. Er verhinderte einen Krieg zwischen Juda und dem sich von Juda lösenden Königreich Israel (1. Kön 12,22–24). Später kündigte er Gottes Gericht durch den Pharao Schischak an; auf die Buße Rehabeams und seiner Oberen hin milderte Gott die Strafe (2. Chr 12,5–13).

2. Erstgeborener Sohn Schechanjas (2).

3. Vater Schimris und einer der Vorfahren Sisas, des Fürsten der Simeoniter.

4. Ein Mann vom Stamm Ruben und einer der Vorfahren Beeras, den Tiglat-Pileser III. deportierte.

5. Levit aus der Sippe Merari, der sich nach der Rückkehr aus dem babyl. Exil in Jerusalem niederließ.

6. Einer der Leviten, die unter David die Bundeslade nach Jerusalem brachten.

7. Ein Levit und Schreiber am Hofe Davids; schrieb die Ordnungen der Priester im Heiligtum nieder.

8. Ein Levit, erstgeborener Sohn Obed-Edoms, Glied einer Familie von Torhütern der Bundeslade z. Zt. Davids.

9. Ein Levit; einer der von König Joschafat ausgesandten Männer, die das Gesetz Moses in den Städten Judas lehren sollten.

SCHEMAJA 1 1. Kön 12,22; 2. Chr 11,2; 12,5.7.15
SCHEMAJA 2 1. Chr 3,22
SCHEMAJA 3 1. Chr 4,37
SCHEMAJA 4 1. Chr 5,4
SCHEMAJA 5 1. Chr 9,14; Neh 11,15
SCHEMAJA 6 1. Chr 15,8.11
SCHEMAJA 7 1. Chr 24,6
SCHEMAJA 8 1. Chr 26,4.6–7
SCHEMAJA 9 2. Chr 17,8
SCHEMAJA 10 2. Chr 29,14
SCHEMAJA 11 2. Chr 31,15
SCHEMAJA 12 2. Chr 35,9
SCHEMAJA 13 Esr 8,13
SCHEMAJA 14 Esr 8,16
SCHEMAJA 15 Esr 10,21
SCHEMAJA 16 Esr 10,31
SCHEMAJA 17 Neh 3,29
SCHEMAJA 18 Neh 6,10
SCHEMAJA 19 Neh 10,9
SCHEMAJA 20 Neh 12,6
SCHEMAJA 21 Neh 12,18
SCHEMAJA 22 Neh 12,34
SCHEMAJA 23 Neh 12,35
SCHEMAJA 24 Neh 12,36

Kirjat-Jearim, die Heimatstadt von Schemaja (26).

SCHEMAJA 25 Neh 12,42
SCHEMAJA 26 Jer 26,20
SCHEMAJA 27 Jer 29,24.32
SCHEMAJA 28 Jer 36,12

10. Einer der 14 Leviten, die unter König Hiskia den Tempel reinigten.

11. Einer der Männer, die z. Zt. Hiskias an der Verteilung der Tempelgaben an die Priester und Leviten mitwirkten.

12. Einer der Vorsteher der Leviten z. Zt. Josias von Juda; spendete viele Opfertiere zum Passafest.

13. Haupt einer Familie, die mit Esra aus dem babyl. Exil zurückkehrte.

14. Eines der Sippenhäupter, die mit Esra im Exil waren; wurde zu Iddo in Kasifja gesandt, um Leviten nach Israel zurückzubringen.

15. Einer der Priester, die unter Esra ihre ausländischen Frauen verstoßen mußten.

16. Ein weiterer Rückkehrer aus dem babyl. Exil, der seine ausländische Frau verstoßen mußte.

17. Der Sohn Schechanjas (6) und Hüter des Osttores; er half z. Zt. Nehemias, die Mauern Jerusalems auszubessern.

18. Ein von Sanballat und Tobija gedungener Mann, der Nehemia einschüchtern sollte.

19. Einer der Priester und Oberen des Volkes, die Nehemias Abmachung unterschrieben; vielleicht ein Nachkomme von Schemaja (20).

20. Ein weiterer Priester, der mit Serubbabel aus der babyl. Gefangenschaft zurückkehrte.

21. Priesterfamilie in Jerusalem z. Zt. des Hohenpriesters Jojakim. Ihr Haupt war Jonatan. Wahrscheinlich die Familie von Schemaja (19) und (20).

22. Einer der Oberen von Juda, die bei der Einweihung der wiedererrichteten Stadtmauer Jerusalems unter Nehemia als Sänger mitwirkten.

23. Großvater des Priesters Secharja, der bei der unter (22) erwähnten Feier als Trompeter mitwirkte.

24. Ein weiterer Teilnehmer bei der Einweihung der Stadtmauer (s.o. 22); wirkte als Harfenspieler mit.

25. Ein weiterer Levit und Musiker bei der Einweihungszeremonie.

26. Vater des Propheten Uria (z. Zt. Jeremias) aus Kirjat-Jearim.

27. Schemaja von Nehelam, ein falscher Prophet in Babylon z. Zt. Jeremias. Er sagte eine rasche Rückkehr aus dem Exil voraus und forderte in einem Brief nach Jerusalem Jeremias Verhaftung.

28. Der Vater Delajas, eines der Oberen des Volkes z. Zt. Jojakims.

SCHEMARJA 1 1. Chr 12,6
SCHEMARJA 2 2. Chr 11,19
SCHEMARJA 3 Esr 10,32
SCHEMARJA 4 Esr 10,41

SCHEMARJA (»Möge Ja[hwe] Schutz verleihen«).

1. Mann vom Stamm Benjamin, der von Sauls Heer zu David überlief; einer der »Helden« Davids.

2. Der zweite Sohn Rehabeams.

3. Einer der Söhne Harims, der unter Esra seine heidnische Frau verstoßen mußte.

4. Einer der Söhne Banis, der unter Esra seine heidnische Frau verstieß.

SCHEMEBER 1. Mose 14,2

SCHEMEBER (»Glanz des Heldentums«). König von Zebojim, der z. Zt. Abrahams dem Bund gegen Kedor-Laomer von Elam beitrat und im Tal Siddim geschlagen wurde.

SCHEMED 1. Chr 8,12

SCHEMED Einer der Söhne Elpaals; baute nach der Rückkehr aus dem babyl. Exil Ono und Lod. Der Name wird oft als Schreibfehler für *Schemer* angesehen.

SCHEMER 1 1. Chr 7,32.34
SCHEMER 2 1. Chr 6,31
SCHEMER 3 1. Kön 16,24

SCHEMER (»bewahrt«).

1. Nachkomme Hebers aus dem Stamm Asser.

2. Vorfahre einer Familie von Leviten und Sängern im Heiligtum z. Zt. Davids.

3. Der Mann, von dem Omri von Israel den Berg kaufte, auf dem er seine Hauptstadt erbaute, die er nach Schemer *Samaria* nannte (s. SAMARIA).

SCHEMIDA, SCHEMIDAITER 4. Mose 26,32; Jos 17,2; 1. Chr 7,19

SCHEMIDA (»Berühmt an Einsicht«), **SCHEMIDAITER** Mann aus Gilead, Gründer der Sippe der Schemidaiter aus dem Stamm Manasse. Der Name findet sich auf einer Tonscherbe aus Samaria vom 8. Jh. v. Chr.

SCHEMIRAMOT 1 1. Chr 15,18. 20; 16,5

SCHEMIRAMOT (»Erhabener Name«).

1. Einer der Leviten, die die Harfe spielten, als David die Bundeslade nach Jerusalem bringen ließ; später spielte er im Heiligtum in Jerusalem.

Hebräisches Siegel aus Steatit (Speckstein) mit der Inschrift »Schemarja[hu]«. 8. Jh. v. Chr. (Israelische Regierungsabteilung für Altertümer und Museen).

2. Einer der Leviten, die unter König Joschafat durch Juda zogen, um das Gesetz zu lehren.

SCHEMI-RAMOT 2 2. Chr 17,8

SCHEMUËL (Die hebr. Schreibweise ist identisch mit der von *Samuel*).

1. Der jüngste Sohn Tolas, des erstgeborenen Sohnes Issachars.

2. Mann vom Stamm Simeon, der Josua bei der Verteilung des Landes Kanaan half.

SCHEMUËL 1 1. Chr 7,2
SCHEMUËL 2 4. Mose 34,20

SCHEN Ort unweit von Mizpa; zwischen den beiden Orten stellte Samuel den Stein »Eben-Eser« auf.

SCHEN 1. Sam 7,12

SCHENAZZAR Vierter Sohn Jechonjas (Jojachins), des Königs von Juda. Gewöhnlich als andere Namensform von SCHESCHBAZAR angesehen; die Identität ist jedoch umstritten.

SCHE-NAZZAR 1. Chr 3,18

SCHEREBJA (»Ja[hwe] hat Nachwuchs gegeben«).

1. Einer der Priester und Leviten, die Esra aus Kasifja zurückbringen ließ. Später wurde er mit dem Tempelschatz betraut.

2. Einer der Leviten, die das Volk unterwiesen, als Esra öffentlich aus dem Gesetz vorlas; er unterschrieb auch die Abmachung, das Gesetz zu befolgen.

3. Einer der Vorsteher der Leviten, die mit Serubbabel aus dem babyl. Exil zurückkehrten und sich in Jerusalem niederließen.

SCHEREBJA 1 Esr 8,18.24
SCHEREBJA 2 Neh 8,7; 9,4–5; 10,13
SCHEREBJA 3 Neh 12,8.24

SCHERESCH (»Wurzel«). Zweiter Sohn Machirs vom Stamm Manasse.

SCHERESCH 1. Chr 7,16

SCHESCHACH Ein Deckname (der auf einem umgekehrten Alphabet basiert), den Jeremia zur Bezeichnung Babylons gebrauchte.

SCHE-SCHACH Jer 25,26; 51,41

SCHESCHAI Einer der drei Riesenbrüder (die beiden anderen waren Ahiman und Talmai), die in Hebron lebten, als die isrl. Kundschafter das Land Kanaan ausspähten. Die drei wurden von Kaleb aus der Stadt vertrieben (Jos 15,14) und später von den Männern von Juda getötet (Ri 1,10).

SCHESCHAI 4. Mose 13,22; Jos 15,14; Ri 1,10

SCHESCHAN (»edel«). Einer der Nachkommen Jerachmeels.

SCHESCHAN 1. Chr 2,31. 34–35

SCHESCHBAZAR (Andere Form von *Schenazzar*; »Sin [der Mondgott] bewacht den Vater«). »Fürst von Juda« (Esr 1,8). Wurde von Kyrus (Kores) von Persien als Statthalter der Provinz Juda eingesetzt (Esr 5,14). Er führte die erste Gruppe der nach Babylonien Verbannten mit den von Nebukadnezar aus dem Tempel erbeuteten Gefäßen (2. Kön 24,13) nach Juda zurück und legte den Grundstein für den Neubau des Tempels (Esr 5,16).

SCHESCH-BAZAR Esr 1,8.11; 5,14.16

Die Identifikation S.s ist schwierig. Viele Forscher sehen in ihm den ersten Statthalter der Provinz Juda und Serubbabel (unter König Darius) als seinen Nachfolger (Esr 5,1–2.6; 6,15; Hag 1,1). Demnach legte S. den Grundstein des Tempels (wohl unter Mitwirkung Serubbabels), wurde jedoch am Weiterbau gehindert, und Serubbabel führte den Bau fort. Von einigen Gelehrten wird S. außerdem mit Schenazzar, dem Sohn König Jechonjas, gleichgesetzt, der kurz vor der Deportierung seines Vaters geboren wurde (1. Chr 3,17–18). Hierfür spräche die Namensbedeutung. Demnach wäre Serubbabel der Neffe von Scheschbazar/Schenazzar. Wieder andere halten S. und Schealtiël, den Vater bzw. Onkel Serubbabels, oder gar S. und Serubbabel für identisch, denn auch Serubbabel war Statthalter von Juda (Hag 1,1); er führte die ersten Verbannten zurück nach Juda (Esr 2,2; Neh 7,7) und legte den Grundstein für den Neubau des Tempels (Esr 3,8–13). Letzteres wird bes. durch Sach 4,9 belegt. Dann wäre S. der amtliche babyl. Name Serubbabels, des Statthalters der Könige Kyros und Darius in Juda.

Die Ernennung S.s zum Statthalter von Juda stimmt mit der Politik der pers. Könige überein, die i.a. Mitglieder der einheimischen Führungsschichten zu Statthaltern ernannten, um die Unterstützung der Bevölkerung zu gewinnen. S. auch SERUBBABEL.

SCHETAR (»Stern«). Einer der sieben Ratgeber des Königs Ahasveros; diese wurden als oberste Fürsten der Provinzen der Perser und Meder vom König konsultiert, als Königin Wasti gegen seinen Befehl nicht vor ihm erschienen war.

SCHETAR Est 1,14

SCHETAR-BOSNAI (»leuchtender Stern«). Ein pers. Beamter, der zus. mit Tattenai, dem Statthalter des Gebietes jenseits des Euphrat, an König Darius schrieb, um sich zu erkundigen, mit welcher Erlaubnis die Juden den Tempel in Jerusalem neu bauten.

SCHETAR-BOSNAI Esr 5,3.6; 6,6.13

SCHEWA 1
2. Sam 20,25
SCHEWA 2
1. Chr 2,49

SCHEWA

1. Eine Variante des Namens eines Schreibers Davids (s. auch SERAJA, SCHISCHA).

2. Einer der Söhne Kalebs; der Gründer von Machbena und Gibea.

SCHIFF/ SCHIFFAHRT
1. Mose 49,13; Ri 5,17; 1. Kön 9,26f.; 10,11; 22,49; 2. Chr 9,21; Ps 48,8; 104, 26; 107,23; Spr 30,19; Jes 60,9; Hes 27,9.29; 30,9; Jona 1,3–5; Apg 13,4; 14,26; 20,13.38; 21,2f. 6; 27,2.6.9f. 15.17.22.29–31. 37–39.41.44; 28,11; Jak 3,4; Offb 8,9; 18,19

SCHIFFE UND SCHIFFAHRT Das Segel war bereits Mitte des 4. Jt. v. Chr. in Mesopotamien bekannt, und seit dem 3. Jt. segelten Boote auf dem Nil. Kleine Schiffe befuhren von Ägypten aus die Mittelmeerküste bis nach Byblos. Im 1. Jt. v. Chr. bauten die Phönizier ihre Seemacht auf – zuerst mit kleinen Ruderschiffen für die Küstenschiffahrt, später mit hochseetüchtigen Segelschiffen, die sie bis zur Westküste Spaniens, Nordafrika und Südengland brachten. In der pers. Periode wuchs die Seefahrt weiter und führte seit Alexander d. Gr. gelegentlich über das Rote Meer bis nach Indien. Die Römer führten weitere Verbesserungen ein.

Nach 1. Mose 49,13 war die Seefahrt charakteristisch für den Stamm Sebulon, nach Deboras Siegeslied (Ri 5,17) auch für die Stämme Dan und Asser. Unter David förderten die neuen Handelsverbindungen zwischen Israel und Tyrus die isrl. Schiffahrt; Salomo gründete eine Handelsflotte in Ezjon-Geber (1. Kön 9,26), die mit isrl. und tyrischen Matrosen bemannt war (2. Chr 9,21). Danach hört man im AT nichts mehr von isrl. Seeunternehmungen, Hes 27,5–9 gibt jedoch eine detaillierte Beschreibung eines Schiffes von Tyrus. Ein ägypt. Relief des 12. Jh. v. Chr. in Medinet Habu zeigt philist. Schiffe; diese waren sehr flach, mit erhöhtem Bug und Heck zum besseren Schutz vor dem Wellengang, und besaßen einen Mast, jedoch kein Steuerruder. Von den phöniz. Schiffen hat man keine Abbildungen gefunden, assyr. Reliefs zeigen jedoch, daß die assyr. Schiffe (die von Phöniziern gebaut wurden) hoch waren, mit einem hohen Mast und zwei Decks: einem Oberdeck für die Mannschaft und einem Unterdeck für die Passagiere.

Das röm. Weltreich mit seiner *Pax Romana*, die sicheres Reisen durch sämtliche Provinzen ermöglichte, förderte auch die Entwicklung der Schiffahrt. In vielen der Provinzen wurden röm. Kolonien gegründet, während in zahlreichen italienischen Häfen syr. Siedlungen entstanden. Z. Zt. des Apo-

(links) Segelschiff im Sturm, auf einem römischen Sarkophag des 3. Jh.

Reste eines im See Genezareth gefundenen Bootes, 1. Jh. v. Chr. – 1. Jh. n. Chr. (Israelische Regierungsabteilung für Altertümer und Museen).

(unten) Assyrisches Schiff auf einem Bas-Relief aus dem Palast Sargons II. in Khorsabad. 8. Jh. v. Chr. (Musée du Louvre, Paris).

Hebräischer Siegeleindruck mit einem Schiff und dem Namen des Besitzers Onijahu, was auch »Schiff« bedeutet. 8. Jh. v. Chr. (Nach N. Avigad in Kadmoniot XVI,4, 1983).

stels Paulus gab es gute Schiffsverbindungen im Mittelmeer. Nach der Eroberung Jaffas durch Alexander Jannäus nahmen die Juden aktiv am Seehandel des Mittelmeers teil.

Für die antike Schiffahrt waren das Fehlen eines Sextanten o.ä. Instrumente zur Standort- und Kursbestimmung sowie die relativ geringe Tonnage und die primitive Segel- und Ruderausrüstung von Nachteil. Fahrten auf hoher See waren lange auf die Sommermonate (März-Oktober) beschränkt, wenn die See ruhig und die Sicht gut war (vgl. Apg 27,9). Man segelte i. a. nahe der Küste von Hafen zu Hafen und suchte im Notfall Schutz im Windschatten kleinerer Buchten. Mit dem Aufkommen größerer Schiffe wurden längere Fahrten sicherer und häufiger; sie waren auch nicht mehr auf die Sommermonate beschränkt, und direkte Routen von Alexandrien nach Italien wurden möglich. Die Römer säuberten das Meer auch von Piraten. Die Geschwindigkeit war gering; ein Frachtschiff fuhr bei günstigem Wind kaum schneller als 3–4 Knoten, womit die Reise von Alexandrien nach Puteoli in Italien acht Tage dauerte. In der hell. Zeit, v. a. aber seit Augustus, gab es im östlichen Mittelmeer ausgezeichnete Häfen; in Judäa waren Akko, Caesarea und Jaffa die besten.

Es gab in der röm. Periode v. a. zwei Schiffstypen: die langen, schmalen und schnellen Schiffe, die v. a. militärisch genutzt wurden; und der schwere, breite Typ, das Fracht- und Passagierschiff. Die Frachtschiffe waren aus Holz gebaut, mit einfachem Bug ohne Rammbock und nach hinten gezogenem Heck; sie hatten ein rechteckiges Segel, benutzten aber manchmal auch lange Ruder. Die frühen Schiffe hatten ein rechteckiges Segel am Bug, in der Kaiserzeit waren dann zwei oder drei dreieckige Segel üblich. Die Ladekapazität betrug ca. 3 Tonnen. Die Frachtschiffe waren bis zu 43 m lang, 11 m breit und 10,5 m hoch. Im Innern ging es eng zu: das Schiff, in dem Paulus Schiffbruch erlitt, hatte 276 Menschen an Bord (Apg 27,37).

SCHIFI (»Der Reiche«). Vater Sisas, des Fürsten des Stammes Simeon z. Zt. König Hiskias.

SCHIFI 1. Chr 4,37

SCHIFMITER Angehörige der Familie Schufam-Schefufam, so z. B. Sabdi, ein Beamter am Hofe Davids.

SCHIFMITER 1. Chr 27,27

SCHIFRA (»schön«). Eine der beiden hebr. Hebammen, die den Befehl des Pharaos umgingen, alle männlichen hebr. Säuglinge zu töten.

SCHIFRA 2. Mose 1,15

SCHIFTAN (»Gott hat gerichtet«). Mann vom Stamm Ephraim; Vater Kemuëls, der Josua bei der Aufteilung des Landes Kanaan half.

SCHIFTAN 4. Mose 34,24

SCHIHOR (»Teich des Horus«). Fluß in Ägypten. Jos 13,3 erwähnt den S. »der vor Ägypten fließt«, als Südgrenze Kanaans, und in 1. Chr 13,5 reichen die Grenzen des Reiches Davids »vom Schihor Ägyptens an bis dorthin, wo es nach Hamat geht«. Jes 23,3 erwähnt den S. zus. mit dem Nil.

SCHIHOR Jos 13,3; 1. Chr 13,5; Jes 23,3

Ägypt. Quellen bezeichnen mit »S.« die Seen im östlichen Nildelta und den See Fajum; in einer topographischen Liste der hell. Periode wird der Name auch für den pelusischen Nilarm verwendet. Es scheint also, daß »S.« eine allg. ägypt. Bezeichnung für Gewässer war.

SCHIKKARON Stadt an der Nordgrenze Judas, die sich zwischen Ekron und Jabneel befunden haben muß. Sie wurde mit Tel el-Ful am Nordufer des Tales Sorek, 8 km ost-nordöstlich von Gedera, identifiziert.

SCHIKKARON Jos 15,11

SCHILF Siehe PFLANZEN.

SCHILFMEER Die direkte Übersetzung des hebr. *jam suf*. Die frühen Übersetzer und Kommentatoren der Bibel identifizieren das S. mit dem Roten Meer. Die bibl. Erwähnungen des S. beziehen sich sowohl auf den Golf von Elat bzw. Akaba (1. Kön 9,26), obwohl dort im Salzwasser kein Schilf wächst, als auch auf den Golf von Suez (4. Mose 33,10.11). Sie können aber auch die Seen zwischen Ägypten und dem Sinai bezeichnen. So wird *jam suf* in manchen Bibelübersetzungen direkt mit »Rotes Meer« wiedergegeben.

SCHILFMEER 2. Mose 10,19; 13,18; 15,4.22; 4. Mose 14,25; 21,4; 33,10–11; 5. Mose 1,40; 2,1; 11,4; Jos 2,10; 4,23; 24,6; Ri 11,16; 1. Kön 9,26; Neh 9,9; Ps 106,7.9.22; 136,13.15; Jer 49,21

Auch Hebr 11,29 bezeichnet das Wasser, das die Israeliten beim Auszug aus Ägypten durchquerten, als das Rote Meer. Die genaue Lokalisierung der Stelle des Durchzugs ist jedoch umstritten. Einige Gelehrte meinen, daß sich diese Stelle auf den Golf von Suez bezieht. Dies hätte aber einen langen und offensichtlich unnötigen Umweg der Israeliten vom Lande Goschen nach Süden notwendig gemacht, wobei ihnen die ägypt. Streitwagen eng auf den Fersen waren. Wahrscheinlicher ist, daß das S. einer der Seen zwischen dem Suez und dem Mittelmeer war, wo auch heute noch Schilf wächst. Andere wiederum identifizieren das S. mit dem See Sirbonis, der einmal die Fortsetzung des östlichen Arms des Nildeltas bildete. Vgl. AUSZUG AUS ÄGYPTEN (WEG DES).

Das S. wird auch in Verbindung mit den Schiffahrtsunternehmungen Salomos (1. Kön 9,26) und seiner Nachfolger genannt – hier als Golf von Elat. David sicherte die Verbindung zu ihm, die dann bei der Teilung des Reichs verloren ging und von Joschafat und Usija erneut hergestellt wurde.

Die Ptolemäer errichteten entlang der Westküste des Roten Meeres Festungen und Häfen, die als Wegstationen für die Elefantenjäger in Ostafrika dienten. In der frühen Römerzeit wurde es eine wichtige Verkaufsader im Gewürzhandel zwischen Südarabien und Indien.

Blick auf das Rote Meer.

SCHILHI 1. Kön 22,42; 2. Chr 20,31

SCHILHI (»Werfer«). Der Vater Asubas, die Asa, den König von Juda, heiratete und ihm seinen Nachfolger Joschafat gebar.

SCHILHIM Jos 15,32

SCHILHIM Stadt im Gebiet des Stammes Juda, die als Exklave inmitten des Erbteils von Juda (Jos 19,1) wohl zum Gebiet des Stammes Simeon gehörte. Als solche wird sie Scharuhen (Jos 19,6) bzw. Schaarajim (1. Chr 4,31) genannt.

SCHILLEM, SCHILLEMITER 1. Mose 46,24; 4. Mose 26,49

SCHILLEM, SCHILLEMITER Ein anderer Name für Schallum (7), den vierten Sohn Naftalis und Gründer der Familie der Schillemiter.

SCHILSCHA 1. Chr 7,37

SCHILSCHA (»Macht«). Ein Name im Geschlechtsregister des Stammes Asser.

SCHIMA 1 1. Chr 8,32 **SCHIMA 2** 1. Chr 6,15 **SCHIMA 3** 1. Chr 6,24

SCHIMA (»[Gott] hörte«).

1. Ein Name im Geschlechtsregister der Sippe Sauls.
2. Ein Nachkomme Meraris, des Sohnes Levis.
3. Ein Levit, Vater Berechjas.

SCHIMATITER 1. Chr 2,55

SCHIMATITER Ein Geschlecht von Schreibern aus der Sippe des Kaleb, die in Jabez wohnten.

SCHIMI 1 4. Mose 3,18; 1. Chr 6,2; 23,7.9–10; Sach 12,13 **SCHIMI 2** 2. Sam 16,5.7. 13; 19,17.19.22. 24; 1. Kön 2,8. 36.38–42.44 **SCHIMI 3** 1. Kön 1,8 **SCHIMI 4** 1. Kön 4,18 **SCHIMI 5** 1. Chr 3,19 **SCHIMI 6** 1. Chr 4,26–27 **SCHIMI 7** 1. Chr 5,4 **SCHIMI 8** 1. Chr 6,14 **SCHIMI 9** 1. Chr 6,27 **SCHIMI 10** 1. Chr 8,21 **SCHIMI 11** 1. Chr 25,3.17 **SCHIMI 12** 1. Chr 27,27 **SCHIMI 13** 2. Chr 29,14

SCHIMI (»[Gott hat] gehört«).

1. Ein Levit, der Sohn Gerschons.
2. Ein Benjaminiter aus dem Haus König Sauls, der in Bahurim wohnte. Als David beim Aufstand Absaloms aus Jerusalem floh, verfluchte ihn S. und beschuldigte ihn der Zerstörung der Familie Sauls (2. Sam 16,5–13). Nachdem David den Aufruhr niedergeworfen hatte, vergab er S., als dieser mit 1000 Benjaminitern kam, um ihn zu begrüßen (2. Sam 19,17–24). Insgeheim befahl er jedoch Salomo, S. zu bestrafen (1. Kön 2,8–9). Darauf ließ Salomo S. nach Jerusalem ziehen und verbot ihm bei Todesstrafe, die Stadt zu verlassen. Als S. drei Jahre später auf der Suche nach zwei entlaufenen Knechten nach Gat ging, ließ ihn Salomo bei seiner Rückkehr töten (1. Kön 2,36–46).
3. Einer der Beamten König Davids, der sich von Adonija trennte, als dieser König werden wollte.
4. Der Sohn Elas und einer der Verwaltungsbeamten König Salomos in Benjamin.
5. Der Bruder Serubbabels.
6. Ein Simeoniter.
7. Ein Rubeniter und Sohn Joels.
8. Ein Levit und Nachkomme Meraris.
9. Ein Levit und Nachkomme Gerschons.
10. Einer der Häupter des Stammes Benjamin, die in Jerusalem wohnten.
11. Ein Levit, Haupt einer Familie von Tempelsängern z. Zt. Davids.
12. Ein Ramatiter, von König David zum Aufseher der königl. Weinberge ernannt.
13. Ein Levit, der unter König Hiskia von Juda an der Reinigung des Tempels von fremden Kulten teilnahm.

14. Ein Levit; Bruder und Mitarbeiter des Aufsehers Konanja, der unter Hiskia von Juda die Tempelabgaben verwaltete. **SCHIMI 14** 2. Chr 31,12–13

15. Einer der Leviten, die unter Esra ihre ausländische Frau verstoßen mußten. **SCHIMI 15** Esr 10,23

16. Einer der Söhne Haschum, die unter Esra ihre ausländische Frau verstoßen mußten. **SCHIMI 16** Esr 10,33

17. Einer der Söhne Binnui, die unter Esra ihre ausländische Frau verstoßen mußten. **SCHIMI 17** Esr 10,38

18. Der Vater Jairs und Sohn des Kisch, ein Benjaminiter und Vorfahr Mordechais. **SCHIMI 18** Est 2,5

19. Der Sohn Josechs und Vater Mattitjas im Stammbaum Jesu nach Lukas. **SCHIMI 19** Lk 3,26

Münze Bar-Kochbas mit dem Namen Schimon auf einer Seite und einem Weinrebenblatt und der Inschrift »Für die Freiheit Jerusalems« auf der anderen (134–8 n. Chr.)

SCHIMON (»Erhörung«). Ein Name im Stammbaum der Geschlechter Judas. **SCHIMON** 1. Chr 4,20

SCHIMRAT (»Wacht darüber«). Der Sohn Schimis im Stammbaum König Sauls; Haupt einer Familie, die in Jerusalem lebte. **SCHIMRAT** 1. Chr 8,21

SCHIMRI (»Der HERR beschützt mich«).

1. Mann vom Stamm Simeon, einer der Vorfahren Sisas. **SCHIMRI 1** 1. Chr 4,37

2. Vater zweier »Helden« Davids: Jediaëls und Johas des Tiziters. **SCHIMRI 2** 1. Chr 11,45

3. Levit von den Söhnen Merari, Torhüter am Tempel. **SCHIMRI 3** 1. Chr 26,10

4. Levit von den Söhnen Elizafan, der z. Zt. König Hiskias half, den Tempel von fremden Kulten zu reinigen. **SCHIMRI 4** 2. Chr 29,13

SCHIMRON (»Hüter«).

1. Sohn Issachars und Ahnherr der Schimroniter. **SCHIMRON 1** 1. Mose 46,13; 4. Mose 26,24; 1. Chr 7,1

2. Einer der kanaan. Stadtstaaten, die an der Schlacht am Wasser von Merom teilnahmen (Jos 11), später im Gebiet des Stammes Sebulon erwähnt (Jos 19,15). In den El-Amarna-Briefen als *Schiman* aufgeführt. Mit Chirbet Sammunje identisch, wo man Funde aus der Spätbronzezeit entdeckte. **SCHIMRON 2** Jos 11,1; 19,15

SCHIMRON-MERON Stadt westlich des Jordans. Ihr König wurde von Josua besiegt. Die genaue Namensform und die Lokalisierung sind umstritten. **SCHIMRON-MERON** Jos 12,20

SCHIMRONITER Siehe SCHIMRON (1). **SCHIMRONITER** 4. Mose 26,24

SCHIMSCHAI (»Sonne«). Schreiber und Beamter der pers. Verwaltung, der zus. mit Rehum einen Brief an Artaxerxes gegen den Wiederaufbau Jerusalems durch die Juden schrieb. Es gelang ihnen, den Bau der Mauer eine Zeitlang aufzuhalten. **SCHIMSCHAI** Esr 4,8–9.17.23

SCHINAB (»Des Vaters Glanz«). König von Adma, der dem Bund gegen Kedor-Laomer beitrat. **SCHINAB** 1. Mose 14,2

SCHINAR, SCHINEAR Name einer Landschaft, der dasselbe wie Babylonien bedeutet. Nach 1. Mose 10,10 herrschte Nimrod über Babel, Erech, Akkad und Kalne im Lande S. In S. wurde der Turm zu Babel errichtet (1. Mose 11,2). Einer der Könige, gegen die Abraham kämpfte, war Amrafel von S. (1. Mose 14,1.9). Jesaja prophezeite, daß Gott den Rest seines Volkes aus den Ländern der Heiden, darunter auch S., heimholen werde (Jes 11,11). In einer der Visionen Sacharjas wird in S. ein Tempel für die Frau in der Tonne (»Gottlosigkeit«) gebaut (Sach 5,5–11). Nach der Eroberung Jerusalems brachte Nebukadnezar den Tempelschatz nach S. Das Wort S. könnte mit dem sumer. Wort für »Sommer« verwandt sein. Vgl. BABEL. **SCHINAR** 1. Mose 10,10; 11,2; 14,1.9; Jes 11,11; Dan 1,2; Sach 5,11

SCHION Stadt an der Grenze des Gebiets des Stammes Issachar. Die genaue Lage ist unbekannt. **SCHION** Jos 19,19

SCHISA (»Glanz«). Vater Adinas, eines der »Helden« Davids. **SCHISA** 1. Chr 11,42

SCHISCHA Vater der Schreiber Elihoref und Ahia, die am Hof Salomos dienten. **SCHISCHA** 1. Kön 4,3

SCHISCHAK (SCHESCHONK) Ägypt. König, Gründer der 22. (libyschen) Dynastie (ca. 945–924 v.Chr). **SCHISCHAK** 1. Kön 11,40; 14,25; 2. Chr 12, 2.5.7.9

S. herrschte z. Zt. Salomos. Beide Könige hatten ein Interesse an guten Handelsbeziehungen zu Byblos und wurden daher rasch zu Rivalen. Da direkte militärische Aktionen zunächst nicht möglich waren, zog S. es vor, einen Widersacher Salomos zu unterstützen: Er gab Jerobeam II. in Ägypten Asyl (1. Kön 11,40). Nach Salomos Tod schien die Zeit für einen militäri-

Fragment einer ägyptischen Stele aus Megiddo, mit Hieroglyphen der Namen und Titel Schischaks (Scheschonk I.). 10. Jh. v. Chr.

(links) Schischak (Scheschonk I.) feiert die Eroberung Judas und Israels mit erhobenen Händen vor dem Gott Amun. Die eroberten Städte werden in der Umrahmung aufgezählt. Aus einem Relief von etwa 925 v. Chr. in Karnak.

schen Schlag reif. S. fiel (um 925 v. Chr.) in Juda und Israel ein (2. Chr 12) und zerstörte zahlreiche Städte. Einzelheiten dieser Expedition hat man in einer langen Inschrift auf dem Amontempel in Karnak gefunden. Ausgrabungen an einigen der dort erwähnten Orte brachten Spuren schwerer Verwüstungen zutage. Ein Fragment einer Triumphinschrift S.s aus Megiddo erwähnt den Feldzug ebenfalls.

SCHITRAI 1. Chr 27,29

SCHITRAI (»Schreiber«). Ein Scharoniter und Beamter in der Verwaltung König Davids.

SCHITTIM 1 4. Mose 25,1; Jos 2,1; 3,1; Mi 6,5

SCHITTIM 2 Joel 4,18

SCHITTIM

1. Stadt in der Ebene von Moab, etwa 15 km nördlich des Toten Meeres, bei der die Israeliten vor der Überquerung des Jordans lagerten (4. Mose 25,1; Jos 2,1; 3,1). Hier sollte Bileam die Israeliten verfluchen (4. Mose 22–23), und hier ließen sich die Israeliten mit den Moabiterfrauen ein und trieben Götzendienst, wofür sie Gottes hartes Gericht traf (4. Mose 25,1–9).

2. Das Tal Schittim in Joel 4,18, das »Akaziental«, meint entweder den Unterlauf des Jordans in seiner ursprünglichen Schönheit vor dem Untergang von Sodom und Gomorra oder aber den vom Tempel ausgehenden heiligen Quell der Endzeit, der das Kidrontal bei Jerusalem speisen wird.

Unterlauf des Kidron (das Tal Schittim?)

SCHLANGE, EHERNE 4. Mose 21,8.9; 2. Kön 18,4; Joh 3,14

SCHLANGE Siehe TIERE.

SCHLANGE, EHERNE Als die Israeliten auf ihrer Wüstenwanderung von

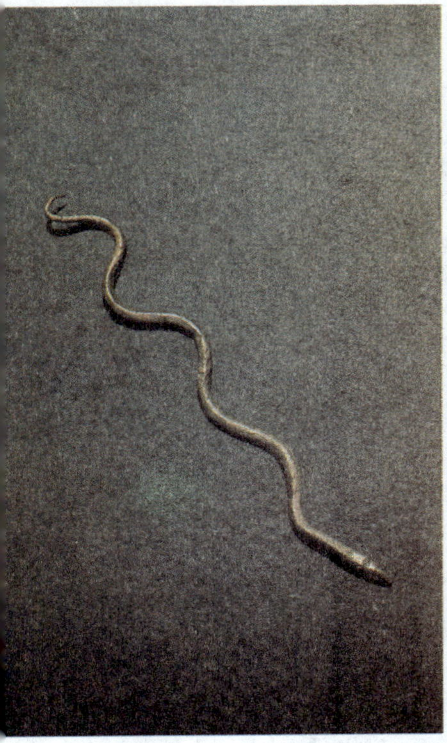

giftigen Schlangen gebissen wurden (4. Mose 21,6–7), befahl Gott Mose, eine eherne (= bronzene) Schlange auf einem Stab anzufertigen; wer sie anschaute, wurde geheilt (V. 8–9). Diese Begebenheit unterscheidet sich in einem wichtigen Punkt von den zahlreichen anderen Geschichten vom Murren des Volkes Israel gegen den Heilsplan seines Gottes: Wandte sich dort das erneute Erbarmen des Bundesgottes jeweils dem Volk in seiner Gesamtheit wieder zu (vgl. z. B. 2. Mose 16,1–21; 17,1–7; 4. Mose 20,2–13), so wird es jetzt dem Einzelnen zugesagt, der die eherne S. als Heilszeichen anblickt und so persönlich an die Rettung durch Gottes Gnade glaubt.

In der späteren Geschichte Israels, zur Königszeit, wurde die eherne S. offenbar in Jerusalem als Götze verehrt; vielleicht wurde sie als ein Bild für Jahwe mißdeutet. König Hiskia ließ sie im Zuge seiner Reformen zerstören (2. Kön 18,4). Der hebr. Name der S., *nehuschtan*, hat die doppelte Bedeutung »Schlange« und »bronzen«.

Die S. als Symbol von Leben und Tod ist aus der Literatur und den archäolog. Funden des gesamten Nahen Ostens bekannt; sie wird dabei immer als ein Zwitterwesen zwischen Urmacht und Urchaosmacht empfunden und als Bild des Unheimlichen verstanden.

Im NT erscheint die eherne S. außer in einer Anspielung in 1. Kor 10,9 nur in dem Gespräch Jesu mit Nikodemus (Joh 3,14.15), hier allerdings mit zentraler Bedeutung. Jesus weist hier vorausschauend auf seine Erhöhung am Kreuz hin und zeigt die Heilsbedeutung seines Kreuzestodes auf: Wie damals in der Wüste nur der Blick auf die hoch aufgerichtete eherne S. den Einzelnen rettete, so rettet den Sünder vor Gott nichts als der glaubende Blick auf den erhöhten, den gekreuzigten Christus.

SCHMUCK Schmuck nimmt in der Bibel im wörtl. wie im übertragenen Sinn einen wichtigen Platz ein. S. wurde von Männern und Frauen, Kriegern und Prinzen getragen und gehörte zur Amtskleidung des Hohenpriesters. Die prophetischen Bücher des AT wie des NT verwenden S. als Symbol.

Bei den alten Hebräern wurde S. z. B. als Verlobungsgeschenk gegeben; so gab der Knecht Abrahams, der für Isaak eine Braut suchte, der jungen Rebekka »einen goldenen Stirnreif, sechs Gramm schwer, und zwei goldene Armreife für ihre Hände, hundertundzwanzig Gramm schwer« (1. Mose 24,22) sowie weitere »silberne und goldene Kleinode und Kleider« (1. Mose 24,53). S. konnte auch als Pfand dienen, wie der Siegelring, den Tamar von ihrem Schwiegervater Juda erhielt (1. Mose 38,18). Beim Auszug aus Ägypten nahmen die Israeliten den S. ihrer ägypt. Nachbarn mit (2. Mose 3,22; 11,2; 12,35), und das goldene Kalb wurde aus goldenen Ohrringen gegossen (2. Mose 32,1–4).

Votivschlange aus Kupfer aus dem 13. Jh. v. Chr., gefunden im midianitischen Tempel von Timna. (Mit freundlicher Genehmigung von B. Rothenburg.)
(rechts) Nabatäerschmuck aus dem Friedhof von Mampsis im Negeb. 1. – spätes 3. Jh. n. Chr. (Israelische Regierungsabteilung für Altertümer und Museen).
Halsband mit halbmondförmigem Anhänger aus dem 2. Jh. v. Chr. (British Museum).

Tutenchamun und seine Frau mit breitem schwerem Brustschmuck und mit verzierten Armbändern. Hinterseite des Grabes Tutenchamuns, aus Blattgold mit silberfarbiger Glaseinlage. 14. Jh. v. Chr.

In der Bibel erscheinen an die 25 verschiedene Bezeichnungen für S. Einige erscheinen nur ein einziges Mal und geben den Fachleuten immer noch Rätsel auf; andere werden mangels eines genaueren Ausdruckes einfach als »Kleinode« oder »Schmuck« übersetzt (2. Sam 1,24; Jer 2,32). In seiner Strafrede gegen den Luxus der Frauen von Jerusalem verwirft Jesaja ihre Putzsucht (Jes 3,18–24); vgl. im NT 1. Tim 2,9 und 1. Petr 3,3.

Im Krieg erbeuteter S. konnte Gott geweiht werden (so 4. Mose 31,50). Jesaja spricht in einer messianischen Prophetie von einem »Bräutigam mit priesterlichem Kopfschmuck verziert« und einer »Braut, die in ihrem Geschmeide prangt« (Jes 61,10).

Der genaue Unterschied zwischen Armgeschmeide und Armband ist unklar; »Armband« meint manchmal auch eine Fußspange. In der Bibel werden auch Kopfbinden, Halbmonde, Diademe usw. erwähnt. Gemeint sein könnten einzelne Borten, Schleier mit Perlenverzierung oder Goldschmuck mit Edelsteinen.

Könige trugen Goldkronen mit Edelsteinen (2. Sam 12,30) und sammelten oft riesige Schätze an (1. Kön 10,14–23). Salomo »brachte es dahin, daß es in Jerusalem so viel Silber gab wie Steine« (1. Kön 10,27).

Schmuckschatz der frühen israelitischen Periode aus Bet-Schemesch. (Israelische Regierungsabteilung für Altertümer und Museen).

Der S. auf der Brusttasche für die Losentscheidungen, die vom Hohenpriester auf oder über dem Efod getragen wurde, wird genau beschrieben (2. Mose 28,15–29). Efod und Brusttasche waren aus teurem Material gefertigt und reich mit Gold und Edelsteinen verziert.

Hesekiel vergleicht Jerusalem mit einer geschmückten Frau, der zur Strafe für ihre Treulosigkeit ihr S. genommen wird (Hes 16).

In der Offenbarung des Johannes erscheint Babylon »bekleidet mit Purpur und Scharlach und geschmückt mit Gold und Edelsteinen und Perlen« (Offb 17,4), und das neue Jerusalem ist aus Gold, Perlen und Edelsteinen (Offb 21,9–21).

Die Vorliebe der bibl. Zeit für S. wird von zahlreichen archäolog. Funden bestätigt. Besonders reich sind die Funde der Spätbronzezeit. In Tel el-Ajul fand man eine reiche Sammlung von Goldschmuck, u. a. das Amulett einer Mutter-Göttin, einen Anhänger in der Form eines achteckigen Sterns, halbmondförmige Ohrringe mit reicher granulierter Verzierung, als Amulette benutzte Goldanhänger in Tierform und Fayenceperlen in der Form von Tieren und Blumen. Reichlich vertreten sind Gold- und Silberarmringe sowie einfache Ohrringe und mit Skarabäen verzierte Fingerringe. In der Mittel- und Spätbronzezeit zeigen zahlreiche Schmuckfunde ägypt. Einfluß; seit der Perserzeit dominieren die von den fortgeschrittenen Kulturen Griechenlands, Kleinasiens, Phöniziens und Persiens entwickelten Formen. Goldschmuck ist häufig und dient oft kultischen Zwecken.

SCHOA Eines der Völker Babylons, zus. mit Pekod und Koa erwähnt (Hes 23,23). Über dieses Volk ist so wenig bekannt wie über die Region, in der es lebte. Vielleicht handelt es sich um eine allg. Bezeichnung für »Nomaden«.

SCHOA
Hes 23,23

SCHOBAB (»Zurückgekehrt«).

1. Der zweite Sohn Kalebs.
2. Einer der Söhne Davids, die in Jerusalem geboren wurden, wahrscheinlich von Batseba.

SCHOBAB 1
1. Chr 2,18
SCHOBAB 2
2. Sam 5,14;
1. Chr 3,5; 14,4

SCHOBACH Feldhauptmann des aram. Königs Hadad-Eser; von David in der Schlacht von Helam im Ostjordanland getötet.

SCHOBACH
2. Sam 10,18;
1. Chr 19,16.18

SCHOBAI (»Wegführer [ist Jah]«). Eine Familie von Torhütern, die mit Serubbabel aus dem babyl. Exil zurückkehrte.

SCHOBAI
Esr 2,42;
Neh 7,45

SCHOBAL (»Wanderer«). Der Name von zwei oder drei bibl. Personen, die möglicherweise miteinander verwandt waren:

1. Der zweite Sohn Seïrs, des Horiters, der in Edom lebte.
2. Sohn Hurs und Enkel Kalebs; Gründer Kirjat-Jearims.
3. Sohn bzw. Nachkomme Judas.

(Schobal (2) und (3) sind wahrscheinlich identisch).

SCHOBAL 1
1. Mose 36,20.23.29;
1. Chr 1,38.40
SCHOBAL 2
1. Chr 2,50.52
SCHOBAL 3
1. Chr 4,1–2

SCHOBEK (»frei«). Einer der Oberen des Volkes, die die Abmachung Esras nach der Rückkehr aus Babylonien mitunterschrieben.

SCHOBEK
Neh 10,25

SCHOBI Sohn des Nahasch, des von David abgesetzten Königs der Ammoniter. Als David vor Absalom floh, versorgte S. zus. mit Machir und Barsillai den König in Mahanajim.

SCHOBI
2. Sam 17,27

SCHOHAM (»Edelstein«). Ein Levit von den Söhnen Merari.

SCHOHAM
1. Chr 24,27

SCHOMER (»[Gott ist] ein Hüter«). Josabad, der Sohn des oder der Schomer, ermordete Joasch, den König von Juda. Nach 2. Chr 24,26 war Schomer seine moabitische Mutter.

SCHOMER
2. Kön 12,22
2. Chr 24,26

SCHÖPFER; SCHÖPFUNG Das christl. Bekenntnis zu Gott dem Schöpfer des Himmels und der Erde (so der erste Artikel im Apostolischen Glaubensbekenntnis) ist eine Glaubensaussage und als solche mit wissenschaftlichen Methoden weder beweisbar noch widerlegbar. Von vornherein festzuhalten ist auch, daß dieser Glaube den Schöpfer, nicht die Schöpfung zum Gegenstand hat. Die Bibel spricht immer nur in dem Sinne von der Schöpfung, daß sie damit die Tat und das Werk des Schöpfers meint. Niemals hat sie etwas Unpersönliches, gleichsam für sich selbst Existierendes etwa im Sinne von »Natur« oder »Umwelt« im Blickfeld. Die Bibel gebraucht denn auch bemerkenswerterweise selten den Ausdruck »Schöpfung« und redet statt dessen von »seinen [= Gottes] Werken« bzw. vom »Werk seiner Hände« (1. Mose

SCHÖPFER
Hiob 32,22;
35,10; 36,3;
Spr 14,31; 17,5;
Pred 12,1;
Jes 45,9.11;
Hos 8,14;
Röm 1,25;
1. Petr 4,19;
Hebr 11,10;

SCHÖPFUNG
Mk 10,6; 13,19; Röm 1,20; 8,20–22; Kol 1,15; 2. Petr 3,4; Hebr 9,11; Offb 3,14

SCHAFFEN
1. Mose 1,1.21. 27; 5,2; 6,7; 14,19.22; 2. Mose 4,11; 4. Mose 16,30; 5. Mose 4,32; Ps 51,12; 89,13. 48; 90,2; 99,4; 102,19; 103,6; 104,13.30; 115,3; 148,5; Spr 8,22; Pred 7,14; Jes 40,26.28; 41,20; 42,5; 43,1.7.15; 44,24; 45,7.8.12.18; 57,19; 65,17.18; Jer 10,16; 31,22; 33,15; 51,19; Hes 21,35; 28,13.15; Am 4,13; Mal 2,10; Mt 19,4; Mk 10,6; 13,19; 1. Kor 11,9; Eph 2,10.15; 3,9; 4,24; Kol 1,16; 3,10; 1. Tim 4,3.4; Hebr 10,5; 11,3; Offb 4,11; 10,6

ERSCHAF-FUNG
Lk 11,50

GESCHÖPF
Röm 1,25; Jak 1,18; Offb 5,13

2,2; Ps 8,7; 19,2; 66,3; 102,26 u.a.) oder von dem, was Gott geschaffen hat (1. Mose 1,1; Ps 90,2; 104,30; Jes 40,28; 42,5; 65,17; Mt 19,4; Eph 3,9; Kol 1,16; 1. Tim 4,4; Hebr 11,3 u. a.). Und auch wo die HS gelegentlich den Ausdruck »Schöpfung« gebraucht (so z. B. Mk 10,6; Röm 1,20; 8,22; Kol 1,15; Offb 3,14), versteht sie Schöpfung nie einfach als Summe der (organischen und anorganischen) irdischen und kosmischen Gegebenheiten und Systeme, sondern als etwas, das in einer lebendigen Beziehung zum persönlichen Schöpfergott steht.

Dem bibl. Denken ist daher die säkular-wissenschaftliche Vorstellung von einer Kosmogenie (Weltentstehung) fremd. »Erschaffung der Welt« bedeutet eine fundamental andere Sache, eine fundamental andere Sicht als »Weltentstehung«. Statt einer unpersönlichen Schöpfung (oder gar »unserer Schöpfung«) predigt die HS den Glauben an den Schöpfer, die persönliche Abhängigkeit von Gott, der jedem seiner Geschöpfe, auch und gerade dem Menschen, Leben, Ordnung und Sinn gibt. Für den, der in dem Glauben an diesen Schöpfer- und Vatergott lebt und sich in allem seinem Tun vor ihm verantwortlich weiß, folgt wie von selbst, daß er alles, was Gott geschaffen hat, achtet und zu erhalten bestrebt ist – was keineswegs dasselbe ist wie das Reden von der »Bewahrung der [ohne Bezug zu Gott verstandenen] Schöpfung«.

Das Bekenntnis zu Gott dem Schöpfer bezeugt nicht nur, daß Gott »am Anfang Himmel und Erde schuf« (1. Mose 1,1), sondern auch, daß er (so Martin Luther in seiner Erklärung zum ersten Glaubensartikel) »*mich* geschaffen hat samt allen Kreaturen«. Gott *war* nicht nur einmal in urferner Vergangenheit der Schöpfer, er *ist* nach wie vor der Schöpfer, jeden Augenblick neu. Gleichwohl kommt dem Anfang des Schöpfungshandelns Gottes, wie es auf dem ersten Blatt der Bibel gepredigt wird, eine ganz besondere Bedeutung zu. Mit dem Zeugnis von der Erschaffung des Universums durch den allmächtigen Gott beginnt die HS. Die Schöpfung ist der erste Akt der Heilsgeschichte Gottes. Dieses Zeugnis hat der Glaube nicht ängstlich zu verteidigen oder zu beweisen, sondern freimütig zu verkündigen.

Der bibl. Schöpfungsbericht (1. Mose 1–2) ist wie ein majestätischer Prolog zur HS. Er besteht aus zwei Abschnitten. Der erste Abschnitt (1,1–2,4) schildert, wie Gott durch sein Schöpferwort »Es werde« die Welt und ihre kosmische Ordnung aus dem Nichts hervorbrachte. Diese Erschaffung aus der gestaltlosen Urflut (1. Mose 1,2) begegnet uns als ein harmonisch auf sechs Schöpfungstage verteilter Ablauf: Am ersten Tag wird das Licht erschaffen, am zweiten das Firmament (»Feste«), am dritten das trockene Land, die Meere und die Vegetation, am vierten Tag gleichsam als Zwischenträger, als Katalysatoren des bereits seit dem ersten Schöpfungstag vorhandenen Lichts die Himmelskörper, am fünften Tag die Tiere im Meer und in der Luft, am sechsten schließlich die Landtiere und der Mensch. Auf jedes dieser Schöpfungswerke folgt wie ein Refrain die Feststellung: »Und Gott sah, daß es gut war.« Der Höhepunkt ist die Erschaffung des Menschen: »Lasset uns Menschen machen, ein Bild, das uns gleich sei« (1. Mose 1,26). Der Mensch wird Gottes Verwalter auf Erden und mit der Herrschaft über alles Leben betraut (V. 28) – eben dies ist das wichtigste Merkmal der Gottesebenbildlichkeit des Menschen (vgl. EBENBILD GOTTES). Nach der Feststellung, daß alles »sehr gut« sei, beendet Gott sein Schöpfungshandeln am siebten Tag, den er segnet und durch den Majestätsakt des »Ruhens von seinen Werken« heiligt (1. Mose 2,3).

Der zweite Teil des Schöpfungsberichts (1. Mose 2,4b–25) berichtet von der Erschaffung des Menschen vor allen anderen Werken des Schöpfers (2,5–7), dann vom Wachsenlassen der Pflanzen, vom Garten Eden, der Erschaffung der Frau aus dem Mann und der Stiftung der Ehe. In 1. Mose 3 folgt dann die nicht mehr zum eigentlichen Schöpfungsbericht gehörende Geschichte vom Sündenfall (s. SÜNDENFALL).

Angesichts der Unterschiede zwischen den beiden Teilen des Schöpfungsberichtes versteht man diese in der (histor.-krit.) Theologie gemeinhin als zwei urspr. selbständige Schöpfungserzählungen; man teilt sie dabei zwei unterschiedlichen »Quellen« des kanon. Bibeltextes zu: der sog. Priesterschrift (1. Mose 1,1–2,4a) und dem sog. Jahwisten (2,4b–25; hier wird der Gottesname *Jahwe* gebraucht). (Zu der Quellentheorie der 5 Bücher Mose im einzelnen vgl. PENTATEUCH). Diese Unterscheidungen nach Quellenschriften dürfen jedoch nicht überbewertet werden. Erstens sind die Abgrenzungen zwischen den Quellen auch in der histor.-krit. Wissenschaft selbst nach wie vor teilweise strittig. Und zweitens hat die Bibelauslegung und die Predigt nicht irgendwelche rekonstruierten »Quellen« zur Grundlage, sondern ausschließlich die von Gottes Geist inspirierte Endgestalt des (Ur-) Textes, wie er uns überliefert ist und auch z.B. von Jesus benutzt wurde; allein diese Endform des Bibeltextes ist maßgebend, und in dieser Endform erscheint der Schöpfungsbericht in der uns vorliegenden zweigliedrigen Gestalt, wobei die beiden Teile durch einen uns unbekannten, aber vom Geist Gottes erleuchteten Redaktor zusammengefügt wurden.

Die beiden Teile des Schöpfungsberichts ergänzen einander auf folgende Weise: Der erste Teil erzählt die Erschaffung des gesamten Kosmos, während der zweite mehr im Detail der Erschaffung von Mann und Frau und ihrer unmittelbaren Lebensumwelt nachgeht. Er beginnt dabei mit dem Urzustand der Leere, als es noch kein Leben auf der Erde gab; nur ein Urnebel (hebr. *ed*, auch als »Grundwasser« übersetzbar) lag über allem (1. Mose 2,6). Danach erschafft Gott als erstes »lebendiges Wesen« den Menschen (V. 7) und anschließend den Garten Eden, den er mit seinen »allerlei Bäumen« (V. 9) dem Menschen zur Bebauung und Bewahrung (V. 15) übergibt – bis auf den Baum der Erkenntnis und den Baum des Lebens (V. 16–17; vgl. 3,22). V. 20ff. schildert detailliert die Erschaffung der Frau aus dem Mann, während in Kap. 1,27 die Erschaffung von Mann *und* Frau und ihre Gottesebenbildlichkeit gerafft berichtet wurde.

Schon seit längerer Zeit weist die Forschung auf gewisse Parallelen zwischen der bibl. Schöpfungsgeschichte und Weltentstehungsmythen aus Mesopotamien hin, insbes. dem *Enuma Elisch*, wo ebenfalls Himmel und Erde durch Teilung der Urflut durch ein Firmament geschaffen werden, Tag und Nacht schon vor der Erschaffung der Sonne bestehen und die Reihenfolge der hauptsächlichen Schöpfungstaten dieselbe ist wie in 1. Mose 1: Firmament – trockenes Land – Himmelskörper – der Mensch – Ruhen des Schöpfers. Auch in den mesopotam. Mythen wird der Mensch aus dem Staub der Erde erschaffen.

Ägypt. Parallelen zum bibl. Schöpfungsbericht gibt es bei der Existenz eines Urwassers und seiner Teilung, dem Einblasen des Lebensodems in die Nase des Menschen und der Ebenbildlichkeit des Menschen zu Gott.

Es wäre falsch, aus solchen Parallelen zu schließen, die Bibel und die heidnischen Mythen des Nahen Ostens hätten »doch eigentlich das gleiche Weltbild«. Denn das *Gottesbild* der bibl. Schöpfungserzählung (und damit auch das Weltbild) ist ein ganz anderes als das heidnische: Die HS bezeugt einen von Ewigkeit her existierenden, alleinigen und allmächtigen Schöpfergott, der keinerlei höheren Mächten (wie Magie, Schicksal, Zeit, Natur u.a.) unterworfen ist. Gott ist absolut souverän, die Schöpfung ist ganz ein Akt seines Willens und Wortes. Verehren die antiken Schöpfungsmythen Gestirne, Gewässer und Bäume als Gottheiten, so erklärt der bibl. Schöpfungsbericht sie alle zu bloßen Geschöpfen des einen Gottes des Himmels und der Erde. Und was den Menschen betrifft, so ist er in der Bibel nicht ein gleichsam nachträglicher Einfall des Schöpfers wie im mesopotam. Mythos, sondern das planmäßig angelegte Ziel des Schöpfungsgeschehens.

In all dem geht es der Bibel nicht um eine »Lehre« von der Schöpfung als solcher. Die Erschaffung der Welt wird nicht um ihrer selbst willen geschildert, sondern wegen ihres grundlegenden Zusammenhanges mit dem Heilshandeln Gottes, wegen ihres Platzes in seinem Heilsplan.

Das Bekenntnis zu Gott als dem Schöpfer beschränkt sich nicht auf den Schöpfungsbericht, sondern durchzieht das gesamte AT. Zu nennen sind hier z.B. 1. Mose 14,19.22; 1. Kön 8,12; Hiob 38,4–11; Ps 19,1–7; 33,9; 103,22; 104,8; 119,73; 147,4–9; 148,1–6; Spr 8,22ff.; Jes 40,26ff.; 41,4; 44,27; 45,12; Hos 8,14; Am 9,6.

Auch das NT bezeugt die Schöpfermacht Gottes (Apg 17,24). Die Geschichte dieser Welt begann mit ihrer Erschaffung durch Gott (Mk 13,19); das Universum wurde durch Gottes Wort gebildet, so daß das Sichtbare aus dem Unsichtbaren hervortrat (Hebr 11,3). Entsprechendes gilt für die einzelnen Schöpfertaten Gottes; so sagt Paulus in 1. Kor 11,9: »Der Mann ist nicht geschaffen um der Frau willen, sondern die Frau um des Mannes willen«, gleichsam in Fortsetzung dieser Sicht aus 1. Mose 2 setzt er freilich hinzu: »Doch in dem Herrn ist weder die Frau etwas ohne den Mann noch der Mann etwas ohne die Frau« (1. Kor 11,11).

Gott wird im NT oft einfach »Schöpfer« genannt (Röm 1,25; 1. Petr 4,19), und die 24 Ältesten in Offb 4,11 loben Gott vor seinem Himmelsthron mit den Worten: »Du hast alle Dinge geschaffen, und durch deinen Willen waren sie und wurden sie geschaffen« (Offb 4,11). Paulus warnt vor falscher Enthaltsamkeit: Was Gott geschaffen hat, ist gut und uns anvertraut und darf dankbar genossen werden (1. Tim 4,1–5).

Die Schöpfung, dargestellt auf zwei Seiten der Sarajevo-Haggada (Nationalmuseum, Sarajevo).

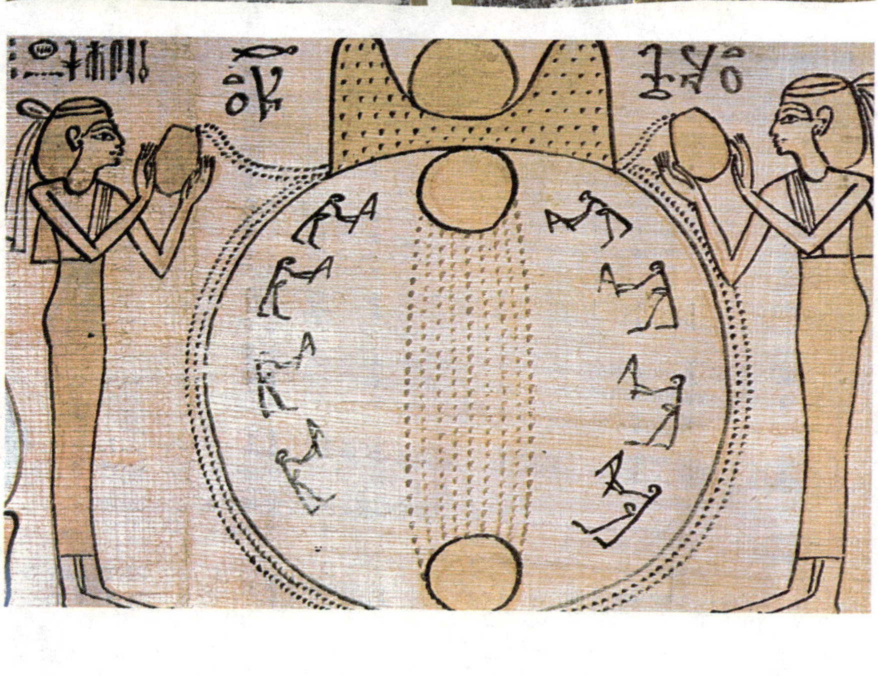

(unten links) Die Erschaffung der Welt. Aus dem Totenbuch; Ägypten, um 1000 v. Chr. (Kunsthistorisches Museum, Wien).

Ein omphalos, *»Nabel« der Welt; Delphi, Griechenland, 5. Jh. v. Chr.*

Vor allem aber spielt nach dem NT Jesus Christus eine zentrale Rolle bei der Schöpfung; wie der Hymnus im Kolosserbrief es ausdrückt: »Denn in ihm (Christus) ist alles geschaffen, was im Himmel und auf Erden ist, das Sichtbare und das Unsichtbare« (Kol 1,16). Entsprechend heißt es im Hebräerbrief, daß Gott durch den Sohn die Welt schuf (Hebr 1,2). Wohl am deutlichsten spricht der Prolog des Johannesevangeliums diese Wahrheit aus, wenn er bewußt mit denselben Worten beginnt wie das AT in 1. Mose 1,1: »Im Anfang …« In jenem Uranfang also, in dem Gott sprach: »Es werde Licht!«, war der ewige Gottessohn als das schaffende Wort des Vaters »bei Gott« (Joh 1,1), und »alle Dinge sind durch dasselbe gemacht, und ohne dasselbe ist nichts gemacht, was gemacht ist« (1,3). (Vgl. JOHANNES, DAS EVANGELIUM DES und JESUS.)

Eine zentrale Bedeutung hat die Schöpfung auch in Röm 1. Der ewige und eine Gott und Schöpfer ist das große Unterscheidungsmerkmal des bibl. Gottesglaubens gegenüber allen (heidnischen) Religionen. Ganz in diesem Sinne konfrontiert Paulus in Apg 14,11–18 und 17,16–31 die Anhänger der Religionen seiner Zeit mit dem Schöpfergott aller Dinge und dem Vater Jesu Christi. Paulus bezeugt auch (Röm 1,20), daß alle Menschen von Gott erschaffen sind. In Röm 5,12–21 stellt er den ersten von Gott erschaffenen Menschen, Adam, durch den die Sünde und der Tod in die Welt kamen, dem Sohn Gottes, Jesus Christus gegenüber, der die Rechtfertigung des Sünders und die Auferstehung zum Leben gebracht hat. Christus ist der Beginn der neuen Schöpfung Gottes (1. Kor 15,21.22), die ihre Vollendung in einem neuen Himmel und einer neuen Erde (Offb 21,1) erfahren wird.

SCHOTEN Siehe PFLANZEN.

SCHRECKEN UM UND UM Symbolischer Name, den Jeremia dem Priester Paschhur gab, als dieser ihn festnahm und in den Block legte.

SCHRECKEN UM UND UM
Jer 20,3

SCHREIBMATERIAL Die Bibel und archäolog. Funde zeigen, daß im alten Nahen Osten viele verschiedene Materialien zum Schreiben benutzt wurden. Die frühesten Dokumente wurden mit Hammer und Stichel, einem

(rechts) Statue eines ägyptischen Schreibers.

(unten links) Tintenfaß aus Qumran. 1. Jh. n. Chr.

Die ersten fünf Buchstaben des Alphabets in einer frühen hebräischen Schrift, von den Stufen des Palastes zu Lachisch. 9.–8. Jh. v. Chr.

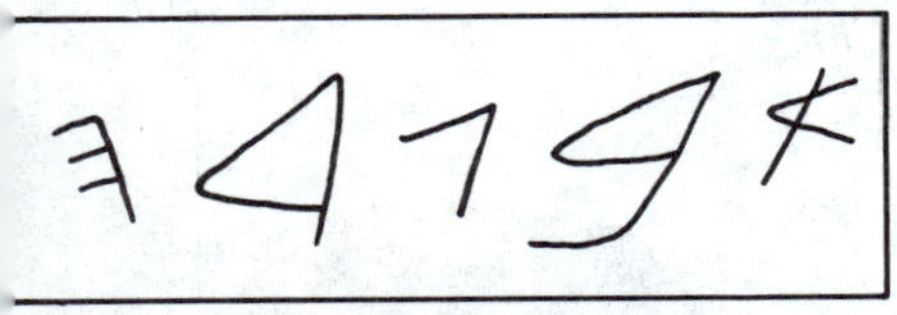

spitzen Metallgriffel oder Eisenstift auf Stein eingraviert (2. Mose 24,12; 5. Mose 4,13; Hiob 19,23–24; Jer 17,1). In Ägypten, Mesopotamien und Syrien fand man zahlreiche derart beschriebene Stelen. Die Steine konnten auch mit Kalk getüncht und mit Pinsel oder Feder beschrieben (vgl. 5. Mose 27,2–3) oder mit dem Meißel geglättet werden, wie dies für die Tafeln der Zehn Gebote angedeutet wird (2. Mose 31,18) oder bei der berühmten Stele des MESCHA, König von Moab, der Fall ist.

Schreibtafeln waren zu allen Zeiten gebräuchlich. Weit verbreitet in Mesopotamien u. a. Ländern des alten Nahen Ostens waren Tontafeln, von denen Millionen gefunden wurden. Ebenso verbreitet waren Ostraka (Scherben zerbrochener Tongefäße), die mit Tinte und feinem Pinsel oder einem Ritzwerkzeug beschrieben wurden. In Ägypten und Palästina wurden auch Holztafeln benutzt, die mit Griffel oder Tinte beschrieben wurden.

Das gebräuchlichste Schreibmaterial in Ägypten war Papyrus. Auch in Palästina fand man zahlreiche Papyrusdokumente, jedoch erst aus der röm. und byz. Zeit.

Ein weiteres häufiges Schreibmaterial (bes. in Palästina) war das Pergament, hergestellt aus Tierhaut (bes. Schafleder). Die Haut wurde gegerbt, in Stücke geschnitten und wenn nötig zu Rollen zusammengenäht. Die Beschriftung erfolgte wiederum mit Feder und Tinte.

Harte Materialien wie Stein, Ton und Holz wurden mit dem Griffel beschrieben (Jes 8,1). Auf weicherem Material wie Papyrus und Pergament benutzte man die Feder. Der wichtigste Farbstoff war eine Art Tinte (Jer 36,18), eine dicke, klebrige Substanz, die zum Schreiben mit Wasser verdünnt wurde. Der Schreiber bewahrte seine Schreibutensilien in einer Schreiberpalette, die er an seinem Gürtel tragen konnte, auf (Hes 9,2).

Ein Gelehrter war jemand, der lesen konnte (Jes 29,11–12). Manchmal steht statt »Buch« »Schriftrolle«, also ein flexibles Material, das zusammengerollt werden konnte (Jer 36,17–18). Zahlreiche solche Rollen wurden in den Höhlen der Wüste von Judäa entdeckt, bes. in den Höhlen von Qumran. Das Wort »Brief« findet sich im Hebräischen nur in den späteren Büchern des AT (Neh 2,7–9); es kann ein Schriftdokument oder eine erbauliche Botschaft bezeichnen (2. Chr 30,6). Die apostolischen Briefe des NT wurden wahrscheinlich mit Tinte auf Papyrus geschrieben (2. Kor 3,3; 2. Joh 12; 3. Joh 13). S. auch INSCHRIFTEN.

SCHRIFTEN, DIE (Hagiographen, hebr. *Ketubim*). Bezeichnung für den dritten und letzten Teil des hebr. AT. Das hebr. AT ist anders gegliedert als in den christl. Bibelausgaben, die der griech. (LXX) Einteilung folgen. Zu den »Schriften« gehören nach dem jüd. Kanon: Psalmen, Sprüche, Hiob, Hoheslied, Rut, Klagelieder, Prediger, Ester, Daniel, Esra-Nehemia und 1. und 2. Chronik.

Die S. waren der letzte Teil des AT, der kanonisiert wurde; noch im späten 1. Jh. n. Chr. waren einige Bücher umstritten. Das NT kennt den Ausdruck »S.« nicht, obwohl einmal (Lk 24,44) statt der üblichen Bezeichnung des AT als »Mose und die Propheten« (z. B. Lk 16,29–31) der Ausdruck »das Gesetz des Mose, die Propheten und die Psalmen« diese Dreiteilung erkennen läßt.

SCHRIFTROLLEN VOM TOTEN MEER Siehe TOTES MEER.

SCHUA 1 1. Chr 7,32
SCHUA 2 Mose 38,2.12; 1. Chr 2,3

SCHUA (»Wohlhabenheit«).
1. Tochter Hebers, des Enkels Assers, des Sohnes Jakobs.
2. Kanaaniter, der Vater der ersten Frau Judas, des Sohnes Jakobs.

SCHUACH 1. Mose 25,2; 1. Chr 1,32

SCHUACH (»gebeugt«). Ein Sohn Abrahams und Keturas. Von einigen Forschern als Vater der Schuhiter betrachtet, eines Stammes am Ufer des Euphrats.

SCHUACH, VON Hiob 2,11; 8,1; 18,1; 25,1; 42,9

SCHUACH, VON Ein Mann von Schuach; der Beiname Bildads, eines der drei Freunde Hiobs.

SCHUAL 1 1. Chr 7,36
SCHUAL 2 1. Sam 13,17

SCHUAL (»Schakal«). Name einer bibl. Person und einer Gegend.
1. Ein Name im Geschlechtsregister Assers.
2. Während des Feldzuges Sauls gegen die Philister marschierte einer der drei philist. »Heerhaufen« »in Richtung auf Ofra ins Gebiet von Schual«.

Schreiber bei der Aufzeichnung der Ernte. Detail einer Wandmalerei vom Grab des Memnach. Ägypten, Neue Dynastie.

Ammonitisches Achatsiegel und Abdruck mit der Inschrift »[Gehört] Schual [dem Sohn] Jesajas«. 7. Jh. v. Chr. (Israel-Museum).

SCHUBAËL (»Wende dich uns wieder zu, Gott«).

1. Ältester Sohn Gerschoms, eines Nachkommens von Mose; Levit und Schatzmeister am Hof König Davids.

2. Einer der Söhne Hemans, des Sehers am Hof König Davids; Tempelsänger und Vorsteher der 4. Abteilung der Priester.

SCHUBAËL 1 1. Chr 23,16; 24,20; 26,24
SCHUBAËL 2 1. Chr 25,4.20

SCHUFAM, SCHUFAMITER Nachkommen Benjamins; erscheinen in der zweiten isrl. Volkszählung. In 1. Chr 8,5 Schefufan genannt.

SCHUFAM, SCHUFAMITER 4. Mose 26,39

SCHUHA Name im Geschlechtsregister des Stammes Juda.

SCHUHA 1. Chr 4,11

SCHUHAM (»Kummer«?), **SCHUHAMITER** Einziger Sohn Dans, des Sohnes Jakobs; Stammvater der Sippe der Schuhamiter.

SCHUHAM, SCHUHAMITER 4. Mose 26,42–43

SCHUMATITER Eines der Geschlechter von Kirjat-Jearim; Vorfahren der Zoratiter und Eschtaoliter; stehen wahrscheinlich mit Schobal (2) in Zusammenhang.

SCHUMATITER 1. Chr 2,53

Der Ort Schunem am Fuß des Berges Gilboa.

SCHUNEM Stadt im Gebiet des Stammes Issachar (Jos 19,18) nahe dem Berg Gilboa; in einer Liste Thutmosis III. erwähnt. Bei S. lagerte das philist. Heer vor der Schlacht, in der Saul getötet wurde (1. Sam 28,4). Davids Alterspflegerin Abischag wurde in S. geboren (1. Kön 1,3). Elisa lebte einige Zeit dort und erweckte den Sohn einer reichen Schunemiterin von den Toten (2. Kön 4,8–37). In der Römerzeit war S. ein kleines Dorf. Seine Reste liegen unter einem kleinen Hügel nahe dem Dorf Solem.

SCHUNEM Jos 19,18; 1. Sam 28,4; 1. Kön 1,3; 2. Kön 4,8

SCHUNI, SCHUNITER Dritter Sohn Gads und Ahnherr der Sippe der Schuniter.

SCHUNI, SCHUNITER 1. Mose 46,16; 4. Mose 26,15

SCHUPPIM

1. Nachkomme Benjamins und Sohn Irs.

2. Nachkomme Meraris, des Sohnes Levis; einer der Torhüter am Westtor des Tempels.

SCHUPPIM 1 1. Chr 7,12.15
SCHUPPIM 2 1. Chr 26,16

SCHUR Wüste, die die Israeliten auf ihrem Auszug aus Ägypten durchquerten. Hagar fand einst Zuflucht bei einer Quelle auf dem Weg nach S. (1. Mose 16,7), und die Söhne Ismaels wohnten zwischen S. und Hawila (1. Mose 25, 18). Abraham lebte eine Zeitlang zwischen Kadesch und S. (1. Mose 20,1). Nach 2. Mose 15,22 lag S. nahe dem Schilfmeer. Einige suchen S. östlich des Roten Meeres und der Bitterseen, andere, die eine nördlichere Route der Israeliten annehmen, näher am Mittelmeer.

SCHUR 1. Mose 16,7; 20,1; 25,18; 2. Mose 15,22; 1. Sam 15,7; 27

SCHUTELACH (»Umbruch«), **SCHUTELACHITER**

1. Erster Sohn Ephraims, Stammvater der Schutelachiter; von den Männern von Gat getötet.

2. Ein Nachkomme Schutelachs (1); auch er wurde von den Männern von Gat getötet.

SCHUTELACH, SCHUTELACHITER 1 4. Mose 26, 35–36; 1. Chr 7,20
SCHUTELACH, SCHUTELACHITER 2 1. Chr 7,21

SCHWAGEREHE (LEVIRATSEHE; lat. *levir* = »Schwager«). Eheschließung zwischen einer verwitweten Frau und einem Bruder ihres verstorbenen Mannes. Die S. findet sich in vielen Kulturen und dürfte ihre Wurzel darin haben, daß die Frau (aufgrund der Mitgift oder des Brautpreises) als Besitz der Familie betrachtet wurde. Mit dem übrigen Besitz ihres verstorbenen Ehemannes fiel sie gleichsam als Erbschaft der Familie zu. Um sie innerhalb der Sippe zu halten, wurde sie gewöhnlich mit ihrem Schwager oder dessen nächstem Verwandten verheiratet; die Gebräuche unterschieden sich je nach den sozialen Regeln und Umständen.

Aus dem AT wird deutlich, daß die S. in Israel v. a. der Absicht entsprang, einem kinderlos Verstorbenen Nachkommen zu zeugen, um seinen Namen weiterzuführen (5. Mose 25,5–6). Die klassische bibl. Stelle zum Problem der S. ist die Geschichte von Onan, Tamar und Juda (1. Mose 38). Juda wies seinen Sohn Onan an, Tamar zur Frau zu nehmen, »Auf daß du deinem Bruder Nachkommen schaffest« (1. Mose 38,8). Onan weigerte sich jedoch, Kinder zu zeugen, die »nicht sein eigen sein sollten« (V. 9). Das Motiv, dem

Schuh aus dem 18. Jh., der bei der Zeremonie der chaliza *gebraucht wurde; die Witwe zog ihrem Schwager den Schuh aus und entließ ihn damit aus der Pflicht zur Leviratsehe (Israel-Museum).*

kinderlos Verstorbenen Nachkommen zu schaffen, begegnet auch im Buch Rut (4,5): Boas versteht die Ehe mit der Witwe Rut als einen religiösen Akt, »um den Namen des Verstorbenen zu erhalten auf seinem Erbteil«.

Aus diesen Quellen über die S. im frühen Israel läßt sich kein einheitliches Bild gewinnen. Nach 1. Mose 38 lag die Pflicht zur S. vor allem beim Bruder des Verstorbenen; sie konnte aber auch auf einen nahen Verwandten (hier Juda, den Schwiegervater Tamars) übergehen. Im Buch Rut hingegen kann auch ein entfernter Verwandter (Boas) die S. eingehen. Solche Unterschiede machen deutlich, daß die S. in Israel entweder in verschiedenen Formen existierte oder bestimmte Entwicklungen durchlief.

1. Mose 38 und 5. Mose 25,5ff. unterscheiden sich vom Buch Rut darin, daß sie die S. als heilige Pflicht ansehen. Onans Versuch, sich durch coitus interruptus dieser Pflicht zu entziehen, brachte ihm den Tod (1. Mose 38,10). 5. Mose 25, das den Leviratsritus gesetzlich festschreibt, sieht zwar keine Todesstrafe für das Verweigern der S. vor, sieht darin jedoch ein ernstes Vergehen, für das der unwillige Bruder ein zutiefst erniedrigendes öffentliches Verfahren über sich ergehen lassen mußte, die sog. *chaliza*: Die Witwe zog ihm den Schuh aus, spuckte ihm ins Gesicht und erklärte: »So soll man tun einem jeden Mann, der seines Bruders Haus nicht bauen will« (5. Mose 25,9). Worauf er und seine Familie den Schimpfnamen »des Barfüßers Haus« (V. 10) zu tragen hatten.

Im NT erscheint die S. in einer Auseinandersetzung Jesu mit den Sadduzäern, als er eine konstruierte Leviratsgeschichte, die als Argument gegen die Auferstehung dienen sollte, zurückweist (Mt 22,23–33).

SCHWALBE Siehe TIERE.
SCHWEIN Siehe TIERE.
SCHWUR, EID Nach bibl. Verständnis birgt das gesprochene Wort die Kraft in sich, Gutes oder Böses, Segen oder Fluch zu bewirken. Von daher liegt im feierlich bekräftigten Wort, bes. im Schwur, ein Fluch, falls er ein Meineid ist oder gebrochen wird. Die Worte »Fluch« und »Schwur« sind an vielen Stellen praktisch austauschbar (1. Kön 8,31). Der Ausdruck »Gott tue mir dies und das« (eine häufige Einleitung einer Beteuerung) ist ein deutlicher Hinweis auf einen selbstauferlegten Fluch (1. Sam 14,44; 2. Sam 3,9).

Jeder S. trug implizit oder explizit einen Fluch in sich. Dies gilt auch für den S., mit dem ein Bundesschluß zwischen zwei Parteien besiegelt wurde. 5. Mose 29,13 sagt: »Ich schließe diesen Bund und diesen Eid...« (vgl. Dan 9,11). Als Zedekia seinen Bund mit Nebukadnezar brach, beschrieb Hesekiel die Konsequenzen so: »Sollte er, der den Bund bricht, davonkommen? So wahr ich lebe, spricht Gott der HERR: an dem Ort des Königs, der ihn als König eingesetzt hat, dessen Eid er verachtet und dessen Bund er gebrochen hat, da soll er sterben, mitten in Babel« (Hes 17,15–16).

Ein S. oder eine feierliche Beteuerung konnte mit der Anrufung des Namens Gottes beginnen oder enden. Eine gebräuchliche Einleitungsformel ist: »So wahr der HERR lebt« (Ri 8,19; 1. Sam 14,39; 19,6; 1. Kön 17,1); sie ist sinngemäß zu ergänzen: »der mich bestrafen wird, wenn ich falsch schwöre oder den Eid breche«. Die Schwurformel kann sich auch auf den König richten: »So wahr du lebst, mein Herr und König« (2. Sam 14,19). 2. Sam 15,21 hat beides: »so wahr der HERR lebt, und so wahr mein Herr und König lebt« (vgl. 2. Sam 11,11).

Im Namen einer anderen Gottheit als des Gottes Israels zu schwören, kommt dem Götzendienst gleich; vgl. Am 8,14 und Ps 16,4 sowie das Gebot in 5. Mose 6,13–14.

Auch Gott kann schwören. Er schwört Abraham, seinen Nachkommen das Land Kanaan zu geben (1. Mose 22,16; 26,3; 2. Mose 33,1; 4. Mose 14,23). Er droht Gerichte an (1. Sam 3,14; Jer 22,5). Er schwört David, sein Haus und Königtum ewig bestehen zu lassen (Ps 89,4–5).

Einen Untergebenen konnte man durch einen Eid auf einen Auftrag verpflichten, wie Abraham seinen ältesten Knecht (1. Mose 24,2–4). Jakob ließ Josef schwören, ihn nicht in Ägypten zu begraben, sondern im Grab seiner Väter in Kanaan (1. Mose 47, 29–31).

Als Schwurgeste wird das Heben der Hand erwähnt; vgl. z. B. 1. Mose 14,22; Hes 20,6; Dan 12,7.

Insofern das Aussprechen eines S. ein heiliger Akt ist, bedeutet sein Bruch eine Entehrung des Namens Gottes, die eine göttliche Bestrafung nach sich zieht. Die Zehn Gebote verbieten ausdrücklich, den Namen Gottes zu mißbrauchen (2. Mose 20,7; 5. Mose 5,11); vgl. auch 3. Mose 19,12.

Selbst wenn ein S. lediglich durch Unbedachtsamkeit gebrochen worden ist, muß durch ein Sündopfer Sühne geleistet werden (3. Mose 5,4–6). Ein Eid ist zu halten, selbst wenn er Schaden und Nachteile mit sich bringt (Ps 15,4).

Zu unterscheiden von diesem freiwilligen Schwören ist der Eid bei Gerichtsverfahren. Konnte der Richter zu keiner Entscheidung gelangen oder der Angeklagte keine Entlastungszeugen beibringen, blieb als Möglichkeit offen, den Angeklagten unter Eid zu stellen. In 2. Mose 22,9–10 sind solche Fälle erwähnt, in denen der Eid offenbar prozeßentscheidendes Gewicht hatte. 3. Mose 5,21–26 beschreibt das Verfahren zur Sühne eines Meineides im bürgerlich-rechtlichen Bereich: das Vergehen gegen den Mitmenschen ist finanziell auszugleichen, das Vergehen gegen Gott macht ein Schuldopfer erforderlich.

Die Unantastbarkeit eines einmal ausgesprochenen S., selbst wenn er unter vorgetäuschten Bedingungen zustande kam, wird aus dem Bund Josuas mit den Gibeonitern deutlich (Jos 9,3 ff.). Diese hatten vorgetäuscht, aus einem fernen Land zu kommen. Als herauskam, daß sie in unmittelbarer

SCHWUR/ SCHWÖREN/ EID
1. Mose 22,16; 24,3.8.37.41; 26,3.28; 47,31; 50,5.24f.;
2. Mose 13,19; 22,10; 32,13; 33,1;
3. Mose 5,4.22. 24; 19,12;
4. Mose 11,12; 14,23; 30,3;
5. Mose 6,13; 7,8; 9,5; 13,18; 19,8; 29,11.13;
Jos 2,17; 9,19; 21,43;
Ri 2,1; 21,5;
1. Sam 3,14; 20,42;
2. Sam 3,9; 21,7;
1. Kön 2,43;;
1. Chr 16,16;
2. Chr 15,14f.;
Esr 10,5;
Neh 10,30;
Ps 15,4; 63,12; 89,4; 95,11; 110,4; 132,11;
Pred 9,2;
Jes 19,18; 45,23; 48,1; 54,9; 62,8; 65,16;
Jer 11,5; 22,5; 40,9;
Hes 17,16; 20,6;
Dan 12,7;
Hos 10,4;
Am 4,2; 8,7.14;
Mi 7,20;
Mt 5,33f.36; 14, 7.9; 23,16.18. 20–22; 26,72.74;
Mk 6,23;
Lk 1,73;
Apg 23,14;
1. Thess 5,27;
Hebr 3,11; 6,13. 16f.; 7,20;
Jak 5,12;
Offb 10,6

Nähe wohnten, protestierte das Volk Israel und forderte die Kündigung des Abkommens. Aber Josua und die Obersten antworteten: »Wir haben ihnen geschworen bei dem HERRN, dem Gott Israels; darum können wir sie nicht antasten« (Jos 9,19).

Jesaja sieht Zeiten kommen, in denen auch Heiden Gott den Treueeid schwören (Jes 19,18); eines Tages werden »alle Zungen schwören und sagen: Im HERRN habe ich Gerechtigkeit und Stärke« (Jes 45,23–24).

Im AT äußert der Prediger (Kohelet) Bedenken gegenüber dem Ablegen eines S. bzw. Gelübdes (Pred 5,4–5); darin folgt ihm Jesus Sirach (23,9 ff.).

Jesu Zurückweisung des Schwörens: »Ich aber sage euch, daß ihr überhaupt nicht schwören sollt« (Mt 5,34–37) zielt genauso wie die gesamte Bergpredigt auf das Verhalten von Christen untereinander innerhalb der Jüngergemeinde (vgl. BERGPREDIGT). Innerhalb der Gemeinde Jesu Christi sollte es nicht des Eides bedürfen, um die einfache Wahrheit (»Ja, ja; nein, nein«, Mt 5,37) erst noch gültig zu machen; in diesem Sinne ist auch Jak 5,12 zu verstehen.

Anders dagegen in der staatlichen Öffentlichkeit, v.a. im Gerichtswesen: Jesus selbst hat sich bei seinem Prozeß in aller Form vereidigen lassen (vgl. die Aufforderung des Hohenpriesters in Mt 26,63: »Ich beschwöre dich bei dem lebendigen Gott, daß du uns sagst, ob du der Christus bist, der Sohn Gottes«).

Paulus scheut sich ebenfalls nicht, feierliche Beteuerungen abzugeben (»Gott ist mein Zeuge«, Röm 1,9; 2. Kor 1,23; Gal 1,20 usw.). Es liegt aber in der Konsequenz des Gehorsams gegen Jesu Worte aus der Bergpredigt, wenn er dabei den Begriff »Eid« oder »S.« innerhalb der christl. Gemeinde nicht gebraucht. Auch 1. Thess 5,27 ist nicht als Eid zu betrachten.

SCHWURBRUNNEN 1. Mose 26,33

SCHWURBRUNNEN Von Isaak gegrabener Brunnen, nach dem die Stadt BEERSCHEBA benannt ist (»Schwurbrunnen«). In 1. Mose 21,31 wird der Name auf einen Schwur zwischen Abraham und Abimelech zurückgeführt.

SEBA 1. Mose 10,7; 1. Chr 1,9; Jes 43,3; 45,14

SEBA (»Fülle«). Sohn des Kusch. S. wird zus. mit Ägypten und Kusch erwähnt, offensichtlich als Name eines Landes. Einige Forscher sehen es als mit Saba (4) identisch an, andere suchen es bei Äthiopien.

SEBACH Ri 8,5–7.10.12.15.18.21; Ps 83,12

SEBACH (»Opfer«). Einer der beiden Könige der Midianiter (der andere war Zalmunna), die Gideon als Vergeltung für die Ermordung seiner Brüder tötete.

SEBADJA 1 1. Chr 8,15
SEBADJA 2 1. Chr 8,17
SEBADJA 3 1. Chr 12,8
SEBADJA 4 1. Chr 26,2
SEBADJA 5 1. Chr 27,7
SEBADJA 6 2. Chr 17,8
SEBADJA 7 2. Chr 19,11
SEBADJA 8 Esr 8,8
SEBADJA 9 Esr 10,20

SEBADJA (»Geschenk des HERRN«).

1. Ein Familienhaupt im Stamm Benjamin.
2. Einer der Söhne Elpaals vom Stamm Benjamin.
3. Einer der Leute Sauls, die bei Ziklag zu David überliefen.
4. Ein Levit und Torhüter am Heiligtum z. Zt. Davids.
5. Sohn Asaels, des Bruders Joabs. Nachfolger seines Vaters als Befehlshaber über einen Teil des Heeres Davids.
6. Einer der Leviten, die von Joschafat ausgesandt wurden, um in Juda die Thora zu lehren.
7. Sohn Jismaels vom Stamm Juda, unter Joschafat der Vorsteher »in allen Sachen des Königs« in Juda.
8. Haupt einer Familie, die mit Esra aus dem babyl. Exil zurückkehrte.
9. Priester aus dem Geschlecht Immer, der unter Esra seine ausländische Frau verstoßen mußte.

SEBINA Esr 10,43

SEBINA (»Erkauft«). Sohn des Nebo; mußte unter Esra seine ausländische Frau verstoßen.

SEBUDA 2. Kön 23,36

SEBUDA (»Geschenk«). Mutter König Jojakims.

SEBUL Ri 9,28.30.36.38.41

SEBUL Stadthauptmann von Sichem; vereitelte den Aufruhr Gaals gegen Abimelech.

SEBULON 1. Mose 30,20; 35,23; 46,14; 49,13; 2. Mose 1,3; 4. Mose 1,9.

SEBULON (»Herrschaft, Fürst«). Zehntes der 13 Kinder Jakobs (sechster Sohn Leas, 1. Mose 30,20), Stammvater eines der 12 Stämme Israels.

S. hatte drei Söhne: Sered, Elon und Jachleel (1. Mose 46,14). Als die 12 Kundschafter ins Land Kanaan gingen, war der Stamm S. durch Gaddiël vertreten (4. Mose 13,10). S. gehörte zu den sechs Stämmen, die auf dem Berg

Das Gebiet des Stammes Sebulon.

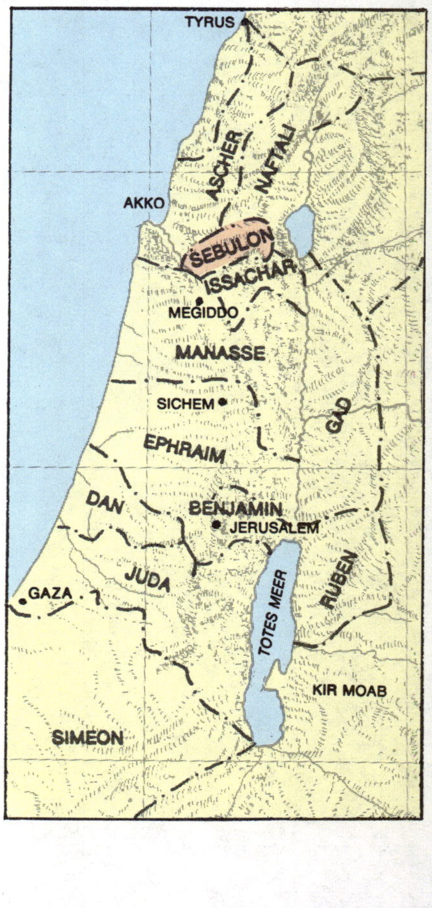

Ebal den Fluch über alle Israeliten aussprechen sollten, die den Bund mit Gott nicht halten würden (5. Mose 27,13).

S. ist eng mit Issachar verbunden, sowohl geographisch (im südlichen Galiläa (Jos 19,10–23) als auch im Segen Jakobs und Moses (1. Mose 49,13–15; 5. Mose 33,18–19). Die Zahl seiner waffenfähigen Männer gibt 4. Mose 26,27 mit 60 500 an.

S. spielte eine wichtige Rolle beim Sieg über Siseras Heer (Ri 4,6; 5,14.18), wie auch bei Gideons Sieg über die Midianiter (Ri 6,35). Der Richter Elon und vielleicht auch Ibzan kamen aus diesem Stamm (Ri 12,8–12), ebenso der Prophet Jona (Jona 1,1; 2. Kön 14,25; Jos 19,13). Z. Zt. König Davids war Jischmaja, der Sohn Obadjas, der Stammesfürst (1. Chr 27,19). S. wird auch als Stamm von Seefahrern erwähnt (1. Mose 49,13; 5. Mose 33,18), war jedoch mangels eines direkten Zugangs zum Meer auf Abmachungen mit befreundeten kanaan. Stämmen angewiesen.

SECHACHA Eine bei der Aufteilung des Landes Kanaan Juda zugewiesene Stadt, in der Wüste Juda. Die heutige Lage ist unbekannt.

SECHARJA (»Ja[hwe] hat sich erinnert«).

1. König von Israel (748–747 v. Chr.), Sohn Jerobeams II., letzter Herrscher aus dem Haus Jehu; regierte nur sechs Monate, bis er von Schallum ermordet wurde, der ihm nachfolgte.
2. Großvater mütterlicherseits des Königs Hiskia.
3. Haupt einer Familie von Rubenitern.
4. Levit und Torhüter.
5. Großonkel Sauls aus dem Haus Benjamin (1. Chr 9,37). Auch Secher genannt (1. Chr 8,31).
6. Levit und Harfenspieler, wirkte bei der Überführung der Bundeslade nach Jerusalem mit.
7. Einer der Priester, die bei der Überführung der Bundeslade die Trompete bliesen.
8. Levit aus der Familie Kehat.
9. Levit und Torhüter aus dem Hause Merari.
10. Vater Jiddos vom Stamm Manasse.
11. Einer der fünf Fürsten Judas, die König Joschafat aussandte, um in Juda das Gesetz Moses zu lehren.
12. Ein Levit, einer der Söhne Asafs.
13. Vierter Sohn König Joschafats; wurde mit seinen Brüdern von Joram, dem Erstgeborenen, ermordet, als dieser König wurde.
14. Sohn des Priesters Jojada; wegen seines Vorgehens gegen den Götzendienst auf Befehl König Joaschs gesteinigt. Sein Tod wird von Jesus erwähnt.
15. Prophet und geistlicher Lehrer und Berater des Königs Usija in den ersten Jahren seines Königtums.
16. Levit von den Söhnen Asafs; nahm z. Zt. Hiskias an der Reinigung des Tempels teil.
17. Levit aus der Sippe der Kehatiter, Aufseher über die Arbeiter bei der Wiederinstandsetzung des Tempels z. Zt. Josias.
18. Einer der drei Priester, die z. Zt. Josias die Opfergaben zum Passafest spendeten.
19. Nachkomme von Parosch, der mit Esra aus dem babyl. Exil zurückkehrte.
20. Nachkomme Bebais, der mit Esra aus dem babyl. Exil zurückkehrte.
21. Einer der Männer, die Esra aussandte, um Leviten für die Rückkehr aus dem babyl. Exil zu gewinnen.
22. Ein Rückkehrer aus dem babyl. Exil, der unter Esra seine ausländische Frau verstieß.
23. Einer der Männer, die neben Esra standen, als dieser vor dem Volk das Gesetz Moses verlas.
24. Mann von Juda aus der Sippe Perez.
25. Mann von Juda aus der Sippe Schela.
26. Ein Priester, Nachkomme Paschhurs.

30–31; 2,7; 7,24; 10,16; 13,10; 26,26–27; 34,25; 5. Mose 27,13; 33,18; Jos 19,10.16. 27.34; 21,7.34; Ri 1,30; 4,6. 10; 5,14.18; 6,35; 12,11–12; 1. Chr 2,1; 6,48. 62; 12,34.41; 27,19; 2. Chr 30, 10–11.18; Ps 68,28; Jes 8,23; Hes 48,26–27.33; Mt 4,13.15; Offb 7,8

SECHACHA Jos 15,61

SECHARJA 1 2. Kön 14,29; 15,8.11
SECHARJA 2 2. Kön 18,2; 2. Chr 29,1
SECHARJA 3 1. Chr 5,7
SECHARJA 4 1. Chr 9,21; 26,2.14
SECHARJA 5 1. Chr 9,37
SECHARJA 6 1. Chr 15,18. 20; 16,5
SECHARJA 7 1. Chr 15,24
SECHARJA 8 1. Chr 24,25
SECHARJA 9 1. Chr 26,2
SECHARJA 10 1. Chr 27,21
SECHARJA 11 2. Chr 17,7
SECHARJA 12 2. Chr 20,14
SECHARJA 13 2. Chr 21,2
SECHARJA 14 2. Chr 24,20.22; Mt 23,35; Lk 11,51
SECHARJA 15 2. Chr 26,5
SECHARJA 16 2. Chr 29,13
SECHARJA 17 2. Chr 34,12
SECHARJA 18 2. Chr 35,8
SECHARJA 19 Esr 8,3
SECHARJA 20 Esr 8,11
SECHARJA 21 Esr 8,16
SECHARJA 22 Esr 10,26
SECHARJA 23 Neh 8,4
SECHARJA 24 Neh 11,4
SECHARJA 25 Neh 11,5

SECHARJA 26
Neh 11,12

27. Priester und Haupt des Hauses Iddo z. Zt. des Hohenpriesters Jojakim. Möglicherweise identisch mit dem Propheten Sacharja.

SECHARJA 27
Neh 12,16

28. Levit, Sohn Jonatans und Nachkomme Asafs; Musiker bei der Einweihung der neugebauten Mauern Jerusalems.

SECHARJA 28
Neh 12,35

29. Priester, der bei der Einweihung der neugebauten Mauern Jerusalems die Trompete spielte.

SECHARJA 29
Neh 12,41

30. Einer der beiden Zeugen bei einer Weissagung Jesajas.

SECHARJA 30
Jes 8,2

SECHER Kurzform von Secharja.

SECHER
1. Chr 8,31

SECHU Auf der Suche nach Samuel und David kam König Saul »zum großen Brunnen, der in Sechu ist«. Sonst ist nichts über diesen Ort bekannt.

SECHU
1. Sam 19,22

SEEB (»Wolf«). Einer der beiden Fürsten der Midianiter, die unter Gideon von den Männern aus dem Stamm Ephraim getötet wurden. Er starb bei »der Kelter Seeb«, und sein Kopf wurde »zu Gideon über den Jordan« gebracht.

SEEB
Ri 7,25; 8,3; Ps 83,12

SEFAR Der Wohnort der Söhne Joktans aus der Nachkommenschaft Sems in der großen Völkertafel der Urgeschichte (1. Mose 10). S. lag am »Gebirge im Osten« (1. Mose 10,30). Die genaue Lage ist unbekannt.

SEFAR
1. Mose 10,30

SEFARAD Ortsname in Obd 20; wurde lange mit Saparda identifiziert, das in den assyr. Annalen Sargons II. als Bezirk südwestlich von Medien erscheint. Die Entdeckung einer aram.-syr. Inschrift in Sardis in Kleinasien zeigte jedoch, daß S. der aram. Name für Sardis war, urspr. ein lydisches Königreich in Kleinasien und später die pers.Provinz mit ihrer Hauptstadt Sardes.

SEFARAD
Obd 20

Die kurze Erwähnung in Obadja ist von großer histor. Bedeutung, weil sie die frühe Ansiedlung von Juden in diesem Handelszentrum bezeugt. Eine irrtümliche Identifizierung von S. mit Spanien stammt aus der aram. Bibelübersetzung.

SEFARWAJIM Eine von den Assyrern eroberte Stadt. Die aus ihr deportierten Einwohner wurden anstelle der verbannten Israeliten in Samarien angesiedelt (2. Kön 17,24 usw.). Möglicherweise mit Sippar südwestlich von Bagdad zu identifizieren.

SEFARWAJIM
2. Kön 17,24.31; 18,34; 19,13; Jes 36,19; 37,13

SEGEN UND FLUCH Segen und Fluch finden sich in der gesamten Bibel und sonstigen Literatur des alten Orients. Solche Formeln wurden über ganze Völker ausgesprochen, aber auch über Einzelpersonen. Sie bezogen ihre Glaubwürdigkeit aus der Überzeugung, daß die in ihnen angerufene Gottheit das ausgesprochene Wort Realität werden lassen würde.

SEGEN/SEGNEN
1. Mose 1,22; 2, 3; 12,2f.; 27,4. 38; 32,27; 39,5; 2. Mose 20,24; 4. Mose 6,24; 22,6; 23,20; 5. Mose 7,14; 11,26; 23,6; 28,3; 33,1; 2. Sam 7,29; 1. Kön 8,14; Hiob 1,10; 42,12; Ps 3,9; 5,13; 21,4; 24,5; 28,9; 29,11; 62,5; 65,11.12; 67,2; 72,17; 84,7; 109,28; 112,2; 115,12; 118,26; 128,5; 129,8; 133,3; Spr 10,7; Jes 44,3; 61,9; 65,8; Jer 17,7; 31,23; Mt 5,44; Mk 10,16; Lk 2,34; 24,50; Apg 3,26; Röm 12,14; 15,29; 1. Kor 4,12; 10,16; 2. Kor 9,6; Gal 3,9.14; Eph 1,3; 4,29; 1. Petr 3,9

Nach dem Zeugnis der Bibel ist der S. von Anfang an eine Tat und Gabe Gottes. Gottes S. waltet über der Schöpfung. Das erste, was Gott mit dem Menschen tut, ist, daß er ihn segnet (1. Mose 1,28). Solcher S. wiederholt sich – bei Menschen (1. Mose 12,3; 13,16 usw.) wie auch gegenüber der Schöpfung (z.B. Hes 34,26). Die schlichtere Urform des S. ist die Zusage Gottes: »Ich will mit dir sein« (1. Mose 26,3).

Träger und Spender allen wahren S.s ist Gott der HERR, auch wo Menschen den S. erteilen. Hier liegt wohl der Grund dafür, daß der erzväterliche S. nicht zurückgenommen werden konnte, selbst wenn er dem falschen Empfänger gegeben wurde (1. Mose 27,33–37; vgl. 48,13–20); ebenso ließ sich Gottes S. nicht in einen F. umwandeln (4. Mose 24; Jos 24,9–10). Das Wort galt als bes. wirkungskräftig, wenn es vor »dem HERRN« ausgesprochen wurde (4. Mose 5,16.18.25.30). S. und F. konnten von einer symbolischen Geste begleitet werden (1. Mose 48,13; 4. Mose 5,16–30; 5. Mose 25,9; Neh 5,12–13).

S. und F. konnten auch benutzt werden, um Verträge wirksamer zu gestalten; so finden wir sie regelmäßig in Verträgen zwischen dem Hetiterreich und seinen Vasallen. Dabei wurden jeweils die Götter beider Völker feierlich als Zeugen angerufen, ebenso Naturphänomene wie Berge, Flüsse, Wind und Wolken (vgl. 5. Mose 32,1; Jes 1,2). S. und F. haben hier die Funktion, die Einhaltung der durch den Vertrag bzw. Bund eingegangenen Verpflichtungen zu gewährleisten; sie waren Warnung und Ansporn zugleich (vgl. die Warnung des Darius in Esr 6,12).

Der Bund (s. BUND) zwischen Gott und Israel in 5. Mose (5,2; 7,9; 9,11) enthält alle Elemente eines solchen Vasallenvertrages. S. und F. (5. Mose

28) sollten für Israel Ansporn sein, den Bund zu halten, und die Folgen seines Bruches vor Augen malen. Freilich handelt es sich hier nicht um einen beidseitig vereinbarten Bund, sondern um eine Verbindlichkeitserklärung Gottes (verbindlich für Gott selbst wie für Israel).

Viele Ereignisse in der Geschichte Israels lassen sich auf S. und F. zurückführen. Das »prophetische« Segnen bzw. Verfluchen durch Noah (1. Mose 9,25ff.), Isaak (1. Mose 27) und Jakob (1. Mose 49) erfüllte sich in der Geschichte der Nachkommen der gesegneten bzw. verfluchten Söhne (vgl. z. B. 1. Mose 9,25 und 1. Kön 9,20–21; 1. Mose 49,5–7 und Jos 19,9; 21,1–42). Es war Gottes S. über Abraham, Isaak und Jakob, der sie dazu bestimmte, Väter des Volkes zu werden. Bevor Mose starb, segnete er die zwölf Stämme und blickte voraus auf ihre Zukunft im Gelobten Land (5. Mose 33; vgl. 1. Mose 49). Die ersten Verfluchungen, von denen die Bibel berichtet, sind die der Schlange, der Frau und des Mannes durch Gott nach dem Sündenfall (1. Mose 3,14–19).

In der Frühzeit Israels (vor der Königszeit) scheint der F. vor allem ein Mittel der Exkommunikation (Ausschluß aus der Gemeinschaft) gewesen zu sein. Als Josua von den Gibeonitern betrogen worden war, verfluchte er sie zu einem Sklavendasein (Jos 9,22–23); vgl. 6,26; Röm 9,3; Gal 1,8–9). Nach Ri 21,1.18 sollte jeder verflucht werden, der den Benjaminitern eine Frau gab. 1. Sam 14,24ff. berichtet, wie ein F. Sauls fast zum Tod seines Sohnes Jonatan führte. Die Fluchworte an die Einzelnen in 5. Mose 27,12ff. unterscheiden sich von denen an die ganze Gemeinschaft (5. Mose 28,16ff.) und sollen wohl näher bestimmen, durch welche Verfehlungen man sich aus der Gemeinschaft ausschloß.

Im Laufe der Zeit wurde in Israel der Vollzug des S. ein Vorrecht der Priester. Die Grundlage dafür ist der aaronitische S. (4. Mose 6,22–27), der ausdrücklich kein Gebet sein, sondern auf Gottes Volk »gelegt« werden sollte; vgl. dazu 5. Mose 10,8; 21,5; 1. Chr 23,13. Folgerichtig wurde der S. auch ein Bestandteil des Kultus in Israel. Gerade der aaronit. S. hatte im Tempelgottesdienst seinen festen Platz. Es ist von höchster Bedeutung, daß ausschließlich in diesem Rahmen – beim Erteilen des S. durch fünf Priester im täglichen Morgengottesdienst im Tempel – der hochheilige Gottesname *Jahwe* (vgl. Gott) ausgesprochen wurde.

Wandgemälde aus der Synagoge von Dura-Europos, das den Segen Jakobs über seine Söhne darstellt. Links: Jakob auf dem Totenbett segnet seine zwölf Söhne. Rechts: Jakob segnet Ephraim und Manasse im Beisein Josefs; 3. Jh. n. Chr.

FLUCH/
FLUCHEN/
VERFLUCHEN
1. Mose 3,14.17; 4,11; 5,29; 8,21; 12,3; 27,12.13.29; 49,7;
2. Mose 21,17; 22,27;
3. Mose 5,1; 19,14; 20,9; 24,11.15;
4. Mose 5,18.27; 22,6.11.12.17; 23,7.8.11.13. 25.27; 24,10;
5. Mose 11,26. 28f.; 21,33; 23,6; 27,13. 15–25; 28,15–19. 45f.; 29,19.26;
Jos 8,34;
1. Sam 17,43;
2. Sam 16,5.7. 9–13; 19,22;
1. Kön 2,8;
2. Kön 2,24; 9,34; 22,19;
2. Chr 34,24;
Hiob 3,1.8; 31,30;
Ps 10,7; 37,22; 59,13; 62,5; 109,17f.28; 119,21;
Spr 3,33; 11,26; 19,26; 20,20; 24,24; 26,2; 30,11;
Pred 10,20;
Jes 8,21; 24,6;
Jer 11,3; 15,10; 17,5; 20,14f.; 24,9; 25,18; 26,6; 29,18.22; 42,18; 44,8.12. 22; 48,10; 49,13;
Klgl 3,65;
Hes 22,16;
Sach 5,3; 8,13;
Mal 1,14; 2,2; 3,9;
Mt 15,4; 25,41; 26,74;
Mk 7,10; 11,21; 14,71;
Lk 6,28;
Joh 7,49;
Apg 23,5;
Röm 3,14; 12,14;
1. Kor 12,3; 16,22;
Gal 1,8; 3,10.13;
2. Petr 2,14;
Hebr 6,8;
Jak 3,9f.

Auch Könige hatten Macht, zu segnen oder zu fluchen, so schon Melchisedek mit seinem S. für Abraham (1. Mose 14,19.20). David und Salomo segneten das Volk. (2. Sam 6,18; 1. Kön 8,14ff.; 8,54ff.; vgl. 1. Kön 10,8–9 den S. der Königin von Saba). David segnete Abigajil, weil sie ihn davon abgehalten hatte, unschuldiges Blut zu vergießen (1. Sam 25,33). Umgekehrt bedrohte Nehemia alle Priester mit einem F., die sich seinen Reformen widersetzten (Neh 5,12–13).

Wieder anders war der Gebrauch von S. und F. im täglichen Leben des Volkes. Der F. wurde manchmal zur »Selbstverfluchung«, mit fließendem Übergang zum SCHWUR; an manchen Stellen des AT sind die hebr. Worte für »Fluch« und »Schwur« austauschbar (z. B. 1. Mose 24,8.41). In den Psalmen finden sich häufig Formeln wie »gesegnet ist, wer…«, LÜ »Wohl dem, der…« (Ps 1,1; 32,1 u. ö.; vgl. Jer 7,5.7). Hes 44,30 hält das Volk dazu an, die Abgaben an die Priester einzuhalten, »damit S. auf deinem Hause ruhe«. Hiob und Jeremia drückten ihre Verzweiflung dadurch aus, daß sie den Tag ihrer Geburt verfluchten (Hiob 3,1ff.; Jer 20,14–18).

Im NT entsprechen Begriff und Gebrauch des S. dem im AT. Das griech. Wort für »segnen«, *eulogein,* bedeutet einfach »Gutes (von oder zu einem Menschen) reden«; dies geschieht aber beim S. immer im Aufblick zu Gott: Der Segnende gibt den Gesegneten gläubig in Gottes Hand (so z. B. Simeon in Lk 2,34). Gesegnet in diesem Sinn ist v. a. der Messias selbst (Mt 21,9; Mk 11,9.10; Joh 12,13). Jesus segnete (LÜ: »dankte«) das Essen beim Wunder der Brotvermehrung (Mt 14,19 par.) und bei der Einsetzung des hl. Abendmahls (Mt 26,26; vgl. 1. Kor 10,16). Vor seiner Himmelfahrt segnete er die Apostel (Lk 24,50), ähnlich wie er die Kinder gesegnet hatte (Mk 10,16). V. a. aber sind Jesu SELIGPREISUNGEN (Mt 5,3–10) ein einziger großer Segenszuspruch. Jesus wie Paulus fordern dazu auf, F. mit S. zu beantworten (Lk 6,28; Röm 12,14). Maria wurde von dem Engel mit einem S. begrüßt (Lk 1,28.42). Der F. ist im NT selten. Im Munde Jesu ist hier die Gegenüberstellung der Gesegneten und Verfluchten in Mt 25,34.41 zu nennen. Paulus verflucht den, der »ein anderes Evangelium predigt« (Gal 1,8–9), und den, der »den Herrn nicht lieb hat« (1. Kor 16,22).

SEGUB 1 1. Kön 16,34 **SEGUB 2** 1. Chr 2,21–22

SEGUB (»erhöht«).

1. Einer der beiden Söhne Hiëls von Bethel, der unter König Ahab trotz des Fluches Josuas JERICHO wiederaufbaute. Er und sein älterer Bruder Abiram starben während der Bauarbeiten.

2. Ein Sohn Hezrons, des Enkels Judas.

SEHER 2. Chr 33,19

SEHER (hebr. *Hosai*). Die Verfasser einer Geschichte Manasses, des Königs von Juda (2. Chr 33,19). Einige Gelehrte sehen *Hosai* als gewöhnlichen Eigennamen an.

SEÏR 1 1. Mose 36, 20–21; 1. Chr 1,38 **SEÏR 2** 1. Mose 14,6; 32,4; 33,14.16; 36,8–9.30; 4. Mose 24,18; 5. Mose 2,1.4–5. 8.12.22.29; 33,2; Jos 24,4; Ri 5,4; 2. Chr 20,10. 22–23; 25,11.14; Jes 21,11; Hes 25,8; 35, 2–3.7.15 **SEÏR 3** 5. Mose 1,2.44; Jos 11,17; 12, 7; 15,10; 1. Chr 4,42

SEÏR (»Der Haarige«).

1. Der Horiter, namengebender Vorfahr der Einwohner von Seïr (2).

2. Gebirge südöstlich vom Toten Meer. In den El-Amarna-Briefen teilt der Stadtkönig von Jerusalem dem Pharao mit, daß in S. Krieg gegen ihn geführt wird. Ein Papyrus aus der Zeit Ramses III. (12. Jh. v. Chr.) erwähnt die Zerstörung von S., möglicherweise durch Nomaden. Assurbanipal griff S. in seinem 9. Feldzug gegen die Araber an. Es war früher von den Horitern bewohnt (1. Mose 14,6), dann von Esau (Edom) (1. Mose 36,8 usw.), dem Gott das Gebirge gab (Jos 24,4). Die Israeliten umzogen auf ihrem Weg nach Kanaan »das Gebirge S. eine lange Zeit« (5. Mose 2,1.5). Die Weissagung Hesekiels gegen S. (Edom) (Hes 35) bezieht sich auf die Plünderung Judas durch die Edomiter nach dem Fall Jerusalems 586 v. Chr.

3. Name eines Gebirges an der Grenze von Juda (Jos 15,10), zwischen Horeb und Kadesch-Barnea (5. Mose 1,2). Die genaue Lage ist unbekannt. Hier besiegten 500 Simeoniter die Amalekiter und siedelten sich anschließend dort an (1. Chr 4,42–43).

SEÏRA Ri 3,26

SEÏRA (»bewaldet«?). Ort im Gebirge Ephraim, zu dem Ehud floh, nachdem er Eglon, den König von Moab, ermordet hatte. Die genaue Lage ist nicht bekannt.

Sela in den Bergen von Edom.

SEKUNDUS (»Der Zweite«). Einer der Christen aus Thessalonich, die Paulus auf seiner letzten Reise nach Jerusalem begleiteten. **SEKUNDUS** Apg 20,4

SELA Siehe FELSENSTADT.

SELA-MACHLEKOT Felsen in der Wüste Maon, wo David vor Saul Zuflucht suchte. **SELA-MACHLEKOT** 1. Sam 23,28

SELED (»Freudensprung«). Mann vom Stamm Juda im Stammbaum des Hauses Jerachmeel; starb kinderlos. **SELED** 1. Chr 2,30

SELEUZIA, SELEUKIA Hafenstadt des alten Antiochien an der Mündung des Orontes; heute Suedija, Türkei. Mit ihrer nahezu unbezwingbaren Stadtburg und einem ausgezeichneten natürlichen Hafen war sie ohne Unterbrechung seit mindestens 2000 v. Chr. bewohnt. Im 8. Jh. v. Chr. entwickelte sich eine blühende, hauptsächlich griech. Handelskolonie. 301 v. Chr. ging **SELEUZIA** Apg 13,4

Die Hafenmauer von Seleuzia, dem Hafen von Antiochien.

S. an Seleukus I. Nikator, einen General Alexanders d. Gr. und Gründer der Dynastie der Seleukiden. Er baute den Ort neu auf, als Hauptstadt seines Reiches, wie der Name (S.) zeigt; nach seinem Tod (281/80 v. Chr.) ging diese Würde jedoch auf Antiochien über, und S. wurde wieder der Handelshafen Antiochiens. In S. begannen Barnabas und Paulus ihre erste Missionsreise und wohl auch die zweite und dritte. Im 6. Jh. n. Chr. verfiel die Stadt.

SELIGPREISUNGEN Die Seligpreisung ist eine Sprachform in AT und NT, die in einem kurzen Ausruf der Freude besteht (z. B.: »Du glücklicher Mensch!«), dem sich eine Begründung anschließen kann. Das hebr. *aschrē* und das griech. *makários* bedeuten »glücklich«, »glückselig«. Diese Adjektive sind zu unterscheiden vom passiven Partizip »gepriesen« bzw. »gesegnet«, das zuweilen in Übersetzungen der S. auftaucht, dabei aber dem hebr. *baruch* bzw. griech. *eulogetós* entspricht – dieser Übersetzungsfehler bedeutet eine Verwechslung von S. und Segnung (vgl. SEGEN). Die partizipiale Form »gepriesen« wird nur in bezug auf Gott gebraucht und ist eine Anrufung Gottes; die adjektivische Form »glückselig« kann sich nur auf Menschen beziehen und beschreibt eine bes. glückliche Lage; sie ist die anerkennende Feststellung einer Tatsache und bedeutet zugleich (wie z. B. in Ps 1,1) ein wertendes Urteil. Die S. ist also eine Proklamation eines Glückes und nicht lediglich einer Verheißung. Sie ist eine Art Glückwunsch.

Die Besonderheit der S.n am Anfang der Bergpredigt (Mt 5,3–10) besteht darin, daß sie – entsprechend dem Verständnis des Reiches Gottes als einer künftigen und doch bereits angebrochenen Realität – durchweg beides sind: Seligpreisung eines gegenwärtigen Tatbestandes und Verheißung einer kommenden, endgültigen Erfüllung. Darin unterscheidet das *makários* der Bergpredigt sich vom *aschrē* des atl. Psalters. Dabei zeigen insbes. die sechste (Mt 5,8), aber auch die erste (V. 3), dritte (V. 5) und achte (V. 10) S., daß die Erfüllung der Verheißung als eine zukünftige, eschatologische verstanden werden will (vgl. ESCHATOLOGIE). Ihren Anfang und Grund hat diese Erfüllung in der in Jesus anbrechenden Königsherrschaft Gottes (vgl. REICH GOTTES).

Die S. Jesu umfassen bei Matthäus acht Aussagen, die in der dritten Person Mehrzahl formuliert sind (»Selig sind, die...«). Die gelegentlich als neunte S. bezeichneten Verse (Mt 5,11–12) sind als nähere Ausführung zur achten S. zu verstehen und unterstreichen, daß die S. (genauso wie die gesamte Bergpredigt) nicht als Proklamation Jesu in alle Welt bzw. als eine neue Ideologie zur Gestaltung besserer Verhältnisse mißverstanden werden

Die Kirche der Seligpreisungen über dem See Genezareth. Ihr achteckiger Grundriß erinnert an die acht Seligpreisungen.

dürfen, sondern eindeutig an die Jünger Jesu, also an seine Nachfolger, seine Gemeinde gerichtet sind und dort gelten. Dies zeigt auch der Eingang der Bergpredigt in Mt 5,1–2, wozu der Schluß in 7,28 nicht in Widerspruch steht (vgl. BERGPREDIGT).

Während die S. bei Matthäus den Anfang der Bergpredigt bilden, finden wir bei Lukas vier S. als Anfang der »Predigt auf dem Felde« (Lk 6,20–22); hier werden sie als direkte Anrede formuliert (»Selig seid ihr…«). Man sieht meist in den S. bei Matthäus und bei Lukas verschiedene Ausgestaltungen derselben Rede Jesu; bei genauerem Vergleich stellt sich jedoch die Frage, ob Bergpredigt und Feldpredigt trotz aller Ähnlichkeiten nicht doch zwei verschiedene Reden Jesu wiedergeben.

Die S. haben das kommende Reich Gottes als Mittelpunkt (Mt 5,3.10; Lk 6,20). Sie betonen das Neue der in Jesus anbrechenden Gottesherrschaft. Dies wird bes. bei den S. nach Lukas deutlich, die sich auf die messianische Prophetie in Jes 61,1ff. beziehen (vgl. Lk 4,18ff.). Neben Verheißung und Trost sind die S. auch Aufforderung: Sie malen das Ideal christlichen Lebens, den Glücksstand eines Lebens in der Gemeinschaft Christi vor Augen – ein Leben, das nur in der Kraft Gottes verwirklicht werden kann.

SEM (»Name«, »Ruf«). Einer der drei Söhne Noahs (1. Mose 9,18). Er war »der Vater aller Söhne Ebers« (1. Mose 10,21) und der Tradition nach der Ahnherr der semit. Völker. Seine Söhne waren Elam, Assur, Arpachschad, Lud und Aram (1. Mose 10,22). Er wurde zus. mit Jafet von Noah gesegnet, weil er die Blöße seines betrunkenen Vaters bedeckte (1. Mose 9,18–27).

SEM 1. Mose 5,32; 6,10; 7,13; 9,18.23.26–27; 10,1.21.31; 11,10; 1. Chr 1,4.17.24; Lk 3,36

SEMACHJA (»Gestützt hat Ja[hwe]«). Levit aus der Familie Obed-Edom, vielleicht der Sohn Schemajas; Torhüter am Tempel in Jerusalem.

SEMACHJA 1. Chr 26,7

SEMIRA (»Gegenstand des Preisens«). Sohn Bechers, eines Familienhauptes vom Stamm Benjamin.

SEMIRA 1. Chr 7,8

SENAA Die Söhne Senaa bauten bei der Ausbesserung der Mauern Jerusalems unter Nehemia das Fischtor. Bei der Rückkehr aus dem babyl. Exil mit Serubbabel zählte die Sippe nach Esra 3630, nach Nehemia 3930 Seelen.

SENAA Esr 2,35; Neh 3,3; 7,38

SENIR (»Lichtberg«). Der amoritische Name des Berges Hermon.

SENIR 5. Mose 3,9; 1. Chr 5,23; Hld 4,8; Hes 27,5

Der Berg Hermon, in der Bibel auch Senir genannt.

SENNE Felsen gegenüber dem Felsen Bozez, im Wadi Suweinit bei Michmas. Durch den Paß zwischen den Felsen ging Jonatan bei seinem Handstreich gegen den Wachtposten der Philister (1. Sam 14). Über den Paß führte eine strategisch wichtige Straße nach Jerusalem.

SENNE 1. Sam 14,4

SENUA

1. Ein Benjaminit, ließ sich nach dem babyl. Exil in Jerusalem nieder.
2. Vater Judas, eines Beamten in Jerusalem z. Zt. Nehemias.

SENUA 1 1. Chr 9,7
SENUA 2 Neh 11,9

SEORIM (»Gerste«). Levit, Haupt der vierten Abteilung der Priester z. Zt. König Davids.

SEORIM 1. Chr 24,8

SEPTUAGINTA Siehe BIBELÜBERSETZUNGEN.

SERACH (»Leuchtend«).

1. Enkel Esaus (1. Mose 36,4.13); ein Fürst in Edom (1. Mose 36,17).
2. Serach von Bozra, ein Edomiter, dessen Sohn Jobab der zweite König von Edom war.
3. Zwillingsbruder des Perez, Sohn Tamars und ihres Schwiegervaters Juda (1. Mose 38,18.30); Stammvater der Serachiter, einer Sippe im Stamm Juda (4. Mose 26,20), die nach dem babyl. Exil in Jerusalem wohnte (1. Chr 9,6; Neh 11,24).
4. Tochter Assers, die Jakob und seine Familie nach Ägypten begleitete.
5. Fünfter Sohn Simeons; ein anderer Name für Zohar (1. Mose 46,10; 2. Mose 6,15). Stammvater einer Sippe der Simeoniter.
6. Ein Levit aus der Familie Gerschons.
7. Levit von den Söhnen Kehats, möglicherweise mit Serach (6) identisch.
8. Ein Kuschiter (Äthiopier), der mit einem großen Heer gegen König Asa von Juda zog und im Tal Zefata bei Marescha besiegt wurde.

SERACH 1 1. Mose 36,13.17; 1. Chr 1,37
SERACH 2 1. Mose 36,33; 1. Chr 1,44
SERACH 3 1. Mose 38,30; 46,12; 4. Mose 26,20; Jos 7,1.18.24; 22,20; 1. Chr 2,4.6; 9,6; Neh 11,24; Mt 1,3
SERACH 4 1. Mose 46,17; 4. Mose 26,46; 1. Chr 7,30
SERACH 5 4. Mose 26,13; 1. Chr 4,24
SERACH 6 1. Chr 6,6
SERACH 7 1. Chr 6,26
SERACH 8 2. Chr 14,8

SERACHITER

Familie, die von Serach (5) abstammte (4. Mose 26,13). Nach 4. Mose 26,20 gehörte sie zum Stamm Juda. Drei der Offiziere König Davids (Schamhut, Sibbechai und Mahrai) waren Serachiter.

SERACHJA (»Ja[hwe] hat geschienen«).

1. Sohn Usis, ein Nachkomme des Hohenpriesters Aaron.
2. Vater Eljoënais, eines der Rückkehrer aus Babylonien.

SERACHITER 4. Mose 26,13.20; Jos 7,17; 1. Chr 27,8.11.13

SERACHJA 1 1. Chr 5, 32; 6,36; Esr 7,4
SERACHJA 2 Esr 8,4

Zwei geflügelte mythologische Wesen, in Elfenbein geschnitzt; aus Arslan Tasch, Nordsyrien; 8. Jh. v. Chr. (Louvre, Paris).

SERAFIM Jes 6,2.6

SERAFIM (»Brennende«). Das hebr. *serafim* ist der Plural von *saraf*. Die Pluralform begegnet in der Bibel nur in Jes 6,1–6, wo die geflügelten Wesen über dem Thron Gottes gemeint sind: Jeder der S. hat sechs Flügel. Ein Flügelpaar bedeckt das Gesicht (weil derjenige, der Gott sieht, sterben wird, 2. Mose 33,20), das zweite die Füße, das dritte dient zum Fliegen. Ihre Stimmen lassen die Schwellen des Tempels erzittern, und Jesaja wird von heiligem Entsetzen gepackt.

Während in Jes 6 die S. menschenähnlich dargestellt werden, beschreiben Jes 14,29 und 30,6 schlangenähnliche Wesen (»feurige fliegende Drachen«). Jesaja verwendet hier die Vorstellung von fliegenden Schlangen, die in den Kulturen des alten Nahen Ostens sowie bei den Griechen und Römern weit verbreitet war. In 4. Mose 21,8 bezeichnet *saraf* die eherne Schlange. *Saraf* (»Schlange«) ist vom hebr. Verb *saraf* abgeleitet, das »brennen« bedeutet, nach dem brennenden Gefühl nach einem Schlangenbiß.

SERAJA 1 2. Sam 8,17
SERAJA 2 2. Kön 25,18; 1. Chr 5,40; Jer 52,24
SERAJA 3 2. Kön 25,23; Jer 40,8
SERAJA 4 1. Chr 4,13–14
SERAJA 5 1. Chr 4,35
SERAJA 6 Esr 2,2
SERAJA 7 Esr 7,1
SERAJA 8 Neh 10,3
SERAJA 9 Neh 11,11; 12,1
SERAJA 10 Neh 12,12
SERAJA 11 Jer 36,26
SERAJA 12 Jer 51,59.61

SERAJA (»Gekämpft hat Ja[hwe]«).

1. Schreiber am Hof König Davids. In 2. Sam 20,25 Schewa, in 1. Kön 4,3 Schischa, in 1. Chr 18,16 Schawscha genannt.

2. Hoherpriester in Jerusalem z. Zt. Zedekias, des letzten Königs von Juda. Als die Stadt in die Hand Nebukadnezars fiel, wurde S. nach Ribla in dessen Hauptquartier gebracht und hingerichtet (2. Kön 25,18.20–21).

3. Einer der Offiziere, die nach dem Fall Jerusalems bei Mizpa zu Gedalja stießen. Nach Gedaljas Ermordung floh er mit seinen Männern nach Ägypten.

4. Der Vater Joabs aus dem Stamm Juda.

5. Fürst des Stammes Simeon.

6. Einer der Oberen, die mit Serubbabel aus dem babyl. Exil zurückkehrten. In Neh 7,7 Asarja genannt.

7. Der Vater des Schriftgelehrten Esra.

8. Einer der Oberen des Volkes, die z.Zt. Nehemias die Abmachung, das Gesetz zu halten, unterschrieben.

9. Sohn Hilkijas; einer der Priester, die mit Serubbabel aus dem babyl. Exil zurückkehrten. In 1. Chr 9,11 Asarja genannt.

10. Priestersippe z. Zt. des Hohenpriesters Jojakim; ihr Haupt war Meraja (wohl mit (9) identisch).

11. Einer der Offiziere, die Jeremia und Baruch verhaften sollten.

12. Der Begleiter (»Marschall für die Reise«, Jer 51,59) des gefangenen Königs Zedekia von Juda auf seinem Transport nach Babel. Ihm hatte der Prophet Jeremia eine Schriftrolle mit der Weissagung über den Untergang Babylons übergeben, die er den Deportierten in Babel vorlesen und anschließend (als Symbol für den kommenden Untergang Babels) im Euphrat versenken sollte (Jer 51,59–64).

SERED (»Entkommen«), **SEREDITER** Sered, der erste Sohn Sebulons, war der Gründer der Sippe der Serediter.

SERED, SEREDITER
1. Mose 46,14; 4. Mose 26,26

SERED, BACH Flußlauf im Moabiterland, den die Israeliten gegen Ende ihrer Wüstenwanderung überquerten. Gewöhnlich mit Wadi Hasa identifiziert, einem ganzjährig Wasser führenden Fluß, der von Südosten ins Tote Meer fließt. Das tiefe Tal ist eine natürliche Grenze zwischen der Ebene Moabs und den Bergketten von Edom.

SERED, BACH
4. Mose 21,12; 5. Mose 2,13–14

SERESCH Frau Hamans. Sie riet ihm, einen Galgen für Mordechai zu errichten (Est 5,10–14), prophezeite jedoch später seinen Untergang, weil Mordechai ein Jude war (Est 6,13).

SERESCH
Est 5,10.14; 6,13

SERGIUS PAULUS Röm. Statthalter auf Zypern, ein »verständiger Mann«, der »begehrte, das Wort Gottes zu hören«. Er wurde von Paulus bekehrt (Apg 13,6–12). Eine auf Zypern gefundene Inschrift erwähnt einen röm. Prokonsul Lucius Sergius Paulus; vermutlich handelt es sich um den S. aus Apg 13, auch wenn die Inschrift kein beweiskräftiges Datum enthält.

SERGIUS PAULUS
Apg 13,7

SERUBBABEL (»Sproß Babels«). Enkel des 597 v. Chr. nach Babylonien verschleppten Königs Jechonja und Statthalter der Provinz Juda z. Zt. des Perserkönigs Darius I. (Esr 6,15 Hag 1,1;). Nach 1. Chr 3,19 war S. der Sohn Pedajas, andere Stellen nennen ihn den Sohn Schealtiëls (beide waren Söhne Jechonjas). Entweder wurde S. von Schealtiël adoptiert, oder er war – was wahrscheinlicher ist – der Sohn Schealtiëls, der die Frau seines kinderlos verstorbenen Bruders heiratete, womit S. als Kind aus einer Schwagerehe (s. SCHWAGEREHE) rechtlich als Sohn des Verstorbenen galt.

Unklarheiten gibt es bezüglich der Zuordnung von Scheschbazar und S.: Entweder war Scheschbazar der Vorgänger von S. als Statthalter, oder es handelt sich nur um einen anderen Namen für S. (vgl. Esr 1,8.11; 5,14 mit Esr 2,2; Neh 7,7; vgl. Esr 5,16 mit Esr 3,8–13; Sach 4,9; s. SCHESCHBAZAR); dann wäre S. bereits unter Kyrus Statthalter gewesen. Jedenfalls war er infolge seiner königl. Abstammung ein natürlicher Kandidat für die Statthalterschaft der Provinz Juda. Er führte die rückkehrwilligen Juden aus dem babyl. Exil nach Juda (Esr 2,1 ff.; Neh 12,1 ff.), baute in Jerusalem mit dem Priester Jeschua »den Altar des Gottes Israels« (Esr 3,2) wieder auf und setzte damit den Opferdienst wieder in Gang (Esr 3,1–6). Er begann 537 v. Chr. den Neubau des Tempels (Esr 3,6–13). Dieser geriet infolge der Behinderungen durch Feinde Judas ins Stocken (Esr 4) und wurde erst nach Weissagungen Haggais (Hag 1–2) und Sacharjas (Sach 4,6 ff.) 520 v. Chr. fortgeführt (Esr 5) und 515 v. Chr. beendet (Esr 6,14–15), nachdem König Darius dem syr. Statthalter ausdrücklich die Rechtmäßigkeit des Baus bestätigt hatte (Esr 5,3–6,13).

Die Bibel berichtet nichts über die weitere Tätigkeit S.s und seinen Tod.

Haggai und Sacharja sahen in S., dem Nachkommen Davids, messianische Züge, vgl. Hag 2,21–23; Sach 3,8; 4,6–10. Im NT (Mt 1,12; Lk 3,27) wird S. als Nachkomme Davids im Stammbaum Jesu erwähnt.

SERUBBABEL
1. Chr 3,19; Esr 2,2; 3,2.8; 4,2–3; 5,2; Neh 7,7; 12, 1.47; Hag 1,1.12.14; 2,2.4.21.23; Sach 4,6–7.9–10; Mt 1,12–13; Lk 3,27

SERUG (»Rebe[stärke]«). Vater Nahors in der Stammtafel Sems. Der Name weist auf die Stadt Sarugi in Mesopotamien.

SERUG
1. Chr 1,26; Lk 3,35

SET (»Ersatz«). Dritter Sohn Adams und Evas, geboren nach der Ermordung Abels durch Kain. Er war der Vater Enoschs und lebte 912 Jahre. Eva sah ihn als Ersatz für Abel (1. Mose 4,25).

SET
1. Mose 4,25–26; 5,3.6; 1. Chr 1,1; Lk 3,38

SETAM 1. Chr 23,8; 26,22
SETAN 1. Chr 7,10
SETAR Est 1,10
SETUR 4. Mose 13,13
SIA 1 1. Chr 5,13
SIA 2 Esr 2,44; Neh 7,47
SIBBECHAI 2. Sam 21,18; 1. Chr 11,29; 20,4; 27,11
SIBMA 4. Mose 32,3.38; Jos 13,19; Jes 16,8–9; Jer 48,32
SIBRAJIM Hes 47,16
SICHEM 1 1. Mose 33,19; 34,2.4.6.8.11. 13.20.24.26; Ri 9,28
SICHEM 2 1. Mose 12,6; 33,18; 35,4; 37,12–14; Jos 17,7; 20, 7; 21,21; 24, 1.25.32; Ri 8,31; 9, 1–3.6–7.18.20. 23–26.28.31.34. 39.41.46–47.49. 57; 21,19; 1. Kön 12,1.25; 1. Chr 6,52; 7,28; 2. Chr 10,1; Ps 60,8; 108,8; Jer 41,5; Hos 6,9; Apg 7,16
SICHEM 3 4. Mose 26,31; Jos 17,2
SICHEM 4 1. Chr 7,19

SETAM Ein Levit, der Enkel Gerschons (1. Chr 23,8), einer der Verwalter des Tempelschatzes (1. Chr 26,22).

SETAN (»Ölbaum«). Haupt einer Sippe des Stammes Benjamin.

SETAR (»Sieger«). Einer der sieben Kämmerer, denen König Ahasveros befahl, seine Gattin Wasti herbeizuholen.

SETUR (»Verborgen im Schatten Gottes«). Der Vertreter des Stammes Asser unter den Kundschaftern, die Mose nach Kanaan schickte.

SIA (»erschüttert, erschrocken«).
1. Familienhaupt im Stamm Gad.
2. Familie von Tempeldienern, die aus dem babyl. Exil zurückkehrte.

SIBBECHAI (»Verflechtung«). Einer der »Helden« Davids; er tötete den Philisterriesen Saf (1. Chr 20,4). David unterstellte ihm die achte Abteilung seines Heeres (1. Chr 27,11).

SIBMA Stadt am Ostufer des Jordans, im Gebiet Sihons, des Königs der Amoriter. Nach der Niederlage Sihons fiel sie an den Stamm Ruben. Sie war wegen ihrer Trauben und ihres Weines berühmt. Vielleicht identisch mit dem heutigen Kuran-el-Kibsch, 3 km westlich von Heschbon.

SIBRAJIM Ort an der Nordgrenze Kanaans, zwischen Damaskus und Hamat.

SICHEM (»Schulter, Nacken«).

1. Sohn des Hiwiters Hamor (1. Mose 34,2; Ri 9,28). S. vergewaltigte Dina, die Tochter Jakobs, worauf die Söhne Jakobs ihn überlisteten und ein Blutbad in der Stadt anrichteten (1. Mose 34). Der Personenname S. ist noch heute unter einigen nordarab. Stämmen verbreitet.

2. Stadt im Bergland von Ephraim, Hauptstadt der Region, bes. wichtig in der Zeit nach der Landnahme Israels. Schon Abraham hatte bei seiner Ankunft in Kanaan bei S. eine Vision und baute Gott einen Altar (1. Mose 12, 5–7). Jakob kaufte dort ein Feld (1. Mose 33,19; Jos 24,32). Josua verkündete in S. dem Volk Israel das Gesetz Moses (Jos 24,25–26). Ein Teil der Familie Gideons wohnte in S. (Ri 8,31). Gideons Sohn Abimelech ließ sich in S. zum König machen; als die Stadt sich später gegen ihn erhob, zerstörte er sie (Ri 9,1–49). Josua gab S. den Leviten als Freistadt (Jos 21,21; 1. Chr 6,52). S. nahm im isrl. Stammessystem einen zentralen Platz ein und besaß auch kultische Bedeutung. Salomos Nachfolger Rehabeam wollte sich dort krönen lassen (1. Kön 12,1), und Jerobeam machte S. zur ersten Hauptstadt des Nordreichs Israel (1. Kön 12,25). In den nächsten Jhn. führten offenbar zahlreiche Eroberungen und Zerstörungen zum Niedergang der Stadt, obwohl sie ständig besiedelt blieb (vgl. Jer 41,5). Nach der assyr. Eroberung Israels wurde sie von den Samaritanern besiedelt. Alexander d. Gr. errich-

Münze von Neapolis (Sichem), mit Abbildung von Äskulap und Hygieia und dem Berg Garizim im Hintergrund.

Rekonstruierte Fassade des spätkanaanitischen Tempels zu Tel Balata.

Steinstuhl mit Delphinskulptur aus dem römischen Theater zu Sichem.

(oben) Das römische Theater zu Sichem.

tete dort ein Rastlager für seine Soldaten. Im NT ist S. offenbar das Sychar von Joh 4,5–7 (»Sychem« in der altsyr. Bibelübersetzung).

S. wird unter dem Namen *Sekmen* in einer ägypt. Inschrift des Mittleren Reiches (1878–1843 v. Chr.) erwähnt. Ein Herrscher von S., Labaschi-Hadad, erscheint in den ägypt. Ächtungstexten (19.–18. Jh. v. Chr.). In den El-Amarna-Briefen werden S. und sein Herrscher Labaju und dessen Söhne mehrmals erwähnt. Damals war S. ein bedeutendes Königtum, das offenbar ganz Zentralpalästina beherrschte.

Das alte S. wird mit Tel Balata identifiziert, zwischen den Bergen Garizim und Ebal, etwa 1,6 km nordwestlich des modernen Nablus. Die alte Stadt war 4–5 ha groß. Bereits im Chalkolithikum wohnten Hirten auf dem Hügel (3700 v. Chr.). Die erste Phase der Mittelbronzezeit II (um 1850–1750 v. Chr.) sah ausgedehnte Bauarbeiten. 1750–1650 v.Chr. wurde dieser Bereich mit einer starken Mauer umgeben, die bis mindestens ins 16. Jh. als Befestigung diente. In diesem Areal wurden vier Tempel errichtet. Mit der Erneuerung der ägypt. Herrschaft über Palästina wurden Mauer und Tempel zerstört. In der zweiten Hälfte des 15. Jh. wurde die Stadt neugebaut. Zu dieser Periode gehört ein luxuriöser Palast, dessen 19 übereinanderliegende Fußböden eine ständige Benutzung bis ins 12. Jh. bezeugen, sowie ein großer Altar, östlich von dem ein Kultplatz mit polierter Masseba-Säule war. Diese Säule könnte der Stein gewesen sein, den Josua bei S. aufrichtete (Jos 24,26). Das S. der Spätbronzezeit wurde Mitte des 12. Jh. v. Chr. zerstört und für etwa ein Jh. verlassen. Die Stadt wurde unter Salomo neu gebaut und nach der Eroberung durch Johannes Hyrkanus 107 v. Chr. endgültig aufgegeben.

3. Nachkomme Josefs und Manasses und Vorfahr der Sichemiter.

4. Sohn Schemidas vom Stamm Manasse. Möglicherweise identisch mit Sichem (3).

SICHEMITER Die von Sichem, einem Nachkommen Josefs und Manasses, gegründete Sippe.

SICHEMITER 4. Mose 26,31

SICHRI (»Gedächtnis«).

1. Ein Levit im Stammesverzeichnis Moses und Aarons, der Sohn Jizhars.
2. Ein Einwohner von Ajalon aus dem Stamm Benjamin.
3. Sohn Schaschaks vom Stamm Benjamin; ein Einwohner von Ajalon.
4. Ein anderer Einwohner von Ajalon aus dem Stamm Benjamin.
5. Ein Levit, der Sohn Asafs.

SICHRI 1 2. Mose 6,21
SICHRI 2 1. Chr 8,19
SICHRI 3 1. Chr 8,23
SICHRI 4 1. Chr 8,27
SICHRI 5 1. Chr 9,15

SICHRI 6 1. Chr 26,25
SICHRI 7 1. Chr 27,16
SICHRI 8 2. Chr 17,16
SICHRI 9 2. Chr 23,1
SICHRI 10 2. Chr 28,7
SICHRI 11 Neh 11,9
SICHRI 12 Neh 12,17
SIDDIM, TAL 1. Mose 14, 3.8.10
SIDON, SIDONIER 1 1. Mose 10,15 1. Chr 1,13
SIDON, SIDONIER 2 1. Mose 10,19; 49,13; 5. Mose 3,9; Jos 11,8; 13, 4.6; 19,28; Ri 1,31; 3,3; 10,6.12; 18,7.28; 2. Sam 24,6; 1. Kön 11,1.5. 33; 16,31; 17,9; 2. Kön 23,13; 1. Chr 22,4; Esr 3,7; Jes 23,2–4.12; Jer 25,22; 27, 3; 47,4; Hes 27,8; 28, 21–22; 32,30; Joel 4,4; Sach 9,2; Mt 11,21–22; 15,21; Mk 3,8; 7,31; Lk 4,26; 6,17; 10,13–14; Apg 12,20; 27,3

6. Ein Levit, Nachkomme Eliësers, des Sohnes Moses.

7. Der Fürst der Rubeniter z. Zt. der Reichsorganisation Davids.

8. Vater Amasjas, eines Offiziers z. Zt. Joschafats.

9. Vater Elischafats, eines Offiziers, der mit Jojada einen Bund gegen Atalja schloß.

10. Berufssoldat aus Ephraim, wahrscheinlich ein Offizier im Heer Pekachs; er tötete im Krieg Syriens und Israels gegen Juda drei Mitglieder des Hofes von Ahas.

11. Vater Joels, eines Vorstehers der Sippen von Benjamin z. Zt. Nehemias.

12. Haupt der Priesterfamilie Abija (nach dem babyl. Exil).

SIDDIM, TAL Ort der Schlacht zwischen der Koalition Kedor-Laomers und dem Bund der Könige von Sodom und Gomorra (1. Mose 14,3.8.10). In V. 3 mit dem »Salzmeer« identifiziert, das wohl nach der Zerstörung Sodoms und Gomorras entstand. Die »Erdharzgruben« in V. 10 legen eine Lokalisierung im Flachland südlich des Toten Meeres nahe, wo man Erdpech gewann, das nach Ägypten (für Einbalsamierungen) exportiert wurde.

SIDON, SIDONIER

1. Erster Sohn Kanaans, Stammvater der Sidonier.

2. Eine der ältesten phöniz. Städte, am Nordende der schmalen, fruchtbaren Ebene zwischen dem Libanon und dem Mittelmeer, 40 km nördlich von Tyrus, mit dem es enge Beziehungen hatte, sich aber auch oft in Konkurrenz befand. Die Stadt war mit einer starken Mauer befestigt und besaß zwei Häfen, die von einigen kleinen Inseln und einer Mole geschützt wurden. S. wird in den babyl. Quellen des späten 3. Jt. v. Chr. erwähnt. In 1. Mose 10,19 wird es als Teil der Grenze Kanaans bezeichnet, in Jos 11,8 als »S., die große Stadt«.

S. war die erste phöniz. Stadt, die Schiffe auf die offene See sandte. Die sidon. Seeleute wußten mit Hilfe der Sterne auch bei Nacht ihren Weg zu finden. Sie waren die ersten, die Kontakte zu den Griechen anknüpften, und werden mehrmals bei Homer erwähnt. Schon früh erlangten die Handwerker der Stadt Berühmtheit, die Gold-, Silber- und Kupferschmiede und die Weber, die sich auch auf Stickerei und Färberei verstanden. In der hell. Zeit wurde S. ein wichtiges Zentrum der Glasproduktion.

S. wurde wie andere phöniz. Städte von Königen regiert, deren Herrschaft sich bald auch auf die südlich gelegenen Städte ausdehnte. Die Sidonier bauten u.a. Lajisch (Dan), das von den Danitern zerstört wurde (Ri 18,7.27). Sie gründeten auch zahlreiche Handelskolonien an den Küsten des Mittelmeers.

(unten) Eine Münze aus Sidon, geprägt unter Abdastart, 4. Jh. v. Chr.

Das Tal Siddim südlich des Toten Meeres.

Blick auf das heutige Sidon.

Als Ägypten Palästina und Syrien eroberte (16.–13. Jh. v. Chr.), wurde S. tributpflichtig, behielt jedoch die innere Autonomie. Mitte des 12. Jh. v. Chr. wurde es zerstört und die Einwohner flohen nach Tyrus, wo sie zur Entwicklung der Stadt beitrugen. S. erholte sich jedoch rasch und bedrängte offenbar die Israeliten (Ri 10,12).

Mit dem Aufstieg Assyriens wurde S. wie die anderen phöniz. Städte unterworfen und mußte Tribut zahlen. König Ahab von Israel heiratete Isebel, die Tochter des Sidonierkönigs Etbaal, die ihre Religion in Israel einführte. Die assyr. Herrscher Salmanassar V., Sanherib und Asarhaddon führten mehrere Feldzüge zur Unterwerfung S.s. Nebukadnezar II. eroberte es auf seinem Weg nach Juda; während der Belagerung starb die Hälfte der Stadtbevölkerung an der Pest. Nach dem Fall Babylons erholte sich S., und unter pers. Schutz konnte es sein Gebiet über die Scharonebene ausdehnen, vom Karmelgebirge bis nach Jaffa.

S. wurde zerstört, nachdem es sich z. Zt. Artaxerxes III. erhoben hatte (352 v. Chr.). Als Alexander d. Gr. Tyrus belagerte und eroberte, öffnete S. seine Tore und profitierte vom Fall der Rivalin. Nach Alexanders Tod fiel die Stadt an die ägypt. Ptolemäer; 198 v. Chr. nahmen die syr. Seleukiden S. ein. 64 v. Chr. eroberte es Pompejus, der seine Unabhängigkeit anerkannte und ihm das Münzrecht verlieh.

Jesus zog zeitweilig durch das Gebiet von S. und heilte die Tochter einer syrophöniz. Frau, die an ihn glaubte (Mt 15,21–28; Mk 7,24–30). Auf seinem Weg als Gefangener nach Rom durfte Paulus seine Freunde in S. besuchen (Apg 27,1–3).

SIEGEL In der Antike diente ein Siegel zur Bezeichnung des Eigentümers von Gegenständen und zur Bestätigung der Echtheit von Dokumenten. Erstmals wurde es wohl in Mesopotamien benutzt, wo man Tausende von S. und Siegelabdrücken gefunden hat. Der Gebrauch des S. war auch im Hl. Land weit verbreitet. Ein auf Tontafeln geschriebenes Dokument wurde in einen Tonumschlag gesteckt und versiegelt; ein Papyrus- oder Pergamentbogen wurde zusammengerollt, verschnürt und verknotet, worauf auf den Knoten dann ein Stück weicher Ton angebracht wurde, der mit dem S. gestempelt wurde. Die aus anderen Ländern nach Palästina importierten S. waren aus Steatit (Speckstein) oder Fayence. Die alten hebr. S. wurden meist aus harten Halbedelsteinen hergestellt, z. B. Karneol (aus Ägypten oder Ara-

SIEGEL
1. Kön 21,8; Hiob 38,14; Hld 8,6; Joh 6,27; Röm 4,11; 1. Kor 9,2; 2. Tim 2,19; Offb 5,1.2; 6,1; 7,2; 8,1; 9,4; 20,3

SIEGELN, BESIEGELN
Est 3,12;
Joh 3,33

VERSIEGELN
5. Mose 32,34;
1. Kön 21,8;
Hiob 9,7; 14,17;
Hld 4,12;
Jes 8,16; 29,11;
Jer 32,10.11;
Dan 6,18;
12,4.9;
Mt 27,66;
2. Kor 1,22;
Eph 1,13; 4,30;
Offb 5,1; 7,3.4;
10,4; 22,10

SIEGELRING
Jer 22,24;
Hag 2,23

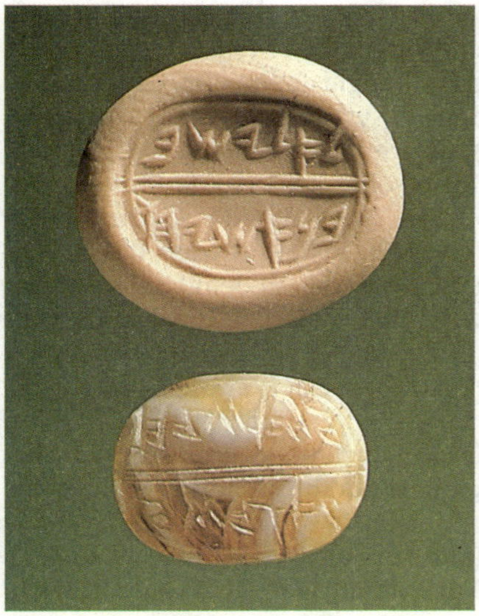

bien), Bergkristall, Hämatit, Amethyst, Lapislazuli und dem einheimischen Kalkstein.

Seit dem 18. Jh. v. Chr. und bes. seit der Ankunft der Hyksos nahm die Zahl der S. beträchtlich zu. Sie waren gewöhnlich vom Typ des Skarabäus, der oft aus Ägypten eingeführt wurde, d.h. oval und auf der Oberseite mit einem Mistkäfer (Skarabäus) dekoriert, der von den Ägyptern verehrt wurde.

Aus der Eisenzeit gibt es zahlreiche S., die auf hebr., phöniz. oder aram. mit dem Namen des Besitzers beschrieben sind (meist aus dem 8.–6. Jh. v. Chr). Die hebr. S. haben ebenfalls die Form des Skarabäensiegels: flach auf der Unterseite und konvex auf der Oberseite; andere dagegen (meist judäische S. aus dem 7.–6. Jh. v. Chr.) besitzen Kegelform. Bekannte S. und Siegelabdrücke stammen u.a. von Personen aus der Bibel, wie z.B. dem »Knecht des Königs« (Asaja, der Kämmerer Josias) in 2. Kön 22,12 und Gedalja (2. Kön 25,22).

In Judäa waren Siegelabdrücke auf Gefäßhenkeln weitverbreitet. Sie tragen im oberen Feld die Inschrift *lamelek* (»des Königs«) und im unteren einen Städtenamen wie z.B. Hebron. Zwischen den Zeilen erscheint ein zwei- oder vierflügeliges Sonnensymbol.

Zu Beginn der pers. Periode ähneln die S. in Form und Beschriftung den alten hebräischen; allmählich verdrängt jedoch die aram. Quadratschrift den älteren Schrifttyp. Die Verzierung besteht aus Abbildungen von Priestern. In einigen Orten in Judäa fand man S. mit der Inschrift *Jahud*, dem offiziellen Namen Judäas als pers. Provinz. Andere tragen die Inschrift *ha'ir* (»Die Stadt« = Jerusalem) oder den ausgeschriebenen Namen *Jerusalem*.

Seit der röm. Periode gibt es in Palästina zwei Arten von S., eine auf Töpfereiwaren und die andere auf Dokumenten. Die ersteren finden sich an Krughenkeln (z.T. mit den Namen röm. Konsuln) und an den Unterseiten von Gefäßen und Lampen. S. auf Dokumenten sind dagegen seltener.

Im AT erscheint das S. erstmals in 1. Mose 38,18, wo Juda Tamar sein S. als Pfand gibt. Der Siegelring eines Königs symbolisierte die königl. Macht (1. Mose 41,42; Est 3,10.12; 8,2.8.10). Bücher, Briefe, Prophezeiungen und Rechtsdokumente wie z.B. Kaufverträge wurden besiegelt (1. Kön 21,8; Jes 8,16; 29,11; Jer 32,10–11.14.44; Dan 12,4.9). Die Oberen Jerusalems setzten ihr S. auf die Abmachung zur Beachtung des Gesetzes (Neh 10,1). Ein königl. S. verschloß die Löwengrube, in die Daniel geworfen wurde (Dan 6,18).

Das Wort »S.« wird auch bildlich gebraucht, als Bezeichnung für etwas, das kostbar und teuer ist (Jer 22,24; Hag 2,23); vgl. bes. Hld 8,6: »Lege mich wie ein S. auf dein Herz, wie ein S. auf deinen Arm«, was sich auf die S. bezieht, die tatsächlich um den Hals und am Arm getragen wurden.

Verziertes Siegel der Ammoniter auf einem Ring. 8.–7. Jh. v. Chr. (Archäologisches Museum, Amman).

(oben links und Mitte) Hebräische Siegel, beschrieben »[Gehört] Eljaschib, [Sohn Eschjahus]«. Spätes 7. Jh. v. Chr. (Israel Museum).

(oben rechts) Hebräisches Achatsiegel aus Arad, beschrieben »[Gehört] Eljaschib, Sohn Eschjahus«. Spätes 7. Jh. v. Chr. (Israelische Regierungsabteilung für Altertümer und Museen).

Alte hebräische Siegel aus der Sammlung des Israel-Museum.

Im NT wird »S.« und »besiegeln« sowohl wörtlich als auch bildlich gebraucht. So wird das S. erwähnt, mit dem Pilatus den Stein vor dem Grab Jesu versiegeln ließ (Mt 27,66). Nach dem Zeugnis Johannes des Täufers »besiegelt« (bestätigt) jeder, der das Zeugnis Jesu annimmt, die Wahrhaftigkeit der Verheißungen Gottes (Joh 3,33). Der Sohn Gottes, der »Menschensohn«, trägt zur Beglaubigung seiner Gottessohnschaft das S. Gottes, des Vaters (Joh 6,27). Abraham erhält die Beschneidung als ein S. Gottes dafür, daß er der Vater des Glaubens wird (Röm 4,11). Paulus trägt das S. des Apostelamtes (1. Kor 9,2), und Gott hat die Christen mit dem Hl. Geist versiegelt (2. Kor 1,22; Eph 1,13; 4,30), womit der Empfang des Hl. Geistes gemeint ist. In 2. Tim 2,19 ist Gottes S. ein Zeichen der Wahrheit. Der Seher Johannes hat die Vision von dem mit sieben S. versiegelten Buch, das durch das Lamm Gottes geöffnet wird (Offb 5,1–2.5.9; 6,1.3.5.7.9.12; 8,1). Vor der Öffnung des siebten Siegels wird die unzählbar große Schar der Gemeinde Gottes (Offb 7,9), symbolisch dargestellt durch die 12 Stämme Israels und durch die ebenfalls symbol. Zahl 144 000 (12 x 12 000), »versiegelt«, d. h. als Gottes bleibendes Eigentum verwahrt (7,2–8). In Offb 20,3 wird der Abgrund, in dem der Satan im Tausendjährigen Reich gefangen ist, versiegelt (verschlossen).

SIF (»Schmelzplatz«), **SIFITER**

1. Stadt in den Bergen von Juda (Jos 15,55), deren Einwohner das Versteck Davids an Saul verrieten (1. Sam 23,19 ff.). Rehabeam befestigte sie (2. Chr 11,8). In der Römerzeit war das Dorf Sif an der Hauptstraße von Hebron nach Süden bekannt.

Heute Tel Sif, südöstlich von Hebron.

2. Unbekannter Ort im Südland (Negeb).

SIFA Sohn Jehallelels. Haupt einer Familie vom Stamm Juda.

SIFMOT Stadt im Negeb, im Gebiet des Stammes Juda. Ihre Einwohner halfen David vor seiner Thronbesteigung.

SIFRON Ort an der Nordgrenze Kanaans.

SIHON (»Ausfeger«). König der Amoriter, der im Ostjordanland vom Arnon an nordwärts herrschte (4. Mose 21,21 ff.). Nachdem er den Israeliten weder freien Durchzug gewähren noch Proviant verkaufen wollte (5. Mose 2,28–30), eroberten diese sein Land. Später ließen sich die Stämme Ruben und Gad in seinem Gebiet nieder (5. Mose 3,12; Jos 13,8–10).

Der Gottessieg über S. wurde weithin bekannt. Die Hure Rahab wußte davon (Jos 2,10); später ist er ein häufiges Thema in Dankgebeten (Neh 9,22

SIF, SIFITER 1
Jos 15,55; 1. Sam 23,14–15. 19.24; 26,1–2; 2. Chr 11,8

SIF 2
Jos 15,24; 1. Chr 2,42; 4,16

SIFA
1. Chr 4,16

SIFMOT
1. Sam 30,28

SIFRON
4. Mose 34,9

SIHON
4. Mose 21,21. 23.26–29.34; 32,33; 5. Mose 1,4; 2, 24.26.30–32; 3, 2.6; 4,46; 29,6; 31,4; Jos 2,10; 9,10; 12,2.5; 13, 10.21.27; Ri 11,19–21; 1. Kön 4,19; Neh 9,22; Ps 135,11; 136,19; Jer 48,45

Die Gegend des Flusses Arnon, bis zu dem Sihon, König der Amoriter, sein Reich ausdehnte.

Ps 135,11; 136,19;). Z.Zt. der Richter erinnert Jeftah in seiner Auseinandersetzung mit dem König von Ammon an den Sturz S.s (Ri 11,14ff.).

SILAS Apg 15,22.27. 32.40; 16,19. 25.29; 17,4.10. 14–15; 18,5

SILAS Führendes Mitglied der Urgemeinde in Jerusalem (Apg 15,22.32) und Mitarbeiter des Apostels Paulus; in den Briefen mit dem röm. Namen Silvanus benannt (2. Kor 1,19; 1. Thess 1,1; 2. Thess 1,1; 1. Petr 5,12); vielleicht war er ein röm. Bürger (Apg 16,37).

S. wurde zus. mit Paulus, Barnabas und Judas nach Antiochien gesandt, um die Beschlüsse des Apostelkonzils zu überbringen (Apg 15,22). Nach einer Meinungsverschiedenheit mit Barnabas nahm Paulus S. als Mitarbeiter mit auf die zweite Missionsreise (Apg 15,40); in Philippi wurden sie wegen ihrer Predigt inhaftiert (Apg 16). S. und Timotheus blieben in Beröa, als Paulus allein nach Athen weiterreiste (Apg 17,14), kamen aber in Korinth wieder mit ihm zusammen (Apg 18,1–5).

Die Briefe des Paulus an die Thessalonicher wurden auch im Namen von S. (Silvanus) gesandt (1. Thess 1,1; 2. Thess 1,1). Der erste Petrusbrief wurde durch S. überbracht (1. Petr 5,12). (Vgl. SILVANUS.)

SILLA 2. Kön 12,21

SILLA Ein unbekannter Ort in oder bei Jerusalem beim Haus des Millo, wo Joasch, der König von Juda, ermordet wurde.

SILO Jos 18,1.8–10; 19,51; 21,2; 22,9.12; Ri 18,31; 21, 12.19.21; 1. Sam 1,3.9.24; 2,14; 3,21; 4, 3–4.12; 14,3; 1. Kön 2,27; 11,29; 14,2.4; Ps 78,60; Jer 7,12.14; 26,6.9; 41,5

SILO (»Ruheplatz«). Stadt im Gebirge Ephraim, »nördlich von Bethel, liegt östlich der Straße, die hinaufführt von Bethel nach Sichem, und südlich von Lebona« (Ri 21,19); das religiöse Zentrum der isrl. Stämme nach der Erobe-

(oben links) Die Stätte des antiken Silo.

(unten links) Ruinen des biblischen Silo.

(unten rechts) Weihrauchständer aus Silo, 11.–10. Jh. v. Chr.

Bronzegeräte aus Silo. Man beachte die in der hetitischen Tradition gefertigte Streitaxt (oben links).

Blick auf den Tunnel von Siloah, bei Silwan.

(oben) Das Dorf Silwan (Siloah).

rung des Landes; hier wurde die Stiftshütte aufgestellt (Jos 18,1; Ri 18,31; 1. Sam 1,3), und hier wies Josua sieben der Stämme Israels ihre Gebiete zu (Jos 18,2–10). In S. erschien Gott Samuel (1. Sam 3). Nach einer Niederlage gegen die Philister, bei der die Stiftshütte in die Hand der Feinde fiel (1. Sam 4,1–5; 5,1), wurde S. offenbar in Brand gesetzt und erst später wiederaufgebaut (Ps 78,59–61; Jer 7,12; 26,6.9). Ahija, der Jerobeam prophezeite, daß er über zehn Stämme herrschen würde, war aus S. (1. Kön 11,29–31), ebenso einige Heimkehrer aus dem babyl. Exil (Neh 11,5). Die Stadt bestand unter demselben Namen in der röm. und byz. Epoche.

Die Lage S.s war noch im Mittelalter bekannt und wurde im 19. Jh. richtig mit Khirbet-Seilun, ca. 32 km nördlich von Jerusalem, identifiziert. Der Hügel ist ca. 5 ha groß und enthält Überreste des bibl. S.

Die wörtl. Übersetzung für »bis daß der Held komme« in Jakobs Segen über die Stämme (1. Mose 49,10) lautet: »bis daß Silo komme«. Die traditionelle jüd. Auslegung versteht dies als Hinweis auf den Messias.

SILOAH Wasserquelle Jerusalems, unterschiedlich als »die Wasser von Siloah« (Jes 8,6), »Teich der Wasserleitung« (Neh 3,15) oder »Teich Siloah« (Joh 9,7) erwähnt. Zur Lokalisierung gibt es nur den Hinweis auf die Nähe zu den Gärten des Königs (im Süden der Stadt). Die Erwähnung der »Wasser von S., die still dahinfließen« bei Jesaja dürfte sich auf den Tunnel beziehen, der das Wasser der Gihonquelle in die Stadt führte. Bei dem im NT erwähnten »Teich Siloah« (Joh 9,7.11) handelt es sich um das von Hiskia gebaute Wasserreservoir (2. Kön 20,20) unweit des sog. Mist-Tors im Südosten der einstigen Stadtmauer, heute bei Birket el-Hamra. 1880 fand man in der Decke des Tunnels eine Inschrift aus der Zeit König Hiskias, die vom Zusammentreffen der beiden Arbeitsgruppen, die den Tunnel von beiden Seiten her gruben, berichtet. Alte Überlieferungen schreiben dem Wasser S.s heilende Eigenschaften zu (Joh 9,1–7).

SILOAH
Jes 8,6;
Lk 13,4;
Joh 9,7.11

SILPA (»Träne«). Die Magd Leas, der Frau Jakobs. Lea gab sie Jakob, dem sie Gad und Asser gebar.

SILPA
1. Mose 29,24; 30,9–10.12; 35,26; 37,2

SILVANUS Siehe SILAS.

SILVANUS
2. Kor 1,19;
1. Thess 1,1;
2. Thess 1,1;
1. Petr 5,12

SIMEON (»[Gott] hat gehört«).

1. Zweiter Sohn Jakobs und Leas und Gründer des Stammes Simeon. Den Namen (von hebr. *schema*, »hören«) wählte Lea bewußt, denn »der HERR hat gehört, daß ich ungeliebt bin« (1. Mose 29,33).

Als die zehn Söhne Jakobs während der Hungersnot in Kanaan nach Ägypten gingen, behielt Josef S. als Geisel in Ägypten, bis sie Benjamin zu ihm brachten (1. Mose 42,19–20.24; 43,23). S. und Levi richteten ein Blutbad in Sichem an, nachdem ihre Schwester Dina vom Sohn des Stadtfürsten vergewaltigt worden war (1. Mose 34). Noch auf seinem Totenbett wies Jakob sie deswegen zurecht (1. Mose 49,5–7).

Das Gebiet des Stammes S. lag südlich von Juda; eine der wichtigen Städte war Beerscheba (Jos 19,1–9; 1. Chr 4,24–33).

In 5. Mose 27,12 führt S. die Stämme an, die am Berg Garizim das Volk segneten. In Moses letztem Segen wird er jedoch nicht erwähnt (5. Mose 33) – offenbar weil er bereits im großen Gebiet Judas aufgegangen war. Trotzdem behielten Reste des Stammes ihre Identität und unternahmen als Halbnomaden sogar noch eigenständige Vorstöße zur Ausdehnung ihrer kargen Viehweiden (1. Chr 4,24–43). In Offb 7,7 erscheint S. unter den 144 000 Versiegelten (s. SIEGEL) aus den 12 Stämmen Israels.

SIMEON 1
1. Mose 29,33; 34,25.30; 35,23; 42,24.36; 43,23; 46,10; 48,5; 49,5;
2. Mose 1,2; 6,15;
4. Mose 1,6. 22–23; 2,12; 7, 36; 10,19; 13,5; 26,12; 34,20;
5. Mose 27,12;
Jos 19,1.8–9; 21,4.9;
Ri 1,3.17;
1. Chr 2,1; 4,24. 42; 6,50; 12,26;
2. Chr 15,9; 34,6;
Hes 48,24–25.33;
Offb 7,7

2. Einer der Nachkommen Harims, der unter Esra seine ausländische Frau verstoßen mußte.

SIMEON 2
Esr 10,31

3. Einer der Vorfahren Jesu im Stammbaum bei Lukas.

SIMEON 3
Lk 3,30

4. Prophet und Lehrer, auch Niger genannt, der z. Zt. des Aufenthaltes von Paulus und Barnabas in der Gemeinde von Antiochia wirkte.

SIMEON 4
Apg 13,1

5. Ein gottesfürchtiger Mann, einer von jenen frommen Juden, die auf das baldige Kommen des Messias, auf den »Trost Israels« (Jes 40,1) warteten (Lk 2,25), und der im Tempel in Jerusalem war, als Jesus dem jüd. Ritualgesetz gemäß »dargestellt« (geweiht) wurde (vgl. dazu 2. Mose 13,2.15 und

SIMEON 5
Lk 2,25.34

3. Mose 12,6–8). Vom hl. Geist in den Tempel geführt (Lk 2,26–27), erkannte er in Jesus den Messias und segnete ihn und seine Eltern (V. 28–35). Seine Worte in V. 29–32 (lat. »Nunc dimittis...«) wurden ein fester Teil der Liturgie christlicher Gottesdienste.

SIMEONITER Siehe SIMEON (1).

SIMMA

SIMMA 1 1. Chr 6,5.27
SIMMA 2 2. Chr 29,12

1. Ein Levit aus der Nachkommenschaft Gerschons (1. Chr 6,5).

2. Vater Joachs, eines der Leviten, die auf König Hiskias Befehl den Tempel reinigten (2. Chr 29,12–15).

SIMON (»[Gott] hat gehört«).

SIMON 1 Mt 4,18; 10,2; 16,16–17; 17,25; Mk 1,16.29–30.36; 3,16; 14,37; Lk 4,38; 5,3–5.8.10; 6,14; 22,31; 24,34; Joh 1,40–42; 6,8.68; 13,6.9.24.36; 18,10.15.25; 20,2.6; 21,2–3.7.11.15.17; Apg 10,5,18.32; 11,13; 15,14; 2. Petr 1,1
SIMON 2 Mt 10,4; Mk 3,18; Lk 6,15; Apg 1,13
SIMON 3 Mt 13,55; Mk 6,3
SIMON 4 Mt 26,6; Mk 14,3
SIMON 5 Mt 27,32; Mk 15,21; Lk 23,26
SIMON 6 Lk 7,40.43–44
SIMON 7 Joh 6,71; 13,2.26
SIMON 8 Apg 9,43; 10,6.17.32
SIMON 9 Apg 8,9.13.18.24

1. Siehe PETRUS.

2. Simon Kananäus, der Zelot (»Glaubenseiferer«). Einer der zwölf Apostel Jesu (Mt 10,1–4; Mk 3,14–18; Lk 6,15). S. war Mitglied der Partei der Zeloten, jüd. Nationalisten, die bereit waren, eher Gewalt gegen die röm. Besatzungsmacht zu üben, als die Thora zu verletzen. »Kananäus« ist das aram. Wort für »Zelot« (Lk 6,15) und hat nichts mit Kanaan und Kanaaniter zu tun.

3. Einer der Brüder Jesu.

4. Simon der Aussätzige, Jesu Gastgeber in Betanien. In seinem Haus salbte eine Frau Jesus kurz vor dem Passafest (Mt 26,6–13, Mk 14,3–9; vgl. Joh 12,1–8). Manche Ausleger vermuten, daß S. Jesus in sein Haus einlud, nachdem dieser ihn geheilt hatte.

5. Simon aus Kyrene. Ein Jude, der von den Römern gezwungen wurde, Jesus das Kreuz nach Golgatha tragen zu helfen (Mt 27,32). Nach Mk 15,21 kam er aus Kyrene in Nordafrika und war der Vater von Alexander und Rufus, die später Christen wurden (vgl. Röm 16,13).

6. Ein Pharisäer, der Jesus zu einem Essen einlud. Während des Essens betrat eine Sünderin den Raum und salbte Jesu Füße. Trotz der Parallelen handelt es sich hier wohl um eine andere Begebenheit als bei SIMON (4).

7. Der Vater Judas Iskariots, des Verräters Jesu.

8. Simon der Gerber. Ein Christ aus Joppe, dem heutigen Jaffa, in dessen Haus am Meer Petrus eine Zeitlang wohnte (Apg 9,43). Hier hatte Petrus die Vision von den reinen und unreinen Tieren, und hier erreichten ihn die Boten des röm. Centurio Kornelius (Apg 10). Nach einer alten Tradition liegt das Haus S. des Gerbers in Jaffa in der Nähe des Klosters St. Petrus.

9. Simon der Zauberer (Simon Magus) aus Samaria. Er kam durch Philippus zum christl. Glauben und schloß sich ihm an (Apg 8,9–13). Als die Neubekehrten kurze Zeit später durch Handauflegen von Petrus und Johannes den hl. Geist empfingen, bot S. den Aposteln Geld an, um ebenfalls diese Macht der Übertragung des hl. Geistes zu bekommen (V. 14–19). Daher stammt der im Mittelalter aufgekommene Begriff »Simonie« für die Erlangung eines kirchl. Amtes oder einer Pfründe gegen eine Geldzahlung. Petrus wies S. schroff zurecht (V. 20–24).

SIMRAN 1. Mose 25,2; 1. Chr 1,32

SIMRAN (»besungen«). Ein Sohn Abrahams und Keturas und ein Ortsname in Arabien, der in Jer 25,25 Simri heißt.

SIMRI (»Mein Lied«).

SIMRI 1 1. Chr 2,6
SIMRI 2 4. Mose 25,14
SIMRI 3 1. Kön 16,9–10.12.15–16.18.20; 2. Kön 9,31;
SIMRI 4 1. Chr 8,36; 9,42
SIMRI 5 Jer 25,25

1. Enkel Judas und Tamars. Wohl identisch mit Sabdi (Jos 7,1.17–18).

2. Oberster einer Sippe der Simeoniter. Als Israel auf seiner Wüstenwanderung in Schittim in Götzendienst und Hurerei mit heidnischen Frauen fiel und es zu Massenhinrichtungen kam, nahm er eine Midianiterin mit in sein Zelt, wofür Pinhas, der Enkel Aarons, ihn tötete.

3. Befehlshaber über die Hälfte der Streitwagen des isrl. Königs Ela; S. ermordete Ela und bestieg selbst den Thron. Als Elas Heer von der Tat erfuhr, rief es seinen Befehlshaber Omri zum König aus; als dieser gegen S.s Residenz Tirza anrückte, beging S. – nach nur sieben Tagen Herrschaft – Selbstmord. Eine Generation später nannte Isebel Jehu, der sich des Thrones ihres Sohnes bemächtigt hatte, verächtlich »du Simri, der seinen Herrn erschlug« (2. Kön 9,31); so wurde S. zum Symbol des Sklaven, der sich gegen seinen Herrn erhebt.

Das Haus in der Altstadt von Jaffa (Joppe), das in der Überlieferung als das Simons des Gerbers angesehen wird.

(oben) Das ursprüngliche Gebiet des Stammes Simeon.

Wadi Simri zwischen Alemet und Bet-Asnawet, nach Simri (4) benannt.

4. Ein Mann vom Stamm Benjamin.
5. Siehe SIMRAN.

SIMSON (»kleine Sonne«). Mitglied des Stammes Dan und 20 Jahre lang (Ri 16,31) Richter Israels. Seine Taten sind in Ri 13–16 aufgezeichnet. Wir erfahren seine Geburt, seine Beziehungen zu drei philist. Frauen, seine Gefangennahme und Tod. In den Bericht eingebettet sind drei Gebete (in Ri 13,8 ein konventionell formuliertes von S.s Vater, in Ri 15,18; 16,28 zwei Hilfeschreie S.s) sowie zwei Siegeslieder – eines von S. (Ri 15,16), eines von seinen Feinden (Ri 16,23.24). Das letztere Lied besticht durch seine kraftvolle Verwendung des Reimes, die in hebr. Gedichten selten ist. Genauso selten ist das Rätsel in der Geschichte von der Timnaniterin (Ri 14,14.18).

SIMSON
Ri 13,24; 14,1.3.5.7.10.12.15–16.20; 15,1.3–4.6–7.10–12.16; 16,1–3.6–7.9–10.12.14.20.23.25–28; Hebr 11,32

Der größte Teil der Geschichte besteht aus heroischen Taten. S. erschlug einen Löwen mit bloßen Händen; tötete 30 Männer und nahm deren Kleider, um eine Wette zu bezahlen; fing 300 Füchse, zündete ihre Schwänze an und setzte sie in den Feldern der Philister frei; er zerriß starke Fesseln und erschlug 1000 Männer mit einem Eselsknochen; er hob das Stadttor von Gaza hoch und trug es mehrere Kilometer aus der Stadt heraus; endlich riß er den Tempel Dagons nieder, wobei er etwa 3000 Menschen tötete.

Die religiöse Dimension scheint in diesen Begebenheiten vom Anfang bis zum Ende durch. S.s Mutter erfährt von einem Engel, daß ihr Sohn ein Gottgeweihter und Retter Israels sein werde, und in den meisten Fällen wird S.s Kraft auf den Geist Gottes zurückgeführt und nicht auf sein langes Haar, das er als Gottgeweihter (s. GOTTGEWEIHTER) trug. Vor seiner letzten Krafttat erhebt der mächtige Kämpfer seine blinden Augen im Gebet zu dem eigentlichen »Helden« der Geschichte, zu Gott.

Die frühe Kirche hatte Schwierigkeiten, die Erwähnung S.s. unter den Glaubenshelden in Hebr 11,32 zu übernehmen; seine Frauenaffären und sein Selbstmord schienen zu deutlich dagegen zu sprechen. Aber schließlich überwog die Erkenntnis, daß auch S. (nach Hebr 11,39) »das Zeugnis Gottes empfangen« habe »und doch nicht erlangt, was verheißen war«.

SIN (ägypt. *sun*, in manchen Übersetzungen Pelusium). Stadt in Nordägypten, in Hes 30,15–16 erwähnt. Zwei altägypt. Dokumente beschreiben sie als im nördlichsten Teil Ägyptens liegend. S. ist das heutige el-Farama am Nordostrand des Nildeltas beim pelusischen Arm des Nils, 2,5 km vom Mittelmeer. Wie der Name *sun* = »Festung« besagt, war es seit frühester Zeit strategisch wichtig.

SIN
Hes 30,15–16

SIN, WÜSTE Wüste im Westen der Sinai-Halbinsel, Station auf dem Auszug der Israeliten aus Ägypten.

SIN, WÜSTE
2. Mose 16,1; 17,1; 4. Mose 33,11–12

SINAI Die große Halbinsel zwischen Ägypten und Palästina. Sie ist etwa dreieckig und liegt zwischen den beiden Armen des Roten Meeres – dem Golf von Elat im Osten und dem Golf von Suez im Westen. Schauplatz einiger der wichtigsten Ereignisse in der isrl. Geschichte. Ihr nördlicher Teil ist ein sandiges Plateau mit niedrigen Hügeln, der Süden besteht aus bis zu 2650 m hohen Granitbergen. Das Klima ist sehr trocken; es gibt nur wenige

SINAI
2. Mose 16,1; 19,1–2.11.18.20.23; 24,16; 31,18; 34,2.4.29.32; 3. Mose 7,38; 25,1; 26,46; 27,34; 4. Mose 1,1.19; 3,1.4.14; 9,1.5; 10,12; 26,64; 28,6; 33,15–16; 5. Mose 33,2; Ri 5,5; Neh 9,13; Ps 68,9.18; Apg 7,30.38; Gal 4,24–25

(unten rechts) Die Gegend zwischen Zora und Eschtaol, wo Simson geboren wurde.

Die Halbinsel Sinai.

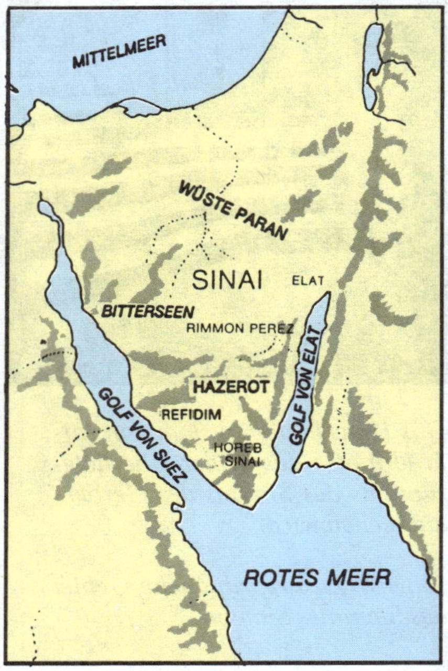

(rechts) Etwa dreitausend Stufen führen zum Gipfel des Dschebel Musa, des »Berges Mose«, im Herzen der rauhen Bergwelt des südlichen Sinai (links).

Quellen, die beiden größten bilden die Oase Kadesch-Barnea (4. Mose 20, 1–14). Der S. war daher die Heimat von Nomaden, die in den Tälern dürftiges Weideland fanden.

Neben den Handelsrouten, die seit früher Zeit durch den S. liefen, waren die Türkisminen im zentralen Gebirgsmassiv von großer Bedeutung. Sie wurden bereits in der 1. ägypt. Dynastie (frühes 3. Jh. v. Chr.) ausgebeutet. 8 km südlich von Abu Sneima wurde der alte Ausfuhrhafen nach Ägypten entdeckt. Die Arbeiter in den Minen waren offenbar Kriegsgefangene aus Palästina und Syrien.

Als einzige Landbrücke zwischen Afrika und Asien wurde der S. von mehreren wichtigen Ost-West-Handelsstraßen durchzogen, bes. in seinem nördlichen Teil. Eine weitere Route folgte der Westküste und wandte sich dann nordwärts nach Elat. Eine Abkürzung lief von der Westküste durch Wadi Feiran nach Dahab (wohl das bibl. Di-Sahab).

Im AT meint der Name »S.« einen bestimmten Berg (Ps 68,9), eine Bergkette (5. Mose 33,2; Ri 5,5) oder eine Wüste (2. Mose 19,2). Der Berg wird manchmal auch Horeb genannt (1. Kön 19,8). Der Horeb (wörtlich wohl »wüster Berg«) heißt im AT auch »Berg Gottes« (2. Mose 3,1) oder einfach »der Berg« (2. Mose 19,2–3).

Der Berg Sinai. Vorne das Katharinen-Kloster.

Schon die Erzväter durchquerten den S. auf dem Weg vom bzw. ins Land Kanaan. Hier wanderten die Israeliten 40 Jahre lang umher, hier empfing Mose das Gesetz Gottes (2. Mose 19 und 20). Die Lagerstätten Israels sind in 4. Mose 33 verzeichnet. Nur wenige Stationen können heute (mit Vorbehalten) identifiziert werden. Die Identifizierung von Kadesch-Barnea ist wegen der starken Quellen, die eine große Menschenmenge versorgen konnten (5. Mose 1,46), besser gesichert. Zur Identifizierung des Berges S. vgl. AUSZUG AUS ÄGYPTEN, WEG DES. Vgl. auch HOREB.

SINIM, LAND Stadt in Oberägypten am Ostufer des Nils, nördlich des ersten Katarakts. Ihr ägypt. Name war *Suner*, in Jes 49,12 heißt sie »Land Sinim« und in Hes 29,10 und 30,6 »Syene«.

SINIM, LAND
Jes 49,12

Die Bedeutung der Stadt liegt in ihrer Lage an der Südgrenze Ägyptens zu Nubien. Der Ausdruck bei Hesekiel »von Migdol [Hebr. = »Turm«] bis nach S. und bis an die Grenze von Kusch« meint wahrscheinlich: Von Migdol an der nordöstlichen Grenze Ägyptens nach S. im äußersten Süden. S. wird bis zur pers. Zeit, als es als Festung mit u. a. jüd. Garnisonssoldaten diente, in ägypt. Quellen kaum erwähnt.

SINITER Eine von Kanaan, dem jüngsten Sohn Hams (zweiten Sohn Noahs), abstammende Familie.

SINITER
1. Mose 10,17;
1. Chr 1,15

SINTFLUT (»Die große Flut«). Die bibl. Sintflutgeschichte (1. Mose 6,5–9, 17) erzählt, wie Gott in der zehnten Generation nach Adam beschloß, die Menschheit wegen ihrer unerträglich gewordenen Bosheit zu vernichten und mit dem einzigen Gerechten jener Zeit neu zu beginnen – mit Noah und seiner Familie. Gott befahl Noah, für seine Familie und für je ein Paar aller Tiere einen riesigen hausbootähnlichen Kasten zu bauen, die Arche, in die sie sich vor der Flut in Sicherheit bringen sollten (1. Mose 6,13–21). Noah gehorchte, obwohl er die Arche auf trockenem Land erbauen mußte (vgl. Hebr 11,7). Die Flut kam und vernichtete alles Leben auf der Erde außer den Menschen und Tieren in der Arche. Nach siebeneinhalb Monaten ließ sich die Arche auf dem Araratgebirge in Armenien nieder (1. Mose 8,4). Viermal ließ Noah Vögel ausfliegen, um zu prüfen, ob das Land wieder trocken war (8,6–12). Ein Jahr nach Beginn der Flut befahl Gott Noah, die Arche zu verlassen. Noah baute einen Altar und brachte Gott Dankopfer dar, worauf Gott schwor, nie wieder die Welt um der Bosheit der Menschen willen zu vernichten. Wie er den ersten Menschen gesagt hatte, so gebot er nun Noah: »Seid fruchtbar und mehret euch und füllet die Erde« (1. Mose 9,1).

SINTFLUT
1. Mose 6,17;
7,6f.; 9,11.15;
10,2.32;
Mt 24,38.;
Lk 17,27;
2. Petr 2,5; 3,6;

Gottes feierliche Absage an eine künftige Vernichtung der Menschheit läßt uns einen Blick in sein Vaterherz tun: Mit derselben Begründung, mit der Gott den Entschluß zur Vernichtung der tiefschuldig gewordenen Menschheit gefaßt hatte (1. Mose 6,5ff.) – daß nämlich »das Dichten und Trachten des menschlichen Herzens böse ist von Jugend auf« (8,21) –, verheißt er nunmehr in heiliger Gegensätzlichkeit die Gnade des neuen Anfangs (8,21.22). Gott beschreitet im Noah-Bund einen neuen Weg: Er gibt den Menschen Gebote und trägt ihnen auf, die Übertreter zu bestrafen. Er räumt den Menschen den Genuß von Fleisch ein (anders als in 1. Mose 1,29.30) und verbietet das Morden: »Wer Menschenblut vergießt, dessen Blut soll auch durch Menschen vergossen werden« (9,6). Als Zeichen seines neuen Bundes mit Noah und mit der Menschheit danach setzt Gott den REGENBOGEN ein (9,12–17).

Schon seit jeher sind gewisse Uneinheitlichkeiten im S.-Bericht aufgefallen: Die Anzahl der in die Arche mitgenommenen Tiere wird einmal mit je zwei pro Gattung, einmal auch mit je sieben angegeben (6,19; 7,2.3.9.15). Die Dauer der Flutkatastrophe wird unterschiedlich angegeben (40 bzw. 61 Tage nach 8,6–12 oder ein Jahr nach 7,11 und 8,13–14). Die Flut wird einerseits als 40tägiger Regen (7,4.12.17) beschrieben, andererseits als riesiger, unvorstellbarer Wassersturz von oben und unten (7,11). Die histor.-krit. Theologie vertritt denn auch die These, der S.-Bericht sei eine Verknüpfung aus zwei urspr. selbständigen Geschichten, der des sog. Jahwisten und der sog. Priesterschrift (vgl. zu solchen Quellen-Hypothesen PENTATEUCH).

Blick auf Syene, das mit Aswan identifiziert wird.

Hieroglyphen-Inschrift aus dem südlichen Sinai, wo Türkis- und Kupferminen ausgebeutet wurden. Sie erzählt von einem semitischen Sklaven, der von einem ägyptischen Beamten geschlagen wurde.

Teil einer Tafel, auf der das Gilgamesch-Epos verzeichnet ist, die babylonische Version der Sintflutgeschichte; um 2000–1800 v. Chr.

Menschen ertrinken in der Flut. Ausschnitt aus einer farbig bebilderten Handschrift; Spanien, 8. Jh. n. Chr. (Bibliothek der Kathedrale von Gerona in Spanien).

Hierzu ist zu bemerken, daß die angesprochenen Uneinheitlichkeiten zumindest teilweise erklärbar sind; so ist zu unterscheiden zwischen der Dauer der Flut selbst und dem Zeitraum, der verstrich, bis die Erde wieder trocken war (8,14), was natürlich verschiedene Zeiträume ergibt. Zweitens ist unbeschadet der Probleme der Quellentheorie der histor.-krit. Exegese (vgl. PENTATEUCH) für die Auslegung und die Verkündigung ausschließlich der in der Bibel vorliegende Text maßgeblich und nicht irgendwelche daraus rekonstruierten Quellenschriften (vgl. KANON, PENTATEUCH). Wenn der unbekannte Redaktor der Genesis bereits vorliegende Quellen zusammengearbeitet hat, dann braucht dies nicht als ungewöhnlich zu gelten (vgl. dazu z. B. Lk 1,1–4). Entscheidend ist, daß diese Endfassung unter der Leitung des Geistes Gottes entstanden ist (vgl. 2. Petr 1,21); sie stellt den inspirierten, von der Kirche als kanonisch anerkannten Text dar. Die Frage, welche schriftl. Quellen es möglicherweise für den Sintflutbericht gab, ist daher von untergeordneter Bedeutung.

Neben dem bibl. S.-Bericht gibt es in praktisch allen alten Kulturen der Welt (im Orient wie in Amerika) Berichte über verheerende Flutkatastrophen, die in berühmten Urkunden und Sammlungen zusammengestellt wurden. Viele ähneln in bestimmten Details dem bibl. Bericht, etwa in der Rettung eines Gottesfürchtigen mit seiner Familie; an anderen Punkten weisen sie aber oft wesentliche Unterschiede auf. Die genaue Datierung der Abfassung bzw. des Ursprungs dieser Berichte ist schwierig, zumal die meisten auf mündlicher Überlieferung beruhen. Die weltweite Verbreitung dieser S.-Berichte scheint doch wohl auf eine die ganze Menschheit umfassende Katastrophe hinzuweisen. Wenn es auch nicht Aufgabe der Bibelauslegung sein kann, die naturgeschichtliche Seite des Sintflutproblemes zu begutachten, so sollte doch erwähnt werden, daß auch Naturwissenschaftler die Annahme lediglich lokaler, wenn auch großer Flutkatastrophen nicht für ausreichend halten. Daß die Urerinnerung an eine S. überall, bis hin zu den Melanesiern und den Eskimos anzutreffen ist, weist auf ein ungeheures Ereignis kosmischen Ausmaßes zurück.

Beispielhaft sei hier auf einen der ältesten S.-Berichte eingegangen, den aus Mesopotamien, der in versch. Versionen bekannt ist. Die ältesten und ausführlichsten Versionen sind ein sumer. Epos mit dem Helden Ziusudra (»langes Leben«), eine akkad. Version mit dem Helden Atrahasis (»überaus weise«) und bes. das auf letzterer basierende Gilgamesch-Epos, in welchem der Überlebende der Flut Utnapischtim (wohl so viel wie »Er fand das Leben«) heißt. Ein Fragment der in Ugarit gefundenen Flutgeschichte zeigt, daß das mesopotam. Epos im syr.-palästin. Raum bereits im 14. Jh. v. Chr. bekannt war.

Die mesopotam. Erzählungen weisen manche Ähnlichkeiten zur bibl. S.-Geschichte auf: Die Flut bezeichnet einen Wendepunkt in der Urgeschichte. Sie ist eine göttliche Strafe für die Sünden der Menschen. Nur ein Mann, der Günstling eines Gottes, wird gerettet – in einem Schiff, das er für sich, seine Familie und ausgewählte Tiere baut. Nach der Flut bleibt das Schiff auf einem Berggipfel stehen. Der Held schickt Vögel aus, um zu erkunden, ob bereits trockenes Land zum Vorschein gekommen ist. Er verläßt das Schiff und bringt Opfer dar. Die Götter bringen ihr Bedauern über das, was geschehen ist, zum Ausdruck.

Deutliche Unterschiede zwischen dem mesopotam. und dem bibl. S.-Bericht dürfen aber keineswegs überspielt werden. Hier die fünf wichtigsten:

a) In der mesopotam. Version kommt es u.a. deswegen zur Flut, weil der Lärm der vielen Menschen den Schlaf der Götter stört. In der Bibel dagegen ist die alleinige Ursache die Sünde der Menschen (1. Mose 6,5). Gott kann auch nicht in seiner Nachtruhe gestört werden: »Siehe, der Hüter Israels schläft und schlummert nicht« (Ps 121,4).

b) Im mesopotam. Epos fragt der Hauptgott nicht danach, ob wirklich alle Menschen schuldig sind. Einer seiner Mitgötter stellt ihn deswegen zur Rede: »Bestrafe den Sünder für seine Sünde (d.h.: nicht den Unschuldigen).« Der bibl. Bericht dagegen legt großen Wert darauf, daß *alle* Bestraften sich schuldig gemacht haben: Alle Menschen (1. Mose 6,5), ja »alles Fleisch« (6,12) »hatte seinen Weg verderbt auf Erden«.

c) Der Grund für die Rettung des Helden: Die mesopotam. Texte betonen zwar, daß Atrahasis ein frommer König war und die Gunst Gottes genoß, aber seine Frömmigkeit gilt nicht ausdrücklich als Grund seiner Rettung. Noah dagegen wurde gerettet, weil er mit Gott lebte und »ein frommer Mann und ohne Tadel zu seinen Zeiten« (1. Mose 6,9) war.

d) Im mesopotam. Text besteht der Neuanfang nach der Flut in der Reduktion der Bevölkerung auf ein für die Götter erträgliches Maß. In der Bibel dagegen wird die menschliche Schuld als Gesetzlosigkeit (v.a. Gewalttätigkeit) verstanden; hier heißt die Lösung Gottes: Haltet euch an meine rettenden, gnädigen Gebote! (1. Mose 9,1–7).

e) In der mesopotam. Version baut der Held ein richtiges Schiff (fünfmal so groß wie Noahs Arche) und nimmt einen Steuermann an Bord. Noah dagegen muß eine Arche bauen, also ein Fahrzeug, das nicht zu lenken ist; dies betont, daß seine Rettung einzig dem Willen Gottes zu verdanken ist. Am Ende der mesopotam. Flutmythen wird der Held in den Status eines Gottes erhoben; Noah dagegen bleibt Mensch – so wie die Bibel überhaupt an keiner Stelle die Unterscheidung zwischen Gott und Mensch verwischt.

Gerade auch diese Besonderheiten machen trotz aller Parallelen die bibl. Sintflutgeschichte zu einem einzigartigen Werk.

Spätere bibl. Erwähnungen der S.: Jes 54,9 bezieht sich auf die »Wasser Noahs«. Im NT wird das plötzliche Kommen der Flut mit dem plötzlichen

Kommen des Menschensohns verglichen (Mt 24,37–39; Lk 17,26–27). 1. Petr 3,20f. sieht im Todeswasser der S. »ein Vorbild der Taufe«, bei der die Menschen »durchs Wasser hindurch« gerettet werden. Weitere Erwähnung findet die S. im NT in Hebr 11,7 und 2. Petr 2,5; 3,6.

SION 5. Mose 4,48

SION Name, der als anderer Ausdruck für den Hermon erwähnt wird.

SIRACH Siehe JESUS SIRACH, DAS BUCH.

SIRJON 5. Mose 3,9; Ps 29,6

SIRJON Der sidon. Name des Berges Hermon; vielleicht die Bezeichung für die Gebirgskette des Antilibanon.

SISA

SISA 1 2. Chr 11,20

1. Sohn Rehabeams und Maachas, der Enkelin Absaloms.

SISA 2 1. Chr 4,37

2. Sohn Schifis, eines Nachkommens Schemajas; Haupt einer Familie im Stamm Simeon. Seine Familie ließ sich in Gedor nieder (1. Chr 4,39–41).

SISA 3 1. Chr 23,11

3. Zweiter Sohn Schimis, des Sohnes Gerschons, und Haupt einer Levitenfamilie.

SISERA

SISERA 1 Ri 4,2.7.9.12. 14–18; 5,20. 26.28.30; 1. Sam 12,9; Ps 83,10

1. Der Feldhauptmann des kanaan. Heeres, das in der Richterzeit am Kischon besiegt wurde. S. unterdrückte die Israeliten 20 Jahre lang, bis eine isrl. Streitmacht unter Barak und Debora ihn »am Wasser Megiddos« (Ri 5,19) schlug, wobei eine plötzliche Überschwemmung des Kischon hilfreich war (Ri 5,21). S. floh zu Fuß in das Zelt des befreundeten Keniters Heber; dessen Frau Jaël nahm ihn auf und ermordete ihn. Die Ereignisse um S. sind in Ri 4 sowie im Siegeslied Deboras (Ri 5) festgehalten.

Die beiden Berichte über den Tod S.s widersprechen sich nicht. Ri 5, 26–27 schildert die Ermordung lediglich ausführlicher als Ri 4,21.

Die Niederlage S.s als Führer des letzten größeren kanaan. Aufgebotes war ein wichtiger Abschnitt in der isrl. Landnahme Kanaans. S.s Wohnort war Haroschet der Heiden (Ri 4,2). Sein nichtsemit. Name mag von einem der benachbarten Seevölker herkommen.

SISERA 2 Esr 2,53; Neh 7,55

2. Haupt einer Familie von Tempelsklaven, die mit Serubbabel aus dem babyl. Exil zurückkehrte.

SISMAI 1. Chr 2,40

SISMAI (»Starkes Pferd«). Ein Nachkomme Judas aus dem Geschlecht Jerachmeels.

SITRI 2. Mose 6,22

SITRI (»Mein Schutz [ist Gott]«). Ein Levit, dritter Sohn Usiëls, des Vetters Moses.

SIW 1. Kön 6,1.37

SIW Der kanaan. Name des zweiten Monats des hebr. Kalenders. In diesem Monat begann König Salomo den Tempelbau (1. Kön 6,1.37).

SIWAN Est 8,9

SIWAN Dritter Monat des hebr. Kalenders; der Name wird nur einmal in der Bibel erwähnt. Siehe KALENDER.

SKEVAS Apg 19,14

SKEVAS (»Werkzeug«). Ein jüd. Hoherpriester in Ephesus zu der Zeit, als Paulus dort missionierte. Er hatte sieben Söhne, die im Namen Jesu Dämonen auszutreiben versuchten.

SKLAVE 2. Mose 21,2. 5–7.20.26f.32; 3. Mose 25, 39.42.44.46; Esr 2,58; Neh 7,60; 11,3; 1. Kor 12,13; Gal 3,28; Eph 6,5; Kol 4,1; 1. Tim 6,1; Tit 2,9; Phlm 16

SKLAVEREI Sklaverei war in der Antike allg. üblich und bedeutete nicht unbedingt lebenslange Knechtschaft. Im isrl. Gesetz wurde zwischen hebr. und fremden Sklaven unterschieden. Der hebr. S. mußte höchstens sechs Jahre dienen, hatte aber sein Herr ihm eine Frau gegeben, so mußte sie und die ihm geborenen Kinder bei dem Herrn bleiben, wenn der S. sich für die Freilassung entschied (2. Mose 21,2–4).

Ein Hebräer konnte auf verschiedene Art in die S. fallen. Der häufigste Grund war Unfähigkeit, eine Schuld zu begleichen (3. Mose 25,39.47). Es war auch legal, Kinder zu verkaufen (2. Mose 21,7; 2. Kön 4,1; usw.). War Armut der Grund für die Knechtschaft, so war der S. nicht als Leibeigener, sondern als Tagelöhner zu behandeln, der bis zum ERLASSJAHR zu dienen hatte (3. Mose 25,39–40). Wurde jedoch ein Mädchen als S. verkauft, so mußte sie bei ihrem Besitzer bleiben (2. Mose 21,7). Ein Dieb konnte – als »Schadenersatz« – um den Wert des Gestohlenen verkauft werden (2. Mose 22,2). War ein Hebräer an Fremde verkauft worden, so hatten seine Brüder ihn auszulösen (3. Mose 25,47–48); dies galt auch für hebr. Kriegsgefangene (Neh 5,8). Die Knechtschaft eines hebr. S. veränderte dessen sozialen und persönlichen Status nicht grundsätzlich: Nach Ableistung seiner Zeit war ihm freigestellt, zu seinem eigenen Haus zurückzukehren. Sein Herr hatte sogar die Pflicht, ihn großzügig mit Tieren aus seinen Herden und mit Korn und Wein zu versorgen, denn »du sollst daran denken, daß du auch Knecht warst in Ägyptenland und der HERR, dein Gott, dich erlöst hat« (5. Mose 15,13–15). Blieb der hebr. S. lieber bei seinem Herrn, seiner Frau und seinen Kindern, so dauerte die Knechtschaft nicht länger als bis zum nächsten Erlaßjahr (3. Mose 25,54).

Manche S. erlangten wichtige Stellungen, so z. B. Eliëser, Abrahams Großknecht (1. Mose 15,2), und Josef in Ägypten (1. Mose 39,4). Es kam vor, daß ein S. die Tochter seines Herrn zur Frau bekam (1. Chr 2,34–35). Ein S. durfte auch Eigentum (sogar eigene S.n) erwerben (2. Sam 9,9–10) und dieses dazu verwenden, sich loszukaufen (3. Mose 25,49–51). Ein Herr durfte seinen S. schlagen, aber nicht töten (2. Mose 21,20; aber vgl. V. 21). Nach 5. Mose 23,16 durfte ein entflohener S. nicht an seinen Eigentümer ausgeliefert werden. Dagegen waren die Bestimmungen für die Freilassung von nichthebr. S. (hauptsächlich Kriegsgefangene oder Konkubinen) anders (1. Mose 34,29; 4. Mose 31,9; 5. Mose 21,10–14).

Nach der Eroberung Kanaans durch die Israeliten tauchte eine andere Art der Knechtschaft auf. Manche isrl. Stämme zahlten als Gesamtheit Tribut, meist in Form von Fronarbeit, so wie Issachar, »ein fronpflichtiger Knecht« (1. Mose 49,14–15). Die Hinweise beziehen sich jedoch meist auf S. aus anderen Völkern (5. Mose 20,10–15; Jos 16,10; usw.). Dieses System der Zwangsarbeit wurde unter Salomo weiterentwickelt, der die Nachkommen der Kanaaniter zu Zwangsarbeiten für seine Bauvorhaben heranzog (1. Kön 9,21–22); die männlichen Israeliten hatten drei Monate pro Jahr Frondienste zu leisten (1. Kön 5,27–28). Der Begriff »Sklave Salomos« für diese Art der Fronarbeit war noch z. Zt. der Rückkehr aus Babylon in Gebrauch; dazu kamen die *netinim* (TEMPELSKLAVEN), eine Art öffentliche Knechte (Esr 2,58; Neh 7,60; 11,3). Ähnlich waren die Gibeoniter »Holzhauer und Wasserschöpfer« (Jos 9,21).

Noch in der byz. Zeit war die Sklaverei legal. Die Mischna und der Talmud bezeichnen alle fremden S. als kanaan. Leibeigene. Beschnittene S. genossen viele Vorrechte der jüd. Gesellschaft, aber der Erwerb von Besitz war ihnen verwehrt; sie konnten auch keine fremden S. oder Sklavinnen heiraten. Viele Juden wurden nach der Zerstörung des Tempels 70 n. Chr. als S. verkauft, jedoch bald wieder ausgelöst. Eine Synagoge von Freigelassenen (»Libertinern«) wird in Apg 6,9 erwähnt.

Das NT setzt die Sklaverei als gegeben voraus. Viele Glieder der jungen Kirche waren S., andererseits gab es auch Christen, die Eigentümer von S. waren. Einen bes. interessanten Fall zeigt der Brief des Paulus an Philemon (s. PHILEMON): Paulus schickt einen gläubig gewordenen entlaufenen S. an seinen ebenfalls gläubigen Herrn zurück. Eine (womöglich sogar politisch verwertbare) Stellungnahme des NT gegen die S. geben die Texte nicht her. Die junge Gemeinde des NT führte keinen Kreuzzug für ihre Abschaffung.

Sklaven und Sklavinnen. Ägyptische Wandmalerei.

Zwar wird an einer Stelle offenbar der Menschenraub und der Sklaven*handel* verurteilt (1. Tim 1,10; vgl. dazu im AT 2. Mose 21,16; 5. Mose 24,7!), einen Angriff auf die Sklaverei als solche finden wir jedoch nirgends. Bezeichnenderweise fordern die Apostel in ihren Briefen christl. S. nicht dazu auf, sich gegen ihre Herren zu erheben, sondern im Gegenteil dazu, ihnen (und das heißt: auch den nichtchristl. Herren) bes. treu zu dienen (vgl. Eph 6,5; 1. Tim 6,1.2; Tit 2,9.10; 1. Petr 2,18–20; vgl. auch 1. Kor 7,21.22).

Innerhalb der Gemeinde wurde jedoch die Sklaverei offenbar in der Praxis recht bald »unterwandert«. Wenn gefordert wurde, den S. als Bruder in Christus zu akzeptieren (Phlm 16), wenn in Christus der S. und der Freie eins waren (1. Kor 12,13; Gal 3,28; 4,7; Kol 3,11) und wenn es zum christl. Lebenswandel eines Eigentümers von S. gehörte, diese gut und brüderlich zu behandeln (Eph 6,9; Kol 4,1), dann mochte die äußere Struktur noch eine Zeitlang die gleiche bleiben – die innere Verwandlung hatte begonnen. Daß später (im Mittelalter und danach) manche »christl.« Staaten die Sklaverei wiederbelebten, gehört zu den dunklen Kapiteln der Geschichte.

S.n waren in der Antike etwas so Normales (manche Schätzungen kommen auf ⅕ bis ⅓ der Gesamtbevölkerung des röm. Reiches), daß das NT sie wie selbstverständlich auch im bildlichen Sinne benutzt. Der S. ist eine Standardfigur in vielen Gleichnissen und Reden Jesu (z. B. Mt 6,24; 10,24; Mk 10,43). Die Sklaverei wird auch als Bild für die Knechtschaft des Menschen unter der Sünde verwendet (Joh 8,34; Röm 6,6; Gal 4,3.9; 2. Petr 2,19), ebenso als Bild für die ungeheure Selbsterniedrigung Christi (Phil 2,6–11; 1. Petr 2,18–25). Nicht zuletzt werden die Christen als S. (»Knechte«) Jesu Christi bezeichnet (Röm 1,1; 6,18.22; Gal 1,10; Eph 6,6; u. a.) – übrigens ein deutlicher Hinweis darauf, daß ein christl. Leben eben nicht eine im Sinn des Liberalismus verstandene »große Freiheit« (»Ich kann so leben, wie ich will«) bedeutet. Sogar das Wort »Christ« enthält dieses Element: Ein Christ (lat. *Christianus*, im NT erstmals in Apg 11,26) ist im wörtl. Sinne jemand, der »zu Christus gehört«, also ein Leibeigener Christi ist.

Kriegsgefangene, abgebildet auf der sogenannten Kosmetik-Palette der Does aus Abydos, Ägypten.

SKORPION Siehe Tiere.

SKORPIONENSTEIG
4. Mose 34,4; Jos 15,3; Ri 1,36

SKORPIONENSTEIG Ein Paß zwischen dem Südende des Toten Meeres und der Wüste Zin; Teil der Südgrenze von Kanaan (4. Mose 34,4). Der Paß gehörte zum Gebiet des Stammes Juda (Jos 15,1–3; Ri 1,36).

SKYTHEN
Kol 3,11

SKYTHEN Die Einwohner des Landstriches zwischen den Karpaten und dem Don. Dieses Gebiet, das häufig von Nomadenvölkern überrannt wurde, wurde im 7. Jh. v. Chr. von einem Volk unbekannter Herkunft und indo-

Skythischer Reiter, auf einem Filztuch aus den gefrorenen Grabkammern in den Altai-Bergen. 300 v. Chr. (Eremitage, Leningrad).

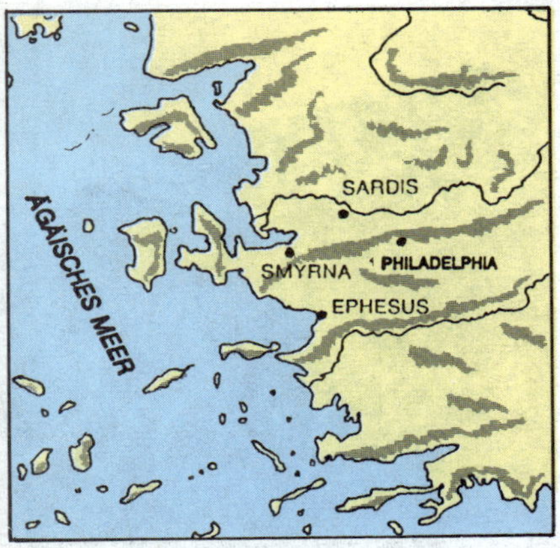

Smyrna in Kleinasien.

europäischer Sprache besetzt. In der zweiten Hälfte des 6. Jh. v. Chr. fielen diese S. in Syrien und Palästina ein und zerstörten Aschkelon und Aschdod. Sie blieben bis zur Römerzeit aktiv, als ihre letzten Überreste verschwanden. In Palästina erinnert der Name Skythopolis (anderer Name für Bet Schean) an die S.

In Kol 3,11 werden die S. zus. mit den Nichtgriechen erwähnt.

SMYRNA Hafen- und Handelsstadt in der röm. Provinz Asien am Ägäischen Meer; natürlicher Endpunkt der alten Handelsroute durch das Hermustal. Die Stadt war für ihre Schönheit und ihre großartigen Gebäude bekannt; ihr Hinterland war sehr fruchtbar. Dank ihres ausgezeichneten Klimas, ihrer strategischen Lage und der guten Wasserversorgung entwikkelte sich S. zu einer der wohlhabendsten Städte Kleinasiens. S. war schon vor dem 1. Jt. v. Chr. eine ionisch-griech. Kolonie. Ende des 7. Jh. wurde es von Lydiern zerstört und blieb unbewohnt, bis Lysimachus die Stadt im 3. Jh. v. Chr. am heutigen Ort neu erbaute. S. war ein treuer Verbündeter Roms, noch bevor dieses die Vorherrschaft im östlichen Mittelmeer erlangte.

SMYRNA Offb 1,11; 2,8

Das Evangelium erreichte S. wahrscheinlich von Ephesus aus. Die Gemeinde in S. war die zweite der »sieben Gemeinden in der Provinz Asiens« (Offb 1,4), an die die sieben Sendschreiben (Offb 2–3) gerichtet sind. Sie litt damals unter Verfolgung und Verleumdung (2,9). Der an sie gerichtete Brief ist das einzige Sendschreiben, das keinen Tadel enthält.

S. ist das heutige Izmir, eine der größten Städte der Türkei.

SO Ägypt. König, den der isrl. König Hoschea um Hilfe gegen Assyrien bat (2. Kön 17,4). Da keiner der in Frage kommenden Pharaonen in die Zeit vor der Gefangennahme Hoscheas durch Salmanassar V. von Assyrien (724 v. Chr.) paßt, hat man vorgeschlagen, So nicht als Personennamen, sondern als ägypt. Titel zu übersetzen, der in den semit. Sprachen als *si* transkribiert wird und »Wesir« bedeutet; es hätte sich demnach um den »Wesir des Königs von Ägypten« gehandelt. Ein anderer Vorschlag ist, So mit der Stadt Sais (ägypt. *seo*) zu identifizieren, die zu Hoscheas Zeit als Hauptstadt diente.

SO 2. Kön 17,4

SOCHO

1. Stadt im Hügelland (Jos 15,35), wo sich die Philister z. Zt. Sauls zum Kampf gegen Israel sammelten (1. Sam 17,1); von Rehabeam befestigt (2. Chr 11,7). S. wurde von Pharao Scheschonk (Schischak) eingenommen und später an Juda zurückgegeben. Z.Zt. Ahas eroberten die Philister S., unter Hiskia war es wieder in den Händen Judas; damals war es ein Verwaltungszentrum, wie zahlreiche mit dem Siegel S.s gestempelte Krughenkel beweisen. S. ist das heutige Chirbet Abbad im Westen der judäischen Berge.

2. Stadt in den Bergen von Juda (Jos 15,48), heute Chirbet Schuweike südlich von Hebron.

3. Stadt unter der Verwaltung eines der nicht mit Namen aufgeführten salomon. Landvögte (»Sohn Heseds«, 1. Kön 4,10). Mit Tel al-Ras nördlich von Tulkarem identifiziert.

SOCHO 1 Jos 15,35; 1. Sam 17,1; 2. Chr 11,7; 28,18
SOCHO 2 Jos 15,48
SOCHO 3 1. Kön 4,10
SOCHO 4 1. Chr 4,18

Tel Socho im Tal von Ela.

Der Berg Sodom.

4. Name eines Mannes im Geschlechtsregister der Nachkommen Judas. S. könnte jedoch auch einen Ort bezeichnen, der von Heber gegründet wurde (»der Vater Sochos«) und wäre dann identisch mit S. (2).

SODI (»Vertrauter«). Mann vom Stamm Sebulon; Vater Gaddiëls, eines der isrl. Kundschafter in Kanaan.

SODI
4. Mose 13,10

SODOM (»Kalkstätte«, »brennend«). Stadt nahe dem Toten Meer, auf die Gott wegen der Sünden ihrer Einwohner »Schwefel und Feuer regnen« ließ. Abrahams Versuch, die Stadt zu retten, scheiterte, weil es noch nicht einmal zehn Gerechte in ihr gab (1. Mose 18,20–33; 19,24–25). S. und die anderen Städte der Jordanebene lagen an der Südgrenze Kanaans (1. Mose 10,19). Lot, der Neffe Abrahams, ließ sich in S. nieder (1. Mose 13,12).

Sämtliche Bemühungen, die genaue Lage S.s herauszufinden, blieben erfolglos. Man hat es am Süd- und Nordende des Toten Meeres vermutet und sogar auf seinem Boden. Der Name S. hat sich jedoch im arab. *Dschebel Usdum* (Berg Sodom) erhalten, einem Salzhügel nahe der südwestlichen Küste des Toten Meeres.

Die Schlechtigkeit S.s ist sprichwörtlich geworden (vgl. Jes 1,9; Jer 23,14; Lk 10,12).

SODOM
1. Mose 10,19; 13,10.12–13; 14, 2.8.10–12.17. 21–22; 18,16.20. 22.26; 19,1. 4.24.28; 5. Mose 29,22; 32,32; Jes 1,9–10; 3,9; 13,19; Jer 23,14; 49,18; 50,40; Klgl 4,6; Hes 16,46. 48–49.53.55–56; Am 4,11; Zef 2,9; Mt 10,15; 11,23–24; Lk 10,12; 17,29; Röm 9,29; 2. Petr 2,6; Jud 7; Offb 11,8

SOFERET (»Schreiber«). Eine Familie »der Nachkommen der Sklaven Salomos«, die mit Serubbabel aus dem babyl. Exil zurückkehrte. Möglicherweise auch die allg. Bezeichnung für »Gruppe bzw. Familie von Schreibern«.

SOFERET
Esr 2,55; Neh 7,57

SOHELET, STEIN Der Ort, wo Adonija, der Sohn Davids, bei seinem erfolglosen Griff nach der Königskrone Schafe und Rinder opferte. Über den Ort ist nur bekannt, daß er »neben der Quelle Rogel« lag. Oft als »Stein der Schlange« übersetzt.

SOHELET, STEIN
1. Kön 1,9

SOHET Sohn Jischis vom Stamm Juda.

SOHET
1. Chr 4,20

SOHN GOTTES Im AT kommt dieser Ausdruck nur in Dan 3,25 vor und meint ein göttliches Wesen, das mit Schadrach, Meschach und Abed-Nego im Feuerofen war. Die Mz. »Söhne Gottes« erscheint mehrere Male (1. Mose 6,2.4; Hiob 1,6; 2,1; 38,7). Hier sind Engel und Mittelwesen zwischen Gott und Menschen gemeint. Der Begriff »Sohn« im Gegenüber zu Gott kann sich zuweilen auf David (2. Sam 7,14) oder den davidischen König und Messias beziehen (Ps 2,7; 89,27–28). Vgl. ADOPTION.

Im NT wird der Ausdruck als Bezeichnung Jesu Christi verwendet. Die Worte des Engels an Maria (Lk 1,32 ff.) verheißen bereits vor Jesu Geburt, daß er »Sohn des Höchsten« genannt werden und als S. Davids den Thron seines Vaters besitzen wird. Während des Lebens Jesu wird immer wieder deutlich, daß er der S. Gottes ist: Die Jungfrauengeburt weist eindeutig darauf hin (Mt 1,18.20; Lk 1,35;), Johannes der Täufer verkündigt es (Joh 1,34), in der Versuchung bezieht sich der Teufel darauf (Mt 4,3.6; Lk 4,3.9), und auch die Dämonen erkennen, wer er ist (Mt 8,29; Mk 3,11; Lk 4,41). Jesu Wunder weisen ihn vor seinen Jüngern (Mt 14,33) u. a. Glaubenden (Joh 1,49; 11,4) als S. Gottes aus. Gott bestätigt bei der Taufe Jesu (Mt 3,17) und bei seiner Verklärung (Mt 17,5), daß Jesus sein »lieber S.« ist. Doch auch Jesus selbst bezeichnet sich als den S. Gottes; vgl. seine Aussage unter Eid im Verhör vor dem Hohen Rat (Mt 26,64), wo er die Prophetien in Ps 110,1 und Dan 7,13 für sich beansprucht, sowie seine Art, Gott direkt mit dem kindlichen Ausdruck »Vater« bzw. »Abba« anzureden (Mt 11,25–27; Mk 14,36; Joh 17,1 ff.). Johannes weist bes. darauf hin, daß die in seinem Ev. berichteten Zeichen aufgeschrieben sind, »damit ihr glaubt, daß Jesus der Christus ist, der S. Gottes« (Joh 20,31). Doch letztlich ist es die Auferstehung, die Jesus unumstößlich als S. Gottes erweist. Er wurde seiner Menschlichkeit nach als Sohn Davids geboren und dem Geist nach »als S. Gottes in Kraft durch die Auferstehung von den Toten« eingesetzt (Röm 1,3–4). Die Botschaft von Jesus als dem S. Gottes ist der Kern der missionarischen Verkündigung und apostol. Botschaft (Apg 9,20; Röm 1,3; 8,32; 1. Kor 15,28; 2. Kor 1,19; Gal 4,4; Kol 1,13; 1. Thess 1,10; 1. Joh 1,7; 2,23; Hebr 1,2 u. a.).

Die innere Verbundenheit zwischen Jesus Christus und seinem Vater ist so innig, daß nach Jesu Worten kein Mensch zur Erkenntnis Gottes als »unseres

SOHN (GOTTES)
2. Sam 7,14; Ps 2,7; Dan 7,13; Mt 1,21.25; 2,15; 3,17; 4, 3.6; 8,29; 11,27; 14,33; 16,16; 26,63; 27,40. 43.54; 28,19; Mk 1,1.11; 3, 11; 5,7; 9,7; 13,32; 14,61; Lk 1,31f.35; 2,7.48; 3,23; 4,9.41; 8,28; 9,35; 10,22; 22,70; Joh 1,14.18.34. 9; 3,16–18.35f.; ,19.21–23.25f.; 6,40.42; 8,35f.; 9,35; 11,4.27; 14,13; 17,1; 19,7; 20,31; Apg 8,37; 9,20; Röm 1,3f.; 5,10; 8,3.32; Kor 1,9; 15,28; 2. Kor 1,19; Gal 1,16; 2, 20; 4,4.6; Eph 4,13; Kol 1,13;

Vaters im Himmel« kommen kann als allein durch ihn (Mt 11,25–27; Joh 1,14.18; 3,16.17.35.36; 5,19–26; 17,1). Der S. ist der einzige Vermittler zwischen Gott und Mensch (1. Tim 2,5).

SONNE Im antiken Nahen Osten galt die Sonne allgemein als hohe Gottheit (männlich oder weiblich). Nicht so in Israel; hier galt sie lediglich als von Gott geschaffenes Himmelslicht. Sie wurde am vierten Schöpfungstag geschaffen, zus. mit dem Mond und den Sternen, um »den Tag zu regieren« (1. Mose 1,14–19). Aber trotz des in 5. Mose 4,19 und 17,3 genannten Verbots der Anbetung der S. entstand in Juda unter König Manasse ein Sonnenkult (2. Kön 21,3.5), der 621 v. Chr. von Josia wieder abgeschafft wurde (2. Kön 23,5.11). Die Beliebtheit eines früheren S.-kultes spiegelt sich in einigen Ortsnamen in Israel wider: *Bet-Schemesch* (»Haus der Sonne«; Jos 15,10; 1. Sam 6,9; 1. Kön 4,9) und *En-Schemesch* (»Quelle der Sonne«; Jos 15,7; 18,17). Auch Hes 8,16 erwähnt die S.anbetung.

Zwei S.wunder werden im AT erwähnt. Nach Jos 10,12 befahl Josua der S., stillzustehen, bis Israel seine Feinde in Gibeon besiegt hatte. 2. Kön 20, 8–11 und Jes 38,7–8 berichten, daß der Schatten der Sonnenuhr 10 Striche zurückging als Zeichen dafür, daß König Hiskia noch 15 Jahre leben würde. Die S. ist auch ein Symbol der zeitlosen Beständigkeit, z.B. wenn sie den Wunsch der unbegrenzt langen Herrschaft eines Königs ausdrückt (Ps 72,5). Am Tag des Gerichts Gottes soll den Gottesfürchtigen »aufgehen die S. der Gerechtigkeit« (Mal 3,20), und im kommenden Reich Gottes wird die S. siebenmal heller scheinen als in der jetzigen Welt (Jes 30,26).

Nach den Ev.n verdunkelte sich die S. während der Kreuzigung Jesu (Mt 27,45; Mk 15,33; Lk 23,44–45).

1. Thess 1,10; 1. Joh 1,3.7; 2,22–24; 3,8.23; 4,9–14f.; 5,5.9–12; 2. Joh 3.9; Hebr 1,2; 2,6; 3,6; 4,14; 5,8; 6,6; 7,3.28; 10,29; Offb 2,18; 12,5; 21,7

SONNE
1. Mose 37,9; 2. Mose 16,21; Jos 10,12.13; Ri 5,31; Hiob 9,7; 30,28; Ps 19,5; 50,1; 72,5; 74,16; 84,12; 104,19. 22; 121,6; 148,3; Pred 1,5.9.14; 3,16; 4,1.3.7.15; 5,12.17; 6,5; 7,11; 8,9; 11,7; 12,2; Hld 1,6; 6,10; Jes 13,10; 30,26; 38,8; 41,25; 49,10; 59,19; 60,19.20; Jer 15,9; 31,35; Joel 2,10; 3,4; 4,15; Am 8,9; Jona 4,8; Mi 3,6; Hab 3,10; Mal 3,20; Mt 5,45; 13,6.43; 17,2; 24,29; Mk 1,32; 13,24; 16,2; Lk 4,40; 21,25; 23,45; 1. Kor 15,41; Eph 4,26; Jak 1,11; Offb 1,16; 6,12; 7,16; 8,12; 9,2; 10,1; 12,1; 16,8 19,17; 21,23

Steinerne Miniatursonnenuhr, gefunden während der Ausgrabungen in der Nähe des Tempelberges, Jerusalem.

(rechts oben) Bemaltes Relief aus dem Tempel Achenatons (Echnatons) in El-Amarna, das Achenaton und seine Frau Nofretete zeigt, wie sie der Sonne ein Opfer darbringen. 14. Jh. v. Chr.

(rechts) Das Tal Sorek.

SOPATER
Apg 20,4

SOPATER (Abkürzung von *Sosipater*). Ein Mitglied der christl. Gemeinde in Beröa; begleitete Paulus auf dessen letzter Reise nach Jerusalem. Vielleicht identisch mit Sosipater.

SOREK
Ri 16,4

SOREK Tal im Gebiet des Stammes Dan, in der Bibel nur als die Heimat Delilas erwähnt (Ri 16,4). Das Tal S. ist das heutige Nahal Sorek, durch das die Eisenbahnlinie Tel Aviv-Jerusalem verläuft.

SOSIPATER
Röm 16,21

SOSIPATER (»Der den Vater gerettet hat«). Ein Stammesverwandter von Paulus, im Römerbrief erwähnt.

SOSTHENES 1
Apg 18,17
SOSTHENES 2
1. Kor 1,1

SOSTHENES (»Der Starke«).

1. Vorsteher der Synagoge in Korinth (Nachfolger des Krispus); in Auseinandersetzungen um Paulus verwickelt.

2. Mitarbeiter des Apostels Paulus, den dieser als »unser Bruder« und Mitabsender des 1. Korintherbriefes erwähnt. Gewöhnlich mit S. (1) identifiziert, der dann in der Zwischenzeit Christ geworden wäre.

SOTAI
Esr 2,55;
Neh 7,57

SOTAI (»Der HERR weicht«). Haupt einer Familie von »Nachkommen der Sklaven Salomos«, die mit Serubbabel aus dem babyl. Exil zurückkehrte.

SPÄHERFELD
4. Mose 23,14

SPÄHERFELD Als die Israeliten in der Ebene Moab lagerten, führte Balak, der König von Moab, Bileam zum »Späherfeld auf dem Gipfel des Pisga«, um den Seher zur Verfluchung der Israeliten zu bewegen. Die genaue Lage ist unbekannt.

SPANIEN
Röm 15,24.28

SPANIEN Wird in der Bibel nur im Römerbrief erwähnt, wo Paulus von Reiseplänen nach S. schreibt. Unklar bleibt, ob er sie verwirklichen konnte. Clemens von Rom schreibt 30 Jahre nach dem Tod des Apostels, daß dieser »in den äußersten Westen« gereist sei.

SPEICHER/
VORRATS-
HAUS
1. Chr 26,15.17;
2. Chr 32,28;
Neh 10,39

SPEICHER In den meisten antiken Städten gab es königl. und privater Getreidespeicher. Die vier hebr. Bezeichnungen für solche Gebäude werden (LÜ) als »Kornhaus« und »Scheune« übersetzt (Jer 50,26; Joel 1,17). Ein S. war gewöhnlich rund, mit Lüftungsöffnungen unterhalb des meist flachen Daches. Stufen an der Außenseite bildeten eine Art Rampe, auf der das Getreide nach oben getragen und dann eingeschüttet wurde. S. wurden als freistehende Gebäude angelegt, aber auch aus dem Gestein gehauen. Man hat sie in Megiddo, Jericho, Geser, Bet Schemesch, Bet Schean usw. ausgegraben, einige davon noch mit Getreide. Sie stammen aus der Spätbronzezeit und messen 2–3 m im Durchmesser. Nach einigen Gelehrten sind die vielen S. ein Zeichen für die Unsicherheit der damaligen Zeiten.

In Tel Dschemme wurden zahlreiche runde S. aus der pers. Zeit gefunden, in denen Vorräte für 35 000 Menschen für zwei Monate aufbewahrt werden konnten. Es gab auch rechteckige S., wie das »Haus der Säulen« in Hazor und das »Haus der Scherben« in Samaria, beide aus der Zeit Ahabs.

SPEISEGEBOTE *Im AT.* Die Bibel deutet an, daß der Mensch vor dem Sündenfall vegetarisch lebte (1. Mose 1,29–30), bis Gott den Nachkommen Noahs den Fleischgenuß erlaubte (1. Mose 9,3). Dieses Zugeständnis erging nicht ohne Vorbehalt: »Esset das Fleisch nicht mit seinem Blut, in dem sein Leben ist« (1. Mose 9,4). Dieses Blutverbot, das allen Menschen galt, stand in deutlichem Kontrast zu den Kultpraktiken der Umwelt des frühen Israels, in denen der Blutgenuß eine Rolle spielte. Als Grund wird genannt, daß im Blut das Leben des Tieres ist (3. Mose 17,10–11; 5. Mose 12,23–25). Wenn der Mensch also Tiere tötet und ihr Fleisch ißt, ihr Blut aber ungenutzt ausfließen läßt, gibt er das Leben des Tieres gewissermaßen an Gott zurück.

Speicher des 8. Jh. v. Chr. in Hazor.

Bestimmte Tiere durften die Israeliten nicht essen. 3. Mose 11,44 nennt den Grund: »Denn ich bin der HERR, euer Gott. Darum sollt ihr euch heiligen, so daß ihr heilig werdet, denn ich bin heilig.« Diese Forderung der Heiligkeit (vgl. HEILIGKEIT) gibt es im AT mit dieser Bestimmtheit auffälligerweise nur bei diesen Speisegeboten.

Das AT kennt verschiedene Arten unreiner Nahrung. Schon bei Noah werden die Tiere in »reine« und »unreine« eingeteilt (1. Mose 7,2); aber erst im Gesetz Moses werden sie näher beschrieben (vgl. 3. Mose 11 und 5. Mose 14,3–21). Für Säugetiere gilt: »Alles, was gespaltene Klauen hat, ganz durchgespalten, und wiederkäut unter den Tieren, das dürft ihr essen« (3. Mose

11,3); 5. Mose 14,4–5 nennt die »reinen« Tiere im einzelnen. Fische u. ä. Tiere müssen sowohl Flossen als auch Schuppen haben, um erlaubt zu sein (3. Mose 11,9–12). Zu den Vögeln gibt es keine allgemeine Regel; 3. Mose 11,13–19 gibt jedoch eine Liste der unreinen Vögel, und die hier nicht erwähnten Vögel können wohl als zum Verzehr erlaubt gelten. Mit einigen in 3. Mose 11,20–23 genannten Ausnahmen sind alle Tiere, die »Flügel« haben, sich aber auf dem Boden bewegen, verboten; ebenso Würmer, Schlangen, Schnecken usw. (3. Mose 11,41).

Den Israeliten ist des weiteren »das Muskelstück auf dem Gelenk der Hüfte« verboten (1. Mose 32,32–33), was aus dem Kampf Jakobs mit dem Engel am Jabbok abgeleitet wird. 3. Mose 7,23 verbietet das Fett von Stieren, Schafen und Ziegen.

Für die Zubereitung gilt: »Du sollst das Böcklein nicht kochen in seiner Mutter Milch« (2. Mose 23,19; 34,26; 5. Mose 14,21). Dies hat religiöse Hintergründe: Im heidnischen Ugarit war es üblich, in einem magischen Glücksbringerritus das junge Tier in der Milch seiner Mutter zu kochen.

Verboten waren auch die Früchte von Bäumen in den ersten vier Jahren nach ihrer Pflanzung (3. Mose 19,23–24) sowie die Erträge einer Pflanzung aus zweierlei Saaten (3. Mose 19,19; 5. Mose 22,9).

Im NT. Z.Zt. Jesu wurden die atl. Speisegebote von den Pharisäern sehr strikt ausgelegt. Gerade dieser Versuch der strikten Befolgung machte aber die Grenzen dieser Gesetze deutlich. Es handelte sich letztlich doch um eine äußerliche Frömmigkeit. Damit mußte Jesus in Konflikt geraten: »Was zum Mund hineingeht, das macht den Menschen nicht unrein; sondern was aus dem Mund herauskommt, das macht den Menschen unrein« (Mt 15,11 ff.). Die Parallelstelle Mk 7,19 betont: »Damit erklärte er alle Speisen für rein.«

Dies wurde zur Richtschnur für die christl. Gemeinde. Die christl. Stellung zu den atl. Speisegeboten und -verboten, wie sie sich in der Apg und den apostol. Briefen herauskristallisiert, hat eine zweifache Richtung: die Aufhebung der Verbindlichkeit dieser Gebote und die Bedeutung einer möglichen Enthaltung von bestimmten Speisen für das Miteinander der Christen.

1. Die Verbindlichkeit: Die Unterscheidung sog. reiner und unreiner Speisen ist durch die dafür klassische Vision des Apostels Petrus (Apg 10, 9–20; 11,1–10) in der Gemeinde Jesu Christi nicht mehr gegeben. So sicher diese Vision eine übertragene Bedeutung hat, nämlich die Gemeinschaft von Judenchristen und Heidenchristen in der einen Gemeinde, so sicher entspricht die Buchstäblichkeit des Bildes von den vielerlei Tieren in ein und demselben Tuch den übrigen einschlägigen Äußerungen des NT. Danach ist der Genuß tierischer Nahrung nicht auf die im AT genannten »reinen« Tiere beschränkt: »Alles, was Gott geschaffen hat, ist gut, und nichts ist verwerflich, was mit Danksagung empfangen wird« (1. Tim 4,3–5; vgl. Hebr 13,9). Nach wie vor bestehende Grenzen bei bestimmten Tieren oder Speisen sind dann eine Frage der Ästhetik und der Hygiene, aber nicht der Frömmigkeit.

2. Die innerchristl. Bedeutung des begrenzten oder unbegrenzten Genusses von (tierischen) Speisen behandelt Paulus ausführlich bei der Frage des sog. Götzenopferfleisches in Korinth (1. Kor 8–10, bes. 8,1–13; 10,23–33), und aus anderem Anlaß auch im Römerbrief (14,1–6; vgl. Kol 2,16). Die Stellung des Apostels zeigt, daß es sich in dieser unter Christen damals und später oft strittigen Frage um ein Musterbeispiel für sog. *adiaphora* (»Mitteldinge«) handelt, also um Gegenstände oder Verhaltensweisen, zu denen die HS keine verbindliche Weisung gibt, sondern die im Ermessen des einzelnen Christen stehen. So wie die einen Christen in Korinth es aus Glaubensgründen ablehnten, Fleisch zu essen, das von einem heidnischen Opferkult stammte, und wie die anderen Christen dort die innere Freiheit hatten, dies unbedenklich zu tun, so werden heute bestimmte Fragen der christl. Ethik immer eine persönliche Entscheidung des Einzelnen bleiben, weil das NT eine Entscheidung bewußt nicht trifft. Dennoch gibt Paulus für dieses persönliche Ermessen in der Frage »Darf ein Christ ...?« (die ja über die Frage unerlaubter Speisen weit hinausgeht) zwei wichtige Richtlinien:

Schale mit Oliven- und Dattelkernen und getrockneten Granatäpfeln aus dem 1. Jh., gefunden in einer Höhle der Wüste Juda. (Israelische Regierungsabteilung für Altertümer und Museen).

(links) Tonfigur einer Frau beim Teigkneten, aus dem phönizischen Friedhof von Achsib. 8. Jh. v. Chr. (Israelische Regierungsabteilung für Altertümer und Museen).

1. Die Entscheidung über strittige Speisen (Röm 14,2) u. a. Fragen, die in der Mitte zwischen Ja und Nein liegen, ist zunächst eine Frage des eigenen Gewissens. Wo das an der Bibel geschulte Gewissen nicht überspielt werden muß, ist »dem Reinen alles rein« (Tit 1,15; vgl. 1. Kor 8,10; 10,23–31).

2. Das eigene gute Gewissen in Fragen der Speisen oder anderer Dinge (z. B. Gedenk- und Feiertage, Röm 14,5.6) enthebt den Christen jedoch nicht von der wichtigen Überlegung, ob er mit seiner Freiheit nicht einem anderen Christen, der hier nun eben ein engeres Gewissen hat, zum Ärgernis, zum Glaubensanstoß wird (Röm 14,1–3; 15,1; 1. Kor 8,7.9–13; 10,23.29). Wichtig bleibt im Ergebnis, daß es in der Gemeinde der Christen hingenommen werden muß, daß es in solchen »Mitteldingen« immer unterschiedliche Antworten geben und daß es immer bei Röm 14,2 bleiben wird.

SPEISEN UND GETRÄNKE In der kanaan. und isrl. Zeit schloß der Begriff »Speise« die Produkte sowohl des Ackerbaus als auch der Viehzucht ein, in der Bibel ist jedoch »Brot« die hauptsächliche Bezeichnung für Nahrung (1. Mose 3,19), weil Brot das Nahrungsmittel schlechthin war.

Brot wurde aus Weizen oder Gerste hergestellt. Mehl gebrauchte man zum Backen von Brot u. a. Gerichten (3. Mose 7,12), z. B. für Kuchen (2. Sam 13,8) und Honigwaffeln, mit denen in 2. Mose 16,31 das Manna verglichen wird. Getreide aß man getrocknet bzw. geröstet (1. Sam 17,17) oder grün (3. Mose 23,14). An Gemüse gab es hauptsächlich Bohnen und Linsen (2. Sam 17,28). Aus Linsen kochte man auch Suppen (vgl. 1. Mose 25,34). Unter den Speisen, die die Israeliten in Ägypten aßen, werden Kürbisse, Melonen, Lauch, Zwiebeln und Knoblauch erwähnt (4. Mose 11,5); sicher wurden sie auch in Palästina gezüchtet.

Obst gab es im Überfluß, z. B. Weintrauben, Feigen, Granatäpfel und Oliven (5. Mose 8,8). Trauben aß man frisch oder als Rosinen (1. Sam 25,18), ähnlich Feigen (1. Sam 30,12) und Datteln. Rosinen, Feigen und Datteln konnten jahrelang aufbewahrt werden und gehörten zur Wegzehrung auf langen Reisen bzw. zum Notvorrat. In der Wüste von Juda und im Negeb fand man Kerne dieser Trockenfrüchte. Von den wilden Früchten aß man die Maulbeerfeige (Am 7,14). Oliven gab es reichlich; ein Teil wurde eingelegt, der größere Teil jedoch zu Öl verarbeitet. Olivenöl – es war das übliche Öl in Palästina – wurde auch exportiert (1. Kön 5,25).

Da es keinen Zucker gab, wurde hauptsächlich Honig zum Süßen benutzt. Die Bienenzucht war in Ägypten und Mesopotamien bekannt, wird aber in der Bibel nicht erwähnt; offenbar wurde Wildhonig verwendet, den man auf dem freien Feld (1. Sam 14,25–27), in Felsspalten (5. Mose 32,13), ja sogar in Tierkadavern (Ri 14,8) fand. Einige Fachleute glauben jedoch, daß ein guter Teil des in der Bibel erwähnten Honigs kein Bienenhonig war, sondern ein süßer Saft, der aus der Frucht des Johannisbrotbaums und aus Datteln gewonnen wurde. Beide Arten werden noch heute im Orient verwendet und heißen bei den Arabern »Honig«.

Der Fleischverzehr war bei den Israeliten durch die Speisegebote (s. dort) eingeschränkt. Fleisch wurde v. a. an Festtagen verzehrt (1. Sam 9,12–13), oder um hochstehende Gäste zu ehren (2. Sam 12,4). Gewisse Stücke galten als bes. schmackhaft, so die Schulter (1. Sam 9,24) und die Lende (Hes 24,4). Auch Wild (z. B. Hirsch, Reh, Wildziege, Wildochse und Gemse) wurde verzehrt.

Milch kam von Kühen, Schafen und Ziegen (5. Mose 32,14) und wurde in Schläuchen (Ri 4,19) oder Krügen aufbewahrt. Aus Milch machte man auch Butter (Spr 30,33) und Käse (1. Sam 17,18; Hiob 10,10). Auch Wein wurde häufig getrunken.

Als Gewürz verwendete man in der bibl. Zeit hauptsächlich Salz (Hiob 6,6). Es wurde aus den Salzhügeln beim Toten Meer gewonnen (Zef 2,9), möglicherweise auch aus Salinen am Mittelmeer. Erst in der hell. und frühen röm. Zeit wurden die heute bekannten anderen Gewürze aus Arabien, Indien und Ostafrika eingeführt. S. auch BROT UND BACKEN; GEWÜRZE UND PARFÜME; SPEISEGEBOTE; WEIN.

SPERLING Siehe TIERE.

SPINNE Siehe TIERE.

SPRÜCHE SALOMOS, DIE (SPRICHWÖRTER) Dieses atl. Buch besteht aus neun Sammlungen mit zus. 31 Kapiteln und enthält Aussprüche und Anweisungen von verschiedenen Verfassern (vgl. die Inhaltsübersicht). Die Sprüche stammen größtenteils von Salomo; mit dem Hinweis »Dies sind die Sprüche Salomos, des Sohnes Davids, des Königs von Israel« (1,1) wird das Buch gekennzeichnet. Dennoch finden sich in ihm auch Weisheitssprüche anderer Autoren. So schließt es die »Worte von Weisen« ein (Spr 22,17), wobei man schon an Etan, Heman, Kalkol und Darda dachte, die in 1. Kön 5,11 erwähnt werden. Bei zwei kleineren Spruchsammlungen werden die Verfasser direkt genannt: Die S. Agurs (Kap. 30) und »die Worte Lemuels, des Königs von Massa, die ihn seine Mutter lehrte« (Spr 31,1–9; evtl. auch V. 10–31).

Die sprichwörtliche Weisheit Salomos (1. Kön 3,5–28; 10,1–13 usw.) drückt sich auch in der Feststellung von 1. Kön 5,12–13 aus, wonach Salomo 3 000 S. und 1 005 Lieder gedichtet hat. (Vgl. WEISHEIT.)

Wenn Salomo als Verfasser der meisten S. genannt wird, schließt dies nicht aus, daß er auch auf ältere Weisheitssprüche zurückgegriffen und diese teilweise neu gestaltet hat. Darauf deuten auch manche Parallelen zu ägypt. Weisheitslehren hin. Solche Parallelen gibt es nach Form und Inhalt auch in den babyl.-assyr. Sprüchesammlungen und ihren sumer.-akkad. Vorläufern. Teilweise liegen fast wörtliche Parallelen auf der Hand. Dies muß aber nicht eine Abhängigkeit Salomos von Werken antiker Weisheitsdichtung bedeuten, zumal eine religiöse Tiefe im Sinne der salomon. Spruchweisheit in diesen anderen Sammlungen nur in sehr allg. Form oder überhaupt nicht vorliegt. Ohne Frage hat aber kein Buch der Bibel ein so internationales Gepräge wie das Buch der S.

Bauern bringen Gänse. Von einer geschnitzten Elfenbeinplatte aus Megiddo. 1350–1150 v. Chr.

Wann die S. Salomos zu einem Buch zusammengefaßt wurden, ist unsicher. Zu einem Großteil wird dies bereits Salomo selbst getan haben, teilweise aber geschah es erst über 200 Jahre später, worauf Spr 25,1 hinweist: »Auch dies sind Sprüche Salomos; die Männer Hiskias, des Königs von Juda, haben sie gesammelt.« Bis Kap. 24 lag das Buch der S. z. Zt. Hiskias jedenfalls schon vor.

In der jüd. und christl. Tradition wurde allg. davon ausgegangen, daß Salomo der Verfasser der S. ist, auch wenn im hebr. Titel des Buches (*mischle*, »Sprüche«) der Name Salomo nicht erscheint. Auch in der wissenschaftl. Theologie besteht kein Zweifel mehr, daß der Kern des Buches auf Salomo zurückgeht. Wenn zugleich auf die Mehrschichtigkeit des Buches hingewiesen wird, so ist dies im Text selbst begründet, der weitere Mitverfasser teils ausdrücklich nennt (Lemuel u. a., s. o.), teils unschwer erkennen läßt. Im NT werden einige der S. als hl. Schrift zitiert (Röm 3,15 – Spr 1,16; 12,20 – Spr 25,21.22; 1. Petr 4,8.18 – Spr 10,2; 11,31; 2. Petr 2,22 – Spr 26,11).

Im Buch der S. erscheinen viele literarische Formen; die beiden Hauptformen sind die Anweisung und der Spruch (oft »Sentenz« genannt). Der einfache Spruch (hebr. *maschel*) kann erheblich variiert werden, z. B. als Zahlenspruch (30,15–16.18–19), als »Besser«-Spruch (15,16–17), als Allegorie (5,15–19), als Anekdote (7,6–23) und als alphabetisches Gedicht (31,10–31). Die Einzelsprüche bedienen sich des Parallelismus, wobei eine Vershälfte der anderen entweder antithetisch (= gegensätzlich) oder synonym (d. h. den gleichen Gedanken in anderen Worten wiederholend) gegenübergestellt wird. Ein weiteres Stilmittel ist die Seligpreisung (vgl. SELIGPREISUNGEN, Mt 5,3–10), also Sprüche, die mit »Heil dem, der …« bzw. »Wohl dem, der …« beginnen (Spr 3,13; 8,32; 28,14 usw.).

Demgegenüber zeigen die Weisheitslehren in Kap. 1–9 ausführlichere Erörterungen zu je einem bestimmten Thema. Leitthemen sind dabei der Unterschied zwischen weisen und törichten Menschen, ferner die Bedeutung des Gehorsams, der Wert der Beredtsamkeit, die Gefahren des Alkohols, der Trägheit und des Geschwätzes sowie die Gefahr, die von der »fremden Frau« droht.

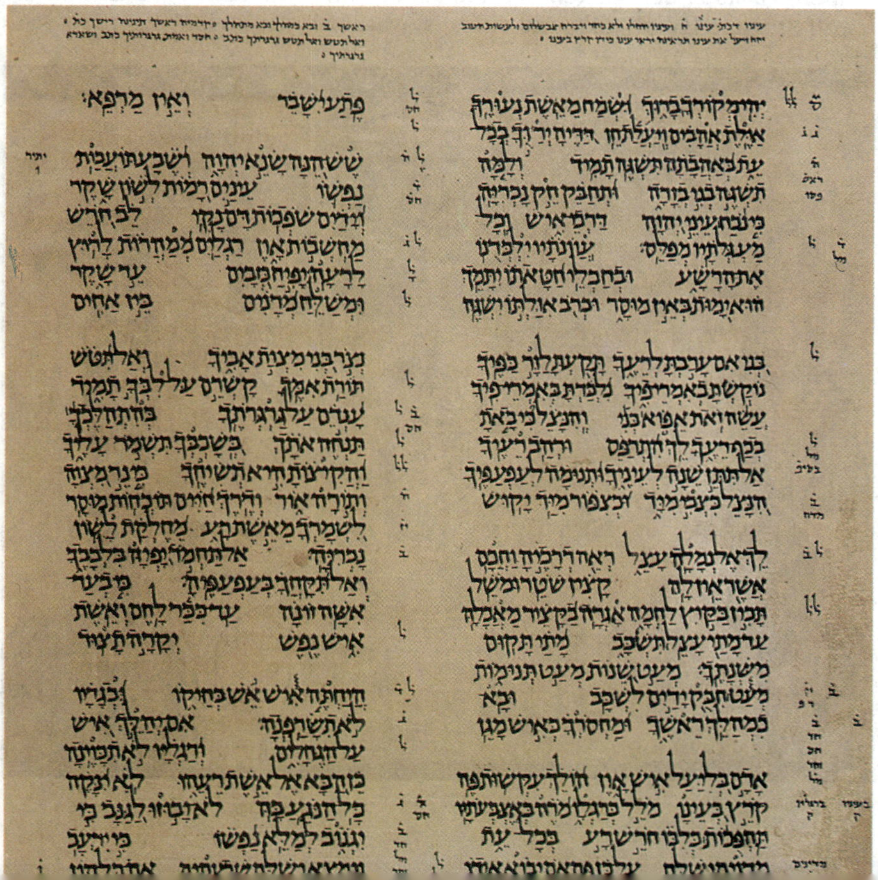

Teil einer Seite aus dem Buch der Sprüche, Aleppo-Codex, 9. Jh. (Mit freundlicher Genehmigung von Prof. M. Goshen-Gottstein und dem »Hebrew University Bible Project«, Jerusalem).

Das Ziel solcher Unterweisung war, das rechte Wort und Verhalten für die versch. Situationen des Lebens zu vermitteln. Das Ideal, das die S. uns vor Augen malen, ist der weise und gerechte Mensch, der sich zu beherrschen weiß und sich nicht ereifert, für den aber das Böse »ein Greuel vor Jahwe« ist. Gottesfurcht führt zur Weisheit (1,7).

Das Buch der S. ist kein Buch, in dem Gott die Mitte ist, um die sich alles dreht. Vielmehr steht der (gerechte oder törichte, faule oder weise) Mensch im Mittelpunkt des Interesses. Wo auf Gott Bezug genommen wird, geschieht dies überwiegend sozusagen im nachhinein, als abrundendes Fazit. So werden die Zehn Gebote durchweg nur indirekt angesprochen.

INHALTSÜBERSICHT

1,1–6	Vorwort
1,7–9,18	Die Sprüche Salomos; die Bedeutung der Weisheit als Frucht der Gottesfurcht
10,1–22,16	Weitere Sammlungen von Sprüchen Salomos
22,17–24,34	Zwei Sammlungen von »Worten der Weisen«
25,1–29,27	Weitere Salomo zugeschriebene Sprüche (Sammlung der »Männer Hiskias«)
30,1–33	Die Worte Agurs
31,1–9	Die Worte des Königs Lemuel
31,10–31	Das alphabetische Gedicht zum Lob der guten Hausfrau

STACHELSCHWEIN Siehe TIERE.

STACHYS (»Ähre«). Einer der Christen in Rom, denen Paulus Grüße sandte. **STACHYS** Röm 16,9

STADT DAVIDS Siehe JERUSALEM.

STÄMME Die erste Erwähnung der zwölf Stämme Israels in der Bibel finden wir nach den letzten Worten Jakobs an seine Söhne: »Das sind die zwölf Stämme Israels alle, und das ist's, was ihr Vater zu ihnen geredet hat«

Wandgemälde der Synagoge von Dura-Europos, das die zwölf Stämme allegorisch darstellt. Mose berührt mit seinem Stab einen Brunnen, aus dem zwölf Ströme zu zwölf Zelten fließen.

Die Lagerordnung der Stämme (4. Mose 2), dargestellt als Adlige in Zelten, die Fahnen mit den Symbolen der vier führenden Stämme Israels halten. Aus dem Pentateuch des Herzogs von Sussex (England), ca. 1300 n. Chr.

(1. Mose 49,28). Das Wort »Stamm« erscheint ebenfalls erstmals in diesem Text (1. Mose 49,16). Die 12 S. stammen von einer einzigen Familie ab. In Jakobs Segen über seine Söhne sind sie in folgender Reihenfolge aufgeführt: Ruben, Simeon, Levi, Juda, Sebulon, Issachar (die sechs Söhne Leas), Dan (der erste Sohn Bilhas), Gad und Asser (die Söhne Silpas), Naftali (der andere Sohn Bilhas) und schließlich Josef und Benjamin (die beiden Söhne Rahels). Die Zwölf sind in 1. Mose 35,23–26 in anderer Reihenfolge aufgeführt, wobei zuerst die Söhne Leas, Jakobs erster Frau, genannt werden, gefolgt von den Söhnen Rahels, Bilhas (Rahels Magd) und Silpas (Leas Magd).

Die S. hatten religiöse und polit. Funktionen innerhalb des Volkes Israel. Jeder S. teilte sich in kleinere Einheiten (»Geschlechter«, »Sippen« und »Häuser«) auf, deren Häupter die »Ältesten der Israeliten« waren (2. Mose 4,29). Man hat die 12 S. Israels mit der *Amphiktyonie* altgriech. oder altitalischer Art verglichen, also mit einem sakralen Kultverband, der nur dann militär. in Erscheinung trat, wenn ein »hl. Krieg« eine Bedrohung abwenden sollte, und bei dem die Zusammengehörigkeit der angeschlossenen Stämme oder Völker sich im übrigen auf die Pflege des zentralen Heiligtums beschränkte. Die Amphiktyonie war jedoch im Unterschied zu den S. Israels eine rein religiöse Einrichtung, und die ihr angeschlossenen Gruppen waren nicht unbedingt die Nachkommen eines Stammvaters und einer Familie.

Die S. spielten eine wichtige Rolle während der Wanderung der Israeliten durch die Wüste. Ihre Häupter hatten Mose zu helfen, die erste Volkszählung durchzuführen (4. Mose 1,2.4). Sie führten auch die wehrfähigen

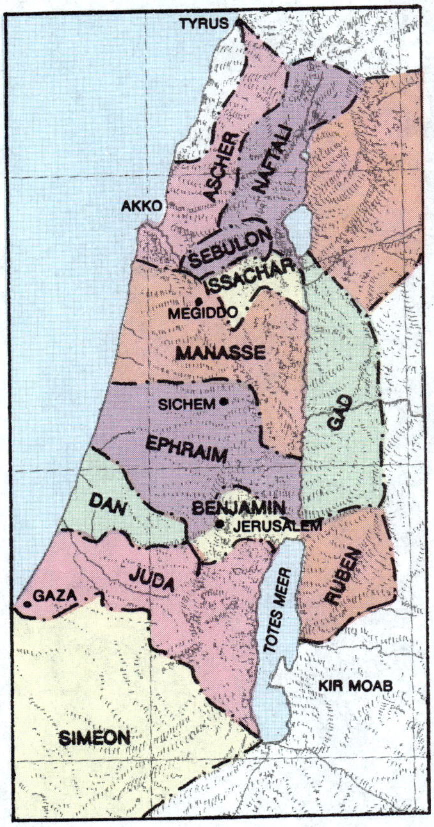

Die Gebiete der Stämme.

Männer an (4. Mose 2,1–34), waren verantwortlich für die Weiheopfer bei der Einweihung der Stiftshütte (4. Mose 7) und führten ihre S. aus der Wüste Sinai heraus (4. Mose 10,12–27). Mose bestimmte zusätzlich von jedem S. einen Mann, um das Land Kanaan zu erkunden (4. Mose 13,2–16).

Die S. spielten auch eine Schlüsselrolle bei der Eroberung und Besiedlung Kanaans. Die Aufzählung der Gebiete, die den S. zugeordnet wurden, stellt die erste vollständige Beschreibung des Landes dar (Jos 13–21). Vor seinem Tod versammelte Josua die Ältesten aller S. in Sichem und erneuerte mit ihnen den Bund Jahwes (Jos 24; s. BUND).

Bei der Verteilung des Landes erhielt der S. Levi (s. LEVITEN) als besonderes Eigentum Gottes (4. Mose 3,12) kein eigenes Gebiet, sondern sog. Freistädte (Jos 20–21). Da jedoch der S. Josef aufgeteilt worden war – in Ephraim und Manasse – gab es weiterhin 12 Gebiete, die 12 S. zugeteilt wurden. Diese Aufteilung Josefs findet man bereits in dem Segen des Mose, wo der S. Simeon ausgelassen wird (5. Mose 33). Nach Abschluß der Landnahme hatte jeder S. mehr oder weniger seine eigene Geschichte.

Nach Salomos Tod spaltete sich das Königreich in das Nordreich ISRAEL mit zehn der 12 S. und das Südreich JUDA (mit Benjamin) (1. Kön 12,16–17.21). Der Gedanke von 12 geeinten S. blieb jedoch bestehen (vgl. Hes 48).

Im NT spielt die Zwölfzahl in ihrer heilsgeschichtlichen Symbolik eine zweifache Rolle. Als Zahl der Vollständigkeit des Volkes Gottes erscheint sie für den Alten Bund in den 12 S. Israels, für den Neuen Bund in den 12 Aposteln. In diesem Sinne sind die entsprechenden ntl. Stellen zu verstehen, z. B. wenn Jesus seinen Aposteln verspricht, daß sie die 12 Stämme richten werden (Mt 19,28), und wenn Jakobus an »die zwölf S. in der Zerstreuung« schreibt (Jak 1,1). Vgl. auch Apg 7,8; 26,7; Offb 7,1–8; 21,12.14–21.

S. auch die Einzelstichworte zu den einzelnen S.

STEINBOCKFELSEN Gegend in der Wüste En-Gedi, wo sich David auf der Flucht vor König Saul versteckte.

STEINBOCK-FELSEN
1. Sam 24,3

STEINBRÜCHE Gegend zwischen Ai und Jericho, wo die Männer von Ai die Israeliten schlugen. »Steinbrüche« (*schebarim*) wird manchmal auch als Eigenname verstanden, was jedoch weniger wahrscheinlich ist.

STEIN-BRÜCHE
Jos 7,5

STEPHANAS Ein Christ aus Korinth, der zus. mit seinem ganzen Hause von Paulus getauft wurde (1. Kor 1,16). Er war der erste, der in Achaja getauft wurde; danach widmete sich die ganze Familie dem »Dienst für die Heiligen« (1. Kor 16,15). Als Paulus in Ephesus weilte, besuchte ihn dort S. zus. mit Fortunatus und Achaikus (1. Kor 16,17).

STEPHANAS
1. Kor 1,16; 16,15.17

STIER Siehe TIERE.

STEPHANUS (»Krone«). Der erste christl. Märtyrer. Ein in Jerusalem lebender Jude aus der hell. Diaspora; er kam zum Glauben an Christus und war einer der ersten sieben Diakone (Armenpfleger) (Apg 6,1–5). S. wird »ein Mann voll Glaubens und heiligen Geistes« genannt (Apg 6,5), der »Wunder und große Zeichen« tat (Apg 6,8). Von Gegnern aus den Kreisen der Diaspora-Synagoge wurde er vor den Hohen Rat gestellt, unter falschen Zeugenaussagen der Gotteslästerung angeklagt (Apg 6,9–14) und nach seiner eindringlichen, heilsgeschichtlich fundierten und zugleich missionarischen Verteidigungsrede gesteinigt (Apg 7). Er starb mit einem Gebet für seine Feinde auf den Lippen (Apg 7,60).

STEPHANUS
Apg 6,5.8–9; 7,59; 8,2; 11,19; 22,20

Nach manchen Traditionen war der Ort seiner Hinrichtung in der Nähe des heutigen Stephanus-Tors (auch Löwentor genannt) in Jerusalem. S. wurde von gottesfürchtigen Männern bestattet, die über ihn eine große Totenklage hielten (Apg 8,2). Zeuge seiner Hinrichtung war der junge Saulus (der spätere PAULUS), der Wohlgefallen am Tod des S. bekundete. Der Tod des S. wurde zum Signal für den Beginn einer Verfolgung, die viele Christen zwang, aus Jerusalem zu fliehen (Apg 7,58–8,1), und so letztlich zur raschen Ausbreitung des jungen Christenglaubens beitrug (Apg 8,4.25).

STERNE UND KONSTELLATIONEN Die Anbetung der Sterne war im alten Orient weit verbreitet und wird in den Zehn Geboten ausdrücklich verboten (2. Mose 20,3–5; 5. Mose 5,8–9; vgl. 5. Mose 4,19). Die Propheten

STERNE/ GESTIRN
1. Mose 1,16; 15,5; 22,17; 37,9;
4. Mose 24,17;
5. Mose 1,10; 4,19;

Ri 5,20; Hiob 3,9; 9,7.9; 25,5; 38,31f.; Ps 8,4; 136,9; 147,4; 148,3; Jes 13,10; 14,13; Jer 31,35; Dan 8,10; 12,3; Am 5,26; Mt 2,2.7.9f.; 24,29; Mk 13,25; Lk 21,25; Apg 27,20; 1. Kor 15,41; Hebr 11,12; Jud 13; Offb 1,16.20; 2,1; 3,1; 6,13; 8,10–12; 9,1; 12,1.4

(z.B. Jer 19,13; Am 5,26) prangern derartige Praktiken ebenfalls an – ein Hinweis übrigens, daß die Anbetung der S. in Israel zeitweise nicht unbekannt war. Von König Manasse wird berichtet, daß er die Anbetung des »Heeres des Himmels« (d.h. der S.) bis in den Tempel hinein einführte (2. Kön 21,3–5); sie wurde durch Josia wieder abgeschafft (2. Kön 23,4–14).

Die Bibel verneint eindeutig den Gedanken, daß die S. ein Eigenleben haben. Sie tut dies, indem sie sie nur in allg. Begriffen umschreibt, ihnen also i.a. keine Namen zubilligt, v.a. aber dadurch, daß sie die alleinige Majestät Gottes betont, der der Schöpfer auch der S. ist (1. Mose 1,16; Ps 136,7–9). Er zählt sie, er gibt ihnen Namen (Ps 147,4; Jes 40,26), er kann ihr Licht auslöschen (Hiob 9,7). Wie alle Geschöpfe Gottes, so loben auch die S. Gott (Ps 148,3) und beugen sich vor ihm nieder. In Ps 8 nimmt David den Anblick des Sternenhimmels zum Anlaß, die Schöpfermacht Gottes zu preisen.

An einigen wenigen Stellen werden die S. jedoch in gewisser Weise personifiziert, v.a. in bildhafter Rede. So neigen sich in Josefs Traum (1. Mose 37,9) die Sonne, der Mond und elf S. vor ihm. Debora (Ri 5,20) spricht von den S. als Teilnehmern in dem Kampf gegen Sisera. Eine poetische Personifikation erscheint in Hiob 38,7 wo Gott sagt, daß bei der Schöpfung »mich die Morgensterne miteinander lobten und jauchzten alle Gottessöhne«.

Es gibt einige Hinweise auf Sternbilder. Die Identifikation des Siebengestirns (Plejaden) und des Orion (Hiob 9,9; 38,31; Am 5,8) ist ziemlich gesichert. Die »S. des Südens« (Hiob 9,9) und »die S. des Tierkreises« in Hiob 38,32 bleiben dagegen unklar. Amos erwähnt die Verehrung des Saturn (unter dem Namen *Sakkut* und *Kewan*, dem assyr.-babyl. Sterngott), dessen Bilder in religiösen Prozessionen umhergetragen wurden (Am 5,26).

Astrologie, d.h. der Versuch, durch die Deutung der Bewegungen und Konstellationen der S. die Zukunft vorherzusagen, war weithin üblich, v.a. in Babylonien. Jer 10,2 warnt davor: »Ihr ... sollt euch nicht fürchten vor den Zeichen des Himmels, wie die Heiden sich fürchten.« Jesaja macht sich sogar darüber lustig (Jes 47,13).

S. sind ein häufiges Gleichnis in der Bibel. Abrahams Nachkommen werden so zahlreich sein wie die S. des Himmels (1. Mose 15,5). Die Gerechten werden wie S. leuchten (Dan 12,3; vgl. Mt 13,43). Paulus vergleicht den Unterschied zwischen dem himmlischen und dem irdischen Körper des Menschen mit dem unterschiedlichen Glanz der S. und der anderen Himmelskörper (1. Kor 15,41). Die Gottlosen werden als S. beschrieben, die ihre Bahn verlassen haben (Jud 13). Die sieben Gemeinden der Offenbarung des Johannes sind sieben S. (Offb 1,16.20; 2,1; 3,1); den Gerechten wird der Morgenstern gegeben (Offb 2,28), das alte Symbol der Herrschaft, die sie einst mit Christus ausüben werden (Offb 20,4). Jesus wird in Offb 22,16 »der helle Morgenstern« genannt.

Der S. der Weisen bei der Geburt Jesu (Mt 2,2.7.9–10) war eine reale Himmelserscheinung. Astronomen haben versucht, ihn als Kometen, Supernova oder – am wahrscheinlichsten – als die äußerst seltene Planetenkonstellation der »Königssterne« Jupiter und Saturn zu erklären.

STEUER 2. Chr 24,6.9; Mt 17,25; 22,17; Mk 12,14; Lk 20,22; 23,2; Röm 13,6.7

STEUERN, BESTEUERUNG Sowohl die kanaan. als auch die ägypt. Herrscher trieben von alters her Steuern ein, wie durch die El-Amarna-Briefe sowie manche Hinweise in der Bibel (z.B. 1. Sam 8,11–17) belegt ist. Während der Landnahme Kanaans durch die isrl. Stämme und zur Richterzeit gab es keine Besteuerung; doch mit der Errichtung der Monarchie wurde sie unumgänglich. Unter Saul beschränkten sich die Abgaben offenbar auf Geschenke an den Hof (1. Sam 10,27). Diesen Brauch gab es auch noch unter Joschafat (2. Chr 17,5). Daß es S. gab, erhellt auch aus Sauls Versprechen, er werde dem, der Goliat besiegt, »seines Vaters Haus freimachen von Lasten in Israel« (1. Sam 17,25). Regelmäßige S.abgaben wurden offenbar in den letzten Regierungsjahren Davids eingeführt. Dies machte eine Volkszählung notwendig (2. Sam 24,1ff.). Volkszählungen wurden von Zeit zu Zeit auch von anderen Königen durchgeführt. Eine Liste der Beamten, die mit der Steuereintreibung beauftragt waren, gibt 1. Chr 27,25–31, wo u.a.

ein »über die Vorräte des Königs« gesetzter Beamter erwähnt wird. Er war wohl für die vom Volk gezahlten S. zum Unterhalt des Hofes, das Einsammeln der Kriegsbeute und die Tributzahlungen unterworfener Völker verantwortlich. Zehn weitere Beamte wachten über die landwirtschaftlichen Einkünfte. Dieses System wurde von Salomo übernommen; die Abgaben bestanden meist in Naturalien. Um das System effektiver zu gestalten, teilte Salomo das Land in 12 Bezirke ein, von denen jeder den Königshof einen Monat im Jahr zu versorgen hatte (1. Kön 4,7ff.). Überschüssige Produkte wurden gegen Importwaren eingetauscht (1. Kön 10,15). Auch Geschenke von Vasallen und ausländischen Herrschern waren ein wichtiger Teil der Reichswirtschaft (2. Sam 8,10–12; 1. Kön 10,25; 2. Chr 17,11). Eine andere Form der Besteuerung war Fronarbeit, die eroberten Völkern, aber auch den Israeliten auferlegt wurde (2. Sam 20,24; 1. Kön 9,20–21;). Salomo ließ beim Tempelbau 30 000 seiner Untertanen für sich arbeiten (1. Kön 5,27–28); dazu kamen 80 000 Steinhauer im Gebirge, 70 000 Lastenträger und 3 300 Aufseher (1. Kön 5,29–30). Diese harte Besteuerung und Fronarbeit war einer der Gründe für die Teilung des Königreichs (vgl. 1. Kön 12,4).

Nach der Rückkehr aus dem babyl. Exil versorgten die Einwohner des Landes den Haushalt des Statthalters mit Naturalien. Außerdem bekam er pro Tag 40 Silberstücke (Neh 5,14–18). In Esr 4,13 werden drei zusätzliche S. erwähnt: »Steuern«, d.h. Tribute, die von den Untertanen in den verschiedenen Provinzen zu entrichten waren; »Abgaben«, eine Verbrauchssteuer; und »Zoll«, d. h. Zahlungen für Straßenbenutzung oder Landbesitz.

Archäolog. Funde belegen die Existenz von S. in bibl. Zeit. Die zahlreichen Krughenkel, die mit »*lamelek*« (»für den König«) gestempelt sind, und auch die in Samaria gefundenen Ostraka zeigen, daß die Zahlung in Naturalien sehr häufig war, mindestens seitens der Landbevölkerung; die Stadtbewohner zahlten in Silber. Zusätzlich zu den vom König erhobenen S. zahlte jeder Israelit einen halben Schekel in den Tempelschatz (Mt 17,24).

Aus röm. (ntl.) Zeit ist v.a. die Steuererhebung unter Kaiser Augustus (Lk 2,1.2) zu erwähnen. Sie »war die allererste« und ist als Registrierung der Steuerpflichtigen anzusehen. Bei solchen Volkszählungen für Steuerzwecke kam es naturgemäß leicht zu Unruhen (vgl. Apg 5,37). Die »Zöllner«, d. h. die auf der Basis von Steuerpachtverträgen für die Römer arbeitenden Steuereintreiber, waren allg. verhaßt. Matthäus war einer von ihnen (Mt 9,9), und es galt als Skandal, daß Jesus mit ihnen verkehrte (Mt 9,9–13; Mk 2,15–17; Lk 5,29–32; 15,1; 19,2–10).

Das Recht des Staates, seine Bürger mit S. zu belasten, wird – wie die staatliche Obrigkeit allg. vgl. Röm 13 – vom NT ausdrücklich bejaht. Die Stellungnahme Jesu, z.B. Mt 17,24–27 und bes. 22,17–21 (»Gebt dem Kaiser, was des Kaisers ist«), ist so eindeutig wie die Weisung des Paulus in Röm 13,7: »Gebt Steuer, dem die Steuer gebührt«; vgl. auch 1. Petr 2,13.

Siehe auch ZÖLLNER.

Krughenkel mit dem Eindruck eines Siegelstempels mit der Inschrift »Des Königs«. Lachisch. Spätes 7. Jh. v. Chr. (Israelische Regierungsabteilung für Altertümer und Museen).

STIFTSHÜTTE Das tragbare Heiligtum, das Mose nach der Anweisung Gottes fertigen ließ (2. Mose 25,8) und das die Israeliten auf ihrer Wüstenwanderung mit sich führten. Die S. hatte ihren Platz in der Mitte des Lagers. Um sie herum lagerten nach den vier Himmelsrichtungen die Priester und Leviten (4. Mose 3,23.29.35.38) und hinter diesen die 12 Stämme Israels (4. Mose 2). Von der S. ist das »Zelt der Begegnung« zu unterscheiden, das außerhalb des Lagers stand und in dem kein Opferdienst stattfand. Bei Luther wird es ebenfalls »S.« genannt: »Und wer den Herrn befragen wollte, mußte herausgehen zur S. vor das Lager« (2. Mose 33,7). Dort redete Gott auch mit Mose. In der eigentlichen S. stand die Bundeslade – auch noch nach der Eroberung Kanaans, als sie in Silo einen festen Platz bekam (Jos 18,1).

Die S. wurde nach einem Plan gebaut, der Mose am Berg Sinai offenbart worden war (2. Mose 25,9; 26,30). Sie hatte drei Wände aus mit Gold überzogenem Akazienholz (2. Mose 26,15–22). Über die Wandbretter wurden bunte Vorhänge mit eingewobenen Cherubimdarstellungen gehängt (2. Mose 26,1). Als Dach dienten Teppiche aus Ziegenfellen und darüber rot gefärbte

STIFTSHÜTTE
2. Mose 33,7–11; 39,32.40; 40,2. 7.12.22.29.30. 32.34.35;
3. Mose 1,1.5; 3,2.8.13; 4,4.7. 14.16.18; 8,3.4. 31.33.35; 9,5 10,7.9.; 12,6; 14,11.23; 16,7. 16.17.20.23; 17, 4–6.9; 24,3;
4. Mose 1,1; 2,2. 17; 3,7.8.25; 4,3. 4.15.23.25.28. 31.35.37.39. 41.43.47; 6,10. 13.18; 7,5.89; 8,9.15.19.24.26; 10,3; 12,4; 14,10

16,19; 17,8.15. 19; 18,3.4.6. 21–23; 19,4; 20,6; 27,2; 31,54; 5. Mose 31,14.15; Jos 18,1; 1. Kön 8,4; 2. Chr 1,3; Hebr 8,2.5; 9,2.3.6.8. 11.21; 13,10

Widderfelle und Dachsfelle (2. Mose 26,7–14). Ein Vorhang, der an vier Säulen aus Akazienholz hing, teilte die S. in das Heilige und das Allerheiligste (2. Mose 26,31–33). Die S. war 30 Ellen (etwa 13,8 m) lang und 10 Ellen breit und stand in einem Vorhof von 100 x 50 Ellen (2. Mose 27,9–18). Dieser Vorhof hatte zwei gleich große Bereiche: In der östlichen Hälfte stand die S. selbst, die westliche barg die Geräte und Gefäße für den Gottesdienst. Der Vorhof war von einem Zaun aus Pfosten mit Behängen umgeben. Der Eingang lag im Osten und hatte einen Vorhang (2. Mose 27,16) wie der Eingang zur S. selbst. Der wichtigste Kultgegenstand war der Brandopferaltar (2. Mose 27,1–2); er stand im Zentrum der Osthälfte des Vorhofes und maß 5 x 5 x 3 Ellen (etwa 2,6 x 2,6 x 1,4 m). Wie fast die ganze Ausstattung des Heiligtums war er aus Akazienholz, einer Baumart der Sinai-Halbinsel, und mit Kupfer überzogen. Innerhalb der S. waren die wichtigsten Gegenstände die Bundeslade (im Allerheiligsten), der Räucheraltar und der Tisch für die Schaubrote. An der Südseite der S. stand die goldene *menora*, der siebenarmige Leuchter.

Im NT wird Jesus als der große Hohepriester des himmlischen Heiligtums, der »wahren Stiftshütte« beschrieben (Hebr 8,2.5). Die S. des Mose war nur eine vorübergehende Einrichtung, Christus bringt die Erfüllung (Hebr 9). Die »S. im Himmel« wird noch einmal in Offb 15,5–8 erwähnt.

S. auch TEMPEL.

Siebenarmiger Leuchter (menora), dargestellt in einer bebilderten Bibel; Spanien um 1300 (Jüdische National- und Universitätsbibliothek).

Die Einweihung der Stiftshütte; dargestellt auf einem Wandgemälde in der Synagoge von Dura-Europos; 3. Jh. n. Chr.

STOIKER Apg 17,18

STOIKER Die Anhänger der griech. philosophischen Schule, die von Zeno (335–263 v. Chr.) gegründet wurde. Diese Schule, die ihren Namen von der athenischen *Stoa*, einer städtischen Säulen- und Wandelhalle, bekommen hatte, lehrte eine Art Pantheismus, betonte die Mitmenschlichkeit und verlangte strenge Selbstdisziplin. Sie war – in der Antike eine Ausnahme – gegen die Sklaverei. Seit dem 1. Jh. v. Chr. war sie die führende Philosophie der röm. Führungsschicht. Einige Stoiker stritten zus. mit Epikureern mit Paulus, als dieser Athen besuchte.

STORCH Siehe Tiere.

STRAUSS Siehe Tiere.

STREIT 1. Mose 26,21

STREIT Einer der Brunnen, die die Knechte Isaaks in Gerar gruben. Den Namen erhielt er wegen der andauernden Zusammenstöße zwischen den Hirten von Gerar und denen Isaaks.

STUHL DES MOSE Mt 23,2

STUHL DES MOSE Jesus sagte: »Auf dem Stuhl des Mose sitzen die Schriftgelehrten und Pharisäer«. Einige Gelehrte meinen, daß damit der Ehrenplatz in der Synagoge gemeint ist, wie er in einigen Ausgrabungen entdeckt wurde. Nach anderen handelt es sich um den Ständer für die Schriftrollen der 5 Bücher der Thora.

Ein aus einem einzigen Basaltstein geformter Stuhl mit Armlehnen, gefunden in Chorazin. Möglicherweise der »Stuhl des Mose« von Mt 23,2.

SUACH 1. Chr 7,36

SUACH Erster Sohn Zofachs und Enkel Hotams im Stammbaum des Hauses Asser.

SUCHATITER Eine Familie von kinitischen Schreibern, die in Jabez in Juda wohnten. Sowohl die Kiniter als auch die Rechabiter stammen von Kaleb ab.

SÜDLAND Siehe NEGEB.

SUF Ort, wo Mose den Israeliten das Gesetz wiederholte (5. Mose 1,1), in der moabitischen Wüste nordöstlich des Toten Meers. Einige Gelehrte identifizierten S. mit Chirbet Sufa südöstlich von Medeba. LÜ: »im Jordantal gegenüber Suf«.

SUFA Ort in der Nähe des Flusses Arnon.

SÜHNE (VERSÖHNUNG) Das hebr. Wort für »sühnen« (*kiper*) wird aus dem Arab. (»bedecken«), aber auch dem Akkad. (»abwischen«) abgeleitet.

Im AT ist die Bedeutung »abwischen« in rituellen Texten vorherrschend. Dies wird bes. anschaulich beim Blut des Brandopfers (vgl. 3. Mose 1): Es wird auf den Altar gesprengt, nicht auf den Menschen; der Mensch ist also nicht das Objekt des Sühneritus, sondern lediglich sein Nutznießer. Das Blut des Brandopfers dient nicht zur Reinigung des Sünders, sondern des Tempels und seiner Geräte. Vorsätzliche Sünden und Verunreinigungen können nicht durch ein Brandopfer des Übertreters selbst gesühnt werden (4. Mose 15,30–31), sondern nur durch das jährliche Ritual der Reinigung des Tempels und des Volkes am großen Versöhnungstag. Dabei betreffen alle Sühneopfer lediglich die Sünde des Menschen gegen Gott; zwischenmenschliche Verfehlungen werden dadurch nicht gesühnt und nicht vergeben.

Die Vorstellung eines Lösegeldes bzw. einer Ersatzleistung liegt dem »Sündenbock«-Ritual aus 3. Mose 16 zugrunde (s. ASASEL); das Ziel ist dabei die Rettung des ganzen Volkes vom Zorn Gottes.

Dadurch bekommt die hebr. Verbwurzel *kiper* schließlich die abstrakte Bedeutung »sühnen«. Die S. wird zur Schuldbeseitigung im allg. Sinne.

Während im Kultus das Subjekt der S. immer der Priester und das direkte Objekt ein verunreinigter Gegenstand ist, ist in der nichtkultischen, also v. a. in der prophetischen Literatur das Subjekt gewöhnlich Gott und das direkte Objekt eine Sünde (Ps 78,38; Jer 18,23; Hes 16,63). Dies bedeutet jedoch in der jüd. Theologie keinen Bruch mit dem Ritual der Versöhnung; im Gegenteil, es betont seine tiefere Bedeutung: der Grund der Verunreinigung ist die Sünde des Menschen, und die Wirksamkeit des Rituals liegt nicht in der Person des Priesters, sondern einzig in der Gnade Gottes; letztlich kann allein Gott S. im Sinn der Versöhnung schenken.

Nach dem mosaischen Gesetz ist nicht nur die Stiftshütte, sondern auch das Land Israel heilig. Dementsprechend kann auch das Land verunreinigt werden (z.B. durch geschlechtliche Vergehen, 3. Mose 18,25.28; 5. Mose 24,4, oder durch Mord, 4. Mose 35,33–34; vgl. Hes 36,17; 5. Mose 21,23); und wie das Heiligtum bedarf auch das Land der S. (4. Mose 35,33). Die Verunreinigung des Landes bedeutet den Untergang Israels, da Gott nicht länger in ihm wohnen kann; vgl. das Schicksal seiner früheren Bewohner, 3. Mose 18,28; 20,22.

Zur bibl. Lehre von der S. gehört auch, daß Gott die sündige Menschheit um der Gerechten willen, die in ihr leben, verschonen kann, so bei Abrahams Fürsprache für Sodom und Gomorra (1. Mose 18,16–33; vgl. Spr 11,11). Aber auch die Nachkommen des Gerechten haben Anteil am Segen seiner Gottesfurcht (vgl. 5. Mose 7,9). Dieses Element ist v.a. auch allen Bundesschlüssen Gottes mit Israel eigen: Den Erzvätern verheißt er Nachkommen und Land (1. Mose 15; 17,1–8; 22,17–18; 25,23; 35,9–12; 2. Mose 32,13), Pinhas ein ewiges Priestertum (4. Mose 25,11–13) und David ein Haus und ein Königtum »beständig in Ewigkeit« (2. Sam 7,12–16). Vgl. VERSÖHNUNGSTAG.

Im NT begegnen die Worte »Sühne«, »sühnen«, »Versöhnung« u. ä. relativ selten (Röm 3,25; 5,11; 1. Joh 2,2; 4,10; Hebr 2,17); wo sie vorkommen, sind sie jedoch von zentraler heilsgeschichtlicher Gewichtigkeit. Dabei lehnt sich der Sprachgebrauch an das AT an. Wie im AT Gott der Handelnde bei der S. ist (Jes 53,10), so auch im NT: Er versöhnt durch Chri-

SUCHATITER
1. Chr 2,55

SUF
5. Mose 1,1

SUFA
4. Mose 21,14

SÜHNE, SÜHNEN, SÜHNUNG, ENTSÜHNEN
2. Mose 29,33. 37; 30,10; 3. Mose 1,4; 4,20.26; 5,6.10. 13.16.26; 6,23; 8,34; 9,7; 14,21; 16,6.10.17.30. 34; 17,11; 19,22; 23,28; 4. Mose 15,25. 28; 17,11; 31, 50; 35,33; 5. Mose 21,8; 1. Sam 3,14; 1. Chr 6,34; Spr 16,6.14; Jes 6,7; 27,9; 47,11; Hes 43,20.26; 45,15; Dan 9,24; Röm 3,25; Hebr 2,17

SÜHNEGELD
2. Mose 30,12; Ps 49,8; Spr 6,35

VERSÖHNEN, VERSÖHNUNG
1. Mose 32,21; Mt 5,24; Röm 5,10.11; 11,15; 1. Kor 7,11; 2. Kor 5,18–20; Eph 2,16; Kol 1,20.22; 1. Joh 2,2; 4,10

stus die Welt mit sich selbst (2. Kor 5,19; Kol 1,20), denn er hat »seinen Sohn zur Versöhnung für unsere Sünden« (1. Joh 4,10; vgl. 2,2) gesandt. Gott hat Jesus »für den Glauben hingestellt als Sühne in seinem Blut zum Erweis seiner Gerechtigkeit, indem er die Sünden vergibt, die früher begangen wurden...« (Röm 3,25 f.). So wie Gottes vergebende Gnade im AT im »Gnadenstuhl« über der Bundeslade ihren Ort hatte, so wird sie endgültig offenbar im Kreuz Christi. Sie wurde durch den Tod Jesu wirksam, »als wir noch Feinde waren« (Röm 5,10), und hat das Ziel, denjenigen, der sie im Glauben annimmt, »heilig und untadelig und makellos vor sein (Gottes) Angesicht« zu stellen (Kol 1,21.22). Damit hat die Botschaft von der Versöhnung in Jesus Christus eine zutiefst missionarische Ausrichtung. Sie ist der eine zentrale Auftrag der Gemeinde Jesu Christi in dieser Welt. Paulus faßt das Evangelium in 2. Kor 5,18–20 so zusammen: »So sind wir nun Botschafter an Christi Statt, denn Gott ermahnt durch uns; so bitten wir nun an Christi Statt: Laßt euch versöhnen mit Gott!«

Vgl. auch BUSSE; ERLÖSUNG; VERGEBUNG.

SUKKIJITER
2. Chr 12,3

SUKKIJITER Hilfstruppen in der ägypt. Armee in Schischaks Feldzug gegen Juda (2. Chr 12,2–3). Es wird allg. angenommen, daß sie Händler, evtl. libyschen Ursprungs, waren.

SUKKOT 1
2. Mose 12,37; 13,20; 4. Mose 33,5–6
SUKKOT 2
1. Mose 33,17; Jos 13,27; Ri 8,5–6. 8.14–16; 1. Kön 7,46; 2. Chr 4,17; Ps 60,8; 108,8

SUKKOT

1. Die erste Station beim Auszug Israels aus Ägypten, zwischen Ramses und Etam (2. Mose 12,37; 13,20); versuchsweise mit einem Ort namens Dschebel Marijam am Westufer des Sees Timsach, 24 km von Tel el-Maschkut, identifiziert.

2. Stadt im Gebiet des Stammes Gad, etwas östlich des Jordans (Jos 13,27). Hier überquerte Jakob auf seinem Rückweg von Mesopotamien nach Kanaan den Jabbok (1. Mose 32,23; 33,17). Gideon rächte sich an den Fürsten und Oberen der Stadt für ihre Weigerung, seine Soldaten zu versorgen (Ri 8,5–16). Die Kupfergefäße für den Tempel Salomos wurden zwischen S. und Zaretan gegossen (1. Kön 7,46). S. ist das heutige Tel Dair Alla, 3 km nördlich vom Jabbok.

Tell Dair Alla, das alte Sukkot.

(rechts) Tontafel aus dem 12. Jh. v. Chr., in Tell Dair Alla gefunden; die Inschrift konnte noch nicht entziffert werden.

SUKKOT-BENOT
2. Kön 17,30

SUKKOT-BENOT Eine babyl. Gottheit. Nach der Eroberung Israels siedelte Assyrien anstelle der deportierten Israeliten babyl. Volksstämme in Samarien an, die ihre Götzenkulte mitbrachten (2. Kön 17,30). Wahrscheinlich ist Sukkot-Benot eine Namensform der babyl. Göttin *Sakkut* (Am 5,26).Der babyl. Gott Marduk hatte auch eine Gefährtin namens Sarpanitum, und *Benot* könnte die Endung ihres Namens sein. Eine dritte Möglichkeit ist, *Benot* mit der Gottheit *Benitu* »dem Erbauer« gleichzusetzen. *Benitu* ist einer der Beinamen Ischtars, die mit Sarpanitum identifiziert wird.

SULAMITH
Hld 7,1

SULAMITH Benennung, die nur einmal in der Bibel vorkommt (Hld 7,1); meist als Variante von *Schunamit* (»Frau aus der Stadt Schunem«) interpretiert. Einige Gelehrte sehen darin jedoch die weibliche Form von hebr. *schelomo* (Salomo).

SÜNDE Zwischen dem atl.-jüd. und dem ntl.-christl. Verständnis von Sünde besteht ein tiefgreifender Unterschied. Für das AT und erst recht für das rabbin. Judentum ist S. eine Verfehlung gegen Gottes Maßstäbe und Gebote; wer dagegen diese Maßstäbe und Gebote befolgt, ist ein »Gerechter« und kein Sünder. Für das NT ist S. in ihrer Wurzel das durch den Menschen verschuldete Getrenntsein von Gott. S. ist also ein *Zustand* – der Zustand der Gottesferne des sündigen Menschen, und erst infolge davon auch eine Verfehlung. Es gibt keine »Gerechten«: »Sie sind allesamt Sünder« (Röm 3,23), »da ist keiner, der gerecht ist« (3,10). Ein Gerechtwerden vor Gott gibt es nur durch den, der den Abgrund der S. durch sein Versöhnungswerk überbrückt hat: »Niemand kommt zum Vater denn durch mich« (Joh 14,6).

Sünde im AT. Nach der HS, vorab nach 1. Mose 3 (s. SÜNDENFALL), hat die Tatsache der S. darin ihren Ursprung, daß Gott dem Menschen eine Grenze seiner Geschöpflichkeit und seiner Selbstverwirklichung gezogen (1. Mose 2,16.17) und daß der Mensch diese Grenze eigenwillig überschritten hat. Dieses Überschreiten wurde bes. deutlich faßbar, als Gott seinem Bundesvolk seine göttlichen Gebote offenbarte (vgl. v. a. 2. Mose 20), deren Bruch seitdem immer als ein neues Vergehen gegen Gott zu verstehen ist.

Für diese Folgen der Ursünde, also für die »Sünden« kennt das AT rund 30 versch. Worte mit unterschiedlichen Bedeutungen. Die drei Hauptbegriffe sind:

a) *chet*, das gebräuchlichste Wort. Als Verb und Substantiv begegnet es im AT fast 600 mal. Wörtl. übersetzt meint *chet* das »Verfehlen einer Zielmarkierung«: S. ist das Verfehlen des Zieles der Gerechtigkeit vor Gott – häufig unter Einschluß der daraus entspringenden mitmenschlichen ethisch-moralischen Verantwortung. *Chet* bezieht sich oft auf S. allg., ohne die jeweilige besondere Verfehlung zu nennen; manchmal wird aber das bes. Vergehen auch näher bezeichnet, z. B. als Götzendienst. *Chet* ist der häufigste Begriff für S.n auf rituellem Gebiet und das einzige Wort für eine unabsichtliche Verfehlung.

b) *avon*, meist mit »Ungerechtigkeit« wiedergegeben. In seiner Verbform bedeutet es »verdrehen« oder »krumm machen« und bezieht sich meist auf ein aus dem Ungehorsam gegen Gott resultierendes Vergehen gegen den Mitmenschen.

c) *pescha* bedeutet »ausbrechen«, »rebellieren« und steht für das willentliche Sich-Abwenden von der Autorität Gottes.

Jede S. ist mithin die Verfehlung eines Zieles, das Abweichen vom gottgewiesenen rechten Weg (*chet*) in Gestalt der Abkehr von einer Norm (*avon*) und dadurch immer ein Akt der Rebellion gegen den göttlichen Geber der Gebote (*pescha*). Allerdings lassen sich diese Ausdrücke oft gegeneinander austauschen.

1. Mose 3 beschreibt, wie es zur Ursünde des Menschen kam, nicht jedoch den Ursprung des Bösen; dessen Existenz wird vorausgesetzt, aber nirgends erklärt. Über die Infragestellung Gottes, den Widerspruch gegen Gottes Gebot und den Wunsch, wie Gott sein zu wollen, erreicht die Schlange, daß Adam und Eva gegen Gottes Gebot verstoßen. Die Folge ist, daß die Beziehung der Menschen zu Gott und untereinander zerstört ist. Fortan ist jeder Mensch schon als Sünder, als ein durch den unüberbrückbaren »Sund« von Gott Getrennter geboren; die S. ist universal.

Diese Verfallenheit an den Zustand der S. hebt jedoch die persönliche Verantwortung des einzelnen nicht auf, wie schon Gottes Warnung an Kain (1. Mose 4,7) zeigt. Der Mensch kann nach wie vor *wählen*, ob er Gott gehorcht oder nicht, und vor genau diese Wahl wird Israel gestellt, als es das Gesetz des Mose erhält (5. Mose 24,16; 2. Kön 14,6; Jer 31,29–30; Hes 18, 2–9; 33,12).

Das AT spricht aber auch von einer Gemeinschaft der Schuldverfallenheit. So konnte ein persönlich unschuldiger Mensch für die Schuld eines ein-

SÜNDE
1. Mose 4,7; 50,17;
2. Mose 32,32; 34,7;
Jos 24,19;
2. Sam 12,13;
1. Kön 14,16; 17,18;
2. Kön 3,3;
Hiob 7,21;
Ps 19,13; 25,7; 32,1; 38,5; 39, 12; 40,13; 51,5; 79,9; 89,33; 90, 8; 103,10; 130,8;
Spr 10,19; 14,34;
Jes 1,18; 5,18; 11,9; 30,13; 38, 17; 40,2; 43,24; 44,22; 53,5; 57,17; 59,2;
Jer 2,13; 5,25; 14,7; 17,1; 22,13; 31,34;
Klgl 3,39;
Hes 3,18; 18, 21; 36,33;
Am 3,2; 5,12;
Mi 7,18;
Sach 3,9; 13,1;
Mk 1,4;
Lk 1,77; 7,47; 11,4; 24,47;
Joh 1,29; 8,34; 9,41; 15,22; 16,8; 20,23;
Apg 2,38; 3, 19; 7,60;
Röm 3,20; 4,25; 5,12; 6,23; 7,7; 8,2; 11,27; 14,23;
1. Kor 15,56;
2. Kor 5,19;
Gal 1,4; 3,19;
Eph 1,7; 2,5;
1. Petr 2,24; 4,1;
2. Petr 1,9;
1. Joh 1,7; 2,2; 3,9; 4,10; 5,17;
Hebr 1,3; 4,15; 10,26; 12,1;
Jak 1,15; 4,17;
Offb 1,5

zelnen oder der Gemeinschaft mitbestraft werden (1. Mose 19,15; 2. Mose 20,5; Jos 7; 2. Sam 21,1–9; 2. Kön 5,27).

Die Verfallenheit des Menschen an die S. schließt auch nicht die Forderung aus, daß er »heilig« sein soll. »Heilig« bedeutet: beschlagnahmt sein durch den »Heiligen Israels« (Jes 1,4). »Darum sollt ihr heilig sein, denn ich bin heilig« (3. Mose 11,45). Dies gilt in der Konsequenz sowohl für rituelle wie für ethische Gebote (zu 3. Mose 11,45 vgl. hier 3. Mose 19,2; 20,7.26; 21,6–8; 4. Mose 15,40). Deshalb verlangt Gott, daß der Sünder sich von seiner S. abkehrt und Buße tut (1. Kön 8,35; 2. Chr 6,26; Hes 33,14), wie dies auch in den Bußpsalmen vor Augen geführt wird (Ps 6; 32; 38; 51; 102; 130; 143). Einige Psalmen zeigen auf, wie die Folgen der S. sich bis hinein in die körperliche Gesundheit auswirken (Ps 31,10–11; 38,3 ff.).

Gott verspricht, die S. des Bußfertigen gnädig zu tilgen (Jes 1,18; 44,22; Mi 7,19). Opfer (s. OPFER) für begangene S.n sind im AT zwar von Gott gefordert, sie sind jedoch nicht das eigentliche Mittel, die Vergebung zu erlangen: Die Vergebung beruht letztlich einzig und allein auf der Gnade Gottes (Ps 51,3; 103,8–13; 130,4), und die Opfer sind lediglich äußerer Ausdruck der Aufrichtigkeit der Buße. So weiß David darum, daß es Gott nicht auf Opfer ankommt, sondern auf ein demütiges und gehorsames Herz (Ps 40,7.9; 51,18.19), und Samuel sagt zu Saul: »Gehorsam ist besser als Opfer« (1. Sam 15,22). Wenn die Propheten das Volk Israel immer wieder auf die verschiedensten S.n hinweisen, so geschieht dies, um das Volk in die Gemeinschaft mit Gott und damit zum Segen zurückzuführen.

Sünde im NT. Das NT steht auch in der Lehre von der S. auf dem Boden des AT, verläßt den gemeinsamen Ausgangspunkt aber dort, wo die Sündenvergebung als die Rückkehrmöglichkeit zu Gott daran gebunden ist, daß sie allein durch den Tod des Sohnes Gottes ermöglicht wird. Während Johannes der Täufer noch allen Nachdruck auf die »Taufe der Buße zur Vergebung der S.n« legte (Mk 1,4) und dabei seine Zuhörer mit deutlichen Worten auf ihre S.n hinwies (Mt 3,7 ff; 14,3 ff.), machen die Evangelien deutlich, daß Jesus selbst weniger von der S. als von der Erlösung und Vergebung spricht. Er ist dazu berufen, sein Volk von seinen S.n zu retten (Mt 1,21); sein Blut (s. BLUT) wurde vergossen »für viele zur Vergebung der S.n« (Mt 26,28). Deshalb kann er in göttlicher Vollmacht Menschen die Vergebung ihrer S.n zusprechen, was ihm den Vorwurf der Gotteslästerung einbrachte (Mk 2,5.7; vgl. Lk 7,49). Jesus lehrte seine Jünger, daß da, wo Gott die Schuld vergeben hat, dann aber auch die Bereitschaft folgen muß, seinerseits seinen Mitmenschen die Schuld zu vergeben (Mt 6,12.14–15; 18,21–35). Er betonte die Vergebung Gottes für den, der in die Arme Gottes umkehrt, z. B. im Gleichnis vom verlorenen Sohn (Lk 15,11–32) und vom Pharisäer und Zöllner (Lk 18,9–14). Indem er mit »Sündern und Zöllnern« Gemeinschaft hatte, zeigte er, daß er gekommen war, »die Sünder zu rufen und nicht die Gerechten« (Mt 9,10–13). Deswegen galt er seinen Gegnern selbst als Sünder (Lk 11,15; Joh 9,24.25), obwohl ihm niemand eine S. nachweisen konnte (Joh 8,46; 18,38). Nur weil er selbst ohne S. war, konnte er die S. der Welt stellvertretend auf sich nehmen (Joh 1,29).

Der Schwerpunkt der ntl. Sicht von der S. liegt bei Paulus, v. a. im Römerbrief. Dort zeigt der Apostel auf, daß alle Menschen Sünder sind (Kap. 1–3) und der Glaube an Jesus Christus der einzige Weg zur Rechtfertigung ist (Kap. 4–5). Unbeschadet der ernsten Ermahnung, die S. im neuen Leben, dem Leben in Christus, ja nicht wieder herrschen zu lassen (Kap. 6), spricht er in Kap. 7 anschaulich von der Kraft der S., die er in seinem alten Leben erfahren hatte: »denn die S. … tötete mich« (V. 11), die ihn aber auch im neuen Leben des Christen hart anficht (7,12–25). Mit Ernst spricht er vom »Gesetz der S., das in meinen Gliedern ist« (Röm 7,23). Jeder Verharmlosung der S. widersetzt sich Paulus, genauso wie das ganze NT, energisch (Röm 6,1.2.23; vgl. 1. Joh 1,10; 5,17; Jak 1,15; 2,10 u. a.).

Auch die Offb legt deutlich den Finger auf die S. (Offb 2,4.5; 3,3.19; 22,15) – noch mehr freilich auf die Gnadenbotschaft von der Vergebung in

Christus und auf die Einladung, in dieser Freiheit zu leben: »Diese sind's, die gekommen sind aus der großen Trübsal und haben ihre Kleider gewaschen und ... hell gemacht im Blut des Lammes« (Offb 7,14; vgl. 1,5; 5,9).

Im NT herrscht Einigkeit darüber, daß die Gnade Gottes in Jesus Christus und die ernstgenommene menschliche Verantwortung für die S. Hand in Hand gehen. Das sakramentale Siegel für die Vergebung der S. ist die Gegenwart Christi im ABENDMAHL als dem Zeichen für den neuen Bund Gottes mit seiner Gemeinde als der Schar der begnadigten Sünder.

Vgl. HEILIGKEIT, BUSSE, SÜHNE, VERGEBUNG.

SÜNDENBOCK Siehe ASASEL.

SÜNDENFALL Mit »Sündenfall« wird die erste Sünde (s. SÜNDE) des ersten Menschenpaares Adam und Eva bezeichnet. Ihnen, die in vollkommener Harmonie mit Gott lebten, war als einziges Gebot auferlegt: »Von dem Baum der Erkenntnis des Guten und Bösen sollst du nicht essen; denn an dem Tage, da du von ihm issest, mußt du des Todes sterben« (1. Mose 2,17). Dieses Verbot nahm nach 1. Mose 3,1–5 die Schlange zum Anlaß, Adam und Eva zum Ungehorsam gegen Gott zu verführen.

Die Herkunft der Schlange und des Bösen wird weder in 1. Mose 3 noch sonst in der Bibel erklärt. Es ist zwar eindeutiges Zeugnis der HS, daß der Teufel, der »Fürst dieser Welt« (Joh 12,31), die große Verführungsmacht ist, die die Menschen zum Abfall von Gott bringen will (vgl. z. B. Hiob 1,6 ff.; Mt 4,1; Lk 8,12; Joh 13,2; 2. Kor 11,14; Eph 6,11; 2. Thess 2,9; 1. Petr 5,8; Offb 12,9). Die Bibel lehrt aber nirgends ausdrücklich, daß der Satan ein gefallener Engel sei, der zus. mit anderen Engeln zur Strafe aus dem Himmel gestürzt worden sei (vgl. dazu SATAN). Auch 1. Mose 3 gibt dazu keine Information her; es ist noch nicht einmal davon die Rede, daß die Schlange eine Personifikation des Satans sei. Die Schlange ist ohne Frage buchstäblich als Tier gemeint; zugleich verkörpert sie das schlängelnde Hin und Her im Herzen des Menschen: »Sollte Gott gesagt haben ...« (1. Mose 3,1). Es kommt der Erzählung vom Sündenfall sehr darauf an, die Schuld des Menschen am Abfall von Gott nicht zu verwischen oder auf andere Instanzen oder Ursachen abzuwälzen.

Der S. Adams und Evas ist mehr als das Essen einer verbotenen Frucht; er ist die Infragestellung Gottes und der Wunsch, sein zu wollen wie er. Dieser Anspruch auf äußerste Selbstverwirklichung ist Auflehnung gegen Gott; er ist die »Ursünde« des Menschen (vgl. 1. Mose 11,1–9).

Die direkte Folge des S. war, daß die Beziehung der Menschen zu Gott, aber auch untereinander (1. Mose 3,7) gestört, ja zerstört war. Das Tun des Menschen verwandelte sich in eine Last (3,16–18) und der Tod kam in die Welt (3,19). Die folgende Menschheitsgeschichte zeigt, wie die Bindung an die Sünde immer tiefer wird: Kain ermordet seinen Bruder Abel (1. Mose 4,8), Lamech gefällt sich in seinen Rachegedanken (1. Mose 4,23–24), die Menschen vor der Sintflut sind völlig verderbt (1. Mose 6,5; vgl. 8,21). Es gibt keinen Menschen, der nicht sündigt (1. Kön 8,46; vgl. Pred 7,20). Ps 14,3 kommt zu dem Schluß: »Sie sind alle abgewichen und allesamt verdorben; da ist keiner, der Gutes tut, auch nicht *einer*« – ein Urteil, das Paulus in Röm 3,12 wiederholt. »Siehe, ich bin als Sünder geboren« klagt David (Ps 51,7).

Das NT bestätigt das, was die christl. Theologie später »Erbsünde« nannte. So schreibt Paulus: »Deshalb, wie durch *einen* Menschen die Sünde in die Welt gekommen ist und der Tod durch die Sünde, so ist der Tod zu allen Menschen durchgedrungen, weil sie alle gesündigt haben« (Röm 5,12). Und einige Verse weiter: »Wie nun durch die Sünde des Einen die Verdammnis über alle Menschen gekommen ist, so ist auch durch die Gerechtigkeit des Einen für alle Menschen die Rechtfertigung gekommen, die zum Leben führt« (V. 18). Hier stellt Paulus dem sündigen Adam den gerechtmachenden Erlöser Jesus Christus entgegen. Jesus wurde ebenfalls vom Satan versucht, er widerstand ihm aber und blieb dem Gebot seines Vaters treu (Mt 4,1–11; vgl. Hebr 2,18; 4,15). Damit hob er den S. der ersten Menschen gewissermaßen auf und wurde zum Vorbild des »neuen Menschen«, der mit

Christus gestorben und auferstanden ist (Röm 6,4; Kol 2,11–13) und damit die Möglichkeit hat, von der Sünde freizuwerden (Röm 6,6–11). Dennoch ist der Christ Versuchungen ausgesetzt, denen er auch oft genug erliegt. Deshalb schreibt Paulus unter Bezugnahme auf den S. an die Korinther: »Ich fürchte aber, daß, wie die Schlange Eva verführte mit ihrer List, so auch eure Gedanken abgewendet werden von der Einfalt und Lauterkeit gegenüber Christus« (2. Kor 11,3).

SUR, TOR
2. Kön 11,6

SUR, TOR Eines der Tore Jerusalems (2.Kön 11,6), wohl ein Teil des Königspalastes. Die genaue Lage ist unbekannt.

SUSA
Esr 4,9; Neh 1,1; Est 1,2.5; 2,3. 5.8; 3,15; 4,8. 16; 8,14–15; 9,6.11–15.18; Dan 8,2

SUSA Hauptstadt von Elam. Name: *Schuschu* oder *Schuschun* im Königreich der Elamiter, *Susa* in der hell. Periode, heute Schusch in Südwestpersien, am Fluß Karcha. S. wird in babyl. Dokumenten des 3. Jt. v. Chr. erwähnt. Ihre Ruinen bedecken eine Fläche von 166,5 ha, ihr voller Umfang dürfte 750–960 ha betragen haben. Sie war in vier Viertel geteilt: ein befestigter Hügel mit der Stadtburg der Achaimeniden; eine Königsstadt mit den Palästen des Darius und seiner Nachfolger; zwei Viertel für Handwerker, Kaufleute u. a., das letztere am rechten Ufer des Flusses. Die Ausgrabungen haben Paläste und Tempel verschiedener Perioden ans Licht gebracht.

S. wird im AT mehrfach erwähnt, so im Buch Ester und Daniel. Asenappar (Asarhaddon) brachte Siedler aus S. nach Israel (Esr 4,9–10).

SUSANNA
Lk 8,3

SUSANNA (»Lilie«). Eine der Frauen, die für Jesus sorgten, als er in Galiläa umherzog und das Evangelium predigte.

SUSANNA UND DIE ÄLTESTEN (LÜ: Geschichte von Susanna und Daniel). Apokrypher Zusatz zum Buch Daniel (aus den griech. Übersetzungen), der erklären sollte, warum Daniel von den Babyloniern so hoch geschätzt wurde (Susanna V. 64). Die gottesfürchtige und schöne S., die Frau Jojakims, wird von zwei ruchlosen Ältesten begehrt; als sie sich ihnen verweigert, beschuldigen sie sie fälschlich des Ehebruchs, und sie wird zum Tod verurteilt. Der junge Daniel greift ein: er verhört die beiden Ältesten getrennt, und jetzt stimmen ihre Aussagen nicht überein. Sie werden als Meineidige hingerichtet.

Rekonstruiertes Modell der Stadt Susa.
Blick auf Susa mit Daniels Grab im Hintergrund.

Luftbild des alten Hügels von Susa (Schuschan) in der Ebene des heutigen Kusistan.

Zeitpunkt und Ort der Abfassung dieses Textes sind unsicher, ebenso die Originalsprache (Griech. oder Hebr. ?).

SUSI
4. Mose 13,11

SUSI (»Mein Pferd«). Vater jenes Gaddi, der als Vertreter des Stammes Manasse zu den von Mose nach Kanaan ausgesandten Kundschaftern gehörte.

SUSITER
1. Mose 14,5

SUSITER Ein Volk, das an dem in 1. Mose 14 berichteten Krieg beteiligt war. Kedor-Laomer schlug die Susiter bei Ham.

SYCHAR Siehe SICHEM (2).

SYENE Siehe SINIM, LAND.

SYNAGOGE Synagogen, d. h. Versammlungs- und Gebetshäuser jüd. Gemeinden, werden im AT nirgends erwähnt. Sie dürften ihren Ursprung in der babyl. Gefangenschaft nach der Zerstörung des ersten Tempels und in der pers. Zeit haben. Von der hell. Zeit an sind sie allg. üblich – auch in Israel, wie die S.n innerhalb der Festung des Herodes aus Masada am Toten Meer und im Herodium bei Bethlehem zeigen. Reste von S.n wurden auch in Ägypten u. a. Orten mit starker jüd. Bevölkerung gefunden.

Aus über 50 Stellen des NT lassen sich wichtige Informationen über die S. gewinnen. Sie war Versammlungsort und Gebetsstätte; im Unterschied zum Tempel fanden in ihr jedoch keine Opfer statt. Jesus besuchte u. a. die S.n in Nazareth (Mt 13,54; Lk 4,16–17) und Kapernaum (Mk 1,21; Lk 4,31.33; 7,1.5; Joh 6,59); die Texte weisen auf eine allgemeine Verbreitung von S.n in Galiläa hin (Mt 4,23; 9,35; Mk 1,39; Lk 4,14–15). Daß ein Gottesdienstbesucher das Wort ergreifen und zu der Gemeinde sprechen konnte, war allg. üblich. Lk 4,16–22 zeigt auch den Brauch, im Gottesdienst einen Abschnitt aus dem AT vorzulesen (Prophetenlesung, vgl. Apg 13,14.15). Die Verwaltung der S. lag beim Synagogenvorsteher (Lk 8,41; Apg 18,8.17). Die S. hatte auch eine gewisse gerichtliche Autorität (Mt 10,17; Mk 13,9; Lk 21,12 usw.). Das NT gibt auch wertvolle Informationen über die S.n in der Diaspora, v. a. in den Berichten über die Reisen des Paulus. Er begann seine Mission in der S. von Damaskus (Apg 9,20), und wo immer er eine Stadt mit jüd. Bevölkerung besuchte, ging er in die S., um zu predigen – so in Salamis auf Zypern (Apg 13,5), Antiochia in Pisidien (13,13–44), Ikonion (14,1), auf der zweiten Missionsreise in Thessalonich (17,1), Beröa (17,10) und Korinth (18,4), auf der dritten Reise in Ephesus (19,8).

Die frühe judenchristl. Gemeinde nannte ihre Versammlungsstätten ebenfalls »S.« (Jak 2,2 wörtl.).

SYNOPTIKER »Synoptiker« heißen die ersten drei Evangelien im NT: Matthäus, Markus und Lukas. Sie bilden gegenüber dem Johannes-Ev. eine zusammengehörige Gruppe, wobei sie neben weitgehenden Gemeinsamkeiten auch starke Unterschiede aufweisen. Die Möglichkeit, die Texte dieser Ev.n in Spalten nebeneinander abzudrucken und so in einer Zusammenschau (»Synopse«) zu lesen, hat zu der Bezeichnung »Synoptiker« geführt.

Gemeinsamkeiten und Unterschiede zwischen den S.: Die in den synopt. Ev.n berichteten Ereignisse im Auftreten Jesu verlaufen im Geschehensablauf weitgehend parallel. Jesu Wirken beginnt nach seiner Taufe durch Johannes d. T., es folgen Wundertaten und Predigten in Galiläa, der Weg

SYCHAR
Joh 4,5

SYENE
Hes 29,10; 30,6

SYNAGOGE
Mt 4,23; 10, 17; 23,6; Lk 4,20; 7,5; Joh 9,22; 18,20; Apg 9,20; 15, 21; 19,8; Offb 2,9; 3,9

Griechische Inschrift auf dem einzigen Baustein, der aus einer Jerusalemer Synagoge vor der Zerstörung des zweiten Tempels erhalten ist. Die Inschrift nennt einen Priester und Synagogenvorsteher Theodotos sowie die Namen seiner Vorfahren, die ebenfalls Synagogenvorsteher waren. (Rockefeller Museum, Jerusalem).

(unten rechts) Reste der Synagoge auf der Festung Masada.

(oben links) Reste einer Synagoge in Gamla im Golan.

(oben rechts) Die Synagoge von Bar-Am in Galiläa.

(unten links) Die Synagoge von Qazrin im Golan.

nach Jerusalem und am Ende die Berichte von Kreuzigung und Auferstehung Jesu. Im Unterschied dazu wechseln bei Joh Galiläa und Jerusalem als Schauplätze des Geschehens. Während nach Joh Jesus etwa drei Jahre lang öffentlich aufgetreten ist, lassen die S. nur ein etwa einjähriges Wirken Jesu in der Öffentlichkeit erkennen.

Innerhalb der S. bestehen Unterschiede zunächst zu Beginn der Ev.n: Mt und Lk überliefern je eigene Geburts- und Kindheitsgeschichten Jesu (Mt 1–2; Lk 1–2). Während Lk bereits am Anfang des öffentlichen Wirkens Jesu von einer ersten Predigt in Nazareth berichtet (Lk 4,16–30), erfährt man davon bei Mk und Mt erst viel später (Mk 6,1–6 bzw. Mt 13,53–58). Die für Mt zentrale Bergpredigt (Mt 5–7) hat keine Parallele bei Mk und wird bei Lk nur auszugsweise erwähnt (Lk 6,20–49). Wichtige Gleichnisse, z. B. das Gleichnis vom verlorenen Sohn (Lk 15,11–32), vom unehrlichen Verwalter (16,1–8) oder vom reichen Mann und armen Lazarus (16,19–31), stehen nur bei Lk, ohne Parallele bei Mk und Mt.

Der Vergleich zwischen parallel berichteten Erzählungen zeigt, daß vielfach bis in die wörtl. Formulierungen hinein gleichlautende Texte vorliegen (z. B. das Wort Jesu Mt 16,25 = Mk 8,35 = Lk 9,24). Freilich gibt es Parallelen auch nur zwischen zwei Ev.n (z.B. die Rede Johannes d. T. Mt 3,7b –10.12 = Lk 3,7b–9.17, ohne Parallele bei Mk). Auf der anderen Seite finden sich zwischen den Ev.n auch innerhalb von Berichten derselben Ereignisse beträchtliche Abweichungen. Dazu gehören z. B. Unterschiede in der Überlieferung der letzten Worte Jesu: Mt und Mk nennen hierzu das Psalmwort »Mein Gott, mein Gott, warum hast du mich verlassen?« (Mk 15,34 = Mt 27,46); bei Lk werden drei andere Worte des Gekreuzigten angeführt (Lk 23,34.43.46).

Weder die zahlreichen Gemeinsamkeiten noch die Unterschiede innerhalb der S. können rein zufällig sein. Seit der Zeit der alten Kirche und bis über die Reformationszeit hinaus wurde meist angenommen, das Mk-Ev. sei ein verkürztes Mt-Ev.; auf Grund der Reihenfolge im NT hatte man angenommen, Mt sei das älteste Ev. Nach intensiven Forschungen seit Mitte des 19. Jh. konnte jedoch auf Grund vielfältiger Indizien aufgezeigt werden, daß Mk das älteste der synopt. Ev.n darstellt. Mt und Lk haben danach dieses bereits als Vorlage für ihre Darstellung benutzen können. Dabei hat Mt von den 666 Versen des Mk-Textes mehr als 600 übernommen und überarbeitet, Lk rund 350 Verse. Wie sich die Überarbeitung unterschiedlich gestaltete, läßt sich beispielsweise am Petrusbekenntnis verdeutlichen. Mk 8,29 spricht Petrus: »Du bist der Christus!« Mt überliefert: »Du bist der Christus, der Sohn des lebendigen Gottes« (Mt 16,16), Lk: »Du bist der Christus Gottes!« (Lk 9,20).

Die theolog. Wissenschaft geht davon aus, daß Mt und Lk neben Mk noch mindestens eine gemeinsame schriftliche Vorlage für die Erarbeitung ihrer Ev.n benutzt haben, eine Sammlung von Worten Jesu (»Logienquelle Q«), aus der beide rund 200 Verse gemeinsam übernahmen. Doch haben sie diese Worte unterschiedlich in ihre Ev.n eingearbeitet. Dies erklärt beispielsweise die Verschiedenheit in der Darstellung der Predigten Jesu: Während Mt zu einem Anlaß zahlreiche Worte zusammenfaßt (die Bergpredigt Mt 5–7), verteilt Lk diese Worte Jesu über viele Kapitel. Gemeinsam haben Mt und Lk aus der Logienquelle insbes. noch übernommen: die Predigt Johannes d. T., die Versuchung Jesu, die Geschichte vom Hauptmann von Kapernaum, das Vaterunser, die Gleichnisse vom Senfkorn und Sauerteig und anderes mehr.

Abgesehen von den aus den Vorlagen übernommenen und jeweils überarbeiteten Berichten findet sich bei Mt und v.a. bei Lk in beträchtlichem Umfang sog. »Sondergut«, d.h. Berichte über Worte Jesu ohne Parallele in einem der anderen Ev.n. Dazu gehören bei Mt insbes. die Geburts- und Kindheitsgeschichte Jesu (Mt 1–2), Teile der Bergpredigt (z.B. Jesu Stellung zum Gesetz, 5,17–20; zum Almosengeben und Beten, 6,1–8; zum Fasten 6,16–18), einige Heilungsgeschichten (9,27–34; 11,28–30), die Ankündigung kommender Verfolgungen (10,17–25), einige Gleichnisse und ihre Deutungen (13,36–52; 18,23–35) sowie Teile der Passionsgeschichte (der Tod des Judas, 27,3–10; die Bewachung des Grabes, 27,62–66; die Bestechung der Wache, 28,11–15). Bei Lk nimmt das Sondergut einen beträchtlichen Teil des Ev. ein: die Geburts- und Kindheitsgeschichte Jesu (Lk 1–2, dazu der Stammbaum Jesu in 3,23–38), Teile der Predigt Johannes d.T. (3,10–14), die Weherufe in der Predigt auf dem Feld (6,24–26), einige Heilungsgeschichten (Auferweckung des Jünglings zu Nain, 7,11–17; Heilung der verkrümmten Frau, 13,10–17; Heilung des Wassersüchtigen, 14,1–6; Heilung der zehn Aussätzigen 17,11–19), die Notiz über die Jüngerinnen Jesu (8,1–3), bes. aber verschiedene Gleichnisse (vom barmherzigen Samariter, 10,29–37; vom bittenden Freund, 11,5–8; vom reichen Kornbauern, 12,13–21; vom verlorenen Sohn, 15,11–32; vom ungerechten Haushalter, 16,1–13; vom reichen Mann und armen Lazarus, 16,19–31; vom dienenden Knecht, 17,7–10; von der bittenden Witwe, 18,1–8; vom Pharisäer und Zöllner, 18,9–14), dann die Weissagung über Jerusalem (19,41–44), schließlich Berichte über den Auferstandenen (die Emmausjünger, 24,13–25; Erscheinung vor den Jüngern, 24,36–49) und die Himmelfahrt Jesu (24,50–53).

Die Entstehungsgeschichte der synopt. Ev.n zeigt insgesamt die Evangelisten als sorgsame Berichterstatter über Leben, Tod und Auferstehung Jesu Christi. Sie gingen den zu ihrer Zeit umlaufenden Berichten nach, sichteten sie und gestalteten sie insbes. im Blick auf ihre Leser (z.B. schreibt Lukas für seinen Freund Theophilus, Lk 1,3). Da die Evangelisten dies immer als »Diener des Worts« (Lk 1,2) und nur im Blick auf die weitere Verkündigung des Evangeliums von Jesus Christus taten, gilt unbeschadet ihrer fleißigen und gewissenhaften Arbeit auch für ihre Ev.n das Bekenntnis: »Denn ihr seid's nicht, die da reden, sondern der heilige Geist« (Mk 13,11; vgl. 2. Tim 3,16).

SYNTYCHE Phil 4,2

SYNTYCHE (»Zufall«,»Erfolg«). Christin aus Philippi. Paulus ermahnte sie, ihre Streitigkeiten mit Evodia, einem anderen Mitglied der kleinen Gemeinde, zu bereinigen.

Münze aus Syrakus; die eine Seite zeigt Arthemis mit Delphinen, die andere ein Viergespann. 5. Jh. v. Chr.

SYRAKUS Apg 28,12

SYRAKUS Großstadt an der Südostküste Siziliens, die zweite der auf der Insel errichteten griech. Kolonien (die erste war Naxos). Nach der Eroberung durch die Römer um 21. v. Chr. wurde S. die Residenz des Statthalters. Paulus verbrachte auf seinem Weg nach Rom mehrere Tage in S.

SYRIEN, SYRIER Mt 4,24; Lk 2,2; Apg 15,23.41; 18,18; 20,3; 21,3; Gal 1,21

SYRIEN, SYRIER (»Hochland«). Zur frühen Geschichte dieses Gebietes siehe ARAM.

In der pers. Periode bildete S. die Satrapie (Provinz) »Jenseits des Flusses«. Um es von »S. zwischen den Flüssen« (*Aram-Naharaim*; Mesopotamien) zu unterscheiden, nannten es die Griechen *Coele-Syrien*, die Bedeutung ist jedoch unklar. Das Gebiet wurde von Alexander d. Gr. 332 v. Chr. erobert, danach von den Seleukiden beherrscht (s. auch MAKKABÄER) und der hell. Welt einverleibt. Um 64 n. Chr. wurde es eine röm. Provinz unter einem Legaten in Antiochien. Das »S.« im NT bezieht sich auf diese Provinz; sie wurde häufig von Paulus besucht, dessen Bekehrung auf der Straße zu einer ihrer großen Städte, Damaskus (Apg 9), stattfand. Später wurde S. ein Zentrum der frühen Kirche.

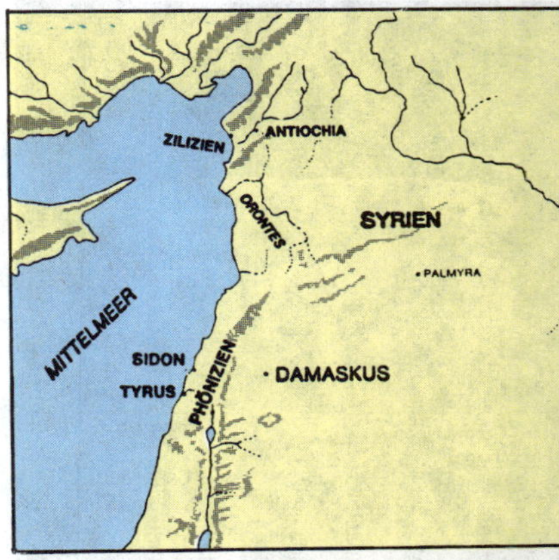

(Syrien)

SYRO-PHÖNIZIEN Mk 7,26

SYROPHÖNIZIEN Bezeichnung für eine Landschaft, aus der eine heidnische Frau von vermutlich griech. Abstammung aus dem Gebiet von Tyrus-Sidon stammte. Sie bat Jesus, ihre Tochter zu heilen (Mk 7,24–30).

Matthäus bezeichnet die Frau als Kanaaniterin (Mt 15,21–28). Die Bezeichnung bei Mk leitet sich vermutlich von Phönizien ab, das zur röm. Provinz Syrien gehörte; Kanaaniter waren die ersten Einwohner Phöniziens.

SYRTE Apg 27,17

SYRTE Der griech. Name zweier Meerbusen an der nordafrikan. Küste. Der größere war *Syrtis major* (der heutige Golf von Sidris), der kleinere *Syrtis minor*, heute als Golf von Gabes (Tunesien) bekannt. Die antiken Seefahrer fürchteten die Sandbänke und Riffe der Syrten, wie Paulus auf seiner Fahrt nach Rom anschaulich miterlebte (Apg 27,13–18),

T

TAANACH Befestigte kanaan. Stadt im Süden der Jesreel-Ebene, nahe des Wadi-Ara-Passes. Die früheste Erwähnung der Stadt ist der Bericht über die Eroberung Megiddos 1468 v. Chr. durch Pharao Thutmosis III. Danach erscheint T. in den El-Amarna-Briefen. Der König von T. war einer der 31 von Josua besiegten Könige (Jos 12,21), obwohl es nach Jos 17,11–13; Ri 1,27–28 scheint, daß die Israeliten T. lange nicht erobern konnten; offenbar widerstand es bis zum Sieg Deboras und Baraks »zu T. am Wasser Megid-

TAANACH
Jos 12,21; 17,11; 21,25; Ri 1,27; 5,19; 1. Kön 4,12; 1. Chr 6,55; 7,29

Kultischer Ständer aus Taanach. 10. Jh. v. Chr. (Israelische Regierungsabteilung für Altertümer und Museen).

(oben rechts) Die Ausgrabungen in Taanach.

(oben links) Steintafel der späten Bronzezeit aus Taanach, in kanaanitischer Keilschrift beschrieben.

dos« (Ri 5,19). T. war eine der Levitenstädte (Jos 21,25) und lag z. Zt. Salomos im gleichen Amtsbezirk wie Megiddo und Bet-Schean (1. Kön 4,12). Es wurde von Pharao Schischak II. zerstört und ist auf einem Relief in dessen Tempel zu Karnak (Theben) dargestellt.

T. wird mit Tel Taanak, ca. 8 km südöstlich von Megiddo, identifiziert. Der 6,5 ha große Hügel erhebt sich 50 m über der Ebene und hatte strateg. Bedeutung als Knotenpunkt der Straßen von Akko im Norden, Jerusalem im Süden und der Mittelmeerküste im Westen. Archäolog. Ausgrabungen förderten Funde von der Frühbronzezeit bis zur arab. Periode zutage.

TAANAT-SILO Ort an der Nordostgrenze des Stammesgebietes Ephraims, 11 km südöstlich des bibl. Sichem.

TAANAT-SILO
Jos 16,6

TABBAOT (wahrscheinlich von *tabbat* »Ring«). Haupt einer Familie von Tempelsklaven, die mit Serubbabel aus dem babyl. Exil zurückkehrten.

TABBAOT
Esr 2,43; Neh 7,46

TABBAT Der Ort in der Jesreel-Ebene, an den die Midianiter nach ihrer ersten Niederlage gegen Gideon flohen. Heute Ras-Abu Tabat an der Westseite des Berges Adschlun.

TABBAT
Ri 7,22

TABEEL (TABEAL) (»Güte Gottes«).

1. Vater eines Thronanwärters, den Rezin von Aram und Pekach von Israel an Stelle von Ahas zum König von Juda machen wollten (Jes 7,1–6), um ihre antiassyr. Politik durchzusetzen. Die Lesart *Tabeal* statt *Tabeel* ist eine gewollt herabsetzende Abänderung, die »schlecht«, »nichtswürdig« bedeutet.

TABEEL 1
Jes 7,6
TABEEL 2
Esr 4,7

2. Ein anderer Tabeel, z. Zt. der Rückkehr aus dem babyl. Exil, war Mitverfasser eines Briefes an den pers. König Artaxerxes I., der die Pläne für einen Wiederaufbau der Mauern Jerusalems verhindern sollte (Esr 4,7). Der Name erscheint auch in einem assyr. Brief des 7. Jh. v. Chr.

TABERA (»brennend«). Eine der Stationen auf der Wüstenwanderung der Israeliten. Hier sandte Gott aus Zorn über das ständige Murren des Volkes ein Feuer ins Lager.

TABERA
4. Mose 11,3; 5. Mose 9,22

TABITA (aram. »Gazelle«). Christin aus Joppe, die für ihre Mildtätigkeit bekannt war. Als sie starb, wurde sie von Petrus auferweckt (Apg 9,36–40).

TABITA
Apg 9,36.39

TABOR, BERG Berg im südlichen Untergaliläa, 588 m ü. M. Seit alters her zog seine ebenmäßige Kegelform die Aufmerksamkeit auf sich, und er wurde mit den Bergen Hermon und Karmel verglichen (Ps 89,13; Jer 46,18). Schon früh wurde er eine Kultstätte (Hos 5,1). Hier trafen sich die Grenzen der Stammesgebiete von Sebulon, Issachar und Naftali (Jos 19,22–23.34), und hier versammelten sich die Stämme Israels unter Debora zur Schlacht gegen

TABOR, BER
Jos 19,22; Ri 4,6.12.14; 8,18; 1. Sam 10,3; 1. Chr 6,62; Ps 89,13; Jer 46,18; Hos 5,1

die Kanaaniter (Ri 4,6.12.14). In der frühen hell. Zeit erbauten die Ptolemäer eine Festung auf dem Berg, die später von Alexander Jannäus erobert wurde. Nach frühchristl. Überlieferung geschah die Verklärung Jesu (Mt 17,1–8) auf dem T., und so wurden dort seit früher Zeit Memorialkirchen errichtet. (In den Ev.n wird der Berg der Verklärung nicht benannt.)

Der kuppelförmige Berg Tabor erhebt sich über der Jesreel-Ebene.

TABRIMMON 1. Kön 15,18

TABRIMMON (»Der Gott Rimmon ist gut«). Vater König Ben-Hadads I. von Damaskus.

TACHPANHES Jer 2,16; 43,7–9; 44,1; 46,14; Hes 30,18

TACHPANHES Stadt in Unterägypten, am pelusianischen Arm des Nildeltas, an der Karawanenroute nach Palästina und Mesopotamien; von den klassischen Schriftstellern *Daphne* genannt. Hier wurde Baal-Zefon, der Gott der Seefahrer, verehrt. Z.Zt. Jeremias war T. eine starke Stadt (Jer 2,16). Hesekiel (30,18) sagte ihre Zerstörung voraus.

Bei den Ausgrabungen entdeckte man eine kleine Festung aus der Zeit Ramses I. und II.; die Stadt selbst wurde unter Psammetich I. (7. Jh. v. Chr.) erbaut. Sie wurde ein bedeutendes Handelszentrum und konnte jüd. Flüchtlinge aufnehmen (Jer 43,7 ff.). In hell. Zeit war T. ein unbedeutendes Dorf. Heute Tel Daphne, ca. 32 km südlich von Pelusium.

TACHPENES 1. Kön 11,19–20

TACHPENES Gemahlin des Pharaos z.Zt. Davids und vielleicht auch Salomos. Als Hadad, der Prinz von Edom, nach Ägypten floh, gab ihm der Pharao die Schwester T.s zur Frau.

Einige Gelehrte meinen, daß T. kein Personenname ist, sondern ein Titel (»Frau des Königs«).

TACHREA 1. Chr 8,35; 9,41

TACHREA Der dritte Sohn Michas, des Enkels Jonatans, im Geschlechtsregister König Sauls.

TADMOR 2. Chr 8,4

TADMOR (PALMYRA) Oase in der syr. Wüste an der Handelsstraße vom Mittelmeer zum Euphrat. Die berühmte Karawanenstadt wurde in hell.-

Überreste von Palmyra (Tadmor).

röm. Zeit Palmyra genannt. Nach 2. Chr 8,4 wurde T. von König Salomo gegründet. In der Parallelstelle 1. Kön 9,18 ist der Name *Tamar,* was TAMAR (4) entsprechen würde, einem Ort in Südpalästina. Es ist jedoch nicht unmöglich, daß Salomo – trotz der großen Entfernung – tatsächlich T. in Syrien ausbaute. Die Festung mag als Ersatz nach dem Verlust von Damaskus gedient haben.

Bei den Ausgrabungen wurden u.a. ca. 1000 Inschriften in palmyren. Schrift und Sprache entdeckt, einige davon mit griech. Übersetzung, die Licht auf das soziale, polit. und religiöse Leben der Stadt werfen. Zahlreiche Gebäude sind ausgezeichnet erhalten.

Opferzeremonie im Tempel der Götter von Palmyra (Tadmor). (Museum Damaskus).

(links) Relief mit den Göttern von Palmyra (Tadmor). (Musée du Louvre, Paris).

TAFAT Eine der Töchter Salomos, verheiratet mit dem Sohn Abinadabs, einem Beamten Salomos.

TAFAT
1. Kön 4,11

TAG DES HERRN (Auch: »Tag des Zornes Gottes« u.ä.) Ein Ausdruck, der wiederholt in der prophet. Literatur erscheint, so bei Amos, Jesaja, Joel, Obadja, Zefanja und Hesekiel. Er bezeichnet den Tag des kommenden Gerichts, an dem Gott sein Urteil über die Völker und über Israel sprechen und seine Herrschaft und Macht zeigen wird. Dieses Zornesgericht wird von erschreckenden Zeichen und Veränderungen in der Natur begleitet sein. Der T.d.H. wird ein Tag der Finsternis sein (Am 5,20), an dem das Licht der Himmelskörper sich verdunkelt (Joel 2,10; 4,15), »ein Tag der Trübsal und der Angst, ein Tag des Wetters und des Ungestüms« (Zef 1,15). Jes 13,6 warnt: »Heulet, denn des HERRN Tag ist nahe«, Joel (Joel 2) benutzt das Bild eines angreifenden Heuschreckenschwarms.

TAG DES HERRN
Jes 2,12; 13,6.9; Jer 46,10; Hes 30,3; Joel 1,15; 2,1.11; 3,4; Am 5,18.20; Obd 15; Zef 1,14; Apg 2,20; 1. Kor 1,8; 5,5; 2. Kor 1,14; 1. Thess 5,2; 2. Thess 2,2; 2. Petr 3,10 Offb 1,10

Der T.d.H. wird Gottes Zorn über die Heidenvölker, die Feinde Israels, bringen (Jes 13,6–11; Hes 30,2ff.; Joel 4,1–8; Obd 15), und mit ihren Götzen wird es »ganz aus« sein (Jes 2,18). Das Gericht ergeht aber gerade auch über Israel (»Jakob«, vgl. Jes 2,6–22; Zef 1,7ff.). Im Volk hatte sich zwar die Meinung festgesetzt, daß der T.d.H. ein Gericht nur über die Heidenvölker, dagegen für Israel ein Triumph werden würde; doch schon Amos, der erste Prophet, der den Ausdruck gebraucht, weist diese Anschauung heftig zurück: »Weh denen, die des HERRN Tag herbeiwünschen! Was soll er euch? Denn des HERRN Tag ist Finsternis und nicht Licht« (Am 5,18). Ähnlich beweint Klgl 1,12; 2,1 den Untergang Jerusalems als Zeichen des Tages des »grimmigen Zornes« Gottes.

In der Zeit des babyl. Exils sind die T.d.H.-Prophezeiungen gegen bestimmte feindliche Völker gerichtet, so Babel (Jes 13,6.9.13), Edom (Jes 34,8; 63,4), Ägypten (Jer 46,10). Schon bei Jesaja (63,1.2) wird jedoch erkennbar, daß der T.d.H. auch eine helle, Heil bringende Seite hat; der Tag der Vergeltung bringt auch Trost. Für die nachexilischen Propheten wird der T.d.H. zu einem Tag der Scheidung: den Gottesfürchtigen wird er Reinigung und Rettung bringen (Mal 3,2–3), für die Gottlosen wird er wie ein feuriger Ofen sein, in dem sie wie Stroh verbrennen (Mal 3,19).

Im NT wird der T. d. H. als Tag der Wiederkunft Jesu Christi verstanden (vgl. Lk 17,24; 1. Kor 1,8; 5,5; 2. Kor 1,14). Er wird plötzlich kommen, »wie ein Dieb in der Nacht« (1. Thess 5,2; vgl. 2. Petr 3,10–13). Auch hier erscheint der T. d. H. als Tag der Scheidung. Offb 16,14 erwähnt den T. d. H. (»großen Tag Gottes«) in der Endzeitvision von der Schlacht bei Harmagedon (s. HARMAGEDON).

TAHAN, TAHANITER 4. Mose 26,35; 1. Chr 7,25

TAHAN, TAHANITER Der dritte Sohn Ephraims und Stammvater des Geschlechts der Tahaniter.

TAHASCH 1. Mose 22,24

TAHASCH (»Dachs«). Ein Sohn Nahors, des Bruders Abrahams.

TAHAT (»An Stelle von«).

TAHAT 1 1. Chr 6,9.22

1. Ein Levit aus der Familie der Kehatiter; einer der Vorfahren Samuels.

TAHAT 2 1. Chr 7,20

2. Zweimal im Geschlechtsregister der Ephraimiten erwähnt – als Enkel Ephraims und Vater Eladas, dann als Sohn Eladas und Vater Sabads. Beide wurden zus. mit anderen Ephraimiten von den Männern von Gat getötet.

TAHAT 3 4. Mose 33,26–27

3. Eine der Stationen beim Wüstenzug der Israeliten.

TAL ACHOR Siehe ACHOR, TAL.

TAL DER ZIMMERLEUTE

TAL DER ZIMMERLEUTE 1 1. Chr 4,14

1. Ein von der Zimmermannssippe Kenas bewohntes Tal. Ihr Ahnherr war Joab vom Stamm Juda (1. Chr 4,14). Das Tal liegt im nördlichen Teil des Wadi el-Araba, das im Altertum reich an Kupfer- und Eisenvorkommen war.

TAL DER ZIMMERLEUTE 2 Neh 11,35

2. Ein Ort nahe Ono und Lod, der z. Zt. Nehemias von Benjaminitern neubesiedelt wurde; wahrscheinlich in der Scharon-Ebene gelegen.

TALITA KUM Mk 5,41

TALITA KUM (Aram. »Mädchen, steh auf«). Die Worte, mit denen Jesus die Tochter des Jaïrus vom Tod auferweckte.

TALMAI

TALMAI 1 4. Mose 13,22; Jos 15,14; Ri 1,10

1. Einer der Söhne Anaks, wurde zus. mit seinen Brüdern Ahiman und Scheschai z. Zt. Josuas aus Hebron vertrieben und getötet.

TALMAI 2 2. Sam 3,3; 13,37; 1. Chr 3,2

2. König von Geschur z. Zt. Davids. Vater der Maacha (einer der Frauen Davids und Mutter Absaloms). Nach der Ermordung Amnons floh Absalom zu T.

TALMON 1. Chr 9,17; Esr 2,42; Neh 7,45; 11,19; 12,25

TALMON (»Licht«?). Familie von Tempeltorhütern z. Zt. Esras und Nehemias. Einige aus dieser Familie kehrten damals aus dem babyl. Exil zurück.

TALTOR 2. Chr 26,9; Neh 2,13.15; 3,13

TALTOR Eines der Tore Jerusalems; wurde unter König Usija von Juda mit einem Turm befestigt (2. Chr 26,9). Durch dieses Tor verließ Nehemia bei seiner nächtlichen Inspektion der Mauern Jerusalems die Stadt und kehrte wieder in sie zurück (Neh 2,13.15). Das Tor wurde von Hanun und den Bürgern von Sanoach ausgebessert. Die genaue Lage ist nicht bekannt.

TAMAR (»Dattelpalme«). Personen- und Ortsname.

TAMAR 1 1. Mose 38,6.11.13.24; Rut 4,12; 1. Chr 2,4; Mt 1,3

1. Schwiegertochter Judas, urspr. mit dessen ältestem Sohn Er verheiratet. Als dieser kinderlos starb, mußte sein Bruder Onan T. heiraten (s. SCHWAGEREHE), um nach damals geltendem Recht für den verstorbenen Bruder Nachkommen zu zeugen. Als Onan sich dieser Pflicht entzog und ebenfalls starb (s. ONAN), kehrte T. in ihr Vaterhaus zurück, unterstand aber rechtlich ihrem Schwiegervater und Stammesoberhaupt Juda. Durch arglistige Täuschung (Verkleidung als Prostituierte) verführte sie ihren Schwiegervater, um sich so ihr »Recht« zu holen. Aus der Verbindung gingen die Zwillinge Perez und Serach hervor (1. Mose 38,27–30). Perez war ein Urahn König Davids (Rut 4,18–22; 1. Chr 2,4–5.9–15) und erscheint in beiden Stammbäumen Jesu (Mt 1,3; Lk 3,33).

TAMAR 2 2. Sam 13,1–2. 4–8.10.19–20. 22.32; 1. Chr 3,9

2. Eine Tochter König Davids und Schwester Absaloms (2. Sam 13,1; 1. Chr 3,9). Ihr Halbbruder Amnon, der als Erbe Davids galt, verführte sie und verstieß sie darauf. T.s Bruder Absalom rächte die Ehre seiner Schwester und tötete ihn (2. Sam 13,23 ff.).

TAMAR 3 2. Sam 14,27

3. Tochter Absaloms und Enkelin König Davids (2. Sam 14,27).

TAMAR 4 Hes 47,19; 48,28

4. Ort an der Südgrenze des Hl. Landes (Hes 47,19; 48,28). T. ist wahrscheinlich nicht die »Palmenstadt« aus Ri 1,16, sondern wohl Ein Husb (Mezad Hatzeva) in der Araba.

Das Tierkreiszeichen Krebs, das für den Monat Tammus steht. Aus dem Tierkreisrad des Mosaikbodens der Synagoge zu Bet Alfa, 6. Jh. n. Chr.

TAMARISKE(NBAUM) Siehe PFLANZEN.

TAMMUS Hebr. Namensform des sumer. Götterlieblings *Dumuzi,* der dann (als Gatte der Göttin Ischtar) selbst zum Gott erhoben wurde. Er wurde eine Art Lieblingsgott der Frauen (Dan 11,37), dem auch in Israel kultische Verehrung zuteil wurde, offenbar bes. am Nordtor des Tempels, wo »die Frauen saßen, die den Tammus beweinten« (Hes 8,14). Die Beweinung des T. war ein jährlicher Ritus, der in Mesopotamien im Juni oder Juli ausgeführt wurde. Der Mythos vom zeitweiligen Verschwinden des T. in der Unterwelt symbolisierte den alljährlichen Tod der Natur in der Sommerhitze. Die Kirchenväter identifizierten T. mit dem griech. Adonis.

TAMMUS
Hes 8,14

T. ist auch die nachexilische Bezeichnung des vierten Monats des hebr. Kalenders, erscheint als solche jedoch nicht in der Bibel.

TANHUMET (»Tröstung«). Tanhumet, der Netofatiter, war der Vater Serajas (3), eines der Hauptleute, die nach dem Fall Jerusalems bei Mizpa zu Gedalja stießen.

TANHUMET
2. Kön 25,23; Jer 40,8

TANNE Siehe PFLANZEN.

TAPPUACH (»Apfelbaum«).

1. Ein Nachkomme Hebrons, des Ahnherrn einer Familie von Kalebitern, und der Beiname für die Stadt Bet-Tappuach in der Nähe von Hebron.

2. Eine Stadt in den Bergen Judäas.

3. Ein kanaan. Stadtkönigtum, das von Josua erobert wurde. Die Stadt wurde dem Stamm Ephraim zugeteilt, ihr Umland ging an Manasse. Sie lag wahrscheinlich am Ort des heutigen Scheich-Abu-Sarad, 13 km südlich von Sichem.

TAPPUACH 1
1. Chr 2,43
TAPPUACH 2
Jos 15,34
TAPPUACH 3
Jos 12,17; 16,8; 17,8

Scheich-Abu-Sarad, südlich von Nablus. Es wird mit Tappuach identifiziert.

TARACH Der zwölfte der 21 Lagerplätze der Israeliten zwischen der Wüste Sinai und dem Berg Hor (4. Mose 33,16–37). Die heutige Lage ist unbekannt.

TARACH
4. Mose 33,27–28

TARALA Eine Stadt im Gebiet Benjamin, wird nur einmal im AT erwähnt.

TARALA
Jos 18,27

TARSIS

1. Der Enkel Jafets, des dritten Sohnes Noahs.

2. Land, aus dem die Leute von Tyrus Silberblech, Silber, Eisen, Zinn und Blei brachten (Jer 10,9; Hes 27,12; vgl. Jes 23,6; 66,19). Jona wollte mit dem Schiff dorthin fahren (Jona 1,3). Auch Salomo sandte Schiffe dorthin (2. Chr 9,21). Über die Lokalisierung bestehen große Unklarheiten. Einige Gelehrte haben Tartasus in Südspanien vorgeschlagen, wohin den klassischen Quellen zufolge die Phönizier zum Erwerb von Silber, Eisen und Zinn gefahren sind. Andere akzeptieren die Identifizierung bei Josephus mit Tarsus in Zilizien.

TARSIS 1
1. Mose 10,4
TARSIS 2
2. Chr 9,21; 20,36–37; Est 1,14; Ps 72,10; Jes 23,1.6.10.14 60,9; 66,19; Jer 10,9; Hes 27,12.25; 38,13; Jona 1,3; 4,2

TARSUS Stadt in Kleinasien, Geburtsort des Apostels Paulus (Apg 9,11; 21,39; 22,3). Die Hafenstadt liegt am Fluß Zydnus, 16 km von der Mittel-

TARSUS
Apg 9,11.30; 11,25; 21,39; 22,3

Kanaanitisches Handelsschiff, Prototyp des Tarsisschiffes, um 1400 v. Chr., rekonstruiert nach einer Zeichnung vom Grab des Kenamon, Statthalter von Theben unter Amenhotep III. (Schifffahrtsmuseum, Haifa).

Reste des als Kleopatra-Tor bekannten Stadttors von Tarsus.

meerküste entfernt. Obwohl sie nicht direkt am Meer lag, blühte sie dank des Fernhandels. Als Knotenpunkt von Handelsrouten wurde T. unter der röm. Herrschaft im 1. Jh. v. Chr. auch zum Verwaltungszentrum. Sie war ein Zentrum der Bildung und der Erziehung und wegen ihrer Stoiker bekannt.

Paulus wurde in T. geboren und erzogen und verbrachte auch nach seiner Bekehrung mehrere Jahre hier (Apg 9,30; Gal 1,21;). Erst Barnabas holte ihn von dort nach Antiochien, wo beide Apostel der dortigen Gemeinde als Prediger dienten (Apg 11,25.26). Wahrscheinlich erlernte er in T. auch das Handwerk des Zeltmachers (Apg 18,3), mit dem er sich auf seinen Reisen seinen Lebensunterhalt verdiente (Apg 20,34; 1. Thess 2,9; 2. Thess. 3,8).

TARTAK
2. Kön 17,31

TARTAK Einer der Götter der Awiter, die nach der Zerstörung des Königreiches Israel (722 v. Chr.) vom König der Assyrer in Samaria angesiedelt wurden. Der Name könnte eine Verballhornung des Namens der aram. Gottheit *Atargatis* sein.

TARTAN
2. Kön 18,17;
Jes 20,1

TARTAN Der Titel *(tartanu)* eines Befehlshabers in der assyr. Armee. Zwei solcher assyr. Offiziere werden in der Bibel erwähnt. Einer diente unter

Sargon II., der die Philisterstadt Aschdod belagerte und einnahm (Jes 20,1); der andere war einer der drei hohen Beamten, die Sanherib nach Jerusalem sandte, um Hiskia dazu zu bewegen, vor den Assyrern zu kapitulieren (2. Kön 18,17).

Zwei Fragmente einer assyrischen Stele, die in Aschdod gefunden wurde und 712 v. Chr. gesetzt worden sein soll, als Sargon II. seinen »Tartan« nach Aschdod sandte. (Israelische Regierungsabteilung für Altertümer und Museen).

TATTENAI Ein hoher Beamter des pers. Königs Darius, »Statthalter des Gebietes jenseits des Euphrat« (Esra 5,3), zur Zeit, als Serubbabel und Jeschua begannen, den Tempel und die Mauern Jerusalems wiederaufzubauen. T. schrieb an König Darius, um zu erfahren, ob die Arbeiten bewilligt seien. Bei der Suche in den Palastarchiven wurde ein Bewilligungserlaß von König Kyrus gefunden. Darauf tat T. »sorgfältig nach dem, was der König Darius befohlen hatte« (Esr 6,1–13).

TATTENAI
Esr 5,3.6; 6,6.13

TAUBE Siehe TIERE.

TAUFE Das griech. Wort für »taufen« meint in seiner Grundbedeutung »eintauchen«, »untertauchen«, »abwaschen«. Mit demselben Wort gibt die LXX das Untertauchen (hebr. *tabal*) des aussätzigen Naaman im Jordan wieder (2. Kön 5,14); es handelte sich dabei um ein rituelles Reinigungsbad, das von unheilbarer Krankheit heilen sollte.

Tägliche Reinigungsbäder kannten die Essener (von Qumran). Auch die sog. »Proselytentaufe« sah (nach der Beschneidung des Konvertierten) ein Reinigungsbad vor (s. PROSELYTEN). Auch die Kinder der Proselyten wurden auf diese Weise in die isrl. Gottesgemeinde aufgenommen.

Die T. als »Wort-Zeichen«, das einen geistlichen Inhalt mit einem äußeren Vorgang (im Wasser) verbindet, wird erst in der ntl. Gemeinde geübt; gleichwohl fand die christl. Tradition typologische Vorbilder im AT, so im Zug durch das Rote Meer (1. Kor 10,1f.) und in der Sintflut (1. Petr 3,20–21). Auch die Errettung Jonas (Jon 2) konnte als Vorzeichen der T. verstanden werden.

Die T. wurde und wird als heilige Handlung (Sakrament) »auf den Namen Jesu Christi« bzw. (nach dem Taufbefehl Mt 28,19) »auf den Namen des Vaters und des Sohnes und des heiligen Geistes« vollzogen. Die Formel »auf den Namen« stammt aus dem antiken Bankwesen und bedeutet dasselbe wie unsere Bezeichnung »auf das Konto des ...«. Taufe »auf den Namen« Christi bzw. Gottes (im Unterschied zu *»im* Namen ...«) besagt also die Übertragung eines dem Tod verfallenen Menschen in das Eigentum des lebendigen Gottes, aus dessen Hand ihn nichts mehr reißen wird (Röm 8,38.39).

Der Taufvollzug geschah äußerlich durch Untertauchen in oder Übergießen mit Wasser; dies symbolisierte zum einen die innere Reinigung von der Sünde (Vergebung der Sünden), zum anderen und vor allem aber den Tod (bildlich »Ertrinken«) des alten Menschen und den Beginn eines neuen Lebens (einer »neuen Kreatur«, 2. Kor 5,17) in Christus. Als Beginn des Lebens in Christus ist die T. unwiederholbar.

Die T. Johannes des Täufers war eine T. zur Buße (zur inneren Umstellung auf das »Reich Gottes«, Mt 3,11; vgl. REICH GOTTES) und eine Voranzeige der Taufe des Messias »aus Wasser und Geist« (Joh 3,5). Auch die Apostel werteten die Johannestaufe als Vorstufe auf die T. auf Christus (Apg 19,3–6).

TAUFE
Mt 3,7; 20,22; 21,25; Mk 1,4; Lk 3,3; 7,29; 12,50; Apg 1,22; 10,47; 13,24; 18,25; 19,3.4; Röm 6,4; Eph 4,5; Kol 2,12; 1. Petr 3,21

TAUFEN
Mt 3,6.11.13.14; 20,22; 28,19; Mk 1,8,10, 38.39; 16,16; Lk 3,12.16; 7,29.30; 12,50; Joh 1,25.31.33; 3,22.23.26; 4,1.2; Apg 1,5; 2,38. 41; 8,12.16.36. 38; 9,18; 10,48; 16,15.33; 18,8; 19,3; 22,16; Röm 6,3; 1. Kor 1,13–17; 10,2; 12,13; 15,29; Gal 3,27; Hebr 6,2

Wenn Jesus sich von Johannes taufen ließ (Mt 3,13–17 par.), so bedeutete dies den Beginn seines Erlöserwirkens. Christus, der Sündlose, bekannte sich zur Gemeinschaft mit den schuldbeladenen und todverfallenen Menschen, um ihnen die Versöhnung mit Gott zu dokumentieren (vgl. 2. Kor 5,17–21). Das Herabkommen des Hl. Geistes im Symbol der Taube (vgl. die Tauben nach der Sintflut, 1. Mose 8,8–12) und die Betonung des »Wohlgefallens« des Vaters am Sohn (vgl. Jes 42,1) bestätigten dabei die Gemeinschaft Jesu Christi mit Gott. Die T. Jesu war gleichsam seine Salbung zum Messias (vgl. Apg 10,38).

Jesus nahm die Taufpredigt des Johannes auf (Mk 1,15), taufte jedoch nicht selber. Statt dessen tauften seine Jünger (Joh 4,2).

Die christl. T. bildet eine Einheit von Geist- und Wassertaufe, von Verkündigung des Evangeliums und Zuspruch der Gnade mit dem sichtbaren Vollzug eines »Bades der Wiedergeburt« (Tit 3,5). Paulus greift hier Bilder auf, die den hell. Christen aus den Mysterienkulten bekannt waren, wie z. B. »Christus anziehen« (Gal 3,27) oder »aus der Macht der Finsternis versetzt in das Reich Christi« (Kol 1,13). In einer vertieften Tauftheologie (Röm 6, 1–9; 1. Kor 12,13; Gal 3,27) spricht Paulus vom sakramentalen Sterben und Auferstehen mit Christus zu einem neuen Leben, von der Teilhabe an Christi Leiden und Herrlichkeit und von der Eingliederung in seinen geistlichen Leib, die Kirche. Der Getaufte soll an einer neuen Einheit teilhaben, die in Eph 4,5 beschrieben wird: *»ein* Herr, *ein* Glaube, *eine* Taufe«.

Der 1. Petrusbrief ist wahrscheinlich eine urchristl. Taufpredigt, eine Anweisung an Täuflinge und Getaufte, wie sie ihr neues Leben in und mit Christus in dieser Welt verwirklichen sollen. Die T. enthält die Bitte zu Gott »um ein gutes Gewissen, durch die Auferstehung Jesu Christi« (1. Petr 3,21). Der Getaufte soll sich von der gottlosen Welt abwenden wie einst Noah und seine Familie z. Zt. der Sintflut (1. Petr 3,20–21).

Die apokryphe »Zwölfapostellehre« *(Didache,* 90–150 n. Chr.) beschreibt im 7. Abschnitt den geltenden Taufritus der ersten Gemeinden. Schon die Apg berichtet von T.n einzelner Erwachsener (8,38; 10,47 f.) sowie ganzer Familien bzw. »Häuser« (also einschl. Bediensteter, Sklaven usw.; Apg 16, 15.33). Daß dabei auch Unmündige, z. B. Kinder, getauft wurden, kann nicht ausgeschlossen werden. Daß junge Christen in der Anfechtung der Verfolgungszeiten Menschen brauchten, die ihnen geistlich beistanden, läßt uns das Patenamt in der christl. Gemeinde damals schon als hilfreich erscheinen. Origenes (180–252 n. Chr.) bemerkt in seiner Auslegung zu Röm 5,8: »Die Kirche hat von den Aposteln die Überlieferung empfangen, auch den kleinen Kindern die Taufe darzureichen.« Im NT selbst ist von einer Kindertaufe nirgends ausdrücklich die Rede.

Die T. ist eine Tat Gottes, ähnlich seiner Schöpfertat bei der menschlichen Zeugung und Geburt; sie ist seine Entscheidung für den Menschen. In Christus will Gott Gemeinschaft mit den Sündern stiften, indem er – durch sein Wort wie durch das Sakrament – Glauben und Vertrauen weckt. Wer um den

(Seite unten) Die traditionelle Stelle der Taufe Jesu am Jordan.

Teil einer Mosaiklandkarte aus dem 6. Jh. auf dem Fußboden der St. Georgs-Kirche in Medeba, Jordanien. Der Ausschnitt zeigt Änon am linken Ufer des Jordan, wo Johannes der Täufer wirkte (Joh 3,23).

Glauben kämpft (2. Tim 4,7), weiß, daß der Glaube immer eine Gabe des Hl. Geistes ist. Darauf richtet sich die Taufgnade.

T. und Glaube gehören also untrennbar zusammen. Die T. ist aber nach dem NT nicht in erster Linie Ausdruck des Glaubens des Täuflings, sondern Ausdruck des Evangeliums, Vollzug der frohen Botschaft Jesu Christi. Andererseits ist man mit der T. kein »fertiger« Christ; das NT betont immer wieder, daß das Christsein ein Leben lang gelernt und eingeübt werden will (vgl. z. B. Apg 24,16; 1. Kor 15,58; 1. Tim 4,7; 1. Petr 2,2; 2. Petr 3,18).

Die Frage der Kinder- bzw. Säuglingstaufe läßt sich nicht letztgültig beantworten. Es ist interessant, daß selbst die Hss. des NT in der Frage, ob der bereits vorhandene persönliche Glaube die Voraussetzung für die T. sei, kein eindeutiges Bild ergeben. So ist z. B. die Frage des Philippus an den äthiopischen Kämmerer in Apg 8,37, ob dieser an Jesus Christus glaube, in keiner der alten griech. Hss. zu finden; sie taucht erstmals in lat. und syr. Übersetzungen des NT, also im 3. oder 4. Jh. auf. Ebenso schwanken beim Taufbefehl Jesu (Mt 28,18–20) die griech. Hss. zwischen »machet zu Jüngern und taufet sie« und »machet zu Jüngern (lehret sie), nachdem ihr sie getauft habt«. Die letztere Form findet sich bereits in der besten der alten Hss., dem *Codex Vaticanus (B)*. Offenbar spielt aber die Frage »T. nach dem Glauben oder auch schon vorher?« von alters her immer dann eine Rolle, wenn die erste Phase der Missionierung (die immer eine Erwachsenenmission ist) abgeklungen ist. Daß diese Frage unterschiedlich beantwortet wird, wird die Christenheit wohl bis zur Wiederkunft ihres Herrn ertragen müssen.

TAUSENDJÄHRIGES REICH. Seit dem Einbruch der Sünde ist die Menschenwelt feindbesetztes Gebiet; Jesus nennt so den Satan den »Fürsten dieser Welt« (Joh 12,31). Es gehört wesentlich zu dem Heilswerk Gottes in Jesus Christus, daß er uns Menschen mit unserer Welt *unmittelbar* seiner guten Herrschaft unterstellt und damit unsere Erde zu seinem *»Reich«* macht, seinem Herrschaftsbereich. So lehrt Jesus uns im Vaterunser bitten: »Dein Reich komme!« – »Dein Wille geschehe auf Erden wie im Himmel!« – »Erlöse uns von dem Bösen, dem Feind!« Es wird einmal heißen: »Es sind die Reiche der Welt unseres Herrn und seines Christus geworden, und *er* wird regieren …« (Offb 11,15).

Die heilsgeschichtlichen Schritte zu diesem Ziel:

a) Mit seinem *ersten* Kommen, seinem Leben, Leiden und Sterben, kämpfte Jesus Christus uns von Sünde und Satan frei und *ermöglichte* uns, die wir uns doch auf den Feind eingelassen hatten, den Frieden mit Gott und die Heimkehr zu ihm.

b) Mit seinem Kommen *heute* (vgl. Offb. 3,20), unsichtbar in seinem Wort und Geist und unscheinbar in seinen Boten, *bietet* uns Jesus Christus seinen Frieden und das Bürgerrecht seines kommenden Reiches *an*. Wenn wir dieses Angebot annehmen, unterstellt er uns jetzt schon seiner guten Herrschaft durch seinen Hl. Geist (Röm 8,14; 14,17); er selbst geht in seiner Liebe so auf uns ein, daß er als der Hl. Geist in uns eingeht (2. Kor 3,17a).

c) Mit seiner *Wiederkunft offenbart* Jesus Christus seinen Sieg von Golgatha und seinen Frieden: Er richtet sein Reich des Friedens und der Gerechtigkeit über der Erde sichtbar auf. Von Kreuz und Grab herkommend, sprach unser Herr: »Mir ist gegeben alle Gewalt im Himmel und auf Erden« (Mt 28,18); das wird sich sichtbar erfüllen.

d) *Endgültig,* für alle Ewigkeit, wird dieses Ziel dann erreicht sein, wenn Gott die neue Erde geschaffen und alles neu gemacht hat (Offb 21,1.5; vgl. Offb 11,15; 22,3), dann, wenn »Gott sein wird alles in allem« (1. Kor 15,28).

Eine Phase auf dem Weg zum Ziel ist das *Tausendjährige Reich.* Gleich nach seiner Wiederkunft (vgl. WIEDERKUNFT) wird Jesus Christus auf der Erde sein Reich des Friedens und der Gerechtigkeit aufrichten (Offb 19,11.16; 20,1–6). So durfte schon der Prophet Sacharja ankündigen: Der HERR wird kommen, und dann wird er »König sein über alle Lande« (Sach 14,5.9). Von »tausend Jahren« spricht das letzte Buch der Bibel (Offb 20,2.3.7).

Der nächste heilsgeschichtliche Schritt wird also nicht etwa ein »Weltuntergang« sein, sondern eine »Weltreinigung«: Der Feind mit seinem Anhang wird beseitigt (Offb 19,19–20,3), und der wiederkommende Herr wird die Herrschaft über alle Welt antreten. Man beachte, daß das Reich der tausend Jahre noch auf dieser alten Erde aufgerichtet wird; erst danach wird Gott die alte Erde wegtun und eine neue Erde schaffen (Offb 20,11; 21,1). Gott schenkt also dieser alten Erde noch eine wunderbare Zeit der Erfüllung; er überläßt sie nicht einfach der Zerstörung durch Menschen. Wir haben eine Zukunft! Einige Christen haben das so ausgedrückt: »Tausend Jahre sind vor Gott wie ein Tag (2. Petr 3,8). So folgt also auf eine dunkle, harte Arbeitswoche der Weltgeschichte noch ein wunderbarer Sabbat, Sonntag und Sonnentag, da Christus selber die Sonne ist.«

Was sagt nun die Bibel im einzelnen über das T.R.? Sie malt es nicht im einzelnen aus. Aber sie läßt folgendes durchblicken:

a) *Jesus Christus* schafft dieses Reich, nachdem er wiedergekommen ist (Offb 19,11.16; 20,1–6; vgl. Sach 14,5.9). Nicht Menschen schaffen es, auch keine noch so frommen oder noch so aktiven.

b) Jesus Christus gibt *den Seinen Anteil* am T.R. und läßt sie in seiner Liebe daran mitwirken. Beteiligt sind die zuvor Verstorbenen, die Christus angehörten und in ihm lebten und starben (1. Kor 15,23; Offb 14,13); sie bekommen an einer Vorweg-Auferstehung, an der »Ersten Auferstehung« teil (1. Kor 15,23b; Offb 20,4–6). Die übrigen Menschen (der »Rest«, wie 1. Kor 15,24a auch übersetzt werden kann) kommen erst nach dem T.R. zur Auferstehung; den großen Gerichtstermin, der dann stattfindet, kann keiner im Tod verschlafen (Offb 20,12–15). Mitwirken am T.R. dürfen auch die, die die Wiederkunft erlebten und bis dahin in Christus lebten, wirkten und litten. Sie werden von dem wiederkommenden Christus in sein Wesen verwandelt und dürfen ihm entgegengehen (1. Kor 15,51; 1. Thess 4,17). In Offb 20,4–6 werden zwar als Mitregenten Jesu in dem kommenden Friedensreich ausdrücklich nur die Märtyrer genannt. Doch bereits in den Sendschreiben der Offb sagt unser Herr, daß er allen, die »überwinden«, d.h. die mit ihm und in seiner Kraft siegen, es geben wird, mit ihm »auf seinem Thron zu sitzen« (Offb 3,21).

c) Der Satan befindet sich im T.R. sozusagen in Sicherungsverwahrung (Offb 20,1–3). Er soll »nicht mehr die Völker verführen« können. Es ist also davon auszugehen, daß auch im T.R. »Völker« vorhanden sind; aber der Satan kann sie nicht mehr verführen. Sie werden kommen und Gott anbeten (Jes 45,23.24), nachdem Gottes gerechte Gerichte über den Satan, den Antichristen, den falschen Propheten und ihren ganzen Anhang offenbar geworden sind (Offb 15,4; 19,19–20,3). Doch viele fallen nachher wieder auf die Verführung durch den noch einmal freigelassenen Feind herein (Offb 20,7–10); sie bestehen die nötige Bewährungsprobe großenteils nicht.

d) Auch die Aussagen des AT über den kommenden Frieden zwischen den Menschen, den Völkern, zwischen Menschen und Tieren und sogar zwischen Tieren und Tieren, durch den auf dieser Erde wieder ein paradiesischer Zustand hergestellt wird, gehören hier herein, ebenso die über eine wunderbare Fruchtbarkeit der Erde (Jes 2,4; 4,2; 11,6–8; 65,25; Hes 47,12; Mi 4,3).

Wie können wir uns auf dieses Friedensreich vorbereiten?

a) Indem wir jetzt unser Leben Jesus Christus, der bei uns anklopft, öffnen und es ihm anvertrauen, d.h. indem wir *glauben* (Offb 3,20; vgl. Joh 3,16; Röm 1,16).

b) Indem wir Jesus Christus auf Grund seines Opfers von Golgatha *um Vergebung bitten.* Die Rechtfertigung des Sünders allein aus Gnade ist Grundvoraussetzung unserer Teilhabe an seinem kommenden Reich. Vgl. dazu Joh 1,29; 1. Joh 1,7; Offb 7,14–15.

c) Indem wir uns von dem lebendigen, gegenwärtigen Jesus Christus in den *Glaubensgehorsam* führen lassen, wie Paulus sagt (Röm 1,5; 16,26) und was in der Offb nachdrücklich in den Sendschreiben (Offb 2; 3) hervorgehoben wird. Kurz: wer einmal im künftigen Friedensreich Jesu dabeisein und mit-

Das Zeichen des Steinbocks, der den Monat Tebet repräsentiert. Vom Tierkreisrad in der Mitte des Mosaikbodens der Synagoge von Bet-Alfa, 6. Jh. n. Chr.

wirken will, der muß *jetzt willig sein Reich*, sein Herrschaftsbereich sein, in dem er unumschränkt regiert.

TEBACH (»Geboren zur Zeit eines Schlachtens«).

1. Der erstgeborene Sohn Nahors, des Bruders Abrahams, von seiner Nebenfrau Rëuma.

2. Eine der von König David von Hadad-Eser eroberten Städte (2. Sam 8,8), aus der viel Kupfer (oder Bronze) erbeutet wurde. Wahrscheinlich ein anderer Name für TIBHAT (1. Chr 18,8).

TEBACH 1
1. Mose 22,24
TEBACH 2
2. Sam 8,8

TEBALJA (»Ja[hwe] hat gereinigt«). Vorsteher einer Abteilung levitischer Torhüter im Tempel z. Zt. König Davids.

TEBALJA
1. Chr 26,11

TEBET Hebr. Monatsname, der in der Perserzeit aus dem Akkadischen entlehnt wurde und die ältere Form des »zehnten Monats« (Dezember-Januar) ersetzte. Erscheint nur einmal in der Bibel.

TEBET
Est 2,16

TEBEZ Eine Stadt in der Nähe von Sichem, wo Abimelech getötet wurde (Ri 9,50–54; 2. Sam 11,21). Auch in der röm. Zeit gab es einen Ort dieses Namens. Heute Tubas nördlich von Nablus , wo Funde aus der isrl. Zeit und späteren Epochen entdeckt wurden.

TEBEZ
Ri 9,50;
2. Sam 11,21

TEHINNA (»Bittgebet«). Ein Mann aus Juda, Gründer der Stadt Nahasch.

TEHINNA
1. Chr 4,12

TEICH Siehe SILOAH.

TEKOA Stadt in Juda, Heimatort des Propheten Amos (Am 1,1.2; 7,14.15). Die Stadt erscheint urspr. nicht in der Liste der unter Josua eroberten Städte, wird aber in der LXX bei Jos 15,59 hinzugefügt. Im Geschlechtsregister Judas ist Aschhur der Gründer T.s (1. Chr 2,24; 4,5). T. war die Heimat Iras, eines der »Helden« Davids (2. Sam 23,26); auch die Frau, die Joab zu David sandte, um Absaloms Rückkehr an den Hof zu erbitten, kam aus T. (2. Sam 14). T. war eine der von Rehabeam befestigten Städte (2. Chr 11,6). Nach dem babyl. Exil nahmen die Leute von T. am Wiederaufbau der Stadtmauern Jerusalems teil (Neh 3,5); damals war T. Hauptstadt eines kleinen Verwaltungsbezirks. Heute Khirbet Teka, 55 km südlich von Bethlehem.

TEKOA
2. Sam 14,2.
4.9; 23,26;
1. Chr 2,24; 4,5;
11,28; 27,9;
2. Chr 11,6;
20,20;
Neh 3,5.27;
Jer 6,1;
Amos 1,1

Khirbet Teka, das Tekoa des Alten Testaments.

Teil des Taufbeckens der byzantinischen Kirche zu Tekoa.

TEL-ABIB Ortsname in Südbabylonien, der nur in Hes 3,15 erwähnt wird, und zwar als Ort in der Nähe des Flusses Kebar, wo die i. J. 597 v. Chr. Exilierten hingebracht wurden. Hebr. falsch gedeutet als »Hügel des Frühlings«, meint der Ausdruck im Akkadischen eigentlich »Hügel der Sturmflut«.

TEL-ABIB
Hes 3,15

TELACH
1. Chr 7,25

TELACH Ein Vorfahr Josuas.

TELASSAR
2. Kön 19,12;
Jes 37,12

TELASSAR Die Heimat der »Leute von Eden« (2. Kön 19,12), ein Ort in Mesopotamien, der vom Rabschake, dem assyr. Heeresbefehlshaber, in seiner Warnung an Hiskia erwähnt wird.

TELEM

TELEM 1
1. Sam 15,4
TELEM 2
Jos 15,24
TELEM 3
Esr 10,24

1. Stadt in Juda, wo Saul seine Truppen vor der Schlacht gegen König Agag und die Amalekiter versammelte. Möglicherweise identisch mit TELEM (2).

2. Eine Stadt nahe der Grenze zu Edom im Süden des Gebietes von Juda. Möglicherweise identisch mit TELEM (1).

3. Einer der Torhüter, die unter Esra ihre heidnischen Frauen verstoßen mußten.

TEL-HARSCHA
Esr 2,59;
Neh 7,61

TEL-HARSCHA Einer der fünf Orte in Babylonien, deren Einwohner zwar nicht ihre jüd. Abstammung nachweisen konnten, aber dennoch Serubbabel auf der Rückkehr nach Juda folgten.

TEL-MELACH
Esr 2,59;
Neh 7,61

TEL-MELACH (»Hügel von Salz«). Der hebr. Name eines Ortes in Babylonien, dessen Einwohner nicht ihre jüd. Abstammung nachweisen konnten, aber mit nach Jerusalem zurückkehrten.

TEMA

TEMA 1
1. Mose 25,15;
1. Chr 1,30
TEMA 2
Hiob 6,19;
Jes 21,14;
Jer 25,23

1. Einer der zwölf Söhne Ismaels.

2. Eine Oase, die mit der berühmten Oase von Teima im nördlichen Arabien, 400 km südlich von Eilat, identifiziert wurde. In alten Zeiten war T. die wichtigste Station der Karawanen auf dem Weg von Südarabien in den vorderen Orient. Von T. führte eine Straße nach Duma und weiter nach Babylonien, eine andere zu den Ländern am Ostufer des Mittelmeers. Auf diesen Routen wurden die teuren arab. Waren, wie Gewürze, Gold und Edelsteine, befördert (»Karawanen von Tema«, »Karawanen von Saba«; Hiob 6,19).

Die Ruinen von T. bestehen aus einer viele Kilometer langen Mauer, die die Oase umgibt. T. selbst ist noch nicht ausgegraben worden, man hat aber unweit davon Inschriften gefunden, deren Schrift als »teimanitisch« identifiziert wurde. Sie stammen aus dem 6. Jh. v. Chr. und sind die ältesten in dieser Region gefundenen Inschriften.

T. ergab sich dem assyr. König Salmanassar III. und zahlte einen sehr hohen Tribut in Gold, Silber und Gewürzen. König Nabonid von Babylon (556–539 v. Chr.) verließ sein eigenes Land und lebte etwa zehn Jahre in T., das er neu aufbaute.

TEMACH
Esr 2,53;
Neh 7,55

TEMACH Der Name des Vaters einer Familie von Tempelsklaven, die aus der babyl. Gefangenschaft nach Juda zurückkehrten.

TEMAN

TEMAN 1
1. Mose
36,11.15.42;
1. Chr 1,36.53
TEMAN 2
Jer 49,7.20;
Hes 25,13;
Amos 1,12;
Obd 9;
Hab 3,3

1. Sohn des Elifas, Enkel Esaus und seiner Hetiterfrau Ada (1. Mose 36,11; 1. Chr 1,36); ein nach seiner Herkunft benannter Stammesfürst von Edom.

2. Der Name einer Stadt und eines Gebiets in Edom, auf dem Gebiet König Huschams »aus dem Lande der Temaniter« (1. Mose 36,34; 1. Chr 1,45). T. wird in der Bibel mit Edom gleichgesetzt (Jer 49,20; Hes 25,13) sowie mit dem Gebirge Esau (Obd V. 9). Der Vergleich zwischen T. und Bozra, der Hauptstadt Edoms (Am 1,12), betont die Bedeutung der ersteren. Die heutige Lage ist unbekannt.

TEMANITER
1. Mose 36,34;
1. Chr 1,45;
Hiob 2,11; 4,1;
15,1; 22,1;
42,7.9

TEMANITER Die Bewohner Temas oder Temans (2).

TEMNI
1. Chr 4,6

TEMNI Dritter Sohn Aschhurs, des Gründers von Tekoa.

TEMPEL
2. Sam 22,7;
Esr 3,6.10;
Ps 5,8; 11,4;
18,7; 27,4;
29,9; 48,10;
65,5; 68,30;
79,1; 138,2;
Jes 6,1; 44,28;
Jer 7,4; 26,18;
51,11;
Hes 40,48;
41,1; 47,1;
Jona 2,8;
Mi 1,2; 3,12;

TEMPEL Tempel, also »Gotteshäuser«, in denen eine Gottheit gleichsam »wohnen« sollte und in denen man ihr diente, waren im alten Orient weit verbreitet. Tempel Jahwes (»Häuser des HERRN«, vgl. GOTT) hat es im alten Israel über ein Dutzend gegeben. Sie lagen in Bethlehem und Hebron (Stamm Juda), Nob, Mizpa und Gibea (Benjamin), Silo, Bethel, Gilgal, Sichem und »Michas Haus« (Ephraim), in Ofra (Manasse), Mizpa (Gilead) und Dan (Naftali). Diese T. waren geschlossene Bauten, die versch. Darstellungen oder Zeichen der göttlichen Anwesenheit enthielten (z.B. die Bundeslade oder heilige Säulen) sowie Gegenstände zum Vollzug des Kultes (Altäre, Leuchter, Brottische) und der Weissagung (Efod, »Licht und Recht«) und die als Orte für Wallfahrten und Gottesdienste, für gemein-

Ostrakon aus Arad, aus dem frühen 6. Jh. v. Chr., mit der Inschrift eines an Eliaschib gerichteten Briefes, der das »Haus Gottes« erwähnt. Dies ist der früheste außerbiblische Hinweis auf den Tempel Israels. (Israelische Regierungsabteilung für Altertümer und Museen).

Rekonstruktion des Tempels Salomos, nach G. Wright und F. Albright.

schaftliche Feiern der Jahresfeste und für den Vollzug verschiedenster öffentlicher Zeremonien dienten. Einige dieser T. wurden von Familien unterhalten, andere bezogen ihre Gründung auf die Zeit der Patriarchen und der Wüstenwanderung zurück. Auch die STIFTSHÜTTE, die die Israeliten in der Wüste begleitete, war ein T., nur mit dem Unterschied, daß er transportabel war. Archäolog. Überreste der oben erwähnten T. sind nicht gefunden worden, man kann ihre Existenz jedoch aus den atl. Schriften erschließen. Der einzige bisher ausgegrabene isrl. T. – der in Arad – wird in der Bibel nicht erwähnt. Ein Papyrus aus der pers. Epoche erwähnt einen T. der jüd. Gemeinde in Elephantine (Ägypten).

Der Tempel Salomos. Der isrl. T., der als »der« T. bekannt wurde, war einer der späteren und stand in Jerusalem. Der Plan zu seinem Bau geht auf König David zurück, der Jerusalem (s. JERUSALEM) erobert und zur polit. und auch (durch die Überführung der Bundeslade in die Stadt) religiösen Hauptstadt seines Reiches gemacht hatte (2. Sam 5–6). Gott erlaubte es ihm nicht, diesen Plan selbst auszuführen (2. Sam 7), aber er konnte immerhin den Tempelplatz erwerben (2. Sam 24,18–25; 1. Chr 21,18–22,1) und die Baupläne und das Baumaterial vorbereiten (1. Chr 22,2–19; 28,11–29,9). Den Bau übertrug er seinem Sohn und Nachfolger Salomo (1. Chr 22 und 28).

Der Bau und die Einweihung des T. Salomos werden in 1. Kön 5–8 und 2. Chr 2–7 eingehend beschrieben. Der Bau begann im 4. Regierungsjahr Salomos, dauerte sieben Jahre (1. Kön 6,1.37.38) und wurde mit Unterstützung des phöniz. Königs Hiram, der Bauholz und Facharbeiter beisteuerte (1. Kön 5,15ff.; 7,13.14; 2. Chr 2), durchgeführt. Aus Israel hob Salomo Fronarbeiter für den Tempelbau aus (1. Kön 5,27–32; 2. Chr 2,16.17). Die mit dem Tempelbau und den anderen Baumaßnahmen Salomos einhergehende Besteuerung und Verschuldung (bis hin zu Gebietsabtretungen an Hiram, s. 1. Kön 9,10–13 und KABUL) führte im Laufe der Zeit zu Spannungen im Volk, an deren Ende die Spaltung des Reiches stand (1. Kön 12; 2. Chr 10).

Das Ansehen des Jersualemer T. überschattete das der anderen isrl. Heiligtümer schon durch seine Nähe zum königl. Hof. Die Tatsache, daß er die in hohen Ehren gehaltene BUNDESLADE barg, bestimmte ihn zum Nachfolger des T. in Silo. Vollends zum einzigen anerkannten Jahwe-Heiligtum wurde er nach der Zerstörung des Nordreiches Israel und seiner T. 722

Hab 2,20; Hag 2,15; Sach 6,12; Mal 3,1; Mt 4,5; 12,6; 21,12.14.15.23; 23,16.17.35; 24,1; 26,55.61; 27,5.40.51; Mk 11,15.16; 14,49.58; 15,29.38; Lk 1,9.21.22; 2,27.37.46; 4,9; 18,10; 19,45.47; 22,53; 23,45; 24,53; Joh 2,15.19–21; 5,14; 8,2.59; 10,23; Apg 2,46; 3,1.2.8; 7,48; 17,24; 19,24.27; 21,26.28.30; 1. Kor 3,16.17; 6,19; 2. Kor 6,16; Eph 2,21; 2. Thess 2,4; Offb 3,12; 7,15; 11,19; 15,5.8; 16,1; 21,22;

HEILIGTUM
2. Mose 15,17; 25,8; 28,43; 3. Mose 12,4; 16,16.23; 19,30; 20,3; 4. Mose 3,28; 1. Chr 23,32; 2. Chr 30,8; Ps 20,3; 60,8; 63,3; 68,36; 73,17; 74,3.7; 78,69; 96,6; 114,2; 134,2; 150,1;

Modell des Tempels des Herodes. Rekonstruktion von Prof. Avi-Yonah, heute auf dem Gelände des Holy Land Hotels, Jerusalem.

Jes 57,15; 62,9; 63,18; Jer 17,12; Klgl 2,7; Hes 21,7; 37,26; 47,12; 48,8; Dan 8,13.14; 9,17.26; 11,31; Zef 3,4; Apg 17,23; Hebr 9,1; 10,19

v. Chr. sowie im Zuge der religiösen Reformen unter Hiskia und Josia. 586 v. Chr., bei der babyl. Eroberung Jerusalems, wurde er zerstört. In den fast 400 Jahren seit seiner Einweihung wurde der T. mehrmals instandgesetzt bzw. verändert. Zeitweise, so unter den Königen Manasse und Amon (2. Kön 21; 2. Chr 33), wurde er durch heidnische Kulte entweiht.

Vom T. Salomos gibt es, ebenso wie von den anderen alten isrl. T.n, keine archäolog. Überreste. Seine Beschreibung im AT ist jedoch so genau, daß man sich ein recht detailliertes Bild von ihm machen kann. Die meisten Informationen bieten die Berichte über den Bau und die Einrichtung des T. in 1. Kön 6–7 und 2. Chr 3–4. Dazu kommen Angaben in den übrigen Kap. der Könige- und Chronikbücher sowie in den prophet. Büchern, bes. Jer und Hes. Die Vision des zukünftigen T. in Hes 40–48 orientiert sich an der Anlage des T. Salomos.

Der T. lag, wie auch der Palast, die Gerichtshalle u. a. Gebäude, im königl. Bezirk Jerusalems und war 60 Ellen lang, 20 Ellen breit und 30 Ellen hoch (2. Chr 3,3), was ca. 31 x 10,5 x 16 m entspricht (vgl. MASSE UND GEWICHTE). Eine Vorhalle (20 Ellen breit und 10 Ellen tief; 1. Kön 6,3) war ihm vorgelagert. Das Hauptgebäude war zusätzlich von einem dreistökkigen Umgang umgeben, der in Kammern unterteilt war, die wahrscheinlich als Lagerräume für die Tempelschätze dienten. Das Hauptgebäude bestand aus dem Hauptraum (Heiligtum, »Halle«, 20 x 40 Ellen groß) und dem »Allerheiligsten« (LÜ auch »Chorraum«, 20 x 20 Ellen), das vom Eingang der Vorhalle aus gesehen also der dritte und hinterste Raum war. Um den ganzen T. lagen ein innerer (für die Priester) und ein äußerer Vorhof (1. Kön 6,36; 7,12; 2. Chr 4,9).

Die Mauern des T. bestanden aus behauenen Steinen und waren innen mit Zedernholz verkleidet. Der Boden des Allerheiligsten war ebenfalls aus Zedernholz, während für den Boden des Hauptraums das billigere Zypressenholz verwendet wurde. Die Wände wurden mit vergoldeten Schnitzereien (Cherubim, Palmen, Blumenwerk) überzogen. Vergoldet waren auch die Fußböden.

Der wichtigste Kultgegenstand im T. war die Bundeslade, die im Allerheiligsten stand. Dieser heiligste Gegenstand Israels verband den T. Salomos historisch mit dem hochangesehenen Heiligtum von Silo und noch viel mehr mit der Stiftshütte aus der Zeit der Wüstenwanderung. Sie stellte zeichenhaft

Jesu Darstellung im Tempel (Lk 2,22–38). Steinrelief aus dem 12. Jh. in der Kirche von Moissac, Frankreich.

die Gegenwart Gottes im T. dar. Über die Bundeslade breiteten zwei aus vergoldetem Olivenholz hergestellte Cherubim ihre Flügel.

Im Hauptraum standen die wichtigsten Geräte des täglichen Kultes: der Räucheraltar (1. Kön 7,48: »goldener Altar«), zehn goldene Leuchter und zehn Schaubrottische (2. Chr 4,7.8).

Im inneren Vorhof standen der Brandopferaltar (2. Chr 4,1; vgl. OPFER), das »Meer« (ein riesiges Wasserbecken, das auf 12 Rindern stand; s. MEER, KUPFERNES) und zehn fahrbare kleinere Wasserbecken (1. Kön 7,23 ff.), dazu zwei große freistehende Säulen (Boas und Jachin, 1. Kön 7,15–22). Alle diese Gegenstände waren aus Bronze (LÜ: Kupfer) und reich verziert.

Über die Funktion des T. gibt u. a. das Gebet Salomos zu seiner Einweihung Auskunft (1. Kön 8,14–53). Er ist ein Haus Gottes, ein Ort, auf den Gottes Augen und Ohren ständig gerichtet sind (V. 29). Er ist zwar kein Ort, in den man Gott gleichsam einschließen könnte, können doch selbst »der Himmel und aller Himmel Himmel dich nicht fassen« (V. 27; vgl. Ps 139; Apg 17,27). Aber er ist »der Ort, da deine Ehre wohnt« (Ps 26,8) und an den es den Frommen des AT immer wieder hinzieht (vgl. Ps 27,4; 42,5; 84,2–11; vgl. noch Simeon und Hanna, Lk 2,25–38).

Der Tempel des Serubbabel. Nach dem Ende des babyl. Exils konnten die jüd. Heimkehrer dank des Erlasses des Kyrus (Esr 1,1–4) mit der Wiedererrichtung des T. beginnen (Esr 3). Behinderungen durch Gegner und wirtschaftliche Schwierigkeiten verzögerten die Vollendung des Wiederaufbaus bis zur Regierungszeit Darius I. (Esr 4–6; Hag; Sach 1–8). 515 v. Chr. (Esr 6,15) konnte der neue T. eingeweiht werden. Er hatte einen zusätzlichen Vorhof, den Vorhof der Frauen (zu dem anderen hatten nur Männer Zutritt), war jedoch in seiner Ausstattung bescheidener als der T. Salomos. Das Allerheiligste war leer: die Bundeslade war und blieb verschollen. In der hell. Periode wurde der T. mehrmals verschönert. Unter dem Seleukidenherrscher Antiochus IV. Epiphanes wurde der T. geplündert und durch das Aufstellen heidnischer Götterbilder entweiht (vgl. Dan 9,27; 11,31; 1. Makk 1,23–24.46–50) – ein wesentlicher Anlaß für den Makkabäer-Aufstand. 165 v. Chr. konnte Judas Makkabäus den T. reinigen und neu einweihen.

Der Tempel des Herodes. Um das Jahr 20 v. Chr. begann Herodes d. Gr. (s. HERODES) mit einem völligen Um- und Neubau des T.; dieser T. wird

Stein mit der Inschrift »Zum Ort des Trompetens«, gefunden bei den Ausgrabungen am Tempelberg. (Israelische Regierungsabteilung für Altertümer und Museen).

(links) Der südliche Teil des Tempels mit der zu der Säulenhalle führenden Treppe. Nach der Rekonstruktion von Prof. Avi-Yonah.

in der jüd. Geschichtsschreibung gemeinhin als der »Zweite T.« bezeichnet. Durch enorme Stützmauern (darunter die später als »Klagemauer« bekannte Westmauer) vergrößerte Herodes das Areal des Tempelberges; auf dieser riesigen Terrasse, die noch heute zum größten Teil erhalten ist, wurde der T. errichtet, wobei die Vorhöfe terrassenförmig übereinander lagen und das eigentliche Gebäude die Anlage krönte. Um den Tempelberg wurden Säulengänge aus Marmor angelegt. Zwei Brücken verbanden die Anlage mit der westlich gelegenen Stadt. Vor dem T. lag der innere Vorhof (Männervorhof, »Hof Israels«) mit dem großen Brandopferaltar, dem Becken für die kultischen Reinigungen, dem Schlachthaus für die Opfertiere und den Tischen für die Vorbereitung der Opfergaben. Zum Westen lag der große Vorhof der Frauen; vier Räume an seinen Ecken dienten den Nasiräern (Menschen, die bestimmte Enthaltsamkeitsgelübde abgelegt hatten; vgl. GOTTGEWEIHTER), den Aussätzigen und der Aufbewahrung von Holz und Öl.

Das eigentliche Tempelgebäude bestand, wie der T. Salomos, aus drei Hauptteilen: Vorhalle, Halle (Heiligtum) und Allerheiligstes. In der Vorhalle standen ein goldener und ein marmorner Tisch für die Schaubrote, von der Decke hing eine goldene Lampe. Eine Tür führte ins Heiligtum, das goldverkleidete Wände hatte. Hier standen der goldene Räucheraltar und ein goldener Tisch für die Schaubrote, auf dem zwei Weihrauchbecher und der goldene siebenarmige Leuchter (Menora) standen. Ein doppelter Vorhang (vgl. Mt 27,51!) trennte die Halle vom Allerheiligsten, in das nur der Hohepriester (am großen Versöhnungstag) Zutritt hatte. Das Allerheiligste war, wie schon im T. Serubbabels, leer.

Das gesamte Tempelgelände einschl. der Vorhöfe war von einem Steingeländer umgeben, und allen Nichtjuden war der Zutritt verboten; sie durften lediglich den um das Tempelgelände liegenden Platz, den Vorhof der Heiden, betreten.

Der T. des Herodes wurde 70 n. Chr., kurz nach seiner Fertigstellung, bei der Eroberung Jerusalems durch die Römer (Niederschlagung des ersten jüd. Aufstandes) zerstört. Nach dem Bar-Kochba-Aufstand (132–135 n. Chr.) errichteten die Römer auf dem Tempelplatz einen T. des Jupiter Capitolinus, der unter Konstantin d. Gr. zerstört wurde. Heute steht an der

Stelle des T. der islam. Felsendom (Omar-Moschee), der Ende des 7. Jh. durch die Araber erbaut und während der Kreuzfahrerzeit vorübergehend (1099–1187) in eine christl. Kirche umgewandelt wurde.

Der Tempel im NT. Jesus wurde nach seiner Geburt im T. dargestellt (Lk 2,22–39). Erneut im T. finden wir den 12jährigen Jesus (Lk 2,41–51); wahrscheinlich handelte es sich dabei um den Ritus der religiösen Volljährigkeit (grob vergleichbar der christl. Konfirmation). Der erwachsene Jesus besuchte mehrfach den T., wo er lehrte und in Auseinandersetzungen mit seinen Gegnern verwickelt wurde (z. B. Mt 21,23 ff. par.) Berühmt geworden ist seine Reinigung des T. (Mt 21,12 f. par.). In seinen Endzeitreden sagte er die Zerstörung des T. voraus (Mt 24,2 par.). Das Zerreißen des Vorhangs vor dem Allerheiligsten beim Tod Jesu (Mt 27,51 par.) war ein Zeichen dafür, daß der Alte Bund zu Ende war und der Neue Bund begann, in welchem in Jesus Christus der direkte Zugang zu Gott für jedermann möglich ist.

In der Apg spielt der T. noch eine gewisse Rolle in der Geschichte der Urgemeinde. Die ersten Christen, die ja an Christus gläubig gewordene Juden waren, versammelten sich noch im T. (Apg 2,46; 3,1–11), und noch Jahre später besucht der Judenchrist Paulus den T., um sich zus. mit anderen Männern einer Opferzeremonie zu unterziehen (Apg 21,26); im T. wird er dann verhaftet (21,27 ff.).

Ansonsten erscheint der »T.« im NT in einer neuen, symbol. Bedeutung. Jesus Christus bezeichnet in einer Vorausdeutung seines Todes und seiner Auferstehung sich selbst als T. Gottes (Mt 26,61; 27,40; Joh 2,19–22). Paulus legt dar, daß die Gemeinde (s. KIRCHE, GEMEINDE) ein geistlicher T. ist (1. Kor 3,16–17; 6,19; 2. Kor 6,16; Eph 2,19–22; 1. Petr 2,5). An die Stelle eines geographisch festgelegten Heiligtums ist der »Leib« (vgl. auch 1. Kor 12) der Gemeinde, die Gesamtheit der gläubigen Christen getreten.

In anderer Bedeutung taucht das Thema des T. im Hebr und in der Offb auf. Hebr 9,11 ff. stellt Christus als »ewigen Hohenpriester« dar, der sich selbst opfert; Offb 5,6–14; 7,9–12; 21,1.2.22–26 wirft einen bildlichen Blick in die Zukunft der vollendeten Gemeinde, die Gott ewig Lob darbringt.

TEMPELSKLAVEN (NETINIM) Ein Stamm oder eine Gruppe von Familien, die von der Zeit Josuas bis Esra mit den Israeliten verbunden waren. Sie waren die niedrigste Gruppe der Tempeldiener. Die T. waren Nachkommen der Gibeoniter, die Josua zu einem Friedensabkommen überlistet hatten (Jos 9) und daraufhin zu »Holzhauern und Wasserschöpfern für die Gemeinde und den Altar des HERRN« (Jos 9,27) gemacht wurden; sie wurden also den Priestern und Leviten übergeben (hebr. *netinim* = »Gegebene«). Bereits Mose hatte nach dem Kampf gegen die Midianiter einen Teil der Gefangenen den Leviten und Priestern zur Verfügung gestellt (4. Mose 31,28–30.40–41). Laut Esr 8,20 bestimmte auch David T. zum Dienst für die Leviten. Die Praxis, eroberte Völker zu einer Art Zwangsarbeit in den Heiligtümern der Eroberer zu verurteilen, war im Altertum weitverbreitet.

TEMPELSKLAVEN
1. Chr 9,2; Esr 2,43.58.70; 7,7.24; 8,17.20; Neh 3,26.31; 7,46.60.72; 10,29; 11,3.21

Die späteren Bücher der Bibel lassen vermuten, daß der Status der T. sich im Laufe der Zeit veränderte. Die Liste der Rückkehrer aus dem babyl. Exil, die den Tempel neu bauten, schließt auch die T. ein, die unter Familienhäuptern organisiert waren (Esr 2,43 ff.; Neh 10,29; 11,21) und neben den Priestern, Leviten, Torhütern, Sängern und Tempeldienern aufgeführt werden. Nach Neh 3,26 wohnten viele von ihnen in einem eigenen Viertel am Tempel beim Ofel (s. OFEL). Diese T. nach dem Exil waren offenbar Nachkommen der T. des ersten Tempels. Sie waren inzwischen angesehene Kultpersonen und als Teil der Tempelgemeinschaft anerkannt und nach Esr 7,24 wie die Priester und Leviten von der Besteuerung ausgenommen. Nach Neh 10,29 ff. waren sie dem Bund mit Gott treu.

TERACH Vater Abrams (Abrahams), Nahors (2) und Harans und Großvater Lots. T. zog mit seiner Familie aus seiner Heimat Ur in Chaldäa nach Haran (1. Mose 11,26–32). Der Name T. ist in dem akkad. Ortsnamen *til sa Turahi* (»Terachs Hügel«), unweit von Haran, erhalten.

TERACH
1. Mose 11, 24–28.31–32; Jos 24,2; 1. Chr 1,26; Lk 3,34

TERAPHIM Siehe HAUSGÖTTER.

TEREBINTHE Siehe PFLANZEN.

TERESCH
Est 2,21; 6,2

TERESCH Einer der beiden Türhüter des Königs Ahasveros, die ein Mordkomplott gegen den König planten. Mordechai vereitelte das Komplott, und beide wurden gehängt.

TERTIUS
Röm 16,22

TERTIUS (»Der Dritte«). Ein Schreiber oder Sekretär, dem Paulus den Römerbrief diktierte; er fügte einen persönlichen Gruß an den Brief an.

TERTULLUS
Apg 24,1–2

TERTULLUS (Verkleinerungsform von *Tertius*). Anwalt der Anklage im Verfahren gegen Paulus vor dem Statthalter Felix in Cäsarea. Seine Rede ist abgekürzt in Apg 24,1–8 wiedergegeben.

TESTAMENT
Mt 26,28; Lk 22,20; 2. Kor 3,14; Gal 3,15.17; Hebr 9,16.17

TESTAMENT, ALTES UND NEUES Vom 2. Jh. n. Chr. an teilten die Christen die bibl. Bücher in die Teile AT und NT ein. Das Wort »Testament« kommt von dem lat. *testamentum,* der Übersetzung des griech. *diatheke* (»Bund«). Der »neue Bund«, den Jeremia im Auftrag Gottes vorhersagt (Jer 31,31 ff.), meint die Zeit, in der Gott sein Gesetz seinem Volk ins Herz schreiben wird. Jesus benutzte den Ausdruck »neuer Bund« beim Abendmahl (Mt 26,28; Mk 14,24; Lk 22,20; vgl. ABENDMAHL; vgl. 1. Kor 11, 25). In etwas anderem Zusammenhang begegnet der »neue Bund« in 2. Kor 3,6 und v. a. im Hebräerbrief; letzterer ist der erste frühchristl. Text, der den alten Bund gegenüber dem von Jeremia verheißenen neuen Bund für veraltet erklärt (Hebr 8,13; vgl. 7,18). Auf das AT als geschriebenes Dokument bezieht sich nur Paulus (2. Kor 3,14). In Röm 7,6 stellt er dem »alten Wesen des Buchstabens« das »neue Wesen des Geistes« gegenüber.

Vgl. auch KANON; BUND.

THADDÄUS
Mt 10,3; Mk 3,18

THADDÄUS Ein Jünger Jesu, der in den Apostellisten in Mt 10 und Mk 3 erwähnt wird; in der Parallelliste in Lk 6 und in Apg 1,13 wird er »Judas, der Sohn des Jakobus« genannt. Einige griech. Hss. des NT führen seinen Vornamen (Lebbäus) an.

THEODIZEE (Von griech. *theos* »Gott« und *dike* »Gerechtigkeit«). Der Versuch einer gedanklichen Rechtfertigung bzw. Verteidigung der Gerechtigkeit Gottes angesichts einer Welt, in der so viel Böses geschieht. Der Ausdruck »T.« wurde 1697 durch den dt. Philosophen Leibniz geprägt, die Sache selbst ist uralt und kommt in versch. Religionen zum Ausdruck. Aus Mesopotamien sind zwei schriftl. Quellen enthalten, in denen das Problem der T. thematisiert wird: »Ich will preisen den Herrn der Weisheit« und die »Babylonische Theodizee«. Noch älter ist eine sumer. Parallele zu Hiob: »Ein Mann und sein Gott«. In den ägypt. Texten begegnet der T.-Gedanke weniger (erhalten ist eine Parallele in den Anweisungen des Ipuwer), was mit dem ägypt. Glauben an ein Leben nach dem Tod und an die Göttlichkeit des Pharao zusammenhängen könnte.

Der atl. Glaube ist von der Überzeugung getragen, daß Gott auf alle Fälle gerecht handelt. »Sollte der Richter aller Welt nicht gerecht richten?« (1. Mose 18,25). Gerade hier aber beginnt der Zweifel des Frommen – denn so viel in seiner Lebens- und damit auch Gotterfahrung scheint diesem Satz zu widersprechen.

An vielen Stellen des AT finden wir zunächst einmal die Antwort, daß auf Gottesfurcht Wohlergehen und auf Sünde Strafe folgt. Dies ist ein Hauptthema im 5. Buch Mose, das betont, daß Gott Israel erwählt und seinen BUND mit ihm geschlossen hat, daß damit aber auch die Forderungen seiner Gebote verknüpft sind. Die Geschichtsbücher des AT erklären immer wieder das geschichtl. Schicksal Israels nach dem Prinzip von Belohnung und Strafe; dies kommt am deutlichsten in den Königs- und bes. den Chronikbüchern zum Ausdruck. Israel bzw. Juda gehorcht Gott – und es geht ihm polit., ökonomisch u. a. gut; es betet andere Götter an – und es kommen Kriege und Unterwerfung.

Diese zunächst geradlinige Begründung für das Handeln Gottes kommt aber dort an ihre Grenzen, wo dieser Zusammenhang von Ursache und Wirkung, Schuld und »Strafe« (das Hebr. kennt übrigens kein Wort für »Strafe«!) absolut nicht mehr einsichtig ist oder sogar in sein Gegenteil verkehrt erscheint: Dem Gottlosen geht es ganz offenbar prächtig, während der

Fromme leiden muß; es scheint unerträglich, »daß es den Gottlosen so gut geht« (Ps 73,3). Dies führt zur Klage, ja Anklage gegen Gott – und zu ihrem Gegenüber, der Rechtfertigung Gottes, also der T.

Die klassischen T.-Versuche des AT sind die Bücher Hiob und Prediger Salomo. Wir finden aber ein Denken in diese Richtung z. B. auch in Gideons kühner Antwort auf die zuversichtlichen Worte des Engels in Ri 6,13, in den ergreifenden Klagen Jeremias in Klgl 3,1–19 oder beim Propheten Habakuk. Mehrere der Psalmen kreisen ausschließlich um das T.-Thema, so z. B. Ps 37; 49 und v. a. Ps 73 mit seiner klassischen »Dennoch«-Antwort in V. 23–28. In den Apokryphen beschäftigt sich bes. das 2. Buch Esra mit der T.-Frage, aber auch Tobias, Jesus Sirach und die Weisheit Salomos.

Eine schlüssige Antwort auf die T.-Frage können all diese Textstellen nicht geben. Es finden sich wohl einige hilfreiche Teilantworten: Die Menschen sind von Natur aus sündig und haben daher keine Ansprüche an Gott zu stellen; Gott selbst und nicht Gesundheit, Reichtum und Glück ist das höchste Gut; das Leiden wird ein Ende haben; im Leben nach dem Tod wird das Unrecht zurechtgebracht werden. Aber eine letzte Antwort scheitert an der Unerforschlichkeit Gottes (Röm 11,33; vgl. Ps 139,1–6). Dennoch gibt es so etwas wie einen gemeinsamen Nenner der atl. T.-Versuche, und dieser Trost Israels steht hoch über allen anderen T.-Versuchen; er lautet: Jahwe hält trotz allem an seinen Frommen fest, er bleibt ihr Gott in allen Lebenslagen; »du nimmst mich am Ende mit Ehren an« (Ps 73,24).

Für den Glaubenden des NT nimmt die Tatsache der Auferstehung und des ewigen Lebens (vgl. AUFERSTEHUNG; LEBEN NACH DEM TOD) den Anfechtungen wegen der Ungerechtigkeit in der Welt manches von ihrem Schmerz; aufgelöst oder gar logisch forterklärt wird die T.-Problematik aber auch damit nicht. Die große Trostverheißung aber lautet: »Ist Gott für uns, wer kann wider uns sein? ... nichts kann uns scheiden von der Liebe Gottes, die in Christus Jesus ist, unserm Herrn« (Röm 8,31–39; vgl. auch Röm 14,7.8).

THEOPHILUS (»Freund Gottes«). Der Mann, dem urspr. das Lukasev. und die Apg gewidmet waren; im Eingang beider Werke erwähnt.

THEOPHILUS
Lk 1,3;
Apg 1,1

THESSALONICH Heute Saloniki (Griechenland). Ihre Lage an Land- und Seehandelsrouten machte die Stadt schon früh zu einem kommerziellen und strategischen Zentrum. Unter der röm. Herrschaft war sie eine freie Stadt und entwickelte sich zur bedeutendsten Stadt Mazedoniens.

THESSALONICH
Apg 17,1.11.13; 20,4; 27,2;
Phil 4,16
1. Thess 1,1;
2. Tim 4,10

Auf seiner 2. Missionsreise kam Paulus (um 49/50 n. Chr.) nach T., wo er die Synagoge besuchte und in kurzer Zeit eine Gemeinde gründen konnte (Apg 17,1–4). Einige der Juden, die seine Predigt nicht annahmen, verursachten daraufhin einen Aufruhr, in dem Paulus und sein Begleiter Silas die Stadt verlassen mußten (Apg 17,5–10). In Apg 20,4; 27,2 werden zwei aus T. stammende Mitarbeiter des Paulus erwähnt, Aristarch und Sekundus.

Die Reste des Triumphbogens des Galerius in Saloniki, dem früheren Thessalonich.

THESSALONICHER, DER ERSTE BRIEF DES PAULUS AN DIE Brief an die junge Gemeinde in Thessalonich, die Paulus auf seiner 2. Missionsreise gegründet hatte (Apg 17,1–9; vgl. THESSALONICH). Als Mitverfasser des Briefes werden Silvanus und Timotheus genannt (1. Thess 1,1). Der Abfassungsort war wahrscheinlich Korinth, wohin Paulus nach dem in Apg 17,5 ff. berichteten Aufruhr und nach Aufenthalten in Beröa und Athen weitergezogen war. Die in Apg 18,1–18 berichteten Ereignisse in Korinth fanden z. Zt. des Statthalters Gallio statt (18,12), der 51 n. Chr. amtierte, was uns einen histor. Fixpunkt für die Abfassungszeit der beiden Thess-Briefe gibt. Der 1. Thess ist demnach der Abfassungszeit nach die älteste Schrift des NT.

Nach Apg 17,2 haben sich Paulus und seine Begleiter kaum länger als drei Wochen in T. aufgehalten. Obwohl sie, wie die Briefe zeigen, in dieser Zeit erstaunlich viel erreichen konnten, hatten sie nicht alle Probleme dieser noch so jungen und ungefestigten Gemeinde und nicht alle Aspekte der Lehre des Evangeliums behandeln können. Offensichtlich hatte Paulus vergeblich versucht, die Christen in T. noch einmal zu besuchen (vgl. 1. Thess 2,18); da blieb allein der Briefwechsel.

Die beiden Thess-Briefe gehören zu den persönlichsten der Paulusbriefe. Immer wieder knüpft der Apostel an gemeinsame Erinnerungen an. Diese Vertrautheit stellt für den heutigen Leser eine Schwierigkeit dar, denn vieles wird nur angedeutet oder bleibt ungesagt. Paulus geht davon aus, daß die Thessalonicher sich an seine Verkündigung erinnern, und wiederholt nicht ständig, was er ihnen bereits gesagt hat. Der Brief vermittelt besondere Einsichten in die Missionsweise des Apostels, in die Schwerpunkte seiner Verkündigung und in seine Lebensführung.

Was die Lehre betrifft, so nimmt die Hoffnung auf die Wiederkunft Christi (Eschatologie) einen breiten Raum ein. Sie spielte wohl schon bei dem persönlichen Aufenthalt des Paulus in T. eine wichtige Rolle, und in beiden Briefen bemüht er sich um eine weitere Klärung dieser Fragen. In 1. Thess steht die Abfolge der Ereignisse vor und bei der Wiederkunft Jesu im Vordergrund (4,13–5,5); bes. wichtig ist dabei die Frage, was mit den Gläubigen geschehen wird, die vor der als nahe bevorstehend erwarteten Wiederkunft ihres Herrn bereits gestorben sind. Paulus betont, daß der »Tag des Herrn« (vgl. TAG DES HERRN) plötzlich und ohne Vorwarnung kommen wird (5,2); dann werden zunächst die in Christus Gestorbenen auferstehen, danach, in einer Art Entrückung, die Christen, die noch am Leben sind (4,16.17). (Vgl. WIEDERKUNFT.)

INHALTSÜBERSICHT

1,1–10	Gruß und Lobesworte des Paulus über den guten Ruf der Gemeinde
2,1–12	Über das Wirken des Paulus und seiner Begleiter bei der Gründung der Gemeinde
2,13–16	Die Aufnahme des Evangeliums in der Gemeinde mitten in Drangsalen
2,17–3,13	Der Wunsch des Paulus nach einem erneuten Besuch; die Sendung des Timotheus
4,1–12	Ermahnung zur Heiligung und rechtem Verhalten
4,13–5,11	Über die Wiederkunft Christi und die Auferstehung der Toten
5,12–28	Weitere Ermahnungen und Schlußworte

THESSALONICHER, DER ZWEITE BRIEF DES PAULUS AN DIE Dieser Brief wurde kurz nach dem 1. Thess geschrieben; zu Verfasser, Adressaten, Abfassungszeit und -ort s. dort.

Während seines Aufenthalts in Thessalonich und in 1. Thess hatte Paulus ausführlich über die Wiederkunft Christi gesprochen. Nun lebte die Urchristenheit damals noch stark in der sog. Naherwartung; man glaubte, daß Jesus schon sehr bald wiederkommen werde. Hier bringt Paulus in 2. Thess eine Korrektur an. Er weist darauf hin (2,1–12), daß vor dem Wiederkommen Jesu erst noch gewisse Voraussetzungen der eschatologischen Heilsgeschichte erfüllt werden müssen: ein Abfall vom Glauben bei einigen und das Erscheinen einer Gestalt, die Paulus als »Mensch der Bosheit« bzw. »Sohn des Verderbens« bezeichnet. Diese Worte mögen dem heutigen Leser geheimnisvoll und dunkel erscheinen, doch Paulus hatte diese Erwartung des Antichristen wohl schon während seines Aufenthalts in Thessalonich eingehend erklärt (vgl. 2,5) und kann sich daher in seinem Brief auf die Erklärung beschränken: »Und ihr wißt, was ihn noch aufhält« (2,6); die Frage, ob mit der Kraft, die den Antichristen noch aufhält, die staatliche Ordnung gemeint ist, ist in der Auslegung strittig.

Einige Christen in Thessalonich hatten anscheinend geglaubt, das Ende sei schon da und die Arbeit für den Lebensunterhalt sei damit überflüssig geworden. Schon bei seinem Besuch in Thessalonich hatte Paulus gegen

Jesus zeigt Thomas seine Wundmale. Relief auf einem Säulenkapitell der Kreuzfahrerzeit, gefunden bei Ausgrabungen am Ort der Verkündigungskirche in Nazareth.

solche Neigungen gepredigt (2. Thess 3,10; vgl. 1. Thess 4,1ff.), und in 2. Thess betont er ausführlich die Notwendigkeit ehrlicher Arbeit und legt Maßnahmen der Gemeindezucht fest gegen solche Glieder, die an ihrem Müßiggang festhalten.

INHALTSÜBERSICHT

1,1–2	Gruß
1,3–12	Lob, Trost und Fürbitte im Blick auf Drangsal und Verfolgung
2,1–12	Warnung vor schwärmerischer Erwartung der Wiederkunft Jesu und Anleitung zur richtigen Erwartung
2,13–17	Mahnung zur Standhaftigkeit im Lichte Gottes
3,1–16	Ermahnungen zu Fürbitte und ehrlicher Arbeit
3,17–18	Briefschluß

THEUDAS Offenbar ein falscher Prophet, der einen Aufstand in Judäa anführte. In der Bibel nur in der Rede des Gamaliel in Apg 5,36 erwähnt. Mit etwa 400 Anhängern marschierte er zum Jordan, dessen Wasser sich vor ihm teilen sollte. Der röm. Statthalter ließ den Aufstand niederschlagen und T. gefangen nach Jerusalem führen, wo er enthauptet wurde. Nach Josephus (*Jüd. Altertümer* XX, 97–99) fand der Aufstand unter dem Prokurator Cuspius Fadus (44–46 n. Chr.) statt, nach Apg 5,36 früher, noch vor dem Auftreten des i. J. 6 gestorbenen Judas des Galiläers. Vielleicht meinen Josephus und die Apg auch verschiedene Personen.

THEUDAS Apg 5,36

THOMAS Einer der 12 Jünger Jesu. Mt, Mk, Lk und die Apg nennen ihn Thomas, Joh (11,16) erwähnt außerdem seinen griech. Beinamen *Didymus* (»Zwilling«). Die synopt. Ev.n und die Apg berichten keine bes. Einzelheiten aus seinem Leben, im Joh.ev. dagegen nimmt er, bes. gegen Ende des Wirkens Jesu, eine herausgehobene Stellung ein. Er erklärte sich bereit, mit Jesus zu sterben (Joh 11,16), und nahm bei den Abschiedsreden Jesu das Wort (14,5). Als die anderen Jünger ihm von der Auferstehung Jesu erzählten, zweifelte er zunächst (daher die – sehr oberflächliche – Bezeichnung »ungläubiger Thomas«), wurde aber dann durch eine Begegnung mit dem Auferstandenen persönlich überzeugt (Joh 20,24–29). In Joh 21,2 gehört er zu den Jüngern, denen Jesus am See Genezareth erschien. Ein apokryphes Evangelium trägt seinen Namen.

THOMAS Mt 10,3; Mk 3,18; Lk 6,15; Joh 11,16; 14,5; 20,24. 26–29; 21,2; Apg 1,13

Kupferne Behälter für die Thorarollen aus der samaritischen Synagoge in Nablus.

THORA (»Unterweisung«, »Lehre«, »Führung«). Ein hebr. Wort, das zur Bezeichnung der Weisung Gottes gebraucht wird, die Israel durch göttliche Offenbarung erhalten hat. Die Wiedergabe von »T.« mit »Gesetz« ist keine genaue Übersetzung, sondern die Bezeichnung des Pentateuchs (5 Bücher Mose), später auch des gesamten AT; in dieser Bedeutung ist das Wort »T.« allg. üblich geworden.

THYATIRA Handels- und Industriestadt in Lydien (Kleinasien), am Fluß Lycus. Aus T. kam die Purpurhändlerin Lydia, die sich in Philippi unter der Predigt des Paulus bekehrte (Apg 16,14.15). Eines der sieben Sendschreiben in der Offb ist an die Gemeinde in T. gerichtet (Offb 1,11; 2,18–29). T. ist das heutige Achisar (Türkei).

THYATIRA Apg 16,14; Offb 1,11; 2,18.24

TIBERIAS Stadt am Westufer des Sees Genezareth, in der Nähe heißer Quellen; um 18 n. Chr. durch Herodes Antipas gegr. und nach Kaiser Tiberius benannt. Der Stadtplan folgte dem der hell. und röm. Städte, mit rechtwinklig sich kreuzenden Straßenzügen. Herodes Antipas schmückte die Stadt mit öffentl. Gebäuden (u. a. einem Stadion am Seeufer), einer großen Synagoge und einer Burg für sich auf einem Hügel oberhalb T.s, in der er Skulpturen aufstellen ließ, was den Zorn der streng religiösen Kreise erregte.

Im NT wird T. nur einmal erwähnt (Joh 6,23). Der See Genezareth wurde manchmal auch »See T.« genannt (Joh 6,1; 21,1).

TIBERIAS Joh 6,1. 23; 21,1

Steinbüste des Kaisers Tiberius.

(links) Blick auf Tiberias.

TIBERIUS
Lk 3,1

TIBERIUS Röm. Kaiser (14–37 n. Chr.), Nachfolger des Augustus. Nach Lk 3,1–3 begann in seinem 15. Regierungsjahr das Wirken Johannes d. T.

TIBHAT
1. Chr 18,8

TIBHAT Stadt in Aram-Zoba, die von David nach seinem Sieg über Hadad-Eser erobert wurde. Er erbeutete eine große Menge Kupfer (Bronze). In 2. Sam 8,8 wird die Stadt TEBACH genannt.

TIBNI
1. Kön 16,21–22

TIBNI Erfolgloser Rivale OMRIs im Kampf um den Thron des Nordreichs Israel. Das dreijährige Ringen endete mit Tibnis Tod (1. Kön 16,10–22).

TIERE

ADLER
2. Mose 19,4; 3. Mose 11,13; 5. Mose 14,12; 28,49; 32,11; 2. Sam 1,23; Hiob 9,26; 39,27; Ps 103,5; Spr 23,5; 30,17.19; Jes 40,31; 46,11; Jer 4,13; 48,40; 49,16.22; Klgl 4,19; Hes 1,10; 10,14; 17,3.7; Dan 4,30; 7,4; Hos 8,1; Obd 4; Hab 1,8; Offb 4,7; 8,13; 12,14

AFFE
1. Kön 10,22; 2. Chr 9,21

AMEISE
Spr 6,6; 30,25

ANTILOPE
5. Mose 14,5

BÄR
1. Sam 17, 34.36–37; 2. Kön 2,24; Spr 28,15; Jes 11,7; 59,11; Klgl 3,10; Dan 7,5; Am 5,19

TIERE Tiere sind nach dem Zeugnis der Bibel ein Teil der SCHÖPFUNG Gottes. Sie stehen unter dem Menschen, der über sie herrschen soll (1. Mose 1,26.28; vgl. 1. Mose 9,2.3; Ps 8,7–9). Sie sind wie die ganze Schöpfung Eigentum Gottes (Ps 50,10.11) und letztlich dazu da, ihn zu loben und zu verherrlichen (Ps 148,10 u. a.). Sie sind mit hineingenommen in den Sündenfall, andererseits aber auch einbezogen in Gottes Fürsorge und Heilsplan für seine gefallene Schöpfung: Während der Sintflut rettete Gott auch die Tiergattungen (1. Mose 6,19–21; 7,2–9), und die endgültige Erlösung in Gottes neuer Welt wird sich nicht nur auf die Menschen, sondern auf die ganze Schöpfung einschl. der Tierwelt erstrecken (Röm 8,19–22; vgl. Jes 11,6–8).

In der atl. Gesetzgebung stehen sowohl Haustiere (vgl. 2. Mose 20,10; 5. Mose 25,4) als auch wilde Tiere (2. Mose 23,11; 5. Mose 22,6.7) in gewisser Weise unter dem Schutz Gottes; der Mensch darf nicht beliebig über sie verfügen. Andererseits konnten Haustiere unter bestimmten Umständen der Todesstrafe verfallen (2. Mose 21,28–32). Bezüglich des Verzehrs von Tieren unterschied man im alten Israel zwischen »reinen« und »unreinen« Tieren (s. SPEISEGEBOTE). Die Verehrung von Tieren bzw. Tierbildern als Götzen ist Gott im AT wie im NT ein Greuel (vgl. 2. Mose 20,4; 2. Mose 32; Röm 1,23). 3. Mose 20,15–16 erwähnt unter bes. schweren sexuellen Sünden den Verkehr mit Tieren.

Gelegentlich erscheinen in der HS Tiere als Werkzeuge Gottes, so z. B. bei Jona (Jona 2,1.11) und bei dem heidnischen Propheten Bileam (4. Mose 22, 22–33). Sehr häufig ist ihre Verwendung in Bildern, Symbolen und Gleichnissen (vgl. dazu unten die einzelnen Tierarten).

Das an der Schnittstelle zweier Kontinente und verschiedener Klimazonen gelegene Hl. Land zeichnet sich durch eine große Vielfalt in der Tierwelt aus, die in bibl. Zeit, als versch. Gattungen noch nicht ausgestorben waren, noch größer war. Im folgenden werden in alphabetischer Reihenfolge die wichtigeren in der Bibel erscheinenden Tiere behandelt. Es ist zu beachten, daß bei einigen Tieren unter den Übersetzern und Auslegern Meinungsverschiedenheiten bezüglich der Identifizierung bestehen. Bezüglich der Einordnung als »reine« bzw. »unreine« Tiere vgl. 3. Mose 11; 5. Mose 14,3–20; SPEISEGEBOTE.

(unten) Antilope.

Adler auf einer Schekelmünze aus Tyrus.

Bienen

ADLER Der A., von dem es mehrere Unterarten im Nahen Osten gibt, war im alten Israel eines der »unreinen« Tiere (5. Mose 14,12) und wird in der Bibel häufig erwähnt. Als größter Vogel der Region war er ein Symbol für Kraft und Schnelligkeit (vgl. 5. Mose 28,49; 2. Sam 1,23; Jer 4,13), und fremde, bedrohliche Völker und Herrscher werden mehrfach mit dem Bild des A.s umschrieben (so Jer 48,40; 49,22; Hes 17,3.7; Dan 7,4; Hos 8,1). Aber auch für Gottes Liebe zu Israel wird das Bild des A.s verwendet: »Auf Adlerflügeln« hat Gott Israel aus Ägypten getragen (2. Mose 19,4; vgl. 5. Mose 32,11). Der A. erscheint auch als mytholog. Wesen in Kunst und Kultur des alten Orients. In Visionen Hesekiels und der Offb erscheint er in der Beschreibung bestimmter himmlischer Gestalten (Hes 1,10; 10,14; Offb 4,7).

AFFE Affen (eine genaue Art wird nicht erwähnt) werden unter den Gütern aufgeführt, die Salomos Handelsflotte nach Israel brachte.

Bronzeaffe aus Megiddo.

AMEISE Sie wird in den Sprüchen Salomos als Musterbild für Fleiß und Arbeit benutzt.

ANTILOPE In 5. Mose 14,5 als eines der »reinen« Tiere aufgeführt. Es ist nicht sicher, ob es sich bei dem hier genannten Tier tatsächlich um die A. handelt; es könnte sich auch um eine Hirschart handeln (vgl. Jes 51,20).

BÄR Der syr. Braunbär war in Israel noch zu Beginn des 20. Jh. heimisch. In der Regel harmlos und ein Pflanzenfresser, war er doch gelegentlich als Räuber bekannt (1. Sam 17,34), und die Wut des B., dem man seine Jungen genommen hat, war sprichwörtlich (2. Sam 17,8; Spr 17,12; Hos 13,8). 2. Kön 2,24 berichtet, wie Knaben, die den Propheten Elisa verspotteten, von B.n zerrissen wurden. In Dan 7,5 erscheint der B. als Symbol für das medische Reich. Hiob 38,32 (vgl. 9,9) erwähnt das Sternbild »Großer Bär«.

BIENE Die B. wird in der Bibel viermal erwähnt, davon dreimal als Bild (angreifender B.schwarm) für die Feinde Israels, nur einmal (Ri 14,8) als Honiglieferant. Andere Erwähnungen von Honig (»Milch und Honig«, 2. Mose 3,8 u. ö.) beziehen sich auf den aus Datteln gewonnenen Honig.

BLUTEGEL Wird nur einmal in der Bibel erwähnt, als Bild für die Habgier in Spr 30,15.

CHAMÄLEON Siehe EIDECHSE.

DACHS Das in der LÜ als »D.« übersetzte Wort (hebr. *tachasch*) erscheint mehrere Male als Bezeichnung für die zur Abdeckung der STIFTSHÜTTE benutzten Felle bzw. Häute (2. Mose 25,5 u. ö.). Das Fell des D. ist jedoch für solche Zwecke ungeeignet, und man hat bei dem Wort *tachasch* eher an die gegerbte Haut einer im Nahen Osten heimischen Delphinart zu denken.

DROMEDAR Das einhöckrige Reitkamel, wörtlich in Jes 66,20 erwähnt. S. auch KAMEL.

EIDECHSE Die E., von der es im Nahen Osten zahlreiche Arten gibt, wird unter den »unreinen« Tieren erwähnt (3. Mose 11,30.31). Viele Gelehrte

(unten) Esel

Chamäleon (siehe Eidechse)

BIENE
5. Mose 1,44; Ri 14,8; Ps 118,12; Jes 7,18

BLUTEGEL
Spr 30,15

DACHS
2. Mose 25,5; 26,14; 35,7.23; 36,19; 39,34; 4. Mose 4,6.8. 10–12.14.25

DROMEDAR
Jes 66,20

EIDECHSE
3. Mose 11,30; Spr 30,28

ESEL
1. Mose 12,16; 22,3.5; 24,35; 30,43; 32,6.16; 34,28; 36,24; 42,26–27; 43,18.24; 44,3.13; 45,23; 47,17; 49,11.14; 2. Mose 4,20; 9,3; 13,13; 20,17; 21,33; 22,3.8–9; 23, 4–5.12; 34,20; 4. Mose 16,15; 22,21–23.25. 27–30.32–33; 31,28.30.34. 39.45; 5. Mose 5,14.21; 22,3–4.10; 28,31; Jos 6,21; 7,24; 9,4; 15,18; Ri 1,14; 5,10; 6,4; 10,4; 12, 14; 15,15–16; 19,3.10.19. 21.28; 1. Sam 8,16; 9,3.5.20; 10, 2.14.16; 12,3; 15,3; 16,20; 22,19; 25,18. 20.23.42; 27,9; 2. Sam 16,1–2; 17,23; 1. Kön 2,40; 13,13.23–24. 27–29; 2. Kön 4,22.24; 6,25; 7,7.10; 1. Chr 5,21; 12,41; 27,30; 2. Chr 28,15; Neh 7,68; 13,15; Hiob 1,3; 24,3; Spr 26,3; Jes 1,3; 21,7; 30,6.24; 32,20; Jer 22,19; Hes 23,20; Sach 9,9; 14,15; Mt 21,2.5.7; Lk 13,15; Joh 12,14

EULE, NACHTEULE
3. Mose 11,16;
5. Mose 14,15;
Ps 102,7;
Jes 13,21; 34,11;
Zef 2,14

FALKE
Hiob 28,7;
39,26

FISCHAAR
3. Mose 11,13;
5. Mose 14,12

FLEDERMAUS
3. Mose 11,18;
5. Mose 14,16;
Jes 2,20

FLIEGE, STECHFLIEGE
2. Mose 8,17–18.
20.25.27;
Pred 10,1;
Jes 7,18

FLOH
1. Sam 24,15;
26,20

FROSCH
2. Mose 7,27–29;
8,1–5.7–9;
Ps 78,45; 105,30;
Offb 16,13

FUCHS
Ri 15,4–5;
Neh 3,35;
Hld 2,15;
Klgl 5,18;
Hes 13,4;
Mt 8,20;
Lk 9,58; 13,32

FÜLLEN
1. Mose 32,16;
49,11;
Sach 9,9;
Mt 21,2.5.7;
Mk 11,2.4–5.7;
Lk 19,30.33.35;
Joh 12,15

GAZELLE
1. Kön 5,3;
Spr 5,19;
Hld 2,7.9.17;
3,5; 4,5;
7,4; 8,14

GECKO
3. Mose 11,30

GEFLÜGEL, FEDERVIEH, HENNE, KÜKEN
1. Kön 5,3;
Neh 5,18;
Mt 23,37;
Lk 13,34

GEIER
3. Mose 11,14;
5. Mose 14,13;
Hiob 28,7;
Jes 18,6;

halten das in der LÜ als »E.« übersetzte Tier für das Chamäleon.

ESEL Der E. war im alten Orient als Arbeits- und Transporttier weit verbreitet, wie z. B. aus Angaben über Kriegsbeute (4. Mose 31,34) und den Besitz der Rückkehrer aus dem babyl. Exil (Esr 2,67; Neh 7,68) hervorgeht. Es gab besondere Gesetze zu seiner Behandlung (2. Mose 23,5; 5. Mose 5,14; 22,10), und dem Besitzer eines zu Schaden gekommenen E. stand eine Entschädigung zu (2. Mose 21,33.34). E. dienten für hoch und niedrig als Reittier (2. Mose 4,20; Ri 5,10; 1. Sam 25,42). Jesus ritt auf einem E. nach Jerusalem ein (Mt 21,2–9 par; vgl. Sach 9,9). Die ausführlichste Erwähnung des E. im AT ist die Geschichte von der Eselin des Propheten BILEAM, die dem Engel Gottes auszuweichen versuchte und dabei sprechen konnte (4. Mose 22,22 ff.). Vgl. auch FÜLLEN.

EULE, NACHTEULE Verschiedene hebr. Wörter werden mit »E.« übersetzt. Die E. gehörte zu den »unreinen« Tieren (3. Mose 11,16; 5. Mose 14,15) und erscheint in Jes 13,21; 34,11 in der Beschreibung der Zerstörung und Verlassenheit, die auf Gottes Gericht folgt.

FALKE Mittelgroßer Raubvogel, in Hiob 28,7; 39,26 erwähnt. Das entsprechende hebr. Wort wird manchmal auch mit »Geier« übersetzt (3. Mose 11, 14; 5. Mose 14,13).

FISCHAAR In der Liste der »unreinen« Tiere genannter Raubvogel; die genaue zoologische Einordnung ist umstritten.

FLEDERMAUS Ebenfalls ein »unreines« Tier. In Jes 2,20 erwähnt.

FLIEGE Zwei hebr. Wörter werden mit »F.« übersetzt. *Arov* (»Fliegenschwarm«, »Stechfliegen«) erscheint zur Bezeichnung der Stechfliegenplage, die als vierte der zehn Plagen über Ägypten kam (2. Mose 8,16–27; vgl. Ps 78,45 und 105,31, wo die LÜ »Ungeziefer« bzw. »Stechmücken« hat). *Sebub* dagegen bezeichnet die gewöhnliche Hausfliege. Jes 7,18 vergleicht eine einfallende ägypt. Armee mit einem Fliegenschwarm. Einer der heidnischen Götzen der Umwelt Israels war der *Baal Sebub* (»Gott der Fliegen«, daher BEELZEBUB, BEELZEBUL), der u.a. in Ekron verehrt wurde (2. Kön 1,2 ff.).

FLOH Gelegentlich als Bild für etwas Unwichtiges gebraucht. In zwei Gesprächen mit Saul bezeichnete David sich als F., also als jemanden, den zu verfolgen sich nicht lohnt (1. Sam 24,15; 26,20).

FROSCH Das massenhafte Auftreten von F.n war die zweite der ägypt. Plagen (2. Mose 7,27–8,10). Ähnlich wie die KRÖTE galt der F. als »unreines« Tier; diese rituelle Unreinheit steht wohl hinter dem Bild in Offb 16,13, wo unreine Geister die Gestalt von F.n haben.

FUCHS Der F. ist seit alters her ein Symbol für Schläue und Verschlagenheit; so bezeichnete Jesus König Herodes Antipas als »F.« (Lk 13,32). Als schädlich erscheint der F. auch z. B. in Hes 13,4 (falsche Propheten, gleichzeitig ein Bild für Zerstörung) und Hld 2,15. Die Erwähnung in Ri 15,4–5 und Neh 3,35 bezieht sich wahrscheinlich auf den SCHAKAL.

FÜLLEN Das Junge des Pferdes, Esels oder Kamels. Das Kamelfüllen wird in 1. Mose 32,16 erwähnt, die meisten Erwähnungen beziehen sich auf das Eselsfüllen. Jesus ritt auf einem Eselsfüllen in Jerusalem ein (Mk 11,1–11 par; vgl. Sach 9,9). S. auch ESEL.

GAZELLE Unterfamilie der Antilopen. Die G. war ein Symbol für Schnelligkeit, Wendigkeit, Eleganz und Schönheit und erscheint so z. B. im Hohenlied Salomos (Hld 2,7.9; 4,5; 7,4). In der LÜ verschiedentlich mit »Reh« übersetzt, so in 2. Sam 2,18; 1. Chr 12,9 und in der Liste der »reinen« Tiere (5. Mose 12,15.22; 14,5; 15,22). G.n gehörten zum Speisezettel König Salomos (1. Kön 5,3). Vgl. auch REH.

GECKO Kleine Eidechsenart, gehörte zu den »unreinen« Tieren (3. Mose 11,30).

GEFLÜGEL, FEDERVIEH, HENNE, KÜKEN Es ist nicht genau bekannt, wann das Haushuhn in Israel heimisch wurde. Das »gemästete Federvieh«, das zu Salomos täglichem Speisezettel gehörte (1. Kön 5,3), und das für Nehemia zubereitete Geflügel waren wahrscheinlich eine andere Art G.

Falke

(unten) Wüstenfuchs

Frosch

Geier

(oben) Gecko

(S. 877 oben) Heuschrecke auf einem Siegel des 8. Jh. v. Chr. aus Megiddo. (Israelische Regierungsabteilung für Altertümer und Museen).

Hase

In Mt 23,37; Lk 13,34 benutzt Jesus das Bild von der Henne, die ihre Küken beschützen will.

GEIER Großer, Aas fressender Raubvogel, gehörte zu den »unreinen« Tieren (3. Mose 11,14; 5. Mose 14,13). Die Vögel, die auf Abrahams Opfer (in 1. Mose 15,11) herabstießen, waren möglicherweise G.

HABICHT Kleinerer, ebenfalls »unreiner« Raubvogel (3. Mose 11,13; 5. Mose 14,12). In Hiob 39,26 als FALKE erwähnt.

HAGAB (GRILLE) Heuschreckenart, galt als »reines« Tier (3. Mose 11,22).

HAHN Der H. wird in Spr 30,31 als Bild für den Stolz erwähnt. Im NT erscheint er in der Passion Jesu: Jesus sagt Petrus voraus, daß dieser ihn noch in der gleichen Nacht dreimal verleugnen wird, »ehe der Hahn kräht« (Mt 26,34.74–75 par.).

HARGOL (GRASHÜPFER) Nach 3. Mose 11,22 eine Heuschreckenart; galt als »reines« Tier.

HASE In 3. Mose 11,6; 5. Mose 14,7 in der Liste der »unreinen« Tiere erwähnt.

HENNE S.o. GEFLÜGEL.

HEUSCHRECKE Große Heuschreckenschwärme waren die achte der zehn ägypt. Plagen (2. Mose 10,1–20). Solche Schwärme, die ganze Ernten vernichten konnten, waren auch später sehr gefürchtet (vgl. 5. Mose 28,38; 1. Kön 8,37; 2. Chr 6,28; 7,13). Bildlich wurde die H. als Symbol für Krieg und Verwüstung (Ri 6,5; Jer 51,27 u. a.), für nicht zu überschauende Mengen (Jer 46,23; Nah 3,15.17 u. a.), aber auch für Kleinheit und Bedeutungslosigkeit (4. Mose 13,33; Jes 40,22) gebraucht. Nach 3. Mose 11,22 gehörten H. zu den »reinen« Tieren. Johannes d. T. ernährte sich in der Wüste von Wildhonig und H. (Mt 3,4).

HIRSCH, HIRSCHKUH, REH In atl. Zeit gab es im Nahen Osten drei Arten der Hirschfamilie: Rothirsch, Damwild und Reh. Wahrscheinlich waren die Verfasser des AT bei dieser Tiergattung ungenau in der Namensgebung, was sich auch in den Übersetzungen widerspiegelt. So steht für »Reh« etc. oft auch »Gazelle«. Bildlich benutzt werden »H.« etc., ähnlich wie GAZELLE, als Umschreibungen für Schnelligkeit und Anmut (z. B. 1. Mose 49,21; Spr 5,19; Hld 2,9.17; 8,14).

HUHN Siehe GEFLÜGEL.

HUND, HÜNDLEIN Der H. hatte im alten Orient einen niedrigen Status. Die meisten H. waren keine Haustiere im heutigen Sinne, sondern lebten halbwild und waren als Aasfresser verschrien (2. Mose 22,30; 1. Kön 14,11; 16,4). Wenn dem armen Lazarus im Gleichnis (Lk 16,21) die H. die Geschwüre lecken, so bedeutet das äußerste Schwäche, Krankheit und Erniedrigung. Das schreckliche Ende Ahabs und Isebels wird dadurch unterstrichen, daß die H. ihr Blut lecken bzw. ihren Leichnam fressen (1. Kön 21,19. 23.24; 22,38; 2. Kön 9,35–36). Der Ausdruck »H.« war ein gängiges Schimpfwort (vgl. 1. Sam 17,43; 2. Sam 16,9) und konnte auch zur Selbstdemütigung gebraucht werden (2. Sam 9,8; 2. Kön 8,13). Noch Paulus benutzt »H.« als Schimpfwort (Phil 3,2), und Petrus zitiert in 2. Petr 2,22 den Spruch aus Spr 26,11: »Der H. frißt wieder, was er gespien hat« – ein Bild für unbelehrbares Verharren in Sünde und Torheit. Offb 22,15 nennt »H.» zus. mit Zauberern, Unzüchtigen, Mördern und Götzendienern. Als »Hundegeld« (5. Mose 23,19) war der Lohn des männlichen Tempelprostituierten bekannt.

HUND, WILDER (HYÄNE) In Jes 13,22; 34,14; Jer 50,39 als Bewohner von Ruinen und verlassenen Orten erwähnt, also als Bild für Zerstörung und Untergang.

IGEL (STACHELSCHWEIN) In Jes 14,23; 34,11 unter den Tieren erwähnt, die das verlassene Babel bzw. Edom bewohnen werden.

KALB S. u. KUH.

KAMEL Das K. (gemeint ist das einhöckrige Dromedar) war neben dem Esel das übliche Reit- und Transporttier im alten Orient. Schon früh war es in Ägypten, Palästina u. a. Ländern heimisch. In den bibl. Erzväterge-

Mi 1,16; Mt 24,28; Lk 17,37

HABICHT
3. Mose 11,13; 5. Mose 14,12

HAGAB
3. Mose 11,22

HAHN
Spr 30,31; Mt 26,34.74–75; Mk 14,30.68.72; Lk 22,34.60.61; Joh 13,38; 18,27

HARGOL
3. Mose 11,22

HASE
3. Mose 11,6; 5. Mose 14,7

HEUSCHRECKE
2. Mose 10,4. 12–13.19; 3. Mose 11,22; 4. Mose 13,33; 5. Mose 28,38; Ri 6,5; 7,12; 1. Kön 8,37; 2. Chr 6,28; 7,13; Hiob 39,20; Ps 78,46; 105,34; 109,23; Spr 30,27; Pred 12,5; Jes 33,4; 40,22; Jer 46,23; 51,14.27; Joel 1,4; 2,25; Am 7,1; Nah 3,15.17; Mt 3,4; Mk 1,6; Offb 9,3.7

HIRSCH, HIRSCHKUH, REH
1. Mose 49,21; 5. Mose 12,15. 22; 14,5; 15,22; 2. Sam 2,18; 22,34; 1. Kön 5,3; 1. Chr 12,9; Hiob 39,1; Ps 18,34; 22,1; 42,2; Spr 5,19; 6,5; 7,22; Hld 2,9.17; 8,14; Jes 13,14; 35,6; 51,20; Jer 14,5; Klgl 1,6; Hab 3,19; Apg 9,36

HUND, HÜNDLEIN
2. Mose 11,7; 22,30; Ri 7,5;

schichten wird es immer wieder erwähnt (1. Mose 12,16 u. a.). Abrahams Diener, der eine Frau für Isaak suchen sollte, legte seine Reise nach Mesopotamien mit K.n zurück (vgl. 1. Mose 24,19), und Jakob schenkte seinem Bruder Esau bei ihrem Versöhnungswiedersehen 30 säugende K. und ihre Füllen (1. Mose 32,16). Für den Fernhandel (1. Mose 37,25; 1. Kön 10,2; Jes 30,6) und für längere Reisen war das K. von allergrößter Bedeutung. Es wurde auch als Reittier in Kriegen benutzt (Ri 6,3–5; 1. Sam 30,17 u. a.). 1. Chr 27,30 erwähnt einen Aufseher speziell über Davids Kamelherden. Neh 7,68 (vgl. Esr 2,67) listet die Zahl der K. auf, die die Rückkehrer aus dem babyl. Exil mitbrachten. Das K. galt als »unreines«, zum Verzehr verbotenes Tier (3. Mose 11,4; 5. Mose 14,7).

Im NT benutzt Jesus das K. als eines der größeren Tiere seiner Umwelt in bildlichem Sinne: Es ist leichter für ein K., durch ein Nadelöhr zu gehen, als für einen Reichen, ins Reich Gottes zu kommen (Mt 19,24 par), und die verblendeten Pharisäer sieben Mücken aus, aber verschlucken K. (Mt 23,24). Johannes d. T. trug ein Gewand aus Kamelhaaren (Mt 3,4; Mk 1,6).

KLIPPDACHS (FELSENKANINCHEN) Kleines, dem Kaninchen ähnliches Säugetier, Felsenbewohner (vgl. Spr 30,26). Gehörte zu den »unreinen« Tieren (3. Mose 11,5; 5. Mose 14,7).

KRANICH Zugvogel, der im Mittelmeerraum überwintert. In Jer 8,7 erwähnt.

KRÖTE Nach 3. Mose 11,29 eines der »unreinen« Tiere.

KUCKUCK Auch als Möwenart gedeutet, eines der »unreinen« Tiere (3. Mose 11,16; 5. Mose 14,15).

KUH, KALB Die K. hatte als Arbeitstier sowie als Milch- und Fleischlieferant einen hohen Stellenwert im alten Israel. Sie war auch eines der hauptsächlichen Opfertiere; vgl. dazu auch das Ritual der RÖTLICHEN KUH in 4. Mose 19. K. bzw. STIER spielten auch in den heidnischen Kulten der Umwelt Israels eine große Rolle (vgl. GOLDENES KALB). Bildliche Bedeutung hat die K. z. B. im Traum des Pharao von den sieben fetten und sieben mageren K.n (1. Mose 41) und bei prophetischen Verurteilungen des Verhaltens und Luxus Israels und Samarias (Hos 4,16; Am 4,1).

LAMM Siehe SCHAF.

LEOPARD Siehe PANTHER.

LÖWE Der L., eines der gefährlichsten Raubtiere des alten Orients, wird in der Bibel häufig erwähnt. Das Hebr. kennt sieben versch. Bezeichnungen für den L. Schäfer und Reisende hatten ihn zu fürchten (Ri 14,5–6; 1. Sam 17,34–35), schon sein Brüllen erweckte Furcht (Am 3,8). In manchen Ländern konnte die Todesstrafe dadurch ausgeführt werden, daß man den Verurteilten in einen Löwenzwinger warf (Dan 6); den Tod durch L. als Gottesstrafe erwähnt 1. Kön 13,24–26; 20,36. Bildlich steht der L. für Mut (4. Mose

1. Sam 17,43; 24,15; 2. Sam 3,8; 9,8; 16,9; 1. Kön 14,11; 16,4; 21,19. 23–24; 2. Kön 8,13; 9,10.36; Hiob 30,1; Ps 22,17.21; 59,7; 68,24; Spr 26,11.17; Pred 9,4; Jes 56,10–11; 66,3; Jer 15,3; 50,39; Mt 7,6; 15,26–27; Mk 7,27–28; Lk 16,21; 2. Petr 2,22; Phil 3,2; Offb 22,15

HUND, WILDER Jes 13,22; 34,14; Jer 50,39

IGEL Jes 14,23; 34,11

KAMEL 1. Mose 12,16; 24,10.11.14. 19–20.22.30–32. 35.44.46.61. 63–64; 30,43; 31,17.34; 32,8.16; 37,25; 2. Mose 9,3; 3. Mose 11,4; 5. Mose 14,7; Ri 6,5; 7,12; 8,21.26; 1. Sam 15,3; 27,9; 30,17; 1. Kön 10,2; 2. Kön 8,9; 1. Chr 5,21; 12,41; 27,30; 2. Chr 9,1; 14,14; Esr 2,67; Neh 7,68; Hiob 1,3; 42,12; Jes 21,7; 30,6; 60,6; Jer 2,23; 49,29.32; Hes 25,5; Sach 14,15; Mt 3,4; 19,24; 23,24; Mk 1,6; 10,25; Lk 18,25

KLIPPDACHS 3. Mose 11,5; 5. Mose 14,7; Ps 104,18; Spr 30,26

KRANICH Jer 8,7

Heuschrecken

(rechts) Zwei Elfenbeinlöwen aus Samaria. 9. Jh. v. Chr. (Israel Museum)

Löwe in einem Mosaik der byzantinischen Periode aus Bet-Gubrin.

Persisches Damwild

(unten Kamel)

Hund

23,24; 1. Chr 12,9; Spr 28,1), aber auch für Bedrohung und Gefahr (Ps 10,9; Spr 28,15; Hes 22,25; 1. Petr 5,8; in Klgl 3,10; Hos 5,14 auf Gott angewandt). Löwendarstellungen schmückten Salomos Thron (1. Kön 10,19 usw.) und Geräte im Tempel (1. Kön 7,27–29.36). Zur Darstellung himmlischer Wesen erscheint der L. in Visionen Hesekiels (Hes 1,10; 10,14; 41,18–19; vgl. Offb 4,7). In Jakobs Segen über seine Söhne wird Juda »ein junger L.« genannt (1. Mose 49,9), und in der Offenbarung des Johannes ist Jesus »der L. aus dem Stamm Juda« (Offb 5,5).

MADE In Hiob 25,6; Hos 5,12 erwähnt. Vgl. im übrigen WURM.

MAULTIER Eine Kreuzung von Pferd und Esel. Da Kreuzungen nach 3. Mose 19,19 verboten waren, wurde sie vermutlich von Nichtisraeliten eingeführt (vgl. Hes 27,14). Salomo erhielt M. als Geschenk fremder Könige (1. Kön 10,24–25; 2. Chr 9,22–24), und Esr 2,66; Neh 7,68 erwähnt die Zahl der M., die die Rückkehrer aus dem babyl. Exil mitbrachten. Auch in den höheren Kreisen diente das M. als Reit- (2. Sam 13,29; 18,9; 1. Kön 1,33. 38.44) und Packtier (2. Kön 5,17; 1. Chr 12,41). Bildlich erwähnt in Ps 32,9.

MAULWURF Der in der Bibel erwähnte M. (ein »unreines« Tier, 3. Mose 11,30) ist nicht identisch mit dem europäischen M.; er ist kein Insektenfresser, sondern ernährt sich von Pflanzenwurzeln und Knollen; auch als Maulwurfratte bezeichnet.

MAUS Eines der »unreinen« Nagetiere (3. Mose 11,29). Als die Philister die Bundeslade erbeutet hatten (1. Sam 5), wurden sie u.a. von einer Mäuseplage heimgesucht (1. Sam 6,5) und zahlten bei der Rückgabe der Lade fünf goldene Beulen und fünf goldene M.e (entsprechend der Zahl der Philisterfürsten) als Sühnegabe (1. Sam 6,4.17–18). In Jes 66,17 wird die M. im Zusammenhang mit Götzendienst erwähnt.

MOTTE Sie wird v.a. als Kleiderschädling erwähnt (z.B. Hiob 13,28; Mt 6,19–20). In Hiob 4,19 symbolisiert sie die Zerbrechlichkeit des Menschen vor Gott.

MÜCKE, STECHMÜCKE Stechmücken waren die dritte der ägypt. Plagen (2. Mose 8,12–15). Welche Art genau gemeint ist, ist unbekannt. In Jes 51,6 erscheint die M. als Bild für Vergänglichkeit und Unwichtigkeit, ähnlich in Jesu Strafrede gegen die Pharisäer in Mt 23,24.

NATTER Ausdruck für giftige Schlangen. Vgl. im übrigen OTTER, SCHLANGE.

OCHSE, RIND (Im Hebr. steht für beide dasselbe Wort). Rind und O. gehörten zu den häufigsten Haustieren und wurden intensiv als Arbeitstiere benutzt (1. Mose 12,16; 1. Kön 19,19f.; Hiob 1,14; Am 6,12). Verletzungen durch O.n bzw. Schädigung von O.n waren im Gesetz des Mose genau geregelt (2. Mose 21,28–22,14). O.n hatten sogar, wie die anderen Haustiere, Teil an der Sabbatruhe (2. Mose 23,12). Sie gehörten zu den »reinen« Tieren (5. Mose 14,4) und wurden für Opfer verwendet (2. Sam 24,22; 1. Kön 1,9; 8,5; 1. Chr 21,23 u.a.). Das sog. eherne Meer im Tempel Salomos stand auf 12 bronzenen Rindern (1. Kön 7,25; vgl. Jer 52,20), und die Gestelle für die fahrbaren Wasserkessel waren ebenfalls mit Rindern verziert (1. Kön 7,29). S. auch STIER.

OTTER Allg. auf Giftschlangen angewandt (vgl. NATTER), bes. auf die ägypt. Kobra, die heute in Israel selten ist. Ps 58,5 beschreibt die Gottlosen bildlich als O., Spr 23,32 vergleicht die Trunkenheit mit dem Stich der O. Im Friedensreich des Messias wird ohne jede Gefahr »ein Säugling spielen am Loch der O.« (Jes 11,8). Jakob bezeichnet im Segen über seine Söhne Dan als O. (1. Mose 49,17). Bildlich steht die O. allg. auch für Bosheit (Ps 140,4; Mt 23,33; Röm 3,13). Vgl. SCHLANGE.

PANTHER, LEOPARD Das AT erwähnt seine Schnelligkeit (Hab 1,8), Raubnatur (Jer 5,6; Hos 13,7), Flecken (Jer 13,23) und Revier in den Bergen (Hld 4,8). Im Friedensreich des Messias wird der P. bei den Böcken lagern (Jes 11,6). In Dan 7,6 symbolisiert ein geflügelter P. mit vier Köpfen das pers. Reich. Das pantherähnliche Tier aus dem Meer in Offb 13,2 stellt die (damals im röm. Reich verkörperte) Weltmacht schlechthin dar.

KRÖTE
3. Mose 11,29

KUCKUCK
3. Mose 11,16;
5. Mose 14,15

KUH, KALB
1. Mose 15,9;
18,7–8; 32,16;
41,2–4.18.
20.26–27;
2. Mose 32,4.8.
19–20.24.35;
3. Mose 9,3;
4. Mose 19,2.
5–6.9–10;
5. Mose 7,13;
9,16.21; 21,3.6;
32,14;
Ri 14,18;
1. Sam 6,7.10.
12.14; 14,32;
16,2; 28,24;
2. Sam 6,13;
1. Kön 12,28.32;
2. Kön 10,29;
17,16;
2. Chr 11,15;
13,8;
Neh 9,18;
Hiob 21,10;
Ps 29,6; 106,19;
Jes 7,21;
11,6–7; 27,10;
Jer 34,18–19;
46,20–21; 50,11;
Hos 4,16; 8,5–6;
10,5–6.11; 13,2;
Am 4,1; 6,4;
Mi 6,6;
Lk 15,23.27.30;
Apg 7,41;
Hebr 9,12–13.19

LÖWE
1. Mose 49,9;
4. Mose 23,24;
24,9;
5. Mose 33,
20.22;
Ri 14,5.
8–9.18;
1. Sam 17,
34.36–37;
2. Sam 1,23;
17,10; 23,20;
1. Kön 7,29.36;
10,19–20; 13,
24–26.28; 20,36;
2. Kön 17,25–26;
1. Chr 12,9;
2. Chr 9,18–19;
Hiob 4,10–11;
10,16; 28,8;
38,39;
Ps 7,3; 10,9; 17,
12; 22,14.22; 35,
17; 57,5; 58,7;
91,13; 104,21;
Spr 19,12; 20,2;
22,13; 26,13;
28,1.15; 30,30;
Pred 9,4;
Hld 4,8;
Jes 5,29;
11,6–7; 15,9;
30,6; 31,4;
35,9; 38,13;

(links) Rebhuhn

(rechts) Felsenrebhuhn und Küken auf dem Mosaikfußboden der Synagoge von Bet-Alfa, 6. Jh. n. Chr.

(links) Stachelschwein

(rechts) Widder, dessen Kopf in einem Busch verfangen ist. Mosaikboden der Synagoge von Bet-Alfa.

(links) Rabe mit ägyptischer Krone auf einer Münze aus Rafiach, 117 n. Chr.

(rechts) Felsenkaninchen (Klippdachs)

(rechts) Pfau auf dem byzantinischen Mosaik der Kirche der Brotvermehrung in Tabgha.

(links) Asiatische Wildesel

(rechts) Ägyptisches Modell eines mit zwei Ochsen pflügenden Mannes, um 2000 v. Chr.

(links) Strauße

(rechts) Eule auf einer Münze aus Gaza, um 375 v. Chr.

(links) Schleiereulen

Jer 2,15.30; 4,7; 5,6; 12,8; 25,38; 49,19; 50,17.44; 51,38; Klgl 3,10; Hes 1,10; 10,14; 19,2–3.5–6; 22,25; 32,2; 41,19; Dan 6,8.13. 17.20–21.23. 25.28; 7,4; Hos 5,14; 11,10; 13,7–8; Joel 1,6; Am 3,4.8.12; 5,19; Mi 5,7; Nah 2,12–14; Zef 3,3; Sach 11,3; 2. Tim 4,17; 1. Petr 5,8; Hebr 11,33; Offb 4,7; 5,5; 9,8.17; 10,3; 13,2

MADE
Hiob 25,6; Hos 5,12

MAULTIER
2. Sam 13,29; 18,9; 1. Kön 1,33.38. 44; 10,25; 18,5; 2. Kön 5,17; 1. Chr 12,41; 2. Chr 9,24; Esr 2,66; Neh 7,68; Ps 32,9; Jes 66,20; Sach 14,15

MAULWURF
3. Mose 11,30; Jes 2,20

MAUS
3. Mose 11,29; 1. Sam 6,4–5. 11.18; Jes 66,17

MOTTE
Hiob 4,19; 13,28; Ps 39,12; Jes 50,9; 51,8; Hos 5,12; Mt 6,19–20; Lk 12,33; Jak 5,2

MÜCKE, STECHMÜCKE
2. Mose 8,12–14; Ps 105,31; Jes 51,6; Mt 23,24

NATTER
Jes 11,8; 14,29; 34,15; 59,5; Jer 8,17

Tonpferd aus der israelitischen Periode (Israel Museum).

(links) Stute und Füllen.

PFAU Pfaue, wohl aus Indien, gehörten zu den Tieren, die König Salomos Handelsflotte nach Israel brachte.

PFERD, ROSS, HENGST, STUTE Das P. wurde vermutlich durch die Hyksos nach Palästina eingeführt. Im Gegensatz zu ESEL und MAULTIER war es kein alltägliches Reit- und Lasttier, sondern wurde speziell im Krieg eingesetzt; in diesem Zusammenhang werden P. sowie von P.n gezogene Streitwagen häufig in der Bibel erwähnt (z. B. 2. Mose 14,9; Ri 5,22; 2. Sam 1,6; 1. Kön 20,1; Jes 5,28; Apg 23,23). Das P. war ein Zeichen für Macht und Reichtum. Josef wurde in Ägypten dadurch geehrt, daß er in einem der Wagen Pharaos fahren durfte (1. Mose 41,43; vgl. Mordechai in Persien, Est 6,7–11). Als Absalom seinen Aufruhr gegen David plante, schaffte er sich u. a. »einen Wagen und Rosse« an (2. Sam 15,1). König Salomo hielt sich Tausende von P. (1. Kön 5,6–8; 10,26–29; 2. Chr 9,25–28).

Elias Himmelfahrt geschah in einem »feurigen Wagen mit feurigen Rossen« (2. Kön 2,11). Hld 1,9 vergleicht die Schönheit der Geliebten mit einer der Stuten Pharaos, und Hiob 39,19–25 gibt eine klassische Schilderung des Kriegsrosses. Hab 3,8 wendet das Bild von den Rossen und Kriegswagen auf Gott an. Die Propheten vergleichen manchmal das Treiben des gottlosen Menschen mit dem Voranstürmen oder auch der Brunst von Hengsten (Jer 5,8; 8,6; Hes 23,20). In Offb 6,2–8 symbolisieren die vier apokalyptischen Reiter den Eroberungskrieg, das Blutvergießen, den Hunger und den Tod. Christus als der endzeitliche Sieger reitet auf einem weißen Pferd (Offb 19,11).

RABE Ein R. war der erste Vogel, den Noah aus der Arche fliegen ließ (1. Mose 8,7). Im alten Israel gehörte er zu den »unreinen« Vögeln (3. Mose 11,15; 5. Mose 14,14). R.n versorgten den Propheten Elia in der Einöde mit Essen (1. Kön 17,4.6). Allg. erscheint der R. als Zeichen für einsame, menschenferne Gegenden (z. B. Jes 34,11; Zef 2,14); andere Bibelstellen sehen ihn als Beispiel für Gottes Fürsorge für alle Kreaturen (Hiob 38,41; Ps 147,9; Lk 12,24).

(unten) Leopard (Panther)

Kranich

Stier auf dem Tierkreisrad des Mosaikbodens zu Bet-Alfa.

(oben) Sphinxmotte

RAUPE Das AT erwähnt die R. als Schädling (z. B. 1. Kön 8,37; Am 4,9).
REBHUHN In einem Gespräch mit dem ihn verfolgenden Saul bezeichnet David sich als R. (1. Sam 26,20); das R. war ein jagdbarer Vogel. Der Vergleich: »Wie ein Vogel, der sich über Eier setzt, die er nicht gelegt hat« (Jer 17,11) meint den volkstümlichen Glauben, daß das R. fremde Eier sammle.
REH Siehe GAZELLE und HIRSCH.
REIHER Einer der »unreinen« Vögel (3. Mose 11,19; 5. Mose 14,18). Im Lob des Schöpfers in Ps 104,17 erwähnt.
RIND Siehe OCHSE.
ROHRDOMMEL Wahrscheinlich ein reiherähnlicher Wasservogel; die genaue zoologische Zuordnung des hebr. Wortes ist unsicher. Die R. gehörte zu den »unreinen« Tieren (3. Mose 11,18; 5. Mose 14,17) und erscheint in Jes 34,11 und Zef 2,14 als einer der Bewohner menschenleerer Gegenden.
SAU Siehe SCHWEIN.
SCHAF, LAMM Seit frühester Zeit eines der wichtigsten Haustiere des Menschen, in der Bibel immer wieder erwähnt. Die Zahl der S., die jemand besaß, war einer der Gradmesser für seinen Reichtum (z. B. 1. Sam 25,2). Das S. gab Wolle, Milch und Fleisch; sein Fell bzw. Haut diente zur Herstellung von Bekleidung (vgl. Hebr 11,37) und Zeltplanen (so bei der Stiftshütte: 2. Mose 26,14). Nicht zuletzt war das S. bzw. Lamm das hauptsächliche Opfertier, von der Zeit Noahs und der Erzväter an (1. Mose 15,9, s. WIDDER; vgl. 1. Mose 4,2 ff.) bis zum vollentwickelten Kult der Stiftshütte bzw. des Tempels (3. Mose 1,10; 5,6.15 u. ö.). Ein einjähriges Lamm bzw. Ziege diente als Passaopfer beim Auszug aus Ägypten (2. Mose 12).

In bildlicher Bedeutung erscheint das S. einerseits als Symbol für Wehrlosigkeit und Hilflosigkeit (z. B. Jer 11,19; Mi 5,7), auch für Orientierungslosigkeit und Irrwege (Jes 53,6), aber auch für Gottes liebende Zuwendung und Führung gegenüber den Seinen: Gott ist der große Schäfer, er »wird seine Herde weiden wie ein Hirte« (Jes 40,11; vgl. Jer 23,3–4; Hes 37,24 usw.). Auf geradezu klassische Art drückt dieses der Ps 23 aus: »Der HERR ist mein Hirte …«). Ein ganzes Kap. in Hesekiel (Hes 34) ist einer Gleichnisrede über die schlechten Hirten und den rechten Hirten Israels gewidmet.

Schafe beim Weiden

OCHSE, RIND
1. Mose 12,16; 13,5; 18,7; 20,14; 21,27; 24,35; 32,6.8; 34,28; 47,17; 50,8;
2. Mose 9,3; 10,9.24; 12,32.38; 20,17.24; 21,28.29.31–33.35–37; 22,3.8–9; 23,4.12; 34,3;
3. Mose 1,2–3.5; 4,10; 22,19.21.23.27–28;
4. Mose 7,3.6–8.17.23.29.35.41.47.53.59.65.71.77.83; 11,22; 15,3.8–9; 18,17; 22,4.40; 31,28.30.33.38.44;
5. Mose 5,14.21; 8,13; 12,6.17.21; 14,4.23.26; 15,19; 16,2; 17,1; 18,3; 22,1.4.10; 25,4; 28,4.18.31.51;
Jos 6,21; 7,24;
Ri 3,31; 6,4;
1. Sam 8,16; 11,5.7; 12,3; 14,14.32; 15,3.9.14–15.21; 22,19; 27,9; 30,20;
2. Sam 6,6; 12,2.4; 24,22.24;
1. Kön 1,9; 5,3; 7,25.29.44; 8,5.63; 19,20–21;
2. Kön 5,26; 16,17;
1. Chr 12,41; 13,9; 21,23; 27,29;
2. Chr 4,3–4.15; 5,6; 7,5; 15,11; 18,2; 29,22.32–33; 31,6; 32,29; 35,7–9.12;
Neh 10,37;
Hiob 1,3.14; 24,3; 40,15; 42,12;
Ps 8,8; 66,15; 106,20; 144,14;
Spr 14,4; 15,17;
Pred 2,7;
Jes 1,3; 7,25; 11,7; 22,13; 30,24; 32,20; 65,25;
Jer 3,24; 5,17; 31,12;
Dan 4,22.29–30; 5,21;
Hos 5,6;
Joel 1,18;
Am 6,12;
Jona 3,7;
Hab 3,17;
Mt 22,4;
Lk 13,15; 14,5.19;
Joh 2,14–15;
Apg 14,13;
1. Kor 9,9;
1. Tim 5,18

OTTER
1. Mose 49,17; 5. Mose 32,33; Hiob 20,14; Ps 58,5; 91,13; 140,4; Spr 23,32; Jes 11,8; 30,6; Mt 23,33; Röm 3,13

PANTHER, LEOPARD
Jes 11,6; Jer 5,6; 13,23; Hld 4,8; Dan 7,6; Hos 13,7; Hab 1,8; Offb 13,2

PFAU
1. Kön 10,22
2. Chr 9,21

PFERD, HENGST, ROSS, STUTE
1. Mose 47,17; 49,17; 2. Mose 9,3; 14, 9.23; 15,1; 5. Mose 11,4; 17,16; 20,1; Jos 11,4.6.9; Ri 5,22.28; 2. Sam 8,4; 15,1; 1. Kön 5,6; 10, 25.28; 18,5; 20,1.20–21. 25; 22,4; 2. Kön 2,11; 3,7; 5,9; 6,14–15.17; 7,6–7.10.13–14; 9,33; 10,2; 11,16; 14,20; 18,23; 23,11; 2. Chr 1,16–17; 9,24–25.28; 25,28; Esr 2,66; Neh 7,68; Est 6,8–11; 8,10.14; Hiob 39,18–19; Ps 20,8; 32,9; 33,17; 76,7; 147,10; Spr 21,31; 26,3; Pred 10,7; Hld 1,9; Jes 2,7; 5,28; 21,7.9; 22,6–7; 30,16; 31,1.3; 36,8; 43,17; 63,13; 66,20; Jer 4,13; 6,23; 8,16; 12,5; 17, 25; 22,4; 46,4; 47,3; 50,11. 37.42; 51,21; Hes 17,15; 23,6.12.23–24; 26,7.10–11; 27,14; 38,4. 15; 39,20; Hos 1,7; 14,4; Joel 2,4; Am 4,10; 6,12;

Im NT ist Jesus Christus beides: Opferlamm (»Lamm Gottes«, vgl. Joh 1,29 u.ö.; Offb 5,12 u.ö.), das in Erfüllung atl. Prophetien und Vorausdeutungen wie des Passafestes (s. PASSA), des atl. Opferkultes (vgl. Hebr 9,18–10,18; vgl. OPFER) und Jes 53 für die Sünden der Menschen geopfert ist, und »der große Hirte der Schafe« (Hebr 13,20), der »gute Hirte« (Joh 10,11; vgl. Joh 10,1–30), der Menschen, die wie Schafe ohne Hirten umherirrten (Mk 6,34), Leitung, Ziel und Heimat gibt (vgl. 1. Petr 2,25). Das Bild vom verlorenen S. (Lk 15,4–7) ist eines der Zentralgleichnisse Jesu.

Auch das Bild vom wehrlosen, Gefahr und Verfolgung preisgegebenen S. erscheint im NT. Jesus sendet seine Jünger »wie Schafe mitten unter die Wölfe« (Mt 10,16), und Paulus weiß über Verfolgungen zu schreiben: »Wir sind geachtet wie Schlachtschafe« (Röm 8,36; vgl. Ps 44,23). In Jesu Gleichnis vom Weltgericht in Mt 25 werden die Gerechten als »S.« den Verdammten als den »Böcken« (Mt 25,32f.) gegenübergestellt. Vgl. auch WIDDER.

SCHAKAL Der S., ein wolfähnliches Mitglied der Hundefamilie, war im alten Israel weitverbreitet; er lebte in Rudeln und ernährte sich von Aas, aber auch von frisch getöteten Tieren. Als Nachttier, das durch verlassene Ruinen und Einöden streift, erscheint er oft in den atl. Zerstörungsprophetien (Jes 13,22; Jer 10,22; Mi 1,8 u.ö.). Im künftigen messianischen Friedensreich wird auch der S. wie andere wilde Tiere an der Güte Gottes teilhaben (Jes 43,20; vgl. 35,7).

SCHLANGE Die S., von der es im Nahen Osten zahlreiche, z.T. hochgiftige Arten gibt, ist in der Bibel ein häufiges Motiv. Ihr Biß war gefürchtet, und sie diente als Bild für Bosheit und Falschheit (vgl. z.B. Ps 58,5; Spr 23,32; Pred 10,8.11; Am 5,19). Auch die Feinde Israels (5. Mose 32,33; Jes 14,29; 27,1; Jer 8,17) werden mit S.n verglichen. Die S. besaß im alten Orient allg. eine große religiöse Bedeutung. In der Geschichte vom SÜNDENFALL werden Adam und Eva von der S. im Garten Eden verführt (1. Mose 3), und Offb 12,9.14f.; 20,2 erzählt vom Sturz der »alten S.«, die hier mit dem Satan gleichgesetzt wird. Mose und Aaron zeigten ihre Macht, als

Skulpturen von Kuh und Kalb. Israelitische Periode.

(oben) Raupe

(links) Giftschlange

(unten) Teppichviper

Skorpion

(oben) Junge Wildschweine

(unten) Turteltaube

Aarons zu Boden geworfener Stab zur S. wurde und die Stäbe der Zauberer Pharaos verschlang (2. Mose 7,8–12). Im Segen über seine 12 Söhne bezeichnet Jakob Dan als S. (1. Mose 49,17). Auf Jesus Christus vorausweisende heilsgeschichtliche Bedeutung hat die Eherne S. (4. Mose 21,6–9; vgl. Joh 3,14; s. SCHLANGE, EHERNE). Von einer urzeitlichen, der Macht Gottes jedoch völlig unterworfenen S. sprechen Bibelstellen wie Hiob 26,13; Jes 27,1; Am 9,3 (vgl. auch LEVIATAN). Im Friedensreich des Messias wird die S. ihre Gefährlichkeit verloren haben (Jes 65,25).

Im NT bezeichnen Johannes d. T. und Jesus die Pharisäer und Schriftgelehrten verschiedentlich als »S.«, »Schlangenbrut« u. ä. (Mt 3,7; 12,34; 23,33 u. a.). Jesu Jünger bzw. die Christen erhalten die Zusage, daß Schlangenbisse ihnen nichts anhaben werden (Mk 16,18; Lk 10,19; Apg 28,3). Mt 10,16 wendet die S. als Symbol der List in einem positiven Sinne auf die Jünger Jesu an: »Seid klug wie die Schlangen und ohne Falsch wie die Tauben.«

Vgl. auch OTTER.

SCHWALBE Einer der »unreinen« Vögel (3. Mose 11,19; 5. Mose 14,18). Ps 84,4 könnte sich auf S.n beziehen, die unter dem Dach des Tempels nisteten.

SCHWEIN, SAU Ein »unreines« Tier (3. Mose 11,7; 5. Mose 14,8). Für die Israeliten war es der Inbegriff des Unreinen und Widerwärtigen überhaupt; so wird das Opfern von S. scharf verurteilt (Jes 66,3; 65,4; 66,17), und Spr 11,22 formuliert drastisch: »Ein schönes Weib ohne Zucht ist wie eine Sau mit einem goldenen Ring durch die Nase.« Im NT wird diese bildliche Bedeutung fortgeführt. Jesus weist seine Jünger an, das Heilige heilig zu halten und ihre »Perlen nicht vor die Säue (zu) werfen« (Mt 7,6). Bei einer Dämonenaustreibung fahren die ausgetriebenen Dämonen in eine Schweineherde (Mt 8,28ff. par). Wenn der verlorene Sohn im Gleichnis Schweine hüten muß, so bedeutet das den Abstieg auf die unterste soziale Stufe (Lk 15, 15). 2. Petr 2,22 vergleicht Irrlehrer mit einer Sau, die sich im Dreck wälzt.

SKORPION Mitglied der Familie der Spinnentiere, bei Nacht aktiv, greift seine Opfer (meist andere Insekten) mit dem Stachel am Ende seines Schwanzes an, der ein schmerzerregendes, bei einigen Arten auch tödliches Gift freisetzt. 5. Mose 8,15 mahnt die Israeliten zur Dankbarkeit für Gottes Leitung durch die Wüste, wo »feurige Schlangen und Skorpione« waren. Die Wüste als Lebensraum des S. kommt z. B. in der geographischen Bezeichnung »Skorpionensteig« (südwestlich des Toten Meeres, 4. Mose 34,4; Jos 15,3; Ri 1,36) zum Ausdruck. »S.« wird auch in bildlichem Sinne gebraucht, so in 1. Kön 12,11; 2. Chr 10,11.14; Hes 2,6; Lk 11,12f. Die Bewahrung seiner Jünger in allen Anfechtungen kleidet Jesus in das Bild, daß sie Macht haben, »zu treten auf Schlangen und Skorpione« (Lk 10,19).

SPERBER Siehe HABICHT.

SPERLING Im alten Israel die Bezeichnung für jeden kleinen Vogel der Finkenfamilie. Jesus benutzt Gottes Fürsorge für diese unscheinbaren, relativ wertlosen Vögel als Bild dafür, wie sehr er für seine Jünger sorgt (Mt 10,29.31; Lk 12,6–7).

SPINNE Das Spinnennetz dient an einigen Stellen des AT als Bild für die Zerbrechlichkeit und Unzuverlässigkeit der Werke des Gottlosen (Hiob 8,14–15; 27,18; Jes 59,5).

STACHELSCHWEIN Siehe IGEL.

STECHMÜCKE Siehe MÜCKE.

STIER Der S. fand als das größte Sündopfer bei schwersten Vergehen Verwendung: für Sünden des Hohenpriesters, der Schuld auf das Volk gebracht hatte (3. Mose 4,3); für die vom gesamten Volk begangene Sünde (3. Mose 4,13f.); als priesterliches Sündopfer am großen Versöhnungstag (3. Mose 16,6) (vgl. OPFER). Der S. erscheint auch als Symbol der Kraft, so um die Kraft der Nachkommen Josefs (5. Mose 33,17) und die der Feinde Israels zu beschreiben (Ps 22,13; Jes 34,7; Jer 50,27). In Hes 1,7.10 und Offb 4,7 erscheint er in Visionen zur Beschreibung himmlischer Gestalten. Vgl. im übrigen OCHSE, RIND; KUH, KALB.

Mi 1,13; 5,9; Nah 2,4; 3,2; Hab 1,8; 3,8.15; Hag 2,22; Sach 1,8; 6,2–3. 6–7; 9,10; 10,3; 12,4; 14,15.20; Jak 3,3; Offb 6,2.4–5.8; 9,7.9.17.19; 14, 20; 18,13; 19, 11.14.18–19.21

RABE
1. Mose 8,7; 3. Mose 11,15; 5. Mose 14,14; 1. Kön 17,4.6; Hiob 38,41; Ps 147,9; Spr 30,17; Hld 5,11; Jes 34,11; Zef 2,14; Lk 12,24

RAUPE
1. Kön 8,37; 2. Chr 6,28; Ps 78,46; Joel 1,4; 2,25; Am 4,9

REBHUHN
1. Sam 26,20

REIHER
3. Mose 11,19; 5. Mose 14,18; Ps 104,17

ROHR-DOMMEL
3. Mose 11,18; 5. Mose 14,17; Jes 34,11; Zef 2,14

SCHAF, LAMM
1. Mose 12,16; 13,5; 20,14; 21,27–30; 22,7–8; 24,35; 29,2–3.6–10; 30,31–33.35.40. 43; 32,6.8.15; 33,13; 34,28; 37,2; 38,12–13; 47,17; 50,8; 2. Mose 2,16–17. 19; 3,1; 9,3; 10,9.24; 12, 3–5.12.21.38; 13,13; 20,24; 21,37; 22,3.8–9; 29,38–41; 34,3.19–20; 3. Mose 1,2.10; 3,7; 4,32.35; 5,6–7; 9,3; 12,6.8; 14,10. 12–13.21.24–25; 17,3; 22,19.21. 23.27; 23,12. 18–19; 27,26.32; 4. Mose 6,12.14; 7,15–88; 11,22; 15,3.5.11; 18,17;

22,40; 27,17; 28,3–4.8–9.11. 13–14.19.21.27. 29; 29,2–37; 31,28.30.32. 36–37.43; 5. Mose 7,13; 8,13; 12,6.17.21; 14,4.23.26; 15, 14.19; 16,2; 18, 3–4; 22,1; 28,4. 18.31; 32,14; Jos 6,21; 7,24; Ri 6,4; 1. Sam 14,32.34; 15,3.9.14–15.21; 16,11.19; 17,15. 20.28.34; 22,19; 25,2.4.16.18; 27,9; 2. Sam 12,2. 4.6; 24,17; 1. Kön 1,9.19. 25; 5,3; 8.5. 63; 22,17; 2. Kön 3,4; 5,26; 1. Chr 4,39.41; 5,21; 12,41; 17,7; 21,17; 27,31; 29,21; 2. Chr 5,6; 7,5; 14,14; 15,11; 18,2.16; 29, 21–22.32–33; 30,24; 31,6; 32,28–29; 35,7–9; Esr 6,9.17; 8,35; Neh 5,18; 10,37; Hiob 1,3.16; 31,20; 42,12; Ps 8,8; 49,15; 65,14; 66,15; 74,1; 78,52.71; 79,13; 80,2; 95,7; 100,3; 114,4.6; 119, 176; 144,13; Spr 27,23.26; Pred 2,7; Hld 1,8; 4,2; 6,6; Jes 1,11; 5,17; 7,21.25; 11,6; 16,1; 22,13; 34,6; 40,11; 43,23; 53,6–7; 65,25; 66,3; Jer 3,24; 5,17; 11,19; 12,3; 31,12; 49,20; 50,45; 51,40; Hes 27,21; 34,3.5.8.10. 12.15.17.19–20. 22; 39,18; 45,15; 46,4–7.11.13.15; Hos 4,16; 5,6; Joel 1,18; Am 6,4; Jona 3,7; Mi 2,12; 5,7; Hab 3,17; Sach 11,7–8.11; Mt 9,36; 10,6. 16; 12,11–12; 15,24; 18,12; 25,32–33; 26,31; Mk 6,34; 14,27;

STORCH Der S. kam in Israel als Zugvogel vor und wird als solcher in Jer 8,7 erwähnt. Nach 3. Mose 11,19; 5. Mose 14,17 war er ein »unreines« Tier.

STRAUSS Auch der S. gehörte zu den »unreinen« Vögeln (3. Mose 11,16; 5. Mose 14,15). Die meisten bibl. Erwähnungen nennen ihn zus. mit dem Schakal u. a. wilden Tieren (Hiob 30,29; Jes 13,21 u. a.), die verlassene Orte bewohnen. Hiob 39,13–18 bringt zoolog. Einzelheiten über den S. und interpretiert seine Gewohnheit, sein Nest zeitweilig zu verlassen, während die Eier von der Sonne gewärmt werden, als Härte und Dummheit (ähnlich Klgl 4,3).

TAUBE Häufig zus. mit der TURTELTAUBE erwähnt. Erstmals erscheint die T. am Ende der Sintflut: Durch das Aussenden von T.n aus der Arche erfährt Noah, daß die Erde wieder trocken ist. Die übrigen Erwähnungen betreffen v. a. die kultische Bedeutung der T. (die ein »reiner« Vogel war). Sie diente als Brand- und Sühneopfer (3. Mose 1,14 ff.; 5,7 ff.), als Opfer bei der rituellen Reinigung der Frau nach der Entbindung (3. Mose 12,6–8), als Opfer bei der Reinigung von Aussätzigen (3. Mose 14,22.30), bei der Reinigung von unreinen Ausflüssen (3. Mose 15,14.29) und bei der Reinigung eines unrein gewordenen GOTTGEWEIHTEN (4. Mose 6,10). Häufig wurde sie von Leuten dargebracht, die sich ein größeres Opfer (Schaf) nicht leisten konnten; vgl. 3. Mose 5,7. Auch das Opfer, das Jesu Eltern als Reinigungsopfer für Maria darbrachten (Lk 2,22–24), war ein solches ›Arme-Leute-Opfer‹ (vgl. 3. Mose 12,6–8).

T.n werden auch bei der Tempelreinigung durch Jesus erwähnt (Mt 21,12 ff. par); es handelte sich um Opfertauben, die im Vorhof des Tempels verkauft wurden. Bleibende symbol. Bedeutung hat die T. als Wahrzeichen des Hl. Geistes bekommen: Bei der Taufe Jesu kam der Geist wie eine T. auf ihn herab (Mt 3,16 par). In Mt 10,16 erscheint die T. als Symbol der Lauterkeit. Symbol. Erwähnungen bieten auch die atl. Propheten.

TURTELTAUBE Die lat. Bezeichnung *turtur* soll wie das hebr. und ugarit. *tor* oder das akkad. *turtu* den Ruf dieses Vogels nachahmen. Die T. ist ein Zugvogel (Jer 8,7), und ihre Ankunft ist eines der Zeichen für den Frühjahrsbeginn in Israel (Hld 2,11–12); im August kehrt sie nach Afrika zurück.

Die übrigen bibl. Erwähnungen beziehen sich auf den Gebrauch der T. als Opfertier, zus. mit der TAUBE (s. dort).

WACHTEL Kleiner jagdbarer Vogel, mit dem Rebhuhn und dem Fasan verwandt. Große Wachtelschwärme dienten den Israeliten auf ihrer Wüstenwanderung zeitweise als Nahrung (2. Mose 16,13; 4. Mose 11,31–32). W.n fliegen im Frühjahr aus Afrika ins Mittelmeergebiet. Nach dem anstrengenden Flug landen sie an der Küste, wo sie dann leicht zu fangen sind.

WEIHE Raubvogel und Aasfresser, nach 3. Mose 11,14; 5. Mose 14,13 ein »unreiner« Vogel.

WIDDER Das Männchen des Schafs. Der W. wurde häufig als Opfertier gebraucht (3. Mose 1,10 u. ö.). Seine Hörner dienten als Trompeten (Jos 6,4: *schofar*; vgl. MUSIKINSTRUMENTE), und sein Fell wird bei der Abdekkung der Stiftshütte erwähnt (2. Mose 26,14). Bei der Opferung Isaaks gab Gott Abraham an Stelle seines Sohnes einen W. zum Opfer (1. Mose 22,13). Symbolisch erscheint der W. u. a. in Hesekiels Weissagung von den schlechten Hirten und dem rechten Hirten (Hes 34,17: »Siehe, ich will richten zwischen Schaf und Schaf und Widdern und Böcken«; vgl. Mt 25,32). In Daniels Vision vom W. und Ziegenbock (Dan 8) symbolisiert der W. das medische und pers. Reich (Dan 8,20).

Vgl. auch SCHAF, LAMM.

WIEDEHOPF Zimtfarbener taubengroßer Vogel mit Kopfschmuck und langem dünnem Schnabel. Nach 3. Mose 11,19; 5. Mose 14,18 einer der »unreinen« Vögel.

WILDESEL Heute ausgestorben; es handelte sich um den syr. W., den einzigen in bibl. Zeit in Israel heimischen W. Bei Hiob und den Propheten erwähnt.

WOLF Der W. war im alten Orient weit verbreitet. Die meisten bibl. Erwähnungen sind bildlich zu verstehen. So bezeichnet Jakob in seinem

Schwalben

(oben) Storch

(unten) Schnecken an einem Holzpfosten

Skulptur einer Ziege aus Megiddo; rechts Wildziege.

(oben) Wiedehopf

Segen über seine Söhne Benjamin als »reißenden W.« (1. Mose 49,27). Bei den Propheten erscheint der W. als Bild für Bosheit und Zerstörung (Hes 22,27; Zef 3,3) sowie für das Gericht Gottes durch fremde Völker (Jer 5,6; Hab 1,8). Im Friedensreich des Messias wohnen W. und Lamm friedlich beieinander (Jes 11,6; 65,25). Im NT symbolisiert der W. falsche Propheten, Irrlehrer und Verfolger der Gemeinde (Mt 7,15; 10,16; Apg 20,29 u. a.).

WURM Die Bibelstellen beziehen sich sowohl auf den W. selbst als auch auf das Larvenstadium von Insekten. Der W. erscheint als Schädling (5. Mose 28,39; Jona 4,7), als Teil von Verrottung und Verfall (2. Mose 16,20.24) sowie als Bild für Grab und Tod (Hiob 17,14 u. a.), für Kleinheit, Nichtigkeit, Vergänglichkeit (Hiob 25,6; Ps 22,7 u. a.) und schließlich für Gottes Gericht nach dem Tod (Jes 66,24; Mk 9,48; vgl. HÖLLE).

ZIEGE, ZIEGENBOCK, ZICKLEIN, BOCK, BÖCKLEIN Eines der ältesten Haustiere und von den Erzvätergeschichten an in der Bibel häufig erwähnt (1. Mose 15,9; 27,9.16; 30,32–35 u. a.). Die Z. gehörte zu den »reinen« Tieren (5. Mose 14,4) und war ein wertvoller Milch-, Fleisch- und Fellieferant. Der Z.bock war neben dem Schaf eines der häufigsten Opfertiere (3. Mose 1,10; 3,12 u. a.). Eine bes. Stellung im atl. Opferritual hatte der Z.bock (»Sündenbock«), der am großen Versöhnungstag die Sünden des Volkes symbolisch in die Wüste tragen mußte (3. Mose 16, bes. V. 7–10. 20–22; vgl. ASASEL). Das Verbot, Fleisch und Milch zu vermischen, ein Eckstein der jüd. SPEISEGEBOTE, stammt von dem Gebot: »Du sollst das Böcklein nicht kochen in seiner Mutter Milch« (2. Mose 23,19; 34,26; 5. Mose 14,21).

In bildlicher Bedeutung erscheint die Z. u. a. in 1. Kön 20,26–27, wo das kleine gegen die Aramäer antretende isrl. Heer als »wie zwei kleine Herden Ziegen« bezeichnet wird. Der Z.bock war auch Symbol für fremde Herrscher und Mächte, z. B. das Reich Alexanders d. Gr. (Dan 8,5–8.21), aber auch für Israel selbst (Hes 34,17; Sach 10,3). Im Gleichnis vom Weltgericht stellt Jesus den Schafen die Böcke gegenüber (Mt 25,31–46).

Wildschaf

Lk 10,3; 15,4.6; Joh 1,29.36; 2, 14–15; 10,2–4. 7–8.11–13.15–16. 26–27; 21,15–17; Apg 8,32; 1. Petr 1,19; 2,25; Hebr 13,20; Offb 5,6.13; 6,1.16; 7,9–10. 14.17; 8,1; 12, 11; 13,8.11; 14, 1.4.10; 15,3; 17,14; 18,13; 19,7.9; 21,9.14. 22–23.27; 22,1

SCHAKAL
Hiob 30,29; Ps 44,20; 63,11; Jes 13,22; 34,13; 35,7; 43,20; Jer 9,10; 10,22; 14,6; 49,33; 51,37; Klgl 4,3; Mi 1,8; Mal 1,3

SCHLANGE
1. Mose 3,1–2. 4.13–14; 49,17; 2. Mose 4,3; 7,9–10.12.15; 4. Mose 21,6–9; 5. Mose 8,15; 32,24; 2. Kön 18,4; Hiob 20,16; 26,13; Ps 58,5; 140,4; Spr 23,32; 30,19; Pred 10,8.11; Jes 14,29; 27,1; 59,5; 65,25; Jer 8,17; 46,22; Am 5,19; 9,3; Mi 7,17; Mt 3,7; 7,10; 10, 16; 12,34; 23,33; Mk 16,18; Lk 3,7; 10,19; 11,11; Joh 3,14; Apg 28,3; Jak 3,7; Offb 9,19; 12,9. 14–15; 20,2

SCHWALBE
3. Mose 11,19; 5. Mose 14,18; Ps 84,4; Spr 26,2; Jes 38,14; Jer 8,7

SCHWEIN, SAU
3. Mose 11,7; 5. Mose 14,8; Ps 80,14; Spr 11,22; Jes 65,4; 66,3.17; Mt 7,6; 8,30–31; Mk 5,11.14; Lk 8,32; 15,15–16; 2. Petr 2,22

SKORPION
4. Mose 34,4;
5. Mose 8,15;
Jos 15,3;
Ri 1,36;
1. Kön 12,11;
2. Chr 10,11.14;
Hes 2,6;
Lk 10,19; 11,12;
Offb 9,3.5.10

SPERLING
Mt 10,29.31;
Lk 12,6–7

SPINNE
Hiob 8,14;
27,18;
Jes 59,5

STIER
1. Mose 32,16;
49,6;
2. Mose 22,29;
24,5; 29,1.3.
10–11.14.36;
34,19;
3. Mose 4,3–5.
11.14–16.20–21;
7,23; 8,2.14.17;
9,2.4.8.18–19;
16,3.6.11.14–15.
18.27; 17,3;
23,18; 27,26;
4. Mose 7,3.
15–88; 8,8.12;
15,11.24;
23,1–2.4.14.
29–30; 28,
11–12.14.19.27;
29,8–37;
5. Mose 33,17;
Ri 6,25–26.28;
1. Sam 1,24–25;
14,34;
2. Sam 6,13;
1. Kön 1,19.25;
10,19; 18,23.
25–26.33;
1. Chr 15,26;
29,21;
2. Chr 13,9;
29,21; 30,24;
Esr 6,9.17;
7,17; 8,35;
Neh 5,18;
Hiob 6,5;
21,10; 42,8;
Ps 22,13.22;
50,9.13; 51,21;
69,32;
Spr 7,22;
Jes 1,11; 10,13;
34,7; 66,3;
Jer 31,18; 50,27;
Hes 1,7.10;
39,18; 43,19.
21–23.25;
45,18.22–24;
46,6–7.11;
Hos 12,12;
Apg 14,13;
Hebr 9,13; 10,4;
Offb 4,7

STORCH
3. Mose 11,19;
5. Mose 14,17;
Jer 8,7

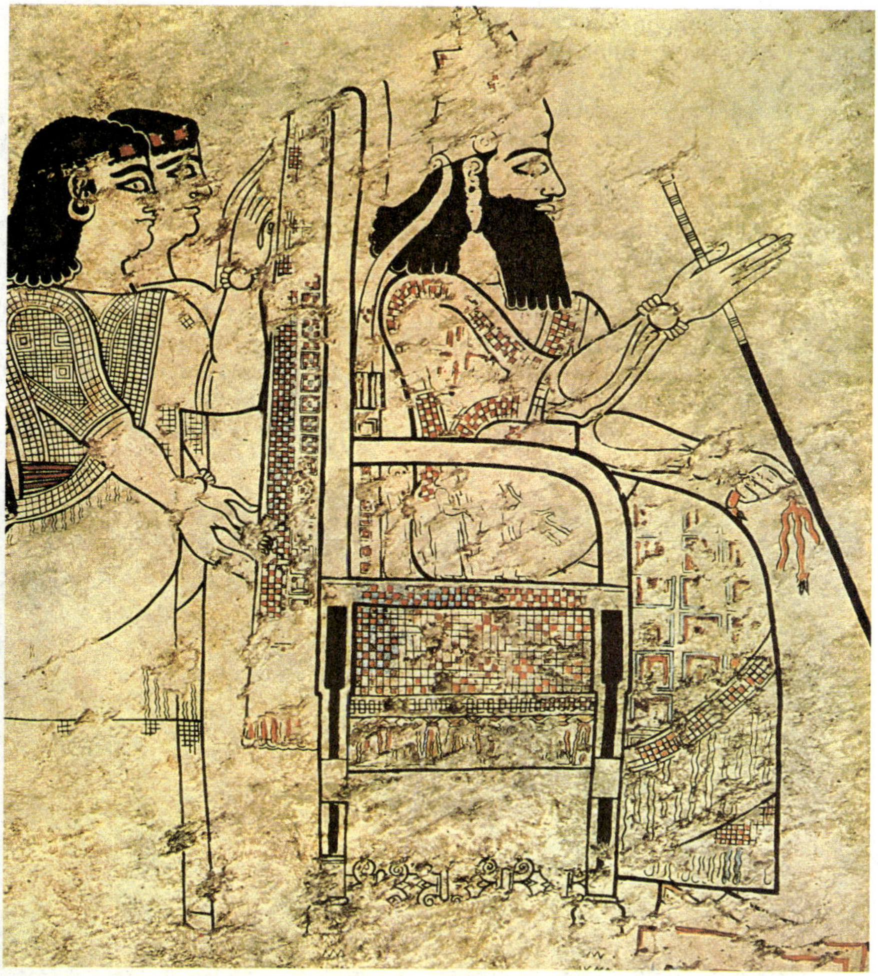

Tiglat-Pileser III. mit Dienern; Wandmalerei in seinem Palast zu Til Barsip (Tel Achmar, Syrien), 8. Jh. v. Chr.

TIFSACH (»Furt«).
1. Ort an der Nordgrenze des Reiches Salomos, westlich des Euphrat.
2. Eine Stadt, die von Menahem, dem König von Israel, erobert wurde, nachdem sie sich geweigert hatte, zu kapitulieren. Einige Gelehrte meinen, daß der Name eigentlich TAPPUACH gelesen werden sollte.

TIGLAT-PILESER Der Name dreier assyr. Könige. Der letzte war Tiglat-Pileser III. (745–727 v. Chr.). Der Name ist die hebraisierte Form von *Tukulti-apil-essara* (»Meine Hoffnung ist der Sohn des Tempels von Assur in Assur«). T. III. besiegte 742 n. Chr. Asrijahu, den König von Jadija, und die anderen unabhängigen Herrscher in Syrien und Palästina, darunter auch Menahem von Israel und Asarja von Juda, die alle seine Oberherrschaft durch Tribute anerkannten. Acht Jahre später versuchten mehrere dieser Herrscher unter der Führung Rezins von Damaskus und Pekachs von Israel, ihre Unabhängigkeit zu erkämpfen. Als Ahas von Juda ihrer Koalition nicht beitrat, wollten sie ihn absetzen, worauf Ahas (s. auch AHAS) sich an T. III. um Hilfe wandte. T. besiegte darauf die Aufständischen und riß den Großteil des Gebietes Israels an sich; es kam zur ersten Deportation von Israeliten nach Assyrien (2. Kön 15,29). Seit 729 war T. auch König von Babylonien, wo er anscheinend unter dem Namen *Pulu* bekannt war. In 2. Kön 15,19 und 1. Chr 5,26 wird er als »Pul« bezeichnet.

TIGRIS Siehe HIDDEKEL.

TIKWA (»Hoffnung«). Anderer Name für Tokhat (2. Chr 34,22).
1. Der Schwiegervater der Prophetin Hulda.
2. Der Vater Jachsejas, der sich der Anordnung Esras widersetzte, die nichtjüd. Ehefrauen zu verstoßen.

TILON Ein Name im Geschlechtsregister Judas.

TIMÄUS Vater des blinden Bettlers Bartimäus, den Jesus heilte.

TIMNA

1. Die Schwester Lotans, des Horiterfürsten im Lande Edom (1. Mose 36,22). Sie war die Nebenfrau des Elifas, des erstgeborenen Sohnes Esaus, und die Mutter von dessen Sohn Amalek (1. Mose 36,12).

2. Ein Sohn des Elifas, des Sohnes Esaus; der Name wird manchmal *Teman* geschrieben, da die hebr. Buchstabierung mit T. identisch ist.

TIMNA, TIMNATA

1. Stadt im nördlichen Hügelland von Judäa, spielt in der Geschichte von SIMSON als die Heimat seiner ersten Frau und der Ort der Geschichte mit dem Löwen und dem Honig eine Rolle (Ri 14,1–2.5–18). T. gehörte wechselweise zum Gebiet der Stämme Dan und Juda, aber auch zu dem der Philister (Jos 15,10; 19,43; Ri 14,1–5; 2. Chr 28,18). Dasselbe T. erscheint wahrscheinlich in der Geschichte von Juda und Tamar (1. Mose 38,12ff.; vgl. TAMAR).

Das mit Tel Bataschi identifizierte T. wurde vor kurzem ausgegraben. Es wurden Besiedlungsschichten von der Bronzezeit bis zur pers. Periode gefunden.

2. Stadt im südöstlichen Hügelland von Judäa, am Rand der Wüste Juda.

STRAUSS
3. Mose 11,16; 5. Mose 14,15; Hiob 30,29; 39,13; Jes 13,21; 43,20; Klgl 4,3; Mi 1,8

TAUBE
1. Mose 8,8–10. 12; 15,9; 3. Mose 1,14; 5,7.10–11; 12, 6.8; 14,22.30; 15,14.29; 4. Mose 6,10; 2. Kön 6,25; Ps 55,7; 56,1; 68,14; 74,19; Hld 1,15; 2,14; 5,12; Jes 38,14; 59,11; 60,8; Jer 48,28; Hes 7,16; Hos 7,11; 11,11; Nah 2,8; Mt 3,16; 10,16; 21,12; Mk 1,10; 11,15; Lk 2,24; 3,22; Joh 1,32; 2,14

TURTEL-TAUBE
1. Mose 15,9; 3. Mose 1,14; 5,7.11; 12,6.8; 14,22.30; 15,14.29; 4. Mose 6,10; Hld 2,12; Jer 8,7; Lk 2,24

WACHTEL
2. Mose 16,13; 4. Mose 11, 31–32; Ps 105,40

Töpferwaren des 7. Jh. v. Chr. aus Tel Bataschi (Timna).

(oben) Mykenische Keramik der Spätbronzezeit aus Tel Bataschi (Timna).

(oben rechts) Tel Bataschi, das alte Timna.

(links) Das sogenannte Fenster bei den Ausgrabungen von Timna nahe Elat (Israelische Naturschutzbehörde).

(rechts) Votivbecher des 13. Jh. v. Chr., gefunden bei dem Midianiterheiligtum zu Timna (Besitz B. Rothenberg).

3. Eines der Fürstentümer Esaus. Der Name wird heute auf ein Tal bei Elat bezogen, wo alte Kupferminen und Industrieansiedlungen hauptsächlich aus der Zeit des ägypt. Neuen Reiches entdeckt wurden.

TIMNAÏTER Einwohner von Timna (1). Simsons Schwiegervater war ein T.

TIMNAT-SERACH Ort im Hügelland von Ephraim; wurde Josua als persönliches Erbteil zugewiesen (Jos 19,50), und hier wurde er begraben (24,30). Das heutige Chirbet Tibna in den westlichen Hügeln von Ephraim.

TIMON (»ehrwürdig«). Einer der sieben Männer, die zu Diakonen der Jerusalemer Urgemeinde gewählt wurden.

TIMOTHEUS Reisegefährte und Mitarbeiter des Paulus. T. stammte aus Lystra in der Provinz Galatien. Er war der Sohn eines griech. Vaters und einer jüd. Mutter, Eunike. Seine Mutter sowie seine Großmutter Lois kamen zum Glauben an Jesus, und T. scheint eine gute bibl. Erziehung genossen zu haben (2. Tim 1,5; 3,14ff.). Seine Eltern ließen ihn nicht beschneiden (Apg 16,3); als Paulus auf seiner zweiten Missionsreise nach Lystra zurückkehrte, beschnitt er T. und nahm ihn mit. T. muß dabei gewesen sein, als Paulus und Silas in Philippi mißhandelt wurden.

T. wurde für Paulus zum hilfreichen Mitarbeiter, der ihn verschiedentlich vertrat, so in Thessalonich (1. Thess 3,2), Beröa (Apg 17,13–15), Korinth (1. Kor 4,17), Ephesus (1. Tim 1,3) und Mazedonien (Apg 19,22; vgl. Phil 2,19). In sieben Briefen des Paulus wird er als Mitverfasser genannt. Aus den beiden Briefen an T. ist der Eindruck zu gewinnen, daß er ein zurückhaltender Mensch war. Durch die Handauflegung des Paulus und der Ältesten wurden ihm Geistesgaben (vielleicht der Verkündigung und Lehre, vgl. 1. Tim 4,16; 2. Tim 4,5) gegeben; in beiden Briefen ermahnt ihn Paulus, diese Gaben einzusetzen (1. Tim 4,14; 2. Tim 1,6).

Nach späterer Tradition wurde T. der erste Bischof von Ephesus und starb i. J. 97 den Märtyrertod.

TIMOTHEUS, DER ERSTE BRIEF DES PAULUS AN Dieser Brief gehört zus. mit dem 2. Timotheus- und dem Titusbrief zu den sog. »Pastoralbriefen«; damit bezeichnet man die Briefe, die an Einzelne gerichtet wurden mit dem Zweck, persönliche Anleitung und Rat für Leitung und Organisation einer Ortsgemeinde zu geben. Die folgenden Ausführungen gelten für alle drei Briefe.

Bis zum Beginn des 19. Jh. wurde die Authentizität der Eingangsworte dieser Briefe, die als Verfasser den Apostel Paulus nennen, nicht ernsthaft in Frage gestellt. Seit Schleiermacher jedoch haben immer mehr Ausleger Gründe für eine Bestreitung der paulinischen Verfasserschaft vorgebracht:

a) Die Pastoralbriefe weisen auf zahlreiche Ereignisse im Leben des Paulus hin, die nicht in den chronolog. Rahmen der Apg zu passen scheinen. Aus sprachlichen u. a. Gründen müssen die Briefe etwa um dieselbe Zeit verfaßt worden sein. In 1. Tim und Tit stellt sich Paulus als freier Mann vor, während er bei der Niederschrift des 2. Tim im Gefängnis ist (2. Tim 1,8; 2,9). Er hat offensichtlich erst kürzlich Ephesus, Mazedonien (1. Tim 1,3), Troas, Korinth, Milet (2. Tim 4,13.20) und evtl. Kreta (Tit 1,5) besucht und plant eine Reise nach Nikopolis (wahrscheinlich in Epirus; Tit 3,12). Es gibt jedoch zwei Möglichkeiten, diese Ereignisse in das Leben des Paulus einzufügen: Bei dem frühen Kirchenhistoriker Eusebius ist eine Überlieferung erhalten, derzufolge Paulus nach der Freilassung aus seiner ersten Gefangenschaft in Rom weitere Reisen unternahm, bevor er dann wiederum in Rom gefangengehalten wurde und schließlich den Märtyrertod starb. In diesem Fall würden die hier erwähnten Reisen und der offensichtliche Aufenthaltsort Rom z. Zt. der Abfassung des 2. Tim (1,17) zusammenpassen.

Eine andere Möglichkeit ist folgende: Paulus unternahm während seines dreijährigen Aufenthalts in Ephesus (Apg 20,31) eine Rundreise, die Lukas jedoch nicht eigens berichtet (Apg 20,1ff.). Paulus hätte dann den 1. Tim und den Tit während dieser Rundreise geschrieben, als Timotheus sein Stellvertreter in Ephesus war und dort Älteste einsetzte (vgl 1. Tim 3,1–13; Tit 1,5ff.), von denen Paulus sich später verabschiedete (Apg 20,17ff.).

WEIHE
3. Mose 11,14; 5. Mose 14,13

WIDDER
1. Mose 15,9; 22,13; 31,38; 32,15; 2. Mose 19,13; 25,5; 26,14; 29,1.3.15.17–19. 22.26–27.31–32; 3. Mose 5,15–16. 18.25; 8,2.18. 20–22.29; 9,2. 4.18–19; 16,3.5; 19,21; 23,18; 4. Mose 5,8; 7,15–88; 15,6.11; 28,11.28; 29,2.37; 5. Mose 32,14; 1. Sam 15,22; 2. Kön 3,4; 1. Chr 15,26; 29,21; 2. Chr 13,9; 17,11; 29,21–22.32; Esr 6,9.17; 7, 17; 8,35; 10,19; Hiob 42,8; Ps 66,15; Spr 30,31; Jes 1,11; 34,6; 60,7; Jer 51,40; Hes 27,21; 34, 17; 39,18; 43,23.25; 45,23–24; 46,4–7.11; Dan 8,3–4. 6–7.20; Mi 6,7

WIEDEHOPF
3. Mose 11,19; 5. Mose 14,18

WILDESEL
Hiob 6,5; 11,12; 24,5; 39,5; Jer 2,24; 14,6; Hos 8,9

WOLF
1. Mose 49,27; Jes 11,6; 65,25; Jer 5,6; Hes 22,27; Hab 1,8; Zef 3,3; Mt 7,15; 10,16; Lk 10,3; Joh 10,12; Apg 20,29

WURM, MADE
2. Mose 16,20.24; 5. Mose 28,39; Hiob 17,14; 24,20; 25,6; Ps 22,7; Jes 14,11; 41,14; 51,8; 66,24; Hos 5,12;

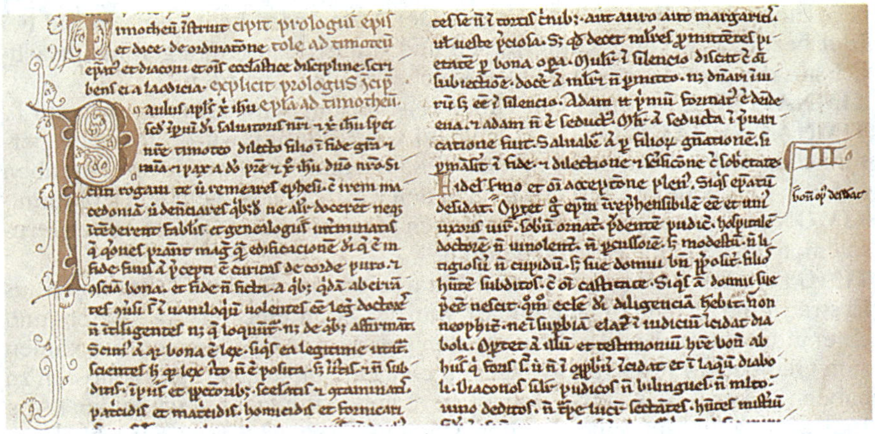

Seite aus dem 1. Timotheusbrief; Burgos-Bibel, 18. Jh. (Jüdische National- und Universitätsbibliothek, Jerusalem).

b) Die in 1. Tim 6,20 erwähnte Irrlehre scheint v. a. auf den Gnostizismus hinzuweisen, der seine Blütezeit erst im 2. Jh. hatte. Dem ist entgegenzuhalten, daß es sich bei der Irrlehre in 1. Tim 6 keineswegs um einen entwickelten Gnostizismus handelt.

c) Zentrale Gedanken des Paulus fehlen in diesen Briefen, v. a. die Rechtfertigung des Sünders. Andererseits kann man jedoch davon ausgehen, daß die Briefempfänger als enge Mitarbeiter bereits gut mit diesen Lehren vertraut waren und nicht mehr in ihnen unterwiesen werden mußten.

d) Die in 1. Tim 3 und 5 sowie in Tit konzipierte Gemeindeorganisation scheint bereits eine spätere Entwicklung der kirchlichen Strukturen zu repräsentieren. Dem ist entgegengehalten worden, daß die Pastoralbriefe ein weit einfacheres Bild zeichnen als etwa die Briefe des Ignatius von Antiochien; überdies zeigt bereits die Apg Ansätze zur Entwicklung einer Gemeindeordnung (vgl. Apg 6,1; 14,23; 20,17.28).

e) Der letzte Einwand gegen eine Verfasserschaft des Paulus hat mit dem Wortschatz der Pastoralbriefe zu tun. Zahlreiche Worte erscheinen nur hier und sonst nirgends im NT. Bes. signifikant sind die Partikel, Präpositionen und Pronomen, die für die Charakteristik eines Sprachstils so wichtig sind. Aber eine statistische Auswertung der Wortwahl muß nicht unbedingt zu sicheren Ergebnissen führen. Außerdem kann man den unterschiedlichen Stil der Pastoralbriefe ohne weiteres durch ihren persönlichen Charakter und v. a. das inzwischen fortgeschrittene Alter des Paulus erklären; Sprach- und Stiländerungen im Laufe eines Lebens sind etwas völlig Normales.

Setzt man voraus, daß in der Tat Paulus die Pastoralbriefe verfaßt hat, ist 1. Tim um die Mitte der 60er Jahre anzusetzen bzw. (wenn man die Rundreise annimmt, s. o.) 53–55. Der Abfassungsort könnte nach 1. Tim 1,3 Mazedonien sein. Die Ausleger, die die Verfasserschaft des Paulus bestreiten, rücken die Pastoralbriefe in die Zeit gegen Ende des 1. Jh.s.

Der 1. Tim zeigt, daß Paulus Timotheus offenbar erst vor kurzem in Ephesus zurückgelassen hat (s. TIMOTHEUS), mit dem Auftrag, gegen die dort eingedrungenen Irrlehren vorzugehen (1. Tim 1,3–11). Timotheus war

INHALTSÜBERSICHT

1,1–2	Gruß
1,3–17	Die Freiheit vom Gesetz
1,18–3,16	Die Gemeindeordnung
4,1–11	Kampf gegen Irrlehren
4,12–6,2	Persönliche Ratschläge für die Gemeindeleitung
6,3–19	Die falsche und die richtige Stellung zum Geld
6,20–21	Abschließende Mahnung und Briefschluß

Jona 4,7; Mk 9,48

ZIEGE, ZIEGENBOCK, ZICKLEIN, BOCK, BÖCKLEIN
1. Mose 15,9; 27,9.16; 30,32–33.35; 31,10.12.38; 32,15; 37,31; 38,17.20.23; 2. Mose 12,5; 23,19; 25,4; 26,7; 34,26; 35,6.23.26; 36,14; 3. Mose 1,2.10; 3,12; 4,23–24. 28; 5,6; 7,23; 9,3.15; 10,16; 16,5.7.10.15.18. 20–22.26–27; 17,3; 22,19. 27; 23,19; 4. Mose 7,16–88; 15,11.24.27; 18,17; 28,15. 22.30; 29,5.11. 16.19.22–38; 5. Mose 14,4.21; 32,14; Ri 6,19; 13,15. 19; 14,6; 15,1; 1. Sam 10,3; 16,20; 19,13. 16; 25,2; 1. Kön 20,27; 2. Chr 17,11; 29, 21.23; 35,7–9; Esr 6,17; 8,35; Ps 50,9.13; 66,15; Spr 27,26–27; Hld 1,8; 4,1; 6,5; Jes 1,11; 5,17; 11,6; 34,6; Jer 50,8; 51,40; Hes 27,21; 34, 17; 39,18; 43, 22.25; 45,23; Dan 8,5–8.21; Sach 10,3; Mt 25,32–33; Lk 15,29; Hebr 9,12–13. 19; 10,4; 11,37

TIFSACH 1
1. Kön 5,4

TIFSACH 2
2. Kön 15,16

TIGLAT-PILESER
2. Kön 15,29; 16,7.10; 1. Chr 5,6.26; 2. Chr 28,20

TIKWA 1
2. Kön 22,14

TIKWA 2
Esr 10,15

TILON 1. Chr 4,20

TIMÄUS Mk 10,46

TIMNA 1 1. Mose 36,12; 1. Chr 1,39

TIMNA 2 1. Chr 1,36

TIMNA (TIMNATA) 1 1. Mose 38,12–14; Jos 15,10; 19,43; Ri 14,1–2.5; 2. Chr 28,18

TIMNA (TIMNATA) 2 Jos 15,57

TIMNA (TIMNATA) 3 1. Mose 36,40; 1. Chr 1,51

TIMNAÏTER Ri 15,6

TIMNAT-SERACH Jos 19,50; 24,30; Ri 2,9

TIMON Apg 6,5

TIMOTHEUS Apg 16,1; 17,14–15; 18,5; 19,22; 20,4; Röm 16,21; 1. Kor 4,17; 16,10; 2. Kor 1,1.19; Phil 1,1; 2,19; Kol 1,1; 1. Thess 1,1; 3,2.6; 2. Thess 1,1; 1. Tim 1,2.18; 6,20; 2. Tim 1,2; Phlm 1; Hebr 13,23.

noch ein junger Mann, und ein Brief von Paulus konnte seine Autorität nur stärken (vgl. 4,12). Außerdem gibt Paulus ihm Hinweise zur Gemeindeorganisation sowie zum Umgang mit den versch. Altersgruppen (3,1–13; Kap. 5). Besondere Bedeutung haben die Ausführungen über die Dienste in der Gemeinde (Älteste, Bischöfe, Diakone, Witwen).

TIMOTHEUS, DER ZWEITE BRIEF DES PAULUS AN Der zweite der sog. Pastoralbriefe. Zur Frage der paulinischen Verfasserschaft vgl. TIMOTHEUS, DER ERSTE BRIEF DES PAULUS AN.

Paulus schrieb 2. Tim gegen Ende seines Lebens (Mitte der 60er Jahre) aus der Gefangenschaft in Rom (2. Tim 1,8.17). Diese Gefangenschaft war entweder die in Apg 28,30 erwähnte (dann wären 1. Tim und Tit früher geschrieben worden), oder der Apostel war nach seinem ersten zweijährigen Gefängnisaufenthalt in Rom noch einmal freigekommen (vgl. 2. Tim 4,16–18) und schrieb in diesen Jahren der Freiheit den 1. Tim in Ephesus (vgl. 1. Tim 1, 2–3) und den Tit auf Kreta (vgl. Tit 1,4–5); er wurde dann erneut inhaftiert und verurteilt. Offenbar sah Paulus bei der Niederschrift des 2. Tim. sein Ende vor sich (2. Tim 4,6–8); es kann gut sein, daß dies sein letzter Brief und so etwas wie sein Testament war.

2. Tim wird gewöhnlich mit 1. Tim und Tit zusammengesehen; und doch hat er als »pastoral« in einem besonderen Sinne zu gelten. Er enthält zwar noch Warnungen vor Unruhestiftern und Irrlehrern (vgl. 2,14–18; 3,1–9; 4,3–4.14.15), jedoch sind die Ratschläge für die Gemeindeorganisation, die in den früheren Briefen dominieren, ganz zurückgetreten. In 2. Tim wird weitaus persönlicher gesprochen; der Brief enthält mehr Informationen über Timotheus als irgendein anderer Abschnitt des NT (1,4–6; 3,14.15), und gleichzeitig richtet sich der Blick auch auf Paulus selbst, der uns Einblick gibt in seine Rückschläge, Ängste und Hoffnungen für die Zukunft. Der Brief spiegelt die bittere Erfahrung wider, in der Stunde der Not von allen Freunden verlassen zu sein (1,15; 4,10.14–16). Immer noch voller Hoffnung auf die Wiederkunft Jesu Christi (1,12; 4,1.18), überdenkt Paulus sein schweres Leben im Dienst seines Herrn (2,3–10; 3,10–12). Mit einem aus Erfahrung geborenen Realismus sieht er weitere schwere Zeiten voraus für die Gemeinden, an deren Gründung er mitgearbeitet hat (3,1–9). Und doch spricht hier kein bitter gewordener Pessimist, sondern ein Mann, der nicht so sehr das Ende als vielmehr den Höhepunkt seines Lebens vor sich sieht: »Ich habe den guten Kampf gekämpft, ich habe den Lauf vollendet, ich habe Glauben gehalten; hinfort liegt für mich bereit die Krone der Gerechtigkeit ...« (4,7–8).

INHALTSÜBERSICHT

1,1–2	Gruß
1,3–2,13	Ermahnung zu furchtlosem Bekenntnis
2,14–4,8	Der rechte Weg zur Überwindung der Irrlehre und zur Abwehr der Verwilderung in der Endzeit
4,9–18	Die persönliche Situation des Paulus angesichts seines bevorstehenden Endes
4,19–22	Grüße und Briefschluß

TIRAS 1. Mose 10,2; 1. Chr 1,5

TIRATITER 1. Chr 2,55

TIRHAKA 2. Kön 19,9; Jes 37,9

TIRAS Einer der Söhne Jafets.

TIRATITER Ein Geschlecht von Schreibern, das zum Geschlecht der Kiniter gehörte und in Jabez wohnte.

TIRHAKA Letzter Pharao der Äthiopischen (25.) Dynastie Ägyptens und König von Äthiopien, um 690 bis 664 v. Chr. T., der »König von Kusch«, wird in 2. Kön 19,9 und Jes 37,9 als Gegner des assyr. Herrschers Sanherib erwähnt, der zu dieser Zeit Jerusalem belagerte. Sanheribs Aufzeichnungen erzählen von einer erfolgreichen Schlacht der Assyrer gegen die Äthiopier bei Elteke. Diese fand jedoch i.J. 701 statt, bevor T. König wurde. Eine

Tonmodell des eisenzeitlichen Tempels zu Tell el-Fara (Nord). (Israelische Regierungsabteilung für Altertümer und Museen).

(rechts) Überreste aus der Mittelbronzezeit in Tell-el-Fara (Nord), das mit Tirza identifiziert wird (Israelische Regierungsabteilung für Altertümer und Museen).

Erklärungsmöglichkeit wäre die, daß der Name T. fälschlich der bibl. Aufzeichnung über einen früheren Pharao hinzugefügt wurde, oder daß Sanherib nach T.s Thronbesteigung einen zweiten in den uns zugänglichen Quellen nicht erwähnten Heerzug nach Westen unternahm.

T. kehrte nach Ägypten zurück, mußte sich 671 aber unter dem Druck der einfallenden Armeen Asarhaddons, des Sohnes Sanheribs, nach Süden zurückziehen. Nach Asarhaddons Tod i. J. 669 erlangte er wieder die Kontrolle über Ägypten, wurde jedoch 664 von Asarhaddons Nachfolger Assurbanipal bei Theben entscheidend geschlagen.

TIRHANA Ein Sohn Kalebs.

TIRHANA
1. Chr 2,48

TIRJA Der Sohn Jehallelels, ein Nachkomme Judas.

TIRJA
1. Chr 4,16

TIRZA Eine der kanaan. Städte, die von Josua erobert wurden (Jos 12,24), obwohl sie nicht in den späteren Listen der von den Israeliten bewohnten Orte erscheint. Nach der Teilung des Reiches Salomos, bis zu der Zeit Omris, diente T. als Hauptstadt des Nordreichs Israel (1. Kön 14,17; 15,21; 16,15–18). Omri regierte sechs Jahre in T., bis er seine neue Hauptstadt SAMARIA erbaute (1. Kön 16,23–24). Es scheint, daß T. von den Königen von Israel ausgebaut und so ein Symbol der Schönheit wurde (Hld 6,4). T. lag an der Stelle des heutigen Tell el-Fara, 10 km nördlich von Nablus. Ausgrabungen haben Schichten von der Neusteinzeit bis zur assyr. Garnisonstadt des späten 8. Jh. v. Chr. freigelegt.

TIRZA
4. Mose 26,33; 27,1; 36,11; Jos 12,24; 17,3; 1. Kön 14,17; 15,21.33; 16,6. 8–9.15.17.23; 2. Kön 15,14.16; Hld 6,4

TISCHBITER Beiname des Propheten Elia, wahrscheinlich eine Angabe über seinen Geburtsort.

TISCHBITER
1. Kön 17,1; 21,17.28; 2. Kön 1,3.8; 9,36

TITUS Reisebegleiter des Paulus, eine der ersten nichtjüd. führenden Persönlichkeiten der Kirche des 1. Jh. und der Adressat eines der »Pastoralbriefe«. Er wird erstmals im Galaterbrief erwähnt (2,1.3). Seine Eltern waren beide Nichtjuden, und aus diesem Grunde weigerte sich Paulus, ihn zu beschneiden (vgl. dagegen den Fall des Timotheus in Apg 16,1–3). Die Stelle im Galaterbrief zeigt, daß T. einer der ersten Begleiter von Paulus war. Da Paulus ihn »meinen rechten Sohn nach unser beider Glauben« (Tit 1,4) nannte, scheint er durch den Apostel zum christl. Glauben gefunden zu haben. In 2. Kor 2,13 nennt ihn Paulus »meinen Bruder«, in 2. Kor 8,23 »mein Gefährte und mein Mitarbeiter«. Aus weiteren Stellen dieses Briefes, z.B. 7,1.3–16, geht hervor, daß T. eine besondere Beziehung zu der Gemeinde in Korinth entwickelte. Über den Besuch in Korinth hinaus (2. Kor 12,18) unternahm T. im Namen des Paulus eine Reise nach Nikopolis (wahrscheinlich ein Ort in Epirus; Tit 3,12) und Dalmatien (2. Tim 4,10). Aus Tit 1,5 (»Deswegen ließ ich dich in Kreta …«) muß man nicht schließen, daß Paulus gleichzeitig mit T. auf Kreta war. Von einer Missionsreise nach

TITUS
2. Kor 2,13; 7,6.13–14; 8,6. 16.23; 12,18; Gal 2,1.3; 2. Tim 4,10; Tit 1,4

Kreta berichtet die Apg jedenfalls nichts, und ob Paulus aus der Gefangenschaft in Rom noch einmal freigekommen ist und mit T. Kreta besucht hat, ist mindestens unsicher. Jedenfalls befand sich T. in Kreta, um die neugegründeten Gemeinden zu beaufsichtigen. Ihm bei dieser Aufgabe Rat und Weisung zukommen zu lassen, war der Anlaß des Titusbriefes. Der Kirchenhistoriker Eusebius gibt an, T. sei auf Kreta geblieben (bzw. nach seiner Reise nach Dalmatien dorthin zurückgekehrt) und der erste Bischof der Insel geworden.

TITUS, DER BRIEF DES PAULUS AN Einer der sog. Pastoralbriefe. Zur Diskussion über die paulinische Verfasserschaft des Briefes s. TIMOTHEUS, DER ERSTE BRIEF DES PAULUS AN.

Aufgrund von Tit 1,5 (»Deswegen ließ ich dich in Kreta ...«) nimmt man oft an, daß Paulus aus seiner Gefangenschaft in Rom noch einmal freikam und dann zus. mit Titus Kreta besuchte; anschließend hätte er dann, nachdem er selbst weitergezogen war, den Titusbrief geschrieben. Das Verb »(zurück)lassen« kann jedoch auch ausdrücken, daß jemand an seinem Ort belassen und nicht anderswohin beordert wird. Der Titusbrief ließe sich dann in die Zeit der dritten Missionsreise des Paulus einordnen und wäre Anfang der 50er Jahre verfaßt worden. Der innere Zusammenhang mit 1. Tim weist aber doch mehr auf eine Abfassung in den 60er Jahren hin.

Der Inhalt des Tit wird von den beiden gleichen Anliegen beherrscht wie 1. Tim: Ordnung des Gemeindelebens (1,5–9; 2,1–3,7) und Kampf gegen Irrlehrer (1,10–16; 3,8–11), v. a. wohl gegen judaistische Eiferer, die in die heidenchristl. Gemeinden Kretas eingedrungen waren (1,14).

Als eine Besonderheit dieses Briefes wurde manchmal die mehrfache Betonung der Bedeutung der guten Werke empfunden (1,16; 2,7.14; 3,1.8.14), die hier häufiger hervorgehoben werden als im Jakobusbrief. Dies bedeutet jedoch keinen Widerspruch zur Lehre des Apostels von der Rechtfertigung ohne Werke, wie sie bes. im Römer- und im Galaterbrief entfaltet wird; vgl. dazu auch Tit 3,4–5! Wie beim Jakobusbrief geht es lediglich um die Frage der Reihenfolge von Ursache und Wirkung: Aus der Rechtfertigung allein aus Gottes Gnade erwächst die »Frucht« der menschlichen Dankbarkeit in Gestalt eines neuen, anderen Lebenswandels (vgl. Röm 13–15; Gal 5,16–6,10; Eph 5,1–6,9; Kol 3,1–4,6 u. a.).

INHALTSÜBERSICHT

1,1–4	Gruß
1,5–9	Über die Ältesten und Bischöfe
1,10–16	Warnung vor Irrlehrern
2,1–10	Die verschiedenen Stände in der Gemeinde
2,11–15	Die Gnade Gottes als Quelle des neuen Lebens
3,1–8	Die Stellung des Christen zur Obrigkeit
3,9–11	Kirchenzucht gegen Irrlehrer
3,12–15	Letzte Anweisungen und Grüße

TIZITER
1. Chr 11,45

TIZITER Beiname Johas, eines der »Helden« Davids, wahrscheinlich nach seinem Geburtsort.

TOB, LAND
Ri 11,3.5

TOB, LAND Gebiet im Ostjordanland, in das JEFTAH floh (Ri 11,3). In der Königszeit halfen die Bewohner T.s den Ammonitern gegen David (2. Sam 10,6–8). Die genaue Lage ist unsicher; vielleicht kann T. mit dem Land des Ammoniters Tobija aus Neh 2,19 identifiziert werden.

TOB-ADONIJA
2. Chr 17,8

TOB-ADONIJA (»Mein HERR ist gut«). Einer der Leviten, die König Joschafat von Juda aussandte, um in seinem Königreich das Gesetz des Mose zu lehren. Möglicherweise ist der Name in 2. Chr 17,8 eine Wiederholung (mit falscher Schreibung) der beiden im gleichen Vers vorangehenden Namen Adonija und Tobija.

Arak-el-Emir westlich von Amman, wo Tobija, der Ammoniter, lebte.

(links) Das Grab Tobijas mit der Inschrift seines Namens über dem Eingang.

TOBIAS, DAS BUCH Buch der atl. APOKRYPHEN, das in zwei griech. Versionen erhalten ist. (Die unterschiedlichen Versionen machen Angaben von Textstellen schwierig.) Die Originalsprache war, wie in Qumran am Toten Meer gefundene Fragmente des Buches zeigen, Hebr. oder Aramäisch. Wahrscheinlich wurde das Buch im 5./4. Jh. v. Chr. in Medien verfaßt.

Das Buch erzählt die Geschichte des frommen Tobias (Tobit), eines Israeliten aus dem Stamm Naftali, der sich in Gefangenschaft im assyr. Ninive befindet. Seine Frömmigkeit und Gerechtigkeit (so beerdigt er immer wieder, trotz eines königl. Verbots, von den Feinden getötete Israeliten) bringen ihm Leiden und Armut ein. Als er erblindet, verhöhnen ihn seine eigenen Verwandten; schließlich wünscht er sich selbst den Tod (3,1–6).

Zur gleichen Zeit betet auch die gerechte Sara um den Tod, die erleben mußte, daß nacheinander sieben Männer in ihrer Hochzeitsnacht mit ihr starben (3,7ff.), weil der Dämon Aschmodai sie tötete. Gott hört die Gebete und er sendet den Engel Rafael, um Tobias und Sara zu helfen.

Tobias, der meint, daß er bald sterben wird, sendet nun seinen Sohn Tobias auf eine Reise nach Medien, wo er eine Geldsumme, die sein Vater ausgeliehen hatte, zurückholen soll. Der Engel Rafael (in Menschengestalt) begleitet ihn auf seiner Reise, führt ihm Sara als Frau zu und zeigt ihm, wie er Aschmodai verjagen kann. Mit Frau und Geld kehrt er zu seinem Vater zurück, der jetzt zu seinem Reichtum auch noch sein Augenlicht zurückbekommt (Kap. 7–13). Der alte Tobias lebt noch 42 Jahre weiter und stirbt alt und lebenssatt; der junge Tobias bekommt von seiner Frau sieben Söhne, beerbt seine Schwiegereltern, sieht »Kinder und Kindeskinder bis in fünfte Glied« (14,15) und stirbt mit 99 Jahren (14,16).

Das Buch Tobias ist kein Geschichtswerk, sondern eine erzählende Betrachtung über die Durchhilfe Gottes für den Frommen – auch im Leid (ähnlich wie bei Hiob) und auch im fremden, heidnischen Land. In den persönlichen Unglücksfällen und Segnungen bei Tobias und Sara eröffnet der Autor dabei den Blick auf Gottes Fürsorge auch für sein Volk (3,2–5; 13,3ff.; 14,6ff.). Gott wird Israel, das er eine Zeitlang bestraft hat, wieder aus der Gefangenschaft zurückführen und Jerusalem und den Tempel wieder aufbauen, und alle Völker werden ihn fürchten.

Das Buch gehört zum Kanon der LXX und der kath. Vulgata.

TOBIJA 1 Esr 2,60; Neh 2,10.19; 4,1; 6,1.12.14. 17.19; 7,62; 13,4.7–8
TOBIJA 2 2. Chr 17,8
TOBIJA 3 Sach 6,10.14

TOBIJA (»Ja[hwe] ist gut«).

1. Ein Ammoniter und Zeitgenosse Nehemias. Seine Bezeichnung als »Knecht« (Neh 2,10.19) kann ein offizieller Titel gewesen sein, den ihm die pers. Regierung verliehen hatte; er wäre dann ein Statthalter o. ä. gewesen. Zus. mit dem Horiter Sanballat war er die Zentrale des Widerstands gegen den Wiederaufbau der Mauer Jerusalems durch Nehemia (Neh 2,10.19; 4,1–8; 6,1–19). Alle Versuche, den Mauerbau zu sabotieren, mißlangen jedoch; nach 52 Tagen war die Mauer wiederaufgebaut (Neh 6,15).

Als Nehemia auf einer längeren Dienstreise zum pers. König war, gelang es T., eine große Kammer im Vorhof des Tempels zu bekommen, die er jedoch nach Nehemias Rückkehr wieder aufgeben mußte (Neh 13,4–9).

2. Ein Levit, der zus. mit anderen unter König Joschafat das Gesetz in den Städten Judas lehrte.

3. Einer der Rückkehrer aus dem babyl. Exil, von denen das Silber und Gold für die Krone des Hohenpriesters Jeschua kam.

TOCHEN 1. Chr 4,32

TOCHEN Ein Dorf im Gebiet Simeons, im Südteil Judas.

TOCHTER SCHUAS 1. Mose 38,2.12; 1. Chr 2,3

TOCHTER SCHUAS Jakobs Sohn Juda traf diese kanaan. Frau im Hause des Adullamiters Hira. Er heiratete sie, und sie gebar ihm Er, Onan und Schela.

TOD 1. Mose 2,17; 3,4; 5. Mose 30,15; Ri 5,18; 1. Sam 15,32; 20,3; Ps 6,6; 9,14; 16,10; 18,5.6; 22,16; 33,19; 49,15.16; 56,14; 68,21; 78,50; 79,11; 86,13; 88,4; 116,15; 118,18; 119,139; Spr 11,19; 14,32; Hld 8,6; Jes 25,8; 28,15. 18; 53,12; 65,23; Jer 9,20; 21,8; Hes 18,23; 24,16; 33,11; Hos 13,14; Mt 2,15; 4,16; 10,21; 16,28; 20,18; 26,38. 66; 27,3.37; Mk 14,55; Lk 2,26; 22,33. 44; 23,15.22; Joh 5,24; 8,51; 11,4.13; 12,33; 21,19; Apg 2,24; 8,1; 22,4; Röm 1,32; 5,10. 12.14.17.21; 6,3–5.9.16.21. 23; 7,5.10.13; 8,2.6.38; 1. Kor 3,22; 11,26; 15,21. 26.54–56; 2. Kor 2,16; 4,11.12; 7,10; Phil 1,20; 2,8.30; 3,10; Kol 1,22; 2. Tim 1,10; 1. Joh 3,14;

TOD Der Tod gehörte urspr. nicht zur Schöpfung Gottes; er ist vielmehr nach der HS eine Folge des SÜNDENFALLs; er gehört zum Urteil Gottes über die Sünde des Menschen: » ... denn du bist Erde und sollst zu Erde werden« (1. Mose 3,19; vgl. 2,17; 3,23; Hiob 10,9; Pred 12,7). Der T. ist »der Sünde Sold« (Röm 6,23).

Die gängige Unterscheidung zwischen »Seele« und »Körper« entstammt dem griech. Denken und wird in der Bibel nicht gelehrt. Die Bibel sieht den Menschen vielmehr ganzheitlich, als eine unteilbare Einheit. Das im AT dafür verwendete Wort *nepesch* wird häufig als »Seele« übersetzt, sollte aber besser als »Mensch« bzw. »Person« oder »Lebendiges Wesen« (1. Mose 2,7) übersetzt werden. Im T. verfällt der ganze Mensch der SCHEOL, dem Aufenthaltsort der Toten (Hiob 3,13–19).

Die Lebenserwartung des Menschen scheint anfangs hoch gewesen zu sein (so werden für Adam 930 Jahre, 1. Mose 5,5, für Noah 950 Jahre, 1. Mose 9,29 angegeben), sank dann aber rasch ab. Ps 90,10 spricht von 70 – 80 Jahren, ähnlich den heutigen Verhältnissen. Der »Tod des Gerechten« (vgl. 4. Mose 23,10) wird im AT als ein Erlöschen in lebenssattem Alter dargestellt. »Und du sollst fahren zu deinen Vätern mit Frieden und in gutem Alter begraben werden«, verheißt Gott Abraham (1. Mose 15,15), und Abraham stirbt dann auch »alt und lebenssatt« (1. Mose 25,8; vgl. 35,29 für Isaak und Hiob 42,17 für Hiob). Ein solcher T. ist wie eine gute Ernte (»wie Garben eingebracht werden zur rechten Zeit«, Hiob 5,26). Andere Redewendungen für das Sterben sind »Ich gehe hin den Weg aller Welt« (1. Kön 2,2) oder »er wurde zu seinen Vätern versammelt« (1. Mose 25,8 u. ö.). Die Unvermeidbarkeit des T.s wird mit Begriffen wie »unersättlich« (Jes 5,14 »ohne Maß«; Hab 2,5 »der nicht zu sättigen ist«), »stark« (Hld 8,6) oder »bitter« (Pred 7,26) umschrieben. Herr über den T. wie über das Leben ist immer Gott selbst (vgl. 1. Sam 2,6; Ps 88,7) – auch dort, wo er einen Engel als Werkzeug benutzt (2. Mose 14,19 ff.; 2. Sam 24,16; Hiob 33,22–24).

Im NT wird der T. als »der letzte Feind« bezeichnet (1. Kor 15,26). Jesus kannte und erlebte die menschliche Todesangst (Mt 26,38) wie auch die

(links) Im Totenreich. Ägyptischer Papyrus aus Theben: ca. 1300 v. Chr.

Der schakalköpfige Gott des Einbalsamierens, Anubis, bereitet einen verstorbenen Adligen für das Begräbnis vor. Fragment aus dem Grab des Sennutem, 12. Jh. v. Chr. Theben, Ägypten.

Trauer über den Verlust eines Freundes (Lazarus, Joh 11,33.35.38). Er durchlitt das Sterben bis hin zu dem Bewußtsein, von Gott verlassen zu sein (Mt 27,46; vgl. Ps 22,2). Aber dies ist nur die eine Seite – schon während seines irdischen Wirkens weckte Jesus Tote auf (Mt 9,18–26; Lk 7,11–17; Joh 11,38–44), und mit seiner Auferstehung (Mt 28 par) besiegte er den T. Wer an Christus glaubt, der hat das ewige Leben (Joh 3,16; 5,24).

5,16.17; Hebr 2,9.14f.; 5,7; 9,15–17; Jak 1,15; 5,20; Offb 1,18; 2,10.11.23; 6,8; 9,6; 12,11; 20,6; 21,4.8

Die Überwindung des T. durch Jesus Christus zieht sich wie ein roter Faden durch das gesamte NT. Ein ganzes Kap. des 1. Korintherbriefes (Kap. 15) widmet Paulus dem Thema »T. und Auferstehung«; er endet mit einem Siegesruf: »Der Tod ist verschlungen vom Sieg. Tod, wo ist dein Sieg? Tod, wo ist dein Stachel?« (1. Kor 15,54.55; vgl. Jes 25,8; Hos 13,14). Das letzte Buch der Bibel endet mit dem endgültigen Sieg über den T. (Offb 20,14). »Und Gott wird abwischen alle Tränen von ihren Augen, und der Tod wird nicht mehr sein« (Offb 21,4).

S. auch AUFERSTEHUNG; BEGRÄBNIS; HÖLLE; LEBEN NACH DEM TOD; TOTENREICH; TRAUER.

TOFEL Ort in der Wüste Araba; in der Nähe von T. sprach Mose zu den Israeliten.

TOFEL 5. Mose 1,1

TOFET Der Ort, an dem die Israeliten in der Königszeit den heidnischen Götzen MOLOCH und BAAL opferten (Jer 32,35). Er lag im Tal Ben-Hinnom südöstlich der Stadtmauern Jerusalems (2. Kön 23,10; Jer 19,2), in der Nähe des Baches Kidron. Der Brauch, dem Ammonitergott Moloch Kinder zu opfern (Jer 7,31), wird erstmals in der Zeit von König Ahas erwähnt (2. Kön 16,3; 2. Chr 28,3), dann z. Zt. Manasses (2. Kön 21,6; 2. Chr 33,6), bis ihm Josia ein Ende setzte und den Altar zerstörte (2. Kön 23,10). Jeremia predigte gegen den Götzendienst im T. (Jer 7,30–8,3; 19,1–13).

TOFET 2. Kön 23,10; Jer 7,31–32; 19,6.11–14

TOGARMA In der Völkertafel 1. Mose 10 erscheint T. als Sohn Gomers (1. Mose 10,3; 1. Chr 1,6). Ein Volk T. erwähnt später Hes 27,14; 38,6.

T. ist belegt als Name einer Stadt und Region in Kleinasien. In Dokumenten aus dem 2. Jt. v. Chr. wird es als *Tegarama* bezeichnet. Assyr. Quellen nennen es *Til Garimu*, in der griech.-röm. Periode erscheint es als *Gauraena*. Heute Gurun, zwischen Kaiseri und Malatija.

TOGARMA 1. Mose 10,3; 1. Chr 1,6; Hes 27,14; 38,6

TOHU Levit aus dem Hause Kehat, erscheint unter den Vorfahren des Propheten Samuel. Er war der Vater Eliëls (1. Chr 6,19), der in 1. Sam 1,1 Elihu genannt wird.

TOHU 1. Chr 6,19; 1. Sam 1,1

TOÏ König von Hamat z. Zt. König Davids. Er war ein Feind Hadad-Esers von Zoba und sandte nach Davids Sieg über diesen seinen Sohn Joram (2. Sam 8,10) bzw. Hadoram (1. Chr 18,10) mit Geschenken zu David.

TOÏ 2. Sam 8,9–10; 1. Chr 18,9–10

TOKHAT Andere Namensform für TIKWA.

TOKHAT 2. Chr 34,22

TOLA, TOLAITER (»karmesin«).

1. Der älteste Sohn Issachars und Stammvater der Tolaiter.

2. Ein Richter (s. RICHTER) aus dem Stamm Issachar, führte Israel 23 Jahre lang.

TOLA, TOLAITER 1 1. Mose 46,13; 4. Mose 26,23; 1. Chr 7,1–2

TOLA, TOLAITER 2 Ri 10,1

TONWAREN, TÖPFEREI Das Töpfereihandwerk ist eine der ältesten Erfindungen der Menschheit. Das Rohmaterial (Ton) ist im Überfluß vorhanden und leicht zu bearbeiten; die verschiedensten Formen, Verzie-

Töpferscheibe aus Hazor, Kanaanitische Periode. (Israelische Regierungsabteilung für Altertümer und Museen).

rungen, Siegeleindrücke u. a. sind möglich. Die zum Brennen des geformten Gefäßes nötige Hitze ist nicht so hoch, daß eine komplizierte Anlage nötig wäre. Im Chalkolithikum kam die Töpferscheibe auf.

Tongefäße wurden in bibl. Zeit v. a. zum Kochen, Backen und zur Aufbewahrung verwendet. So fand man zahlreiche Vorratskrüge in königl. Lagerhäusern. Tonkrüge wurden auch als Behälter im Handel verwendet. Besondere Arten von Gefäßen, wie verzierte Ständer und Trinkgefäße, wurden zu kultischen Zwecken hergestellt. Die T. war im gesamten alten Israel verbreitet, wobei es z. T. regional unterschiedliche Techniken und Stile gab. Die Einflüsse aus den Nachbarländern sind deutlich zu erkennen. Ende des 10. Jh. v. Chr. kam der phöniz. Stil nach Israel, im 9. Jh. der assyr. und Ende des 7./Anfang des 6. Jh. v. Chr. der griechische.

TORE In den isrl. und kanaan. Städten dienten (Stadt-)Tore nicht nur der Verteidigung (vgl. FESTUNGEN), sondern auch als Brennpunkte des öffentl. Lebens. Die T. waren an Pfosten aufgehängt, mit Riegeln und Schlössern versperrt (Ri 16,3; Neh 3,14) und überdacht (2. Sam 18,24). Gegenüber dem T. lag jeweils ein freier Platz (2. Chr 32,6; Neh 8,2.3.16) mit Bänken für die Ältesten des Ortes, wo die wirtschaftlichen und richterlichen (vgl. Am 5,15) Angelegenheiten ausgetragen wurden. Auf dem Feld außerhalb des T., das auch als Dreschort diente, fanden die Volksversammlungen statt (vgl. 1. Kön 22,10). Das innere Tor wurde von Türmen flankiert (2. Chr 26,9) , in die Kammern eingebaut waren (2. Sam 19,1). Über dem Tor waren Wächter postiert, die bei Gefahr Warnsignale gaben (2. Sam 18,25–27; Hes 33,2–6). Zu beiden Seiten des Tordurchgangs lagen Kammern, die für die Wächter, aber auch als Vorratskammern dienen konnten (Hes 40,7; vgl. 1. Kön 14,28).

In den kanaan. Städten war das T. der Sitz der Ältesten der Stadt, wo alle wichtigen Angelegenheiten ausgetragen wurden. So verhandelte z.B. Abraham am Stadttor mit dem Hetiter Efron über den Kauf der Begräbnishöhle in Machpela (1. Mose 23,10.18). Floh im alten Israel ein Totschläger in eine Freistadt, wurde er zuerst von den Ältesten am Stadttor befragt (Jos 20,4).

Das T. blieb bis zum Ausgang der isrl. Periode einer der wichtigsten Orte des städtischen Lebens; die Gerichtsverhandlungen wurden jedoch im Laufe der Zeit in ein eigenes Gebäude oder auch in einen Raum im Palast oder im Tempel verlegt (vgl. 5. Mose 17,8–12; für die Zeit Salomos 1. Kön 7,7). Die Todesstrafe durch Steinigen (vgl. 5. Mose 17,5; 21,18–21; 22,23–24) wurde außerhalb des T. vollzogen (vgl. noch die Steinigung des Stephanus Apg 7,58).

Nabatäische Keramik (Archäologisches Museum, Amman)

(oben links) Sammlung von Töpferwaren der Philister (Israel Museum).

(oben rechts) Modell einer Töpfereiwerkstatt. Ägypten, 21. Jh. v. Chr.

(oben links) Modell des Stadttores von Megiddo zur Zeit Ahabs.

(oben rechts) Reste des Tores zu Megiddo, salomonische Zeit.

(unten links) Ein Tor der Eisenzeit in Tel Dan.

(unten rechts) Das Osttor von Sichem (Tel Balata). 17. Jh. v. Chr.

TOTENREICH (SCHEOL) Im AT der Aufenthaltsort der Toten, der Ort, an den die Verstorbenen kommen. Wie auch sonst in der Antike, stellten die Hebräer sich das T. (hebr. *scheol*) als unter der Erde (4. Mose 16,30) bzw. unter dem Wasser befindlich (Hiob 26,5) vor. Aus dem T. kehrt man nicht wieder zurück (Hiob 7,9.16). Das AT nennt nur zwei Ausnahmen, wo Gott einen Menschen zu sich hinauf geholt hat: Henoch (1. Mose 5,24) und Elia (2. Kön 2,11). Im T. hören alle Unterschiede auf (Hiob 3,13–19; Hes 32, 18–32), und es gibt dort »weder Tun noch Denken, weder Erkenntnis noch Weisheit« (Pred 9,10).

Und doch ist auch das T. nicht außerhalb des Herrschaftsbereiches Gottes (Ps 139,7–8; Hiob 26,6). Gott ist auch hier souverän: »Der HERR tötet und macht lebendig, führt hinab zu den Toten und wieder herauf« (1. Sam 2,6). Aber trotz dieser Macht sieht das AT die Toten i. a. als getrennt von Gott (Ps 88,6); aus dem T. dringt kein Gebet und kein Gotteslob (Ps 30,10; Jes 28,18). Erst am äußersten Rand des AT taucht der Gedanke an eine Befreiung aus dem T. auf. Hierher gehören vielleicht schon Ps 49,16; 73,23.24, auf alle Fälle aber Dan 12,2.

Ein Einbruch in das T. ist erst und nur durch Jesus Christus geschehen, der »dem Tode die Macht genommen hat« (2. Tim 1,10) und »die Schlüssel des Todes und der Hölle« besitzt (Offb 1,18). Jesus hat nach dem Zeugnis der Bibel auch den Toten das Evangelium verkündet (1. Petr 3,19; 4,6; vgl. auch Eph 4,9.10 und Mt 12,40) und ihnen damit die Befreiung aus der Allgewalt des Todes gebracht. Im apostol. Glaubensbekenntnis wird diese Heilstat mit dem Satz »hinabgestiegen in das Reich des Todes« ausdrücklich bezeugt.

In den dt. Bibelübersetzungen steht für hebr. *scheol* nicht immer »T.«, sondern auch Ausdrücke wie »Grube«, »Hölle«, oder »zu den Toten«. Die Konkordanz listet alle Stellen auf, wo im hebr. Grundtext *scheol* steht.

Vgl. AUFERSTEHUNG; HÖLLE; LEBEN NACH DEM TOD; TOD.

TOTENREICH (SCHEOL)
1. Mose 37,35; 42,38; 44,29.31; 4. Mose 16,30.33; 5. Mose 32,22; 1. Sam 2,6; 2. Sam 22,6; 1. Kön 2,6.9; Hiob 7,9; 11,8; 14,13; 17,13. 16; 21,13; 24,19; 26,6; Ps 6,6; 9,18; 16,10; 18,6; 30,4; 31,18; 49,15–16; 86,13; 88,4; 89,49; 116,3; 139,8; 141,7; Spr 1,12; 5,5; 7,27; 9,18; 15,11.24; 23,14; 27,20; 30,16; Pred 9,10; Hld 8,6; Jes 5,14; 14,9. 11.15; 28,15.18; 38,10.18; 57,9; Hes 31,15–17; 32,21.27; Hos 13,14; Am 9,2; Jona 2,3; Hab 2,5

TOTES MEER
Hes 47,8

SALZMEER
1. Mose 14,3;
4. Mose 34,3.12;
5. Mose 3,17;
Jos 3,16;
12,3; 15,2.5;
2. Kön 14,25

TOTES MEER Großer Salzsee am Südende des Jordantals, zwischen den Bergen von Moab im Osten und den judäischen Bergen im Westen. Er wird durch Jordan, Arnon, Sered und Kidron sowie zahlreiche kleinere, nur zeitweise wasserführende Flüsse gespeist. Ein Abfluß fehlt, dafür ist die Verdunstung sehr hoch; der Salzgehalt liegt bei 25 %.

Das T.M. liegt 392 unter dem Meeresspiegel und ist damit der tiefste Punkt der Erdoberfläche. Die Wassertiefe geht im Nordteil bis zu ca. 400 m, der Südteil ist nur bis zu 6 m tief und war in versch. histor. Epochen ausgetrocknet; z. Zt. des Herodes verlief durch ihn eine Straße nach Moab. Von den Naturschätzen (Mineralien) wurde im Altertum nur das in Ägypten zum Einbalsamieren von Mumien benötigte Erdpech (Bitumen) ausgebeutet. An den Bergen am Südwestufer wurde Salz gewonnen.

In der Bibel wird das T.M. meist (so LÜ) »Salzmeer« genannt (1. Mose 14,3 u.a.), in Hes 47,18 das »östliche Meer«. In Hesekiels messianischer Vision wird das T.M. durch einen aus dem Tempel entspringenden Strom in Süßwasser verwandelt (Hes 47,8–12).

TOTES MEER (SCHRIFTROLLEN) Die Schriftrollen vom Toten Meer stellen den vielleicht bedeutendsten archäolog. Fund des 20. Jh. dar. Ein Beduine fand 1947 in einer Höhle am Nordwestufer des Toten Meeres 7 Schriftrollen. Sie werden heute alle im Schrein des Buches im Israel Museum in Jerusalem aufbewahrt. Kurz nach dem Bekanntwerden der ersten Schriftrollen begannen zahlreiche Forscher und Beduinen nach weiteren Rollen zu suchen. In der Umgebung von Khirbet Qumran sowie in vier nördlich davon gelegenen Höhlen fand man zahlreiche weitere Texte.

Die Rollen bestanden vornehmlich aus Pergament; nur wenige waren aus Papyrus. Zum Schreiben benutzte man meist Tinte aus zerstoßener Kohle, manchmal auch eine aus Metallen hergestellte Tinte. Bei einer Rolle waren die Schriftzeichen in Kupfer eingraviert (sog. Kupferrolle). Hauptsächlich wurde die hebr. Quadratschrift benutzt. Auf Grund paläographischer Analysen kann man diesen Schrifttypus in drei Gruppen einteilen: vorhasmonäisch, hasmonäisch und herodianisch. Einzelne Worte wie etwa der Gottesname wurden in der althebr. Schrift geschrieben.

Die Bedeutung dieser Funde liegt darin, daß sich darunter auch Abschriften bibl. Bücher aus dem 2. Jh. v. Chr. – 1. Jh. n. Chr. finden; diese sind somit über 1000 Jahre älter als die bislang bekannten hebr. Hss. des AT und vermitteln neue Einblicke in Niederschrift und urspr. Gestalt der bibl. Texte.

Die Schriftrollen können in zwei Gruppen eingeteilt werden: a) atl. und apokryphe Texte (vgl. KANON und APOKRYPHEN); b) Texte der Sekte von Qumran (s. ESSENER).

Alttestamentliche und apokryphe Schriften: Mit Ausnahme des Buches Ester wurden vollständige Hss. oder Bruchstücke aller AT-Bücher gefunden. Am besten erhalten waren die Rollen der Höhle 1, wo man eine komplette Jesajarolle, eine weitere mit den Kap. 53 – 60 sowie mehrere Fragmente anderer Bücher fand. Eine der Jesajarollen unterscheidet sich von dem herkömmlichen masoretischen Bibeltext durch die Verwendung aller

(unten links) Salzbildungen an der Oberfläche des Toten Meeres.

(unten rechts) Das Tote Meer, Blick von En Gedi (Israelische Naturschutzbehörde).

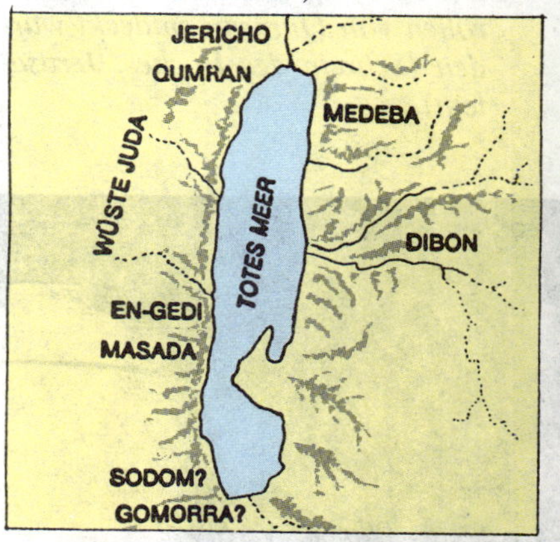

Vokale (diese wurden später z. T. durch Punkte über und unter den Konsonanten ersetzt) und durch einige Grammatikformen. Andere Fragmente des Jesajabuches stehen jedoch dem heutigen hebr. Text wesentlich näher. In Höhle 4 entdeckte man zahlreiche Fragmente von Schriftrollen, darunter 14 Abschriften von 5. Mose (Deuteronomium), 12 Abschriften des Jesajabuches, 10 der Psalmen sowie 8 mit dem Text der 12 Kleinen Propheten. Vom 2. Buch Mose fand man zwei Hss. in der althebr. Schrift, von denen eine dem samaritan. Text (Samaritanus) sehr ähnlich ist; sechs weitere Hss. von 2. Mose (Exodus) (darunter eine mit engem Bezug zur LXX) waren in der hebr. Quadratschrift abgefaßt. Eine Hs. mit dem Text von 4. Mose (Numeri) ist etwas ausführlicher als der heutige Text; sie wurde mit roter Tinte geschrieben. Ähnliche Abweichungen zwischen den Hss. und dem heutigen masoretischen Bibeltext lassen sich auch bei anderen Texten nachweisen. Sie sind darin begründet, daß der genaue Konsonantentext des AT damals noch nicht feststand und erst später vereinheitlicht wurde.

Unter den Fragmenten apokrypher Texte finden sich hebr. und aram. Abschriften der Bücher Jubiläen, Henoch, Tobias, Testament Levis, Testament der zwölf Patriarchen, Jesus Sirach u. a. Es ist nicht bekannt, ob diese Schriften bei der Sekte von Qumran denselben Stellenwert hatten wie die bibl. Bücher. Sie wurden jedoch im Gegensatz zu diesen nicht von den Schreibern der Sekte selbst abgeschrieben. Die apokryphen Schriften wurden bei Khirbet Qumran erstmals in ihrer Originalsprache (aram. bzw. hebr.) entdeckt. Andere Bücher, wie etwa die aram. *Genesis Apokryphon*, waren bislang überhaupt nicht bekannt gewesen.

Texte der Sekte von Qumran: Unter den Schriftrollen fanden sich auch zahlreiche Bücher der Gemeinde von Qumran u. a. jüd. Sekten. Einige sind *Kommentare* zu bibl. Texten, mit wertvollen Anspielungen auf damalige zeitgeschichtliche Ereignisse. Bes. ausführlich sind die Kommentare zum Buch Habakuk. Andere Fragmente befassen sich mit den Psalmen, Jesaja, Micha, Zefanja und Nahum. Eine Rolle umfaßt Kommentare zu 1. Mose 49, 2. Sam 7 und Ps 2 und 3.

Die *Regeln* umfassen die sog. *Sektenregel* mit den Gesetzen und Vorschriften der Essener-Sekte, ferner Regeln für die Auserwählten Israels in den letzten Tagen (eine Art eschatolog. Handbuch) und die *Kriegsregel*, die

(rechts) Blick auf Qumran.

Die Tonkrüge, in denen die Schriftrollen von Qumran entdeckt wurden (Schrein des Buches, Jerusalem).

einen zukünftigen Kampf zwischen den »Söhnen des Lichts« und den »Söhnen der Finsternis« beschreibt.

Weitere Texte sind die *Danklieder*, die *Damaskusschrift* mit religiösen Ermahnungen und historischem Material, die *Kupferrolle*, die versch. Schatzverstecke auflistet, und die *Tempelrolle* mit Angaben über Feiertage, Gaben und hl. Geschenke, den Tempel, Jerusalem, Reinheitsgebote u. a. Gesetze.

Zusätzlich zu den oben behandelten Texten fand man bei Khirbet Qumran auch Dokumente aus der röm., byz. and arab. Zeit. Die wichtigsten stammen aus der Zeit des Bar-Kochba-Aufstandes (132–135 n. Chr.) und kurz davor und enthalten u. a. Fragmente von 1. Mose, 2. Mose, 4. Mose, 5. Mose, Jesaja, Amos, Obadja, Jona und Micha, die dem heutigen hebr. Text sehr nahestehen. Demnach muß die genaue Zusammenstellung des masoretischen Textes des AT von den Generationen nach der Zerstörung des zweiten Tempels vorgenommen worden sein, und der bibl. Text ist bemerkenswert unversehrt überliefert worden.

TRACHONITIS
Lk 3,1

TRACHONITIS Landschaft, die Teil der Tetrarchie des Herodes Philippus war. Sie lag nordöstlich vom See Genezareth.

TRAUER(N)
4. Mose 14,39; Hiob 17,7; Ps 30,12; Spr 14,13; Pred 7,3; Jes 3,26; 19,8; 50,3; 51,11; 61,2.3; Jer 31,13; Klgl 2,8; Hes 27,31; 31,15; Joel 1,9; Am 5,16; 8,8. 10; 9,5; Mt 26,37; Joh 16,6

TRAUER-KLEID
2. Sam 14,2; Jes 61,3; Hes 26,16

TRAUER Beim Tod einer bedeutenden Persönlichkeit (2. Sam 3,31), wenn ein einzelner (2. Sam 12,15–16) oder die ganze Gemeinde von einem Unglück betroffen wurde, oder wenn schlechte Nachrichten empfangen wurden (4. Mose 14,1–6), befolgten die Israeliten bestimmte feststehende Bräuche, die sie mit den anderen Völkern des alten Nahen Ostens gemeinsam hatten. Neben Weinen und Klagegeschrei gehörte es zum Trauern, die Kleider zu zerreißen (1. Mose 37,29 u. ö.) , barfuß mit bedecktem Kopf zu gehen (2. Sam 15,30), sich einen Sack um die Lenden zu gürten (2. Sam 3,31 u. ö.) oder Asche auf das Haupt zu streuen (2. Sam 13,19 u. ö.). Der Trauernde wusch sich nicht die Füße, schnitt seinen Bart nicht, wusch seine Kleider nicht (2. Sam 19,25) und salbte sich nicht mit Öl (2. Sam 14,2). Manchmal enthielt er sich völlig von Fleisch und Wein (Dan 10,3). Trauernde konnten auch auf der Erde sitzen und vor Kummer zittern (Hes 26,16), sich das Haupt scheren und sich ins Fleisch schneiden (Jer 16,6). Einige dieser Zeichen der T., wie das Scheren des Hauptes oder eines Teils des Bartes und das Einschneiden des Fleisches, die unter den Heiden allg. verbreitet waren, waren den Israeliten verboten (3. Mose 21,5), doch scheint die Gewohnheit oft stärker gewesen zu sein als das Gesetz. Familienmitglieder (1. Mose

»Rolle der Danksagung«. (Schrein des Buches, Jerusalem).

Trauernde Frauen. Detail eines Wandgemäldes in einem Grab. Ägypten, 14. Jh. v. Chr.

23,2; 50,10; 2. Sam 11,26) und alle anderen von der Trauer Betroffenen nahmen an der Klage teil (1. Sam 25,1; 28,3; 2. Sam 1,11–12; 1. Kön 13,29–30).

Die T. dauerte normalerweise sieben Tage (1. Mose 50,10); beim Tod einer bedeutenden Persönlichkeit erstreckte sie sich jedoch über 70 Tage, von denen die ersten 40 für die Einbalsamierung notwendig waren, während die letzten 30 Tage die eigentliche Trauerperiode darstellen (1. Mose 50,3). Um Aaron (4. Mose 20,29) und Mose (5. Mose 34,8) wurde jeweils 30 Tage getrauert. Während der Trauerzeit kamen die Leute, um mit den Trauernden zu essen (2. Sam 3,35). Das Begräbnismahl wurde von den Juden u. a. Völkern auch später noch gehalten. Um die Atmosphäre der T. zu steigern, konnten berufsmäßige Klagefrauen geladen werden (Jer 9,16ff. u.ö.). Ägypt. Wandgemälde, auf denen stehende Frauen zu sehen sind, die weinen und sich das Haar raufen, zeigen, daß dies auch unter anderen Völkern des Alten Orients praktiziert wurde.

TRAUM Schon sehr früh in der Geschichte der Menschheit galt der Traum als eine der Möglichkeiten, Botschaften von der Gottheit zu empfangen. Im alten Orient gab es den Beruf des Traumdeuters; in Mesopotamien wie in Ägypten gab es regelrechte Traumbücher, die in die Bedeutung und Auslegung der T.e einführten. Es wurde sogar versucht, T.e künstlich herbeizuführen: Könige, Priester, aber auch einfache Menschen schliefen an einem heiligen Platz, in der Hoffnung, dort einen günstigen T. zu bekommen. Diese Praxis ist z. B. aus Babylonien und Ugarit bekannt.

T.e, die Botschaften Gottes sind, sind auch aus der Bibel bekannt. Gott ist dabei jedoch völlig souverän und läßt sich auf keine Manipulationsversuche ein. So hatten Jakob (in Bethel, 1. Mose 28,11–19), Samuel (im Heiligtum Gottes, 1. Sam 3,1–15) und Salomo (in Gibeon, 1. Kön 3,4–15; 2. Chr 1,7–12) T.e an hl. Stätten, aber diese T.e waren reine Geschenke; sie hatten nicht auf sie spekuliert. Saul dagegen, der Gott durch T.e zu befragen sucht, geht leer aus (1. Sam 28,6). 4. Mose 12,6 erwähnt ausdrücklich, daß Gott im T. zu den Propheten redet, setzt dies aber von der viel direkteren Offenbarung an Mose ab: »Von Mund zu Mund rede ich mit ihm, nicht durch dunkle Worte oder Gleichnisse« (4. Mose 12,8).

Manche der in der Bibel überlieferten T.e sind dem Träumenden unmittelbar verständlich, weil Gott bzw. ein Engel in ihnen direkt redet, so Abimelechs Traum über Sara (1. Mose 20,3–7), Jakobs T. von den Böcken (1. Mose 31,10–13) und Labans T. (1. Mose 31,24) und im NT Josefs T. (Mt 1,20–23; vgl. 2,13.19–22). Auch die oben erwähnten T.e von Jakob, Samuel und Salomo gehören in diese Gruppe. Andere T.e bedürfen der Auslegung, so z. B. der T. vom Gerstenbrot, das ins Lager der Midianiter rollt (Ri 7,13–15), die T.e des Mundschenks und Bäckers des Pharaos (1. Mose 40,5–19), des Pharaos selbst (1. Mose 41,1–36) und Nebukadnezars (Dan 2,1–45; 4,1–27). Bei seinen T.n von den Garben und den Himmelskörpern fungiert Josef sozusagen als sein eigener Traumdeuter (1. Mose 37,5–11), und in Daniels T. über die künftigen Weltreiche (Dan 7,1–28) gibt eine der im T. auftretenden Figuren eine Auslegung.

Wie die Prophetie, so konnte auch der T. gefälscht oder mißbraucht werden. Jeremia prangert falsche Propheten an, die vorgeben, Botschaften Gottes geträumt zu haben (Jer 23,25–28; 29,8.9; vgl. Sach 10,2), und schon das Gesetz des Mose verhängt die Todesstrafe über Träumer, die mit ihren falschen Offenbarungen Israel in die Irre führen (5. Mose 13,1–6).

Überhaupt sind längst nicht alle T.e als Botschaften Gottes zu sehen. Der normale T. galt schon im AT als belanglos und als Sinnbild der Vergänglichkeit und der Selbsttäuschung (vgl. Hiob 20,8; Ps 73,20; 90,5; 126,1; Pred 5,6; Jes 29,8). Hiobs Hinweis auf Alpträume als göttliche Strafe (Hiob 7,14) findet seinen Niederschlag in den apokryphen Büchern Jesus Sirach und Weisheit Salomos, wonach T.e das Nachdenken über Gottes Gerechtigkeit fördern können. Nach Sir 40,1–11 werden lasterhafte Menschen häufig von Alpträumen heimgesucht. Von beklemmenden Träumen der Ägypter im Zusammenhang mit den Zehn Plagen erzählt Weish 18,17–19.

TRAUM, TRÄUMEN
1. Mose 20,3.6; 28,12; 37,5.6. 8–10.19.20; 40, 5.8.9.16; 41,1.5. 7.8.11.15.17.22. 25.26; 42,9; 4. Mose 12,6; Ri 7,13.15; 1. Sam 28,6.15; 1. Kön 3,5.15; Hiob 7,14; 20,8; 33,15; Ps 73,20; 126,1; Pred 5,2.6; Jes 29,7.8; Jer 23,25.27. 28.32; 29,8; Dan 1,17; 2,1–7. 9.26.28.36.45; 4,2.4–6.15.16; 5,12; 7,1; Joel 3,1; Sach 10,2; Mt 1,20; 2,12. 13.19.22; 27,19

TRÄUMER
1. Mose 37,19; 5. Mose 13, 2.4.6; Jud 8

TRAUMDEUTER
Jer 27,9

Tonfigurine eines Trauernden; in Hazor, in der Nähe von Jaffo, gefunden. (Israelische Regierungsabteilung für Altertümer und Museen).

Ein relativ hohes Gewicht hat der T. bzw. das Traumgesicht (Vision) im NT in der Apg. Hier sind zu nennen die Visionen des Kornelius und des Petrus (Apg 10,3–16; 11,5) und T.e des Paulus (16,9.10; 18,9.10; 27,23–25; 22,17–21). Nicht in diese Kategorie gehört die Begegnung des Paulus mit dem auferstandenen Jesus bei seiner Bekehrung (9,3–8; vgl. 22,3–16 und 26,12–17).

Auch in den Evangelien spielen T.e eine wichtige Rolle, bes. in der Kindheitsgeschichte Jesu (Mt 1,20–23; 2,12.13.19–20.22). Vgl. in der Passionsgeschichte den T. der Frau des Pilatus (Mt 27,19). Davon zu unterscheiden sind die eigentlichen Visionen, z.B. bei Zacharias (Lk 1,11–20) und bei der Verklärung Jesu (Mt 17,2–9 par).

Petrus erwähnt in seiner Pfingstpredigt die Prophetie des Joel (Joel 3,1–5) über T. und Visionen in den Tagen, wenn Gott seinen Geist auf die Menschen ausgießt; Petrus sieht sie als durch das Kommen des hl. Geistes (das Pfingstwunder) erfüllt an (Apg 2,16–18).

TRES-TABERNAE Apg 28,15

TRES-TABERNAE (»Zu den drei Tavernen«). Eine Station auf der Reise des Paulus nach Rom, bei Forum Appii, ca. 50 km von Rom. Eine Taverne desselben Namens wird mehrmals in den Werken Ciceros erwähnt.

Hier soll Tres Tabernae gelegen haben.

TROAS Apg 16,8.11; 20,5–6; 2. Kor 2,12; 2. Tim 4,13

TROAS Bedeutender Hafen im Nordwesten der röm. Provinz Asien. In T. hatte Paulus auf seiner 2. Missionsreise im Traum die Erscheinung eines Mannes, der ihn bat: »Komm herüber nach Mazedonien und hilf uns!« Paulus verließ T. sofort und reiste nach Mazedonien (Apg 16,8–11).

Auf der Rückfahrt von Griechenland während seiner 3. Missionsreise hielt sich Paulus eine Woche in T. auf (Apg 20,6–12).

TROPHIMUS Apg 20,4; 21,29; 2. Tim 4,20

TROPHIMUS (»Findelkind«). Ein Mann aus Ephesus, der sich Paulus auf dessen Rückreise von der 3. Missionsreise anschloß (Apg 20,4). In Jerusalem begleitete er Paulus und einige Jünger zum Tempel (Apg 21,29). Das Gerücht, Paulus habe den Nichtjuden T. über den Vorhof der Heiden hinaus mit in den Tempel genommen (vgl. TEMPEL), führte zu einem Aufruhr und zur Verhaftung des Paulus (Apg 21,27ff.). Während einer späteren, sonst unbekannten Reise des Paulus erkrankte T. und blieb in Milet zurück (2. Tim 4,20). (Zur Frage einer Missionsreise des Paulus nach seiner Entlassung aus der Gefangenschaft in Rom vgl. die Einleitung zu TIMOTHEUS, DER ERSTE BRIEF DES PAULUS AN.)

TRYPHÄNA Röm 16,12

TRYPHÄNA Christin, die Paulus im Römerbrief grüßt. Sie arbeitete zus. mit TRYPHOSA, die vielleicht ihre Schwester war (Röm 16,12).

TRYPHOSA Röm 16,12

TRYPHOSA Christin, die Paulus im Römerbrief grüßt. Vgl. TRYPHÄNA.

TUBAL 1. Mose 10,2; 1. Chr 1,5; Jes 66,19; Hes 27,13; 38,2–3; 39,1

TUBAL Königreich in Kleinasien, in der Völkertafel 1. Mose 10,2 unter den Söhnen Jafets aufgeführt. Auch bei Hesekiel (27,13; 32,26; 38,2–3; 39,1) und einmal bei Jesaja (66,19) erwähnt, und zwar fast immer zus. mit seinem Nachbarn Meschech (Phrygien).

T. (assyr. *Tabal*) wird erstmalig erwähnt in der Beschreibung des Feldzugs Salmanassars III. gegen das Land Melid, von wo er seinen Marsch nach T. fortsetzte (837 v. Chr.). Unter Salmanassar V. erhob sich T., und sein König Hullaku wurde nach Assyrien deportiert. Sargon II. starb 705 v. Chr. bei einem Feldzug gegen T. Assurbanipal trug u. a. den Titel »König von Tabal«. Das Königreich T. wurde endgültig durch die Kimmerer (bibl. GOMER, vgl. 1 Mose 10,2.3; Hes 38,5.6) zerstört.

TUBAL-KAIN (»Tubal der Schmied«). Sohn von Lamech und Zilla. Er war das Urbild aller Kupfer- und Eisenschmiede (1. Mose 4,22).

TUBAL-KAIN 1. Mose 4,22

TURM MEA (»Hundert«). Einer der Türme der Stadtmauer Jerusalems, wird zus. mit dem Schaftor und dem Turm Hananel erwähnt. Er lag zwischen diesen, an der Nordmauer.

TURM MEA Neh 3,1; 12,39

TURTELTAUBE Siehe TIERE.

TYCHIKUS (»Glückskind«). Christ aus der Provinz Asien, einer der Begleiter des Paulus, erstmals zus. mit TROPHIMUS erwähnt. Er überbrachte den Brief des Paulus an die Epheser, und Paulus nennt ihn »mein lieber Bruder und treuer Diener in dem Herrn« (Eph 6,21). Paulus sandte ihn nach Kolossä, um die Gemeinde dort zu ermutigen, und beabsichtigte, ihn zu Titus nach Kreta zu senden (Tit 3,12). Nach 2. Tim 4,12 hat er ihn statt dessen (?) aber nach Ephesus entsandt.

TYCHIKUS Apg 20,4; Eph 6,21; Kol 4,7; 2. Tim 4,12; Tit 3,12

TYRANNUS (»Gebieter«). Der Saal (Lehrsaal, »Schule«) des T. war der Ort, an welchem Paulus auf seiner 3. Missionsreise in Ephesus predigte, nachdem der Widerstand in der Synagoge zu stark geworden war.

TYRANNUS Apg 19,9

TYRUS Bedeutende kanaan. Stadt in Phönizien. Der Name bedeutet »Fels«; von den Assyrern wurde T. *Zara* bzw. *Zarus* genannt, von den Griechen *Tyros*. Die moderne libanesische Stadt gleichen Namens wurde über den antiken Ruinen erbaut. Der älteste Teil von T. war auf dem schmalen Küstenstreifen errichtet worden; später dehnte sich die Stadt auf eine Insel aus, die vom Festland durch eine ca. 800 m weite Meerenge getrennt war.

T. wird erstmals in den ägypt. Ächtungstexten des 19. und 18. Jh. v. Chr. erwähnt. Ende des 13. Jh. wurde die Region von den Seevölkern heimgesucht und T. offenbar zerstört. Zu Beginn des 12. Jh. wurde es wiederaufgebaut. Seine Blütezeit begann mit dem Niedergang Ägyptens. T. wurde zur Beherrscherin der Meere und ein großes Kultur- und Handelszentrum. Nachdem es sich während der Regierungszeit Ramses III. vom ägypt. Einfluß freigemacht hatte, stieg es zur führenden Stadt Phöniziens auf und gründete große Handelskolonien an den Küsten des Mittelmeeres. Es gab kaum einen Ort in der damals bekannten Welt, zu dem T. keine Handelsbeziehungen unterhielt.

Nach der isrl. Eroberung Kanaans lag T. an der Grenze des Stammesgebiets von Asser (Jos 19,29). David ließ Zedernholz, Zimmerleute und Steinmetze von T. kommen, um seinen Palast zu bauen (2. Sam 5,11). König Hiram von T. vergrößerte die Insel von T., indem er sie mit einer anderen kleinen Insel verband, und erneuerte die Tempel von Melkart und Astarte.

Salomo erneuerte die Freundschaft seines Vaters mit Hiram und nahm tyrische Hilfe beim Tempelbau in Jerusalem in Anspruch (1. Kön 5,15ff.); als Gegenleistung gab er Hiram das Land KABUL und 20 Städte in Galiläa (1. Kön 9,11–13). Sehr enge Beziehungen zu T. gab es z. Zt. König Ahabs von Israel, der Isebel, die Tochter des Sidonierkönigs Etbaal, heiratete (1. Kön 16,31) und damit der Verbreitung des Baalskultes in Israel Tür und Tor öffnete. Mehrere isrl. Propheten weissagten die Zerstörung von T. und seinen Kolonien (Jes 23; Jer 25,22; Hes 26–28; Joel 4,4; Am 1,9–10; Sach 9,2–4). Nach dem babyl. Exil verkauften die Tyrer wieder am Sabbat auf den Märkten von Jerusalem (Neh 13,16).

Im 9. Jh. v. Chr., nach der Gründung seiner Kolonie Karthago, erreichte T. seinen Höhepunkt. Doch jetzt begannen die Assyrer, nach Westen zum Mittelmeer vorzudringen. 701 v. Chr. teilte Sanherib das sich von Sidon im Norden bis Akko im Süden erstreckende tyrische Königreich in zwei Teile, T. und Sidon. Als Asarhaddon 677/676 v. Chr. den Aufstand von Sidon nie-

TYRUS Jos 19,29; 2. Sam 5,11; 24,7; 1. Kön 5,15; 7,13–14; 9,11–12; 1. Chr 14,1; 22,4; 2. Chr 2,2; Esr 3,7; Neh 13,16; Ps 45,13; 83,8; 87,4; Jes 23,1.5.15.17; Jer 25,22; 27,3; 47,4; Hes 26,2–4.7.15; 27,2–3.8.32; 28,2.12; 29,18; Joel 4,4; Am 1,9–10; Sach 9,2–3; Mt 11,21–22; 15,21; Mk 3,8; 7,24.31; Lk 6,17; 10,13–14; Apg 12,20; 21,3.7

derschlug, wurde der Südteil von Sidon wieder T. zugesprochen. Bald fühlte sich T. stark genug, ein Bündnis mit Ägypten zu schließen; die Koalition wurde jedoch bei Aschkelon von Asarhaddon besiegt. Unter Assurbanipal erhob sich T. zweimal; danach stellte es sich, durch die Ägypter ermutigt, gegen das untergehende assyr. Reich und anschließend gegen das neubabyl. Reich. Nebukadnezar II. belagerte T. 13 Jahre lang (585–573 v. Chr.) und schloß schließlich einen Pakt mit ihm. In der Perserzeit errichtete T. neue Kolonien an der palästin. Küste bis nach Aschkelon im Süden. 332 v. Chr. belagerte Alexander d. Gr. die Stadt; er konnte sie erst einnehmen, nachdem er einen Damm vom Festland zur Insel bauen ließ.

Der nun folgende Aufstieg Alexandriens als Konkurrent im Welthandel führte zum Niedergang von T. 273 v. Chr. vom Joch der Ptolemäer befreit, fiel die Stadt 198 v. Chr. unter seleukidische Herrschaft; 64 v. Chr. erhielt sie durch Pompejus ihre Autonomie. In der Römerzeit entwickelte sie sich noch einmal zu einem blühenden Handelsort. In den Evangelien wird T. gewöhnlich zus. mit Sidon erwähnt. Jesus besuchte das Gebiet von T. (Mk 7,24–30), und Paulus landete auf seinem Weg nach Jerusalem in T., das damals bereits eine christl. Gemeinde hatte (Apg 21,3–7). Schon früh wurde T. ein Bischofssitz.

Römische Säulen in Tyrus.

U

UËL Sohn des Bani; er war mit einer Nichtisraelitin verheiratet, die er verstieß, nachdem der Erlaß des Esra ergangen war (Esr 10,34).

UËL
Esr 10,34

UFAS Jeremia erwähnt U. – einen Ort, der an keiner weiteren Stelle des AT genannt ist (Jer 10,9). Manche Exegeten schlagen eine Änderung der Lesart in *Ofir* vor; aus dem südarab. oder afrikanischen Land Ofir wurde Israel in atl. Zeit mit Gold beliefert.

UFAS
Jer 10,9

UGARIT Alte Handelsstadt an der syr. Nordküste, die wegen ihres Hafens eine wichtige Station auf der Handelsroute zwischen Mesopotamien und Kreta war. Über U. kamen Elemente mesopotamischer Kultur auf die Inseln des Mittelmeeres. Die Stadt ist in den El-Amarna-Briefen u. a. ägypt. Texten namentlich erwähnt, war aber bis in die erste Hälfte des 20. Jh. ansonsten unbekannt und nicht lokalisierbar; durch einen Zufall stießen frz. Archäologen i.J. 1929 bei Ausgrabungen am Tell Ras esch-Schamra auf die Überreste der alten Stadt.

In jahrzehntelangen Ausgrabungen ab 1930 wurde Material zutage gefördert, das für die Kenntnis der Umwelt des AT und für religionsgeschichtliche Untersuchungen große Bedeutung erlangte. Dazu zählen Tempelreste, Götterdarstellungen (s. BAAL) und Kultgeräte. Nicht zuletzt wurden zahlreiche

Ugaritisches Alphabet.

Tafel mit dem Epos von Akhat, welches in ugaritischer Schrift geschrieben wurde. 13. Jh. v. Chr.

Schriftstücke gefunden, viele davon in akkad. Sprache, außerdem Tontafeltexte, die sowohl privaten Sammlungen als auch Tempelbibliotheken entstammen und in das 15.–13. Jh. v. Chr. zu datieren sind. Sie sind in einer ansonsten unbekannten alphabetischen und konsonantischen Keilschrift und Sprache (dem sog. »Ugarit«) überliefert, die dem atl. Hebräisch nähersteht als andere kanaan. Dialekte. Zu den religionsgeschichtlich wichtigsten dieser Texte gehören die Stücke, die kanaan. Mythen (v.a. den Baalsmythos) betreffen. Für die Auslegung des AT sind Texte aus einem Mythen-Zyklus wichtig, die die »Geschichte« der Vegetationsgottheiten Baal und Anat mitteilen, sowie Gebete zur Anrufung von El, dem höchsten kanaan. Gott. Der auch in Israel im Lauf seiner Geschichte mehr und mehr sich ausbreitende Baalskult sowie die Auseinandersetzung der atl. Propheten mit diesem Phänomen wird durch die Kenntnis des ugarit. Materials besser verständlich. (Vgl. BAAL; KANAANITER.) Die epischen Texte aus U. (am bekanntesten ist das Keret-Epos) lassen auf eine feste poetische Überlieferung im syr.-palästin. Raum während des zweiten und ersten Jt. v. Chr. schließen; diese Epen weisen formale und stilistische Gemeinsamkeiten mit der isrl.-jüd. Poesie auf.

ULAI Dan 8,2.16

ULAI Kanal in der Nähe von Susa, an welchem Daniel seine Vision von einem Widder und einem Ziegenbock hatte.

ULAM 1 1. Chr 7,16–17 **ULAM 2** 1. Chr 8,39–40

ULAM (»Erster«).

1. Sohn des Scheresch und Nachkomme Manasses.

2. Der erstgeborene Sohn des Eschek aus dem Stamm Benjamin. Seine Söhne erlangten Berühmtheit als Bogenschützen (1. Chr 8,39–40).

ULLA 1. Chr 7,39

ULLA Ein Nachkomme aus dem Haus Asser (1. Chr 7,39).

UMKEHR Siehe BUSSE, UMKEHR.

UMMA Jos 19,30

UMMA Stadt im Gebiet von Asser, wahrscheinlich identisch mit Akko.

UNNI 1 1. Chr 15,18.20 **UNNI 2** Neh 12,9

UNNI

1. Einer der Torhüter oder Sänger, die von David dazu bestimmt wurden, die Bundeslade nach Jerusalem zu begleiten (1. Chr 15,18.20).

2. Einer der Leviten, die mit Serubbabel aus dem babyl. Exil zurückkehrten (Neh 12,9).

UNREINHEIT Siehe REINHEIT.

UR 1. Mose 11,28.31; 15,7; 1. Chr 11,35; Neh 9,7

UR Sehr alte Stadt im Süden Babyloniens, die man mit Tell Muqayyar identifiziert; sie war nahe beim rechten Ufer des Euphrat gelegen, auf halbem Weg zwischen Bagdad und dem Pers. Golf. Terach und seine Söhne – unter ihnen Abram – wurden in Ur geboren und zogen von dort nach Haran (1. Mose 11,26–31).

(unten) Die sogenannte Standarte von Ur, ein Mosaik aus Lapislazuli, muschelfarbenem Stein und Perlmutt, das das sumerische Heer in einer Schlacht und Siegesparade darstellt, ca. 2500 v. Chr. (British Museum).

Stierkopf, Teil einer rekonstruierten Lyra, die in den Königsgräbern von Ur gefunden wurde, ca. 2500 v. Chr.

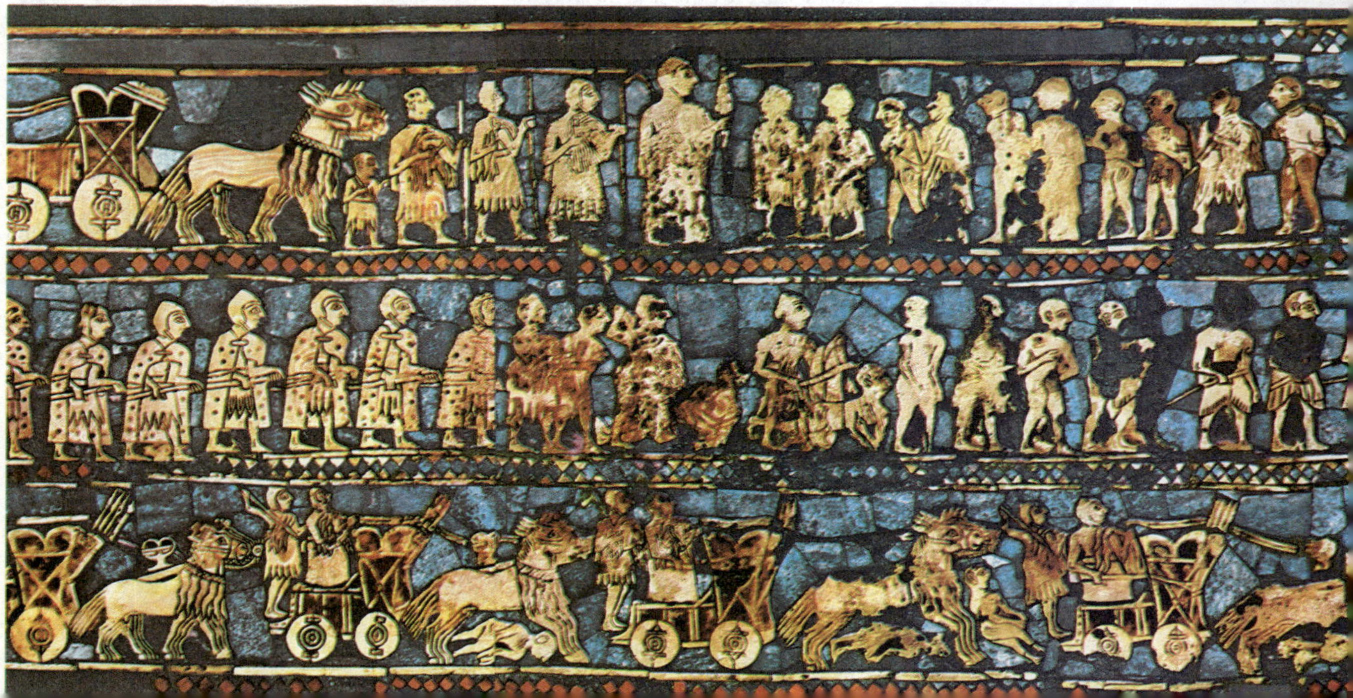

(oben) Silberner Ring, der mit einem Pferd geschmückt ist, aus den Königsgräbern von Ur, ca. 2500 v. Chr.

Im Zentrum des Tell Muqayyar wurden Mitte des 19. Jh. die Überreste eines riesigen Turmes (Zikkurat) entdeckt. Bei diesem Tempel des Mondgottes Nanna-Sin fand man babyl. Inschriften, die zeigten, daß es sich bei diesem Tell um einen Teil des einstigen Ur handelt. Die Stadt war ovalförmig auf einem breiten Streifen Landes entlang des Euphrat angelegt. Die Inschriften machen deutlich, daß Ur eine dichtbevölkerte Stadt mit vielen Kunsthandwerkern und Kaufleuten war. Seine wirtschaftliche Bedeutung verdankte Ur seiner Lage an den wichtigen Handelswegen der damaligen Welt: den Routen zwischen Elam, Indien und dem arab. Süden und den Ländern im Norden.

Ur hat eine Geschichte von ca. 3000 Jahren. Die Sumerer, die evtl. bereits im 4. Jt. v. Chr. Ur einnahmen, verdrängten eine ältere Kultur und machten im Lauf des 3. Jt. die Stadt zu einem politischen und religiösen Zentrum, zu dem ein Hafen gehörte (u. a. für den Handel mit Indien).

Die bedeutendsten archäolog. Funde machte man im Königsfriedhof aus altsumer. Zeit. Die königl. Grabstätten, in denen neben König und Königin auch deren Diener und Sklaven bestattet sind, weisen reiche Beigaben (v. a. Gold und Edelsteine) auf.

Seine Blütezeit hatte Ur während der 3. Dynastie (um 2000 v. Chr.), als auch Assur und Haran zu seinem Einflußbereich zählten. Nach 400 v. Chr. verfiel Ur, da sich der Euphrat ein anderes Flußbett gegraben hatte.

URBANUS (»veredelt«, »liebenswürdig«). Ein röm. Christ, den Paulus grüßen ließ; er nannte ihn »unseren Mitarbeiter in Christus«.

URBANUS Röm 16,9

URI

1. Ein Israelit aus dem Stamm Juda; Vater eines der Handwerker, die die Stiftshütte in der Wüste errichteten.

2. Vater des Geber, eines der Bezirksverwalter unter Salomo (1. Kön 4,19).

3. Ein levitischer Torhüter, der eine Nichtisraelitin geheiratet hatte und sich anläßlich der Reformen Esras von ihr trennte (Esr 10,24).

URI 1 2. Mose 31,2; 35,30; 38,22; 1. Chr 2,20; 2. Chr 1,5
URI 2 1. Kön 4,19
URI 3 Esr 10,24

URIA (Licht ist der HERR«).

1. Ein Hetiter; einer der Ausländer in Davids Leibgarde (den sog. »Helden« Davids; s. 2. Sam 23,39; 1. Chr 11,41). U. wohnte in Jerusalem. Nachdem seine Frau Batseba durch David schwanger geworden war, ließ der König U. vom Schlachtfeld nach Jerusalem rufen, um den Ehebruch zu verdecken. Da sein Vorhaben mißlang, sandte David U. zum Schlachtfeld zurück und ließ ihn bei der Schlacht so einsetzen, daß er fiel. Nach U.s Tod wurde Batseba Davids Frau (2. Sam 11,3–27). Der Prophet Nathan führte David durch eine Parabel seine Schuld vor Augen, die dieser dann eingestand (2. Sam 12,1–15). Vgl. BATSEBA.

2. Oberpriester unter König Ahas von Juda. Er war es, der auf Ahas' Anordnung hin den alten bronzenen Altar Salomos im Tempel durch einen neuen Altar nach einem Muster in Damaskus ersetzen mußte, womit Ahas den Assur-Kult in Jerusalem einführte und sich somit als treuer Vasall des assyr. Herrschers Tiglat-Pileser III. erwies (2. Kön 16,10–16). Dieser U. ist vermutlich auch der Priester, der von Jesaja als Zeuge aufgeführt wird, als dieser seine Weissagung über Samaria auf eine Tafel schreiben ließ (Jes 8,2).

3. Ein Prophet aus der Zeit Jeremias. Seine Weissagung gegen Jerusalem und gegen das Südreich Juda erzürnte König Jojakim und brachte U. den Tod (Jer 26,20–23).

4. Ein Nachkomme von Hakkoz (Esr 8,33; Neh 3,4.21).

5. Einer der Männer, die während der öffentlichen Verlesung des Gesetzes neben Esra standen (Neh 8,4).

URIA 1 2. Sam 11,3. 6–12.14–17.21. 24.26; 12,9–10. 15; 23,39; 1. Kön 15,5; 1. Chr 11,41; Mt 1,6
URIA 2 2. Kön 16, 10–11.15–16; Jes 8,2
URIA 3 Jer 26,20–21
URIA 4 Esr 8,33; Neh 3,4.21
URIA 5 Neh 8,4

URIËL (»Gott ist Licht«).

1. Ein Nachkomme Korachs, des Sohnes Levis (1. Chr 6,9), wahrscheinlich identisch mit jenem U., der mit 120 Nachkommen Korachs mithalf, die Bundelade aus dem Hause Obed-Edoms nach Jerusalem zu bringen (1. Chr 15,5.11).

2. Bewohner von Gibea; Großvater König Abijas von Juda (2. Chr 13,2).

URIËL 1 1. Chr 6,9; 15,5.11
URIËL 2 2. Chr 13,2

3. Im nachexilischen Judentum einer der sieben (?) Erzengel, der als Regent über die Sternenwelt, aber auch über das Engelheer und über den Tartarus, also die *Scheol* (Totenreich), gilt. Von dort wird er nach der Lehre apokalyptischer Pseudepigraphen die Toten vor den Richterstuhl Gottes führen (Sib II, äthiop. Henoch, 4. Esra; s. PSEUDEPIGRAPHEN). Von dieser Funktion her ist wohl der aus U. verballhornte Name »Urian« für den Teufel zu erklären.

USA 1 1. Chr 6,14 **USA 2** 1. Chr 8,7 **USA 3** 2. Sam 6,3.6–8; 1. Chr 13,7.9–11 **USA 4** 2. Kön 21,18.26 **USA 5** Esr 2,49; Neh 7,51

USA

1. Ein Levit und Nachkomme von Merari.

2. Einer der Nachkommen Benjamins.

3. Sohn des Abinadab von Kirjat-Jearim, in dessen Haus die Bundeslade 20 Jahre lang blieb (1. Sam 6,1–7,2). U. und sein Bruder Achjo lenkten den Wagen, der die Lade nach Jerusalem bringen sollte. Als bei der Tenne Nachons die Rinder strauchelten, griff U. nach der Lade, aus Angst, sie würde hinunterfallen, und starb. David nannte die Stelle deshalb *Perez Usa*, d. h. »Wegreißen Usas« (2. Sam 6,3–8; 1. Chr 13,6–11).

4. Der Garten Usas, eine Grabstätte in der Nähe von Jerusalem für die letzten Könige von Juda. Manasse und Amon wurden hier begraben (2. Kön 21,18.26).

5. Einer der Tempelsklaven, die mit Serubbabel aus dem babyl. Exil zurückkehrten.

USAI Neh 3,25

USAI Vater des Palal, der am Wiederaufbau der Jerusalemer Stadtmauer unter Nehemia beteiligt war.

USAL 1 1. Mose 10,27; 1. Chr 1,21 **USAL 2** Hes 27,19

USAL

1. Einer der Urenkel Sems, des Sohnes Noahs (1. Mose 10,27; 1. Chr 1,21). Sein Name kennzeichnet zugleich eine Gegend im Süden Arabiens, die im heutigen Jemen zu suchen ist.

2. Ort in Mesopotamien (Hes 27,19), dessen Name ansonsten *Izallu* lautet.

USEN-SCHEERA 1. Chr 7,24

USEN-SCHEERA Eine Stadt, die von Scheera, der Enkelin Ephraims, gegründet wurde. Sie lag wahrscheinlich in der Nähe von Bet Horon, das gleichfalls von Scheera erbaut wurde. Wegen der Ähnlichkeit des Namens mit dem heutigen Beit Sira gleichgesetzt, das 5 km westlich Bet Horous liegt. Eine archäolog. Bestätigung dafür gibt es bis jetzt nicht.

USI 1 1. Chr 5,31–32; 6,36; Esr 7,4 **USI 2** 1. Chr 7,2–3 **USI 3** 1. Chr 7,7 **USI 4** 1.Chr 9,8 **USI 5** Neh 11,22 **USI 6** Neh 12,19 **USI 7** Neh 12,42

USI

1. Ein Priester, Nachkomme Eleasars, des Sohnes Aarons.

2. Ein Enkel Issachars.

3. Einer der fünf Söhne Belas, des Sohnes Benjamins.

4. Ein Benjaminit, Vater eines der Rückkehrer aus dem babyl. Exil.

5. Ein Nachkomme Asafs, z. Zt. Nehemias ein Vorsteher der Leviten.

6. Ein Mann aus der Familie Jedajas, Oberhaupt einer Priesterfamilie unter dem Hohenpriester Jojakim.

7. Ein levitischer Sänger bei der Einweihung der Jerusalemer Stadtmauer.

USIËL 1 2. Mose 6,18.22; 3. Mose 10,4; 4. Mose 3,19.30; 1. Chr 5,28; 6,3; 15,10; 23, 12.20; 24,24 **USIËL 2** 1. Chr 7,7 **USIËL 3** 1. Chr 25,4 **USIËL 4** 2. Chr 29,14 **USIËL 5** 1. Chr 4,42 **USIËL 6** Neh 3,8

USIËL (»Gott ist meine Stärke«).

1. Levit, Enkel Levis, Stammesoberhaupt der Usiëliter.

2. Vermutlich identisch mit U. (3) (Doppelschreibung).

3. Mitglied einer Familie von Sängern z. Zt. Davids.

4. Einer der Leviten, die z. Zt. Hiskias den Tempel reinigten.

5. Anführer von 500 Simeoniten, die während der Regierung Hiskias die Reste der Amalekiter bei dem Berg Seïr ausrotteten.

6. Einer der Werkleute, die die Stadtmauer Jerusalems z. Zt. Nehemias wieder aufbauten.

USIËLITER Siehe USIËL (1).

USIJA (»Ja[hwe] ist meine Kraft« (andere Form für ASARJA).

1. König von Juda (773–735 v. Chr.). Er bestieg den Thron im Alter von 16 Jahren, nachdem sein Vater ermordet worden war (2. Kön 14,21; 2. Chr 26,1). Seine Regierungszeit spiegelt sich im Buch Amos wieder. In den Königsbüchern steht über ihn nur, daß er zeitweilig von Lepra befallen war (2. Kön 15,5). 2. Chr 26,16–21 zufolge war dies die Konsequenz eines Eingriffs U.s in das Tempelritual: Der König hatte priesterliche Gewänder ange-

legt und war im Begriff, Weihrauch auf dem Altar zu räuchern – ein Privileg der Priester. U.s Grab war auf freiem Feld, abgesetzt von den übrigen Königsgräbern (2. Chr 26,23). Ein talmudischer Hinweis, wonach U.s Grab aufgrund von dessen Aussatz später von seiner urspr. Stätte entfernt wurde, wird durch eine aram. Begräbnisschrift aus nachexilischer Zeit, die am Hang des Ölbergs gefunden wurde, bestätigt. Sie lautet: »Hierher wurden die Gebeine Usijas, des Königs von Juda, gebracht. Nicht öffnen!« Als Folge seiner ansteckenden Krankheit residierte U. »in einem besonderen Hause«, und sein Sohn Jotam regierte an seiner Stelle. Eines der schwierigsten Probleme der Chronologie der isrl. Könige ist die Frage der Datierung der Mitregentschaft Jotams. Manche AT-Forscher sind der Ansicht, daß die in 2. Kön 15,2 genannte Regierungszeit U.s von 52 Jahren sowohl die Zeit der Mitregentschaft Jotams als auch die Zeit der alleinigen Herrschaft U.s sowie einige Jahre der Regierungszeit seines Sohnes Ahas umfassen. Eben dies ist aber beim Stand der heutigen vorliegenden bibl. und außerbibl. historischen Quellen nicht eindeutig feststellbar. Je nach Berechnung dieser Jahresangaben ergeben sich dann aber erhebliche Differenzen in der Ansetzung der Regierungszeiten der Könige Judas, teilweise bis zu 22 Jahren. Diese Unsicherheiten sind nicht schlüssig zu beheben. – Die Regierungszeit U.s bzw. Jotams gilt als die bedeutendste nach der Teilung des davidischen Großreichs, und sie wird als eine der Blütezeiten des Königtums in Juda angesehen.

2. Chr gibt sehr viel mehr Informationen über U.s Regierung und beschreibt seinen Erfolg in der Außen- und Innenpolitik. Offensichtlich waren seine ersten Maßnahmen auf die Stärkung der wirtschaftlichen und militärischen Kraft des Königtums gerichtet: Reorganisierung der Armee durch eine Vergrößerung des Heeres und die Produktion wirkungsvollerer Waffen (2. Chr 26,11–15). Er baute Verteidigungsanlagen in und um Jerusalem, ver-

USIËLITER
4. Mose 3,27;
1. Chr 26,23

USIJA 1
2. Kön 15,13.30.32.34;
2. Chr 26,1.3. 8–9.11.14.18–19. 21–23; 27,2;
Jes 1,1; 6,1; 7,1;
Hos 1,1;
Am 1,1;
Sach 14,5;
Mt 1,8–9

USIJA 2
1. Chr 6,9

USIJA 3
1. Chr 11,44

USIJA 4
1. Chr 27,25

USIJA 5
Esr 10,21

USIJA 6
Neh 11,4

Tafel, auf der die Umbettung der Gebeine König Usijas erwähnt ist (1. Jh. v. Chr. – 1. Jh. n. Chr.). Die Tafel, die auf dem Ölberg gefunden wurde, hat folgende Aufschrift: »Hierher wurden die Gebeine Usijas, des Königs von Juda, gebracht. Nicht öffnen!« (Israel Museum).

Hebräisches Kalksteinsiegel mit der Aufschrift: »[Gehört] dem Usija. Sohn des Neriahu.« 7. Jh. v. Chr. (Israel Museum).

stärkte die Stadtmauern und errichtete neue Türme (2. Chr 26,9). Unter Weiterführung der Politik seines Vaters dehnte U. seinen Herrschaftsbereich in Richtung auf das Rote Meer aus, wobei er Elat wieder an Juda brachte und ausbaute (2. Kön 14,22; 2. Chr 26,2). Er errichtete eine Kette von Festungen und Türmen in der Araba und im Negeb, um die Handelsrouten zum Roten Meer zu sichern und um eine starke Verteidigung gegen die Wüstenstämme – unter ihnen die Mëuniter und die Araber – aufzubauen (2. Chr 26,7). Bei der Ausweitung seines Gebietes nach Westen drang er tief in das Philisterland ein und riß die Mauern von Aschdod nieder, wodurch er sich die Kontrolle über die Haupthandelsroute nach Ägypten verschaffte (2. Chr 26,6–8). Nach Norden hin gewann er das von König Amazja im Krieg gegen König Joasch von Israel verlorene Gebiet zurück. Seine östliche Expansion und die Unterwerfung der Ammoniter (2. Chr 26,8; 27,5; in der LXX jedoch: Mëuniter) sind von bes. Interesse, da sie eine Verschiebung der Macht von Israel nach Juda andeuten, da das Gebiet östlich des Jordans immer innerhalb der Einflußsphäre Israels gelegen hatte. Nach dem Tod Jerobeams II. von Israel 748 v. Chr. scheint U. die Kontrolle über das nördliche Königreich erlangt zu haben.

Die U. 738 v. Chr. durch Tiglat-Pileser beigebrachte Niederlage, die in den Annalen des assyr. Königs aufgezeichnet ist, kennzeichnet den Beginn des Niedergangs des Königtums von Juda, das gegen Ende der Regierungszeit Menahems von Israel dann gezwungen war, sich aus Syrien und Israel vollkommen zurückzuziehen.

2. Einer der Nachkommen Levis.

3. Ein Aschtarotiter, einer von Davids »Helden«.

4. Vater Jonatans, der für die Vorräte König Davids verantwortlich war.

5. Einer der Rückkehrer aus dem babyl. Exil, die auf den Erlaß Esras hin ihre ausländischen Frauen verstießen.

6. Vater von Ataja, der z. Zt. Nehemias in Jerusalem lebte.

UTAI 1 1. Chr 9,4
UTAI 2 Esr 8,14

UTAI

1. Ein Nachkomme Judas, welcher sich nach der Rückkehr aus dem babyl. Exil in Jerusalem niedergelassen hatte.

2. Ein Rückkehrer aus Babel z. Zt. Esras.

UZ 1 1. Mose 10,23; 1. Chr 1,17
UZ 2 1. Mose 22,21
UZ 3 1. Mose 36,28; 1. Chr 1,42
UZ 4 Hiob 1,1; Jer 25,20; Klgl 4,21

UZ

1. Erstgeborener Sohn Aras, in der Völkertafel von 1. Mose 10 einer der Nachkommen Noahs.

2. Erstgeborener Sohn Nahors, des Bruders Abrahams.

3. Erstgeborener Sohn Dischans, des Horiterfürsten im Lande Edom.

4. Das Land Uz, in welchem Hiob lebte (Hiob 1,1). Es wird auch von Jeremia in seinem Urteil über die Völker erwähnt (Jer 25,20) sowie in den Klageliedern Jeremias (4,21), wonach »die Tochter Edom« im Lande Uz lebte. Die Exegeten sind geteilter Meinung, ob das Land Uz im Buch Hiob auf aram. oder auf edomit. Gebiet zu suchen ist.

V

VATER Siehe GOTT; DREIEINIGKEIT GOTTES.

VATERUNSER, DAS Jesu Worte vom Beten, zu denen das V. gehört, richten sich durchweg gegen die oberflächliche Frömmigkeit der Synagoge, der Schriftgelehrten und Pharisäer (Mt 6,1.5; vgl. 5,20). Jesus lehrte das V. den Aposteln. Es steht im NT in zwei geringfügig verschiedenen Versionen: in Mt 6,9–13 im Zusammenhang der Lehre Jesu über das Beten in der Bergpredigt und in Lk 11,2–4, wo Jesus den Jüngern auf ihre Bitte: »Herr, lehre uns beten« mit dem V. antwortet. Die Version bei Mt ist die heute allg. gebräuchliche; die Lk-Version ist kürzer und spiegelt insofern eine andere Situation wider, als die Frage der Jünger zeigt, daß sie eine Anleitung zum gemeinsamen Beten suchten. Nach dem Lk-Bericht ist das V. also nicht in erster Linie als das stille Gebet des einzelnen zu verstehen, sondern als die Antwort Jesu auf die Frage nach den Grundlagen des gemeinschaftlichen Betens. Dabei findet sich in keiner griech. Hs. der Lk-Version der Schluß des V.s (»Denn dein ist das Reich ...«), während bei Mt diese Schlußdoxologie offensichtlich schon früh erscheint und in einige Evangelien-Hss. übernommen worden ist (Mt 6,13). Sie steht u. a. bereits in der »Zwölf-Apostel-Lehre« (*Didache*).

Das V. gliedert sich in die Gebetsanrede und sieben Bitten; die ersten drei Bitten richten sich auf die Verherrlichung Gottes, die letzten drei auf die geistlichen Anliegen und Anfechtungen des Beters; dazwischen liegt das Gebet um das tägliche Brot, also um die irdischen Bedürfnisse des Menschen. Weil das V. von Jesus selbst gelehrt wurde, gilt es in der Kirche von jeher als das »Gebet des Herrn« und deshalb als das Gebet schlechthin.

Die Gebetsanrede »Vater« entspricht dem charakteristisch engen und vertrauten Verhältnis Jesu zu Gott. Der erste Teil der Bitten zeigt Ähnlichkeiten zum ungleich ausführlicheren jüd. *Kaddisch*-Gebet der Synagoge. Seine zentrale Bitte richtet sich auf das Kommen der Königsherrschaft Gottes, und dies bedeutet, daß sein Wille getan werde. Ähnliche Parallelen bestehen auch im Blick auf das jüd. 18-Bitten-Gebet, bes. bei der ersten und fünften Bitte des V.s. Die fünfte ist die einzige der sieben Bitten, die im Zusammenhang mit dem V. besonders erläutert wird (Mt 6,14f.). Der zweite Teil der Bitten hat neben der Bitte um das zum täglichen Leben Notwendige die Bitte um Vergebung im Zentrum; hiermit ist ein weiterer Schwerpunkt der Verkündigung Jesu berührt.

In der Pater-Noster-Kirche in Jerusalem erscheint das Vaterunser in über fünfzig Sprachen. Das ursprüngliche Gebäude stammt aus dem 4. Jh. und wurde über der Grotte erbaut, wo nach der Tradition Jesus seine Jünger das Vaterunser lehrte.

VERDAMMNIS Siehe HÖLLE; GERICHT, JÜNGSTES.

VERGEBUNG Der erstaunliche Tatbestand, daß der Begriff »V.« (griech. *áphesis*) im AT sehr selten und auch im NT keineswegs häufig vorkommt, kann nicht dadurch herabgestuft werden, daß die Verbform »vergeben« im AT wie im NT ziemlich häufig erscheint. Diese Feststellung wird dadurch verstärkt, daß der in bestimmten Zusammenhängen sachlich synonyme Begriff »Erlösung« (*apolýtrosis*) im AT ebenfalls nur sporadisch und im NT nur an 13 Stellen vorkommt. Auch hier erscheint der Begriff in der Form des Verbums »erlösen« weitaus häufiger, aber bei der spezifisch bibl. Tendenz, die wesentlichen Glaubensaussagen durchweg substantivisch auszudrücken (Glaube, Gerechtigkeit, Gesetz, Gnade, Buße, Sünde, Gericht, Reich Gottes, Herrlichkeit, Welt usw.), hat es erhebliches Gewicht, wenn »V.« gerade als substantivischer Grundbegriff überraschend stark zurücktritt.

Im AT erscheint »V.« in den Mose- und den übrigen geschichtlichen Büchern nie, in den Prophetenbüchern dreimal (Jes 33,24; 55,7; Dan 9,9) und dann noch ein einziges Mal: in dem schönen Wort »Bei dir ist die V., daß man dich fürchte« (Ps 130,4). Diese Psalmstelle bringt einerseits die atl. Erkenntnis auf den Begriff, daß die Gnade Gottes zwar die Sünde des Menschen aufhebt, aber keineswegs den Ernst der Sünde bagatellisiert; andererseits führt sie auf die Höhe der ntl. Glaubenserkenntnis hinüber, daß es die Güte Gottes ist, die zur Buße leitet (Röm 2,4; vgl. Lk 5,8).

Im NT gehört es zum Inhalt der Predigt Johannes d. T.s, daß er die Umkehr, die »Buße« (s. BUSSE) »zur V. der Sünden« verkündigt (Mk 1,4; Lk 3,3). In der Predigt Jesu erscheint das Wort »V.« nur im Zusammenhang

VATER
5. Mose 32,6; 2. Sam 7,14; Ps 68,6; 89,27; Jes 63,16; Jer 3,4.19; 31,9; Mal 1,6; 2,10; Mt 5,16.45.48; 6,1.4.8.9.14. 15.26.32; 7,11. 21; 10,20.29.32; 11,25.27; 12,50; 13,43; 15,13; 16,17; 18,10; 23,9; 24,36; 25,34; 26,29. 39.53; 28,19; Mk 14,36; Lk 2,49; 6,36; 11,13; 12,32; 22,29; 23,34.46; Joh 1,14.18; 3,35; 4,23; 5,17–23.26.36; 6,27.32.37. 44–46.57; 8, 16–19.27.28.49; 10,15–18.25.29. 36–38; 11,41; 12,26–28; 13,3; 14,6ff.; 15, 1.8.15.16.23.26; 16,3.10.15.27. 28.32; 17,1.11. 24.25; 18,11; 20,17.21; Apg 1,4.7; Röm 6,4; 8,15; 15,6; 1. Kor 8,6; 15,24; 2. Kor 1,3; Gal 1,4; Eph 1,17; 2,18; 3,14. 15; 4,6; Phil 2,11; Kol 1,12; 3,17; 2. Thess 2,16; 1. Petr 1,17; 1. Joh 1,2.3; 2,14–16.22–24; 3,1; Jak 1,17; Offb 3,5.21

VERDAMMNIS
Mt 7,13; 23,33; Lk 23,40; Röm 3,8; 5,16; 8,1; 2. Kor 3,9; Phil 1,28; 3,19

VERGEBUNG, VERGEBEN
1. Mose 18,24. 26; 50,17; 2. Mose 32,32; 34,7; 4. Mose 14, 18–20; Jos 24,19; 1. Kön 8,34; Ps 25,18; 32, 1.5; 65,4; 79,9; 85,3; 103,3; 130,4;

Jes 33,24; 40,2; 55,7; Jer 36,3; Dan 9,9; Mi 7,18; Zef 3,17; Mt 6,12–15; 9,2.5.6; 12,31.32; 18,21.35; 26,28; Mk 1,4; 11,25; Lk 1,77; 6,37; 7,47.49; 17,3; 23,34; 24,47; Apg 2,38; 13,38; 2. Kor 2,7.10; Eph 1,7; 4,32; Kol 3,13; 1. Joh 1,9; 2,12; Hebr 10,18; Jak 5,15

mit der Lästerung des Geistes (Mk 3,29) und in seinem Schlußwort vor der Himmelfahrt (Lk 24,47). Überraschend ist, daß das Wort »V.« am ehesten noch in der Apg zu finden ist (fünfmal: 2,38; 5,31; 10,43; 13,38; 26,18), dagegen im gesamten apostolischen Schrifttum des NT nur in Eph 1,7 vorkommt, wenn man von den beiden atl.-kultisch bestimmten Stellen Hebr 9,22 und 10,18 absieht. In keiner Joh.-Schrift erscheint der Ausdruck. Immer aber geht es um die Erkenntnis, daß es stets der richtende Gott ist, von dem die V. ausgehen muß, und daß solche V. nie bloß die Annullierung eines bestimmten Unrechts ist, sondern daß sie den ganzen Menschen erneuert und ihn von der Macht der Sünde (s. SÜNDE) befreit. V. wird dabei nie »angeboten« oder gar feilgeboten, sondern sie wird ausdrücklich erbeten, erfleht und dann (aber auch nur dann) aus Gottes Gnade gewährt. Daß diese Wirklichkeit entscheidend und ausschließlich am Werk Christi, an der durch ihn stellvertretend und dem Sünder zugute geschehenen Rechtfertigung und Erlösung hängt, macht den grundlegenden Unterschied des Gedankens der V. im NT gegenüber dem AT aus, wo der Mensch es ist, der selbst danach trachten muß, die V. Gottes zu erlangen – oder daran scheitert (1. Mose 18,16–33; 3. Mose 4,20; 1. Sam 15,24–26; Ps 25,18; 79,9; Jer 36,3; Hos 14,3 usw.).

Im NT verdeutlichen auch die Verbalstellen »vergeben« in besonderer Weise das christl. Verständnis der V. der Sünden, deren zentrale Bedeutung auch darin zum Ausdruck kommt, daß sie im dritten Glaubensartikel des apostolischen und des nicänischen Glaubensbekenntnisses ausdrücklich als eines der Werke des Heiligen Geistes genannt wird (»ich glaube an ... die Vergebung der Sünden«). Sie gründet zunächst auf der fünften Vaterunser-Bitte (Mt 6,12) und entfaltet sich im ganzen Predigen und Wirken Jesu als das eigentliche Ziel seines Werkes (Mt 9,6; Mk 2,5.9; Lk 7,49; 23,34 u. a.; aber wiederum nirgends wörtlich im Johannesev.). In den apostolischen Briefen erscheint der Gedanke häufig in der Mahnung, dem Nächsten deshalb zu vergeben, weil Christen ihrerseits in und durch Jesus Christus selbst V. empfangen haben (2. Kor 2,5–10; Eph 4,32; Kol 3,13; vgl. 1. Joh 1,8.9; 2,12; Jak 5,15). Unverkennbar bleibt aber auch bei der Verbalform des Begriffs, daß die bibl. Belegstellen dafür nicht eben häufig sind.

Ihr Gewicht wird dadurch nicht geringer. Die christl. Gemeinde weiß, daß sie die V. Gottes durch die Heilstat Christi empfangen hat, »welcher ist um unsrer Sünde willen dahingegeben« (Röm 4,25). Sie weiß auch um die unerhörte Vollmacht, in seinem Namen die V. der Sünden weiterzusagen und gültig auszusprechen (Mt 18,18; Joh 20,23) und diese V. in den göttlichen Wortzeichen des Sakraments der Taufe und des Abendmahls von ihm selbst bestätigen zu lassen (Mt 26,26–28; Apg 2,38; Eph 4,5; 1. Petr 3,21; Hebr 6,1.2).

Wer aber Gottes V. erfahren hat, kann nicht anders, als auch dem Nächsten, der ihm Unrecht getan hat, zu vergeben (Mt 6,14; 18,21–35; Mk 11,25; Lk 6,37; Eph 4,32 usf.). Die Voraussetzung dazu aber bleibt, daß die V. ausdrücklich erbeten wird (Mt 18,29). V. wird nicht nachgeworfen, sondern erfleht und dann gewährt – »siebzigmal siebenmal« (Mt 18,22).

S. auch ERLÖSUNG; SÜHNE.

VERKLÄREN, VERHERRLICHEN
Jes 49,3; Mt 17,2; Mk 9,2; Lk 9,31.32; Joh 7,39; 12,23.28; 13,31; 14,13; 15,8; 16,14; 17,1.4; Apg 3,13; 2. Kor 3,18; Phil 1,20; 2. Thess 1,12

VERKLÄRUNG Ein zentrales Ereignis im Leben Jesu, das alle synoptischen Ev.n bezeugen (Mt 17,1–9; Mk 9,2–9; Lk 9,28–36). Jesus stieg mit drei Jüngern – Petrus, Jakobus und Johannes – auf einen namentlich nicht genannten Berg; dort wurden diese Jünger Zeugen der Verherrlichung Jesu an der Seite Moses und Elias und hörten eine göttliche Stimme sagen: »Dies ist mein lieber Sohn, an dem ich Wohlgefallen habe; den sollt ihr hören!« (Mt 17,5). Mit »V.« ist nach dem bibl. Urtext dasselbe wie »Herrlichkeit« oder »verherrlichen« gemeint (vgl. Joh 17,1–5.22–24). Unter »Herrlichkeit« ist die göttliche Glorie zu verstehen, der unsägliche Lichtglanz der himmlischen Welt (vgl. 2. Mose 16,10; 40,34; Jes 58,8; Hes 1,28; 44,4; Mt 16,27; 19,28; Joh 1,14; 17,22; Apg 7,55; 1. Kor 15,43; 1. Tim 3,16; Hebr 1,3; Offb 21,11 u. a.). In diese göttliche Glorie wurde Jesus bei seiner Verklärung eingehüllt.

Daß die V. Jesu im Johannesev. nicht erwähnt wird, wird damit erklärt, daß Jesus im vierten Ev. sozusagen durchgehend verklärt erscheint, insofern seine Gottheit von Anfang bis Ende deutlich wird (vgl. Joh 1,14; 12,28–30). Auf die V. wird in 2. Petr 1,16–18 angespielt, und Paulus spricht in 2. Kor 3,18 von der Herrlichkeit des Neuen Bundes, der uns im verklärten Herrn vor Augen steht.

Das Geschehen der V. ist voll des Außergewöhnlichen und Geheimnishaften. Zunächst fällt auf, daß es den inneren Kreis der zu privilegierten Zeugen auserwählten Jünger gibt. Ob der Berg der Berg Tabor in Galiläa ist, geht aus den Texten nicht hervor. In der Bibel sind Berge mehrmals Stätten der unmittelbaren Gottesoffenbarung. Die beiden Zeugen aus der Welt Gottes, Mose und Elia, verkörpern das Gesetz und die Propheten des Alten Bundes. Daß sie die beiden typologischen Gestalten der Gottesoffenbarung des AT sind, denen sonst niemand im Alten Bund vergleichbar ist, geht nicht nur aus der Einzigartigkeit ihres Weggangs aus diesem Leben hervor (5. Mose 34,5 f.; 2. Kön 2,11–12), sondern bes. auch aus der ebenso einzigartigen Verheißung, die nach dem AT auf ihnen ruht (5. Mose 34,10–12; Mal 3,22–24; vgl. Mt 11,14). Ihre Anwesenheit bei der V. Jesu bezeugt die unlösliche Zusammengehörigkeit von Altem und Neuem Bund im Heilsplan Gottes. Der feierlichen Anrede des Petrus an Jesus (»Herr« [Mt]; »Rabbi« [Mk]; »Meister« [Lk]) folgt der seltsame, aber aus dem betäubenden Erlebnis dieser Gottesstunde heraus menschlich verständliche Vorschlag des Petrus, drei Hütten zu bauen. Dann ertönt eine geheimnisvolle Stimme aus dem Himmel. Die Worte aus der Wolke lassen vier Stellen aus dem AT anklingen (5. Mose 18,15; Ps 2,7; Jes 42,1; 44,1 f.): Jesus wird bezeugt als der leidende Gottesknecht, als die Erfüllung des AT und als der Prophet der Endzeit – und er wird vom Vater selbst bestätigt als der ewige Gottessohn. Der Bericht über die V. Jesu ist von seltener theologischer Dichte. Dies bringt die Version nach Mk bes. feierlich zum Ausdruck (9,3.6).

Seit jeher hat die Auslegung auf Ähnlichkeiten zwischen den Gotteserscheinungen bei Mose (z. B. 2. Mose 24 und 34) und der V. Jesu aufmerksam gemacht: Auch Moses Angesicht leuchtete, als er vom Berg stieg. Manche Exegeten wollen die V. als eine Erscheinung des auferstandenen Christus verstehen, die in das Leben des irdischen Jesus zurückprojiziert worden sei. Aber dieser Erklärungsversuch verfehlt die unverkennbare Absicht des synoptischen Berichts. Zudem übersieht er die Unterschiede zwischen der V. und den Berichten von den Begegnungen mit dem Auferstandenen. Die

(links) Vorderseite der Kirche der Verklärung auf dem Berg Tabor.

(rechts) Die Verklärung, dargestellt auf einem Mosaik in der Kirche des Katharinenklosters im Sinai; 6. oder 7. Jh.

Die Ev.n berichten die V. Jesu als ein wirkliches, von drei Zeugen bestätigtes Geschehen, das die Gottessohnschaft Jesu und seine Sendung bestätigt.

VERSÖHNUNG Siehe SÜHNE (VERSÖHNUNG) und ERLÖSUNG.

VERSÖHNUNGSTAG
3. Mose 23,27.28

VERSÖHNUNGSTAG (JOM KIPPUR) Hoher jüd. Feiertag (3. Mose 16), der Vollzug der größten und umfassendsten Entsühnung in Israel, am 10. Tag des Monats *Tischri.* Z.Zt. des Tempels bzw. der Stiftshütte fand an diesem Tag eine feierliche Sühnehandlung statt. Sie bestand aus

a) einem Opferritus: der Hohepriester legte ein Sündenbekenntnis für das ganze Volk ab und betrat sodann das Allerheiligste (was nur an diesem Tag erlaubt war), wo er Opferblut versprengte und Räucheropfer darbrachte; und

b) dem sog. Asasel-Bock-Ritus, bei dem ein »Sündenbock« mit den Sünden der isrl. Gemeinde beladen und in die Wüste gejagt wurde, um dort umzukommen und so die Sünden symbolisch wegzuschaffen (s. ASASEL).

Der V. war der jährliche Tag der kultischen Reinigung des Heiligtums und des Volkes Israel. Dies zeigt sich daran, daß die Opfer durchweg Sündopfer waren (2. Mose 30,10; 4. Mose 29,11) und daß die drei Opfertiere für die Priesterschaft (3. Mose 16,6.11) und für das Volk (3. Mose 16,5.15) dargebracht wurden. Die Schlachtung eines Stiers und eines Ziegenbockes reinigte das Heiligtum von der Verunreinigung durch die schweren, vorsätzlichen Sünden Israels (3. Mose 16,16; vgl. 16,19), und der »Sündenbock« trug die Verfehlungen weg (16,22).

Die Reinigung des Heiligtums hatte ihre Begründung in zwei ineinandergreifenden Erfordernissen: a) Der vorsätzliche Bruch der Gebote Gottes ist durch die üblichen Opferriten nicht zu beheben (vgl. 4. Mose 15,30 f.); das Heiligtum jedoch muß von Sünden und Verfehlungen befreit werden, da dort der heilige Gott seinem Volk begegnete. b) Deshalb gilt die Reinigung durch Sühne dem gesamten Heiligtum und wird v. a. im Allerheiligsten vollzogen (»hinter den Vorhang«, 3. Mose 16,12.15). Im Allerheiligsten befand sich die Bundeslade, auf der der »Sühnedeckel« (LÜ »Gnadenthron«, hebr. *kapporaet*) war; an diesen Deckel – den Ort der Offenbarung Gottes – sprengte der Hohepriester das Blut des Sühnopfers. Israel als das heilige (d.h. dem HERRN gehörende) Volk (3. Mose 11,44; 19,2; 20,26) bedarf wie der heilige Ort der Reinigung, d.h. der durch Sünde zerstörte Kontakt zu Gott wird durch die stellvertretende Lebenshingabe wieder hergestellt. Dabei ist die Sühne mehr als nur die Tilgung von Sünden; sie ermöglicht Israel die Begegnung mit dem sich im Heiligtum offenbarenden Gott und stellt insofern ein neues Kommen zu Gott aufgrund eines Todesgerichts (in der Stellvertretung durch das Opfertier) dar.

Bei anderen Opfern wurde gewöhnlich das Handauflegen und das Sündenbekenntnis vom Opfernden selbst vollzogen; allein am V. geht es nicht um die Übertretungen des einzelnen, sondern um die des ganzen Volkes, für das der Hohepriester die Sühne vollzieht. Das Volk unterstützt dies durch Fasten und andere Akte der Selbstdemütigung (3. Mose 16,29; 23,27–32; 4. Mose 29,7), ist aber dabei nicht direkt am Ritus beteiligt.

Die Rabbinen betonen in der Mischna die Konsequenz, die die Sühne des V.s für das zwischenmenschliche Verhältnis in Israel hatte: »Für die Sünden zwischen Mensch und Gott wirkt der Versöhnungstag die Sühnung; für die Sünden zwischen dem Menschen und seinem Mitmenschen wirkt der Versöhnungstag lediglich dann die Sühnung, wenn zwischen den Menschen Vergebung geschieht« (*Mischna Yoma* 8,9). Daß dies keine rabbinische Neuerung darstellt, sondern auf die Zeit des AT zurückgeht, zeigt sich deutlich bei den Schuldopfern: Hier muß die Bereinigung von Schuld auf zwischenmenschlicher Ebene der Versöhnung mit Gott durch die Opferhandlung vorausgehen (3. Mose 5,21–26).

Im NT wird auf die Sühne des V. Bezug genommen. »Den (= Jesus Christus) hat Gott für den Glauben hingestellt als Sühne in seinem Blut zum Erweis seiner Gerechtigkeit ...« (Röm 3,25). *Hilastaerion* (LÜ: »Sühne«) ist das griech. Wort für das hebr. *kapporaet* (»Sühnedeckel«, »Gnadenthron«, s. o.). Der gekreuzigte Gottessohn Jesus Christus verbindet den, der an ihn glaubt, durch die Lebenshingabe seines Blutes mit Gott. Derjenige, der diese Verbindung herstellt, ist Gott selbst (nicht mehr wie im AT der das Opfer vollziehende Mensch), der seinen Sohn dahingibt.

So ist die Bedeutung des Todes Jesu nur vom atl. Sühnegeschehen her verständlich, das durch dieses »Opfer« abgelöst wurde. Die Sühne im AT war vorläufigen Charakters (vgl. Hebr 9). Das Blut Jesu hat »eine ewige Erlösung erworben« (Hebr 9,12b) und kann »unser Gewissen reinigen von den toten Werken, zu dienen dem lebendigen Gott« (9,14b). Mit Jesu Tod am Kreuz hat das begonnen, was im AT erst angedeutet worden war: der Anbruch des neuen Äons, der die atl. »Satzungen für den Gottesdienst« (9,1) überflüssig macht; die Neuschöpfung des Menschen durch die Versöhnung Gottes durch das Blut seines Sohnes, die der Mensch annehmen darf. S. auch HEILIGKEIT; SÜHNE; OPFER; VERGEBUNG.

VERSTOCKUNG, VERSTOCKEN
2. Mose 4,21; 7,13.22; 8,15; 9,7.35; 10,20; 11,10; 14, 4.8.17; 5. Mose 2,30; Jos 11,20; 1. Sam 6,6; 2. Chr 36,13; Ps 95,8; 119,70; Jes 6,10; 63,17; Jer 9,13; Hes 2,4; 3,7; Hos 13,8; Sach 7,11; Mt 13,15; Mk 3,5; Joh 12,40; Apg 7,51; 28,27; Röm 2,5; 9,18; 11,7.25; 2. Kor 3,14; Eph 4,18; Hebr 3,8. 13.15; 4,7

VERSTOCKUNG Mit dem Begriff »V.« werden in der LÜ (zu Recht) verschiedene griech. Wörter (vorab *pórosis* und *sklērótēs*) wiedergegeben. Der Gedanke der V. ist eine der schwierigsten Vorstellungen in der ganzen HS. Die V. als theolog. Begriff entzieht sich jeder einlinigen Darlegung; der Widersprüchlichkeit der zweifachen Ursache der V. ist mit keiner Auflösung im Sinn einer logischen Abfolge beizukommen: V. ist sowohl von Gott gewirkt als auch vom Menschen verschuldet. Sobald man dieser Paradoxie entgehen und die V. des Sünders z. B. einseitig und eindeutig als Schuld des Menschen ausgeben will, wird man den mehrschichtigen bibl. Aussagen nicht mehr gerecht.

Die grundlegende Bibelstelle für den Vorgang der V. ist, auch wenn der Ausdruck selbst dort nicht vorkommt, das Wort Jesu über die Absicht seiner Gleichnisreden in Mk 4,10–12: Jesus redet deshalb in Gleichnissen, »damit (!) sie es mit sehenden Augen sehen und doch nicht erkennen, und mit hörenden Ohren hören und doch nicht verstehen, damit sie sich nicht (!) etwa bekehren und ihnen vergeben werde.« Ein Mißverständnis des Erzählers oder einfach ein uralter Schreibfehler im Text ist deshalb ausgeschlossen, weil dieses erschreckende Wort sich unverkennbar bezieht auf das atl. Berufungswort Gottes an Jesaja, dem eben dieser Auftrag gegeben wird, nur daß dort der Begriff »V.« ausdrücklich erscheint: »Verstocke das Herz dieses Volkes, damit sie nicht … verstehen mit ihrem Herzen und sich nicht bekehren und genesen« (Jes 6,9.10). Auch bei den anderen ntl. Stellen, an denen es um die V. des Menschen geht, handelt es sich überwiegend um Zitate aus dem AT: Mt 13,15; Mk 6,52; Joh 12,40; Apg 28,27; Röm 9,18; Hebr 3,8.13.15; 4,7; vgl. Röm 2,5.

So sehr diese Bibelworte immer wieder als eine Grundlegung für den dunklen Gedanken der sog. doppelten Prädestination (Gott selbst habe die einen zur Rettung, die anderen zur Verdammnis vorherbestimmt) mißverstanden wurden, so nachdrücklich ist festzuhalten, daß eben diese Aussage von der HS weder hier noch anderswo gemacht wird, ausdrücklich auch nicht etwa in 2. Mose 33,19 oder Röm 9,15. Vielmehr sagt die HS aus, daß je von Fall zu Fall das dunkle Ineinander von Selbstverstockung des sündigen Menschen und der V. durch Gott, von Verantwortung des Menschen und Gottes Gericht nicht auseinanderdividierbar ist. Man muß beides stehen lassen, auch wenn sich die Denkgesetze menschlicher Logik dagegen sträuben. Die Wirklichkeit lehrt unausweichlich, daß es das in seiner Verflochtenheit ohne Frage gibt, auch wenn es den Christen im konkreten Fall ratlos machen möchte: daß ein Mensch seine eigene V. nicht zu überwinden vermag, weil sie ihm wie auferlegt erscheint, und zugleich, daß dadurch seine persönliche Verantwortung und Schuld in keiner Weise aufgehoben wird.

Von bes. Gewicht ist hier die Israel-Predigt des Paulus in Röm 9–11. Nach 11,25 hat Israel in eigener Verantwortung den falschen Weg gewählt (vgl. 9,30 – 10,3), und es ist damit zugleich von Gott verstockt worden (11,7–10). Es geht hier um ein eschatologisches, also erst in der neuen Welt sich enthüllendes Geheimnis Gottes. Bis dahin entzieht es sich dem Erkenntnisvermögen des Glaubens, eine Frage zu beantworten, die der Glaube schon zu stellen sich versagen muß: was hier das Erste und was das Zweite sei und ob es hier überhaupt um ein Geschehen gehe, das noch dem Gesetz von Ursache und Wirkung gehorcht. Auf jeden Fall aber weiß der Glaube, daß Gottes Geschichte mit seinem Volk und mit seinen Kindern eine Heils- und nicht eine Unheilsgeschichte ist und daß deshalb beides uneingeschränkt gilt: sowohl die Mahnung an seine Auserwählten (1. Petr 1,1), ja nicht in den Weg der Verworfenen zurückzuverfallen (Mt 7,13.14), als auch Gottes Treue und Barmherzigkeit (s. BARMHERZIGKEIT), die kein Ende hat.

VERSUCHUNG, VERSUCHEN
1. Mose 22,1; 5. Mose 6,16; Ps 78,18; 95,9; Jes 7,12; Mal 3,15; Mt 4,1.7; 6,13; 16,1; 22,18.35; Mk 14,38; Joh 8,6; Apg 5,9; 15,10; 1. Kor 7,5; 10,9.13; Gal 6,1; 1. Tim 6,9; 2. Petr 2,9; Hebr 2,18; 4,15; Jak 1,13.14; Offb 3,10

ANFECHTUNG
Mt 26,41; Lk 8,13; 22,28.40.46; Apg 20,19; 1. Petr 1,6; Jak 1,2.12

VERSUCHUNG Die Sachbedeutung des bibl. Begriffs »versuchen« (im ntl. Griech. meist *peirázo*) bzw. »Versuchung« (*peirasmós*) entspricht der des profanen Griechischen und meint so viel wie »prüfen«, »auf die Probe stellen« oder substantivisch »Erprobung«. In der HS ist sowohl von der Versuchung des Menschen, die von Gott ausgeht, die Rede, wie auch von dem umgekehrten Gedanken, daß der Mensch Gott versucht. Der Bericht von der V . der ersten Menschen in 1. Mose 3 paßt aber mindestens nicht ohne weiteres in eine dieser beiden Möglichkeiten. Vgl. dazu im einzelnen SÜNDENFALL. Eindeutig ist es aber bei der V. Abrahams in 1. Mose 22,1–19, daß Gott selbst es ist, der Abraham mit dem Verlangen, den einzigen Sohn Isaak zu opfern, auf die Probe stellt, also »in Versuchung führt« (Mt 6,13). Abraham besteht im Glauben und im Gehorsam die Probe. Dasselbe gilt von Hiob, bei dem Gott es mindestens zuläßt (Hiob 1,6–12), daß er auf Betreiben des Satans in schwerste V. geführt wird. Im Blick auf das Volk Israel als Gesamtheit wird in 2. Mose 20,20 von einer Erprobung des Gehorsams des Volkes gesprochen. Auch hier ist es Gott selbst, der die V. bewirkt.

Daß umgekehrt der Mensch Gott versucht, wird bes. in den Berichten von der Auflehnung Israels gegen die oft undurchschaubaren Führungen Gottes sichtbar, vorab in der Zeit der Wüstenwanderung, z. B. 2. Mose 17,1–7. Gott versuchen ist ein Ausdruck des Unglaubens, der Gott nicht zutraut, daß es sein Heilswille ist, der sein Tun (auch sein zunächst verborgenes Tun) leitet.

Im NT ist es weniger eindeutig, daß Gott selbst die V. des Menschen verursacht. Es geht aber dennoch nicht an, Jak 1,13 zu verabsolutieren, jene einzige Stelle im NT, in der es ausdrücklich abgewehrt wird, Gott als Ursache der V. auszugeben. Offensichtlich ist dieses Wort speziell an Christen gerichtet, die Gott für ihre eigenen Sünden verantwortlich machen wollten und sich dabei sogar möglicherweise auf die 6. Vaterunser-Bitte (s. u.) bezogen. Zu Recht heißt es dazu in Jak 1,14, daß der Mensch allein verantwortlich ist für seine Sünden. Die richtige Allgemeinantwort gibt dagegen 1. Kor 10,13. Über die Herkunft der V. wird dort nichts gelehrt; um so mehr wird die Treue Gottes betont, der auch in den V.en Rat weiß. In diese Richtung geht auch 1. Petr 4,12.13: V. als Leiden ist Teilnahme am Leiden Christi, aber das Leiden hat nicht das letzte Wort.

Eine besondere Schwierigkeit bedeutet die 6. Bitte im Vaterunser (Mt 6, 13). Ist es also doch Gott, der in die V. führt? Auch wenn man die Erklärung Martin Luthers im Kleinen Katechismus: »Gott versucht zwar niemand ...« nicht als Lehrsatz über das Wesen der V. übernehmen kann, so bedeutet diese Bitte doch, daß Gott von den Jüngern Jesu angerufen werden darf, er wolle sie vor widergöttlichen Mächten der Anfechtung bewahren (vgl. z. B. Lk 8,13). Die Bitte bezieht sich sicher vorab auf die Bewahrung vor der Bedrängnis um des Glaubens willen. Eben dies erreicht seinen heilsgeschichtlichen Höhepunkt bei Jesus in Gethsemane, wenn er die Jünger vor der V. warnt (Mk 14,38; vgl. 1. Petr 5,8): das Wachsein besteht im Beten angesichts der V., also im Beten eben der 6. Bitte.

Umgekehrt ist auch dem NT der atl. Gedanke nicht fremd, daß der Mensch Gott versuchen will. 1. Kor 10,9 und bes. Hebr 3,8.9, aber auch Apg 5,9 und 15,10 gehören hierher.

Eine besondere Stellung nimmt die Geschichte von der V. Jesu in der Wüste ein. Hier ist im Unterschied von den meisten anderen Stellen eindeutig ausgesagt, daß es in diesem Fall der Teufel ist, der die V. verursacht. Die drei Versuchungen stehen unter dem Eingangstor zur öffentlichen Wirksamkeit Jesu, haben also proklamativen, programmatischen Charakter. Hier unterwirft sich Jesus bedingungslos dem Willen des Vaters, wenn er der Masse (Brot für die Massen des breiten Wegs), der Magie (Sprung von der Zinne) und der Macht im Sinn irdischer, politischer Macht (»alle Reiche der Welt«) absagt, also jener dreifachen Versuchung, der seine Gemeinde immer wieder ausgesetzt war (vgl. Dostojewski, Der Großinquisitor).

Insgesamt ist festzuhalten: Es gibt in der HS durchaus keine einlinige Lehre über die Ursache der V. Der Versucher kann Gott sein, auch wenn dies letztlich ein fast der Verstockung (s. VERSTOCKUNG) vergleichbares göttliches Geheimnis bleibt. Der Versucher kann auch der Teufel sein, der in Mt 4,3 sogar diesen Namen trägt. Die Ursache kann auch im Dunkel der unerklärbaren Macht der menschlichen Sünde selbst liegen. Man muß die unterschiedlichen bibl. Linien nebeneinander stehen lassen, ohne sie unter dem Zwang logischen Denkens vereinfachen zu dürfen.

VOLLENDUNG Siehe ESCHATOLOGIE.

VORHAUT Siehe BESCHNEIDUNG.

VORHOF Siehe STIFTSHÜTTE; TEMPEL.

W

WACHOLDER Siehe PFLANZEN.

WACHTEL Siehe TIERE.

WACHTHOF Hof beim Königspalast in Jerusalem, der als Gefängnis diente. Hier war u. a. der Prophet Jeremia inhaftiert.

WACHTHOF Neh 3,25; Jer 32,2.8.12; 33,1; 37,21; 38,6.13.28; 39,14–15

WACHTTOR Eines der Tore Jerusalems, offenbar an der Ostseite des Tempels. In Neh 3,31 beim Wiederaufbau der Mauern Jerusalems erwähnt.

WACHTTOR Neh 3,31

WAFFEN Krieger und ihre Waffen spielen eine zentrale Rolle in den histor. Büchern des AT. Es gibt im AT Hunderte von Begriffen, die W. beschreiben, wobei die Bedeutung oft nicht eindeutig ist. Manche Bezeichnungen tauchen nur einmal auf; andererseits können sich Dutzende von Begriffen auf dieselbe Art beziehen. Die im alten Israel benutzten W. unterschieden sich nicht von den in den umliegenden Ländern (z. B. Ägypten und Assyrien) gebräuchlichen. Unsere Hauptinformationsquellen über sie sind archäolog. Ausgrabungen sowie bildliche Darstellungen, v. a. in den Nachbarländern Israels.

Als erste W. wird im AT das *Messer* erwähnt – bei der Opferung Isaaks durch Abraham, 1. Mose 22,10. *Steine* und *Stöcke* waren die W. des Schafhirten. David besiegte Goliat mit einer ebenso einfachen wie wirkungsvollen W.: der *Schleuder* (1. Sam 17,38ff.), die auch schon im Bruderkrieg Israels gegen Benjamin erwähnt wird (Ri 20,16). Goliat dagegen war mit den damals »modernsten« W. ausgerüstet (1. Sam 17,5–7).

Der *Bogen* wird erstmals als Jagdwaffe erwähnt (1. Mose 27,3). Jakob benutzte ihn offenbar in einem Kampf gegen die Amoriter (1. Mose 48,22). In einer Prophezeiung gegen Edom und Arabien erwähnt Jesaja Bogenschützen (Jes 21,17). Der Bogen wurde aus Holz oder Horn hergestellt, die *Pfeile* aus Holz, die Pfeilspitzen aus Metall.

Wurfspieße, *Lanzen* und *Langspieße* wurden v. a. im Nahkampf benutzt; so versuchte Saul, »David mit dem Spieß an die Wand zu spießen«. Diese W. bestanden, wie der Pfeil, aus einem Holzschaft mit Metallspitze.

WAFFEN 1. Mose 49,5; 5. Mose 1,41; 1. Sam 13,22; 17,54; Neh 4,11; Ps 35,2; Jes 54,16.17; Jer 21,4; 22,7; 50,25; Hes 39,9.10; Joel 2,8; Mi 5,5; Joh 18,3; Röm 6,13; 13,12; 2. Kor 6,7; 10,4; Eph 6,11.13

SCHWERT 1. Mose 3,24; 27,40; 49,5; 3. Mose 26,6. 7.33.36.37; 4. Mose 14,43; 22,23; 5. Mose 32,25. 41.42; 33,29; Jos 24,12; Ri 7,14.20. 22; 9,54; 1. Sam 14,20; 17, 39.45.47.50f.; 21,10; 25,13; 31,4; 2. Sam 2,26; 11,25; 12,9.10; 1. Kön 19,1. 10.17; 1. Chr 21,12; Hiob 5,15.20; 15,22; 19,29; Ps 7,13; 17,13; 22,21; 37,14.15; 44,4.7; 45,4; 55,22; 57,5; 59,8; 63,11; 64,4; 76,4; 78,62.64; 89,44; 144,10; 149,6; Spr 5,4; 12,18; 25,18; 30,14; Jes 1,20; 2,4; 3,25; 21,15; 27,1; 34,5.6; 45,1; 49,2; 51,19; 65,12; 66,16; Jer 2,30; 4,10; 5,12; 9,15; 14,12.13; 15,2; 24,10; 25,29.31; 27,13; 29,17; 31,2; 43,11; 47,6; Klgl 1,20; 2,21; Hes 5,1; 7,15; 14,17.21; 21,14.20.33;

Form zum Gießen von Waffen und Werkzeugen aus Tell-el-Ajjul. Mittlere Bronzezeit. (Israelische Regierungsabteilung für Altertümer und Museen).

Assyrische Geschoßkugeln aus Stein, die bei Lachisch gefunden wurden. (Abteilung für Archäologie, Universität Tel Aviv.)

Die gebräuchlichsten W. für den Nahkampf waren *Dolch* und *Schwert*. Das Schwert konnte in einer an einem Gürtel befestigten Scheide getragen werden (1. Sam 17,51; vgl. Joh 18,11). Schwert und Dolch waren gewöhnlich nicht zweischneidig; Ausnahmen werden ausdrücklich erwähnt, z.B. bei Ehud, der den Moabiterkönig Eglon tötete (Ri 3,16).

Zum Schutz vor Verletzungen gab es *Helme* aus Bronze, manchmal auch aus Leder oder Holz. *Schilde* gab es in vielen versch. Formen; auch sie waren meist aus Leder oder aus mit Leder bespanntem Holz. Vor dem Kampf wurde der Schild mit Öl eingeschmiert (2. Sam 1,21). Zu zeremoniellen Zwecken fertigte man auch Prachtschilde aus Gold; so besaß König Salomo 500 Schilde aus gehämmertem Gold (1. Kön 10,16f.). Rehabeam ließ diese Schilde, nachdem sie von den Truppen des Pharaos Schischak erbeutet worden waren, durch Nachbildungen aus Bronze ersetzen (1. Kön 14,26f.).

Kleinere Schilde trug man am Arm. Es gab auch Wehrgehänge (Art Schulterriemen zum Tragen der W.), gewöhnlich aus Leder oder einem gewebten Material, auf das Metallstreifen genäht waren; die versch. Teile des Gehän-

Hos 1,7; Joel 4,10; Mi 4,3; 5,5; Sach 13,7; Mt 10,34; 26, 47.51.52.55; Mk 14,43.47.48; Lk 2,35; 21,24; 22,36.38.49.52; Joh 18,10.11; Apg 12,2; 16,27; Röm 8,35; 13,4; Eph 6,17; Hebr 4,12; 11,34.37; Offb 1,16; 2,12. 16; 6,4.8; 13,10

Dolch und Pfeilspitzen aus dem 2. Jt. v. Chr.

Streitaxt und Keulenköpfe, Ägypten, 2. Jt. v. Chr.

ges waren durch Gelenke verbunden, die ausgesprochene Schwachstellen gewesen sein müssen; so wurde König Ahab von einem Pfeil zwischen Panzer und Wehrgehänge getroffen (1. Kön 22,34f.). Die Beine konnten durch spezielle Beinschienen (so bei Goliat, 1. Sam 17,6) geschützt werden. Der derart vollständig ausgerüstete Krieger mußte die Dienste eines Waffenträgers in Anspruch nehmen; so war David der Waffenträger Sauls (1. Sam 16,21; vgl. auch Ri 9,54; 1. Sam 31,4).

Goldhelm aus Ur, 25. Jh. v. Chr. (British Museum).

Israel ist im Laufe seiner Geschichte als selbständiges Volk eigentlich immer bewaffnet gewesen – von Moses Schlacht gegen die Amalekiter (2. Mose 17,8ff.) über die Landnahme unter Josua und die Freiheitskämpfe der Makkabäerzeit (vgl. 1. und 2. Makk, v. a. 1. Makk 3–5) bis hin zur Gegenwart. Nichtbewaffnung war in der Regel gleichbedeutend mit Zerstreuung und Exil. Das einzige aus der Bibel bekannte Beispiel für eine radikale »Abrüstung« im eigenen Lande gehört in die Zeit der Philisterherrschaft (1. Sam 13,19–22) und ist der historische Alptraum Israels geblieben. Die von atl. Propheten verheißene große Abrüstung (das vielzitierte »Schwerter zu Pflugscharen«, Jes 2,4; Mi 4,3) gehört eindeutig in das Friedensreich des (wiedergekommenen) Messias am Ende der Zeiten.

Schon im AT werden W. auch in einem bildlichen Sinn verwendet, v. a. der Ausdruck »Schwert«. (Böse) Worte können wie Schwerter sein (Ps 57,5; 59,8 u. a.), aber auch der Mund des von Gott berufenen Propheten (Jes 49,2). Auch Gericht und Hilfe Gottes werden mit dem Bild vom Schwert umschrieben (vgl. Jes 27,1; 34,5f.; 66,16 u. a.).

Im NT, das das Wirken Jesu und den Aufbau der Gemeinde und nicht die Geschichte eines Volkes, Staates oder politischen Helden beschreibt, erscheinen W. im wörtlichen Sinne selten; die ausführlichste Erwähnung ist noch die Gefangennahme Jesu (Mt 26,47ff. par). Häufiger ist der bildliche Gebrauch: das Schwert als Bild für Verfolgung und Tod (Röm 8,35; Offb 6,4–8), für die von Gott verordnete staatliche Obrigkeit als Wahrerin des Rechts (Röm 13,4) und nicht zuletzt für die Schärfe und Kraft des Wortes und Geistes Gottes (Eph 6,17; Hebr 4,12). Christen sollen mit »Waffen des Lichts« kämpfen (Röm 13,12) bzw. mit »Waffen der Gerechtigkeit« (2. Kor 6,7). In Eph 6,10–17 benutzt Paulus die vollständige Rüstung des damaligen röm. Soldaten als Bild für die notwendige innere, geistliche Ausrüstung des Christen. In der Offb (1,16; 2,12.16) ist das Schwert als das Wort Gottes Kennzeichen des erhöhten Christus. S. auch FRIEDE; KRIEG.

WAHEB
4. Mose 21,14

WAHEB Name eines Ortes, wahrscheinlich in Moab, nahe des Arnon.

WAHRHEIT
1. Mose 42,16; 5. Mose 22,20; 2. Sam 7,28; 1. Kön 3,6; 17,24; 22,16; 2. Chr 18,15; Ps 15,2; 19,10; 26,3; 36,6; 40,11; 43,3; 51,8; 57,11; 86,11; 91,4; 92,3; 100,5; 111,7; 117,2; 119,30.43.86. 90.142.151.160; Spr 22,21; 23,23; Pred 12,10; Jes 43,9; 48,1; 59,14.15; Jer 5,1; 7,28; 9,2; Dan 4,34; 8,12; 9,13; Am 5,10; Sach 8,16.19; Mk 5,33; Joh 1,14.17;

WAHRHEIT Bei dem Begriff »W.« ist zu beachten, daß er aus zwei verschiedenen Bereichen entstammt: aus dem hebr.-atl. und aus dem griech.-hell. Denken.

Der griech. Begriff *alaetheia (veritas)* ist ein von *lanthano* (»verborgen sein«) abgeleitetes Substantiv; *alaetheia* bedeutet wörtlich »Nicht-Verborgenheit«, was – ins Positive gewendet – »Wahrheit« ist. *Alaetheia* ist das, was durch den Einsatz der menschlichen Erkenntnis, der Vernunft aufgedeckt, erhellt, aufgezeigt wird. Das griech. W.verständnis zielt also auf die Erkenntnis des Wahren im Unterschied zum Falschen bzw. zur Lüge; es hat sich durch Aristoteles wie auch durch die Scholastik (Thomas von Aquin) im abendländischen Denken weitgehend durchgesetzt: W. ist Übereinstimmung von einer Sache (bzw. einem Sachverhalt) und dem Verstand. Wird diese W. dargestellt, gelehrt und ausgesagt, so hat man es mit dem *Logos* zu tun: Der wahre Sachverhalt wird durch den *Logos* sprachlich zum Ausdruck gebracht. Das Adjektiv *alaethaes* kann auch Attribut einer Person werden und einen Menschen als »zuverlässig, wahrhaftig« charakterisieren.

In der LXX ist das im hebr. AT 127 mal vorkommende Wort *aemaet* an 100 Stellen mit *alaetheia* übersetzt worden. *Aemaet* gehört der Wortgruppe an, die aus dem Wortstamm *aman* (»fest, sicher, zuverlässig, tragfähig«) abgeleitet ist und zu der u. a. die Wörter »Amen«, »Glaube«, »glauben«, gehören (s. GLAUBE, GLAUBEN). *Aemaet* drückt also in seiner Grundbedeutung die Dauerhaftigkeit aus und ist mit »Beständigkeit, Zuverlässigkeit« zu übersetzen; bezogen auf Personen – v.a. auf Gott, aber auch auf Menschen – ist dies »Treue, Verläßlichkeit«. W. im atl. Verständnis ist das, was sich als verläßlich und beständig erweist, und das ist in erster Linie Gottes Treue. Der gemeinsame Wortstamm von »Glauben« (*aemuna*) und »Treue« im AT macht deutlich, daß beide aufeinander bezogen sind: Israels Glaube ist das Sich-Verlassen auf Gottes Treue, ja ist ein Sich-Bergen in dieser Treue. Das Bekenntnis zu Gottes Treue findet sich an vielen Stellen des Psalters; *aemaet* steht dort (wie auch an anderen Stellen) oft gemeinsam mit *chaesaed* (»Huld«) und bringt so die Beständigkeit von Gottes Güte zum Ausdruck (»Güte und Treue« = »beständige Güte«), die sich v.a. darin erweist, daß Gott sich in der Offenbarung an Israel diesem Volk gegenüber persönlich erschließt und sich in ein positives Verhältnis zu ihm setzt. Jahwe wird sogar als »treuer Gott« (*el aemaet*; Ps 31,6) bezeichnet, auf dessen zuverlässige Rettungsbereitschaft und Hilfe der Beter vertrauen kann (69,14; vgl. 40,12; 91,4b). Ist Gott treu, so sind auch seine Worte verläßlich (vgl. v.a. 2. Sam 7,28). Der Treue Gottes entspricht auf seiten des Menschen ein Verhalten, das sich an den Geboten Gottes orientiert, die »zuverlässig« sind (Ps 25,10; 119,43.142.151.160). *Aemaet* stellt geradezu die Grundlage der Weltordnung dar, die vom Menschen ebenso zu verwirklichen ist wie von Gott (vgl. Spr 3,3; 14,22; 16,6; 20,28); wo dies ausbleibt, folgt Gottes Gericht (Hos 4,1; vgl. Mi 7,20). Diese Auffassung von *aemaet* wirkte sich auch im rechtlichen Bereich des Lebens Israels aus: Zeugen sollen »wahrhaftig« sein 5. Mose 13,15; Spr 14,25; Jes 43,9; vgl. 1. Mose 42,16). Mehrmals dient *aemaet* zur genaueren Bestimmung eines übergeordneten Wortes, so z.B. in den Begriffsverbindungen »zuverlässiger Friede« (Jer 14,13; 33,6; 2. Kön 20,19), »zuverlässiger Weg« (1. Mose 24,48), »zuverlässige Männer« (2. Mose 18,21) u.a.

So ist nach atl. Auffassung W. also nicht so sehr ein Zustand, sondern mehr ein Sich-Verhalten bzw. ein Zuverlässig-Sein von Gott, Menschen, Dingen und Sachverhalten. W. im atl. Sinn zielt auf ein Tun, das darauf folgt, daß etwas erkannt, gewußt oder gesagt wird. W. hat es in erster Linie mit der menschlich-geschichtlichen Wirklichkeit zu tun, in der sie sich erweisen soll.

Dadurch, daß die LXX zur Übersetzung der Wortgruppe *aman* und so auch des Wortes *aemaet* weitgehend die griech. Wörter *alaetheia, alaethaes* usw. verwendet, kommt es in der LXX zu einem veränderten W.verständnis, das sich dann auch im NT auswirkt. Dabei wird im NT das atl. W.verständnis aufgenommen, aber auch gewandelt (z.B. bei Johannes und Paulus). Johannes verwendet in seinem Ev. (1,14–18) den atl. Doppelausdruck *chaesaed waeaemaet* (griech. *charis kai alaetheia*), mit dem das volle göttliche Heil bezeichnet ist: »Das Wort ward Fleisch und wohnte unter uns, und wir sahen seine Herrlichkeit, eine Herrlichkeit als des eingeborenen Sohnes vom Vater, *voller Gnade und Wahrheit*« (1,14). Gottes zuverlässige »Huld und Treue« ist in seinem Sohn Jesus Christus direkt (d.h. ohne eine Mittlergestalt) und vollkommen offenbart. So kann es weiter heißen: »Das Gesetz *(thora)* ist durch Mose gegeben; die *Gnade und Wahrheit* ist durch Jesus Christus geworden« (1,17). Das atl. Offenbarungsgeschehen am Sinai kommt also im ntl. Offenbarungsgeschehen in der Person Jesus Christus zum Ziel; im NT wird vollendet, was im AT begonnen hatte. Die atl. Offenbarung Gottes durch die Zehn Gebote an Mose ist vorausdeutender Hinweis auf das in Jesus Christus realisierte volle Heil Gottes. Demnach ist W. in der Person Jesu Christi und dem mit ihr verbundenen Geschehen offenbart; das zeigt auch die Selbstkennzeichnung Jesu: »Ich bin der Weg und die Wahrheit und das Leben« (Joh 14,6).

Man muß also hier von einem christologisch – d.h. von der Person Jesus Christus her – gefüllten W.begriff sprechen, bei dem auch das atl. W.verständnis aufgenommen, aber nun ganz auf Jesus Christus konzentriert ist. Johannes führt dies, daß sich in Jesus Christus die W. erschließt, in seinem Ev. noch weiter. Der sog. Absolutheitsanspruch des Christentums hat darin seinen Grund und seine Berechtigung, daß ausschließlich in Jesu Person und

3,21; 4,23.24; 5,33; 8,32.40. 44.45; 14,6.17; 15,26; 16,7.13; 17,17.19; 18, 37.38; 19,35; Apg 10,34; Röm 1,18.25; 2,8; 3,7; 9,1; 1. Kor 5,8; 13,6; 2. Kor 4,2; 6,7; 11,10; 12,6; 13,8; Gal 2,5.14; 4,8.16; 5,7; Eph 1,13; 4,21. 25; 5,9; 6,14; Phil 1,18; Kol 1,5.6; 2. Thess 2,10. 12.13; 1. Tim 2,4; 3,15; 4,3; 6,5; 2. Tim 2,15.18. 25; 3,7.8; 4,4; Tit 1,1.14; 1. Petr 1,22; 2. Petr 1,12; 2,2; 1. Joh 1,6.8; 2,4.21; 3,18.19; 4,6; 5,6; 2. Joh 1–4; 3. Joh 1.3.4.8.12; Hebr 10,26; Jak 1,18; 3,14; 5,19

Verkündigung die von Gott stammende W. erscheint, bezeugt und somit offenbart wird (8,40.45 f.; 16,7; 18,37). Daran scheitert Pilatus, wenn er relativierend fragt: »Was ist Wahrheit?« (18,37f.) – weil er es nicht zu erfassen vermag, daß die W. in Jesus Christus Person geworden ist und nicht in irgendeiner (rational erfaßbaren) Sache besteht. Die W. Gottes in Jesus Christus zeigt sich aber auch darin, daß Jesus sein Leben dahingibt, indem er ins Leiden geht (vgl. 17,17.19). Diese W. erschließt sich den Jüngern durch den »Geist der Wahrheit« (14,17; 15,26; 16,13); sie beansprucht ihr ganzes Leben in der Nachfolge Jesu und erweist sich in ihrer Anbetung des Vaters »im Geist und in der Wahrheit« (4,24f.). Ihnen ist es gegeben, die freimachende W. zu »erkennen« (8,32), die W., die den Gegensatz zu der vom Teufel kommenden und sein Wesen charakterisierenden Lüge darstellt (8,44).

Auch Paulus faßt W. zum einen auf dem Hintergrund des AT auf, setzt sie zum anderen aber zur Verkündigung des Evangeliums von Jesus Christus und zur Offenbarung Gottes in seinem Sohn in Beziehung. Die Bedeutung von »Beständigkeit, Treue« hat das Wort *alaetheia* in Röm 15,8 (LÜ: »Wahrhaftigkeit Gottes« hinsichtlich seiner den Vätern gegebenen Verheißungen), Gal 2,5 (die »Wahrheit des Evangeliums« soll »bleiben«) und Röm 3,3–7, wo die W. in Gottes Treue zu seinen Worten (V. 4) und zu seinem Handeln (V. 5) besteht. Daß mit der Gotteserkenntnis im bibl. Sinn und mit dem bibl. W.begriff immer das entsprechende Tun, das der W. gemäße Verhalten, verbunden ist, zeigen Röm 1,18–25 (der Mensch wird dadurch schuldig, daß er die Erkenntnis Gottes, wie sie ihm die Schöpfung gibt, nicht annimmt und so »die Wahrheit in Ungerechtigkeit niederhält« [1,18] und dem Schöpfer das Lob verweigert [V. 25]; vgl. Joh 3,21), Röm 2,8 (»der Wahrheit nicht gehorchen«) und Gal 2,14 (»... daß sie nicht richtig handelten nach der Wahrheit des Evangeliums«; vgl. 1. Kor 13,6; 2. Kor 13,8; Gal 5,7; 1. Petr 1,22).

An einigen wenigen Stellen bei Paulus kommt das Wort »W.« dem griech. Sprachgebrauch nahe (z.B. Röm 9,1; 1. Kor 5,8; 2. Kor 7,14; 12,6; Phil 1,18). In den sog. Pastoralbriefen wird »W.« in Beziehung zur rechten Lehre gesetzt (v.a. 1. Tim 1,10; 2. Tim 4,3f.; Tit 1,9). Auch die Johannesbriefe setzen »W.« in Gegensatz zur Irrlehre; vgl. v.a. 1. Joh 4,1–6. Die W. ist vom Gläubigen erkennbar (1. Joh 2,21; 2. Joh 1), und er vermag, »die Geister zu prüfen« (vgl. 1. Joh 4,1). Die Offb nimmt in der Formulierung *pistos kai alaethinos* (»treu und wahrhaftig«) das atl. *aemaet* auf und zeigt, daß diese Adjektive v.a. dem wiederkommenden Herrn und seinen Worten zukommen (19,11; vgl. 3,14; 21,5; 22,6).

WAHRSAGEREI Siehe MAGIE.

WAJESATA Est 9,9 **WAJESATA** Einer von Hamans zehn Söhnen, die in Susa getötet wurden.

WALLFAHRTSFESTE Für drei jährliche Feste war nach 2. Mose 23,14–17 eine Wallfahrt zum isrl. Zentralheiligtum (Stiftshütte, Tempel) vorgeschrieben: für das PASSAFEST, das PFINGSTFEST (Wochenfest) und das LAUBHÜTTENFEST (Fest der Lese). Diese Verpflichtung galt für alle männlichen Israeliten. Die Wallfahrer brachten sowohl ein Opfer mit als auch den zweiten Zehnten, der in Jerusalem zu verzehren war. Die Wallfahrt führte in der Richterzeit in das Heiligtum in Silo (vgl. 1. Sam 1,3), nach dem Bau des Tempels nach Jerusalem (1. Kön 8,65; 2. Chr 7,8–9). Nach der Reichsspaltung nach dem Tod Salomos entstanden in Konkurrenz zu Jerusalem Heiligtümer im Nordreich Israel (vgl. 1. Kön 12,28–32). Nach dem Ende des babyl. Exils wurde unter Nehemia anläßlich des Laubhüttenfestes die allg. Wallfahrt nach Jerusalem wieder eingeführt (Neh 8,13–18). Das Laubhüttenfest war das am besten besuchte der Wallfahrtsfeste, da es in eine Zeit fiel, wo die Bauern ihre Feldarbeiten abgeschlossen hatten und daher mehr Zeit zum Reisen hatten.

Das NT berichtet, wie Jesus zu den Wallfahrtsfesten nach Jerusalem reiste (Joh 2,23; 7,2–37). Seine letzte Wallfahrt nach Jerusalem trat er anläßlich des Passafestes an (vgl. Mt 26,17; Mk 14,12; Lk 22,8; Joh 13,1).

WANJA Esr 10,36 **WANJA** Einer der Männer, die nach dem babyl. Exil unter Esra ihre nichtjüd. Frauen verstoßen mußten.

Pilgerschiff aus dem frühen 4. Jh. n. Chr; Wandzeichnung in einer Kapelle unter der Grabeskirche in Jerusalem, mit der Inschrift Domine ivimus *(O Herr, wir sind gegangen).*

WASCHUNG, BADEN Im At wird die Waschung v. a. als Mittel zur rituellen Reinigung (s. REINHEIT) erwähnt. Waschen mußte sich z. B., wer Fleisch von einem verendeten Tier gegessen hatte (3. Mose 17,15–16) oder mit einem Leichnam in Berührung gekommen war (4. Mose 19,19); vgl. auch die Reinigungsgesetze in 3. Mose 14–15. Bes. sorgfältig auf die Gefahr einer Verunreinigung zu achten hatten die Priester. Für sie war vor der Stiftshütte ein Becken aufgestellt, in dem sie vor Betreten der Stiftshütte Hände und Füße zu waschen hatten (2. Mose 30,18–21; vgl. später im Tempel das bronzene »Meer«, 1. Kön 7,23–26). Mehrfache rituelle Waschungen waren für den Hohenpriester am großen Versöhnungstag vorgeschrieben (3. Mose 16).

Besuchern, die von einer langen Reise kamen, wurde als Zeichen der Gastfreundschaft Wasser zum Waschen der Füße angeboten (1. Mose 18,4; 19,2; 24,32). David nahm am Ende seiner Fastenzeit wegen des ersten Kindes der Batseba ein rituelles Bad (2. Sam 12,20). Der von Aussatz befallene aram. Feldhauptmann Naaman mußte siebenmal im Jordan untertauchen (2. Kön 5,9ff.). Im NT gebietet Jesus dem Blinden in Joh 9, sich im Teich Siloah zu waschen (Joh 9,11), und gerät mit den Pharisäern in Konflikt, die das (damals offenbar aus religiösen Gründen übliche) Waschen der Hände vor dem Essen peinlicher einhalten als die Reinheit des Herzens (Mt 15,1–20; Mk 7,1–13).

Das normale Haus im bibl. Orient hatte keine Bademöglichkeiten; nur in luxuriöseren Häusern konnte man (nach ägypt. Vorbild) ein Badezimmer finden; häufiger als die Wanne war dabei ein flaches Becken mit einer Erhöhung in der Mitte, das wohl zum Fußwaschen diente.

Öffentliche Bäder kamen erst in der späthell. und frühröm. Zeit auf. Die frühesten solchen Bäder im Hl. Land sind die von Herodes erbauten in Masada und Herodium. Sie waren nach dem üblichen röm. Plan angelegt und umfaßten; 1) das *Apodyterium,* einen Raum, in dem die abgelegten Kleider in Schränken aufbewahrt wurden; 2) das *Frigidarium,* ein Kaltwasserbecken für die Körperreinigung; 3) das *Tepidarium,* ein lauwarmes Becken; 4) das *Caldarium,* ein heißes Bad, das manchmal aus zwei Abteilungen (ein Raum mit Badewannen, ein anderer für Dampfbäder) bestand. In den luxuriöseren Badehäusern waren die Fußböden und Wände mit Mosaiken und Fresken geschmückt. Solche öffentlichen Bäder wurden überall in Palästina, selbst in Trockengebieten, zu einer festen Einrichtung.

Es gab auch Heilbäder. Sie befanden sich bei heißen Quellen (vgl. unsere heutigen Thermalbäder); die berühmtesten waren Tiberias und Callirhoe, wo dem todkranken Herodes Bäder verordnet wurden.

Symbolische Bedeutung im NT bekommt das Waschen als Bild für die Reinigung von Sünde und die Zugehörigkeit zu Jesus Christus. Mit der Fußwaschung beim Abendmahl (Joh 13) demonstriert Jesus das Prinzip des Dienstes und die immer neue Reinigung von Sünden, die er seinen Jüngern anbietet. Offenbar ist die Fußwaschung in der frühen Kirche schon bald ein

WASCHEN
1. Mose 18,4; 19,2; 43,31; 49,11; 2. Mose 29,4; 30,18.19; 40,12.30–32; 3. Mose 1,9.13; 8,6.21; 9,14; 11,25.28; 13,6.34; 14,8.9.47; 15,5–13.16–18.21–22.27; 16,4.24.26.28; 4. Mose 19,7.10.19.21; 2. Sam 11,2; 12,20; 19,25; 1. Kön 22,38; 2. Kön 5,10.12.13; 2. Chr 4,6; Hiob 9,30; 29,6; Ps 26,6; 51,4.9; 73,13; Spr 30,12; Jes 1,16; 4,4; Jer 2,22; 4,14; Mt 6,17; 15,2; 27,24; Mk 7,3; Lk 5,2; Joh 9,7.11.15; 13,5.6.8.10.12.14; Apg 9,37; 16,33; 1. Tim 5,10; Hebr 10,22; Offb 7,14

BAD, BADEN
2. Mose 2,5; Rut 3,3; Ps 58,11; Hld 5,12; Tit 3,5

(unten rechts) Bad im Palast des Herodes auf Masada.

(unten links) Der Fußboden im Caldarium der Badeanlage auf Masada ruhte auf diesen kleinen Säulen; in den Zwischenraum wurde heiße Luft geleitet.

Phönizische Tonfigur einer badenden Frau; Achsib, 8. Jh. v. Chr. (Israelische Regierungsabteilung für Altertümer und Museen).

gängiges Bild für das Dienen geworden (vgl. 1. Tim 5,10). Von der Sündenvergebung als Reinigung spricht Hebr 10,22 (»gewaschen am Leib mit reinem Wasser«, vgl. 2. Petr 1,9), vom »Bad der Wiedergeburt« Tit 3,5 (vgl. Joh 3,5; vgl. TAUFE; WIEDERGEBURT). Das Bild der Reinigung wird mit dem des Sühneopfers verbunden, wenn es Offb 7,14 heißt, daß die Erlösten »ihre Kleider gewaschen und … hell gemacht (haben) im Blut des Lammes« (vgl. 1. Joh 1,7–9; Offb 1,5; vgl. BLUT; OPFER).

WASTI
Est 1,9.11–12. 15–17.19; 2,1.4.17

WASTI Gemahlin des Königs Ahasveros von Persien. Sie wurde von ihm verstoßen, nachdem sie sich geweigert hatte, vor seinen Festgästen zu erscheinen (vgl. Est 1). Ihr Platz als Königin wurde später von ESTER eingenommen.

WEBEN, WEBER
2. Mose 35,35; Jes 38,12; Hes 47,9; Joh 19,23

WEBEN Die Webkunst war im Alten Orient seit früher Zeit bekannt. Im Hl. Land wurde in erster Linie Schaf- und Ziegenwolle verarbeitet. Hinweise aus der Bibel lassen sich durch die Analyse der reichen römerzeitlichen Kleidungsfunde aus den Höhlen der judäischen Wüste ergänzen. So wird berichtet, daß Frauen Wolle auf einer Spindel mit Hilfe eines Rocken (Spr 31,19) spannen (2. Mose 35,25–26). Die Spindel bestand aus einem etwa 90 cm langen Stab mit einem oder zwei Spinnwirteln am Ende. Diese Spinnwirtel, von denen Hunderte in den Siedlungen seit der Eisenzeit vorkommen, waren aus Holz, Bein, Ton oder Stein. Die Methode des Spinnens war einfach und unterschied sich kaum von jener, die heute bei den Beduinenfrauen gebräuchlich ist. Die gekämmte Wolle wird in einem Gespinst auf den Rocken gelegt, der unter den linken Arm geklemmt wird, dabei wird die Spindel in der linken Hand gehalten. Mit der rechten Hand wird die Wolle vom Rocken gezupft und in einem groben Faden auf die mit großer Geschwindigkeit gedrehte Spindel gezogen, so daß ein gestreckter und fester Faden entsteht.

Der gesponnene Faden wurde gewaschen und mit Lauge und Seife gereinigt (Jer 2,22) und war dann zum Färben bereit (vgl. FARBEN UND FÄRBEN). Dazu wurde das Garn zuerst in ein Gefäß gelegt, das mit einer schwachen Lösung des Farbpigments gefüllt war, anschließend dann in eine konzentrierte Lösung. Das gefärbte Garn wurde in klarem Wasser gewaschen und zum Trocknen ausgelegt. Danach konnte es zum Weben verwendet werden.

Es wurde viel auf horizontalen, am Boden aufgebauten Handwebstühlen gearbeitet; Vorder- und Hinterbaum mit den gespannten Kettenfäden wurden durch vier parallel in die Erde gerammte Pflöcke gehalten. Auf einen solchen Webstuhl ist die Stelle in Ri 16,14 zu beziehen: Simson erwachte und »riß die geflochtenen Locken mit Pflock und Gewebe heraus«. Noch heute spinnen und weben die Beduinen ihr Garn in dieser Weise und erreichen damit ziemliche Längen von Gewebe, aus denen sie ihre Zelte fertigen.

Mann am Webstuhl, dargestellt auf einem Steinrelief aus Susa. 4. Jt. v. Chr.

Eine andere Form war der in Ägypten häufige vertikale Hänge- oder Rahmenwebstuhl, der auch im Hl. Land verwendet wurde. Dazu wurden zwei lange Pfosten in die Erde gerammt und ein dritter oben quergelegt, an dem die Kettenfäden angebracht wurden. Jeder Faden wurde durch ein tönernes oder steinernes Gewicht beschwert; derartige Webgewichte wurden in fast jeder Siedlung gefunden. Der horizontale Pfosten wird als »Weberbaum« in 1. Sam 17,7 erwähnt.

Auf diesen Webstühlen wurden sowohl einfarbige wie bunte Gewebe gearbeitet; zu den letzteren gehören Josefs »bunter Rock« (1. Mose 37,3), Aarons »gewirktes Untergewand« (2. Mose 28,4) und die »bunten gestickten Kleider« und »gewirkten bunten Tücher« für Sisera (Ri 5,30). Für bunte Stoffe hängte man die verschiedenfarbigen Garnknäuel an den Weberbaum. Erst in der Römerzeit kamen technisch ausgereiftere Webverfahren auf.

WEG Beim Vorkommen des bibl. Begriffes »Weg« (hebr. *daeraek,* griech. *hodos*) ist sowohl im AT wie auch im NT zwischen einer räumlich-geographischen und einer übertragen-bildhaften Bedeutung zu unterscheiden.

Wo im AT von einem W. (auch »Straße«) gesprochen wird, ist zunächst der wirkliche, d.h. betretene und dadurch festgetretene Weg gemeint (1. Mose 38,16; 4. Mose 22,22f.31; Ri 9,25 u.a.); auch Verkehrsstraßen zählen unter die W.e (4. Mose 20,17; 21,22; Ri 8,11; Jes 8,23). Unter »W.« kann dann auch eine Reise, eine Wanderung oder ein Kriegszug verstanden werden, d.h. das Unterwegssein, die Bewegung auf dem W. (vgl. 1. Mose 24, 27.48; 42,25; 45,21.23f. u.a.) bzw. die Richtung einer Bewegung (5. Mose 11,30). V.a. in der Weisheitsliteratur des AT wird »W.« dann in einer übertragenen Bedeutung so aufgenommen, daß man darunter den Wandel, das Verhalten eines Menschen versteht (Spr 14,8.12). Weisheitliches Erkennen prägt also nicht bloß den Verstand, sondern mehr noch den Charakter eines Menschen, der bei seiner Lebensführung um Einsicht bemüht ist. Dabei hat der Mensch aber seinen (Lebens-)W. nicht in seiner Hand, sondern weiß um dessen letzte Unberechenbarkeit und Unbegreiflichkeit und eine damit gegebene Offenheit gegenüber den Führungen Jahwes (Spr 16,9; vgl. 30,19f.). Der Sterbende geht »den W. aller Welt« (Jos 23,14; 1. Kön 2,2), d.h. er steht in der Schicksalsgemeinschaft aller Geschöpfe. Insbes. hat Gott seine »Wege«, d.h. seine Pläne, die aber für den Menschen nicht ohne weiteres einsehbar sind (Hiob 34,27; Jes 55,8f. u.a.). Für Israel bedeutet das Gehen auf Gottes W. den Gehorsam gegenüber den göttlichen Geboten (2. Mose 32,8; vgl. 4. Mose 22,32; 5. Mose 11,28).

Auch für das NT – insbes. die Ev.n – ist »W.« der betretene W. bzw. eine Straße, die man zieht (Mt 2,12; Mk 10,46; 11,8; Lk 8,5 u.a.), auch eine Reise o.ä. (Mt 5,25; Mk 8,3.27; Lk 9,3; 12,58; 24,32.35 usw.). Die übertragene Bedeutung liegt v.a. in dem Wort von den »zwei Wegen« (Mt 7,13f.) vor, aber auch Joh 14,6, wo Jesus sich als den (einzigen) W. zu Gott bezeichnet und damit seinen Absolutheitsanspruch ausspricht. Eine übertragene Bedeutung kommt dem »W.« auch zu, wo er als Wandel aufgefaßt wird (Mt 21,32; Apg 14,16; Röm 3,16; 2. Petr 2,21; Jak 1,8; 5,20) bzw. wo damit die christl. Lehre gemeint ist (Apg 9,2; 19,9.23; 22,4; 24,14.22; 1. Kor 4,17; 2. Petr 2,2).

(Die Konkordanz beschränkt sich auf »W.« im übertragenen Sinne.)

WEG
1. Mose 3,24; 6,12; 18,19; 2. Mose 13,21; 32,8; 33,13; 5. Mose 5,33; 8,6; 31,29; Ri 2,17.22; 5,6; 1. Sam 8,3; 12,23; 1. Kön 2,2.3; 8,58; 15,26.34; 2. Kön 8,18; 17,13; 2. Chr 17,6; Hiob 3,23; 16, 22; 17,9; 19,8; 24,23; 31,7; 34,21; 38,19 Ps 1,1.6; 16,11; 17,5; 18,22.31. 33; 25,4.9.10.12; 32,8; 35,6; 37,5. 23; 51,15; 67,3; 77,14.20; 81,14; 91,11; 103,7; 119,9.14.30.32. 104.105.168; 128,1; 138,5; 139,3.24; 143, 8; 145,17; Spr 3,6; 5,6.21; 12,28; 15,24; 16,7.9.17; 23,26; Jes 2,3; 30,21; 35,8; 40,3; 42, 16; 45,13; 48,17; 49,11; 53,6; 55,7. 8.9.; 57,10.14. 17; 58,2.12; 59,8; Jer 5,4; 6,16; 7,23; 18,11; 21,8; 25,5; 26,3.13; 32,19; 35,15; Klgl 3,9; Hes 18,23; Dan 4,34; Hos 2,8; 14,10; Am 2,7; Mi 4,2; Mal 3,1; Mt 3,3; 5,25; 7,13.14; 21, 32; 22,16; Lk 1,79; 3,5; Joh 14,4.5.6; Apg 2,28; 13,10; 14,16; 16,17; 18,25.26; 24,14; Rö 11,33; 1. Kor 12,31; 2. Petr 2,2.15.21; Hebr 10,20; Jak 1,8; Offb 15,3

WEIDE Siehe PFLANZEN.

WEIHE Siehe TIERE.

WEIHRAUCH, RÄUCHERWERK Die Ausdrücke »Weihrauch« und »Räucherwerk« werden im Opferritual des AT zur Bezeichnung bestimmter Gewürze bzw. Gewürzmischungen verwendet, die bei Gottesdiensten bzw. Opferhandlungen verwendet wurden.

1. Reiner Weihrauch. Vgl. dazu GEWÜRZE, PARFÜME UND SALBEN. Im NT unter den Geschenken erwähnt, die die Weisen aus dem Morgenland dem neugeborenen Jesus mitbrachten (Mt 2,11).

2. Die in der LÜ als »Räucherwerk« bezeichnete Mischung aus Stakte, Weihrauch (1), Balsam und Galbanum (2. Mose 30,34–35), die täglich zwei-

WEIHRAUCH
2. Mose 30,34; 3. Mose 2,1. 2.15.16; Hld 3,6; 4,14; Jes 43,23; 60,6; 66,3; Jer 6,20; 17,26; 41,5; Mt 2,11; Offb 18,13

Weihrauchlöffel, gefunden in Höhlen in der judäischen Wüste. 1. Jh. n. Chr. (Israel Museum).

RÄUCHERWERK
2. Mose 30,7–9. 35.37; 35,8; 37,29; 40,27; 3. Mose 10,1; 4. Mose 7,86; 16, 7.35; 17,5.11; 5. Mose 33,10; 1. Sam 2,28; Spr 27,9; Jes 1,13; Hes 16,18; 23,41; Offb 5,8; 8,3.4

mal auf dem Räucheraltar in der Stiftshütte (später Tempel) dargebracht wurde (2. Mose 30,1–8). Lk 1,8 ff. berichtet, wie dem Priester Zacharias bei einem dieser Opfer ein Engel Gottes erschien und die Geburt Johannes des Täufers ankündigte. Räucherwerk gehörte auch zum Ritual des großen Versöhnungstages, wenn der Hohepriester das Allerheiligste betrat (3. Mose 16,12–13).

Nur Priester durften Räucherwerk opfern (4. Mose 17,5). Als König Usija eigenmächtig ein Räucheropfer darbringen wollte, wurde er von Gott mit Aussatz geschlagen (2. Chr 26,16–21). Nadab und Abihu, zwei Söhne Aarons, wurden von Feuer verzehrt, als sie ein »fremdes« Räucheropfer darbrachten (3. Mose 10,1–3). Andererseits konnte Aaron ein Strafgericht Gottes dadurch beenden, daß er eilig Räucherwerk darbrachte (4. Mose 17,11–15). 4. Mose 7,86; 1. Kön 7,50; 2. Chr 4,22; 24,14 erwähnen 12 goldene Behälter (LÜ »Löffel«) für das Räucherwerk; sie wurden nach der Zerstörung des Jerusalemer Tempels 586 v. Chr. von den Babyloniern als Beute mitgenommen (2. Kön 25,14; Jer 52,18–19).

Offenbar wurde Räucherwerk von der in 2. Mose 30,34 ff. beschriebenen Art auch zu säkularen Zwecken benutzt, wie sich aus dem entsprechenden Verbot in V. 37 schließen läßt. Räucherwerk (die Zusammensetzung wird hier nicht genannt) erscheint auch im Zusammenhang mit Götzendienst (Hes 6,13; 23,41; Dan 2,46). In der Offb erscheint R. in der Anbetung Gottes in Offb 5,8. In bildlicher Bedeutung steht es für die zum Himmelsthron aufsteigenden Gebete der Heiligen (Offb 8,3–5).

WEIN
1. Mose 9,21; 14,18; 19,32–35; 27,25.28.37; 49,11–12; 2. Mose 29,40; 3. Mose 10,9; 23,13; 4. Mose 6,3.20; 15,5.7.10; 18,12; 28,7.14; 5. Mose 7,13; 11,14; 12,17; 14,23.26; 18,4; 28,39.51; 29,5; 32,33.38; 33,28; Ri 9,13; 13,4. 7.14; 19,19; 1. Sam 1,14–15. 24; 10,3; 16,20; 25,18; 2. Sam 13,28; 16,1–2; 2. Kön 18,32; 1. Chr 9,29; 12,41; 27,27; 2. Chr 2,9.14; 11,11; 31,5; 32,28; Esr 6,9; 7,22; Neh 2,1; 5,11. 15.18; 10,38.40; 13,5.12.15; Est 1,7.10; 5,6; 7,2; Hiob 1,13; Ps 4,8; 60,5; 75,9; 78,65; 104,15; Spr 3,10; 4,17; 9,2.5; 20,1; 21,17; 23,30–31; 31,4.6; Pred 2,3; 9,7; 10,19; Hld 1,2.4; 4,10; 5,1; 7,10; 8,2;

WEIN Im alten Orient ist Wein als Trank seit Beginn der geschichtlich überlieferten Zeit bekannt. Nach der Bibel war Noah der erste Mensch, der Weinreben pflanzte (1. Mose 9,20–21). Aus der bibl. Überlieferung, nach ägypt. Wandmalereien und Reliefs sowie aufgrund der im Hl. Land freigelegten Installationen zur Herstellung von W. ist es möglich, die Arbeitsvorgänge zu rekonstruieren.

Die W.trauben wurden in Körben zur Kelter getragen, die in bibl. Zeit entweder auf einem natürlichen ebenen Felsen oder einem künstlich geglätteten angelegt wurde (Jes 5,2; 16,10; Jer 48,33). Die Trauben wurden auf dem Felsboden verteilt und mit den Füßen getreten; dabei lief der Saft durch flache Rinnen in eine am Fuße des Tretplatzes ausgehobene Grube. Damit sich der Saft setzen konnte, wurde er über Nacht dort gelassen und später in Tongefäße gefüllt, die mit Tonstöpseln verschlossen wurden. Die nach dem ersten Auspressen zurückgelassenen Schalen der Trauben wurden nochmals getreten, um den restlichen Saft zu erhalten. Die Gefäße mit dem Saft wurden daraufhin zur Gärung in einen W.keller gebracht – eine natürliche Höhle oder aus dem Felsen geschlagene Zisterne, in der die für die Gärung notwendige Temperatur gewährleistet war. Das Tongefäß wurde auf der Schulter durchbohrt, damit die während der Gärung freigesetzten Gase austreten konnten. Nach Abschluß der Gärung wurde das Loch mit einem Siegel, auf dem Herkunft, W.qualität und der Name des Herstellers angegeben wurden, geflickt.

In der Bibel werden verschiedene Namen und Sorten von W.n aufgeführt, z. B. »Traubenblut« (1. Mose 49,11), »reiner Wein« (Jes 25,6), »Wein von Helbon« (Hes 27,18), »Wein vom Libanon« (Hos 14,8). Weitere Namen fanden sich auf beschrifteten Weinkrügen aus der bibl. Epoche, die in Palästina gefunden wurden.

W. wurde auch aus Datteln, Granatäpfeln, Äpfeln u. a. Früchten sowie aus Getreide hergestellt. Aus dem NT wissen wir, daß W. manchmal mit anderen Substanzen vermischt wurde, wie mit Galle (Mt 27,34), Myrrhe (Mk 15,23) oder zu medizinischen Zwecken mit Öl (Lk 10,34).

Die Bibel belegt mehrfach die Bedeutung des W.s in den religiösen Handlungen und Gebräuchen des Alten Orients. So wurde er bei den täglichen (2. Mose 29,40) und monatlichen (4. Mose 28,14) Brand- und Trankopfern sowie an Festtagen (4. Mose 15,5 ff.) verwendet. Den GOTTGEWEIHTEN war das Trinken von W. verboten (4. Mose 6,3; Ri 13,4), und die Familie der

Tönerne Weihrauchständer aus Tell Safit und Tell Amal. 10. Jh. v. Chr.
(oben) Weihrauchgefäß aus Bet-Schean, späte kanaanitische Periode. (Israelische Regierungsabteilung für Altertümer und Museen).

Korb mit Früchten und Traubenlese-Szene, dargestellt auf einem Mosaikboden aus der byzantinischen Epoche in Bet Schean.

Mann beim Traubentreten; auf einem byzantinischen Mosaikboden in Bet Schean.

Jes 1,22; 5,11–12.22; 16,10; 22,13; 24,7.11; 25,6; 28,1.7; 29,9; 36,17; 49,26; 51,21; 55,1; 56,12; 62,8; Jer 13,12; 23,9; 25,15; 31,12; 35,2.5–6.8.14; 40,10.12; 48,33; 51,7; Klgl 2,12; Hes 27,18; 44,21; Dan 1,5.8; 10,3; Hos 2,10.11.24; 4,11; 7,5.14; 9,2.4; 14,8; Joel 1,5.10; 2,19.24; 4,3.18; Am 2,8.12; 5,11; 6,6; 9,13–14; Mi 6,15; Hag 1,11; 2,12; Sach 9,15.17; 10,7; Mt 9,17; 27,34; Mk 2,22; 15,23; Lk 1,15; 5,37–39; 7,33; 10,34; Joh 2,3.9–10; 4,46; Apg 2,13; Röm 14,21; Eph 5,18; 1. Tim 5,23; Offb 6,6; 14,8.10; 16,19; 17,2; 18,3.13; 19,15

Rechabiter enthielt sich freiwillig des W.s (Jer 35,2 ff.). Priestern war während ihres Dienstes der Genuß von W. verboten (3. Mose 10,9; Hes 44,21). Im NT enthielt sich Johannes d. T. des W.s (Lk 1,15; 7,33).

W. und Weinstock waren Symbole für Wohlstand und Fruchtbarkeit (1. Kön 5,5; 2. Kön 18,31), und der W. zählte zu den sieben Segnungen des Gelobten Landes (5. Mose 7,13; 33,28; Jes 36,17; Jer 31,12; Joel 2,19). Wichtige Persönlichkeiten hieß man mit Brot und W. willkommen (1. Mose 14, 18). Hingegen galt Trunkenheit als verwerflich (Spr 23,29–35; Jes 22,12–13; 28,1; Hos 4,11; u. a.; vgl. im NT Apg 2,13; Eph 5,18), und Enthaltsamkeit war ein Ausdruck von Trauer (Dan 10,3). W. wurde Knechten gegeben, die harte Arbeit leisten mußten (2. Chr 2,14). Reisende tranken ihn unterwegs (Jos 9,13; Ri 19,19), wie auch leiblich oder seelisch erschöpfte Menschen ihn zur Labung erhielten (2. Sam 16,2; Spr 31,6–7; vgl. Ps 104,15; 1. Tim 5,23). Von der Allgemeinheit als Medizin genommen, war er der tägliche Trank der

Könige, für dessen Nachschub besondere Hofbeamte Sorge trugen (1. Mose 40,2; Neh 2,1). Riesige W.kulturen waren im Besitz der Könige von Israel und Juda, und der W. wurde in den königl. Vorratshäusern gelagert, die auch andere Steuerabgaben in Form von Lebensmitteln enthielten (1. Chr 27,27; 2. Chr 11,11).

Die Bedeutung des W.anbaus im Hl. Land in bibl. wie auch in röm. und byz. Zeit wird durch archäolog. Funde erhärtet. Hunderte von W.keltern sind fast im ganzen Land nachweisbar.

Es wurden auch ausländische W.e importiert. Tausende von W.amphoren, deren gestempelte Henkel ihre Herkunft aus Rhodos, Knidos, Chios, Kos u. a. griech. Anbaugebieten und aus Italien belegen, sprechen für einen regen Import. Heidnische Kulte, bei denen der W.konsum eine wichtige Rolle spielte, waren verbreitet (vgl. Am 2,8).

Bildlich erscheint der W. im AT als Symbol für geistliche Gaben (Spr 9,2; Jes 55,1), aber auch für den Zorn Gottes (Zornesbecher, Jer 25,15.16). Im NT wird die geistliche Bedeutung des W.s einzigartig vertieft im Kelch des Abendmahls, wenn Jesus über das »Gewächs des Weinstocks« (Mt 26,29) sagt: »Das ist mein Blut des Bundes, das vergossen wird für viele zur Vergebung der Sünden« (Mt 26,28). »In, mit und unter« Brot und W. ist der erhöhte Herr im hl. Abendmahl seiner Gemeinde gegenwärtig (vgl. ABENDMAHL; BLUT).

W. kann im NT auch, wie im AT, ein Bild für den Zorn Gottes sein: Offb 14,10; 19,15; vgl. Mt 26,39 ff., wo Jesus in Gethsemane den »Kelch« des Zornes Gottes annimmt. Als Bild für die enge Gemeinschaft zwischen Jesus und seinen Jüngern erscheinen W. und Weinstock in Joh 15,1 ff. Im Gleichniswort von den alten und neuen Weinschläuchen verdeutlicht Jesus, wie in seiner Person das Reich Gottes herbeigekommen ist (Mt 9,14–17). Selbst bei der Hochzeit zu Kana (Joh 2,1–11), wo er als das übliche festliche Genußmittel erscheint, bekommt der W. so etwas wie eine bildlich-geistliche Qualität.

Vgl. auch PFLANZEN, Abschnitt »Wein, Weinberg, Weintrauben«.

Weinkelter im »Gartengrab«, Jerusalem, 1. Jh. n. Chr.

WEINBERG Siehe PFLANZEN.

WEINSTOCK Siehe PFLANZEN.

WEISHEIT
2. Mose 28,3; 31,3; 5. Mose 34,9; 2. Sam 14,20; 1. Kön 5,9.10. 14.26; 10,4.6–8; 2. Chr 1,11; 9,5.23; Hiob 12,2.12.13; 28,12.18.28; 32,7.13; 38, 36; 39,17; Ps 37,30; 49,4; 51,8; 111,10; Spr 1,2.20; 2,2.6; 3,13.19; 4,5.7; 7,4; 8,1. 11.12; 9,1; 10, 13.31; 11,2; 13, 10; 14,8.33; 15, 33; 16,16; 18,4; 21,30; 23,23; 24, 3.7.14; 26,7; 28, 26; 29,3.15; Pred 1,16.18; 2,13.26; 7,12.19; 8,1; 9,16.18; 10,10; Jes 10,13; 11,2; 29,14; 47,10; Jer 3,15; 9,22; 10,12; 51,15; Hes 28,5; Dan 1,17; 2,20. 21.23.30;

WEISHEIT Das Wort »Weisheit« bzw. »weise« wird im alltäglichen Sprachgebrauch mit Begriffen wie »Lebensklugheit«, »Erfahrung«, »Wissen« in Verbindung gebracht. »In weiser Voraussicht« handelt, wer nicht blind drauflosiebt, sondern planvoll an die Zukunft denkt und aus dem Schatz seiner Erfahrung schöpft. Die Bibel setzt die Definition von »W.« wesentlich tiefer an; ihr Grundsatz lautet: »Der W. Anfang ist die Furcht des HERRN, und den Heiligen erkennen, das ist Verstand« (Spr 9,10; vgl. Hiob 28,28; Ps 111,10; Spr 1,7; 15,33). W. und Erkenntnis ist nicht der Ertrag von Wissensvermittlung, sondern die Frucht der Gottesfurcht eines Menschen, der Gott sucht, nach seinem Willen fragt und sich an seine Gebote und Ordnungen hält (vgl. 5. Mose 4,6).

Heidnische und wahre Weisheit. In den heidnischen Nachbarvölkern Israels war W. so etwas wie eine Geheimwissenschaft. Der »Weise« war gleichzeitig auch Traumdeuter, Zeichendeuter, Astrologe, Magier o. ä. (vgl. MAGIE). Mit dieser Art W. geht die Bibel scharf ins Gericht (z. B. Jes 19,3–4.11–12; Jer 50,35–36; Hes 28,1–19) und setzt gegen sie den von Jahwes Geist und W. erfüllten und ihm gehorsamen Menschen. In mehreren dramatischen Konfrontationen (so Josef gegen die »Wahrsager« und »Weisen« Ägyptens; 1. Mose 41,8 ff.; Mose und Aaron gegen die »Weisen und Zauberer« des damaligen Pharaos, 2. Mose 7,8–12; oder Daniel gegen die »Zeichendeuter und Weisen und Zauberer und Wahrsager« Nebukadnezars, Dan 2–4) zeigt sich die Überlegenheit der W. des Gottes Israels. Auch Josua (5. Mose 34,9) und Salomo (1. Kön 3; 5,9–14) gehören in diese Reihe der mit Gottes W. Begnadeten. Salomo gilt in der Bibel als das Urbild des Weisen schlechthin, das erst durch Jesus Christus überboten wird (Mt 12,42). Salomo u. a. Weisen verdanken wir die Sammlungen von einprägsamen Volks- und Spruchweisheiten in der Weisheitsliteratur Israels; s. u. WEISHEITSLITERATUR.

Weinhändler in seinem Laden; auf einem gallo-römischen Grabstein, 1. Jh. n. Chr. (Archäologisches Museum Dijon).

Der Weise bleibt immer ein Suchender, der sich der Grenzen seines Wissens bewußt ist. Er weiß darum, daß alle Entscheidungen letztlich bei Gott liegen und alles Richtige und Positive von ihm kommt (vgl. Spr 16,1; 19,14; 20,24; 21,31). Die letztgültige Weisheit bleibt immer ein Vorrecht Gottes, des Schöpfers der Welt und Lenkers der Geschichte. Er ist höher als alle menschliche W. (Spr 21,30; vgl. Phil 4,7), und der größte Tor ist der Mensch, der meint, W. zu »besitzen«, und der sich etwas darauf einbildet (Spr 16,12; 28,11; vgl. Jer 9,22).

Mt 11,19; 12,42; 13,54; Mk 6,2; Lk 2,40.52; 7,35; 11,31. 49; 21,15; Apg 6,3.10; 7,10.22; Röm 11,33; 1. Kor 1,19–24. 30; 2,1.4–7.13; 3,19; 12,8; Eph 1,8.17; 3,10; Kol 1,9.28; 2,3.23; 3,16; Jak 1,5; 3,13.15.17; Offb 5,12; 7,12; 13,18; 17,9

Gott ist die Weisheit. Gott gibt nicht nur W., er hat W. Die Bibel preist ihn als den, der seine ganze Schöpfung »weise geordnet« hat (Ps 104,24) und der in ihr wie auch in seiner Führung und Leitung der Welt größte W. offenbart (vgl. z. B. Hiob 12,13; Spr 3,19f.; Jes 31,2; Jer 10,12). Weise ist auch sein Heilsplan für die Menschen (vgl. Röm 11,33; Eph 3,10), und Jesus bezeichnet in Lk 11,49 das Reden Gottes in seinem Gesetz und durch seine Propheten als »W. Gottes«. Gottes W. offenbart sich also in seinem Wort und Gesetz, und Israel ist der Empfänger dieser Offenbarung (vgl. in den Apokryphen Bar 3,37–4,4; vgl. Sir 24).

Schon im AT erscheint die W. in bestimmten Texten fast wie eine *Person* (Spr 1,20–33; 8,1–9.12; vgl. auch Sir 24). Als Erstgeborene Gottes ist sie von Anfang an bei ihm: »Der HERR hat mich schon gehabt im Anfang seiner Wege, ehe er etwas schuf, von Anbeginn her. Ich bin eingesetzt von Ewigkeit her, am Anfang, ehe die Erde war. … Als er die Himmel bereitete, war ich da …« (Spr 8,22ff.; vgl. Hiob 28,20–28). Das NT offenbart endgültig *Jesus Christus* als die W. Gottes. Er ist der Erstgeborene vor allen Dingen, in ihm und durch ihn wurde alles geschaffen (Kol 1,15–17; vgl. Joh 1,1–4). Er ist die wahre Speise vom Himmel (Joh 6,32–58). In ihm, der mehr W. und Vollmacht hat als die Schriftgelehrten des Alten Bundes (Mt 7,29), »liegen verborgen alle Schätze der W. und der Erkenntnis« (Kol 2,3); die Erlösung, die durch das Kreuz und die Auferstehung Christi geschieht, ist der tiefste Inbegriff der W. Gottes (Röm 11,33; 1. Kor 1,18–2,16).

Weisheit und Torheit. Das Gegenteil von W. ist Torheit. So wie W. aus der Gottesfurcht kommt (Spr 9,10; s.o.), so entspringt Torheit aus einem Mangel an Gottesfurcht: »Die Toren sprechen in ihrem Herzen: ›Es ist kein Gott‹« (Ps 14,1). An vielen Stellen im AT wird »Torheit« praktisch gleichbedeutend mit »Sünde« (s. SÜNDE) benutzt, so z. B. in 2. Chr 16,9; Hiob 1,22; Ps 49,14; Spr 10,1.21; Pred 9,3; Jes 9,16; Jer 4,22.

Auf den Höhepunkt kommt der Gegensatz zwischen menschlicher Torheit (die sich für weise hält) und Gottes W. (die in den Augen der Menschen töricht aussieht) in Jesus Christus, wie Paulus in 1. Kor 1,18–2,16, der ntl. Kernpassage über W. und Torheit, ausführlich darlegt. Der gekreuzigte Christus, der in den Augen der menschlichen Denker eine »Torheit« ist (1. Kor 1,23), ist »uns von Gott gemacht zur W. und zur Gerechtigkeit und zur Heiligung und zur Erlösung« (1,30), denn »die Torheit Gottes ist weiser, als die Menschen sind« (1,25).

WEISHEIT SALOMOS Apokryphes Buch (s. APOKRYPHEN) der Weisheitsliteratur. Es wurde von einem jüd. Weisen in griech. Sprache verfaßt und Salomo zugeschrieben. Es könnte im 1. Jh. v. oder n. Chr. in Alexandria entstanden sein. Der Fortbestand dieses jüd. Buches ist dem Christentum zu verdanken. Jüd. Autoren des 1. Jh. n. Chr. erwähnen die Weish nicht; erst gegen Ende des 2. Jh. wird sie bei den Kirchenvätern erwähnt.

Das Buch gliedert sich in drei Themenkreise, die durch den übergreifenden Gedanken der Weisheit untereinander verbunden sind. Der erste Teil (Kap 1–6), über den Lohn der W., richtet sich an die Regierenden auf der Erde (1,1); sie sollen die W. lernen und ehren, damit sie nicht in Sünde und Gericht fallen (6,9–10). Der zweite Teil (Kap. 7–9) schildert die Geschichte eines weisen Mannes und gibt eine poetische Beschreibung des Nutzens, den die W. ihm brachte. Der dritte Abschnitt (Kap 10–19) ist eine Interpretation der Geschichte Israels. Die wichtigen Personen in den Büchern Genesis und Exodus, von Adam bis Mose, werden für ihre W. gerühmt. In einer Darstellung der Geschichte des Auszugs aus Ägypten werden die ägypt. Plagen den Segenserweisen Gottes an Israel gegenübergestellt (Kap 16–19). Die Weish schließt mit der tröstlichen Erkenntnis, daß Gott Wunder tut und der Herr auch über die Elemente ist (19,17–21).

WEISHEITSLITERATUR Folgende Bücher werden zur Weisheitsliteratur gezählt: im AT Hiob, die Sprüche Salomos, Prediger Salomo; in den atl. Apokryphen Jesus Sirach (Ekklesiastikus) und die Weisheit Salomos. Zu dieser W. Israels gibt es z. T. Parallelen in heidnischen Sammlungen, denn die Literaturgattung der W. an sich ist nicht auf den jüd. Bereich beschränkt. So ähneln z. B. gewisse Abschnitte innerhalb der Sprüche Salomos den sumer. *Sprüchen des Suruppak* (= versch. babyl. Sprüchesammlungen), der ägypt. Unterweisungsliteratur und ägypt. Sprüchen. Das Buch Hiob hat Parallelen in dem sumer. *Ein Mann und sein Gott,* dem babyl. *Ich will preisen den Herrn der Weisheit* und der *Babylonischen Theodizee,* der Prediger Salomo in dem *Zwiegespräch zwischen einem Herrn und seinem Sklaven* und einem kurzen Abschnitt aus den ägypt. *Mahnungen des Ipuwer.* Bei zwei kurzen Sammlungen im Sprüchebuch werden nichtisrl. Verfasser genannt (Agur, Kap. 30; Lemuels Mutter, Kap. 31). Spr 22,17–24,22 ähneln einer Reihe von Anweisungen des Pharaos Amenemopet.

Die W. hat nicht die Selbstoffenbarung Gottes an Israel und Gottes Heilsgeschichte zum Inhalt, sondern die allgemeine Kundgabe Gottes in seiner Schöpfung sowie gewisse Grundprobleme und -regeln der menschlichen Erfahrung und des rechten Verhaltens in der Welt. Die ältesten Lehren in der W. richten sich vermutlich an die Kinder im Hause (»mein Sohn« in den Sprüchen Salomos); spätere Traditionen hatten ihren Ort am königl. Hof und in Schulen, wie sie zuerst bei Jesus Sirach erwähnt werden (um 190 v. Chr.). Die in der W. gegebenen Lehren haben die Form von einprägsam formulierten und zum Nachdenken anregenden Sprüchen und Reden; sie stammen teils von den Autoren der Bücher selbst, teils wurden sie von ihnen lediglich gesammelt (vgl. Spr 25,1), und ihre letzten Wurzeln liegen vielfach im einfachen Volk und seinem Leben (vgl. z. B. Spr 14,4; Jer 31,29 mit ihren Bildern aus dem dörflichen Leben).

Texte, die mit der W. verwandt sind, finden sich auch in anderen bibl. Büchern, so in einer Reihe von Psalmen und Erzählungen sowie in einzelnen Gleichnissen und Aussprüchen Jesu (z. B. Mt 16,25–26; 22,21; 26,52); vgl. auch Teile des Jakobusbriefs.

Zu Einzelheiten vgl. die einzelnen Stichworte zu den Büchern der W.

WEISSAGUNG Siehe PROPHETIE.

WEITER RAUM
1. Mose 26,23

WEITER RAUM Ort im Negeb, wo Isaak einen Brunnen grub (1. Mose 26,22). Die genaue Lage ist nicht bekannt. Ruheiba im Zentralnegeb, mit dem der Ort oft identifiziert wurde, hat keine Überreste aus vorröm. Zeit.

WEIZEN Siehe PFLANZEN.

WELT
1. Mose 11,1; 18,25; 4. Mose 14,21; Jos 23,14; 1. Sam 2,8; 1. Kön 2,2; 10,24; Ps 2,8; 17,14; 19,5; 24,7.9; 33,8; 46,3.10; 48,11; 50,1; 57,6.12; 67,8; 73,12; 90,2; 94,2; 96,1; 98,3.4; 99,1; 100,1; 105,7; Jes 14,7.16; 45,22; 52,10; 54,5; Jer 50,23; Dan 2,35; Mi 5,3;

WELT Der ntl. Begriff »Welt« führt weit über den des AT hinaus. Der spezifisch christl. Begriff »W.« eröffnet eine eigene, andere Dimension. Dies kommt auch darin zum Ausdruck, daß verschiedene hebr. Wörter oder Umschreibungen im AT mit »W.« übersetzt werden, während das griech. Wort des NT immer dasselbe ist: *kosmos.* Insgesamt ist »W.« im AT ein verhältnismäßig selten gebrauchtes Wort, das überwiegend in den Psalmen zu finden ist. Der Grund dafür liegt nicht zuletzt darin, daß es im Wesen des Gottesglaubens des AT liegt, keinen Ausdruck für ein mehr oder weniger neutrales Universum zu haben. Gerade auch hier denkt das AT immer personal. Die Welt »und alles, was darin ist« (Apg 17,24) wird immer als Werk *des Schöpfers* bezeichnet und geglaubt, als Himmel und Erde, die durch sein Schöpferwort geworden sind, als »seiner Hände Werk« (Ps 19,2).

Soweit also der Ausdruck »W.« als Übertragung verschiedener hebr. Worte erscheint, sind im AT folgende Bedeutungsunterschiede – teilweise nur in Nuancen – festzuhalten: a) W. als Grundstock und Lebensraum alles Geschaffenen (1. Sam 2,8; Ps 90,2); b) als Summe alles Geschaffenen (Ps 96,1; 98,3; Jes 54,5); c) als gesamte Menschheit und zugleich als Inbegriff des vom Menschen gestalteten Erdkreises (1. Mose 11,1; Ps 24,7; 46,10; 50,1; 96,1; Jes 14,7; Hab 2,20); d) als Inbegriff der Sünde und Todverfallenheit alles Geschöpflichen (Jos 23,14; Ps 17,14; 73,12), als W. unter dem Gericht Gottes (1. Mose 18,25; Ps 33,8).

Das ntl. Wort für »W«., *kosmos,* hat im Griech. eine dreifache Bedeutung: 1) Schmuck, Zier (daher unser Fremdwort »Kosmetik«); 2) Ordnung, Weltordnung (»Kosmos gegen Chaos«); 3) W. als Wohnstätte des Menschen und als Schauplatz seiner Geschichte, als bewohnter Erdkreis. Die beiden ersten Bedeutungen, für die es einige ntl. Belege gibt, bleiben hier außer Betracht. Um so mehr ist die über den normalen griech. Sprachgebrauch weit hinausgehende spezifisch ntl. Umwandlung der dritten Bedeutung auf die Waagschale zu legen.

Zunächst ist auch hier die erste Bedeutung von »W.« im Sinne von Weltall (atl.: »Himmel und Erde«) festzuhalten, z. B. Joh 21,25; Apg 17,24; 1. Kor 3,22; Offb 10,6 – dabei immer als die von Gott geschaffene W. (Joh 1,10; vgl. 1. Kor 8,6; Kol 1,16.17; Hebr 1,2.3 u. a.). Diese geschaffene W. ist nicht ewig, sondern endlich; sie hat einen Anfang und ein Ende (Mt 24,21; Mk 13,19; Lk 11,50; 1. Joh 2,17; 1. Kor 7,31). Sie ist »diese Welt« (1. Kor 3,19; 5,10; Joh 12,31; 16,11), dieser begrenzte Äon im Unterschied zum kommenden Äon der neuen Schöpfung. Bemerkenswerterweise vermeidet das NT den Ausdruck *kosmos* als Bezeichnung für Gottes zukünftige W. Als Ausdruck für die vergehende W. wird er nicht als Bezeichnung der neuen Schöpfung Gottes angewandt.

»W.« im Sinne von Wohnstätte des Menschen tritt im NT weniger stark hervor. Zu denken wäre hier an »alle Reiche der W.« in der Versuchungsgeschichte (Mt 4,8) oder auch an den Ausdruck »alle W. gewinnen« (Mk 8,36; Lk 9,25) oder an die Sendung der Jünger in alle W. (Mk 16,15; vgl. Apg 1,8), aber auch an Jesu Weissagung in Mt 26,13 oder an 1. Petr 5,9. Hierher gehört auch die formelhafte Verwendung von »in die W. kommen« im Sinne vom Kommen des Christus zu allen Menschen (Joh 1,9; 11,27; 12,46;), aber auch von seinem und seiner Jünger Dasein in dieser W. (Joh 1,10; 13,1; 17,11; 2. Kor 1,12) und vom Hinausgehen aus ihr (1. Kor 5,10).

Die weitaus wichtigste und eigenständigste ntl. Füllung des Begriffs »W.« ist W. als gefallene Schöpfung, als gottentfremdete Menschheit und damit aber auch als Schauplatz der Heilsgeschichte Gottes in Christus. »W.« bedeutet die im Gegensatz zu Gott stehende Menschheit – so v. a. bei Paulus und bes. ausgeprägt bei Johannes. Bei den Synoptikern ist diese Begriffsfüllung seltener. Sie zeichnet sich aber ab im Begriff »Licht der W.« (Mt 5,14) oder im Bild von der W. als Acker, auf den der Same des Wortes Gottes ausgesät wird (Mt 13,38).

Bei Paulus ist der Gegensatz zwischen W. und Gott unverkennbar. Der Grund dafür ist die Sünde des Menschen, die durch seine Schuld in die W. gekommen ist (Röm 5,12). Darum sind alle Menschen Sünder (Röm 3,19) und dem Gericht Gottes über diese W. verfallen (Röm 3,6; 1. Kor 6,2; 11,32). Die erwählten Heiligen Gottes allein sind davon ausgenommen. Ihr Herr ist es, der als Erlöser in dieser unter dem Gericht stehenden Schöpfung Gottes erscheint. Durch ihn wird die W. verwandelt in das Reich Gottes, in den kommenden Äon des neuen Himmels und der neuen Erde (Offb 21,1–4). Im alten, vergehenden Äon gehört die Gemeinde Christi nicht zur W., auch wenn sie einstweilen in ihr lebt (1. Kor 5,10; Phil 2,15). Die Christen kennen gewiß Gott als den Schöpfer der W. (Apg 17,24) und gehorchen den von ihm für diese Weltzeit gesetzten Ordnungen (Röm 13,2); sie müssen auch für den irdischen Alltag sorgen (1. Kor 7,32–35). Aber all das ist nicht ihre eigentliche Existenz (Kol 2,20; Gal 6,14). Die W. als der Inbegriff der unerlösten Kreatur ist das große Hindernis des Christenlebens und nicht etwa die große Entfaltungsmöglichkeit der Kirche (Röm 12,2; 1. Kor 7,31; vgl. Jak 4,4). Die Tagesordnung der W. ist nicht die Tagesordnung der Kirche.

Die johanneischen Schriften zeigen dies fast noch präziser. Für das Johannesev. ist die W. der Schauplatz, auf dem sich das Werk der Erlösung

Hab 2,20; Mt 4,8; 5,14; 12,32; 13,22.38. 39; 16,26; 18,7; 24,3.14; 25,34; 26,13; 28,20; Mk 4,19; 8,36; 16,15; Lk 2,1; 4,5; 9,25; 16,8; 20,35; Joh 1,9.10.29; 3,16.17.19; 4,42; 6,14.33.51; 7,4. 7; 8,12.23.26; 9, 5.32.39; 10,36; 11,9.27; 12,19. 25.31.46.47; 13, 1; 14,17.19.27. 30.31; 15,18.19; 16,8.11.20.21. 28.33; 17,5.6.9. 11.14–16.18.21. 23–25; 18,20. 36.37; 21,25; Apg 17,24; Röm 1,8.20; 3,6. 19; 4,13; 5,12.13; 11,12.15; 12,2; 1. Kor 1,20.21. 27; 2,6.8.12; 3, 18.19.22; 4,9; 5, 10; 6,2; 7,31.33; 2. Kor 4,4; 5,19; 7,10; Gal 1,4; 4,3; 6,14; Eph 1,4.21; 2,2.12; 6,12; Phil 2,15; Kol 2,8; 1. Tim 1,15; 2,15; 3,16; 6,7.17; 2. Tim 4,10; Tit 2,12; 2. Petr 1,4; 2,5.20; 3,6; 1. Joh 2,2.15–17; 3,1.13.17; 4,1. 3–5.9.14.17; 5,4.5.19; Hebr 1,2.6; 2,5; 6,5; 9,26; 11,3.7.38; Jak 1,27; 2,5; 3,6; 4,4; Offb 11,15; 16,14

abspielt; dabei geht manchmal die Sicht über die Menschheit hinaus und »W.« bezieht das gesamte All ein, z. B. wenn Christus als das Licht der W. bezeichnet wird (Joh 8,12; 9,5; 12,46). In diese W. tritt der Christus Gottes ein (Joh 3,17; 10,36; 11,27; 17,18; 1. Joh 4,9). Er stammt nicht aus der W., sondern von oben her (Joh 8,23); sein Reich ist nicht von dieser W. (18,36). Aber dennoch liebt der Vater diese W., denn er hat seinen Sohn in sie gesandt (3,16; 12,47; vgl. 1,29 und 1. Joh 2,2). Die W. jedoch setzt diesem Erlösungswerk Gottes ihren Widerstand entgegen (Joh 1,10; 7,7; 15,18), und diese Ablehnung wird zum Gericht über die W. (12,31; 16,11; vgl. 14,27; 1. Joh 4,4 und bes. 5,19).

Die Gläubigen sind nicht »von der W.« (Joh 15,19); sie sind von Christus aus der W. herauserwählt. Ihnen begegnet der Haß der W. (15,18.19; 17,14; 1. Joh 3,13). Am Ende werden sie aus der Kraft ihres Herrn die W. besiegen (1. Joh 5,4.5). Vorerst aber ist die W. die Stätte ihres Zeugnisses und ihrer Bewährung, wie dies bes. im hohenpriesterlichen Gebet Jesu ausgeführt ist (17,14–18.23). Sie ist ausdrücklich nicht der Schauplatz, dem ihr Leben gehört (1. Joh 2,15). Hier kommt dieselbe Mahnung zum Durchbruch wie bei Paulus in Röm 12,2: »Stellt euch nicht dieser W. gleich«. Ebenso gilt die Gewißheit von der Vergänglichkeit dieser W. (1. Joh 2,17; vgl. 1. Kor 7,31).

Zusammengefaßt ist dies alles nicht das gleiche wie heidnisch-philosophische Weltverachtung, sondern es ist der christl. Glaube, der in der Nachfolge Christi die W. überwunden hat.

WERKE Siehe GLAUBE; GERECHTIGKEIT; RECHTFERTIGUNG.

WERMUT Siehe PFLANZEN.

WIDDER Siehe TIERE.

WIEDEHOPF Siehe TIERE.

WIEDERGEBURT, WIEDERGEBOREN
Mt 19,28; Tit 3,5; 1. Petr 1,3.23

WIEDERGEBURT Mit dem Begriff der W. wird ausgedrückt, daß die natürliche Geburt des Menschen noch nicht das vollständige und eigentliche Leben bringt. Der Mensch, wie er sich vorfindet, ist mit Defiziten behaftet, die ihren äußersten Grad an Lebensfeindlichkeit zuletzt im Tod erfahren. Im Menschen meldet sich seit jeher die Sehnsucht nach einem nochmaligen, neuen Leben, das frei von allen lebenswidrigen Mängeln ist. Die Religionsgeschichte ist reich an Vorstellungen von einer W., wobei in erster Linie an ein erneutes Erdenleben Verstorbener gedacht wird.

Wenn auch der Begriff der W. als solcher im AT fehlt, ist er sachgemäß dadurch zur Sprache gebracht, daß Hesekiel ankündigt, daß Gott ein neues Herz und einen neuen Geist geben wird (Hes 36,25–27), der zu einem neuen Leben in den Geboten Gottes führt. Des Menschen Herz und Wille wird in Einklang mit dem Gesetz Gottes gebracht. Joel 3,1 redet von einer zukünftigen Geistausgießung, die zu einer neuen offenbarenden Schau führt.

Im NT wird von W. wörtlich nur in Mt 19,28; Tit 3,5; 1. Petr 1,3.23 gesprochen; sinngemäß schließt daran unmittelbar Joh 3,3.5 an. Petrus spricht zu den »auserwählten Fremdlingen« in Kleinasien, die Gott, der Vater, »ausersehen hat durch die Heiligung des Geistes zum Gehorsam und zur Besprengung mit dem Blut Jesu Christi« (1. Petr 1,1 f.), und weist damit den engen sachlichen Zusammenhang zwischen Erwählung und W. auf. Ebenso zeigt sich hier der gravierende Unterschied zu den Wiedergeburtsvorstellungen der Religionen, die eine Wiederverkörperung, eine nur verbesserte Neuauflage des Gewesenen erhoffen. Nicht ein prozeßhaftes Wiederholungs- und Erneuerungsgeschehen im mysteriösen Beziehungsfeld zwischen Diesseits und Jenseits spielt sich in der ntl. W. ab, sondern ein Eingriff aus dem freien Willen Gottes, der der Schöpfer alles Sichtbaren und Unsichtbaren ist und souverän über allem steht. Petrus argumentiert nicht unter dem uns geläufigen Gesichtspunkt der Frage nach der Gerechtigkeit Gottes, sondern verkündet staunend und lobend die Barmherzigkeit Gottes, der sündige Menschen erwählt. Konkret wirkt sich diese Vorsehung Gottes in der W. aus.

Damit wird aber zugleich der *Grad* des Eingriffs Gottes angegeben. Der Mensch wird völlig neu, ohne daß im alten Menschen der geringste Keim des neuen angelegt gewesen wäre. Zwar wird gewissermaßen wie bei einer natürlichen Zeugung der neue Mensch in den Schoß (Charakter, Wesen) des alten gelegt, jedoch kann er aus sich, ohne einen Samen von außen, nicht gedeihen. Im Gezeugtwerden von Gottes Geist sieht gerade auch die johanneische Überlieferung die Herkunft des Glaubenden (vgl. Joh 6,63; 1. Joh 4,13). Das Mittel dazu ist der unvergängliche Same des Wortes Gottes (1. Petr 1,23).

Die Annahme des Wortes Gottes als »Erneuerung im heiligen Geist« (Tit 3,5) hat auch eine äußere, leibliche Dimension, die Titus mit dem »Bad der Wiedergeburt« beschreibt. Die Taufe (vgl. TAUFE) in ihrem Bezug auf Kreuz und Auferstehung Jesu Christi (Röm 6) als der geschichtlichen Festlegung der Erbarmung Gottes verdeutlicht, was auch bei der W. geschieht: Der alte Mensch stirbt, ein neuer entsteht. Dabei bleibt aber die Personeinheit gewahrt.

Anstößig daran ist das Reden von einer Geburt (Joh 3,4), von der der Mensch die konkrete physische Vorstellung eines sichtbaren neuen Körpers hat. Jesus war diese scheinbare Absurdität bewußt, wenn er Nikodemus sagte: »Wundere dich nicht!« (Joh 3,7). Es handelt sich um einen direkten Eingriff Gottes, der nicht aus der Schöpfung heraus begründbar ist. Den Begriff der W. müßte man präziser mit »neuem Gewordensein«, »neuer Zeugung aus Gott« wiedergeben. Diese neue Kreatur ist auch ohne sichtbaren neuen Körper Realität, da das Wesen der Schöpfung nicht vom Geschöpf, sondern vom Schöpfer bestimmt ist, der den im Geist wiedergeborenen Menschen zur neuen Kreatur erklärt (2. Kor 5,17). Auch ein kreatürlich gezeugter Mensch ist ja auch dann schon real vorhanden, wenn er noch nicht sichtbar ist. Bis zur sichtbaren Neugeburt stehen die »Wehen« und »Geburtsschmerzen« noch aus: »Dann werdet ihr euch freuen, die ihr jetzt eine kleine Zeit, wenn es sein soll, traurig seid in mancherlei Anfechtungen« (1. Petr 1, 6). Die im Geist begonnene W. wird einmal leiblich vollendet werden, wenn etwa Paulus in 1. Kor 15,35 ff. von einem neuen, geistlichen Leib spricht. Der Leib gehört zum vollen Menschsein, weil Gott den Menschen leiblich geschaffen hat. Deshalb wird der neugeschaffene, geistliche Mensch auch ein leiblicher Mensch mit einem geistlichen Leib sein (vgl. 1. Thess 5,23).

Die W. ist ihrem Wesen nach auf die Zukunft Gottes bezogen. In Mt 19,28 bezeichnet Jesus den Antritt seiner zukünftigen Königsherrschaft als W., bei der die Jünger die 12 Stämme Israels regieren werden. Diese Regierungsbefugnis erhalten sie als Lohn dafür, daß sie alles verlassen haben und Jesus nachgefolgt sind.

Daß der Wiedergeborene von der Zukunft her lebt, hat entsprechende Auswirkungen:

a) Die lebendige Hoffnung, begründet in der Auferstehung Jesu Christi, durch die uns neues Leben zuteil wird, weil Jesus in der Herrlichkeit der Auferstehung lebt. Für den Wiedergeborenen steht im Himmel ein »unvergängliches und unbeflecktes und unverwelkliches Erbe« (1. Petr 1,4) bereit. Das Merkmal des Wiedergeborenen ist die Hoffnung, das Warten auf das klare, durch Christus erkennbar gewordene Ziel der Herrlichkeit Gottes, nicht auf schwankende Wunschvorstellungen oder ungewisse Ahnungen. Diese Hoffnung ist deshalb lebendig, weil sie nicht durch uns, sondern durch Gottes Werk entsteht.

b) Der Glaube ist »das Mittel, durch das uns Gott zum Erbe führt. Es geht uns nur dann verloren, wenn wir vom Glauben abtreten. Weil wir glauben und solange wir glauben, haben wir den Sieg über jeden Angriff und die Bewahrung vor jeder Gefahr. Denn der Glaube und die Rettung sind beisammen« (Schlatter).

c) Die W. ist Grund unserer Gotteskindschaft und so auch unserer Bruderschaft, sie führt zu einer anhaltenden und herzlichen Liebe (1. Petr 1,22).

S. auch ERLÖSUNG; GEIST GOTTES; TAUFE.

WIEDERKUNFT (griech. *parousia;* lat. *adventus).* Die Christenheit baut auf die Verheißung, die ihr Herr ihr in den Abschiedsreden (Joh 14,3.28) und bei seiner Erhöhung (Apg 1,11 durch die Engelsbotschaft) gegeben hatte: Er wird wiederkommen. In Mahnungen und Gleichnissen (Mt 24–25) wird die

Gemeinde auf den »Tag des Herrn«, der ein »Tag Jesu Christi« sein wird, vorbereitet: »Der in euch angefangen hat das gute Werk, der wird's auch vollenden bis an den Tag Christi Jesu« (Phil 1,6). Im Apostolischen Glaubensbekenntnis heißt es darum: »Er sitzt zur Rechten Gottes, des allmächtigen Vaters; von dort wird er kommen, zu richten die Lebenden und die Toten«. Dann wird es zur allgemeinen, universalen Anerkennung Christi kommen, »daß Jesus Christus der Herr ist, zur Ehre Gottes, des Vaters« (Phil 2,11). Die Machtfrage Jesu Christi, die für den Glaubenden bereits entschieden ist, wird dann (nach der vorangegangenen Lösung der Schuldfrage am Kreuz und der Todesfrage an Ostern) endgültig geklärt sein. Das Reich Gottes, durch Christi Kommen in die Welt begründet, wird dann die jetzige Weltzeit ablösen.

Auf diese erlösende Freisetzung vom Tode (»Freiheit der Kinder Gottes«) warten die Geschöpfe (Röm 8,17–23). Mit dem im Judentum geläufigen Begriff von der »messianischen Neuschöpfung« und der »Wiederherstellung des Alls« (griech. *apokatastasis pantoon,* Apg 3,21) verbindet Paulus andeutungsweise das umfassende Heilswirken (Eph 1,10) Christi als des »zweiten Adams« (Röm 5,1.10ff.).

Bis zu diesem Ziel (*telos* = Ende der Weltentwicklung) hat Jesus seine Gegenwart im Geiste zugesagt und die Christen zugleich beauftragt, das Reich Gottes in der Völkerwelt aufzurufen (Mt 28,18–20). Christen leben seit Ostern in der Gegenwart des bereits angebrochenen Reiches Gottes, dessen Vollendung mit dem Ende dieser alten Welt zusammenfällt. »Der Herr ist nahe« (Phil 4,5). Bei jeder Abendmahlsfeier gedachte die christl. Gemeinde ihres wiederkommenden Herrn (1. Kor 11,26). Von dieser Naherwartung war die erste Christenheit so erfüllt, daß diese zuweilen fast drängerische Züge trug (1. und 2. Thess). Manche entzogen sich sogar der irdischen Arbeit (2. Thess 3,10f.). Paulus selber rechnete zunächst damit, Jesu Wiederkunft noch selbst zu erleben (1. Thess 4,15–17), und berief sich auf Worte Jesu. Denn Jesu Ankündigung (Mt 16,28; 23,39; 24,34; Joh 21,22f.) wurde zunächst so verstanden .

Aber auch wenn diese Naherwartung ausblieb – zu allen Zeiten lebten und leben die Jünger Jesu in der Gewißheit, daß ihr Herr als Retter und Weltvollender wiederkommen wird. Diese Wiederkunft Christi wurde immer wieder bes. in Verfolgungszeiten und angesichts von Weltkatastrophen – manchmal mit leidenschaftlicher Ungeduld – erwartet. Darum werden die Christen zum »Ausharren bis ans Ende« (Mt 24,13) und zur Nüchternheit im Gebet (1. Petr 4,7) ermahnt. Unter dem Eindruck der ständigen Todesnähe rechnete Paulus schließlich nicht mehr mit seiner »Entrückung«, aber mit Christi Verherrlichung durch seinen Tod (Phil 1,20 f.; 2. Kor 5,1 ff.). Dabei wurde es den Christen bewußt, daß Jesus keinen genauen Zeitpunkt angegeben hatte (Mk 13,32). Gott hat sich nach seinem eigenen Zeitmaß (2. Petr 3,8) diese »Stunde« vorbehalten.

Die Verzögerung – für manche Anlaß zum Spott – wurde (2. Thess 2,6ff.) durch »aufhaltende Elemente« (einer noch nicht ausgereiften Weltkrise bzw. einer bestehenden staatlichen Ordnungsmacht nach Röm 13,1–6) erklärt. Jedenfalls sollte sie als Gnadenfrist zur Verkündigung und Umbesinnung dienen. Die tägliche Bereitschaft (1. Thess 5,1–9) rechnet sowohl mit einem unmittelbar bevorstehenden, überraschenden Ereignis (Lk 17,24) wie mit dem Ablauf der apokalyptischen Vorzeichen, die Christus angesagt hatte (Mt 24 par). Mit dem Vergehen von Himmel und Erde, mit den Natur- und Völkerkatastrophen geht gleichzeitig eine Verführung (Verweltlichung) und Verfolgung der Gemeinde einher, sowie die Ausbreitung des Evangeliums vom Reich (Mt 24,14) »zum Zeugnis für alle Völker«.

So lebt die Christenheit von und mit dem Jesus Christus, der »gestern und heute und in Ewigkeit derselbe« ist (Hebr 13,8). Er ist der Erste und der Letzte (Offb 22,13), der, »der da ist und der da war und der da kommt, der Allmächtige« (Offb 1,8). Darum betete die Gemeinde von jeher: »Ja, komm, Herr Jesus!« (Offb 22,20; vgl. das aram. *maranata* in 1. Kor 16,22).

Vgl. auch REICH GOTTES; TAG DES HERRN; ESCHATOLOGIE; TAUSENDJÄHRIGES REICH.

WITWE Unter W. versteht die Bibel eine Frau, die durch den Tod ihres Ehemannes die rechtliche, soziale und wirtschaftliche Sicherung ihres Lebens verloren hat. Das Buch Rut hat das Leben von W.n zum Thema, ohne daß das Wort »W.« selbst darin vorkommt. Die schlechte damalige Wirtschafts- und Rechtsposition der W. ist der Grund dafür, daß das AT an zahlreichen Stellen für den Schutz der W. eintritt, ja daß die W. – neben dem Waisen – geradezu zum Urbild des schutzbedürftigen Menschen wird. Jahwe, der Gott Israels, selbst nimmt sich der W. an (vgl. 2. Mose 22,21; 5. Mose 10,18; 24,17; 27,19; Spr 15,25); er ist gar der »Anwalt der Witwe« (Ps 68,6; vgl. 146,9). Die Situation der W. ist in Recht und Rechtsprechung bes. zu berücksichtigen und zu vertreten und darf nicht schamlos ausgenutzt werden (5. Mose 14,29; 24,17–21; 26,12f.; vgl. Hiob 24,3.21; 27,15). Das nehmen auch die Propheten auf und setzen sich in einer Zeit der Vernachlässigung und Korrumpierung des Gottesrechts dafür ein, daß die Rechte der W. vertreten werden (Jes 1,17.23; vgl. 10,2; Hes 22,7; Mal 3,5 u. a.).

Das NT nimmt die atl. Linien auf (Mt 22,24; 23,14; Mk 12,40; Lk 20,47; vgl. Lk 4,25f. zu 1. Kön 17,8ff.; Offb 18,7 zu Jes 47,8f.). Jesus verwendet das Bild von der rechtsbedürftigen W., um daran die Lage der Jünger zwischen seinem Tod und seiner Wiederkunft zu veranschaulichen (Lk 18,1–8). In Apg 6,1ff. wird auf die Lage der hellenistischen W.n in der Jerusalemer Urgemeinde eingegangen und ein Konzept zu deren Versorgung entwickelt. Besondere Anweisungen zum Umgang mit W.n in der Gemeinde gibt 1. Tim 5.

WOCHENFEST Siehe PFINGSTEN.

WOFSI Ein Mann aus dem Stamm Naftali, Vater eines der Späher, die von Mose ausgesandt wurden, um das Land Kanaan zu erkunden.

WOLF Siehe TIERE.

WOLKEN- UND FEUERSÄULE Die Gegenwart Gottes, die die Israeliten während der gesamten 40 Jahre ihrer Wanderung durch die Wüste bis zum Einzug in das Land Kanaan begleitete und beschützte, wurde durch eine Wolkensäule während des Tages und eine Feuersäule während der Nacht dargestellt (2. Mose 13,21–22; 14,19.24). Einmal bewegte sich die Wolkensäule von ihrem Platz vor dem Lager an dessen Ende, um die Israeliten vor den angreifenden Ägyptern zu beschützen (2. Mose 14,19–20). Die Wolkensäule kam auf die Stiftshütte hernieder, als Mose in sie eintrat, um mit Gott zu reden (2. Mose 33,9–10; 4. Mose 11,25; 12,5). An anderen Stellen ist nur von einer Wolke die Rede, die die Stiftshütte bedeckt und während der Nacht ein feuriges Aussehen annahm. Sie erhob sich nur zum Zeichen für Israel, das Lager abzubrechen und die Wanderung bis zum nächsten Halt fortzusetzen (2. Mose 40,34–38; 4. Mose 9,15–23; 10,11–12.34; 14,14). Eine Wolke ließ sich auf dem Tempel Salomos als Symbol der Gegenwart Gottes nieder (1. Kön 8,10–11). Wolke und Feuer erscheinen auch bei der Offenbarung auf dem Berg Sinai, wo die Erscheinung Gottes von einer Wolke, Donner und Blitz sowie Feuer begleitet war (2. Mose 19,16).

WORT Siehe LOGOS.

WUNDER Außergewöhnliche Ereignisse, die einem göttlichen Eingreifen in den natürlichen Ablauf der Dinge zugeschrieben werden. In bibl. Zeiten verstand der Mensch sowohl das Reich der Natur als auch die menschlichen Belange als Bereiche, in denen ein allmächtiger Gott immer wieder seine Macht und seinen Plan durch Handlungen durchsetzte, die den Menschen zu Bewunderung und religiöser Ehrfurcht führten. Als Schöpfer des Himmels und der Erde unterliegt Gott nicht seinen eigenen Naturgesetzen.

Das AT ist voll solcher Ereignisse, die über die Grenzen des Natürlichen hinausgehen und Gottes Macht bezeugen. Viele dieser W. haben die Funktion, den göttlichen Charakter eines Auftrages zu demonstrieren, den Gott bestimmten Menschen auferlegt hat. So verwandelt sich z. B. der Hirtenstab in der Hand des Mose zu einer Schlange und wieder zurück in einen Stab. Auf Gottes Befehl hin steckt Mose seine Hand in den Bausch seines

Das Wunder des geheilten Gelähmten, der sein Bett auf dem Rücken trägt (Mk 2,1–12). Teil eines Wandgemäldes aus Dura-Europos.

WITWE
1. Mose 38,11; 2. Mose 22, 21.23; 3. Mose 21,14; 4. Mose 30,10; 5. Mose 10,18; 24,17–21; 27,19; 1. Kön 17, 9.10.20; Hiob 22,9; 24, 3.21; 27,15; 29,13; 31,16; Ps 68,6; 78,64; 146,9; Jes 1,17.23; 10,2; 47,8.9; Jer 7,6; 22,3; 49,11; 51,5; Klgl 1,1; 5,3; Hes 22,7; 44,22; Sach 7,10; Mk 12,40.42.43; Lk 2,37; 4,25.26; 7,12; 18,3.5; 20,47; 6,1; 9,39.41; 1. Kor 7,8; 1. Tim 5,3–16; Jak 1,27; Offb 18,7

WOCHENFEST
2. Mose 34,22; 5. Mose 16,10

WOFSI
4. Mose 13,14

WOLKE
2. Mose 14,20; 16,10; 19,9.16; 24,15.16.18; 34,5; 40,34–38; 3. Mose 16,2; 4. Mose 9,15–21; 10,12.34; 11,25; 12,10; 17,7; 1. Kön 8,10.11; 2. Chr 5,14; Ps 78,14; Hes 10,3.4; 1. Kor 10,1–2

WOLKENSÄULE
2. Mose 13,21. 22; 14,19; 33,9.10; 4. Mose 12,5; 14,14; 5. Mose 31,15; Neh 9,12.19; Ps 99,7

FEUERSÄULE
2. Mose 13,21. 22; 14,24; 4. Mose 14,14; Neh 9,12.19; Offb 10,1

WUNDER
2. Mose 3,20; 4,21; 7,3; 11,10; 15,6; 34,10;

5. Mose 6,22; 7,19; 26,8; Jos 3,5; Ri 6,13; 1. Chr 16,12.24; Neh 9,17; Hiob 5,9; 9,10; 37,14.16; Ps 9,2; 26,7; 40,6; 45,5; 71, 17; 72,18; 75,2; 77,12.15; 78,4. 11.32; 86,10; 88,11.13; 89,6; 96,3; 98,1; 105,2; 106,7; 107,8.15. 21.31; 111,4; 118,23; 119,18; 136,4; 145,5; Jes 25,1; Jer 32,20; Dan 3,32.33; 6,28; 12,6; Mi 7,15; Mt 7,22; 21, 15; 24,24; Joh 4,48; Apg 2,19.22.43; 4,30; 5,12; 6,8; 7,36; 14,3; 15,12; Röm 15,19; 1. Kor 12,10; 2. Kor 12,12; 2. Thess 2,9; Hebr 2,4

Gewandes, und als er sie herauszieht, ist sie von Aussatz befallen; als er sie wieder in sein Gewand steckt, wird sie wie vorher (2. Mose 4,2–8). Ein Engel erscheint Gideon und berührt mit seinem Stab das Fleisch und das Brot, das Gideon auf einem Stein ausgebreitet hat – und Feuer verzehrt alles (Ri 6, 20–22). Gideon will die Glaubwürdigkeit des Versprechens Gottes, ihm den Sieg über Midian und Amalek zu geben, auf die Probe stellen, indem er Wolle auf den Boden legt und Gott bittet, daran ein W. zu vollbringen (Ri 6,36–40).

Das W. bei der Rotte Korach, die von der Erde verschlungen wird, soll zeigen, daß Mose tatsächlich von Gott beauftragt und gesandt ist (4. Mose 16,28–33). Ebenso dient das wunderhafte Blühen des Stabes Aarons (4. Mose 17,16–26) als Erweis der göttlichen Berufung Aarons zum Priester. Bei der Auseinandersetzung Elias mit den Baalspropheten am Berg Karmel zeigt

Gott ebenfalls durch ein W. seine Macht. Das Feuer, das vom Himmel fällt und Elias Opfer verzehrt, ist ein Beweis dafür, daß Jahwe und nicht Baal der eine und einzige Gott ist (1. Kön 18,20–39). Das Versprechen Gottes, daß König Hiskia innerhalb von drei Tagen von seiner Krankheit genesen werde, wird zeichenhaft durch das W. begleitet, daß sich der Schatten der Sonnenuhr um zehn Striche zurückbewegt (2. Kön 20,8–11).

Die zehn Plagen, die über die Ägypter kommen (2. Mose 7–12), werden als furchtbare Wundertaten Gottes beschrieben (2. Mose 3,20), die den Pharao dazu bewegen sollen, das Volk Israel endlich ziehen zu lassen. Die Plagen dienen als Hinweis auf die Macht Gottes. Die Bibel erinnert an sie an vielen Stellen und nennt sie »Zeichen« und »Wunder« (4. Mose 14,22; 5. Mose 4,34; 29,2; Jos 24,17; Ps 78,43; Jer 32,21).

Angefangen mit der Teilung des Schilfmeers (2. Mose 14,16–29), sind die Jahre der Wüstenwanderung Israels von zahlreichen W.n begleitet, die Gottes bewahrende Kraft zeigen. Als Beispiele zu nennen sind hier u. a.: Das Süßwerden des Wassers von Mara (2. Mose 15,22–25), das Manna und die Wachteln (2. Mose 16; 4. Mose 11,31) und das Wasser aus dem Felsen (4. Mose 20,8).

In den Geschichten von Elia und Elisa werden viele W. erzählt, die Gott durch sie und an ihnen wirkte. So wird Elia durch Raben gespeist (1. Kön 17,3–6). Er tut ein W. für die Witwe von Zarpat, indem sich ihre Mehlkrüge und Ölgefäße immer wieder auffüllen (1. Kön 17,8–16); er weckt ihren Sohn vom Tod auf (1. Kön 17,17–23). Es ist wichtig, daß in diesen drei Geschichten der Prophet lediglich ein Instrument ist, mit dessen Hilfe Gott seine W. vollbringt. Auch als Elia Feuer vom Himmel ruft, das den Hauptmann und seine fünfzig Mann verzehrt (2. Kön 1,10; vgl. 6,18), wird das W. Gott zugeschrieben und nicht dem Propheten.

(links) An die Speisung der Fünftausend erinnert dieses in der Kirche von Tabgha, am Ufer des Sees Genezareth, entdeckte Mosaik.

Eine der Quellen in Tabgha (Heptapegon, d. h. »Sieben Quellen«), wo der Tradition nach die Speisung der Fünftausend stattfand.

Auch Elisa gilt als großer Wundertäter; einige seiner W. ähneln denen des Elia (vgl. 1. Kön 17,8–16 mit 2. Kön 4,1–7). Auch Elisa weckt ein Kind aus dem Tod auf (2. Kön 4,8–37; vgl. 1. Kön 17,17–23). Er heilt den aram. Feldhauptmann Naaman vom Aussatz, indem er ihn siebenmal im Jordan untertauchen läßt (2. Kön 5,1–14).

In der Zeit der Schriftpropheten – etwa drei Jhe. lang – gibt es keine Berichte über W. Nach dieser langen Zeitspanne ist wieder bei Daniel von zwei Wundern die Rede. Die drei Freunde Daniels werden in den Feuerofen geworfen und bleiben unversehrt (Dan 3,24–25); Daniel selbst wird in die Löwengrube geworfen und bleibt ohne Schaden (Dan 6,17–23).

Im NT gehören W. untrennbar zum Wirken Jesu. Manche theolog. Schulen haben diese W. als spätere Zusätze zur Evangelientradition und als nicht historisch, d. h. nicht wirklich geschehen interpretiert. Diese Auffassung hat heute an Boden verloren; die heutige Auslegung zeigt vielmehr, daß die W.geschichten über Tatsachen berichten und von vornherein fester Bestandteil des Evangeliums waren.

Schon die Person Jesu selbst ist untrennbar mit W.n verbunden (vgl. seine JUNGFRAUENGEBURT und die AUFERSTEHUNG). Dazu kommen die von ihm vollbrachten W.taten während seines irdischen Lebens. Die meisten W. sind Heilungswunder, d. h. die Heilung verschiedener körperlicher bzw. seelischer Krankheiten (z. B. Aussatz, Blindheit, Taubheit, Lähmungen usw.). Die radikalste Form der Heilung ist die Totenauferweckung (z. B. Lk 7,11–17). Die synopt. Evn., v. a. Mk, berichten auch von Exorzismen, also Austreibungen böser Geister (s. DÄMONEN), die von Menschen Besitz ergriffen hatten (z. B. Mk 5,1–20).

Ein anderer Typ von W. sind die sog. Naturwunder; so stillt Jesus einen Sturm (Mk 4,35–41), geht auf dem Wasser (Mk 6,45–52), speist mit einigen wenigen Brotlaiben 5 000 Menschen (Mk 6,34–44) und verwandelt Wasser in Wein (Joh 2,1–11). Auch diese W. sind in gewisser Weise Heilungs- bzw. Rettungswunder, wenngleich sich das Tun Jesu hier v. a. auf die Naturelemente Wind, Wasser, Nahrung usw. richtet.

Schließlich berichtet die Bibel auch einige W., die nicht unmittelbar auf Rettung oder Heilung ausgerichtet sind, sondern rein zeichenhaft die Vollmacht Jesu zeigen sollen; vgl. z. B. die Münze im Maul des Fisches (Mt 17, 24–27) oder das Verfluchen und Verdorren des Feigenbaums (Mk 11,12–14. 20–21).

Die Evangelisten zeigen die hohe theologische Bedeutung der W. Allgemein gesprochen stellen die synoptischen Evangelien die Heilungen und die befreienden Wundertaten Jesu als Ausdruck seiner Sendung und seines Auftrages dar, das Reich Gottes anbrechen zu lassen. Ausdrücklich heißt es in Mt 12,28: »Wenn ich aber die bösen Geister durch den Geist Gottes austreibe, so ist ja das Reich Gottes zu euch gekommen« (vgl. das ähnliche Wort in Lk 11,20). Auch bei Mk ist die Verbindung offensichtlich: Die erste öffentliche Handlung Jesu nach der Ansage des Reiches Gottes (Mk 1,14–15) ist die Austreibung eines Dämons in der Synagoge von Kapernaum (Mk 1, 21–28). Indem Jesus Menschen von Krankheit, dem Bösen und selbst dem Tod befreit, offenbart er den Anbruch der kommenden Gottesherrschaft, der erwarteten Zeit der Erlösung, in der das Böse vernichtet und die Vollkommenheit des Lebens erlangt wird (vgl. Lk 4,17 ff.). Von daher beleuchten die W. die letztliche Bedeutung der Sendung Jesu ebenso deutlich wie seine Lehre: In ihm ist die Gottesherrschaft bereits Gegenwart.

Die W. helfen auch zum Verständnis des Erlösungshandelns Jesu. Insofern Krankheit Isolation und Ausschluß aus dem mitmenschlichen und dem gottesdienstlichen Leben bedeuten konnte, haben die Heilungen Jesu eine verbindende, Grenzen brechende Bedeutung. Gottes Erlösung erstreckt sich auch auf die rituell Unreinen (z. B. den Aussätzigen; vgl. REINHEIT) und die Fremden (z. B. die Tochter der syro-phönizischen Frau in Mk 7, 24–30). In diesem Sinne dienen die W. als Zeichen für den universalen Horizont des Evangeliums.

Die W. illustrieren die von Gott verliehene Autorität und Macht Jesu. Das Loben und Staunen, das ihnen oft folgt, bringt dies zum Ausdruck; die Volksmenge bekennt Jesu einzigartige Vollmacht (z.B. Mk 1,27), seine Identität als Prophet (Lk 7,16) oder auch seine göttliche Kraft zur Sündenvergebung (Mt 9,8). In anderen Fällen, wie z.B. bei der Sturmstillung (Mk 4,35–41), erinnert die Kraft Jesu an die Macht Gottes selbst (hier die Herrschaft über die Natur). Wenngleich die Wunderberichte keineswegs eine apologetische Absicht haben, ist es dennoch klar, daß die Evn. mit ihnen aufzeigen wollen, daß Jesus der MESSIAS und SOHN GOTTES ist.

Vor allem im Johannesev. werden die W. Jesu als »Zeichen« beschrieben, die darauf hinweisen, daß Jesus der vom Vater gesandte Christus (Messias) ist, und die zugleich die kommende neue Welt Gottes aufleuchten lassen, in der es kein Leid, keine Angst, keine Tränen, kein Sterben mehr geben wird (Offb 21,4). Die W. dürfen also nicht als »Schaustücke« mißverstanden werden; ein solches Mißverständnis würde zu einem Scheinglauben führen, den Jesus zutiefst zurückweist (Joh 2,23–25; Joh 6,26). Der wahre Glaube erkennt die tiefere Wahrheit und das Geheimnis Christi. Christus als »Licht der Welt« (Joh 8,12) kann den Blindgeborenen heilen (Joh 9); er als »die Auferstehung und das Leben« (Joh 11,25) kann Lazarus ins Leben zurückbringen. Es ist nur natürlich, wenn viele der von Jesus Geheilten ihm hinfort nachfolgen und ihn als ihren Herrn bekennen (z.B. Mk 10,52; Lk 8,2). Letztlich ist genau das die Reaktion, die Gott auch vom heutigen Leser bzw. Hörer der Wunderberichte erwartet.

Die W. im NT enden nicht mit dem Abschluß des irdischen Wirkens Jesu. Jesus überträgt die Vollmacht, W. zu tun, zu heilen und Dämonen auszutreiben, auch auf seine Jünger (vgl. Mt 10,7–8; Mk 3,13–15; 6,7), in seinem Missionsbefehl in Mk 16,17 (als »Zeichen«) auch auf die nach ihnen zum Glauben kommenden Menschen. Die Apg berichtet denn auch von W. bis hin zu Totenauferweckungen (z.B. Apg 3,1–11; 5,12–16; 9,36–42). Auch Paulus weiß davon zu berichten (2. Kor 12,12) und reiht W. und Krankenheilungen unter die Geistesgaben für die Gemeinde ein (1. Kor 12,28).

Heilungen, Exorzismen und sonstige W. haben auch in der späteren Kirchen- und Missionsgeschichte nicht aufgehört. So gewiß solchen Ereignissen gegenüber behutsame Nüchternheit und sorgfältige Prüfung geboten ist, so sicher weiß der Glaube, daß »bei Gott kein Ding unmöglich ist« (Lk 1,37). Der aus dem Wort, aus der Predigt erwachsene Glaube (Röm 10,17) macht W. jedoch nicht zur Bedingung – und doch erfährt er Gottes Wunderhand. Das W. schafft nicht den Glauben, aber das Auge des Glaubens erkennt das W.

WURM Siehe TIERE.

WÜRZWEIN, ESSIG
4. Mose 6,3; Ps 69,22; Spr 10,26; 25,20; Mt 27,48; Mk 15,36; Lk 23,36; Joh 19,29–30

WÜRZWEIN, ESSIG Ein Getränk, das aus Wein oder Bier hergestellt wurde, bevor die Gärung abgeschlossen war. Ebenso wie der Wein war es den GOTTGEWEIHTEN verboten (4. Mose 6,3). Es wurde als Würze für Speisen verwendet, war sauer und nicht durststillend (Spr 10,26; 25,20; Ps 69,22). Z.Zt. Jesu tranken röm. Soldaten mit Wasser vermischten Würzwein; er wurde auch Jesus bei seiner Kreuzigung angeboten (Mt 27,48; Mk 15,36; Lk 23,36; Joh 19,29–30).

YSOP Siehe PFLANZEN.

Z

ZAANAN Anderer Name für den Ort Zenan (Mi 1,11). Siehe ZENAN.

ZAANAN
Mi 1,11

ZAANANNIM Ort im Süden des Gebietes des Stammes Naftali, zwischen dem Berg Tabor und dem Jordan (Jos 19,33). Heber, der Keniter, »hatte sein Zelt aufgeschlagen bei der Eiche in Z. bei Kedesch« (Ri 4,11), und dort tötete später Jaël, seine Frau, den Feldhauptmann Sisera (Ri 4,21).

ZAANANNIM
Jos 19,33; Ri 4,11

ZACHÄUS Ein jüd. Bewohner der Stadt Jericho. Von diesem »Obersten der Zöllner« wird erzählt, daß er Jesus sehen wollte und deshalb auf einen Baum stieg. Jesus kehrte bei Z. ein und sprach ihm das Heil zu. Z. versprach, die Hälfte seines Besitzes an die Armen zu geben und die Leute vierfach zu entschädigen, die er als Steuereinnehmer betrogen hatte (Lk 19,1–10). Vgl. ZÖLLNER.

ZACHÄUS
Lk 19,2.5.8

ZACHARIAS (»Der Herr hat sich erinnert«; vgl. *Sacharja*). Vater Johannes des Täufers. Nach Lk 1,5 war Z. ein Priester aus der Dienstgruppe Abijas (1. Chr 24,10). Elisabeth, seine Frau, war von priesterlicher Abstammung; das Ehepaar war kinderlos, bereits alt und für seine Frömmigkeit bekannt. Eines Tages, als Z. seinen Dienst im Tempel versah, erschien ihm der Engel Gabriel und kündigte ihm an, daß er und seine Frau einen Sohn bekommen würden, der »Johannes« heißen sollte. Weil er dies bezweifelte, blieb Z. bis zur Geburt seines Sohnes stumm (Lk 1,5–20). Bei der Beschneidung, als das Kind acht Tage alt war, wollten es die Angehörigen nach seinem Vater »Z.« nennen. Z. aber – immer noch stumm – schrieb auf eine Tafel, daß der Name des Kindes »Johannes« sein solle. Sogleich gewann er seine Sprache wieder und setzt zu jenem Lobgesang an, der als *Benedictus* (Lk 1,57–79) in der christl. Liturgie bekannt ist.

ZACHARIAS
Lk 1,5.8. 12–13.18.21.40. 59.67; 3,2

ZADOK (»gerecht«).

1. Ein Priester z. Zt. Davids (2. Sam 8,17). Während Absaloms Aufstand verließen er und sein Kollege Abjatar zus. mit David Jerusalem, kehrten dann jedoch zurück, um Informationen für den König zu sammeln (2. Sam 15,24–35; 17,15). Nach dem Aufstand wurden sie beauftragt, die Ältesten von Juda wieder ganz für David zu gewinnen (2. Sam 19,12–14). In Davids

Zacharias schreibt den Namen seines neugeborenen Sohnes auf eine Tafel. Aus dem Pidzak-Gesangbuch, aus dem Jahre 1335.

ZADOK 1
2. Sam 8,17; 15,24–25.27.29. 35–36; 17,15; 18,19.22.27; 19,12; 20,25; 1. Kön 1,8.26. 32.34.38–39. 44–45; 2,35; 4,2.4; 1. Chr 5,34; 6,38; 9,11; 15, 11; 16,39; 18, 16; 24,3.6.31; 27,17; 29,22; 2. Chr 31,10; Esr 7,2; Neh 11,11; Hes 40,46; 43, 19; 44,15; 48,11
ZADOK 2
2. Kön 15,33; 2. Chr 27,1
ZADOK 3
1. Chr 12,29
ZADOK 4
Neh 3,4
ZADOK 5
Neh 3,29
ZADOK 6
Neh 10,22
ZADOK 7
Neh 13,13
ZADOK 8
Mt 1,14

letzten Tagen waren sich Z. und Abjatar über die Wahl von Davids Nachfolger uneinig: Abjatar war für Adonija, Z. für Salomo, den er zus. mit Nathan zum König salbte (1. Kön 1,7.8.32–39). Abjatar mußte ins Exil gehen, und Z. wurde Hoherpriester (1. Kön 2,26.27.35; 1. Chr 29,22), nach ihm dann sein Sohn Asarja (1. Kön 4,2). Noch z. Zt. König Hiskias war das Amt des Hohenpriesters in der Hand des zadokidischen Geschlechts (2. Chr 31,10). In seiner Vision der künftigen Gottesstadt sieht Hesekiel die Nachkommen Z.s weiterhin als Hohepriester (Hes 48,11).

1. Chr 5,29–34 betont die Abstammung Z.s von Aaron. Z. erscheint auch im Stammbaum Esras (Esr 7,1–5).

2. Vater von Jeruscha (2. Kön 15,33; 2. Chr 27,1 und Großvater König Jotams von Juda.

3. Einer der Truppenführer, die David in Hebron halfen.

4. Einer der Männer, die beim Wiederaufbau der Stadtmauern Jerusalems z. Zt. Nehemias mithalfen.

5. Nachkomme Immers, der den Wiederaufbau der Mauern Jerusalems tatkräftig unterstützte.

6. Einer der Männer, die das Abkommen z. Zt. Nehemias unterschrieben.

7. Ein Schreiber und Aufseher über die Vorratskammern z. Zt. Nehemias.

8. Sohn Asors und Vater von Achim im Stammbaum Jesu.

ZAFENAT-PANEACH
1. Mose 41,45

ZAFENAT-PANEACH Der Name, den Josef vom Pharao erhielt (1. Mose 41,45). Die Bedeutung ist umstritten. Manche Ausleger verstehen ihn als hebr. Namen und übersetzen ihn »Der, welcher Verborgenes enträtselt« (vgl. Josefs Traumdeutungen), andere deuten ihn als ägypt. Namen (»Gott sprach und wird Leben geben« oder »Gott sprach, und der Namensträger wird leben«).

ZAFON
Jos 13,27

ZAFON Stadt im Ostjordanland, im Stammesgebiet von Gad; gehörte urspr. Sihon, dem König von Heschbon (Jos 13,27). In der hell.-röm. Zeit als *Asafon*, im Nordteil von Peräa, bekannt. Um 108–107 v. Chr. unterlag dort der Hasmonäer Alexander Jannäus dem aus Ägypten vertriebenen König von Zypern. Der Ort wurde mit Tell es-Saidive identifiziert.

ZÄHLUNG
2. Mose 30,12; 4. Mose 1,2–3. 49; 4,2.22; 26,2–3; 2. Sam 24,1–2; 1. Chr 21,1–2; 1. Chr 27,24; 2. Chr 2,16; Lk 2,2; Apg 5,37

ZÄHLUNG Volkszählungen werden schon in den Mari-Dokumenten beschrieben, die regelmäßige Z.n der Stämme am oberen Euphrat zum Zweck der militärischen Einberufung, der Besteuerung und Landverteilung aufführen. Zu den Z.n gehörte ein Reinigungsritual, ähnlich dem bei der Z. Israels in der Wüste.

Das AT erwähnt drei große Volkszählungen zum Zwecke der Kriegsmusterung und zwei Z.n zu Steuerzwecken. Das NT erwähnt zwei Z.n.

In 4. Mose 1 wird das Volk Israel auf Gottes Befehl in der Wüste gezählt (alle wehrfähigen Männer ab 20 Jahren, nach Stämmen geordnet). Die Gesamtzahl von 603 550 (4. Mose 1,46) umfaßt nicht den Stamm Levi, der in der Liste der 12 Stämme durch Manasse ersetzt wurde und bei Kriegsvorbereitungen nicht mit den 12 Stämmen gezählt werden sollte (1,47ff.; vgl. dann die separate Z. Levis in 3,15ff. mit der Gesamtzahl 22 000).

Die zweite Volkszählung, vor Beginn der Landnahme, wird in 4. Mose 26 beschrieben und ergab 601 730 wehrfähige Männer ab 20 Jahren, dazu 23 000 Leviten (V. 51.62). Demnach hätte der gesamte Israel-Treck der Wüstenwanderung ca. 2 Millionen Menschen umfaßt.

Gegen Ende der Regierungszeit Davids fand eine weitere Z. der wehrfähigen Männer statt (2. Sam 24; 1. Chr 21). Joab warnte David vor dieser Z. (2. Sam 24,3), David schenkte ihm jedoch kein Gehör. Erst nach der Volkszählung begriff David, daß er schuldig geworden war (24,10): Er hatte die eigene Stärke ermitteln wollen anstatt sich auf Jahwe, den Gott Israels, zu verlassen, für dessen Siege die Zahl der Soldaten keine Rolle spielt (vgl. Ri 7: die Reduzierung der Kampfeinheit unter Gideon). (Zum weiteren Verlauf des Geschehens vgl. 2. Sam 24,11–25.)

Drei Punkte sind zu beachten, die 2. Sam 24 und den Parallelbericht in 1. Chr 21 betreffen. In 2. Sam 24,1 zürnt Gott David und bringt ihn dazu, die Volkszählung durchzuführen. In 1. Chr 21,1 dagegen ist es Satan, der David dazu verleitet. Dieser Unterschied muß jedoch nicht als Widerspruch aufgefaßt werden; die Berichte ergänzen sich gegenseitig und zeigen, daß Gott wie an einer langen Leine Satan gewähren läßt (vgl. 1. Petr 5,8) oder ihn sogar für sein Vorhaben benutzt. Eine zweite Schwierigkeit stellt in beiden Texten die Reaktion Joabs auf die Z. dar. Ein Grund für seine Einwände wird nicht genannt, auch nicht für die alsbaldige Reue Davids (2. Sam 24,10). Völlig abwegig erscheint die schon von Josephus vorgeschlagene Erklärung, wonach aufgrund von 2. Mose 30,11–16 bei einer Z. jedermann einen Schekel Sühnegeld geben solle, um dem Auftreten einer Plage entgegenzuwirken – und dies hätte David unterlassen.

Ein drittes Problem dieser Texte betrifft die unterschiedlichen Zahlenangaben. 2. Sam 24,9 nennt die Zahl von 1 300 000 Kriegsleuten, 1. Chr 21,5 1 570 000. Dies würde eine Gesamtbevölkerung von mindestens 10 bis 12 Millionen Israeliten bedeuten, also etwa das Dreifache der Einwohnerzahl des modernen Staates Israel. Die Unterschiede der beiden Endsummen sind dabei für die geistliche Bedeutung der Volkszählung ohne Belang. Ihr Sinn zielt auf einen ganz anderen Schwerpunkt: Nur Gott selbst zählt sein Volk, weil nur er entscheidet und weiß, wer zu den Bürgern des Reiches gehört. Man kann Gott nicht vorrechnen, wieviele Seelen zu seiner Gemeinde gehören, und man kann den Segen Gottes nicht nachrechnen. Nur er kennt die Zahl seiner »Versiegelten« (vgl. im NT 2. Kor 1,21 f.; Eph 1,13; 4,30; Offb 7,1–8). Israel ist eben kein Volk wie andere Völker, sondern Gottes Volk (2. Mose 19,5 f.; 1. Kön 8,53).

Die erste Volkszählung, die im NT erwähnt wird (Lk 2,1–3), bietet erhebliche chronologische Schwierigkeiten. Diese Z. – offenbar ein Steuerzensus – war der Anlaß für die Reise Josefs nach Bethlehem, wo Maria dann ihren ersten Sohn, Jesus, gebar. Laut Lukas geschah dies z. Zt. des Kaisers Augustus (27 v. Chr.–14 n. Chr.), als Quirinius Statthalter in Syrien war. Das Problem liegt in der Bestimmung der Regierungsdaten von Quirinius, die Jesu Geburtsdatum betreffen. Nach Lk 1,5 (vgl. Mt 2,1) ereignete sich die Geburt Jesu z. Zt. Herodes d. Gr. (37–4 v. Chr.), dem sein Sohn Archelaus (4 v. Chr. –6 n. Chr.) auf den Thron folgte. Quirinius aber wurde erst 6 n. Chr. Statthalter von Syrien, im gleichen Jahr, als Archelaus nach Gallien verbannt und Juda Teil der Provinz Syrien wurde. Nach Josephus wurde zu diesem Zeitpunkt eine Volkszählung durchgeführt. Aufgrund neuerer archäolog. und histor. Funde z. B. in Ägypten und Gallien, aber auch syr. Inschriften ist davon auszugehen, daß der Irrtum und damit der Grund für die beträchtliche Zeitdifferenz bei Josephus zu sehen ist, nicht bei Lukas. Lukas erwähnt übrigens, daß die Z., die er im Blick hat, die »erste« war; möglicherweise deutet er damit an, daß er noch von einer zweiten weiß. So erwähnt er denn auch in Apg 5,37 eine andere Volkszählung, die zweite, die im NT angedeutet wird. Diese Z. fand nach dem Aufstand des Theudas statt, aber noch vor der Rebellion des Galiläers Judas (Apg 5,36 f.), die sich um 6 n. Chr. ereignete. (Nach Josephus fand der Aufstand des Theudas nach dem des Judas statt, nicht aber vor diesem.) Einzelheiten dieser Z. sind nicht angegeben.

ZAÏR Ort auf der Marschroute Jotams von Juda während seines Feldzugs gegen Edom. Z. wird nur einmal in der Bibel erwähnt. Ob der Ort mit Zoar (südlich des Toten Meeres) identisch ist, ist zumindest fraglich.

ZAÏR 2. Kön 8,21

ZALAF (»Kaper«). Vater Hanuns, eines Priesters, der bei dem Wiederaufbau der Mauern Jerusalems z. Zt. Nehemias mithalf.

ZALAF Neh 3,30

ZALMON Ein hohes Gebirge, mit reichlichem Schneefall im Winter, auch »Gottesberg« oder »Baschans Gebirge« genannt (Ps 68,16). Gemeint ist wahrscheinlich das Hauran-Gebirge im nördlichen Ostjordanland, heute Dschebel-ed-Druz.

ZALMON Ri 9,48; 2. Sam 23,28; Ps 68,15

ZALMONA Lagerstätte der Israeliten in der Wüste, zwischen dem Berg Hor und Punon.

ZALMONA 4. Mose 33,41–42

ZALMUNNA Einer der beiden Könige der Midianiter, die Gideon als Vergeltung für das Gemetzel an seinen Brüdern tötete (Ri 8,4–21; Ps 83,12). Der andere König war Sebach.

ZALMUNNA Ri 8,5–7.10. 12.15.18.21; Ps 83,12

ZANK 1. Mose 26,20

ZANK Name eines Brunnens, den Isaaks Hirten gruben.

ZARETAN Jos 3,16; 1. Kön 4,12; 7,46

ZARETAN Siehe ZEREDA.

ZARPAT 1. Kön 17,9; Obd 20

ZARPAT Siehe SAREPTA.

ZAUBEREI Siehe MAGIE, WAHRSAGEREI UND ZAUBEREI.

ZAUBER-EICHE Ri 9,37

ZAUBEREICHE Der hebr. Text spricht von einer Eiche oder Terebinthe (s. PFLANZEN), wohl ein heiliger Baum ähnlich z. B. der Eiche von Mamre.

ZEBAJIM Esr 2,57; Neh 7,59

ZEBAJIM Unter den Nachkommen der Sklaven Salomos nach dem babyl. Exil erwähnt; vielleicht Teil des Namens *Pocheret*, der ihm vorangeht.

ZEBAOTH 1. Sam 1,3.11; 4,4; 17,45; 2. Sam 5,10; 6,2.18; 7,8.26; 1. Kön 18,15; 19,10; 2. Kön 19,31; Ps 24,10; 46,8; 59,6; 69,7; 80,8; 84,2.13; 89,9 Jes 1,9; 2,12; 3,1.15; 5,7.9. 16.24; 6,3.5; 8,13.18; 9,6; 13,13; 14,24; 28,29; 47,4; 51,15; Röm 9,29; Jak 5,4

ZEBAOTH, HERR (»Herr der Heerscharen«). Göttlicher Titel der Macht und Kraft, der sich meist in kriegerischen oder endzeitlichen Zusammenhängen findet. Kommt im AT ca. 300 mal vor, v. a. bei Jesaja, Jeremia, Sacharja und Maleachi, im NT zweimal. Als Gottesprädikat für Jahwe hat Z. im AT drei Bedeutungsvarianten. Am häufigsten ist der Gebrauch im Sinne des Herrn der himmlischen Heerscharen (Jer 5,14; Am 3,13 ff.). Ferner gilt Gott als Herr über die Streitkräfte Israels (1. Sam 17,45). Im kultischen Bereich ist »Z.« (ohne speziell kriegerischen Unterton) mit dem Heiligtum zu Silo verbunden (1. Sam 1,3.11; 4,4). In der LXX ist das hebr. *zevaoth* entweder in *sabaoth* übertragen oder als »allmächtig« übersetzt.

In den beiden Belegstellen im NT (Röm 9,29; Jak 5,4) wird Z. als Gottestitel gebraucht; der Bedeutungsaspekt des Herrn über die himmlische Welt verbindet sich mit dem Gedanken des mächtigen Helfers der Unterdrückten. S. auch GOTT, NAMEN GOTTES.

ZEBEDÄUS Mt 4,21; 10,2; 20,20; 26,37; 27,56; Mk 1,19–20; 3,17; 10,35; Lk 5,10; Joh 21,2

ZEBEDÄUS (»Gott gab«). Vater zweier Jünger Jesu, Jakobus und Johannes (Mt 4,21; 10,2; 26,37).

ZEBOJIM 1. Mose 10,19; 14,2.8; 5. Mose 29,22; 1. Sam 13,18; Neh 11,34; Hos 11,8

ZEBOJIM Stadt an der Grenze Kanaans. König Kedor-Laomer und seine Verbündeten kämpften gegen Schemeber von Z. u. a. Städte der Gegend (1. Mose 14,2.8.10). Wahrscheinlich wurde Z. zus. mit Sodom und Gomorra zerstört (5. Mose 29,22); Hosea führt die Zerstörung als Beispiel für das Gericht über sündige Städte an (Hos 11,8). Die Lage Z.s ist unbekannt, muß aber wohl südlich des Toten Meeres zu suchen sein.

ZEDAD 4. Mose 34,8; Hes 47,15

ZEDAD Ort an der Nordgrenze Kanaans, wohl das heutige Sadad, nordöstlich des Antilibanon, ca. 100 km von Damaskus.

ZEDEKIA 1 1. Kön 22,11.24; 2. Chr 18,10.23
ZEDEKIA 2 Jer 36,12
ZEDEKIA 3 2. Kön 24,17–18. 20; 25,2.7; 1. Chr 3,15–16; 2. Chr 36,10–11; Jer 1,3; 21,1.3. 7; 24,8; 27,3.12; 28,1; 29,3; 32,1. 3–5; 34,2.4.6.8. 21; 37,1.3.17–18. 21; 38,5.14–17. 19.24; 39,1–2. 4–7; 44,30; 49, 34; 51,59; 52, 1.3.5.8.10–11

ZEDEKIA (»Ja[hwe] ist [meine] Gerechtigkeit«).

1. Einer der 400 Hofpropheten Ahabs von Israel, die dieser auf Geheiß Joschafats von Juda über die Erfolgsaussichten des beabsichtigten Feldzugs gegen Ramot in Gilead befragte. Z. sagte, wie die anderen Propheten auch, einen Sieg Ahabs voraus und benutzte dazu das Machtsymbol der eisernen Hörner (1. Kön 22,11; vgl. 5. Mose 33,17). Als der Prophet Micha (s. MICHA (6)) die Prophetie bestritt, schlug ihn Z. (1. Kön 22,24).

2. Sohn Hananjas; einer der Oberen Judas z. Zt. Jojakims, vor denen der Schreiber Baruch die Schriftrolle Jeremias verlas.

3. Dritter Sohn König Josias (1. Chr 3,15) und Onkel und Nachfolger Jojachins als König von Juda. Sein urspr. Name war Mattanja (2. Kön 24,17), und er regierte 596–586 v. Chr. Mit Z.s Wegführung nach Babylon war das Schicksal Judas besiegelt. Die atl. Berichte über seine Regierungszeit sind 2. Kön 24,17–25,7; 2. Chr 36,10–21; Jer 39,1–7; 52,1–11. Außerbibl. Dokumente, wie die *babyl. Chronik* (eine wichtige Quelle für die Zeit zwischen 605 und 594 v. Chr.), zeigen mehr Material über Z.s Regierungszeit als über irgendeinen anderen jüd. König.

Nach der Revolte Jojachins zog Nebukadnezar gegen Jerusalem, das 597 v. Chr. kapitulierte. Er sandte Jojachin ins Exil und setzte an seiner Stelle Z. auf den Thron (2. Kön 24,10–17). Das Volk aber sah weiterhin in Jojachin seinen rechtmäßigen Herrscher. Auch Hesekiel datierte seine Visionen nicht nach der Regierungszeit Z.s, sondern nach den Jahren der Gefangenschaft Jojachins (Hes 1,2; 8,1; 20,1; 24,1). Obwohl Z. durch einen Treueeid an den König von Babylon gebunden war, konnte er den nationalistischen Bewegungen, die auf eine Rebellion gegen Babylon drangen, nicht widerstehen (Jer 37–38). Der unerfahrene Z. war bald in eine internationale Intrige ver-

Eingang zu der sogenannten Höhle Zedekias in Jerusalem, in der sich der König während seines Versuches, aus Jerusalem zu fliehen, versteckt haben soll.

wickelt: Er war genötigt, eine antibabyl. Konferenz mit Botschaftern aus Edom, Moab, Ammon, Tyrus und Sidon einzuberufen (vgl. Jer 27,3), die einen Aufstand gegen den babyl. Großkönig planten. Vergeblich warnte Jeremia vor der Rebellion (Jer 37,1 ff.), obwohl Z. ihn mehrfach um Rat fragte. Die Verschwörung zerschlug sich schließlich, und Z. reiste nach Babylonien (vgl. Jer 51,59), um den aufgebrachten Nebukadnezar seiner Loyalität zu versichern. Als jedoch die phöniz. Küstenstädte der Macht der ägypt. Armee nachgaben, verbündete sich auch Z. mit den Ägyptern. Als Nebukadnezars Armee anrückte, liefen alle Mitglieder der Koalition außer Tyrus und Juda auf die babyl. Seite über. Die Babylonier unterbrachen die Belagerung Jerusalems, um die sich nähernden ägypt. Entsatztruppen zurückzuschlagen, schlossen die Stadt dann jedoch erneut ein.

Nebukadnezar wollte Jerusalem aushungern; es widerstand jedoch eineinhalb Jahre lang, bis es schließlich erstürmt und der Tempel zerstört wurde. Z. und sein Gefolge konnten in dem allgemeinen Durcheinander zunächst entkommen, wurden jedoch bei Jericho gefangengenommen (Jer 39,4 f.; 52,7 f.). Z. wurde nach Ribla geschleppt, wo Nebukadnezars Hauptquartier war. Dort wurde er wegen Verrats verurteilt; seine Söhne wurden vor seinen Augen getötet, er selbst geblendet und gefangen nach Babylonien geführt, wo er bis zu seinem Tod blieb (Jer 52,9–11).

4. Zeitgenosse des Propheten Jeremia; einer der falschen Propheten, denen Jeremia Gottes Gericht ankündigte.

5. Einer der Priester, die den Bund z. Zt. Nehemias mit unterschrieben.

ZEDEKIA 4 Jer 29,21–22
ZEDEKIA 5 Neh 10,2

ZEDER Siehe PFLANZEN.

ZEFANJA (»Ja[hwe] hat sich verborgen«).

1. Der Verfasser des Prophetenbuches Zefanja. Es ist allg. anerkannt, daß Z.s Vorfahr Hiskia (Zef 1,1) kein anderer als König Hiskia von Juda war. Z. weissagte z. Zt. Josias von Juda. Siehe ZEFANJA, DAS BUCH DES PROPHETEN.

2. Ein Priester, den nach Jer 21,1 f. König Zedekia zus. mit Paschhur zu Jeremia sandte, um den Propheten zu bitten, für die Aufhebung der Belagerung Jerusalems durch Nebukadnezar zu beten. Die Parallelüberlieferung in Jer 37,3 nennt als Z.s Begleiter nicht Paschhur, sondern Juchal. Nach Jer 29,25–29 war es dieser Z., dem der falsche Prophet Schemaja einen Brief aus Babylon sandte, in dem er sich darüber beklagte, daß Jeremia für seinen Rat an die Exilierten, Häuser zu bauen und Gärten zu pflanzen und geduldig auf die Befreiung aus der Gefangenschaft zu warten (Jer 29,1–14), nicht ins Gefängnis gesteckt wurde. Als Z. den Brief Jeremia vorlas (Jer 29,29), empfing Jeremia eine göttliche Offenbarung (Jer 29,30 ff.) und verkündete, die falschen Propheten würden von Gott heimgesucht werden. Schemaja selbst werde die Befreiung Judas aus dem Exil nicht erleben und ohne Nachkommen sterben. Nach 2. Kön 25,18 und Jer 52,24 war Z. der stellvertretende Hohepriester und einer der Führer Judas, die von Nebusaradan nach Ribla gebracht wurden, wo sie durch Nebukadnezar den Tod fanden.

3. Vater Josias, eines Rückkehrers aus dem babyl. Exil (Sach 6,10).

4. Mitglied der levit. Sängerfamilie der Korach-Nachkommen.

ZEFANJA 1 Zef 1,1
ZEFANJA 2 Jer 21,1; 29,25.29; 37,3; 52,24; 2. Kön 25,18
ZEFANJA 3 Sach 6,10.14
ZEFANJA 4 1. Chr 6,21

ZEFANJA, DAS BUCH DES PROPHETEN Das Buch Z. hat drei Weissagungen eines Propheten aus Juda (s. ZEFANJA (1)) während der frühen Regierungsjahre Josias (640–609 v. Chr.), also noch vor der Kultreform des Jahres 622, zum Inhalt. Die erste Weissagung (1,2–2,3) richtet sich gegen den heidnischen Götzenkult in Juda, v.a. gegen diejenigen, »die über die Schwelle springen« (1,9; eine Praxis der Philister, vgl. 1. Sam 5,5), »die ihres Herrn Haus füllen mit Rauben und Trügen« (1,9) und »die ein fremdländisches Gewand tragen« (1,8). Die Strafe wird in einem Zusammenbruch erfolgen, den Z. mit Amos (5,18–20) und Jesaja (2,9 ff.) den »Tag des HERRN« (s. TAG DES HERRN) nennt (1,14). Die Beschreibung dieses schrecklichen Gerichtstages bei Z. ist die ausführlichste in der ganzen Bibel, und Z. ist oft als »Prophet des Tages des HERRN« bezeichnet worden. Seine Prophetie hat die mittelalterliche lat. Hymne *Dies Irae* inspiriert.

Die zweite Weissagung (2,4–15) ist eine Unheilsverkündigung gegen fremde Völker, gegen Philister, Moabiter, Ägypter und Assyrer.

Die dritte Weissagung (3,1–20) ist trotz der Gerichtspredigt gegen Judas politische und religiöse Führer eine Verheißung Gottes, daß der überlebende Rest Judas (vgl. Jes 11,11) im HERRN geborgen sein wird, einschließlich der aus dem Exil Zurückkehrenden; Gerechtigkeit und Fruchtbarkeit wird geschenkt werden, »denn ich will euch zu Lob und Ehren bringen unter allen Völkern auf Erden, wenn ich eure Gefangenschaft wenden werde vor euren Augen, spricht der HERR« (3,20).

Sowohl im Gedankengut als auch in der Sprache steht Z. in einer Linie mit Amos und Micha sowie bes. deutlich mit Jesaja, dessen letzte Prophetenworte ca. 80 Jahre vor Z. liegen. Beispiele für den Einfluß Jesajas auf Z. sind: Jes 11,14 vgl. Zef 2,4–11; Jes 13,19f. vgl. Zef 2,9; Jes 16,6 vgl. Zef 2,8.10; Jes 5,14–17 vgl. Zef 3,1–13; Zef 3,1–8 wiederum beeinflußte Hes 22,23–31.

Zef 1,10f. ist eine wichtige Quelle für die Geographie Jerusalems im 7. Jh. v. Chr.

Der Satz in Zef 1,12, Gott werde Jerusalem mit der Lampe durchsuchen, spiegelt sich sowohl im jüd. Brauch des Suchens nach Gesäuertem bei Kerzenlicht am Vorabend der Passanacht wider als auch in der Darstellung Z.s mit einer Lampe in der christl. Kunst des Mittelalters.

Fragmente aus dem Buch Zefanja, gefunden in Qumran (Schrein des Buches, Jerusalem).

INHALTSÜBERSICHT

1,1–2,3	Gerichtsrede gegen den Götzendienst in Juda
2,4–15	Unheilsankündigung gegen fremde Völker
3,1–20	Nach dem Gericht über die Gottlosen wird Gott einen »heiligen Rest« übriglassen und die Erlösten Israels sammeln

ZEFAT Ri 1,17

ZEFAT (»Beobachtungsstelle«). Kanaan. Stadt im Negeb, die von Juda und Simeon zerstört und danach *Horma* (»Zerstörung«) genannt wurde. Z. liegt wahrscheinlich in der Umgebung des heutigen Arad.

ZEFATA 2. Chr 14,9

ZEFATA Tal bei Marescha, wo König Asa von Juda den Kuschiter Serach schlug.

ZEFO 1. Mose 36,11.15; 1. Chr 1,36

ZEFO Ein Nachkomme Esaus; einer der Stammesfürsten der Edomiter.

ZEHN GEBOTE Die von Gott den Israeliten am Berg Sinai verkündeten Imperative (*Dekalog* heißt wörtlich »zehn Worte«, vgl. 2. Mose 34,28; 5. Mose 4,13; 10,4). Sie stehen in den fünf Büchern Mose an zwei Stellen (2. Mose 20,1–17; 5. Mose 5,6–21), mit einigen Unterschieden in der Formulierung. Diese Gebote waren auf zwei Steintafeln beidseitig (2. Mose 32,15) geschrieben (2. Mose 31,18; 34,28; 5. Mose 4,13; 5,22). Der bibl. Text selbst gibt keine Hinweise auf die Unterteilung dieser Gebote oder ihre Verteilung auf die Tafeln. Nach der einen Tradition enthielt jede Tafel fünf Gebote, nach der anderen standen vier auf der ersten, sechs auf der zweiten Tafel.

Es gibt verschiedene Möglichkeiten, die Gebote zu zählen. Der erste Teil der Bestimmungen betrifft in jedem Fall die exklusive Verehrung Gottes des HERRN; am Anfang steht Gottes Selbstvorstellung.

Gebote 1–2 (bzw. 1) a. »Ich bin Jahwe (der HERR), dein Gott« (2. Mose 20,2); b. »Du sollst keine anderen Götter haben neben mir« (2. Mose 20,3); c. »Du sollst dir kein Bildnis machen« (2. Mose 20,4–6).

Verschiedene Ausleger fassen die Verbote des Polytheismus und der Bilderverehrung als zusammenhängendes Gebot auf; dabei gilt Gottes Selbstvorstellung als die Voraussetzung aller folgenden Imperative und als erstes Gebot. Andere verstehen die Selbstvorstellung als eine Art Präambel und zählen die beiden Verbote getrennt. Schließlich gibt es auch die Möglichkeit, den ganzen Block als ein einziges Gebot zu verstehen. Der Abschnitt wird abgerundet durch das Verbot, den Jahwe-Namen zu mißbrauchen.

Die Zehn Gebote auf Steintafeln.

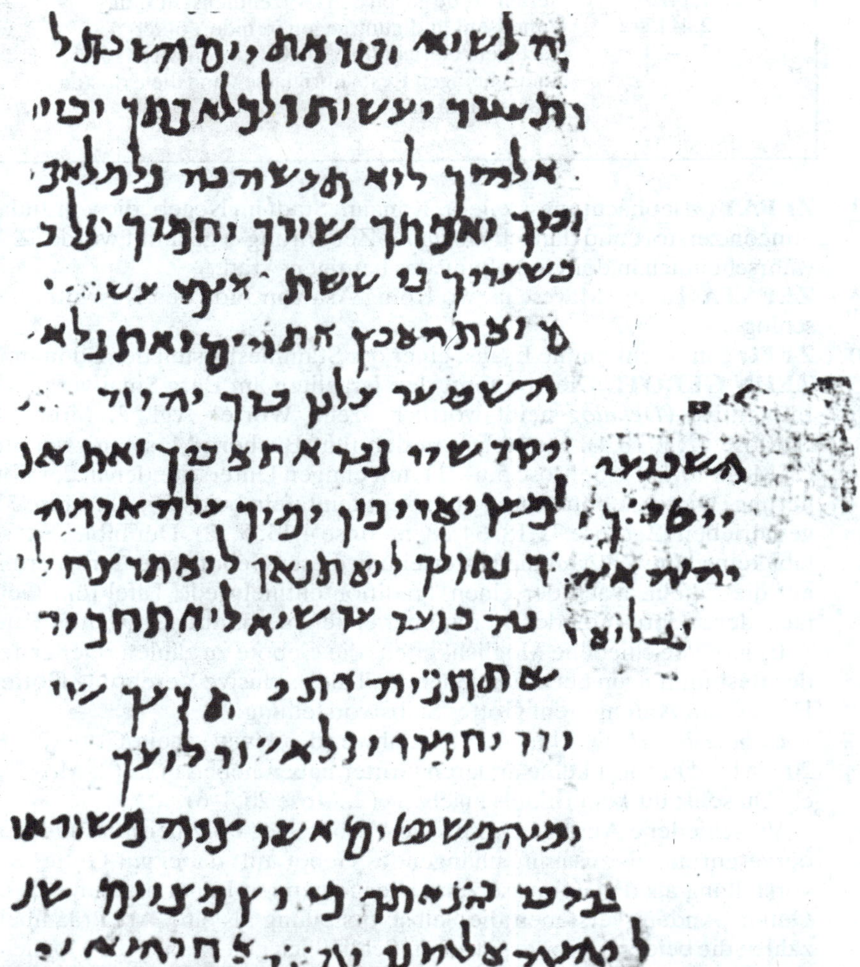

Die Zehn Gebote im sogenannten Papyrus Nash; 2. Jh. v. Chr.

Gebot 3 (bzw. 2) »Du sollst den Namen des HERRN, deines Gottes, nicht mißbrauchen« (2. Mose 20,7), und das Sabbatgebot:

Gebot 4 (bzw. 3) »Gedenke des Sabbattages, daß du ihn heiligest« (2. Mose 20,8).

Das Sabbatgebot bezieht sich sowohl auf den Gottesdienst als auch die Welt des Menschen. Entsprechend steht es am Übergang zur nächsten Gruppe der Gebote, die allg. das zwischenmenschliche Verhalten betreffen.

Gebot 5 (bzw. 4) »Du sollst deinen Vater und deine Mutter ehren« (2. Mose 20,12);

Gebot 6 (bzw. 5) »Du sollst nicht töten« (2. Mose 20,13);

Gebot 7 (bzw. 6) »Du sollst nicht ehebrechen« (2. Mose 20,14);

Gebot 8 (bzw. 7) »Du sollst nicht stehlen« (2. Mose 20,15);

Gebot 9 (bzw. 8) »Du sollst nicht falsch Zeugnis reden wider deinen Nächsten« (2. Mose 20,16).

In diesem Abschnitt ist das positive Gebot der Elternehrung parallel zum ersten Gebot zu verstehen, weil Vater und Mutter als Mandatare Gottes, des Schöpfers neuen Lebens, zu sehen sind. Die vier darauffolgenden Verbote gehören alle in den Bereich des Rechtes Gottes, das sich im daraus abgeleiteten menschlichen Recht niederschlägt. Demgegenüber betrifft das letzte Gebot die Wurzeln des menschlichen Fehlverhaltens im Herzen des Menschen:

Gebot 10 (bzw. 9 und 10) »Du sollst nicht begehren deines Nächsten Haus. Du sollst nicht begehren deines Nächsten Weib, Knecht, Magd, Rind, Esel noch alles, was dein Nächster hat« (2. Mose 20,17).

Die Ausleger, die das erste Gebot und die folgenden Gebote einschließlich des Bilderverbots als ein zusammengehöriges Gebot auffassen, teilen das letzte Gebot in zwei Gebote auf, von denen eines das Begehren des Eigentums, das andere das Begehren der Frau des Nächsten betrifft. Dieses Verständnis ist möglich wegen der Variante dieses Gebotes in 5. Mose 5,21, wo eine solche Zweiteilung stattfindet:

a. »Du sollst nicht begehren deines Nächsten Weib«;

b. »Du sollst nicht begehren deines Nächsten Haus usw.«

Ein weiterer Unterschied zwischen der Textform in 2. Mose 20 und der in 5. Mose 5 betrifft das Sabbatgebot; 2. Mose 20,8 liest »Gedenke des Sabbattages«, wohingegen 5. Mose 5,12 sagt: »Den Sabbattag sollst du halten«. Weiter, in der Sache unerhebliche Unterschiede bestehen in der Begründung der Gebote über den Sabbat bzw. die Elternehrung (2. Mose 20,9–12; 5. Mose 5,13–16).

Diese Unterschiede hängen wohl mit der besonderen Situation der Rede des Mose, wie sie im 5. Buch Mose berichtet wird, zusammen. So liegt hier dem Sabbat (s. SABBAT) das Motiv der Befreiung aus Ägypten und die Notwendigkeit zugrunde, allen Ruhe zu gönnen; im 2. Mose-Buch ist der Sabbat schöpfungstheologisch begründet.

Der Dekalog ist die Proklamation des Willens Gottes an sein Volk Israel. Diese Offenbarung Gottes am Sinai ist die einzige öffentliche Selbstkundgabe Gottes im AT und die entscheidende Grundlage aller daraus folgenden Worte des Gesetzes und der Propheten Israels.

ZEHN STÄDTE
Mt 4,25; Mk 5,20; 7,31

ZEHN STÄDTE (*Dekapolis*). Ein Verband von zehn hell. Städten mit einer jüd. Minderheit, alle (mit Ausnahme von Skythopolis) in Transjordanien gelegen. Die Zahl der Mitglieder des Städteverbandes war im Laufe der Geschichte verschieden. Plinius (*Nat. Hist.* V. 74) verzeichnet Damaskus, Philadelphia (Rabbat-Ammon), Raphana, Skythopolis (Bet-Schean), Gadara, Hippos (Susita), Dium, Pella (Pehel), Gerasa und Kanatha, fügt aber hinzu, daß es keine einheitliche Liste der Städte gibt. Ptolemäus z. B. (*Geographie* V. 14.18) zählt andere Städte auf, läßt Raphana aus, fügt dagegen Abila, Lysianae und Capitolias hinzu; Stephan von Byzanz (Gerasa) erwähnt 14 statt der urspr. zehn Städte.

Die frühesten Erwähnungen der Z. findet man im NT (Mt 4,25; Mk 5,20; 7,31). Da die Mehrzahl der Städte ihre Gründung auf die Jahre 64/62 v. Chr.

Münzen aus Pella, mit dem Porträt des Kommodius auf der einen Seite und der Stadtburg auf der anderen. 2. Jh. n. Chr.

Die Zehn Städte (Dekapolis)

(links oben) Römische Überreste in Pella (Jordanien).

(rechts oben) Römische Säulen in Hippos (Susita), am östlichen Ufer des Sees Genezareth.

(unten) Säulenallee in Gerasa (Jerash).

datiert, ist offensichtlich, daß ihre Gründungen einen Teil der Siedlungspolitik des Ostens durch Pompejus bildete, obwohl das exakte Datum im einzelnen unklar bleibt.

ZEHNTER Das Verb »verzehnten« bezeichnet das Beiseitelegen eines Zehntels seines Eigentums, in der Regel für kultische oder mildtätige Zwecke; der dadurch abgesonderte Anteil wird »der Zehnte« genannt.

ZEHNTER
1. Mose 14,20; 28,22;
4. Mose 18,21;
1. Sam 8,15;
Mal 3,10;
Mt 23,23;
Lk 18,12

Der Z. wird zweimal in den Erzvätergeschichten erwähnt. Nachdem Abram die Koalition der östlichen Könige geschlagen hatte, gab er den Z. der Beute an Melchisedek, den König von Salem, einen »Priester Gottes des Höchsten«. Zwei Generationen später schwor Jakob in Bethel, daß er bei seiner sicheren Rückkehr aus Haran den Z. seines Besitzes Gott abgeben würde (1. Mose 14,18–20; 28,20–22).

Die Abgabe des Z. ist in den fünf Büchern Mose mehrfach festgelegt, die Details variieren jedoch. a) Nach 3. Mose 27,30f. sollen alle Erzeugnisse, ob »vom Ertrag des Landes« oder »von den Früchten der Bäume«, dem Z. unterworfen und »dem HERRN heilig« sein. Wer seinen Z. ablösen wollte, »der soll den fünften Teil darüber hinaus geben«. b) In 3. Mose 27,32 wird

eine entsprechende Regelung für Herdentiere getroffen. Ein Zehntel der Rinder oder Schafe, »alles, was unter dem Hirtenstabe hindurchgeht«, ist als »dem HERRN heilig« zu weihen.

c) Der Z. soll den Leviten als Entlohnung für ihre Teilnahme am geistlichen Dienst gehören und als Ausgleich dafür dienen, daß sie kein Land besitzen dürfen (4. Mose 18,21–24). d) Im Gegenzug sind die Leviten verpflichtet, einen Zehntel ihres Z. als »heilige Abgabe dem HERRN (zu) geben«, die für die Priester bestimmt ist. Diese Abgabe wurde als der »Zehnte von dem Zehnten« bezeichnet (4. Mose 18,25–30).

e) Eine andere Form des Z. wird in 5. Mose beschrieben, bei der jeder Israelit einen Z. seines Getreides, Weins und Öls zus. mit der Erstgeburt der Tiere u. a. Opfern zum Heiligtum bringen und »vor dem HERRN, deinem Gott« essen soll. Sollte es unmöglich sein, soviel Nahrung zum Heiligtum zu tragen, so kann ein Äquivalent in Geld dargebracht werden. Die ganze Familie soll sich am Festessen erfreuen, und die Leviten sollen zur Teilnahme eingeladen werden (5. Mose 14,22–27; vgl. 12,6–12). f) In jedem dritten Jahr, dem »Zehnten-Jahr«, ist der Z. den Leviten, den Fremdlingen u. a. Bedürftigen zu geben (5. Mose 26,12).

Obwohl die Abgabeform des Z. aus der Umwelt Israels auch sonst bekannt ist, so ist doch der Z. als ein Fest für die ganze Familie und als Unterstützung für den nicht-levitischen Armen nur im AT zu finden. Während der Zeit des salomonischen Tempels wurden zumindest einige der oben genannten Formen des Z. beachtet. Amos stellt in seiner Gerichtspredigt in Bethel während der Regierungszeit Jerobeams II. die zur Schau getragene Gewissenhaftigkeit beim Z. (Am 4,4) der Unbußfertigkeit in Israel gegenüber. Die Chronikbücher heben hervor, wie gewissenhaft während der Reformen unter Hiskia der Z. gegeben wurde (2. Chr 31,5–12).

Die Abgabe des Z. war auch in nachexilischer Zeit ein wesentliches Merkmal isrl. Frömmigkeit. Maleachi drang darauf, daß das Volk »aber die Zehnten in voller Höhe in mein Vorratshaus« brachte, »auf daß in meinem Hause Speise sei« (Mal 3,10). Demnach wurde damals der Z. nicht mehr an die Leviten gegeben, sondern im Tempel abgeliefert. Eine der Verpflichtungen, die das Volk mit Nehemia einging, bestand jedoch in der Abgabe des Z. an die Leviten, die wiederum ihren Z. dem Tempel zu übergeben hatten (Neh 10,37 f.; 12,44; 13,5.12).

Als eine weltliche Form des Z. erwähnt Samuel warnend den Z., den der König für seinen Staatsschatz zu erheben das Recht hat (1. Sam 8,15–17; vgl. STEUERN).

Das NT hat den Z. nie abgelehnt (vgl. Lk 18,12 und die Steigerung in Lk 19,8). Jesus wendet sich aber scharf gegen jene Pharisäer, die bis in Belanglosigkeiten hinein den Z. abführen (Mt 23,23; Lk 11,42), aber das Gottesgebot der Liebe und Barmherzigkeit verletzen (Mt 23,11–13.23). Eben diese Stellen zeigen zugleich, daß Jesus nicht den Z. selbst ablehnt (vgl. Mt 23,3.23 b; auch Hebr 7,1–10).

ZEICHEN Siehe WUNDER.

ZEIT 1. Mose 1,14; 47,9; 5. Mose 4,32; 32,7; Ri 17,6; 1. Sam 3,1; 2. Sam 7,12; 1. Kön 11,12; Hiob 5,26; 10,5; 14,1; Ps 27,5; 31,16; 37,19; 41,2; 77,6; 93,5; 102,14; 144,4; Pred 3,1; Jes 2,2; 39,6; 49,8; 50,4; Jer 8,7;

ZEIT Im alten Israel dauerte der 24-Stunden-Tag von einem Abend bis zum nächsten; so steht schon im Schöpfungsbericht: »Und (Gott) nannte das Licht Tag und die Finsternis Nacht. Da ward aus Abend und Morgen der erste Tag« (1. Mose 1,5). Für die Ägypter hingegen begann der Tag mit der Morgendämmerung. Die Babylonier unterteilten Tag und Nacht in jeweils drei, die Ägypter in jeweils vier Wachen.

In Israel kannte man lange keine exakte Methode der Zeiteinteilung. Statt dessen tauchen u. a. folgende Begriffe der Zeitbestimmung auf: »Aufgang der Morgenröte« (Neh 4,15), »die Wimpern der Morgenröte« (Hiob 3,9), »das Licht des Morgens« (2. Sam 23,4), »morgens«, »mittags«, »abends« (Ps 55,18), »Mittag« (Hiob 5,14), »Dämmerung« (Spr 7,9), »Finsternis« (1. Mose 1,5). Die Tageszeit konnte auch durch einen Hinweis auf bestimmte Tätigkeiten angedeutet werden, wie z. B.: »Des Abends um die Zeit, da die Frauen pflegten herauszugehen und Wasser zu schöpfen« (1. Mose 24,11); oder die

Bezeichnung des Mittags als des Zeitpunkts, an dem »der Tag am heißesten war« (1. Mose 18,1). Die späten Stunden des Nachmittags wurden durch die längeren Schatten bestimmt (Jer 6,4) und der frühe Abend durch das Schwinden der Schatten (Hld 2,17).

Das System, die Nacht in Wachen einzuteilen, wurde schließlich aber auch in Israel (von den Babyloniern) übernommen (Ri 7,19; 1. Sam 11,11; Klgl 2,19). Die Babylonier teilten den Tag unter Benutzung von Sonnenuhren in gleiche Zeitteile auf. Im AT gibt es keine Hinweise auf eine derartige Einteilung, obwohl die Sonnenuhr des Ahas (2. Kön 20,9; Jes 38,8) erwähnt wird. Der Unterschied zwischen dem babyl. und dem bibl. Verständnis der Zeit liegt darin, daß die Babylonier den Tag mit dem Morgen beginnen ließen, während in Israel das Gegenteil galt, bes. auch im Blick auf die Sitte, wichtige Feste am Abend des dem Fest vorangehenden Tages zu beginnen (2. Mose 12,18 u. a.).

Die Woche als eine vom Schöpfer vorgegebene Zeiteinheit von sieben Tagen tritt erstmals im AT in Erscheinung. Die babyl. und assyr. Woche begann immer am ersten Tag des Mondes. Die bibl. Siebentagewoche dagegen war unabhängig vom Monat – ein Umstand, der eine geistliche Bedeutung bekam, weil der Sabbat unabhängig war vom heidnischen Neumond und seiner kultischen Begehung.

Der Begriff »Monat« wurde zunächst nur auf den ersten Tag des Monats angewendet, später wurde die gesamte Zeitspanne zwischen dem ersten und letzten Tag des Monats so genannt. Es gibt drei Systeme der Monatsnamen in der Bibel: durch frühe kanaan. Namen, durch fortlaufende Zahlen und durch babyl. Namen. Die kanaan. Namen waren in Juda und Israel bis zum babyl. Exil gebräuchlich. Von diesen sind nur vier bekannt: *Abib*, der erste (2. Mose 13,4), *Siw*, der zweite (1. Kön 6,37), *Etanim*, der siebte (1. Kön 8,2), und *Bul*, der achte Monat (1. Kön 6,38). Die letzten beiden sind auch aus kanaan. Quellen bekannt, in denen fünf weitere Monate aufgeführt sind. Die Bedeutung des Namens *Abib* ist »reifende Gerste«, die Bedeutung der anderen Monatsnamen ist unklar.

Während des babyl. Exils übernahmen die Juden den babyl. Kalender. Im AT werden sieben dieser babyl. Monatsnamen erwähnt: *Nisan* (Neh 2,1), *Siwan* (Est 8,9), *Elul* (Neh 6,15), *Kislew* (Neh 1,1), *Tebet* (Est 2,16), *Schebat* (Sach 1,7) und *Adar* (Est 3,7). Nach dem Joh.Ev. fand die Kreuzigung Jesu am 14. Nisan statt.

Wichtiger als die Einteilung der Z. ist sowohl dem AT als auch dem NT die Erkenntnis, daß Z. immer eine Leihgabe Gottes ist. Nur Gott »hat« Zeit. Die Z. des Menschen versteht der bibl. Glaube als befristetes Darlehen. Von daher spielt das Ausnutzen der Z. eine große Rolle für den glaubenden Menschen. Es ist bezeichnend, daß der Begriff der Z. eines der häufigsten Hauptworte der Bibel ist. Zum Begriff der Z. (auch »Stunde« u. ä.) als anvertrauter Frist vgl. u. a. 1. Mose 47,9; 2. Mose 9,5; 5. Mose 4,32; 31,14; 1. Sam 26,10; 1. Kön 2,1; Hiob 10,5; 14,1.5; Ps 31,16; 77,6; 144,4; Pred 9,12; Jes 38,12; Dan 4,13; 7,12; Mt 13,30; Lk 19,42; Joh 7,6; 13,1; 1. Kor 7,29; 2. Kor 6,2; Gal 4,4; 6,10; Eph 5,16; Jak 4,14; Offb 10,6.

Vgl. auch KALENDER.

Hes 30,3; Dan 2,21; 7,25; Hos 3,3; Am 3,14; Mi 5,2; Nah 1,7; Hab 2,3; Mt 2,1; 9,15; 16,3; 21,41; 23,30; 26,18; Mk 1,15; 6,31; 13,33; Lk 1,57; 8,13; 9,51; 19,44; 21,24; Joh 4,21; 7,6; Apg 1,7; 14,17; 17,30; 24,25; Röm 3,26; 5,6; 8,18; 13,11; 1. Kor 4,5; 15,52; 2. Kor 6,2 Gal 4,4; 6,10; Eph 5,16; 1. Thess 5,1; 2. Tim 3,1; 4,2; 1. Petr 1,11; 4,17; 5,10; Hebr 4,16; 11,32; Offb 1,3; 10,6; 20,3

ZELA (»Rippe«). Eine der Städte, die bei der Verteilung des Landes Kanaan dem Stamm Benjamin zugewiesen wurde (Jos 18,28). Hier wurden Saul und sein Sohn Jonatan begraben (2. Sam 21,14).

ZELA Jos 18,28; 2. Sam 21,14

ZELEK Ein Ammoniter, einer der »Helden« Davids.

ZELEK 2. Sam 23,37; 1. Chr 11,39

ZELOFHAD Mann aus dem Stamm Manasse, starb während der Wüstenwanderung Israels und hinterließ fünf Töchter, aber keine Söhne. Als diese ihr Erbteil verlangten, wurde das Gesetz formuliert: »Wenn jemand stirbt und keinen Sohn hat, so sollt ihr sein Erbe seiner Tochter zuwenden« (4. Mose 27,8). Bedingung dabei war, daß die Tochter nicht außerhalb des eigenen Stammes heiratete (4. Mose 36,1–9).

ZELOFHAD 4. Mose 26,33; 27,1.7; 36,2.6.10; Jos 17,3; 1. Chr 7,15

ZELZACH Der Begräbnisort Rahels, der Frau Jakobs (1. Sam 10,2). Laut 1. Mose 35,19 nahe Bethlehem; die genaue Lage ist unbekannt.

ZELZACH 1. Sam 10,2

ZEMARAJIM Jos 18,22; 2. Chr 13,4

ZEMARAJIM Stadt im Stammesgebiet von Benjamin, nach der der Berg Z. im Gebirge Ephraim benannt ist. Hier sprach König Abija von Juda vor der Schlacht gegen Jerobeam zu Israel (2. Chr 13,4). Die LXX und Josephus nennen den Berg *Oros Somoron*; möglicherweise ist er also der Berg Samaria (Schomron).

ZEMARITER 1. Mose 10,18; 1. Chr 1,16

ZEMARITER Eine von Kanaan abstammende Sippe.

ZENAN Jos 15,37

ZENAN Stadt im Gebiet des Stammes Juda, Mi 1,11 erwähnt die Stadt als Zaanan. Die genaue Lage ist unbekannt.

ZENAS Tit 3,13

ZENAS (Kurz für griech. *Zenodoros*, »Geschenk des Zeus«). Christl. Rechtsgelehrter, der mit Apollos Zypern bereiste, im Titusbrief erwähnt (Tit 3,13).

ZER Jos 19,35

ZER Befestigte Stadt in Naftali, genaue Lage unbekannt.

ZEREDA Ri 7,22; 1. Kön 11,26; 2. Chr 4,17

ZEREDA Zereda (Ri 7,22; 1. Kön 11,26; 2. Chr 4,17) und Zaretan (Jos 3,16; 1. Kön 4,12; 7,46) können den gleichen oder zwei versch. Orte bezeichnen. Die Schwierigkeit entsteht aus der Verwechslung der beiden Namen bereits in frühesten bibl. Traditionen. Keiner der Orte konnte bestimmt werden.

ZERET 1. Chr 4,7

ZERET Mann aus dem Stamm Juda.

ZERET-SCHAHAR Jos 13,19

ZERET-SCHAHAR Ort im Ostjordanland, im Gebiet des Stammes Ruben. Genaue Lage unbekannt.

ZERI 1. Chr 25,3.11

ZERI (»Balsam«). Ein Sohn Jedutuns und Leiter der vierten Tempelsängergruppe z. Zt. Davids.

ZEROR 1. Sam 9,1

ZEROR (»Beutel«, »kleiner Stein«). Urgroßvater König Sauls.

ZERSTREUUNG/ZERSTREUEN 1. Mose 11,8; 49,7; 3. Mose 26,33; 1. Kön 22,17; Ps 44,12; 89,11; Jes 11,12; 49,6; Jer 13,24; 31,10; Hes 20,34; Dan 12,7; Sach 13,7; Mt 9,36; 12,30; 26,31; Lk 1,51; Joh 7,35; 10,12; 11,52; 16,32 Apg 5,36; 8,4

ZERSTREUUNG (DIASPORA) Der Begriff »Z.« ist eine Übersetzung des griech. Wortes *diasporá* und bezieht sich im AT auf die Z. und Umsiedlung der Juden in fremde Länder. Die frühesten Hinweise auf eine solche Z. sind in 3. Mose 26,33; 5. Mose 4,27; 28,64–68; Ps 44,12; 106,27; Jer 9,15; 13,24; Hes 12,13–16 zu finden. Israels Treulosigkeit und Ungehorsam gegenüber seinem Gott und dessen Bund wurde mit Z. und Exilierung bestraft.

Die Geschichte der isrl. Diaspora begann mit dem Untergang des Nordreichs und der Deportierung der zehn Stämme nach Assyrien (ab 722 v. Chr.); sie assimilierten sich dort. Dasselbe widerfuhr dem Südreich Juda durch Babylon (ab 586 v. Chr.). Viele blieben in Babel, obwohl ihnen von Kyrus d. Gr. 539 v. Chr. die Rückkehr erlaubt wurde. Zur selben Zeit begann sich eine jüd. Gemeinde in Ägypten zu entwickeln (Jer 44,1). Die Diaspora weitete sich z. Zt. des zweiten Tempels bis Kyrene und Rom aus (Apg 2,9–11). Die Reisen des Paulus und seine Besuche der jüd. Gemeinden in versch. Ländern sind ein anschaulicher Beleg für die Ausdehnung der jüd. Diaspora zu dieser Zeit.

Aber auch die neuentstandenen christl. Gemeinden verstanden sich als Diaspora – dies nicht nur angesichts ihrer Vereinzelung in der damaligen Welt des Mittelmeers, sondern auch in der grundsätzlichen Erkenntnis, daß Christen immer Fremdlinge in dieser Welt sind (vgl. Mt 7,13 f.), immer als die Wenigen in der Diaspora leben. So grüßt 1. Petr seine Leser als »die Fremdlinge, die verstreut wohnen …« (1,1; vgl. Jak 1,1; Phil 3,20).

ZERUA 1. Kön 11,26

ZERUA (»Aussatz«). Mutter Jerobeams, des ersten Königs des Nordreichs Israel.

ZERUJA 1. Sam 26,6; 2. Sam 2,13.18; 3,39; 8,16; 14,1; 16,9.10; 17,25; 18,2; 19,22–23; 21,17; 23,18.37; 1. Kön 1,7; 2,5.22; 1. Chr 2,16; 11, 6.39; 18,12.15; 26,28; 27,24

ZERUJA (»Nach Mastix duftend«). Tochter Isais und Schwester Abigals und Davids (1. Chr 2,16) und Mutter Joabs, Abischais und Asaëls (2. Sam 2,18). 2. Sam 17,25 nennt jedoch Nahasch als ihren Vater.

ZEUGE 5. Mose 4,26; 17,6; 19,15;

ZEUGE, ZEUGNIS (hebr. *ed*; gr. *martys*). Nach isrl. Recht konnte ein Urteil nur aufgrund zweier bzw. dreier übereinstimmender Zeugenaussagen gefällt werden (5. Mose 17,6; 19,15 f.; Mt 18,16; Joh 8,17;). Wurde ein Todesurteil gefällt, so hatten die Zeugen die erste Hand bei der Vollstreckung anzulegen (3. Mose 24,14; 5. Mose 13,10; 17,7; Apg 7,57 f.; vgl. Joh 8,7). Da durch die Zeugen vor Gericht die Wahrheit erkannt werden sollte, wurde durch falsches Zeugnis das Zusammenleben empfindlich gestört und nach Gottes Gebot als Sünde gebrandmarkt (2. Mose 20,16). Ein falscher Zeuge, der seiner Falschaussage überführt wurde, hatte dieselbe Strafe zu zu erleiden, die er über den anderen gebracht hätte (5. Mose 19,18f.). Um dieser Verantwortung vor Gott und den Menschen willen mahnt Jesus die Seinen: »Eure Rede aber sei: Ja, ja; nein, nein« (Mt 5,37).

Jesus selber sieht seinen Auftrag auf Erden darin, daß er die Wahrheit bezeugen soll (Joh 18,37). Er wird »der treue Zeuge« (Offb 1,5) genannt – »treu«, weil seine Aussage auch im Tode sich bewährt hat. An anderer Stelle wird Gott selber zum Zeugen angerufen (Röm 1,9; Phil 1,8; 1. Thess 2,5), weil er die Gedanken der Menschen kennt und die ganze Wirklichkeit sieht (Ps 139,1–5).

Die Propheten erkennen in der Auseinandersetzung der Völker mit Gott (Ja[hw]e) einen Prozeß, d.h. einen Rechtsstreit (Jes 43,8–13; 44,6–11). Das Zeugnis für Gott bekommt nun einen religiösen Sinn. Dieses Glaubenszeugnis muß mit der ganzen Existenz getragen (Phil 1,20) sein, selbst durch Leiden und Sterben. Offb 6,9 redet von »Blutzeugen« = Märtyrern. Nach Lukas hat der Glaubenszeuge nicht eine Gottes*idee*, sondern ein Gottes*geschehen* – die Christusgeschichte –, also eine geschichtliche Offenbarung weiterzusagen (Lk 2,20; 24,48; Apg 1,8; 2,32; 3,15; 5,31f; 10,41 u.a.). Selbst Hirten (bei der Geburt Christi) und Frauen (an Ostern), die sonst als Zeugen vor Gericht nicht zugelassen waren, wurden zu diesem Zeugendienst berufen.

Die ganze Botschaft des AT und erst recht des NT beruht auf den fest begründeten Aussagen von Augen- und Ohrenzeugen (Lk 1,1–4; 1. Kor 15, 3–8; 1. Petr 5,1). »Was von Anfang an war, was wir gehört haben, was wir gesehen haben mit unsern Augen, was wir betrachtet haben und unsre Hände betastet haben, vom Wort des Lebens ... das verkündigen wir euch« (1. Joh 1,1.3).

ZEUS Oberster der griech. Götter. Ein Zeustempel stand u.a. in Lystra in Galatien (Apg 14,13); die Stadtbewohner, von einer Wunderheilung beeindruckt, wollten Barnabas als Z. und Paulus als Hermes verehren (Apg 14,8ff.).

ZIBA Ein Diener Sauls, der David sagte, daß der einzige Überlebende der Familie Sauls der gelähmte Mefi-Boschet, Sohn Jonatans, war. David übertrug Mefi-Boschet den früheren Besitz Sauls und machte Z. zu seinem Diener (2. Sam 9,1–13). Z. erscheint erneut in 2. Sam 16,1–4 und 19,25ff., im Bericht über den Aufstand Absaloms. Er unterstützte den flüchtenden David mit Proviant und behauptete, Mefi-Boschet warte darauf, selber König zu werden. Nach Davids Rückkehr versuchte Mefi-Boschet sich zu rechtfertigen. David sprach Z. erst das ganze Eigentum Mefi-Boschets zu, am Ende nur die Hälfte.

ZIBJA (»Gazelle«).
1. Mutter König Joaschs von Juda.
2. Haupt einer Familie aus dem Stamm Benjamin.

ZIBON (»Hyäne«). Ein Stammesfürst der Horiter und dritter Sohn Seïrs (1. Mose 36,20.29). Großvater Oholibamas, einer der Frauen Esaus (1. Mose 36,2.14).

ZICKLEIN Siehe TIERE.

ZIDDIM Befestigte Stadt im Gebiet Naftalis.

ZIEGE Siehe TIERE.

ZIFJON Der Erstgeborene Gads; Stammvater der Zifjoniter.

ZIHA
1. Familie von Tempelsklaven, die aus dem babyl. Exil zurückkehrte.
2. Ein Aufseher der Tempelsklaven nach dem babyl. Exil.

ZIKLAG Stadt im Negeb, als Stadt Judas oder Simeons erwähnt (Jos 15,31; 19,5). Offenbar konnten die Israeliten sie nicht erobern; z. Zt. Sauls war sie in den Händen der Philister, die sie David als Standort für seine Söldner gaben (1. Sam 27,1–6). Z. wurde damals von den Amalekitern zerstört, jedoch von David zurückerobert (1. Sam 30). In Z. traf David die Nachricht vom Tod Sauls (2. Sam 1,1). Nach dem babyl. Exil wurde Z. neubesiedelt. Die genaue Lage ist unklar.

30,19; 31,26; Jos 22,27; 24,27; Hiob 16,19; Ps 27,12; 89,38; Jes 8,2; 55,4; Jer 42,5; Mal 3,5; Mt 26,60.65; Lk 24,48; Apg 1,8; 2,32; 3,15; 5,32; 10, 39.41; 13,31; 23,11; 26,16; Röm 1,9; 1. Kor 15,15; Phil 1,8; 1. Thess 2,5; 1. Tim 6,12; 2. Tim 2,2; 1. Petr 5,1; Hebr 12,1; Offb 1,5; 3,14; 11,3

ZEUGNIS
2. Mose 20,16; Ps 19,8; 119,46; Mt 10,18; 15,19; 24,14; 26,59; Lk 4,22; Joh 2,25; 5,31–37; 8,17; 15,26; Röm 8,16; 2. Tim 1,8; 1. Joh 5,9; Hebr 11,2; Offb 1,2; 6,9; 12,11;

BEZEUGEN, ZEUGEN
5. Mose 32,46; Ps 50,7; Jes 59,12; Hos 5,5; 7,10; Mt 26,62; Joh 1,7; 3,11; 5,31–39; 8,14; 18,37; 19,35; 21,24; Apg 2,40; 4,33; 8,25; 10,43; 14,3; 18,5; 20,21–26; 28,23; Röm 2,15; 3,21; 9,1; 10,2; 1. Kor 15,15; Gal 5,3; 1. Tim 6,13; 1. Petr 1,11; 1. Joh 1,2; 4,14; 5,7; Hebr 11,5; Offb 1,2; 22, 16.18.20

ZEUS
Apg 14,12–13;

ZIBA
2. Sam 9,2–4. 9–12; 16,1–4; 19,18.30

ZIBJA 1
2. Kön 12,2; 2. Chr 24,1

ZIBJA 2
1. Chr 8,9

ZIBON
1. Mose 36,2.
14.20.24.29;
1. Chr 1,38.40

ZIDDIM
Jos 19,35

ZIFJON
1. Mose 46,16
4. Mose 26,15

ZIHA 1
Esr 2,43;
Neh 7,46
ZIHA 2
Neh 11,21

ZIKLAG
Jos 15,31; 19,5;
1. Sam 27,6;
30,1.14.26;
2. Sam 1,1; 4,10;
1. Chr 4,30;
12,1.21;
Neh 11,28

Luftaufnahme von Tell Halif, versuchsweise mit Ziklag identifiziert. (Lahav Research Project).

ZILIZIEN
Apg 6,9; 15,23.
41; 21,39; 22,3;
23,34; 27,5;
Gal 1,21

ZILIZIEN Gebiet und röm. Provinz im Südosten Kleinasiens. Die Hauptstraße von Syrien nach Kleinasien führte durch den berühmten Paß der »Zilizischen Pforte«. 67 v. Chr. wurde Z. eine röm. Provinz. In ntl. Zeit wurde es vorübergehend in zwei Regionen geteilt (*Tracheia* im Westen, *Pedias* im Osten). Das gebirgige Tracheia lieferte Holz für den Schiffsbau und war ein Zufluchtsort für Vogelfreie und Piraten. Pedias, eine fruchtbare Ebene zwischen Amanus- und Taurusgebirge und dem Mittelmeer, produzierte Flachs, Wein, Oliven und Getreide. Im 1. Jh. n. Chr. wurde Z. zwischen einheimischen Herrschern und den Provinzen Galatien und Kappadozien erneut geteilt. Bis 72 n. Chr., als Vespasian es wieder dem röm. Reich angliederte, stand Z. unter syr. Verwaltung (vgl. Apg 15,23.41; Gal 1,21). Tarsus, die Heimat des Paulus, war die Hauptstadt der Region Pedias (vgl. Apg 21,39; 22,3; 23,34), die weitere 15 halbautonome Städte umfaßte. Der Märtyrer Stephanus diskutierte mit Juden aus Z. (Apg 6,9).

Siehe auch KOE.

Zilizien.

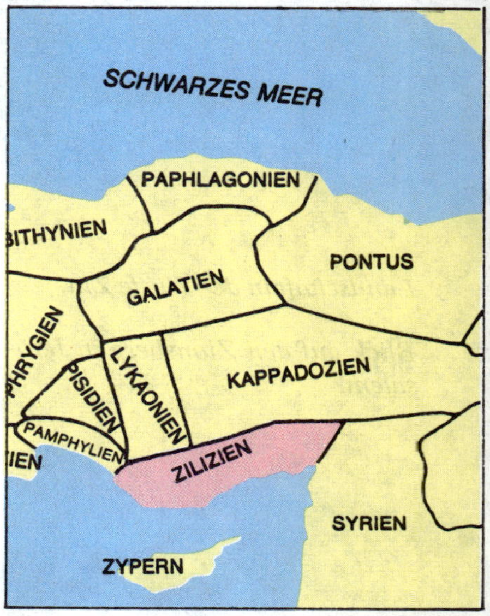

(unten) Blick auf die Zilizische Pforte.

ZILLA
1. Mose
4,19.22.23

ZILLA (»Schatten«, »Schutz«). Eine der beiden Frauen Lamechs und Mutter von Tubal-Kain und Naama.

ZILLETAI 1
1. Chr 8,20
ZILLETAI 2
1. Chr 12,21

ZILLETAI

1. Sohn Schimis und Familienhaupt aus dem Stamm Benjamin.
2. Mann aus dem Stamm Manasse, der sich David in Ziklag anschloß.

ZIMT Siehe GEWÜRZE UND PARFÜME.

ZIN
4. Mose 13,21;
20,1; 27,14;
33,36; 34,3–4;
5. Mose 32,51;
Jos 15,1.3

ZIN Wüste an der Südgrenze Kanaans, die die Israeliten auf ihrem Weg von Ägypten durchquerten, zwischen Kadesch-Barnea und Akrabim. Z. ist das Wüstengebiet südlich von Kadesch-Barnea. In Jos 15,1–3 erscheint es als äußerste Südgrenze des Stammesgebietes von Juda.

ZION
2. Sam 5,7;
1. Kön 8,1;
2. Kön 19,21.31;
1. Chr 11,5;
2. Chr 5,2;
Ps 2,6; 9,12.15;
14,7; 20,3;
48,3.12–13;
50,2; 51,20;
53,7; 65,2;
69,36; 74,2;

ZION Einer der zentralen Namen im AT; bezeichnet den Tempelberg, die Stadt Jerusalem und das Volk Israel.

Nach 2. Chr 3,1 ist der Z. identisch mit dem Berg, auf den Abraham zog, um seinen Sohn Isaak zu opfern (vgl. 1. Mose 22,2). Über dem Felsen, wo Abraham nach der Überlieferung seinen Altar baute (1. Mose 22,9), wurde Salomos Tempel (s. TEMPEL) errichtet und erhebt sich heute der islamische Felsendom. Der Name »Z.« ist sehr alt, die ursprüngliche Bedeutung ist nicht klar.

Im AT steht der Name »Z.« im engsten Sinne für den östlichen Hügel Jerusalems, zu dem der Tempelberg und der südlich davon gelegene Hügel gehörten. Die Festung auf dem letzteren Hügel hieß vor der Eroberung

Landschaft in der Wüste Zin.

Blick auf den Zionsberg in Jerusalem.

76,3; 78,68; 84,8; 87,2.5; 97,8; 99,2; 102,14.17.22; 110,2; 125,1; 126,1; 128,5; 129,5; 132,13; 133,3; 134,3; 135,21; 137,1.3; 146,10; 147,12; Hld 3,11; Jes 1,8.27; 2,3; 3,16–17; 4,3–5; 8,18; 10,12. 24.32; 12,6; 14, 32; 16,1; 18,7; 24,23; 28,16; 29,8; 30,19; 31,4.9; 33,5.14. 20; 34,8; 35,10; 37,22.32; 40,9; 41,27; 46,13; 49,14; 51,3.11. 16; 52,1–2.7–8; 59,20; 60,14; 61,3; 62,1.11; 64,9; 66,8; Jer 3,14; 4,6.31; 6,2.23; 8,19; 9,18; 14,19; 26, 18; 30,17; 31,6. 12; 50,5.28; 51,10.24.35; Klgl 1,4.6.17; 2,1.4.6.8.10.13. 18; 4,2.11.22; 5,11.18; Joel 2,1.15.23; 3,5; 4,16–17.21; Am 1,2; 6,1; Obd 17.21; Mi 1,13; 3,10. 12; 4,2.7–8. 10–11.13; Zef 3,14.16; Sach 1,14.17; 2,11.14; 8,2–3; 9,9.13; Joh 12,15; Röm 9,33; 11,26; 1. Petr 2,6; Hebr 12,22; Offb 14,1

durch David »Burg Zion«, danach »Davids Stadt« (2. Sam 5,7.9; 1. Chr 11,7; vgl. bei der Überführung der Bundeslade in den neugebauten Tempel 1. Kön 8,1; 2. Chr 5,2).

Bald bekam »Z.« eine bildlich-übertragene Bedeutung: Es wurde zum Namen und Symbol der Stadt Gottes und des »großen Königs« (Ps 48,2f.; vgl. 46,5). Es war der »heilige Berg« (Ps 2,6; Joel 2,1; Sach 8,3), der Wohnort Gottes und seines Heiligtums (Ps 9,12; 20,3; 132,13), ein Ort der Rettung und Erlösung, des Lobes und Gottesdienstes (Ps 9,15; 20,2–3; 65,2; 69,36), Ziel von Wallfahrten sowohl in der atl. Zeit (Ps 84,5.8) als auch in der kommenden messianischen Heilszeit, in der auch die Heiden nach Z. kommen und Gott anbeten werden (Jes 2,2–4; Mi 4,1–3). »Z.« bedeutet auch Jerusalem (Jes 40,9; Mi 3,12), und die »Kinder« oder »Töchter« Z.s sind seine Einwohner (Hld 3,11; Jes 10,32; Jer 51,35). Gottes Schutz, aber auch sein Gericht wird ausgerufen über der Stadt, der »Tochter Zion« (2. Kön 19,21; Jes 14,32; Jer 14,17; 18,13; 31,4.21; Klgl 1,15 u.a.). »Z.« kann auch das ganze Volk Israel bezeichnen (Jer 6,23; Sach 2,11; 9,9 u.a.), v.a. in der nachexilischen Prophetie. Jer 3,14 verheißt, daß Z. der Ort der Sammlung eines neuen Israel werden wird.

Im NT kann »Z.« neben dem Volk Israel zugleich das neue Israel, die Gemeinde bezeichnen (Röm 9,33; 1. Petr 2,6). Beim Einzug Jesu in Jerusalem ist »Z.« die Summe all derer, die an die Verheißungen Gottes im alten Bund glauben (Mt 21,5; Joh 12,15). In Hebr 12,22; Offb 14,1 ist »Z.« der Inbegriff der ewigen Gottesstadt, des himmlischen Jerusalems und des endzeitlichen Triumphes Christi (vgl. Offb 21,2).

ZIOR Jos 15,54

ZIOR Stadt in Juda, nahe Hebron. Heute das arab. Dorf Si'ir, 3 km südlich von Halhul.

ZIPPOR 4. Mose 22,2.4.10.16; 23,18; Jos 24,9; Ri 11,25

ZIPPOR (»Vogel«). Der Vater des Moabiterkönigs Balak, der den Propheten Bileam bat, Israel zu verfluchen (4. Mose 22,2.4.10.16; 23,18).

ZIPPORA 2. Mose 2,21; 4,25; 18,2

ZIPPORA (»Vogel«). Eine der sieben Töchter des Priesters Jitro; wurde Moses Frau und Mutter seiner Söhne Gerschom und Eliëser (2. Mose 2,16.21.22; 18,3.4). Als Gott Mose töten wollte, rettete Z. ihn durch die Beschneidung ihres Sohnes (2. Mose 4,24–26). Später kehrten sie und ihre Söhne in ihr Vaterhaus zurück (2. Mose 18,2).

ZIZ 2. Chr 20,16

ZIZ Steiler Anstieg zwischen En Gedi und Tekoa; genaue Lage unbekannt.

ZOAN 4. Mose 13,22; Ps 78,12.43; Jes 19,11.13; 30,4; Hes 30,14

ZOAN Stadt in Unterägypten, ägypt. *Saanat*, in assyr. Urkunden aus der Zeit Assurbanipals *Saanu*, in der LXX und bei klassischen Autoren *Tanis* genannt. Der alte Name ist in San el-Hajjar, im Nordosten des Nildeltas, erhalten. Die Angabe in 4. Mose 13,22: »Hebron aber war erbaut worden sieben Jahre vor Zoan in Ägypten« bezieht sich entweder auf eine Neugründung Z.s im Mittleren Reich (ca. 2000–1800 v. Chr.) oder auf die Gründung von Avaris, der Hyksos-Hauptstadt in Unterägypten. Jesaja und Hesekiel spielen auf die Bedeutung der Stadt an (Jes 19,11; 30,4; Hes 30,14). Ps 78,12.43 nennt Z. und sein Umland als Ort beim Auszug Israels aus Ägypten.

ZOAR 1. Mose 13,10; 14,2.8; 19,22.23.30; 5. Mose 34,3; Jes 15,5; Jer 48,34

ZOAR Die Stadt, in die Lot von SODOM aus floh (1. Mose 19,20–23.30), in 1. Mose 14,8 als *Bela* erwähnt. Auf Lots Bitte wurde die Stadt bei dem Gottesgericht verschont (1. Mose 19,18–23). Z. wird in der Bibel zus. mit den Städten des Tales Siddim erwähnt (1. Mose 14,3.8), und aus der Lokalisierung von Siddim ergibt sich die Lage von Z. Vom Berg Nebo aus sah Mose vor seinem Tod das ganze Gelobte Land von Naftali im Norden bis Z. (5. Mose 34,1–3). Nach Jes 15,5 lag Z. an der Grenze von Moab. Nach Meinung der Forschung muß Z. südlich des Toten Meeres zu suchen sein.

ZOBA 1. Sam 14,47; 2. Sam 8,3.5.12; 10,6.8; 23,36; 1. Kön 11,23; 1. Chr 18,3.5.9; 19,6

ZOBA Aram. Königreich, dessen Herrscher Hadad-Eser von David besiegt wurde (2. Sam 8,3ff.). Die genauen Grenzen dieses Reiches sind nicht bekannt. Einige vermuten es zwischen den Gebirgsketten des Libanon, andere glauben, daß es sich vom Antilibanon östlich nach Tadmor (Palmyra) und der syr. Wüste erstreckte. 1. Sam 14,47 erwähnt die Könige von Z. unter den Feinden Sauls. Z.Zt. Davids breitete sich Z. in das Libanon-Tal bis nach Damaskus im Süden aus, und nach Osten bis zum aram. Königreich. König Hadad-Eser von Z. dehnte seine Herrschaft bis zum Euphrat aus (vgl. 2. Sam 10,16). Z. vereinigte die aram. Königreiche zu einer Allianz (vgl. 2. Sam 10,19), die dreimal den Israeliten unterlag (2. Sam 10,3–19; 1. Chr 19,6–15; vgl. 2. Sam 8,3–8; 1. Chr 18,3–8). Nach diesen Niederlagen wird Z. in der

Die Region südlich des Toten Meeres, in der Zoar lag.

Bibel nicht mehr erwähnt; sein Platz wurde von Aram-Damaskus eingenommen. Im 8. Jh. v. Chr. wird Z. im Zusammenhang mit den assyr. Provinzen erwähnt.

ZOBA (AUS) Beiname Jaasiëls, eines der »Helden« Davids.

ZOBEBA Der Sohn des Koz aus dem Stamm Juda.

ZOFACH Ein Sohn Hotams aus dem Stamm Asser.

ZOFAR Z. von Naaman, einer der drei Freunde Hiobs.

ZOHAR (»Ocker«?)

1. Vater des Hetiters Efron.
2. Ein Sohn Simeons (1. Mose 46,10; 2. Mose 6,15), auch Serach genannt (4. Mose 26,13; 1. Chr 4,24).
3. (Auch *Sohar*.) Sohn Aschhurs aus dem Stamm Juda.

ZÖLLNER Art Finanzbeamte, die vom röm. Staat zur Eintreibung der Steuern von der Bevölkerung bestellt wurden. Zu den Steuern kamen noch Zölle, die an den Grenzen und Häfen sowie im Inland (auf landwirtschaftliche Produkte) z. B. an den Stadttoren Jerusalems zu entrichten waren; die entsprechenden Zollstationen (vgl. Mt 9,9; Mk 2,14) waren ebenfalls von Zöllnern besetzt.

Unter der jüd. Bevölkerung, die i. a. die Legitimität der röm. Herrschaft ablehnte (vgl. Joh 8,33), gab es anhaltende Spannungen über die Zahlung der röm. Steuern und Zölle. Die radikale antiröm. Partei, die Zeloten, hielt es für Sünde, Steuern an fremde Herrscher zu zahlen. Die Zöllner (die meist aus der einheimischen Bevölkerung kamen) wurden allg. als Kollaborateure der röm. Besatzungsmacht angesehen und mit Heiden und Sündern gleichgesetzt (vgl. Mt 18,17; Mk 2,15. Die jüd. Tradition erlaubte sogar den Meineid gegenüber »Zöllnern und Räubern« (*Mischna Nedarim* 3,4). Vgl. auch STEUERN.

Jesus wandte sich den Z.n genauso zu wie den anderen Sündern. Dabei beschönigte er nicht ihr Verhalten (häufige Ausbeutung und Bereicherung), sondern hoffte auf ihre Umkehr (Mt 9,13; Mk 2,17; Lk 5,32). Der Zöllner Levi (Matthäus) wurde einer seiner Jünger (Mt 9,9–10 par.; Mt 10,3 par.; vgl. MATTHÄUS). Ausdrücklich erwähnt das NT auch den Oberzöllner (»Oberster der Zöllner«) Zachäus aus Jericho (Lk 19,1–10), dessen Leben nach einer Begegnung mit Jesus völlig verändert war: Die Hälfte seines Besitzes gab er den Armen, und zu Unrecht erhobene Summen erstattete er vierfach zurück (vgl. ZACHÄUS).

ZOBA (AUS)
1. Chr 11,47

ZOBEBA
1. Chr 4,8

ZOFACH
1. Chr 7,35.36

ZOFAR
Hiob 2,11; 11,1; 20,1; 42,9

ZOHAR 1
1. Mose 23,8; 25,9

ZOHAR 2
1. Mose 46,10; 2. Mose 6,15

ZOHAR 3
1. Chr 4,7

ZÖLLNER
Mt 5,46; 9, 10–11; 10,3; 11,19; 18,17; 21,31–32; Mk 2,15–16; Lk 3,12; 5,27. 29–30; 7,29. 34; 15,1; 18, 10–11.13; 19,2

Der sündige, aber bußfertige Z. steht Gott näher als der stolze Gerechte – das ist das Thema des Gleichnisses vom Z. und Pharisäer (Lk 18,9–14). Ähnlich sagt Jesus den Hohenpriestern und Ältesten, die nicht an ihn glauben: »Die Z. und Huren kommen eher ins Reich Gottes als ihr« (Mt 21,31).

ZORA
Jos 15,33; 19,41; Ri 13,2.25; 16,31; 18,2.8.11; 2. Chr 11,10; Neh 11,29

ZORA Stadt in der Schefela, an der Grenze des Stammesgebiets von Dan (Jos 15,33; 19,41). Hier wurde Simson geboren und begraben (Ri 13,2; 16,31), und von hier aus sandten die Daniter fünf Männer aus, um neue Wohngebiete für den Stamm zu suchen (Ri 18,2). Rehabeam ließ den Ort befestigen (2. Chr 11,10). Nach dem babyl. Exil wurde Z. neu besiedelt (Neh 11,29). Der alte Ortsname hat sich in dem arab. Dorf Saara erhalten, nahe bei Artuf, wo die Dorfbewohner einen Felsen als den Altar Manoachs (Ri 13,19) und das Grab Simeons bezeichnen.

ZORATITER 1
1. Chr 2,53; 4,2
ZORATITER 2
1. Chr 2,54

ZORATITER

1. Bewohner Zoras und Nachkommen Schobals, des Gründers von Kirjat-Jearim.

2. Nachkommen Salomos; vielleicht identisch mit (1).

ZORN (GOTTES), ZORNIG
2. Mose 4,14; 32,11.12.19; 4. Mose 11,1; 25,3; 32,10.13; 5. Mose 1,37; 9,20; 32,19.22; Jos 7,1; Ri 2,14; 2. Kön 17,18; 2. Chr 24,18; Ps 2,5; 6,2; 7,7; 21,10; 27,9; 30,6; 74,1; 77,10; 85,4; 90,7; 95,11; 103,9; 110,5; Jes 5,25; 9,11; 12,1; 26,20; 30,27; 42,25; 54,8; 57,17; 60,10; 63,3; Jer 3,12; 21,5; 25,15; 52,3; Hes 5,13.15; Dan 9,16; Hos 8,5; 13,11; 14,5; Zef 2,2; Mt 2,16; 3,7; 18,34; 22,7; Mk 3,5; Lk 14,21; Joh 3,36; Röm 1,18; 2,5; 4,15; 5,9; 9,22; 10,19; 12,19; Eph 5,6; 1. Thess 1,10; 5,9; Offb 6,16; 14,10; 15,7; 16,1.19; 19,15

ZORN (GOTTES) Wo die Bibel die Worte »Z.« bzw. »zornig« verwendet, redet sie meist vom Z. Gottes (AT: ca. 185mal), weniger oft vom menschlichen Z. (AT: ca. 55mal). – Die atl. Wörter für Z. sind *af* (eigentl. »Nase«; d. h. »Schnauben [vor Zorn]«) und *käsäb* mit den dazugehörigen Verben *anaf* und *kasab*. Gottes Z. ist keine ruhende Eigenschaft Gottes, sondern sein richtendes Handeln bzw. Reagieren aufgrund seiner »Eiferheiligkeit« (5. Mose 6,15; 29,19). In seinem Z. offenbart sich der heilige, personhafte Gott, der wegen der Ausschließlichkeit seines Bundes mit Israel keine Verehrung anderer Gottheiten duldet. Wo sich der göttliche Z. zeigt, liegt auf seiten der Menschen (also Israels) Schuld, Rebellion oder Abfall von Jahwe vor (4. Mose 11,1; 12,9; 5. Mose 1,34ff.; Ri 2,13ff.). Nachdrücklich ist dies beim Abfall Israels zum »goldenen Kalb« der Fall (vgl. 2. Mose 32,10–12.19.22). Gottes Zorn bewirkt wegen der Sündhaftigkeit des Menschen dessen Todesverfallenheit (Ps 90,7); er wirkt aber auch zurechtbringend und insofern pädagogisch am sündigen Menschen (Mi 7,9). V. a. die Propheten reden häufig vom Z. Gottes. Sie sehen die Siege Assurs und Babels über Israel und Juda als Wirken des göttlichen Z.s an, als Gericht, durch das hindurch Israel eine neue Begegnung mit Jahwe erfährt (z. B. Jes 5,25; Hos 8,5 u. a.). Sein Z. ist also nicht Gottes letztes Wort. In Zef 2,2 (»Tag des Zorns«, vgl. TAG DES HERRN) wird »Z.« auf Gottes Gericht bezogen und somit eschatologisch aufgefaßt.

Gottes Z. (griech. *orgä* bzw. *thymos*) wird im NT nicht durch Gottes Liebe ersetzt oder gegen sie ausgespielt. Das NT zeigt die auch im AT erkennbare Polarität in Gott: Er ist barmherzig *und* heilig (z. B. Röm 3,5f.). Diese Spannung ist nur in der Versöhnung am Kreuz Jesu Christi gelöst (Röm 5,9; 1. Thess 5,9). Aufgrund der Lebenshingabe des Gekreuzigten wird im Ev. die Rettung vor Gottes »zukünftigem Zorn« angeboten (1. Thess 1,9f.; vgl. Mk 1,15 u. a.). Den eschatologischen Z. Gottes kennt also auch das NT (Mt 3,7 par.; Röm 2,5.8f.; Offb 6,16); er wird hier sogar als schon jetzt unter den Heiden wirksam und offenbar erklärt (Röm 1,18ff.). Dem Z. Gottes ist von Natur aus jeder Mensch verfallen, da niemand vor Gott gerecht ist (Gal 3,11); und auch das göttliche Gebot bewirkt Z. (Röm 4,15). Der Mensch ist durch die Offenbarung des Z.s Gottes in eine Entscheidungssituation gestellt: »Entweder müssen wir den zukünftigen Zorn fürchten oder die gegenwärtige Gnade lieben – eins von beiden« (*Ignatius*). Die Offb spricht vom »Zorneswein Gottes« und bringt das göttliche Strafgericht zum Ausdruck (14,10; vgl. 14,8.19; 15,7; 16,1.19; 19,15), das über den Menschen kommt, der sich gegen Gott auflehnt.

ZUAR
. Mose 1,8; 2,5; 7,18.23; 10,15

ZUAR Vater Netanels, des Führers des Stammes Issachar während der Wüstenwanderung.

ZUCHT, ZÜCHTIGEN, ÜCHTIGUNG
. Kön 12,11.14;

ZUCHT Das hebr. Wort für »Z.« (*musar*) gehört zum Wortschatz der Weisheitsliteratur und steht daher auch parallel zu »Weisheit«, »Erkenntnis«, »Einsicht«, »Klugheit« usw., überwiegend im Sprüchebuch (vgl. Spr 1,2.7;

15,33; 23,23). Vermittler der Z. sind Eltern und Weisheitslehrer, im übertragenen Sinn dann Gott (5. Mose 8,5). *Musar* hat zunächst die Grundbedeutung »Züchtigung« i. S. auch einer körperlichen Züchtigung (Spr 13,24; 22,15; 23,13), meint dann aber eine Züchtigung durch Worte, als Mahnung (LÜ: »Mahnung«, »Ermahnung«; Spr 1,8; 4,1; 8,33; 19,27). Ziel der Züchtigung, d. h. der Erziehung, ist die Z., die Belehrung, die weise macht und Torheit entfernt und insofern heilsam ist (Spr 15,32 f.; 19,20; 22,15). Zur Z. gehört, daß sie mit der »Furcht des HERRN« verbunden ist (Spr 15,33); auch Leid kann Erziehungsmaßnahme Gottes sein (5. Mose 11,2 f.; Spr 3,11 f.). Die Propheten verstanden Jahwes Gerichtshandeln als Z. (z. B. Jes 26,16; Hos 5,2; 7,12; Jer 2,30; 5,3; 17,23 u. a.).

Im NT wird »Z.« mit *paideia* wiedergegeben (vgl. Eph 6,4; 2. Tim 3,16). Hebr 12,4–11 nimmt Spr 3,11 f. auf und erklärt Z. als Zeichen der Liebe Gottes, nicht seines Gerichts. Gal 3,24 charakterisiert Paulus das Gesetz als »Zuchtmeister *(paidagogos)* auf Christus hin« und versteht es so als heilsgeschichtlich bedingte Erziehungsmaßnahme Gottes.

Hiob 5,17; Ps 6,2; 39,12; 73,14; 94,12; 118,18; Spr 1,2.7.8; 3,11; 11,22; 12,1; 13,24; 19,18; 22,15; 23,13; Jes 26,16; Jer 10,24; 17,23; 2. Kor 6,9; Eph 6,4; 1. Tim 2,9; Tit 2,12; Hebr 12,4–11; Offb 3,19

ZUF

1. Vorfahr von Elkana (2), aus dem Stamm Benjamin.

2. Ort zwischen Ephraim und Gibea, wo Saul die Suche nach den Eselinnen seines Vaters aufgab. Vermutlich in der Nähe von Ramalla.

ZUF 1 1. Sam 1,1; 1. Chr 6,20
ZUF 2 1. Sam 9,5

ZUNGENREDE Das Phänomen der Z. wird in der Bibel erstmals in Apg 2,2–11 genannt, bei der Ausgießung des Hl. Geistes zu Pfingsten (vgl. GEIST GOTTES; PFINGSTEN). Weitere Erwähnungen sind Apg 10,46 und 19,6; auch Paulus konnte in Z. reden (1. Kor 14,18). Die genaueste Behandlung erfährt die Z. in 1. Kor 14, wo Paulus der jungen Gemeinde in Korinth, die die Z. offenbar bes. hochhielt, Anweisungen gibt, wie sie ihre Geistesgaben in den Gottesdiensten am besten einsetzen kann. Er stellt dabei der Z. die Prophetie gegenüber (vgl. PROPHETEN UND PROPHETIE) und gibt für den Einsatz in der Gemeinde der Prophetie den Vorzug: Die Z. ist Anbetung und Lob Gottes und hat ihren Wert im privaten Bereich zwischen dem Betenden und Gott, aber sie ist einem Dritten nicht verständlich, sondern bedarf erst der Deutung (1. Kor 14,22–28). »Wer in Zungen redet, der redet nicht für Menschen, sondern für Gott; denn niemand versteht ihn« (14,2). Die Prophetie dagegen ist eine verständliche Botschaft an andere Gemeindeglieder und nicht zuletzt auch an nichtchristl. Besucher der Gottesdienste (vgl. 14,24 f.). Z. ist bloßes Lob, Prophetie ist Predigt und Unterweisung.

ZUNGENREDE, IN ZUNGEN (SPRACHEN) REDEN Apg 2,4; 10,46; 19,6; 1. Kor 12,10; 13,8; 14,2.4–6.9.13.14.18.19.21–23.26.27.39

Es ist zu beachten, daß die in 1. Kor 14 angesprochene Z. nicht genau das gleiche Phänomen ist wie das Sprachenwunder in Apg 2. Das Z. am Pfingstfest war kein bloßes Loben, sondern zugleich so etwas wie eine Predigt; v. a. aber war es den Hörern spontan und ohne Auslegung oder Hilfe verständlich: »Ein jeder hörte sie in seiner eigenen Sprache reden« (Apg 2,6). Dem steht nicht entgegen, daß das in Apg 2,4 mit »predigen« übersetzte Wort zugleich das Wort für »reden« oder »sprechen« ist, das Paulus bei dem Ausdruck »in Zungen reden« in 1. Kor 14,2 verwendet. Die Z. der Jünger zu Pfingsten war wohl zunächst ebenfalls ein Gebet, ein Loben der Taten Gottes, wie es später von Paulus beschrieben wird. Die daran anschließende »Pfingstpredigt« des Petrus wird ausdrücklich nicht als Z. beschrieben; sie wurde wahrscheinlich auf Hebräisch bzw. Aramäisch gehalten.

Statt »Z.« sollte man eigentlich besser »Sprachenrede« übersetzen, denn gemeint ist das Reden in einer fremden Sprache, die man nicht beherrscht. Die Ausführungen in 1. Kor 14 könnten besagen, daß es sich tatsächlich um Sprachen und nicht bloß um ekstatische Laute handelte (1. Kor 14,10).

ZUR (»Fels«).

1. Ein Stammesoberhaupt bei den Midianitern; Vater der Kosbi, die zus. mit dem Israeliten Simri von Pinhas getötet wurde (4. Mose 25,6–15). Z. wurde zus. mit vier anderen Midianiterkönigen in einem Rachefeldzug der Israeliten umgebracht (4. Mose 31,8). Laut Jos 13,21 waren die Midianiterkönige Untertanen des Amoriterkönigs Sihon.

ZUR 1 4. Mose 25,15; 31,8; Jos 13,21
ZUR 2 1. Chr 8,30; 9,36

2. Ein Benjaminiter, zweiter Sohn Jeïëls.

ZURIËL 4. Mose 3,35

ZURIËL (»Gott ist mein Fels«). Fürst einer Levitensippe z. Zt. Moses.

ZURI-SCHADDAI 4. Mose 1,6; 2,12; 7,36,41; 10,19

ZURISCHADDAI (»Der Allmächtige ist mein Fels«). Vater Schelumiëls, des Führers des Stammes Simeon bei der Wüstenwanderung.

ZWIEBEL Siehe PFLANZEN.

ZWILLING Joh 11,16; 20,24; 21,2

ZWILLING Beiname des Apostels THOMAS.

ZYPERBLUME Siehe PFLANZEN.

Golddiadem, aus einem Grab nahe Larnaka, Zypern 13. Jh. v. Chr.

ZYPERN (KITTIM) 4. Mose 24,24; Jes 23,1.12; Jer 2,10; Hes 27,6; Dan 11,30; Apg 4,36; 11, 19–20; 13,4; 15,39; 21,3. 16; 27,4

ZYPERN (KITTIM) Große Insel im östlichen Mittelmeer. Manche Gelehrte halten sie für identisch mit dem im AT erwähnten *Elischa* bzw. *Kittim*. Die Insel kam im 3. Jh. v. Chr. unter ptolemäische Herrschaft, und ihre jüd. Bevölkerung wuchs stark an, was sich im NT in den Berichten der Apg niederschlägt (vgl. Apg 4,36; 13,4–6; 15,39). Paulus und der aus Z. gebürtige Barnabas predigten in mehreren Synagogen der Insel, wobei sie auf den Widerstand eines Zauberers namens Barjesus stießen (Apg 13,4ff.). Barnabas besuchte seine Heimat zweimal; nach der Überlieferung erlitt er in Salamis den Märtyrertod; er gilt als Apostel der Insel.

ZYPRESSE Siehe PFLANZEN.